DICTIONNAIRE ARABE TCHADIEN - FRANÇAIS

KARTHALA sur internet : http://www.karthala.com

Dessin de couverture : L'interprète Malloum sur son cheval,
par Yalinga, 14 ans
(Denise Moran, 1934, *Tchad*, Paris, Gallimard).

ISBN : 2-86537-953-1

Patrice JULLIEN de POMMEROL

Dictionnaire arabe tchadien - français

suivi d'un index français – arabe et d'un index des racines arabes

Éditions KARTHALA
22-24, boulevard Arago
75013 PARIS

Ce *Dictionnaire arabe tchadien - français* fait partie d'un ensemble d'ouvrages du même auteur sur l'arabe tchadien, parus aux éditions Karthala :

- *L'arabe tchadien. Emergence d'une langue véhiculaire*, 176 p., 1997 ;
- *Grammaire pratique de l'arabe tchadien*, 280 p., 1999 ;
- *J'apprends l'arabe tchadien*, 320 p., 1999.

Cet ouvrage est publié avec le concours financier de la Mission de Coopération et d'Action culturelle de N'Djaména.

À ma mère,
à Claude Pairault
et à tous mes amis tchadiens

Que ceux qui ont contribué à la mise en oeuvre et à l'achèvement de ce travail soient ici remerciés :
Abbakar Hissein, Abbakar Moussa, Abderrazakh Arabi, Aché Albordjo, Ahmat Beîn, Ahmat Mahamat Amine, Ahmat Mahamat Hassane, Ali Al Husseine Ali, André Martin, Antoine Foucart, Azzalo Ghazali, Bernard Heurard de Fontgalland, Bruno Saintôt, Choueb Abaké, la Communauté des Jésuites de la rue Monsieur, Daggache Abdoullaye, Didier Cluseau, Didier Despeisse, Djamil Saïd Ali Kémal, Elise Gillon, Fatima Saïd Mohamed, François Rey, Froumsia Bichara, Geneviève Bovagnet, Georges Blanc, Gérard de Bats de Cugnac, Halîme Karîm, Hawa Daoud, Hassane Mahamat, Henri Coudray, Henri de Ternay, Jacques de Lesquen, Jean-Jacques Melin, Jean-Luc Labussière, Khadidjé Sakkine, Lucien Descoffres, Marie-Suzanne Bourgeade, Mahamat Saleh Yacoub, Mahammat Youssouf, Mariam Youssouf, M'Baliya Saïd Ali Kémal, Mouhammad Djabar Choua, Moussa Annour, Moussa Goudja, Nicole Gueunier, Moussa Atim, Nicole Vial, Pierre Palayer, Regina Rodari, Saleh Souloum, Sanoussi Ahmad, Serge Semur, Sigolène La Mache, Taher Annadif, Toinon et Xavier Heurard de Fontgalland, Victor Waton (†), Yacoub Mahamat Yacoub, Yasmina Benserhat, et Youssouf Saleh Hassane.

L'auteur remercie également Antoine Lonnet (CNRS) de lui avoir a permis d'utiliser, pour la transcription des racines arabes, une police de caractères phonétiques qu'il a mise au point pour ses propres travaux.

SOMMAIRE

Introduction 9

- Organisation générale du dictionnaire 10
- Alphabets utilisés 12
- L'ordre alphabétique 13
- Le contenu des exemples 13
- Signes conventionnels et abréviations 15
- Bibliographie 17

1. Dictionnaire arabe tchadien-français 19

2. Index français-arabe 1355

3. Index des racines arabes 1518

Introduction

"Un dictionnaire sans exemples est un squelette."[1]

Les premiers mots de ce dictionnaire ont été recueillis en 1972, à partir d'une centaine de contes enregistrés au foyer des jeunes d'Abéché (Ouaddaï), pendant le temps de la veillée[2].

En 1987, le CEFOD[3] organisait des cours pour initier les coopérants (enseignants, médecins, ingénieurs techniques et agronomes) à l'arabe véhiculaire parlé au Tchad, et faciliter ainsi leur contact avec les populations. Avec trois collaborateurs tchadiens nous avons composé une première série de 25 textes qui utilisaient 500 mots choisis parmi les plus usuels, et qui permettaient l'enseignement de la méthode *Da hayyin*[4] en 1988. A la demande des élèves, un deuxième niveau d'étude fut organisé en 1991 sur la base de 25 autres textes utilisant cette fois-ci 1.500 mots de vocabulaire décrivant la "vie quotidienne au Tchad". Nous étions alors un possession d'un corpus de 2.000 mots qui devenait la base sur laquelle allait s'édifier ce dictionnaire.

Nous avons alors demandé à des Arabes du Chari-Baguirmi, du Guéra, du Ouaddaï et du Salamat de nous illustrer chacun de ces mots en les reprenant dans deux ou trois phrases, proverbes ou devinettes, de leur choix. Des mots nouveaux apparaissaient, et les phrases qui les utilisaient dans des exemples apportaient à leur tour d'autres mots inconnus de notre collection. Nous avons ainsi travaillé à recueillir un paysage linguistique de plus de quinze mille entrées, et nous nous sommes arrêtés lorsque chacun des mots tissant les exemples de cet ouvrage figuraient en "entrée" dans le dictionnaire.

Avec la méthode d'apprentissage[5] et la grammaire[6], ce dictionnaire se veut au service de l'instrumentalisation de l'arabe tchadien[7].

---

1 Exergue du *Nouveau Petit Larousse Illustré*, Paris, Libraire Larousse, 1935.

2 Voir *Contes et chants du Tchad*, EPHE, Paris, 1978.

3 Centre d'Etude et de Formation pour le Développement, à N'Djaména.

4 *Da hayyin* signifie en arabe tchadien : "C'est facile".

5 Voir *J'apprends l'arabe tchadien* (livre et cassettes audio), Paris, Karthala, 1999.

6 Voir *Grammaire pratique de l'arabe tchadien*, Paris, Karthala, 1999.

7 Pour ce qui concerne l'histoire de cette langue, la question de son écriture et son importance pour le développement, nous renvoyons le lecteur à *L'arabe tchadien, Émergence d'une langue véhiculaire*, Paris, Karthala, 1997.

Organisation générale du dictionnaire

1. Arabe-français (p. 19 à 1354)

Cette **première partie** rassemble des articles construits selon une même structure numérotée de ① à ⑩, et décrite ci-dessous. La numérotation de cette structure dans les deux exemples que nous proposons ne se trouve pas dans le reste du dictionnaire, mais est donnée ici à titre d'explication.

Structure de chaque article

① Le premier mot mis en vedette est **l'entrée arabe**.
Cette entrée est généralement
- au singulier lorsqu'il s'agit d'un nom, d'un adjectif ou d'un pronom, ou bien
- à l'accompli lorsqu'il s'agit d'un verbe.

Viennent ensuite

② après une barre oblique (et en gras) :
- le pluriel du nom ou de l'adjectif,
ou
- l'inaccompli du verbe ;

③ la catégorie grammaticale ;

④ les remarques ;

⑤ le modèle de conjugaison dans la grammaire lorsque l'entrée est un verbe (Cf. 2ème exemple) ;

⑥ la racine écrite en caractères phonétiques et en caractères arabes (lettres isolées, écrites de droite à gauche) ;

⑦ le sens du mot en français (en gras) ;

⑧ les exemples en arabe (en italiques) ;

⑨ et leur traduction en français.

⑩ Une traduction littérale, mise entre crochets], peut être insérée dans la traduction (Cf. 1er exemple).

1er exemple

① **xânun** / ② **xawânîn** ③*n. m.*, ④ ≃ *gânûn*, *empr.* au grec κανων [règle], *⑥ qnn, ق ن ن
♦ ⑦ **loi, règle, règlement, statut.** ⑧•*Al xânûn, nizâm hanâ l-Dawla.* ⑨ La loi régit l'organisation de l'État. ⑧•*Alê hasab xânûn hanâ l-Tcâd, al-sarrâg mâ baktuluh.* ⑨ Selon la loi en vigueur au Tchad, on ne tue pas les voleurs. ⑧•*Al-nâdum al mâ yitâbi' al xawânîn, basjunuh.* ⑨ Celui qui n'observe pas [⑩ ne suit pas] les lois est mis en prison.

2ème exemple

① **xarab** / ② **yaxrib** ③ *v. trans.*, ④ ≃ l'*inacc. yaxarib,* ⑤ forme I n° 6, *⑥ hrb, خ ر ب
♦ ⑦ **détruire, dévaster, ruiner, piller.** ⑧ •*Amis hû xarab bêt hanâ abuh.* ⑨ Hier, il a détruit la maison de son père. ⑧•*Al hille di xarabôha l-sarrâgîn.* ⑨ Ce village a été pillé par les voleurs. ⑧•*Al-duwâs yaxrib al balad.* ⑨ La guerre ruine le pays.

2. Index français-arabe (p. 1355 à 1517)

En aucun cas l'usage de cet index ne doit être confondu avec celui d'un dictionnaire, car les mots français ou les termes scientifiques indexés ne font que renvoyer aux mots arabes ayant fait l'objet d'un article dans la première partie du dictionnnaire.

Les mots arabes, écrits en italiques, ne rendent pas immédiatement compte du sens du terme indexé. En effet, plusieurs mots arabes peuvent se regrouper sous un seul mot français sans que ceux-ci soient des synonymes. Le mot français "tendre", par exemple, renvoie à six mots arabes dont

hanûn (pris dans le sens de "affectueux"),
mârin (pris dans le sens de "mou"),
mattat (pris dans le sens de "étendre"),
raxas (pris dans le sens de "jeune, frais"), etc.

Cet index n'aidera finalement le lecteur à traduire un mot français que s'il recherche le sens du mot arabe correspondant et son utilisation dans les exemples, en revenant dans la première partie du livre.

Remarques sur la présentation

Se trouve entre parenthèses, et en gras, la forme féminine que peut prendre le mot français indexé lorsqu'il est un nom ou un adjectif.

Exemples : **vieux (vieille), ambigu(ë).**

Le **(se)** ou **(s')** indique que le verbe indexé est un verbe transitif qui peut aussi avoir le sens de la voix pronominale.

Exemples : **abriter (s')** [abriter ou s'abriter], **allonger (s')** [allonger ou s'allonger].

Se trouve aussi entre parenthèses, mais en caractères ordinaires, une indication supplémentaire permettant de spécifier le sens dans lequel il faut comprendre le mot français indexé.

Exemples : **adoptif** (enfant), **coupe** (récipient), **coupe** (coupure).

L'index étant formé à partir de la traduction française des mots arabes mis en vedette dans la première partie, les participes et certaines formes verbales font l'objet d'une entrée, et une même entrée peut réunir un adjectif et un participe passé.

Voir par exemple : **enterre [qui ~]..., enterré..., enterrer...;**
exécutant..., exécuté..., exécuter...

3. Index des racines (p. 1518 à 1640)

Dans cette **troisième partie** du dictionnaire, les racines sont écrites en arabe et en phonétique. Les lettres arabes formant une racine sont écrites isolément <u>de droite à gauche</u> en face de leurs homologues écrites en phonétique de gauche à droite sur la même ligne de titre. Ces lettres sont classées selon l'ordre alphabétique des lettres arabes (voir le tableau page 12).

Les mots d'arabe tchadien regroupés sous chaque racine suivent, en revanche, l'ordre alphabétique standard.

Alphabets utilisés

Consonnes

arabe	phonétique	standard
أ	'	'
ب	b	b
ت	t	t
ث	ṯ	
ج	j	j
ح	ḥ	
خ	ẖ	x
د	d	d
ذ	ḏ	
ر	r	r
ز	z	z
س	s	s
ش	š	c
ص	ṣ	
ض	ḍ	
ط	ṭ	
ظ	ẓ	
ع	ʕ	
غ	ġ	
ف	f	f
ق	q	
ك	k	k
ل	l	l
م	m	m
ن	n	n
ه	h	h
و	w	w
ي	y	y

Autres consonnes utilisées

phonétique	standard
p	p
g	g
č	tc
ñ	ny
ŋ	ng

Voyelles brèves

arabe	standard
	a
ُ	u
ِ	i

Voyelles longues

arabe	standard
آ	â
وُ	û
يِ	î

L'ordre alphabétique

Dans la première partie du dictionnaire, les mots de l'arabe tchadien sont classés par l'ordinateur dans un ordre alphabétique qui n'est pas différent de celui du français.

Remarques

L'apostrophe est la première lettre de l'alphabet standard (voir le tableau page 12). Ce fait pourra provoquer quelque surprise lorsqu'on recherchera des mots prononcés avec un double "coup de glotte". Ainsi *ba''ad* (éloigner) se trouve classé avant *ba'ad* (après), *ga''ad* (héberger) se trouve classé avant *ga'ad* (demeurer), etc.

Le mot commençant par une majuscule est placé immédiatement après le mot commençant par une minuscule, au cas où ces deux mots sont formés de consonnes et de voyelles identiques.

La voyelle longue (surmontée d'un accent circonflexe) est placée après la voyelle brève du même type[8].

L'ordre de l'alphabet standard est le suivant :

', a, â, b, c, d, e, ê, f, g, h, i, î, j, k, l, m, n, o, ô, p, q, r, s, t, u, û, v, w, x, y, z.

Rappel

Dans l'index des racines qui constitue la troisième partie du dictionnaire, les racines sont écrites en caractères arabes et classées selon l'ordre alphabétique arabe (voir le tableau page 12). Mais les mots d'arabe tchadien qui sont regroupés sous une même racine se succèdent selon l'ordre alphabétique standard décrit plus haut, puisqu'ils sont écrits avec les lettres mêmes de cet alphabet.

Le contenu des exemples

Plus de 25.260 exemples illustrent les articles du dictionnaire. Ils n'ont pas la prétention de pouvoir servir de base à l'élaboration d'un traité philosophique ou politique, mais reflètent la vie de la société durant ces quinze dernières années. On remarquera le rôle central de la famille et de la préparation de la nourriture. On notera aussi l'énergie qu'il faut à l'homme pour survivre au milieu d'un monde dangereux. La présence d'animaux méchants, du mauvais œil, des diables, des maladies, ou des ennemis forcent l'homme à être toujours sur ses gardes. Les souvenirs des famines, des épidémies et des guerres remontent sans cesse à la mémoire. La fatigue, la lassitude et l'épuisement dans le travail sont heureusement compensés par la joie des fêtes qui rythment les étapes de la vie. Et si les exemples qui évoquent des disputes, des coups et le sang semblent nombreux, ils font ressortir, par contraste, d'autres exemples qui traduisent la finesse de la sagesse populaire à travers des devinettes et des proverbes, ou qui révèlent la délicatesse du vocabulaire de l'amour et de la tendresse.

---

[8] Nous obtenons ainsi la succession des mots suivants : *gadar* (même quantité), *gadâr* (selon), *gâdar* (comparer).

Dans la traduction des exemples se trouvent certains mots qui sont utilisés au Tchad mais qui ne figurent pas dans tous les dictionnaires français. Nous en présentons ici quelques-uns.

ARGUI *n. m.* Produit dangereux résultant de la distillation du mil et contenant de l'alcool méthylique.

BERBÉRÉ *n. m.* Sorgho de contre-saison qui est repiqué en fin de saison des pluies dans les terres noires exondées du bord des mares ou du fleuve.

BOULE *n. f.* Pâte de mil cuite à l'eau ayant la consistance d'une semoule épaisse et présentée sous la forme d'une hémisphère. C'est le plat principal de la journée, et c'est la sauce qui l'accompagne qui lui donne sa véritable saveur.

BOURBOUILLE *n. f.* Irritation ou infection de la peau au moment des grosses chaleurs.

CAD *n. m.* Autre nom de l'Acacia albida, un des grands arbres utiles du Sahel.

CAILCÉDRAT *n. m.* Arbre de l'Afrique tropicale au bois rouge, dur et lourd, appelé aussi "acajou du Sénégal".

CANARI *n. m.* Grande jarre en terre cuite et poreuse dans laquelle l'eau se rafraîchit.

CHÉBÉ *n. m.* Pommade traditionnelle pour les cheveux des femmes, à base de plantes aromatiques pilées et liées à un corps gras.

CHICOTE *n. f.* Lanière servant de fouet, taillée autrefois dans du cuir d'hippopotame. Chicoter signifie ainsi "fouetter".

COÉPOUSE *n. f.* L'une des femmes d'un polygame par rapport à ses autres épouses.

CONTOURNEMENT *n. m.* Synonyme de boulevard de ceinture.

CRAMCRAM *n. m.* Capsule épineuse tombant d'une graminée sauvage et redoutable pour la plante des pieds.

FAKI *n. m.* Personnage religieux, maître dans la connaissance du Coran et du droit, présent à toutes les cérémonies traditionnelles.

FOULBÉ *n. pl.* En langue peule, "*ful'be*" est un pluriel (singulier : "*pullo*") qui désigne les personnes de ce groupe de population.

KORO *n. m. (fém. en arabe)* Récipient servant de mesure, d'une contenance d'environ deux litres, taillé dans une calebasse, ou ayant la forme d'un grand bol en fer émaillé.

MANGE-MIL *n. m.* Nom d'un petit oiseau, appartenant à une espèce grégaire et très nuisible pour les récoltes.

MARGOUILLAT *n. m.* Sorte de lézard familier très agile, de dix à vingt centimètres de long et ayant l'apparence d'un petit iguane.

MOULOUKHIYÉ *n. m.* Nom d'une plante poussant à l'état sauvage et très utilisée pour la sauce.

NATRONNÉ(E) *adj.* Qui contient du natron (carbonate de sodium).

NEEM *n. m.* Arbre d'ombrage sans épines, pouvant atteindre 15 à 20 mètres de haut, originaire des Indes, et très répandu au Sahel à cause de sa résistance à la sécheresse.

OUADI *n. m.* Cours d'eau temporaire, sur les rives duquel se développe une végétation abondante.

PARI-VENTE *n. m.* Sorte de petite kermesse qui baigne dans une atmosphère de chants et de danses, et qui permet à l'organisateur de tirer quelques profits à partir de la vente de consommations.

RIVALE *n. f.* Qualificatif servant de nom pour désigner les coépouses d'un mari polygame.

RIYAL *n. m.* Nom de la plus petite des pièces de monnaie au Tchad. En 1999, 1 riyal valait 5 francs CFA, ou 0,05 franc français, ou bien 0,00762245 euro.

TABLE-BANC *n. f.* Pupitre d'écolier fixé à un banc.

TAXI-COURSE *n. m.* Taxi loué par un seul client pour une course, par opposition au taxi-ligne qui accepte, dans la mesure du possible, tous les clients se trouvant sur son itinéraire.

VERTISOL *n. m.* Argiles noires tropicales animées par de lents mouvements de convection de matière résultant du gonflement et de l'engorgement pendant la saison des pluies, puis de la dessiccation, de la rétraction et du craquèlement pendant la saison sèche.

VIEUX (vieille) , qualifiant une personne, est un terme porteur d'affection et de respect. A 50 ans, un homme ou une femme est déjà un "vieux" ou une "vieille".

Signes conventionnels et abréviations

Signes conventionnels

♦	précède le sens en français
•	précède un exemple
/	précède l'inaccompli du verbe ou le pluriel du mot
*	précède la racine du mot
~	tient lieu du mot mis en vedette, reprend une entrée en gras
≅	variante, alterne avec
→	voir, se reporter à
⇨	voir la suite de l'article à la page suivante
[ ]	encadre une traduction littérale
[ ]	encadre une réalisation phonétique
{ }	encadre la préposition avec laquelle se construit le verbe

Abréviations

A.-S.	AS-SABIL, REIG, 1983	*dict.*	dictionnaire
adj.	adjectif	*dmtf.*	diminutif
adj. n.	adjectif et nom	*Dvnt.*	devinette, énigme
amr.	américain	*Égy.*	Égypte
angl.	anglais	*égy.*	égyptien
anim.	animal	*empr.*	mot d'emprunt
Ant.	antonyme	*esp.*	espagnol
ar. lit.	arabe littéraire	*etc.*	et cætera
aram.	araméen, rabbinique	*f., fém.*	féminin
B.C.D.	BLACHÈRE CHOUÉMI et DENIZEAU, 1971-1972	*fr.*	français
		gr.	groupe
c.a.	centrafricain, sango	*H.W.*	WEHR (H.) 1976
c.-à-d.	c'est-à-dire	*héb.*	hébreu
C.Q.	AOUN al CHARÎF QÂSIM, 1985	*HILL.*	HILLELSON, 1930
		i.e.	*id est*, c'est-à-dire
cdmt.	condiment	*impér.*	impératif
Cf.	confer, comparer à	*inacc.*	inaccompli
CFA	(franc de la) Communauté financière africaine	*ind.*	langues indiennes
		instr.	instrument
coll.	collectif	*intf.*	intensif
cplx. prép.	complexe prépositionnel	*intr.*	intransitif
déf. phys.	déformation ou particularité physique	*invar.*	invariable

irk.	irakien	*part.*	participe
irn.	iranien, persan	*pers.*	personnel
it.	italien	*pl.*	pluriel
Ka.	KAZIMIRSKI, 1860	*PAM*	Programme alimentaire mondial
LET.	LETHEM, 1920	*PMU*	Pari mutuel urbain
litt.	littéralement	*PNUD*	Programme des Nations Unies pour le développement
m., masc.	masculin	*pr.*	propre
mm	millimètre	*pron.*	pronom
mrph.	morphologie	*pron. pers.*	pronom personnel
Mu.	*Al munjid*, 1975	*Prvb.*	proverbe, expression proverbiale
MPS	Mouvement patriotique du salut (parti politique)	*qdr.*	racine quadrilitère
n°	numéro	*qqch.*	quelque chose
n.	nom	*qqn.*	quelqu'un
n. anim.	nom d'animal	*s. fig.*	sens figuré
n. coll.	nom collectif	*s.-f.*	sous-famille
n. cdmt.	nom de condiment	*sd.*	soudanais
n. d'act.	nom d'action	*Sdn.*	Soudan
n. f.	nom féminin	*sgtf.*	singulatif
n. instr.	nom d'instrument	*sing.*	singulier
n. m.	nom masculin	*Syn.*	synonyme
n. mld.	nom de maladie	*syr.*	syriaque
n. pr.	nom propre	*trans.*	transitif
n. pr. gr.	nom propre d'un groupe de population	*TRE.*	TRENGA, 1947
n. vég.	nom de végétal	*v.*	verbe
onom.	onomatopée		
p.	page		

Bibliographie

Al munjid fî l-lugha wa l-a°lâm, Dâr al-Mashriq, 1975, Baîrût, 1014 + 799 + 37 p.

AOUN AL-CHARIF QASIM, 1985 : *Qâmûs al-lahjat al °âmmiya fî l-Sudân*, Al maktab al-masrî al hadit, al Qâhira, 957 p.

BÉRHAUT (J.), 1967 : *Flore du Sénégal*, 2e édition, Dakar, Clairafrique, 488 p.

BLACHERE (R.), CHOUEMI et DENIZEAU, 1971-1972 : *Dictionnaire arabe-français (langue classique et moderne),* Paris, Maisonneuve et Larose.

BOLOGNA (G.), 1980 : *Les oiseaux du monde*, Paris, Collection. Guide vert, Edition Solar, 512 p.

CARBOU (H.), 1913, *Méthode pratique pour l'étude de l'arabe parlé au Ouaday et à l'est du Tchad,* Paris, Paul Geuthner, nouveau tirage 1954, 251 p.

CHAPELLE (J.), 1957 : *Nomades noirs du Sahara*, Paris, Plon, 450 p., carte (réédition L'Harmattan, 1982).

CRÉAC'H (P.), 1993 : *Se nourrir au Sahel, l'alimentation au Tchad 1937-1939*, Paris, L'Harmattan, Collection : Pour mieux connaître le Tchad, 304 p.

DECORSE (J.), GAUDEFROY-DEMOMBYNES (M.), 1906 : *Rabah et les Arabes du Chari. Documents arabes et vocabulaire*, Paris, E. Guilmoto, 68 p.

DERENDINGER (R.), 1923 : *Vocabulaire pratique du dialecte arabe centre-africain*, Paris, Imprimerie André Tournon, 191 p.

Dictionnaire français-arabe (Dialecte du Tchad), 1964, Assemblées Chrétiennes du Tchad, Fort-Lamy, 134 p.

Dictionnaire arabe-français (Dialecte du Tchad), 1960, B.P. 127, N'Djaména, [La Bonne nouvelle, Mulhouse], 155 p.

Dictionnaire arabe-français (Dialecte du Tchad), 1989, Nouvelle édition, [Mission Service Amical, Biberstein Suisse], 165 p.

FAURE (P.), 1969 : *Introduction au parler arabe de l'est du Tchad*, Lyon, Afrique et Langage, 92 + 50 + 66 p.

GASTON (A.), FOTIUS (G.), 1971 : *Lexique des noms vernaculaires des plantes du Tchad*, Fort-Lamy, Institut d'élevage et de médecine vétérinaire des pays tropicaux, ORSTOM, 2 tomes, 173 + 182 p.

HALTENORTH (Th.) - DILLER (H.), 1985 : *Mammifères d'Afrique et de Madagascar*, Neuchâtel, Paris, Delachaux & Niestlé, 397 p.

HILLELSON (S.), 1930 : *Sudan Arabic : an English-Arabic Vocabulary*. Published by the Sudan government, 2nd Edition, London, 219 p.

IMADINE (M.), FABRE (J.M.), BURON (S.), 1987 : *Noms vernaculaires des maladies des bovins au Tchad*, N'Djaména, Ministère de l'Elevage et de l'Hydraulique Pastorale, 20 p.

KAZIMIRSKI (A.de B.), 1860 : *Dictionnaire arabe-français*, Tome premier et Tome second, Paris, Maisonneuve et Cie, 1392 + 1638 p.

LEBRUN (J.-P.), AUDRU (J.), GASTON (A.), MOSNIER (M.), 1972 : *Catalogue des plantes vasculaires du Tchad méridional*, Institut d'élevage et de médecine vétérinaire des pays tropicaux, Etude botanique n° 1, Maison-Alfort, 289 p.

LE BERRE (M.), 1989 : *Faune du Sahara*, 1, *poissons, amphibiens, reptiles*, Collection : Terres africaines, Editions: Raymond-Chabaud-Lechevalier, 336 p.

LECOQ (M.), *Les criquets du Sahel*, 1988 : Collection Acridologie Opérationnelle n° 1, Centre de Coopération Internationale en Recherche Agronomique pour le Développement, CIRAD/PRIFAS (France), 129 p.

LETHEM (G.L.), 1920 : *Colloquial Arabic, Shuwa Dialect of Bornu, Nigeria and of the Region of Lake Tchad*. Published by the Crown Agents for the Colonies, London, p. 239 à 487.

MALBRANT (R.), 1952 : *Faune du centre africain français, (mammifères et oiseaux)*, Lechevalier, Paris, 616 p., ill. de 32 pl., 129 fig., carte.

MURAZ (G.), 1926 : *Vocabulaire du patois arabe tchadien ou "tourkou" et des dialectes sara-madjingaye et sara-mbaye (sud-ouest du Tchad)*, Paris, Charles Lavauzelle et Cie, 322 p.

NEWBY (J.), 1978 *Lexique des noms vernaculaires des plantes vasculaires du Tchad au nord du 13ème parallèle, français-arabe-dazaga,* N'Djaména, 16 + 11 + 9 p.

REIG (D.), 1983 : *AS-SABIL, dictionnaire arabe-français, français-arabe,* Paris, Larousse, pagination multiple, 1430 p.

ROTH-LALY (A.) 1969-1972 : *Lexique des parlers arabes tchado-soudanais*, Paris, CNRS, tome 1, 1969, 106 p. ; tome 2, 1969, p. 107 à 264. ; tome 3, 1971, p. 265 à 402 ; tome 4, 1972, p. 403 à 545.

SCHNELL (R.), 1957 : *Plantes alimentaires et vie agricole de l'Afrique Noire*, Paris, Larose Paris, 224 p.

SERLE (W.) - MOREL (G.-J.), 1988 : *Les oiseaux de l'Ouest africain*, 2e édition, Neuchâtel, Paris, Delachaux & Niestlé, 331 p.

TRENGA (G.), 1947 : *Le bura-mabang du Ouadaï*, Paris, Institut d'ethnologie, 296 p.

WEHR (H.), 1976 : *A Dictionary of Modern Written Arabic*, edited by J. Milton Cowan, 3rd edition, Spoken Language Services, New York, 1112 p.

Première partie

arabe tchadien - français

A

-ah *pron. pers.* suffixe, masculin, 3ème personne du singulier, devient *-h*, ou *-yah*, après une voyelle.
son, sa, de lui, lui. •*Âdum cakar wilêdah wa binêytah.* Adoum a remercié son fils et sa fille. •*Axuh farhân.* Son frère est joyeux. •*Yaktulah.* Il le tuera. •*Tarmih.* Tu le jetteras à terre. •*Âdum ma'âyah wallâ ?* Adoum est-il avec lui ?

-aha *pron. pers.* suffixe, féminin, venant après deux consonnes, → *-ha.*

-ak *pron. pers.* suffixe, masculin, 2ème personne du singulier, devient *-k* après une voyelle.
♦ **ton, ta, toi, de toi.** •*Xalîl gâl lê Âdum : "Wilêdak wa binêytak ma'â abûk".* Khalil a dit à Adoum : "Ton fils et ta fille sont avec ton père". •*Mâ taxâf, mâ baktulak !* N'aie pas peur, il ne va pas te tuer ! •*Ramôk.* Ils t'ont jeté à terre. •*Yâtu ma'âk ?* Qui est avec toi ?

-ay 1 suffixe permettant de créer un "singulatif" (nom d'unité) à partir des noms collectifs d'animaux ou de végétaux.
♦ **un(e), une unité.** •*Min bêd al-jidâd da kulla kê, al bêday di bas mufarrixe.* De tous ces œufs de poule, celui-là seul a été couvé. •*Al bagaray al mâciye di câyle.* Cette vache qui passe a du lait. •*Hassêt haraka katîre fi l xumâm, fatêt êni ligîtha fâray.* J'ai entendu beaucoup de bruit dans mes affaires, j'ai ouvert les yeux avec attention : c'était un rat.

-ay 2 / -ayât suffixe permettant de donner aux noms propres de personnes une coloration affective, traduisant l'expression française : "mon cher…, mon petit…".
♦ **mon cher (ma chère), mon petit (ma petite),** toi que j'affectionne…, toi que j'estime. •*Burnusayti, ta'âli nimaccitki !* Bournous, ma petite chérie, viens que je te coiffe ! (Invitation d'une maman à sa fille). •*Hasanay, garîb nudussuk fi l-lekôl.* Mon cher petit Hassan, nous allons bientôt te faire entrer à l'école !

a'abid *v. impér.*, → *abad.*

a'acig *v. impér.*, → *icig.*

a'adim *v. impér.*, → *adam 1.*

a'afa *v. impér.*, → *afa.*

a'agid *v. impér.*, → *agad 1.*

a'agil *v. impér.*, → *agal 2, agal 3, agal 4.*

a'ajaz *v. impér.*, → *ijiz.*

a'ajib *v. impér.*, → *ajab 1.*

a'ana *v. impér.*, → *ini.*

a'araj *adj.*, → *a'raj.*

a'aric *v. impér.*, → *arac.*

a'arif *v. impér.*, → *irif.*

a'arik *v. impér.*, → *arak.*

a'asaf *v. impér.*, → *isif.*

a'atif *v. impér.*, → *ataf.*

a'atig *v. impér.*, → *atag 1, atag 2.*

a'atix *v. impér.*, → *atax.*

a'awaj *adj.*, → *âwaj.*

a'azim *v. impér.*, → *azam.*

a'cam *v. impér.*, → *icim.*

a'dâ' *pl.*, → *udu'.*

a'iffa' *pl.*, → *afîf.*

â'ila / â'ilât *n. f.*, terme de l'*ar. lit.*, → *âyila.*

a'lam *adj.*, *mrph.* comparatif, terme de l'*ar. lit.*, ≃ *âlam*, *Cf. âlim*, * ʕlm, ع ل م
♦ **plus savant.** •*Allâhu a'lam, kan Ali maca lêyah walla mâ maca.* Dieu seul sait [Dieu est le plus savant] si Ali est allé ou non chez lui. •*Al mudarris âlam minni.* L'enseignant est plus savant que moi. •*Ambâkir sûg fî, yâ Ahmat ? Allâhu a'lam !* Demain, y-a-t-il marché, Ahmat ? Dieu seul le sait !

a'lam ! *v. impér.*, → *ilim 1.*

a'mâr *pl.*, → *umur 2.*

a'mir *v. impér.*, → *amar 1, amar 2.*

a'raj / uruj *adj. déf. phy.*, (*fém. ârja*), ≃ le masculin *a'araj, âraj*, et le pluriel *urujja*, * ʕrj, ع ر ج
♦ **boiteux (-euse).** •*Hû bigi a'raj acân zamân rijilah ankasarat.* Il est devenu boiteux parce qu'autrefois il s'est cassé la jambe. •*Anîna l gâ'idîn hini kullina uruj.* Nous qui sommes ici, nous sommes tous des boiteux. •*Axti daktôriye, hî ta'allim al uruj wa l mukarsahîn ruwâxe.* Ma sœur est médecin, elle apprend à marcher aux boiteux et aux paralysés. •*Al-calal karab binêyti wa sawwaha ârja.* Ma fille a attrapé la poliomyélite, c'est pour cela qu'elle boite. •*Al iyâl kan câfo nâdum a'araj, yamcu warâyah wa bugûlu : "A'araj agîf ! Wallah mâ nagîf ! Acân cunû ? Acân al mandawa !".* Lorsque le boiteux passe, les enfants le suivent et disent en se moquant : "Boiteux arrête-toi ! Par Dieu je ne m'arrête pas ! A cause de quoi ? A cause des arachides !".

a'sa *v. impér.*, → *isi.*

â'sâb *pl.*, → *asab.*

a'sir *v. impér.*, → *asar.*

a'war / uwur *adj. déf. phy.*, (*fém. ôra, awra*), ≃ le masculin *âwar*, * ʕwr, ع و ر
♦ **borgne.** •*Al a'war mâ yabga imâm lê l-nâs.* Celui qui est borgne ne peut pas diriger la prière des autres [ne deviendra pas imam pour les gens]. •*Al mara di ôra.* Cette femme est borgne.

a'yâd *pl.*, → *îd .*

ab- *invar.*, pour *abu*, préfixe entrant dans la composition de nombreux noms et adjectifs masculins dont on veut souligner une fonction ou une particularité physique manifeste, *Cf. am-*, → *abu-*, *litt.* père de.

ab *adj.*, (*fém. amm*), devant un nombre, → *ab-, am-.*
♦ **composé(e) de, caractérisé par, possédant.** •*Kan macêt Kuseri, aciri lêi biric ab talâte taragay !* Si tu vas à Kousseri, achète-moi une natte formée de trois panneaux cousus l'un à l'autre ! •*Maco be bundughum ab acara âcan yaktulu bêyah l fîl.* Ils sont partis avec leur fusil à dix coups pour tuer l'éléphant. •*Amis lammêna ma'â Ahmat ab sitte, bisallim lêku.* Hier, nous nous sommes rencontrés avec "Ahmat aux six doigts", il vous salue. •*Al xaccâbi da tammay, câl alif riyâl acân yi'addil kanta amm arba'a.* Ce menuisier est avide d'argent, il m'a pris mille riyals pour réparer mon étagère à quatre rayons.

âb / yi'îb *v. trans.* et *intr. {- ma'â}*, forme I n° 10, * ˁyb, ع ي ب

♦ **avoir honte, être honteux,** laisser dans la honte. •*Anâ ibt ma'âku, sâmuni ; wa''adtuku wa mâ macêt lêku !* J'ai honte [j'ai eu honte avec vous], excusez-moi ! J'ai pris rendez-vous avec vous et je ne suis pas passé chez vous ! •*Mâ ti'îb ma'â jîrânak fî hurâj hanâ iyâl al-dugâg !* N'aie pas de sentiment de honte envers tes voisins à cause de la bagarre des enfants ! •*Êbah ni'îbah !* Je le laisse dans sa honte ! (Expression dite lorsque l'on n'a pas répondu à une humiliation).

ab'acara nom composé de *abu* (père de) et *acara* (dix), *m.*, *litt.* fusil à dix coups, * ˁšr, ع ش ر

♦ **nom d'un fusil, fusil Lebel,** calibre 8 mm, datant d'avant la guerre de 1914-1918, utilisé dans les régions sahéliennes pour sa capacité à ne pas s'enrayer malgré le sable. •*Ab'acara bundug tawîl misil al-transîs.* Le fusil Lebel est un long fusil qui ressemble au MAS trente-six. •*Ab'acara bicîl acara rassâsay bas wa sana'ôh gubbâl al harba l âlamiye al awalâniye.* Le fusil Lebel a un chargeur qui ne prend que dix balles, il a été fabriqué avant la première guerre mondiale.

ab'ad *adj.* comparatif et superlatif, → *ba'îd*, * bˁd, ب ع د

♦ **plus loin, très éloigné(e) de.** •*Bêtna ab'ad min bêtku.* Notre maison est plus loin que la vôtre. •*Dâr Nasâra ab'ad min Tcâd.* Le pays des Européens est très loin du Tchad.

ab'agil *adj.*, → *ab'agul.*

ab'agul *adj. n.*, composé de *abu* et de *agul*, *Cf. agul*, (*fém. am'agul*), ≅ *ab'agil*, * ˁql, ع ق ل

♦ **raisonnable, conscient(e), sage, intelligent(e), avisé(e).** •*Wilêdi ab'agul da yudumm acîr abuh.* Mon enfant est très raisonnable, il garde bien les secrets de son père. •*Al-râjil ab'agul mâ bicajji' al harb, hû sâbir.* L'homme sage n'encourage pas à la guerre, il est patient. •*Al mara am'agul di mâ tal'ab be gurusha, acân hî taxâf min al-ta'ab kan gurus mâ fîh.* Cette femme avisée ne joue pas avec son argent, elle craint le jour où l'argent pourrait lui manquer.

ab'angara *adj. déf. phy.*, composé de *abu* : père, et de *angara* : nuque, (*fém. am'angara*), * ˁnq, ع ن ق

♦ **qui a une nuque énorme, qui a un cou fort,** qui a le cou ou la nuque aussi fort que celui d'une grande chamelle. •*Al-râjil ab'angara da, mâni'.* Cét homme qui a une nuque énorme est très fort. •*Anâ naxâf min al binêye am'angara di tidâwisni.* J'ai peur que cette fille au cou très fort ne se batte avec moi.

ab'arafa *pl.*, → *ab'uruf.*

ab'igêl *adj. n., mrph. dmtf*, composé de *abu* et de *igêl*, → *agil, ab'agul*, (*fém. am'igêl*), * ˁql, ع ق ل

♦ **intelligent(e), malin (-igne), éveillé(e),** qui est fin(e), qui comprend vite. •*Wilêdi ab'igêl da indah sitte sana, ba'arif kulla cêy fî l bêt.* Mon enfant qui a six ans est bien éveillé, il connaît déjà tout dans la maison. •*Am'igêl di, hî bas amm al bêt.* Cette fille intelligente, c'est celle qui tient la maison.

ab'iggêl *n. mld.*, *mrph. dmtf.*, *m.*, composé de *abu* : père, et de *iggêl* : petite entrave, → *ugâl*, * ˁql, ع ق ل

♦ **boiterie,** infirmité chez les bovins qui les empêche de marcher. •*Marad hanâ ab'iggêl yakrub fî l-rijilên.* La boiterie paralyse les pattes. •*Adbah bagartak gubbâl ab'iggêl mâ yuxuttaha tihit !* Égorge ta vache avant qu'elle ne puisse plus marcher !

ab'uruf / ab'arafa *n. anim.*, m., *litt.* "qui a le cou très épais" (*Ka.*), * ˁrf, ع ر ف

♦ **hippotrague, antilope cheval, Hippotragus equinus (Desm.).** •*Ab'uruf gurûnah tuwâl.* L'antilope cheval a de longues cornes. •*Nalgo ab'arafa kutâr fî turâb al-Salâmât.* On trouve beaucoup d'hippotragues au Salamat.

aba / yâba *v. trans.*, forme I n° 16, * 'by, ي ب ء

♦ **refuser, ne pas accepter, ne pas vouloir.** •*Al-nasrâni aba mâ yâkul êc.* L'Européen a refusé de manger la boule. •*Anâ sa'altah biskilêtah narkab, kula aba lêi.* Je lui ai demandé sa bicyclette pour la monter, il n'a même pas voulu me la prêter. •*Al yôm, abêtah al-câhi.* Aujourd'hui j'ai refusé de prendre du thé.

âba *v. impér.*, → *aba.*

abâbît *pl.*, → *abbût.*

abad / ya'abid *v. trans.*, forme I n° 6, à l'*inacc.* ≅ *yâbid, ya'bid*, * ʕbd, د ب ع

♦ **adorer, aimer beaucoup.** •*Anâ nisalli kulla yôm acân na'bid Rabbi.* Je prie tous les jours car j'adore mon Seigneur. •*Al masîhiyîn wa l muslimîn kulluhum ba'budu Allah.* Chrétiens et musulmans, tous adorent Dieu. •*Al wilêd abad al-lêkôl misil al-janne.* Cet enfant aime l'école comme le paradis. •*Hû abad al marise acân yil'ar'ar.* Il adore boire la bière de mil parce qu'il a choisi de vivre en clochard. •*Yâ wilêdi âbid al-salâ gubbâl ma tabga kabîr !* Mon enfant, aime faire ta prière avant que tu ne sois grand !

abadan *invar.*, dans l'expression *dâyiman wa abadan*, * 'bd, د ب ء

♦ **pour toujours, à jamais, éternellement.** •*Niridki wa nidôr nagôd ma'âki dâyiman wa abadan.* Je t'aime et je voudrais rester avec toi pour toujours. •*Inta tagôd dâyiman wa abadan harrâti.* Tu resteras éternellement un cultivateur.

abadân *n. d'act., m.*, → *abidîn.*

abadi *adj.*, (*fém. abadiya, abadiye*), * 'bd, د ب ء

♦ **perpétuel (-elle), éternel (-elle).** •*Fî l âxira, al hayâ abadiye.* Dans l'autre monde la vie est éternelle. •*Allah hû bas al abadi.* Dieu seul est éternel. •*Axêr al-nâdum yifakkir fî l hayâ l abadiye wa mâ yincaxil be hayât al-dunya.* Il vaut mieux pour l'homme penser à la vie éternelle qu'être préoccupé par le monde d'ici bas. •*Mâ fîh hukum ke abadî, illa hukum Allah.* Aucun gouvernement n'est éternel, sinon celui de Dieu.

abalany / abâlîny *n. anim., m.*, prononcé *[abalañ]*, racine d'après D. Reig (*dict. A.-S.*), * ʕblnj, ع ب ل ن ج

♦ **nom d'un singe, Cercopithecus patas (Schr.),** Singe rouge, ou Singe pleureur. •*Al abalany rikib al-cadaray al kabîre.* Le singe rouge a grimpé dans le grand arbre. •*Al abalany hû bakkay min al-tigil.* Le singe pleureur est plus criard que le singe vert. •*Al abâlîny xarabo l-zere'.* Les singes rouges ont dévasté [détruit] le champ.

abâlîny *pl.*, → *abalany.*

abâlîs *pl.*, → *iblîs.*

abaras *adj.*, → *abras.*

abârîg *pl.*, → *ibrîg.*

abât / ubutte *n. m.*, ≅ le pluriel *ubuttên*, * 'bṭ, ط ب ء

♦ **aisselle.** •*Al waxar bisey lê l abât afin.* La sueur fait que l'aisselle sent mauvais. •*Al binêye walla l wilêd kan bidôr bakluf bamrug lêhum sûf fî ubuttênhum.* Les poils commencent à pousser sous les aisselles du garçon ou de la fille qui devient adulte [la fille ou le garçon quand il veut devenir adulte, du poil sort à leurs aisselles]. •*Al indah coxol fî abâtah mâ binâwil fôg.* Celui qui tient déjà une chose sous son aisselle ne peut tendre le bras en haut pour en attraper une autre. *Prvb.* (*i.e.* on ne peut poursuivre deux lièvres à la fois).

abba 1 / ya'abbi *v. trans.*, ≅ l'*inacc. yi'abbi*, forme II, * ʕbw, و ب ع

♦ **remplir, charger, préparer le thé.** •*Al-tâjir hanâ l xalla abba cuwâlât wa xayyatâhum.* Le marchand de mil a rempli des sacs et les a cousus. •*Al mara di abbat câhi lê l-dîfân.* Cette femme-là a préparé le thé pour les hôtes.

abba 2 / abbahât *n. m.*, nom permettant d'interpeller respectueusement tout homme, *Cf. iya*, * 'bw, ء ب و

♦ **père, papa.** •*Abba, antîni riyâlât, nibî lêi pappa !* Papa, donne-moi des pièces de monnaie, je voudrais m'acheter des sandalettes ! •*Abba, xalâs al-câhi fâr.* Père, ça y est, le thé est prêt [a bouilli]. •*Abbahât Ahmat wa Umar jo lêna dîfân.* Le père d'Ahmat et celui d'Oumar sont venus nous rendre visite.

Abba *n. pr.* d'homme, *Cf. abba 2*, * 'bw, ء ب و

abba hârr mot composé, *m.*, *Cf. abba, hârr, iya hârr*, vocabulaire des jeunes de N'Djaména, * ḥrr, ح ر ر

♦ **fiancé, petit ami, amant,** vivant avec sa partenaire sans idée de mariage. •*Al yôm abba hârr hanâki mâ ja wallâ cunû ?* Aujourd'hui ton petit ami n'est pas venu ? •*Hî gâlat abba hârr hanâha mardân.* Elle a dit que son fiancé était malade.

abba'asûr *n. mld.*, ≅ *abba'sûr, abbâsûr*, → *abbâsûr.*

Abba'axûna *n. pr.* d'homme, *litt.* le père de notre frère, *Cf. abba, axû.*

abbad / yi'abbid *v. trans.*, forme II, * ʕbd, ع ب د

♦ **asservir, rendre esclave.** •*Zamân al musta'mirîn bi'abbudu l Ifrixiyîn.* Autrefois, les colons ont réduit les Africains en esclavage. •*Zamân, fî dâr Wadday, yijîbu nâs min barra wa bi'abbudûhum.* Autrefois, au Ouaddaï, on amenait des gens de l'extérieur et on en faisait des esclaves.

abbadân *n. d'act.*, *m.*, → *abbidîn.*

abbajagi *n. cdmt.*, *m.*, ≅ *abbajigi.*

♦ **mélange de condiments,** mélange d'oignons grillés, de cumin et de poivre qui parfume la sauce. •*Mulâhi da, al yôm sawwêtah be abbajagi bas.* Ma sauce aujourd'hui, je ne l'ai faite qu'avec un mélange de condiments déjà prêt. •*Kan basal wallâ tûm mâ indi, fî mulâhi nusubb abbajagi bas.* Lorsque je n'ai ni oignon ni ail, je mets simplement dans ma sauce le mélange tout prêt *abbajagi.* •*Ênak gawi, tugûl abbajagi fî l mulâh.* Tu es mal élevé en te faisant remarquer, comme les condiments dans la sauce ! [ton œil est dur, on dirait des condiments dans la sauce !].

abbajigi *n. cdmt.*, *m.*, → *abbajagi.*

abbak / yi'abbik *v. trans.*, ≅ l'*inacc. ya'abbik*, forme II, * ʕbk, ع ب ك

♦ **pétrir, malaxer une pâte,** presser dans la paume de la main. •*Abbakna abâbît lê l-sadaxa.* Nous avons pétri des boulettes pour les donner en aumône. •*Al binêye abbakat lêha dagîg hanâ kisâr.* La jeune fille a malaxé de la farine avec de l'eau pour se faire des galettes.

abbakân *n. d'act.*, *m.*, → *abbikîn.*

Abbakar *n. pr.* d'homme, *Cf. Abubakar*, * bkr, ب ك ر

Abbakûra *n. pr.* d'homme, ≅ *Abbakôra*, variante de *Abbakar*, * bkr, ب ك ر

abbâla *adj. n.*, *coll. mrph. intf.*, *sgtf. m. abbâli*, peu usité au féminin, * 'bl, ء ب ل

♦ **chamelier, éleveur de chameaux.** •*Al abbâla bamcu alê mincâx fî cahari saba'a.* Les éleveurs de chameaux vont vers le nord au mois d'août. •*Banât al abbâla jâbo laban fî l-sûg.* Les filles des éleveurs de chameaux ont apporté du lait au marché. •*Al abbâla mâ ba'arfu bankutu biyâr, humman bazgu mâlhum fî l widyân bas.* Les chameliers ne savent pas creuser des puits, ils abreuvent leurs troupeaux dans les oueds. •*Al abbâli da bancax fî l xarîf wa bi'ôti fî l-sêf.* Cet éleveur de chameaux part vers le nord en saison des pluies, et vers le sud en saison sèche.

abbâli *sgtf. m.*, → *abbâla*, * 'bl, ء ب ل

Abbâli *n. pr.* d'homme, surnom, *litt.* chamelier, * 'bl, ء ب ل

abbar / yi'abbir *v. trans.*, forme II, * ʕbr, ع ب ر

♦ **mesurer une surface,** mesurer un contenu ou un volume. •*Abbir lêi bakân nahartah lêk be mîtên !* Mesure-moi une surface, je te la cultiverai pour un salaire de deux cents riyals. •*Al mara abbarat xalla kortên wa waddataha fî l-tâhûna.* La femme a mesuré deux koros de mil et les a apportés au moulin. •*Abbiri lêi dagîg nuss kôro wa ba'adên nikaffîki !* Mesure pour moi un demi-koro de farine et puis je te payerai.

abbâr / abbârât *n. m.*, *Cf. wêbe, yêbe*, * ʕbr, ع ب ر

♦ **unité de mesure d'un volume, récipient servant de mesure,** équivalent à environ vingt kilos. •*Zakkât al xalla yikîlûha be l abbâr.* L'aumône légale du mil se mesure en *abbar*. •*Al-cuwâl indah arba'a abbâr.* Un sac contient quatre *abbar*. •*Abbâr hanâ xalla bicil acara kôro.* Un *abbar* contient dix koros.

abbarân *n. d'act.*, *m.*, ≅ *abbirîn*, * ʕbr, ع ب ر

♦ **mesure, fait de mesurer.** •*Abbarân al-tûl be l mitir walla l yarda.* On utilise un mètre ou un yard pour mesurer les longueurs. •*Abbirîn al xalla be l-cuwâlât walla l kawâro.* La mesure du mil se fait avec des sacs ou des koros. •*Abbirîn al-duxân be l mizân.* La mesure des bois d'encens s'effectue avec une balance. •*Abbarân jari l watîr be l-sâ'a.* La vitesse d'un véhicule est donnée par un compteur [la montre].

Abbâs *n. pr.* d'homme, oncle du Prophète, * ʕbs, ع ب س

abbâsûr *n. m.*, composé de *abu* et de *bâsûr* (hémorroïde) à ne pas confondre avec *bâsûr* (selle de l'âne ou du chameau), * bsr, ب س ر

♦ **hémorroïde.** •*Abbâsûr marad cên.* Les hémorroïdes sont très désagréables [sont une vilaine maladie]. •*Al indah abbâsûr mâ bagdar bagôd katîr bala wusâde.* Celui qui a des hémorroïdes ne peut pas rester assis longtemps sans coussin.

abbat / yi'abbit *v. trans.*, forme II, * ʕbd, ع ب د

♦ **presser des boulettes, serrer la pâte dans la main, pétrir,** presser la farine dans le creux de la main comme pour en faire une boulette. •*Fâtime kan tidôri titirri diwêdi ajjini l farîn be l almi wa abbitih abâbît abâbît wa xutti fî l makana !* Fatimé, si tu veux faire [filer] des spaghettis, pétris de la farine de blé avec de l'eau, et presse-la en petites boulettes que tu mettras ensuite dans la machine ! •*Al-laham kan nidôr nisey kufta, narhakah fî l makana wa nixalbitah be farîn ciya, wa ni'abbitah wa nutuccah fî l-dihin.* Lorsque je veux préparer un plat de boulettes de viande hachée, je hache la viande avec le hachoir [dans la machine], je la mélange avec un peu de farine, je la presse en petites poignées que je fais griller dans l'huile.

abbaṭân *n. d'act.*, *m.*, → *abbitîn.*

abbatun *n. m.*, terme d'insulte, composé de *ab* et de *batun*, *litt.* qui a du ventre, * bṭn, ب ط ن

♦ **ventripotent.** •*Cîf al-râjil da girgît bigi abbatun !* Regarde ce gros bonhomme, il est devenu ventripotent ! •*Abbatun mâ yagdar yurûx.* Celui qui est ventripotent marche avec difficulté.

Abbecce *n. pr.*, → *Abbece.*

Abbece *n. pr.* de lieu, chef-lieu de la préfecture du Ouaddaï, souvent prononcé *Abbecce*.

♦ **Abéché.**

abbidîn *n. d'act.*, *m.*, ≅ *abbadân*, *Syn. ista'bidîn*, * ʕbd, ع ب د

♦ **esclavage, fait de rendre esclave, asservissement.** •*Zamân al-nâs al induhum gudra birîdu abbidîn al masâkîn.* Autrefois les gens riches [qui avaient la possibilité] aimaient asservir les pauvres. •*Hû axad binêyti lâkin coxolah da abbidîn.* Il a épousé ma fille mais en a fait une esclave.

Abbikêre *n. pr.* de garçon, *dmtf.* de *Abbakar*, * kkr, ر ك ك

abbikîn *n. d'act., m.*, ≅ *abbakân*, → *abbak*, * ʕbk, ك ب ع

♦ **fabrication de boulettes,** fait de rouler des boulettes. •*Abbikîn hanâ sûfah da, min al wasax.* Ses cheveux se sont mis en boulettes à cause de leur saleté. •*Hî mâ ta'arif abbikîn al fûl al marhûk.* Elle ne sait pas faire des boulettes d'arachides écrasées.

abbitîn 1 *n. d'act., m.*, ≅ *abbatân*, * ʕbd, د ب ع

♦ **pétrissage, fait de serrer la pâte dans la main, fait de presser des boulettes,** fait de serrer dans le creux de la main un peu de pâte comme pour faire une boulette. •*Abbitîn al kisâr be îdên tinên.* On pétrit la pâte des galettes avec les deux mains. •*Abbitîn abâbît al-sadaxa be ruwâba wa sukkar.* On prépare les boulettes que l'on donne en aumône en pressant, dans la main, du babeurre avec du sucre.

abbitîn 2 *n. d'act., m.*, ≅ *abbatân*, connu en arabe sd., * 'bṭ, ط ب ء

♦ **fait de porter en haut du bras, fait de prendre sur le bras.** •*Abbitînak lê sakkînak be fî l-lêl da mâ bijîb al âfe.* Porter au bras ton couteau même la nuit n'est pas très salutaire. •*Mâ tiwâlifî saxîrki l abbitîn fôgki, dallih wa xallih yurux be rijilênah !* N'habitue pas ton petit à être porté sur ton bras, fais-le descendre et laisse-le marcher avec ses jambes !

Abbûd *n. m.*, → *Abbût.*

abbullâxa *n. m.*, (*fém. ambullâxa*), *Cf. bullâxa, lijêne*, * blġ, غ ل ب

♦ **qui zozote, qui zézaye, qui blèse, qui a un cheveu sur la langue.** •*Wilêdi abbullâxa mâ yagdar yugûl "râjil".* Mon enfant zézaye il ne peut pas prononcer comme il faut le mot *râjil* (homme). •*Al binêye di samhe lâkin hî ambullâxa fî l hije.* Cette jeune fille est belle mais elle parle en zozotant.

abbût / abâbît *n. m.*, connu au *Sdn.*, * ʕbd, د ب ع

♦ **poignée, boulette,** contenu d'une poignée de farine pressée dans la main pour en faire une boulette et la donner en aumône. •*Al abâbît bisawwuhum sadaxa.* On fait des boulettes de mil pour les donner en aumône. •*Amis be fajur jidditi gassamat abâbît sadaxa lê l iyâl.* Hier matin, ma grand-mère a donné des boulettes en aumône aux enfants. •*Al abbût be dagîg hanâ xalla wallâ rîs be sukkar.* On fait des boulettes avec de la farine de mil ou de riz, et du sucre. •*Akrub abbûtak zên, mâ tixalli yaga' min îdak !* Tiens bien ta boulette, ne la laisse pas tomber de ta main !

Abbût *n. pr.* d'homme, pour *Abbûd*, Abboud : nom d'un noir persécuté pour sa croyance en Dieu, qui a été nourri en secret et s'est endormi pendant sept ans ; nom donné au grand dormeur (*Ka.*), * ʕbd, د ب ع

abcanab 1 *adj. déf. phy.*, composé de *abu* et de *canab* (moustache), * šnb, ش ن ب

♦ **moustachu.** •*Al-râjil abcanab da fahal.* Ce moustachu est courageux. •*Cîf al-cêx abcanab da, canabah canab al-dûd !* Regarde ce cheikh moustachu, ses moustaches sont comme celles du lion !

abcanab 2 *n. m.*, médicament liquide à base de Méthyl salicylate fabriqué au Nigeria et dont le flacon porte la marque *sloan's liniment* et le dessin d'un homme avec de grosses moustaches ; → *mastolatum.*

Abcârib *n. pr.*, → *Abucârib.*

abcette-cette *n. m.*, composé de *ab* et de *cette* (piment) dans l'expression *grênât abcette-cette*, * šṭṭ, ط ط ش

♦ **grenade lacrymogène.** •*Yôm al muzâharât hanâ iyâl al-lekkôl, al askar zaggalo fôghum grênât abcette-cette.* Le jour où les étudiants ont manifesté, les soldats ont lancé sur eux des grenades lacrymogènes.

•*Grênât abcette-cette mâ yaktul, lâkin bita"ib bibakki wa ba'attic wa bigahhih.* Les grenades lacrymogènes ne tuent pas mais causent des désagréments : elles font pleurer, éternuer et tousser.

abcikân *pl.*, → *abcôk.*

abcôk / abcikân *n. anim.*, m., composé de *abu* et de *côk*, * šwk, ش و ك

♦ **porc-épic, Hystrix cristata senegalia (Cuvier),** famille des hystricidés. •*Al abcôk lahamah halu misil al-jidâd.* La viande du porc-épic est aussi bonne que la chair de la poule. •*Al abcôk hû daharah kulla kê côk.* Le dos du porc-épic est recouvert de piques [d'épines].

abcur / abcuru impératif, (*fém. abcuri*), verbe inusité à l'accompli et à l'*inacc.*, *Cf. bicâra*, * bšr, ب ش ر

♦ **bravo !, c'est bien !, continue !,** exclamation accompagnée d'un claquement de doigt ou d'un geste de mains pour manifester sa satisfaction. •*Hû daxal fî ust al banât al gâ'idîn bal'abo wa gâl "abcuru" !* Il est entré dans le cercle des filles qui dansaient et leur a dit : "C'est bien, continuez !". •*Hî mâ ligat nâdum gâl lêha : "abcuri !".* Elle n'a trouvé personne pour lui dire : "Bravo !".

abcuru *pl.*, → *abcur*.

Abd-al-Azîm *n. pr.* d'homme composé à partir d'un nom divin, *litt.* serviteur de l'Inaccessible.

Abd-al-Azîz *n. pr.* d'homme composé à partir d'un nom divin, *litt.* serviteur du Puissant.

Abd-al-Bâgi *n. pr.* d'homme composé à partir d'un nom divin, → *Abd-al-Bâxi*.

Abd-al-banât *n. pr.* d'homme, *litt.* serviteur des filles, nom donné au dernier enfant de la famille lorsque celui-ci est un garçon ou lorsqu'il a de nombreuses sœurs.

Abd-al-Bâri' *n. pr.* d'homme composé à partir d'un nom divin, *litt.* serviteur de Celui qui donne un commencement à toute chose.

Abd-al-Bâsit *n. pr.* d'homme composé à partir d'un nom divin, *litt.* serviteur de Celui qui donne sans limite, *Cf. anbasat*.

Abd-al-Bâxi *n. pr.* d'homme composé à partir d'un nom divin, *litt.* serviteur de l'Éternel, ≅ *Abd-al-Bâgi*, *Cf. bâgi*.

Abd-al-Cakûr *n. pr.* d'homme composé à partir d'un nom divin, *litt.* serviteur du Reconnaissant.

Abd-al-Fattâh *n. pr.* d'homme composé à partir d'un nom divin, *litt.* serviteur du Victorieux.

Abd-al-Hag *n. pr.* d'homme composé à partir d'un nom divin, pour *Abd-al-Haqq*, *litt.* serviteur de la Vérité.

Abd-al-Halîm *n. pr.* d'homme composé à partir d'un nom divin, *litt.* serviteur de Celui qui est plein de mansuétude.

Abd-al-Hamîd *n. pr.* d'homme formé à partir d'un nom divin, *litt.* serviteur de Celui qui est digne de louange.

Abd-al-Jabbâr *n. pr.* d'homme composé à partir d'un nom divin, *litt.* serviteur du Très-Fort.

Abd-al-Jalîl *n. pr.* d'homme composé à partir d'un nom divin, *litt.* serviteur du Majestueux.

Abd-al-Karîm *n. pr.* d'homme composé à partir d'un nom divin, *litt.* serviteur du Généreux, *Cf. abd, karîm*.

Abd-al-Latîf *n. pr.* d'homme composé à partir d'un nom divin, *litt.* serviteur du Subtil.

Abd-al-Majîd *n. pr.* d'homme composé à partir d'un nom divin, *litt.* serviteur du Glorieux.

Abd-al-Mannân *n. pr.* d'homme composé à partir d'un nom divin, *litt.* serviteur du Bienveillant.

Abd-al-Mu'min *n. pr.* d'homme composé à partir d'un nom divin, *litt.* serviteur de Celui qui témoigne de sa propre véridicité.

Abd-al-Mu'ti *n. pr.* d'homme composé à partir d'un nom divin, *litt.* serviteur du Donateur.

Abd-al-Muhsin *n. pr.* d'homme composé à partir d'un nom divin, *litt.* serviteur du Bienfaisant.

Abd-al-Mun'im *n. pr.* d'homme composé à partir d'un nom divin, *litt.* serviteur du Bienfaisant.

Abd-al-muttalib *n. pr.* d'homme, nom du grand-père du Prophète.

Abd-al-Nabi *n. pr.* d'homme composé à partir du nom du Prophète, *litt.* serviteur du Prophète.

Abd-al-Nâsir *n. pr.* d'homme composé à partir d'un nom divin, *litt.* serviteur du Défenseur.

Abd-al-Ra'ûf *n. pr.* d'homme composé à partir d'un nom divin, *litt.* serviteur du Compatissant.

Abd-al-Rahîm *n. pr.* d'homme composé à partir d'un nom divin, *litt.* serviteur du Miséricordieux.

Abd-al-Rahmân *n. pr.* d'homme composé à partir d'un nom divin, *litt.* serviteur du Bienfaiteur.

Abd-al-Rasûl *n. pr.* d'homme composé à partir du nom du Prophète, *litt.* serviteur de l'Envoyé.

Abd-al-Râzix *n. pr.* d'homme composé à partir d'un nom divin, *litt.* serviteur de Celui qui donne la nourriture quotidienne.

Abd-al-Razzâx *n. pr.* d'homme composé à partir d'un nom divin, *litt.* serviteur du Dispensateur de tout bien.

Abd-al-Sabûr *n. pr.* d'homme formé à partir d'un nom divin, *litt.* serviteur du Patient.

Abd-al-Salâm *n. pr.* d'homme formé à partir d'un nom divin, *litt.* serviteur de la Paix.

Abd-al-Wahhâb *n. pr.* d'homme composé à partir d'un nom divin, *litt.* serviteur du Donateur.

Abd-al-Wâhid *n. pr.* d'homme composé à partir d'un nom divin, *litt.* serviteur de l'Un.

Abd-al-Xâdir *n. pr.* d'homme composé à partir d'un nom divin, pour *Abd al Qâdir*, *litt.* serviteur du Puissant.

Abd-al-Xaffâr *n. pr.* d'homme composé à partir d'un nom divin, *litt.* serviteur de Celui qui pardonne, *Cf. xafar, wafar*.

Abd-al-Xâlix *n. pr.* d'homme composé à partir d'un nom divin, *litt.* serviteur du Créateur.

Abd-Allah *n. pr.* d'homme composé à partir du nom divin, *litt.* serviteur de Dieu, ≅ *Abdullâhi, Abdullay, Addallâhi, Abdalloh*.

abda *v. impér.*, → *bada.*

abdabâbir *pl.*, → *abdabbûra.*

abdabbûra / abdabâbir *adj. m.*, féminin inusité, connu au *Sdn.* (*C.Q.*), * dbr, د ب ر

♦ **qui porte un galon, gradé par un galon.** •*Al abdabbûra da xâli.* Cet homme qui a un galon est mon oncle. •*Al abdaburtên mas'ûl min al abdabbûra.* Celui qui porte deux galons est le supérieur [responsable] de celui qui n'en porte qu'un.

abdaburtên *adj. m.*, → *abdabbûra.*

Abdal… voir plus haut : *Abd-al-…*

Abdallah → *Abd-Allah.*

abdallâla / abdallâlât *n. m.*, *mrph. intf.*, composé de *abu* et *dallâla*, * ẓll, ظ ل ل

♦ **baldaquin,** grand lit à baldaquin. •*Cara sarîr abdallâla lê martah.* Il a acheté un lit à baldaquin pour sa femme. •*Sarîr abdallâla indah arba'a hadîd wa farde min fôg min al ajâj, wa birabbutu fôgah sange.* Le lit à baldaquin a quatre barres de fer tenant en haut un pagne contre la poussière et auxquelles on attache une moustiquaire.

Abdan… voir plus haut. *Abd-al-N…*

Abdar… voir pus haut *Abd-al-R…*

Abdas… voir plus haut. *Abd-al-S…*

Abde- terme entrant dans la composition de *n. pr.* d'homme, → *Abd-al.*

Abdeyya *n. pr.* de lieu, chef-lieu de sous-préfecture du Salamat, * ḍw', ض و ء

♦ **Abou Deïa.**

abdigin *adj. déf. phy.*, composé de *abu* et de *digin* (barbe), (*fém. amdigin*), * ḏqn, ذ ق ن

♦ **barbu(e).** •*Al-râjil abdigin da, ustaz.* Cet homme barbu est professeur. •*Al-râjil al abdigin da mukarram bilhên fî hillitna.* Cet homme barbu est très respecté dans notre village.

abdihêr / abdihêrât *adj. n.*, *mrph. dmtf.*, (*fém. amdihêr*), *litt.* petit dos, *Cf. ahdab*, * ẓhr, ظ ه ر

♦ **bossu(e), voûté(e).** •*Abdihêr da min ammah wildatah ke, misil da.* Ce bossu est ainsi depuis que sa mère l'a mis au monde. •*Al-laham al matcûc al halu da, bîtah min abdihêr.* Cette bonne viande grillée, je l'ai achetée au bossu. •*Al mara amdihêr di, al-rujâl mâ bidôru biyâxudûha.* Cette femme voûtée, les hommes ne veulent pas l'épouser.

abdirêdimme *n. mld.*, *dmtf.*, *m.*, composé de *abu* et de *diredimme*, *Cf. durdumma, abucabaka, ablêle 2, digindâire*, * drm, د ر م

♦ **charbon bactéridien.** •*Abdirêdimme hû bisawwi al-jilid hanâ l bagaray kulla ke darâdim.* Le charbon bactéridien rend la peau de la vache couverte de kystes. •*Al bagaray kan indaha marad abdirêdimme, tuhukka kê namma yajiri damm, wa dâxal fî l amkirce kulla darâdim humur.* Lorsqu'une vache a le charbon, elle se gratte jusqu'au sang et l'intérieur de sa panse est plein de kystes rouges.

abdôma / abdômât *n. m.*, animal représenté sur les hiéroglyphes, * dwm, د و م

♦ **ibis sacré, Threskiornis æthiopica.** •*Xacum abdôma tawîl wa mukanjar, bisill bêyah al hacarât fî tihit al gecc walla l almi.* Le bec de l'ibis sacré est long et recourbé ; grâce à cela il peut attraper les insectes se trouvant dans l'herbe ou dans l'eau. •*Abdômât talgâhum fî cârib al almi, sûfhum buyud wa xucumhum zurug.* Tu trouveras les ibis sacrés au bord de l'eau ; ils ont un plumage blanc et un bec noir.

Abdu- terme entrant dans la composition de *n. pr.* d'homme, → *Abd-al.*

abdullâhi *n. pr.* d'homme, → *Abdallah, Abdullay.*

Abdullay *n. pr.* d'homme, fils du Prophète, *litt.* serviteur de Dieu, ≅ *Abdallah, Abdallahi, Addallâhi.*

Abêna *n. pr.* de lieu, quartier de N'Djaména, *mrph. v. trans.* → *aba,* [nous avons refusé], * 'by, ء ب ي

abfâs *n. m.*, *litt.* qui a une hache, médicament liquide dont le flacon est illustré par le dessin d'une hache ; *Cf. mastolatum.*

abfâsûx *n. mld.*, *m.*, composé de *abu* et de *fâsûx*, maladie des bovins (cowdriose) appelée ainsi dans la région de Melfi, → *abugâlum*, * fsh̲, خ س ف

abga *v. impér.*, → *bigi.*

abgacca *n. f.*, composé de *ab* et *gacca*, *Cf. ab, gecc*, du nom de la paille que les femmes utilisent après avoir percé leur narine pour éviter que le trou ne se referme, * qšš, ق ش ش

♦ **bijou pour le nez,** petit bouton décoratif en or se mettant dans le trou d'une narine, et remplaçant le *cinif.* •*Al arûs indaha xurûs fî udunnênha wa abgacca fî munxârha.* La mariée porte des boucles d'oreilles et un bijou sur la narine. •*Abgacca bisawwuha min al-dahab wa mâ xâliye bilhên.* Les petits bijoux pour le nez sont fabriqués en or et ne coûtent pas trop cher.

abgâlum *n. mld., m.*, composé de *abu* et de *gâlum* dont la racine évoque la "coupure, rognure" du péricarde, maladie des bovins appelée ainsi dans la région du Batha, *Cf. abfâsûx, abuntcirêr*, * qlm, ق ل م

♦ **cowdriose.** •*Al bagar walla l xanam, fîh nô min al gecc, kan akaloh bisawwi lêhum abgâlum.* Les vaches ou les moutons attrapent la cowdriose après avoir mangé une sorte de mauvaise herbe. •*Abgâlum marad dâxal fî l galib wa l masârîn, kan caggêt al galib da, talgah malân almi, mâ indah damm.* La cowdriose est une maladie qui attaque le cœur et les intestins ; après avoir dépecé l'animal, on constate que son cœur est plein d'eau et qu'il n'a pas de sang.

abgarin *n. anim., m.*, composé de *abu* et de *garin*, → *garin*, ≅ *abugarin, abugern*, * qrn, ق ر ن

♦ **rhinocéros, Diceros bicornis.** •*Al abugarin hû batunah kabîre wa rijilêna gusâr, wa indah garin wâhid fî râsah.* Le rhinocéros a un gros ventre, des pattes courtes et une corne sur la tête. •*Zamân fî dâr Wadday abugarin axabac yatrud al askar kan bisawwu haraka.* Autrefois au Ouaddaï, il y avait un rhinocéros gris qui chassait les militaires quand ils faisaient trop de bruit.

abgassâs *n. mld.*, composé de *ab* et de *gassâs* (qui cisaille), ≅ *abgazâz*, * qṣṣ, ق ص ص

♦ **syphilis.** •*Al abgassâs marad mâ biddâwa ajala.* La syphilis est une maladie qui ne se soigne pas rapidement. •*Hassâ al abgassâs mâ fîh katîr misil zamân.* Maintenant il n'y a pas autant de cas de syphilis qu'autrefois. •*Nâs wahdîn kan abgassâs karabâhum êb bisawwihum mâ bamcu l-labtân.* Certaines personnes ont honte d'aller à l'hôpital lorsqu'elles ont contracté la syphilis.

abgazâz *n. mld.*, → *abgassâs.*

abgêd *n. mld., m.*, composé de *abu* et de *gêd*, maladie des bovins appelée ainsi dans la région d'Abéché, → *ab'iggêl*, * qyd, ق ي د

♦ **boiterie.** •*Al abgêd marad bakrub al bagar min rijilênhum.* La boiterie est une maladie qui attaque les pieds des vaches. •*Al bagaray kan abgêd karabâha mâ tagdar tasrah ma'â l mâl.* Une vache qui a attrapé la boiterie ne pourra pas aller au pâturage avec le troupeau.

abgerin *n. anim.*, → *abugarin.*

abgiyêdât *n. mld., dmtf., m.*, composé de *abu* et de *giyêdât*, maladie des animaux appelée ainsi dans la région de Goz-Beida, → *ab'igêl*, * qyd, ق ي د

♦ **boiterie.** •*Al xanam kan karabhum abgiyêdât, mâ yagdaro yurûxu.* Lorsque les chèvres et les moutons attrapent la boiterie, ils ne peuvent plus marcher. •*Marad abgiyêdât yita"ib al xanam wa l bagar fî l xarîf, bisawwi lêhum awâwîr dâxal fî dalâfênhum.* La maladie de la boiterie fait beaucoup souffrir les chèvres, les moutons et les vaches pendant la saison des pluies ; elle provoque des plaies à l'intérieur de leurs sabots.

abhanak *adj. déf. phy.*, composé de *abu* et de *hanak* (menton), (*fém. amhanak*), * ḥnk, ح ن ك ⇨

♦ **qui a un maxillaire proéminent, qui a une grande gueule,** qui parle très fort ou qui mange beaucoup. •*Al-râjil abhanak da hajjay.* Cet homme au gros maxillaire est un beau parleur. •*Al-râjil abhanak bâkul êc katîr bilhên.* L'homme qui a une grande gueule mange une grosse quantité de boule.

abhatab *n. anim., coll., sgtf. abhatabay*, composé de *abu* et de *hatab* (bois), * ḥṭb, ح ط ب

♦ **nom d'un oiseau, Travailleur à bec rouge,** petit oiseau au bec rouge et au plumage multicolore. •*Al abhatab akal al xalla hint al-zere'.* Les Travailleurs à bec rouge ont mangé le mil du champ. •*Al abhatab ja katîr al-sane di.* Les petits oiseaux au bec rouge sont venus nombreux cette année.

abhilêg 1 *n. mld., mrph. dmtf., m.*, composé de *abu* et de *hilêg* (petite gorge), → *halag*, * ḥlq, ح ل ق

♦ **angine, staphylite, amygdalite.** •*Wilêdi indah abhilêg, wa lâ yagdar yâkul wa lâ yacrab.* Mon enfant a une angine, il ne peut ni manger ni boire. •*Abhilêg marad fî l halig mâ bixalli l-nâdum yâkul walla yacrab.* L'angine est une maladie qui prend à la gorge et qui empêche la personne de manger ou de boire.

abhilêg 2 *n. mld., mrph. dmtf., m.*, composé de *abu* et de *hilêg*, → *halag* ; maladie des bovins appelée ainsi dans la région du Batha, → *ambuldum, xannâga*, * ḥlq, ح ل ق

♦ **pasteurellose.** •*Abhilêg bi'âzi l bagar.* La pasteurellose fait souffrir les vaches. •*Abhilêg yiwarrim halâgîm al bagar, wa mâ yagdaro yâkulu wa lâ yacarbo.* La pasteurellose fait gonfler la gorge des vaches qui ne peuvent plus ni manger ni boire.

abhimêra *n. f., litt.* qui est un peu rouge, → *riyâl ahmar*, * ḥmr, ح م ر

♦ **sou, pièce de monnaie, pièce de cinq francs CFA.** •*Min amis ke, mâ indi abhimêra wâhid kulla.* Depuis hier je me trouve sans un sou en poche. •*Fî l farmasi kan mugassir lêk abhimêra kula mâ yantûk dawa.* Même s'il ne te manque que cinq francs *CFA.* pour payer tes médicaments à la pharmacie, ils ne te les donneront pas. •*Gursi da tikaffîni lêyah ajala, abhimêra kula mâ yangus !* Paye-moi vite tout l'argent que tu me dois, qu'il ne manque pas un seul sou !

abhulûny *adj. n.*, prononcé *[ab hulûñ]*, (*fém. amhulûny*), → *halany.*

abid / abîd *n. m.*, terme de mépris lorsqu'il désigne des hommes, ≅ le pluriel *ibâd* (serviteurs), *Cf. xâdum*, * ʕbd, ع ب د

♦ **homme esclave, serviteur** (de Dieu). •*Ayyi nafar kula indah abîd.* Chaque race a aussi ses esclaves. •*Al-nâs kulluhum abîd Allah.* Tous les hommes sont des serviteurs de Dieu.

abîd *pl.*, → *abid.*

âbid / âbidîn nom de personne, *mrph. part.* actif, *m.*, (*fém. âbde*) vocabulaire religieux, * ʕbd, ع ب د

♦ **vrai adorateur, dévot(e),** vrai adorateur du Dieu Unique, personne pieuse. •*Jâri da râjil âbid Rabbah.* Mon voisin est un vrai adorateur de son Seigneur. •*Illa l âbidîn yadxulu l-janna.* Seuls les vrais adorateurs entreront au paradis.

abidîn *n. d'act., m., Cf. abad*, * ʕbd, ع ب د

♦ **adoration, fait d'adorer, passion pour.** •*Abidîn al Margâye harâm.* L'adoration de la Margaye est interdite. •*Abidîn al karte da, xallih !* Arrête ta passion pour les cartes !

Abijan *n. pr.* de pays, la ville désigne aussi le pays.

♦ **Abidjan, Côte d'Ivoire.**

abja'abât *adj. déf. phy.*, composé de *abu* et de *ja'abât* (fesses), (*fém. amja'abât*), * jʕb, ج ع ب

♦ **fessu(e).** •*Al-râjil abja'abât da âtil.* Cet homme fessu est fainéant. •*Al mara amja'abât di samha.* Cette femme fessue est belle.

abjambo *n. m.*, → *abjanbo.*

abjanbo *n. mld., m.*, composé de *abu* et de *janbo* (*Cf. janb*), *Syn. absaff*, désigne des plaies se trouvant sur les flancs des bestiaux, * jnb, ب ن ج

♦ **lésions cutanées.** •*Bagarti di sûfha daffag acân indaha abjanbo.* Les poils de ma vache tombent parce qu'elle a des lésions cutanées. •*Nâs ciya bas ba'arfu usum abjanbo.* Peu de gens connaissent la maladie *abjanbo* qui crée des lésions sur la peau.

abjigelbo *n. pr.* d'animal, *m., qdr.*, composé de *ab* et de *jigelbo* (provenant peut être du verbe *caglab*, *litt.* ils l'ont un peu renversé, modifié), * šqlb, ب ل ق ش

♦ **nom du chameau,** qualificatif par lequel on désigne familièrement le chameau. •*Abjigelbo râsah wa ragabtah kula xiliboh !* Abjigelbo, le chameau, est fatigué de porter sa tête et son cou ! (ritournelle décrivant le chameau). •*Sûfah sûf arnab, wa batunah yâ Mahammat... Da l abjigelbo.* Son poil est comme celui du lapin mais son ventre, ô Mahammat ! (comme il est gros !)... C'est le chameau. *Dvnt.*

abkadanka / abkadankât *n. anim.* composé de *ab* et de *kadanka*, *litt.* celui qui se tient comme une houe.

♦ **nom d'un serpent, cobra, Naja haje (Linn.), Naja nigricollis.** •*Abkadanka kan câf nâdum, billawi fî danabah wa bagîf adîl.* Lorsque le cobra voit quelqu'un, il s'enroule sur sa queue puis se dresse bien droit. •*Abkadanka dâbi hawân, banfux cudûgah wa kan adda baktul.* Le naja est un serpent méchant, il gonfle ses joues et sa morsure est mortelle.

abkam / bukum *adj. déf. phy.*, (*fém. bakma*, ≃ *bukma*), ≃ le pluriel *abâkim*, *Cf. bâkim*, * bkm, م ك ب

♦ **muet (-ette).** •*Al abkam mâ bagdar bikallim, wa l atrac axêr minnah.* Le muet ne peut pas parler, il vaut mieux être sourd [le sourd est mieux que lui]. •*Mâ acân hû abkam bas tuduggah misil da.* Ce n'est pas parce qu'il est sourd qu'il faut le taper ainsi.

abki *v. impér.*, → *baka.*

abkirce *adj. déf. phy.*, (*fém. amkirce*), composé de *abu* et de *kirce* (estomac), moins insultant que *abkurum* ou *abbatun*, *Syn. abkiric*, * krš, ش ر ك

♦ **ventru(e),** qui a un gros ventre. •*Al-tâjir da samîn wa abkirce.* Ce commerçant est gras et ventru. •*Al-râjil al abkirce mâ yahmal al hamu.* L'homme ventru ne supporte pas la chaleur. •*Al-nâdum kan yâkul sameh bas yabga abkirce.* Il suffit de bien manger pour avoir un gros ventre. •*Al mara amkirce mâ indaha gudra lê l kanfatân.* La femme qui a un gros ventre n'a pas de force pour piler.

abkiric *adj. n.*, composé de *abu* et de *kiric* (estomac), (*fém. amkiric*), *Syn. abkirce*, * krš, ش ر ك

♦ **ventru(e),** qui a un gros ventre. •*Al wilêd da bigi abkiric acân mâ yalga akil adîl.* Cet enfant a un gros ventre parce qu'il est mal nourri. •*Al mara amkiric di garîb talda.* Cette femme qui a un gros ventre va bientôt accoucher.

abkitêfe *n. mld., dmtf., m.*, composé de *abu* et de *kitêfe*, appelé ainsi dans le Chari-Baguirmi, → *abuwarama*, * ktf, ف ت ك

abkuran *n. coll.*, animal *m., litt.* qui a du courant électrique, nom d'un poisson, → *barada.*

abkurum *n. m.*, composé de *ab* et de *kurum*, *litt.* qui a un gésier, terme pouvant servir d'insulte, *Cf. abgirbe*, * krm, م ر ك

♦ **ventru(e), ventripotent(e),** qui a le ventre comme un gros gésier, surnom de l'autruche. •*Al-na'âm binâduh abkurum acân bizarrit al hasas wa kurumah kabîr barhakah.* On appelle l'autruche "gros gésier" parce qu'elle avale les cailloux et qu'elle a un gros gésier qui les broie. •*Jâri abkurum, batunah mâ (b)tinmali, mâ bagdar baxadim ille yâkul bas !* Mon voisin est ventripotent, il n'arrive pas à remplir son ventre, il ne peut pas travailler et ne fait que manger ! •*Cîf al mara amkurum di, garîb talda !* Regarde cette femme au gros ventre, elle va bientôt accoucher !

ablaglago *n. anim., m., qdr.*, composé de *abu* et de *laglago*, → *laglag, Syn. hudhud*, * lqlq, ل ق ل ق

♦ **huppe, Upupa epops,** huppe ordinaire. •*Ablaglago, maccatôni jadîd, ta'âl na'labo !* Huppe, on m'a bien coiffé, viens, que nous dansions ! (chant traditionnel). •*Ablaglago najîd mâ binkarib ajala be carak.* La huppe est très maligne : elle ne se laisse pas facilement prendre au piège.

ablam / bulum *adj., (fém. balma)*, * blm, ب ل م

♦ **sot (sotte), abruti(e), imbécile, qui comprend mal, qui prononce mal,** qui n'arrive pas à parler comme il faut. •*Al wilêd da ablam, mâ yagdar yikallim misil inti tidôrah.* Cet enfant est abruti, il ne peut pas parler comme tu le voudrais. •*Cîf al binêye al balma di, min gibêl ôrêtki kalâmi da nisîtih wallâ ?* Regarde quelle sotte fille tu es, aurais-tu déjà oublié ce que je t'avais dit ? •*Al iyâl al bulum girayithum murra.* Il est très difficile [amer] d'apprendre à lire à des enfants qui prononcent mal.

ablêle 1 *n. vég., coll., m., sgtf. ablêlay*, composé de *abu* et de *lêle*, * lyl, ل ي ل

♦ **nom d'un arbre, bois odoriférant, Detarium microcarpum (G.),** famille des césalpiniacées, bois parfumé utilisé comme encens. •*Martah wildat wa jâbo lêha duxxân ablêle.* Sa femme a accouché et on lui a apporté du bois odoriférant. •*Cadar ablêle nalgoh fî l wati.* L'arbre odoriférant *ablêle* se trouve au Sud [nous le trouvons au Sud].

ablêle 2 *n. mld., m.*, composé de *abu* et de *lêle*, maladie des bovins qui peut tuer en une nuit ou qui laisse infirme, *Cf. abuzibêdi*, * lyl, ل ي ل

♦ **charbon, affection respiratoire.** •*Ablêle yadhar al bagaray mâ tinaffis.* Le charbon empêche la vache de respirer. •*Ablêle yaktul al bagar fî lêle wahade bas.* Le charbon tue les vaches en une nuit.

abli *v. impér.*, → *bala 1.*

ablijêne / ablijênât *n. m., (fém. amlijêne), Cf. lajana*, * ljn, ل ج ن

♦ **qui a un défaut d'élocution, qui chuinte, qui articule mal.** •*Al-ablijêne al hije baxalbah.* Celui qui a un défaut d'élocution a de la peine à parler [la parole le fatigue]. •*Hî amlijêne min wildôha ke.* Elle est née avec un défaut d'élocution.

ablîsân *n. mld., m.*, composé de *abu* et de *lîsân*, maladie des bovins, *Syn. buru*, * lsn, ل س ن

♦ **fièvre aphteuse.** •*Al bagaray di, lisânah kulla awâwîr, coxolha ablîsân.* La bouche de cette vache n'est qu'une plaie, elle a la fièvre aphteuse. •*Al baggâra irifo fassidîn al bahâyim wa tarado marad ablîsân.* Les éleveurs de vaches ont su faire vacciner leurs troupeaux : ils ont chassé la fièvre aphteuse.

abloglogo *n. m.*, → *ablaglago.*

ablus *v. impér.*, → *balas.*

abmanâxix *pl.*, → *abmânxar.*

abmânxar / abmanâxix *adj. déf. phy., (fém. ammânxar, ammunxar)*, composé de *abu* et *manxar* (nez), ≅ *abmunxar*, le pluriel est un terme d'insulte, * nhr, ن خ ر

♦ **qui a un gros nez, qui a de grosses narines,** qui a un long nez. •*Al-râjil abmanxar da, sameh.* Cet homme qui a un gros nez est beau. •*Hû da abmanxar misil indah tirke fî l-Nasâra.* Il a un long nez comme s'il avait des liens de parenté avec les Européens. •*Al wilêd abmanâxir da cên !* Cet enfant aux grosses narines est laid !

abmarto *n. m., litt.* qui a un marteau, nom d'un médicament à base de

camphre et de menthol, vendu au Nigeria et dont la boîte porte la marque "hacogène" et le dessin d'un homme soulevant un énorme marteau ; *Cf. mastolatum.*
♦ **pommade au camphre.** •*Abmarto hû fumâd fôgah nâdum râfi' lêyah marto.* Sur la boîte de la pommade *abmarto* est représenté un homme qui soulève un marteau. •*Kan ta'abân wa almassaht be abmarto, tabga gawwi misil al marto.* Si tu es fatigué et que tu te masses avec la pommade *abmarto,* tu deviendras aussi solide qu'un marteau.

abnâxûs *n. mld., m.,* * nẖz, ن خ ز
♦ **point de côté, torticolis, nerf douloureux.** •*La''âb al bâl da hassa be abnâxûs fî naytah wa wigif min al-li'ib.* Ce joueur de football a ressenti un point de côté et s'est arrêté de jouer. •*Fî wakt al barid, katîr min al-nâs yakrubhum abnâxûs fî rugubbênhum wallâ fî sudûrhum.* En hiver, beaucoup de gens souffrent de torticolis ou de douleurs dans la poitrine.

abnazzâz *n. m.,* composé de *abu* et de *nazzâz, Cf. nazza,* * nzz, ن ز ز
♦ **sol instable, terrain détrempé, bourbier, sable mouvant, sol spongieux.** •*Watîrna wihilat fî abnazzâz min amis.* Notre véhicule est enlisé dans un bourbier depuis hier. •*Al gôz kulla ke abnazzâz fî l xarîf.* Toute la plaine sablonneuse est spongieuse en saison des pluies.

abni *v. impér., → bana 1, bana 2.*

abnuxnâxa nom composé de *abu* et de *nuxnâxa,* (*fém. amnuxnâxa*), *Cf. naxnax,* * nẖr, ن خ ر •
♦ **qui nasille, qui parle du nez, nasilleur (-euse),** qui parle du nez à cause d'une malformation ou d'un bec-de-lièvre. •*Abnuxnâxa sallamâna lâkin mâ fihimna kalâmah.* Celui qui parle du nez nous a salués, mais nous n'avons pas compris ce qu'il nous a dit. •*Hassâ al-dakâtîr yagdaro yidâwo abnuxnâxa be amaliye.* A présent, les médecins peuvent soigner ceux qui parlent du nez, en les opérant.

abraffâf *n. mld., → abunraffâf.*

abragaba *adj. déf. phy.,* composé de *abu* et de *ragaba* (cou), (*fém. amragaba*), * rqb, ر ق ب
♦ **qui a un long cou.** •*Abragaba la''âb fî l-nuggâra.* Celui qui a un long cou est un bon danseur au son du tambour. •*Al-râjil abragaba da birîd al macâkil.* Cet homme qui a un grand cou aime créer des problèmes. •*Al mara amragaba di la''âba wa zaxrâta.* Cette femme qui a un long cou est une bonne danseuse et sait pousser de beaux youyous.

abras / burus *adj.* de couleur, *Abras : n. pr.* d'homme, (*fém. barsa*), * brṣ, ب ر ص
♦ **rose, peau du lépreux, vitiligo,** couleur de la cicatrice laissée sur la peau, couleur de la peau non pigmentée (vitiligo), couleur de la peau du lépreux. •*Râjil da abras misil al-nasrâni.* Cet homme est rose comme un Européen. •*Al mara di bigat barsa acân masahat dihin mâ adîl.* Cette femme s'est abîmé la peau [est devenue couleur de cicatrice] parce qu'elle s'est massée avec de l'huile de mauvaise qualité.

abrâs *adj. déf. phy.,* composé de *abu* et de *râs* (tête), (*fém. amrâs*), * r's, ر ء س
♦ **qui a une grosse tête.** •*Al-râjil abrâs da, fahîm.* Cet homme à la grosse tête est intelligent. •*Abrâs, kabîr al-nâs, fî l harba xannas, wa fî l akil gubbâl al-nâs.* L'homme à la grosse tête fait celui qui est le chef ; lorsqu'il y a la guerre il s'esquive, mais lorsqu'il y a à manger il est là le premier (ritournelle pour se moquer de celui qui a une grosse tête et qui sait tirer profit de toute situation). •*Al mara amrâs di fahîme.* Cette femme qui a une grosse tête est intelligente.

abre *n. m.,* connu au *Sdn.* (*C.Q.*), * 'br, ء ب ر
♦ **galettes,** galettes très épicées à base de sorgho. •*Al abre bisawwuh*

be dura hamra wa harâr katîr. On fait les galettes *abre* avec du sorgho rouge et beaucoup d'épices. •*Al awîn bisallulu abre katîr kan al-ramadân garrab.* Les femmes préparent beaucoup de galettes *abre* au moment où le mois de ramadan approche.

abriya' *pl.*, → *bari'.*

abruk *v. impér.*, → *barak.*

abrum *v. impér.*, → *baram.*

abrut *v. impér.*, → *barat.*

absâbe *n. vég.*, *coll.*, *m.*, *sgtf. absâbay* (une graine), la racine évoque des bestiaux bien nourris, et les graines disposées comme les doigts d'une main ouverte, * ṣbˁ, ص ب ع

♦ **nom d'une herbe, Dactyloctenium ægyptium (Wild.),** famille des graminées. •*Absâbe al xêl burûduh.* Les chevaux aiment l'herbe *absâbe.* •*Iyâl absâbe humur wa suxâr misil al-turâb.* Les graines d'*absâbe* sont rouges et fines comme des grains de sable [comme la terre].

absaff *n. mld.*, *m.*, → *abjambo.*

Absakkîn *n. pr.* d'homme, pour *Ab sakkîn*, *Cf. ab-, sakkîn*, * skn, س ك ن

absal'a *adj. déf. phy.*, composé de *abu* et de *sal'a* (calvitie), ≅ *absala'a*, (*fém. amsal'a, amsala'a*), * ṣlˁ, ص ل ع

♦ **qui est chauve.** •*Jiddi bigi absal'a acân cayyab bilhên.* Mon grand-père est devenu chauve parce qu'il a beaucoup vieilli. •*Jidâd kadâde, hi di bas amsala'a !* C'est la pintade qui est chauve !

absala *n. m.*, → *absal'a.*

absêf *n. m.*, médicament liquide dont le flacon est illustré par le dessin d'un sabre ; *Cf. mastolatum.*

absifêr *n. m.*, → *abunsifêr.*

absikêsik *adj. m.*, composé de *abu* et *sikêsik mrph. dmtf.* de *suksuk*, désigne en arabe *sd.* une chose précieuse (*C.Q.*), *Cf. ta'ab nâdôna.*

♦ **petit verre,** verre décoré avec des motifs représentant de petites perles. •*Anâ mâ nirîd al-câhi fî absikêsik acân mâ bikayyifni.* Je n'aime pas boire le thé dans un tout petit verre parce qu'il y en a trop peu pour me satisfaire. •*Al gahawa kan tacrabha fî absikêsik haluwa min tacrabha fî l kubbay al kabîre.* Boire le café dans un petit verre est plus agréable que dans un grand verre.

absofâr *n. mld.*, *m.*, → *abunsiffêr.*

absôt 1 *n. anim.*, *m.*, composé de *abu* et de *sôt*, pour *waral absôt*, *Cf. waral*, * swṭ, س و ط

♦ **varan.** •*Amis hû katal waral absôt fî lubb al-rahad.* Hier il a tué un varan dans le marigot. •*Al absôt bagôd janb al acaca hanâ l-tuyûr acân hû birîd al bêd.* Le varan reste à côté des nids d'oiseaux parce qu'il aime manger les œufs.

absôt 2 *n. mld.*, pour *waram absôt*, → *waram absôt.*

absunûn *n. coll.*, animal *m.*, composé de *abu* et de *sunûn*, *litt.* qui a des dents, cf *sinn*, * snn, س ن ن

♦ **nom d'un poisson, Hepsetus odoe.** •*Absunûn hût abyad wa sunûnah kutâr.* L'Hepsetus est un poisson blanc qui a de nombreuses dents. •*Hûtay absunûn mulâha halu.* La sauce faite avec l'Hepsetus est très bonne.

absurra *adj. déf. phy.*, composé de *abu* et de *surra* (nombril), (*fém. amsurra*), *Cf. tambul*, * srr, س ر ر

♦ **qui a une hernie ombilicale.** •*Al absurra mâ bahmal al-ju'.* Celui qui a une hernie ombilicale ne supporte pas la faim. •*Amsurra tugûl : "Al-darrâni, Allah yudurrah !".* Celle qui a une hernie ombilicale dit : "Celui qui m'a fait du mal, que Dieu lui fasse du mal !".

absut *v. impér.*, → *basat.*

abtiktêk *n. m.*, *onom.* utilisée par les enfants pour désigner le forgeron, → *haddâd.*

abtûm *n. m.*, médicament à base de camphre et de menthol, sentant très fort l'ail, et portant le nom "Tarzan, mustard ointment", *Cf. mastotatum*, * ṯwm, ث و م

♦ **onguent à l'ail, pommade à la moutarde.** •*Fumâd abtûm yilmassaho bêyah lê waja' al udâm.* On se met de l'onguent à l'ail lorsqu'on a mal aux os. •*Fumâd abtûm rîhtah misil al-tûm.* La pommade à la moutarde a une odeur semblable à celle de l'ail.

abtur *v. impér.*, → *batar 1.*

Abtuyûr *n. pr.* de lieu, *litt.* père des oiseaux, nom d'une montagne au Guéra, * ṭyr, ط ي ر

abu / abbahât *n. m.*, * 'bw, ء ب و

♦ **père, parent.** •*Abui mât.* Mon père est mort. •*Abbahâtah fî Abbecce.* Ses parents sont à Abéché. •*Abbahât al iyâl wasso l mêtir.* Les pères des enfants ont fait des recommandations au maître.

abu- préfixe entrant dans la composition des noms dont on veut souligner un défaut, une fonction ou une particularité physique manifeste, se contracte en *ab-*.

abu l hisên *n. coll.*, composé de *abu* (père) et *hisên* (*dmtf.* de *hasan* [beau]), *Cf. Hisên*, * ḥsn, ح س ن

♦ **renard, Vulpes rupelli, Vulpes pallidus,** famille des canidés. •*Abu l hisên, da nalgoh katîr fî derib hanâ Mongo.* On trouve des renards en grand nombre sur la route de Mongo. •*Abu l hisên saxayyar min al kalib wa kabîr min al biss, wa hû daharah wa gaddumah tuwâl, wa bâkul al-jidâd.* Le renard est plus petit que le chien et plus gros que le chat ; il a un dos et une gueule allongés, et il mange les poules.

abu'âce *n. anim.*, *m.*, composé de *abu* et de *âce*, * ʿyš, ع ي ش

♦ **nom d'une fourmi,** grosse fourmi jaunâtre. •*Abu'âce bamrug be acîye bâkul sukkar.* La fourmi *abu'âce* sort le soir pour chercher du sucre. •*Abu'âce mâ yahmal al harray.* La fourmi *abu'âce* ne supporte pas le soleil.

abu'idêmât *n. mld.*, *dmtf.*, *m.*, composé de *abu* et de *idêmât litt.* petits os, maladie des bovins appelée ainsi dans la région du Chari-Baguirmi, → *abuwarama.*

abubakar *n. pr.* d'homme, premier Calife de l'islam, * bkr, ب ك ر

abucabaka *n. mld.*, *m.*, composé de *abu* et de *cabaka*, → *cabaka* ; maladie des bovins appelée ainsi dans la région du Batha ; → *abdiredimme, ablêle 2, digindâyre*, * šbk, ش ب ك

♦ **charbon bactéridien.** •*Abucabaka bisawwi jilid al bagar kulla ke darâdim.* Le charbon bactéridien couvre de kystes la peau des vaches. •*Abucabaka marad hanâ l bahâyim misil al-jiggêl.* Le charbon est une maladie des bestiaux qui est comme la variole.

abucanab *n. m.*, → *abcanab.*

Abucarbay *sgtf.* d'un *n. pr. gr.*, *m.*, (*fém. abucarbayye*), → *Abucârib.*

Abucârib *n. pr. gr.*, *coll.*, composé de *abu* et de *cârib* (moustaches), *litt.* moustachu, *sgtf. Abucarbay, Abcâribay* (homme), *Amcâribay* (femme), * šrb, ش ر ب

♦ **Aboucharib.** •*Al Abucârib gâ'idîn fî Cokoyon.* Les Aboucharib sont dans la région de Chokoyon. •*Abucârib, xacum bêt min Wadday.* Les Aboucharib sont une des tribus arabes du Ouaddaï.

abudigin *n. m.*, → *abdigin.*

abudila *n. mld.*, *m.*, composé de *abu* et de *dila* [cuir], maladie des bovins appelée ainsi dans les régions du Ouaddaï et du Salamat, *Cf. jarab*, * dlw, د ل و ⇨

♦ **photosensibilisation,** maladie de la peau due à l'absorption d'un végétal qui irrite et infecte les parties de la peau couvertes de poils rouges ou blancs. •*Al bagaray kan karabaha marad abudila tuhukk daharha katîr namma l-damm yajiri.* La vache qui a attrapé la maladie *abudila* se gratte le dos jusqu'au sang. •*Abudila yiwarrim jilid al bagar ale hasab lônhum, bakân wâhed indah uwâra, wa âxar âfe.* La maladie *abudila* provoque des blessures sur la peau des vaches selon la couleur de leur robe : des endroits sont enflammés, d'autres sains.

abudirêdimme *n. mld., dmtf., f.*, → *abdirêdimme.*

abudubbân *n. mld., m.*, composé de *abu* et de *dubbân* [mouche], maladie des bovins, → *ambôjala, ambôjâni, duwi, marad al-nôm*, * d̲bb, ذ ب ب

♦ **trypanosomiase, maladie du sommeil.** •*Bagarti bâtile wa mâ tâkul, indaha abudubbân.* Ma vache est maigre et ne mange pas, elle a été piquée par la mouche tsé-tsé. •*Fî l xarîf, al baggâra yigabbulu ajala min al wati wa yancaxo, acân yaxâfu min marad abudubbân.* En saison des pluies, les éleveurs quittent le Sud et vont au Nord parce qu'ils ont peur de la maladie du sommeil.

abugarin *n. anim., m.*, → *abgarin.*

abugern *n. anim., m.*, → *abgarin.*

Abugirên *n. pr.* d'homme, surnom, composé de *abu girên, Cf. abu, girên.*

abuhâmud *n. mld., m.*, composé de *abu* et de *hâmud*, maladie des bovins (péripneumonie) appelée ainsi dans la région du Guéra, → *amficêfic*, * ḥmḍ, ح م ض

abujulâx *n. mld., m.*, composé de *abu* et de *julâx*, maladie des bovins (dermatophytose) appelée ainsi dans la région du Chari-Baguirmi, *Cf. jalax, gûb*, * jlḫ, ج ل خ

âbuka *n. m., empr. fr.*, plus utilisé que *muhâmi.*

♦ **avocat, défenseur.** •*Abu lê kattâl al-dimam maca câl âbuka.* Le père du criminel est allé prendre un avocat. •*Al âbuka bidôru gurus katîr.* Les avocats demandent beaucoup d'argent. •*Fî Tcâd al-nâs mâ bucûlu âbuka katîr katîr.* Au Tchad peu de gens prennent un avocat pour défendre leur cause.

abulafta *n. mld., m.*, composé de *abu* et de *lafta*, *Cf. laffat*, maladie des bovins (charbon symptomatique), → *abuwarama*, * lft, ل ف ت

abulîsân *n. mld., m.*, → *ablîsân.*

abumalûs *n. mld., m.*, maladie des bovins (tuberculose), → *habba 4.*

abun'ijjês *n. f.*, → *abun'ijjêz.*

abun'ijjêz *n. f.*, composé de *abu* et de *ijjêz*, *mrph. dmtf., Cf. ajûz*, * ʕjz, ع ج ز

♦ **vieillesse.** •*Al mara kan ta'abâne, abun'ijjêz yakrubha ajala ke bas gubbâl sinînha.* Lorsque la femme est fatiguée, elle devient vite vieille avant l'âge [la vieillesse la prend vite avant ses années]. •*Wâjib tahassil lêk saxîr musrân gubbâl abun'ijjêz !* Il faut que tu aies un enfant [que tu te prépares un petit de tes entrailles] avant que tu ne deviennes vieux !

abun'uruf *n. anim., m.*, → *ab'uruf.*

Abûna *n. pr.* d'homme, *litt.* notre père, *Cf. abu*, * 'bw, ء ب و

abuncabac *n. anim., coll., m.*, composé de *abu* et de *cabac* dont la racine évoque le fait de se coller, de s'attacher fortement à *qqch.* par les ongles ou les griffes (*Ka.*), *sgtf. abuncabacay*, * šbṯ, ش ب ث

♦ **araignée.** •*Abuncabac banâ fî bêti.* Les araignées ont tissé leur toile dans ma maison. •*Abuncabac bêtah mucarbak be xuyût misil al-cabaka.* L'araignée a une maison faite de fils entrecroisés comme un filet.

abuncallal *n. m.*, → *callâl.*

abuncihâk *n. mld.*, *m.*, "hoquet", → *abunsukuk.*

abundabbah / abundabbahât *n. m.*, composé de *abu* et de *dabbah*, *Cf. dabbah*, *litt.* celui qui égorge, qui coupe, * dbh, ذ ب ح

♦ **huître,** huître d'eau douce. •*Wakit almi l bahar jabad, al awîn buxummu buyût abundabbah wa bisawwu akil hanâ l-jidâd.* Lorsque l'eau du fleuve se retire, les femmes ramassent les coquilles d'huîtres et en font de la nourriture pour les poules. •*Abundabbahât mâ bi'îcu fî l-rahad, ille fî l bahar.* Les huîtres ne vivent pas dans les marigots, mais seulement dans le fleuve.

abundagâyig *pl.*, → *abundagîg.*

abundagîg / abundagâyig *n. anim.*, *m.*, composé de *abu* et de *dagîg*, *litt.* qui a de la farine, * dqq, د ق ق

♦ **papillon.** •*Al abundagîg birîd al-zuhûr.* Le papillon aime les fleurs. •*Abundagîg katîr fî wakt al-rucâc.* Les papillons sont nombreux au début de la saison des pluies.

abundalâlîf *pl.*, → *abundullâf.*

abundammâm *n. m.*, composé de *abu* et de *dammâm*, *litt.* le faiseur de sang, * dm, د م

♦ **pancréas.** •*Al xanamay al-saxayre di indaha abundammâm kabîr.* Cette petite chèvre a un gros pancréas. •*Yâ binêyti, mâ tarmi l abundammâm fî l mulâh !* Ma fille, ne mets pas le pancréas dans la sauce ! •*Abundammâm, lônah muhammir mara wâhid, mâ misil al-laham al âxar, nâs wâhadîn mâ bâkuluh.* Le pancréas a une couleur rouge foncé, et ne ressemble pas au reste de la viande ; certains ne le mangent pas.

abundannân *n. anim.*, *coll.*, *mrph. intf.*, *m.*, composé de *abu* et de *dannân*, → *danna*, *sgtf. abundannânay*, * dnn, د ن ن

♦ **guêpe, mouche maçonne.** •*Abundannân babni bêtah be tîne.* La mouche maçonne construit son nid avec de la boue. •*Abundannân hissah misil hadîr al-tayâra.* La mouche maçonne bourdonne comme un avion.

abundarag *n. anim.*, *m.*, composé de *abun* et de *andarag* [se cacher], * drq, د ر ق

♦ **nom d'un serpent, Spalerosophis diadema (Sh.).** •*Angari min abundarag, kan adda baktul !* Fais attention au serpent *abundarag*, sa morsure est mortelle ! •*Abundarag, hû mulawwan misil xalag al askar wa mâ ta'arfah ajala, acân da hû xatîr.* Le Spalerosophis a différentes couleurs juxtaposées comme les tenues de camouflage des militaires ; on ne le reconnaît pas facilement, c'est pour cela qu'il est dangereux.

abundiffên *n. m.*, *Cf. dafan*, * dfn, د ف ن

♦ **serpent fouisseur, boa des sables, Eryx muelleri (B.),** espèce ovovivipare. •*Abundiffên baxatis fî l ramala kan tidôr taktulah.* Le serpent fouisseur plonge dans le sable quand on veut le tuer. •*Abundiffên dâbi saxayyar lâkin ajîl kan bidôr bakrub coxol.* L'Eryx muelleri est un petit serpent, mais il est très rapide lorsqu'il veut s'emparer d'une proie.

abundigêr / abundigêrât *n. anim.*, *mrph. dmtf. m.*, composé de *abu* et de *digêr* [repu, qui a trop mangé], * dqr, د ق ر

♦ **gecko.** •*Indina abundigêrât katîrîn fî kûzîna.* Il y a de nombreux geckos dans notre case. •*Al abundigêr bâkul hacarât bas.* Le gecko ne mange que des insectes.

abundinga *n. m.*, *empr.* bien connu au Soudan.

♦ **sorte de hanneton, perce-bois,** désigne une sorte de coléoptère ou bien un gros bourdon noir et jaune qui mange les chevrons. •*Al abundinga akal hatab al-lugdâbe.* Le gros bourdon a rongé les bois du hangar. •*Al-tarbêza kullaha ke al abundinga gaddadâha.* Toute la table a été trouée par le gros bourdon. •*Abundinga talgah fî l xarîf fî l-sayâl.* On trouve les hannetons en saison des pluies sur les acacias.

abundullâf / abundalâlîf *n. anim., m.*, composé de *abu* et de *dullâf, mrph. intf.*, → *duluf*, * ẓlf, ظ ل ف

♦ **oryctérope, Orycteropus afer (Pallas.),** famille des oryctéropidés, animal nocturne de la taille d'un cochon, se nourrissant de fourmis, et s'enterrant très rapidement, d'où son nom de "pied fouisseur". •*Al abundullâf, râsah tawîl, wa udunneh tuwâl wa turân, wa uyûnah dugâg.* L'oryctérope a une tête allongée, des oreilles longues et pointues, et de petits yeux. •*Abundullâf marag fî l-lêl min nugurtah.* L'oryctérope est sorti la nuit de son trou. •*Abundullaf sawwa l-zere' kulla ke nugâr.* L'oryctérope a fait des trous partout dans le champ. •*Fî l gîzân nalgo abundalâlîf katîrîn.* Sur les terrains sableux on trouve beaucoup d'oryctéropes.

abunduluk *n. anim., coll., m., sgtf. abundulukay, Cf. ammangûr*, * dlk, د ل ك

♦ **calao, grand calao d'Abyssinie, Bucorvus abyssinicus (Boddaert).** •*Al abunduluk kabîr wa azrag, wa gaddûmah wasi'.* Le calao est grand et noir, il a un large bec. •*Abunduluk, al-nâs mâ bâkuluh.* Les gens ne mangent pas de grand calao.

abunduru' *n. vég., coll., m.*, → *abundurû'u.*

abundurû'u *n. vég., coll., m., sgtf. abundurû'ay*, ≅ *abunduru'*, * dr', د ر ء

♦ **nom d'un arbuste, Acacia ataxacantha (DC.),** famille des mimosacées, buisson sarmenteux, pouvant former des taillis épineux impénétrables ou monter au sommet des arbres hôtes. •*Abundurû'u kabîr wa adalam, wa mâ tawîl bilhên, wa yilabbid al marfa'în.* L'Acacia ataxacantha est gros et touffu [sombre], pas très grand, et l'hyène s'y cache. •*Jîb lêi mutrag hanâ abundurû'ay, nudugg beyah al-sarrâg !* Apporte-moi une verge d'Acacia ataxacantha, que je fouette le voleur ! •*Be hatab hanâ abundurû'u al-rujâl bisawwu nubbâl wa nuccâb wa sarîr angarêb.* Avec du bois d'Acacia ataxacantha on fabrique des arcs, des flèches et des lits en rondins.

abunfacâfîc *pl.*, → *abunfacfâc.*

abunfacfâc / abunfacâfîc *n. m.*, composé de *abu* et de *facfâc* (poumons), racine connue en arabe *égy.* et *syr.* (*H.W.*), ≅ *amfacfâc*, * fšš, ف ش ش

♦ **poumon.** •*Fî l ammarâra nigattu'u abunfacfâc kula.* Dans la préparation d'un plat de tripes, on coupe aussi de petits morceaux de poumon. •*Dabahna l bagaray wa ligîna indaha abunfacfâc ahmar.* Nous avons égorgé la vache et nous avons trouvé ses poumons rouges [le poumon rouge]. •*Al-jazzârîn azzalo amfacâfîc nuss wâhid.* Les bouchers mettent à part tous les poumons [trient les poumons d'un côté].

abunfahhâk *n. m.*, "hoquet", → *abunsukuk.*

abunfisey *n. anim., m.*, composé de *abu* et de *fisey*, → *fissiye*, * fsw, ف س و

♦ **veuve à dos d'or, Colius passer macrourus (Gmelin),** petit oiseau de brousse. •*Al abunfisey mulawwan wa danabah tawîl bilhên.* La veuve à dos d'or est un oiseau multicolore qui a une queue très longue. •*Mâ tagdar takurbah ajala lê abunfisey, hû nihis.* Il n'est pas facile d'attraper la veuve à dos d'or parce qu'elle est toujours en mouvement.

abungadah / abungudhân *n. anim., m.*, composé de *abu* et de *gadah*, → *gadah*, * qdḥ, ق د ح

♦ **tortue, Testudo calcarata,** famille des testudinidés. •*Abungada mâ bagdar bajiri.* La tortue ne peut pas courir. •*Abungada bi'îc barra, wa bidôr al almi.* La tortue vit dehors et aime l'eau.

abunganâfit *pl.*, → *abungunfut.*

abungarâdîn *pl.*, → *abungurdân.*

abungassâs *n. anim., coll., m.*, composé de *abu* et de *gassâs* [coupeur, hacheur], * qṣṣ, ق ص ص

♦ **nom d'un termite, termite soldat.** •*Abungassâs râsah kabîr min râs al arda, wa hû yidâfi lê nafsah be xacumah misil al magass.* Le termite soldat a une tête plus grosse que les autres termites ; il se défend avec des mandibules en forme de ciseaux. •*Abungassâs yigassis al gecc ajala wa bêtah gantûr.* Le termite soldat hache l'herbe très vite ; il habite dans une termitière.

abungâto nom d'un arbre, → *angato.*

abungawi *n. vég., coll., m., sgtf. abungawiye*, composé de *abu* et de *gawi* (dur), * qwy, ق و ي

♦ **nom d'un arbre, Gardenia ternifolia (Schum.),** famille des rubiacées, arbuste aux rameaux courts et épineux. •*Al abungawi bibazzir fî l wâdi ; hatabah, bisawwuh nuggâra acân hissa tarîn.* Le Gardenia ternifolia pousse dans les Ouadis ; avec son bois on fait des tambours au son aigu. •*Al xanam birîdu warcâl hanâ abungawiye.* Les chèvres et les moutons aiment beaucoup les feuilles de Gardenia.

abungudhân *pl.*, → *abungadah.*

abungunfut / abunganâfit *n. anim., m.*, composé de *abu* et de *gunfut*, * qnfḏ, ق ن ف ذ

♦ **hérisson à ventre blanc, Atelerix albiventris spiculus (Thomas et Wr.),** animal dont on apprécie la chair et qui sert de remède pour les enfants qui toussent. •*Al abungunfut, hû dahara kulla kê côk wa batunah bêda.* Le hérisson a le dos entièrement couvert d'épines et le ventre blanc. •*Abungunfut yicabbih abcôk misil axawân.* Le hérisson et le porc-épic se ressemblent comme des frères.

abungurdân 1 / abungarâdîn *n. anim., m.*, composé de *abu* et de *gurdân*, → *garad* (pincer), * qrḍ, ق ر ض

♦ **tique, ixode,** parasite des animaux, surtout des chevaux et des chiens. •*Al kalib indah abungurdân.* Le chien a une tique. •*Abungurdân ahmar, yalsag wa yacrab damm al bahâyim.* La tique est rouge, elle s'accroche à la peau des bestiaux et boit leur sang.

abungurdân 2 *n. mld., m.*, maladie des bovins (dermatophytose) appelée ainsi dans la région du lac Fitri, *Cf. gûb*, * qrḍ, ق ر ض

abunhirêgîs *n. anim., mrph. dmtf., m., litt.* petit mille-pattes, → *abunhurgâs.*

abunhurgâs *n. anim., m.*, composé de *abu* et de *hurgâs*, → *hargas, litt.* celui qui se tortille, *Cf. dallûm, hilwês*, * ḥrqṣ, ح ر ق ص

♦ **nom d'un mille-pattes, scolopendre,** animal arthropode. •*Al abunhurgâs yagôd bakân al bârid bas.* Le scolopendre ne demeure que dans les endroits frais. •*Abunhurgâs argat wa indah rijilên katîrîn misil al-dallûm.* Le scolopendre est tacheté, il a de nombreuses pattes et ressemble au iule. •*Samm al abunhurgâs mâ baktul.* Le venin du scolopendre ne tue pas.

abunjahare / abunjaharât *n. f.*, * jhr, ج ه ر

♦ **terrier, galerie souterraine, trou sous la terre,** grand terrier à plusieurs entrées servant d'abri à plusieurs espèces d'animaux. •*Abunjahare bêt al marfa'în.* Les gros terriers sont le refuge des hyènes. •*Abundullâf nakat abunjahare tawîle.* L'oryctérope a creusé un long terrier. •*Abunjaharât fî taraf al-zura'ât.* Il y a des terriers aux bords des champs.

abunjalâlîg *pl.*, → *abunjallôg.*

abunjallôg / abunjalâlîg *n. anim., m.*, composé de *abu* et de *jallôg*, racine connue en arabe *sd.* (*C.Q.*) évoquant le fait de tourner autour sans se déplacer très loin, * jlq, ج ل ق

♦ **nom d'un criquet, Acrida bicolor,** famille des acridiens, criquet à tête longue et pointue. •*Abunjallôg tawîl wa axadar, wa sigâna kulla tuwâl.* L'Acrida bicolor est long, vert, et a de longues pattes. •*Abunjallôg mâ katîr misil sâr al-lêl.* Les Acrida bicolor ne se trouvent pas en aussi grand nombre que les criquets arboricoles.

abunjarâri *n. anim., m., sgtf. abunjariyay, têray abunjarâri*, composé de *abu* et *jarâri* [houes], appelé ainsi à cause de ses ailes qui, en vol, prennent la forme d'une houe (*Cf. jarray*), * jry, ج ر ي

♦ **nom d'un oiseau, martinet à dos blanc, Apus affinis, hirondelle à ailes tachetées, Hirundo leucosoma,** famille des apodidés et famille des hirundinidés. •*Al abunjarâri sawwa acaca fî bêti wa l iyâl mâ xalloh bayyad.* Les martinets ont fait des nids dans ma maison et les enfants les ont empêchés de pondre. •*Al abunjarâri birîd al bakân al mâ indah iyâl dugâg.* Les martinets aiment les endroits où il n'y a pas d'enfants.

abunjârîn *pl.*, → *abunjôrân.*

abunjo'orân / abunja'ârîn *n. anim., m.*, → *abunjôrân.*

abunjollôk *n. anim., m.*, → *abunjallôg.*

abunjôrân / abunjârîn *n. anim., m.*, composé de *abu* et de *ja'ar* [défécation], ≅ *abunju'rân*, *Cf.* ابو جعران *[abû jiʕrân]* en *ar. lit.* moderne (*H.W.*), * jʕr, ج ع ر

♦ **scarabée, bousier.** •*Abunjôrân dardag hurâr.* Le bousier roule la crotte. •*Be cibêktah mâ ijil, be zinêkittitah mâ tiyêr... Da abunjôrân.* Malgré son petit bât, il n'a rien d'un veau ; malgré sa petite bosse, il n'a rien d'un petit taureau… C'est le bousier. *Dvnt.* •*Kan târ, tiyêre, kan nazal hicêre, kan dardag darâdim, tahlif tugûl nâdum... Da abunjôrân.* Quand il vole, c'est un petit oiseau ; quand il descend, c'est un petit insecte ; quand il roule des boules, on jurerait que c'est une personne… C'est le bousier. *Dvnt.*

abunju'rân / abunja'ârîn *n. anim.*, → *abunjôrân.*

abunju'urân / abunja'ârîn *n. anim., m.*, → *abunjôrân.*

abunkintêc *n. mld., m., qdr.*, composé de *abu* et de *kintec, mrph. dmtf., empr. irn.* dont la racine est connue en arabe *sd.* (*C.Q.*) et évoque des boursouflures et des boutons ; maladie des chèvres et des moutons, *Cf. kantac, kantôc.*

♦ **maladie des ovins.** •*Fî l xarîf abunkintêc âza l xanam.* En saison des pluies la maladie *abunkintêc* fait souffrir les chèvres et les moutons. •*Al abunkintêc marad, bamrug awâwîr fi xacum al xanam.* L'*abunkintêc* est une maladie : des plaies se forment [sortent] dans la bouche des chèvres et des moutons.

abunkunday *n. m.*

♦ **termite soldat.** •*Abunkunday kabîr min al arda, wa hû gâ'id fî l ganâtîr.* Les termites soldats sont plus gros que les autres termites et se trouvent dans les termitières. •*Abunkunday râsah ahmar wa kan addak hârr.* Le termite soldat a la tête rouge et quand il mord, cela fait très mal.

abunliwêy *n. vég., coll., m., sgtf. abunliwêyay*, composé de *abu* et de *liwêy* (*mrph. dmtf.*, → *lawa*), * lwy, ل و ي

♦ **nom d'un arbuste, Leptadenia lancifolia (Schum),** famille des asclépiadacées. •*Iyâl al abunliwêy, al xanam bâkuluh.* Les chèvres mangent les fruits du Leptadenia lancifolia. •*Abunliwey yugumm fî tihit al-cadaray al kabîre wa yilawliw fôgha.* Le Leptadenia pousse au pied d'un grand arbre et grimpe en s'enroulant autour de ce dernier.

abunraffâf *n. mld., mrph. intf., m.*, composé de *abu* et de *raffâf*, → *raffa*, ≅ *abraffâf*, * rff, ر ف ف

♦ **palpitations, tachycardie, maladie infantile,** amaigrissement de l'enfant et palpitations visibles de chaque côté de sa poitrine. •*Abunraffâf sawwâni wa macêt lê l wanjâmi fassadâni.* J'ai eu des palpitations et je suis allé chez le guérisseur qui m'a fait des scarifications. •*Abunraffâf marad hanâ daribîn al galib.* Les palpitations sont un dérèglement [une maladie] des battements du cœur.

abunrige *n. anim., m.*, composé de *abu* et de *rige*, *Cf. watwât*, * rqʕ, ع ق ر

♦ **chauve-souris.** •*Kan târ têray, kan nazal fâray... Da l abunrige.* Quand elle vole, c'est un oiseau ; quand elle descend du ciel, elle devient un rat… C'est la chauve-souris. *Dvnt.* •*Abunrige hû mâ xatari wa l-nâs mâ birîduh.* La chauve-souris n'est pas dangereuse, mais les gens ne l'aiment pas.

abunrisêx *n. m.*, → *risêx*, * rsġ, غ س ر

♦ **tendinite.** •*Anâ mâ nagdar namci nancax hassâ acân katîr min xanami karabâhum abunrisêx.* Je ne peux pas me déplacer au Nord à présent parce qu'un grand nombre de mes chèvres ont attrapé des tendinites. •*Hû yadla' acân indah abunrisêx, wa massah risêxah be otomik cinwa.* Il boite parce qu'il a une tendinite ; il s'est massé le tendon d'Achille avec de la pommade chinoise.

abunsallâx *n. mld., m.*, *Cf. sallax*, * sl<u>h</u>, خ ل س

♦ **gastrite.** •*Karabâni abunsallâx, mâ nagdar nâkul coxol hâmud.* J'ai une gastrite et je ne peux rien manger d'acide. •*Abunsallâx bibalbilni wa butuccini dâxal fî sadri namman fî amkirciti.* Une gastrite me brûle et me consume à l'intérieur, de la poitrine jusque dans l'estomac.

abunsarsûr *n. anim., m.*, composé de *abu* et de *sarsûr* → *sarsûr*, * ṣrr, ص ر ر

♦ **grillon noir, Gryllus campestris.** •*Al abunsarsûr bakkay wa bagôd fî l hille.* Le grillon noir chante [pleure] très fort et se trouve en ville. •*Al abunsarsûr awwitah katîre daharani l-nôm.* Le grillon noir fait beaucoup de bruit et m'a empêché de dormir. •*Al abunsarsûr katîr fî l xarîf.* Il y a beaucoup de grillons noirs pendant la saison des pluies.

abunsi'in *coll.*, nom d'oiseau, *Cf. si'in*, terme de l'*ar. lit.*, * sʕn, ن ع س

♦ **marabout d'Afrique, Leptoptilos crumeniferus.** •*Abunsi'in têray kabîre wa râsah fôgah sûf ciya, wa indah xartoy fî halgûmah.* Le marabout est un grand oiseau qui a quelques poils sur la tête et une poche sous le cou. •*Abunsi'in kan bâkul hût bazurgah fôg wa bilaggih hatta yazurtah.* Lorsque le marabout mange du poisson, il le lance en l'air puis le rattrape avant de l'avaler.

abunsifêr *n. mld., m.*, ≅ *abunsufâr*, composé de *abu* et de *sifêr*, *Cf. asfar, safâr, musaffir*, * ṣfr, ر ف ص

♦ **jaunisse, hépatite, ictère.** •*Marad al abunsifêr yacarb al-damm.* L'hépatite rend anémique [boit le sang]. •*Kan nâdum abunsufâr karabah, mâ yâkul laham wa lâ yacarab laban.* Lorsque quelqu'un a un ictère, il ne mange pas de viande et ne boit pas de lait. •*Marad abunsifêr yaktul ajala ke, acân mâ indah dawa fî l-labtân.* On meurt très vite d'une hépatite [la maladie tue très vite] parce qu'il n'y a pas de médicament à l'hôpital pour cela. •*Al-nâdum kan indah abunsifêr, ênah tabga safra wa bôlah yabga asfar tcit !* Lorsque quelqu'un a un ictère, son œil devient jaune et son urine jaune foncé.

abunsiffêr *n. mld., m.*, → *abunsifêr*.

abunsillêl *n. mld., m.*, *Syn. waja nawayit*, *litt.* mal de côtes, * sll, ل ل س

♦ **douleurs intercostales, côtes endolories,** courbatures dans les côtes. •*Al-râjil da indah abunsillêl acân hû ragad mardân tawwal.* Cet homme a des douleurs intercostales parce qu'il est resté longtemps alité. •*Dawa hanâ abunsillêl be almi dâfi wa dihin, yi'assuru bêyah fî nawaytên al mardân wa daharah.* On soigne les douleurs intercostales en massant le dos et les côtes du malade avec de l'eau tiède et de l'huile. •*Mâ tixalli wilêdki l-saxayyar fî îdên al iyâl,* *bisawwu lêyah abunsillêl acân mâ ba'arfu bugulluh.* Ne laisse pas ton petit enfant entre les mains des enfants : il aura mal aux côtes parce qu'ils ne sauront pas le soulever.

abunsufâr *n. mld., m.*, → *abunsifêr*, * ṣfr, ص ف ر

abunsukok *n. m.*, → *abunsukuk.*

abunsukuk *n. m.*, connu au *Sdn.*, *Syn. sukok, abunsukok, abuncihâk, abunfahhâk*, * skk, ص ك ك

♦ **hoquet.** •*Bugûlu al abunsukuk mâ bixalli l-nâdum yinaffis adîl.* On dit que celui qui a le hoquet a du mal à respirer. •*Al-nâdum kan abunsukuk karabah, yacrab almi acân yixallih.* Lorsque quelqu'un a attrapé le hoquet, il boit de l'eau pour le faire passer [pour qu'il le laisse].

abuntagal *n. m.*, → *fasa 2, tûr*, * tql, ث ق ل

♦ **jeu d'osselets,** nom de l'osselet principal que l'on jette en l'air. •*Li'ib abuntagal, al iyâl birîduh misil li'ib al karte wa li'ib al hakko.* Les enfants aiment jouer au jeu d'osselets autant qu'au jeu de cartes ou de lutte à cloche-pied. •*Abuntagal hajar saxayyar, buzuguluh fôg wa billaggôhum mâ'a l-tûr.* On jette en l'air l'osselet principal, et on le ramasse avec les autres osselets qui sont à terre.

abuntcirêr maladie des bovins, → *abugâlum.*

abuntcirriki *n. anim., m.*, composé de *abu* et de *tcirriki* (*onom.*), ≅ *amtcirriki*, *Syn. jindi.*

♦ **grillon blanc, Acheta domesticus,** grillon jaune livide qui chante très fort et qui mange le linge. •*Abuntcirriki bakkay wa yilabbid fî l-nugâr.* Le grillon blanc chante [pleure] très fort et se cache dans les trous. •*Al abuntcirriki gaddad xulgâni.* Le grillon blanc a troué mes vêtements.

abuntculux *n. anim., m.*

♦ **nom d'un oiseau, moineau, Passer griseus,** famille des plocéidés, petit oiseau au plumage unicolore (couleur sable) qui niche dans les gargouilles des maisons. •*Angari min abuntculux, kan addâk yamrug lêk damm !* Fais attention à l'oiseau *abuntculux* ; s'il mord, il fait saigner ! •*Abuntculux, xacumah gawi wa tarîn.* Le bec du Passer griseus est fort, pointu et aiguisé.

abunwatwât *n. anim., m., qdr.*, composé de *abu* et de *watwât* (terme de l'arabe classique désignant la chauve-souris), → *abunrîge*, * wṭwṭ, و ط و ط

♦ **chauve-souris, roussette, Eidolon helvum (Kerr.).** •*Kan târ têray wa kan nazal fâray... Da l abunwatwât.* S'il vole, c'est un oiseau et s'il descend, c'est une souris… C'est la chauve-souris. *Dvnt.* •*Al abunwatwât mâ bâkuluh.* On ne mange pas la chauve-souris. •*Al abunwatwât mâ bamrug be nahâr.* La chauve-souris ne sort pas le jour.

abunxarîte *n. anim., m.*, composé de *abu* et de *xarîte* [besace], désigne le héron (souvent confondu avec le marabout d'Afrique, *Cf. abunsi'in*), désigne aussi une maladie des bovins (sorte de grosseur sur les pattes), * h̠rṭ, خ ر ط

♦ **héron, Ardea cinerea, hygroma.** •*Abunxarîte râsah azrag wa gaddûmah tawîl.* Le héron a une tête noire et un long bec. •*Al-tôr da kabîr lâkin indah abunxarîte fî rijilah.* Ce taureau est gros, mais il a un hygroma à la patte.

abunxinêm nom d'un oiseau de proie, *Cf. sagur*, * ġnm, غ ن م

abunzurrâg *n. anim., m., mrph. intf.*, composé de *abu* et de *zurrâg*, *Cf. zarag, anzarag* ; ce serpent doit son nom au fait qu'il se jette très rapidement sur sa proie ; il est appelé en Algérie *zorreig*, * zrq, ز ر ق

♦ **serpent des sables, Psammophis shcokari (F.), couleuvre sifflante, Psammophis sibilans (L.),** serpent long et fin se nourrissant de lézards, ayant la réputation de ne pas attaquer l'homme. •*Abunzurrâg baktuluh (bumût) fî samm al-dabîb.* On tue le serpent des sables dans le venin d'un serpent ordinaire. *Prvb.* (*i.e.* l'innocent subit le même sort que le méchant). •*Abunzurrâg mâ ba'addi ajala misil al-dâbi.* Le serpent des sables n'est pas aussi agressif que les autres serpents [ne mord pas vite comme les autres serpents].

abusamux *n. mld., m.*, composé de *abu* et de *samux*, maladie des bovins appelée ainsi dans la région du Ouaddaï, → *gûb*, * ṣmġ, ص م غ

Abusêf *n. pr.* d'homme, *Cf. abu, sêf 2, litt.* qui a un sabre.

abuwarama *n. mld., m.*, composé de *abu* et de *warama*, maladie des bovins appelée ainsi dans le Chari-Baguirmi, *Cf. abu'idêmât, abulafta, abkitêfe, biyêdre*, * wrm, و ر م

♦ **charbon symptomatique.** •*Al bagaray al indaha abuwarama mâ tagdar turux acân rijilênha warmîn.* La vache qui a le charbon ne peut plus marcher parce qu'elle a les pattes enflées. •*Marad abuwarama, biwarrim jilid al bagar.* La maladie du charbon provoque des enflures sur le corps des vaches. •*Marad abuwarama wa abu'idêmât wa abkitêfe, kulluhum sawa fî l bahâyim.* Le charbon symptomatique des bêtes du troupeau s'appelle aussi *abkitêfe* ou *abu'idêmât*.

abuzerêg *n. mld., m.*, → *abuzirêg*.

abuzibêdi *n. mld., dmtf., m.*, composé de *abu* et de *zibêdi*, → *zibde*, maladie des bovins (affection respiratoire spécifique) appelée ainsi dans la région de Mangalmé, *Cf. ablêle 2, amficêfic*, * zbd, ز ب د

abuzirêg *n. mld., dmtf., m.*, composé de *abu* et de *zirêg*, → *azrag* ; maladie des bovins (peste) appelée ainsi dans le Chari-Baguirmi, → *jadari, misêrin*, * zrq, ز ر ق

abxud *v. impér.*, → *baxad.*

abyad / buyud *adj.* de couleur, (*fém. bêda*), *Cf. bayâd, bêday*, voir les expressions *riyâl abyad, galib abyad, derib abyad, dikk abyad, masârîn buyud*, * byḍ, ب ي ض

♦ **blanc (blanche), neuf (neuve).** •*Xalag al-daktôr abyad.* L'habit du docteur est blanc. •*Al faras al bêda di maccâye.* Cette jument blanche est une bonne trotteuse. •*Jîna nisallumûha wa faracat lêna biric abyad.* Nous sommes allés la saluer et elle nous a installés sur une natte neuve.

abyad labani *adj.* de couleur, (*fém. bêda labaniye*), * byḍ, lbn, ب ي ض • ل ب ن

♦ **blanc cassé.** •*Xalagi hanâ l îd abyad labani wa kamamênah sufur.* Mon vêtement de fête est blanc verdâtre avec des manches jaunes. •*Lôn durdur bêtah abyad labani.* La couleur du mur de sa maison est blanc cassé. •*Fardithа bêda labaniye.* Son pagne est blanc cassé.

Abzaggâl *n. pr.* d'un diable, * zjl, ز ج ل

♦ **Diable enquiquineur, Esprit frappeur,** Diable qui dérange les gens en leur jetant des objets, en frappant aux portes ou aux fenêtres, ou en incendiant la maison. •*Jirâni induhum ayyâm ke da, Abzaggâl bilhên bactanâhum.* Depuis quelques jours mes voisins sont dérangés par l'Esprit frappeur. •*Nâs kan asâbâhum Abzaggâl, kan mâ ga'ado lêyah zên bigawwim lêhum harîge fî l bêt.* Lorsque le Diable enquiquineur s'attaque à des gens qui ne prennent pas garde à lui, il incendie leur maison. •*Cahar ramadân kan garrab, Abzaggâl bizaggil hujâr fî l buyût walla bikarribhum nâr.* A l'approche du mois de ramadan, le diable *abzaggal* lance des pierres dans les maisons ou bien y met le feu.

abzâgûf *n. mld., m.*, composé de *abu* et de *zâgûf* [qui attrape très vite], * zqf, ز ق ف ⇨

♦ **méningite.** •*Abzâgûf dagac al hille wa kattal al iyâl.* La méningite a frappé le village et a causé la mort des enfants. •*Al hamu ja wa l abzâgûf bigi katîr.* La saison chaude est arrivée et de nombreux cas de méningite se sont déclarés. •*Abzâgûf marad xatari baktul ajala.* La méningite est une maladie dangereuse qui tue très vite.

âc / yi'îc *v. intr.*, forme I n° 10, * ʕyš, ع ي ش

♦ **vivre.** •*Al-nâs yi'îcu be l xalla wa l-dura' wa l gameh.* Les gens vivent de [au moyen de] mil, de sorgho et de blé. •*Al haywânât yi'îcu fî l kadâde.* Les animaux vivent dans la brousse. •*Ali yi'îc ma'â rafîgah.* Ali vit avec son ami.

ac'ag *v. impér.*, → *ca'ag 1.*

ac'âr *pl.*, → *ci'ir.*

aca *n. m.*, pluriel peu utilisé, * ʕšy, ع ش ي

♦ **dîner, repas du soir, souper.** •*Al aca bigi fî l-lêl.* Le dîner a eu lieu tard dans la nuit. •*Wakt al aca al-nâs bi'ânusu.* Au moment du dîner les gens causent.

acaca *pl.*, → *ucc.*

acam 1 *n. m.*, * ʕšm, ع ش م

♦ **mépris, dédain.** •*Al awîn dôl birîdu l acam.* Ces femmes sont dédaigneuses [aiment le dédain]. •*Inta coxolak acam walla cunû, mâla mâ tâkul êc ?* Tu nous méprises ou quoi ? Pourquoi ne veux-tu pas manger la boule ?

acam 2 *n. m.*, ayant souvent un *pron. pers.* suffixe, * ʕšm, ع ش م

♦ **confiance, espérance, espoir.** •*Acami fôgki da, acân inti axti.* J'ai confiance en toi parce que tu es ma sœur. •*Anâ xalâs ajjâst, acami angata' min wâludt al iyâl !* Je suis déjà vieille, j'ai perdu l'espoir de mettre encore au monde des enfants !

acamân / acamânîn *adj.*, (*fém. acamâne*), → *acmân.*

acân *invar.*, * š'n, ش ء ن

♦ **parce que, car, à cause de, pour que, par.** •*Al mardân mât acân al-daktôr mâ fîh.* Le malade est mort parce que le docteur n'était pas là. •*Anâ numût acânak.* Je vais mourir à cause de toi. •*Abûna ti'ib acânna.* Notre père a souffert à cause de nous. •*Acânki inti, anâ daxalt al-sijin.* C'est à cause de toi que je suis allé en prison. •*Antîni gurus acân namci fî l-sûg.* Donne-moi de l'argent pour que j'aille au marché.

acangay / acangayât *n. f.*, *empr.*

♦ **baby-sitter, bonne d'enfants, nurse,** fillette à qui l'on confie la garde des enfants. •*Al acangay akalat êc al-saxîr acân ju' sawwaha.* La baby-sitter a mangé la boule du petit parce qu'elle avait faim. •*Anâ indi ancangay lê wilêdi, ajjartaha bê mîtên riyâl fî l-cahar.* J'ai une gardienne pour mon enfant, je la paye deux cents riyals par mois.

âcar / yi'âcir *v. intr.* *{- lê}*, forme III, * šwr, ش و ر

♦ **faire un signe.** •*Hû âcar lêi wa anâ fihimt kalâm al bidôr bugûlah.* Il m'a fait un signe et j'ai compris ce qu'il voulait dire. •*Kan ciftîni mâci l hille, âciri lêi nidôr namci ma'âki !* Si tu me vois en route pour la ville, fais-moi signe, j'irai volontiers avec toi [je désire aller avec toi] !

acara / acarât nombre cardinal, * ʕšr, ع ش ر

♦ **dizaine.** •*Dôr hanâ almi bê acara.* La tournée d'eau coûte dix riyals. •*Anâ waddart acarât al gurus.* J'ai perdu des dizaines de pièces de monnaie.

acara tayba nom composé *f.*, *litt.* "bonne société" en *ar. lit.*, nom d'un jeu de cartes, → *basara.*

acarât *pl.*, * ʕšr, ع ش ر

♦ **dizaines.** •*Indina acarât al-sinîn mâ ligîna xarîf adîl.* Il y a des dizaines d'années que nous n'avons pas eu de bonne saison des pluies. •*Hû indah acarât al bagar.* Il a des dizaines de vaches.

âcâri / âcârîn *adj.*, (*fém. âcâriye*), * šwr, ش و ر
♦ **qui parle avec des signes.** •*Al wilêd da âcâri bilhên.* Cet enfant aime parler avec des signes. •*Hî âcâriye kallamat lêi min ba'îd.* Elle sait communiquer par signes et m'a parlé ainsi de loin.

acârîn *pl.*, → *icirîn.*

acarro *pl.*, → *ucar.*

acâyir *pl.*, → *acîr.*

acba' *v. impér.*, → *cibi'.*

acbâr *pl.*, → *cibir.*

acca / yi'acci *v. intr. {- be, - fi, - ma'â}*, ≅ l'*inacc. ya'acci*, forme II, * ʕšy, ع ش ي
♦ **dîner, prendre le repas du soir, souper.** •*Anâ accêt be jidâde.* J'ai mangé une poule au dîner. •*Anîna na'accu fî bêt rufugânna.* Nous prendrons le repas du soir chez nos amis. •*Zâra accat ma'â ammaha.* Zara a dîné avec sa mère. •*Hû maca acca fî bêt ammah.* Il est allé souper chez sa mère.

accâbaho / yiccâbaho *v. intr.*, forme VI, * šbh, ش ب ه
♦ **se ressembler.** •*Al axawân dôl yiccâbaho.* Ces frères se ressemblent. •*Al-timân dôl mâ tagdar tifannidhum, humman biccâbaho bilhên.* Tu ne peux faire la différence entre ces deux jumeaux, ils se ressemblent beaucoup.

accaddad / yiccaddad *v. intr.*, forme V, * šdd, ش د د
♦ **intensifier, se fortifier, devenir fort.** •*Wilêdi accaddad fî l baki acân hû xabban.* Mon enfant a redoublé de pleurs parce qu'il était en colère. •*Al bôlis accaddado fî daggîn al-sarrâg.* Les policiers ont frappé le voleur de plus belle. •*Ba'ad marad amhasba, binêyti ligat al âfe wa jilidha accaddad be l gudra.* Après avoir attrapé la rougeole, ma fille a retrouvé la santé et son corps s'est fortifié.

accag / yi'accig *v. trans.*, forme II, *Cf. allag*, * ʕšq, ع ش ق
♦ **accrocher** (s'), **enclencher une vitesse, lancer à la poursuite, planter.** •*Al wilêd accag fî l arabiye.* L'enfant s'est accroché à la voiture. •*Xalagi accag fî l-cadaray.* Mon vêtement s'est accroché à l'arbre. •*Al-sawwâg accag al arabiye.* Le chauffeur a enclenché une vitesse de la voiture. •*Al wilêd accag al-kalib fî l arnab.* L'enfant a lancé le chien à la poursuite du lapin. •*Anâ accagt al galam fî sûfi.* J'ai planté mon crayon dans mes cheveux.

accagân *n. d'act.*, → *accigîn.*

accaggag / yiccaggag *v. intr.*, forme V, * šqq, ش ق ق
♦ **se fendre, se craqueler.** •*Ka'abi accaggag min al barid.* La peau de mon talon s'est fendue à cause du froid. •*Min darbîn al bundug durdûrna l warrâni da kulla ke accaggag.* A cause des coups de canon, notre mur de derrière est tout fendu. •*Turâb al bûta kan yibis, yiccaggag.* Lorsque la terre du fond du marigot est sèche, elle se craquelle.

Accahawa *n. pr.* de femme, pour *al-cahwa, litt.* désir ardent, appétit, passion, * šhw, ش ه و

accahha / yiccahha *v. trans.*, forme V, * šhw, ش ه و
♦ **désirer ardemment, vouloir avec avidité.** •*Al yôm da anâ accahhêt lêi mulâh hût axadar be êc berbere abyad karr.* Aujourd'hui j'ai très envie d'une sauce de poisson frais avec une boule de berbéré toute blanche. •*Humman dôl biccahhu l hukum, acân da bidâwasu be banâdighum.* Ils veulent tous prendre le pouvoir, et c'est pour cela qu'ils se battent avec leurs fusils. •*Binêyti ticcahha talga cahâde kabîre fî l-lekôl.* Ma fille a un grand désir d'obtenir un bon diplôme [un grand diplôme] à l'école.

Accâhir *n. pr.* d'homme, pour *al-câhir, litt.* le divulgateur, celui qui fait connaître, qui donne du prestige, * šhr, ش ه ر

Accâm *n. pr.* de femme, pour *al-câm*, *litt.* le grain de beauté, * šym, ش ي م

Accammoh *n. pr.* d'homme, pour *al-cammoh, litt.* celui qu'ils ont senti, * šmm, ش م م

accar / yi'accir *v. trans.*, forme II, * 'šr, ء ش ر

♦ **saillir, couvrir une femelle.** •*Al-jamal accar al-nâga.* le chameau a sailli la chamelle. •*Al kabic da lissâ saxayyar, mâ accar.* Ce bélier est encore petit, il n'a pas couvert de femelle. •*Al bagar kan mâ daharo iyâlhum min al-laban, mâ ya'accuruh.* Si l'on n'empêche pas les veaux de boire le lait des vaches, celles-ci ne seront pas couvertes par les taureaux.

accarrab / yiccarrab *v. intr. {- be}*, forme V, *Cf. anballa*, * šrb, ش ر ب

♦ **s'imprégner de, être imbibé(e) de, se gorger de.** •*Xalli râski yiccarrab adîl be dihin.* Laisse l'huile bien imprégner les cheveux de ta tête. •*Al arid actân fî l-sêf wa yicarrab be l matar fî l xarîf.* La terre est assoiffée pendant la saison sèche, et elle se gorge d'eau pendant la saison des pluies.

accarrat / yiccarrat *v. intr.*, forme V, * šrṭ, ش ر ط

♦ **se déchirer, être déchiré(e).** •*Nidôr minnak xalag jadîd acân hanâi da accarrat.* Je désire que tu me donnes un nouveau vêtement parce que le mien s'est déchiré. •*Al harîr mâ yiccarrat ajala.* La soie ne se déchire pas facilement [vite]. •*Al katkat kan tawwal fî l-dammîn yiccarrat wehêdah.* Le vieux papier [le papier longtemps conservé] se déchire tout seul.

accattat / yiccattat *v. intr.*, forme V, * štt, ش ت ت

♦ **se disperser, se répandre.** •*Nâs al-sûg sim'o lêhum hiss al bundug wa kulluhum accattato.* Les gens du marché ont entendu des coups de fusil et ils se sont tous dispersés. •*Cuwâli hanâ l xalla, al fâr gaddadah, wa kulla ke accattat fî l-turâb.* Les rats ont troué mon sac de mil qui s'est répandu partout à terre.

accâwaro / yiccâwaro *v. intr.*, forme VI, * šwr, ش و ر

♦ **se consulter.** •*Al abu ma'â l amm yiccâwaro hatta yijawwuzu wilêdhum.* Le père et la mère se consultent pour marier leur enfant. •*Al kubârât accâwaro fî kalâm al-siyâsa hanâ l-dawla.* Les responsables se sont consultés au sujet de la politique du pays.

accayyax / yiccayyax *v. intr.*, forme V, * šyẖ, ش ي خ

♦ **qui se conduit comme le chef, s'arroger le pouvoir du cheikh.** •*Al-cêx tarad Ahmat min farîgna acân hû biccayyax fôgna bilhên.* Le chef a chassé Ahmat de notre campement parce qu'il se conduisait à notre égard comme s'il était le chef. •*Wilêd al-cêx accayyax gubbâl ma yantuh l kadmûl !* Le fils du cheikh s'est attribué le pouvoir du chef avant même que lui soit remis le turban !

Accêx *n. pr.* d'homme, pour *al-cêx*, *Cf. cêx*, * šyẖ, ش ي خ

Accêxe *n. pr.* de femme, pour *al-cêxe*, variante de *Cêxe*, * šyẖ, ش ي خ

accigîn *n. d'act., m.*, ≅ *accagân*, * ˁšq, ع ش ق

♦ **accrochage, enclenchement, fait de s'accrocher.** •*Accigîn al abalany fî l furu', da min âdâtah.* Le singe a l'habitude de s'accrocher aux branches des arbres. •*Al-sayyâra kan caddo l-rahal, accigîn al buxas wa l karâyo bidôr irfe.* Lorsque les nomades chargent leurs affaires pour se déplacer, ils font attention à accrocher comme il faut les gourdes et les koros. •*Al-sawwâg kan tagîl fî l accigîn mâ bagdar biwaddi l watîr fî l gôz.* Un chauffeur qui est lent à passer les vitesses de son véhicule ne peut pas rouler sur un terrain sableux.

Accitêla *n. pr.* de femme, pour *al-citêla*, → *citêla*, * štl, ش ت ل

Accôca *n. pr.* de femme, variante de *Acôca*, pour *al-cawca* [chamelle agile et rapide à la course] (*Ka.*), * ʕyš, ع ي ش

Âce *n. pr.* de femme, → *Âyca*, * ʕyš, ع ي ش

acfa *v. impér.*, → *cafa 1*.

acfa' *v. impér.*, → *cafa'*.

acgar / cugur *adj.* de couleur, (*fém. cagra*), * šqr, ش ق ر

♦ **alezan(e), roux (rousse).** •*Al faras al-cagra di hint abui.* Cette jument alezane est à mon père. •*Al humâr al acgar nihis wa kadâr.* L'âne roux est têtu, il ne marche pas vite.

achad *v. impér.*, → *cahad, cihid*.

achan *v. impér.*, → *cahan*.

Achîm *n. pr.* d'un djinn.

âcig / âcigîn *adj. mrph. part.* actif, (*fém. âcige*), *Cf. icig*, * ʕšq, ع ش ق

♦ **amoureux (-euse), nostalgique, désireux (-euse).** •*Al binêye di nâdôha "âcigt al hawa" acân hî samhe wa mâ ligat râjil yâxudha.* On a appelé cette jeune fille "l'amoureuse du vent" parce qu'elle est belle et qu'elle n'a pas trouvé d'homme qui l'épouse. •*Usmân âcig wa mufallis.* Uthman est amoureux et sans argent. •*Al-sabi hizin acân âcig binêyit jârah wa axadoha.* Le jeune homme est triste parce qu'il aimait la fille du voisin et qu'elle a été donnée en mariage à un autre.

acîr / acâyir *n. m.*, *Cf. êb*, * ʕšr, ع ش ر

♦ **secret, honte,** ce qui provoquerait la honte si c'était connu. •*Al fakka l acîr, Allah yaftah xaburah.* Celui qui révèle un secret [qui ouvre le secret], Dieu lui ouvre sa tombe. *Prvb.* •*Anâ nisey acîr illa ma'â nâdum indah amân.* Je ne confie un secret qu'à des personnes de confiance. •*Mâ tumurgah acîri lê l-nâs !* Ne révèle mon secret à personne !

âcir *adj.*, nombre ordinal, (*fém. âcre, âcire*), * ʕšr, ع ش ر

♦ **le dixième.** •*Wilêdi al âcir da, umra sitte sana.* Mon dixième enfant a six ans. •*Binêyti l âcire abûha wihêdha.* Ma dixième fille a un père différent de celui des neuf autres [elle est seule de son père].

aciye *n. f.*, souvent employé avec *be*, * ʕšy, ع ش ي

♦ **après-midi, temps de quinze à dix-huit heures,** moment du jour entre *gayle* [midi] et *maxrib* [coucher du soleil]. •*Al xêl jaro be aciye.* Les chevaux ont couru l'après-midi. •*Anâ nisawwi aca kulla yôm be aciye.* Je prépare le dîner tous les soirs. •*Anâ mâ naxadim ma'âk aciye.* Je ne travaillerai pas avec toi le soir.

ackâl *pl.*, → *cakil 1*.

acki *v. impér.*, → *caka*.

ackur *v. impér.*, → *cakar*.

acla' *v. impér.*, → *cala'*.

aclax *v. impér.*, → *calax*.

acmân 1 / acmânîn *adj.*, (*fém. acmâne*), ≅ *acamân, acamâne, acamânîn*, terme d'insulte, * ʕšm, ع ش م

♦ **hautain(e), méprisant(e), snob, dédaigneux (-euse), insoumis(e), orgueilleux (-euse),** qui refuse les règles de convenance dues à son rang ou à son état, qui joue au grand personnage. •*Al-nâdum al acmân yicîf nafsah xâli min ayyi nâdum.* La personne orgueilleuse se voit plus importante que quiconque. •*Al mara di acmâne acân râjilha indah gurus.* Cette femme est snob parce que son mari a de l'argent. •*Al iyâl dôl acmanîn acân abûhum birîdhum bilhên.* Ces enfants sont insoumis parce qu'ils sont trop gâtés par leur père [parce que leur père les aime trop].

acmân 2 / acmânîn *adj.*, (*fém. acmâne*) {*- fôg*}, * ʕšm, ع ش م ⇨

♦ **confiant(e) en, sûr(e) de** ***qqn.*** •*Anâ acmâne fôgki kan andassêt bêtki, nagdar nicîl akil nâkul wallâ sâbun naxassil.* J'ai toute confiance en toi : si je vais chez toi, je peux prendre de la nourriture ou du savon. •*Rafigti di acmâne fogha misil ammi wallâ axti bitt ammi.* J'ai confiance en mon amie comme en ma mère ou en ma propre sœur. •*Anâ acmân fôgak, acân da jît lêk nidôr minnak dên icirîn alif riyâl.* Je peux compter sur toi, c'est pour cela que je suis venu te demander de me prêter vingt mille riyals.

acmil *v. impér.*, → *camal.*

acmut *v. impér.*, → *camat.*

acna *adj. mrph.* comparatif, *Cf. cên*, * šyn, ش ي ن
♦ **plus vilain(e), plus laid(e).** •*Hî di bas acna min al awîn al-jâyîn dôl !* C'est vraiment elle la plus laide de toutes ces femmes qui arrivent ! •*Sêd al xala lamma wa bugûl saxîr al hallûf bas acna min iyâlhum !* Les animaux de la brousse se sont réunis et ont dit que le petit du phacochère était le plus laid de leurs enfants !

acnig *v. impér.*, → *canag.*

Acôc *n. pr.* de femme, *Cf. Ayca*, * ʕyš, ع ي ش

Acôca *n. pr.* de femme, *mrph. dmtf.*, *Cf. Ayca*, * ʕyš, ع ي ش

acrab *v. impér.*, → *cirib.*

acrah *v. impér.*, → *carah.*

acri *v. impér.*, → *cara 1.*

acrum *v. impér.*, → *caram.*

Acta *n. pr.* de femme, en *ar. lit.* *ʕâ'išat*, métathèse entre le "a" et le "t" final, → *Ayca*, * ʕyš, ع ي ش

actân / actânîn *adj.*, (*fém. actâne*), métathèse dans la racine, ≅ *atcân, atcâne, atcânîn*, * ʕṭš, ع ط ش
♦ **assoiffé(e).** •*Anîna actânîn wa jî'ânîn.* Nous sommes assoiffés et affamés. •*Hî atcâne, tidôr almi.* Elle a soif, elle veut de l'eau.

actim *v. impér.*, → *catam.*

Actu *n. pr.* de femme, variante de *Acta*, * ʕyš, ع ي ش

acwâg *pl.*, → *côg.*

Acwâg *n. pr.* de femme, → *acwâg*, * šwq, ش و ق

acwal / cuwul *adj. déf. phy.*, (*fém. cawla, côla*), connu en *Egy.* et au *Sdn.* (*C.Q.*), *Cf. a'war*, * šwl, ش و ل
♦ **qui a un strabisme, loucheur (-euse), gaucher (-ère).** •*Al-nâdum da, ênah côla.* L'œil de cette personne louche. •*Mamnu' lê l-râjil al acwal mâ yusûg watîr !* Il n'est pas permis à quelqu'un qui louche de conduire une voiture ! •*Fî l-lekôl iyâl wahadîn yaktubu cuwul.* A l'école, certains enfants écrivent de la main gauche. •*Al bint di kulla xidimitha côla.* Cette jeune fille fait tout son travail de la main gauche.

acxâl *pl.*, → *caxala.*

acyâ' *pl.*, → *ceyy.*

âd / yu'ûd *v. intr.* *{- fî,- fôg}*, forme I n° 4, * ʕwd, ع و د
♦ **revenir, recouvrer, retourner, refaire, recommencer.** •*Al kôlêra battân kula âd fî Anjammêna.* Le choléra est encore une fois revenu à N'Djaména. •*Al-râjil da arrad, tâni mâ yu'ûd.* Cet homme s'est enfui, il ne reviendra pas une deuxième fois. •*Al âfe âdat fôgi.* J'ai recouvré la santé.

ad'ad / yi'ad'id *v. trans.*, forme II, *Cf. adda*, * ʕḍḍ, ع ض ض
♦ **mordre de nombreuses fois, dévorer.** •*Mâ tixalli iyâlki lê l ba'ûda, ti'ad'idhum ; tisey lêhum wirde.* Ne laisse pas tes enfants se faire dévorer par les moustiques, cela leur donne le paludisme. •*Al kalib kan ad'adâk, amci l-labtân ajala, acân yat'anôk ibre hint ucba.* Si un chien t'a mordu plusieurs fois, va vite à l'hôpital, on te fera une piqûre contre le tétanos.

ad'af *invar.*, *mrph.* superlatif, → *da'îf*, *litt.* plus faible, moins capable.

ad'ak *v. impér.*, → *da'ak.*

ad'i *v. impér.*, → *da'a.*

ad'iya *pl.*, → *du'a.*

âda / yi'âdi *v. trans.*, ≅ l'*inacc. ya'âdi*, forme III, * ʕdw, ع د و

♦ **contaminer, se transmettre par contagion, infecter.** •*Al-sull bi'âdi l-nâs al-jî'ânîn.* Les gens qui ont faim sont contaminés par la tuberculose. •*Al amhûhu ti'âdi l iyâl.* La coqueluche se transmet aux enfants par contagion. •*Al marad hanâ l-sîda bi'âdi be lammîn al-râjil ma'â l mara.* La maladie du sida se transmet par voie sexuelle [par la rencontre entre la femme et l'homme].

âda' *pl.*, → *udu'.*

adab / âdâb *n. m.*, *Cf. ta'dîb*, * 'db, ء د ب

♦ **éducation, politesse, moralité,** l'ensemble des règles de bonne conduite. •*Iyâl hanâ hassâ mâ induhum adab.* Les enfants d'aujourd'hui n'ont plus d'éducation. •*Al adab xacum buyût.* L'éducation caractérise une famille [l'entrée des maisons]. *Prvb.*

âdâb *pl.*, → *adab.*

adad *n. m.*, * ʕdd, ع د د

♦ **nombre, chiffre.** •*Bagari adadhum xamsîn.* Mes vaches sont au nombre de cinquante. •*Adad katîr min abbahâti mâto fî l harib.* Un grand nombre de mes parents sont morts pendant la guerre. •*Intu, adadku kam ?* Combien êtes-vous ?

adal / ya'adil *v. trans.*, forme III, * ʕdl, ع د ل

♦ **atteindre le bord, arriver au niveau de.** •*Be xêlhum jakjako kê namman adalo l wâdi.* Ils ont trotté avec leur chevaux jusqu'au bord de l'oued. •*Amci kê, nammin ta'adil al-dukkân al kabîr wa liff be l-zêne, talga bêti.* Va dans cette direction, continue jusqu'au niveau de la grande boutique, puis tourne à droite, et là tu trouveras ma maison.

adal ! *invar.*, exclamation, * ʕdl, ع د ل

♦ **bien !, bravo !, merci !, parfait !** •*Adal, adal, xidimitku di samhe !* Bravo, bravo, votre travail est bien fait ! •*Hî hawâne, nâdum ke bugûl lêha adal mâ fîh.* Elle est méchante et personne ne la félicite [ne lui dit : "c'est bien !"].

âdal / yi'âdil *v. trans.*, forme III, * ʕdl, ع د ل

♦ **équilibrer, faire le contrepoids,** équilibrer la charge d'une monture sur le dos d'un âne, d'un bœuf, ou d'un chameau. •*Cuwâl al faham da âdal al xumâm.* Ce sac de charbon équilibre le fardeau [les choses]. •*Wâjib al mara ti'âdil kalâm hanâ râjilha acân yabnu halu.* Il faut que la parole de la femme équilibre celle de l'homme pour qu'ils construisent harmonieusement leur foyer.

adâla *n. f.*, *Cf. âdal*, * ʕdl, ع د ل

♦ **justice.** •*Humman marago sawra bidôru l adâla.* Ils sont partis dans la rébellion parce qu'ils voulaient la justice. •*Al-sultân da, al-nâs birîduh acân bahkim be adâla.* Tous aiment ce sultan parce qu'il juge avec justice. •*Al-dâr bala adâla mâ talga l âfe.* Sans la justice, le pays ne trouvera pas de paix.

adalam *adj.*, → *adlam.*

âdalân *n. d'act.*, *m.*, → *âdilîn.*

adam 1 / ya'adim *v. trans.*, forme I, n° 6, * ʕdm, ع د م

♦ **condamner à mort, exécuter, anéantir, tuer, éliminer.** •*Al hâkûma adamat kulla l-sarrâgîn al-sana l fâtat.* Les autorités ont exécuté tous les voleurs l'an passé. •*Al askari al arrad min al-duwâs, kabîrah karabah wa adamah.* Le combattant qui a fui le combat, a été arrêté par son chef et condamné à mort. •*Kan bitabbuxu l-ceriye, al kâtil wâjib ya'adumuh.* Si l'on suit la loi, le meurtrier doit être tué.

adam 2 *n. m.*, * ʕdm, ع د م
♦ **pénurie, manque.** •*Be adam al mulâh akalna angâbo.* A cause du manque de sauce, nous avons mangé la boule avec de l'eau. •*Adam al-nizâm bijîb al fawda.* Le manque d'organisation entraîne le désordre.

Âdam *n. pr.* d'homme, * ʼdm, ء د م
♦ **Adam.**

Âdama *n. pr.* de femme, *fém.* de *Adam*, * ʼdm, ء د م

adamân *n. d'act.*, *m.*, → *adimîn.*

Âdamu *n. pr.* d'homme, *mrph. dmtf.* affectif, *Cf. Âdam*, * ʼdm, ء د م

adân / **udunnên** *n. f.*, ≅ les pluriels *udunne, adânât*, * ʼḏn, ء ذ ن
♦ **oreille, anse.** •*Al arûs indaha xurûs fî adânaha.* La mariée porte des boucles d'oreille. •*Bîri tawîle, almîha murr… Di l adân.* Mon puits est profond, son eau est amère… C'est l'oreille. *Dvnt.* •*Udunnêi mâ basma'o kalâmak da.* Je n'ai pas envie d'entendre ce genre de paroles venant de toi [mes deux oreilles n'entendent pas ta parole]. •*Rafa't udunnêk kê da simi't cunû ?* Tu as tendu l'oreille, qu'as-tu donc entendu ? •*Fâtime cîli lêki katkat wa akurbi al burma min udunnênha acân hî hâmiye.* Fatimé, prends du papier et attrape la marmite par les anses parce qu'elle est chaude !

adâr 1 *n. vég.*, *coll.*, *m.*, * ʼdr, ء د ر
♦ **nom d'une herbe, Leptochloa coerulescens (Steud.),** famille des graminées, herbe fine qui donne quelques graines comestibles et dont on se sert pour la fabrication des vans colorés. •*Al adâr gamma katîr fî xacum al bahar.* L'herbe Leptochloa a poussé en abondance sur les berges du fleuve. •*Al adâr bisawwu beyah barâtîl.* On fait des vans avec l'herbe Leptochloa.

adâr 2 *n. vég.*, *coll.*, *m.*, * ʼdr, ء د ر
♦ **nom d'une herbe, sorgho sauvage, ivraie, roseau, Sorghum arundinaceum (Desv.),** famille des graminées, plante très haute, coupante, dont on ne récolte pas les graines trop petites et qui ne se distingue du sorgho *dura'* que lorsque l'épi est sorti. •*Al adâr indah ganâdîl suxâr min ganâdîl al berbere lâkin mâ bisawwu bêya akil.* Le sorgho sauvage a des épis plus petits que ceux du berbéré mais on ne l'utilise pas pour la nourriture. •*Al adâr katîr fî taraf al bahar, bakân al almi yargud fî wakt al xarîf.* Il y a beaucoup de roseaux au bord du fleuve, là où l'eau stagne en saison des pluies.

âdâr *pl.*, → *udur.*

Adare *n. pr.* de lieu, ≅ *Adra*, chef-lieu de sous-préfecture du Ouaddaï.
♦ **Adré.**

adas *n. coll.*, *sgtf. adasay*, * ʕds, ع د س
♦ **nom d'une herbe, sorte de lentille.** •*Fî Ramadân, nisawwi curba hint laham wa malîl hanâ adas.* Pendant le Ramadan je préparerai une soupe de viande et un plat de lentilles à l'eau. •*Têrâb al adas jâyi min sabah.* Les graines de lentilles viennent de l'Est.

adâwa *pl.*, → *adu.*

Adawiya *n. pr.* de femme, *litt.* assistance, main-forte prêtée à *qqn.* contre un autre, * ʕdw, ع د و

âdayân *n. d'act.*, *m.*, *Cf. âda*, * ʕdw, ع د و
♦ **contamination, contagion,** transmission d'une maladie. •*Adayân hanâ amburjuk baji ajala.* La rougeole est très contagieuse [la transmission de la rougeole est très rapide]. •*Al fassidîn yiwaggif al âdayân hanâ l marad.* La vaccination arrête la contagion de la maladie.

adbah *v. impér.*, → *dabah.*

adbâr *pl.*, → *dubur.*

adbux *v. impér.*, → *dabax.*

adbuz *v. impér.*, → *dabaz.*

adca' *v. impér.*, → *daca'.*

adda 1 / yi'addi *v. trans.*, forme II, à ne pas confondre avec l'homonyme *adda* (accompagner), voir ci-dessous *adda 2*, * ʕḍd, ع ض ض

♦ **mordre.** •*Al biss addâni.* Le chat m'a mordu. •*Al-jamal yi'addi l-nâdum al yisawwi lêyah coxol hawân.* Le chameau mord celui qui le maltraite. •*Al-addah al-dâbi, baxâf min majarr al habil.* Celui qu'un serpent a mordu a peur d'une corde qui est tirée ! (*i.e.* Chat échaudé craint l'eau froide !).

adda 2 / yi'addi *v. trans.*, *Cf. wadda*, forme II, à ne pas confondre avec l'homonyme *adda* (mordre), voir ci-dessus *adda 1*, ≅ l'*inacc. ba'addi*, * 'dy, ء د ي

♦ **accompagner, aller avec *qqn.*, emmener,** conduire *qqn.* vers un lieu précis. •*Addîni namcu l-sûg !* Accompagne-moi, nous allons au marché ! •*Kan tidôr ni'addîk, aciri lêi sijâra.* Si tu veux que je vienne avec toi, tu me donneras [achète-moi] des cigarettes. •*Addîni fî l-labtân !* Accompagne-moi à l'hôpital ! •*Addêt jarti fî l-sûg taciri lêha laham.* J'ai accompagné au marché ma voisine qui allait acheter de la viande. •*Ali ambâkir yi'addi rafîgah fî l-lekôl.* Ali accompagnera demain son ami à l'école. •*Al ba'addi mâ biwaddi.* Celui qui accompagne quelqu'un ne l'amène pas à destination. *Prvb.* (*i.e.* la personne qui accompagne l'hôte jusqu'à la porte ne l'amène pas chez lui, un petit geste ne coûte rien).

adda 3 / yi'addi *v. trans.*, forme II, sens dérivant du verbe précédent, * 'dy, ء د ي

♦ **amener, donner, apporter,** faire parvenir. •*Addîni l kitâb da, nidôr nagri !* Apporte-moi ce livre, je voudrais lire ! •*Addi l gurus da lê axûk yibî fangâsu !* Donne cet argent à ton frère pour qu'il achète des beignets !

adda 4 / yi'idd *v. trans.*, forme I, n° 11, * ʕdd, ع د د

♦ **compter, dénombrer, considérer comme.** •*Al ijêle di kula addênâha bagara.* Cette petite génisse a été comptée avec les vaches. •*Al fâsix mâ bi'idduh ma'â l-sâlihîn.* Le dépravé ne sera pas compté parmi les hommes pieux. •*Al bêday mâ bi'idduha jidâde !* Un œuf ne peut être considéré comme une poule !

adda''a / yidda''a *v. intr.*, *Cf. da''a*, forme V, * dʕw, د ع و

♦ **dire des invocations à Dieu, égrener le chapelet, invoquer Dieu, prier avec le chapelet,** dire les noms de Dieu, ses "attributs", en égrenant le chapelet. •*Kulla yôm acîye nalgâk gâ'id tidda''a.* Tous les soirs, je te trouve en train de prier avec ton chapelet. •*Adda''êt wallâ lissa ?* Est-ce que tu as invoqué Dieu en égrenant ton chapelet, ou pas encore ?

adda''ak / yidda''ak *v. intr.*, forme VI, souvent prononcé *addâ'ak, yiddâ'ak*, * dʕk, د ع ك

♦ **se frotter, fréquenter.** •*Al-saxîr yirîd yidda''ak fî ammah.* Le petit enfant aime se frotter contre sa mère. •*Yalla, mâ tidda''ak fôgi, amci xâdi !* Allons, ne te frotte pas à moi, va-t'en ! •*Al xanam adda''ako fî l-cadaray wa gicirha marag.* Les moutons se sont frottés contre l'arbre et l'écorce est partie. •*Humman dôl nâs adîlîn bidda''ako fî l-nâs.* Ce sont des gens sociables, ils fréquentent les autres. •*Mâla inta tiddâ'ak, cunû bôjak ?* Pourquoi te frottes-tu, qu'est-ce qui te fait mal ?

addâ'ak / yiddâ'ak *v. intr.*, forme VI, altération de *adda''ak, yidda''ak*, → *adda''ak*, * dʕk, د ع ك

addab / yi'addib *v. trans.*, forme II, * 'db, ء د ب

♦ **élever, éduquer.** •*Anâ addabt wilêdi adîl.* J'ai bien éduqué mon enfant. •*Hû mâ addabo adîl wakit saxayyar.* Il n'a pas été bien éduqué quand il était petit.

addâb / addâbîn *adj. n., mrph. intf.*, (*fém.* *addâba*), *Syn. waddâb*, * ’db, ء د ب

♦ **éducateur (-trice), dresseur.** •*Hû nâdum addâb lê l xêl.* C'est un dresseur de chevaux. •*Mâ tafruci iyâli, anâ mâ gult lêki tabge lêhum addâba !* Ne frappe pas mes enfants, je ne t'ai pas demandé d'être leur éducatrice ! •*Al abbahât kan addâbîn banâthum mâ yamurgu min idênhum.* Lorsque les pères sont de bons éducateurs, leurs filles ne leur échappent pas des mains.

addaban *n. d'act., m.*, → *addibîn*, *Syn. waddabân*, * ’db, ء د ب

addabba / yiddabba *v. intr.*, pour *aldabba*, forme V, * dbb, د ب ب

♦ **s'approcher doucement, s'avancer lentement,** se rapprocher tout doucement et sans se faire remarquer. •*Al bisse addabbat wa karabat al fâr.* Le chat s'est approché tout doucement et a attrapé le rat. •*Al wilêd addabba wara l bâb wa marag al-câri.* L'enfant a avancé lentement derrière la porte et est sorti dans la rue.

Addabdab *n. pr.* d'homme, pour *al-dabdab*, → *dabdab, dabba*, * dbb, د ب ب

addad 1 / yi'addid *v. trans.*, forme II, *Cf. azzaz*, * ʕdd, ع د د

♦ **équiper, munir, appareiller, aménager.** •*Hû addad bêtah be nâr.* Il a mis l'électricité chez lui [il a équipé sa maison avec l'électricité]. •*Hû yi'addid maktabah be sês wa mukayyif.* Il équipera son bureau avec une chaise et un climatiseur.

addad 2 / yi'addid *v. trans.*, forme II, homonyme de *addad* 1, * ʕdd, ع د د

♦ **passer le délai de viduité,** se dit d'une femme divorcée qui doit attendre trois mois avant le remariage. •*Al mutallaga ti'addid gubbâl tâxud.* Celle qui est divorcée doit passer le délai de viduité avant de se remarier. •*Al mara ti'addid talâta cahar ba'ad al-talag wallâ l âde tajîha talâte marrât gubbâl tâxud.* La femme doit passer un délai de trois mois après la répudiation, ou bien constater qu'elle a eu trois fois ses règles avant de se remarier.

addad 3 / yi'addid *v. trans.*, forme II, * ʕdḍ, ع ض ض

♦ **piquer de nombreuses fois** (insecte)**, mordre plusieurs fois de suite,** dévorer (moustiques). •*Al-dêf nâm mâ rabat sangêtah, wa l ba'ûda addadatah.* L'étranger a dormi sans moustiquaire, et les moustiques l'ont dévoré. •*Fî Anjammêna, al ba'ûda ti'addid al-nâs wa tisawwi lêhum wirde.* A N'Djaména, les moustiques piquent sans cesse les gens et leur donnent la fièvre. •*Al kalib al-jahmân xâr fî l wilêd wa addadah.* Le chien enragé a bondi sur l'enfant et l'a mordu à plusieurs fois de suite.

addâd *pl.*, → *idd.*

addâdal / yiddâdal *v. intr.* *{- be}*, forme VI, ≅ *addâlal*, * dll, د ل ل

♦ **jouer, danser.** •*Gayyalna niddâdalo fî tihit al-cadaray dîk !* Nous avons passé le temps du milieu du jour à danser sous cet arbre là-bas ! •*Yâtu addâdal lêi be l almi da ?* Qui a joué avec l'eau que j'ai apportée ?

addâfano / yiddâfano *v. trans.*, forme VI, * dfn, د ف ن

♦ **s'enterrer les uns les autres.** •*Al iyâl addâfano be l-turâb.* Les enfants se sont enterrés. •*Mâ tiddâfano al'abo sâkit !* Ne vous enterrez pas, jouez simplement !

addaffa / yiddaffa *v. intr.* *{- fi}*, forme V, * df’, د ف ء

♦ **se chauffer.** •*Al wilêd addaffa fî l-nâr.* L'enfant s'est réchauffé près du feu. •*Inta tiddaffa min al barid fî l-nâr.* Tu te réchaufferas [du froid] près du feu.

addaffag / yiddaffag *v. intr.*, forme V, * dfq, د ف ق

♦ **être versé(e), se renverser, se jeter.** •*Al-cahi da addaffag kikkêf, yâ Ali ?* Ali, comment le thé s'est-il donc renversé ? •*Al akil al-sameh mâ biddaffag !* On ne jette pas la bonne nourriture ! •*Sim'o hiss al bundug wa kulluhum addaffago fî l-turab.* Il ont entendu des coups de fusil et ils se sont jetés à terre.

addâgafo / yiddâgafo *v. intr.*, forme VI, → *dagaf.*
♦ **se donner des coups de tête, se cogner la tête.** •*Al-tîrân addâgafo namman al wâhid garnah ankasar.* Les taureaux se sont donné des coups de tête jusqu'à ce que l'un deux se casse une corne. •*Ahmad wa axuh addâgafo fî l bâb, wâhid mârig, wa l âxar mindassi.* Ahmad et son frère se sont cogné la tête sur la porte : l'un sortait tandis que l'autre entrait.

addâgago / yiddâgago *v. intr.*, forme VI, * dqq, د ق ق
♦ **se battre, se frapper.** •*Al iyâl fî xabar al kûra, addâgago namman alfâjajo.* Les enfants, à cause du match de football se sont frappés et sont même allés jusqu'à se blesser à la tête. •*Nâs al-dangay, acân al êc addâgago be îdân al-nâr.* A cause de la boule, les prisonniers se sont frappés avec des bûches.

addâhar / biddâhar (aba mâ ~) *v. intr.*, forme VI, dans l'expression *aba mâ biddâhar*, * dḥr, د ح ر
♦ **refuser de se plier à une interdiction.** •*Wakit gamma xâtir, aba mâ biddâhar lêna, istâri ajalah tamma.* Au moment où il partait en voyage, il a refusé de nous obéir, et il est mort [son délai de vie était achevé]. •*Zâra abat mâ tiddâhar min sûg al barcôt, yôm wâhid taga' fî xasâra.* Zara refuse d'arrêter de passer de la marchandise en contrebande, un jour cela lui coûtera cher. •*Waladah bidâwis wa nidâhuruh mâ biddâhar.* Son fils se bagarre, nous avons tenté de l'en empêcher, mais il refuse de nous écouter.

addaktar / yiddaktar *v. intr.*, forme V ; *Cf. daktôr.*
♦ **qui agit comme un docteur, exercer la médecine illégalement.** •*Hû mâ indah maktûb min al hâkûma, addaktar lêna ke bas !* Il n'a aucune reconnaissance officielle [il n'a pas de lettre du gouvernement], mais il nous soigne comme s'il était médecin ! •*Hû addaktar bala ilim ke bas.* Il exerce la médecine comme cela, sans en avoir les connaissances. •*Angari, mâ tamci lê l-nâdum al biddaktar !* Prends garde, ne va pas consulter quelqu'un qui exerce la médecine illégalement !

addal / yi'addil *v. trans.*, forme II, * ʕdl, ع د ل
♦ **réparer, réhabiliter, améliorer, fabriquer, entretenir.** •*Bi'addulu l-darib al almi hanâ l xarîf tallafah.* Ils refont la route qui a été abîmée par la saison des pluies. •*Anâ addalt bêt abui al ankassar da.* J'ai réparé la maison de mon père qui s'était effondrée [cassée]. •*Al-awîn bi'addulu jilidhum be l-dilke wa l-duxân.* Les femmes entretiennent leur corps avec de la crème *dilke* et des encens.

addâlal / yiddâlal *v. intr.*, forme VI, → *addâdal*, * dll, د ل ل
♦ **jouir de la vie, profiter de la vie, s'amuser,** ne rien faire d'autre que de profiter des plaisirs de la vie. •*Wakit fî hayât abuh, addâlal mâ fakkar yil'allam ceyy, wa hassâ nidim.* Lorsque son père était vivant, il a joui de la vie sans penser à s'instruire ; à présent il le regrette. •*Al binêye di addâlalat bilhên, mâ karabat al-laday, wa râjilha tallagâha.* Cette jeune femme [fille] s'est beaucoup amusée, elle ne sait pas tenir son foyer et son mari l'a renvoyée.

addalân *n. d'act., m.*, → *addilîn.*

addâli / addâlîn *adj. n., mrph. intf., Cf. rakkâbi, jabbâri*, * ʕdl, ع د ل
♦ **réparateur.** •*Addâli l basâkilît daxxal ajal jadîd lê biskilêti.* Le réparateur de bicyclettes a installé une roue neuve sur mon vélo. •*Radyoyti tallafat, wa waddêtah lê l addâli wa mâ addal lêi bakân al kâsêt.* Ma radio est abîmée, je l'ai portée chez le réparateur, mais il n'a pas réparé l'endroit où l'on met les cassettes. •*Addâlî l-sa'ât bisammuh sa'âti.* Celui

qui répare les montres s'appelle un horloger.

addalla / yiddalla *v. intr.*, forme V, * dlw, د ل و

♦ **descendre tout seul, mettre pied à terre.** •*Anâ, kan ciribt kinnîn, mâ biddalla lêi ajala fî l kirce.* Lorsque j'avale un cachet, il ne descend pas vite dans l'estomac. •*Warcâl al-cadar, kan saffar, biddalla.* Lorsque les feuilles des arbres ont jauni, elles tombent toutes seules. •*Kiss lêi niddalla min al watîr !* Pousse-toi que je puisse descendre de la voiture ! •*Jakjako be xêlhum nammân addallo fî l wâdi !* Ils ont trotté avec leurs chevaux jusqu'à l'oued où ils ont mis pied à terre.

addallâhi *n. pr.* d'homme, → *Abdallah.*

addamrag / yiddamrag *v. intr.*, forme V, *Cf. dâmirge.*

♦ **blanchir dans l'eau, gonfler dans l'eau,** laisser tremper entre douze et vingt-quatre heures le mil ou une autre céréale qui devient ainsi plus blanche et plus comestible. •*Fâtime xallitki di xalâs addamragat, curriha !* Fatimé, ton mil a déjà blanchi et gonflé, sors-le de l'eau et étends-le au soleil ! •*Al masar kan mâ addamrag êcah mâ halu.* La boule de maïs n'est pas bonne si l'on ne laisse pas d'abord le maïs blanchir et gonfler dans l'eau.

addân *n. d'act., m.*, → *addîn.*

addârabo / yiddârabo *v. intr.*, forme VI, * ḍrb, ض ر ب

♦ **se tirer dessus, se donner des coups, échanger des coups de feu.** •*Al-sarrârîg wa l bolîs addârabo be banâdig.* Les voleurs et les policiers ont échangé des coups de feu. •*Al iyâl addârabo be sîtân wa l-saxayyar minnuhum baka.* Les enfants se sont donné des coups de cravaches et le plus petit parmi eux a pleuré.

addârag / yiddârag *v. intr. {- min}*, forme VI, * drq, د ر ق

♦ **se cacher, disparaître aux yeux de, se dissimuler.** •*Anâ addâragt min al adu.* Je me suis caché pour ne pas être vu de l'ennemi. •*Al wilêd yiddârag min abuh acân mâ yuduggah.* L'enfant se cache pour éviter que son père ne le batte.

addâraro / yiddâraro *v. intr.*, forme VI, * ḍrr, ض ر ر

♦ **être jalouses entre coépouses.** •*Fâtime wa Xadija addâraro wakit maxdîn Âdum, lâkin hassa tallagôhum.* Fatimé et Khadija étaient jalouses l'une de l'autre lorsqu'elles étaient les coépouses d'Adoum, mais à présent elles ont été répudiées. •*Ta'âli nilhânano fî iyâlna, battân mâ niddâraro acân râjilna xalâs mât !* Viens, aimons-nous à cause de nos enfants, ne soyons plus jalouses l'une de l'autre puisque notre mari est mort !

addâwa / yiddâwa *v. intr.*, forme VI, * dwy, د و ي

♦ **se soigner, recouvrer la santé.** •*Hû addâwa be kinnîn wa ibar min marad amxibbiye.* Il s'est soigné avec des cachets et des piqûres pour guérir de la fièvre quarte. •*Âdum maca dâr al-Nasâra acân yiddâwa.* Adoum est allé au pays des Blancs pour se soigner.

addâwaro / yiddâwaro *v. intr.*, forme VI, * dwr, د و ر

♦ **se fréquenter, se fiancer,** faire connaissance l'un de l'autre en vue du mariage. •*Humman tawwalo fî mag'ad bêthum acân gubbâl al axîde addâwaro wa alfâhamo.* Leur foyer a duré longtemps parce qu'avant leur mariage ils se sont fiancés et qu'ils se sont compris. •*Ahmat wa Zênaba yiddâwaro, lâkin yaxâf mâ yi'ôri abuh lê l axîde.* Ahmat et Zénaba sont fiancés, mais Ahmat n'ose pas informer son père qu'il veut se marier avec elle.

addâwaso / yiddâwaso *v. intr.*, forme VI, * dws, د و س

♦ **se battre, se combattre, se faire la guerre.** •*Al iyâl addâwaso fî l-lekôl.* Les enfants se sont battus à l'école.

•*Nâs al mincâx wa nâs al-janûb hummân axawân, wâjib mâ yiddâwaso.* Les habitants du Nord et du Sud du pays sont des frères, ils ne doivent plus se battre.

addâxal / yiddâxal *v. intr.*, forme VI, *Cf. mudâxala*, * dẖl, د خ ل

♦ **se fréquenter, se mêler aux autres, être sociable.** •*Anâ mâ niddâxal ma'â l-nâs dôl acân humman nâs macâkil.* Je ne fréquente pas ces gens-là parce que ce sont des gens à problèmes. •*Al mara di tiddâxal ma'â jîrânha fî âzârhum.* Cette femme partage avec ses voisins toutes les occasions de joie ou de malheur.

addaxxal / yiddaxxal *v. intr.*, forme V,, * dẖl, د خ ل

♦ **s'ingérer dans, s'introduire.** •*Anâ mâ niddaxxal fî kalâmah, hû nâdum mâ adîl.* Je ne me mêle pas de ses affaires parce qu'il n'est pas quelqu'un d'honnête. •*Al-râjil tallag martah acân hî tiddaxxal fî cu'ûnah.* L'homme a répudié sa femme parce qu'elle s'ingérait dans ses affaires.

addaxxan / yiddaxxan *v. intr. {- be}*, forme V, * dẖn, د خ ن

♦ **se parfumer d'encens,** se parfumer avec la fumée d'un bois d'encens que l'on fait brûler. •*Al mara sabbat duxxân fî l muxbar wa xattat be farde fôgah wa gâ'ide tiddaxxan.* La femme met du bois d'encens dans le brûle-parfum, elle se couvre avec un pagne et se met sur le brûle-parfum pour se parfumer. •*Al mara kan tiddaxxan, jilidha yincamma halu.* Lorsque la femme se parfume avec du bois d'encens, son corps sent bon.

addayân 1 *n. d'act., m.*, ≅ *addiyîn*, moins utilisé que *addân, addîn*, * ʕḍḍ, ع ض ض

♦ **morsure, fait de mordre, piqûre d'insecte.** •*Addayân al kalib bisey ucba.* Une morsure de chien donne le tétanos. •*Al wilêd da baka katîr min addayân angurrâsa.* Cet enfant pleure beaucoup parce qu'il a été piqué par les fourmis [à cause des piqûres de fourmis].

addayân 2 *n. d'act., m.*, ≅ *addiyîn*, * ʕdy, ع د ي

♦ **accompagnement, fait d'accompagner.** •*Addayânak, kan mâ tiwaddîni ba'îd, mâ nidôrah.* Je ne tiens pas à t'accompagner si tu ne m'emmènes pas très loin. •*Al-dêf kan jâk, bidôr addayân lahaddi l bâb.* Lorsqu'un invité vient chez toi, il s'attend à être raccompagné jusqu'à la porte [il désire l'accompagnement jusqu'à la porte].

addâyano / yiddâyano *v. trans.*, forme VI, * dyn, د ي ن

♦ **s'emprunter mutuellement, se faire mutuellement crédit,** s'accorder l'un à l'autre des "bons pour". •*Al mara ma'â râjilha mâ biddâyano.* Une femme et son mari ne peuvent pas s'endetter l'un envers l'autre. *Prvb.* (*i.e.* leur bien est commun). •*Al-tujjâr biddâyano budâ'a ambênâthum.* Les commerçants s'empruntent mutuellement des marchandises. •*Âdum, sawwi lêna câhi mafâlse addâyano !* Adoum, prépare-nous du thé fort avec peu de sucre comme celui des pauvres qui se font mutuellement crédit !

addâyax / yiddâyax *v. intr.*, forme VI, * ḍyq, ض ي ق

♦ **rétrécir, être anxieux, être angoissé,** être sur les nerfs. •*Xalagi xassaltah wa addâyax.* J'ai lavé mon vêtement et il a rétréci. •*Xumâmi sirigoh wa anâ addâyaxt.* On a volé mes affaires, et je suis anxieux.

addayyan / yiddayyan *v. trans.*, forme V, * dyn, د ي ن

♦ **s'endetter auprès de *qqn.*, emprunter, obtenir un crédit, recevoir une avance, faire un "bon pour".** •*Anâ addayyant icirîn alif acân nisawwih râsmâl.* J'ai emprunté vingt mille riyals pour me composer un capital. •*Hummân addayyano min al hakûma gurus lê bani buyûthum.* Ils ont obtenu du gouvernement un crédit pour bâtir leur maison. •*Al mara di addayyanat minnak ceyy wallâ ?* Est-ce que cette femme t'a fait un "bon pour" ? •*Mâci nikaffi gursi* *addayyantah da.* Je pars rembourser l'argent que j'ai emprunté.

Addêf *n. pr.* d'homme, pour *al-dêf, Cf. dêf,* * ḍyf, ض ي ف

Addêfe *n. pr.* de femme, pour *al-dêfe, fém.* de *Addêf,* * ḍyf, ض ي ف

addibîn *n. d'act., m.,* ≅ *addabân, Syn. waddibîn,* * 'db, ء د ب

♦ **fait d'éduquer, fait de dresser, éducation, dressage.** •*Wâjib addibîn al iyâl min humman suxâr.* Il faut éduquer les enfants dès qu'ils sont petits. •*Addibîn al xêl dâyiman yukûn fî l xarîf.* Le dressage des chevaux se fait toujours pendant la saison des pluies.

addilîn *n. d'act., m.,* ≅ *addalân, Cf. addal,* * ʕdl, ع د ل

♦ **aménagement, réhabilitation, réparation, entretien, ajustage,** fait d'aménager, de réhabiliter, de réparer, d'entretenir, d'ajuster. •*Addilîn min jadîd hanâ nâdum al-tallaf gâsi bilhên.* La réhabilitation d'une personne compromise est quelque chose de très difficile. •*Xidimtah fî addilîn al-durûb.* Il travaille à l'aménagement des routes. •*Addilîn listik hanâ l biskilêt da be kam ?* Combien coûte la réparation du pneu de cette bicyclette ? •*Al muhâmi ya'arif addilîn al kalâm fî l-carâye.* L'avocat sait présenter comme il faut les affaires [connaît l'affinement de la parole] pour régler les contentieux.

addîn 1 *n. d'act., m., Cf. adda,* ≅ *addân, addayân,* * ʕḍḍ, ع ض ض

♦ **morsure, piqûre,** fait de mordre ou de piquer. •*Anâ naxâf min addîn al kalib al-jahmân.* J'ai peur d'être mordu par un chien enragé. •*Fî l-labtân induhum dawa hanâ addîn al-dâbi wa l kalib wa l agrab.* A l'hôpital ils ont des remèdes contre les morsures de serpent et de chien, et contre les piqûres de scorpion.

addîn 2 *n. d'act., m.,* ≅ *addân,* voir le *Syn. addayân 2,* * ʕdy, ع د ي

Addixêr *n. pr.* d'homme, pour *al-dixêr,* formé à partir du diminutif de *duxur,* → *duxur,* * d̠ h̠ r, ذ خ ر

Addixêre *n. pr.* de femme, pour *al-dixêre, mrph. dmtf.,* → *duxur,* * d̠ h̠ r, ذ خ ر

addiyîn *n. d'act.,* → *addayân.*

âde 1 / âdât *n. f.,* * ʕwd, ع و د

♦ **coutume, tradition, habitude, demande d'un cadeau,** demande d'une aide ou d'un cadeau destiné aux garçons circoncis ou aux filles excisées. •*Al âde mâ ibâde.* La coutume n'est pas un acte d'adoration. *Prvb.* (*i.e.* la coutume n'est pas aussi contraignante que la loi religieuse). •*Tali'în hanâ l-cadar, âde hanâ l abâlîny wa l-tugulla.* Grimper aux arbres est une habitude des petits et des gros singes. •*Al xine wa l-zaxrât âde hanâ l awîn.* Chanter et pousser des youyous est une habitude des femmes. •*Al iyâl saddo l-câri be habil, bidôru min al mâcîn âde lê rafîghum al tahharoh.* Les enfants ont barré la route pour réclamer aux passants le cadeau traditionnel pour leur ami qui vient d'être circoncis.

âde 2 / âdât *n. f.,* * ʕwd, ع و د

♦ **règles de la femme.** •*Al mara al ajûz, al âde tagîf minha.* Les règles s'arrêtent lorsque la femme devient vieille. •*Al mara kan xilibat battân al âde mâ tajîha.* Quand la femme est enceinte, ses règles s'arrêtent. •*Awîn wahadîn, al âde taji lêhum marra fî l-cahar, wa âxarîn marritên.* Certaines femmes ont des règles chaque mois, d'autres deux fois par mois.

adfa' *v. impér.,* → *dafa'.*

adfin *v. impér.,* → *dafan.*

adfur *v. impér.,* → *dafar.*

adguc *v. impér.,* → *dagaç 1, dagac 2, dagac 3.*

adgus *v. impér.,* → *dagas.*

adha dans l'expression *îd al adha* (en *ar. lit.*), → *dahîye,* * ḍḥw, ض ح و

adhak *v. impér.*, → *dihik.*

adhar *v. impér.*, → *dahar 1.*

âdi / âdiyîn *adj.*, (*fém. âdiye*), * ʿwd, ع و د

♦ **ordinaire, normal(e),** de tous les jours. •*Gâbilîn al-sultân da, al-sarrâg bicîfah âdi lêh.* Comparaître devant le sultan est une chose ordinaire pour un voleur. •*Kulla yôm nasma'o balâxât âdiyîn fî l-râdyo.* Tous les jours nous entendons les communiqués ordinaires à la radio. •*Marti libisat farde âdiye bas wa macat fî l âzûma.* Ma femme n'a revêtu qu'un pagne ordinaire et elle est partie à l'invitation. •*Hû libis xulgân âdiyîn.* Il porte des vêtements ordinaires.

adîb / udaba' *adj.*, (*fém. adîbe*), * 'db, ء د ب

♦ **lettré(e),** homme de lettres. •*Fî Tcâd mâ fîh udaba' katîrîn.* Il n'y a pas beaucoup d'hommes de lettres au Tchad. •*Al adîb baktib kutub baftaho ugûl al-nâs.* Le lettré écrit des livres qui ouvrent l'intelligence des gens.

Adîbe *n. pr.* de femme, *Cf. adîb*, * 'db, ء د ب

adîl / adîlîn *adj.*, (*fém. adîle*), * ʿdl, ع د ل

♦ **parfait(e), bon (bonne), droit(e), bien, juste, respectable, intègre, irréprochable.** •*Al-zûz al gata' al-cariye, zôl adîl.* Le juge qui tranche le litige [trancheur de la loi] est une personne juste. •*Al mudarrisîn dôl adîlîn.* Ces enseignants sont irréprochables [sont parfaits].

Âdil *n. pr.* d'homme, *litt.* équitable, * ʿdl, ع د ل

adilîn *n. d'act.*, ≅ *adalân*, *Cf. âdal*, * ʿdl, ع د ل

♦ **fait de régler un différend, réconcilier.** •*Al-rufugân kan hârajo, al-nâs al hasâda mâ bidôru adilînhum.* Lorsque des amis se disputent, les jaloux ne cherchent pas à les réconcilier. •*Ahmat wa martah attâlago, lâkin adilînhum da min axuh.* Ahmat s'est séparé de sa femme, mais son frère a réglé ce différend.

âdilîn *n. d'act.*, ≅ *âdalân*, *Cf. âdal*, * ʿdl, ع د ل

♦ **équilibrage, équité, fait d'être équitable,** fait d'équilibrer. •*Al xumâm da bidôr âdilîn kan mâ kê baga' min dahar al humâr.* Il faut équilibrer ces affaires, sinon elles tomberont du dos de l'âne. •*Fî caddîn al-zâmle, al xumâm kan mâ âdalo bimâyil.* Si l'on n'équilibre pas le chargement d'une bête de somme, celui-ci penchera d'un côté.

adimîn *n. d'act.*, ≅ *adamân*, * ʿdm, ع د م

♦ **suppression, extermination, anéantissement, élimination, exécution capitale,** fait de tuer. •*Himâya hanâ l-nâs min marad al wirde tukûn illa be adimîn hanâ l ba'ûda.* On ne peut protéger efficacement les gens contre le paludisme qu'en supprimant les moustiques. •*Adimîn hanâ l-sarrâgîn fî hillitna bixawwif al-nâs.* Le fait d'exécuter les voleurs dans notre ville fait peur à tout le monde.

Adjada'a *n. pr.* de lieu, pour *al-Jada'a*, → *al-Jada'a.*

adla' *v. impér.*, → *dala'.*

adlam / dulum *adj.* de couleur, (*fém. dalma*), * ẓlm, ظ ل م

♦ **sombre, obscur(e), noirâtre.** •*Al wata bigat fî l-lêl wa dalma.* Il fait nuit et sombre [le temps est devenu nuit et sombre]. •*Al bakân da adlam acân mâ indah nûr.* Cet endroit est sombre parce qu'il n'y a pas de lumière.

adliya *pl.*, → *dalu.*

adlum *v. impér.*, → *dalam 1.*

adman *v. impér.*, → *dimin.*

Adra *n. pr.* de sous-préfecture, → *Adare.*

adrab / yi'adrib *v. intr. {- min}*, forme IV, * ḍrb, ض ر ب

♦ **faire la grève, refuser.** •*Al mudarrisîn adrabo, abo mâ yigarru l iyâl, acân mâ kaffôhum gursuhum.* Les enseignants ont fait la grève, ils ont refusé de donner leurs cours aux élèves parce qu'ils n'ont pas reçu leur salaire. •*Wilêdi al yôm adrab min al madîde.* Aujourd'hui mon enfant a refusé de prendre de la bouillie.

adrâj *pl.,→ duruj.*

adrig *v. impér., → darag 1.*

adrub *v. impér., → darab.*

adruc *v. impér., → darac 1, darac 2.*

adrûji / duruj *adj. déf. phy., m.,* féminin inusité, * drj, د ر ج

♦ **imberbe, qui n'a pas de barbe.** •*Be digêntah mâ adrûji, wa be bigêrtah mâ sîd kûzi !* Il vaut mieux avoir une barbichette que d'être imberbe, il vaut mieux aussi avoir une petite vache que de ne rien avoir [avec sa barbichette il n'est pas imberbe ; avec sa petite vache, il n'est même pas propriétaire d'une case] *Prvb.* •*Al adrûji wilêdah abdigin !* Lui est imberbe, mais son fils est barbu ! [l'imberbe a un fils barbu !].

adrus *v. impér., → daras.*

adu / adâwa *n. m.,* * ʕdw, ع د و

♦ **ennemi.** •*Al-dâbi adu lê l-nâs.* Le serpent est l'ennemi des hommes. •*Al-jâhil adu nafsah.* L'ignorant est son propre ennemi. *Prvb.* •*Anâ mâ nirîd axui yurûx ma'â adâwti.* Je n'aime pas que mon frère aille avec mes ennemis.

adum / udâm *n. m.,** ʕẓm, ع ظ م

♦ **os, ossements.** •*Karrim al-dêf, wa antîh udâm min al mulâh.* Honore l'invité et donne-lui les os qui sont dans la sauce. •*Al-jazzâri kassar adum al wirik wa bâ'ah ma'â l laham.* Le boucher a cassé l'os de la cuisse et l'a vendu avec la viande.

Âdum *n. pr.* d'homme, * 'dm, ء د م

♦ **Adam, Adoum.** •*Al-nâs bugûlu : "Ammina Hawwa wa abûna Âdum".* Les gens disent : "Notre mère s'appelle Eve et notre père Adam". •*Âdum baggâri nacît.* Adoum est un éleveur courageux au travail.

adwiya *pl., → dawa.*

adxul *v. impér., → daxal.*

adxur *v. impér., → daxar.*

adya *v. impér., → daya.*

adyân *pl.,→ dîn.*

âf / yi'îf *v. trans., Cf. âfa,* * ʕyf, ع ي ف

♦ **éprouver du dégoût, avoir de la répugnance, avoir un haut-le-cœur.** •*Fî l-labtân illa l-dakâtir bas mâ yi'îfu l mardânîn.* A l'hôpital, seuls les médecins n'ont pas de répugnance vis-à-vis des malades. •*Al-nasrâni wakit câf al kânifôyât hanâ Anjammêna, galbah âf marra wâhid.* Le cœur de l'Européen se retourne lorsqu'il voit les caniveaux de N'Djaména. •*Kan akalt hût mâ munajjad adîl galbi yi'îf wa yitammimni namma nigaddif.* Lorsque je mange du poisson mal cuit je suis dégoûté et j'attrape des nausées jusqu'à en vomir.

af'al *v. impér., →fa'al.*

af'âl *pl., → fi'il.*

afa / ya'afa *v. trans.,* forme I n° 16, ≅ l'*inacc. ya'fa, yâfa, Syn. sâmah (yisâmih), sâlah (yisâlih), Cf. âfa,* * ʕfw, ع ف و

♦ **pardonner, effacer la faute, remettre une dette.** •*Kan sallêt katîr, Allah ba'afâni min zunûbi.* Si je prie beaucoup, Dieu me pardonnera mes péchés. •*Hû afa rafîgah al-sawwa ma'âyah muckila.* Il a pardonné à son ami qui lui avait créé des ennuis. •*Yâ Yûsuf, a'fâni kan anâ xilitt fôgak !* Joseph, pardonne-moi si je t'ai fait du tort ! •*Fransa afat al-dên al-Tcâd câlatah minnaha.* La France a remis au Tchad la dette qu'il lui devait.

âfa 1 / yi'âfi *v. trans.*, *Cf. afin*, ≅ l'*inacc. ya'âfi*, forme III, *Cf.* en *ar. lit.* (*Ka.*) *'affa, ʕayûf, ʕayfân*, * 'ff, ʕyf, ء ف ف • ع ي ف

♦ **écœurer, dégoûter, donner la nausée,** avoir le cœur qui se retourne à cause d'une mauvaise odeur. •*Galbi bi'âfi l-laham al bâtil.* Je suis écœuré par la viande sans graisse. •*Al bakân da afêtah acân wasxân.* Cet endroit me dégoûte parce qu'il est sale.

âfa 2 / yi'âfi *v. trans.*, *Cf. sâmah*, forme III, * ʕfw, ع ف و

♦ **dire au revoir, faire ses adieux, pardonner, sauver de,** se dit aussi de Dieu remettant *qqn.* en bonne santé. •*Amis axui musâfir, macêna l matar âfênah.* Hier mon frère est parti en voyage, nous sommes allés à l'aéroport lui dire au revoir. •*Allah yi'âfîk min al marad al-cên da !* Que Dieu te guérisse de cette vilaine maladie ! •*Wakit gamma xâtir, âfa ahalah.* Juste avant de partir en voyage, il a dit au revoir à sa famille.

Afâf *n. pr.* de femme, *litt.* chaste, pure, * ʕff, ع ف ف

afana *n. f.*, ≅ *afâna*, * ʕfn, ع ف ن

♦ **puanteur, fétidité, pourriture.** •*Hum, hum ! Cummu l afana di !* Hum hum ! Sentez cette puanteur ! •*Al-labtân bincamma afana hanâ l mardânîn.* L'hôpital sent la mauvaise odeur des malades. •*Afant al fatîs malat al hille.* L'odeur d'un cadavre a rempli le village.

afandi d'emprunt, → *yûsuf afandi.*

afârît *pl.*, → *ifrît.*

afârixa *pl.*, → *afrixi.*

afcul *v. impér.*, → *facal.*

afda *v. impér.*, → *fada.*

afdal *invar.*, comp, *Cf. axêr*, * fdl, ف ض ل

♦ **meilleur(e) que, mieux que.** •*Min nacarab lêi madîde, afdal nâkul êc.* Plutôt que de boire de la bouillie, il vaut mieux que je mange de la boule. •*Al xidime afdal min al-sirge.* Mieux vaut travailler que voler [le travail est meilleur que le vol].

âfe 1 *n. f.*, *Cf. tayyib*, * ʕfw, ع ف و

♦ **santé, quiétude, paix, bonheur, au revoir.** •*Al mardân ligi l âfe.* Le malade a recouvré la santé. •*Be l-salâ, Allah yijîb lêna l âfe.* Par la prière Dieu nous apportera la paix. •*Darib al âfe libbîd.* On n'entend pas parler de celui qui est en bonne santé [Le chemin de la santé cache la personne]. *Prvb.* (*Cf.* "Pas de nouvelle, bonne nouvelle"). •*Al-cukur mâ yijîb al âfe lê l jî'ân !* Renvoyer celui qui a faim en lui disant "merci", ne le rassasie pas [ne lui apporte pas la quiétude !] *Prvb.* •*Inta âfe wallâ ?* Es-tu en bonne santé ? •*Be l âfe !* Au revoir ! •*Amcu âfe !* Au revoir ! Partez en paix ! •*Agôdu âfe !* Restez en paix ! Au revoir !

âfe 2 / âfât *n. f.*, peu usité, * 'wf, ء و ف

♦ **chose nuisible, chose qui cause un mal,** qui gêne ou empêche le bien. •*Al-darat kan garrab, al harrâtîn baxâfo lê âfât al-zurâ'a.* A la fin de la saison des pluies, les cultivateurs craignent ce qui peut faire du mal dans les champs. •*Al-cadaray di tijîb âfe fî lubb al-zere', agta'ha !* Cet arbre est nuisible au milieu du champ, coupe le ! •*Al-zere' al makôsang, al âfât fôgah mâ katîrîn.* Le champ qui a été bien défriché diminue le nombre d'agents nuisibles aux cultures.

affan / yi'affin *v. trans.*, forme II, * ʕfn, ع ف ن

♦ **pourrir, empester, empuantir, se décomposer, s'infecter, se gangrener.** •*Al-jidâde mâtat dâxal wa affanat al bêt.* La poule est morte à l'intérieur et a empesté la maison. •*Al-rijil di kan affanat, al-daktôr bagta'ha.* Si cette jambe s'infecte, le docteur la coupera. •*Wilêdak kan gata'ah hadîd gadîm, xalli yat'anoh ibre hint ucba ajala gubbâl ma yi'affin.* Si ton enfant se coupe avec un vieux morceau de fer, il faut qu'on lui fasse vite une piqûre contre le tétanos avant que cela ne s'infecte.

affas / yi'affis *v. trans.*, forme II, * ʿfṣ, ع ف ص

♦ **cabosser, être défoncé(e), enfoncer.** •*Al kabîn hanâ l watîr affas.* La cabine de la voiture est cabossée. •*Al wilêd al-nihis da affas lêi kôbi hanâ l-curâb.* Ce garçon turbulent a cabossé le gobelet qui me sert à boire.

afham *v. impér.*, → *fihim 1.*

afîf / a'iffa' *adj.* (*fém. afîfe*), employé surtout au masculin et concernant les hommes mariés, * ʿff, ع ف ف

♦ **qui vit dans la continence, chaste, propre, élégant(e), digne,** qui vit chastement et dans l'usage licite et modéré des plaisirs. •*Âdum râjil afîf mâ sâdag fî hayâtah.* Adoum est un homme chaste qui n'a jamais de sa vie vécu en concubinage. •*Al mara l afîfe mâ tidôr al wasax wallâ fî bêtha wallâ fî iyâlha.* La femme qui vit proprement n'aime la saleté ni chez elle ni sur ses enfants. •*Al-nâdum al afîf kan bidôr gurus kula mâ bachad.* La personne digne ne quémande jamais, même si elle a besoin d'argent.

Afîfa *n. pr.* de femme, *mrph. dmtf.*, → *Afâf*, * ʿff, ع ف ف

afin / afinîn *adj.*, (*fém. afine, afne*), terme d'insulte, * ʿfn, ع ف ن

♦ **puant(e), fétide, pourri(e), qui dégage une odeur mauvaise.** •*Hû afin misil al fatîs.* Il sent mauvais comme un cadavre. •*Al iyâl afinîn misil al-tuyûs bas acân mâ barrado.* Les enfants puent [sont puants] comme les boucs parce qu'ils ne se sont pas lavés.

âfiya *n. f.*, → *âfya.*

afjax *v. impér.*, → *fajax.*

afkâr *pl.*, → *fikir, fikra.*

afkur *v. impér.*, → *fakar.*

aflâm *pl.*, → *filim.*

aflut *v. impér.*, → *falat 1, falat 2.*

afnud *v. impér.*, → *fanad.*

afnx *v. impér.*, → *fanyax.*

afrâd *pl.*, → *fard 1.*

afrah *v. impér.*, → *firih.*

afrâh *pl.*, → *farah 2, farha.*

afranti / afrantiyât *n. m.*, *empr. fr.*, *Cf. musâ'id.*

♦ **apprenti, aide-chauffeur,** garçon au service du chauffeur sur un camion. •*Al afranti rikib wa dawwar al-lamôrik.* L'apprenti est monté et a fait démarrer la semi-remorque. •*Hay, wên al afrantiyât dôl ?* Hé, où sont donc ces apprentis ?

afrat / yi'afrit *v. intr.*, *qdr.*, forme II, * ʿfrt, ع ف ر ت

♦ **être endiablé(e), être dissipé(e), être insupportable.** •*Al iyâl dôl hassâ afrato, kâmil ke mâ bidôru bujûbu almi fî l-duwâne.* Ces enfants sont endiablés, ils ne veulent même plus apporter de l'eau pour remplir la jarre. •*Mûsa bi'afrit, mâ bidôr al girây.* Moussa est dissipé, il ne veut pas étudier. •*Al mara di afratat bala janiye ke, tidôr tamrug min râjilha.* Cette femme est devenue insupportable sans raison, elle veut quitter son mari.

Afrîka *n. pr.* de continent (Afrique), → *Ifrîxiya.*

afrixi / afârixa *adj. n.*, (*fém. afrixiye*), ≅ *ifrixi, ifrixiyîn, ifrixiye.*

♦ **africain(e).** •*Lôn al afrixi aswad, kan maca fî Urubba kulla mâ bilbaddal.* L'Africain est noir ; même s'il va en Europe, sa couleur ne changera pas. •*Al afârixa jarrayîn fî l musâbaga min al Urubbiyîn.* Les Africains sont meilleurs à la course à pied que les Européens.

Afrîxiya *n. pr.* de continent (Afrique), → *Ifrîxiya.*

Afrîxiya l wusta *n. pr.* de pays, * wsṭ, و س ط

♦ **République Centrafricaine.**

afruc *v. impér.*, → *farac 1, farac 2.*

afrud *v. impér.*, → *farad 1, farad 2.*

afrug *v. impér.*, → *farag.*

afruj *v. impér.*, → *faraj 2.*

afruk *v. impér.*, → *farak.*

afrum *v. impér.*, → *faram 1, faram 2.*

afrun *v. impér.*, → *faran.*

afsal 1 / yi'afsil *v. intr. {- ma'â}*, forme II, ≅ l'*inacc. ya'afsil*, * fsl, ف س ل

♦ **être méchant(e) envers, être ingrat(e) envers *qqn.*, commettre des mauvaises actions.** •*Al wilêd da afsal ma'â wâlidênah.* Cet enfant est devenu méchant envers ses parents. •*Al-dunya afsalat ma'âi mâ nagdar nagôd fî l hille di.* La vie est trop ingrate envers moi, je ne peux plus rester dans ce village. •*Mâ ta'afsil ma'â rufugânak !* Ne sois pas méchant envers tes amis !

afsal 2 *invar., mrph.* superlatif, *Cf. fasil*, * fsl, ف س ل

♦ **pire que, inférieur(e) à, plus vil(e) que,** plus mauvais(e) que, plus avare que, plus méchant(e) que. •*Al-tâjir da fasil lâkin wilêdah afsal minnah.* Ce commerçant est avare mais son fils l'est plus que lui. •*Al-ju' hanâ l-sana di afsal min hanâ l-sana l fâtat.* La famine de cette année est plus dure que celle de l'année dernière.

afsul *v. impér.*, → *fasal.*

afsux *v. impér.*, → *fasax.*

aftah *v. impér.*, → *fatah.*

aftin *v. impér.*, → *fatan.*

aftug *v. impér.*, → *fatag.*

aftul *v. impér.*, → *fatal 1, fatal 2.*

aftur *v. impér.*, → *fatar.*

afu *n. m.*, * ʕfw, ع ف و

♦ **pardon.** •*Yôm al îd hanâ Ramadân macêt sa'alt al afu min axui l kabîr.* Le jour de la fête du Ramadan, je suis allé demander pardon à mon grand frère. •*Ba'ad al-sala kulla nâdum bas'al al afu wa l âfe min Allah.* Après la prière, chacun demande à Dieu le pardon et la santé.

afwân *invar.*, formule de remerciement, * ʕfw, ع ف و

♦ **il n'y a pas de quoi !, de rien !** •*Cukrân min kalâmak - Afwân !* Merci de ta parole - Il n'y a pas de quoi ! •*Al-radd ba'ad al-cukur : afwân !* La réponse à "merci" est "il n'y a pas de quoi" !

âfya *n. f., Syn. âfe*, ≅ *âfiya*, * ʕfw, ع ف و

♦ **santé, paix, prospérité.** •*Fî câri arba'în nalgo labtân hanâ l walûda al usumah "al âfya".* Dans la rue des Quarante, il y a [nous trouvons] une maternité qui s'appelle "la santé". •*Allah yantîk al âfya wa tamci lê iyâlak !* Que Dieu te donne la santé pour que tu puisses retourner chez tes enfants !

afza' *v. impér.*, → *faza' 1, faza' 2.*

afzar / fuzur *adj. déf. phy.*, (*fém. fazra*), *Ant. ahdab*, * fzr, ف ز ر

♦ **courbé(e), cambré(e).** •*Dahar al humâr afzar.* Le dos de l'âne est cambré. •*Al-lagâdib hanâ l-sûg, al almi sawwâhum fuzur.* La pluie a déformé et courbé les hangars du marché.

agab / ya'gib *v. trans.*, ≅ l'*inacc. ya'agib, Ant. sabag*, * ʕqb, ع ق ب

♦ **venir après, arriver ensuite.** •*Rufugâni sabagôni fî l-zere', wa anâ agabtihim.* Mes amis sont arrivés les premiers au champ, moi je suis arrivé après eux. •*Ammi gâlat lê axti l-saxayre : "Amci l-sûg wa anâ na'agibki !".* Ma mère a dit à ma petite sœur : "Va au marché, j'irai après toi !".

agâb / agâbât *n. m., Cf. bâgi, faddal*, * ʕqb, ع ق ب ⇨

♦ **le reste, fin, bout.** •*Al iyâl akalo agâb al êc.* Les enfants ont mangé le reste de la boule. •*Al muhâjirîn câlo agâb al kisâr.* Les mendiants de l'école coranique ont pris le reste des galettes de mil. •*Anâ kammalt agâbât girayti.* J'ai achevé ce qui me restait à étudier [les restes de ma leçon]. •*Agâb al-nâs lissâ mâ jo fî l xidime.* Les autres [le reste des gens] ne sont pas encore venus au travail.

âgab / yi'âgib *v. trans.*, forme III, *Syn. âxab*, * ʕqb, ع ق ب

♦ **punir, châtier, condamner.** •*Mâlki agabtîni ? anâ mâ carratt al kitâb da !* Pourquoi m'as-tu puni ? ce n'est pas moi qui ai déchiré ce livre ! •*Al-sarrâgîn yi'âgibûhum giddâm al mahkama.* Les voleurs seront châtiés devant le tribunal.

agac *n. vég., coll., m., sgtf. agacay*, * ʕqš, ع ق ش

♦ **nom d'une plante à tubercule,** tubercule rond de la grosseur du poing, dont le feuillage est très peu abondant et court, que l'on mange cru et qui a un goût salé. •*Al-ru'yân yifatticu al agac fî l kadâde.* Les bergers cherchent des tubercules en brousse. •*Naggi l agacay di wa âkulha !* Épluche ce tubercule et mange-le !

agad 1 / ya'agid *v. trans.*, forme I n° 6, expression *agad al kalâm* (conclure un pacte, se mettre d'accord), ≅ l'*inacc. yagdi, bagdi*, * ʕqd, ع ق د

♦ **nouer.** •*Hû agad al habil.* Il a noué la corde. •*Al iyâl agado katkat fî git'e wa zagaloh fî l-câri.* Les enfants ont noué du papier dans un morceau de tissu et l'ont jeté dans la rue (pour faire croire aux passants que c'était de l'argent perdu par quelqu'un). •*Humman agado kalâmhum wa maco dâwasok.* Ils se sont mis d'accord [ils ont noué leur parole] et sont partis te battre. •*Abu l binêye wa abu l wilêd agado kalâmhum lê l axîde.* Le père de la fille et celui du garçon se sont mis d'accord pour le mariage.

agad 2 / ya'agid *v. intr.*, ≅ l'*inacc. ya'gid*, * ʕqd, ع ق د

♦ **concentrer une décoction, réduire sur le feu, faire épaissir.** •*Al mara xallat al-câhi fî l-nâr nammin agad.* La femme a laissé bouillir le thé jusqu'à ce qu'il épaississe. •*Al-caddâri wallak al urûg fî l-nâr lê muddat arba'a sa'ât acân ya'agid.* Le sorcier a fait bouillir des racines pendant quatre heures pour obtenir une décoction concentrée.

agadân *n. d'act., m.*, → *agidîn.*

agal 1 / ya'gil *v. intr.*, forme I n° 6, * ʕql, ع ق ل

♦ **devenir pubère,** atteindre l'âge de la puberté. •*Al walad kan mâ agal, mâ wâjib lêyah al axîde.* Un garçon qui n'est pas pubère n'a pas le droit de se marier. •*Al binêye kan agalat fî bêt râjilha, bicêc bicêc tagdar tamsuk bêtha.* Lorsqu'une fille devient pubère dans la maison de son époux, elle peut tout doucement prendre en main son foyer.

agal 2 / ya'agil *v. trans.*, forme I n° 6, * ʕql, ع ق ل

♦ **replier la jambe, entraver un chameau,** poser une entrave sur la patte repliée du chameau. •*A'agil rijilak di wa agôd adîl fî l biric !* Replie ta jambe et assieds-toi comme il faut sur la natte ! •*Al-jamal da âsi, a'agil rijilah be l ugâl !* Ce chameau est turbulent, entrave-lui la patte ! •*Al-jamal kan yidôru yanharoh ya'agulu rijilênah al-tinên be habil.* Lorsque l'on veut tuer un chameau en le piquant au garrot, on pose d'abord des entraves sur ses pattes avant repliées. •*Fî li'ib tîlâm-tîlâm al iyâl ya'agulu rijilênhum.* Au jeu de *tîlâm-tîlâm* les enfants replient sous eux leurs jambes.

agal 3 / ya'agil *v. trans.*, forme I n° 6, *Cf. fihim*, * ʕql, ع ق ل

♦ **saisir par l'intelligence, comprendre.** •*Wilêdi da nirîdah acân agal kalâmi al wassêtah lêyah zamân.* J'aime mon enfant que voici parce qu'il a compris ce que je lui avais conseillé il y a longtemps.

•*A'agil kalâm al-râdyo da wa fassirah lêna ba'adên !* Écoute la radio [comprends la parole de la radio] et explique-nous ensuite ce qui a été dit !

agal 4 / ya'agil *v. trans.*, forme I n° 6, * ʕql, ع ق ل

♦ **épouser la veuve du frère,** assurer la descendance du frère tout en évitant que la veuve ne s'éloigne du reste de la famille. •*Al-râjil kan mât, axûh al asxâr minnah wâjib ya'agil martah.* Lorsqu'un homme marié meurt, son jeune frère doit épouser la veuve. •*Ahmat agal hamâtah, wa hî mâ radyâne.* Ahmat a épousé sa belle-sœur, mais elle n'est pas d'accord.

agalân *n. d'act., m.*, → *agilîn.*

agalla *invar., mrph.* comparatif, dans l'expression *agalla min,*→ *galil,* * qll, ق ل ل

♦ **en moins de, moins que.** •*Al xalla tanjad fî agalla min tis'în yôm.* Le mil mûrit en moins de quatre-vingt dix jours. •*Taman al-jawwaniye agalla min taman al-jallâbiye.* Le prix d'un vêtement léger d'intérieur est moins élevé que celui d'une djellaba.

agar / ya'agir *v. trans.*, utilisé en arabe *sd.*, *Cf. hawat,* * ʕqr, ع ق ر

♦ **aller de l'autre côté, contourner, traverser,** accomplir un mouvement d'allée et venue, se croiser sans se rencontrer. •*Kan agart al bêt be wara, talga l mustarah.* Si tu vas de l'autre côté, derrière la maison, tu trouveras les cabinets. •*Hî taxâf ta'agir al bakân al adlam da wihêdha.* Elle a peur de traverser cet endroit sombre toute seule. •*Anîna jîna lê Abbakar wa hû agarna.* Nous sommes allés chez Abbakar tandis qu'il allait chez nous [il nous a contournés].

agarab *n. anim.*, → *agrab.*

agaran *n. d'act., m.*, → *agirîn.*

agârib *pl.*, → *agrab 1, agrabûn.*

agârîk *pl.*, → *ugurâk.*

agas *n. anim.*, souvent confondu avec le bubale ou le damalisque, la racine évoque la forme des cornes se retournant symétriquement sur elles-mêmes, *Cf. têtal,* * ʕqṣ, ع ق ص

♦ **addax, Addax nasomaculatus (Blainville),** famille des bovidés. •*Al agas, intaytah mâ indaha gurûn.* La femelle de l'addax n'a pas de cornes. •*Al agas kabîr min al-têtal, zamân talgâhum dîrân dîrân wa hassâ ciyya.* L'addax est plus grand que le damalisque ; autrefois on en rencontrait des troupeaux entiers, à présent il n'y en a presque plus.

agbal *v. impér.*, → *gibil.*

agbud *v. impér.*, → *gabad.*

agdam *v. impér.*, → *gidim.*

agdar *v. impér.*, → *gidir 1.*

agêg *n. vég., coll., m., sgtf. agêgay, Syn. gasab, rêke, Cf. amkôlîb,* * ʕqq, ع ق ق

♦ **tige de mil, canne sucrée de sorgho noir.** •*Zênaba akalat agêgay asala.* Zénaba a mangé une tige de mil sucrée. •*Al agêg asal misil al-sukkar.* La canne de sorgho sucré est aussi douce que le sucre.

agfa *n. f., Syn. adan,* * ʕqf, ع ق ف

♦ **anse, arçon** (de selle). •*Al-rambay min gar'a wa yuxuttu fôgha agfa, wa yarbutuha be habil.* La puisette est composée d'une calebasse sur laquelle on a fixé une anse que l'on attache à une corde. •*Juwâdi mâ mardân, dabartah min agfa l-serij.* Mon cheval n'est pas malade, la blessure qu'il a sur le dos a été causée par l'arçon de la selle.

agfâl *pl.*, → *guful.*

agfâs *pl.*, → *gafas.*

aggad / yi'aggid *v. trans.*, forme II, * ʕqd, ع ق د

♦ **nouer, attacher.** •*Al-câyib mafâsilah aggadoh.* Le vieillard a les articulations nouées. •*Âdum aggad al habil hanâ l-dalu.* Adoum a attaché des bouts de corde les uns aux autres pour pouvoir puiser l'eau [a noué la corde du seau pour puiser]. •*Al askari yi'aggid kulla yôm santîra fî sulbah.* Le soldat attache chaque jour sa ceinture.

aggadân *n. d'act.*, ≅ *aggidîn, Syn. sarrân, sarrîn*, * ʕqd, د ق ع

♦ **nouage, complication, attachement à la tradition, rancune,** fait de nouer plusieurs fois, de compliquer. •*Al mara di tirîd aggadân al kalâm.* Cette femme aime compliquer les affaires. •*Al habil da aggadânah katîr bilhên mâ nagdar nifartigah.* Cette ficelle est pleine de nœuds très serrés, je ne peux pas les défaire. •*Xalli minnak al aggadân, lâkin hajji wa adhak ma'â axawânak !* Laisse tomber ta rancune, va plutôt parler et rire avec tes frères ! •*Al aggidîn fî l-dîn sameh lê l-nâs al ba'arfu xawânîn al-cerîye l islâmiye.* L'attachement à la tradition religieuse est bonne pour ceux qui connaissent les règles de la loi coranique.

aggar / yi'aggir *v. intr.*, forme II, *Cf. âgir, âgire*, * ʕqr, ر ق ع

♦ **devenir stérile, ne plus mettre bas, ne plus enfanter.** •*Al mara di lissâha saxayre, min mirdat xalâs aggarat min al wâlûda.* Cette femme est encore jeune mais depuis qu'elle a été malade elle n'a plus la possibilité d' enfanter. •*Al bagaray al aggarat ambâkir nibi'uha lê l-jazzâra.* Demain nous vendrons aux bouchers la vache devenue stérile. •*Bagarhum kulluhum aggaro.* Toutes leurs vaches sont devenues stériles.

aggarân *n. d'act., m.*, → *aggirîn.*

aggidîn *n. d'act., m.*, → *aggadân.*

aggirîn *n. d'act., m.*, ≅ *aggarân*, * ʕqr, ر ق ع

♦ **stérilité.** •*Fî faxara bugûlu hummân yidâwu l aggirîn.* Il y a des fakis qui disent qu'ils peuvent soigner la stérilité. •*Aggirîn farasi di akûn min ên al-nâs.* La stérilité de ma jument vient peut-être du mauvais œil apporté par les gens.

agid / ugûd *n. m.*, * ʕqd, د ق ع

♦ **lien, alliance, pacte,** lien juridique. •*Ahmat ma'â Zênaba sawwo lêhum agid fî l-cahar al fât.* Le mois dernier, Ahmat et Zénaba ont été liés par le mariage. •*Al Arab wa l Hujâr induhum ugûd min zamân ke, diye ambênâthum mâ fîh.* Les Arabes et les habitants du Guéra ont depuis longtemps fait des alliances, ils ne payent pas entre eux le prix du sang. •*Inta facal min al agid al-sawwêna ambênâtna da.* Tu as rompu le pacte que nous avions conclu ensemble.

agîd *n. m.*, * ʕqd, د ق ع

♦ **chef d'escadron du sultan, commandant de cavalerie du sultan.** •*Al-salâtîn al fâto, kulla wâhid minhum indah aktar min agîd wâhid jâhizîn lê l harib.* Chacun des sultans précédents avait plus d'un commandant de cavalerie prêts à la guerre. •*Al sultân rassal agîdah acân yamcu yakurbu l xâ'in.* Le sultan a envoyé son chef d'escadron pour qu'il aille avec sa troupe s'emparer du dissident.

agidîn *n. d'act., m.*, ≅ *agadân*, * ʕqd, د ق ع

♦ **fait de nouer.** •*Al wilêd waga' min dahar axtah acân agidîn al farde mâ adîl.* L'enfant est tombé du dos de sa sœur parce que le pagne n'était pas bien noué. •*Anâ mâ nirîd agidîn al kalâm, nidôr minnak tugûl lêi "lâ" walla "na'am" !* Je ne cherche pas à conclure un pacte [je n'aime pas nouer la parole], j'aimerais que tu me répondes "oui" ou "non" !

agîf / agûfu *v. intr. {- lê}*, impératif, (*fém. agîfi*), → *wigif*, * wqf, ف ق و

♦ **arrête !, attends !** •*Hey taksi, agîf !* Hé ! taxi, arrête-toi ! •*Ambâkir, agîf lêi fî ust al-sûg !* Demain, attends-moi au milieu du marché !

agîg *n. coll., sgtf. agîgay*, * ʕqq, ق ق ع

♦ **nom d'une perle rouge, agate rouge, cornaline.** •*Zamân al agîg xâli.* Autrefois les agates rouges coûtaient cher. •*Bugûlu, al mara kan* *rabatat agîgay fî ragabitha walla îdha, bijîb lêha al-rizix wa l farha.* On dit que lorsqu'une femme attache une perle rouge à son cou ou à sa main, cela lui porte chance et bonheur.

agil / ugûl *n. m.*, ≅ *agul*, * ʕql, ع ق ل

♦ **conscience, raison, état d'esprit, intelligence, sagesse.** •*Al agilah mâ adîl baga fî nugura.* Celui qui n'a pas toute sa conscience tombera dans un trou. •*Amsuku wasiyit abbahâtku fî ugûlku !* Gardez à l'esprit [dans vos consciences] le conseil de vos parents ! •*Iyâl al-lekôl câlo l giray fî ugûlhum.* Les écoliers savent leur leçon [ont pris la leçon dans leur intelligence].

âgil / âgilîn *adj. mrph. part.* actif, (*fém. âgile*), * ʕql, ع ق ل

♦ **adulte, avisé(e), intelligent(e), sage.** •*Al-râjil al âgil yabga mas'ûl fî l hille.* L'homme sage sera responsable dans le village. •*Fî l makâtib al intixâbât, buxuttu rujâl âgilîn.* Dans les bureaux de vote, on a mis des adultes. •*Al binêye di saxayre lâkin âgile, tisawwi l akil adîl.* Cette fille est petite mais elle est adulte, elle prépare très bien la nourriture.

agilîn 1 *n. d'act., m.*, ≅ *agalân*, * ʕql, ع ق ل

♦ **maturité, puberté,** fait d'atteindre l'âge de la puberté. •*Agilîn al wilêd ba'ad yalhag xamistâcar sana.* La puberté a lieu chez le garçon lorsqu'il atteint l'âge de quinze ans. •*Zênaba xalâs agilînha tamma, acân da taxajal min al-rujâl.* Zénaba a passé le temps de la puberté, c'est pour cela qu'elle est mal à l'aise devant les hommes.

agilîn 2 *n. d'act., m.*, ≅ *agalân*, * ʕql, ع ق ل

♦ **entraver le chameau, plier le bras, replier la jambe,** fait de poser une entrave sur la patte repliée du chameau. •*Agilîn îdi l-zêne hârr lêi acân kû'i wirim.* Plier le bras droit me fait très mal parce que j'ai le coude enflé. •*Kan mâ tidôrah jamalak yi'arrid, agilînah bas axêr !* Si tu ne veux pas que ton chameau se sauve, il vaut mieux l'entraver ! •*Agilîn al-rijil fî li'ib al hakko da, wa l-nattitîn be l âxara yita''ib al iyâl.* Dans le jeu de "cloche-pied", le fait de tenir sa jambe repliée en arrière et de sauter sur l'autre pour faire tomber son adversaire fatigue les enfants.

âgir / uggar *adj.*, (*fém. âgire*), cf *xasi*, * ʕqr, ع ق ر

♦ **stérile,** qui ne peut pas engendrer ou mettre au monde. •*Al âgire mâ wildat yôm wâhid kulla.* La femme stérile n'a jamais mis d'enfant au monde. •*Al bagara l âgire samîne bilhên.* La vache stérile est très grasse. •*Al awîn al uggar mâ farhânîn acân mâ jâbo iyâl.* Les femmes stériles sont malheureuses parce qu'elles n'ont pas enfanté. •*Fî xacum bêthum mâ induhum nâdum âgir.* Dans leur famille, personne n'est stérile.

agirîn *n. d'act., m.*, ≅ *agarân*, → *agar*, *Cf. hâwitîn*, * ʕqr, ع ق ر

♦ **fait d'aller de l'autre côté, fait de traverser, fait de croiser, fait de mettre tête-bêche.** •*Agirîn al hatab mâ yixalli yidangir wara wa lâ giddâm.* Disposer le bois tête-bêche l'empêche de pencher devant ou derrière. •*Al iyâl yaxâfo agirîn al bêt fî l-lêl acân bugûlu l marfa'în baxtifhum.* Les enfants ont peur d'aller de l'autre côté de la maison la nuit parce qu'ils disent que l'hyène les prendra et les emmènera.

agjum *v. impér.*, → *gajam.*

agla' *v. impér.*, → *gala'.*

aglâm *pl.*, → *galam 2.*

agli *v. impér.*, → *gala.*

aglib *v. impér.*, → *galab.*

aglum *v. impér.*, → *galam 1.*

agnit *v. impér.*, → *ganat.*

agnus *v. impér.*, → *ganas.*

agôd 1 *v. impér.*, → *ga'ad.*

agôd 2 *n. m.*, pluriel inusité, *Cf. sidâx, ma'akâl*, * qˤd, ق ع د

♦ **somme d'argent, banquet de mariage, festin, repas de fête,** somme d'argent que le prétendant remet en même temps que la dot aux parents de la mariée, et qui sera utilisée pour participer aux frais du repas de fête du mariage. Ainsi les gens "resteront" *agôdu* après le mariage. •*Yôm al fâte, al faxîr gâl : da, al-sidâx : acara alîf, wa da l agôd : xamsa alîf !* Le jour du mariage, le faki a dit : voici dix mille riyals pour la dot et cinq mille riyals pour le repas de fête. •*Ahal al binêye wa ahal al wilêd ga'ado sab'a yôm acân gurus al agôd katîr.* La famille de la jeune fille et celle du jeune homme sont restées sept jours parce qu'il y avait beaucoup d'argent pour le repas de fête.

agrab 1 / agârib *n. f.*,, * ˤqrb, ع ق ر ب

♦ **scorpion, constellation du scorpion.** •*Jidditi Amm Âce titallif wa tatwi birêcha mâce... Di l agrab.* Ma grand-mère, mère d'Aché, abîme tout ; elle roule sa petite natte et s'en va… C'est le scorpion. *Dvnt.* •*Fî l-rucâc al agârib katîrîn fî l gôz.* Au printemps il y a beaucoup de scorpions sur les coteaux sablonneux. •*Al agrab indaha samm harr bilhên.* Le scorpion a un venin qui fait très mal. •*Rafigti tal'ab ma'âi wa mâ nagdar nalmas ja'abâtha... Di l agrab.* Mon amie danse avec moi et je ne peux pas lui toucher les fesses… C'est le scorpion. *Dvnt.*

agrab 2 *invar. {- lê, - min}*, *mrph.* comparatif, * qrb, ق ر ب

♦ **plus proche, plus prés.** •*Al-sûg agrab lê bêti min al-labtân.* Le marché est plus près de ma maison que l'hôpital. •*Cîl al-derib al-dâxalâni, agrab lê bakân xidimtak min al barrâni !* Prends le chemin qui passe à l'intérieur, il est plus près de ton lieu de travail que celui de l'extérieur !

agrabûn / agârib *adj. n.*, (*fém. agrabûna*), *Cf. tâli, wâli*, * qrb, ق ر ب

♦ **parenté, proche parent.** •*Inti indiki agrabûn fî l-dâr di wallâ ?* Est-ce que tu as de la parenté dans cette région ? •*Al agârib hummân min ahal al amm walla l abu.* Ceux qu'on appelle proches font partie de la famille de la mère ou de celle du père. •*Wilêdi, âxud al binêye di acân hî agrabûntak !* Mon enfant, épouse cette jeune fille car elle est de ta parenté !

agri *v. impér.*, → *gara.*

agrûbi *n. d'act.*, moins utilisé que son *Syn. garrabi.*

♦ **fait d'être piéton, fait de marcher à pied.** •*Dôdilîn al-rijilên, axêr min al maci agrûbi.* Balancer les jambes du haut d'un âne ou d'un cheval vaut mieux que marcher à pied. *Prvb.* •*Al-nâs jo fî l malamma, wâhadîn râkibîn, wa wâhadîn agrûbi.* Les gens sont venus à la réunion, les uns sur leur monture, les autres à pied.

agrud *v. impér.*, → *garad 1.*

agrun *v. impér.*, → *garan.*

agrus *v. impér.*, → *garas.*

agsâm *pl.*, → *gisim.*

agsim *v. impér.*, → *gasam.*

agsud *v. impér.*, → *gasad.*

agta' *v. impér.*, → *gata' 1, agta' 2.*

agul *n. m.*, → *agil.*

agwa *invar. mrph.* superlatif, → *gawi*, * qwy, ق و ي

âhâ ! *invar.*, exclamation, → *âhah.*

ahabi *v. impér.*, → *haba.*

ahabic *v. impér.*, → *habac.*

ahabis *v. impér.*, → *habas.*

ahacir *v. impér.*, → *hacar.*

ahad 1 / ahadât nom d'un jour de la semaine, pour *yôm al ahad*, * wḥd, و ح د

♦ **dimanche.** •*Yôm al ahad al-jâyi, namci l-sûg.* Dimanche prochain j'irai au marché. •*Al masihiyîn bulummu lê l-salâ fî kulla yôm al ahad.* Les chrétiens se rassemblent pour la prière tous les dimanches.

ahad 2 / uhûd *n. m.*, * ʕhd, ع ه د

♦ **engagement, rendez-vous, promesse, testament.** •*Al masihiyîn yagru l'Injîl fî kitâb l ahad al-jadîd.* Les chrétiens lisent l'Évangile dans le livre du Nouveau Testament. •*Al ahad al-jadîd mutarjam be luxxât katîrîn.* Le Nouveau Testament est traduit en plusieurs langues. •*Al hâkûma mâ waffat al ahad al sawwatah ma'â l xaddâmîn.* Le gouvernement n'a pas tenu l'engagement qu'il avait contracté avec les travailleurs. •*Hû facal al ahad al sawwêna ma'âyah.* Il a annulé le rendez-vous que nous avions pris avec lui.

âhad / yi'âhid *v. trans.*, forme III, * ʕhd, ع ه د

♦ **fixer un rendez-vous, prendre un engagement, promettre.** •*Amis rafîgi âhadâni lê l yôm fajur, wa hassâ gâ'id narja'ah.* Hier, mon ami m'a donné un rendez-vous pour ce matin et maintenant je suis en train de l'attendre. •*Al-râjil da kan âhadak, agôd arja'ah ! hû bihtarim gôlah.* Si cet homme t'a fixé un rendez-vous, attends-le, il respectera sa parole ! •*Mâla âhadtîni wa mâ jît ?* Pourquoi n'es-tu pas venu au rendez-vous que tu m'as fixé ? •*Anâ ni'âhidki be l gurus hanâ l xidime di nigassumuh sawa.* Je te promets de partager avec toi l'argent de ce travail.

ahadi *v. impér.*, → *hada.*

ahadin *v. impér.*, → *hadan.*

ahadir *v. impér.*, → *hadar.*

ahâdîs *pl.*, → *hadîs 1.*

ahafir *v. impér.*, → *hafar.*

âhah ! *invar.*, exclamation, marque l'affirmation avec une tonalité montante sur la deuxième syllabe, *Syn. hâ, aywâ Cf. na'am.*

♦ **oui !, bien sûr !, bon !** •*Fî Abbece lîse fîh ? Âhah iyâl katîrîn yagru fôgah.* Est-ce qu'il y a un lycée à Abéché ? Oui bien sûr, il y a beaucoup d'élèves qui y étudient. •*Al iyâl kulluhum kan yasma'o hije tuwâl yugûlu : âhah... âhah !* Lorsque les enfants écoutent un conte, ils disent après chaque phrase : oui… oui !

ahajir *v. impér.*, → *hajar 1.*

ahajis *v. impér.*, → *hajas.*

ahal nom de personne, *coll.*, *m.*, *Cf. â'ila*, * ’hl, ء ه ل

♦ **famille, membres de la famille.** •*Anâ, ahali katîrîn.* J'ai une famille nombreuse. •*Ahali antôni gurus wa mara.* Ma famille m'a donné de l'argent et une femme.

ahâli *adj.*, (*fém. ahâliye*), dans l'expression *dawa ahâli*, * ’hl, ء ه ل

♦ **traditionnel (-elle), local(e).** •*Hajimin anfûla dawa ahâli lê l-rutûba.* La pose de ventouses est une médication traditionnelle pour traiter les rhumatismes. •*Al kuhul dawa ahâli lê l ên.* Le khôl est le médicament traditionnel pour les yeux.

Ahamat *n. pr.* d'homme, → *Ahmat*, * ḥmd, ح م د

ahammiya / ahammiyât *invar.*, *mrph.* comparatif, * hmm, ه م م

♦ **nécessité, importance,** chose très importante. •*Al kalâm da mâ indah lêk ahammiya.* Cette parole est sans importance pour toi. •*Al giray indaha ahammiya lê l iyâl.* Les études ont beaucoup d'importance pour les enfants.

ahani *v. impér.*, → *hana.*

aharim *v. impér.*, → *haram 1.*

ahaw *adj.* de couleur *m.*, appliqué à la robe du cheval, inusitée au *fém.*, → *acgar, axarr*, * ḥww, ح و و
♦ **bai brûlé.** •*Al-nâs burûdu l-juwâd al ahaw.* Les gens aiment le cheval bai brûlé. •*Al-juwâd al ahaw jarray.* Le cheval bai brûlé court vite.

ahawit *v. impér.*, → *hawat.*

ahci *v. impér.*, → *haca 1.*

ahdab / hudub *adj. déf. phy.*, (*fém. hadba*), *Ant. afzar*, * ḥdb, ح د ب
♦ **bossu(e), voûté(e), courbé(e).** •*Al-râjil da ahdab.* Cet homme est bossu. •*Al-râjil al-tawîl kan cayyab babga ahdab.* L'homme de grande taille se voûtera en vieillissant.

ahdâf *pl.*, → *hadaf.*

ahdar *v. impér.*, → *hidir.*

ahdim *v. impér.*, → *hadam.*

ahfad *v. impér.*, → *hafad.*

ahjim *v. impér.*, → *hajam.*

ahkim *v. impér.*, → *hakam.*

ahlib *v. impér.*, → *halab.*

ahlif *v. impér.*, → *halaf.*

ahlig *v. impér.*, → *halag.*

Ahmad *n. pr.* d'homme, autre nom du Prophète, *Cf. hamad*, * ḥmd, ح م د

ahmak / humuk *adj.*, (*fém. hamka*), * hmk, ه م ك
♦ **coléreux (-euse), irascible, nerveux (-euse),** soupe au lait, qui s'emporte facilement. •*Hû da ahmak, mâ tahâzir ma'âyah !* Il est irascible, ne blague pas avec lui ! •*Angari min al mara al hamka di, tixabbin ajala !* Fais attention à cette femme qui est nerveuse, elle se met vite en colère !

ahmal *v. impér.*, → *himil.*

ahmar / humur *adj.* de couleur, (*fém. hamra*), *Cf. tcu, bing, hâmar, hammar*, et l'expression *ên ahmar*, * ḥmr, ح م ر
♦ **rouge, cuivré(e), roux (rousse), nu(e),** couleur de la peau entre le blanc *abyad* et le brun clair *asmar*. •*Ciribna câhi ahmar.* Nous avons bu du thé rouge. •*Axadt mara hamra.* J'ai épousé une femme au teint clair [cuivré]. •*Al faras al hamra di, jarrâye bilhên.* Cette jument de robe rouge court très vite. •*Nalbaso tawîgina l humur.* Nous porterons nos bonnets rouges. •*Mâla maragt lêna ahmar ke, bala xalag ?* Pourquoi sors-tu devant nous tout nu, sans vêtement ?

(al) Ahmaru *n. pr.* d'un djinn.

Ahmat *n. pr.* d'homme, ≅ *Ahamat*, pour *Ahmad*, * ḥmd, ح م د

ahmid *v. impér.*, → *hamad.*

ahnâk *pl.* (*ar. lit.*), → *hanak.*

ahrâr *pl.*, → *hurr.*

ahrib *v. impér.*, → *harab.*

ahrif *v. impér.*, → *haraf.*

ahrig *v. impér.*, → *harag.*

ahrij *v. impér.*, → *haraj.*

ahrin *v. impér.*, → *haran.*

ahris *v. impér.*, → *haras 1.*

ahrit *v. impér.*, → *harat.*

ahsâb *pl.*, → *hisib.*

ahsan 1 / yi'ahsin *v. intr.* {*- fi*}, → *hasan 1*, * ḥsn, ح س ن

ahsan 2 *invar., adj., mrph.* comparatif, *Cf. hasan 2*, * ḥsn, ح س ن
♦ **meilleur(e), mieux.** •*Al xalag da ahsan min dâk.* Cet habit est mieux que l'autre. •*Bêti l hassâ ahsan min al awwal.* Ma maison actuelle est plus confortable [meilleure] que celle d'autrefois.

ahsib *v. impér.*, → *hasab 1.*

ahsin *v. impér.*, → *hasan 1.*

ahwâl *pl.*, → *hâl.*

ahyan *invar.*, *adj.*, *mrph.* comparatif, *Cf. hayyin*, * hwn, ه و ن

♦ **plus facile.** •*Al xine ahyan min al giray.* Le chant est plus facile que la lecture. •*Al-li'ib da ahyan min dâk.* Ce jeu-ci est plus facile que celui-là.

ahzâb *pl.*, → *hizib 1, hizib 2.*

ahzan *v. impér.*, → *hizin 1.*

âila *n. f.*, → *âyila.*

âj *n. m.*, *Cf. farâra*, * ʕwj, ع و ج

♦ **ivoire, zébrure, plaquette, bracelet en ivoire,** morceau de calebasse taillée accompagnant la lame de rasoir et utilisé seulement pour la circoncision. •*Sâhil al âj balad min Ifrîxiya.* La Côte d'Ivoire est un pays d'Afrique. •*Al-tahhâri indah mûs baladi, âj wa dawa.* Celui qui circoncit a un bistouri traditionnel, un morceau de calebasse et un médicament. •*Zamân al âj bisawwu min sunûn al fîl.* Autrefois on fabriquait des bracelets d'ivoire à partir des défenses d'éléphant.

aj'al *v. impér.*, → *ja'al.*

aj'ur *v. impér.*, → *ja'ar.*

ajab ! *invar.*, interjection marquant la surprise, l'émerveillement, → *ajab 2.*

♦ **étonnant !, prodigieux !**

ajab 1 / ya'ajib *v. trans.*, forme I n° 6, * ʕjb, ع ج ب

♦ **plaire.** •*Al wasiye hint al-radyo l-rîfi ajabatna.* Le conseil de la radio rurale nous a plu. •*Kalâmak da mâ ajabâni.* Ta parole ne m'a pas plu. •*Fî l-sûg rûxt kê mâ ligit al xalag al ya'ajibni.* J'ai parcouru tout le marché sans trouver de vêtement qui me plaise.

ajab 2 / âjâb *n. m.*, servant aussi d'interjection au singulier, ≅ le pluriel *ajâyib*, *Cf. ajîb, ajîbe, xarîb*, * ʕjb, ع ج ب

♦ **chose étonnante, chose anormale, surprise, étrangeté, prodige, miracle, merveilles.** •*Al môt fî l-dunya mâ min al âjâb.* Dans le monde d'ici-bas, la mort n'a rien d'étonnant. •*Ajab lêk, hiyya macêt xallêtni !* Cela me surprend de ta part : que tu sois parti et que tu m'aies laissé ! •*Cûfu lêku ajab, al almi sabba fî rajab !* Regardez-moi cela : étonnante cette pluie qui tombe au septième mois ! •*Al âjâb lissâ ; wakit al humâr yumurgân (yamurgu) lêyah gurûn, wa l-dîk yumurgân (yamurgu) lêyah sunûn.* Tu n'as encore rien vu ; tu pourras parler de choses étonnantes quand tu verras l'âne porter des cornes et le coq avoir des dents. *Prvb.* •*Al-telefûn ajab ! Tasma wa tahajji ma'â nâdum min ba'îd.* Le téléphone, c'est étonnant ! On entend quelqu'un et on lui parle de loin. •*Bên al-lêl wa l-nahâr ajâyib !* Que de choses merveilleuses se passent entre la nuit et le jour !

Ajab *invar.*, *n. pr.* d'homme, * ʕjb, ع ج ب

âjâb *pl.*, → *ajab 2.*

ajâj *n. m.*, *Cf. xamâm, xabâc*, * ʕjj, ع ج ج

♦ **poussière,** vent de poussière, poussière de sable. •*Ajâj gamma wara l watîr.* La poussière s'est levée derrière la voiture. •*Al xêl gawwamo l ajâj.* Les chevaux soulèvent la poussière. •*Al ajâj sawa lêi zuxuma.* La poussière m'a donné un rhume.

ajâjire *n. coll.*, *m.*, *sgtf. ajâjiray*, *empr.* "Mimi" signifiant "multicolore".

♦ **graines du Salvadora persica,** graines de l'arbre *câw* dans lequel on taille les "brosses à dents". •*Al ajâjire asali, wa indah cette cette.* Les graines du Salvadora persica sont sucrées et ont un petit goût de piment. •*Cadaray al ajâjire usumha caw wa hî katîre fî dâr Wadday.* L'arbre qui produit les graines *ajâjire* s'appelle *caw*, il y en a beaucoup au Ouaddaï.

ajal 1 / âjal *n. m.*, * 'jl, أ ج ل
♦ **délai, temps fixé, durée de vie, laps de temps, échéance, terme fixé.** •*Al ajal kan tamma dawa mâ fîh.* Il n'y a pas de remèdes si les jours sont finis. •*Ajalak kan tâl ticîf dabhîn al-jumâl be l-tubgân.* Si tu vis longtemps, tu verras égorger des chameaux avec des vans. *Prvb.* (*i.e.* tu verras des choses incroyables.)

ajal 2 / ajalât *n. m.*, * ʕjl, ع ج ل
♦ **roue, jante, pneu, cycle.** •*Ajal biskilêti hawân.* La roue de ma bicyclette est mauvaise. •*Macêna fî l kadâde wa ajal watîrna naffas lêna fî l-câri wa xufna min al-sarrâgîn.* Nous sommes allés en brousse ; le pneu de notre voiture a crevé sur la route et nous avons eu peur des voleurs.

âjal *pl.*, → *ajal 1.*

ajala *invar.*, après un verbe d'action se traduit souvent par "se dépêcher de, se hâter, se presser", * ʕjl, ع ج ل
♦ **vite, rapidement.** •*Âkul ajala, namcu !* Mange vite, on s'en va ! •*Kan mâ talbas xulgânak ajala, namci !* Si tu ne te dépêches pas de mettre tes vêtements, je m'en vais ! •*Al-sahâb câl, rûx ajala, namcu l bêt.* Les nuages se forment, marche vite, nous rentrons à la maison !

ajala ajala expression, * ʕjl, ع ج ل
♦ **très vite, très rapidement, à toute allure.** •*Jara ajala ajala fî bêtah !* Il a couru chez lui à toute allure ! •*Antîni gurus ajala ajala, nidôr nabni bêti !* Donne-moi très vite de l'argent, j'ai envie de construire ma maison.

ajâma *pl.*, → *ajami.*

ajami / ajâma *adj.*, (*fém. ajamiye*), * ʕjm, ع ج م
♦ **ignorant(e), ignare, hébété(e),** incapable de s'exprimer en arabe. •*Al wilêd da ajami mâ ba'arif ceyy.* Ce garçon est un ignorant, il ne connaît rien. •*Al ajâma dâ'iman gâ'idîn wara l-nâs.* Les ignorants sont toujours derrière les gens.

ajânib *pl.*, → *ajnabi.*

âjar 1 / yi'âjir *v. trans.*, ≅ l'*inacc. ya'âjir*, forme III, * 'jr, أ ج ر
♦ **récompenser, rétribuer.** •*Allah yi'âjir al axniya' l gassamo sadaxa lê l masâkîn.* Dieu rétribuera les riches qui donnent l'aumône aux pauvres. •*Sawwi zên acân Allah yi'âjirak !* Fais du bien, Dieu te récompensera !

âjar 2 / yi'âjir *v. intr.*, forme III, *Cf. hasan, yahasin ; ahsan, yi'ahsin*, * 'jr, أ ج ر
♦ **présenter ses condoléances, réconforter, consoler, donner une aumône,** assister moralement ou matériellement quelqu'un ayant perdu un proche parent en vue d'obtenir de Dieu une compensation. •*Anâ xabbân minnah acân mâ ja âjar lêi fî yôm môt hanâ abui.* Je suis fâché avec lui parce qu'il n'est pas venu me présenter ses condoléances le jour où mon père est mort. •*Fâtime macat ti'âjir lê rafigîtha al-râjilha mât.* Fatimé est allée exprimer ses condoléances à son amie qui avait perdu son mari.

ajarân *n. d'act.*, *m.*, → *ajirîn*, * 'jr, أ ج ر

ajas *n. m.*, → *ajaz.*

ajâwîd *pl.*, → *ajwâdi.*

ajâyib nom pluriel, → *ajab 2, ajibe.*

ajâyin *pl.*, → *ajîne.*

ajâyiz *pl.*, → *ajûz.*

ajaz *n. m.*, souvent prononcé *ajas*, *Cf. abun'ijês*, * ʕjz, ع ج ز
♦ **fatigue, nonchalance, paresse, lassitude, faiblesse.** •*Al mara di, al ajaz karabâha, mâ tagdar tisawwi xidimit bêtha.* Cette femme est fatiguée, elle ne peut plus faire son travail à la maison. •*Al ajaz, bêt al fagur.* La paresse est la maison de la pauvreté. *Prvb.* •*Al-rujâl daxal lêhum al ajaz, mâ yagdaro yaxadmu.* Les hommes sont fatigués [la lassitude est entrée dans les hommes], ils ne peuvent plus travailler. •*Nidôr namci fî l-sûg, lâkin al ajas mâ xallâni.* Je

voudrais aller au marché, mais je suis fatigué [la faiblesse ne m'a pas laissé].

ajbid *v. impér.*, → *jabad.*

ajbur *v. impér.*, → *jabar.*

ajdâd *pl.*, → *jidd.*

ajdan *n. m.*, → *lazdân.*

ajfil *v. impér.*, → *jafal.*

ajhal *v. impér.*, → *jihil.*

ajham *v. impér.*, → *jihim 1, jihim 2.*

ajhar *v. impér.*, → *jahar.*

Aji *n. pr.* d'homme, *Cf. âj*, * ʕwj, ع و ج

ajîb / ajîbîn *adj.*, (*fém. ajîbe*), * ʕjb, ع ج ب

♦ **étonnant(e), étrange, incroyable, surprenant(e), prodigieux (-euse), bizarre.** •*Al iyâl al-dugâg katalo l hallûf, da ajîb bilhên !* Les petits enfants ont tué le phacochère, c'est vraiment étonnant ! •*Fâtime ajîbe hî dâ'iman wihêdha.* Fatimé est étrange, elle est toujours toute seule. •*Axti gâ'ide ti'ôrini be duwâs al bigi fî Tîne, wa anâ gult : "Da ceyy ajîb !".* Ma sœur me racontait ce qui s'est passé à la bataille de Tiné et j'ai dit : "C'est incroyable !". •*Hû da zôl ajîb marra wâhid, acân kalâmah katîr !* C'est vraiment quelqu'un de surprenant : il parle beaucoup ! •*Anâ simît hijjey ajîbe : "Al fayala daxalo Anjammêna !".* J'ai entendu une histoire incroyable : "Les éléphants sont entrés à N'Djaména !".

ajîbe / ajâyib *n. f.*, terme de l'*ar. lit.*, → *ajab*, * ʕjb, ع ج ب

ajîl / ajîlîn *adj.*, (*fém. ajîle*), *Syn. sarî'*, * ʕjl, ع ج ل

♦ **rapide, agile.** •*Al-râjil da ajîl misil al hidayya.* Cet homme est rapide comme un épervier. •*Al mara di ajîle fî xidimit al-laday.* Cette femme est rapide dans le travail de la cuisine. •*Axawâni kulluhum ajîlîn illa anâ bas al-tagîl.* Tous mes frères sont rapides, seul moi je suis lent.

ajîn *n. m.*, *Cf. xadôda*, * ʕjn, ع ج ن

♦ **pâte,** mélange d'eau et de farine. •*Sidt al fangâsu ajînha daffag.* Celle qui prépare les beignets a renversé la pâte. •*Al ajîn kan ramoh fî l-dihin al hâmi yidardim.* Lorsqu'on jette la pâte dans l'huile bouillante, elle se gonfle en formant une boule.

ajîne / ajâyin *n. f.*, *Syn. almi hâmud*, * ʕjn, ع ج ن

♦ **mil à l'eau, soupe froide de mil, boisson de mil écrasé, pâte de mil écrasé avec du babeurre.** •*Al ajîne di asala bala sukkar.* Ce mil à l'eau a un goût sucré sans pourtant avoir de sucre. •*Al musâfir be jamalah indah zâd hanâ ajîne fî koryoytah.* Celui qui voyage avec son chameau a une provision de soupe de mil à l'eau dans sa gourde en calebasse. •*Al ajîne l bigassumuha sadaxa lê l iyâl tidôr labikîn adîl fî l funduk.* La pâte de mil mélangée au babeurre que l'on donne en aumône aux enfants doit être consciencieusement pilée dans le mortier.

ajîne zarga / ajâyin zurug expression *f.*, composée de *ajîne* [pâte] et de *zarga* [noire], * ʕjn, ع ج ن

♦ **pâte de riz cuit sucré, pâte brune caramélisée, gâteau de riz.** •*Yôm al îd garrab sûtt ajîne zarga be dagîg hanâ rîs wa sukkar wa dihin wa almi.* Le jour de la fête approche, j'ai fait cuire de la pâte brune avec de la farine de riz, de l'huile et de l'eau. •*Al ajîne l-zarga nusûtuha misil al êc, acân hî titawwil fî l-nâr.* On fait cuire la pâte de riz comme la boule parce qu'elle doit rester longtemps sur le feu.

ajîr / ajîrîn *adj.*, (*fém. ajîre*), * 'jr, ء ج ر

♦ **salarié(e), embauché(e), rétribué(e).** •*Al ajîr al baxadim fî l bêt bisammuh boy walla xaddâm.* Le salarié qui travaille dans la maison s'appelle "boy" ou "serviteur". •*Binêyti ajîre fî bêt jâri acangay lê l* *iyâl.* Ma fille est embauchée chez mon voisin pour garder les enfants.

ajiri *v. impér.*, → *jara 1, jara 2.*

âjirîn *n. d'act., m.*, ≅ *âjarân*, * 'jr, ء ج ر

♦ **aumône à l'occasion d'une mort, visite de condoléances,** prières et aumônes données lors d'un décès à l'occasion des visites de condoléances. •*Âjirîn lê ahal al mayyit wâjib !* C'est un devoir de rendre visite à la famille d'un défunt ! •*Amnawwal Hârûn jâna lê âjirîn wilêdi al marhûm.* L'an dernier, Haroun est venu nous offrir ses condoléances lors du décès de mon enfant.

âjis *adj.*, → *âjiz.*

âjiz / âjizîn *adj.*, (*fém. âjze, âjize*), * ˤjz, ع ج ز

♦ **fatigué(e), diminué(e), impotent(e), incapable.** •*Min al watîr taracah ke, gâ'id âjis fî l bêt.* Depuis qu'une voiture l'a renversé, il reste à la maison, fatigué. •*Allah kan balâk, yisawwik âjis.* Lorsque Dieu t'éprouve, il te rend incapable d'agir. •*Bigi kabîr wa âjis wa mâ indah saxîr ke yi'âwinah.* Il est devenu vieux et diminué, et il n'a pas d'enfant pour l'aider. •*Jidditi âjze, sunûn lê l akil kulla mâ indaha.* Ma grand-mère est bien diminuée, elle n'a même plus de dents pour mâcher la nourriture.

ajjab / yi'ajjib *v. intr.*, ≅ *ya'ajjib*, forme II, * ˤjb, ع ج ب

♦ **étonner, surprendre.** •*Awwal yôm cîfna l-telefizyôn, ajjabna lêyah bilhên !* Le premier jour où nous avons vu la télévision, nous étions très surpris ! •*Al-râjil yi'ajjib lê wilêdah al xatar wa mâ ja ajala.* L'homme s'étonne de ce que son fils parti en voyage ne soit pas déjà revenu. •*Maryam, fî saxaritha di, sawwat al mulâh wa l êc ; ammaha ajjabat lêha.* Mariam, bien qu'encore petite, a fait la sauce et la boule, et sa mère à été surprise de ses capacités.

ajjâbado / yijjâbado *v. intr.*, forme VI, métathèse dans la racine, * jdb, ج ذ ب

♦ **se tirailler, se chamailler.** •*Ajjâbado l kalâm bas, wa mâ addâwaso.* Ils se sont lancé des invectives, mais ils ne se sont pas battus. •*Al-râjil wa martah ajjâbado acân saxîrhum, wa l-râjil gala' saxîrah minha.* Le mari et sa femme se sont chamaillés à cause de leur enfant, et le mari a arraché l'enfant des mains de sa femme. •*Mâ tijjâbado fî coxol saxayyir misil da !* Ne vous chamaillez pas à propos d'une si petite affaire !

ajjâdalo / yijjâdalo *v. intr.*, forme VI, * jdl, ج د ل

♦ **discuter, avoir une controverse, se contester mutuellement, polémiquer.** •*Humman ajjâdalo acân bugûlu kalâmhum bas sahi.* Il y eut entre eux une controverse parce que chacun disait détenir la vérité. •*Anîna ajjâdalna fî sabab al warasa.* Nous avons polémiqué entre nous à cause de l'héritage.

ajjâfo / yijjâfo *v. intr.*, forme VI, *Ant. alhânano*, * jfw, ج ف و

♦ **se détester, se haïr, s'exclure les uns les autres, être en dissidence, se vouloir du mal,** ne plus vouloir entretenir de relation. •*Hummân ajjâfo fî kalâm al warasa al abûhum xallâha lêhum.* Ils sont en dissidence à cause de l'héritage que leur père leur a laissé. •*Al iyâl kan kibiro wa mâ bilwâsalo, ajjâfo xalâs.* Lorsque les enfants grandissent et ne se rendent plus visite, ils finissent par s'exclure les uns les autres de toute relation. •*Humman ajjâfo misil sakkîn al abât.* Ils se détestent et cherchent à faire du mal comme le poignard que l'on porte au bras.

ajjal 1 / yi'ajjil *v. intr.*, forme II, * ˤjl, ع ج ل

♦ **se dépêcher, se presser.** •*Abûk mardân marra wâhid, kan mâ ajjalt akûn mâ tahdarah.* Ton père est très malade ; si tu ne te dépêches pas, tu ne le reverras plus [tu ne le trouveras plus présent]. •*Wâjib al-nâdum al* *indah kôlêra yi'ajjil be l maci fî labtân.* Celui qui a le choléra doit vite aller à l'hôpital. •*Yâ wilêdi ajjil lêna gubbâl al harray ma taga' lêna fî l-derib !* Mon enfant, dépêche-toi avant que le soleil ne se couche sur notre route !

ajjal 2 / yi'ajjil *v. trans.*, forme II, * 'jl, ء ج ل

♦ **annuler, renvoyer, remettre à plus tard, ajourner.** •*Al wazîr yi'ajjil al malamma di acân nâs wahadîn mâ fîhum.* Le ministre a annulé cette réunion parce que quelques-uns étaient absents. •*Kaffayân hanâ gurs al xaddâmîn ajjaloh lê muddit caharên ba'ad al hisâbât.* Le salaire des fonctionnaires a été reporté et ne sera versé que deux mois après leur recensement.

ajjâl *pl.*, → *ijil.*

ajjâlalo / yijjâlalo *v. intr.*, forme VI, * jll, ج ل ل

♦ **se déplacer, se transporter,** aller dans un lieu proche. •*Ajjâlalna fî l bêt dâk kadâr bêtna yi'adduluh.* Nous nous sommes déplacés dans cette maison, le temps qu'ils réparent la nôtre. •*Kulla l furgân ajjâlalo min dârhum al gadîme wa tala'o fî l gôz.* Tous les campements se sont déplacés de leur endroit habituel et se sont installés sur le coteau sablonneux.

ajjâmalo / yijjâmalo *v. intr.*, forme VI, * jml, ج م ل

♦ **porter, se relayer, s'entraider,** se relayer pour porter un fardeau. •*Kan al xumâm bigi lêku katîr, ajjâmalo fôgah !* Si vous avez beaucoup de choses à porter, relayez-vous ! •*Ajjâmalna ma'â rafîgi, wa waddêna l-cuwâl fî l bêt.* Nous nous sommes relayés avec mon ami pour apporter le sac à la maison. •*Nijjâmalo ma'âk fî l xidime, inta be fajur wa anâ be aciye.* Nous nous relayerons dans le travail : toi, tu travailleras le matin et moi, l'après-midi. •*Al askar yijjâmalo fî xacum al-sijin.* Les militaires se relayent devant l'entrée de la prison.

ajjammal / yijjammal *v. intr.*, forme V, * jml, ج م ل

♦ **s'embellir, se farder, se maquiller.** •*Ajjammal giddâm al banât acân bidôr yirîduh.* Il s'est fait beau devant les jeunes filles parce qu'il veut en être aimé. •*Al banawît ajjammalo wa fâto l-li'ib.* Les jeunes filles se sont faites belles et sont parties pour la danse. •*Hî jamîle kan mâ ajjammalat kulla.* Elle est belle, même lorsqu'elle n'est pas fardée.

ajjan / yi'ajjin *v. trans.*, forme II, * ʿjn, ع ج ن

♦ **pétrir, faire la pâte, malaxer,** faire une pâte en la malaxant avec les mains (ou les pieds). •*Zâra ajjanat farîn acân tisallil ka'âk.* Zara a pétri de la farine pour faire des gâteaux. •*Ajjin al-tîne adîl be l ba'ar acân takrub fî l-talis !* Pétris bien l'argile avec le crottin pour que le crépissage tienne ! •*Sidt al gôdâla ajjanat êc be tawwâra acân tisaffih marîse.* La tenancière du cabaret a pétri une boule avec de la levure pour en faire de la bière de mil.

ajjanân *n. d'act., m.*, → *ajjinîn.*

ajjar / yi'ajjir *v. trans.*, forme II, * 'jr, ء ج ر

♦ **louer, embaucher,** prendre en location ; louer une place dans un véhicule ; engager un travailleur pour un temps déterminé. •*Ajjart bêt be alif wa xumsu miya.* J'ai loué une maison à mille cinq cents riyals par mois. •*Hasanay ajjar watîr maca Abbece.* Hassanay a loué une place sur un camion pour aller à Abéché. •*Al-nasâra bidôru bi'ajjuru l xêl hanâ l farîg.* Les Européens aiment louer les chevaux du campement. •*Ajjir nâs yahartu lêna zerêna !* Embauche des gens pour qu'ils cultivent notre champ ! •*Al-nasrâniye tidôr ti'ajjir nâdum yisey lêha akil.* L'Européenne veut embaucher quelqu'un pour lui faire la cuisine [la nourriture].

ajjarân *n. d'act., m.*, → *ajjirîn.*

ajjas / yi'ajjis *v. intr.*, → *ajjaz.*

ajjâs *adj.*, → *ajjâz.*

ajjasân *n. d'act.*, *m.*, → *ajjisîn.*

ajjaz / yi'ajjiz *v. intr.*, forme II, lorsqu'il est utilisé avec un sujet *fém.*, ≅ *ajjasat* ; pour le *masc.* → *cayyab* ; ce verbe est *trans.* lorsqu'il est employé au sens figuré, * ʿjz, ع ج ز

♦ **vieillir, être fatiguée, être lasse, décourager *qqn.*** •*Bagarayti ajjazat battân mâ tawlid.* Ma vache a vieilli, jamais plus elle ne mettra bas. •*Al mara di indaha arba'a saxîr lâkin lissâ mâ ajjazat.* Cette femme a quatre enfants mais elle n'a pas encore vieilli. •*Nidôr naktib maktûb lê rafîgi, yâ Saleh mâ ti'ajjizni !* J'aimerais écrire une lettre à mon ami ; ne me décourage pas, Saleh !

ajjâz / ajjâzîn *adj.*, (*fém. ajjâza*), prononcé au masculin *ajjâs*, *Syn. ajzân*, * ʿjz, ع ج ز

♦ **paresseux (-euse), fainéant(e).** •*Kan gâlo mara xanba, acân hî ajjâza bas.* Lorsqu'on dit d'une femme qu'elle est "souillon", c'est parce qu'elle est paresseuse. •*Al-râjil kan ajjaz mâ bakrub xidime !* Lorsqu'un homme est fainéant, il ne prend pas de travail ! •*Fî l-lekkôl al iyâl al ajjâzîn gâ'idîn fî l kinyân.* A l'école, les enfants paresseux se trouvent dans les coins.

ajjazân *n. d'act.*, → *ajjasân.*

Ajjid *n. pr.* d'homme, → *al-jidd*, * jdd, ج د د

Ajjidd *n. pr.* d'homme, pour *al-jidd*, *litt.* le grand-père, * jdd, ج د د

Ajjidde *n. pr.* de femme, *fém.* de *Ajidd*, * jdd, ج د د

Ajjidêy *n. pr.* d'homme, *mrph. dmtf.*, pour *al-jiddêy*, *Cf. jadi*, * jdw, ج د و

Ajjidêye *n. pr.* de femme, *mrph. dmtf.*, pour *al-jiddêye*, *Cf. jadi*, * jdw, ج د و

ajjinîn *n. d'act.*, *m.*, ≅ *ajjanân*, * ʿjn, ع ج ن

♦ **pétrissage, malaxage,** fait de pétrir ou de malaxer avec les pieds ou les mains. •*Ajjinîn al-tîne gâsi min al hirâte.* Malaxer la boue en la piétinant est plus pénible que labourer. •*Ajjinîn al-farîn hanâ l fangâsu sawwa lêha waja' îdên.* Le fait de pétrir la pâte pour des beignets lui a fait mal à la main.

ajjirîn *n. d'act.*, *m.*, ≅ *ajjarân*, *Syn. ista'jarân, ista'jirîn, isti'jâr*, * 'jr, ء ج ر

♦ **location, embauche, fait d'embaucher.** •*Ajjirîn taksi kurus be miya wa icirîn riyâl.* La location d'un taxi pour une course est de cent vingts riyals. •*Ajjirîn al watîr al-saxayyar min hini lê Mongo gâsi min hanâ l watîr al kabîr.* Le prix de la place dans une petite voiture d'ici à Mongo est plus cher que dans un gros véhicule. •*Ajjirîn al xaddâmîn fî wakt al hirâte yidôr gurus katîr.* Il faut beaucoup d'argent pour embaucher des ouvriers au moment des cultures.

ajjisîn *n. d'act.*, *m.*, ≅ *ajjasân, ajjazân, ajjizîn*, * ʿjz, ع ج ز

♦ **vieillissement, fatigue, lassitude, paresse, découragement,** fait de devenir vieux. •*Al awîn ajjisînhum ajala min al-rujâl.* Les femmes vieillissent plus vite que les hommes. •*Al binêye di ajjisînha da min cunû ?* A quoi donc est due la lassitude de cette jeune fille ? •*Fî l-râdyo bugûlu kuturt al wâlûda tijîb al ajjisîn ajala lê awîn.* A la radio, on dit que le grand nombre d'accouchements est une cause du vieillissement précoce des femmes. •*Adam kaffîn al gurus jâb ajjisîn lê l xaddâmîn.* Le non-paiement des salaires a provoqué le découragement des fonctionnaires.

ajjizin *n. d'act.*, → *ajjisîn.*

ajjôjal / yijjôjal *v. intr.*, forme VI, *Cf. jôjal*, * jwl, ج و ل

♦ **être ballotté(e), être déplacé(e), être rejeté(e),** être renvoyé(e) d'un endroit à un autre, être obligé(e) de se déplacer en permanence. •*Sukkân hanâ Ruwanda al-sana di ajjôjalo min ta'ab al-duwâs.* Les Rwandais, cette année, ont été jetés sur les routes de l'exil à cause de la guerre. •*Iyâl al-lekôl yijjôjalo acân giray mâ fîha.* Les écoliers sont ballottés d'un lieu à un autre parce que l'enseignement n'est plus assuré. •*Anîna dôl ajjôjalna cahar tamâm min trêsôr lê l bêt, wa mâ ligîna gurus.* Pendant un mois entier, nous avons fait des allées et venues incessantes entre le Trésor et la maison sans obtenir notre argent.

ajjôkak / yijjôkak *v. intr.*, forme V, pour *aljôkak, empr.*, *Cf. algôfaf.*
♦ **se gonfler d'orgueil, se pavaner, parader, plastronner, se vanter, marcher lentement en se faisant remarquer,** montrer sa richesse, sa force ou sa science pour manifester sa supériorité sur les autres. •*Al-sane di min ligi xidime, xalâs ajjôkak giddâmhum.* Cette année, depuis qu'il a trouvé du travail, il se pavane devant eux. •*Hû yijjôkak giddâm sufûf al-dêc bugûl, hû bas fahal lê l-duwâs.* Il parade devant les rangs de soldats en disant qu'il est le seul courageux au combat.

Ajjumla *n. pr.* de femme, pour *al-jumla, litt.* la totalité, nom donné au dernier enfant quand c'est une fille, *Cf. Jâmi'*, * jml, ج م ل

ajlib *v. impér.*, → *jalab.*

ajlid *v. impér.*, → *jalad.*

ajluf *v. impér.*, → *jalaf.*

ajlus *v. impér.*, → *jalas 1, jalas 2.*

ajlux *v. impér.*, → *jalax.*

ajma' *v. impér.*, → *jama'.*

ajmal *adj. mrph.* comparatif, moins employé que *jamîl min* ou *sameh min* (plus beau que), → *jamîl, sameh,* * jml, ج م ل

ajmud *v. impér.*, → *jamad.*

ajnabi / ajânib *adj. n.*, (*fém. ajnabiye*), * jnb, ج ن ب
♦ **étranger (-ère).** •*Al-sana di, al ajânib jo katîrîn fi dârna.* Cette année, les étrangers sont venus nombreux dans notre pays. •*Al ajnabi wâjib yikarrumuh acân hû dêf.* On doit respecter l'étranger parce que c'est un invité. •*Axui axad mara ajnabiye.* Mon frère a épousé une étrangère.

ajnâs *pl.*, → *jinis.*

ajrad / jurud *adj.*, (*fém. jarda*), *Ant. fandôk*, * jrd, ج ر د
♦ **aux fesses maigres,** dont les fesses n'apparaissent pas. •*Al-nasrâniye di jarda.* Cette Blanche n'a pas de fesses. •*Al-râjil da ajrad dâyiman sulbah marbût be hagu.* Cet homme a les fesses maigres, il a toujours une ceinture aux reins pour tenir son pantalon. •*Al-nâdum kan bâtil wa ajrad al kiswe mâ samhe fôgah.* Lorsque quelqu'un est maigre et n'a pas de fesses, ses habits lui vont mal [l'habillement n'est pas beau sur lui].

ajrah *v. impér.*, → *jarah.*

ajrud *v. impér.*, → *jarad.*

ajsâm *pl.*, → *jism.*

ajsân / ajsânîn *adj.*, (*fém. ajsâne*) → *âjiz*, ≅ *ajzân*, * ʿjz, ع ج ز
♦ **las (lasse), paresseux (-euse), fatigué(e).** •*Jâri da ajsân mâ bidôr al xidime.* Mon voisin est paresseux, il n'aime pas travailler. •*Al mara l ajsâne bêtha mâ mu'addal.* La maison de la femme paresseuse n'est pas bien rangée.

ajur / ujûr *n. m.*, vocabulaire religieux, * 'jr, ء ج ر
♦ **rétribution, récompense,** compensation accordée par Dieu. •*Akkil al atâma, talga ajur !* Nourris les orphelins, tu auras ta récompense ! •*Axadmu zên, ajurku talgoh giddâm !* Travaillez bien, Dieu vous récompensera [vous trouverez votre rétribution devant] !

ajûs *n. f.*, → *ajûz.*

ajuwâdi nom de personne, *m.*, → *ajwâdi.*

ajûz / ajâyiz nom de personne, *f.*, quand ce mot est isolé on entend *ajûs, ajâyis*, → *ajaz*, * ʕjz, ع ج ز

♦ **vieille femme,** femme de plus de quarante ans, fatiguée et usée. •*Yôm al-jum'a macêt ziyâra lê ajâyizi.* Vendredi, je suis allé rendre visite à mes vieilles mamans. •*Marit Ahmat bigat ajûz, mâ tagdar takrub bêtha.* La femme d'Ahmat est devenue vieille, elle ne peut plus tenir sa maison. •*Kalâmah bâyiz, misil mulâh daraboh ajâyiz.* Sa parole ne vaut plus rien, comme la sauce préparée par les vieilles femmes. *Prvb.*

ajwâdi / ajâwîd *n. m.*, ≅ *ajuwâdi*, *Cf. al-jawwâd* (le Donateur, nom de Dieu), * jwd, ج و د

♦ **notable, conseiller du roi, assesseur, affable et généreux.** •*Al ajâwîd rasso giddâm bêt al-sultân.* Les notables se sont alignés devant la maison du sultan. •*Al-sultân kan mâ fîh, al ajwâdi bagta' al-cerî'e.* Lorsque le sultan n'est pas là, c'est son assesseur qui prononce les jugements [tranche le jugement]. •*Al-râjil da ajwâdi, bikarrim al-dîfân.* Cet homme est affable et généreux, il honore ses hôtes. •*Ajâwîd al-sultân nazalo fî l hille di mâ sâkit, jo bihillu l macâkil.* Les assesseurs du sultan ne sont pas venus pour rien dans ce village, ils sont venus pour régler les conflits.

ajwâf *pl.*, → *jôf.*

ajxam *v. impér.*, → *jixim.*

ajyâl *pl.*, → *jîl.*

ajza' *pl.*, → *juzu'.*

ajzân / ajzânîn *adj.*, (*fém. ajzâne*), ≅ *ajsân*, * ʕjz, ع ج ز

♦ **paresseux (-euse), fainéant(e), fatigué(e).** •*Inti ajzâni fî l xidime, mâ nagdar nikaffîki gurus katîr.* Tu ne travailles pas avec ardeur, je ne pourrai pas te payer une grosse somme. •*Al-râjil al ajzân mâ yagdar yijîb hagg al-darrâba lê iyâlah.* L'homme paresseux n'arrive pas à trouver de quoi payer le gombo pour nourrir ses enfants.

ajzim *v. impér.*, → *jazam.*

akâkîz *pl.*, → *ukkâz.*

akal / yâkul *v. trans.*, forme I n° 3, * 'kl, ء ك ل

♦ **manger, blesser, dévorer, brûler, gagner un prix.** •*Wilêdi akal ka'ak.* Mon fils a mangé des gâteaux. •*Al awîn akalo katîr min al-rujâl.* Les femmes ont mangé plus que les hommes. •*Al-râjil da mâ bâkul êc.* Cet homme ne mange pas la boule. •*Sakkîn al-sarrâg mâ akalatni.* Le couteau du voleur ne m'a pas blessé. •*Darabôni be rassâsay wa mâ akalatni.* Ils ont tiré une balle de fusil sur moi, mais elle ne m'a pas atteint. •*Al-nâr akalat al kûzi.* Le feu a brûlé la case. •*Al harîge gammat wa akalat gacc al kadâde.* L'incendie s'est déclaré et a brûlé les herbes de la brousse. •*Anâ akalt fî li'ib hanâ l-tanbula.* J'ai gagné un prix à la tombola. •*Al marfa'în akal al humâr.* L'hyène a dévoré l'âne.

akal garad / yâkul garad expression, *litt.* il a mangé les fruits amers de l'acacia, * 'kl, qrẓ, ء ك ل • ق ر ظ

♦ **se fourrer dans le pétrin, être dans une situation difficile, en baver.** •*Badharoh ke, aba mâ yasma kalâm al-nâs, hassâ râsah yaji adîl ba'ad akal garad.* On a essayé de l'en empêcher, mais il n'a écouté personne ; il fait maintenant attention après s'être fourré dans le pétrin. •*Îsa ja bidôr musâ'ada, ba'ad ma zamân, kan mâ bidôr al-nâs ; xalli yâkul garad !* Issa est venu demander de l'aide, alors qu'auparavant on n'existait pas pour lui ; qu'il se débrouille tout seul dans la situation difficile où il s'est mis !

akalân *n. d'act.*, → *akilîn.*

akas / ya'kis *v. trans.*, forme III, voir ci-dessous l'expression *akas al kalâm*, ≅ à l'*inacc. ya'akis*, * ʕks, ع ك س

♦ **inverser, renverser, retourner.** •*Fî l-cêriye al mara l xaltâne di akasat al kalâm.* Au tribunal, cette femme qui était fautive s'est contredite. •*Al wilêd al-saxayir da akas al gazâz hanâ l itir be râsah.* L'enfant a retourné le flacon de parfum en lui mettant la tête en bas. •*Al abunrige kan bunûm dâyiman ba'akis râsah.* Lorsque la chauve-souris dort, elle a toujours la tête en bas.

âkas / yi'âkis *v. trans.*, forme III, * ʕks, ع ك س

♦ **s'opposer, contrer, empêcher, refuser.** •*Anâ nidôr nikallim wa hû âkas lêi.* Je voulais parler mais il m'en a empêché. •*Fî l maxtar al watîr âkasat lêna fî l-derib.* Pendant le voyage, notre véhicule est tombé en panne [nous a refusé] sur la route. •*Al-zurûf âkasatni kan mâ kê nidôr namci lêku.* Mes moyens financiers ne me permettaient pas d'entreprendre quelque chose, sinon je serais bien parti chez vous.

akasân *n. d'act., m.*, ≅ *akisîn*, * ʕks, ع ك س

♦ **renversement, retournement, contradiction.** •*Al awîn al muta'ammidîn bagdaro lê akasân al kalâm.* Les femmes qui ont la tête dure peuvent faire dire aux mots le contraire de ce qu'ils signifient. •*Akasân al kalâm giddâm al-nâs êb !* C'est une honte que de contredire quelqu'un devant tout le monde. •*Akasân al kitâb fî l giray da biwassif jahal al-nâdum.* Le fait qu'un homme tienne un livre à l'envers pour essayer de le lire prouve son ignorance.

âkasân *n. d'act., m.*, ≅ *âkisîn*, * ʕks, ع ك س

♦ **opposition, inversion, contrariété,** fait de contrer une idée ou une action. •*Âkasân al xaddâmîn jâb xasâra kabîre lê l-dawla.* Les mouvements d'opposition des travailleurs ont ruiné le pays [ont apporté une grande perte à l'État]. •*Amci adîl anîna mâ nidôru l âkasân fî l xidime.* Ne bronche pas [va droit] ! Nous ne voulons pas de contestation dans le travail.

akbar *invar.*, *Cf. kabîr*, terme de l'*ar. lit.*, * kbr, ك ب ر

♦ **plus grand.** •*Allâhu akbar !* Dieu est le plus grand ! •*Al wilêd da akbar min axawânah.* Cet enfant est plus grand que tous ses frères. •*Wâjib lêk tikarrim al akbar minnak.* Tu dois respecter celui qui est plus âgé que toi.

akbis *v. impér.*, → *kabas*.

akcar / kucur *adj. déf. phy.*, (*fém. kacra*), *Cf. kacrân*, * kšr, ك ش ر

♦ **dur(e), méchant(e), sévère, renfrogné(e).** •*Al mêtir al akcar, al iyâl mâ birîduh.* Les enfants n'aiment pas le maître quand il est sévère. •*Kan inta akcar mâ talga rufugân.* Si tu es méchant tu n'auras pas d'amis. •*Fâtime axâwanki dôl kucur, mâ tisawwi coxol hawân fî giddâmhum !* Fatimé, tes frères sont sévères ; ne fais pas de bêtises devant eux ! •*Min gâ'ide yôm wâhid ke mâ axadat acân hî kacra.* Elle ne s'est jamais mariée parce qu'elle est renfrognée.

akcif *v. impér.*, → *kacaf*.

akdib *v. impér.*, → *kidib 1, kidib 2, kidib 3.*

akfa *v. impér.*, → *kafa 2.*

akfâf *pl.*, → *kuff*.

akîd *invar.*, * 'kd, ء ك د

♦ **certainement, sûrement, bien sûr.** •*Anâ ambâkir, akîd namci fî l xidime.* Demain, c'est sûr, j'irai au travail. •*Al-jidâde di, akîd mardâne.* Cette poule est certainement malade. •*Akîd, yidissu "bî" hassa.* Ils vont sûrement marquer un but maintenant.

akîde *n. f.*, *Cf. ta'kîd, hagîga*, * 'kd, ء ك د

♦ **certitude, confirmation, vérification.** •*Bugûlu ambâkir al-siyâm, amci jîb lêna akîdt al kalâm da.* On dit que demain commencent les jours de jeûne, pars et rapporte-nous la confirmation de cette parole ! •*Simi't wilêdi darrajoh wa hassâ narja' al akîde.* J'ai entendu que mon fils était monté en grade, à présent j'en attends la confirmation.

akil 1 *n. m.*, * 'kl, ء ك ل

♦ **nourriture, le manger, aliment, plat cuisiné.** •*Zâra sawwat akil ciya.* Zara a préparé peu de nourriture. •*Nasîbti akilha mâ halu.* La nourriture de ma belle-mère n'est pas bonne. •*Al banât sawwo akil katîr yôm al usum.* Les filles ont préparé beaucoup de plats le jour où l'on a donné un nom à l'enfant.

akil 2 *n. d'act.*, * 'kl, ء ك ل

♦ **fait de manger, consommation.** •*Al mulah kan indah dihin katîr bilhên, akilah bigânif.* Manger une sauce qui a trop d'huile écœure. •*Akil al-laham al katîr bisawwi gût.* Manger trop de viande donne la goutte. •*Al watîr da, akilah lê l banzîn katîr gâsi.* La consommation d'essence de cette voiture est énorme.

akilîn *n. d'act., m.*, ≃ *akalân*, * 'kl, ء ك ل

♦ **fait de manger.** •*Akilîn al-laham kulla yôm da, mâ nidôrah.* Je n'aime pas manger de la viande tous les jours. •*Akilîn al xadar wa l fawâkih bixazzi fî l-jisim.* Manger des légumes et des fruits nourrit bien le corps.

akisîn *n. d'act., m.*, → *akasân.*

Akka *n. pr.* de femme, *litt.* chaleur brûlante du sable ou de la nuit, évoquant en arabe *sd.* l'amertume du natron pur, * ʕkk, ع ك ك

akkad / yi'akkid *v. trans.*, forme II, * 'kd, ء ك د

♦ **assurer, affirmer, certifier, confirmer, corroborer.** •*Fî l xidime l-sawwênaha, kabîrna akkad lêna nanjaho.* Notre chef nous a assuré que nous réussirions dans le travail que nous avons entrepris. •*Hû akkad kadar al-sarrâg râjil tawîl.* Il a affirmé que le voleur était un homme de grande taille. •*Al almi sabba katîr, al muzâri'în akkado kadar al arid cibi'at almi.* Il a beaucoup plu, les cultivateurs ont confirmé que la terre avait beaucoup bu.

akkadân *n. d'act., m.*, → *akkidîn.*

akkal / yi'akkil *v. trans.*, forme II, * 'kl, ء ك ل

♦ **donner à manger, faire manger, nourrir, soudoyer, corrompre, détruire, incendier,** mettre le feu. •*Al mara akkalat wilêdha zibde wa raggadatah.* La femme a donné du beurre à manger à son fils et l'a couché. •*Humman akkalo bêt ammuhum be l-nâr.* Ils ont incendié la maison de leur mère. •*Batuni malyâne, battân hanâ cunû tidôr ti'akkilni !* Mon ventre est plein, pourquoi voudrais-tu me donner encore à manger ! •*Kan mâ tidôr taxsar al-cerîye, akkil al-zûz !* Si tu ne veux pas perdre ton procès, soudoie le juge !

akkâl / akkâlîn *adj.*, (*fém. akkâla*), * 'kl, ء ك ل

♦ **mangeur (-euse), gourmand(e), goinfre,** qui mange beaucoup ou trop. •*Wilêdi akkâl marra wâhid, mâ yahmal al-ju', akûn mardân.* Mon fils mange trop, il ne supporte pas la faim, il est peut-être malade. •*Al humâr akkâl min al-juwâd.* L'âne est plus gourmand que le cheval.

akkalân *n. d'act., m.*, → *akkilîn*, * 'kl, ء ك ل

akkidîn *n. d'act., m.*, ≃ *akkadân*, * 'kd, ء ك د

♦ **confirmation, approbation,** fait d'être sûr de *qqch.* •*Al kalâm da lissâ mâ ligîna akkidînah.* Nous n'avons pas encore eu [trouvé] la confirmation de ce dire. •*Fattic akkidîn al kalâm, axêr min tamci tahârij !* Va d'abord t'assurer de la vérité de ce qui a été dit, c'est mieux que d'aller te quereller !

akkilîn *n. d'act., m.*, ≃ *akkalân*, * 'kl, ء ك ل

♦ **fait de donner à manger, fait de corrompre, corruption, fait d' incendier,** fait de donner de l'argent à la belle-mère pour la dot. •*Mâ tiwâlifî akkilîn wilêdki êc fî l-lêl, yisawwi lêyah nufâx.* Ne prends pas l'habitude de donner à ton petit garçon de la boule la nuit, cela peut lui donner des ballonnements ! •*Akkilîn nâs al-*

duwân wâjib acân tagdar timarrig xumâmak. Il te faudra corrompre les douaniers pour que tu puisses retirer tes affaires. •*Al-sultân dahar akkilîn ammahât al banât ziyâde min acara alif riyâl.* Le sultan a interdit aux mères des filles à marier de recevoir plus de dix mille riyals en guise de dot complémentaire. •*Al-radyo l-rîfî wassaf xatar akkilîn al kadâde be l-nâr.* La radio rurale a montré les dangers de mettre le feu à la brousse.

akko *invar.*
♦ **quant à, eh bien !, ça alors !, vraiment !** •*Akko ! Râjil misil wilêdi bas yasrig, da êb !* Ça alors ! Qu'un homme comme mon fils vole, c'est une honte ! •*Akko anâ maryûd al banât, mâ nâkul fûl abadan !* Eh bien ! Moi, le bien-aimé des filles, je ne mangerai jamais d'arachides !

akku *n. m.*, étymologie populaire *dâku* ou *jâku* [le voici, il est venu à vous !]
♦ **perroquet.** •*Al akku kalâmah katîr misil al-dûku.* Le perroquet parle autant qu'un griot. •*Al akku mâ binlagi katîr fî Tcâd.* On ne trouve pas beaucoup de perroquets au Tchad. •*Nidôr nirabbi akku wa nuxuttah fî xacum bâbna.* Je veux élever un perroquet et le mettre devant notre porte.

akle / aklât *n. f.*, *Cf. akil*, * 'kl, ء ك ل
♦ **repas, destruction** (par l'eau ou le feu). •*Min akliti hint amis battân mâ akalt.* Depuis le repas d'hier je n'ai pas encore mangé. •*Fî nâs katîrîn yâkulu akle wahade bas fî l yôm.* Il y a beaucoup de gens qui ne prennent qu'un repas par jour. •*Al-sûg al kabîr ikil talâte aklât fî l-sane.* Le grand marché a brûlé trois fois en une année.

akmâm *pl.*, → *kimm.*

akmud *v. impér.*, → *kamad.*

akordeyon / akordeyônât *n. m.*, *empr. fr.*
♦ **accordéon.** •*Al-Nasâra birîdu badurbu l akordeyon.* Les Européens aiment jouer de l'accordéon. •*Anâ mâ indi akordeyon fî bêti.* Je n'ai pas d'accordéon chez moi.

akrah *v. impér.*, → *kirih.*

akri *v. impér.*, → *kara.*

akrub *v. impér.*, → *karab 1, karab 2.*

akruc *v. impér.*, → *karac.*

akrus *v. impér.*, → *karas 1.*

aksab *v. impér.*, → *kisib.*

aksi *v. impér.*, → *kasa.*

aksir *v. impér.*, → *kasar.*

aktar *invar.*, *adj. mrph.* comparatif, terme de l'*ar. lit.*, *Cf. katîr*, * kṯr, ك ث ر
♦ **beaucoup plus, davantage, plus.** •*Al-râjil da bâkul aktar min zamân.* Cet homme mange beaucoup plus qu'auparavant. •*Al-sane di al almi aktar min hint al-sane l fâtat.* Cette année la pluie est plus abondante que celle de l'année dernière. •*Rijîtak aktar min talâte sâ'ât.* Je t'ai attendu plus de trois heures.

aktêr / aktêrât *n. m.*, *empr. fr.*
♦ **acteur de film, personnage principal du film.** •*Adamu bas aktêr hanâ filim "Goygoy".* Adamou est l'acteur principal du film "Goïgoï". •*Pan hanâ l film da : aktêr râkib fî humârah wa indah angafay fî râsah.* Au début du film, l'acteur principal est sur son âne, il est coiffé d'un chapeau de paille.

aktib *v. impér.*, → *katab.*

aktim *v. impér.*, → *katam.*

aktul *v. impér.*, → *katal.*

âkul *v. impér.*, → *akal.*

âkûl *n. m.*, * 'kl, ء ك ل
♦ **piqûre d'insectes, fait de prendre pour soi, ponction** (d'argent). •*Fî l xarîf âkûl katîr, acân da al baggara bancaxo.* En saison des pluies on est piqué très souvent par les insectes,

c'est pour cela que les éleveurs de vaches partent vers le nord. •*Al-tâjir da, budâ'tah mâ tizîd min kutur âkûl al-duwân.* Ce commerçant ne peut importer de marchandise à cause de tout ce que les douaniers prennent pour eux.

âkûla *n. mld.*, * 'kl, ء ك ل
♦ **démangeaison, prurit.** •*Barûdah fî l bûta da sawwa lêyah âkûla.* C'est en se baignant dans le marigot qu'il a attrapé des démangeaisons. •*Fî wakit al-darat al âkûla katîre marra wâhid.* A l'époque de la moisson, beaucoup souffrent de prurit.

akûn *invar.*, ≅ *ankûn, âkûn*, * kwn, ك و ن
♦ **peut-être, il se peut que, il est possible que.** •*Mâla martak tibazzix katîr ke, ankûn coxolha xalaba ?* Pourquoi ta femme crache-t-elle autant, elle est peut-être enceinte ? •*Mâ ciftah, akûn hû maca fî l-lekkôl !* Je ne l'ai pas vu, il se peut qu'il soit parti pour l'école ! •*Akûn al-sarrâg natta be hini ?* Le voleur a peut-être sauté par ici ?

akwi *v. impér.*, → *kawa.*

akyâr *pl.*, → *kîr 1.*

akyâs *pl.*, → *kîs.*

al article, *invar.*, élision du "a" après les mots terminés par une voyelle, et assimilation du "l" devant les mots commençant par *d, c, j, n, s, l, r, z, t.*
♦ **le, la, les.** •*Al mara wa l-râjil fî l bêt.* La femme et l'homme sont à la maison. •*Al banât ma'â l-subyân fî l-dandal.* Les jeunes filles et les jeunes gens sont dans la cour.

al hamdu lillah ! expression, exclamation, pour *al hamdu lê Allah !* [la louange est à Dieu], ≅ *al hamdu lillahi, al hamdu lillay*, → *hamdu*, * ḥmd, 'lh, ح م د • ء ل ه
♦ **Dieu soit loué !** •*Al hamdu lillah(i), Rabb(i) al âlamîn !* La louange est à Dieu, le Seigneur des mondes ! •*Kan akalt, riwit nugûl : "Al hamdu lillah !".* Lorsqu'après avoir mangé je suis rassasié, je dis : "Dieu soit loué !". •*Wâjib kan attact tugûl : "Al hamdu lillah !".* Après avoir éternué, tu dois dire : "Dieu soit loué !".

al yôm expression, → *yôm*, * ywm, ي و م
♦ **aujourd'hui.** •*Al yôm anâ nangul fî l-bêt faham wa hatab lê abûku.* Aujourd'hui, je vais apporter [transporter] à la maison le charbon et le bois pour votre père. •*Al yôm, al wata hâmiye.* Aujourd'hui il fait chaud.

al'ab *v. impér.*, → *li'ib 1.*

al'âb *pl.*, → *li'ib 2.*

al'âbado / yil'âbado *v. intr.*, forme VI, sens récent, * ʕbd, ع ب د
♦ **s'adorer, s'aimer mutuellement très fort.** •*Hû wa sadîgtah bil'âbado, kan wâhid mâ câf al âxar, yabga misil majnûn.* Lui et sa compagne s'adorent ; lorsque l'un n'a pas vu l'autre, il devient comme fou. •*Hî wa râjilha zamân al'âbado wa hassâ da yiddâwaso.* Autrefois, elle et son mari s'aimaient beaucoup l'un l'autre, et à présent ils se battent.

al'abbad / yil'abbad *v. intr. {- lê}*, forme V, * ʕbd, ع ب د
♦ **se rendre esclave de, être esclave.** •*Anâ nil'abbad lêki acân nirîdki !* Je serai ton esclave parce que je t'aime ! •*Amm al iyâl al'abbadat lê iyâlha acân ba'adên yanfa'ôha.* La mère de famille se fait l'esclave de ses enfants parce qu'ensuite ils lui seront utiles. •*Zamân nâs bil'abbado lê l-sultân bala ujura.* Autrefois des gens étaient esclaves du sultan sans aucune compensation.

al'acca / yil'acca *v. intr., Syn. at'acca, Cf. aca, xada, alxadda*, * ʕšy, ع ش ي
♦ **dîner, prendre le repas du soir.** •*Al bâreh da, anâ mâ al'accêt acan batuni tôjâni.* Hier, je n'ai pas dîné parce que j'avais mal au ventre. •*Al-rujâl kulla yôm yil'acco fî l-dabalay.* Tous les jours les hommes dînent

ensemble au même endroit qui leur est réservé. •*Al yôm nil'acco be mulah jidâd wa riss.* Aujourd'hui nous dînerons avec du riz et de la sauce de poule.

al'âdal / yil'âdal *v. intr.*, forme VI, * ʕdl, ع د ل

♦ **s'équilibrer, être au même niveau.** •*Kalâmi wa kalâmak kan al'âdal, nagdaro naxadmu sawa.* Lorsque nous nous serons mis d'accord [Lorsque ma parole et la tienne s'équilibreront], nous pourrons travailler ensemble. •*Xumâm al-jamal da al'âdal, battân mâ baga'.* Le chargement de ce chameau est équilibré, il ne retombera pas.

al'addab / yil'addab *v. intr.*, forme V, *Syn. alwaddab*, * 'db, ء د ب

♦ **recevoir une bonne éducation, être éduqué(e), être dressé(e),** apprendre les bonnes manières. •*Ya wilêdi, axêr til'addab wa tasma kalâm ammak !* Mon enfant, tu devrais apprendre les bonnes manières et écouter ce que te dit ta mère ! •*Al binêye kan mâ al'addabat fî bêt ammaha mâ til'addab fî bêt râjilha.* Si une fille n'est pas bien éduquée dans la maison de sa mère, elle ne le sera pas non plus dans la maison de son mari. •*Jamalak da mâ al'addab adîl.* Ton chameau n'est pas bien dressé. •*Al ijil yil'addab illa be l-ju'.* Le veau ne se dresse que par la faim.

al'addal / yil'addal *v. intr.*, forme V, * ʕdl, ع د ل

♦ **se parfaire, se bonifier, se réparer, se rendre beau (belle),** se rendre propre et parfait. •*Al mara al'addalat wa macat fî azûmit rafîgîtha.* La femme s'est faite belle et est allée à l'invitation de son amie. •*Biskilêti tallaf wa l addâli gâl lêi mâ bil'addal.* Ma bicyclette est abîmée et le réparateur m'a dit qu'elle était irréparable. •*Bêti da hassâ al'addal min banêtah jadîd.* A présent ma maison est remise à neuf.

al'affas / yil'affas *v. intr.*, forme V, * ʕfṣ, ع ف ص

♦ **se tordre, se cabosser, se plier.** •*Al watîr tarac al-durdur wa al'affas.* La voiture a percuté le mur et s'est cabossée. •*Rijil biskilêtak til'affas kan tirakkib rufugânak warâk.* La roue de ta bicyclette va se tordre si tu prends tes amis sur ton porte-bagages [derrière toi].

al'âgabo / yil'âgabo *v. intr. {- ma'â}*, forme VI, * ʕqb, ع ق ب

♦ **se croiser sans se rencontrer, se manquer,** ne pas se rencontrer, venir après qu'un autre soit parti. •*Ahmat wa rafîgah al'âgabo acân mâ alwâ'ado.* Ahmat et son ami ne se sont pas rencontrés parce qu'ils ne s'étaient pas donné rendez-vous. •*Amis anâ macêt lêk wa mâ ligîtak, al'âgabna.* Hier je suis allé chez toi et je ne t'ai pas trouvé, nous nous sommes manqués.

al'âgaro / yil'âgaro *v. intr.*, forme VI, → *agar*, *Cf. alhâwato*, * ʕqr, ع ق ر

♦ **se mettre tête-bêche, se croiser sans se rencontrer.** •*Al iyâl yil'âgaro kan nâyimîn fî l-serîr.* Les enfants se mettent tête-bêche lorsqu'ils dorment sur le lit. •*Hummân al'âgaro acân kulla wâhid câl derib cik.* Ils se sont croisés sans se rencontrer parce que chacun a pris un chemin différent. •*Kan tidôru tunûmu ta'âlu al'âgaro fî l farwa di.* Si vous voulez dormir, venez vous étendre tête-bêche sur cette peau.

al'aggad / yil'aggad *v. intr.*, forme V, * ʕqd, ع ق د

♦ **compliquer une affaire,** rendre une situation difficile insoluble. •*Gûlna nigabbulûha lê râjilha, lâkin al'aggadat lêna marra wâhid.* Nous avions proposé de la reconduire chez son mari, mais elle nous a compliqué la situation en posant des conditions impossibles à remplir. •*Amci l yôm lê axûk, waddih lêyah maktûb al azûma ; kan macêt lêyah ambâkir bil'aggad.* Va aujourd'hui porter le billet d'invitation à ton frère, si tu pars demain, cela compliquera l'affaire !

al'âhado / yil'âhado *v. intr.*, forme VI, * ʕhd, ع ه د

♦ **pactiser, se promettre l'un à l'autre *qqch.*, s'entendre pour, convenir de, s'engager l'un envers l'autre.** •*Humman al'âhado wa sawwo ingilâb fî Ra'îshum.* Ils ont conclu un pacte et fait un coup d'État pour renverser leur Président. •*Anâ wa inti al'âhadna acân nirabbu l iyâl dôl misil iyâlna.* Toi et moi, nous nous sommes engagés l'un envers l'autre pour élever ces enfants comme les nôtres. •*Anâ wa rafîgi al'âhadna nulummu ambâkir fî l-silima.* Mon ami et moi-même avons convenu de nous rencontrer demain au cinéma. •*Anâ ni'âhidki acân ma'âki mâ nittâlago abadan.* Je te promets de faire en sorte que jamais nous ne divorcerons.

al'ajjab / yil'ajjab *v. intr.*, forme V, * ʕjb, ع ج ب

♦ **s'étonner, être surpris.** •*Al binêye l-saxayre di bas sawwat lêna êc wa mulâh najîd al'ajjabtna lêha.* Nous nous sommes étonnés que cette petite fille nous ait préparé toute seule la boule et une bonne sauce bien cuite. •*Al-nâs wakit câfo l-televizyon lê awwal marra al'ajjabo.* Les gens se sont étonnés lorsqu'ils ont vu la télévision pour la première fois.

al'ajjar / yil'ajjar *v. intr. {- lê}*, forme V, * ’jr, ء ج ر

♦ **se faire embaucher, être en location, être réservé** (siège, véhicule), se prendre en location, se réserver. •*Anâ mâli da lammêtah ba'ad al'ajjart lê l-rujâl.* J'ai amassé mon capital après m'être fait embaucher. •*Kulla sane gubbâl al xarîf nâs al kadâde yaju yifattucu xidime wa yil'ajjaro lê nâs Anjammêna.* Chaque année avant la saison des pluies, les gens de brousse viennent chercher du travail et se font embaucher par les N'Djaménois. •*Al watîr da, al'ajjar min Mongo lê Abbece.* Ce véhicule se prend en location de Mongo à Abéché.

al'âkalo / yil'âkalo *v. intr.*, forme VI, * ’kl, ء ك ل

♦ **se dévorer mutuellement, devenir insolvables mutuellement,** manger chacun le bien de l'autre. •*Al-dûd wa l-nimir al'âkalo.* Le lion et la panthère se sont dévorés. •*Al-tujjâr addâyano wa al'âkalo.* Les commerçants se sont endettés les uns les autres et sont devenus mutuellement insolvables.

al'akkad / yil'akkad *v. intr.*, forme V, *Syn. ista'akad*, * ’kd, ء ك د

♦ **s'assurer de, vérifier pour avoir la certitude,** chercher à vérifier l'authenticité d'un fait. •*Anâ al'akkadt min hagîgt al xabar da.* Je me suis assuré de la véracité de cette nouvelle. •*Wâjib al-nâdum yil'akkad min al kalâm gubbâl ma yahajji beyah.* Il faut s'assurer que ce qui a été dit est bien vrai avant d'en parler. •*Amci, al'akkadt min wakit gômân al watîr lê Mongo !* Va t'assurer de l'heure du départ du véhicule pour Mongo ! •*Anâ namci nil'akkad min xabar al-duwâs al-simi'na amis.* Je vais aller vérifier si la nouvelle du combat que nous avons entendue hier est vraie.

al'akkal / yil'akkal *v. intr.*, forme V, * ’kl, ء ك ل

♦ **se nourrir, manger.** •*Al-juwâd da kan mâ al'akkal adîl mâ yalhag al xarîf.* Si ce cheval ne se nourrit pas bien, il mourra avant [il n'atteindra pas] la saison des pluies. •*Wilêdi aba mâ bil'akkal be l kiyêr.* Mon fils refuse de manger à la cuillère.

al'allam / yil'allam *v. trans.*, forme V, * ʕlm, ع ل م

♦ **s'instruire, apprendre.** •*Xutt agulak adîl acân til'allam al-suwâge !* Concentre-toi bien pour apprendre à conduire ! •*Nidôr nil'allam kalâm franse acân nahajji ma'â l-Nasâra wa naxadim fî dâri.* Je veux apprendre le français pour converser avec les Européens et travailler dans mon pays.

al'âman / yil'âman *v. intr.*, forme VI, * ’mn, ء م ن

♦ **être digne de confiance, inspirer confiance, se porter une confiance mutuelle,** se montrer digne de confiance, gagner la confiance des autres, avoir confiance l'un dans l'autre. •*Al gardi da al'âman acân hû yôm wâhid fî hayâtah mâ tahamoh be sirge.* Ce gardien est digne de confiance parce que, de toute sa vie, il n'a jamais été accusé de vol. •*Jirâni mâ bil'âmano acân hummân induhum sarrâgîn fî bêthum.* Mes voisins n'inspirent pas confiance parce qu'ils vivent avec des voleurs [ils ont chez eux des voleurs]. •*Al Arab wa Isrâ'îl al'âmaro lâkin lê hassâ mâ bil'âmano.* Les Arabes et les Israéliens se sont réconciliés, mais, jusqu'à présent, ils ne se font pas confiance. •*Ma'â martak, wâjib til'âmano fî hayâtku.* Toi et ta femme, vous devez vous porter une confiance mutuelle dans votre vie.

al'âmar / yil'âmar *v. intr. {- fôg}*, forme VI, moins utilisé au pluriel que *arrâkano*, * 'mr, ء م ر

♦ **comploter, conspirer contre, agir en complicité avec *qqn*.** •*Fî Ifrîxiya, dâyiman al askar yil'âmaro fî kubarâthum.* En Afrique, les militaires conspirent toujours contre leurs chefs. •*Al-sultân xâf al-nâs yil'âmaro fôgah, acân da gassam lêhum gurus.* Le sultan a eu peur que des gens complotent contre lui, c'est pourquoi il leur a distribué de l'argent. •*Hû al'âmar mâ'a l-sarrâgîn wa katalo marit abuh.* Il a agi en complicité avec les voleurs pour tuer la femme de son père.

al'âmaro / yil'âmaro *v. intr. {- ma'â}*, forme VI, * ʕmr, ع م ر

♦ **se réconcilier.** •*Al wilêd al'âmaro ma'â rafîgah.* Le garçon et son ami se sont réconciliés. •*Hî lissâ mâ al'âmaro ma'â râjilha.* Elle et son mari ne se sont pas encore réconciliés. •*Al-suwwâr abo mâ yil'âmaro ma'â l hâkûma.* Les rebelles ont refusé de se réconcilier avec le gouvernement. •*Al-Tacâdiyîn, kan mâ al'âmaro, al-rahama mâ tajîhum.* Si les Tchadiens ne se réconcilient pas, ils ne trouveront pas le bonheur. •*Kan mâ xôfha min abûha, mâ al'âmaro ma'â râjilha.* Si elle n'avait pas craint son père, elle ne se serait pas réconciliée avec son mari.

Al'amîn *n. pr.* d'homme, nom donné au Prophète, *Cf. Amîn*, * 'mn, ء م ن

al'ammad / yil'ammad *v. intr.*, forme V, * ʕmd, ع م د

♦ **qui cherche à mal faire exprès, qui cherche à nuire.** •*Al yôm da al'ammadat wa sabbat mileh katîr fî l mulâh.* Aujourd'hui, elle a fait exprès de mettre trop de sel dans la sauce. •*Al-nâdum kan al'ammad akil al-zibde baxangah !* Celui qui cherche expressément à mal faire s'étrangle, même quand il mange du beurre !

al'amman / yil'amman *v. intr. {- fî, be, wara}*, moins utilisé que *alhassab, alhajjab*, * 'mn, ء م ن

♦ **se confier auprès de, se réfugier, se mettre sous la protection de.** •*Nidôr nafruc Abbakar lâkin hû al'amman fî kakaytah.* Je voulais fouetter Abakar, mais il s'est mis sous la protection de sa grand-mère. •*Wâjib al-râjil yil'amman be l-sulah wa yilhajjab min al-sulah.* L'homme doit se protéger avec des armes et porter des amulettes protectrices contre les armes. •*Zamân al-askar bil'ammano wara daragâthum min al hurâb.* Autrefois les combattants s'abritaient derrière leur bouclier pour se protéger des lances.

al'ânaso / yil'ânaso *v. intr.*, forme VI, ≅ *alwânaso*, * 'ns, ء ن س

♦ **discuter familièrement, parler ensemble, causer ensemble.** •*Rijînâk acân nil'ânaso wa inta mâ jît.* Nous t'avons attendu pour causer ensemble, mais tu n'es pas venu. •*Al-nâs yirîdu yil'ânaso fî l-lêl acân fî l harray induhum xidime.* Les gens aiment bien causer ensemble la nuit, parce que le jour ils travaillent. •*Al-subyân al'ânaso laxâyit al fajur.* Les jeunes gens ont discuté jusqu'au matin.

al'ar'ar / yil'ar'ar *v. intr.*, forme V, * ʕrr, ع ر ر

♦ **faire des actes de folie, ne plus se contrôler, se conduire comme un aliéné, vivre comme un clochard, se dégrader, provoquer un scandale,** commettre des actes honteux et malpropres comme le font les fous. •*Al-sakkâri kan·ciribt katîr yil'ar'ar.* L'ivrogne qui a trop bu commet des actes dégradants. •*Mâ nacarbo marîse acân mâ nidôru nil'ar'aro.* Nous ne buvons pas de boisson alcoolisée car nous ne voulons pas nous conduire comme des fous. •*Al-râjil da kulla yôm sakrân, wa bil'ar'ar misil al-saxîr al-saxayyar.* Cet homme est tout le temps ivre, il perd sa dignité en se conduisant comme un gamin. •*Acân hî al'ara'arat fî l hille, abûha taradâha min al bêt.* A cause du scandale qu'elle a provoqué dans le village, son père l'a chassée de la maison. •*Fî arûs hanâ axtah, sikir wa al'ar'ar giddâm al-nâs be kalâm al-dunya.* Au cours du mariage de sa sœur, il s'est enivré et ne s'est plus contrôlé, disant des bêtises devant les gens.

al'ârad / yil'ârad *v. intr.*, forme VI, * ʕrḍ, ع ر ض

♦ **se mettre en travers, barrer.** •*Al-dâbi al'ârad lêna fî l-derib.* Le serpent s'est mis en travers de notre chemin. •*Âdum al hût al'ârad lêyah fî halgûmah.* Une arête de poisson s'est mise en travers de sa gorge.

al'ârafo / yil'ârafo *v. trans.*, forme VI, * ʕrf, ع ر ف

♦ **se connaître, faire connaissance mutuellement,** se reconnaître les uns les autres. •*Al-rujâl dôl axawân lâkin mâ al'ârafo.* Ces hommes-là sont des frères, mais ils ne se sont pas connus. •*Anâ ma'â jîrâni dôl mâ nil'ârafo.* Mes voisins et moi, nous ne nous connaissons pas. •*Al axawân dôl al'ârafo al-sane di bas.* Ces frères se sont connus seulement cette année.

Al'âs *n. pr.* d'homme, *litt.* le rebelle, * ʕṣy, ع ص ي

al'âsaro / yil'âsaro *v. intr.*, forme VI, * ʕṣr, ع ص ر

♦ **se serrer les uns contre les autres, se blottir.** •*Iyâlki dôl xallo l biric wa jo al'âsaro fî l angarêb.* Tes enfants ont quitté la natte et sont allés se serrer les uns contre les autres sur le lit en bois. •*Mâ indi lêhum bakân, fâto yil'âsaro ma'â abûhum hinâk.* Je n'avais pas de place pour eux, ils sont partis se blottir là-bas chez leur père. •*Xallu lêi xattayti wa amcu al'âsaro hinâk min al barid fî saxîr al-dangay.* Laissez-moi ma couverture, et allez vous serrer les uns contre les autres là-bas dans l'alcôve pour vous protéger du froid.

al'assaf / yil'assaf *v. intr.*, forme V, * ʼsf, ء س ف

♦ **regretter, être dans le besoin, devenir pauvre,** être ou mettre dans la peine à cause d'un regret ou d'un manque. •*Al wilêd da al'assaf bilhên lê môt hanâ abuh.* Ce garçon a beaucoup regretté la mort de son père. •*Al-sane abbahât al iyâl al'assafo bilhên lê saddîn al-lekkôl.* Cette année, les parents d'élèves ont bien regretté la fermeture des écoles. •*Hû zamân xani, wa hassâ al'assaf mâ indah riyâl wâhid kulla yibi' beyah xalla.* Autrefois il était riche, et à présent il est dans le besoin : il n'a pas même un sou pour s'acheter du mil.

al'âwano / yil'âwano *v. intr.*, forme VI, * ʕwn, ع و ن

♦ **s'entraider, collaborer.** •*Anîna nidôru nil'âwano acân nabnu baladna.* Nous voulons nous entraider pour construire notre pays. •*Kan mâ til'âwano mâ tanjaho.* Si vous ne vous entraidez pas, vous ne réussirez pas. •*Al iyâl gâ'idîn bil'âwano acân yabnu bêt lê ammuhum.* Les enfants sont en train de s'entraider afin de construire une maison pour leur mère.

al'awwad / yil'awwad *v. intr.*, forme V, * ʕwḍ, ع و ض

♦ **se trouver compensé(e) par, réparer une perte, être aidé(e),** se remettre sur pied. •*Al-nâr akalat bêt Âdum wa sabbabat lêyah xasâra mâ til'awwad.* Le feu a brûlé la maison d'Adoum et lui a causé une perte irréparable. •*Anâ al'awwadt min al axawân wa l-rufugân ba'ad ma sirigôni.* Les frères et les amis m'ont aidé à compenser la perte de ce qu'on m'avait volé.

al'awwar / yil'awwar *v. intr.*, forme V, * ʕwr, ع و ر

♦ **être blessé(e), se blesser.** •*Askar katîr al'awwaro fî l-duwâs.* De nombreux soldats ont été blessés au combat. •*Al'awwart wakit gâ'id naftah kôb al-tamâtim.* Je me suis blessé en ouvrant la boîte de tomate.

al'âxado / yil'âxado *v. intr.*, forme VI, * ' h̲ d̲, ء خ ذ

♦ **se marier.** •*Falmata wa Albuggi arrâfago wa al'âxado.* Falmata et Al Bouggi se sont liés d'amitié, puis ils se sont mariés. •*Anîna wa humman mâ nil'âxado acân ambênâtna târ.* Nous ne nous marions pas avec eux parce qu'entre eux et nous règne la loi du talion. •*Iyâl al amâmên yagdaro yil'âxado.* Les cousins peuvent se marier entre eux.

al'axxar / yil'axxar *v. intr.*, forme V, * 'h̲r, ء خ ر

♦ **s'attarder, se mettre en retard,** arriver en retard. •*Hû al'axxar wa l-tayyâra gammat xallatah.* Il est arrivé en retard et l'avion a décollé sans lui. •*Mâ til'axxaro fî l-derib, amcu l giray adîl !* Ne vous attardez pas en chemin, allez tout droit à l'école !

al'âyaro / yil'âyaro *v. intr.*, forme VI, * ʕyr, ع ي ر

♦ **s'insulter, s'injurier.** •*Gubbâl ma yiddâwaso, al awîn al'âyaro.* Avant de se battre, les femmes se sont insultées. •*Mâ til'âyaro fî l-câri !* Ne vous insultez pas dans la rue !

al'azzab / yil'azzab *v. intr. {- min}*, forme V, * ʕd̲b, ع ذ ب

♦ **souffrir beaucoup, être torturé(e) par.** •*Al mardân da al'azzab min marad al-sêratân.* Ce malade souffre beaucoup de son cancer. •*Al masâjîn yil'azzabo min al hamu al fî l-dangay.* Les prisonniers sont torturés par la chaleur qui règne dans la prison. •*Anâ nil'azzab min al azma.* Je souffre beaucoup d'asthme. •*Ayyi muslim kan mâ bitâbi curût dînah, yil'azzab yôm al âxira.* Tout musulman qui n'observe pas la loi religieuse [les conditions de sa religion] souffrira beaucoup au jour du jugement [au dernier jour].

al'azzal / yil'azzal *v. intr.*, forme V, * ʕzl, ع ز ل

♦ **se trier, être trié(e), se séparer.** •*Al-riz da mâ al'azzal adîl.* Ce riz n'est pas bien trié. •*Iyâl al-lekkôl al'azzalo, al banât wihêdhum wa l wulâd wihêdhum.* Les enfants de l'école sont séparés : les filles d'un côté, les garçons de l'autre.

al-dahiye mois de l'année lunaire, → *dahiye.*

al-Jada'a *n. pr.* de lieu, prononcé *adjada'a*, chef-lieu de sous-préfecture du Batha, * jd̲ʕ, ج ذ ع

♦ **Djédaa.**

al-Najîb *n. pr.* d'homme, *litt.* issu d'une famille noble, généreux, beau, * njb, ن ج ب

âla 1 / âlât *n. f.*, terme de l'*ar. lit.*, * 'wl, ء و ل

♦ **instrument, outil.** •*Al-nâs hassâ bidôru bahartu be âlât zirâ'iyya.* Les gens veulent à présent cultiver avec des outils agricoles appropriés. •*Al axniya' induhum âlât mubarridîn fî buyûthum.* Les riches ont chez eux des climatiseurs (des instruments refroidissant).

âla 2 *n. vég., coll., f., sgtf. âlay*, étymologie populaire : "arbre haut", * ʕly, ع ل ي

♦ **nom d'un arbre, micocoulier, Celtis integrifolia (Lam.)**, famille des ulmacées. •*Mulâh be warcâl al âla halu bilhên.* La sauce faite avec les feuilles du micocoulier est délicieuse. •*Al âla gâ'ide ba'îd fî l kadâde.* Le micocoulier se trouve loin dans la brousse. •*Mâ fîh âla fî l gôz.* Il n'y a pas de micocoulier sur les terrains sablonneux.

alaf *n. m.*, * ʕlf, ع ل ف

♦ **fourrage, foin,** herbe sèche ou paille mise de côté pour nourrir les animaux. •*Anâ macêt carêt alaf lê xanamayti.* Je suis parti acheter du fourrage pour ma chèvre. •*Hû cara* *alaf katîr lê juwâdah fî l-darat.* Il a acheté une grosse quantité de foin pour son cheval à l'époque de la feniason.

âlâf *pl.*, des milliers, → *alif.*

âlaj / yi'âlij *v. trans.*, forme III, * ʕlj, ع ل ج

♦ **soigner, assister un malade,** vivre à côté d'un malade pour s'occuper de lui. •*Hû âlaj abûh al mardân min amnawal.* Il assiste son père qui est malade depuis l'an dernier. •*Al-daktôr âlaj al mardânîn be dawa adîl.* Le médecin a soigné les malades avec de bons médicaments. •*Al wanjâmi yi'âlij îdi l maksûra.* Le rebouteux soigne ma main cassée.

alâli *pl.*, → *illiye.*

alâlîg *pl.*, → *ullâga.*

âlam 1 / âlamîn *n. m.*, * ʕlm, ع ل م

♦ **monde, univers.** •*Marad hanâ l-sîda cattat ajala fî l âlam.* La maladie du sida s'est rapidement propagée dans le monde. •*Al-ju' wa l marad mâ gâ'idîn fî Tcâd bas lâkin fî kulla l âlam.* La faim et la maladie n'existent pas seulement au Tchad mais dans le monde entier. •*Allah bas Rabb al-âlamîn.* Dieu seul est le Seigneur des mondes !

âlam 2 *adj. mrph.* comparatif, → *a'lam.*

alâma / alâmât *n. f.*, * ʕlm, ع ل م

♦ **signe, trace, marque, balafre, cicatrice.** •*Al-sahâb tak tak da min alâmât al xarîf.* Ces quelques nuages se formant çà et là sont des signes de l'approche de la saison des pluies. •*Al bagar, gubbâl ma yadbahôhum fî l batwâr, bisawwu lêhum alâmât xudur fî duhûrhum.* Avant d'égorger les vaches à l'abattoir, on leur fait des marques bleues sur le dos. •*Lê kulla nafar alâma.* Chaque ethnie a des scarifications qui lui sont propres [à chaque ethnie une marque].

alâmi *pl.*, → *almi.*

âlami / âlamiyîn *adj.*, (*fém. âlamiye*), * ʕlm, ع ل م

♦ **mondial(e), universel (-elle).** •*Abui cârak fî l harba l âlamiye l-tâniye.* Mon père a participé à la deuxième guerre mondiale. •*Nâs wahadîn bugûlu l harba l âlamiye l-tâlte garîb tugumm.* Certaines personnes disent que la troisième guerre mondiale va bientôt commencer.

âlan / yi'âlin *v. trans.*, forme III, * ʕln, ع ل ن

♦ **informer, publier, propager une nouvelle,** faire savoir *qqch.* à *qqn.* •*Al imâm âlan lê l-nâs kadar ambâkir al îd.* L'imam a informé les gens que la fête sera demain. •*Al mêtir âlan lê abbahât al iyâl ambâkir al katibîn yabda.* Le maître a informé les parents d'élèves que demain commenceront les inscriptions.

Alawiya *n. pr.* de femme, *litt.* femme du parti de *Ali*, * ʕlw, ع ل و

Alawne *n. pr. gr.*, *coll.*, *sgtf. Alwâni, Alwâniye*, nom d'une fraction de la tribu arabe *Wulâd Atiye* se rattachant aux *Juhayna.*

alâxa / alâxât *n. f.*, * ʕlq, ع ل ق

♦ **relation, rapport.** •*Alâxâtna samhe ma'â kulla l-duwal al mujâwirînna.* Nos relations avec tous les pays limitrophes sont bonnes. •*Jâri da mâ indah alâxa ma'â l-nâs.* Mon voisin n'a aucune relation avec les gens.

alba *v. impér.*, → *libi.*

Albacar *n. pr.* d'homme, pour *al bacar*, *litt.* l'homme, l'être humain, l'humanité, *Cf. Bacar*, * bšr, ب ش ر

Albacîr *n. pr.* d'homme, pour *al bacîr*, *litt.* le porteur d'une bonne nouvelle, * bšr, ب ش ر

albactan / yilbactan *v. intr.*, forme V, * šṭn, ش ط ن

♦ **être dérangé(e), être ennuyé(e), être tourmenté(e), être tracassé(e), être embêté(e), souffrir.** •*Abûh l* *binêye albactan be kaffîn al gurus acân hî abat râjilha.* Le père est ennuyé d'avoir à rembourser la dot de sa fille qui a refusé l'homme qui devait l'épouser. •*Hû mardân wa albactan be maci l-labtân kulla yôm.* Il est malade et souffre des allées et venues quotidiennes qu'il doit faire à l'hôpital. •*Fâtime tilbactan be maradha al mâ biddâwa.* Fatimé est tourmentée par sa maladie incurable.

albâdalo / yilbâdalo *v. trans.*, forme VI, * bdl, ب د ل

♦ **échanger, permuter, remplacer, substituer.** •*Awîn al hille albâdalo farâdehum.* Les femmes du village ont échangé leurs pagnes. •*Humman maco l âzûma wa wakit marago albâdalo marâkibhum.* Ils sont allés à la réception et, à la sortie, ont échangé leurs chaussures par inadvertance. •*Ta'âl nilbâdalo bakânâtna !* Viens, échangeons nos places !

albaddal / yilbaddal *v. intr.*, forme V, * bdl, ب د ل

♦ **être échangé(e), être changé(e), être substitué(e).** •*Amis fî l arabiye xumâmi albaddal ma'â xumâmku.* Hier, en descendant de voiture, nous avons pris vos affaires et vous les nôtres [mes affaires ont été échangées sur la voiture avec les vôtres]. •*Macêt fî l-jâmiye wa markûbi albaddal.* Je suis allé à la mosquée et ma paire de souliers a été substituée. •*Kalâm Allah mâ yilbaddal.* La parole de Dieu est immuable [ne sera pas changée].

Albâgalâni *n. pr.* d'homme, pour *Al bâgalâni*, → *Albâxalâni*, * bql, ب ق ل

Albâgi *n. pr.* d'homme, → *Albâxi*, * bqy, ب ق ي

albahdal / yilbahdal *v. intr.*, *qdr.*, forme V, * bhdl, ب ه د ل

♦ **se presser, se dépêcher, se hâter, s'empresser.** •*Hû albahdal bidôr mâci l-zurâ'a gubbâl al xarîf.* Il se dépêche parce qu'il veut partir cultiver en brousse avant la saison des pluies. •*Inta, kan albahdalt, amci âfe !* Eh bien, si tu es pressé, pars donc en paix ! •*Al-sama câl sahâb, albahdalo lêna, namcu ajala !* Le ciel se couvre de nuages, hâtons-nous, partons vite !

albân *pl.*, → *laban.*

Albanûn *n. pr.* d'homme, *litt.* les fils, * bny, ب ن ي

albarbar / yilbarbar *v. intr.*, forme V, * brr, ب ر ر

♦ **perdre ses cheveux,** s'éclaircir en parlant des cheveux. •*Al-câyib da râsah albarbar min usut.* Les cheveux de ce vieillard s'éclaircissent au milieu du crâne. •*Al binêye di râsha albarbar min ta'ab al marad.* Cette jeune fille a perdu beaucoup de cheveux à cause de la maladie qui l'a fait souffrir.

albâreh *n. m.*, composé de *al* et de *bâreh*, *litt.* ce qui est passé du côté droit au côté gauche, c'est à dire : la nuit qui vient de s'écouler, * brh, ب ر ح

♦ **hier, hier soir, la nuit passée,** hier pendant la nuit. •*Albâreh anîna macêna lêk wa inta mâ fîk.* Nous étions partis chez toi hier soir, mais tu n'étais pas là. •*Albâreh al marâfi'în bako tûl al-lêl.* Hier, les hyènes ont crié toute la nuit. •*Hamu misil hanâ albâreh da yôm wâhid mâ hassêtah.* Je n'ai jamais ressenti une chaleur comme celle de la nuit passée.

albarrad / yilbarrad *v. intr.*, forme V, * brd, ب ر د

♦ **se laver, se baigner, se doucher.** •*Kulla yôm nilbarrad be almi dâfi wa sâbûn.* Tous les jours je me lave avec de l'eau tiède et du savon. •*Yalla l iyâl, gummu albarrado wa ta'âlu âkulu !* Allons, les enfants ! Levez-vous, allez vous laver et venez manger !

albarrat / yilbarrat *v. intr.*, forme V, * brṭ, ب ر ط

♦ **s'écorcher partout,** se faire des plaies superficielles sur plusieurs parties du corps. •*Al-râjil da sawwa hâdis, jildah albarrat, wa hassâ biri.* Cet homme a eu un accident, il avait le corps tout écorché mais à présent il est guéri. •*Zôl kan waga' be môto fî l gudron, jildah bilbarrat.* Si quelqu'un tombe de moto sur le goudron, il sera tout écorché.

albas *v. impér.*, → *libis.*

albassam / yilbassam *v. intr.*, forme V, * bsm, ب س م

♦ **être tout sourire, se montrer tout(e) souriant(e).** •*Min câfâni bas albassam wa lagâni be salâm hârr.* Dès qu'il m'a vu, il a été tout souriant et m'a accueilli chaleureusement. •*Hû albassam ba'ad ma simi' al kalâm al halu da.* Il a souri après avoir entendu cette bonne parole.

albattar / yilbattar *v. intr.*, forme V, *Cf. cattat*, * btr, ب ت ر

♦ **se détacher, se disloquer, s'effondrer,** ne plus être tenu ni lié. •*Humman waga'o be watîrhum, wa hatabhum al murabbat da kulla ke albattar.* Leur voiture s'est renversée et tout leur chargement de bois s'est dispersé. •*Kûzi hanâ l-câyib da, kulla ke albattar min al arda.* La case ronde de ce vieil homme s'est effondrée à cause des termites.

albax *v. impér.*, → *labax 1.*

Albâxalâni *n. pr.* d'homme (région du Ouaddaï), pour *al bâxalâni*, un des fondateurs de la première armée révolutionnaire au Tchad dans les années 1965-1966, ≅ *Albâgalâni*, * bql, ب ق ل

Albâxi *n. pr.* d'homme, nom divin, pour *al Bâxi*, *litt.* l'Éternel, ≅ *Albâgi*, *Cf. bâgi*, * bqy, ب ق ي

albâya' / yilbâya' *v. intr.*, forme VI, * byʕ, ب ي ع

♦ **se mettre d'accord sur la vente, marchander,** se mettre d'accord sur une transaction commerciale après avoir discuté le prix. •*Wallâhi, îdak gawiyye, mâ tilbâya !* Par Dieu, tu es trop chiche [ta main est très dure], tu ne sais pas marchander ! •*Al-tâjir gâl lêi : " Ta'âl nilbâya'o !".* Le commerçant m'a dit : " Viens, nous allons nous mettre d'accord sur le prix !". •*Albâya'na amis fî l-taman al gultah da bas, battan mâ nahajju !* Nous nous sommes déjà mis d'accord hier sur le prix que tu avais dit, nous ne rediscuterons pas !

albik *v. impér.*, → *labak.*

albil *n. coll.*, *sgtf. jamal*, * 'bl, ء ب ل

♦ **chameaux.** •*Al albil nacaxo.* Les chameaux sont partis vers le Nord. •*Fî wakt al xarîf al albil birîdu l gôz.* Pendant la saison des pluies les chameaux aiment les terrains sablonneux. •*Al albil mâ binsa'u fî l madîna.* On ne peut pas élever de chameaux en ville.

Albuggi *n. pr.* d'homme, → *Buggi.*

alde *v. impér.*, → *wilid.*

aldum *v. impér.*, → *ladam.*

alê *invar.*, *Cf. lê*, * ʕly, ع ل ي

♦ **en direction de, vers.** •*Anâ mâci alê l-sûg.* Je pars en direction du marché. •*Yâtu mâci alê l-labtân ?* Qui va en direction de l'hôpital ? •*Al kalib jâyi alêi wa anâ jarêt.* Le chien venait vers moi, et j'ai couru.

alfa' *v. impér.*, → *lafa'.*

alfadda / yilfadda *v. intr.*, forme V, * fdw, ف ض و

♦ **se vider, se décharger.** •*Al watîr mâ bilfadda wihêdah bala attâla.* Le véhicule ne se vide pas tout seul de sa charge sans débardeur. •*Batuni alfaddat min al akil, hassâ anâ ji'âne.* Mon ventre est vide [s'est vidé de la nourriture], maintenant j'ai faim. •*Mâ tixalli l-duwâne tilfadda min al almi !* Ne laisse pas la grosse jarre se vider de son eau !

alfaddal / alfaddalo impératif, (*fém. alfaddale*) on entend souvent *faddal, faddale, faddalo*, * fdl, ف ض ل

♦ **avance !, entre !, prends !, je t'en prie !, sers-toi !, sois assez bon pour,** invitation accompagnée d'un geste que l'on adresse à un hôte. •*Alfaddal giddâm fî l biric !* Avance sur la natte ! •*Maryam, alfaddale !*

Mariam, entre ! •*Yâ rufugân, alfaddalo !* Les amis, servez-vous !

alfaggad / yilfaggad *v. intr.*, forme V, *Cf. faggad*, * fqd, ف ق د

♦ **s'informer de *qqn.* d'absent, examiner, compter ceux qui manquent,** chercher à connaître l'état ou la situation de *qqn.* d'absent. •*Katab maktub acân yilfaggad hâl ahalah.* Il a écrit une lettre pour s'informer de l'état de sa famille. •*Ba'ad al harba al kubârât marro yilfaggado askarhum.* Après la bataille, les chefs passent en revue leurs combattants pour compter ceux qui manquent.

alfaggar / yilfaggar *v. intr.*, forme V, * fqr, ف ق ر

♦ **se rendre pauvre, simuler la pauvreté,** se conduire comme celui qui n'a pas d'argent. •*Allah antâk al-mâl wa tilfaggar ke mâla ?* Dieu t'a donné des richesses, pourquoi donc te conduis-tu comme un pauvre ? •*Mâcet nidôr dên min Mahmûd wa hû alfaggar lêi marra wâhid.* J'ai voulu emprunter de l'argent à Mahmoud et devant moi il a fait comme s'il n'avait pas un sou.

alfâham / yilfâham *v. intr.*, forme VI, * fhm, ف ه م

♦ **s'entendre, se comprendre.** •*Kan mâ tilfâham ma'âi, xalâs amci !* Si tu ne t'entends pas avec moi, va-t'en ! •*Anâ macêt lêyah wa alfâhamt ma'âyah wa xalâs antâni l gurûs hanâ l maxatar.* Je suis allé chez lui et je me suis entendu avec lui, il m'a alors donné l'argent pour le voyage. •*Intu axawân, wâjib lêku tilfâhamo wa tisâ'udu abbahâtku.* Vous êtes des frères, vous devez vous entendre et aider vos parents. •*Al-râjil da ma'â martah mâ bilfâhamo, kulla yôm bidâwusu.* Cet homme et sa femme ne se comprennent pas, ils se battent tous les jours.

alfâjajo 1 / yilfâjajo *v. intr.*, forme VI, * fjj, ف ج ج

♦ **se blesser mutuellement à la tête.** •*Caggâgîn al hatab addâwaso wa alfâjajo bê l fisân.* Les fendeurs de bois se sont battus et se sont blessés mutuellement à la tête avec des haches. •*Hey al iyâl, mâ tizzarago be l-dôm, tilfâjajo !* Hé, les enfants ! Ne vous lancez pas des noix de rônier, vous allez vous blesser à la tête !

alfâjajo 2 / yilfâjajo *v. intr.*, forme VI, moins utilisé que *kassa yukuss*, * fjj, ف ج ج

♦ **faire de la place, écarter pour créer un espace,** pousser pour faire de la place. •*Yâ iyâli, alfâjajo ciya ke minni, nidôr nugumm.* Mes enfants, faites-moi un peu de place, j'aimerais me lever. •*Iyâlki dôl abo yilfâjajo lêi acân nunûm ma'âhum fî l biric.* Tes enfants ont refusé de me faire de la place pour que je puisse dormir avec eux sur la natte.

alfâjar / yilfâjar *v. intr. {- lê}*, forme VI, *Cf. fâjar*, * fjr, ف ج ر

♦ **faire le difficile, faire un caprice, suivre ses pulsions,** ne pas refréner ses désirs. •*Mâ tilfâjar lêi, yâ wilêdi, âkul, axêr lêk !* Ne fais pas le difficile, mon fils, mange, c'est mieux ainsi pour toi ! •*Hî tilfâjar lê râjilha al mâ indah gudra, tugûl lêyah : aciri lêi laffay be acara alif !* Elle fait un caprice devant son mari qui n'a pas d'argent [pas de force] : elle lui demande de lui acheter un voile à dix mille riyals !

alfâjaxo / yilfâjaxo *v. intr.*, forme VI, * jfh̲, ج ف خ

♦ **se piétiner mutuellement, se marcher dessus.** •*Agôdu sâkit mâ tilfâjaxo !* Restez tranquilles, ne vous piétinez pas les uns les autres ! •*Battân kan al iyâl alfâjaxo, afurcîhum !* Si les enfants se marchent encore les uns sur les autres, fouette-les !

alfajfaj / yilfajfaj *v. intr.*, forme V, * fjj, ف ج ج

♦ **se mettre assis à l'aise, bien s'installer,** être assis en tailleur sur la natte ou dans un fauteuil, bien comme il faut et à son aise. •*Yâ axti mâ tilfajfaje misil al mêram ke wa ticîfina, ta'âli âwinîna !* Ma sœur, ne reste pas assise ainsi comme une reine à nous regarder, viens nous aider ! •*Al-râjil da alfajfaj usut al awîn ke mâla ?* Pourquoi donc cet homme s'est-il installé au milieu des femmes ? •*Al ajuwâdi dâyiman yilfajfaj usta al-jamâ'a.* Le conseiller du sultan s'assoit toujours majestueusement au milieu des gens.

alfajjaj / yilfajjaj *v. intr.*, forme V, * fjj, ف ج ج

♦ **se blesser à la tête,** être blessé(e) à la tête. •*Râsah da kulla ke alfajjaj, mâ na'arfah dâwas ma'â yâtu ?* Sa tête est blessée de toute part, je ne sais pas avec qui il s'est battu. •*Fakkir al bâb da gisayyir, kan tadxûl dangir acân râsak mâ yilfajjaj.* Fais attention : la porte est basse ; si tu entres, penche-toi pour ne pas te blesser la tête [pour que ta tête ne se blesse pas] !

alfajjax / yilfajjax *v. intr.*, forme V, *Cf. fajax*, * jfh̲, ج ف خ

♦ **être piétiné(e), être malaxé(e) avec les pieds, être écrasé(e).** •*Al-tîne di tilfajjax adîl lê l-talasân.* Cette glaise se malaxe bien pour faire le crépi. •*Al-derib da kulla tîne, alfajjax wa bigi hawân, mâ nagdâr namci fôgah be l watîr.* Ce chemin n'est que boue, il a été piétiné et est devenu mauvais, je ne peux pas y aller en voiture. •*Hû sawwa hâdis hawân wa lahamah kulla ke alfajjax.* Il a eu un terrible accident et tout son corps [sa chair] a été écrasé.

alfâkako / yilfâkako *v. intr.*, forme VI, * fkk, ف ك ك

♦ **se libérer, ouvrir, rompre les liens du mariage, se battre,** se déchaîner dans une bagarre. •*Amîs alfâkakna fî l-câri wa l-nâs daharôna.* Hier nous avons commencé à nous battre dans la rue et les gens nous en ont empêchés. •*Al masâjîn alfâkako min guyûdhum wa arrado.* Les prisonniers se sont libérés de leurs chaînes et se sont sauvés. •*Martah bactanatah be kalâm al-dunya wa alfâkako ma'âha.* Sa femme l'a tracassé en lui causant des ennuis et il l'a répudiée.

alfakkar / yifakkar *v. intr.*, forme V, * fkr, ف ك ر

♦ **se rappeler, penser en soi-même, réfléchir, se souvenir.** •*Sawwêt fito ma'â nâs xidimitna acân nilfakkarhum fôgah.* J'ai fait une photo avec mes collègues de travail afin de me souvenir d'eux. •*Antîni hadîya acân nilfakkarak fôgha.* Donne-moi un cadeau qui me fasse penser à toi. •*Kan tikallim kalâm, alfakkar gubbâl !* Réfléchis avant de parler !

alfannan / yilfannan *v. intr.*, forme V, * fnn, ف ن ن

♦ **s'appliquer, fignoler,** travailler avec art. •*Mûsa alfannan fî xinneytah.* Moussa s'est appliqué en exécutant sa chanson. •*Zâra alfannanat fî addilîn bêtha.* Zara a travaillé avec art à l'embellissement de sa maison.

alfâraco / yilfâraco *v. intr.*, forme VI, *Cf. farac 1*, * frš, ف ر ش

♦ **se fouetter mutuellement, se chicoter,** se donner mutuellement des coups de chicotes. •*Al yôm iyâl hillitna alfâraco ma'â iyâl hillitku fî bakân al vidyo.* Aujourd'hui les enfants de notre quartier se sont battus à coups de chicotes avec les enfants de votre quartier dans le local de la vidéo. •*Al'abo bas wa mâ tilfâraco misil amis !* Jouez simplement, ne vous fouettez pas comme hier !

alfârago / yilfârago *v. intr.*, forme VI, * frq, ف ر ق

♦ **se séparer.** •*Hû wa martah min alfârago induhum caharên.* Lui et sa femme se sont séparés depuis deux mois. •*Al ustâz ma'â talamîzah mâ yilfârago illa fî l ijâza.* Le professeur et ses élèves ne se séparent que pendant les vacances. •*Anâ wa wilêdak alfâragna fî Kuseri.* Ton enfant et moi-même, nous nous sommes séparés à Kousseri.

alfâraho / yilfâraho *v. intr.*, forme VI, * frḥ, ف ر ح

♦ **se réjouir ensemble, s'égayer, s'amuser, se distraire.** •*Xalli iyâlki* *yamcu yilfâraho fî yôm al îd al-sa'îd da !* Laisse aller tes enfants se réjouir ensemble en cet heureux jour de fête ! •*Al-nâs alfâraho be kalâm al-ra'îs al gâlah amis fî Amm al-tîmân.* Les gens se sont réjouis mutuellement de ce que le Président avait dit hier à Am-timan. •*Amci ma'â l iyâl tilfâraho barra fî l-câri !* Va avec les enfants, amusez-vous dehors dans la rue !

alfarrag / yilfarrag *v. intr.*, forme V, * frq, ف ر ق

♦ **se disperser, s'éloigner, se séparer.** •*Al-sahâb al-câyil da xalâs alfarrag.* Les nuages qui se formaient se sont finalement dispersés. •*Al-nâs bugûlu kan sabbêt mileh fôg al-jamur, al matar kan busubb yagîf, wa l-sahâb kan câyil kulla yilfarrag.* Les gens disent que si l'on jette [tu jettes] du sel sur le feu, la pluie qui tombe s'arrête et les nuages naissants se séparent les uns des autres. •*Kan ciribt câhi murr, xalâs nômi yilfarrag.* Si je bois du thé fort [amer], je ne dors plus [mon sommeil s'éloigne].

alfarraj / yilfarraj *v. intr. {- fôg}*, forme V, *Cf. farraj*, terme de l'*ar. lit.*, on emploie plus souvent *câf, yicîf*, * frj, ف ر ج

♦ **contempler, s'étonner en voyant, regarder avec attention, assister à un spectacle.** •*Axawânki gâ'idîn biddâwaso, wa inti gâ'ide tilfarraje fôghum !* Tes frères sont en train de se battre, et toi tu restes là à les contempler ! •*Mâ tixalli saxîrki yilfarraj fî l mayyit.* Ne laisse pas ton petit enfant regarder un mort ! •*Ta'âlu alfarrajo katîrîn fî al'âb hanâ firxat al-nujûm !* Venez nombreux assister aux jeux du club des étoiles ! •*Fî zôl Masri amis ja alfarraj fî li'ib al-nuggâra.* Hier, un Égyptien est venu contempler la danse au son du tambour.

alfartag / yilfartag *v. intr.*, forme V, *Cf. fartag*, * ftq, frq, frtq, ف ر ت ق، ف ت ق • ف ر ق •

♦ **se dénouer, se détacher, se démonter, se dérouler, se relâcher.** •*Al-rîh jat, wa bêti alfartag.* Le vent est arrivé et a démoli ma maison [ma maison s'est détachée]. •*Al xalag yilfartag sameh kan kawoh.* Le vêtement s'assouplit [se relâche] bien quand on le repasse. •*Ca'ar al-Nasrâniye di yilfartag acân mâ bilmaccat adîl.* Les cheveux de cette Européenne se dénouent parce qu'ils ne se tressent pas bien. •*Kalâmna ma'âki alfartag xalâs acân inti mâ jîti fî l mawâ'îd.* Nous ne sommes plus liés par notre parole [notre parole s'est détachée] parce que tu n'es pas venue aux rendez-vous ! •*Al abungunfut yilfartag kan mâ yasma haraka, acân yifattic yâkul.* Quand il n'entend plus de bruit, le hérisson se déroule pour chercher à manger.

alfâsalo / yilfâsalo *v. intr.*, forme VI, * fṣl, ف ص ل

♦ **se séparer les uns des autres, se détacher, se distinguer parmi les meilleurs,** ne plus entretenir de relations mutuelles. •*Fî wakit Hisên Habre al-Tacadiyîn wa l-Libiyîn alfâsalo marra wâhid.* Au temps d'Hissène Habré, les Tchadiens et les Libyens n'avaient plus de relation entre eux. •*Inta l kabîr abga hanûn lê axawânak, mâ tilfâsalo !* Toi qui es grand, sois tendre avec tes frères pour qu'ils ne se séparent pas les uns des autres ! •*Al-subyân maco fî l-nafîr wa hinâk alfâsalo.* Les jeunes gens sont partis travailler ensemble au champ, et là-bas les meilleurs se sont distingués.

alfassah / yilfassah *v. intr.*, forme V, *Syn. itfassah, yitfassah*, * fsḥ, ف س ح

♦ **se promener.** •*Humman munyalnyilîn, alfassaho fî l-janâyin.* Ils se promènent tranquillement dans les jardins. •*Fî Anjammêna, al-nâs bitfassaho fî l-cawâri bas !* A N'Djaména les gens ne peuvent se promener que dans les rues.

alfassal / yilfassal *v. intr.*, forme V,, * fṣl, ف ص ل

♦ **se détacher, se séparer, se désarticuler, balancer les hanches.** •*Al-laham nijid fî l burma wa alfassal wâhid be wâhid.* La viande a cuit dans la marmite et elle se détache morceau par morceau. •*Fanne amis alfassalat* *fî l-li'ib misil mâ indaha adum.* Hier Fanné a dansé en se désarticulant comme si elle n'avait plus d'os. •*Cîf al mara l mâce di tilfassal kikkêf !* Regarde comme cette femme balance ses hanches en marchant ! •*Wâjib al-râjil mâ yilfassal kan fî l-li'ib wallâ fî l-ruwâxa.* L'homme ne doit pas balancer ses hanches quand il danse ou marche.

alfassax / yilfassax *v. intr.*, forme V, * fsh, ف س خ

♦ **peler, se détacher** (peau), **cloquer** (peau). •*Fî l hamu, jild al-nâs yilfassax.* Quand il fait chaud, la peau des gens pèle. •*Jilid îdaha alfassax acân al-nâr taccatah.* La peau de sa main est pleine de cloques parce que le feu l'a brûlée.

alfattag / yilfattag *v. intr.*, forme V, * ftq, ف ت ق

♦ **se découdre.** •*Antîni lêi ibre wa xêt, naxayyit xalagi kulla ke alfattag !* Donne-moi du fil et une aiguille, que je recouse mon vêtement qui s'est tout décousu ! •*Surwâli da jadîd ke, alfattag, âkûn gadîm sandûg ?* Mon pantalon est neuf, il s'est décousu ; peut-être est-il resté longtemps enfermé dans une cantine [vieux de cantine] ?

alfâwado / yilfâwado *v. intr.*, forme VI, * fwḍ, ف و ض

♦ **trouver un compromis, négocier, parlementer, s'entretenir avec,** engager avec un autre une discussion utile. •*Ra'îs hanâ Fransa wa ra'îs hanâ Amrîka alfâwado.* Le Président de la France s'est entretenu avec le Président des États-Unis d'Amérique. •*Ra'îs hanâ Tcâd wa l-suwâr alfâwado.* Le Président du Tchad et les rebelles ont discuté ensemble pour trouver un compromis.

alfaxxar / yilfaxxar *v. intr.*, forme V, * fqr, ف ق ر

♦ **se conduire comme un faki, s'arroger l'autorité d'un faki,** se prendre pour un faki. •*Lamma lêyah kitâbât wa lîhân, alfaxxar bêhum wa mâ ba'arif ceyy !* Il a rassemblé autour de lui des livres et des planchettes, il se prend pour un faki alors qu'il ne sait rien ! •*Al iyâl lissâ mâ garo katîr ke, lâkin alfaxxaro be lîhânhum wa dawayâthum.* Les enfants n'ont pas encore étudié grand-chose, mais ils jouent déjà au faki avec leurs planchettes et leurs encriers.

alfayyad / yilfayyad *v. trans.*, forme V, * fyd, ف ي د

♦ **bénéficier, profiter,** tirer du profit. •*Hû alfayyad bilhên min xidimtah hint al-zere'.* Il a tiré un bon profit du fruit de ses travaux champêtres. •*Al-sane al-tujjâr mâ alfayyado adîl min budâ'ithum.* Cette année les commerçants n'ont pas réalisé de bons bénéfices avec leurs marchandises.

alfên nombre cardinal, *mrph.* duel, → *alif*, * 'lf, ء ل ف

♦ **deux mille.**

alga *v. impér.*, → *ligi.*

algâbalo / yilgâbalo *v. intr.*, forme VI, * qbl, ق ب ل

♦ **se trouver face à face, se rencontrer.** •*Algâbalna ma'â axui be telefôn wa hajjêna.* J'ai pu joindre mon frère au téléphone [nous nous sommes rencontrés avec mon frère par téléphone] et nous avons parlé. •*Amis hummân algâbalo fî l-darib al warrâni.* Hier ils se sont rencontrés sur le chemin qui passe par derrière. •*Amci badri acân tilgâbalo ma'â kabîrak gubbâl ma yaxatir !* Pars de bonne heure pour rencontrer ton chef avant qu'il ne voyage !

algabbad / yilgabbad *v. intr.*, forme V, * qbḍ, ق ب ض

♦ **prendre feu, s'enflammer, s'embraser, flamber.** •*Fî l xarîf, al hatab kan layyin mâ yilgabbad ajala.* Pendant la saison des pluies, le bois humide ne s'enflamme pas rapidement. •*Kulla sane, al-sûg al kabîr yilgabbad be harîge.* Chaque année, le grand marché s'embrase. •*Al esâns yilgabbad kan camma riht al-nâr.* L'essence s'enflamme dès que ses vapeurs approchent le feu [quand elle sent l'odeur du feu].

algaddad / yilgaddad *v. intr.*, forme V, * qdd, ق د د

♦ **se trouer, se percer, se crever,** être troué(e), percé(e) ou crevé(e). •*Al watîr lasâtikah kulluhum algaddado.* Tous les pneus de la voiture sont crevés. •*Juyûb hanâ xalagi algaddado.* Les poches de mon vêtement sont trouées.

algaddam / yilgaddam *v. intr.*, forme V, * qdm, ق د م

♦ **avancer, précéder, se placer en tête, progresser,** être à la place d'honneur pour représenter quelqu'un. •*Inta l kabîr, ilgaddam lêna !* Toi le grand, précède-nous ! •*Fî yôm al axîde al abbahât bilgaddamo lêna.* Le jour du mariage, les parents nous représenteront. •*Akîd kan petrôl hanâna marag baladna tilgaddam.* C'est sûr que lorsque le pétrole sortira, notre pays progressera.

Algâdir *n. pr.* de femme, *litt.* "qui est capable de, qui peut", nom désignant un homme riche, *Cf. gidir*, * qdr, ق د ر

algallam / yilgallam *v. trans.*, forme V, * qlm, ق ل م

♦ **se détacher, se couper, partir en lambeaux,** se détacher en gros morceaux. •*Al xalag affan wa algallam.* Le vêtement s'est décomposé et est parti en lambeaux. •*Amis al-rîh sâgat bilhên wa l-cadar al kubâr kulluhum algallamo.* Hier il y a eu beaucoup de vent et tous les grands arbres ont eu des branches arrachées.

alganna' / yilganna' *v. intr.*, forme V, *Syn. allaffa'*, * qnʕ, ق ن ع

♦ **se voiler, s'envelopper dans un voile, se draper,** se couvrir d'un voile de la tête aux pieds. •*Al mara kan tidôr tamrug al hille, tilganna' be laffayitha wa tixalli ille wijihha fâtih.* Lorsque la femme veut sortir en ville, elle s'enveloppe dans son voile et ne laisse paraître que son visage. •*Yôm arûs hanâ Ahmat, wazirât martah kulluhum alganna'o be laffayât judad.* Le jour du mariage de Ahmat, celles qui accompagnaient sa femme étaient toutes drapées dans des voiles neufs.

algarrab / yilgarrab *v. intr.*, forme V, voir le *Syn. garrab*, * qrb, ق ر ب

algaryaf / yilgaryaf *v. intr.*, forme V, * qrf, ق ر ف

♦ **se trouver en manque d'excitant, avoir besoin d'excitant, languir après,** au sens figuré : avoir besoin de la parole de la personne aimée. •*Hû algaryaf acân mâ ligi sijâra.* Il languit après une cigarette [il est en manque parce qu'il n'a pas trouvé de cigarette]. •*Anâ algaryaft lê hije hanâ Âcta.* J'ai besoin d'écouter la parole d'Achta.

algâsamo / yilgâsamo *v. trans.*, forme VI, * qsm, ق س م

♦ **se partager, se diviser, se répartir en groupes.** •*Al iyâl algâsamo mâl hanâ abûhum al mayyit.* Les enfants se sont partagé le bien de leur père défunt. •*Al-rujâl algâsamo l gurus da min fajur.* Les hommes se sont partagé cet argent depuis le matin. •*Al muhâjirîn ga'adîn yilgâsamo l akil al faddal fî l usum.* Les mendiants de l'école coranique sont en train de se partager la nourriture qui restait de la cérémonie de l'imposition du nom. •*Al-subyân faraco lêhum cugag wa algâsamo.* Les jeunes gens ont étendu pour eux de grandes nattes et se sont répartis en plusieurs groupes.

algatta' / yilgatta' *v. intr.*, forme V, * qṭʕ, ق ط ع

♦ **se couper, se découper, tourner** (lait). •*Wakit daraboh be l bundug, lahamah kulla ke algatta'.* Lorsqu'ils l'ont fusillé, toute sa chair a éclaté [s'est découpée]. •*Al-laban al halîb kan sabbo fôgah lêmûn wallâ coxol âxar hâmud kulla ke yilgatta'.* Lorsque l'on met du citron ou quelque chose d'acide dans du lait frais, celui-ci tourne complètement.

algôfaf / yilgôfaf *v. intr.*, forme V, *Cf. aljôkak*, * qff, ق ف ف

♦ **se donner de l'importance, s'enorgueillir, être fier (fière),** se gonfler d'orgueil. •*Al wilêd da* *algôfaf acân hû xayyat lêyah xulgân jadîdîn.* Ce garçon est fier parce qu'il s'est cousu des vêtements neufs. •*Bilgôfafo kê, acân humman hukkâm al-dâr.* Ils se donnent ainsi de l'importance parce qu'il sont gouverneurs du pays.

Algôni *n. pr.* d'homme, surnom, pour *al Gôni,* → *gôni.*

alhâbabo / yilhâbabo *v. intr.*, forme VI, * ḥbb, ح ب ب

♦ **s'embrasser, se chérir, s'aimer mutuellement.** •*Al-râjil ja min al-safar wa ma'â rafîgah alhâbabo.* L'homme est revenu de voyage, avec son ami ils se sont embrassés. •*Al amm wa iyâlha yilhâbabo kulla yôm.* La mère et ses enfants s'embrassent tous les jours. •*Intu axawân wâjib tilhâbabo ambênâtku.* Vous êtes des frères : vous devez vous aimer les uns les autres.

alhabbab / yilhabbab *v. intr.*, forme V, * hbb, ه ب ب

♦ **se mettre au courant d'air, prendre l'air frais, se mettre à l'air,** s'étendre dehors en attendant un courant d'air. •*Hû farac bircah fî l faday acân yilhabba.* Il a étalé sa natte dans la cour pour prendre le frais. •*Hassâ al hamu katîr kulla l-nâs yilhabbabo fî giddâm buyûthum.* A présent il fait très chaud, tout le monde recherche un peu d'air devant sa maison. •*Fî wakt al-Ramadân macêna alhabbabna fî xacum al bahar.* Pendant le Ramadan, nous allions prendre l'air frais au bord du fleuve.

Alhabbo *n. pr.* d'homme, pour *al habboh, litt.* celui qu'on a aimé, * ḥbb, ح ب ب

Alhabîb *n. pr.* d'homme, pour *al-habîb, litt.* le chéri, * ḥbb, ح ب ب

alhâdano / yilhâdano *v. intr.*, forme VI, *Cf. hudun,* * ḥḍn, ح ض ن

♦ **se serrer dans les bras, se donner l'accolade, s'embrasser.** •*Fî l barid al iyâl yilhâdano ma'â ammahâthum wa yunûmu.* Quand il fait froid, les enfants se blottissent dans les bras de leur mère et s'endorment. •*Al-râjil ma'â rafîgah alhâdano fî l-câri acân tawwalo mâ lammo.* L'homme et son ami se sont donné l'accolade dans la rue parce qu'ils ne s'étaient pas rencontrés depuis longtemps.

Alhâdi *n. pr.* d'homme et nom divin, pour *al hâdi, litt.* celui qui met dans la bonne direction, le Guide (Dieu), * hdy, ه د ي

Alhâfiz *n. pr.* d'homme, formé à partir de *al Hâfiz*, nom divin, *litt.* le Protecteur, * ḥfẓ, ح ف ظ

alhag *v. impér.*, → *lihig.*

alhâgano / yilhâgano *v. intr.*, forme VI, * ḥqn, ح ق ن

♦ **se gorger, se remplir d'un liquide.** •*Al iyâl al-dugâg maco fî l-rahad wa alhâgano.* Les petits enfants sont allés au marigot et se sont remplis le ventre d'eau. •*Mûsa wa rafîgah alhâgano be l-dihin.* Moussa et son ami se sont gorgés d'huile.

alhâgaro / yilhâgaro *v. intr.*, forme VI, * ḥqr, ح ق ر

♦ **se prendre en aversion, se mépriser mutuellement, se manquer de respect l'un envers l'autre,** avoir l'un envers l'autre des sentiments d'hostilité. •*Al-subyân kan alhâgaro yâtu kulla yiwassif gudurtah.* Lorsque les jeunes se prennent en aversion, chacun veut montrer à l'autre sa force. •*Al awîn dôl alhâgaro fî carâbhum lê l marîse, marago barra wa biddâwaso.* Ces femmes se sont manqué de respect tandis qu'elles buvaient de la bière de mil, elles sont sorties et se sont battues.

Alhâji *n. pr.* d'homme, pour *al hâji, Cf. hajj,* * ḥjj, ح ج ج

alhajjab / yilhajjab *v. intr. {- be, min}*, forme V, * ḥjb, ح ج ب

♦ **se protéger par des amulettes.** •*Wâjib nilhajjab be hijâb min al-cêtân wallâ l massâs wallâ l xucce wallâ l-junûn.* Je dois me protéger avec des amulettes contre Satan, le vampire, le mauvais œil ou les djinns. •*Wakit gammo mâcîn lê l-duwâs, alhajjabo be waragâthum wa xulgânhum al-tuxân.* Au moment d'aller à la guerre, ils se sont protégés avec des gris-gris et des vêtements épais.

alhakhak / yilhakhak *v. intr.*, forme V, * ḥkk, ح ك ك

♦ **se gratter.** •*Al wilêd tamma l-lêl kulla ke bilhakhak min al-jarab.* L'enfant a passé toute la nuit à se gratter parce qu'il a la gale. •*Al-saxîr kan indah gamul, talgah râyix wa bilhakhak.* Le jeune enfant qui a des poux se gratte en marchant.

alham *v. impér.*, → *laham 1.*

alhâmalo / yilhâmalo *v. trans.*, forme VI, * ḥml, ح م ل

♦ **supporter ensemble, unir ses efforts pour, s'entendre,** s'unir pour supporter ensemble une tâche, ou réaliser un travail. •*Al-rufugân kan mâ bilhâmalo fî hayâthum, rufughum bingati'.* Si des amis ne se supportent pas les uns les autres dans la vie, leur amitié cessera. •*Al-nâs kan mâ bilhâmalo mâ bagdaro bagôdu sawa.* Si les gens ne s'entendent pas, ils ne peuvent pas rester ensemble. •*Almi hanâ l xarîf tallaf al-cawâri, alhâmalo lêna ni'addulu hillitna !* L'eau de la saison des pluies a abîmé toutes les rues, unissons nos forces pour réparer notre quartier !

alhâmaro / yilhâmaro *v. intr.*, forme VI, * ḥmr, ح م ر

♦ **rivaliser les uns les autres, être jaloux les uns des autres.** •*Al-subyân alhâmaro fî l hirâte giddâm al banât.* Devant les jeunes filles, les jeunes gens ont rivalisé d'ardeur dans le travail des champs. •*Al-darâyir yilhâmaro fî ti'iddil jilidhum.* Les coépouses rivalisent entre elles dans le soin qu'elles prennent pour la beauté de leur corps. •*Ahmat wa jârah yilhâmaro fî be'ân al watâyir.* Ahmat et son voisin rivalisent entre eux pour l'achat des voitures.

alhammal / yilhammal *v. trans.*, voir le *Syn. himil*, * ḥml, ح م ل

alhâmo / yilhâmo *v. intr. {- fôg}*, forme VI, *Cf. hâma*, * ḥmy, ح م ي

♦ **neutraliser un agresseur, aller au secours d'un agressé, combattre l'adversaire d'un autre, s'interposer contre, intervenir,** entrer dans la bagarre pour défendre quelqu'un, aller au secours de quelqu'un en entrant dans la bagarre. •*Saddâm wakit aba mâ yamrug min al Kuwêt, al bilâd al kubâr alhâmo fôgah.* Lorsque Saddam a refusé de quitter le Koweït, les grandes puissances sont intervenues pour le neutraliser. •*Fî derib al-lekôl wilêdki dâwas ma'â binêye, wa axawânha alhâmo fôgah.* Sur le chemin de l'école ton fils s'est battu avec une fille, mais les frères de celle-ci sont entrés dans la bagarre pour la défendre.

alhânano / yilhânano *v. intr.*, forme VI, * ḥnn, ح ن ن

♦ **s'aimer mutuellement,** se câliner, se donner mutuellement des preuves de tendresse. •*Iyâli, ilhânano ambênâtku ! Kan anâ mutt, yabga lêku gâsi.* Mes enfants, aimez-vous les uns les autres [entre vous] ! Sinon, le jour où je mourrai, la vie vous sera difficile. •*Anâ wa marti nilhânano acân iyâlna.* Ma femme et moi, nous nous aimons mutuellement à cause de nos enfants.

alhandar / yilhandar *v. intr.*, forme V.

♦ **se poser en obstacle, attendre un adversaire, interdire l'accès, barrer la route, empêcher d'aller plus loin,** attendre quelqu'un d'un air méchant pour l'agresser, défier l'adversaire en se plantant devant lui. •*Al marfa'în alhandar lê l xanam fî l kadâde wa daharâhum al-sarhe.* L'hyène a agressé les moutons en brousse et les a empêchés d'aller au pâturage. •*Al askari da alhandar lêna fî l-derib, bidôr cunû ?* Ce militaire nous empêche de passer, que veut-il ? •*Martah alhandarat lêyah fî l bâb wa daharatah mâ yamrug acân al masârif ciya.* Sa femme s'est mise devant la porte et l'a empêché de sortir parce qu'elle n'avait pas reçu assez d'argent pour les courses. •*Al-duwân, kan câfo nâs jâyîn min Kuseri, bilhandaro lêhum fî l-darib.* Lorsque les douaniers voient des gens venant de Kousseri, ils les arrêtent sur la route.

alhanna / yilhanna *v. intr.*, forme V, * ḥnn, ح ن ن

♦ **souhaiter ardemment, désirer vivement, avoir fort envie de.** •*Anâ nilhanna nikammil al xarîf ma'âku, lâkin mâ indi gudra.* J'aurais beaucoup souhaité terminer la saison des pluies avec vous, mais je n'en ai pas les moyens. •*Hû yilhanna l margân min al-sijin.* Il désire vivement sortir de prison. •*Nilhannu lêyah yabga lêna imâm.* Nous souhaitons ardemment qu'il devienne notre imam. •*Al-daktôr dâyiman yilhanna lê l mardânîn yalgo l âfe.* Le docteur souhaite toujours que les malades retrouvent la santé.

alhârago / yilhârago *v. trans.*, forme VI, * ḥrq, ح ر ق

♦ **se tuer, se brûler.** •*Al askar wa l-suwâr alhârago fî l-duwâs.* Les soldats et les rebelles se sont tués au cours du combat. •*Al xusmân alhârago buyûthm be l-nâr.* Les ennemis se sont brûlé mutuellement leurs maisons. •*Al iyâl al-dugâg alhârago be l-nâr yôm al îd hanâ daxûl al-sane.* Les petits enfants se sont brûlés avec des tisons [le feu] le jour de la fête du nouvel an.

alhârajo / yilhârajo *v. intr.*, forme VI, *Cf. hâraj*,* hrj, ه ر ج

♦ **se quereller, se disputer.** •*Alhârajo, al'âyaro hatta addâwaso.* Ils se sont querellés puis se sont insultés et ont fini par se battre. •*Min al'ârafna yôm wâhid kulla mâ alhârajna.* Depuis que nous nous sommes connus, nous ne nous sommes encore jamais disputés.

alhardam / yilhardam *v. intr.*, forme V, → *hardam*, * hdm, ه د م

♦ **s'écrouler, s'effondrer, se casser.** •*Almi sabba katîr wa l buyût alhardamo.* Il a beaucoup plu et les maisons se sont effondrées. •*Al-câyib sunûnah kulluhum alhardamo mâ yagdar yâkul laham.* Toutes les dents du vieil homme sont cassées, il ne peut plus manger de viande. •*Bêt Mahammat alhardam wihêdah bas.* La maison de Mahamat s'est écroulée toute seule.

alhargas / yilhargas *v. intr.*, forme V, * ḥrqṣ, ح ر ق ص

♦ **se tortiller.** •*Al wilêd yilhargas acân batuna tôjah.* Le garçon se tortille parce qu'il a mal au ventre. •*Danab abundigêr kan gata'tah yilhargas wihêdah.* Si tu coupes la queue d'un gecko, elle continue ensuite de se tortiller toute seule. •*Mâla tilhargase misil agrab addâki ?* Pourquoi te tortilles-tu comme si un scorpion t'avait piquée ?

alharrag / yilharrag *v. intr.*, forme V, *Cf. antacca*, * ḥrq, ح ر ق

♦ **brûler, s'enflammer, se consumer.** •*Fakkiri lê mulâhki da mâ yilharrag acân nârki di katîre.* Prends garde à ta sauce, qu'elle ne brûle pas ! Ton feu est trop fort ! •*Galbah alharrag min kalâm al-dunya.* Son cœur s'est consumé à cause des ennuis qu'il a eus. •*Al hatab kan layyin mâ yilharrag ajala.* Lorsque le bois est humide il ne brûle pas bien [vite].

alharrak / yilharrak *v. intr.*, forme V, * ḥrk, ح ر ك

♦ **bouger, se remuer, s'agiter, se mouvoir.** •*Wilêdki alharrak, akûn bidôr yuhurr, ta'âli lêyah ajala !* Ton fils s'agite, peut-être veut-il déféquer, viens vite vers lui ! •*Cîf saxîr al anzay gâ'id yilharrak fî batunha !* Regarde le petit de la chèvre qui bouge dans le ventre de sa mère ! •*Hû min al fajur ke mâ alharrak min bakânah, râgid mârûd.* Depuis ce matin il n'a pas bougé de là où il était et est resté couché fiévreux.

alhas *v. impér.*, → *lihis.*

alhâsab / yilhâsab *v. intr.*, forme VI, *{- be}*, * ḥsb, ح س ب ⇨

♦ **être compté(e) comme punition, être puni(e).** •*Dabih al-nâs cên, tilhâsab beyah yôm al xiyâma.* Égorger des hommes est un acte horrible, cela te sera compté comme punition au dernier jour [jour de la résurrection]. •*Kan tasrig walla takdib fî bakân al xidime tilhâsab be taridîn.* Si tu voles ou si tu mens sur ton lieu de travail, tu seras puni par un renvoi.

alhâsabo / yilhâsabo *v. trans.*, forme VI, * ḥsb, ح س ب

♦ **faire les comptes ensemble, se compter les uns les autres.** •*Sukkân hanâ hillitna alhâsabo gubbâl al hâkûma ma tijîb al ma'âc.* Les habitants de notre village se sont comptés les uns les autres avant que le gouvernement n'apporte des vivres. •*Ta'âl nilhâsabo : dêni l fôgak lissâ mâ kammal.* Viens que nous fassions les comptes, tu me dois encore de l'argent !

alhassab / yilhassab *v. intr. {- fôg}*, forme V, *Cf. hassab*, * ḥsb, ح س ب

♦ **se réfugier, se mettre sous la protection de.** •*Fî bêtna têray alhassabat fôgna.* Un oiseau s'est réfugié chez nous. •*Fî l-sinîn al fâto Ra'îs al-Sûdân alhassab fôg Masir.* Les années passées, le Président du Soudan s'est réfugié en Égypte. •*Nilhassabo fî Allah wa fôgku, adharôhum al-nâs dôl minnina.* Nous nous mettons sous la protection de Dieu et sous la vôtre : empêchez ces gens de venir vers nous !

alhâwato / yilhâwato *v. intr.*, forme VI, *Cf. hâwat, al'âgabo*, * ḥwṭ, ح و ط

♦ **se croiser sans se voir, se manquer,** aller l'un vers l'autre sans se voir ni se rencontrer. •*Amis anâ macêt lêku fî bêtku wa alhâwatna ma'âk.* Hier je suis allé chez toi, mais nous nous sommes manqués. •*Iyâl al-lekkôl kulla yôm be fajur yilhâwato fî l-cawâri.* Tous les jours, les écoliers se croisent dans les rues sans se remarquer. •*Agôd lêna fî l wa'ad sawa sawa, mâ nilhâwato !* Sois bien à l'heure au lieu du rendez-vous, que nous ne nous manquions pas !

alhawwal / yilhawwal *v. intr.*, forme V, * ḥwl, ح و ل

♦ **se déplacer, se modifier, déménager.** •*Kalâm awwal mâ bilhawwal.* La première parole est celle qu'on ne peut pas changer. *Prvb.* •*Jîrânak dôl mâlhum alhawwalo min al bêt da.* Pourquoi donc tes voisins ont-ils déménagé de cette maison ? •*Limm lêna idditna nilhawwalo fî l bêt al abyad al hinâk da !* Rassemble nos affaires, que nous déménagions dans la maison blanche qui est là-bas !

alhayyar / yilhayyar *v. intr.*, forme V, * ḥyr, ح ي ر

♦ **être perplexe, être dérouté(e), être embarrassé(e), être décontenancé(e).** •*Hû alhayyar wakit martah macat xallatah.* Il était tout décontenancé au moment où sa femme est partie en l'abandonnant. •*Dakâtîr al âlam alhayyaro, lissâ mâ ligo dawa lê l-sîda.* Les médecins du monde sont perplexes, ils n'ont pas encore trouvé de médicament contre le sida. •*Hî tilhayyar kan yôm mâ indaha masârîf.* Elle est embarrassée quand [si un jour] elle n'a plus d'argent pour les dépenses quotidiennes.

alhâzaro / yilhâzaro *v. intr. {- ma'â}*, forme VI, * hḏr, ه ذ ر

♦ **se taquiner, s'amuser aux dépens de, se moquer gentiment de, plaisanter mutuellement,** parler pour ne rien dire. •*Al awîn alhâzaro ma'â l-rujâl yugûlu lêhum akil mâ fîh.* Les femmes taquinent les hommes en leur disant qu'il n'y a rien à manger. •*Al-subyân bilhâzaro ma'â l banât bugûlu : "Inti bas marti... Inti bas marti !", fî yôm iris hanâ Acta.* Les jeunes gens plaisantent avec les jeunes filles en leur disant : "C'est toi qui es ma femme... C'est toi qui es ma femme !", le jour du mariage d'Achta.

alhi *v. impér.*, → *laha.*

Alhijra *n. pr.* de femme, pour *al hijra, litt.* l'hégire, * hjr, ه ج ر

Ali *n. pr.* d'homme, nom du mari de la fille du Prophète, * ˤlw, ع ل و

âli / âliyîn *adj.*, (*fém.* *âliye*), * ˤlw, ع ل و

♦ **haut(e), élevé(e), supérieur(e), qui coûte cher, de bonne qualité.** •*Âdum cara farde âliye lê martah.* Adoum a acheté un pagne très cher pour sa femme. •*Al wazîr indah xulgân âliyîn.* Le ministre a des habits de grand prix. •*Bakân xidimitna âli acân hû gusûr.* L'endroit où nous travaillons est en hauteur : c'est à l'étage. •*Axui min nâs al majlis al âli.* Mon frère est membre du conseil supérieur.

alif / ulûf nombre cardinal, *m.*, (duel *alfên*), ≅ le pluriel *âlâf*, * 'lf, ء ل ف

♦ **mille, millier.** •*Al xanamay be alif riyâl fî l-sûg.* Le mouton vaut mille riyals au marché. •*Ulûf al-nâs lammo fî bakân al hurriya.* Des milliers de gens se sont rassemblés place de l'Indépendance. •*Kan tahsib, talga garîb alif bêt al almi ramahum fî Anjammêna.* Si tu comptes, tu verras [trouveras] que la pluie a détruit près de mille maisons à N'Djaména. •*Alif wa alif yisawwi alfên.* Mille plus mille font deux mille.

Alîfa *n. pr.* d'homme, *litt.* compagnon, camarade, ami, * 'lf, ء ل ف

âlim / ulama' *adj.*, (*fém.* *âlime*), * ˤlm, ع ل م

♦ **savant(e),** qui sait, qui connaît. •*Al-câyib da âlim.* Ce vieil homme est savant. •*Al yôm âlim wâhid kabîr mât fî raffina.* Aujourd'hui, un grand savant est mort dans notre quartier. •*Al ulama' katabo lêna ta'rix hanâ jududna.* Les savants ont écrit l'histoire de nos ancêtres.

Âlim *n. pr.* d'homme, pour *al Âlim*, *litt.* le savant, *Cf.* *âlim*, * ˤlm, ع ل م

alkâbaso / yilkâbaso *v. intr.*, forme VI, * kbs, ك ب س

♦ **se jeter sur, bondir sur, s'enlacer, s'étreindre,** se jeter les uns sur les autres. •*Humman alkâbaso fî l-cariye wa dâwaso.* Ils se sont jetés les uns sur les autres au tribunal et se sont battus. •*Al-rufugân alkâbaso wakit lammo fî l-derib.* Les amis se sont étreints les uns les autres lorsqu'ils se sont rencontrés sur le chemin.

alkâcaro / yilkâcaro *v. trans.*, forme VI, * kšr, ك ش ر

♦ **se faire des reproches, se disputer, se gronder,** être durs les uns envers les autres. •*Fî l-sûg al-rujâl alkâcaro acân wahdîn mâ ligo zabâyin.* Au marché, les hommes se sont fait des reproches parce que certains n'avaient pas eu de clients. •*Intu axawân, mâ wâjib lêku tilkâcaro !* Vous êtes des frères, vous ne devriez pas vous disputer !

alkallam / yilkallam *v. intr.*, forme V, * klm, ك ل م

♦ **se mettre à parler, parler clairement,** parler un langage compréhensible. •*Alkallame yâ fulâne, be hissiki l halu.* Parle-nous de quelque chose, toi qui as une belle voix ! •*Al-saxîr al-saxayyar bâkim, mâ bilkallam illa ba'ad santên.* Le petit bébé ne parle pas, il ne commence à parler qu'à deux ans.

alkârab / yilkârab *v. intr.*, forme VI, *Cf.* *alhâmalo*, * krb, ك ر ب

♦ **se cramponner à, travailler avec assiduité, se tenir ensemble, se soutenir, s'en tenir à, s'adonner.** •*Hî alkârabat fî kalâm hanâ amis, mâ xallatah acân da mâ nil'âmaro.* Elle s'en tient à ce qui a été dit hier, elle n'en démord pas et c'est pour cela que nous ne nous réconcilions pas. •*Kan mâ tilkârab fî xidimtak yaturdûk.* Si tu ne travailles pas avec assiduité, on te renverra. •*Abgo axawân wa alkârabo fî dâr al xurba !* Devenez des frères et soutenez-vous les uns les autres en pays étranger !

alkâraro / yilkâraro *v. intr.*, forme VI, *Cf.* *karra.*

♦ **se traîner par terre.** •*Hey al iyâl, mâ tilkâraro fî l-turâb ! Xulgânku wa jilidku yabga wasxân !* Hé, les enfants, ne vous traînez pas par terre !

Vous allez vous salir et salir vos vêtements ! •*Alkâraro fî l haskanît wa xulgânhum malânîn be côk.* Ils se sont traînés dans les herbes épineuses et leurs vêtements se sont remplis d'épines.

alkarrab / yilkarrab *v. intr. {- fi}*, forme V, *Syn. itmassak, yitmassak*, * krb, ك ر ب

♦ **s'attacher à, se tenir à, prendre au sérieux,** donner de l'importance à une parole futile. •*Ahmat, sâmih axûk, mâ tilkarrab fî l kalâm al gâlah lêk !* Ahmat, pardonne à ton frère, n'attache pas d'importance à ce qu'il t'a dit ! •*Zâra alkarrabat fî kidib hanâ jâritha, wa xanagat râjilha.* Zara a pris au sérieux le mensonge de sa voisine et a étranglé son mari.

alkâsal / yilkâsal *v. intr.*, forme VI, * ksl, ك س ل

♦ **se fatiguer, se décourager, être fatigué(e),** en avoir assez de. •*Mâ tilkâsal min giraytak, ambâkir talga xidime wa tinjamma.* Ne te décourage pas dans tes études, demain tu trouveras du travail et tu te reposeras. •*Zar'i mâ gamma adîl wa anâ ilkâsalt minnah.* Mon champ n'a pas bien poussé et j'en suis découragé. •*Nâs al hille alkâsalo, mâ jo fî l malamma.* Les gens du village étaient fatigués, ils ne sont pas venus à la rencontre. •*Mâ tilkâsalo yâ axawâni, amcu fî l madâris wa l lekkôlât acân ambâkir talgo xidime.* Ne vous découragez pas, mes frères, allez à l'école arabe ou française pour trouver demain du travail !

alkassar / yilkassar *v. intr.*, forme V, * ksr, ك س ر

♦ **se casser, se briser.** •*Al fanâjîl waga'o min al-tarbêza wa alkassaro.* Les verres sont tombés de la table et se sont brisés. •*Bedayit al-jidâde alkassarat.* L'œuf de la poule s'est cassé. •*Idêmat rugubênhum alkassaro acân al watîr cagalab bêhum.* Ils ont eu des vertèbres cassées parce que leur véhicule s'est renversé.

alkâtalo / yilkâtalo *v. intr.*, forme VI, * ktl, ك ت ل

♦ **s'entre-tuer.** •*Al-rujâl alkâtalo fî l-sûg.* Les hommes se sont entre-tués au marché. •*Fî mudda hanâ talatîn sana, iyâl al-Tcâd alkâtalo ambênâthum.* Pendant trente ans les fils du Tchad se sont entre-tués. •*Al adâwa alkâtalo ambenâthum.* Les ennemis se sont entre-tués.

alkâwako / yilkâwako *v. intr.*, forme VI.

♦ **s'appeler en criant.** •*Al-ra'âwiye yilkâwako acân yil'ârafo bakânâthum fî l sarhe.* Les bergers s'appellent les uns les autres en criant pour savoir où chacun fait paître son troupeau. •*Al iyâl yilkâwko acân yaturdu l-têr min al-zurâ'a.* Les enfants crient en s'appelant les uns les autres pour chasser les oiseaux hors des champs.

alkawwan / yilkawwan *v. intr.*, forme V, * kwn, ك و ن

♦ **se constituer, se former, se grouper,** se rassembler pour former une masse. •*Alkawwanna wa macêna hajamnahum.* Nous nous sommes regroupés et nous sommes partis les attaquer. •*Al-sahab alkawwan wa ba'ad ciyya matara nazalat.* Les nuages se sont formés et, peu après, la pluie est tombée.

alkayyaf / yilkayyaf *v. intr.*, forme V, *Ant. algaryaf*, * kyf, ك ي ف

♦ **combler son manque de, se rassasier de, être satisfait(e), être soulagé(e), être à l'aise,** ne plus ressentir le manque ou le besoin. •*Anâ alkayyaft be anastak.* Je suis comblé par ta conversation. •*Hû kan mâ cirib câyi murr, mâ bilkayyaf.* Tant qu'il n'a pas bu de thé fort, il n'est pas à l'aise.

alkôl *n. m.*, le mot français vient de l'arabe, * kḥl, ك ح ل

♦ **alcool,** alcool de pharmacie. •*Mâ nalgo alkôl minjamm, illa fî l-labtân wallâ l farmasîn.* On ne trouve pas d'alcool n'importe où, mais seulement à l'hôpital ou dans les pharmacies. •*Al alkôl bixassulu beyah l jarih al-jadîd acân mâ yiwa''i wa yisawwi ucba.* On lave les plaies fraîches avec de l'alcool pour éviter qu'elles ne s'infectent et que se développe le tétanos.

alkôlaf / yilkôlaf *v. intr.*, forme V, * klf, ك ل ف

♦ **être fier(e) devant les autres, s'enorgueillir, se donner de l'importance devant les autres, aimer se montrer, se pavaner.** •*Hû ligi lêyah gurus ciyya ke wa xalâs alkôlaf fôgna !* Il a gagné [il s'est trouvé] un peu d'argent et le voilà qui se donne de l'importance en face de nous ! •*Al binêye kan samhe tilkôlaf giddâm al-subyân.* Lorsqu'une jeune fille est belle, elle aime se montrer devant les jeunes gens. •*Al mêtir nâda l wilêd al marag nimra wâhid, wa hû marag yilkôlaf giddâm rufugânah.* Le maître appela l'enfant qui avait obtenu la place de premier [qui était sorti le premier] et qui sortit en marchant fièrement devant ses camarades.

alla / yi'ill *v. trans.*, forme I n° 11, * ʕll, ع ل ل

♦ **épuiser, blesser gravement, rendre déficient(e), ruiner, miner, indisposer.** •*Wakit duwâshum al wâhid ta'anah lê axûh be l-sakkîn, wallâhi alla allîn cên marra wâhid.* Au cours de leur bagarre, l'un a poignardé son frère avec un couteau, pardieu ! il l'a très gravement blessé. •*Hû birîd daggîn axûh, yôm min al ayyâm yi'illah.* Il aime frapper son frère, un de ces jours il le blessera gravement. •*Al xidime kan kattarat ti'ill al-nâdum.* Trop de travail épuise l'homme. •*Zamân hû xani, lâkin axawânah wa iyâlah hû bâs mukallaf bêhum wa nugûlu humman bas alloh.* Autrefois il était riche, mais il a dû prendre en charge ses frères et ses enfants, et nous disons que ce sont eux qui l'ont ruiné. •*Al barid allâni, sawwa lêi waja' mafâsil.* Le froid m'indispose, il me donne des rhumatismes.

allabbad / yillabbad *v. intr.*, forme V, * lbd, ل ب د

♦ **se cacher, se dissimuler.** •*Al xabar al-cên mâ billabbad.* Une mauvaise nouvelle ne se cache pas. •*Al adu allabbad fî janb al madîna.* L'ennemi s'est caché à côté de la ville.

allaf 1 / yi'allif *v. trans.*, forme II, * ʼlf, ء ل ف

♦ **multiplier par mille,** refaire ou répéter mille fois. •*Anâ mâ nagdar ni'allif lêk al kalâm.* Je ne peux pas te répéter mille fois la même chose [la parole]. •*Kan inta akalt fî l gumâr, yi'allif lêk gursak.* Si tu gagnes à la loterie, on te rend mille fois l'argent que tu as misé. •*Xalîl allaf al bismi fî lôhah.* Khalil a écrit mille fois : "Au nom de Dieu !" sur sa tablette.

allaf 2 / yi'allif *v. trans.*, forme II, * ʼlf, ء ل ف

♦ **composer, écrire.** •*Abbakar allaf ci'irah fî kutubah.* Abakar a composé un poème sur ses livres. •*Al mu'allif allaf kutub lê l be'.* L'écrivain a écrit des livres pour les vendre.

allaffat / yillaffat *v. intr.*, forme V, * lft, ل ف ت

♦ **se retourner.** •*Anâ mâci wa allaffatt nicîf al iyâl al bal'abo warâi.* Je marchais et me suis retourné pour voir les enfants qui jouaient derrière moi. •*Simit haraka wa wakt al allaffat mâ cift ceyy.* J'ai entendu du bruit et, lorsque je me suis retourné, je n'ai rien vu. •*Mâci mâ billaffat, kan allaffat al-dunya haffat... Da l-safarôg.* Il va sans se retourner ; si jamais il se retourne c'est la fin du monde… C'est le bâton de jet. *Dvnt.*

allag / yi'allig *v. trans.*, forme II, * ʕlq, ع ل ق

♦ **accrocher, pendre, suspendre, monter en grade,** donner un nouveau grade à un soldat. •*Al-nâs al-ti'ibo min al marad, yi'allugu lêhum jalkôs lê l-âfe wa l gudra.* Aux grands malades, on accroche une perfusion pour leur redonner santé et force. •*Anâ xassalt xulgâni wa allagtuhum fî l habil.* J'ai lavé mes vêtements et je les ai accrochés sur la corde. •*Hû allag muxulaytah fî dahar juwâdah.* Il a accroché son sac à provisions sur le dos de son cheval. •*Al askari da xidimtah adîle, wa kubârâtah allago lêyah grâd.* Ce soldat a fait du bon travail et ses chefs l'ont avancé en grade [lui ont accroché un grade].

allaga / yillagi *v. intr.*, → *anlaga.*

allagân *n.* d'action, *m.*, ≅ *alligîn*, * ʕlq, ع ل ق
♦ **accrochage, fait d'accrocher, fait de pendre,** fait de suspendre. •*Allagân al xumâm al barra min al arabiye da mâ adîl.* Il n'est pas bon d'accrocher les affaires en dehors de la voiture. •*Allagân al buxas fî dahar al-tôr, xidime hint awîn.* C'est l'affaire des femmes de suspendre les gourdes sur le dos du bœuf porteur.

allagga / yillagga *v. intr.*, forme V, *Cf. hadan*, * lqy, ل ق ي
♦ **recueillir, accueillir les bras ouverts, recevoir dans les bras,** serrer dans les bras. •*Hû allagga lê axûh fî naga'at al-tayyâra.* Il a accueilli son frère au terrain d'aviation. •*Al iyâl fî li'ibhum yillaggo l bâl min jay wa jay.* Dans leur jeu, les enfants reçoivent dans leurs bras le ballon qui vient d'un côté et d'autre. •*Al-saxîr câf ammah jâye min al-sûg wa jara allaggâha.* Le petit enfant à vu sa mère revenir du marché et a couru à sa rencontre, les bras ouverts.

allâgo / yillâgo *v. intr.*, forme VI,, * lqy, ل ق ي
♦ **se rencontrer, se retrouver.** •*Hummân allâgo fî l kumsêriye, ligîna xabarhum.* Ils se sont rencontrés au commissariat de police, nous avons eu de leurs nouvelles. •*Amci âfe, ambâkir nillâgo ma'âk fî l madrasa.* Au revoir, demain nous nous retrouverons à l'école.

Allah *n. pr. m.*, peut devenir *–llah* après une voyelle, * 'lh, ء ل ه
♦ **Dieu.** •*Allah(u) akbar !* Dieu est le plus grand ! •*Allah xalag al insân.* Dieu a créé l'homme.

Allah ! *invar.*, exclamation, *Cf. wallah(i)*, * 'lh, ء ل ه
♦ **pardieu !, bon sang !, Dieu !** •*Allah, mâla tabki ?* Bon sang ! Pourquoi pleures-tu ? •*Hû gâl "Allah ! Al harrây al yôm hâmiye !".* Il a dit : "Dieu qu'il fait chaud aujourd'hui !".

Allah alêk ! exclamation, formule de sympathie pour se rapprocher du discours de l'autre, * 'lh, ء ل ه
♦ **bon !, allez !, je t'en prie !, s'il te plaît !** •*Allah alêk, ambâkir amci lêi nilxaddo sawwa !* Bon, demain, viens manger avec moi ! •*Allah alêki, sawwi lêna akil najîd !* S'il te plaît, prépare-nous un bon repas bien cuit ! •*Allah alêk, yâ wilêdi, nûm sâkit bala haraka !* Je t'en prie, mon enfant, va dormir sans faire de bruit !

Allah yaftah ! *invar.*, [Que Dieu ouvre "une issue à celui qui se trouve dans la gêne ou à l'étroit" ! *Ka.*] souhait adressé à un commerçant ou à un mendiant, * 'lh, fth, ء ل ه • ف ت ح
♦ **que Dieu te fasse réaliser un bon profit !, que Dieu vienne à ton aide !, que Dieu exauce ton désir !, bonne chance !** •*Waddi xumâmak da fî l-sûg, Allah yaftah !* Emmène ta marchandise au marché, que Dieu t'aide à réaliser un bon bénéfice ! •*Ahmat, al êc mâ faddal, gûl lê l-muhâjiri : "Allah yaftah !".* Ahmat, il n'y a pas de reste de boule, souhaite au mendiant que Dieu vienne à son aide.

Allah yisabbihna ! expression, souvent prononcé *Allah yisabbîna !* [Que Dieu nous accorde le matin !] * ṣbḥ, ص ب ح
♦ **bonne nuit !** •*Gubbâl ma tunûm gûl lê abûk : Allah yisabbihna !* Avant de t'endormir, souhaite à ton père une bonne nuit ! •*Allah yisabbîna, nucûfu kalâmku ambâkir !* Bonne nuit ! Nous parlerons de votre problème demain !

allâhago / yillâhago *v. intr.*, forme VI, * lḥq, ل ح ق
♦ **chercher à se rejoindre, chercher à s'atteindre, chercher à blesser, se communiquer.** •*Anâ wa ammi nillâhago be makâtîb bas, mâ gidirt namci lêha.* Ma mère et moi nous communiquons simplement par lettre, je n'ai pas pu aller chez elle. •*Hummân allâhago be kalâm al-dunya namman maco l-ceriye.* Ils se

sont cherché l'un et l'autre des ennuis jusqu'à ce qu'ils finissent par aller au tribunal.

allal / yi'allil *v. intr.*, → *ta'lal*, * ʕll, ع ل ل

allam / ya'allim *v. trans.*, forme II, ≅ l'*inacc. yi'allim*, * ʕlm, ع ل م

♦ **apprendre.** •*Mahammat lissâ mâ allam suwâgt al watîr.* Mahamat n'a pas encore appris à conduire la voiture. •*Al-nasrâniye allamat sôtîn al êc.* L'Européenne a appris à faire cuire la boule. •*Kan ta'arif tagri namci lêk ta'allimni.* Si tu sais lire, j'irai chez toi pour que tu m'apprennes.

allamân *n. d'act., m.*, → *allimîn.*

allâmi / allâmîn *adj.*, (*fém. allâmiye*), * ʕlm, ع ل م

♦ **débutant(e), apprenti(e).** •*Mâ na'arif biskilêt adîl dahâbi allâmi.* Je ne sais pas bien monter à bicyclette, je viens juste d'apprendre. •*Al katib hanâ l macîn dahâbi allâmiye fôgah.* Je commence tout juste à apprendre à taper à la machine. •*Al askari da, angari minnah, hû allâmi mâ ba'arif busûg !* Fais attention à ce militaire, c'est un débutant et il ne sait pas conduire !

Allamîn *n. pr.* d'homme, surnom donné au Prophète, → *Al'amîn*, * 'mn, ء م ن

allamma / yillamma *v. intr.*, forme V, * lmm, ل م م

♦ **se joindre, se réunir, se toucher, se coller.** •*Al-suba zey al gazâza, kan kassarat mâ billamma.* La jeunesse est comme une bouteille ; quand elle est cassée, elle ne se recolle pas. *Prvb.* •*Al-têrâb têribah ba'îd ba'îd, acân kan kibir mâ yillamma.* Plante ces semences assez loin les unes des autres pour qu'elles ne se touchent pas lorsqu'elles grandiront. •*Al ahal wa l axawân kan hârajo kulla, billammo wakt al udur !* Si les frères d'une même famille en viennent à se disputer, ils se réuniront quand même au moment d'une cérémonie ! •*Al galib kan indah hamm, rîc al ên mâ billamma.* Lorsqu'on a des soucis, on ne dort pas [lorsque le cœur a des soucis, les cils ne se joignent pas].

Allamma *n. pr.* de femme, pour *al lamma, Cf. lamma*, * lmm, ل م م

allammas / yillammas *v. trans.*, forme V, * lms, ل م س

♦ **toucher, caresser, se frotter à.** •*Mâ tillammas al bundug da, hû xatari !* Ne touche pas ce fusil, c'est dangereux ! •*Al-râjil da birîd iyâlah yillammas fôghum fî l-lêl wa l-nahâr.* Cet homme aime ses enfants, il leur fait des caresses jour et nuit.

allassag / yillassag *v. intr.*, forme V, * lṣq, ل ص ق

♦ **s'attacher, se coller à.** •*Calâlîfah allassago min akil al-samux.* Ses lèvres se sont collées à force d'avoir mangé de la gomme arabique. •*Xalagah allassag fôg daharah min al waxar.* Son vêtement lui collait au dos à cause de la sueur. •*Al-saxîr kan mâ allassag fôg ammah, yillassag fôg yâtu ?* Si l'enfant ne se colle pas à sa mère, à qui se collera-t-il ?

allawa / yillawi *v. intr.*, → *anlawa.*

Allawân *n. pr.* d'homme, nom, utilisé au Chari-Baguirmi, désignant un représentant du sultan, un leader.

allawlaw / yillawlaw *v. intr.*, forme V, * lwy, ل و ي

♦ **s'enrouler, grimper autour.** •*Al-dâbi yirîd yillawlaw fî ci'be ayyâm al-darat.* Le serpent aime s'enrouler autour de la fourche d'un arbre en fin de saison des pluies. •*Al ambâsa tillawlaw fî idân al-carganiye.* La courge grimpe autour des bois qui soutiennent le secco.

allawwas / yillawwas *v. intr.*, forme V, * lwṯ, ل و ث

♦ **se combler, se boucher, se fermer,** se refermer en parlant d'une fente recouverte d'un enduit. •*Al-nugura allawwasat wahêdaha ke bas.* Le trou s'est bouché tout seul. •*Al wilêd indah ramad wa uyûnah* *allawwaso mâ bicîf ceyy.* L'enfant a une conjonctivite et ses yeux se sont fermés, il ne voit plus rien.

allax / yi'allix *v. intr. {- fî}*, forme II, * ˁlq, ع ل ق

♦ **commenter, expliquer.** •*Al-sahâfi allax fî kalâm hanâ l-Ra'îs.* Le journaliste a commenté la parole du Président. •*Hû allax fî l axbâr fî l-radyo.* Il a commenté les nouvelles à la radio.

allaxam / yillaxim *v. intr.*, forme V, * lḫm, ل خ م

♦ **s'embrouiller, être occupé(e), être débordé(e),** ne plus savoir que faire. •*Hû allaxam be l xidime bas mâ gidir maca lêk.* Il était simplement débordé de travail et n'a pas pu aller chez toi. •*Hû maca fî l-sûg wa allaxam mâ gidir cara ceyy.* Il est allé au marché et s'est embrouillé, il n'a rien pu acheter.

Allazam *n. pr.* d'homme, *Cf. lâzim*, * lzm, ل ز م

alligîn *n. d'act. m.*, → *allagân.*

allimîn *n. d'act., m.*, ≅ *allamân*, * ˁlm, ع ل م

♦ **apprentissage, instruction,** fait d'apprendre ou de faire apprendre à *qqn.* •*Allimîn al katib lê l iyâl al-dugâg gâsi bilhên.* Apprendre à écrire aux petits enfants est quelque chose de très difficile. •*Allimîn hanâ rakûb al biskilêt gâsi min hanâ l watîr.* Il est plus difficile d'apprendre à monter à bicyclette que d'apprendre à conduire une voiture.

allîn *n. d'act., m., Cf. alla*, * ˁll, ع ل ل

♦ **déficience, blessure grave, ruine, indisposition grave, épuisement.** •*Râgid ta'abân, lâkin nâdum ba'arif sabab allînah mâ fîh !* Il est couché, souffrant ; mais personne ne connaît la cause de ce qui le mine. •*Bort al-budâ'a tijîb bala cakk allîn lê l-tâjir.* La mévente des marchandises provoquera sans doute la ruine du commerçant.

allôlaj / yillôlaj *v. intr.*, forme V, *Syn. attôtah, yittôtah*, * lwj, ل و ج

♦ **se balancer, aller çà et là.** •*Mâ tillôlaj lêna misil walad al mactûr !* Ne te balance pas comme le fruit du saucissonnier. •*Min kassaro buyûthum ke, allôlajo, mâ irfo bakân yaskunu.* Depuis qu'on a détruit leurs maisons, il vont çà et là sans savoir où habiter.

alma' *v. impér.*, → *limi'.*

alma''at / yilma''at *v. intr.*, forme V, * mˁṭ, م ع ط

♦ **être ôté(e), s'enlever, tomber** (cheveux). •*Êni tôjâni wa racracha kulla alma''at.* J'ai mal à l'œil et tous mes cils sont déjà tombés. •*Anâ masaht wadaka fî ca'ari wa gamma bilma''at acân mâ râdâni.* Je me suis passé de l'axonge sur les cheveux, et ceux-ci ont commençé à tomber parce que mon cuir chevelu ne supportait pas cette graisse.

Almacâf *n. pr.* de femme, [ce qu'on regarde], *Cf. câf*, * šwf, ش و ف

almaccat / yilmaccat *v. intr.*, forme V, verbe utilisé que lorsqu'il s'agit de la coiffure des femmes, * mšṭ, م ش ط

♦ **se coiffer, se tresser les cheveux,** être coiffée de tresses fines. •*Fî l ayyâm dôl, kulla l banât bilmaccato lê l îd.* Ces jours-ci, toutes les filles se font tresser à l'occasion de la fête. •*Al arûs almaccatat acân tabga samhe.* La mariée s'est fait coiffer pour être belle. •*Ca'ar al-nasrâniyât mâ bilmaccat.* Les cheveux des Européennes ne se coiffent pas en faisant de multiples tresses fines.

Almajda *n. pr.* de femme, pour *al majda* (la gloire), * mjd, م ج د

almakkan / yilmakkan *v. intr.*, forme V, moins employé que le verbe de l'*ar. lit. atmanna, yitmanna*, * mkn, م ك ن

♦ **s'appuyer sur, se fixer, avoir les moyens financiers, s' installer.** •*Anâ mâ almakkant min al wakit acân namci lêk.* Je ne me suis pas fixé un temps pour venir te voir. •*Inti kan* *almakkanti amci cîfi ahalki !* Si tu en as les moyens financiers [si tu peux t'appuyer sur de l'argent], pars voir ta famille ! •*Mâ nagdar nilmakkan fî l-dâr di acân mâ indi wâli.* Je ne peux pas m'installer dans cette région parce que je n'y ai pas de tuteur de ma parenté.

almallat / yilmallat *v. intr.*, forme V, voir le *Syn. alma''at*, * mlṭ, م ل ط

Almandara *n. pr.* de femme, *litt.* le miroir, → *mandara*, * nẓr, ن ظ ر

Almâniya *n. pr.* de pays.
♦ **Allemagne.** •*Balad hanâ Almâniya jabat musâ'ada lê l-nâs al mardânîn.* L'Allemagne a fait un don [a apporté une aide] aux personnes malades. •*Almâniya dawlat fî Urubba.* L'Allemagne est un pays d'Europe.

almanna / yilmanna *v. intr.*, * mnw, م ن و
♦ **souhaiter, désirer.** •*Anâ almannêt lê iyâli l farha wa l âfe min Allah !* J'ai souhaité pour mes enfants que Dieu leur accorde la joie et la santé ! •*Hû almanna yigabbil lê ahalah.* Il a souhaité retourner dans sa famille. •*Tilmanna cunû fî hayâtak ?* Que désires-tu dans ta vie ?

Almanna *n. pr.* de femme, *litt.* faveur de Dieu, grâce, bienfait, * mnn, م ن ن

almanna' / yilmanna' *v. intr.*, forme V, *Syn. manna'*, * mnˁ, م ن ع
♦ **s'appuyer sur.** •*Al-câyib yilmanna' fî wilêdah hatta yugumm fôg.* Le vieux s'appuie sur son fils pour pouvoir se lever. •*Al-cadaray al kabîre di almanna'at fî axûtha min al-rîh.* Ce grand arbre s'est appuyé sur cet autre à cause du vent.

Almannân *n. pr.* d'homme, formé à partir d'un nom divin *al Mannân*, *litt.* le Bienveillant, le Bon par excellence, * mnn, م ن ن

Almânya *n. pr.* de pays (Allemagne), → *Almâniya.*

almâraso / yilmâraso *v. intr.*, forme VI, * mrs, م ر س
♦ **se caresser, s'envoyer des coups de chicote.** •*Humman almâraso acân birrâyado.* Ils se sont caressés parce qu'ils s'aiment. •*Iyâl tittên almâraso be sîtân nammin al wâhid jara.* Les deux enfants se sont envoyé des coups de chicotes jusqu'à ce que l'un d'eux prenne la fuite en courant.

almarrad / yilmarrad *v. intr.*, *Cf. alsawwar*, * mrd, م ر د
♦ **se révolter, désobéir, s'insurger, se mutiner.** •*Al askar kan mâ yikaffuhum wa mâ yantuhum akil yilmarrado.* Si l'on ne paye pas les militaires et si l'on ne leur donne pas à manger, ils se mutineront. •*Al-ca'ab almarrado fî yôm katilîn mas'ûl hanâ hugûg al insân.* Le peuple s'est révolté le jour où a été assassiné le responsable de la Ligue des Droits de l'Homme. •*Al mara almarradat acân râjilha bikaccir fôgha wa mâ kâribha adîl.* La femme s'est insurgée contre son mari parce qu'il la grondait et ne prenait pas bien soin d'elle.

almas *v. impér.*, → *limis.*

Almâsâgit *n. pr.* de lieu, pour *Al ma' sâgit*, *litt.* l'eau est fraîche, poste administratif du Chari-Baguirmi, * mwh, sqṭ, م و ه • س ق ط
♦ **Massaguet.**

almaskan / yilmaskan *v. intr.*, forme VI, * skn, س ك ن
♦ **devenir humble, se faire petit(e), être simple.** •*Al-nâdum kan mâ almaskan, mâ yagdar yilmakkan.* Si quelqu'un n'accepte pas d'être humble, il n'aura pas de promotion. •*Al wilêd câf abuh jâ, wa almaskan acân hû jî'ân.* L'enfant a vu venir son père, il s'est fait tout petit devant lui pour lui faire remarquer qu'il avait faim. •*Hû man'ûl, illa l xôf bas xallah yilmaskan lêku misil da.* C'est un vaurien, c'est la peur qui le rend humble devant vous.

almassah / yilmassah *v. trans.*, forme V, * msḥ, م س ح
♦ **se masser,** se passer de l'huile ou un corps gras sur le corps.

•*Almassahna xalâs faddal lêna illa nunûmu.* Nous nous sommes déjà massées, il ne nous reste plus qu'à dormir. •*Wâjib al mara tilmassah fî wakt al-cite acân jildaha mâ yagôd axabac.* La femme doit se masser avec de l'huile en hiver pour éviter d'avoir la peau rêche [pour que son corps ne reste pas gris].

almassak / yilmassak *v. intr.*, forme V, → *itmassak.*

almattan / yilmattan *v. intr.*, forme V, *Cf. almakkan*, * mtn, م ت ن

♦ **s'appuyer, se fixer, s'affermir,** prendre pour soi un point d'appui fixe et solide. •*Hû almattan fî idênah hatta gamma.* Il s'est appuyé sur les mains pour pouvoir se lever. •*Al-cayib da yilmattan fî asaytah kan burûx.* Ce vieil homme s'appuie sur sa canne lorsqu'il marche.

almêt / almêtât *empr. (fr.* allumettes), → *kibrît.*

almi / alâmi *n. m.*, *Cf. môya*, * mwh, م و ه

♦ **eau, pluie.** •*Nacarbo almi min al bîr.* Nous buvons l'eau du puits. •*Alâmi hanâ Tcâd yamcu fî bahar kabîr.* Les eaux du Tchad se jettent [vont] dans un grand fleuve. •*Al-sana di almi sabba katîr.* Il a beaucoup plu cette année [l'eau a beaucoup versé].

almi angârâ expression, *litt.* eau de *angara*, autre nom de la boisson préparée à partir de la décoction d'un hibiscus, communément appelée *karkadê* ou *karkanji*, → *karkanji.*

almi ardeb expression, désigne à N'Djaména la boisson préparée à base de fleurs d'hibiscus, → *karkade, karkanji, almi angârâ*, * mwh, م و ه •

almi azrag nom composé, *litt.* eau noire, *Ant. almi axabac*, * mwh, zrq, م و ه • ز ر ق

♦ **eau simple, eau plate,** eau qui ne contient rien, ni sirop, ni mélange de lait ou de mil. •*Macêna sallamnâha, wa almi azrag kulla mâ antâtna, hî di mara raxbâne !* Nous sommes allés la saluer, et elle ne nous a même pas offert d'eau simple, c'est une femme avare ! •*Kan macêt fî Abbece, al-nâs mâ bantûk almi azrag acân da êb.* Si tu vas à Abéché, les gens ne t'offriront jamais de l'eau pure, parce qu'ils auraient honte.

almi igid expression *m.*, composée de *almi* (eau) et de *igid* (lien, collier), * ʕqd, ع ق د

♦ **eau médicinale,** eau amère soignant le ventre et le cordon ombilical. •*Al mara abat mâ tântih lê wilêdha almi igid.* La femme a refusé de donner à son enfant de l'eau médicinale. •*Axui, batûnah tôjah, wa cirib almi igid.* Mon frère a mal au ventre et il a bu de l'eau médicinale. •*Al almi igid bisawwuh be warag hanâ xibbêc wa hanâ xarrûb wa mahlab.* On fait de l'eau médicinale *igid* avec des feuilles de *xibbêc*, de caroubier et des graines de *mahlab.*

alnaccag / yilnaccag *v. trans.*, forme V, → *annaccag*, * nšq, ن ش ق

alnaxxam / yilnaxxam *v. intr.*, forme V, → *annaxxam*, * nẖm, ن خ م

alsawwar / yilsawwar *v. intr.*, prononcé *assawwar*, forme V, → *assawwar*, * ṯwr, ث و ر

altabbag / yiltabbag *v. intr.*, forme V, → *attabbag*, * ṭbq, ط ب ق

alûg *n. m.*, ≅ *alûk*, * ʕlq, ع ل ق

♦ **provision du cheval, provende,** petite provision de graminées, accrochée à la monture et destinée à nourrir le cheval au cours du voyage. •*Sîd al-juwâd marra fî l madagg, wa antoh alûg lê juwâdah.* Le cavalier est passé dans des lieux où l'on battait le mil, et on lui en a donné une provision pour son cheval. •*Alûg al-juwâd da, al yôm muxalbat be sumsum.* La provision de nourriture de ce cheval est aujourd'hui mélangée avec du sésame. •*Al-juwâd kan mâ indah alûg adîl yabga bâtil wa mâ indah gudra.* Quand un cheval n'a pas de bonne provision de route, il maigrit et n'a plus de force.

alûk *n. m.*, → *alûg.*

alwâ'ado / yilwâ'ado *v. intr.*, forme VI, * wˤd, و ع د

♦ **se fixer un rendez-vous, se mettre d'accord pour se rencontrer, se retrouver,** s'entendre pour faire quelque chose ensemble. •*Ahmat wa rafîgah alwâ'ado lê l maxatar fî l-janûb.* Ahmat et son ami se sont mis d'accord pour voyager ensemble au Sud. •*Agîf ambâkir hatta nilwâ'ado fî l wakit al tantîni fôgah al amâna !* Attends demain, pour fixer le moment où tu viendras me donner ce que tu veux me confier !

alwadda / yilwadda *v. intr.*, forme V, * wḍ', و ض ء

♦ **faire ses ablutions.** •*Al wadda wa nisi mâ salla min kutur al macâkil ke.* Il a fait ses ablutions et a oublié de prier tant il était préoccupé par ses nombreux ennuis ! •*Jidd al-Salâmât alwadda wa salla wa mât fôg bakânah, acân da bas sammôhum "Salâmât".* L'ancêtre des Salamat a fait ses ablutions, a prié et est mort au même endroit, c'est pour cela qu'on les appelle : "Salâmât". •*Hû nâdum kabîr wa mâ ya'arif yilwadda !* C'est une grande personne mais il ne sait pas faire ses ablutions !

alwaddab / yilwaddab *v. intr.*, forme V, → *al'addab,* * wẓb, و ظ ب

alwâfago / yilwâfago *v. intr.*, forme VI, * wfq, و ف ق

♦ **se mettre d'accord, tomber d'accord, convenir de, s'entendre.** •*Humman mâ alwâfago fî jîze hint binêyithum.* Ils ne sont pas tombés d'accord sur le mariage de leur fille. •*Al banât alwâfago yadurbu l mulâh sawa.* Les filles se sont entendues pour préparer la sauce ensemble.

alwaffa / yilwaffa *v. intr.*, forme V, → *itwaffa.*

alwahhal / yilwahhal *v. intr.*, forme V, * wḥl, و ح ل

♦ **s'embourber, s'enfoncer dans sa honte, être confondu(e).** •*Kan mâ ta'arif tusûg, akîd tilwahhal fî l-derib.* Si tu ne sais pas conduire, à coup sûr tu t'embourberas en chemin. •*Al gardi sirig gurs al munazzama, wakit irfoh alwahhal.* Le gardien a volé l'argent de l'organisation ; quand on l'a su, il a été confondu de honte. •*Ayyi zôl mâ bihtarif be xalatah yilwahhal.* Toute personne qui ne reconnaît pas ses erreurs s'enfoncera dans sa honte.

alwakkad / yilwakkad *v. intr.*, *Cf. câf,* * 'kd, ء ك د

♦ **fixer des yeux pour reconnaître, s'assurer par le regard, dévisager.** •*Al-nâdum al-côfah xafîf, kan mâ jâk garîb, mâ bilwakkadak inta yâtu.* Si le myope ne s'approche pas très près de toi, il n'est pas sûr de te reconnaître. •*Al-saxîr kan câlah nâdum âxar mâ min nâs al-bêt, yilwakkadah adîl gubbâl yabki.* Lorsque le bébé est pris par quelqu'un qui n'est pas de la maison, il fixe le visage de cette personne avant de se mettre à pleurer.

alwakkal / yilwakkal *v. intr. {- alê}*, *Cf. wakkal,* ≅ *atwakkal, tawakkal,* * wkl, و ك ل

♦ **se confier à Dieu.** •*Anâ alwakkalt alê Allah ba'ad simi't môt hanâ râjili.* Je me suis confié en Dieu après avoir entendu la nouvelle de la mort de mon mari. •*Al-derib da hawân, indah haramiyîn katîrîn, alwakkalo bas axatru !* Ce chemin est mauvais, les bandits y sont nombreux ; confiez-vous à Dieu avant de partir en voyage ! •*Al askar yilwakkalo lê l môt wa yamcu l harba.* Les militaires se confient à Dieu en face de la mort [se confient à la mort] et partent pour la guerre.

alwâlaf / yilwâlaf *v. intr.*, forme VI, * 'lf, ء ل ف

♦ **s'habituer, se mettre en confiance avec** ***qqn.*****, se familiariser avec.** •*Hû nâdum mustahi bilhên, mâ bilwâlaf ajala.* C'est quelqu'un de très timide, il lui faut du temps pour se familiariser avec un inconnu. •*Iyâl jîrânna al-jo min ba'îd alwâlafo ma'â iyâlna ajala ke wa li'ibo sawa.* Les enfants de nos voisins qui étaient venus de loin se sont vite habitués aux nôtres et ont joué avec eux.

Alwâli *n. pr.* d'homme, pour *al Wâlî*, nom divin, *litt.* le Régnant, * wly, و ل ي

alwân *pl.*, → *lôn.*

alwânaso / yilwânaso *v. intr.*, forme VI, → *al'ânaso*, * 'ns, ء ن س

Alwâni *sgtf.* d'un *n. pr. gr.*, (*fém. Alwâniye*), → *Alawne, Wulâd Alwân.*

alwannas / yilwannas *v. intr. {- be}*, → *al'annas*, * 'ns, ء ن س

alwâsalo / yilwâsalo *v. intr.*, forme VI, * wṣl, و ص ل

♦ **se rendre visite, se visiter mutuellement.** •*Wâjib tilwâsalo ma'â axawânak acân til'ârafo adîl.* Il faut qu'avec tes frères vous vous rendiez visite afin de mieux vous connaître. •*Al mara di mâ bilwâsalo ma'â jîrânha acân iyâlhum dâwaso zamân.* Cette femme et ses voisins ne se rendent pas visite parce qu'autrefois leurs enfants se sont battus.

alwassad / yilwassad *v. trans.*, forme VI, * wsd, و س د

♦ **se reposer sur un coussin, s'appuyer sur un coussin.** •*Humman alwassado wa nâmo.* Ils se sont appuyés sur un coussin et se sont endormis. •*Al arîs alwassad fî wassâde jadîde.* Le jeune marié s'est reposé sur un coussin neuf.

alwazzaf / yilwazzaf *v. intr.*, forme V, * wzf, و ظ ف

♦ **se placer, devenir fonctionnaire, recevoir une responsabilité,** entrer dans la fonction publique, trouver un emploi. •*Hû garib yilwazzaf acân xalâs giraytah kammalat.* Il va bientôt recevoir une responsabilité parce qu'il a déjà fini ses études. •*Anîna min alwazzafna fî l hâkûma indina santên.* Nous sommes devenus fonctionnaires du gouvernement depuis deux ans.

alwi *v. impér.*, → *lawa.*

alxâbano / yilxâbano *v. intr.*, forme VI, * ġḍb, غ ض ب

♦ **se mettre mutuellement en colère, se fâcher,** s'exciter mutuellement à la colère. •*Al iyâl alxâbano acân axuhum akal al êc xallahum.* Les enfants se sont fâchés entre eux parce que leur frère avait mangé la boule sans les attendre. •*Humman maco l ganîs sawa wa hinâk alxâbano.* Ils sont partis ensemble à la chasse et, là-bas, ils se sont mis en colère les uns contre les autres.

alxâcaco / yilxâcaco *v. trans.*, forme VI, * ġšš, غ ش ش

♦ **se tromper mutuellement, se berner, se leurrer.** •*Al-rufugân al-tinên alxâcaco.* Les deux amis se sont bernés. •*Mâ tilxâcaco, hajju kalâm sahi !* Ne vous trompez pas les uns les autres, dites la vérité !

alxadda / yilxadda *v. intr.*, forme V, *Cf. xadda, al'acca*, * ġdw, غ د و

♦ **déjeuner, prendre le repas de midi.** •*Amis anâ alxaddêt ma'â jidditi.* Hier, j'ai déjeuné avec ma grand-mère. •*Kan mâ alxaddêtu, amcu bû'u lêku mappa be sardîn !* Si vous n'avez pas déjeuné, allez vous acheter du pain avec des sardines ! •*Ôrîhum lê difânak yaju yilxaddo ma'âna yôm al ahad !* Dis à tes hôtes qu'ils viennent dimanche pour prendre avec nous le repas de midi !

alxâlafo / yilxâlafo *v. intr.*, forme VI, * ḫlf, خ ل ف

♦ **se quereller, être en désaccord, s'opposer.** •*Mâ najaho fî buna hanâ l-dawla acân humman alxâlafo.* Ils n'ont pas réussi à construire l'État parce qu'ils se sont querellés. •*Alxâlafna ma'âk acân gursak da ciya lêi.* Je n'ai pas été d'accord avec toi parce que tu ne m'avais pas donné assez d'argent [parce que ton argent est peu pour moi].

Alxâli *n. pr.* d'homme, pour *al xâli*, *litt.* celui qui vaut cher, * ġlw, غ ل و

Alxalîl *n. pr.* d'homme, pour *al xalîl*, *litt.* l'ami intime et sincère, surnom

d'Abraham qui fut l'ami de Dieu,
* ẖll, خ ل ل

alxalla / yilxalla *v. intr. {- lê}*, forme VII, * ẖlw, خ ل و
♦ **être laissé(e), être abandonné(e).** •*Hû da sakkâri, battân al marîse mâ tilxalla lêyah.* C'est un ivrogne, il ne pourra plus abandonner la boisson. •*Hî di tirîd râjilha, mâ bilxalla lêha.* Celle-ci aime son mari, elle ne le quittera pas [il ne sera pas laissé par elle].

alxam *v. impér.*, → *laxam 1.*

alxarbal / yilxarbal *v. intr.*, forme V, *Cf. xarbal*, * ġrbl, غ ر ب ل
♦ **se tamiser, se trier.** •*Al-dagîg kan nadyân mâ bilxarbal adîl.* La farine humide ne se tamise pas comme il faut. •*Al binêye di saxayre, al xalla mâ alxarbalat lêha adîl.* Cette fille est petite, elle n'arrive pas à bien trier le mil [le mil ne se trie pas bien dans ses mains].

alxarra' / yilxarra' *v. intr.*, forme V, * ẖrʕ, خ ر ع
♦ **cauchemarder, s'effrayer.** •*Wilêdi bilxarra' be fî l-lêl.* Mon enfant a des cauchemars la nuit. •*Al-dabi taradah wa fî l-lêl alxarra' mâ gidir sadda ênah.* Le serpent l'a pourchassé et la nuit il a eu des cauchemars, il n'a pas pu fermer l'œil. •*Hî alxarra'at tugûl marfa'în bidôr bâkulha.* Elle a cauchemardé en disant qu'une hyène voulait la manger.

alxâsamo / yilxâsamo *v. intr.*, forme VI, * ẖṣm, خ ص م
♦ **ne plus s'adresser la parole, s'ignorer réciproquement, se faire la tête mutuellement, rompre toute relation,** maintenir délibérément l'absence de relations avec des personnes proches. •*Amkalâm wa darritha alxâsamo induhum caharên.* Depuis deux mois, Amkalam et sa rivale ne s'adressent plus la parole. •*Humman alxâsamo ma'â ahal kattâl abûhum.* Toute relation est coupée entre eux et la famille du meurtrier de leur père.

alxassal / yilxassal *v. intr.*, forme V, * ġsl, غ س ل
♦ **se laver, être lavé(e), se nettoyer.** •*Al xalag al wasxân yilxassal adîl be sâbûn "gutun Tcad".* Le linge sale se lave très bien avec le savon "Coton Tchad". •*Kabiratêr al môto mâ bilxassal illa be esâns.* Le carburateur d'une moto ne se lave qu'avec de l'essence.

alxâtam / yilxâtam *v. intr. {- giddâm}*, forme VI, * ẖṭm, خ ط م
♦ **passer devant *qqn.*, traverser la route,** aller de gauche à droite dans la rue. •*Mâ tilxâtam giddâm al-nâs al bisallu dôl !* Ne passe pas devant ces gens qui sont en train de prier ! •*Angaru mâ tilxâtamo giddâm al watâyir !* Prenez garde de ne pas traverser devant les voitures !

alxatra / yilxatra *v. trans.*, forme V, * ẖṭr, خ ط ر
♦ **enjamber, passer par-dessus.** •*Mâ tilxatra nâdum râgid kan kabîr minnak, mâ min al adab !* N'enjambe pas quelqu'un qui est couché et qui est plus grand que toi, ce n'est pas poli ! •*Kan gidirt alxatrêt al-terbêza di nantîk xamsa riyâl.* Si tu arrives à enjamber cette table, je te donne cinq riyals.

alxatta / yilxatta *v. intr.*, forme V, * ġṭw, غ ط و
♦ **se couvrir.** •*Al-râjil alxatta wa nâm.* L'homme s'est couvert et s'est endormi. •*Al iyâl alxatto acân al wata bârde.* Les enfants se sont couverts parce qu'il fait froid. •*Hû xâf min al marfa'în wa alxatta be l gecc.* Il a eu peur de l'hyène et s'est mis sous la paille [s'est couvert de paille].

alxattas / yilxattas *v. intr.*, forme VII, * ġṭs, غ ط س
♦ **se plonger, s'immerger, s'enfoncer,** se mettre tout au fond de l'eau. •*Al-sarrâg natta fôg al-durdur wa waga' wa râsah alxattas fî l kânifo.* Le voleur a sauté par-dessus le mur, il est tombé et a plongé la tête dans le caniveau. •*Al xarrâf alxattas fî ga'ar al-duwâne.* La calebasse pour

prendre l'eau est tombée au fond du canari. •*Al marfa'în natta, wa waga' fî l-zerîbe wa côk katîr alxattas lêyah fî jildah.* L'hyène a sauté, est tombée dans la haie et de nombreuses épines se sont enfoncées profondément dans sa chair.

alxâwo / yilxâwo *v. intr.*, forme VI, * 'ẖw, ء خ و

♦ **fraterniser, s'aimer fraternellement.** •*Al-zurug wa l buyud alxâwo acân yijîbu l âfe fî Janûb Ifrîxiya.* Les Noirs et les Blancs ont fraternisé pour apporter la paix en Afrique du Sud. •*Anîna alxâwêna acân jîrân.* Nous avons fraternisé parce que nous sommes des voisins.

alxawwo / yilxawwo *v. intr.*, forme VI, * qwy, ق و ي

♦ **se renforcer, se fortifier, se coaliser.** •*Kulla hizib munâdilînah yilxawwo misil ammuhum wahade wa abûhum wâhid.* Les militants de chaque parti politique renforcent leurs liens entre eux comme s'ils avaient la même mère et le même père. •*Fî l harib, al askar kan al adu xalabahum, bamcu bilxawwo wa bigabbulu bihârubuh.* Pendant la guerre, lorsque les combattants étaient vaincus par l'ennemi, ils partaient chercher du renfort et revenaient combattre.

alxayyar 1 / yilxayyar *v. intr.*, forme V, * ġyr, غ ي ر

♦ **se changer, se modifier, s'améliorer,** être changé(e) ou modifié(e). •*Al-dunya mâ alxayyarat, al-nâs bas alxayyaro !* Le monde n'a pas changé, ce sont les gens qui ont changé ! •*Wakit da, kan indina gurus katîr, nilxayyaro.* Si à cette époque nous avions eu beaucoup d'argent, nous aurions mieux vécu. •*Yâ jâri zamân anâ ma'âk adîlîn, kan tilxayyar minni kula anâ mâ nilxabban !* Eh, mon voisin, autrefois nous avions d'excellents rapports ; même si tu changes d'attitude envers moi, je ne me fâcherai pas !

alxayyar 2 / yilxayyar *v. trans.*, forme V, * ẖyr, خ ي ر

♦ **se choisir.** •*Nâs hillitna lammo fajur acân bilxayyaro wâhid minnuhum yimassilhum fî l Mu'tamar al watani.* Les gens de notre village se sont réunis le matin pour se choisir quelqu'un qui les représentera à la Conférence nationale. •*Amis lammêna alxayyarna wâhid minnina amîn al-sandûg.* Hier, nous nous sommes réunis pour nous choisir un trésorier. •*Yâtu kula yilxayyar al-coxol al bidôrah fî l-dukkân, wa anâ nikaffîh !* Que chacun choisisse ce dont il a envie dans le magasin, c'est moi qui payerai !

Alxazâli *n. pr.* d'homme, pour *al xazâli, litt.* celui qui ressemble à la gazelle, * ġzl, غ ز ل

alxi *v. impér.*, → *laxa.*

alzam *v. impér.*, → *lazam.*

am- *invar.*, pour *amm*, préfixe entrant dans la composition de nombreux noms et adjectifs féminins dont on veut souligner une fonction ou une particularité physique manifeste, *Cf. ab-*, → *amm 1, litt.* mère de.

âm / yu'ûm *v. intr.*, forme I n° 4, * ˁwm, ع و م

♦ **nager.** •*Ammi âmat ma'â amm Mahammat.* Ma mère a nagé avec la mère de Mahamat. •*Anâ umt fî l Batha.* J'ai nagé dans l'oued Batha. •*Nâs hanâ mincâx mâ ba'arfu bu'ûmu.* Les gens du Nord ne savent pas nager.

am'abât *n. vég., coll., f., sgtf. am'abatay,* ≅ *masar, masaray,* * 'bṭ, ء ب ط

♦ **nom d'une céréale, maïs,** famille des graminées. •*Jît fî l hille wa ligit siyâdha kulluhum migôgiyîn iyâlhum... Di l am'abât.* Je suis arrivé dans le village et tous les habitants que j'ai rencontrés portaient leurs enfants dans le dos... C'est le maïs. *Dvnt.* •*Al am'abât bitêrubuha fî l wâdi.* On sème le maïs dans l'oued.

am'abôla / am'abôlât *n. f.*
♦ **appât à oiseaux, piège à oiseaux,** petit bassin creusé dans la terre, enduit d'argile et rempli d'eau, servant à attirer les petits oiseaux pour qu'ils se prennent dans les nœuds coulants disposés tout autour. •*Al iyâl fâto bisawwu lêhum am'abôla.* Les enfants sont partis fabriquer un petit bassin pour attirer les oiseaux. •*Al am'abôla kan mâ indaha almi, al-têr mâ banzil fôgha.* Si le petit bassin n'est pas rempli d'eau, les oiseaux n'y descendent pas.

Am'abua *n. pr.* de femme, → *Am'abuha.*

Am'abuha *n. pr.* de femme, pour *amm abuha, litt.* la mère de son père.

am'âk *n. anim.*, du nom de son cri perçant *âk.*
♦ **étourneau, Onychognathus morio,** famille des sturnidés, oiseaux noirs vivant en bandes et criant très fort. •*Am'âk gâ'idîn sawa, wa kan câfo sigêr wallâ amguggum bitârudûhum lahaddi yaktulûhum.* Les étourneaux vivent en groupe ; s'ils voient un petit épervier ou un hibou, ils le pourchassent jusqu'à le tuer. •*Am'âkay hî zarga wa awwitaha katîre.* L'étourneau est noir et fait beaucoup de bruit.

am'angara *adj. déf. phy., f.,* → *ab'angara.*

Am'ênarrahad *n. pr.* de femme, pour *amm ên al-rahad, litt.* la mère de l'œil du marigot, c'est-à-dire : celle qui a de grands yeux aussi beaux que le marigot.

am'issêlo *n. f., mrph. dmtf., Cf. asal,* * ʕsl, ع س ل
♦ **gomme sucrée, mélasse de berbéré, miel de berbéré,** gomme sucrée se trouvant sur les feuilles du berbéré mûr dont les cannes elles-mêmes sont aussi sucrées. •*Am'issêlo hû samux, bilummuh min warcâl al berbere wa biwalluku fi l-nâr.* Le miel de berbéré est une gomme sucrée, on le récolte sur les feuilles de berbéré que l'on fait bouillir. •*Assal am'issêlo azrag mâ misil asal al-nahal.* Le miel de berbéré est noir et ne ressemble pas au miel des abeilles.

Am'izz *n. pr.* de femme, *Cf. azîz.*

Am'izzên *n. pr.* de femme, *litt.* celle qui est doublement estimée, → *izz.*

am'urud *invar., Cf. minjamm,* * ʕrḍ, ع ر ض
♦ **partout, n'importe où, dans tous les sens, de travers,** n'importe comment. •*Fî kartiye Digêl al-nâs bano buyût am'urud.* Au quartier Diguel, les gens ont construit des maisons dans tous les sens. •*Al bôlîs mâ yaxassudu lê l-nâs yagôdu fî l-câri am'urud.* Les policiers n'admettent pas que les gens s'assoient n'importe où dans la rue.

ama 1 / ya'ami *v. trans.*, pour *âma, yi'âmi,* * ʕmy, ع م ي
♦ **aveugler,** rendre aveugle. •*Al-durr ajâj, ya'ami (yi'âmi) sîdah.* Le mal délibéré est de la poussière qui rendra aveugle celui qui l'a soulevée. *Prvb.* (*i.e.* le mal se retourne sur celui qui le fait). •*Inta tidôr ta'amîni be dawâk al waktah fat da ?* Tu veux me rendre aveugle avec ton médicament périmé ? •*Al-ramad bas amâni, indi santên.* C'est la conjonctivite qui m'a rendu aveugle il y a deux ans. •*Inti bas amêtîni be dawâki !* C'est toi qui m'a rendu aveugle avec ton médicament !

ama 2 *n. m., Cf. imi, ya'ama,* * ʕmy, ع م ي
♦ **cécité.** •*Al ama coxol gâsi bilhên.* La cécité est une chose très dure à supporter. •*Al-ramad bijîb al ama.* La conjonctivite provoque la cécité. •*Amâk da min al-dawa al waktah fât wa sabbêtah.* Si tu es devenu aveugle, c'est à cause du collyre périmé que tu t'es mis dans les yeux. •*Yazgîk al ama !* Que Dieu te rende aveugle ! (insulte).

âma / yi'âmi *v. trans.*, pour *a'ama* (aveugler), → *ama 1.*

amad *invar.*, *Syn. durr*, * ʿmd, ع م د
♦ **mal fait délibérément, nuisance, vengeance.** •*Al amad mâ zên.* La vengeance n'est pas bonne. •*Mâ tisawwi l amad lê nafsak, gumm amci aciri lêna sukkar !* Ne t'entête pas pour rien, lève-toi, va nous acheter du sucre ! •*Mâ tisawwi l amad lê axûk !* Ne fais pas mal exprès à ton frère !

âmad / yi'âmid *v. trans.*, forme III, *Cf. amûd*, * ʿmd, ع م د
♦ **piler avec *qqn.*, aider *qqn.* à piler le mil, écraser au pilon,** se mettre à plusieurs pour piler le mil dans un même mortier. •*Xadîja âmadat ammaha wa kanfato xallithum.* Khadidja a aidé sa mère à piler le mil et à en enlever le son. •*Ta'âli âmidîni fî l-daggîn carmûti da !* Viens m'aider à écraser cette viande séchée ! •*Ambâkir, kan dôrki, ni'âmidki fî l kanfitîn.* Si demain c'est ton tour de piler, je viendrai t'aider pour ôter le son du mil.

amâdîd *pl.*, → *midd.*

Âmâdu *n. pr.* d'homme, variante de *Ahmad*, * ḥmd, ح م د

âmâl *pl.*, → *amal.*

amal / âmâl *n. m.*, * ʿml, ع م ل
♦ **travail, occupation.** •*Al-nâdum kan mâ indah amal, mardân.* Si un homme ne travaille pas, c'est qu'il est malade. •*Xamîs wa rafîgah ligio âmâl fî l madîna.* Khamis et son ami ont trouvé du travail en ville. •*Al amal fî wakt al xarîf gâsi.* Il est difficile de trouver du travail pendant la saison des pluies.

Âmâl *n. pr.* de femme, *litt.* espérances, espoirs, pensées, * ’ml, ء م ل

amalas / mulus *adj. déf. phy.*, (*fém. malsa*), * mls, م ل س
♦ **lisse, poli(e), doux (douce), luisant(e).** •*Hû amalas acân martah masahatah dihin.* Il a la peau qui brille parce que sa femme l'a enduit d'huile. •*Al mara di malsa acân samîne.* Cette femme a la peau lisse parce qu'elle est grasse. •*Al biss sûfah amalas.* Le poil du chat est doux. •*Jâbo lêi xulgân mulus.* On m'a apporté des vêtements doux et luisants.

Amalhîrân *n. pr.* de femme, pour *Amm al hîrân*, [la mère des disciples de l'école coranique].

amaliye / amaliyât *n. f.*, ≅ *amaliya*, * ʿml, ع م ل
♦ **intervention chirurgicale, opération.** •*Waddoh fî l-labtân wa sawwoh lêyah amaliye.* On l'a conduit à l'hôpital et on lui a fait une opération chirurgicale. •*Kan sawwoh lêyah amaliye min badri, wakit da ligi l âfe.* Si on lui avait fait aussitôt une intervention chirurgicale, il serait déjà en bonne santé. •*Al mara mâtat acân amaliytha mâ najahat.* La femme est morte parce que son opération n'a pas réussi.

amâm invariable, * ’mm, ء م م
♦ **devant, face à.** •*Al yôm al wazîr al-jadîd hajja amâm al-ca'ab.* Aujourd'hui le nouveau ministre a parlé devant le peuple. •*Al mêtir gâ'id amâm al iyâl.* Le maître se trouve face aux enfants.

amâmên *pl.*, → *imm.*

amân *n. m.*, * ’mn, ء م ن
♦ **confiance, sécurité, fidélité.** •*Wâjib al amân yukûn ambênâtna fî l xidime.* Il faut qu'au travail, il y ait de la confiance entre nous. •*Dumm gursak fî bakân indah amân !* Mets ton argent en sécurité ! •*Al wilêd nâm fî îdên ammah be kulli amân.* L'enfant s'est endormi dans les bras de sa mère en toute confiance. •*Hû da indah amân, nantih acîri kulla.* Il est digne de confiance, je lui confie même mes secrets. •*Kan al amân mâ fîh, xuwutku mâ titawwil.* S'il n'y a pas de confiance entre vous, votre fraternité ne durera pas longtemps. •*Hû mâ gata'a l amân, hû yajîna kulla yôm yicîf âfitna.* Il reste fidèle en venant tous les jours nous rendre visite pour savoir comment nous allons [il n'a pas

coupé la confiance et vient chez nous tous les jours voir notre état de santé].

âman / yi'âmin *v. trans.* ou *intr.* *{- be}*, forme II, le verbe intransitif contruit avec *be* concerne la croyance en Dieu, * 'mn, ن م ء

♦ **croire, avoir confiance en.** •*Lê hassâ marti mâ âmanat kadar anâ mâ indi gurus.* Jusqu'à présent ma femme n'a pas cru que j'étais sans d'argent. •*Humman âmano be wujûd hanâ Allah.* Ils ont cru à l'existence de Dieu. •*Anâ mâ cilt gursak wa kan mâ ti'âminni amci acki bakân al-tidôrah !* Je n'ai pas pris ton argent, et, si tu n'as pas confiance en moi, va te plaindre où tu veux !

amâna / amânât *n. f.*, * 'mn, ن م ء

♦ **chose confiée.** •*Anâ antêtah lê Mahamat amâna hint gurus yiwaddiha lê iyâli.* J'ai confié à Mahamat de l'argent à remettre à mes enfants. •*Akkâl al amâna al-nâs bakrahoh.* Les gens détestent celui qui s'approprie [qui mange] ce qu'on lui confie.

âmanân *n. d'act., m.*, → *âminîn.*

Amaniya *n. pr.* de femme, *litt.* qui met sa confiance en Dieu, * nwy, ن و ي

amar 1 / ya'mir *v. intr.*, forme I n° 6, * 'mr, ر م ء

♦ **ordonner, prescrire, commander.** •*Al abu amar lê wilêdah acân yudugg axtah al-saxayre.* Le père a ordonné à son enfant de frapper sa petite sœur. •*Hî tidôr taxtir lâkin râjilha lissâ mâ amar lêha.* Elle veut voyager, mais son mari ne le lui a pas encore permis [ordonné].

amar 2 / ya'mir *v. intr. {- be}*, ≅ l'*inacc. ya'amir*, forme I n° 6, * ʕmr, ر م ع

♦ **peupler** (se), **s'installer, se regrouper, vivre ensemble, consolider, renforcer, conserver en vie,** se rassembler dans un lieu pour y vivre longtemps. •*Awîn al-sultân amaro l gusûr.* Les femmes du sultan se sont installées dans le palais. •*Al-nâs amaro l hille.* Les gens ont peuplé le village. •*Al-râjil amar martah al-tallagâha tawwal.* L'homme a repris la femme qu'il avait répudiée il y a longtemps. •*Nâs jo min barra wa amaro dârna.* Des gens sont venus de l'étranger et ont peuplé notre pays. •*Allah ya'amir galbak be l îmân !* Que Dieu remplisse ton cœur de foi !

amâr *n. m., Cf. amar 2*, * ʕmr, ر م ع

♦ **peuplement, croissance, construction, prospérité.** •*Amâr Anjammêna bigi ba'ad kumâle hanâ l-duwâs.* Le reconstruction de N'Djaména s'est faite à la fin de la guerre. •*Al xarâb yagdar yisawwi nâdum wâhid, lâkin al amâr mâ yabga bala nâs katîrîn.* La destruction peut être l'œuvre d'une seul homme, mais la construction ne peut être que celle d'un grand nombre. •*Amâr al buyût fî Anjammêna hassâ bigi gâsi.* La construction des maisons à N'Djaména est maintenant très coûteuse. •*Al mahanna hint iyâl al balad tijîb al amâr.* L'entente cordiale entre les enfants du pays amènera la prospérité.

âmar / yi'âmir *v. trans.*, forme III, * ʕmr, ر م ع

♦ **réconcilier,** vivre de nouveau ensemble. •*Hû amis maca âmar axtah ma'â râjilha.* Il est allé hier réconcilier sa sœur avec son mari. •*Acân iyâlak wâjib ti'âmir martak !* A cause de tes enfants tu dois te réconcilier avec ta femme !

amarân *n. d'act., m.*, → *amirîn 1, amirîn 2.*

âmarân *n. d'act., m.*, → *âmirîn.*

Amari *sgtf.* d'un *n. pr. gr.*, (*fém. Amariye*), → *Imar.*

Âmat *n. pr.* d'homme, contraction de *Ahamat*, * ḥmd, ح م د

amâyid *pl.*, → *amûd.*

amba' *invar.*, → *anba'.*

amba'âm *n. anim., m.*, composé de *amm* et de *ba'am*,(femelle *amba'amay*),

métathèse dans la racine, *Cf.* arabe *sd. bi*ʕ*âm* (*C.Q.*), connu grâce à la télévision et aux cassettes vidéo, * ʕbm, ع ب م
♦ **chimpanzé.** •*Al amba'âm bicabbih al-tigil wa hû bibâzi al-nâs.* Le chimpanzé ressemble au babouin et imite l'homme. •*Amba'âm fî Tcâd mâ ciftah, lâkin cifnah fî l-televizyôn.* Je n'ai pas vu de chimpanzé au Tchad, mais nous en avons vu à la télévision.

amba'ûda *n. f.*, composé de *amm* et de *ba'ûda,* → *ba'ûda.*

Ambacâir *n. pr.* de femme, → *Ambacâyir.*

Ambacâyir *n. pr.* de femme, *Cf. bicâra, litt.* porteuses de bonnes nouvelles.

ambaggâga / ambaggâgât *n. f.*, composé de *amm* et de *baggâga* (plusieurs bouches), *mrph. intf.*, * bqq, ب ق ق
♦ **souterrain, galerie sous la terre, terrier à deux entrées,** trou sous la terre ayant deux ouvertures. •*Anâ mâ fîni, macêt fî l-sûg, al kulâb sawwo lêi ambaggâga fî l bêt.* J'étais absente, j'étais allée au marché, les chiens ont creusé une galerie sous ma maison. •*Abundullâf sawwa lêyah ambaggâga fî zere'na.* L'oryctérope a creusé un terrier à deux entrées dans notre champ.

ambagine *n. m.*, maladie des bovins (péripneumonie) appelée ainsi dans la région d'Abéché, → *amficêfîc.*

ambahat / yimbahit *v. intr.*, → *anbahat.*

ambahîn dans l'expression *min ambahîn, invar.*, composé de *am be l hîn, Syn. badri,* * ḥyn, ح ي ن
♦ **très tôt, en avance, sans retard, bien à l'heure.** •*Abu Zênaba addal bêtah ambahîn gubbâl al xarîf.* Le père de Zénaba a réparé sa maison très tôt avant la saison des pluies. •*Al yôm gabbalna min al xidime ambahîn.* Aujourd'hui nous sommes revenus du travail très tôt. •*Salli min ambahîn gubbâl al wakit mâ yufût !* Fais ta prière à temps, avant que le temps fixé ne soit passé ! •*Ta'âl min ambahîn, anîna nidôru nusuddu l bâb wa nunûmu !* Viens sans retard, nous aimerions fermer la porte et dormir !

ambahudo *n. vég., coll., f.*, appelé *kabkâbiya* dans la région de Biltine.
♦ **nom d'un arbre, Grewia mollis,** famille des tiliacées, arbuste dont les fleurs, les fruits et l'écorce sont comestibles, et dont on se sert pour la construction des cases arabes, des arcs et des flèches. •*Ambahudo cadaray talgaha fî bakanât marâgid al almi.* Le Grewia mollis est un arbre qui se trouve dans des lieux où l'eau stagne. •*Ambahudo wa tukka garîb garîb, wa iyâlha yâkuluh.* Le Grewia mollis ressemble beaucoup au Grewia villosa, et ses fruits sont comestibles. •*Matârig ambahudo bisawwuhum dinbil lê l kûzi.* Les tiges du Grewia mollis servent à fabriquer la base de la charpente des cases rondes.

ambakâri mot au *pl.*, → *ambikêriye.*

ambakâti *pl.*, (*sing. ambakatiyo*), → *ambakôtiye.*

ambâkir *invar.*, *Cf. ambukra,* * bkr, ب ك ر
♦ **demain.** •*Ambâkir naktulu l xanamay.* Demain, nous tuerons le mouton. •*Yâtu mâci ma'âi ambâkir fî l-zere' ?* Qui part demain avec moi au champ ? •*Gâl lêi bamci lêk ambâkir.* Il m'a dit qu'il viendrait te voir demain.

ambakôtiye / ambakotiyât *n. anim., coll., f., sgtf. ambakôtiyay,* ≅ le singulier *ambakatiyo* et le pluriel *ambakâti*, tient son nom des taches noires se trouvant sur le dos de cet insecte et faisant penser à un bonnet (*tâgiye*) ou à une touffe de cheveux (*gutiye*), ≅ *ambubûk.*
♦ **nom d'un criquet, Kraussaria angulifera (K.),** famille des acrididiens (*s.-f.* cyrtacanthacridinæ), de couleur jaune avec quatre taches jaune clair sur un pronotum foncé. •*Ambakôtiye jaraday talgaha katîre fî*

l-darat. Le criquet jaune vient [se trouve] en grand nombre au temps de la moisson. •*Ambakôtiye tâkul warcâl al-darrâba.* Le criquet *ambakôtiye* dévore les feuilles de gombo. •*Al-nâs bugûlu ambakôtiye tisawwi marad abunsifêr.* Les gens disent que le gros criquet jaune donne l'ictère. •*Al iyâl bugûlu : "Ambakatiyo marit faki Aliyo !".* Les enfants disent : "*Ambakatiyo* est la femme du faki Aliyo !".

ambala'o *n. coll.*, *m.*, *sgtf. ambala'oy*, lorsque le fruit de cet arbre est sec, il s'appelle *mixxêd*, * blʕ, ب ل ع

♦ **nom d'un fruit, fruit frais du Boscia senegalensis.** •*Anâ akalt ambala'o katîr wa galbi gamma bojâni.* J'ai mangé beaucoup de fruits du Boscia senegalensis et je commence à avoir mal au cœur. •*Al ambala'o yanjad fî wakit al-rucâc.* Les fruits du Boscia senegalensis mûrissent au moment de la montée de la sève.

Ambaladên *n. pr.* de femme, duel, → *balad*, *litt.* celle qui a deux pays.

ambalalo *n. m.*, * bll, ب ل ل

♦ **plat de mil à l'eau,** mil pilé, mouillé et écrasé au pilon. •*Al mara sawwat ambalalo be l xalla fî l fundug.* La femme a préparé de l'*ambalalo* en pilant du mil dans le mortier. •*Ambalalo be sukkar haluwe bilhên.* L'*ambalalo* avec du sucre est excellent. •*Jidditi tisawwi kulla yôm jum'a ambalalo.* Ma grand-mère prépare tous les vendredis de l'*ambalalo*.

ambalas / yimbalis *v. intr. {- min}*, *Cf.* balas, forme VII, la racine *blsm* (*Ka.*) donnant naissance à un verbe signifiant "s'enfuir, se sauver", pourrait suggérer une métathèse dans la racine, * flṣ, ف ل ص

♦ **s'échapper, s'enfuir, glisser des mains, se sauver.** •*Al-juwâd ambalas min sîdah wa jara.* Le cheval a échappé à son maître et a couru. •*Fî l bahar karabt hûtay kabîre wa ambalasat minni.* J'ai attrapé dans le fleuve un gros poisson qui m'a glissé des mains. •*Al-sarrâg ambalas min îd al bôlis.* Le voleur s'est échappé des mains du policier.

Ambalûha *n. pr.* de femme, *litt.* celle dont les dattes ne sont pas encore mûres, * blḥ, ب ل ح

ambalxâma *n. f.*, composé de *am* et de *balxam* (pituite), employé souvent avec les verbes *tala'at* et *dallat*, * blġm, ب ل غ م

♦ **faim, manque, désir de manger,** creux dans l'estomac, "creux de onze heures", situation de manque de nourriture, de boisson, aigreur de l'estomac creux. •*Min al fajur mâ akalt coxol, ambalxâma tala'at lêi.* Depuis le matin je n'ai rien mangé, j'ai très faim [la faim est montée en moi]. •*Maryam sawwi lêna l êc ajala, ambalxâma katalatna.* Mariam, fais-nous vite la boule, nous avons très faim [la faim nous a tués]. •*Ciribt lêi almi ajîne nidalli beyah ambalxâma.* J'ai bu de l'eau de mil avec du lait caillé pour assouvir ma faim [pour faire descendre le manque].

amban / ya'ambin *v. intr.*, → *anban.*

ambâni / ambânîn *adj.*, → *anbâni.*

Ambanne *n. pr.* de femme, *litt.* celle qui a une bonne odeur, parfumée.

Ambarad *n. pr.* de femme, *litt.* qui est fraîche, qui apaise par la fraîcheur.

ambarâdibe *pl.*, → *ambardabay.*

ambarat *v. intr.*, → *anbarat.*

Ambarâtil *n. pr.* de femme, formé à partir du pluriel de *bartal*, *litt.* celle qui a des vans.

ambarbâra *n. mld.*, *f.*, *Cf. gûba*, * brr, ب ر ر

♦ **sorte de teigne, perte de cheveux, pelade,** chute des cheveux due à une maladie du cuir chevelu. •*Hey yâ ammi, riyêski mâla ? Riyêsi akalatah ambarbâra !* Ô ma mère, que t'est-il arrivé à la tête ? - Mes cheveux ont été mangés par la teigne ! (Ritournelle utilisée par les enfants pour désigner une pintade ou se moquer d'une femme chauve). •*Al ambarbâra tisawwi âkûla fî l-râs wa tigatti' al-ca'ar.* La teigne provoque des démangeaisons dans la tête et fait tomber les cheveux.

ambardabay / ambarâdibe *n. anim. f.* et *m.*, formé de *amm* et de *bardab* (se retourner) ; racine connue en arabe *sd.* (*C.Q.*), (femelle *ambardabayye*)

♦ **ogre (ogresse), monstre, hyène,** personne qui s'est métamorphosée en hyène. •*Al-sana l ambarâdibe kammalo l xanam.* Cette année, les hyènes ont exterminé les moutons. •*Al ambardabay tarad al iyâl.* L'hyène a poursuivi les enfants. •*Al iyâl baxâfo min al-nâs al bicaglubu ambarâdibe.* Les enfants ont peur des gens qui se transforment en hyènes.

ambardom *n. f.*, composé de *amm* et de *baradhum* [il les a rafraîchis], * brd, ب ر د

♦ **bouillie de mil,** mil bouilli avec du lait caillé, du sucre, et des condiments. •*Fî l fatûr, sawwêna madîde ambardom.* Pour le petit déjeuner, nous avons préparé de la bouillie *ambardom*. •*Yaxûb birîd ambardom.* Yacoub aime la bouillie *ambardom*.

ambâreh *invar.*, → *albâre.*

ambarrûs *adj. déf. phy.*, *m.*, (inusité au féminin), * brṣ, ب ر ص

♦ **écorché(e), de la couleur des cicatrices, rose.** •*Al iyâl al-dugâg ayyaro lê l-nasrâni gâlo lêyah ammbarrûs laham al-tuyûs !* Les petits enfants ont insulté le Blanc en lui disant "peau écorchée, viande de bouc" ! •*Lôn hanâ jild al-Nasâra usumah ambarrûs.* La couleur de la peau des Européens est rose.

ambartcane *n. f.*, maladie des bovins (péripneumonie) appelée ainsi dans la région du Ouaddaï, → *amficêfic.*

ambâsa *n. vég.*, *coll.*, *f.*, *sgtf. ambâsay*, * b's, ب ء س

♦ **nom d'une plante cultivée, courge, citrouille, Curcurbita *sp.*,** famille des cucurbitacées. •*Wakt al xarîf, al-nâs têrabo ambâsa katîr.* Pendant la saison des pluies, les gens ont semé beaucoup de courges. •*Mûsa ja min al-zere' wa antâni ambâsay asala.* Moussa est revenu du champ et m'a donné une citrouille très sucrée.

Ambasanna *n. pr.* de femme, *n. pr.* de lieu, → *Anbasatna*, * bsṭ, ب س ط

ambasat *v. intr.*, → *anbasat.*

Ambasatna *n. pr.* de lieu, *n. pr.* de femme, → *Anbasatna*, * bsṭ, ب س ط

Ambasato *n. pr.* de femme, formé à partir du verbe *ambasat*, *litt.* ils ont été heureux, * bsṭ, ب س ط

ambasbûs *n. coll.*, *sgtf. ambasbûsay*, *Cf. nahale, xerêr.*

♦ **mouche à miel, petite abeille sauvage.** •*Ambasbûs zarga, wa saxayre min al-nahale wa l xerêr, lâkin ti'îc fî l-cadar.* La mouche à miel est noire et plus petite que l'abeille ou l'abeille sauvage, mais elle vit dans les arbres. •*Asal ambasbûs mâ katîr, yinlagi fî karkûr al-cadar.* Le miel de la petite abeille sauvage est peu abondant et se trouve dans les creux des arbres.

ambatar *v. intr.*, → *anbatar.*

ambawâka *pl.*, → *ambûku.*

ambawâki *pl.*, → *ambûku.*

ambawwâla / ambawwâlât *n. f.*, ≅ *ambowâla*, *Cf. safalôga*, * bwl, ب و ل

♦ **vessie, gargouille.** •*Bêtah waga' fî l xarîf acân mâ indah ambawwalât.* Sa maison s'est écroulée en saison des pluies parce qu'elle n'a pas de gargouilles. •*Al-râjil da bubûl ajala ajala acân hû indah marad fî ambawwâltah.* Cet homme est toujours pressé d'uriner parce qu'il a une maladie de la vessie.

Ambaxat *n. pr.* de femme, *litt.* celle qui a de la chance, *Cf. amm, baxat.*

Ambaxatên *n. pr.* de femme, *litt.* celle qui a double chance, *Cf. amm, baxat.*

ambazal / yimbazil *v. intr.*, → *anbazal.*

ambazzâni *n. anim., coll., sgtf. ambazzanay, Syn. inna,* * bzn, ب ز ن
♦ **nom d'un criquet, Hieroglyphus daganensis (K.), criquet du riz,** famille des acridiens (*s.-f.* hemiacridinæ). •*Al ambazzâni jarâd kubâr wa axadar, indah katib yicâbi "inna".* Les criquets Hieroglyphus daganensis sont gros et verts, ils ont comme une écriture arabe *inna* sur le pronotum. •*Al-nâs bâkulu ambazzâni.* Les gens mangent les gros criquets jaunes. •*Al iyâl bugûlu : "Ambazzâni marit faki tijjâni" !* Les enfants disent : "Le criquet *ambazzâni* est la femme du faki *tijjâni* !".

ambêday *n. f.*, → *bêday.*

ambêh ! *invar., onom.*, cri des chèvres et des moutons.
♦ **bêê !** •*Al xanamay tabki "ambêh !".* La chèvre bêle : "bêê !"

ambên *invar.*, composé de *am* et de *bên*, → *bên*, on utilise indifféremment *ambên* ou *ambênât*, * byn, ب ي ن
♦ **entre, au milieu, parmi.** •*Ambên al mara wa l-râjil mâ tindassa.* Ne te mets pas entre une femme et son mari. •*Al arus gâ'id ambênât rufugânah.* Le jeune marié se tient au milieu de ses amis. •*Alkâtalo ambênâthum.* Il s'entre-tuèrent. •*Bêti wa bêt abbakar ambênâtna câri wâhid.* Il y a une seule rue entre ma maison et celle d'Abakar. •*Mâ tadxûl ambên al-cadara wa gicrâyitha !* Ne t'insère pas entre l'arbre et son écorce ! *Prvb.* (c'est à dire : ne t'insère pas là où des gens ont déjà une affinité entre eux).

ambênât *invar.*, composé de *am* et de *bên*, ≅ *bênât*, → *ambên.*

amberbeti *n. anim., coll., f.*, → *ambirbiti.*

ambêtce *n. vég., f.*
♦ **nom d'une plante à tubercule.** •*Ambêtce ticabbih al bangâw lâkin hî murra.* Le tubercule *ambêtce* ressemble à la patate douce, mais est très amer. •*Ambêtce tugumm katîre fî l wati, tisawwi matârig wa tilawliw fî l-cadar.* On trouve le tubercule *ambêtce* dans le sud du pays, il développe des tiges qui s'enroulent autour des arbres.

ambi *n. m., empr.* du Nigeria *angl.*, formé à partir des initiales M.B. de cette pommade.
♦ **crème de beauté, crème éclaircissante,** crème entraînant la dépigmentation de la peau. •*Al banât al bimassuhu ambi farwithum tabga hamra.* Les femmes qui se massent avec de la crème éclaircissante ont une peau claire. •*Humman massaho ambi wa hassâ bigo humur.* Elles se sont massé le corps avec de la crème éclaircissante et à présent elles sont devenues brunes.

ambîbi *n. f., Syn. garwa.*
♦ **harmattan, vent sec,** vent qui dessèche et qui apporte des maladies après la saison des pluies. •*Ambîbi carrâbt al-ruhûd.* L'harmattan est "la buveuse de mare" (*i.e.* il assèche toutes les mares). •*Al ambîbi sâgat agôdu zên min al wirde !* L'harmattan a soufflé, prenez vos dispositions pour éviter d'attraper de la fièvre !

ambikêriye / ambakâri nom, *mrph. dmtf., f.*, composé de *amm* et de *bikêriye* (*Cf. bikir*), * bkr, ب ك ر
♦ **jeune parturiente,** femme qui accouche ou a accouché pour la première fois. •*Ambikêriye wâjib lêha tawlid fî l-labtân.* La femme qui met au monde son premier enfant doit accoucher à l'hôpital. •*Wâjib lê l ambikêriye al barûd be almi hâmi wa tacrab dihin wa laban.* Celle qui accouche pour la première fois doit se laver avec de l'eau très chaude et boire de l'huile et du lait. •*Al-nafasa di, dahâbha ambikêriye bas !* Cette

jeune femme vient d'accoucher pour la première fois !

ambirbiti *n. anim., coll., f., qdr.*, composé de *amm* et de *birbiti* (*H.W.*), *litt.* tu as "barboté", moins employé que *ambirtiti*, → *ambirtiti*, * brbṭ, ب ر ب ط

Ambircên *n. pr.* de femme, *litt.* celle qui a deux nattes, *Cf. biric.*

ambirêc nom, *mrph. dmtf., f.*, composé de *amm* et de *birêc*, → *biric*, * brš, ب ر ش

♦ **lance, grande lance de guerre,** que l'on regarde comme aussi large qu'une petite natte. •*Al ambirêc kabîre min al kôkâb.* La lance *ambirêc* est plus grosse que celle appelée *kôkâb*. •*Ambirêc hî harba tafha, yamcu bêha l ganîs walla l-duwâs.* *Ambirêc* est une lance plate avec laquelle on va à la chasse ou à la guerre.

Ambirênis *n. pr.* de femme, formé à partir du diminutif de *burnus*, → *burnus*.

Ambirictên *n. pr.* de femme, → *Ambircên.*

ambirtiti *n. coll.*, animal, *f.*, *sgtf. ambirtitay*, ≅ *ambirbiti*, *Cf. kokko, difde', go'ony.*

♦ **grosse grenouille,** la plus grosse des grenouilles. •*Ambirtiti tixanni farhâne kan al almi sabba katîr.* Les grosses grenouilles sont contentes et chantent lorsqu'il a beaucoup plu. •*Nâs wahadîn yâkulu ambirtiti.* Certaines personnes mangent les grosses grenouilles. •*Al ambirtiti kabîre min al kokko.* La grenouille *ambirtiti* est plus grosse que celle qu'on appelle *kokko*. •*Wilêdi câf ambirtitay wa xâf minha.* Mon fils a vu une grosse grenouille et en a eu peur.

ambitêne *n. mld., dmtf., f.*, composé de *amm* et de *bitêne*, → *batun*, maladie des hommes et des bovins, *Cf. sabîb*, * bṭn, ب ط ن

♦ **forte diarrhée.** •*Gubbâl kacif hanâ l-daktôr lê marad ambitêne, al-nâs mâ ba'arfu kadar da l kôlêra.* Avant que les médecins ne découvrent les causes des fortes diarrhées, les gens ne savaient pas qu'il s'agissait du choléra. •*Nâdum kan akal akil bârid wa hû ji'ân, yakurbah marad ambitêne.* Lorsqu'on mange de la nourriture froide alors qu'on a faim, on attrape une très forte diarrhée.

ambixêse / ambixêsât *n. vég., f., mrph. dmtf., Cf. buxsa*, * bqs, ب ق س

♦ **nom d'un arbre, arbre à calebasse, Strychnos spinosa (Lam.), Strychnos innocua (Del.),** famille des loganiacées, arbre épineux poussant sur les sols sableux, peu feuillu, portant des fruits durs que l'on casse comme une petite calebasse et à l'intérieur desquels se trouvent des fruits marron sucrés. •*Cadarayt ambixêse tugumm fî l widyân al kubâr hudûd ma'â Tcâd fî l-sabah.* L'arbre à calebasses pousse le long des grands oueds aux frontières du Tchad à l'Est. •*Iyâl ambixêse bâkulûhum, humman asalîn.* Les fruits de l'arbre à calebasses se mangent et sont sucrés.

ambiya *n. pl.*, → *nabî.*

ambiyêto *n. f.*, (dînette), ≅ *ambiyôto*, → *amkillêlo*, * byt, ب ي ت

ambiyôto *n. f.*, → *ambiyêto*, * byt, ب ي ت

ambôjala *n. f.*, composé de *am* et de *bôjala*, maladie des bovins (trypanosomiase) appelée ainsi dans la région du Guéra, → *abudubbân.*

ambôjani *n. f.*, composé de *am* et de *bôjani* [celle qui me fait mal], maladie des bovins (trypanosomiase) appelée ainsi dans la région du Salamat, → *abudubbân.*

Ambororay *sgtf.* d'un *n. pr. gr.*, (*fém. Ambororayye*), → *Ambororo.*

Ambororo *n. pr. gr., coll., sgtf. Ambororay* (homme), *Ambororayye* (femme).
♦ **Bororo, Peuls.** •*Ambororo yamcutu misil al awîn.* Les Peuls se tressent les cheveux comme les femmes. •*Ambororo ya'arfu sihir be cadâr katîr.* Les Peuls connaissent beaucoup de pratiques magiques à base de racines d'arbres.

ambowâla *n. f.,* → *ambawwâla.*

ambudu *n. vég., m.,* ≅ *budu.*
♦ **nom d'une herbe, Amaranthus cruentus (L.),** famille des amarantacées. •*Mulâh hanâ ambudu indah marâr ciya ke.* La sauce à l'herbe *ambudu* est un peu amère. •*Warcâl ambudu bicabbih warcâl al-sumsum.* Les feuilles de l'Amaranthus cruentus ressemblent aux feuilles de sésame. •*Ambudu, bitêribu ; mâ bugumm sâkit.* On sème l'Amaranthus cruentus, il ne pousse pas tout seul. •*Iyâl ambudu suxâr wa humur, wa kan têrabohum yugummu tuwâl misil al agêg.* Les graines de l'Amaranthus cruentus sont petites et rouges, et lorsqu'on les plante elles poussent et deviennent aussi grandes qu'une tige de mil.

ambukay *adj. n.,* → *ambuku.*

ambukbuk *n. anim., coll., sgtf. ambukbukay.*
♦ **nom d'un criquet.** •*Jaradayt ambukbuk ticâbih ma'â amdaggâc, lâkin hî safra wa gisayre.* Le criquet *ambukbuk* ressemble au *amdaggâc*, mais il est jaune et plus petit. •*Jarad ambukbuk, al-nâs bâkuluh.* Les gens mangent les criquets *ambukbuk*.

ambukra *invar.,* → *bukra*, * bkr, ب ك ر
♦ **après-demain.** •*Ambâkir naji lêki wa ambukra namcu l-sûg.* Demain je viens chez toi et après-demain nous irons au marché. •*Ambukra kula xidime mâ fîh !* Après-demain aussi, pas de travail !

ambûku / ambawâki *adj. n., coll., sgtf. ambukay,* (*fém. ambukayye*), ≅ le pluriel *ambawâka*, * bwk, ب و ك
♦ **sourd-muet.** •*Jâri indah wilêd ambûku.* Mon voisin a un enfant sourd-muet. •*Al-nâs bugûlu l ambawâki birîdu bagta'o l-nâs.* Les gens disent que les sourds-muets aiment dire du mal des gens en faisant derrière eux des signes. •*Al ambûku bahsib be îdênah.* Le sourd-muet compte en faisant des signes avec ses mains.

ambuldum *n. f.,* composé de *am* et de *buldum*, maladie des bovins (pasteurellose) appelée ainsi dans la région du Salamat, → *abhilêg.*

ambulo *n. coll., sgtf. ambuloy* (*fém.*).
♦ **courgette.** •*Al-Nasâra birîdu l ambulo kan murakkab.* Les Blancs aiment les courgettes cuites. •*Al ambulo bicabbih al-sôso al axadar.* Les courgettes ressemblent aux éponges végétales quand elles sont vertes.

ambulut *n. f.,* * blṭ, ب ل ط
♦ **nom d'une sauce, sauce simple,** sauce sans huile ni oignons ni tomates, mais seulement avec de la viande salée et du gombo. •*Mulâh ambulut carmut be almi wa darrâba wa mileh bas.* La sauce simple ne se fait qu'avec des morceaux de viande séchée cuits dans l'eau avec du gombo et du sel. •*Al iyâl fî amkillêlo bisawwu mulâh ambulut acân mâ induhum dihin wa lâ harrârât al mulâh.* Les enfants font la dînette en préparant une sauce simple parce qu'ils n'ont ni d'huile ni condiments pour la sauce.

ambunu *n. vég., f.,* ≅ *bonu, darrâba gôz, darrâbt al gôz.*
♦ **nom d'une herbe, Ceratotheca sesamoïdes (End.),** famille des pédaliacées, utilisée pour la sauce. •*Ambunu mâ tugumm fî l widyân, illa fî l gîzân bas.* L'herbe Ceratotheca sesamoïdes ne pousse pas dans les oueds, mais seulement sur les coteaux sableux. •*Mulâh ambunu lâyûg misil mulâh al-darrâba.* La sauce au

Ceratotheca sesamoïdes est gluante comme celle faite avec du gombo.

Amburâm *n. pr.* de femme, pluriel, → *burma*, *litt.* celle qui a beaucoup de marmites, nom donné au dernier enfant de la famille lorsque c'est une fille.

amburbur *n. anim.*, *coll.*, *sgtf. amburburay*, *Cf. barbar*, * brr, ب ر ر

♦ **nom d'un criquet, Oedalus nigeriensis (U.),** famille des acridiens (*s.-f.* œdipodinæ), terme générique de plusieurs espèces de criquets. •*Al amburbur jarâd dugâg wa axabac.* L'Oedalus nigeriensis est un petit criquet couleur de terre. •*Al amburbur bâkul al xalla lâkin al-nâs mâ bâkuluh.* Les petits criquets Oedalus mangent le mil, mais les gens ne mangent pas cette espèce de criquet.

amburjuk *n. mld.*, *f.*, composé de *am* et de *burjuk* (élévation de terrain infertile), racine connue en arabe *sd.* (*C.Q.*), désigne aussi une maladie des bovins dans la région du Batha.

♦ **varicelle.** •*Marad hanâ amburjuk bisawwi wirde wa bugumm darâdim fî l-jilid.* La varicelle donne de la fièvre et fait pousser des boutons sur le corps. •*Fî l-labtân induhum ibar hanâ amburjuk kula.* A l'hôpital on donne aussi un traitement [ils ont des piqures] pour soigner la varicelle]. •*Fî l bêt nidâwu l amburjuk be tîne nuxuttuha fî l hubûb acân yaybaso.* Nous soignons la varicelle à la maison en mettant de la boue sur les boutons pour les sécher.

amburko *n. m.*

♦ **nom d'un tubercule** de la famille des aroïdées, toxique. •*Amburko yugumm fî nugu' al gizân.* Le *amburko* pousse dans les grandes étendues plates de sable. •*Urûg amburko bicâbuhu l fijil lâkin al-nâs mâ bâkulu.* Les tubercules du *amburko* ressemblent à ceux du navet mais les gens ne les mangent pas.

amburul *n. coll.*, animal, *sgtf. amburulay*, mot utilisé en arabe *sd.* pour insulter une femme (*C.Q.*).

♦ **serpent,** sorte de serpent qui, dit-on, poursuit et avale sa proie ; serpent de grande taille présent lors des rites d'intronisation à Ouara et dans le rituel sacré au Dar Sila. •*Al amburulay taradat al-wilêd.* Le serpent a pourchassé l'enfant. •*Al-sane zer'i kulla malyân amburul, anâ mâ niwaddi wilêdi wâhid kula fî l-zere'.* Cette année, mon champ est plein de serpents, je n'y amènerai certainement pas mon enfant. •*Al-juwâd wallâ l humâr, kan amburul adda, ille yumût bas !* Lorsqu'un cheval ou un âne est mordu par le *amburul,* il ne peut que mourir !

ambûwa ! *invar.*, *onom.*, cri des bovins.

♦ **meu !** •*Al-tôr bikirr "ambûwa !".* Le taureau meugle "meu !"

amcabbâba mot composé, → *cabbâba.*

amcagâlîb *pl.*, → *amciglêbe.*

amcakato *n. mld.*, *f.*, *sgtf. amcakatoy*, * škw, ش ك و

♦ **pian, ulcère phagédénique, lésions cutanées, leishmaniose,** plaies qui se creusent et qui se trouvent généralement sur les jambes. •*Al amcakato uwâra kabîre afne wa mâ tabara ajala.* Le pian se manifeste sous la forme d'une plaie importante qui sent mauvais et qui ne se guérit pas rapidement. •*Al uwâra kan saxayre wa mâ bidâwuha ti'affin wa ba'adên tabga amcakato.* Si la plaie est petite et qu'on ne la soigne pas, elle s'infecte et devient un ulcère.

amcâribay *adj. f.*, *Cf. abcâribay*, → *Abucârib.*

Amcawâri *n. pr.* de femme, pluriel, → *câri.*

amcawwâfa *n. f.*, → *cawwâfa.*

amci *v. impér.*, → *maca.*

amcidêgât *n. anim.*, *f.*, composé de *am* et de *cidêgât*, *litt.* qui a de petites joues, * šdq, ش د ق ⇨

♦ **vipère à cornes, Cerastes cornutus (L.),** qui émet un sifflement dû au frottement de ses écailles. •*Al amcidêgât labbadat tihit al-cadaray wa addatah lê l-râjil.* La vipère s'est cachée sous l'arbre et a mordu l'homme. •*Al amcidêgât kan câfat al-nâdum tinnafix.* Lorsque la vipère voit quelqu'un, elle se gonfle. •*Al amcidêgât ajîle ti'addi ajala.* La vipère est rapide, elle mord vite.

amciglêbe / amcagâlîb nom *masc.*, composé de *am* et de *ciglêbe* [petite métamorphose], *Cf. ambardabay*, terme utilisé surtout dans les contes, * šqlb, ش ق ل ب

♦ **monstre, homme-hyène, homme-lion, être qui se métamorphose.** •*Al amciglêbe bibîn katîr fî sant al-ju'.* L'être qui se métamorphose apparaît souvent au moment de la famine. •*Al amcagâlîb akalo l xanam al mâ marbûtîn.* Les hommes qui se métamorphosent en animaux ont mangé les moutons qui n'étaient pas attachés.

amcinnîni *n. anim., coll., f., sgtf. amcinninay*, * šnn, ش ن ن

♦ **grosse fourmi,** la plus grosse fourmi noire, elle mord en faisant très mal, se déplace en colonie et en dégageant une odeur forte. •*Amcinnîni tifattic al arda wa tâkulûha.* Les fourmis *amcinnîni* recherchent les termites pour les manger. •*Al amcinnîni tamci rîgân rîgân wa kabîrha giddâm.* Les grosses fourmis marchent rangées les unes derrière les autres précédées par le chef. •*Amcinnînay kan addatak, tiwarrim jildak misil addân al-nahale.* Lorsqu'une fourmi *amcinnîni* mord, elle fait enfler le corps comme le fait une piqûre d'abeille.

amcokoto *n. mld., f.*, → *amcakato.*

amcurrâba *n. coll.*, animal, *sgtf. amcurrabay*, appelé ainsi parce que cet insecte "boit" le contenu des jeunes graines avant leur maturation, * šrb, ش ر ب

♦ **cantharide, Lytta vesicatoria.** •*Fî l xarîf al amcurrâba katîre wa hî tidôr al-deyy.* Il y a beaucoup de cantharides en saison des pluies et elles aiment la lumière. •*Amcurrâba kan ga'adat fî jildak tisawwih burlâla.* Si une cantharide se pose sur la peau, elle provoque des cloques.

amcut *v. impér.*, → *macat.*

amda *v. impér.*, → *mada.*

amdâd *pl.*, → *midd.*

amdaggâc *n. anim., f.*, * dġš, د غ ش

♦ **nom d'un criquet, Cataloipus fuscocoerulipes (S.),** famille des acridiens (*s.-f.* eyprepocnemidinæ). •*Amdaggâc mâ titîr ba'îd, wa kan tanzil tadguc al-turâb wa tizahlit cwiya.* Le criquet Cataloipus fuscocoerulipes ne vole pas très loin ; lorsqu'il descend, il heurte brusquement le sol et dérape même un peu par terre. •*Amdaggâc, al-nâs bâkuluha ; hî kabîre wa indaha bêd katîr fî batunha ; lônha axabac wa indaha abyad wa azrag.* Les gens mangent le criquet Cataloipus ; il est gros et son ventre est plein d'œufs ; il a la couleur de la terre avec des marques blanches et noires.

amdago *n. coll.*, animal, *sgtf. amdagoy, empr., Syn. jidâd al xala, jidâd Kano, jidâd kâtci, jidâd al wâdi, jidâd amsala'a.*

♦ **pintade, Numida meleagris.** •*Amdago katîr fî l wati wa bibayyid marra wahade fî l-sane.* On trouve beaucoup de pintades au Sud et elles ne pondent qu'une seule fois par an. •*Amdago wa amsala'a kulla usum hanâ jidâd al xala. Amdago* ou "la chauve" sont des noms de la pintade.

amdâgôr / amdawagîr *n. anim.* (lièvre), → *arnab.*

amdah *v. impér.*, → *madah.*

Amdalâl *n. pr.* de femme, *litt.* celle qui est dans le bonheur et qui n'est plus obligée de travailler.

amdalba nom d'oiseau, *coll., sgtf. amdalbay*, la racine évoque la couleur

noirâtre du plumage de l'oiseau, *Syn.* *amkudukkak*, * dlb, د ل ب
♦ **pique-bœuf, Buphagus africanus.** •*Amdalba rafîgt al bahâyim.* Le pique-bœuf est l'ami du bétail. •*Amdalba tikaddik al hacarât al fî dahar al bagar.* Le pique-bœuf picore les insectes qui se trouvent sur le dos des bovins.

amdaldum *n. f.*, → *amdardum*.

amdallûka *n. f.*, composé de *am* et de *dallûka*, * dlk, د ل ك
♦ **nom d'une danse.** •*Al amdallûka bal'abôha be l ragaba wa l-sulub.* On danse l'*amdallûka* avec le cou et les hanches. •*Anâ mâ na'arif nal'ab amdallûka.* Je ne sais pas danser l'*amdallûka*.

amdalmay *n. f.*, → *dalmay*.

amdamâro *n. vég., f.*, composé de *am* et de *damâro* (détruire), *Syn.* *sakrân*, * dmr, د م ر
♦ **herbe aux quarante oiseaux, Datura innoxia (Mill.),** famille des solanacées. •*Angari mâ tillammas waragayt amdamâro acân hî min al muxaddirât !* Attention, ne touche pas la feuille de l'herbe aux quarante oiseaux, parce qu'elle fait partie des drogues. •*Amdamâro tûlha misil al-kawal wa indaha côk wa nuwârha abyad.* L'herbe aux quarante oiseaux atteint la hauteur du *kawal*, elle a des épines et des fleurs blanches. •*Zôl kan daxxal warag amdamâro fî na'âlah, wa râx bêyah, yabga sakrân.* Si quelqu'un met des feuilles de Datura inoxia dans ses chaussures et qu'il marche avec, il devient saoul.

Amdamm *n. pr.* de lieu, chef-lieu de sous-préfecture du Ouaddaï, *litt.* celle qui a du sang, * dm, د م
♦ **Am-Dam.**

amdan *invar.*, *Cf. amad*, * ʿmd, ع م د
♦ **en faisant le mal exprès, avec mauvaise volonté.** •*Wilêdi waddar ni'êlâtah amdan bas acân yidôr âxârîn judad.* Mon enfant a fait exprès de perdre ses sandales parce qu'il en veut d'autres neuves. •*Râjili indah gurus wa amdan bas mâ antâni masarîf, anâ kulla namci bêt ammi.* Mon mari a de l'argent mais volontairement il ne me donne pas ce qu'il faut pour tenir la maison, et bien ! moi, je retourne chez ma mère !

amdarac *adj. f.*, → *abdarac*.

amdarâdim *pl.*, → *amdardûm*.

amdarangal *n. coll.*, animal, *sgtf.* *amdarangalay*, *Cf. darangal*, * drnql, د ر ن ق ل
tourterelle du Cap, Oena capensis (Linné). •*Amdarangal têray xibêca wa râjilha indah tôg azrag fî ragabtah.* La tourterelle du Cap est un oiseau de couleur grise, le mâle a une sorte de collier noir autour du cou. •*Amdarangal tibayyid fôg fî l-cadar wa ti'addil bêtha be mitêrigât yabsîn rugâg rugâg, misil serîr al-darangal.* La tourterelle du Cap pond au sommet des arbres et arrange son nid avec des brindilles sèches et fines formant comme un lit en fins rondins.

amdardûm / amdarâdim *n. f.*, ≅ *amdaldum*, * drm, د ر م
♦ **coup de poing.** •*Hû darabâni amdardûm fî dahari.* Il m'a donné un coup de poing dans le dos. •*Al wilêd daggah lê axu l-saxayyar amdardûm.* Le garçon a donné à son petit frère un coup de poing.

amdawagîr *pl.*, → *amdâgôr*.

Amdawway *n. pr.* de femme, *litt.* celle qui illumine, *Cf. amm, deyy*.

amdax *v. impér.*, → *madax*.

Amday *n. pr.* de femme, *litt.* celle qui a la lumière, *Cf. amm, deyy*.

amdêmârc *n. f., empr. fr.*, terme récent employé à N'Djaména par les jeunes.
♦ **qui marche avec élégance,** qui marche en faisant des gestes et en se balançant. •*Al binêye al-jâye amdêmarc.* La jeune fille qui vient marche avec élégance. •*Al mara amdêmarc ticîl uyûn al-rujâl.* La

femme qui marche avec élégance attire le regard des hommes.

amdibêtco *n. vég.*, *f.*, ≅ *andibettco*, hypothèse sur la racine qui évoquerait des dessins, comme ceux que l'on trouve sur une étoffe à ramages, mot arabe (*Ka.*) d'emprunt *irn.*, * dbj, د ب ج

♦ **nom d'une herbe, sorte de chiendent,** herbe qui pousse en petites touffes après les premières pluies, qui prend alors une couleur vert clair et qui est difficile à arracher. •*Al harrâtîn yat'abo fî hirât amdibêjo.* Les cultivateurs peinent pour arracher le chiendent. •*Al-zere' kan indah amdibêjo yugumm xalla katîre acân turâbah adîl.* Lorsqu'il y a du chiendent dans le champ, le mil pousse bien parce que la terre est bonne.

amdifde'e *n. anim.*, *coll.*, *sgtf. amdifde'ê*, → *difde'.*

amdihêne *n. anim.*, *f.*, *litt.* grassouillette, *Cf. dihin*, * dhn, د ه ن

♦ **nom d'un criquet, Diabolocantatops axillaris (T.),** famille des acridiens (*s.-f.* catantopinæ). •*Jarad amdihêne al-nâs yikarrubuh fî l kadâde wa yijîbu fî l-sûg ba'ad mâ rakkaboh.* Les gens attrapent en brousse les criquets *amdihêne* et les vendent au marché après les avoir fait frire. •*Jaraday amdihêne saxayre wa lônha axabac, wa fî sakkâkâtha talga lôn ahmar be dâxal wa nugta zarga be barra.* Le criquet Diabolocantatops est petit, et sur son fémur il y a [tu trouves] du rouge sur la face intérieure et un point noir sur la face extérieure.

amdinâr *n. mld.*, (dermatophytose) *f.*, → *gûb.*

amdirêce *n. mld.*, *mrph. dmtf.*, (dermatophytose), *f.*, → *gûb.*

amdiredimât *n. mld.*, *mrph. dmtf.*, *f.*, → *abudiredimme.*

amdirêsa *n. vég.*, *f.*, composé de *am* et de *dirêsa*, *mrph. dmtf.* de *diris* (petite molaire), * ḍrs, ض ر س

♦ **nom d'une herbe, cramcram, Tribulus terrestris (L.),** famille des zygophyllacées. •*Anâ kan mâ l igêde, nat'an ke namma lê l kibêde... Di l amdirêsa.* Si je n'avais pas ce petit nœud, je piquerais jusqu'au foie… C'est le cramcram ! *Dvnt.* •*Fî l kadâde, kan gecc mâ fîh, lê l amdirêsa nulummuha wa nudugguha fî l fundug nikassuru côkha wa nantuha lê l bahâyim acân indaha xiza katîr.* Lorsqu'il n'y a plus d'herbe en brousse, on rassemble les cramcrams, on les pile dans le mortier pour casser les épines et on les donne aux bestiaux parce qu'ils sont très nourrissants. •*Awîn wahedîn bisawwu mulâh be warcâl amdirêsa.* Il y a des femmes qui préparent la sauce avec des feuilles de cramcram.

amdiyêro *n. m. mrph. dmtf.*, ≅ *amdiyôro*, * dwr, د و ر

♦ **vertiges.** •*Anâ kan mâ ciribt câhi be fajur amdiyêro tisawwini be gayle.* Si je n'ai pas bu de thé le matin, j'ai des vertiges à midi. •*Hî amdiyêro sawwaha wa hassâ râgde fî bêtha.* Elle a des vertiges, maintenant elle se repose chez elle. •*Amdiyêro waddîni lê Makka.* Vertiges, conduisez-moi à La Mecque (comptine chantée par les enfants en tournant sur eux-mêmes).

amdiyôro *n. m. mrph. dmtf.*, → *amdiyêro.*

amdolaxâne *n. f.*, *Cf. himmêd*, * dlh̲, د ل خ

♦ **amande du prunier,** fruit du Sclerocarya birrea dont on consomme l'amande. •*Amdolaxâne iyâl al himmêd al-dâxal.* L'amande qui se trouve à l'intérieur des fruits du Sclerocarya birrea s'appelle *amdolaxâne*. •*Al himmêd kan takkamoh yalgo amdolaxâne yisâwugûha fî l-sûg.* Lorsque l'on casse le fruit du Sclerocaria, on y trouve l'amande que l'on vend au marché. •*Amdolaxâne indaha dihin wa usûla ciya ciya.* L'amande du

Sclerocarya contient de l'huile et est un peu sucrée.

Amdôr *n. pr.* de femme, *litt.* celle qui a des troupeaux, *Cf. dôr.*

Amdôrên *n. pr.* de femme, *Cf. Amdôr.*

Amdûd *n. pr.* de lieu, lieu-dit à trente kilomètres à l'ouest d'Abéché, *n. pr.* de femme, → *Ammaddûd.*

amdufûfu *n. coll., sgtf. amdufûfay,* ≅ *andufufu,* * dff, د ف ف

♦ **nom d'une herbe, Pennisetum mollissimum (Hoschst),** famille des graminées. •*Gecc amdufûfu rugâg wa tuwâl, wa kan tillabbad fôgah, mâ tincâf.* L'herbe Pennisetum mollissimum est fine et haute, et, si tu te caches derrière elle, personne ne peut te voir. •*Iyâl amdufûfu, jidâd xala bâkulah.* Les pintades mangent les graines de l'herbe Pennisetum.

amdugulgul *n. vég., coll., f., sgtf. amdugulgulay,* * dql, د ق ل

♦ **nom d'un arbre, Vitex doniana Sweet,** famille des verbénacées, arbuste dont les petits fruits verts ovoïdes sont comestibles. •*Amdugulgul cadar gusâr ciya min al-nîm, wa katîr fî l wati.* Les Vitex doniana sont des arbres qui sont un peu plus petits que les neems et qui abondent dans le sud. •*Amdugulgulay iyâlha xudur, wa kan nijido yabgo zurug wa asalîn.* Le Vitex doniana a des fruits verts qui mûrissent en devenant noirs et sucrés.

amdulûlu *n. m.,* → *amjulûlu.*

amdurnâha *n. coll.,* animal, *sgtf. amdurnahay,* * drn, د ر ن

♦ **punaise,** petit insecte vert ou noir qui dégage une mauvaise odeur. •*Al amdurnâha katîre fî wakit al xarîf.* Il y a beaucoup de punaises en saison des pluies. •*Al amdurnâha saxayre, hî zarga walla xadra, tamrug fî l-lêl wa kan lammastaha rîhitha afine.* La punaise est petite, elle est noire ou verte, elle sort la nuit et, si on la touche [si tu l'as touchée], elle laisse une mauvaise odeur.

amfacâfîc mot au *pl.,* → *amfacfâc 1.*

amfacfâc 1 / amfacâfîc *n. m.,* moins utilisé que *abunfacfâc,* → *abunfacfâc,* * fšš, ف ش ش

amfacfâc 2 *n. mld., f.,* composé de *am* et de *facfâc* (poumon), maladie des bovins → *amficêfîc.*

Amfalaja *n. pr.* de femme, *litt.* celle qui a un interstice entre les incisives, → *falaja.*

Amfatôm *n. pr.* de femme, *Cf. amm, Fâtime,* * fṭm, ف ط م

amfawwâra / amfawwârât *n. f., Cf. fâr* (gonfler), * fwr, ف و ر

♦ **biceps.** •*Al kanfâtât induhum gudra fî amfawwârâthum.* Les pileuses de mil ont de la force dans les biceps. •*Al amfawwâra hî al-laham bên al kitif wa l ku'.* Le biceps est le muscle qui se trouve entre l'épaule et le coude.

amfaxâxa *n. f.,* → *faxâxa.*

amficêfîc *n. mld., dmtf., f.,* composé de *am* et de *ficêfîc,* maladie des bovins, *Cf. abuhâmud, ambagine, ambartcanne, dey,* * fšš, ف ش ش

♦ **péripneumonie.** •*Bagarti mâ tinaffis adîl, indaha marad amficêfîc.* Ma vache respire difficilement, elle a une péripneumonie. •*Marad amficêfîc yakurb al bahâyim ajala ke kan mâ fassadôhum.* La péripneumonie est attrapée par les bestiaux qui ne sont pas vaccinés.

Amfilêje *n. pr.* de femme, formé à partir du diminutif de *falaja, litt.* celle qui a un petit interstice entre les incisives, signe de beauté.

amfirehâne *n. mld.,* la racine évoque un chant secret chanté par les femmes pour éloigner la maladie, * frḥ, ف ر ح

♦ **évanouissement de l'enfant, convulsion,** symptômes ressemblant à ceux du tétanos : les yeux de l'enfant se révulsent, l'enfant s'évanouit et revient à lui couvert de sueur. •*Amfirehâne marad xatari yaktul al iyâl al-dugâg.* La maladie *amfirehâne* est dangereuse, elle tue les petits enfants. •*Wilêd hanâ Zâra, amfirehâne karabatah.* L'enfant de Zara a eu des convulsions.

amfitfit *n. mld.*
♦ **épilepsie.** •*Al amfitfit marad fî l muxx.* L'épilepsie est une maladie du cerveau. •*Al-nâdum al indah amfitfit mâ baxalluh bamci fî xacum al bîr.* On ne laisse pas un épileptique aller au bord du puits. •*Al-nâs bugûlu : marad amfitfit hû zihliye gâ'ide turûx fî l muxx.* Les gens disent que l'épilepsie est due à un petit lézard qui se promène dans le cerveau.

Amfôt *n. pr.* de femme, formé à partir du verbe *fât*, → *fât*.

amfûla *n. f.*, → *anfûla*.

amfurawfuraw *n. anim.*, → *amkocôl*.

amgabbe *adj. f.*, s'applique aux animaux (inusité au masculin), * qbb, ق ب ب
♦ **couleur de l'encolure,** dont la couleur du poitrail est différente du reste de la couleur de la robe. •*Nirîd nas'a aryal amgabbe fî bêti.* J'aimerais élever une grande gazelle à encolure blanche. •*Xanamayti amgabbe di malat al-dôr xanam.* Cette chèvre dont le poitrail a une couleur différente du reste du corps a donné naissance à tout ce troupeau [a rempli de chèvres le troupeau].

Amgadar *n. pr.* de femme, *litt.* qui a été capable, *Cf. gidir*.

amgajjâma / **amgajjâmât** nom, *mrph. intf., f.*, composé de *am* et de *gajjâma* [celle qui mord], ≅ *amkajjâma*, → *gajjam*.
♦ **piège à mâchoires.** •*Al amgajjâma katalat al fâray.* Le piège a tué le rat. •*Amgajjâma indaha sunûn kubâr, misil sunûn al-tumsa, yakurbu wa yaksiru rijilên al-dûd walla l marfa'în.* Le piège à mâchoires a de grosses dents, comme celles du crocodile ; elles attrapent et brisent les pattes du lion ou de l'hyène.

Amgamar *n. pr.* de femme, *Cf. amm, gamar*.

Amgamdere *n. pr.* de lieu, Ngaoundéré (ville du Cameroun).

amgamdiye *invar.*, qualifiant une action, * qmd, ق م د
♦ **de force, effrontément, au culot,** d'une manière impolie et sans l'avis des autres. •*Hû andassa lê l wazîr amgamdiye ke, wa câl minah gurus, acân zamân bil'ârafo.* Il est entré chez le ministre d'une manière effrontée et lui a extorqué de l'argent, sous prétexte qu'autrefois ils se connaissaient. •*Hû mâ ba'arf al ôm, lâkin waga' fî l almi amgamdiye ke bas wa marag.* Il ne savait pas nager, mais il s'est jeté à l'eau volontairement [de force] et est sorti. •*Al-daktôr cukku daktôr amgamdiye, mâ ba'arif cêy fî l-daktara.* Les charlatans "y vont au culot" en se disant médecins, ils ne connaissent rien à la médecine.

amganâbil *pl.*, → *amgunbul*.

amgandako *n. anim., coll., f., sgtf. amgandakoy*, ≅ *amgondoko*.
♦ **chenille,** chenille noire qui vit sur les arbres. •*Kan al îne wigifat cadar al hajlîj bagôd malyân amgandako.* Lorsque les grosses pluies s'arrêtent, les savonniers sont pleins de chenilles. •*Nâs wâhdîn bâkulu amgandako.* Certaines personnes mangent les chenilles. •*Amgandako tamrug katîr fî l-sabne.* Il y a beaucoup de chenilles lorsque la pluie s'arrête dans la première moitié de la saison des pluies. •*Amgandako akalat warcâl al firi' da.* Les chenilles ont mangé les feuilles de cette branche. •*Amgandako dûdayit al arad, axêr min laban halaboh wa barad.* La chenille mange les Albizia, mais son goût est meilleur que celui du lait frais qui a refroidi. *Prvb.* (*i.e.* "A quelque chose malheur est bon.")

amgangûs *n. f., qdr.* (*Ka.*), *Cf. gangas*, * qnqš, ق ن ق ش

♦ **position assise sur les talons, accroupissement.** •*Al kalib mâ bixalli mag'ad amgangûs.* Le chien ne peut pas s'empêcher de s'asseoir sur les pattes arrière. *Prvb.* (*i.e.* on ne peut changer son caractère). •*Mâ nagdar nagôd talâta sa'ât amgangûs.* Je ne peux pas rester trois heures assis sur les talons.

Amgasîm *n. pr.* de femme, *Cf. amm, gisim.*

Amgidere *n. pr.* de femme, *Cf. gidêre*, * qdr, ق د ر

amgirêdûn nom d'oiseau, *f.*, *Cf. abungurdân*, * qrḍ, ق ر ض

♦ **bergeronnette, Motacilla.** •*Amgirêdûn têray tâkul al hacarât al fôg al bahâyim.* La bergeronnette est un oiseau qui mange les insectes sur le dos des bestiaux. •*Amgirêdum ciya kabîre min al-zarzûr.* La bergeronnette est un peu plus grosse que le mange-mil.

Amgirên *n. pr.* de femme, formé à partir du duel de *garn*, *litt.* celle qui a deux tresses.

amgirfe *n. anim., coll., sgtf. amgirfay, amgirfêye*, ≅ *abungirfe*, * qrf, ق ر ف

♦ **pangolin, Manis temmincki.** •*Amgirfe kabîre min abungadah, wa râsha misil râs al waral.* Le pangolin est plus gros que la tortue, et sa tête ressemble à celle du varan. •*Amgirfe talgaha fî l-nugâr wa l-nâs yâkuluha.* Le pangolin se trouve dans les trous et les gens le mangent. •*Laham amgirfe misil laham abcôk.* La viande du pangolin est comme celle du porc-épic. •*Girfit amgirfe yisawwuha hijâb, yi'alluguha fî buxas al-laban wallâ rugubbên al iyâl al-suxâr.* Les écailles du pangolin servent à faire des amulettes que l'on accroche aux grandes gourdes à lait ou au cou des petits enfants.

amgisêyrûn nom, *mrph. dmtf., f.*, composé de *am* et de *gisêyrûn*, *mrph. dmtf.* de *Gisêyar* (mois précédant celui du Ramadan), * qṣr, ق ص ر

♦ **nom d'une réjouissance,** nom d'une petite fête que les gens organisent pour accueillir le Ramadan. •*Îd amgisêyrûn halu acân al-nâs bâkulu bacarbo wa bafraho.* La fête avant le début du Ramadan est bonne parce que les gens mangent, boivent et se réjouissent. •*Subyân hanâ hillitna sawwo amgisêyrûn, dabaho tôr.* Les jeunes gens de notre village ont organisé une petite fête pour se préparer au Ramadan, ils ont égorgé un bœuf.

amgondoko *n. anim., coll. f.*, → *amgandako.*

Amgudra *n. pr.* de femme, *litt.* qui a la force, *Cf. gidir.*

amguggum nom d'oiseau, *f.*, sgft *amguggumay*, ≅ *anguggum.*

♦ **nom d'un rapace nocturne, effraie** (Tyto alba), **hibou** (Otus scops), **chouette** (Strix aluco). •*Amguggum têray mâ tâkul illa fî lêl.* L'effraie est un oiseau qui ne mange que pendant la nuit. •*Al-iyâl yaxâfu min hiss hanâ amguggum wa min côfân uyûnha.* Les enfants ont peur lorsqu'ils entendent le cri du hibou ou regardent ses yeux.

amgunbul / amganâbil mot composé de *am* et de *gunbul*, prononcé au singulier *amgumbul*, Syn: *gunbul*, *Cf. amm, xumbula*, * qnbl, ق ن ب ل

♦ **gourde en calebasse,** sorte de calebasse allongée servant de gourde pour les bergers. •*Al-râ'i câl almi wa fanyîxe fî l amgunbul.* Le berger a pris de l'eau et du mil dans sa gourde. •*Al amgunbul buxsa be ragabitha tawîle wa tisawwi l almi bârid.* La gourde des bergers est une calebasse dont le col est long et qui garde l'eau fraîche.

amgurâra / amgurârât *n. f., Cf. hattât al kurûc*, * qrr, ق ر ر

♦ **dernier-né, benjamin.** •*Al wilêd da jal'ân acân hû amgurâra.* Cet enfant est capricieux parce qu'il est le petit dernier de la famille. •*Abui birîd minnina saxîrah al amgurâra bas.* De nous tous, mon père préfère son petit dernier.

amgurun *n. pr.* de femme, surnom, nom d'un piment, → *catte kubâr*, * qrn, ق ر ن

amgutgut *n. f.*, connu au *Sdn.* (*C.Q.*), terme d'insulte, *Cf. guttiye.*
♦ **ébouriffée, mégère,** mal coiffée. •*Al mara di amgutgut acân ca'arha mâ tuwâl.* Cette femme est mal coiffée parce qu'elle n'a pas les cheveux longs. •*Al-ca'ar kan mâ maccatoh, da bas sittah binâdûha amgutgut.* On appelle mégère celle dont la chevelure n'est pas bien arrangée. •*Al binêye amgutgut di xawwafatni.* Cette fille ébouriffée m'a fait peur.

amhag *v. impér.*, → *mahag.*

Amhajar *n. pr.* de lieu, chef-lieu de sous-préfecture du Batha, *litt.* celle qui a une montagne, * ḥjr, ح ج ر
♦ **Oum Hadjer.**

amhajar-hajar *n. anim.*, *coll.*, *f.*, * ḥjr, ح ج ر
♦ **nom d'un criquet, Trilophidia repleta (Walker),** famille des acridiens : petit criquet au ventre crème orné de petits points noirs, et ayant l'intérieur des fémurs noir et blanc. •*Amhajar-hajar talgah fî l-naga'a walla l-sahale, kan titîr, tisawwi haraka misil nâdum bisaffir.* Le criquet Trilophidia repleta se trouve dans les terrains découverts argileux ou pierreux ; lorsqu'il vole, il émet une sorte de bruit comme si quelqu'un sifflait. •*Amhajar-hajar batûnha bêda indaha nugat azrag azrag, wa al-nugât hanâ danabha azrag wa murassasîn.* Le criquet Trilophidia repleta a le ventre blanc avec des points noirs, et la queue avec des points noirs alignés.

amhammalti *n. f.*, composé de *am* et de *hammalti*, maladie des bovins (cowdriose) appelée ainsi dans la région du Guéra, → *abgâlum.*

amhanak *adj. déf. phy.*, *f.*, composé de *am* et de *hanak* [menton], → *abhanak.*

Amharîr *n. pr.* de femme, *Cf. amm, harîr.*

amhasba *n. mld.*, *Syn. amkanyang-nyang, jiddit al iyâl*, * ḥsb, ح س ب
♦ **rougeole.** •*Amhasba takbrub al iyâl al-dugâg wa taktulhum ajala ke.* Les petits enfants qui attrapent la rougeole meurent rapidement [la rougeole prend les petits enfants et les tue rapidement]. •*Amhasba hî marad bisawwi wirde wa darac katîr wa waja' fî l halgûm wa l uyûn.* La rougeole est une maladie qui donne de la fièvre et de nombreux petits boutons, et qui fait mal à la gorge et aux yeux.

amhimêrûn *n. vég.*, *coll.*, *f.*, *sgtf. amhimerûnay*, *Cf. dura ahmar, kurnyânye, jigâre*, * ḥmr, ح م ر
♦ **nom d'une plante cultivée, sorgho rouge,** famille des graminées. •*Al amhimêrûn tanjad ajala min al xalla l âxara.* Le sorgho mûrit plus vite que toutes les autres céréales. •*Gandûl amhimêrûn lissâ mâ nijid.* L'épi du sorgho rouge n'a pas encore mûri. •*Êc amhimêrûn halu be laban.* La boule de sorgho rouge est délicieuse si on la mange avec du lait.

amhûhu *n. mld.*, *f.* (*onom.*).
♦ **coqueluche.** •*Al-saxîr da buguhh bilhên, coxolah amhûhu bas karabatah.* Cet enfant tousse trop, il a la coqueluche. •*Al amhûhu marad hawân ba'âdi l iyâl al-taybîn.* La coqueluche est une grave maladie qui contamine même les enfants en bonne santé.

amîl / umala' *adj.*, (*fém. amîla*), * ʿml, ع م ل
♦ **agent double, traître.** •*Al amîl katal rufugânah.* Le traître a tué ses amis. •*Mâ tabga nâdum amîl, al-nâs mâ baju lêk fî bêtak !* Ne deviens pas un traître, sinon les gens n'iront pas

chez toi ! •*Mâ ti'âmin al umala' !* Ne donne pas ta confiance aux traîtres !

âmil / ummâl *adj.*, (*fém. âmila*), * ʕml, ع م ل

♦ **travailleur (-euse).** •*Al ummal hanâ l hâkûma kaffohum gurushum amis.* Les travailleurs de la fonction publique ont été payés hier. •*Axui âmil fî l-carika hint al-sijâra.* Mon frère travaille à la manufacture de cigarettes.

amin *n. m.*, → *amni.*

amîn / amînîn *adj.*, (*fém. amîne*), * 'mn, ء م ن

♦ **sûr(e), de confiance, sincère.** •*Anâ na'arif râjil amîn, jîbah yagôd lêk haras !* Je connais un homme sûr, prends-le comme gardien chez toi ! •*Halîme di amîne, nuxuttaha fî l mâliye.* Halimé est une femme digne de confiance, nous la mettrons au poste de trésorière. •*Acîrak, ôrih lê martak kan amîne !* Confie ton secret à ta femme si tu as confiance en elle !

Amîn *n. pr.* d'homme, *litt.* confiant, sincère, sûr, * 'mn, ء م ن

âmîn *invar.*, * 'mn, ء م ن

♦ **amen, ainsi soit-il, oui,** que cela puisse se réaliser ! (réponse à un souhait). •*Allah yarhamak be l-janne ! Amîn !* Que Dieu t'accorde le paradis ! Oh oui ! •*Kan kammalt min al-salâ tugûl : âmîn !* A la fin de ta prière tu dis : amen !

amîn al-sandûg / umana' al-sanâdîg expression, (*fém. amînit al-sandûg*), *litt.* "fidèle de la caisse", * 'mn, ṣndq, ء م ن • ص ن د ق

♦ **trésorier (-ère).** •*Fî munazzamitna di nuxuttu lêna amîn al-sandûg.* Dans notre organisation, nous allons désigner un trésorier. •*Fâtime xattoha amînit al-sandûg fî jam'iyit awîn hillitna.* On a nommé Fatimé [on l'a posée] trésorière de l'association des femmes de notre village. •*Amîn al-sandûg hanâku sirig al mâl kulla ke wa arrad !* Votre trésorier a volé tout l'argent et s'est enfui !

amîn âmm / umana' âmmîn nom composé, (*fém. amîna âmma*), * 'mn, ʕmm, ء م ن • ع م م

♦ **secrétaire général.** •*Jam'iyitna mâ indaha amîn âmm wa lâ amîn al-sandûg.* Notre association n'a ni secrétaire général, ni trésorier. •*Mûsa hû bas al amîn al âmm fî hisib M.P.S.* C'est Moussa qui est le secrétaire général du parti M.P.S. •*Amis darrajo Hawway amîna âmma lê l awîn fî hisibna.* Hier on a nommé Hawway secrétaire générale des femmes de notre parti.

amîn sandûg expression, → *amîn al-sandûg.*

Amîna *n. pr.* de femme, *fém.* de *Amîn*, * 'mn, ء م ن

Amîne *n. pr.* de femme, variante de *Amîna*, * 'mn, ء م ن

Âmine *n. pr.* de femme, → *Amne.*

âminîn *n. d'act., m., Cf. îmân,* ≅ *âmanân*, * 'mn, ء م ن

♦ **confiance, foi,** fait d'avoir confiance. •*Anâ âminîni lêk da min galbi.* Ma confiance en toi est totale [vient de mon cœur]. •*Bala l âminîn al xidime mâ tabga.* Sans la confiance, le travail ne peut se faire. •*Al âminîn be Allah wâjib !* Il faut croire en Dieu !

amîr / umara' *adj. n., n. pr.* d'homme, (*fém. amîra*), * 'mr, ء م ر

♦ **émir, prince (princesse),** titre donné au sultan. •*Al amîr rikib juwâdah.* Le prince a monté son cheval. •*Al amîr âmar al-râjil ma'â martah.* L'émir a réconcilié l'homme avec sa femme.

Amîr *n. pr.* d'homme, *Cf. amîr*, * 'mr, ء م ر

âmir / âmirîn *adj. mrph. part.* actif, (*fém. âmire, âmre*), * ʕmr, ع م ر

♦ **peuplé(e), animé(e), vivant(e), habité(e).** •*Hû ajuwâdi kabîr, bêtah dâyiman âmir be l-duyûf.* C'est un grand homme généreux, sa maison ne cesse de recevoir des hôtes. •*Fî l xarîf* *al-aswag mâ âmirîn acân al-nâs yamcu l hirâte.* En saison des pluies, il y a peu de monde dans les marchés parce que les gens vont cultiver leur champ. •*Al-hille l âmire di, yâtu cêxha ?* Quel est le chef de ce village si peuplé ?

Amîra *n. pr.* de femme, *fém.* de *Amîr*, * 'mr, ء م ر

Amirîk *n. pr.* de pays.
♦ **Amérique.**

amirîn 1 *n. d'act., m.*, ≅ *amarân*, * 'mr, ء م ر
♦ **fait d'ordonner, fait de commander, ordre, commandement,** fait de donner des ordres. •*Hî mâ tisawwi êc bala amirîn râjilha.* Elle ne prépare la boule que sur ordre de son mari. •*Amirîn al bêt da mâ min xidimitak, anâ nitâbi' amur abui !* Ce n'est pas ton travail de donner ainsi des ordres dans la maison, je n'obéis qu'à mon père ! •*Al wilêd marag min al bêt be amirîn abûh.* L'enfant est sorti de la maison sur ordre de son père.

amirîn 2 *n. d'act., m.*, ≅ *amarân, Cf. umâre*, * ʕmr, ع م ر
♦ **fait de peupler, peuplement, croissance, construction, prospérité.** •*Al mara kan tidôr amirîn bêtha wâjib tasbur.* La femme doit être patiente dans la construction de son foyer. •*Amarân Anjammêna bigi ba'ad kumâle hanâ l-duwâs.* La reconstruction de N'Djaména a eu lieu après la fin de la guerre. •*Nâdum wâhid yagdar yisawwi l xarâb, lâkin al amirîn mâ yabga illa be l-nâs al katîrîn.* Une seule personne peut détruire, mais il en faut un grand nombre pour reconstruire. •*Al mahanna hint iyâl al balad tijîb al amirîn.* L'entente cordiale entre les enfants du pays apportera la prospérité.

âmirîn *n. d'act.*, ≅ *âmarân*, * ʕmr, ع م ر
♦ **réconciliation.** •*Mûsa axui, al âmirîn be l kidib mâ yabga.* Moussa mon frère, on ne se réconcilie pas en mentant [la réconciliation ne va pas avec le mensonge]. •*Ammi, battân kalâm al âmirîn ma'â Hasan da, mâ nidôr nasma'ah minniki !* Maman, je ne veux plus t'entendre parler de réconciliation avec ce Hassan ! •*Tallag martah indah caharên wa hassâ yidôr âmirînha.* Il a répudié sa femme il y a deux mois, et maintenant il veut se réconcilier avec elle. •*Al-rujâl kan dâwaso, âmirînhum wâjib !* Lorsque des hommes se sont battus, ils doivent se réconcilier.

amis *invar.*, * msw, م س و
♦ **hier.** •*Mâla amis mâ macêtu fî l-tahûna ?* Pourquoi n'êtes-vous pas allées hier au moulin ? •*Amis anâ mâ ligit xada.* Hier, je n'ai pas trouvé de quoi déjeuner. •*Amis, al-jarâd mâ xallâni nûmt barra.* Hier, les sauterelles ne m'ont pas laissé dormir dehors.

amizgêl *n. m. empr. fr. amuse-gueule*
♦ **biscuits pour apéritif.**

amja'abât *adj. déf. phy., f.*, composé de *am* et de *ja'abât* (fesses), surtout employé pour les femmes, * jʕb, ج ع ب
♦ **fessue, bien formée, potelée,** qui est bien en chair et a un joli postérieur. •*Al mara l amja'abât di samhe.* Cette femme potelée est belle. •*Al mara di, zamân samîne amja'abât, wa hassâ bitilat.* Cette femme était autrefois grosse et bien en chair, elle est devenue maigre maintenant.

amjabara *n. vég., coll.*, composé de *am* et de *jabara* (force, puissance), ≅ *anjabara, Syn. hâlûk*, * jbr, ج ب ر
♦ **germe de jeune rônier,** jeune pousse de noix de rônier consommable après avoir été bouillie. •*Amjabara halu.* Les germes de rônier sont délicieux. •*Al iyâl yâkulu amjabara fî l-lekôl.* Les enfants mangent des germes de rônier à l'école. •*Al awîn yahfuru l-turâb wa yamurgu l amjabara.* Les femmes creusent la terre et sortent les germes de rônier.

Amjamâl *n. pr.* de femme, *litt.* celle qui posséde la beauté, *Cf. amm, jamâl.*

amjammâdi *n. m.*, *Cf. abnazzâz*, * jmd, ج م د

♦ **terrain détrempé,** terrain sablonneux gorgé d'eau et recouvert d'une fine couche de sable sec. •*Watîr al-daktôr xatas fî bakân amjammâdi.* La voiture du médecin s'est enlisée dans le terrain détrempé. •*Jamb zere'na fîh amjammâdi.* Il y a un terrain détrempé à côté de notre champ. •*Al-nâdum mâ bagdar bajri fî l bakân al indah amjammâdi.* C'est impossible de courir sur un terrain sablonneux gorgé d'eau.

amjarâri *n. coll.*, animal, → *abunjarâri.*

Amjiddât *n. pr.* de femme, *litt.* celle qui a des grands-mères, *Cf. jidde.*

amjiglês *n. f.*, composé de *am* et de *jiglês*, maladie des bovins (lésions cutanées) appelée ainsi dans les régions du Ouaddaï, du Salamat et du Guéra, → *gûb, am̆cakato.*

amjimêl nom composé, *mrph. dmtf.*, *f.*, *litt.* qui a une petite beauté, *Syn. xattâta*, * jml, ج م ل

♦ **armoire de cuisine, vaisselier, buffet,** petite armoire de cuisine des nomades. •*Al baggâriye banat bêtha hanâ l Arab, wa waggat al-serîr, wa sawwat al-rahal be îd al-zêne wa l amjimêl be l isra.* La femme de l'éleveur a construit sa maison arabe et monté le lit, elle a disposé, à droite la grande armoire, et à gauche le vaisselier. •*Amjimêl saxayre min al-rahal wa bissawûha be ci'ab wa hubâl hanâ za'af.* L'armoire de la cuisine est plus petite que l'autre armoire des nomades, ils la fabriquent avec des rondins et des cordes en fibres végétales de palmier doum.

amjimêre / amjimêrât *n. f. mrph. dmtf.*, composé de *am* et de *jimêre* [celle qui a une petite braise], *Cf. jamur ;* désigne la "luciole", moins utilisé que *amniyêre*, → *amniyêre*, * jmr, ج م ر

amjinêbe *n. f.*, *Cf. amsifêfe*, * jnb, ج ن ب

♦ **fait de découvrir l'épaule, fait de montrer l'épaule dénudée,** fait de dénuder l'épaule en guise de respect. •*Hû salla xalagah amjinêbe acân bidôr bigâbilah lê l-sultân.* Il a retroussé l'habit qui couvrait son épaule parce qu'il veut rencontrer le sultan. •*Sallîn al xalag amjinêbe da, al-nâs bisawwuh zamân ihtirâm lê l-sultân.* Autrefois, les gens découvraient leurs épaules par respect pour le sultan.

amjudul *n. f.*, terme d'insulte, → *judul*, * jdl, ج د ل

amjulûlu *n. f.*, composé de *am* et de *julûlu*, *onom.* utilisée en arabe *sd.* quand la bave coule, *Syn. riyâle.*

♦ **bave, écume.** •*Al micôtin da, gaddûmah kulla ke amjulûlu.* Ce fou a la bouche tout entière pleine de bave. •*Al wilêd al-saxayyar indah amjulûlu.* Le petit enfant a de la bave.

amjung *n. f.*, ≅ *anjung*, *empr.*

♦ **eau dans laquelle le mil a gonflé, lie de bière de mil,** dépôt résultant de la fermentation du mil. •*Al amjung kan daffagoha fî l-câri, ti'affinah.* Lorsqu'on renverse de la lie de bière de mil dans la rue, cela pue. •*Al xalla, kan sabbôha fî l almi ba'ad talâte yôm, almiha da bas usumah amjung.* Si l'on met du mil dans l'eau, au bout de trois jours se forme ce qu'on appelle la lie de bière de mil. •*Amjung tisawwi l xalla hâmde.* L'eau dans lequel le mil a déjà gonflé rendra le mil acide.

amkacarne *n. coll.*, animal, *sgtf. amkacarney*, viendrait de *amkacrâne* [la mécontente], * kšr, ك ش ر

♦ **grenouille,** petite grenouille multicolore très craintive, qui s'enfonce dans le sable et que l'on mange. •*Al iyâl maco fî l wâdi bikarrubu amkacarne.* Les enfants sont partis dans l'oued pour attraper des grenouilles. •*Nâs hanâ hillitna* *bâkulu amkacarne.* Les gens de notre village mangent des grenouilles. •*Al wilêd bunutt misil al amkacarne.* L'enfant saute comme une grenouille.

amkacaw *n. vég.*, ≅ *amkacawcaw*, *onom.*, désigne plusieurs espèces d'arbres.

♦ **nom d'un arbre, Albizzia lebbeck (L.)** (mimosacées)**, Cassia sieberiana (DC.)** (césalpiniacées), arbres dont les graines font du bruit lorsque le vent les agite dans leur gousse. •*Cadar amkacaw anwa' katîr.* Il y a plusieurs sortes d'arbres qu'on appelle *amkacaw.* •*Fî amkacaw tuwâl wa kan al-rîh sâgat iyâlha bisawwu awwa.* Il y a des Albizia lebbeck qui sont hauts, et, lorsque le vent souffle, leurs fruits font beaucoup de bruit. •*Cadar amkacaw talgah katîr fî rugâb al widyân wa l-rujûl.* L'Albizia lebbeck se trouve en abondance dans les zones inondées par les oueds en saison des pluies. •*Nuwâr amkacaw asfar misil hanâ l-talha.* Les fleurs de Cassia sieberiana sont aussi jaunes que celles de l'Acacia seyal.

amkacôl *n. anim.*, *coll.*, *sgtf. amkacolay*, connu au *Sdn.* (*C.Q.*), ≅ *amkocôl, amfurawfuraw.*

♦ **nom d'un gros criquet, Ornithacris cavroisi (F.),** famille des acridiens (*s.-f.* cyrtacanthacridinæ). •*Al iyâl al-dugâg baxannu wa bugûlu : Al amkacôl wahade bas, tamla l kalôl.* Les petits enfants chantent en disant : un seul gros criquet couleur de terre remplit toute la marmite à sauce. •*Al amkocôl karibînha gâsi bilhên, kan simat haraka bas titîr.* Il est très difficile d'attraper l'Ornithacris parce que, dès qu'il entend du bruit, il s'envole. •*Al amkacôl xabca wa kabîre min al-jarâd al âxar.* L'Onithacris est couleur de terre, c'est le plus gros des criquets.

amkacrâne *n. vég.*, *f.*, * kšr, ك ش ر

♦ **nom d'une plante sensitive, la sensitive.** •*Amkacrâne hî cidêre saxayre tugumm fî l gîzân.* La sensitive est une petite plante qui pousse dans les terrains sablonneux. •*Kan lammast amkacrâne kullaha tixammid warcâlha bakân wâhed.* Si tu touches une sensitive, toutes ses feuilles se referment d'un seul coup. •*Al mara kan titâlig, nibullu lêha amkacrâne fî almi, acân kan cirbatah yi'âwinha fî l wâlûda.* Lorsqu'une femme entre dans les douleurs de l'accouchement, on fait tremper pour elle des sensitives dans de l'eau ; lorsqu'elle boira cette eau, cela l'aidera à accoucher.

amkaff / amkufûf *n. f.*, * kff, ك ف ف

♦ **gifle.** •*Al-râjil darab wilêdah amkaff acân hû galîl adab.* L'homme a giflé son enfant parce qu'il se conduisait en enfant mal élevé. •*Al askar waggafoh lê l-sawwâg wa daggoh amkufûf, wa hû mâ ba'arif janîtah.* Les militaires ont arrêté le chauffeur et l'ont giflé, mais lui n'en savait pas la cause [il ne savait pas sa faute].

amkajjâma *n. f.*, → *amgajjâma.*

amkammûn *n. pr.* de femme, *Cf. amm, kammûn.*

amkanyang-nyang *n. mld.*, *f.*, composé de *am* et de *ka nyang nyang* (ronger), *empr.*, *Syn. amhasba, jiddit al iyâl.*

♦ **rougeole.** •*Zahara waddat wilêdaha fî l-labtân acân marad amkanyang-nyang karabah.* Zara a amené son enfant à l'hôpital parce qu'il a attrapé la rougeole. •*Marad amkanyang-nyang bi'âdi wa yakrub al-iyâl ; bisawwi lêhum wirde katîre wa waja' ên wa guhha katîre.* La rougeole est contagieuse et se transmet aux enfants [prend les enfants] ; elle leur donne une forte fièvre, ils ont mal aux yeux et toussent beaucoup.

amkarâkiro *pl.*, → *amkorkoriyo.*

amkaramkaram *n. vég.*, *f.*, *karamkam* en sara mbay, * krm, ك ر م

♦ **nom d'une herbe, Physalis angulata (L.),** famille des solanacées. •*Amkarakaram tugumm katîre fî xacum al bahar, indaha iyâl xudur wa* *kan nijido zurug.* Les Physalis angulata poussent en abondance au bord du fleuve, elles portent des fruits rouges qui deviennent noirs lorsqu'ils sont mûrs. •*Iyâl amkaramkaram induhum rîhe wa l-nâs bumussuhum acân ta'âmhum asal wa hâmud.* Les fruits du Physalis angulata sont parfumés, et les gens les sucent parce qu'ils ont un goût sucré et acide.

amkarkoriyo *n. anim., f.,* → *amkorkoriyo.*

amkaru *n. mld., f.,* qui se développe en taches rondes, *Cf. kôro, Syn. gûb,* * kwr, ك و ر

Amkatîr *n. pr.* de femme, *litt.* celle qui a beaucoup de biens, *Cf. katîr.*

amkatkat *n. vég., coll., Cf. katkat.*
♦ **nom d'un arbre, Boswellia papyrifera (Del),** famille des burcéracées, bois léger dont l'écorce s'écaille en plaques fines comme du papier. •*Amkatkat, cadaray kabîre wa talgôha fî râs al hajar fî Gêra.* Le Boswellia est un grand arbre que l'on trouve dans le Guéra au sommet des montagnes. •*Amkatkat cadaray xadra wa dumburha ahmar, wa bitcalluha acân ba'adên tamrug al-samux.* Le Boswellia est un arbre vert au tronc rouge, on entaille son écorce parce qu'ensuite il produit [il sort] de la gomme.

amkawala *n. vég., coll.,* connu au *Sdn.* (C.Q), *Cf. kawal.*
♦ **nom d'une plante herbacée, faux kinkéliba, Cassia occidentalis (L.),** famille des césalpiniacées, appelé aussi "café nègre". •*Amkawala gaccay ticâbih al kawal.* Le faux kinkéliba ressemble au Cassia tora. •*Amkawala bisawwuha gahwa wa dawa lê waja' al batun.* Le faux kinkéliba sert à faire une sorte de café et est un médicament pour soigner les maux de ventre. •*Amkawala talgâha fî l gardûd mâ'a l kawal sawa.* Le faux kinkéliba se trouve au pied des coteaux sableux, mêlé au *kawal.*

Amkazam *n. pr.* de femme, *Cf. amm, kazama,* * kzm, ك ز م

Amkazama *n. pr.* de femme, variante de *Amkazam,* * kzm, ك ز م

amkêrawân nom d'oiseau, *f.,* sans doute du nom de *Qayrawân* (Tunîs) où ces oiseaux abondent.
♦ **nom d'un échassier, pluvier, Charadrius,** famille des charadriidés. •*Amkêrawân sîgânha rugâg wa ajîle fî l-rôxân.* Le pluvier a des pattes très fines et marche très vite. •*Amkêrawân tâkul al hacarât fî l nugu l induhum gecc katîr.* Le pluvier mange les insectes des grands espaces plats qui ont beaucoup d'herbe.

amkîkî / amkîkîyât *n. f.,* composé de *am* et de *kîkî* (*onom.*)
♦ **sorte de violon,** instrument de musique traditionnel qui ressemble à un petit violon. •*Al iyâl bal'abo fî l-lêl be amkîkî.* Les enfants se divertissent la nuit en jouant du violon. •*Al banât mâ ba'arfu badurbu amkîkî.* Les filles ne savent pas jouer [frapper] du violon. •*Sîd al amkîkî ya'arif yixanni.* Le joueur de violon sait chanter.

amkillêlo *n. f., mrph. dmtf., Cf. kalôl, Syn. ambiyêto, ambiyôto.*
♦ **dînette.** •*Al binêyât lammo wa gâlo bisawwu amkillêlo.* Les filles se sont rassemblées et ont dit qu'elles feraient la dînette. •*Al binêyât kan bidôru bisawwu amkillêlo, kulla wahade minnhum tijîb coxol hanâ akil min bêthum.* Lorsque les fillettes veulent faire la dînette, chacune apporte de chez elle quelque chose à préparer à manger.

amkillonyo *n. m.,* → *amkilônyo.*

amkilônyo *n. f.,* composé de *am* et de *kilônyo, empr.*
♦ **nourriture en poudre,** mélange de galettes brisées, de dattes pilées, d'arachides cuites et d'épices. •*Hû musâfir wa zâdah amkilônyo.* Il part en voyage et emporte comme provision du *amkilônyo.* •*Dallêt al ambalxâma be amkilônyo.* J'ai calmé

ma faim avec du *amkilônyo.* •*Al iyâl birîdu l amkilônyo acân hî asala.* Les enfants aiment le *amkilônyo* parce que c'est sucré.

amkinêjire nom composé de *amm* et de *kinêjire* [qui a la forme d'une petite faucille], nom du sorgho dont l'épi se penche à terre, → *dura, bêrbere, kurknyâgne*, * h̲njr, خ ن ج ر

amkinyêkinye *empr.*
♦ **amande du jujubier,** amande du Zizyphus mauritania, ou du Zizyphus spina-christi. •*Al banât fî l-sêf, kan mâ induhum xidime xalâs, bigayyulu fî l-dull wa bitakkumu amkinyêkinye.* En saison sèche, lorsque les filles ont terminé leurs travaux, elles passent le milieu du jour, à l'ombre, à casser entre deux pierres les amandes de jujubier. •*Amkinyêkinye iyâl al-nabag walla l karno.* Les amandes de jujubier peuvent être celles du Ziziphus mauritania ou du Ziziphus spina-christi.

amkirce *adj. déf. phy., f.*, → *abkirce.*

amkirêb *n. f.*, composé de *am* et de *krêb*, *Cf. amxollôlo.*

amkiric *adj. n., f.*, → *abkiric.*

amkitîti *n. f.*, dans l'expression *bêday amkitîti*, → *amtcilîli.*

Amkizême *n. pr.* de femme, formé à partir du diminutif de *kazama.*

amkocôl *n. anim., coll.*, → *amkacôl.*

amkôlîb *n. m.*, ≅ *amkôlîk*, *Cf. agêg, rêke.*
♦ **nom d'une plante cultivée, nom d'une sorte de canne à sucre.** •*Hôcna têrabna amkôlîb acân fî l-darat iyâli yikassuruh wa yamdaxoh.* Nous avons planté des cannes à sucre dans notre concession pour que nos enfants puissent les casser et les mâcher à la fin de la saison des pluies. •*Agêg amkôlîb asal misil al-rêke.* La tige de l'*amkôlîb* est aussi sucrée que celle de la canne à sucre.

amkôlîk *n. m.*, → *amkôlîb.*

amkorkoriyo / amkarâkiro *n. anim., f.*, ≅ *amkarkoriyo*, *Cf. karkûr, koryo*, * kwr, ك و ر
♦ **scarabée noir.** •*Al amkorkoriyo katîre fî l xarîf.* Il y a beaucoup de scarabées noirs en saison des pluies. •*Al amkarâkiro yi'îcu fî karâkîr al-cadar.* Les scarabées noirs vivent dans les creux des arbres.

amkucuk *n. f.*, mot utilisé au Ouaddaï.
♦ **sorte de boulettes de mil séchées,** utilisation des restes de la boule de mil. (On écrase la boule que l'on mélange avec du malt *zurra'*, on la laisse fermenter le soir, on la partage ensuite en petites boulettes que l'on fait sécher, la nuit, pour éviter les mouches. Elles prennent alors un goût sucré, et se consomment les jours de fête). •*Amkucuk misil lugumt al êc, lâkin hî asale.* Les boulettes de mil ressemblent à de petites bouchées de boule, mais elles ont un goût sucré. •*Jidditi tucûrr amkucuk fî l-lêl acân ambâkir al îd.* Ma grand-mère fait sécher les boulettes de mil la nuit parce que demain c'est la fête.

amkudukkak nom d'oiseau, *coll.*, *Cf. kaddak, Syn. amdalba.*
♦ **pique-bœuf.** •*Amkudukkak tirîd tagôd fî dahar al bagar.* Les pique-bœufs aiment rester sur le dos des vaches. •*Al amkudukkak tâkul al hacarât al tagôd fî duhûr al bahâyim.* Les pique-bœufs mangent les insectes qui se trouvent sur le dos du bétail.

amkufûf *pl.*, → *amkaff.*

Amkulla *n. pr.* de femme, *Cf. amm, kulla*, * kll, ك ل ل

amkurnâka *n. f.*, composé de *am* et de *kurnâka, empr.*
♦ **amande de savonnier,** amande de la graine du *hajilij*, décortiquée et cuite à l'eau pour être comestible. •*Amkurnâka murra, kan mâ fawwarôha fî l almi.* L'amande de savonnier est amère si on ne la fait pas bouillir dans de l'eau. •*Dihin amkurnâka katîr misil al fûl.*

L'amande de savonnier contient autant d'huile que l'arachide. •*Amkurnâka xâliye, nuss al funjâl be icirîn riyâl.* Les amandes décortiquées de savonnier coûtent cher, la moitié d'un verre à thé vaut vingt riyals.

amkurrôdo *n. mld., f.*, composé de *am* et de *kurrôdo*, * krd, ك ر د

♦ **rhinite, mal de tête, épistaxis, congestion, sinusite,** maux de tête provoqués par une inflammation des fosses nasales ; on soigne cette maladie en piquant l'intérieur du nez avec des épines de savonnier jusqu'à ce qu'il saigne. •*Ruwâxt al harray sawwat lêi amkurrôdo.* Me promener au soleil me fait mal à la tête. •*Âdum, martah ta'anatah amkurrôdo be côk tuwâl fi munxârah.* La femme d'Adoum lui a piqué l'intérieur du nez avec de longues épines pour le décongestionner. •*Hû indah waja' katîr fî râsah acân indah amkurrôdo.* Il a très mal à la tête parce qu'il a une rhinite.

amkurruny nom d'oiseau *f.*, *onom.* liée au cri de cet oiseau, prononcé *[amkuruñ]*.

♦ **merle métallique, Molothrus bonariensis, molothre brillant,** famille des ictéridés, oiseau dont on dit que les œufs sont introuvables. •*Haggak mâ billagi misil bêd amkurruny.* Ce qui t'appartient est comme un œuf de merle métallique, on n'en voit pas la couleur [ne se trouve pas]. *Prvb.* (*i.e.* tu es pingre). •*Amkurruny zarga litt tilâsif wa danabha tawîl wa gaddumha azrag wa tabki fî l wâdi tiwassif al bakân al indah almi.* Le molothre brillant est très noir avec des reflets brillants verts, il a une longue queue, son bec est noir, et il chante [il pleure] dans l'oued, indiquant ainsi où il y a de l'eau.

amkûru *n. coll., f., Cf. koro*, * krw, ك ر و

♦ **nom d'un poisson, protoptère, Protopterus annectens,** dipneuste qui s'envase et qui survit après l'assèchement du marigot dans un cocon de mucus séché. •*Nâs katîrîn bâkulu amkûru acân hî tâ'ime.* Beaucoup de gens mangent le protoptère parce qu'il a un bon goût salé. •*Anâ naxâf min amkûru acân hî ticabbih al-dabîb.* J'ai peur du protoptère parce qu'il ressemble à un serpent.

amkurum 1 *n. vég., coll., sgtf. amkurumay*, * krm, ك ر م

♦ **nom d'un arbre, karité, graine de karité, Butyrospermum parkii (G.Don),** famille des sapotacées. •*Dihin amkurum xiza lê l iyâl misil al-zibde.* L'huile de karité est nourrissante pour les petits enfants autant que le beurre. •*Cadar amkurum fî l muncâx mâ fîh, illa fî l wati.* Le karité ne se trouve pas au Nord mais seulement au Sud. •*Al awîn bimassuhu ca'arhum be dihin amkurum acân babga amlas wa tuwâl.* Les femmes se massent les cheveux avec de l'huile de karité pour qu'ils deviennent lisses et longs. •*Al wilêd kan yinnafix, antih dihin bagar walla amkurum.* Lorsqu'un enfant est constipé, donne-lui à boire du beurre ou de l'huile de karité.

amkurum 2 *n. f.*, employé à propos des volatiles, * krm, ك ر م

♦ **gésier,** dernière poche de l'estomac des volatiles. •*Amkurum hanâ l-jidâde durdumma gawiye, wa kan caggêtha talga wasax katîr.* Le gésier de la poule est une petite boule dure ; si on la coupe, on y trouve beaucoup de saletés. •*Mâ nâkulu masarîn al-jidâd illa amkurum bas, acân hî haluwa.* Nous ne mangeons pas les intestins de la poule, nous ne mangeons que le gésier qui est délicieux.

amkurundung *n. f.*, composé de *am* et de *kurundung* (*onom.*)

♦ **harpe,** instrument de musique traditionnel qui ressemble à une petite harpe. •*Yôm al îd, la''âb al amkurundung balga gurus katîr.* Le jour de la fête, le joueur de harpe reçoit [trouve] beaucoup d'argent. •*Al banât cakkato be gurus lê la''âbîn amkurundung.* Les femmes ont agité leurs mains avec des billets de banque pour féliciter les joueurs de harpe. •*Be gayle, al iyâl lammo fî tihit al-dambaloy bi'allumu li'ib amkurundung.* A midi, les enfants se sont réunis sous le grand ficus pour apprendre à jouer de la harpe.

amla *v. impér.*, → *mala.*

amlazzâz nom, → *abnazzâz.*

amlibbêdo *n. f. mrph. dmtf.*, → *amlibbôdo, Syn. amcillêko.*

amlibbôdo *n. m.*, *Syn. amtcillêko*, ≅ *amlibbêdo, Cf. labbad*, * lbd, ل ب د

♦ **jeu de cache-cache.** •*Fî l-lêl, al iyâl bal'abo amlibbôdo.* La nuit, les enfants jouent au jeu de cache-cache. •*Iyâl hanâ dâr barra birîdu bilhên li'ib hanâ amlibbôdo.* Les enfants du village aiment beaucoup jouer à cache-cache.

amlibêne *n. vég., coll., f., mrph. dmtf., litt.* qui donne un peu de lait (latex), *Syn. laban al agrab*, * lbn, ل ب ن

♦ **nom d'une herbe, malnommée, Euphorbia hirta (L.),** famille des euphorbiacées, herbe commune utilisée pour guérir les diarrhées et l'asthme. •*Amlibêne gaccay kan gata'taha talga fôgha laban.* L'Euphorbia hirta est une herbe ; lorsqu'on la coupe [si tu la coupes], il en sort une sorte de lait. •*Amlibêne bisawwuha dawa lê waja' al batun, wa talgaha fôg al gôz.* La malnommée est un médicament contre les maux de ventre, on la trouve sur les terrains sablonneux.

amluk *v. impér.*, → *malak 1.*

amlut *v. impér.*, → *malat.*

amlux *v. impér.*, → *malax.*

amm 1 / **ammahât** *n. f.*, * 'mm, ء م م

♦ **mère, parente,** entre dans la composition de nombreux mots féminins faisant état d'une fonction ou d'une particularité physique, voir ci-dessus *am-*. •*Amm al iyâl mardâne.* La mère des enfants est malade. •*Ammahâti fî Abbecce.* Mes parentes sont à Abéché. •*Ammina amkurrôdo karabatha.* Notre mère a une rhinite.

amm 2 *n. m.*, désignant l'oncle paternel, → *imm.*

âmm / **umûm** *adj.*, (*fém. âmma*), mot de l'*ar. lit.*, * ʕmm, ع م م

♦ **général(e), commun(e), public (-ique), universel (-elle).** •*Al mudîr al âmm hanâ l-sihha zâr al yôm al-labtân al kabîr hanâ Anjammêna.* Aujourd'hui, le Directeur général de la santé a rendu visite à l'hôpital central de N'Djaména. •*Hû l amîn al âmm hanâ l hâkûma.* C'est le Secrétaire général du gouvernement. •*Al-sandûg al âmm hanâ l-dawla yâbis.* Le Trésor public est vide. •*Tawzîf al-cabâb fî l wazîfa l âmma bangus al atâla.* Nommer des jeunes à des postes de responsabilité diminuera le chômage.

amm al mûs *n. anim., f., litt.* qui porte une lame, * mws, م و س

♦ **nom d'un criquet, Acanthacris ruficornis citrina (S.),** famille des acridiens (*s.-f.* des cyrtacanthacridinæ). •*Amm al mûs hî jaraday xadra wa indaha mûs fî angaritha, wa saksâkha côkha turân wa zurug.* L'Acanthacris ruficornis citrina est un criquet de couleur verte, il porte sur la nuque quelque chose d'aussi fin qu'une lame de rasoir, et ses pattes ont des épines pointues et noires. •*Amm al mûs talgâha garîb ma'â l-darat wa tillagi fî l-zura'ât, wa titîr bilhên.* On trouve le criquet Acanthacris ruficornis citrina à l'approche de la fin de la saison des pluies, on le rencontre dans les champs et il vole très loin.

amm al-sûru / **amm al-sawâri** *n. f.*, composé de *amm* (mère de) et de *sûru* (coquillage cônique), *litt.* mère de la coquille, *Syn. amm al-tcôro, Cf. muhâra*, * ṣwr, ص و ر

♦ **escargot.** •*Al iyâl bamcu fî l kadâde wa bikarrubu amm al-sûru', acân bal'abo beyah.* Les enfants partent en brousse et ramassent des escargots pour jouer ensuite à la toupie avec leurs coquilles. •*Amm al-sûru tigôgi bêtha fî dahârha.* L'escargot porte sa maison sur son dos.

amm al-tcôro / ammahât al-tcôro *n. f.*, → *amm al-sûru.*

Amm al-tîmân *n. pr.* de lieu, *litt.* celle qui a des jumeaux, chef-lieu de préfecture du Salamat, * t'm, ت ء م
♦ **Am-Timan.**

Ammacâf *n. pr.* de femme, pour *al macâf, litt.* admirable, → *câf.*

ammad / yi'ammid *v. intr.*, forme II, * ʕmd, ع م د
♦ **mal faire exprès, s'obstiner à mal faire *qqch.*, faire mal délibérément.** •*Mâla ti'ammid misil Ceytân karabak ke ?* Pourquoi fais-tu le mal exprès comme si tu étais possédé par Satan ? •*Hû birîd bi'ammid misil humâr al acgar.* Il s'obstine à mal faire, comme l'âne roux !

Ammaddûd *n. pr.* de femme, pour *amm al-dûd,* [la mère du lion]

Ammahadiye *n. pr.* de femme, composé de *amm* (mère) et de *mahadiye, f.* de *mahadi*, → *Mahadi.*

Ammahâne *n. pr.* de femme, dont la racine évoque la félicitation, ≅ *Ammahâni*, * hn', ه ن ء

ammahât *pl.*, → *amm.*

ammal / yi'ammil *v. intr.*, forme II, * ʕml, ع م ل
♦ **suppurer, s'infecter.** •*Uwârtah ammalat namman gata'o rijilah.* Sa plaie s'est infectée au point qu'ils lui ont coupé la jambe. •*Al uwâra kan mâ dawôha ajala, ti'ammil.* Si l'on ne soigne pas vite une plaie, elle suppure.

Ammal'ulama *n. pr.* de femme, formé à partir du pluriel de *âlim, litt.* mère des savants.

ammala / yimmali *v. intr.*, → *anmala.*

ammalax / yimmalix *v. intr.*, → *anmalax.*

Ammalhâj *n. pr.* de femme, pour *amm al hâj* [mère de celui qui fait le pèlerinage à La Mecque].

Ammalkômîn *n. pr.* de femme, surnom, pour *amm al kômîn, Cf. amm, kômîn.*

ammâma kacciri nom composé *f.*, *litt.* "mère, gronde-le !", nom d'une herbe sensitive, → *amkacrâne*, * kšr, ك ش ر

amman / yi'ammin *v. trans.*, forme II, * 'mn, ء م ن
♦ **confier, mettre en sûreté, renforcer.** •*Anâ ammant wilêdi lê jâri.* J'ai confié mon enfant à mon voisin. •*Jârti ti'amminni dahabha.* Ma voisine m'a confié son or. •*Ammin xacum dukkânak be l-ci'be di !* Renforce la porte de ta boutique avec ce bois fourchu !

ammanân *n. d'act., m.*, → *amminîn.*

ammangûr nom d'oiseau, *coll.*, *sgtf. ammangûray, Cf. abunduluk*, * nqr, ن ق ر
♦ **petit calao, Tockus erythrorhynchus, Tockus nasutus,** petit calao à bec rouge, ou petit calao à bec noir. •*Ammangûr cêx al-tuyûr.* Le petit calao est le chef des oiseaux. •*Ammangûr bancax ma'â siyâd al mâl.* Le petit calao se déplace vers le Nord en suivant les éleveurs. •*Ammangur kan nacax bâkul atrôn wa xacumah babga asfar.* Lorsque le petit calao se déplace vers le Nord, il mange du natron et son bec devient jaune.

ammanxar *adj. déf. phy., f.*, → *abmanxar.*

ammar / yi'ammir *v. trans.*, forme II, * ʕmr, ع م ر
♦ **charger le fusil.** •*Al askari râgid wa ammar bundugah, jâhiz lê darib.* Le militaire s'est mis en position de tir couché et il a chargé son fusil, prêt à tirer. •*Mâ tansa ti'ammir bundugak,*

akûn xazâlay tamrug min hini ! N'oublie pas de charger ton fusil, il se peut qu'une gazelle sorte d'ici !

ammarân *n. d'act., m.,→ ammirîn,* * ˁmr, ع م ر

ammâri *adj. m.*, qualificatif de celui qui lit le Coran selon la lecture *amr, → amr 2, Cf. warc,* * ˁmr, ع م ر

ammarrâra *n. coll., f.*, composé de *am* et de *marrâra, Cf. murr,* * mrr, م ر ر

♦ **abats, tripes cuites, bile vomie, vésicule biliaire.** •*Sawwêt ammarrâra lê difâni.* J'ai préparé un plat de tripes pour mes invités. •*Yâ Zâra, xalli l ammarrâra tanjad adil acân hî gawiye !* Zara, laisse bien cuire les tripes parce qu'elles sont dures ! •*Cifti fî l-sûg ammarrâra jayjay wallâ ?* As-tu vu au marché les tas d'abats çà et là ? •*Wirde karabatah wa gaddaf ammarrâra.* Il a eu de la fièvre et a vomi de la bile. •*Fakkiri mâ tagta'e ammarrâra di, almîha murr ! Kan naggat fî l-laham yitallifah.* Fais bien attention de ne pas couper la vésicule biliaire, le fiel [son eau] est très amer ! Il suffit qu'il en tombe une goutte pour donner mauvais goût à la viande !

ammasah / yimmasih *v. intr.*, forme VII, Cf. *angacca,* * msḥ, م س ح

♦ **s'effacer.** •*Kalâm al-râjili ôrâni da indah santên wa lê hassâ mâ ammasah min galbi.* Ce que mon mari m'avait dit il y a deux ans ne s'est, jusqu'à présent, pas effacé de mon cœur. •*Iyâl al-lekkôl masaho l-tâblo gubbâl al mêtir ma yadxul fî l kilâs.* Les écoliers ont effacé le tableau avant que le maître n'entre en classe.

Ammaxayân *n. pr.* de femme, *litt.* celle qui a beaucoup de frères et sœurs.

amme / ammât nom de personne, *f.*, *≅ imme* ou *immit* (singulier), *immât* ou *immitât* (pluriel), *Cf. nasîbe,* * ˁmm, ع م م

♦ **tante paternelle, belle-mère, marâtre.** •*Fî dârna nagdaro nâxudu bint immitna.* Chez nous, nous pouvons épouser la fille de notre tante paternelle. •*Macêt al-zere' ma'â ammiti (amti).* Je suis allé au champ avec ma tante paternelle. •*Ammâti jo yôm al-tahûra hanâ axawâni l-suxâr.* Mes tantes sont venues le jour de la circoncision de mes petits frères.

amminîn *n. d'act., m., ≅ ammmanân,* * 'mn, ء م ن

♦ **fait de confier, confiance.** •*Badal amminîn gursak lê l-nâs, mâla mâ titâjir beyah ?* Au lieu de confier ton argent aux gens, pourquoi ne l'utilises-tu pas pour faire du commerce ? •*Fî wakitna da al amminîn mâ madmûn.* A notre époque, confier quelque chose à quelqu'un n'est plus le mettre en sécurité.

ammirîn *n. d'act., m., ≅ ammarân, Cf. ammar,* * ˁmr, ع م ر

♦ **chargement du fusil,** fait de charger le fusil. •*Al gurlûm da xatîr kan ammirînah mâ adîl.* Le fusil *gurlum* est dangereux lorsqu'il est mal chargé. •*Zamân ammirîn al bundug be xacumah wa yitcukkuh be mutrag.* Autrefois, le fusil était chargé par la gueule et on tassait la poudre avec une baguette.

ammirrêso *n. coll., f., → amrêse,* * r's, ر ء س

ammirrôso *n. f., → amrêse.*

ammisêrîn *dmtf., f.*, composé de *am* et de *misêrîn*, maladie des animaux, terme employé dans la région d'Abéché, *Cf. abuzirêg, misêrîn, jadari,* * msr, م ص ر

♦ **peste, peste bovine.** •*Al-jidâd hanâ jâri, ammisêrin karabatah.* Les poules de mon voisin ont attrapé la peste. •*Marad ammisêrîn kan karab bahîme tisabbib kê namma tumût.* Lorsqu'un animal attrape la peste, il a la diarrhée et en meurt.

ammohôj *n. vég., f., Cf. krêb.*

♦ **nom d'une herbe, Eragrostis pilosa (L., Beauv.),** famille des graminées. •*Fî l kadâde al gannâsîn* *bifattucu jidâd al xala fî gu'ûr hanâ ammohôj.* En brousse, les chasseurs cherchent les pintades dans [au pied de] l'herbe Eragrostis pilosa. •*Ammohôj tinlagi fî l-naga'a wa tûlha mâ bufût dura' wa nuss.* L'herbe Eragrostis pilosa se trouve sur les terrains sablonneux et sa hauteur ne dépasse pas une coudée et demie.

ammulûxiye *n. vég., f.*, nom composé de *am* et de *mulûxiye*, *Cf.* la racine *mlh*, * mlẖ, م ل خ

♦ **nom d'une herbe, mouloukhiyé, Corchorus olitorius (Linn.),** famille des tiliacées, plante non cultivée et très appréciée pour la sauce. •*Al-rujâl akalo êc be mulâh ammulûxiye.* Les hommes ont mangé la boule avec une sauce au mouloukhiyé. •*Amci l-zere' wa gati'i lêna ammulûxiye.* Va au champ nous cueillir [couper] du mouloukhiyé !

Ammûna *n. pr.* de femme, petit nom d'amitié de *Amne*, * 'mn, ء م ن

amna' *v. impér.*, → *mana' 1.*

amnawal / amnawalât *n. m.*, → *amnawwal.*

amnawwal / amnawalât *n. m.*, composé de *am* et de *awwal*, ≅ *amnawal*, et au pluriel *amnawalât*, * 'wl, ء و ل

♦ **l'année dernière, l'an passé, il y a deux ans, il y a plusieurs années.** •*Amnawwal sûmna Ramadân fî cahari xamsa.* L'an dernier, le jeûne du Ramadan a commencé le cinquième mois (*i.e.* au mois de mai). •*Amnawwal al xarîf mâ adîl.* L'an passé, la saison des pluies n'a pas été bonne. •*Min amnawalât, iyâli mâ jo lê l giray.* Depuis deux ans, mes enfants ne sont pas allés à l'école.

amnawwâma *n. anim., f.*, *Cf. nôm*, *litt.* celle qui dort, * nwm, ن و م

♦ **serpent des maisons, Lamprophis fuliginosus (B.).** •*Amnawwâma talgâha dâyiman nâyme tihit al-duwâne walla tihit al-cadar lâkin mâ ta'addîk ajala.* On trouve habituellement le serpent des maisons en train de dormir sous la jarre ou sous les arbres, mais il n'attaque pas [il ne te mordra pas vite]. •*Lôn hanâ amnawwâma bunni, farwitha tilâlis.* La couleur du Lamprophis fuliginosus est marron foncé, et sa peau brille.

Amne *n. pr.* de femme, mère du Prophète, *Cf. Amîne*, * 'mn, ء م ن

amni *n. m.*, ≅ *amin*, à ne pas confondre avec *amîn*, * 'mn, ء م ن

♦ **sécurité.** •*Hassâ, fî Anjammêna amni mâ fîh min sâ'a tis'a hanâ fî l-lêl.* Actuellement, à N'Djaména, il n'y a plus de sécurité à partir de neuf heures du soir. •*Hû burûx fî l-lêl kula acân hillitah indaha amni.* Il se promène même la nuit parce que la sécurité règne dans son village. •*Umar sawwa lêyah bâb gawwi amni lê bêtah.* Oumar a fait une porte solide pour la sécurité de sa maison.

amniyêre / amniyêrât *n. anim. f.*, composé de *am* et de *niyêre* [petit feu], *Cf. nâr*, *Syn. amjimêre*, * nwr, ن و ر

♦ **luciole.** •*Amniyêre dubbanây tidawwi fî l-lêl.* La luciole est un insecte [une mouche] qui vole et qui est lumineux la nuit. •*Amniyêrât yaju illa fî wakt al xarîf.* Les lucioles ne viennent que pendant la saison des pluies.

amnuxnâxa *n. f.*, → *abnuxnâxa.*

amnyalato *n. vég., coll., f.*, *sgtf. amnyalatoy.*

♦ **nom d'une herbe, Amaranthus græcizans (L.),** famille des amarantacées. •*Amnyalato tugumm fî l buwar.* L'herbe Amaranthus græcizans pousse sur les terrains en jachère. •*Be amnyalato bisawwuh mulâh.* On ne prépare pas de sauce avec de l'Amaranthus græcizans.

ampûl *n. m., empr.*, *Cf. bisbis.*

♦ **ampoule électrique ; nom d'un poisson, Alestes baremoze,** appelé aussi : sardine. •*Bêtna dawwa abyad acân ampûlah jadîd.* Notre maison est bien éclairée parce que l'ampoule est neuve. •*Fî hût dugâg nâs wâhadîn* *bisammuh "sardîn" wa âxarîn "ampûl".* Il y a des petits poissons que certains appellent "sardines" et que d'autres appellent "ampoules".

amr 1 *n. m.*, → *amur* (ordre, commandement).

amr 2 *adj. m.*, *Cf. warc, hafs*, * ʕmr, ع م ر

♦ **variante d'une écriture coranique, nom d'une lecture du Coran,** fondée sur une des sept lectures traditionnelles du Coran à partir du texte de *ʕUṯmân* ; la lecture de *Abû ʕamr al-dûrî* fait autorité à l'est et au centre du monde musulman. •*Al katib al amr bigarruh fî l madrasa.* L'écriture arabe *amr* est enseignée dans les médersas. •*Fî l amr talga al "qaf" indah nugtatên fôg, wa l "fa" nugta wahade bas fôg, fî l warc al "qaf" indah nugta wahade bas fôg, wa l "fa" nugta wahade tihit.* Dans l'écriture *amr* la lettre "qaf" a deux points par-dessus et la lettre "fa" n'a qu'un seul point, tandis que dans l'écriture *warc* la lettre "qaf" n'a qu'un point en dessus, et la lettre "fa" a un point mis en dessous.

amrâd *pl.*, → *marad.*

amragaba *adj. déf. phy., f.*, → *abragaba.*

amrah *v. impér.*, → *marah.*

amrâr *n. m.*, * mrr, م ر ر

♦ **force protectrice,** protection magique reçue à la suite d'un rite initiatique, ou d'un philtre. •*Al-râjil da indah amrâr katîr fî jildah.* Cet homme a en lui une forte protection. •*Nâdum kan cârib amrâr katîr mâ wâjib lêyah yixabbin.* Lorsque quelqu'un a bu un philtre protecteur, il ne doit pas se mettre en colère.

amrâs *adj. déf. phy., f.*, → *abrâs.*

Amraxxay *n. pr.* de femme, *litt.* celle qui pousse le cri du chameau, → *raxa.*

amrêse *n. coll., f.*, composé de *am* et de *rêse* [dont la petite tête apparaît], ≅ *ammirrôso, ammirêso*, * r's, ر ء س

♦ **fruit à peine formé, jeune gousse, grain tout juste formé,** gousse encore verte et tendre. •*Al fûl dahâbah sawwa amrêse wa l iyâl ma"atoh.* Les arachides étaient à peine formées que les enfants les ont arrachées. •*Amirêse hanâ l lubya halu fî l-curba.* Les jeunes grains encore verts et tendres des haricots sont délicieux dans la soupe. •*Zâra sawwat salatha be amrêse hanâ faggûs.* Zara a fait la salade avec de jeunes concombres.

amrîc *n. coll., sgtf. amrîcay*, * ryš, ر ي ش

♦ **fourmi ailée.** •*Amrîc tamrug katîr fî l-sabne wallâ fî l-darat.* La fourmi ailée sort au moment où la pluie s'arrête ou au temps de la moisson. •*Amrîc ti'addi hârr misil al agrab.* La fourmi ailée pique en faisant aussi mal qu'un scorpion.

Amrîc *n. pr.* de femme, *Cf. amm, rîc* ; en arabe *sd.* qualifie celle qui a beaucoup de biens (*C.Q.*).

Amrictên *n. pr.* de femme, *mrph.* duel fém, *Cf. amrîc* ; *rîce* désigne aussi en arabe *sd.* une parure (*C.Q.*).

amrifeyyix *n. anim., coll. f., qdr.*, peut-être combinaison de deux racines exprimant l'abondance de la nourriture et du nombre, * rfyẖ, rfġ, fyẖ, ر ف ي خ • ر ف غ • ف ي خ

♦ **nom d'une fourmi rouge,** toutes petites fourmis rouges qui se rassemblent en très grand nombre pour manger l'huile ou la graisse. •*Amrifeyyix, hî darr ahamar bi'addi fî l-jilid kan camma riht al-dihin.* La petite fourmi rouge pique [mord] le corps de l'homme quand elle sent sur lui l'odeur de l'huile. •*Amrifeyyix dâ'imân tilimm katîre, wa akilha illa l-dihin wa sukkar.* Les petites fourmis rouges se trouvent toujours rassemblées en grand nombre et ne mangent que de l'huile ou du sucre.

Amrigêbe *n. pr.* de lieu, *mrph. dmtf.*, *f.*, nom d'un quartier de N'Djaména, *litt.* petit défluent, → *ragaba, ragabt al bahar*.
♦ **Amriguébé.**

amrigêge *n. f.*, *Cf. rigeyyag*,* rqq, رقق
♦ **nom d'une sauce légère.** •*Mulâh amrigêge halu be kisâr.* La sauce légère est délicieuse avec des galettes. •*Amrigêge mulâh be laham wa dihin wa darrâba yabse ciyya bas.* La sauce légère est une sauce à base de viande, d'huile et d'un peu de gombo séché.

amrigeyge *n. f.*, → *amrigêge*.

amrihân 1 *n. vég.*, condiment, *f.*, *Cf. rîhe*, ≅ *amrîhâne*, * rwḥ, روح
♦ **nom d'une plante aromatique, basilic, Ocimum basilicum (L.),** famille des labiées. •*Amrihân tugumm katîre fî xacum al wâdi.* Il y a beaucoup de plants de basilic qui poussent au bord des oueds. •*Amrihâne rihitha halûwa kan sabbôha fî l-câhi.* Les feuilles du basilic mises dans le thé donnent un parfum délicieux.

amrihân 2 *n. vég.*, *coll.*, à ne pas confondre avec le basilic, * rwḥ, روح
♦ **nom d'une plante odoriférante, Pulicaria undulata (L.) G.A. Mey,** famille des compositées. •*Al bakân kan indah amrihân min tigarrib lêyah ke bincamma.* Dès qu'on approche d'un endroit où se trouvent des Pulicaria undulata, on sent leur parfum. •*Amrihân tugumm fî l gîzân katîre wa warcâlha indah sûf abyad.* Les Pulicaria undulata poussent en grand nombre sur les terrains sablonneux, elles ont des feuilles velues blanches.

amrijêlât *n. anim.*, considéré comme un "serpent à quatre pattes", * rjl, رجل
♦ **nom d'un lézard, sorte de seps, scinque fascié, Scincopus fasciatus (P.),** lézard que l'on dit venimeux, rayé de noir et de jaune. •*Amrijêlât kan addatak tumût ajala.* Si un scinque te mord, tu mourras très vite ! •*Lôn hanâ dahar amrijêlât argad, asfar wa azrag.* Le dos du scinque fascié est rayé de jaune et de noir.

Amrîka *n. pr.* de continent.
♦ **Amérique.**

amrug *v. impér.*, → *marag*.

Amsa'adên *n. pr.* de femme, duel, → *sa'âda*.

amsah *v. impér.*, → *masah*.

amsâl *pl.*, → *masal*.

amsal'a *adj. déf. phy.*, *f.*, → *absal'a, amsala'a*.

amsala'a nom *fém.*, *coll.*, composé de *amm* [mère] et de *sal'a* [chauve], → *amdago*, * slʕ, صلع

Amsalama *n. pr.* de femme, altération de *Umsalama*.

amsallûm *n. coll.*, animal, *sgtf. amsallumay*, ≅ *amzallûm*, * slm, سلم
♦ **sardine, Alestes nurse, Alestes macrolepidotus.** •*Amsallûm hût ahmar indah dihin katîr.* Les Alestes sont des poissons rougeâtres qui sont très gras [ils ont beaucoup d'huile]. •*Amsallûmay hûtay gaddumha tawîl wa mâ tinligi illa fî l bahar.* La sardine est un poisson qui a une longue bouche et que l'on ne trouve que dans le fleuve. •*Amsallûm al-suxâr zôl yagdar yâkulah be udâmah.* On peut manger les petits Alestes avec leurs arêtes.

Amsamah *n. pr.* de femme, *Cf. amm, sameh*,* smḥ, سمح

Amsantên *n. pr.* de femme, *mrph.* duel, → *sana*, *litt.* celle qui est restée deux ans dans le ventre de sa mère, *i.e.* : celle que sa mère a attendue deux ans.

amsêtu *v. intr.*, dans l'expression *amsêtu âfe !* * msw, مسو
♦ **bonsoir !,** salutation du soir entre quinze et dix huit heures.

amsibeybe / amsibeybât *n. f., Cf. sabîb 1*, * sbb, س ب ب

♦ **violon traditionnel.** •*Al amsibeybe tacbah al gitâr, al-subyân baxannu beha.* Le violon traditionnel ressemble au luth avec lequel les jeunes gens chantent. •*Al amsibeybe bisawwuha be gar'a wa sabîb hanâ l xêl.* On fabrique le violon traditionnel avec une calebasse et des crins de queue de cheval.

amsifêfe *n. f.*, composé de *am* et de *sifêfe* (côte), *Cf. amjinêbe*, * ṣff, ص ف ف

♦ **retroussement des manches,** relever les manches du grand boubou des deux côtés pour dégager les épaules. •*Mâ tagdar talbas cemîs amsifêfe, illa l garambûbu bas.* On ne peut pas [tu ne peux pas] retrousser les manches d'une chemise pour dégager les épaules, on ne retrousse que celles du grand boubou. •*Tarfa' garambûbu amsifêfe kan al wata hâmiye.* On retrousse les manches du grand boubou quand il fait chaud. •*Rafi'în amsifêfe da, hû xallayân al-safafê barra.* Retrousser les manches du grand boubou permet de laisser les côtés à l'air.

amsimême *n. vég., coll., f.*, la racine évoque un grain qu'on ne voit pas parce qu'il est "enfermé", *Cf. samm*, * ṣmm, ص م م

♦ **nom d'une herbe fine, Eragrostis tremula (L.),** famille des graminées. •*Fadayt al-sultân buguccuha be mugcâce hanâ amsimême.* On balaye la cour du sultan avec un balai fait d'herbes Eragrostis tremula. •*Gaccayt amsimême tugumm fî Wâdi-côk.* L'herbe Eragrostis tremula pousse dans le Ouadi-chok.

amsimêsimân *n. anim., f.*, * smḥ, س م ح

♦ **nom d'un criquet, criquet bleu, Kraussella amabile (K.),** famille des acridiens (*s.-f.* des gomphocerinæ). •*Amsimêsimân jarâday xidêra wa saxayre, kan titîr tisaggir fôg.* Le criquet Kraussella amabile est bleu et petit, et lorsqu'il s'envole, il monte très haut dans le ciel. •*Kan zôl karab amsimêsimân, tisawwi haraka misil "tsitci tci".* Lorsque quelqu'un attrape un criquet bleu, ce dernier fait une sorte de bruit comme "tsitchi tchi". •*Talga amsimêsimân fî l-zura'ât lâkin karibînha gâsi.* On trouve [tu trouves] le criquet bleu dans les champs, mais c'est très difficile de l'attraper.

amsinêne 1 *n. vég., f., mrph. dmtf.*, composé de *amm* et de *sinêne* [petite dent] ; appelé ainsi dans le Guéra et le Chari-Baguimi, * snn, س ن ن

♦ **nom d'un arbre, Mimosa pigra (Linn.),** famille des mimosacées. •*Amsinêne cadaray gisayre wa côkha katîr ; tugumm fî margad al almi.* Le Mimosa pigra est un petit arbre qui a beaucoup d'épines et qui pousse là où l'eau stagne. •*Cadar amsinêne al bahâyim mâ bâkuluh, bazurbu beyah zerîbe, wa l-nâs bugûlu urûgah dawa yanti gudra lê l-jilid.* Les animaux ne mangent pas le Mimosa pigra ; on en fait des haies, et les gens disent que ses racines sont un médicament qui fortifie le corps.

amsinêne 2 *n. vég., f., mrph. dmtf.*, composé de *am* et de *sinêne* [petite dent] ; appelé ainsi dans la région d'Abbéché et d'Ati, * snn, س ن ن

♦ **nom d'un arbre, Acacia polyacantha (Willd.),** famille des mimosacées. •*Amsinêne indaha samux mâ katîr wa hâmud ciya.* L'Acacia polyacantha produit de la gomme en petite quantité et au goût un peu acide. •*Warcal amsinêne muxazzi lê l-xanam wa be hatabha bisawwu faham.* Les feuilles de l'Acacia polyacantha sont très nourrissantes pour les chèvres et les moutons, et avec le bois on fait du charbon.

amsîsî *n. f.*, connu au *Sdn.* (*C.Q.*), *→ fâr 4.*

♦ **souris.** •*Al amsîsî uyûnha dugâg.* La souris a de petits yeux. •*Amsîsî fassaye, fasuha afin.* La souris dégage une très mauvaise odeur [fait des pets qui puent].

amsiyâdiye *n. f.*, *Cf. sîd*, * syd, د ي س

♦ **domination, tyrannie, servitude, dictature, soumission.** •*Allah yinajjîni min amsiyâdiyit marti !* Que Dieu me délivre de la tyrannie de ma femme ! •*Xaddâmîn hanâ l-labtân bugûlu xidimithum mâ xidime lâkin amsiyâdiye.* Les employés de l'hôpital disent qu'ils ne travaillent pas, mais qu'ils sont soumis à une dictature.

Amsôsal *n. pr.* de femme, *Cf. amm, sôsal.*

amsuk *v. impér.*, → *masak.*

amsurra *adj. déf. phy., f.*, → *absurra.*

amtab'aj *n. f.*, * bˁj, ب ع ج

♦ **nom d'une bière de mil,** bière de mil sucrée, légère et qui n'enivre pas. •*Amtab'aj curâb al faxara acân hî mâ tisakkir.* La bière *amtab'adj* est la boisson des marabouts parce qu'elle n'enivre pas. •*Amtab'aj be sukkar halûwa bilhên.* La bière *amtab'adj* sucrée est très bonne. •*Ciribt amtab'aj wa numt katîr.* J'ai bu de la bière *amtab'adj* et j'ai dormi longtemps.

amtaba'aj *n. f.*, → *amtab'aj.*

amtabaj *n. f.*, → *amtab'aj.*

amtabalbôl *qdr., invar.*, * blbl, ب ل ب ل

♦ **en désordre, en pagaille, n'importe comment.** •*Mâ tuxutti lêi al xumâm da amtabalbôl ke fî lubb al bêt !* Ne mets pas toutes ces choses-là en désordre dans la maison ! •*Kan turûx amtabalbôl fî l-cawâri, baturcûk.* Si tu marches n'importe comment dans les rues, tu seras renversé. •*Inta da, katibak amtabalbôl ke da, garêt wên ?* Toi alors, tu écris n'importe comment, où as-tu appris à écrire ?

Amtabât *n. pr.* de femme, *litt.* celle qui est tranquille, stable.

amtahan / yimtahin *v. intr.*, forme VII, * mḥn, م ح ن

♦ **examiner, éprouver, passer un examen.** •*Wilêdi amtahan wa lissâ mâ irifna l-natîja.* Mon enfant a passé un examen et jusqu'à présent nous ne savons pas le résultat. •*Fî cahari sitte iyâl al-lekkôl kulluhum bimtahunu.* Au mois de juin, tous les écoliers passent des examens.

amtahhâra / amtahhârât *n. anim., f.*, composé de *am* et de *tahhâra*, *litt.* celle qui circoncit, * ṭhr, ط ه ر

♦ **mante religieuse,** insecte carnassier de l'ordre des orthoptères. •*Amtahhâra hî mâ jarâday, fî l xarîf talgâha fî l-zere' wa indaha îden tikarrib bêhum al hacarât.* La mante religieuse n'est pas un criquet ; on la trouve [tu la trouves] en saison des pluies dans les champs, avec ses deux pattes avant elle attrape les insectes. •*Al iyâl yaxâfo min amtahâra wa bugûlu : "Angari min amtahhâra, hî titahhir !".* Les enfants ont peur des mantes et disent : "Fais attention à la mante, elle va te circoncire !".

amtamtâma *n. mld.*, * tmm, ت م م

♦ **bégaiement.** •*Al wilêd indah amtamtâma mâ bidôr baxâlit ma'â rufugânah.* L'enfant qui est bègue n'aime pas contester ses amis. •*Nâdum al indah amtamtâma baz'al ajala ke bas.* Celui qui bégaie s'énerve très vite. •*Sîd al amtamtâma mâ bagdar bahajji giddâm nâs katîrîn.* Celui qui bégaie ne peut pas parler devant un grand public.

amtâr *pl.*, → *matar, matara, mitir.*

amtarakkac *n. anim., coll.*, composé de *amm* (mère) et de *tarakkac* (bariolée de deux couleurs), * rqš, ر ق ش

♦ **guêpe.** •*Amtarakac ti'addi harr misil al-nahale.* La guêpe pique [mord] aussi fort que l'abeille. •*Amtarakkac bêtha mu'allag fî l-cadar wa lônah axabac.* le nid de guêpes est suspendu aux arbres et de couleur grise.

amtarkaziye *n. mld., f.*, (teigne) appelée ainsi dans le Chari-Baguirmi, → *gûba.*

amtcalakay / amtcalakât *n. f., empr.*
♦ **longue lance,** longue lance servant à la guerre ou à la chasse à la girafe. •*Axui katal zarâf be harbitah amtcalakay.* Mon frère a tué une girafe avec sa longue lance *amtcalakay*. •*Râjili mâ indah harba amtcalakay, hurâbah kulluhum suxâr.* Mon mari n'a pas de longue lance, toutes ses lances sont petites. •*Hû amtcalakaytah mâ indaha ûd hanâ gana.* Le bois de sa longue lance n'est pas en bambou.

amtcalalo *n. f.*, composé de *am* et de *tcalalo* ou *tcaralo* (*onom.*), maladie des bovins appelée ainsi dans les régions du Guéra, du Batha et du Ouaddaï, → *sabîb.*
♦ **diarrhée sanglante des bovins.** •*Amtcalalo sabîb yakrub al bagar wa yaktulhum ajala.* L'*amtcalalo* est une diarrhée que les vaches attrapent et qui les tue rapidement. •*Al bagaray kan indaha amtcalalo tisabbib damm.* Lorsqu'une vache a l'*amtcalalo,* elle a une diarrhée sanglante.

amtcalendo *n. coll.*, animal *m., empr.*, ≅ *tcilendo.*
♦ **nom d'un poisson,** poisson qui a la bouche allongée. •*Gaddûmak gaddum amtcalendo !* Ta bouche est comme celle du poisson *amtcalendo* ! (insulte). •*Anâ mâ nirîd hût amtcalendo acân udâmah katîr.* Je n'aime pas le poisson *amtcalendo* parce qu'il a beaucoup d'arêtes.

amtcaralo *n. f.*, ≅ de *amtcalalo.*

amtcilîli *n. anim., coll., m.*, composé de *am* et de *tcilîli* (*onom.*, cri de l'animal) *sgtf. amtcilîlay,* ≅ *amkitîti.*
♦ **canard siffleur, Dendrocygna javanica,** famille des anatidés. •*Amtcilîli katîre fî l-rahad.* Il y a beaucoup de canards siffleurs sur le marigot. •*Al iyâl kajjo carak wa karabo amtcilîlay.* Les enfants ont tendu un piège et ont pris un canard siffleur. •*Mahamat, yâ axui, kan macêt fî xacim al bahar, jîb lêi bêdayit amtcilîli ma'âk !* Mahamat, mon frère, si tu vas au bord du fleuve, apporte-moi un œuf de canard siffleur (refrain d'un conte traditionnel) !

amtcillêko *n. m.*, composé de *am* et de *tcillêko mrph. dmtf., Cf. tcallak,* ≅ *amtcillôko, Syn. amlibbôdo.*
♦ **cache-cache, nom d'un jeu.** •*Al iyâl birîdu li'ib amcillêko.* Les enfants aiment le jeu de cache-cache. •*Fî amcillôko al iyâl billabado wa wâhid yifattic kê namman yalga wâhid minhum wa yitcallikah.* Au jeu de cache-cache, les enfants se cachent, et celui qui est désigné recherche les autres jusqu'à ce qu'il puisse les trouver et toucher l'un d'eux.

amtcillôko *n. f.*, → *amtcillêko.*

amtcirriki *n. anim., f.*, → *abuntcirriki.*

amtcokoto *n. mld.*, → *amcakato.*

amtculmo *n. mld.*, → *tculmo.*

amtcurulle *n. anim., f., onom.*, se reconnaît à son cri *tcurul tcurul.*
♦ **nom d'un oiseau, guêpe nain, guêpier, Merops apiaster, Merops pusillus,** petit oiseau vert que l'on trouve en saison des pluies, qui pond en terre. •*Amtcurulle têray xidêra tibayyid fî l-nugâr.* Le guêpe nain est un oiseau aux couleurs vertes qui pond dans les trous. •*Amtcurulle usumha misil hissaha.* Le *amtcurulle* s'appelle ainsi à cause de son cri "tchouroul". •*Amtcurulle tibayyid fî l-rucâc.* le guêpe nain pond au début de la saison des pluies. •*Amtcurulle ajîle fî l-têrân.* Le guêpier est un oiseau qui vole très vite.

amti nom de personne, *f.*, pour *ammiti,* ma tante paternelle, → *amme.*

Amtibêg *n. pr.* de femme, formé à partir du diminutif de *tabag*, → *tabag.*

amtigdim *n. anim.*, → *amtigidim.*

amtigidim *n. anim., f.*, * qdm, ق د م
♦ **biche-cochon, céphalophe, Sylvicapra grimmia (Matsh.),** famille des bovidés. •*Al amtigidim*

gurunha gusâr wa adilîn wa sûfha asfar wa maxalbat be azrag ciyya. Les cornes de la biche-cochon sont courtes et droites et son poil est jaune avec un peu de noir. •*Al amtigidim kan karaboha, tabki misil al-nâdum.* Lorsqu'une biche-cochon est attrapée, elle crie comme une personne.

amtîrân *n. pr.* de femme, *mrph.* pluriel, *Cf. amm, tôr.*

amtîs *n. f.*, composé de *am* et de *tîs*, terme grossier servant d'insulte, → *tis*, * ṭyz, ط ي ز

amtôtahâne / amtôtahânât nom, *f.*, ≅ *amtôtahâni*, racine connue en arabe *sd.* (*C.Q.*), * ṭwḥ, ط و ح

♦ **balançoire, berceau.** •*Al wilêd yunûm fî l amtôtahâne.* L'enfant s'endort sur la balançoire. •*Fâtime nihisse tarkab fî l amtôtahâne.* Fatima est turbulente, elle monte sur la balançoire. •*Yaxûb waga' min al amtôtahâne.* Yacoub est tombé de la balançoire. •*Nawwimîn al-saxîr fîl amtôtahâni hayyin.* Il est facile d'endormir un bébé dans un berceau.

amtôtahâni nom, *f.*, → *amtôtahâne.*

amtugdum *n. anim.*, prononcé ainsi dans la région du Guéra, → *amtigidim.*

amûd / amâyid *n. m.*, *Cf. dûliye, rakkîze*, * ˁmd, ع م د

♦ **pilon.** •*Yâ jârti ! Antîni amûdki da nudugg lêi darrâba !* Hé, ma voisine ! Donne-moi ton pilon, que je pile pour moi du gombo ! •*Kan macêti l-sûg, bî'i lêi amâyid talâta.* Si tu vas au marché, achète-moi trois pilons ! •*Al amûd al-sameh hanâ girli.* Le bon pilon est celui qui est en bois rouge. •*Al mara daggat al xalla fî l fundug be l amûd.* La femme a pilé le mil dans le mortier avec le pilon.

amûd al-dahar expression, * ˁmd, ع م د

♦ **colonne vertébrale.** •*Al binêye waga'at min dahar al-jamal wa amûd al-dahar hanâha ankasar.* La fillette est tombée du dos du chameau et s'est cassé la colonne vertébrale. •*Amûd dahari bôjani, mâ nagdar nugumm be tûli.* J'ai mal à la colonne vertébrale, je ne peux pas me lever.

âmûla *n. f.*, * ˁml, ع م ل

♦ **salaire d'un intermédiaire, pourboire, rémunération,** prix à payer à l'intermédiaire qui a servi à la conclusion d'une vente. •*Ba'ad al mu'râd, sîd al bagar wa l-câri' kan istafago fî l-taman, sîd al bagar yanti lê l-sabbâbi âmûla.* Après l'estimation de la valéur marchande du bétail, si le propriétaire et l'acheteur se mettent d'accord sur le prix de vente, le propriétaire donnera au courtier un peu d'argent. •*Al kamasanji kan cahan al watîr bantu âmûla.* Lorsque le commissionnaire a trouvé des clients pour remplir une voiture, il reçoit une rémunération. •*Al-dallâli jâb zabâyin caro l bêt wa ligi âmûltah.* L'intermédiaire a amené des clients qui ont acheté la maison, et il a reçu sa rémunération.

amur 1 *n. m.*, voir ci-dessous les expressions *gâ'id fî amur Allah, al amur bigi fôgah*, * 'mr, ء م ر

♦ **destin, volonté de Dieu, mourir.** •*Hû da gâ'id fî amur Allah.* Celui-ci est entre la vie et la mort [il est sous la volonté de Dieu] (se dit d'une personne atteinte depuis longtemps par une grave maladie et dont la mort semble proche). •*Al-câyib xatar wa bigi fôgah al amur.* Le vieil homme a voyagé et est mort.

amur 2 / awâmir *n. m.*, * 'mr, ء م ر

♦ **ordre, commandement.** •*Râjili mâ antâni amur acân namrug min al bêt wa namci âzûma.* Mon mari ne m'a pas permis [donné l'ordre] de sortir de la maison et d'aller à l'invitation. •*Al askar biti'u awâmir hanâ kabîrhum.* Les militaires suivent les ordres de leurs chefs. •*Wilêdi, yâtu antâk amur tamrug min al bêt ?* Mon fils, qui t'a donné l'ordre de sortir de la maison ? •*Amur Allah, wâjib al-nâdum mâ yixâlifah !* On ne doit pas désobéir à l'ordre de Dieu !

amwâj *pl.*, → *môj.*

amwâl *pl.*, → *mâl.*

amwara-wara expression, [aller à reculons], → *gafa.*

amwidêke *n. vég.*, *coll.*, *sgtf. amwidêkay*, * wdk, و د ك

♦ **nom d'un arbre, Ximenia americana (L.),** famille des olacacées, arbuste aux fruits acides et désaltérants et dont on fait de la pommade avec les amandes. •*Cadar amwidêke yugumm fî l hujâr wa iyâlah kan nijido humur.* Le Ximenia americana est un arbre qui pousse dans la montagne et dont les fruits mûrs sont rouges. •*Iyâl amwidêke asal wa hâmud, al-nâs bifattucuh wa bâkuluh.* Les fruits du Ximenia americana sont sucrés et acides, les gens les recherchent pour les manger.

amwirêwîr *n. vég.*, *coll.*, *f.*, nom de l'arbre avec lequel on fait des batteurs, *Cf. warwâr*, ≅ *amwirewîre*, * wrr, و ر ر

♦ **nom d'un arbuste, Feretia apodanthera (Del.),** famille des rubiacées. •*Amwirêwîr cadaray yisawwu min matarîgha warâwîr lê l mulâh.* Le Feretia apodanthera est un arbre ; avec ses branches fines on fait des batteurs pour remuer la sauce. •*Amwirewîre talgaha katîr fî l garadîd.* On trouve beaucoup de Feretia apodanthera au pied des coteaux sableux.

amwirewîre *n. vég.*, *coll.*, *f.*, → *amwirêwîr.*

Amxâlât *n. pr.* de femme, *mrph.* pluriel, *litt.* celle qui a de nombreuses tantes maternelles, *Cf. xâlât.*

amxalla *n. f.*, composé de *am* et de *xalla*, → *amxollôlo, amkirêb.*

Amxalla *n. pr.* de femme, *litt.* celle qui a beaucoup de mil, *Cf. amm, xalla.*

amxibbiye *n. mld.*, *f.*, * ġyb, غ ي ب

♦ **fièvre quarte, dingue,** sorte de fièvre intermittente très forte. •*Al amxibbiye karabat wilêdi, kulla aciye barid bisawwih wa xacumah babga murr.* Mon enfant a attrapé la fièvre quarte ; chaque soir, il a froid et ressent un goût amer dans la bouche [sa bouche devient amère]. •*Al amxibbiye tabga katîre fî l-darat.* La fièvre intermittente est très fréquente à l'époque de la moisson. •*Al-nâdum kan indah wirde amxibiye, bôlah yisaffir.* Lorsque quelqu'un a la dingue, son urine devient très jaune.

amxilâfxilâf *invar.*, employé pour désigner deux des quatre membres des quadrupèdes ou des mammifères, ≅ *amxuluflâf*, * ẖlf, خ ل ف

♦ **entrecroisé(e), du côté opposé,** pied gauche avec main droite, ou patte avant droite avec patte arrière gauche et vice versa. •*Al-juwâd cakkaloh amxilâfxilâf acân mâ yi'arrid.* Le cheval a une jambe avant entravée et liée à la jambe arrière du côté opposé, pour éviter qu'il ne s'enfuie. •*Fî wakt al ispôr, al mêtir bugûl lê l iyâl : "Arfa'o îdênku wa rijlênku amxilâxilâf !".* Pendant la séance de gymnastique, le maître dit aux enfants : "Levez une main et un pied qui ne soit pas du même côté !".

amxillêlo *n. vég.*, *coll.*, *f.*, *sgtf. amxillêloy*, ≅ *amxolôlo, amxollôlo,* → *amkirêb, sittêb, bicine*, * ġll, غ ل ل

♦ **nom d'une plante aquatique, fleur de nénuphar, graines de nénuphar, Hyparrhenia rufa (Stapf.),** famille des graminées, petites graines très fines comme le fonio sauvage. •*Al iyâl jâbo amxillêlo min al-rahad.* Les enfants ont apporté des fleurs de nénuphar. •*Al amxillêlo nuwâr hanâ l sittêb.* Les *Amxillêlo* sont des fleurs de nénuphar. •*Amxollôlo akil hanâ l iyâl, lâkin mâ halu misil al bicine.* Les enfants mangent les graines de nénuphar, mais ce n'est pas aussi bon que les rhizomes de la même plante.

amxinêga *n. mld.*, *f.*, *Syn. warama*, * ẖnq, خ ن ق

♦ **oreillons, enflure.** •*Kan al hamu ja amxinêga tita''ib iyâl katîrîn.* Lorsqu'il fait chaud, les oreillons font souffrir beaucoup d'enfants. •*Al-dakâtîr bagdaro bidâwu l amxinêga.* Les médecins savent soigner les oreillons.

Amxirês *n. pr.* de femme, *mrph. dmtf.*, *litt.* celle qui porte de petites boucles d'oreilles, *Cf. amm, xurûs.*

amxollôlo *n. f.*, → *amxillêlo.*

amxolôlo *n. f.*, → *amxillêlo.*

amxuluflâf *invar.*, → *amxilâxilâf*, * h̲lf, خ ل ف

amxurûg *n. m.*, composé de *am* et de *xurûg*, → *xarag*, maladie des bovins (diarrhée) appelée ainsi dans la région d'Abéché, → *sabîb, ambitêne*, * h̲rq, خ ر ق

amyân / amyânîn *adj. déf. phy.*, (*fém. amyâne*), *Syn. darîr*, * ʕmy, ع م ي

♦ **aveugle.** •*Al amyân waga' fî l-nugura.* L'aveugle est tombé dans le trou. •*Fî amyânîn burûxu wihêdhum.* Il y a des aveugles qui marchent seuls. •*Kan mâ tusubb dawa fî uyûnak, tabga amyân.* Si tu ne t'instilles pas de collyre [si tu ne verses pas de médicament] dans les yeux, tu deviendras aveugle.

amyân durr / amyânîn durr expression, (*fém. amyâne durr*), * ʕmy, ḍrr, ع م ي • ض ر ر

♦ **myope, qui a la vue faible,** qui exagère l'importance de son handicap visuel, qui voit un peu mais qui fait comme s'il ne voyait rien. •*Amyân durr, hû bicîf lâkin bisidd uyûnah hatta bicîf.* Le myope voit, mais il cligne des yeux pour mieux voir. •*Al mara di amyâne durr, taji lêk garîb hatta tahajji giddâmak.* Cette femme a la vue faible, elle s'approche très près de ton visage, pour te parler.

Amyanga *n. pr.* de femme, *litt.* l'orgueilleuse, *Cf. amm, yanga.*

Amzâd *n. pr.* de femme, *litt.* celle qui a des provisions, *Cf. amm, zâd 2.*

Amzagafa *n. pr.* de femme, *litt.* celle que l'on prend vite, qui est née rapidement et facilement, *Cf. amm, zagaf*, * zqf, ز ق ف

amzahalôta *n. f.*, composé de *am* et de *zahalôta*, *Cf. zahlat*, * zḥl, ز ح ل

♦ **glissade, patinoire,** terrain argileux très glissant. •*Al almi kan sabba katîr, al-cawâri kulluhum babgo amzahalôta.* Lorsqu'il pleut beaucoup, les rues deviennent des patinoires. •*Al amzahalôta kassarat rijil al-jamal.* Les chameaux se sont cassé les pattes dans des endroits glissants [Les endroits glissants ont brisé les pattes des chameaux]. •*Watîr hanâ Xamîs cagalab acân amzahalôta câlatah.* Le véhicule de Khamis s'est renversé parce que le terrain était très glissant.

Amzarîbe *n. pr.* de femme, *litt.* celle qui un enclos de bétail, *Cf. amm, zerîbe.*

amzâye / amzâyât nom d'un poisson, *f.*, → *kaptên 1.*

Amzênabu *n. pr.* de femme, *Cf. amm, Zênaba.*

Amzihêrât *n. pr.* de femme, formé à partir du diminutif pluriel de *zahra*, *litt.* celle qui a beaucoup de petites fleurs, *Cf. amm, Zuhûr.*

Amzîne *n. pr.* de femme, *litt.* celle qui est aisée, heureuse, qui est belle et dans un lieu bien décoré, *Cf. amm, zîne.*

amzirrêdo nom composé de *amm* et de *zirrêdo* [qui étrangle avec une corde], *mrph. dmtf.*, ≅ *amzirrôdo*, *Cf. zarad*, * zrd, ز ر د

♦ **nœud coulant, collet.** •*Al-sayyâdi aggad al-carak amzirrêdo.* Le chasseur a fait un piège avec un nœud coulant. •*Sîd al bêt sawwa amzirrêdo lê l-bisas.* Le maître de maison a posé un collet [a fait un nœud coulant] pour attraper les chats. •*Rabat humârah al-nihis da amzirrôdo min ragabtah.* Il a passé un nœud coulant autour du cou de son âne rétif.

amzirrôdo *n. f.*, → *amzirrêdo.*

Amziwêr *n. pr.* de lieu, chef-lieu de sous-préfecture du Biltine.
♦ **Am-Zoer.**

amzôba'âni *n. f.*, → *amzobahâni.*

amzôbahâni *n. f.*, ≅ *amzôba'âni*, * zbʕ, ع ب ز
♦ **tourbillon, tempête, trombe.** •*Mitêrig sêsabân jâyi min al gîzân... Di l amzôbahâni.* Petite branche de Parkinsonia, elle vient du terrain sablonneux… C'est un tourbillon. *Dvnt.* •*Al amzôba'âni tugumm fî l-sêf.* Les tourbillons d'air se forment au moment de la saison sèche. •*Al amzôbahâni gammat fî l-sûg wa cattatat al xumâm.* Un tourbillon s'est levé au marché et a dispersé les marchandises.

Amzuhûr *n. pr.* de femme, *Cf. amm, zahra* ; *litt.* qui porte des fleurs.

an'agad / yin'agid *v. intr.*, forme VII, * ʕqd, ع ق د
♦ **s'attacher, se nouer,** pouvoir être noué(e). •*Al mara wa râjilha kalâmhum an'agad.* La femme et son mari s'entendent bien. •*Al habil da an'agad mâ nagdar nihillah.* La corde s'est nouée, je ne peux pas la détacher.

an'ajan / yin'ajin *v. intr.*, forme VII, * ʕjn, ع ج ن
♦ **se pétrir, se malaxer.** •*Al fangâsu da mâ an'ajan adîl.* Cette pâte à beignets ne s'est pas bien pétrie. •*Dagîg al kisâr da yin'ajin be zurra' katîr.* Cette farine pour la préparation des galettes se pétrit avec beaucoup de levure.

an'akal / yin'akil *v. intr.*, forme VII, * 'kl, ء ك ل
♦ **être mangeable, s'user, être dépouillé(e) de son argent, qui a été détruit(e).** •*Al bangaw kan mâ murakkab mâ bin'akil.* La patate douce non cuite est immangeable. •*Lasâtik al watîr kan râx katîr bas bin'akulu.* Les pneus de la voiture ne s'usent que lorsqu'on roule beaucoup. •*Rabbâtîn al-durûb gâ'idîn fî derib Sâr naxâf watîri yin'akil.* Il y a des coupeurs de route sur la route de Sarh, j'ai peur que ma voiture ne soit pillée. •*Anâ mâ nin'akil fî l bê' !* Je ne me laisse pas avoir [dépouiller de mon argent] lors des achats. •*Gammat harîge wa l-sûg kulla ke an'akal.* Un incendie s'est déclaré [s'est levé], et tout le marché a été détruit.

an'am *v. trans.*, forme IV, ayant Dieu pour sujet, utilisé à l'accompli seulement, pour l'*inacc.* on utilise les formes I *yan'am* ou II *yina''im*, * nʕm, ن ع م
♦ **combler de bienfaits, accorder une faveur.** •*Allah an'amâni be l âfe !* Dieu m'a comblé en me donnant une bonne santé ! •*Marti, Allah an'amâha be wulâd tîmân !* Dieu a accordé à ma femme de mettre au monde deux garçons jumeaux !

an'araf / yin'arif *v. intr.*, forme VII, * ʕrf, ع ر ف
♦ **être reconnaissable, pouvoir être découvert(e).** •*Inta nîtak an'arafat lêna, mâ tidôr tamci ma'âna.* Nous avons pu découvrir ton intention : tu ne veux pas venir avec nous. •*Al-sarrâg an'araf ba'ad ma l bolîs sawwa taftîc katîr.* Le voleur a pu être reconnu après une grande enquête de la police.

an'as *v. impér.*, → *ni'is.*

an'awaj / yin'awij *v. intr.*, forme VII, ≅ *anâwaj, yinâwij*, * ʕwj, ع و ج
♦ **être tordu(e), se tordre.** •*Zamân inta râjil adîl, wa hassâ mâla an'awaj ?* Autrefois, tu étais un homme droit et intègre, mais à présent pourquoi ta conduite est-elle tordue ? •*Al-cadar al gâ'id janb naga'at sabag al xêl kulla ke an'awaj min al-rîh.* Les arbres qui sont près de l'hippodrome sont tous tordus sous l'effet du vent.

an'azal / yin'azil *v. intr.*, forme VII, * ʕzl, ع ز ل
♦ **s'écarter de, s'isoler, se séparer,** se mettre à l'écart. •*Hû an'azal minnina, mâ bidôr bâkul ma'âna.* Il s'est séparé de nous, il ne veut pas manger avec nous. •*Al-jamal kan bigi tilib yin'azil min al-jumâl wa ya'asa.* Lorsque le chameau devient adulte et

fort, il s'écarte de ses congénères et n'en fait qu'à sa tête.

an'im *v. impér.*, → *na'am 1.*

anâ *pron. pers.* sujet, 1ère personne du singulier.
♦ **moi, je.** •*Anâ mâ indi gurus.* Moi, je n'ai pas d'argent. •*Anâ wa inta ammina wâhade wa abûna wâhid.* Toi et moi, nous avons le même père et la même mère. •*Immi jâb lêi anâ wihêdi bas xulgân wa gurus.* Les habits et l'argent que mon oncle m'a envoyés sont pour moi, et moi seulement.

anab *n. coll., sgtf. anabay, Cf. xâl, tâlûl,* * ʕnb, ع ن ب
♦ **grain de beauté, kyste, chéloïde.** •*Anâ, mâ nansâha lê Fâtime, acân indah anabay fî diginha.* Je n'oublierai certainement pas Fatimé parce qu'elle a un grain de beauté au menton. •*Anab hanâ idênha da min zamân al-sarrâgîn ta'anoha be sakkîn.* Les chéloïdes qu'elle a sur les bras sont dus aux coups de couteau qu'elle a reçus des voleurs autrefois.

anaba *n. vég., f.,* * ʕnb, ع ن ب
♦ **nom d'une plante parasite, sorte de gui, Tapinanthus,** famille des loranthacées, arbrisseau sous-ligneux parasite sur les branches des arbres, dont la graine, très gluante, est utilisée pour attraper les oiseaux au piège. •*Hû kajja lê l-tuyûr be anaba.* Il a attrapé des oiseaux au piège avec des graines de gui. •*Macêna fî l kadâde acân nifattucu anaba.* Nous sommes allés en brousse chercher du gui. •*Al anaba tinlagi fî l-talha wallâ l kitir.* On trouve le gui sur des arbres comme les acacias ou les gommiers.

anâcîd *pl.*, → *nacîd.*

anâgir *pl.*, → *angara 2.*

anâgrib *pl.*, → *angarêb.*

ananas *n. m., empr. fr.*
♦ **ananas.** •*Al ananas bujubuh min al xarb.* L'ananas est importé de l'Ouest. •*Yôm wâhed ke mâ cift zere' hanâ ananas.* Je n'ai jamais vu de ma vie un champ d'ananas.

ânas / yi'ânis *v. intr. {- ma'â, - be},* forme III, *Syn. wannas,* * 'ns, ء ن س
♦ **causer, parler d'une manière détendue, converser, être affable,** se familiariser avec quelqu'un en lui parlant, tenir une conversation familière et courtoise avec *qqn.* •*Axui ja min al-safar wa macêt ânas ma'âyah.* Mon frère est revenu de voyage et je suis allé causer avec lui. •*Hû wildo lêyah tîmân, yi'ânis behum.* Il a des jumeaux [lui, on a accouché pour lui des jumeaux], il converse avec eux. •*Ahmat wa martah yi'ânusu ma'â jîrânhum kulla yôm fî giddâm bêthum.* Ahmat et sa femme causent tous les jours d'une manière détendue avec leurs voisins, devant leur maison.

anasa *n. f., Syn. wanasa,* * 'ns, ء ن س
♦ **conversation, causerie, entretien familier, causette.** •*Al ajâyiz anasithum haluwa bilhên.* Les conversations des vieilles femmes sont très intéressantes. •*Al anasa ma'â l-rufugân fî l-lêl tadhar al-nôm.* Les causeries nocturnes avec des amis empêchent de dormir [interdisent le sommeil]. •*Nirakkubu l-câhi fî wakt al anasa.* Nous préparons le thé, le temps de causer un peu.

ânasân *n. d'act., m.,* → *ânisîn,* * 'ns, ء ن س

ânâsi / ânâsîn *adj. mrph. intf., (fém. ânâsiye), Syn. wannâs,* * 'ns, ء ن س
♦ **causeur (-euse), conteur (-euse), loquace, qui aime parler.** •*Nirîd nagôd janb jidditi acân hî ânâsiye.* J'aime rester à côté de ma grand-mère parce qu'elle aime bien raconter des histoires. •*Al wilêd al-saxayyar kan xalâs bidôr bi'allim al hije, hû babga ânâsi bilhên.* Lorsque le petit enfant commence à vouloir parler, il est très loquace.

anâti *pl.*, → *antay, intay.*

anâwaj / yinâwij *v. intr.,* → *an'awaj.*

anba' 1 / yinba' *v. intr.*, forme VII, prononcé *amba', yimba'*, * byʕ, ب ي ع

♦ **être vendable, se vendre, être achetable, s'acheter.** •*Fî l xarîf al-labân mâ binba', sûgah tagîl.* Pendant la saison des pluies, le lait ne se vend pas, il se commercialise mal [son marché est lourd]. •*Budâ'iti mâ anba'at, mâ nagdar nikaffîk gursak.* Mes marchandises ne se sont pas vendues, je ne peux pas te payer [payer ton argent]. •*Hassâ al-dahab xâli lê l miskîn mâ binba'.* A présent, l'or est très cher, les pauvres ne peuvent l'acheter [il n'est pas achetable].

anba' 2 *invar.*, prononcé *amba'*, terme de l'*ar. lit.* moderne, * nb', ن ب ء

♦ **presse.** •*Hû baxdim fî l wakâla hint al anba'.* Il travaille à l'agence de presse. •*Al-sahâfiyîn hiney al wakâla l-tcâdiya lê l anba' mâ xadamo amis.* Les journalistes de l'agence tchadienne de presse n'ont pas travaillé hier.

anba'aj / yinba'ij *v. intr.*, forme VII, * bʕj, ب ع ج

♦ **se crever, se percer, se fendre, être crevé(e), être percé(e),** en parlant de quelque chose de gonflé. •*Al-si'in amba'aj mâ bicîl lêku almi katîr.* L'outre est crevée et vous n'emporterez pas beaucoup d'eau [elle ne vous prendra pas beaucoup d'eau]. •*Al wilêd da, al yôm da nâm acân waramtah anba'ajat.* Cet enfant dort aujourd'hui parce que son abcès a crevé. •*Listik watîri anba'aj, al yôm da mâ yagdar yiwaddîna.* Le pneu de ma voiture est crevé, nous ne pourrons pas l'utiliser aujourd'hui [aujourd'hui elle ne pourra pas nous emmener].

anbada / yinbadi *v. intr. {- be}*, forme VII, ≅ *anbada', yinbadi'*, *Cf. bada*, * bd', ب د ء

♦ **avoir commencé, avoir débuté.** •*Baladna anbadat tinbani ciya ciya ba'ad al harba.* Notre pays a commencé à se reconstruire petit à petit après la guerre. •*Al-sana li'ib al bâl anbada badri.* Cette année, le tournoi de football a débuté tôt. •*Al xidime lissa mâ anbadat.* Le travail n'a pas encore commencé. •*Al môt mâ dahaba anbada !* Ce n'est pas d'aujourd'hui que la mort est venue [que la mort a commencé] !

anbada' / yinbadi' *v. intr.*, forme VII, → *anbada.*

anbah *v. impér.*, → *nabah.*

anbahat / yinbahit *v. intr.*, forme VI, ≅ *ambahat*, * bht, ب ه ت

♦ **s'angoisser, être pris(e) de peur, être stupéfait(e), paniquer, s' affoler,** avoir très peur. •*Hû câf al-tôr jâyi bas anbahat.* Il a simplement vu le taureau venir et il a été pris de panique. •*Al mara câfat râjilha mardân bas, anbahatat tahsib yumût.* La femme a seulement vu que son mari était malade, elle s'est angoissée, pensant qu'il allait mourir. •*Al almi sabba katîr, anîna anbahatna wa gûlna al bêt baga' fôgna.* Il a beaucoup plu, nous nous sommes affolés en disant que la maison allait nous tomber dessus. •*Al-saxîr al mardân kulla mâ câf al-daktôr yinbahit.* Chaque fois que le petit enfant malade voit le docteur, il a très peur.

anbalas / yinbalis *v. intr. {- min}*, → *ambalas.*

anballa / yinballa *v. intr.*, prononcé *amballa*, forme VII, * bll, ب ل ل

♦ **être humide, s'humidifier, s'imbiber d'eau, fondre dans l'eau.** •*Fî l xarîf al-darâdir binballo wa baga'o fî l-nâs.* Pendant la saison des pluies, les murs s'imbibent d'eau et tombent sur les gens. •*Al mileh al fî dukkânah anballa wa râs mâlah angata'.* Le sel s'est imbibé d'eau dans sa boutique, et il a perdu son capital [son capital s'est coupé].

anban / yi'anbin *v. intr.*, prononcé *amban, yi'ambin* ou *ya'ambin* ou *yâmbin* ; la première lettre de la racine est nasalisée, *Cf. anta*, et le *n* est prononcé *m* devant le *b* ; forme IV, *Cf. bôcan, xanna*, * 'bn, ء ب ن

♦ **chanter, chanter la gloire de, chanter l'éloge d'une époque,** chanter au cours d'une réunion de buveurs de thé ou de bière de mil en chantant la gloire d'une époque, d'une personne ou d'une chose. •*Hû cirib marîse wa gamma bi'anbin.* Il a bu de la bière de mil et s'est mis à chanter. •*Lammo fî carâb al-câhi wa anbano.* Ils se sont réunis pour boire le thé et se sont mis à chanter. •*Al xarîb fakkar ahalah wa gamma yi'anbin.* L'étranger s'est souvenu de sa famille et s'est mis à chanter sa gloire.

anbân *n. m., Cf. anban*, * 'bn, ء ب ن

♦ **art du chant épique ou nostalgique,** chant du bon temps entonné lorsqu'on est ensemble à boire le thé où lorsqu'on est en paix. •*Hû waras al anbân min abuh.* Il a hérité de son père l'art du chant épique . •*Lammo fî bakân al-câhi giddâm bêtah acân yasma'o anbân kulla wâhid minnuhum.* Ils se sont rassemblés autour du thé devant sa maison pour écouter les chants de chacun d'eux évoquant le bon vieux temps. •*Mâ indah xidime âxara bala l ambân.* Il n'a rien d'autre à faire que chanter.

anbana / yinbani *v. intr.*, forme VII, * bny, ب ن ي

♦ **se construire, se bâtir.** •*Al bêt da anbana be gurus katîr.* Il a fallu beaucoup d'argent pour construire cette maison [cette maison s'est construite avec beaucoup d'argent]. •*Al-rajil da wa martah, mag'adhum anbana be hâl adîle.* Cet homme et sa femme ont bien bâti leur foyer [leur maison s'est bâtie en très bon état].

anbanân *n. d'act., m.*, → *anbinîn.*

anbâni / anbânîn *adj. m.*, (pour le *fém.*, → *hakkâma*), ≅ *ambâni, Cf. xannay, bôcân*, * 'bn, ء ب ن

♦ **chanteur, chansonnier, poète,** chanteur traditionnel fréquentant les lieux de réunion. •*Al anbâni da fakkar ahalah wa xanna bêhum.* Le chansonnier a pensé à sa famille et a chanté à son sujet. •*Al anbânîn xanno fî bakân al-câhi wa l-nâs firiho.* Les chansonniers ont chanté là où l'on boit le thé et les gens étaient heureux. •*Al anbânîn yicakkuru l hukkâm al kubâr walla l axniya'.* Les chansonniers chantent les louanges [remercient] des grands chefs [gouverneurs] et des riches.

anbaram / yinbarim ≅ *yanbarim, v. intr. {- min, -lê}*, prononcé *ambaram, yimbarim*, forme VII, *Cf. xayyar min*, * brm, ب ر م

♦ **se tourner, se retourner, se détourner.** •*Al-râjil mâci wa anbaram yicîf al iyâl al gâ'idîn bal'abo fî l-câri.* L'homme est en train de partir et s'est retourné pour voir les enfants qui jouent dans la rue. •*Hû anbaram acân mâ yidôr yucumm rîhit al mara.* Il s'est détourné parce qu'il ne veut pas sentir l'odeur de la femme. •*Al-sane di al matar anbaram minnina.* Cette année nous n'avons pas eu de pluies [la pluie s'est détournée de nous]. •*Ya rafigti cunû simi'ti, mâla anbaramti minni marra wâhed ke !* Mon amie, qu'as tu entendu ? Pourquoi t'es-tu ainsi détournée de moi ? •*Anbarim lêi, yâ wilêdi, nixassil lêk gaddûmak min al akil !* Tourne-toi vers moi, mon enfant, pour que je te débarbouille [je te lave la bouche en ôtant la nourriture] !

anbarat / yinbarit *v. intr.*, prononcé *ambarat, yimbarit* ; utilisé en arabe *sd.*, forme VII, *Cf. albarrat*, * brd, ب ر د

♦ **s'écorcher, s'ulcérer,** se faire une plaie superficielle et peu étendue. •*Rijilêni anbarato acân na'âli dayyax minni.* Mes pieds se sont écorchés parce que mes chaussures étaient trop petites. •*Al-jamal da, caddoh xumâm katîr, wa daharah anbarat.* Ce chameau a été trop chargé, et son dos a été ulcéré. •*Mâ nidôr nal'ab fôg al gudrôn, acân kan wagêt rukubti tinbarit.* Je n'aime pas jouer sur le goudron parce qu'on s'écorche les genoux lorsqu'on tombe.

anbarim min expression composé de l'impératif du verbe *anbaram*, utilisée pour chasser et désavouer *qqn.*, → *anbaram*, * brm, ب ر م

♦ **fous-moi la paix !, va voir ailleurs !** •*Al mara di gâlat lêi : "Anbarim minni xâdi !", wa mâ na'arfah coxol al-sawwêtah lêha.* Cette femme m'a dit : "Fous-moi la paix !" et je ne sais pas ce que je lui ai fait. •*Inti di kacrâne, anbarimi minni mâ nidôr kalâm dunya !* Tu es méchante, va voir ailleurs, je ne veux pas avoir de palabres !

anbasat / yinbasit *v. intr.*, forme VII, prononcé *ambasat*, * bsṭ, ب س ط

♦ **se réjouir, être content(e), être heureux (-euse).** •*Wilêdi jâb lêi alfên wa anâ anbasat.* Mon fils m'a apporté deux mille riyals et je suis content. •*Anîna anbasatna minnak acân inta sawwet lêna coxol sameh.* Nous sommes contents de toi parce que tu nous a fait quelque chose de bien.

Anbasatna *n. pr.* de femme, *n. pr.* de lieu, quartier de N'Djaména, *mrph. v. intr.* → *anbasat*, ≅ *ambasatna* ou *ambasanna* [nous nous sommes mis à notre aise].

anbatah / yinbatih *v. intr.*, forme VII, prononcé *ambatah, yimbatih*, * bṭḥ, ب ط ح

♦ **tomber face contre terre, s'étendre sur le ventre.** •*Al wilêd waga' fî l-tîne wa anbatah be batunah.* L'enfant est tombé dans la boue et s'est étalé sur le ventre. •*Amzahalôta câlatni wa anbataht misil al waral.* J'ai glissé [la glissade m'a prise], et je suis tombée face contre terre comme un varan. •*Kan indak lahame acarab almi dâfi hana hilbe walla sitornel wa anbatih be batunak fî l furâc.* Lorsque tu as une crampe d'estomac, bois une infusion tiédie de trigonnelle ou de citronnelle et étends-toi sur le ventre sur ton matelas.

anbatan / yinbatin *v. intr.*, forme VII, prononcé *ambatan, yimbatin*, *Cf. sabîb, anbitene*, * bṭn, ب ط ن

♦ **avoir des maux de ventre, avoir la diarrhée.** •*Yôm al îd al iyâl kulluhum anbatano acân akalo ka'ak katîr.* Le jour de la fête, tous les enfants ont eu des maux de ventre parce qu'ils avaient mangé trop de gâteaux. •*Al wilêd kan anbatan bifawwuru lêyah warcal giyâfa yacrab.* Si l'enfant a mal au ventre, on fait bouillir des feuilles de goyavier et on lui en donne à boire. •*Kan akalt laham tês bas ninbatin.* Si je mange de la viande de bouc, j'aurai mal au ventre.

anbatar / yinbatir *v. intr.*, forme VII, prononcé *ambatar, yimbatir*, * btr, ب ت ر

♦ **partir en désordre, se répandre, se disperser,** ne plus être retenu ensemble par un lien. •*Al-têr simi haraka wa kulla ke anbatar.* Les oiseaux ont entendu un bruit et se sont tous dispersés. •*Al almi anbatar fôgna wa mâ na'arfu bakân nindasso fôgah acân bêtna ba'îd.* La pluie s'est abattue sur nous et nous ne savions pas où nous mettre à l'abri parce que notre maison était loin. •*Ga'adîn yal'abo karte, sim'o l korôrâk wa kulluhum anbataro jâriyîn yicîfu.* Ils étaient en train de jouer aux cartes, ils ont entendu une clameur et tous sont partis en courant pour voir ce qui se passait.

anbazal / yinbazil *v. intr.*, forme VII, prononcé *ambazal, yimbazil*, racine connue en arabe *sd.* (*C.Q.*), * bzl, ب ز ل

♦ **se faire une hernie, avoir des complications urinaires,** problèmes urinaires dus à un œdème ou à une hernie. •*Hû câl xumâm tagîl fî râsah wa anbazal.* Il a pris des affaires trop lourdes sur la tête et s'est fait une hernie. •*Hû kulla yôm mardân acân anbazal.* Il est malade tous les jours parce qu'il a une hernie. •*Sîd al-zere' dagga tôri be asa fî naytah namman anbazal.* Le paysan a frappé le flanc de mon taureau avec un bâton, au point de lui provoquer des problèmes urinaires.

anbinîn *n. d'act. m.*, ≅ *anbanân, ambanân, Cf. anban*, * 'bn, ن ب ء
♦ **chant de louange, éloge chanté.** •*Anbinîn al-câyib da al yôm acân fakkar zamânah.* Ce vieil homme pense à son passé et c'est pour cela qu'il chante. •*Al-râjil da anbanânah kulla kê, cakkirîn lê l-Ra'îs.* Le chant de louange de cet homme n'est qu'un remerciement au Président.

anbiya' *pl.*, → *nabi.*

anbul *v. impér.*, → *nabal.*

anbut *v. impér.*, → *nabat.*

ancabako / yincabuku *v. intr.*, forme VII, * šbk, ش ب ك
♦ **se disputer, s'entrecroiser, se battre.** •*Furu' al-cadaray ancabako, wa sawwo haraka katîre ma'â hajjîn al-rih.* Les branches de l'arbre se sont entrecroisées et font beaucoup de bruit quand souffle le vent. •*Amis al askar ancabako ma'â l-suwâr fî l kadâde.* Hier, les soldats se sont battus en brousse avec les rebelles.

ancaf *v. impér.*, → *nicif.*

ancâf / yincâf *v. intr.*, forme VII, * šwf, ش و ف
♦ **se voir, être vu(e), être visible, apparaître.** •*Amis al hilâl mâ ancâf lêna.* Hier, le croissant de lune n'était pas visible pour nous. •*Nasma'o l baki lâkin al-nâdum lissâ mâ ancâf.* Nous entendons des pleurs mais nous ne savons pas encore de qui il s'agit [la personne n'a pas encore été vue]. •*Kan mâ ja garîb mâ bincâf.* S'il ne s'approche pas, on ne le voit pas.

ancagga / yincagga *v. intr.*, forme VII, * šqq, ش ق ق
♦ **se fendre, se fissurer, se fêler.** •*Al almi sabba katîr wa l-durdur ancagga.* Il a beaucoup plu et le mur s'est fissuré. •*Al êc kan mâ nijid adîl bincagga min usut.* Quand la boule n'est pas bien cuite, elle se fend au milieu. •*Hû waga' min al watîr wa adum hanâ wirkah ancagga.* Il est tombé de la voiture et s'est fêlé le fémur [l'os de la cuisse].

ancahan / yincahin *v. intr.*, forme VII, * šḥn, ش ح ن
♦ **se charger, se remplir,** être rempli(e). •*Al yôm batuni ancahanat akil adîl.* Aujourd'hui, mon ventre est rempli de bonne nourriture. •*Al arabiye mâ taxtir illa kan ancahanat budâ'a.* Le camion ne partira [voyagera] que lorsqu'il sera rempli de marchandises.

ancâl / yincâl *v. intr.*, forme VII, * šwl, ش و ل
♦ **se prendre, se porter, être emporté(e), être portable.** •*Mâl al halâl mâ bincâl minjam.* Ce que l'on a bien acquis ne se vole pas facilement. •*Al xumâm da bincâl, mâ tagîl lêi.* Ces affaires se portent facilement, ce n'est pas lourd pour moi.

ancalax / yincalix *v. intr.*, forme VII, *Cf. ancagga*, * šlẖ, ش ل خ
♦ **se détacher du tronc, se disjoindre, s'arracher.** •*Firo' al-cadaray di ancalax wa waga' fî râs al bêt.* La branche de cet arbre s'est détachée du tronc et est tombée sur le toit de la maison. •*Al yôm al-rîh katîre, mâ tagôdu tihit al-cadaray ankûn furu'ha yincaluxu yaga'o fôgku.* Il y a aujourd'hui beaucoup de vent, ne restez pas sous l'arbre ; les branches pourraient être arrachées et tomber sur vous.

ancamma / yincamma *v. intr.*, forme VII, * šmm, ش م م
♦ **exhaler une odeur, sentir** (bon ou mauvais), **dégager une odeur, embaumer, empester, puer.** •*Al-laham hanâ amis bincamma afin.* La viande d'hier pue [sent la pourriture]. •*Al wilêd sabbab fî surwâlah wa bincamma afin marra wâhid.* L'enfant a fait dans sa culotte et il empeste. •*Sabbêtu cunû fî l bêt da, bincamma halu kê.* Qu'avez-vous donc mis dans cette maison pour qu'elle sente aussi bon ? •*Al afin bincamma wa l itir bindamma.* On sent plus facilement les mauvaises odeurs que les bonnes. *Prvb.* [la mauvaise odeur se laisse sentir, le parfum reste conservé], *i.e.*

on remarque moins les bonnes choses que les mauvaises.

ancara / yincari *v. intr.*, forme VII, * šry, ش ر ي

♦ **se vendre, s'acheter.** •*Al yôm budâ'iti kullaha ancarat acân al-nâs ligo gurus.* Aujourd'hui, toute ma marchandise a été achetée parce que les gens avaient reçu [trouvé] de l'argent. •*Al xumâm kan xâli mâ yincari ajala.* Si les affaires sont chères, elles ne se vendront pas vite. •*Garîb lê l îd al xulgân bincaru ajala.* A l'approche de la fête, les habits se vendent vite.

ancarab / yincarib *v. intr.*, forme VII, * šrb, ش ر ب

♦ **être bu(e), être buvable, se boire.** •*Almi al-duwâne di acân bârid ancarab ajala.* L'eau de ce canari a été vite bue parce qu'elle était fraîche. •*Al madîde hâmiye mâ tincarib lêku, xalluha tabrud ciya.* La bouillie est chaude, vous ne pouvez pas la boire maintenant, laissez-la se refroidir un peu. •*Al-dawa da rihta afne mâ bincarib lêi.* Cette potion a une odeur de pourri, elle est imbuvable pour moi.

ancarag / yincarig *v. intr.*, forme VII, * šrq, ش ر ق

♦ **se bloquer entre le nez et la gorge, s'étrangler, laisser l'eau rentrer dans le nez,** laisser l'eau ou des aliments s'insérer entre le nez et la gorge. •*Kan tâkul kisâr wa tahajji, tincarig ajala.* Si tu manges des galettes de mil et que tu parles en même temps, tu vas vite t'étrangler. •*Al-saxîr al-saxayyar kan ancarag, banfuxuh fî râsah.* Lorsque le petit enfant s'étrangle, on lui souffle sur la tête. •*Hû mâ ba'arif bu'ûm waga' fî l-rahad wa ancarag.* Il ne sait pas nager, il est tombé dans le marigot et a aspiré de l'eau par le nez [l'eau est entrée profondément dans son nez]. •*Al-nâdum kan ancarag wâjib yugûl "carga marga !".* Si quelqu'un s'étrangle, il doit dire "à chaque étranglement une bonne soupe !".

ancaram / yincarim *v. intr.*, forme VII, *Cf. caram*, * šrm, ش ر م

♦ **se déchirer sur le côté, se fendre légèrement au bord.** •*Al xalag da gidim wa ancaram min tarafah.* Ce vêtement est devenu vieux et il est râpé [déchiré à son extrémité]. •*Al farwa ancaramat.* La peau s'est déchirée. •*Jabad al-tôr min zumâmah wa munxarah ancaramat.* Il a tiré le bœuf par la corde reliée à son naseau et ses narines se sont déchirées.

ancarat / yincarit *v. intr.*, forme VII, *Cf. ancaram*, * šrṭ, ش ر ط

♦ **se déchirer.** •*Xalagi ancarat min wara.* Mon habit s'est déchiré par derrière. •*Surwâli gidim, hassâ ancarat wahêdah bas.* Mon pantalon est usé, il s'est déchiré tout seul.

ancax *v. impér.*, → *nacax.*

ancaxal / yincaxil *v. intr.*, forme VII, *Cf. ictaxal*, * šġl, ش غ ل

♦ **être occupé(e), être pris(e) par une occupation.** •*Anâ ancaxalt ma'â l iyâl.* Je me suis occupé des enfants. •*Hû ancaxal fî l mu'tamar mâ gidir maca lêk fî bêtak.* Il est occupé par la conférence, il n'a pas pu aller chez toi à la maison. •*Kulla yôm hî tincaxil be l-laday acân mâ fîh nâdum bi'âwinha.* Tous les jours elle est occupée dans sa cuisine parce qu'il n'y a personne pour l'aider.

ancaxat / yincaxit *v. intr.*, forme VII, connu au *Sdn.* et en *Egy.* (*H.W.*), *Cf. naxxac*, * šḫṭ, ش خ ط

♦ **se griffer, s'écorcher, se rayer.** •*Al-juwâd ramâni fî l-côk wa xalagi ancarat wa dahari ancaxat.* Le cheval m'a jeté dans les épines, mon vêtement s'est déchiré et j'ai le dos tout égratigné. •*Hû tagga l-terbêza wa katibi ancaxat wa l mêtir âxabâni.* Il a cogné la table et m'a fait faire un gribouillis [mon écriture s'est griffée], et le maître m'a puni.

ancaxxa / yincaxxa *v. intr.*, forme VII, * šqq, ش ق ق

♦ **être préoccupé(e), peiner dans une activité, être épuisé(e) par une activité,** être tout entier absorbé(e) par une préoccupation qui fait souffrir. •*Mahammat ancaxxa fî xidimtah.* Mahamat est épuisé par son travail. •*Hî ancaxxat fî giray hint iyâlha.* Elle est très préoccupée des études de ses enfants. •*Hû ancaxxa bifattic lêyah xidime.* Mahamat est anxieux et préoccupé de trouver du travail. •*Anâ ancaxxêt nifattic lêi bêt hanâ ijâr.* Je suis tout entière absorbée par la recherche d'une maison à louer.

ancid *v. impér.*, → *nacâd.*

ancil *v. impér.*, → *nacal.*

andafan / yindafin *v. intr.*, forme VII, * dfn, د ف ن
♦ **s'enterrer, se boucher, être enterré(e), être bouché(e), se combler de terre.** •*Fî l xarîf al-nugâr hanâ l hacarât kulluhum ke andafano.* Pendant la saison des pluies, tous les trous des insectes ont été bouchés. •*Al bîr di andafanat mâ indaha almi.* Ce puits s'est bouché, il n'a plus d'eau. •*Fî Faya min ciddit al-rîh al buyût kulluhum andafano.* A Faya, à cause de la force du vent, toutes les maisons sont enfouies sous le sable.

andagga / yindagga *v. trans.*, forme VII, * dqq, د ق ق
♦ **se battre, être battu(e), se piler.** •*Hû ma'â l bôlîs yidôru yindaggo.* Il veut se battre avec les policiers. •*Kan bidôr yindagga, xalli yasrig xumâm al askar.* S'il veut être battu, il n'a qu'à voler les affaires des militaires. •*Kan mâ sawwêti xalat mâ tindagge.* Si tu n'avais pas commis de faute, tu n'aurais pas été battue. •*Sumsumki da andagga adîl namman marag dihin.* Ton sésame a été si bien pilé que l'huile en est sortie.

andah *v. impér.*, → *nadah.*

andahar / yindahir *v. intr.*, forme VII, * dḥr, د ح ر
♦ **se plier à une interdiction, se soumettre à un interdit,** accepter de se soumettre à une interdiction ou à un empêchement. •*Wilêdki gâ'id bidâwis, wa nadaharah ke mâ bindahir, amci akurbih.* Ton enfant est en train de se battre, je le lui défends mais il n'en tient pas compte, va l'attraper ! •*Al-saxîr al mu'addab kan bisawwi coxol mâ adîl, wa zôl kabîr daharah, bindahir.* Lorsqu'un enfant bien élevé fait quelque chose de mal et qu'un adulte lui fait des reproches, il en tient compte et se soumet.

andam *v. impér.*, → *nidim.*

andamma 1 / yindamma *v. intr.* *{- ma'â, - lê}*, forme VII, terme récent, * dmm, ض م م
♦ **rejoindre, se joindre à, se rallier,** se ranger du côté de *qqn.* •*Al-suwwâr jo andammo ma'â askar al hâkûma.* Les rebelles sont venus se rallier dans les rangs de l'armée gouvernementale. •*Humman abo mâ yindammo ma'âna acân nujûbu l âfe.* Ils ont refusé de se rallier à nous pour que nous réalisions la paix. •*Kan maco l-sultân, anâ nindamma lêk.* S'ils vont voir le sultan, je me joindrai à toi. •*Mâla abêti mâ tindamme fî hizibna ?* Pourquoi as-tu refusé de te joindre à notre parti ?

andamma 2 / yindamma *v. intr.* *{- min}*, forme VII, * dmm, ض م م
♦ **se protéger contre, se garder de, être à l'abri,** être protégé(e). •*Al-saxîr andamma fî sadur ammah min al barday.* Le bébé se protège du froid en se blottissant contre la poitrine de sa mère. •*Xumâmak da mâ bindamma lêi fî bêti acân hû dayyax wa indah fâr katîr.* Tes affaires ne sont pas bien à l'abri chez moi parce que c'est étroit et qu'il y a beaucoup de rats.

andarâb *n. vég., coll., sgtf. andarabay*, connu au *Sdn.* (*C.Q.*), * ḍrb, ض ر ب
♦ **nom d'un arbre, Cordia rothii (R. et Schult.),** famille des borraginacées, arbre sans épines qui est blanc de fleurs à la fin de la saison des pluies, et dont on mange les petits fruits rouges, frais ou séchés. •*Zamân al-nâs bi'ôgudu l-nâr be mufrâka hanâ hatab andarâb, wa gafal be*

tihit. Autrefois les gens allumaient le feu en frottant un bois de Cordia rothii sur un bois de Commiphora africana. •*Al xanam birîdu warcâl al andarâb, wa l-nâs yâkulu iyâlha.* Les chèvres et les moutons aiment les feuilles de Cordia rothii, et les gens en mangent les fruits.

andarac 1 / yindaric *v. intr.*, à rapprocher de *andarac 2*, forme VII, *Cf. darac*, * jrš, ج ر ش

♦ **se broyer en morceaux, se concasser, être écrasé(e),** se frotter sur la meule sans être réduit en poudre. •*Al xalla tindaric fî l murhâka wa l-tâhuna kulla.* Le mil s'écrase en petits morceaux sous la meule à main ou au moulin. •*Al gameh kan andarac kulla, mâ yin'akil illa kan najjado fî l-nâr.* Le blé, même écrasé en petits morceaux, ne se mange que s'il est bouilli.

andarac 2 / yindaric *v. intr.*, *Cf. andarac 1*, forme VII, * jrš, ج ر ش

♦ **se frotter, se nettoyer, se récurer, s'égratigner, s'érafler,** se frotter pour être propre et lisse. •*Al gar'a di kan mâ andaracat lêki subbi fôgha almi wa xalliha tinballa ciya ke.* Si tu n'arrives pas à nettoyer cette calebasse [si cette calebasse ne se nettoie pas pour toi], mets-y de l'eau et laisse-la tremper un peu. •*Be l-sinyâka, al mâ'ûn da yindaric adîl.* Avec du sable fin, ce récipient se récure bien. •*Râsah andarac fî côk al kitir da.* Sa tête s'est égratignée contre les épines de ce gommier.

andarag / yindarig *v. intr.*, forme VII, * drq, د ر ق

♦ **disparaître, se cacher, se camoufler,** être caché(e), être dissimulé(e). •*Al gamar andarag fî l-sahab.* La lune a disparu dans les nuages. •*Hî andaragat min ên al-nâs.* Elle s'est cachée, fuyant le regard des autres. •*Al andarag min ênak marag min galbak.* Ce que tu ne vois plus [ce qui s'est caché à tes yeux] est sorti de ton cœur. *Prvb.* (*i.e.* "Loin des yeux loin du cœur.")

andarra 1 / yindarra *v. intr.*, forme VII, *Cf. darra*, * drr, د ر ر

♦ **être répandu(e), se répandre, se verser, se transvaser, pleuvoir à verse.** •*Al-dihin mâ yindarra bala sabbâba.* L'huile ne se transvase pas sans entonnoir. •*Al yôm da, min fajur al almi andarra wa yigawwim lêna l xadâr.* Aujourd'hui, depuis le matin, la pluie tombe à verse, faisant pousser la végétation.

andarra 2 / yindarra *v. intr.*, forme VII, * ḍrr, ض ر ر

♦ **être dans le malheur, souffrir, être lésé(e), subir un tort,** subir un dommage. •*Al-râjil da andarra acân mâlah kulla waddar.* Cet homme est dans le malheur, il a perdu tous ses biens. •*Al-nâs dôl andarro acân hâkimhum zâlim.* Ces gens souffrent parce que celui qui les dirige est injuste. •*Anâ andarrêt acân hû mâ bidôr bikaffîni haggi.* Je suis lésé parce qu'il ne veut pas me payer ce qui doit me revenir.

andassa / yindassa *v. intr. {- fî}*, forme VII, * dss, د س س

♦ **entrer, rentrer, pénétrer, s'introduire.** •*Hey yâ wilêd, indassa dâxal fî l bêt !* Hé, enfant ! Rentre dans la maison ! •*Al hallûf jara andassa fî nugurtah.* Le phacochère a couru et est rentré dans son trou. •*Iyâl al-lekôl gammo yindasso wâhid be wâhid fî l kilâs.* Les écoliers ont commencé à rentrer un par un dans la classe. •*Hacara wâhide andassat lêi fî adâni.* Il y a un insecte qui s'est introduit dans mon oreille. •*Al aris andassa lê martah.* Le marié est entré dans la chambre de sa femme.

anday / andayât *n. f.*, ≅ *indâye*, arabe de l'Est, dans l'expression *anday marîse* (débit de boisson), → *gôdâla*, * ndw, ن د و

andibettco *n. vég.*, → *amdibêtco.*

andil *v. impér.*, → *nadal.*

andirga / andirgâyât nom. *f.*, *mrph.* d'un verbe à la forme VII, *Cf. biric* *râga, biric kano, cugga, biric dandor*, * drq, د ر ق

♦ **nom d'une natte grossière,** natte de mauvaise qualité et grossièrement tressée. •*Al andirga bisawwu be ża'af.* On fait les nattes *andirga* avec des fibres ligneuses de palmier doum. •*Anâ mâ ragadt fî biric andirga acân hû axacan.* Je ne me repose pas sur une natte *andirga* parce qu'elle est rugueuse. •*Al mâ indah andirga, xalli yisîr !* Celui qui ne possède même pas une natte *andirga*, qu'il parte ailleurs ! *Prvb.*

andrôs *n. m., empr. angl.* nigérian, altération de *Andrews,* fabricant d'un médicament à base de bicarbonate.

♦ **nom d'un médicament effervescent,** poudre effervescente venant du Nigeria et résolvant les problèmes de digestion. •*Anâ batuni annafaxat, wa ciribt andrôs da, dallat lêi.* J'avais le ventre gonflé, j'ai pris de l'*andrews* et j'ai été soulagé. •*Kan tidôr andrôs, tamci lê sîd al-dukkân al janbina bantîk pakêt be xamsa riyâl.* Si tu désires de l'*andrews*, va en acheter un paquet à la boutique qui est à côté de nous, cela te coûtera cinq riyals.

andub *v. impér.*, → *nadab.*

andufufu *n. vég.*, → *amdufûfu.*

andûru *adj. m.,* inusité au féminin, entendu au Bornou, surnom utilisé par les enfants, terme péjoratif à ne pas utiliser.

♦ **de petite taille, nain(e).** •*Al wilêd da andûru bilhên, mâ bakbar.* Cet enfant est de très petite taille, il ne grandit plus. •*Kan nâdum andûru al iyâl mâ baxallu burûx fî l-câri, bicammutu lêyah.* Les enfants ne laissent pas un nain marcher tranquillement dans la rue, ils se moquent de lui.

anfa' *v. impér.*, → *nafa' 1.*

anfacca / yinfacca *v. intr.*, forme VII, * fšš, ف ش ش

♦ **se dégonfler, dégorger.** •*Al xalag al-jadîd, kan anfacca wa kawwêtah, bunûr.* Ce vêtement neuf, après dégorgement et repassage, brillera. •*Kan masahti be l-dawa da, waramitki tinfacca ajala.* Si tu te masses avec ce médicament, ton enflure disparaîtra [se dégonflera] rapidement. •*Jabbadt talâte sijaray lâkin za'ali mâ anfacca.* J'ai fumé [tiré] trois cigarettes mais ma colère n'est pas encore passée [dégonflée].

anfadah / yindafih *v. intr.* *{- giddâm}*, *Cf. êb*, * fḍh, ف ض ح

♦ **avoir honte, être confus(e), être humilié(e),** ressentir la honte et l'humiliation. •*Hî anfadahat giddâm rafîgitah be l kidib al gâlatah fôgha.* Elle a été confuse devant son amie quand fut révélée la médisance qu'elle avait dite à son sujet. •*Sarag mâl al-dawla wa anfadah giddâm al-nâs wakit karaboh fôgah.* Il avait volé le bien de l'État et a été humilié devant les gens lorsqu'il a été arrêté pour cela.

anfahag / yinfahig *v. intr.*, * fhq, ف ه ق

♦ **avoir un traumatisme crânien, recevoir un coup sur la nuque, tomber en syncope après un coup,** avoir une lésion interne à la base de la tête qui provoque généralement une syncope. •*Wilêdi min amis aba l akil, wa wirid, âkûn anfahag.* Depuis hier, mon enfant refuse de manger et a de la fièvre, peut-être a-t-il reçu un coup sur la nuque. •*Hû da waga' min al-cadaray wa anfahag min ragabtah acân da l-riyâle tutcurr min xacumah.* Il est tombé de l'arbre et a dû se blesser la nuque, c'est à cause de cela qu'il bave. •*Kan saxîr anfahag yigandulu min ragabtah wa yikarkuru.* Lorsqu'un petit enfant s'évanouit après avoir reçu un coup à la base de la tête, on lui étire la nuque et on lui dégage les voies respiratoires avec le doigt.

anfaham / yinfahim *v. intr.*, forme VII, * fhm, ف ه م

♦ **se comprendre, être compréhensible, être intelligible.** •*Al mêtir da kalâmah mâ anfaham hû bidôr bugûl cunû ?* Le discours de ce maître est incompréhensible, que veut-il dire ? •*Al yôm al giray mâ anfahamat lêi, axêr namci nagriha fî l bêt.* Aujourd'hui, je n'ai pas compris le cours, mieux vaut que j'aille l'étudier à la maison. •*Hû indah muckila mâ anfahamat lêh, yamci lê l mudarris.* Il a un problème qu'il ne comprend pas, il va voir le professeur.

anfajar / yinfajir *v. intr.*, forme VII, * fjr, ف ج ر

♦ **exploser, éclater.** •*Xumbula wahade waga'at fî bêtna wa mâ anfajarat.* Une bombe est tombée chez nous [dans notre maison] et n'a pas explosé. •*Al mîn anfajar fî watîr hanâ l askar.* Un camion militaire a sauté sur une mine [une mine a explosé sur un camion militaire].

anfajax / yinfajix *v. intr.*, forme VII, * jfh̲, ج ف خ

♦ **s'écraser, être piétiné(e), être pilé(e).** •*Tûmki da mâ anfajax adîl.* Ton ail n'est pas bien pilé. •*Abungumfut da anfajax fî l gudron acân al watîr rikib fôgah.* Ce hérisson est écrasé sur le goudron parce qu'une voiture lui est passée dessus.

anfajja / yinfajja *v. intr.*, forme VII, * fjj, ف ج ج

♦ **se blesser à la tête, être blessé(e) à la tête.** •*Hû waga' min al mublêt wa anfajja.* Il est tombé de mobylette et s'est blessé à la tête. •*Hî anfajjat wakit duwâs hanâ rufugânha.* Elle a été blessée à la tête au cours d'une bagarre entre ses amies. •*Akurbi wilêdki mâ yilxâtam giddâm al-caggâgi akûn yinfajja be hatabay !* Attrape ton enfant, ne le laisse pas passer devant les fendeurs de bois, il pourrait être blessé par un éclat de bois !

anfakka / yinfakka *v. intr.*, forme VII, → *ammalax*, * fkk, ف ك ك

♦ **s'ouvrir, se disjoindre, se déboîter, être ouvert(e).** •*Al wilêd da maxarûgtah anfakkat.* Ce garçon s'est luxé la hanche [la tête de son fémur s'est déboîté]. •*Anâ gammêt min al-nôm wa uyûni abo mâ yinfakko.* Je me suis réveillé, mais mes yeux ont ra efusé de s'ouvrir. •*Al humâr anfakka min gêdah wa maca ba'îd.* L'âne a pu défaire son entrave et est parti loin.

anfalag / yinfalig *v. intr.*, forme VII, *Cf. ancagga, anfakka*, * flq, ف ل ق

♦ **s'ouvrir, se fendre, se craqueler.** •*Al-turâb anfalag wa xalla faraga kabîre al-dabâyib bindasso fôgha.* La terre s'est craquelée et a laissé de grandes fentes dans lesquelles entrent les serpents. •*Al ûd da gawwi, aba mâ yinfalig lê l-caggâgi.* Ce bois est dur, le bûcheron ne peut le fendre [il refuse au bûcheron de se fendre].

anfalat / yinfalit *v. intr.*, forme VII, * flt, ف ل ت

♦ **céder, être forcé(e), être abîmé(e), se détacher, s'ouvrir,** en parlant d'un cadenas, d'une serrure, ou d'une corde qui ne maintient plus fermé ou attaché. •*Mâ nagdar nudumm gursi fî câkôci acân gufulah anfalat.* Je ne peux plus mettre mon argent dans ma sacoche parce que la fermeture est abîmée. •*Anâ naxâf min al-sarrâgîn, gufuli anfalat mâ bitabbil adîl.* J'ai peur des voleurs parce que mon cadenas a été forcé et qu'il ne ferme plus comme il faut. •*Akrub juwâdak zên, mâ yinfalit min îdak !* Tiens bien ton cheval, qu'il ne s'échappe pas de ta main !

anfanyax / yinfanyix *v. intr.*, forme VII, *Cf. fanyax.*

♦ **se gonfler d'eau, s'imprégner d'eau.** •*Al almi sabba wa l-tîne l yabse di anfanyaxat.* Il a plu et cette glaise sèche s'est imprégnée d'eau. •*Al ajîne ba'ad mâ daggôha fî l fundug buxudduha be ruwâba wa baxalluha tinfanyix.* Après avoir écrasé le mil dans le mortier, on le mélange avec du babeurre et on le laisse gonfler : c'est cela le *ajîne*.

anfarac 1 / yinfaric *v. intr.*, forme VII, *Cf. farac 1*, * frš, ف ر ش

♦ **être fouetté(e), être chicoté(e),** que l'on peut battre ou fouetter. •*Al wilêd da kan mâ anfarac, mâ yil'addab.* Si cet enfant n'est pas fouetté, il ne sera pas éduqué. •*Al* *mara, kan rasha gawi wa kibrat kulla, tinfaric.* Un femme qui a la tête dure peut être fouettée même si elle a un certain âge [même si elle a grandi].

anfarac 2 / yinfaric *v. intr.*, forme VII, *Cf. farac 2,* * frš, ف ر ش

♦ **s'étaler, s'étendre à terre.** •*Al biric da kan mâ yinfaric adîl âsirah be l hajar.* Si cette natte ne s'étend pas bien, presse-la aux quatre coins avec des pierres. •*Al busât da kabîr wa tagîl mâ yinfaric lêi wihêdi.* Ce tapis est trop grand et trop lourd, je n'arrive pas à l'étendre toute seule.

anfarad / yinfarid *v. intr.*, forme VII, * frd, ف ر د

♦ **se séparer de, s'isoler.** •*Mâ tinfarid wihêdak min al-nâs !* Ne t'isole pas, ne reste pas tout seul loin des gens ! •*Fî l-sabag juwâdi anfarad min al xêl be xamsa mitir.* A la course, mon cheval a distancé les [s'est séparé des] autres chevaux de cinq mètres. •*Mâ tixalli l-tôr da yinfarid min al bagar !* Ne laisse pas ce taureau se séparer du troupeau !

anfarag / yinfarig *v. intr. {- min}*, forme VII, * frq, ف ر ق

♦ **se séparer, se diviser, être séparé(e),** quitter le groupe pour prendre une autre direction. •*Mahammat anfarag min rufugânah fî l kadâde.* Mahamat s'est séparé de ses amis dans la brousse. •*Iyâli anfarago min abûhum wa humman dugâg.* Mes enfants ont été séparés de leur père alors qu'ils étaient petits. •*Al-jidâde anfaragat min iyâlha acân gammat tikâki.* La poule s'est séparée de ses poussins puisqu'elle s'est mise à caqueter. •*Al askari da anfarag min al-dêc acân mâ ligi gursah.* Ce militaire a quitté son régiment parce qu'il n'avait pas reçu son salaire.

anfarah / yinfarih *v. intr.*, forme VII, terme de l'*ar. lit.* peu employé, → *firih, yafrah, farhân min,* * frḥ, ف ر ح

anfaraj / yinfarij *v. intr.*, forme VII, moins employé que *faraj,* → *faraj 2,* * frj, ف ر ج

♦ **se changer en joie, s'achever pour devenir meilleur,** passer du malheur au bonheur. •*Hû zamân, mâ indah cey, wa hassâ da al-dunya anfarajat lêyah.* Autrefois il n'avait rien, mais à présent sa condition en ce bas monde a changé et il est heureux. •*Be izin Allah dixitna di tinfarij garîb !* Avec la permission de Dieu, notre angoisse cessera bientôt !

anfarmayât *pl.*, → *anfarmê.*

anfarmê / anfarmayât *adj. n. m.*, (*fém. anfarmâye*), *empr. fr.*

♦ **infirmier (-ère), aide soignant(e).** •*Xidimt al anfarmê fî l-labtân, yat'an al ibre wa yixassil al awâwîr wa yilawliwhum be bandi.* Le travail de l'infirmier à l'hôpital consiste à faire les piqûres, laver les plaies et les bander. •*Al-nâdum al-lâbis al xulgân al buyud fî l-labtân, kan mâ daktôr kulla, anfarmê.* Celui qui porte une blouse blanche à l'hôpital et qui n'est pas un médecin, est un infirmier. •*Al anfarmâye di jâboha lêna jadîde fî labtân hanâ hâritna.* Cette nouvelle infirmière vient d'être affectée au dispensaire de notre secteur.

anfasal / yinfasil *v. intr.*, forme VII, * fṣl, ف ص ل

♦ **se distinguer, se détacher, se séparer.** •*Ba'ad al galûb al-juwâd al-jarray anfasal lê l-nâs.* Après un temps de galop, le cheval qui court vite s'est détaché du groupe. •*Yôm al îd iyâl al-tujjâr binfasulu min al âxarîn acân lubâshum sameh bilhên.* Le jour de la fête, les enfants des riches se distinguent des autres car ils sont bien habillés.

anfasax 1 / yinfasix *v. intr.*, forme VII, * fsh̲, ف س خ

♦ **se décolorer, se délaver,** devenir d'une couleur fade ou pâle. •*Xalagi da anfasax.* Mon habit s'est décoloré. •*Farditi anfasaxat min carrînah fî l harray.* Mon pagne a perdu ses couleurs vives parce qu'il a été étendu trop souvent au soleil.

anfasax 2 / yinfasix *v. intr.*, forme VII, *Cf. fasax* dans le sens d'un épi qui s'ouvre, * fsẖ, ف س خ

♦ **devenir riche, s'épanouir dans l'abondance, être dans ses atours,** prendre une tournure plus favorable. •*Al mara di anfasaxat acân axûha ligi gurus katîr.* Cette femme s'est épanouie et est dans ses plus beaux atours parce que son frère a reçu beaucoup d'argent. •*Humman anfasaxo xallo libâs al wazin.* Ils sont devenus riches et ont laissé leurs vêtements en coton bon marché.

anfase *v. impér.*, → *nifis.*

anfatag / yinfatig *v. intr.*, forme VII, * ftq, ف ت ق

♦ **se découdre, être décousu(e).** •*Xalagi l jadîd anfatag min îdah.* Mon vêtement neuf s'est décousu en haut de la manche. •*Al-cuwâl da anfatag acân malyân xalla.* Ce sac s'est décousu parce qu'il est plein de mil.

anfatah / yinfatih *v. intr.*, forme VII, * ftḥ, ف ت ح

♦ **s'ouvrir.** •*Bâbku anfatah wihêdah.* Votre porte s'est ouverte toute seule. •*Kan sabart bâb al xêr yinfatih lêk.* Si tu patientes, la porte du bien s'ouvrira à toi.

anfatal / yinfatil *v. intr.*, forme VII, * ftl, ف ت ل

♦ **se tordre, être cordelé(e),** se rouler dans la main (torons). •*Al iyâl jabado l bâb nammin kâdirah anfatal.* Les enfants ont tellement tiré sur la porte que le cadre s'est déformé [tordu]. •*Al habil da mâ anfatal adîl.* Cette corde n'a pas été bien cordelée.

anfazar 1 / yinfazir *v. intr.*, forme VII, *Ant. anhana*, * fzr, ف ز ر

♦ **cambrer, s'incurver, se courber en arrière.** •*Al humâr anfazar acân al xumâm da tagîl lêyah.* Le dos de l'âne s'est incurvé sous le poids des affaires dont il a été chargé. •*Al wilêd anfazar min daharah.* L'enfant est cambré avec les épaules rejetées en arrière. •*Al mara l xalbâne di bilhên anfazarat.* Cette femme enceinte est très cambrée.

anfazar 2 / yinfazir *v. intr.*, * fzr, ف ز ر

♦ **courir, s'enfuir, partir.** •*Al masâjîn kasaro l-sijin wa anfazaro fâto.* Les prisonniers ont cassé la porte de la prison et sont partis en courant. •*Al wilêd bidôru bafurcuh, lâkin anfazar.* Ils voulaient fouetter l'enfant, mais il s'est enfui. •*Câlo xumâmhum wa anfazaro mâcîn al gôz.* Ils ont pris leurs affaires et sont allés au champ.

anfuc *v. impér.*, → *nafac.*

anfud *v. impér.*, → *nafad 1.*

anfûla *n. f.*, ≅ *amfûla*, * fwl, ف و ل

♦ **douleur articulaire, torticolis, rhumatisme,** douleur que l'on soigne en posant des ventouses, cloques dues à l'application des ventouses. •*Al anfûla kan hajamôha bitamrug dirêdimât dirêdimât.* Lorsque l'on pose des ventouses pour soigner les douleurs articulaires, il sort de la peau de petites cloques. •*Anâ hajamôni anfûla wa jildi kulla bigi awâwîr.* On m'a appliqué des ventouses pour guérir mes douleurs et tout mon corps est plein de plaies. •*Al-cayib, al barid sawa lêyah anfûla.* Le froid a causé des douleurs articulaires à l'homme âgé. •*Ragadt fî l-sagit wa ciribt almi bârid, sawwa lêi anfûla.* J'ai couché dehors et bu de l'eau froide, cela m'a donné des douleurs articulaires.

anfux *v. impér.*, → *nafax.*

angabad / yingabid *v. intr.*, forme VII, *Cf. gabbad*, * qbḍ, ق ب ض

♦ **se faire prendre.** •*Al-sarrâg al bactanâna da, xalâs al yôm angabad.* Ce voleur qui nous ennuyait s'est fait prendre aujourd'hui. •*Al-têr, kan angabad fî îdên al iyâl, bicîf al-ta'ab.* Lorsqu'un oiseau se fait prendre dans les mains des enfants, il passe un mauvais quart d'heure [il verra la souffrance]. •*Al yôm râjili angabad fî îdên al adu.* Aujourd'hui, mon mari a été pris par l'ennemi [s'est fait prendre dans les mains de l'ennemi].

angâbo *n. m., empr.*
♦ **boule mangée sans sauce,** boule mangée avec de l'eau. •*Mulâhku da cette bilhên, nâkul angâbo bas axêr !* Votre sauce est trop pimentée, je mangerai ma boule avec de l'eau ! •*Nâs al-dangay bâkulu angâbo kan mulâhhum gassar.* Lorsque la sauce manque, les prisonniers mangent la boule avec de l'eau. •*Al angâbo usumah al âxar "laban al-jidâd".* La boule sans sauce mangée avec de l'eau s'appelle aussi "lait de poule".

angacca / yingacca *v. intr.*, forme VII, * qšš, ق ش ش
♦ **être balayé(e), être effaçable, s'effacer,** pouvoir être balayé(e). •*Al yôm bêti bigi nadîf, acân angacca adîl !* Aujourd'hui, ma maison est propre parce qu'elle a été bien balayée. •*Al katib hanâ kayeyti angacca.* L'écriture qui était dans mon cahier s'est effacée. •*Al alâma l fî wijihak di mâ tingacca battân.* La marque qui est sur ton visage ne s'effacera jamais.

angâd / yingâd *v. intr.*, forme VI, * qwd, ق و د
♦ **être conduit(e), être mené(e) avec une corde, se tirer, se conduire,** qu'on peut conduire, mener ou tirer. •*Al-tôr kan taras, wa lâ binlazza, wa lâ bingâd.* Lorsque le taureau s'est immobilisé en écartant les pattes, on ne peut ni le pousser ni le tirer avec la corde. •*Al-jamal kan indah rasan bingâd be suhûla hatta lê l-saxîr.* Lorsqu'on a mis au chameau la muserolle, il se laisse conduire avec facilité, même par un enfant.

angadar / yingadir *v. intr.*, forme VII, * qdr, ق د ر
♦ **se trouver capable de, être capable.** •*Zahafân hanâ l-sahara da, coxol mâ bingadir.* Cette avancée du désert est quelque chose que l'on ne peut pas combattre. •*Al-nâs, al-dûd mâ angadar lêhum be l-duwâs.* Les gens n'ont pas pu affronter le lion.

angadda / yingadda *v. intr.*, forme VII, * qdd, ق د د
♦ **se percer, se trouer, être percé(e), être troué(e).** •*Lasâtik hanâ watîri kulluhum angaddo acân al wata hâmiye.* Tous les pneus de ma voiture sont crevés parce qu'il fait chaud. •*Markûbi angadda nidôr niwaddih lê l xayyâti.* Ma paire de souliers est trouée, je voudrais l'emporter chez le cordonnier. •*Al wilêd dagga l bâlay fî l-durdur wa hî angaddat.* Le garçon a frappé la balle contre le mur et elle s'est percée.

angafa *invar.*, forme VII, * qfw, ق ف و
♦ **satisfait(e), étendu(e) sur le dos, allongé(e) sur le dos,** en position de repos, de quiétude et de satisfaction. •*Al-rujâl birîdu margad angafa wa l awîn be nawâyithum.* Les hommes aiment se reposer en s'allongeant sur le dos, et les femmes en se mettant sur le côté. •*Al iyâl al-dugâg biragguduhum angafa.* On couche les petits enfants en les mettant sur le dos. •*Al arîs ragad angafa acân hû farhân.* Le marié s'est couché sur le dos parce qu'il est heureux.

angafal / yingafil *v. intr.*, forme VII, * qfl, ق ف ل
♦ **se fermer.** •*Al bâb angafal wihêdah kê bas.* La porte s'est fermée toute seule. •*Anâ nihiss be wirde wa nîti angafalat min al akil.* Je sens que j'ai de la fièvre et je n'ai pas d'appétit [mon envie est fermée à la nourriture].

angâfay / angâfayât *n. f.*, * qff, ق ف ف
♦ **chapeau de paille.** •*Kan nâdum balbas angâfay bugûlu ba'adên côfah bangus.* Lorsque quelqu'un porte un chapeau de paille, les gens disent qu'à la longue sa vue diminuera. •*Al angâfay zêne lê l hirâte fî l xarîf.* Le chapeau de paille est agréable pour les travaux des champs pendant la saison des pluies. •*Al-ru'yân kulluhum induhum angâfayât.* Les bergers ont tous des chapeaux de paille.

angâgo *n. vég., m.*, ≅ *gâgo*, (*ngâgo* en sara). ⇨

♦ **nom d'une herbe, Morelle noire, Solanum nigrum,** famille des solanacées, utilisée pour la sauce. •*Mulâh hanâ angâgo muxalbat be ambudu halu.* La sauce de Morelle noire mélangée avec de l'Amaranthus cruentus est excellente. •*Al awîn mâ yacru angâgo katîr acân mâ ba'arfo bisawwu mulâhah.* Les femmes n'achètent pas beaucoup de Morelle noire parce qu'elles ne savent pas préparer la sauce avec cette herbe.

angajam / yingajim *v. intr.*, forme VII, *Cf. antaram.*
♦ **s'ébrécher, se casser au bord.** •*Al almi balla l-juruf wa angajam.* L'eau a mouillé les berges qui se cassent au bord et s'effondrent. •*Al-sûni kan angajam mâ billassag.* Quand la vaisselle en porcelaine est ébréchée, elle est irréparable. •*Sinni angajamat min kaddân al adum.* Ma dent s'est ébréchée en croquant un os.

angâji *n. m.*
♦ **grains concassés, semoule de maïs.** •*Al masar kan rihiko axacân wa xarbaltah, al faddal da usumah angâji.* Lorsque je tamise le maïs écrasé grossièrement, ce que je recueille s'appelle "semoule de maïs". •*Be l angâji nisawwi madîde taxîne be laban walla ruwâba wa sukkar, al iyâl birîduh.* Avec les grains concassés de maïs, je prépare une bouillie épaisse avec du lait ou du babeurre et du sucre ; les enfants aiment ce plat.

angâl / yingâl *v. intr.*, forme VII, * qwl, ق و ل
♦ **se dire.** •*Al kalâm kan angâl al-rih ticîlah !* Lorsqu'une parole est dite, le vent l'emporte où il veut ! •*Battân mâ nidôr al-kalâm da yingâl giddâmi.* Je ne veux plus que cette parole soit dite encore devant moi. •*Cunû al angal amis fî bêtku ?* Que s'est-il dit hier chez vous ?

angalab / yingalib *v. intr.*, forme VII, *Cf. cagalab*, * qlb, ق ل ب
♦ **se retourner, se renverser, être renversé(e), mourir** (bébé). •*Al-turâb angalab be l-nâs.* La terre s'est renversée sur les hommes. •*Kalâmak, mâla mâci wa bingalib ?* Pourquoi te contredis-tu dans tes paroles ? [Ta parole, pourquoi est-ce qu'elle s'en va et qu'elle se retourne ?]. •*Al watîr machûn bilhên wa angalab be l-nâs.* Le véhicule était trop chargé et s'est renversé avec les passagers. •*Saxîrah angalab amis.* Son bébé est mort hier.

angalgala *n. vég., coll., f., sgtf. angalgalay, empr.*, ≅ *angangala*, → *fûl gawi.*
♦ **nom d'une plante cultivée, pois de terre, Voandzeia subterranea (L.),** famille des papilionacées. •*Amis anâ akalt angalgala katîr marra wâhid.* Hier j'ai mangé beaucoup de pois de terre. •*Fûl angalgala bugumm katîr fî junûb hanâ l balad.* Il y a beaucoup de pois de terre au sud du pays.

angâli *n. vég., m., empr.* (sud du Tchad)
♦ **nom d'une plante à racine tubérisée, manioc, Manihot utilissima,** famille des euphorbiacées. •*Angâli l murakkab, halu bilhên.* Le manioc cuit dans l'eau est délicieux. •*Zâra, sawwi lêna êc hanâ Angâli !* Zara, fais-nous une boule de manioc !

angalla / yingalla *v. intr.*, forme VII, * qll, ق ل ل
♦ **se soulever, être soulevé(e), pouvoir être levé(e).** •*Al xumâm da tagîl mâ yingalla lêk wihêdak.* Ces affaires sont lourdes : tu ne peux pas les soulever tout seul. •*Al-cuwâl mâ angalla lêna ajala.* Nous n'avons pas pu soulever le sac facilement [rapidement].

Angaltara *n. pr.* de pays, → *Angiltara.*

angangala *n. vég., coll., f., sgtf. angangalay, empr.*, ≅ *angalgala*, → *angalgala, fûl gawi.*

angar / yi'angir *v. intr.*, forme II, *Cf. angara*, * ʕnq, ع ن ق
♦ **s'entêter, faire le malin, crâner,** jouer au chef ou au plus fort en donnant des ordres. •*Al humâr kan*

angar, bala daggîn ke, mâ bicîl al-derib. Lorsqu'un âne s'entête, s'il n'est pas battu, il ne se mettra pas en chemin. •*Al wilêd awwal adîl wa hassâ angar.* Auparavant, c'était un bon enfant, mais maintenant il crâne. •*Ingari, mâ ti'angir fî axawânak !* Fais attention, ne fais pas le malin devant tes frères !

angara 1 / yingari *v. intr. {- min}*, forme VII,, * qrʕ, ق ر ع
♦ **être lisible, se lire.** •*Katib al-daktôr muxalfac, mâ bingari.* L'écriture du médecin est toute embrouillée et illisible. •*Al kutub lê l iyâl katîbhum kubâr acân yingari lêhum ajala.* Les livres pour enfants sont écrits gros pour leur faciliter la lecture.

angara 2 / anâgir *n. f.*, utilisé en arabe *sd.* (*C.Q.*), * ʕnq, ع ن ق
♦ **nuque, cou,** haut du cou. •*Al-nâdum da, angartah kabîre acân hû samîn.* Cette personne a une grosse nuque parce qu'elle est grasse. •*Marad abzâguf yakrub al angara wa yaktul ba'ad talâte yôm.* La méningite paralyse la nuque et tue en trois jours.

angârâ dans l'expression *almi angârâ*, → *almi angâra, karkanji.*

angara' / yingari' *v. intr. {- min}*, forme VII, ≃ à l'impératif *angari ! agra' !* (sing), *angaru !, agra'o !* (pluriel), * qrʕ, ق ر ع
♦ **faire attention, prendre garde à, se garder de, arrêter de.** •*Hey, yâ iyâl ! Ingar'u min li'ib al-câri !* Hé, les enfants ! Faites attention de ne pas jouer dans la rue ! •*Martak di, ôriha tingari' minni !* Ta femme, dis-lui de ma part qu'elle a intérêt à faire attention ! •*Ingari', mâ tissawi awwa lê l mardânîn !* Attention, ne fais pas de bruit, ne dérange pas les malades ! •*Al iyâl angar'o min li'ib al almi.* Les enfants ont fait attention à ne pas jouer avec de l'eau.

angarârîs *pl.*, → *angurrâsa.*

angarbo'ôy *n. m.*, voir le *Syn. sôt 1* (cravache).

angarêb / anâgrib *n. m.*, connu au *Sdn.*, * qrb, ق ر ب
♦ **lit en corde,** lit fait avec des cordes tendues sur un cadre de bois. •*Al angarêb bisawwuh be hubâl wa hatab.* On fait le lit *angarêb* avec des cordes et du bois. •*Al angarêb mâ xâli misil sarîr hanâ l hadîd.* Le lit *angarêb* n'est pas aussi cher que le lit en fer.

angari / angaru impératif ("Fais attention !"), pour : ingari', ingaru' ; → *angara'.*

angas *invar. {- lê, - min}*, * nqs, ن ق ص
♦ **moins que,** moins de. •*Al-taman hanâ kôrit al-sukkar hini angas min hanâ l-sûg.* Le prix du koro du sucre est moins cher ici qu'au marché. •*Al-dagîg da angas min hanâ amis, al êc bigi saxayyar.* Il y a moins de farine qu'hier, la boule sera plus petite.

angasam / yingasim *v. intr.*, forme VII, * qsm, ق س م
♦ **se partager, se diviser, se distribuer, se répartir, être divisible.** •*Al êc kan angasam wihêdah mâ mabrûk !* Lorsque la boule se partage toute seule, ce n'est pas un signe de bénédiction ! •*Al mara gâlat : "Al mulâh da ciyya, mâ bingasim, ta'âlu âkulu sawa !".* La femme a dit : "Il y a trop peu de sauce pour être répartie en plusieurs récipients, rapprochez-vous pour manger ensemble !".

angata' / yingati' *v. intr.*, forme VII, * qṭʕ, ق ط ع
♦ **se couper, se rompre, fondre.** •*Habil surwâli angata' lêi fî l-sûg.* Le cordon de mon pantalon s'est cassé tandis que j'étais au marché. •*Al habil da mâ yingati' illa kan al arda akalatah.* Cette corde est incassable sauf si les termites la rongent. •*Kalâmi mâ yingati' ma'âha kan mâ rajja'at lêi xumâmi.* Je la poursuivrai [ma parole ne se coupera pas] tant qu'elle ne m'aura pas rendu mes affaires. •*Al glâs al fî l-tallâja, kan kahraba mâ fi, yingati' almi.* S'il n'y a

plus de courant, la glace qui est dans le réfrigérateur fondra.

angâto *n. vég., coll., m., empr.*, connu au *Sdn.* (*C.Q.*).
♦ **nom d'un arbre, Mitragyna inermis (Willd.),** famille des rubiacées, arbre moyen, rond et épais, poussant au bord des mares. •*Fî dâr Wadday, fî rahad usumah angâto acân indah cadar hanâ angâto.* Au Ouaddaï, il y a une mare qui s'appelle *Angâto* à cause des arbres du même nom. •*Angâto yirîd yugumm bakân indah almi katîr.* Le Mitragyna inermis aime pousser là où il y a beaucoup d'eau. •*Hatab angâto yumût ajala fî l-nâr.* Le bois de Mitragyna inermis se consume très vite [il meurt vite dans le feu].

Angiltara *n. pr.* de pays, ≅ *dâr Ingliz, Angaltara.*
♦ **Angleterre.** •*Angiltara indaha firax kubâr hanâ kûra.* L'Angleterre a de grand clubs de football. •*Kan tidôr ta'allim inglîzi, amci Angiltara !* Si tu veux apprendre l'anglais, va en Angleterre !

angôgise *invar., Cf. gangas.*
♦ **élévation de l'enfant assis sur les pieds d'un adulte, nom d'un jeu où l'on est accroupi,** l'adulte couché sur le dos tient sur ses pieds un enfant assis et le soulève en chantant une ritournelle. •*Zâra, axûha kan tila''ibah, targud be gafâha, wa tisawwi lêyah angôgise.* Zara, s'est mise sur le dos et s'amuse avec son frère en le soulevant, assis, avec ses pieds. •*Al axut tixanni lê axuha l-saxayyar : "Angôgise, yâtu fasa [...]?".* La sœur chante une ritournelle à son petit frère qu'elle soulève avec ses pieds : "Jeu où tu es accroupi, qui a pété […]?".

Angôla *n. pr.* de pays.
♦ **Angola.**

angôr *n. m., empr.*, palissade en tige de mil formant le mur de la case ronde, → *tartâr.*

angorne *n. vég., f., empr.* (Guéra).
♦ **nom d'un arbuste, Pterocarpus lucens (Lepr.),** famille des fabacées (papilionacées). •*Angorne cadaray kabîre talgaha tihît al hajar fî Gêra wa fî l wati.* Le Pterocarpus lucens est un grand arbuste qui se trouve au pied des montagnes du Guéra et dans le sud du pays. •*Be warcâl angorne bisawwu mulâh halu wa l iyâl bixannu : "Angorne bisey mulâh halu be sumsum kan duxtah halâtah, kan ciftah halâtah !".* Avec les feuilles du Pterocarpus lucens, on prépare une bonne sauce et les enfants chantent à ce sujet : "Les feuilles du Pterocarpus lucens mélangées avec du sésame font une bonne sauce : celle-ci donne une grande satisfaction à celui qui l'a goûtée, une grande joie pour celui qui l'a vue !".

anguc *v. impér.*, → *nagac.*

angud *v. impér.*, → *nagad 1, nagad 2.*

angul *v. impér.*, → *nagal.*

angumâji / angumâjiyât *n. m., Syn. gumâji*, * qmš, ق م ش
♦ **habit, vêtement long, robe, boubou.** •*Angumâji hanâ binêyti carrat.* L'habit de ma fille est déchiré. •*Al-tayêr xayyat lêi angumâji dayyax bilhên.* Le tailleur m'a cousu un habit très serré. •*Anâ mâ nalbas angumâji hanâ nâdum âxar.* Je ne porte pas l'habit d'une autre personne.

angur *v. impér.*, → *nagar.*

angurba *n. coll., sgtf. argurbay*, ≅ le pluriel *angurbayîn, Cf. garrâbi*, * qrb, ق ر ب
♦ **piéton,** celui qui n'a pas de cheval et qui est obligé de marcher à pied. •*Al angurbay ba' lêyah juwâd al yôm.* Le piéton s'est acheté aujourd'hui un cheval. •*Al-rujâl be xêlhum maco lê l âsima fî yôm wâhid bas, wa l angurba sawwo yômen fî l-derib.* Les hommes qui sont partis avec leur chevaux n'ont mis qu'un jour pour se rendre dans la capitale, tandis que ceux qui y sont allés à pied ont mis deux jours.

Anguri *n. pr.* de lieu, chef-lieu de sous-préfecture du Lac.
♦ **Ngouri.**

angurrâsa / angarârîs *n. coll. f., sgtf. angurasay*, * qrṣ, ق ر ص
♦ **nom d'une fourmi,** petite fourmi qui pince très fort et fait très mal. •*Angurrâsa adatni fî rijili.* Des fourmis *angurrâsa* m'ont piqué la jambe. •*Angarârîs malyânîn fî ga'ar l-duwâne kan al wata bigat hâmiye.* Il y a beaucoup de fourmis au pied de la jarre quand il fait chaud.

angus *v. impér.*, → *nagas.*

anha' *pl.*, dans l'expression *fî jamî' anha', fî kulli anha'*, * nḥw, ن ح و
♦ **partout, en tous lieux, de tous côtés,** sur toute l'étendue. •*Fî jamî' anha' Tcâd al awîn mâ bikaffu lampo.* Sur toute l'étendue du territoire tchadien, les femmes ne payent pas l'impôt. •*Râdyo Fransa âlami, binsami' fî kulli anha' al âlam.* Radio France internationale peut être captée [entendue] partout dans le monde.

anhab *v. impér.*, → *nahab.*

anhabas / yinhabis *v. intr.*, forme VII, * ḥbs, ح ب س
♦ **être enfermé(e), s'enfermer,** pouvoir être enfermé. •*Al wilêd da nihiss baga' fî wald al ên, mâ binhabis !* Cet enfant turbulent est capable de rentrer dans la pupille de ton œil et on ne peut pas l'enfermer (se dit d'un enfant mal éduqué qui ne tient pas en place) ! •*Al-sarrâgîn binhabusu be nahâr wa bamurgu fî l-lêl.* Les voleurs s'enferment chez eux le jour et sortent la nuit.

anhacar / yinhacir *v. intr.*, forme VII, * ḥšr, ح ش ر
♦ **s'introduire de force, fourrer, bourrer, se coincer, avoir le ventre dur, être constipé(e), s'entasser.** •*Fajja wilêdi wa fât anhacar fî bêt ammah misil al-dâbi fî l karkûr.* Il a frappé mon fils sur la tête et s'est réfugié [s'est coincé] chez sa mère comme le serpent dans son trou. •*Mâ tinhacir bêni wa bên marti !* Ne te fourre pas entre ma femme et moi ! •*Al itte anhacarat fî l-jurâb.* Les charançons se sont introduits dans les sacs en cuir. •*Anâ akalt katîr acân da batuni anhacarat.* J'ai trop mangé, et c'est pour cela que j'ai le ventre dur. •*Al-rukkâb anhacaro fî l watîr.* Les passagers se sont entassés dans le véhicule.

anhajja / yinhajja *v. intr., Syn. angâl*, forme VII, * ḥjw, ح ج و
♦ **se dire,** pouvoir être dit(e). •*Al kalâm da mâ binhajjah hassâ, illa ba'adên.* On ne peut pas parler de cette affaire maintenant, on la laisse pour après. •*Al-sahâfiyîn xâfo min al hâkuma, mâ yizî'u l xabar da fî l-râdyo acân mâ binhajja.* Les journalistes ont eu peur du gouvernement, ils ne diffusent pas cette information à la radio parce qu'elle est indicible publiquement.

anhakka / yinhakka *v. intr.*, forme VII, *Cf. hakka*, * ḥkk, ح ك ك
♦ **se gratter, se griffer, se rayer, s'égratigner, être éraflé(e).** •*Watîr hanâ Ahmat anhakka fî l-durdur da, buhiytah maragat.* La voiture d'Ahmat a frotté le mur et la peinture est partie. •*Simi't haraka fî râs al-bêt, furû' al-cadaray di yinhakko fî l-tôl.* J'ai entendu du bruit sur le toit de la maison, ce sont les branches de cet arbre qui grattent les tôles.

anhalla / yinhalla *v. intr.*, forme VII, * ḥll, ح ل ل
♦ **se dénouer, se résoudre, se régler.** •*Hû anhalla min al-sijin indah yômên.* Il est sorti de prison depuis deux jours. •*Macâkil ambên Tcâd wa Lîbya yinhallo be hal silmi in ca' Allah.* Les problèmes entre le Tchad et la Libye vont se résoudre par voix pacifique, s'il plaît à Dieu ! •*Al-juwâd cukâlah anhalla wa jara.* L'entrave du cheval s'est détachée et il s'est sauvé.

anhana / yinhani *v. intr.*, forme VII, *Cf. an'awaj, Syn. kanjar 2, Ant. anfazar*, * ḥnw, ح ن و
♦ **se voûter, se courber en avant, s'incliner, se pencher.** •*Hû cayyab wa daharah anhana.* Il est vieux et

son dos s'est voûté. •*Hû anhana giddâm al kabîr acân bikarrimah.* Il s'est incliné devant le chef car il le respecte. •*Kulla l-cadar yinhani fî jihit al-rih al katîre.* Tous les arbres se penchent dans la direction où le vent souffle le plus.

anhar *v. impér.*, *→ nahar.*

anhasab / yinhasib *v. intr.*, forme VII, * ḥsb, ح س ب

♦ **se compter, pouvoir être compté(e).** •*Gursi mâ anhasab adîl.* Il est difficile de compter tout mon argent [mon argent n'a pu être compté parfaitement] ! •*Inta da kalâmak katîr mâ yinhasib !* Tu parles trop [on ne peut pas compter ta parole] ! •*Al-sumsum da katîr bilhên, mâ binhasib misil sûf al-râs.* Ces grains de sésame sont aussi nombreux que les cheveux de la tête : on ne peut pas les compter.

anhasad / yinhasid *v. intr.*, forme VII, * ḥsd, ح س د

♦ **être jaloux (-se) de.** •*Al-râjil da anhasad fî l mâl al anâ ligîtah.* Cet homme est jaloux du capital que j'ai rassemblé. •*Hû anhasad fôg Umar acân bigi xani.* Il est jaloux d'Oumar qui est devenu riche. •*Hî anhasadat fôgi acan axadt râjil sabi wa sameh.* Elle a été jalouse parce que j'ai épousé un homme jeune et beau.

anhazza / yinhazza *v. intr.*, forme VII, * hzz, ه ز ز

♦ **trembler, être secoué(e), se balancer.** •*Al arid anhazzat fî l-Jazâyir.* La terre a tremblé en Algérie. •*Al-rîh sâgat wa l-cadar anhazza.* Le vent a soufflé et les feuilles des arbres ont bougé. •*Hû xâf min al askar wa anhazza bahsib yukurbuh.* Il a eu peur des militaires et s'est mis à trembler, pensant qu'ils allaient le prendre. •*Al abâlîny yinhazzu fî l furu' wa yal'abo.* Les singes se balancent dans les branches et s'amusent.

anîna *pron. pers.* sujet, masculin et féminin, 1ère personne du pluriel, *Cf. anâ.*

♦ **nous.** •*Anîna masâkîn.* Nous sommes des gens simples [des pauvres]. •*Anîna mâ nirîdu l fitne.* Nous, nous n'aimons pas la discorde.

ânisa / ânisât *n. f.*, *→ farfori, kilesku*, * 'ns, ء ن س

♦ **demoiselle, fiancée.** •*Amis al-Ra'îs farrah kulla l ânisât be duxûl al-sane l-jadîde.* Hier, le Président a souhaité de bonnes choses à toutes les demoiselles à l'occasion du nouvel an. •*Âdum katab juwâb lê l ânisa Maryam.* Adoum a écrit une lettre à mademoiselle Marie. •*Al-râjil da talab uxniya yifarrih bêha ânistah al fî Abbece.* Cet homme a demandé que la radio passe une chanson pour réjouir sa fiancée à Abéché. •*Di l ânisa l miskîne hanâ hillitna.* C'est la demoiselle la plus calme de notre village.

ânisîn *n. d'act.*, *m.*, *≅ ânasân, wannisîn, wannasân, Cf. ânas*, * 'ns, ء ن س

♦ **causette, conversation affable, fait de parler gentiment,** fait de s'entretenir d'une façon familière et courtoise. •*Al ânisîn bala câhi misil al mulâh al mâsix.* Faire la causette sans thé est aussi peu agréable qu'une sauce fade. •*Al ânisîn be l-nâs al mâ gâ'idîn ma'âk mâ sameh.* Ce n'est pas bien de parler des absents [de ceux qui ne sont pas là avec toi]. •*Hû mâ ya'arif al ânisîn ma'â l banât.* Il ne sait pas causer gentiment avec les jeunes filles.

anjabad / yinjabid *v. intr.*, *Cf. jabad*, * jḏb, ج ذ ب

♦ **se tirer, se retirer,** qui peut être tiré(e). •*Almi l bahar kan anjabad ciyya, nimaggunu l bêrbere.* Lorsque l'eau du fleuve se sera retirée un peu, nous repiquerons du berbéré. •*Zamân kulla yôm baji lêna, wa ayyâmah dôl anjabad minnina.* Il venait autrefois tous les jours nous rendre visite, et ces jours-ci il ne nous fréquente plus [il s'est retiré de nous]. •*Al-dalu bigi lêi tagîl mâ yinjabid lêi wihêdi min al bîr.* Le seau est devenu trop lourd pour moi, je ne peux plus le retirer toute seule du puits.

anjabar / yinjabir *v. intr.*, forme VII, * jbr, ج ب ر

♦ **s'obliger, se forcer, se décider, être obligé(e), être contraint(e), être forcé(e).** •*Hû anjabar xadam lêi bala gurus.* Il s'est décidé à travailler pour moi gratuitement. •*Anâ anjabart macêt lêyah acân hû mardân.* Je suis obligé d'aller chez lui parce qu'il est malade.

anjad *v. impér.*, → *nijid.*

anjah *v. impér.*, → *najah.*

anjamma / yinjamma *v. intr.*, forme VII, * jmm, ج م م

♦ **se reposer, récupérer ses forces, laisser sourdre.** •*Al harrâti anjamma fî l-dull.* Le cultivateur s'est reposé à l'ombre. •*Ambâkir al ahad, al-nâs yinjammo min al xidime.* Demain dimanche, les gens se reposeront de leur travail. •*Injamme be râhitki wa gûmi fûti !* Repose-toi tant que tu veux, puis va-t'en !

Anjammêna *n. pr.* de lieu, capitale du Tchad, chef-lieu de la préfecture du Chari-Baguirmi, * jmm, ج م م.

♦ **N'Djaména.**

anjanna / yinjanna *v. intr.*, forme VII, * jnn, ج ن ن

♦ **s'affoler, devenir fou (folle).** •*Wilêd hanâ jâri anjanna.* L'enfant de mon voisin est devenu fou. •*Humman anjanno acân al-nâr akalat dakâkînhum.* Ils se sont affolés parce que le feu a brûlé leurs magasins. •*Hî anjannat wakit simi'at râjilha axad mara âxara.* Elle est devenue folle lorsqu'elle a appris que son mari a épousé une autre femme.

anjappa *n. m.*, *empr.* (*c.a.*) de *Nzapa* (Dieu) en sango.

♦ **église,** l'ensemble des hommes et des institutions concernant l'église. •*Nâdum al anjappa hû l bisalli l masîhiyîn.* Le prêtre [l'homme de l'église] est celui qui fait prier les chrétiens. •*Hû gâ'id bagri fî l-lekkôl hanâ l anjappa.* Il étudie à l'école de l'église. •*Jirâni maco anjappa yôm al ahad.* Mes voisins sont allés à l'église le dimanche. •*Al anjappa jo hini.* Les prêtres sont venus ici.

anjarah / yinjarih *v. intr.*, forme VII, * jrḥ, ج ر ح

♦ **se blesser, être blessé(e).** •*Al binêye waga'at be l biskilêt wa anjarahat fî rijîlha.* La fillette est tombée de bicyclette et s'est blessé le pied. •*Al askar anjaraho fî l-duwâs.* Les soldats ont été blessés à la guerre.

Anjayre *n. pr.* de lieu, quartier de N'Djaména, [terrier, trous creusés dans le sol par un animal].

anjung *n. m.*, → *amjung.*

anjur *v. impér.*, → *najar.*

ankacaf / yinkacif *v. intr.*, forme VII, * kšf, ك ش ف

♦ **se dévoiler, apparaître au grand jour, être découvert(e).** •*Al-sarrâgîn bakân damminhum ankacaf.* On a découvert l'endroit où les voleurs cachaient leurs affaires. •*Hû bilabbid bacrab marîse lâkin acîrah xalâs ankacaf.* Il se cache pour boire de la bière de mil, mais son secret est connu de tous.

ankafa / yinkafi *v. intr.*, forme VII, * kf', ك ف ء

♦ **se coucher sur le ventre, se renverser, se retourner.** •*Hû ankafa be l bâjo min al barid.* Il s'est couché sur le ventre en s'enroulant dans la couverture pour se protéger du froid. •*Inkafi be batunak acân na'assir lêk daharak.* Retourne-toi sur le ventre que je te masse en appuyant sur ton dos. •*Al êc fî îdah ke ankafa fî l-turâb, bicîf cunû ?* La boule lui a échappé des mains et s'est renversée par terre, il n'a pas d'yeux pour voir ! [que voit-il ?].

ankarab / yinkarib *v. intr.*, forme VII, * krb, ك ر ب

♦ **se laisser prendre, s'attraper, s'efforcer, s'atteler à,** faire tout son possible pour. •*Al bôlis jaro wara l-sarrâg wa mâ ankarab lêhum.* Les policiers ont couru derrière le voleur mais il ne s'est pas laissé prendre par eux. •*Al-râjil ankarab fî giray hint iyâlah.* L'homme a fait tout son possible pour que ses enfants puissent étudier. •*Anîna ankarabna fî l hirâte hint judûdna acân nirabbu iyâlna.* Nous nous sommes adonnés aux cultures que nos ancêtres nous ont laissées afin de nourrir nos enfants.

ankarra / yinkarra *v. intr.*, *Syn. zahaf* ; forme VII.
♦ **se traîner par terre, ramper.** •*Al makarsa binkarra fî l-câri.* Le paralytique se traîne par terre dans la rue. •*Al wilêd ankarra wa lihig axawânah acân hû mâ yagdar yurûx.* L'enfant se traîne à terre pour rejoindre ses frères, parce qu'il ne peut pas marcher. •*Al-dâbi yinkarra fî l-turâb acân hû mâ indah rijilên.* Le serpent rampe sur la terre parce qu'il n'a pas de pattes.

ankasa / yinkasi *v. intr.*, forme VII, * ksw, ك س و
♦ **être bien vêtu(e), être bien habillé(e),** s'habiller de neuf. •*Marti ankasat, towa faddal wilêdi.* Ma femme est bien vêtue, il reste encore mon fils à habiller. •*Yôm al îd al-nâs kulluhum ankaso.* Le jour de la fête, tous les gens sont bien habillés.

ankasar / yinkasir *v. intr. {- min}*, forme VII, * ksr, ك س ر
♦ **se casser, se briser, faire faillite.** •*Al-jamal waga' fî l-nugura wa rijilah ankasarat.* Le chameau est tombé dans un trou et s'est cassé la patte [sa patte s'est cassée]. •*Al wilêd al-nihis li'ib fî l amzahalôta, waga' wa ankasar min îdah.* L'enfant désobéissant a joué sur la boue glissante, il est tombé et s'est cassé le bras. •*Al-tâjir ankasar acân budâ'itah mâ ancarat ajala.* Le commerçant a fait faillite parce que ses marchandises ne se sont pas vendues assez vite.

ankatab / yinkatib *v. intr.*, forme VII, * ktb, ك ت ب
♦ **s'écrire, pouvoir être rapporté(e) par écrit.** •*Kalâm al-Ra'îs lissâ mâ ankatab.* La parole du Président n'a pas encore été écrite. •*Fî l xamîs al fat jalsa hint al wuzara' ankatabat fî jarîda hint Fransa.* Jeudi dernier, la session des ministres a été rapportée dans les journaux de France.

ankatal 1 / yinkatil *v. intr.*, forme VII, * ktl, ك ت ل
♦ **être tué(e),** pouvoir être tué(e). •*Al-sarrag ankatal fî gadd axûh.* Le voleur a été tué (a pu être tué) à la place de son frère. •*Nagt al fagari mâ tinkatil fî fidwit ammah.* On n'offre pas en sacrifice la chamelle d'un pauvre, à l'occasion du décès de sa mère. *Prvb.* (*i.e.* on ne peut déposséder un homme du peu qu'il a au nom d'un acte religieux à accomplir).

ankatal 2 / yinkatil *v. intr.*, forme VII, sens récent, * ktl, ك ت ل
♦ **bien s'habiller, se saper.** •*Yôm al îd Mûsa wa rafîgah ankatalo wa maco l-li'ib.* Le jour de la fête, Moussa et son ami se sont sapés et sont allés à la danse. •*Al banât ankatalo yôm al axîde hanâ rafîgithum.* Les jeunes filles se sont bien habillées le jour du mariage de leur amie.

ankisa *pl.*, → *naksi.*

ankûn *invar.*, → *akûn.*

ankur *v. impér.*, → *nakar.*

ankut *v. impér.*, → *nakat.*

anlabas / yinlabis *v. intr.*, forme VII, * lbs, ل ب س
♦ **se porter, se mettre,** en parlant d'un vêtement. •*Al kabbût mâ binlabis fî l hamu.* On ne met pas de grand manteau quand il fait chaud. •*Al kadmûl mâ binlabis fî dâri.* On ne porte pas de turban dans mon pays.

anlaga / yinlagi *v. intr.*, forme VII, souvent prononcé *allaga, yillagi*, * lqy, ل ق ي
♦ **se trouver, s'obtenir, être trouvable, se rencontrer.** •*Al-sukkar mâ binlagi katîr fî l-sûg.* On ne trouve pas beaucoup de sucre au marché. •*Fî l xarîf al gurus mâ binlagi be hayyin.*

En saison des pluies, il est difficile de gagner de l'argent [l'argent ne se trouve pas facilement]. •*Hassâ al gurus mâ binlagi ajala misil zamân.* Maintenant, l'argent ne se gagne pas aussi facilement qu'auparavant. •*Al wilêd waddar wa lê hassâ mâ anlagah.* L'enfant est perdu, et jusqu'à maintenant on ne l'a pas retrouvé.

anlahag / yinlahig *v. intr.*, forme VII, * lḥq, ل ح ق

♦ **se joindre, s'atteindre,** qu'on peut atteindre ou rejoindre. •*Al bakân da ba'îd mâ anlahag lêna ajala.* Ce lieu est très éloigné, nous ne pourrons pas nous y rendre rapidement. •*Al kaddâb haddah binlahig.* On peut toujours atteindre la limite derrière laquelle le menteur se retire.

anlawa / yinlawi *v. intr.*, forme VII, ≅ *allawa*, * lwy, ل و ي

♦ **s'enrouler, s'entortiller.** •*Al-dâbi kan hassa haraka yinlawi.* Dès que le serpent perçoit un mouvement, il s'enroule. •*Al-dallûm yamrug fî wakt al xarîf wa kan xâf yinlawi.* Le cloporte sort en saison des pluies et s'enroule sur lui-même lorsqu'il a peur. •*Al habil al kabîr da mâ nagdar nifartigah acân hû anlawa.* Je ne peux pas défaire cette grosse corde parce qu'elle est tout entortillée.

anlazam / yinlazim *v. trans.*, forme V, * lzm, ل ز م

♦ **se retenir, empêcher, se fixer.** •*Wâjib iyâlak yinlazimu min kalâm al-dunya.* Il faut que tes enfants arrêtent de se chamailler. •*Hî mâ tagdar tinlazim, kan mâ nâdoha kula taji.* Elle ne peut pas se retenir ; même si on ne l'appelle pas, elle vient quand même. •*Al almi anlazam tak ke min addalna râs al bêt.* L'eau ne coule plus du tout dans la maison depuis que nous avons réparé le toit. •*Anlazamat fî bêtha acân râjilah xatar.* Elle ne sort plus de chez elle parce que son mari est parti en voyage. •*Al-durdur da kan mâ anlazam adîl yaga fôgku.* Si le mur n'est pas retenu, il vous tombera dessus.

anlazza / yinlazza *v. intr.*, forme V, * lzz, ل ز ز

♦ **se pousser,** qu'on peut pousser pour déplacer. •*Al-tôr kan taras, wa lâ binlazza wa lâ bingâd.* Lorsque le taureau s'immobilise en écartant les pattes, on ne peut ni le pousser ni le tirer. •*Watîr kan machûn wa wihil, mâ binlazza.* Lorsqu'un camion chargé s'enlise, il est impossible de le déplacer en le poussant.

anmadax / yinmadix *v. intr.*, forme VII, * mḍġ, م ض غ

♦ **s'écraser avec les dents, se mâcher, se croquer,** qu'on peut broyer avec les dents. •*Al akil yinmadix be l-durûs wa yinzarit be l-zarrût.* La nourriture est broyée par les molaires et avalée par l'œsophage. •*Al-lubya l yâbis, kan mâ rakkaboh mâ yinmadix.* Lorsque les haricots secs ne sont pas cuits, on ne peut pas les mâcher.

anmala / yinmali *v. intr.*, forme VII, le *n* du préfixe est assimilé au *m* de la racine, prononcé *ammala, yimmali*, * ml', م ل ء

♦ **se remplir.** •*Al-sana, al almi sabba katîr wa l bahar anmala.* Cette année, il a beaucoup plu et le fleuve s'est rempli. •*Al buyût yinmalu almi kan al bahar gaddaf.* Les maisons se remplissent d'eau lorsque le fleuve déborde.

anmalax / yinmalix *v. intr.*, forme VII, prononcé *ammalax, yimmalix*, * ml<u>h</u>, م ل خ

♦ **se faire une entorse, se fouler une articulation.** •*Kirkimmiti ammalaxat wakit gâ'idîn nal'abo bâl.* Je me suis fait une entorse à la cheville en jouant avec les autres au football. •*Al yôm axti mâ tagdar tusût lêna êc acân îdha ammalaxat.* Aujourd'hui ma sœur ne peut pas nous faire cuire la boule, parce qu'elle s'est foulé le poignet.

annab / yi'annib *v. intr.*, forme II, * ʕnb, ع ن ب

♦ **s'enkyster, former un kyste, se boursoufler,** se dit d'une cicatrice chéloïde. •*Al-jirâh fî jild al-nâdum* *kan mâ dâwoh adîl, bi'annib.* Lorsqu'une blessure est mal soignée, la cicatrice forme comme des kystes sur la peau. •*Al fasûd al fî wijih al wilêd da kulla ke annab.* Les scarifications sur le visage de cet enfant ont boursouflé.

annaccag / yinnaccag *v. trans.*, forme V, pour *alnaccag, Ant. naxxam, annaxxam,* * nšq, ن ش ق

♦ **inhaler, respirer, aspirer par le nez, sentir une odeur, renifler.** •*Hû ta'abân min al-zuxma wa annaccag lêyah almi dâfi be mileh.* Il souffre d'un rhume et il a aspiré par le nez de l'eau tiède et salée. •*Fî l wadu wâjib tinnaccag al almi be munxarak wa tinnaxximah talâta marrât.* Au cours des ablutions, on doit [tu dois] aspirer de l'eau par le nez, puis se moucher, le tout, trois fois de suite. •*Kan al almi racca, nirîd ninnaccag al-rîh al bârde l halûwa.* J'aime respirer la bonne odeur fraîche qui vient après les premières gouttes de pluie.

Annadîf *n. pr.* d'homme, pour *al-nadîf,* → *nadîf,* * nẓf, ن ظ ف

annafax / yinnafix *v. intr.*, forme VII, * nfẖ, ن ف خ

♦ **se gonfler, se mettre en colère, ressentir des ballonnements, avoir le ventre dur.** •*Hû annafax acân abuh harajah.* Il s'est mis en colère parce que son père l'a réprimandé. •*Rijîlah annafaxat acân adum hanâ hût ta'anah amis.* Son pied est enflé, parce qu'il se l'est piqué hier sur une arête de poisson. •*Hî annafaxat wa dâwasat ma'â darritha.* Elle s'est mise en colère et s'est battue avec sa rivale. •*Hû bacrab argi wa hassâ wijiha annafax.* Il boit de l'alcool de mil et a maintenant le visage bouffi. •*Amis, anâ aklat katîr wa annafaxt, mâ gidirt numt.* Hier, j'ai beaucoup mangé, et ai ressenti des ballonnements, je n'ai pas pu dormir.

annaffas / yinnaffas *v. intr.*, forme V, * nfs, ن ف س

♦ **soupirer, souffler, respirer fortement.** •*Kan xabban yinnaffas yalla yalla.* Lorsqu'il est en colère, il respire difficilement. •*Jarêna katîr, wakit wigifna annaffasna.* Nous avons beaucoup couru ; lorsque nous nous sommes arrêtés, nous avons soufflé. •*Al-nâdum kan mâ yinnaffas mât xalâs.* Lorsque quelqu'un ne respire plus, il est déjà mort.

Annâfi' *n. pr.* d'homme, nom divin, pour *al-Nâfi', litt.* qui favorise, *Cf. nafa',* * nfˁ, ن ف ع

annâgado / yinnâgado *v. trans.*, forme VI, * nqḍ, ن ق ض

♦ **se défaire mutuellement les cheveux,** défaire les tresses et démêler les cheveux avec le poinçon. •*Al banât gâ'idîn binnâgado.* Les filles sont en train de se défaire les cheveux. •*Amcu l-sûg jûbu lêna dihin wa ba'adên innâgado !* Allez au marché acheter [nous apporter] de l'huile, puis défaites vos cheveux !

annâgal / yinnâgal *v. intr.*, forme VI, * nql, ن ق ل

♦ **se déplacer.** •*Yôm îd al istixlâl, kulla l-nâs annâgalo fî mîdân al hurriya.* Le jour de la fête de l'Indépendance, tout le monde s'en va sur la place de la liberté. •*Al yôm arûs binêyitha, kulla l awîn binnagalo mâcîn fî haflitha.* Aujourd'hui ont lieu les noces de sa fille, toutes les femmes se déplacent pour assister à la cérémonie.

annâgaro / yinnâgaro *v. intr.*, forme VI, pour *alnâgaro,* * nqr, ن ق ر

♦ **se battre, se taper.** •*Humman zi'ilo ambênathum wa annâgaro.* Ils se sont fâchés entre eux et se sont battus. •*Intu axawân mâ tinnâgaro, agôdu sâkit !* Vous êtes des frères, ne vous battez pas, restez tranquilles !

annâhas / yinnâhas *v. intr.*, forme VI, pour : *alnâhas, yilnâhas, Syn. nâhas, yinâhis,* * nḥs, ن ح س

♦ **s'entêter, faire des bêtises, jouer bêtement, se chamailler,** jouer à un jeu dangereux ou pénible pour l'entourage. •*Xalâs binêyti, mâ tinnâhase fôg al bâb !* Arrête, ma fille ! ne joue plus avec la porte ! •*Al muhâjirîn kan battalo, yajuru wa* *yinnâhaso fî l-câri.* Lorsque les élèves de l'école coranique ont fini d'étudier, ils courent et jouent en se chamaillant dans la rue.

Annajîb *n. pr.* d'homme, → *al-Najîb.*

annajja / yinajja *v. intr.*, forme VII, *Cf. macmac*, * njw, ن ج و

♦ **se nettoyer, se purifier,** se laver après avoir satisfait ses besoins naturels. •*Hêy al iyâl, kan mâcîn al wara-bêt, cûlu almi fî l-saxxân acân tinnajjo bêyah !* Hé ! les enfants, si vous allez au cabinet, prenez de l'eau dans le récipient pour vous nettoyer ! •*Harûn, xassil îdak al annajjêt bêha di be sâbûn !* Haroun, lave avec du savon la main avec laquelle tu viens de te nettoyer ! •*Min al wâjib tamci tinnajja gubbâl al wadu.* Tu dois te purifier avant de faire tes ablutions.

annas / yi'annis *v. trans.*, forme II, → *wannas*, * 'ns, ء ن س

annâs / annâsîn *adj. mrph. intf.*, (*fém. annâsa*), → *wannâs*, * 'ns, ء ن س

annâsabo / yinnâsabo *v. intr.*, forme VI, pour *alnâsabo, yilnâsabo*, *Cf. nâsab*, * nsb, ن س ب

♦ **marier ses enfants, se lier à une belle-famille,** se lier à une autre famille par le mariage de ses enfants. •*Ahmat wa Âdum annâsabo acân jawwazo iyâlhum ambênathum.* Ahmat et Adoum sont liés par une même famille parce qu'ils ont marié leurs enfants entre eux. •*Anâ ma'âki mâ ninnâsabo acân inti tirîdi kalâm al-dunya.* Je n'aurai pas de lien familial avec toi (*i.e.* je ne marierai pas mes enfants avec les tiens) parce que tu aimes créer des difficultés [tu aimes la parole de ce bas monde].

annasân *n. d'act., m.*, ≅ *wannasân*, → *wannisîn*, * 'ns, ء ن س

annasar / yinnasir *v. intr.*, forme VII, * nṣr, ن ص ر

♦ **gagner, remporter la victoire, vaincre, être victorieux (-euse).** •*Ra'îsna yinnasir be izn Allah fî l intixâbât.* Notre Président gagnera les élections, avec la permission de Dieu. •*Farix al Kamarûn annasar fôg li'ib al bâl.* L'équipe du Cameroun a remporté le match de football. •*Al-râjil wa martah maco l-cerîye wa hî annasarat fôgah.* L'homme et la femme sont allés au tribunal et cette dernière a eu gain de cause.

annasran / yinnasran *v. intr.*, forme V, * nṣr, ن ص ر

♦ **se comporter comme un Blanc, adopter les mœurs des Blancs,** changer son attitude et son style de vie pour adopter ceux des Blancs. •*Cîf al Kamrûniye di, massahat lêha ambi wa bigat barsa, annasranat marra wâhid !* Regarde-moi cette Camerounaise, elle a passé de la crème décolorante sur sa peau qui est devenue très claire ; elle se comporte comme une Blanche ! •*Fâtime mâ tinnasrane, hajji lêna kalâm Arab bas !* Fatimé, ne cherche pas à faire comme les Blancs, parle-nous seulement en arabe !

annatta / yinnatta *v. intr.*, forme VII, *Cf. natta*, * ntt, ن ط ط

♦ **pouvoir être sauté(e), se sauter, s'éviter, être évitable.** •*Durdur al-sijin da tawîl, mâ binnatta !* Le mur de la prison est haut, on ne peut pas le sauter ! •*Saleh kan bal'ab bâl mâ binnatta misil al-tutul.* Saleh, lorsqu'il joue au foot, il est incontournable, il est comme la pierre d'achoppement.

annaxxam / yinnaxxam *v. intr.*, forme V, pour *alnaxxam*, * nḫm, ن خ م

♦ **se moucher.** •*Amci annaxxam ba'îd min bakan al-dawâwin !* Va te moucher loin des jarres d'eau ! •*Ba'ad annaccag al almi annaxxam katîr.* Après avoir aspiré de l'eau par le nez, il s'est beaucoup mouché.

annâya / yinnaya *v. trans.*, forme VI, * ny', ن ي ء

♦ **se désengager, démissionner, se récuser.** •*Hû katab usumah fî l askariye wa wakit simi be l-duwâs annâya.* Il s'est inscrit dans l'armée et quand il a appris qu'il y avait la guerre, il a démissionné. •*Inti bas* *ôrêtni l xabar da mâ tinnâya.* C'est toi qui m'as dit cette nouvelle, ne te récuse pas.

Annimêr *n. pr.* d'homme, pour *al-nimêr*, *litt.* le petit léopard, *Cf. nimir*, * nmr, ن م ر

Annimêri *n. pr.* d'homme, pour *al-nimêri*, nom d'un Président Soudanais, * nmr, ن م ر

Annimir *n. pr.* d'homme, pour *al-nimir*, *litt.* le léopard, *Cf. nimir*, * nmr, ن م ر

annisîn *n. d'act., m.*, ≅ *annasân, wannasân*, → *wannisîn*, * 'ns, ء ن س

Annûr *n. pr.* d'homme, pour *al-nûr*, *litt.* la lumière, * nwr, ن و ر

anrabat / yinrabit *v. intr.*, forme VII, * rbṭ, ر ب ط

♦ **s'attacher, se nouer, être noué(e).** •*Halgûmah anrabat acân hû xabban bilhên.* Sa gorge s'est nouée parce qu'il était très en colère. •*Al habil da anrabat bilhên mâ nagdar nifartigah.* Cette corde a été nouée très serrée, je ne peux pas la défaire.

anradax / yinradix *v. intr.*, forme VII, *Syn. arraddax* (forme V), → *arraddax*, * rḍẖ, ر ض خ

anrafa' / yinrafi' *v. intr.*, forme VII, * rfʕ, ر ف ع

♦ **se soulever, se relever,** pouvoir être soulevé(e) ou déplacé(e). •*Al hamdu li llâhi, al waba' hanâ l kôlêra anrafa' min Tcâd.* Dieu merci, l'épidémie de choléra s'est éloignée du Tchad [s'est soulevée loin du Tchad]. •*Al xumâm da tagîl mâ yinrafi' lêk fi dahar al watîr.* Ces bagages sont lourds, tu ne pourras pas les soulever pour les mettre sur le plateau arrière de la voiture.

anraja / yinraji *v. intr.*, forme VII, souvent prononcé *arraja, yirraji*, * rjy, ر ج ي

♦ **s'attendre, pouvoir être attendu(e), pouvoir être espéré(e).** •*Al wilêd da mâ yinraji lêna, anîna ji'ânîn.* Nous ne pouvons plus attendre ce garçon, nous avons faim. •*Al môt mâ binraji.* Personne n'attend la mort [la mort ne s'attend pas] (se dit d'une personne qui fuit un danger).

anrama / yinrami *v. intr.*, forme VII, * rmy, ر م ي

♦ **pouvoir être jeté(e) à terre, se jeter par terre, s'abattre.** •*Bugûlu : al-nâdum al rijilênah tubbâ'ât, mâ binrami fi l-surâ'.* Les gens disent que celui qui a de grand pieds ne sera jamais jeté à terre au cours d'une lutte au corps à corps. •*Al-cadaray kan yibisat wa sawwasat, tinrami hayyin ke bas.* Lorsque l'arbre est sec et vermoulu, il s'abat facilement.

anrâx / yinrâx *v. intr.*, forme VII, * rwġ, ر و غ

♦ **pouvoir être parcouru(e) à pied, pouvoir être occasion de promenade.** •*Al bakân da ba'îd mâ anrâx lêna ajala.* L'endroit est éloigné, nous n'y arriverons pas rapidement en y allant à pied. •*Al harray hâmiye al hille mâ tinrâx lêna be gayle.* Le soleil est chaud, on ne peut pas se promener en ville à midi.

anraxa / yinraxi *v. intr.*, forme VII, * rẖy, ر خ ي

♦ **se relâcher, devenir mou (molle), se détendre.** •*Al habil anraxa wa l xumâm daffag min dahar al humâr.* La corde s'est relâchée et les affaires sont tombées du dos de l'âne. •*Arbut al habil da adîl acân ba'adên mâ yinraxi.* Attache bien cette corde pour qu'elle ne se détende pas ensuite.

ansa *v. impér.*, → *nisi.*

ansabar / yinsabir *v. intr.*, forme VII, * ṣbr, ص ب ر

♦ **être supportable** (situation), **prendre patience, patienter, se contenir,** pouvoir être pris en patience (en parlant d'un mal ou d'une situation contrariante). •*Al-nâs kulluhum kê mâ ansabar lêhum, yâtu kula bidôr bikallim.* Personne ne prenait patience [tous les gens, ce n'était plus supportable pour eux] et chacun voulait parler. •*Al watîr da* *axxar, anâ mâ ansabar lêi nidôr nisâfir, xalâs namci nifattic âxar.* Ce véhicule est en retard, je perds patience car je veux absolument partir ; je vais en chercher un autre.

ansabba / yinsabba *v. intr.*, forme VII, * ṣbb, ص ب ب

♦ **se verser, couler, se déverser,** s'introduire (en parlant d'un fluide). •*Al watîr fât giddâmi wa ajâj ansabba lêi fî êni.* Le véhicule est parti devant moi et de la poussière m'est rentrée dans l'œil. •*Bêti angadda be fôg wa l almi ansabba lêna dâxal.* Le toit de ma maison est percé et la pluie nous tombe dessus à l'intérieur.

ansadda / yinsadda *v. intr.*, forme VII, *Cf. sadda*, * sdd, س د د

♦ **se fermer, se refermer, se boucher.** •*Al bâb da mâ ansadda adîl, acân da al-sarrâg daxal wa câl al xumâm.* Cette porte se ferme mal, c'est pourquoi le voleur est entré et a pris les affaires. •*Gadd hanâ adâni ansadda, mâ nagdar nidiss fôgah xurus.* Le trou que j'avais fait dans le lobe de mon oreille s'est refermé, je ne peux plus y mettre de boucle d'oreille. •*Mâ nagdar ninaffis adîl acân gudûd manaxrêni ansaddo min al-zuxma.* Je n'arrive plus à bien respirer parce que j'ai les narines bouchées à cause d'un rhume.

ansahab / yinsahib *v. intr. {- min}*, * sḥb, س ح ب

♦ **se retirer, fuir, s'enfuir.** •*Askar hanâ Amrîka ansahabo min Sômâliya.* L'armée américaine s'est retirée de la Somalie. •*Al masâjîn kassaro bâb al-sijin wa ansahabo.* Les prisonniers ont cassé la porte de la prison et se sont enfuis.

ansalax / yinsalix *v. intr.*, forme VII, * sl<u>h</u>, س ل خ

♦ **s'écorcher, se dépouiller, pouvoir être dépiauté(e).** •*Al wilêd waga' fî l gudron wa îdah ansalaxat.* L'enfant est tombé sur le goudron et a eu le bras écorché [son bras s'est écorché]. •*Ta'âl, yâ wilêdi, al kabic da mâ ansalax adîl !* Viens mon fils, ce bélier ne s'est pas laissé bien dépiauter [n'a pu être dépiauté comme il faut] !

ansama' / yinsami' *v. intr.*, forme VII, * smʕ, س م ع

♦ **être audible, s'entendre, pouvoir être écouté(e),** pouvoir être entendu(e). •*Hissak ansama' adîl fî l makrofôn.* Ta voix dans le micro s'est bien entendue. •*Al xabar al-cên hanâ l-zilzâl al bigi fî Masir ansama' fî kulla l âlam.* La mauvaise nouvelle du tremblement de terre en Égypte a été écoutée dans le monde entier. •*Wilêdi be l-lêl babki, lâkin mâ ansama' lê l-jîrân.* Mon enfant pleure la nuit, mais il ne peut pas être entendu par les voisins.

ansâr nom pluriel, *litt.* partisans, *ar. lit.*, dans les expressions *ansâr al-sunna al muhammadiya, ansâr al-sunna al-salafiya,* → *sunna, muhammadiya, salafiya.*

ansaraf / yisarif *v. intr.*, forme VII, * ṣrf, ص ر ف

♦ **se conduire mal, s'écarter du bon chemin, gaspiller l'argent, dépenser inutilement.** •*Hû ansaraf marra wâhid illa bidâwis ma'â l banât.* Il s'est écarté du bon chemin, il ne fait que se battre avec les filles. •*Burma wa rafîgah ansarafo illa bacarbo marîse wa bal'abo gumâr.* Bourma et son ami se conduisent mal, ils ne font que boire de la bière de mil et jouer au poker. •*Fî axîdit Zâra gurus hanâ Âdum kulla ansaraf.* Au mariage de Zara, tout l'argent d'Adoum a été gaspillé.

ansâs *pl.*, → *nuss.*

ansatar / yinsatir *v. intr.*, forme VII, * str, س ت ر

♦ **se cacher, se voiler.** •*Anâ antêtah gursah xalâs êbi ansatar.* Je lui ai rendu son argent, on ne peut plus rien me reprocher [ma honte s'est cachée]. •*Ansatiri mâ tifattici kalâm al-dunya !* Sois sage [cache-toi !], ne cherche pas d'ennuis ! •*Ansatiri be farditki min ên al-nâs !* Voile-toi dans ton pagne contre le mauvais œil !

ansax *v. impér.*, → *nasax.*

ansib *v. impér.*, → *nasab 1.*

ansij *v. impér.*, → *nasaj.*

ansur *v. impér.*, → *nasar.*

anta / yanti *v. trans.*, nasalisation de la première lettre de la racine, forme IV, * ʿṭw, ع ط و

♦ **donner.** •*Al-daktôr anta dawa lê l mardânîn.* Le médecin a donné des médicaments aux malades. •*Antîni riyâlen !* Donne-moi deux riyals ! •*Al-râjil anta nasibtah farde.* L'homme a donné un pagne à sa belle-mère. •*Anti sadaxât lê l-nâs !* Donne l'aumône aux gens ! •*Âce, antîni ma'âki fûl al-jâboh lêki amis da !* Aché, donne-moi quelques-unes des arachides qu'on t'a apportées hier !

anta'an / yinta'in *v. intr.*, forme VII, * ṭʿn, ط ع ن

♦ **se piquer, se poignarder, recevoir un coup de poignard,** recevoir un coup de poignard en cherchant à séparer deux hommes qui se battent. •*Al wilêd anta'an be cokay tawîle min al-zerîbe wakit birabbit al xanam.* L'enfant s'est piqué à une longue épine de la haie, au moment où il attachait les chèvres. •*Al-daktôr yinta'in kulla yôm ibirtên acân mardân.* Le médecin s'injecte deux piqûres par jour parce qu'il est malade. •*Ali maca bidâhir al-rujâl al gâ'idîn bidâwusu be sakâkîn, wa hû kulla anta'an.* Ali est allé séparer les hommes qui se battaient au couteau et a reçu un coup de poignard.

antabag / yintabig *v. intr.*, forme VII, * ṭbq, ط ب ق

♦ **se coller contre, se replier sur, se plaquer contre.** •*Anâ mâ cift al-sarrâg, târi hû antabag fî l-cadaray.* Je n'ai pas vu le voleur car il s'était plaqué contre l'arbre. •*Al gurus mâ ciftah, târi antabag fî l katkat.* Je n'ai pas vu l'argent : il s'était collé au papier. •*Axti wa hamâti antabago ma'âi, hassa induhum caharên.* Ma sœur et ma belle-sœur se sont repliées chez moi, cela fait maintenant deux mois.

antabal / yintabil *v. intr.*, forme VII, *Cf. ansadda,* * ṭbl, ط ب ل

♦ **se fermer à clé, être verrouillé(e), se refermer.** •*Al bâb antabal wihêdah bas.* La porte s'est fermée toute seule. •*Al bâb da kan antabal mâ binfakka ajala.* Quand cette porte est verrouillée, on ne l'ouvre pas facilement [elle ne s'ouvre pas vite]. •*Al-sandûg da yintabil bala guful.* Cette malle se ferme sans cadenas. •*Al vâlîs yintabil be keylûn.* La valise se ferme avec une serrure. •*Fî flêr kan al harray hâmiye yintabil, wa kan bârde yinfakka.* Il y a des fleurs qui se ferment lorsque le soleil est trop chaud, puis qui s'ouvrent de nouveau lorsqu'il fait plus frais.

antacca / yintacca *v. intr.*, forme VII, → *tacca 1, Cf. alharrag,* * ṭšš, ط ش ش

♦ **se brûler, se griller.** •*Al-laham da antacca adîl.* Cette viande a été bien grillée. •*Al bêt da antacca acân al iyâl li'ibo be nâr dâxal.* Cette maison a brûlé parce que les enfants ont joué à l'intérieur avec le feu. •*Al binêye daxalt al-laday tidalli l burma min al-nâr, îdênha antacco.* La jeune fille est entrée dans la cuisine pour ôter la marmite du feu et s'est brûlé les mains.

antagga / yintagga *v. intr. {- be},* forme VII, * ṭqq, ط ق ق

♦ **se cogner contre, se heurter à, se taper contre.** •*Al wilêd al-saxayyar antagga fî l bâb wa gamma babki.* Le petit enfant s'est cogné contre la porte et s'est mis à pleurer. •*Simi'o haraka hint dagdâg wa gammo jaro wa antaggo be rusênhum fî l-durdur.* Ils ont entendu un coup de tonnerre, ils se sont mis à courir et se sont cogné la tête contre le mur.

antaha / yintahi *v. intr.*, forme VII, * nhy, ن ه ي

♦ **s'achever, finir, mourir.** •*Xidimtah hint al bêt antahat min amis fajur.* Il a achevé la construction de sa maison hier matin. •*Amis anâ* *antahêt min al giray hint al kitâb da.* Hier j'ai fini la lecture de ce livre. •*Al ajûz al mardâne antahat xalâs.* La vieille qui était malade est déjà morte.

antaj / yantij *v. trans.*, forme IV, plus littéraire et moins employé que *nataj*, → *nataj*, * ntj, ن ت ج

♦ **produire.** •*Al-sane di zer'i antaj icirîn cuwâl hanâ xalla.* Cette année, mon champ a produit vingt sacs de mil. •*Fî sinîn al fasâla, al-zura'ât mâ antajo.* Pendant les mauvaises années, les champs n'ont rien produit.

antaka / yintaki *v. intr.*, forme VII, *Cf. takka*, * wk', و ك ء

♦ **se reposer, s'adosser, s'appuyer sur,** se mettre en position de repos en appuyant sa tête sur son bras ou sur un coussin. •*Abûki antaka dâxal, yan'as ciya ke.* Ton père est allé se reposer à l'intérieur de la maison, il s'est un peu assoupi. •*Anâ antakêt lâkin al-nôm mâ jâni.* Je me suis mise en position pour dormir, mais le sommeil n'est pas venu [ne m'a pas pris]. •*Al-câyib antaka fî l biric acân yinjamma ciya.* Le vieil homme s'est allongé sur la natte en appuyant sa tête sur le coude pour se reposer un peu. •*Anjammo fî l-dull wa antako be nawâytênhum.* Ils se sont délassés à l'ombre et se sont reposés en s'appuyant sur le côté.

antakal / yintakil *v. intr. {- lê, - fôg}*, forme VII, * wkl, و ك ل

♦ **compter sur, s'en remettre à.** •*Hassâ al-nâs kulluhum antakalo lê l xidime hint al-zurâ'a.* A présent, tous les gens comptent sur le résultat de leurs travaux champêtres. •*Hû antakal alê rahmit Allah.* Il est mort [il s'en est remis à la miséricorde Dieu] ! •*Fattici lêki xidime âxara, mâ tintakili fôgi, anâ mâ indi masârîf !* Cherche un autre travail, ne compte pas sur moi pour t'aider, je n'ai pas d'argent pour les dépenses quotidiennes !

antalag / yintalig *v. intr.*, forme VII, * ṭlq, ط ل ق

♦ **se relâcher, se détendre, se desserrer.** •*Al mardân al yôm jildah antalag.* Aujourd'hui le corps du malade s'est détendu. •*Al mayyit jildah antalag wa bigi tagîl marra wâhid.* Le corps du mort s'est relâché et est devenu très lourd. •*Wijhak xalli yintalig, nantik gursak hassâ bas !* Décrispe ton visage, je te donne ton argent tout de suite ! •*Al habil kan mâ marbût adîl fî rijil al-juwâd yintalig.* Si la corde n'est pas bien attachée au pied du cheval, elle se desserrera.

antân *n. d'act., m.*, → *antîn.*

antana / yintani *v. intr.*, forme VII, *Cf. tana*, * ṯny, ث ن ي

♦ **se courber, pencher la tête.** •*Hû antana min waja' al batun.* Il est courbé parce qu'il a mal au ventre. •*Al adum da gawi, kan kassartah be sakkini di wa antanat nilhârajo.* Cet os est dur ; si, pour le casser, tu déformes la lame de mon couteau, nous nous disputerons. •*Al berbere kulla ganâdîlha antano.* Tous les épis de berbéré ont penché la tête.

antaram / yintarim *v. intr.*, forme VII, *Cf. angajam*, * ṯrm, ث ر م

♦ **s'ébrécher, s'effriter, se casser au bout.** •*Al wilêd waga' wa sinnah antaramat.* L'enfant est tombé et s'est ébréché la dent. •*Fakkiri lê l-sûniyitki di mâ tintarim !* Fais attention de ne pas ébrécher cette vaisselle en porcelaine !

antarra / yintarra *v. intr.*, forme VII, *Cf. kassa*, * trr, ت ر ر

♦ **s'écarter, se retirer, se déplacer, s'éloigner.** •*Al mara antarat min al-derib.* La femme s'est écartée du chemin. •*Anâ antarrêt minnuhum mâ nidôr kalâm al-dunya.* Je me suis éloigné d'eux : je n'aime pas les palabres.

antawa / yintawi *v. intr.*, forme VII, * ṭwy, ط و ي

♦ **s'enrouler, être enroulé(e), être roulé(e), se lover.** •*Xalagi antawa ma'â l biric.* Mon habit est enroulé avec la natte. •*Al-dâbi antawa fî tihit al-sarîr.* Le serpent s'est lové sous le lit. •*Al biric bintawi, mâ bittabbag.* La natte s'enroule sur elle-même, elle ne se plie pas.

antaxab / yintaxib *v. trans.*, forme VII, terme de l'*ar. lit.*, * nẖb, ن خ ب
♦ **voter, élire.** •*Fî l-cahar al fât sukkân hanâ Nijêrya antaxabo Ra'îs jadîd.* Le mois passé, les habitants du Nigeria ont élu un nouveau Président. •*Min wildôni yôm wâhid lissâ mâ antaxab Ra'îs fî baladi.* Depuis que je suis né, je n'ai pas encore voté pour un Président dans mon pays.

antaxal *v. intr.*, forme VII, verbe de l'*ar. lit.* usité dans l'expression *antaxal ilâ rahmit Allah*, * nql, ن ق ل
♦ **décéder, mourir.** •*Rafîgi antaxal ilâ rahmit Allah.* Mon ami est décédé [s'est déplacé vers la miséricorde de Dieu].

antay / anâti *adj. f.*, *Ant. dakar*, * 'nṯ, ء ن ث
♦ **femelle.** •*Xanamayti di, talda illa anâti bas.* Ma chèvre que voici ne met bas que des femelles. •*Min al bisêsât al-dugâg dôl, illa l antay bas indaha talâta lôn.* De tous ces chatons, seule la femelle a trois couleurs.

antij *v. impér.*, → *antaj, nataj.*

antîn *n. d'act.*, *m.*, ≅ *antân*, * ʿṭw, ع ط و
♦ **don, fait de donner.** •*Antîn al gurus lê l masâkîn coxol adîl bilhên.* Donner de l'argent aux pauvres est une très bonne chose. •*Antîn al gurus al katîr lê l iyâl al-dugâg mâ sameh.* Ce n'est pas bien de donner beaucoup d'argent aux petits enfants.

antur *v. impér.*, → *natar.*

anwa *v. impér.*, → *niwi.*

anwâ' *pl.*, → *nô'.*

anwâr *pl.*, → *nûr.*

anxac *v. impér.*, → *naxac.*

anxalab / yinxalib *v. intr.*, forme VII, * ġlb, غ ل ب
♦ **être dominé(e), être battu(e), perdre, être vaincu(e).** •*Farîxna hanâ l bâl anxalab fî Ifrîxiya l-junûbiya.* Notre équipe de football a été battue en Afrique du Sud. •*Al Umam al Muttahida anxalabat fî l-Sômal.* Les États-Unis ont été vaincus en Somalie.

anxanag / yinxanig *v. intr.*, forme VII, * ẖnq, خ ن ق
♦ **s'étrangler, se fâcher.** •*Wakit martah taccat al bêt hû anxanag mâ bagdar bahajji kula.* Lorsque sa femme a brûlé la maison il s'est fâché au point qu'il ne pouvait même plus parler. •*Abûha faracâha wa hî anxanagat be habil gawi wa katalat nafisha.* Son père l'a battue, elle s'est étranglée avec une corde solide et s'est suicidée. •*Mâ tinxanig anâ gâ'id nal'ab ma'âk bas !* Ne te fâche pas, je plaisantais simplement avec toi !

anxara' / yinxari' *v. intr.* {*- min*}, *Cf. xâf*, forme VII, * ẖrʿ, خ ر ع
♦ **avoir très peur, s'inquiéter, s'effrayer, se troubler, être frappé(e) de stupeur, avoir la trouille.** •*Al wilêd al-saxayyar yinxari' min hiss al watîr.* Le petit enfant a été effrayé du bruit [de la voix] du véhicule. •*Amzahalôta câlatni wa anxara't, nahasib nâga'.* Je me suis mise à glisser [la glissade m'a pris], j'ai eu très peur, croyant tomber. •*Iyâl al-lekôl bisawwu awwa, wakit câfo l-mêtir jâyi anxara'o wa sakato.* Les écoliers faisaient du bruit ; lorsqu'ils ont vu leur maître arriver, ils ont eu peur et se sont tus.

anxaraf / yinxarif *v. intr.*, forme VII, * ġrf, غ ر ف
♦ **se vider, s'assécher, être à sec, tarir.** •*Al yôm da al bîr mâ indaha almi kullaha anxarafat.* Aujourd'hui le puits n'a pas d'eau, il est complètement vide. •*Al-sane dabangitna anxarafat badri.* Cette année, notre grenier s'est vidé très tôt. •*Almi l bîr di axabac kan mâ anxaraf mâ yincarib.* L'eau de ce puits est sale, tant qu'on ne curera pas le puits, elle restera imbuvable. •*Almi l bahar mâ yanxarif lê nâdum ke !* L'eau du fleuve ne tarit pour personne ! •*Bîrna di almiha anxaraf, arrajju ciya ke namman al-nadîf yijimm !* Notre puits

n'a plus d'eau, attendez un peu : de l'eau propre va sourdre !

anxazan / yinxazin *v. intr.*, forme VII, * h̲zn, خ ز ن
♦ **se réfugier, attendre à l'abri, se cacher.** •*Be nahar al marâfi'în binxazunu fî l hujâr.* Dans la journée, les hyènes se mettent à l'abri dans les montagnes. •*Mâla anxazantu hini gâ'idîn tarja'o cunû ?* Pourquoi êtes-vous réfugiés ici, qu'êtes-vous en train d'attendre ?

anxazza / yinxazza *v. intr.*, forme VII, *Cf. xazza 2*, * grz, غ ر ز
♦ **se planter, se ficher, s'enfoncer en terre.** •*Al akil da anxazza lêi fî galbi, garîb nigaddif.* Cette nourriture m'est restée sur l'estomac [s'est plantée dans mon cœur], je suis près de vomir. •*Anxazzêt misil al ûd ke ! Tidôr cunû hini ?* Tu es planté ici comme un bâton, que veux-tu ? •*Zarag al harba wa anxazat fî l-turâb.* Il a jeté sa lance qui s'est fichée en terre.

anz *n. coll., sgtf. anzay, → anzay.*

anzagal / yinzagil *v. intr.*, forme VII, *Cf. zagal*, * zjl, ز ج ل
♦ **se jeter, se laisser tomber.** •*Hû ayyân bilhên anzagal fî sarîrah be xulgânah.* Il est très fatigué et s'est laissé tomber sur son lit tout habillé. •*Hû mâ indah caxala, anzagal fî lubb al iyâl bahajji lêhum.* Il n'a pas de travail, il s'est jeté au milieu des enfants pour leur parler.

anzarab / yinzarib *v. intr.*, forme VII, * zrb, ز ر ب
♦ **se clôturer, être clos(e).** •*Zere' hanâ Âdum xalâs anzarab be côk tuwâl.* Le champ d'Adoum est déjà clos avec une haie aux longues épines. •*Al-jinêne kan mâ anzarabat al xanam badxulu fôgha wa bâkulu l xadâr.* Si le jardin n'est pas clos, les moutons entreront et brouteront les légumes.

anzarad / yinzarid *v. intr.*, forme VII, *Cf. anxanag*, * zrd, ز ر د
♦ **s'étrangler avec un nœud coulant.** •*Al xanamay anzaradat be l habil wa mâtat.* La chèvre s'est étranglée avec la corde et est morte. •*Al mara anzaradat be habil wa katalat nafisha.* La femme a fait un nœud coulant, elle s'est étranglée et s'est suicidée.

anzarag / yinzarig *v. intr.*, forme VII, * zrq, ز ر ق
♦ **se jeter sur, foncer sur.** •*Al-dâbi câf têray saxayre fî l ucc wa anzarag fôgha ajâla ke wa zaratâha.* Le serpent a vu un petit oiseau dans le nid, il s'est jeté sur lui très rapidement et l'a avalé. •*Nuccâb al-sayyâd yinzarig fôg al-sêde wa yarmîha.* La flèche du chasseur fonce sur la bête sauvage et la fait tomber.

anzarat / yinzarit *v. intr.*, forme VII, * zrṭ, ز ر ط
♦ **s'avaler, être avalé(e),** pouvoir être avalé(e). •*Al yôm êcki da gawi mâ yinzrit lêna.* Aujourd'hui ta boule de mil est dure et nous n'arrivons pas à l'avaler [elle ne s'avale pas pour nous]. •*Al madîde wa l-laban yinzarutu ajala lê l-câyib wa l-saxîr al-saxayyar kulla.* La bouillie et le lait sont vite avalés par le vieillard comme par le petit bébé. •*Al-zôl kan bâkul laham, kan mâ madaxah adîl, mâ binzarit lêyah.* Lorsqu'on mange de la viande, si on ne la mâche pas bien, on n'arrive pas à l'avaler [elle ne s'avale pas].

anzay 1 / anzayât *n. anim., mrph. sgtf., f.*, singulatif du *coll. ni'ze, Cf. tês, saxal*, * ʕnz, ع ن ز
♦ **une chèvre.** •*Anzayti di malâne laban.* Ma chèvre a beaucoup de lait [est pleine de lait]. •*Hû dabah anzay lê nasîbtah.* Il a égorgé une chèvre pour sa belle-mère. •*Hey, yâ iyâl, xallu bâlku lê l anzayât mâ yâkulu lêi al xadâr !* Hé ! les enfants, faites attention à ce que les chèvres ne mangent pas mes légumes !

anzay 2 / anzayât *n. f.*, entendu au Bornou sous la forme *enzio, anzayo.*
♦ **cadeau, avance, échange,** cadeau apporté par une femme lors d'une

cérémonie (mariage, circoncision, *etc.*) et qui appelle une conpensation par la suite ; "celui qui l'accepte s'endette". •*Macêt fî l âzûma antêt gurus hanâ l anzay wa gabbalt ajala.* Je suis allée à l'invitation donner de l'argent et suis revenue rapidement. •*Anâ kaffêt al anzay al-jâboha lêi fî yôm tahûra hanâ iyâli.* J'ai fait un cadeau pour compenser celui qu'on m'avait fait le jour de la circoncision de mes enfants. •*Jâbo lêi kulla anzayâti al antêtuhum fî l udur.* Elles m'ont apporté l'équivalent de tous les cadeaux que je leur avais donnés lors de la cérémonie.

anzil *v. impér.*, → *nazal.*

âr 1 / yi'îr *v. intr.*, *Cf. sahlag*, * ʕyr, ع ي ر

♦ **vagabonder, errer.** •*Mâ tixalli l wilêd yi'îr sâkit fî l-cawâri, yandam ba'adên !* Ne laisse pas l'enfant vagabonder sans rien faire dans les rues, il le regrettera par la suite ! •*Al-juwâd ambalas min îd al iyâl wa âr.* Les enfants n'ont pas su tenir le cheval qui s'est échappé et est parti errer çà et là.

âr 2 *n. m.*, le féminin et le pluriel semblent inusités, *Cf. ar'ar*, * ʕrr, ع ر ر

♦ **personne à assister, aliéné(e), fou (folle), clochard(e), handicapé(e), anormal(e), qui a besoin de soin, déséquilibré(e) mental(e),** qui ne peut plus observer les règles de la bonne conduite, qui ne refrène plus ses instincts. •*Al âr, hû al-nâdum al mâ yagdar yifattic ma'îctah.* Une personne à assister est celle qui ne peut pas chercher par elle-même ce qu'il lui faut pour vivre. •*Al âr mâ ba'arf al-dufâr.* Le déséquilibré mental ne sait pas s'arrêter dans la joute. *Prvb.* •*Hû waga' min al-juwâd wa sulbah ankassar, xalâs bigi âr.* Il est tombé de cheval, s'est cassé la hanche et est resté handicapé. •*Anâ mâ nagdar naxatir ayyi bakân, acân indi âr fî l bêt : ajûs wa câyib.* Je ne peux partir en voyage nulle part parce que j'ai chez moi des personnes qui ont besoin de soins : une femme et un homme âgés. •*Kaltûma binêyitha mâ addâwat min al-cêtan, bigat lêha âr.* La fille de Kaltouma n'a pas été soignée contre le mauvais esprit, elle est devenue folle.

ar'a *v. impér.*, → *ri'i.*

ar'af *v. impér.*, → *ri'if.*

ar'ar / yi'ar'ir *v. trans.*, forme II, * ʕrr, ع ر ر

♦ **humilier, déshonorer, ridiculiser, salir *qqn.*, mal se comporter.** •*Mâ ticâkil ma'â l-nâdum al mâ ba'arf al êb, bi'ar'irak giddâm al-nâs !* Ne cherche pas querelle avec quelqu'un qui n'a honte de rien (qui ne connaît pas la honte), il t'humiliera devant tout le monde ! •*Fî l âzûma al mara lê darritaha caratat xulgânha wa ar'aratha fî l-câri.* Au cours de l'invitation, la femme a déchiré les habits de sa rivale et l'a ainsi ridiculisée dans la rue.

ar'as *v. impér.*, → *ra'as.*

ar'ib *v. impér.*, → *ra'ab.*

Arab *adj. n., coll., sgtf. Arabi*, (*fém. Arabîye*), * ʕrb, ع ر ب

♦ **arabe.** •*Al Arabi cirib al-câhi.* L'Arabe a bu du thé. •*Al Arabiye indaha laban lê l be'.* La femme arabe a du lait à vendre. •*Al Arab induhum bagar katîr.* Les Arabes ont beaucoup de vaches. •*Hî mâ arabîye.* Elle n'est pas arabe.

arabât *pl.*, → *arabiye.*

Arabi *n. pr.* d'homme, *Cf. arab*, * ʕrb, ع ر ب

Arabiya Sa'ûdiya *n. pr.* de pays, → *Sa'ûdiya*, * ʕrb, sʕd, ع ر ب • س ع د

arabiye / arabât *n. f.*, ≅ le pluriel *arabiyât*, *Cf. watîr*, * ʕrb, ع ر ب

♦ **grosse voiture, véhicule, camion.** •*Arabiye "toyota" sawwat hâdis awaltamis.* Une Toyota a eu un accident avant-hier. •*Jâri budâ'a arabiye lamôrik kâmil.* Mon voisin a apporté une semi-remorque pleine de marchandises. •*Fî l-carika di nalgo* *arabiyât be taman munâsib.* Dans cette société, on trouve des véhicules à un prix convenable. •*Jari l arabât fî l gudron cadîd bilhên.* Les voitures roulent très vite sur le goudron.

arac / ya'aric *v. trans.*, forme I n° 6, * ʕrš, ع ر ش

♦ **étayer, faire l'armature d'un puits,** entourer l'intérieur d'un puits avec de la paille et des baguettes pour retenir le sable des parois et laisser passer l'eau. •*Fattic gecc maharêb, wa a'aric lêna l bîr di !* Cherche de l'herbe Cymbopogon giganteus, et fais-nous l'armature de ce puits ! •*Bîr hint abu Xadîja waga'at acân mâ aracôha.* Le puits du père de Khadidja s'est effondré parce qu'on ne l'avait pas étayé à l'intérieur.

aracân *n. d'act., m.,* → *aricîn.*

arad *n. vég., coll., m., sgtf. araday, Cf. arâda.*

♦ **nom d'un arbre, Albizzia chevalieri (Harms),** famille des mimosacées, arbuste dont le bois sert à la fabrication des toits des cases rondes *kûzi.* •*Dull al arad bârid bilhên acân da l-ru'yân burûdu bagôdu fôgah.* L'ombre de l'Albizzia chevalieri est très fraîche, c'est pourquoi les bergers aiment rester sous cet arbre. •*Al araday mâ indaha côk.* L'Albizzia chevalieri n'a pas d'épines. •*Matârig al arad yisawwu bêhum karâbo wa kabbâsât.* Avec les branches de l'Albizzia chevalieri, on fabrique des cages à poules et des porte-vêtements.

ârad / yi'ârid *v. trans.*, forme III, * ʕrḍ, ع ر ض

♦ **mettre en travers, s'opposer à, déposer transversalement, barrer.** •*Macêna fî l kadâde, wa ligîna dûd ârad lêna fî l-derib.* Nous sommes allés en brousse et avons trouvé un lion qui nous barrait la route. •*Hû ârad al-cuwâl fî dahar al humâr.* Il a déposé le sac en travers sur le dos de l'âne. •*Al-sayyâdîn ârado lahamhum fî dahar al watîr.* Les chasseurs ont déposé leur gibier [leur viande] transversalement sur le plateau arrière du véhicule. •*Al ahzâb al-siyâsîya ârado fikra hanâ l hâkûma.* Les partis politiques se sont opposés à l'idée proposée par le gouvernement. •*Fî derib al-labtân al garâdi ârado hadîd acân al-nâs mâ yadxulu minjamm lê l mardânîn.* A l'entrée de l'hôpital, les gardiens ont posé une barrière en fer pour régulariser le passage des gens qui viennent visiter les malades.

Arâda *n. pr.* de lieu, chef-lieu de sous-préfecture du Biltine, mot connu au *Sdn.* (*C.Q.*) ; nom d'un arbre, → *arad 1.*

♦ **Arada.**

âradân *n. d'act., m.,* → *âridîn.*

arâdi *pl.,* → *ard, ardiye, arid 1.*

Arafa *n. pr.* de femme, variante de *Arafât,* * ʕrf, ع ر ف

Arafât *n. pr.* d'homme, (du nom de la montagne d'Arabie), * ʕrf, ع ر ف

arag *n. m., Syn. waxar,* * ʕrq, ع ر ق

♦ **sueur, transpiration.** •*Jarêt namman al arag balla xalagi.* J'ai couru au point de tremper mes habits de sueur. •*Arag al mara al-titâlig, misil xadamat fî l harray.* La femme qui est dans les douleurs de l'enfantement transpire autant que si elle travaillait en plein soleil.

arâgîb *pl.,* → *argûb.*

arâgil *pl.,* → *argâl.*

âraj *adj.,* → *a'raj.*

arajân *n. d'act., m.,* ≅ *arijîn,* → *dala'ân,* * ʕrj, ع ر ج

arak / ya'arik *v. trans.*, forme I n° 6, *Cf. farak,* * ʕrk, ع ر ك

♦ **frotter dans les mains.** •*Hû arak lêyah ganâdil hinêy nyang-nyâng wa dalla l ambalxâma.* Il a frotté dans ses mains des épis aux grains tendres pour les grignoter, et cela a calmé sa faim. •*A'arik xalagak da zên be l almi wa l-sâbûn !* Frotte comme il faut ton vêtement avec de l'eau et du savon !

arâm *pl.*, → *rîm.*

arâmil *pl.*, → *armala.*

arandusuma / arandusumât *n. m.*, *empr. fr.*, *Cf. baladiye.*
♦ **arrondissement.** •*Anjammêna indaha sitte arandusuma.* N'Djaména compte six arrondissements. •*Bêti gâ'id fî arandusuma nimra talâta janb câri Nimêyri.* Ma maison est dans le troisième arrondissement, près de la rue Nimeyri.

arânib *pl.*, → *arnab.*

arâra / arârât *n. f.*, utilisé surtout au pluriel, → *ar'ar*, *Cf. camâte, êb*, * ʕrr, ع ر ر
♦ **dépravation, dégradation, décadence, déchéance,** acte dégradant objet de moquerie. •*Hû mâ bidôr al arârât maca bêthum ambahîn.* Il n'aime pas les actes dégradants, il est vite rentré chez lui. •*Humman sikiro wa bado bisawwu arârât.* Ils se sont enivrés et ont commencé par se conduire très mal. •*Hey, mâ tacarab al marîse, tisawwi lêk arârât fî l-câri !* Hé ! ne bois pas de bière de mil, elle te fera commettre des actes dégradants dans la rue ! •*Kan câlo haggak, kulla asbur, mâ tisawwi lêk arârât ma'â jîrânak !* Même si on prend ton bien, patiente, ne deviens pas objet de moquerie pour tes voisins !

arârîg *pl.*, → *arrâgi 2.*

ârat / yi'ârit *v. trans.*, voir le *Syn. wâras*, * wrṯ, و ر ث

arata / aratât *n. f.*, voir le *Syn. warasa*, * wrṯ, و ر ث

arâyil *pl.*, → *aryal.*

arâyis *pl.*, → *arîs, arûs 1.*

arba *v. impér.*, → *ribi.*

arba'a nombre cardinal, * rbʕ, ر ب ع
♦ **quatre.** •*Fî l-sa'a arba'a hanâ l-sabah, al-nâs gammo lê l-sahûr.* A quatre heures du matin, les gens sont levés pour prendre la collation avant le jeûne. •*Kulla l bahâyim al biradu'u, rijilênhum arba'a.* Tous les bestiaux mammifères [les animaux qui allaitent] ont quatre pattes.

(al) arba'a / arba'ât nom d'un jour de la semaine, *fém.*, pour *yôm al arba'a*, ≅ souvent *al arbi'a, al arbaha*, moins souvent *al arbiya*, * rbʕ, ر ب ع
♦ **mercredi.** •*Al arba'a al-jâye yabga îd al-Ramadân.* Mercredi prochain, c'est la fête du Ramadan. •*Naji fî kulla yôm arbi'a fî l xidime.* Je vais au travail tous les mercredis. •*Yôm al arba'a, al yôm al-râbi' fî l usbu'.* Le mercredi est le quatrième jour de la semaine.

arba'atâcar nombre cardinal, → *arba'tâcar.*

arba'în nombre cardinal, * rbʕ, ر ب ع
♦ **quarante.** •*Fî arba'în sana kula, al-nâdum kan mâ ixil, battân mâ ba'xal.* Si à quarante ans une personne n'est pas devenue raisonnable, elle ne le deviendra jamais. •*Fî Tcâd al mara kan wildat, titimm arba'în yôm hatta tamrug.* Au Tchad, lorsque la femme a accouché, elle attend quarante jours avant de sortir de chez elle.

arba'tâcar nombre cardinal, ≅ *arbâtâcar, arba'atâcar*, *Cf. arba'a, acara*, * rbʕ, ʕšr, ع ش ر • ر ب ع
♦ **quatorze, nom d'un jeu de cartes, nom d'une torture** (le supplicié ayant les jambes et les bras liés derrière le dos). •*Al-cahar kan bigi araba'tâcar yôm, yatla' badur.* Le quatorzième jour du mois, c'est la pleine lune [la pleine lune monte]. •*Al mara takluf bên arba'tâcar wa xamistâcar sane.* La fille est pubère entre quatorze et quinze ans. •*Al mujrim da, wakit rabbatoh arba'tâcar, sahi haggah marag.* Après avoir subi la torture "quatorze", ce criminel a dit la vérité. •*Anâ mâ nirîd nal'ab arba'tâcar.* Je n'aime pas jouer au jeu de cartes "quatorze". •*Ambâkir indina li'ib hanâ arba'tâcar be munâsibit tahûra hint iyâlah.*

Demain, nous allons jouer aux cartes, au "quatorze", chez mon ami à l'occasion de la circoncision de ses enfants.

arbah *v. impér.*, → *ribih.*

arbaha *n. f.*, → *(al) arba'a.*

arban / ya'arbin *v. trans.*, forme II, *Cf. idde, xabîbe*, * rbʕ, ع ب ر
♦ **nom d'un temps de réclusion, réclusion de quarante jours,** temps pendant lequel la femme ne sort pas de chez elle après le mariage, une naissance ou un décès. •*Jârti arbanat amis.* Hier, ma voisine a fini son temps de réclusion de quarante jours. •*Zênaba mâ waradat ma'â Maryam acân hî lissâ mâ arbanat min al wâlûda.* Zénaba n'est pas partie chercher de l'eau avec Mariam parce qu'elle n'a pas encore achevé son temps de réclusion de quarante jours après la naissance de son bébé.

arbatâcar *n. m.*, → *arba'atâcar.*

arbi'a *n. f.*, → *(al) arba'a.*

arbiya *n. f.*, → *(al) arba'a.*

Arbiye *n. pr.* de femme, pour *arabiye, Cf. arab*, * ʕrb, ع ر ب

arbûn *n. m.*, *qdr.*, * ʕrbn, ع ر ب ن
♦ **gage, avance, arrhes,** somme d'argent concluant une transaction commerciale. •*Kan tidôr taciri bêti da, antîni arbûn hanâ talâte malayîn acân al bê'e taga'.* Si tu veux acheter ma maison, verse-moi trois millions d'arrhes pour conclure la vente. •*Anâ mâ nidôr arbûn, xumâmi da nitcakkimah be gurus kac.* Je ne veux pas d'avance, j'échange mes marchandises contre de l'argent payé cash.

arbut *v. impér.*, → *rabat.*

Arbut sulbak *n. pr.* de lieu, quartier de N'Djaména [ceins tes reins].

arcîn *n. d'act.*, ≅ *arcân*, → *aricîn.*

ard / arâdi *n. f.*, terme de l'*ar. lit.*, → *arid, ardiye, turâb, wata.*

arda *n. coll.*, *f.*, *sgtf. arday*, * 'rḍ, ء ر ض
♦ **termite.** •*Al arda akalat al kawâzi.* Les termites ont mangé les toits des cases en paille. •*Xutt al-cuwâl da fôg min al arda !* Pose ce sac en haut à l'abri des termites !

arda ! *v. impér.*, → *ridi.*

arda' *v. impér.*, → *ridi'.*

arda'arda *n. m.*, → *rajmât, jaradjarad*, * 'rḍ, ء ر ض
♦ **nom d'un lance-roquettes multitubes, sol-sol** (missile), nom d'un engin d'artillerie pouvant désigner le L.R.M. de 107 mm ou le L.R.M. de 122 mm. •*Askar hanâ baladna induhum arda'arda.* Les soldats de notre pays ont des lance-roquettes. •*Al arda'arda bundug kabîr marra wâhid.* Le L.R.M. est une arme de très gros calibre.

ardab / yi'ardib *v. trans.*, *qdr.*, forme II, *Cf. ardeb.*
♦ **laver au tamarin,** laver avec l'eau du tamarinier pour soigner la varicelle. •*Al mara ardabat iyâlah be almi mufawwar be ardêb.* La femme a lavé ses enfants avec de l'eau qu'elle a fait bouillir avec du tamarin. •*Al-nâdum da yi'ardib iyâlah acân amkanyang-nyang mâ tisawwi alâmât fi jilidhum.* Cette personne lave ses enfants avec de l'eau de tamarin pour que les boutons de varicelle ne laissent pas de cicatrices sur la peau.

ardax *v. impér.*, → *radax.*

ardêb *n. vég.*, *coll.*, *m.*, *sgtf. ardêbay*, *empr. égy.*, connu au *Sdn.* (*C.Q.*).
♦ **nom d'un arbre, tamarinier, Tamarindus indica (L.),** famille des césalpiniacées, grand arbre dont l'ombre est fraîche et dont on aime sucer la sève. •*Al ardêbay, hî cadaray kabîre tawîle wa indaha dull bârid.* Le tamarinier est un arbre gros, grand, et qui a une ombre fraîche. •*Marti gâ'ide tumuss ardêb acân hî*

xalbâne. Ma femme est en train de sucer des fruits de tamarinier parce qu'elle est enceinte.

Ardeb jumâl *n. pr.* de lieu, quartier de N'Djaména [le tamarinier des chameaux].

ardi *adj.*, (*fém. ardiye*), pluriel inusité, * 'rḍ, ء ر ض

♦ **terrestre.** •*Ifrîxiya fî ust al kura l ardiye.* L'Afrique est au milieu du globe terrestre. •*Al malak hû mâ ardi hû min al-samâwât.* L'ange n'est pas un être terrestre, il vient des cieux. •*Axui min al xuwât al ardiye.* Mon frère est dans l'armée de terre [forces terrestres].

ardim *v. impér.*, → *radam.*

ardis *v. impér.*, → *radas 1.*

ardiye / arâdi *n. f.*, *Cf. ardi*, * 'rḍ, ء ر ض

♦ **lopin de terre, terrain.** •*Al kadastir bigassim al arâdi be mêtir lê bani hanâ l buyût.* Le cadastre partage les terrains à construire, après les avoir mesurés en mètres. •*Anâ indi ardiye fî Digêl wa mâ gidirt banêtha.* J'ai un lopin de terre à Diguel, mais je n'ai pas les moyens d'y construire.

ardus *v. impér.*, → *radas 2.*

arfa' *v. impér.*, → *rafa'.*

arfud *v. impér.*, → *rafad.*

argal / yi'argil *v. trans.*, *qdr.*, forme II, *Cf. adrab yi'adrib*, * ʕrql, ع ر ق ل

♦ **protester, rouspéter, contester, faire un caprice, se révolter,** refuser d'admettre un fait ou une situation. •*Al mudarrisîn argalo kalâm al wazîr, mâ bigarru acân mâ ligo rawatîbhum.* Les enseignants ont contesté ce qu'avait dit le ministre, ils n'ont pas repris leur enseignement parce qu'ils n'ont pas touché leurs salaires. •*Marti argalat, mâ tidôr tagôd fî l bêt.* Ma femme s'est révoltée, elle ne veut plus rester à la maison. •*Jirâni dôl argalo, mâ bidôru bankutu l kânifo.* Mes voisins ont rouspété, ils ne veulent pas creuser le caniveau. •*Al askar kan argalo, basjunûhum.* Lorsque les militaires protestent, on les met en prison. •*Al wilêd al-nihiss da yi'argil kulla yôm fî wakt al akil.* Cet enfant têtu fait un caprice tous les jours pendant le repas.

argâl / arâgil *n. m.*, *qdr.*, ≅ le singulier *argala*, * ʕrql, ع ر ق ل

♦ **contestation, révolte, grève, protestation.** •*Fî l-sana l fâtat arâgil katîrîn fî sabab al-rawâtib, acân da axxar al giray.* L'année dernière, il y a eu de nombreuses contestations à cause des salaires non versés, et cela a retardé l'enseignement. •*Al argâl mâ bijîb âfe illa be l mufâhama bas.* La révolte n'apporte pas la paix, il n'y a que le dialogue pour s'entendre qui peut l'apporter.

argala *n. f.*, → *argâl.*

argalân *n. d'act.*, *m.*, ≅ *argilîn*, *Cf. argal*, * ʕrql, ع ر ق ل

♦ **contestation, désordre, confusion, grogne.** •*Argalân al âyila da, min al amm al mâ ta'arif bani hanâ bêtha.* Cette confusion qui règne dans la famille vient de la mère qui ne sait pas tenir convenablement son foyer [construire sa maison]. •*Al askar dôl, argalânhum min kabîrhum.* Ces militaires contestent à cause de la conduite de leur chef.

argâli / argâlîn *adj. n.*, *qdr.*, (*fém. argâliye*), * ʕrql, ع ر ق ل

♦ **capricieux (-euse), contestataire, chicanier (-ère), contradicteur, ergoteur (-euse), .** •*Al argâli kan mâ antêtah coxôl al bidôrah, mâ yaxadim lêk adîl.* Tant que l'on ne donne pas à l'ergoteur ce qu'il demande, il ne fera pas de bon travail. •*Abûha al argâli da marragha min bêt râjilha.* Son père constestataire l'a fait sortir de la maison de son mari. •*Marti argâliye, mâ tahajji giddâmha kalâm mâ yi'ajibha !* Ma femme est chicanière, ne parle pas devant elle de ce qui ne lui plaît pas ! •*Inta argâli wa mâ tasma kalâmi, kan mâ tagôd sâkit, nafurcak.* Tu contestes tout et tu n'écoutes pas ce que je te dis ; si tu ne restes pas tranquille, je te fouette !

argat / rugut *adj.* de couleur, (*fém. ragta*), * rqṭ, ر ق ط

♦ **moucheté(e), tacheté(e), pelage bigarré, tavelé(e), colorié(e), multicolore, ambigu(ë).** •*Be fajur, ligit dâbi argat fî l-derib al kabîr.* De bon matin, j'ai trouvé un serpent moucheté sur la grand-route. •*Bissiti wildat iyâl rugut wa samhîn.* Ma chatte a mis bas de jolis petits au pelage bigarré. •*Râjili jâb lêi farde ragta misil farwit al-nimir.* Mon mari m'a apporté un pagne tacheté comme la peau d'une panthère. •*Kan jâyi min Abbece, jîb lêi bartal argat ma'âk !* En revenant d'Abéché, rapporte-moi un van décoratif multicolore !

argi *n. m.*, * ʕrq, ع ر ق

♦ **alcool de mil,** alcool de riz ou de dattes, produit dangereux parce que contenant de l'alcool méthylique. •*Hû bacrab argi katîr, hassâ mâ bagdar burûx.* Il boit beaucoup d'alcool de mil, à présent il ne peut plus marcher. •*Al mara l-jâye di tisaffi argi.* Cette femme qui vient distille de l'alcool.

argilîn *n. d'act.*, → *argalân.*

argûb / arâgîb *n. m.*, *qdr.*, * ʕrqb, ع ر ق ب

♦ **tendon d'Achille, jarret.** •*Al kalib addâni fî argûbi.* Le chien m'a mordu au tendon d'Achille. •*Zamân, al abîd yagta'o arâgîbhum acân mâ yi'arrudu.* Autrefois, on coupait le tendon d'Achille des esclaves pour qu'ils ne s'échappent pas. •*Al-jazzâra gata'o argûb al-tôr acân mâ ankarab lêhum yadbahoh.* Les bouchers ont coupé le jarret du bœuf parce qu'il ne se laissait pas prendre pour être égorgé.

argud *v. impér.*, → *ragad.*

argus *v. impér.*, → *ragas.*

arhak *v. impér.*, → *rihik.*

arhal *v. impér.*, → *rahal 1.*

arham *v. impér.*, → *raham.*

arhâm *pl.*, → *rihim.*

aric *n. m.*, *Cf. arac ya'aric*, * ʕrš, ع ر ش

♦ **armature du puits,** armature de baguettes et d'herbe qui maintient les parois du puits tout en laissant l'eau sourdre. •*Be l matârig wa l gecc nisawwu aric lê l bîr.* Avec des branches souples et de l'herbe nous faisons une armature pour le puits. •*Al bîr kan indaha aric, mâ btaga' ajala.* Le puits qui a une armature ne s'effondre pas vite.

aricîn *n. d'act., m.*, ≅ *aracân*, * ʕrš, ع ر ش

♦ **fait d'armer l'intérieur du puits, fait d'étayer le puits, cuvelage.** •*Aricîn al bîr kan mâ adîl, almiha babga axabac.* Si le puits n'a pas un bonne armature, l'eau qui pourra sourdre ne sera pas claire. •*Aricîn al bîr babga illa be gecc wa matârig !* L'armature d'un puits ne tient qu'avec de l'herbe et des baguettes !

arid / arâdi *n. f.*, employé aussi comme un nom masculin, * ʼrḍ, ء ر ض

♦ **terre, territoire, terrain, sol, sous-sol.** •*Arid hanâ Abbece gawiye bilhên.* Le sol d'Abéché est très dur. •*Arid hanâ Tcâd indah mâl katîr.* Le sol du Tchad a beaucoup de richesses. •*Anâ bi't arid mubawwara fî l-Digêl.* J'ai acheté un terrain borné à Diguel.

arîd / urâd *adj.*, (*fém. arîde*), * ʕrḍ, ع ر ض

♦ **large, vaste, grand(e).** •*Jâb lêha farde arîde bilhên.* Il lui a apporté un pagne très large. •*Bêti arîd be dâxal.* Ma maison a un intérieur très vaste. •*Zer'i tawîl wa arîd, ligit minnah talâtin cuwâl hanâ xalla.* Mon champ est long et large, il a produit trente sacs de mil [j'ai trouvé trente sacs de mil].

ârid / awârid *n. m.*, *Cf. mu'ôrid*, * ʕrḍ, ع ر ض

♦ **diable.** •*Al wilêd da ârid masakah.* Ce garçon est possédé par un diable. •*Al faxîr bagdar bidâwi l-nâdum al indah awârid.* Le faki peut guérir celui qui est possédé par des diables.

âridîn *n. d'act., m.*, ≅ *âradân*, * ʕrḍ, ع ر ض

♦ **mettre en travers, poser transversalement,** fait de mettre en travers. •*Aridîn al hatab fî xacum al bâb mâ sameh, barmi l iyâl al-dugâg.* Ce n'est pas bien de mettre le bois en travers de la porte de la maison, cela fait tomber les petits enfants. •*Xazalayithum kan tamâma wa mâ gatta'ôha, tincadda illa be âridîn fî dahar al humâr.* Si leur gazelle est entière et qu'ils ne l'ont pas découpée, elle ne pourra être chargée sur le dos de l'âne que si elle est mise en travers.

arîf / urafa' *n. m.*, ≅ *sarsâr*, * ʕrf, ع ر ف

♦ **sergent.** •*Al arîf da mâ min al xuwât al ardiye.* Ce sergent n'est pas de l'armée de terre. •*Fî l harb, al-nuxaba' anto mas'ulit al harb lê l urafa.* Pendant la guerre, les capitaines ont donné la responsabilité du combat aux sergents.

ârif / ârfîn *adj. mrph. part.* actif, (*fém. ârfe*), * ʕrf, ع ر ف

♦ **sachant, connaissant, ayant appris.** •*Hî mâ macat fî l-sûg acân ârfe ke ba'adên batunha tôjaha.* Elle n'est pas allée au marché parce qu'elle savait qu'elle aurait ensuite mal au ventre. •*Anâ ârif, kan mâ macêt fî l-zere', al xanam bâkulu l xadâr.* Je sais que, si je ne vais pas au champ, les moutons mangeront les légumes.

arijîn *n. d'act.*, → *arajân.*

arîs / arâyis nom de personne *m.*, ≅ *ursân* pour le pluriel, pour le féminin → *arûs*, * ʕrs, ع ر س

♦ **nouveau marié,** le marié. •*Rikib misil al-sultân al-dahâbah darrajoh... Da l arîs.* Il est monté sur le cheval comme un sultan qu'on vient d'introniser… C'est le nouveau marié. *Dvnt.* •*Al arâyis sa'îdîn fî bêthum.* Les mariés sont heureux dans leur maison. •*Al gamar be tôgah, al-nujum kabban fôgah... Da l arîs.* La lune est entourée de son halo [collier], les étoiles se penchent sur elle… C'est le nouveau marié (avec son turban et les jeunes filles qui le regardent). *Dvnt.*

arît / urata' *adj. n.*, (*fém. arîte*), voir le *Syn. warîs*, * wrṯ, و ر ث

arja *adj. fém.*, → *a'raj.*

arja ! *v. impér.*, → *riji.*

arja' *v. impér.*, → *raja'.*

Arjentîn *n. pr.* de pays.

♦ **Argentine.**

arjif *v. impér.*, → *rajaf.*

arjim *v. impér.*, → *rajam.*

Arjûn *n. pr.* de femme, *qdr.*, *litt.* grappe de dattes, * ʕrjn, ع ر ج ن

arka' *v. impér.*, → *raka'.*

arkab *v. impér.*, → *rikib.*

arkala *n. vég., coll., f., sgtf. arkalay*, * rkl, ر ك ل

♦ **nom d'une plante à sauce, ipomée aquatique mauve, Ipomoea aquatica (Forsk.),** famille des convolvulacées. •*Al arkala tugumm fî l almi wa l awîn badurbuha mulâh.* L'ipomée aquatique mauve pousse dans l'eau et les femmes préparent de la sauce avec cette plante. •*Anâ mâ nirîd mulâh hanâ l arkala.* Je n'aime pas la sauce préparée avec l'ipomée aquatique mauve.

arkân *pl.*, → *rukun.*

arkiz *v. impér.*, → *rakaz 1, rakaz 2.*

arkun *v. impér.*, → *rakan.*

armad / yi'armid *v. trans.*, formé à partir de la IVème forme du verbe *ramad, Syn.* kôsang, * rmḍ, ر م ض

♦ **couper et brûler le bois, défricher, débroussailler.** •*Al harrâtîn yi'armudu al-cadar al kubâr al garîb min zurâ'ithum acân al-têr mâ yidalli fôgah.* Les cultivateurs coupent les gros arbres qui sont près de leurs champs pour que les oiseaux ne viennent pas s'y poser. •*Hû gidir* *armad al-cadaray al kabîre di gubbâl al-têrâb.* Il a pu couper et brûler ce gros arbre avant les semis. •*Nâs al faham yi'armudu al garad al kubâr acân fahamah adîl.* Les fabricants de charbon de bois coupent et calcinent les gonakiés parce que le charbon de bois qui en résulte est excellent.

armad ! *v. impér.*, → *rimid.*

armala / arâmil *adj. n. f.*, inusité au masculin, *Cf. azab*, * rml, ر م ل

♦ **veuve.** •*Al armala, hî al mara al-râjilha mât.* La veuve est la femme dont le mari est mort. •*Al arâmil lissa mâ ligo musâ'ada min hâkumithum.* Les veuves n'ont pas encore reçu d'aide du gouvernement. •*Anâ min bigit armala indi sitte sane.* Je suis veuve depuis six ans.

armi *v. impér.*, → *rama.*

armic *v. impér.*, → *ramac.*

armil *v. impér.*, → *ramal.*

armuwâr / armuwârât *n. m., empr. fr.*, voir le *Syn. dolâb.*

arnab / arânib *n. anim., coll., f., sgtf. arnabay, Syn. amdâgôr*, * 'rnb, ء ر ن ب

♦ **lièvre, Lepus ochropus tchadensis (Th. et Wr.), lapin.** •*Al kalib karab arnabay.* Le chien a attrapé un lièvre. •*Nâs wahdîn mâ bâkulu arnab acân bugûlu indaha hêt.* Certaines personnes ne mangent pas de lièvre, elles disent qu'il a des règles comme une femme. •*Arânib hanâ Tcâd dugâg.* Les lièvres du Tchad sont petits. •*Rabbêt arânib talâte.* J'ai élevé trois lièvres.

arondisima / arondisimât *n. m.*, → *arandusuma.*

arrab / yi'arrib *v. trans.*, forme II, *litt.* rendre Arabe, * ʕrb, ع ر ب

♦ **circoncire.** •*Jâri arrab iyâlah bala awwa.* Mon voisin a circoncis ses enfants sans faire de bruit. •*Anâ arrabt iyâli min amnawal.* L'an passé, j'ai circoncis mes enfants. •*Hû mâ arrab wilêdah namman xallah bigi kabîr.* Il n'a pas circoncis son enfant et l'a laissé grandir ainsi. •*Addal bêtah acân yi'arrib wulâdah.* Il a arrangé sa maison parce qu'il va circoncire ses garçons.

arrabân *n. d'act.*, → *arribîn*, * ʕrb, ع ر ب

arrâc / arrâcîn *adj. mrph. intf.*, (*fém. arrâca*), * ʕrš, ع ر ش

♦ **qui sait monter l'armature du puits,** qui sait fabriquer les armatures des puits. •*Al-râjil da arrâc lê l biyâr.* Cet homme sait fabriquer des armatures pour les puits. •*Siyâd al mâl arrâcîn.* Les éleveurs savent monter les armatures des puits.

arracah / yirracah *v. intr.*, forme V, → *itraccah.*

Arracîda *n. pr.* de femme, pour *Al-Racîda, Cf. Racîd*, * ršd, ر ش د

arrad 1 / yi'arrid *v. intr. {- min}*, forme II, * ʕrd, ع ر د

♦ **s'échapper, s'enfuir, fuir, s'évader.** •*Hû arrad min al-sijin.* Il s'est évadé de la prison. •*Humman arrado min al giray.* Ils ont fui l'école [l'étude]. •*Al fâr arrad min al biss.* Les rats s'enfuient loin du chat.

arrad 2 / yi'arrid *v. trans.*, forme II, dans l'expression *arrad be Allah*, * ʕrḍ, ع ر ض

♦ **supplier *qqn.*, adjurer,** en appeler à Dieu ou à son prophète pour commander *qqch.* à *qqn.* •*Yâ axti arradtiki be Allah wa l-Rasûl mâ tafurci wilêdki !* Ma sœur, je t'en supplie par Dieu et par l'Envoyé, ne fouette pas ton enfant ! •*Kan fî nâs yidôru yiddâwaso, al-nâs al âxarîn yi'arruduhum be Allah acân mâ yiddâwaso.* Lorsque des gens veulent se battre, les autres les adjurent par Dieu de ne pas se battre. •*Anâ arradtak, yâ Mûsa, agôd al'acca ma'âna !* Je t'en supplie, Moussa, reste dîner avec nous !

arrad 3 / yi'arrid *v. trans.*, forme II, verbe employé d'abord lors de la vente des bestiaux, *Cf. tâman*, * ʕrḍ, ع ر ض

♦ **s'enquérir du prix** (bétail), **avancer le prix d'une marchandise, estimer la valeur,** proposer un prix pour l'achat d'une bête ou d'une marchandise. •*Al-nâdum al hassâ arrad tôrak da, antak fôgah kam ?* Combien t'a proposé celui qui est venu avancer le prix de ton taureau ? •*Al-sabbâba yi'arrudu l bahâyim al fî l-zerîbe acân ya'arfu l-sûg.* Les courtiers s'enquièrent du prix du bétail afin de connaître l'état du marché. •*Al-tamâtim al fî l-cuwâl arradtah be kam ?* Ces tomates qui sont dans le sac, à quel prix les as-tu estimées ?

arrad 4 / yi'arrid *v. trans.*, dans l'expression *arrad nafsah lê l xatar*, ≅ l'*inacc. ya'arrid* ou *ba'arrid*, * ʕrḍ, ع ر ض

♦ **s'exposer au danger.** •*Mâ ti'arrid nafsak lê l xatar !* Ne t'expose pas au danger ! •*Al-zôl kan bisâfir wihêdah min hille lê hille bi'arrid nafsah lê l xatar.* Si quelqu'un voyage seul de village en village, il s'expose au danger.

arrâd / arrâdât *adj. mrph. intf.*, concernant le bois, *Cf. mirig*, * ʕrḍ, ع ر ض

♦ **traverse, bois transversal, poutre, bois du sommier**(lits des nomades), traverse supportant le toit. •*Al arrâdât humman îdân yirassuhum fôg al-ci'ab wa yafurcu fôghum sarîr azrag.* Le sommier est fait de rondins fins que l'on dispose sur des fourches, et sur lequel on pose une claie de cannes servant de lit. •*Al awîn yirîdu yisawwu îdân al bacam arradât lê sarayirhum acân adîlîn.* Les femmes aiment tailler les bois de Grewia pour en faire des sommiers pour leur lit parce que les branches sont très droites. •*Mâ tal'ab fôg al-sarîr wa taksir lêi arrâd !* Ne danse pas sur le lit pour ne pas me casser une traverse du sommier ! •*Carêt mirig arrâd yidissuh fî badal al mirig al ankasar.* J'ai acheté une poutre transversale pour remplacer celle qui s'était cassée. •*Al-lugdâbe di, kan îdân al arrâdât mâ tâmmîn, al-carâgine bidôdulu.* S'il manque des traverses pour soutenir le toit de ce hangar, les seccos pendront.

arradân *n. d'act., m.*, → *arridîn.*

arradaxân *n. d'act.*, → *arradixîn.*

arraddax / yirraddax *v. intr.*, forme V, * rḍḫ, ر ض خ

♦ **être meurtri(e), être couvert(e) d'ecchymoses, avoir des bleus**, avoir le corps meurtri après une chute. •*Al wilêd rikib fî l-juwâd wa waga', wa jildah kulla arraddax.* L'enfant est monté à cheval, il est tombé et tout son corps est meurtri. •*Amis, al iyâl waga'o min al watîr wa rijilênhum arraddaxo.* Hier, les enfants sont tombés du véhicule et se sont couvert les jambes d'ecchymoses. •*Jâri dâwas ma'â rujâl tittên wa daggoh be isyân mamman jildah arraddax.* Mon voisin s'est battu contre deux hommes qui l'ont frappé avec leur bâton au point que tout son corps est meurtri.

arraf / yi'arrif *v. trans.*, forme II, *Cf. wassaf, ôra*, * ʕrf, ع ر ف

♦ **faire savoir, faire connaître.** •*Saydi arrafâni l giray wa kalâm al-dunya.* Mon maître m'a fait connaître la leçon et les problèmes de la vie. •*Al mu'allim arrafâni coxol katîr.* Le maître m'a fait connaître beaucoup de choses. •*Rafigti bas arrafatni bêk.* C'est mon amie qui m'a fait faire ta connaissance. •*Arrifîni bakân xidimitki !* Fais-moi connaître l'endroit où tu travailles !

arrâf / arrâfîn *adj.*, (*fém. arrâfa*), * ʕrf, ع ر ف

♦ **connaisseur (-euse), expert(e).** •*Al wilêd da arrâf fî l xidime hanâ l-zurâ'a !* Ce garçon a une bonne connaissance des travaux champêtres ! •*Abui arrâf fî l ilâj hanâ l abunsifêr.* Mon père est expert dans le traitement de l'hépatite.

arrag / yi'arrig *v. trans.*, forme II, *Cf. caddar*, * ʕrq, ع ر ق

♦ **ensorceler, empoisonner, envoûter,** utiliser les racines pour jeter un sort sur quelqu'un. •*Al bêt da mâ tixallih, arragôki walla gata'oh* *surritki fôgah ?* Tu ne veux pas quitter cette maison, est-ce parce qu'on t'a ensorcelée ou parce que c'est là qu'on t'a coupé le cordon ombilical ? (début d'une chanson). •*Al-râjil da xusmânah mâ gidiro arragoh acân hû munajjad.* Les ennemis de cet homme n'ont pas pu l'empoisonner parce qu'il s'était déjà immunisé par des racines.

arrâgi 1 / arrâgîn *adj. n., mrph. intf.*, (*fém.* *arrâgiye*), *Cf. arrag, caddâri*, terme pouvant servir d'insulte, ≅ *arrâgi*, * ʕrq, ع ر ق

♦ **sorcier (-ère),** qui ensorcelle en utilisant les racines. •*Al-râjil da arrâgi kan cagga zar'ak bas, hû yaybas !* Cet homme-là est un sorcier, s'il traverse ton champ, celui-ci séchera ! •*Al mara di arrâgiye, lê hassâ râjilha mâ gidir axad mara âxara !* Cette femme est une sorcière, jusqu'à présent son mari n'a pas pu épouser une autre femme ! •*Angari min al arrâgîn kan câlo turâb rijilak, mâ talga âfîtak !* Prends garde aux sorciers, s'ils prennent la terre que ton pied a foulée, tu ne retrouveras jamais ta tranquillité !

arrâgi 2 / arârîg *n. m. mrph. intf.*, terme utilisé surtout par les femmes pour désigner la robe, lorsqu'il est employé par les hommes il est synonyme de *jawwâniye*, *Cf. xaffâf*, * ʕrq, ع ر ق

♦ **robe, sous-vêtement, tunique,** vêtement qui reçoit la transpiration. •*Jidditi libisat arrâgi tawîl dammin bukurr fî l-turâb.* Ma grand-mère a mis une longue robe qui traîne jusqu'à terre. •*Axui jâb lêi git'e min al-Sa'ûdiye, waddêtha lê sîd al makana yixayyitha lêi arrâgi.* Mon frère m'a rapporté d'Arabie Saoudite un coupon de tissu ; je l'ai apporté chez le tailleur pour qu'il m'en fasse une tunique.

Arrahabiya *n. pr.* de femme, pour *al-rahabiya, litt.* l'accueillante, * rhb, ر ح ب

arraj / yi'arrij *v. trans.*, forme II, * ʕrj, ع ر ج

♦ **n'avoir que deux cartes** en main dans le jeu d'*arbatâcar*. •*Hû arraj indah nuss sâ'a wa mâ gidir fatah.* Il n'a que deux cartes en main depuis une demi-heure et n'a pas gagné la partie. •*Anâ arrajt garîb naftah.* Je n'ai que deux cartes en main, je suis sur le point de finir [d'ouvrir].

arraja / yirraji *v. intr.*, → *anraja*, * rjy, ر ج ي

arrajja / yirrajja *v. trans.*, forme V, * rjw, ر ج و

♦ **attendre la venue de .** •*Arrajjâni namcu sawa lê abûk !* Attends-moi, que nous partions ensemble chez ton père ! •*Hû maca l matâr yirrajja l-tayyâra.* Il est parti pour l'aéroport attendre la venue de l'avion. •*Gûl lêyah yirrajjâna fî l-câri l kabîr al mugâbil al-lekkôl !* Dis-lui de nous attendre dans la grande rue en face de l'école !

arrak / yi'arrik *v. trans.*, forme II, * ʕrk, ع ر ك

♦ **frotter la peau.** •*Arriki lêi dahari da be dilke ciya, yâ binêyti !* Ma fille, frotte-moi le dos avec un peu de crème *dilke* ! •*Al wilêd yirîd yi'arrik fî ammah.* L'enfant aime se frotter contre sa mère. •*Ahmat, mâ tixalli al xanam dôl yi'arruku fî wara l kûzi !* Ahmat, ne laisse pas les chèvres et les moutons se frotter contre la palissade de la case !

arrakân *n. d'act.*, → *arrikîn.*

arrâkano / yirrâkano *v. intr.*, forme VI, *Cf. râkan.*

♦ **comploter ensemble, ourdir une conspiration.** •*Mihimmid rufugânah arrâkano fôgah wa zagaloh fî l bîr.* Les amis de Mihimmid ont comploté contre lui et l'ont jeté dans un puits. •*Al-darâyir arrâkano fî hamâthum wa dâwasôha.* Les coépouses ont comploté contre leur belle-sœur et se sont jetées sur elle pour la battre.

Arramla *n. pr.* de femme, pour *al-ramla* [le sable], * rml, ر م ل

Arramliya *n. pr.* de femme, pour *al-ramliya, litt.* celle qui est couleur de sable, → *ramla*, * rml, ر م ل

arras / yi'arris *v. trans.*, forme II, * ˁrs, ع ر س

♦ **déflorer, consommer le mariage.** •*Al arîs arras martah.* Le nouveau marié a défloré sa femme. •*Al-râjil da mâ gidir yi'arris martah acân hî lissaha saxayre.* Cet homme n'a pas pu consommer le mariage avec sa femme parce qu'elle était encore trop jeune.

arrassal / yirassal *v. intr.*, forme V, * rsl, ر س ل

♦ **être envoyé(e),** accepter d'être envoyé(e) par quelqu'un. •*Mustafa, arrassal lê jidditak, yâ wilêdi !* Moustafa, accepte toujours de faire les commissions de ta grand-mère, mon cher fils ! •*Ali bugûl : "Kan nâdum mâ arrassal lê ammah, Allah bi'âxibah !".* Ali dit : "Celui qui n'accepte pas d'être envoyé par sa mère, Dieu le châtiera !".

arrâyado / yirrâyado *v. intr.*, forme VI, * rwd, ر و د

♦ **s'aimer mutuellement, s'entendre avec amour.** •*Cîf al axawân dôl, kikkêf birrâyado !* Regarde ces frères, comme ils s'aiment entre eux ! •*Anâ wa marti arrayadna bilhên fî hayâtna.* Ma femme et moi, nous nous sommes beaucoup aimés dans notre vie.

arrayyad / yirrayyad *v. intr.*, forme V, ≅ *itrayyad*, * rwd, ر و ض

♦ **se reposer, se retrouver en bonne santé, se trouver dans le bien-être, être soulagé(e).** •*Hassâ arrayadt min waja' al-râs !* Je suis à présent soulagé de mon mal de tête. •*Al-nâdum kan masakah marad al kôlera, kan dâwoh yirrayyad.* Celui qui a attrapé le choléra retrouvera la santé s'il est soigné. •*Zamân ta'abân, wa hassâ min ligi mâl arrayyad.* Autrefois, il souffrait du manque d'argent ; depuis qu'il s'est constitué un capital, il vit à l'aise. •*Kan alfâhamna ambênâtna, nirrayyado min al-duwâs.* Si nous nous entendons entre nous, nous serons soulagés de ne plus être en guerre. •*Anâ nirrayyad illa yôm al âxira.* Je ne me reposerai qu'au dernier jour.

Arrazaxa *n. pr.* de femme, → *Arrizix*, * rzq, ر ز ق

arribîn *n. d'act., m.*, ≅ *arrabân*, * ˁrb, ع ر ب

♦ **fait de circoncire, fait d'exciser, circoncision, excision.** •*Arribîn al banât âde bas !* L'excision des filles n'est qu'une coutume ! •*Al-daktôr bugûl : al arribîn wâjib lê l wulâd, mâ lê l banât.* Le médecin dit qu'on doit circoncire les garçons, mais ne pas exciser les filles.

arridîn 1 *n. d'act., m.*, ≅ *arradân*, * ˁrd, ع ر د

♦ **fuite, évasion.** •*Al arridîn min al-sijin xatari, al haras kan câfak baktulak.* S'évader de la prison est dangereux : si la sentinelle te voit, elle te tuera. •*Arridîn al xanam min al-zarîbe da akûn câfo marfa'în.* Si les moutons ont fui l'enclos, c'est peut-être parce qu'ils ont vu une hyène.

arridîn 2 *n. d'act., m.*, ≅ *arradân*, *Cf. arrad 2*, * ˁrḍ, ع ر ض

♦ **supplication, fait de supplier, adjuration,** fait d'en appeler à Dieu ou à son prophète pour obtenir *qqch.* •*Al arridîn dâyiman be Allah wallâ be l-Rasûl.* L'adjuration se fait toujours au nom de Dieu ou de l'Envoyé. •*Fî l-duwâs kan mâ simi't al arridîn wa dâwast, al-nâs kulluhum ke yilhâmo fôgak.* Si, au cours de la bagarre, tu n'entends pas l'adjuration au nom de Dieu et que tu continues à te battre, tous ceux qui sont là se jetteront sur toi pour te neutraliser.

arridîn 3 *n. d'act., m.*, ≅ *arradan*, *Cf. arrad 3*, * ˁrḍ, ع ر ض

♦ **fait de s'enquérir du prix du bétail, fait de demander le prix de la marchandise, fait de chercher à savoir la valeur marchande,** fait de chercher à savoir la valeur des bêtes ou des marchandises au marché. •*Jamali waddêtah al-sûg, wa arridîn kulla mâ arrado.* J'ai mené mon chameau au marché et personne ne m'a proposé un prix pour l'acheter. •*Arridîn al-nâdum al baciri cik min arridîn al-nâdum al bidôr ba'arf al-taman bas.* L'acheteur s'enquiert du prix autrement que celui qui ne cherche qu'un simple renseignement.

arrigîn *n. d'act., m.*, ≅ *arragân*, * ʕrq, ع ر ق

♦ **ensorcellement, envoûtement, empoisonnement, sorcellerie,** fait d'utiliser les racines pour ensorceler quelqu'un. •*Al arrigîn, al-rujâl bisawwuh katîr ke fî sabab al awîn walla l mâl.* Si les hommes ont tant recours à l'ensorcellement, c'est à cause des femmes ou des biens matériels. •*Al-Nasâra mâ bi'âmunu be l arrigîn illa kan bigo mardânîn bilhên.* Les Blancs ne croient pas à la sorcellerie sauf lorsqu'ils sont très malades.

arrikîn *n. d'act., m.*, ≅ *arrakân*, * ʕrk, ع ر ك

♦ **fait de frotter la peau, côtoyer** (sens figuré). •*Cadarayti di, hawwagtaha be dringêl min arrikîn al xanam.* Cet arbre, je l'ai entouré d'un muret de briques pour empêcher les moutons de s'y frotter. •*Anâ mâ nirîd arrikîn al-nâdum al-sarrâg kan rafîgi kulla !* Je n'aime pas fréquenter un voleur [qu'un voleur se frotte à moi], même s'il a été mon ami.

Arrimêle *n. pr.* de femme, diminutif, → *ramla*, * rml, ر م ل

Arrisale *n. pr.* de femme, pour *Al-risâle, litt.* le message, * rsl, ر س ل

Arrixeyyis *n. pr.* d'homme, *mrph. dmtf.*, pour *Al-rixeyyis*, *Cf. Raxîs*, * rẖṣ, ر خ ص

arsân *pl.*, → *rasan 2.*

arsim *v. impér.*, → *rasam.*

arsin *v. impér.*, → *rasan 1.*

arta' *v. impér.*, → *rata'.*

artal *pl.*, → *ratul.*

artug *v. impér.*, → *ratag.*

arûs 1 / arâyis nom de personne, *adj., f.*, pour le masculin → *arîs*, ≅ le pluriel *ursân*, * ʕrs, ع ر س

♦ **nouvelle mariée,** la mariée. •*Al arûs farhâne.* La jeune mariée est heureuse. •*Kulla l arâyis mâ yamurgu min buyûthum illa ba'ad arba'în yôm.* Toutes les mariées ne sortent de chez elles qu'au bout de quarante jours. •*Mâ nagdar namci l hille nurûx, acân anâ dahabi arûs.* Je ne peux pas me promener en ville parce que je viens juste de consommer mon mariage. •*Al arûs gâ'ide dâxal fî lubb al bêt, mâ tagdar tamrug.* La mariée est à l'intérieur de la maison, elle ne peut pas sortir.

arûs 2 *n. m.*, * ʕrs, ع ر س

♦ **fête du mariage,** ensemble des cérémonies et festivités accompagnant un mariage. •*Al yôm induhum arûs fî bêthum.* Aujourd'hui, ils fêtent un mariage chez eux. •*Li'ibna disko bakân al arûs.* Nous avons dansé au rythme du disco là où se fêtait le mariage. •*Nâs Anjammêna birîdu bisawwu haflit al arûs yôm al-sabit.* Les gens de N'Djaména aiment faire la fête du mariage le samedi.

arwa *v. impér.*, → *riwi.*

arwâh *pl.*, → *rûh.*

arwaj / ruwuj *adj.*, (*fém. arwaja*), déformation du mot *âraj* accentuant la moquerie vis-à-vis de celui qui boite, terme d'argot, → *a'raj*, * ʕrj, ع ر ج

♦ **boiteux (-euse).** •*Rafîgi wâhid arwaj lâkin bagdar barkab biskilêt.* J'ai un ami boiteux, mais qui peut monter à bicyclette. •*Hû arwaj mâ bagdar burûx adîl.* Il est boiteux, il ne peut pas marcher comme il faut.

arxi *v. impér.*, → *raxa 1, raxa 2.*

aryâf *pl.*, → *rîf.*

aryal / arâyil *n. anim., f.*, * r'l, ر ء ل

♦ **nom d'une gazelle, gazelle dama, Adra ruficollis (Let.).** •*Al aryal ti'îc fî l gîzân wa lônha sameh.* La gazelle dama vit dans les plaines sablonneuses et a une jolie couleur. •*Fî jinênt al haywanât arâyîl katîrîn.* Au zoo [jardin des animaux] il y a beaucoup de gazelles dama. •*Katal têsên arâyil.* Il a tué deux gazelles mâles.

Aryal *n. pr.* de femme, *Cf. aryal,* * r'l, ر ء ل

aryân / aryânîn *adj.,* (*fém. aryâne*), *Syn. tillîs,* * ʕry, ع ر ي
♦ **nu(e), déshabillé(e),** sans vêtement, sans habit de rechange. •*Al aryân balbas kafan abuh.* Celui qui est nu revêt (revêtira) le linceul de son père. *Prvb.* •*Al binêye xallat axûha aryân fî l-câri.* La jeune fille a laissé son petit frère tout nu dans la rue. •*Al micôtîn râyix aryân lê l-nâs.* Le fou se promène nu devant tout le monde. •*Kan gutun mâ fîh kulla l-nâs burûxu aryânîn.* Si le coton n'existait pas, tout le monde se promènerait nu. •*Anâ wallâhi misil aryân, bala jallâbiti l fôgi di, mâ indi xalag âxar !* Par Dieu je suis presque nu, je n'ai pas d'autre vêtement que cette djellaba !

arzâx *pl.,* → *rizix.*

arzux *v. impér.,* → *razax.*

as'a *v. impér.,* → *sa'a.*

as'al *v. impér.,* → *sa'al.*

as'âr *pl.,* → *si'ir.*

âs 1 / yu'ûs *v. trans.,* forme I n° 1, * ʕws, ع و س
♦ **cuisiner, préparer la cuisine.** •*Al yôm da dawwarna tu'ûsi lêna gûgur be ruwâba.* Aujourd'hui, on aimerait que tu nous prépares du couscous de mil avec du babeurre. •*Fî l udur, al awîn âso mahaci wa gîma wa kulla nô' hanâ akil.* Pour la cérémonie les femmes ont préparé des aubergines et des oignons farcis, de la viande hachée avec des légumes et toutes sortes de plats.

âs 2 / âsât *n. m., empr. fr.*
♦ **as.** •*Al âs, al karte nimro wâhid.* L'as est la carte qui porte le numéro un. •*Al karte fôgha âsât arba'a.* Il y a quatre as dans un jeu de cartes. •*Al marra di nisammi al-jokar âs kubbi.* Cette fois-ci le joker sera l'as de cœur.

asa 1 / ya'asa *v. trans.,* ≅ l'accompli *isi,* * ʕṣy, ع ص ي
♦ **désobéir, se rebeller, se révolter.** •*Fir'ôn isi Allah.* Pharaon a désobéi à Dieu. •*Al wilêd da kan kibir, ya'asa abuh, acân mâ basma kalâm al âxârîn.* Lorsque cet enfant deviendra grand, il désobéira à son père parce qu'il n'écoute personne. •*Al-jamal da kan kibir ya'asa, mâ tagdar ticiddah.* Quand ce chameau sera adulte, il refusera d'obéir et tu ne pourras plus le charger.

asa 2 / isyân *n. f.,* ≅ *asay* (pour le singulier) et *isiyân* ou *asayât* (pour le pluriel), *Cf. mutrag,* * ʕṣw, ع ص و
♦ **bâton, matraque, canne.** •*Al-râ'i mâci be asâtah wara l bagar.* Le berger suit les vaches avec son bâton. •*Al-câyib indah asay birakkiz fôgha.* Le vieillard a une canne sur laquelle il s'appuie. •*Arbut sulbak, cîl asâtak wa amci !* Ceins tes reins, prends ton bâton et pars ! •*Isyân al bâbanus gawiyîn min isyân al-cadar al âxar.* Les bâtons en ébénier du Sénégal sont plus solides que ceux des autres arbres.

asâ' / yisî' *v. trans.,* forme IV, * sw', س و ء
♦ **calomnier, diffamer, insulter, offenser *qqn.,*** dire du mal de *qqn.* •*Al mara asâ'at humyânha.* La femme a offensé ses beaux-frères. •*Mâ tisî' axûk !* Ne dis pas du mal de ton frère ! •*Ali indah cûm, kan zôl asâ'ah kula, mâ bahajji !* Ali a une grande pudeur, même si quelqu'un dit du mal de lui, il ne répond pas.

asab / â'sâb *n. coll., m., sgtf. asabay,* * ʕṣb, ع ص ب
♦ **tendon, nerf.** •*Al-laham da mâ sameh, kulla ke asab.* Cette viande n'est pas bonne, elle n'a que des nerfs [des tendons]. •*Anâ ligit fî l mulâh asabay halûwa.* J'ai trouvé dans la sauce un tendon délicieux.

asâb / yisîb *v. trans.*, forme IV, surtout utilisé à l'accompli ; influence de l'*ar. lit.*, * ṣwb, ص و ب

♦ **atteindre, endommager, frapper.** •*Asâbni waja' râs min amis.* J'ai mal à la tête depuis hier. •*Zura'ât jîrânna asâbâhum têr wa jarâd.* Les champs de nos voisins ont été endommagés par les oiseaux et les criquets.

asab'ên *pl.*, → *usba'.*

asâbe' *pl.*, → *usba'.*

asâbî' *pl.*, → *usbû'.*

asaf *invar.*, expression *ma'â l asaf* (hélas !), * 'sf, ء س ف

♦ **regret, manque, carence, pénurie, hélas !** •*Al bigi xalâs gibi, battân al asaf lê cunû ?* Ce qui est arrivé est arrivé, qu'est-ce que le regret apporte de plus ? •*Bidôr mâci Makka, lâkin ma'â l asaf, mâ bigi lêyah.* Il voulait aller à La Mecque, mais hélas ! cela ne s'est pas réalisé. •*Axadt râjil lâkin ma'â l asaf mâ karabâni.* J'ai épousé un homme, mais hélas ! il ne m'a pas gardée. •*Al hille di karabâha asaf, mâ indaha sukkar wa lâ câhi.* C'est la pénurie dans ce village [ce village, la pénurie l'a pris], il n'y a plus ni sucre ni thé.

asajam nom d'une racine à parfum, → *sajam.*

asâkir *pl.*, → *askar.*

asal 1 / asalîn *adj.*, (*fém. asala*), * ʕsl, ع س ل

♦ **sucré(e), doux (douce).** •*Al-câhi bigi asal.* Le thé est devenu sucré. •*Al gôray al madaxtaha di asala.* La noix de kola que j'ai croquée est sucrée. •*Al-banânayât al-suxâr dôl asalîn min al kubâr.* Ces petites bananes sont plus sucrées que les grosses.

asal 2 *n. m.*, * ʕsl, ع س ل

♦ **miel.** •*Marti zêne zey al asal.* Ma femme est bonne comme le miel. •*Dalli lêna asal min al-cadar !* Descends-nous du miel des arbres ! •*Yôm asal wa yôm basal.* Il y a des jours heureux et des jours de malheur. *Prvb.* [un jour miel, et un jour oignons].

asala *n. anim.*, *f.*, * ṣll, ص ل ل

♦ **nom d'un serpent, python, boa, Python sebæ.** •*Farwit al asala xâliye bilhên.* La peau du python vaut cher. •*Al gannasîn katalo asala fî turâb Amdamm.* Les chasseurs ont tué un python à Am Dam.

asâla *n. f.*, *Cf. asal*, * ʕsl, ع س ل

♦ **goût sucré, sucrage.** •*Asâlt al-sukkar fî l-câhi katîr, bisey marad !* Trop de sucre dans le thé rend malade ! •*Al-iyâl birîdu l asâla fî l madîde.* Les enfants aiment le goût sucré de la bouillie. •*Anâ, yôm al îd, mâ nâkul ka'ak acân batni mâ tirîd al asâla.* En ce jour de fête, je ne mangerai pas de gâteaux parce que je ne digère pas ce qui est sucré [mon ventre n'aime pas le sucré].

Asale *n. pr. gr.*, *coll.*, ≅ *Asala*, nom d'une fraction de tribu arabe se rattachant aux *Wulâd Hasan (Hasawna).*

Asali *n. pr.* d'homme, *litt.* doux, sucré, * ʕsl, ع س ل

asâlîb *pl.*, → *islîb.*

asaliye *n. f.*, * ʕsl, ع س ل

♦ **nom d'une boisson, décoction de mil, moût,** décoction de mil bouilli pendant plus de vingt quatre heures, ayant un goût sucré et destinée à recevoir la levure pour devenir de la bière. •*Al iyâl ciribo l asaliye kullaha.* Les enfants ont bu toute la décoction de mil. •*Al asaliye kan sabbo fôgha sâye tabga bilbil.* Si on ajoute de la levure à la décoction de mil, elle devient du *bilbil.*

Asaliye *n. pr.* de femme, *fém.* de *Asali*, *litt.* douce, sucrée, * ʕsl, ع س ل

asâm *pl.*, → *usum.*

asamanti *empr. fr.*, ≅ *sima.*

♦ **ciment.** •*Hû bigi tâjir kabîr hanâ asamanti.* Il est devenu grand commerçant de ciment. •*Addal wara-bêtah be asamanti.* Il a réparé son cabinet avec du ciment. •*Al asamanti yijarrih îdên al xaddâmîn.* Le ciment provoque des blessures sur les mains des travailleurs.

âsâme *pl.*, → *usum.*

asar / ya'sir *v. trans.*, forme I n° 6, * ˤṣr, ع ص ر

♦ **presser, comprimer, avoir des contractions, approcher.** •*Mâ ta'sir al-dunya misil da, tingadda bêk !* Ne t'angoisse pas tant pour les choses d'ici-bas, tu risques d'y laisser ta peau [ne presse pas ainsi ce bas monde, il pourrait se percer avec toi] ! •*Ammi ta'sir dihin fûl.* Ma mère presse de l'huile d'arachide. •*Al mara batunha asaratha, tidôr talda.* La femme a ressenti des contractions, elle va accoucher. •*Al-Ramadân asarâna, jahhuzu lêna xumâm al akil !* Le Ramadan approche, préparez-nous toute la nourriture nécessaire !

âsar / yi'âsir *v. trans.*, forme III, voir ci-dessous l'expression *âsir galbak !* (courage !), * ˤṣr, ع ص ر

♦ **serrer contre** (se), **pousser, bousculer.** •*Mâ ti'âsiri axutki misil da, al biric da wasi' !* Ne te serre pas contre ta sœur comme cela, cette natte est grande ! •*Yâ axui, âsir galbak, garîb nikammulu xidimitna !* Courage, mon frère, nous avons presque terminé notre travail ! •*Fî l-sûg râjil wâhid âsarâni wa daxxal îdah fî jêbi.* Au marché, un homme s'est serré contre moi et a enfilé sa main dans ma poche.

âsarân *n. d'act., m.*, → *âsirîn.*

asâs *n. m.*, * 'ss, ء س س

♦ **cause, fondement, origine, base, principe.** •*Kan tidôru asâs al kalâm da, amcu nâduh lê Mahammat !* Si vous voulez savoir le fond du problème, allez appeler Mahamat ! •*Môt al-dûd da asâsah min cêx al hille.* Le chef du village est à l'origine de la mort du lion. •*Asâs al fatuh hanâ l-carika hint al gutun jâyi min al-Nasâra.* Les Français sont à l'origine de la création [de l'ouverture] de la société cotonnière. •*Hû xatta asâs al-nizâm hanâ carikatna.* Il a posé la base de l'organisation de notre société.

asâsi / asâsiyîn *adj.*, (*fém. asâsiye*), * 'ss, ء س س

♦ **essentiel (-elle), fondamental(e).** •*Al hâkûma gâ'ide taxdim be l mîsâx al asâsi hanâ l-dawla.* Le gouvernement est en train d'appliquer [travailler avec] les décrets de l'Acte Fondamental de l'État. •*Al almi ceyy asâsi lê hayat al insâni.* L'eau est la chose essentielle dans la vie de l'homme. •*Hû xatar wa nisi l-ceyy al asâsi hanâ l-safar.* Il est parti en oubliant les choses essentielles pour le voyage.

asâtiza *pl.*, → *ustâz.*

asay / asayât *n. f.*, variante de *asa* (bâton, matraque), → *asa 2*, * ˤṣw, ع ص و

asba' *n. m.*, → *usba'.*

asbâb *pl.*, → *sabab.*

asbah / yi'asbih *v. intr.*, dans les expressions *asbahta âfe ?* (vas-tu bien ce matin ?, bonjour !) ; *asbuhu ale l xêr* (bonne nuit !), forme IV, * ṣbḥ, ص ب ح

♦ **être au matin, se réveiller le matin,** passer le temps de la nuit jusqu'au matin. •*Hû asbah kê rikib juwâdah wa xatar.* Dès le matin, après son réveil, il est monté à cheval et est parti en voyage. •*Al bagar asbaho barra min al-zerîbe acân al-râ'i nâm xallâhum.* Les vaches se sont trouvées hors de l'enclos le matin parce que le berger dormait et les avait laissées. •*Al musâfirîn iyo, asbaho kulla mâ gidiro sallo.* Les voyageurs étaient épuisés ; le matin venu, ils n'ont pas pu faire leur prière.

asbirîn *n. m.*, *empr. fr.*

♦ **aspirine.** •*Kan râsak bôjâk acrab asbirîn.* Si tu as mal à la tête, prends un cachet d'aspirine ! •*Al asbirîn bala sukkar bisawwi abunsallax.* L'aspirine prise sans sucre provoque une gastrite.

asbug *v. impér.*, → *sabag 1.*

asbul *v. impér.*, → *sabal 1.*

asbur *v. impér.*, → *sabar 1.*

asbut *v. impér.*, → *sabat 1.*

asdixa' *pl.*, → *sadîx.*

asduf *v. impér.*, → *sadaf.*

asêt / **asêtât** *n. m.*, *empr. fr.*
♦ **assiette, soucoupe.** •*Halîme sabbat tamur ma'â fûl fî l asêt wa jâbatah lê l-dîfân.* Halimé a mis des dattes et des arachides sur une assiette et les a apportées aux hôtes. •*Asêtât al-sûni tamânhum xâli.* Les assiettes en porcelaine coûtent cher.

asfân / **asfânîn** *adj.*, (*fém. asfâne*) *Cf. cagyân, fagrân,* * 'sf, ء س ف
♦ **qui regrette, nécessiteux (-euse), affligé(e), indigent(e).** •*Kan hû asfân lê talligîn martah, mâlah mâ yigabbilha ?* S'il regrette d'avoir répudié sa femme, pourquoi ne la fait-il pas revenir ? •*Hû asfân mâ indah gurus yacri câhi.* Il est nécessiteux, il n'a pas d'argent pour acheter du thé. •*Al-nâs kulluhum asfânîn mâ induhum ceyy.* Tous sont indigents, ils n'ont rien.

asfar / **sufur** *adj.* de couleur, (*fém. safra*), désigne aussi une couleur de la peau un peu satinée, * ṣfr, ص ف ر
♦ **jaune .** •*Carêt sufra safra.* J'ai acheté un plateau jaune. •*Mâ nirîd nalbas xalag asfar.* Je n'aime pas porter un habit jaune. •*Al-cadar fî l kadâde kulla bigi asfar acân al-almi angata minnah indah sitte cahar.* Les feuilles des arbres de la brousse ont jauni parce qu'il n'a pas plu depuis six mois. •*Fî Anjammêna al-taksi kulluhum sufur.* A N'Djaména, tous les taxis sont jaunes.

asfâr *pl.*, → *sifir.*

asgur *v. impér.*, → *sagar 1.*

asgut *v. impér.*, → *sagat 1.*

ashar *v. impér.*, → *sahar.*

ashâr *pl.*, → *sihir.*

âsi / **âsiyîn** *adj. n.*, (*fém. âsiye*), terme d'insulte, *Ant. tâyi',* * ʕṣy, ع ص ي
♦ **désobéissant(e), pécheur (pécheresse), indocile, rétif (-ve), fougueux (-euse), sauvage.** •*Al âsi mâ bikarrim wâlidêna kula.* Le désobéissant ne respecte même pas ses parents. •*Al mara l âsiye tidâwis râjilha.* La femme indocile se bat avec son mari. •*Al-jamal kan bigi tilib yin'azil min ahalah wa yabga âsi.* Lorsque le chameau devient adulte et fort, il s'écarte de ses congénères et redevient sauvage.

asîda *n. f.*, terme de l'arabe de l'Est, *Cf. êc,* * ʕṣd, ع ص د
♦ **boule de mil.** •*Agôd ciyya nisawwi lêk asîda !* Reste un petit moment, je te prépare une boule de mil ! •*Fî Anjammêna bugûlu êc, wa fî Abbêce wa Adre bugûlu asîda.* On appelle la boule de mil *êc* à N'Djaména et *asîda* à Abéché et Adré.

âsif / **âsifîn** *adj. mrph. part.* actif, (*fém. âsife*), *Cf. isif,* * 'sf, ء س ف
♦ **désolé(e), chagriné(e), affligé(e), triste,** qui regrette. •*Anâ âsif mâ gidirt naji lêk amis acân marti wildat.* Je suis désolé, je n'ai pas pu venir chez toi hier parce que ma femme a accouché. •*Nâs katîrîn âsifîn lê katilîn Ishâx Râbîn.* Beaucoup de gens ont été affligés du meurtre d'Ishaq Rabin.

asil / **usûl** *n. m.*, est prononcé *asl* quand il est suivi de l'article, * 'ṣl, ء ص ل
♦ **origine, race.** •*Asil al-dîk jidâde.* Le coq vient de la poule. *Prvb.* (se dit lorsqu'un garçon imite sa mère). •*Asil al gantûr turâb.* La termitière vient de la terre. *Prvb.* (*i.e.* Tel père tel fils !). •*Asil al muckila di cunu ?* Quelle est l'origine de cette difficulté ? •*Al mâ ya'arif asil al-jâr, mâ ya'arif usûl al-dâr.* Celui qui ne connaît pas la race de son voisin ne connaît pas les origines de son pays. •*Al xidime kan taxdumûha, axdumûha fî usûlha !* Lorsque vous travaillez, travaillez comme il faut !

asîl / asîlîn *adj.*, (*fém. asîle*), qualifiant des humains, * 'ṣl, ء ص ل
♦ **de race pure.** •*Âce Arabiye asliye.* Aché est une pure Arabe. •*Al-nâs al-buyud dôl humman urubbiyîn asîlîn.* Ces Blancs sont de vrais Européens.

Asîl *n. pr.* d'homme, *litt.* de race pure, * 'ṣl, ء ص ل

âsima / âsimât *n. f.*, * ʕṣm, ع ص م
♦ **capitale, métropole, chef-lieu.** •*Âsimatna indaha cawâri kubâr.* Notre capitale a de grandes rues. •*Kulla dawla indaha âsima.* Chaque État a sa capitale. •*Al-ra'îs bana Bêt al-cabâb fî l âsima.* Le Président a construit la Maison de la jeunesse dans la capitale. •*Âsimat mudiriyit Wadday : Abbece.* Le chef-lieu de la préfecture du Ouaddaï est Abéché.

âsirîn *n. d'act., m.*, ≅ *âsarân*, * ʕsr, ع ص ر
♦ **serrage, fait de serrer, pression.** •*Al âsirîn kan mâ duwâs kulla wald ammah.* Le fait d'être les uns sur les autres n'est pas encore la bagarre, mais y ressemble [c'est son frère]. •*Âsirîn al-tirân fî l bagaray di mâ yixalli saxîrha yarda'.* La pression des taureaux autour de la vache ne laisse pas le veau téter. •*Wâlaf al âsirîn, kan mâ ragad usut axwânah, mâ yagdar yunûm.* Il s'est habitué à dormir serré contre ses frères, il ne peut plus dormir s'il est tout seul.

Âsiya *n. pr.* de continent, *n. pr.* de femme.
♦ **Asie.**

asjin *v. impér.*, → *sajan 1.*

asjud *v. impér.*, → *sajad.*

askanît *n. m.*, → *haskanit.*

askar / asâkir *n. coll., m., sgtf. askari*, * ʕskr, ع س ك ر
♦ **militaire, combattant, soldat.** •*Al askar sikiro wa dâwaso.* Les combattants se sont enivrés et se sont battus. •*Al askari fât al harib.* Le militaire est parti pour la guerre. •*Al asâkir gâ'idîn bi'allumu jarsîs.* Les soldats sont en train d'apprendre à défiler.

askari / askariyîn *adj., qdr.* (*fém. askariye*), * ʕskr, ع س ك ر
♦ **militaire.** •*Al-râjil da kammal cabâbah kulla fî l xidime l askariye.* Cet homme a passé toute sa jeunesse au service militaire. •*Al xâ'ida l askariya l fransiya al fî Ifrîxiya l wusta di xalâs gâmat.* La France a retiré sa base militaire d'Afrique Centrale.

askariyyan *invar., qdr.*, * ʕskr, ع س ك ر
♦ **militairement, manu militari, par la force.** •*Humman câlo minnah xumâmah askariyyan ke bas.* Ils lui ont arraché ses affaires manu militari. •*Al-ca'ab mâ birîdu l hukum kan bigi askariyyan.* Le peuple n'aime pas être gouverné par la force.

askun *v. impér.*, → *sakan.*

askut *v. impér.*, → *sakat.*

asl / usûl *n. m.*, → *asil.*

aslam / yi'aslim *v. intr.*, forme IV, * slm, س ل م
♦ **devenir musulman, adhérer à l'islam.** •*Jâri aslam acân simi' girayt al Xur'ân wa l hadîs.* Mon voisin est devenu musulman parce qu'il a entendu la lecture du Coran et des *hadîs*. •*Nâs katîrîn jo yi'aslumu fî l-jâmiye l kabîre.* Beaucoup de gens viennent à la grande mosquée pour adhérer à l'islam.

aslax *v. impér.*, → *salax.*

aslî / asliyîn *adj.*, (*fém. asliye*), * 'ṣl, ء ص ل
♦ **d'origine, de bonne qualité, authentique, pur-sang, de race,** non contrefait(e), non falsifié(e). •*Ammaha rassalat lêha farde waks asliye min Kamerûn.* Sa mère lui a envoyé un authentique pagne "wax" venant du Cameroun. •*Nidôr lê motô hanâi izbêrât asliyîn, jîbhum lêi ma'âk min Anjammêna.* J'aimerais que tu me rapportes de N'Djaména des pièces de rechange non contrefaites

pour ma moto. •*Dihin al bagar da asli, mâ muxalbat.* C'est du pur beurre [de la pure huile de vache], non mélangé. •*Al arûs jâboh lêha sandal asli min al Hind.* On a apporté à la mariée de l'authentique bois de santal venant de l'Inde.

asliha *pl.*, → *silâh.*

asma *n. mld.*, → *azma.*

asma' *v. impér.*, → *simi'.*

Asmâ'u *n. pr.* de femme, impératif pluriel du verbe *simi' !* [écoutez !]. Le nom de la fille de *Abubakar* était *Asmâ'*, * smw, س م و

asmah *invar.*, *Cf. sameh*, * smḥ, س م ح
♦ **plus beau, meilleur.** •*Asmah ceyy fî hayât al-nâdum illa l-sahha l-tamâma.* La chose la plus précieuse dans la vie de quelqu'un est une parfaite santé. •*Ali asmah wilêd fî l-raff.* Ali est le plus bel enfant du quartier. •*Caddîn al-rahal fî l-jamal asmah min caddîn al-rahal fî l-tôr.* Les affaires des nomades se chargent mieux sur un chameau que sur un bœuf porteur.

asman *v. impér.*, → *simin.*

asmar / sumur *adj.* de couleur, (*fém. samra*) qualifiant surtout la couleur de la peau de l'homme, *Cf. bunni*, * smr, س م ر
♦ **brun(e), marron clair,** couleur de la peau entre le teint cuivré (*ahmar*) et le brun foncé (*axadar*). •*Hî samra misil ammaha.* Elle est brune comme sa mère. •*Al-nâs bidôruha acân hî samra.* Les gens l'aiment parce qu'elle est brune. •*Al-lôn al asmar sameh bi'ajibni bilhên.* La couleur marron clair est belle, elle me plaît beaucoup.

asna' *v. impér.*, → *sana'.*

asnâf *pl.*, → *sanif.*

asnâm *pl.*, → *sanam.*

asnima' *pl.*, → *sanâm.*

asrah *v. impér.*, → *sarah.*

asrâr *pl.*, → *sirr.*

asrax *v. impér.*, → *sarax.*

asrig *v. impér.*, → *sirig.*

asruf *v. impér.*, → *saraf 1.*

assâ'ado / yissâ'ado *v. intr.*, forme VI, * sʕd, س ع د
♦ **s'entraider.** •*Humman assâ'ado fî xidime hint al-zurâ'a wa ligo xalla katîre.* Ils se sont entraidés dans les travaux champêtres et ont récolté beaucoup de mil. •*Al haya bigat gâsiye, al-nâs kulluhum bissâ'ado acân bi'îcu adîl.* La vie est devenue très difficile, les gens s'entraident pour mieux vivre. •*Nâs al hille dôl jafaya marra wâhid, mâ bissâ'ado ambênathum abadan.* Les gens de ce village sont très méchants, ils ne s'entraident jamais.

assâ'alo / yissâ'alo *v. trans.*, forme VI, * s'l, س ء ل
♦ **s'interroger mutuellement.** •*Humman lammo fî l-derib wa gâ'idîn bissâ'alo min axbâr hanâ ahalhum.* Ils se sont rencontrés en chemin et se sont interrogés mutuellement pour demander des nouvelles de leurs familles. •*Al-rufugân gâ'idîn bissâ'alo fî l-coxol al ba'adên yisawwuh.* Les deux amis sont en train de s'interroger sur ce qu'ils vont faire plus tard.

assab / yi'assib *v. intr.*, forme II, ≅*ya'assib*, * ʕṣb, ع ص ب
♦ **être dur(e), tenir ferme** (*s. fig.*), qui est devenu dur comme les tendons. •*Al halâwa di assabat marra wâhid.* Ce bonbon est vraiment très dur. •*Hû assab fî l kalâm al inti gulti lêyah.* Il a tenu ferme à la parole que tu lui avais dite.

Assabûra *n. pr.* de femme, pour *al-Sabûra*, → *Sabûra*, * ṣbr, ص ب ر

assâdago / yissâdago *v. intr.*, forme VI, * ṣdq, ص د ق
♦ **être fiancé(e) à, se fiancer, vivre en concubinage.** •*Humman mâ*

al'âxado, assâdago bas wa ga'ado. Ils ne se sont pas mariés, ils vivent seulement comme des fiancés. •*Al-sabi da wa habibtah assâdago hatta al'âxado.* Ce jeune homme et sa bien-aimée se sont fiancés avant de se marier.

assaf / ya'assif *v. intr.*, forme II, * 'sf, ء س ف

♦ **être en carence, manquer de, être dépourvu(e) de.** •*Al-zôl al indah gurus katîr wa mâ bahâsib lêyah, lê mîtên kulla ba'assif.* Pour celui qui a beaucoup d'argent et qui ne fait pas de comptes, viendra un jour où il en manquera. •*Zamân indi gurus lâkin hassâ assaft.* Autrefois j'avais de l'argent, mais à présent je ne possède rien.

Assaffo *n. pr.* d'homme, pour *al-saffoh, litt.* celui qu'on a purifié, *Cf. saffa*, * ṣfw, ص ف و

Assâfi *n. pr.* d'homme, pour *al-sâfi, litt.* le pur, le limpide, * ṣfw, ص ف و

assaflaz / yissaflaz *v. intr.*, forme V, *Cf. saflaz.*

♦ **se cultiver, se civiliser, s'instruire,** entrer dans la culture du monde moderne. •*Al awîn gâlo : "Anîna jîna hini acân nissaflazo".* Les femmes ont dit : "Nous sommes venues ici pour nous instruire". •*Ma tagdar tissaflaz ma'â nâdum mâ musaflaz.* Tu ne peux pas te cultiver auprès d'un inculte. •*Fî xamsa sane assaflazna fî bêtna be l-televizyôn.* En cinq ans, nous nous sommes cultivés à la maison grâce à la télévision.

Assajîla *n. pr.* de femme, pour *al-sajîla, litt.* la compagne, l'amie (en arabe *sd. C.Q.*), *Cf. sijilli*, * sjl, س ج ل

Assâkin *n. pr.* d'homme, pour *al-sâkin, litt.* le paisible, le tranquille, * skn, س ك ن

Assâkine *n. pr.* de femme, *fém.* de *Assâkin*, * skn, س ك ن

assal / ya'assil *v. trans.*, forme II, * ʕsl, ع س ل

♦ **sucrer, devenir sucré(e).** •*Al mara assalat al-laban, anâ mâ nagdar nacarbah.* La femme a mis du sucre dans le lait, je ne peux pas le boire. •*Al ajîne di lissâ mâ assalat.* Cette pâte n'est pas encore sucrée.

assâlamo / yissâlamo *v. intr.*, forme VI, * slm, س ل م

♦ **se saluer, se donner la paix mutuellement.** •*Al firêfirât dôl mujâhirîn, mâ bissâlamo.* Ces adolescents sont en conflit entre eux, ils ne se saluent plus. •*Idrîs amis ja min safarah, gibêl assâlamna ma'âyah fî l-câri.* Idriss est revenu hier de voyage ; juste avant, nous nous étions salués dans la rue.

assalân *n. d'act., m.*, → *assilîn.*

assaltan / yissaltan *v. intr.*, forme VII, * slṭ, س ل ط

♦ **se comporter comme un sultan, s'arroger le pouvoir du sultan.** •*Abbakar mâ tissaltan lêna, al-sultân gâ'id !* Abakar, ne te conduis pas envers nous comme un sultan, le sultan existe ! •*Hey, inta axûna l kabîr bas, mâ tissaltan fôgna !* Hé, tu es simplement notre grand frère, ne t'arroge pas le pouvoir d'un sultan !

assâmaho / yissâmaho *v. intr.*, forme VI, * smḥ, س م ح

♦ **se pardonner les uns les autres.** •*Fî yôm al îd, al-nâs kulluhum bissâmaho.* Le jour de la fête, tous les gens se pardonnent. •*Zamân hummân xusmân dâwaso lâkin al yôm assâmaho.* Autrefois ils étaient ennemis et se sont battus, mais aujourd'hui ils se sont pardonnés.

assar 1 / yi'assir *v. trans.*, forme II, * ʕṣr, ع ص ر

♦ **presser fortement, serrer, faire pression.** •*Al-jidâde ragadat fî bêdaha, assaratah wa kassar.* La poule s'est mise sur ses œufs, elle les a serrés et ils se sont cassés. •*Al-na'al da bigi dayyax wa assarâni fî rijilêni.* Ces sandales sont trop étroites, elles me serrent les pieds. •*Al-daktôriye assarat idên al mardân.* L'infirmière a pressé les mains du malade.

assar 2 / yi'assir *v. intr.*, forme IIa, * ˤṣr, ع ص ر
♦ **opprimer, faire souffrir.** •*Al marad da assar fôgi.* Cette maladie me fait souffrir. •*Waja'i da assar ma'âi.* Ce mal [mon mal] m'opprime.

assâr *n. m.*, * ˤsr, ع ص ر
♦ **tourteau,** résidu des arachides pressées pour l'extraction de l'huile. •*Assâr al fûl bisawwu wiliwili.* Avec les tourteaux d'arachide on fait des boulettes grillées. •*Al bagar birîdu assâr al fûl wa l-sumsum.* Les vaches aiment les tourteaux d'arachide et de sésame. •*Al fûl wa l-sumsum wa iyâl al gutun kan dihinah maragnah, al bifaddil da usumah assâr.* Lorsqu'on extrait l'huile des arachides, du sésame et des graines de coton, le résidu s'appelle tourteau. •*Al assâr xiza lê l bahâyim.* Le tourteau est une nourriture vitaminée pour le bétail.

assârago / yissârago *v. intr.*, forme VI, * srq, س ر ق
♦ **se voler.** •*Al-rujâl gâ'idîn sawa, lâkin assârago xumâmhum.* Les hommes sont ensemble mais, ils se sont volé leurs affaires. •*Al iyâl assârago xumâm hanâ li'ibhum.* Les enfants se sont volé leurs jouets.

assârago l-najâda expression : *litt.* "ils se sont volé la ruse", → *assârago, najâda*, * srq, ndj, س ر ق • ن ض ج
♦ **posséder *qqn.*, être plus malin, avoir le dernier mot, déjouer la ruse,** être plus rusé que celui qui a voulu vous tromper par ruse. •*Bidôr bitcâtcini lâkin assâragna ma'âyah al-najâda.* Il voulait me tromper, mais je l'ai possédé. •*Wâhid ke bidôr badxul al almi mâ fîh, humman gâ'idîn bissârago l-najâda.* Personne ne veut entrer dans l'eau, ils sont en train de s'observer pour savoir qui d'entre eux sera le plus malin.

assarân *n. d'act., m.*, → *assirîn.*

Assârra *n. pr.* de femme, pour *al-sârra*, variante de *Sârra*, * srr, س ر ر

assas / yi'assis *v. trans.*, forme II, * 'ss, ء س س
♦ **fonder, provoquer, créer.** •*Al-Nasâra jo fî baladna wa assaso lêna lekkôlât.* Les Européens sont venus chez nous et ont créé pour nous des écoles. •*Curâb al-sijâra assas lê rafîgi marad hanâ sadur.* Le fait de fumer la cigarette a provoqué chez mon ami une maladie des poumons.

assawwar / yissawwar *v. intr.*, forme V, *Cf. sawra, almarrad*, * ṯwr, ث و ر
♦ **se révolter, se rebeller.** •*Nâs hilliti assawwaro didd al-cêx.* Les gens de mon village se sont rebellés contre le chef. •*Jâri dagga martah wa hî assawwarat wa maragat xallat bêtah.* Mon voisin a battu sa femme, elle s'est révoltée et a quitté son foyer. •*Fî sanit tis'a wa sab'în iyâl lîse hanâ Abbece assawwaro acân bidôru l adâla fî natâij girayithum.* En mille neuf cent soixante dix-neuf, les lycéens d'Abéché se sont révoltés pour réclamer plus de justice dans les résultats de leurs examens [de leurs études].

assaxxaf / yissaxxaf *v. intr.*, forme V, *Cf. assaflaz*, * ṯqf, ث ق ف
♦ **se cultiver.** •*Hû nâdum, kan gara fî Fransa kulla, mâ yissaxxaf.* C'est quelqu'un qui, même s'il étudiait en France, ne se cultiverait pas. •*Hî assaxxafat be kutur al giray.* Elle s'est cultivée en lisant beaucoup. •*Amci assaxxaf gubbâl mâ tahajji ma'âi !* Va te cultiver avant de revenir parler avec moi !

assaytar / yissaytar *v. intr.* {*- fî, fôg*}, forme V, * syṭr, س ي ط ر
♦ **commander en maître, régner en dictateur.** •*Kan al-Ra'îs yissaytar fî l hukum, kulla l-nâs bifurru minnah.* Lorsque le Président gouverne en dictateur, tout le monde s'enfuit et s'écarte de lui. •*Al bêt da haggi, mâ tissaytar fôgah.* Cette maison m'appartient, tu n'as pas à y commander en maître !

Assêde *n. pr.* de femme, pour *al-sêde, litt.* jolie pièce de gibier appréciée, *Cf. sêd,* * ṣyd, ص ي د

Assilêk *n. pr.* d'homme, *mrph. dmtf., litt.* "petit cordon sur lequel on enfile les perles", *Cf. silik,* * slk, س ل ك

assilîn *n. d'act., m.,* ≅ *assalân,* → *sakkirîn,* * ˁsl, ع س ل

Assir *n. pr.* d'homme, pour *al-sirr, litt.* le secret, * srr, س ر ر

assirîn *n. d'act., m.,* ≅ *assarân,* * ˁṣr, ع ص ر

♦ **pressage, compression, serrage,** fait de presser, de comprimer, de serrer. •*Al mara assirînha lê batunha da, akûn tôjaha.* Si cette femme se presse le ventre, c'est peut-être parce qu'il lui fait mal. •*Assirîn al fûl fî saffîn al-dihin bidôr lêh gudra.* Presser l'arachide pour en faire sortir l'huile demande de la force.

Assûra *n. pr.* de femme, pour *al-sûra, litt.* la belle image, la sourate, * ṣwr, ص و ر

Assuwâr *n. pr.* d'homme, pour *al-suwâr, litt.* le bracelet en métal précieux, * swr, س و ر

astur *v. impér.,* → *satar.*

asur *n. m.,* → *usur.*

aswad / suwud *adj.* de couleur, (*fém. sawda*), * swd, س و د

♦ **noir(e).** •*Anîna l Afârixa al aktar minnina suwud.* Nous, les Africains, sommes pour la plupart des Noirs. •*Ifrîxiya l-sawda lissâ mâ attawwarat adîl.* L'Afrique noire ne s'est pas encore bien développée.

aswâg *pl.,* → *sûg.*

aswala *n. vég., coll., sgtf. aswalay* (Bokoro), *Syn. cadart al marfa'în* (N'Djaména), *balsa* (Am-Timan), * swl, س و ل

♦ **nom d'un arbuste, pied d'éléphant, Baobab des chacals, Adenium obesum (Forsk.),** famille des apocynacées. •*Al aswala hî bas cadarayt al marfa'în.* Le pied d'éléphant est appelé aussi l'arbre de l'hyène. •*Al aswala xabca wa ga'arha xalîd.* Le pied d'éléphant est gris et son tronc est massif et court.

aswâr *pl.,* → *sûr.*

aswât *pl.,* → *sôt 2.*

asxar *adj. mrph.* superlatif, *litt.* plus petit, → *saxayar.*

ât / yi'ît *v. intr.,* forme I n° 10, *Cf. sarax, sâh,* * ˁyt, ع ي ط

♦ **crier.** •*Hû ât wakit câf al-sarrâg dâxil fî bêtah.* Il a crié quand il a vu le voleur entrer chez lui. •*Al wilêd ât bidôr ammah.* L'enfant a crié, il voulait sa mère.

at'ab *v. impér.,* → *ti'ib.*

at'acca / yit'acca *v. intr.,* forme V, → *al'acca,* * ˁšy, ع ش ي

at'am / yat'im *v. trans.,* forme IV, terme religieux de l'*ar. lit.,* * ṭˁm, ط ع م

♦ **donner de la nourriture,** compenser une faute ou un péché en offrant de la nourriture. •*Al-nâdum al indah kaffâriye, wa mâ bagdar busûm, yat'im sittîn miskîn.* Celui qui a un péché à expier et qui ne peut pas jeûner compensera son péché en donnant de la nourriture à soixante pauvres. •*Al-tâjir al muhsin kulli cahar bat'im nâs.* Le commerçant charitable donne chaque mois de la nourriture à des gens.

at'an *v. impér.,* → *ta'an 1.*

atac *n. m.,* * ˁṭš, ع ط ش

♦ **soif.** •*Al atac kattal al-nâs fî l-Sahara.* La soif a fait mourir les gens dans le désert. •*Wilêdki al atac karabah.* Ton enfant a soif [la soif l'a pris]. •*Almi al-talij mâ baktul atac.* L'eau du réfrigérateur n'étanche pas la soif [ne tue pas la soif]. •*Ba'ad ma xadamt sâ'itên al atac sawwâni.* Après avoir travaillé deux heures, je commence à avoir soif [la soif se fait pour moi].

ataf / ya'atif *v. intr. {- alê}*, forme I n° 6, * ʕṭf, ع ط ف

♦ **éprouver de la compassion pour, avoir pitié de, avoir de la sympathie pour.** •*Al xani câf al masâkîn wa ataf alêhum wa gassamâhum xalla.* Le riche a vu les pauvres, il a éprouvé de la compassion pour eux et leur a distribué du mil. •*Al askar mâ ya'atufu alê l adu.* Les combattants n'ont pas de pitié pour les ennemis.

atafa *adj.*, → *atfa.*

atag 1 / ya'atig *v. trans.*, forme I n° 6, * ʕtq, ع ت ق

♦ **imprégner, parfumer,** laisser une odeur sur *qqn.* ou *qqch.* •*Duxxân al gamâri kan atag al xalag mâ bamrug.* Lorsque le parfum du bois d'encens a imprégné les vêtements, il y reste pour longtemps. •*Rihit laban al-jumâl ta'atig al buxsa.* L'odeur du lait de chamelle imprègne la gourde à lait. •*Kan akalt basal be laham matcûc rihtah ta'atig lêk gaddûmak.* Si tu manges des oignons avec de la viande grillée, ton haleine sera imprégnée de son odeur.

atag 2 / ya'atig *v. trans.*, forme I n° 6, influence de l'*ar. lit.*, ≅ *atax*, * ʕtq, ع ت ق

♦ **libérer un esclave, affranchir.** •*Zamân jiddi bâ' abid wa atagah lê wijh Allah.* Autrefois, mon grand-père avait acheté un esclave, puis il l'a libéré gratuitement [à la face de Dieu]. •*Al-sultân gâl kulla nâdum indah abid ya'atigah.* Le sultan a dit que tout homme qui possédait un esclave devait lui rendre la liberté. •*Al-sultan atax abîdah kulluhum.* Le sultan a affranchi tous ses esclaves. •*Wilêd al-sultân atax xâdimah wa axadâha.* Le fils du sultan a affranchi son esclave et l'a épousée.

atala / atalât *n. f.*, *Cf. haffâr*, * ʕtl, ع ت ل

♦ **barre à mine.** •*Al atala hadîday tawîle wa xacumha tarîn tahfir al-turâb.* La barre à mine est un long morceau de fer dont le bout est pointu pour creuser la terre. •*Al haffirîn be l atala bôja fî l idên.* Creuser avec une barre à mine fait mal aux mains.

atâla *n. f.*, * ʕṭl, ع ط ل

♦ **oisiveté, chômage.** •*Al atâla êb fî l-râjil.* L'oisiveté est une honte pour l'homme. •*Al atâla tijîb al hugura wa l razâla.* L'oisiveté est source de mépris et de bassesses. •*Tawzîf al-cabâb fî l wazîfa l âmma bangus al atâla.* Nommer des jeunes à des postes de responsabilité dans la fonction publique diminuera le chômage.

atâma *pl.*, → *atîm.*

atama' *v. impér.*, → *timi'.*

atax / ya'atix *v. trans.*, forme I n° 6, → *atag 2*, * ʕtq, ع ت ق

atba' *v. impér.*, → *taba'.*

atbug *v. impér.*, → *tabag 1.*

atbul *v. impér.*, → *tabal.*

atbux *v. impér.*, → *tabax.*

atbuz *v. impér.*, → *tabaz.*

atcân / atcânîn *adj.*, (*fém. atcâne*), → *actân.*

atfah / tufuh *adj. déf. phy.*, (*fém. tafha*), ≅ *atafa*, * ṭfḥ, ط ف ح

♦ **plat(e), aplati(e).** •*Al asêt atfah, mâ misil al kôro.* Les assiettes sont plates, elles ne sont pas comme les koros. •*Ali, jîb lêi xubza tafha, mâ nidôr mappa tuwâl.* Ali, rapporte-moi des pains plats, je ne veux pas de baguettes. •*Al-tubgân tufuh wâ l umâr nugâr.* Les vans sont plats et les corbeilles sont creuses. •*Râsah atafah misil al-sufra.* Il a la tête aplatie comme un plateau.

atfâl *pl.*, → *tifil.*

atfâr *pl.*, → *tafar 1.*

atham *v. impér.*, → *taham.*

Âtif *n. pr.* d'homme, *litt.* qui a de la sympathie, de la bienveillance, * ʕṭf, ع ط ف

âtil / âtilîn *adj.*, (*fém. âtile*), * ʕṭl, ع ط ل
♦ **fainéant, paresseux (-euse).** •*Al âtil mâ yagdar yaxadim.* Le fainéant ne peut pas travailler. •*Wakt al xarîf ja, al âtilîn yunûmu wa fî l-darat mâ yalgo coxol wâhid, wa yandamo.* La saison des pluies est arrivée, les paresseux dorment : au temps de la moisson ils ne trouveront rien et le regretteront. •*Al âtil mâ birabbi iyâlah.* Le paresseux n'élève pas ses enfants.

atîle / atîlât *n. f.*
♦ **emprunt, prêt, chose prêtée,** objet ou vêtement prêté ou emprunté. •*Al atîle coxol talbasah wa tigabbilah lê sîdah.* Le mot *atîle* désigne *qqch.* que l'on porte sur soi, mais que l'on doit rendre à son propriétaire. •*Anâ mâ nirîd al atîle misil al xulgân walla l-dahab.* Je n'aime pas porter des objets empruntés, comme des habits ou des bijoux en or.

atîm / atâma *adj.*, (*fém. atîme*), * ytm, ي ت م
♦ **orphelin(e).** •*Al êc lissâ hâmi misil mâl al atâma.* La boule est encore chaude comme le bien des orphelins (*i.e.* on ne doit pas y toucher). *Prvb.* •*Mâ tudugg al atîm, Allah bas'alak !* Ne frappe pas l'orphelin, Dieu t'en demanderait compte ! •*Al atîme mâ tudûx halu fî saxaritha.* L'orpheline ne goûtera pas de bonheur dans son enfance.

Atîm *n. pr.* d'homme, *Cf. atîm*, * ytm, ي ت م

Atîme *n. pr.* de femme, *fém.* de *Atîm*, * ytm, ي ت م

Âtiya *n. pr.* de lieu, chef-lieu de la préfecture du Batha, * ʕṭw, ع ط و
♦ **Ati.**

atla' *v. impér.*, → *tala'.*

atli *v. impér.*, → *tala.*

atlig *v. impér.*, → *talag.*

atlub *v. impér.*, → *talab 1.*

atlus *v. impér.*, → *talas.*

atmah *v. impér.*, → *timih.*

atmus *v. impér.*, → *tamas 1, tamas 2.*

atnâcar nombre cardinal, composé de *tinên* (deux) et *acara* (dix), * ṯny, ʕšr, ث ن ي • ع ش ر
♦ **douze.** •*Anîna atnâcar nâdum fî bêtna.* Nous sommes douze personnes chez nous. •*Indi atnâcar sane mâ ciftaha lê ammi.* Il y a douze ans que je n'ai pas revu ma mère.

atni *v. impér.*, → *tana.*

atomîk *n. m.*, nom de la marque de médicaments "ATOMIC", venant de Chine ou d'Angleterre (Atomic rub), à base de méthyl salicylate ; ≅ *otomik*, *Cf. mastolatum.*
♦ **onguent au camphre, pommade chinoise.** •*Al atomîk cinwa yamsahoh lê waja' al-sadur walla waja' al-râs.* On utilise la pommade chinoise lorsqu'on a mal à la poitrine ou à la tête. •*Atomîk cinwa hârr misil fôgah catte.* L'onguent au camphre brûle comme si on y avait mis du piment. •*Al-nâs yacarbo atomîk ma'â l-câhi lê marad al guhha.* Les gens boivent le thé avec un peu de pommade chinoise pour combattre la toux.

atra' *v. impér.*, → *tara'.*

atrac / turuc *adj. n.*, (*fém. tarca*), * ṭrš, ط ر ش
♦ **sourd(e), sourd-muet (sourde-muette).** •*Al wilêd da mirid bas xalâs bigi atrac.* Cet enfant est tombé malade et c'est ainsi qu'il est devenu sourd. •*Al-nâs al-turuc mâ baxalluhum busûgu watâyir.* On ne permet pas aux sourds de conduire des voitures.

atrâf *pl.*, → *taraf.*

Atrâk *pl.*, → *Turuk.*

atri *v. impér.*, → *tara.*

atrôn nom de minéral, condiment, *m., empr. égy.* (*H.W.*), d'origine grecque (*Mu.*).
♦ **natron, sel de sodium,** carbonate naturel de sodium cristallisé (confondu avec le nitrate de potassium d'où vient le nom de *Wâdî Natrûn* au nord-ouest du Caire). •*Sawwi mulâh hanâ mulûxiye wa mâ tusubbi atrôn katîr !* Fais de la sauce de mouloukhiyé et ne mets pas trop de natron ! •*Al-jumâl yacarbo almi be atrôn acân yantîhum gudra.* Les chameaux boivent de l'eau avec du natron parce que cela leur donne de la force.

atruc *v. impér.*, → *tarac 1, tarac 2.*

atrud *v. impér.*, → *tarad.*

atruk *v. impér.*, → *tarak.*

atrum *v. impér.*, → *taram.*

attâ'ano / yittâ'ano *v. intr.*, forme VI, * ṭʕn, ط ع ن
♦ **se poignarder mutuellement.** •*Fî l harb al askar kan rassâshum kammal bittâ'ano be sonki.* Pendant la guerre, lorsque les combattants des deux camps avaient épuisé leurs munitions, ils s'entre-tuaient ensuite avec leurs baïonnettes. •*Zamân al-nâs attâ'ano fî xabar bîr bas.* Autrefois les gens se sont entre-tués simplement à cause d'un puits.

attâba'o / yittâba'o *v. intr.*, forme VI, * tbʕ, ت ب ع
♦ **se suivre, marcher les uns derrière les autres.** •*Al marfa'în wa l kalib attâba'o fî darib al-rimme.* L'hyène et le chien se sont suivis sur le chemin menant au cadavre. •*Humman attaba'o ma'â l-sarrâg lahaddi fî l kumseriye.* Ils ont marché avec le voleur l'un derrière l'autre jusqu'au commissariat. •*Dôr hanâ l fayala kan mâcîn, bittâba'o.* Lorsque les éléphant se déplacent en troupeau, ils marchent les uns derrière les autres.

attabba' / yittabba' *v. intr.*, forme VII, * ṭbʕ, ط ب ع
♦ **s'habituer, se familiariser, s'apprivoiser.** •*Sêd hanâ l kadâde kan jâboh fî l bêt, yittabba' ma'â l-nâs.* Lorsqu'on amène les animaux sauvages dans une concession, ils se familiarisent avec les gens. •*Anâ attabba't ma'â l-Nasâra, mâ naxâf minhum.* Je me suis habituée aux Européens, je n'ai plus peur d'eux.

attabbag / yittabbag *v. intr.*, forme V, * ṭbq, ط ب ق
♦ **se plier, se replier.** •*Al biric yintawi mâ bittabbag.* La natte se roule sur elle-même, elle ne se plie pas. •*Hû mâ irif hisâb gursah da acân hû katkat kulla ke attabbag.* Il n'a pas su faire ses comptes parce que tous les billets se repliaient les uns sur les autres. •*Xalagi attabbag acân kawêtah adîl.* Mon vêtement s'est plié comme il faut parce que je l'avais bien repassé.

attac 1 / yi'attic *v. intr.*, forme II, * ʕṭs, ع ط س
♦ **éternuer, faire éternuer.** •*Zâra daggat cette, wa tala'at lêha fî munxârha nammin attacatha.* Zara a pilé du piment, il lui est monté au nez jusqu'à la faire éternuer. •*Al musâfirîn attaco min al ajaj.* Les voyageurs ont éternué à cause de la poussière. •*Al muzaxxim yi'attic katîr.* Celui qui est enrhumé éternue beaucoup.

attac 2 / yi'attic *v. trans.*, forme II, * ʕṭš, ع ط ش
♦ **provoquer la soif.** •*Akalt fûl mandawa wa attacâni.* J'ai mangé des arachides grillées et cela m'a assoiffé. •*Al gecc al yâbis attac al bagaray.* L'herbe sèche donne soif à la vache. •*Akilîn al-samux bi'attic, kan inta fî l kadâde wa mâ indak almi katîr mâ tâkulah.* Le fait de manger de la gomme arabique provoque la soif ; si tu es en brousse et que tu n'as pas beaucoup d'eau à boire, n'en mange pas !

attacân *n. d'act.*, → *atticîn 1, atticîn 2.*

attaf / yi'attif *v. trans.*, forme II, * ʕṭf, ع ط ف ⇨

♦ **attendrir, éveiller la sympathie, susciter la pitié.** •*Al-dîn yi'attif al galib.* La religion attendrit le cœur. •*Cîfna l atâma attafôna yôm al îd waktit mâ ligo xulgân judad.* Nous avons vu les orphelins : ils nous ont fait pitié lorsque, le jour de la fête, ils n'avaient pas de vêtements neufs.

attafag / yittafig *v. intr.*, forme VII, *Syn. attâfago*, * wfq, و ف ق

♦ **s'entendre, s'accorder.** •*Anâ wa abu Fâtime attafagna nibî'u bêt.* Le père de Fatimé et moi, nous nous sommes mis d'accord pour acheter une maison. •*Abbahât al iyâl wa l mêtrât attafago fî nizâm wâhid.* Les parents d'élèves et les maîtres se sont entendus sur un même règlement.

attâfago / yittâfago *v. intr.*, forme VI, *Syn. attafag*, * wfq, و ف ق

♦ **s'entendre ensemble, s'accorder ensemble, convenir d'un prix.** •*Anâ wa inti ittâfagna fî l-sûg acân nalgo ribah.* Toi et moi nous sommes entendus au marché pour réaliser du bénéfice. •*Nâs hillitna attâfago wa câlo lêhum dibite acân yimassilhum fî l hâkûma.* Les gens de notre village se sont entendus pour élire [prendre] un député afin que celui-ci les représente au gouvernement. •*Attâfagna, naciri l buxsa di be arba'în.* Nous nous sommes mis d'accord sur le prix, j'achète cette gourde quarante riyals.

attahhar / yittahhar *v. intr.*, forme V, * ṭhr, ط ه ر

♦ **se purifier.** •*Wâjib tittahhar gubbâl al-salâ.* Tu dois te purifier avant la prière. •*Kan tidôr ti'aslim tugûl al-cahâdatên, wa tittahhar be almi tâhir wa ta'abid Allah ma'â l muslimîn.* Si tu veux entrer dans l'islam, tu prononceras les deux attestations de la foi musulmane, tu te purifieras avec de l'eau pure, et tu adoreras Allah avec les musulmans.

attal / ya'attil *v. trans.*, forme II.

♦ **emprunter, prêter.** •*Maryam attalat laffay wa mâ gabbalatha lê sidtaha.* Mariam a emprunté un voile et ne l'a pas retourné à sa propriétaire. •*Anâ attalt marâkîb min rafîgi.* J'ai emprunté les chaussures de mon ami. •*Anâ attalt farditi lê Fâtime acân tamci bêha l âzûma.* J'ai prêté mon pagne à Fatimé pour qu'elle le porte lors de la réception. •*Anâ mâ ni'attilak xumâmi acân inti mâ tigabbilah lêi ajala.* Je ne te prête plus mes affaires parce que tu mets trop de temps à me les rendre [tu ne me les rends pas vite].

attâla *adj. n., coll. mrph. intf., sgtf. attâli*, (*fém. attâliye*), * ʕtl, ع ت ل

♦ **docker, débardeur, porteur.** •*Al watîr ja min Abbecce wa l attâla dallo minnah basal katîr.* Le véhicule est venu d'Abéché et les débardeurs ont déchargé une grande quantité d'oignons. •*Al attâli, xidimtah katîre sawwat lêyah waja' sadur.* Le porteur a fourni un gros travail et cela l'a fait souffrir de la poitrine. •*Amci fattic lêi attâla tinên !* Va me chercher deux débardeurs !

attâlago / yittâlago *v. intr.*, forme VI, * ṭlq, ط ل ق

♦ **se séparer en divorçant, divorcer.** •*Ali wa martah attâlago induhum caharên xalâs.* Ali et sa femme ont divorcé depuis deux mois. •*Al mara wa l-râjil kan mulfâhimîn, mâ yittâlago.* Lorsqu'une femme et son mari s'entendent, ils ne divorcent pas. •*Anâ ni'âhidki acân ma'âki mâ nittâlago marra wâhid.* Je te promets que toi et moi nous ne divorcerons jamais.

attalân *n. d'act., m.*, → *attilîn.*

attâli *sgtf. m.*, → *attâla.*

attâmalo / yittâmalo *v. intr.*, forme VI, * ṭml, ط م ل

♦ **s'appliquer des compresses,** s'appliquer mutuellement des compresses chaudes. •*Hummân attâmalo rijilênhum al wârmîn be almi hâmi.* Ils se sont mutuellement appliqué des compresses chaudes sur leurs pieds enflés. •*Al asâkir gâ'idîn bittâmalo fî îdênhum.* Les soldats sont en train de s'appliquer des compresses chaudes sur les mains.

Attâmme *n. pr.* de femme, pour *al-tâmma*, *Cf. tamma*, * tmm, ت م م

attâraco / yittâraco *v. intr.*, forme VI, *Cf. tarac.*

♦ **se tamponner, se heurter.** •*Al watîr wa l biskilêt attâraco fî derib al-sûg.* Une voiture et une bicyclette se sont tamponnées sur le chemin du marché. •*Al iyâl jâriyîn, attâraco wa waga'o.* Les enfants étaient en train de courir, ils se sont heurtés et sont tombés. •*Wakit simi'na l bundug fî l-lêl attâracna fî l bâb acân al wata dalma.* Quand nous avons entendu les coups de canon la nuit, nous nous sommes heurtés contre la porte parce que nous étions dans l'obscurité.

attarraf / yittarraf *v. intr. {- min}*, forme V, * ṭrf, ط ر ف

♦ **s'écarter, se mettre à l'écart, s'isoler.** •*Mâ tittarraf minnina anîna kullina axawânak !* Ne t'écarte pas de nous, nous sommes tous tes frères ! •*Al wilêd da attarraf min axawâna acân hû dahâba ja fî bêthum.* Cet enfant s'est mis à l'écart de ses frères parce qu'il vient d'arriver dans leur maison.

attarta' / yittarta' *v. intr.*, forme V, hypothèse dans la racine d'après *dict.* (*Ka.*) *tartar* (chanceler), *Cf. tarta'*, la dernière consonne tend à disparaître, on entend souvent à N'Djaména *attartêt, attârtêna, attârtêtu* au lieu de *attarta't, attarta'na, attarta'tu*, * trtr, ت ر ت ر

♦ **trébucher, faire un faux pas, perdre l'équilibre, balbutier.** •*Anâ attartêt wa mâ wagêt.* J'ai trébuché, mais je ne suis pas tombé. •*Hû sakrân wa yittarta wehêdah ke fî l-câri, Allah yahadih !* Il est saoul et perd l'équilibre tout seul sur la route ; que Dieu le ramène dans le droit chemin ! •*Hummân wakit jo lêyah cuhûd, xâfo wa attarta'o min kalâmhum fî giddâm al-cerîye.* Lorsqu'ils sont venus comme témoins, ils ont eu peur et ont balbutié devant le tribunal.

attawwar / yittawwar *v. intr.*, forme V, * ṭwr, ط و ر

♦ **se développer.** •*Fî Tcâd adam al amni mâ xalla l-siyâha tittawwar.* Au Tchad, le manque de sécurité a empêché le tourisme de se développer. •*Dârna mâ tittawwar illa kân ligyat rujâl muxlisîn.* Notre pays ne se développera que s'il est gouverné par [s'il a trouvé] des hommes intègres.

Attayba *n. pr.* de femme, pour *al-tayba*, *litt.* la bien portante, *fém.* de *Attayyib*, * ṭyb, ط ي ب

Attayib *n. pr.* d'homme, variante de *Attayyib*, * ṭyb, ط ي ب

Attayyib *n. pr.* d'homme, pour *al-tayyib*, *litt.* celui qui est bien portant, *Cf. tayyib*, * ṭyb, ط ي ب

attêrab / yittêrab *v. intr.*, forme VI, * trb, ت ر ب

♦ **se semer, être semé(e).** •*Al gecc bittêrab wihêdah bas.* L'herbe se sème toute seule. •*Al xalla mâ tittêrab fî margad al almi, illa kan jaffat.* Le mil ne se sème pas dans un terrain inondé, mais seulement dans un terrain sec.

atticîn 1 *n. d'act.*, *m.*, ≅ *attacân*, * ʕṭs, ع ط س

♦ **éternuement, fait d'éternuer.** •*Simi' al atticîn hanâ Âdum fî wara l bêt.* Il a entendu l'éternuement d'Adoum derrière la maison. •*Al atticîn al katîr bidâyt al-zuxma.* Le fait de beaucoup éternuer est le commencement d'un rhume.

atticîn 2 *n. d'act.*, ≅ *attacân*, ce *n. d'act.* est peu utilisé : on préfère l'emploi du verbe *attac* (il a provoqué la soif), * ʕṭš, ع ط ش

♦ **fait d'assoiffer,** fait de provoquer la soif. •*Akil l-lubya be l fûl bisawwi atticîn, ba'adên tacrab almi kôro.* Manger des haricots avec des arachides donne soif, tu dois ensuite boire des koros entiers d'eau. •*Atticînak da sababah min dagacânak fî l kadâde.* Ta soif vient de la tournée que tu as faite en brousse.

Attijâni *n. pr.* d'homme, pour *al-tijâni*, variante de *Tijâni*.

Attilêb *n. pr.* d'homme, *mrph. dmtf.*, → *tilib*, * tlb, ت ل ب

attilîn *n. d'act., m.*, ≅ *attalân.*
♦ **le prêt, l'emprunt,** fait de prêter ou d'emprunter. •*Hû birîd al attilîn hanâ mubilêtât al-nâs.* Il a l'habitude d'emprunter les mobylettes des gens. •*Intu mâ tirîdu attilîn xumâmku lê l-nâs.* Vous n'aimez pas prêter vos affaires.

attôtah / yittôtah *v. intr.*, forme V, voir le *Syn. allôlaj*, * ṭwḥ, ط و ح

atwaffa *v. intr.*, → *tawaffa.*

atwakkal / yitwakkal *v. intr.*, forme V, → *alwakkal*, * wkl, و ك ل

atwi *v. impér.*, → *tawa 1.*

atxa *v. impér.*, → *tixi.*

atxiya' *pl.*, → *taxi.*

aw *invar.*
♦ **ou, ou bien.** •*Ambâkir, aw anâ namci lêk aw inta taji lêi.* Demain ou bien j'irai chez toi, ou bien tu viendras chez moi. •*Mâ namurgu tinên sawa : aw anâ aw inti.* Nous ne sortirons pas tous les deux ensemble : ou c'est toi, ou c'est moi. •*Al xalag da hanâ Âdum aw hanâ wilêdah.* Ce vêtement est à Adoum ou à son enfant.

aw'a *v. impér.*, → *wi'i.*

awâ'il *pl.*, → *ayila.*

Awad *n. pr.* d'homme, *litt.* remplacement, échange, * ʿwḍ, ع و ض

Awada *n. pr.* d'homme, *litt.* Dieu l'a donné en échange, en remplacement, * ʿwḍ, ع و ض

Awadiya *n. pr.* de femme, nom donné à celle qui était encore dans le sein de sa mère lorsque son père est mort, *fém.* de *Awad*, * ʿwḍ, ع و ض

awâgi *pl.*, → *wagiye.*

awâgîd *pl.*, → *ôgîd.*

âwaj / uwuj *adj.*, (*fém. ôja*), * ʿwj, ع و ج
♦ **tordu(e).** •*Al-durdur da âwaj, fakkuru yôm wâhid baga fôgku.* Ce mur est tordu, faites attention : un jour il va s'écrouler sur vous. •*Inti kalâmki dâiman âwaj.* Ta parole est toujours tordue. •*Inti mâlki turûxi ôja, nayitki tôjâki wallâ ?* Pourquoi marches-tu tordue, est-ce que tu as mal au côté ?

awaja *n. f.*, expression *mâ fî awaja* ("cela ne fait rien", "tout va bien"), * ʿwj, ع و ج
♦ **différend, défaut, vice.** •*Kan gidirt macêt lêyah "hamîdân majîd", kan mâ gidirt mâ fî awaja.* Si tu peux aller chez lui "Dieu soit loué !" ; si tu ne le peux pas, cela ne fait rien. •*Anâ ma'âki mâcîn adîlîn, mâ indina awaja fî l xidime !* Tout va bien entre toi et moi, nous n'avons aucun différend dans notre travail ! •*Anâ âfe, mâ indi awaja !* Je suis sain et en bonne santé [en bonne santé et je n'ai pas de défaut].

awaltamis expression, *Cf. awwal* et *amis*, * msw, م س و
♦ **avant-hier.** •*Hû ja lêna awaltamis.* Il est venu nous voir avant-hier. •*Sidt al xadar itawaffat awaltamis.* La marchande de légumes est décédée avant-hier.

awaltamisât expression, *Cf. awwal* et *amis*, * msw, م س و
♦ **les jours passés, il y a quelques jours,** depuis trois ou quatre jours. •*Hû ja lêna awaltamisât.* Il est venu nous voir il y a quelques jours. •*Al mardân da, min awaltamisât mâ cirib ceyy.* Ce malade n'a rien bu ces derniers jours.

awâmir *pl.*, → *amur 2.*

âwan / yi'âwin *v. trans.*, forme III, * ʿwn, ع و ن
♦ **aider,** venir en aide à quelqu'un d'une façon concrète. •*Mahammat âwan abûh fî l xidime.* Mahamat a aidé son père au travail. •*Al*

munazzamât âwano l-nâs al-jî'ânîn. Les organisations ont aidé les gens qui avaient faim. •*Âwinni nabnu bêti !* Aide-moi à construire ma maison [Aide-moi, nous construirons ma maison] !

âwanan *n. d'act.*, → *âwinîn.*

awâra *pl.*, → *awîr 1.*

awârid *pl.*, → *ârid.*

awâriye *n. f.*, *Cf. awîr*, terme moins fort que *balîd*, * ˁwr, ع و ر

♦ **bêtise, sottise, stupidité.** •*Al wilêd da min al awâriye ke, nammin gabbal bigi balîd.* Cet enfant est passé de la bêtise à l'idiotie profonde. •*Al binêye dangarat râsha giddâm nasîbitha, coxôlha xijile bas mâ awâriye.* Cette jeune fille a baissé la tête devant sa belle-mère, c'était par pudeur et non pas par stupidité.

Awâtif *n. pr.* de femme, *pl.*, *litt.* sympathies, bienveillances, * ˁṭf, ع ط ف

awâwîr *pl.*, → *uwâra.*

awâyir *pl.*, → *awra, ôra 3.*

âwâzîm *pl.*, → *âzûma.*

awda' *v. impér.*, → *wada'.*

awfir *v. impér.*, → *wafar.*

awgâf *pl.*,→ *wagif.*

awgiya *n. f.*, → *wagiye.*

awhal *v. impér.*, → *wihil.*

awhâm *pl.*, → *waham.*

awhib *v. impér.*, → *wahab.*

Awîde *n. pr.* de femme, *mrph. dmtf.*, nom donné à celle qui était encore dans le sein de sa mère lorsque son père est mort, *Cf. Awadiya, Awad.*

awîn *pl.*, → *mara*, * ˁwn, ع و ن

♦ **femmes.** •*Al awîn bisallulu abre katîr kan al-Ramadân garrab.* Les femmes préparent beaucoup de galettes *abre* à l'approche du Ramadan. •*Al xine wa l-zaxrât âde hanâ l awîn.* Chanter et pousser des youyous, c'est la tradition des femmes.

âwinîn *n. m.*, ≅ *âwanân*, * ˁwn, ع و ن

♦ **aide, fait d'aider.** •*Awinîn al iyâl al atâma coxol zên.* Le fait d'aider les orphelins est une bonne chose. •*Al âwinîn ambên al axawân bizîd al mahanna.* L'entraide entre les frères augmente la tendresse.

awîniye *n. f.*, *Cf. rajâliye, rujâliye*, * ˁwn, ع و ن

♦ **féminité,** fait d'être femme. •*Al binêye tihiss be awîniye gubbâl ma talhag xamistâcar sane.* La jeune fille s'aperçoit qu'elle devient femme [elle ressent sa féminité] avant l'âge de quinze ans. •*Yâ binêyti, nicîfki ke da, mâ ga'adti sâkit : al awîniye gata'at galibki.* Ma fille, je constate que tu t'agites trop : tu te comportes comme si tu étais déjà une femme [ta féminité t'a coupé le cœur]. (Reproche d'une mère à sa fille).

awîr 1 / awâra *adj.*, (*fém. awîre*), *Cf. balîd, Ant. najîd*, * ˁwr, ع و ر

♦ **sot (sotte), bête, empoté(e), idiot(e), peureux (-euse), faible,** enfant qui n'est pas dégourdi et qui reste dans les jupes de sa mère. •*Inta mâlak awîr misil da, nahajji lêk ke mâ tafham ?* Pourquoi joues-tu à l'idiot ? Je te parle et tu ne comprends pas ? •*Al wilêd al bikir awîr marra wâhid.* L'aîné est toujours empoté. •*Kan mâ awâra ke, (ma) ticîlu l-derib al adîl da !* Si vous n'étiez pas aussi bêtes, vous auriez pris le bon chemin.

awîr 2 *n. vég.*, *m.*, * ˁwr, ع و ر

♦ **nom d'une plante, ipomée arborescente,** doit son nom au fait qu'aucun animal ne la broute, plante décorative à fleurs violettes servant à délimiter les concessions, et dont la sève translucide cautérise les plaies. •*Al awîr cadaray saxayre, kan maggantah, yugumm fî kulla bakân.* Le *awîr* est un arbuste, il se reproduit par bouture et pousse partout.

•*Cadarayt al awîr, wa lâ l-nâs wa lâ l bahâyim mâ bâkuluha ; bihawwucu bêha l buyût.* Ni les hommes ni les animaux ne mangent l'ipomée arborescente ; on la plante pour délimiter des concessions.

awlâd *pl.*, → *walad, wilêd.*

awlid *v. impér.*, → *wilid.*

awliya' *pl.*, → *wali 2.*

awra / awâyir *n. f.*, → *ôra 3*, * ʕwr, ع و ر

awrad *v. impér.*, → *wirid 1.*

awrâd *pl.*, → *wirid 2.*

awrâg *pl.*, → *waraga 1.*

awram *v. impér.*, → *wirim.*

awrâta *pl.*, → *awrâti.*

awrâti / awrâta *adj. n.*, (*fém. awrâtiye*), terme péjoratif et méprisant, * wrṯ, و ر ث

♦ **émigré(e), venu(e) d'ailleurs, immigré(e),** qui est parti(e) du village pour aller en ville travailler temporairement, qui cause la ruine. •*Al-sane, al xarîf mâ adîl, nâs al hallâl kulluhum yabgo awrâta.* Cette année, la saison des pluies n'a pas été bonne, tous les villageois vont émigrer [deviendront des émigrés]. •*Fî l-sêf al awrâta katîrîn fî l madîna.* Pendant la saison sèche, il y a beaucoup d'immigrés dans la ville. •*Al awrâti, mâ indah xumâm katîr wa lâ bêt adîl.* L'immigré n'a pas beaucoup d'affaires ni de maison correcte.

awris *v. impér.*, → *waras.*

awrud *v. impér.*, → *warad.*

awsâf *pl.*, → *wasif 1.*

awsal *v. impér.*, → *wisil.*

awsâm *pl.*, → *wasim.*

awtâd *pl.*, → *witid.*

awtân *pl.*, → *watan.*

awwa 1 / yi'awwi *v. intr.*, ≅l'*inacc. ya'awwi*, forme II, * ʕwy, ع و ي

♦ **crier, faire du bruit, faire du vacarme, brailler, hurler.** •*Fî l kilâs al iyâl bi'awwu katîr.* En classe, les enfants font beaucoup de bruit. •*Askut, mâ ti'awwi !* Tais-toi, ne crie pas ! •*Al marfa'în jî'ân yi'awwi.* L'hyène a faim, elle hurle.

awwa 2 *n. f.*, * ʕwy, ع و ي

♦ **vacarme, tumulte, cri, bruit fait par un grand nombre.** •*Fî amkacaw tuwâl, wa kan al-rîh sâgat, iyâlha bisawwu awwa.* Il y a de grands arbres comme l'Albizia lebbeck dont les fruits font beaucoup de bruit lorsqu'ils sont agités par le vent. •*Ingaru, mâ tisawwu awwa lê l mardânîn !* Faites attention de ne pas faire de bruit, il y a des malades ! •*Iyâl al-lekkôl gâ'idîn bisawwu awwa, wakit câfo l mêtir jâyi sakato.* Les élèves poussaient des cris, mais, lorsqu'ils ont vu le maître arriver, ils se sont tus. •*Jâri arrab iyâlah bala awwa.* Mon voisin a circoncis ses enfants discrètement [sans faire de bruit].

awwad / yi'awwid *v. trans.*, *Cf. sâ'ad, âwan*, forme II, * ʕwḍ, ع و ض

♦ **aider, compenser une perte, dédommager,** accorder bénévolement une aide matérielle à quelqu'un qui a perdu quelque chose. •*Awwadna jârna ba'ad ma l-nâr akalat bêtah.* Nous avons aidé matériellement notre voisin après que le feu a ravagé sa maison. •*Wâjib ti'awwid axûk kan xisir fî tijârtah.* Tu dois venir en aide à ton frère s'il a subi des pertes dans son commerce. •*Anâ kassart watîrak, arjâni, ni'awwidak !* J'ai cassé ta voiture, attends un peu, je te dédommagerai !

awwag / yi'awwig *v. trans.*, forme II, connu au *Sdn.* (*C.Q.*), * ʕwq, ع و ق

♦ **blesser gravement, casser un os du corps, fracturer un os.** •*Kan al-duwâs ja "awwagtîni" mâ fîh.* Lors d'un combat, il n'y a pas lieu de dire "ne me blesse pas gravement !". •*Al* *wâtir taracah wa awwagah fî daharah.* La voiture l'a renversé et lui a cassé un os du dos. •*Fî duwâs hanâ tis'a cahar, subyân katîrîn awwagohum.* Lors de la guerre des neufs mois, de nombreux jeunes gens ont été grièvement blessés.

awwaj / yi'awwij *v. trans.*, forme II, ≅*ya'awwij*, * ʕwj, ع و ج

♦ **tordre, déformer.** •*Anâ gâ'id nikallim lêyah wa hû awwaj lêyi gaddûmah, acân da bas antêtah amkaff.* Je lui parlais, il a fait la moue [il a tordu pour moi sa bouche], c'est pour cela que je l'ai giflé. •*Hû awwaj al kalâm al gûlna, acân mâ ajabah.* Il a déformé la parole que nous avons dite, parce qu'elle ne lui plaisait pas. •*Sîd al-zere' da bidôr bi'awwij al-derib lê l-nâs be zerîbtah.* Le propriétaire de ce champ veut monter un enclos d'épines qui dévie la route que les gens prennent.

awwal *invar.*, *Cf. awwalâni*, * 'wl, ء و ل

♦ **avant, auparavant, premier (-ère).** •*Awwal, al banât mâ bamurgu fî l-câri.* Auparavant, les jeunes filles ne sortaient pas dans la rue. •*Al bêt da, awwal, dukkân hanâ abui.* Cette maison, auparavant, était la boutique de mon père. •*Yâtu ja awwal ?* Qui est arrivé le premier ? •*Hî di bas jat al awwal.* C'est elle qui est arrivée la première. •*Al mêtir antâhum kâdo lê l-jo awwal.* Le maître a donné une récompense à ceux qui sont arrivés les premiers.

awwal ke expression, * 'wl, ء و ل

♦ **au début, d'abord.** •*Awwal ke, Allah xalag abûna Âdam.* Tout au début Dieu a créé notre père Adam. •*Hî min awwal ke mâ mixasside tamci ma'â râjilha fî l kadâde.* Dès le début, elle n'a pas accepté de partir avec son mari en brousse. •*Awwal ke nasma'o kalâm al mazlûm, wa ba'adên nasma'o kalâm al-zâlim.* D'abord nous écouterons la parole de la victime, puis nous écouterons celle de l'accusé. •*Min awwal kê, mâla mâ kallamtîni ?* Pourquoi ne m'en as-tu donc pas parlé dès le début ?

awwalâni / awwalâniyîn *adj.*, nombre ordinal, (*fém. awwalâniye*), * 'wl, ء و ل

♦ **le premier (-ère).** •*Anâ gatêt nimro fî sabag hanâ l xêl, juwâdi bas ja l awwalâni.* J'ai choisi [j'ai coupé] un ticket numéroté pour la course de chevaux, c'est mon cheval qui est arrivé le premier. •*Halîme hî bas al mara l awwalâniye fî awîn al-Ra'îs.* Halimé est la première des femmes du Président. •*Judûdna l awwalâniyîn baggâra.* Nos premiers ancêtres étaient éleveurs de vaches.

awwâm / awwâmîn *adj.*, (*fém. awwâma*), * ʕwm, ع و م

♦ **nageur (-euse).** •*Al-rujâl dôl awwâmîn sahi sahi ke.* Ces hommes sont de vrais nageurs. •*Al awwâm gata' al bahar.* Le nageur a traversé le fleuve.

awwama / awwamât *n. f.*, *Cf. awwâm, litt.* la nageuse, * ʕwm, ع و م

♦ **flotteur du carburateur.** •*Al watîr kan bigatti' baftaho makantah, bifaturgu l karbiratêr wa bixassulu l awwâma.* Quand le véhicule tousse, on ouvre le moteur, on démonte le carburateur, et on lave le flotteur. •*Al awwâma kan câlat wasax, al banzîn mâ bamci adîl fî l makana.* Lorsque le flotteur est sale, l'essence arrive mal dans le moteur.

awwar / yi'awwir *v. trans.*, forme II, * ʕwr, ع و ر

♦ **blesser, réveiller une blessure, rouvrir une plaie,** toucher ou heurter une blessure. •*Ahmat awwar axûh fî uwârtah namman jarat damm.* Ahmat a heurté la blessure de son frère et le sang a coulé de nouveau. •*Amci minnah xâdi acân mâ yi'awwirak fî îdak.* Écarte-toi loin de lui, qu'il ne heurte pas la blessure que tu as au bras !

awwâs / awwâsîn nom *adj. mrph. intf.*, (*fém. awwâsa*), * ʕws, ع و س

♦ **cuisinier (-ère) .** •*Al mara kan awwâsa lê l akil adîl kulla l-nâs backurûha.* Lorsqu'une femme sait bien préparer la cuisine, tout le monde la félicite. •*Al-nasrâniye di indaha xaddâm awwâs ya'arif yu'ûs akil hanâ dârha kulla.* Cette Française a un cuisinier qui sait aussi préparer la nourriture européenne.

awwây / awwayîn *adj.*, (*fém.* *awwâye*), * ʕwy, ع و ي

♦ **bruyant(e), bavard(e), qui fait du vacarme,** qui a une voix forte et parle beaucoup. •*Al-câyib da awway, mâ yagdar yahajji tihit tihit.* Ce vieillard fait beaucoup de bruit, il ne peut pas parler à voix basse. •*Mâ tabga awway : al-nâs mâ birîdûk !* Ne parle pas trop fort : tu perdrais l'estime des gens !

awzin *v. impér.*, → *wazan.*

âx / yi'îx *v. intr.*, forme I n° 10, * ʕyq, ع ي ق

♦ **désobéir à ses parents, se révolter contre ses parents,** se rebeller contre l'autorité parentale. •*Al farfôri âx abuh, wa maca bigi askari.* Le jeune homme s'est rebellé contre son père et est entré dans l'armée. •*Zamân, al binêye mâ ti'îx wâlidênha.* Autrefois les filles ne désobéissaient jamais à leurs parents.

âxab / yi'âxib *v. trans.*, forme III, ≅ *âgab*, * ʕqb, ع ق ب

♦ **punir, condamner, châtier.** •*Al bôlis âxaboh lê kattâl al-dimam.* Les policiers ont puni le criminel. •*Al gâdi âxabah be santên sijin wa yikaffi arba'a alif hukum.* Le juge l'a condamné à deux ans de prison et à une amende de quatre mille riyals. •*Kan tisawwi l fasil, yôm al âxira, Allah ya'âxibak.* Si tu fais le mal, Dieu te punira dans l'au-delà.

axabac / xubuc *adj.* de couleur, *Cf. till*, (*fém. xabca*), * ġbš, غ ب ش

♦ **gris(e), grisâtre, marron,** couleur de la poussière. •*Anâ mâ nirîd lôn al xalag al axabac, acân mâ nâyir.* Je n'aime pas la couleur grise de cet habit parce qu'elle ne brille pas. •*Al gahawa kan xalbatôha ma'a l-laban, lônhum babga axabac.* Le café mélangé au lait a une couleur marron. •*Warcâl al kitir yabga axabac fî l-sêf.* Les feuilles de gommiers deviennent grises en saison sèche. •*Al merîse xabca.* La bière de mil est grise. •*Xanami l xubuc, min amis mâ jo.* Mes chèvres grises ne sont pas revenues depuis hier.

axacan / xucun *adj.*, (*fém. xacna*), * h̠šn, خ ش ن

♦ **rugueux (-euse), rêche, râpeux (-euse).** •*Fî l barid al-nâs jilidhum babga axacan.* Quand il fait froid, la peau des gens devient rêche. •*Saksâk al-jarâd axacan bilhên.* Les pattes des sauterelles sont très râpeuses. •*Îdki xacna misil îd al-tabbâriye.* Ta main est rugueuse comme celle de la femme qui puise l'eau.

axad / yâxud *v. trans.*, forme I n° 3, *Cf. jawwaz*, * ' h̠ d, ء خ ذ

♦ **épouser, se marier avec, prendre femme.** •*Âdum axad mara.* Adoum s'est marié [a pris femme]. •*Inti, kan bigîti kabîre nâxudki !* Toi, quand tu seras grande, je t'épouserai ! •*Anâ mâ nagdar nâxud hassâ acân mâ indi riyâl.* Je ne peux pas me marier à présent parce que je n'ai pas un sou. •*Axad binêyit xâltah.* Il a épousé la fille de sa tante maternelle.

axadan *n. d'act., m.*, → *axidîn.*

axadar / xudur *adj.* de couleur, (*fém. xadra*), *Cf. sirij*, voir les expressions *axadar labani, axadar lêmûni, batun xadra, dura' axadar, ragab xadra*, * h̠ḍr, خ ض ر

♦ **vert(e), brun foncé** (teint de peau), **frais (fraîche), cru(e), immature,** couleur de la peau entre le brun clair *asmar* et le noir *azrag*. •*Garêt al kitâb al axadar hanâ Gaddâfi.* J'ai lu le livre vert de Kadhafi. •*Al-nâs bugûlu anâ axadar.* Les gens disent que j'ai la peau brune [je suis vert]. •*Al-laham al axadar hanâ l bagar gawi.* La viande fraîche de vache est dure. •*Nirîd nâkul hût axadar.* J'aime manger du poisson frais. •*Mâ tacrab laban axadar !* Ne bois pas de lait non bouilli ! •*Uyûn al binêye di xudur.* Les yeux de cette fille sont verts. •*Carêt farde xadra lê marti.* J'ai acheté un pagne vert pour ma femme.

axadar lêmûni *adj.* de couleur, (*fém. xadra lêmuniye*), * ḫḍr, lym, خ ض ر • ل ي م
♦ **jaune vert, brun clair.** •*Jâbo lêi farde lônha axadar lêmûni.* On m'a apporté un pagne jaune vert. •*Binêyât Abbakar kulluhum lônhum axadar lêmûni.* Les filles d'Abakar ont toutes le teint brun clair. •*Al mara kan lônha axadar lêmûni, samhe, nâs katîrîn birîduha.* Lorsque la femme a le teint brun clair, elle est belle, et beaucoup de gens l'aiment.

axadir *v. impér.*, → *xadar 1.*

axâf *v. impér.*, → *xâf.*

axalaf / xuluf *adj.*, → *axlaf*, * qlf, ق ل ف

axâlîm *pl.*, → *ixlîm.*

axamid *v. impér.*, → *xamad.*

axâni *pl.*, → *uxniya, xine.*

âxar / âxarîn *adj.*, (*fém. âxara*), ≅ le *fém. uxra* (*ar. lit.*) et le pluriel *âxarât*, * 'ḫr, ء خ ر
♦ **autre.** •*Bît hôc âxar.* J'ai acheté une autre concession. •*Axad mara âxara.* Il a épousé une autre femme. •*Cîf âxarîn balâhum !* Cherches-en d'autres [vois d'autres qu'eux] ! •*Banâtak al âxarât dôl nuhûs bilhên, ille di bas al adîle.* Tes autres filles sont insupportables, il n'y a que celle-ci qui est parfaite.

axarab *adj.*, → *axrab.*

axarâni / axarânîn *adj.*, (*fém. axaraniye*), *Cf. axîr, Syn. axîr, warrâni*, * 'ḫr, ء خ ر
♦ **le dernier (-ère).** •*Al-tôm al-râbi' hû bas al-tôm al axarâni.* Le quatrième jumeau est le dernier des mois lunaires s'appelant "jumeau". •*Al kabîr fî l iyâl, hû bas bitahhuruh al axarâni.* C'est le plus grand des enfants qui sera circoncis le dernier. •*Hî al axarâniye fî axawânha, acân da humman birîdûha bilhên.* Elle est la petite dernière de la famille et c'est pour cela qu'ils l'aiment beaucoup.

axarr / xurar *adj.* de couleur, (*fém. xarra*), surtout utilisé par les éleveurs pour désigner la couleur de la robe de la vache, → *acgar, ahaw*, * ġrr, غ ر ر
♦ **gris clair, gris bleu.** •*Al bagaray al xarra di bas, amm al bagar al fî l-dôr da.* C'est cette vache grise qui est à l'origine de toutes les vaches de ce troupeau. •*Lôn al bagar al xurur sa'îdat lê l siyâdhum.* Les vaches qui sont de couleur grise portent chance à leur propriétaire.

axawân *pl.*, → *axu.*

axawânku ma'âku *pl.*, → *axûku ma'âku.*

axawât *pl.*, → *axut.*

axawi / axawiyîn *adj.*, (*fém. axawiye, -ât*), * 'ḫw, ء خ و
♦ **fraternel (-elle).** •*Al-binêye kan indaha fikra axawiye, rafîgâtha kulluhum ke birîdûha.* La jeune fille qui a des sentiments fraternels, est aimée de toutes ses amies. •*Antini coxol axawi nilfakkarak beyah !* Donne-moi un cadeau [une chose] fraternel qui me fasse penser à toi ! •*Mâ simîna minnak illa l kalâm al halu wa l axawi !* Nous n'avons entendu de toi que des paroles bonnes et fraternelles !

Axaye *n. pr.* de femme, surnom, *Cf. axut*, * 'ḫw, ء خ و

axbal *v. impér.*, → *xibil.*

axbar *v. impér.*, → *xibir.*

axbâr *pl.*, → *xabar.*

axbit *v. impér.*, → *xabat.*

axca *v. impér.*, → *xici.*

axdar *adj.*, → *axadar.*

axdim *v. impér.*, → *xadam.*

axdir *v. impér.*, → *xadar 2.*

axêr *adj., invar.*, superlatif de *xêr*, * ḫyr, خ ي ر ⇨

♦ **mieux, meilleur(e), préférable.** •*Fî l kadâde, al watîr axêr min al biskilêt.* En brousse, il vaut mieux avoir une voiture qu'une bicyclette. •*Wilêdi kan macêt garêt fî l-lekôl, kula axêr min turûx sâkit.* Mon fils, si tu vas étudier à l'école, c'est mieux que de ne rien faire [de courir pour rien]. •*Cîl lêk dawa, yabga lêk axêr min amis.* Prends ce médicament, tu iras mieux qu'hier. •*Al mardân ciya axêr lêyah.* Le malade va un peu mieux.

axfir *v. impér.*, → *xafar.*

axîd / uxada' *n. m.*, (inusité au féminin), * ʕqd, ع ق د

♦ **colonel.** •*Ra'îs hanâ baladna axîd.* Le Président de notre pays est un colonel. •*Hassâ askar hanâ Tchad induhum uxada' katîrîn.* A présent, il y a beaucoup de colonels parmi les militaires tchadiens.

axîde *n. f.*, * ' h̲ d̲, ء خ ذ

♦ **mariage, noce.** •*Axîde hanâ rafîgi be yôm al-jum'a al-jâyi.* Le mariage de mon ami a lieu ce vendredi. •*Fî l axîde hanâ binêyti jâbo lêi xamsîn alif sadâx.* Le jour des noces de ma fille, on m'a apporté une dot de cinquante mille riyals. •*Al axîde fî barra, sadâxha bagar wa suwârât hanâ fudda.* Pour un mariage à la campagne, la dot se compte en vaches et en bracelets d'argent.

axidîn *n. d'act.*, *m.*, ≅ *axadân*, *Cf. axad*, * ' h̲ d̲, ء خ ذ

♦ **fait de marier, fait d'épouser.** •*Al axidîn hayyîn, wa l gâsi ammirîn al bêt.* Il est facile de se marier, mais difficile de construire le foyer. •*Axidîn al binêye l kilâsku yidôr gurus katîr.* Il faut beaucoup d'argent pour épouser une jeune demoiselle. •*Hû muwâlif axidîn al awîn al mutallagât.* Il a pris l'habitude d'épouser des femmes répudiées.

axîr expression *fî l axîr*, * 'h̲r, ء خ ر

♦ **enfin, à la fin, pour terminer, dernier (-ère).** •*Gammo hârajo, wa fî l axîr Âdum sakat.* Ils ont commencé à se disputer, et à la fin Adoum s'est tu. •*Mâ ja fî l maw'id al antênah, wa fî l axîr ja bugûl ligi dêf.* Il n'est pas venu au rendez-vous que nous lui avions donné, et il a fini par venir en disant qu'il avait accueilli [trouvé] un hôte. •*Al-tôm al-râbi', hû bas al axîr.* Le "quatrième jumeau" est le dernier des mois lunaires.

âxir expression *âxir marra* [dernière fois], * 'h̲r, ء خ ر

♦ **dernier (-ère).** •*Da awwal wa âxir lêi marra, battân mâ nacrab argi !* C'était la première et la dernière fois, je ne reboirai jamais plus d'alcool ! •*Al yôm, âxir xabar hanâ radyo Tcâd zâ'oh be sâ'a sab'a.* Aujourd'hui, la dernière nouvelle de Radio-Tchad a été annoncée à sept heures.

âxira *n. f.*, *Ant. dunya*, * 'h̲r, ء خ ر

♦ **l'autre monde, l'au-delà.** •*Hassâ kan abêt kula, fî l âxira tikaffini gursi.* Même si à présent tu refuses, dans l'autre monde tu me rendras [payeras] mon argent. •*Fî l âxira, Allah bahâsib kulla l-nâs.* Dans l'autre monde, Dieu jugera tout le monde.

axjal *v. impér.*, → *xijil.*

axla *v. impér.*, → *xili.*

axlabiye *invar.*, ≅ *axlabiya*, * ġlb, غ ل ب

♦ **la plupart, la majorité.** •*Axlabiyit al-sukkar al gâ'id fî l-sûg jâyi min Nijêrya.* Presque tout le sucre qui se trouve au marché vient du Nigeria. •*Axlabiyit al iyâl al-dugâg hassâ induhum amxibbiye.* La majorité des petits enfants ont la fièvre intermittente en ce moment. •*Azamtuhum, kulluhum mâ wasalo lâkin al axlabîye jo.* Je les ai invités, tous ne sont pas venus, mais la majorité était là.

axlaf / xuluf *adj. déf. phy.*, (*fém. xalfa*), ≅ *axalaf*, *Cf. tahûra, mutahhar*, * qlf, ق ل ف

♦ **non circoncis, non excisée,** qui n'a pas reçu la marque de la circoncision ou de l'excision. •*Al-râjil kan mâ tahharoh, hû axlaf.* Un homme qui n'a pas été circoncis a encore son prépuce. •*Al-sabi kan axalaf, banât hillitah bixannu bêyah.* Si un jeune homme n'est pas circoncis, les jeunes filles du village se moquent de lui en chantant. •*Al binêye di xalfa, mâ tahharoha.* Cette jeune fille n'a pas été excisée.

axlafat / ta'axlif *v. intr.*, *qdr.*, forme II, *Cf. xuluf, xalaba*, * h̲lf, خ ل ف
♦ **être enceinte, être en début de grossesse.** •*Al mara di axlafat indaha caharên.* Cette femme est enceinte depuis deux mois. •*Al binêye kan ta'axlif tirîd akil al-laham al matcûc.* Quand une jeune femme [fille] commence à être enceinte, elle aime la viande grillée.

axlag *v. impér.*, → *xilig.*

axlâg *pl.*, → *xulug.*

axlâm *pl.*, terme de l'*ar. lit.*, → *xalam.*

axlas *v. impér.*, → *xilis.*

axlat *v. impér.*, → *xilit.*

axlib *v. impér.*, → *xalab.*

axlix *v. impér.*, → *xalax.*

axmar *v. impér.*, → *ximir.*

axmir *v. impér.*, → *xamar 1.*

axmiz *v. impér.*, → *xamaz.*

axna *v. impér.*, → *xini.*

axnab / xunub *adj. déf. phy.*, (*fém. xanba*), métathèse dans la racine, terme d'insulte, *Cf. camaroxt al awîn*, * ġbn, غ ب ن
♦ **désordonné(e), négligé(e), souillon, incompétent(e), incapable, simple d'esprit, brouillon (-onne),** qui ne sait pas préparer la nourriture. •*Al yôm al êc neyy, al mara al xanba di mâ irifat sawwatah.* Aujourd'hui la boule n'est pas bien cuite, cette femme incapable ne sait pas la faire cuire. •*Al-râjil al axnab da, mâ bixassil xulgânah.* Cet homme négligé ne lave pas ses vêtements. •*Intu kan xunub, al-nâs mâ birîdûku !* Si vous êtes désordonnés, les gens ne vous aimeront pas ! •*Al xanba mâ mara ! Ta'îse nâyile, raggâda gayle !* La femme négligée n'est pas une femme ! Souillon maudite, elle dort jusqu'à midi ! (poème de *Îsa Azrag al-Nûr* "Moussa Chauffeur").

axnig *v. impér.*, → *xanag.*

axnis *v. impér.*, → *xanas.*

axniya' *pl.*, → *xani.*

axrab / yi'axrib *v. intr.*, forme IV, * ġrb, غ ر ب
♦ **passer le temps du soir, passer la soirée,** passer le temps de la fin de l'après-midi, de dix-sept heures à dix-huit heures trente. •*Amis, axrabna barra min al bêt.* Hier nous avons passé la soirée en dehors de la maison. •*Axrabo kê, bahajju.* Ils ont passé le temps du soir à bavarder. •*Ambâkir na'axrubu fî l-jinêne.* Demain nous passerons la fin de l'après-midi au jardin. •*Axrabtu âfe !* Bonsoir !

axrâd *pl.*, → *xarad.*

axraf *v. impér.*, → *xirif.*

axrag *v. impér.*, → *xirig.*

axram *v. impér.*, → *xirim.*

axrib *v. impér.*, → *xarab.*

axrif *v. impér.*, → *xaraf.*

axrit *v. impér.*, → *xarat.*

axruj *v. impér.*, → *xaraj.*

axsâm *pl.*, → *xisim.*

axsân *pl.*, → *xusun.*

axsar *v. impér.*, → *xisir.*

axsib *v. impér.*, → *xasab.*

axsud *v. impér.*, → *xasad.*

axta *v. impér.*, → *xiti.*

axtak *n. f.*, "ta sœur" à toi, homme, → *axut.*

axtâm *pl.*, → *xitim.*

axti *n. f.*, "ma sœur", → *axut.*

axtib *v. impér.*, → *xatab 1.*

axtif *v. impér.*, → *xataf.*

axtim *v. impér.*, → *xatam.*

axtir *v. impér.*, → *xatar 1.*

axtis *v. impér.*, → *xatas.*

axtiya *pl.*, → *xuta.*

axu / axawân *n. m.*, ≅ le pluriel *axwân*, * 'h̲w, و خ ء

♦ **frère.** •*Mûsa ma'â axui fî l kadâde.* Moussa est en brousse avec mon frère. •*Kullina axawân.* Nous sommes tous frères.

âxud *v. impér.*, → *axad.*

axûku ma'âku / axawânku ma'âku expression, *litt.* votre frère est avec vous, *Cf. xasi, xunsur*, terme de mépris, * 'h̲w, و خ ء

♦ **immature, impuissant sexuel,** celui qui s'ingère dans les affaires des autres sans avoir la maturité nécessaire pour les comprendre, celui dont le comportement extérieur n'est ni celui d'un homme ni celui d'une femme. •*Axûku ma'âku wa lâ irfoh mara wallâ râjil.* L'impuissant sexuel, on ne sait pas s'il se comporte comme un homme ou comme une femme. •*Mâ ta'ayyir râjil tugûl lêyah axûku ma'âku, da muckila !* N'insulte pas un homme en le traitant d'immature, sinon tu auras des problèmes ! •*Axawânku ma'âku mâ katîrîn.* Les impuissants sont rares.

axut / axawât *n. f.*, * 'h̲w, و خ ء

♦ **sœur.** •*Maryam mâ indaha axut.* Mariam n'a pas de sœur. •*Axti mardâne.* Ma sœur est malade. •*Amci ma'â axawâtki !* Va avec tes sœurs ! •*Yâ Yûsuf, axtak samhe !* Youssouf, ta sœur est belle !

axwâl *pl.*, → *xâl.*

axwâm *pl.*, → *xôm.*

axwi *v. impér.*, → *xiwi.*

axxad / yi'axxid *v. trans.*, forme II, *Syn. jawwaz, yijawwiz*, * ' h̲ d̲, ذ خ ء

♦ **donner en mariage, marier** ***qqn.,*** faire épouser. •*Axxadôha, wa hî saxayre ke lissâ mâ tammat mara.* Ils l'ont donnée en mariage alors qu'elle était jeune et pas encore devenue femme. •*Hû indah gurus, yagdar yi'axxid waladah maratên kulla.* Il a suffisamment d'argent pour marier son fils à deux femmes. •*Hû bas kalîfha wa axxadâha lê nâdum xarîb.* C'est lui qui était responsable d'elle et il l'a mariée à un étranger.

axxâd / axxâdîn *adj.*, (*fém. axxâda*), * ' h̲ d̲, ذ خ ء

♦ **noceur,** qui se remarie sans cesse. •*Al-râjil kan axxâd bijîb al macâkil lê nafsah.* L'homme qui se remarie tout le temps se crée lui-même des problèmes. •*Al axxâd bitallif mâlah.* Celui qui se remarie sans cesse dilapide ses biens.

axxadân *n. d'act., m.*, → *axxidîn.*

axxar / yi'axxir *v. trans.*, forme II, * 'h̲r, ر خ ء

♦ **tarder, être en retard, retarder,** remettre à plus tard. •*Al yôm anîna axxarna mâ jîna fî l xidime ajala.* Aujourd'hui nous avons tardé, nous ne sommes pas vite venus au travail. •*Anâ axxart safari acân mâ ligit gursi hanâ l-cahar ajala.* J'ai retardé mon voyage parce que j'ai mis du temps à toucher l'argent de mon salaire. •*Mâla ti'axxir dâyiman min al-salâ ?* Pourquoi arrives-tu toujours en retard à la prière ?

axxarân *n. d'act., m.*, → *axxirîn.*

axxay *n. f.*, racine connue en arabe *sd.* (*C.Q.*), *Cf. buzâx.*

♦ **crachat épais, glaire, glaviot, mollard,** chose répugnante. •*Cîf al mara al mâ mu'addaba di, tusubb al axxay fî giddâm al-rujâl !* Regarde cette femme mal élevée, elle jette son glaviot devant les hommes ! •*Indi talâte yôm muzaxxim, nibazzix axxay katîre.* Depuis trois jours je suis enrhumé, et crache de nombreux mollards.

axxidîn *n. d'act., m.,* ≅ *axxadân, Syn. jawwizân, jawwizîn,* * ' h d, ء خ ذ
♦ **fait de marier,** fait de donner en mariage. •*Al axxidîn be xasib, subyân al yôm mâ yixassudu beyah.* Les jeunes d'aujourd'hui n'acceptent plus d'être mariés de force. •*Axxidîn al banât yisidd al acîr.* Le fait de marier les jeunes filles permet de mettre fin aux ragots honteux à leur égard.

axxirîn *n. d'act., m.,* ≅ *axxarân,* * 'hr, ء خ ر
♦ **fait de retarder, retard.** •*Axxirîn ixtisâd baladna be sabab al-duwâs.* Le retard de l'économie de notre pays est dû à la guerre. •*Axxirîn al-sâ'a be dagîga walla dagîgtên mâ yisawwi ceyy.* Arriver avec une ou deux minutes de retard ne fait rien. •*Al binêye di tiwâlif al axxirîn fî derib al-lekkôl.* Cette petite fille a l'habitude de s'attarder sur le chemin de l'école.

axyar *invar.,* → *xêr 2.*

axzil *v. impér.,* → *xazal.*

aya *n. m., Cf. ta'ab,* * ʕyy, ع ي ي
♦ **fatigue.** •*Al hirâte tijib al aya.* Le labourage est fatigant [provoque la fatigue]. •*Al-câhi l murr bifartig al aya.* Le thé fort [amer] chasse la fatigue. •*Yôm dâk, ayâk katîr dahabak jâyi min al-safar !* Ce jour-là tu étais très fatigué, tu revenais de voyage ! •*Kikkêf min al aya ?* Est-ce que tu n'es pas trop fatigué ?

âya 1 dans l'expression *âya âya !* (vocabulaire affectif des enfants)
♦ **maman, mère.** •*Âya âya, atac sawwâni !* Maman, j'ai soif ! •*Âya âya, ta'âli !* Maman, viens !

âya 2 / âyât *n. f.,* * 'wy, ء و ي
♦ **verset, signe.** •*Hû gara âyât min al Xur'ân.* Il a lu des versets du Coran. •*Kulla yôm hû bagri âyât min al Xur'ân hatta bunûm.* Chaque jour il lit des versets du Coran avant de dormir.

âyan / yi'âyin *v. trans.,* forme III, * ʕyn, ع ي ن
♦ **scruter, examiner, regarder avec attention, dévisager.** •*Al wilêd da âyan al binêye di min tihit lê fôg.* Ce jeune homme [garçon] dévisage cette jeune fille et la scrute de la tête aux pieds [de bas en haut]. •*Hî mâ indaha hurma, tirîd ti'âyin al-rujâl kan gâ'idîn yâkulu.* Elle n'a aucun respect et se plaît à regarder les hommes avec attention lorsqu'ils sont en train de manger. •*Al bôlis jâyîn yi'âyunu bakân al hâdis.* Les policiers sont venus examiner le lieu de l'accident.

ayâyîl *pl.,* voir le *Syn. ayyâla,* * ʕyl, ع ي ل

aybân / aybânîn *adj.,* (*fém. aybâne*), * ʕyb, ع ي ب
♦ **honteux (-euse).** •*Al aybân mâci wa râsah dangarah.* Celui qui est honteux s'en va la tête baissée. •*Al mara karaboha ma'â hamâha wa maragat aybâne.* La femme a été surprise avec le frère de son mari, elle est sortie honteuse.

aybas *v. impér.,* → *yibis.*

Ayca *n. pr.* de femme, pour *ʕâ'iša(t),* deuxième femme du Prophète, ≅ *Âce, Acôc, Acôca, Accôca, Acta, Actu,* * ʕyš, ع ي ش

aydan *invar.,* terme de l'ar. lit., *Cf. battân,* * 'yḍ, ء ي ض
♦ **aussi, encore, de même.** •*Hû kallam aydan be l-suluh al watani.* Il a parlé aussi de la réconciliation nationale. •*Saffir axûk ma'âk aydan !* Fais aussi voyager ton frère avec toi !

âyic / âycîn *adj. mrph. part.* actif, (*fém. âyce*), * ʕyš, ع ي ش
♦ **vivant(e), en vie.** •*Ammi lê hassa âyce.* Jusqu'à présent ma mère est vivante. •*Humman dôl âycîn be ta'ab marra wâhid.* Ceux-là vivent vraiment dans la souffrance.

âyil 1 / âyilîn *adj. mrph. part.* actif, (*fém. âyile*), * ˁyl, ع ي ل

♦ **qui a de nombreux enfants.** •*Al bêt da âyil, cuwâl al xalla mâ bagôd ma'âhum icirîn yôm.* Cette maison est pleine d'enfants, un sac de mil ne dure pas chez eux plus de vingt jours. •*Zâra âyile, mâ tagdar tamci ziyâra lê ammaha.* Zara a de nombreux enfants, elle ne peut pas rendre visite à sa mère.

âyil 2 / âyilîn *adj. mrph. part.* actif, (*fém. âyile*), terme utilisé surtout à propos des femmes, *Cf. axnab, xanba*, * ˁyl, ع ي ل

♦ **désordonné(e), négligé(e), pauvre,** laissé(e) à l'abandon. •*Binêytah âyile, min râjilha tallagaha ke, nâdum mâ fîh bâxudha.* Sa fille est négligée ; depuis que son mari l'a répudiée, personne ne l'a épousée. •*Al bêt da âyil, xummâma kulla ke mubarjal wa wasxân.* Cette maison est laissée à l'abandon, toutes ses affaires sont en désordre et sales.

âyila / âyilât *n. f.*, plus employé que son synonyme *usra*, ≅ le singulier *â'ila* et le pluriel *âwâ'il*, *Cf. ahal*, * ˁyl, ع ي ل

♦ **famille proche.** •*Mahammat indah âyila muhtarama.* Mahamat a une famille respectable. •*Fî Anjammêna, nalgo fî kulla bêt arba'a walla sitte âyilât.* Dans chaque concession de N'Djaména, on trouve entre quatre et six familles. •*Axui najah fî l imtihân wa kulla l âyila bigat farhâne.* Mon frère a réussi son examen et toute la famille est heureuse. •*Al â'ila, hî amm wa abu wa iyâl ; wa l ahal, katîrîn min al â'ila.* La famille proche est composée de la mère, du père et des enfants ; la grande famille rassemble plus de monde que la famille proche. •*Â'iltak : al-nâs al inta mas'ûl minnuhum bas fî l bêt.* Ta famille proche est celle dont tu es responsable à la maison.

âyir / âyrîn *adj. mrph. part.* actif, (*fém. âyre*), *Syn. matlûg*, * ˁyr, ع ي ر

♦ **errant(e), vagabondant, qui flâne,** qui est laissé(e) en liberté. •*Wâjib sammamân l kulâb al âyrîn fî cawâri Anjammêna.* Il faut empoisonner les chiens qui errent dans les rues de N'Djaména. •*Nâs al mêri yikarrubu kulla l bagar al âyrîn fî l gêgar bala ru'yân.* Les employés de la mairie prennent les vaches qui errent sans berger dans la ville. •*Fâtime allimi binêyitki l-ladây, mâ tixalliha âyre !* Fatimé, apprends la cuisine à ta fille, ne la laisse pas flâner !

âyix / âyxîn *adj. mrph. part.* actif, (*fém. âyixe*), * ˁyq, ع ي ق

♦ **désobéissant(e), révolté(e) contre ses parents.** •*Âyix al wâlidên mâ badxul al-janna.* Les enfants révoltés contre leurs parents n'entreront pas au paradis. •*Anti iyâlak tarbiya samha acân mâ yukûn âyixîn !* Donne à tes enfants une bonne éducation pour éviter qu'ils ne deviennent désobéissants.

aylamûn *n. m., empr. fr.*, ≅ *êlamûn, êlamûni, aylamûni.*

♦ **aluminium.** •*Al-tacig da hanâ aylamûn.* Ce bassin est en aluminium. •*Sufar al aylamûn bitawwulu.* Les plateaux en aluminium durent longtemps. •*Al êlamûn xafîf min al hadîd.* L'aluminium est plus léger que le fer.

Aymana *n. pr.* de femme, *litt.* qui est à droite, * ymn, ي م ن

ayne / aynât *n. f.*, ≅ *ayna*, * ˁyn, ع ي ن

♦ **modèle, spécimen, sorte, qualité.** •*Al koro l kayyâla lê l xalla fî Abbece, aynitha wahade bas.* Il n'y a qu'un seul modèle de koro servant de mesure pour le mil à Abéché. •*Anâ wa darriti râjilna jâb lêna farâde aynithum cik cik.* Mon mari a rapporté pour ma rivale et moi-même des pagnes de qualités différentes.

Aysatu *n. pr.* de femme, variante de *Âsiya.*

aywâ *invar.*, ≅ *ayyê, yô, âhah, zên.*

♦ **oui, bon, bien sûr, d'accord.** •*Aywâ, al kalib da hawân !* Oui, ce chien est méchant ! •*Ayyê, namci* *ma'âki !* Oui, je vais avec toi ! •*Yô, mâ tidôri l-laban da ?* Bon ! tu ne veux pas de ce lait ? •*Âhah, kalamna wâhid bas, nugummu ambâkir lê Abbece !* Oui, nous sommes bien d'accord [notre parole n'est qu'une], demain nous partons pour Abéché !

ayy *adj.*, ≅ *ayyu*, (*fém. ayyi*) expressions *ayy nâdum, ayyu wâhid, ayyi wahade* [chacun, chacune], * 'yw, و ي ء

♦ **chaque, chacun(e), n'importe lequel, tout(e).** •*Ayy nâdum yalga haggah.* Chacun aura sa part. •*Ayyu yôm al-iyâl bâkulu.* Les enfants mangent chaque jour. •*Ayyi mara tahassil xumâmha lê l êc.* Chaque femme prépare ses ustensiles pour la boule. •*Sidd al-darib fî ayyu wakit min al-sarrâgîn !* Ferme à tout moment la porte pour éviter les voleurs !

ayya / ya'ayyi *v. trans.*, forme II, * ʕyy, ي ي ع

♦ **fatiguer *qqn.*** •*Rakûb al humâr ba'ayyi ajala.* On est vite fatigué de voyager à dos d'âne [monter à âne fatigue rapidement]. •*Al xidime hint al-zurâ'a ayyatni bilhên.* Les travaux champêtres m'ont fatigué. •*Al-ruwâxa be rijilên ayyatni marra wâhid.* La marche à pied m'a vraiment épuisé.

ayyab / yi'ayyib *v. trans.*, forme II, *Cf. êb*, * ʕyb, ب ي ع

♦ **diffamer, humilier, perdre sa dignité, faire honte.** •*Wilêdku ayyabâna fî l hille.* Votre fils nous a fait honte au quartier. •*Al-sirge ti'ayyib al-râjil giddâm rufugânah.* Le vol fait perdre la dignité de l'homme devant ses amis.

ayyabân *n. d'act., m.*, → *ayyibîn.*

ayyac / yi'ayyic *v. trans.*, forme II, *Syn. rabba, yirabbi*, * ʕyš, ش ي ع

♦ **nourrir, élever.** •*Hî ayyacat iyâlha be ta'ab.* Elle a souffert pour élever ses enfants. •*Al-sane di anâ mâ nagdar na'ayyic lêk iyâlak dôl.* Cette année je ne peux pas nourrir tes enfants.

ayyad 1 / yi'ayyid *v. intr.*, forme II, * ʕyd, د ي ع

♦ **fêter, prendre part à la fête.** •*Anîna ayyadna yôm al xamîs.* C'est jeudi que nous avons fait la fête. •*Al iyâl kulluhum ayyado be xulgân judad.* Tous les enfants ont pris part à la fête avec des habits neufs. •*Hî mâ gidirat ayyadat acân mardâne bilhên.* Elle n'a pas pu participer à la fête parce qu'elle était très malade.

ayyad 2 / ya'ayyid *v. trans.*, forme II, * 'yd, د ي ء

♦ **soutenir, appuyer, supporter,** être d'accord sur. •*Tacâdiyîn katîrîn ayyado MPS wa âxarîn ayyado ahzâb âxarîn.* De nombreux Tchadiens ont manifesté leur appui au MPS et d'autres ont soutenu d'autres partis. •*Anîna ayyadna fikirtak di acân tijîb al âfe.* Nous avons appuyé ton idée parce qu'elle conduit à la paix [apporte la paix]. •*Al-Tacâdiyîn yi'ayyidu fikra hint al intixâbât lê l-sana l jâye.* Les Tchadiens sont d'accord sur l'idée d'organiser des élections l'an prochain.

ayyâla nom pluriel péjoratif, *Syn. ayâyîl, Cf. iyâl*, * ʕyl, ل ي ع

♦ **marmaille, enfants sales et nombreux, petits gosses.** •*Inta kabîr mâ tal'ab ma'â l ayâla !* Tu es grand, ne va pas jouer avec les petits gosses ! •*Al ayâla dôl lammo bicîfu cunû ?* Que regarde ce groupe d'enfants [ces petits enfants sont réunis pour voir quoi] ? •*Hî dâ'iman ga'ade ma'â ayyâlitha muhawwigînha.* Elle est toujours entourée de sa marmaille.

ayyâm *pl.*, → *yôm.*

ayyan / yi'ayyin *v. trans.*, forme II, *Syn. âyan*, * ʕyn, ن ي ع

♦ **fixer, choisir, nommer.** •*Allah ayyan nâs acân yabgo Rusul.* Dieu a choisi des gens pour qu'ils soient des Envoyés. •*Hâkumit Tcâd ti'ayyin wuzara' fî kulla arba'a cahar.* Le gouvernement du Tchad nomme des ministres tous les quatre mois.

ayyân / ayyânîn *adj.*, (*fém. ayyâne*), *Cf. ta'abân*, * ʕyy, ي ي ع ⇨

♦ **fatigué(e), épuisé(e),** qui n'a plus de force après avoir marché ou travaillé. •*Jîna ayyânîn min al-zere'.* Nous sommes revenus du champ, fatigués. •*Wilêdi ragad ayyân min li'ib al bâl.* Mon fils s'est couché, épuisé d'avoir joué au ballon. •*Al mara di ayyâne, jilidha kulla kammal.* Cette femme est épuisée, elle n'a que la peau sur les os [son corps est terminé].

ayyar / yi'ayyir *v. trans.*, forme II, * ʕyr, ع ي ر

♦ **insulter, injurier.** •*Al xani yaxâf lê gursah, ayyâr al-sarrâgîn.* Le riche a peur pour son argent, il a insulté les voleurs. •*Al mara ayyarat darritha.* La femme a injurié sa rivale. •*Mâ ta'ayyir wâlidênak acân mâ tadxul nâr jahannam !* N'insulte pas tes parents pour ne pas aller en enfer !

ayyarân *n. d'act., m.*, → *ayyirîn.*

ayyas / yi'ayyis *v. intr.*, forme II, métathèse dans la racine, * y's, ي ء س

♦ **désespérer, renoncer à l'effort, abandonner, perdre espoir.** •*Xumâmi sirgoh, fattactah kê wa mâ ligitah hassâ ayyast minnah.* On a volé mes affaires ; je les ai vraiment cherchées partout et ne les ai pas trouvées ; j'ai à présent perdu espoir de les retrouver. •*Al matara fî cahari tamâne kula mâ sabbat al-nâs bado ba'ayyusu min al xarîf al-sana.* Il n'a toujours pas plu au mois d'août, les gens commencent à ne plus croire à l'arrivée de la saison des pluies cette année. •*Mâ ta'ayyis, axadim ! Wa l Allah antak, talgah !* Ne renonce pas à l'effort, travaille ! Et ce que Dieu t'a donné, tu le trouveras !

ayyat / yi'ayyit *v. intr.*, forme II, *Cf. kawwak, nâda*, * ʕyṭ, ع ي ط

♦ **crier, appeler en criant.** •*Yâtu ayyat lêi ?* Qui m'a appelé en criant ? •*Kan jâbo l êc, ayyutu lêna !* Lorsqu'ils apporteront la boule, appelez-nous d'une voix forte ! •*Jâritna ayyatat fî l-lêl âkûn râjilha faracâha.* Notre voisine a crié cette nuit, c'était peut-être son mari qui la fouettait. •*Kan zôl sa'al minni, ayyit lêi !* Si quelqu'un me demande, appelle-moi d'une voix forte !

ayyê *invar.*, → *aywâ.*

♦ **oui.** •*Ayye, anâ jît !* Oui, je suis arrivé ! •*Ayye, da adîl !* Oui, c'est parfait !

ayyi *adj. f.*, → *ayy.*

ayyibîn *n. d'act., m.*, ≅ *ayyabân*, * ʕyb, ع ي ب

♦ **diffamation, humiliation, fait de provoquer la honte,** fait d'humilier *qqn.* ou de lui faire honte. •*Humman burûdu ayyibîn hanâ axawânhum fî l-câri.* Ils aiment diffamer leurs frères dans la rue. •*Inti tirîdi ayyibîn al-nâdum giddâm rufugânah.* Tu aimes humilier les gens devant leurs amis.

ayyirîn *n. d'act.*, ≅ *ayyarân*, * ʕyr, ع ي ر

♦ **insulte, injure,** fait d'insulter ou d'injurier. •*Ayyirîn al-nâs al kubâr mâ sameh.* Ce n'est pas bien d'insulter les grandes personnes. •*Hû birîd ayyirîn al-nâs misil al mara.* Comme les femmes, il prend plaisir à insulter les gens.

ayyu *adj.*, (*fém. ayyi*), → *ayy.*

Ayyûb *n. pr.* d'homme (Job), nom d'un prophète dans le Coran.

az'al *v. impér.*, → *zi'il.*

âza / yi'âzi *v. trans.*, forme III, * 'ḏy, ء ذ ي

♦ **nuire, faire des dégâts, créer des ennuis à *qqn.*, causer du dommage à *qqn.*, faire du mal à *qqn.*** •*Al galgal âza tamâtimi.* Le margouillat a fait des dégâts dans mes tomates. •*Amba'ûda âzatna fî l-lêl.* Les moustiques nous ont gênés la nuit. •*Al-jarâd âzo l-nâs fî l-zurâ'a.* Les sauterelles dans les champs sont nuisibles [causent des dommages aux hommes]. •*Al-râjil yi'azi martah be l kalâm al katîr.* L'homme nuit à sa femme en lui faisant trop de reproches.

azab / uzbân *adj.*, (*fém. azaba*), *Cf. azzâbi*, * ʕzb, ع ز ب

♦ **célibataire.** •*Al azab yâkul wihêdah.* Le célibataire mange tout seul. •*Al-râjil gâl lê binêytah : angari, mâ tagôdi azaba, âxudi râjil !* L'homme a dit à sa fille : attention, ne reste pas célibataire, épouse un homme ! •*Âxudu awîn, mâ tagôdu uzbân acân mâ sameh !* Épousez des femmes, car ce n'est pas bien de rester célibataire !

azâb *n. m.*, *Cf. taltâl*, * ʕḏb, ع ذ ب
♦ **souffrance, torture.** •*Anâ di iyît min azâb al marad.* Je suis épuisée par les souffrances de cette maladie. •*Kan mâ tisawwi l-zên mâ tanja min azâb jahannam.* Si tu ne fais pas le bien, tu n'échapperas pas aux tortures du feu de l'enfer. •*Azâb jahannam yufût taltâl al-dunya.* La torture de l'au-delà est plus pénible que la souffrance d'ici-bas.

âzab / yi'âzib *v. trans.*, forme III, *Syn. azzab*, * ʕḏb, ع ذ ب
♦ **faire souffrir, tourmenter, torturer.** •*Al askari da âzab al masâjîn be daggîn wa xassilîn wa nagilîn al hatab.* Ce militaire fait souffrir les prisonniers en les frappant, en leur faisant laver le linge et transporter le bois. •*Al kôlêra yi'âzib al-Tacâdiyîn wa yaktulhum.* Le choléra tourmente les Tchadiens et les tue.

azaba / azabât *adj. n. f.*, (*masc.* rare : *azab*), utilisé au *fém.* comme insulte à propos des femmes, *Cf. carmûta*, * ʕzb, ع ز ب
♦ **prostituée, femme libre, célibataire,** femme qui n'est pas au foyer et dont on suppose qu'elle cherche les hommes chez eux ou qu'elle les attire chez elle. •*Mara hanâ Âdum ayyarat darritha wa gâlat lêha : "Inti azaba !".* La femme d'Adoum a insulté sa rivale en lui disant : "Tu es une prostituée !". •*Hey, yâ azaba ! Kan tifattici râjili, nâktulki !* Hé ! toi la prostituée ! Si tu cherches à prendre mon mari, je vais te tuer !

azam / ya'azim *v. trans.*, forme I n° 6, * ʕzm, ع ز م
♦ **inviter,** inviter à un banquet. •*Râjili, al yôm azam rufugânah.* Mon mari a invité aujourd'hui ses amis. •*Yôm al îd, na'azumu jîrânna fî l xada.* Le jour de la fête, nous invitons nos voisins au repas de midi. •*Ahmat ya'azim al-ra'îs wa wazîrah.* Ahmat invitera le président avec son ministre.

azan / ya'zin *v. trans.*, forme III, → *âzan.*

azân *n. m.*, → *izâna.*

âzan / yi'âzin *v. intr.*, forme I n° 6, *Syn. azan, ya'zin*, * 'ḏn, ء ذ ن
♦ **permettre, autoriser.** •*Yâtu âzan lêki tamurgi fî l-lêl ?* Qui t'a permis de sortir la nuit ? •*Zamân al-sultân bas yagdar ya'zin lê l xuraba yadxulu baladna.* Autrefois, seul le sultan pouvait permettre aux étrangers d'entrer dans notre pays. •*Râjilha âzan lêha be l maci fî Sa'ûdiya.* Son mari l'a autorisée à partir en Arabie Saoudite. •*Jâri âzan lê martah yimaccutûha be sûf al marhûma.* Mon voisin a permis à sa femme de se tresser les cheveux avec des mèches postiches.

azanân *n. d'act., m.*, → *azinîn.*

âzâr *pl.*, → *uzur.*

azâyim *pl.*, → *azûma.*

azbut *v. impér.*, → *zabat.*

azgi *v. impér.*, → *zaga.*

azgul *v. impér.*, → *zagal.*

azhaf *v. impér.*, → *zihif.*

azhaj *v. impér.*, → *zihij.*

azhar *v. impér.*, → *zahar 1.*

Azid *n. pr. gr.*, *coll.*, nom d'une fraction de tribu arabe (*Wulâd Râcid*) se rattachant aux *Juhayna.*

azil *n. m.*, *Cf. azzal*, * ʕzl, ع ز ل
♦ **bon choix.** •*Hû axad binêye fâhime wa samhe, azzalâha azil.* Il a

épousé une fille intelligente et belle, il a fait le bon choix. •*Gâl lêi : "Mâ tilammissih kan tidôrih, tibî'i môzi da bala azil !".* Il m'a dit : "Ne touche pas mes bananes ! Si tu en veux, achète-les sans choisir les bonnes !".

âzin *v. impér.*, → *âzan.*

azîz / **azîzîn** *adj. mrph. intf.*, (*fém. azîza, azîze*), * ʕzz, ع ز ز

♦ **considéré(e), estimé(e), chéri(e), préféré(e), choyé(e),** qui a de l'estime pour. •*Al mara di farhâne acân hî azîza fî bêt râjilha.* Cette femme est heureuse parce qu'elle est chérie de son mari. •*Alam hanâ Tcâd azîz lê l-Tacâdiyîn.* Le drapeau est cher au cœur des Tchadiens. •*Kulla nâdum iyâlah azîzîn lêyah.* Toute personne chérit ses enfants. •*Hû azîz be martah l mul'allime di.* Il aime sa femme qui est instruite.

Azîz *n. pr.* d'homme, *Cf. azza, litt.* puissant, fort, honorable, * ʕzz, ع ز ز

Azîza *n. pr.* de femme, *fém.* de *Azîz*, * ʕzz, ع ز ز

Azîze *n. pr.* de femme, variante de *Azîza*, * ʕzz, ع ز ز

azkiya' *pl.*, → *zaki.*

azkur *v. impér.*, → *zakar 1.*

azlum *v. impér.*, → *zalam.*

azma *n. f.*, prononcé souvent *asma* ; le mot *fr.* "asthme" vient de l'arabe, * 'zm, ء ز م

♦ **crise, asthme.** •*Anîna, fî Ifrîxiya indina azma ixtisâdiya.* Nous, en Afrique, nous subissons une crise économique. •*Anâ, marad al azma, bilhên bita''ibni.* L'asthme me fait beaucoup souffrir.

aznab / **yi'aznib** *v. intr.*, forme IV, * dnb, ذ ن ب

♦ **pécher.** •*Zâman al-râjil da aznab katîr, lâkin hassâ hû tâb.* Autrefois cet homme a beaucoup péché, mais à présent il s'est converti. •*Hî aznabat wakit sabiye.* Elle a péché lorsqu'elle était jeune.

azra' *v. impér.*, → *zara'.*

azrag / **zurug** *adj.* de couleur, (*fém. zarga*), signifie "bleu" en *ar. lit.*, *Cf. litt, till, kurum*, voir les expressions *mara zarga, almi azrag, galib azrag, hâkûma zarga, Zurga*, et les différents teints de la peau noire *ahmar, asfar, axadar, xâtif lônên*, * zrq, ز ر ق

♦ **noir(e), autoritaire, tyrannique.** •*Al-sahab câl azrag.* Le ciel est noir de nuages [La nébulosité a pris du noir]. •*Macêt fî l-sûg acân nibi' farde zarga.* Je suis allée au marché pour acheter un pagne noir. •*Al-râjil da indah kubcân zurug.* Cet homme a des béliers noirs. •*Cîfna hâkûma zarga fî wakit hanâ Ra'îsna l fât.* Nous avons connu [vu] un gouvernement tyrannique au temps de notre Président précédent.

azrub *v. impér.*, → *zarab.*

azrud *v. impér.*, → *zarad.*

azrug *v. impér.*, → *zarag.*

azrut *v. impér.*, → *zarat.*

âzûma / **âwâzîm** *n. f.*, ≅ le pluriel *azâyim*, * ʕzm, ع ز م

♦ **invitation, réception.** •*Zênaba macat fî âzûma hint rafîgitha.* Zénaba s'est rendue à l'invitation de son amie. •*Fî Ramadân, mâ fî âwâzim katîrîn.* Pendant le Ramadan, on n'organise pas beaucoup de réceptions.

azwâd *pl.*, → *zâd 2.*

azwâj *pl.*, → *zawj.*

azyad *invar.* {*- lê, - min*}, * zyd, ز ي د

♦ **beaucoup plus, plus de.** •*Hû indah gurus azyad min axuh.* Il a beaucoup plus d'argent que son frère. •*Mâ tantih azyad min al hû sa'alak.* Ne lui donne pas plus que ce qu'il t'a demandé.

azza 1 / **yi'izz** *v. trans.*, forme I n° 11, * ʕzz, ع ز ز

♦ **affectionner, avoir de la considération pour, estimer, aimer,**

chérir, témoigner son affection par des largesses. •*Al mara di ti'izz binêyitha.* Cette femme chérit sa fille. •*Al mâ ba'arfak mâ bi'izzak.* Celui qui ne te connaît pas n'aura pas de considération pour toi. •*Al-Ra'îs, al-ca'ab azzoh be l-li'ib wa l hadâya, yôm najah fî l intixâbât.* Le jour où le Président a gagné les élections, le peuple lui a témoigné son affection par des danses et des cadeaux.

azza 2 / yi'izz *v. trans.*, forme I n° 11, *Syn. azzaz*, * ʕzz, ع ز ز

♦ **considérer, respecter, estimer, recevoir comme il faut, bien accueillir un hôte,** prendre *qqn.* en considération, faire preuve de respect et d'estime pour *qqn.* •*Macêna ziyâra lê Ali wa mâ ligînah, lâkin martah azzâtna.* Nous sommes allés rendre visite à Ali et ne l'avons pas trouvé, mais sa femme nous a reçus très cordialement. •*Wâjib al-râjil yi'izz martah wa iyâlah.* Le mari doit faire preuve de respect et d'estime envers sa femme et ses enfants.

azza 3 / yi'izz *v. trans.*, forme I n° 11, généralement suivi d'une phrase verbale négative, *Cf. zâm*, * ʕzz, ع ز ز

♦ **dédaigner, mépriser, refuser par orgueil, bouder.** •*Al wilêd, antêtah câhi, wa azza aba mâ yicîlah.* J'ai proposé du thé à l'enfant et il n'a pas daigné le prendre. •*Al yôm al wata bârde, acân da al bagar azzo mâ cirbo almi.* Aujourd'hui il fait froid, c'est pour cela que les vaches n'ont pas voulu boire. •*Al binêye kan câfat al-subyân ti'izz lêhum, mâ tisallimhum.* Lorsque la jeune fille voit les garçons, elle les boude et ne les salue pas.

azzâ'alo / yizzâ'alo *v. intr.*, forme VI, * zʕl, ز ع ل

♦ **se mettre en colère, se fâcher l'un contre l'autre,** être mécontent l'un de l'autre. •*Al-rujâl dôl hârajo wa ba'ad da azzâ'alo.* Ces hommes ont eu entre eux une altercation, puis ils se sont mis en colère l'un contre l'autre. •*Al mara wa râjilha azzâ'alo wa ba'adên attâlago.* La femme et son mari se sont fâchés et ils ont ensuite divorcé.

azzab 1 / yi'azzib *v. trans.*, terme de l'*ar. lit.*, *Syn. ta''ab, jâza, âzab, hân*, * ʕd̲b, ع ذ ب

♦ **torturer, tourmenter, faire souffrir.** •*Al masâjîn dôl azzabôhum acân humman mujrimîn.* On a fait souffrir ces prisonniers parce qu'ils étaient des criminels. •*Hû da, al marad azzabah indah santên wâ mâ ligi dawa.* Celui-ci, la maladie le fait souffrir depuis deux ans et il n'a pas trouvé de médicaments. •*Al fâr yi'azzibni, kulla yôm yifattic xumâmi wa yâkul fûli.* Les rats me tourmentent, tous les jours ils grattent mes affaires et mangent mes arachides.

azzab 2 / yi'azzib *v. intr. {- be}*, forme II, *Cf. azaba*, * ʕzb, ع ز ب

♦ **partir seul et sans bagage, s'en aller seul au pâturage, devenir célibataire,** mener seul le troupeau paître une quinzaine de jours ou plus, en laissant le campement, les femmes et les enfants, et en n'emportant que le strict nécessaire pour dormir et manger. •*Fî l-darat, al-subyân yi'azzubu be l bahâyim wa nâs al âxarîn yagta'o l-zurâ'a.* Au temps de la moisson, les jeunes gens partent seuls avec les troupeaux tandis que les autres font la moisson. •*Ali azzab be bagar nasîbtah.* Ali est parti tout seul faire paître les vaches de sa belle-mère. •*Al banât mâ ga'adîn yi'azzubu wihêdhum.* Les filles ne sont jamais toutes seules pour emmener les troupeaux au pâturage. •*Al-sultân nagas taman al-sadâx acân al-banât mâ yi'azzubu.* Le sultan a diminué le montant des dots pour que les filles ne deviennent pas des célibataires.

azzâb / azzâbîn *adj. mrph. intf.*, (*fém. azzâba*), *Cf. azzab 1*, * ʕd̲b, ع ذ ب

♦ **bourreau, tortionnaire.** •*Fî l-dangay al askari al azzâb dâyiman yidôr yafruc al masâjîn.* Dans la prison, le soldat tortionnaire aime fouetter en permanence les prisonniers. •*Al azzâb hû l-nâdum al mâ indah hinniye wa yirîd yi'azzib al-*

nâs. Le bourreau est quelqu'un qui n'a pas de pitié et qui aime torturer les gens.

azzâba *pl.*, → *azzâbi.*

azzabân *n. d'act.*, *m.*, → *azzibîn.*

azzâbi / azzâba *adj. n.*, *mrph. intf.*, (*fém. azzâbiye*), *Cf. azzab 2*, * ʕzb, ع ز ب

♦ **qui fait paître seul, berger solitaire, célibataire.** •*Al azzâbi yisîr wihêdah be bahâyimah.* Le berger solitaire est celui qui part tout seul avec ses bêtes. •*Amis numna ma'â azzâbi indah xanam wa dabah lêna kabic.* Hier nous avons dormi auprès d'un berger solitaire qui nous a égorgé un bélier. •*Al azzâba addâwaso wa wâhid minnuhum mât.* Les bergers solitaires se sont battus et l'un d'entre eux est mort. •*Al anjappa hummman azzâba acân mâ induhum awîn.* Les prêtres sont des célibataires parce qu'ils n'ont pas d'épouse.

azzaggal / yizzaggal *v. intr.*, forme V, * zjl, ز ج ل

♦ **se dandiner, marcher lentement avec élégance, balancer les bras en marchant, onduler en marchant, marcher avec grâce,** marcher doucement en esquissant un pas de danse. •*Ya banâti, rûxu lêna ajala, mâ tizzaggalo : al bakân ba'îd !* Mes filles, dépêchez-vous ! Ne vous dandinez pas, on va loin ! •*Al-tôr al kalas azzaggal giddâm al bagar mâcîn al-sarhe.* Le taureau, chef du troupeau, marche avec élégance devant les vaches qui partent au pâturage. •*Al banât yizzaggalo giddâm al-subyân fî yôm al îd.* Les filles marchent en esquissant un pas de danse devant les garçons le jour de la fête. •*Al mara di tizzaggal be rijilêna wa idênha acân tiwassifna jilidha l mârin.* Cette femme marche en faisant onduler ses jambes et ses bras pour nous montrer la souplesse de son corps.

azzahalat *v. intr.*, 3 *pers.* du masculin singulier, → *azzahlat.*

azzâhamo / yizzâhamo *v. intr.*, forme VI, * zḥm, ز ح م

♦ **se bousculer, se presser en foule, affluer en grand nombre, rivaliser, vouloir être premier,** être en concurrence, vivre dans l'émulation, . •*Al-axniya' bizzâhamo yôm al îd.* Les riches affluent en grand nombre le jour de la fête. •*Al banât bizzâhamo giddâm al-subyân.* Les jeunes filles se pressent et rivalisent de charme devant les jeunes gens. •*Anîna nizzâhamo fî xidimitna.* Nous rivalisons d'ardeur dans notre travail. •*Al mardânîn azzâhamo fî l bâb wakt al-daktôr nâdahum.* Les malades se sont bousculés à la porte au moment où le docteur les a appelés.

Azzahara *n. pr.* de femme, pour *Fâtime al-Zâhara* (fille du Prophète), → *Zâra, zahara*, * zhr, ز ه ر

azzahlat / yizzahlat *v. intr.*, forme V, ≅ *azzahalat*, * zḥl, ز ح ل

♦ **glisser sur.** •*Hî azzahlatat fî giddâm al bêt wa waga'at, wa îdha ankasarat.* Elle a glissé à l'entrée de la maison, est tombée et s'est cassé le bras. •*Mâ tidaffig almi hanâ sâbûn fî l-derib acân al-nâs mâ yizzahlato !* Ne jette pas de l'eau savonneuse sur le chemin pour éviter que les gens ne glissent !

Azzâki *n. pr.* d'homme, pour *Al-zâki*, *litt.* le pur, sans tache, * zkw, ز ك و

Azzakiya *n. pr.* de femme, pour *al-zakiya*, *litt.* l'intelligente.

azzakkar / yizzakkar *v. intr.*, forme V, * d̲kr, ذ ك ر

♦ **se rappeler, se souvenir.** •*Azzakar al ayâm al ga'adnâhum fî Abbece fî wakt al giray !* Souviens-toi des jours que nous avons passés ensemble à Abéché pour nos études. •*Al-nâdum al gâ'id fî dâr al xurba bizzakkar ahalah.* Celui qui est à l'étranger se souvient de sa famille.

azzal / yi'azzil *v. trans.*, *Cf. fattac*, forme II, * ʕzl, ع ز ل

♦ **choisir, trier, mettre à part.** •*Al-sibey mâ gidir azzal lê nafsah mara* *adîle.* L'adolescent n'a pas pu se choisir pour lui-même une bonne épouse. •*Anâ azzalt lêi farde samhe min al-sûg.* Je me suis choisi un très beau pagne au marché. •*Humman àzzalo lêhum tôr samîn lê l îd.* Ils ont choisi pour eux un taureau gras pour la fête. •*Al mara di azzalat warcâl al karkanji lê l mulâh.* Cette femme a trié les feuilles d'oseille pour la sauce.

azzâl / azzâlîn *adj. mrph. intf.*, (*fém. azzâla*), *Cf. azzal*, * ʕzl, ع ز ل

♦ **qui sait choisir, qui sait bien trier.** •*Acân hû azzâl minni, nidôr yamci ma'âi l-sûg wa yi'azzil lêi markûb.* Parce qu'il sait mieux choisir que moi, j'aimerais qu'il vienne avec moi au marché et qu'il me choisisse des chaussures. •*Al amm azzâla, tagdar talga lê wilêdha mara adîle.* La mère de famille est quelqu'un qui sait bien choisir, elle saura trouver pour son fils une femme qui lui convient [une femme parfaite].

azzalân *n. d'act., m.*, → *azzilîn*, * ʕzl, ع ز ل

Azzalo *n. pr.* d'homme, pour *azzaloh*, *litt.* ils l'ont choisi, *Cf. azzal*, * ʕzl, ع ز ل

azzan / yi'azzin *v. intr.* {*- lê*}, forme II, * 'd̲n, ء ذ ن

♦ **appeler à la prière,** lancer l'appel à la prière. •*Al azzâni azzan lê l-nâs fajur, sâ'a arba'a wa nuss.* Le muezzin a appelé les gens à la prière, le matin, à quatre heures et demie. •*Axui yi'azzin kulla yôm fî l-jâmiye lê l-salâ.* Mon frère lance tous les jours l'appel à la prière à la mosquée.

azzân *n. d'act.*, → *azzîn.*

azzanân *n. d'act.*, → *azzinîn.*

azzâni / azzânîn *n. m.*, inusité au féminin, * 'd̲n, ء ذ ن

♦ **muezzin.** •*Hiss al azzâni yatrud al-ceytân.* La voix du muezzin chasse le diable. •*Anâ dâyiman nugumm min al-nôm ma'â l azzâni hanâ l-subuh.* Je me lève toujours au son de la voix du muezzin appelant à la prière du matin. •*Fî Ramadân, anâ nâkul wa nacrab kan simi't hiss hanâ l azzânîn fî wakt al-sahûr.* Pendant le Ramadan, je mange et bois vers trois heures du matin lorsque j'entends la voix des muezzins appelant à se préparer au jeûne du jour qui vient.

azzârago / yizzârago *v. intr.* {*- be*}, *Cf. zarag*, * zrq, ز ر ق

♦ **se jeter mutuellement *qqch.*, se lancer mutuellement *qqch.*** . •*Al iyâl addâwaso wa azzârago be hujâr wa alfâjajo.* Les enfants se sont battus, se sont lancé mutuellement des pierres et se sont blessés à la tête. •*Zamân anîna nirîdu nizzârago be iyâl mango.* Autrefois nous aimions nous lancer des noyaux de mangues les uns sur les autres.

azzâtato / yizzâtato *v. intr.*, forme VI, *Cf. addârabo, zatta*, * ṣtt, ص ت ت

♦ **se frapper violemment,** s'envoyer mutuellement des coups très forts. •*Alhârajo wa azzâtato be l-safârig.* Ils se sont disputés et se sont violemment frappés à coups de bâtons de jet. •*Kan mâ l birgâd andassa ambênâthum da, garîb yizzâtato be l madâbîx wa yilkâtalo.* Si les gendarmes n'étaient pas intervenus, ils se seraient envoyé des coups de gourdins et se seraient entre-tués.

azzâyano / yizzâyano *v. intr.*, forme VI, * zyn, ز ي ن

♦ **se raser les uns les autres.** •*Al-rujâl ga'ado bizzâyano fî tihit dull al-cadaray.* Les hommes se sont mis à l'ombre de l'arbre et se rasent les uns les autres, . •*Fî lêle hanâ l îd al-rujâl gammo bizzâyano.* Les hommes se sont mis à se raser les uns les autres à la veille de la fête. •*Al-subyân azzâyano wa maco yicîfu galûb al xêl.* Les jeunes gens se sont rasés les uns les autres et sont partis voir la course de chevaux.

Azzâyim *n. pr.* d'homme, surnom, *mrph.* participe actif, *Cf. zâm, litt.* l'arrogant, → *zâm*, * zwm, ز و م

Azzâyime *n. pr.* de femme, *mrph.* participe actif, ≅ *Azzâyme*, *Cf. Azzâyim*, * zwm, م و ز

Azzâyme *n. pr.* de femme, → *Azzâyime*.

azzaz / yi'azziz *v. trans.*, forme II, * ʕzz, ع ز ز

♦ **apprêter *qqch.*, rendre *qqch.* disponible, être prêt(e) à, équiper, fortifier.** •*Fransa azzazat xuwâtha fî Bangi acân turudd ayyi hujûm min al mutmarridîn.* La France a préparé ses forces armées à Bangui pour repousser toute agression des mutins. •*Macêt nisallim axui wa ligîtah azzaz lê l-safar.* Je suis allé saluer mon frère, et l'ai trouvé prêt à voyager. •*Min tagôd sâkit, azziz lê imtihânak, axêr !* Au lieu de rester sans rien faire, prépare-toi à ton examen ! C'est mieux pour toi !

azzâz / **azzâzîn** *adj. mrph. intf.*, (*fém. azzâza*), * ʕzz, ع ز ز

♦ **accueillant(e), prévenant(e), attentionné(e).** •*Al mara di azzâza bilhên.* Cette femme est très accueillante. •*Bêtah dâyiman malyân nâs acân hû râjil azzâz.* Sa maison est toujours pleine de monde parce que c'est un homme accueillant et attentionné.

azzazân *n. d'act., m.*, → *azzizîn*.

Âzze *n. pr.* de femme, *Cf. azza*, * ʕzz, ع ز ز

Azzibêr *n. pr.* d'homme, pour *al-zibêr*, *mrph. dmtf., litt.* le fort, l'intelligent, * zbr, ز ب ر

azzibîn 1 *n. d'act., m.*, ≅ *azzabân*, * ʕdb, ع ذ ب

♦ **torture, supplice, fait de torturer,** fait de faire souffrir. •*Anâ kan bigit Ra'îs niwaggif azzibîn al askar lê l masâjîn.* Lorsque je serai Président, j'arrêterai les tortures que les militaires infligent aux prisonniers. •*Fî askar birîdu azzibîn al-sarrâgîn.* Il y a des combattants qui prennent plaisir à torturer les voleurs. •*Azzibîn al bahâyim harâm.* C'est interdit de faire souffrir le bétail.

azzibîn 2 nom d'acion, *m.*, ≅ *azzabân*, *Cf. azzab*, * ʕzb, ع ز ب

♦ **fait de paître en solitaire.** •*Al azzibîn be l bahâyim xidimt al baggâra fî l-darat.* S'en aller seul faire paître le troupeau est le travail des éleveurs de vaches au temps de la moisson. •*Al azzibîn bissawi l wilêd fahal fî l kadâde.* Emmener tout seul le troupeau au pâturage rend l'homme fort et courageux dans la brousse. •*Al azzibîn yabga fî kumalt al-darat acân bidayyiru bêyah l-zura'ât.* On fait paître le troupeau sous la conduite d'un homme seul à la fin de la moisson parce qu'ainsi les troupeaux engraissent les champs.

azzilîn *n. d'act., m.*, ≅ *azzalân*, *Cf. azzal*, * ʕzl, ع ز ل

♦ **choix, fait de choisir, fait de trier, tri.** •*Wâjib azzilîn al fûl gubbâl têribînah.* Il faut choisir les arachides avant de les planter. •*Kan ta'arif azzilîn al bittêx, amci l-zere' wa jîb lêna bittêxay hamra nâkuluha !* Si tu sais bien choisir les pastèques, va au champ et rapportes-en une qui soit bien rouge à l'intérieur pour que nous la mangions !

azzîn *n. d'act., m.*, ≅ *azzân*, *Cf. azza*, * ʕzz, ع ز ز

♦ **fait de témoigner du respect et de la considération à *qqn.*, fait de choyer *qqn*, de bien le recevoir, de lui faire bon accueil, de l'estimer.** •*Azzîn wâlidênak yidaxxilak al-janna.* Le fait de témoigner du respect et de la considération à tes parents te fera entrer au paradis. •*Azzîn al-dêf wâjib.* C'est un devoir de faire bon accueil à l'hôte. •*Al-Nasâra ya'arfu azzîn awînhum.* Les Européens savent choyer leur femme.

azzinîn *n. d'act., m.*, ≅ *azzanân*, * 'dn, ء ذ ن

♦ **appel à la prière.** •*Kulla l-nâdum kan simi' al azzinîn bugumm bilwadda ajala ke lê l-salâ.* Quiconque entend l'appel à la prière, se lève pour vite faire ses ablutions avant de prier. •*Al* *azzinîn xamsa marrât fî l yôm.* L'appel à la prière a lieu cinq fois par jour.

azzizîn *n. d'act., m.*, ≅ *azzazân, Cf. azzaz*, * ʕzz, ع ز ز

♦ **fait d'être prêt(e) à, fait de rendre *qqch.* disponible, fait d'apprêter, approvisionnement, préparation,** fait d'être muni(e) ou fourni(e) en marchandise. •*Al-tujjâr fakkaro fî azzizîn tijârithum acân yaksabo l-zabâyin.* Les commerçants veillent à bien approvisionner leur commerce pour gagner des clients. •*Azzizîn xuwât al mutmarridîn xawwaf al hakûma.* La préparation des forces armées rebelles a fait peur au gouvernement.

Azzo *n. pr.* d'homme, pour *azzoh, Cf. azza*, * ʕzz, ع ز ز

B

bâ' / yibî' *v. trans.*, forme I n° 9, *Syn. ictara* (acheter), * by^ʕ, ب ي ع

♦ **vendre, commercer, acheter,** faire une transaction commerciale. •*Mahammat bâ' lêyah faras.* Mahamat s'est acheté une jument. •*Gammo yibî'u xumâm bêthum.* Ils se sont mis à vendre les affaires de leur maison. •*Mâ bâ'o watîrhum.* Ils n'ont pas vendu leur voiture. •*Watîrhum mâ ba'oha.* On n'a pas acheté leur voiture. •*Da, bîtah be kam ?* Combien as-tu acheté cela ?

ba''ad / yiba''id *v. trans.*, forme II, * b^ʕd, ب ع د

♦ **éloigner, chasser.** •*Allah yiba''id al harba min baladna !* Que Dieu éloigne la guerre de notre pays ! •*Anâ hawwalt min bêti wa hassâ ba''ad min ahali.* Je me suis déplacé de chez moi et à présent je me trouve éloigné de ma famille.

ba''aj / yiba''ij *v. trans.*, forme II, * b^ʕj, ب ع ج

♦ **percer, trouer,** faire un trou. •*Fî l-sûg al xalla, talga l-tujjâr induhum hadîd yiba''uju beyah al-cuwâlât acân yiwassufu bêyah lôn al xalla lê l bâyi'.* Au marché du mil, il y a [tu trouves] des commerçants qui ont un morceau de fer creux qu'ils enfoncent dans les sacs afin de montrer aux acheteurs la couleur du mil qu'ils contiennent. •*Fâtime, ba''iji lêi lêmûn talâte arba' wa ahalbi lêi fî l kôro wa subbi lêyah sukkar.* Fatimé, perce-moi trois ou quatre citrons, presse-les dans un koro, et mets-y du sucre !

ba'âcîm *pl.*, → *ba'acôm.*

ba'acôm / ba'âcîm *n. m.*, * ^ʕšm, ع ش م

♦ **chacal, Thos aureus soudanicus (Thomas).** •*Al ba'âcîm akalo l bittêx hanâ Hawwa.* Les chacals ont mangé les pastèques de Hawwa. •*Al ba'acôm wa l marfa'în mâ birrâyado.* Le chacal et l'hyène ne s'aiment pas. •*Fî l hije l-tuwâl, al ba'acôm najîd min al-dûd wa usumah Ganda Abu Halîme.* Dans les contes, le chacal est plus malin que le lion et s'appelle "Ganda, le père de Halimé". •*Amm al kalib ba'acôm.* La mère du chien est un chacal. *Prvb.* (s'appliquant à des individus adoptant le même comportement).

ba'ad 1 *invar.*, *Cf. ba'adên*, * b^ʕd, ب ع د

♦ **après.** •*Ba'ad al bâl, namcu fî l-silima.* Après le match de football, nous irons au cinéma. •*Hû fât ba'adi wa ba'adha.* Il est parti après elle et moi. •*Ba'ad al akil nacarbo câhi.* Après le repas nous boirons du thé.

ba'ad 2 *invar.*, terme de l'*ar. lit.*, * b^ʕḍ, ب ع ض

♦ **certains (-es), quelques-uns (unes).** •*Al-daktôr bugûl : ba'ad minnuku yindasso wa l ba'ad yagôdu barra.* Le médecin dit : quelques-uns vont rentrer et les autres resteront dehors. •*Al-dagga, mâ talgâha fî l gawâdîl, bisawwuha xâs fî ba'ad al buyût.* La bière *dagga* ne se trouve pas dans les cabarets, c'est une spécialité fabriquée dans certaines maisons.

ba'ad ma *invar.*, dans *ba'ad ma, ma* n'est pas une négation, mais l'équivalent du français "que" (*Cf.* le *pron.* relatif neutre de l'arabe classique), * bˁd, ب ع د

♦ **après que, après avoir…, après être.** •*Ba'ad ma akal, yamci l-lekkôl.* Après avoir mangé, il ira à l'école. •*Ba'ad ma xassalt idêni nâkul ma'âku.* Après m'être lavé les mains, je mangerai avec vous.

ba'ad ma hatta locution *invar.*, se présentant sous la forme *ba'ad ma... hatta*, ou *ba'ad... ma... hatta*, généralement suivie d'un verbe à l'*inacc.*

♦ **pas avant que, pas avant de.** •*Ba'ad ammi ma taji min al-sûg hatta nâkul êc.* Je ne mangerai pas la boule avant que ma mère ne soit revenue du marché. •*Ba'ad ma nalga gurus katîr hatta nicil marti fî bêti.* Je ne prendrai pas ma femme chez moi avant d'avoir trouvé beaucoup d'argent.

ba'adên *invar.*, *Cf. ba'ad*, * bˁd, ب ع د

♦ **ensuite, après, puis.** •*Amci wa ba'adên ta'âli lêi.* Pars, et ensuite tu viendras me voir. •*Anîna ba'adên namcu lêku.* Ensuite, nous irons chez vous. •*Mâ tansa ba'adên indi usum fî l bêt.* N'oublie pas qu'ensuite j'ai à la maison la fête de l'imposition du nom à l'enfant.

ba'aj / yab'aj *v. trans.*, forme I n° 13, * bˁj, ب ع ج

♦ **percer, fendre, trouer,** en parlant du ventre ou de *qqch.* gonflé par un liquide. •*Al-ci'ibe hint al-sarîr ba'ajat lêi al girbe min wara.* Le bois fourchu du lit a percé mon outre à l'arrière. •*Al-sarrâg waga'a fî l hadîd al markûz fî l bâb wa ba'aj batunah.* Le voleur est tombé sur le fer qui calait la porte [appuyé sur la porte] et s'est ouvert le ventre [il a troué son ventre].

ba'ar *n. coll., m., sgtf. ba'aray* ; *Cf. hurâr, sabîb*, * bˁr, ب ع ر

♦ **crotte, crottin, fiente orbiculaire, bouse, fumier,** excrément des mammifères herbivores. •*Al ba'ar, kan xalbatoh ma'â l-tîne, sameh lê l-talasân.* Le crottin mélangé à l'argile fait un bon crépi [est bon pour le crépissage]. •*Cattit al ba'ar fî l-jinêne !* Répands le fumier dans le jardin ! •*Azgulha barra lê ba'arayt al humâr !* Jette dehors la crotte de l'âne ! •*Ba'ar al bagar sameh lê l-janâyin.* La bouse de vache est excellente pour les jardins.

ba'aruj *v. intr.*, utilisé au présent ou au futur, *Syn. dala', badla'*, * ˁrj, ع ر ج

♦ **boiter.** •*Hû ba'aruj min yôm al wildoh.* Il boite depuis sa naissance. •*Al faras badat ta'aruj fôg al-sibâg acân da jat wara l âxarîn.* La jument a commencé à boiter pendant la course, et c'est pour cela qu'elle est arrivée après les autres.

ba'as / yab'as *v. intr.*, forme I n° 13, * bˁṯ, ب ع ث

♦ **ressusciter.** •*Al-nâs kulluhum yab'aso ba'ad al môt.* Tous les gens ressusciteront après la mort. •*Al-nâs yab'aso lê l hisâb ba'ad al môt.* Les humains ressusciteront après la mort pour le jugement dernier [pour le compte des actes].

ba'âsîr *pl.*, → *bâsûr.*

ba'asûr *n. m.*, → *bâsûr, abbâsûr.*

ba'îd / bu'âd *invar.*, ou employé comme *adj. {- min, - fî}*, (*fém. ba'îde*), ≅ souvent le pluriel *ba'îdîn*, * bˁd, ب ع د

♦ **loin, éloigné(e).** •*Hû maca ba'îd, marra wâhid !* Il est allé vraiment très loin ! •*Zere' hanâ Âdum ba'îd.* Le champ d'Adoum est loin. •*Naga'at al-tayyâra ba'îde min al hille.* L'aérodrome est loin de la ville. •*Akûn bagari maco ba'îdîn fî l kadâde, mâ ligithum.* Il se peut que mes vaches soient allées loin en brousse, je ne les ai pas trouvées. •*Al buyût dôl bu'âd min al âsimat.* Ces maisons sont loin de la capitale.

ba'îd min *invar.*, locution prépositive, * bʕd, ب ع د

♦ **loin de.** •*Bêti ba'îd min al-câri l kabîr.* Ma maison est loin de la grande rue. •*Anîna ga'adna ba'îd min al watîr.* Nous sommes restés loin de la voiture.

ba'îr *n. m.*, *coll.*, *Cf. albil*, * bʕr, ب ع ر

♦ **dromadaires** (les), **chameaux** (les). •*Fî Tcâd talga l ba'îr fî l muncâx.* Au Tchad on trouve [tu trouveras] les dromadaires au Nord. •*Hêy Yaxûb, agilb al ba'îr jây !* Hé ! Yacoub, fais revenir [fais retourner] ici les chameaux !

ba'ûda *n. coll., f., sgtf. ba'ûday*, ≅ *amba'ûda*, * bʕḍ, ب ع ض

♦ **moustique.** •*Al ba'ûda tibayyid fî l almi wa fî kulla bakân wasxân.* Les moustiques pondent dans l'eau et dans tous les lieux sales. •*Kan addatak ba'ûday tisawwi lêk wirde "pâli".* Lorsqu'un moustique te pique, il te donne le paludisme. •*Al-nâs zamân mâ ya'arfu dawa hanâ ambahûda, illa bacarbo almi hanâ ardêb be basal.* Les gens d'autrefois ne connaissaient aucun remède contre les moustiques, sinon le fait de boire de l'eau de tamarin avec de l'oignon. •*Al ba'ûda tinôni fî adân fîl.* Le moustique bourdonne dans l'oreille de l'éléphant. *Prvb.* (*i.e.* ce que vous dites ne m'intéresse pas !). •*Al ba'ûda mâ tâkul xarîfên.* Le même moustique ne pique pas deux saisons des pluies consécutives. *Prvb.* (*i.e.* le malheur qui atteint l'homme ne dure pas indéfiniment, incitation à la patience). •*Nahajji lêyah da bala ba'ûda fî adân fîl, xabari kula aba mâ bijîbah !* Je lui parle, mais c'est comme un bourdonnement de moustique dans l'oreille d'un éléphant : il ne fait pas attention à ce que je dis ! [même mon information, il ne l'apporte pas !]

bâb / bibân *n. m.*, *Cf. derib*, * bwb, ب و ب

♦ **porte.** •*Al-sarrâg kasar al bâb.* Le voleur a cassé la porte. •*Bîbân buyût al-Nasâra min hadîd.* Les portes des maisons des Blancs sont en fer.

bâba *n. m.*, langage des enfants, *Cf. abba*, * 'bw, ء ب و

♦ **papa.** •*Bâba, al yôm mâ jibt lêna zigêgeh wallâ ?* Papa, aujourd'hui, est-ce que tu nous as apporté de petits cadeaux ? •*Ammi, bâba gâl : "Sawwi câhi lê l-dîfân ajala !".* Maman, papa a dit : "Prépare vite du thé pour les invités !".

Bâba nom de personne, *m.*

♦ **pape.** •*Al bâba Yohanna Bûlus al-tâni wassal amis fî Anjammêna.* Le pape Jean Paul II est arrivé hier à N'Djaména. •*Al bâba amal amis ba'ad al-duhur akbar xutba.* Le pape a prononcé hier après-midi un très grand discours.

bâbanûs *n. vég.*, *coll.*, *m.*, *sgtf. bâbanûsay*, vient de *abanûs* (ébène) *empr.* grec : *εβενος [ebenos].*

♦ **nom d'un arbre, ébénier du Sénégal, Dalbergia melanoxylon,** famille des papilionacées, arbuste épineux au cœur brun, pourpre foncé ou violet noir avec des plages claires et dont le bois est très lourd. •*Fî l xarîf al awîn birîdu bacru hatab al bâbanûs : bi'ôgid ajala acân al almi mâ bibillah min dâxal.* Pendant la saison des pluies, les femmes aiment acheter le bois du petit ébénier : celui-ci s'enflamme vite parce que la pluie ne pénètre pas [ne le mouille pas] à l'intérieur. •*Hatab al bâbanûs abyad wa lubbah azrag wa jamurah mâ bumût ajala.* Le bois du petit ébénier est blanc, son intérieur est noir et sa braise ne meurt pas vite.

Bâbikir *n. pr.* d'homme, *Cf. Abbakar*, * bkr, ب ك ر

bâc 1 / bâcât *n. m.*, *empr. fr.*, ≅ *mucamma'*

♦ **bâche,** toile abritant du soleil ou de la pluie. •*Fî wakt al xarîf al musâfirîn bisaddudu xumâmhum be l* *bâcât.* Pendant la saison des pluies, les voyageurs recouvrent leurs bagages avec des bâches. •*Yôm âzûma hanâ jârna, rabbat bâc lê rufugânah.* Le jour de sa réception, notre voisin a installé [attaché] une bâche pour ses amis. •*Ba'ad sadaxa hanâ l-talâtât, al-subyân fartago l bâc.* Après le sacrifice des trois jours de condoléances après la mort, les jeunes gens ont démonté la bâche.

bâc 2 *n. m.*, → *bâz.*

bacam abyad *n. vég.*, (arbre), *coll.*, *sgtf. bacamay bêda,* ≅ *bahcamay bêda*, (Grewia villosa), → *tukka.*

bacam ahmar *n. vég.*, *coll.*, *sgtf. bacamay hamra,* ≅ *bahcamay hamra*, * bšm, ب ش م

♦ **nom d'un arbuste, Grewia bicolor (Juss.),** famille des tiliacées. •*Cadarayt al bacam al ahmar bisawwu minha ci'ab lê bêt al Arab al-sayyâra.* Le Grewia bicolor est un arbre avec lequel on fait des poteaux fourchus pour les maisons des Arabes nomades. •*Iyâl al bacam al ahmar suxâr, wa humur, wa bâkuluhum.* Les fruits du Grewia bicolor sont petits, rouges et comestibles. •*Al bacam al ahmar bisawwu minnah îdân al hurâb.* On tire du Grewia bicolor le bois pour les lances .

bacar *n. m.*, * bšr, ب ش ر

♦ **humain** (l'), **humanité** (l'), **hommes** (les), **êtres humains** (les). •*Kulla l bacar fî l-sinîn dôl induhum macâkil ambênâthum.* Ces dernières années, tous les hommes ont eu entre eux des problèmes. •*Fî l-dîn Allah mâ farrag al bacar bên abyad wa azrag, wa kulluhum ya'buduh.* Du point de vue religieux, Dieu n'a pas fait de différence dans l'humanité entre les Noirs et les Blancs, tous doivent l'adorer.

Bacar *n. pr.* d'homme, *litt.* "homme, être humain", * bšr, ب ش ر

bacari *adj.*, (*fém. bacariye*), *Ant. rabbâni, ilâhi,* * bšr, ب ش ر

♦ **humain(e),** qui vient de l'homme. •*Sinâ'a hint al-tayyârât ilim bacari.* La fabrication des avions est une science qui vient de l'homme. •*Al-duwâs fikra bacariye.* La guerre est une idée de l'homme. •*Al-dawa ilim bacari lâkin al âfe hikma rabbâniye.* Les médicaments viennent de la science de l'homme, mais la santé vient de la sagesse divine.

bacâyim *pl.*, → *bacîme.*

baccar / yibaccir *v. trans.*, forme II, * bšr, ب ش ر

♦ **promettre,** réjouir *qqn.* par une promesse. •*Mahammat baccar axawânah be xulgân al îd.* Mahamat a promis à ses frères des habits pour la fête. •*Al baccaroh misil lawo adânah wa talagoh.* Celui à qui on a promis quelque chose est comme celui à qui on a roulé les oreilles avant de le renvoyer (*i.e.* on n'oublie jamais une promesse qui vous a été faite). •*Hû baccarâni be l hijj.* Il m'a promis qu'il m'emmènerait en pèlerinage à La Mecque.

bacîme / bacâyim *n. f.*, * bšm, ب ش م

♦ **placenta.** •*Al mara waddôha fî l-labtân acân bacîmitha abat mâ taga'.* On a amené la femme à l'hôpital parce qu'elle n'était pas délivrée de son placenta [son placenta refusait de tomber]. •*Al mara kan xalâs wildat, badfunu bacîmitha giddâm al bêt.* Lorsqu'une femme a terminé son accouchement, on enterre son placenta devant la porte de la maison. •*Bacîmt al wilêd badfunûha be nuss al-zênay hanâ l bâb, wa hint al binêye be nuss al isray.* Après l'accouchement, on enterre le placenta à droite de l'entrée de la maison si c'est un garçon, et à gauche si c'est une fille.

Bacîr *n. pr.* d'homme, *litt.* porteur d'une nouvelle bonne et attendue, *Cf. bicâra,* * bšr, ب ش ر

bactan / yibactin *v. trans.*, forme II, * šṭn, ش ط ن ⇨

♦ **déranger, enquiquiner, ennuyer *qqn.*, agacer.** •*Al iyâl yibactunu ammuhum mâ yixalluha tunûm.* Les enfants dérangent leur mère, ils ne la laissent pas dormir. •*Indi uwâra fî râsi bactanatni bilhên.* J'ai une plaie sur la tête qui m'agace beaucoup. •*Al mara di tibactin râjilha hû mâ yagdar yagôd fî l bêt.* Cette femme enquiquine son mari qui ne peut rester à la maison.

bada / yabda *v. trans.*, forme I n° 16, * bd', ب د ء

♦ **commencer.** •*Al iyâl bado l giray fî kumâlt al xarîf.* Les enfants ont commencé les cours à la fin de la saison des pluies. •*Yôm al itinên kulla nâdum yabda xidimtah.* Le lundi, chacun commence son travail. •*Al harrâtîn gubbâl ma yabdo l hirâte yitêribu l xalla.* Avant de travailler la terre du champ, les paysans sèment d'abord le mil. •*Al wildoh bada bumût !* Celui qu'on vient de mettre au monde commence en fait à mourir ! •*Hî badat taxadim.* Elle a commencé à travailler.

bada'ân *n. m.*, * bd', ب د ء

♦ **commencement, début.** •*Bada'ân al xidime hint al-zurâ'a fî cahar sitte.* Le début des travaux champêtres est au mois de juin [sixième mois]. •*Bada'ân al giray fî cahar tis'a.* La rentrée scolaire a lieu au mois de septembre [le commencement de l'étude est au neuvième mois].

badal *invar.*, voir l'expression *badal fâgid*, * bdl, ب د ل

♦ **à la place de, échange, monnaie.** •*Al-râjil da baxdim fî badali.* Cet homme travaille à ma place. •*Gurus hanâ Faransa badalah lêna gâsi.* Il nous est difficile d'échanger de l'argent français. •*Gabbil ma'âk be badal hanâ miya !* Reviens avec de la monnaie de cent riyals !

badal fâgid expression, (*fém. badal fâgde*), * bdl, fqd, ب د ل • ف ق د

♦ **par intérim, en remplacement de, copie,** à la place de ce qui manque. •*Al wazîr da, jîbnah ra'îs badal fâgid.* Nous avons nommé ce ministre président par intérim. •*Mâ ligit tamâtim axadar, sabbêt al-tamâtim al yâbis fî l mulâh badal fâgid.* J'ai mis des tomates sèches dans la sauce, n'ayant pas de tomates fraîches. •*Funjâl mâ fîh, ciribt al-câhi fî l kôb badal fâgid.* J'ai bu le thé dans une boîte de conserve car je n'avais pas de verre. •*Waddart mîlâditi lâkin indi badal fâgid.* J'ai perdu mon acte de naissance, mais j'en ai une copie.

badawi / badawiyîn *adj.*, (*fém. badawiye*), *coll. badu*, * bdw, ب د و

♦ **bédouin(e), nomade.** •*Jiddi badawi, hû baggâri fî dâr Waddây.* Mon grand-père est bédouin, il est éleveur de vaches dans le Ouddaï. •*Kulla judûd al Arab fî Tcâd humman badawiyîn.* Tous les ancêtres des Arabes au Tchad sont des bédouins. •*Al mara l badawiye âdâtha farig min al mara fî l gêgar.* La femme bédouine a des coutumes différentes de celle qui habite en ville. •*Kulla subyân al badu ya'arfu rakûb al xêl.* Tous les jeunes bédouins savent monter à cheval.

Badawi *n. pr.* d'homme, *litt.* bédouin, * bdw, ب د و

badayân *n. d'act.*, *Cf. bada*, ≅ *badiyîn*, *Cf. baddân*, * bd', ب د ء

♦ **commencement, début, fait de commencer *qqch.*** •*Badayân al-xiyâte bidôr ibre wa xêt bas.* Pour commencer à coudre, il suffit d'une aiguille et d'un fil. •*Badayân al xidime bidôr niye.* Commencer un travail suppose de la volonté.

badda / yibaddi *v. trans.*, forme II, * bd', ب د ء

♦ **faire commencer, initier, faire débuter.** •*Ja faki fî hillitna wa badda iyâlna l-dugâg fî l girây wa l kitâbe.* Un faki est venu dans notre village initier nos enfants à la lecture et à l'écriture. •*Baddêt binêyti min al usbuh al fât fî xiyâte hint al-ladrayât.* Depuis la semaine dernière j'ai initié ma fille à la broderie des draps.

baddal / yibaddil *v. trans.*, *Cf. xayyar* ; forme II, * bdl, ب د ل ⇨

♦ **changer, échanger, troquer, faire la monnaie.** •*Brahîm baddal watîrah be bêt.* Brahim a troqué sa maison contre une voiture. •*Baddil lêi miyti di be dugâg !* Fais-moi la monnaie de mes cents riyals avec de petites pièces ! •*Kutubna dôl gudâm, badduluhum lêna !* Nos livres sont vieux, changez-les nous !

baddâl / baddâlîn *adj. n., mrph. intf.*, (*fém. sing. baddâla, fém. pl. baddâlât*), ≅ le singulier *baddâli* (*masc.*) *baddâliye* (*fém.*), * bdl, ب د ل

♦ **celui qui échange, celui qui troque.** •*Ammi macat baddâla fî l hille.* Ma mère est partie faire du troc au village. •*Al baddâlîn baddalo ruwâbithum wa zibdithum be xalla.* Ceux qui font du troc échangent leur babeurre et leur beurre contre du mil.

baddalân *n. d'act., m.*, → *baddilîn.*

baddâli / baddâlîn *adj.*, (*fém. baddâliye*), → *baddâl*, * bdl, ب د ل

baddan / yibaddin *v. trans.*, forme II, * bdn, ب د ن

♦ **rendre arrogant, amener à l'opulence, engraisser, gâter.** •*Al gurus yibaddinak.* L'argent te rendra arrogant. •*Hû baddan bagarah be akilîn zurâ'it al-nâs.* Il a engraissé ses vaches en les faisant paître dans les champs des autres. •*Kan tidôr tibaddin jamalak, azgih almi atrôn.* Si tu veux un chameau gros et fort, donne-lui à boire de l'eau natronnée.

baddân *n. m.*, → *baddîn*, * bd', ب د ء

baddilîn *n. d'act., m.*, ≅ *baddalân*, → *baddal*, * bdl, ب د ل

♦ **changement, permutation, échange, troc.** •*Baddilîn hanâ l gurus al katkat al gadîm mâ yukûn illa fî l banki.* Le changement des vieux billets de banque ne peut se faire qu'à la banque. •*Hû birîd baddilîn al hâl ajala ajala.* Il est d'humeur très changeante [il aime changer très vite de caractère].

baddîn *n. m.*, ≅ *baddân*, * bd, ب د

♦ **début d'un apprentissage, commencement, initiation.** •*Ba'ad baddîn al iyâl fî l-lekkôl, al amm talga râhitha fî l bêt.* Dès que les enfants commencent à aller à l'école, la mère de famille trouve un peu de repos à la maison. •*Baddîn al iyâl fî l kitâbe gâsi bilhên !* L'initiation à l'écriture est difficile pour les enfants. •*Awwal yôm baddîni fî l-sarhe sawwa lêi waja' rijilên.* Le premier jour où j'ai appris à faire paître le troupeau, j'ai eu mal aux jambes. •*Anîna, baddînna fî l xiyâte, dahâba.* Nous venons de commencer à apprendre à coudre.

badîd *n. m.*, *Syn. xartay*, * bdd, ب د د

♦ **rembourrage sous la selle.** •*Al badîd hû nyanyâgîr yuxuttuhum tihit al bâsûr wallâ l-serij.* Le rembourrage est fait de chiffons que l'on met sous la selle de l'âne ou du cheval. •*Xutt badîd katîr fôg dahar humârak acân al xuruj da tagîl !* Mets un bon rembourrage sur le dos de ton âne parce que les poches en cuir pour transporter l'eau sont lourdes !

badîn / badînîn *adj.*, (*fém. badîne*), plutôt réservé pour qualifier les animaux, *Cf. badnân*, * bdn, ب د ن

♦ **gâté(e), vivant dans le luxe, bien soigné(e), bien entretenu(e), fort(e), bien nourri(e),** se dit d'un animal ayant un bon traitement. •*Juwâdah badîn bagta' al-jinzir.* Son cheval est très fort, il casse les chaînes. •*Al kalib al badîn nabîha bas bixawwif al marfa'în.* L'aboiement d'un chien bien entretenu suffit à effrayer l'hyène. •*Al-humâr al badîn kan caddoh binakkis.* L'âne trop bien nourri saute quand on le charge.

bâdiya *n. f.*, → *bâdiye.*

bâdiye / bawâdi *n. f.*, ≅ *bâdye, bâdiya*, * bdw, ب د و

♦ **brousse, campagne.** •*Al-sana, al almi mâ sabba katîr wa nâs al bâdiye kulluhum daxalo fî Anjammêna.* Cette année, il n'a pas beaucoup plu et les gens de la campagne sont tous venus à N'Djaména. •*Anâ nirîd ni'îc fî l badiye acân naxdim lê nafsi wa nâkul adîl.* J'aime vivre en brousse parce que je fais un travail personnel et que je mange bien. •*Fî l-sinnîn al warrânîn dôl al-subyân abo mâ yagôdu fî l bâdiye bamcu bifattucu xidime fî l mudun.* Ces dernières années, les jeunes ont refusé de rester en brousse ; ils vont chercher du travail en ville.

badiyîn *n. d'act.*, → *badayân.*

badnân / badnânîn *adj.*, (*fém. badnâne*), * bdn, ب د ن

♦ **à l'aise, dans l'abondance, vivant dans le luxe, riche, repu(e), opulent(e), fort(e), gâté(e),** entouré(e) de monde et vivant dans le luxe. •*Al mara di badnâne acân râjilha xani.* Cette femme vit dans l'opulence parce que son mari est riche. •*Al-sane di, al harrâtîn badnânîn acân ligo xalla katîre.* Cette année, les cultivateurs sont dans l'abondance parce qu'ils ont récolté beaucoup de mil. •*Al-juwâd da badnân, mâ bâkul gecc illa xalla wa sumsum bas.* Ce cheval est gâté, il ne mange pas de paille, mais seulement du mil et du sésame. •*Humman badnânîn wa Allah antâhum al hukum.* Ils vivent dans le luxe et Dieu leur a donné le pouvoir. •*Inta badnân misil wilêd al maccâta al babki bidôr lêyah curba hint sûf.* Tu es capricieux comme l'enfant de la coiffeuse qui pleure parce qu'il veut une soupe de cheveux (*i.e.* tu pleures en demandant la lune). •*Kan hû badnân be gurus, anâ badnân be laban ammi !* S'il est fort à cause de son argent, moi je le suis grâce au lait de ma mère !

badôm *n. m.*, *empr. fr.* "bidon", → *badong.*

badông / badongât *n. m.*, *empr. fr.*, prononcé *[badoŋ].*

♦ **bidon, gourde.** •*Al askar, kan mâcîn al harba, busubbu almi fî badongâthum.* Lorsque les militaires partent pour la guerre, ils remplissent leur bidon d'eau. •*Badông al aylamûn mâ talgah fî l-sûg, illa fî gêgar al askar.* On ne trouve pas de gourde en aluminium au marché, on n'en trouve qu'au camp militaire.

badri *invar.*, * bdr, ب د ر

♦ **tôt, de bonne heure.** •*Al harrâti maca badri fî l-zere'.* Le cultivateur est allé au champ de bonne heure. •*Macêt al xidime badri.* Je suis parti tôt pour mon travail. •*Gawwîmni badri min al-nôm !* Réveille-moi de bonne heure !

Badriye *n. pr.* de femme, *Cf. badri*, * bdr, ب د ر

badu *coll.*, → *badawi*, * bdw, ب د و

badur *n. m.*, * bdr, ب د ر

♦ **pleine lune, lune,** nuit de la pleine lune, le quatorzième jour du mois lunaire. •*Yôm al badur, al gamar abyad ; al-nâdum yagdar yilaggit al-darr min al-turâb.* Le jour de la pleine lune, il fait tellement clair qu'on peut ramasser par terre de petites fourmis. •*Fî lêlit arba'atâcar wa xamistâcar, da bas al-gamar yatla badur.* La pleine lune du mois monte lors de la quatorzième et quinzième nuits.

Badur *n. pr.* d'homme, *litt.* pleine lune, * bdr, ب د ر

badye *n. f.*, → *bâdiye.*

bagar *n. anim.*, *coll.*, *m.*, *sgtf. bagaray*, ≅ *bagara*, *Cf. tôr*, * bqr, ب ق ر

♦ **bovin, vache, taureau, bœuf.** •*Al Arab induhum bagar katîrîn.* Les Arabes ont de nombreuses vaches. •*Arba'a fî l-tîn(e), arba'a bartunu ratîn, wa l-tinên câhidîn Rabbina l karîm… Di l bagaray.* Quatre sont dans la boue, quatre parlent "patois", deux implorent la miséricorde de notre généreux Seigneur… C'est la vache. *Dvnt.* (La vache est ici définie par ses quatre pattes, le bruit du lait des mamelles qui gicle dans la calebasse, et les cornes tournées vers le ciel). •*Al bagaray al mâ indaha danab, Rabbinah bihâhi lêha.* Notre Seigneur chasse les mouches de la vache qui n'a pas de queue. *Prvb.* (*i.e.*

la Providence est là pour aider les plus faibles).

bagbag / yibagbig *v. intr.*, forme II, * bqq, ب ق ق

♦ **clapoter, glouglouter, nager en agitant les jambes, couler d'un goulot en faisant glouglou.** •*Al-Nasraniye bagbagat fî l bahar.* L'Européenne a nagé dans le fleuve. •*Al-dihin bagbag min al gazâza.* L'huile sortait de la bouteille en faisant glouglou.

bagbâg *n. m.*, *onom.*, * bqq, ب ق ق

♦ **glouglou d'un liquide, nage avec les jambes, clapotis,** bruit de l'eau agitée ou transvasée. •*Naxâf nahajji ma'âki fî l-kalâm da acân "bagbâg al-dihin, yasma'o l-tarcânîn".* Je crains de parler avec toi de cette affaire parce que "le glouglou de l'huile, même les sourds l'entendent". *Prvb.* (*i.e.* les bruits courent vite, "les murs ont des oreilles"). •*Hî rakbe fôg humâritha, tixanni wa mâ tasma bagbâg al-labân min buxsitha.* Elle était montée sur son âne, chantait et n'entendait plus le clapotis du lait dans sa grosse gourde. •*Al iyâl kan bu'ûmu bisawwu harakit bagbâg fî l almi.* Lorsque les enfants nagent, ils font du bruit en battant des jambes dans l'eau.

bagdi *v.* à l'*inacc.*, pour *ba'agid*, → *agad*, * ʕqd, ع ق د

bagga / yibigg *v. intr.*, * bqq, ب ق ق

♦ **réapparaître après s'être enfoncé(e), ressortir.** •*Al wilêd xatas fî l bahar wa bagga ba'îd min al-juruf.* L'enfant a plongé dans le fleuve et est réapparu loin de la berge. •*Al-sabara daxalat fî nuguritah al fî zere'na wa baggat fî zere' hanâ jârna.* L'écureuil est entré dans son trou qui se trouvait dans notre champ et est ressorti dans le champ de notre voisin.

Bagga *n. pr.* de femme, en *ar. lit.* : mettre au monde beaucoup d'enfants, * bqq, ب ق ق

baggâra *pl.*, → *baggâri.*

baggâri / baggâra *adj. n.*, *mrph. intf.*, (*fém. baggâriye*), * bqr, ب ق ر

♦ **éleveur de vaches, vacher (-ère), bouvier (-ière), berger (-ère) de vaches.** •*Abui l baggâri l kabîr hanâ l farîg.* Mon père est le plus grand éleveur de vaches du campement. •*Al baggâra ba'arfu bilhên nakit al biyâr.* Les vachers savent bien creuser des puits. •*Al baggâri dâiman gawi acân bacrab laban katîr.* Le vacher est toujours fort parce qu'il boit beaucoup de lait.

bâgi / bâgîn nom *adj. mrph. part.* actif, (*fém. bâgiye*), *Cf. faddal, agâb,* * bqy, ب ق ي

♦ **reste, restant(e), autre.** •*Carêt sukkar be icirîn, wa bâgi gursi antêtah lê l masâkîn.* J'ai acheté du sucre pour vingt riyals, et le reste de mon argent, je l'ai donné aux pauvres. •*Hêy, sîd al-laham ! Antîni laham be miya wa gabbil lêi l bâgi !* Hé ! monsieur le boucher ! Donne-moi de la viande pour cent riyals et rends-moi l'argent restant ! •*Bâgi l-sinîn dôl nidôr nagri bas.* Ces années qui me restent à vivre [le restant de ces années], je veux les consacrer à l'étude. •*Jo nâs ciyya fî l azûma, wa l bâgîn mâ wassalo.* Peu de gens sont venus à l'invitation, les autres ne sont pas arrivés.

Bâgirmay *sgtf.* d'un *n. pr. gr.*, *m.*, (*fém. Bâgirmayye*), → *Bâgirmi.*

Bâgirmi *n. pr. gr.*, *coll.*, venant, dit-on, de *bagar miya* [cent vaches], *sgtf. Bâgirmay* (homme), *Bâgirmayye, Bâgirmaiye* (femme).

♦ **Baguirmien.** •*Al Bâgirmi yicâbuhu l Bilâla.* Les Baguirmiens ressemblent aux Bilala. •*Al-cayib al Bâgirmay da, ya'arif târîx hanâ l Bâgirmi gubbâl al isti'mâr.* Ce vieux Baguirmien connaît l'histoire des Baguirmiens d'avant la colonisation. •*Al Bâgirmayye di indaha âdât hanâ dârhum.* Cette Baguirmienne a gardé les coutumes de sa région.

bahag *n. m.*, * bhq, ب ه ق

♦ **dartre, desquamation, pelade.** •*Al bahag marad bakrub jild al-*

nâdum. La pelade est une maladie de la peau des gens. •*Al-nâs bugûlu : al-zôl al indah bahag babga xani !* Les gens disent que celui qui a une desquamation de la peau sera riche.

bahar / buhûr *n. m.*, * bhr, ب ه ر
♦ **fleuve, grand lac, mer.** •*Bahar hanâ Anjammêna, almih bacarab fî l-sêf.* Le fleuve qui passe à N'Djaména est presque à sec en saison sèche [Le fleuve de N'Djaména, son eau est bue par la terre en saison sèche]. •*Buhûr hanâ Tcâd mâ katîrîn.* Il n'y a pas beaucoup de fleuves au Tchad. •*Al bahar indah hût katîr.* Le fleuve est très poissonneux. •*Cuggit ammi tawîle wa mâ tintawi... Da l bahar !* La grande natte de ma mère est longue et ne s'enroule pas… C'est le fleuve. *Dvnt.* •*Al bahar mâ bâba l-ziyâde.* Le fleuve ne refuse pas l'abondance. *Prvb.* (*i.e.* "Abondance de bien ne nuit pas.")

bahari *n. m.*, dans l'expression *funjal bahari*, *Cf. dinêj*, * bḥr, ب ح ر
♦ **tout petit verre à thé,** plus petit que le verre *dinêj*, plus grand que le *funjal gahawa.* •*Nacarbo câhi be funjâl bahari.* Nous prenons le thé avec le petit verre. •*Antîni sukkar finjal bahari be acara riyâl !* Donne-moi un petit verre de sucre pour dix riyals !

bahat 1 / yabhat *v. trans.*, → *bahhat.*

bahat 2 / yabhat *v. trans.*, *Cf. anbahat, xawwaf*, * bht, ب ه ت
♦ **effrayer, faire peur.** •*Simi't haraka fî l bâb, bahatatni, nahasib sarrâg.* J'ai entendu un bruit à la porte, cela m'a fait peur, j'ai cru que c'était un voleur. •*Al-dûd yabhat al-ra'âwiye be hissah al kabîr.* Le lion avec sa grosse voix effraye les bergers.

bahâyim *pl.*, → *bahîme.*

bahbar / yibahbir *v. intr.*, *qdr.*, forme II, *Cf. istakbar*, * bhr, ب ه ر
♦ **être orgueilleux, être vaniteux, se montrer, pavaner, épater, bluffer.** •*Hû gâ'id bibahbir fî l hille bas, kan maca l kadâde nâdum xawwâf misilah ke mâ fîh.* Il est en train de se pavaner au village, mais s'il va en brousse il n'y a pas plus peureux que lui. •*Al binêye di tibahbir, mâ tâxudha !* Cette fille est orgueilleuse, ne l'épouse pas !

bahbâr *n. m.*, * bhr, ب ه ر
♦ **bluff, esbroufe, intimidation, vantardise, orgueil.** •*Hû xawwâf, coxolah da bahbâr fî giddâm al-nâs.* C'est un peureux, ce qu'il fait c'est du bluff devant les gens. •*Al bahbâr kan xawwaf lêk, mâ lammak be l-duwâs !* Si pour toi l'intimidation fait peur à l'adversaire, elle ne te servira à rien pour combattre !

bahbâri / bahbârîn *adj.*, (*fém. bahbâriye*), * bhr, ب ه ر
♦ **bluffeur, prétentieux (-euse), hâbleur (-euse), vantard(e), orgueilleux (-euse).** •*Al wilêd da bahbâri lâkin mâ indah gudra.* Cet enfant est bluffeur, mais il n'a pas de force. •*Al-subyân al bahbârîn kulluhum fâto l harba.* Tous les jeunes gens vantards sont partis pour la guerre.

bahcam *n. coll.*, → *bacam abyad, bacam ahmar.*

bahdal / yibahdil *v. trans.*, *qdr.*, forme II, *Cf. barjal*, * bhdl, ب ه د ل
♦ **presser *qqn.* de, être pressé(e), mettre en désordre.** •*Anâ bahdalt nidôr mâci l xidime lâkin listik hanâ mublêti angadda.* Je me suis pressé pour aller au travail mais le pneu de ma mobylette a crevé. •*Hû bahdal martah acân tamrug al êc lê l-dîfân.* Il a incité sa femme à se hâter de servir le repas pour les invités [il a pressé sa femme de sortir la boule pour les hôtes]. •*Anâ gaccêt bêti wa farractah, angaru, yâ l iyâl, mâ tibahduluh lêi !* J'ai balayé ma maison et étalé les tapis. Attention, les enfants, ne me la mettez pas en désordre !

bahdâl *n. m.*, *qdr.*, * bhdl, ب ه د ل
♦ **promptitude, rapidité, activité désordonnée, précipitation.** •*Bakân*

wâhid al bahdâl mâ sameh. Parfois la promptitude n'est pas bonne. •*Al bahdâl turâh.* La précipitation mène à l'avortement. *Prvb.*

bahdâli / bahdâlîn *adj., qdr.*, (*fém. bahdâliye*), * bhdl, ب ه د ل
♦ **qui est toujours pressé(e).** •*Al mara di bahdâliye daffagat al-dagîg hanâ l êc.* Cette femme est toujours pressée, elle a renversé la farine destinée à la boule. •*Al binêye di bahdâliye garîb taga fî l bîr.* Cette fille est toujours pressée, elle a failli tomber dans le puits. •*Al-rujâl dôl bahdâlîn mâ bagdaro barja'o l xada.* Ces hommes sont toujours pressés, ils ne peuvent pas attendre le déjeuner.

bahhara *pl.*, → *bahhari.*

bahhâri / bahhâra nom, (*fém. bahhâriye*), * bḥr, ب ح ر
♦ **riverain, côtier, pêcheur,** personne vivant au bord du fleuve ou du lac, et dont l'activité est liée à ce dernier. •*Al bahhâra fî Anjammêna yi'îcu fî jazîra saxayre wa fî taraf al bahar.* A N'Djaména, les pêcheurs vivent sur une petite île ou au bord du fleuve. •*Al yôm da, al bahhâri jâb hût katîr fî l-sûg.* Aujourd'hui, le pêcheur a apporté beaucoup de poissons au marché.

bahhat / yibahhit *v. trans., Cf. nakat, hafar* ; forme II, ≅ *bahat, yabhat*, * bḥṯ, ب ح ث
♦ **chercher dans le sol, gratter la terre, creuser, fouiller,** ôter une légère couche de terre en grattant ou en creusant, pour y trouver quelque chose. •*Al kalib bahhat al-turâb wakit câf al-laham.* Le chien a gratté la terre quand il a vu la viande. •*Fî l-zere', al-sabar bahhat al-têrâb.* Dans le champ, les écureuils déterrent et mangent les semences. •*Al-jidâde dâ'imân tibahhit tifattic lêha dûd.* La poule gratte sans cesse la terre pour chercher des vers. •*Hû waddar gursah wa gâ'id yibahhit.* Il a perdu son argent et fouille dans la terre.

bahhâta / bahhâtât *n. f., litt.* gratteuse, * bḥṯ, ب ح ث
♦ **patte de la poule.** •*Al-jidâde nakatat nugura fî ga'ar al-duwâne be bahhâtâtha.* La poule a creusé un trou sous la jarre avec ses pattes. •*Kan al-jidâde dabahoha, bahhâtâtha bidaffuguhum.* Lorsqu'on a égorgé une poule, on jette ses pattes.

bahîme / bahâyim *n. f.*, * bhm, ب ه م
♦ **gros et petit bétail, bête, bestiaux, animal du troupeau.** •*Al bahâyîm akalo zere' hanâ abu Zênaba.* Les bestiaux ont détruit [ont mangé] le champ du père de Zénaba. •*Al bahîme di âgire.* Cette bête est stérile. •*Al-Tcâd xâniye min al bahâyîm.* Le Tchad est riche en gros et petit bétail.

bahit *n. m.*, * bḥṯ, ب ح ث
♦ **fait de gratter la terre, fouiller la terre en surface**. •*Al-jidâd birîdu bahit al-turâb.* Les poules aiment gratter la terre. •*Ya iyâl ! Bahit al-turâb janb al-duwâne mâ adîl.* Hé ! les enfants ! Ce n'est pas bien de gratter la terre à côté de la jarre !

bahrâm *n. pr.* d'homme.

bâiz / bâizîn part act, (*fém. bâize*), *Cf. bâz*, → *bâyiz*, * bwz, ب و ز

baj ! *invar.*, interjection exprimant la surprise et l'enthousiasme, → *haj baj.*
♦ **incroyable !, formidable !**

baja' *n. coll.*, animal, *sgtf. baja'ay*, * bjʕ, ب ج ع
♦ **pélican blanc, Pelecanus onocrotalus.** •*Al baja' mâ talgah fî l gîzân, illa fî taraf al buhûr acân bâkul hût.* On ne trouve pas [tu ne trouveras pas] de pélican dans les plaines de sable, mais seulement au bord des fleuves parce qu'il vit de poissons. •*Fôg hajar hanâ Abtuyûr tagdar ticîf têran hanâ l baja'.* Au-dessus des rochers de l'Abtouyour, tu pourras voir le vol des pélicans.

bajal *n. mld., m.*, comme en *ar. lit.* moderne, *empr., irk.* (*H.W.*), * bjl, ب ج ل
♦ **gonococcie, blennorragie, syphilis, gonorrhée.** •*Marad hanâ l*

bajal bi'âdi l-rujâl wa l awîn al bisahlugu. Le gonocoque de la blennorragie se transmet aux hommes et aux femmes qui sont désœuvrés. •*Al-rujâl bugûlu : marad al bajal binlagi katîr min al awîn.* Les hommes disent que la plupart des femmes sont atteintes de gonococcie. •*Al-nâdum, kan karabah bajal bubûl wi'e, lâkin kan tawwal, mâ yagdar yubûl wa mâ yagdar yugumm be tûlah.* Lorsque quelqu'un a attrapé une blennorragie, il urine du pus, mais s'il tarde à se soigner, il ne peut plus uriner ni se tenir bien droit.

bâjo / bawâjo *n. m., Cf. battâniye, xattay.*
♦ **couverture.** •*Anti l bajo lê l xassâli !* Donne la couverture au blanchisseur ! •*Al barid kan ja, al-nâs yacuru bawâjo katîr.* Lorsque le froid vient, les gens achètent beaucoup de couvertures.

bâk *n. m.*, → *bakalôrya.*

baka / yabki *v. intr.*, forme I n° 7, * bky, ب ك ي
♦ **pleurer, bêler, chanter** (oiseau), **miauler, coasser, résonner, sonner** (instrument). •*Mûsa yabki acân ammah mâ fîha.* Moussa pleure parce que sa mère n'est pas là. •*Al biss babki wa bugûl "nyâw".* Le chat miaule "gnaa-ou". •*Al xanamay tabki wa tugûl "ambêh".* Le mouton bêle : "am-bêêh". •*Al-têray tabki wa tugûl "tcik tcik".* L'oiseau chante "tchik tchik". •*Wakit simîna xabarah, jaras Kawre baka.* Quand nous avons appris la nouvelle, la cloche du village *Kawre* a sonné (vieille chanson).

bakalôrya *n. m., empr. fr.*, ≅ l'abréviation *bâk.*
♦ **baccalauréat.** •*Al-sana, banât al madâris al sawwo bâk kulluhum najaho.* Cette année, toutes les filles des écoles arabes qui ont passé le baccalauréat ont réussi. •*Axui mâ ligi l bâk.* Mon frère a échoué au baccalauréat.

bakam / yabkim *v. trans.*, forme I n° 6, * bkm, ب ك م
♦ **rendre muet.** •*Al-tarac yabkim al-nâdum.* La surdité empêche la personne de parler. •*Al xabîne bakamatah !* La colère l'a rendu muet ! •*Al-jinn yabkimha, kan mâ sawwo lêyah âdâtah, mâ yixalliha tikallim.* Le djinn la rend muette ; si l'on n'agit pas envers celui-ci comme il faut [s'ils ne lui font pas ses coutumes], il continuera de l'empêcher de parler.

bakân / bakânât *n. m.*, pour *makân* en *ar. lit.*, * kwn, ك و ن
♦ **lieu, endroit, place, là.** •*Waddîni ma'âk bakân inta mâci !* Emmène-moi avec toi là où tu t'en vas ! •*Namcu ambâkir bakân bikassuru l hatab.* Nous irons demain là où l'on coupe du bois mort.

bakân wâhid expression, *Cf. bakân lê bakân,* * kwn, ك و ن
parfois, quelquefois. •*Bakân wâhid al bahdâl mâ sameh.* Parfois, il n'est pas bon d'agir avec précipitation [parfois, la promptitude n'est pas bonne].

bakân lê bakân gabul expression, → *bakân,* * kwn, qbl, ك و ن • ق ب ل
♦ **parfois, quelquefois, de temps en temps, irrégulièrement.** •*Bakân lê bakân gabul yâji fî bêtna.* Il vient chez nous de temps en temps. •*Bakân lê bakân gabul nulummu fî l-câri.* Nous nous rassemblons parfois dans la rue.

Bakari *n. pr.* d'homme, *litt.* premier-né, aîné, * bkr, ب ك ر

bakâri *pl.*, → *bikir.*

bakayân *n. d'act.*, → *bakiyîn.*

bâke *n. vég., m.*, → *bâki.*

bakêt *n. m.*, → *bikêt.*

baki *n. m.*, * bky, ب ك ي
♦ **pleur, sanglot,** fait de pleurer. •*Al-râjil xalâs mât, al baki mâ bigabbilah bijîbah.* L'homme est déjà mort, les

pleurs ne le ramèneront pas. •*Al baki al-nasma'o da fî bakân al kalawada.* Les pleurs que nous entendons proviennent de la place mortuaire. •*Al baki mâ banfa fî l môt.* Il ne sert à rien de pleurer un mort [les pleurs ne sont pas utiles en présence de la mort].

bâki *n. vég., m.,* ≅ *bâke,*(*Cf.* Chapelle, 1957, p. 195).
♦ **nom d'un arbuste, Solenostemma, Solenostemon,** famille des labiacées, plante venant du Tibesti, poussant au pied des éboulis rocheux et dont les feuilles sont utilisées pour le traitement de nombreuses maladies. •*Al bâki bujûbuh min hajar Tibesti wa l Gurân bacarboh misil al-câhi.* On apporte le *baki* du Tibesti et les Goranes le boivent comme le thé. •*Al baki talgah fî l-sûg, funjâlah be xamsîn, wa hû dawa lê l waram.* Tu trouves le *bâki* au marché, à cinquante riyals le verre, c'est un médicament contre les enflures.

bâkim / bâkimîn *adj.,* (*fém. bâkime*), *Cf. abkam, bukum,* * bkm, ب ك م
♦ **muet (-ette), qui n'a pas la parole,** qui n'a pas de langage articulé compréhensible. •*Waga'a bâkim bala xacum min al waji'.* Il est tombé et est resté muet sous l'effet de la douleur. •*Al-saxîr al-saxayyar bâkim mâ bilkallam illa ba'ad santên.* Le bébé n'a pas de parole, il ne commence à parler qu'après deux ans. •*Kulla l bahâyim bâkimîn.* Tous les animaux sont sans langage articulé.

Bâkistân *n. pr.* de pays.
♦ **Pakistan.**

bakiyîn *n. d'act., m.,* ≅ *bakayân,* * bky, ب ك ي
♦ **pleurs, fait de pleurer.** •*Al bakayân fî l môt mâ banfa'.* Il ne sert à rien de pleurer la mort. •*Bakiyîn hanâ saxîrki da daharâni l-nôm.* Les pleurs de ton enfants m'ont empêché de dormir.

bakka / yibakki *v. trans.,* forme II, * bky, ب ك ي
♦ **faire pleurer.** •*Hey al wilêd, mâ tibakki axûk, xalli yal'ab ma'âk !* Hé ! mon garçon ! ne fais pas pleurer ton frère, laisse-le jouer avec toi ! •*Al môt yibakki l-nâs.* La mort fait pleurer les gens. •*Wakit nasma' tajwîd al Xur'ân, yibakkîni !* Lorsque j'entends la récitation du Coran psalmodié selon les règles de l'art, cela me fait pleurer !

bakkar 1 / yibakkir *v. intr.,* forme II, * bkr, ب ك ر
♦ **se lever tôt, être matinal(e), être debout à l'aube,** arriver ou se lever très tôt avant le lever du soleil. •*Anîna bakkarna macêna fî l-zere'.* Nous nous sommes levés très tôt pour aller au champ. •*Axui l kabîr bakkar maca fî naga'at al-tayâra.* Mon grand frère s'est levé très tôt pour aller à l'aéroport. •*Bakkir ambâkir fajur fî l xidime !* Sois debout à l'aube demain matin pour travailler !

bakkar 2 / yibakkir *v. intr.,* forme II, * bkr, ب ك ر
♦ **mettre au monde son premier enfant, produire les premiers fruits.** •*Hî bakkarat be tîmân acân da binâduha amm al-tîmân.* Elle a accouché pour la première fois en mettant aumonde des jumeaux, c'est pourquoi on l'appelle la mère des jumeaux. •*Al-darrâba lissâ mâ bakkarat.* Le gombo n'a pas encore produit ses premiers fruits.

bakkây / bakkâyîn *adj. mrph. intf.,* (*fém. bakkâye*), * bky, ب ك ي
♦ **pleureur (-euse), criard(e), grognon (-onne), pleurnicheur (-euse), sonnant(e).** •*Wilêdi l-saxayyar bakkây, mâ bagdar bagôd balâi.* Mon petit enfant est pleurnicheur, il ne peut pas rester sans moi. •*Al-saxîr al bakkây ammah mâ indaha jumma.* La mère d'un enfant criard n'a pas de repos. •*Jaras hanâ l-lekkôl bakkây marra wâhid, binsami' min ba'îd.* La cloche de l'école résonne bien fort, elle s'entend de loin.

bakma *adj. f.,* → *abkam.*

Bakri *n. pr.* d'homme, *Cf. Bakari*, * bkr, ب ك ر

bakta / baktât *n. f.*, pour *batka*, métathèse dans la racine, * btk, ب ت ك

♦ **morceau de tissu, coupon, pièce d'étoffe.** •*Anâ mâci nacri bakta nixayyitha xalag lê wilêdi.* Je vais acheter un morceau de tissu pour coudre un vêtement à mon fils. •*Bakta hînt l kafan bêda.* Le tissu du linceul est blanc. •*Al xayyât yigatti' al-tôb baktât baktât.* Le tailleur découpe l'étoffe en menus morceaux.

bâl 1 / yubûl *v. trans.*, forme I n° 4, * bwl, ب و ل

♦ **uriner, pisser.** •*Al-saxîr bâl fî l furâc.* L'enfant a uriné sur la literie. •*Al mardân yubûl damm.* Le malade urine du sang.

bâl 2 *n. m.*, expression *xutt bâlak* ("Fais attention!"), * blw, ب ل و

♦ **attention, esprit, fait de veiller à.** •*Anâ bâli fôgah, kan marag ni'ôrik.* Je veille sur lui [j'ai mon attention sur lui] ; s'il sort, je te le dirai. •*Humman bâlhum fî l xidime katîr.* Ils mettent toute leur attention au travail. •*Hawwa mâ xattat bâlha fî l mulâh, xallatah hirig.* Hawwa n'a pas fait attention à la sauce [n'a pas posé son attention sur la sauce] et elle l'a laissée brûler.

bâl 3 / bâlât *n. m., empr. (fr. angl.)*, parfois considéré comme un *n. coll.* avec un *sgtf. bâlay,* terme utilisé par les enfants. *Syn. kûra.*

♦ **ballon, balle.** •*Al-sana, li'ib al bâl bada badri.* Cette année, le tournoi de football a commencé tôt. •*Ta'âl cîf al iyâl al gâ'idîn bal'abo bâl be aciye.* Viens admirer les enfants qui jouent le soir au football ! •*Bâlayti angaddat, al yôm da al-li'ib mâ halu.* Mon ballon est crevé, aujourd'hui ce n'est pas agréable de jouer.

bal'ûm / bala'îm *n. m., Cf. xartoy*, * blʕm, ب ل ع م

♦ **besace, sac en toile.** •*Sabbêt xalla fî bal'ûm al amyân.* J'ai versé du mil dans la besace de l'aveugle. •*Xayyato lêi bal'ûm kabîr, namci beyah al-zere'.* J'ai fait coudre [on m'a cousu] un grand sac en toile pour l'emporter au champ. •*Sidtât al gawâdîl yisaffu l marîse be bala'îm kubâr.* Les tenancières des cabarets filtrent la bière de mil dans [avec] de grands sacs en toile. •*Têsi tês fallata, binaffis be kilewâtah... Da l bal'ûm hanâ amtab'aj.* Mon bouc est un bouc peul, il souffle l'air par les reins... C'est le sac en toile dans lequel on presse le liquide à filtrer pour la fabrication du *amtab'adj. Dvnt.*

bala 1 / yabli *v. trans.*, forme I n° 7, ayant Dieu pour sujet, * blw, ب ل و

♦ **éprouver, faire souffrir, mettre à l'épreuve, mettre dans le malheur,** envoyer une calamité ou un malheur à quelqu'un. •*Kan ticammit lê l-nâs Allah yablîk !* Si tu te moques des gens, Dieu te fera souffrir ! •*Allah ke balâna bê l-têr al akal xallit zurâ'itna kullaha ke.* Dieu nous a éprouvés en nous envoyant des oiseaux qui ont mangé tout le mil de nos champs. •*Xûl, yâ xûl, xûl al xala l macxûl, Allah balâni bêk !* Ogre, ô ogre très occupé dans la brousse, Dieu s'est servi de toi pour me faire souffrir (Plainte de Zeille dans un conte) !

bala 2 *n. m.*, * blw, ب ل و

♦ **calamité, catastrophe, malheur,** calamité ! malheur ! •*Allah yarfa' l bala wa yinazzil al-cifa'.* Que Dieu éloigne [soulève] la calamité et fasse descendre la santé ! •*Anâ indi jîrân bala bilhên.* J'ai des voisins qui sont une calamité. •*Gill al-sadaxât bijîb al bala.* Le fait de ne pas donner d'aumônes entraîne des calamités. •*Kan tadhak lê l-nâs, Allah yidalli lêk bala.* Si tu te moques des gens [si tu ris sur les gens] en riant d'eux, Dieu fera descendre sur toi le malheur. •*Hû da bala misil waga' min al-sama.* Ce type-là est comme une calamité tombée du ciel. •*Al bala barfa'oh be l-sadaxât.* Les aumônes chassent les calamités [le malheur, on le soulève avec les aumônes].

bala 3 / balâwa *adj., m.* et *f., Cf. nihis*, * blw, ب ل و ⇨

♦ **mal élevé(e), turbulent(e), mal éduqué(e), intenable, éprouvant(e),** qui n'est jamais à sa place, qui fait n'importe quoi. •*Al wilêd da bala, waga' wa kasar îdah.* Cet enfant est turbulent, il est tombé et s'est cassé le bras. •*Al binêye di bala, kassarat lêi l fanâjîl.* cette fille est intenable, elle a cassé mes verres à thé. •*Al iyâl dôl balâwa wassaxo l bêt.* Ces enfants sont mal élevés, ils ont sali la maison. •*Mûsa da bala bilhên, mâ yagôd sâkit !* Ce Moussa est très turbulent, il ne reste pas tranquille !

bala 4 *invar.*, pour *be la* (avec pas de).

♦ **sans, sauf, excepté.** •*Al miskîne maragat bala farde wa bala na'âl.* La pauvresse est sortie sans pagne et sans sandales. •*Mâ tamcu bala abûku !* Ne partez pas sans votre père ! •*Bala l kalib, mâ fî nâdum ma'âi.* Excepté le chien, il n'y a personne avec moi.

bala cakk expression, *Cf. bala, cakk,* * škk, ش ك ك

♦ **sans aucun doute, certainement, sûrement.** •*Ambâkir bala cakk namci lêk.* Demain sans aucun doute j'irai chez toi. •*Kan ligit gurus, bala cakk naciri watîr.* Si je trouve de l'argent, j'achèterai sûrement une voiture. •*Al binêye di bala cakk xalbâne.* Cette fille est certainement enceinte.

bâla / yibâli *v. trans.*, forme III, * blw, ب ل و

♦ **se faire du souci pour, prendre soin de, veiller à.** •*Amci, al mulâh fî l-nâr, bâlîh yanjad ajala !* La sauce est sur le feu, va et veille à ce qu'elle cuise vite ! •*Al-jinêne di mâla mâ balêtha namman xallêt al xadâr kulla ke yibis.* Pourquoi n'as-tu pas pris soin de ce jardin au point que les légumes ont séché ?

bala'îm *pl.*, → *bal'ûm.*

balâbît *pl.*, → *balbût 1, balbût 2.*

balâc *invar.*, expression, contraction de *bala ceyy* (sans rien), * blš, ب ل ش

♦ **gratuit(e), gratuitement.** •*Zamân al katibîn hanâ l iyâl fî l-lekkôl balâc.* Autrefois l'inscription des enfants à l'école était gratuite. •*Al yôm fîh sahra wa l-daxûl balâc.* Aujourd'hui, il y a une soirée dansante et l'entrée est gratuite. •*Antôni bêt balâc.* On m'a donné une maison gratuite.

balad / bilâd *n. f.*, *Cf. dâr*, ≅ le pluriel *buldân, bildân*, * bld, ب ل د

♦ **pays, contrée, région.** •*Tacâd, di baladi.* Le Tchad est mon pays. •*Al-zirâ'a samhe fî bilâdi.* Les cultures sont belles dans les régions de mon pays. •*Hawwa macat lê baladha.* Hawwa est allée dans sa région.

baladi / baladiyîn *adj.*, (*fém. baladiye*), par opposition à *madani* (citadin, à la mode), *Cf. âdi*, * bld, ب ل د

♦ **traditionnel (-elle), villageois(e), campagnard(e), du terroir.** •*Mulâh al-carmût wa l kawal be dihin bagar, da mulâh baladi.* La sauce à la viande séchée, mélangée avec des feuilles de Cassia tora et du beurre fondu, est une sauce traditionnelle. •*Hû libis xalag baladi.* Il s'est habillé avec un vêtement traditionnel. •*Fî l madîna kan simi't li'ib hanâ l-nuggâra, da li'ib baladi.* Lorsque j'écoute dans la capitale une danse accompagnée de tambour, c'est une danse du terroir. •*Al yôm, al-sabi cirib ajîne baladîye.* Aujourd'hui, le jeune homme a bu une boisson comme on la fait au village avec du mil et du babeurre.

baladiye / baladiyât *n. f.*, dans l'expression *idârat al baladiye*, *Cf. arundusuma*, * bld, ب ل د

♦ **commune, municipalité, arrondissement.** •*Anjammêna indaha sitte baladiyât wa hâkimhum al umda.* N'Djaména a six arrondissements à la tête desquels se trouve le maire. •*Fî kulla baladiye talga "komanda" wa hû tâbi lê l umda.* Dans chaque arrondissement il y a un responsable municipal appelé "commandant" qui dépend du maire. •*Amci fî idârat baladîytak al-sâkin fôgha, yantûk cahâdit milâd lê wilêdak.* Va dans le bureau municipal de l'arrondissement où tu habites, on te donnera l'extrait de l'acte de naissance de ton enfant ! •*Al umda, hû ra'îs al baladiye.* Le maire est le chef de la commune.

balas / yablus *v. trans.*, forme I n° 1, * fls̩, ف ل ص

♦ **lâcher, relâcher, laisser, soudoyer.** •*Al-tigil balas saxîrah min fire' al môt.* Le singe a laissé tomber son petit du sommet de l'arbre. •*Al masâjîn antoh lê l askari gurus wa hû balashum arrado.* Les prisonniers ont donné de l'argent au soldat qui les a relâchés et ils se sont enfuis. •*Ali, balas bîkak wên ?* Ali, où as-tu laissé ton stylo à bille. •*Al-dâlim kan yablus gurus ciya lê nâs al-cêriye, al madlûm mâ yalga haggah ajala.* Lorsque l'accusé qui a causé du tort soudoie avec un peu d'argent les gens du tribunal, le plaignant ne touchera pas vite ce à quoi il a droit.

balâwa *pl.*, → *bala 3.*

balax / yablux *v. intr.*, forme I n° 1, *Cf. kalaf*, * blġ, ب ل غ

♦ **devenir adulte, être nubile,** passer l'âge de la jeunesse. •*Al binêye di gâlat : al faggûsay di mâ haluwa acân xalâs balaxat.* Cette fille a dit que ce concombre n'était pas bon parce qu'il était trop vieux [déjà devenu adulte]. •*Al binêye balaxat, wâjib yijawwuzuha lê râjil wâhid.* La fille est nubile, il faut la marier.

balâx / balâxât *n. m.*, *Cf. xabar*, * blġ, ب ل غ

♦ **communiqué, nouvelle,** message donné à la radio. •*Al-sultân sawwa balâx hanâ môt ammah.* Le sultan a donné un communiqué concernant la mort de sa mère. •*Fî râdyo Tcâd, simi't al balâxât be sâ'a sitte wa talâtîn dagîga.* A Radio-Tchad, j'ai écouté les communiqués à six heures trente. •*Fî dâr barra, al balaxât mâ be l-râdyo, bisawwuha be l-nuggâra.* En brousse, on ne transmet pas les communiqués par la radio mais par le tambourinaire. •*Amis jîna fî bêt al malamma ba'ad ma simi'na l balâx.* Hier, nous sommes allés dans la salle de réunion après avoir entendu le communiqué nous y invitant.

balbal / yibalbil *v. trans.*, forme II, * bll, ب ل ل

♦ **enflammer, attiser, souffler sur le feu, bourrer le feu avec du bois.** •*Mâ tibalbili l-nâr katîre be l hatab, akilki yaharak ajala ke.* Ne bourre pas trop le feu avec du bois, ton plat [ta nourriture] va vite brûler. •*Angari, mâ tibalbil al kalâm, xallihum xalâs !* Attention, n'enflamme pas davantage la discussion ! Allons, laisse-les tranquilles ! •*Hey, anâ galbi balbal, min ciddit al waja'.* J'ai le cœur qui brûle de douleur.

balbala *n. d'act. f.*, *Cf. balbal, muhrâc*, * bll, ب ل ل

♦ **fait d'enflammer, fait d'attiser, provoquer à la bagarre, excitation à,** fait de mettre de l'huile sur le feu. •*Balbalat al-nâr be fatrôn.* Elle a attisé le feu avec du pétrole. •*Mâ tisawwi balbala lê râjilki ma'â jîrânah !* Ne provoque pas ton mari contre ses voisins ! •*Al balbala al bigat ambên al-duwân wa l barcôt min nâs al hille dôl bas.* Ce sont les gens de ce village qui ont poussé les douaniers à se quereller avec les fraudeurs.

balbas / yibalbis *v. trans.*, *qdr.*, connu au *Sdn.* (*C.Q.*), forme II, * blbs̩, ب ل ب ص

♦ **tromper, enjôler, duper.** •*Hû balbas al haras lâkin mâ ligi derib yindass lê l-sultân.* Il a trompé les gardes mais n'a pas réussi à aller chez le sultan. •*Al-sarrâg balbas al-tujjâr wa sirig budâ'ithum.* Le voleur a trompé les commerçants et a réussi à voler leurs marchandises.

balbâs *n. m.*, *Cf. balbas*, * blbs̩, ب ل ب ص

♦ **fait d'enjôler, fait d'abuser, tromperie, duperie, .** •*Anâ mâ nirîd al balbâs.* Je n'aime pas enjoler les autres. •*Hû birîd al balbâs acân da karaboh fî l-sijin.* Il a trompé beaucoup de monde [il aime la tromperie], c'est pourquoi on l'a arrêté et mis en prison.

balbat / yibalbit *v. trans.*, *Cf. massah* ; forme II, *Cf. balbût.*

♦ **enduire la peau, masser,** passer délicatement un produit gras sur la peau d'un petit enfant. •*Balbiti l wilêd be dihin wa barridih !* Enduis la peau du bébé avec de l'huile et lave-le ensuite ! •*Angari, mâ tibalbit jildak be l-tîne !* Attention ! Ne te salis pas [n'enduis pas ton corps] avec la boue ! •*Al binêye balbatat jilidha be zibde.* La fille s'est massée [a massé son corps] avec du beurre.

balbût 1 / balâbît *n. coll.*, animal, *sgtf. balbûtay*, connu au *Sdn.* (*C.Q.*), * blṭ, ب ل ط

♦ **nom de poisson, silure, Heterobranchus bidorsalis, Clarias lazera, .** •*Al balbût halu acân mâ indah udâm katîr.* Le silure est délicieux parce qu'il n'a pas beaucoup d'arêtes. •*Al balbût binlagi fî l buwat kula, mâ illa fî l bahar bas.* Le silure se trouve aussi dans les mares, pas seulement dans le fleuve. •*Anâ karabt balâbît arba'a fî l bahar.* J'ai pêché quatre silures dans le fleuve.

balbût 2 / balâbît *n. m.*, * blṭ, ب ل ط

♦ **mollet.** •*Al kalib adda l wilêd fî balbût rijilah.* Le chien a mordu l'enfant au mollet. •*Al-talga jât lêyah fî balbût rijilah, wa mâ lihigat al adum.* Il a été touché au mollet, mais la balle n'a pas atteint l'os. •*Hî wildat saxîr, balbûtah mulassag ma'â wirkah.* Elle a mis au monde un bébé dont le mollet était collé à la cuisse.

balda *v.* à l'*inacc.*, → *wilid.*

balîd / bulada' *adj.*, (*fém. balîde*), * bld, ب ل د

♦ **idiot(e), simplet (-ette), bête, sot (sotte), stupide.** •*Al wilêd al balîd mâ yafham fî l giray.* L'enfant idiot ne comprend rien quand on l'enseigne. •*Inta balîd wa musrânak xalîd !* Gros bêta, gros ventre ! [Tu es bête et tes intestins sont gros] (insulte) !

balîle *n. f.*, * bll, ب ل ل

♦ **mil à l'eau,** mil lavé, bouilli et assaisonné ; mil gonflé dans l'eau, nourriture des bergers et des voyageurs. •*Al-râ'i ga'ad fî l-dull wa akal balîle.* Le berger s'est assis à l'ombre et a mangé du mil à l'eau. •*Acta, rakkibi l balîle fî l burma !* Achta, fais cuire du mil à l'eau dans la marmite !

bâlix / balxîn *adj.*, (*fém. balxe*), *Cf. kâlif*, * blġ, ب ل غ

♦ **nubile, adulte,** qui est en âge d'être marié. •*Al wilêd da bâlix indah santên.* Cet garçon est nubile depuis deux ans. •*Mahammat xalâs bâlix, abuh bidôr bijawwisah mara.* Mahamat est déjà adulte, son père veut le marier.

balla / yibill *v. trans.*, forme I n° 11, * bll, ب ل ل

♦ **tremper, mouiller, laisser gonfler dans l'eau, humecter.** •*Gubbâl ma naxassil, anâ ballêt xulgâni be almi.* Avant de frotter mes habits, je les ai laissés tremper dans l'eau. •*Al-râ'i balla xalla fî l badôm.* Le berger a laissé le mil gonfler dans l'eau de son bidon. •*Mûsa wa axawânah ballo mappa be câhi.* Moussa et ses frères ont trempé du pain dans le thé.

ballac / yiballic *v. trans.*, forme II, connu au *Sdn.* (*C.Q.*), *Cf. balâc*, * blš, ب ل ش

♦ **laisser, abandonner, cesser, annuler.** •*Hû ballac curâb al-sijâra.* Il a cessé de fumer la cigarette. •*Hû ligi gurus wa ballac akil al êc.* Il a trouvé de l'argent et a cessé de manger la boule. •*Humman mâ yulummu fî bêt al malammât, ballaco l-jalsa.* Ils ne se sont pas réunis dans la salle de réunion, ils ont annulé la session.

ballal / yiballil *v. trans.*, forme II, * bll, ب ل ل

♦ **mouiller, tremper.** •*Anâ itict wa ballalt râsi be almi.* J'ai soif et je me suis mouillé la tête avec de l'eau. •*Fî l-ramadân al awîn biballulu farâdehum wa yixattu.* Pendant le mois de ramadan les femmes mouillent leurs pagnes et s'en couvrent.

ballân *n. d'act., m.*, → *ballîn.*

ballas / yiballis *v. trans.*, forme II, * flṣ, ف ل ص

♦ **arracher de force, ôter de force.** •*Ta'âlu, hâmu lêi, al-sarrâgîn bidôru biballusu minni gursi !* Au secours ! à moi ! les voleurs cherchent à prendre mon argent ! •*Axuh ballas minnah al-sakkîn wakit mâci bidâwis.* Son frère lui a ôté de force son couteau au moment où il allait se battre.

ballax / yiballix *v. intr. {- be}*, forme II, * blġ, ب ل غ

♦ **communiquer, informer, divulguer, annoncer,** faire un communiqué à la radio, faire connaître publiquement une nouvelle. •*Âdum ballax lê martah fî l-râdyo acân hî taji fî l bêt ajala.* Adoum a fait lancer par la radio un communiqué à sa femme pour qu'elle revienne vite à la maison. •*Ambâkir, hî tiballix be axîde hanâ wilêdha.* Demain, elle annoncera à la radio le mariage de son fils. •*Ahmat Abbakar yiballix lê âyiltah al fî Dagana be wâlûda hanâ wilêdah.* Ahmat Abakar annonce à sa famille qui se trouve à Dagana la naissance de son fils.

ballîn *n. d'act., m.*, ≅ *ballân*, * bll, ب ل ل

♦ **fait de mouiller, fait d'humidifier, humidification.** •*Ballîn al-sima wâjib kan tidôr yagba gawi.* On doit mouiller le ciment si l'on veut qu'il devienne dur. •*Fî l-sêf al-za'af al yâbis mâ yinfatil bala ballîn.* Pendant la saison sèche, les feuilles de palmier doum ne se laissent pas cordeler si elles ne sont pas mouillées.

balôb *n. coll.*, animal, *sgtf. balôbay*, * blm, ب ل م

♦ **tourterelle du Cap, Oena capensis,** petit oiseau au poitrail noir, dos gris et longue queue, et au bec rougeâtre. •*Al balôbay, saxayre min al gimêriye wa mulawwana.* La tourterelle du Cap est plus petite que la tourterelle ordinaire et a plusieurs couleurs. •*Al balôbay tibayyid bêd tinên bas.* La tourterelle du Cap ne pond que deux œufs à la fois.

balôk *n. coll., m., sgtf. balôkay, empr. fr.* "bloc",→ *blôk.*

bâlôy *n. f.*

♦ **terrain argileux inondable, vertisol, sol craquelé en saison sèche.** •*Fî l bâlôy titêrib al berbere wa l-dura.* Sur les terrains argileux inondables, on plante du sorgho blanc et du sorgho rouge. •*Fî l xarîf al bâlôy tinmali almi, wa fî l-sêf ticcaggag wa mâ tagdar turûx fôgha bala na'âl.* En saison des pluies les vertisols se gorgent d'eau, et pendant la saison sèche ils se fendent ; tu ne peux pas marcher dessus sans chaussures. •*Al-dabîb al-suxâr buyûthum fî cugûg al bâlôy.* Les petits serpents habitent dans les fentes des vertisols.

balsa *n. vég., sgtf. balsay* (à Am-Timam), *Syn. cadarayt al marfa'în* (à N'Djaména), *aswala* (à Bokoro), * bls, ب ل س

♦ **nom d'un arbuste, pied d'éléphant, Adenium obesum (Forsk.),** famille des apocynacées. •*Al balsa yuxuttuha fî l almi lê jidâd al xala acân yisakkirah wa yikarrubuh.* On laisse tremper des morceaux de pied d'éléphant dans de l'eau pour les pintades de brousse ; en buvant l'eau, elles s'enivrent et on les attrape en grand nombre. •*Nuwârayt al balsa hamra wa lubbaha abyad.* Les fleurs de pied d'éléphant sont rouges, et l'intérieur de la fleur est blanc.

balûx *n. m.*, * blġ, ب ل غ

♦ **puberté.** •*Al iyâl bitahhuruhum gubbâl sinn al balûx.* On circoncit les enfants avant l'âge de la puberté. •*Balûx al banât fî xamistâcar sana.* Les filles sont pubères vers l'âge de quinze ans.

balxam / yibalxim *v. trans., qdr.*, forme II, * blġm, ب ل غ م ⇨

♦ **saliver de faim, avoir l'estomac creux, avoir faim, avoir des gargouillements gastriques,** avoir l'estomac qui gargouille de faim. •*Al yôm al-ju' balxamâni marra wâhid.* Aujourd'hui j'ai trop faim. •*Akalt faggûs bala catte fajur ke, balxamâni.* Ce matin j'ai mangé des concombres sans piment, et j'ai des gargouillis dans l'estomac. •*Kan tacrab câhi bala akil yibalximak.* Boire du thé sans manger quelque chose provoque des gargouillements.

bâlxe *adj. f.*, → *bâlix.*

Balxîsa *n. pr.* de femme, nom de la Reine de Saba, * blqs, ب ل ق س

balyân / balyânîn *adj.*, (*fém. balyâne*), * blw, ب ل و

♦ **éprouvé(e), opprimé(e), être dans le malheur, contraint(e),** être dans une situation catastrophique qui force à agir. •*Al balyân bidâwis al-dûd.* Celui qui est dans le malheur se battra contre le lion (*i.e.* le fait d'être dans une situation catastrophique t'amène à combattre même le lion. *Prvb.)* •*Al-nâdum al balyân be l fagur dâ'iman zahjân.* Celui qui est dérangé par la pauvreté est toujours en colère.

bambar *n. m.*, → *banbar.*

bambitêr *n. m.*, → *pumbitêr.*

bâmiya *n. f.*, *empr.* dont la racine connue en arabe *sd.* viendrait du grec (*C.Q.*)

♦ **sauce de gombo,** sauce de gombo préparée spécialement pour être mangée avec des galettes. •*Hû maca fî l mat'am wa talab sahan hanâ bâmiya.* Il est allé au restaurant et a commandé une sauce de gombo vert avec des galettes. •*Al bâmiya bisawwuha fî wakt al udur hanâ l farha wallâ l-sadaxa.* On prépare la sauce de gombo vert avec des galettes à l'occasion des grandes cérémonies ou des sacrifices.

bân / yibîn *v. intr. {- lê}*, *Cf. anlag, ancâf* ; forme I n° 10, * byn, ب ي ن

♦ **apparaître, être vu(e), devenir visible.** •*Xumâmak al-sirgoh, lê hassâ mâ bân ?* N'a-t-on pas vu jusqu'à présent les affaires qu'on t'a volées ? •*Juwâdi râh amis wa bân al yôm fî l-sûg.* Mon cheval s'est perdu hier et est apparu aujourd'hui au marché. •*Al-cahar kan hisâba tamma, yibîn min muxrub ke.* A la fin du mois, la lune annonçant le nouveau mois sera visible au coucher du soleil.

bana 1 / yabni *v. trans.*, forme I n° 7, * bny, ب ن ي

♦ **construire.** •*Al-râjil bana bêt lê martah.* L'homme a construit une maison pour sa femme. •*Al hâkûma tabni sûg jadîd.* Le gouvernement fait construire un nouveau marché. •*Nidôru nabnu durdur hanâ wara-bêtna.* Nous voulons construire le mur de nos cabinets.

bana 2 / yabni *v. intr. {- lê}*, dans l'expression *bana lê martah*, forme I n° 7, *Syn. banna*, *Cf. arras*, * bny, ب ن ي

♦ **consommer le mariage, épouser, déflorer légalement.** •*Al arîs bana.* Le marié a défloré sa femme. •*Al binêye al-sâbiyye cakat fî l-sultân acân râjilha mâ gidir bana.* La jeune fille s'est plainte au sultan parce que son mari est impuissant [n'a pas pu la déflorer]. •*Fî cahar giseyyar rujâl katîrîn babnu lê awînhum, acân al-Ramadân garrab wa bidôru madîde.* Au mois de *giseyyar,* beaucoup d'hommes se marient [épousent leur femme] parce que le Ramadan est proche et qu'ils désirent manger de la bouillie.

bâna-bâna *n. m.*, employé à N'Djaména, *Syn. gumâr.*

♦ **nom d'un jeu de poker.** •*Yôm al îd al iyâl balâbo bâna-bâna.* Le jour de la fête, les enfants jouent au poker. •*Li'ib al bâna-bâna indah macâkil, akaloni sâ'iti wa abêt mâ nixalliha.* Le jeu de poker entraîne des problèmes : ils voulaient prendre ma montre en gage, mais j'ai refusé de la laisser.

banâbir *pl.*, → *banbar.*

banâdig *pl.*, → *bundug.*

banâdir *pl.*, → *bandar.*

banâgo *pl.*, → *bango 2.*

banâjîs *pl.*, → *banjôs.*

banân / banânayât *n. vég.*, *coll.*, *m.*, *sgtf. banânay*, *empr. fr.*, ≅ *môz.*
♦ **banane, Musa *sp.*,** famille des musacées. •*Amis anâ ciribt ji hanâ banân.* Hier j'ai bu du jus de banane. •*Fî Tcâd al banân xâli bilhên.* Les bananes coûtent très cher au Tchad. •*Al banânayât al-suxâr dôl asalîn min al kubâr.* Ces petites bananes sont plus sucrées que les grosses.

Bânasa *n. pr.* de femme, en arabe *sd. Bensa*, *empr. (angl. "pincer")*, *(C.Q.)* *litt.* épingle à cheveux.

banât *pl.*, → *binêye*, * bny, ب ن ي

Bânat *n. pr.* de femme, formé à partir du verbe *bân*, *litt.* elle est apparue, * byn, ب ي ن

banâwît *pl.* employé à N'Djaména, → *binêye.*

banayân *n. d'act.*, → *baniyîn.*

banbar / banâbir *n. m.*, prononcé *bambar*, *Cf. minbar, ga''âda*, * nbr, ن ب ر
♦ **banc, tabouret,** petit banc utilisé surtout par les femmes pendant qu'elles font la cuisine. •*Sidt al fangâsu ga'adat fî l banbar.* La marchande de beignets est assise sur le banc de cuisine. •*Al xaddâma gâ'ide fî banbarha wa taxassil al xumâm.* La servante est assise sur son banc de cuisine et lave les ustensiles.

banda *n. coll. m.*, dans l'expression *hût banda*, *empr.*
♦ **poissons fumés,** que l'on achète en tas au marché. •*Mulah hût banda be darrâba axadar halu.* La sauce de poissons fumés au gombo vert est délicieuse. •*Al yôm, yâ binêyti, hûti l banda, al bisse akalatah, nisey mulâh be cunû ?* Aujourd'hui, ma fille, le chat a mangé mon poisson fumé, avec quoi ferai-je la sauce ?

Banda *n. pr. gr.*, *coll.*, *sgtf. banday* (homme), *bandayye* (femme), dans la région du Chari-Baguirmi et de la République Centrafricaine.
♦ **Banda.**

Bandala *n. pr. gr.*, *coll.*, dans la sous-préfecture d'Am-dam, *sgtf. Bandalay* (homme), *Bandalayye* (femme).
♦ **Bandala.** •*Al Bandala yahartu fî Guêra.* Les Bandala cultivent dans le Guéra. •*Nafar hanâ nasîbi da, Bandalay min Amdam.* Mon beau-fils est un Bandala d'Amdam. •*Anâ nirîd nuggâra hanâ l Bandala.* J'aime le tambour des Bandala.

Bandalay *sgtf.* d'un *n. pr. gr.*, (*fém. Bandalayye*), → *Bandala.*

bandar / banâdir *n. coll.*, *m.*, *sgtf. bandaray*, *empr.* (*syr. bandôra, H.W.*), *litt.* il est sorti de terre et a verdi, * ndr, ن د ر
♦ **plant non semé, plant sauvage,** se dit d'une plante cultivée qui a poussé sans avoir été intentionnellement semée. •*Al-zere' nussah ke gamma bandar.* Des plants sauvages ont poussé dans toute une partie du champ. •*Al bandar mâ indah iyâl adîlîn.* Un plant non semé ne porte pas beaucoup de grains. •*Kulla sana, kan al almi sabba, al bandar yugumm gubbâl al-têrâb.* Chaque année, lorsqu'il a plu, les plants sauvages poussent avant ceux qui ont été semés. •*Al-tamâtim yugumm bandar gubbâl ma yimaggunuh.* Les tomates poussent d'abord sans avoir été semées, c'est ensuite qu'on les repique.

bandî nom, dans l'expression *iyâl bandi*, terme souvent employé pour désigner les enfants sans éducation, emprunt *fr.*, *Cf. sarrâg, harrâmi, naccâl.*
♦ **bandit, voleur (-euse), chenapan, vaurien (-enne).** •*Al bandî marago yisirgu hagg al-nâs.* Les bandits sont sortis pour voler les biens des gens.

•*Al bandî kan kataloh mâ indah diye.* Lorsqu'on tue un voleur, on ne paye pas le prix du sang. •*Rabbi iyâlak adîl, mâ tixallîhum yabgo bandî !* Élève comme il faut tes enfants, ne les laisse pas devenir des chenapans !

bândi *n. m., empr. fr.*
♦ **bande, bandage, pansement, bande de gaze.** •*Fî l farmasîn nalgo bândi katîr, wâhid be arba'în riyâl.* Dans la pharmacie on trouve beaucoup de bandes de gaze, l'une vaut quarante riyals. •*Al bândi bilawluwu beyah al awâwîr.* C'est avec les bandes que l'on panse [entoure] les plaies.

bangao *n. vég.*, → *bangaw.*

bangâw *n. vég., coll., m., sgtf. bangâway*, comme en sara, *empr.*
♦ **nom d'une plante à tubercule, patate douce, Ipomea batatas (L.),** famille des convolvulacées. •*Al yôm da nutucc lêna bangâw be dihin.* Aujourd'hui je vais faire frire pour nous des patates douces dans l'huile. •*Sawwi lêna mulâh hanâ bangâw !* Fais-nous une sauce à la patate douce !

Bangi *n. pr.* de lieu, désigne la capitale et le pays.
♦ **Bangui, République Centrafricaine.**

bango 1 *n. vég., m., Syn. hacîc,* connu au *Sdn.* (*C.Q.*).
♦ **haschisch, chanvre indien, cannabis, Cannabis sativa indica,** famille des cannabinacées. •*Carrâb al bango waddar mustaxbalah.* Le fumeur de haschisch a perdu son avenir. •*Al bôlis kulla yôm bifatticu fî carrâbîn al bango wa yi'âxubuhum.* Les policiers recherchent chaque jour les fumeurs de haschisch et les punissent. •*Nâs bugûlu al bango jâyi min Nigêrya.* Les gens disent que le haschisch vient du Nigeria.

bango 2 / banâgo *n. m., Cf. kûzi.*
♦ **case ronde en banco.** •*Buna hanâ l bango fôg gecc misil al kûzi, wa tihit bisawwu be dringêl.* Une case ronde appelée "bango" est construite avec un toit rond en paille reposant sur un mur de briques de terre. •*Fî Anjammêna mâ fî bango.* A N'Djaména, on ne trouve pas de case ronde en banco. •*Fî dâr barra, ijâr al bango bûti.* En brousse, la location d'une case ronde en banco est bon marché.

bani *n. d'act., m., Cf. bana,* * bny, ب ن ي
♦ **construction, fait de construire.** •*Bani l bêt bidôr gurus.* Construire une maison suppose [veut] de l'argent. •*Fî Anjammêna bani l buyût be l-dringêl al axadar kulla yabga.* A N'Djaména, il est aussi possible de construire des maisons avec des briques en terre sèche [vertes, *i.e.* non cuites].

Bâni *n. pr.* d'homme, *litt.* constructeur, *Cf. bana,* * bny, ب ن ي

Bani Halba *n. pr. gr., coll., sgtf. Hilbay* (homme), *Hilbayye, Hilbaiye* (femme).
♦ **Bani Halba.** •*Al Bani Halba siyâd al mâl wa harrâtîn, gâ'idîn fî turâb Wadday.* Les Bani Halba sont des éleveurs et des cultivateurs qui se trouvent dans la région du Ouaddaï. •*Al Bani Halba nafar min al Arab, yaskunu fî Abbece.* Les Bani Halba sont une ethnie arabe, ils habitent à Abéché. •*Al Hilbay da indah zere' ma'âna.* Ce Bani Halba a un champ sur notre territoire [avec nous].

Bani Mûsa *n. pr. gr., coll.,* nom d'une tribu arabe ; *sgtf. Mûsay* (homme), *Musâyye* (femme).

Bani Wâ'il *n. pr. gr., coll.,* ≅ *Bani Wâyil,* nom d'une fraction de tribu arabe se rattachant aux *Wulâd Hasan (Hasawna).*

banij *n. m.,* mot arabe d'emprunt *irn.* (*Ka.*), * bnj, ب ن ج
♦ **anesthésie.** •*Antoh ibre banij gabul al amaliye.* Il lui ont fait une piqûre pour l'anesthésier avant l'opération. •*Al banij kan mâ farrag min jism al-nâdum, al-nâdum mâ*

bihiss. Tant que l'anesthésie fait son effet, la personne ne sent rien.

baniyîn *n. d'act., m., ≅ banayân,* * bny, ب ن ي

♦ **construction, fait de construire.** •*Baniyîn buyût Anjammêna xâli min hanâ l bâdiye.* Cela revient plus cher de construire des maisons à N'Djaména qu'en brousse. •*Fî l âsima, baniyîn hanâ l buyût kitir.* Dans la capitale, la construction de maisons s'est multipliée.

banjôs / banâjîs nom de personne, *m., empr.*, connu au *Sdn.*

♦ **petit apprenti,** apprenti le moins qualifié qui est mis au service des autres apprentis, et qui fait toutes les corvées matérielles du chauffeur. •*Xidime hanâ l banjôs ta'ab bilhên.* Le travail du petit apprenti est très pénible. •*Hû allam al hadîd fî l watâyir min hû banjôs.* Il a commencé à apprendre la mécanique [il a appris le fer des voitures] lorsqu'il était petit apprenti.

banki / bunûka *n. m.*, autre pluriel *bankiyât*, * bnk, ب ن ك

♦ **banque, caisse, tirelire.** •*Anâ nicîl gursi min al banki.* Je m'en vais retirer mon argent à la banque. •*Sawwat banki fî bêtha tazgûl fôgah kulla yôm icirîn riyâl.* Elle a fabriqué une caisse chez elle, dans laquelle elle met chaque jour vingt riyals. •*Fî wakt al-duwâs al askar bidôru baksuru l xazna hint al banki wa mâ gidiro.* Pendant la guerre, les militaires ont voulu casser le coffre de la banque mais ils n'ont pas pu.

banna / yibanni *v. trans.*, dans l'expression *banna martah*, forme II, voir le *Syn. bana,* * bny, ب ن ي

bannay / bannayîn *adj., (fém. bannaye)*, * bny, ب ن ي

♦ **constructeur (-trice), maçon.** •*Al-râjil al gâ'id hinâk da bannay marra wâhid.* L'homme qui est là-bas est bon constructeur. •*Kan tidôr tarfa' durdurak fattic lêk nâdum bannay !* Si tu veux construire ton mur, cherche un maçon !

banne *n. f., Cf. rîhe,* * bnn, ب ن ن

♦ **odeur légère, senteur.** •*Al bêt da indah banne haluwa tincamma min ba'îd.* On sent de loin la bonne odeur de cette maison. •*Al harârât kulluhum induhum banne.* Toutes les épices sentent bon. •*Kan cammêt bannit al-laham al matcûc, rîgi tijimmîni.* Quand je sens l'odeur de la viande grillée, cela me fait venir la salive à la bouche.

bannûray / bannûrayât *n. f.*, nasalisation du *L* de la racine, ≅ le pluriel *bannurât*, * blr, ب ل ر

♦ **flacon en verre, petite bouteille, fiole,** petit flacon ciselé ou de belle apparence, contenant l'huile parfumée des femmes. •*Bannûrayitha mâ indaha dihin.* Son flacon de parfum n'a plus d'huile. •*Al ajûz indaha bannûray malâne cêbe.* La vieille a une fiole pleine de chébé parfumé. •*Kubra, mâ cifti l bannûrayât al malânîn karkâr dôl wallâ ?* Koubra, aurais-tu vu les flacons pleins d'huile parfumée ?

bansalîn *n. m., empr. fr.*, ≅ *bansilîn.*

♦ **pénicilline, antibiotique.** •*Al bansalîn, sana'oh fî sanit alif wa tus'u miya tamâne wa icirîn.* La pénicilline a été découverte [a été fabriquée] en mille neuf cent vingt-huit. •*Al bansalîn dawa hanâ amrâd katîrîn.* La pénicilline est un médicament qui guérit de nombreuses maladies. •*Mâ ticîl bansalîn kan al-daktôr mâ katabah lêk !* Ne prends pas de pénicilline si le docteur ne te l'a pas prescrite !

bansilîn *n. m., empr. fr.* "pénicilline", → *bansalîn.*

Banux *n. pr.* d'un djinn.

banzîn *n. m.*, emprunt *fr.*

♦ **essence, benzine.** •*Al watîr, al môto wa l mublêt bala banzîn mâ burûxu.* Les voitures, les motos et les mobylettes ne roulent pas sans essence. •*Hêy Fâtime, al banzîn mâ bi'ôgudu bêyah nâr walla lampa acân hû xatari : bugumm wa baharrik kulla* *coxol janbah.* Attention, Fatimé ! On n'allume pas le feu ou la lampe avec de l'essence parce que c'est un produit dangereux : elle explose et brûle tout ce qui est à côté.

bâr 1 / yubûr *v. intr.*, forme I n° 4, * bwr, ب و ر
♦ **être délaissé(e), être invendu(e),** qui n'a pas trouvé d'acheteur (marchandise) ou de mari (fille), connaître une mévente, perdre de sa valeur (marchandise). •*Al-zere' da al-sana nâdum mâ haratah, bâr.* Cette année, personne n'a cultivé ce champ, il est resté inculte. •*Xumâm al-tujjâr bâr acân al gurus bigi mâ fîh.* Les marchandises des commerçants ne se sont pas vendues parce qu'il n'y a pas d'argent. •*Al binêye di bârat acân abuha birîd kalâm al-dunya.* Cette fille n'a pas trouvé de mari parce que son père aime faire des problèmes. •*Salâti wa l-tamâtimi kan bâro, ille nidaffîghum fî l bûta.* Si mes salades et mes tomates n'ont pas trouvé d'acheteur, il ne me reste plus qu'à les jeter dans le marigot.

bâr 2 / bârât *n. m., empr. fr., Cf. godâla.*
♦ **bar.** •*Subyân hanâ hassâ birîdu l-sâhirîn fî l-bârât.* Les jeunes d'aujourd'hui aiment veiller dans les bars. •*Fôg al bâr bisâwugu marîse hanâ gazâz.* Au bar, on vend des boissons alcoolisées en bouteilles.

barâ- *invar.*, préfixe, *Syn. wehêdi, wehêdak etc.*, → *wehêd-*, * brr, ب ر ر
♦ **seul(e).** •*Anâ ni'îc barâi bala ahal.* Je vis tout seul sans famille. •*Inti ga'adti barâki wallâ ?* Es-tu seule ? •*Anîna, al kalâm da sawwêna barâna fî nafisna.* Ce différend entre nous, c'est nous-mêmes qui l'avons créé.

bâra / yibâri *v. trans.*, forme III, * br', ب ر ء
♦ **dévier, éviter, contourner,** s'écarter volontairement de quelqu'un ou de quelque chose. •*Al wilêd bâra min al-nâr.* L'enfant a contourné le feu. •*Al humâr bâra l-nugura.* L'âne a évité le trou. •*Al awîn yirûdu yibâru min al-rujâl.* Les femmes ont l'habitude de passer à côté des hommes en gardant une certaine distance. •*Bâri l-câri l indah dagdâg !* Évite la rue qui a de la tôle ondulée ! •*Al muhâjiri bâra kalâm sayyidah.* Le mendiant de l'école coranique a dévié du sujet proposé par son maître [a dévié la parole de son maître].

baracît *pl.*, → *barcôti.*

barad 1 / yabrud *v. intr.*, forme I n° 1, * brd, ب ر د
♦ **être froid, être silencieux.** •*Hey yâ wilêdi adxul dâxal gubbâl al-lêl ma yabrud !* Hé ! mon enfant ! Entre à l'intérieur de la maison avant que la nuit ne devienne froide ! •*Maryam subbi l-laban fî l buxsa kan barad !* Mariam, verse le lait dans la gourde en calebasse s'il est froid ! •*Al bôlîs kaccar fî l-nâs al baharju wa kulluhum barado.* Le policier a réprimandé les gens qui se disputaient, et tous sont restés silencieux. •*Simi'na hiss al bundug al kabîr da, jilidna barad !* Nous avons entendu le bruit du canon, nous étions glacés [notre corps était froid].

barad 2 *n. m., sgtf. baraday*, * brd, ب ر د
♦ **grêle, grêlon.** •*Al barad bicâbi l glâs.* La grêle ressemble à de la glace. •*Al almi sabba katîr wa l iyâl laggato lêhum barad.* Il a plu abondamment et les enfants ont ramassé de la grêle. •*Baraday kabîre fajjatni fî râsi.* J'ai reçu un gros grêlon sur la tête [un gros grêlon m'a frappé la tête].

barada *n. coll.*, animal, ≅ *abkûran, Cf. ab, kûran*, * brd, ب ر د
♦ **nom d'un poisson, poisson électrique, Malapterus electricus,** poisson qui paralyse et dont on fabrique des amulettes avec la peau pour se protéger des agressions. •*Al barada hût kan addâk wallâ lammasak, jildak babrud.* Quand un poisson électrique te mord ou te touche, il te paralyse [ton corps se refroidit]. •*Farwit al barada yisawwuha jôz fî l hijâb hanâ sulâh.* La peau du poisson électrique est un composant servant à fabriquer des

amulettes qui neutralisent les armes de l'adversaire.

baradiye / baradiyât *n. f.*, → *bardiye.*

barag / yabrug *v. intr.*, forme I n° 1, * brq, ب ر ق

♦ **lancer des éclairs, resplendir, étinceler, briller.** •*Mâ tagdar ticîf nâdum fî l-lêl, illa kan al barârîg barago.* Tu ne peux pas voir une personne la nuit, sauf si des éclairs illuminent le ciel. •*Min ba'îd cift deyy yabrug.* De loin j'ai vu une lumière briller. •*Al arûs, wijihha barag wa dawwa lêna l bêt.* Le visage de la mariée resplendit et éclaire la maison.

barah *n. m.*, maladie des bovins (babésiose) appelée ainsi la région du Guéra, → *bôl al-damm*, * brḥ, ب ر ح

barâhîn *pl.*, *qdr.*, dont le singulier *burhân* est très peu usité, → *hijje, sible*, * brhn, ب ر ه ن

♦ **mensonges, prétextes, baratin.** •*Mâ tisey barâhînak dôl, amci lê iyâlak, axêr lêk !* Arrête de me dire des mensonges, il vaut mieux que tu retournes chez tes enfants ! •*Al binêye sim'at al barâhîn hanâ l wilêd da wa axadâha.* La fille a écouté le baratin du garçon qui l'a épousée.

barak / yabruk *v. intr.*, forme I n° 2, * brk, ب ر ك

♦ **s'agenouiller, baraquer,** se mettre à genoux (dans une attitude de repos ou de respect). •*Al mara barakat giddâm râjilha.* La femme s'est agenouillée devant son mari. •*Al-jamal barak.* Le dromadaire a baraqué.

bârak 1 / yibârik *v. trans.*, forme III, lorsque le sujet est Dieu, * brk, ب ر ك

♦ **bénir.** •*Inta antêtni l xumâm da kulla, Allah yibârik fôgak.* Tu m'as donné toutes ces affaires, que Dieu te bénisse ! •*Ta'âlu awûnuni fi xidimti, Allah yibârikku !* Venez m'aider dans mon travail, que Dieu vous bénisse !

bârak 2 / yibârik *v. intr.* *{- lê}*, forme III, quand le sujet est un être humain, * brk, ب ر ك

♦ **féliciter, remercier.** •*Al awîn maco bârako lê l mara l wildat.* Les femmes sont allées féliciter celle qui a accouché. •*Hû ja min al-safar wa rufugânah maco bârako lêyah.* Il est revenu de voyage et ses amis sont allés le féliciter.

baraka / barakât *n. f.*, * brk, ب ر ك

♦ **bénédiction, prospérité, bonheur, paix, cadeau, chance.** •*Amci lêi nantîk barkit al îd !* Viens chez moi, je te donnerai les cadeaux de la fête ! •*Allah nazzal al baraka fî bêt Âdum.* Dieu a fait descendre sa bénédiction sur la maison d'Adoum. •*Al-Ramadân da jâb lêi baraka.* Ce jeûne du Ramadan m'a apporté la bénédiction.

bârakallah expression, formule de bénédiction, bârak Allah, *litt.* Dieu a béni, * brk, ب ر ك

♦ **bénédiction !, Dieu soit béni !,** que Dieu bénisse ! •*Al mardân gâl lê l-daktôr : "Bârakallah lêk acân antêtni dawa !".* Le malade a dit au docteur : "Que Dieu te bénisse de m'avoir donné des médicaments !". •*Bârakallah fôgak, ligit lêi xidime !* Que Dieu te bénisse, tu m'as trouvé du travail ! •*Bârakallah fôg jâyitki lê bêti !* Que Dieu te bénisse d'être venue chez moi !

barakân *n. d'act.*, → *barikîn.*

Baraktallah *n. pr.* d'homme, *litt.* bénédiction de Dieu, ≅ *Barkatallah.*

baralîl *pl.*, → *burlâla.*

baram / yabrum *v. trans.*, forme I n° 1, * brm, ب ر م

♦ **tourner, retourner, rouler** *qqch.* •*Anâ nahaji lêha wa baramat wijihha minni.* Je lui ai parlé et elle a détourné de moi son visage. •*Anâ orêtah kalâm wa maca giddâm baramah.* Je lui ai dit une parole et il est parti plus loin dire le contraire.

barambo *n. m.*, en Bambara *vamburan.* ⇨

♦ **nom d'une plante arbustive, Chrozophora brocchiana (Vis.),** famille des euphorbiacées. •*Al barambo cidêre tugumm fî l wâdi, urûgah tuwâl.* Le Chrozophora brocchiana est une plante qui pousse au bord de l'oued et qui a de très longues racines. •*Al-caddâri bisawwi waragat be urug al barambo.* Les féticheurs utilisent les racines du Chrosophora pour faire des gris-gris.

barâmîl *pl.*, → *birmîl.*

barâmke *pl.*, → *barmaki.*

baranda / barandât *n. f.*, mot utilisé aussi en arabe *sd.* (*C.Q.*), emprunt à l'*angl.* venant du portugais, ≅ *barande.*
♦ **véranda, appentis,** toit en pente sur le côté ou la façade d'une maison. •*Fî l bêt bisawwu baranda lê l-dîfân.* Il ont fait un appentis contre la maison pour recevoir les invités. •*Al-nasâra birîdu bisawwu fî buyûthum barandât.* Les Européens aiment construire des vérandas chez eux.

barande *n. f.*, → *baranda.*

barangâl / barangâlât *n. m.*, *empr. fr.*
♦ **brancard.** •*Al barangâl, yisawwuh min ûdên wa yicarbuku fôghum hubâl.* Le brancard est fabriqué de deux morceaux de bois reliés l'un à l'autre par des cordes entrelacées. •*Fî l-labtân talga barangâlât katîrîn.* A l'hôpital tu trouveras de nombreux brancards. •*Al-nâdum kan mardân bilhên yiciluh fî l barangâl.* Lorsque quelqu'un est gravement malade, on le porte sur un brancard.

barânis *pl.*, → *burnus.*

barârîd *pl.*, → *barrâd.*

barârîg *pl.*, → *burrâg.*

baras *n. mld.*, *m.*, souvent confondu avec la lèpre, * brṣ, ب ر ص
♦ **vitiligo, dépigmentation,** trouble de la pigmentation de la peau qui présente des plaques décolorées roses. •*Al mara di indaha baras.* Cette femme a une dépigmentation de la peau. •*Al baras marad bakrub al farwa hint al-nâdum.* Le vitiligo est une maladie de la peau. •*Al baras mâ marad baktul lâkin mâ biddâwa ajala.* Le vitiligo n'est pas une maladie mortelle mais elle ne guérit pas vite.

barat / yabrut *v. trans.*, forme I n° 2, connue en arabe *sd.* (*C.Q.*), *Cf. fagga'*, * brṭ, ب ر ط
♦ **décortiquer, peler, enlever la peau, écorcher.** •*Al mara baratat al fûl.* La femme a décortiqué les arachides. •*Al-dabbâxi barat al furaw.* Le tanneur a nettoyé les peaux. •*Al-serij barat dahar al-juwâd.* La selle a écorché le dos du cheval.

barâtîl *pl.*, → *bartâl.*

barbar 1 / yibarbir *v. trans.*, *qdr.*, forme II, * brr, ب ر ر
♦ **désherber un champ, couper l'herbe, couper grossièrement les cheveux, ratiboiser, perdre ses cheveux, devenir chauve,** ne plus avoir de cheveux à cause de la teigne. •*Al-rujâl barbaro l-zere' min al gusgus al katîr.* Les hommes ont désherbé le champ en ôtant les nombreuses jeunes pousses. •*Âdum maca lê l kwafêr wa barbar lêyah râsah.* Adoum est allé chez le coiffeur qui l'a ratiboisé. •*Al ajûs râsha barbar min kalâm al-dunya.* La vieille en a tellement vu qu'elle en a perdu ses cheveux. •*Iyâli kulla, rusênhum barbaro min al gûba.* La teigne a fait tomber les cheveux de tous mes enfants.

barbar 2 / yibarbir *v. intr.*, *qdr.*, forme II, * brr, ب ر ر
♦ **grossir, récupérer son poids, prospérer,** prendre du poids au cours de sa croissance, après une maladie ou un temps de famine. •*Saxîr hanâ Zênaba barbar acân tantih zibde wa laban.* Le bébé de Zénaba grandit vite en prenant du poids parce qu'elle lui donne du beurre et du lait. •*Al-sixêlat, xalâs al-rucâc jâhum, ju'hum marag wa kuluhum barbaro.* L'herbe tendre de la saison des pluies est là, les

chevreaux n'ont plus faim et tous ont prospéré.

barcam 1 / yibarcim *v. trans.*, *qdr.*, de l'*ar. lit.*, * bršm, ب ر ش م

♦ **river.** •*Pêdâl biskilêti da, musmârah bamrug, waddêtah lê l addâli, barcamah lêi.* L'axe de la pédale de ma bicyclette sortait ; je suis allé chez le réparateur qui me l'a rivé. •*Al-sarfanje lamma xucûm al-tôl hanâ l bêt, wa barcamah acân al-rîh mâ ticîlah.* Le charpentier a fait déborder les tôles du toit l'une sur l'autre et les a rivées pour que le vent ne les emporte pas.

barcam 2 *n. m.*, *qdr.*,, * bršm, ب ر ش م

♦ **boucles, parure de tête, décoration en argent, pendentif,** ensemble de motifs décoratifs en argent que les femmes accrochent sur leur coiffure et leurs oreilles. •*Al-sayyâxi sawwa barcam min fudda lê axti.* Le bijoutier a fabriqué une parure en argent pour ma sœur. •*Awîn barra, fî li'ib hanâ yôm al îd, talgâhum lâbsîn barcam fî rusênhum.* Les femmes de brousse portent sur la tête des parures en argent pour danser le jour de la fête.

barcat / yibarcit *v. intr.*, forme II, *empr.* (*fr. angl.*) viendrait du mot "parachute" utilisé pendant la deuxième guerre mondiale (*C.Q.*).

♦ **frauder, faire de la contrebande,** cacher les affaires pour les passer en contrebande. •*Ahmat kulla yôm bibarcit, lâkin al yôm al-duwân karaboh.* Tous les jours Ahmat fait de la contrebande, mais aujourd'hui les douaniers l'ont pris. •*Al budâ'a di al yôm raxîse, ankûn nuss al-tujâr barcato.* Les marchandises sont bon marché aujourd'hui, certains commerçants ont peut-être passé leurs marchandises en fraude.

barcâta *pl.*, → *barcâti.*

barcâti / barcâta *adj.*, (*fém.* *barcâtiye*), *empr.* (*fr. angl.*), ≅ *barcôti, barâcît, barcâtîn*, *Cf. barcat.*

♦ **fraudeur (-euse), contrebandier (-ère).** •*Al-duwân karabo l barcâti be xumâmah.* Les douaniers ont pris le fraudeur et ses affaires. •*Al barcâta lammo wa dâwaso l-duwân.* Les contrebandiers se sont rassemblés et se sont battus avec les douaniers. •*Al yôm al-duwân abo lê l barcâta mâ yagta'o l bahar.* Aujourd'hui les douaniers ont empêché les fraudeurs de traverser le fleuve.

barcôt *n. m.*, *empr.* (*fr. angl.*), *Cf. barcat.*

♦ **fraude, contrebande.** •*Budâ'a hint al-tâjir daxxaloha barcôt wa l-duwân jo karaboha.* La marchandise du commerçant est entrée en fraude et les douaniers sont venus la saisir. •*Al-nâs bacuru xumâm hanâ l barcôt acân bûti.* Les gens achètent les marchandises venues en fraude parce qu'elles sont moins cher.

barcôti / baracît *adj. n.*, (*fém.* *barcôtiye*), → *barcâti.*

bardab / yibardib *v. intr.*, *qdr.*, *empr.*, connu au *Sdn.* (*C.Q.*), *Cf. ambardabay* ; forme II.

♦ **se retourner, se métamorphoser,** mettre sens dessus dessous. •*Al mardânîn bibardubu fî sarayirhum min ta'ab al marad al katîr.* Les malades se retournent sur leur lit lorsqu'ils souffrent beaucoup [à cause de la grande souffrance de la maladie]. •*Al wilêd kan bâl fî furâcah, yibardib acân ammah taji ticîlah ajala.* Lorsque l'enfant a uriné au lit [sur son matelas], il s'agite pour que sa mère vienne vite le prendre. •*Fî l-lêl bardabt katîr acân batuni tôjâni.* La nuit, je me suis beaucoup agitée [retournée] parce que j'avais mal au ventre.

barday *n. f.*, *Cf. barid*, * brd, ب ر د

♦ **froid.** •*Al barday jât wa anâ mâ indi xattay adîle.* Le froid est arrivé et je n'ai pas de bonne couverture. •*Wakt al barday hû baxâf, yômên kula mâ bilbarrad.* Quand il fait froid, il a peur et peut rester deux jours sans se laver.

Barday *n. pr.* de lieu, chef-lieu de la sous-préfecture du Tibesti.
♦ **Bardaï.**

bardiye / bardiyât *n. f.*, ≅ *baradiye, baradiyât*, *Cf. nuggâra, tanbal*, * brd, ب ر د
♦ **grand tambour,** grand tambour du Ouaddaï généralement accompagné du petit *tanbal*, tambour du sultan. •*Al banât li'ibo l bardiye wakît tahûra hanâ rafigithum.* Les filles ont exécuté la danse du grand tambour au moment de l'excision de leur amie. •*Simi'na bardiye wa bakanha bigi lêna ba'îd.* Nous avons entendu le grand tambour, il nous semblait qu'il était très loin. •*Li'ib al baradiye ajabni bilhên.* La danse avec le grand tambour me plaît énormément.

bâreh / bârehât *adj. mrph. part.* actif, dans les expressions *al bâreh*, *litt.* ce qui est passé du côté droit au côté gauche, c'est à dire : la nuit qui vient de s'écouler (lorsqu'on est orienté vers le nord et qu'on regarde le ciel) ; *awalt al bâreh* (la nuit d'avant-hier), *awalt al bârehât* (la nuit d'il y a trois jours), *Cf. amis*, * brḥ, ب ر ح
♦ **la nuit d'hier, la nuit d'avant-hier,** hier soir, avant-hier soir. •*Al bâreh macêna l hafla.* Hier soir nous sommes allés à la fête. •*Awalt al bâreh simi't darib hanâ banâdig katîrîn.* Avant-hier j'ai entendu de nombreux coups de fusil. •*Awalt al bârehât mâ numt, indi waja' râs cadîd.* Il y a trois jours, je n'ai pas dormi de la nuit, j'avais très mal à la tête. •*Hamu misil al bâreh da, yôm wâhid mâ hassêtah.* Jamais je n'ai ressenti une chaleur comme celle de la nuit passée. •*Min awalt al bâreh al marâfi'în babku tûl al-lêl.* Depuis deux nuits, les hyènes hurlent sans arrêt.

Barhin *n. pr.* d'un djinn.

Barhût *n. pr.* d'un djinn.

bari *adj.*, → *bari'*.

bâri *n. m.*, → *pari*.

bari' / abriya' *adj.*, prononcé souvent *bari, abriya*, (*fém. bariye*), * br', ب ر ء
♦ **innocent(e).** •*Karaboh fî l-sijin lâkin hû bari'.* On l'a arrêté en prison mais il est innocent. •*Al harba kattalat abriya' katîrîn.* La guerre a décimé de nombreux innocents.

barid *n. m.*, *Syn. sagit*, * brd, ب ر د
♦ **froid, fraîcheur.** •*Mâ nagdar nibarrid be almi bârid fî wakt al barid.* Je ne peux pas me laver avec de l'eau froide quand il fait froid. •*Fî kimâlt al xarîf, yabda wakt al barid.* A la fin de la saison des pluies commence le temps froid.

bârid / bârdîn *adj.*, (*fém. bârde*), * brd, ب ر د
♦ **froid(e), frais (fraîche), calme, pacifié(e), doux (douce).** •*Dull al-cadar bârid.* L'ombre des arbres est fraîche. •*Hû kallam be nafas bârid.* Il a parlé d'une voix douce [avec un souffle frais]. •*Galbi bârid.* Mon cœur est en paix [frais]. • *Hû mardân lâkin jildah bârid !* Il est malade, mais n'a pas de fièvre [son corps est froid].

bârik / barkîn *adj. mrph. part.* actif, (*fém. bârke*), * brk, ب ر ك
♦ **qui s'est agenouillé(e), qui a baraqué,** en train de baraquer. •*Mâ nagdar narkab fî l-jamal kan mâ bârik.* Je ne peux pas monter sur le chameau tant qu'il n'a pas baraqué. •*Sîd al bêt câf al-sarrâg bârik fî l bâb.* Le propriétaire de la maison a vu le voleur agenouillé devant la porte.

barikîn *n. d'act., m.*, ≅ *barakân*, * brk, ب ر ك
♦ **agenouillement, accroupissement du chameau,** plier le genou. •*Al-jamal kan câyil xumâm, al barikîn gâsi lêyah.* Lorsque le chameau est chargé, il lui est difficile de baraquer. •*Fî dâr barra, al awîn birîdu l barikîn lê nusubânhum.* Au village, les femmes respectent leurs gendres en pliant le genou devant eux [elles aiment plier le genou devant leurs beaux-fils].

Bârîs *n. pr.* de lieu, capitale de la France, Paris.

barjal / yibarjil *v. trans.*, *qdr.*, *empr.*, *sd.* (*C.Q.*) ; forme II, * brjl, ب ر ج ل

♦ **aller en désordre, désorganiser, être dans la confusion, paniquer,** circuler dans tous les sens. •*Al mara rassat xumâmha fî l bêt wa iyâlha barjaloh.* La mère avait rangé ses affaires dans la maison et ses enfants les ont mises en désordre. •*Al-nâs barjalo wakit al almi sabba katîr.* Les gens ont paniqué quand il s'est mis à pleuvoir des trombes d'eau. •*Sîd al bêt barjal wakit al-sarrâg daxal lêyah.* Le propriétaire de la maison a été pris de panique lorsque le voleur est entré chez lui. •*Fî l harb, al-nâs bibarjulu, bakân bamcu kulla mâ ba'arfuh.* Pendant la guerre, les gens se trouvaient dans la confusion la plus complète, ne sachant plus où aller.

barjâl *n. d'act.*, *m.*, * brjl, ب ر ج ل

♦ **désordre, confusion, panique, trouble.** •*Al hâkûma nazzamat al buyût wa l-cawâri acân abat al barjâl.* Le gouvernement a décidé [organisé] la disposition des maisons et des rues parce qu'il n'aime pas [refuse] le désordre. •*Al xidime mâ tidôr al barjâl.* Travail et désordre ne vont pas ensemble [le travail n'aime pas le désordre]. •*Al askar daxalo fî l-sinima wa sawwo barjal lê l-cawâfîn.* Les militaires sont entrés dans le cinéma et ont créé la confusion chez les spectateurs.

Barjoh *n. pr.* d'homme, *litt.* ils l'ont attendu, *Cf. riji*, * rjw, ر ج و

Barjôki *n. pr.* de femme, *litt.* ils t'ont attendue, *Cf. riji*, * rjw, ر ج و

Barka *n. pr.* d'homme, → *baraka*, * brk, ب ر ك

barkab / yibarkib *v. intr.*, *qdr.*, métathèse dans la racine, forme II, * krb, ك ر ب

♦ **cailler, se coaguler,** se transformer en fromage. •*Anîna nisîna l-laban wa hû barkab.* Nous avons oublié le lait qui a caillé. •*Laban al-nâga mâ bibarkab misil hanâ l bagar, yabga hâmud bas.* Le lait de chamelle ne se coagule pas comme le lait de vache, il tourne et ne devient qu'acide. •*Al-laban kan muxalbat be almi, mâ bibarkib.* Si on met de l'eau dans le lait, il ne caille pas.

Barkatallah *n. pr.* d'homme, *litt.* bénédiction de Dieu, ≅ *Baraktallah.*

barlal / yibarlil *v. intr.*

♦ **cloquer, se boursoufler, provoquer des ampoules.** •*Daggîn al xalla fî l hamu yibarlil al îdên.* Battre le mil en pleine chaleur donne des ampoules aux mains. •*Zôl kan fajax jamuray, rijilah tibarlil.* Si quelqu'un piétine de la braise, son pied aura des cloques.

barmaki / barâmke *n. m.*, terme connu au Soudan (Cordofan).

♦ **chansonnier, groupe de buveurs de thé, griot.** •*Al barmaki hû kula xannay misil al bôcâni bas.* Le chansonnier buveur de thé chante à la manière d'un griot. •*Al barâmke bixannu wa binabbuzu l hukkâm, bicajji'ûhum fî xidimit'hum.* Les buveurs de thé chantent en donnant de beau surnoms aux gouvernants pour les encourager dans leur tâche. •*Al barâmke humman jamâ'a carrâbîn al-câhi sawa.* Les griots buveurs de thé forment un groupe qui chante et boit le thé ensemble.

barnak / yibarnik *v. trans.*, forme II, *Cf. sôfan.*

♦ **pourrir** (faire), **moisir**, se remplir d'une poussière noire, se couvrir de moisissure noire. •*Al harrâtîn mâ birîdu matarat al fasâd, acân tibarnik al xalla.* Les paysans n'aiment pas les pluies venant au temps de la moisson parce qu'elles font pourrir le mil. •*Al êc kan saddênah wa sawwa ayyâm yibarnik.* Si on laisse plusieurs jours de suite la boule de mil recouverte, elle se couvre d'une couche de moisissure noire.

barnâmij *n. m.*, comme en *ar. lit. empr. irn.* (*Mu.*), * brnmj, ب ر ن م ج

♦ **programme,** déroulement ordonné d'une suite d'actions. •*Fî Radyo Tcâd kulla yôm nasma'o barnâmij hanâ l axbâr.* A Radio-Tchad nous écoutons tous les jours le programme des nouvelles. •*Kulla xidime indaha barnâmij xâs lê l xaddâmîn.* Tout travail est exécuté par les employés selon un programme précis. •*Anâ indi barnâmij yômîyan fî bêti.* J'ai à la maison un programme quotidien.

barnûk *n. vég., coll. m., Cf. falakat al humâr.*

♦ **nom d'un champignon, vesse-de-loup, sorte de lycoperdon, pourriture, moisissure,** espèce de champignon ressemblant à une vesse-de-loup allongée et rejetant à maturité une poussière de spores noires. •*Al barnûk bugumm fî l xarîf.* Les vesses-de-loup poussent pendant la saison des pluies. •*Al-nâs mâ bâkulu l barnûk.* Les gens ne mangent pas les vesses-de-loup.

barra 1 *invar., Cf. kadâde, xala,* * brr, ب ر ر

♦ **dehors, à l'extérieur,** désigne aussi la campagne, la brousse, par opposition à l'intérieur de la ville. •*Al kalib gâ'id barra fî l-câri.* Le chien est dehors, dans la rue. •*Mâ tunûm barra, al wata tabga bârde tcabba !* Ne dors pas dehors, il va bientôt faire froid ! •*Yâtu marag barra min fajur ?* Qui est sorti depuis ce matin ?

barra 2 / yibirr *v. trans.*, forme I n° 11, * bry, ب ر ي

♦ **tailler un roseau à écrire, tailler un crayon.** •*Wilêdi barra galam, baktib bêyah fî l masîk.* Mon fils a taillé un roseau pour écrire à l'école coranique. •*Al bîk mâ bibirruh.* Le stylo à bille ne se taille pas. •*Ahmat mâ ligit muss acân yibirr bêyah galâmah.* Ahmat n'a pas trouvé de lame de rasoir pour tailler son crayon.

barra 3 / yibarri *v. trans.*, forme II, ≅ *barra', yibarri'*, * br', ب ر ء

♦ **déclarer** ***qqn.*** **juste, innocenter, acquitter devant la loi.** •*Al muhâmi barra al-nâdum al-tahamoh be l-sirge giddâm al-zûz.* Devant le juge, l'avocat a innocenté celui qu'on accusait de vol . •*Mâ nagdar nibarrîk (nibarri'ak), inta min zamân kulla kaddâb !* Je ne peux pas te déclarer juste, depuis longtemps tu es menteur !

barra' / yibarri' *v. trans.*, forme II, → *barra 3*, * br', ب ر ء

barrad 1 / yibarrid *v. trans.*, forme II, * brd, ب ر د

♦ **laver** (se)**, doucher** (se)**, baigner** (se). •*Iyâl al-lekôl barrado fî l-rahad.* Les écoliers se sont baignés dans le marigot. •*Al amm tibarrid saxîrha fî l-tacig.* La maman lave son petit dans la grande bassine.

barrad 2 / yibarrid *v. trans.*, * brd, ب ر د

♦ **refroidir, ralentir.** •*Al amm barradat al madîde lê wilêdha.* La mère a refroidi la bouillie pour son enfant. •*Mûsa yibarrid al-câhi hatta yacarbah.* Moussa refroidit le thé avant de le boire. •*Barrid jarîk, al iyâl bal'abo fî l-câri !* Réduis ta vitesse, les enfants jouent dans la rue !

barrâd / barârîd nom, *mrph. intf., m.*, * brd, ب ر د

♦ **théière.** •*Al barrâd malân câhi.* La théière est pleine de thé. •*Al iyâl ramo l barrâd min al-nâr.* Les enfants ont renversé la théière qui était sur le feu. •*Gaddûmah gaddum sagur, bactanâna be l-fagur... Da l barrâd.* Son bec est celui d'un vautour, elle nous conduit contre notre gré à la misère… C'est la théière (car on doit partager le thé qu'on boit). *Dvnt.*

barrak / yibarrik *v. trans.*, * brk, ب ر ك

♦ **demander au chameau de baraquer.** •*Al-jamal kan tidôr tibarrikah, takrub al-rasan wa tugûl lêyah : co' !* Lorsque tu veux demander au chameau de baraquer, tu tires le bridon vers le bas en disant : "cho !". •*Barrik jamalak, wâjib ninjammo !* Fais baraquer ton chameau, nous devons nous reposer !

barrakân *n. d'act., m.,* → *barrikîn.*

barram / yibarrim *v. trans.*, forme II, * brm, ب ر م

♦ **retourner de tous côtés, rouler, examiner.** •*Kaltûma tibarrim wilêdha al babki katîr acân ticîf cunû sawwah.* Kaltouma examine son enfant en le retournant de tous les côtés afin de savoir ce qui le fait pleurer. •*Kan taciri bangâw barrimih, cîfih gubbâl.* Si tu achètes des patates douces, examine-les d'abord. •*Al-daktôr barram al mardân acân ya'arif bakân al marad.* Le médecin examine le malade pour savoir ce qu'il a [pour savoir la place de la maladie].

barrâni *adj., (fém. barraniye)*, inusité au pluriel, * brr, ب ر ر

♦ **extérieur(e).** •*Fî l hôc al barrâni al mâ indah buyût, nitêrib agêg asal wa karkanji wa darrâba.* Dans la cour extérieure de la concession, je sèmerai des cannes à sucre, de l'oseille de Guinée et du gombo. •*Cîl al-derib al barrâni hanâ l-sûg, acân al askar gâ'idîn bikarrubu lampo fî l-derib al-dâxalâni.* Prends le chemin extérieur au marché, parce que les militaires sont sur le chemin intérieur et arrêtent ceux qui n'ont pas payé l'impôt.

barrat / yibarrit *v. trans.*, forme II, *intf., Cf. barat,* * brṭ, ب ر ط

♦ **faire peler, faire partir la peau, provoquer des cloques,** fait d'ôter l'épiderme sur une grande surface et de rendre la peau rose. •*Al almi l hâmi barrat îdha.* L'eau brûlante a fait partir la peau de sa main. •*Al-dabbâxi yibarrit al-furaw.* Le tanneur racle avec force les peaux. •*Al ambi barratat jild al binêye di.* L'épiderme de cette jeune fille s'est desquamé sous l'effet de la crème décolorante.

barrikîn *n. d'act., m.,* ≅ *barrakân,* * brk, ب ر ك

♦ **agenouillement, accroupissement du chameau,** fait de demander au chameau de baraquer. •*Barrikîn al-jamal da gâsi acân hû câyil xumâm katîr.* Il est difficile de faire baraquer ce chameau parce qu'il est très chargé. •*Rukubti anmalaxat, al barrikîn giddâm al murhâka di gâsi lêi.* Je me suis foulé le genou, j'ai du mal à m'agenouiller devant la pierre à mil.

barsa *adj. f.,*→ *abras.*

Barsa *n. pr.* de femme, → *abras.*

barsîm *n. m.*, mot connu en Egypte (*H.W.*) et au Soudan (*C.Q.*).

♦ **nom d'une herbe, trèfle, Trifolium alexandrinum (L.).** •*Al-baggâra kan balgo barsîm yixazzu bêyah bahâyimhum.* Lorsque les éleveurs trouvent du trèfle, ils le donnent à manger à leur troupeaux. •*Siyâd al bagar al axniya' bazra'o l barsîm acân al bagar kan akaloh, bidirru laban katîr.* Les riches éleveurs cultivent le trèfle parce que, lorsque les vaches le mangent, elles donnent beaucoup de lait.

bartâl / barâtîl *n. m., Cf. tabag,* * brṭl, ب ر ط ل

♦ **van décoratif, plateau rond en fibres, couvercle de plateau.** •*Fî bêt axti l arûs barâtîl katîrîn marsûsîn jamâl lê l bêt.* Dans la maison de ma sœur nouvellement mariée, de nombreux vans colorés et bien rangés font la beauté de la maison. •*Sabbêt êc fî l bartâl wa saddêtah be l gadah acân mâ yabrud.* J'ai posé la boule de mil sur le plateau rond et l'ai couverte du gros bol en bois pour la garder au chaud. •*Kulla yôm fî l xada nisidd al-sufra be bartâl jadîd.* Tous les jours, pendant le repas, je couvre [je ferme] le plateau avec un van neuf.

bartcanne *n. f.,* → *ambartcanne.*

barûd *n. d'act.,* * brd, ب ر د

♦ **bain, fait de se baigner.** •*Barûd al fajûr adîl.* C'est très bien de se baigner le matin. •*Cilt al almi wa mâ ligit sâbûn al barûd.* J'ai pris de l'eau, mais je n'ai pas trouvé le savon du bain.

bârûd *n. coll., sgtf. bârûday,* mot arabe emprunté au grec *piritis* (πυρ = feu), * brd, ب ر د ⇨

♦ **poudre à fusil.** •*Fatêt al-rassâsay wa ligitha malâne bârûd.* J'ai ouvert la cartouche et l'ai trouvée pleine de poudre. •*Al wilêd sabba l bârûd fî l-nâr wa arrad.* L'enfant a versé la poudre à fusil sur le feu et s'est sauvé.

Bârûd *n. pr.* d'homme, nom d'un sultan du Ouaddaï, *Cf. bârûd.*

barxiya / barxiyât *n. f.*, * brq, ب ر ق

♦ **motion, message, télégramme,** parole encourageante. •*Al yôm fajur iyâl al-lekkôl gaddamo barxiya lê ra'îs al wuzara'.* Ce matin, les écoliers ont présenté une motion au premier ministre. •*Ra'îs al-dawla katab barxiya hint cukur lê sâhibah Ra'îs al-dawla hanâ Kamrûn.* Le chef de l'Etat a envoyé [écrit] un télégramme de félicitations à son homologue [collègue], le chef de l'Etat du Cameroun.

Barxiya *n. pr.* de femme, *Cf. barxiya.*

bâryêr / bâryêrât *n. m.*, *empr. fr.*

♦ **barrière.** •*Al-cifêr antahum lê l askar mîtên fî bâryêr hanâ pon balîle.* Le chauffeur a donné aux militaires deux cents riyals à la barrière de Pont Balilé. •*Al askar mâ bagûfu fî l bâryêr hanâ l almi.* Les militaires ne s'arrêtent pas aux barrières de pluie. •*Min Anjammêna lê Abbecce garîb miya bâryêr fî l-derib.* Il y a près de cent barrières entre N'Djaména et Abéché.

Barzawîl *n. pr.* de lieu, désigne la capitale et le pays.

♦ **Brazzaville, Congo.**

barzîn *n. vég.*, *coll.*, *m.*, *sgtf. barzinay*, *empr. fr.*

♦ **nom d'une plante cultivée, aubergine, Solanum melongena,** famille des solanacées. •*Al barzîn nimarrig iyâlah wa nusubb mahaci.* Je fais sortir les graines des aubergines, et j'y mets de la viande hachée. •*Cadarayt al barzinay di gammat ust al-salât wa indah iyâl katîrîn.* Ce plant [cet arbre] d'aubergine a poussé au milieu des salades et a beaucoup de petites aubergines.

bas *invar.*, *empr.* au dialecte oriental et bédouin (*B.C.D.*), * bss, ب س س

♦ **seulement, ne... que, assez !** •*Anîna fatarna be câhi bas.* Nous n'avons déjeuné qu'avec du thé. •*Intu bas mustaxbal hanâ l-balad.* C'est vous seuls qui êtes l'avenir du pays. •*Indi mara wahade bas.* Je n'ai qu'une femme. •*Bas ! kaffâni !* C'est assez ! Cela me suffit !

bâs / yubûs *v. intr.*, → *bâz 1.*

basâbis *pl.*, → *bisbis.*

basâkilît *pl.*, → *biskilêt.*

basal *n. vég.*, *coll.*, condiment, *m.*, *sgtf. basalay*, * bṣl, ب ص ل

♦ **nom d'une plante cultivée, oignon, Allium cepa,** famille des liliacées. •*Basal hanâ Abbece, bujûbuh min al Bitêha.* Les oignons d'Abéché viennent de l'oued Bitéha. •*Akalt basalay acân nidâwi zuxumti.* J'ai mangé un oignon pour guérir mon rhume.

basar *n. m.*, * bṣr, ب ص ر

♦ **vue** (la). •*Al basar sultân al-jilid !* La vue a le rôle du roi dans l'organisation du corps [la vue est le sultan du corps] ! •*Al-ramad yitallif al basar.* La conjonctivite abîme la vue.

basara *n. f.*, prononcé parfois *basra*, ≅ *acara tayba*, * bṣr, ب ص ر

♦ **nom d'un jeu de cartes, sorte de belote.** •*Li'ib hanâ l basara mâ bidôr nâs katîrîn.* Il ne faut pas être nombreux pour jouer à la belote [le jeu de belote n'aime pas des gens nombreux]. •*Li'ibna basara wa anâ akaltuhum kulla wakit.* Nous avons joué à la belote, et j'ai gagné tout le temps [je les ai mangés tout le temps].

Basara *n. pr. gr.*, *coll.*, connu sous l'appelation "forgeron arabe", → *basâra.*

basâra *n. f.*, * bṣr, ب ص ر
♦ **connaissance, clairvoyance, intelligence, discernement, ruse, stratagème,** connaissance des choses cachées. •*Al-râjil da be basâra ke, rakkab al kasir hanâ îd al wilêd da.* Avec clairvoyance cet homme à remis en place les os cassés de la main de cet enfant. •*Nasrâni wâhed ke indah basâra wa sawwa telefûn.* Un Blanc, très intelligent, a inventé le téléphone. •*Al insân al xalbâti, râsah malân basâra.* Le menteur a la tête pleine de stratagèmes.

basasa *pl.*, → *biss.*

basat / yabsut *v. trans.*, forme I n° 1, * bsṭ, ب س ط
♦ **rendre heureux, faire plaisir, réjouir.** •*Al-râjil kan basat martah, hî kulla ta'arif kikkêf tabsutah.* Lorsque l'homme rend sa femme heureuse, elle aussi sait bien comment le rendre heureux. •*Nidôr nabsut ammi be gurus ciyya ke nirassilah lêha.* Je voudrais faire plaisir à ma mère en lui envoyant un peu d'argent. •*Indah gurus, kan mâ basat iyâlah, yabsut yâtu ?* Il a de l'argent ; s'il ne rend pas heureux ses enfants, qui rendra-t-il heureux ?

bâsim / bâsmîn *adj.*, (*fém. bâsme, basma*), * bsm, ب س م
♦ **souriant(e).** •*Al-nâdum kan ligîtah bâsim, hû farhân min galbah.* Si tu rencontres quelqu'un qui est en train de sourire, c'est qu'il est profondément heureux. •*Wakit lâgênah, bâsim lêna wa sallamâna bê idêna tinên.* Quand nous l'avons rencontré, il nous a souri [il était souriant pour nous] et nous a salués en nous prenant les deux mains.

basîr / basîrîn *n. m.*, * bṣr, ب ص ر
♦ **voyant(e), rebouteux (-euse), inventeur (-trice), créateur (-trice),** qui voit l'invisible et le secret des choses. •*Allah basîr bêna.* Dieu nous connaît bien. •*Al-nâdum al basîr da, rakkab al kasir.* Ce rebouteux réduit les fractures. •*Nasrâni wâhid basîr sana' al-tayyâra.* Un savant blanc a inventé [fabriqué] l'avion.

basîse *n. f.*, * bss, ب س س
♦ **bouillie de riz au lait.** •*Anâ fatart be basîse bas.* Je n'ai déjeuné qu'avec de la bouillie de riz au lait. •*Al basîse bisawwûha katîr yôm al usum.* On fait beaucoup de bouillie de riz au lait le jour où l'on donne un nom à l'enfant. •*Al iyâl al-dugâg birîdu l basîse.* Les petits enfants aiment beaucoup la bouillie de riz au lait.

basît *adj.*, (*fém. basîte*), *Cf. ciyya*, * bsṭ, ب س ط
♦ **peu,** un peu, une petite quantité mesurable. •*Antîni mileh basît nâkul beyah faggûs.* Donne-moi un peu de sel pour manger des concombres. •*Kan tisawwi lêna câhi subbi sukkâr basît !* Si tu nous prépares du thé, ne mets qu'un peu de sucre ! •*Râs al-sukkar xâli wa usulîtah basîte.* Le pain de sucre est cher, et sa teneur en sucre est faible.

Basma *n. pr.* de femme, → *bâsim*, * bsm, ب س م

Basmât *n. pr.* de femme, *litt.* sourires, *Cf. basam*, * bsm, ب س م

basra *n. f.*, nom d'un jeu de cartes, → *basara*, * bṣr, ب ص ر

bassam / yibassim *v.*, forme II, terme de l'*ar. lit.*, (sourire), → *dihik*, * bsm, ب س م

bassar 1 / yibassir *v. intr.*, *Cf. basâra, irfe*, * bṣr, ب ص ر
♦ **réfléchir, se concentrer, étudier, observer pour comprendre,** rassembler ses connaissances, chercher un moyen pour sortir d'une situation pénible ou résoudre une difficulté. •*Bassir, kaffi l-dên gubbâl ma yujûbu lêk pôlîs !* Cherche un moyen pour rembourser ta dette avant que ne viennent les policiers ! •*Hû mâ indah ceyy fî bêtah, lâkin bassar kê wa sawwa lêna aca.* Il n'avait rien chez lui, mais il a réfléchi à la situation et nous a finalement préparé à dîner. •*Zamân al Masriyîn bassaro, wa sawwo lêna l katkat.* Autrefois les Égyptiens ont réfléchi et compris

comment faire du papier [ont fait pour nous le papier]. •*Al addâli da bassar kê, wa rakkab kasir rijil al wilêd da.* Le rebouteux s'est concentré puis a réduit la fracture de la jambe de cet enfant.

bassar 2 / yibassir *v. trans.*, forme II, * bṣr, ب ص ر

♦ **gagner des points aux cartes,** marquer dix points au jeu de *basara.* •*Hû bassar talâta marra fî dôr wâhid bas.* Il a marqué trente points en un seul tour de jeu. •*Tibassir, kan nimro hanâ kartitak wa hanâ l wahade al fî l-turâb, kulla sawa sawa.* Tu gagnes dix points à la belote lorsque la carte que tu as en main porte le même numéro que celle qui est jetée au centre [celle qui est par terre].

bâsûr / bawâsîr *n. m.*, ≅ *ba'asûr, ba'âsîr*, *Cf. serij*, à ne pas confondre avec *abbâsûr*, * bṣr, ب ص ر

♦ **selle de l'âne ou du chameau.** •*Bâsûr hanâ jamali kassar.* La selle de mon chameau s'est cassée. •*Macêna fî l-sûg, mâ ligîna ba'âsîr lê l hamîr.* Nous sommes allés au marché et n'avons pas trouvé de selles pour les ânes. •*Bifaccig, mâ bubûl... Da l ba'asûr.* Il écarte les jambes sans uriner… C'est la selle de l'âne. *Dvnt.*

bât / yibît *v. intr.*, forme I n° 10, *Cf. bayte*, * byt, ب ي ت

♦ **passer la nuit, découcher,** passer la nuit hors de chez soi. •*Al bagar bâto fî l-sarhe.* Les vaches ont passé la nuit au pâturage. •*Amis hû bât barra acân jîrânah induhum môt.* Hier, il a passé la nuit hors de chez lui parce que ses voisins étaient en deuil [avaient la mort]. •*Abui bât fî l-derib acân al bakân ba'îd.* Mon père a passé la nuit en route parce qu'il se trouvait trop loin de la maison.

bâta *n. m.*, d'usage restreint, * byt, ب ي ت

♦ **match nul, égalité,** se dit au jeu de *kos* ou de *basara*, de ceux qui sont à égalité. •*Humman marago bâta wâjib lêhum yal'abo battân.* Ils sont à égalité, ils doivent rejouer. •*Nâdum xilib axuh mâ fîh humman marago bâta.* Personne n'a gagné, ils ont fait [sont sortis] match nul.

batakumba / batakumbât nom de personne, *m.*, *empr.* (*c.a.*) qui désigne en langue sango le gardien de bagages, *Cf. banjôs.*

♦ **grand apprenti, aide-chauffeur,** le plus qualifié des apprentis. •*Al batakumba ba'arif busût al êc.* L'apprenti sait préparer la boule. •*Al batakumba nômah tihit al watîr.* L'aide-chauffeur dort d'habitude sous le véhicule [son sommeil est sous le véhicule]. •*Al batakumbât rakûbhum fî sabat hanâ l watâyir.* Les grands apprentis ont leur place au-dessus de la cabine du chauffeur.

batâla *n. f.*, * bṭl, ب ط ل

♦ **congé, vacance, temps libre.** •*Iyâl al-lekôl câlo batâla hanâ talâta cahar.* Les écoliers ont pris trois mois de vacances. •*Anâ nicîl batâla wa naxatir namci lê abui.* Je prendrai un congé et partirai en voyage pour voir mon père. •*Axawâni induhum batâla kabîre fî âxir al-sana.* Mes frères ont de grandes vacances à la fin de l'année scolaire. •*Sayidna antâna batâla hanâ l îd.* Notre maître nous a donné congé pour la fête.

batamîn *n. m.*, → *vatamîn.*

batar 1 / yabtur *v. trans.*, forme I n° 1, *Ant. rabat*, * btr, ب ت ر

♦ **couper un lien, séparer, détacher, délier, éparpiller.** •*Al binêye batarat xaddûrah wa ladamatah.* La fille a cassé le fil de ses perles et les a enfilées de nouveau. •*Hû batar lêyah hizme hint rêke wa sâwagâha be l habba.* Il a délié une botte de cannes à sucre et les a vendues une par une.

batar 2 *n. m.*, *Cf. batrân*, * bṭr, ب ط ر

♦ **querelle, agressivité, arrogance, insolence.** •*Al batar mâ adîl, bilimmak fî l-cerîye.* L'agressivité n'est pas une bonne chose, elle te conduira au tribunal. •*Acân batarha da bas, râjilha tallagaha fôgah.* C'est à cause de son insolence que son mari l'a répudiée.

batâtîn *pl.*, → *battâniye.*

batâtîr *pl.*, → *battariye.*

batâtis *n. coll.*, *empr. fr.*, → *bumbitêr.*

batbat / yibatbit *v. intr.*, forme II.
♦ **refuser catégoriquement.** •*Al wilêd, abuh jâb lêyah xalag, wa hû batbat aba mâ bicîlah.* Le père a apporté un vêtement à son enfant, mais celui-ci a refusé catégoriquement de le prendre. •*Al mara batbatat mâ tidôr râjilha !* La femme a refusé catégoriquement de rester avec son mari !

batha / bathât *n. f.*, *n. pr.* de lieu, * bṭḥ, ب ط ح
♦ **dépression, lit de l'oued, nom d'un oued, nom d'une préfecture,** grand oued traversant le Tchad d'est en ouest, du Ouaddaï au Lac Fitri, dépression qui retient l'eau. •*Bathit Âtiya jâye min turâb Wadday.* L'oued Batha d'Ati vient du Ouaddaï. •*Tcâd fôgha bathât kutâr : bathit Âtiya wa bathit Amm al-tîmâm, wa bathit al Fitri.* Il y a plusieurs dépressions recueillant de l'eau au Tchad : celle d'Ati, celle d'Am-Timam, et la dépression du Fitri. •*Almi l Batha jâri sâkit wa l hakûma mâ ta'arif kikkêf tistafîd minnah.* L'eau du Batha coule pour rien et le gouvernement ne sait pas comment l'utiliser.

bâtil / buttal *adj.*, (*fém. bâtile*), ≅ le pluriel *bâtilîn*, *Cf. rahîf*, * bṭl, ب ط ل
♦ **maigre, sans valeur, invalide.** •*Sant al-ju', al-nâs wa l mâl kulluhum bigo buttal.* L'année de la famine, les gens et les troupeaux ont tous maigris [sont tous devenus maigres]. •*Martak jâbat jidâde bâtile misil ragabitha.* Ta femme a apporté une poule, maigre comme son cou. •*Carêna humâr bâtil.* Nous avons acheté un âne maigre. •*Kan nisît fard fî l-salâ, salâtak bâtile.* Si tu oublies d'accomplir un précepte d'ordre divin dans la prière, ta prière est invalide.

batrân / batrânîn *adj.*, (*fém. batrâne*) *Cf. batar 2*, * bṭr, ب ط ر
♦ **querelleur (-euse), agressif (-ve), insolent(e), arrogant(e),** qui cherche et désire se battre. •*Mûsa nâdum batrân, kulla yôm bahârij ma'â rufugânah.* Moussa est quelqu'un d'agressif, chaque jour il se querelle avec ses amis. •*Zâra batrâne acân da bas râjilha tallagaha.* Zara est arrogante, c'est pourquoi son mari l'a répudiée. •*Inti di batrâne, tirîdi kalâm al-dunya.* Vraiment tu es insolente, tu aimes faire des histoires.

battal / yibattil *v. trans.*, forme II, * bṭl, ب ط ل
♦ **faire cesser, rompre une activité, couper le moteur, s'arrêter, prendre un congé, se mettre en vacances, être en panne, annuler.** •*Anîna battalna gubbal al hamu.* Nous avons pris nos congés avant les grosses chaleurs. •*Al iyâl battalo min al giray min gibêl.* Les enfants ont déjà arrêté les cours. •*Macîn Âtiya, al watîr battal lêna fî l-derib indina talâte yôm.* Nous allons à Ati, notre véhicule est tombé en panne sur le chemin depuis fait trois jours. •*Battil motêr al watîr mâ yisawwi lêna haraka !* Coupe le moteur de la voiture pour qu'il ne nous casse plus les oreilles ! •*Ali battal safarah.* Ali a annulé son voyage. •*Al faki battal min al giray, gâl lêhum : "Battulu !".* Le maître de l'école coranique a mis fin au cours ; il a dit aux enfants : "Prenez des vacances !".

battalân *n. d'act.*, *m.*, ≅ *battilîn*, * bṭl, ب ط ل
♦ **arrêt, pause, interruption, vacances,** fait de couper le moteur, de suspendre une activité. •*Al watîr kan wâgif, battalân al motêr axêr, acân al banzîn xâli.* Lorsque le véhicule est arrêté, il vaut mieux couper le moteur parce que l'essence coûte cher. •*Battalân hanâ iyâl al-lekkôl yukûn fî l xarîf.* Les vacances scolaires ont lieu en saison des pluies.

battan / yibattin *v. trans.*, forme II, *Cf. batun*, * bṭn, ب ط ن ⇨

♦ **ceindre le ventre, mettre la sous-ventrière, attacher,** passer un lien sur les nattes du toit de la case arabe, serrer la sous-ventrière du cheval ou de l'âne. •*Battin al bêt da adîl, dîk al-rih jâye !* Attache le toit de la case bien comme il faut, voici le vent qui arrive ! •*Battin al humâr da be butân jadîd acân mâ yarmi lêna l xumâm.* Mets une sous-ventrière neuve à cet âne et serre-la bien, pour qu'il ne fasse pas tomber les affaires !

battân *invar.*, peut-être contraction de *be l-tâni* (pour la deuxième fois), adverbe marquant la répétition, * t̲ny, ث ن ي

♦ **encore, de nouveau.** •*Duggah battân !* Frappe-le encore ! •*Mûsa battân baka.* Moussa pleure encore. •*Battân mâ tamci l-sûg wihêdak !* Ne t'en va pas encore tout seul au marché ! •*Battân mâ naji lêk fî bêtak !* Je ne reviendrai plus chez toi !

battâniye / batâtîn *n. f.*, *Cf. bâjo*, * bṭn, ب ط ن

♦ **couverture.** •*Battâniyti hint sûf wa battân al barid mâ balgâni.* Ma couverture est en laine et je n'aurai plus froid. •*Al batâtîn al bijîbuhum min al-Sawdiye xawâli bilhên lâkin yagôdu ma'âk icirîn sana kulla.* Les couvertures qu'on apporte d'Arabie Saoudite sont très chères, mais elles peuvent durer [elles restent avec toi] vingt ans.

battariye / batâtîr *n. f.*, *empr. fr.*, autre pluriel *battariyât*, *Syn. toric.*

♦ **lampe de poche, torche électrique.** •*Al battâriye adîle fî l-dalâm.* La lampe de poche est bien utile dans l'obscurité. •*Al yôm da battâriyti mâ indaha hujâr !* Tiens ! Aujourd'hui ma torche n'a plus de pile. •*Al battarîyât âyinât kutâr, suxâr wa kubâr.* Il y a de nombreuses sortes de torches électriques : des petites et des grosses.

battilîn *n. d'act.*, *m.*, → *battalân.*

batû *n. anim.*, *m.* et *f.*,. *Syn. biss*, hypothèse dans la racine * bṭ', ب ط ء

♦ **chat.** •*Al batû akalat al-laham.* La chatte a mangé la viande. •*Anâ rabbêt batû acân indi fâr katîr fî l bêt.* J'ai élevé un chat parce que j'ai beaucoup de rats dans la maison. •*Al batû ma'â l kalib mâ bagdaro bi'îcu sawa.* Le chat et le chien ne peuvent pas vivre ensemble.

batûl *n. m.*, * bṭl, ب ط ل

♦ **amaigrissement, dépérissement.** •*Batûl al bagar dôl mâ min al marad lâkin min al-ju'.* L'amaigrissement de ces vaches n'est pas dû à la maladie mais à la faim. •*Hû batûlah da min ta'ab al marad.* S'il dépérit, c'est à cause de la maladie qui l'épuise.

Batûl *n. pr.* de femme, ≅ *Batûlay, litt.* vierge, * btl, ب ت ل

batun / butûn *n. f.*, voir ci-dessous l'expression *batunah zarga*, * bṭn, ب ط ن

♦ **ventre, abdomen, entrailles.** •*Batun al xani kabîre.* Le ventre du riche est gros. •*Saxayyar minni wa birassilni... Di l batun.* Il est plus petit que moi et il me fait aller là où il veut… C'est le ventre. *Dvnt.* •*Al binêye l axadôha amnawwal di batunha bigat kabîre, akûn xalbâne.* Le ventre de cette fille qui s'est mariée l'an dernier a grossi, elle est peut-être enceinte. •*Al-râjil butûnah bacxuru acân min amis mâ akal.* Le ventre de l'homme a des gargouillis parce qu'il n'a pas mangé depuis hier. •*Angari, hû da batunah zarga !* Prends garde, celui-là est méchant ! [son ventre est noir !].

batun rijil / batun rijilên expression, *litt.* ventre du pied, ≅ le pluriel *batun rijile*, *Cf. kaff*, * bṭn, rjl, ب ط ن • ر ج ل

♦ **plante du pied.** •*Al-saxîr kan binyamnyumuh fî batun rijilah, badhak.* Lorsque l'on chatouille la plante du pied d'un petit enfant, il se met à rire. •*Nâdum, kan burûx bala na'âl, côk bat'anah fî batun rijilênah.* Si quelqu'un marche sans chaussures, il aura la plante des pieds piquée par les épines.

batun xadra expression, *litt.* "ventre vert", en parlant d'une femme, * bṭn, ḫḍr, ر ض خ • ن ط ب

♦ **féconde,** qui peut encore enfanter. •*Al mara di batunha xadra, lê hassâ kulla gâ'ide tawlid.* Cette femme est féconde, jusqu'à présent elle met des enfants au monde. •*Kan tâxud, âxud lêk mara batunha xadra, tijîb lêk iyâl axêr !* Si tu épouses une femme, épouse une femme féconde qui t'apportera des enfants, ce sera bien pour toi !

bâtwâr *n. m., empr. fr.*

♦ **abattoir.** •*Fî bâtwâr hanâ Farca, badbaho kulla yôm misil alif min al xanam, al bagar, wa l-jumâl ; wa lahamhum biwadduh fî l-sûg.* A l'abattoir de Farcha, on égorge chaque jour environ mille bêtes, moutons, bœufs ou chameaux, et on amène ensuite la viande au marché. •*Al bâtwâr indah bakân hanâ daktôr al bahâyim bakcifhum gubbâl ma yadbahôhum.* A l'abattoir, un service vétérinaire examine la qualité des bestiaux avant qu'ils ne soient égorgés.

bawâdi *pl.,* → *bâdiye.*

bawâjo *pl.,* → *bâjo.*

bawâlîs *pl.,* → *bôlîs.*

bawâsîr *pl.,* → *bâsûr.*

bawâzîk *pl.,* → *bâzûka.*

bawwal / yibawwil *v. trans.,* forme II,* bwl, ل و ب

♦ **faire pisser, faire uriner.** •*Al mara bawwalat iyâlha gubbâl ma yunûmu.* La femme a fait uriner ses enfants avant qu'ils ne dorment. •*Al bôl hajarah, waddoh bawwaloh fî l-labtân.* Il ne pouvait plus uriner, on l'a emmené à l'hôpital pour le faire pisser.

bawwâl / bawwâlîn *adj., (fém. bawwâla),* * bwl, ل و ب

♦ **pisseur (-euse), qui urine abondamment.** •*Al-saxîr al-saxayyar kan bantuh câhi babga bawwâl.* Si on donne du thé au petit enfant, il deviendra pisseur. •*Fî Ramadân fî l-lêl al-nâs babgo bawwâlîn acân bacarbo madîde katîr.* Pendant le Ramadan, la nuit, les gens urinent abondamment parce qu'ils mangent beaucoup de bouillie. •*Hî bawwâla misil al bagaray al maxrû'a.* Elle est aussi pisseuse qu'une vache qui a peur ! •*Carrâb al marîse bawwâl.* Le buveur de bière urine abondamment.

bawwar 1 / yibawwir *v. trans.,* forme II, *Cf. bâr,* * bwr, ر و ب

♦ **ruiner, dévaluer, rendre invendable, faire tomber le prix,** empêcher de produire un bénéfice, faire perdre de sa valeur. •*Al-nâs ligo xalla katîr wa bawwaro l mappa.* Les gens ont récolté [trouvé] beaucoup de mil, ils ont fait baisser la valeur du pain. •*Al xalla l-duxun kan nijidat tibawwir al masar wa l-dura'.* Quand le mil pénicillaire est mûr, il fait tomber les prix du maïs et du sorgho.

bawwar 2 / yibawwir *v. trans., empr. (fr.* "borner"), *Cf. bôr.*

♦ **borner un terrain.** •*Ambâkir al kadâstir yibawwir bakânât fî l-Digêl lê xaddâmîn al hakûma.* Demain, les agents du cadastre vont à Diguel borner des terrains destinés aux fonctionnaires. •*Amci fî l kadâstir, bawwir bêtak gubbâl mâ tabni.* Va au cadastre, et fais borner ton terrain avant de construire.

bawwas / yibawwis *v. trans.,* → *bawwaz.*

bawwax / yibawwix *v. trans.,* forme II, * bwḫ, خ و ب

♦ **cuire à l'eau.** •*Bawwixi l-laham da yargud, wa fajur adurbih mulah !* Laisse cuire la viande dans l'eau et demain tu prépareras la sauce ! •*Raxiye bawwaxat fûl be mileh wa carratah.* Rakhiyé a fait cuire dans l'eau salée des arachides qu'elle a ensuite étendues sur la natte. •*Mâ fîh ceyy âxar ke xêr al-laham wa l fûl bibawwuxuh !* On ne cuit à l'eau rien d'autre que la viande et les arachides.

bawwaz 1 / yibawwiz *v. trans.*, forme II, connu au *Sdn.* (*C.Q.*), ≃ *bawwas, yibawwis, bawasat, yibawwusu*, * bwẓ, ب و ظ

♦ **abîmer, dévaluer, corrompre, gâcher,** rendre sans valeur. •*Al kîca bawwaz al-jôker.* Le mauvais joueur de cartes a gaspillé la valeur de son joker en le jouant. •*Jîbu lêku askar acân al-sakrânîn mâ yibawwizu l hafla !* Faites venir des militaires pour éviter que les soûlards ne gâchent la fête ! •*Kan fî basalay afne amrugha acân mâ tibawwiz lêk cuwâl al basal kulla ke !* S'il y a un oignon pourri, sors-le pour qu'il n'abîme pas le reste des oignons de ton sac !

bawwaz 2 / yibawwiz *v. trans.*, forme II, *Cf. bâz*, * bwẓ, ب و ظ

♦ **se défausser, rendre inutile, abîmer.** •*Hû bawwaz lâkin anâ mâ cift al kartay.* Il s'est défaussé, mais je n'ai pas vue la carte. •*Fî li'ib al karte usmah arbâtâcar kulla wâhed yarmi kartay wa yugûl "bawwaz lêk !".* Au jeu de cartes *arbâtâcar* chacun jette une carte en disant : "Je me défausse, c'est à toi !". •*Al almi sabba fî bêti wa bawwaz lei xumâmi.* La pluie est entrée dans ma chambre et a abîmé toutes mes affaires.

bâxa / bâxât *n. f.*

♦ **seau de récupération en plastique, gros pot avec anse et couvercle.** •*Al bâxa kan bujûbûha jadîde, malâne fintir walla dihin.* Lorsque les seaux sont neufs, il sont pleins de peinture ou d'huile. •*Indi bâxa nusubb fôgha almi walla xadôda hint kisâr kan yôm indi udur.* J'ai un gros seau dans lequel je mets de l'eau ou de la pâte à galette, le jour où j'ai une cérémonie.

baxad / yabxud *v. trans.*, forme I n° 1, * bġḍ, ب غ ض

♦ **détester, haïr.** •*Al wilêd baxad rafîgah.* L'enfant a détesté son ami. •*Humman baxado bêthum acân kulla yôm fîyah sarrâg badxul lêhum.* Ils ont détesté leur maison parce que chaque jour un voleur y entrait.

baxâda *n. f., Syn. buxud, Cf. baxad*, * bġḍ, ب غ ض

♦ **haine.** •*Al baxâda tijîb al furâg bên al mara wa l-râjil.* La haine provoque la séparation entre la femme et son mari. •*Al mâl al xallah abûhum lê l warasa jâb lêhum al baxâda.* L'héritage que leur père leur a laissé a été la cause de la haine qui existe entre eux.

baxal *n. m.*, * bġl, ب غ ل

♦ **mulet.** •*Al baxal bicâbih al humâr wa lâkin hû kabîr minnah.* Le mulet ressemble à l'âne mais est plus grand que lui. •*Al baxal binlagi fî l hudûd ambên Tcâd wa Sûdân.* Le mulet se trouve à la frontière entre le Tchad et le Soudan.

baxara / baxarât *n. f., Cf. falaja, tarama*, * bqr, ب ق ر

♦ **qui a les incisives qui manquent, espace vide dans les dents, dents manquantes,** espace laissé lors de la chute ou de l'extraction des incisives. •*Wilêdi inda saba'a sana, dahhâkâtah waga'o wa xallo lêyah baxara.* Mon enfant a sept ans, ses incisives sont tombées et lui ont laissé un espace vide dans la mâchoire. •*Al baxara kan kabîre, sîdha mâ yagdar yijabbid laham.* Celui auquel il manque trop de dents de devant ne plus mordre et arracher des morceaux de viande.

baxat *n. m.*, * bẖt, ب خ ت

♦ **chance.** •*Al-sana di Âdum indah baxat katîr, ligi xalla katîre.* Cette année Adoum a beaucoup de chance, il a récolté [trouvé] beaucoup de mil. •*Hî mâ indaha baxat kan mâ kê bâxuduha.* Elle n'a pas de chance, sinon quelqu'un l'aurait épousée. •*Ta'âl al'ab wa jarrib baxtak !* Viens jouer et tenter ta chance !

baxîl *adj.*, (*fém. baxîle*), terme de l'*ar. lit.* moins employé que : fasil, raxbân, → *fasil, raxbân*, * bẖl, ب خ ل

baxît *adj.*, (*fém. baxîte*), à ne pas confondre avec *baxîte* dans l'expression *sukkar baxîte* [sucre en poudre], voir plus loin *baxîte*, * bẖt, ب خ ت ⇨

♦ **qui rend heureux (-euse), qui porte chance.** •*Hû hidir fî gism al-sadaxa : "Al hâdir baxît" !* Il était là pour la distribution de l'aumône : "La chance sourit au présent !" (*i.e.* il faut saisir l'occasion quand elle se présente, expression employée pour signifier que l'on ne refuse pas un cadeau). •*Îd al-se'îd baxît !* Bonne et heureuse fête !

Baxît *n. pr.* d'homme, *litt.* heureux, fortuné, *Cf. baxît*, * bẖt, ب خ ت

baxîte *adj. f.*, dans l'expression *sukkar baxîte*, *Syn. sukkar dagîg*, *Cf. kâro, râs*, * bẖt, ب خ ت

♦ **sucre cristallisé, sucre en poudre.** •*Al-nâs birîdu l-sukkar al baxîte acân asal min al-sukkar al-râs wa l girêd, wa tamanah munâsab.* Les gens aiment le sucre cristallisé parce qu'il est plus sucré que le sucre en pain ou en morceaux, et que son prix est convenable.•*Al-duwân kan ligo sukkar baxîte fî l barcâta yicîluh marra wâhid.* Lorsque les douaniers trouvent du sucre cristallisé passé en fraude, ils le confisquent.

Baxîte *n. pr.* de femme, *litt.* qui a de la chance, heureuse, *fém.* de *Baxît*, * bẖt, ب خ ت

baxûr *n. m.*, *Cf. darôt, duxxân, gammâri, habîl, jamsinda, kijîji, lubân, mahlab, sandal, si'ib, rutrut*, * bẖr, ب خ ر

♦ **encens,** ensemble des bois d'encens. •*Al mara daxxanat al bêt be baxûr halu.* La femme a fait fumer de l'encens de bonne qualité dans la maison. •*Al baxûr bisawwuh be hatab al-sandal wa l gamâri wa rîhe katîre.* L'encens est fait à partir du bois de santal, du bois odoriférant et de nombreux parfums.

baxxa / yubuxx *v. trans.*, forme I n° 5, * b ẖ ẖ, ب خ خ

♦ **asperger, humecter, intimider.** •*Wakit bidôr bakwi xulgânah hû baxxahum be almi.* Lorsqu'il veut repasser ses habits, il les humecte auparavant. •*Hû mâ indah gudra lâkin baxxah lê rafîgah.* Il n'a pas de force, mais il a intimidé son ami.

Baxxa *n. pr. gr., coll., sgtf. Baxxay* (homme), *Baxxayye* (femme), ethnie vivant dans la sous-Préfecture d'Am-dam.

♦ **Bakha.**

baxxad / yibaxxid *v. intr. {- lê}*, forme II, * bġḍ, ب غ ض

♦ **en avoir assez, devenir détestable, rendre haïssable,** rendre *qqch.* détestable à *qqn.* •*Al-ta'ab wa l harba baxxado lê l-Tacâdiyîn.* Les Tchadiens en ont assez de la souffrance et de la guerre. •*Al âfe abadan mâ tibaxxid lê l-nâdum.* On ne peut jamais se lasser de la paix.

baxxân *n. d'act., m.*, ≅ *baxxîn* ; * b ẖ ẖ, ب خ خ

♦ **aspersion, vaporisation, intimidation,** fait de vaporiser de l'eau en la recrachant par la bouche pour asperger ou intimider. •*Baxxân al habil da, bisawwi matîn.* L'humidification de cette corde la rendra plus solide. •*Baxxânak da mâ bixawwifna min hagginah.* Ce n'est pas en nous intimidant que nous oublierons ce que tu nous dois [ton intimidation ne nous effraie pas loin de ce qui nous revient].

baxxar / yibaxxir *v. trans.*, → *daxxan*, * bẖr, ب خ ر

baxxat / yibaxxit *v. intr. {- be}*, utilisé à l'accompli et à l'impératif, * bẖt, ب خ ت

♦ **puisse cela t'être utile !, puisse cela porter chance !,** se dit d'un objet que l'on est obligé de donner contre son gré. •*Hî câlat kitâbi, "baxxatat beyah !".* Elle a pris mon livre, "que cela lui soit utile !". •*Al mara xallat amcawwâfitha lê wilêdha wa gâlat lêyah : "Baxxit beha !".* La femme a laissé son fils prendre son miroir en lui disant : "Puisse-t-il te porter chance !".

baxxâx / baxxâxîn *adj. mrph. intf.*, (*fém. baxxâxa*), * b ẖ ẖ, ب خ خ ⇨

♦ **intimidateur (-trice).** •*Al mara l baxxâxa tirîd tifâcir.* La femme intimidatrice aime se pavaner. •*Al mu'allim kan mâ bigi baxxâx al-talâmiz bahaguruh.* Si un enseignant n'intimide pas ses élèves, ceux-ci le ne respecteront pas.

baxxîn *n. d'act., m.,* → *baxxân.*

bâya' / yibâyi' *v. trans., Cf. ba', tâman,* * byʕ, ب ي ع

♦ **discuter le prix, s'enquérir du prix minimum, faire descendre le prix d'achat,** chercher à obtenir le prix le plus bas avant d'acheter. •*Anâ cift Abbakar yibâyi lêyah fî kabic samîn.* J'ai vu Abakar discuter le prix d'un bélier qu'il voulait acheter. •*Hî bâya'at al-tôb da be alif riyâl bas.* Elle est arrivée à obtenir ce pagne pour seulement mille riyals.

baya'ân *n. d'act.,* → *bê'ân.*

bayâd 1 / bayâdât *n. coll. m., sgtf. bayâday,* utilisé dans l'expression *cawwaf bayâd rijilah* (il a déguerpi), * byḍ, ب ي ض

♦ **blancheur, taie, leucome.** •*Al bayâd xêr law kan hurâr têr.* La blancheur est meilleure, même si c'est la crotte des oiseaux. *Prvb.* •*Daxalt fî bêtah wa ligit al wata kullaha bayâd.* Je suis entré dans sa maison et j'ai trouvé que tout n'était que blancheur. •*Kan al-ramad karabâk wa mâ sabbêt dawa, uyûnak bisawwu bayâd.* Lorsque tu as une conjonctivite et que tu ne la soignes pas, tes yeux vont se couvrir d'une taie blanche. •*Cawwifna bayâd rijilak, mâ nidôru nicîfûk hini !* Va-t'en vite [fais-nous voir la blancheur de ton pied] ! Nous ne voulons pas te voir ici !

bayâd 2 *n. m.,* * byḍ, ب ي ض

♦ **cadeau, contrepartie, récompense,** contrepartie que l'on donne au marabout, au rebouteux ou au guérisseur avant la consultation. •*Antêt al faki bayâd acân yaktib lêi lôh lê waja' al-râs al azzabâni da.* J'ai donné quelque chose au faki pour qu'en contrepartie il m'écrive sur la tablette quelques versets contre le mal de tête qui m'assaille. •*Anti bayâd lê l-rakkâbi wa bisawwi lêk xidime adîle.* Donne quelque chose au rebouteux et il te fera du bon travail ! •*Al-bayâd hû al-coxôl al-tagdar tantih lê l faki kan tidôr yas'al lêk Allah.* La contrepartie est ce que tu peux donner au faki lorsque tu désires qu'il demande pour toi quelque chose à Dieu.

bayân / bayânât *n. m.,* terme de l'*ar. lit.,* * byn, ب ي ن

♦ **déclaration.** •*Al-Raîs sawwa bayân lê l-ca'ab be munâsaba hanâ l-sana l-jadîde.* Le Président a fait une déclaration à la population à l'occasion de la nouvelle année. •*Al mudîr hanâ l-carika sawwa bayân lê l xaddâmîn.* Le directeur de l'entreprise a fait une déclaration aux travailleurs. •*Fî l Mu'tamar al watani, kubarât hanâ l ahzâb al-siyâsîya sawwo bayânât tuxuss al mustaxbal hanâ l balad.* A la Conférence nationale, les chefs des partis politiques ont fait des déclarations concernant l'avenir du pays.

Baybokum *n. pr.* de lieu, chef-lieu de sous-préfecture du Logone-Oriental.

♦ **Baïbokoum.**

bâyi' / bây'în *adj. n., mrph. part.* actif, (*fém. bây'e*), *Cf. bâ',* * byʕ, ب ي ع

♦ **acheteur (-euse), vendeur (-euse),** qui a acheté, qui a vendu. •*Marti gabbalat min Kuseri bây'e lêha sukkar.* Ma femme est revenue de Kousseri en ayant acheté du sucre. •*Wâkit gammêt mâciye lêhum ziyâra bây'e zigêgeh lê l iyâl.* En allant leur rendre visite, j'ai acheté de petits cadeaux souvenirs pour les enfants. •*Al-rujâl dôl bây'în minnah buyût tinên be taman munâsab.* Ces hommes-là lui ont acheté deux maisons à un prix convenable. •*Al bacuru anto l bâyi' gurus muzawwar.* Les acheteurs ont donné au vendeur de la fausse monnaie.

bayi'în *n. d'act., m.,* → *bê'ân.*

bâyin / bâynîn *adj.*, (*fém. bâyne*), *Cf. bân*, * byn, ن ي ب

♦ **évident(e), clair(e), visible, manifeste.** •*Al xamâm mâ fîh al gamar dâhu bâyin.* Il n'y a pas de nuages, la lune est bien visible. •*Bâyin lêyah kadar hû sarrâg, mâ tahâmi lêyah !* On voit bien que c'est un voleur : ne défends pas sa cause !

bâyir / bâyrîn *adj. mrph. part.* actif, (*fém. bâyre*), * bwr, ر و ب

♦ **invendu(e), délaissé(e), déprécié(e),** qui a connu une mévente, femme que personne ne demande en mariage. •*Al binêye di bâyre acân râsha gawi marra wâhid.* Personne ne demande cette fille en mariage parce qu'elle a vraiment la tête dure. •*Al gumac da bâyir indah santên fî l-dukkân.* Ce tissu est déprécié, il est dans la boutique depuis deux ans.

bâyiz / bayzîn *adj. mrph. part.* actif, (*fém. bayze*), * bwz, ز و ب

♦ **abîmé(e), sans profit, sans valeur, inactif (-ve), inutile, carte défaussée.** •*Al-râjil da kalâmah bâyiz.* La parole de cet homme est sans valeur. •*Nafar xumâmak da katîr fî l-sûg hassâ da bigi bâyiz.* Ta marchandise est devenue tellement abondante au marché qu'à présent elle a perdu de sa valeur. •*Hû bigi bâyiz misil lêmûn tâjaroh ajâyis.* Cela n'a plus aucune valeur, comme les citrons vendus par les vieilles femmes. •*Hû jabad kartay lâkin lissâ mâ zagal bâyizah.* Il a tiré une carte mais n'en a pas encore rejeté. •*Xalâs bâyiz min îdak !* J'ai gagné et annulé les points de vos cartes. •*Cari mâ fîh, al yôm da al-sûg bâyiz !* Aucun acheteur aujourd'hui : c'est un marché sans profit ! •*Al yôm îd kula, mâla hillitku bâyize ke ? Wa lâ fîha li'ib nuggâra, wa lâ galûb hanâ xêl.* Aujourd'hui, c'est jour de fête ; pourquoi votre village est-il inactif ? Il n'y a ni danse au tambour, ni course de chevaux ! •*Cîfi Fâtime, al-salât xallêtih fî l harray wa bigi bâyiz !* Regarde, Fatimé, tu as laissé la salade au soleil, elle est tout abîmée !

Baykôrô *n. pr.* de lieu, chef-lieu de sous-préfecture du Chari-Baguirmi.

♦ **Bokoro.**

bayna *invar.*, terme de l'*ar. lit.*, → *bên.*

bayte *n. f.*, *Cf. bât*, * byt, ت ي ب

♦ **restes du repas, nourriture de la veille,** ce qui reste de la boule ou de la nourriture prise la veille au soir. •*Al gannâsîn induhum zâd hanâ bayte.* Les chasseurs ont des provisions à base de restes de repas. •*Amis akalna kê namman faddalna l êc ragad bayte.* Hier, nous avons beaucoup mangé, il est même resté de la boule pour le lendemain. •*Al muhâjirîn fataro be bayte.* Les mendiants des écoles coraniques ont déjeuné le matin avec des restes du repas de la veille. •*Dôl muhâjirîn, akkâlîn al bayte !* Voici les mendiants des écoles coraniques, les "mangeurs de restes" !

baywale *n. f.*, *empr.*

♦ **danse traditionnelle,** danse folklorique du Ouaddaï. •*Al banât bitabtubu idênhum wa l-subyân bitagtugu rijilênhum, da li'ib al baywale.* Les filles battent des mains, et les garçons frappent des pieds, telle est la danse du *baywale.* •*Li'ib hanâ l baywale nasma'o min râdyo hanâ Abbece.* On entend la danse du *baywale* à Abéché [on l'entend venant d'Abéché]. •*"Al baywale min halâtah, al faki gata' salâtah !".* "La danse *baywale* était tellement belle [bonne] que le marabout a interrompu [coupé] sa prière !" (ritournelle chantée par les enfants).

bayya' / yibayyi' *v. trans.*, forme II, * byʕ, ع ي ب

♦ **faire vendre,** pousser ou obliger à vendre. •*Al falas bas bayya'âni lê bêti.* C'est la misère qui m'a poussé à vendre ma maison. •*Zôl kan karaboh fî dên, wa mâ indah gurus, yibayyu'uh lê xumâm bêtah.* Lorsque quelqu'un s'est endetté et qu'il n'a plus d'argent pour rembourser, on l'oblige à vendre les affaires de sa maison.

bayyad / yibayyid *v. intr.*, forme II, * byḍ, ب ي ض

♦ **pondre.** •*Al-jidâde bayyadat fî tihit al-cadaray.* La poule a pondu sous l'arbre. •*Al Kanaray tibayyid marritên fî l-sana.* La cane pond deux fois par an.

bayyâda / bayyâdât *adj. f. mrph. intf., Cf. bêd,* * byḍ, ب ي ض

♦ **pondeuse.** •*Jidâd Kano bayyâdât fî wakt al-rucâc.* Les pintades sont de bonnes pondeuses au début de la saison des pluies. •*Al-jidâde di bayyâda kan akalat adîl.* Cette poule est une pondeuse lorsqu'elle est bien nourrie.

bayyadân *n. d'act., m.,* → *bayyidîn.*

bayyan / yibayyin *v. trans.*, forme II, * byn, ب ي ن

♦ **déclarer, faire connaître, dévoiler, révéler, avouer, confesser.** •*Al wilêd bayyan acîr hanâ abuh lê l-nâs.* Le garçon a dévoilé aux gens le secret de son père. •*Al xattâti bayyan lê l gannâsîn bakân al-sêd.* Le devin a révélé aux chasseurs où se trouvait le gibier. •*Al-sarrâg aba mâ yibayyin al xumâm l-câlah.* Le voleur a refusé d'indiquer l'endroit où se trouvaient les affaires qu'il avait prises. •*Gubbâl ma yumût al-harâmi bayyân êbah.* Avant de mourir, le malfaiteur a avoué les actes honteux qu'il avait commis.

bayyidîn *n. d'act., m.,* ≅ *bayyadân,* * byḍ, ب ي ض

♦ **ponte,** fait de pondre. •*Al-jidâde kan mâ talga akil adîl bayyidînha mâ ajala.* Si la poule ne trouve pas de bonne nourriture, elle ne pond pas vite. •*Jidâd al xala bayyidînhum marra wahade bas fî l-sana, wa illa fî l xarîf.* Les pintades ne pondent qu'une seule fois par an et uniquement pendant la saison des pluies.

Bayyin *n. pr.* d'homme, (*fém. Bayyine*), *Cf. bayyan, bâyin,* * byn, ب ي ن

bâz 1 / yubûz *v. intr.*, forme I n° 4, *Syn. mâ yanfa, Cf. bawwaz,* * bwẓ, ب و ظ

♦ **devenir sans valeur, s'abîmer, se gâter, devenir inutilisable, être périmé(e), se flétrir.** •*Al mulâh da daraboh amis, xalâs bâz.* On a préparé cette sauce depuis hier, elle est gâtée. •*Al-tamâtim da kan mâ bâ'oh al yôm xalâs bubûz.* Si ces tomates ne sont pas vendues aujourd'hui, elles vont s'abîmer. •*Mâ tacarab al-dawa da, xalâs bâz acân waktah fât !* Ne prends pas ce médicament, il est périmé !

bâz 2 *invar., empr. fr.*

♦ **base militaire, base,** cheval qu'on classe en tête dans la combinaison d'un tiercé. •*Amci fî labtân hanâ l bâz, induhum dawa sameh.* Va à l'hôpital de la base militaire, ils ont de bons médicaments. •*Juwâd hanâ l bâz mâ gidir kammal al-sabag.* Le cheval de base sur lequel il avait parié n'a pas pu finir la course. •*Zamân Fransa indaha bâz fî Buwâr.* Jadis, la France avait une Base militaire à Bouar.

bâza / yibâzi *v. trans.*, forme III, * bzw, ب ز و

♦ **imiter, se moquer de** ***qqn.*** •*Anâ jarêt wa humman kula bâzôni gammo bajuru.* J'ai couru, ils m'ont imité et se sont mis à courir. •*Carêt farde wa Zênaba bâzatni.* J'ai acheté un pagne et Zénaba m'a imitée. •*Al mara di fâgde agulha, mâ tibâzuha !* Cette femme est simple d'esprit, ne vous moquez pas d'elle !

bazal / yabzul *v. trans.*, dans l'expression *bazal juhud,* * bḏl, ب ذ ل

♦ **se dépenser, faire des efforts, se fatiguer,** se donner du mal pour. •*Hû bazal juhudah wa najah fî l imtihânât.* Il a fait beaucoup d'efforts et a réussi ses examens. •*Abzul juhudak, talga l ma'îce !* Fais des efforts et tu trouveras de quoi manger !

bâzân *n. d'act., m.,* → *bâzîn.*

bazar / yabzur *v. intr.*, forme I n° 2, * bzr, bḏr, ب ز ر • ب ذ ر ⇨

♦ **germer, pousser, sortir de terre.** •*Al xalla bazarat fî yômên bas acân al-turâb layyin bilhên.* Le mil a germé seulement en deux jours parce que la terre est très humide. •*Al xalla l fî l birmîl bazarat acân al iyâl sabboha almi.* Le mil qui était dans le fût a germé parce que les enfants y ont versé de l'eau par-dessus. •*Zere' hanâ jîrâni kulla ke bazar.* Tous les plants du champ de mon voisin sont sortis de terre.

bazâr *n. m.*, * bd̠r, ب ذ ر

♦ **gaspillage.** •*Bazâr l mâl mâ sameh.* Le gaspillage de l'argent n'est pas une bonne chose. •*Hî tirîd bazâr xumâm al akil wa râjilha mâ xassad.* Elle a tendance à gaspiller la nourriture, mais son mari n'est pas d'accord.

bâzay / bâzayîn *adj.*, (*fém. bâzaye*), * bzw, ب ز و

♦ **imitateur (-trice), copieur (-euse).** •*Hû mâ bâzay fî l-rasim, bisawwi haggah bas.* Il n'est pas un imitateur, ce qu'il dessine est personnel. •*Al binêye di bâzaye l âxarîn, rufugânha mâ birîduha.* Cette fille imite trop les autres, ses compagnes ne l'aiment pas.

bazil *n. m.*, *Cf. guluny*,, * bzl, ب ز ل

♦ **hernie**, hernie inguinale. •*Hû indah bazil wa l-daktôr caggah, hassâ bigi lêyah axêr.* Il a une hernie et le médecin l'a opéré, à présent il va mieux. •*Nagil hanâ l xumâm al-tagîl dalla lêyah bazil.* Le fait de transporter des choses lourdes lui a donné [descendu] une hernie. •*Al wilêd al-saxayyar da kula indah bazil.* Ce petit enfant a lui aussi une hernie.

bâzîn *n. d'act., m.*, ≅ *bâzân*, racine connue en arabe *sd.* (*C.Q.*), * bzw, ب ز و

♦ **imitation, copiage.** •*Anâ mâ nirîd bâzîn al-nâs.* Je n'aime pas imiter les gens. •*Nâs hanâ hassâ mâ yijaddudu ceyy, illa yagôdu lê l bâzîn bas.* Les gens de maintenant ne créent rien, ils ne font qu'imiter les autres.

bâzûka / bawâzîk *n. f.*, → *erbeje*

♦ **nom d'une arme antichar, bazooka, lance-roquettes R.P.G. 7, marque d'une moto.** •*Al bâzûka bundug hawân kattal tacâdiyîn katîrîn.* Le bazooka est une arme terrible [méchante] qui a tué beaucoup de Tchadiens. •*Hiss al bawâzik misil dadâg al matar.* Le bruit des bazookas ressemble à celui des coups de tonnerre pendant la tornade.

bazzar 1 / yibazzir *v. trans.*, forme II, * bzr, bd̠r, ب ز ر • ب ذ ر

♦ **faire pousser, planter, germer, bouturer.** •*Al gafal bibazzir bala ga'ar.* Le Commiphora africana se reproduit par bouture [sans souche]. •*Al bazzartah al yôm, tâkulah ambâkir.* Ce que tu as semé [fais pousser] aujourd'hui, tu le récolteras demain. *Prvb.* •*Al fûl bazzar wa l-sabara mâ xallatah.* Les arachides ont germé, mais l'écureuil les a mangées [ne les a pas laissées].

bazzar 2 / yibazzir *v. trans.*, forme II, * bd̠r, ب ذ ر

♦ **gaspiller, dépenser inutilement.** •*Rafîgi maca bazzar gursah fî l-safah wa gabbal nadmân.* Mon ami est allé gaspiller son argent dans la débauche, il est revenu ensuite en le regrettant. •*Jâri bidôr bibazzir gursah sâkit fî l-cakat wa anâ dahartah.* Mon voisin voulait dépenser inutilement son argent pour encourager ceux qui dansaient, et je l'en ai empêché.

bazzax / yibazzix *v. trans.*, forme II, * bzq, ب ز ق

♦ **cracher.** •*Al mardâne bazzaxat katîr.* La malade a beaucoup craché. •*Fî l-Ramadân al-nâs bibazzuxu acân mâ yidôru yazurtu buzâxhum.* Pendant le Ramadan, les gens crachent parce qu'ils ne veulent pas avaler leur salive. •*Bazzix barra min al bêt !* Crache à l'extérieur de la maison !

be *invar.*, voir ci-dessous l'expression *be kam ?* [avec combien d'argent ?] située en fin de proposition et servant à interroger sur le prix.

♦ **avec, au moyen de, grâce à, par, combien ? (prix), pendant.** •*Mûsa* *akal be kiyêr.* Moussa a mangé avec une cuillère. •*Mâ taktib be bik ahmar !* N'écris pas avec un stylo à bille rouge ! •*Xalîl akal êc be laban wa sukkar.* Khalil a mangé la boule avec du lait et du sucre. •*Carêt al xalag da be kam ?* Combien as-tu acheté ce vêtement ? •*Bêku intu, yâ anâ bigit râjil.* C'est grâce à vous que je suis devenu un homme. •*Mâ tamrug min al bêt be l-nahâr !* Ne sors pas de la maison pendant le jour !

be ajala expression, → *be* et *ajala*, *Cf. musta'jil, mulbahdil, Ant. be bicêc*, * ˁjl, ع ج ل

♦ **avec empressement, avec insistance.** •*Râjili sa'al minni be ajala, mâla, hû xâtir wallâ ?* Pourquoi mon mari m'a-t-il recherchée avec empressement, peut-être veut-il voyager ? •*Fâtime, be ajala kê fattici lêi l-lampa, al bêt adlam.* Fatimé, dépêche-toi de me chercher la lampe, la maison est dans l'obscurité. •*Nâdi lêi al wilêd be ajala !* Appelle-moi le garçon, qu'il vienne le plus vite possible !

be râha expression, *litt.* avec repos, *Cf. mahale, bicêc*, * rwḥ, ر و ح

♦ **doucement, calmement, lentement, comme il faut,** en prenant tout son temps. •*Anâ nunûm kê... wa nugumm be râhti bas.* Je dors tranquillement… et me réveille calmement. •*Anjammo be râhitku wa ta'âlu lêna !* Reposez-vous bien et venez chez nous ensuite ! •*Aktib be râhtak, mâ titallif lêna l makana !* Tape doucement pour ne pas abîmer la machine à écrire !

be tûl expression, *Ant. be urud*, * ṭwl, ط و ل

♦ **verticalement, en longueur, en hauteur.** •*Aktib al hisâb da be tûl, fôg al kadkad !* Écris cette opération verticalement sur ton papier. •*Ahasib al gumâc da be tûlah ! kam yarda ?* Mesure ce tissu sur la longueur ! combien y a-t-il de yards ?

be urud expression, *Ant. be tûl*, * ˁrḍ, ع ر ض

♦ **en largeur,** sur toute la largeur. •*Al katkat da, aktib fôgah be urdah !* Écris sur ce papier dans le sens de la largeur ! •*Laffay hint al mara ancaratat be urudha.* Le voile de la femme s'est déchiré sur la largeur.

be wara expression, * wr', و ر ء

♦ **reculer, par derrière.** •*Kaskis be warâk !* Pousse-toi, recule ! •*Ta'âl be wara !* Viens par derrière ! •*Al-bâb masûd, hawwig be wara !* La porte est fermée, passe par derrière !

be' *n. d'act.*, → *bê'e.*

bê'ân *n. d'act., m.*, ≅ *bê'în, bayi'în, baya'ân, Cf. ba'*, * byˁ, ب ي ع

♦ **vente, transaction commerciale, achat.** •*Bê'ân bêtah da, martah mâ radiyâne beyah.* Sa femme n'est pas contente qu'il ait vendu sa maison. •*Farditi di samhe, mâ nadmâne lê bê'ânha.* Ce pagne que je porte est beau et solide, je ne regrette pas de l'avoir acheté. •*Bê'în hanâ l mara axêr min hanâ l-râjil.* Les achats du marché sont plus avantageux quand ils sont faits par la femme que par l'homme. •*Bê'în al-laham be aciye bûti min hanâ l fajur.* La viande est meilleur marché le soir que le matin.

bê'e *n. d'act., f.*, ≅ *biya, be', Cf. ba'*, * byˁ, ب ي ع

♦ **achat, vente, commerce, transaction.** •*Inta mâ câwartini fî bê'e hint l bêt da, anâ mâ radyâne.* Tu ne m'as pas consultée pour la vente de cette maison, je ne suis pas contente. •*Mâ nidôr bê'e bala cuhûd.* Je n'aime pas acheter ni vendre sans témoin.

bê'în *n. d'act.*, → *bê'ân.*

Bêbija *n. pr.* de lieu, chef-lieu de sous-préfecture du Logone-Oriental.

♦ **Bébédjia.**

Becîr *n. pr.* d'homme, variante de *Bacîr*, * bšr, ب ش ر

bêd *n. coll., m., sgtf. bêday*, * byḍ, ب ي ض

♦ **œuf.** •*Al-nasrâni bâkul bêd jidâd katîr.* L'Européen mange beaucoup d'œufs de poule. •*Rakkibi bêday lê wilêdki !* Fais cuire un œuf pour ton enfant ! •*Nussah xacab, nussah ratab, nussah fudda wa dahab... Di l bêday.* Une partie comme du bois, une partie liquide, une partie en argent, une partie en or… C'est l'œuf. *Dvnt.*

bêda / buyud *adj.* de couleur *f.*, → *abyad*, * byḍ, ب ي ض

♦ **blanche.** •*Hey, al iyâl, yâtu daffag lêi al-dagîg fî l-faday, sawwâha bêda ?* Hé ! Les enfants ! qui a renversé de la farine dans la cour et l'a rendue toute blanche ? •*Amis Âdum cara laffay bêda lê martah.* Hier, Adoum a acheté un voile blanc pour sa femme.

bêdât *n. f., pl.*, moins grossier que *galagât*, * byḍ, ب ي ض

♦ **testicules, bourses.** •*Wilêdi bal'ab kûra, wa daggoh fî bêdâtah, wa waddêtah l-labtân.* Mon fils joue au ballon, il a reçu un coup dans les testicules, je l'ai emmené à l'hôpital. •*Al bazil biwarrim al bêdât wa bita''ib al-râjil katîr.* La hernie fait gonfler les bourses et fait beaucoup souffrir l'homme. •*Al guluny marad fî l bêdât.* L'éléphantiasis est une maladie qui se porte sur les bourses.

bêday 1 *n. f.*, ≅ *ambêday, Ant. amdalmay, dalmay*, * byḍ, ب ي ض

♦ **temps de la clarté de lune, clair de lune,** temps ou la lune éclaire pendant la nuit. •*Fî l bêday al banât wa l-subyân bal'abo fî l-dôray.* Les jeunes filles et les jeunes gens dansent sur la petite place au clair de lune. •*Anâ mâ nirîd al-dalmay, nidôr bas al bêday acân nal'ab ma'â l banât.* Je n'aime pas la nuit noire, je n'aime que le clair de lune parce que je danse avec les filles. •*Al-nâs bahassubu l-cahar bêday wa dalmay, wa kumâlit al bêday da nuss al-cahar.* Les gens, divisent [comptent] le mois lunaire en deux parties : le temps de la clarté et le temps de l'obscurité de la nuit ; la fin du temps de la clarté de la nuit marque la moitié du mois. •*Gursi hanâ xidimti nicîlah fî l bêday wa fî l-dalmay.* Je touche mon salaire deux fois par mois.

bêday 2 / bêdayât *n. f.*, * byḍ, ب ي ض

♦ **verre de lampe à pétrole.** •*Rassalt wilêdi yacri lêna fatrôn lê l-lampa, wa gamma kasar lêna l bêday.* J'ai envoyé mon enfant nous acheter du pétrole pour la lampe et il en a cassé le verre. •*Bêdayt al-lampa di wasxâne, tidôr gaccîn.* Le verre de cette lampe est sale, il a besoin d'être nettoyé.

bêdayit amtcilîli expression, *Syn. bêdayt amkitîti, litt.* œuf de canard siffleur, * byḍ, ب ي ض

♦ **problème sans solution, impasse, fourré(e) dans le pétrin, dilemme,** situation sans issue favorable. •*Bêdayit amtcilili, mâ tincâl wa lâ tinzagil.* L'œuf d'un canard siffleur, on ne peut ni le prendre, ni le laisser. *Prvb.* •*Bala misil bêdayit amtcilîli, kan ciltaha taktûl ammak, wa kan xallêtaha taktûl abûk !* Quelle calamité ! C'est comme si on se trouvait devant un œuf de canard siffleur : si tu le prends, ta mère mourra ; si tu le laisses, ton père mourra ! •*Ikkêlitna lê gursah bigat lêna bêdayit amtcilili.* Le fait d'avoir gaspillé peu à peu son argent nous a mis dans une situation impossible. •*Côfna lê katil al-râjil da bas bigi lêna bêdayit amtcilili.* Le fait d'avoir vu le meurtre de cet homme nous a fourrés dans le pétrin.

beljîk nom d'un fusil, du nom du pays (Belgique), *Syn. fal* (fusil d'assaut liégeois), êf.

♦ **nom d'un fusil belge,** de calibre de 7,62 mm. •*Al beljîk ga'arah axadar.* Le fusil "belgique" a une crosse verte. •*Bundug al beljîk tagîl min al klâcinkof wa yadrub ba'îd minnah.* Le fusil "belgique" est plus lourd que le kalachnikov et tire plus loin.

bên *invar.*, ≅ *bênât, Cf. ambên,* * byn, ب ي ن

♦ **entre, parmi.** •*Mâ tagôd bên al-tôr wa l bagaray di !* Ne reste pas entre le taureau et cette vache ! •*Bêti bên al-labtân wa l-sûg.* Ma maison est entre l'hôpital et le marché. •*Al* *masâkîn katîrîn bênna.* Il y a parmi nous beaucoup de miséreux. •*Bênâtku cunû, tidâwusu ?* Qu'y a-t-il entre vous, que vous vous battiez ainsi ?

bênât *pl.*, → *ambênât.*

Beni- préfixe entrant dans les noms de tribus arabes, → *Bani.*

benkâf *n. m., empr.* composé des premières syllabes de beignets et de café, langage de la rue
♦ **beignets,** beignets mangés dans la rue avec du café ou du thé. •*Kulla fajur hû bicîl benkâf be acara.* Chaque matin, il mange des beignets avec du café, pour dix riyals. •*Akil hanâ l benkâf da mâ sameh lê l-râjil al indah mara.* Il n'est pas bon pour un homme marié de manger des beignets avec du café, dans la boutique de la rue.

Benoy *n. pr.* de lieu, chef-lieu de sous-préfecture du Logone-Occidental.
♦ **Benoye.**

Benziwella *n. pr.* de pays.
♦ **Venezuela.**

bêrak *n. m.*, mot arabe d'emprunt *irn.* (*Ka.*), * byrq, ب ي ر ق
♦ **drapeau, étendard, fanion, couleurs.** •*Fî l mudûriya kulla maktab hanâ hizib indah bêrak haggah.* A la Préfecture, le bureau de chaque parti politique a un drapeau qui lui est propre. •*Be sa'â sitte, al askar barfa'o l bêrak.* A six heures du matin, les militaires hissent les couleurs.

berbere *n. vég., coll., f., Cf. dura,* * brr, ب ر ر
♦ **nom d'une plante cultivée, berbéré, sorgho blanc, sorgho repiqué.** •*Fî Amm al-tîmân al harrâtîn ligo berbere katîr.* A Am-Timan, les cultivateurs ont récolté beaucoup de berbéré. •*Êc al berbere mâ halu bilhên misil hanâ xalla l-duxun, hû mâsix.* La boule de berbéré n'est pas aussi bonne que celle faite avec le mil pénicillaire, elle est fade.

bestele *n. m.*, → *musaddas.*

bêt 1 / buyût *n. m., Cf. hôc,* * byt, ب ي ت
♦ **maison, concession, bâtiment, pièce, chambre, foyer, appartement.** •*Bêt al banât nadîf.* La maison des filles est propre. •*Induku kam cadaray fî bêtku ?* Combien d'arbres avez-vous dans votre concession ? •*Bêt hanâ l-Ra'îs tawîl mugâbil buyût al askar.* La maison du Président est haute, elle se situe en face des bâtiments militaires. •*Fî bêtna, ayyu nâdum indah dangay hanâ xidime.* Chez nous, chacun a une pièce pour travailler. •*Bitti samhe, fî l xarîf tibarrid... Da l bêt.* Ma fille est belle, elle se lave en saison des pluies… C'est la maison. *Dvnt.* •*Kammal giraytah, ligi xidime, wa sawwa lêyah bêt.* Il a terminé ses études, il a trouvé du travail et a fondé un foyer. •*Nawwirîn al bêt min sîdah.* La beauté de l'appartement vient de son propriétaire.

bêt 2 / buyût *n. m.*, * byt, ب ي ت
♦ **étui, fourreau.** •*Bêt Kitâbi yicâbih bêt hanâ râdîti.* L'étui de mon Coran ressemble à l'étui de ma radio. •*Yôm al îd, hû mâ gidir marag al-sêf min bêtah wa l-nâs dihiko lêyah.* Le jour de la fête, il n'a pas pu sortir l'épée de son fourreau et les gens ont ri. •*Bêt naddârti lônah axadar.* Mon étui à lunettes est vert.

bêt al adab nom composé, *Cf. bêt, adab*, moins utilisé que son *Syn. wara bêt, mustarah,* * byt, 'db, ب ي ت • ء د ب
♦ **toilettes, cabinet, W.-C.** •*Kan ga'îd fî bêt al adab mâ tahajji !* Quand tu es au cabinet, ne parle pas ! •*Al-nâs gâlo : "Al-nâdum kan yadxul bêt al adab, yigaddim rijilah al israyye, wa kan mârig yigaddim al-zênayye !".* Les gens ont dit : "Si tu vas au cabinet, entres-y du pied gauche, et sors-en du pied droit !".

bêt al malammât expression composée de *bêt* (maison) et *malammât* (assemblées), *Cf. bêt, lamma,* * byt, lmm, ب ي ت • ل م م ⇨

♦ **salle de réunion, salle de conférence, auditorium.** •*Al-Ra'îs wa l Wuzara' sawwo hafla hint âxir al-sana fî bêt al malammât.* Le Président et les ministres ont fêté la fin de l'année dans la grande salle de conférences. •*Ra'îs al-Sîn âwanâna wa bana lêna bêt al malammât fî sabah hanâ l âsima.* Le Président de la Chine nous a aidés à construire l'auditorium à l'est de la capitale.

bêt al maytîn / buyût al maytîn nom composé, *litt.* maison des morts, ≅ *bêt al môt*, * byt, mwt, ب ي ت • م و ت

♦ **morgue.** •*Fî labtân hanâ Anjammêna induhum bêt al maytîn wâhid bas.* A l'hôpital de N'Djaména, la morgue n'a de place que pour un seul mort. •*Al-nâdum al mât mâ fî bakân ahalah, bujûbuh fî bêt al môt wa yiballuxu lê ahalah acân yaju yicîluh wa yadfunuh.* Si quelqu'un est mort en dehors de chez lui, on le porte à la morgue, et on avertit sa famille en lançant un communiqué radiodiffusé pour qu'elle vienne le prendre et l'enterrer. •*Al-nâdum kan ga'ad talâte yôm fî bêt al maytîn, wa mâ bân lêyah wâli, nâs al Mêri bas maxsûbîn yidaffunuh.* Si au bout de trois jours personne ne s'est manifesté pour retirer le corps de quelqu'un qui est à la morgue, ce sont les employés municipaux qui sont obligés de l'enterrer.

bêt al môt / buyût al môt nom composé, *m.*, *litt.* maison de la mort, → *bêt al maytîn.*

bêt al wâlûda / buyût al wâlûda expression, *litt.* maison de la naissance, * byt, wld, ب ي ت • و ل د

♦ **maternité, salle d'accouchement.** •*Hî hamra wa saxîrha marag azrag, akûn baddalo fî bêt al walûda.* Elle a le teint cuivré et son bébé est sorti noir, il a peut être été échangé dans la salle d'accouchement. •*Al mara di mâ wildat fî bêt al walûda.* Cette femme n'a pas accouché à la maternité. •*Fî l âsima Anjammêna, na'arif buyût wâluda tinên bas.* A N'Djaména, la capitale, je ne connais que deux maternités.

bêt al-laday / buyût al-laday expression, *litt.* maison du foyer, *Syn. tukul*, * byt, 'dw, ب ي ت • ء د و

♦ **cuisine.** •*Fatime gucci bêt al-laday acân nisawwu l xada ajala.* Fatimé balaye la cuisine pour que nous préparions vite le repas. •*Bêt al-laday acîr hanâ l mara.* La cuisine est le secret de la femme.

bêt al-râha / buyût al-râha nom composé *m.*, peut désigner le salon (→ *bêt hanâ râha*) ou le W.C. (→ *wara-bêt*), * byt, rwḥ, ب ي ت • ر و ح

bêt hanâ râha / buyût hanâ râha nom composé, *Cf. bêt, râha, Syn. bêt al-dîfân,* ≅ *bêt al-râha, bêt râha,* * byt, rwḥ, ب ي ت • ر و ح

♦ **salle d'accueil, salon, chambre à coucher,** pièce non habitée en permanence. •*Kulla yôm, sâ'a acara, nacrab labanye fî bêt hanâ râha.* Chaque jour à dix heures, je bois, au salon, du thé au lait. •*Al-râjil kan indah îyal, bissawwi lêyah bêt râha.* Lorsqu'un homme a des enfants, il se réserve pour lui une chambre à coucher.

bêt tinên expression, *m.*, *litt.* classe deux, * byt, ṯny, ب ي ت • ث ن ي

♦ **cours préparatoire, C.P. 2,** cours préparatoire de deuxième année. •*Anâ nagri fî bêt tinên.* J'étudie au cours préparatoire de deuxième année. •*Ekkôlna fôgah talâta bêt tinên.* Dans notre école, il y a trois classes de cours préparatoire de deuxième année. •*Al wilêd al kabîr da kulla gâ'id fî bêt tinên.* Ce grand enfant est encore au cours préparatoire.

bêt wâhid expression, *m.*, *litt.* classe un, * byt, wḥd, ب ي ت • و ح د

♦ **cours préparatoire, C.P. 1,** cours préparatoire de première année. •*Anâ dâyiman nidôr nigarri iyâl hanâ bêt wâhid.* J'aime toujours enseigner les enfants du cours préparatoire de première année. •*Wilêdi dahâba fî bêt* *wâhid.* Mon enfant vient d'entrer au cours préparatoire de première année.

betrôl *n. m.*, → *fatrôn.*

beydâri *n. mld.*, → *biyêdre*, * bdr, ب د ر

beyna *invar.*, ≅ *bayna*, → *bên.*

Beynamar *n. pr.* de lieu, chef-lieu de sous-préfecture du Logone-Occidental.
♦ **Beinamar.**

bî *n. m.*, *empr. fr.*
♦ **but.** •*Akîd yidissu bî hassâ.* Il est sûr que maintenant ils vont marquer un but. •*Al wilêd al-la''âb da daxxal talâte bî fî xamsa dagâyig bas.* Ce joueur a fait rentrer trois buts en seulement cinq minutes.

bî' *v. impér.*, → *bâ'.*

bi'sa / bi'sât *n. f.*, terme de l'*ar. lit.*, * bʕṯ, ب ع ث
♦ **mission, envoi, expédition,** ordre de mission. •*Al askar gammo be bi'sa kabîre fî l hudûd hanâ Tcâd ma'â Nijêr.* Les militaires ont effectué une expédition aux frontières du Tchad et du Niger. •*Ahmad ligi bi'sa hanâ giray fî l xârij.* Ahmat a obtenu un ordre de mission pour étudier à l'étranger.

bibân *pl.*, → *bâb.*

bibron / bibrônât *n. m.*, *empr. fr.*
♦ **biberon.** •*Al wilêd al-saxayar ammah gâ'ide tantih bibron.* La mère est en train de donner le biberon à son petit enfant. •*Anâ mâ ciribt bibron wakit saxayyar.* Je n'ai pas bu de biberon quand j'étais enfant.

bicâra / bicârât *n. f.*, * bšr, ب ش ر
♦ **nouvelle agréable, bonne nouvelle.** •*Orôna l bicâra be najah axui fî l imtihân !* On nous a annoncé une bonne nouvelle : la réussite de mon frère à son examen ! •*Simi' bicâra samhe acân abu iyâli jâyi.* J'ai entendu une bonne nouvelle puisque le père de mes enfants revient chez nous [est en train de venir]. •*Al xalaba mâ bicâra illa l walûda.* La grossesse n'est pas une bonne nouvelle, il n'y a que l'accouchement qui soit une bonne nouvelle. •*Hû fâz fî l-debite wa kulla l awîn marago bisaffugu lêyah be l bicâra.* Il a été élu député et toutes les femmes sont sorties l'applaudir et le féliciter de cette bonne nouvelle.

Bicâra *n. pr.* d'homme, *litt.* bonne nouvelle, *Cf. bicâra*, * bšr, ب ش ر

bicêc *invar.*, mot connu au *sd.* (*C.Q.*), contraction de *bi-cwiya*, * šy', ش ي ء
♦ **lentement, doucement.** •*Mâla turûx bicêc misil sultân.* Pourquoi marches-tu lentement comme un sultan ? •*Acrab bicêc, al madîde di hâmiye !* Bois doucement : cette bouillie est chaude !

bicêc bicêc expression, → *bicêc*, * šy', ش ي ء
♦ **très lentement, tout doucement.** •*Hey, daktôr, bicêc bicêc, al ibre harre !* Hé ! docteur ! allez tout doucement, la piqûre fait mal ! •*Aktib bicêc bicêc, mâ tikassir lêna al macîn da !* Écris en tapant tout doucement, ne nous casse pas cette machine ! •*Al hirbe tamci bicêc bicêc fî l-cadaray.* Le caméléon avance tout doucement dans l'arbre.

bicine *n. vég.*, *coll.*, *f.*, *sgtf. bicinay*, → *sittêb*, * bšn, ب ش ن
♦ **nom d'une plante aquatique, rhizome de nénuphar, Lotus ægyptiaca,** famille des nymphéacées. •*Al bicine bamurguha min al-ruhûd.* Les rhizomes de gros nénuphars proviennent [on les sort] des mares. •*Garîb ma'â l-darat al bicine katîre fî l-sûg.* A l'approche de la moisson, il y a beaucoup de rhizomes de nénuphars au marché.

bicne *n. f.*, → *bicine.*

bidâya / bidâyât *n. f.*, *Ant. nihâya*, * bd', ب د ء
♦ **début, commencement.** •*Al yôm anâ mâ simit al axbâr hanâ râdyo Tcâd min al bidâya.* Aujourd'hui, je n'ai pas suivi les nouvelles de Radio-

Tchad dès le début. •*Anâ min al bidâya kê gulta lêk mâ nacrab sijâra.* Dès le début je t'ai dit que je ne fume pas la cigarette.

Bideyât *n. pr. gr., coll., sgtf. Bideyay, Bideyâti* (homme), *Bideyayye, Bideyâtiye* (femme).
♦ **Bidéyat.** •*Al Bideyât fî Girêda wa Iribah.* Les Bideyat sont autour des villages de Guéréda et d'Iriba. •*Ra'îsna Bidêyay.* Notre président est un Bideyat.

Bideyay *sgtf.* d'un *n. pr. gr.*, ≅ *Bideyâti,* (*fém. Bideyayye, Bideyâtiye*), → *Bideyât.*

bîdi *adj.* de couleur *m.*, féminin inusité, * byd, ب ي ض
♦ **ocre, rouan, aubère,** robe du cheval mélangée de poils blancs et de poils rouges. •*Al-juwâd al bîdi maryûd min kulla l xêl.* Le cheval à robe ocre est le plus aimé de tous les chevaux. •*Anâ nidôr nacri juwâd bîdi.* Je veux acheter un cheval rouan.

bidin *n. m.*, * bdn, ب د ن
♦ **opulence, fortune, aisance, richesse, abondance, luxe.** •*Nâs al hille ligo xalla katîre wa l bidin sawwâhum.* Les gens du village ont récolté [trouvé] beaucoup de mil et se sont trouvés dans l'opulence. •*Al xani, al bidin sawwa, gamma ba'ayyir al-nâs fî l-câri.* Le riche qui est dans l'abondance s'est mis à insulter les gens dans la rue. •*Ali, al bidin katalah, coxol bisey mâ ba'arfah, âxad awîn tinên !* Ali, la fortune lui a fait tourner la tête [la fortune l'a tué] ; ne sachant que faire, il a épousé deux femmes ! •*Al-nâdum kan al bidin sawwa, akl al-zibde baxnigah (baxangah).* Celui qui vit dans le luxe peut avoir des difficultés à avaler du beurre [manger du beurre l'étrangle]. *Prvb.*

Bidiyay *sgtf.* d'un *n. pr. gr.*, (*fém. Bidiyayye*), → *Bidiyo.*

bidôr *v. trans.*, → *dawwar 1.*

bidûn *invar.*, pour *be dûn*, → *dûn,* moins employé que *bala*, * dwn, د و ن
♦ **sans.** •*Bidûn al bôlîs al-sarrâgîn babgo katîrîn fî l hille.* Sans la police, les voleurs seraient nombreux en ville. •*Bidûn al xarîf al-nâs bi'arrudu min hillâlhum.* Si la saison des pluies n'est pas bonne, les gens vont fuir de leur village. •*Al hirâte mâ tabga bidûn xarîf.* Il ne peut y avoir de culture s'il n'y a pas de saison des pluies.

Bidyo *n. pr. gr., coll., sgtf. Bidyay* (homme), *Bidyayye* (femme).
♦ **Bidio.** •*Al Bidyo hillithum janb bitkin wa Mongo.* Les Bidio ont leur village près de Bitkine et de Mongo. •*Al Bidyay da ratan kalâm dârah.* Ce Bidio parle le "patois" de sa région.

bigêray / bigêrayât *n. f. mrph. dmtf.* affectif, voir le *Syn. bigêre*, * bqr, ب ق ر

bigêre / bigêrât *n. anim., mrph. dmtf., f.*, → *bagar*, * bqr, ب ق ر
♦ **vachette, petite vache.** •*Hû da fagri, mâ indah bigêre wahade kula.* Il est pauvre, et n'a même pas une petite vache. •*Bigêrâti mâto fî sant al-jafâf.* Mes vachettes sont mortes l'année de la sécheresse.

bigi / yabga *v. trans.*, forme I n° 21, * bqy, ب ق ي
♦ **devenir, être.** •*Wilêdi bigi lêna coxol âxar fî l bêt.* Mon enfant est devenu insupportable à la maison [est devenu autre chose]. •*Al kalâm da bigi katîr.* Cette parole a pris de l'importance [est devenue grande]. •*Mûsa bigi râjil.* Moussa est devenu un homme. •*Iyâli bigo tinên.* J'ai maintenant deux enfants [Mes enfants sont devenus deux]. •*Al bêt bigi lêi wahace min marti mâ fîha.* Ma maison est devenue vide depuis l'absence de ma femme. •*Bigina nâs kutâr fî l-cariye.* Nous sommes nombreux au tribunal [nous sommes devenus nombreux dans le jugement]. •*Mâ tabga cên, yâ wilêdi !* Ne sois pas méchant, mon fils !

bîk / bîkât *empr. fr.*, *≅ bikk (sing.)* et *bikkât (pl.)*, de la marque du stylo à bille, *Cf. xalam.*

♦ **stylo à bille.** •*Al kôlifîn katalah, ca'ag bikât talâte fî jêbah, wa mâ yagdar yaktib alif wa lâ ba.* Il est gonflé d'orgueil, il a accroché trois stylos à bille dans sa poche et il ne sait écrire ni a ni b. •*Iyâl al-lekkôl yaktubu be bik, wa iyâl al masîk yaktubu be xalam.* Les écoliers écrivent avec des stylos à bille et les enfants des écoles coraniques écrivent avec des calames. •*Al bik mâ bi'ayyic nâdum, Allah bas bi'ayyic !* Le stylo ne donne pas à manger, c'est Dieu seul qui nourrit !

bikawna expression, pour *be kawnah* [à cause de, étant donné], *Syn. bikawu, kadar*, * kwn, ك و ن

♦ **que, parce que, le fait que.** •*Hû jâ kallamâni bikawna abuh musâfir.* Il est venu me parler pour me dire que son père partait en voyage. •*Al mara di tallagoha bikawna hî mâ mu'addaba.* Cette femme a été répudiée parce qu'elle n'était pas polie. •*Maca ziyâra lê jiddah fî l-rîf wa ôrah bikawna hû xalas hafaz al Xur'ân.* Il est allé à la campagne rendre visite à son grand-père, et lui a fait savoir qu'il avait achevé de mémoriser le Coran .

bikawnu *invar.*, employé au Soudan, *≅ bikawna, Syn. kadar*, * kwn, ك و ن

♦ **que, le fait que.** •*Hû simi bikawnu anâ jît min al-safar.* Il a appris que je suis revenu de voyage. •*Hî mâ ta'arfah bikawnu anâ axûha.* Elle ne sait pas que je suis son frère. •*Nizakkurûku bikawnu l-daxûl hanâ l-lekkôl bukûn ambâkir.* Nous vous rappelons que la rentrée scolaire aura lieu demain.

bikêriye / bikêriyât *adj. f.*, moins employé que *ambikêriye*, *→ ambikêriye*, * bkr, ب ك ر

♦ **qui a accouché pour la première fois, jeune parturiente.** •*Mâ indi gurus, wa bagarti dahâbha bikêriye bas waddêtha fî l-sûg nibî'ha.* Je n'ai pas d'argent ; bien que ma vache vienne juste de vêler, je l'ai emmenée au marché pour la vendre. •*Axti l bikêriye al-sane wildat.* Ma sœur a accouché pour la première fois cette année.

bikêt / bikêtât *n. m.*, *empr. fr.*, *≅ pakêt.*

♦ **paquet.** •*Sabbêna bikêtât hanâ halâwa fî l-sufra.* Nous avons versé des paquets de bonbons sur le plateau. •*Antêt jidditi bikêt câhi l kamrûni.* J'ai donné à ma grand-mère un paquet de thé camerounais. •*Axui jâb bikêtên hanâ halâwa lê iyâli.* Mon frère a apporté deux paquets de bonbons à mes enfants.

bikir / bakâri *n. m.*, pluriel peu usité, * bkr, ب ك ر

♦ **premier enfant, aîné(e), premier né, prémices.** •*Hû da bikir hanâ ammah.* Celui-ci est le premier enfant de sa mère. •*Anâ bikri binêye, usumha Fâtime.* Mon aînée est une fille, elle s'appelle Fatimé. •*Fî âde hanâ l-rujâl, al bikir kan wilêd, farhânîn bêyah bilhên.* Les hommes sont d'habitude extrèmement heureux lorsque leur premier enfant est un garçon. •*Fî l âde, bikir al-darrâba buxuttuh fî xacum al-nimle.* Selon la coutume, on pose les prémices du gombo sur l'entrée de la fourmilière. •*Axti bikirha timân : Hasan wa Hisên.* Ma sœur a eu deux jumeaux lors de son premier accouchement : Hassan et Hissène.

bikk / bikkât *n. m.*, *→ bîk.*

bikkeye *n. f. mrph. dmtf.*, *Cf. bakiyîn*, * bky, ب ك ي

♦ **pleurs, fait de pleurer.** •*Bikkêyt al iyâl dôl akûn ji'ânîn !* Si ces enfants pleurent, c'est peut-être parce qu'ils ont faim ! •*Bikkêytak di tizahhijni.* Tes pleurs me dérangent.

Bikriye *n. pr.* de femme, *Cf. Bakari*, * bkr, ب ك ر

bilâd *pl.*, *→ balad.*

bilal *pl.*, *→ bille.*

Bilâl *n. pr.* d'homme, premier muezzin du Prophète, * bll, ب ل ل

Bilâla nm *pr. gr., coll.*, → *Bulâla.*

bilbil *n. m.*, ≅ *bili-bili*, * bll, ب ل ل
♦ **nom d'une bière de mil.** •*Fî Anjammêna al gawâdîl hanâ l bilbil katîrîn marra wâhid.* A N'Djaména, il y a beaucoup de cabarets dans lesquels on vend du *bilbil.* •*Anâ mâ nacrab bilbil.* Je ne bois pas de bière *bilbil.*

bildân *pl.*, → *balad.*

bilhên *invar.*, peut-être contraction de *bi l hîn* (avec la main pleine, avec facilité, avec excès), *Cf. hayyin,* * hwn, ه و ن
♦ **très, trop.** •*Hû sameh bilhên.* Il est très beau. •*Al xidime di gâsiye bilhên.* Ce travail est très dur. •*Al-râdyo da, sameh wa xâli bilhên.* Ce poste de radio est très joli et coûte très cher. •*Sabbêti mileh katîr bilhên fî l mulâh.* Tu as mis trop de sel dans la sauce. •*Awitki bigat katîre bilhên.* Tu fais trop de bruit [ton bruit est devenu beaucoup trop].

bili / yabla *v. intr.*, forme I n° 21, * blw, ب ل و
♦ **souffrir, subir des calamités, être éprouvé(e).** •*Anâ wilidt iyâl katîrîn wa bilît bêhum.* J'ai mis au monde beaucoup d'enfants et j'ai souffert avec eux. •*Al bifattic al-nugâr balga l-dâbi wa babla beyah.* Celui qui cherche dans les trous trouvera un serpent et souffrira ! •*Anâ allamt curâb al-sijâra wa bilît bêyah.* J'ai appris à fumer et cela m'a fait souffrir. •*Anâ bilît be ladayti wihêdi bas, nâdum bi'âwinni mâ fih !* J'ai souffert toute seule dans ma cuisine, sans personne pour m'aider ! •*Al-Tacâdiyîn bilo be l-harib.* Les Tchadiens ont été éprouvés par la guerre.

bill *v. impér.*, → *balla.*

bille / bilal *n. f., empr. fr, prononcé [billé],* terme de mécanique.
♦ **bille.** •*Tarbilîn ajal biskilêti da min ista'kilîn al bilal.* Le flottement dans la roue da ma bicyclette vient de l'usure du roulement à billes. •*Cahhim bilal biskilêtak acân mâ yisawwu haraka !* Graisse les billes de la roue de ta bicyclette pour qu'elles ne fassent pas de bruit !

bilo 1 *v. trans.*, 3ème personne du *pl.* de l'accompli, → *bili.*

bilo 2 *n. m.* ≅ *bulo,* → *bulo.*

Biltin *n. pr.* de lieu, chef lieu de la préfecture du Biltine, le *n* final est parfois prononcé comme un *[ŋ]* vélaire.
♦ **Biltine.**

binêbir / binêbirât *n. m. mrph. dmtf., Cf. banbar,* * nbr, ن ب ر
♦ **petit tabouret, petit banc de cuisine.** •*Hû fajja l mara di be l binêbir.* Il a frappé cette femme avec le petit tabouret. •*Al xaccâbi sawwa binêbir lâkin xâli.* Le menuisier a fabriqué un petit banc de cuisine, mais c'est cher.

binêgir *n. m., empr. fr.*
♦ **vinaigre.** •*Al binêgir hâmut, wa busubbuh illa fî l-salât bas.* Le vinaigre est acide, on ne le met que dans la salade. •*Nâs katîrîn hini fî dârna mâ birîdu l binêgir fî l-salâd, illa l-lêmûn bas.* Ici, beaucoup de gens n'aiment pas mettre du vinaigre dans la salade, ils n'y mettent que du citron.

binêye / banât nom, *mrph. dmtf., f.*, pour *bineyye,* ≅ le pluriel *banawît* (à N'Djaména), *binêyât, Cf. sibey,* * bny, ب ن ي
♦ **fillette, fille, jeune fille.** •*Al binêye di samhe.* Cette fille est belle. •*Âdum indah banât kam ?* Combien Adoum a-t-il de filles ? •*Binêyitki usumha Âce walla Zâra ?* Ta fille s'appelle-t-elle Aché ou Zara ?

Binêye *n. pr.* d'homme, nom donné à un garçon pour conjurer le sort de ses frères et sœurs morts en bas âge, *Cf. binêye,* * bny, ب ن ي

binêyit al madrasa / banât al madâris expression, *litt.* fille de la médersa, ≅ *bitt al madrasa*, * byn, drs, ب ي ن • د ر س

♦ **élève d'une école arabe.** •*Al-sana di, banât al madrasa kulluhum ligo l bâk al arabi.* Cette année, toutes les élèves de l'école arabe ont réussi au baccalauréat arabe. •*Bitt al madra tamci tagri lâbse rôb tawîl wa tarha fî râsha.* L'élève de l'école arabe part étudier, vêtue d'une longue robe et coiffée d'un foulard.

binêyit al murhâka expression, *litt.* fille de la meule, → *bitt al murhâka.*

binêyit lekôl / banât lekôl expression, *litt.* fille de l'école, ≅ *binêyit lekkôl, banât lekkôl*, * bny, ب ن ي

♦ **élève, écolière, lycéenne.** •*Axti binêyit lekôl.* Ma sœur est écolière [fille de l'école]. •*Inti binêyit lekkôl, ta'arfi kalâm al-Nasâra wallâ ?* Toi, l'écolière, sais-tu parler la langue des Européens ?

bineyye *n. f. mrph. dmtf.*, → *binêye.*

Bineyyo *n. pr.* de femme, *mrph. dmtf.* de *binêye*, * bny, ب ن ي

bing *invar.*, *intf.* de couleur dans l'expression *ahmar bing*, → *tcu.*

Bintu *n. pr.* de femme, *Cf. binêye, bitt-*, * bny, ب ن ي

Binyamîn *n. pr.* d'homme, nom du dernier fils de Jacob, ≅ *Bunyamîn.*

bîr / biyâr *n. f.*, *Cf. hawîre, idd al bagar, macîce, sâniye*, * b'r, ب ء ر

♦ **puits.** •*Bîr al hille malâne almi.* Le puits du village est plein d'eau. •*Hafarna bîyar wa mâ ligina almi.* Nous avons creusé des puits et nous n'avons pas trouvé d'eau. •*Siyâd al mâl talabo min al munazzamât yankutu lêhum biyâr fî hillâlhum.* Les éleveurs ont demandé aux organismes humanitaires de leur creuser des puits dans leurs villages.

birak *pl.*, → *birke.*

bîrân *pl.*, → *bôr.*

birdi *n. vég.*, *m.*, * brd, ب ر د

♦ **nom d'une herbe, papyrus, Cyperus papyrus,** famille des cypéracées. •*Al bagar birîdu l birdi al bugumm dâxal al almi.* Les vaches aiment le papyrus qui pousse dans l'eau. •*Zamân al Masriyîn be l birdi bisawwu katkat baktubu fôgah.* Autrefois, les Égyptiens fabriquaient, avec le papyrus, du papier sur lequel ils écrivaient.

birêc / birêcât nom, *mrph. dmtf.*, *m.*, → *biric.*

Birême *n. pr.* d'homme, *mrph. dmtf.*, *litt.* petite marmite, *Cf. Burma*, * brm, ب ر م

birêrîd / birêridât nom, *mrph. dmtf.*, *m.*, *Cf. barrâd*, * brd, ب ر د

♦ **petite théière.** •*Indi birêrîd saxayyar hanâ sûni.* J'ai une toute petite théière en porcelaine. •*Hî xattat birêrîdha fî l-nâr.* Elle a posé sa petite théière sur le feu.

Birêsa *n. pr.* de femme, *mrph. dmtf.*, *Cf. Ibêris.*

birgâd *n. m.*, *empr. fr.*

♦ **brigade de gendarmerie, gendarme.** •*Wilêdi ba'arf al xanûn acân hû baxadim fî l birgâd.* Mon fils connaît les lois parce qu'il travaille à la gendarmerie. •*Al birgad haras hanâ l-dawla.* La gendarmerie est le gardien de la nation.

biri / yabra *v. intr.*, forme I n° 21, * br', ب ر ء

♦ **guérir,** se refermer (en parlant d'une plaie). •*Al-râjil da sawwa hâdis wa jildah anbarat wa hassâ biri.* Cet homme a eu un accident, il s'est blessé [son corps s'est écorché], mais à présent il est guéri. •*Al iyâl tahharôhum, wa bisawwu lêhum dawa kulla yômen, hassâ xalâs biro.* On a circoncis les enfants ; on leur a prodigué des soins tous les deux jours et leur plaie est maintenant cicatrisée. •*Mâ taxâfo, awâwîrku yabro hassâ* *bas !* N'ayez pas peur, vos plaies vont se refermer tout de suite !

biric / burûc *n. m.*, * brš, ب ر ش

♦ **natte.** •*Biric al-dîfân jadîd.* La natte des invités est neuve. •*Hinâk bêt kabîr muhawwag be burûc.* Il y a là-bas une grande maison entourée de nattes.

biric carrâr / burûc carrârîn expression, *litt.* natte pour l'exposition au soleil, *Cf. carra,* * brš, šrr, ب ر ش • ش ر ر

♦ **natte sur laquelle l'on étend le mil, le maïs.** •*Anâ carrêt xalla fî biric carrâr, wa xassalt xulgâni.* J'ai étalé du mil sur la natte réservée à cet usage pour le faire sécher au soleil, puis j'ai lavé mes vêtements.

biric dandôr / burûc dandôr expression, ≅ *biric al-dandôr,* * brš, ب ر ش

♦ **natte en fibres épaisses tirées des feuilles du palmier doum.** •*Biric dandôr bisawwu be za'af hanâ delêb.* Les nattes *dandôr* sont fabriquées à partir des feuilles du palmier doum. •*Be burûc dandôr nisawwu xurârât wa bêt hanâ l xarîf.* Avec les nattes en feuilles de palmier doum, on fait de grandes poches et des maisons qui ne laissent pas passer l'eau de la saison des pluies. •*Biric al-dandôr gawi min kulla l burûc.* La natte en feuilles de palmier doum est la plus solide de toutes les nattes.

biric Kano / burûc Kano expression, *litt.* natte venant de Kano, remplacée de plus en plus par les nattes en plastique, *Cf. biric kawcu,* * brš, ب ر ش

♦ **natte multicolore,** natte très finement tressée et fragile. •*Bêt al arûs indah arba'a burûc Kano.* La maison de la mariée a quatre nattes de Kano. •*Zamân yuxuttu burûc Kano fî durdur al bêt dâxal, lê l-samah wa daharân al ajaj.* Autrefois on mettait les nattes de Kano sur les murs intérieurs de la maison pour la décorer et éviter la poussière. •*Birci hanâ Kano da, xattêtah xâs lê l-dîfân.* Ma belle natte multicolore, je la réserve pour les invités.

biric kawcu / burûc kawâci nom composé, *Cf. biric, kawcu,* ≅ *biric al kawcu, biric kôci,* * brš, ب ر ش

♦ **natte en plastique.** •*Biric al kawcu kabîr wa mâ bagdam ajala acân al almi mâ bi'affinah.* La natte en plastique est grande et ne vieillit pas vite parce que l'eau ne la fait pas pourrir. •*Fî l-sûg al kabîr burûc kawâci, tamânhum xâli.* Au grand marché il y a beaucoup de nattes en plastique, elles coûtent très cher.

birke / birak *n. f.*, * brk, ب ر ك

♦ **étang, mare résiduelle, eau profonde, eau de décrue, trou d'eau.** •*Al girinti âyic fî l birke l-tawîle di.* L'hippopotame vit dans ce profond trou d'eau. •*Almi hanâ l birke mâ bajri.* L'eau de l'étang est stagnante [ne coule pas].

birkîb *adj.* dans l'expression *laban birkîb, Syn. râyib,* * rkb, ر ك ب

♦ **coagulé** (lait), **caillé** (lait), lait ayant pris la consistance du yaourt. •*Fî l-Ramadân al-nâs bacarbo laban birkîb fî l-sahûr.* Pendant le Ramadan, les gens boivent du lait caillé lors du dernier repas avant l'aube. •*Al-laban al birkîb bamla l batun ajala.* Le lait caillé remplit vite le ventre.

birmîl / barâmîl *n. m.*, comme en *ar. lit., empr.* au roman (*B.C.D.*), * brml, ب ر م ل

♦ **baril, touque, fût, tonneau.** •*Indi birmîl hanâ dihin.* J'ai une touque d'huile. •*Al-lamôrik da malân barâmîl hanâ fatrôn.* Ce camion est plein de fûts de pétrole.

birr *v. impér.*, → *barra 2.*

birrêd *n. vég., coll., m., sgtf. birrêday,* * brd, ب ر د

♦ **nom d'une plante à bulbe, oignon sauvage,** famille des liliacées, plus blanc que l'oignon cultivé, utilisé comme remède. •*Al-caddâra bugûlu al birrêd nô min al-dawa.* Les guérisseurs disent que l'oignon sauvage est une sorte de médicament.

•*Al birrêday ticâbih al basalay, lâkin bêda minnaha.* L'oignon sauvage ressemble à l'oignon comestible mais il est plus blanc que lui. •*Al-durbân birîd al birrêd.* Le ratel aime les oignons sauvages.

birrêke / birrêkât *n. f. mrph. dmtf.*, *Cf. barikîn*, * brk, ب ر ك

♦ **agenouillement, génuflexion,** le fait ou la manière de s'agenouiller. •*Birrêkti fî l murhâka di min fajur.* Je suis depuis ce matin agenouillée pour actionner la meule. •*Birrekt al mara di mâ ajabatah lê wilêd al-sultân.* La génuflexion de cette femme n'a pas plu au fils du sultan.

bisas *pl.*, → *biss.*

bisbis / basâbis *n. m.*, ≅ *bizbiz* (*sing.*), *bisbisât, bizbizât* (*pl.*), *Cf. anpul*, * bṣṣ, ب ص ص

♦ **ampoule électrique.** •*Carêt lê battârîti bisbis acân nidawwi bêha fî l-dalâm.* J'ai acheté une ampoule pour ma lampe torche afin de m'éclairer dans l'obscurité. •*Al-sarrâgîn câlo l basâbis hanâ l-câri wa xallo al wata dalma.* Les voleurs ont pris les ampoules de la rue laissant cette dernière dans l'obscurité.

bisês / bisêsât *n. anim.*, m*rph. dmtf.*, (*fém. bisêse*), *Cf. biss*,* bss, ب س س

♦ **chaton.** •*Wilêdi jâb bisês saxayyar min al-câri acân yirabbih.* Mon enfant a rapporté de la rue un petit chaton pour l'élever. •*Al bêt kan indah bisêsât mâ tasma haraka hint fâr.* Lorsque la maison a des chatons, on n'entend [tu n'entends] plus aucun bruit de souris.

bisey *v. trans. inacc.*, → *sawwa 1.*

biskilêt / basâkilît *n. m.*, *empr. fr.*, ≅ le pluriel *biskilêtât.*

♦ **bicyclette.** •*Al biskilêt da, ajalâtah mugaddadîn.* Cette bicyclette a les pneus crevés [ses roues sont percées]. •*Âce hawwagat Anjammêna be biskilêt.* Aché a fait le tour de N'Djaména à bicyclette. •*Al bôlis karrabo biskilêtat wa waddohum al kumseriye.* Les policiers ont pris les bicyclettes et les ont emmenées au commissariat.

biskôro *n. m.*, *empr.*

♦ **animal terrifiant, dragon.** •*Al-nâs bugûlu, kan biskôro marag, xalâs al-dunya kammalat.* Les gens disent que la fin du monde arrivera le jour où le dragon sortira. •*Fî tihit al hajâr hinâk, bala cakk biskôro gâ'id.* Sous cette montagne là-bas, il y a certainement un dragon. •*Al biskôro uyûnah humur, wa kan sarax, misil al arid tincagga.* Le dragon a les yeux rouges, et il rugit aussi fort que si la terre se fendait.

bismi *n. m.*, contraction de *be usum*, *Cf. bismillah*, * smw, س م و

♦ **invocation de Dieu,** fait de dire "au nom de Dieu" avant une action. •*Al awîn bigillu iyâlhum al-dugâg be l bismi.* Les femmes soulèvent leur bébé en disant "au nom de Dieu". •*Kan tidôr tisawwi ayyi coxol tabda' be l bismi.* Lorsque tu veux entreprendre n'importe quel travail, tu commences par l'invocation du nom de Dieu.

bismillah expression de l'*ar. lit.*, pour *be usum Allah*, ≅ *bismillahi, bismillay* ou *bissimillay*, * smw, 'lh, س م و • ا ل ه

♦ **au nom de Dieu !** •*Bismillahi, fatahna l kalâm, yâtu yahajji awwal ?* Au nom de Dieu, nous avons ouvert la discussion : qui veut parler le premier ? •*Kalimat bismillahi tatrud al-cêytân.* L'expression "au nom de Dieu" chasse Satan. •*Usum al binêye di halu misil kilmit bismillah.* Le nom de cette fille est aussi doux que l'expression "au nom de Dieu".

biss / bisas *n. anim.* mâle, (femelle *bisse*), ≅ le pluriel *basasa*, * bss, ب س س

♦ **chat domestique.** •*Al biss sirig laham min al-jazzâri.* Le chat a volé la viande du boucher. •*Al bisse di uyûnha misil al-tôric.* La chatte a des yeux brillants comme une lampe torche. •*Al bisas bicabbuhu l-dûd.* Les chats ressemblent au lion. •*Al biss akal al fâr.* Le chat a mangé les rats.

bisse *n. anim.*, *f.*, → *biss.*

bît *v. impér.*, → *bât.*

bitêhe / bitehât *n. f. mrph. dmtf.*, ≅ *bitêha*, * bṭḥ, ب ط ح
♦ **petit oued, petite dépression,** petit creux dans lequel coule un oued. •*Al-sane di almi bitêhitna kammal gubbâl kumâlit al xarîf.* Cette année l'eau de notre petit oued a cessé de couler avant la fin de la saison des pluies. •*Fî turâb al-Salâmât fî bitêhât katîrîn.* Au Salamat, il y a de nombreux petits oueds. •*Al bitêha ammalat almi wa lihigat hillitna.* La petite dépression s'est remplie d'eau et l'eau a atteint notre village.

bitêwe / bitêwât nom, *mrph. dmtf.*, *f.*, *Cf. batu*, *Syn. bisês*, * bṭ', ب ط ء
♦ **chaton.** •*Jibt bitêwe hint kawcu lê wilêdi yal'ab bêha.* J'ai apporté un chaton en matière plastique à mon enfant pour qu'il joue avec lui. •*Bitewit al Masri waddarat wa sawwa balax fî l-râdyo : "Al jâbaha lêyah yantih gurus !".* L'Égyptien a perdu son petit chat, et a lancé un communiqué à la radio : "Celui qui le lui rapportera recevra de l'argent !". •*Al fâr mâ yaxâf min al bitêwât.* Les rats n'ont pas peur des petits chats.

bitil / yabtal *v. intr.*, forme I n° 20, *Cf. sôgar*, * bṭl, ب ط ل
♦ **maigrir.** •*Wilêdi bitil acân hû mardân.* Mon enfant a maigri parce qu'il est malade. •*Al harratîn bitilo min ta'ab al xidime.* Les cultivateurs maigrissent à cause de la dureté du travail. •*Fî l-sêf al bagar babtalo.* Les vaches maigrissent en saison sèche.

Bitkin *n. pr.* de lieu, chef-lieu de sous-préfecture du Guéra, prononcé avec un accent sur la première syllabe.
♦ **Bitkine.**

bitt- nom résultant de la contraction du mot : *binêye* suivi d'un complément ; *bitti* pour *binêyti* (ma fille) ; *bittah* pour *binêytah* (sa fille) *etc.*, → *binêye.*

bitt al murhâka expression, *litt.* fille de la meule, ≅ *binêyit al murhâka*, * bny, rhk, ب ن ي • ر ه ك
♦ **meule à main,** petite meule qui, dans un mouvement de va et vient, écrase les grains sur la grosse meule dormante. •*Bitt al murhâka hî hajar saxayyar wa dirdimme.* La petite meule est une petite pierre ronde. •*Al xalla bala bitt al murhâka mâ tabga dagîg.* Sans la petite meule, le mil ne deviendra pas de la farine. •*Hî fajjat al-sarrâg be binêyit al murhâka.* Elle a blessé le voleur à la tête avec la petite meule.

bittêx *n. vég.*, *coll.*, *m.*, *mrph. dmtf.*, *sgtf. bittêxay*, * bṭẖ, ب ط خ
♦ **nom d'une plante cultivée, pastèque, Citrullus** ***sp.***, famille des cucurbitacées. •*Âdum jâb bittêx fî l humâr min al-zere.* Adoum a apporté sur son âne des pastèques du champ. •*Caggig lêna bittêxay !* Fends-nous une pastèque ! •*Al bittêxay kan mâsxe, âkulha be mileh !* Si la pastèque est fade, mange-la avec du sel !

bixêse / bixêsât nom, *mrph. dmtf.*, *f.*, → *buxsa*, * bqs, ب ق س
♦ **petite gourde.** •*Al bixêse di indaha laban.* Cette petite gourde contient du lait. •*Al bixêse ibâr hanâ l-ruwâba fî l-câri.* La petite gourde sert de mesure dans l'achat de babeurre. •*Bixêsât, bixêsât ; yâ dâr Masalât... Dôl al-duyûd.* Petites gourdes, petites gourdes, ô le pays des Massalit !... Ce sont les seins. *Dvnt.*

biya *n. d'act.*, → *bê'e.*

biyâr *pl.*, → *bîr.*

biyê *n. m.*, *empr. fr.*
♦ **billet.** •*Acara yôm gabul âzumitha hî gassamat al biyê lê l-subyân wa l banât.* Dix jours avant son invitation, elle a distribué les billets aux jeunes gens et aux jeunes filles. •*Hû bidôr bisâfir be tayyâra lâkin lissâ mâ cara l biyê.* Il désire voyager en avion mais il n'a pas encore acheté de billet.

biyêday / biyêdât nom, *mrph. dmtf.*, *f.*, → *bêd*, * byḍ, ب ي ض

♦ **petit œuf.** •*Al-dâbi cirib biyêdât al-tiyêre.* Le serpent a mangé [a bu] les petits œufs de l'oiselet. •*Iyâli xatto biyêdayt amdago ma'â bêd jidâditna al muraggide.* Mes enfants ont posé un petit œuf de pintade parmi les œufs de notre poule en train de couver. •*Bî't biyêday lê wilêdi wa ligitha mufarrixe.* J'ai acheté un petit œuf pour mon enfant ; mais, en le cassant, j'ai découvert qu'il contenait déjà un poussin.

biyêdre *n. mld.*, maladie des bovins, ≅ *baydâri*, "charbon symptomatique" *Cf. abuwarama*, * bdr, ب د ر

biyêr *n. m.*, *empr. fr.*, dans l'expression *gazazt al biyêr*.

♦ **bouteille de bière.** •*Gazazt al biyêr ibâr lê l-dihin.* La bouteille de bière sert à mesurer l'huile. •*Taman gazazt al biyêr kan malâne dihin bagar be miya wa xamsîn riyâl.* Le prix d'une bouteille de bière remplie de beurre fondu est de cent cinquante riyals.

biyêt / biyêtât *n. m.*, *mrph. dmtf.*, *Cf. bêt*, * byt, ب ي ت

♦ **maisonnette,** petite maison. •*Biyêt al-râjil da wasxân marra wâhid.* La maisonnette de cet homme est sale. •*Al-laji'în induhum biyêtât hanâ karatîn.* Les réfugiés ont de petites maisons en carton.

biyêtil / biyêtilîn *adj. mrph. dmtf.*, (*fém. biyêtile*), → *bâtil*, * bṭl, ب ط ل

♦ **maigrichon (-onne), rachitique.** •*Al iyâl dôl mâ yalgo akil adîl, acân da hummân biyêtilîn.* Ces enfants n'ont pas trouvé de bonne nourriture, c'est pourquoi ils sont maigrichons. •*Bissiti biyêtile acân hî mardâne.* Ma chatte est rachitique parce qu'elle est malade. •*Al hamm bisey al-nâdum biyêtil.* Les soucis font maigrir les gens [rendent la personne un peu maigre].

bizire *n. f.*, → *bizre.*

bizre *n. f.*, *coll.* prononcé aussi *bizire*, *sgtf. bizray*, * bḏr, bzr, ب ذ ر • ب ز ر

♦ **jeune plante, pousse de plante,** jeunes plants sortis de terre. •*Cîf ! Rîgân rîgân samah al bizre fî l gîzân... Da l katib al-sameh.* Regarde les belles rangées de jeunes plantes sur les coteaux sablonneux !... C'est une belle écriture (bien alignée sur une page). *Dvnt.* •*Hey, Abu Fâtime macêt wên ? Xallêt al xanam akalo l bizre !* Hé ! père de Fatimé ! où es-tu allé ? Tu as laissé les chèvres manger les jeunes plants !

blôk *n. coll.*, *m.*, *sgtf. blôkay*, ≅ *balôk, balôkay*, *empr. fr.* utilisé dans l'expression *dringel blôk*, *sgtf. dringêlay blôk*, *Cf. dringêl siman.*

♦ **moellon, parpaing.** •*Al blôk, hû dringêl hanâ asamanti wa maxalbat be sinyâka.* Le moellon est une sorte de brique faite avec du ciment mélangé avec du sable. •*Fî l-sûg al-dringelây hint al blôk wahade be talâtîn riyâl.* Au marché, un parpaing coûte trente riyals. •*Jâri indah gurus katîr, bana lêyah bêt hanâ dringêl balôk.* Mon voisin a beaucoup d'argent, il a construit sa maison en moellons. •*Fî bani hanâ l bêt, al usta yuruss blôkay blôkay namman al bêt yikammil.* Lors de la construction de la maison, le maçon aligne les moellons un par un, jusqu'à ce que la maison soit achevée.

blung ! *invar.*, *onom.*

♦ **plouf !** •*Al-rami hanâ l-dalu fî l bîr bisawwi "blung !".* La chute du seau en cuir dans le puits fait "plouf !"

bôcan / yibôcin *v. intr.* *{- lê}*, *qdr.*, forme III, connu au *Sdn.* et dans la préfecture de l'est de l'Egypte (*C.Q.*), * bwšn, ب و ش ن

♦ **louer, chanter une épopée,** chanter la gloire d'une époque ou d'un personnage. •*Al-râjil kan bôcan indah kalâm fî galbah.* Lorsqu'un homme chante une épopée, c'est qu'il a vraiment quelque chose à dire [il a une parole dans son cœur]. •*Fî Tcâd Ali l-Jada' yibôcin be usum hanâ salâtîn zamân.* Au Tchad, Ali Djada chante la gloire des sultans d'autrefois.

bôcâni / bôcânîn *adj., qdr., (fém.* inusité, → *hakkâma), Cf. bôcân,* * bwšn, ب و ش ن

♦ **griot.** •*Al bôcâni xanna be Ra'îs al-dawla.* Le griot a chanté les louanges du chef de l'État. •*Fî radyo Tcâd sajjalo xine hanâ l bôcâni Muxtâr wald al-Sabîle halu marra wâhid.* A Radio-Tchad, ils ont enregistré une très belle épopée chantée par Mukhtar Wald al-Sabilé. •*Nidôr na'zim bôcâni yôm nijîb marti fî bêti.* J'aimerais inviter un griot le jour où je ferai venir ma femme chez moi.

bogolo *n. vég., coll., m.*, comme en sara, *empr.*

♦ **nom d'une plante à tubercule, taro, makabo, Xanthosoma Mafaffa (Schott),** famille des aracées. •*Al bogolo mâ asal, misil al bangâw.* Le taro n'est pas sucré comme la patate douce. •*Fî l-darat, al bogolo katîr fî l-junûb.* Au temps de la moisson, il y a beaucoup de taros dans le Sud. •*Siyâd al bogolo burussu giddâm al-sinima.* Les vendeuses de taros s'alignent devant le cinéma.

bôj'a / bôj'o *v. trans.*, → *waja' 1,* * wjʕ, و ج ع

bôja *v.* à l'*inacc.*, → *waja' 1.*

bôl *n. m.*, * bwl, ب و ل

♦ **urine.** •*Bôl al mardân ahmar.* L'urine du malade est rouge. •*Kâfir, kâfir, bankut bala xanâfir... Da l bôl.* Impie, impie, il creuse sans ongles… C'est l'urine qui creuse la terre. *Dvnt.*

Bôl *n. pr.* de lieu, chef-lieu de préfecture du Lac.

♦ **Bol.**

bôl al-damm expression, composé de *bôl* [urine] et *damm* [sang] ; maladie transmissible à l'homme et qui atteint les animaux contaminés par des tiques, → *barah,* * bwl, dm, ب و ل • د م

♦ **babésiose, hématurie, piroplasmose.** •*Bagari bôlhum ahmar, akûn induhum bôl al-damm.* L'urine de mes bœufs est rouge, peut-être ont-ils la babésiose ! •*Bôl al-damm, ajala bas yaktul al bahâyim.* La piroplasmose décime les bestiaux en peu de temps.

bôl damm *n. mld.*, (hématurie), → *bol al-damm, hasar.*

bôl harray *n. mld., litt.* urine du soleil, on entend plus souvent l'expression *harârit bôl* [douleur d'urine], * bwl, ḥrr, ب و ل • ح ر ر

♦ **urines douloureuses, miction douloureuse,** douleur à la miction due à la concentration excessive de l'urine. •*Bôl harray yakurbak kan turûx katîr fî l harray.* Tu auras des urines douloureuses si tu marches longtemps au soleil. •*Anâ hassêt be bôl harray wakit gâ'ide nubûl.* L'urine me fait mal au moment de la miction.

Bolgay *sgtf.* d'un *n. pr. gr.*, (*fém. Bolgayye*), → *Bolgo.*

Bolgo *n. pr. gr., coll.*

♦ **Bolgo.**

bôlîs / bawâlîs *n. m., empr. fr.*, ≅ *pôlîs.*

♦ **policier, police.** •*Al bôlîs karab sîd al biskilêt.* Le policier a attrapé le cycliste. •*Yôm al îd al-watani, nalgo bawâlîs kutâr fî l-cawâri, haras lê l-ca'ab.* Le jour de la Fête Nationale, on trouve beaucoup de policiers dans les rues pour surveiller la population.

Bolivya *n. pr.* de pays.

♦ **Bolivie.**

Bololo *n. pr.* de lieu, quartier de N'Djaména, mot usité au Bornou, signifiant un terrain inondable.

Bongôr *n. pr.* de lieu, chef-lieu de la préfecture du Mayo-Kebbi.

♦ **Bongor.**

bonti 1 *n. m., empr. fr.*

♦ **point.** •*Hû câl al bonti l âli wa li'ib ma'âna.* Il a tiré la carte la plus forte [il a pris le point élevé] et a joué avec nous.

bonti 2 *n. m.*, → *ponti* [clou].

bonu *n. vég.*, → *ambunu.*

bôr / bîrân *n. m., empr. fr.*
♦ **borne, parcelle de terrain,** terrain à bâtir d'environ quatre cent cinquante mètres carrés. •*Bêtah al banah da babga bôr, wa lâkin al-câri câl nussah.* La maison qu'il avait construite atteignait presque cinq ares, mais la nouvelle rue en a pris la moitié. •*Hû maca lê l kadastir cara bôr wâhid.* Il est allé au service du cadastre acheter un terrain à bâtir.

bôrad *v.* à l'*inacc.*, → *wirid.*

bôram *v.* à l'*inacc.*, → *wirim.*

bôre *n. f.*, *Cf. bâr*, voir ci-dessous l'expression *bort al binêye*, * bwr, ب و ر
♦ **mévente, gâchis, délaissement.** •*Bôrt al-budâ'a tixassir al-tâjir.* La mévente des produits du marché fait perdre de l'argent au commerçant. •*Bôrt al binêye min ammaha acân tidôr lêha gurus katîr.* Cette fille n'est pas mariée à cause de sa mère qui demande trop d'argent pour la dot.

Bornay *sgtf.* d'un *n. pr. gr.*, (*fém. Bornayye*), → *Borno Cf. Kanûri.*

Borno *n. pr. gr., coll., sgtf. Bornay* (homme), *Bornayye* (femme), *Cf. Kanûri.*
♦ **Bornouan.**

bostele *n. m.*, → *postele* [pistolet].

bôx *n. m.*, * bwh̠, ب و خ
♦ **vapeur, émanation.** •*Bôx al almi l fâyir hâmi.* La vapeur d'eau bouillante est chaude. •*Bôx al wara-bêt tala' lêi fî manâxri.* L'émanation du cabinet est montée jusqu'à mes narines.

bôy / bôyîn *adj.*, (*fém. bôye, xaddâma*), *empr.* (*angl. fr.*)
♦ **garçon de ménage, femme de ménage, boy, cuisinier (-ère).** •*Al-Nasâra kulluhum induhum bôyîn fî buyûthum.* Tous les Européens ont des boys chez eux. •*Al boye taxadim fî l-laday be alif riyâl fî cahar.* La cuisinière travaille à la cuisine pour mille riyals par mois.

bôzin *v.* à l'*inacc.*, → *wazan, yawzin* [mesurer].

Brahîm *n. pr.* d'homme, pour *Ibrahîm.*

Brâzil *n. pr.* de pays, ≅ *Bresil.*
♦ **Brésil.**

Brezil *n. pr.* de pays, → *Brâzil.*

Britânya *n. pr.* de pays.
♦ **Grande-Bretagne.**

brôs *n. m., empr. fr., Cf. muswâg.*
♦ **brosse.** •*Al brôs binaddufu bêyah al-sunûn.* On nettoie les dents avec une brosse. •*Al busâtât wa ni'êlât al kawcu, xasîlhum illa be l brôs.* On ne peut laver les tapis et les chaussures en caoutchouc qu'avec une brosse.

bruwêt *n. m.*, → *burwêt.*

bu'âd *pl.*, → *ba'îd.*

bu'âs *n. m.*, * bˁṯ, ب ع ث
♦ **résurrection.** •*Al bu'âs, yôm maragân al-maytîn min xuburhum lê l hisâb.* La résurrection, c'est le jour où les morts sortiront de leur tombe pour le jugement. •*Kulla nâdum kan mât yarja' yôm al bu'âs.* Chaque personne qui est morte attend le jour de la résurrection.

bub ! *invar., onom.* liée à la chute.
♦ **pouf !** •*Al wilêd waga' bub min al-cadaray.* Pouf ! l'enfant est tombé de l'arbre. •*Inta bas kulla yôm barmûk "bub !" misil al bittêxay !* C'est toi qu'on fait tomber tous les jours, "pouf !", comme une pastèque !

bûbu *n. m.*
♦ **singe rouge, Erythrocebus patas.** •*Al bûbu bagdar bi'îc ma'â l-nâs fî l hille.* Le singe peut vivre avec les gens en ville. •*Bûbu hanâ jâritna sarrâg marra wâhid, mâ baxalli lêna*

ceyy. Le singe de notre voisine est un vrai voleur, il ne nous laisse rien.

Bucra *n. pr.* de femme, *Cf. bicara,* * bšr, ب ش ر

Bucura *n. pr.* de femme, → *Bucra.*

bûda *n. f.*, → *bûde.*

budâ'a *n. f. coll.*, * bḍʕ, ب ض ع

♦ **marchandise.** •*Kulla l-tujâr bujûbu l budâ'a min barra.* Tous les commerçants importent [apportent de l'extérieur] leurs marchandises •*Al-sûg malân budâ'a wa cari mâ fîh !* Le marché est plein de marchandises et on ne fait pas d'achat ! •*Al yôm al-dwân sabbo l budâ'a fî l bahar.* Aujourd'hui les douaniers ont jeté [versé] la marchandise dans le fleuve.

bûde *n. anim.*, ≅ *bûda,* * bwd̠, ب و ذ

♦ **nom d'un parasite, nom d'une larve, nielle, anguillule,** destructeur des épis des céréales, parasite qui vit sur les tiges de mil quand la saison des pluies n'est pas bonne. •*Al hasana fî l man'ûl, misl al bûde fî l gandûl !* La reconnaissance envers un vaurien est aussi inutile qu'un ver dans l'épi (*Prvb.*) ! •*Al bûde tamrug garîb ma'â l-darat wa titallif ganâdîl al xalla.* Le ver qui dévore les épis apparaît [sort] à l'approche du mois de la récolte, et il détruit les épis de mil. •*Al xarîf kan bigi tagîl, al bûde tumût.* Lorsque la saison des pluies est bonne, les larves meurent.

budra *n. f.*, *empr. fr.*

♦ **poudre.** •*Budrit samm yaktul al hacarât.* La poudre de poison tue les insectes. •*Antîni budra, namsahha fî awâwiri dôl !* Donne-moi de la poudre, que j'en mette sur mes blessures !

budu *n. vég.*, *m.*, → *ambudu.*

bûg / bûgât *n. m.*, *Cf. keyta,* * bwq, ب و ق

♦ **trompette, clairon, trompe de chasse.** •*Wakit darab al bûg, kulla l-nâs marago lê l-li'ib.* Lorsqu'il a sonné de la trompette, tous les gens sont sortis pour la danse. •*Bûg hanâ l fannânîn min nihâs.* La trompette des musiciens est en cuivre. •*Fî l-darat, kan darabo l-bûg, kulla l gannâsîn farhânîn.* Au temps de la moisson, lorsqu'on sonne de la trompe de chasse, tous les chasseurs sont contents.

bug'a / buga' *n. f.*, * bqʕ, ب ق ع

♦ **tache de couleur.** •*Bagarayti farwitha bêda wa indaha buga' humur.* Ma vache est blanche avec des taches rouges. •*Al binêye massahat anbi barrat jilidha wa sawwa buga' zurug.* La fille s'est passé de la pommade *anbi* pour se décolorer la peau, mais celle-ci a pelé et laissé des taches noires. •*Marad al-judâm yin'arif fî l-jilid be bug'a bêda.* La lèpre se reconnaît par une tache blanche sur la peau.

bûga *n. anim.*, *m.*, *empr.*, en arab *sd. bûk* (*C.Q.*).

♦ **élan de Derby, Taurotragus derbyanus.** •*Lôn al bûga axabac misil lôn al humâr.* L'élan de Derby a une couleur grise comme celle de l'âne. •*Tôr al bûga gadur al-têtal, wa gurûnah mulawlawîn wa turân.* L'élan de Derby mâle a la taille d'un bubale, ses cornes sont enroulées et pointues.

buga' *pl.*, → *bug'a.*

bugac *pl.*, → *bugce.*

bûgay / bûgayât *n. f.*, *Cf. bûg,* * bwq, ب و ق

♦ **nom d'un bijou,** formé de deux petits troncs de cônes en or ou en argent ciselé, porté sur un collier. •*Jidditi ba'at lêi bûgay wa rabattaha fî ragabti yôm al îd.* Ma grand-mère m'a acheté un bijou conique et je l'ai attaché à mon cou le jour de la fête. •*Al-sayyâxi sawwa lêi xâtim wa bûgaytên hiney dahab.* Le bijoutier m'a fait une bague et deux bijoux en or.

bugce / bugac *n. f.*, *empr.*, venant peut-être du turc *boghtcha* [paquet de marchandises] (*Ka.*), *Cf. zongol,* * bqj, ب ق ج ⇨

♦ **bosse frontale, front proéminent,** excroissance frontale. •*Fî waludt al-saxîr, râsah kan mâ addaloh yabga be giddâm bugce.* Si l'on ne forme pas la tête du bébé à la naissance, elle peut se déformer et garder une excroissance frontale. •*Al iyâl al induhum bugac fâhimîn.* Les enfants qui ont un front proéminent sont intelligents.

bugdum *n. anim., coll., sgtf. bugdumay,* → *marfa'în, Cf. kâray,* * qdm, ق د م

♦ **grande hyène tachetée, Crocuta crocuta.** •*Al bugdum marfa'în kabîr wa gaddûmah azrag.* L'hyène tachetée est grande et a la gueule noire. •*Al kulâb yaxâfo min al bugdum.* Les chiens ont peur de la grande hyène tachetée.

(al) Buggi *n. pr.* d'homme, *Cf. Bagga ; Albuggi, Ahmat al-Buggi* : nom donné au premier enfant venu au monde tardivement, * bqq, ب ق ق

Buggiye *n. pr.* d'homme, *Cf. Buggi, Bagga,* * bqq, ب ق ق

buhûr *pl.,* → *bahar.*

Buhûra *n. pr.* de femme, formé à partir du pluriel de *bahar* fleuve, * bḥr, ب ح ر

buhya *n. f.*, connue en arabe *sd.* et en turc (*C.Q.*), ≅ *fintir, pintir,* * bhw, ب ه و

♦ **peinture.** •*Hû darabahum buhya xadra lê bîbân bêtah.* Il a peint [frappé] les portes de sa maison en vert. •*Al biskilêt al buhuytah hamra da biskilêt hanâ abui.* La bicyclette rouge est celle de mon père. •*Al-râjil da ligi lêyah gurus, wa bêtah kulla darabah buhya.* Cet homme a trouvé de l'argent, il a entièrement peint [frappé de peinture] sa maison.

bûk *n. m.,* → *bûg.*

Bukar *n. pr.* d'homme, *Cf. abbakar,* * bkr, ب ك ر

bukma *adj. f.,* → *abkam.*

bukra *invar., Cf. ambâkir,* * bkr, ب ك ر

♦ **après-demain, surlendemain.** •*Al yôm safar mâ fîh, ille bukra.* On ne voyage pas aujourd'hui, mais seulement après-demain. •*Yâtu gâl lêk bukra l îd ?* Qui t'a dit qu'après-demain ce serait la fête ? •*Anîna bukra namcu l-zere'.* Après-demain, nous irons au champ.

bukum *pl.,* → *abkam.*

bûl *v. impér.,* → *bâl 1.*

bulada' *pl.,* → *balîd.*

Bulâla *n. pr. gr., coll., sgtf. Bulâli* (*masc.*), *Bulâliye* (*fém.*), ≅ *Bilâla.*

♦ **Bilala, Boulala.**

bulâma / bulâmât *n. m., empr.* (Kanuri), utilisé dans le Chari-Baguirmi, *Cf. cêx* (Ouaddaï), *malik.*

♦ **chef de village, chef de tribu, chef de quartier** (à N'Djaména). •*Al bulâma hû bas mas'ûl min al hille aw kartiye fî l gêgar.* Le *bulâma* est le responsable du village ou d'un quartier en ville. •*Al malik akbar min al bulâma.* Le chef de canton a un poste de responsabilité plus important que le chef de quartier. •*Al Muhâfiz sawwa malamma ma'a l bulâmât be xusûs bani hanâ l-jawâmi.* Le Préfet a réuni les chefs de village à propos de la construction des mosquées.

buldân *pl.,* → *balad.*

bullaxa / bullaxât *n. f., Cf. abbullâxa, lajana,* * blġ, ب ل غ

♦ **fait de zozoter, zézaiement, fait de bléser, fait d'avoir un cheveu sur la langue,** qui n'arrive pas à prononcer les "r" ni les "s" correctement. •*Sîd al bullâxa, lissânah yamrug fî l kalâm wa mâ bagdar bantux al "ra".* Celui qui zozote sort sa langue quand il parle et n'arrive pas à prononcer le "r". •*Hije l-nuxnâxa fî l munxar, wa hije l bullâxa fî l-lîsân.* Un discours nasillard sort du nez, et le zézaiement se voit sur la langue.

bulo / bulôyât *n. m.*, *empr.* (usité au Bornou), ≅ *bilo.*
♦ **porche d'entrée, hall.** •*Anîna ligina l mara râgde fî l bulo ma'â wilêdha.* Nous avons trouvé la femme en train de se reposer dans le hall avec son enfant. •*Al bulo l hinâk da janb bêtna.* Le porche d'entrée qui est là-bas est à côté de notre maison.

bulum *pl.*, → *ablam.*

bumbitêr *n. vég.*, *m.*, → *pumbitêr.*

buna *n. m.*, * bny, ب ن ي
♦ **construction, édification.** •*Al hâkûma dawwarat min al-ca'ab mucârakithum fî buna hanâ l watan.* Le gouvernement a demandé au peuple sa participation pour la construction de la patrie. •*Fî Anjammêna buna hanâ l buyût be dringêl ahmar mâ katîr.* A N'Djaména, il n'y a pas beaucoup de maisons construites en briques cuites. •*Wâjib al mara wa l-râjil yifakkuru fî buna hanâ bêthum.* Il faut que la femme et l'homme pensent à la construction de leur foyer.

bundug / banâdig *n. m.*, comme en *ar. lit.*, *empr.* grec (*dict.* : *B.C.D.*) → *fundug*, * fndq, ف ن د ق
♦ **fusil, arme à feu.** •*Bundug al askari gadîm.* Le fusil du militaire est vieux. •*Nâs al hille labbado banâdig katîrîn fî buyûthum.* Les gens du village ont caché de nombreux fusils chez eux. •*Bundugi da hanâ sêd.* Mon fusil est un fusil de chasse [de gibier]. •*Kassaro buyûtna be banâdîghum.* Ils ont détruit nos maisons avec leurs armes à feu.

bunn *n. m.*, (arabe de l'Est), moins utilisé que *gahawa*, * bnn, ب ن ن
♦ **café en grain.** •*Anâ carêt bunn nuss kôro.* J'ai acheté un demi-koro de café en grains. •*Al-tâjir da, bunnah adîl acân bijîbah min Afrîxiya l wusta.* Le café en grains de ce commerçant est excellent parce qu'il l'importe de l'Afrique centrale.

bunni *adj.* de couleur, (*fém. bunniye*), *Syn. gahwi, gahawi*, * bnn, ب ن ن
♦ **couleur café foncé, marron foncé,** couleur du café grillé. •*Xadîja lônha bunni.* Khadija a la peau couleur de café. •*Ladra hanâ jarti muxayyata be xêt bunni.* Les draps de ma voisine sont brodés avec du fil marron foncé.

bunûka *pl.*, → *banki.*

bunya / bunyât *n. f.*
♦ **coup de poing.** •*Dâwasna ma'â l harâmi, daggêtah bunya nammin sinnah maragat.* Nous nous sommes battus avec le voleur, je lui ai envoyé un coup de poing tel qu'une de ses dents est partie. •*Al mulâkimîn addâdago bunya ke nammin uyûnhum kôramo.* Les boxeurs se sont donné des coups de poing qui leur ont fait enfler les yeux. •*Al-zôl kan mâ mudarrab mâ ba'arif budugg bunya adîl.* Quelqu'un qui n'est pas entraîné ne sait pas donner un bon coup de poing.

Bunyamîn *n. pr.* d'homme, ≅ *Binyanîm*, [fils de la droite, Benjamin], * ymn, ي م ن

Bur'i *n. pr.* d'homme, → *Bura'i.*

bûra / buwar *n. f.*, * bwr, ب و ر
♦ **jachère, terrain en friche, terrain inculte.** •*Al-râjil rabat humârah fî l bûra.* L'homme a attaché son âne sur le terrain en friche. •*Al bûra hirâtitha murra acân turâbha gawi.* C'est pénible de labourer un terrain en friche car la terre est dure. •*Al-zere' kan bûra, xallitha tugumm adîle.* Le mil pousse très bien sur un terrain qui a été en jachère.

Bura'i *n. pr.* d'homme, racine évoquant la supériorité, * brʕ, ب ر ع

burâm *pl.*, → *burma.*

burdulub *invar.*, *onom.* accompagnant le relèvement rapide.
♦ **d'un bond, se lever d'un seul coup.** •*Gammêt burdulub ke mâci wên ?* Tu t'es levé d'un bond pour aller où ? •*Wakit câfat al-nâr karabat bêtha, al ajûz anxara'at wa gammat burdulub !* Lorsqu'elle a vu que sa

maison avait pris feu, la vieille femme s'est effrayée et s'est levée d'un seul coup !

burhân *n. m.*, voir le pluriel *barâhîn.*

bûri *n. m.*, *empr.* turc, *sd.* (*C.Q.*) ; *Cf. burunji* (trompette).
♦ **klaxon, avertisseur sonore.** •*Sîd al watîr darab bûri.* Le conducteur a klaxonné [a frappé le klaxon]. •*Bûri hanâ moblêti mâ caxxâl, acân da taract al wilêd.* L'avertisseur de ma mobylette ne fonctionne pas, c'est pour cela que j'ai renversé l'enfant. •*Ma tadrub bûri fî l-lêl !* Ne klaxonne pas la nuit [Ne frappe pas le klaxon la nuit] !

burlâla / baralîl *n. f.*, *Cf. barlal*, ≅ le pluriel *burlâlât.*
♦ **cloque, ampoule, boursouflure.** •*Amcurrâba kan bâlat fî l-nâdum, tissawi lêyah burlâla.* Si une cantharide secrète son produit [urine] sur quelqu'un, elle provoquera une cloque. •*Lawliw îdênak be nyangur acân baralîlak dôl mâ yabgo awawîr.* Bande tes mains avec un chiffon pour que tes ampoules ne deviennent pas des plaies.

burma / burâm *n. f.*, instrument de cuisine, *Cf. kalôl*, * brm, ب ر م
♦ **marmite,** marmite en fer ou en terre utilisée pour cuire la boule. •*Al haddâdiye daggat burâm katîrîn wa samhîn.* La potière a fabriqué de nombreuses et belles marmites. •*Awîn hanâ hassâ birîdu burâm hanâ l hadîd.* Les femmes d'aujourd'hui préfèrent les marmites en fer. •*Zirêga dallat wa zarga rikibat... Di l burma.* Noiraude elle descend, et toute noire elle remonte… C'est la marmite sur le feu. *Dvnt.*

Burma *n. pr.* d'homme, *Cf. burma*, * brm, ب ر م

burnus / barânis *n. m.*, * brns, ب ر ن س
♦ **burnous, membrane enveloppant le fœtus, amnios.** •*Fî l barid al imâm baji l-salâ lâbis burnus.* Quand il fait froid, l'imam vient à la prière revêtu d'un burnous. •*Al binêye di binadûha Burnus acân wildôha be burnus.* Cette fille s'appelle Burnous parce qu'elle est née avec la membrane enveloppant le fœtus. •*Al burnus misil bal'um xafîf malân be almi wa ticîf al-saxîr fôgah.* L'amnios est comme un petit sac fragile plein d'eau qui laisse voir le petit bébé à l'intérieur.

Burnus *n. pr.* de femme, *qdr.*, donnée à une fille née avec la membrane qui l'enveloppait, * brns, ب ر ن س

Burnusay *n. pr.* de femme, *mrph. dmtf.*, *qdr.*, *Cf. Burnus.*

burr *invar.*, *onom.* évoquant la traction à terre, *Syn. buyy.*
♦ **tout du long.** •*Al katarpila karrat al arabiye burr wa kassatah xâdi min l-câri.* Le bouteur a tiré le véhicule tout du long et l'a mis à l'écart de l'autre côté de la route

burrâg / barârîg *n. m.*, ≅ *burrâga (barârîg)*, * brq, ب ر ق
♦ **éclair, foudre.** •*Almi sabba lâkin al burrâg mâ katîr.* Il a plu mais il n'y a pas eu beaucoup d'éclairs. •*Al wata dalma kan mâ l burrâg sawwa wij wilij, mâ ticîf nâdum janbak.* Le temps est sombre : s'il n'y avait pas d'éclairs traversant le ciel [faisant "witch wilitch"], on ne verrait pas celui qui est à côté de soi.

burraga / burragât *n. f.*, → *burrâg.*

Burrâga *n. pr.* de femme, *Cf. burrâg*, * brq, ب ر ق

burtuxâl *n. vég.*, *coll.*, *sgtf. burtuxâlay*, désigne l'arbre et le fruit.
♦ **nom d'un arbre, oranger, orange, Citrus *sp.*,** famille des rutacées. •*Al burtuxâl kubâr min al-lêmûn wa indah almi katîr wa asal.* Les oranges sont plus grosses que les citrons, elles ont beaucoup de jus sucré. •*Al burtuxâl fî Tcâd yugumm katîr fî l bakânât al induhum almi.* Les orangers poussent en grand nombre au Tchad, là où il y a beaucoup d'eau.

buru *n. mld.* des bovins, la racine du mot évoque la fatigue et l'amaigrissement de la bête, → *ablisân*, * brw, ب ر و

burûc *pl.*, → *biric.*

burûda *n. f., Cf. barid,* * brd, ب ر د
♦ **fraîcheur.** •*Burûdt al xarîf indaha nada, wa l-nâs al induhum rutûba mâ bidôrûha.* La fraîcheur de la saison des pluies est humide, et ceux qui souffrent de rhumatismes ne l'aiment pas. •*Fî l-lêl al burûda áxêr min al-saxâna.* La nuit, la fraîcheur est plus agréable que la chaleur.

Burudûa *n. pr.* de femme, pour *burudûha, litt.* ils l'ont aimée, * rwd, ر و د

burunji *n. m., Cf. bûg.*
♦ **clairon,** pour les militaires. •*Al askar kan sim'o l burunji bajuru alê l gêgar.* Lorsque les soldats entendent le son du clairon, ils courent vite vers le camp. •*Al askar badurbu burunji be sâ'a sitte hanâ fajur.* Les soldats sonnent [frappent] le clairon à six heures du matin.

burus *pl.*, → *abras.*

burutistâni / burutistâniyîn *adj., (fém. burutistâniye), empr. fr.*
♦ **Protestant(e).** •*Al burutistâniyîn kula bamcu l kanîsa be yôm al ahad.* Les Protestants aussi vont au temple [à l'église] le dimanche. •*Jamb bêtna fîh kanîsa hint al burutistâniyîn.* Il y a un temple protestant [l'église des Protestants] à côté de notre maison.

burwêt / burwêtât *n. m, empr. fr.*
♦ **brouette.** •*Fattac burwêt acân yangul turâb fî bêtah.* Il a cherché une brouette pour transporter de la terre chez lui. •*Bît burwêtât lâkin gâsiyîn.* J'ai acheté des brouettes, mais elles coûtaient très cher.

Burxân *n. pr.* d'un djinn.

busât / busâtât *n. m., Cf. farce,* * bsṭ, ب س ط
♦ **tapis.** •*Busât al faxara kabîr.* Le tapis des marabouts est grand. •*Busâtât, jâbohum katîrîn fî l-jâmiye.* On a apporté de nombreux tapis à la mosquée.

Buso *n. pr.* de lieu, chef-lieu de sous-préfecture du Chari-Baguirmi.
♦ **Bousso.**

busta *n. f.*, mot emprunt (*fr. angl.*).
♦ **poste.** •*Wazîr al busta wa l muwasalât sawwa mu'tamar sahâfi amis.* Le ministre des Postes et Télécommunications a tenu une conférence de presse hier. •*Hû maca fî l busta sawwa tilligrâm.* Il est allé à la poste envoyer un télégramme. •*Kan mâci l busta nantîk icirîn riyâl tijîb lêi tembir.* Si tu vas à la poste, je te donnerai vingt riyals pour que tu me rapportes des timbres.

but ! *invar., onom.* liée à un enlèvement rapide.
♦ **d'un seul coup !** •*Al-sigêr xataf al farrûj but !* Le faucon a emporté le poussin d'un seul coup ! •*Al-sarrâg xattaf but juzlân hanâ l mara wa arrad.* Le voleur a arraché d'un seul coup le porte-monnaie de la femme et s'est enfui.

bûta / buwat *n. f.*, ≅ les pluriels *bûtât, bawâti, Cf. rahad,** bwṭ, ب و ط
♦ **mare temporaire, marais, bas-fond,** dépression recueillant les eaux de pluie. •*Al bûta rahad saxayyar mâ indah hût.* La mare est un petit marigot qui n'a pas de poissons. •*Mâ tal'ab fî l bûta, almîha wasxân !* Ne joue pas dans la mare parce que son eau est sale ! •*Fî Anjammêna buwat katîrât.* A N'Djaména il y a de nombreuses mares.

butân / butânât *n. m.*, * bṭn, ب ط ن
♦ **sangle, sous-ventrière, attache, lien d'une case arabe,** corde qui passe sous le ventre des animaux pour tenir le bât. •*Al xabâc da rîh ; karribi butân bêtki adîl !* Cette poussière grise, c'est le vent. Resserre comme il faut les attaches du toit de la case ! •*Al-tôr mâ bisawwu lêyah butân acân indah zinkitte talzam al xumâm mâ yamci giddâm.* On ne met pas de lien

sous le ventre du bœuf porteur parce qu'il a une bosse qui empêche les affaires de glisser en avant. •*Al humâr kan nakkas wa l butân mâ marbût adîl, buxasi yaga'o wa yilkassaro.* Si l'âne se met à gambader et que la sous-ventrière n'est pas bien attachée, mes gourdes en calebasse tomberont et se casseront.

bûti / bûtîn *adj., (fém. bûtiye), Cf. hubût* en *ar. lit., Syn. raxîs, Ant. xâli,* * hbṭ, ه ب ط

♦ **bon marché, peu cher,** dont le prix est bas. •*Al-sana di al xalla bûtiye.* Cette année, le mil est bon marché. •*Al kabic da bûti acân hû bâtil.* Ce bélier n'est pas cher parce qu'il est maigre. •*Amis al-tujjar sâwago budâ'a be tamam bûti.* Hier, les commerçants ont vendu des marchandises à bas prix. •*Al-râjil da birîd al bûti misil al faxîr.* Cet homme veut acheter le moins cher possible comme s'il était marabout.

buttal *pl.,* → *bâtil.*

butuku *invar.,* qualifiant une céréale ou son produit, *empr.* (Ouaddaï, Maba).

♦ **à l'état brut, à l'état naturel,** non préparé qui vient directement du champ ou du grenier. •*Anâ mâ nâkul êc hanâ xalla butuku acân bisawwi lêi waja' batun.* Je ne mange pas la boule de mil non pilé parce qu'elle me fait mal au ventre. •*Al masar al butuku, hû al lissâ mâ mukanfat.* Le maïs à l'état brut est celui dont on n'a pas encore enlevé le son.

butûn *pl., Cf. batun,* * bṭn, ب ط ن

♦ **entrailles maternelles, utérus, ventre de la femme.** •*Butûnha bôj'ânha (bôj'ôha), mâ tagdar talda.* Elle a mal au ventre [ses entrailles lui font mal], elle ne peut pas accoucher. •*Al mara galât : butûni bôjo'ôni misil bigattu'ûhum be sakkîn.* La femme a dit : j'ai mal aux entrailles comme si on les découpait au couteau.

buwar *pl.,* → *bûra.*

buwat *pl.,* → *bûta.*

Buxâri *n. pr.* d'homme, nom d'un célèbre collecteur de *hadith* (dires du Prophète), originaire d'Ouzbékistan, * bẖr, ب خ ر

buxâs *pl.,* → *buxsa.*

buxsa / buxâs *n. f.,* la racine évoque le bois de buis en *ar. lit.* (*Mu.*) ; peut-être *empr. aram.* signifiant "encrier", et venant du grec *pixis* (πιξις) [boîte] (*C.Q.*), * bqs, ب ق س

♦ **pot en calebasse, gourde, calebasse à col,** calebasse en forme de bidon avec un col tressé. •*Sabbêna l-ruwâba fî l buxsa.* Nous avons versé le babeurre dans le pot. •*Hî tamci l-zere' be buxsa malyâne zibde.* Elle va au champ avec une gourde pleine de beurre. •*Mara zêne, al buxsa di indaha cunû ?* Madame, que contient ce pot en calebasse ?

buxud *n. m.,* voir le *Syn. baxâda* [haine], * bġḍ, ب غ ض

buxx *v. impér.,* → *baxxa.*

buyud *pl.,*→ *abyad, bêda.*

buyût *pl.,* → *bêt 1, bêt 2.*

buyy ! *invar., onom.* accompagnant la traction à terre.

♦ **tout du long !,** tout au long. •*Al watîr al xasrân sîdah karrah buyy mâci biwaddih fî l garrâj.* Le propriétaire a tiré sa voiture en panne sur toute la longueur du chemin pour l'amener au garage. •*Al marfa'în katal al xanamay wa karraha buyy mâci bâkulah.* L'hyène a tué la chèvre et l'a traînée tout du long pour aller la manger.

bûza / bûzât *n. f., empr.* turc, racine *bwz* connue en arabe *sd.* (*C.Q.*)

♦ **tuyau condenseur,** tube en fer de l'alambic traditionnel. •*Al mara tidôr tisaffi argi wa mâ ligat bûza.* La femme voudrait fabriquer de l'alcool de mil, mais elle n'a pas trouvé de tuyau condenseur. •*Al awîn bacru l bûzât min al haddâd.* Les femmes achètent les tuyaux condenseurs chez les forgerons.

buzâx *n. m.*, * bzq, ب ز ق

♦ **crachat.** •*Mâ tal'ab be buzâxak !* Ne joue pas avec ton crachat ! •*Fakkir mâ tafajjix buzâx al mardân da !* Fais attention à [pense à] ne pas piétiner le crachat de ce malade ! •*Buzâxak da bizâwilni fî galbi.* Ton crachat me retourne le cœur. •*Darâdir hanâ labtân malânîn buzâx.* Les murs de l'hôpital sont pleins de crachats.

bwât / bwâtât *n. m., empr. fr.*

♦ **boîte, boîte de nuit.** •*Kinnîn Farmat kulla ke bâ'oh fî bwâtât.* Les cachets de la Farmat sont tous vendus en boîtes. •*Bêtah malân duyûf misil bwât al kibrît.* Les invités, sa maison en est pleine comme une boîte d'allumettes ! •*Al binêye kan xattêtha fî bwât kulla tamci lê l-râjil al hî tidôrah, axêr tijawwisha gubbâl mâ tissawi lêk fadîhe.* Même si tu enfermes une fille dans une boîte, elle finira par aller rejoindre l'homme qu'elle aime, il vaut mieux la marier avant qu'elle ne te déshonore. •*Subyân Anjammêna birîdu yamcu l bwât be l-sabit lêlit al ahad.* Les jeunes de N'Djaména aiment aller en boîte de nuit le samedi soir.

C

câ' 1 / yacâ' verbe faisant partie des expressions *in câ' Allah, mâ câ' Allah,* → *in câ'...*, * šy', ش ي ء

♦ **vouloir, désirer.** •*Naji ambâkir in câ' Allah.* Je viendrai demain, s'il plaît à Dieu. •*Inta jît âfe, mâ câ' Allah !* Tu es revenu en bonne santé, c'est ce que Dieu voulait !

ca' 2 / yici' *v. trans.*, forme I n° 9, * šyʕ, ش ي ع

♦ **propager, divulguer.** •*Al xabar kan zâ'oh fî l-râdyô bici' fî l balad kullaha.* La nouvelle diffusée par la radio se propage dans tout le pays. •*Amkalâm ma'â darritha addâwaso wa l xabar ca' fî l hille.* Amkalam et sa rivale se sont battues et la nouvelle s'est propagée dans le village.

ca'ab / cu'ûb *n. m.*, * šʕb, ش ع ب

♦ **peuple, population.** •*Kulla l-ca'ab lammo fî naga'at al hurriya acân yasma'o l xutba hint al-Ra'îs.* Tout le peuple s'était rassemblé à la place de l'Indépendance pour écouter le discours du Président. •*Cu'ûb hanâ Ifrîxiya lissâ mâ ligo hurriyithum al kâmila.* Les peuples d'Afrique ne sont pas encore totalement libres [n'ont pas trouvé leur liberté totale].

ca'ag 1 / yac'ag *v. trans.*, forme I n° 13, métathèse dans la racine, * ʕšq, ع ش ق

♦ **accrocher dans, enfiler,** enfiler dans les cheveux. •*Ca'agat muswâgi fî l-cargâniye.* J'ai accroché mon bâton pour les dents dans la palissade. •*Ca'ag sakkînah fî l-cadaray acân al iyâl mâ yal'abo bêha wa nisi bakânha.* Il a accroché son couteau à l'arbre pour éviter que les enfants ne jouent avec celui-ci, et il a oublié l'endroit où il l'avait mis. •*Al-Nasâra mâ yagdaro yac'ago al bikk fî rusênhum acân ca'arhum nâ'im.* Les Européens ne peuvent pas enfiler leur stylo dans leur chevelure parce que leurs cheveux pendent et sont lisses [dormant].

ca'ag 2 / yac'ag *v. trans.*, * ʕšq, ع ش ق

♦ **rejeter** (plant), **repousser** (plant), former une jeune pousse sur la tige principale du mil ou du sorgho. •*Al xarîf kan lamma fî l-cite, al xalla l najdâne kulla tac'ag.* Lorsque la saison des pluies se prolonge jusqu'à l'arrivée de l'hiver, de nouvelles pousses se forment sur la tige de mil qui a déjà donné des épis mûrs. •*Ganâdîl al-najdânîn hanâ l bêrbere gata'nahum wa battan ca'agat âxar.* On a coupé les épis de berbéré, de nouveaux rejets ont poussé.

ca'ag 3 *n. m. coll., sgtf. ca'agay*, métathèse dans la racine, *Cf. ca'ag 2*, * ʕšq, ع ش ق

♦ **jeune pousse, tige secondaire, rejet,** jeune pousse sur la tige principale du mil ou du sorgho. •*Al-sane al fâtat, zura'ât katîrîn mâ anto ca'ag lê l kiccêb.* L'an passé, beaucoup de champs n'ont pas donné de tiges secondaires permettant la formation d'épis à glaner. •*Zer'i gata'oh dassa ca'ag katîr wa anâ bas nikaccibah.* On a coupé les épis de mon champ, beaucoup de rejets se sont formés et c'est moi qui les glanerai.

ca'alôb *n. vég., coll., m., sgtf. ca'alôbay*, connu au *Sdn.* (*C.Q.*).
♦ **nom d'un arbuste, Leptadenia arborea (Forsk.), Leptadenia hastata (Pers.),** famille des asclépiadacées, plante à latex translucide, à rameaux étalés sur le sol ou sur les buissons et dont l'extrémité des feuilles semble exsuder l'excès de sève. •*Al-ca'alôb mâ bugumm fôg, ille bilawliw bas.* Le Leptadenia hastata ne monte pas très haut mais s'enroule sur lui-même. •*Al-jumâl birîdu bâkulu l-ca'alôb.* Les chameaux aiment manger le Leptadenia. •*Marti tawîle, ênha tinaggit wi'e... Di l-ca'alôbay.* Ma femme est grande, du pus goutte de son œil... C'est le Leptadenia. *Dvnt.*

ca'ar *n. coll., m., Cf. sûf, mucât, sgtf. ca'aray* (une petite tresse de cheveux), * šˤr, ش ع ر
♦ **cheveux tressés, cheveux longs, tresses,** cheveux des femmes. •*Al mara di rabatat ca'arha be wara.* Cette femme a noué ses cheveux par derrière. •*Axti ca'arha tuwâl bidôdil fî daharha.* Ma sœur a de longs cheveux qui se balancent dans le dos. •*Acta dâwasat wa mallato ca'arayitha.* Achta s'est battue et on lui a arraché une de ses tresses. •*Ca'ar al awîn birabbuh be cêbe.* Les cheveux des femmes sont entretenus avec du chébé parfumé.

ca'ar al arûs *n. vég.*, plante grimpante très fine du genre "goutte de sang", portant de petites fleurs rouges, *Cf. kôb al arûs*, * š'r, ˤrs, ش ء ر • ع ر س

câ'er / cu'ara *n. m.*, mot de l'*ar. lit.* (poète), → *câ'ir*, * šˤr, ش ع ر

câ'ir / cu'ara *n. m.*, mot de l'*ar. lit.*, → *hakkâma, bôcâni, xannay, fannâni*, * šˤr, ش ع ر
♦ **poète.** •*Ci'ir hanâ l-cu'ara al afârixa bicakkuru fôgah al ammahât.* Les œuvres des poètes africains font l'éloge des mères. •*Akûn câ'ir fî Tcâd fîh, lâkin anâ mâ na'arfah.* Il y a peut-être un poète au Tchad, mais je ne le connais pas.

ca'lôb *pl.*, → *ca'lobay.*

ca'lobay / ca'lôb nom d'arbre, → *ca'alôb.*

câb / cubbân *adj. n.*, (*fém. câbba*), → *cabâb, farfori, sabi*, * šbb, ش ب ب
♦ **jeune homme, jeune femme.** •*Wilêdha bigi câb wa l banât yixannu beh.* Son fils est devenu un jeune homme et les filles chantent déjà ses louanges. •*Binêyti xalâs bigat câbba lê l axîde.* Ma fille est devenue une jeune fille prête pour le mariage. •*Fî l-lêl al-cubbân yilimmu lê li'ib al karte.* La nuit, les jeunes gens se réunissent pour jouer aux cartes.

cab'ân / cab'ânîn *adj.*, (*fém. cab'âne*), *Cf. rawyân, malyân*, * šbˤ, ش ب ع
♦ **rassasié(e), repu(e).** •*Amis ammi antâtni akil sameh, lâkin anâ cab'âne.* Hier, ma mère m'a apporté [m'a donné] de la bonne nourriture, mais j'étais rassasiée. •*Al marfa'în camcam al-zerîbe wa mâ akal al xanam acân hû cab'ân.* L'hyène a reniflé l'enclos et n'a pas mangé les chèvres parce qu'elle était repue. •*Al iyâl cab'ânîn : ciribo laban katîr.* Les enfants sont rassasiés : ils ont bu beaucoup de lait.

caba' *n. m.*, * šbˤ, ش ب ع
♦ **satiété, rassasiement, abondance de nourriture.** •*Al-sana l xarîf adîl wa l-caba' katîr.* Cette année, la saison des pluies est bonne et c'est l'abondance. •*Al-caba' ba'mir al hille.* L'abondance fait croître le village.

cabâb *n. m., Cf. suba*, * šbb, ش ب ب
♦ **jeunesse.** •*Cabâbah kulla kammalah fî l askariye.* Il a passé [fini] toute sa jeunesse dans l'armée. •*Wazîr al-cabâb sâfar amis.* Le ministre de la Jeunesse a voyagé hier.

•*Cabâb hanâ Ifrîxiya ta'abânîn min marad al-sîda.* La jeunesse africaine souffre de la maladie du sida. •*Kan fî cabâbak mâ xadamt tandam fî kumâlit umrak.* Si tu ne travailles pas dans ta jeunesse, tu le regretteras à la fin de tes jours. •*Al-cabâb gantûr, yanxaro minnah wa bufûr.* La jeunesse est comme une termitière : on arrache un peu de terre en la griffant, elle grandit de plus belle. *Prvb.* (*i.e.* elle peut beaucoup donner) •*Âxud cabâb wa albas al bayâd, al-dunya tugûl lêk hâk !* Marie-toi tant que tu es jeune, habille-toi en blanc et ce bas monde te dira "prends !" *Prvb.* (*i.e.* "Aide-toi et le ciel t'aidera.")

cabâbîk *pl.*, → *cubbâk.*

cabah *n. m.*, *Syn. cabbihîn*, * šbh, ش ب ه

♦ **ressemblance, apparence, image, avoir l'air de.** •*Al mara di indaha cabah lê marti.* Cette femme a une ressemblance avec ma femme. •*Cabahah misil hanâ abuh.* Il ressemble à son père. •*Al môt hawân yadirg al-cabah.* La mort est horrible, elle fait disparaître toute image. •*Inta da, cabahak Arabi.* Toi, tu as toute l'apparence d'un Arabe. •*Cabahki da, al yôm xâtire wallâ cunû ?* Tu as l'air de te préparer à partir en voyage, n'est-ce pas ? •*Indah cabah fî abuh.* Il ressemble à son père.

câbah / yicâbih *v. trans.*, forme III, * šbh, ش ب ه

♦ **ressembler à.** •*Al wilêd yicâbih abuh.* L'enfant ressemble à son père. •*Al bêt da yicâbih hanâna.* Cette maison ressemble à la nôtre.

cabaka / cabakât *n. f.*, *Cf. carak*, * šbk, ش ب ك

♦ **panier ajouré, filet,** panier rond fait de grosses mailles en corde végétale. •*Sabbêt carmût wa hût fî l-cabaka wa allagtah fôg min al bisas.* J'ai mis la viande séchée et le poisson dans le panier ajouré, et je l'ai suspendu pour le protéger des chats. •*Carat cabaka min al-sûg be miya riyâl.* Elle a acheté au marché un panier ajouré à cent riyals. •*Al-cabaka mâ ticîl almi.* Le panier ajouré ne peut contenir de l'eau [ne prend pas d'eau]. •*Be cabaktah karrab hût katîr.* Avec son filet, il a pris beaucoup de poissons.

cabba 1 / yicibb *v. trans.*, forme I n° 11, *Cf. cabbâba.*

♦ **attraper par les cornes avec une corde, attraper au lasso.** •*Al-râ'i sawwa amcabbâba wa cabba l-tôr min gurûnah.* Le berger a fait un lasso et a attrapé le taureau par les cornes. •*Al-tôr kan mâ indah zumân fî munxarah wa hû âsi, yicibbuh be habil tawîl mulawlaw fî asa.* Lorsqu'un bœuf n'a pas de lien passant dans les naseaux et qu'il est fougueux, on l'attrape par les cornes avec une longue corde lovée au bout d'un bâton.

cabba 2 / yicibb *v. trans.*, forme II, dans l'expression *cabba fî l galib.*

♦ **rester sur l'estomac, digérer mal, ressentir des crampes d'estomac.** •*Akalt faggûs bala mileh wa lâ cette, wa cabbâni fî galbi.* J'ai mangé des concombres sans sel ni piment et cela m'est resté sur l'estomac. •*Inta kan jî'ân wa ciribt almi bârid, yicibbak fî galbak !* Si tu as faim et que tu bois de l'eau froide, tu attraperas des crampes d'estomac !

cabba 3 / yicibb *v. intr.*, concernant les humains, *Cf. kibir*, * šbb, ش ب ب

♦ **grandir .** •*Ahmat min cabba kê mâ jâb kalâm dunya.* Depuis qu'il est devenu grand, Ahmat ne nous a causé aucun ennui. •*Anâ cabbêt fî Abbeche giddâm ammi wa abui.* J'ai grandi à Abéché avec [devant] mon père et ma mère. •*Iyâli wa iyâl axui nidôr yicibbu sawa acân bilhânano.* Je veux que mes enfants et ceux de mon frère grandissent ensemble pour qu'ils puissent s'aimer.

cabba 4 / yicibb *v. intr.*, *Cf. ôgad*, * šbb, ش ب ب

♦ **prendre feu, enflammer, flamber, commencer la guerre.** •*Al-nâr cabbat fî l bêt wa Allah yibârik fî l-jîrân katalôha !* Le feu a pris dans la maison, que Dieu bénisse les voisins qui l'ont éteint ! •*Harib hanâ Tcad wakit cabbat da, anâ saxayre.* J'étais petite lorsque la guerre du Tchad a commencé. •*Fî l xarîf kulla l wata layine, al-nâr mâ ticibb ajala.* En saison des pluies, tout est humide, le feu ne prend pas vite.

cabba' / yicabbi' *v. trans.*, forme II, * šbʕ, ش ب ع

♦ **rassasier *qqn.*, repaître, combler.** •*Al-râ'i l xawwâf mâ yicabbi' bagarah.* Le berger peureux ne rassasie pas ses vaches. •*Sûti êc kabîr yicabbi'na !* Fais-nous cuire une grosse boule qui nous rassasie ! •*Fât al-Sa'ûdiye wa cabba' martah gurus.* Il est parti en Arabie Saoudite et a comblé d'argent sa femme.

cabbâba / cabbâbât *n. f.*, *≅ amcabbâba, Cf. cabba 1.*

♦ **lasso, nœud coulant, collet,** sorte de nœud coulant placé au bout d'une perche pour attraper les taureaux et les vaches par les cornes. •*Al-cabbâba habil bilawluwuh wa barbutuh fî hatabay tawîle lê cabbân al bagar min gurûnhum.* Le lasso est une corde lovée et fixée au bout d'un long bout de bois pour attraper les vaches par les cornes. •*Fî l kadâde, kan arânib katîrîn, bisawwu lêhum amcabbâba fî cadaray wa yamsukûhum bêha.* Lorsqu'en brousse il y a beaucoup de lapins, on pose un collet au pied d'un arbre pour les attraper.

cabbac / yicabbic *v. intr.*, forme II, * šbṯ, ش ب ث

♦ **se couvrir de toiles d'araignée,** être couvert de toiles d'araignée. •*Bêti tawwal mâ gaccêtah, hassâ cabbac.* Il y a longtemps que je n'ai pas nettoyé ma chambre, à présent elle est couverte de toiles d'araignée. •*Al xalla kan tammat hôl fî l birmil xalâs ticabbic.* Si le mil reste un an dans le fût, il sera plein de toiles d'araignées. •*Al xulgân al mu'allagîn fî l habil cabbaco.* Les habits qui étaient suspendus sur la corde ont des toiles d'araignée.

cabbah / yicabbih *v. trans. {- be, - lê}*, forme II, * šbh, ش ب ه

♦ **ressembler, trouver une ressemblance avec.** •*Kalâmak da bicabbih kalâmak al amis.* Ce que tu me dis maintenant ressemble à ce que tu m'as dit hier. •*Al bakân da bicabbih lêna dârna hint amnawwal.* Cet endroit ressemble à la région où nous étions l'an dernier. •*Anâ cabbahtak lê axui al fî Gôzbêda.* Je trouve que tu ressembles à mon frère qui est à Goz-Beida.

cabbak / yicabbik *v. trans.*, forme II, * šbk, ش ب ك

♦ **faire un filet, attacher avec un filet, entourer d'un filet pour porter,** nouer un filet autour d'un récipient pour en faciliter le transport. •*Âmine cabbakat buxasha wa caddathum fî l humâr wa nisat al karyo.* Aminé a attaché ses gourdes en calebasse dans un filet et les a chargées sur l'âne, mais elle a oublié le pot en fibre. •*Kan ticabbik al-jerr, cêlânah yabga hayyin.* Lorsque tu serres ta jarre dans un filet, il t'est facile de la porter. •*Al-nâs kan yidôru yarfa'o cuwâl xalla yicabbuku idênhum be jây jây.* Lorsque des gens veulent soulever un sac de mil, ils se prennent les mains en les croisant les unes sur les autres.

cabbakân *n. d'act.*, → *cabbikîn.*

cabbân *n. d'act.*, → *cabbîn.*

cabbar / yicabbir *v. trans.*, forme II, * šbr, ش ب ر

♦ **mesurer avec l'empan.** •*Hû cabbar al gumâc wa xayyatah xalag lê wilêdah.* Il a mesuré le tissu et cousu un vêtement pour son fils. •*Nidôr ticabbir lêi gitî'ti.* Je voudrais que tu mesures mon étoffe.

cabbikîn *n. d'act., m.*, *≅ cabbakân,* * šbk, ش ب ك

♦ **fait de nouer un filet,** fait d'entourer un objet d'un filet. •*Mâ tagdar ticidd al-jarr bala cabbikîn.* Tu ne peux pas charger une jarre sur une bête de somme sans l'attacher dans un filet. •*Cabbikîn al karâyo dôl,* *kan mâ iriftah yaga'o.* Si tu ne sais pas attacher dans un filet ces pots en vannerie, ils tomberont.

cabbîn 1 *n. d'act., m.*, ≅ *cabbân*, *Cf. cabba 1.*

♦ **prise par les cornes au lasso,** fait d'attraper une vache ou un taureau par les cornes avec un lasso. •*Cabbîn al-tôr min gurûnah da, wallâ lê l-caddîn wallâ lê l-dabhîn.* Si ce bœuf a été pris par les cornes avec un lasso, c'est pour être chargé ou bien pour être égorgé. •*Cabbîn al bagar gâsi lê l mara.* C'est difficile pour une femme de prendre des vaches par les cornes avec un lasso. •*Al-tôr al âsi da mâ yinkarib illa be cabbîn.* Ce taureau fougueux ne se laisse attraper qu'au lasso.

cabbîn 2 *n. d'act., m.*, ≅ *cabbân.*

♦ **mauvaise digestion, crampes d'estomac, aigreurs d'estomac,** fait de ne pas digérer *qqch.* qui reste sur l'estomac. •*Cabbîn galbi da min akil al êc al bâyte.* Ma mauvaise digestion vient des restes de la boule d'hier que j'ai mangés. •*Kan hassêt be l-cabbîn fî galbak, acarab almi dâfi be cîh wa atrôn !* Lorsque tu sens que tu n'arrives pas à digérer, bois de l'eau tiède avec de l'armoise et du natron !

cadaha *n. f.*, * šdh, ش د ه

♦ **inquiétude, préoccupation, tourment, épouvante, agitation, souci.** •*Al fagur wa l macâkil bijîbu l-cadaha.* La misère apporte avec elle les soucis. •*Cadahit al baggâra di wakit mâcîn al wati, acân bidôru yalhago l-bahar ajala.* La préoccupation incessante de ces éleveurs qui partent vers le Sud est celle d'atteindre le fleuve le plus vite possible. •*Al askar dôl mâ induhum wakit lê l akil wa l-carâb min cahadit al harib.* Ces combattants n'ont pas le temps de manger et de boire à cause de l'inquiétude et de l'agitation provoquées par la guerre.

cadar 1 *n. vég., coll., m., sgtf. cadara, cadaray*, * šjr, ش ج ر

♦ **arbre.** •*Al-cadaray al kabîre dîk fî bêti.* Ce grand arbre qui est là-bas est dans ma concession. •*Fî l rucâc, al-cadar bixaddir.* Au printemps, les arbres reverdissent. •*Yâkul kulla yôm wa mâ bitarri'... Di l-cadaray.* Il mange tous les jours et ne rote pas… C'est l'arbre. *Dvnt.*

cadar 2 *n. m.*, *Cf. sihir*, * šjr, ش ج ر

♦ **remède magique, philtre,** racines, écorces ou feuilles d'arbres servant à des décoctions magiques. •*Anâ, galbi bôjani, ciribt cadar massâs.* Mon cœur me fait mal, j'ai bu une potion magique [de sorcier]. •*Mâ kulla l-nâs ba'arfu cadar hanâ sihir.* Ce n'est pas tout le monde qui connaît le rôle magique des racines et des écorces. •*Ambororay da, ya'arf al-cadar adîl, yidâwi beyah al-nâs min marad al gûba wa al-judâm.* Ce Peul connaît bien les racines et les écorces, il guérit les gens qui ont la teigne ou la lèpre.

cadarat al... → *cadart al....*

cadart al marfa'în *n. vég., coll., f., litt.* arbres de l'hyène, ≅ *cadarat al marfa'în* (N'Djaména), *aswala* (Bokoro), *balsa* (Am-Timan), * šjr, rfˁ, ش ج ر • ر ف ع

♦ **nom d'un arbuste, pied d'éléphant, baobab des chacals, Adenium obesum (Forsk.),** famille des apocynacées. •*Cardart al marfa'în indaha warcâl fî wakt al xarîf wa nuwâr ahmar fî l-sêf.* L'arbre de l'hyène a des feuilles en saison des pluies et des fleurs rouges en saison sèche. •*Cadart al marfa'în samm, hayawân ke mâ bâkulha wa lâ l-nâs kulla.* Le pied d'éléphant est un arbre poison ; ni les animaux, ni les hommes ne le mangent.

cadart al-damm nom d'un arbre, *coll., litt.* arbre du sang, ≅ *cadarat al-damm* (Sterculia setigera), → *rutrut.*

cadda 1 / yicidd *v. trans.*, *Cf. xatta* ; forme I n° 11, * šdd, ش د د

♦ **lier fortement, charger, seller,** mettre un fardeau à transporter sur un véhicule ou sur le dos d'un animal. •*Al musâfirîn caddo xumâmhum fî l-tayyâra.* Les voyageurs ont chargé leurs bagages dans l'avion. •*Al gannâsîn caddo lahamhum fî l humâr.* Les chasseurs ont chargé leur viande sur le dos de l'âne. •*Yôm arûs hanâ Yûsuf, al-subyân yiciddu xêlhum wa yigallubu.* Le jour des noces de Youssouf, les jeunes gens vont seller leurs chevaux et galoperont.

cadda 2 *n. f.*, * šdd, ش د د

♦ **tissu pur coton,** nom d'un tissu en coton épais et très cher. •*Al-sabi libis xalag cadda.* Le jeune homme a revêtu un habit en gros coton. •*Taman xalag al-cadda xâli.* Le prix d'un vêtement en coton épais est élevé. •*Xulgân al-cadda tuxân lâkin bagdamo ajala.* Les habits en coton épais sont lourds mais s'usent [vieillissent] très vite.

cadda hêl expression, → *hêl.*

caddad / yicaddid *v. trans.*, forme II, * šdd, ش د د

♦ **forcer, hausser, renforcer,** monter en épingle. •*Mâ ticaddid kan gâ'id tikallim !* Ne force pas la voix lorsque tu parles ! •*Hî tirîd ticaddid al kalâm kan saxayyar kula.* Elle aime dramatiser les problèmes, même s'ils sont minimes.

caddag / yicaddig *v. trans.*, forme II, * šdq, ش د ق

♦ **gifler.** •*Al-sarrâg haggâr wa l bôlîs caddagah.* Le voleur était insolent et le policier l'a giflé. •*Kan caddagtîni nitalligki !* Si tu me gifles, je te répudie ! •*Al wilêd caddag rafîgah.* Le garçon a giflé son ami.

caddagân *n. d'act., m.*, → *caddigîn.*

caddar / yicaddir *v. trans.*, forme II, * šjr, ش ج ر

♦ **ensorceler** ***qqn.*****, jeter un sort.** •*Al-râjil mâ yagdar yurûx acân rafîgah caddarah.* L'homme ne peut pas marcher parce que son ami l'a ensorcelé. •*Humman caddaroh acân fâtâhum be l mâl.* Ils l'ont ensorcelé parce qu'il est plus riche qu'eux. •*Mâ turûx ma'âhum, humman dôl hawânîn bicaddurûk.* Ne te promène pas avec eux, ils sont méchants, ils vont t'ensorceler.

caddâri / caddârîn *adj.*, (*fém. caddâriye*), terme d'insulte, * šjr, ش ج ر

♦ **sorcier (-ère), guérisseur (-euse),** qui se sert d'écorces, de feuilles, de bois ou de racines. •*Hî massâsa wa râjilha caddâri !* Elle est vampire et son mari est sorcier ! •*Fîh no' hanâ marad wâhid illa l-caddâri bas yagdar yidâwi.* Il y a une espèce de maladie que seul un sorcier peut guérir. •*Al-nâs baxâfo min al-caddârîn.* Les gens ont peur des sorciers.

caddigîn *n. m.*, ≅ *caddagân*, * šdq, ش د ق

♦ **fait de gifler.** •*Caddigînak lêi amis da waja'âni marra wâhid.* La gifle que tu m'as donnée hier m'a fait très mal. •*Al-caddagân hugura lê l-nâdum al kabîr.* Gifler une grande personne, c'est l'humilier gravement.

cadîd / cudâd *adj. {- fî}*, (*fém. cadîde*), * šdd, ش د د

♦ **fort(e) en, puissant(e) en, en bonne santé, compétent(e) en, ardent(e) dans.** •*Al katarpila cadîde fî nakitîn al-turâb !* Le bouteur est très puissant pour creuser la terre. •*Xâlî cadîd fî bani hanâ l buyût.* Mon oncle sait très bien construire des maisons [est fort en construction]. •*Rafîgti cadîde fî kalâm al Arab.* Mon amie est très forte en arabe [dans le parler des Arabes]. •*Iyâl al-lekôl cudâd fî girayithum.* Les écoliers savent très bien leurs leçons. •*Wakt al-rucâc kan ja, kulla l muzâri'în yabgo cudâd fî xidimithum.* Quand le printemps est là, les cultivateurs sont ardents au travail. •*Kikkêf, inta cadîd walla ? Min amis mâ ciftak da !* Comment vas-tu, es-tu en bonne santé ? Depuis hier je ne t'ai pas vu !

câdûf / cawâdîf *n. m.*, connu en *Egy.*, * šdf, ش د ف

♦ **chadouf.** •*Zamân fî Abbece kulla l-jinêne indaha câdûf.* Autrefois à Abéché, tous les jardins étaient équipés d'un chadouf. •*Al-câduf* *birayyih siyâd al-janâyin fî l-zagi.* Le chadouf économise les forces des jardiniers lorsqu'ils puisent pour irriguer.

câf / yicîf *v. trans.*, *Cf. ra'a* ; forme I n° 10, * šwf, ش و ف

♦ **voir, regarder, apercevoir.** •*Al wilêd câf al-sarrâg.* L'enfant a vu le voleur. •*Cift al harray gubbâlak !* J'ai vu le soleil avant toi (*i.e.* je suis ton aîné) ! •*Bidôru bicîfu l gamar.* Ils veulent voir la lune.

cafa 1 / yacfa *v. trans.*, forme I n° 14, * šfy, ش ف ي

♦ **coudre la vannerie,** monter de la vannerie en la cousant. •*Tiwaddi akil lê râjilha fî l-sufra al muxattaya be bartâl cafatah be îdha.* Elle apporte la nourriture à son mari sur un plateau recouvert d'un rond en vannerie décorée, qu'elle avait elle-même fabriquée [elle l'avait cousue avec sa main]. •*Al mara di amyâne lâkin tagdar tacfa umâr.* Cette femme est aveugle mais elle est capable de coudre des pots en fibres végétales.

cafa 2 / yacfi *v. trans.*, racine *šfw* (*Ka.*), *šfy* (*Mu.*), verbe ayant Dieu pour sujet, *Cf. cifi*, * šfw, ش ف و

♦ **guérir.** •*Allah yacfîk !* Que Dieu te guérisse ! •*Al-dawa da murr wa afin, lâkin Allah cafâni.* Ce médicament est amer et sent mauvais, mais Dieu m'a guéri. •*Al-daktôr banti l mardânîn dawa, lâkin Allah yâ bacfîhum !* Le médecin donne des médicaments aux malades, mais c'est Dieu qui les guérit !

cafa' / yacfa' *v. intr.*, forme I n° 14, * šfʕ, ش ف ع

♦ **intercéder, prendre la défense de *qqn.*, aider *qqn.*** •*Anâ sawwêt gurus muzayyaf, wa l muhâmi cafa' lêi min al-dangay.* J'ai fabriqué de faux billets, et le procureur a pris ma défense pour éviter la prison. •*Humman tahamôna be taccîn hanâ bêthum, lâkin al-jîrân cafa'o lêna.* Ils nous ont accusés d'avoir mis le feu à leur maison, mais les voisins ont pris notre défense. •*Allah yacfa'ah lêk yimarrigak min al-sijin be l âfe !* Que Dieu prenne ta défense, qu'il te fasse sortir de prison en bonne santé !

cafâ'a *n. f.*, * šfʕ, ش ف ع

♦ **intercession, médiation, défense de *qqn.*, aide.** •*Allah anta l-cafâ'a lê l anbiya' wa l-sâlihîn acân yacfa'o lê l-nâs.* Dieu a donné aux prophètes et aux hommes pieux la possibilité d'intercéder pour les hommes. •*Be cafâ'it al-Nabi Allah yinajjîna min azâb al-nâr.* Par l'intercession du Prophète, que Dieu nous délivre des tortures de l'enfer !

cafcaf / yicafcif *v. trans.*, forme II, *Cf. bahdal*, * šfšf, ش ف ش ف

♦ **s'agiter, ne pas être tranquille, chercher à voir, être inquiet (-ète), craindre, se troubler,** expédier un travail, être craintif (-tive) après avoir été battu(e), ne jamais rester tranquille ni en paix. •*Hû cafcaf wakit câf al askar jâyîn lêyah.* Il s'est agité et a eu peur lorsqu'il a vu les militaires venir vers lui. •*Al mara, râjilha axad bas, cafcafat.* La femme dont le mari a pris une autre épouse n'est pas tranquille. •*Hû da, al marad cafcafah.* Cet homme-là est inquiété par la maladie. •*Al kâtib cafcaf wa xalbat kulla katâkitah.* Le secrétaire s'est agité et a mélangé tous ses papiers.

cafcâf *n. d'act., m.*, * šfšf, ش ف ش ف

♦ **agitation, tremblement,** agitation causée par l'inquiétude ou la peur. •*Hû birîd al-cafcâf, waddar gurus hanâ ammah.* Il est agité [il aime l'agitation], il a perdu l'argent de sa mère. •*Al-cafcâf coxol hawân.* L'agitation est une mauvaise chose. •*Agôd tihit bala cacâf, al adu mâ bisawwi lêk cêy, asbûr !* Assieds-toi, ne tremble plus ! L'ennemi ne te fera aucun mal, prends patience !

câfi' / câfi'în *adj. mrph. part.* actif, (*fém. câfi'e*), * šfʕ, ش ف ع

♦ **intercesseur, qui accorde *qqch.*** •*Al iyâl dôl wa lâ câfi'în wa lâ nâfi'în.* Ces enfants ne rapportent rien, ils sont inutiles ! •*Allah hû al-Câfi' wa l-Nâfi'.* Dieu est l'Intercesseur et Celui qui donne sa faveur.

caga *n. d'act., m.*, * šqw, ش ق و

♦ **peine, misère, malheur, souffrance.** •*Al-caga ja lê amm al 'iyâl ba'ad môt râjilha.* Le malheur est tombé [venu sur] la mère de famille après la mort du mari [de son mari]. •*Cagâna da kulla ke, acân al hakûma mâ tikaffi l xaddamîn.* Toute notre misère vient du fait que le gouvernement ne paye pas les travailleurs. •*Al-caga, coxol al-nâdum mâ tagdar tahanni lê adûk kula.* La misère est quelque chose qu'on ne peut même pas souhaiter à son ennemi. •*Al harib wa l-jafâf zâdo l-caga lê l-ca'ab.* La guerre et la sécheresse ont aggravé la misère du peuple. •*Kan nâdum âc fî l-caga wa ba'adên xini, babga karîm.* Lorsqu'une personne a vécu dans la misère et qu'elle s'est enrichie, elle devient généreuse.

cagâg *n. m.*, *Cf. cagga*, * šqq, ش ق ق

♦ **aurore.** •*Fî wakt al-cagâg al-nâs bamurgu, bamcu l-jawâmi lê salât al-subuh.* A l'aurore, les gens sortent de chez eux et vont dans les mosquées pour la prière du matin. •*Fî l-cite al-cagâg cagga sâ'a xamsa wa nuss.* En hiver, les lueurs de l'aurore fendent le ciel vers cinq heures trente.

cagalab *v. intr.*, → *caglab.*

cagâwa *pl.*, → *cagi.*

cagg / **cugûg** *n. m.*, ≅ le singulier *cagge*, * šqq, ش ق ق

♦ **fente, crevasse.** •*Al-durdur da indah cagg, kan almi sabba katîr baga'.* Le mur a une fente ; s'il pleut beaucoup il va s'écrouler. •*Nâs wahadîn induhum cugûg fî ku'ubbênhum.* Certaines personnes ont des crevasses aux talons. •*Mâ tubûl fî l-cagg wa mâ ta'âmin al abd, al-cagg hassay wa l abd nassay !* N'urine pas dans une fente, ne fait pas confiance à ton serviteur ; la fente ne retient aucune trace d'humidité et le serviteur oublie tout !. *Prvb.* (*i.e.* la fente peut cacher des animaux méchants et le serviteur peut révéler tes secrets et te trahir).

cagga / **yucugg** *v. trans.*, forme I n° 5, * šqq, ش ق ق

♦ **fendre, couper en deux, opérer, traverser.** •*Al-caggâgi yucugg al hatab be l fâs.* Le coupeur de bois fend le bois avec une hache. •*Mûsa cagga l farde min usut.* Moussa a coupé le pagne en deux [au milieu]. •*Al bagar caggo l-zurâ'a mâcîn al-sarhe.* Les vaches ont traversé le champ en allant paître. •*Al mara l mardâne caggôha amis.* La femme malade a été opérée hier.

caggag / **yicaggig** *v. trans.*, forme II, * šqq, ش ق ق

♦ **couper, fendiller, se crevasser.** •*Rijilêni caggago, wâjib lêi namsahum dihin.* Mes pieds se sont crevassés, il faut que je les enduise d'huile. •*Al mara caggagat al hatab be l fâs.* La femme a fendu le bois avec une hache.

caggâgi / **caggâgîn** *adj. mrph. intf.*, (*fém. caggâgiye*), * šqq, ش ق ق

♦ **coupeur, fendeur.** •*Al-caggâgi rah fî l kadâde min amis.* Le fendeur de bois s'est égaré dans la brousse depuis hier. •*Fattucu caggâgi yaji yagta' l-cadaray al yibisat di.* Cherchez un bûcheron pour venir couper cet arbre qui a séché.

caggân *n. d'act., m.*, → *caggîn.*

cagge *n. f.*, → *cagg.*

caggîn *n. d'act., m.*, ≅ *caggân*, * šqq, ش ق ق

♦ **la coupe de, la fente de, opération chirurgicale,** fait de couper, de fendre ou d'être fendu(e). •*Caggîn al bêt da kabîr ; kan almi âxar sabba baga'.* La fente de cette maison est grande ; si une autre pluie arrive, la maison va s'écrouler. •*Katîr kê caggîn al-labtân hanâ hillitna mâ banjah.* La plupart du temps, les opérations chirurgicales de l'hôpital de notre quartier ne réussissent pas.

caggîn al-laday expression désignant "le festin, le banquet", *litt.*

coupure du foyer, séparation de la fille d'avec sa mère.
♦ **installation de la jeune mariée, premier repas fait par la mariée, jour où l'on pend la crémaillère,** cérémonie ayant lieu le troisième ou le septième jour après l'installation de la nouvelle mariée qui prépare désormais la nourriture pour son foyer. •*Caggîn al-ladday yabga ba'ad talâte wallâ sab'a yôm min iris.* La jeune mariée s'installe officiellement chez elle le troisième ou le septième jour après les noces. •*Yôm caggîn al-ladday, al arîs wa l arûs busûtu êc sawwa fî burma saxayre giddâm al-nâs.* Le jour où l'on pend la crémaillère, les nouveaux mariés préparent ensemble la boule dans une petite marmite devant tout le monde.

caggîn laday expression, → *caggîn al-laday.*

cagi / cagâwa *adj.*, ≅ *cagiyîn*, (*fém. cagiye*), * šqw, ش ق و
♦ **d'aspect misérable, paraissant pauvre, vivant comme un malheureux, avare, pingre.** •*Al-cagi bi'îc fî l-ta'ab acân indah gurus wa bisey nafsah fagri.* L'avare mène une vie difficile parce qu'il a de l'argent et qu'il se comporte comme un pauvre. •*Al-nâdum al-cagi hazzah mayyit marra wâhid.* Le malheureux est celui à qui la chance n'a pas souri [sa chance est complètement morte]. •*Al-cagi, hû al-nâdum al indah mâl, wa lâ bâkul minnah wa lâ balbas minnah.* L'avare est celui qui a de l'argent, mais qui ne l'utilise ni pour manger, ni pour se vêtir.

cagîge *n. f.*, * šqq, ش ق ق
♦ **douleur dans les os, mal des articulations, névralgie, élancement,** douleurs internes ressenties avec de la fièvre. •*Indi cagîge fî rijili l-zênayye, daharatni l-nôm.* J'ai des douleurs dans la jambe droite, cela m'a empêché de dormir. •*Al-cagîge, hî waja' fî l udâm.* La *cagîge* est une douleur que l'on ressent dans les os.

caglab / yicaglib *v. trans., qdr., Cf. angalab, accangal* ; ≅ *cagalab*, utilisé en arabe *sd.* emprunt *aram.* (*C.Q.*), forme II, * šqlb, ش ق ل ب
♦ **retourner** (se)**, mettre sens dessus dessous, se métamorphoser, se renverser, se transformer.** •*Mâ ticagilib ni'êlâti, yâ wilêd !* Hé ! l'enfant ! ne retourne pas mes sandales ! •*Al watîr caglab be l-nâs fî l-derib.* Le véhicule s'est renversé avec ses voyageurs sur la route. •*Mâla caglabt al kalâm wakit jîna bakân abûk ?* Pourquoi as-tu dit le contraire [retourné la parole] lorsque nous sommes venus chez ton père ? •*Al xûl caglab bigi nâdum.* L'ogre s'est métamorphosé en être humain. •*Al awîn bugûlu fî nâs bicaglubu, babgo marâfi'în fî l-lêl.* Les femmes disent qu'il y a des gens qui se métamorphosent en hyènes, la nuit.

cagra *adj. f.*, → *acgar.*

Cagwa *n. pr.* de lieu, nom d'un quartier de N'Djaména.
♦ **Chagoua.**

cagyân / cagyânîn *adj.*, (*fém. cagyâne*) *Cf. asfân, fagrân, cigi,* * šqw, ش ق و
♦ **vivant comme un misérable, ayant l'aspect d'un malheureux, avare, pingre.** •*Al-nâdum da cagyân, indah gurus, wa lâ bâkul fî nafsah, wa lâ bantih iyâlah.* Cette personne vit comme un misérable, elle a de l'argent mais ne s'en sert ni pour manger ni pour le donner à ses enfants. •*Al-cagyân ictah gâsiye marra wâhid.* Le misérable mène une vie très difficile.

cahad / yachad *v. trans.*, forme I n° 13, * šḥḏ, ش ح ذ
♦ **mendier, quémander, implorer.** •*Al masâkîn yachado fî xacum al-sûg.* Les pauvres quémandent à l'entrée du marché. •*Hû mâ indah gudra acân da maca cahad, axêr min yasrig !* Il n'a pas de force, c'est pourquoi il est allé mendier, c'est mieux que de voler !

câhad / yicâhid *v. trans.*, forme III, * šhd, ش ه د ⇨

♦ **voir, assister.** •*Hû câhad be ênah gubâl cahar ramadân.* Il a réellement vu le premier croissant de lune du mois de ramadan. •*Amis anâ câhadt râjil wâhid bicâbihak fî l-telefizyôn.* Hier j'ai vu à la télévision un homme qui te ressemblait. •*Anâ câhadt fî sinima duwâs hanâ* karate. J'ai vu au cinéma un combat de karaté.

cahâda / cahâdât *n. f.*, ≅ *cahâde*, * šhd, ش ه د

♦ **attestation, témoignage, diplôme, certificat.** •*Hû mâ câloh fî l xidime acân mâ indah cahâda.* On ne l'a pas embauché parce qu'il n'avait pas de diplôme. •*Iyâl al-lekkôl lissâ mâ gassamohum cahâdâthum.* On n'a pas encore distribué aux élèves leur diplôme. •*Amci fî idârit al baladiye al taskun fôgha, yantûk cahâdit milâd lê wilêdak.* Va au bureau municipal de l'arrondissement où tu habites, on te donnera un certificat d'extrait de naissance pour ton enfant. •*Al-cahâdatên : Lâ ilâha illa l-lâh, Muhammad rasûl Allâh !* Les deux attestations de la foi musulmane sont : "Il n'y a pas de divinité autre que Allah", et "Mouhammad est l'envoyé d'Allah".

cahâde *n. f.*, → *cahâda.*

Cahâdta *n. pr.* d'homme, pour *cahâdtah* [son témoignage], * šhd, ش ه د

caham *n. coll., m.*, *Cf. samin*, *sgtf. cahamay*, * šḥm, ش ح م

♦ **graisse.** •*Al bagar, kan sumân, induhum caham katîr.* Lorsque les vaches sont grosses, elles ont beaucoup de graisse. •*Jarti kan macêti l-sûg, bî'i lêi laham mâ indah cahamay wahade kulla !* Voisine, si tu vas au marché, achète-moi de la viande sans le moindre morceau de graisse !

Cahamiye *n. pr.* de femme, *Cf. caham*, * šḥm, ش ح م

cahan / yachan *v. trans.*, forme I n° 13, * šḥn, ش ح ن

♦ **charger, embarquer, prendre à bord.** •*Watîrna cahan budâ'a wa lâkin mâ gamma.* Notre véhicule a été chargé de ses marchandises, mais il n'a pas encore démarré. •*Al-tayyâra kan tugumm min dâr lê dâr tachan xumâm wa rukkâb.* Lorsqu'un avion part d'un pays pour aller dans un autre, il embarque des affaires et des passagers.

cahar / cuhûr *n. m.*, ≅ *cahari* lorsqu'il est suivi du nom du mois, voir les douze mois de l'année lunaire : *dahitên, (al) wahîd, tôm al awwal, tôm al-tâni, tôm al-tâlit, tôm al-râbi (sâyig al-tîmân), rajab, gisêyar, ramadân, fatûr, fatrên, dahiye*, * šhr, ش ه ر

♦ **mois.** •*Fî cahari tamâne, cawâri hanâ Anjammêna kulluhum babgo amzahalôta.* Au mois d'août, les rues de N'Djaména sont très glissantes à cause de la boue. •*Cahar gisayyar yikammil fî tis'a wa icirîn yôm.* Le mois de *gisayyar* dure [s'achève en] vingt-neuf jours. •*Bidayt al giray fî cahari tis'a.* La rentrée scolaire a lieu au mois de septembre.

cahari *n. m.*,
1° Lorsqu'il est suivi du nom arabe du mois, il désigne un mois du calendrier lunaire → *cahar.*
2° Lorsqu'il est suivi d'un nombre, il désigne un mois du calendrier moderne :

cahari acara ♦ **octobre.**
cahari arba'a ♦ **avril.**
cahari atnâcar ♦ **décembre.**
cahari ihdâcar ♦ **novembre.**
cahari saba'a ♦ **juillet.**
cahari sitte ♦ **juin.**
cahari talâta ♦ **mars.**
cahari tamâne ♦ **août.**
cahari tinên ♦ **février.**
cahari tis'a ♦ **septembre.**
cahari wâhid ♦ **janvier.**
cahari xamsa ♦ **mai.**

cahariye *n. f.*, *Cf. mahiye*, * šhr, ش ه ر

♦ **salaire mensuel, paye du mois, solde.** •*Kan mâ tikaffini cahariyti anâ nixalli xidimtak.* Si tu ne me payes pas mon salaire mensuel, je ne travaille plus pour toi [je sors de ton travail]. •*Anâ gâ'id naxadim lêyah bala cahariye.* Je suis en train de travailler pour lui sans salaire mensuel. •*Cahariytak kam wakit gâ'id taxdim ma'â rafigi ?* A combien s'élevait ton salaire mensuel lorsque tu travaillais avec mon ami ?

Cahawa *n. pr.* de femme, *litt.* passion, désir ardent, *Cf. cahwa.*

câhay / câhayât *n. f. mrph. dmtf.*, *Cf. câhi*, * šyy, ش ي ي

♦ **une petite quantité de thé.** •*Mâla sîd al-dukkân antâk l-câhay di bas be xamsa riyâl ?* Pourquoi le boutiquier t'a-t-il donné une si petite quantité de thé pour cinq riyals ? •*Câhayti di, nifawwirha ambâkir fajur !* Ma petite quantité de thé, je la ferai bouillir demain matin !

cahha / yicahhi *v. trans.*, forme II, * šhw, ش ه و

♦ **désirer, envier.** •*Anâ cahhêt nacri l markûb da lê nafsi, lâkin mâ ligit gurus.* J'ai désiré m'acheter cette paire de souliers mais je n'ai pas eu assez d'argent. •*Al yôm anâ cahhêt nâkul mulâh hanâ laham be êc hanâ angâli.* Aujourd'hui j'ai désiré manger de la boule de manioc avec une sauce à la viande. •*Al mujaddim mâ bagdar bicahhi l garra.* Le lépreux ne peut plus avoir envie de porter une bague.

cahhâd / cahhâdîn *adj. n., mrph. intf.*, *Cf. sa''âl*, (*fém. cahhâda*), * šḥḏ, ش ح ذ

♦ **quémandeur (-euse), mendiant(e).** •*Al-cahhâdîn katîrîn fî l-sûg.* Il y a de nombreux quémandeurs au marché. •*Al xani gassam gurus wa akil lê l-cahhâdîn.* Le riche a distribué de l'argent et de la nourriture aux mendiants. •*Be fajur fataht al bâb wa ligit cahhâd wâgif.* Ce matin, j'ai ouvert la porte et j'ai trouvé un mendiant qui attendait debout.

cahham / yicahhim *v. intr.*, forme II, * šḥm, ش ح م

♦ **engraisser, grossir, graisser.** •*Jismah mâ yicahhim acân galbah malân humûm.* Il ne peut pas engraisser parce qu'il a trop de soucis. •*Al-tuyûs al xusaya yicahhumu.* Les boucs castrés grossissent. •*Wadda watîrah fî l garrâc acân yicahhumu lêyah.* Il a amené sa voiture au garage pour qu'on lui fasse le graissage.

câhi *n. m.*, connu au *Sdn.* (*C.Q.*), ≅ *cayi* ; racine d'après *dict. Mu.* * šyy, ش ي ي

♦ **thé.** •*Tacrab câhi axdar wallâ ?* Est-ce que tu prends [tu bois] du thé vert ? •*Al-câhi al rakkabtah da bigi murr.* Ce thé que tu as préparé est devenu amer. •*Al-cahi al axadar yacrab al-damm.* Le thé vert affaiblit l'organisme [boit le sang]. •*Ahmar, damm al kabâbo, kulluhum birîdu wa lê xasârtah bâboh... Da l-câhi.* Il est rouge comme le sang dans le verre, tous l'aiment et refusent pourtant une telle dépense... C'est le thé. *Dvnt.* •*Sawwi lêna câhi ahmar ên mujaddim !* Prépare-nous du thé aussi rouge que l'œil d'un lépreux ! •*Nidôru minniki câhi buzâx al-jarâde.* Nous voudrions que tu nous fasses du thé très fort, épais et sucré [salive de sauterelles].

cahîd / cuhada' *adj.*, (*fém. cahîde*), * šhd, ش ه د

♦ **martyr, mort pour la patrie,** mort pour défendre la religion. •*Al-nâs al mâto fî l-jihâd fî sabîl Allah cuhada'.* Les gens qui sont morts à la guerre sainte pour Dieu sont des martyrs. •*Al-cuhada' mâto fî mîdân al-caraf.* Les martyrs sont morts au champ d'honneur. •*Al-cahîd xalla talâte iyâl.* Le soldat mort pour la patrie a laissé trois enfants orphelins.

câhid 1 / cuhûd *adj. mrph. part.* actif, (*fém. câhide*), * šhd, ش ه د

♦ **témoin oculaire, présent(e).** •*Yôm al kalâm da, anâ gult lêki inti kula câhide.* Le jour de la querelle, je t'avais dit que tu en étais témoin. •*Wakt al katalah da, anâ câhid, wa humman kula cuhûd !* Au moment où il l'a tué, j'étais présent, et eux tous aussi sont témoins ! •*Yôm al harajtu* *da, yâtu câhid lêku ?* Le jour où vous vous êtes disputés, qui était témoin ? •*Al-ceriye di mâ tabga, illa amcu jûbu l-cuhûd.* Ce jugement ne peut avoir lieu, à moins que vous n'ameniez des témoins.

câhid 2 / cawâhid *n. m.*, *Syn. sabbâba*, * šhd, ش ه د

♦ **index,** deuxième doigt de la main, ordinairement : index de la main droite. •*Al-nâdum kan bahlif barfa' al-câhid wa bugûl : "Wallâhi !".* Lorsque quelqu'un jure, il lève l'index et dit : "Par Dieu !". •*Al-câhid usum hanâ usba' bên al kabîr wa l usta.* Le "témoin" est le nom du doigt qui est entre le pouce et le majeur. •*Kan tidôru tas'alo, arfa'o cawâhidku.* Lorsque vous voulez poser une question, levez votre index [vos index].

câhid 3 / cawâhid *n. m. mrph. part.* actif, * šhd, ش ه د

♦ **gros grain du chapelet,** le gros grain du chapelet qui complète les quatre-vingt dix-neuf autres petits grains. •*Al-sibhe indaha tis'a wa tis'în tûray, ba'ad kulla talâta wa talâtîn tûray talga "wagif", wa l-cahîd bitimm al adad miya.* Le chapelet a quatre-vingt dix-neuf grains ; tous les trente-trois grains se trouve un grain plus gros appelé "arrêt", et le gros grain complète le nombre total de grains jusqu'à cent. •*Kan tidda'i be sibihtak, tahasib be l-tûr namman talhag al-cahîd.* Lorsque tu pries avec ton chapelet, tu égrènes les grains un par un jusqu'à la rencontre du gros grain.

Câhîn *n. pr.* d'homme.

cahîr / cahîrîn *adj.*, (*fém. cahîre*), *Syn. machûr, machûra, machûrîn*, * šhr, ش ه ر

♦ **célèbre, connu(e), réputé(e), populaire, notoire.** •*Simi'na be usumak al-cahîr da fî l balad acân inta râjil karûm.* Nous avons entendu ton nom, il est célèbre dans le pays parce que tu es un homme plein de générosité. •*Al Arab cahîrîn fî carâb al-câhi.* Les Arabes sont réputés pour être des buveurs de thé. •*Halîme cahîre fî l-siyâsa.* Halimé est une femme connue dans la politique.

cahu *n. m.*, *Cf. cahwân*, * šhw, ش ه و

♦ **désir, envie.** •*Anâ al yôm cahuwi nâkul wa nunûm.* Aujourd'hui, mon désir est de manger et de dormir. •*Cahu hanâ hammai yâxud mara.* Le désir de mon beau-frère est de se marier.

cahwa / cahwât *n. f.*, ≅ *cahawa*, * šhw, ش ه و

♦ **désir, passion, envie.** •*Cahwa hint al-nâdum mâ tikammil abadan.* Le désir de l'homme est infini. •*Al-râjil da mâ bagdar balzam cahawtah wa be misil da kammal gursah kulla ke.* Cet homme ne peut pas refréner ses passions [tenir son désir], c'est ainsi qu'il a dépensé tout son argent.

cahwag / yicahwig *v. intr.*, voir le *Syn. câwag.*

cahwân / cahwânîn *adj.*, (*fém. cahwâne*), *Cf. hawjân, accahha*, * šhw, ش ه و

♦ **qui a très envie de, désireux (-euse), avide de, passionné(e) pour,** qui veut absolument. •*Âce cahwâne al yôm ammarrâra hint xanam.* Aché a très envie aujourd'hui de tripes frites de mouton. •*Al mardân cahwân lê âfe.* Le malade veut à tout prix recouvrer la santé. •*Ca'ab hanâ Rwanda cahwânîn lê l âfe.* Le peuple du Rwanda désire vivement la paix.

cajja' / yicajji' *v. trans.*, forme II, * šjʕ, ش ج ع

♦ **encourager, stimuler.** •*Wâjib lêk ticajji' al-nâs al gâ'idîn baxdumu lêk fî zer'ak.* Tu dois encourager les gens en train de travailler dans ton champ. •*Al kalâm al halu bicajji' al xaddâmîn.* Les bonnes paroles stimulent les travailleurs.

caka / yacki *v. intr.* *{- lê}*, forme I n° 7, * škw, ش ك و

♦ **se plaindre à, porter plainte.** •*Fâtime cakat lê abûha acân râjilha mâ adîl.* Fatimé s'est plainte à son père de la mauvaise conduite de son mari. •*Al harrâtîn cako lê l-sultân acân al bagar akalo zurâ'ithum.* Les paysans ont porté plainte auprès du sultan parce que les vaches avaient mangé leurs champs. •*Askut yâ Yaxûb, mâ tacki dâ'imân min axawânak, takbur tansa !* Tais-toi, Yacoub ! Ne te plains pas toujours de tes frères : tu deviendras grand et oublieras tout cela !

cakâkîb *pl.*, → *cukkâba.*

cakal / yackil *v. trans.*, * škl, ش ك ل

♦ **noter les voyelles,** noter les voyelles brèves d'un texte écrit en caractères arabes. •*Al iyâl katabo lîhânhum wa cakalôhum hatta gabbalo min al masîk.* Les enfants ont écrit sur leurs tablettes en bois et ont noté les voyelles du texte avant de revenir de l'école coranique. •*Al muhâjiri yackil be râsah acân ya'arif xawâ'id al-cakil.* L'élève de l'école coranique sait par cœur mettre les voyelles exactes, parce qu'il connaît les règles de la notation des voyelles.

câkal / yicâkil *v. trans.*, forme III, se construit aussi avec la préposition *ma'â*, *Cf. dâwas*, * škl, ش ك ل

♦ **chercher querelle, provoquer la bagarre, se quereller, contredire.** •*Mâ ticâkil jîrânak fî kalâm al iyâl al-dugâg !* Ne cherche pas querelle à tes voisins à cause des petits enfants ! •*Al barcâtîn câkalo ma'â l-duwân fî xumâmhum hanâ l barcôt.* Les fraudeurs se sont querellés avec les douaniers à cause de leur marchandise venue en contrebande. •*Al-tilmiz al mâ mu'addab yicâkil al mêtir.* L'élève mal élevé contredit son maître.

cakar / yackur *v. trans.*, forme I n° 1, * škr, ش ك ر

♦ **remercier, rendre grâces.** •*Ligit xumâm katîr yôm al îd wa cakart rufugâni.* J'ai reçu beaucoup de cadeaux [j'ai trouvé beaucoup de choses] le jour de la fête et j'ai remercié mes amis. •*Ahal al mayyit cakaro l-nâs al awânôhum yôm al-dafin.* La famille du défunt a remercié les gens venus l'aider le jour de l'enterrement. •*Âdum yackur Allah al antah mâl wa iyâl.* Adoum remercie Dieu qui lui a donné des biens et des enfants.

cakat *n. m.*, ≅ *tcakkat*, → *cakkat*, * škd, ش ك د

♦ **fait d'inciter à la danse, encouragement pour un artiste,** fait d'agiter le bras en tenant un couteau ou un sabre, fait de donner des billets de banque pour encourager un danseur, un griot ou un chanteur. •*Al-cakat bahammi l-li'ib.* Le fait d'encourager stimule la danse. •*Al-nâdum al-râsah xafîf birîd l-cakat be gurus.* Celui qui croit tout ce qu'on dit de lui [qui a la tête légère] aime encourager le griot en lui donnant de l'argent.

cakâwi *pl.*, → *cakwa.*

câki / câkiyîn *adj.*, (*fém. câkiye*), * škw, ش ك و

♦ **plaignant(e).** •*Hî macat câkiye lê abûha acân râjilha daggaha.* Elle est allée se plaindre chez son père parce que son mari l'avait battue. •*Hû ja câki bakân al-sultân.* Il est venu se plaindre chez le sultan. •*Al-nâs dôl câkiyîn min al-ju'.* Ces gens se plaignent de la faim.

cakil 1 / ackâl *n. m.*, ≅ *cakl*, *Cf. no'*, * škl, ش ك ل

♦ **forme, consistance, qualité, sorte, aspect, silhouette.** •*Nirîd cakil al mulâh da.* J'aime la consistance de cette sauce. •*Xulgâni cakilhum katîr.* J'ai des vêtements de formes très variées. •*Cakil al binêye di ajabâni bilhên min al banât al âxarîn.* La silhouette de cette jeune fille me plaît beaucoup plus que celle des autres. •*Tidôr tibî' lêi bêtak da, cakilah kikkêf ?* Tu veux me vendre ta maison, mais comment est-elle ?

cakil 2 *n. m.*, terme de l'*ar. lit.*, * škl, ش ك ل

♦ **notation des voyelles d'un texte,** voyellation d'un texte. •*Al-cakil bisahhil al giray.* La notation des voyelles facilite la lecture. •*Al katib bala cakil mâ bingari' adîl.* Un texte écrit où les voyelles ne sont pas notées n'est pas immédiatement bien lu.

Câkir *n. pr.* d'homme, *litt.* qui remercie, *Cf. cakar*, * škr, ش ك ر

cakk *n. m.*, dans les expressions *bala cakk, gata' al-cakk*, * škk, ش ك ك

♦ **doute.** •*Ambâkir bala cakk namci lêk fî bêtak.* Demain sans doute j'irai chez toi à la maison. •*Anîna xâlatna ma'â rafîgi wa gâ'idîn narja'ok acân taji tagta' lêna l-cakk.* Nous avons discuté avec mon ami et nous sommes en train de t'attendre pour que tu tranches le litige. •*Amci agta' al-cakk kadar ambâkir îd walla mâ îd !* Va t'assurer [va couper le doute] si demain c'est le jour de la fête, ou non ! •*Gata' al-cakk hû mât.* C'est sûr, il est mort !

cakka 1 / yucukk *v. trans.*, forme I n° 5, *Cf. darac 1*, * škk, ش ك ك

♦ **piler, casser l'enveloppe du grain,** piler légèrement sans humidifier pour casser la protection du grain. •*Cukki l xalla gubbâl ma tiwaddiha fî l-tâhûna.* Pile légèrement le mil avant de l'apporter au moulin. •*Cakkêt al xalla wa maragt al uttâb.* J'ai pilé le mil et j'ai fait sortir la balle. •*Ana cakkêt al-lubya al gâ'id be l gicra l-tuwâl, wa maragt iyâlha.* J'ai pilé les haricots qui étaient dans leurs longues cosses, et j'en ai sorti les grains.

cakka 2 / yucukk *v. intr. {- fî, - fôg}*, forme I n° 5, * škk, ش ك ك

♦ **penser dans l'incertitude, croire que, estimer, être incertain(e), douter** (se)**, ne pas être sûr(e) que.** •*Anâ cakkêt fî l-dagdâg da, akûn almi yaji.* Je pensais qu'après ce coup de tonnerre, il allait peut-être pleuvoir. •*Anâ min wijhah bas cakkêt fôgah, hû da bas bahakim al-dâr.* A voir son visage, je me doutais que c'était lui le chef de région.

cakkak / yicakkik *v. intr.*, forme II, * škk, ش ك ك

♦ **douter.** •*Anâ mâ cakkakt kadar marti taji.* Je n'ai pas douté de la venue de ma femme. •*Anâ cakkak fôgah kadar hû sarrâg.* J'ai douté qu'il ait pu être voleur.

cakkâki / cakkâkîn *adj. mrph. intf.*, (*fém. cakkâkiye*), * škk, ش ك ك

♦ **qui doute de tout, sceptique.** •*Hû da mâ ti'ôri kalâm wâhid kula acân hû cakkâki bilhên.* Celui-là, ce n'est pas la peine de lui dire un mot : il doute de tout ! •*Hî cakkâkiye abat mâ tasma kalâmi.* Elle est sceptique, elle a refusé d'écouter ce que je lui ai dit.

cakkal 1 / yicakkil *v. trans.*, forme II, * škl, ش ك ل

♦ **entraver un animal, mettre un obstacle pour faire tomber,** attacher les deux pieds d'un animal. •*Juwâdah waddar acân hû cakkalah be habil rigeyyak wa l-juwâd gata'ah.* Son cheval s'est égaré parce que l'entrave qu'il lui avait mise était trop fine ; le cheval l'avait coupée. •*Mahammat waddah lê juwâdah janb al-zere' wa cakkalah.* Mahamat a amené son cheval à côté du champ et l'a entravé. •*Al faras cakkaloha adîl acân mâ ti'arrid.* On a bien entravé la jument pour qu'elle ne se sauve pas. •*Al wilêd jâri wa l habil cakkalah ramah.* L'enfant courait, il s'est pris les pieds dans la corde qui l'a fait tomber.

cakkal 2 / yicakkil *v. trans.*, forme II, * škl, ش ك ل

♦ **former un gouvernement, constituer une association, créer un bureau.** •*Al-tullâb cakkalo maktabhum lê difâ' hugûghum.* Les élèves ont constitué un bureau pour défendre leurs droits. •*Amis al wazîr al awwal cakkal hukumtah.* Hier, le premier ministre a formé son gouvernement.

cakkân 1 *n. d'act., m.*, ≅ *cakkîn*, *Cf. cakka 1*, * škk, ش ك ك

♦ **pilage.** •*Al-cakkân al awwal marigîn al uttâb min al xalla.* Le premier pilage fait sortir la balle du mil. •*Al-cakkîn al-tâni ba'ad al-naffadân min al kanfût.* Le second pilage a lieu après le vannage du son.

cakkân 2 *n. d'act.*, ≅ *cakkîn*, *Cf. cakka 2*, * škk, ش ك ك ⇨

♦ **doute, hésitation, supposition, suspicion, soupçon.** •*Cakkânak fî l-nâs da, mâ adîl acân mâ cift be ênak.* Le soupçon que tu portes sur les gens n'est pas bon puisque tu n'as rien vu de tes propres yeux. •*Muftahi da, mâ ligîtah ; wa be cakkân ke da, nugûl : âkûn fî câkôc râjili.* Je n'ai pas retrouvé ma clé et, dans mon doute, j'ai dit qu'elle pourrait se trouver dans le sac de mon mari !

cakkat 1 / yicakkit *v. intr. {- lê... be}*, forme II, ≅ *tcakkat.*

♦ **encourager, manifester la joie, donner ostensiblement, agiter la main victorieusement,** agiter ostensiblement la main en tenant un cadeau pour quelqu'un de l'assemblée, balancer au-dessus de la tête un poignard ou un objet signifiant la victoire. •*Câf al banât jâyîn, cakkat lêhum be râs sukkar.* Il a vu les filles arriver et a manifesté sa joie en agitant devant tous un pain de sucre pour elles. •*Al wilêd marag min bakân al-tahûra wa cakkat lê axawâtah be l-sêf.* Le garçon est sorti d'où il venait d'être circoncis et a agité son sabre en l'air en signe de victoire devant ses sœurs. •*Gallab be juwâdah wa cakkat lê l-zaxrâta be mitên riyal.* Il a galopé avec son cheval et a donné ostensiblement deux cents riyals à celle qui poussait des youyous. •*Hî cakkatat lê axûha be suwâr hanâ dahab.* Elle a encouragé son frère en agitant bien haut un bracelet en or.

cakkat 2 / yicakkit *v. intr.*, forme II.

♦ **s'infecter, s'ulcérer,** se dit d'une plaie aux jambes qui s'infecte ou s'ulcère. •*Uwartah mâ dawâha ajala, hassâ cakkatat.* Il n'a pas soigné rapidement sa plaie et maintenant elle s'est infectée. •*Kan xallêt uwartak cakkatat, bagta'o rijilak !* Si tu laisses ta plaie s'ulcérer, on te coupera la jambe !

cakkây / cakkâyîn *adj. mrph. intf.*, (*fém. cakkâye*), * škw, ش ك و

♦ **plaignant(e),** qui aime se plaindre. •*Kan ta'ab ja lêk kula asbur mâ tabga cakkay !* Même si tu es souffrant, prends patience ! Ne te plains pas ! •*Al-râjil da cakkay bilhên rufugânah mâ bidôru bagôdu ma'âyah.* Cet homme se plaint tout le temps, ses amis n'aiment pas rester à côté de lui.

cakkîn *n. d'act., m.*, → *cakkân 1, cakkân 2.*

câkôc / cawâkîc *n. m., empr. fr.*, ≅ le pluriel *cakôcât.*

♦ **sac, sacoche.** •*Al-cawâkîc al mu'allagât fî l-durdur, kulluhum hanâ cari.* Tous les sacs qui sont accrochés au mur sont à vendre. •*Macêt al-sûg be câkôc hanâ Ahmat.* Je suis allé au marché avec la sacoche d'Ahmat.

cakûr / cakûrîn *adj.*, (*fém. cakûra*), * škr, ش ك ر

♦ **reconnaissant(e), qui témoigne de la gratitude.** •*Al-mara di cakûra bilhên.* Cette femme est très reconnaissante. •*Humman dôl nâs cakûrîn, kan sawwêt lêhum coxol zên mâ bansoh.* Ces gens-là sont reconnaissants ; si tu leur fais du bien, ils ne l'oublieront pas.

cakwa / cakâwi *n. f.*, autre pluriel *cakwât*, * škw, ش ك و

♦ **plainte.** •*Al mara di gaddamat cakwa fî râjilha.* La femme a déposé une plainte contre son mari. •*Kan indak cakwa waddiha bakân al-zûz.* Si tu as une plainte, dépose-la chez le juge. •*Katarat al-cakâwi tiraxxis al xâli !* La multiplicité des plaintes diminue la valeur d'une affaire importante [de qui est cher] *Prvb.* !

câl 1 / yicîl *v. trans.*, forme I n° 10, viendrait aussi de la racine *šyl*, * šwl, ش و ل

♦ **prendre, emporter, contenir.** •*Âdum câl fâs wa maca fî l-zere'.* Adoum a pris une hache et est allé au champ. •*Macêna cîlna gurus fî l banki.* Nous sommes allés prendre de l'argent à la banque. •*Al-sarrâg câl xumâmi fî l-lêle di.* Le voleur a emporté mes affaires cette nuit. •*Al gazâza di ticîl litir wâhid.* Cette bouteille contient un litre.

câl 2 / yicîl *v. intr.*, forme I n° 10, viendrait aussi de la racine *šyl*, * šwl, ش و ل

♦ **se couvrir de nuages,** se former, en parlant des nuages de l'orage qui arrive. •*Al wata câlat.* Le temps s'est couvert. •*Fî l xarîf al-sahâb yicîl, wa l almi yusubb.* En saison des pluies, les nuages se forment et il pleut.

câl 3 / cîlân *n. m.*, on entend souvent pour le pluriel *câlât*, mot arabe d'emprunt *irn.*, en *ind. : shal*, en *angl. : shawl (Ro).*, *Cf. jarid, malfa'a.*

♦ **châle.** •*Al-câl hû kadmûl mâ tawîl wa muraggat walla abyad.* Le châle est une sorte de turban court à petits carreaux ou tout blanc. •*Al hujâj kan gabbalo min al hijj yijîbu câlât lê ahalhum.* Lorsque les pèlerins reviennent du pèlerinage à La Mecque, ils rapportent des châles à leur famille. •*Fî nâs yuxuttu câl fî râshum wa âxarîn fî katafênhum.* Il y a des gens qui portent le châle sur leur tête et d'autres sur leurs épaules.

cala' / yacla' *v. trans.*, métathèse probable dans la racine, connu au *Sdn.* (*C.Q.*), *šʕl* [disperser] et collusion possible avec la racine *šlw* (soulever), *Cf. fatah* ; forme I n° 14, * šʕl, ش ع ل

♦ **écarter, soulever, retirer, ouvrir, déplier, fouiller,** soulever et disperser. •*Acla' al bâjo min axawânak, acân al wata hâmi !* Retire la couverture de tes frères, parce qu'il fait chaud ! •*Al-juwâd cala' al gecc wa mâ akala.* Le cheval a fouillé le foin et ne l'a pas mangé. •*Hû cala' cukkâbt al kûzi wa sîdah mâ farhân.* Il a levé la claie en paille fermant l'entrée de la case et son propriétaire n'était pas content. •*Al barrâg cala', almi garîb busubb.* L'éclair a surgi [a ouvert], il va bientôt pleuvoir.

calal *n. mld.*, *m.*, * šll, ش ل ل

♦ **poliomyélite.** •*Marad al-calal sababah min curâb al almi l waxsân hanâ l bahar, yisey wirde katîre wa yaktul al-rijilên.* La poliomyélite s'attrape en buvant l'eau sale du fleuve, elle provoque une forte fièvre et paralyse [elle tue] les jambes. •*Al awîn bifassudu iyâlhum ajala ke min marad al-calal.* Les femmes font vacciner très vite leurs enfants contre la poliomyélite.

calâlîf *pl.*, → *callûfa.*

calax / yaclax *v. trans.*, forme I n° 13, *Cf. salax*, * šlh̲, ش ل خ

♦ **détacher de haut en bas, enlever un morceau, couper un bout, arracher, fendre,** détacher une branche du tronc en arrachant l'écorce. •*Ali gâ'id bagta' al gecc wa calax rukubtah be l kubkup.* Ali coupait de l'herbe et s'est ouvert le genou avec le coupe-coupe. •*Aclax lêy lahamay min al wirik da !* Découpe-moi un morceau de cette cuisse ! •*Fakkir mâ taclax usaba'ak be l-sakkîn !* Fais attention à ne pas te couper un bout de doigt avec le couteau ! •*Al-rih calaxat firi' al-cadaray di.* Le vent a arraché une branche de cet arbre.

calfat / yicalfit *v. trans.*, *qdr.*, *Cf. harrag* ; forme II.

♦ **flamber, passer à la flamme,** passer à la flamme la viande pour éliminer les plumes, le duvet ou les poils ; flamber le maïs ou les épis de mil. •*Al muhâjirîn calfato jidâde fî l-nâr.* Les élèves de l'école coranique ont flambé une poule sur le feu. •*Al mara calfatat al-dalâfe.* La femme a flambé l'extrémité des pattes du mouton. •*Al iyâl yicalfutu lêhum gimêriye wa yâkuluha.* Les enfants flambent une tourterelle pour la manger.

calix / culûx *n. m.*, *Cf. callax*, → *farid, fasid*, * šlh̲, ش ل خ

♦ **balafre, scarification, entaille.** •*Al Bilâla wa l-Sâra biccâbaho bê culûxhum.* Les Bilala et les Sara se ressemblent par les balafres qu'ils portent sur le visage. •*Calîx hanâ fir'e l-cadaray di min al-rih.* C'est le vent qui a arraché la branche et causé cette entaille sur l'arbre.

calla' / yicalli' *v. trans.*, forme II, *Cf. cala'*, * šʕl, ش ع ل ⇨

♦ **disperser, soulever, détruire, démolir, fouiller.** •*Calla' warcâl al faggûs wa ligi xamsa faggûsay.* Il a soulevé les feuilles de concombres et a trouvé cinq concombres. •*Al-rih calla'at tôl al buyût wa xallat al-nâs fî l almi.* Le vent a arraché les tôles des maisons et laissé les gens sous la pluie. •*Calli' xumâmak zên, talga gursak, nâdum saragah mâ fîh !* Fouille dans tes affaires, tu trouveras ton argent, personne ne l'a volé ! •*Calla' al kûzi da wa mâ banah.* Il a démoli cette case et ne l'a pas reconstruite. •*Al-juwâd calla' al gecc wa mâ akalah.* Le cheval a fouillé le foin et ne l'a pas mangé.

calla'ân *n. d'act., m.*, ≅ *calli'în*, * šˁl, ش ع ل

♦ **démolition, démontage,** fait de défaire une installation, une toiture. •*Call'ân al-lugdâbe di xalla faraga fî lubb al hôc.* La démolition de ce hangar a laissé un grand espace vide dans la concession. •*Al hamîr birîdu calla'ân al-lagâdîb.* Les ânes aiment défaire les hangars. •*Al bêt da gidim, bidôr calla'ân wa bani jadîd.* Cette maison a vieilli, elle a besoin d'être démolie et d'être reconstruite.

callâl *n. m.*, ≅ *abuncallâl*, * šll, ش ل ل

♦ **courant d'eau, tourbillon de l'eau, tempête, rapides** (fleuve). •*Al Batha indaha callâl katîr.* Le Batha a de nombreux courants rapides. •*Al-callâl tammas al markaba fî l bahar.* Les rapides du fleuve ont coulé la pirogue. •*Al yôm da al-rîh katîre, Allah yastur siyâd al marâkib min abuncallâl !* Aujourd'hui il y a beaucoup de vent, que Dieu protège les piroguiers contre l'agitation de l'eau !

callat 1 / yicallit *v. trans.*

♦ **shooter, donner un coup de pied, renvoyer *qqn.*,** donner un coup de pied dans le ballon. •*Al iyâl bal'abo kûra, wa l wâhid callat al bâlay, maragaha barra min al mîdân.* Les enfants jouaient au football, l'un d'eux a shooté dans le ballon qui est sorti du terrain. •*Al-sabi callat al-sarrâg.* Le jeune homme a donné un coup de pied au voleur. •*Al mara, râjilha callatha.* Le mari a renvoyé sa femme.

callat 2 *n. m.*, connu au *Sdn.*

♦ **nom d'un jeu de cartes.** •*Al-callat li'ib gâsi wa bidôr sabûr katîr.* Le *callat* est un jeu difficile et qui demande beaucoup de patience. •*Kan mâ ta'arif tal'ab callat, kulla yôm yâkuluk.* Si tu ne sais pas jouer au *callat,* tu perdras tout le temps.

callax / yicallix *v. trans.*, forme II, *Cf. fassad, jarah, gata'*, factitif, *intf.* du verbe calax, → *calax*, * šlẖ, ش ل خ

callaxân *n. d'act., m.*, → *callixîn.*

calli'în *n. d'act., m.*, → *calla'ân.*

callixîn *n. d'act., m.*, ≅ *callaxân*, → *farridîn 2, fassidîn*, * šlẖ, ش ل خ

callûfa / calâlîf *n. f.*, connu au *Sdn.* (*C.Q.*), * šlf, ش ل ف

♦ **lèvre.** •*Al awîn massaho faham fî calâlîfhum.* Les femmes se sont passé du charbon de bois sur les lèvres [sur leurs lèvres]. •*Al-râjil adda callûftah min al waji'.* L'homme s'est mordu la lèvre sous l'effet de la contrariété. •*Anâ habbêt wilêdi l-saxayyar fî calâlîfah.* J'ai embrassé mon petit enfant sur les lèvres.

cam'a *n. f.*, → *cam'e.*

cam'e *n. coll.*, ≅ *cam'a*, *sgtf. cam'ay*, * šmˁ, ش م ع

♦ **cire, bougie.** •*Al-cam'e tinlagi fî asal al-nahal.* On trouve la cire dans le miel des abeilles. •*Al kurdinye induhum cam'e bijalludu beha wargât.* Les cordonniers ont de la cire pour enduire le cuir des amulettes.

câma / câmât *n. f.*, * šwm, ش و م

♦ **marque sur la peau, tache de vin, signe sur le corps, angiome,** tache blanche ou très noire sur la peau, dont on attribue l'origine à une contrariété. •*Fî bidâyit xalabati anâ dawwart kisâr wa mâ ligîtah ; wakit wilidt* *wilêdi indah câma fî cidigah.* Au début de ma grossesse j'ai voulu des galettes de mil et je n'en ai pas trouvé ; quand j'ai mis au monde mon enfant, il avait une marque sur la joue. •*Al-câma, hî alâma saxayre lônah cik min al farwa wa mâ yiwaddir.* L'angiome plan est une petite marque dont la couleur est différente de celle de la peau, et qui ne disparaît pas [elle ne se perd pas].

camal / yacmil *v. trans.*, forme I n° 6, * šml, ش م ل

♦ **totaliser, englober, concerner tout le monde.** •*Tandîf al madîna bacmil al-sukkân kulluhum kê.* La salubrité de la ville concerne tous les habitants. •*Al-zôl kan sawwa êb mâ lê nafsa wihêdah, êbah da bacmil ahalah kulluhum.* Lorsque quelqu'un commet un scandale, la honte ne retombe pas seulement sur lui, mais sur tous les membres de sa famille.

camâr *n. vég., coll.*, condiment, *m.*, * šmr, ش م ر

♦ **nom d'une plante cultivée, cumin vert, fenouil, Foeniculum *sp.*,** famille des ombellifères. •*Al mara sabbat camâr katîr fî l mulâh.* La femme a versé beaucoup de cumin vert dans la sauce. •*Al-camâr bicattutuh fî janb al wâdi.* On sème le cumin vert au bord des oueds. •*Anâ nirîd rîht al-camâr.* J'aime le parfum du cumin vert.

camârîx *pl.*, → *camarôxa.*

camarôxa / camârîx *adj. m., qdr.*, ne qualifiant que des hommes, *litt.* "rameau de palmier sur lequel il est resté des dattes non mûres" (*Ka.*), terme d'insulte, * šmrh̲, ش م ر خ

♦ **inverti sexuel, travesti, proxénète, entremetteur, homme efféminé,** homme qu'on appelle "ami des femmes". •*Al-camarôxa birîd xidimt al awîn.* Le travesti aime faire le travail des femmes. •*Al-camarôxa mâ bâxud mara.* Le travesti n'épouse pas une femme. •*Yôm wâhid, al askar karrabo l-camârîx kulluhum dassohum fî l-sijin.* Un jour, les soldats ont arrêté tous les proxénètes et les ont jetés en prison.

camaroxt al awîn expression, *Cf. camaroxa, mara,* terme d'insulte, désigne une femme travestie, ou une femme qui ne sait pas accomplir les tâches féminines, → *râjil-râjil.*

camat / yacmut *v. trans.*, forme I n° 1, terme culinaire, *Cf. xalbat,* * šmṭ, ش م ط

♦ **mélanger, mêler.** •*Al mara camatat al-dagîg ma'â l-zura'.* La femme a mélangé la farine avec de la levure. •*Kan daggêti kisârki, acmûti be fûl walla sumsum !* Après avoir pilé tes galettes sèches, mélange-les avec des arachides ou du sésame !

camâta *n. f.*, → *camâte.*

camâte / camatât *n. f.*, * šmt, ش م ت

♦ **moquerie, dérision,** fait de se réjouir du mal d'autrui. •*Hû birîd al-camâte misil al mara.* Il aime se moquer des autres comme le font les femmes [comme la femme]. •*Al-camâte mâ adîle.* Ce n'est pas bien de se moquer des autres.

camâyic *pl.*, → *camîc.*

camâyis *pl.*, → *camîs.*

camcam / yicamcim *v. trans., qdr.*, forme II, * šmm, ش م م

♦ **renifler, sentir,** chercher à sentir une odeur, rechercher quelque chose par son odeur. •*Al kalib camcam bakân al-laham.* Le chien cherche par l'odorat le lieu où se trouve la viande. •*Al-juwâd camcam al xalla.* Le cheval renifle l'odeur du mil. •*Al marfa'în yicamcim al-zerîbe fî l-lêl.* L'hyène renifle l'odeur du parc à bestiaux pendant la nuit.

Camharûc *n. pr.* d'un djinn.

camîc / camâyic *n. m.*, → *camîs.*

câmil / câmilîn *adj. mrph. part.* actif, (*fém. câmle*), * šml, ش م ل

♦ **complet (-ète), général(e), total(e), qui concerne en totalité.**

•*Al-Tacâdiyîn bidôru hall câmil lê kulla macâkilhum.* Les Tchadiens veulent une solution générale à tous leurs problèmes. •*Al-ta'ab câmil fî kulla l âlam.* La souffrance est un fait général dans le monde entier. •*Al-siyâm hanâ Ramadân, câmil awîn wa rujâl.* Le jeûne du Ramadan concerne les femmes et les hommes. •*Al-nadâfa di câmle madînitna kullaha ke.* Notre ville est entièrement propre.

camis *n. f.*, mot de l'arabe classique moins employé que *harray*, → *harray*, * šms, ش م س
♦ **soleil.** •*Camis al-daha barde ciya min hint al gayle.* Le soleil de dix heures du matin est un peu moins chaud [un peu plus frais] que celui de midi. •*Al-camis hâmiye fî l gâyle.* Le soleil est chaud à midi.

camîs / **camâyis** nom, *empr. fr.*, ≅ *camîc, camâyic.*
♦ **chemise.** •*Hû libis camîs saxayyar minnah.* Il a mis une chemise trop courte [plus courte que lui]. •*Al yôm anâ tabbagt camâyic min al barid.* Aujourd'hui j'ai mis sur moi deux chemises [j'ai doublé les chemises] pour me protéger du froid.

Câmiye *n. pr.* de femme, → *Cahamiye.*

camle / **cimal** *n. f.*, ≅ le pluriel *camlât*, * šml, ش م ل
♦ **tapis traditionnel**, tissé dans la région du Ouaddaï. •*Al-camle bisawwuha be sûf hanâ xanam.* On fait le tapis "chamlé" avec de la laine de mouton et de chèvre. •*Fî Abbecce al-camlât mâ gâsiyîn bilhên.* A Abéché les tapis ne sont pas très chers.

camm *n. m.*, *Cf. camma*, * šmm, ش م م
♦ **odorat.** •*Al-nâs bugûlu camm al-rîhe bizîd al-rûh.* Les gens disent que sentir une bonne odeur dilate l'âme. •*Nâs wahadîn fâgdîn al-camm mâ yifannudu bên al afâna wa l-rîhe l haluwe.* Il y a des gens qui ont perdu l'odorat, ils ne font plus la différence entre une émanation pestilentielle et un bon parfum.

camma / **yucumm** *v. trans.*, forme I n° 5, * šmm, ش م م
♦ **sentir une odeur.** •*Cammêt itir halu fî marti.* J'ai senti un bon parfum émanant de [sur] ma femme. •*Ba'ad almi sabba, gâ'idîn nucummu afanât al hurâr ma'â l bôl fî l-cawâri.* Après la pluie [après que l'eau soit tombée], nous sentons les puanteurs des excréments et de l'urine dans les rues.

cammam / **yicammim** *v. trans.*, forme II, * šmm, ش م م
♦ **provoquer un panaris, infecter le doigt.** •*Côkay ta'anatni wa cammamat usba'i.* Une épine m'a piqué le doigt et a provoqué un panaris. •*Hey al iyâl, asab'enku yicammumu kan tilammusu l wasax walla l-côk !* Hé ! les enfants ! Vous allez attraper des panaris si vous touchez des saletés ou bien des épines !

cammâm *n. vég., coll., mrph. intf., m., sgtf. cammâmay, litt.* celui qui sent, * šmm, ش م م
♦ **nom d'une plante cultivée, melon, Cucumis melo var.**, famille des cucurbitacées. •*Al-cammâm halu min al bittex.* Le melon est meilleur que la pastèque. •*Al-cammâm axabac wa kubâr min al faggus.* Les melons sont gris vert et plus gros que les concombres. •*Fî l-Ramadân al-nâs yirîdu l-cammâm acân hû bârid fî l batun.* Pendant le Ramadan, les gens aiment les melons parce qu'ils rafraîchissent le ventre.

cammâr *n. coll.*, → *camâr*, * šmr, ش م ر

cammat 1 / **yicammit** *v. intr. {- lê}*, forme II, * šmt, ش م ت
♦ **se moquer, se réjouir du mal d'autrui, tourner en dérision.** •*Al wilêd cammat lê rafîgah.* L'enfant s'est moqué de son ami. •*Anâ fajjêt rafîgti acân hî cammatat lêi.* J'ai blessé mon amie à la tête parce qu'elle s'était moquée de moi. •*Al iyâl gâ'idîn bicammutu lê l-sarrâg.* Les enfants

sont en train de se moquer du voleur. •*Al mara gâ'ide ticammit lê darritha l âgire.* La femme est en train de se moquer de sa coépouse qui est stérile. •*Mâ ticammit lê axîk (axûk), Rabbina yi'âfîh wa yablîk !* Ne te moque pas de ton frère, Notre Seigneur lui rendra la santé et te punira ! *Prvb.*

cammat 2 / yicammit *v. trans.*, utilisé par certains, dans un contexte religieux, pour conclure un éternuement, * šmt, ش م ت

♦ **dire : à tes souhaits !,** dire la formule *Allah yarhamak !* (Que Dieu t'accorde sa miséricorde !). •*Al-nâdum kan attac, al-nâs al gâ'idîn janbah bicammutuh.* Lorsque quelqu'un éternue, ses voisins lui disent : "Que Dieu te fasse miséricorde !". •*Axûk kan attac, cammitah !* Lorsque ton frère éternue, dis-lui : "Que Dieu te fasse miséricorde !".

cammâti / cammâtîn *adj. mrph. intf.*, (*fém. cammâta*), ≃ le féminin *cammâtiye*, * šmt, ش م ت

♦ **moqueur (-euse).** •*Al mara di cammâtiye al awîn kulluhum baxâfo minnaha.* Cette femme est moqueuse : toutes les femmes ont peur d'elle. •*Al-rujâl dôl cammâtîn, mâ taxallihum yadxulu fî bêtak !* Ces hommes sont moqueurs, ne les laisse pas entrer chez toi ! •*Hey, cammâta, yâ wasax al-sunûn !* Hé ! la moqueuse ! saleté qui reste dans les dents ! (insulte).

camrax / yicamrix *v. intr., qdr.*, forme II, *litt.* "mélanger, mêler, brouiller", * šmrẖ, ش م ر خ

♦ **se travestir, se défiler, avoir peur du combat.** •*Al wilêd camrax min dahâba saxayyar ke.* L'enfant se travestit depuis qu'il est très petit. •*Kan wilêdi camrax naturdah min al bêt.* Si mon enfant se travestit, je le chasserai de la maison. •*Hû gâl lêi namcu niddâwaso, wakit jît lêyah kamân camrax.* Il m'a dit : "Viens, qu'on se batte !" Quand je suis allé chez lui, il s'est défilé.

camrôxa *adj. m.*, → *camarôxa.*

Camsa *n. pr.* de femme, formé à partir de l'*ar. lit. cams,* → *camis*, * šms, ش م س

Camsalhuda *n. pr.* de femme, pour *Cams al huda, litt.* Soleil de la bonne direction qui conduit à Dieu, *Cf. camis, huda.*

Camsiya *n. pr.* de femme, *Cf. camis, litt.* ombrelle, * šms, ش م س

cân *invar.*, → *acân.*

cana *n. f.*, * šyn, ش ي ن

♦ **laideur, à l'envers.** •*Canât uwarit al áskari xawwafatni.* La laideur de la plaie du soldat m'a fait peur. •*Hû libis al xalag be canâtah.* Il a porté son vêtement à l'envers.

canab / canabât *n. m.*, * šnb, ش ن ب

♦ **moustache.** •*Canabâtak tuwâl misil canabât al-dûd.* Tes moustaches sont longues comme celles du lion. •*Marris canabak, talga l-racwa !* Lisse ta moustache, on t'offrira un pot de vin ! *Prvb.* (*i.e.* Prendre son temps avant une décision rapporte de l'argent). •*Al-fahal bijîb canab al-dûd.* Celui qui est brave rapporte les moustaches du lion.

canâcil *pl.*, → *cancal.*

canag / yacnig *v. trans.*, forme I n° 6, * šnq, ش ن ق

♦ **pendre** (étrangler par pendaison), pendre au bout d'une corde. •*Fî dâr Kurdufân al askar canago l-râjil al katal martah.* Dans le Kordofan les militaires ont pendu un homme qui avait tué sa femme. •*Nâdum wâhid canag ragabtah acân iyâlah al-tittên kulla mâto.* Il y a quelqu'un qui s'est suicidé parce que ses deux enfants sont morts.

cancal / canâcil *n. m.*

♦ **frange.** •*Al bûsâtât wa l-câlât kulluhum induhum canâcil fî tarafênhum.* Les tapis et les châles ont tous des franges aux extrémités. •*Al-câl kan gidim bilgatta' cancal cancal.* Lorsqu'un châle vieillit, il perd ses franges une à une. •*Al xalag kan mâ makfûf, kan gidim bisey canâcil min tihit.* Un vêtement qui n'a pas d'ourlet en bas, s'use en s'effilochant [il fait des franges].

cangal / yicangil *v. intr.*, *qdr.*, *Cf. cagalab, angalab, angafa*, mot connu en arabe moderne *égy.* (*H.W.*) ; forme II, * šnql, ش ن ق ل

♦ **se renverser sur le dos, tomber sur le dos, se retourner,** se trouver brusquement sur le dos. •*Al musâfir waga' cangal min dahar al watîr.* Le voyageur est tombé à la renverse, éjecté du plateau du véhicule. •*Fî li'ib al bâl, iyâl tinên waga'o wa cangalo.* Tandis qu'ils jouaient au foot, deux enfants sont tombés et se sont retrouvés sur le dos. •*Anâ iyît bilhên wa ragadt cangalt.* J'étais épuisé et me suis affalé sur le dos.

cangâli / cangalîn *adj.*, *qdr.*, (*fém. cangâliye*), * šnql, ش ن ق ل

♦ **dissimulateur (-trice), hypocrite,** qui interroge sur ce qu'il sait pour découvrir le secret des autres. •*Hû nâdum cangâli fakkir lê su'âlâtah al bas'alhum !* C'est un dissimulateur, fais attention aux questions qu'il te posera ! •*Nâs al mahkama cangâlîn, irifo kadar hû da ya'arif yâtu sarag al watîr.* Les gens du tribunal sont des hypocrites, ils savaient bien que cet homme-là connaissait celui qui avait volé le véhicule. •*Marti cangâliye misil al bôlis al-sirri.* Ma femme est hypocrite comme quelqu'un de la police secrète.

canig *n. m.*, *Cf. canag, Syn. xanig,* * šnq, ش ن ق

♦ **pendaison.** •*Fî xanûm hanâ Tcad mâ fî canig.* Dans les lois tchadiennes il n'y a pas de châtiment par pendaison. •*Al-canig hû habil barbutuh amzirrôdo fî ragabt al-nâdum wa bi'alluguh.* La pendaison consiste à faire avec une corde un nœud coulant que l'on attache au cou de la personne qu'on pend.

cânig / cânigîn *adj. mrph. part.* actif, dans l'expression *cânig ragabtah,* (*fém. cânige*), * šnq, ش ن ق

♦ **qui s'est pendu(e), qui s'est suicidé(e).** •*Al-râjil cânig ragabtah fî habil wa uyûnah târo.* L'homme s'est suicidé en se pendant au bout d'une corde et ses yeux se sont révulsés. •*Al-nâs al-cânigîn ragabithum bumûtu kâfirîn.* Ceux qui se suicident meurent comme des mécréants.

canta / cinat *n. f.*, *Cf. vâlîz, sandûg,* * šnṭ, ش ن ط

♦ **valise en fer, cantine.** •*Al-canta al bisawwuha be hadîd al birmil, tagîle min al-canta l bisawwuha be aylamûni.* Les valises en fer pris sur les fûts sont plus lourdes que celles en aluminium. •*Al-duwân batfaho cinat al musâfirîn, bifattucu al budâ'a l mâ mujamraka.* Les douaniers ouvrent les valises des voyageurs et cherchent les marchandises non déclarées à la douane.

cantiye / cantiyât *n. f.*, *empr. fr.*

♦ **chantier.** •*Hû maca fî l-cantiye wa mâ ligi xidime.* Il est parti pour le chantier et n'a pas trouvé de travail. •*Al mugâwil karab cantiyât katîrîn.* L'entrepreneur a pris en main de nombreux chantiers.

caparmod nom d'arbre, *coll.*, (eucalyptus), → *safarmôd.*

cara 1 / yacri *v. trans.*, ≃ à l'*inacc. yaciri*, forme I n° 7 ; *Cf. ba', sâwag, Syn. ictara,* * šry, ش ر ي

♦ **acheter, vendre.** •*Amîn cara bêt fî Sâr.* Amine a acheté une maison à Sarh. •*Tacri da be kam ?* Combien achètes-tu cela ? •*Xurûsi, carêthum lê Zâra.* J'ai vendu mes boucles d'oreilles à Zara.

cara 2 *n. m.*, *Syn. uttâb,* * šry, ش ر ي

♦ **balle du mil,** démangeaisons provoquées par la poussière et la balle du mil lors de la moisson. •*Al xalla indaha carâ katîr.* Ce mil a une balle abondante. •*Al xalla ba'ad al-darrân, carâha bâkul fî l jilid.* Lorsqu'on vanne le mil, la balle provoque des démangeaisons sur tout le corps.

carâb *n. m.*, * šrb, ش ر ب

♦ **boisson.** •*Jâbo lêna akil wa carâb asal.* Ils nous ont apporté de la nourriture et de la boisson sucrée. •*Carâb al merîse lê l awîn mâ adîl.* Il n'est pas bon que les femmes boivent des boissons alcoolisées. •*Al xanba xallat bêtha wa macat bakân al-carrâb.* La mauvaise ménagère laisse sa maison pour aller dans les débits de boisson.

carad / yacrud *v. intr.*, *Cf. arrad, jara*, * šrd, ش ر د

♦ **s'enfuir, courir à toute allure** (cheval)**, se sauver.** •*Al-subyân tâwalo xêlhum fî l-rahad, wa wakit câfo l marfa'în kulluhum angata'o wa carado.* Les jeunes gens avaient attaché leurs chevaux avec la longe près du marigot ; lorsque ceux-ci virent l'hyène, tous cassèrent leur lien et s'enfuirent en courant. •*Al bagar câfo l-dûd wa carado minnah.* Les vaches ont vu le lion et se sont enfuies. •*Ma tixalli l wilêd da yacrud min al giray !* Ne laisse pas l'enfant abandonner l'école ! •*Al binêye xilibat wa caradat min bêthum.* La fille est devenue enceinte et s'est sauvée de chez eux.

caraf *n. m.*, * šrf, ش ر ف

♦ **honneur.** •*Binêyti dammat carafha adîl.* Ma fille a bien préservé son honneur. •*Kan mâ tidôr titallif carafak mâ tagôd ma'â l-sarrâgîn.* Si tu ne veux pas salir ton honneur, ne reste pas avec les voleurs. •*Al-caraf, mâ coxol binlagi fî l-sûg.* L'honneur est quelque chose qu'on ne trouve pas à acheter au marché. •*Al hamdu lillah, wilêdi mât acân gâ'id bidâfi lê caraf hanâ l watan.* Dieu merci, mon fils est mort pour l'honneur de la patrie. •*Hû mât fî mîdân al-caraf.* Il est mort au champ d'honneur.

Caraf *n. pr.* d'homme, → *caraf.*

carâfa / carâfât *n. f.*, * šrf, ش ر ف

♦ **aumône,** l'aumône qu'un élève déjà avancé dans l'étude du Coran apporte au faki afin que ce dernier la distribue aux autres élèves. •*Al faxîr gassam al-carâfa lê iyâl al masîk.* Le marabout a distribué l'aumône aux élèves de l'école coranique. •*Wilêdi wadda fî l masîk carâfa hanâ tamur.* Mon enfant a apporté à l'école coranique des dattes comme aumône.

carag / yacrig ≅ l'*inacc. yacrug*, *v. trans.*, *Cf. xanag*, forme I n° 1, * šrq, ش ر ق

♦ **rentrer profondément dans le nez** (liquide)**, congestionner le nez, monter au nez, pénétrer dans le sinus, se bloquer entre le nez et la gorge** (aliment)**, s'étrangler avec un liquide,** se dit d'un liquide qui entre par le nez et qui se bloque dans les sinus ou l'arrière-gorge en provoquant une vive douleur. •*Al almi yacrug al-nâdum al mâ ba'arf al ôm.* L'eau rentre profondément dans le nez de celui qui ne sait pas nager. •*Kan daxalt al-sûg al kabîr fî bakân al-catte, hâdir tacurgak.* Si tu vas au grand marché, là où se trouve le piment, il te montera tout de suite au nez. •*Al iyâl al-dugâg al bahagunuhum almi dâfi, bacrughum wa bisawwi lêhum waja sadur.* Les enfants qu'on gave avec de l'eau tiède, s'étranglent [l'eau leur monte dans le nez] et ont ensuite mal à la poitrine.

caragân *n. d'act., m.*, → *carigîn.*

carâgne *pl.*, → *carganiye.*

carah / yacrah *v. trans.*, forme I n° 12, * šrḥ, ش ر ح

♦ **expliquer, commenter,** donner un commentaire. •*Al ustâz gâ'id yacrah lêna mulaxxas hanâ kitâb al adab.* Le professeur est en train de nous commenter le résumé du livre de littérature. •*Al giray gâsiye, wa l ustâz gamma bacraha.* Le cours était difficile, le professeur s'est mis à l'expliquer.

carak / curkân *n. m.*, ≅ le pluriel *curukka*, *Cf. cabaka*, * šrk, ش ر ك

♦ **filet, piège.** •*Al haddâdi addal lê sîd al-jinêne carak hanâ xazâl.* Le forgeron a préparé pour le jardinier un piège à gazelle. •*Al wilêd kajja carakah fî l-zere' lê l-tuyûr.* L'enfant a tendu son piège dans le champ pour attraper les oiseaux.

cârak / yicârik *v. intr. {- fî}*, forme III, * šrk, ش ر ك

♦ **participer, s'associer à, partager avec.** •*Jâri kula cârak fî l katil hanâ l wilêd.* Mon voisin aussi a été complice du meurtre de l'enfant. •*Mâla mâ jît cârakt ma'âna fî l âzuma ?* Pourquoi n'es-tu pas venu participer avec nous à l'invitation ?

caram / yacrum *v. trans., Cf. carrat*, forme I n° 2, * šrm, ش ر م

♦ **déchirer un morceau, entailler,** causer une déchirure en tirant avec force sur une partie du corps (nez ou oreille). •*Al-cinif al-tagîl da caram munxar al mara.* Cet anneau de nez trop lourd a déchiré le nez de cette femme. •*Hû caram adân al-sarrâg.* Il a déchiré l'oreille du voleur.

caramân *n. d'act., → carimîn.*

carâmît *pl., → carmûta.*

carâr *n. coll., m., sgtf. carâray*, * šrr, ش ر ر

♦ **étincelle, douleur très vive.** •*Al-carâr karrab al bêt nâr.* Les étincelles ont mis le feu à la maison. •*Hû mâ baka min carâr al-mûs.* Il n'a pas pleuré malgré la douleur du bistouri. •*Faham al garad kan ôgodoh bamrug carâr katîr.* Lorsque du charbon de bois de l'Acacia nilotica brûle, il fait jaillir beaucoup d'étincelles. •*Carâray wahade bas nattat wa akalat xalagi.* Une seule étincelle a sauté et brûlé [mangé] mon habit.

carat 1 / yacrut *v. trans.*

♦ **déchirer, couper, fendre, ouvrir.** •*Fakkir al ponti mâ yacrut xalagak.* Attention au clou, qu'il ne déchire pas ton vêtement ! •*Sîd al bêt, al-sarrâg carat batnah be sakkîn.* D'un coup de couteau, le voleur a ouvert le ventre du propriétaire de la maison.

carat 2 / yacrut *v. intr. {- lê}, Cf. gara, dahar* ; forme I n° 1, ≅ *carrat, yicarrit* (IIème forme), * šrṭ, ش ر ط

♦ **réprimander, avertir, donner un avertissement, reprocher,** demander à *qqn.* de cesser une action et lui interdire de recommencer. •*Al harrâti carat lê sîd al xanâm acân mâ yâkulu zer'ah.* Le paysan a fait des reproches au berger pour qu'il ne laisse plus les chèvres manger son champ. •*Caratt lêku : mâ tal'abo fî l-câri acân watâyir kutâr.* Je vous demande de ne plus jouer dans la rue à cause des nombreuses voitures. •*Acrut lêyah mâ yusubb lêna al wasax giddâm bêtna !* Avertis-le de ne plus verser les ordures dans la rue devant chez nous ! •*Anâ carat wa gult lêk, battân mâ tadxûl hini.* Je t'ai averti que désormais tu ne devais plus rentrer ici.

cârat / yicârit *v. trans., Cf. curût, mucârata*, * šrṭ, ش ر ط

♦ **poser des conditions, nouer un contrat,** se mettre d'accord sur une transaction commerciale. •*Anîna câratna ma'âyah fî kaffîn al gurus wakit nidôr nibî' al bêt.* Nous nous sommes mis d'accord sur les modalités du paiement au moment où je voulais acheter la maison. •*Al-râjil gubbâl mâ tixaddimah wâjib ticâritah.* Avant d'embaucher quelqu'un, tu dois nouer un contrat avec lui.

caraxrax / caraxraxât *n. m.*, désigne aussi le pivert (*C.Q.*)(*Ka.*), *Cf. jabana*, * šrq, ش ر ق

♦ **cafetière,** récipient en fer destiné à faire bouillir le café avant de le verser dans la *jabana.* •*Caraxrax hanâ tîne mâ fih, illa hanâ hadîd bas.* Il n'y pas de cafetière en terre, elles sont toutes en fer. •*Al-caraxrax min xumâm hanâ l gahwa.* La cafetière fait partie des instruments utilisés pour préparer le café.

carayân *n. d'act., m.*, moins employé que *cari*, ≅ *cariyin*, * šry, ش ر ي

♦ **achat, vente, transaction, commerce.** •*Carayân al xadâr da ille be gurus dugâg, hassâ badal mâ fîh.* On n'achète ces légumes qu'avec des pièces de monnaie, on ne troque plus maintenant. •*Fî Anjammêna, cariyîn* *al buyût ille be l kadastir.* L'achat des maisons à N'Djaména ne se fait qu'en accord avec le cadastre.

carâye *pl.*, → *cerî'e.*

carâyit *pl.*, → *carît.*

carba *n. f.*, → *curba* (soupe), * šrb, ش ر ب

carbak / yicarbik *v. intr.*, *qdr.*, forme II, peut-être combinaison des racines *šrk* (associer) et *šbk* (entrecroiser), racine d'après *dict.* (*H.W.*), * šrbk, ش ر ب ك

♦ **emmêler, enchevêtrer, entrecroiser** •*Al habil carbak fî rijil al humâr.* La corde est enchevêtrée autour du pied de l'âne. •*Al xêt carbak bilhên mâ nagdar nifartigah.* Le fil est tout emmêlé, je ne peux pas le défaire.

carbân 1 / carbânîn *adj. n.*, (*fém. carbâne*), * šrb, ش ر ب

♦ **vieux (vieille), diminué(e), desséché(e), amaigri(e), faible, chétif (-ve),** qui manque de poids, d'eau, de jus ou de sang, qui a la peau plissée. •*Al mara di carbâne, acân indaha hamm katîr.* Cette femme a vieilli à cause de ses nombreux soucis. •*Al-râjil bigi câyib, be jildah al-carbân da, mâ nâxudah.* C'est un vieil homme avec une peau toute plissée, je ne l'épouserai pas. •*Kulla l xadar kan al wata bigat hâmiye wa mâ ligi almi, yabga carbân wa mâ halu fî l akil.* Lorsqu'il fait chaud et qu'il ne pleut pas, tous les légumes se dessèchent et ne sont pas bons à manger. •*Farasak di mâla carbâne ke, mardâne wallâ ?* Ta jument, pourquoi est-elle ainsi amaigrie ? Serait-elle malade ?

carbân 2 / carbânîn *adj.*, (*fém. carbâne*), * šrb, ش ر ب

♦ **désaltéré(e), qui a bu à satiété, gorgé(e) d'eau, imbibé(e), drogué(e) par la fumée,** qui ne désire pas boire de nouveau. •*Ace, cukrân ; xalâs anâ carbân câhi fî bakân Abbakar.* Aché, merci, j'ai déjà bu du thé chez Abakar. •*Bagarna dôl carbânîn almi min fajur, xalâs mâ niwarridhum.* Nos vaches se sont déjà désaltérées ce matin, je ne les emmènerai pas boire de nouveau. •*Hû carbân lêyah merîse acân da bahajji sâkit.* Il a trop bu de bière de mil, c'est pour cela qu'il parle sans raison. •*Al-durdur da carbân lêyah almi, fakkuru mâ yaga' fôgku !* Le mur est imbibé d'eau ; faites attention qu'il ne vous tombe pas dessus ! •*Humman carbânîn sijâra xadra acân da uyûnhum humur.* Ils ont fumé beaucoup de haschisch, c'est pour cela qu'ils ont les yeux rouges.

carbay *n. f.*, ≅ *carbâye*, maladie des bovins (tuberculose) appelée ainsi dans la région du Guéra, → *habba 4*, * šrb, ش ر ب

carbâye *n. mld.*, *f.*, ≅ *carbay*, maladie des bovins (tuberculose), → *habba 1*, * šrb, ش ر ب

carbe / carbât *n. f.*, diminutif : *cirrêbe*, *Cf. cirib*, * šrb, ش ر ب

♦ **ce qui est bu en une fois, rasade, dose, ration,** portion de boisson bue en une seule fois et suffisante pour étancher la soif. •*Fî l-sêf al-jumâl yacrabo carbe wahade bas fî l-subu'.* En été, les chameaux ne boivent qu'une seule fois par semaine. •*Al-juwâd da min carbit al amis, mâ warradtuh wallâ ?* Depuis que ce cheval a bu hier, l'avez-vous emmené boire de nouveau ? •*Al-dawa da, acrab minnah talâte carbât, be fajur wa gayle wa aciye, kulla yôm lahaddi subu' kâmil.* Bois trois doses de ce médicament, une le matin, une à midi et une le soir, tous les jours pendant une semaine. •*Al kinnîn da hanâ arba'a carbât.* Ces cachets sont à prendre en quatre fois !

Carfa *n. pr.* de femme ; → *Carîf.*

Carfi *n. pr.* d'homme, → *Carîf.*

Carfiye *n. pr.* de femme, → *Carîf.*

carga / cargât *n. f.*, ≅ *carge*, *Cf. ancarag*, * šrq, ش ر ق

♦ **étranglement entre nez et gorge,** remontée de nourriture entre le nez et la gorge. •*Al-nâdum kan ancarag, yugûlu lêyah : "Carga marga !".* Lorsque quelqu'un s'étrangle, on lui dit : "Un étranglement, c'est une bonne soupe qui s'annonce !". •*Al-carga tiwassif kadar al-nâdum jî'ân walla l akil halu.* La nourriture qui se met entre le nez et la gorge est signe que celui qui mange est affamé ou que la nourriture est bonne.

carganiye / carâgne *n. f.*, *Cf. takiye, daraga* ; ≅ le pluriel *carâgine*, *litt.* "orientée au soleil levant", connu au *Sdn.* (*C.Q.*), * šrq, ش ر ق

♦ **secco, palissade en paille tressée.** •*Al bêt al indah cargâniye da, bêti.* Cette maison avec un secco, c'est la mienne. •*Al-râjil hawwag bêtah be carâgine.* L'homme a entouré sa maison de seccos.

carge *n. f.*, → *carga.*

cari *n. d'act.*, *m.*, *Cf. cara*, * šry, ش ر ي

♦ **achat.** •*Cari l-laham gâsi, illa be gurus katîr.* C'est difficile d'acheter de la viande, cela demande beaucoup d'argent. •*Mâ ya'arif cari be l-nagis lê l-zabâyin.* Il ne sait pas diminuer le prix d'achat pour ses clients.

câri / cawâri *n. m.*, * šrʕ, ش ر ع

♦ **rue.** •*Fî l xarîf cawâri Anjammêna malânîn tîne.* En saison des pluies, les rues de N'Djaména sont pleines de boue. •*Cîl al-câri da adîl, talga bêtna !* Emprunte tout droit cette rue et tu trouveras notre maison ! •*Al-câri l-ra'îsi fî Anjammêna indah gudron.* La rue principale de N'Djaména est goudronnée.

Cârî *n. pr.*

♦ **fleuve Chari.**

câri' / câri'în *adj. n.*, *mrph. part.* actif, (*fém. câri'e, câriye*), ≅ le pluriel *câriyîn*, * šry, ش ر ي

♦ **acheteur (-euse), vendeur (-euse),** qui a acheté des affaires pour les vendre ensuite. •*Al-bâyi' sîd al xumân, wa l-câri' yaji yibi' minnah.* Le vendeur est celui à qui appartient les marchandises et l'acheteur est celui qui vient lui acheter quelque chose. •*Câri' al xanamay dabahâha fî l-câri.* Celui qui avait acheté une chèvre l'a égorgée dans la rue. •*Al-câriyîn anto lê l bây'în gurus muzawwar.* Les acheteurs ont donné aux vendeurs de la fausse monnaie.

carî'a *n. f.*, * šrʕ, ش ر ع

♦ **loi islamique.** •*Fî tatbîx al-carî'a al kâtil baktuluh.* Selon [dans l'application de] la loi, on met à mort celui qui a tué sciemment. •*Al mara kan titâbi' al-carî'a wâjib titî' râjilha.* Si la femme suit la loi islamique, elle doit obéir à son mari.

cari'e *n. f.*, → *ceri'e.*

cârib 1 / cawârib *n. m.*, * šrb, ش ر ب

♦ **bord, extrémité, côté, moustaches.** •*Yôm al ahad al-nâs bamcu bifassuhu fî cârib al bahar.* Les gens vont se promener au bord du fleuve le dimanche. •*Naga'at al-tayyâra gâ'ide fî cârib al hille.* L'aéroport se trouve à l'extrémité de la ville. •*Xalag abui kabîr wa bagdam min cawâribah... Da l-rahad.* Le vêtement de mon père est grand et s'use au bord… C'est le marigot. *Dvnt.* •*Abdgigin zayyan câribah.* Le barbu a rasé ses moustaches.

cârib 2 / câribîn *adj. mrph. part.* actif, (*fém. cârbe*), *Cf. carbân*, * šrb, ش ر ب

♦ **buveur (-euse), qui aime boire, fumeur (-euse),** qui a l'habitude de prendre un médicament. •*Nâyim ke acân cârib marîse.* Il dort ainsi parce qu'il a bu de la bière de mil. •*Anâ câthe dawa, naxâf nurux fî l harray.* Je suis sous médicament et j'ai peur de marcher sous le soleil. •*Humman câribîn sijâra xadra acân da uyûnhum humur.* Ils fument du haschisch, c'est pour cela qu'ils ont les yeux rouges.

Carîf *n. pr.* d'homme, *litt.* de la lignée du Prophète, noble, *Cf.* Carfa, *Carfi, Carfiye, Carîfa*, * šrf, ش ر ف

carîf / curafâ' *adj. n., m.*, → *carîfi.*

Carîfa *n. pr.* de femme, → *carîf.*

carîfi / carîfiyîn *adj.*, (*fém. carîfiye*), formé à partir de *carîf*, * šrf, ش ر ف

♦ **de la descendance du Prophète, noble.** •*Al-nâdum kan gâlo hu carîfi, bansib fî l-rasûl.* Lorsqu'on dit de quelqu'un qu'il est "noble", c'est qu'il est de la descendance du Prophète. •*Al-râjil kan axad carîfiye, mâ yiza''ilha.* L'homme qui a épousé une femme de la descendance du Prophète ne doit pas la mettre en colère.

carîfiye *n. anim., mrph. adj., f., litt.* noble, * šrf, ش ر ف

♦ **nom d'un criquet, Paracinema tricolor,** famille des acridiens (*s.-f.* des acridinæ). •*Al-carîfiye ticâbih amburbur, lâkin hî xadra.* Le criquet Paracimena tricolor ressemble au criquet Oedalus nigeriensis, mais il est vert. •*Al-carîfiye talgâha illa fî l xarîf garîb ma'â l-darat fî l gôz.* On ne trouve le criquet Paracinema tricolor qu'à la fin de la saison des pluies, au temps de la moisson sur les terrains sablonneux.

carigîn *n. d'act., m.*, ≅ *caragân, Cf. carag*, * šrq, ش ر ق

♦ **fait d'entrer profondément dans le nez** (liquide)**, fait de remonter de la gorge dans le nez** (aliment). •*Kan tâkul kisâr, mâ tadhak acân carigînah bôja bilhên !* Si tu manges des galettes de mil, ne ris pas ; car, si tu t'étrangles [le fait de sa remontée de la gorge dans le nez], cela fait très mal ! •*Al iyâl al-dugâg wâlafo carigîn hanâ almi dâfi.* Les petits enfants sont habitués à recevoir de l'eau tiède qui leur entre profondément dans le nez.

carîk / curaka' *adj.*, (*fém. carîke*), ≅ le pluriel *curkân, carâka*, * šrk, ش ر ك

♦ **associé(e).** •*Al-rufugân al-tinên dôl da carâka fî l-dukkân da.* Ces deux amis sont des associés dans cette boutique. •*Anâ mâ indi carîk fî l bêt da, hû hanâi wihêdi.* Je ne partage cette maison avec personne [je n'ai pas d'associé], elle est à moi seul.

carika / carikât *n. f.*, ≅ *cirka*, * šrk, ش ر ك

♦ **société, entreprise, usine.** •*Bêtna mugâbil carika hanâ l almi wa l kahraba.* Notre maison est en face de la Société d'eau et d'électricité. •*Al-sane di carika hanâ l-sukkar ligat ribah katîr.* Cette année la Société du sucre a fait beaucoup de bénéfices [a trouvé beaucoup de gain]. •*Anîna indina carikât xamsa fî dârna.* Nous avons cinq usines dans notre pays.

carimîn *n. d'act., m.*, ≅ *caraman, Cf. caram*, * šrm, ش ر م

♦ **fait de déchirer le bord, entaille, déchirure.** •*Carimîn udunnên hanâ l bahâyim alâma hint al fassidîn.* L'entaille sur les oreilles des bêtes du troupeau est la marque de la vaccination. •*Carimîn munxari da min al-cinif al-sane dîk wilêdi jabadah.* La déchirure du trou de ma narine qui portait mon anneau de nez remonte à cette fameuse année où mon fils l'a arraché.

carît / curtân *n. m.*, ≅ le pluriel *carâyit*, * šrṭ, ش ر ط

♦ **cordelette, mèche de la lampe, bande magnétique, cassette.** •*Al bagara di mâ tarbutha be habil carît, arbutha be l-zumâl !* N'attache pas cette vache avec une cordelette, attache-la avec une corde solide ! •*Al yôm da al-lampa abat mâ ti'ôgid lêi, âkûn carîtha kammal.* Aujourd'hui cette lampe n'éclaire pas bien, peut-être la mèche est-elle terminée. •*Al-carît da anâ carêtah min al-sûg.* J'ai acheté cette cassette au marché. •*Axâni hanâ l-carit da mâ musajjalîn adîl.* Les chansons de cette cassette n'ont pas été bien enregistrées.

carîye *n. f.*, → *cerî'e.*

carkal / yicarkil *v. trans., qdr.*, forme II, peut-être collusion entre les deux racines * šrk, škl, ش ر ك • ش ك ل

♦ **croiser, entrecroiser, repriser, faire un croc en jambe.** •*Al-tayêr carkal al xêt.* Le tailleur croise le fil. •*Sumaîn carkal al xêt fî l-cuwâl acân al-jidâd mâ yâkulu l xalla.* Soumaïne a reprisé le sac [a croisé le fil sur le sac] pour que les poules ne mangent pas le mil. •*Al iyâl yicarkulu rufugânhum be rijilênhum.* Les enfants font des crocs-en-jambe à leurs camarades.

carkalôta *n. f.*, ≅ *curkulâta.* → *carkal*, * šrk, škl, ش ر ك • ش ك ل

♦ **fil de fer barbelé, grillage de clôture, clôture grillagée,** entrecroisement de fils de fer barbelés dans un rouleau déployé. •*Al askar zarabo gegârhum be carkalôta.* Les militaires ont entouré leur camp de fils de fer barbelés. •*Zerîbit al xanam wa l bagar kan indaha carkalôta, al-dûd kulla mâ yagdar yadxul fôgha.* Lorsque l'enclos des chèvres et des vaches est en fil de fer barbelé, même le lion ne peut y entrer. •*Al hôc da muhawwag be carkalôta.* Cette concession est entourée d'un grillage.

carmat / yicarmit *v. trans.*, forme II, * šrmṭ, ش ر م ط

♦ **découper la viande en lambeaux,** découper les morceaux de viande en longueur pour les faire sécher ensuite au soleil. •*Awîn al-jazzâra bicarmutu laham al bagar bisawwuh carmût.* Les femmes des bouchers découpent la viande de bœuf en lambeaux pour en faire de la viande séchée. •*Al-laham al-samîn kan carmatoh wa yabbasoh mulâha halu.* Lorsque la viande grasse est découpée et séchée, elle fait de la très bonne sauce.

carmata *n. f.*, *qdr.*, * šrmṭ, ش ر م ط

♦ **prostitution, vagabondage sexuel.** •*Al-carmata mâ tanfa' ceyy.* La prostitution ne mène à rien. •*Al-carmata tafsid al mujtama' wa tijîb al masâ'ib.* La prostitution pervertit la société et est la source de problèmes graves. •*Kulla l adyân harramo l-carmata, wâjib al Hâkûma tamna'ha.* Toutes les religions proscrivent la prostitution, il faut que le gouvernement l'interdise.

carmût *n. coll., m., qdr., sgtf. carmûtay*, * šrmṭ, ش ر م ط

♦ **viande séchée en morceaux,** petits morceaux de viande découpés et séchés, destinés à être pilés et cuits dans la sauce. •*Akalt êc be mulâh carmût.* J'ai mangé une boule avec une sauce à la viande séchée. •*Awîn al-jazzâra gatta'oh lê l-laham sawwo carmût.* Les femmes des bouchers ont découpé de la viande et en ont fait de la viande séchée. •*Al bisse sirgat carmûtay.* Le chat a volé un morceau de viande séchée.

carmûta / carâmît *n. f.*, terme d'insulte, *Cf. carmût*, * šrmṭ, ش ر م ط

♦ **prostituée, putain.** •*Al mara di carmûta !* Cette femme est une putain ! •*Al-carâmît dôl cunû sawwahum al yôm, gâ'idîn katîrîn ke fî l-câri !* Qu'ont-elles donc, les prostituées, à être aussi nombreuses aujourd'hui dans la rue ?

carr / curûr *n. m.*, * šrr, ش ر ر

♦ **mal, problème, méchanceté,** situation fâcheuse et embarrassante. •*Al wilêd jâb lê abuh carr.* L'enfant a mis son père dans une situation fâcheuse. •*Amkalâm mara tirîd al-carr.* Amkalam est une femme qui aime les problèmes. •*Allah yinajjinah min curûr al-dunya !* Que Dieu nous protège des maux de ce bas monde !

carra 1 / yucurr *v. trans.*, forme I n° 5, * šrr, ش ر ر

♦ **étaler au soleil, étendre au soleil,** exposer au soleil pour sécher. •*Anâ carrêt xalla fî biric kabîr.* J'ai étalé du mil au soleil sur une grande natte. •*Al banât carro carmût fî l habil.* Les filles ont étalé de la viande à sécher sur la corde. •*Xassalt xulgâni wa carrêthum fî l harray.* J'ai lavé mes vêtements et je les ai étendus au soleil.

carra 2 / yicarri *v. trans.*, *Cf. cara*, * šry, ش ر ي

♦ **faire acheter, vendre,** pousser à l'achat ou à la vente. •*Al bint al badnâne di, carrat ammaha jinêhên dahab.* Cette fille gâtée a poussé sa mère à lui acheter deux pièces d'or. •*Al-serîr da, axti bas carratni lêh, kan mâ kê da anâ mâ indi fôgah xarad.* C'est ma sœur qui m'a fait acheter ce lit, en fait je n'en avais pas besoin.

carrab / yicarrib *v. trans.*, forme II, * šrb, ش ر ب

♦ **faire boire, donner à boire, corrompre.** •*Hî mardâne wa râjilha carrabâha dawa murr.* Elle est malade et son mari lui a fait boire un médicament amer. •*Al mara carrabat wilêdha madîde wa raggadatah.* La femme a donné à boire de la bouillie à son enfant et l'a couché. •*Kan macêt fî bêtku mâ ticarrubuni laban, galbi mâ birîdah.* Si je vais chez vous, ne m'obligez pas à boire du lait, je ne l'aime pas [mon cœur ne veut pas cela]. •*Xumâmi antôni ba'ad carrabt al bôlîs almi.* On m'a rendu mes affaires après avoir corrompu la police [après que j'ai fait boire de l'eau aux policiers].

carrâb / carrâbîn *adj.*, (*fém. carrâba*), * šrb, ش ر ب

♦ **buveur, ivrogne.** •*Mâ turûx ma'â carrâbîn al marîse bidaxxuluk fî l godâla ma'âhum !* Ne te promène pas avec les soûlards, ils te feront entrer avec eux au cabaret ! •*Carrâb al-sijâra xalagah indah gudûd.* Le vêtement du fumeur de cigarettes est troué. •*Hî kaddâba wa râjilha carrâb al-tâba.* Elle est menteuse et son mari est fumeur de tabac ! (insulte).

carrabân *n. d'act.*, → *carribîn.*

carrak / yicarrik *v. intr.*, forme II, * šrk, ش ر ك

♦ **piéger, tendre une embuscade, attendre pour surprendre,** poser un piège. •*Al-sarrâgîn carrako lê l-tujjâr fî derib al hille.* Les voleurs ont tendu une embuscade aux commerçants sur le chemin du village. •*Al-subyân carrako lê jidâd al xala fî l wâdi.* Les jeunes gens ont tendu des pièges aux pintades dans l'oued. •*Al-subyân carrako lê l banât fî darb al bîr.* Les jeunes gens se sont embusqués afin de surprendre les filles sur le chemin du puits.

carrâki / carrâkîn *adj.*, (*fém. carrâkiye*), * šrk, ش ر ك

♦ **braconnier.** •*Al yôm, al-carrâki mâ ligi xazalay wahade kula.* Aujourd'hui le braconnier n'a même pas pris une seule gazelle. •*Al-carrâkîn bâkulu laham sêd bas.* Les braconniers ne mangent que de la chair de gibier. •*Awîn al-carrâkîn jâbo laham katîr fî l-sûg.* Les femmes des braconniers ont apporté au marché beaucoup de viande. •*Al ôfôre fattaco bêt al-carrâki wa ligo sunûn hanâ fayala.* Les agents des Eaux et Forêts ont fouillé la maison du braconnier et trouvé des défenses d'éléphant.

carrân *n. d'act., m.*, → *carrîn.*

carrat 1 / yicarrit *v. trans.*, forme II, *mrph. intf.*, * šrṭ, ش ر ط

♦ **déchirer, ouvrir, couper, fendre,** ouvrir en coupant ou en déchirant avec force en plusieurs endroits. •*Al micôtîn carrat xulgânah.* Le fou a déchiré ses vêtements. •*Hay, mâ ticarrit xalagak be l-lazwâr da !* Hé ! ne coupe pas ton habit avec cette lame de rasoir !

carrat 2 / yicarrit *v. intr.*, forme II, sens pronominal, * šrṭ, ش ر ط

♦ **se déchirer.** •*Xalagi l-jâboh lêi min Nijêrya da carrat.* Le vêtement qu'on m'a apporté du Nigeria s'est déchiré. •*Al malâbis kan gidimo wihêdhum ke bicarrutu.* Lorsque les habits sont vieux, ils se déchirent.

carrây / carrâyîn *adj.*, (*fém. carrâye*), * šry, ش ر ي

♦ **bon acheteur,** qui sait faire des achats. •*Fî l-daxûliye kan mâ ma'âku nâdum carray, al-sabbâba yâkulûku.* Au marché à bestiaux d'Abéché, si vous n'avez pas avec vous un acheteur expérimenté, les courtiers vous escroqueront tout votre argent. •*Al mara al-carrâye ênha tarîne.* La femme qui sait acheter repère vite la bonne marchandise [a un œil aiguisé].

carribîn *n. d'act., m.*, ≅ *carrabân*, * šrb, ش ر ب

♦ **donner à boire,** fait d'abreuver. •*Al-saxîr kan dahâbah wildoh, carribîn al almi l bârid mâ adîl lêyah.* Quand un enfant vient de naître, il n'est pas bon de lui donner à boire de l'eau froide. •*Carrabân al kinîn lê l mardân yantih âfe wa gudra.* C'est en donnant des comprimés au malade qu'on lui rend la santé et la force.

carrîn *n. d'act., m.*, ≃ *carrân*, * šrr, ش ر ر

♦ **déploiement, exposition, extension,** fait d'étendre au soleil pour sécher ou désinfecter. •*Carrîn al xulgân fî l harray batrud al gamul.* Étendre les habits au soleil chasse les poux. •*Carrîn al-dâmirge bala harray mâ biyabbisha.* S'il n'y a pas de soleil, c'est inutile d'étendre sur la natte le mil gonflé dans l'eau, cela ne le fera pas sécher.

cart / curût *n. m.*, * šrṭ, ش ر ط

♦ **condition, règles, clause, convention.** •*Al mara di wakit nidôr nâxudha abuha antâni curût.* Lorsque j'ai voulu épouser cette femme, son père m'a posé des conditions. •*Wâjib lêk tihtarim al-curût hanâ l-lekkôl kan mâ kê baturduk.* Tu dois respecter les règles de l'école, sinon on va te renvoyer.

carx *n. m.*, terme de l'*ar. lit.* "soleil levant", → *sabah.*

carxâni *adj.*, (*fém. carxâniye*), → *carxi* (à l'Est, du côté est), *Syn. sabhâni.*

carxi / carxiyîn *adj.*, (*fém. carxiye*), ≃ *carxâni*, *Syn. sabhâni*, * šrq, ش ر ق

♦ **oriental(e), au levant, à l'est.** •*Al almi sabba amis fi nuss al-carxi hanâ l hille.* Il a plu hier du côté est de la ville. •*Al-nuss al-carxi hanâ l-zere' da, al xanam akaloh.* Les chèvres ont brouté le côté est du champ.

cât / yucût *v. trans.*, forme I, n° 4, *empr. angl.*

♦ **shooter,** donner un coup de pied dans le ballon. •*Hû cât al kûra wa daxxal al bi.* Il a shooté et a marqué [fait entrer] un but. •*Al-la''âb da mâ ya'arif yucût al kûra.* Ce joueur ne sait pas donner un coup de pied dans le ballon.

catam / yactim *v. trans.*, forme I n° 6, * štm, ش ت م

♦ **injurier, insulter, médire.** •*Al-râjil catam al wilêd bala sabab.* L'homme a injurié le garçon sans cause. •*Al-dûku catam al-sarrâg lahaddi bakkah.* Le griot a insulté le voleur au point de le faire pleurer.

câtar / yicâtir *v. trans.*, forme III, * šṭr, ش ط ر

♦ **encourager,** faire un geste de la main au-dessus de la tête en signe d'encouragement. •*Fî l hirâte, al banât câtaro l-subyân be l-zaxrât.* Les filles ont encouragé les jeunes gens au labour par des youyous. •*Hû câtar axuh fî l giray.* Il a encouragé son frère à l'étude. •*Al arîs yicâtir al-la''âbîn.* Le nouveau marié encourage les danseurs d'un geste de la main.

catâra / catârât *n. f.*, * šṭr, ش ط ر

♦ **courage.** •*Hû xadam be catâra wa najah fî l imtihân.* Il a travaillé avec courage et réussi son concours. •*Al-catâra nafa'at rufugâni.* Le courage a été bénéfique pour mes amis. •*Al hadâra mâ catâra.* Le courage n'exclut pas la vigilance [la vigilance n'est pas le courage]. *Prvb.*

catâyim *pl.*, → *catîme.*

Catîma *n. pr.* d'homme, *litt.* insulte, injure, * štm, ش ت م

catîme / caṭâyim *n. f.*, ≃ *catîma*, *Cf. ayyar*, *Syn. mu'yâr*, * štm, ش ت م

♦ **insulte, injure.** •*Al-catîme al gâlatha lê wilêdi axêr minha kan faracatah.* Elle aurait mieux fait de frapper mon enfant plutôt que de l'insulter de cette manière. •*Lisânha tarîn, mâ ya'arif illa l-catîme.* Sa langue est pointue, elle ne sait qu'insulter. •*Anâ yôm wâhid, mâ simît coxol bôjâni misil catîmitha al simi'taha di !* Je n'ai jamais entendu quelque chose qui m'ait fait aussi mal que cette insulte !

câtir / câtirîn *adj.*, (*fém. câtre*), ≃ le pluriel *cuttâr*, *Cf. fâlih*, * šṭr, ش ط ر

♦ **courageux (-euse), travailleur (-euse), actif (-ive), entreprenant(e),**

vaillant(e), débrouillard(e), intelligent(e), qui sait se donner de la peine. •*Al iyâl al-câtirîn najaho fî l imtihân.* Les enfants travailleurs ont réussi leur examen. •*Xidimt al-zurâ'a gammat, nalgo kulla l-cuttâr fî zurâ'âthum.* Le travail des champs a commencé, on trouve [nous trouvons] tous les hommes courageux dans leurs champs. •*Al-rujâl birîdu l mara l-câtire.* Les hommes aiment les femmes actives [la femme active]. •*Al wilêd da câtir, mujtahid fî giraytah.* Cet enfant met tout son courage à étudier.

câto / **câtoyât** *n. m., empr. fr.*
♦ **château d'eau.** •*Al-câto dabangit al almi fî l gêgar.* Le château d'eau est un réservoir [grenier] d'eau en ville. •*Anâ bêtna janb al-câtoyât al-tittên.* Notre maison se trouve à côté des deux châteaux d'eau. •*Kan tacrab almi hanâ l-câto mâ yakurbak marad al kôlera.* Si tu bois de l'eau venant du château d'eau, tu n'attraperas pas le choléra.

catta / **yicitt** *v. intr.*, usité seulement au pluriel, → *catto*, * štt, ش ت ت

cattat / **yicattit** *v. trans.*, forme II, * štt, ش ت ت
♦ **disperser, répandre** (se), **éparpiller.** •*Al-jidâd cattato l xalla fî l-turâb.* Les poules ont éparpillé le mil par terre. •*Mâ ticattutu, agôdu bakân wâhid naji nalgâku !* Ne vous dispersez pas, restez sur place, je reviendrai vous retrouver ! •*Al-tukuzo ankasar wa l-tamâtim cattat.* Le bât de l'âne s'est cassé et les tomates se sont éparpillées.

catte *n. vég., coll.*, condiment, *f.*, ≅ *cette*, terme générique d'une plante cultivée, → *catte dugâg, catte dingâba, catte kubâr, catte xadra, catte nyâmiri* ; *sgtf. cattay*, * šṭṭ, ش ط ط
♦ **nom d'une plante, piment, Capsicum** ***sp.,*** famille des solanacées. •*Al mulâh indah catte katîr.* La sauce a beaucoup de piment. •*Duggi lêna mileh be catte !* Pile-nous du sel pimenté ! •*Zaratt cattay wahade wa gâ'ide tutuccîni.* J'ai avalé un piment qui me brûle. •*Cattitki katîre fî l kôb, wallâ ?* As-tu beaucoup de piment dans la boîte ? •*Rujâl gusâr, duwashum harr... Di l-cette.* Ce sont de petits hommes, se battre avec eux fait très mal… Ce sont les piments. *Dvnt.*

catte dingâba *n. vég., empr.* (Ouaddaï), → *catte dugâg.*

catte dugâg *n. vég.*, condiment, *f.*, *Syn. catte dingâba* (Ouaddaï), * šṭṭ, dqq, ش ط ط • د ق ق
♦ **nom d'une plante cultivée, petit piment, Capsicum frutescens,** famille des solanacées. •*Catte dugâg busubbuha fî l mulâh.* On met le petit piment dans la sauce. •*Al-catte dugâg budugguha be mileh wa bâkuluha be laham matcûc aw be faggus.* On pile le petit piment avec du sel et on le mange avec de la viande grillée ou des concombres.

catte kubâr *n. vég.*, condiment, *coll. f.*, *Cf. catte*, *Syn. catte amgurûn*, * šṭṭ, kbr, ش ط ط • ك ب ر
♦ **nom d'une plante cultivée, poivron rouge, Capsicum minimum,** famille des solanacées. •*Al-catte l kubâr busubbuha fî l mulâh.* On met le poivron rouge dans la sauce. •*Al-catte l kubâr hamra wa mâ harre misl al-dugâg.* Le gros poivron est rouge, il n'est pas aussi fort que le petit piment.

catte nyâmiri *n. vég., coll.*, condiment, *f.*, *litt.* piment des Nyamiri (ethnie du Nigéria), *Cf. catte*, * šṭṭ, ش ط ط
♦ **nom d'une plante cultivée, gros piment,** famille des solanacées, gros piment très fort venant du Nigéria. •*Catte nyâmiri haluwa fî mulâh al axadâr.* Le piment *nyâmiri* est très bon dans la sauce verte (au gombo). •*Catte nyâmiri ticabbih al-catte l kubâr, lâkin harre misil al-catte al-dugâg.* Le piment *nyâmiri* ressemble au poivron rouge, mais il est aussi fort que le petit piment rouge.

catte xadra *n. vég.*, *coll.*, condiment, *f.*, *Cf. cette, axadar*, * šṭṭ, ḫḍr, ش ط ط • خ ض ر

♦ **nom d'une plante cultivée, poivron vert,** famille des solanacées. •*Al-catte l xadra haluwa, kan mahaciye be laham marhûk.* Le poivron vert est excellent lorsqu'on le farcit avec de la viande hachée. •*Al-catte l xadra bârde mâ indaha harâriye misil al-catte l-kubâr.* Le poivron vert ne pique pas [est froid], il est moins fort que le poivron rouge.

Cattiye *n. pr. gr.*, *coll.*, nom d'une fraction de tribu arabe (*Wulâd Atiye*) se trouvant aux environs d'Abéché et se rattachant aux *Juhayna.*

caṭto / yicittu *v. intr.*, inusité au singulier, *Cf. firr, cattat*, forme I n° 11, * štt, ش ت ت

♦ **se disperser, se répandre.** •*Wakt al-dûd marag lê l bagar, catto fî l kadâde.* Lorsque le lion est allé [sorti] vers les vaches, celles-ci se sont dispersées dans la brousse. •*Al giray kammalat, wa l iyâl catto fî buyûthum.* Les cours sont achevés et les enfants se sont dispersés pour aller chez eux. •*Al iyâl, kan câfo l askar, bicittu.* Lorsque les enfants voient les militaires, ils se dispersent. •*Al-duwâs gamma wa l-nâs catto min al-sûg.* La guerre a éclaté [s'est levée], les gens ont quitté le marché et se sont dispersés.

câw *n. vég.*, *coll.*, *m.*, *sgtf. câway*, connu au *Sdn.* (*C.Q.*), * šwy, ش و ي

♦ **nom d'un arbuste, Salvadora persica (L.),** famille des salvadoracées. •*Anâ indi muswâg hanâ câw.* J'ai une brosse à dents en bois de Salvadora persica. •*Al-câw indah rîhe haluwa.* Le Salvadora persica a une bonne odeur.

cawa / yacwi *v. trans.*, moins utilisé que *tacca*, * šwy, ش و ي

♦ **griller sur le feu.** •*Acwi lêna munsâs wâhid ke !* Grille-nous une seule brochette ! •*Al-laham da cawêtah lâkin mâsix mâ indah mileh.* Il a bien grillé cette viande, mais elle est fade, elle n'est pas salée.

cawâdîf *pl.*, → *câdûf.*

câwag / yicâwig *v. trans.*, forme III, ≅ *cahwag, yicahwig*, * šwq, ش و ق

♦ **plaire, avoir envie de, désirer.** •*Al maxtar fî l xarîf câwagani bilhên.* Le voyage en saison des pluies m'a beaucoup plu. •*Akil al hût al matcûc bicâwig al-dîfân.* Manger du poisson grillé plaît aux invités. •*Wallahi, al binêye al-simêhe di câwagatah lê l axîde !* Mon Dieu, cette fille lui a donné l'envie de se marier avec elle !

cawâhid *pl.*, → *câhid 2, câhid 3.*

cawâkîc *pl.*, → *câkôc.*

câwar / yicâwir *v. trans.*, forme III, * šwr, ش و ر

♦ **consulter, prendre l'avis de *qqn.*** •*Hû mâ câwarâni wakit maca dâwas.* Il ne m'a pas consulté quand il est parti se battre. •*Xalli nicâwuru jîrânna gubbâl namcu nubû'u l bêt !* Consultons nos voisins avant d'acheter une maison ! •*Câwir abûk gubbâl ma tâxud !* Prends l'avis de ton père avant de te marier ! •*Amci bêtak câwir râsak, kan xassadt taxadim ma'âi !* Pars chez toi, réfléchis [consulte ta tête] ! Si tu acceptes, tu travailleras avec moi !

cawâri *pl.*, → *câri.*

câwâri / câwârîn *adj. mrph. intf.*, (*fém. câwâriye*), * šwr, ش و ر

♦ **qui demande conseil sans cesse, hésitant, tergiversant,** qui n'arrive pas à se décider par lui-même. •*Xutt galbak fî kalâm wâhid bas mâ tabga câwâri !* Tiens-toi à une parole, ne deviens pas un quémandeur de conseils ! •*Al mara di câwâriye kan macat al-sûg mâ tacri xumâm al akil ajala.* Cette femme demande trop de conseils quand elle va au marché : elle met beaucoup de temps à acheter les aliments pour le repas.

cawârib *pl.*, → *cârib 1.*

cawâtîn *pl.*, → *cêtân.*

cawawîk *pl.*, → *cuwâk.*

cawâwîl *pl.*, → *cuwâl.*

cawâyil *pl.*, → *câyle.*

Câwir râsak *n. pr.* de lieu, quartier de N'Djaména, → *câwar, râs,* [consulte ta tête].

cawla *adj. f.*, → *acwal.*

cawwac / yicawwic *v. trans.*, forme II, *Cf. xalbat*, * šwš, ش و ش

♦ **déranger, troubler, embrouiller, parasiter, perturber.** •*Al ilim cawwac râsah !* La science lui a tourné la tête [a dérangé sa tête] ! •*Al kaddâb cawwac lêna nâs al bêt.* Le menteur a perturbé les gens de notre maison. •*Al-jaw cawwac hiss al-râdyo, acân da mâ nasma'o l axbâr adîl.* Les conditions atmosphériques ont brouillé l'émission radio [la voix de la radio], c'est pour cela que nous n'entendons pas bien les nouvelles.

cawwaf / yicawwif *v. trans.*, forme II, * šwf, ش و ف

♦ **faire voir, montrer.** •*Al-râjil cawwaf iyâlah lê l-daktôr.* L'homme a montré ses enfants au médecin. •*Anâ nidôr niwaddi rafîgi nicawwifah filim halu.* Je voudrais faire voir à mon ami un bon film. •*Kan mâ tagôd sâkit nicawwifak nujûm al gayle.* Si tu ne restes pas tranquille, je te ferai voir trente-six chandelles [l'étoile de midi]. •*Bugûl bicawwifni coxol al min gâ'id mâ ciftah.* Il dit qu'il va me faire voir ce que je n'ai jamais vu.

cawwâf / cawwâfîn *adj. mrph. intf.*, (*fém. cawwâfa*), * šwf, ش و ف

♦ **curieux (-euse), indiscret (-ète), voyeur (-euse),** qui laisse traîner ses yeux partout. •*Al mara kan bigat cawwâfa, al-rujâl bugûlu ênha tawîle.* Lorsqu'un femme regarde d'une manière indiscrète, les hommes disent qu'elle cherche à être courtisée [son œil est long]. •*Râjil kan cawwâf, al awîn bahaju bêh.* Lorsqu'un homme est trop curieux, les femmes le critiquent entre elles.

cawwâfa / cawwâfât nom, *mrph. intf., f.*, ≅ *amcawwâfa, Cf. mara'ye,* voir ci-dessous l'expression *amcawwâfa twâlêt*, * šwf, ش و ف

♦ **miroir, glace, armoire à glace.** •*Nicîf wijhi fî l-cawwâfa.* Je regarde mon visage dans le miroir. •*Ligit sarâyir fî l-sûg induhum cawwâfât kutâr wa samhîn.* J'ai trouvé au marché des lits ayant de nombreux beaux miroirs. •*Fî rahûlit binêyâti, waddêt sarâyir formaka, amcawwâfât twâlêt wa xumâm katîr.* Lors du déplacement de mes filles dans la maison de leur mari, j'ai apporté des lits plaqués en formica, des armoires à glaces pour cabinet de toilette et beaucoup d'affaires.

cawwâfi / cawwâfîn *adj.*, (*fém. cawwâfiye*), * šwf, ش و ف

♦ **voyant(e), devin,** diseur (-euse) de bonne aventure. •*Al-cawwâfi gâl lêi nalga gurus katîr fî l ayyâm al-jâyîn.* Le voyant m'a dit que je trouverai beaucoup d'argent dans les jours à venir. •*Anâ mâ nisaddix be kalâm al-cawwâfîn.* Je ne crois pas ce que disent les voyants. •*Al awîn birîdu bamcu bakân al-cawwâfîn.* Les femmes aiment aller chez les voyants. •*Al-cawwâfiye tusubb al wade', wa ti'ôri lê l-nâdum al-ceyy al-câfatah.* La voyante renverse les cauris et dit à son client ce qu'elle a vu.

cawwak / yicawwik *v. trans.*, forme II, * šwk, ش و ك

♦ **recoudre, fermer avec une épine,** recoudre une plaie en utilisant les épines. •*Amis hû cawwak lêi uwarti.* Hier, il a recousu ma plaie avec des épines. •*Al-râjil cawwak al wilêd al mat'ûn.* L'homme a recousu la plaie de l'enfant qui a été poignardé. •*Al-tahhâri bicawwik al wulâd fî l-tahûra.* Celui qui a circoncis les garçons recoud avec une épine la plaie de la circoncision.

cawwifîn *n. d'act. m.*, ≅ *cawwafân, Syn. mustaxâra, Cf. xattitîn*, * šwf, ش و ف

♦ **divination, magie, voyance, prédiction de l'avenir, géomancie.** •*Al-cawwifîn fî l-turâb harâm.* La religion interdit de pratiquer la géomancie. •*Galbi cakkak fî cawwifînak da, âkûn mâ sahi.* Je doute fort de ta voyance, elle est sans doute fausse.

caxala / acxâl *n. f.*, * šġl, ش غ ل

♦ **occupation, travail.** •*Hû mâ indah caxala, acân da bas hû gâ'id fî l bêt.* Il n'a pas de travail, c'est pourquoi il est à la maison. •*Fî l-Ramadân, al awîn caxâlithum katîre.* Pendant le Ramadan, les femmes ont beaucoup d'occupations. •*Sawwi lêk caxala, yâ matlûg bala hadday !* Cherche-toi un travail, toi le délaissé sans conseiller ! (insulte). •*Mâla wakit da tunûm, mâ indak caxala ?* Pourquoi dors-tu en ce moment, n'as-tu pas de travail ?

caxâlît *pl.* péjoratif, → *coxol.*

caxar / yacxur *v. intr.*, forme I n° 1, * šẖr, ش خ ر

♦ **ronfler, ronronner, glouglouter, faire des borborygmes, gargouiller.** •*Kan timarris al biss yacxur min al halâ.* Lorsque tu caresses le chat, il ronronne de contentement. •*Mâ nagdar nunûm janb al-nâdum al yacxur.* Je ne peux pas dormir à côté de quelqu'un qui ronfle. •*Mâla batnak tacxur, mâ akalt ceyy ?* Pourquoi ton ventre fait-il des borborygmes, n'as-tu rien mangé ? •*Almi l majâri caxar tûla l-lêl.* L'eau du caniveau a glouglouté toute la nuit. •*Batuni tacxur acân anâ ji'âne.* J'ai l'estomac qui gargouille parce que j'ai faim.

caxâtîr *pl.*, → *caxatûr.*

caxatûr / caxâtîr *n. m.*, *qdr.*, en arabe *sd. caxtûr* (*C.Q.*), *empr.* venant du dialecte syrien, * šẖtr, ش خ ت ر

♦ **averse.** •*Al yôm caxatûr jâna min sabah.* Aujourd'hui une averse nous est arrivée de l'est. •*Al-caxatûr tarad al bagar.* L'averse a chassé les vaches. •*Al xalla garîb tanjad, axêr kan ligat lêha caxatûr.* Le mil est sur le point de mûrir, ce serait bien s'il tombait une averse.

caxirîn *n. m.*, * šẖr, ش خ ر

♦ **ronflement.** •*Hû caxirînah katîr nâdum mâ bagdar bunûm janbah.* Il fait beaucoup de bruit en ronflant, personne ne peut dormir à côté de lui. •*Mâlak mâ tagdar tunûm bala caxirîn ?* Pourquoi ne peux-tu pas dormir sans ronfler ?

caxsiyan *invar.*, terme de l'*ar. lit.* moins employé que l'expression *be nafsah*, * šẖṣ, ش خ ص

♦ **personnellement.** •*Anâ caxsiyan namci lêk fî bêtak.* J'irai personnellement chez toi. •*Hî caxsiyan darabat wilêdi.* C'est elle-même qui a frappé mon enfant.

caxsiye / caxsiyât *n. f.*, * šẖṣ, ش خ ص

♦ **personnalité, identité, individualité.** •*Al kidib wa l-sirge yiwassuxu caxsiyit al-nâdum.* Le mensonge et le vol salissent la personnalité de l'homme. •*Kan nidôr karâmit caxsîti di giddâm al-nâs, nakrub carafi.* Si je tiens à ce que ma personnalité soit respectée devant les autres, je dois sauvegarder partout mon honneur.

caxxa / yucuxx *v. trans.*, forme I n° 5, * šqq, ش ق ق

♦ **fatiguer, gêner, déranger, ennuyer,** faire supporter à quelqu'un quelque chose de pénible. •*Hû caxxa jîrânah be kalâm al-dunya.* Il fatigue ses voisins avec des palabres. •*Al-saxîr kan mardân bucuxx ammah be l baki.* Quand un enfant est malade, il dérange sa maman par ses pleurs. •*Hû caxxâni wa kammal laham jildi.* Il me fatigue et me rend maigre. •*Mâ tucuxxîni be xidimtak al mâ nâf'e di !* Ne m'ennuie pas avec ton travail inutile !

caxxal / yicaxxil *v. trans.*, forme II, * šġl, ش غ ل

♦ **faire travailler, embaucher.** •*Hû birîd bicaxxil al-nâs lâkin mâ bikaffîhum adîl.* Il aime faire travailler les gens, sans les payer comme il faut. •*Kan mâ tidôr nagôd sâkit caxxilni fî maktabak !* Si tu ne veux pas que je reste sans rien faire, embauche-moi dans ton bureau !

caxxâl / caxxâlîn *adj. mrph. intf.*, (*fém.* *caxxâla*), * šġl, ش غ ل

♦ **qui marche** (appareil), **qui fonctionne, qui est en service.** •*Muta'assif acân al-nimra al-talabtûha hassâ mâ caxxâla !* Désolé ! car le numéro que vous avez demandé n'est pas en service actuellement ! •*Râdyoi mâ caxxâl acân wilêdi l-saxayyar ramah fî lubb al-duwâne.* Ma radio ne marche plus parce que mon petit enfant l'a fait tomber dans la jarre.

caxxâla *pl.*, → *caxxâli.*

caxxâli / caxxâla *adj.*, (*fém.* *caxxâliye*), * šġl, ش غ ل

♦ **travailleur émigré.** •*Zamân al-caxxâla bamcu katîrîn fî l-Sûdân.* Autrefois, les gens qui allaient travailler au Soudan étaient nombreux. •*Al-sane al-Sa'ûdiya karacat caxxâla katîrîn min dârha.* Cette année, l'Arabie Saoudite a renvoyé de chez elle de nombreux travailleurs émigrés.

caxxâri / caxxârîn *adj. mrph. intf.*, (*fém.* *caxxâra*), * šh̲r, ش خ ر

♦ **ronfleur (-euse).** •*Anâ mâ nagdar nunûm fî bêt wâhid ma'â l-nâdum al-caxxâri.* Je ne peux pas dormir dans la même chambre que quelqu'un qui ronfle. •*Al marfa'în baxâf min nâs tinên : al-caxxâri wa l-sakkâri.* L'hyène a peur de deux personnes : le ronfleur et l'ivrogne. •*Al-râjil al-caxxâri mâ bixalli jîrânah bunûmu.* Cet homme qui ronfle ne laisse pas dormir ses voisins.

caybâni *n. m.*, terme de respect, *Syn.* *câyib*, le féminin correspondant est *ajûs*, * šyb, ش ي ب

♦ **un vieux.** •*Salâm alêku Ahmat, wên al-caybâni ?* Bonjour Ahmat, où est ton vieux papa ? •*Anâ macêt lêku, wa mâ ligîtak, ligît câybâni fî l bâb.* Je suis allé chez toi et je ne t'ai pas trouvé, il y avait simplement un vieil homme à la porte.

câye / câyât *n. f.*, *Cf. marbat 2, witid*, * šyʕ, ش ي ع

♦ **piquet, point d'attache, lieu de repos du cheval, écurie,** endroit où le cheval ou l'âne est au piquet. •*Fî l-câyt al-juwâd gacc katîr muxalbat be warcâl hanâ fûl.* Là où l'on attache le cheval se trouve beaucoup d'herbe mélangée avec des feuilles d'arachides. •*Sîd al-juwâd bugucc câyit juwâdah kulla yôm.* Le propriétaire du cheval balaye tous les jours l'endroit où son cheval est attaché. •*Fî bêtna mâ indina câye acân mâ indina juwâd wa lâ humar.* Nous n'avons pas d'écurie chez nous parce que nous n'avons ni cheval ni d'âne.

câyi *n. m.*, → *câhi.*

câyib / ciyâb *adj. mrph. part.* actif, le féminin correspondant est *ajûs*, ≅ le pluriel *cuyâb*, * šyb, ش ي ب

♦ **vieux, chenu, vieil homme, vieillard,** qui a les cheveux blancs. •*Jiddi câyib, mâ bagdar baxadim.* Mon grand-père est vieux, il ne peut plus travailler. •*Al yôm fajur, ligit câyib miskîn.* Ce matin [aujourd'hui matin] j'ai rencontré [trouvé] un vieux pauvre. •*Al-ciyâb mâ bamcu fî l-li'ib, illa fî l-salâ bas !* Les vieux ne vont pas à la danse, mais seulement à la prière.

câyif / câyfîn *adj. n., mrph. part.* actif, (*fém.* *câyfe*), * šwf, ش و ف

♦ **regardant, voyant(e), qui voit,** qui est en train de regarder. •*Inta tugûl katabt lêi, lâkin anâ mâ câyfe ceyy fî katkatak da !* Tu as dit que tu m'avais écrit, mais je ne vois rien d'écrit sur ce papier ! •*Mâ tasrig hagg al-nâs, hummân mâ câfôk lâkin Allah câyif !* Ne vole pas le bien des autres ; ils ne t'ont pas vu, mais Dieu te regarde !

câyil / câylîn *adj. mrph. part.* actif, (*fém.* *câyle*), voir plus bas *câyle*, * šwl, ش و ل

♦ **prenant, qui a pris, qui se couvre** (ciel)**, couvert(e)** (ciel)**, portant.** •*Al yôm min fajur, al-sahab câyil wa l matar lissâ mâ sabba.* Aujourd'hui, depuis ce matin, le ciel est couvert, mais la pluie n'est pas encore tombée. •*Kan ciftîni câyil xumâm tagîl, ta'âl* *âwinni !* Lorsque tu me vois porter des choses lourdes, viens m'aider !

câyle / cawâyil nom, *mrph. part.* actif, *f.*, *litt.* portant, *Cf. câl*, * šwl, ش و ل

♦ **vache laitière, femelle suitée, vache qui a un veau,** vache qui donne beaucoup de lait. •*Al almi sabba wa l gecc xaddar, al-cawâyil induhum laban katîr.* Il a plu, l'herbe a reverdi, les vaches laitières ont beaucoup de lait. •*Kulla yôm be fajur, nahalib min bargarayti l-câyle laban katîr.* Tous les jours, je trais beaucoup de lait de ma vache.

cayy *n. m.*, → *ceyy.*

cayyab / yicayyib *v. intr.*, forme II, utilisé avec un sujet masculin, pour le féminin *Cf. ajjas*, * šyb, ش ي ب

♦ **vieillir, devenir vieux.** •*Hû cayyab xalâs garîb bumût.* Il est devenu très vieux, il va bientôt mourir. •*Hû maragoh min al xidime acân cayyab xalâs.* On l'a renvoyé du travail parce qu'il était trop vieux.

cayyal / yicayyil *v. trans.*, forme II, viendrait aussi de la racine *šyl*, * šwl, ش و ل

♦ **faire porter, charger.** •*Cayyal mas'uliyit al mâl lê martah, wa hî waddaratah.* Il a confié la responsabilité de son bien à sa femme qui a tout perdu. •*Adam al istixrâr fî l balad, al hâkûma cayyalat mas'ûlîtah lê l-suwâr.* Le gouvernement fait porter à la rébellion la responsabilité de l'insécurité dans le pays. •*Cayyal binêytah nuss cuwâl hanâ xalla fî râsha.* Il a chargé la moitié d'un sac de mil sur la tête de sa fille.

cayyâla *pl.*, → *cayyâli.*

cayyâli / cayyâla *adj. n.*, *mrph. intf.*, *fém.* inusité, ≃ le pluriel *cayyâlîn*, *Cf. cayyal*, * šwl, ش و ل

♦ **porteur.** •*Fî sûg al kabîr, kan al-cayyâli mâci be xumâmak wa inta ba'îd minnah, bi'arrid beyah.* Si, au grand marché, tu t'éloignes du porteur qui transporte tes affaires, ce dernier s'enfuira avec elles. •*Al-cayyâla kulluhum induhum ûgây.* Tous les porteurs ont avec eux un chiffon roulé pour leur servir de coussin sur la tête.

Câzali *n. pr.* d'homme, *litt.* adepte de la confrérie soufie *câzaliya* (*C.Q.*).

Câzirwân *n. pr.* de femme, nom d'un manteau de femme, nom de l'étoffe noire recouvrant la *ka'aba*, * šdr, ش ذ ر

cêb *n. coll.*, *sgtf. cêbay*, * šyb, ش ي ب

♦ **cheveux blancs.** •*Hû lissâ sabi lâkin cêb tagga lêyah fî râsah.* Il est encore jeune mais a des cheveux blancs sur la tête. •*Anâ kibirt wa lê hassâ mâ indi cêb.* J'ai vieilli et jusqu'à présent je n'ai pas de cheveux blancs sur la tête. •*Anâ mâ indi cêbay wahade kula fî râsi.* Je n'ai pas un seul cheveu blanc sur la tête.

cêbe *n. vég.*, *coll.*, *f.*, *sgtf. cêbay*, → *cêbe zarga, cêbe amxillêlo*, * šyb, ش ي ب

♦ **chébé parfumé, armoise.** •*Al-cêbe bixalbutûha be l-dihin wa bimassuhûha fî l-râs al-cân tirabbi l-ca'ar.* On mélange le chébé parfumé avec de l'huile et on s'en met sur la tête parce que cela nourrit les cheveux. •*Banât al furgân birîdu bamsaho l-cêbe fî ru'ûshum.* Les filles des campements nomades aiment s'enduire les cheveux avec du chébé parfumé. •*Anâ mâ nirîd riht al-cêbe.* Moi, je n'aime pas l'odeur du chébé parfumé.

cêbe amxillêlo *n. vég.*, à distinguer du *cêbe zarga.*

♦ **nom d'un arbre, nom d'un grain parfumé, Croton du Zambèze, Croton Zambesicus (Müll. Arg.),** famille des euphorbiacées. •*Cêbe amxillêlo ticâbih al xalla, wa yaxartuha min al-cadar.* Le grain parfumé du Croton du Zambèse ressemble au grain de mil, on le cueille sur les branches de l'arbre. •*Cêbe amxillêlo kan galôha tindaggah hayyine.* Quand on grille le grain parfumé du Croton du Zambèse, il s'écrase [se pile] facilement.

cêbe zarga *n. f.*, *Cf. cêbe amxillêlo.*
♦ **sorte de lichen, armoise,** poussant sur les rochers et qui devient noire en séchant. •*Al-cêbe l-zarga, hî mâ cadaray, yuhukkuha min al hujâr.* Le *cêbe* noir n'est pas un arbre, on le racle sur les rochers. •*Fî l-sûg awîn dâr barra yacuru l-cêbe l-zarga wa cêbe amxillêlo wa yixalbutuhum be dihin lê ca'arhum.* Au marché, les femmes de brousse achètent les deux sortes de *cêbe* pour les mélanger avec de l'huile et s'en oindre les cheveux.

cêl *n. m.*, *Cf. câl*, * šwl, ش و ل
♦ **portage, fardeau, charge.** •*Al-cêl fî l-râs walla l kitif walla l îdên.* On porte les affaires sur la tête, sur les épaules ou dans les mains. •*Xaffif lêi cêl al hatab da !* Aide moi à porter [allège-moi] cette charge de bois !

cêlân *n. d'act., m.*, → *cêlîn.*

cêlîn *n. d'act., m.*, ≅ *cêlân*, viendrait aussi de la racine *šyl*, * šwl, ش و ل
♦ **prise, fait de prendre, embauche, recrutement.** •*Cêlîn al xaddâmîn bukûn ambâkir be sâ'a sab'a.* L'embauche des travailleurs aura lieu demain à sept heures. •*Cêlînak lê l xumâm da mâ ajabâni.* Ta façon de prendre ces affaires ne m'a pas plu. •*Fî kulla sana al-dêc al watani yinazzil al-cuyâb wa yisey balax lê cêlîn al-subyân.* Chaque année, l'armée nationale met à la retraite les vieux et fait une annonce de recrutement pour les jeunes.

cên / **cênîn** *adj.*, (*fém. cêne*), terme d'insulte, *Ant. zên*, * šyn, ش ي ن
♦ **vilain(e), laid(e), mauvais(e), mal.** •*Mûsa bigi cên acân hû wasxân.* Moussa est devenu vilain parce qu'il est sale. •*Al-coxol da cên !* C'est une mauvaise chose. •*Al binêye di cêne.* Cette fille est laide. •*Kan mâ sawwêt al-zên, mâ talga l-cên.* Si tu n'as pas fait le bien, tu ne rencontreras pas le mal. *Prvb.*

Cên *n. pr.* d'homme, → *cên*, * šyn, ش ي ن

Cêne *n. pr.* de femme, *litt.* vilaine, *fém.* de *Cên*, * šyn, ش ي ن

cerî'e / **carâye** *n. f.*, ≅ *cerîye, carîye, carâya*, * šrʕ, ش ر ع
♦ **justice, jugement, contentieux, procès.** •*Rafîgi baxadim fî Bêt al-cerî'e.* Mon ami travaille au Palais de justice [la maison de la justice]. •*Kan macêt al-birgâd wa mâ sawwa lêk cerî'e adîle, waddiha lê l-zûz !* Si tu vas à la gendarmerie et si celle-ci ne prononce pas un bon jugement, porte le contentieux chez le juge ! •*Al-râjil da wa jârah kullu sana bisawwu cerî'e fî l-zere'.* Cet homme a chaque année des contentieux avec son voisin à propos d'un champ. •*Al-mara di cakat fî l-lajna l islâmiya yagta'o l-ceri'e bênha wa bên ahal râjilha al-sâfar indah arba'a sana.* Cette femme a porté plainte auprès du comité islamique pour qu'on règle la situation [qu'on tranche le procès] entre elle et la famille de son mari qui est parti en voyage depuis quatre ans.

ceriye *n. f.*, → *cerî'e.*

cês / **cuyûs** *n. m.*, → *sês.*

cêtân / **cawâtîn** *n. m.*, * šṭn, ش ط ن
♦ **Satan, diable, démon.** •*Mâ ta'awwo lêna misil al-cawâtîn !* Arrêtez de faire du bruit comme des diables ! •*Al-du'a batrud al-cêtân.* La prière chasse le démon.

cette *n. f.*, → *catte.*

cêx / **cuyûx** *n. m.*, ≅ le pluriel *macâyix*, * šyẖ, ش ي خ
♦ **chef, cheikh, vieux, ancien, sage, religieux important,** chef de tribu, de village, de canton. •*Jiddi cêx al farîg min zamân.* Mon grand-père est le chef du campement depuis longtemps. •*Al-cêx indah banât samhât.* Le chef a de jolies filles. •*Al-cuyûx lammo yôm al îd al kabîr hanâ l-dawla.* Les chefs se sont rassemblés le jour de la grande fête nationale.

Cêxe *n. pr.* de femme, *litt.* celle qui commande, qui est sage, *Cf. cêx*, * šyẖ, ش ي خ

ceyy / acyâ' *n. m.*, *Cf. mâ ceyy, caxalît* (pluriel de *coxol*) est péjoratif, * šyy, ش ي ي
♦ **chose.** •*Bala Allah ceyy mâ fîh.* Sans Dieu, rien n'existerait. •*Ceyy mâ sawwêtah lêk, bas ti'ayyirni !* Je ne t'ai rien fait, et tu m'insultes ! •*Turûx misil da, be ceyyak waddartah wallâ cunû ?* Tu marches comme cela, aurais-tu perdu quelque chose ?

ci' *v. impér.*, → *ca' 2.*

ci'ab *pl.*, → *ci'ibe.*

ci'êray / ci'êrayât *n. f. mrph. dmtf.*, *Cf. ca'ar*, * šʕr, ش ع ر
♦ **petite tresse fine.** •*Ambarbâra akalat râsi, mâ xallat lêi ci'êray wahade kula.* La teigne m'a ravagé la tête, elle n'a même pas épargné une seule de mes petites tresses. •*Al wilêd da indah ci'êray samhe fî râsah.* Ce garçon a une jolie petite tresse fine sur la tête.

ci'ibe / ci'ab *n. f.*, ≅ *ci'be, cib'e, Syn. kangûr*, * šʕb, ش ع ب
♦ **bois fourchu, fourche, poteau fourchu, pilier,** support du lit, du toit de la case ou du hangar. •*Al-rujâl misil al-ci'ab bahmalo l murr.* Les hommes sont comme les bois fourchus, ils supportent la souffrance [l'amer]. *Prvb.* •*Anâ carêt ci'ibe lê ligdabti.* J'ai acheté un bois fourchu pour mon auvent. •*Hî ta'bâne misil al-ci'ibe l-lâzime l-ligdâbe.* Elle est fatiguée comme le bois fourchu qui supporte l'abri.

ci'ir / ac'âr *n. m.*, * šʕr, ش ع ر
♦ **poésie.** •*Muxtâr wald al-sabîle indah ci'ir yinabbiz fôgah l xêl.* *Muxtâr wald al-sabîle* chante une poésie qui exalte les chevaux. •*Ac'âr hanâ Mûsa Cifêr yifarrih kulla l-nâs.* Les poèmes de Moussa Chauffeur réjouissent tout le monde.

ci'ire *n. f. mrph. dmtf.*, *coll.*, *Cf. ca'ar, sûf, sûfay*, * šʕr, ش ع ر
♦ **poils du pubis.** •*Al binêye walla l wilêd kan kalaf tamrug lêyah ci'ire.* Lorsque la fille ou le garçon devient pubère, les poils de son pubis poussent. •*Fî l-labtân al-daktôr kan yidôr yucugg al mardân fî batunah, yizayyin ci'irtah.* A l'hôpital, quand le médecin veut opérer le ventre d'un malade, il lui rase le pubis.

cib'e *n. f.*, métathèse pour *ci'be*, → *ci'ibe.*

cibb *v. impér.*, → *cabba 1.*

cibi / yacba *v. intr.*, → *cibi'.*

cibi' / yacba' *v. intr. {- min}*, forme I n° 22, * šbʕ, ش ب ع
♦ **se rassasier, se gaver, en avoir assez,** se repaître de, consommer *qqch.* jusqu'à ne plus en avoir envie. •*Mûsa cibi' min al êc.* Moussa s'est rassasié de boule. •*Yôm al îd al-nâs akalo wa cibi'o min al-laham.* Le jour de la fête, les gens ont mangé et se sont repus de viande. •*Al mara tugûl : "Râjili cibi' minni, maca axad mara âxara !".* La femme dit : "Mon mari en a assez de moi, il est allé épouser une autre femme !". •*Mâ tacba'o bilhên min al madîde, kan mâ ke tibactinku be l bôl !* Ne vous gavez pas de bouillie ; sinon elle vous ennuiera en vous faisant uriner [elle vous tourmentera par l'urine] ! •*Akalt laham cibi't.* J'ai mangé de la viande à satiété.

cibir / acbâr *n. m.*, pluriel peu usité, * šbr, ش ب ر
♦ **empan, vingt centimètres environ,** intervalle entre le pouce et le majeur lorsque la main est ouverte. •*Mâ tisill rijilak cibir, anâ nigabbil lêk hassâ !* Ne sors pas de la maison [ne sors pas ton pied d'un empan], je reviens tout de suite ! •*Bêt Âdum, acara cibir bas min al-sûg.* La maison d'Adoum n'est qu'à dix empans du marché. •*Gâwas al-tôb be cibir cibir wa xayyatah.* Il a mesuré l'étoffe empan après empan, puis l'a cousue. •*Carêt habil tamâne acbâr narbut bêyah humâri.* J'ai acheté une corde de huit empans pour attacher mon âne.

cidd *v. impér.*, → *cadda 1.*

cidde *n. f.*, *Cf. gudra*, * šdd, ش د د
♦ **force, puissance, exagération.** •*Gummi be cidde ke, wa gassimi l akil da lê l-difân !* Allons, lève-toi [avec puissance] ! Distribue la nourriture aux invités ! •*Al wilêd da babki fî l-lêl min ciddit al-ju'.* L'enfant pleure la nuit parce que la faim le tenaille [à cause de la force de la faim]. •*Al awîn kanfato l xalla be cidde.* Les femmes ont pilé le mil avec force.

Cidêrât *n. pr. gr.*, *coll.*, nom d'une fraction de tribu arabe se rattachant aux *Wulâd Hasan (Hasawna).*

cidêre / **cidêrât** nom, *mrph. dmtf.*, *f.*, *Cf. cadaray.*
♦ **arbrisseau, liane, plante ligneuse, arbuste sous-ligneux,** plante devenant arbuste ligneux. •*Al gutun cidêre tugumm katîre fî l wati.* Le coton est une plante ligneuse qui pousse en abondance dans le Sud. •*Al-jibbên cidêre, iyâlha sufur wa darâdim, wa kuburha angas min durâ'ên.* Le Solanum incanum est un arbrisseau, ses fruits sont ronds et jaunes, et sa taille n'atteint pas deux coudées.

cidig / **cudûg** *n. m.*, * šdq, ش د ق
♦ **joue.** •*Al wilêd da cudûgah kubâr.* Ce garçon a de grosses joues. •*Cidigah wârim wa mâ bidôr bamci l-labtân.* Sa joue est enflée et il ne veut pas aller à l'hôpital. •*Cidig almi wa cidig dagîg, mâ babga.* L'eau dans une joue, la farine dans l'autre, c'est impossible de les tenir séparées. *Prvb.* invitant à adopter une position claire, et à amener à la réconciliation.

cîf *v. impér.*, → *câf.*

cifa *n. d'act. m.*, *Cf. cifi*, racine *šfw* (*Ka.*), *šfy* (*Mu.*), * šfw, ش ف و
♦ **guérison, rétablissement.** •*Al-cifa hû min Allah !* La guérison vient de Dieu ! •*Al-dawa da yantîk al-cifa.* Ce médicament te donnera la guérison.

cifêr *empr. fr.*, → *sawwâg.*

cifi / **yacfa** *v. intr.*, racine *šfw* (*Ka.*), *šfy* (M.), forme I n° 21, sens passif, *Cf. cafa*, * šfy, ش ف ي
♦ **être guéri(e), recouvrer la santé, guérir.** •*Anâ hassâ mardân, kan anâ cifît namci lê iyâli.* A présent je suis malade ; lorsque je guérirai, j'irai chez mes enfants. •*Al mardânîn yacfo kan câlo dawa min al-labtân.* Les malades guérissent quand ils prennent les médicaments de l'hôpital. •*Al mara di, zamân indaha sull, wa hassâ cifiyat (cifat).* Cette femme était autrefois tuberculeuse, mais à présent elle est guérie.

cîfon / **cîfonât** *n. m.*, *empr. fr.*, *Syn. massâha.*
♦ **chiffon, effaceur, mousse synthétique.** •*Al-sabbûra di wasxâne, guccuha be l-cifôn !* Ce tableau est sale, nettoyez-le avec l'effaceur ! •*Al matala hanâ l-cîfôn bisawwi waja' dahar.* Le matelas en mousse synthétique fait mal au dos. •*Iyâl al-lîse bidussu cifôn saxayyar fî l-sôset acân yamsaho beyah marakîbhum gubbâl ma yadxulu l-fusûl.* Les lycéens mettent dans leurs chaussettes un petit chiffon pour nettoyer leurs chaussures avant d'entrer en classe.

cigaf *pl.*, → *cigfe.*

cigag *pl.*, → *cigge.*

Cigêfât *n. pr.* d'homme [petits tessons de poterie], * šqf, ش ق ف

Cigêfe *n. pr.* de femme, [petit tesson de poterie] * šqf, ش ق ف

cigêg *n. m. mrph. dmtf.*, → *cigêge.*

cigêge 1 / **cigêgât** nom, *mrph. dmtf.*, *f.*, ≅ le masculin *cigêg*, *Cf. caggîn*, * šqq, ش ق ق
♦ **petite fente.** •*Al-cigêge di, tabga kabîre wa tarmi l bêt.* Cette petite fente s'aggrandira fera écrouler la maison. •*Al galgâl jara min al bisse labbad fî l-cigêge hint al-durdur di.* Le margouillat a fui devant le chat et s'est caché dans cette fente du mur.

cigêge 2 / cigêgât *n. f. mrph. dmtf.*, *Cf. cigge, cigg*, * šqq, ش ق ق

♦ **petite moitié.** •*Cigêgt al kibêc da be kam ?* La moitié de ce petit bélier coûte combien ? •*Al-cigêge di xâliye lâkin samîne.* La petite moitié de cet animal coûte cher, mais elle est grasse.

cigfe / cigaf *n. f.*, ≃ *cigife*, * šqf, ش ق ف

♦ **tesson, débris de poterie, cul de poterie.** •*Zênaba câlat nâr fî l-cigfe.* Zénaba a pris de la braise dans le tesson. •*Laggit al-cigaf hanâ l-duwâne al ankasarat di !* Ramasse les débris de ce canari cassé ! •*Subb almi lê l-jidâde fî cigife !* Verse l'eau pour la poule dans un cul de poterie !

cigg *n. m.*, *Syn. cigge*, * šqq, ش ق ق

♦ **partie d'un double, côté, moitié, quartier.** •*Mahammat mâ tagdar tifannidah ma'â cigg tômah.* Tu ne peux pas distinguer Mahamat de son jumeau. •*Al mara cigg al-râjil.* La femme est l'autre moitié de l'homme. •*Al-sarrâg karaboh fî cigg al-Digêl ke !* Il ont attrapé le voleur au quartier Diguel !

cigge / cigag *n. f.*, *Syn. cigg*, * šqq, ش ق ق

♦ **partie d'un double, moitié,** patte avant, moitié des côtes et cuisse d'un animal coupé en deux dans le sens de la longueur. •*Al-râjil da bagdar bikammil wahêdah cigge tamâm hint xanamay.* Cet homme peut finir à lui seul la moitié d'un mouton. •*Jâboh fî l-sûg cigag talata hanâ bagar.* On a apporté au marché trois moitiés de vaches.

ciggêc ? *invar.*, interrogatif, peut-être contraction de *cigg al-ceyy*, * šqq, ش ق ق

♦ **de quel côté ?, dans quelle direction ?, où ?** •*Min fajûr da inta macêt ciggêc ?* Ce matin, dans quelle direction es-tu parti ? •*Ace, bêtku ciggêc ?* Aché, de quel côté se trouve votre maison ?

cigi / yacga *v. intr.*, forme I n° 21, * šqw, ش ق و

♦ **être dans le malheur, être dans la misère, être dans la peine.** •*Hû cigi ba'ad al mâl kammal xallah.* Il est tombé dans la misère après la disparition de sa richesse (de son cheptel). •*Dârna cigat min al hurûb al katîrîn.* Notre pays est entré dans le malheur à cause de nombreuses guerres. •*Anîna kan mâ alwâfagna dâimân nacgo.* Si nous ne nous mettons pas d'accord, nous serons toujours dans le malheur.

cigife *n. f.*, → *cigfe.*

cîh *n. vég.*, *coll.*, *m.*, *sgtf. cîhay*, en toubou *ediseru*, (*Cf.* Chapelle 1957, p. 195), * šyḥ, ش ي ح

♦ **nom d'une herbe odoriférante, armoise, absinthe, Artemisia judaica,** famille des composées, herbe du désert qui guérit les maux d'estomac et chasse les vers intestinaux. •*Al-cîh yugumm illa fî l-sahara wa indah rîhe halûwa.* L'absinthe ne pousse que dans le désert et sent très bon. •*Kan galbak cabbâk subb cîh fî almi dâfi, wa atrôn ciyya, wa acarab !* Lorsque quelque chose te reste sur l'estomac, verse de l'armoise dans de l'eau tiède avec un peu de natron et bois-la ! •*Al-cîh dawa lê l-lahame wa l warama.* L'armoise est un médicament pour les crampes d'estomac ou les enflures.

cihde *n. f.*, * šhḏ, ش ح ذ

♦ **mendicité.** •*Al-cihde lê l-nâdum al yagdar yaxdim mâ adîle.* Il n'est pas bon pour une personne valide de se livrer à la mendicité. •*Al-cihde axêr min al-sirge.* La mendicité est préférable au vol.

cihhêt *n. vég.*, *coll.*, *sgtf. cihhêtay*, * šḥṭ, ش ح ط

♦ **nom d'un arbuste, Combretum aculeatum (Vent.),** famille des combrétacées, lianescent épineux. •*Al-cihhêt cadar bugumm fî bakânât marâgid al almi.* Le Combretum aculeatum est un arbre qui pousse aux endroits où l'eau stagne. •*Al-cihhêtay tugumm tihit al-cadaray al kabîre minnaha wa tilawliw fôgha.* Le Combretum aculeatum pousse sous un arbre plus grand que lui et s'agrippe [s'enroule] sur lui. •*Matârig al-cihhêt yabnu bêhum al kawâzi.* Les tiges du Combretum sont utilisées dans la construction des cases rondes.

cihid / yachad *v. intr.*, forme I n° 20, * šhd, ش ه د

♦ **être témoin, être présent, voir, assister à.** •*Hû cihid wakit anâ kaffêtah gursah.* Il était là présent quand je lui ai versé son argent. •*Jâri cihid lê Zâra kadâr Hurra bas ayyaratha.* Mon voisin a été témoin que c'est Hourra qui a insulté Zara.

cihide *n. f.*, *Cf. cahad*, * šḥd̲, ش ح ذ

♦ **mendicité, fait de quémander.** •*Al binêye l kiyêfire di al'allamat al-cihide !* Cette coquine de fillette a déjà appris à quémander ! •*Al muhâjirîn bi'îcu be l-cihide.* Les enfants de l'école coranique vivent de mendicité.

cik *invar.*, * škk, ش ك ك

♦ **différent, autre.** •*Al-nasrâni da jâyi min bakân cik, mâ min hini.* Cet Européen vient d'ailleurs [d'un lieu autre], il n'est pas d'ici. •*Hû da adabah cik min hanâ axawânah.* Celui-ci a une éducation différente de celle de ses frères. •*Xalagi da cik min hanâk.* Mon vêtement est différent du tien. •*Mâla intu libistu xulgân cik ?* Pourquoi vous êtes-vous habillés différemment ? •*Iyâl hanâ hassâ cik min hanâ zamân.* Les enfants d'aujourd'hui ne sont plus comme ceux d'autrefois.

cik cik expression, * škk, ش ك ك

♦ **complètement différent, entièrement autre, sans rapport, séparé.** •*Bêti wa bêtak cik cik.* Ma maison et la tienne sont complètement différentes. •*Mâla ga'adtu cik cik.* Pourquoi êtes-vous restés à l'écart les uns des autres. •*Al mulâhât dôl cik cik, mâ taxalbutûhum !* Ces sauces sont complètement différentes, ne les mélangez pas !

cîl *v. impér.*, → *câl 1, câl 2.*

cila cila *n. m.*, → *cilêcila.*

cîlân *pl.*, → *câl 3.*

cilêcila *n. m.*, *empr.*

♦ **nom d'une danse,** danse traditionnelle baguirmienne ou kotoko. •*Yôm al îd anîna macêna cifna li'ib hanâ cilêcila.* Le jour de la fête, nous sommes partis regarder la danse *cilêcila.* •*Banât al Bâgirmi kan bal'abo cilêcila, induhum rîbân gusâr, wa rabbâtât tuwâl wa tarhât fî rusênhum.* Lorsqu'elles dansent le *cilêcila*, les filles Baguirmiennes portent des robes courtes, un long pagne attaché à la ceinture, et un petit voile sur la tête.

cilêxe / cilêxât *n. f. mrph. dmtf.*, *litt.* petite scarification, → *firêde 2*, * šlẖ, ش ل خ

cimal *pl.*, → *camle.*

cimâl *n. m.*, terme de l'*ar. lit.* : "côté gauche", "nord", → *mincâx*, * šml, ش م ل

cimâli / cimâliyîn *adj.*, (*fém. cimâliye*), *Syn. mincâxi*, * šml, ش م ل

♦ **septentrional(e), nordiste.** •*Hû min nâs al-cimâliyîn hanâ l balad.* Il est parmi les gens du nord du pays. •*Al-nuss al-cimâli hanâ baladna indah atrôn.* Le côté nord de notre pays a du natron.

cîn *invar.*, → *cunû.*

cinat *pl.*, → *canta.*

cinêk *n. m.*, ≅ *sinêk*, *Cf. dinâri, kubbi, subâta.*

♦ **trèfle,** couleur noire au jeu de cartes. •*Al karte di nâgse, mâ fî sab'a cinêk.* Il manque dans ce jeu le sept de trèfle. •*Al-cinêk kulla ke indi âna, wa kê da nâkul !* C'est moi qui ai tous les trèfles, et ainsi je gagne [je mange] !

cingil *n. vég.*, *coll.*, *m.*, *sgtf. cingilay*, en arabe *sd. cingilêt* (*C.Q.*), *Cf. doya*, * šnql, ش ن ق ل

♦ **nom d'un tubercule, igname sauvage, Typha** ***sp.,*** famille des Typhacées, tubercule d'une liane fine, au goût amer consommé en temps de famine après avoir été épluché et après avoir bouilli plusieurs fois dans de l'eau natronnée ou du *tcurûru*. •*Talga l-cingil fî l wati.* On trouve le tubercule de la liane dans le Sud. •*Kan inta ligit mutrag hanâ cingil, tihit fî l-turâb iyâlah talgâhum katîrîn murassasîn.* Lorsque tu as trouvé la tige de la liane aux tubercules, tu trouveras sous la terre de nombreux autres tubercules alignés les uns derrière les autres.

cinif / cunûf *n. m.*, * šnf, ش ن ف

♦ **anneau de nez, boucle de nez,** petite boucle que l'on passe dans l'une des deux narines. •*Awîn barra bidissu cinif hanâ fudda walla dahab.* Les femmes de la campagne [de l'extérieur] mettent des boucles de nez en argent ou en or. •*Hassâ awîn al gêrar mâ bidissu cinif.* A présent, les femmes de la ville ne portent plus de boucle au nez. •*Al-cinif jamâl lê l mara.* La boucle de nez est une parure pour la femme.

Ciningâl *n. pr.* de pays, *n. pr. gr.*, *coll.*, *sgtf. Ciningâli*, (*fém. Ciningâliye*).

♦ **Sénégal, Sénégalais.**

cirêmîte / cirêmîtât *n. f. mrph. dmtf.*, *Cf. carmuta*, * šrmṭ, ش ر م ط

♦ **petite prostituée, petite putain.** •*Al mara ayyarat xasîmitha gâlat lêha : "cirêmite !".* La femme a insulté son ennemie en lui disant : "petite putain !". •*Mâ tugûl cirêmîte lê l binêye l-saxâyre !* Ne dis pas "petite putain !" à une petite fille !

cirib / yacrab *v. trans.*, forme I n° 20, * šrb, ش ر ب

♦ **boire, fumer, absorber un médicament, prendre un cachet.** •*Ciribt almi lêmûn be sukkar.* J'ai bu du jus de citron sucré. •*Hû bacrab tâba.* Il fume du tabac. •*Inta ciribt kinnîn wallâ ?* As-tu pris un cachet ?

cirk *n. m.*, * šrk, ش ر ك

♦ **polythéisme, idolâtrie,** fait d'associer Dieu à d'autres divinités. •*Humman bugûlu ba'budu Allah lâkin coxolhum cirk, bamcu l-cawwâfîn.* Ils disent qu'ils adorent Allah mais ce sont des idolâtres [leur chose est l'idolâtrie], ils fréquentent les voyants. •*Kan mâ fakkart tadxul fî l-cirk.* Si tu ne fais pas attention, tu glisseras dans le polythéisme.

cirka / cirkât *n. f.*, → *carika*, * šrk, ش ر ك

♦ **association, entreprise, société, groupement.** •*Fî cirkit al-sukkar hanâ Sarh awîn wa rujâl baxadmu sawa.* Dans l'entreprise sucrière de Sarh, les femmes et les hommes travaillent ensemble. •*Al yôm, fî l-râdyo, cirkit al almi wa l kahraba antat inzâr lê zabâyinha.* Aujourd'hui, à la radio, la Société d'eau et d'électricité a donné un avertissement à ses clients.

cirrêbe / cirrêbât *n. f. mrph.* diminutif, *Cf. carbe*, * šrb, ش ر ب

♦ **fait de boire un peu, fait de se désaltérer une fois,** petite quantité de boisson bue en une seule fois. •*Min fajur cirrêbti wahade bas !* Depuis ce matin je n'ai bu un peu qu'une seule fois ! •*Cirrêbtah amis lê l marîse di ta''abatah.* Il n'a bu hier qu'une fois un peu de bière de mil, et cela l'a fatigué.

cirrêye / cirrêyât *n. f. mrph. dmtf.*, *Cf. cari*, * šry, ش ر ي

♦ **achat,** fait ou manière d'acheter. •*Al-cirrêye hint al hôc da mâ ajabat al-jîrân.* L'achat de cette concession n'a pas plu aux voisins. •*Cirêye fî dukkân hanâ l mara di gâsiye.* C'est difficile de faire un achat dans la boutique de cette femme. •*Cirrêyti lê l guffa di nafa'atni.* L'achat de ce couffin m'a rendu service.

cirrîr / cirrîrîn *adj.*, (*fém. cirrîre, cirrîriye*), * šrr, ش ر ر

♦ **méchant(e), querelleur (-euse),** qui fait du mal, créant des ennuis et des problèmes. •*Al mara l-cirrîre al-nâs mâ birîduha.* Les gens n'aiment pas la femme querelleuse. •*Al-râjil da cirrîr, mâ tabga jârah !* Cet homme est méchant, ne deviens pas son voisin ! •*Fakkir mâ tâxud al mara l-*

cirrîre ! Fais attention, n'épouse pas une femme querelleuse !

cirrîriye *adj. f.*, → *cirrîr.*

cite *n. m.*, * štw, ش ت و

♦ **hiver,** période froide entre la saison des pluies et la saison sèche, couvrant les mois de novembre à février. •*Fî l-cite, kulla l-nâs bogôdu dâxal fî buyûthum fî l-lêl.* En hiver, tout le monde reste à l'intérieur de la maison pendant la nuit. •*Fî wakt al-cite, al harrâtîn bimaggunu l berbere.* Pendant l'hiver, les paysans repiquent le berbéré.

citêla *n. f.*, *mrph. dmtf.* de *catala* mot arabe d'emprunt *syr.* (*Mu.*), *aram.* (*C.Q.*), nom d'un chant et d'une danse du tambour en arabe *sd.* (*C.Q.*), * štl, ش ت ل

♦ **sandalettes,** sandalettes décorées pour les femmes. •*Râjilha cara lêha markûb al-citêla yôm al îd.* Son mari lui a acheté de belles sandalettes. •*Zamân wakit anâ saxayyar al awîn balbaso markûb al-citêla.* Autrefois, quand j'étais enfant, les femmes portaient de belles sandalettes.

cittu *v. impér.*, → *catto.*

ciwêwîl / **ciwêwîlât** *n. m. mrph. dmtf.*, *Cf. cuwâl*, * šwl, ش و ل

♦ **petit sac.** •*Fî mudda hanâ caharên, hû jâb lê iyâlah illa ciwêwîl wâhid bas hanâ xalla.* En deux mois, il n'a apporté à ses enfants qu'un petit sac de mil. •*Indi ciwêwîl wâhed hanâ sumsum.* J'ai un petit sac de sésame chez moi.

ciwwêfe / **ciwwêfât** *n. d'act.*, *mrph. intf.* et *dmtf.*, *f.*, employé dans un sens réprobateur, *Cf. côfîn*, * šwf, ش و ف

♦ **regard intense, coup d'œil expressif, intention d'un regard, perception brève,** fait de lancer un regard fixe ou bref avec une intention non explicite. •*Al-ciwwêfe l misil di, cunû ?* Pourquoi me regardes-tu fixement ainsi ? •*Ciwwêfit al ên mâ tâktul al xazâl.* L'œil qui fixe la gazelle ne la tue pas ! (*Prvb.*) *i.e.* désirer quelque chose ne suffit pas pour l'obtenir. •*Hû min ja, ciwwêfti lêh marra wahade bas !* Depuis qu'il est arrivé, je ne l'ai aperçu qu'une seule fois ! •*Al mara talagat lisânha, wa darritha câfatha ciwwêfe bilhên mâ samhe.* La femme a laissé échapper un mot de trop [à relâché sa langue], et sa rivale lui a lancé un regard très méchant.

cixêl / **cixêlât** *n. m. dmtf.* de coxol, * šġl, ش غ ل

♦ **petite chose, petite somme d'argent, petite quantité de nourriture,** petite chose qui ne compte pas. •*Kan ligît cixêl lâ tansâni !* Si tu reçois un peu d'argent, ne m'oublie pas ! •*Sawwu lêna cixêlât fî l xada, ciya ciya bas !* Fais-nous pour le repas de petits plats !

ciya *invar.*, ≅ *cwiya* (Ouaddaï et *sd. C.Q.*), *mrph. dmtf.*, *Cf. cey*, * šy', ش ي ء

♦ **peu, un peu, petite quantité,** pas beaucoup. •*Agôd arjâni ciya ke !* Attends-moi un peu ! •*Zîdi ciya !* Ajoute un peu ! •*Indi dawa ciya.* J'ai peu de médicaments. •*Hû ciya mardân.* Il est un peu malade.

ciya bilhên expression, → *ciya* et *bilhên*, * šy', ش ي ء

♦ **insuffisant, trop peu, pas assez.** •*Da ciya bilhên.* C'est insuffisant. •*Sukkarak da ciyya bilhên, zîdah acân câhîk da murr !* Tu n'as pas assez de sucre, ajoutes-en parce que ton thé est amer !

ciya katîr expression, → *ciya* et *katîr*, * šy', kṯr, ش ي ء • ك ث ر

♦ **un peu plus, un peu trop,** plus qu'il n'est nécessaire. •*Akul ciya katîr !* Mange un peu plus ! •*Hû akal ciya katîr.* Il a un peu trop mangé.

ciyâb *pl.*, → *câyib.*

ciyya *invar.*, *Cf. ciya*, * šy', ش ي ء

♦ **un tout petit peu, très peu, une très petite quantité.** •*Arjâni ciyya ke, naji !* Attends-moi un tout petit peu, je viens ! •*Antîni catte ciyya !* Donne-moi un tout petit peu de piment !

ciyyêle / ciyyêlât *n. d'act., mrph. dmtf., f., Cf. cêlîn,* * šwl, ش و ل

♦ **manière de prendre délicatement,** fait de prendre quelque chose avec délicatesse ou précaution. •*Cûfu l mara di, ciyyêlitha lê l wilêd da !* Regardez la manière délicate dont cette femme prend l'enfant ! •*Ciyyêlti lê l xumâm da, nidôr nilahhigah fî l-sûg.* Je prends délicatement ces affaires pour qu'elles arrivent en bon état au marché.

cô / côwât *n. m., empr. fr.* "seau", → *jardal.*

co' ! *invar.*, interjection dont on se sert pour demander au chameau de baraquer.

♦ **cho !, baraque !** •*Al-jamal kan tidôr tiraggidah, takurb al-rasan wa tugûl lêyah : co' !* Quand tu veux que ton chameau baraque, tu tires vers le bas le bridon et tu lui dis "cho !". •*Hû râkib fî l-jamal wa gâl lêyah "co'" acân xâf min hiss al marfa'în.* Il était sur son chameau quand il lui a dit : "cho ! baraque !", parce qu'il avait peur du cri de l'hyène.

côf *n. d'act.,* * šwf, ش و ف

♦ **vue, vision, regard,** manière de voir. •*Al mara di côfaha lê l-rujâl bilhên cên.* Cette femme a une très mauvaise manière de regarder les hommes. •*Anâ mâ nirîd côf hanâ li'ib al bâl.* Je n'aime pas regarder les matchs de football. •*Kan côfak fasil, amci l-labtân yidâwuk !* Si tu as une mauvaise vision, va te faire soigner à l'hôpital ! •*Côf al ên mâ baktul al xazal.* Le simple regard ne tue pas la gazelle. *Prvb.* (*i.e.* désirer une chose ne suffit pas pour l'obtenir).

côfan *n. d'act.,* → *côfîn,* * šwf, ش و ف

côfîn *n. d'act., m., ≅ côfan, Cf. kâlihîn,* * šwf, ش و ف

♦ **vue, vision, fait de voir.** •*Al-câyib da côfînah galîl.* Ce vieux a la vue faible. •*Adam al xiza bigallil al-côfân.* Le manque de vitamines diminue l'acuité visuelle.

côg / acwâg *n. m., Syn. garam,* * šwq, ش و ق

♦ **nostalgie, désir.** •*Hû côgah yamci ma'âna sawa fî l kadâde.* Il a le désir d'aller avec nous en brousse. •*Indi côg lê axawâni acân tawwalt mâ ciftuhum.* J'ai la nostalgie de mes frères parce qu'il y a longtemps que je ne les ai pas vus.

côgar / yicôgir *v. intr.*, forme III, viendrait du nom de la fleur *cuqqâr* "anémone" (*C.Q.*), * šqr, ش ق ر

♦ **verdir,** devenir plus beau en parlant des plantes. •*Al xadâr al fî l-jinêne côgar acân bazgu katîr.* Les légumes qui sont dans le jardin sont devenus très verts parce qu'on les arrose beaucoup. •*Al fûl côgar acân al-sane al xarîf tagîl bilhên.* L'arachide a verdi parce qu'il pleut abondamment cette année. •*Mâla l-cadaray al fî xacum bêtku côgarat misil da ?* Pourquoi l'arbre devant la porte de votre maison a t-il ainsi verdi ?

Côgâra *n. pr.* de femme, nom d'une herbe verte et tendre poussant au début de la saison des pluies, * šqr, ش ق ر

côgarân *n. d'act., m.,* → *côgirîn.*

côgirîn *n. d'act., m., qdr., ≅ côgarân,* terme des chameliers en arabe *sd.* (*C.Q.*), *Cf. xaddirîn,* * šqr, ش ق ر

♦ **verdoiement, verdissement,** fait de reverdir après les premières pluies. •*Côgirîn al kadâde da biwassif kadar al xarîf sameh.* Le verdoiement de la brousse prouve que la saison des pluies est bonne. •*Côgirîn al-jinêne di akûn siyâdha bazguha almi katîr.* Le verdissement de ce jardin est peut-être dû au fait que ses propriétaires l'arrosent abondamment.

côk *n. coll., m., sgtf. côkay,* pluriel du singulatif *côkayât,* * šwk, ش و ك

♦ **épine.** •*Côk katîr lisig fî na'ali.* Beaucoup d'épines se sont accrochées à mes sandales. •*Sallêt côkay min rijili.* J'ai retiré une épine de mon pied. •*Mâci kê, askari waggafâni...*

Di l-côkay. Je marchais, un militaire m'a arrêté… C'est l'épine. *Dvnt.* •*Côk al kûk tuwâl bilhên.* Les épines de l'Acacia siebieriana sont très longues.

cokotoma *n. anim.*, → *amgondoko.*

Cokoyon *n. pr.* de lieu.
♦ **Chokoyon.** •*Al Abucârib gâ'idîn fî Cokoyon.* Les Aboucharib sont à Chokoyon. •*Cokoyon hille fî Wadday garîbe lê Abbece.* Chokoyon est un village du Ouaddaï près d'Abéché.

côla *adj. f.*, → *acwal.*

côra / **côrât** *n. f.*, *Cf.* *câwar*, * šwr, ش و ر
♦ **consultation, conseil.** •*Fîh côra ambên al-rujâl al-tinên dôl da.* Ces deux hommes se consultent [il y a une consultation entre ces deux hommes]. •*Bêt al-Côra mâ xirib.* La maison du Conseil ne s'est pas écroulée. •*Côritku di câlat lêku wakit katîr.* Votre consultation vous a pris beaucoup de temps.

cosêt / **cosêtât** *n. m.*, *empr. fr.* plus utilisé que *currâb*, *Cf.* *currâb.*
♦ **chaussette.** •*Al-côsêt kan affan al fâr bigaddidah.* Lorsque la chaussette sent mauvais, les rats la trouent. •*Al-côsêtât talgâhum fî bakân al-tallâni.* Tu trouveras des chaussettes chez tous les marchands ambulants.

côt *n. m.*, (*H.W.*), * šwṭ, ش و ط
♦ **coup d'envoi, tour, partie de jeu.** •*Al-côt al awwal hanâ l kûra yabda be sâ'a talâta wa nuss.* Le coup d'envoi du match sera donné à quinze heures et demie. •*Humman li'ibo côt talâta bas, câlo l kûb.* Ils ont joué trois parties et ont remporté la coupe. •*Juwâdi mâ jara adîl fî l-côt al awwal.* Mon cheval n'est pas bien parti au premier tour. •*Al-nâs mâ maco katîrîn fî l-côt al-tâni hanâ l intixâbât.* Les gens ne se sont pas beaucoup déplacés pour le deuxième tour des élections.

côtan / **yicôtin** *v. trans.*, forme III, * šṭn, ش ط ن
♦ **rendre fou, devenir fou, perdre la tête.** •*Ali côtan acân martah abatah.* Ali est devenu fou parce que sa femme ne voulait plus de lui. •*Hû cirib al banga wa côtanah.* Il a fumé de la drogue qui l'a rendu fou. •*Sawwa imtihân talâta marrât wa mâ ligih, bas côtan.* Il a passé trois fois son examen sans le réussir [il ne l'a pas trouvé], et il en est devenu fou.

côwât *pl.*, → *cô.*

coxol / **caxâlît** *n. m.*, * šġl, ش غ ل
♦ **chose, objet, affaire, argent.** •*Indi coxol fî jêbi niwaddi l bêt.* J'ai quelque chose dans ma poche que j'emporte à la maison. •*Caxâlîtku l-daffagtuhum hini, ta'âlu cûluhum !* Les choses dont vous vous êtes débarrassés ici, venez les reprendre ! •*Ya xayy, antîni ma'âk coxol ciyya, mâ indi masârîf !* Mon ami, donne-moi un peu d'argent, je n'ai rien pour mes achats !

coxol ciya expression, → *gurus.*

cu'ara *pl.*, → *câ'er, câ'ir.*

Cu'aybo *n. pr.* d'homme, variante de *Cu'êb*, * šˁb, ش ع ب

Cu'êb *n. pr.* d'homme, *mrph. dmtf.*, nom d'un prophète dans le Coran, * šˁb, ش ع ب

cu'ûb *pl.*, → *ca'ab.*

cu'ûn *pl.*, * š'n, ش ء ن
♦ **affaires, problèmes.** •*Hû da biddaxxal fî cu'ûn al mâ cu'ûnah.* Il s'ingère dans les affaires qui ne le concernent pas. •*Wazîrna hanâ Cu'ûn al Xârijiya sâfar amis.* Notre ministre des Affaires étrangères est parti hier en voyage.

cu'ûr *pl.*, * šˁr, ش ع ر
♦ **impressions, sentiments.** •*Wakit marag min al gasir hanâ l-ra'âsa, al-sahâfi sa'alah min cu'ûrah ba'ad al mugâbala ma'â l-ra'îs.* Lorsqu'il sortit du palais présidentiel, le journaliste lui a demandé ses impressions sur la rencontre avec le Président. •*Al wazîr gâl lê l harratîn : al kalîmât gassaro*

lêi acân nigaddim lêku cu'ûri. Le ministre a dit aux paysans que les mots lui manquaient pour exprimer ses sentiments.

cubbâk / cabâbîk *n. m.*, terme de l'*ar. lit.*, * šbk, ش ب ك
♦ **fenêtre.** •*Al bêt kan mâ indah cubbâk hâmi.* Lorsqu'une maison n'a pas de fenêtres, elle est chaude. •*Bêt axui indah cabâbîk talâta.* La maison de mon frère a trois fenêtres. •*Cubbâk hanâ Mahammat masdûd be farfar.* La fenêtre de Mahamat est fermée par un canisse.

cubbân *pl.*, → *câb.*

cudâd *pl.*, → *cadîd.*

cudûg *pl.*, → *cidig.*

cufay *n. d'act., f.*, *Cf. cafa*, * šfy, ش ف ي
♦ **couture de la vannerie, confection,** fait de coudre les fibres pour former les objets de vannerie. •*Awîn barra ya'arfu cufayt al-tubugân.* Les femmes de brousse savent confectionner des vans. •*Cufayt al koryo gawiye acân da ticîl al-labân wa l-dihin, wa tisawwi l almi bârid.* La couture d'un pot en fibres est très serrée, c'est pour cela qu'il peut contenir [prendre] de l'huile ou du lait et qu'il rend l'eau fraîche.

cugag *pl.*, → *cugga.*

cugg *v. impér.*, → *cagga.*

cugga / cugag *n. f.*, * šqq, ش ق ق
♦ **très longue natte,** grande et longue natte de cérémonie. •*Farract cugga kabîre lê difâni.* J'ai étendu une grande natte *cugga* pour mes invités. •*Fî yôm al fâthe hanâ Fâtime ahalha farraco cugag lê l-nâs.* Le jour où l'on a célébré le mariage de Fatimé, sa famille avait étendu de longues nattes pour les gens. •*Fî l farîg, al-cugga yixattu bêha l bêt.* Au campement, on couvre la maison avec une natte *cugga.*

cugûg *pl.*, → *cagg.*

cugur *pl.*, → *acgar.*

cuhada' *pl.*, → *cahîd.*

cuhna / cuhnât *n. f.*, * šḥn, ش ح ن
♦ **chargement, cargaison.** •*Fî l-darat, siyâd al arabât balgo cuhna katîre.* Pendant le temps de la moisson, les propriétaires de véhicules ont beaucoup d'affaires à transporter. •*Al watâyir jo min Duwâla, wa kulla cuhnithum muxattaya be bâcât.* Les camions sont venus de Douala, et tout leur chargement était recouvert de bâches. •*Al-rakûb fî râs al-cuhna l-tawîle da xatari lê l musâfirîn.* Il est dangereux pour les voyageurs de monter au sommet d'un chargement si haut.

cuhûd *pl.*, → *câhid 1.*

cuhuna / cuhunât *n. f.*, → *cuhna.*

cuhûr *pl.*, → *cahar.*

cukâl / cukâlât *n. m.*, mot utilisé en arabe *sd.*, d'emprunt *irn.* (*C.Q.*), → *gêd*, * škl, ش ك ل
♦ **entrave du cheval,** corde qui maintient rapprochées les pattes latérales du cheval pour empêcher l'animal de courir. •*Al-juwâd hallo cukâlah wa xalloh maca.* Ils ont détaché l'entrave du cheval et l'ont laissé partir. •*Al-cukâlât min al-za'af, wa kulla siyâd al-xêl ba'arfu bisawwuhum.* Les entraves du cheval sont en fibres de palmier doum et tous ceux qui possèdent des chevaux savent les fabriquer.

cukk *v. impér.*, → *cakka 1, cakka 2.*

cukkâba / cakâkîb *n. f.*, *mrph. intf.*, métathèse dans la racine, ≅ *tcukkâba*, * šbk, ش ب ك
♦ **natte en paille, claie en paille,** couverture imperméable des cabanes de berger, assemblage des tiges de longues herbes maintenues très serrées bord à bord par un laçage. •*Al Arab babnu buyûthum be cakâkîb.* Les Arabes construisent leurs maisons avec des nattes en paille. •*Fî l xarîf al-cakâkîb babgo xâliyîn.* En saison

des pluies, les nattes en paille coûtent cher. •*Kan ligit cukkâba, nabni bêt lê jidditi.* Si je trouve une natte en paille, je vais construire une maison pour ma grand-mère.

cukmân *n. m., empr.* sans doute du *fr.* "échappement", connu aussi en arabe *sd.*
♦ **tuyau d'échappement.** •*Al watîr da badrub misil al bundug acân mâ indah cukmân.* Cette voiture pétarade comme un fusil parce qu'elle n'a plus de tuyau d'échappement. •*Hêy wilêdi mâ talmas cukmân al môto da, hâmi yutuccak !* Hé ! mon enfant ! ne touche pas le tuyau d'échappement de cette moto, il est chaud et peut te brûler !

cukrân *invar.*, formule de remerciement, * škr, ش ك ر
♦ **merci.** •*Da gurus katîr - Cukrân !* Voilà beaucoup d'argent - Merci ! •*Al wilêd kan mâ mu'addab mâ bugûl cukrân kan antêtah coxol.* L'enfant mal élevé ne dit pas merci lorsqu'on lui donne quelque chose.

cukur *n. m.*, * škr, ش ك ر
♦ **remerciement.** •*Al-cukur mâ bamla l batun lê l-jî'ân !* Le fait de dire merci ne remplit pas le ventre de celui qui a faim ! (*Prvb.* pour demander la juste rétribution d'un travail). •*Cukurna muwâjah lê kulla l-nâs al-sâ'adona fî wakit azûmitna.* Nos remerciements s'adressent à tous les gens qui nous ont aidés lors de notre invitation.

culûx *pl.*, → *calix.*

cûm *invar.*, voir plus loin l'expression *êb al-cûm*, * š'm, ش ء م
♦ **pudeur.** •*Al-nâdum al mâ indah cûm bidâwis jîrânah fî xabar al iyâl.* Celui qui n'a pas de pudeur se querelle avec ses voisins à cause des enfants. •*Ali indah cûm, kan zôl asâ'ah kula mâ bahajji !* Ali a une grande pudeur, même si quelqu'un dit du mal de lui, il ne répond pas. •*Al-râjil da mâ inda cûm, bidâwisak fî haggak halâlak.* Cet homme n'a pas de pudeur, il se bagarrera avec toi pour obtenir ce qui t'appartient.

cumâm *n. mld.*, * šmm, ش م م
♦ **panaris.** •*Al fî usba'ah cumâm yaxâf min al-têray al-tâyire.* Celui qui a un panaris au doigt craint même un oiseau qui s'envole (*i.e.* il a très peur qu'on lui touche le doigt). •*Uwârt al-cumâm mâ tabra ajala.* La plaie provoquée par un panaris ne guérit pas vite. •*Al-cumâm yadhar sîdah al-nôm.* Celui qui a un panaris ne peut pas dormir.

cumm *v. impér.*, → *camma.*

cunû *invar.*, adverbe interrogatif portant sur les choses, contraction de *ca'n* et de *hû* [son affaire ?], ≅ *cîn*, voir ci-dessous l'expression *cîn hâlak*, * š'n, ش ء ن
♦ **quoi ?, qu'est-ce ?, et cetera, *etc.*** •*Da cunû ?* Qu'est-ce que c'est ? •*Tidôr cunû ?* Que veux-tu ? •*Tugûl cunû ?* Que dis-tu ? •*Cîn hâlak ?* Comment vas-tu ? •*Akalat tamur wa tamâtim wa fûl wa cette wa cunû cunû.* Elle a mangé des dattes, des tomates, des arachides, du piment, *etc.*

cunûf *pl.*, → *cinif.*

cura' *n. m.*, dans l'expression *be' wa cura'*, * šry, ش ر ي
♦ **transaction commerciale, achat, vente, commerce.** •*Al-tibkîre mâ sûg, al kalâm be' wa cura' !* Le fait de venir plus tôt que les autres au marché ne signifie pas qu'on va vendre plus que les autres ; tout est dans l'art de mener les transactions commerciales. •*Humman dôl, coxolhum be' wa cura' bas, mâ hurâj.* Ceux-là ne se bagarrent pas, ils ne font que du commerce.

curâb *n. m.*, * šrb, ش ر ب
♦ **fait de boire, boisson.** •*Curâb al marîse mâ adîl !* Il n'est pas bon de boire la boisson alcoolisée ! •*Curâb al-câhi fî l-lêl badharni l-nôm.* Le fait de prendre du thé la nuit m'empêche de dormir.

curafâ' *pl.*, → *carîf.*

curaka' *pl.*, → *carîk.*

curba / curbât *n. f.*, ≅ *carba*, * šrb, ش ر ب

♦ **soupe.** •*Maryam bî'i laham samîn lê l-curba !* Mariam, achète de la viande grasse pour la soupe ! •*Aciye da, fî l aca, nacarab lêi curba bas.* Ce soir, pour dîner, je ne prendrai [boirai] que de la soupe. •*Acta, subbi curbit al-jidâd katîre lê l-rujâl !* Achta, verse beaucoup de soupe de poule pour les hommes !

curkân *pl.*, → *carak, carîk.*

curkulâta *n. f.*, → *carkalôta.*

curr *v. impér.*, → *carra 1.*

currâb / currâbât *n. m.*, terme utilisé au Soudan, → *cosêt.*

currâba *n. vég., coll., f., sgtf. currâbay*, à ne pas confondre avec *amcurrâba*, * šrb, ش ر ب

♦ **herbe à balais, Anthephora nigritana (Stapf.),** famille des graminées. •*Al-currâba, hî gecc tuwwâl nisawwu bêyah al magâcîc.* L'herbe à balais est une herbe longue avec laquelle on fait des balais. •*Kan tidôr tisawwi mugcâce, tixalli l-currâba taybas wa tikassir rûsênha !* Quand on veut fabriquer un balai, on laisse l'herbe à balais sécher et on en casse ensuite les bouts [leurs têtes] !

curta *n. f.*, terme moins employé que *bôlîs, birgâd*, * šrṭ, ش ر ط

♦ **brigade, gendarmerie, gendarme.** •*Al-curta maragat dawriye wa hawwagat al hille.* La gendarmerie a envoyé une patrouille faire le tour de la ville. •*Kabîr al-curta axîd.* Le chef de la brigade est colonel.

curtân *pl.*, → *carît.*

curukka *pl.*, → *carak.*

curûr *pl.*, → *carr.*

curût *pl.*, → *cart.*

cût *v. impér.*, → *cât.*

cuturnêr *n. m.*, → *sitornêl.*

cuwâk / cawawîk *n. m.*, * šwk, ش و ك

♦ **muselière à épines,** cordelette garnie d'épines qui entoure le museau du veau pour l'empêcher de téter sa mère. •*Al-cuwâk habil birabbutu fôgah côk, wa barbutuh fî gaddûm al ijil.* La muselière à épines est une corde sur laquelle on a fixé des épines et que l'on attache autour de la gueule des veaux. •*Al-cuwâk yadhar al ijil min al-ridâ'e.* La muselière à épines empêche le veau de téter.

cuwâl / cawâwîl *n. m.*, * šwl, ش و ل

♦ **sac,** gros sac en jute, contenu d'un sac. •*Cuwâl xalla be alif wa mîtên riyâl.* Le sac de mil est à mille deux cents riyals. •*Al-dakâkîn dôl malânîn cawâwîl faham.* Ces boutiques sont pleines de sacs de charbon.

cuwul *pl.*, → *acwal.*

cuyâb *pl.*, → *câyib.*

cuyûs *pl.*, → *cês.*

cuyûx *pl.*, → *cêx.*

cwiya *invar.*, → *ciya.*

D

da *pron.* démonstratif, *masc. sing.*, (*fém. di*), *Syn. hâda, hâdi.*

♦ **ce, cet, ceci, voici, celui-ci (celle-ci).** •*Da râjil.* C'est un homme. •*Da be kam ?* Combien cela coûte-t-il ? •*Da cunû Mûsa ?* Moussa, qu'as-tu fait ? [Qu'est-ce que c'est ?]. •*Hâda bêtna l gadîm durdurah macgûg.* Celle-ci, c'est notre ancienne maison dont le mur est fendu. •*Mara jamîle misil hâdi mâ fî.* Il n'existe pas de femme aussi belle que celle-ci.

da''a / yida''i *v. intr.*, *Cf. adda''a*, * dˤw, د ع و

♦ **demander à Dieu *qqch.*, invoquer Dieu pour,** implorer Dieu afin qu'il accorde quelque chose à quelqu'un. •*Hû yida''i lê ammah acân Allah yarhamha be l-janne.* Il implore Dieu pour qu'il accorde à sa mère le Paradis. •*Hî ligat rizix katîr min Allah acân abûha bida''i lêha kulla yôm.* Dieu lui a octroyé beaucoup de bonnes choses parce que son père invoquait Dieu pour elle tous les jours. •*Kan inta da''êt lêyah be l âfe akûn yalgâha.* Si tu invoques Dieu pour qu'il lui accorde la santé, il se peut qu'il la recouvre.

da''af / yida''if *v. trans.*, forme II, * dˤf, ض ع ف

♦ **affaiblir, minimiser.** •*Al xalaba tida''if al awîn marra wâhid.* La grossesse affaiblit complètement les femmes. •*Maradi da''afâni bilhên.* Ma maladie m'a vraiment affaibli. •*Hû da''afana, aba mâ ya'azimna wakit tahûrit iyâlah.* Il nous a beaucoup minimisés, il a refusé de nous inviter lors de la circoncision de ses enfants.

da''ak / yida''ik *v. trans.*, forme II, *intf.*, * dˤk, د ع ك

♦ **frotter énergiquement.** •*Al-râjil da''ak jismah be cîh.* L'homme a frotté énergiquement son corps avec de l'armoise. •*Al mara da''akat jilidha be l-dilke.* La femme s'est frotté énergiquement la peau avec de la crème *dilke*.

da'a / yad'i *v. trans.*, forme I n° 7, * dˤw, د ع و

♦ **invoquer, prier, inviter.** •*Da'ôni xada fî l hille.* On m'a invité à manger en ville. •*Ad'i Allah yantîk xidime !* Demande à Dieu de te donner du travail ! •*Kan tad'i Allah, tixassil galbak min al wasâxât.* Lorsque tu invoques Dieu, tu purifies ton cœur [tu laves ton cœur en y ôtant les impuretés] !

da'âc *n. m.*, en arabe *sd. daˤâc* (*C.Q.*).

♦ **nom d'un vent, vent annonçant la pluie,** vent soufflant à la fin de la saison sèche et ayant l'odeur de la terre mouillée. •*Al mâ camma riht al-da'âc mâ âc. Prvb.* Celui qui n'a pas senti l'odeur du vent de la saison des pluies n'a pas vécu. •*Al-da'âc rîh bârde indah layân hanâ turâb.* Le vent *da'âc* est frais et sent l'humidité de la terre.

da'ak / yad'ak *v. trans.*, forme I, n° 13, * dˤk, د ع ك

♦ **frotter.** •*Ad'ak xalagak da adîl be sâbûn acân wasaxah yamrug !* Frotte ton vêtement avec du savon pour qu'en sorte la saleté ! •*Al xassâlîn yad'ako l xulgân be îdênhum fî l bahar.* Les blanchisseurs frottent les vêtements avec leurs mains, dans le fleuve. •*Da'akat rijilha be hajar Bangi laxâyit jâbat damm.* Elle a frotté son pied jusqu'au sang avec une pierre ponce. •*Kan masakt al-cette, mâ tad'ak ênak be idâk !* Si tu as pris dans la main du piment, ne te frotte pas les yeux ensuite !

da'âyin *pl.*, → *da'îne.*

da'îf / du'âf *adj.*, (*fém. da'îfe*), * ḍˤf, ض ع ف

♦ **faible, sans force, sans ressource.** •*Al mardâne lissâha da'îfe.* La malade est encore faible. •*Al-zôl da da'îf, sâ'uduh be xalla wa gurus !* Cet homme est sans ressources, aidez-le avec du mil et de l'argent ! •*Al iyâl al-suxâr du'âf bilhên.* Les petits enfants sont sans force. •*Al awîn du'âf !* Les femmes sont moralement faibles !

dâ'iman *invar.*, ≅ *dâyiman* ou *dâiman*, * dwm, د و م

♦ **toujours, tout le temps, en permanence, perpétuellement, continuellement.** •*Dâ'iman al-nâs yamcu fî l-sûg.* Les gens vont toujours au marché. •*Wilêdi baji bicîfni dâyiman fî l bêt.* Mon enfant vient tout le temps me voir à la maison. •*Nulummu dâ'iman fî l-câri ma'â axûk al kabîr.* Nous nous retrouvons tout le temps dans la rue avec ton grand frère. •*Mâ nagdaro nasma'o dâyiman fî kalâmak al wâhid bas !* Nous ne pouvons écouter en permanence ton radotage [ton unique parole] !

da'îne / da'âyin *n. f.*, *coll.*, → *dâyne, dawâyin 2*, * ḍ'n, ض ء ن

♦ **un grand troupeau,** grand troupeau de bêtes domestiquées. •*Siyâd al-da'îne waddaro min al murhâl.* Les éleveurs de grands troupeaux ont perdu leur chemin pour la transhumance. •*Al-sana, al-da'âyin al almi lazamâhum.* Cette année, la pluie a empêché le déplacement des grands troupeaux. •*Al-da'îne titâbi l almi.* Le grand troupeau suit le déplacement de la pluie.

dâ'ine *n. f.*, (brebis), → *dâyne.*

da'wa / da'wât *n. f.*, *Cf. da'a*, * dˤw, د ع و

♦ **invitation, appel, exhortation.** •*Yôm al îd, al imâm gaddam da'wa lê l muslimîn fî l-jâmiye l kabîre.* Le jour de la fête, l'imam a invité les musulmans à aller à la grande mosquée. •*Fî yôm al îd, in câ'Allah, nigaddim lêki da'wa.* Le jour de la fête, s'il plaît à Dieu, je t'inviterai. •*Mâ nagdar namci fî l-da'wa al nâdôni fôghâ fî bêt al malammât.* Je ne peux pas me rendre à la salle de réunion pour répondre à l'invitation à laquelle j'ai été conviée. •*Yugumm yisalli kan simi' al-da'wa lê l-salâ.* Il se lève pour prier lorsqu'il entend l'appel à la prière. •*Munazzamat "al-da'wa l islâmiya" indaha maktab janb bêtna.* L'organisation "l'appel de l'islam" a son bureau à côté de notre maison.

dab *n. anim.*, → *dabb.*

dabâbîr *pl.*, → *dabbûra.*

dabâbîs *pl.*, → *dabbûs.*

dabâdib *pl.*, → *dabdab 4.*

dabah / yadbah *v. trans.*, forme I n° 12, * ḏbḥ, ذ ب ح

♦ **égorger, immoler.** •*Dabêna (dabahna) dikk lê l-dîfân.* Nous avons égorgé un coq pour les invités. •*Al-jazzâri dabah xanamay be l-lêl acân yaxâf min al pôlîs.* Le boucher a égorgé un mouton la nuit parce qu'il a peur de la police. •*Gubbâl ma tadbah tugûl : "Bismillâhi, wa Allah(u) akbar !".* Avant d'égorger, tu dis : "Au nom d'Allah, Allah est grand !". •*Yôm al îd dabahna kabic.* Le jour de la fête, nous avons immolé un bélier.

dabak *n. coll.*, *m.*, *sgtf. dabakay*, *Cf. saffay.* ⇨

♦ **gros bloc de rocher, rocher isolé,** colline de rochers. •*Al awîn bucurru l xalla fî l-dabakay.* Les femmes font sécher le mil sur le rocher. •*Al-dabakay gâ'ide fî usut hillitna.* Le rocher est au milieu de notre village.

dabalay / dabalâyât *n. f.*, * dbl, د ب ل

♦ **rassemblement pour manger ensemble, endroit où l'on mange, lieu réservé pour le repas entre voisins,** lieu où d'ordinaire les gens se rassemblent pour manger. •*Al yôm dabalayt al fatûr fî bêt Âce.* Aujourd'hui nous nous réunissons pour le petit déjeuner chez Aché. •*Marti maragat al êc fî l-dabalay lê l-rujâl.* Ma femme a apporté [sorti] la boule de mil pour les hommes à l'endroit où l'on mange. •*Anâ wa jîrâni sawwêna dabalay.* Mon voisin et moi-même prenons habituellement notre repas ensemble. •*Fî yôm fatûr al-Ramadân, al-nâs bisawwu dabalayât katîrîn.* Pour rompre le jeûne pendant le Ramadan, les gens préparent de nombreux espaces pour prendre ensemble le repas.

dabanga / dabangât *n. f.*, *empr.*

♦ **grenier,** très grande jarre en terre servant de grenier et pouvant atteindre deux mètres de haut. •*Sabbêt al xalla fî l-dabanga.* J'ai versé le mil dans le grenier. •*Al-sana di, dabangât al hille yabsîn.* Cette année, les greniers à mil du village sont vides [les greniers du village sont secs de mil].

dabara / dabarât *n. f.*, * dbr, د ب ر

♦ **plaie, écorchure,** plaie causée sur le dos d'une bête de somme par le frottement de la selle ou du bât. •*Al-juwâd indah dabara fî daharah, mâ tarkab fôgah !* Ce cheval a une plaie au dos, ne le monte pas ! •*Dabart al bahâyim bidâwûha be kawi !* Les plaies causées par le frottement d'une charge sur le dos des animaux se soignent par cautérisation ! •*Al-dabara fî l-juwâd wa jûbu l humâr akwuh !* Le cheval a une plaie sur le dos, qu'on amène l'âne pour le cautériser au fer rouge ! *Prvb.* pour signifier que les faibles et les pauvres doivent supporter les défauts ou maladies des forts et des riches. •*Dabart al-dikk, ambâkir tizîd, dabart al-sabara ambâkir tabra.* La blessure du coq demain s'aggravera, la blessure de l'écureuil demain guérira. *Prvb.* pour consoler l'enfant qui s'est écorché.

dabâra / dabârat *n. f.*, *Cf. dabbar*, * dbr, د ب ر

♦ **débrouillardise, organisation de sa survie, combine, ruse, peine donnée pour survivre,** fait de chercher par tous les moyens à assurer sa subsistance lorsque le salaire n'est plus assuré ou que la nourriture se fait rare. •*Fî sanit al-dabâra al-rujâl ta'abânîn bilhên.* L'année où il a fallu se débrouiller seul pour vivre, les hommes ont beaucoup souffert. •*Kan al xarîf bigi fasil, al-nâs buhummu lê l-dabâra l giddâmhum.* Lorsque la saison des pluies est mauvaise, les gens pensent à ce qu'ils devront bientôt faire pour survivre.

dabârat *pl.*, → *dabâra.*

dabax / yadbux *v. trans.*, forme I n° 1, * dbġ, د ب غ

♦ **tanner.** •*Al-râjil dabax al farwa hint al bagaray.* L'homme a tanné la peau de la vache. •*Hû dabax al farwa acân bidôr bisawwi ni'êlât.* Il a tanné la peau parce qu'il veut en faire des chaussures.

dâbax / yidâbix *v. trans.*, forme III, connu au *Sdn.*, * dbġ, د ب غ

♦ **chahuter, taquiner.** •*Al wilêd dâbax axuh namman bakkah.* L'enfant a taquiné son frère jusqu'à le faire pleurer. •*Hû mâ bidâbix al kubâr minnah.* Il ne taquine pas les plus grands que lui.

dabaxân *n. d'act.*, *m.*, ≅ *dabixîn*, * dbġ, د ب غ

♦ **tannage,** fait de tanner. •*Dabaxân al furaw bisawwi l îd zarga bilhên.* Le fait de tanner les peaux rend la main très noire. •*Al farwa kan mâ ligat dabaxân al itte tâkulha.* Une peau non tannée [qui n'a pas trouvé de tannage] sera mangée par les charançons.

dâbaxân *n. d'act., m.*, ≅ *dâbixîn*, * dbġ, د ب غ

♦ **chahut, taquinerie.** •*Al-dâbaxân bijîb al-duwâs.* La taquinerie conduit à la bagarre. •*Fî l kilâs al iyâl al mâ mu'addabîn, birîdu dâbaxân al mêtir.* En classe, les enfants mal élevés aiment chahuter le maître.

dâbâxi / dâbâxîn *adj.*, (*fém. dâbâxiye*), plus employé que *mudbâxi*, *Cf. dubâx*, * dbq, د ب ق

♦ **chahuteur (-euse), taquin(e).** •*Râjil Zâra dâbâxi, rufugânah mâ bidôru bagôdu janbah.* Le mari de Zara est taquin, ses amis fuient sa compagnie. •*Al wilêd bigi dâbâxi fî l kilâs wa l mêtir taradah.* L'enfant est devenu un chahuteur, c'est pourquoi le maître l'a renvoyé de la classe.

dabâya *pl.*, → *dabiye.*

dabâyib *pl.*, → *dâbi, dabîb.*

dabaz / yadbuz *v. intr.*, forme I n° 1, ≅ l'*inacc. yadbiz*, * ḍbṯ, ض ب ث

♦ **taper *qqn.* dans le dos.** •*Al mara dabazat wilêdha acân daffag al mulah.* La femme a tapé son enfant dans le dos parce qu'il avait renversé la sauce. •*Al binêye dabazat rafîgitha wa jarat.* La fille a tapé son amie dans le dos et a couru.

dabazân *n. m.*, → *dabzân.*

dabb / dububba *n. anim., m.*, ≅ *dab*, *Syn. galgâl*, *Cf. kirello*, * ḍbb, ض ب ب

♦ **margouillat, lézard.** •*Al-dabb yibayyid fî l-rucâc wa yankut nugura yadfin bêdah.* Le margouillat pond au début de la saison des pluies et creuse un trou pour enterrer ses œufs. •*Al bisse karasat acân takrub lêha dububba.* La chatte s'est cachée en embuscade pour attraper des lézards.

dabba 1 / yidabbi *v. intr.*, forme II, * dbb, د ب ب

♦ **marcher doucement, marcher à pas feutrés,** marcher sur la pointe des pieds. •*Al wilêd bidabbi acân yakrub al hamâmay.* L'enfant marche à pas feutrés parce qu'il veut attraper le pigeon. •*Mâla tidabbi misil al-câyib, cunû bôjak ?* Pourquoi marches-tu tout doucement comme un vieux, qu'as-tu ? [qu'est-ce qui te fait mal ?].

dabba 2 / yidibb *v. trans.*, forme I n° 11, *Cf. karab*, * ḍbb, ض ب ب

♦ **empoigner, attraper avec force.** •*Al-râjil dabba xasîmah wa rabbatah.* L'homme a empoigné son ennemi et l'a attaché. •*Dibb al wilêd gubbâl ma yamci fî l-câri !* Attrape l'enfant avant qu'il n'aille dans la rue ! •*Ahmat dabba l-sarrâg min rijilah.* Ahmat a empoigné le voleur par le pied.

dabbâba 1 / dabbâbât *n. f.*, → *dabbaba amjanâzir, dabbaba ayemel*, * dbb, د ب ب

♦ **blindé, nom d'un véhicule de combat.** •*Al-dabbâba di kassarat al gêgar.* Ce véhicule blindé a détruit le camp militaire. •*Fî duwâs hanâ Tcâd cîfna dabbâbât gâ'idîn badurbu fî l-nâs.* Pendant la guerre du Tchad nous avons vu des blindés en train de tirer sur des gens.

dabbâba 2 / dabbâbât *n. f.*, * dbb, د ب ب

♦ **nom d'une parure en or, bracelet-bague,** motif en or porté sur le dos de la main et relié par des chaînettes à un bracelet et à quatre bagues. •*Al awîn balbaso fî idênhum dabbâba min dahab misil al-sâ'a wa indaha janâzîr yarbutûhum fî l garâri hanâ asâbênhum.* Les femmes portent au poignet, comme une montre, une parure *dabbâba* en or qui a des chaînettes reliant le bracelet aux bagues de la main. •*Al-dabbâbât fî idên al awîn al humur samhîn marra wâhid.* L'ensemble bracelet-bague sur les mains des femmes dont la peau est cuivrée est très beau.

dabbâba amjanâzîr / dabbâbât amjanâzîr *litt.* char à chaînes, * dbb, jnzr, د ب ب • ج ن ز ر

♦ **nom d'un char de combat, char d'assaut, char T 55,** char de modèle soviétique, de plus de trente tonnes, muni d'un canon et de deux mitrailleuses. •*Al-dabbâbât amjanâzîr jo fâto be l-câri da wa kassaroh marra wâhid.* Les chars d'assaut sont venus et sont passés par cette rue qu'ils ont complètement défoncée. •*Al-Lîbiyîn daxalo fî Tcâd be dabbâbâthum amjanâzîr.* Les Libyens sont entrés au Tchad avec des chars d'assaut. •*Al-dabbâbât amjanâzîr humman gawiyîn, mâ bilkassaro be l banâdîg al-dugâg.* Les chars de combat sont très résistants, les armes de petit calibre n'en viennent pas à bout [ils ne se cassent pas avec de petits fusils].

dabbâba ayemel / dabbâbât ayemel [char A.M.L.], * dbb, د ب ب

♦ **automitrailleuse légère, A.M.L.,** engin français (Panhard), légèrement blindé avec canon de 90 mm. •*Al-dabbâba ayemel kan bidôruh bidammuruha, badurbuha fî ajalâtha.* Lorsque l'on veut détruire une automitrailleuse légère, on tire dans les pneus. •*Al-dabbâba ayemel tajiri bilhên min al-dabâba amjanâzîr.* L'A.M.L. est beaucoup plus rapide que le char de combat.

dabbah / yidabbih *v. trans.*, forme II, *mrph. intf.*, * d̲bḥ, د ب ح

♦ **égorger plusieurs fois, massacrer,** égorger rapidement et sans s'arrêter. •*Al-jazzâri dabbah xanamah be sirge fî l-lêl.* Le boucher a égorgé illicitement [avec vol] ses moutons la nuit. •*Al-sarrâgîn bidabbuhu siyâd al mâl.* Les voleurs massacrent ceux qui possèdent des biens.

dabbahân *n. d'act., m.,* → *dabbihîn.*

dabbân *n. d'act., m.,* ≅ *dabbîn, Cf. dabba,* * dbb, د ب ب

♦ **marche en silence, marche sur la pointe des pieds, avance sans bruit,** fait d'avancer ou de marcher doucement et sans faire de bruit. •*Al-jidâde di mâ tagdar takrubha be dabbân.* Tu ne peux pas attraper cette poule en marchant doucement. •*Anâ hassêt be dabbân hanâ l-sarragîn dôl wakit daxalo fî l bêt.* J'ai perçu l'arrivée silencieuse des voleurs au moment où ils entraient dans la maison.

dabbar 1 / yidabbir *v. trans., Cf. fattac* ; forme II, * dbr, د ب ر

♦ **se débrouiller, chercher, s'organiser, s'arranger pour,** chercher pour soi-même sans l'aide d'un autre. •*Hû dabbar, ligi xidime lê nafsah.* Il s'est débrouillé, il s'est trouvé du travail. •*Al musâfirîn dabbaro ligo lêhum watîr jadîd.* Les voyageurs se sont débrouillés pour se trouver eux-mêmes un véhicule neuf. •*Al yôm akalna xallênak, dabbir lêk aca !* Nous avons mangé aujourd'hui sans toi [nous t'avons laissé], débrouille-toi pour trouver de quoi dîner !

dabbar 2 / yidabbir *v. trans.*, forme II, * dbr, د ب ر

♦ **se blesser le dos,** avoir le dos blessé ; se dit du cheval, du bœuf porteur, de l'âne ou du chameau dont le dos a été blessé par le frottement du bât ou de la selle. •*Al humâr kan mâ xattêt lêyah xartay wa caddêtah coxol tagîl yidabbir ajala.* Si tu ne poses pas une protection de chiffons sous la selle et que tu fais porter des choses lourdes à ton âne, il se blessera vite le dos. •*Anîna mâ nagdaro nisîru acân tôr marti dabbar.* Nous ne pouvons pas partir parce que le bœuf porteur de ma femme a le dos blessé.

dabbarân *n. d'act., m.,* → *dabbirîn.*

dabbâri / dabbârîn *adj. mrph. intf.*, (*fém. dabbâriye*), * dbr, د ب ر

♦ **débrouillard(e),** qui se démène pour trouver de quoi manger par tous les moyens. •*Hî dabbâriye misil al-nimle.* Elle est débrouillarde comme une fourmi. •*Al fagrânîn kân mâ dabbârîn, iyâlhum yumûtu min al-ju'.* Si les pauvres ne se démenaient pas pour trouver par tous les moyens de quoi manger, leurs enfants mourraient de faim. •*Al-sabi l-dabbâri yagdar yalga gurus lê l axîde.* Le jeune homme débrouillard peut gagner [trouver] de l'argent pour se marier.

dabbax / yidabbix *v. trans.*, forme II, * dbġ, د ب غ

♦ **faire tanner.** •*Macêt nisallimah wa dabbaxâni farwitên.* Je suis allé le saluer et il m'a fait tanner deux peaux. •*Hû bidôr bidabbixni furâwah wa anâ abêt.* Il veut me faire tanner ses peaux et j'ai refusé.

dabbâxi / dabbâxîn nom de métier, * dbġ, د ب غ

♦ **tanneur.** •*Yôm îd al-dahîye al-dabbâxîn bacru furâw katirîn.* Le jour de la fête de Tabaski, les tanneurs achètent beaucoup de peaux. •*Abu l wilêd da dabbâxi.* Le père de cet enfant est tanneur. •*Raff al-dabbâxîn bincamma afîn bilhên.* Le quartier des tanneurs sent très mauvais.

dabbe 1 / dabbât *n. f.*, *Syn. dabdab 4*, * dbb, د ب ب

♦ **margelle, monticule, élévation de terrain.** •*Al awîn buxuttu jurârhum fî dabbit al bîr.* Les femmes posent leurs jarres sur la margelle du puits. •*Al mara mâ wâjib taxalli saxîrha yaji fî dabbit al bîr.* La femme ne doit pas laisser son enfant venir jusqu'à la margelle du puits.

dabbe 2 *n. f.*, moins utilisé que *mahasan*, *Cf. mahasan*, * dbb, د ب ب

♦ **pubis, bas-ventre.** •*Al mara kan indaha talge tihiss waja fî dabbitha wa sulbaha.* Lorsque la femme ressent les douleurs de l'accouchement, elle a mal au bas-ventre et aux hanches. •*Al-rajil kan indah marad al hasar, al-daktôr yucugg dabbitah.* Lorsqu'un homme a un calcul dans la vessie, le docteur l'opère au bas-ventre. •*Al binêye walla l wilêd kan yidôr yaklif, yugumm lêh ci'ire fî dabbitah.* Lorsqu'une fille ou un garçon devient pubère, des poils poussent sur leur pubis.

dabbihîn *n. d'act.*, *m.*, ≅ *dabbahân*, * ḏbḥ, ذ ب ح

♦ **égorgement, carnage, massacre,** fait d'égorger un grand nombre de fois. •*Fî yôm hanâ îd al-dahîye dabbihîn al kubâc katîr fî l hille.* Le jour de la fête de la Tabaski, il y a un carnage de moutons en ville. •*Anâ mâ nidôr nicîf dabbihîn al kubâc fî l batwâr.* Je n'aime pas voir l'égorgement des moutons à l'abattoir.

dabbîn *n. d'act.*, *m.*, → *dabbân.*

dabbirîn 1 *n. d'act.*, *m.*, ≅ *dabbarân*, *Cf. dabbar*, * dbr, د ب ر

♦ **débrouillardise, fait de se débrouiller.** •*Kan mâ ta'arif suna'a, cîf lêk dabbirîn âxar !* Si tu n'a pas appris de métier, essaye de te débrouiller autrement [si tu ne connais pas de métier, vois pour toi une autre débrouillardise !]. •*Kan al guhha axêr min sammit al xacum, al-dabbirîn axêr min mattitîn al-rijilên !* Si chercher à prendre la parole vaut mieux que se taire, prendre une initiative vaut mieux que de ne rien faire ! [Si tousser vaut mieux que garder la bouche fermée, la débrouillardise vaut mieux que de rester les jambes étendues !].

dabbirîn 2 *n. d'act.*, *m.*, ≅ *dabbarân*, * dbr, د ب ر

♦ **fait de blesser le dos d'une bête de somme, fait d'écorcher,** fait de blesser dans le dos à cause d'une charge. •*Dabbirîn al humâr da min al-caddîn al katîr.* Les blessures du dos de cet âne sont dues au chargement intensif qu'il a supporté. •*Juwâdi dabbirînah da min caddîn al-serij bala libde.* Cette plaie sur le dos de mon cheval vient de la selle qui a été posée sans tapis.

dabbu *n. m.*

♦ **nom d'une coiffure féminine.** •*Mucât al-dabbu birîduh al gor'âniyât wa arabiyât barra.* Les Goranes et les Arabes de brousse aiment porter la coiffure tressée *dabbu*. •*Mucât al-dabbu indah uruf usut wa ca'ar bidallu jâyi wa jâyi.* La coiffure tressée *dabbu* se compose d'une grande tresse sur le sommet de la tête et de tresses qui pendent de chaque côté.

dabbûga / dabbûgât *n. f.*, * dbq, د ب ق

♦ **sorte de tresse, chignon de derrière.** •*Al binêye maccatat* *ca'arha dabbûga bê wara.* La fille a tressé ses cheveux par derrière en forme de chignon. •*Al-dabbûga tabga illa bê ca'ar katîr wa tuwâl.* Le chignon ne tient qu'avec des cheveux abondants et longs.

dabbûra / dabâbîr *n. m.*, *Cf. abdabbûra*, ≅ *dabûra, daburtên* ; connu au *Sdn.*, *empr.* turc (*C.Q.*).
♦ **galon.** •*Al-dabûra alâma fî katif al askar.* Le galon est un signe se trouvant sur l'épaule des militaires. •*Yâtu kulla min al-junûd bisey juhud acân yalga dabbûra.* Chaque soldat fait un effort pour gagner un galon. •*Al-liwa rabat dabâbîr lê l-dubbât al furrâs.* Le général a donné [attaché] des galons aux officiers courageux.

dabbûs / dabâbîs *n. m.*, → *fangar*, * ḍbs, ض ب س
♦ **agrafe, trombone, attache, épingle anglaise, pince à linge, barrette,** tout ce qui pique ou serre le papier, le linge, les cheveux. •*Câlat al-dabbûs wa ta'anat bêyah al wilêd.* Elle a pris une épingle anglaise et a piqué l'enfant. •*Min axadâni, mâ ligît minnah ceyy walla dabbûs.* Depuis qu'il m'a épousée, je n'ai rien reçu [trouvé] de lui, pas même une agrafe. •*Al-nasrâniye ca'agat fî sûfha dabbûs hanâ dahab.* L'Européenne a planté dans sa chevelure une agrafe en or. •*Xassalat xulgânha wa carrathum fî l habil wa karrabathum be dabâbîs min al-rih.* Elle a lavé ses habits, les a étendus sur le fil et les a fixés avec des pinces à linge pour éviter que le vent ne les emporte.

dabbye *n. f.*, → *dabiye.*

dabdab 1 / yidabdib *v. trans.*, *qdr.*, forme II, * dbb, د ب ب
♦ **tapoter, consoler, calmer,** taper avec le pied ou la paume de la main, tapoter un enfant pour le consoler ou l'endormir. •*Nidabdib saxîri acân yunûm.* Je tapote mon enfant pour qu'il dorme. •*Dabdubu axûku acân mâ yamrug fî l-câri !* Calmez votre frère pour qu'il ne sorte pas dans la rue ! •*Al mara dabdabat wilêd darritha be halâwa.* La femme a consolé l'enfant de sa rivale avec des bonbons.

dabdab 2 / yidabdib *v. trans.*, *qdr.*, concernant surtout les enfants, forme II, *Cf. xacca*, * dbb, د ب ب
♦ **tromper, mentir, ne pas tenir sa promesse, leurrer,** dire de bonnes paroles sans y croire, ou faire une promesse qu'on ne tiendra pas. •*Mâla dabdabtîni amis ? Gulti lêi : "Arjâni nijîb lêk gurus !", wa inti mâ jîti ?* Pourquoi m'as-tu trompé hier ? Tu m'as dit : "Attends-moi, je t'apporte l'argent", et tu n'es pas venue. •*Al-tayêr dabdab al iyâl yôm al îd, acân mâ xayyat lêhum xulgânhum.* Le tailleur n'a pas tenu sa promesse aux enfants pour le jour de la fête, il n'a pas cousu leurs habits.

dabdab 3 / yidabdib *v. trans.*, forme II, moins utilisé que son *Syn. radam*, * dbb, د ب ب
♦ **élever, surélever, remblayer.** •*Hû dabdab bêtah be turâb min majra l almi.* Il a surélevé sa concession avec de la terre pour la protéger des inondations. •*Watâyir al-lameri dabdabo l-câri al ambên al-Jaramay wa Anjammêna.* Les camions de la municipalité ont surélevé la route entre le village de Djaramay et N'Djaména.

dabdab 4 / dabâdib *n. m.*, moins utilisé que *dabbe*, * dbb, د ب ب
♦ **hauteur, élévation de terrain,** endroit surélevé, non inondable en saison des pluies. •*Bakân al-nimle dabdab.* Une élévation de terrain se forme là où il y a des fourmis. •*Hilitna gâ'ide fî l-dabdab.* Notre village se trouve sur une hauteur. •*Al-dab tala' al-dabdab wa dabdab al iyâl gâl : hû mayyit.* Le lézard est monté sur une butte de terre et a trompé les enfants en leur faisant croire [en leur disant] qu'il était mort ! (Phrase valorisant l'allitération *dab*).

dabdabân *n. d'act.*, → *dabdibîn 1, dabdibîn 2 dabdibîn 3.*

dabdibîn 1 *n. d'act.*, *m.*, ≅ *dabdabân*, * dbb, د ب ب ⇨

♦ **fait de tapoter, fait de consoler.** •*Dabdibîn al iyâl yinawwimhum.* Le fait de bercer les enfants en les tapotant les fait dormir. •*Hû baka katîr, lâkin ba'ad al-dabdabân sakat.* Il a beaucoup pleuré, mais il s'est tu après avoir été consolé.

dabdibîn 2 *n. d'act.*, ≅ *dabdabân*, moins utilisé que *xaccîn, tcâtcîn*, * dbb, د ب ب

♦ **tromperie, ruse.** •*Al-sarrâgîn yar'arfu l-dabdabân be l gurs al hawân.* Les voleurs savent tromper les gens en leur donnant de la fausse monnaie. •*Al birgâd yaxâfo min dabdibîn al masâjîn.* Les gendarmes craignent les ruses des prisonniers.

dabdibîn 3 *n. d'act.*, *m.*, ≅ *dabdabân*, moins utilisé que *radimîn*, * dbb, د ب ب

♦ **élévation, fait de surélever.** •*Dabdibîn cawâri Anjammêna fî kulla sana min al mêri be turâb katîr.* La mairie surélève les rues de N'Djaména tous les ans avec une grande quantité de terre. •*Wâjib dabdibîn al faday fî l xarîf acân al almi mâ yargud.* Il faut surélever la cour en saison des pluies pour éviter que l'eau ne stagne.

dabhân *n. d'act.*, *m.*, → *dabih.*

dabhîn *n. d'act.*, *m.*, *Syn. dabhân*, → *dabih.*

dâbi / dabâyib *n. anim.*, *m.*, ≅ le pluriel *dawâbi*, *coll. dabîb*, * dbb, د ب ب

♦ **serpent.** •*Dâbi kabîr daxal fî l bêt !* Un grand serpent est entré dans la maison ! •*Wakt al hamû al-dabîb bamurgu min nugârhum.* Quand il fait chaud, les serpents sortent de leur trou. •*Fî l-zura'ât, al-nâs bikattulu ayyi wakit dabâyib.* Dans les champs, les gens tuent tout le temps des serpents. •*Habili tawîl wa râsah wâhid... Da l-dâbi.* Ma corde est longue et n'a qu'une tête… C'est le serpent. *Dvnt.*

dabîb / dabâyib *n. anim.*, *coll.*, *sgtf. dabîbe*, *Syn. dâbi*, * dbb, د ب ب

♦ **serpent, reptile,** qui avance sans faire de bruit. •*Fî l bakân al bâlôy di dabîb katîr.* Il y a beaucoup de serpents dans ce lieu où la terre est crevassée. •*Hû da addatah dabîbe mâ biddawa.* Il a été mordu par un serpent dont on ne peut soigner la morsure.

dabih *n. d'act.*, *m.*, *Syn. dabhân, dabhîn*, * ḏbḥ, ذ ب ح

♦ **égorgement, abattage,** fait d'égorger. •*Dabih hanâ l bagar fî l bâtwâr.* L'abattage des vaches se fait à l'abattoir. •*Dabh al-nâs cên, sîdah yilhâsab bêyah, yôm al xiyâma.* Égorger des gens est quelque chose de mal, celui qui le fait aura à en rendre compte au dernier jour.

dabîhe *n. f.*, *Cf. dabah*, * ḏbḥ, ذ ب ح

♦ **égorgement, sacrifice d'animal, animal pour le sacrifice.** •*Abui cara dabîhe lê îd al-dahîye.* Mon père a acheté un animal à sacrifier pour la fête de la Tabaski. •*Hû âwanah lê rafîgah be dabîhe yôm simâye hanâ wilêdah.* Il a aidé son ami en lui apportant un animal à sacrifier le jour où l'on a donné un nom à son enfant.

dâbit / dubbât *n. m.*, * ḍbṭ, ض ب ط

♦ **officier.** •*Al-Ra'îs sawwa mugâbala ma'â dubbât al-dêc.* Le Président a organisé une rencontre avec les officiers de l'armée. •*Kulla dâbit indah mas'ûliya giddâm al xânûn al askari.* Chaque officier a une responsabilité devant la loi militaire.

dâbit abdabbûra / dubbât abdabbûra *n. m.*, → *dâbit, dabbûra*, ≅ *sullitna, sulitina*, * ḍbṭ, ض ب ط •

♦ **sous-lieutenant.** •*Dâbit abdabbûra da sajan al-junûd al mâ bitî'u l awâmir.* Ce sous-lieutenant a mis en prison les soldats qui ne suivaient pas les ordres. •*Al-dubbât abdabbûra dôl ligô cahadât fî l-tadrîb al askarî.* Ces sous-lieutenants ont reçu des diplômes au cours de leur formation [exercice] militaire.

dâbit abdaburtên / dubbât abdaburtên nom composé *m.*,

→ *dâbit, dabbûra*, [lieutenant deux galons], * ḍbṭ, ض ب ط •

♦ **lieutenant.** •*Al-dâbit abdaburtên da xâtir al yôm ma'â junûdah.* Ce lieutenant part aujourd'hui en voyage avec ses hommes. •*Al-dubbât abdaburtên al-judâd, sawwo hafla askariye acân dabâbîrhum al-ligyôhum dahâba.* Les nouveaux lieutenants ont organisé une cérémonie militaire pour fêter leurs nouveaux grades.

dâbixîn *n. d'act.*, → *dâbaxân.*

dabiye / dabâya *n. f.*, ≅ *dabbye, dabye, Cf. garfa, jurâb, muxlay, si'in*, * ẓby, ظ ب ي

♦ **petite besace, petite outre, petit sac en cuir, sac de femme,** poche en cuir pour le mil. •*Dabiyt al farwa, batunha kabîre wa ragabitha rigêyge.* La petite besace en peau a une large base et un col étroit [elle a un gros ventre et un petit cou]. •*Fî dabiyti xumâm al mulâh wa fî dabâya hanâ axti kulla coxol bâkuluh misil fûl wa kisâr yâbis.* Dans mon petit sac en cuir se trouvent tous les condiments pour la sauce, et dans les sacs de ma sœur tout ce qu'il faut pour manger : des arachides, des galettes séchées, etc.

dabkar *n. vég., coll., m., qdr., sgtf. dabkaray*, nom venant des affleurements de rocher au pied desquels il y a de l'eau, *Cf. dabak* ; racine connue en arabe *sd.* (*C.Q.*).

♦ **nom d'un arbre, Crateva adansonii (DC.),** famille des capparidacées, grand arbre sans épines poussant au bord des mares. •*Cadar al-dabkar yugumm katîr fî Gêra, wa mâ indah côk.* L'arbre Crateva adansonii pousse en abondance dans le Guéra, il n'a pas d'épines. •*Awîn al Hujâr, ba'arfu bisawwu mulâh warcâl al-dabkar be fûl.* Les femmes hadjeraï savent préparer une sauce avec des feuilles du Crateva adansonii et des arachides.

dabye *n. f.*, prononcé aussi *dabbye*, → *dabiye.*

dabzân / dabzanât *n. m., empr. fr.*, ≅ *dabazân*, prononcé au Soudan *dabajâna.*

♦ **dame-jeanne.** •*Hî indaha dihin dabzân malyân.* Elle a une dame-jeanne pleine d'huile. •*Al awîn sabbo l argi fî l-dabzân.* Les femmes ont mis l'alcool de mil dans une dame-jeanne.

dabze / dabzât *n. f., Cf. amdardûm*, * ḍbṯ, ض ب ث

♦ **tape dans le dos, taloche, claque,** coup fort donné sur le dos avec la paume de la main. •*Fât yahajis wa ligi lêyah dabze.* Il est parti les séparer et a reçu un coup dans le dos. •*Angari kan antêtak dabze wahade, nufukk lêk sadurak !* Attention ! d'un seul coup dans le dos je te fends la poitrine !

daca' / yadca' *v. trans.*, forme I n° 14, connu au *Sdn.* (*C.Q.*), ≅ à l'accompli *dici'*, * jšʕ, ج ش ع

♦ **minimiser le don, vouloir recevoir plus, désirer avec avidité,** qui désire toujours plus qu'il n'a reçu, minimise ce qu'il a reçu. •*Al wilêd al-tamma' yadca' al akil kan antoh.* L'enfant insatiable se plaint de ne pas en avoir assez reçu. •*Mâ tadca' rahmit Allah !* Ne minimise pas ce que Dieu t'accorde par miséricorde ! •*Kan antôk ciya kulla mâ tadca'ah, wâjib tugûl al hamdu lillah !* Même si l'on te donne peu, ne minimise pas ce que tu as reçu, dis : "Louange à Dieu !".

daccar / yidaccir *v. trans.*, transformation du *j* de la racine en *d* ; forme II, * jšr, ج ش ر

♦ **faire paître, conduire au pâturage,** emmener le troupeau tôt le matin, bien avant le lever du soleil, vers quatre heures trente du matin, pour lui faire brouter l'herbe fraîche et pleine de rosée ; on calme ainsi la faim des vaches et l'on repart une heure après, au lever du soleil, pour les traire. •*Al iyâl bidaccuru l bagar badri kulla yôm.* Les enfants vont faire paître les vaches très tôt chaque jour. •*Al bagar kan mâ daccaroh, mâ induhum laban katîr.* Si l'on ne conduit pas les vaches au pâturage, elles ne donnent [elles n'ont] pas beaucoup de lait.

daccarân *n. d'act.*, → *daccirîn.*

daccirîn *n. d'act., m.*, ≅ *daccarân, Cf. daccar*, * jšr, ج ش ر

♦ **fait de mener paître avant l'aube.** •*Daccirîn al bagar be waradde da, yaktul lêhum ju' ciyya ke.* Emmener paître les vaches très tôt le matin avant de les traire leur coupe un peu la faim. •*Ba'ad daccirîn al bagar, yigabbulu lê l halibîn wa yidâhu hatta yamcu l-sarhe.* Après avoir mené paître les vaches avant l'aube, les bergers reviennent pour la traite, ils y passent le début de la matinée avant de retourner ensuite au pâturage.

dacîce *n. f.*, *Cf. balîle, fanyîxe*, * jšš, dšš, ج ش ش • د ش ش

♦ **mil écrasé,** non bouilli et mélangé avec l'eau natronnée ou avec du babeurre. •*Al harrâtîn ga'ado binjammo wa bâkulu lêhum dacîce.* Les cultivateurs se reposent et mangent du mil écrasé. •*Jîb al kôro di, wa xalbit lêna dacîce !* Apporte ce koro et remue-nous le mil écrasé !

dâda / **yidâdi** *v. intr.*, forme III, *qdr.*, *Syn. tâta*, * t't', ت ء ت

♦ **commencer à marcher, faire ses premiers pas.** •*Al-saxîr kan bada bidâdi, buduggu lêyah ajîne.* Lorsque le petit enfant commence à faire ses premiers pas, on lui prépare une bouillie de mil. •*Ba'ad sab'a cahâr, kan al mara labanha xafîf, al-saxîr babda bidâdi.* Lorsqu'au bout de sept mois le petit enfant a bien digéré le lait de sa mère, il commence à marcher.

dâdal / **yidâdil** *v. trans.*, forme III, ≅ *dâlal*, *Cf. la''ab*, * dll, د ل ل

♦ **faire danser, faire jouer.** •*Al binêye dâdalat axûha acân mâ yabki namman ammaha jat min al warûd.* La fille a fait jouer son frère pour qu'il ne pleure pas, le temps que sa mère revienne de la corvée d'eau. •*Fî l-lêl sîd al amkîki dâdal al banât wa l-subyân fî l-dôray.* La nuit, le violoniste fait danser les filles et les garçons sur la place.

dâday / **dâdayât** *n. f.*, la racine évoque le balancement de la balançoire, utilisé au Ouaddaï, *Cf. xattâta*, * dwd, د و د

♦ **garde-manger,** cage en feuilles de rônier suspendue, servant de garde-manger. •*Al batû tala'at fôg al-dâday wa lihisat al-zibde.* Le chat a grimpé sur le garde-manger et a lapé le beurre. •*Habil al-dâday angata' wa l halla l kabîre waga'at fôg râs wilêdna.* La corde du garde-manger s'est cassée et une grosse marmite en fer est tombée sur la tête de notre enfant. •*Sawwêna dâday tawîle acân al iyâl mâ yalhagôha.* Nous avons fabriqué un garde-manger suspendu très haut pour éviter que les enfants ne l'atteignent.

Daf'Allah *n. pr.* d'homme, [don de Dieu], * dfˁ, د ف ع

dafa' / **yadfa'** *v. trans.*, forme I n° 14, * dfˁ, د ف ع

♦ **payer, verser de l'argent, donner en mariage.** •*Al-râkib dafa' al ijâr lê l kamasanji.* Le passager a payé l'argent de son transport au commissionnaire. •*Hû dafa'ha lêi lê binêytah.* Il m'a donné sa fille en mariage. •*Al-râjil mâ dafa' gurus al katibîn hanâ iyâlah fî l-lekkôl.* L'homme n'a pas payé les droits d'inscription de ses enfants à l'école.

dâfa' / **yidâfi'** *v. intr.*, forme III, * dfˁ, د ف ع

♦ **défendre, protéger.** •*Al bôlis dâfa' lê wilêd al-lekkôl min al-sarrâgîn.* Le policier a protégé l'écolier contre les voleurs. •*Al mujâhidîn dâfa'o lê watanhum.* Les combattants ont défendu leur patrie.

dafâdi' *pl.*, → *difde'.*

dafâfên *pl.*, → *daffe.*

dâfagat / **tidâfig** *v. intr.*, forme III, verbe qui n'est employé qu'avec un sujet féminin, * dfq, د ف ق ⇨

♦ **perdre le liquide amniotique, fausse couche.** •*Al mara l xalbâne kan tidâfig wâjib lêha tamci fî l-labtân ajala.* Si la femme enceinte commence à perdre les eaux, elle doit aller vite à l'hôpital. •*Marit jâri indaha xalaba hanâ caharên wa dâfagat.* La femme de mon voisin en était à son deuxième mois de grossesse et a eu une fausse couche.

dafan / yadfin *v. trans.*, ≅ l'*inacc. yadfun*, forme I n° 6, * dfn, د ف ن

♦ **enterrer.** •*Anîna macêna dafanna nâdum mayyit.* Nous sommes allés enterrer un mort. •*Al-nadûm kan mât, yadfunuh ajala ajala ke.* Lorsque quelqu'un est mort, on l'enterre très rapidement [ils l'enterrent vite vite].

dafanân *n. d'act., m.*, → *dafinîn.*

dafar / yadfur *v. trans.*, forme I n° 1, * dfr, د ف ر

♦ **tresser une natte, entrecroiser des brins, fabriquer un secco.** •*Abu l iyâl dafar burûc lê amm iyâlah.* Le père de famille a tressé une natte pour son épouse. •*Anâ dafart burûc katîrîn wa waddêthum fî l-sûg.* J'ai tressé de nombreuses nattes et je les ai apportées au marché. •*Hû yadfur cargâniye lê bêtah hanâ l-nôm.* Il tresse un secco pour entourer sa chambre à coucher. •*Al mara dafarat caharha garnên.* La femme s'est coiffée en faisant deux grosses tresses (cornes) de chaque côté de la tête.

dafarân *n. d'act., m.*, ≅ *dafirîn*, *Cf. dafar*, * dfr, د ف ر

♦ **tressage** (vannerie). •*Dafarân al biric bidôr irfe.* Le tressage de la vannerie demande du savoir-faire. •*Dafarân al-cargâniye be l gecc.* On tresse les clôtures végétales avec de l'herbe. •*Al-râ'i ya'arif dafirîn angâfay.* Le berger sait tresser les chapeaux de paille.

daffa / yidaffi *v. trans.*, forme II, * df', د ف ء

♦ **chauffer un peu, faire chauffer un peu, tiédir, se réchauffer.** •*Hî daffat al madîde hint amis lê axawânha.* Elle a chauffé la bouillie d'hier pour ses frères. •*Al-nâs bidaffu buyûthum be nâr fî wakit al barday.* Les gens chauffent leur maison avec du feu lorsqu'il fait froid. •*Al musâfirîn gâ'idîn bidaffu fî l-nâr.* Les voyageurs sont en train de se réchauffer près du feu.

daffag / yidaffig *v. trans.*, forme II, expressions *daffag damm* (tuer, massacrer), *daffagat saxîrha* (faire une fausse couche), * dfq, د ف ق

♦ **renverser** (se), **répandre** (se), **jeter, faire couler.** •*Mûsa daffag al-dihin fî l-turâb.* Moussa a renversé l'huile par terre. •*Al binêye zahlatat wa almîha nussah daffag fî xulgânha.* La fillette a glissé et la moitié de son pot d'eau s'est répandue sur ses habits. •*Mâ tidaffugu wasax fî l-câri !* Ne jetez pas les ordures dans la rue ! •*Yôm al muzâharât al askar daffago damm al-ca'ab.* Le jour de la manifestation, les soldats ont fait couler le sang du peuple.

daffagân *n. d'act.*, → *daffigîn.*

daffan / yidaffin *v. trans.*, forme II, → *dafan.*

daffâni / daffânîn *adj. n., mrph. intf.*, (*fém. daffâna*), * dfn, د ف ن

♦ **qui enterre, fossoyeur.** •*Kan mâci titêrib zer'ak waddih ma'âk, hû bilhên daffâni lê l-nugâr.* Si tu vas semer ton champ, amène-le avec toi : il sait bien boucher rapidement les trous contenant les semences. •*Al-rujâl dôl xidimithum daffânîn al maytîn fî l xubûr.* Le travail de ces hommes-là est d'enterrer les morts au cimetière.

daffâra 1 / daffârât *n. f. mrph. intf.*, venant de l'*ar. lit.*, peu employé, *Cf. gatta'a*, * ẓfr, ظ ف ر

♦ **coupe-ongles.** •*Jîb lêi daffâra nigatti' xanâfrên axûk.* Apporte-moi un coupe-ongles que je coupe les ongles de ton frère. •*Hey, Ali, xanâfirak dôl tuwâl wa wasxânîn, gatti'hum be l-daffâra walla be l-lazwâr !* Hé ! Ali ! tes ongles sont longs et sales, coupe-les avec un coupe-ongles ou une lame de rasoir !

daffâra 2 *n. f., Cf. dafar, masalla,* * dfr, د ف ر

♦ **sorte d'alêne, aiguille à vannerie, sorte de passe-lacet,** bois effilé et plat muni d'un long chas permettant de coudre la vannerie. •*Al-daffâra hî ibre kabîre hint ûd bixayytu bêha l burûc.* L'alêne à vannerie est une sorte de grosse aiguille en bois avec laquelle on coud les nattes. •*Fattic lêi za'af wa daffâra niyaxxit bêha xacum cuwâli hanâ l faham da !* Cherche-moi des feuilles de palmier doum et une grosse aiguille, que je puisse coudre et fermer l'ouverture de mon sac de charbon !

daffe / dafâfên *n. f.,* * dff, د ف ف

♦ **côté, flanc, coin.** •*Fî l-lêl ragadt be daffiti wâhade bas namman fajur.* Je dors toute la nuit sur un seul côté jusqu'au matin. •*Limm xumâmak da fî daffe wâhade mâ tixalli lêna mucattat ke !* Rassemble toutes tes affaires dans un coin, ne les laisse pas en désordre partout ! •*Al-câyib al mardân dafâfênah boj'anna min al-ragadân.* Le vieillard malade a mal aux côtes à force de rester couché.

daffigîn *n. d'act., m.,* ≅ *daffagân,* → *daffag,* * dfq, د ف ق

♦ **fait de verser, fait de répandre à terre, fait de renverser.** •*Daffigîn al almi l wasxân fî l-câri da bijîb al ba'ûda.* Jeter l'eau sale dans la rue attire [apporte] les moustiques. •*Daffigîn labani da ôja'âni marra wâhid.* Avoir renversé mon lait m'a fait beaucoup de peine [très mal].

dâfi *adj. mrph. part.* actif, → *dâfi'.*

dâfi' / dâfiyîn *adj. mrph. part.* actif, (*fém. dâfiye*), *Cf. hâmi,* * df', د ف ء

♦ **tiède, chaud(e),** chaud(e) sans être brûlant. •*Al-câhi wa l gahawa kulluhum dâfiyîn.* Le thé et le café sont chauds. •*Fî l-cite, nibarrid be almi dâfi'.* En hiver, je me lave avec de l'eau chaude. •*Al-saxayar kulla yôm yacrab madîde dâfiye.* Tous les jours, le petit enfant mange [boit] de la bouillie chaude.

dafin *n. m., Cf. dafinîn,* * dfn, د ف ن

♦ **enterrement, ensevelissement.** •*Ahal al mayyit cakaro l-nâs al awânôhum yôm al-dafin.* La famille du défunt a remercié les gens venus l'aider le jour de l'enterrement. •*Amis, maco lê dafin hanâ jâri, ligo turba mankûta hâsile.* Hier, ils sont allés à l'enterrement de mon voisin, ils ont trouvé une tombe creusée toute prête.

dafinîn *n. d'act., m.,* ≅ *dafanân,* * dfn, د ف ن

♦ **enterrement,** fait d'enterrer. •*Simîna fî l-radyo kadar al-sultân mât al yôm wa l-dafinîn yukûn ambâkir.* Nous venons d'entendre à la radio que le sultan est mort aujourd'hui et que l'enterrement aura lieu demain. •*Dafinîn al mayyit yabga ba'ad barûd al-janâza.* L'enterrement du mort aura lieu après le bain de purification. •*Yôm al-dafinîn hanâ l faxîr al-nâs maco katîrîn marra wâhid fî l xubûr.* Le jour de l'enterrement du marabout, les gens sont allés très nombreux au cimetière.

dafirîn *n. d'act., m.,* → *dafarân.*

dafu *n. m.,* → *dafu'.*

dafu' *n. m.,* ≅ *dafu, Cf. dâfi',* * df', د ف ء

♦ **réchauffement, fait de chauffer, chaleur.** •*Al-dafu' fî l-nâr binaccif jism al-nâdum.* Se chauffer au feu dessèche le corps. •*Al barid kan kattar kulla l-nâs bidawru l-dafu.* Lorsqu'il fait très froid, tout le monde cherche à se réchauffer.

dagac 1 / yadguc *v. trans.,* connu au *Sdn.* (*C.Q.*), en *égy.* et en *syr.*, forme I n° 1, → *tarac,* * dġš, د غ ش

♦ **tamponner, fracasser, heurter, percuter,** frapper avec violence. •*Anâ dagact al bêt be watîri.* J'ai tamponné la maison avec ma voiture. •*Al marfa'în xâf min al-rujâl wa dagac al-côk.* L'hyène a eu peur des hommes et a fracassé les épines. •*Al amyân dagac al bâb.* L'aveugle a heurté la porte.

dagac 2 / yadguc *v. trans.,* forme I n° 1, * dqs, د ق س ⇨

♦ **aller partout, vagabonder, parcourir, errer çà et là.** •*Al xanam dagaco al kadâde.* Les chèvres parcourent la brousse. •*Anâ dagact nifattic humâri wa mâ ligîtah.* Je suis allé partout à la recherche de mon âne, et je ne l'ai pas trouvé. •*Al mara kan tadguc fî l buyût tabga gawwâla.* Lorsqu'une femme va çà et là dans les maisons, elle devient une commère. •*Hû yadguc fî l hille, mâci bala fikir.* Il vagabonde dans tout le village et marche sans savoir où il va. •*Dagac al-diyar kê, wa mâ jâb ceyy.* Il a parcouru des régions entières et n'a rien rapporté.

dagac 3 / yadguc *v. intr.*, forme I n° 1, dans l'expression *dagac fî l-li'ib*, (se tromper, perdre au jeu de cartes), → *dagas*, * dqs, د ق س

dagaf / yadguf *v. trans.*, forme I n° 1, peut-être combinaison des racines *dfq* (courber vers le sol, renverser) et *dqq* (frapper).
♦ **frapper d'un coup de tête, bousculer avec force, heurter avec violence, renverser.** •*Al-tês dagaf al wilêd wa ramah.* Le bouc a donné un coup de tête à l'enfant et l'a renversé. •*Mâla inta dagaftîni wa mâ tugûl sâmihni ?* Pourquoi m'as-tu bousculé si violemment sans me demander pardon ? •*Angari min al-tôr da, hawwâc, yadgufak !* Prends garde à ce taureau, il se met vite en colère et risque de te donner un violent coup de tête !

dagala *pl.*, → *dugul.*

dagama *pl.*, → *dugum.*

Dagana *n. pr. gr.*, *coll.*, nom d'une fraction de tribu arabe se rattachant aux *Wulâd Hasan (Hasawna)*.

dagas / yadgus *v. intr.*, forme I n° 1, dans l'expression *dagas fî l-li'ib*, ≅ *dagac*, * dqs, د ق س
♦ **se tromper, perdre au jeu,** faire une erreur et perdre au jeu de cartes. •*Hû dagas fî li'ib hanâ arbâtâcar wa kaffa miya riyâl.* Il a perdu au jeu de *arbâtâcar* et a payé cent riyals. •*Kan nâdum dagas fî l-li'ib al karte, yisawwi akil lê l-nâs fî l-li'ib al-tâni.* Lorsque quelqu'un se trompe et perd au jeu de cartes, il prépare un repas pour ceux qui joueront à la prochaine séance. •*Angari, mâ tadgus !* Attention ! ne te trompe pas !

dagâyig *pl.*, → *dagîga.*

dagdag / yidagdig *v. intr.*, forme II, *Cf. ra'ad*, * dqq, د ق ق
♦ **gronder comme le tonnerre, faire beaucoup de bruit, produire du vacarme.** •*Mâ tidagdig fôgi, xallîni ninjamma !* Ne me gronde pas, laisse-moi me reposer ! •*Al-sahab câl wa l almi indah garîb xamistâcar dagîga ga'îd bidagdig, akîd al matar yanzil.* Le ciel s'est couvert de nuages, et on entend le bruit du tonnerre depuis un quart d'heure, c'est sûr qu'il va pleuvoir. •*Min gibêl ke simi'ina hiss al ôbi gâ'id yidagdig.* Depuis quelque temps, nous entendions le grondement du canon [des obus].

dagdâg *invar.*, *onom.*, *Cf. ra'ad*, le mot *[daqdaq]* est connue en *ar. lit.* pour désigner le bruit produit sur un sol dur et pierreux par le sabot des bêtes (*Ka.*), et *[daqdâq]* pour désigner un petit monticule de sable (*Ka.*), * dqq, د ق ق
♦ **tonnerre, tôle ondulée formée sur une route,** bruit qui accompagne la foudre, ou qui est causé par le passage d'un véhicule sur une route déformée en tôle ondulée. •*Al iyâl al-suxâr baxâfo min al-dadâg.* Les petits enfants ont peur du tonnerre. •*Nâs zamân buxuttu firi' hanâ arâd fî râs al bêt min al-dagdâg.* Les gens d'autrefois posaient une branche d'Albizia chevalieri sur le toit de la maison pour se protéger du tonnerre. •*Fakkir fî l-câri da, indah dagdâg katîr bilhên !* Fais attention à cette route, elle est couverte de tôle ondulée !

dagg *n. m.*, *Syn. daggîn*, *sgtf. dagge*, → *dagge*, * dqq, د ق ق
♦ **coup, frappe, tape.** •*Al-suwâr bactano l-ca'ab be l-dagg wa l-rabit.* Les rebelles ont tourmenté les gens en

leur donnant des coups et en les attachant. •*Nuduggak dagg nammam ti'âmin be Allah.* Je vais t'envoyer des coups tels que tu croiras en Dieu !

dagga 1 / yudugg *v. trans.*, forme I n° 5, * dqq, د ق ق

♦ **frapper, battre, piler.** •*Fî l-darat siyâd al-zura'ât bulummu buduggu xallithum.* Au temps de la moisson, les cultivateurs se rassemblent pour battre leur mil. •*Al kanfâta daggat al xalla fî l fundug.* La pileuse a pilé le mil dans le mortier. •*Yâtu gâ'id budugg fî l-bâb ?* Qui frappe à la porte ? •*Al almi daggâna fî l-derib.* Nous avons été trempés par la pluie en chemin [la pluie nous a frappés]. •*Al farix hanâ Abbece daggâna amis.* L'équipe d'Abéché nous a battus hier.

dagga 2 *n. f.*, → *dagge*.

dagga 3 *n. f.*, * dqq, د ق ق

♦ **nom d'une boisson traditionnelle fermentée,** boisson alcoolisée à base de mil, sucrée, qui monte à la tête. •*Al-dagga taxîne halûwa wa tisakkir.* La boisson *dagga* est lourde, très bonne, et enivrante. •*Al-dagga, mâ talgâha fî l gawâdîl, bisawwuha xâs fî ba'ad al buyût.* La *dagga* ne se trouve pas dans les cabarets, c'est une spécialité que l'on ne trouve que dans certaines maisons.

daggac / yidaggic *v. trans.*, forme II, * dġš, د غ ش

♦ **entraîner *qqn.* vers, emmener, contraindre *qqn.* à aller,** emmener quelqu'un contre son gré là où il ne voudrait pas aller. •*Al-tôr daggac al iyâl fî l-côk.* Le taureau porteur a emmené les enfants dans les épineux. •*Al yôm rafîgi daggacâni ma'âyah fî l hille.* Aujourd'hui, mon ami m'a entraîné avec lui en ville. •*Al iyâl daggaco lêi wilêdi fî l-cawâri, wa ayyoh marra wâhid al yôm.* Aujourd'hui, les enfants ont forcé mon fils à parcourir les rues, et l'ont épuisé.

daggâc / daggâcîn *adj. mrph. intf.*, (*fém.* *daggâca*) *Syn. haffâf*, * dqs, د ق س

♦ **errant(e), vagabond(e),** qui n'est jamais chez lui. •*Mâ nagôd fî l bêt ma'â râjil daggâc.* Je ne reste pas dans la maison d'un mari vagabond. •*Al mara l-daggâca, kalâm fôgha katîr.* Les langues se délient à propos des femmes qui sont toujours en dehors de chez elles. •*Al-sarrâgîn daggâcîn fî l-lêl bifattucu hagg al-nâs.* Les voleurs errent la nuit pour chercher à prendre ce qui appartient aux autres.

Daggâc *n. pr.* d'homme, *Cf. daggâc*, * dqs, د ق س

daggacân *n. d'act. m.*, ≅ *daggicîn*, * dqs, د ق س

♦ **vagabondage, errance, surveillance.** •*Daggacân hanâ l birgâd fî l-lêl, amni lê l gêgar.* La surveillance de la brigade qui patrouille la nuit est une sécurité pour la ville. •*Gawwamâna, daggacân al kulâb al-sawwo haraka katîre.* Ce qui nous a réveillés, c'est le vagabondage des chiens qui ont fait beaucoup de bruit.

daggag 1 / yidaggig *v. trans.*, *Cf. dagîg*, * dqq, د ق ق

♦ **faire moudre, faire écraser en farine, piler en fine poudre.** •*Al-râjil jamma martah min al-rahikîn wa daggag lêyah cuwâl hanâ xalla fî l-tahûna.* L'homme a soulagé sa femme du broyage du mil sur la meule : il lui a fait moudre au moulin un sac de mil. •*Binêyti macat al-tâhûna wa daggago lêha sâkit.* Ma fille est partie pour le moulin et on lui a moulu son grain gratuitement. •*Daggagat carmûtha wa carratah fî l harray, lâkin al-rîh cattatatah.* Elle a pilé sa viande séchée et l'a étendue au soleil, mais le vent l'a toute dispersée. •*Sidt al azûma daggagat amis wa l yôm taxamir.* Celle qui est responsable de l'invitation a fait moudre hier sa farine et prépare aujourd'hui la fermentation de sa pâte.

daggag 2 / yidaggig *v. intr.*, forme II, * dqq, د ق ق

♦ **s'enraciner, enfoncer ses racines, prendre vie** (végétal), produire des feuilles après s'être bien implanté dans le sol. •*Al-cadaray daggagat sahi sahi, dullaha bigi bârid.* L'arbre s'est bien enraciné et son ombre est fraîche. •*Fî l xarîf al-cadar kulla bidaggig.* Pendant la saison des pluies, tous les arbres reprennent vie.

daggal 1 / yidaggil *v. intr.*, → *angurbay.*
♦ **marcher en se fatigant, aller à pied, partir à pied loin,** se fatiguer à marcher. •*Anâ daggalt namma lê l-Digêl.* Je suis parti à pied jusqu'à Diguel. •*Ya yâli, daggulu bas lê l-lekkôl, mâ indi gurus hanâ taksi !* Mes enfants, allez à pied à l'école, je n'ai pas d'argent pour le taxi !

daggal 2 / yidaggil *v. intr.*, forme II.
♦ **devenir dur et pénible, battre le plein, être au plus fort de son intensité.** •*Sanit tamanîn, wakit al harba daggalat, subyân katîr daffago.* Dans les années quatre-vingts, lorsque la guerre était au plus fort de son intensité, beaucoup de jeunes sont morts. •*Al wata daggalat, subyân katîr fâto xallo l balad.* La situation était devenue trop difficile à supporter, beaucoup de jeunes gens ont quitté le pays. •*Fî l-nafîr al hirâte kan daggalat, al harrâtin bilhâmaro.* Lorsque les travaux champêtres collectifs deviennent intenses, les paysans rivalisent d'ardeur. •*Li'ib al-nuggâra daggal, subyân wa banât li'ibo kê nammin waradde.* La danse du tambour a battu son plein, les jeunes gens et les jeunes filles ont dansé jusqu'à l'aube.

daggân *n. d'act., m.*, → *daggîn.*

dagge / daggât *n. f.*, ≅ *dagga*, * dqq, د ق ق
♦ **coup.** •*Anâ min gammêt abui daggâni dagge wahade bas.* Depuis ma naissance, mon père ne m'a frappé qu'une seule fois. •*Hû daggâtah lêyah mâ binhasubuh.* Il lui a donné un nombre de coups incalculable. •*Nâdum al-dangay da daggoh dagge hârre.* Ce prisonnier a été frappé durement [d'un coup très chaud].

daggicîn *n. d'act., m.*, → *daggacân.*

daggîn *n. d'act., m.*, ≅ *daggân*, * dqq, د ق ق
♦ **fait de frapper, battage.** •*Daggîn hanâ xallitna bukûn be yôm al-jum'a.* Le battage de notre mil aura lieu vendredi. •*Daggînak lê l iyâl kulla yôm da mâ adîl.* Ce n'est pas bien que tu frappes ainsi les enfants chaque jour.

dâgic / dâgcîn *adj. mrph. part.* actif, (*fém. dâgce*), * dqs, د ق س
♦ **qui flâne, qui se promène, qui va çà et là,** qui se promène sans direction précise. •*Inta dâgic fî l hille di, tifattic cunû ?* Que cherches-tu en te promenant dans ce village ? •*Al mara dâgice fî l kadâde acân tifattic bagarha.* La femme parcourt la brousse pour rechercher ses vaches. •*Rujâl al hille l xarbâniye di marago dâgcîn bifattucu lêhum sêd.* Les hommes de ce village à l'Ouest sont partis çà et là à la recherche du gibier.

dagîg *n. m.*, *Cf. farîn*, * dqq, د ق ق
♦ **farine, poudre.** •*Maryam jâbat dagîg min al-tâhûna.* Mariam a rapporté la farine du moulin. •*Dagîg hanâ l berbere abyad misil hanâ l masar.* La farine de sorgho est aussi blanche que celle du maïs. •*Al-sukkar al-dagîg asal min al-râs wa l kâro.* Le sucre en poudre est plus sucré que le sucre en pain ou en morceaux.

dagîga / dagâyig *n. f.*, pluriel peu usité, * dqq, د ق ق
♦ **minute.** •*Arjâni hini ke, dagîga bas, naji lêk !* Attends-moi ici une minute, j'arrive ! •*Naharsak dagîgtên bas, kan mâ jît anâ namci !* Je ne t'attendrai que deux minutes ; si tu ne viens pas, je m'en vais ! •*Anâ musta'jil, sâmihni, mâ nagdar nagîf wa lâ nuss dagîga.* Je suis pressé, excuse-moi ; je ne peux pas m'arrêter, même pas une demi-minute. •*Al-sâ'a wâhade wa xamsa dagîga.* Il est une heure cinq. •*Nagôd ma'âk dagâyig bas wa namci.* Je reste avec toi simplement quelques minutes et je m'en vais.

dagûc *n. d'act.*, *m.*, terme de jeux de cartes, (se tromper), → *dagûs.*

dagûs *n. d'act.*, *m.*, terme de jeux de cartes ; ≅ *dagûc*, * dqs, د ق س

♦ **fait de se tromper, mauvais calcul,** fait de se tromper dans le jeu des cartes. •*Fî li'ib al karte al-dagûs fôra.* Dans le jeu de cartes, le fait de se tromper entraîne l'annulation de la partie. •*Hû dagas dagûs cên, xallahum câlo fôgna talâte vê.* Il a commis une très grave erreur et les a laissés nous prendre trois points.

daha / dahawât *n. m.*, *Cf. gâyile*, * ḍḥw, ض ح و

♦ **matinée, de huit à dix heures du matin,** milieu et fin de la matinée avant le temps chaud de midi. •*Ambâkir daha, namci lêk fî l bêt.* Demain matin, vers neuf ou dix heures, j'irai chez toi. •*Anâ kammalt dahâyi kulla fî l kadâde.* J'ai passé toute la matinée en brousse. •*Kulla yôm be daha nunûm sâ'itên.* Tous les jours en fin de matinée, je dors deux heures. •*Mahamat al gecc xalabâni, kan gidirt aharit lêi dahawât !* Mahamat, je suis fatiguée d'arracher l'herbe ; si tu peux, passe quelques matinées à nettoyer mon champ !

daha kabîr expression, * ḍḥw, kbr, ض ح و • ك ب ر

♦ **fin de la matinée,** période de la journée entre dix et onze heures. •*Jît lêku daha kabîr, wa mâ ligîtku !* Je suis venu chez vous en fin de matinée, et je ne vous ai pas trouvés. •*Al harrâtîn barhartu kê namman daha kabîr hatta bigîfu binjammo.* Les cultivateurs travaillent dans les champs jusque vers onze heures, puis ils s'arrêtent et se reposent.

dâha / yidâhi *v. intr.*, forme III, * ḍḥw, ض ح و

♦ **passer le matin,** passer le temps de la matinée, entre huit heures et dix heures, à faire quelque chose. •*Anîna dâhêna hatta fatarna.* Nous n'avons déjeuné que vers neuf heures du matin [nous avons passé toute la matinée avant de prendre le petit déjeuner]. •*Al yôm kulla l-nâs dâho mâ fataho l makâtîb.* Aujourd'hui les gens sont restés toute la matinée sans ouvrir leur bureau. •*Ambâkir kan dâhêt amci lêi !* Demain, passe chez moi en fin de matinée [si tu as passé la matinée, va chez moi] !

dahab nom de minéral, *m.*, * d̲hb, ذ ه ب

♦ **or** (métal). •*Al-dahab xâli, bacuruh be gurus katîr.* L'or coûte cher, on l'achète avec beaucoup d'argent. •*Al-rujâl harâm lêhum mâ balbasso dahab.* Il n'est pas permis aux hommes de porter de l'or. •*Al-dahab jamâl lê l awîn.* L'or fait la beauté des femmes. •*Marti indaha dahab katîr fî idênha.* Ma femme porte beaucoup d'or aux bras.

dahâb- *invar.*, préfixe se mettant devant les *pron. pers.* et permettant d'exprimer l'imminence, l'immédiateté de l'action ou de l'état du sujet, *litt.* passage rapide, * d̲hb, ذ ه ب

♦ **c'est maintenant que, venir juste de, être encore.** •*Wakt al fajur dahâbah ja.* L'aube vient de paraître. •*Inti dahâbki jîti fî l xidime ?* C'est maintenant que tu viens au travail ? •*Harasna kê, al-daktôr dahâbah ja.* Nous avons longtemps attendu, le docteur vient juste d'arriver. •*Dahâbna gammêna min al-nôm.* Nous venons tout juste de nous réveiller. •*Anâ ta'abâne acân iyâli dahâbhum dugâg.* Je suis fatiguée et malheureuse parce que mes enfants sont encore petits.

Dahabay *n. pr.* de femme, *litt.* pépite d'or, *Cf. dahab*, * d̲hb, ذ ه ب

dahabi *adj.* de couleur, (*fém. dahabiye*), * d̲hb, ذ ه ب

♦ **doré(e), en or, jaune or.** •*Al-tâgiye di mansaj, xayyatoha be xêt dahabi.* Ce bonnet est un ouvrage fait à la main, il a été brodé avec un fil d'or. •*Al-jidâde kan akalat al xadâr, lubb bêdayitha dahabi.* Lorsque la poule mange de la verdure, l'intérieur de son œuf est jaune d'or. •*Sinn al binêye di dahabiye.* La dent de cette fille est en or.

Dahabmakka *n. pr.* de femme, *dahab Makka, litt.* or de La Mecque.

dahac / duhûc *n. anim.*, (*fém.* *dahaca*), *Cf. dihêc*, * jḥš, ج ح ش
♦ **ânon.** •*Al-dahac cirib laban bagar wa mât.* L'ânon a bu du lait de vache et en est mort. •*Al-dahac mâ biciddah xumâm acân hû saxayyar.* On ne charge pas l'ânon parce qu'il est petit. •*Al-dahac anfarag min al humâra.* L'ânon s'est séparé de l'ânesse. •*Al-dahaca lihigat ammaha fî l kadâde.* La jeune ânesse a rejoint sa mère en brousse. •*Al mirêfi'înât târado l-duhûc namma lê l-zerîbe.* Les jeunes hyènes ont poursuivi les ânons jusqu'à l'enclos.

dahâlîb *pl.*, → *dahalôb.*

dahalôb / dahâlîb *n. m.*, plus petit que le *karbalo* ; la racine ḍḥl est une supposition, elle évoque une petite quantité d'eau sans profondeur, *Syn. wadday, xassâl*, * ḍḥl, ض ح ل
♦ **cuvette à ablutions.** •*Fî l-cite, kan indak dahalôb, tilwadda dâxal, axêr min al barday.* En hiver, si tu possèdes une cuvette à ablutions, tu peux faire tes ablutions à l'intérieur ; c'est plus agréable que dehors où il fait froid. •*Al-dahalôb min tîne wa bisawwu lêyah xattât usut lê l-rijil acân bi'âwinak fî l wadu.* La cuvette à ablutions est en terre, avec, au milieu, un support pour le pied afin de faciliter l'ablution.

dahar 1 / yadhar *v. trans.*, forme I n° 13, * dḥr, د ح ر
♦ **interdire, empêcher.** •*Al-duwân dahar al-nâs mâ yibarcutu.* Les douaniers interdisent aux gens de faire de la contrebande. •*Mâla tadharni mâ namci fî bakân axti ?* Pourquoi m'interdis-tu d'aller chez ma sœur ? •*Râjili yadhar al iyâl mâ yamurgu fî l-câri acân al arabât bajuru bilhên.* Mon mari interdit aux enfants de sortir dans la rue parce que les voitures vont à toute allure. •*Ju' hanâ axûk mâ badharak al-nôm.* La faim de ton frère ne t'empêche pas de dormir. *Prvb.* (*i.e.* on ne ressent pas la souffrance d'autrui).

dahar 2 / duhûr *n. m.*, * ẓhr, ظ ه ر
♦ **dos.** •*Al mara câlat saxîrha fî daharha.* La femme a porté au dos son petit enfant [a pris son petit sur son dos]. •*Dahar al-tôr indah zinkitte.* Le dos du zébu a une bosse. •*Al askar câlo banâdîghum fî duhûrhum.* Les soldats ont pris leur fusil au dos [dans leur dos].

dâhar / yidâhir *v. trans.*, forme III, * dḥr, د ح ر
♦ **empêcher, séparer des belligérants.** •*Dâhir al iyâl dôl mâ yiddâwaso !* Empêche ces enfants de se battre ! •*Al askar fî l-lêl dâharo l-rujâl al bidôru bitta'ano be sakâkîn.* La nuit, les militaires ont empêché les hommes de se poignarder. •*Al pôlîs dâhar al muzâhirîn mâ yigarrubu lê bêt al-Ra'îs.* Les policiers ont empêché les manifestants de s'approcher de la maison du Président.

daharân *n. d'act., m.*, → *dahirîn.*

dahare *n. f.*, * ḍhr, ض ه ر
♦ **colline, hauteurs.** •*Gabbil al xanam min al-dahare !* Fais revenir les chèvres qui sont là-haut ! •*Al iyâl xallo l xanamhum wa bagarhum wa rikibo fî l-dahare.* Les enfants ont laissé leurs moutons et leurs vaches pour grimper sur la colline.

dahâri *n. f. pl.*, la racine évoque le sommet d'une montagne, *Cf. kadâde, xala, wa'are*, * ḍhr, ض ه ر
♦ **brousse lointaine, campagne profonde, pâturages lointains, lieux reculés.** •*Al-dahâri humman al bakânât al ba'idîn min al gawâgir.* La campagne profonde est loin des villes. •*Îct al-dahâri raxîse wa halûwa min îct al madîna.* Vivre en pleine brousse est moins cher et plus agréable que vivre en ville.

dahâya *pl.*, → *dahîye.*

dahha / yidahhi *v. intr. {- be}*, forme II, * ḍḥw, ض ح و
♦ **sacrifier une vie, immoler un mouton, fêter la Tabaski,** égorger un bélier pendant les jours du pèlerinage,

rappel du geste d'Abraham. •*Yôm al îd anâ nidahhi.* Le jour de la fête, je sacrifierai un bélier. •*Al-sane di mâ indi gudra acân nidahhi be kabic kabîr.* Cette année, je n'ai pas les moyens [je n'ai pas la force] de sacrifier un gros bélier. •*Al-râjil jâb xanamay kabîre lê nasîbtah acân tidahhi bêha.* L'homme a apporté un gros mouton à sa belle-mère pour fêter la Tabaski. •*Hû dahha be rûhah lê l watan.* Il a sacrifié sa vie pour la patrie.

dahhak / yidahhik *v. trans.*, forme II, * ḍḥk, ض ح ك

♦ **faire rire.** •*Hû hajjay, dahhakâna kullina be hijjeytah.* C'est un beau parleur, il nous a tous fait rire avec sa petite histoire. •*Yaxay mâ tidahhikni misil da, batuni tôjâni !* Mon frère, ne me fais pas rire comme cela, j'ai mal au ventre !

dahhâk / dahhâkîn *adj.*, (*fém. dahhâka*), * ḍḥk, ض ح ك

♦ **rieur (-euse), gai(e), enjoué(e), joyeux (-euse),** qui rit souvent. •*Al binêye di dahhâka wa sunûnha buyud.* Cette fille rieuse a les dents blanches. •*Wilêdki da dahhâk, sawwi lêyah hijâb min ên al-nâs.* Ton enfant rit souvent, fais-lui une amulette pour le protéger contre le mauvais œil des autres personnes. •*Al-nâdum da dahhâk misil cirib bango.* Cet homme est gai comme s'il avait fumé du haschisch.

dahhâka / dahhâkât *adj. n. f.*, dans l'expression *sinn dahhaka*, *litt.* dent rieuse, * ḍḥk, ض ح ك

♦ **incisive.** •*Dahhakât al binêye di buyud misil al-laban.* Les incisives de cette fille sont blanches comme du lait. •*Katîr min al-nâs kan cayyabo dahhakathum bikassuru.* Beaucoup de gens, lorsqu'ils vieillissent, ont les incisives qui se cassent.

dahhâki / dahhâkîn *adj.*, (*fém. dahhâkiye*), * ḍḥk, ض ح ك

♦ **qui fait rire, drôle, comique.** •*Al-nâdum da dahhâki, bidahhik al-nâs be hijeh.* Cette personne fait rire les autres par ses histoires. •*Al binêye di dahhâkiye, kan mâ fîha, rufugânha haznânîn.* Cette fille est drôle ; quand elle n'est pas là, toutes ses amies sont tristes. •*Al-nâdum al-dahhâki, al-nâs birîdu mujâlastah.* Les gens aiment s'asseoir et écouter celui qui fait rire. •*Hû dahhâki wa mâ badhak fî l hije l bahajjih !* Il fait rire les autres mais lui-même ne rit pas lorsqu'il raconte son histoire.

dâhik / dâhikîn *adj. mrph. part.* actif, (*fém. dâhike*), * ḍḥk, ض ح ك

♦ **riant(e), rieur (-euse), souriant(e).** •*Al-râjil al-dâhik dak birîd al-nâs.* L'homme qui est en train de rire là-bas aime les gens. •*Al awîn al-dâhikîn dôlak gâ'idîn bagta'o darrit axuthum.* Les femmes qui rient là-bas sont en train de calomnier la rivale de leur sœur.

dahirîn *n. d'act.*, ≅ *daharân*, * dḥr, د ح ر

♦ **empêchement, fait d'empêcher.** •*Dahirîn al iyâl al-dugâg mâ yamurgu fî l-câri da adîl.* Empêcher les enfants de sortir dans la rue est une bonne chose. •*Dahirîni lêk min al-duwâs da xêr bas !* C'est pour ton bien que je t'empêche de te battre !

(al)-dahîtên *n. m.*, *Syn. muharram (cahar)*, * ḍḥy, ض ح ي

♦ **premier mois de l'année lunaire.** •*Al-dahîtên hû al-cahar al awwal fî l-sane.* Le mois de *dahîtên* est le premier mois de l'année lunaire. •*Al-dahîtên cahar yaga' ambên al-dahîye wa l wahîd.* Le mois de *dahîtên* se trouve [tombe] entre le mois de *dahîye* et le mois appelé "unique".

dahîye / dahâya *n. f.*, expression *îd al dahîye*, *Syn. îd al adha*, * ḍḥw, ض ح و

♦ **douzième mois de l'année lunaire, fête de la Tabaski, sacrifice du mouton,** rappel du bélier égorgé par Abraham à la place de son fils. •*Fî l îd al-Dahîye, al iyâl mâ ligo xulgân judâd.* Pour la fête de la Tabaski, les enfants n'ont pas reçu [trouvé] d'habits neufs. •*Anâ hassalt lêi kabic kabîr wa samîn lê l-Dahîye.* J'ai un bélier gros et gras tout prêt pour la fête du sacrifice. •*Al-dahâya l fâto, al xanam bigo xâliyîn.* Lors des fêtes précédentes de la Tabaski, le prix des moutons était très élevé.

dâhû- / dôlhumman préfixe du présentatif proche admettant comme suffixe un *pron. pers.*, (*fém. dîhiya*).
♦ **me, te, le voici, la voici, les voici.** •*Dâhû l wilêd !* Voici l'enfant ! •*Dîhîya jâye !* La voici qui vient ! •*Dôlhummân al-sarrâgîn !* Voici les voleurs !

dâiman *invar.*, → *dâ'iman.*

dâine *n. anim.*, *f.*, → *dayne.*

dajja 1 / dajjât *adj. f.*, *Cf. xirizat*, * djj, ج ج د
♦ **qui manque de lait, en état d'agalactie.** •*Al mara al-dajja saxîrha mâ samîn acân batunah mâ malâne.* Le bébé de la femme qui manque de lait n'est pas gros parce qu'il n'a pas le ventre plein. •*Al mara kan dajja tixâzi saxîrha be laban hanâ kôb.* Lorsqu'une femme est en état d'agalactie, elle nourrit son bébé avec du lait en boîte.

dajja 2 *n. f.*, * ḍjj, ج ج ض
♦ **bruit, vacarme, cri.** •*Al iyâl bisawwu dajja katîre fî l bêt, ammuhum gâlat lêhum : amcu al'abo barra !* Les enfants faisaient un tel vacarme dans la maison que leur mère leur a dit d'aller jouer dehors ! •*Al mêtir marag min al fasul, wa l iyâl gammo bisawwu dajja.* Le maître est sorti de la classe et les enfants se sont mis à pousser des cris.

Dâjo *n. pr. gr.*, *coll.*, *sgtf. Dijay* (homme), *Dijayye* (femme).
♦ **Dadjo.** •*Al-Dâjo Gêra gâ'idîn fî Mongo.* Les Dadjo du Guéra se trouvent à Mongo. •*Al-Dijay da min Dajo Sila, dârah Goz Bêda.* Cet homme est un Dadjo du Sila, il est de [sa région est] Goz-Beida.

Dâjo Gêra *n. pr. gr.*, *coll.*, → *Dâjo.*

Dâjo Sila *n. pr. gr.*, *coll.*, → *Dâjo.*

dakâkîn *pl.*, → *dukkân.*

dakar / dukûra *n. m.*, *Cf. falaka*, ≃ le singulier *zakar* et le pluriel *dukurra, zukurra*, * d̠kr, ر ك ذ
♦ **mâle, garçon, sexe mâle.** •*Anâ indi xamsa iyâl, tinên minhum bas dukûra.* J'ai cinq enfants dont deux seulement sont des garçons. •*Fî bahaymi aktârhum dukûra.* La plupart des bêtes de mon troupeau sont des mâles. •*Al faras di jâbat dakar wâhid bas.* Cette jument n'a mis bas qu'un seul mâle.

dakâtîr *pl.*, → *daktôr.*

dakkak / yidakkik *v. trans.*, forme II, * dkk, ك ك د
♦ **tasser, niveler, aplatir, aplanir,** égaliser le sol en tassant. •*Nâs al mêri bidakkuku l-cawâri fî kulli sana gubbâl al xarîf.* Les employés de la mairie nivellent les rues chaque année avant la saison des pluies. •*Al-jidâde dakkakat dungurha adîl lê bêdha.* La poule a bien égalisé l'intérieur de son nid pour y déposer ses œufs. •*Dakkik lêi ci'abi dôl adîl, acân al-lugdâbe mâ taga' !* Tasse bien comme il faut la terre autour de mes poteaux fourchus pour que le hangar ne tombe pas !

dakke *n. f.*, *Syn. madagg*, * dkk, ك ك د
♦ **aire à battre le mil, sorte de crête du coq,** aire durcie avec le crottin. •*Buduggu l xalla fî l-dakke.* On bat le mil sur l'aire. •*Al-diyêk da mâ indah jurriye, coxolah dakke.* Le petit coq n'a pas de crête fine qui se dresse, mais une crête plate et dure.

daktara *n. f.*
♦ **médecine.** •*Al-daktôr cukku mâ ba'arif ceyy fî l-daktara.* Les charlatans qui vendent des médicaments ne connaissent rien à la médecine. •*Al-daktara tidôr ilim wa giray.* La médecine exige la science et l'étude.

daktôr / dakâtîr *n. m.*, *empr. fr.*, ≃ *daktor* (avec un "o" bref), → *daktor cukku, daktor farmasi, daktor barra.*
♦ **docteur, médecin, infirmier.** •*Al-labtân al kabîr indah daktôr adîl.* Le

grand hôpital a un bon docteur. •*Al-dakâtîr bidâwu l mardânîn fî l-labtân al kabîr.* Les médecins soignent les malades à l'hôpital central [au grand hôpital].

daktor barra / dakâtîr barra nom composé *m.*, *litt.* docteur à l'extérieur, *Cf. daktôr.*
♦ **médecin de campagne, infirmier de brousse, vétérinaire de brousse,** docteur, médecin ou infirmier qui travaillent en dehors de la ville. •*Nâs barra bikarrumu l-daktôr barra acân bidâwihum wa bilfâham ma'âhum.* Les gens de brousse respectent le médecin de campagne qui les soigne et s'entend bien avec eux. •*Zamân al-nâs baxâfu min dakâtîr barra acân mâ ba'âmunuhum.* Autrefois, les gens avaient peur des infirmiers de brousse en qui ils n'avaient pas confiance.

daktor cukku / dakâtîr cukku nom composé *m.*, *empr. fr.* et kanembou, *Cf. daktôr.*
♦ **vendeur de médicaments, pharmacien ambulant, apothicaire, charlatan,** qui vend illicitement des médicaments sans être ni médecin ni pharmacien. •*Daktor cukku bisâwig al-kinnîn wa l ibar bala maktûb hanâ l-daktôr al fî l-labtân.* L'apothicaire ambulant vend des comprimés, des ampoules pour injection, sans ordonnances du médecin de l'hôpital. •*Dakâtîr cukku wa lâ bar'arfu giray wa lâ kitâbe.* Les vendeurs de médicaments ambulants ne savent ni lire, ni écrire. •*Angâri yâ Hawa, mâ tibî'i dawa hanâ daktôr cukku, da xatari !* Fais attention, Hawa, n'achète aucun médicament au charlatan, c'est dangereux !

daktor farmasi / dakâtîr farmasi nom composé *m.*, *litt.* docteur de pharmacie, *Cf. daktôr.*
♦ **pharmacien.** •*Fî Anjamména, daktor farmâsi, kan inta indak gurus, yagdar yidâwîk misil al-daktôr al fî l-labtân.* A N'Djaména, si tu as de l'argent, le pharmacien pourra te soigner comme le docteur de l'hôpital. •*Fî l wâjib da, dakâtîr farmasi yisâwugu l-dawa wa kulla l xumâm al bidâwu fôgah.* Normalement les pharmaciens doivent vendre des médicaments et tout le matériel qui sert à soigner.

daktor hanâ l iyâl *n. m.*, (*pl. dakâtîr hanâl iyâl), litt.* médecin des enfants, *Syn.* ***daktôr lê l iyâl.***
♦ **pédiatre.** •*Jâri daktôr hanâ l iyâl.* Mon voisin est pédiatre. •*Amci nâdi daktôr lê l iyâl !* Pars appeler le pédiatre !

daktoriye / daktoriyât *n. f.*, *empr.*
♦ **infirmière, médecin.** •*Al-daktoriye wên ?* Où se trouve l'infirmière ? •*Al-Nasrâniye di daktoriye.* Cette Européenne est médecin.

dâku présentatif éloigné, (*fém. dîkiya*).
♦ **le voilà, la voilà.** •*Dâku jâyi !* Le voilà qui vient ! •*Dîkiya l binêye fî l-câri !* La voilà, la fille, dans la rue !

dala' / yadla' *v. intr.*, peu utilisé au passé, forme I n° 14, * ḍlʕ, ض ل ع
♦ **boiter, boitiller.** •*Al wilêd da badla' acân fajaxoh fî li'ib al bâl.* Ce garçon boite parce qu'on lui a marché dessus tandis qu'il jouait au football. •*Hî tadla' acân musmâr ta'anaha fî rijilha.* Elle boitille parce qu'un clou l'a piquée au pied. •*Al bagara di tadla'.* Cette vache boite.

dala'ân *n. d'act.*, *m.*, ≅ *dali'în*, *Syn. arajân*, * ḍlʕ, ض ل ع
♦ **boiterie, fait de boiter.** •*Dala'ân al bagaray di min al xurraja l fî rijilha.* La boiterie de cette vache vient de la tumeur qu'elle a à la patte. •*Dali'în al-râjil da min marad al-calal.* Cet homme boite parce qu'il a eu la poliomyélite.

dalâfe *pl.*, → *duluf.*

dalâl 1 *n. m.*, * dll, د ل ل
♦ **farniente, oisiveté, chance, richesse, opulence, facilité, bonheur,** état de celui qui jouit des choses de la terre sans avoir à peiner. •*Hû rabyân fî l-dalâl.* Il a été éduqué dans la facilité. •*Nâdum ke aba l-dalâl mâ fîh.* Personne ne refuse l'opulence.

•*Al gurus bisey al-dalâl.* L'argent fait le bonheur.

dalâl 2 *n. m., Syn. kuhul,* * dll, د ل ل
♦ **khôl.** •*Al mara di masahat dalâl fî uyûnha acân tabga samhe.* Cette femme s'est passé du khôl sur les yeux pour se faire belle. •*Al-câyib da xatta dalâl fî uyûnah min al âkûla.* Ce vieux s'est mis du khôl aux yeux pour calmer la démangeaison. •*Al-dalâl bujûbuh min al-Sawdiya fî gazzâz, hû mârin wa lônah azrag.* On apporte le khôl d'Arabie Saoudite dans des flacons : il est en poudre et de couleur noire.

dalâl 3 *n. m., Syn. li'ib,* * dll, د ل ل
♦ **jeu, danse, réjouissance, liberté d'action.** •*Dalâl al iyâl illa kan batunhum malâne wa jilidhum âfe.* Les enfants ne jouent et ne dansent que lorsqu'ils ont le ventre plein et qu'ils sont en bonne santé. •*Dalâl al-nuggâra katîr fî yôm al farha.* Il y a de nombreuses danses du tambour le jour de la fête. •*Wakit hanâ dalâl al-ciyâb ma'â l-ajâyis fî l-nuggâra, xalâs fât !* Il est passé le temps où les vieux dansaient avec les vieilles au son du tambour ! •*Al ajas dalâl al fagur.* La paresse laisse la pauvreté libre de s'installer. *Prvb.*

dâlal / yidâlil *v. trans.,* → *dâdal.*

dalala *pl.,* → *dull 1.*

dalam 1 / yadlum *v. trans.,* forme I n° 1, ≃ *zalam, yazlum,* * ẓlm, ظ ل م
♦ **léser, faire du tort, opprimer, être injuste.** •*Gassimah lêna sawa sawa, mâ tadlumni !* Partage-le nous en parts égales, ne me lèse pas ! •*Al-suwâr gâ'idîn yadlumu nâs al kadâde.* Les rebelles sont en train d'opprimer les gens de la brousse. •*Hû dalam axawâtah fî l wirse.* Il a lésé ses sœurs dans l'héritage. •*Allah mâ yadlum nâdum yôm al xiyâma.* Dieu ne sera injuste envers personne le jour de la résurrection.

dalam 2 *n. coll., sgtf dalamay.*
♦ **pou de poule, parasite des poules.** •*Al-dalam tihit rîc al-jidâd.* Les poux se trouvent sous les plumes des poules. •*Al-jidâd da bâtil acân al-dalam cirib dammah.* Ces poules sont maigres à cause des poux [parce que les poux ont bu leur sang].

dalâm / dulumât *n. m.,* pluriel peu employé, * ẓlm, ظ ل م
♦ **obscurité, ténèbres.** •*Anâ mâ nagdar nunûm fî l-dalâm, nidôr al-deyy.* Je ne peux pas dormir dans l'obscurité, j'ai besoin de lumière. •*Al amyân hayâtah kulla ke gâ'id fî l-dalâm.* L'aveugle passe toute sa vie dans l'obscurité. •*Al ilim nûr wa l-jahal dalâm !* La science est lumière et l'ignorance est obscurité !

dalâwe *pl.,* → *dalu 1.*

dalâyil *pl.,* → *dalîl 1.*

dalâyim *pl.,* → *dalîme.*

dalaza / dalazât *n. f.,* terme vulgaire, * dlẓ, د ل ظ
♦ **grosse fesse.** •*Al banât dôl dalazâthum kubâr marra wâhid.* Ces filles ont de grosses fesses. •*Al mara di amm dalazât, mâ tagdar turûx.* Cette femme a de grosses fesses, elle ne peut pas se promener.

dâle *n. m.,* ≃ *dâli, Syn. sije, xuzzi, yâre, Cf. kâre.*
♦ **sorte de jeu de dames, sorte de jeu de pions.** •*Min fajur mâ bisawwi xidime wâhade ke, ille li'ib al-dâle.* Depuis ce matin il n'a rien fait d'autre que jouer aux dames. •*Li'ib al-dâle hanâ rujâl, wa l kâre hanâ l awîn.* Ce sont les hommes qui jouent au *dâle* et les femmes qui jouent au *kare.*

dâli *n. m.,* → *dâle.*

dalîl 1 / dalâyil *n. m.,* * dll, د ل ل
♦ **preuve.** •*Inta tugûl al wilêd da sirig xumâmak wên dalîlak ?* Quelle preuve as-tu pour dire que cet enfant a volé tes affaires ? •*Mâ tatham al-nâs wa lâ tackihum kan mâ indak dalîl sâbit !* Ne soupçonne pas les autres et ne porte pas plainte contre eux si tu n'as pas de preuves sûres ! •*Indi dalâyil al-nisabbitah kidib hanâ*

Mûsa. J'ai des preuves qui attestent le mensonge de Moussa.

dalîl 2 / dalîlîn *adj.*, (*fém. dalîle*), * ẓll, ظ ل ل

♦ **ombragé(e), qui donne beaucoup d'ombre.** •*Kan macêt fî l kadâde be gayle, angari min al-cadaray al-dalîle, tiga''id dabîb.* Si tu pars en brousse en plein midi, méfie-toi de l'arbre qui donne beaucoup d'ombre : il abrite des serpents. •*Zamân al-cerîye bisawwuha fî ga'ar cadaray kabîre wa dalîle.* Autrefois, on rendait la justice au pied d'un arbre grand et ombragé.

dâlim / dâlmîn *adj.*, (*fém. dâlme*), → *zâlim*, * ẓlm, ظ ل م

dalîme / dalâyim non *f.*, *Cf. dalam*, * ẓlm, ظ ل م

♦ **injustice, méchanceté, tort, mal.** •*Anâ be dalîmti fôgak.* Je garde sur le cœur le mal que tu m'as fait. •*Ganda Abu Halîme al mâ bahmal al-dalîme.* Le renard "Ganda, père de Halimé", ne supporte pas les injustices qu'on lui fait. •*Yâ rafigti nicîl lêki dalimitki min al-nâdum al-dalamâki !* Mon amie, je te défendrai contre le mal qu'on pourrait te faire !

dalla 1 / yidalli *v. trans.*, forme II, * dlw, د ل و

♦ **descendre** (faire descendre), **poser à terre, abaisser, calmer** (cœur), **apaiser.** •*Maryam dallat al burma min al-nâr.* Mariam a ôté du feu la marmite et l'a posée par terre. •*Al-sahab al amis da dalla lêna almi katîr.* Les nuages d'hier nous ont donné une grosse pluie [fait descendre beaucoup d'eau]. •*Anâ galbi dalla, xalâs al musâmaha ma'âk !* Mon cœur s'est apaisé, c'est terminé ; je te demande pardon !

dalla 2 / yidill *v. trans.*, forme I n° 11, * ḍll, ض ل ل

♦ **égarer, séduire, induire en erreur, tromper.** •*Al mara dallat râjilha be l kalâm al halu.* La femme a séduit son mari par de belles paroles. •*Mâ titâbi al-rafig al-sakkâri acân yidillak tacarab al marîse !* Ne suis pas ton ami ivrogne parce qu'il t'égarera dans la boisson [pour que tu boives de la boisson alcoolisée] !

dallak / yidallik *v. trans.*, *Cf. dilke*, * dlk, د ل ك

♦ **masser avec une crème, frotter la peau,** passer de la crème sur son corps. •*Al arûs dallakoha acân jilidha yabga amalas wa indah rîhe.* On a massé le corps de la mariée avec de la crème pour qu'il devienne lisse et qu'il sente bon. •*Al mara kan mâ indahah xidime katîre tidaxxin be darôt wa tidallik be dilke.* La femme qui n'a pas beaucoup de travail fait fumer du bois parfumé et se frotte la peau avec de la crème *dilke*.

dallakân *n. d'act.*, *m.*, *Cf. dilke*, ≅ *dallikîn*, * dlk, د ل ك

♦ **massage,** massage avec la crème de beauté traditionnelle. •*Al-dallakân be dilke bisawwi al-jilid amlas wa birâri.* Le massage avec la crème *dilke* rend la peau satinée. •*Ba'ad al-dallakân, barridi wa daxxini be sandal !* Après t'être massée avec de la crème, lave-toi et parfume-toi avec du bois de santal !

dallal / yidallil *v. intr.* {*- lê*}, *Cf. dalûl*, * ḍll, ض ل ل

♦ **baisser la tête, obéir à, être soumis(e).** •*Anâ mâ nidallil lêk, kaffini gursi ajala ke !* Je ne baisserai pas la tête pour toi, paye-moi immédiatement ce que tu me dois ! •*Al xaddâmîn abbo mâ yidallulu lê kabîrhum wa sawwo idrâb acân bikaccir fôghum.* Les fonctionnaires n'obéissent plus à leur chef, ils ont fait grève parce qu'il les avait réprimandés. •*Al mara tidallil lê râjilha acân yakrubha adîl.* La femme reste soumise à son mari pour qu'il prenne bien soin d'elle.

dallâli / dallâlîn *v. trans.*, forme II, * ḍll, ض ل ل

♦ **intermédiaire, représentant de commerce,** personne qui conduit le client en face de ce qu'il cherche à acheter. •*Al-dallâli jâb zabâyin caro l bêt wa ligi âmûltah xamsîn alif riyâl.* L'intermédiaire a amené des clients qui ont acheté la maison et il a reçu une rémunération de cinquante mille riyals. •*Al-dallâli câl sanif min al budâ'a wa maca busûmah.* Le représentant a pris un échantillon de la marchandise à vendre et est parti la proposer à des clients.

dallam / yidallim *v. trans.*, forme II, * ẓll, ظ ل ل

♦ **assombrir, mettre dans l'obscurité.** •*Gumm namcu ajala, gubbâl al wata' mâ tidallim lêna !* Lève-toi et partons vite, avant qu'il ne fasse sombre ! •*Al bêt dallam acân al-nâr câloh.* La maison est dans l'obscurité parce qu'ils ont coupé l'électricité !

dallân *n. d'act.*, *m.*, ≅ *dallîn*, * dlw, د ل و

♦ **descente,** fait de descendre, manière de descendre. •*Hî tala'at fî l-cadaray mâ gidirat lê l-dallân.* Elle est montée sur l'arbre et n'a pas pu en descendre. •*Dallîn al bolîs min al watîr da, akûn mâcîn bakurbu nâdum.* La manière dont les policiers sont descendus de la voiture pourrait signifier qu'ils vont arrêter quelqu'un.

dallay / dallayât *n. f. mrph.* intensilf, voir le *Syn. dalu*, * dlw, د ل و

dallayân *n. d'act.*, → *dalliyîn.*

dallikîn *n. d'act.*, *m.*, → *dallakân.*

dallîn *n. d'act.*, *m.*, → *dallân.*

dalliyîn *n. d'act.*, *m.*, ≅ *dallayân*, *Cf. dalla, faddiyîn*, * dlw, د ل و

♦ **déchargement, fait de décharger.** •*Gubbâl al-dalliyîn, fattic bakân nadîf lê l xumâm !* Avant de décharger, cherche un endroit propre pour y mettre les affaires ! •*Al-sarrâgîn yaharsu dalliyîn al budâ'a min al watâyir.* Les voleurs attendent et surveillent le déchargement des affaires des véhicules.

dallûm *n. anim.*, *coll.*, *m.*, *sgtf. dallûmay*, *Cf. abunhurgâs*, *Syn. hilwês*, * ẓlm, ظ ل م

♦ **nom d'un mille-pattes, iule.** •*Al-dallûm, hû rijilêna katirîn wa baddalâhum be uyûn al-dâbi (Hije tuwâl).* L'iule a de nombreuses pattes qu'il a échangées contre les yeux du serpent (Conte). •*Al-dallûm yamrug fî wakt al xarîf wa kan xâf yillawi.* L'iule sort en saison des pluies, et, lorsqu'il a peur, il s'enroule sur lui-même.

dalma *adj.* de couleur *f.*, → *adlam.*

dalmay *n. f.*, *Ant. bêday*, ≅ *amdalmay*, * ẓlm, ظ ل م

♦ **temps d'obscurité de la lune, nuit sans clarté de lune.** •*Fî l-dalmay ti'ilîle fî l-dôray mâ fî.* Quand il n'y a pas de clair de lune, il n'y a pas de causerie le soir sur la place du village. •*Al-sarrâgîn wa l marâfî'în birîdu l-dalmay.* Les voleurs et les hyènes aiment le temps de la nuit sans la clarté de la lune.

dalôj *n. coll.*, animal, *sgtf. dalôjay*, *Syn. hamâm jabali.*

♦ **pigeon de Guinée, Columba Guineæ (Linné).** •*Al-dalôj gâ'id katîr fî l manâra hint al-jâmiye.* Il y a beaucoup de pigeons de Guinée sur le minaret de la mosquée. •*Al iyâl katalo dalôjay be nible.* Les enfants ont tué un pigeon avec une lance-pierres. •*Al-dalôj mâ birîd bagôd janb al-nâs.* Le pigeon de Guinée n'aime pas rester à côté des gens.

dalu 1 / dalâwe *n. m.*, autre pluriel *adliya*, *Cf. rambay*, *Syn. dallay*, * dlw, د ل و

♦ **seau en cuir, puisette,** poche en peau pour puiser l'eau. •*Zênaba maragat almi be dalu min al bîr.* Zénaba a puisé l'eau du puits avec un seau en peau. •*Malêt al hôt be l-dalu.* J'ai rempli l'abreuvoir avec le seau en cuir. •*Carêna dalâwe min al-sûg.* Nous avons acheté des seaux en cuir au marché.

dalu 2 *n. m.*, * dlw, د ل و

♦ **tour, cycle, période,** temps de service. •*Al yôm, dalu hanâ martah al-saxayre, hî bas tusût al êc.* Aujourd'hui, c'est au tour de sa dernière femme de faire cuire la boule. •*Al yôm, dalûku hanâ gaccîn al kilâs.* Aujourd'hui, c'est votre tour de balayer la classe.

dalûl / dalûlîn *adj.*, (*fém. dalûla*), * ḍll, ض ل ل

♦ **doux (douce), docile, calme, obéissant(e), apprivoisé(e).** •*Tôrna l kabîr dalûl fî lubb ammahâtah.* Notre grand taureau est docile parmi ses congénères. •*Al-cawâyil kan dalûlât halbînhum mâ gâsi.* Si les vaches laitières sont dociles, il n'est pas difficile de les traire. •*Al iyâl al-dalûlîn, kulla nâdum yirîdhum.* Tout le monde aime les enfants calmes.

dam *n. m.*, → *damm*, * dm, د م

dâm / yudûm *v. intr.*, forme I n° 4, * dwm, د و م

♦ **durer, rester pour longtemps.** •*Kan tisawwi kikkêf kula, al-dunya mâ tudûm lêk.* Quoi que tu fasses dans la vie, ce bas monde finira par t'échapper [ne durera pas longtemps pour toi]. •*Mâl al-sirge mâ yudûm.* Le bien acquis par le vol ne dure pas. •*Al-dâr al mâ dârak mâ tudûm lêk.* On ne s'attache pas indéfiniment à un pays qui n'est pas le sien.

dam'e / dumû' *n. f.*, * dmʕ, د م ع

♦ **larme.** •*Dumû' al atîm jaro yôm al îd acân mâ ligi xalag jadîd.* Les larmes de l'orphelin ont coulé [ont couru] le jour de la fête, parce qu'il n'avait pas reçu [trouvé] de vêtement neuf. •*Bakêt, dam'iti jarat yôm môt hanâ abui.* J'ai pleuré, mes larmes ont coulé le jour de la mort de mon père. •*Jari l-dam'e mâ bijîb al mayyit.* Le fait de pleurer ne fait pas revenir le mort. *Prvb.*

Damagaram *n. pr.* de ville.

♦ **Zinder.**

damâlij *pl.*, → *dimlij.*

damân *n. m.*, * ḍmn, ض م ن

♦ **garantie, caution.** •*Al bakân da mâ indah damân mâ tixalli xumâmak barra.* Ce lieu n'est pas sûr [il n'y a pas de garantie dans cet endroit], ne laisse pas tes affaires dehors ! •*Fî l birgâd, lê Âdum, abo mâ yixalluh bala damân.* A la gendarmerie, ils ont refusé de laisser partir Adoum sans la caution de quelqu'un de sûr. •*Abbakar da, nâdum harâmi, anâ mâ nagdar nicîl damânah.* Abakar est un bandit, je ne peux pas me porter garant pour lui [prendre sa garantie].

damâna *n. f.*, * ḍmn, ض م ن

♦ **prise en charge, garantie, assurance, cautionnement,** caution morale ou matérielle. •*Inta bas cilt damâna hint al-sarrâg da, inta bas tikaffi hassâ !* C'est toi seul qui as accepté de te porter garant de ce voleur, c'est à toi maintenant de payer ! •*Damâna hanâ l iyâl dôl wâjib lê ammahâthum wa abbahâthum.* La prise en charge de ces enfants incombe à leur mère et à leur père. •*Carêt bêti da be damâna min al kadastir.* J'ai acheté cette maison avec la garantie du cadastre. •*Anâ indi maktûb hanâ damâna fî l xidime, kan bigit mardâne yidâwuni bala gurus.* J'ai un papier d'assurance pour mon travail ; si je tombe malade, on me soignera gratuitement.

damâr *n. m.*, * dmr, د م ر

♦ **destruction, anéantissement.** •*Al yabas bijîb al-damâr fî l balad.* La sécheresse détruit progressivement le pays [porte l'anéantissement dans le pays]. •*Al-duwâs damâr lê l balad wa ca'abha.* La guerre est destructive pour le pays et son peuple.

damâsik *pl.*, → *dimsik.*

damâyir *pl.*, → *damîr.*

dambalo *n. m.*, → *danbalo.*

dambâri *n. m.*

♦ **sorcier, détenteur de forces maléfiques, jeteur de sorts,** personnage mystérieux et redoutable, maître des fléaux qu'il peut envoyer sur qui il veut. •*Al-dambâri wasxân bilhên, mâ yilbarrad wa mâ yittahhar, yurûx fî l kadâde, râkib juwâd wa indah asay tawîle.* Le jeteur de sorts est très sale, il vit sans se laver ni se purifier, il parcourt la brousse, monté sur un cheval et tenant un long bâton. •*Al-dambâri yagdar yirassil lêk kulla jarâd hanâ l-dâr fî zer'ak.* Le sorcier *dambâri* peut t'envoyer tous les criquets du pays dans ton champ !

damdam 1 / yidamdim *v. trans.*, *qdr.*, forme II, * ḍmm, ض م م

♦ **ranger, ordonner, arranger, cacher,** mettre en ordre les choses dont on s'est servi pour les conserver. •*Al awîn damdamo xumâmhum.* Les femmes ont rangé leurs affaires. •*Al-rukkâb al mâcîn Atiya gammo yidamdumu xumâmhum.* Les passagers allant à Ati arrangent leurs affaires. •*Hû damdam xumâmah, lâkin mâ na'arif bakân al damma fôgah.* Il a mis en ordre ses affaires, mais je ne sais pas où il les a rangées.

damdam 2 / yidamdim *v. intr.*, * ḍmm, ض م م

♦ **tâtonner, avancer à tâtons.** •*Andassa damdim kê, fattic lêi lampa !* Entre, va chercher ma lampe à tâtons ! •*Al amyân yidamdim kan mâ indah nâdum bugûdah.* L'aveugle avance à tâtons lorsqu'il n'a personne pour le guider.

damdamân *n. d'act.*, *m.*, → *damdimîn.*

damdimîn *n. d'act.*, *m.*, ≃ *damdamân*, * ḍmm, ض م م

♦ **rangement, fait de mettre en ordre.** •*Arjêni ba'ad damdimîn idditi di, namci ma'âki l-sûg !* Attends-moi ! Après avoir mis en ordre mes affaires, je partirai avec toi au marché ! •*Yâ binêyti kan kammalti damdimîn xumâm al akil, albarrade wa nûmi !* Ma fille, lorsque tu auras fini de ranger la vaisselle, lave-toi et dors !

dâmi / dawâmi *n. m.*, utilisé dans la région du Guéra et du Chari-Baguirmi, *Syn. farkato*, * dwm, د و م

♦ **balancier portant le fardeau,** bois porté sur l'épaule, en général des femmes, et dont les extrémités sont reliées à des fardeaux. •*Hî macat fî l bîr tijîb almi be dâmi.* Elle est allée au puits pour rapporter de l'eau en utilisant un balancier. •*Al-banât maco l wâdi wa câlo hatab fî dawâmihum.* Les filles sont parties dans l'oued et ont rapporté des fagots de bois avec leurs balanciers.

damîn / dumana' *adj.*, (*fém. damîne*), *Cf. kalîf, wakîl*, * ḍmn, ض م ن

♦ **garant(e), preneur (-euse) en charge,** qui se porte garant de *qqn.* •*Lissâ gâ'id fî l-dangay acân mâ indah damîn.* Il est encore en prison parce que personne ne l'a pris en charge pour régler ses affaires. •*Damîn al-sarrâg sarrâg.* Celui qui se porte garant d'un voleur est un voleur. •*Cêx gabîlitna hû bas damînna.* C'est notre chef de tribu qui est notre garant.

damir *pl.*, → *dâmre.*

damîr / damâyir *n. m.*, * ḍmr, ض م ر

♦ **conscience, cœur, for intérieur.** •*Damîri mâ barda lêi naktul nâdum.* Ma conscience ne me permet pas de tuer quelqu'un. •*Fî damîri da iyâli yabgo kubâr wa yanfa'o ragabithum.* Dans mon cœur, je pense que mes enfants grandiront et feront de belles choses dans leur vie [rendront utiles leur nuque].

dâmirge *invar.*, connu au *Sdn.* (*C.Q.*), ≃ *dâmirgay.*

♦ **céréale fermentée, mil blanchi,** mil, maïs ou sorgho dont le son a été ôté, qui est mis dans de l'eau pendant deux jours ou plus, qui commence à fermenter en devenant acide et qui, étendu et séché au soleil, change de couleur en devenant très blanc. •*Fî l-sûg al xalla l-dâmirge xâliye min al butuku.* Au marché, le mil préparé est plus cher que celui qui est à l'état brut. •*Êc hanâ l xalla l-dâmirge mâ halu kan nâdum bâkulah be laban halîb.* La boule de mil blanchi n'est pas bonne si on la mange avec du lait frais.

damm / dumûm *n. m.*, autre pluriel moins utilisé : *dima'*, ≃ *dam*, * dm, د م ⇨

♦ **sang, sang d'une bête à sacrifier, sacrifice.** •*Mûsa gata'âni be l-lazwâr wa damm katîr daffag minni.* Moussa m'a blessé avec la lame de rasoir et le sang a beaucoup coulé. •*Al massâs yacrab dumûm al-nâs !* Le sorcier boit à distance le sang des gens ! •*Al faki yidôr kabic yadbahah damm acân yas'al Allah.* Le marabout désire qu'on saigne un bélier pour invoquer le secours de Dieu. •*Surât Yâ-sîn mâ yaktubuha walla yagruha wâhid wa arba'în marra bala damm.* On ne lit ni ne récite la sourate *Yâ-Sîn* quarante fois de suite sans faire de sacrifice. •*Al-daktôr mâ bisey amaliye lê l-nâdum kan mâ indah damm.* Le chirurgien n'opère personne quand il n'a pas suffisamment de sang.

dâmm / dâmmîn *adj. mrph. part.* actif, (*fém. dâmme*), *Syn. dâmmi*, *Cf. damma*, * ḍmm, ض م م

♦ **qui a mis à l'abri, qui a conservé, qui a gardé à l'abri,** mettre en sécurité. •*Hû dâmm xummâmah fî bêt axtah.* Il a mis ses affaires à l'abri dans la maison de sa sœur. •*Humman dâmmîn gurushum fî banki wâhid.* Ils ont mis leur argent en sécurité dans la même banque. •*Inti dâmme dahabki wên ?* Où gardes-tu tes bijoux en or ?

damma 1 / yudumm *v. trans.*, *Cf. labbad*, forme I n° 5, * ḍmm, ض م م

♦ **conserver, garder à l'abri, cacher, protéger,** mettre dans un lieu sûr. •*Anâ dammêt gursi fî l banki.* J'ai mis mon argent à la banque. •*Dummi kalâm râjilki !* Garde en secret la parole de ton mari ! •*Nudummu xallitna fî danbangitna wakt al-sêf.* Nous conserverons notre mil dans notre grenier pendant la saison sèche.

damma 2 *invar.*, → *damman.*

dammam / yidammim *v. intr.*, forme II, * dm, د م

♦ **saigner.** •*Uwârtah dammamat wa aba mâ yusubb lêha dawa.* Sa plaie a saigné et il a refusé de la soigner [d'y verser un médicament]. •*Mâla manxarak dammamat inta dâwast ma'â yâtu al yôm ?* Pourquoi saignes-tu du nez ? Avec qui t'es-tu battu aujourd'hui ?

dammâm / dammâmîn *adj.*, (*fém. dammâma*), * ḍmm, ض م م

♦ **gardien (-enne), conservateur (-trice), qui garde bien,** qui conserve comme il faut en gardant bien à l'abri. •*Tarîdi dammâm lê l gurus.* Mon cadet garde bien l'argent. •*Zênaba carat sandûg dammâm lê xulgânha.* Zénaba a acheté une cantine pour bien conserver ses habits. •*Al kacakay dammâma hint xumâm al mulâh.* Le gros panier rond avec son couvercle garde bien à l'abri les ingrédients pour la sauce.

damman *invar.*, variantes : *damma, dammin, namma, namman, nammin.*

♦ **jusqu'à, jusqu'à ce que, au point que.** •*Abderahmân xadam min al fajur damman lê l aciye.* Abderamane a travaillé du matin au soir. •*Anâ rijit marti damman al-sâ'a l-saba'a hanâ l aciye.* J'ai attendu ma femme jusqu'à sept heures du soir. •*Hû âc damman tis'în sana.* Il a vécu jusqu'à quatre-vingt-dix ans. •*Râxat be rijilênha min Buso damman lê Anjammêna.* Elle est allée à pied, de Bousso jusqu'à N'Djaména. •*Fî l-lêl al marfa'în daxal dammin lê l-laday.* La nuit, l'hyène est entrée jusque dans la cuisine. •*Axui dagâni kê namman ragadt mardân.* Mon frère m'a battu au point que j'en suis tombé malade.

dammar / yidammir *v. trans.*, forme II, * dmr, د م ر

♦ **anéantir, détruire.** •*Al harib bidammir al balad.* La guerre détruit le pays. •*Al harîge dammarat al kadâde wa zahhafat al-sahara.* Le feu de brousse a détruit la forêt et fait avancer le désert.

dammarân *n. m.*, → *dammirîn.*

dâmmi *adj.*, → *dâmm.*

dammin *invar.*, → *damman.*

dammîn *n. d'act.*, *m.*, ≅ *dammân*, *Cf. damma*, * ḍmm, ض م م ⇨

♦ **conservation, fait de garder à l'abri, fait de conserver.** •*Al ajâyis ya'arfu dammîn al-sukkâr ba'îd min al iyâl.* Les vieilles femmes savent bien garder le sucre à l'abri, hors de portée des enfants. •*Dammîn al gurus fî l-turâb xatari, axêr tiwaddih al banki.* C'est dangereux de conserver l'argent dans la terre, il vaut mieux l'apporter à la banque.

dammirîn *n. m.*, *Cf. dammar*, * dmr, د م ر

♦ **anéantissement, destruction, ruine.** •*Dammirîn al ixtisâd hanâ baladna kulla ke min kutûrt al-duwâsât.* La destruction de l'économie de notre pays est due à la multiplicité des guerres. •*Dammirîn al-râjil da min kinnîn al muxaddirât wa l bango.* Cet homme a été détruit par des comprimés de drogue et le haschisch. •*Al mêri wâlafat dammirîn al buyût al mâ mubawwarîn.* La mairie a pris l'habitude de détruire les maisons non bornées par le cadastre.

damrag / yidamrig *v. trans.*, forme II, utilisé en arabe *sd.*, *Cf. dâmirge.*

♦ **tremper le mil, blanchir le mil,** mettre le mil dans l'eau pour le faire gonfler, fermenter et blanchir avant de le faire sécher au soleil. •*Damragat lêha xalla wa masar tidôr titahhir iyâlha.* Elle a fait tremper du mil avec du maïs en grains dans l'eau, parce qu'elle veut préparer la fête pour la circoncision de ses enfants. •*Hî jabbâriye, mâ tidamrig xallitha acân tangus lêha.* Elle est avare, elle ne fait pas blanchir son mil en le trempant dans l'eau parce qu'il diminuerait de quantité. •*Xallitki di xalâs damragat, anciliha min al-jerr !* Ton mil a déjà blanchi, retire-le de la jarre ! •*Al xalla di indaha yômên fî l almi wa abat tidamrig !* Depuis deux jours ce mil est dans l'eau et il ne veut pas blanchir !

dâmre / damir *n. f.*, * dmr, د م ر

♦ **campement, petit village nomade, camp de base,** petit village provisoire dans lequel restent les personnes qui ne peuvent pas suivre les troupeaux au pâturage. •*Al-sane di xallêna arba'a cawâyil fî l-dâmre.* Cette année, nous avons laissé quatre vaches laitières au camp de base. •*Al-subyân gabbalo l-damir acân yicîlu xalla.* Les jeunes sont retournés dans leur village pour prendre du mil. •*Fî l-dâmre acara buyût wallâ xamistâcar bêt bas.* Le village nomade n'est formé que de dix ou quinze maisons. •*Jidditi mâ tagdar tarkab ayyi zâmle acân da xallênaha fî l-dâmre.* Ma grand-mère ne peut plus monter sur aucune monture, c'est pour cela que nous l'avons laissée au village. •*Dukkân wâhid kulla mâ fîh fî l-dâmre.* On ne trouve même pas une boutique au campement.

danab / dunubbên *n. m.*, * d̲nb, ذ ن ب

♦ **queue.** •*Al xinzîr, danabah gisayyar misil al hallûf.* La queue du cochon domestique est courte comme celle du phacochère. •*Sûf danab al-zarâf tuwâl.* Les poils de la queue de la girafe sont longs. •*Al bagar bahajjuju l hacarât be dunubbênhum.* Les vaches chassent les insectes avec leur queue.

danab al falu *n. m.*, *litt.* queue de poulain, * d̲nb, flw, ذ ن ب • ف ل و

♦ **nom d'une herbe, Aristida stipoïdes,** famille des graminées. •*Danab al falu hû gecc indah iyâl dugâg wa humur.* L'herbe "queue de poulain" a de petites graines rouges. •*Kan tardrub l kirêb be sôsal, danab al falu wa l kamdala kan xalbato be l kirêb, kulla bâkulûhum.* Si des graines d'Aristida stipoïdes et de Brachiaria regularis se sont mêlées à celles du fonio sauvage récolté dans le panier, on les mange quand même.

danâbil *pl.*, → *dinbil.*

danâbilo *pl.*, → *danbalo.*

danâbir *pl.*, → *dunbur.*

danâdil *pl.*, → *dandal.*

danâdir *pl.*, → *dandar.*

danâgir *pl.*, → *dungur.*

danâgis *pl.*, → *dungus 1, dungus 2.*

danâkîj *pl.*, → *dankûj.*

danbalo / danâbilo *n. vég., coll., m., sgtf. danbaloy*, racine connue en arabe *sd.* (*C.Q.*), nom populaire du *jimmêz al ahmâr*, ≅ *dambalo*, le pluriel *danâbilo* est peu usité
♦ **nom d'un arbre, ficus géant, Ficus platyphylla (Del.),** famille des moracées. •*Fî l-darat, al-rujâl bagôdu fî dull al-danbalo l kubâr.* Au temps de la moisson, les hommes se mettent à l'ombre des grands ficus. •*Al-têr lamma katîr fî l-danbaloy acân iyâlha nijido.* Les oiseaux se sont rassemblés en grand nombre sur le ficus parce que ses fruits étaient mûrs. •*Dull al-danbalo bârid fî taraf al bahar.* L'ombre des ficus est fraîche au bord du fleuve.

dandake dans l'expression *karte dandake*, → *karte dandite.*

dandal / danâdil *n. f.*, ≅ *dandar (danâdir)*, pour *dandana*, *empr.* arabe *sd.* (*C.Q.*), *Syn. dôray.*
♦ **lieu de rencontre, espace propre, place,** lieu où les jeunes gens se regroupent pour causer la nuit ou pour danser. •*Fî kulla bêt nalgo dandal hanâ ti'ilîle.* Dans chaque concession, on trouve un lieu pour faire la causette la nuit. •*Al farîg indah dandal kabîr.* Le campement a un grand lieu de rencontre. •*Al-subyân farraco burûc fî l-danâdil lê yôm arûs hanâ Âdum.* Les jeunes gens ont étendu des nattes dans les lieux de réunion pour le jour des noces d'Adoum. •*Fî l-dandal, al farâfîr mâ baxallu l banât bala l-li'ib.* Dans le lieu de rencontre, les jeunes gens obligent les jeunes filles à danser.

dandan / yidandin *v. intr.*, forme II, *Cf. xayyinîn*, * dnn, د ن ن
♦ **s'attrister, être mélancolique, être abattu(e).** •*Min yômên hû dandan acân jâbo lêyha xabar hanâ môt abuh.* Il est abattu depuis deux jours parce qu'on lui a apporté la nouvelle de la mort de son père. •*Al-sabi da dandan acân fârag habîbtah.* Ce jeune homme est mélancolique parce qu'il est séparé de sa bien-aimée. •*Mâlki tidandini, cunû bigi lêki ?* Qu'as-tu ? Pourquoi es-tu triste ? Que t'est-il arrivé ?

dandana *n. f.*, * dnn, د ن ن
♦ **tristesse, mélancolie, abattement.** •*Al-dandana hizin fî l galib.* La mélancolie est une sorte de tristesse au fond du cœur. •*Maxatarak da sawwa lêi dandana âkun mâ tigabbil lêna !* Ton départ en voyage m'a rendue triste, peut-être ne reviendras-tu plus chez nous !

dandar / danâdir *n. f.*, → *dandal.*

dandite *n. f.*, emprunt *fr.*, ≅ *dandike, dandake*, → *karte dandite.*

dandôr → l'expression *biric dandôr.*

Dangalay *sgtf.* d'un *n. pr. gr.*, (*fém. Dangalayye*), → *Dangaleyât.*

Dangaleyât *n. pr. gr., coll., sgtf. Dangalay* (homme), *Dangalayye* (femme).
♦ **Dangaléat.** •*Al-Dangaleyât gâ'idîn fî Gêra.* Les Dangaléat sont au Guéra. •*Hû da min al Hujâr, wa nafarah dangalay.* C'est un Hadjeraï, son ethnie est dangaléat.

dangar / yidangir *v. trans., qdr.*, connu au *Sdn.*, peut-être emprunt *irk. dankar*, (*C.Q.*) ; forme II.
♦ **courber** (se)**, se pencher, baisser la tête, s'incliner.** •*Zâra dangarat tihit câlat xalla.* Zara s'est penchée à terre pour prendre le mil. •*Dangir fî l bîr ticîf al-dalu !* Penche-toi au-dessus du puits pour voir le seau ! •*Kan gâ'id tigaddif, dangir giddâm acân mâ tiwassix nafsak !* Quand tu vomis, penche-toi en avant pour ne pas te salir ! •*Al-rîh tidangir al-cadar al kubâr.* Le vent fait courber les grands arbres.

dangas / yidangis *v. trans., qdr.*, forme II, *Cf. dangar*, * dnqs, د ن ق س
♦ **pencher la tête, renverser, incliner vers le bas, baisser.**
•*Dangis al-jerr da, subb lêi almi*

bârid ! Incline cette jarre, verse-moi de l'eau fraîche ! •*Mâ tidangisi râs wilêdi da tihit, tixarri'ih !* Ne mets pas mon enfant la tête en bas, tu lui fais peur ! •*Al wilêd kan zarad coxôl hawân wa mâ gidir yumurgah, dangis râsah tihit wa duggah fî daharah acân yigaddifah !* Lorsqu'un enfant a avalé quelque chose de mauvais qu'il ne peut plus recracher, mets-lui la tête en bas et tape-lui dans le dos pour qu'il le vomisse !

dangay / dawângi *n. f.*, prononcé aussi *[daŋay, dawâŋi]*, ≅ le pluriel *dangayât*.
♦ **maison en terre, chambre, prison.** •*Al-sarrâgîn malyânîn fî l-dangay.* La prison est pleine de voleurs. •*Al-dangay di al xarîf ramaha.* La pluie a fait tomber cette maison. •*Hû cara hôc wa mâ bana fôgah dangay wahade kula.* Il a acheté une concession et n'y a même pas construit une seule chambre.

danja / danjât *n. f.*, *empr.*, (*angl.* "danger")
♦ **feux de position, veilleuses, feux rouges, feux "stop".** •*Hû râx fî l-lêl be watîrah wa mâ walla l-danja, al bôlîs karaboh.* Il roulait la nuit en voiture ; il n'avait pas allumé ses feux de position et la police l'a arrêté. •*Watîrhum karkase, mâ indaha danja ti'ôgid fî l-lêl.* Leur voiture est une vieille carcasse, elle n'a pas de veilleuses pour éclairer la nuit. •*Al bôlis sawwa kontrôl lê watâyir al mâ induhum danjât.* La police a contrôlé les véhicules dont l'éclairage était défectueux.

dankûj / danâkîj *n. m.*, *qdr.*, métathèse dans la racine connue au *Sdn.* (*C.Q.*), en *ar. lit. kundûj* désigne "l'armoire où l'on garde la vaisselle de prix" (*Ka.*), *Cf. damre*, * kndj, ك ن د ج
♦ **campement provisoire, hameau provisoire,** déplacement d'une partie du grand village près du lieu des cultures ou des pâturages. •*Xâli dôl marago min al hille l kabîre wa maco sawwo lêhum dankuc janb zura'âthum.* Mes oncles sont partis du grand village installer leur case près de leurs champs. •*Macêna l-dankuj amis cilna lêna zibde wa laban.* Nous sommes partis hier au hameau provisoire prendre du beurre et du lait. •*Al-daktôr dagac al-danâkij acân yita''in lêhum bahâyimhum.* Le vétérinaire a fait le tour des hameaux pour vacciner leurs troupeaux.

danna / yidinn *v. intr.*, forme I n° 11, *Cf. ganat, yagnit*, * dnn, د ن ن
♦ **bourdonner, gémir, râler** (chameau). •*Al mardân yidinn min ciddit al waja'.* Le malade gémit à cause de l'intensité de la douleur. •*Al-nâga dannat acân fâgde saxîrha.* La chamelle gémit parce qu'elle a perdu son petit. •*Al-nahale tidinn fî l-nuwâr kan tidôr tisawwi asal.* L'abeille bourdonne sur les fleurs quand elle veut faire son miel. •*Al-jamal kan yidinn mardân aw fâgid.* Quand le chameau râle, c'est qu'il est malade ou bien qu'il lui manque quelque chose.

Danna *n. pr.* d'homme.

dannâb / dannâbât *n. f.*, *Cf. danab*, * dnb, ذ ن ب
♦ **croupière des ânes.** •*Al-dannâb hû habil barbutuh fî l bâsûr, wa bifawwutuh be tihit danab al humâr acân al bâsur mâ yuzûx.* La croupière est une corde que l'on attache à la selle et que l'on passe sous la queue de l'âne pour éviter que le bât ne se déplace en avant. •*Dannâb humâri angata', kulla xumâmi zihifo ma'â bâsûri alê ragabit humâri, wa anâ wagêt.* La croupière de mon âne s'est cassée, toutes mes affaires ont glissé en avant avec la selle vers le cou de mon âne et je suis tombé.

danni *invar.*, ≅ *denni*, *Cf. akûn*, * dnw, د ن و
♦ **peut-être, éventuellement, il est possible que,** sur le point de, près de. •*Danni hû baji.* Il se peut qu'il vienne. •*Al-râjil al-lâbis sameh da, danni hû Wazîr.* Cet homme très bien habillé est peut-être ministre.

dâr 1 / yudûr *v. intr.* *{- fî}*, forme I n° 4, moins utilisé que *hawwag*, *Cf. hawwag, laffa*, * dwr, د و ر

♦ **tourner autour, faire le tour.** •*Al-sarrâgîn dâro fî durdur bêtna wa mâ gidiro tala'oh.* Les voleurs ont tourné autour du mur de notre maison sans pouvoir le franchir. •*Al binêye kan yirahhuluha al watîr yudûr bêha fî l hille.* Lorsqu'on amène la mariée chez son mari, la voiture qui la transporte fait le tour de la ville.

dâr 2 / diyâr *n. f.*, * dwr, د و ر

♦ **pays, contrée, région, demeure.** •*Dâri xâliye lêi misil al-dahab.* Mon pays m'est cher comme de l'or. •*Dârna, al-sane mâ indaha gurus katîr.* Notre région n'a pas reçu beaucoup d'argent cette année. •*Marad hanâ l kôlêra marag xalâs min diyârna.* La maladie du choléra a été enfin éliminée [est partie] de nos contrées. •*Dârna Tcâd xaniye !* Notre pays le Tchad est riche !

Dâr bagli *n. pr. gr.*, *coll.*, nom d'une tribu arabe (*Salâmât*) se rattachant aux *Juhayna*.

dâr Ingliz *n. pr.* de pays, *litt.* le pays des Anglais.

♦ **Angleterre.**

Dâr Sâlem *n. pr. gr. coll.*, nom d'une fraction de tribu arabe (*Wulâd Râcid*) se rattachant aux *Juhayna*.

dara *n. m.*, *Cf. dabalay, dôray, masîk, faday*, * d̠rw, ذ ر و

♦ **place des hommes, lieu du repas,** endroit réservé aux hommes où ils prennent leur repas, discutent et se reposent. •*Fâtime, amci, gucci l-dara hanâ l-rujâl da !* Fatimé, va balayer l'endroit où les hommes prennent leur repas ! •*Ali, al-dêf al fî l-dara da ja mata ?* Ali, cet étranger qui se trouve là où les hommes mangent, quand est-il arrivé ?

dâra 1 / yidâri *v. trans.*, forme III, *Cf. dârag*, * dry, د ر ي

♦ **cacher, dissimuler, protéger du regard des autres.** •*Mâla tidâri katibki minni ?* Pourquoi me caches-tu ce que tu es en train d'écrire [ton écriture] ? •*Dârêna l-lugdâbe be farde acân al-rujâl katîrîn fî giddâm al bêt wa nidôru nâkulu.* Nous avons tendu un pagne devant le hangar parce que de nombreux hommes sont devant la maison et que nous voulons manger.

dâra 2 / dârât *n. f.*, * dwr, د و ر

♦ **cercle, base circulaire de la charpente.** •*Al iyâl sawwo dâra wa gâ'idîn bal'abo.* Les enfants ont fait un cercle et sont en train de jouer. •*Yôm al îd al awîn wa l-rujâl sawwo dâra kabîre wa gâ'idîn bal'abo.* Le jour de la fête, femmes et hommes ont fait un grand cercle et ont dansé. •*Dârât al kawâzi bissawuhum min matârig al xibbêc walla ambahûdo.* La base de la charpente circulaire des cases rondes est faite avec des verges de Guiera senegalensis ou de Grewia mollis.

darab / yadrub *v. trans.*, forme I n° 2, * ḍrb, ض ر ب

♦ **frapper, battre, tirer un coup de fusil, tourner une sauce, jouer d'un instrument.** •*Al-râjil darab al-nuggâra.* L'homme a frappé le tambour. •*Al-nâs yadurbu l-sarrâgîn.* Les gens battent les voleurs. •*Al askari galla bundugah wa darab al kalib al hawân fî l-câri.* Le militaire a épaulé [levé] son fusil et tiré sur le chien méchant dans la rue. •*Al banât dôl mâ ya'arfu yadurbu l mulah.* Ces filles ne savent pas préparer la sauce.

darabân *n. d'act.*, *m.*, → *daribîn.*

darac 1 / yadruc *v. trans.*, forme I n° 2, sens à rapprocher de *darac 2*, *Cf. cakka 1*, * jrš, ج ر ش

♦ **broyer le mil, concasser, piler grossièrement,** passer à la meule ou broyer sans réduire en poudre. •*Al mara daracat al xalla.* La femme a broyé le mil. •*Hî mâ ta'arif tadruc al xalla fî l murhâka.* Elle ne sait pas écraser le mil sur la meule. •*Adurci l-zurra', acân yôm al ahad tûri hanâ l marîse.* Écrase un peu le mil malté parce que, dimanche, c'est à mon tour de préparer la bière de mil.

darac 2 / yadruc *v. trans.*, forme I n° 1, *Cf. darac 1*, *Cf. tcanna*, * jrš, ج ر ش

♦ **gratter les marmites, récurer, nettoyer les récipients,** frotter pour rendre propre et lisse. •*Al awîn yadrucu al buxas walla l gar'ât be l hankûk walla lihe hanâ cadar walla sinyâka.* Les femmes nettoient les gourdes ou les récipients en calebasse avec des nervures de rônier, des écorces d'arbres ou du sable fin. •*Kan daracti l buxsa di, xalliha taybas gubbâl ma tusubbi fôgha l-laban.* Lorsque tu auras fini de nettoyer cette gourde en calebasse, laisse-la sécher avant d'y verser du lait.

darac 3 *n. coll.*, *sgtf. daracay*, *Cf. namnam*, * jrš, ج ر ش

♦ **petits boutons de chaleur, bourbouille.** •*Al wata kan bigat hâmiye wa inta tunûm dâxal, jildak kulla ke yugumm darac.* S'il fait chaud et si tu dors à l'intérieur, tu seras couvert de petits boutons. •*Al-darac dawâyah al fûdur.* La poudre de talc est un médicament contre les boutons de chaleur. •*Rafîgi Mûsa binâduh abdarac.* Mon ami Moussa est appelé le boutonneux [celui qui a de petits boutons].

daracân *n. d'act., m.*, → *daricîn.*

darâdim *pl.*, → *durduma.*

darâdir *pl.*, → *durdur.*

darag 1 / yadrig *v. trans.*, forme I n° 6, * drq, د ر ق

♦ **cacher, voiler, soustraire à la vue,** faire disparaître. •*Al môt hawân yadrig al-cabah.* La mort est horrible : elle fait disparaître toute image. •*Al xamâm darag al-cahar.* Les nuages ont caché le premier croissant de lune. •*Adirgi jilidki kulla ke be l farde min ên al-nâs !* Voile tout ton corps avec un pagne, pour le protéger du mauvais œil !

darag 2 *pl.*, → *daraga.*

dârag / yidârig *v. trans.*, forme III, * drq, د ر ق

♦ **cacher** (se)**, abriter** (s')**, protéger** (se). •*Anâ dâragt budâ'iti min al harray.* J'ai protégé mes marchandises du soleil. •*Al arûs dâragat wijiha be l farde.* La jeune mariée a caché son visage avec le voile. •*Ta'âl, dârig min al harray !* Viens t'abriter du soleil ! •*Al-lêl bidârig al fîl.* La nuit cache l'éléphant. *Prvb.* (*i.e.* dans la nuit, il est impossible de surveiller les mouvements des hommes ou des animaux, ou de reconnaître quelqu'un qui ne parle pas).

daraga / dirâg *n. f.*, ≅ le singulier *darga*, et les pluriels *darag, daragât*, *Cf. takiye*, * drq, د ر ق

♦ **paravent, abri, bouclier, protection.** •*Sawwêna daraga nilabbudu fôgha kan al almi bada busubb.* Nous avons fait un abri pour nous protéger de la pluie quand elle se mettra à tomber. •*Al awîn induhum daraga min al-rujâl.* Les femmes ont un paravent pour se cacher des hommes. •*Al-daraga bisawwuha be cargâniye walla be farde bên hatab tinên.* On fait un paravent avec un secco ou un pagne tendu entre deux bois verticaux plantés en terre. •*Fî l-zamân al askar induhum daragât min furaw lê l harba.* Autrefois les combattants avaient des boucliers en peau quand ils faisaient la guerre. •*Sawwi lêna darga min al harray !* Fais-nous un abri pour nous protéger du soleil [contre le soleil] !

daragât 1 nom de couleur, pluriel, *Cf. argat*, * drq, د ر ق

♦ **bigarré(e), multicolore.** •*Al ijil ab-daragât da hanâ axui.* Ce veau dont la robe est multicolore appartient à mon frère. •*Al-dâbi abundarag farwitah kullaha daragât.* La peau du serpent appelé "camouflé" est toute bigarrée.

daragât 2 *pl.*, → *daraga.*

daraja / darajât *n. f.*, * drj, د ر ج

♦ **degré de dignité, promotion sociale, nomination à un poste de responsabilité.** •*Hû indah daraja acân mâ bal'ab be xacumah.* Il a été promu à un poste de responsabilité parce qu'il ne dit pas de mensonges. •*Allah antah daraja, bigi gâdi bakân al-sultân.* Dieu l'a élevé à un degré supérieur de dignité, il est devenu juge au palais du sultan.

darangal / darangalât *n. m.*, connu au *Sdn.* (*C.Q.*), * drnql, د ر ن ق ل
♦ **lit en rondins,** lit en cannes de sorgho. •*Katîr min al harrâtîn induhum darangalât fî buyûthum.* De nombreux paysans ont des lits en rondins chez eux. •*Al-darangal bisawwu be arba'a ci'ab wa araba'a marâdis wa agêg marmûl be lihe.* On fabrique un lit *darangal* avec quatre fourches et quatre poutrelles sur lesquelles on entrelace des cannes de sorgho à l'aide une écorce.

Dâranna'îm *n. pr.* de femme, pour *dâr al-na'îm* [la demeure du plaisir], nom du paradis, *Cf. dâr, Na'îm.*

darappo / darappôyât *n. m.*, *empr. fr.*, ≅ *drappo*, *Syn. râye*, *Cf. âlam.*
♦ **drapeau.** •*Yôm al îd al askar jarsaso be l-darappo.* Le jour de la fête, les soldats ont défilé avec le drapeau. •*Wakit Ra'îs al-Tcâd zâr Fransa, allago lêyah drappo hanâ dârah.* Quand le Président du Tchad a visité la France, on a hissé pour lui le drapeau de son pays.

darar *n. m.*, *Cf. dârar*, * ḍrr, ض ر ر
♦ **fait de devenir coépouse, jalousie entre coépouses, mauvaise intention, mal.** •*Martah abat al-darar, acân da dawarat yitalligha.* Sa femme a refusé de devenir une coépouse, c'est pour cela qu'elle désire divorcer. •*Hamâti tujuxxîni kulla yôm be kalâm acân indaha lêi darar fî galibha.* Ma rivale me provoque tous les jours avec une parole méchante parce que la jalousie est installée dans son cœur. •*Hêy, Xadîja, mâ takurbi darar wa tifarrigi l iyâl ambênâthum, humman bas abûhum wâhid.* Hé ! Khadidja ! ne sois pas jalouse [ne saisis pas la jalousie] ! Ne fais pas de différence entre les enfants : ils ont bien le même père ! •*Al-nâdum al indah îmân, mâ bisawwi darar lê axûh âxar.* Un homme qui croit en Dieu ne fait pas de mal à un autre. •*Allah yinajjîna min darar al-nâs !* Que Dieu nous délivre du mal fait par les autres !

dârar / yidârir *v. intr.*, forme III, * ḍrr, ض ر ر
♦ **jalouser, être jalouses des coépouses.** •*Al binêye dârarat lê ammaha.* La jeune fille a été jalouse de sa mère. •*Al-râjil gâl lê awînah : "Mâ tidâruru ambênâtku, anâ bas mas'ûl minnuku !".* L'homme a dit à ses femmes : "Ne soyez pas jalouses entre vous ! C'est moi qui suis responsable de vous !".

daras / yadrus *v. trans.*, forme I n° 2, * drs, د ر س
♦ **étudier, analyser.** •*Al mudîr lissâ mâ daras awrâgi.* Le directeur n'a pas encore étudié mon dossier [mes papiers]. •*Al kalâm da lissâ mâ daraso bakân al-sultân.* Cette affaire n'a pas encore été étudiée chez le sultan. •*Nidôr nadrus hâlah gubbâl ma nicîlah fî l xidime.* Je veux étudier son comportement avant de l'embaucher.

Dârassalâm *n. pr.* de femme, *n. pr.* de lieu, pour *dâr al-salâm* [la demeure de la paix], un des noms du paradis, capitale de la Tanzanie, *Cf. dâr, salâm.*

darat *n. m.*, peut-être *empr. irn.* connu au *Sdn.* (*C.Q.*)
♦ **temps de la moisson, moisson, fenaison**, courte saison chaude après la saison des pluies, vers le mois d'octobre. •*Kulla xumâm al-zere' yanjad fî l-darat.* Tout ce qu'on a semé dans le champ mûrit au temps de la moisson. •*Al-darat, xêrah katîr wa da wakt al-caba'.* La moisson apporte beaucoup de bonnes choses, et c'est le moment où l'on est rassasié. •*Kan almi hanâ l xarîf kammal, al-darat yaji.* Quand la saison des pluies s'arrête, le temps de la moisson arrive. •*Hassâ da darat al awîn, mâ nagdar nâxud narja ciyya hatta l-sidâx yangus.* Nous sommes à un moment où l'on marie toutes les filles [c'est la moisson des femmes] ; je ne puis pas

me marier, j'attends un peu que la dot soit moins cher !

dârat / yidârit *v. intr.*, forme III.

♦ **passer le temps de la moisson,** être au temps de la moisson. •*Kan dâratna be l âfe nitahhir iyâli.* Si tout va bien pendant le temps de la moisson, je ferai circoncire mes enfants. •*Ahmat min dârat ke mâ jâna hini.* Depuis la dernière moisson, Ahmat n'est pas revenu nous voir ici. •*Al-sane nidâritu be xallitna hint al-najjâda bas, wa l-duxun mâ nillammasoha hassâ.* Cette année, nous passerons le temps de la moisson en ne mangeant que notre mil précoce, et nous ne toucherons pas maintenant à notre mil pénicillaire. •*Halîme simi'at râjilha mardân, acân da gabbalat al hille mâ dâratat fî l gôz.* Halimé a entendu que son mari était tombé malade, c'est la raison pour laquelle elle est retournée en ville et n'a pas passé le temps de la moisson dans les champs.

dâray / dârayîn *adj.*, (*fém. dâraîye, darayye*), * dwr, د و ر

♦ **traditionnel (-elle), local(e), du terroir, régional(e),** qui est fabriqué au terroir. •*Hû birîd lubâs al-tcâka acân dâray.* Il aime porter des vêtements en coton tissé à la main parce que c'est typique de sa région. •*Al-rub'iye di daraîye, haluwa fî l xuta.* Ce pagne est traditionnel, il est très agréable à porter. •*Al fûl al-dâray banjat ajala min al bujûbu min barra.* Les arachides locales cuisent plus vite que celles qui sont importées.

darâyir *pl.*, → *darre 1.*

darbân *n. d'act.*, *m.*, → *daribîn.*

darbe / darbât *n. f.*, *Cf. darbit galib*, * ḍrb, ض ر ب

♦ **coup.** •*Hû xabatâni fî wijihi darbitên wa anâ mâ kallamt.* Il m'a donné deux coups au visage mais je n'ai pas parlé. •*Darbit al ûd al fî râsah ta'abatah bilhên.* Le coup de bâton qu'il a reçu sur la tête l'a fait vraiment souffrir.

darbîn *n. d'act.*, *m.*, → *daribîn.*

darbit galib expression, *litt.* coup du cœur, * ḍrb, qlb, ض ر ب • ق ل ب

♦ **palpitations cardiaques, extrasystole.** •*Al-daktôr sa'alâni cunû bôjâki ? Gult lêyah : indi darbit galib.* Le médecin m'a demandé de quoi je souffrais : je lui ai répondu que j'avais des palpitations. •*Al-nâs bugûlu : darbit al galib min du'uf al-dam.* Les gens disent que les palpitations cardiaques viennent du manque de sang. •*Marad abunraffâf na'arfuh be darbit galib lê l wilêd.* On reconnaît la maladie infantile appelée *abunraffâf* aux palpitations cardiaques de l'enfant.

dardag / yidardig *v. trans.*, *qdr.*, connu au *Sdn.* (*C.Q.*), hypothèse dans la racine (*Ka.*), forme II, * drdq, د ر د ق

♦ **rouler, dégringoler.** •*Al xaddâmîm dardago birmil hanâ almi.* Les ouvriers ont roulé une touque d'eau. •*Abunju'urân yidardig al hurâr fî l xarîf.* Le bousier roule la crotte pendant la saison des pluies. •*Anâ dardagt min râs al hajar wa kassart îdi.* J'ai dégringolé du sommet de la montagne et je me suis cassé le bras.

dardagân *n. d'act.*, *m.*, → *dardigîn.*

dardam / yidardim *v. trans.*, forme II, * drm, د ر م

♦ **former une boule, rouler des boulettes, fermer le poing, enfler, faire une bosse.** •*Al iyâl dardamo l-tîne.* Les enfants ont fait des boulettes de glaise. •*Al ajîn kan ramoh fî l-dihin al hâmi yidardim.* Quand on jette de la pâte dans de l'huile bouillante, elle se gonfle en formant une boulette. •*Hî xabbanat wa dardamat xacumha.* Elle s'est fâchée et a fait la moue [a fait une boule avec les lèvres de sa bouche]. •*Abunju'urân yidardim al hurâr.* Le bousier roule les excréments. •*Anâ dardamt îdi wa daggêtah fî daharah.* J'ai fermé le poing et je l'ai frappé dans le dos. •*Fajjatni be amûd, râsi dardam bas wa l-damm mâ marag.* Elle m'a donné un coup de pilon, j'ai eu une bosse sur la tête mais le sang n'a pas coulé.

dardar / yidardir *v. trans., qdr.*, forme II, * drr, د ر ر

♦ **poudrer, saupoudrer.** •*Al banât dardaro ca'arhum be cêbe gubbâl ma massahoh be l-dihin.* Les filles ont poudré leurs cheveux avec du chébé parfumé avant de les oindre avec de l'huile. •*Al binêye dardarat al-sukkar fî ka'akha.* La fille a saupoudré de sucre ses gâteaux. •*Ace gâ'ide tidardir al-dagîg fî l burma hint al êc.* Aché est en train de saupoudrer de farine l'eau de la marmite pour préparer la boule.

dardigîn *n. d'act., m.*, ≅ *dardagân*, * drdq, د ر د ق

♦ **fait de rouler par terre, basculement,** fait de pousser, de rouler un objet rond. •*Dardigîn al-dunya bicêc bicêc misil al-dabanga.* Le monde tourne tout doucement, comme un grenier en terre qu'on roule pour le déplacer. *Prvb.* •*Anâ mâ nagdar lê dardigîn al birmîl kan malyân almi.* Je ne peux pas faire rouler un fût s'il est rempli d'eau.

darga / dargât *n. f.*, (abri, protection, bouclier), → *daraga*, * drq, د ر ق

darib 1 *n. m.*, → *derib.*

darib 2 *n. m., coll.*, ≅ *derib*, * ḍrb, ض ر ب

♦ **tir, coup, salve, rafale.** •*Darib al banâdig al katîr bixarri' al awîn wa l iyâl.* Les rafales d'armes à feu terrorisent les femmes et les enfants. •*Al kilâb kan simi'o darb al banâdig bi'arrudu min al hille.* Lorsque les chiens entendent des coups de feu [des tirs de fusil], ils fuient la ville.

daribîn *n. d'act., m.*, → *daraba*, ≅ *darbîn, darbân, darabân*, * ḍrb, ض ر ب

♦ **battement, battage, coups de chicote, fait de battre.** •*Daribîn al galib da kan nâdum xâf wallâ mardân.* On ne trouve un tel battement de cœur que chez quelqu'un qui a peur ou qui est malade. •*Kan jarêt bilhên daribîn galbi ajala ajala.* Lorsque je cours longtemps, j'ai le cœur qui bat très vite [les battements de mon cœur sont rapides]. •*Daribîn al bôlîs dôl hârr lê l-sarrâgîn.* Les coups de ces policiers font mal aux voleurs [sont chauds pour les voleurs]. •*Adab hanâ l iyâl al-dugâg illa be l-daribîn.* L'éducation des petits enfants ne se fait qu'avec des coups de chicote.

darîce nom *fém.*, dans l'expression *almi darîce, Cf. almi atrôn, dacîce,* * jrš, ج ر ش

♦ **boisson de mil à l'eau,** mil concassé, mélangé avec de l'eau chaude, du natron, du piment, du sel, du sucre. •*Fî Ramadân, al awîn bijahhuzu l fatûr ma'â almi darîce.* Pendant le Ramadan, les femmes préparent pour la rupture du jeûne un mélange d'eau et de mil écrasé. •*Almi darîce bindassa be hayyin fî l kirce wa l masârîn.* L'eau de mil écrasé est très digeste [descend facilement dans l'estomac et les intestins].

daricîn 1 *n. d'act.*, sens à rapprocher de *daricîn 2*, ≅ *daracân*, * jrš, ج ر ش

♦ **broyage, concassage, pilage grossier,** fait de passer sur la meule pour casser sans réduire en poudre. •*Daricîn al xalla l-duxun hayyin.* C'est facile d'écraser en petits morceaux le mil pénicillaire. •*Daricîn al xalla lê l-dacîce katîr fî l xarîf.* Pendant la saison des pluies, on écrase souvent le mil en petits morceaux pour le mettre dans l'eau et en faire du *dacîce*.

daricîn 2 *n. d'act., m.*, ≅ *daracân, Cf. daricîn 1*, * jrš, ج ر ش

♦ **récurage, grattage des marmites, nettoyage des récipients,** fait de frotter pour rendre propre ou lisse. •*Al-daricîn be l almi l-dâfi wa l-sinyâka wa l-sâbûn kan fîh, yisill al wasax wa yiwaddir riht al-laban min al ma'ûn.* Le fait de récurer un récipient avec de l'eau chaude, du sable et du savon s'il y en a, ôte la saleté et fait disparaître [perdre] l'odeur du lait. •*Daricîn al kâs al xarrâf be liheyit al-xarrûb sawwat* *rîhtah haluwa.* Frotter avec une écorce de caroubier la calebasse qui sert à prendre l'eau lui donne une bonne odeur.

dâriji *adj.*, (*fém. dârijiye*), * drj, د ر ج
♦ **local(e), dialectal(e).** •*Al-Ra'îs hajja lê l-nâs be kalâm franse wa tarjamoh lêna be kalâm arab dâriji.* Le Président a parlé aux gens en français et on nous l'a traduit en arabe local. •*Al barnâmij be kalâm arab dâriji yabda fî radyo Tcâd be sâ'a sab'a hanâ fajur.* Les émissions de Radio-Tchad en arabe local débutent à sept heures du matin.

darîr / **darîrîn** *adj.*, (*fém. darîre*), *Syn. amyân*, * ḍrr, ض ر ر
♦ **aveugle,** qui est dans le malheur. •*Al-câyib da darîr min wakt al hû sabi.* Ce vieil homme est aveugle depuis sa jeunesse. •*Al-darîrîn hummân ta'abânîn, mâ bicîfu walla lêl walla nahâr.* Les aveugles sont malheureux, ils ne voient ni la nuit ni le jour. •*Al mara l-darîre bala saxîr yugûdha ta'abâne.* La femme aveugle sans petit enfant pour la guider est malheureuse.

daris / **durûs** *n. m.*, *Cf. giray*, * drs, د ر س
♦ **leçon, cours.** •*Ambâkir nabda l-daris nimra talâta.* Demain, je commence la troisième leçon. •*Daris hanâ l hisâb, iyâl al-lekkôl mâ birîduh.* Les écoliers n'aiment pas la leçon de calcul. •*Wakt al hamu, al-durûs mâ yinfahimu lê l iyâl.* Pendant les grosses chaleurs, les enfants ne comprennent plus rien aux cours qu'on leur donne [les cours ne sont plus compris par les enfants].

dâriye / **dâriyât** *n. f.*, *Syn. zarâg, rub'iye*, * dwr, د و ر
♦ **tissu bleu noir,** tissu en coton teint en noir ou en bleu par l'indigo. •*Banât hassâ bugûlu al-dâriye laffayt al-ajâyis.* Les filles d'aujourd'hui disent que le tissu de coton teint en noir est porté en pagne par les vieilles femmes. •*Fî wakt al barid, al-dâriye halûwa fî l xuta.* Quand il fait froid, c'est agréable de se couvrir d'un tissu de coton teint en noir.

dârje / **dawârij** *n. f.*, "*litt.* celle qui marche" (*Ka.*), *Cf. gâyme, wirik*, * drj, د ر ج
♦ **cuisse, cuisseau,** côté extérieur de la cuisse. •*Rijilah ankassarat min al-dârje wa ta'abân.* Sa jambe s'est cassée à la hauteur de la cuisse et il a mal. •*Fî l bahâyim laham al-dawârij halu.* La cuisse est une partie de la bête qui donne de la bonne viande.

Darnûx *n. pr.* d'un djinn.

darôt *n. vég.*, *coll.*, *m.*, *sgtf. darôtay*, connu au Soudan (*C.Q.*) et au Dar Kouti (Boucher 1934), ≅ *darôt dakar*.
♦ **nom d'un arbre; badamier du Sénégal, Terminalia macroptera, nom d'un bois d'encens,** famille des combrétacées, arbre au feuillage vert clair glauque se trouvant souvent près des termitières. •*Al mara al-nafasa tiddaxxan be darôt acân ba'adên mâ yakrubha waja' sulub wa lâ waja' rijilên.* La femme qui vient d'accoucher imprègne son corps du parfum de bois de badamier pour éviter d'avoir mal aux hanches ou aux jambes. •*Al-daxxinîn be l-darôt da dawa' lê waja' al mafâsil.* Faire fumer du bois de badamier est un remède contre les rhumatismes [le mal des articulations].

darr *n. coll.*, animal, *sgtf. darray*, * ḍrr, ض ر ر
♦ **nom d'une fourmi, petite fourmi,** fourmi rouge toute petite et qui pique très fort. •*Al-darr birid al asal wa l-dihin.* Les fourmis rouges aiment le miel et l'huile. •*Fî l xarîf al-darr katîr.* Il y a beaucoup de fourmis rouges en saison des pluies.

darr ! *invar.*, interjection pour faire avancer les bœufs porteurs.
♦ **hue !, avance !** •*Yâ Ahmat, sûg tôrak da jâyi, wa gûl lêyah "darr !".* Eh ! Ahmat ! fais avancer ton taureau par ici, dis-lui : "hue !". •*Yalla darr ! al yôm nalhag al-sûg mâta ?* Allez, hue ! quand arrivera-t-on aujourd'hui au marché ?

darra 1 / yidirr *v. trans.*, forme I n° 11, * drr, د ر ر

♦ **verser, répandre, transvaser, vanner,** faire couler un liquide d'un récipient dans un autre, laisser couler le mil de haut pour que le vent emporte la balle. •*Dirri lêna câhi !* Toi, femme, verse-nous du thé ! •*Al bâreh al almi darra katîr.* Hier soir, il a plu à verse. •*Darrêna xalla min al birmil fî l-tabag.* Nous avons versé le mil de la touque sur le plateau en paille. •*Al awîn darro l xalla be l-tabag min al uttâb.* Les femmes ont vanné le mil avec le van pour ôter la balle. •*Al xêl jaro wa l bîdi haran... Di l xalla l bidarruha.* Les chevaux ont couru, le cheval à robe ocre a refusé de partir… C'est le mil qu'on vanne. *Dvnt.*

darra 2 *v. intr.*, utilisé seulement avec un sujet féminin, → *darrat tidirr*, * drr, د ر ر

darra 3 / yudurr *v. trans.*, forme I n° 5, * ḍrr, ض ر ر

♦ **nuire, faire du mal.** •*Al marîse tudurr sihhit al-nâdum.* La boisson alcoolisée nuit à la santé de l'homme. •*Mâ tudurr nafsak axêr tixalli curâb al-sijâra !* Ne te fais pas de mal ; il vaut mieux que tu cesses de fumer la cigarette !

darrâb / darrâbîn *adj.*, (*fém.* *darrâba*), * ḍrb, ض ر ب

♦ **batteur (-euse).** •*Al-râjil al mâci da darrâb hanâ nuggâra.* Cet homme qui marche est un joueur de tam-tam. •*Al binêye di darrâba lê l mulâh.* Cette fille sait bien préparer [battre] la sauce.

darrab / yidarrib *v. trans.*,* drb, د ر ب

♦ **exercer (s'), s'entraîner.** •*Wâjib lê l-riyâdiyîn yidarribuhum tadrîb jadd.* Les sportifs ont besoin d'un entraînement intensif.

darrâba *n. vég., coll., f., sgtf.* *darrabay*, * ḍrb, ض ر ب

♦ **nom d'une plante cultivée, gombo, Hibiscus esculentus (L.),** famille des malvacées, gombo vert cultivé par opposition au gombo sauvage *darrabt al kadâde.* •*Yôm al âzûma Zênaba sawwat mulâh hanâ darraba xadra.* Le jour de l'invitation, Zénaba a préparé une sauce au gombo frais. •*Al wilêd da nihiss, gata'a l-darrâbay di be l-sakkîn.* Cet enfant n'est pas sage, il a coupé ce plant de gombo avec un couteau.

darrâba gôz *n. vég., coll.*, ≅ *darrabt al gôz*, → *ambunu.*

darrâbi / darrâbîn *adj. n., mrph. intf.*, (*fém.* *darrâbiye*), *Cf. darab*, * dṙb, ض ر ب

♦ **joueur de tam-tam, batteur** (orchestre). •*Al-darrâbi ligi gurus katîr yôm al îd.* Le joueur de tam-tam a reçu beaucoup d'argent le jour de la fête. •*Al-darrâbi jallad nuggartah gubbâl al îd.* Le batteur a tendu la peau de son tambour avant la fête.

darrabt al gôz *n. vég., coll., sgtf.* *darrabayt al gôz* ; ≅ *darrâba gôz,* → *ambunu.*

darrabt al kadâde *n. vég., coll., f., sgtf. darrabayt al kadâde* ; → *darrâba*, * ḍrb, ض ر ب

♦ **gombo sauvage,** gombo grimpant, ayant de petites feuilles et portant des fruits couverts de petites épines. •*Diginah xacna misil darrabt al kadâde.* Il a la barbe piquante comme du gombo sauvage. •*Darrabt al kadâke tâ'ime min darrabt al gôz.* Le gombo sauvage a plus de goût que le gombo cultivé. •*Darrabt al kadâde tugumm wihêdha fî l xala, wa kan tilaggitha illa tilawliw nyangûr fî idênak.* Le gombo sauvage pousse dans la brousse sans qu'on l'ait semé [tout seul], et on ne le ramasse qu'en s'étant entouré les mains d'un chiffon.

darrâca 1 / darrâcât *n. f., Cf. darac 1*, * jrš, ج ر ش

♦ **concasseur, broyeur,** qui écrase grossièrement sans réduire en poudre. •*Al-tâhûna di darrâca mâ tagdar tarhak adîl.* Ce moulin est un concasseur, il ne peut pas bien moudre. •*Al murhâka di darrâca acân* *hî bigat malsa bilhên.* Cette meule n'écrase pas comme il faut [est une "concasseuse"] parce qu'elle est devenue très lisse.

darrâca 2 / darrâcât *n. f.*, moins utilisé que *tcannan*, * jrš, ج ر ش

♦ **grattoir à calebasse, éponge pour récurer,** instrument servant à frotter pour rendre propres et lisses les calebasses. •*Al kalib câl al-darrâca acân camma fôgha riht al-labân.* Le chien a pris le grattoir à calebasse parce qu'il a senti l'odeur du lait. •*Al hankûk da ṣawwoh lêku darrâca.* Avec les nervures de feuilles de rônier, ils ont fait pour vous des éponges à récurer.

darrah / yidarrih *v. intr. {- fî}*, forme II, connu au *Sdn.*, * drḥ, د ر ح

♦ **satisfaire un caprice, désirer *qqch.* immédiatement, avoir grande envie tout de suite, s'enticher de.** •*Anâ darraht ayyâmi da fî akil al-salât.* Ces jours-ci, je satisfais mon caprice en ne mangeant que de la salade. •*Ahmat darrah fî watîraytah di acân hî jadîde.* Ahmat ne pense qu'à sa voiture parce qu'elle est neuve. •*Al wîlêd da darrah fî l binêye di sâkit, mâ bâxudha.* Ce garçon s'est entiché de cette fille, cela ne durera pas et il ne l'épousera pas. •*Râjili al yôm da darrah fî bakân âxar, wa mâ yidôr yahajji ma'âi.* Aujourd'hui mon mari a la tête ailleurs et ne veut pas parler avec moi. •*Al mara kan xalbâne, tidarrih fî râjilha bala janiye.* Quand une femme est enceinte, elle fait des caprices devant son mari sans motif.

darrâhi / darrâhîn *adj.*, (*fém. darrâhiye*), * drḥ, د ر ح

♦ **versatile, capricieux (-euse), au caractère changeant,** qui satisfait ses caprices. •*Rafîgi da darrâhi bilhên, zamân ma'âi anâ wa hassa xallâni maca giddâm.* Mon ami est très versatile, autrefois il aimait être avec moi, mais à présent il me délaisse et va chercher ailleurs. •*Anâ mâ nirîd al-nâdum al-darrâhi bilhên.* Je n'aime pas celui qui a un caractère trop changeant.

darraj 1 / yidarrij *v. trans.*, forme II, * drj, د ر ج

♦ **élever à une dignité, monter en grade, élire, nommer, promouvoir.** •*Sultânna darrajoh wa xatto lêyah dallâla !* Notre sultan a été élu et on a mis pour lui une ombrelle ! (chanson). •*Kan darrajôni gâdi nisill lêki dalîmitki.* Lorsqu'on m'aura élu juge, je réparerai le préjudice que tu as subi. •*Darrajoh cêx al hille.* Il a été nommé chef du village.

darraj 2 / yidarrij *v. trans.*, forme II, * drj, د ر ج

♦ **emmener lentement, pousser devant soi avec douceur, faire progresser vers, conduire, marcher avec *qqn.* lentement.** •*Al-jidâde darrajat iyâlha laxâyt al-zere'.* La poule a emmené doucement ses petits poussins jusqu'au champ. •*Al mara di kulla yôm tidarrij iyâlha lê l-lekôl.* Cette femme emmène tous les jours ses enfants à l'école. •*Darrij axûk bicêc wa fakkir lêyah al-côk mâ yat'anah fî rijilênah !* Emmène doucement ton frère, et fais attention qu'il ne se pique pas les pieds avec les épines !

darrân *n. d'act., m.*, ≅ *darrîn*, * drr, د ر ر

♦ **fait de verser, fait de couler, vannage, fait de vanner,** fait de faire couler du van le mil pilé une première fois pour que le vent emporte la balle. •*Al mardân darrân al almi fî l-duwâne kula gâsi lêyah.* Le fait de verser de l'eau dans la jarre est difficile pour le malade. •*Darrân al gahwa fî l fanâjîl sameh.* C'est bien de verser le café dans de petits verres. •*Al-darrân ba'ad al-cakkân al awwal, farragân al xalla min al uttâb.* Vanner le mil, après l'avoir pilé une première fois, permet de séparer la balle du mil.

darrar / yidarrir *v. trans.*, forme II, *Cf. darra 1*, * drr, د ر ر

♦ **faire venir le lait, chercher à téter.** •*Al-sixêl kan al-laban ciyya, yidarrir ammah be daggîn râsah fî darritha.* Lorsque le chevreau ne trouve plus assez de lait chez sa mère, il fait venir le lait en frappant sa tête contre les pis de sa mère. •*Al-saxîr al-saxayar be ridâ'e wa lammasân fî sadûrha yidarrir ammah.* C'est par la succion et les caresses sur la poitrine de sa mère que le petit bébé fait venir le lait.

darrâr / darrârât *n. instr. m. mrph. intf., Cf. darra 1, Cf. sabbaba 1,* * drr, د ر ر

♦ **verseur, entonnoir, récipient verseur,** tout récipient utilisé pour transvaser les liquides. •*Al-darrâr da macgûg, fakkiri mâ yidaffig lêki l-dihin !* L'entonnoir est fendu, fais attention de ne pas renverser d'huile à côté. •*Al-darrârât yisawwuhum min hadîd walla min kawcu.* On fait des récipients verseurs en fer ou en plastique. •*Al-jarr kan kabîr wa xacumah dayyax bala darrâr mâ tagdar tacarab minnah almi.* Si une jarre est grosse avec un col étroit, tu ne peux y prendre de l'eau à boire qu'avec un récipient.

darrat / tidirr *v. intr.*, verbe utilisé seulement avec un sujet féminin, * drr, د ر ر

♦ **donner beaucoup de lait,** avoir beaucoup de lait dans les pis ou les seins. •*Bagarayti di darrat acân hannât lê ijilha.* Ma vache a beaucoup de lait parce qu'elle aime son veau. •*Anâ ni'akkil bagari atrôn acân da kulla sane yidirru lêi labân katîr.* Je nourris mes vaches en leur donnant du natron, c'est pour cela qu'elles me donnent beaucoup de lait chaque année. •*Al yôm da anâ darrêt, wa batun saxîri malâne.* Aujourd'hui, j'ai eu beaucoup de lait ; le ventre de mon petit est plein.

darre 1 / darâyir *n. f., litt :* celle qui fait du mal ; → *darra 3, Cf. immit,* * ḍrr, ض ر ر

♦ **rivale, femme de polygame, coépouse, concubine.** •*Anâ mâ farhâne acân râjili jâb lêi darre.* Je ne suis pas contente parce que mon mari m'a amené une coépouse. •*Al-darâyir akalo sawa.* Les femmes du polygame ont mangé ensemble.

darre 2 / durar *n. f.,* (*dmtf. dirêre*), * drr, د ر ر

♦ **mamelle, pis des femelles.** •*Al-dâbi adda farasi fî darritha.* Le serpent a mordu ma jument au pis. •*Fî l xarîf ticîf durar al bagar kubâr acân malyânîn laban.* Pendant la saison des pluies, tu verras que les pis des vaches sont gros parce qu'ils sont pleins de lait. •*Gubbâl al mâlay ma tawlid, darritha tinmali laban.* Avant qu'une bête du troupeau ne mette bas, ses pis se remplissent de lait.

dârre / durâr *adj. f.,* ≅ le pluriel *dârrât*, terme réservé aux animaux, * drr, د ر ر

♦ **pleine, enceinte, grosse** (femelle), **en gestation.** •*Al bagaray dârre garîb talda.* La vache est pleine et va bientôt mettre bas. •*Al xanam al-durâr, mâ tiwaddîhum fî l-sarhe !* Ne conduis pas au pâturage les brebis pleines ! •*Al-dunya talda bala dârre.* Le monde accouche sans grossesse. *Prvb.* (*i.e.* les choses de ce monde arrivent brusquement sans qu'on s'y attende).

darrîn *n. d'act.*, → *darrân.*

darwac / yidarwic *v. intr. {- min}, qdr.*, mot arabe d'emprunt *irn.* (*Mu.*), peut-être racine *drwz irn.* (*Ka.*), *Cf. daryas, nisi,* * drwš, د ر و ش

♦ **oublier, être distrait(e), perdre une idée,** avoir l'attention détournée. •*Hû jâyi lêna wa darwac min al-derib.* Il voulait venir chez nous et s'est perdu. •*Anâ antêtah amâne wa darwac min al bakân al-dammâha fôgah.* Je lui ai confié quelque chose et il ne sait plus où il l'a mise à l'abri.

darwal / yidarwil *v. intr., qdr., empr.* connu au *Sdn.* (*C.Q.*), *Cf. tarta* ; forme II, * dwl, د و ل

♦ **faire ses premiers pas, commencer à marcher, déambuler, lever les pieds en marchant, faire preuve d'autonomie, balbutier, tourner en rond,** en parlant d'un bébé : essayer de marcher comme un adulte en soulevant haut les pieds. •*Anâ xallêt wilêdi min fajur yidarwil ma'â axawânah.* J'ai laissé depuis le matin mon enfant aller çà et là avec ses frères. •*Amîn darwal kê fî l âsima hatta ja lê ammah.* Amine est parti tout seul déambuler dans la capitale avant de revenir chez sa mère. •*Al-râjil da darwal min kalâmah wakit bahajji giddâm al-nâs.* Cet homme balbutie lorsqu'il parle devant les gens. •*Min fajur nidarwil kê fî damdimîn xumâm bêti.* Depuis le matin je tourne en rond [je vais çà et là] pour ranger les affaires de ma maison.

daryân / daryânîn *adj.*, (*fém.* *daryâne*), * dry, د ر ي

♦ **qui sait, qui connaît,** qui est au courant de *qqch.* •*Xamîs mâ daryân bêi kadar anâ jît Anjammêna.* Khamis ne sait pas que je suis arrivé à N'Djaména. •*Al yôm bikaffu wallâ lâ ? Kan darâne, ôrîni !* Est-ce qu'on paye aujourd'hui les fonctionnaires ou pas ? Si tu es au courant, dis-le moi !

daryas / yidaryis *v. trans.* et *intr.* *{- min}*, *qdr.*, forme II, connu au *Sdn.*, *Syn. darwac,* emprunt *irn.*, racine *drwz* proposée par (*Ka.*), *Cf. darwac,* * drwš, د ر و ش

♦ **oublier, négliger.** •*Anâ daryast al kalâm da.* J'ai oublié cette parole. •*Hû daryas min côrithum acân mâ tanfa' ma'âyah.* Il a négligé leur conseil parce qu'il ne lui était pas utile.

dasâtîr *pl.*, → *dastûr.*

dasâyis *pl.*, → *dasîse.*

dasîse / dasâyis *n. f.*, * dss, د س س

♦ **intrigue, complot, zizanie, trouble,** manœuvre qui provoque la désunion. •*Fî nâdum dassa ambênâthum dasîse, kan mâ ke da, humman rufugân marra wâhid.* Quelqu'un a semé entre eux la zizanie, sinon ils seraient restés de très bons amis. •*Al-dasîse harîge tâkul al-nâdum al gawwamâha.* Le complot est comme un incendie qui dévore celui qui l'a provoqué. •*Hû râjil hawân mâ indah xidime illa xidimt al-dasîse.* C'est un homme méchant : il ne sait rien faire d'autre que semer le trouble.

dassa / yidiss *v. trans.*, forme I n° 11, *Cf. daxal, daxxal,* * dss, د س س

♦ **introduire, enfiler, faire entrer, mettre dans.** •*Al bôlîs dassa l-sarrâg fî l-dangay.* Le policier a mis le voleur en prison. •*Al-tâjir dassa gursah fî jêbah.* Le commerçant a mis son argent dans sa poche. •*Al binêye gâ'ide tidiss suksuk wâhid be wâhid fî l xêt.* La fille est en train d'enfiler des perles une à une.

dassân *n. d'act., m.*, → *dassîn.*

dassîn *n. d'act., m.*, ≅ *dassân, Cf. dassa,* * dss, د س س

♦ **fait d'introduire, fait de rentrer, fait de s'immiscer,** fait de faire entrer. •*Ta'âl, âwinna fî dassîn al-cuwâlât dôl gubbâl al matar ma yaji !* Viens nous aider à rentrer ces sacs avant que la pluie n'arrive ! •*Angari min dassin al hatab fî l-nâr !* Fais attention de ne pas jeter de l'huile sur le feu ! [d'introduire du bois dans le feu]. •*Al binêye di wâlafat dassîn gaddûmha fî l kalâm al mâ yuxussaha.* Cette fille a pris l'habitude de s'immiscer dans ce qui ne la regarde pas [d'introduire sa bouche dans la parole qui ne la concerne pas].

dasta / dastat *n. f.*, mot arabe d'emprunt *irn.* (*Ka.*)(*C.Q.*), *Syn. dôzam,* * dst, د س ت

♦ **douzaine, lot de douze, paquet de cartes à jouer.** •*Fî l-sûg yibî'u l-dinêj be dasta walla farrâdi.* Au marché on achète les "demi-verres" par douzaine ou à l'unité. •*Ligit dasta hint assêtât sûni hâdiya !* J'ai reçu en cadeau une douzaine d'assiettes en porcelaine.

dastat *pl.*, → *dasta.*

dastûr / dasâtîr *n. m.*, *qdr.*, mot arabe d'emprunt *irn.*, * dstr, د س ت ر

♦ **constitution, code législatif.** •*Al hâkuma timacci xidimitha be dastûr.* Le gouvernement fonctionne [fait avancer son travail] selon la constitution. •*Dârna tintaxib al-dastûr fî cahar al-jâyi.* Notre pays va voter la constitution le mois prochain.

•*Al Xur'ân dastûr al muslimîn.* Le Coran est le code législatif des musulmans.

Dâsûxi *n. pr.* d'homme, employé au Soudan et en Egypte.

Dâûd *n. pr.* d'homme, nom du prophète David.

daw *n. m.*, *Syn. deyy*, *Cf. dawwa*, * ḍw', ض و ء

♦ **clarté, lumière.** •*Al yôm da daw al-lampa di mâ ajabâni, âkûn al fatrôn mâ adîl.* Aujourd'hui la clarté de cette lampe ne me plaît pas, peut-être est-ce à cause du pétrole qui n'est pas de bonne qualité. •*Al-sarrâgîn câfo daw ba'îd wa arrado.* Les voleurs ont vu de loin une lumière et se sont enfuis.

dawa / **adwiya** *n. m.*, pluriel peu employé, * dwy, د و ي

♦ **médicament, remède, drogue, potion, pesticides.** •*Anâ ciribt dawa acân râsi bôjani.* J'ai bu un médicament parce que j'avais mal à la tête. •*Tcâd raccat dawa fî l-zura'ât.* Le Tchad a répandu des produits pesticides sur les champs. •*Igid hanâ l xibbêc wa l xarrûb dawa lê l-saxîr al-dahâba wildôh min waja' al batun.* La décoction de feuilles de Guiera senegalensis et de caroubier est un remède contre les maux de ventre du nouveau-né.

dâwa 1 / **yidâwi** *v. trans.*, forme III, * dwy, د و ي

♦ **soigner, panser une plaie.** •*Al-daktôr dâwa l mardânîn fî l-labtân.* Le médecin a soigné les malades à l'hôpital. •*Al faxîr bidâwi l micôtinîn.* Le marabout soigne les fous. •*Anâ dâwêt kalbi l mardân.* J'ai soigné mon chien malade.

dâwa 2 / **yidâwi** *v. trans.*, forme III, * ḍw', ض و ء

♦ **éclairer.** •*Amis battarîti mâ dâwat adîl acân hujârha mâto.* Hier ma lampe de poche n'éclairait pas bien parce que les piles étaient mortes. •*Mâ tidâwi l-nâs be l-tôric !* N'éclaire pas les gens avec une torche !

•*Watîrna dâwa fî ên al marfa'în.* Notre voiture a braqué ses phares sur les yeux de l'hyène [a éclairé dans l'œil de l'hyène]. •*Al gamar kan tala' badur yidâwi al wata kullaha ke.* Au moment de la pleine lune tout ce qui est sur terre est éclairé.

dawâbi *pl.*, → *dâbi.*

dawaka *pl.*, → *dûku.*

dawâlîb *pl.*, → *dolâb.*

dâwam / **yidâwim** *v. trans.*, forme III, * dwm, د و م

♦ **durer, habituer, continuer,** laisser exister. •*Al wilêd dâwam al-nôm.* L'enfant continue de dormir. •*Al-sirge xatariye mâ tidâwimha !* Le vol est dangereux, ne t'y habitue pas ! •*Marad al-sîda dâwam fî dârna acân mâ ligo lêyah dawa.* La maladie du sida existe encore dans notre pays parce qu'on n'a pas trouvé de remède pour la combattre.

dawâmi *pl.*, → *dâmi.*

dâwân *n. d'act.*, → *dâwîn.*

dawângi *pl.*, → *dangây.*

dawâr *pl.*, → *dôr.*

dawârij *pl.*, → *dârje.*

dâwas / **yidâwis** *v. trans.*, *Cf. hârab*, forme III, * dws, د و س

♦ **se battre, combattre, faire la guerre, attaquer, se bagarrer.** •*Al-dûd dâwas al gannâsîn acân hû fahal.* Le lion a attaqué les chasseurs parce qu'il est courageux. •*Al iyâl dâwaso fî l-lekkôl.* Les enfants se sont battus à l'école. •*Ambâkir nidâwusu ma'â rafîgti acân hî ayyaratni.* Demain je vais me bagarrer avec mon amie parce qu'elle m'a insultée.

dâwâsi / **dâwâsîn** *adj.*, (*fém. dâwâsiye*), * dws, د و س

♦ **bagarreur (-euse).** •*Al wilêd dâwâsi, kulla yôm al mêtir baturdah min al kilâs.* L'enfant est bagarreur ; chaque jour le maître le renvoie de la classe. •*Al iyâl dôl bigo dâwâsîn wa* *abuhum faracahum.* Ces enfants sont devenus des bagarreurs et leur père les a frappés.

dawâwîn *pl.*, → *duwâne.*

daway / dawayât *n. f.*, ≃ le singulier *dawâye*, * dwy, د و ي

♦ **encrier, encre ;** encrier traditionnel des fakis et des élèves des écoles coraniques. •*Ali, mâ tiwassix xalagak be l-daway !* Ali, ne salis pas ton vêtement avec l'encre ! •*Al iyâl, subbu fî dawayitku samux wa faham marhûk, yabga lêku daway !* Les enfants, mettez dans vos encriers de la gomme arabique et du charbon écrasé, cela vous fera de l'encre !

daẉâyin 1 *pl.*, → *duwâne.*

dawâyin 2 *n. coll.*, animal, ≃ *da'âyin, Syn. xanam zurug*, peut aussi désigner l'ensemble des brebis, → *dâyne*, * ḍ'n, ض ء ن

♦ **l'ensemble des moutons.** •*Al-dawâyin humman al xanam al-zurug induhum kubâc wa nu'ûj wa humlân.* Les moutons sont aussi appelés les ovinés noirs, ils se composent des béliers, des brebis et des agneaux. •*Al-dawâyin masâkîn min al-ni'ze.* Les moutons sont plus calmes que les chèvres.

dawâyir *pl.*, → *dâyir 2.*

dawdawâ *n. cdmt.*, *m.*, *empr.*, ≃ *môto.*

♦ **nom d'un arbre, arbre à farine, fruit et graine de l'arbre à farine, Parkia biglobosa (Jacq.),** famille des mimosacées, petites graines noires préparées comme condiment. •*Al-dawdawâ, rîhtah ticamma fî l mulâh !* On sent bien le parfum des graines de mimosa dans la sauce ! •*Al-cadaray al iyâlha bisawwuhum dawdawâ tugumm fî l wati.* L'arbre à partir duquel on prépare les graines de mimosa pour la sauce pousse au Sud.

dawîn *pl.*, → *duwâne.*

dâwîn *n. d'act.*, *m.*, ≃ *dâwân*, * dwy, د و ي

♦ **fait de soigner, soin.** •*Al mara di maradha dâwînah gâsi.* Cette femme a une maladie difficile à soigner. •*Al-zuxma wa l guhha dâwînhum be l mastalonti wa almi hanâ sitornêl.* On soigne le rhume et la toux avec des médicaments au menthol et des décoctions de citronnelle. •*Dawîn abunsifêr carâb al-ruwâba be iyâl kawal marhûk wa mana'ân akil al-laham.* Pour soigner l'ictère, on fait boire au malade du babeurre avec des graines de Cassia tora écrasées, et on lui interdit de manger de la viande.

dawla / duwal *n. f.*, *Cf. balad, dâr*, * dwl, د و ل

♦ **État, nation, pays.** •*Naxadim lê dawliti.* Je travaille pour mon pays. •*Al-sarrâgîn xarabo l-dawla.* Les voleurs ont ruiné l'État. •*Al iyâl yagru acân yanfa'o l-dawla.* Les enfants étudient pour être utiles à la nation.

dawli / dawliyîn *adj.*, (*fém. dawliye*), * dwl, د و ل

♦ **international(e).** •*Al murâsilîn hanâ l-sahâfa l-dawliye hidiro fî l mu'tamar al-sahâfi.* Les envoyés de la presse internationale ont assisté à la conférence de presse. •*Al xabar da dawli.* Cette nouvelle est internationale.

dawra / dawrât *n. f.*, → *dôre.*

dawriye / dawriyât *n. f.*, ≃ *dûriye*, *Cf. dôr 3*, * dwr, د و ر

♦ **patrouille, couvre-feu, en état d'alerte.** •*Al birgâd marago dawriye fî l hille didd carrâbîn al bango.* Les gendarmes ont lancé une patrouille en ville pour saisir les fumeurs de haschisch. •*Al askar kan sim'o be adu jâyi garîb bamurgu dawriyât tûl al-lêl.* Lorsque les militaires entendent que l'ennemi approche, ils effectuent des patrouilles toute la nuit. •*Al yôm fî dawriye, nâs l hille mâ burûxu fî l-lêl.* Aujourd'hui il y a le couvre-feu, personne ne circulera la nuit dans la ville. •*Al-Ra'îs kan musâfir, al askar induhum dawriye.* Lorsque le Président part en voyage, les militaires sont en état d'alerte.

Dawûd *n. pr.* d'homme, → *Daûd.*

dawwa / yidawwi *v. trans.*, forme II, *Syn. dâwa*, * ḍw', ض و ء

♦ **éclairer, briller, illuminer.** •*Ôgidi l-lampa tidawwi lêna l bêt !* Allume la lampe à pétrole pour éclairer la maison ! •*Al harray indaha yômen mâ dawwat acân al-sama câyil sahâb.* Le soleil ne brille pas depuis deux jours parce que le ciel est couvert de nuages.

dawwad / yidawwid *v. intr.*, forme II, * dwd, د و د

♦ **être rempli de vers, être véreux (-euse).** •*Kan al wakit hâmi laham al xanam bidawwid ba'ad yômên bas.* Lorsqu'il fait chaud, la viande de mouton est pleine de vers rien qu'en deux jours. •*Al-laham kan dawwad mâ bisawwuh mulâh.* On ne prépare pas la sauce avec de la viande qui a des vers.

dawwâm *invar.*, *Cf. dâm*, * dwm, د و م

♦ **quotidien (-enne), perpétuel (-elle), sans cesse,** qui a lieu tous les jours. •*Xidimitki ma'âna dawwâm lê muddat hayâtna.* Tu travailleras avec nous tous les jours tant que nous serons vivants. •*Al umur mâ dawwâm !* La vie terrestre n'est pas éternelle ! •*Al xarîf busubb talâta cahar da dawwâm.* Il pleut sans cesse pendant les trois mois de la saison des pluies.

dawwân *n. d'act.*, → *dawwîn.*

dawwar 1 / yidôr *v. trans.*, *Cf. râd* ; forme II (à l'accompli) et forme I n° 24 (à l'*inacc.*), * dwr, د و ر

♦ **vouloir, désirer, aimer, souhaiter, avoir tendance à, prendre l'habitude,** chercher à posséder ou faire quelque chose. •*Mûsa dawwar halâwa.* Moussa a voulu des bonbons. •*Nidôr faggûs hâmud be lêmûn.* J'aime les concombres acides avec du citron. •*Al harrâtîn dawwaro l almi yajîhum katîr.* Les cultivateurs désirent que la pluie tombe en abondance. •*Axui bidôr bâxud mara.* Mon frère veut se marier. •*Rafîgi bidôr mâci Sa'ûdiya.* Mon ami cherche à aller en Arabie Saoudite. •*Mâ tâxud mara tirîd al kidib !* N'épouse pas une femme qui a tendance à mentir. •*Hêy, yâ wilêdi, mâ tirîd al karas !* Hé ! mon enfant ! ne prends pas l'habitude d'écouter indiscrètement.

dawwar 2 / yidawwir *v. trans.*, forme II, * dwr, د و ر

♦ **démarrer, tourner, mettre en marche,** faire tourner le moteur. •*Dawwir al-tagtûg wa xallîni anâ nusûg !* Démarre la moto et laisse-moi conduire ! •*Al-tahûna al-janbina di, kan dawwarôha tisawwi awwa bilhên.* Le moulin qui est à côté de nous fait beaucoup de bruit quand on le fait démarrer. •*Al marwaha abat mâ tidawwir.* Le ventilateur refuse de tourner.

Dawwâra *n. pr.* de femme, *litt.* celle qui sait ce qu'elle veut, l'exigeante, *Cf. dawwar*, * dwr, د و ر

dawwarân 1 *n. m.*, ≅ *dawwirîn*, * dwr, د و ر

♦ **désir, fait de vouloir, envie, fait de chercher à,** désir continu demandant à être satisfait. •*Dawwarânak lê carrâb al merîse di, mâ indah lêk xêr !* Cela ne te sert à rien de continuer à désirer boire cette bière de mil. •*Dawwarânha lê l-laham al katîr da, akîd coxôlha xuluf.* Son envie de manger beaucoup de viande est certainement due au fait qu'elle se trouve en début de grossesse. •*Dawwarânak lê l awîn minjamm bijîb lêk macâkil.* Ton désir d'aller avec toutes les femmes qui se présentent t'apportera des ennuis.

dawwarân 2 *n. d'act.*, *m.*, ≅ *dawwirîn*, * dwr, د و ر

♦ **démarrage, fait de tourner,** fait de démarrer. •*Kan makanit al watîr adîle dawwarânha mâ gâsi.* Ce n'est pas difficile de faire démarrer la voiture quand le moteur est en bon état. •*Dawwarân l-tâhûna mâ misil hanâ l watîr.* Le démarrage du moulin n'est pas comme celui de la voiture.

dawwax / yidawwix *v. trans.*, forme II, * d̲wq, ذ و ق

♦ **faire goûter.** •*Al mara di dawwaxatni akil halu wa anâ mâ na'arif nisawwih.* Cette femme m'a fait goûter un bon repas que je ne saurais pas préparer. •*Kan turûx ma'â l-sakkâra yôm wâhid yidawwuxuk marîse.* Si tu te promènes avec les soûlards, ils te feront goûter un jour de la boisson alcoolisée. •*Jâritna darabat madîde wa dawwaxatna lêha.* Notre voisine a préparé de la bouillie et nous l'a fait goûter.

dawwîn *n. d'act., m.*, ≅ *dawwân*, * ḍw', ض و ء

♦ **éclairage, luminosité.** •*Dawwîn al-cawâri fî l-lêl be l kûran.* L'éclairage des rues, la nuit, se fait avec l'électricité [le courant]. •*Xutti l-lampa fôg min al iyâl acân dawwînha yagba adîl fî l bêt.* Pose la lampe en haut pour que les enfants ne la touchent pas et qu'elle éclaire bien toute la maison.

dawwirîn *n. m.*, → *dawwarân 1, dawwarân 2.*

dâx 1 / yudûx *v. trans.*, forme I n° 4, * d̲wq, ذ و ق

♦ **goûter avec la langue, ressentir.** •*Âdum dâx al-câhi.* Adoum a goûté le thé. •*Al mâ dâx îdâk mâ babga rafîgak.* Celui qui n'a pas goûté ta main ne deviendra pas ton ami. *Prvb.* (*i.e.* celui auquel tu ne t'es pas affronté ou battu ne deviendra pas ton ami). •*Anâ duxt ta'ab katîr al-sane di.* J'ai beaucoup souffert [goûté la souffrance] cette année.

dâx 2 / yudûx *v. intr.*, forme I n° 4, * dwh̲, د و خ

♦ **s'évanouir, avoir une syncope.** •*Hû waga' min al watîr wa dâx.* Il est tombé du véhicule et s'est évanoui. •*Al mara di dâxat fî wakt al walûda, acân al-damm daffag minha katîr.* Cette femme a eu une syncope pendant qu'elle accouchait parce qu'elle avait perdu beaucoup de sang.

dâx 3 / yidîx *v. intr. {- be}*, forme I n° 10, * ḍyq, ض ي ق

♦ **oppresser, angoisser, opprimer,** être pénible à supporter. •*Al-dunya dâxat bei wakit anâ mardâne.* La vie est dure à supporter [le bas monde m'oppresse] lorsque je suis malade. •*Fî l-duwâs al wata dâxat be l-nâs.* Pendant la guerre, les gens vivent dans l'angoisse [l'ambiance angoisse les gens]. •*Al-sijin yidîx be l masâjîn.* La prison opprime les détenus.

daxabûba *n. f., empr.*

♦ **nom de l'ensemble des bières de mil.** •*Al-daxabûba anwâ'ha katîre wa tisakkir ajala.* Il y a beaucoup de sortes de bières de mil, elles enivrent vite. •*Al-zôl kan cirib daxabûba, tincamma fôgah.* Si quelqu'un boit de la bière de mil, il dégage une mauvaise odeur.

daxal / yadxul *v. intr. {- fî}*, *Cf. dassa, andassa, daxxal*, forme I n° 1, * dh̲l, د خ ل

♦ **entrer, s'introduire.** •*Al-sarrâg daxal fî l bêt.* Le voleur est entré dans la maison. •*Ambâkir al iyâl yadxulu l-lekôl.* Demain, les enfants rentrent à l'école.

dâxal *invar.*, * dh̲l, د خ ل

♦ **dans, dedans, à l'intérieur.** •*Humman gâ'idîn dâxal fî l bêt.* Ils sont à l'intérieur de la maison. •*Mâla inta tunûm dâxal fî l watîr ?* Pourquoi dors-tu dans le véhicule ? •*Al awîn mâ bidôru yagôdu dâxal.* Les femmes n'aiment pas rester à l'intérieur. •*Al iyâl gâ'idîn dâxal fî l hôc, bal'abo ?* Les enfants sont en train de jouer à l'intérieur de la concession. •*Mâla karast dâxal misil al-lisân ?* Pourquoi restes-tu à l'intérieur, caché comme la langue dans la bouche ?

daxalân *n. d'act., m.*, ≅ *daxilîn, Cf. daxal*, * dh̲l, د خ ل

♦ **entrée, fait d'entrer.** •*Daxalân al-janne illa be l ibâde wa l amal al-sâleh.* L'entrée au paradis n'est possible qu'avec l'adoration et les bonnes œuvres. •*Daxalânak ke be awwa fî l bêt bixawwifni.* Ta manière bruyante d'entrer dans la maison me fait peur.

dâxalâni *adj. m.*, inusité au féminin et au pluriel, * dẖl, د خ ل

♦ **qui est à l'intérieur.** •*Fâtime farrichi lê l iyâl fî l bêt al-dâxalâni.* Fatimé, couche les enfants dans la chambre intérieure. •*Cîl al-derib al-dâxalâni hanâ l-sûg, acân al askar gâ'idîn fî l-derib al barrâni bikarrubu lampo.* Prends le chemin intérieur au marché, parce que les militaires sont sur le chemin extérieur et arrêtent ceux qui n'ont pas payé l'impôt.

daxar / yadxur *v. trans.*, forme I n° 1, * d̲ ẖ r, ذ خ ر

♦ **conserver, préserver, mettre à l'abri, épargner.** •*Hâmid daxar xalla katîre fî dabangitah fî wakt al-darat.* Hamid a conservé une grand quantité de mil dans son grenier au temps de la moisson. •*Fâtime, mâ tal'abe be guruski, adxurih fî l banki !* Fatimé, ne joue pas avec ton argent, conserve-le à la banque ! •*Al-nimle tadxur al ma'îce fî l-nugâr.* Les fourmis mettent leur nourriture à l'abri dans des trous.

daxarân *n. d'act.*, → *daxirîn.*

Daxaro *n. pr.* d'homme, *Cf. daxaroh, litt.* on l'a préservé, * d̲ ẖ r, ذ خ ر

daxil *n. m.*, ≅ *daxli*, * dẖl, د خ ل

♦ **entrée d'argent, recette, profit, gain, bénéfice.** •*Al-tujjâr mâ induhum daxil adîl misil hanâ zamân.* Les recettes des commerçants n'ont pas été aussi bonnes que dans le passé. •*Al bakân da mâ indah lêi daxil axêr namci l-sûg.* Je ne réalise pas de bon profit ici, il vaut mieux que j'aille au marché.

dâxil / dâxilîn *adj. mrph. part.* actif, (*fém. dâxile*), *Cf. daxal*, * dẖl, د خ ل

♦ **qui est entré(e), entrant.** •*Dâxil, mâci wên ?* Tu entres pour aller où ? •*Dâxilîn hini, ta'arfu yâtu ?* Vous qui êtes entrés ici, qui connaissez-vous ? •*Lammêna ma'âha dâxile l-sûg.* Nous nous sommes rencontrées alors qu'elle entrait au marché.

dâxili / dâxiliyîn *adj.*, (*fém. dâxiliya*), * dẖl, د خ ل

♦ **intérieur(e).** •*Wazîr al-dâxiliya lissâ mâ câl xidimtah.* Le ministre de l'Intérieur n'a pas encore pris ses fonctions. •*Al birgâd wa l bôlis gâymîn be l amni l-dâxili.* La gendarmerie et la police assurent la sécurité intérieure.

daxilîn *n. d'act.*, *m.*, → *daxalân.*

daxirîn *n. d'act.*, *m.*, ≅ *daxarân* ; * d̲ ẖ r, ذ خ ر

♦ **épargne, économie, conservation,** fait d'épargner, d'économiser, de conserver. •*Daxirîn al-nimle lê l ma'îce, musâ'ada lê l-nâs fî sant al-ju'.* Les graines que les fourmis ont épargnées sont une aide pour les gens au temps de la famine. •*Fî Tcâd indina muthaf lê daxirîn xumâm hanâ zamân misil al gurus wa l-sulah.* Au Tchad, nous avons un musée qui conserve les objets d'autrefois, comme les pièces de monnaie et les armes. •*Al harrâtîn kulla sane yalgo fayde min daxirîn mâ'icithum.* Chaque année, les paysans tirent profit de la nourriture qu'ils ont conservée.

daxit *n. m.*, * ḍġṭ, ض غ ط

♦ **pression, tension.** •*Al masâjîn bixaddumûhum xidime daxit bala jumma.* On fait travailler les prisonniers, sous pression et sans repos. •*Al-nâdum al indah daxit kan zi'il bas bamrad.* Celui qui a de la tension tombe malade s'il se met en colère.

daxli *n. m.*, → *daxil.*

daxûl *n. d'act.*, *m.*, ≅ *duxûl*, * dẖl, د خ ل

♦ **entrée, rentrée, accès,** fait d'entrer. •*Al iyâl bi'awwu, al yôm daxûl hanâ l-lekôl.* Les enfants font du bruit ; aujourd'hui, c'est la rentrée scolaire. •*Nidôr nicîf al-daktôr, lâkin al harrâs daharâni l-daxûl.* Je veux voir le médecin, mais le gardien m'interdit d'entrer [l'entrée]. •*Fî kulla daxûl al-sane, al baggâra bantu zaka lê l masâkîn.* Au nouvel an [à chaque entrée dans l'année], les éleveurs de vaches font l'aumône aux pauvres.

Daxûliye *n. pr.* de lieu, nom du marché aux bestiaux d'Abéché, désigne en arabe *sd.* tout endroit clos utilisé comme marché aux bestiaux, * dẖl, د خ ل

daxxal / yidaxxil *v. trans.*, forme II, * dẖl, د خ ل

♦ **introduire, faire entrer, amener à l'intérieur, pénétrer.** •*Daxxalo lêna dîfân mâ na'arfûhum.* Ils nous ont amené des hôtes que nous ne connaissions pas. •*Abui daxxal ribah katîr min tijârtah.* Mon père a fait beaucoup de bénéfices grâce à son commerce. •*Al-lêl kan ja, kulla l-nâs yidaxxulu bahâyimhum fî zarâ'ibhum.* Lorsque la nuit arrive, tous les gens font entrer leurs bestiaux dans les enclos.

daxxan / yidaxxin *v. trans.*, forme II, *Syn. baxxar*, * dẖn, د خ ن

♦ **fumer, encenser, brûler l'encens, parfumer d'encens.** •*Fâtime burmitki di xalâs daxxanat, mulâhki da hirig !* Fatimé, ta marmite fume, ta sauce est brûlée ! •*Al arûs daxxanat xulgânha be sandal halu.* La mariée a fait fumer du bois de santal excellent pour parfumer ses habits. •*Al ajûs daxxanat bêtha be kijîji.* La vieille femme a fait brûler un mélange d'encens dans sa maison. •*Abakar daxxan duxxân lê bahâyimah min al ba'ûda wa l gîm.* Abbakar a fait fumer des herbes et du bois pour éloigner de son troupeau les moustiques et les petits insectes.

Daxxâra *n. pr. gr., coll. mrph. intf., sgtf. m. Daxxâri, (fém. Daxxâriye)* ; * d h r, د خ ر

♦ **Dakhara.** •*Al-Daxxâra arab, gâ'idîn fî Câri Bâgirmi.* Les Dakhara sont arabes, ils se trouvent dans le Chari-Baguirmi. •*Al-Daxxâriye di, mumaccite gurûn misil al Arabiyât al âxarât.* Cette femme Dakhara a deux grosses tresses [cornes] comme les autre femmes arabes.

Daxxâri *sgtf.* d'un *n. pr. gr.*, (*fém. Daxxâriye*), → *Daxxâra.*

daya / yadya *v. trans.*, forme I n° 16, * wdy, و د ي

♦ **payer le prix du sang.** •*Al-râjil katal wa ahalah dayo.* L'homme a tué et sa famille a payé le prix du sang. •*Hû daya arba'a malyûn lê ahal al mayyit.* Il a payé quatre millions pour le prix du sang à la famille du défunt. •*Al-nâdum kan katal min nafarah, mâ badya.* Si quelqu'un tue un membre de son ethnie, il ne paye pas le prix du sang.

dayaka *pl.*, → *dikk.*

dâyar / yidâyir *v. trans.*, forme III, *Cf. darra 1*, * drr, د ر ر

♦ **verser, transvaser, répandre,** faire couler. •*Mâ tidâyir almi hâmi fî mâ'ûn kawcu !* Ne verse pas de l'eau chaude dans un récipient en plastique ! •*Dâyir al ajîne acân al-turâb yifaddil tihit !* Verse la bouillie dans un autre récipient, pour laisser de côté la terre qui s'est déposée au fond !

dâyim *adj. n., mrph. part.* actif, (*fém. dâyime*), * dwm, د و م

♦ **éternel (-elle), perpétuel (-elle), éternité.** •*Al xabur bêt al-dâyim.* La tombe est la maison d'éternité. •*Amm iyâlak kan cêne kulla, hî dâyime lêk.* Même si la mère de tes enfants est méchante, elle restera pour toujours ta femme.

dâyiman *invar.*, → *dâ'iman.*

dâyin / daynîn *adj. mrph. part.* actif, (*fém. dâyne*), * dyn, د ي ن

♦ **créancier (-ère), qui a prêté de l'argent à *qqn.*,** personne à qui l'on doit de l'argent. •*Mûsa dâyinni gurus katîr.* Mousssa m'a prêté beaucoup d'argent. •*Hû mâ bidôr baji fî bêti acân anâ dâyinah gurus katîr.* Il ne veut pas venir chez moi parce qu'il me doit beaucoup d'argent [je lui ai prêté beaucoup d'argent].

dâyir 1 / dâyrîn *adj. mrph. part.* actif, (*fém. dâyre*), * dwr, د و ر

♦ **désireux (-euse), tenté(e), qui a envie,** qui désire. •*Al yôm anâ dâyir nâkul êc be mulâh hût yâbis.*

Aujourd'hui je désire manger de la boule avec de la sauce de poisson séché. •*Kan mâ dâyir tamci l-sûg, ôrini nirassil binêyti.* Si tu ne veux pas aller au marché, dis-le moi, j'y enverrai ma fille. •*Al yôm da dâyre mucât lê râsi wa hinne lê rijilêni.* Aujourd'hui, je veux tresser mes cheveux et me mettre du henné sur les pieds.

dâyir 2 / dawâyir *n. m.*, * dwr, د و ر
♦ **rond(e), forme ronde, cercle.** •*Al binêye di sallalat kisâr dawâyir dawâyir.* Cette jeune fille a cuit ces galettes en leur donnant des formes rondes. •*Al farîg da banoh dâyir.* Ce campement a été construit en rond. •*Hey al iyâl sawwu dâyir nal'abo !* Hé ! les enfants ! formons un cercle pour danser !

dâyne / dawâyin *n. anim., f.*, → *dawâyin 2*, ≅ le singulier *dâ'ine*, *Syn. na'aje*, *Cf. kabic*, * ḍ'n, ض ء ن
♦ **brebis.** •*Anâ macêt al-sûg carêt dâyne.* Je suis allé au marché acheter une brebis. •*Al-dawâyin birîdu l gôz.* Les brebis aiment le coteau sablonneux. •*Laban al-dawâyin halu bilhên.* Le lait de brebis est très bon.

dayy *n. f.*, → *deyy*, * ḍw', ض و ء

dayya' / yidayyi' *v. trans.*, * ḍyʕ, ض ي ع
♦ **perdre, gaspiller.** •*Mâ tidayyi' waktak !* Ne perds pas ton temps ! •*Al hurûb al madaniya dayya'at arwah wa amwal hanâ Tcâd.* Les guerres civiles ont détruit des vies humaines et les richesses du Tchad.

dayya'ân *n. d'act., m.*, → *dayyi'în.*

dayyaf / yidayyif *v. trans.*, forme II, * ḍyf, ض ي ف
♦ **accueillir,** bien recevoir un hôte chez soi. •*Al mara di dayyafatna adîl marra wâhid.* Cette femme nous a bien accueillis. •*Humman dayyafona adîl wakit macêna lêhum.* Ils nous ont bien accueillis quand nous sommes allés chez eux.

dayyafân *n. d'act., m.*, → *dayyifîn.*

dayyag / yidayyig *v. trans.*, forme II, entendu à Abéché, → *dayyax*, * ḍyq, ض ي ق

dayyan / yidayyin *v. trans.*, forme II, * dyn, د ي ن
♦ **s'endetter, emprunter, acheter à crédit.** •*Mahammat dayyan min rafîgah icirîn alif riyâl.* Mahamat a emprunté chez son ami vingt mille riyals. •*Hû dayyan gurus wa aba mâ yikaffih lê sîdah.* Il a emprunté de l'argent et a refusé de le rembourser. •*Al kitâb da dayyantah min rafigi.* J'ai acheté ce livre à crédit chez mon ami.

dayyar / yidayyir *v. trans.*, forme II, * dwr, د و ر
♦ **fumer un champ, apporter de la fumure, mettre de l'engrais,** épandre du fumier. •*Al bagar dayyaro zere' hanâ Kaltûma.* Les vaches ont fumé le champ de Kaltouma. •*Ba'ar al-jumâl mâ bidayyir al-zere' adîl.* Les crottes de chameaux ne sont pas un bon engrais pour les champs.

dayyas / yidayyis *v. trans.*, forme II, * ḍys, ض ي س
♦ **s'écarter du bon chemin, négliger un conseil,** ne se soumettre à personne ni à aucune recommandation. •*Anâ wassêtah lâkin dayyas kalâmi.* Je lui ai donné des conseils, mais il ne m'a pas écouté [il s'est écarté de ma parole]. •*Al-câyib da dayyas min al-derib.* Ce vieillard a perdu son chemin. •*Fî l-lekkôl al-saxîr al matmûs yidayyis kalâm al mêtir.* A l'école, l'enfant sot ne tient pas compte de ce que dit le maître.

dayyax 1 / yidayyix *v. trans.*, forme II, * ḍyq, ض ي ق
♦ **rendre étroit, rétrécir, être angoissé, être mal à l'aise, rendre pénible,** se trouver dans une situation oppressante. •*Waggaf watîrah dâxal, dayyax lêna l hôc.* Il a mis [stationné] sa voiture dans la concession, ce qui nous en a rétréci l'espace. •*Kalâm al-râjil al katîr da dayyax fôgi l bêt.* Ce long palabre avec cet homme m'a rendu la maison difficilement

supportable. •*Hiss al bundug fî l lêl yidayyix nâs al hille.* Le bruit du canon, la nuit, angoisse les gens du village. •*Al hamu dayyax lêna l wata'.* La chaleur nous est pénible [nous rend le temps pénible].

dayyax 2 / dayxîn *adj.*, (*fém. dayxe*), * ḍyq, ض ي ق

♦ **étroit(e), serré(e), exigu(ë), petit(e).** •*Al xalag da bigi lêi dayyax, antêtah lê l mahâjiri.* Cet habit était trop étroit pour moi, je l'ai donné au mendiant de l'école coranique. •*Al buyût dôl dayxîn lêna.* Ces maisons sont trop exiguës pour nous. •*Al burma di dayxe lê l êc, mâ tusût adîl.* Cette marmite est trop petite pour la boule, elle ne la cuit pas comme il faut.

dayyi'în *n. d'act., m.*, ≅ *dayya'ân*, * ḍyʕ, ض ي ع

♦ **gaspillage, perte.** •*Al kalâm al katîr da dayyi'în al wakit sâkit !* Ce bavardage n'est que pure perte de temps ! •*Humman mâ bidôru dayyi'în al wakit.* Ils ne veulent pas perdre de temps.

dayyifîn *n. d'act., m.*, ≅ *dayyafân*, * ḍyf, ض ي ف

♦ **hospitalité, bon accueil,** fait d'accueillir. •*Nâs barra dayyifînhum adîl.* Les gens de la campagne savent bien accueillir. •*Fî l mudun al-nâs mâ birîdu l-dayyifîn.* En ville, les gens ne sont pas accueillants [n'aiment pas l'hospitalité].

dayyig *adj.*, entendu à Abéché, → *dayyix*, * ḍyq, ض ي ق

dêbalân *n. m.*, *empr.* connu en *Egy.* et au *Sdn.* (*C.Q.*), *Cf. wazin.*

♦ **tissu de coton, étoffe, drap.** •*Kafan al-râjil al xani da, sawwoh be dêbalân.* Le linceul de cet homme riche est fait d'un tissu de coton. •*Al-dêbalân hû abyad wa xâli min al wazin.* Le tissu de coton *dêbalâne* est plus blanc et plus cher que le tissu *wazin.*

debite *n. m.* et *f.*, *empr. fr.*, "député", → *nâyib.*

dêc / duyûc *n. m.*, moins usité que *askar*, * jyš, ج ي ش

♦ **troupe, armée.** •*Gôlit mâlêc xarabat al-dêc.* Le fait de dire "cela n'a pas d'importance" détruit l'armée. *Prvb.* (*i.e.* la force de l'armée est dans l'observation stricte du règlement). •*Fî l-cahar da duyûc katîrîn maco fî Sômâl.* Ce mois-ci, beaucoup d'hommes de troupe sont partis en Somalie. •*Kabîr al-dêc indah musaddas.* Le chef de l'armée a un pistolet.

dêd / duyûd *n. m.*, * ṯdy, ث د ي

♦ **sein, mamelle.** •*Wilêdi cirib laban katîr min dêdi.* Mon enfant a beaucoup tété [a bu beaucoup de lait de mon sein]. •*Amm al-saxîr indaha duyûd kubâr.* La maman du bébé a de gros seins. •*Anâ mâ radyâne, narfa' lêk laban dêdi !* Je ne suis pas contente de toi, je ne te nourris plus [je relève de toi le lait de mon sein] !

dêf / dîfân *adj. n.*, (*fém. dêfe*), * ḍyf, ض ي ف

♦ **étranger (-ère), invité(e), hôte,** celui (celle) qui est reçu(e). •*Indina dêf jâyi min Abbece.* Nous avons un étranger venant d'Abéché. •*Amba'ûda akalat al-dîfân al gâ'idîn dâxal.* Les moustiques ont dévoré les invités qui étaient à l'intérieur. •*Al yôm dêfna mâci hillithum.* Aujourd'hui notre hôte s'en va dans son village. •*Têr kan jâku, akal acâku wa maca xallâku... Dôl al-dîfân.* Ils viennent chez vous comme des oiseaux, mangent votre repas du soir et s'en vont en vous laissant seuls… Ce sont les hôtes. *Dvnt.*

Dêf *n. pr.* d'homme, *Cf. Addêf*, * ḍyf, ض ي ف

Dêfe *n. pr.* de femme, plus employé que *Addêfe*, → *dêf*, * ḍyf, ض ي ف

delêb *n. vég., coll., m., sgtf. delebay*, * dlb, د ل ب

♦ **nom d'un arbre, rônier, Borassus æthiopum,** famille des palmées. •*Al-delêb katîr fî junûb hanâ Tcâd.* Il y a beaucoup de rôniers au sud du Tchad.

•*Al-delêb tuwâl bilhên wa birîd al almi.* Les rôniers sont très grands et aiment l'eau. •*Iyâl al-delêb induhum almi asal tacarbah.* Les fruits du rônier contiennent un jus sucré comestible.

della / yidelli *v. trans.*, → *dalla.*

Dembe *n. pr.* de lieu, → *Denbe.*

demokratiye *n. f.*, → *demoxrâtiya.*

demoxrâtiya *n. f.*, ≅ *demoxâtiye*
♦ **démocratie.** •*Al-nâs kulluhum bidôru bi'îcu fî l-demoxratiya.* Tous les gens veulent vivre dans la démocratie. •*Al-demoxratiya mâ barjâl.* La démocratie n'est pas l'anarchie.

demoxrâtiye *n. f.*, → *demoxrâtiya.*

dên / duyûn *n. m.*, * dyn, د ي ن
♦ **dette, créance, bon pour, chose due, crédit, emprunt,** somme d'argent à rembourser. •*Al xayyâti indah dên fôgi,* Je dois de l'argent au tailleur [le tailleur a une dette "sur" moi]. •*Inta, indak dên fî bakâni wa ambâkir nikaffîk.* Je te dois de l'argent [tu as une somme d'argent chez moi], demain je te payerai. •*Al-cahar al-jâyi nikaffi talâte yôm dên min Ramadân.* Le mois prochain, je dois rattraper les trois jours du jeûne que je n'ai pas observés pendant le Ramadan [je rembourserai trois jours de dette du Ramadan]. •*Fî sittînât, kulla l muwâtinîn kaffo dên al watan wa l hâkuma antâthum katkat maktub fôgah dênhum.* Dans les années soixante, tous les citoyens ont souscrit à l'emprunt national, et le gouvernement leur a donné un papier indiquant le montant de leur souscription. •*Al-tâjir maca l banki yisaddid duyûnah.* Le commerçant est allé à la banque recouvrer ses créances.

Denbe *n. pr.* de lieu, quartier de N'Djaména : Dembé, le *n* étant prononcé *m* devant le *b*, la racine dnb évoque ici l'eau qui coule d'un jardin à l'autre (*Ka.*), * dnb, ذ ن ب

dendike *n. f.*, emprunt *fr.*, ≅ *dendite,* → *karte dandite.*

denni *invar.*, → *danni.*

dentite *n. f.*, → *karte dandike.*

derib 1 / durûb *n. m.*, *Cf. bâb, câri,* ≅ *darib*, * drb, د ر ب
♦ **chemin, passage, piste, route, entrée, porte, méthode, trajet.** •*Lâgêt rafîgi fî l-derib.* J'ai rencontré mon ami en chemin. •*Macêna fî l-labtân wa ligîna askari haras fî l-derib, waggafâna wa ga'adna dagâyig ke hatta andassêna.* Nous sommes allés à l'hôpital, nous avons trouvé un militaire qui gardait l'entrée, il nous a arrêtés et nous avons attendu quelques minutes avant d'entrer. •*Bawrud mâ bacarab... Da l-derib.* Il va à l'eau et ne boit pas… C'est le chemin. *Dvnt.* •*Al-derib min Sâr lê Anjammêna adîl.* La route de Sarh à N'Djaména est bonne. •*Derib bêti ankassar.* La porte de ma maison s'est cassée. •*Wassifni derib al giray !* Montre-moi comment faire pour écrire !

derib 2 *n. m.*, *coll.*, (tir, rafale), → *darib*, * ḍrb, ض ر ب

derib abyad / durub buyud expression, *litt.* chemin blanc, * drb, byḍ, د ر ب • ب ي ض
♦ **droit chemin, chemin facile, chemin direct,** chemin sans obstacle. •*Kan mâ tidôr tagôd ma'âna, amci, al-derib abyad lêk !* Si tu ne veux pas rester avec nous, pars ! La porte t'est grande ouverte ! [le chemin est blanc pour toi !]. •*Al mudarris yi'allim al iyâl acân ba'adên yaxadmu fî derib abyad.* Le professeur enseigne les enfants pour qu'ils puissent ensuite travailler facilement [sur un chemin blanc]. •*Mâ tilawliw kan macêt fî derib abyad, axêr lêk !* Ne biaise pas, il vaut mieux que tu ailles droit au but !

dêwan / yidêwin *v. intr.*, *Cf. racwa.*
♦ **soudoyer, corrompre, verser un pot-de-vin,** donner un dessous de table. •*Hassâ kan mâ dêwant, mâ*

talga xidime. Actuellement, si on ne verse pas [si tu ne verses pas] de pot-de-vin, on ne trouve pas de travail. •*Anâ dêwant lê l-duwân wa antôni xumâmi bala kalâm.* J'ai soudoyé les douaniers et ils ont donné mes affaires sans problème. •*Kan tidôri cari'tak di tikammil ajala, dêwini al kumanda !* Si tu veux terminer rapidement ton procès, donne un dessous de table au commandant ! •*Al-nâs kan bidêwunu be l gurus bugûlu "Acarab almi !" walla "Hagg al gôro !".* Lorsque les gens donnent de l'argent à d'autres pour les corrompre, ils disent : "Avec cela, bois de l'eau !" ou bien : "C'est pour la noix de kola !".

dêwân 1 *n. m., Cf. dêwan.*
♦ **pourboire, pot-de-vin, bakchich.** •*Hassâ kan tidôr maktûb muhimm lêk, bala dêwân mâ talgah.* Si maintenant tu as besoin d'un papier important, tu ne l'obtiendras pas sans pourboire. •*Kan mâ antêt dêwân, mâ tagdar tadxûl fî Kamerûn.* Sans bakchich, tu ne pourras pas entrer au Cameroun.

dêwân 2 / dêwânât *n. m.*, dans l'arabe de l'est du Tchad, * dwn, د و ن
♦ **salon de l'homme.** •*Fî Abbeche lubb al-dêwân mufarrac be busât.* A Abéché, l'intérieur du salon des hommes est couvert de tapis. •*Dêwân hanâ abui, râsah indah kurnêc.* Le salon de mon père est dans une maison dont le toit avance en corniche.

dêy *n. mld.*, maladie des hommes et des animaux appelée ainsi dans la région du Ouaddaï, *Cf. amficêfic*, * dwy, د و ي
♦ **péripneumonie.** •*Al-dêy kattal al xanam acân al xarîf tagîl.* La péripneumonie a décimé les moutons parce que les pluies ont été abondantes. •*Al-daktôr antana dawa hanâ l-dêy.* Le vétérinaire nous a donné des médicaments contre la péripneumonie.

deyy *n. m.*, ≅ *dayy, Cf. daw, nâr, nûr*, * ḍw', ض و ء
♦ **clarté, lumière.** •*Al binêye di xicêmha abyad misil deyy al burrâg.* L'éclat de la petite bouche de cette fille est aussi blanc que l'éclair, la nuit. •*Bêtah mutabbal wa deyy al-lampa munawwir, akûn marag garîb bas.* Sa maison est fermée et la clarté de la lampe brille, il n'a pas dû partir bien loin ! •*Deyy tôrcak da gawi misil nâr al watîr.* La lumière de ta lampe électrique est aussi forte que celle des phares d'une voiture. •*Al-nâdum al fasil nârah mâ indaha deyy.* Le feu de l'homme méchant ne brille pas [n'a pas de clarté]. •*Hû gâ'id fî bêtah bala deyy.* Il reste chez lui sans lumière.

dezôrdir expression *fî dezôrdir*, emprunt *fr.* "dans le désordre", vocabulaire de course de chevaux, *Cf. muxalbat, min xâlif.*

di *pron.* démonstratif, féminin singulier, (*masc.* : da), *Cf. hâda, Syn. hâdi.*
♦ **cette, celle-ci, voici.** •*Di Zênaba.* C'est Zénaba [celle-ci est Zénaba]. •*Di yâti ?* Qui est-ce ? [Qui est celle-ci ?]. •*Al binêye di samhe.* Cette fille est jolie. •*Allah yantîni binêye karîme misil hâdi !* Que Dieu me donne une fille généreuse comme celle-ci !

di'âya 1 / di'âyât *n. f.*, * dˁw, د ع و
♦ **publicité, propagande.** •*Al-carika hint al-sijâra sawwat di'âya lê zabâyinha.* La Société des cigarettes a fait de la publicité pour ses clients. •*Al-di'âya tilimm al-carrâyîn.* La publicité fait venir les clients [rassemble les acheteurs]. •*Fî duwal wahdîn al-di'âya hint al marîse mamnu'a.* Dans certains pays, la publicité des boissons alcoolisées est interdite.

di'âya 2 / di'âyât *n. f.*, * dˁw, د ع و
♦ **rumeur, propos mensongers.** •*Kalâm al sawwoh lê Abbakar wazîr, da di'âya bas, mâ sahi !* Ce qu'on dit d'Abakar nommé ministre n'est qu'une fausse rumeur ! •*Mâ tasamo al-di'âyât al banguluha lêku min barra !* Ne croyez pas les propos mensongers venus de l'extérieur !

dibal *pl.*, → *dibla 2.*

dibb *v. impér.*, → *dabba 2.*

dibdibbe / dibdibbât *n. f.*, *Cf. kisre*, * dbb, د ب ب

♦ **galette de mil cuite sous la cendre.** •*Al iyâl bisawwu amkillêlo wa yadfunu dibdibbe fî l malle.* Les enfants font la dînette et mettent une galette de mil à cuire sous la cendre. •*Al-râ'i sawwa lêyah dibdibbe wa ramâha fî labanah hanâ l-sarhe.* Le berger a fait cuire une galette de mil sous la cendre puis l'a mise [fait tomber] dans le lait qu'il avait emporté en provision avant d'aller au pâturage.

dibite *n. m.* et *f.*, *empr. fr.*, "député", → *nâyib.*

dibla 1 *n. coll.*, *sgtf. diblay*, * dbl, د ب ل

♦ **gâteau rond,** gâteau en forme de serpentin cuit dans l'huile. •*Al-dibla bisawwuha fî l makana misil al ka'ak.* On fait la pâte du gâteau rond à la machine comme pour un gâteau ordinaire. •*Marit Âdum faddalat dîfânha be dibla fî asêt hanâ sûni.* L'épouse d'Adoum a présenté à ses hôtes des gâteaux ronds dans une assiette en porcelaine. •*Al-dibla bilawluwuha misil al-dâbi gubbâl mâ yarmôha fî l-dihin wa sukkar.* Les gâteaux ronds sont enroulés comme un serpent avant d'être jetés dans l'huile puis dans le sucre.

dibla 2 / dibal *n. f.*, * dbl, د ب ل

♦ **alliance en or, anneau en argent.** •*Anâ waddêt dibla ma'â l xumâm, yôm ramîn al warga.* J'ai remis une alliance avec les cadeaux à l'occasion de la cérémonie du septième jour [le jour de la déposition des amulettes]. •*Al awîn balbaso dibla hanâ dahab, wa l-rujâl kan balbaso dibla, bisawwuha be fudda.* Les femmes portent des alliances en or ; quant aux hommes, ils portent des anneaux en argent.

diceyce nom, *mrph. dmtf.*, *f.*, → *dacîce*, * jšš, dšš, ج ش ش • د ش ش

dici' *v. trans.*, → *daca'.*

dîdân *pl.*, → *dûd 1.*

didd *invar.*, * ddd, ض د د

♦ **contre, opposé(e) à, ennemi(e) de.** •*Al biss didd al fâr.* Le chat est l'ennemi de la souris. •*Al gannâsîn didd al-sêd.* Les chasseurs poursuivent le gibier. •*Al ba'ûda didd al-nâs.* Les moustiques s'attaquent aux hommes.

difa' / difa'ât *n. m.*, * dfˁ, د ف ع

♦ **défense.** •*Al askari mât acân difa' hanâ l watan.* Le soldat est mort pour la défense de la patrie. •*Wâjib lê l muwâtinîn yumûtu fî difa' arâdi judûdhum.* Les citoyens doivent mourir pour défendre la terre de leurs ancêtres.

dîfân *pl.*, → *dêf.*

difde' / dafâdi' nom, *coll.*, *sgtf. difde'ê*, *Cf. go'ony, kokko, amkacarne, ambirtiti, amdifde'ê*, * dfdˁ, ض ف د ع

♦ **grenouille, crapaud.** •*Fî l xarîf mâ tagdar tunûm min awwa hint al-difde'.* Pendant la saison des pluies, tu ne pourras pas dormir à cause du bruit des crapauds. •*Al-dafâdi', nafarhum katîr.* Il y a beaucoup d'espèces de grenouilles. •*Wilêdi câf amdifde'ê janb al-dawâyin wa xâf.* Mon enfant a vu une grenouille près des jarres et il a eu peur. •*Almi hâmi, mâ li'ib dafâdi'.* L'eau chaude n'est pas l'endroit où dansent les crapauds. *Prvb.* (*i.e.* il ne faut pas s'ingérer dans des affaires où l'on n'est pas compétent !).

difi / yadfa *v. intr.*, forme I n° 21, sens passif, * df', د ف ء

♦ **être chaud(e), être chauffé(e), être réchauffé(e).** •*Al-laban difi min gibêl ta'âlu acarboh !* Le lait a déjà été réchauffé, venez le boire ! •*Hassâ al wata difat akûn al hamu bidôr yindassa.* A présent il commence à faire chaud [l'atmosphère a été chauffée], c'est peut-être l'arrivée des grosses chaleurs.

difirêc mot grossier, → *difrinci.*

difirenc mot grossier, → *difrinci.*

difre *n. vég., coll., f.,* connu au *Sdn.* (*C.Q.*), → *krêb,* * d̠fr, د ف ر
♦ **nom d'une herbe et de sa graine, Echinochloa pyramidalis (Lam.),** famille des graminées. •*Al-difre nô' min al krêb.* L'Echinochloa pyramidalis est une sorte de fonio sauvage. •*Al-difre, gicirha al awwalâne axabac, wa l-tâniye azrag wa l iyâl buyud.* L'Echinochloa pyramidalis a une première enveloppe marron clair, une seconde noire, et le grain est blanc.

difrinci *adj., empr. angl. litt.* différentiel, terme grossier lorsqu'il est appliqué aux femmes, ≅ *difrêc,* → *dalazât, dingil.*

Digêl *n. pr.* de lieu, *n. pr.* d'homme, *mrph. dmtf.,* quartier de N'Djaména [petite forêt], * dġl, د غ ل
♦ **Diguel.**

digêne / digênât *n. f. mrph. dmtf., Cf. digin,* * d̠qn, د ق ن
♦ **barbichette.** •*Têsi wald xarra digentah ôja.* Mon bouc, dont la mère a une robe grise, a la barbichette tordue. •*Siyâd al-dugûn gâ'idîn fî l burûc wa abudigêne bisey lêhum câhi.* Ceux qui ont des barbes sont assis sur la natte et celui qui a une barbichette leur prépare le thé.

digêyge / digeygât nom, *mrph. dmtf., f., Cf. dagîg,* * dqq, د ق ق
♦ **un peu de farine,** une très petite quantité de farine. •*Mâ nagdar nusût lêku l êcc be l-digêyge di.* Je ne peux pas vous préparer la boule avec une aussi petite quantité de farine. •*Waddêt fî l-tâhûna kôro hint xalla wa antôni l-digêyge di bas !* J'ai porté un koro de mil au moulin et on ne m'a rendu que cette petite quantité de farine !

digin / dugûn *n. m.,* * d̠qn, د ق ن
♦ **barbe, menton.** •*Al mara mâ indaha digin misil al-râjil !* La femme n'a pas de barbe comme l'homme ! •*Rabbêt lêi digin min icirîn sana.* J'ai laissé pousser ma barbe [j'ai élevé pour moi la barbe] depuis vingt ans. •*Kulla l-cuyyâb dugûnhum buyud !* Tous les vieux ont la barbe blanche. •*Dagga bunya fî diginah namman sunûna tcarro damm.* Il lui a envoyé un coup de poing dans le menton tellement fort que ses dents ont saigné.

digin-dâyre *n. f.,* composé de *digin* [barbe] et de *dâyre* [ronde], *litt.* une barbe qui couvre toute la figure, maladie des bovins (charbon bactéridien) appelée ainsi dans les régions du Batha et du Ouaddaï, → *abucabaka, abdiredimme.*

digin tcakkâka *n. f.,* expression, *Cf. digin dâyire.*
♦ **barbichette.** •*Al-sabi kan tamma râjil tamrug lêyah digin tcakkâka walla dâyire.* Lorsqu'un jeune homme devient adulte, sa barbe pousse en prenant la forme d'une barbichette ou d'une barbe ronde. •*Al-digin al-tcakkâka tugumm usut bas.* La barbichette pousse seulement au milieu du menton.

dihe *n. vég., f., empr.* (Kanembou), ≅ *diyye.*
♦ **nom d'une algue, spiruline, algue bleue,** de la classe des Cyanophycées, poussant dans les eaux natronnées, surtout au Kanem. •*Al-dihe, hî bumurgûha min ruhûd hanâ dar Kânem, wa l-nâs bâkulûha fî l mulâh.* On sort la spiruline des mares du Kanem, et les gens la mangent dans la sauce. •*Al-dihe tugumm katîre fî l almi l indah atrôn.* La spiruline pousse dans les eaux natronnées.

dihêc / dihêcât nom *mrph. dmtf.,* (*fém. dihêce*), *Cf. dahac,* * jḥš, ج ح ش
♦ **ânon très jeune.** •*Al-dihêc mâ yagdar yurûx bakân ba'îd.* L'ânon ne peut marcher sur une longue distance. •*Al iyâl rikibo fî l-dihêc wa ramâhum.* Les enfants sont montés sur l'ânon qui les a renversés. •*Dihêcitna ammaha mâtat.* La mère de notre petite ânesse est morte. •*Dihêcât al hille akalo*

tindil fûli. Les ânons du village ont mangé mon tas d'arachides.

dihhêke nom, *mrph. dmtf., f., Cf. dihik,* * ḍḥk, ض ح ك

♦ **risée, petit éclat de rire, rire moqueur.** •*Al micôtine bigat dihhêke lê l iyâl.* La folle est devenue la risée des enfants. •*Humman kula dihhêke wa badhako lê l-nâs, mâla ?* On peut aussi rire d'eux, pourquoi se moquent-ils des autres ? •*Al-dihêke di hint yâtu ?* Qui s'est mis à rire ainsi ?

dihik / yadhak *v. intr., Cf. bassam,* forme I n° 20, * ḍḥk, ض ح ك

♦ **rire, sourire.** •*Mahamat dihik acân Mûsa waga'.* Mahamat a ri parce que Moussa est tombé. •*Wilêd al-saxayar gâ'id badhak ma'â ammah.* Le petit enfant est en train de rire avec sa mère. •*Mâ wâjib lê l-râjil yadhak katîr !* Il n'est pas bon de beaucoup rire quand on est un homme !

dihin / duhûn nom, condiment, *m., Cf. zibde, zêd,* * dhn, د ه ن

♦ **huile,** huile pour la cuisine ou pour les soins corporels. •*Lê l mulâh, tacuru lêna dihin wa jidadtên.* Pour la sauce, vous nous achèterez de l'huile et deux poulets. •*Dihin al fûl raxîs min dihin al bagar.* L'huile d'arachide est moins chère que le beurre.

dihin bagar expression, condiment, *m.*, on dit aussi *dihin samin, dihin hanâ bagar, litt.* huile de vache, *Cf. zibde,* * dhn, bqr, د ه ن • ب ق ر

♦ **beurre, beurre fondu,** beurre filtré, vendu en bouteille et servant à la cuisine. •*Lîtir hanâ dihin al bagar be mîtên riyâl.* La bouteille de beurre est à deux cents riyals. •*Dihin bagar, dawa fî l jilid, yisawwi gudra lê l iyâl al-dugâg.* Le beurre est un médicament pour le corps, il fortifie les petits enfants.

dihin gawi mot composé, *litt.* huile solide, voir le *Syn. wadaka* (axonge), * dhn, qwy, د ه ن • ق و ي

dihinay / dihinayât *n. f. mrph. dmtf., Cf. dihin,* * dhn, د ه ن

♦ **petite quantité d'huile, goutte d'huile.** •*Hî sabbat dihinay ciyya bas fî l mulâh.* Elle a mis seulement une goutte d'huile dans la sauce. •*Mâ tidaffig lêi dihinayti di, anâ nidawwirha bilhên !* Ne renverse pas le peu d'huile que je possède, j'en ai grandement besoin !

dihine *n. f., Cf. dihin, Syn. zibde,* * dhn, د ه ن

♦ **beurre,** beurre non liquide. •*Al-saxîr kan yi'akkuluh dihine yunûm katîr wa yakbur ajala.* Quand on donne du beurre à manger au petit enfant, il dort beaucoup et grandit vite. •*Al-dihine kan xattêtha fî l-nâr walla fî l harray, tumu' wa tabga dihin bagar.* Si on laisse le beurre sur le feu ou au soleil, il fond et devient ce qu'on appelle de "l'huile de vache".

Dijay *sgtf.* d'un *n. pr. gr.*, (*fém. Dijayye*), → *Dâjo.*

dîk *n. m.*, comme en *ar. lit.*, → *dikk,* * dyk, د ي ك

dikêtîr / dikêtirât nom, *mrph. dmtf., m.*, (jeune médecin, jeune infirmier), → *daktôr.*

dikk / dayaka *n. m., Cf. jidâde,* ≅ le singulier *dîk*, et le pluriel *dayakka,* * dyk, د ي ك

♦ **coq.** •*Wald dajja kattâl nawaytênah... Da l-dîk.* Fils de celle qui n'a pas de lait, il se bat les flancs… C'est le coq. *Dvnt.* •*Al-dikk abu l farârîj.* Le coq est le père des poussins. •*Dikkina kabîr wâjib nâkuluh.* Nous avons un gros coq, nous devons le manger. •*Dîkna al bi'ô'i lêna dabahtah amis lê Abbakar.* Notre coq qui chantait pour nous, nous l'avons égorgé hier pour Abakar.

dikk abyad / duyukka buyud expression, *litt.* coq blanc, * dyk, byḍ, د ي ك • ب ي ض

♦ **poltron (-onne), couard(e), poule mouillée, froussard(e).** •*Al-râjil da xawwâf, dikk abyad bas !* Cet homme est peureux, c'est une poule mouillée ! •*Intu dôl duyukka buyud bas, awîn xamsa kula axêr minnuku !* Vous êtes tous des froussards, cinq femmes valent mieux que vous !

diktatôri / diktatoriyîn *adj.*, (*fém.* *diktatôriye*), *empr. fr.*

♦ **dictateur, dictatorial(e).** •*Anîna icna tamâne sana fî tihit hukum diktatôri.* Nous avons vécu huit années sous un gouvernement dictatorial. •*Al-ra'îs al gadîm hanâ Tcâd diktatôri.* L'ancien président du Tchad était un dictateur.

dila / dilyât *n. m.*, pluriel peu usité, *Cf. jilid, farwa*, * dlw, د ل و

♦ **peau tannée, cuir, assemblage de peaux, couverture en peaux,** cuir de vache ou de mouton. •*Dila hanâ l bagaray gawi.* La peau de vache est solide. •*Min al-dila, bisawwu marâkîb wa maxâli.* Avec le cuir, on fait des chaussures et des sacs. •*Fî kartye Digêl nalgo dilyât kutâr hanâ xanam wa bagar.* Au quartier Diguel, on trouve toutes sortes de peaux de mouton et de vache.

dilke *n. f.*, * dlk, د ل ك

♦ **crème de beauté traditionnelle,** pâte faite à base de sorgho rouge avec laquelle les femmes se frottent pour débarrasser la peau des impuretés et la rendre lisse. •*Al mara ballat dilke fî l kôb acân tidallik jilidha.* La femme a trempé de la pâte *dilke* dans une boîte en fer pour s'en passer sur le corps. •*Fî l-cite al awîn birîdu bifarruku jilidhum be dilke acân yabga amalas.* En hiver les femmes aiment frotter leur corps avec de la crème *dilke* pour le rendre lisse.

dill *v. impér.*, → *dalla 2.*

dillêye / dillêyât *n. f.*, *mrph. dmtf.*, ≅ *dilliye*, * dlw, د ل و

♦ **pente, descente, escalier.** •*Abui bana bêtah fôg fî l gôz xarb al-dillêye hint al almi hanâ l xarîf.* Mon père a construit sa maison en haut de la colline sablonneuse, à l'ouest de la pente où descend l'eau de la saison de pluies. •*Al-dillêye hint al gasir di mâ gawiye anâ naxâf minnaha.* L'escalier qui descend de cet étage n'est pas solide et j'ai peur de l'utiliser.

dilliye *n. f.*, → *dillêye.*

dima' *pl.*, → *damm.*

dimam *pl.*, → *dimme.*

dimin / yadman *v. trans.*, forme I n° 20, * dmn, ض م ن

♦ **se porter garant, assurer,** porter sa caution morale ou matérielle. •*Al-râjil dimin al-sarrâg wa maragah min al-sijin.* L'homme s'est porté garant du voleur et l'a fait sortir de prison. •*Anâ mâ nagdar nadman nâdum.* Je ne peux pas me porter garant pour un autre. •*Dunya hanâ hassâ, nâdum illa tadman lê nafsak.* De nos jours, on ne peut se porter garant que de soi-même.

dimlij / damâlij *n. m.*, *qdr.*, *Cf. kîri*, * dmlj, د م ل ج

♦ **bracelet de cuivre,** grand bracelet qui se met au-dessus du coude. •*Al wilêd indah dimlij fî îdah.* Le garçon a un bracelet de cuivre au bras. •*Awîn hanâ zamân induhum damâlij fî îdênhum.* Les femmes d'autrefois portaient aux bras des bracelets en cuivre. •*Dimlijki waddartih wên ?* Où as-tu perdu ton bracelet de cuivre ?

dimme / dimam *n. f.*, *Cf. damm*, dans l'expression *katal al-dimme* (commettre un meurtre), * d̲mm, ذ م م

♦ **crime, meurtre.** •*Al-râjil dâk, kattâl al-dimam !* Cet homme est un grand criminel ! •*Anâ cahâde, yôm inta katalt al-dimme.* Je suis témoin, j'étais là le jour où tu as commis le meurtre. •*Al-dimme wa l masâyib al kubâr biwaddûhum fî l birgâd.* Les crimes et affaires graves sont portés devant la gendarmerie. •*Kattâlîn al-dimam mâ badxulu l-janne.* Les criminels n'entreront pas au paradis.

dimsik / damâsik *n. m.*, *qdr.*, peut-être combinaison des racines *dms* (entrer dans un endroit creux) et *msk* (attraper, saisir), *Cf. karrâb, hagu, tikke*, * dms, msk, د م س • م س ك

♦ **cordon, cordelette, ceinture du pantalon,** ce qui maintient le pantalon sur les hanches. •*Al xayyâti* *xayyat sarâwil katîrîn wa dassa lêhum damâsik.* Le tailleur a cousu un grand nombre de pantalons, puis il a passé des cordons à la taille comme ceintures. •*Al-rujâl birîdu surwâl be dimsik acân mâ yingati' ajala.* Les hommes aiment les sarouals avec une ceinture en cordelette parce qu'elle ne se coupe pas vite. •*Dimsikak da gidim, aciri lêk âxar !* Ta ceinture est usée, achètes-en une autre !

dîn / adyân *n. m.*, * dyn, د ي ن
♦ **religion.** •*Al-nâs, fî Ramadân, ya'abdu l-dîn katîr.* Les gens, pendant le Ramadan, pratiquent beaucoup leur religion [adorent beaucoup]. •*Kulla l-nâs fî l-dunya induhum adyân cik cik.* Tous les gens du monde ont des religions différentes.

dinâri *n. m.*, *Cf. sinêk, kubbi, subâta*, * dnr, د ن ر
♦ **carreau,** couleur rouge au jeu de cartes. •*Anâ hazzi illa ma'â l-dinâri !* Je n'ai de chance qu'avec le carreau ! •*Ciyâb al-dinâri mâto min gibêl.* Les rois de carreau ont déjà été jetés [sont morts].

dinâzi *n. m.*, ≅ *dinâze.*
♦ **bouillie de mil aux herbes,** mil bouilli avec des herbes sauvages, suffisamment consistant pour être mangé avec deux doigts. •*Jidditi jat min barra, wa jabat lêna dinâzi.* Ma grand-mère est revenue du village en nous rapportant de la bouillie de mil aux herbes. •*Al banat tala'o l hajar, acân ambâkir bisawwu dinâze.* Les filles sont parties dans la montagne pour préparer demain de la bouillie de mil aux herbes.

dinbil / danâbil *n. m.*, *empr.* (Ouaddaï, Mimi et Maba), prononcé *dimbil*, *Syn. dâra.*
♦ **cercle, base ronde de charpente, anneau de pied en bois,** cercle en bois à la base de la charpente sur lequel on fixe les perches qui forment le toit des cases rondes. •*Be matârig al halafôf bisawwu dinbil.* Avec les verges du Grewia flavescens, on fabrique la base ronde de la charpente. •*Râs al kûzi bala dinbil mâ yukûn.* Le toit d'une case ronde sans base circulaire ne tient pas.

dinêj / dinêjât *n. m.*, *mrph. dmtf.*, du nom d'une bonne vache laitière *dinêjiye* dans les régions du *bahar abyad* et du *dâr sile*.
♦ **petit verre,** verre à thé appelé "demi-verre" et portant souvent la marque "duralex". •*Anâ nirîd carâb al-câhi be l-dinêj, axêr lêi min al funjâl al kabîr.* J'aime boire le thé dans un "demi-verre", c'est mieux que dans un verre de table. •*Al-dinêjât tamânhum xâli acân gawiyîn, lâkin kan alkassaro yicattutu marra wâhid.* Les verres à thé "duralex" coûtent cher parce qu'ils sont solides, mais, lorsqu'ils se cassent, ils se brisent en mille morceaux.

dingil *n. m.*, *Cf. dalaza*, *empr.* turc employé en arabe *sd. dinqil* (*C.Q.*) et *égy. dinjil* (*H.W.*) désignant l'essieu d'un véhicule, ce terme est souvent utilisé pour plaisanter à propos du postérieur des femmes, * dnjl, د ن ج ل
♦ **essieu, grosses fesses, postérieur féminin.** •*Al-dingil hanâ l watîr kassar.* L'essieu du véhicule s'est cassé. •*Hû kan gâ'id, illa bahajji be dingil hanâ l mara al bidôr bâxutha.* Lorsqu'il est là, il ne parle que des fesses de la femme qu'il veut épouser.

dîni / dîniyîn *adj.*, (*fém. dîniye*), * dyn, د ي ن
♦ **du domaine religieux, qui se rapporte à la religion,** qui relève de la religion, qui s'appuie sur des textes religieux. •*Al-lajna l islâmiya hukumha dîni.* Le jugement du comité islamique s'appuie sur des textes religieux. •*Da umur dîni, anâ mâ ninâxic fôgah.* C'est une affaire qui relève de la religion, je n'en discuterai pas. •*Nidôr lêi kitâb dîni nagrih acân na'arif al-salâ.* J'aimerais avoir un livre qui traite de la religion pour le lire et savoir faire ma prière.

diplômâsi / diplômâsiyîn nom *adj.*, (*fém. diplômâsiye*), *empr. fr.*
♦ **diplomate,** qui agit avec diplomatie. •*Al-diplômâsiyîn hanâ*

Fransa gâ'idîn fî Tcâd. Il y a des diplomates français au Tchad. •*Al-diplômâsi sâfar fî l-diyâr hanâ l Arab.* Le diplomate a voyagé dans les pays arabes.

dippâ / dippât *n. coll.*, *sgtf. dippay*, *empr. fr.* pour "du pain", utilisé à Abéché, *Syn. mappa.*

♦ **pain.** •*Al xubza hanâ l Fîzân, wa l-dippâ hanâ l-Nasâra.* Le pain rond est celui des Fezzanais, et le pain allongé est celui des Français. •*Al-dippay al wahade zamân be xamsa riyâl wa hassâ be xamistâcar riyal.* Autrefois un pain coûtait cinq riyals, maintenant il coûte quinze riyals.

dirâg *pl.*, → *daraga.*

dirân *pl.*, → *dôr 1.*

dirâsa *n. f.*, → *dirâse.*

dirâse / dirâsât *n. f.*, ≅ *dirâsa*, *Syn. giray*, * drs, د ر س

♦ **étude.** •*Al awîn hinâse wa l Xur'ân dirâse.* Les femmes sont faites pour être consolées et le Coran pour être étudié. *Prvb.* (*i.e.* chaque difficulté doit être abordée d'une manière spéciale). •*Ali kammal dirâsâtah fî Fransa.* Ali a achevé ses études en France.

dirâsi / dirâsiyîn *adj.*, (*fém. dirâsiye*), "qui concerne l'étude", voir le nom *dirâse*, * drs, د ر س

dirbi *adj. m.*, (inusité au féminin), qualifiant généralement les animaux, * ẓrb, ظ ر ب

♦ **gros (grosse), charnu(e), costaud, trapu(e).** •*Al-tôr da dirbi bagdar bajbid al almi min al bîr.* Ce taureau est costaud, il pourra tirer de l'eau du puits. •*Hû dirbi misil bâkul ma'â l amyânîn !* Il est gros comme s'il mangeait dans le plat des aveugles !

dirdi *n. m.*, mot arabe d'emprunt *irn.* (*Ka.*), * drd, د ر د

♦ **résidu, marc, lie, impuretés décantées, saleté.** •*Al-râjil saffa l almi wa daffag al-dirdi.* L'homme a filtré l'eau et jeté les saletés. •*Mâ taxalli l iyâl yacarbo l-dirdi hanâ l gahwa.* Ne laisse pas les enfants boire le marc de café ! •*Al-duwâne wasxâne bilhên almiha kulla ke dirdi.* La jarre est vraiment sale, toute son eau est boueuse.

dirêb / dirêbât *n. m.*, *dmtf.*, * drb, د ر ب

♦ **petit passage, sentier, ruelle.** •*Hî tirîd tamrug bê l-dirêb al-sabhâni da.* Elle aime sortir par le petit passage qui se trouve à l'est. •*Wassifni dirêb al xannâma.* Montre-moi le sentier des éleveurs de moutons ! •*Angari min al-sarrâgîn al gâ'idîn fî dirêbât Bololo !* Prends garde aux voleurs qui sont dans les ruelles du quartier Bololo !

dirêbay / dirâbayât *n. f. mrph. dmtf.*, *Cf. dirêb*, * drb, د ر ب

♦ **tout petit chemin, tout petit passage, petit sentier, toute petite porte.** •*Yâtu zagal fatîs fî dirêbayti l-namci bêha lê l-sûg ?* Qui a jeté un cadavre sur le petit sentier que j'emprunte pour aller au marché ? •*Al-dirêbay di indaha côk, mâ turûx fôgha bala ni'êlât.* Il y a des épines sur ce petit chemin, n'y va pas sans sandales !

dirêhât *pl.*, inusité au singulier, *Cf. darrah*, * drḥ, د ر ح

♦ **caprices, désirs d'un instant, versatilité.** •*Al wilêd indah dirêhât.* L'enfant fait des caprices. •*Hû da abdirêhât misil râjil al azabât.* Il est versatile comme un coureur de filles. •*Al mara, dirêhâtha kammalo wa bactanatah lê râjilah acân yitalligha.* La femme a satisfait ses désirs, elle a ennuyé ensuite son mari pour qu'il la répudie. •*Dirêhâtah xalâs fâto, abâni marra wâhid.* Ses caprices ont été satisfaits, il m'a définitivement abandonnée [il m'a refusée une fois pour toute].

direktêr / direktêrât nom de personne, *m.*, *empr. fr.*

♦ **directeur.** •*Direktêr hanâ l munazzama jâyi al yôm.* Le directeur de l'organisation vient aujourd'hui. •*Al-Ra'îs azam al-direktêrât hanâ* *kulla l-lekkôlât.* Le Président a invité les directeurs de toutes les écoles.

dirêre / dirêrât *n. f. mrph. dmtf., litt.* petit pis, → *darre 2*, * drr, د ر ر

dirêsa *n. coll., sgtf. dirêsay,* → *amdirêsa.*

diri / yadra *v. intr.*, forme I n° 21, * dry, د ر ي

♦ **savoir, avoir connaissance de, apprendre, se rendre compte de.** •*Al-sarrâg ja fî l-lêl wa sîd al bêt mâ diri bêyah.* Le voleur est venu la nuit sans que le propriétaire de la maison s'en rende compte. •*Anîna mâ dirîna bêku kadar jîtu amis.* Nous n'avons pas su que vous étiez venus hier. •*Asma', garîb, al-nâs kulluhum yadro kadâr anâ ra'îshum !* Écoute, dans peu de temps, tout le monde apprendra que je suis leur président !

dirib 1 / yadrab *v. intr.*, forme I n° 20, sens passif, on pourrait hésiter avec la racine *ḍrb*, la racine *drb* peut se justifier d'après le sens proposé par le *dict.* (*Ka.*), * drb, د ر ب

♦ **être malade, se porter mal, être dans un mauvais état,** être mal en point. •*Amis hû dirib mâ ja fî l xidime.* Hier il était malade, il n'est pas venu au travail. •*Angari, mâ tal'âbo fî tcaktcâk al almi da, tadrabo be wirde !* Prenez garde, ne jouez pas sous la pluie légère, sinon vous serez malades avec de la fièvre !

dirib 2 *n. m., Cf. xurrâja*, * ẓrb, ظ ر ب

♦ **tumeur sur les pattes, hygroma, grosseur,** épanchement liquidien des bourses séreuses situées aux points d'appui (genoux, coudes) dû à un micro traumatisme. •*Al-dirib hû xurrâja tamrug fî rijilên al bahîme wa mâ tixallîha turûx.* L'hygroma est comme une tumeur qui sort sur les pattes des bêtes du troupeau et qui les empêche de marcher. •*Al baggâra ya'arfo yidâwu l-dirib.* Les bouviers savent guérir les grosseurs se trouvant sur les articulations des pattes.

diris 1 / durûs *n. m., Cf. fâtir*, * ḍrs, ض ر س

♦ **molaire.** •*Al-durûs tahûnt al xacum.* Les molaires sont le moulin de la bouche. •*Al-sûsa akalat al-durûs aktar min al-sunûn al âxarîn.* La carie dentaire ronge [a mangé] les molaires plus souvent que les autres dents. •*Hû maca acân bisillu lêyah dirsah al bôjah.* Il est allé se faire extraire la molaire qui lui faisait mal.

diris 2 / durûs *adj. m.*, (inusité au féminin) qualifiant des personnes, * ḍrs, ض ر س

♦ **âgé(e), important(e), fort(e).** •*Al yôm da jîrânna fagado diris lêyah bakân.* Aujourd'hui nos voisins ont perdu une personne importante qui tenait une grande place chez eux. •*Da râjil diris yagdar yigill cuwâlên hiney tamur.* Cet homme est fort, il peut soulever deux sacs de dattes. •*Al môt kan baxalli l-durûs, kulla l-subyân yalgo fikir adîl.* Si la mort n'emportait pas les gens âgés, tous les jeunes trouveraient près d'eux de bonnes idées.

dirr *v. impér.*, → *darra 1.*

dirrêbe / dirrêbât *n. f. mrph. dmtf., Cf. darbin*, * drb, د ر ب

♦ **tape, frappe légère, petit coup,** fait ou manière de frapper légèrement. •*Wakit li'ibna hanâ l bâl, anâ ligit dirrêbe wahade bas.* Au cours de notre partie de ballon, je n'ai reçu qu'un petit coup. •*Al wilêd da xawwâf, mâ bahmal dirrêbe wahade kula.* Ce garçon est craintif, il ne supporte pas la moindre tape.

disko *n. m., empr. fr.*

♦ **disco, danse moderne,** rythme du disco. •*Anâ wa rafigti mâ na'arfu li'ib al-disko.* Mon ami et moi ne savons pas danser au rythme du disco. •*Al faxara mâ yirîdu l-disko.* Les fakis n'aiment pas le disco. •*Li'ibna disko bakân al arûs.* Nous avons dansé au rythme du disco là où l'on fêtait le mariage.

diss *v. impér.*, → *dassa.*

diwêdi *n. coll.*, *sgtf. diwediyay*, * dwd, د و د

♦ **pâtes alimentaires, vermicelle, spaghetti,.** •*Al-diwêdi bisawwuh be farîn wa almi ciya ke, wa nigattu'uh fî l makana wa nicurruh fî l harray.* On fabrique les spaghetti avec de la farine de blé et un peu d'eau, on les coupe avec la machine et on les laisse sécher au soleil. •*Al iyâl birîdu al-diwêdi be sukkar wa dihin.* Les enfants aiment manger les pâtes avec du sucre et de l'huile. •*Lammis diginak, indaha diwêdiyay ambalasat fî wakt al akil.* Essuie ta barbe : un vermicelle s'y est collé quand tu mangeais.

diwêdi mugatta' expression, *litt.* vermicelle coupé, * dwd, qṭʕ, د و د • ق ط ع

♦ **nouilles, pâtes,** nouilles plates découpées en lanières. •*Kan nidôr nisawwi diwêdi mugatta', ni'ajjin almi be l farîn wa nigatti l ajîn be l makana wa nucurrah fî l harray.* Lorsque je prépare des nouilles, je fais la pâte avec de la farine et de l'eau, puis je la découpe avec la machine et je l'étends au soleil. •*Al iyâl birîdu akil al-diwêdi l mugatta' katîr min al êc.* Les enfant préfèrent les nouilles à la boule de mil.

diwêle / diwêlât *n. f. mrph. dmtf., Cf. dawla*, * dwl, د و ل

♦ **petit État, royaume.** •*Gubbâl al Fransawiyîn al Tacâdiyîn mugassimîn lê talâta diwêlât : Wadday, Kanem-Bornu wa Bâgirmi.* Avant l'arrivée des Français, les Tchadiens étaient répartis en trois royaumes : le Ouaddaï, le Kanem-Bornou et le Baguirmi.

diwwêre / diwwêrât *n. d'act., mrph. dmtf., f., Cf. dawwirîn, dôrîn*, * dwr, د و ر

♦ **vouloir** (le), **désir intense,** fait de vouloir quelque chose avec insistance, obstination ou entêtement. •*Diwwêritha lê l farde di, akûn mufawwite.* Le fait qu'elle veuille absolument avoir ce pagne est peut-être le signe qu'elle est en début de grossesse. •*Cunû l-diwwêre l bala higêg ?* Quelle est donc cette façon de vouloir quelque chose quand on n'a rien pour payer [sans un petit pécule].

dîxe / dîxât *n. f.*, le pluriel est peu usité, *Cf. ta'ab*, * ḍyq, ض ي ق

♦ **angoisse, tourment, oppression, souffrance morale.** •*Kulla dîxe lêha faraj.* Toute souffrance a un terme. •*Yâ Rabb ! Yâ farraj al-dîxât !* Ô, Seigneur ! Délivre-nous des souffrances de cette vie !

Dixêre *n. pr.* de femme, *mrph. dmtf., Cf. Duxur*, * d̲ h̲ r, ذ خ ر

dixxêle *n. f. mrph. dmtf., Cf. daxalân*, * dh̲l, د خ ل

♦ **entrée,** fait ou manière d'entrer. •*Min dixxêltah hint albâreh di, battân mâ marag.* Depuis qu'il est entré hier, il n'est pas encore ressorti. •*Ma'â dixxêlti fî bêt abui, al kalib addâni.* Au moment où j'entrais chez mon père, le chien m'a mordu.

diyâr 1 *n. m.*, * dwr, د و ر

♦ **fumure, terre de kraal, fumier,** fumure obtenue par la stabulation des animaux. •*Al-zere' kan mâ indah diyâr bizirtah mâ tugumm sameh.* Les plantes ne poussent pas bien sur le champ qui n'a pas reçu de fumier des animaux. •*Al-diyâr, hû min hurâr al bagar wa l xanam.* La fumure est composée des excréments de vaches et de moutons. •*Nalgo l-diyâr fî bakân jummit al bagar fî l-dalala l kubâr wallâ fî l-dîrân.* On trouve la terre de kraal là où les vaches se reposent, là où il y a beaucoup d'ombre [dans les ombres grosses], ou bien dans les enclos.

diyâr 2 *pl.*, → *dâr 2.*

diye *n. f.*, pluriel inusité, *Cf. târ*, * wdy, و د ي

♦ **prix du sang.** •*Inta, kan taract nâdum wa kataltah, tikaffi diye bakân al-cerîye.* Si tu renverses quelqu'un et qu'il meurt [si tu l'as tué], tu payeras le prix du sang au tribunal. •*Abbakar miskîn, mâ yagdar yikaffi diye.* Abakar est pauvre, il n'a pas de quoi payer le prix du sang. •*Al-diye axêr* *min yaktulu l-nâdum al katal.* Faire payer le prix du sang vaut mieux que tuer celui qui a tué. •*Yâ wilêdi, al-diye al fôg râsna mâ kaffênâha wa battân kulla tisawwi lêna dimme jadîde !* Mon fils, nous avions déjà à payer le prix du sang, et voilà que tu commets encore un nouveau crime !

diyêk al almi / duyûk al almi *n. anim.*, m., *litt.* petit coq d'eau, *Cf. dîk*, * dyk, mwh, د ي ك • م و ه

♦ **nom d'un oiseau, poule d'eau, bécassine des marais, Gallinago gallinago.** •*Diyêk al almi billagi fî cârib al bahar.* La poule d'eau se trouve au bord du fleuve. •*Diyêk al almi xacumah tawîl bilaggit bêyah al hacarât al fî cârib al almi.* La bécassine des marais a un long bec avec lequel elle attrape les insectes qui vivent au bord de l'eau.

diyye *n. vég., f.*, → *dihe.*

Dôba *n. pr.* de lieu, chef-lieu de la préfecture du Logone-Oriental.

♦ **Doba.**

dôdal / yidôdil *v. trans.*, forme III, * dwl, د و ل

♦ **balancer, laisser pendre, tenir à la main en laissant balancer, faire descendre la corde,** se dit de quelque chose qui est suspendu et qui se balance. •*Al firi' hanâ l-cadaray gâ'id bidôdil.* La branche de l'arbre est en train de se balancer. •*Al mara dôdalat xumâmha fî îdênha.* La femme tient à la main ses affaires. •*Zey, dôdili girênki lêi !* Zeille, laisse pendre ta petite tresse vers moi ! (complainte de l'ogre dans un conte).

dôg nom masculin, pluriel inusité

♦ **nom d'un tissu,** tissu d'une qualité inférieure au *cadda.* •*Hû kasa iyâlah kulluhum xulgân hanâ dôg.* Il a habillé tous ses enfants avec du beau tissu *dôg.* •*Al-dôg taxîn wa bitawwil min al wazin.* Le tissu *dôg* est épais et s'use moins que le *wazin* [dure plus longtemps que le *wazin*].

dôka / duwak *n. f.*, instrument de cuisine, *Cf. sâj*, on entend plus souvent le pluriel *dôkât*, connu au *Sdn.* (*C.Q.*), * dwk, د و ك

♦ **poêlon, plaque de cuisine en terre,** plaque en terre servant à cuire les galettes. •*Sallêt kisâr katîr be dôkti.* J'ai fait [tiré] beaucoup de galettes de mil avec ma plaque en terre. •*Be tîne zarga, al haddâd buduggu duwak katîrîn.* Avec de la bonne argile, les forgerons font de nombreuses plaques de cuisine. •*Ammamti râgde angafa, al-sabib malâha... Di l-dôka.* Ma belle-mère est renversée sur le dos, elle est pleine de diarrhée… C'est le poêlon sur lequel on verse la pâte à crêpes. *Dvnt.*

dôl *pron.* démonstratif (masculin et féminin) pluriel, *Cf. da, di.*

♦ **ceux-ci, celles-ci, ces, voici, ceux de l'entourage de,** (celui dont on parle avec ses amis, ou ceux de sa famille). •*Dôl iyâl adilîn !* Ce sont des enfants parfaits ! •*Al awîn dôl Nasâra.* Ces femmes sont des Européennes. •*Dôl yâtumman ? Dôl axawânak wallâ ?* Ceux-ci, qui sont-ils ? Sont-ils tes frères ? •*Kulla yôm yamci yal'ab ma'â Abbakar dôl.* Tous les jours, il va jouer avec Abakar et les siens.

dolâb / dawâlîb *n. m.*, mot arabe *dûlâb*, d'emprunt *irn.* (*C.Q.*), ≅ *armwâr*, * dlb, د ل ب

♦ **armoire, placard, meuble.** •*Dolâbi malân xulgân.* Mon armoire est pleine de vêtements. •*Al-dawâlîb hanâ xacab al ahmar hassâ xâlîn bilhên.* Les armoires en bois rouge coûtent maintenant très cher.

dôlâr / dôlârât *n. m.*, *empr. angl.*, *Cf. hafîde.*

♦ **dollar, nom d'une parure en or, grosse pièce d'or,** investissement en or. •*Al-dôlar yawzin acara jineh dahab.* La parure en or "dollar" pèse dix guinées or (quatre vingts grammes). •*Sina'at al-dôlâr fî Asiya.* La fabrication des grosses pièces d'or se fait dans les pays d'Asie.

dôlhumman *pl.*, → *dâhû-.*

dôm *n. vég., coll., sgtf. dômay,* * dwm, د و م

♦ **nom d'un arbre, doum, fruit du palmier doum, noix de doum, Hyphæne thebaica (Mart.),** famille des palmées, fruit légèrement sucré dont l'enveloppe est très dure, remède contre les palpitations. •*Hamra kadaldala kajjit ên wa jabdit angara... Di l-dômay.* Il est rouge et tu aimerais le faire tomber ; il te fait cligner l'œil et tordre la nuque... C'est le fruit du palmier doum. *Dvnt.* •*Jidditi musangi'e wa câyle iyâlha fî abâtaha... Di l-dômay.* Ma grand-mère regarde en haut et porte ses enfants sous les aisselles... C'est le palmier doum. *Dvnt.* •*Al-nâs bugûlu al-dôm dawa hanâ darbîn al galib.* On dit que le fruit du palmier doum est un remède contre les palpitations cardiaques.

dôr yômah expression, *litt.* tour de son jour, * dwr, د و ر

♦ **dans huit jours, la semaine prochaine, en huit,** le même jour, une semaine plus tard, ("lundi en huit", "mardi en huit", *etc.*). •*Iyâl al-lekkôl yindasso fî l kilâs dôr yômah.* Les élèves rentrent en classe dans huit jours. •*Al yôm itinên, nulummu dôr yômah acân namcu nisallumuha lê nasîbitna !* Aujourd'hui c'est lundi, revenez lundi en huit, nous irons saluer ma belle-mère !

dôr 1 / dirân *n. coll., m., sgtf. dôray,* ≅ le pluriel *dawâr,* * dwr, د و ر

♦ **troupeaux, parc à bestiaux, campement, enclos** où les troupeaux sont rassemblés la nuit, espace protégé par une haie d'épineux circulaire (*zerîbe*), autour de laquelle se trouvent quelques abris pour les bergers. •*Indina dôr wâhid hanâ xanam wa bagar talâte.* Nous avons un troupeau de moutons, et trois vaches. •*Fî l-lêl al bagar gâ'idîn fî l-dôr.* La nuit, les vaches sont parquées dans des enclos. •*Fî bakân al almi, al bagar baju dîrân dîrân.* Aux points d'eau, les vaches arrivent par troupeaux.

dôr 2 / dîrân *n. coll., m., sgtf. dôray,* terme de l'arabe de l'Est, *Syn. dandal,* * dwr, د و ر

♦ **place du village, lieu de rencontre, aire de jeu au village,** endroit du village où l'on se rassemble le soir pour causer, jouer ou danser. •*Al banât li'ibo fî l-dôray fî l-lêl.* Les filles ont dansé la nuit sur la place du village. •*Al-iyâl lammo fî l-dôr yal'abo amtcillêko.* Les enfants se sont rassemblés sur l'aire de jeu du village pour jouer à cache-cache.

dôr 3 *n. m., Cf. dalu 2,* * dwr, د و ر

♦ **tour, fois, cycle.** •*Al yôm dôri âna fî l xidime.* Aujourd'hui c'est à mon tour de travailler. •*Al-tayâra tamci lê Abbece al-dôr al-jâyi.* L'avion part pour Abéché la prochaine fois. •*Iyâl al-lekkôl yindasso fî l kilâs dôr al usbu' al-jâyi.* Les écoliers rentreront en classe la semaine prochaine.

dôra *n. f.,* → *dôre.*

dôras / yidôris *v. trans.,* forme III, * ḍrs, ض ر س

♦ **agacer les dents, faire mal aux dents,** provoquer une douleur vive au niveau des dents. •*Akil al manga l axadar bidôris al-sunûn.* Manger des mangues vertes agace les dents. •*Zôl kan adda nahâs be sunûnah, bidôrisah.* Si quelqu'un mord un morceau de cuivre, il ressentira une vive douleur aux dents.

dôrasan *n. d'act., m.,* → *dôrisîn.*

dôre 1 / dôrât *n. f.,* ≅ moins souvent *dawra, dôra,* * dwr, د و ر

♦ **vertige, tournis.** •*Anâ indi dôre wakt al hamu.* J'ai des vertiges quand il fait chaud. •*Al-dôre mâ xallatah lê Mûsa acân hû da'îf.* Moussa souffre encore de vertiges parce qu'il est faible. •*Du'uf al-damm bisey dôra fî l-râs.* La baisse de tension provoque des vertiges [la faiblesse du sang fait un vertige dans la tête]. •*Anna hassêt be dôrât katîrîn min al-subu' al fât.* J'ai ressenti des vertiges plus nombreux que la semaine passée. •*Kan indak dôre fî râsak âkul tamâtim wa acrab almi angâra.* Si tu as le tournis, mange des tomates et bois de la décoction sucrée à base de fleurs d'hibiscus.

dôre 2 / dôrât *n. f.*, ≅ *dôra*, * dwr, د و ر

♦ **semaine.** •*Anâ ga'adt dôre wahade bas fî Anjammêna.* Je ne suis resté qu'une semaine à N'Djaména. •*Anâ xâtir wa nigabbil lêku ba'ad dôra.* Je pars en voyage et reviens chez vous dans une semaine. •*Al-cahar indah arba'a dôre.* Il y a quatre semaines dans un mois.

dôrisîn *n. d'act.*, ≅ *dôrasân*, *Cf. dôras*, * ḍrs, ض ر س

♦ **agacement des dents, mal de dent,** douleur vive éprouvée dans les dents au contact d'un métal ou de l'acidité d'un fruit vert. •*Addîn al hadîd bisabbib dôrisîn.* Mordre du fer provoque une vive douleur dans les dents. •*Akil al gôro biwaddir al-dôrisîn.* Manger une noix de kola calme le mal de dent.

dorôt *n. vég.*, → *darôt.*

dôx *n. m.*, *Cf. dâx*, * d̲wq, ذ و ق

♦ **goût.** •*Al-dôx be l-lîsân acân tifannid al asâla, al marâra, al hamâd, wa ta'âm.* On goûte avec la langue pour savoir si c'est sucré, amer, acide ou salé. •*Dôx halât al haya illa be l âfe wa l mâl.* On ne goûte la joie de vivre que si l'on a la santé et la fortune.

dôxîn *n. m.*, *Cf. duwâxa, laggân*, * d̲wq, ذ و ق

♦ **fait de goûter.** •*Dôxîn al mulâh kan mâ nijid yisawwi lêi tamîme.* Goûter la sauce quand elle n'est pas cuite provoque la nausée. •*Hî wasxâne, dôxîn akilha kulla mâ nidôrah.* Elle est sale, je ne voudrais même pas goûter sa nourriture.

dôya *n. vég.*, *m.*, *empr.*, ≅ *angulu*, *Cf. cingil.*

♦ **nom d'une plante cultivée, igname, Dioscorea batatas,** famille des dioscoréacées. •*Mâ indina dôya fî dârna.* Nous n'avons pas d'ignames dans notre région. •*Al-dôya yijîbu min al xarib, wa halu kan murakkab be laham.* Les ignames viennent de l'Ouest et sont excellentes lorsqu'elles sont cuites avec de la viande.

dôzam 1 / dôzamât *n. m.*, *empr. fr.* "douzaine", *Cf. atnâcar.*

♦ **douzaine.** •*Anâ jîb icirîn dôzam hanâ sûni min Kuseri.* J'ai rapporté de Kousseri vingt douzaines d'assiettes en porcelaine. •*Al-dôzam al wâhid hanâ bêd al-jidâd fî Maydugri be saba'în riyâl bas.* Une douzaine d'œufs de poule ne coûte à Maïduguri que soixante-dix riyals.

dôzam 2 / dôzamât *n. m.*, *empr.*, *Cf. dumba, tâsa, tacig.*

♦ **grande cuvette,** grande cuvette émaillée. •*Cîli l-dôzam da xassili lêi xalagi wa farditi acân namci behum al-sûg !* Prends cette grande cuvette, lave mes vêtements et mon pagne, que je puisse partir avec eux au marché ! •*Al-dôzam hanâ hadîd wa mamsûh be fintir.* La grande cuvette est en fer et recouverte de peinture.

drappo *n. m.*, *empr.*, → *darappo.*

dringêl *n. coll.*, *m.*, *sgtf. dringêlây* (une brique), *Cf. tûb*, *empr.*, connu au *Sdn.*, → *dringêl siman, dringêl ahmar, dringêl axadar, balôk.*

♦ **brique en terre.** •*Bano durdur be dringêl axadar.* Ils ont construit un mur en briques crues. •*Al-nâdum, kan dafanoh xalâs, buxuttuh lêyah dringêlay.* Lorsque quelqu'un est déjà enterré, on pose sur la tombe une brique. •*Buyût Abbacce banôhum be dringêl ahamar.* Les maisons d'Abéché sont construites en briques rouges. •*Jâri, indah gurus katîr, bana lêyah bêt hanâ dringêl balôk.* Mon voisin a beaucoup d'argent, il s'est construit une maison en moellons.

dringêl ahmar *n. coll.*, *sgtf. dringêlay hamra*, ≅ *dringêl matcûc*, * ḥmr, ح م ر

♦ **brique cuite.** •*Al-dringêl al ahamar dugâg min al-dringêl al axadar.* Les briques cuites sont plus petites que les briques crues. •*Bani hanâ dringêl al ahamar illa be siman,* *hû xâli wa yitawwîl.* La construction en briques cuites ne se fait qu'avec du ciment, c'est cher et cela dure longtemps. •*Dringêlay hamra be acara riyâl.* Une brique rouge coûte dix riyals.

dringêl asamanti *n. coll., sgtf. dringêlay asamanti,* → *blôk.*

dringel axadar *n. coll., sgtf. dringêlay xadra,* * h̲ḍr, خ ض ر
♦ **brique en terre crue.** •*Al-tîne yixalbutuha be l gecc wa almi, wa yisalluluha dringêl wa yuxuttuh fî l harray cahar wâhed hatta yabnu.* On mélange la glaise avec de la paille et de l'eau, on forme les briques puis on les laisse sécher au soleil pendant un mois avant de construire. •*Fî l-sanit alif wa tus'u miya xamsa wa tis'în, al-dringêlay al xadra be talâte riyâl.* En mille neuf cent quatre-vingt-quinze, la brique en terre crue coûtait trois riyals.

dringêl matcûc *n. coll., sgtf. dringêlay matcûca,* → *dringêl ahmar, Cf. tacca 1,* * ṭšš, ط ش ش

dringêl siman *n. coll., sgtf. dringêlay siman,* → *blôk.*

du' / du'ât *n. m., empr. fr.*
♦ **carte valant deux.** •*Gabbil al-du' al-saragtah min al kês da !* Rends le deux que tu as volé dans le talon du jeu ! •*Faddal lêi al-du'ât al arba'a bas.* Il ne me reste plus que les quatre deux du jeu.

du'a / ad'iya *n. f.*, le pluriel est peu employé, *Cf. wirid,* * dˁw, د ع و
♦ **prière, invocation.** •*Fî salât al-subuh, indi du'a katîr.* A la prière du matin, je fais beaucoup d'invocations. •*Al-du'a yanfa' al mayit.* Les prières d'invocations sont utiles pour le défunt. •*Al-nâs kammalo salâthum be l-du'a.* Les gens ont achevé leurs prières par des invocations.

du'âf *pl.,* → *da'îf.*

du'uf *n. m., Cf. da'îf,* * ḍˁf, ض ع ف
♦ **manque, faiblesse, diminution, anémie.** •*Indi dôre min du'uf al-damm.* J'ai des vertiges à cause d'une tension trop faible [manque de sang]. •*Al-ju' bisey al-du'uf fî l-jilid.* La faim provoque l'anémie [la faiblesse du corps]. •*Du'uf gurdurtah da acân hassâ hû bacarab marîse.* Son manque de force vient du fait qu'il boit de l'alcool.

dubâx *n. m., Cf. dâbâxi,* * dbq, د ب ق
♦ **taquinerie, moquerie.** •*Anâ mâ nirîd al-dubâx.* Je n'aime pas les taquineries. •*Al-dubâx bijîb al-duwâs.* La moquerie mène à la bagarre. •*Al-nâs mâ bidôru bagôdu janb al-nâdum al bidôr al-dubâx.* Les gens n'aiment pas côtoyer celui qui est trop taquin [qui aime la taquinerie].

dubbân 1 *n. coll., m., sgtf. dubbanay,* * d̲bb, ذ ب ب
♦ **mouche.** •*Tindassa, mâ câwarôk (walla mâ nâdôk)... Da l-dubbân.* Tu t'es introduite sans qu'on t'ait appelée… C'est la mouche. *Dvnt.* •*Anâ raccêt dawa fî bêti wa mâ xallêt dubbânay wahade kulla.* J'ai répandu un insecticide dans ma maison et je n'ai épargné [laissé] aucune mouche. •*Al-dubbân yibayyid fî kulla bakân wasxân.* Les mouches pondent dans tous les endroits sales.

dubbân 2 *n. mld., m.*, pour *marad al-dubbân*, maladie des bovins (trypanosomiase, maladie du sommeil) appelée ainsi par les éleveurs du Ouaddaï, *Cf. abudubban, marad al-nôm.*

dubbân al hamîr / dubbânât al hamîr *n. anim., coll.*, mot composé, *litt.* mouche des ânes, *sgtf. dubbanayt al hamîr,* * d̲bb, ḥmr, ذ ب ب ، ح م ر
♦ **nom d'une mouche rouge, mouche des écuries, Stomaxys Calcitreus,** mouche plate qui pique les chevaux et les ânes. •*Dubbanayt al hamîr, kan addat nâdum fî ênah tikôrimha.* Si la mouche rouge des ânes pique l'œil de quelqu'un, elle le fait enfler terriblement. •*Dubbanayt al hamîr kan mâ takkamtaha be hajar,*

walla gatêt râsha, mâ tumût. La mouche rouge, tant qu'on ne l'écrase pas entre deux pierres ou qu'on ne lui arrache pas la tête, ne meurt pas !

dubbât abdabbûra *pl.*, → *dâbit abdabbûra.*

dububba *pl.*, → *dabb.*

dubulkilnanta *n. m.*, *empr. fr.* altération de "double clignotant".
♦ **feux de détresse** (voiture). •*Al-dubulkilnanta biwalluh kan nâs mâcîn al xubûr.* On allume les feux de détresse lorsque l'on va conduire un mort au cimetière. •*Fî l-lêl kan watîrak tallafat fî l-câri wâjib tuxutt dubulkilnanta.* La nuit, si ta voiture tombe en panne sur la route, tu dois allumer [poser] les feux de détresse.

dubur / adbâr *n. m.*, terme vulgaire, *Cf. giddâm*, * dbr, د ب ر
♦ **sexe, postérieur, cul.** •*Gubbâl al wadu wâjib tixassil dubrak.* Avant les ablutions, tu dois laver ton sexe. •*Al-dubur hû ôra, wâjib yisudduh.* Le postérieur fait partie des choses honteuses, on doit le cacher.

ducâc *n. m.*, *Syn. durâc*, * jšš, dšš, ج ش ش • د ش ش
♦ **mil broyé, grains concassés,** céréale écrasée sans être réduite en poudre. •*Al-dagîg kan ducâc êcah mâ nâyir.* Lorsque la farine n'est pas fine et contient encore des morceaux de grains, la boule ne brille pas. •*Al-tâhûna rihikat lêi masari da kulla ke ducâc, wâjib nigabbilah yirudduh.* Le moulin a écrasé mon maïs sans en faire de la farine, il me faut retourner là-bas et recommencer.

dûd 1 / dîdân *n. anim.*, *m.*, (femelle *dûday, dûdayye, mart al-dûd*), la racine évoquant "le bruit, le vacarme" (*Ka.*), * ḍwd, ض و ض
♦ **lion, lionne, Felis leo.** •*Al-dûd katal humâr fî l kadâde.* Le lion a tué un âne en brousse. •*Al-dîdân hâwago l hille.* Les lions ont tourné autour du village. •*Al-dûday katalat xanamay wa tala'at fî l-cadaray.* La lionne a tué une chèvre puis a grimpé sur l'arbre.

dûd 2 *n. anim.*, *coll.*, *m.*, *sgtf. dûday*, * dwd, د و د
♦ **vers, vermisseau.** •*Al wilêd da indah dûd al batun.* L'enfant a des ascaris [des vers de ventre]. •*Al-jidâde zaratat dûday.* La poule a avalé un ver. •*Wara bêtna indah dûd katîr.* Nos latrines sont pleines de vers. •*Al-dûd gamma fî l xalla.* Les vers se sont mis [se sont levés] dans le mil.

Dûd *n. pr.* d'homme, *litt.* lion, * dwd, د و د

Dûday *n. pr.* de femme, *fém.* de *Dûd*, *litt.* lionne, * dwd, د و د

duf'a / duf'ât *n. f.*, * dfʕ, د ف ع
♦ **groupe, ensemble.** •*Al yôm duf'a wahade gammat wa macat lê buhayrit Tcâd lê amni l-ca'ab.* Aujourd'hui, un groupe s'est formé et est allé vers le lac Tchad pour assurer la sécurité de la population. •*Fî yôm al îd, al askar bijarsusu duf'ât duf'ât.* Le jour de la fête, les militaires défilent par groupes. •*Fî l-lekreasyo kulla l iyâl marago wa ga'ado duf'a duf'a acân bâkulu wa bacarbo wa bahajju.* A la récréation, tous les élèves sortent et se mettent en groupes pour manger, boire, et discuter.

dufâr *n. m.*, *Cf. dafar*, * dfr, د ف ر
♦ **lutte** (enfants), **joute,** jeu des enfants qui mesurent leurs forces entre eux. •*Al-dufâr bisabbib katîr ke duwâs.* Les jeux de lutte entre les enfants dégénèrent très souvent en bagarres. •*Intu kubâr xallu minku l-dufâr !* Vous êtes grands, arrêtez de vous mesurer entre vous par la lutte !

dufur *n. coll.*, *sgtf. dufuray*, * ẓfr, ظ ف ر
♦ **coquillage à parfum, encens,** sorte de coquillage ressemblant à des "ongles" noirs. •*Al-dufur gifir hanâ dûd bilimmuh min taraf al bahar.* Le coquillage à parfum est l'enveloppe dure d'un ver que l'on ramasse au bord de la mer. •*Al awîn bisawwu xumra hanâ dufur be dagîg al-dufur*

da muxalbat be itir. Les femmes fabriquent du parfum de coquillage en mélangeant la poudre de ce coquillage avec du parfum.

dugâg *pl.*, → *saxayyar*, * dqq, د ق ق
♦ **petits enfants, jeunes enfants.** •*Indi iyâl dugâg talâta.* J'ai trois petits enfants. •*Fî bêtku iyâl dugâg katîrîn.* Il y a beaucoup de petits enfants chez vous.

dugdug *n. m.*, *Cf. wasax*, * dqq, د ق ق
♦ **crottin sec et piétiné.** •*Al-dugdug talgah fî câyit al-juwâd wallâ l humâr wallâ zeribt al xanam.* Tu trouveras le crottin sec et piétiné là où le cheval ou l'âne sont attachés au piquet, ou bien dans l'enclos des moutons et des chèvres. •*Dugdug al xanam bisubbuh fî l-jinêne.* On répand le crottin sec et piétiné des moutons dans le jardin.

dugg *v. impér.*, → *dagga 1.*

dugga *n. f.*, * dqq, د ق ق
♦ **piment en poudre, poudre de condiments,** piment séché et pilé. •*Hî rassalat binêyitha fî l-sûg tacri lêyah dugga wa tamâtim wa basal.* Elle a envoyé sa fille au marché pour lui acheter de la poudre de piment, des tomates et des oignons. •*Jârti tisâwig dugga be kawâro.* Ma voisine vend du piment en poudre par koros. •*Kan al xarîf garrab al awîn bijahhuzu l-dugga.* A l'approche de la saison des pluies, les femmes apprêtent les condiments en poudre. •*Antîni dugga wa kawal wa tamâtim marhûk !* Donne-moi du piment en poudre, des feuilles de Cassia tora et des tomates en poudre [écrasées] !

duggut *invar.*, employé dans le Chari-Baguirmi, → *hassâ.*

dugla / duglât *n. f.*, * dql, د ق ل
♦ **chignon frontal.** •*Al binêyât al-dugâg al-lissâ mâ axado bisawwu ca'arhum dugla min giddâm.* Les jeunes filles qui ne sont pas encore mariées font avec leur cheveux un chignon au-dessus du front [par devant]. •*Al-dugla talgâha fî banât al Arab al-sayyâra.* Ce sont les filles des Arabes nomades qui portent un chignon frontal.

dugul / dagala *n. m.*, * dql, د ق ل
♦ **perche, gaule, crochet.** •*Dallêt iyâl harâz wa iyâl nabag lê xanami be l-dugul.* Avec une perche, j'ai fait tomber des graines d'acacia et des jujubes pour mes chèvres. •*Al-dagala îdân tuwâl, fî xucumhum îdân suxâr marbûtîn mukanjarîn.* On fait des gaules avec de longs bâtons au bout desquels on attache un petit morceau de bois crochu.

dugum / dagama *n. m.*, utilisé en arabe *sd.*
♦ **poulailler, abri à moutons.** •*Addalt dugum be gecc wa hubâl, wa lâ biss wa lâ ba'acôm yagdar yicîl wâhid min jidâdi.* J'ai arrangé un poulailler avec de l'herbe et des cordes ; ni le chat, ni le chacal ne pourra attraper une seule de mes poules. •*Nabnu al-dagama lê l-jidâd illa fî l kadâde.* Nous construisons des poulaillers seulement en brousse. •*Dugum al xanam wasi' min hanâ l-jidâd.* Les abris à moutons sont plus larges que ceux que l'on fait pour les poules.

dugûn *pl.*, → *digin.*

duhûc *pl.*, → *dahac.*

duhûn *pl.*, → *dihin.*

duhur *n. m.*, * ẓhr, ظ ه ر
♦ **début de l'après-midi, prière du début de l'après-midi,** temps du début de l'après-midi entre treize heures et quatorze heures trente, nom de la deuxième des cinq prières ordinaires musulmanes. •*Sallêt al-duhur fî l-jâmiye l kabîre.* J'ai fait la prière du début de l'après-midi à la grande mosquée. •*Al harray tabga hâmiye be duhur.* Le soleil est devenu chaud en début d'après-midi.

duhûr *pl.*, → *dahar 2.*

dukkân / dakâkîn *n. m.*, ≅ *kintin* à l'est du Tchad, * dkn, ك ن

♦ **boutique.** •*Al-dukkân da malân sukkar.* Cette boutique est pleine de sucre. •*Al-nâr akalat al-dakâkîn fî l-sûg.* Le feu a brûlé [mangé] les boutiques du marché.

dûku / dawaka nom de personne, (*fém. sing.* *dûkiye*, *fém. pl.* *dûkiyât*) autre féminin *hakkâma*, *Cf. xannay, fannâni, ambâni*, * dwk, د و ك

♦ **chanteur, griot, chantre.** •*Al-dawaka mâ antêthum gurus wa ayyarôni.* Je n'ai pas donné d'argent aux griots et ils m'ont insulté. •*Al-dûku xannây bilhên.* Le griot chante beaucoup. •*Al-dûkiyât hawwago wa mâ ligo bakân yixannu fôgah.* Les chanteuses ont tourné autour du village et n'ont pas trouvé d'endroit où chanter.

dukûra *pl.*, → *dakar.*

dukurra nom pluriel, → *dakar*, * dkr, د ك ر

dûliye / dûliyât *n. f.*, * dwl, د و ل

♦ **pilier, colonne, poteau central,** bois vertical qui soutient la charpente au milieu de la case. •*Zamân al buyût kulluhum induhum dûliyât.* Autrefois, toutes les maisons avaient des poteaux au milieu. •*Ras al bêt kan bidôr baga' balzamoh be dûliye.* Si le toit de la maison commence à tomber, on le maintient avec un poteau. •*Al-dûliye tisawwi l bêt dayyax.* Le poteau central réduit l'espace intérieur de la maison.

dull 1 / dalala *n. m.*, * ẓll, ظ ل ل

♦ **ombre.** •*Dull al-cadaray bârid.* L'ombre de l'arbre est fraîche. •*Mâci mâ bugul "kuc"... Da l-dull.* Elle s'en va sans faire de bruit [sans dire "kouch"]… C'est l'ombre. *Dvnt.* •*Kan bidaffunuh, mâ bindafin... Da l-dull !* Quand on veut l'enterrer, elle ne s'enterre pas… C'est l'ombre (*i.e.* on enterre tout sur terre sauf l'ombre !) *Dvnt.* •*Al baxadim fî l harray bâkul fî l-dull.* Celui qui travaille au soleil mangera à l'ombre. *Prvb.* (*i.e.* celui qui travaille dur sera récompensé).

dull 2 *n. m.*, *Cf. ceytân, ârid*, * ẓll, ظ ل ل

♦ **diable, démon.** •*Al mara di indaha dull.* Cette femme est possédée par le diable. •*Dawa hanâ l-dull illa be l faxara.* Seuls les marabouts possèdent des médicaments contre les diables.

duluf / dalâfe *n. m.*, *Cf. kura'*, * ẓlf, ظ ل ف

♦ **sabot, pied, corne du pied,** bout des pattes d'un ongulé. •*Al binêye sawwat lêna curba hint duluf hanâ bagaray.* La fille nous a préparé une soupe aux pieds de vache. •*Fî bakân al-jazzârîn nalgo dalâfe katîrîn.* Là où travaillent les bouchers, nous trouvons beaucoup de pieds de bêtes.

dulum 1 *n. m.*, ≅ *zulum*, * ẓlm, ظ ل م

♦ **injustice, tort, faute, avanie, offense,** fait de causer du tort. •*Al-dulum kan gâ'id fî l-dâr al âfe mâ fîha.* Tant qu'il y a de l'injustice dans le pays, il n'y aura pas la paix. •*Al askar birîdu dulum hanâ l-ca'ab.* Les soldats sont portés à être injustes [aiment l'injustice] envers la population.

dulum 2 *pl.*, → *adlam.*

dûm *v. impér.*, → *dâm.*

dumana' *pl.*, → *damîn.*

dumâs / dumâsât *n. m.*, *empr. fr.*

♦ **dimanche.** •*Al-dumâs al-jâyi nitahhir iyâli.* Dimanche prochain, je ferai circoncire mes enfants. •*Kan hayye, be l-dumâs namci lêku.* Si je suis en vie, dimanche j'irai chez vous. •*Yôm al-dumâs al-nâs binjammo fî buyûthum.* Le dimanche, les gens se reposent chez eux.

dumba / dumbayât *n. f.*, *Cf. tâsa, empr.*

♦ **grande cuvette,** grande cuvette émaillée d'une contenance de dix à trente litres. •*Barradt iyâli fî l-dumba l-jadîde di.* J'ai lavé mes enfants dans cette grande cuvette neuve. •*Al awîn sabbo lêna madîde fî l-dumba.* Les femmes nous ont versé de la bouillie dans la grande cuvette. •*Al-dumbayât yijîbuhum min sûg hanâ Kuseri.* On apporte les grandes cuvettes émaillées du marché de Kousseri.

dumbur *n. m.*, → *dunbur.*

dumm *v. impér.*, → *damma 1.*

dumsu *n. m., coll.*
♦ **nom d'une plante, Phyllanthus reticulatus (Poir.),** famille des euphorbiacées. •*Al-dumsu tugumm fî xacum al almi, wirêgâtha dugâg wa xudur.* Le Phyllanthus reticulatus pousse au bord de l'eau, il a de petites feuilles vertes. •*Al-dumsu usumah nîle kula, acân kan tirakkibah ma'â l-za'af yanti lôn azrag.* Le Phyllanthus reticulatus s'appelle aussi "teinture" parce que, lorsqu'on le fait bouillir avec des feuilles de palmier, il leur donne une couleur noire.

dumû' *pl.*, → *dam'e.*

dumûm *pl.*, → *damm.*

dûn *invar.*, voir les expressions *dûnjâni, dunjay* (plus par ici, de ce côté), *be dûn, bidûn* (sans), * dwn, د و ن
♦ **à l'exception de, inférieur à, sans, moins, en deçà.** •*Hijjitki cunû ? Inti maragti l hille dûn izin râjilki.* Quel prétexte peux-tu avancer ? Tu es sortie du village sans la permission de ton mari. •*Al-râjil be dûn sakkîn misil al fâs be dûn ûd.* Un homme sans couteau est comme une hache sans manche. •*Wakit maragt min râjili, dûn al-tâsât wa l kawâro, mâ antâni ceyy !* Quand j'ai quitté mon mari, mis à part les cuvettes et les bols, il ne m'a rien donné ! •*Anâ carêt al basal da, dûna al-taman al bî'tah fôgah.* J'ai vendu ces oignons moins cher que je les ai achetés.

dunbur / danâbir *n. m., qdr.*, peut-être combinaison des racines *dnb* (petit, court) et *dbr* (postérieur, cul), *Cf. ga'ar, jidil,* ≅ *dumbur.*
♦ **souche, base du pain de sucre, pied** (végétal). •*Abui gâ'id fî dunbur al-cadaray.* Mon père est assis sur la souche de l'arbre. •*Ankut al-dunbur min ga'arah, wa amultah.* Creuse sous la souche [creuse la souche à partir de son fondement], et arrache-la ! •*Carêt dunbur hanâ sukkar wa bikêt câhi.* J'ai acheté la base d'un pain de sucre et un paquet de thé. •*Dunbur al xallay di, fî râsah sitte gandûl.* Ce pied de mil supporte six épis.

dungur / danâgir *n. m., qdr.*, racine connue en arabe *sd.* (*C.Q.*), * dnqr, د ن ق ر
♦ **nid de la poule.** •*Al-jidâde bayyadat fî l-dungur.* La poule a pondu dans le nid. •*Al-jidâde min amis râgde fî dungurha lissâ ma maragat.* Depuis hier la poule est couchée dans son nid, elle n'est pas encore sortie. •*Al-dîk dagga dungur lê l-jidâde l-tidôr tibayyid.* Le coq a fait un nid pour la poule qui cherche à pondre.

dungus 1 / danâgis *n. m., empr.*, inusité dans ce sens en arabe *sd.*
♦ **poubelle, décharge publique, tas d'immondices, ordures.** •*Al kabîr dungus.* Le grand est une poubelle. *Prvb.* (*i.e.* l'aîné doit être capable de tout supporter, sur lui se reportent tous les torts). •*Mâ tixalli l iyâl yal'abo fî l-dungus !* Ne laisse pas les enfants jouer sur le tas d'immondices ! •*Nâs al-lameri gâ'idîn buxummu l wasax hanâ l-danâgis.* Les employés de la municipalité sont en train de ramasser les ordures des poubelles.

dungus 2 / danâgis *n. m.*
♦ **village abandonné, vieux village.** •*Ligîna cigaf wa jurâr mukassarîn fî dungus hanâ judûdna.* Nous avons trouvé des tessons de poterie et des jarres cassées dans le village abandonné de nos aïeux. •*Al-nâs sâro xallo danâgîshum acân al almi gassar.* Ces gens ont quitté leur vieux village à cause du manque d'eau.

Dungus *n. pr.* d'homme, voir plus haut *dungus.*

dunjâni / dunjâniyîn *adj.*, (*fém. dunjâniye*), qui se trouve du côté le plus proche du locuteur, → *dunjay*, * dwn, jy', د و ن • ج ي ء

dunjay / dunjâyîn *adj.*, (*fém. dunjâniye*) composé de *dûn* et de *jayi*, ≅ le pluriel *dunjâniyîn*, *Ant. xâdi*, * dwn, jy', د و ن • ج ي ء
♦ **de ce côté-ci, en deçà, avant,** du côté le plus proche du locuteur. •*Kan macêt, anddassa fî l bâb al-dunjay talgah lê Abbakar !* Si tu vas là-bas, entre par la porte de ce côté-ci, et tu trouveras Abakar ! •*Kan mâci lêna liff be l-câri al-dunjây da, wa gabbil sabah, talga bêtna !* Pour venir chez nous, prends la première rue de ce côté-ci et dirige-toi à l'est, là tu trouveras notre maison ! •*Al Hâkûma kassarat al buyût al-dunjâniyîn min al gudron.* Le gouvernement a fait démolir les maisons qui se trouvaient en deçà de la route goudronnée. •*Al bîr al-dunjâniye di almîha katîr.* Ce puits qui est de notre côté a beaucoup d'eau. •*Gabbili min dunjay bas, mâ tahalge ma'âyah fî bêtah !* Reviens par ici, ne va pas le rejoindre chez lui !

dunubbên *pl.*, → *danab.*

dunya *n. f.*, * dnw, د ن و
♦ **vie terrestre, monde d'ici-bas, terre, bas monde,** monde d'en bas, vie sur terre par opposition au monde d'en haut et au ciel. •*Al-dunya malâne ta'ab.* Le monde d'ici-bas est plein de souffrances. •*Sawwi fî l-dunya zên, talgah yôm al âxira !* Fais du bien sur terre, tu le retrouveras au dernier jour ! •*Fî xabar al iyâl, mâ tisawwu kalâm dunya !* N'allumez pas de querelle supplémentaire à propos de la bagarre des enfants ! •*Kan gâ'id fî l-dunya, ênak ticîf.* Si tu restes longtemps en vie sur terre, tu verras beaucoup de choses. *Prvb.* (*i.e.* Qui vivra verra !). •*Al-dunya tirakkibak yôm tayyâr wa yôm humâr.* La vie te fera voyager, un jour en avion, un autre jour sur un âne. *Prvb.* (*i.e.* la vie te réserve des surprises ; un jour tu es riche, un autre tu es pauvre).

dunyawi *adj.*, (*fém. dunyawiye*), *litt.* qui se rapporte à ce bas monde, → *dunya.*

dûr *v. impér.*, → *dâr 1.*

dura *n. vég.*, *coll.*, *f.*, *sgtf. dur'ay*, *Cf. berbere, kurnyânye*, * d̲rw, ذ ر و
♦ **nom d'une plante cultivée, sorgho rouge, sorgho blanc, Sorghum Durra,** famille des graminées. •*Al êc hanâ l-dura mâ halu misil hanâ l xalla l-duxun.* La boule de sorgho n'est pas aussi bonne que celle de mil pénicillaire. •*Al-dura l hamra bisawwuha marîse.* On prépare de la bière de mil avec du sorgho rouge. •*Al-dura l bêda êcha kulla abyad karr wa hî kulla najjâda misil al-dura l hamra.* Le sorgho blanc donne à la boule sa couleur très blanche, il est aussi précoce que le sorgho rouge.

durâ' / durâ'ât *n. f.*, *durâ'ên* est plus utilisé que *durâ'ât*, *Cf. îd, îdên*, * d̲rʕ, ذ ر ع
♦ **coudée, bras, force de travail.** •*Kan miskîn kula, durâ'i gâ'id.* Même si je suis pauvre, j'ai encore la force de travailler. •*Anâ indi sakkîn durâ' tarîne.* J'ai un couteau très tranchant qu'on accroche au bras. •*Al xidime be durâ'ên tifarrih al galib.* Le travail des bras réjouit le cœur. •*Macêt lê sîd al-dukkân gâwas lêi talâta durâ' hanâ gumâc.* Je suis allé chez le boutiquier, il m'a mesuré trois coudées de tissu.

durâ' axadar / durâ'ên xudur expression, ≅ le pluriel *dur'ên*, *Cf. durâ', axadar* [dont le bras est vert, *i.e.* : vigoureux], *Ant. îd yabse* (main sèche), * d̲rʕ, h̲dr, ذ ر ع • خ ض ر
♦ **qui rapporte de l'argent, travailleur (-euse), bénéfique, productif (-tive), rentable,** qui utilise ses mains pour le profit de tous. •*Al-sabi kan âfe, durâ'ah axadar, mâ indah fagur.* Si un jeune homme est en bonne santé, il rapporte de l'argent, il n'est pas dans la misère. •*Al-cuyâb dur'ênhum mâ xudur, illa kan xadamo min zamân.* Les vieux ne rapportent rien sauf s'ils ont travaillé longtemps auparavant. •*Al mara l-sabiye hî kulla durâ'ha axadar, tagdar taharit, titâjir,*

tixayyit, tigarri wa tirabbi l iyâl. La jeune femme, elle aussi, est productive ; elle peut cultiver, faire du commerce, de la broderie, elle peut enseigner ou élever les enfants.

durâc *invar.*, *Syn. ducâc*, *Cf. darac 1*, * jrš, ج ر ش

♦ **cailloux ou grains broyés sans finesse, grains pilés grossièrement, concassage,** morceaux de grains broyés non réduits en farine. •*Al-dagîg da durâc, xarbilih be l-tême gubbâl tilâyih al burma.* Cette farine est pleine de morceaux de grains, tamise-la avant de la délayer dans la marmite. •*Al murhâka di rahikînha durâc.* Cette meule concasse le grain sans le réduire en farine.

durar *pl.*, → *darre 2.*

durâr *n. m.*, terme utilisé seulement pour les animaux mammifères, * drr, د ر ر

♦ **embryon d'animal, fœtus d'animal.** •*Humarti durârha hanâ tis'a cuhûr wa l marâfi'în katalôha.* Mon ânesse portait un petit depuis neuf mois [son fœtus était de neuf mois], et les hyènes l'ont tuée. •*Al xanamay di batunha saxayre âkûn tarahat durârha.* Le ventre de cette chèvre est bien petit, peut-être a-t-elle avorté [a-t-elle jeté son embryon].

Durbâli *n. pr.* de lieu, poste administratif du Chari-Baguirmi.

♦ **Dourbali.**

durbân *n. anim.*, *m.*, carnivore, on ne peut le tuer qu'en le frappant avec un gourdin, parce que sa peau très épaisse et lâche empêche les flèches ou les lances de pénétrer sa chair, * ẓrb, ظ ر ب

♦ **ratel, Mellivora capensis,** famille des mustélidés, animal dont on a très peur parce qu'on dit qu'il mord les testicules de ceux qui l'attaquent. •*Al-durbân hû azrag wa batunah bêda wa gadur al kalib, lâkin girgit minnah.* Le ratel est noir ; il a le ventre blanc, la taille du chien, mais est un peu plus rond que lui. •*Al-durbân fâris wa l hadîd mâ yajrahah.* Le ratel est un animal courageux que le fer ne blesse pas (*i.e.* les lances et les flèches ne percent pas sa peau). •*Al-durbân fî l-duwâs yagta argûb al-nâdum.* Le ratel coupe le tendon d'Achille de celui qui l'attaque. •*Al-durbân yirîd akilîn al birrêd.* Le ratel aime beaucoup manger les oignons sauvages.

durduma / **darâdim** *n. m.*, connu au *Sdn.* (*C.Q.*), * drm, د ر م

♦ **boule, boulette, rondeur, bouton,** bouton dû à une piqûre d'insecte. •*Amburjuk gamma lêi durduma durduma fî wijhi.* J'ai la varicelle, de petits boutons [boulettes] me sont sortis sur le visage. •*Al êc da suttah wa sawwêtah darâdim darâdim acân nigassimah lê jîrâni.* Après avoir cuit la boule, j'en ai fait plusieurs petites pour les partager avec mes voisins. •*Fî ti'lîle amba'ûda ad'adatni wa kulla jildi bigi darâdim.* Pendant la veillée, les moustiques m'ont dévoré et mon corps est tout couvert de boutons.

durdur / **darâdir** *n. m.*, *Syn. jidâr, sûr*, * dwr, د و ر

♦ **mur.** •*Durdurna, banênah tawîl min al-sarârîg.* Nous avons construit le mur de notre maison très haut pour nous protéger des voleurs. •*Mâ turûx tihit al-darâdir kan almi sabba, acân baga'o fôgak !* Ne longe pas les murs [ne marche pas au pied des murs] quand il pleut, parce qu'ils risquent de te tomber dessus !

dûriye / **dûriyât** *n. f.*, → *dawriye*, * dwr, د و ر

♦ **patrouille, couvre-feu.** •*Fî Anjammêna al-dûriye tabda min al-sâ'a acara hanâ l-lêl.* A N'Djaména, la patrouille commence à partir de dix heures du soir. •*Al askar al bisawwu dûriye induhum tawâgi xudur.* Les soldats qui font la patrouille ont des bérets verts.

durr 1 *n. m.*, *Cf. husud*, * ḍrr, ض ر ر

♦ **mal fait délibérément, vengeance, nuisance, rancune,** satisfaction trouvée dans le mal. •*Al-durr ajâj ya'ami sîdah.* Le mal fait délibérément est de la poussière qui aveugle son auteur. *Prvb.* *•Al-durr mâ zên !* La vengeance n'est pas bonne ! *•Mâ tisawwi l-durr fî nafsak, gumm axadim !* Ne te nuis pas à toi-même, lève-toi et travaille !

durr 2 *v. impér.*, → *darra 3.*

durr al-dêf expression, composé de *durr* impératif du verbe *darra* (fais mal !) et de *dêf* (hôte), * ḍrr, ḍyf, ض ر ر • ض ي ف

♦ **échantillon de boisson, échantillon pour dégustation,** petite quantité de boisson alcoolisée que l'on offre à chaque client qui entre au cabaret avant qu'il ne lance sa commande. *•Kan nâdum daxal fî l gôdâla awwal kê bantuh durr al-dêf.* Si quelqu'un entre dans le cabaret, on lui offre d'abord un échantillon de boisson. *•Hû bacrab durr al-dêf bas wa mâ bibi' !* Il ne fait que boire l'échantillon de boisson et n'achète rien !

durûb *pl.*, → *derib 1.*

durûb *pl.*, → *derib.*

Durûb *n. pr.* d'homme, pluriel de *derib*, → *derib*, * drb, د ر ب

Durûba *n. pr.* de femme, *fém.* de *Durûb*, * drb, د ر ب

duruj 1 / adrâj *n. m.*, terme de l'*ar. lit.*, * drj, د ر ج

♦ **tiroir.** *•Al-duruj tihit al-tarbêza, wa yahafad al xumâm al-dugâg dugâg wa l katkat.* Le tiroir se trouve sous la table ; il garde les petits objets et le papier. *•Al-dawâlîb wa l-tarbêzât fî l makâtib, talga fôghum adrâj lê l-dammîn.* Tu trouveras des tiroirs pour ranger les affaires, dans toutes les armoires et les tables de bureau.

duruj 2 *pl.*, → *adrûji.*

durûs *pl.*, → *daris, diris 1, diris 2.*

durziye / durziyât *n. f.*, *Cf. murdâs.*

♦ **pilier, étai, support.** *•Al bêt hanâ abûk da anfazar, wâjib tabnu lêya durziye.* Le toit de la maison de ton père s'incurve, il faut installer un pilier. *•Râs al bêt kan wasî' wa mâ indah durziye usut baga'.* Si le toit de la maison est très large et non soutenu par un pilier au milieu, il s'effondrera.

Dûtum *n. pr.* d'homme.

duwak *pl.*, → *dôka.*

duwal *pl.*, → *dawla.*

duwâl / duwâlât *n. m.*, connu au *Sdn.* (*C.Q.*) ; *Cf. dâliya* (*pl. duwâl*) en *ar. lit.*, * dlw, د ل و

♦ **paire d'étriers.** *•Xattêt rijili fî l-duwâl wa rikibt fî dahar al-juwâd.* J'ai mis mon pied à l'étrier et je suis monté sur le dos du cheval. *•Haddâd hanâ Anjammêna bi'addulu duwâlât be l-nihâs.* Les forgerons de N'Djaména fabriquent des étriers en cuivre.

duwali / duwaliyîn *adj.*, (*fém. duwaliya*), ≅ le féminin pluriel *duwaliyât*, * dwl, د و ل

♦ **international(e).** *•Al munazzama l-duwaliye di jâbat al ma'îce.* Cette organisation internationale a apporté des vivres. *•Fî Anjammêna matâr duwali kabîr.* A N'Djaména se trouve un grand aéroport international. *•Al alaxât al-duwaliyât mâ mâciye adîl.* Les relations internationales ne sont pas bonnes.

duwân *n. m.*, *empr. fr.*, ≅ *ladwân.*

♦ **douane, douanier.** *•Al-duwân târado l barcâta be watîr wa sawwo hâdis.* Les douaniers ont poursuivi en voiture des fraudeurs et ont eu un accident. *•Anâ macêt al-duwân, nijîb budâ'ti al karaboha min amis.* Je suis allé à la douane pour reprendre mes affaires confisquées hier.

duwâne / dawâyin *n. f.*, connu au *Sdn.* au Darfour (*C.Q.*), *Cf. dann, dinân* [jarre] en *ar. lit.* (*Ka.*), ≅ les pluriels *dawîn, dawâwîn*, *Cf. jarr*, * dnn, د ن ن

♦ **canari en terre, grosse jarre,** jarre en terre cuite qui garde l'eau fraîche et d'une contenance allant de trente à cent litres. *•Al-duwâne di, almîha bârid.* L'eau de cette jarre est fraîche.

•*Fâtime, xassili l-dawâyin acân tusubbi almi nadîf !* Fatimé, lave les canaris pour y verser ensuite de l'eau propre ! •*Bidakkik wa mâ bibayyid... Di l-duwâne.* Il fait son trou comme un nid et ne pond pas… C'est la jarre. *Dvnt.*

duwâs / **duwâsât** *n. m.*, * dws, د و س

♦ **rixe, combat, bataille, bagarre, guerre.** •*Duwâs bigi fî l-sûg ambên al awîn !* Au marché, il y a eu une bagarre de femmes [un combat entre des femmes] ! •*Fî Anjammêna, duwâs bigi tis'a cahar, mâto nâs katîrîn.* A N'Djaména, la guerre a duré neuf mois et beaucoup de gens sont morts.

duwâxa / **duwâxât** *n. f.*, → *dôxîn*, * d̲wq, ذ و ق

♦ **fait de goûter.** •*Anâ macêt fî bêthum wa antoni akil misil al-duwâxa.* Je suis parti chez eux et ils m'ont donné très peu à manger [ils m'ont donné de la nourriture comme pour la goûter]. •*Hî tirîd al-duwâxa hanâ l-câhi.* Elle aime goûter le thé.

duwi *n. mld.*, maladie des bovins (trypanosomiase) appelée ainsi dans la région du Guéra, → *abudubbân, marad al-nôm.*

dûx *v. impér.*, → *dâx 1, dâx 2.*

Dûxu *n. pr.* d'homme, *litt.* goûtez-le, formé à partir de l'impératif du verbe *dâx*, * d̲wq, ذ و ق

duxuc *n. m.*, * dġš, د غ ش

♦ **très tôt, avant l'aube,** fin de l'obscurité du matin, avant les premières lueurs du jour. •*Anâ gammêt duxuc duxuc macêt al-zere'.* Je me suis levé de très bonne heure et suis parti au champ. •*Be duxuc mâ tagdar tafsul al kalib ma'â l ba'acôm.* Très tôt le matin, on ne peut pas distinguer le chien du chacal. •*Al adu hajamâna be duxuc.* L'ennemi nous a attaqués juste avant l'aube.

duxûl *invar.*, → *daxûl.*

duxun *n. vég., coll., m., sgtf. duxunay*, * dh̲n, د خ ن

♦ **mil pénicillaire, millet, Pennisetum,** famille des graminées, appelé aussi : petit mil. •*Al-sana l xalla l-duxun mâ gammat adîl.* Cette année, le mil pénicillaire n'a pas bien poussé. •*Êc hanâ l-duxun halu bilhên.* La boule de mil pénicillaire est délicieuse. •*Koro hint al-duxun hassâ be miya riyâl.* Un koro de mil pénicillaire coûte maintenant cent riyals.

duxur *n. m.*, *Cf. daxar*, * d̲ h̲ r, ذ خ ر

♦ **épargne, économie, conservation d'un secret.** •*Duxur al mâl yanfa'ak wa yanfa' iyâlak.* Épargner un capital te sera utile à toi et à tes enfants. •*Humman bigo xaniyîn min duxur hanâ judûdhum al-zamân.* Ils sont devenus riches pour avoir conservé le patrimoine de leurs ancêtres. •*Abui, gubbâl ma yumût antâni wasiye ga'ade lêi duxur fî galbi.* Avant de mourir, mon père m'a donné un conseil que je garde secrètement au fond de mon cœur.

Duxur *n. pr.* d'homme, dont la racine évoque les ressources, le trésor qui a été conservé, *Cf. daxar*, * d̲ h̲ r, ذ خ ر

Duxura *n. pr.* de femme, *fém.* de *Duxur*, * d̲ h̲ r, ذ خ ر

duxxân / **daxâxîn** *n. m.*, * dh̲n, د خ ن

♦ **fumée, encens, bois parfumé.** •*Al mara sabbat al-duxxân fî l muxbar.* La femme a mis du bois parfumé dans le brûle-parfum. •*Duxxân al-sijâra mâ adîl.* La fumée de la cigarette n'est pas bonne. •*Amcu be daxâxînku ba'îd !* Éloignez-vous avec la fumée que vous faites [avec vos fumées] ! •*Juwâdi marbût fî l kûzi wa danabah barra... Da l-duxxân.* Mon cheval est attaché dans la case et sa queue est dehors… C'est la fumée. *Dvnt.*

duyûc *pl.*, → *dêc.*

duyûd *pl.*, → *dêd.*

duyukka buyud *pl.*, → *dikk abyad.*

duyûn *pl.*, → *dên.*

duz *empr. fr.*, utilisé pour désigner le calibre d'un fusil : *bundug duz* (un fusil de calibre douze), → *duzset*.

duzset / duzsetât *n. m.*

♦ **nom d'une mitrailleuse lourde, douze-sept** (mitrailleuse), arme lourde américaine, ayant un calibre de 12,7 mm, avec approvisionnement par bandes à maillons articulés, généralement montée sur tourelle de véhicule. •*Darribîn hanâ duzsêt bixawwif.* Les coups de mitrailleuse lourde font peur. •*Al-duzsêt nô' min al banâdig hiney al askar.* La "douze-sept" est une sorte de mitrailleuse qu'ont les militaires. •*Nâs bugûlu al-duzset sana'o fî Fransa.* Les gens disent que la douze-sept est fabriquée en France.

dwân *n. m.*, → *duwân.*

E

êb / uyûb *n. m.*, souvent employé dans l'expression *êb sawwa* (avoir honte, être réservé(e), ne pas oser, être timide), *Cf. cûm*, * ʕyb, ع ي ب

♦ **honte, pudeur, réserve, timidité, défaut,** défaut ou imperfection qui provoque la honte. •*Al arîs, êb sawwah min nasîbtah.* Le marié éprouve de la pudeur devant sa belle-mère. •*Al-râjil sirig xumâm jîrânah wa hummân câfoh, êb sawwah !* L'homme volait les affaires de ses voisins, ceux-ci l'ont vu et il a eu honte ! •*Êb mâ yisawwik, kan tidôr coxôl min axûk !* Ne sois pas timide lorsque tu désires quelque chose de ton frère ! •*Al buyût sattârîn al uyûb wa l môt fattâha l acâyir.* Les maisons cachent les choses honteuses [les hontes] et la mort révèle les secrets. *Prvb.* •*Wallâhi, inta da, mâ indak êb !* Vraiment, toi, tu n'as pas honte ! •*Xallîni wa cîf êbi !* Fais-moi confiance [laisse-moi et vois ma honte] ! •*Êb marti, mâ ta'arif ta''amân al mulah !* Le défaut de ma femme est de ne pas savoir assaisonner la sauce.

êb al-cûm ! expression, servant aussi d'exclamation, * ʕyb, š'm, ع ي ب • ش ء م

♦ **quelle honte !, c'est honteux !** •*Êb al-cûm misil al binêye l-samhe di tabga sarrâga !* Quelle honte, qu'une fille aussi jolie soit devenue une voleuse ! •*Êb al-cûm, al-râjil da akal al bayte wa xalla iyâlah.* Quelle honte ! Cet homme a mangé les restes de nourriture de la veille sans en donner à ses enfants ! •*Jarbâne, hukki jarabki, êb al-cûm kassar ragabitki !* Galeuse, gratte ta gale ! Une honte funeste t'a brisé la nuque ! (chanson). •*Êb al-cûm, al-sabi dâwas nasîbah !* C'est vraiment honteux ! Le jeune homme s'est battu avec son beau-père !

êc / uyûc *n. m.*, * ʕyš, ع ي ش

♦ **boule de farine cuite.** •*Êc al xalla bamla' al batun min fangâsu.* Une boule de mil est plus nourrissante [remplit plus le ventre] que des beignets. •*Al masar êcah abyad misil al katkat.* Avec le maïs on fait une boule, blanche comme du papier. •*Ta'âlu, yâ iyâl, âkulu êcku ajala ajala !* Venez, les enfants, mangez vite vos boules ! •*Bitti samhe, mâce l hille râsha amlas... Da l êc.* Ma fille est belle, elle va au village, la tête bien lisse... C'est la boule. *Dvnt.* •*Al awîn jâbo uyûc fî nafir Âdum.* Les femmes ont apporté de nombreuses boules pour ceux qui sont partis aider Adoum dans son champ.

êf / êfât *n. m.*, *empr.* formé à partir du F de F.A.L. (Fusil d'Assaut Liégeois), → *beljîk.*

♦ **nom d'un fusil** ayant un calibre de 7,62 mm. •*Al êf hû sulah yadrub majmu' wa farrâdi.* Le fusil "F" tire en rafales ou au coup par coup. •*Al êf indah xamsa wa icirîn talga.* Le fusil "F" peut tirer vingt-cinq coups à la suite. •*Wakt al-sawra anîna indîna* *êfât.* Au temps de la rébellion, nous avions des fusils "F".

ekkôl *n. m.*, → *lekkôl.*

êle / êlât *n. f.*, *Ant. nizâm, mas'uliya,* * ˁyl, ع ي ل

♦ **monde de l'enfance, négligence, abandon, délaissement, indigence, laisser-aller, fait de laisser sans soin,** choses que font les petits enfants mais que les adultes ne doivent plus faire. •*Al iyâliye kula êle.* L'enfance est synonyme de négligence. *Prvb.* •*Al wilêd da, jildah kabîr, lâkin lissa fî l êle.* Cet enfant est grand, mais il est encore dans le monde de l'enfance. •*Al mardân mâ ligi makâlah wa l êle katalatah.* Le malade n'a pas trouvé les soins dont il avait besoin, et cette négligence l'a tué. •*Saxîrha mâ mardân bilhên al êle bas katalatah.* Son enfant n'était pas très malade, c'est le manque de soin qui l'a fait mourir. •*Yâ marti, xalli l-êle, ciddi hêlki, al-nâs mâ yihajju bêki !* Ma femme ! Fais attention [laisse ta négligence] ! Reprends-toi ! Il ne faudrait pas que tu deviennes pour les gens un sujet de moquerie ! •*Zâra maragat min fajur wa xallat iyâlha fî l êle.* Zara est partie depuis ce matin, elle a laissé ses enfants à l'abandon.

êlemûn *n. m.*, → *aylamûn.*

ên 1 / uyûn *n. f.*, employé aussi au masculin, voir l'expression *wald al ên, Cf. xucce,* * ˁyn, ع ي ن

♦ **œil, mauvais œil.** •*Eni tôjâni.* J'ai mal à l'œil [mon œil me fait mal]. •*Inti, ênki indaha bayâday.* Toi, tu as une taie sur l'œil. •*Sabbêt dawa fî uyûni.* J'ai mis un collyre [un médicament] dans mes yeux. •*Al-zôl da amyân, mâ indah uyûn.* Cet individu est aveugle, il n'y voit rien [il n'a pas d'œil]. •*Indi bîbân tinên, binfakko wa binsaddo... Dôl al uyûn.* J'ai deux portes qui s'ouvrent et se ferment… Ce sont les yeux. *Dvnt.* •*Cîf al binêye l-samhe di, ênha bêda wa xalîde misil al-basalay !* Regarde cette belle fille : le blanc de ses yeux est éclatant, et ses yeux sont bien formés, comme des oignons ! •*Bitti mirdat, al ên waga'at fôgha.* Ma fille est malade à cause du mauvais œil [le mauvais œil est tombé sur elle].

ên 2 / uyûn *n. f.*, *Cf. macîce, tamala, bîr, sâniye,* * ˁyn, ع ي ن

♦ **point d'eau, source, nappe phréatique.** •*Allah câfna wa fatah lêna ên almi janb hillitna.* Dieu nous a vus et il a fait sourdre [il a ouvert pour nous] une source d'eau à côté de notre village. •*Xabur jiddina maragat fôgah ên.* De la tombe de notre grand-père est sortie une source. •*Uyûn al almi katîrîn fî Faya.* Il y a de nombreuses sources d'eau à Faya. •*Al-Nasâra warrado bîr fî ên.* Les Européens ont creusé un puits jusqu'à la nappe phréatique.

ên al-nâs / uyûn al-nâs expression, *litt.* œil des gens, *Cf. xucce,* * ˁyn, 'ns, ع ي ن • ء ن س

♦ **mauvais œil.** •*Al-rujâl mâ baxâfo min ên al-nâs.* Les hommes n'ont pas peur du mauvais œil. •*Marti rabatat wide'ây fî râsha al-dahâba maccatoh acân taxâf min ên al-nâs.* Ma femme a attaché un petit cauri sur sa tête nouvellement coiffée parce qu'elle a peur du mauvais œil. •*Wilêdi rabbatoh lêyah warga fî ragabtah min ên al-nâs.* On a attaché au cou de mon enfant un gri-gri contre le mauvais œil.

ên hamra expression, *litt.* œil rouge, * ˁyn, hmr, ع ي ن • ح م ر

♦ **qui a une autorité forte, qui est très sévère.** •*Wilêdak hassâ kalaf, wa bala ên hamra mâ nagdaro lêyah.* Ton enfant a commencé à devenir un homme ; s'il ne sent pas sur lui une autorité, nous n'en ferons rien de bon ! •*Al mudarris da ênah hamra, kulla l iyâl baxâfo minnah !* Cet enseignant est très sévère, tous les enfants le craignent !

erbeje *n. m.*, mot forgé sur les initiales R.P.G. *Cf. bazûka.*

♦ **nom d'une arme de guerre, lance-roquettes portatif, bazooka,** désigne le "R.P.G. 7" ou le "R.P.G. 9". •*Al erbeje sulah tagîl.* Le lance-roquettes est une arme qui pèse lourd.

•*Sârûx al erbeje kabîr, tûlah dura'.* La roquette du bazooka est grosse et a une coudée de long. •*Al erbeje yidammuru beyah al watâyir walla l buyût.* Le bazooka sert à démolir les véhicules ou les bâtiments.

esâns *n. m.*, *empr. fr.* "essence", → *banzîn.*

Espanya *n. pr.* de pays.
♦ **Espagne.**

esport *n. m.*, → *ispôr.*

Etyopya *n. pr.* de pays.
♦ **Ethiopie.**

F

fa'al / yaf'al *v. trans.*, forme I n° 13, * fˤl, ف ع ل

♦ **faire.** •*Fî bêtah, hû yafa'al misil bidôrah.* Chez lui, il fait ce qu'il veut. •*Inta nâdêt al iyâl dôl, hassâ taf'al bêhum cunû ?* Tu as appelé ces enfants, que vas-tu faire d'eux maintenant ?

facal / yafcul *v. trans.*, forme I n° 1, *Cf. xâlaf*, voir ci-dessous l'expression *facal al wa'ad* (rompre un contrat, poser un lapin), * fšl, ف ش ل

♦ **se désengager, se retirer, abandonner, se désister, échouer, fausser compagnie,** ne pas tenir ses engagements. •*Amis al mara gâlat tantîni gurus lâkin al yôm facalat.* Hier, cette femme a promis de me donner de l'argent, mais aujourd'hui elle s'est désengagée. •*Al askar dôl facalo min al harba.* Ces soldats ont abandonné leurs camarades lors du combat. •*Al muhandis facal al wa'ad ma'â cirkit al-sukkar wa istafag ma'â cirka âxara.* L'ingénieur s'est désengagé de son contrat avec la société sucrière et s'est entendu avec une autre société. •*Indina sâ'itên gâ'idîn narjoh fî l bêt wa lissâ mâ wassal akîd hû facal al wa'ad.* Depuis deux heures nous l'attendons à la maison, c'est sûr qu'il nous a posé un lapin. •*Humman dôl karrabôhum fî l-sijin acân facalo fî l ingilâb.* Ils ont été mis en prison parce que leur coup d'État a échoué.

fâcar / yifâcir *v. intr. {- lê}*, forme III, *empr. syr.*, connu au *Sdn. égy.* (*C.Q.*), *Cf. faxxar*, * fšr, ف ش ر

♦ **esbroufer, se montrer, fanfaronner.** •*Al wilêd da babki lê abuh acân rafîgah fâcar lêyah be xulgân jadîdîn.* Cet enfant pleure auprès de son père parce que son ami lui a montré ses habits neufs. •*Mâ tifâcir lêna be watîrak da, anîna zâtna indina gurus.* Ne fais pas le fanfaron avec ta voiture, nous aussi nous avons de l'argent. •*Yôm al îd kulla nâdum yifâchir lê axuh be xulgânah al-samhîn.* Le jour de la fête, chacun aime montrer ses beaux habits à son frère. •*Kulla yôm yifâchir lêna be akilah.* Tous les jours il fait de l'esbroufe en nous décrivant ce qu'il mange.

fâcarân *n. d'act., m.*, → *fâcirîn.*

facca / yificc *v. trans.*, forme I n° 11, * fšš, ف ش ش

♦ **faire dégorger, dégonfler,** laver un habit neuf pour en ôter l'apprêt. •*Hû facca xalagah be almi hami wa bala sâbûn.* Il a lavé son habit avec de l'eau chaude et sans savon. •*Kan faccêt xalagak, akwih !* Si tu laves ton habit, repasse-le ! •*Rijili amis wârme, wa al yôm faccat ciyya ke.* Hier j'avais la jambe gonflée, aujourd'hui elle est un peu moins enflée.

facca xabintah / yificc xabintah expression, *litt.* il a dégonflé sa colère, * fšš, ف ش ش

♦ **déverser sa colère sur *qqn.*, se mettre en colère contre *qqn.*,** se calmer de sa colère en s'en prenant à quelqu'un. •*Mâ tificc xabîntak fôgi !* Ne déverse pas ta colère sur moi ! •*Hû dâwas acân yificc xabîntah.* Il s'est battu pour déverser sa colère.

faccâci / faccâcîn *adj. mrph. intf.*, (*fém.* *faccâciye*), ≅ le pluriel *faccâcîn* ; terme utilisé dans l'expression *faccâci l-dalâyim*,, * fšš, ف ش ش

♦ **qui sait calmer la colère, qui sait apaiser un conflit, justicier (-ère), redresseur (-euse) de torts,** qui dissipe la colère en répartissant les torts. •*Wilêdi da fahal faccâci l-dalâyim.* Mon fils est courageux, il sait apaiser un conflit. •*Duyûcna faccâcîn al-dalâyim, tarado l adu barra baladna.* Nos armées ont réparé l'injustice que nous subissions ; elles ont chassé l'ennemi hors de nos frontières.

faccag / yifaccig *v. trans.*, forme II, * fšj, ف ش ج

♦ **écarter les jambes,** écarter les pattes de derrière. •*Al bagaray faccagat fî ijilha acân yarda'.* La vache a écarté les pattes au-dessus de son veau pour qu'il tète. •*Bifaccig mâ bubûl... Da l bâsûr.* Il écarte les jambes et n'urine pas… C'est la selle du chameau. *Dvnt.* •*Al mêtir biwassif iyâl al ispôr, bifaccig rijilênah wa bidangir daharah.* Le professeur montre aux enfants un exercice de gymnastique, il écarte les jambes et se penche en avant.

faccân *n. d'act., m.*, → *faccîn.*

faccâri / faccârîn *adj. n., mrph. intf.*, (*fém.* *faccâriye*), * fšr, ف ش ر

♦ **fanfaron (-onne), vantard(e), qui se montre, qui fait de l'esbroufe.** •*Al binêye di faccâriye, talbass dahab katîr fî idênha wa ragabitha.* Cette fille fait de l'esbroufe en couvrant d'or ses bras et son cou. •*Hû faccâri be fahâlîtah acân yagdar yudugg al-rujâl.* Il vante sa force parce qu'il est capable de battre les hommes.

facce *n. coll., sgtf. faccay*, * fšš, ف ش ش

♦ **champignon,** sorte de champignon mou poussant au pied des arbres morts ou sur de vieilles souches. •*Facce talgâha fî l kadâde fî l ûd al yâbis wa l mu'affin.* On trouve [tu trouveras] le champignon *facce* en brousse, sur le bois pourri et sec. •*Facce xafîfe wa fî lubbaha mâ indaha ceyy bâkuluh.* Le champignon *facce* est léger et à l'intérieur il n'y a rien de mangeable.

faccîn *n. d'act., m.*, ≅ *faccân*, * fšš, ف ش ش

♦ **première lessive, trempage, dégorgement, dégonflement, fait de désenfler,** fait de laver un vêtement neuf. •*Faccîn al xalag al-jadîd da mâ bidôr sâbûn.* La lessive d'un habit neuf ne nécessite pas de savon. •*Farditi di jâdîde, bala faccîn bas nalbasha.* Mon pagne est neuf, je vais le mettre sans le laver. •*Faccîn warami da kulla ke min Allah wa min al-dawa al antêtni amis.* Le fait que ma plaie soit désenflée vient autant de Dieu que du médicament que tu m'as donné hier. •*Mâ tiwâlif faccîn za'alak fî iyâli !* Ne prends pas l'habitude de déverser ta colère sur mes enfants !

facîh / facîhîn *adj.*, (*fém.* *facîhe*), métathèse dans la racine, * fhš, ف ح ش

♦ **grossier (-ère), indécent(e).** •*Hû birîd bihajji kalâm facîh.* Il aime dire des paroles grossières. •*Kan nâdum bikallim kalâm facîh giddâm al-nâs, hû da mâ indah adab.* Si quelqu'un dit des paroles grossières devant les gens, c'est qu'il n'a pas d'éducation.

fâcil / fâcilîn *adj. mrph. part.* actif, (*fém.* *fâcile*), * fšl, ف ش ل

♦ **malhonnête, déloyal(e), irresponsable, lâche,** quelqu'un sur qui on ne peut pas compter, qui ne tient pas l'engagement pris. •*Al-râjil da fâcil min axawânah.* Cet homme-là est plus malhonnête que ses frères. •*Al mara al fâcile mâ tagdar takrub* *bêtha.* La femme qui ne prend pas sa responsabilité ne peut pas tenir sa maison. •*Al askar al fâcilîn, arrado min al-duwâs.* Les combattants lâches ont fui le combat.

fâcir / fawâcir *n. m.*, mot arabe d'emprunt *syr.* (*C.Q.*), * fšr, ف ش ر

♦ **tribunal, place du jugement, cour du roi,** lieu où l'on se rassemble pour trancher un palabre ou juger une affaire. •*Al-nâs lammo katirîn fî l fâcir acân fîh cari'e hint katilîn dimme.* Les gens se sont groupés en grand nombre au tribunal parce qu'il y avait jugement d'un meurtre. •*Fî dâr barra kulla l bulâmât induhum fawâcir.* En brousse, tous les chefs de village ont leur tribunal.

fâcirîn *n. d'act., m.*, ≅ *fâcarân*, * fšr, ف ش ر

♦ **vantardise, fanfaronnade, esbroufe,** fait de se vanter. •*Hû birîd al fâcirîn hassâ rufugânah abo mâ yaju lêyah fî bêtah.* Il aime se vanter ; à présent, ses amis refusent de venir chez lui. •*Al banât birîdu l fâcirîn.* Les filles aiment se montrer.

fada / yafda *v. trans.*, forme I n° 16, * fdy, ف د ي

♦ **payer une hypothèque, payer une caution, rembourser une dette, compenser par de l'argent, payer une rançon pour *qqn.*, sacrifier sa vie pour,** payer une contrepartie. •*Fada axuh be mâl katîr lê l hakûma acân yamrug min al-sijin.* Il a payé beaucoup d'argent à l'administration pénitentiaire pour faire sortir son frère de prison. •*Anâ fadêt binêyti be wâhid jineh hanâ dahab fî yôm tahûritha.* J'ai donné une pièce en or à ma fille en compensation de sa souffrance le jour de son excision. •*Al-rujâl fado wulâdhum be buyût samhîn yôm xatamo l Xur'ân.* Les hommes ont récompensé les efforts de leurs enfants en leur donnant de belles maisons le jour où ils ont achevé leur apprentissage du Coran. •*Al mara taxjal wa tugûl : "Anâ mâ nâkul ma'â hamâi illa kan fadâni".* La femme a honte et dit : "Je ne mangerai pas en compagnie de mon beau-frère, sauf s'il me donne de l'argent en contrepartie". •*Anâ fadêt watani be rûhi acân yalga l hurriya.* J'ai donné ma vie à la patrie pour qu'elle retrouve la liberté.

fâd / yifîd *v. trans.*, forme I n° 10, * fdy, ف د ي

♦ **être utile, être avantageux (-euse), être profitable.** •*Al kura'-kura' muxazzi bifîd al-jisim.* La soupe de pieds de vache est nourrissante et bonne pour la santé [pour le corps].

Fada *n. pr.* de lieu, chef-lieu de sous-préfecture de l'Ennedi.

Fadala *n. pr.* de femme, féminin de *Fadul, litt.* excellente, supérieure, exquise, qui déborde de qualité, *Cf. fadul, faddal,* * fḍl, ف ض ل

faday / fadâyât *n. f.*, *Cf. dandal, hôc, dôray,* * fḍw, ف ض و

♦ **cour, courette,** espace vide devant les chambres au milieu de la concession. •*Zâra, gucci l faday !* Zara, balaie la cour ! •*Al mara ga'adat fî fadayitha wa tahajji.* La femme est assise dans la cour [dans sa cour] et discute. •*Bêtna fadâytah kabîre.* La cour de notre maison est grande.

fadayân *n. d'act., m.*, → *fadiyîn.*

fadâyeh *pl.*, → *fadîhe.*

fadda 1 / yifaddi *v. trans.*, *Cf. marrag, xarraj* ; forme II, * fḍw, ف ض و

♦ **décharger un véhicule, retirer un fardeau, vider, libérer.** •*Al attâla faddo watîr hanâ xalla giddâm bêti.* Les manœuvres ont déchargé un véhicule plein de mil devant ma maison. •*Faddu lêi al-cuhna di wa nikaffîku gurusku !* Déchargez-moi cette cargaison et je vous payerai votre argent ! •*Faddi l-cawâwîl hanâ l faham !* Vide les sacs de charbon ! •*Al-cofêr fadda l-ta'cîga wa battal al watîr.* Le chauffeur a mis le véhicule au point mort et a coupé le moteur.

fadda 2 / yifaddi *v. intr. {- lê}*, forme II, *Cf. fidwe, sadaxa*, * fdy, ف د ي

♦ **commémorer, offrir *qqch.* pour le sacrifice, donner pour un mort, célébrer l'anniversaire d'un mort,** faire une aumône, en argent ou en nature, pour le sacrifice d'un mort dont les funérailles ont eu lieu ailleurs ou à un autre moment. •*Al mara wa râjil kan faddo lê wâlidênhum, yalgo ajur min Allah.* Si l'homme et la femme commémorent leurs parents défunts, ils obtiendront une récompense de Dieu. •*Anâ faddêt lê abui l mât, wa garêt al Xur'ân.* J'ai célébré l'anniversaire de la mort de mon père, et lu le Coran. •*Anâ faddêt be xanamay lê rafigi Umâr al mât.* J'ai offert un mouton à l'occasion du sacrifice de mon ami Oumar qui est mort.

faddal 1 / yifaddil *v. trans.*, forme II, * fḍl, ف ض ل

♦ **rester en surplus, laisser en plus.** •*Fâtime faddili êc lê axawânki !* Fatimé, laisse de la boule pour tes frères ! •*Aywa faddal akil katîr be mulâh.* Oui, il reste beaucoup de nourriture avec de la sauce. •*Kan sawwêti câhi, faddilih lê xâlki !* Si tu fais du thé, laisses-en pour ton oncle maternel ! •*Al-sarrâgîn mâ faddalo ceyy wâhid fî l bêt.* Les voleurs n'ont absolument rien laissé dans la maison.

faddal 2 / yifaddil *v. trans.*, forme II, * fḍl, ف ض ل

♦ **accueillir *qqn.*, recevoir *qqn.*** •*Hî azamat rufugânha acân yaju yifaddulu l-zabâyin adîl.* Elle a invité ses amies pour qu'elles viennent accueillir comme il faut les clients. •*Wakit macêt fî hillithum humman faddalôni adîl marra wâhid.* Quand j'étais allé dans leur village, ils m'avaient très bien reçu.

faddal 3 / faddalo impératif, (*fém. faddale*), → *alfaddal*.

faddâli / faddâlîn *adj. mrph. intf.*, (*fém. faddâliye*), peu usité, * fḍl, ف ض ل

♦ **accueillant(e),** qui sait bien accueillir les gens. •*Al mara di faddâliye lê rufugân râjilha.* Cette femme sait bien accueillir les amis de son mari. •*Abui faddâli lê l-dîfânah.* Mon père accueille bien ses hôtes.

faddalo *pl.*, → *faddal 3*.

faddân *n. d'act., m.*, → *faddîn*, * fḍw, ف ض و

faddayân *n. d'act.*, → *faddiyîn*.

faddîn *n. d'act., m.*, ≅ *faddân*, * fḍw, ف ض و

♦ **fait de vider, fait de décharger, déchargement.** •*Faddîn al watîr min cuhuntah ta''ab al attâla.* Le déchargement du contenu du véhicule a épuisé les débardeurs. •*Faddîn al maxzan da yidôr wakit, wâjib inta mâ tilbahdal.* Vider l'entrepôt prend du temps, tu ne dois pas agir dans la précipitation.

faddiyîn 1 *n. d'act., m.*, ≅ *faddayân*, *Cf. fadda 1, dalliyîn*, * fḍw, ف ض و

♦ **déchargement.** •*Faddiyîn al budâ'a hint al watîr bala attâla mâ tabga !* On ne peut pas décharger les affaires du véhicule sans débardeur ! •*Budâ'it Abbakar faddiyînha fî l-sûg.* Le déchargement des affaires d'Abakar aura lieu au marché.

faddiyîn 2 *n. d'act., m.*, ≅ *faddayân*, *Syn. fidwe, Cf. fadda 2*, * fdy, ف د ي

♦ **offrande pour le sacrifice d'un mort, commémoration,** fait de donner de l'argent ou de la nourriture lors d'une cérémonie commémorative pour un défunt. •*Al faddiyîn lê l mayyit wâjib.* C'est un devoir d'offrir quelque chose en sacrifice pour un mort. •*Faddiyîn al-nâdum al mayyit mâ wâjib yisawwuh min mâlah.* L'offrande sacrificielle lors d'une commémoration ne peut être prélevée sur le patrimoine laissé par le défunt.

fâdi / fâdiyîn *adj.*, (*fém. fâdiye*), moins employé que *yâbis*, *Cf. yâbis*, * fḍw, ف ض و

♦ **libre, non occupé(e), vide.** •*Hû gâ'id bifattic bêt fâdi acân yi'ajjirah* *lê iyâlah.* Il est en train de chercher une maison vide pour la louer à ses enfants. •*Al-dukkân da mâ fâdi indah budâ'a.* Cette boutique n'est pas vide, elle contient des marchandises. •*Al kalâm al fâdi da, mâ tugûlah hini.* Une telle bêtise [parole vide], ne la dis pas ici ! •*Anâ al yôm fâdiye, mâ indi xidime.* Aujourd'hui je suis libre, je n'ai pas de travail.

fadîhe / fadâyeh *n. f., Syn. êb,* * fḍḥ, ف ض ح

♦ **honte, opprobre, scandale, déshonneur, humiliation,** chose humiliante, acte dégradant. •*Al-râjil da sawwa fadîhe, xalla ammah mardâne wa xatar.* Cet homme a commis un acte honteux, il a laissé sa mère malade pour voyager. •*Al binêye sawwat fadîhe acân bigat xalbâne gubbâl mâ tâxud.* La fille a fait un scandale parce qu'elle est devenue enceinte avant de se marier. •*Fadîhe lêk tubûl fî l-câri !* C'est un acte dégradant pour toi que de pisser dans la rue !

fadîl / fadîlîn *adj., (fém. fadîle),* dans l'expression *al jum'a l fadîle* (dernier vendredi du Ramadan), * fḍl, ف ض ل

♦ **éminent(e), distingué(e), homme de qualité,** homme de mérite. •*Al-nâdum kan ja bugûlu lêyah "alfaddal !" wa hû bugûl "inta l fadîl !".* Lorsque quelqu'un vient chez toi, on l'accueille en lui disant : "Avance, je t'en prie !", et lui répond : "C'est toi l'homme de qualité !". •*Âxir jum'a fî Ramadân bisammûha "al-jum'a l fadîle".* Le dernier vendredi du mois de ramadan est appelé "le vendredi éminent".

Fadîl *n. pr.* d'homme, variante de *Alfadîl,* → *fadul,* * fḍl, ف ض ل

Fadîla *n. pr.* de femme, *litt.* abondance, perfection, excellence, ≅ *fadîle, Cf. fadul,* * fḍl, ف ض ل

Fadîle *n. pr.* de femme, → *Fadîla.*

fadîx *n. m.,* * fḍẖ, ف ض خ

♦ **grain frais et tendre d'une céréale,** grain non encore sec qu'on ne peut réduire en poudre. •*Al bêrbere kan dahabha fadîx, assal wa laban laban kan tamdaxha.* Lorsqu'on croque des grains tout frais de sorgho, ils sont sucrés et gonflés d'une substance laiteuse. •*Al xalla kan fadîx mâ tabga êc, illa kan nijidat adîl wa yibisat.* Lorsque le grain de mil est trop frais, on ne peut pas encore l'utiliser pour la boule, il faut attendre qu'il soit bien mûr et sec.

fadiyîn *n. d'act., m.,* ≅ *fadayân, Cf. fada,* * fdy, ف د ي

♦ **rachat, rançon, caution, compensation en argent.** •*Fadiyîn al masâjîn yijîb gurus lê l hâkûma.* La caution versée pour la libération des prisonniers rapporte de l'argent à l'administration pénitentiaire. •*Fadiyîn al wilêd kan tahharoh walla xatam al Xur'ân, âde min judûdna.* Récompenser l'enfant lorsqu'il a été circoncis ou qu'il a achevé de mémoriser le Coran, c'est une coutume venant de nos ancêtres. •*Al-nâs tcakko gurus katîr lê fadiyîn Hasan min al-sijin.* Les gens ont cotisé beaucoup d'argent pour la caution permettant à Hassan de sortir de prison.

fadle / fadlât *n. f., Cf. agâb,* * fḍl, ف ض ل

♦ **reste de nourriture,** restes du repas. •*Anâ mâ nâkul fadlit al awîn.* Moi, je ne mange pas les restes de la nourriture des femmes. •*Anti l fadlât dôl lê l-muhâjirîn.* Donne les restes aux mendiants de l'école coranique. •*Al-dûd kan yumût min al-ju' kula, mâ yâkul al fadle.* Même si le lion meurt de faim, il ne mange pas de restes de nourriture.

fadul *n. m.,* dans les expressions *be fadul hanâ, min fadlak,* * fḍl, ف ض ل

♦ **grâce à, surabondance, s'il te plaît.** •*Al yôm be fadul hanâ jîrâni gidirt katalt al-nâr.* Aujourd'hui, grâce à mes voisins, j'ai pu éteindre l'incendie. •*Min fadlak, amci lêi ambâkir fî l bêt !* S'il te plaît, va chez moi demain !

Fadul *n. pr.* d'homme, variante de *Alfadul*, → *fadul*, * fḍl, ف ض ل

fagad / yafgud *v. trans.*, ≅ l'*inacc. yafgid*, *Cf. waddar* ; expressions *anâ fagadtiki* [toi, femme, tu m'as manquée], *fagadnâk* [tu nous a manqué], forme I n° 1, * fqd, ف ق د
♦ **égarer, perdre provisoirement, manquer à** *qqn.*, **perdre la raison,** constater la disparition de *qqn.* ou de *qqch.* qui manque, être privé(e) de quelqu'un qu'on aime. •*Al-râ'i fagad bagarah amis.* Le berger a perdu ses vaches hier. •*Al-râjil da fagad gursah al fî l kôb.* Cet homme a égaré son argent qui était dans la boîte. •*Al wilêd fagad abuh fî l-sûg acân mâ karabah min xalagah adîl.* L'enfant a perdu son père au marché parce qu'il ne s'était pas accroché comme il faut à son vêtement. •*Mâ tal'abo be gurusku, yôm wâhid tafguduh !* Ne jouez pas avec votre argent, un jour vous en aurez besoin [il vous manquera]. •*Amis anîna fagadnâk fî l-li'ib, wa girimna lêk.* Hier, tu nous a manqué à la danse, et on a pensé à toi. •*Miskîn, al-râjilda fagad agulah !* Pauvre homme, il a perdu la raison !

fagâra *pl.*, → *fagri*.

fagari *adj. n.*, → *fagri*.

fagga' / yifaggi' *v. trans.*, forme II, * fq', ف ق ع
♦ **éclore, s'ouvrir, écaler, décortiquer, enlever la coquille** (œuf). •*Bêd al-jidâde di sab'a ke fagga'o yôm wâhid.* Sept des œufs de cette poule ont éclos le même jour. •*Bêd al-jidâde kan ammah mâ hadanatah adîl, mâ yifaggi'.* Si la poule n'a pas bien couvé ses œufs, ils n'éclosent pas. •*Al-darrâba kan tidôr tisawwi iyâl, tifaggi' nuwâr abyad.* Avant de donner son fruit, le gombo fait éclore des fleurs blanches. •*Zamân, al-nâs yifaggu'u al fûl be idênhum wa hassâ al makana bas tifaggi'ah.* Autrefois les gens décortiquaient les arachides avec les mains, maintenant c'est la machine qui les décortique elle-même.

faggad / yifaggid *v. trans.*, forme II, * fqd, ف ق د
♦ **contrôler une absence, vérifier, compter ce qui manque,** chercher à savoir ce qui manque. •*Ahmat andassa l-zerîbe, faggid lêi al bagâr dôl kulluhum jo wallâ !* Ahmat, entre dans l'enclos, vérifie si toutes les vaches sont revenues ou non ! •*Gabbal min al xidime wa andassa yifaggid bêtah acân al-sarrâgîn andasso lêyah gibêl.* Il est revenu du travail et est entré chez lui pour savoir ce qui manquait dans la maison parce que les voleurs y étaient entrés auparavant. •*Anâ mâce lê l-daktôr yifaggid lêi sahhiti.* Je pars chez le médecin pour qu'il m'examine [il contrôle ma santé].

faggar / yifaggir *v. trans.*, forme II, *Cf. fallas*, * fqr, ف ق ر
♦ **s'appauvrir, être dans le besoin, ruiner.** •*Al-tâjir da faggar marra wâhid.* Ce commerçant s'est appauvri misérablement. •*Watîrah al karkase faggaratah marra wâhid.* Sa carcasse de voiture l'a complètement ruiné.

faggarân *n. d'act., m.*, → *faggirîn*.

faggas / yifaggis *v. trans.*, forme II, * fqs, ف ق س
♦ **se pencher, baisser la tête et lever le postérieur, féconder** (coq), **s' incliner à terre.** •*Yâ wilêdi faggis acân nixassil ja'abâtak min al hurâr !* Mon enfant, incline-toi et lève ton derrière que je te nettoie les fesses ! •*Al-na'amay kan irfat môtha garîb, tadfin râsha fî l-turâb wa tifaggis.* Lorsque l'autruche sent sa mort prochaine, elle enfonce sa tête dans la terre et lève son postérieur. •*Al-dikk faggas al-jidâde.* Le coq a fécondé la poule.

faggirîn *n. d'act., m.*, ≅ *faggarân*, *Ant. badinîn*, * fqr, ف ق ر
♦ **appauvrissement, misère, indigence,** fait de s'appauvrir. •*Angari al mara di muwâlife be faggirîn al-rujâl.* Fais attention, cette femme a l'habitude d'appauvrir les hommes. •*Al wilêd da min wilidna kê hû maknûs, faggirîn ahalna minnah*

bas ! Depuis sa naissance, cet enfant nous porte malheur : la misère de notre famille ne vient que de lui ! •*Kan dâx al faggirîn mâ yal'ab be gursah misil da !* S'il avait goûté à la misère, il ne jouerait pas comme cela avec l'argent ! •*Faggirîn abu iyâli waja'âni.* L'indigence du père de mes enfants me fait mal.

faggûs *n. vég., coll., m., sgtf. faggûsay*, * fqṣ, ف ق ص

♦ **nom d'une plante cultivée, concombre, Cucurbita** ***sp.,*** famille des cucurbitacées. •*Akalna faggûs be mileh wa catte.* Nous avons mangé un concombre avec du sel et du piment. •*Tcalli lêna faggûsay !* Épluche-nous un concombre !

faggûs al kulâb *n. m., litt.* concombre des chiens, * fqṣ, klb, ف ق ص • ك ل ب

♦ **nom d'une herbe, Cucumis prophetarum (L.),** famille des cucurbitacées. •*Faggûs al kulâb bugumm wihêdah, mâ bitêribu wa lâ bâkulu.* La plante "concombre des chiens" pousse toute seule, on ne la sème pas et on ne la mange pas. •*Faggûs al kulâb yasrah misil al faggûs al bâkulu lâkin warcâlah dugâg iyâlah murr wa axacân.* Le Cucumis prophetarum rampe et s'étale à terre comme le concombre comestible, mais il a de petites feuilles et des fruits amers avec une peau boursouflée.

fâgid / fâgdîn *adj.,* (*fém. fagde*), voir plus loin l'expression *fâgid agul*, * fqd, ف ق د.

♦ **qui a perdu** ***qqch.*****, à qui il manque** ***qqch.*** •*Al-râjil da fâgid lêyah ceyy, bifakkir katîr.* Cet homme est très préoccupé par ce qu'il a perdu. •*Al fâgid jamalah bidiss îdah fî l-jarr.* Celui qui cherche son chameau perdu le cherche même dans la jarre [introduit sa main dans la jarre]. *Prvb.* (*i.e.* quelqu'un qui a perdu un objet de valeur va le chercher partout, même là où il est impossible de le trouver). •*Al fâgdîn amal billagu fî l-sûg.* Il y a beaucoup de désœuvrés au marché [de gens en manque de travail]. •*Anâ fâgid gursi al xattêtah fî l kôb da.* Je ne retrouve plus l'argent [je suis en état de manque de mon argent] que j'ai posé dans cette boîte.

fâgid agul / fâgidîn ugûl expression, *litt.* manquant d'intelligence, *Cf. fagad, agul*, * fqd, ʕql, ف ق د • ع ق ل

♦ **simple d'esprit, handicapé(e) mental(e), fou (folle), simplet (-ette).** •*Sâmuhuh fî l kalâm al gâlah lêku da, acân hû fâgid agul.* Pardonnez-lui cette parole qu'il vous a dite, il est simple d'esprit. •*Al fâgidîn ugûl mâ yagdaro yagru.* Les handicapés mentaux ne peuvent pas étudier. •*Al mara di fâgde agulha, mâ tibâzuha !* Cette femme n'est pas saine d'esprit, ne vous moquez pas d'elle [ne l'imitez pas en vous moquant] !

fâgid amal / fâgidîn amal expression, *litt.* manquant de travail, *Cf. fagad, amal, sahlûg*, * fqd, ʕml, ف ق د • ع م ل

♦ **chômeur (-euse), désœuvré(e),** qui n'a pas de travail. •*Hû burûx katîr acân fâgid amal.* Il est partout [il va à pied beaucoup] parce qu'il est sans travail. •*Hummân dôl fâgidîn amal, yigayyulu min fajur lê aciye fî li'ib al karte.* Ceux-là n'ont rien à faire, ils passent toute leur journée à jouer aux cartes.

fagrân / fagrânîn *adj.,* (*fém. fagrâne*), *Cf. cagyân, asfân*, * fqr, ف ق ر

♦ **pauvre.** •*Baladna fagrâne wa anîna kullina fagrânîn.* Notre pays est pauvre et nous sommes tous pauvres. •*Al mara di xaniye wa râjilha fagrân.* Cette femme est riche et son mari est pauvre.

fagri / fagâra *adj. n.,* (*fém. fagriye*), ≃*fagari, Cf. miskîn*, * fqr, ف ق ر

♦ **pauvre, démuni(e),** qui n'a pas de ressources. •*Al fagri mâ indah kalâm fî l fâcir.* Le pauvre n'est pas écouté au tribunal [n'a pas la parole au tribunal]. •*Al fagâra jaro xallo l-dâr.* Les pauvres ont fui en laissant le village. •*Al mara l fagriye mâ indaha dahab.* La femme pauvre ne porte pas d'or. •*Min gamma ke fagri, mâ indah bagar wa lâ xanam !* Depuis son enfance [depuis qu'il s'est levé] il est sans ressources, et n'a ni vache ni chèvre !

fagur *n. m.*, * fqr, ف ق ر

♦ **pauvreté, misère, dénuement, manque de tout.** •*Al fagur mâ êb.* La pauvreté n'est pas une honte. •*Al fagur kassa wa ga'ad fî dârna.* La misère s'est déplacée et s'est installée dans notre région. •*Min al fagur mâ nagdar nabni bêt.* C'est parce que je manque de tout que je n'ai pas pu construire une maison. •*Al fagur bala.* La pauvreté est une épreuve difficile.

fahad / fuhûd *n. anim.*, (*fém. fahade*), * fhd, ف ه د

♦ **guépard.** •*Al fahade ticabbih al-nimir.* Le guépard femelle ressemble au léopard. •*Al fahad jarray min kulla sêd al xala.* De tous les animaux de la brousse, le guépard est le plus rapide.

fahal / fahalîn *adj.*, (*fém. fahale*), * fḥl, ف ح ل

♦ **mâle, étalon, courageux (-euse), brave.** •*Al-râjil da fahal min kulla l-rujâl.* Cet homme est le plus brave des hommes. •*Al fahal yagdar yidâwis al-dûd.* Celui qui est brave peut combattre le lion. •*Fî dôrna indina tôr fahal, ijâlah samhîn.* Dans notre troupeau nous avons un étalon, ses veaux sont costauds.

fahaliye *n. f.*, *Cf. fahal*, *Syn. fuhûliye*, * fḥl, ف ح ل

♦ **courage, bravoure, vaillance, ardeur.** •*Fahâliyit al-dûd budurbu bêha l masal.* Le courage du lion au combat est proverbial. •*Rujâl Tcâd min al fahâliye ke mâ biddâwaso.* On craint de se battre contre les Tchadiens à cause de leur bravoure.

faham *n. m.*, * fḥm, ف ح م

♦ **charbon de bois.** •*Cuwâl hanâ faham be mîtên riyâl.* Un sac de charbon de bois coûte deux cents riyals. •*Fî l xarîf, al ôs be l faham hayyine min be l hatab.* En saison des pluies, il est plus facile de faire la cuisine avec du charbon de bois qu'avec du bois.

fahham 1 / yifahhim *v. trans.*, forme II, * fhm, ف ه م

♦ **faire comprendre, expliquer avec précision.** •*Hû fahhamâna kadar al-râjil da mâ bidôr kalâmi.* Il m'a fait comprendre que cet homme ne me cherchait pas noise. •*Abui fahhamâni hayâtah gubbâl mâ yumût.* Mon père m'a fait comprendre sa vie avant de mourir.

fahham 2 / yifahhim *v. trans.*, forme II, * fḥm, ف ح م

♦ **carboniser, devenir du charbon, brûler entièrement.** •*Kûzi hanâ Ibrahîm fahham kulla ke, mâ marago minnah ceyy.* La case ronde d'Ibrahim a été entièrement brûlée, ils n'ont rien pu en sortir. •*Anâ nisît mulâhi fî l-nâr, wakit fakart ligîtah fahham.* J'ai oublié ma sauce sur le feu ; quand j'y ai pensé, je l'ai trouvée carbonisée.

fahîm / fahîmîn *adj.*, (*fém. fahîme*), *Syn. fahmân*, *Cf. zaki*, * fhm, ف ه م

♦ **intelligent(e), savant(e), connaisseur (-euse), éclairé(e),** qui comprend vite et bien. •*Al wilêd da fahîm !* Cet enfant est intelligent ! •*Al binêye l fahîme irifat al giray.* Cette fille est intelligente, elle sait sa leçon. •*Al-salâtîn fahîmîn, ba'arfu bisawwu l-cerî'e.* Les sultans sont éclairés, ils savent exercer la justice.

fâhim / fâhimîn *adj. mrph. part.* actif, (*fém. fâhime*), * fhm, ف ه م

♦ **intelligent(e), savant(e), compréhensif (-sive),** qui a déjà compris. •*Hû da râjil fâhim.* C'est un homme intelligent. •*Anâ fâhim al-dôr al inta tidôr tal'abah lêi.* J'ai déjà compris le tour que tu voulais me jouer. •*Jâri fâhim al muckila hint rufugânah.* Mon voisin a compris le problème de ses amis. •*Hummân fâhimîn al kalâm al-tidôr tugûlah gubbâl mâ taftah xacumak.* Ils ont déjà compris ce que tu voulais dire avant que tu n'ouvres la bouche.

fahmân / fahmânîn *adj. mrph. intf.*, (*fém. fahmâne*), voir le *Syn. fahîm*, * fhm, ف ه م

faj'i / faj'iyîn *adj.*, (*fém. faj'iye*), * fj', ف ج ء

♦ **brusque, inattendu(e), soudain(e).** •*Karrîn al-dûd al faj'i simi'nah fî l wâdi.* Nous avons entendu le rugissement soudain du lion dans l'oued. •*Amis hummân simo be l môt al faj'i hanâ binêyithum.* Hier, ils ont eu connaissance de la mort soudaine de leur fille. •*Simîna axbâr faj'iye min al xârij.* Nous avons entendu des nouvelles inattendues de l'extérieur.

fâjar / yifâjir *v. intr.*, forme III, *Cf. istakbar*, * fjr, ف ج ر

♦ **se conduire mal, filer un mauvais coton, s'écarter du droit chemin, faire le (la) difficile,** vivre dans le désordre moral, se laisser entraîner par ses désirs. •*Al wilêd fâjar fî l-lekkôl wa rafîgah karabah faracah.* A l'école, l'enfant s'est mal conduit et son ami l'a frappé. •*Al mara di gammat tifâjir acân râjilha xani.* Cette femme commence à vivre dans le désordre moral parce que son mari est riche.

fajâra *n. f.*, → *fâjar*, *Cf. kôlifîn*, * fjr, ف ج ر

♦ **prétention, présomption, conduite mauvaise, déchéance morale, vice, mensonge, imposture,** l'art de se donner de fausses apparences. •*Ya wilêdi, xalli minnak coxol al fajâra da !* Mon enfant, arrête ta mauvaise conduite ! •*Awîn kartiyena mâ ya'arfu illa l fajâra.* Les femmes de notre quartier ne connaissent que la déchéance morale. •*Al'allam al fajâra be carribîn al merîse.* Il a commencé à sombrer dans le vice en buvant de la bière de mil. •*Tugûl inta fahal, coxôlak fajâra bas, hassâ bas kan al-duwâs ja tajiri.* Tu dis que tu es courageux, ce n'est que mensonge ; si un combat avait lieu maintenant, tu t'enfuirais.

fâjâri / fâjârîn *adj.*, (*fém. fâjâriye*), * fjr, ف ج ر

♦ **prétentieux (-euse), vantard(e), présomptueux (-euse).** •*Al mara al gibêl fâjâriye di, abat mâ tagôd sâkit nammin daggôha.* Cette femme qui vient de manifester sa prétention a refusé de se taire jusqu'au moment où on l'a frappée. •*Iyâl hillitku dôl, fâjârîn ; binâwulu fî l mâ balhagoh.* Les enfants de votre quartier sont présomptueux, ils essayent d'attraper ce qui est hors de leur portée [ils tendent la main vers ce qu'ils ne peuvent atteindre].

fajâwi *pl.*, → *fijwe, fijje*, * fjw, ف ج و

fajax / yafjax *v. trans.*, forme I n° 13, métathèse dans la racine, connu au *Sdn.*, d'après (*C.Q.*), * jfẖ, ج ف خ

♦ **marcher sur, piétiner,** poser le pied dessus. •*Hey yâ wilêdi l miskîn fajaxt al-jamuray !* Ah, mon pauvre enfant ! tu as mis le pied sur une braise ! •*Al bakân da fôgah agârib, fakkir mâ tafjax wahade.* Il y a des scorpions à cet endroit, fais attention de ne pas marcher sur l'un d'eux ! •*Mâlak, tafjaxni, uyûnak wên ?* Qu'as-tu à me marcher dessus, où sont tes yeux ?

fâjax / yifâjix *v. intr.*, forme III, * jfẖ, ج ف خ

♦ **biaiser, changer le sujet de la conversation, répondre à côté,** parler en dehors du sujet de la conversation. •*Anâ sa'altak min târix judûdak wa inti tifâjixi lêi kê da mâla ?* Je t'ai posé une question au sujet de tes aïeux, pourquoi donc changes-tu de conversation ? •*Fî l imtihân, al iyâl mâ fihimo l giray wa gammo yifâjuxu sâkit ke fî l-su'âl.* Les enfants n'ont pas compris le sujet de l'examen et se sont mis à répondre à côté de la question.

fajaxân *n. d'act.*, *m.*, → *fajixîn.*

fajfaj / yifajfij *v. trans.*, forme II, * fjj, ف ج ج

♦ **fixer en terre, stabiliser, installer, caler,** installer sans que cela ne se renverse. •*Sey nugura wa fajfij al-duwâne adîl !* Fais un trou et installe la jarre bien comme il faut ! •*Al mara fajfajat fî l-cugga wa gâlat lê darritha : "Al yôm niwassifki coxol min wildôki mâ ciftih !".* La femme s'est bien installée sur la grande natte et a dit à sa coépouse : "Aujourd'hui je vais te montrer quelque chose que depuis ta naissance tu n'as pas encore vu !". •*Al-sultân fajfaj fî l kursi.* Le roi s'est installé sur le trône.

fâjir / fâjirîn *adj. mrph. part.* actif, (*fém. fâjire*), * fjr, ف ج ر

♦ **hautain(e), présomptueux (-euse), prétentieux (-euse), arrogant(e), suffisant(e),** qui s'élève au-dessus de son rang social sans en être digne. •*Al-nâdum al fâjir mâ bidôr xidimt al masâkîn.* L'arrogant n'aime pas faire le travail des gens humbles. •*Al mara di fâjire, tuzûm wihêdha ke, misil hî bas âlime kulla ceyy.* Cette femme est suffisante, elle boude dans son coin sans répondre aux salutations, comme si elle seule savait déjà tout.

fajix *coll., sgtf. fajxe,* * jfh̲, ج ف خ

♦ **piétinement, écrasement avec le pied.** •*Al-derib da hawân acân fajix al fîl tallafah.* Ce chemin est infect parce qu'il a été piétiné par les éléphants [le piétinement des éléphants l'a abîmé]. •*Hey al iyâl ! Mâ tal'abo janb al-juwâd da indah fajix hârr be dulfah.* Hé ! les enfants ! Ne jouez pas près de ce cheval : il vous ferait très mal avec ses sabots s'il vous piétinait. •*Mâ tamci giddâm al fîl, be fajxitah wahade bas yaktulak !* Ne marche pas devant les éléphants, une seule patte suffirait à te faire mourir écrasé !

fâjix / fâjixîn *adj. mrph. part.* actif, (*fém. fâjixe*), *Cf. fajax,* * jfh̲, ج ف خ

♦ **qui écrase, qui marche dessus, qui piétine,** qui pose le pied dessus. •*Mâla fâjix al biric be markûbak ?* Pourquoi es-tu en train de piétiner la natte avec tes souliers. •*Al-jazzâra fâjixîn al-tôr be rijilênhum acân bidôru yadbaho.* Les bouchers tiennent la tête du taureau sous leur pied parce qu'ils veulent l'égorger.

fajixîn *n. d'act., m.,* ≅*fajaxân, fajjixin, fajjaxân, Cf. fajax,* * jfh̲, ج ف خ

♦ **malaxage, pétrissage, piétinement.** •*Fajixîn al ajîne hint al mappa gâsi bilhên.* Le pétrissage de la pâte à pain est très difficile. •*Fajixîn al-tîne biwassix al-rijilên.* Piétiner la boue salit les pieds.

fajja 1 / yifijj *v. trans.*, forme I n° 11, * fjj, ف ج ج

♦ **blesser à la tête,** frapper la tête de quelqu'un jusqu'à la faire saigner, provoquer par un coup l'ouverture du cuir chevelu. •*Mûsa câl al ûd wa fajjah lê Mahammat.* Moussa a pris un bâton et blessé Mahamat à la tête. •*Mâ indi xabar kê, al iyâl fajjôni.* Sans m'y attendre [je n'ai pas eu de nouvelle] les enfants m'ont frappé et blessé à la tête. •*Al micôtin fajja l-câyib al fî tihit al-cadaray.* Le fou a frappé le vieillard qui était assis sous l'arbre et l'a blessé à la tête. •*Mâ tifijj axûk be asaytak !* Ne blesse pas la tête de ton frère avec ton bâton !

fajja 2 / yifijj *v. trans.*, forme II, * fjj, ف ج ج

♦ **creuser, enlever, écarter ce qui est dessus,** retirer la couche superficielle d'un matériau meuble. •*Âdum fajja l-turâb wa dafan gursah.* Adoum a creusé un peu la terre et enfoui son argent. •*Actânîn, fajjêna sinyâkt al wâdi, wa mâ ligîna almi.* Nous étions assoiffés, nous avons creusé dans la couche de sable de l'oued asséché, mais nous n'avons pas trouvé d'eau. •*Fijj al gecc hanâ l-rahad, talga almi tacrab !* Écarte l'herbe du marigot, tu trouveras de l'eau potable ! •*Fijju lêh, bidôr bamci !* Écartez-vous, laissez-le passer !

fajjaj / yifajjij *v. trans.*, forme II, *mrph. intf.* répétitif, * fjj, ف ج ج

♦ **blesser à la tête,** provoquer des blessures à la tête par suite de nombreux coups. •*Al askar yifajjuju nâs al-dangay acân mâ yasma'o kalâmhum.* Les militaires blessent à la tête les prisonniers qui ne les écoutent pas. •*Xutti ugayitki acân al-tâsa mâ* *tifajjijki.* Mets ton chiffon roulé sur la tête pour éviter que la cuvette ne te blesse.

fajjâj / fajjâjîn *adj. mrph. intf.*, (*fém. fajjâja*), * fjj, ف ج ج

♦ **celui qui blesse à la tête,** qui cause une blessure à la tête. •*Iyâl hanâ jâri fajjâjîn fî l-duwâs.* Les enfants de mon voisin blessent les autres à la tête quand ils se battent. •*Cîf al fajjâj râyix fî l-câri be tûbay fî idênah.* Regarde celui qui vise la tête des gens et qui se promène avec un morceau de brique à la main. •*Mart al-râjil da fajjâja, acân da iyâli mâ yaju fî janbha.* La femme de cet homme blesse les autres à la tête, c'est pour cela que mes enfants ne s'approchent pas d'elle.

fajjajân *n. d'act., m.*, → *fajjijîn*, * fjj, ف ج ج

fajjân *n. d'act., m.*, → *fajjîn.*

fajjar 1 / yifajjir *v. trans.*, forme II, * fjr, ف ج ر

♦ **faire exploser.** •*Al askar gammo bifajjuru l mîn al madfûnîn fî l-turâb.* Les soldats se sont mis à faire exploser les mines qui sont enfouies dans la terre. •*Al iyâl ligo xumbula wa fajjaroha.* Les enfants ont trouvé un obus et l'ont fait exploser.

fajjar 2 / yifajjir *v. intr.*, forme II, * fjr, ف ج ر

♦ **agir tôt le matin, passer le temps de l'aube.** •*Abu Kaltûma mât fî l-lêl wa l-nâs fajjaro ke bas dafanoh.* Le père de Kaltouma est mort la nuit et les gens l'ont enterré de très bon matin. •*Al yôm akûn indah xidime katîre fajjar bas marag.* Peut-être qu'il a beaucoup de travail aujourd'hui : il est sorti de très bon matin !

fajjax / yifajjix *v. trans.*, forme II, *mrph. intf.*, *Cf. fajax*, * jfẖ, ج ف خ

♦ **marcher dessus, piétiner volontairement, écraser.** •*Al fayala fajjaxo l-zurâ'a.* Les éléphants ont piétiné les champs. •*Al watîr yifajjix al-côk.* Le véhicule a roulé sur les épines. •*Yâ binêyti, amurgi ni'elâtki dôl, mâ tifajjixi behum giddâm al-rujâl !* Ma fille, ôte tes sandales, ne marche pas avec elles en passant devant les hommes (c'est impoli) !

fajjâx / fajjâxîn *adj. mrph. intf.*, (*fém. fajjâxa*), *Cf. fajax*, * jfẖ, ج ف خ

♦ **qui piétine, qui marche dessus, malaxeur (-euse).** •*Al humâr da fajjâx, kussu minnah xâdi !* Cet âne piétine ce qui se trouve à ses côtés, écartez-vous loin de lui ! •*Al xaddamîn dôl fajjâxîn, ajjano l-tîne ajala.* Ces ouvriers savent bien malaxer avec les pieds, ils ont vite pétri la glaise comme il faut.

fajjâxa / fajjâxât *n. f.*, *Cf. fajax*, * jfẖ, ج ف خ

♦ **petit pilon, plante des pieds,** instrument de cuisine servant à écraser les ingrédients pour en faire une pâte. •*Wallay be fajjâxt al basal di nikassir râsak !* Par Dieu, je vais te casser la tête avec le petit pilon à oignon ! •*Nisît dassêt al fajjâxa fî l-nâr ma'â l hatab.* Je n'ai pas fait attention et j'ai mis le petit pilon avec les autres bouts de bois dans le feu. •*Al fajjâxât bisawwuhum min al hajlîj walla l-habîl walla l-girli walla min al hadîd.* Les petits pilons sont en bois de savonnier, de Combretum gultinosum ou de Prosopis africana, ou bien encore en fer. •*Al-jamuray taccatni fî fajjâxit rijli l-zênayye.* Une braise m'a brûlé la plante du pied droit.

fajjaxân *n. d'act., m.*, → *fajixîn.*

fajje / fujûj *n. f.*, *Cf. fajja*, * fjj, ف ج ج

♦ **blessure sur la tête,** ouverture ou meurtrissure du cuir chevelu qui saigne à la suite d'un coup. •*Al fajje hint al wilêd di kabîre, mâ tabra ajala.* La blessure de cet enfant est grande, elle ne va pas vite se cicatriser. •*Fujûjak xatariyîn, amci l-labtân gubbâl ma affano.* Tes blessures sont graves, va à l'hôpital avant qu'elles ne s'infectent. •*Fajjiti kan mâ birat mâ nagdar naxadim.*

Tant que ma blessure ne se cicatrise pas, je ne peux pas travailler.

fajjijîn 1 *n. d'act., m.*, ≅*fajjajân, Syn. fajjîn*, * fjj, ف ج ج
♦ **blessure à la tête,** fait de blesser la tête en la faisant saigner à la suite d'un coup. •*Min al fajjijîn dammah kulla ke daffag.* A la suite de ses blessures à la tête, il s'est vidé de tout son sang. •*Râsah kulla ke nugâr nugâr min kutur al fajjijîn.* Sa tête est pleine de trous à cause de ses nombreuses blessures.

fajjijîn 2 *n. d'act., m.*, ≅*fajjajân, fajjîn, fajjân*, * fjj, ف ج ج
♦ **écartement, ouverture,** fait d'écarter, de créer un espace vide. •*Angari min fajjijîn al xucac, marra tilimm ma'â masîbe !* Garde-toi d'écarter les buissons, tu risques d'avoir des ennuis (*i.e.* tu peux te faire mordre par une bête ou un serpent) ! •*Mâ tagdar tacrab almi l-rahad da bala fajjîn al gecc.* Tu ne peux boire l'eau de ce marigot sans en écarter d'abord les herbes.

fajjîn 1 *n. d'act., m.*, ≅*fajjân, Syn. fajjijin 1*, * fjj, ف ج ج
♦ **blessure à la tête,** fait de blesser la tête en la faisant saigner par suite d'un coup. •*Fajjîn hanâ wilêdi bilhên xafîf.* La blessure que mon enfant a sur la tête est très légère. •*Li'ib hanâ l kûra bijîb fajjîn kan nâdum mâ fakkar.* Si l'on ne fait pas attention en jouant au football, on se blesse facilement à la tête.

fajjîn 2 *n. d'act., m.*, → *fajjijîn 2*.

fajjixîn *n. d'act., m.*, → *fajixîn*, * jfh̲, ج ف خ

fajur *n. m.*, ≅*fojur* ou *fujur*, * fjr, ف ج ر
♦ **tôt le matin, aube,** moment du jour entre six heures et huit heures du matin. •*Al-iyâl gammo fajur min al-nôm.* Les enfants se réveillent tôt le matin. •*Be fajur al-nâs yamcu fî l xidime.* Dès l'aube, les gens s'en vont au travail.

fajxe *n. f., sgtf.*, (un écrasement avec le pied), → *fajix*.

fakak / fukûk *n. m., Cf. fakka*, * fkk, ف ك ك
♦ **luxation, déboîtement.** •*Fakak al-rijil mâ yabra wihêdah, illa kan rakkaboh.* La luxation ne se guérit pas toute seule, il faut remettre en place les os. •*Amzahalôta tarmi al-jamal tisawwi lêyah fakak acân hû mâ indah kuff.* Le chameau se déboîte facilement les pattes sur la glaise glissante parce qu'il n'a pas de sabots [la glaise glissante provoque des luxations au chameau]. •*Ali waga' min al humâr wa bigi lêh fakak fî kû'ah.* Ali est tombé de l'âne et s'est luxé le coude. •*Anâ xallêt li'ib al bâl, acân naxâf min al fukûk.* J'ai abandonné le football parce que j'ai peur des luxations.

fakar / yafkur *v. intr. {- lê}*, forme I n° 1, * fkr, ف ك ر
♦ **faire attention à.** •*Afkur lê bêti kadar anâ naji !* Fais attention à la maison, le temps que je revienne ! •*Mâ fakart lêk wakit inta jây, sâmihni !* Je n'ai pas fait attention à toi au moment où tu venais, excuse-moi ! •*Afkuri lê axûki mâ yaga' min al-serîr !* Fais attention à ton frère pour qu'il ne tombe pas du lit !

fakâtîr *pl.*, → *faktîr*.

faki *n. m., Syn. faxîr*, * fqh, ف ق ه
♦ **faki, marabout, jurisconsulte,** homme versé dans la connaissance du Coran et de la loi divine. •*Al faki hû al-nâdum al bigarri l iyâl al-suxâr al Xur'ân.* Le faki est celui qui enseigne le Coran aux petits enfants. •*Al muhâjirîn bugûlu lê l faki "sayidna" walla "abba l faki".* Les enfants de l'école coranique appellent le marabout en lui disant : "Monseigneur" ou "Monsieur le faki". •*Al faki katab lêi lê waja' al-râs wa mâ nafa'.* Le marabout m'a écrit des versets du Coran pour guérir mon mal de tête, mais cela n'a servi à rien.

fâkihe / fawâkih *n. f.*, surtout utilisé au pluriel, * fkh, ف ك ه ⇨

♦ **fruit.** •*Fî nihâyt al-sêf, gabul al xarîf al fawâkih yanjado katîr misil al-lêmun, al banân, al mango, al tamâtim wa l-tamur.* A la fin de la saison sèche et avant la saison des pluies, les fruits mûrissent en grand nombre ; on trouve ainsi des citrons, des bananes, des mangues, des tomates et des dattes. •*Akalân al xadar wa l fawâkih bizîd al xiza fî l-damm.* Le fait de manger des légumes et des fruits donne des vitamines [augmente l'aliment dans le sang].

fakka 1 / yufukk *v. trans.*, forme I n° 5, ≃ l'*inacc. yifikk*, * fkk, ف ك ك

♦ **ouvrir, séparer, disjoindre, répudier.** •*Al wilêd fakka l bâb wa daxal.* L'enfant a ouvert la porte et est entré. •*Anîna mâ nagdaro nufukku l-tabla.* Nous ne pouvons pas ouvrir le cadenas. •*Humman mâ ligo ceyy fakko beyah rîghum.* Ils n'ont rien trouvé à manger pour leur petit déjeuner [pour chasser leur salive]. •*Al-râjil ja min al xidime wa fakka martah.* L'homme est revenu du travail et a répudié sa femme.

fakka 2 *n. f.*, *Cf. gurus, riyâl*, * fkk, ف ك ك

♦ **monnaie, pièces de monnaie.** •*Antîni fakka hint miya riyâl.* Fais-moi la monnaie de cent riyals. •*Fî cân adam al fakka mâ antêt marti masârîf.* Parce que je n'avais plus de monnaie, je n'ai pas donné à ma femme d'argent pour le marché. •*Hassâ da mâ indi lêki fakka, amci wa ta'âli ba'adên nigabbil lêki guruski !* A présent je n'ai plus de monnaie, pars et reviens plus tard, que je te rende ton argent !

fakkak / yifakkik *v. trans.*, forme II, *mrph. intf.*, * fkk, ف ك ك

♦ **décapsuler, ouvrir plusieurs fois, faire ouvrir,** provoquer l'ouverture. •*Anîna mâ gidirna fakkakna l gazâz hanâ l kôka be sunûnna.* Nous n'avons pas pu décapsuler les bouteilles de coca-cola avec nos dents. •*Al-sarrâg fakkak al burâm wa mâ ligi ceyy.* Le voleur a ouvert les marmites et n'a rien trouvé.

fakkâk / fakkâkât *adj. mrph. intf.*, (*fém. fakkâka*), * fkk, ف ك ك

♦ **clé, décapsuleur, ouvre-boîtes, ouvre-bouteilles.** •*Hû cara kôb hanâ sardîn wa mâ indah fakkâk fî bêtah.* Il a acheté une boîte de sardines et n'a pas d'ouvre-boîtes chez lui. •*Nidôr nacri fakkâk hanâ gazzâzât acân kan dîfân jo lêi nacri lêhum kôka.* Je veux acheter un décapsuleur parce que, quand j'aurai des visiteurs, je leur achèterai des boissons gazeuses.

fakkar / yifakkir *v. trans.*, forme II, * fkr, ف ك ر

♦ **penser, réfléchir à, se rappeler, se souvenir.** •*Fakkirni kan anâ nisît kula !* Rappelle-le moi, au cas où j'oublierais ! •*Fakkir gubbâl ma tahajji !* Réfléchis avant de parler ! •*Al-tâjir fakkarah lê dênah al fî l-nâs.* Le commerçant s'est souvenu de l'argent que les gens lui doivent [s'est rappelé sa dette qui est sur les gens].

faktîr / fakâtîr *n. m., empr. fr., m.*

♦ **facture.** •*Kulla l budâ'a l bujûbuha be tahrîb, mâ indaha fakâtîr.* Toutes les marchandises venant en fraude sont sans factures. •*Zôl kan cara budâ'a mâ indaha faktîr wa l-duwân ligyo, bisâdurûha.* Lorsque quelqu'un achète des affaires sans facture et qu'il est pris par la douane, sa marchandise est confisquée.

fal nom d'un fusil, F.A.L. (Fusil d'assaut Liégeois), → *beljîk, êf.*

falaja / falajât *n. f.*, * flj, ف ل ج

♦ **espace entre les incisives.** •*Mûsa waga' wa sinnah ankasarat xallat lêyah falaja.* Moussa est tombé, sa dent s'est cassée et lui a laissé un espace entre les incisives. •*Hû min wildoh kê indah falaja.* Il a un espace entre les incisives depuis sa naissance.

falaka / falakât *n. f.*, désigne en *ar. lit.* le "bout arrondi et conique au bas du fuseau" (*Ka.*) ; voir plus loin l'expression *falakit al humâr*, * flk, ف ل ك ⇨

♦ **gland** (extrémité de la verge). •*Dakar al-juwâd wallâ l humar indah falaka.* Le sexe du cheval ou de l'âne a un bout arrondi. •*Rafîgi falakitah wirimat acân hû bajjal.* Le gland de mon ami est enflé parce qu'il a attrapé une blennorragie.

falakit al humâr / falakât al hamîr *n. vég.*, moins grossier que : zubb al humâr [sexe d'âne], *Cf. falaka*, * flk, ḥmr, ف ل ك • ح م ر

♦ **nom d'un champignon, Phallus impudicus,** champignon brun rougeâtre, allongé, qui dégage une odeur nauséabonde et attire les mouches. •*Falakât al hamîr yugummu katîrîn fî l xarîf.* Les "verges d'âne" poussent en grand nombre pendant la saison des pluies. •*Sillah barra falakit al humâr di acân rihitha afne !* Arrache et jette dehors ce champignon parce qu'il empeste !

falas *n. m.*, * fls, ف ل س

♦ **pauvreté, misère.** •*Al falas daxal lêh wa hassâ hû ta'bân.* Il est dans la misère et à présent souffrant. •*Allah yinajjîni min al falas !* Que Dieu me garde de la misère !

Falastîn *n. pr.* de pays.

♦ **Palestine.** •*Al Xudus âsima hanâ Falastîn.* Jérusalem est la capitale de la Palestine. •*Harba tâlat sinîn katîrîn bên Isra'îl wa Falastîn.* La guerre a duré de nombreuses années entre Israël et la Palestine.

falat 1 / yaflut *v. trans.*, forme I n° 1, * flt, ف ل ت

♦ **forcer un cadenas, casser la fermeture, ouvrir de force.** •*Hû falat al guful wa andassa câl al xumâm.* Il a forcé le cadenas, s'est introduit dans la maison et a pris des affaires. •*Al masâjîn falato l-bâb wa arrado.* Les prisonniers ont ouvert de force la porte et se sont enfuis. •*Aflut al guful da acân inta waddart al muftah !* Casse le cadenas puisque tu as perdu la clé !

falat 2 / yaflut *v. trans.*, forme I n° 1, dans l'expression *fallat al wa'ad, Cf. facal, falla 2, xâlaf*, * flt, ف ل ت

♦ **ne pas venir au rendez-vous, faire faux bond.** •*Anâ wa'adtah wa hû falat al wa'ad.* Je lui avais donné un rendez-vous, mais il m'a fait faux bond. •*Mâla falatt al wa'ad fôgi ? Harastak kê, mâ jît !* Pourquoi n'es-tu pas venu au rend-vous que je t'avais fixé ? Je t'ai longtemps attendu et tu n'es pas venu !

falatân *n. d'act., m.*, → *fallitîn.*

falâwe *pl.*, → *falu, falwa.*

falfal / yifalfil *v. trans., qdr.*, forme II, * flfl, fll, ف ل ف ل • ف ل ل

♦ **gonfler, grandir, défaire ses cheveux.** •*Al wilêd al-saxayar falfal.* Le petit enfant a grandi. •*Al-rîs falfal adîl garîb yanjad.* Le riz a bien gonflé et est sur le point de cuire. •*Hî falfalt ca'arha, tidôr yimaccutûha.* Elle a défait ses cheveux, elle veut qu'on les lui tresse.

falga / falgât *n. f.*, connu au *Sdn.* (*C.Q.*), * flq, ف ل ق

♦ **plaie, blessure à la tête,** lésions cutanées. •*Addâwaso wa antoh falga fî râsah.* Ils se sont battus et il a été blessé à la tête. •*Al hajjâs liga lêyah falga fî râsah.* Celui qui les a séparés a reçu une blessure à la tête.

fâlih / falhîn *adj.*, (*fém. fâlihe, fâlhe*), *Cf. kaji kaji*, * flḥ, ف ل ح

♦ **dynamique, travailleur (-euse), actif (-ive), énergique.** •*Âdum râjil fâlih, yaxdim kulla yôm.* Adoum est un homme dynamique, il travaille tous les jours. •*Ace mara fâlihe karabat bêtha adîl.* Aché est travailleuse, elle a bien tenu sa maison.

falitîn *n. d'act., m.*, ≅ *falatân*, → *fallitîn.*

falla 1 / yifill *v. trans.*, forme I n° 11, *Cf. farac*, * fly, ف ل ي

♦ **étaler, ouvrir, déployer.** •*Hî fallat al biric lê l-difân.* Elle a étalé une natte pour les hôtes. •*Maryam fallat al biric lê rafîgitha Zênaba.* Mariam a étalé une natte pour son amie Zénaba. •*Binêyti, filli l busât lê l-dîfân acân* *yisallu !* Ma fille, étale le tapis pour que les hôtes puissent prier !

falla 2 / yifill *v. trans.*, forme I n° 11, *Cf. falat 2, xâlaf*, * fll, ف ل ل

♦ **se défiler, ne pas honorer un rendez-vous, poser un lapin,** ne pas tenir sa promesse. •*Kan mâ tidôr amânak yigill, mâ tiwâ'id wa tifill !* Si tu ne veux pas qu'on perde confiance en toi, ne donne pas de rendez-vous sans les honorer ! •*A'hadôna naxaturu sawa wa fallo l ahad, maco xallôna.* Ils nous ont fixé un rendez-vous pour voyager avec nous, ils n'ont pas tenu leur promesse et sont partis en nous laissant.

falla 3 / yifalli *v. trans.*, forme II, *Cf. falla 1*, * fly, ف ل ي

♦ **épouiller, chercher les poux, écarter, caresser les cheveux,** chercher dans ses habits ou sa chevelure les poux et autres saletés. •*Binêyti, falli lêi ca'ari da, akûn talge gamul !* Ma fille, écarte mes cheveux et cherche, peut-être y trouveras-tu des poux ! •*Hû falla surwâlah min al gamul.* Il a cherché des poux dans son pantalon. •*Kan tifalli lêi, nunûm.* Si tu me caresses les cheveux, je vais m'endormir.

fallâgi / fallâgîn *adj. mrph. intf.*, inusité au féminin, *Cf. falag, Syn. caggâgi*, * flq, ف ل ق

♦ **bûcheron, fendeur de bois.** •*Al yôm al fallâgi ragad fî bêtah wa mâ jâni.* Aujourd'hui, le bûcheron s'est reposé chez lui et n'est pas venu me voir. •*Hatabayti l kabîre xawwafat al fallagîn.* Mon grand tronc d'arbre a effrayé les bûcherons.

fallaj / yifallij *v. intr.*, forme II, * flj, ف ل ج

♦ **avoir un écartement des incisives, pousser avec un interstice** (dents), avoir les incisives qui poussent écartées l'une de l'autre. •*Wilêdki da zamân sunûnah marsûsîn adîl, wa hassa da fallaj acân sinneytah al wahade ankasarat.* Ton enfant avait autrefois les dents bien alignées, il y a maintenant un interstice dans sa dentition parce qu'il a perdu une incisive. •*Binêyitki di kan kassarat sunûnha akûn tifallij.* Lorsque ta fille aura perdu ses dents de lait, elles repousseront avec peut-être un interstice entre elles.

fallany / yifalliny *v. trans.*, prononcé *[fallañ]*, *Cf. fattac* ; forme II.

♦ **fouiller, chercher à l'intérieur,** chercher avec attention quelque chose à prendre. •*Al iyâl fallanyo ûcc hanâ l-tuyûr.* Les enfants ont fouillé les nids d'oiseaux. •*Al iyâl fallanyo warcâl al faggûs wa laggato ammirrôso.* Les enfants ont fouillé dans les feuilles de concombres et ont cueilli les concombres à peine formés. •*Fallinyi lê wilêdki xalagah, cunû addah ?* Cherche avec attention dans le vêtement de ton enfant ce qui l'a piqué [mordu] ! •*Al binêye fallanyat al gurus min tihit al wusâde.* La fille a fouillé sous le coussin pour prendre l'argent.

fallas / yifallis *v. trans.*, forme II, *Cf. faggar*, * fls, ف ل س

♦ **appauvrir** (s'), **tomber dans la misère, ne plus avoir d'argent, faire défaut, fatigué(e).** •*Tcakkam watîrah acân fallas.* Il a vendu [troqué] sa voiture parce qu'il est tombé dans la misère. •*Xallih yal'ab be l gurus da, kan mâ fallas mâ ya'arif xîmt al-riyâl.* Laisse-le jouer avec cet argent ; tant qu'il ne l'a pas perdu, il ne saura pas la valeur d'un riyal. •*Humârna fallas lêna, acân da bas mâ jîna lêku ambahîn.* Notre âne était fatigué, et c'est pour cela que nous ne sommes pas venus tôt chez vous. •*Al awîn yifallusu l-tujjâr al bal'abo ma'âhum.* Les femmes appauvrissent les commerçants qui sortent [jouent] avec elles.

fallat / yifallit *v. trans.*, forme II, *Cf. falat*, * flt, ف ل ت

♦ **ouvrir de force, forcer une serrure, casser, disloquer, rompre un lien,** casser une fermeture pour pouvoir ouvrir. •*Al wilêd fallat al guful wa mâ nagdar nitabbil bâb bêti.* L'enfant a forcé le cadenas et je ne peux fermer à clé la porte de ma maison. •*Al-sarragîn yifallutu bîbân* *al-dakâkîn fî l-sûg.* Les voleurs ont ouvert de force les portes des boutiques au marché. •*Hû fallat al watîr hadîday hadîday.* Il a disloqué la voiture, morceau de fer après morceau de fer.

Fallâta *n. pr. gr., coll., sgtf. Fallâti* (homme), *Fallâtiye* (femme)
♦ **Peul, Foulbé.** •*Xanam hanâ l Fallâta induhum lônên : ahmar wa abyad.* Les moutons des Peuls sont pie-rouge. •*Al fallâti indah bagar sumân.* Le Peul a des vaches grasses.

fallatân *n. d'act., m.,* → *fallitîn.*

Fallâti *sgtf.* d'un *n. pr. gr., m.,* → *Fallâta.*

fallay / fallayîn *adj., (fém. fallâye), Cf. falla 3,* * fly, ف ل ي
♦ **qui épouille,** qui cherche et écrase les poux entre les ongles. •*Al-tugûla fallâyîn ambênâthum.* Les gros singes s'épouillent entre eux. •*Al-câyib da fallay lê xulgânah, acân mâ indah gudra yixassilhum.* Ce vieillard ne fait que chercher à écraser ses poux parce qu'il n'a plus la force de laver ses vêtements.

fallayân *n. d'act., m.,* ≅*falliyîn,* * fly, ف ل ي
♦ **épouillage, fait de chercher des poux,** ouvrir la chevelure ou la caresser comme pour chercher les poux, acte de confiance ou de tendresse. •*Al fallayân fî l-sûf halu.* C'est agréable de se faire épouiller les cheveux. •*Al-tugûla birîdu l fallayân ambênâthum.* Les singes aiment s'épouiller mutuellement. •*Fallayân al-râs ille lê l-nâdum al-tirîdah.* Tu ne cherches des poux que sur la tête de quelqu'un que tu affectionnes.

fallitîn *n. d'act., m., mrph.* forme II, ≅*falatân, fallatân, falitîn,* * flt, ف ل ت
♦ **fait de forcer, fait d'ouvrir de force, destruction d'une fermeture,** faire sauter un cadenas ou une serrure. •*Al-sarrâgîn xidimithum illa fallitîn al bîbân.* Les voleurs n'ont pas d'autre travail que de forcer les serrures des portes. •*Aftah al bâb bicêc, mâ ti'assirah bilhên, fallitînah hayyin ke bas !* Ouvre doucement la porte sans forcer, tu risques de faire sauter la serrure ! •*Al muftah kan waddartah hall âxar mâ fîh, illa fallitîn al kaylûn.* Si tu as perdu la clé, tu n'as plus d'autre solution que de forcer le canon de la serrure.

Falmata *n. pr.* de femme, (Bornou)

falu / fulwân *n. anim., m.,* ≅ les pluriels *fulaw, falâwe,* * flw, ف ل و
♦ **poulain.** •*Al faras wildat falu.* La jument a mis bas un poulain. •*Al falâwe cab'ânîn, gammo binakkusu.* Les poulains sont rassasiés, ils se sont mis à gambader.

falwa / falâwe *n. f., Cf. falu,* * flw, ف ل و
♦ **pouliche.** •*Al falwa di mardâne bigat bâtile marra wâhid.* Cette pouliche est malade, elle est devenue très maigre. •*Hû cara falwa lê abuh.* Il a acheté une pouliche pour son père.

fana' *n. m.,* * fny, ف ن ي
♦ **mort, fin de la vie, terme, anéantissement, néant.** •*Kan nâdum yagôd miya sana kulla lê l fana' !* Même si quelqu'un vit cent ans, il finira un jour par mourir ! •*Al marad da hawân axêr al fana' !* Cette maladie est terrible, il vaut mieux mourir !

fanad / yafnud *v. trans.,* forme I n° 1, * fnd, ف ن د
♦ **distinguer, mettre à part, comprendre.** •*Hû ja min al maxtar wa antahum lê nâs al hille kulluhum xulgân mâ fanad nâdum.* Il est revenu de voyage et a donné des habits à tous les gens du village sans distinction. •*Hû gâ'id bahajji lêi lâkin anâ mâ fanad kalâmah.* Il est en train de me parler, mais je n'ai pas bien saisi ce qu'il a dit.

fanâdig *pl.,* → *fundug.*

fanâgir *pl.,* → *fangar.*

fanâjîl *pl.,* → *funjâl.*

fanâyil *pl.*, *→ fanîle.*

fandas / yifandis *v. trans.*, *qdr.*, forme II, *empr.* (*esp. angl.*) *fantasia* [fantaisie], connu au *Sdn.* (*C.Q.*)
♦ **s'embellir, se parer, décorer.** •*Al awîn fandaso wa maco l-sahra.* Les femmes se sont embellies et sont allées à la soirée de gala. •*Hî fandasat yôm al îd.* Elle s'est parée le jour de la fête. •*Kan tidôr tifandis bêtak, ta'âl nantîk fôto hanâ fannânîn hindu !* Si tu veux décorer ta maison, viens, je te donnerai une photo de musiciens hindous !

fandâsiye *n. f.*, *Cf. fandas.*
♦ **décoration, fantaisie, pare-chocs, enjoliveur, aile de voiture,** tout ce qui sur un véhicule est considéré comme décoratif, y compris les ailes et le pare-chocs. •*Sâ'itha wâgife, wa hî lâbseha fandâsiye sâkit.* Sa montre est arrêtée, elle la porte comme une simple décoration. •*Fakkir fandâsiyit watîrak di al iyâl mâ yitallufuha lêk !* Fais attention à ce que les enfants n'abîment pas la beauté des ailes de ton véhicule !.

fandôk *n. m.*, connu au *Sdn.* (*C.Q.*), terme concernant les femmes, critère de beauté, terme à n'utiliser qu'entre hommes ou entre femmes, *Ant. ajrat*, * fndq, ف ن د ق
♦ **croupe arrondie, grosses fesses, postérieur fessu des femmes.** •*Allah xalag lê l mara fandôk sameh.* Dieu a créé la femme avec une belle croupe. •*Awîn Nasâra mâ induhum fandôk.* Les Blanches n'ont pas de postérieur fessu.

fangar / fanâgir *n. m.*, *empr. fr.*
♦ **épingle, épingle anglaise.** •*Awîn hanâ zamân induhum fanâgir fi rusênhum yurussu fôghum al wade'.* Les femmes d'autrefois avaient sur la tête des épingles qui leur permettaient d'accrocher des cauris. •*Rabat surwâl hanâ wilêdi be fangar.* J'ai attaché la culotte de mon enfant avec une épingle anglaise.

fangâsu *n. coll.*, *m.*, *sgtf. fangâsay*, *Syn. ligêmat*, *empr.*
♦ **petit beignet,** petit beignet rond, généralement fait à partir de farine de blé et frit dans l'huile. •*Al yôm fatarna be fangâsu wa câhi.* Aujourd'hui nous avons pris notre petit déjeuner avec des beignets et du thé. •*Wilêdi cara fangâsay be riyâl.* Mon fils a acheté un beignet un riyal. •*Marti sallalat fangâsu hanâ cari.* Ma femme a préparé [tiré] des beignets pour les vendre [pour la vente].

fanîle / fanâyil *n. f.*, *empr.* (*fr. angl.*) "flanelle" *[flaenl]*, utilisé aussi en arabe *sd.*
♦ **chandail, pull-over.** •*Al wata bigat barde wa hû libis fanîle be fôg lê xalagah.* Il fait froid, il a mis un chandail par-dessus son vêtement. •*Fî l-cite al fanâyil babgo xâliyîn.* En hiver les chandails coûtent cher.

fanjûla / fanjulât *n. f.*, * fjl, ف ج ل
♦ **grande bouche, gueule du chameau, lèvres charnues.** •*Mâla rafa' fanjûltak misil hint al-jamal, tidôr cunû ?* Pourquoi relèves-tu tes lèvres grosses comme celles du chameau, que désires-tu ? •*Al fanjûla hî al-calâlîf al kubâr. Fanjûla* est le nom que l'on donne aux lèvres grosses et charnues.

fann / funûn *n. m.*, * fnn, ف ن ن
♦ **technique, art.** •*Al musaxxafîn irifo l funûn min al kutub.* Les intellectuels ont appris les techniques dans des livres. •*Al-nâdum al ya'arf al fann, hû zaki wa fahîm.* Celui qui connaît l'art est sage et intelligent. •*Axui kammal hayâtah fî l fann.* Mon frère a passé [achevé] sa vie dans l'art. •*Al fann dahar min al-nâs al-ju'.* La technique a empêché les hommes d'avoir faim.

fannad / yifannid *v. trans.*, forme II, *Cf. fassal, fassar*, * fnd, ف ن د
♦ **distinguer, détailler, expliquer,** faire la différence entre. •*Al iyâl dâwaso wa l mara fannadat lêna ga'ar al kalâm.* Les enfants se sont battus et la femme nous a expliqué la cause du problème. •*Hû da bâkul*

kulla ceyy al ligah mâ bifannid. Il mange tout ce qu'il trouve, sans rien distinguer. •*Ta'âl yifannudu lêk al kalâm hatta amci dâwis !* Viens, qu'on t'explique le problème avant d'aller te battre ! •*Yûsuf fannad al-ru'ya.* Joseph expliquait les songes [les visions]. •*Humman mâ fihimo l balâx wa anâ fannadtah lêhum.* Ils n'ont pas compris le communiqué, et je le leur ai expliqué.

fannadân *n. d'act., m.,* → *fannidîn.*

fannan / yifannin *v. intr.*, forme II, * fnn, ف ن ن

♦ **s'appliquer, faire *qqch.* avec art.** •*Al-sahâfi fannan fî kalâmah.* Le journaliste a parlé avec éloquence. •*Humman dôl bifannunu fî xidimithum.* Ceux-là s'appliquent dans leur travail.

fannâni / fannânîn *adj. mrph. intf.*, (*fém. fannâniye*), * fnn, ف ن ن

♦ **chanteur, artiste.** •*Al fannâni l-tacâdi l kabîr da usumah al Hâjj Ahmat.* Ce grand chanteur tchadien s'appelle Al Hadj. Ahmat. •*Al fannânîn al-tacâdiyîn mâ induhum bêt hanâ l-tasjîl.* Les chanteurs tchadiens n'ont pas de studio d'enregistrement.

Fannâniye *n. pr.* de femme, *litt.* chanteuse, → *fannâni.*

Fanne *n. pr.* de femme, surnom, → *Fâtime.*

fanni / fanniyîn *adj.*, (*fém. fanniye*), * fnn, ف ن ن

♦ **technicien (-enne), artiste, spécialiste.** •*Zakarîya fanni fî bani l buyût.* Zacharie est un technicien du bâtiment [dans la construction des maisons]. •*Al fanniyîn fî l-rasim jammalo bêt al-Ra'îs.* Les artistes peintres ont décoré la maison du Président. •*Fattici lêi fanniye hanâ mucât al-ca'ar !* Cherche-moi une artiste en coiffure !

fannidîn *n. d'act., m.,* ≅ *fannadân,* * fnd, ف ن د

♦ **distinction, différence.** •*Ta'âlu âkulu, anâ mâ nidôr fannidîn al iyâl, kulluku sawa !* Venez manger, je ne veux pas faire de distinction entre les enfants ; vous êtes tous les mêmes ! •*Al-dawa, al antâni lêyah al-daktôr da, fannidînah mâ fihîmtah, wênu nacarbah awwal ?* Je n'ai pas compris la différence qui existe entre ces médicaments que le docteur m'a donnés, lequel dois-je prendre [boire] en premier ?

Fanniya *n. pr.* de femme, ≅ *Fanniye.*

Fanniye *n. pr.* de femme, ≅ *Fanne.*

fanta nom de la marque de boisson gazeuse.

Fanta *n. pr.* de femme (Bornou), → *Fâtime*

fantar / yifantir *v. trans.*, forme II, ≅ *pantar.*

♦ **peindre.** •*Abbakar gâ'id yifantir motoytah ahamar tcu.* Abakar est en train de peindre sa moto en rouge vif. •*Al xaccâbi fantar lêi dôlâbi be fintir abyad.* Le menuisier a peint mon armoire en blanc.

fantarân *n. d'act., m.,* ≅ *fantirîn.*

♦ **peinture, fait de peindre.** •*Wilêdi yi'allumuh al fantarân fî l-lekkôl.* A l'école, on donne des cours de peinture à mon fils. •*Fantarân al buyût wa l bibân bantîhum nôre.* Peindre les murs et les portes donne une belle allure aux maisons.

fantir *n. m., empr. fr.,* ≅ *fantîr, fintir.*

♦ **peinture.** •*Fantir al bêt da ajabâni.* La peinture des murs de cette maison m'a plu. •*Watîr hanâ Mahammat sawwa hâdis, wa fantîrah kulla ke anhakka.* Mahammat a eu un accident et toute la peinture de sa voiture est éraflée.

fantirîn *n. d'act.,* → *fantarân.*

fanyara / fanyarât *n. f., Syn. kazama.*

♦ **nez petit, nez concave,** renfoncement de la partie supérieure d'un nez concave. •*Fâtime binêyâtha kulluhum be fanyarâthum bicabbuhu abûhum.* Toutes les filles de Fatimé ont de petits nez concaves qui ressemblent à celui de leur père. •*Wijhi indah fanyâra mâ yixallîni nalbas nunêt, xartûm misil hanâ ammi ke mâ ligîtah.* Mon visage a un renfoncement dans la partie supérieure de mon nez, ce qui m'empêche de porter des lunettes ; je n'ai pas un nez convexe comme celui de ma mère.

fanyax / yafnyix *v. trans.*, forme I n° 6, *empr.* connu au *Sdn.*, *Syn. balla.*
♦ **tremper le mil,** mettre du mil à gonfler dans l'eau. •*Al-râ'i fanyax lêyah xalla fî kireytah hint al-zuga.* Le berger a fait gonfler du mil dans l'eau de sa petite gourde contenant sa provision d'eau. •*Al harrâtîn yafnyuxu l-dura wa fajur yitêribûha.* Les cultivateurs font tremper du sorgho dans l'eau et demain matin ils le sèmeront.

fanyîxe *n. f.*, terme utilisé en arabe *sd.*, *Cf. balîle, dacîce.*
♦ **mil trempé,** mil cru gonflé dans l'eau. •*Al fanyixe taktul al-ju'.* Le mil trempé dans l'eau apaise [tue] la faim. •*Al fanyîxe akil al-ru'yân.* Le mil gonflé dans l'eau est le repas quotidien des bergers.

fâr 1 / yufûr *v. intr.*, forme I n° 4, * fwr, ف و ر
♦ **bouillir, porter à l'ébullition.** •*Al almi fâr wa l bôx tala'.* L'eau a bouilli et la vapeur est montée. •*Al burma fârat ajala ke acân xattoha fî nâr katîre.* La marmite a très vite bouilli parce qu'elle est sur un grand feu.

fâr 2 / yufûr *v. intr.*, forme I n° 4, * fwr, ف و ر
♦ **gonfler, lever, manger** (termites), manière dont les termites entourent de terre - et font ainsi gonfler - les objets qu'ils mangent. •*Al ajîn hanâ l fangâsu fâr ajala ke.* La pâte à beignets a levé très vite. •*Al arda fârat fî l-cabaka wa gatta'at al hubâl.* Les termites ont mangé le panier de l'âne et coupé les cordes. •*Al arda fârat fî râs al bêt.* Les termites se sont installés dans [ont gonflé] le toit de la maison.

fâr 3 / yufûr *v. intr. {- fog}*, ayant pour sujet *al-la'abe* [la partie de cartes], * fwr, ف و ر
♦ **perdre une partie de cartes.** •*Al-la'abe di fârat fôgi.* J'ai perdu cette partie. •*Kan mâ tal'ab ma'âi adîl, tufûr fôgna.* Si tu ne joues pas bien avec moi, nous perdrons la partie. •*Inta sarrâg, kulla la'abe tufûr fôgna, anîna mâ xassadna !* Tu es un tricheur, nous perdons toujours, nous n'acceptons plus cela !

fâr 4 *n. anim., coll., m., sgtf. fâray, Cf. amsîsî*, * f'r, ف ء ر
♦ **rat,** famille des muridés. •*Al fâr daxalo fî l-nugâr.* Les rats sont entrés dans les trous. •*Al bisse akalat fâray.* Le chat a mangé un rat. •*Karabt be angajjâma fâr talâte.* J'ai attrapé au piège trois rats. •*Wald al fâr haffâr.* Le fils du rat sait bien s'y prendre pour creuser les trous. *Prvb.* (*i.e.* "Tel père, tel fils !").

fâr al gôz *n. anim., litt.* rat des plaines sablonneuses, * f'r, qwz, ف ء ر • ق و ز
♦ **rat des champs, campagnol.** •*Fâr al gôz salla al-nâs min al-têrâb.* Le campagnol déterre les semences que les gens ont plantées. •*Al-nâs bagunsu (bagnusu) fâr al gôz fî wakt al-ju'.* Les gens chassent le rat des champs en temps de famine.

far'an / yifar'in *v. intr. {- fî}, qdr., litt.* devenir Pharaon ; forme II, * frʕn, ف ر ع ن
♦ **commander en maître, exercer son pouvoir sur, dominer orgueilleusement, n'en faire qu'à sa tête,** donner des ordres sans tenir compte de l'avis des autres. •*Al-râjil da far'an fî jîrânah acân hû xani.* Cet homme se comporte en maître absolu avec ses voisins parce qu'il est riche. •*Al kabîr yifar'in fî xaddâmînah.* Le chef exerce son pouvoir d'une manière excessive sur ceux qui travaillent pour lui. •*Al mara di far'anat fî râjilha acân hî ligat mâl.* Cette femme domine orgueilleusement son mari parce qu'elle est devenue riche. •*Hû far'ân*

hassâ acân ba' watîr. Il n'en fait maintenant qu'à sa tête parce qu'il s'est acheté une voiture.

far'i / far'iyîn *adj.*, (*fém. far'iye*), * frʕ, ف ر ع

♦ **annexe, affilié(e), secondaire.** •*Labtân hanâ Bololo gisim far'i min al-labtân al kabîr.* Le dispensaire du quartier Bololo est une annexe de l'hôpital central. •*Al-lajna l far'iya hanâ munazzamitna sawwat hafla amis.* Le comité affilié à notre organisation a organisé une fête hier. •*Al-ca'ab kawwano lêhum lijân far'iye fî kulla hille.* Le peuple a organisé des comités annexes dans tous les villages.

farac 1 / yafruc *v. trans.*, *Cf. jalad* ; forme I n° 2, * frš, ف ر ش

♦ **fouetter, cravacher, chicoter.** •*Al iyâl xatto lêi sirge wa l pôlis faracâni !* Les enfants m'ont accusé de vol [ont posé à moi un vol] et le policier m'a fouetté. •*Afruc juwâdak kan mâ bamci !* Donne un coup de cravache à ton cheval s'il n'avance pas ! •*Al faki da bafruc iyâl girâytah kulla yôm.* Ce marabout donne tous les jours des coups de chicote à ses élèves.

farac 2 / yafruc *v. trans.*, forme I n° 2, * frš, ف ر ش

♦ **étaler,** s'apprêter à accueillir des hôtes en étalant les nattes. •*Farac bircah fî dull al-daha wa rakkab barrâdah fî l-nâr.* Il a étalé sa natte à l'ombre du matin et a posé sa théière sur le feu. •*Hû hâraj martah acân mâ faracat al biric ajala lê dîfânah.* Il a fait des reproches à sa femme parce qu'elle n'avait pas étalé la natte assez vite pour ses invités. •*Afruc lêna l busât da nisallu !* Étale le tapis pour que nous priions !

faracân *n. d'act., m.*, → *faricîn.*

farad 1 / yafrud *v. trans.*, *Cf. fasal, dahar, farag* ; forme I n° 1, * frd, ف ر د

♦ **sevrer, séparer.** •*Al mara kan xalbâne, tafrud saxîrha ajala ke.* Dès qu'une femme devient enceinte, elle se dépêche de sevrer son petit. •*Al wilêd kan faradoh yabki katîr acân hû yirîd al-ridâ'e.* Lorsqu'on sèvre un enfant, il pleure beaucoup parce qu'il aime téter. •*Ba'ad santên hî tafrud binêyitha.* Elle sèvrera sa fille dans deux ans.

farad 2 / yafrud *v. trans. {- lê}*, forme I n° 2, * frḍ, ف ر ض

♦ **obliger *qqn.* à, imposer *qqch.* à *qqn.*, contraindre *qqn.* à.** •*Al hâkûma faradat lê kulla muwâtin kaffîn al mêri.* Le gouvernement a obligé chaque citoyen à payer l'impôt. •*Allah farad lêna l-salâ wa l-siyâm.* Dieu nous a imposé la prière et le jeûne.

faradân *n. d'act., m.*, → *faridîn.*

farâde *pl.*, → *farde 1.*

farâfir *pl.*, → *farfar 2.*

farag / yafrug *v. trans.*, forme I n° 2, * frq, ف ر ق

♦ **quitter, se séparer de.** •*Al wilêd farag ammah wa abuh wa rufugânah wa ja fî Anjammêna.* L'enfant a quitté sa mère, son père et ses amis, et est venu à N'Djaména. •*Hû farag dârah wa ja hini.* Il a quitté son village et est venu ici.

fârag / yifârig *v. trans.*, forme III, * frq, ف ر ق

♦ **mourir, se séparer de,** quitter ce bas monde. •*Jâri fârag al-dunya amis.* Mon voisin est mort hier. •*Rafigak da râjil adîl, mâ tifârigah !* Ton ami est un homme bon, ne te sépare pas de lui ! •*Kan mâci l kadâde, mâ tifârig sakkînak !* Si tu vas en brousse, ne te sépare pas de ton couteau !

faraga *n. f.*, → *farga.*

faragân *n. d'act., m.*, → *farigîn.*

farah 1 / yafrah *v. trans.*, forme I n° 12, → *firih, yafrah*, * frḥ, ف ر ح

farah 2 / afrâh *n. m.*, terme de l'*ar. lit.*, → *farha*, * frḥ, ف ر ح

Farah *n. pr.* d'homme, → *farah.*

fârahân *n. d'act., m.,* → *fârihîn.*

farâid *pl.,* → *farîde.*

faraj 1 / yafruj *v. intr.*, forme I n° 1, * frj, ف ر ج

♦ **devenir adulte, être autonome, être en âge de travailler,** pouvoir subvenir à sa subsistance. •*Iyâl xâlti dugâg, lissâ mâ farajo.* Mes petits cousins [les enfants petits de ma tante] ne sont pas encore adultes. •*Ti'ibt be iyâli wa hassâ anâ farhâne acân humman farajo wa bigo xaniyîn.* J'ai souffert pour éduquer mes enfants, mais à présent je suis heureuse parce qu'ils travaillent et sont devenus riches. •*Kan inta faraj, tidabbir inta sîdah !* Quand tu seras grand, tu te débrouilleras par toi-même !

faraj 2 / yafruj *v. intr.*, ayant le mot *dixe* comme sujet, forme I n° 1, * frj, ف ر ج

♦ **cesser, transformer en, passer, se changer en, quitter,** sortir d'un temps d'épreuves et de peines pour entrer dans un temps meilleur et plus heureux. •*Al masâjîn dixithum farajat lêhum be l hurriye.* Le temps d'épreuve des prisonniers a cessé lorsqu'ils ont été libérés [avec la liberté]. •*Dixt al xarîf farajat be l-darat.* Le mauvais temps de la saison des pluies a laissé la place au bon temps de la moisson. •*Al wata farajat.* Le climat est meilleur.

faraj 3 *n. m., Cf. faraj 2,* * frj, ف ر ج

♦ **délivrance, terme d'une souffrance, fin d'une épreuve,** cessation d'un temps d'épreuve morale ou de souffrance physique. •*Kulla dîxe lêha faraj !* Toute souffrance a un terme. •*Jannat al Fardôs, faraj al-ta'ab.* Le jardin du Paradis est la fin des souffrances. •*Al-dunya kan dâxat, al faraj garîb.* Lorsque la vie devient trop insupportable, c'est que les beaux jours approchent. *Prvb.* •*Al âfe jât da, kulla faraj min Allah.* La paix est revenue, c'est Dieu qui a mis un terme à notre épreuve !

faraj 4 *n. m.*, terme très délicat dans son emploi, *Cf. giddâm al mara, nafis,* * frj, ف ر ج

♦ **vagin.** •*Sayidna gâl : "Wâjib al mara tahfad farajha min al-zina".* Le marabout a dit : "La femme doit se garder de commettre l'adultère" [protéger son vagin de l'adultère]. •*Al-dakâtîr bugûlu "faraj", wa l awîn baxjalo wa bugûlu "giddâm".* Les médecins appellent "vagin" ce que les femmes, par pudeur, appellent "le devant".

Faraj *n. pr.* d'homme, → *faraj 3,* * frj, ف ر ج

farajallah nom composé de *faraj* (délivrance) et *Allah, m.,* (*i.e.*: Dieu m'a délivré avec cet or), * frj, 'lh, ف ر ج • ا ل ه

♦ **sorte de collier, nom d'un bijou en or,** ensemble de motifs décoratifs que les femmes portent autour du cou. •*Banât hassâ mâ induhum farajallah katîr.* Les filles d'aujourd'hui ne portent pas souvent d'ornements décoratifs autour du cou. •*Al farajallah da, sawwoh min al-dahab, indah jinêhat marsûsîn be jinzirhum.* Cette parure du cou est en or, elle est composée de pièces d'or alignées et reliées entre elles par une chaînette.

farajân *n. d'act., m.,* → *farijîn.*

farak / yafruk *v. trans.*, forme I n° 2, *Cf. arak,* * frk, ف ر ك

♦ **frotter, faire sortir les grains de l'épi,** frotter l'épi dans les mains pour en détacher les grains. •*Farak lêna ganâdîl min zer'ah, acân nudûxu al xêr al-jadîd.* Il a frotté dans ses mains des épis de son champ pour que nous goûtions ce nouveau bienfait. •*Al kalâm da ôja'âha laxâyit farakat îdênha.* Cette parole l'a blessée au point qu'elle s'en frottait les mains.

faram 1 / yafrum *v. trans.*, forme I n° 2, *Cf. rihik,* * frm, ف ر م

♦ **hacher, passer au hachoir, mouler les gâteaux,** donner une jolie forme à la pâte des biscuits. •*Hî faramat al-laham fî l makana, acân* *tisawwi kufta.* Elle a passé la viande au hachoir parce qu'elle voulait préparer un plat de boulettes de viande hachée. •*Kan yôm tidôr tisey mulâh carmût, tafrum al basal, wa l-tûm wa l-tamâtim be l-laham fî l makana.* Le jour où tu veux préparer une sauce de viande séchée, tu passes au hachoir les oignons, l'ail et les tomates avec la viande. •*Be l-farîn wa l-dihin, wa bêd al-jidâd wa l-laban, nisawwi ajîn, wa nafrumah fî l makana acân nisawwi ka'ak tuwâl wa ka'ak mudawwar.* Avec de la farine de blé, de l'huile, des œufs et du lait, je fais une pâte que je passe dans la machine pour donner aux biscuits une forme allongée ou ronde.

faram 2 / yafrum *v. trans.*, forme I n° 1, * frm, ف ر م

♦ **tordre un membre.** •*Agôd zên, afrum ragabtah lahaddi yi'ôrik wên xatta gursi !* Coince-le [reste calme, tords-lui le cou] jusqu'à ce qu'il te dise où il a mis mon argent ! •*Al-râjil al kacrân fî xabâr riyâlên faram îd wilêdah namman bâl.* A cause de deux riyals, l'homme méchant a tordu le bras de son enfant jusqu'à l'en faire uriner.

farâmil *pl.*, → *farmala 1.*

faran / yafrun *v. trans.*, forme I n° 2, terme de l'*ar. lit.*, emprunté au latin, moins employé que *dassa fî l furun*, * frn, ف ر ن

♦ **mettre dans le four, cuire au four.** •*Ajjarat râjil acân yafrun lêha ka'ak al îd.* Elle a embauché un homme pour qu'il lui fasse cuire au four les gâteaux pour la fête. •*Jarti macat tafrun jidâd lê duyûf râjilha.* Ma voisine est allée mettre au four des poulets pour les hôtes de son mari.

farana *pl.*, → *furun.*

Faransa nom pr, → *Fransa.*

farârîj *pl.*, → *farrûj.*

farârîr *pl.*, → *farrâr.*

faras / fursân *n. f.*, *Cf. juwad, xêl, falu, falwa*, *Syn. janga*, * frs, ف ر س

♦ **jument.** •*Maryam indaha faras wa axûha indah juwâd.* Marie a une jument et son frère un cheval. •*Arbut al faras fî cayitha !* Attache la jument à son piquet ! •*Farasna dârre.* Notre jument est pleine. •*Al-rujâl birîdu l xêl min al fursân.* Les hommes préfèrent les chevaux aux juments.

farâw *pl.*, → *farwa.*

farâwe *pl.*, → *farwa.*

farax 1 / furûx *adj.*, (*fém. farxa*), terme d'insulte, * frh̲, ف ر خ

♦ **enfant bâtard(e), adultérin(e),** enfant dont on ne connaît pas le père. •*Al wilêd da farax acân wildoh gubbâl al fâte.* Cet enfant est un bâtard parce qu'il est né avant le mariage. •*Al iyâl dôl furûx, nihisîn bilhên, mâ yagôdu sâkit !* Ces enfants sont des bâtards, ils sont impossibles [têtus], ils ne tiennent pas en place !

farax 2 / furûx *n. m.*, à ne pas confondre avec l'homonyme *faxar* signifiant bâtard,, * frh̲, ف ر خ

♦ **oiselet, petit d'un animal.** •*Macêna l kadâde, wa ligîna fî cadaray ucc kabîr indah farax hanâ l-têray.* Nous sommes allés en brousse et avons trouvé dans un arbre un gros nid dans lequel il y avait un petit oiseau. •*Al-râjil da samîn misil farax al fîl.* Cet homme est gras comme un éléphanteau.

fâray *n. f.*, *sgtf.* [un rat] → *fâr 4.*

farâyid *pl.*, → *farîd.*

farâyix *pl.*, → *farîx.*

farca *n. f.*, → *farce 2.*

Farca *n. pr.* de lieu, quartier de N'Djaména [étendue de terre], * frš, ف ر ش

♦ **Farcha.**

farce 1 *n. f.*, → *faric 1.*

farce 2 / farcât *n. f.*, *Cf. farac 2*, ≅*farca*, *Cf. busât*, * frš, ف ر ش ⇨

♦ **tapis, descente de lit, moquette.** •*Jâb lêyah min al-Sa'udiye farce hamra lê bêtah.* Il a apporté d'Arabie Saoudite un tapis rouge pour sa maison. •*Al-jawâmi' induhum farcât lê l-salâ.* Les mosquées ont des tapis pour la prière. •*Farcât al-sûf al asliyîn yijîbûhum min Lîbya.* Les tapis en pure laine sont importés de Libye.

farcîn *n. d'act., m.*, → *faricîn.*

fard 1 / afrâd *n. m.*, désigne aussi bien un homme qu'une femme, * frd, ف ر د

♦ **une personne, plusieurs personnes, individu.** •*Fî l mu'tamar maco afrâd bas min Tcâd.* Il n'y a eu que quelques Tchadiens qui sont allés au Congrès. •*Macêna fî l-sûg be taksi, kullina kaffêna, illa fard wâhed bas mâ kaffa.* Nous sommes allés au marché en taxi ; tous, sauf un, avons payé notre place.

fard 2 *n. m.*, → *farid 2*, * frḍ, ف ر ض

farde 1 / farâde *n. f.*, autre pluriel *furâd*, *Cf. laffay, rabbâta, xirge, marabay*, * frd, ف ر د

♦ **pagne.** •*Carêt farde lê marti yôm al îd.* J'ai acheté un pagne à ma femme le jour de la fête. •*Al farâde al-samhîn, nalgohum fî l-sûg al kabîr.* Les jolis pagnes se trouvent au grand marché.

farde 2 *n. f.*, * frd, ف ر د

♦ **morceaux, partie d'une paire, moitié, nom d'une monnaie ancienne.** •*Bi't biric kawcu ab arba'a farde.* J'ai acheté une natte en plastique composée de quatre morceaux. •*Hû waddar fardit na'âlah fî l-jâmiye.* Il a perdu une de ses sandales à la mosquée.

fardi *adj.*, (*fém. fardiye*), * frd, ف ر د

♦ **individuel (-elle), personnel (-elle).** •*Al klacinkof bundug fardi.* La kalachnikov est une arme individuelle. •*Kulla imtihân amal fardi.* Tout examen est un travail individuel.

Fardôs *n. pr.* de femme, variante de *Firdôs*, * frds, ف ر د س

farfar 1 / yifarfir *v. trans.*, forme II, *Cf. calla'*, * frr, ف ر ر

♦ **soulever, détruire, fouiller.** •*Hê Yaxûb, mâ tifarfir lêi al katâkit dôl !* Hé ! Yacoub ! ne fouille pas dans mes papiers ! •*Al-rîh farfarat al-ligdâbe.* Le vent a détruit l'abri en paille.

farfar 2 / farâfir *n. m.*, *Cf. takkiye, cargâniye, Syn. sittîr*, * frr, ف ر ر

♦ **store, claie, canisse, treillis,** languettes de tiges de bambou ou de hautes herbes étalées et retenues entre elles par un entrelacs de cordelettes généralement en cuir. •*Bâb bêti indah farfar.* La porte d'entrée de ma maison a un store. •*Banêt lugdâbe indah acara farâfir.* J'ai construit un abri avec dix claies. •*Mâlak ticîfni be wara l farfar ?* Qu'as-tu à me regarder ainsi derrière le canisse ?

farfar 3 / yifarfir *v. intr.*, concernant seulement les garçons, *Cf. tcar-tcarat* (pour les filles), * frfr, ف ر ف ر

♦ **devenir un jeune homme, devenir adulte, grandir** (adolescent). •*Wilêdi hassâ da farfar, hissah albaddal, burûx ma'â l farâfir.* Mon enfant devient un jeune homme, sa voix a changé et il se promène avec les jeunes adultes. •*Wilêdak farfar, bada bitârid fî l banât fî l-lêl.* Ton fils a grandi, il commence à courir les filles la nuit.

farfat / yifarfit *v. trans., qdr., onom.*, *Cf. marmax, fatfat* ; forme II.

♦ **agiter sa proie, disloquer, se rouler à terre, se débattre,** secouer sa proie entre ses crocs par terre. •*Al marfa'în farfat al xanamay.* L'hyène a retourné la chèvre par terre. •*Al wilêd, al-nâr akalatah, wa farfat fî l-turâb.* L'enfant s'est brûlé [le feu l'a mangé] et s'est roulé par terre. •*Darritha fajjatha wa saraxat, wa waga'at fî l-turâb tifarfit.* Sa coépouse l'a blessée à la tête, elle a crié et est tombée en se débattant.

farfo *n. coll.*, animal, *sgtf. fârfoy.*
♦ **carpe, Tilapia galilæa.** •*Iyâli maco l bahar wa jâbo lêna farfo.* Mes enfants sont allés au fleuve et nous ont apporté des carpes. •*Fî sûg hanâ Cagwa al farfo arba'a be miya riyâl.* Au marché de Chagoua, quatre carpes valent cent riyals. •*Al-sane, al farfo katîr bilhên fî l-sûg.* Cette année, il y a beaucoup de carpes au marché.

farfôri / farâfîr *adj.*, (pour le *fém.* → *tcartcareye*), *qdr.*, * frfr, ف ر ف ر
♦ **jeune homme, adolescent, immature,** qui n'est pas encore adulte dans son comportement. •*Al binêye di antôha lê wilêd immaha farfôri ke, dahâbah xatam al Xur'ân.* Ils ont donné cette fille en mariage à son cousin [au fils de son oncle paternel], un adolescent qui vient tout juste de terminer ses études coraniques. •*Wakit abuh mât hû farfôri wa hassâ bigi râjil karab axawâtah.* Lorsque son père est mort, il était adolescent, mais maintenant il est devenu un homme qui s'occupe de ses sœurs. •*Zênaba gâlat mâ tidôr tâxud illa farfôri durâ'a axadar.* Zénaba a dit qu'elle ne voulait épouser qu'un jeune homme plein de vitalité [aux bras verts].

farga / fargât *n. f.*, ≅ *faraga*, *Cf. falaja*, * frq, ف ر ق
♦ **espace, passage, place vide, encoche, temps libre.** •*Anâ nidôr nadxul fî l-sûg be watîri, wa mâ ligit farga.* Je voulais entrer dans le marché avec ma voiture, mais je n'ai pas trouvé de passage. •*Nalga faraga fî bêtku nargud wallâ ?* Puis-je trouver chez vous une place libre pour dormir ? •*Indi niye namci lêku, lâkin mâ ligît farga.* J'ai l'intention d'aller chez vous, mais je n'ai pas de temps libre. •*Fî l-sûg sîd al pûs bugûl : "farga farga".* Au marché, ceux qui conduisent leur pousse crient : "un passage, un passage !".

fargân *n. d'act., m.*, → *farigîn.*

fargana *pl.*, → *farîg.*

fargîn *n. d'act., m.*, → *farigîn.*

farha / afrâh *n. f.*, plus usité que *farah*, ≅ le pluriel *farhât*, * frḥ, ف ر ح
♦ **joie, réjouissance.** •*Anîna ayyadna l-dahîye be farha.* Nous avons fêté la Tabaski dans la joie. •*Al farha katalatni acân abui ja min Makka.* Je suis ivre de joie parce que mon père est revenu de La Mecque. •*Nuggart al farha cik min nuggart al karha.* Le jeu du tambour qui annonce la réjouissance est différent de celui qui annonce le malheur. •*Al-tôr da ambâkir nadbahah fî farhit wilêdi.* Demain j'égorgerai ce bœuf pour faire la fête en l'honneur de mon enfant. •*Gayyalna fî bakân al farha.* Nous avons passé le milieu du jour sur le lieu de la fête.

farhân / farhânîn *adj.*, (*fém. farhâne*), ≅ le féminin pluriel *farhânât* ; *Cf. munfarih, radyân, halâ*, * frḥ, ف ر ح
♦ **heureux (-euse), content(e), joyeux (-euse), de bonne humeur.** •*Al arîs farhân.* Le marié est heureux. •*Axti farhâne acân xallôha mâciye l-li'ib.* Ma sœur est contente parce qu'on l'a autorisée à aller danser. •*Al harrâtîn farhânîn acân al xalla gammat katîre.* Les cultivateurs sont heureux parce que le mil a poussé en abondance. •*Al ajâyiz farhânât ma'â iyâlhum al-suxâr.* Les vieilles femmes sont joyeuses en compagnie de leurs petits enfants. •*Xâltak farhâne minnak acân fakkartaha wa rassalt lêha gurus.* Ta tante maternelle est contente de toi parce que tu as pensé à elle et que tu lui as envoyé de l'argent.

farhânât pluriel féminin, moins utilisé que *farhânîn*, → *farhân.*

faric 1 *n. m., coll., sgtf. farce* [un coup de chicote], *Cf. farac 1, faricin 1*, * frš, ف ر ش
♦ **coups de chicote.** •*Al wilêd da wâlaf al faric misil al humar.* Cet enfant s'est habitué comme l'âne aux coups de chicote. •*Min al faric, laham al humâr algatta'.* A cause des coups de chicote, la chair de cet âne est lacérée. •*Kan antêtak farce wahade*

be l-sôt da, tubûl fî surwâlak ! Si je te donne un seul coup de cette chicote, tu en pisseras dans ton pantalon !

faric 2 *n. m.*, voir le *Syn. furâc.*

fâric 1 / fârcîn *adj. mrph. part.* actif, (*fém. fârce*), *Cf. farac 1*, * frš, ف ر ش

♦ **qui a fouetté, qui a chicoté.** •*Mâlak fâric axûk be sôt al-juwâd ?* Qu'as-tu à fouetter ton frère avec la cravache du cheval ? •*Kaltûma, fârce bitt ammiki misil da, sawwat lêki cunû ?* Kaltouma, tu as chicoté ainsi ta propre sœur, que t'a-t-elle donc fait ?

fâric 2 / fâricîn nom *mrph. part.* actif, (*fém. farce*), *Cf. farca 2*, * frš, ف ر ش

♦ **qui a étalé, qui a étendu à terre, qui a installé une place mortuaire.** •*Ali fâric bircah wa mucangil misil al mutahhar.* Ali a étendu sa natte et s'est mis sur le dos dans la position d'un nouveau circoncis. •*Mâlku fârcîn furaw al-salâ wa wakt al-salâ lissâ.* Pourquoi avez-vous étalé les peaux pour la prière alors que ce n'en est pas encore l'heure ? •*Abuh mât wa hassâ hû fâric fî bêtah al gâ'id janba l-jâmiye.* Son père est mort et maintenant il a installé une place mortuaire chez lui, à côté de la mosquée.

faricîn 1 *n. d'act., m.*, pour le même sens ≅*farcîn, farcân*, *Cf. farac 1*, * frš, ف ر ش

♦ **donner le fouet, fait de chicoter,** fait de fouetter, fait de donner des coups de chicote. •*Angari min faricîn martak, hî xalbâne.* Garde-toi de fouetter ta femme, elle est enceinte ! •*Mâ ligîtu li'ib âxar illa l faracân ambênâtku bas ?* Vous n'avez pas trouvé d'autre jeu que celui de vous donner des coups de chicote ?

faricîn 2 *n. d'act., m.*, pour le même sens ≅*farcîn, farcân, faracân, farracân, farricîn*, *Cf. farac 2, farrac*, * frš, ف ر ش

♦ **étalage, dépliage, fait d'étendre, installation de la place mortuaire,** fait d'étendre, d'étaler par terre les nattes, de déplier des vêtements. •*Dahartiki min faricîn kadmuli lê iyâlki.* Je t'avais interdit d'étendre mon turban pour y mettre dessus tes enfants. •*Faricîn al biric fî l harray yisawwih asfar.* Étendre une natte au soleil la fait jaunir. •*Al burûc al-judâd farricîhum gâsi acân yintawu wihêdhum.* Il est difficile d'étaler les nattes neuves parce qu'elles s'enroulent sur elles-mêmes. •*Kan nâdumak mât, al faricîn bikallif gurus katîr.* À la mort d'un parent, l'installation de la place mortuaire coûte cher [beaucoup d'argent].

farid 1 / furûd *n. m.*, moins employé que *fasid, fusûd*, *Syn. calix*, * frḍ, ف ر ض

♦ **scarification.** •*Al-Sâra wa l Bilâla bisawwu furûd kubâr fî wujûhum, wa biccâbaho.* Les Sara et les Bilala font de grosses scarifications sur leur visage et se ressemblent. •*Al Borno bisawwu farid wâhid fî l-jabhe namman lê l munxar.* Les Bornouans font une seule scarification qui va du front jusqu'au nez.

farid 2 / furûd *n. m.*, terme de l'*ar. lit.*, ≅*fard*, *Cf. farad*, * frḍ, ف ر ض

♦ **obligation, contrainte, disposition de loi, prescription.** •*Farid min furûd al hâkûma lê l-ca'ab, yikaffu lampo kulla sane.* Une des dispositions de la loi du gouvernement envers le peuple est le devoir de payer l'impôt une fois par an. •*Al banki l âlami sawa farid be nagisîn hanâ l franka CFA fî Afrixiya.* La Banque Mondiale a obligé les pays d'Afrique à dévaluer le franc CFA.

farîd / farâyid *adj.*, (*fém. farîde*), * frd, ف ر د

♦ **seul(e), unique, isolé(e).** •*Al wilêd da farîd fî ammah wa abuh.* Il est l'unique enfant de sa mère et de son père. •*Hû sâfar wa xallah lê axuh farîd fî l hille.* Il a voyagé et a laissé son frère seul au village.

Farîd *n. pr.* d'homme, *Cf. farîd*, * frd, ف ر د

fârid / fârdîn *adj. mrph. part.* actif, (*fém. fârde*), *Cf. farad*, * frd, ف ر د

♦ **qui a séparé, qui a sevré, prêt(e) à frapper, qui a levé un bâton pour frapper.** •*Hî fârde saxîrên wa hassâ da hî tiraddi' fî wâhid.* Elle a sevré deux petits et maintenant elle donne le sein à un autre. •*Inta fârid asâtak di, tîdor tadrub yâtu ?* Tu as levé ton bâton, qui veux-tu frapper ? •*Al-rujâl fardîn isiyânhum yidôru yiddâwaso.* Les hommes ont levé leur bâton, ils veulent se battre.

Farîda *n. pr.* de femme, *fém.* de *Farîd*, * frd, ف ر د

farîde / farâid *n. m.*, *Cf. farad*, * frḍ, ف ر ض

♦ **précepte d'ordre divin, loi religieuse, prescription religieuse.** •*Fî l-salâ, fîh farâid wa sunan.* Dans la prière, il y des préceptes d'ordre divin et des traditions à respecter. •*Kan nisît farîde fî l-salâ, salâtak bâtile.* Si tu oublies d'accomplir une prescription de la loi religieuse dans la prière, ta prière est invalide.

faridîn *n. d'act.*, ≅ *faradân*, * frd, ف ر د

♦ **sevrage.** •*Wilêdki da wakit faridînah tamma.* Il est temps de sevrer ton enfant. •*Al binêye di gabul faridînha xallat radi'în al-dêd.* Avant même le temps de son sevrage, cette petite fille avait cessé de téter.

farig nom, *Cf. farag*, * frq, ف ر ق

♦ **différence.** •*Kan buyud wallâ zurug, kulla l iyâl nihisîn, cunû l farig ambênâthum ?* Qu'ils soient blancs ou noirs, tous les enfants sont terribles, y aurait-il une différence entre eux ? •*Al-nâs gâlo : bên dastur hanâ Tcad wa dastûr hanâ Fransa al farig ambênâthum ciyya ke bas.* Les gens ont dit qu'entre la constitution du Tchad et celle de la France, il y avait peu de différences.

farîg / furgân *n. m.*, ≅ *ferîg*, *Cf. damre, hille*, * frq, ف ر ق

♦ **campement nomade, village nomade.** •*Anâ nirîd al farîg acân indah laban katîr.* J'aime le campement parce qu'il y a là beaucoup de lait. •*Fî l-darat nasma'o fî l furgân nagâgîr fî wakt al-ti'ilîle.* Au temps de la moisson, nous entendons dans les campements les tambours pendant les récréations nocturnes. •*Jiddi cêx al farîg min zamân.* Mon grand-père est chef du campement depuis longtemps. •*Iyâl al furgân dôl sarragîn al marâkîb.* Les enfants de ces campements sont des voleurs de chaussures.

fârig / fârgîn *adj. mrph. part.* actif, (*fém. fârge*) ; dans les expressions *al-dunya fârge ma'âyah..., al wakit fârig ma'âyah...* [le bas monde, ou le temps, s'est séparé de lui] *i.e.* : il n'a pas de chance, il n'a pas d'argent, il manque de moyens financiers, * frq, ف ر ق

♦ **qui se sépare, qui s'est séparé(e).** •*Hû min zamân fârig dabalaytah minnina.* Depuis longtemps, il ne mange plus à notre table. •*Humman dâyiman fârgîn kalâmhum min kalâm al-nâs.* Ils prennent toujours le contre-pied de ce que l'on dit. •*Al mara di akûn fârge ma'âha !* Cette femme manque peut-être de moyens financiers ! •*Anâ al yôm al-dunya fârge ma'âi.* Moi, aujourd'hui, je n'ai vraiment pas de chance. •*Al wakit fârig ma'âi, mâ nagdar namci ziyâra.* Je n'ai pas d'argent, je ne puis me déplacer pour faire des visites.

farigîn *n. d'act.*, *m.*, ≅ *fargîn, fârigin, fargân, faragân*, *Cf. furga*, * frq, ف ر ق

♦ **séparation, fait de séparer,** fait d'être séparé. •*Farigîn al ahal gâsi bilhên.* Il est très dur de se séparer de sa famille. •*Anâ mâ nilhammal faragân tômi.* Je ne supporterai pas d'être séparé de mon jumeau.

fârihîn *n. d'act.*, *m.*, ≅ *fârahân*, * frḥ, ف ر ح

♦ **fait d'être en joie, fait de se réjouir, fait d'être dans l'allégresse, réjouissance.** •*Al fârihîn halu kan ma'â l axawân.* C'est bon de se réjouir entre frères. •*Matâ simi'tu al fârihîn katal nâdum ?* Quand avez-vous entendu dire que la réjouissance pouvait tuer quelqu'un ?

fârij 1 / fârjîn *adj. n., mrph. part.* actif, *Cf. faraj 1*, * frj, ف ر ج

♦ **éclos(e), mûr(e), adulte,** grand en parlant d'un enfant. •*Hû indah wilêd fârij.* Il a un enfant d'âge mûr. •*Banâti kulluhum ke fârjîn.* Toutes mes filles sont devenues adultes. •*Kan zere' xâlak fârij jîb lêna ganâdîl farîk !* Si le champ de ton oncle est parvenu à maturité, rapporte-nous des épis de mil à griller !

fârij 2 *adj. n., mprh part.* actif, *Cf. faraj 2, faraj 3, Syn. farrâj*, * frj, ف ر ج

♦ **sauveur, qui apporte la délivrance.** •*Al fârij Allah !* Dieu est le seul sauveur ! •*Yâ fârij, afrujha lêi !* Toi qui apportes la délivrance, délivre-moi des souffrances de ce bas monde !

farijîn 1 *n. d'act., m., ≅ farajân, Cf. faraj 1*, * frj, ف ر ج

♦ **éclosion, fait d'être mûr(e), fait d'être adulte.** •*Al binêye farijînha yabga fî acara walla ihdâcar sana.* Une fille devient mûre à l'âge de dix ou onze ans. •*Xalâs farijîn al xalla garrab.* Ça y est, le mil est tout près d'éclore.

farijîn 2 *n. d'act., m., ≅ farajân, Cf. farraj 2*, * frj, ف ر ج

♦ **fait d'être au terme, délivrance, salut,** fait d'être arrivé au terme d'une situation pénible. •*Al-dunya kan dâxat bêk farijînha garîb.* Lorsque tu es opprimé [si le bas monde t'opprime], ta délivrance approche. •*Al farijîn min Allah !* La délivrance d'une situation pénible vient de Dieu !

farîk *n. m.*, * frk, ف ر ك

♦ **mil grillé,** épi de mil grillé dont les grains sont ensuite frottés dans les mains avant d'être consommés. •*Al-râjil kasar lêyah gandûl min zer'ah wa dassah fî l-nâr wa farak lêyah farîk.* L'homme a cueilli un épi de son champ, il l'a mis sur le feu et a frotté dans ses mains le mil grillé. •*Al-darat ja wa l-nâs akalo l farîk min zura'âthum.* Le temps de la moisson est arrivé et les gens ont mangé du mil grillé venant de leurs champs.

farîn *n. m., empr. fr., Cf. dagîg.*

♦ **farine de blé.** •*Al farîn al bisallulu bêyah al xubza di bujûbuh min ba'îd.* La farine utilisée pour ce pain vient de loin. •*Xarbili l farîn da gubbâl ma tisallili fangâsu, âkûn indah sûsa !* Tamise cette farine avant de préparer les beignets, elle a peut-être des vers !

fâris / furrâs *adj. n.*, (*fém. fârse*), autre pluriel *fursân*, * frs, ف ر س

♦ **brave, courageux (-euse).** •*Al fâris daxal al-duwâs bala xôf.* Le brave engage le combat sans peur. •*Al-dâr di câloha be gudra bas, acân humman furrâs.* Ils ont pris ce pays simplement par la force parce qu'ils étaient courageux. •*Al mara l fârse tisawwi xidimit bêtha wa ti'âwin râjilha fî l-zurâ'a.* La femme courageuse accomplit sa tâche domestique et aide son mari dans le travail des champs. •*Baladna indaha rujâl furrâs, lâkin al harba kammalathum.* Notre pays avait des hommes courageux, mais la guerre les a exterminés. •*Yâ Asîl fâris al fursân !* Ô Acyl, brave parmi les braves ! (début d'une chanson).

Fâris *n. pr.* d'homme, *litt.* bon cavalier, brave, *→ fâris*, * frs, ف ر س

farit *n. m.*, * frṯ, ف ر ث

♦ **herbe broyée non digérée, contenu de la panse,** aliment non encore digéré contenu dans le rumen des herbivores. •*Waddu l farit da ba'îd, mâ yi'affin lêna l bakân !* Emportez le contenu de cette panse au loin, que cela n'empeste pas l'endroit où nous sommes ! •*Al bagaray indaha farit katîr fî batûnha.* La vache a beaucoup d'herbe non encore digérée dans sa panse.

farîx / farâyix *n. m., Syn. firxa*, * frq, ف ر ق

♦ **équipe, groupe.** •*Fî Anjamêna tamâne farâyix hanâ kûra.* A N'Djaména il y a huit équipes de football ! •*Farîx hanâ madrasitna* *xalab farîx hanâ madrasitku.* L'équipe de notre école a battu votre équipe. •*Anâ ra'îs hanâ farîx al kûra fî hillitna.* Je suis le capitaine de l'équipe de football de notre village.

fârix / fârxîn *adj.*, (*fém. fârxe*) dans l'expression *kalam fârix*, * frġ, ف ر غ
♦ **vide** (parole), **vaine** (parole), **creuse** (parole), **parole en l'air.** •*Di kilme fârxe, ôrina l-sahi !* C'est une parole en l'air, dis-nous la vérité ! •*Kan tikallim kalâm fârix, al-nâs mâ bantûk xîma.* Si tu parles pour ne rien dire, tu n'auras aucune valeur aux yeux des gens.

farkato *n. m.*, ≅*farkoto*, instrument des femmes, *Cf. dâmi, karangale.*
♦ **balancier portant le fardeau des femmes,** bâton que les femmes portent sur l'épaule et aux extrémités duquel sont accrochés les fardeaux à transporter : jarres d'eau ou marchandises du marché. •*Al awîn warado fî l bîr wa jâbo almi be farkato haggihum.* Les femmes sont allées au puits et ont rapporté de l'eau avec leur balancier sur l'épaule. •*Fôg al-sûg al awîn baju be marisîthum fî l farkato.* Les femmes vont au marché en portant leur bière grâce à leur balancier sur l'épaule. •*Al mara di âdalat jarr al almi fî l farkato be saxîrha.* Cette femme a équilibré le poids de sa jarre d'eau en posant son enfant dans le panier de l'autre côté de son balancier.

farkoto *n. m.*, → *farkato.*

farmal *n. m.*, → *farmala 1.*

farmala 1 / farâmil *n. m.*, moins utilisé que "frein", ≅*farmal*, * frml, ف ر م ل
♦ **frein.** •*Al marsidis al wâgiye di mâ indaha farmal.* Ce camion Mercedès qui est tombé là n'avait pas de freins. •*Akrub farâmil min ba'îd, kan mâ kê naju nuturcu l iyâl dôl !* Freine à distance [saisis le frein de loin], sinon nous allons écraser [tamponner] ces enfants !

farmala 2 / farmalât *n. m.*, *empr.*
♦ **gilet, plastron.** •*Hassâ nâs al balbaso farmala mâ katîrîn.* De nos jours, il y a peu de gens qui portent un gilet. •*Al farmala xalag bala kimm indah zarâr katîrîn, wa balbaso min fôg lê xalag zilêxa.* Le gilet est un vêtement sans manches qui a de nombreux boutons, et que l'on porte par-dessus la djellaba à manches longues.

farmâsi / farmâsiyât *n. f.*, *empr. fr.*, → *farmasîn.*

farmasîn / farmasînât *n. f.*, *empr. fr.*, ≅*farmâsi, farmâsiyât.*
♦ **pharmacie.** •*Hû maca fî l farmasîn yacri dawa lê wilêdah al mardân.* Il est allé à la pharmacie acheter un médicament pour son enfant malade. •*Fî Anjammêna al farmasînât katîrîn lâkin dawahum xâli.* A N'Djaména il y a beaucoup de pharmacies mais leurs médicaments sont chers. •*Bêtna mugâbil farmâsi Wâra.* Notre maison se trouve en face de la pharmacie Ouara. •*Mâ tibi' al-dawa al burûxu bêyah, axêr amci l farmâsi !* N'achète pas de médicaments aux vendeurs ambulants, il vaut mieux que tu ailles à la pharmacie. •*Yôm al ahad, kulla l farmasiyât masdûdîn.* Le dimanche, toutes les pharmacies sont fermées. •*Al farmasîn di, al yôm mâ fâthe !* Cette pharmacie n'est pas ouverte aujourd'hui !

farra 1 / yifirr *v. trans.*, *Cf. fatah, catta*, forme I n° 11, * frr, ف ر ر
♦ **déployer, ouvrir, se disperser, s'enfuir, palpiter** (coeur), **faire la roue** (paon), réaliser un mouvement contraire à celui de la concentration, aller du centre vers l'extérieur. •*Ba'ad al malamma kammalat, kulla l xaddâmîn farro lê buyûthum.* A la fin de la réunion, tous les travailleurs se sont dispersés pour aller dans leur maison. •*Jâboh lêi farde jadîde, farrêtha acân nicîfha min dâxal.* On m'a apporté un nouveau pagne, je l'ai déployé afin d'en voir l'intérieur. •*Al-jidâd yifirru janâhênhum min al farha acân ligo xalla katîre.* Les poules ouvrent leurs ailes avec joie parce

qu'elles ont trouvé beaucoup de mil. •*Al-tawûs yifirr danabah acân yifarrih martah.* Le paon fait la roue pour réjouir sa femelle. •*Galbi yifirrîni, ankûn ammi fakkaratni.* J'ai des palpitations cardiaques, c'est peut-être signe que ma mère pense à moi.

farra 2 / yifirr *v. intr. {- fi, - fôg}* et *trans.* quand il a le coeur pour sujet, forme I n° 11, *Cf. natta*, * frr, ف ر ر

♦ **bondir, sauter en l'air, se jeter sur.** •*Al marfa'în farra fôg al-zerîbe wa katal xanamay.* L'hyène a bondi par-dessus la haie et a tué un mouton. •*Al micôtîn farra fî l iyâl al-lammîn bal'abo.* Le fou a sauté sur le groupe d'enfants [sur les enfants rassemblés] qui jouaient. •*Al kalib al-jahamân yifirr fî l-jidâd.* Le chien enragé saute sur les poules.

farrac / yifarric *v. trans.*, forme II, * frš, ف ر ش

♦ **déplier, étendre, préparer la literie,** faire le lit. •*Al arûs farracat busât lê râjilha.* La mariée a étendu un tapis pour son mari. •*Amîna farracat sarâyir bêtha be farracât xudur wa humur.* Amina a recouvert les lits de sa maison de draps verts et rouges. •*Abu Maryam yifarric kulla yôm bircah fî tihit al murray.* Le père de Maryam installe chaque jour sa natte à l'ombre du cailcédra. •*Amci farrici lê wilêdki !* Va préparer le lit de ton enfant !

farrâca / farrâcât *n. f.*, ≅ *ladra*, * frš, ف ر ش

♦ **drap.** •*Al wilêd farractah gidimat.* Le drap du garçon est usé. •*Farrâca hint al arûs samhe bilhên.* Le drap de la mariée est très joli. •*Hû nisi mâ xatta al farrâca tihit al-libde fî dahar juwâdah.* Il a oublié de mettre sur le dos du cheval le drap qu'on met sous le tapis de selle.

farracân *n. d'act., m.*, → *faricîn.*

farrâci / farrâcîn *adj. n.*, (*fém. farrâciye*), * frš, ف ر ش

♦ **commerçant(e) sans boutique,** qui étale par terre ses marchandises à vendre. •*Farrâci wâhid ajjar fî hôcna.* Un commerçant sans boutique a loué une chambre dans notre concession. •*Al farrâcîn mâ farhânîn acân al matara tallafat budâ'ithum.* Les commerçants sans boutique ne sont pas contents parce que la pluie a abîmé leurs marchandises.

farrad 1 / yifarrid *v. trans.*, forme II, * frd, ف ر د

♦ **trier, séparer, choisir en isolant,** trier les légumes verts ou les feuilles pour la sauce. •*Hî farradat al-salât wa xassalatah adîl.* Elle a trié la salade et l'a bien lavée. •*Kan tifarridi l xadâr, fakkiri lê lubbah adîl min al wasax !* Lorsque tu prépares les légumes, regarde bien à l'intérieur s'il n'y a pas de saleté ! •*Gubbâl mâ tadfur al biric, tifarrid al-za'af min al hankûk.* Avant de tresser la natte, tu choisis les bonnes feuilles de palmier doum que tu sépares des nervures.

farrad 2 / yifarrid *v. trans.*, forme II, *Cf. fassad, callax*, * frḍ, ف ر ض

♦ **scarifier.** •*Al wanjâmi farrad al-saxîr al-dahâbah wildoh.* Le barbier a fait des scarifications sur l'enfant qui venait de naître. •*Kulla l Bilâla yifarrudu iyâlhum fî cudûghum.* Tous les Bilala font des scarifications sur les joues de leurs enfants.

farradân *n. d'act., m.*, → *farridîn.*

farrâdi *invar.*, *Syn. gattâ'i 2*, * frd, ف ر د

♦ **au détail, un par un, isolément.** •*Sâwagt al-sijâra be l farrâdi.* J'ai vendu les cigarettes au détail. •*Sûg al xanam be l farrâdi mâ ajala lâkin indah ribeh.* Le fait de vendre les moutons un par un n'est pas rapide mais rapporte de l'argent.

farrag / yifarrig *v. trans.*, forme II, * frq, ف ر ق

♦ **séparer, écarter, diviser,** se relâcher, disparaître. •*Al-ru'yân farrago bagarhum acân humman hârajo.* Les bergers ont séparé leurs vaches parce qu'ils se sont disputés. •*Al iyâl dâwaso wa macêt farragtuhum.* Les enfants se sont battus et je suis allé les séparer. •*Al-*

lahame mâ tifarrig illa ba'ad al-turâc. Les crampes d'estomac ne disparaissent qu'après avoir vomi.

farrâg / farrâgîn *adj. n., mrph. intf.*, (*fém. farrâga*), expression *farrâg al matar* pour désigner l'arc-en-ciel comme celui qui disperse les nuages, * frq, ف ر ق

♦ **arc-en-ciel, diviseur, séparateur,** qui divise, qui sépare. •*Farrâg al matar marag kabîr.* Un grand arc-en-ciel s'est levé [est sorti]. •*Al gurus farrâg al-rujâl !* C'est l'argent qui divise les hommes ! •*Hummân attâlago, akûn daxal usuthum nâdum farrâg.* Ils ont divorcé, peut-être y a-t-il eu quelqu'un parmi eux qui les a poussés à se séparer. •*Agôdi ma'â râjiliki, mâ tasma'e kalâm al-nâs al farrâgîn.* Reste auprès de ton mari, n'écoute pas ce que disent les gens qui cherchent à vous séparer.

farragân *n. d'act., m.*, ≅*farrigîn*, *Cf. furga*, * frq, ف ر ق

♦ **division, séparation, relâchement.** •*Al-râjil mâ bidôr farragân hanâ iyâlah.* L'homme ne veut pas la séparation de ses enfants. •*Al mara mâ himilat al farragân hanâ iyâlha wa bigat bâtile.* La femme n'a pas supporté la séparation de ses enfants et est devenue maigre. •*Farrigîn al-lahame illa ba'ad al-turâc.* Les crampes d'estomac ne s'apaisent [le relâchement de la crampe n'a lieu] qu'après avoir vomi.

farrah / yifarrih *v. trans.*, forme II, * frḥ, ف ر ح

♦ **rendre heureux, réjouir *qqn.*** •*Al almi sabba katîr wa farrah siyâd al-zurâ'a.* Il a beaucoup plu et cela a rendu heureux les cultivateurs. •*Xabar hanâ axîdit binêyti farrahâni bilhên.* La nouvelle du mariage de ma fille m'a rendu heureux.

farrahân *n. d'act., m.*, → *farrihîn.*

farrâhi / farrâhîn *adj. mrph. intf.*, (*fém. farrâhiye*), *Cf. munfarih*, * frḥ, ف ر ح

♦ **comique, amuseur (-euse), drôle, qui réjouit les autres.** •*Al-râjil al farrâhi mâ bixabbin minjamm.* L'homme au cœur gai qui réjouit les autres ne se met pas en colère n'importe quand ni n'importe où. •*Al farrâhiye kan tahajji mâ tadhak illa intu l-tasma'o hijêha bas tadhako !* Lorsqu'une femme comique parle, elle ne rit pas ; il n'y a que vous, qui écoutez son histoire, qui riez !

farraj / yifarrij *v. intr. {- fi}*, *Cf. câf* ; forme II, * frj, ف ر ج

♦ **regarder, assister à, contempler, se distraire.** •*Amis macêna l-sinima, wa farrajna fî filim sameh.* Nous sommes allés hier au cinéma et avons regardé un beau film. •*Al-nâs farrajo fî l-tayyâra l-jadîde.* Les gens ont contemplé le nouvel avion. •*Al yôm nifarruju fî li'ib al-nuggâra.* Aujourd'hui, nous allons assister à la danse du tambour.

farrâj *n. m. mrph. intf.*, → *fârij 2.*

farrajân *n. d'act., m.*, → *farrijîn.*

farrak / yifarrik *v. trans.*, forme II, * frk, ف ر ك

♦ **frotter, essuyer, masser.** •*Al mara farrakat jilidha be dilke.* La femme s'est frotté le corps avec la crème *dilke*. •*Al-daktôr farrak bakân al wârim be fomâd dawa.* Le docteur a massé l'endroit enflé avec de la pommade.

farrakân *n. d'act., m.*, ≅*farrikîn* ; *Cf. massahân, dallakân*, * frk, ف ر ك

♦ **massage, frottage,** fait de frotter le corps avec une crème ou de l'huile. •*Al farrakân halu fî jilid al-nâdum al ayyân.* Le massage est très agréable pour une personne fatiguée. •*Illa l awîn bas bisawwu l farrakân.* Il n'y a que les femmes qui savent pratiquer le massage.

farrâr / farârîr *n. m.*, *Cf. najjar*, * frr, ف ر ر

♦ **hachette.** •*Darabah be l farrâr fî angartah, xalâs waga' mâyit.* Il lui a simplement donné un coup de hachette sur la nuque, et il est tombé mort. •*Al mara câlat al farrâr acân tagta' mitêrigât lê takiyitha.* La femme a pris la hachette pour couper des branches afin de faire sa clôture.

farrâra 1 / farrârât *n. f.*, * frr, ف ر ر

♦ **flûte, pipeau, rhombe,** flûte champêtre taillée dans un roseau, sorte de rhombe fait avec un morceau de calebasse rond et percé de deux trous que l'on fait tourner entre deux fils. •*Anâ mâ na'arif nal'ab be l farrâra.* Je ne sais pas jouer de la flûte. •*Câlo farrarâthum wa maco l-zurâ'a.* Ils ont pris leurs flûtes et sont partis dans les champs. •*Al iyâl al-suxâr bidissu l xêt fî gudûd zirre kabîre wa bisawwu farrâra.* Les petits enfants passent un fil dans les trous d'un gros bouton et en font un rhombe. •*Sawwi lê axawânak farrârât misil hintak di !* Fais à tes frères des rhombes comme le tien !

farrâra 2 / farrârât *n. f.*, *Cf. farrâr*, * frr, ف ر ر

♦ **spatule en calebasse,** petite calebasse pour tourner les galettes. •*Al farrâra min al kâs, bisawwu beha l kisâr.* La spatule en calebasse sert à la fabrication des galettes. •*Be l farrâra tidawwir al kisâr wa mâ tutucc asab'ênak.* Avec la spatule, on étale la pâte en donnant aux galettes une forme ronde sans se brûler les doigts.

farrax / yifarrix *v. intr.*, forme II, * frḫ, ف ر خ

♦ **éclore** (œuf), **enfanter un bâtard,** mettre au monde un enfant illégitime, faire éclore (en parlant d'un œuf contenant un poussin). •*Al binêye kan farraxat ahalha baturduha min al bêt.* Lorsqu'une fille enfante un bâtard, ses parents la chassent de la maison. •*Jârti di farraxat be wilêd.* Ma voisine a mis au monde un fils illégitime. •*Al bêd, kan tixallih fi l harray, bifarrix.* Quand on laisse les œufs au soleil, ils éclosent.

farricîn *n. d'act., m.*, → *faricîn.*

farridîn 1 *n. d'act., m.*, ≃*farradân*, * frd, ف ر د

♦ **séparation, triage, distinction.** •*Farridîn al xumâm da bidôr bakân wasi'.* Il faudrait un grand espace pour trier ces affaires. •*Min gibêl mâ kammaltu farridîn budâ'itku di ?* Depuis le temps, vous n'avez pas encore fini de trier vos affaires ?

farridîn 2 *n. d'act., m.*, ≃*farradân*, *Syn. fassidîn, callixîn*, * frḍ, ف ر ض

♦ **fait de scarifier, vaccination,** fait de vacciner. •*Farridîn hanâ l iyâl sameh didd marad hanâ amkanyang-nyang.* Il est bon de vacciner les enfants contre la rougeole. •*Al Arab bidôru farridîn lê iyâlhum acân yil'ârafo.* Les Arabes aiment faire des scarifications sur leurs enfants pour se reconnaître entre eux.

farrigîn *n. d'act., m.*, → *farragân.*

farrihîn *n. d'act., m.*,≃*farrahân*, * frḥ, ف ر ح

♦ **fait de rendre joyeux, fait de réjouir.** •*Hû ya'arif farrihîn al awîn.* Il sait rendre les femmes joyeuses. •*Farrihînak lê iyâli da bigi lêi halu mara wâhid.* Ta manière de réjouir mes enfants m'est très agréable.

farrijîn *n. d'act., m.*, ≃*farrajân*, * frj, ف ر ج

♦ **spectacle, fait de regarder, contemplation.** •*Al farrijîn mâ yaktul al xazâlay !* Ce n'est pas en contemplant une gazelle qu'on la tue ! •*Xalli minniki al farrajân fôgna, wa ta'âli âwinîna !* Arrête de nous regarder ainsi et viens nous aider !

farrikîn *n. d'act., m.*, → *farrakân.*

farrûj / farârîj *n. m.*, ≃*farrûja*, * frj, ف ر ج

♦ **poussin.** •*Jidâditna indaha farârîj xamsa.* Notre poule a cinq poussins. •*Wald al mangûha mâ tamma subu' ke gamma bikâli lê rûha... Da l farrûj.* Le fils de la cancanière n'a pas attendu une semaine pour chercher à manger… C'est le poussin. *Dvnt.*

fartag / yifartig *v. trans., qdr.*, en arabe *sd. fartaka* et *fartaqa, Cf. halla, calla* ; peut-être combinaison des

racines *frq* (séparer) et *ftq* (défaire, découdre), forme II, * frtk, ف ر ت ك
♦ **défaire, relâcher, détacher, dénouer, démonter, séparer.** •*Bêti da mâ sameh, al-sana di nifartigah.* Ma maison n'est pas belle, cette année je vais la défaire. •*Fartugu l xanam min hubâlhum wa marrugûhum min al-zerîbe !* Détachez les moutons et faites-les sortir de l'enclos ! •*Al-Nasrâniye, ca'arha mârin, bifartig wihêdah ke !* L'Européenne a une chevelure douce qui se défait toute seule ! •*Kan tidôr tisill na'âlak, fartig hubâlah !* Si tu veux ôter tes souliers, défais-en les lacets !

fartagân *n. d'act., m.*, → *fartigîn.*

fartigîn *n. d'act., m.*, ≅ *fartagân*, * frq, ftq, frtq, ف ر ق • ف ت ق • ف ر ت ق
♦ **démontage, détachage, fait de dénouer.** •*Fartigîn bêt al burûc hayyîn min al kûzi.* Il est plus facile de démonter une case recouverte de nattes qu'une case recouverte de paille. •*Yâ binêyti mâ tiwâlifi fartagân sûfki janb al akil !* Ma fille, ne prends pas l'habitude de dénouer ta chevelure près de la nourriture !

fârus *n. coll., sgtf. fârûsay*, mot arabe d'emprunt *irn.* (*Ka.*), * frz, ف ر ز
♦ **pierre précieuse sertie, enjolivure, turquoise.** •*Al xiwêce kan mujammala be l fârûs, tamanha xâli.* Lorsque le bracelet plat en or est monté avec des pierres précieuses, il coûte cher. •*Al fârus hû hujâr dugâg bilâlusu wa induhum lôn katîr.* Les *fârûs* sont de petites pierres qui brillent de mille éclats de toutes les couleurs.

Fârûx *n. pr.* d'homme, surnom du Calife Omar, *litt.* "qui établit la distinction entre le bien et le mal, entre l'idolâtrie et l'islam" (*Ka.*), * frq, ف ر ق

farwa / furâw *n. f.*, autre pluriel *farâw, farâwe*, *Cf. dila, jilid, jirbêke*, * frw, ف ر و
♦ **peau, cuir, prépuce.** •*Abbakar indah na'âl hanâ farwa.* Abakar a des sandales en cuir. •*Al mara gôgat saxîrha be farwa.* La femme a porté son enfant sur le dos au moyen d'une peau. •*Furâw al xanam bigo xâliyât.* Les peaux de mouton sont devenues chères. •*Farwit al-nâs rahîfe.* La peau de l'homme est fine.

farwit al ên expression, *litt.* cuir de l'œil, *Syn. jild al ên*, * frw, ʕyn, ف ر و • ع ي ن
♦ **paupière.** •*Hû dagac al-zerîbe fî l-lêl wa côkay ta'anatah fî farwit ênah.* Il a heurté la haie d'épines la nuit et une épine est entrée dans sa paupière. •*Mâ ticaglib farwit ênak, bijîb lêk al-ramad !* Ne retourne pas ta paupière, tu pourrais attraper une conjonctivite ! •*Awîn al Arab bisawwu l kuhûl fî l-racrac wa l hâjib, lâkin mâ fî farwit al ên.* Les femmes arabes mettent du khôl sur les cils et les sourcils, mais pas sur les paupières.

fâs / fîsân *n. f.*, autre pluriel *fawâse*, * f's, ف ء س
♦ **hache.** •*Amci fî l-zere' wa gatti' al-cadar be l fâs !* Va au champ et coupe les arbres avec la hache ! •*Amci lê l haddâdi yi'addil lêk fîsân !* Va chez le forgeron pour qu'il te fabrique des haches ! •*Al iyâl, mâ cuftu lêi al fawasa ?* Les enfants, vous n'auriez pas vu les haches [vous n'auriez pas vu pour moi les haches] ? •*Bafza' lê l hatab wa mâ biddaffa... Di l fâs.* Il va loin chercher du bois et ne se réchauffe pas près du feu… C'est la hache. *Dvnt.*

fasa 1 / yafsa *v. intr.*, ≅ l'*inacc. yafsi*, forme I n° 16, * fsw, ف س و
♦ **péter.** •*Al wilêd fasa janb rufugânah.* L'enfant a pété à côté de ses amis. •*Al mara fasat fî l-li'ib wa l-nâs xarramôha.* La femme a pété pendant la danse et les gens lui ont fait payer une amende. •*Mâ tafsa kan gâ'id usta l-jamâ'a !* Ne pète pas quand tu es dans une assemblée !

fasa 2 *n. coll., sgtf. fasay, Syn. tûr, Cf. abuntagal*, * fṣy, ف ص ي
♦ **jeu d'osselets, pion,** osselets secondaires ramassés avant que l'osselet principal ne retombe à terre.

•*Al fasa hû al hajlîj al bal'abo bêyah abuntagal walla kâre.* Le noyau de la drupe de savonnier sert d'osselet ou de pion pour jouer. •*Fî li'ib abuntagal tazgulah fôg wa tuxumm al fasa wa battân tillaggah gubbâl ma yaga' fî l-turâb.* Au jeu d'osselets, on jette l'osselet en l'air, on ramasse les noyaux de savonnier et on récupère l'osselet avant qu'il ne retombe à terre.

fasad 1 / yafsud *v. intr.*, forme I n° 1, * fsd, ف س د

♦ **commettre de mauvaises actions.** •*Al-râjil fasad fî l hille.* L'homme a commis de mauvaises actions dans le village. •*Hû gâl battân mâ yafsud acân xalâs tâb.* Il a dit qu'il ne commettrait plus de mauvaises actions parce qu'il s'est converti.

fasad 2 / yafsid *v. trans.*, * fsd, ف س د

♦ **corrompre, dépraver, pervertir.** •*Al-carmata tafsid al mujtama' wa bitijîb masâ'ib.* La prostitution pervertit la société et est la source de problèmes graves. •*Al-racwa fasadat al idâra hint al-dawla.* Les pots-de-vin corrompent l'administration de l'État.

fasâd *n. m.*, → *matart al fasâd*, * fsd, ف س د

♦ **dépravation, débauche, perversion, altération, dégradation, dégât, ravage, corruption.** •*Carâb al marîse wa li'ib al gumâr jâb al fasâd fî l-dâr.* La consommation de l'alcool et le jeu de poker entraînent la dépravation des mœurs. •*Al-dîn mâ yidôr al fasâd.* Religion et dépravation ne vont pas ensemble [la religion n'aime pas la dépravation]. •*Al almi hanâ l-darat bisawwi fasâd katîr lê l xalla.* La pluie pendant la moisson cause beaucoup de dégâts dans les champs de mil. •*Allah kan mâ kutur wufrânah Anjammêna ikilat min kutur al fasâd.* S'il n'y avait l'abondance du pardon de Dieu, N'Djaména aurait déjà disparu dans l'eau ou le feu, à cause de la multiplicité des actes dépravés.

fasal / yafsul *v. trans.*, forme I n° 1, *Cf. farad*, * fṣl, ف ص ل

♦ **distinguer, faire la différence, séparer, sevrer.** •*Al-nâs ya'arfu yafsulu bêna l-sêf wa l xarîf.* Les gens savent faire la différence entre l'été et l'hiver. •*Afsuli lêi al iyâl dôl, banât wallâ wulâd !* Fais-moi la distinction, parmi ces enfants, entre les filles et les garçons ! •*Fasalna l-tûm min al-tâmâtim acân hû maxalbat.* Nous avons séparé l'ail des tomates parce que tout était mélangé. •*Wakit fasalt wilêdi min al-dêd baka katîr.* Quand j'ai sevré mon enfant, il a beaucoup pleuré. •*Saxîrha bigi kabîr wa lê hassâ kula mâ fasalatah.* Son bébé a grandi, mais jusqu'à présent elle ne l'a pas sevré.

fasâla 1 *n. f.*, *Cf. fasil*, * fsl, ف س ل

♦ **méchanceté, avarice, temps dur à vivre, calamité,** années de famine, de sécheresse ou de guerre. •*Al binêye di fasâlitha hint ammaha, mâ tantih ceyy wâhid ke lê nâdum.* Cette fille a l'avarice de sa mère, elle ne donne absolument rien à personne. •*Fî sinîn al fasâla kulla l-nâs ti'ibo wa arrado min hallâlhum wa furgânhum.* Pendant les années de calamités, tous les gens ont souffert et ont fui leurs villages et leurs campements.

fasâla 2 *pl.*, → *fasil 1.*

fasalân *n. d'act.*, *m.*, → *fasilîn.*

fâsalan *n. d'act.*, *m.*, → *fâsilîn.*

fasâsi *pl.*, → *fissiye.*

fasax / yafsux *v. trans.*, forme I n° 1, * fsh̲, ف س خ

♦ **rompre le lien matrimonial de la femme, se détacher, s'ouvrir, éclore, montrer les dents, sourire, se décolorer,** disjoindre ce qui était réuni, casser le mariage à cause de l'absence prolongée de l'époux, s'ouvrir en parlant d'un épi, sourire en laissant apparaître les dents. •*Kulla kurnyanye fasaxat.* Tous les épis de mil rouge sont sortis. •*Al xalla kan mâ fasaxat, usumha râbite.* Lorsque l'épi de mil n'est pas ouvert, on dit que le mil est attaché. •*Al mara di fasaxôha acân râjilha mâ ja ajala.* Cette femme a été libérée du lien matrimonial parce que son mari est resté trop longtemps absent. •*Hû fasax sunûnah lê wilêdah al-saxayar.* Il a souri à son petit enfant. •*Farditi wakit jadîde xadra, wa hî hassâ fasaxat, bigat xabca acân xassilînha bigi katîr be ômo.* Quand il était neuf, mon pagne était vert ; à présent, il s'est décoloré et est devenu gris à cause des nombreux lavages avec du savon "Omo".

fasaxân *n. m., Syn. fasûxa,* ≅ *fasixîn, Cf. fasax,* * fsh̲, ف س خ
♦ **annulation du mariage, éclosion, décoloration, épluchage,** annulation du contrat de mariage pour une femme à cause de l'absence prolongée de son époux, fait d'ôter la peau ou l'écorce, fait d'éclore, fait de décolorer. •*Al fasaxân mâ yabga ille fî giddâm al-ceriye wallâ l wilyân al sawwo l-jîze.* L'annulation de mariage ne peut avoir lieu que devant le tribunal ou les tuteurs ayant célébré l'acte de mariage. •*Ba'ad al fasaxân, al mara tâxud râjil âxar.* Après l'annulation du contrat de mariage, la femme épouse un autre homme. •*Al mara di indaha katkat hanâ fasaxânha acân tâxud râjil âxar.* Cette femme a l'acte d'annulation de son mariage qui lui permet de se remarier. •*Fasaxân al xalla yidôr sabne.* Pour que l'éclosion du mil puisse se faire, il faut une période sans pluies. •*Lîhe al-layyûn fasaxânah hayyin.* Il est facile d'ôter l'écorce du Lannea acida.

fasâyil *pl.,* → *fasîle.*

fasi *n. d'act., Cf. fasu,* * fsw, ف س و
♦ **pet, fait de péter.** •*Al fasi giddâm al-nâs êb marra wâhid.* Péter en public est une grande honte. •*Amsîsî tirîd al fasi fî kulla ceyy rikibat fôgah.* La souris a l'habitude de laisser une mauvaise odeur [péter] sur tous les objets sur lesquels elle grimpe.

fâsid 1 / fâsidîn *adj., (fém. fâsde),* * fsd, ف س د
♦ **bon à rien (bonne à rien), vaurien (-enne), paresseux (-euse).** •*Al-râjil da fâsid tallaf mâl abuh kulla ke.* Cet homme est un bon à rien, il a gaspillé tous les biens de son père. •*Al mara di fâsde acân da bi'ayyurûha xanba.* Cette femme est paresseuse, c'est pour cela qu'on l'appelle "souillon". •*Al-sabi da fâsid, kammal al xarif kulla ke nâyim mâ harat.* Ce jeune homme est un vaurien, il a passé toute la saison des pluies à dormir et n'a rien cultivé.

fâsid 2 / fâsidîn *adj., (fém. fâsde),* * fsd, ف س د
♦ **pourri(e), corrompu(e), débauché(e), pervers(e).** •*Al mara di fâsde, kulla yôm sakrâne wa turux fî l-cawâri.* Cette femme a les mœurs dépravées, elle est ivre tous les jours et elle fait le trottoir. •*Al-râjil al fâsid, angari mâ turûx ma'âyah, yiwaddir hayâtak !* Ne va pas avec un homme pervers, il te perdra [il perdra ta vie] !

fasîh / fusaha' *adj., (fém. fasîhe),* ≅ le pluriel *fasîhîn,* * fṣḥ, ف ص ح
♦ **éloquent(e), clair(e) dans sa parole, intelligible,** qui parle une bonne langue. •*Al-cêx da fasîh fî l kalâm.* Ce cheikh est éloquent. •*Al mara di mâ garat fî l-lekôl lâkin fasîhe, tinazzim al kalâm misil hî gâriye.* Cette femme n'est pas allée à l'école, mais elle parle clairement et construit ses phrases comme si elle était instruite.

fasil 1 / fasilîn *adj. n.,* ≅ les pluriels *faslîn, fasâla, (fém. fasile, fasle),* terme d'insulte, *Cf. baxîl, raxbân,* * fsl, ف س ل
♦ **avare, méchant(e), mauvais(e), mal.** •*Humman dôl fasilîn misil abuhum.* Ceux-là sont avares comme leur père. •*Al mara di fasle haggaha ke mâ binlagi.* Cette femme est avare, elle ne donne jamais son bien. •*Al-sawa lêk zên, mâ tisawwi lêh fasil !* Ne fais pas de mal à celui qui t'a fait du bien ! •*Dâr bala kasir, mag'adha fasil.* Il est mauvais le séjour dans une maison où l'on n'entend pas casser du sucre pour le thé. *Prvb.*

fasil 2 / fusûl *n. m.*, terme de l'*ar. lit.*, *Cf. fasal*, * fṣl, ف ص ل

♦ **saison, classe, section, sous-groupe, fraction de tribu,** partie d'une classification, terme de l'*ar. lit.* remplacé souvent par *kilâs.* •*Iyâl al madrasa di lammo kuluhum ke fî fasil wâhed.* Les enfants de cette école se sont tous réunis dans une seule classe. •*Fusûl madrasitna banôhum be dringêl ahmar.* Les classes de notre école sont construites en brique rouge. •*Al-nâdum da anîna mâ na'arfu lêyah asil wa lâ fasil.* Cette personne-là, nous ne savons ni sa race ni son clan. •*Inti fasilki cunû fî l-Salâmât.* De quelle fraction de tribu Salamat es-tu ? •*Fî fasil al xarîf al muwâsalât mâ katîr acân al almi.* En saison des pluies, les moyens de communication sont rares car les routes sont inondées. •*Fî Tcâd indina talâta fusûl bas : al-sêf, al xarîf wa l-cite.* Au Tchad nous n'avons que trois saisons : la saison sèche, la saison des pluies et l'hiver. •*Al-sane di, al-Ramadân yaji fî fasil al-cite.* Cette année le Ramadan tombe pendant la saison froide.

fâsil / fawâsil *n. m.*, * fṣl, ف ص ل

♦ **séparation, paravent, espace libre.** •*Sawwi lêki fâsil giddâm bêtki min ên al-nâs.* Mets un paravent devant ta maison pour te mettre à l'abri du regard des gens. •*Mâ fîh fâsil bên zer'i wa l bahar.* Il n'y a pas de séparation entre mon champ et le fleuve. •*Fî buyût al-Tcadiyîn talga fawâsil bên bakân al-rujâl wa bakân al awîn.* Dans les maisons des Tchadiens, on trouve des paravents qui séparent l'espace réservé aux hommes de celui réservé aux femmes. •*Kan taktib xalli fâsil bên al-târîx wa l katib al âxar !* Lorsque tu écris, laisse un espace libre entre la date et ce que tu vas écrire ensuite ! •*Xalli fâsil ambên al-tarbêza wa l-durdur acân mâ tinhakkah !* Laisse un espace libre entre la table et le mur pour le préserver des égratignures !

fasîle / fasâyil *n. f.*, *Cf. fasil*, * fṣl, ف ص ل

♦ **groupe.** •*Al askar mugassamîn fasîle fasîle.* Les militaires sont divisés en groupes bien distincts. •*Al-nâdum da indah sane ma'âna wa anîna mâ irifna fasîltah.* Cette personne est depuis un an avec nous et nous ne savons pas à quel groupe ethnique elle appartient. •*Ligîna l-sêd fî xacum al bahar fasâyil fasâyil.* Nous avons trouvé des groupes d'animaux sauvages au bord du fleuve.

fasilîn *n. d'act., m.*, ≅ *fasalân*, * fṣl, ف ص ل

♦ **séparation, sevrage, licenciement.** •*Wâjib fasilîn al wilêd min dêd ammah kan tamma santên.* Il faut sevrer l'enfant lorsqu'il a atteint l'âge de deux ans. •*Hû yaxâf min fasilînah min al xidime.* Il a peur d'être licencié de son travail [de son licenciement du travail]. •*Fî l udur wâjib fasilîn al awîn min al-rujâl be daraga.* Pendant la cérémonie, on doit séparer les hommes des femmes par un rideau.

fâsix 1 / fâsxîn *adj. mrph. part.* actif, (*fém. fâsxe*), * fsh̲, ف س خ

♦ **détaché(e), libre, ouvert(e), éclos(e), qui montre les dents,** libre des liens du mariage, formé et détaché de la tige en parlant d'un épi. •*Macêna fî zere' axui wa ligînah kulla ke fâsix.* Nous sommes allés au champ de mon frère et avons constaté que tous les épis étaient déjà formés. •*Fî taraf al-zere' cift ganâdîl fâsixîn.* Au bord du champ, j'ai vu des épis ouverts. •*Al mara di fâsxe râjilha, tagdar tâxud âxar.* Cette femme a divorcé, elle peut épouser un autre homme. •*Al kalib da fâsix sunûnah, wa râgid fôg al harray, âkûn mayyit !* Ce chien montre les dents et reste étendu au soleil, il est peut-être mort !

fâsix 2 / fasxîn *adj. mrph. part.* actif, (*fém. fâsxe*), * fsq, ف س ق

♦ **impie, immoral(e), dépravé(e), vicieux (-euse), menteur (-euse).** •*Al-râjil da fâsix marra wâhid nâdum ke basma kalâmah mâ fîh.* Cet homme est vraiment immoral, personne ne l'écoute. •*Al-nâs mâ ba'âmunu l fâsix.*

Les gens ne mettent pas leur confiance dans un homme impie.

fasixîn *n. d'act., m.,* → *fasaxân.*

fassad / yifassid *v. trans., Cf. ta'an, jarrah, cagga* ; forme II, *Syn. callax,* * fṣd, ف ص د

♦ **taillader la peau, scarifier, vacciner, inciser,** entailler plusieurs fois la peau superficiellement. •*Al mara fassadat saxîrha al-dahâba wildoh acân mâ yakurbah marad.* La femme a tailladé la peau de son nouveau-né pour qu'il n'attrape pas de maladies [pour que la maladie ne l'attrape pas]. •*Fassadôni fî rijili acân anradaxat.* On m'a fait des scarifications à la cheville, là où je m'étais fait une entorse. •*Waddêt wilêdi fî l-labtân, wa fassadoh didd marad amkanyang-nyang.* J'ai emmené mon enfant à l'hôpital et on l'a vacciné contre la rougeole. •*Kan al-cumâm karabak, amci lê l-daktôr yifassidah lêk !* Si tu as attrapé un panaris [si le panaris t'a attrapé], va voir le docteur pour qu'il te l'incise !

fassadân *n. d'act., m.,* ≅ *fassidîn, Syn. farridîn 2, callixîn, Cf. fasûd,* * fṣd, ف ص د

♦ **vaccination, scarification,** fait de scarifier ou de vacciner. •*Al fassadân hanâ l iyâl bigi be yôm al-sabit al fât fî l-santir.* La vaccination des petits enfants a eu lieu samedi dernier au centre social. •*Wâjib al fassadân hanâ l iyâl yukûn be fajur.* Il faut que la vaccination des petits enfants se fasse le matin. •*Fî mincâx hanâ baladna ayyi xacum bêt indah fassidîn cik.* Au nord de notre pays, chaque fraction de tribu a sa propre manière de faire des scarifications.

fassal / yifassil *v. trans.,* forme II, *Cf. azzal, fannad,* * fṣl, ف ص ل

♦ **expliquer en détail, détailler, choisir, découper des pièces dans un tissu, séparer.** •*Anâ mâ na'arif nagri, fassil lêi al katib da !* Je ne sais pas lire, explique-moi ce qui est écrit là ! •*Jibt tôb lê l xayyâti, yifassilah wa yixayyitah lêi rôb.* J'ai apporté au tailleur une étoffe pour qu'il la découpe et me couse une robe. •*Hû hilim fî l-lêl be coxol katîr, mâ yagdar yifassilah.* Il a vu en rêve beaucoup de choses qu'il ne peut pas expliquer.

fassalân *n. d'act., m.,* → *fassilîn.*

fassâli / fassâlîn *adj. n., mrph. intf., (fém. fassâliye), Cf. xayyâti,* * fṣl, ف ص ل

♦ **tailleur de métier,** qui sait bien découper les patrons de vêtements, qui sait tailler le tissu. •*Min al xayyâtîn dôl yâtu l fassâli fôghum ?* De tous ces couturiers, lequel est un bon tailleur ? •*Wassifî lêi fassâliye acân tifassil lêi al bakta di !* Indique-moi une tailleuse de métier pour qu'elle me coupe ce morceau de tissu !

fassar / yifassir *v. trans.,* forme II, → *fassal, fannad,* * fsr, ف س ر

♦ **expliquer, clarifier, commenter,** donner la signification. •*Hû fassar lêna kalâm al-Ra'îs al hajja be kalâm al-Nasâra.* Il nous a expliqué ce qu'avait dit le Président en français [avec la parole des Blancs]. •*Al Imâm kulla yôm yifassir al Xur'ân fî l-jâmiye.* Tous les jours, l'imam donne à la mosquée un commentaire du Coran. •*Nidôr nâdum yifassir lêi al-maktûb da.* Je cherche [je veux] quelqu'un qui me fasse comprendre ce qui est écrit dans cette lettre. •*Hû hilim fî l-lêl bê muckila wa mâ gidir yifassirha.* Il a cauchemardé la nuit, se voyant dans une situation embarrassante, et il n'a pas pu en expliquer le sens.

fassarân *n. d'act., m.,* ≅ *fassirîn,* * fsr, ف س ر

♦ **explication, commentaire,** fait d'expliquer ou de commenter un texte. •*Hû bagdar bagri lâkin mâ ba'arif al fassarân adîl.* Il peut lire, mais ne sait pas bien expliquer ce qu'il a lu. •*Fassarân al Xur'ân gâsi marra wâhid.* Il est très difficile de commenter le Coran.

fassax / yifassix *v. trans.,* forme II, * fsẖ, ف س خ ⇨

♦ **décolorer, éplucher, écosser, montrer les dents.** •*Al mara masahat itir mâ adîl, wa fassax jildaha al azrag da kulla ke wa bigi abras.* La femme s'est mis un parfum de mauvaise qualité ; toute sa peau noire s'est décolorée et est devenue rose. •*Al binêye galat fûl wa fassaxatah acân tarhakah wa tisawwi beyah madîde.* La fille a grillé des arachides, puis les a épluchées pour les écraser et en faire de la bouillie. •*Al kalib fassax sunûnah fôgna wa xawwafâna.* Le chien a montré les dents en nous voyant, et nous a fait peur.

fassây / fassâyîn *adj. mrph. intf.*, (*fém. fassâye*), * fsw, ف س و

♦ **qui pète souvent.** •*Al-nâdum al bâkul al-lubya babga fassây.* Celui qui mange des haricots pétera souvent. •*Al binêye di mâ tagdar tamrug fî l-dôr acân hî fassâye.* Cette fille ne peut pas sortir sur l'aire du jeu parce qu'elle pète souvent. •*Zamân al banât baxannu ba'ayyuru l fassâyîn.* Autrefois les filles chantaient en insultant ceux qui pétaient souvent.

fassidîn *n. d'act.*, *m.*, → *fassadân.*

fassilîn *n. m.*, ≃ *fassalân*, * fṣl, ف ص ل

♦ **distinction, séparation, coupure, fait de mettre à part, discrimination,** fait de découper dans le tissu. •*Fassilîn al-sêf min al xarîf be cêlân al-sahab fî l-sama.* On passe de la saison sèche à la saison des pluies lorsque le ciel se couvre de nuages. •*Mandela jâhad al fassilîn al gâ'id bên al muwâtinîn al buyud wa l-zurug, wa annasar.* Mandela a lutté contre la discrimination entre les citoyens blancs et les citoyens noirs, et il a gagné. •*Al xayyâti da ya'arif fassilîn al banâtilîn adîl.* Ce tailleur sait bien couper les pantalons.

fassirîn *n. d'act.*, *m.*, → *fassarân.*

fasu *n. m.*, *Cf. fasi*, * fsw, ف س و

♦ **pet.** •*Al fasu giddâm al-nâs êb.* Péter en public est une honte. •*Nâdum kan akal lubya bibactinah be l fasu.* Si quelqu'un mange des haricots, il sera gêné par l'envie de péter.

fasûd *n. coll.*, *sgtf. fasûday*, * fṣd, ف ص د

♦ **scarifications.** •*Al-râjil da indah fasûday wahade bas fî wijihah.* Cet homme n'a qu'une seule scarification sur le visage. •*Nâs al hille dôl induhum fasûd kubâr fî cudûghum.* Les gens de ce village ont de grosses scarifications aux joues. •*Ciftah indah fasûd lâkin mâ na'arif xacum bêtah.* J'ai vu qu'il a des scarifications, mais je ne connais pas son ethnie.

fasûxa *n. m.*, *Syn. fasaxân*, * fsẖ, ف س خ

♦ **annulation du mariage.** •*Al-lajna antatha maktûb hanâ fasûxa lê l mara al-râjilha xâb minha talâta sana.* Le comité a donné un écrit d'annulation de contrat de mariage à la femme dont le mari était absent depuis trois ans. •*Al kalîf yagdar yisawwi l fasûxa.* Le responsable du mariage des époux peut aussi annuler leur mariage.

fât / yufût *v. trans.*, *Cf. maca, sâr* ; forme I n° 4, * fwt, ف و ت

♦ **partir, s'en aller, dépasser.** •*Abui fât al-zere'.* Mon père est allé au champ. •*Âdum yufût al kadâde be l bagar.* Adoum partira en brousse avec les vaches. •*Al wilêd fât al-lekôl, mâ riji' axuh.* L'enfant est allé à l'école sans attendre son frère. •*Al-coxol da fât gudurti.* Je ne suis pas en mesure de régler cette affaire [cette chose a dépassé ma force]. •*Al kalâm da fât râsi.* Cette affaire me dépasse [a dépassé ma tête]. •*Al fâtak fûtah !* Celui qui t'a dépassé, dépasse-le ! *Prvb.* (*i.e.* sois plus fort que celui qui est plus fort que toi ! invitation au défi personnel).

fata / fatayât *adj. f.*, * ftw, ف ت و

♦ **vierge, jeune fille, demoiselle.** •*Al binêye l fata bâxuduha be gurus katîr.* Il faut beaucoup d'argent pour épouser une jeune fille vierge. •*Ahamat indah talâta bânât fata.* Ahamat a trois filles jeunes. •*Fî l madrasa al fatayât nazzamo hafla.* A l'école, les jeunes filles ont organisé une fête.

fatag / yaftug *v. trans.*, forme I n° 1, * ftq, ف ت ق

♦ **découdre en tirant avec force, craquer la couture,** casser le fil de la couture d'un vêtement en tirant dessus. •*Al wilêd karabâni min wara wa fatag xalagi.* L'enfant m'a attrapé par derrière et la couture de mon vêtement a craqué. •*Al-côk fatag lêi farditi.* Les épines ont fait céder la couture de mon pagne. •*Al binêye fatagat xalag hanâ axutha wakit gammo bidâwaso.* La fille a fait craquer la couture du vêtement de sa sœur quand elles se sont mises à se battre.

fatagân *n. d'act., m.*, → *fatigîn.*

fatah / yaftah *v. trans.*, à l'accompli ≅ *fataht, fatahti, fatahna, fatahtu*, au lieu de *fatêt, fatêti, fatêna, fatêtu* ; forme I n° 12, * ftḥ, ف ت ح

♦ **ouvrir, retourner, gagner aux cartes, ouvrir le jeu, engager le jeu de cartes, réciter la *fâtiha,*** dire la première sourate du Coran au cours d'une cérémonie religieuse. •*Al-tâjir fatah dukkânah.* Le commerçant a ouvert sa boutique. •*Inta bas, aftah al karte.* C'est à toi d'ouvrir le jeu ! •*Anâ fatêt êni min al-nôm sa'â arba'a.* J'ai ouvert l'œil à quatre heures. •*Allah yaftah lêk, yâ muhâjiri !* Que Dieu vienne à ton aide, ô mendiant ! (formule pour s'excuser de ne rien pouvoir donner). •*Anâ fatêt marritên fî li'ib al kôs.* J'ai gagné deux fois de suite au jeu de *kôs*. •*Fatêna lê Ali.* Nous avons récité la *fâtiha* pour conclure le mariage d'Ali.

fatahân *n. d'act., m.*, → *fatihîn.*

fatal 1 / yaftul *v. trans.*, forme I n° 1, * ftl, ف ت ل

♦ **fabriquer une corde, cordeler, tordre pour former une corde, serrer un fil en le tournant,** rouler des fibres ou des lanières dans les mains pour fabriquer une corde. •*Aftul habil gawi lê l-juwâd !* Fabrique une corde solide pour le cheval ! •*Fatalo hubâl tuwâl lê l-tabbirîn fî l bîr.* Ils ont fabriqué de longues cordes pour puiser l'eau du puits. •*Al xayyât fatal al xêt wa dassa fî gadd al ibre.* Le tailleur a tourné le fil et l'a enfilé dans le trou de l'aiguille.

fatal 2 / yaftul *v. intr.*, forme I n° 1, sens dérivé du verbe précédent, → *fatal 1*, * ftl, ف ت ل

♦ **s'élever, retentir, résonner, se répandre,** monter et remplir l'atmosphère. •*Al-xêl gallabo wa l ajâj fatal.* Les chevaux ont galopé et la poussière s'est élevée. •*Al iyâl tacco l kûzi wa l-duxxân fatal fî l hille.* Les enfants ont brûlé la case et la fumée s'est répandue dans tout le village. •*Al-sarrâgîn câlo l bagar, wa l korôrâk fatal.* Les voleurs ont pris les vaches, et les cris d'appel au secours ont retenti.

fatalân *n. d'act.*, → *fatilîn.*

fatan / yaftin *v. trans.*, forme I n° 6, * ftn, ف ت ن

♦ **pousser à la sédition, inciter à la bagarre, exciter l'un contre l'autre.** •*Al mara di fatanat al awîn al âxarîn al gâ'idîn janbaha.* Cette femme a poussé celles qui étaient à côté d'elle à se battre les unes contre les autres. •*Ba'ad al-duwâs al askar karabo l-nâdum al fatanahum lê l iyâl.* Les soldats ont arrêté la personne qui a incité les enfants à se battre.

fatanân *n. d'act.*, → *fatinîn.*

fatanti *n. m., empr. fr.*

♦ **taxe, patente.** •*Fî kulla sane, nâs al mêri bicîlu fatanti min siyâd al pûs wa min al-tujâr al fî l-sûg.* Chaque année, les agents municipaux réclament la patente aux propriétaires de pousse-pousse et aux commerçants qui sont au marché. •*Al fatanti mâ indah gurus muhaddad, wa fî l-duwân tikaffi misil al bidôruh bas.* Le prix de la taxe n'est pas fixe, et à la douane tu payes selon leur bon plaisir.

fatar / yaftur *v. intr. {- be}*, forme I n° 1, * fṭr, ف ط ر

♦ **prendre le petit déjeuner,** rompre le jeûne. •*Fajur fatart be fangâsu.* Ce matin, j'ai pris des beignets pour déjeuner. •*Fî l-Ramadân al-nâs bafturu be sâ'a sitte wa icirîn dagîga.* Pendant le Ramadan, les gens rompent le jeûne à dix-huit heures vingt.

fatarîta *n. vég., coll., f., sgtf. fatarîtay.*
♦ **variété de sorgho blanc,** espèce de sorgho qui mûrit au bout de quarante jours. •*Al fatarîta mâ tugumm fî l gôz.* Le sorgho blanc ne pousse pas sur un terrain sablonneux. •*Al fatarîta êcha halu wa lônha abyad.* La boule de sorgho blanc est délicieuse et a une couleur blanche.

fatâyig *pl.*, → *fatîg.*

fatâyil *pl.*, → *fatîle.*

fatâyis *pl.*, → *fatîs.*

fâte / fawâte *n. f.*, ≅ *fâthe*, pluriel peu usité, * fth, ف ت ح
♦ **première sourate du Coran, *fâtiha*, acte juridique, mariage,** accord conclu juridiquement et religieusement par la récitation commune de la *fâtiha* (première sourate qui "ouvre" le Coran). •*Al yôm, fâte hanâ Zênaba ma'â Mahammat.* Aujourd'hui, c'est le mariage de Zénaba et Mahammat. •*Al fâthe mâ bigât acân amm al binêye mâ radyâne.* On n'a pas conclu le mariage [la *fâtiha* n'a pas eu lieu] parce que la mère de la fille n'était pas d'accord. •*Câlo l fâthe gubbâl mâ yacuru l bêt.* Ils ont récité la *fâtiha* avant d'acheter la maison. •*Ba'ad al-salâ cilna l fâte : Allah yarhamna be l matar.* Après la prière, nous avons récité la *fâtiha* et demandé à Dieu de nous accorder la pluie.

fatfat / yifatfit *v. trans., Cf. farfat, marmax* ; forme II.
♦ **remuer, retourner, jouer avec, se débattre, bouger, affaiblir une proie, se déliter,** éreinter son adversaire en l'obligeant à se débattre. •*Al bisse tifatfit al fâr.* Le chat joue avec la souris. •*Al-tôr fatfat acân al-dûd kabasah.* Le bœuf se débat parce que le lion lui a sauté dessus. •*Hû dabah al-jidâde wa xallaha fatfatat.* Il a égorgé la poule et l'a laissée se débattre. •*Al-dringêl al blôk, kan asamantih ciya wa riwi almi, kan yibis yifatfit.* Les parpaings qui n'ont pas été faits avec assez de ciment et qui se gonflent d'eau, se délitent lorsqu'ils sèchent.

fâthe *n. f.*, → *fâte*, * fth, ف ت ح

Fathi *n. pr.* d'homme, → *fatah*, * fth, ف ت ح

Fathiya *n. pr.* de femme, ≅ *Fatiya*, *fém.* de *Fathi*, * fth, ف ت ح

fatîg / fatâyig *n. m.*, * ftq, ف ت ق
♦ **espace, passage, interstice, fente, intervalle.** •*Al bêt da indah fatîg saxayyar min fôg.* La maison a un petit interstice en haut. •*Nalga ma'âku fatîg saxayyar nunûm wallâ ?* Pourrais-je avoir un petit espace pour dormir avec vous ? •*Kan macêt fî l-sûg be sâ'a acara mâ talga fatîg tamci, al-nâs malyânîn marra wâhid.* Si tu vas au marché à dix heures, tu ne trouveras pas de passage tant il y a de monde. •*Xalagi indah fatâyig min wara wa min giddâm, wâjib nixayyitah.* Mon vêtement est décousu [a des fentes] devant et derrière, je dois le recoudre. •*Sidd fatâyig zer'ak dôl be l magan !* Comble les espaces vides de ton champ avec de nouveaux plants !

fatigîn *n. d'act., m.*, ≅ *fatagân*, * ftq, ف ت ق
♦ **fait de découdre.** •*Xalagi mâ magdûd coxolah fatigîn bas.* Mon vêtement n'est pas troué, il est simplement décousu. •*Fatigîn hanâ xalagi l-jadîd da bojâni marra wâhid.* Le fait que mon habit neuf soit décousu m'a vraiment fait mal.

fâtih / fâtihîn *adj. mrph. part.* actif, (*fém. fâtihe*), pouvant accompagner un adjectif de couleur, * fth, ف ت ح
♦ **ouvert(e), clair(e).** •*Humman xallo l-derib fâtih wa nâmo.* Ils ont laissé la porte ouverte et se sont endormis. •*Mâ tixalli bâb bêtak fâtih*

kan tidôr tunûm ! Ne laisse pas ta porte ouverte si tu veux dormir ! •*Xalagah axadar fâtih.* Il a un habit vert clair.

fâtiha *n. f.*, → *fâte*, * ftḥ, ف ت ح

fatihîn *n. d'act.*, *m.*, ≅ *fatahân*, *Cf. fatah*, * ftḥ, ف ت ح

♦ **fait d'ouvrir, ouverture.** •*Gabbalt min al-ruwâxa fî l-lêl wa fatihîn al bâb bigi lêi kalâm dunya.* Je suis revenu de promenade la nuit et j'ai eu beaucoup de difficulté à ouvrir la porte. •*Hû nâdum miskîn lâkin fatihîn xacumah illa be mu'yar.* Il est calme, mais il n'ouvre la bouche que pour insulter.

fatîle / fatâyil *n. f.*, * ftl, ف ت ل

♦ **bouteille de parfum, flacon de cuivre.** •*Fî yôm al fâte al-râjil bijîb lê nusubânah fatâyil hanâ itir.* Le jour du mariage, l'homme apporte à ses beaux-parents des bouteilles de parfum. •*Waddêt lê rafîgi fatîle yâbse yusubb fôgha dawa.* J'ai apporté à mon ami une bouteille de parfum vide pour qu'il y mette un médicament.

fatilîn *n. d'act.*, *m.*, ≅ *fatalân*, *Cf. fatal.*

♦ **fait de tordre une corde, fabrication d'une corde,** fait de rouler des fibres dans la main pour fabriquer une corde. •*Fatilîn al hubâl, al-rujâl bas ya'arfuh.* Il n'y a que les hommes qui savent fabriquer les cordes. •*Fatilîn habl al karkany, hayyîn min hanâ l-za'af.* La fabrication d'une corde avec des fibres d'Hibiscus cannabinus est plus facile qu'avec des feuilles de palmier doum.

Fâtima *n. pr.* de femme, fille du Prophète, femme d'Ali, mère de Hassan et de Hissène, * fṭm, ف ط م

Fâtimata *n. pr.* de femme, (Bornou), variante de *Fâtima*, * fṭm, ف ط م

Fâtimatu *n. pr.* de femme, variante de *Fâtima*, * fṭm, ف ط م

Fâtimay *n. pr.* de femme, variante de *Fâtima*, * fṭm, ف ط م

Fâtime *n. pr.* de femme, variante de *Fâtima*, * fṭm, ف ط م

fatinîn *n. d'act.*, *m.*, ≅ *fatanân*, * ftn, ف ت ن

♦ **fait de pousser à la dissension, semer la discorde, incitation à la révolte, provocation à la bagarre.** •*Fatinîn al mara wa râjilha yijîb lêhum al-talâg.* Semer la discorde entre la femme et son mari aboutit pour eux au divorce. •*Fatinîn al axawân ambênâthum bas yijîb al-duwâsât fî dârna.* C'est seulement l'incitation des frères à se bagarrer entre eux qui provoque des guerres dans notre pays.

fâtir 1 / fawâtir *n. m. mrph. part.* actif, * fṭr, ف ط ر

♦ **canine, croc.** •*Al kalib indah fawâtir kubâr.* Le chien a de grosses canines. •*Fâtir al-dûd yagta l-laham misil al-sakkîn.* La canine du lion coupe la chair comme un couteau. •*Kulla fawâtir al-sêd induhum samm.* Toutes les canines des animaux sauvages ont du poison (*i.e.* la plaie causée par la canine d'un animal s'infecte). •*Al-dâbi indah fawâtir turân.* Le serpent a des crocs aiguisés.

fâtir 2 / fawâtir *adj. m.*, (inusité au féminin) qualifie un animal mâle ou femelle, peut servir d'insulte, *Cf. diris*, * fṭr, ف ط ر

♦ **vieux, vieille.** •*Hî di bagaray fâtir wadduha lê l-jazzâra !* C'est une vieille vache, emmenez-la chez le boucher [les bouchers] ! •*Al-tôr al fâtir mâ bagdar bâkul gecc adîl.* Le vieux taureau ne peut pas bien brouter.

fâtir 3 / fâtirîn *adj. mrph. part.* actif, (*fém. fâtire*), * fṭr, ف ط ر

♦ **qui a pris le petit déjeuner.** •*Kan hû fâtir xalli yamci l-lekkôl ajala.* Qu'il aille vite à l'école s'il a déjà pris son petit déjeuner. •*Anîna fâtirîn xalâs nidôru nabdo l xidime.* Nous avons déjà pris notre petit déjeuner, nous voulons commencer le travail.

fatîs / fatâyis *adj. n.*, (*fém. fatîse*), *Cf. mayit*, * fṭs, ف ط س ⇨

♦ **crevé(e), charogne, cadavre d'animal**, mort(e) "étouffé(e)", sans avoir été égorgé(e) rituellement. •*Waddo l fatîs ba'îd min al-nâs acân hû afin.* Ils ont emporté le cadavre de l'animal loin des gens parce qu'il pourrissait. •*Al fatîs harâm, mâ bâkuluh.* Un bête crevée fait partie des interdits religieux, on ne la mange pas. •*Amnawwal bagarna kulluhum bigo fatâyis.* L'an dernier, toutes nos vaches sont mortes [sont devenues des cadavres].

Fatiya *n. pr.* de femme, variante de *Fathiya*, * fth̩, ف ت ح

fatrên *n. m.*, ≅*faturên*, * ft̩r, ف ط ر
♦ **onzième mois de l'année lunaire.** •*Al fatrên hû al-cahar al ihdâcar fî l-sane.* Le mois de *fatrên* est le onzième mois de l'année lunaire. •*Al fatrên yaga' ba'ad al fatur wa gubbâl al-dahîye.* Le mois de *fatrên* se trouve [tombe] après le mois de *fatur* et avant le mois de *dahîye*.

fatrôn *n. m.*, *empr. fr.*
♦ **pétrole.** •*Al fatrôn yijîbuh min dâr âxar.* On importe du pétrole [le pétrole, on l'amène d'un autre pays]. •*Lampiti mâ indaha fatrôn.* Ma lampe n'a pas de pétrole. •*Rîhit al fatrôn afine.* Le pétrole sent mauvais.

fatta / fattât *n. f.*, appelé aussi *filêfilê* (Kanem), *Cf. biric.*
♦ **natte ronde, napperon, dessous-de-plat,** grande ou petite natte ronde tressée avec du *za'af* et posée au centre de la table. •*Ba'ad al akil al-saxayar fî l iyâl yarfa' al fatta.* Après avoir fini de manger, c'est le petit enfant qui enlève la natte ronde. •*Fî l-sûg nalgo l fattât ma'allagîn fî l-lagâdîb.* Au marché, on trouve des nattes rondes accrochées aux petits hangars.

fattac / yifattic *v. trans.*, *Cf. fallany*, forme II, * ftš, ف ت ش
♦ **chercher, rechercher.** •*Al pôlîs fattac al-sarrâg.* La police a recherché le voleur. •*Ambâkir nifattic kadanka lê l xarîf al-jâyi.* Demain, je chercherai une houe en vue de la saison des pluies qui arrive.

fattacân *n. d'act., m.*, → *fatticîn.*

fattah / yifattih *v. trans.*, forme II, * fth̩, ف ت ح
♦ **faire ouvrir, retrouver la vue, se réveiller.** •*Al-râjil da zamân amyân wa hassâ fattah.* Autrefois cet homme était aveugle, mais maintenant il a retrouvé la vue. •*Al wilêd fattah min al-nôm.* L'enfant s'est réveillé.

fattan / yifattin *v. trans.*, forme II, * ftn, ف ت ن
♦ **causer des troubles, pousser au conflit.** •*Ru'asa' al ahzâb yifattunu l-ca'ab fî Ra'îshum.* Les chefs de partis poussent le peuple contre son Président. •*Al awîn kan lammo fî âzûma gubbâl mâ yicittu yifattunu ambênâthum.* Lorsque des femmes, réunies au cours d'une invitation, vont partir et se disperser, elles s'excitent et se montent la tête les unes contre les autres.

fattar / yifattir *v. trans.*, forme II, * ft̩r, ف ط ر
♦ **offrir le petit déjeuner, donner une aumône,** donner un cadeau ou une aumône le jour où finit le jeûne du Ramadan. •*Hû fattar difânah be jidâd.* Il a offert des poulets à ses hôtes pour le petit déjeuner. •*Antîni gurus namci nifattir iyâli.* Donne-moi de l'argent pour que j'aille donner à mes enfants le petit déjeuner. •*Kulla l-nâs kan kammalo l-siyâm hanâ Ramadân, gubbâl al-salâ yifatturu l masâkîn be xalla walla tamur walla gameh walla dura' walla gurus.* Tous les gens, lorsqu'ils ont fini le jeûne du Ramadan, font une aumône avant la grande prière du matin, et donnent aux pauvres du mil, des dattes, du sorgho, du blé, ou encore de l'argent.

fatticîn *n. d'act., m.*, ≅*fattacân*, * ftš, ف ت ش
♦ **recherche, contrôle, inspection.** •*Al askar gammo be fatticîn al banâdig al gâ'idîn fî idên al-ca'ab.* Les soldats se sont mis à la fouille des armes à feu qui sont entre les mains

de la population civile. •*Al-sarrâg anlaga ba'ad al fatticîn hanâ l bolîs.* Le voleur a été retrouvé après la recherche effectuée par la police.

Fattûma *n. pr.* de femme, variante de *Fâtima.*

fatûh *n. m., Cf. fatah,* * ftḥ, ف ت ح
♦ **ouverture, fait d'ouvrir.** •*Fatûh bâb al bêt da illa be l muftah.* Seule la clé permet d'ouvrir la porte de cette maison. •*Al-Ra'îs ja lê fatûh al mu'tamar.* Le Président est venu pour l'ouverture de la conférence. •*Fatûh al-sûg kulla yôm be sâ'a tamâne.* L'ouverture du marché a lieu tous les jours à huit heures.

fatur *n. m.,* * fṭr, ف ط ر
♦ **dixième mois de l'année lunaire.** •*Cahar al fatur hû al-cahar al âcar fî l-sana.* Le mois de *fatur* est le dixième mois de l'année lunaire. •*Îd Ramadân yaji fî awwal al fatur.* La fête du Ramadan a lieu le premier jour du mois de *fatur.* •*Al fatur yaga' ba'ad cahar ramadân wa gubbâl al fatrên.* Le mois de *fatur* se trouve [tombe] après le mois de ramadan et avant le mois de *fatrên.*

fatûr *n. m.,* * fṭr, ف ط ر
♦ **petit déjeuner, rupture du jeûne, repas du soir pendant le Ramadan.** •*Fatûr al fajur be labân, adîl.* C'est très bien de prendre du lait pour le petit déjeuner du matin. •*Anâ gayyalt sâyime wa aciye mâ ligit fatûr.* J'ai jeûné la journée [j'ai passé le milieu du jour en jeûnant], et je n'ai rien trouvé pour rompre le jeûne le soir. •*Fî l fatûr naftur be curba hanâ jidâd.* Pour rompre le jeûne, je déjeune en prenant une soupe de poule. •*Fî l-Ramadân, al-rujâl bulummu fatûrhum sawa fî l faday.* Pendant le Ramadan, les hommes mettent en commun leur repas dans la cour.

faturên *n. m.,* → *fatrên.*

fawâcir *pl.,* → *fâcir.*

fâwad / yifâwid *v. intr. {- ma'â},* * fwḍ, ف و ض
♦ **discuter, négocier.** •*Kabîr hanâ l-sawra hint Angôla yidôr yifâwid ma'â l Hâkûma.* Le chef de la rébellion angolaise veut négocier avec le gouvernement. •*Al Hâkûma abat mâ tifâwid ma'â l xaddâmîn.* Le gouvernement a refusé de négocier avec les travailleurs.

fawâid *pl.,* → *fâyde.*

fawâkih *pl.,* → *fâkihe.*

fawasa *pl.,* → *fûs.*

fawâse *pl.,* → *fâs.*

fawâsil *pl.,* → *fâsil.*

fawâte *pl.,* → *fâte.*

fawâtir *pl.,* → *fâtir 1, fatir 2.*

fawda *n. f.,* ≅ *fôda,* * fwḍ, ف و ض
♦ **désordre, confusion, anarchie, pagaille.** •*Mâ tisawwi lêi fawda fî bêti !* Ne fais pas de désordre chez moi ! •*Fî l kilâs al iyâl kan bisawwu fawda, al mêtir yixabbin wa yudugguhum.* Lorsqu'en classe les enfants sèment la pagaille, le maître se met en colère et les frappe. •*Adam al amni bijîb al fawda fî l-dâr.* L'absence de sécurité crée l'anarchie dans le pays.

fawwar / yifawwir *v. trans.,* forme II, * fwr, ف و ر
♦ **faire bouillir, stériliser.** •*Maryam fawwarat al almi wa sawwat madîde lê axûha.* Marie a fait bouillir de l'eau et a préparé de la bouillie pour son frère. •*Fawwuru lêna laban nacarboh ma'â Isâxa.* Faites bouillir du lait pour que nous le buvions avec Issakha. •*Yâ Zâra ! Fawwiri câhi lê dîfân Âdum !* Zara ! Fais bouillir du thé pour les invités d' Adoum !

fawwâr / fawwârîn *adj.,* (*fém. fawwâra*), * fwr, ف و ر
♦ **effervescent(e), bouillant(e).** •*Al-dawa fawwâr fî l almi.* Ce médicament est effervescent. •*Hû fawwâr misil al gantûr.* Il réagit immédiatement [il est bouillant comme une termitière]. •*Humman kan*

simi'o l kalâm da, fawwârîn misil al andrôs, lâkin mâ bilâhugu bakân. Dès qu'ils entendent qu'il y a un problème, ils sont en effervescence, mais finalement cela n'aboutit à rien.

fawwâra / fawwârât *n. f.*, → *amfawwâra.*

fawwarân *n. m.*, → *fawwirîn.*

fawwat 1 / yifawwit *v. trans.*, forme II, * fwt, ف و ت

♦ **faire passer sur, dépasser, laisser passer le temps, aller au-delà de, exagérer.** •*Fawwit al butân da be râs al bêt wa rabbitah adîl min al-rih !* Passe la corde sur le toit de la case et attache-la bien pour que le vent n'emporte pas les nattes ! •*Jo yifawwutu ma'âna ayyâm al ma'aza dôl wa yigabbulu.* Ils sont venus passer avec nous ces jours de deuil, puis ils repartiront. •*Mâ tifawwit al wa'ad al antêtak da !* Ne laisse pas passer le rendez-vous que je t'ai donné ! •*Mâ tifawwit taman al koro hint al-sukkar di, mâ talga nâdum yibî'ah lêk !* N'exagère pas le prix de ce koro de sucre, sinon tu ne trouveras personne pour l'acheter !

fawwat 2 / yifawwit *v. intr.*, ayant un sujet féminin, forme II, * fwt, ف و ت

♦ **être enceinte, être en début de grossesse.** •*Fâtime min fawwatat da, indaha caharên.* Cela fait deux mois que Fatimé est enceinte. •*Ali, kan martak fawwatat, aktib lêi acân nirassil lêha batamîn !* Ali, dès que ta femme sera enceinte, écris-moi pour que je lui envoie des vitamines !

fawwirîn *n. m.*, ≅ *fawwaran, fôrân, fôrîn*, * fwr, ف و ر

♦ **fait de bouillir, cuisson,** fait de bouillir ou de faire cuire dans l'eau. •*Fawwirîn al almi be hatab xucxuc gâsi bilhên.* Faire bouillir de l'eau avec des brindilles est très difficile. •*Fawwirîn al-laham fî l burma di sameh.* C'est bien de faire cuire la viande dans cette marmite.

Fawziya *n. pr.* de femme, *Cf. Fayza*, * fwz, ف و ز

fâx / yifîx *v. intr.*, forme I, n° 10, * fyq, ف ي ق

♦ **revenir à soi, retrouver connaissance, sortir du coma, retrouver ses esprits,** revenir au calme après une crise d'épilepsie. •*Sîd al amfitfit, kan waga', mâ yifîx illa kan fasa.* Lorsqu'un épileptique tombe sans connaissance, il ne revient à lui qu'après avoir pété. •*Al mulâkim kan daggoh bunya waga', wa hasabo lêyah acara kula mâ fâx, xalâs hû maxlûb.* Si un boxeur tombe knock-out après avoir reçu un coup de poing, et s'il ne retrouve pas ses esprits au bout de dix secondes, il a perdu le combat.

faxâma *n. f.*, * fhm, ف خ م

♦ **excellence, éminence.** •*Faxâmit sayid al-Ra'îs gamma be ziyâra lê Lîbya.* Son Excellence le chef de l'État a entrepris une visite en Libye. •*Ra'îs al-dawla gâbal amis Faxâmat al-sayid al-safîr hanâ Sûdân fî baladna.* Le Président de la République a reçu hier son Excellence l'Ambassadeur du Soudan accrédité dans notre pays. •*Faxâmat al-safîr hanâ Fransa fî baladna azam al-sahâfa fî bêtah.* Son Excellence l'Ambassadeur de France dans notre pays a invité chez lui la presse. •*Nâs katîrîn hidiro fî l mulamma al sawwaha Faxâmit sayid al-Ra'îs hanâ baladna.* Beaucoup de gens ont assisté à la réunion organisée par son Excellence le Président de notre pays.

faxara *pl.*, → *faxîr.*

faxâxa *n. f.*, ≅ *amfaxâxa*, *Cf. faxxa, taggâg.*

♦ **creux en dessous de la thyroïde,** lieu où l'on voit battre le sang des artères carotides. •*Al-nâdum kan xalâs mât, faxâxtah mâ taharrik.* Lorsque quelqu'un est mort, on ne voit plus les pulsations dans le creux en dessous de la thyroïde. •*Amfaxâxa tihit al halgûm wa bên hubâl al warîd al-tinên.* Le creux de la thyroïde est au bas de la gorge et entre les deux artères carotides.

faxîr / faxara nom de personne, *m.*, d'après la racine ce mot désignerait un ascète ou un homme voué à la contemplation, *Cf. dict.* (*Ka.*) ; *faxîr* est devenu le synonyme de *faki*, * fqr, ف ق ر

♦ **faki, marabout,** personnage religieux, maître dans la connaissance du Coran et du Droit, gardien des traditions sociales, religieuses et médicales. •*Al faxîr gâ'id usut muhâjirînah ba'allimhum al Xur'ân.* Le faki est au milieu de ses élèves et leur apprend le Coran. •*Al faxîr gara l fâthe.* Le faki a récité la *fâtiha.* •*Al faxara lammo bagru lê l mara l micôtine.* Les marabouts se sont rassemblés pour réciter des versets coraniques sur la femme possédée d'un esprit mauvais.

faxx 1 / faxxîn *adj.,* qualifiant un aliment, (*fém. faxxa*), * f h̠ h̠, ف خ خ

♦ **fade, insipide, sans goût, sans jus,** non sucré en parlant de la canne de mil. •*Al masar agêgah faxx.* La tige de maïs n'a aucun goût. •*Al-rêke asal, mâ faxx acân hû indah almi katîr.* La canne à sucre est sucrée et juteuse [elle n'est pas insipide parce qu'elle contient beaucoup d'eau].

faxx 2 / faxxîn *adj.,* qualifiant souvent des personnes, (*fém. faxxa*), * f h̠ h̠, ف خ خ

♦ **mou (molle), sans force, faible, apathique, amorphe, sans consistance.** •*Al wilêd da faxx acân hû lissâ mardân.* Cet enfant est faible parce qu'il est encore malade. •*Mâ tâxud binêye faxxa acân hî mâ tagdar taxdim bêtha !* N'épouse pas une fille apathique parce qu'elle ne pourra pas faire le travail de la maison !

faxxa / yufuxx *v. intr.*, forme I n° 5.

♦ **gicler** (sang), **sortir avec pression** (liquide). •*Kan al-sakkîn gata'atak fî l warîd, al-damm yufuxx mâ yigif.* Si le couteau te coupe l'artère, le sang gicle avec force et ne s'arrête pas. •*Al-tiyo kan xisir ticîf al almi yufuxx namman be rixiwtah.* Lorsqu'un tuyau se casse, l'eau sort avec une telle pression qu'elle mousse.

faxxar / yifaxxir *v. intr.*, forme II, * fh̠r, ف خ ر

♦ **se vanter, s'enorgueillir, se glorifier.** •*Al xani faxxar giddâm al masâkîn.* Le riche s'est vanté devant les pauvres. •*Mâ tifaxxir, gursak da yôm wâhid bikammil !* Ne te vante pas, un jour tu n'auras plus d'argent !

Faya *n. pr.* de lieu, chef-lieu de sous-préfecture du Borkou, et chef-lieu de préfecture du B.E.T., ≅ *Fayalarjo*.

♦ **Faya-Largeau, Largeau.**

fayala *pl.*, → *fîl.*

fâyde / fawâid *n. f.*, ≅ *fâyide* (*sing.*), fâydât (*pl.*), * fyd, ف ي د

♦ **profit, bénéfice, intérêt.** •*Al-tujjâr birîdu l fâyde.* Les commerçants aiment le bénéfice. •*Hû birîd al fâyde misil al amyân.* Il aime le profit comme un aveugle. •*Al-sane al harrâtîn ligo fawâid min zura'âthum.* Cette année les cultivateurs ont tiré un bon profit de leurs champs. •*Mâ nisawwi xidime bala fâyde.* Je ne fais aucun travail sans intérêt.

fâyide *n. f.*, → *fâyde.*

fâyir / fayrîn *adj.*, (*fém. fayre*), * fwr, ف و ر

♦ **bouillant(e).** •*Amis almi fâyir daffag lêyah fî rijilênah.* Hier l'eau bouillante s'est renversée sur ses pieds. •*Al-jidâde taracat al madîde l fâyre wa daffagataha fî l mara.* La poule a bousculé la bouillie bouillante et l'a renversée sur la femme.

fâyit / faytîn *adj. {- be}*, (*fém. fâyte*) *mrph. part.* actif, * fwt, ف و ت

♦ **passant(e), qui dépasse.** •*Mahammat fâyit rujâl al hille kulluhum be l bagar.* Mahammat a beaucoup plus de vaches que tous les hommes du village [dépasse tous les hommes du village en vaches]. •*Hû ja fâyit be hini bas al askar karaboh !* Parce qu'il passait par ici, les soldats l'ont arrêté ! •*Anâ fâyit be hini wa xicitku sallamtuku.* Je suis de passage par ici et j'ai fait un crochet pour vous saluer.

fâyiz / fâyzîn *adj. mrph. part.* actif, (*fém. fâyze*), * fwz, ف و ز

♦ **vainqueur, victorieux (-euse), gagnant(e), qui a réussi.** •*Wilêdi fâyiz fî l madrasa.* Mon enfant est parmi les meilleurs de l'école. •*Ra'îsna fâyiz fî l intixâbât al fâto.* Notre Président est sorti vainqueur des dernières élections.

Fâyiz *n. pr.* d'homme, *litt.* vainqueur, gagnant, * fwz, ف و ز

fâyo *n. vég.*, *coll.*, *sgtf. fâyôye*, arabe de l'Est, *pôyo* en langue kenga.

♦ **nom d'une plante herbacée à tubercule, Raphionacme browni,** famille des asclépiadacées, tubercule allongé au feuillage court, au goût sucré et mangé cru. •*Al fâyo bugumm fî tihit al hujâr.* Les tubercules poussent au pied des montagnes. •*Al fâyo asal wa abyad, bicabbih al bangâw.* Les tubercules sont sucrés et blancs, ils ressemblent aux patates douces.

Fâyza *n. pr.* de femme, *fém.* de *Fâyiz*, *litt.* la victorieuse, * fwz, ف و ز

fâz / yufûz *v. trans.*, forme I n° 4, * fwz, ف و ز

♦ **obtenir *qqch.*, vaincre, emporter la victoire, acquérir, gagner, réussir.** •*Hidirna fî âzûma hint Abbakar, ba'ad mâ fâz fî l bakalorea.* Nous étions présents à la réception qu'Abakar a donnée après avoir réussi son baccalauréat. •*Ra'îsna fâz fî l intixâbât, al-sane di.* Cette année, notre Président a remporté les élections. •*Hû xassar mâlah wa mâ fâz fî l-debite.* Il a perdu son argent sans réussir à obtenir le poste de député.

faza' 1 / yafza' *v. trans.*, forme I n° 14, * fzʕ, ف ز ع

♦ **secourir, aller au secours de *qqn.*** •*Al askari faza' jîrânah wakt al-sarrâg daxal fî bêthum.* Le combattant est allé au secours de ses voisins au moment où le voleur est entré chez eux. •*Kan simîtu kororâk, afza'o.* Si vous entendez des cris de détresse, allez au secours de ceux qui appellent. •*Mâ tal'abo fî almi l bahar, kan xirigtu yâtu yafza'aku ?* Ne jouez pas dans l'eau du fleuve ; si vous sombrez, qui viendra à votre secours ?

faza' 2 / yafza' *v. intr. {- lê}*, forme I n° 14, * fzʕ, ف ز ع

♦ **partir rechercher, aller à la recherche, aller ramasser, chercher qqch de vital, suivre les traces des voleurs,** sortir très loin à la recherche de nourriture, de graines, de bois. •*Al awîn faza'o lê l kirêb.* Les femmes sont parties au loin récolter le fonio sauvage. •*Jarti faza'at lê l hatab.* Ma voisine est allée chercher du bois. •*Al iyâl faza'o lê l gecc.* Les enfants sont sortis très loin pour ramasser de l'herbe. •*Ambâkir nafza'o lê l hajlîj fî l kadâde.* Demain, nous irons en brousse ramasser des drupes de savonnier.

faza' 3 *n. d'act. m.*, * fzʕ, ف ز ع

♦ **secours, salut, recherche.** •*Bêt Hinda, al-nâr akalatah wa kôrakat wa ligat faza' ajala kê.* La maison de Hinda a pris feu [le feu la mangeait], elle a crié au secours et a vite été sauvée [a trouvé vite le salut]. •*Al mara, râjilha daggâha wa jîrânha jo lêha faza'.* Les voisins sont venus au secours de la femme battue par son mari. •*Al-subyân maco faza' lê l bagar wara l-sarrâgîn.* Les jeunes gens sont partis rechercher les vaches emportées par [derrière] les voleurs.

fazar / yafzur *v. trans.*, forme I n° 1, * fzr, ف ز ر

♦ **courber, cambrer, infléchir, incurver,** plier sous le poids d'un fardeau. •*Al xumâm al-tagîl fazar dahar al humâr.* Les affaires lourdes ont courbé le dos de l'âne. •*Xumâmak da fazar dahari ta'âl dalli minni !* Tes affaires m'ont courbé le dos, viens me les descendre !

fazarân *n. d'act.*, → *fazirîn.*

fazirîn *n. d'act.*, ≅ *fazarân*, * fzr, ف ز ر ⇨

♦ **cambrure, courbure,** fait de cambrer. •*Al binêye di, fazirîn daharha min al marad.* Cette fille a le dos cambré parce qu'elle a été malade. •*Al falwa di saxayre, mâ tarkab fôgha tisawwi lêha fazirîn dahar.* Cette pouliche est trop jeune, ne la monte pas, tu provoquerais une cambrure de son dos. •*Fazirîn al bêt da min kassarân al ûd al ustâni, acân da yakrub almi.* La terrasse de la maison s'est incurvée parce que le bois au milieu du toit s'est cassé ; voilà pourquoi il y a une gouttière.

fazra *adj. déf. phy.*, *f.*, → *afzar.*

fazre / fuzur *n. f.*, * fzr, ف ز ر

♦ **un creux, une courbure concave.** •*Al bannay da xalla fazre fî l-durdur ; al xarîf kan ja, yaga' ajala ke.* Ce maçon a laissé un creux dans le mur ; lorsque viendra la saison des pluies, il s'écroulera rapidement. •*Mâ tixalli fazre fî dahar al bêt, yakrub al almi !* Ne laisse pas de creux dans le toit [le dos] de ta maison, parce qu'il retiendra l'eau ! •*Al mirig da indah fazre, mâ yabni al kurnuk adîl.* Cette poutre est incurvée, elle ne s'adaptera pas bien à la construction de l'abri.

fazza / yifizz *v. intr.*, *Cf. arrad*, * fzz, ف ز ز

♦ **s'enfuir, déguerpir,** s'en aller en courant après avoir eu peur. •*Al bagar hasso harakt al marfa'în wa fazzo.* Les vaches ont entendu le bruit de l'hyène et se sont enfuies. •*Al mara di tifizz min râjilha acân hî taxâf minnah wa mâ tidôrah.* Cette femme fuit son mari parce qu'elle en a peur et qu'elle ne l'aime pas !

ferîg *n. m.*, → *farîg.*

Fêrûz *n. pr.* de femme, mot arabe d'emprunt *irn.* (*Ka.*), *litt.* turquoise, → *fârûs*, * frz, ف ر ز

fî 1 *invar.*, employé comme préposition.

♦ **dans, à, au, sur, de, au sujet de, en ce qui concerne.** •*Kitâbi fî sakôcak.* Mon livre est dans ton sac. •*Gursak fî l-tarbêza.* Ton argent est sur la table. •*Anâ mâci fî l-labtân.* Je m'en vais à l'hôpital. •*Amis fî l-lêl al-sarrâgîn daxalo fî bêti.* La nuit dernière, les voleurs sont entrés chez moi. •*Al wazîr kallam fî l-siyâsa bên Tcâd wa Fransa.* Le ministre a parlé de la politique entre le Tchad et la France. •*Hû baka fî mot abuh.* Il a pleuré la mort de son père. •*Yaxadim fî buna l watan.* Il travaille à la reconstruction de la patrie. •*Yifattic fî l-suluh bên al axawân.* Il cherche à réconcilier les frères.

fî 2 *invar.*, ≅*fîyah*, employé comme "prédicat d'existence".

♦ **il y a, être là, être présent, exister, se trouver là.** •*Almi fî ? Aywa, almi fî !* Y a-t-il de l'eau ? Oui, il y a de l'eau ! •*Nâdum fî ?* Y a-t-il quelqu'un ? •*Fî wilêd wâhid, ammah massâsa.* Il y a un enfant dont la mère est "vampire". •*Fî binêye wahade, xannat yôm al 'îd.* Il y a une jeune fille qui a chanté le jour de la fête. •*Fî râjil, indah awîn talâte.* Il y avait un homme qui avait trois femmes (début de conte). •*Simi'na zaxrâta ba'îd minnina, akûn fîyah axîde ?* Nous avons entendu la voix d'une lanceuse de youyous loin de chez nous, peut-être y avait-il des noces ?

fî 3 *invar.*, dans l'expression : "mâ fî" ou "mâ fîh", employé comme "prédicat d'existence" après la négation *mâ*, et accompagné d'un *pron.* de rappel (*pron. pers.* suffixe).

♦ **ne pas être là, ne pas exister, il n'y a pas, être absent.** •*Abbakar mâ fîh.* Abakar n'est pas là. •*Al-coxol da mâ fîh.* Cette chose n'existe pas. •*Binêytak mâ fîha.* Ta fille est absente. •*Inta jit wa anâ mâ fîni.* Tu es venu et j'étais absent. •*Humman mâ fîhum.* Ils sont absents. •*Jît bêtak wa inta mâ fîk.* Je suis venu chez toi et tu n'étais pas là.

fî cân expression, *Syn. acân*, * š'n, ش ء ن

♦ **dans le but de, en vue de, à cause de, pour le plaisir de.** •*Al mahâjirîn yachado bugûlu : "Fî cân Allah... !".* Les mendiants de l'école coranique disent : "Pour le plaisir de Dieu… !".

•*Tallagt marti fî cân kalâm ammaha katîr.* J'ai renvoyé ma femme parce que sa mère me causait sans cesse des ennuis. •*Fî cân lônki ahmar tuzûmi fôgna misil da !* Est-ce parce que tu as la peau cuivrée que tu nous méprises ainsi en ne nous saluant pas ?

fi'il / af'âl *n. m.*, * fˁl, ف ع ل
♦ **acte, action.** •*Al wilêd da fi'ilah cên.* Cet enfant se conduit mal [son acte est mauvais]. •*Wâjib fî l-dunya tisawwi fi'il zên acân tigâbil beyah Rabbak yôm al xiyâme.* Dans la vie, il faut que tu fasses de bonnes actions pour pouvoir rencontrer ton Seigneur le jour de la résurrection. •*Al fi'il al-zên bilimmak ma'â l mâ axûk.* Les bonnes actions te rapprochent de celui qui n'est pas ton frère. •*Hassâ fi'ilak da cunû, yâ wilêdi ?* Qu'as-tu fait là, mon fils ?

ficc *v. impér.*, → *facca.*

ficêfic *mrph. dmtf.*, *m.*, → *amfacfâc, amficêfic.*

ficilig / facâlîg *n. m.*, hypothèse dans la racine, *Cf.* article *fûšîq* dans *dict.* (*Ka.*), *empr.* turc (*TRE.*), * fšq, ف ش ق
♦ **cartouchière.** •*Usmân mâci l-zere' wa abuh sallahah be bunduk wa ficilig malân rassâs.* Ousmane est allé au champ et son père l'a armé d'un fusil et d'une cartouchière remplie de munitions. •*Ficligi anfatag, waddêtah lê l-sarmât xayyatah lêi.* Ma cartouchière s'est décousue, je l'ai apportée chez le cordonnier pour qu'il la recouse.

Fidêl *n. pr.* d'homme, *mrph. dmtf.*, variante de *Alfidêl*, → *fadul*, * fḍl, ف ض ل

Fidêle *n. pr.* de femme, *mrph. dmtf.*, → *Fadîle*, * fḍl, ف ض ل

fidwe *n. f.*, *Cf. fadda, saddax*, ≅ *fidye*, *Syn. faddiyîn*, * fdy, ف د ي
♦ **offrande lors d'une commémoration, sacrifice après la mort,** ce qui est donné lors du sacrifice pour un mort dont les funérailles ont eu lieu antérieurement ou ailleurs. •*Al fidwe hî karâma yisawwuha ahal al mayyit ba'ad talâta walla sab'a yôm min môtah.* L'offrande pour le sacrifice est un don généreux fait par la famille du défunt trois ou sept jours après le décès. •*Fî fidwit al mayyit al-nâs yagru dâyiman al Xur'ân wa yaxtumuh.* Au cours d'un sacrifice pour la commémoration d'un défunt, les gens lisent toujours le Coran du début à la fin.

fidye *n. f.*, → *fidwe*, * fdy, ف د ي

figê'e / figê'ât *n. f. mrph. dmtf.*, ≅ *figêye, Cf. kîs al almi*, * fq', ف ق ء
♦ **bulle à la surface de l'eau, poche des eaux,** apparition de la poche des eaux chez celle qui va accoucher. •*Al figê'e kîs indah almi, yamrug kan al bahîme tidôr talda.* La poche des eaux est comme un sac qui contient de l'eau et qui sort lorsque la femelle va mettre bas. •*Al-nâs bugûlu al figêye tinkasir acân al walûda tabga hayîne.* Les gens disent que la poche des eaux se rompt afin de faciliter la naissance.

figêri / figêrîn *adj. n., mrph. dmtf.*, (*fém. figêriye*), * fqr, ف ق ر
♦ **pauvre.** •*Al figêri sâr xalla l-dâr.* Le pauvre a quitté le village, il est parti. •*Hî abat al figêri wa axadat al-câyib.* Elle a refusé le pauvre et a épousé le vieux.

figêriye *n. f. mrph. dmtf.*, *litt.* un peu pauvre, *Cf. fagur*, * fqr, ف ق ر
♦ **nom d'une coiffure tressée, coiffure "simple".** •*Mucât al figêriye mâ bicîl wakit katîr.* Tresser une "coiffure simple" ne prend pas beaucoup de temps. •*Al figêriye, bucugguh min usut, wa bisawwu lêyah masâyir tinên min giddâm, wa l faddal bimaccutuh wara.* Pour réaliser une "coiffure simple", on partage la chevelure en deux ; on fait une tresse sur chaque tempe, et on fait des tresses fines avec les cheveux qui restent par derrière.

figêye *n. f.*, → *figê'e.*

figre / figrât *n. f.*, utilisé en arabe *sd.* (*C.Q.*), pour désigner une vertèbre cervicale ; on entend plus souvent : *idêm al-ragaba* [petit os de la nuque], → *idêm, ragaba*, * fqr, ف ق ر

fihim 1 / yafham *v. trans.*, forme I n° 20, * fhm, ف ه م

♦ **comprendre.** •*Anâ fihimt al kalâm al inta tidôr ti'ôrini.* J'ai compris ce que tu voulais me dire. •*Al iyâl mâ fihimo girayit mêtirhum.* Les enfants n'ont pas assimilé la leçon que le maître leur a donné.

fihim 2 *n. m.*, * fhm, ف ه م

♦ **intelligence, entendement, intellect.** •*Hû mâ indah fihim, coxol al gultah lêyah bansa ajala.* Il n'est pas intelligent [il n'a pas d'intelligence], il oublie vite ce que je lui ai dit.•*Al wilêd da awîr mâ indah fihim katîr misil nadâydah.* Cet enfant est idiot, il n'est pas aussi intelligent que ceux de son âge.

fijaj *pl.*, → *fijje.*

fijâwi *pl.*, → *fijwe, fijje*, * fjw, ف ج و

fijil *n. vég., coll., m., sgtf. fijilay*, * fjl, ف ج ل

♦ **nom de plante cultivée, navet, radis, Raphanus *sp.*,** famille des crucifères. •*Carêt fijil min jinêne hanâ l gardi.* J'ai acheté des navets venant du jardin du gardien. •*Anâ akalt fijilay be laham matcûc.* J'ai mangé un navet avec de la viande grillée. •*Fî Abbece fijil katîr fî l-sûg.* À Abéché, il y a beaucoup de navets sur le marché.

fijj *v. impér.*, → *fajja 1.*

fijje / fijaj *n. f.*, *Syn. fijwe*, autres pluriels : *fijâwi, fajâwi*, * fjj, ف ج ج

♦ **espace vide, intervalle, interstice, espace entre deux choses.** •*Maggin al berbere wa xalli lêha fijaj !* Repique le berbéré et laisse entre chaque plant des intervalles ! •*Fî l-zere' xallêt fijje acân nitêrib fôgha darrâba.* J'ai laissé dans le champ de mil un espace vide pour y semer du gombo. •*Magganna l xalla fî l fijaj.* Nous avons repiqué le mil dans les espaces vides. •*Nidôr namrug lâkin mâ ligit fijje, acân al-nâs katîrîn.* J'ai envie de sortir, mais je ne sais pas par où [je n'ai pas trouvé d'espace vide] parce qu'il y a trop de monde.

fijwe / fijâwi *n. f.*, moins usité que *fijje*, (espace entre deux choses, interstice), → *fijje*, * fjw, ف ج و

fikir / afkâr *n. m.*, ≅ *fikr*, * fkr, ف ك ر

♦ **pensée, réflexion, conscience.** •*Kulla cabâb Tcâd afkârhum lê l mustaxbal.* Toute la jeunesse du Tchad a ses pensées tournées vers le futur. •*Hû mâ indah fikir, kan ligi gurus biwaddirah.* Il n'est pas raisonnable ; lorsqu'il touche de l'argent, il le gaspille.

fikra / afkâr *n. f.*, * fkr, ف ك ر

♦ **idée, pensée.** •*Jatni lêi fikra hint safar.* L'idée de voyager m'est venue. •*Ta'âlu, xallu nulummu afkarna wa nisawwu coxol al yanfana !* Venez, unissons nos idées pour faire quelque chose d'utile pour nous !

fîl / fayala *n. anim., m.*, * fyl, ف ي ل

♦ **éléphant, Loxodonta africana, nom d'une constellation.** •*Al fîl bacarab almi be firtillitah fî l-rahad.* L'éléphant boit l'eau du marigot avec sa trompe. •*Katil al fîl mamnu' fî l kadâde.* L'abattage de l'éléphant est interdit en brousse. •*Zamân al fayala billagu fî turâb Wadday.* Autrefois les éléphants se trouvaient dans la région du Ouaddaï. •*Al-lêl bidârig al fîl.* La nuit cache l'éléphant. *Prvb.* (*i.e.* dans la nuit, il est impossible de surveiller les mouvements des hommes ou des animaux, ou même de reconnaître quelqu'un qui ne parle pas, *Cf.* "La nuit, tous les chats sont gris."). •*Kan cîftah, cift al fîl al-tâyir.* Si tu le vois, tu verras l'éléphant volant. *Prvb.* (se dit d'un filou qui disparaît après un mauvais tour).

filân *pron.* indéfini, (*fém. filâne*), ≅ fulân (*fulâne*), * fln, ف ل ن

♦ **tel (telle), un(e) tel (telle), quelqu'un(e).** •*Filâne di samhe* *bilhên.* Une telle est très belle. •*Filân da kacrân, mâ bidôr al axawân.* Un tel est grincheux, il n'aime pas être avec ses frères.

filê *n. m., empr. fr.*
♦ **filet** (viande). •*Laham al filê mârin, mâ indah asab.* La viande dans le filet est tendre et n'a pas de nerf. •*Laham al filê hanâ l bagar xâli, acân hû hâlu wa mârin kan matcûc.* Le filet de bœuf est cher parce qu'il est bon, et tendre lorsqu'il est rôti.

filêfilê *n. f., → fatta.*

filew / filewât *n. anim., m., mrph. dmtf., (fém. filêwe), Cf. falu,* * flw, ف ل و
♦ **jeune poulain, jeune pouliche.** •*Waddi l filew fî l-câye.* Emmène le petit poulain dans son parc. •*Al faras mâ tijîb filêwât tîmân.* La jument ne met jamais bas de poulains jumeaux. •*Al-nâs birîdu l filêwe katîr min al filew.* Les gens préfèrent les jeunes pouliches aux jeunes poulains.

filêwe / filêwât *n. anim., dmtf.,* * flw, ف ل و
♦ **petite pouliche.** •*Jîb almi lê l filêwe.* Apporte de l'eau pour la petite pouliche. •*Mâla tamrahe misil al filêwe ?* Pourquoi cours-tu partout [gambades-tu] comme une petite pouliche ?

filfil *n. cdmt., m.,* * fll, ف ل ل
♦ **poivre,** grains de poivre. •*Macêt al-sûg carêt filfil lê l mulâh.* J'étais allé au marché acheter du poivre. •*Al filfil hârr misil al-catte.* Le poivre est aussi piquant que le piment.

filim / aflâm *n. m., empr. fr. angl.*
♦ **film.** •*Anâ nirîd al aflâm al masriye.* J'aime regarder les films égyptiens. •*Al filim Goygoy filim tcâdi.* Le film Goïgoï est un film tchadien.

fill *v. impér., → falla 1, falla 2.*

finâr *n. vég., m., empr. fr., ≅ pinâr.*
♦ **nom d'une herbe, épinard, Amaranthus viridis,** famille des amarantacées. •*Mulâh al finâr be karkanji wa laham wa fûl halu bilhên.* La sauce aux épinards avec de l'oseille, de la viande et de la pâte d'arachides est excellente. •*Warcâl al finâr tuxân min al ammulûxiye wa l karkanji.* Les feuilles d'épinards sont plus épaisses que celles du mouloukhiyé ou de l'oseille sauvage.

finêdig / finêdigât *n. m. mrph. dmtf., Cf. fundug,* * fndq, ف ن د ق
♦ **petit mortier.** •*Macêt al-sûg, carêt lêi finêdig hanâ tûm.* Je suis allé au marché, je me suis acheté un petit mortier à ail. •*Al-râjil da sâyim finêdigât dugâg wa fanâdig kubâr, wa mâ ligit amûd minnah.* Cet homme-là vend des mortiers, des petits et des grands, mais je n'ai pas trouvé de pilon chez lui.

finêjîl / finêjîlât *n. m. mrph. dmtf., Cf. funjal,* * fnjn, ف ن ج ن
♦ **petit verre à thé.** •*Hû raxbân, antâni finêjîl wâhed bas hanâ gahwa.* Il est avare, il ne m'a donné qu'un seul petit verre de café. •*Al-câhi da halu, kan ligît minnah finêjîl wâhed kula tahamid.* Ce thé est excellent, un seul petit verre suffit pour rendre grâces à Dieu.

finêtir / finêtrât *n. m., empr. fr.*
♦ **fenêtre.** •*Al bêt kan mâ indah finêtrât, mâ sameh lê l-sakan.* Il ne fait pas bon habiter une maison qui n'a pas de fenêtres. •*Ba'ad al buyût finêtrâthum induhum gazâz.* Les fenêtres de certaines maisons ont des vitres.

finjâl nom *masc., → funjâl.*

fintîr *n. m., empr. fr., ≅ pintir, fintir, → buhya.*
♦ **peinture, cirage .** •*Bêt rafîgti mumassah be fintîr abyad karr.* La maison de mon amie est recouverte d'une couche de peinture blanche éclatante. •*Wilêd sirâc indah fintîr anwa' anwa'.* Le garçon cireur a plusieurs sortes de cirages.

Fir'ôn nom pr, Pharaon, *Cf. far'an,* * frˤn, ف ر ع ن

firâc *n. m.*, → *furâc.*

firak *pl.*, → *firke.*

firax *pl.*, → *firxa, firxe.*

Firdôs *n. pr.* de femme, mot arabe d'emprunt *irn.* (*Ka.*), (le pluriel en *ar. lit.* est *farâdîs*), *litt.* paradis, * frds, ف ر د س

fire' / fire'ât nom, *mrph. dmtf.*, *m.*, → *firi', firê'e*, * frˁ, ف ر ع

♦ **branchette.** •*Amnawwal al-cadaray di fire'ah saxayyar ke !* L'an dernier, cet arbre n'avait qu'une toute petite branche ! •*Xutt fire' fôg al-laham min al hideyye !* Pose une branche sur la viande pour éviter que l'épervier ne la prenne ! •*Al abalany xâf min al iyâl, wa ambalas min fire' al môt wa waga' mât.* Le petit singe a eu peur des enfants, il a glissé de l'extrémité de la branche la plus haute de l'arbre et est tombé mort.

fire' al môt / fire'ât al môt nom composé, *litt.* branchette de la mort, *Cf. firi', môt*, * frˁ, mwt, ف ر ع • م و ت

♦ **sommet de l'arbre, branche la plus haute,** dernière branche la plus haute et la plus fragile de l'arbre. •*Mâ tagdar tarkab fî fire' al môt acân binkasir bêk.* Tu ne peux pas monter sur la branche du sommet de l'arbre parce qu'elle se cassera sous ton poids. •*Fire' al môt hû âxir firi' lê l-cadaray.* On appelle "branchette de la mort" la branche la plus haute de l'arbre.

firê'e / firê'ât *n. f. dmtf.*, *litt.* toute petite branche, → *fire'*, * frˁ, ف ر ع

firêc / firêcât *n. m. mrph. dmtf.*, *Cf. furâc*, * frš, ف ر ش

♦ **petit tapis, carpette.** •*Al firêc da saxayyir mâ yiraggidna anîna l itinên.* Cette carpette est trop petite, elle est insuffisante pour nous tenir tous les deux allongés. •*Amurgi lêi firêcki fi l fadây nilhabbab ciya ke min al hamu da !* Sors ton petit tapis dans la cour, que je prenne un peu l'air, il fait très chaud ! •*Al-sawwâgîn bicîlu ma'âhum fî l-safar firêcât suxâr.* Lorsqu'ils voyagent, les chauffeurs emmènent avec eux de petits tapis.

firêde 1 *n. f. mrph. dmtf.* de *farde*, *litt.* petit pagne, → *farde*, * frd, ف ر د

firêde 2 / firêdât *n. f. mrph. dmtf.* de *farid*, *litt.* petite scarification, → *farid*, *Syn. cilêxe*, * frḍ, ف ر ض

firêfir / firêfirât nom, *mrph. dmtf.*, *m.*, → *farfôri*, ≅ *firefîri*, *Cf. idêriye*, * frfr, ف ر ف ر

♦ **tout jeune homme, jeune garçon, adolescent.** •*Xalti Fanne wilêdha l firefîr mât.* Le jeune garçon de ma tante maternelle est mort. •*Hû firêfir wa aglah misil al-nâdum al kabîr.* C'est un jeune fils, mais son intelligence est comme celle d'un adulte. •*Al-nâga'a di malsa misil digênt al firêfir.* Ce terrain est aussi lisse que le menton d'un jeune garçon.

firêge / firêgât *n. f. mrph. dmtf.*, *Cf. farga*, * frq, ف ر ق

♦ **petit espace, petit interstice, petite place, fente.** •*Xallu lêi firêge nagôd ma'âku !* Laissez-moi une petite place pour que je sois avec vous ! •*Haratna l-zere' wa faddal lêna firêge saxayre ke nikammulûha ambâkir.* Nous avons cultivé le champ, il ne nous reste plus qu'un petit espace que nous terminerons demain. •*Tallasna lêyah firêgât fî bêtah wa mâ antâna gurusna.* Nous avons bouché les fentes de sa maison et il ne nous a pas donné notre argent.

firêhân / firehânîn *adj. mrph. dmtf.*, (*fém. firehâne*), * frḥ, ف ر ح

♦ **guilleret (-ette), gai(e), réjoui(e), content(e), joyeux (-euse).** •*Wilêdki da dâyimân firêhân, yâ axti !* Ô ma sœur ! ton enfant-là est toujours guilleret ! •*Al binêye di firêhâne acân al yôm fâtihitha.* Cette jeune fille est gaie parce qu'aujourd'hui on célèbre son mariage. •*Al iyâl firêhânîn be l îd.* Les enfants sont joyeux à cause de la fête. •*Anâ firêhâne kan simi't xabar min ammi.* Je suis contente lorsque j'ai des nouvelles de ma mère.

firêrîj / firêrijât nom *mrph. dmtf.*, (*fém. firêrîje*), *Cf. farrûj*, * frj, ف ر ج
♦ **petit poussin,** poussin de moins d'une semaine. •*Al gitt gabbad al firêrijât.* Le chat sauvage a emporté les petits poussins. •*Kan tidôr tifannid al firêrîj min al firêrîje, cîf jirêriyâthum.* Lorsque tu veux distinguer parmi les poussins ceux qui deviendront des coqs ou des poules, regarde leur petite crête.

firêyig / firêyigât *n. m. mrph. dmtf.*, *Cf. farîg*, * frq, ف ر ق
♦ **petit campement.** •*Amis, nâdum mât fî l firêyig al-sabhâni.* Hier, quelqu'un est mort dans le petit campement à l'est. •*Fî l-sêf al firêyigât yulummu janb al almi.* En saison sèche, les petits campements se rassemblent près des points d'eau.

firi' / furu' *n. m.*, au singulier ≅*firu', firo', furo'*, → *mutrag*, * frˁ, ف ر ع
♦ **branche.** •*Cadar bala furu' ke, mâ fîh.* Un arbre sans branches n'existe pas. •*Amgandoko akalat warcâl al firi' da.* Les chenilles ont mangé les feuilles de cette branche. •*Al firi' hanâ l-cadaray di waga'.* La branche de cet arbre est tombée. •*Al mara gata'at firi' min al-cadaray wa faracat binêyitha.* La femme a coupé une branche de l'arbre et a fouetté sa fille.

firih / yafrah *v. intr. {- be}*, forme I n° 20, * frḥ, ف ر ح
♦ **être content(e), être joyeux (-euse), être heureux (-euse), jouir, se réjouir.** •*Anâ firiht be bêti l-jadîd.* Je suis heureux de ma nouvelle maison. •*Al-nâs kulluhum yafraho yôm al îd hanâ Ramadân.* Tous les gens se réjouissent le jour de la fête du Ramadan. •*Al mara tafrah kan râjilha bisawwi lêha sameh.* La femme est joyeuse lorsque son mari lui fait de belles choses. •*Hû firih min xidimti l sawwêtah lêyah.* Il est content du travail que je lui ai fait.

firindîd *n. mld., m., empr.* connu au *Sdn. (C.Q.)*, ≅*firindît.*
♦ **ver de Guinée.** •*Al firindîd hu marad, dûd yindassa fî l-rijilên wa yiwarrimhum.* Le ver de Guinée provoque une maladie ; c'est un ver qui entre dans les jambes et les fait enfler. •*Marad al firindîd yakurbak kan andassêt fî l almi l wasxân hanâ l-rahad.* On attrape le ver de Guinée lorsqu'on entre dans l'eau sale des marigots. •*Firindidki da mâ biddâwa fî l kadâde illa fî l-lâbtân.* La maladie due au ver de Guinée ne se soigne pas en brousse, mais seulement à l'hôpital.

firindît *n. m.*, → *firindîd.*

firke / firak *n. f.*, * frk, ف ر ك
♦ **nom d'une étoffe moirée, moire,** étoffe ancienne appréciée. •*Al firke tamânha xâli, bujûbûha rabbâta rabbâta.* L'étoffe moirée coûte très cher, on l'importe par coupons. •*Al-rûjal caro firak lê awînhum fî îd al-Ramadân.* Les hommes ont acheté pour leurs épouses des étoffes moirées pour la fête du Ramadan. •*Awîn al-tujjâr balbaso firak.* Les femmes des commerçants portent des étoffes moirées.

firo' *n. m.*, → *firi'.*

firr ! 1 *v. impér.*, → *farra 1, farra 2.*

firr ! 2 *invar., onom.* évoquant la dispersion rapide, voir le *Syn. wirr !*

firtille / firtillât *n. f., empr.*, connu en arabe *sd.*, * فرطال (*C.Q.*).
♦ **trompe d'éléphant.** •*Al fîl lawa firtillitah fî l-cadaray.* L'éléphant a enroulé sa trompe autour de l'arbre. •*Al fîl gâ'id bima"it al-cadar be firtillitah.* L'éléphant est en train de déraciner les arbres avec sa trompe.

firu' *n. m.*, → *firi'.*

firxa / firax *n. f.*, terme de l'*ar. lit.*, ≅*firxe*, *Syn. farîx*, * frq, ف ر ق
♦ **orchestre, groupe, troupe de théâtre.** •*Fî firxa musîxiya jât min al-Sûdân, tigaddim sahra fî gasr al-ca'ab.* Un orchestre est venu du Soudan animer une soirée dansante au palais du peuple. •*Al firxa l islâmiya l musallaha katalat nâs katîrîn fî l-Jazâyir.* Le Groupe islamique armé a tué beaucoup de gens en Algérie. •*Al firax al masrahiya fî Tcâd,*

bigaddumu masrahiyât ijtimâ'iya. Au Tchad, les troupes théâtrales présentent des pièces traitant de problèmes sociaux.

firxe / firax *n. m., Syn. farîx,* → *firxa,* * frq, ف ر ق

fîsân *pl.,* → *fâs.*

fisêl / fisêlât *n. m. mrph. dmtf., litt.* petit groupe, petite section, → *fasil 2, fasîle,* * fṣl, ف ص ل

fissiye / fasâsi *n. f.,* ≅ le pluriel *fissiyât,* * fsw, ف س و

♦ **queue des volatiles, plumes de la queue.** •*Sûf râsha dâyiman wâgif misil fissiyit al-dîk.* Sa chevelure se dresse comme les plumes de la queue d'un coq. •*Al kalib ma''at fissiyit al xarnûk.* Le chien a arraché les plumes de la queue de la grue couronnée.

fitan *pl.,* → *fitne.*

fitine *n. f.,* → *fitne.*

fitir *n. m.,* dans l'expression *îd al fitir,* ≅ *fitr,* * fṭr, ف ط ر

♦ **rupture du jeûne, fête du Ramadan,** fête qui termine le jeûne du Ramadan. •*Yôm îd al fitir, wa îd al-dahîye, fî salâ kabîre be daha.* Le jour de la fête du Ramadan et de la Tabaski, il y a une grande prière au lever du soleil. •*Al fitir hû kumâle hanâ yôm al-sôm.* La rupture du jeûne marque la fin du Ramadan.

fitis / yaftas *v. intr.,* forme I n° 20, * fṭs, ف ط س

♦ **crever, mourir sans avoir été égorgé(e).** •*Xanamayti fitisat acân nâdum mâ fîh fî l bêt yadbaha.* Mon mouton a crevé parce qu'il n'y avait personne à la maison pour l'égorger. •*Al bahîme kan fitisat mâ bâkuluha.* On ne mange pas une bête qui est morte sans avoir été égorgée.

fitne / fitan *n. f.,* ≅ *fitine,* voir ci-dessous les expression *siyâd al fitan, râs al fitne,* * ftn, ف ت ن

♦ **sédition, agitation, révolte, trouble.** •*Al-nâdum da, sîd al fitne dâ'imân bisey kalâm.* C'est un agitateur, il provoque toujours des palabres. •*Mâ tijâwir al-nâs siyâd al fitan.* Ne reste pas à côté de semeurs de troubles ! •*Cîf al-zôl al mafjûj da, hû bas râs al fitne hanâ l-duwâs al bigi ambên al gabîltên.* Regarde cet homme blessé à la tête, c'est lui l'instigateur de la bagarre entre les deux tribus.

fito / fitoyât *n. m., empr. fr.*

♦ **photographie, image.** •*Anâ rassalt fito hanâ iyâli lê rafîgti.* J'ai envoyé une photo de mes enfants à mon amie. •*Anîna ajjabna lê l fito al bumurgu fî xamsa dagîga.* Nous sommes étonnés de voir une photo sortir en cinq minutes. •*Al-sahafîyîn yiwassufu fitoyât al harib fî jarîdat al axbâr.* Les journalistes montrent les images de la guerre dans le journal.

fitr *n. m.,* → *fitir.*

fiwwête / fiwwêtât *n. d'act., mrph. dmtf., f., Cf. fôtîn,* * fwt, ف و ت

♦ **fait de partir, départ, fait de s'en aller,** manière de partir soudainement ou pour peu de temps. •*Fiwwêtti fî bêt rafîgi di, hint amnawwal.* La dernière visite que j'ai rendue à mon ami remonte à l'an dernier. •*Min fiwwêttah fî l-zere' hanâ ammah da, battân mâ gabbal.* Depuis qu'il est allé au champ de sa mère, il n'est plus revenu. •*Fiwwêtah lê l-tayyâra nattatatah min sâdifîn abuh hayy.* Le fait qu'il ait manqué l'avion [le départ soudain de l'avion] l'a empêché de revoir son père vivant.

fîx *v. impér.,* → *fâx.*

fîyah *invar.,* pour *fîh,* contraction de *fî* et de *ah,* → *fî* employé comme prédicat d'existence et signifiant : "il y a, il se trouve".

Fiyanga *n. pr.* de lieu, chef-lieu de sous-préfecture du Mayo-Kebbi.

♦ **Fianga.**

fiyês 1 / fiyêsât *n. m.,* → *piyês.*

fiyês 2 / fiyêsât *n. m. mrph. dmtf.* de *fâs*, hachette, → *fâs*, *Cf. farrâr*, * f's, ف ء س

fiyêse / fiyêsât *n. f. mrph. dmtf.*, *litt.* petite hachette, → *fiyês*, *Cf. farrâr*, *fâs*, * f's, ف ء س

fôda *n. f.*, → *fawda*, * fwḍ, ف و ض

fôg *invar.*, expression *indah gurus fôgi litt.* il a de l'argent (une créance) sur moi, *i.e.* : "je lui dois de l'argent", * fwq, ف و ق

♦ **sur, au-dessus, en haut.** •*Ali rikib fôg al-serîr.* Ali est monté sur le lit. •*Al wilêd tala' fôg al bêt.* L'enfant a grimpé sur le toit. •*Cîf al binêye fôg, fî l-cadaray dîk !* Regarde la fille là-haut, sur cet arbre ! •*Indi gurus fôg Âdum.* Adoum me doit de l'argent. •*Dênak kam fôgi yâ râjil zên ?* Combien vous dois-je, Monsieur ?

fomâd *n. m.*, → *fumâd.*

fôra 1 *n. f.*, *Cf. fawwar*, * fwr, ف و ر

♦ **ébullition.** •*Al Arab gâlo : Kan ji'ân, fôrt al burma gâsiye lêk.* Les Arabes disent : Quand tu as faim, il t'est pénible d'assister à l'ébullition de l'eau de la marmite. *Prvb.* (*i.e.* il y a des choses difficiles qu'il faut accepter avec patience). •*Laban al buxsa fôrtah wahade bas, wa kan xallêtah fôg al-nâr katîr mâ yimarrig zibde.* On ne porte à ébullition le lait à baratter qu'un court instant ; si on le laisse trop longtemps sur le feu, on ne peut plus en faire sortir le beurre. •*Fôrt al-rujâl di kullaha ke acân kalâm al awîn al mâ bikammil da.* Tous les hommes sont en ébullition à cause du palabre des femmes qui n'en finit pas.

fôra 2 *n. f.*, * fwr, ف و ر

♦ **fin du jeu, annulation de la partie,** fin du jeu par suite d'une tricherie ou d'une tromperie qui fait gagner l'adversaire. •*Fî li'ib al karte al-sirge fôra.* Dans le jeu de cartes, la tricherie entraîne l'annulation de la partie. •*Al-li'ib hanâna ba'ad al fôra di.* Ce sera à notre tour de jouer, après la fin de cette partie.

fôrân *n. d'act.*, *m.*, → *fôrîn.*

fôrîn *n. d'act.*, ≅ *fôrân*, * fwr, ف و ر

♦ **ébullition, bouillonnement,** fait de bouillir. •*Al-jî'ân, fôrân al burma kula gâsi lêyah.* L'affamé a de la peine à attendre que la marmite se mette à bouillir. •*Sôtîn al êc yukûn illa ba'ad fôrîn al burma.* On ne cuit la boule qu'après avoir fait bouillir l'eau.

formika *invar.*, dans les expressions *serîr formika, armwâr formika, terbêza formika.*

♦ **meuble recouvert de formica.** •*Jâbo lêi anzay fî arûs binêyti sarîr formika.* Ils m'ont apporté un lit en formica comme cadeau pour le mariage de ma fille. •*Al armwwâr wa l-tarbêza wa sarîrhum hiney formika xâliyîn min abdallâla.* Une armoire, une table et un lit en formica vendus ensemble coûtent plus cher qu'un lit à baldaquin.

fôt *n. m.*, *Cf. fât*, * fwt, ف و ت

♦ **dépassement, fait de surpasser, meilleur(e) que.** •*Fôt Xadîje lê Fâtime be l-nadâfa wa l akil al-sameh.* Khadidjé surpasse Fatimé dans le domaine de la propreté et de la bonne nourriture. •*Ahmat najah fî l imtihân, fôtah lêi be nimro wâhade bas.* Ahmat a réussi son examen, il ne m'a dépassé que d'un point.

Fôta *n. pr.* de femme, *Cf. Fôt*, * fwt, ف و ت

fôtân *n. d'act.*, *m.*, → *fôtîn.*

fôtîn *n. d'act.*, *m.*, ≅ *fôtân*, * fwt, ف و ت

♦ **départ, fait de partir, dépasser.** •*Fôtîn al watâyir be derib al-dayyax xatari bilhên.* Le fait que les voitures passent par un chemin étroit est très dangereux. •*Fôtînak al bala radd fî l-salâm da, mâ sameh.* Ce n'est pas bien de partir sans répondre à la salutation des autres. •*Fôtân al faras al bêda, hû kasabân al-sabag !* Dépasser la jument blanche, c'est remporter la victoire !

franka / frankât *n. f., empr. fr.*
♦ **franc.** •*Al buldân al Ifrîxîya l bahajju bê l-luxxa l fransîya bahsubu gurushum be l frankât.* Les pays d'Afrique de langue française comptent leur monnaie en francs. •*Alif franka gabul yisâwi mîtên riyâl.* Mille francs CFA est l'équivalent de deux cents riyals.

Fransa *n. pr.* de pays, ≅*Faransa.*
♦ **France.** •*Fransa jâbat gurus mu'âwana le baladna.* La France a apporté une aide financière à notre pays. •*Ambâkir anâ nisâfir mâci Fransa.* Demain je partirai pour la France.

fransâwi / fransâwiyîn *adj. n.,* (*fém. fransâwiye*), *Syn. fransay, fransayye*
♦ **français(e).** •*Al-luxxa l fransâwiye hî luxxa rasmiya hint Tcâd.* La langue française est une langue officielle du Tchad. •*Gubbâl al Fransawiyîn al Tacâdiyîn mugassimîn lê talâta diwêlât : Wadday, Kanem-Bornu wa Bâgirmi.* Avant l'arrivée des Français, les Tchadiens étaient répartis en trois royaumes : le Ouaddaï, le Kanem-Bornou et le Baguirmi.

fransay *adj.,* (*fém. fransayye, fransaîye*) → *fransâwi.*

fransi / fransiyîn *adj.,* (*fém. fransiya, fransiye*).
♦ **français(e).** •*Kan macêt al-Sûdân mâ fî nâs bahajju l-luxxa l fransiye.* Si tu vas au Soudan, tu ne trouveras personne qui parle le français. •*Ta'âwun al fransi fî l madâris sa'ad katîr iyâl al-lekkôl.* La coopération française pour l'enseignement a beaucoup aidé les écoliers.

fudda nom de minéral, *f.,* * fḍḍ, ف ض ض
♦ **argent** (métal). •*Jidditi indaha hujûl hanâ fudda.* Ma grand-mère porte aux chevilles des anneaux en argent. •*Hî sawwat xâtim hanâ fudda acân talbasa fî usba'ha.* Elle a fait fabriquer des bagues en argent pour se les mettre aux doigts. •*Al fudda mâ xâli misil al-dahab.* L'argent n'est pas aussi cher que l'or.

Fudda *n. pr.* de femme, → *fudda.*

Fuddaye *n. pr.* de femme, *litt.* morceau d'argent, →. *Fudda.*

fûdur *n. m.*, terme utilisé pour les médicaments et les poisons, *empr. fr.*
♦ **poudre.** •*Fî l-labtân, yusubbu fûdur abyad dawa fî l awawîr.* A l'hôpital, on met un médicament, sous forme de poudre blanche, sur les plaies. •*Al-râjil sabba fûdur samm lê l arda wa l hacarât.* L'homme a mis du poison en poudre contre les termites et les insectes.

fuhûd *pl.,* → *fahad.*

fuhûliye *n. f., Syn. fahâliye,* * fḥl, ف ح ل
♦ **courage, bravoure, vaillance.** •*Hû da fuhûlitah misil hint abuh.* Il est courageux comme son père. •*Hî mâ indaha fuhûliye wahade kula fî galibha.* Elle n'a aucun brin de courage dans le cœur.

fujûj *pl.,* → *fajje.*

fukk *v. impér.,* → *fakka 1.*

fûku *n. m.*, terme propre au jeu de cartes.
♦ **battu avec zéro point, éliminé, n'ayant aucun point gagné, knock-out.** •*Fî li'ib al kôs al maragoh fûku bilâyim al karte.* Au jeu de *kôs,* celui qui est battu avec zéro point ramasse les cartes. •*Al-nâdum al maragoh fûku marritên battân mâ bal'ab.* Celui qui est éliminé avec zéro point deux fois de suite ne rejoue plus.

fukûk *pl.,* → *fakak.*

fûl *n. vég., coll., m., sgtf. fûlay,* * fwl, ف و ل
♦ **nom d'une plante cultivée, arachide, Arachis hypogæa,** famille des papilionacées. •*Akalt fûl mandawa be tamur.* J'ai mangé des arachides grillées avec des dattes. •*Al fûl gamma katîr al-sane di.* Les arachides ont bien poussé cette année. •*Min fôg cidêre, min tihit bêdayât tiyêre... Da l fûl.* Vu par-dessus, c'est

un petit arbre, et vu par-dessous, ce sont des œufs de petits oiseaux… Ce sont les arachides. *Dvnt.*

fûl gawi *n. vég., coll., m., sgtf. fûlay gawiye, litt.* arachide dur, *Syn. angangala, Cf. fûl, gawi,* * fwl, qwy, ف و ل • ق و ي

♦ **nom d'une plante cultivée, pois de terre, Voandzeia subterranea (L.),** famille des papilionacées. •*Fî l-darrat al harrâtîn binjammo fî l-dull wa bâkulu fûl gawi murakkab.* A la fin de la saison des pluies, les cultivateurs se reposent à l'ombre et mangent des pois de terre bouillis dans de l'eau. •*Al fûl al gawi, kan akaltah katîr banfuxak.* Lorsqu'on mange beaucoup de pois de terre, on a le ventre qui gonfle. •*Fûl gawi dawa hanâ marad al-sukkar.* Les pois de terre sont utilisés comme remède contre le diabète. •*Usum hanâ fûl gawi wallâ angangala, kulla l-nâs ya'arfuh !* Tout le monde connaît bien le nom de *fûl gawi* ou bien de *angangala* pour désigner le pois de terre.

fulân *pron.* (*fém. fulâne*), → *filân*

fulaw *pl.,* → *falu.*

fûli *adj. m.,* inusité au féminin, *empr.* (*angl. full), Cf. sîri.*

♦ **cartes de même valeur, sorte de jeu de bataille aux cartes,** ensemble des cartes à jouer ayant une même valeur numérique. •*Al fûli wa lâ yaftah wa lâ yanzil.* Les cartes de même valeur ne doivent pas servir à ouvrir le jeu ni être jetées. •*Hû mâ birîd li'ib al fûli.* Il n'aime pas jouer en classant des cartes de même valeur numérique.

fulûs *pl.,* mot arabe d'emprunt au latin *obolus* (*Ka.*), * fls, ف ل س

♦ **monnaie, argent, les sous, fric.** •*Zîd lêi l fulûs dôl mâ balhago lêi fî l mulah !* Donne-moi un peu plus d'argent, je n'en ai pas assez pour acheter les condiments pour la sauce ! •*Ahmat zamân xani, wa hassâ al fulûs xaffat min îdênah.* Jadis Ahmat était riche, à présent il n'a plus beaucoup d'argent [la monnaie s'est allégée de ses mains]. •*In câ Allah, kan al fatrôn marag, talga al-Tacâdiyîn îdênhum malânîn fulûs !* S'il plaît à Dieu, lorsque le pétrole sortira, tu verras les Tchadiens avec de l'argent plein les mains !

fulwân *pl.,* → *falu.*

fumâd *n. m., empr.* (*fr. angl.*), ≅ *fomâd.*

♦ **pommade, crème, onguent, baume.** •*Hî massahat ca'arha be fumâd hanâ jâritha.* Elle s'est enduit les cheveux avec la pommade de sa voisine. •*Kan al-cite ja al awîn burûdu masihîn al fumâd.* En hiver, les femmes aiment se masser avec de la pommade. •*Kôb al fumâd wâhid be miya riyâl.* Le flacon de pommade coûte cent riyals.

fundug / fanâdig *n. m., empr.* du grec πανδοχειον (*Ka.*) signifiant : réceptacle, puis auberge, (en *ar. lit.* : hôtel), * fndq, ف ن د ق

♦ **mortier.** •*Nudugg fî l fundug masar.* Je pile du maïs dans le mortier. •*Be cadar hanâ himmêd al haddâd ba'addulu fanâdig samhîn.* Avec du bois de prunier, les forgerons font de beaux mortiers. •*Jarti mâ adîle, tudugg bilhên kassarat lêi fundugi.* Ma voisine n'est pas correcte, elle pile trop fort son mil et a cassé mon mortier.

funjâl / fanâjîl *n. m., qdr.* pour *funjân,* mot arabe d'emprunt *irn.* (*Mu.*) ; ≅ *finjâl, Cf. kubbay, vêr, dinêj, bahari, funjâl gahwa,* * fnjn, ف ن ج ن

♦ **verre, tasse,** verre de table, verre à thé ou à café. •*Ciribt al-câhi be funjâl.* J'ai bu le thé dans un verre [avec un verre]. •*Al-nâs birîdu bikassuru râs al-sukkar be ga'ar al funjâl.* Les gens aiment casser le pain de sucre avec le fond du verre à thé. •*Al fanâjîl al ciribna fôghum dôl, alkassaro xalâs.* Les verres dans lesquels nous avons bu se sont déjà cassés.

funjâl gahwa / fanâjîl gahwa nom composé, *m.*
♦ **tasse à café, verre à café,** toute petite tasse à café en porcelaine. •*Fâtime jîbi lêi fanâjîl al gahawa be jabanithum.* Fatimé, apporte-moi les tasses à café avec la cafetière assortie [avec leur cafetière]. •*Dîfâni dôl birîdu al gahwa be usur, yacarboha fî fanâjîl gahwa dugâg.* Ces hôtes aiment prendre le café l'après-midi et le boire dans de petites tasses à café.

funûn *pl.*, → *fann.*

furâc / furâcât *n. m.*, ≅ *firâc*, *Syn. faric*, * frš, ف ر ش
♦ **matelas, tapis, natte, literie, couverture pour le cheval, caparaçon, place mortuaire,** tout ce qu'on étend à terre pour se reposer, ensemble de la literie. •*Al furâc da tagîl acân indah gutun katîr.* Ce matelas est lourd parce qu'il a beaucoup de coton. •*Al-juwâd indah furâc hanâ bâjo sameh.* Le cheval a une belle couverture de selle. •*Zâra indaha furâcât hanâ cifon.* Zara a des matelas en mousse synthétique. •*Hî mara faricha dâyiman wasxân.* C'est une femme dont la literie est toujours sale. •*Mâcîn bakân al furâc.* Nous allons à la place mortuaire. •*Yôm al-tâlit yarfa'o furâc al mayyit.* Le troisième jour on démonte les installations de la place mortuaire.

furâd *pl.*, → *farde.*

furâg *n. m.*, voir le *Syn. furga.*

furâw *pl.*, → *farwa.*

furca / furcât *n. f.*, mot arabe, venu par le turc (*C.Q.*), * frš, ف ر ش
♦ **brosse.** •*Be fajur fajur, kan gammêt nusûk sunûni be furca wa ma'jûn.* De très bon matin, lorsque je me lève, je me nettoie les dents avec une brosse et de la pâte dentifrice. •*Wilêdi anta markûbah sûliye lê wilêd sirâc sawwa lêya azrag wa amlas bê l furca.* Mon enfant a donné ses souliers au cireur qui les a rendus bien noirs et brillants [lisses] avec sa brosse.

furga *n. f.*, pluriel peu employé *furgât*, *Syn. furâg*, * frq, ف ر ق
♦ **séparation, détachement, écartement, relâchement.** •*Furgit ammi gâsiye lêi.* La séparation d'avec ma mère m'a été pénible. •*Al furga hayyine wa gâsiye l-lumma.* Il est facile de se séparer, mais difficile de se rassembler. *Prvb.* •*Furgitna ma'â ahalna indaha icirîn sana.* Nous sommes séparés de nos parents depuis vingt ans. •*Furâgna da, inta bas bigit lêna sabab !* Notre séparation, c'est toi seul qui en es la cause !

furgân *pl.*, → *farîg.*

furje *n. f.*, *Cf. farraj, camâte*, * frj, ف ر ج
♦ **spectacle, sujet de moquerie, objet de scandale.** •*Iyâl al hille sawwo l-sakrân furje.* Les enfants ont fait de l'homme saoul un sujet de moquerie. •*Al mara di be xalagha al gisayyir da bigat furje lê l-nâs amis fi l-sûg.* Cette femme avec son vêtement court a scandalisé les gens, hier, au marché.

furo' *n. m.*, → *firi'.*

furrâs *pl.*, → *fâris.*

fursa *n. f.*, le pluriel *fursât* est peu employé, * frṣ, ف ر ص
♦ **occasion, moment opportun.** •*Mâ ligit fursa acân nafrah cadîd.* Je n'ai pas trouvé d'occasion de bien me réjouir. •*Al-sarrâg ligi fursa wa jara min al-sijin.* Le voleur a trouvé une occasion et s'est évadé de la prison. •*Al-sana, kan ligit fursa, namci ziyâra lê ahali.* Cette année, si je trouve une occasion, j'irai rendre visite à ma famille.

fursân 1 *pl.*, → *faras.*

fursân 2 *pl.*, → *fâris.*

furu' *pl.*, → *firi'.*

furûd *pl.*, → *farid 1, farid 2.*

furun / farana *n. m.*, mot arabe emprunté au latin, * frn, ف ر ن
♦ **four, fourneau.** •*Yôm al îd daxxalna xanamay wahade fî l furun.* Le jour de la fête, nous avons mis au four une carcasse de mouton. •*Al ka'ak hanâ l furun halu bilhên.* Les gâteaux cuits au four sont délicieux. •*Anâ macêt fî bakân al furun wa carêt mappa hâmi.* Je suis allé au four et j'ai acheté du pain chaud.

furûx *pl.*, → *farax.*

fûs / fawasa *n. m.*, → *pûs.*

fusaha' *pl.*, → *fasîh.*

fusha / fushât *n. f.*, * fsḥ, ف س ح
♦ **promenade, sortie, balade.** •*Yôm al-sabit be aciye, maragna fusha fî hille wahade.* Samedi soir, nous sommes sortis faire une promenade dans un petit village. •*Al fusha fî l-jinêne haluwa bilhên.* La promenade dans le jardin est très agréable. •*Iyâl al-lekkôl marago fusha be yôm al ahad al fât.* Les écoliers ont fait une sortie dimanche dernier.

fusûl *pl.*, → *fasil 2.*

fusux *n. m.*, * fsq, ف س ق
♦ **mensonge, tromperie, combine, boniment.** •*Al wilêd da kalâmah kulla fusux.* Toute parole de cet enfant est mensonge. •*Tijârtah di kullaha be fusux bas, riyâl wâhid ke mâ indah.* Tout son commerce n'est fait que de combines, il n'a pas un sou à lui. •*Al awîn kan lammo burûdu l fusux.* Lorsque les femmes se rassemblent, elles aiment raconter des boniments.

fût *v. impér.*, → *fât.*

fûta / fuwat *n. f.*, mot arabe d'emprunt *irn.* (*C.Q.*), *ind.* ou turc (*Mu.*), ≅ le pluriel *fûtât*, * fwṭ, ف و ط
♦ **napperon brodé, set de table.** •*Bi't lêi fûta wa ambalasat minni fî l-derib.* Je me suis acheté un napperon mais je l'ai perdu [il a glissé de moi] sur le chemin. •*Xatti l êc da be l fûta wa waddih lê l-rujâl.* Couvre cette boule avec le napperon et porte-la aux hommes. •*Kan indiki fûta muxayyata jâhize, nibi'ha minniki.* Dès que tu auras un napperon brodé prêt, je te l'achèterai.

futra / futrât *n. f.*, ≅ *futura*, * fṭr, ف ط ر
♦ **aumône, cadeau,** aumône ou cadeau donné à la fin du jeûne du Ramadan et avant la grande prière du jour de la fête. •*Al-sanâ anâ wa marti wa iyâli antêna xamsa koro hanâ xalla lê l futra.* Cette année, mes enfants, ma femme et moi, nous avons donné cinq koros de mil en aumône. •*Al futra hî sadaxa bantûha lê l masâkîn fî nihâyit siyâm hanâ Ramadân gubbâl al-sala hanâ l îd.* La *futra* est l'aumône qu'on donne aux pauvres le dernier jour de jeûne du Ramadan, avant la prière de la fête. •*Al futra hî sadaxa hanâ xalla aw gurus.* La *futra* est une aumône en céréales ou en argent.

futura *n. f.*, → *futra.*

fuwat *pl.*, → *fûta.*

fuxûriye *n. f.*, *Cf. faxîr*, * fqr, ف ق ر
♦ **science du faki.** •*Al fuxûriye hî al ilim min al Xur'ân.* La science du faki est la connaissance du Coran.•*Hû fuxûriytah di hint abbahâtah min zamân.* Il est faki et tient sa science de ses aïeux.

fuzur *pl.*, → *afzar, fazre.*

G

ga''ad / yiga''id *v. trans.*, forme II, * qˤd, ق ع د

♦ **héberger, maintenir, faire asseoir.** •*Al mara ga''adat wilêdha fî l biric wa maragat.* La femme a fait asseoir son enfant sur la natte et est sortie. •*Hû ga''adâni fî bêtah caharên acân bêti l xarîf ramah.* Il m'a hébergé chez lui pendant deux mois parce que la pluie avait démoli ma maison.

ga''âda / ga'â'îd *n. f. mrph. intf., Syn. ga'âda*, ≅ le pluriel *ga''âdât*, *Cf. banbar, kanaba, kursi, sês*, * qˤd, ق ع د

♦ **siège, chaise, tabouret,** tout ce qui sert à s'asseoir. •*Al awîn kan yusûtu l êc yagôdu fôg al ga'â'îd.* Lorsque les femmes tournent la boule pour la faire cuire, elles s'assoient sur des sièges. •*Al ga''âda bisawwuha be habil walla be sarfanje walla be hadîd.* On fabrique des sièges en cordes, en planches ou en fer. •*Fî l gôdâlât talga ga''âdât katîrîn.* Au cabaret, on trouve [tu trouveras] beaucoup de sièges.

ga'â'îd *pl.*, → *ga''âda.*

ga'ad / yagôd *v. intr.*, voir plus loin l'expression *ga'ad tihit* (s'asseoir) ; forme I n° 23, ≅ l'*inacc. yag'ôd*, * qˤd, ق ع د

♦ **être là, demeurer, rester.** •*Ga'adna sawa gubbâl ciya ke.* Nous sommes restés ensemble tout à l'heure. •*Ba'adên taji talgâna nagôdu sawa.* Tu viendras ensuite nous retrouver, nous resterons ensemble. •*Birîd bagôd fî l bêt ayyi wakit.* Il aime être toujours à la maison. •*Agôd tihit !* Assieds-toi !

ga'ad be hêlah / yagôd be hêlah expression, → *hêl*, * qˤd, ḥyl, ق ع د • ح ي ل

♦ **se tenir droit(e), assis(e) sur la natte,** se tenir le buste redressé en gardant les jambes allongées sur la natte ou à terre. •*Indah yômen mâ gidir ga'ad be hêlah, illa al yôm.* Depuis deux jours, il ne pouvait se tenir droit sur sa couche : ce n'est qu'aujourd'hui qu'il y arrive. •*Al gardi yagôd be hêlah acân yi'akkid yâtu andassa l bêt.* Le gardien reste assis sur la natte pour s'assurer de l'identité de quiconque entre dans la maison.

ga'ad tihit / yagôd tihit expression, voir le verbe *ga'ad* et l'adverbe *tihit*, * qˤd, tḥt, ق ع د • ت ح ت

♦ **s'asseoir.** •*Wilêdi, agôd tihit fî l biric !* Mon enfant, assieds-toi sur la natte ! •*Al masâjîn ga'ado tihit bala izin al birgâd, acân da zâdo sijinhum.* Les prisonniers se sont assis sans la permission du gendarme, c'est pourquoi leur peine a été augmentée. •*Agôdu lêna tihit wa azhafo lêna giddâm acân nasma'o kalâm al kabîr da adîl !* Asseyons-nous et approchons-nous pour bien écouter la parole du chef !

ga'âda / ga'âdât *n. f., Syn. ga''âda, Cf. banbar, kanaba, kursi, sês,* * qˤd, ق ع د

♦ **tabouret, siège, chaise,** tout ce qui sert à s'asseoir. •*Al mara indaha ga'âda fî bêt al-laday.* La femme a un tabouret dans la cuisine. •*Humman induhum ga'âda wahade bas fî bêthum.* Ils n'ont qu'un seul siège chez eux.

ga'adân *n. d'act.,* ≅ *ga'idîn,* * qˤd, ق ع د

♦ **station, fait de rester en un lieu, position,** fait d'être dans une position fixe. •*Al ga'adân fî l-sês gâsi bilhên lê l-nâdum al mâ wâlafah.* Le fait de rester sur une chaise est très difficile pour celui qui n'y est pas habitué. •*Ga'adân al-rujâl fî xacum al bêt mâ sameh.* Le fait que les hommes restent devant la porte de la maison n'est pas bon.

ga'adîn *pl.,* → *gâ'id.*

ga'ar / gu'ûr *n. m.,* * qˤr, ق ع ر

♦ **fondement, assise, souche, semelle, au pied de, lignage.** •*Hawwago cargâniye fî ga'ar al kûzi.* Ils ont posé un secco au pied de la case. •*Al-cadaray waga'at min ga'arha.* L'arbre s'est déraciné [est tombé de la souche]. •*Yâ binêyti, russi lêi basal fî ga'ar al-duwâne.* Ma fille, dispose comme il faut les oignons au pied de la jarre ! •*Mâ tal'ab be ga'ar al markûb, wasxân !* Ne joue pas avec la semelle de ta chaussure, c'est sale ! •*Anîna fî ga'arna l-Salâmât, mâ nirîdu l hugra.* Nous qui sommes de lignage Salamat, nous n'acceptons pas l'humiliation.

ga'ar al bundug / gu'ûr al banâdig expression, *Cf. ga'ar, bundug* [assise du fusil], * qˤr, fndq, ق ع ر • ف ن د ق

♦ **crosse du fusil.** •*Al askar daggo sarârîg be gu'ûr banâdîghum.* Les militaires ont frappé les voleurs avec la crosse de leur fusil. •*Al aksari gacca l nimre min ga'ar al bundug wa tcakkamah.* Le militaire a effacé le numéro de la crosse de son fusil et l'a vendu [troqué].

gâ'id / gâ'idîn auxiliaire, *mrph. part.* actif, (*fém. gâ'ide*), ≅ *ga'ade* pour le féminin et *ga'adîn* pour le pluriel, *Cf. ga'ad,* * qˤd, ق ع د

♦ **être là, exister, se trouver, être en train de, demeurer.** •*Al yôm da, anâ gâ'ide fî l bêt ninjamma mâ mârge.* Aujourd'hui, je reste à la maison pour me reposer, je ne sors pas. •*Kan tidôr hammâm walla jidâd, gâ'id fî l-sûg.* Si tu veux des pigeons ou des poules, il y en a au marché. •*Watâyir katîrîn gâ'idîn fî l mawgaf lê l maxatar.* Beaucoup de véhicules se trouvent à la station, prêts à voyager. •*Gâ'id bâkul.* Il est en train de manger. •*Hî gâ'ide tabki.* Elle est en train de pleurer.

ga'idîn *n. d'act., m.,* → *ga'adân,* à ne pas confondre avec *gâ'idîn, Cf. gâ'id.*

ga'ûd / gu'ûd *n. m., Syn. hâci, huwâr,* * qˤd, ق ع د

♦ **chamelon.** •*Al ga'ûd hû saxîr al-nâga l-saxayyar.* Le chamelon est le petit de la chamelle. •*Al ga'ûd mâ hanâ caddân acân lissâ mâ indah gudra.* Le chamelon n'est pas fait pour être chargé parce qu'il n'a pas encore de force.

gabâ'il *pl.,* → *gabîle.*

gabad / yagbud *v. trans.,* forme I n° 1, * qbḍ, ق ب ض

♦ **empoigner, prendre feu, saisir, attraper.** •*Sîd al bêt gabad al-sarrâg wa waddah fî l kumsêriye.* Le propriétaire de la maison a attrapé le voleur et l'a conduit au commissariat. •*Dukkân hanâ abu Zênaba gabad nâr.* La boutique du père de Zénaba a pris feu.

gabag *n. m.,* ≅ *gabak, Cf. tcâka.*

♦ **tissu en coton, bande de coton tissé,** bande d'étoffe traditionnelle tissée à la main. •*Anâ mâ indi xalag hanâ gabag.* Je n'ai pas d'habit en coton tissé à la main. •*Hassâ al gabag mâ katîr acân al-nâs mâ balbasoh.* En ce moment il n'y a plus beaucoup de coton tissé à la main parce que les gens n'ont plus l'habitude de le porter. •*Gabagak da mâ wasi, âkûn mâ* *yalhag lêi xalag.* Ta bande de coton n'est pas assez large, elle ne suffira sans doute pas pour me faire un habit.

gabak *n. m.*, → *gabag.*

gabal 1 *invar.*, *Cf. mugta'*, * qbl, ق ب ل

♦ **de l'autre côté, en face de.** •*Amis lammêna ma'âyah fî gabal al bahar, wa ôrâni be xabarak.* Hier, nous nous sommes rencontrés de l'autre côté du fleuve, et il m'a donné de tes nouvelles. •*Zere'na gabal al wâdi.* Notre champ est de l'autre côté de l'oued. •*Bêti gabal al-câri, fî janb al-tamray.* Ma maison donne sur la rue à côté du palmier-dattier.

gabal 2 *n. m.*, * qbl, ق ب ل

♦ **reliquat d'argent, reste de la monnaie,** argent que le commerçant doit rendre à l'acheteur. •*Anâ carêt halâwa wa nisît al gabal.* J'ai acheté des bonbons et oublié l'argent que le commerçant devait me rendre. •*Arjâni, al-tâjir lissâ mâ antani l gabal !* Attends-moi un peu, le commerçant ne m'a pas encore rendu la monnaie !

gâbal / yigâbil *v. trans.*, forme III, * qbl, ق ب ل

♦ **rencontrer, mettre face à, être en face de, recevoir *qqn.*, commencer un nouveau mois.** •*Al-carrâki gâbal ma'â l-dûd.* Le braconnier s'est trouvé en face du lion. •*Al-Ra'îs yigâbil nâs al munazzamât fî subu' al-jâyi.* Le Président recevra les membres des organisations la semaine prochaine. •*Fî l ayyâm dôl gâbalna su'ubât marra wâhid.* Ces jours-là, nous avons rencontré d'énormes difficultés. •*Al yôm cahar al mawlid gâbal.* Aujourd'hui commence le mois de "la naissance du prophète". •*Cahar al-dahîtên kan gâbal al iyâl bal'abo be nâr al gafal acân bidayt al-sana.* Lorsqu'apparaît le premier croissant de lune du mois de *dahîtên*, les enfants jouent avec des tisons de Commiphora africana pour fêter le début de l'année.

gâbalân *n. d'act.*, → *gâbilîn.*

gabâyil *pl.*, → *gabîl, gabîle.*

gabbad 1 / yigabbid *v. trans.*, forme II, * qbḍ, ق ب ض

♦ **allumer, incendier.** •*Mahammat gabbad al-nâr fî bêt immitah.* Mahamat a incendié la maison de sa marâtre. •*Gabbudu lêna nâr nisawwu kisâr !* Allumez-nous du feu pour que nous fassions des galettes !

gabbad 2 / yigabbid *v. trans.*, forme II, * qbḍ, ق ب ض

♦ **prendre au piège, attraper au filet, saisir par surprise.** •*Al hawwâti gabbad hût katîr be cakara.* Le pêcheur a attrapé au filet de nombreux poissons. •*Al bôlis gabbad al-nâs al mâ induhum karte dandite.* La police a arrêté les gens qui n'avaient pas de carte d'identité. •*Al gitt gabbad al firêrijât al-dugâg.* Le chat sauvage a attrapé les petits poussins.

gabbad 3 / yigabbid *v. trans.*, forme II, *Cf. amman*, * qbḍ, ق ب ض

♦ **prêter, confier.** •*Anâ gabbadt iyâli lê jâri nammam nigabbil.* J'ai confié mes enfants à mon voisin jusqu'à ce que je revienne. •*Wâkit gabbadah gursah da, anîna câhidîn.* Au moment où il lui a confié son argent, nous étions témoins. •*Hû gabbadak al xumâm, acân takurbah, mâ acân tibi'ah.* Il t'a confié ses biens pour que tu les gardes et non pour que tu les vendes.

gabbâd / gabbâdîn *adj. mrph. intf.*, (*fém. gabbâda*), * qbḍ, ق ب ض

♦ **qui prend vite feu, inflammable, qui est un bon combustible,** qui s'enflamme vite et brûle bien. •*Al hatab da aciri acân hû gabbâd bilhên fî l xarîf !* Achète ce bois parce qu'il brûle bien en saison des pluies ! •*Al faham da mâ gabbâd acân layyin.* Ce charbon de bois brûle mal parce qu'il est humide.

gabbal / yigabbil *v. trans.*, forme II, * qbl, ق ب ل

♦ **rapporter, rendre, retourner, revenir à, mourir** (lorsqu'il s'agit de très jeunes enfants). •*Gabbil lêi al gurs al faddal !* Rends-moi l'argent qui reste ! •*Nigabbil lêyah xumâmah.* Je vais lui rapporter ses affaires. •*Al-laban kan halabah mâ yagdar yigabbilah.* Le lait une fois tiré ne peut revenir là où il était. *Prvb.* (*i.e.* On ne peut revenir en arrière dans certaines circonstances ; *Cf.* "Quand le vin est tiré, il faut le boire!"). •*Gabbili bakân ammiki !* Retourne chez ta mère ! •*Mûsa gabbal fî l bêt acân mâ induhum giray.* Moussa est revenu à la maison parce qu'il n'y avait pas de cours. •*Al mara haznâne acân saxîrha gabbal.* La femme est triste parce que son petit est mort.

gabbalân *n. d'act., m.*, → *gabbilîn.*

gabbe / gabbât *n. f.*, * qbb, ق ب ب

♦ **encolure, col.** •*Al aryal ma'rûfa min gabbitha.* On reconnaît la gazelle dama à son encolure. •*Gabbit xalagi xalâs gidimat.* L'encolure de mon boubou est usée.

gabbilîn *n. d'act.*, ≅ *gabbalân*, * qbl, ق ب ل

♦ **retour, fait de revenir,** fait de retourner. •*Wakit gabbilînah min al maxtar azam rufugânah fî bêtah.* A son retour de voyage, il a invité ses amis chez lui. •*Hû gabbilînah da mâ min nîtah.* Ce n'était pas son intention de revenir.

gabîl / gabâyil *adj.*, (*fém. gabîle*), * qbl, ق ب ل

♦ **adversaire.** •*Al-rujâl dâwaso gabîl be gabîlah.* Les hommes se sont battus, chacun contre son adversaire. •*Fî li'ib al bâl gabîli ramâni wa kasar îdi.* Au match de football, mon adversaire m'a renversé et m'a cassé la main.

gabîle 1 / gabâyil *n. f.*, ≅ *gabâ'il* (*pl.*) et *xabîle, xabâyil* (sous l'influence de l'*ar. lit.*) ; *Cf. nafar, xacum bêt*, * qbl, ق ب ل

♦ **tribu, ethnie.** •*Anâ gabîlti Salâmîye.* J'appartiens à la tribu Salamat. •*Kulla gabâyil al Arab sayyâra.* Toutes les tribus arabes sont nomades. •*Amis fî l-sûg duwâs ambên xabiltên.* Il y a eu une bagarre au marché entre deux ethnies.

gabîle 2 *n. f.*, * qbl, ق ب ل

♦ **élément d'une paire, un(e) des deux, coépouse.** •*Gabîlit markûbi waddartaha fî l-tîne.* J'ai perdu une de mes deux chaussures dans la boue. •*Al mara l kabîre gâlat lê gabîlitha : "Angari minni !".* La première femme à dit à la coépouse : "Gare à toi !".

gâbilîn *n. d'act., m.*, ≅ *gâbalân* ; *Cf. gâbal*, * qbl, ق ب ل

♦ **fait d'être mis en face de, apparition du nouveau mois, rencontre.** •*Gâbilîn al wazîr bidôr lêyah maw'id gubbâl.* Rencontrer le ministre suppose qu'un rendez-vous a été pris auparavant. •*Gâbilîn al-cahar ba'ad talâtîn walla tis'a wa icirîn yôm.* Le premier croissant de lune du nouveau mois apparaît tous les vingt-neuf ou trente jours. •*Gâbilîn al harray biwajji' al ên.* Regarder le soleil en face fait mal aux yeux.

Gâbôn *n. pr.* de pays.

♦ **Gabon.**

gabul *invar., Cf. gibêl, gubbâl*, * qbl, ق ب ل

♦ **avant, auparavant, d'abord.** •*Naftur gabul namci l xidime.* Je prends le petit déjeuner avant d'aller au travail. •*Maryam macat gabuli fî l-lekkôl.* Mariam est partie avant moi pour l'école. •*Talga l-tâhûna gabul bêti.* Tu trouveras le moulin juste avant ma maison. •*Mâ tisammi l êc gabul abûk !* N'entame pas [ne commence pas] la boule avant ton père ! •*Namcu l banki gabul, ba'ad da nacuru biskilêt lê Mûsa.* Allons d'abord à la banque, après cela nous achèterons une bicyclette pour Moussa. •*Yâtu ja gabul minnuku fî l bêt ?* Qui est venu avant vous à la maison ?

gacc *n. m., coll.*, → *gecc.*

gacca 1 / yugucc *v. trans.*, forme I n° 5, * qšš, ق ش ش

♦ **balayer.** •*Al mara gaccat bêtha.* La femme a balayé sa maison. •*Mâ* *tugucc al wasax be fî l-lêl !* Ne balaie pas les saletés la nuit ! •*Al-nâs gâ'idîn buguccu l-cawâri.* Les gens sont en train de balayer les rues.

gacca 2 *n. f.*, (bijou pour le nez), → *abgacca.*

gaccac 1 / yigaccic *v. trans.*, forme II, * qšš, ق ش ش

♦ **faire balayer.** •*Al ajûz gaccacat binêyitha al faday.* La vieille a fait balayer la cour par sa fille. •*Be fajur fajur al masâjîn yigaccucûhum al faday al kabîre hint al birgâd.* De bon matin, on fait balayer par les prisonniers la grande cour de la gendarmerie.

gaccac 2 / yigaccic *v. intr.*, forme II, * qšš, ق ش ش

♦ **ramasser l'herbe, rassembler l'herbe.** •*Macêna gaccacna lê bahâyimna.* Nous sommes allés ramasser l'herbe pour nos bestiaux.

gaccâci / gaccâcîn *adj. mrph. intf.*, (*fém. gaccâca*), * qšš, ق ش ش

♦ **balayeur (-euse).** •*Fî bakân xidimitna indina râjil wâhid gaccâci.* Dans notre lieu de travail, nous avons un balayeur. •*Al gaccâcîn hanâ l-lamêri mâ xadamo l yôm.* Les balayeurs de la mairie n'ont pas travaillé aujourd'hui.

gaccân *n. d'act., m.*, → *gaccîn.*

gaccar / yigaccir *v. trans.*, forme II, * qšr, ق ش ر

♦ **éplucher, peler.** •*Al mara gaccarat al bangâw wa sabbatah fî l mulâh.* La femme a épluché des patates douces et les a versées dans la sauce. •*Al angâli kan mâ gaccaroh bas wa rakkabo babga murr.* Si on fait cuire le manioc sans l'éplucher, il est amer.

gaccarân *n. m.*, → *gaccirîn.*

gaccat / yigaccit *v. trans.*, forme II, * qšṭ, ق ش ط

♦ **épiler les cheveux non tressés ou trop courts pour être tressés,** rendre la chevelure parfaitement lisse et tressée. •*Maccatat wa gaccatat wa rabatat lêha wide'ay min al xucce.* Elle s'est fait tresser, épiler les cheveux en trop, et a attaché sur sa coiffure un cauri contre le mauvais œil. •*Al arûs maccatôha wa gaccatôha wa sûfha bigi amlas.* On a coiffé la mariée, on lui a épilé les petits cheveux en trop ; sa chevelure est devenue parfaitement lisse.

gaccatân *n. d'act., m.*, → *gaccitîn.*

gacce *n. f.*, → *gacca 2, abgacca* (petit bijou pour le nez).

gaccîn *n. d'act., m.*, ≅ *gaccân*, * qšš, ق ش ش

♦ **balayage, fait de balayer.** •*Gaccîn al bêt fî l-lêl mâ sameh.* Il n'est pas bon de balayer la maison la nuit. •*Al gaccîn bala mugcâce mâ yukûn.* On ne peut balayer sans balai. •*Iyâl al-lekkôl yugummu be gaccîn al kilâsât be dalu dalu.* Les élèves se mettent au balayage des salles de classe à tour de rôle.

gaccirin *n. m.*, ≅ *gaccarân*, * qšr, ق ش ر

♦ **épluchage, fait de peler, desquamation,** fait d'enlever l'enveloppe extérieure protectrice. •*Gaccirîn al ambâsay di ta''abâni bilhên.* L'épluchage de cette courge m'a donné beaucoup de peine. •*Gaccirîn jilid binêyti di xawwafâni, âkûn min massihîn al ambi.* La desquamation de la peau de cette jeune fille m'effraie, peut-être s'est-elle massée avec de la pommade *ambi.* •*Al hajilîj da tallaf min gaccirînku lêyah.* Ces graines de savonnier ne sont plus bonnes à rien parce que vous les avez épluchées.

gaccitîn *n. d'act., m.*, ≅ *gaccatân*, *Cf. gaccat*, * qšṭ, ق ش ط

♦ **épilation des cheveux non tressés.** •*Al maccitîn wa l gaccitîn banti l mara nôre.* Le tressage et l'épilation des petits cheveux en trop donnent à la femme un éclat supplémentaire. •*Binêyat al-lekôl kan al ijâza kammalat wa l-duxûl garîb, kulluhum bidôru maccitîn wa gaccitîn.* Lorsque les vacances se terminent et que la rentrée approche, toutes les écolières veulent se faire tresser et épiler les petits cheveux qui dépassent.

gacgac / yigacgic *v. trans., qdr.*, forme II, * qšš, ق ش ش

♦ **balayer, s'essuyer, se torcher.** •*Nâs al-lameri gacgaco l-cawâri hanâ l Âsima.* Les agents de la municipalité ont balayé les routes de la capitale. •*Maryam gacgacat al faday hint al bêt wa faracat al biric.* Mariam a balayé la cour de la maison et étalé la natte. •*Hû maca l wara-bêt câl almi fî l-saxxân, annajja wa gacgac be katkat.* Il est allé au cabinet : il a pris de l'eau dans le récipient pour les ablutions, s'est nettoyé et essuyé avec du papier.

gâd / yugûd *v. trans.*, forme I n° 4, * qwd, ق و د

♦ **amener avec la main, conduire par le bras, mener avec une corde,** emmener avec un bâton. •*Al wilêd bugûd abuh al amyân.* L'enfant conduit son père qui est aveugle. •*Al banât bugûdu l xanam lê l almi.* Les jeunes filles amènent les moutons à l'abreuvoir [vers l'eau]. •*Gûdna l-juwâd lê l-sarhe.* Nous avons conduit le cheval au pâturage.

gada *n. m.*, * ġḏy, غ ذ ي

♦ **chassie,** substance visqueuse et collante se trouvant dans les yeux malades. •*Kan al-ramad karabak, be fajur uyûnak malânîn gada.* Si tu as une conjonctivite, tu auras le matin les yeux pleins de chassie. •*Al iyâl al-dugâg kan ênhum bidôr bôjahum yinmali be gada.* Lorsque les enfants commencent à avoir une conjonctivite, ils ont de la chassie plein les yeux.

gadâdîm *pl.*, → *gaddûm.*

gadah / gudhân *n. m.*, instrument de cuisine, * qdḥ, ق د ح

♦ **bol en bois,** sorte de gros bol en bois noir, épais et dur, servant à donner à la pâte sa forme de boule tout en la conservant au chaud. Récipient dans lequel on peut mettre la sauce ou la boule. •*Al xaddâma sabbat al êc fî l gadah.* La servante a mis la boule dans le gros bol en bois. •*Amsehe l gadah be dihin acân al êc mâ yilassig fôgah !* Enduis le bol en bois d'huile, pour que la boule ne s'y accroche pas ! •*Najaro lêi gadah hanâ himmêd.* On m'a taillé un gros bol dans un bois de prunier. •*Hêy, yâ zarga misil gadah al êc !* Hé ! noiraude ! noire comme le bol en bois de la boule ! (insulte).

gadam *n. m.*, * qdm, ق د م

♦ **pas** (le), **longueur du pied.** •*Fî galûb al xêl al-juwâd al ahmar sabagah lê l abyad be gadamên bas.* A la course, le cheval rouge a devancé le blanc de deux longueurs de pied. •*Kan musâfir Allah yatlig gadamak !* Si tu dois partir, que Dieu facilite ton voyage [libère ton pas] !

gadar *invar.*, dans l'expression *gadar gadar*, *Cf. gadur, gadrên, sawa sawa*, * qdr, ق د ر

♦ **même quantité, comme,** de même âge, de même taille, de même poids. •*Gassim al êc da be labanah lê l iyâl dôl gadar gadar !* Donne à ces enfants une même quantité de boule et de lait ! •*Wilêdi wa binêytak gadar gadar, wilidnâhum fî sant al-duwâs hanâ tis'a cahar.* Ta fille et mon fils ont le même âge, nous les avons mis au monde l'année de la guerre des neuf mois.

gadâr *invar.*, * qdr, ق د ر

♦ **selon, à la mesure de, autant que.** •*Nantîk dihin gadâr al-litrât al-tidawwirhum.* Je te donnerai autant de litres d'huile que tu voudras. •*Antîni gadâr al gurus al indak, namci l-sûg.* Donne-moi l'argent que tu peux me donner [à la mesure de l'argent que tu as] pour que j'aille au marché. •*Akul gadâr batunak bas !* Mange la quantité qui te convient ! [à la mesure de ton ventre !].

gâdar / yigâdir *v. trans.*, forme III, * qdr, ق د ر

♦ **comparer, mesurer.** •*Kan gâdarna Tcâd wa Fransa, Tcâd kabîre lâkin mâ indaha mâl katîr.* Si on compare le Tchad et la France, le Tchad est grand mais a peu de richesses. •*Mâ tigâdir nafsak ma'âyah, abuh tâjir !* Ne te compare pas avec celui-là, son père est commerçant !

gadâya *pl.*, → *gadiye.*

gadd 1 / gudûd *n. m.*, voir plus loin les expressions *gadd al adan* [conduit auditif], *gadd al manxar* [narine], * qdd, ق د د

♦ **trou, perforation.** •*Al fâr sawwa l bêt kulla gudûd.* Les rats ont fait des trous partout dans la maison. •*Udunnêni induhum gudûd nidiss fôghum xurûs.* Je me suis fait des trous dans les oreilles pour y pendre des boucles. •*Al banât hassâ gabbalo bigaddudu manâxerhum, bidissu fî gadduhum abgacca walla cinif.* Les filles d'aujourd'hui sont revenues à la tradition : elles percent leur narine pour mettre un petit bijou ou un anneau. •*Mâciye fî l-derib, wakit fakkart lê markûbi, ligîtah indah gadd.* Je marchais sur la route, et lorsque j'ai regardé [porté attention à] ma chaussure, je me suis aperçu qu'elle était trouée. •*Al bêt da, tôlah gadîm, kulla ke bigi gudûd.* Les tôles de cette maison sont vieilles, elles sont pleines de trous.

gadd 2 *invar.*, employé avec des pronoms personnels suffixes dans le sens de *badal*, * qdd, ق د د

♦ **à la place de.** •*Al-daktôr Gregwar kan mâ ja, al amfarme Gawran baji fî gaddah.* Si le docteur Grégoire ne vient pas, l'infirmier Gaourane viendra à sa place. •*Agôd fî gaddi lahaddi naji !* Reste à ma place jusqu'à ce que je revienne !

gadd al adân / gudûd al udunnên nom composé, *Cf. gadd, adân*, * qdd, 'dn, ق د د • ء ذ ن

♦ **conduit auditif, trou dans l'oreille,** trou du lobe de l'oreille permettant d'accrocher des boucles. •*Kan al-dubbânay andassat fî gadd adânak, subb lêha almi !* Si une mouche est entrée dans le conduit auditif, mets de l'eau dans ton oreille ! •*Gudûd udunnênki dôl wasxânîn, kalkitîhum be gaccay !* Tes oreilles sont sales, cure-les avec un brin d'herbe ! •*Al awîn yuxuttu gurunful fî gudûd udunnênhum acân mâ yinsaddo.* Les femmes mettent un clou de girofle dans le lobe de l'oreille pour éviter que le trou ne se referme.

gadd al ibre / gudûd al ibre nom composé, *Cf. gadd, ibre*, * qdd, 'br, ق د د • ء ب ر

♦ **chas** (de l'aiguille). •*Ma nagdar nidaxxil al xêtay di fî gadd al ibre.* Je n'arrive pas à enfiler ce fil dans le chas. •*Côfi bigi galîl, daxxili lêi al xêtay di fî gadd al ibre.* Ma vue baisse, enfile-moi ce fil dans le chas de l'aiguille.

gadd al manxar / gudûd al manâxir mot composé, *Cf. gadd, manxar*, * qdd, nhr, ق د د • ن خ ر

♦ **narine, trou dans la narine,** trou que les femmes se font dans les narines pour porter le *cinif.* •*Fî gadd al manxar, al awîn bidissu gacce walla cinif.* Les femmes insèrent un petit bijou ou un anneau dans le trou de leur narine. •*Al mara di fôg al-duwâs caramo lêha gadd munxarha be cinifah.* Cette femme a eu la narine déchirée au cours d'une bagarre parce qu'on lui a arraché son anneau de nez. •*Al habil da xalîd, mâ yadxul fî gadd munxar al-tôr da.* Cette corde est trop épaisse et ne peut pas passer dans le trou du naseau de ce taureau. •*Al-dakâtîr rakkaboh lêyah tiyo fî gudûd manâxrênah.* Les médecins lui ont mis des tuyaux dans les narines.

gadda 1 / yigidd *v. trans.*, forme I n° 11, * qdd, ق د د

♦ **percer, trouer, perforer.** •*Al fâr gaddo durdur hanâ bêti.* Les rats ont percé le mur de ma maison. •*Mûsa gadda l kôro be sakkîn.* Moussa a troué le koro avec un couteau. •*Al binêye tigidd adânha be ibre wa tidiss xêt.* La jeune fille va percer le lobe de son oreille avec une aiguille et y passera un fil. •*Al bittêxay wa l-cammâmay di, gidduhum wa dûxhum wa aciri l asale.* Cette pastèque et ce melon, perce-les, goûte-les et achète ce qui est le plus sucré !

gadda 2 / yigaddi *v. trans.* avec un complément de temps, usité en arabe *sd.*, forme II, * qdy, ق ض ي

♦ **rester là, passer le temps, assister.** •*Amis hû gadda xamsa sa'ât fî xidimtah.* Hier, il est resté cinq heures à son travail. •*Hû yigaddi sinîn tawîle mâ yicîf dârah.* Il passe de longues années sans voir son pays. •*Al-sana l-jâye axawâni yigaddu cahâr ramadân fî Makka.* L'an prochain, mes frères passeront le mois de ramadan à La Mecque.

gaddadân *n. d'act., m.*, ≅ *gaddidîn*, * qdd, ق د د

♦ **fait de percer, fait de trouer,** fait de faire de nombreux trous. •*Gaddidîn al bêt da min al harib.* Cette maison est toute trouée à cause de la guerre. •*Al-tôl da xafîf gaddadânah hayyin kan al barad fî l xarîf ja.* Ces tôles sont légères, la grêle n'aura pas de peine à les trouer lorsque la saison des pluies viendra.

gaddaf / yigaddif *v. trans.*, forme II, * qdf, ق ذ ف

♦ **vomir, déborder.** •*Hû cirib almi l-duwâne wa gamma bigaddif.* Il a bu de l'eau du canari et s'est mis à vomir. •*Al mardân gaddaf al madîde.* Le malade a vomi la bouillie. •*Al-sane di, al almi sabba katîr wa l bahar gaddaf.* Cette année, il a beaucoup plu et le fleuve a débordé.

gaddam 1 / yigaddim *v. trans.*, forme II, voir ci-dessous l'expression *gaddam al-salâm*, * qdm, ق د م

♦ **présenter, exposer, demander en mariage,** faire passer devant. •*Wazîr al-sihha yigaddim wasâya lê ammahât al iyâl.* Le ministre de la Santé donne des conseils aux mères de famille. •*Humman gaddamo lêna arbûn fî l-cari hanâ l bêt.* Ils nous ont présenté des arrhes pour l'achat de la maison. •*Fî l-sâ'a tamâne al-sahâfi gaddam lêna nacrat al axbâr.* A huit heures, le journaliste nous a présenté le journal parlé. •*Al-Ra'îs gaddam ta'ziyatah al harra lê rafîgah.* Le Président a présenté ses plus sincères condoléances à son ami. •*Hû gaddam nafsah fî l intixâbât hanâ l-ra'âsa.* Il s'est présenté aux élections présidentielles. •*Îsa gaddam al-salâm lê cêx hillitna acân bidôr bâxud binêytah.* Issa a fait les salutations d'usage au chef de notre village pour lui demander sa fille en mariage. •*Min al âde, kan tigaddim al-salâm lê abu l binêye tiwaddi sukkar râs wa itir walla kasâwe.* Selon la coutume, lorsqu'on fait une demande en mariage au père de la fiancée, on offre à ce dernier du sucre en pain, du parfum ou bien des habits.

gaddam 2 / yigaddim *v. intr.* *{- lê}*, *Cf. algaddam*, forme II, * qdm, ق د م

♦ **passer devant, dépasser, précéder, passer en tête, se mettre devant.** •*Juwâd al-malik gaddam lê l xêl.* Le cheval du roi est passé en tête des chevaux. •*Al-jamal al-tilib yigaddim lê ammahâtah.* Le chameau le plus fort du troupeau précède ses parents. •*Fî l-li'ib, al-subyân gaddamo lê l banât.* A la danse, les jeunes gens passent devant les jeunes filles. •*Fî l-salâ al imâm bigaddim lê l-nâs.* Pendant la prière, l'imam se met devant les gens.

gaddam 3 / yigaddim *v. trans.*, forme II, * qdm, ق د م

♦ **abîmer, rendre vieux, user.** •*Hû gaddam xalagah be l âfe, wa l hamdu lillah !* C'était un bon vêtement qu'il a porté longtemps, Dieu soit béni ! •*Wilêdi da nihiss bilhên, gaddam ni'êlât dôl ajala ke fî li'ib al bâl.* Mon enfant est turbulent, il a usé très vite ses sandales en jouant au ballon. •*Gaddamt al-derib acânak, kulla yôm jâye wa mâciye.* J'ai usé le chemin à cause de toi, chaque jour je fais des va-et-vient pour te voir.

gaddamân al-salâm expression, → *gaddimîn al-salâm.*

gaddân *n. m.*, → *gaddîn.*

gaddar / yigaddir *v. trans.*, verbe utilisé seulement lorsque Dieu est sujet de l'action, forme II, * qdr, ق د ر

♦ **permettre, donner la force,** donner à l'homme la possibilité ou la capacité de faire quelque chose. •*Allah gaddarâni, sûmt Ramadân be l âfe !* Dieu m'a donné la capacité de jeûner pendant le Ramadan sans faiblir ! [en bonne santé !]. •*Sîd al bêt, Allah gaddarah fî l-sarrâg wa karabah.* Dieu a donné au propriétaire de la maison le pouvoir d'attraper le voleur. •*Allah yigaddirni fî l-salâ !* Que Dieu me donne de persévérer dans l'accomplissement de la prière ! •*Maxtari mâ fîh kan Allah mâ gaddarâni.* Mon voyage n'aura lieu que si Dieu me le permet.

gaddimîn al-salâm expression, *Cf. gaddam al-salâm,* ≅ *gaddamân al-salâm,* * qdm, slm, ق د م • س ل م

♦ **demande en mariage.** •*Gubbâl al axîde wâjib wâhid min abbahât al wilêd yahadar fî gaddimîn al-salâm hanâ wilêdhum.* Avant le mariage, il faut que l'un des parents du jeune homme assiste à la demande en mariage de leur fils. •*Nâs jo katîrîn fî gaddimîn al-salâm hanâ rafigi.* Les gens sont venus nombreux assister à la demande en mariage de mon ami.

gaddîn *n. d'act., m.,* ≅ *gaddân,* * qdd, ق د د

♦ **fait de trouer, fait de percer, perforation.** •*Gaddîn al adân be l ibre harr lâkin nidiss fôgah xurûs.* Percer le lobe de l'oreille avec une aiguille fait mal, mais cela me permet d'accrocher des boucles. •*Almi hanâ jalkôs yamci fî l jilid illa be gaddîn adîl fî l irig.* Le liquide de la perfusion ne peut entrer dans le corps que par un trou bien fait dans la veine.

gaddûm / gadâdîm *n. m.,* terme d'insulte dans les expressions *gaddumak misil kadanda* [ta bouche ressemble à une houe], *gaddûmak gaddûm al-tcilendo* [ta bouche est allongée comme celle d'un poisson] *etc., Cf. xacum,* * qdm, ق د م

♦ **bouche, pommeau de la selle.** •*Al-râjil gâ'id busûg gaddûmah be muswâg.* L'homme se frotte les dents [la bouche] avec un bâtonnet. •*Mâ taftah gaddûmak lê l-dubbân !* N'ouvre pas la bouche pour que les mouches y entrent !(Manière dont on fait comprendre aux enfants qu'il faut fermer la bouche). •*Al muhâjirîn fataho gadâdîmhum kubâr, barja'o l akil.* Les mendiants de l'école coranique ouvrent grande leur bouche en attendant la nourriture. •*Al-serij da, gaddûmah ankasar, caddânah murr.* Cette selle a son pommeau cassé, c'est difficile d'y attacher des bagages.

gâdi / gudaya *adj., (fém. gâdiye),* * qḍy, ق ض ي

♦ **juge.** •*Nidôr wilêdi yabga gâdi.* Je veux que mon fils devienne juge. •*Al gâdi nâdum al bakta' al-cariye.* Le juge est celui qui tranche les litiges. •*Kan nâdum darrajoh gâdi al-nâs bugûlu lêyah : "Al kadmûl da tagîl, lâ tabga zâlim !".* Lorsque quelqu'un est élevé au rang de juge, on lui dit : "Ce turban est lourd, ne sois pas injuste !".

gadîf *n. m., Cf. gaddaf, tammîme, ja'îr,* * qḏf, ق ذ ف

♦ **vomissement, vomi** (le), **vomissure.** •*Al-tankilîn bisabbib al gadîf.* L'indigestion provoque le vomissement. •*Al-daktôr ya'arif amxibbiye be l-gadîf wa l-sabîb wa l wirde.* Le docteur reconnaît que quelqu'un a le paludisme lorsqu'il vomit, qu'il a la diarrhée et de la fièvre. •*Marad abunsifêr, gadîfah asfar misil al-lêmûn.* Celui qui a un ictère a une vomissure jaune comme le citron.

gadîm / gudâm *adj., (fém. gadîme),* * qdm, ق د م

♦ **vieux (vieille), ancien (-enne), usé(e), usagé(e).** •*Al muhâjirîn balbaso xulgân gudâm.* Les mendiants portent de vieux vêtements. •*Watîrak ticâbih jadîde lâkin gadîme.* Ta voiture paraît neuve, mais elle est usagée. •*Al hadîd al gadîm banfa' ma'â l haddâd.* Le vieux fer est utile pour les forgerons. •*Da câyib gadîm.* C'est un grand vieillard.

gâdir / gâdirîn *adj., (fém. gâdire),* * qdr, ق د ر ⇨

♦ **capable de, puissant(e), fort(e).** •*Anîna gâdirîn nidâwusu ma'â abbahâtku.* Nous sommes capables de nous battre avec vos parents. •*Al munazzama hint al harrâtîn gâdire tifattic xubara' lê l harrâtîn.* L'association des agriculteurs est capable de chercher des experts pour les paysans. •*Hî gâdire tamci Makka be gurusha halâlha.* Elle est capable d'aller à La Mecque avec son propre argent. •*Allah gâdir.* Dieu est Tout-puissant. •*Al gâdir bâkul al-da'îf.* Le fort mange le faible. *Prvb.* (*Cf.* "la raison du plus fort est toujours la meilleure").

gadiye / gadâya *n. f.*, * qḍy, ق ض ي

♦ **jugement, sentence, affaire judiciaire, cas.** •*Al gadiye kan waddôha fî bakân al-zûz, mâ tikammil ajala.* Lorsqu'une affaire judiciaire est portée devant un juge, elle tarde à être réglée. •*Al-salâtîn wa cuyûx xattohum lê l gadâya hiney al madlumîn.* On a confié aux gens pieux et aux cheikhs le soin de juger les cas des plaignants.

gadrên *invar.*, *mrph.* duel, dans l'expression *gadrên gadrên*, *Syn. gadar gadar, sawa sawa*, * qdr, ق د ر

♦ **pareil (-eille), semblable, équivalent(e), identique,** de même poids, de même taille, de même quantité *etc.* •*Aciri lêi dayaka gadrên gadrên !* Achète-moi deux coqs de même taille ! •*Ali wa Zakariya tûluhum gadrên gadrên.* Ali et Zacharie ont la même taille. •*Xurûsi dôl daggînhum gadrên gadrên.* Mes boucles d'oreilles sont identiques.

gâdriye *n. f.*, *Syn. figêriye*, * qdr, ق د ر

♦ **nom d'une coiffure de femme,** coiffure dans laquelle toutes les tresses tombent à la même hauteur de chaque côté. •*Gult al maccâta, timaccit lêi ca'ari gâdriye.* J'ai demandé à la coiffeuse de me tresser les cheveux selon le modèle *gâdriye*. •*Mucât al gâdriye mâ bicîl wakit katîr.* Se faire tresser selon le modèle *gâdriye* ne prend pas beaucoup de temps.

gadur *invar.*, voir les expressions *gadar gadar, gadrên gadrên*, *Cf. gadar, gadrên*, * qdr, ق د ر

♦ **même mesure que, même quantité que, du même âge que, autant que, pareil (-eille),** exprime l'équivalence du point de vue de la taille, de l'âge, de la contenance, de la capacité. •*Al-surwal da gaduri sawa sawa.* Ce pantalon est exactement de ma taille. •*Wilêdi gadur wilêdak.* Ton fils a l'âge de mon enfant. •*Nacarab almi gadur batuni.* Je boirai autant d'eau que mon ventre peut en contenir. •*Antîni fûl gadur gursi !* Donne-moi des arachides correspondant à l'argent que je t'ai donné ! •*Inti gaduri.* Tu as mon âge.

gafa *invar.*, dans l'expression *be gafa*, * qfw, ق ف و

♦ **sur le dos, à la renverse, en arrière, à reculons,** renversé(e) en arrière. •*Al-saxîr al-saxayar yunûm dâimân be gafâyah.* Le tout-petit dort toujours sur le dos. •*Al iyâl ragado be gafahum acân bal'abo.* Le enfants sont couchés sur le dos parce qu'ils jouent. •*Al-daktôr yiraggid al mardân be gafah wa yakcif lêyah batunah.* Le docteur couche le malade sur le dos pour examiner son ventre. •*Binêye al-saxayre, kan tunûm be gafaha, sulubha yabga atfah.* Si une petite fille dort sur le dos, ses hanches seront plates. •*Waga' be gafâyah.* Il est tombé à la renverse. •*Anâ jarêt be gafâi wa wagêt.* J'ai couru en arrière et je suis tombé.

gafal 1 / yagful *v. trans.*, → *gaffal*.

gafal 2 *n. vég.*, *coll.*, *m.*, *sgtf. gafalay*, * qfl, ق ف ل

♦ **nom d'un arbre, bdellium d'Afrique, myrrhe africaine, Commiphora africana (Engl.),** famille des burséracées, arbuste dont le bois est très tendre. •*Al gafal bibazzir bala ga'ar wa indah côk dugâg.* Le bdellium d'Afrique se reproduit par bouture [sans souche] et a de petites épines. •*Jamur hanâ l gafal mâ hâmi bilhên wa bumût ajala.* La braise du bdellium d'Afrique n'est pas très chaude et s'éteint rapidement.

•*Cadar al gafal indah samux, wa kan layyin bincamma halu.* L'arbre "myrrhe africaine" produit de la gomme : fraîche, elle sent bon.

gafalân *n. d'act., m.,* → *gafilîn.*

gafas / agfâs *n. m.,* moins usité que *kurbo,* * qfṣ, ق ف ص

♦ **cage en fer.** •*Amci fî l-sûg wa aciri lêi gafas acân nidiss fôgah akku hanâi.* Va au marché m'acheter une cage en fer pour y mettre mon perroquet. •*Al haddâd bas ba'arfu addilîn al agfâs.* Seuls les forgerons savent fabriquer les cages. •*Al gafas, hû sijin lê l haywânât.* La cage est une prison pour les animaux.

gaffal / yigaffil *v. trans.,* forme II, * qfl, ق ف ل

♦ **cadenasser, enfermer en prison, fermer à clé.** •*Hû gaffal bêtah wa nâm.* Il a cadenassé sa porte et s'est endormi. •*Al-sarrâg gaffaloh fî l-sijin.* Le voleur a été enfermé dans la prison. •*Al-carika hint al-sukkar tidôr tigaffil bibânha.* La société sucrière veut fermer ses portes.

gaffilîn *n. d'act., m.,* ≅ *gaffalân,* → *gafilîn.*

gafgar / yigafgir *v. intr.,* forme II, * qfr, ق ف ر

♦ **se dessécher, se cartonner** (cuir ou tissu), devenir dur et sec. •*Xallo l farwa al mâ madbûxa fî l harray nammin gafgarat.* Ils ont laissé la peau non tannée au soleil au point qu'elle est devenue sèche et dure. •*Xalag al attâli gafgar min al waxar wa l wasax.* Le vêtement du docker est tout cartonné à cause de sa saleté et de la sueur qui a séché.

gâfil / gâfilîn *adj. mrph. part.* actif, (*fém. gâfile*), voir l'expression *niyitah gâfile* [il n'a plus envie de, il ne veut plus], * qfl, ق ف ل

♦ **qui est fermé(e), qui a terminé le jeu, qui a perdu l'envie de.** •*Hassâ lissâ al-sûg mâ gâfil.* A l'heure qu'il est, le marché n'est pas encore fermé. •*Xalâs, niyitna gâfile min li'ib al karte.* Cela suffit, nous ne voulons plus continuer à jouer aux cartes [notre intention est fermée loin du jeu]. •*Al wilêd da niyitah gâfile min al akil.* Cet enfant ne veut plus manger [son intention est fermée loin de la nourriture]. •*Mâcet lêyah wa ligît bâbah gâfil.* Je suis allé chez lui, et j'ai trouvé sa porte fermée.

gafilîn *n. d'act., m.,* ≅ *gafalân,* Syn. *gaffilîn, gaffalân,* Cf. *gafal,* * qfl, ق ف ل

♦ **fait de fermer, fermeture.** •*Gafilîn al-sûg xalla nâs katîrîn bala xidime.* La fermeture du marché a laissé beaucoup de gens sans travail. •*Abbahât al iyâl simo be gafilîn hanâ l-lekkôl wa mâ xassado.* Les parents d'élèves ont appris la fermeture de l'école et n'ont pas été d'accord.

gahawi *adj.* de couleur, (*fém. gahawiye*), Syn. *bunni,* * qhw, ق ه و

♦ **couleur du café, marron foncé, brun(e).** •*Xalag hanâ binêyti min fôg gahawi wa tihit mubayyid.* La pièce du haut du vêtement de ma fille est couleur café et celle du bas est blanchâtre. •*Al kôro di gahawiye min barra wa dâxal bêda.* Ce koro est marron foncé à l'extérieur et blanc à l'intérieur.

gahha / yuguhh *v. intr.,* forme I n° 5, racine d'après *dict.* (*H.W.*), * qḥḥ, ق ح ح

♦ **tousser.** •*Fî l-lêl binêyti gahhat bilhên.* Cette nuit, ma fille a beaucoup toussé. •*Al-nâs al induhum marad al-sûl buguhhu kulla wakit.* Les malades qui ont la tuberculose toussent tout le temps. •*Al iyâl al-dugâg buguhhu katîr fî l-cite.* Les petits enfants toussent beaucoup en hiver.

gahhah / yigahhih *v. trans.,* forme II, * qḥḥ, ق ح ح

♦ **faire tousser, provoquer la toux.** •*Al-catte tigahhihak fî l-sûg kan yôm al-rih katîre.* Au marché, le piment fait tousser, les jours de grand vent. •*Marad al-sull yigahhih al mardân.* La tuberculose fait tousser le malade. •*Fî l muzaharât al askar zagalo garnâd abcette wa gahhah al-nâs.* Lors des manifestations, les militaires ont lancé une grenade lacrymogène qui a fait tousser les gens.

gahhân *n. d'act., m.*, ≅ *gahhîn*, * qḥḥ, ق ح ح

♦ **fait de tousser.** •*Al gahhân bisawwi waja' fî l-nawâyit.* Le fait de tousser fait mal aux côtes. •*Al gahhîn kula axêr min sammîn al xacum.* Tousser vaut mieux que fermer la bouche. *Prvb.* (*i.e.* il vaut mieux faire quelques pas pour trouver du travail que rester à la maison sans rien faire).

gahhîn *n. d'act., m.*, → *gahhân*.

gahwa *n. f.*, * qhw, ق ه و

♦ **café.** •*Marti jâbat lêi fajur gahwa bala sukkar.* Ce matin, ma femme m'a apporté du café sans sucre. •*Al gahwa haluwa kan harârha katîr.* Le café est bon quand il est très épicé. •*Al-Nasâra birûdu al gahwa bala harâr.* Les Européens aiment prendre du café non épicé.

gahwi *adj.* de couleur, → *gahawi.*

gâid auxiliaire *mrph. part.* actif, → *gâ'id.*

gajam / yagjum *v. trans.*, forme I n° 1, *empr.* (*irk. qajam)*, utilisé en arabe *sd. kajam* (*C.Q.*).

♦ **mordre en arrachant la chair, arracher la chair.** •*Kalib jahmân gajamah min ja'abtah hassâ hû râgid mardân.* Un chien enragé lui a arraché une partie de la fesse et à présent il est malade. •*Al-dûd gajam rijil al-juwâd lâkin mâ gidir katalah.* Le lion a arraché le pied du cheval, mais n'a pas pu le tuer.

gajjam / yigajjim *v. trans.*, *Cf. ğatta, gallam,* → *gajam*, forme II.

♦ **mordre en arrachant, arracher la chair, déchiqueter, mettre en pièces,** détacher les morceaux d'un tout. •*Al kalib al-jî'ân gajjam al wilêd min ja'abâtah.* Le chien affamé a mordu et arraché des morceaux de fesses de l'enfant. •*Al iyâl gajjamo l êc acân mâ indah mulâh.* Les enfants ont mis la boule en pièces parce qu'elle n'avait pas de sauce. •*Al bisse gajjamat al-laham kulla ke.* La chatte a déchiqueté toute la viande.

gâl / yugûl *v. trans.*, *Cf. hajja, kallam, ôra* ; forme I n° 4, * qwl, ق و ل

♦ **dire.** •*Al wilêd gâl lê rafîgah : "Ta'âl !".* L'enfant a dit à son ami : "Viens !". •*Mâla tugûl hû sakrân ?* Pourquoi dis-tu qu'il est saoul ? •*Hû gâl lêk cunû ba'ad al kalâm al wassêtak ti'ôrih lêyah da ? Gâl lêi : "Zên !".* Que t'a-t-il dit quand tu lui as dit ce que je t'avais dit de lui dire ? Il m'a dit : "Bon !".

gala / yagli *v. trans.*, forme I n° 7, * qlw, ق ل و

♦ **frire,** faire frire. •*Al mara galat hût wa antatah lê râjilha akalah.* La femme a fait frire du poisson et l'a donné à manger à son mari. •*Hî mâ ta'arif tagli bangaw.* Elle ne sait pas faire frire les patates douces.

gâlâ *n. m., empr.*

♦ **nom d'une bière, Gala** (marque d'une bière). •*Yôm al-sabit aciye, humman ciribo Gâlâ kartôna.* Samedi soir, ils ont bu un carton de Gala. •*Anâ wa rufugâni mâ nacarbo gâlâ.* Mes amis et moi, nous ne buvons pas de Gala.

gala' / yagla' *v. trans.*, *Cf. câl, xataf* ; forme I n° 14, * qlʕ, ق ل ع

♦ **arracher, emporter, déraciner,** ôter avec force. •*Mahamat yagla' al kitâb min Mûsa.* Mahamat arrache le livre des mains de Moussa. •*Al-rih gala'at al-cadar.* Le vent a déraciné les arbres. •*Al iyâl gala'o akil hanâ axawânhum.* Les enfants ont arraché la nourriture de leurs frères.

galab / yaglib *v. trans.*, forme I n° 6, * qlb, ق ل ب

♦ **verser, retourner** (se), **renverser.** •*Amis al watîr galab be l-rukkâb wakit mugabbilîn min al-safar.* Hier, la voiture s'est retournée avec ses passagers sur le chemin du retour [alors qu'ils revenaient de voyage]. •*Marti gâ'ade tisawwi akil wa almi hâmi galab fî rijilênha.* Ma femme était en train de préparer à manger et de l'eau chaude s'est renversée sur ses jambes. •*Fakkir, mâ taglib al-câhi !* Fais attention, ne renverse pas le thé !

gâlab / yigâlib *v. trans.*, forme III, * qlb, ق ل ب
♦ **regrouper un troupeau, refroidir un liquide,** transvaser un liquide d'un récipient dans un autre pour le refroidir. •*Al-râ'i bigâlib al bahâyim bilimmuhum fî l-dôray.* Le berger a regroupé les bêtes de son troupeau pour les rassembler dans le parc à bestiaux. •*Xalti gâlabat al madîde l hâmiya nammin baradat.* Ma tante a transvasé la bouillie brûlante jusqu'à ce qu'elle refroidisse.

gâlabân *n. d'act.*, → *gâlibîn*, * qlb, ق ل ب

galaga / galagât *n. f.*, *qdr.*, noté par Decorse en 1906 "*galogato* (*sing.*), *galagâto* (pluriel)", racine évoquant l'agitation des testicules du bouc qui court, utilisé en arabe *sd.*, mot plus grossier que *bêdât*, ≅ *galga*, * qlql, ق ل ق ل
♦ **testicule.** •*Tôri indah uwâra fî galagâtah.* Mon taureau a une plaie sur les testicules. •*Al-tês kan bisawwuh xasi, budugguh fî galagâtah.* Lorsque l'on veut castrer un bouc, on lui écrase les testicules. •*Humâritna wildat lêha dihêc indah galaga wâhade bas.* Notre ânesse a mis bas un ânon qui n'avait qu'un seul testicule.

galâgîl *pl.*, → *galgâl.*

galaj / yagluj *v. trans.*, terme utilisé à propos des enfants, *Cf. gaddaf, tarac* ; forme I n° 1
♦ **régurgiter, faire un renvoi, faire un rot, vomir une petite quantité.** •*Binêyit Zâra galajat katîr acân mâ antatha almi dâfi.* La fille de Zara a beaucoup vomi parce qu'on ne lui avait pas donné d'eau tiède. •*Al-saxîr, kan batunah malâne, yagluj.* Le petit enfant qui a le ventre plein fait des rots. •*Maryam xutti sarbêt lê wilêdki kan yagluj labanah acân mâ yiwassixki !* Mariam, mets une serviette à ton enfant lorsqu'il régurgite son lait, pour éviter qu'il ne te salisse !

galajân *n. d'act., m.*, → *galijîn.*

galam 1 / yaglum *v. trans.*, forme I n° 1, *Cf. gajjam*, * qlm, ق ل م
♦ **couper, détacher,** couper un gros morceau, arracher avec force. •*Al marfa'în galam al humâr min ja'abtah.* L'hyène a arraché une partie de la fesse de l'âne. •*Maryam galamat lêi êcay.* Mariam m'a coupé un morceau de boule.

galam 2 / aglâm *n. m.*, → *xalam.*

galba *n. f.*, * qlb, ق ل ب
♦ **pommade, onguent, baume,** à base de graisse animale parfumée. •*Al galba, bamsahôha fî l-ca'ar, bitirabbi' al-ca'ar min dihin al fûl.* On enduit les cheveux de graisse parfumée car elle nourrit mieux les cheveux que l'huile d'arachide. •*Râjili mâ yidôr namsah galba fî ca'ari mâ indaha rîhe.* Mon mari n'aime pas que je m'enduise les cheveux avec une pommade qui ne sent pas bon.

galga / galgât *n. f.*, → *galaga.*

galgal / yigalgil *v. trans.*, forme II, * qll, ق ل ل
♦ **soulever légèrement, ne pas laisser en place, faire pression sur,** interroger sans aborder directement l'essentiel recherché. •*Hû galgal al biric wa câl al gurus.* Il a soulevé légèrement la natte et a pris l'argent. •*Al-têrâb galgal al-turâb acân bidôr babzur.* Les semences ont soulevé légèrement la terre parce qu'elles ont commencé à germer. •*Al-râjil galgalaha lê martah acân yalga acîrha.* L'homme a posé indirectement des questions à sa femme pour connaître son secret.

galgâl / galâgîl *n. anim., m., empr.*, *Cf. dabb, kirello*, * qll, ق ل ل
♦ **margouillat,** sorte de gros lézard. •*Al wilêd tarad al galgâl be asaytah.* L'enfant a pourchassé le margouillat avec son bâton. •*Galâgîl katîrîn fî darâdîr al buyût.* Il y a beaucoup de

margouillats sur les murs des maisons.

galib / gulûb *n. m.*, voir plus haut l'expression *assar galbah*, et plus bas les expressions *galib abyad, galib azrag, galib mu'allag*, * qlb, ق ل ب

♦ **cœur,** lieu des sentiments. •*Al galib, hû muhimm ziyâde ba'ad al muxx fî jild al-nâdum.* Le cœur est ce qu'il y a de plus important après le cerveau, dans le corps humain. •*Al galib mâ indah ên.* Le cœur n'a pas d'œil (*i.e.* les sentiments ne correspondent pas toujours à la réalité). •*Al galib bihibb al-tâba.* Le cœur aime le tabac. *Prvb.* (*i.e.* il peut aimer même les choses apparemment mauvaises). •*Humman gulûbhum mâ sawa.* Ils n'ont pas le même cœur (*i.e.* ils ne s'entendent pas). •*Al-râjil barrad galib martah.* L'homme a consolé sa femme [a rafraîchi le cœur de sa femme]. •*Sâfarat galibha bârid.* Elle a voyagé le cœur en paix [froid]. •*Wilêdi da, galbah murr min axwânah.* Mon fils a le cœur amer, plus que ses frères (*i.e.* il est rancunier, revanchard). •*Al fî galbak baxalbak.* Ce qui est en ton cœur est plus fort que ta raison. *Prvb.* (*i.e.* on ne peut pas cacher indéfiniment un sentiment).

galib abyad expression, *litt.* cœur blanc, dans les expressions *be galib abyad, indah galib abyad*, *Ant. galib azrag*, * qlb, byḍ, ب ي ض • ق ل ب

♦ **gentillesse, tolérance, courtoisie, qui est pacifique,** qui est de bonne humeur, qui a du cœur. •*Al-nâs kan lammêtu, tâkulu wa tafraho, wa cittu be galib abyad, da ceyy al Allah bidôrah !* Vous autres, lorsque vous êtes ensemble, mangez et réjouissez-vous, puis quittez-vous dans la courtoisie, c'est cela que Dieu veut ! •*Al-nâdum al indah galib abyad mâ bixabbin ma'â l-nâs wa lâ be iyâlah.* L'homme pacifique ne se met en colère contre personne, pas même contre ses enfants.

galib azrag expression, *litt.* cœur noir, *Ant. galib abyad* dans les expressions *be galib azrag, indah galib azrag*, * qlb, zrq, ز ر ق • ق ل ب

♦ **méchanceté, cruauté, brutalité, intolérance, sans cœur.** •*Al harâmi da sirig al-câyib, mâ indah rahma acân galbah azrag.* Ce bandit a volé le vieillard, il est sans pitié à cause de sa méchanceté. •*Galib al mara di azrag, zagalat saxîrha fî l bûta wa macat bala kalâm.* Cette femme est sans cœur, elle a jeté son bébé dans le marigot et est partie comme si rien ne s'était passé. •*Al-rabbâtîn al-durub gulûbhum zurug acân buruccu l watâyir be bundughum wa lâ bi'azzulu kabîr wa lâ saxîr.* Les "coupeurs de route" sont cruels parce qu'ils mitraillent les véhicules avec leur arme sans faire cas des grandes personnes, ni des enfants.

galib mu'allag / gulûb mu'allagîn expression, *litt.* cœur suspendu, * qlb, ˁlq, ع ل ق • ق ل ب

♦ **inquiet (-ète), soucieux (-euse), angoissé(e).** •*Galbi mu'allag acân mâ ligit xidime.* Je suis angoissé parce que je n'ai pas trouvé de travail. •*Simo hiss al bundug wa kulluhum galibhum allag bahasbu l-duwâs gamma.* Il ont entendu le bruit des fusils et sont inquiets, ils pensent que c'est la guerre. •*Galbah allag lê marad hanâ abu.* Il est soucieux parce que son père est malade.

gâlib / gawâlib *n. instr.*, *m.*, * qlb, ق ل ب

♦ **moule.** •*Hû gâ'id bisallil dringêl be gâlib kabîr.* Il est en train de faire [tirer] des briques avec un gros moule. •*Nidôr nisallil dringêl lâkin mâ ligit gâlib.* Je veux faire des briques, mais je n'ai pas trouvé de moule. •*Makana hint al kâk taji be gawâlib katîrîn.* La machine pour les gâteaux se vend [vient] avec de nombreux moules.

gâlibîn *n. d'act.*, *m.*, ≅ *gâlabân*, * qlb, ق ل ب

♦ **transvasement, action de reverser dans.** •*Sôsalan al xalla walla l-rîs mâ yabga illa be gâlibîn.* On ne peut nettoyer le mil, ou le riz, pour en ôter le sable qu'en le transvasant d'un récipient dans un autre. •*Gâlibîn al-dihin bangusah.* Transvaser de l'huile en fait diminuer la quantité.

galijîn *n. d'act., m.*, ≃ *galajân*, terme utilisé à propos des enfants.
♦ **dégurgitation, fait de vomir un peu, rot, renvoi,** fait de dégurgiter un peu de lait. •*Galijîn al-saxîr min ridâ'it al-laban al katîr.* Le renvoi que fait le bébé vient du lait qu'il a beaucoup tété. •*Mâ nidôr galijîn al-saxîr fî l-serîr, xalli yagôd be hêlah !* Je ne veux pas que le bébé fasse un renvoi sur le lit, assieds-le !

galîl / galîlîn *adj., (fém. galîle), Cf. ciya*, * qll, ق ل ل
♦ **manquant de, de petite quantité, peu, léger (-ère), sans consistance.** •*Hû da, galîl al adab.* Celui-ci est mal élevé [manque d'éducation]. •*Al-nâs al ga'adîn dâxal dôl galîlîn al-côf.* Ces gens qui sont à l'intérieur sont myopes [de peu de vue]. •*Al hille di, almiha galîl.* Ce village manque d'eau.

galla 1 / yigill *v. trans.*, forme I n° 11, * qll, ق ل ل
♦ **soulever.** •*Al binêye gallat jarraha fî râsha.* La fille a soulevé la jarre pour la mettre sur sa tête. •*Mâ tigill al êc be îdak wahade !* Ne soulève pas le plateau de la boule d'une seule main ! •*Al awîn bigillu iyâlhum al-suxâr be l bismi.* Les femmes soulèvent leurs enfants en disant "Au nom de Dieu !".

galla 2 / yigill *v. intr.*, * qll, ق ل ل
♦ **diminuer, manquer de, devenir rare.** •*Al-sane di al xalla tigill fî l-sûg acân al xarîf mâ sameh.* Cette année, il n'y aura pas beaucoup de mil sur le marché parce que la saison des pluies a été mauvaise. •*Al-râjil côfah galla mâ bicîf adîl.* La vue de cet homme a diminué, il ne voit plus beaucoup.

gallab / yigallib *v. intr.*, comme au soudan, *empr. (fr., angl.), Cf. jara*, forme II.
♦ **galoper.** •*Ahmat gallab be juwâd hanâ abuh.* Ahmat a galopé avec le cheval de son père. •*Ambâkir al xêl yigallubu fî naga'at al-lakrûs.* Demain, les chevaux galoperont sur le champ de courses.

gallâb / gallâbîn *adj. n., mrph. intf.*, (*fém. gallâba*).
♦ **galopeur (-euse),** qui peut galoper longtemps. •*Juwâd Âdum gallâb ja nimra wâhed.* Le cheval d'Adoum est un galopeur, il est arrivé le premier de la course. •*Anâ indi farâs gallâba, naktul bêha l-sêd.* J'ai une jument qui galope vite et longtemps, je peux avec elle tuer du gibier.

gallad / yigallid *v. intr. {- fî}*, forme II, * qld, ق ل د
♦ **soupçonner, accuser sans preuve.** •*Al wilêd mâ ba'arif al-nâdum al-sirig xumâmah wa gallad fî rafîgah.* L'enfant ne connaît pas la personne qui a volé ses affaires et a soupçonné son ami. •*Kan mâ mu'akkid mâ tigallid fî l-nâs sâkit !* Si tu n'es pas sûr, n'accuse pas les autres !

gallam / yigallim *v. trans.*, forme II, * qlm, ق ل م
♦ **couper en morceaux.** •*Al binêye gallamat al-laham wa darabat bêyah l mulah.* La jeune fille a coupé la viande en morceaux et s'en est servi pour préparer la sauce. •*Mûsa dahâba saxayyar, jidditah gallamat lêyah êc wa antatah akal.* Moussa est encore petit, sa grand-mère lui a préparé de petits morceaux de boule et les lui a donnés à manger. •*Wakit nigallim al basal, jaraht usba'i namman jara damm.* Au moment où je coupais en morceaux les oignons, je me suis coupé le doigt qui a saigné.

gallany / yigalliny *v. intr.*, prononcé *[gallañ]*, forme II, *Cf. guluny.*
♦ **être atteint d'éléphantiasis, avoir un œdème des organes génitaux.** •*Al-râjil kan gallany mâ yagdar yurûx.* Lorsqu'un homme est atteint d'éléphantiasis, il ne peut plus marcher. •*Kan gallanyt illa l-daktôr bas ya'arif yidâwik.* Si tu as un œdème des organes génitaux, seul le docteur sait te soigner.

galûb *n. m.*, *Syn. lâkrûs*, *Cf. gallab.*
♦ **galop, course de chevaux.** •*Yôm al ahad macêna cîfna galûb al xêl.* Dimanche, nous sommes allés voir la course de chevaux. •*Al hakkâma gâ'ide tizaxrit lê galûb al xêl.* La femme griot pousse des youyous lors de la course de chevaux.

gâm / yugûm *v. intr.*, sous l'influence de l'*ar. lit.* dans l'expression *gâm be* (commencer à, se mettre à), → *gamma, yugumm*, * qwm, ق و م

Gâma *n. pr.* de lieu, poste administratif du Chari-Baguirmi.
♦ **Ngama.**

gamar *n. m.*, * qmr, ق م ر
♦ **lune.** •*Al gamar abyad misil al gumâc.* La lune est blanche comme le tissu. •*Al gamar marag ust al-nujûm.* La lune est sortie au milieu des étoiles. •*Al yôm al gamar xanagoh.* Aujourd'hui, il y a eu une éclipse de lune [on a étranglé la lune]. •*Bagari katîrîn wa ra'îhum wâhid... Dôl al-nujûm ma'â l gamar.* Mes vaches sont nombreuses et n'ont qu'un seul bouvier… Ce sont les étoiles avec la lune. *Dvnt.* •*Tasayti bêda, lubbaha lu'lu' wa daharha nahâs... Da l gamar.* Ma petite cuvette est blanche, son cœur est une perle et son dos est cuivré… C'est la pleine lune. *Dvnt.*

Gamar *n. pr.* d'homme, → *gamar*, * qmr, ق م ر

gamar bôba *n. f.*, * qmr, ق م ر
♦ **éclipse de lune, nom d'une boucle d'oreille ancienne, nom d'un voile,** nom d'une boucle d'oreille en or en forme de lune, nom d'un pagne sur lequel étaient représentées la lune et une étoile. •*Zamân indi xurûs gamar bôba hint dahab.* Autrefois, j'avais des boucles d'oreilles en forme de lune et en or. •*Al gamar bôba da usum hanâ laffay.* "Éclipse de lune" est le nom donné à un voile. •*Awîn hanâ hassâ mâ balbaso laffay gamar bôba.* Les femmes d'aujourd'hui ne portent plus le voile "éclipse de lune".

gamâri 1 *n. m.*, *Cf. duxxân, itir, rihe, sandal*, * qmr, ق م ر
♦ **bois odoriférant, bois d'encens,** bois dont la fumée dégage un parfum très fort imprégnant les vêtements et les maisons. •*Al gamâri indah rihe halûwa bilhên.* La fumée du bois odoriférant dégage un parfum exquis. •*Al binêye carat duxxân gamâri min al-sûg.* La fille a acheté du bois d'encens au marché. •*Yôm al axîde ahal al-râjil al arîs jâbo gamâri kubâr wa itir.* Le jour des noces, la famille du marié a apporté de gros morceaux de bois odoriférants et du parfum.

gamâri 2 *pl.*, → *gimri.*

gameh *n. coll.*, *m.*, le *sgtf.* est inusité, un grain de blé : *habbit gameh*, * qmḥ, ق م ح
♦ **blé, Triticum** ***sp.*** •*Sawwêna zere' hanâ gameh.* Nous avons fait un champ de blé. •*Sant al-ju', al-nasâra jâbo lêna gameh.* L'année de la famine, les Européens nous ont apporté du blé. •*Malîl al gameh halu.* La bouillie de blé est délicieuse.

gamhân / gamhânîn *adj.*, (*fém. gamhâne*), * qmḥ, ق م ح
♦ **bredouille, sans rien rapporter.** •*Al marfa'în dagac kê, wa gabbal gamhân.* L'hyène est allée çà et là, et est revenue bredouille. •*Al-tamma' dâyman gamhân !* Le cupide revient toujours bredouille. •*Lê axawâni gassamôhum gurus, wa anâ jît fî l axîr faddalt gamhân.* On a distribué de l'argent à mes frères, je suis venu et n'ai finalement rien reçu !

gamma / yugumm *v. intr.*, forme I n° 5, ≅ *gâm, yugûm*, * qwm, ق و م
♦ **se lever, pousser, grandir, se mettre à, commencer à.** •*Al bizre gammat ajala.* La semence a poussé rapidement. •*Al wilêd gamma wa maca lê ammah.* L'enfant s'est levé et est allé vers sa mère. •*Al-nâr gammat fî l kadâde.* La brousse a pris feu. •*Al wilêd gamma babki acân ammah mâ fîha.* L'enfant s'est mis à pleurer parce que sa mère n'était pas là. •*Hû da hassâ gamma yagri adîl.* Celui-ci

commence tout juste à lire comme il faut.

gamma be hêlah / yugumm be hêlah expression, *litt.* il s'est levé avec sa force, *Cf. gamma be tûlah.*
♦ **se mettre sur son séant, se redresser sur sa couche, s'asseoir** en parlant d'une personne qui était couchée. •*Abbakar, gumm be hêlak acân tacarb al-dawa da !* Abakar, redresse-toi pour prendre ce médicament ! •*Al-nâdum kan bahajji ma'â l-nâs al kubâr, bagôd be hêlah, mâ bargud.* Celui qui parle à des grandes personnes s'assoit, il ne se couche pas.

gamma be tûlah / yugumm be tûlah expression, *litt.* se lever avec sa hauteur, *Syn. gamma fôg, gamma be hêlah,* * qwm, ق و م
♦ **se mettre debout, se dresser,** se redresser. •*Al askar gammo be tûlhum acân yidallu l-drapo.* Les militaires se sont mis debout parce qu'on descendait les couleurs. •*Ace, gummi be tûlki, nâwilîni l katkat da !* Aché, lève-toi, passe-moi ce papier !

gamma fôg / yugumm fôg expression, → *gamma,* * qwm, ق و م
♦ **se lever, se mettre debout.** •*Gumm fôg, dalli l xumâm !* Lève-toi et descends les affaires. •*Gammo fôg yidâwusu.* Ils se sont levés pour se battre. •*Gummi fôg wa lâgi l-dîfân al-jâyîn dôl !* Lève-toi et accueille ces hôtes qui arrivent !

gamma min al-nôm / yugumm min al-nôm expression, *litt.* il s'est levé du sommeil, → *gamma, nôm,* * qwm, ق و م
♦ **se réveiller.** •*Al wilêd gamma min al-nôm.* L'enfant s'est réveillé. •*Ambâkir tugumm badri min al-nôm wa tamci l xidime.* Demain, tu te réveilleras tôt et tu iras au travail.

gammal / yigammil *v. intr.*, forme II, * qml, ق م ل
♦ **avoir des poux.** •*Al ajûs farditha gammalat acân hî mâ xassalatha.* Le pagne de la vieille femme a des poux parce qu'elle ne l'a pas lavé. •*Al mardân buhukk fî jildah misil da akûn gammal.* Si le malade se gratte ainsi, c'est peut-être qu'il a des poux. •*Al askar rusênhum gammalo acân humman mâ bibarrudu.* Les têtes des soldats sont pleines de poux parce qu'ils ne se lavent pas.

gammân *n. d'act.*, → *gammîn,* * qwm, ق و م

gammar 1 / yigammir *v. intr.*, forme II, * qmr, ق م ر
♦ **jouer au poker, parier, miser.** •*Al-sarrâgîn bigammuru yôm al îd.* Les voleurs jouent au poker le jour de la fête. •*Anîna gammarna yôm tahûrit rafîgna wa anâ xisirt miya riyâl.* Nous avons misé de l'argent au jeu de poker le jour de la circoncision de notre ami ; j'ai perdu cent riyals.

gammar 2 / yigammir *v. intr.*, forme II, * qmr, ق م ر
♦ **s'évanouir, avoir un goitre,** être très angoissé(e), avoir la gorge nouée et ne plus pouvoir parler. •*Ali mâ najah fî l imtihân gammar, waga' bala xacum.* Ali n'a pas été admis au concours, il est tombé évanoui. •*Xadîja gammarat acân râjilha harajaha.* Khadidja ne peut plus parler parce que son mari l'a grondée. •*Al mara indaha waja' ragaba wa l-daktôr gâl hî gammarat.* La femme a mal au cou et le médecin lui a dit qu'elle avait un goitre.

gammâri / gammârîn *adj. mrph. intf.*, (*fém. gammâriye*), ≅ le pluriel *gammâra,* * qmr, ق م ر
♦ **joueur de poker,** professionnel de poker. •*Al yôm al bôlis karabo l gammârîn fî bakân li'ibhum.* Aujourd'hui, la police a pris les joueurs de poker à l'endroit où ils jouaient. •*Al gammâri da al yôm gursah kulla kê akalo minnah.* Aujourd'hui, ce joueur de poker s'est fait prendre [manger] tout son argent. •*Al-râjil kan bigi gammâri bitcakkim xumâmah kulla kê.* Dès qu'un homme est devenu joueur de poker, il troque toutes ses affaires.

gammas / yigammis *v. intr.*, forme II, terme peu employé, * qmṣ, ق م ص
♦ **être habillé(e) de neuf.** •*Wilêdi sa'alâni gurus acân yamci fî l-sûg yigammis min fôg lê tihit.* Mon enfant m'a demandé de l'argent pour aller au marché s'habiller de pied en cap. •*Yâ axui wâjib awînna yigammusu yôm 'îd hanâ Ramadân, acân muddat talâtîn yôm sawwo lêna fî l-nâr al hâmiye madîde wa curba !* Mon frère, il faut que nos femmes soient revêtues de vêtements neufs pour le jour de la fête du Ramadan, car pendant trente jours elles sont restées près du feu brûlant à nous préparer la bouillie et la soupe !

gammîn *n. d'act., m.*, ≅ *gammân, Cf. gamma*, * qwm, ق و م
♦ **fait de se lever, décollage, éveil.** •*Fî sâ'it gammîn al-tayyâra, mâ fîh zôl yamci jambaha.* Personne ne s'approche de l'avion au moment du décollage. •*Kan râgid fî l-sarîr, al gammin min al-nôm mâ bidôr bahdal ; kan mâ kê da taga' wa tikassir xumâmah.* Quand on dort sur un lit, il ne faut pas se réveiller avec précipitation, sinon on risque de tomber et de casser ses affaires.

Gamra *n. pr.* de femme, féminin de *Gamar*, → *gamar*, * qmr, ق م ر

Gamrannisa *n. pr.* de femme, pour *gamar al-nisa'*, *litt.* lune des femmes.

gamul *n. coll.*, animal, *sgtf. gamlay, gamulay*, * qml, ق م ل
♦ **pou.** •*Hî itte wa rijêlâtha sitte... Di l gamlay.* C'est comme un charançon qui a six petites pattes… C'est le pou. *Dvnt.* •*Al askari da râsah kulla malyân gamul acân mâ bibarrid.* Ce soldat a la tête pleine de poux parce qu'il ne se lave pas. •*Anâ mâ indi gamlay wahade kula fî jildi.* Je n'ai pas un seul pou sur mon corps. •*Girgite, amrijilên al-sitte... Di l gamlay.* Grassouillet avec six pattes… C'est le pou. *Dvnt.*

gana *n. vég., coll., m., sgtf. ganâye*, * qnw, ق ن و
♦ **nom d'une plante à tiges ligneuses, bambou, Oxytenanthera abyssinica (Munro.),** famille des graminées. •*Fî Tcâd nalgo l gana katîr.* Au Tchad, on trouve beaucoup de bambous. •*Al gana babnu bêyah buyût al Arab wa îdan lê l hurâb.* Avec les bambous, on construit les maisons arabes et on fait les manches de lance. •*Hû rigeyyag misil ûd al gana.* Il est mince comme une tige de bambou.

ganâbil *pl.*, → *gunbul.*

ganâdîl *pl.*, → *gandûl.*

ganâdir *pl.*, → *gundar.*

gânaf / yigânif *v. trans.*, forme III.
♦ **dégoûter, provoquer le dégoût, écœurer,** en avoir assez après avoir trop mangé ou trop bu. •*Fî wakt al xarîf, mulâh hanâ ammuluxîye yigânifni nammin yigaddifni.* Pendant la saison des pluies, la sauce aux feuilles de mouloukhiyé m'écœure au point de me donner envie de vomir. •*Al-râjil al musâfir sawwa lêyah dinâzi, wa wihêdah balhas ke dammin gânafah.* L'homme qui voyageait s'est préparé de la bouillie de mil sucré, il en a tellement pris à lui seul [seul il a léché ses doigts] qu'il en a ensuite été dégoûté.

ganas / yagnus *v. trans.*, ≅ l'*inacc. yagnis, yagunus*, forme I n° 6, * qns, ق ن ص
♦ **chasser.** •*Humman ganaso min fajur lê aciye wa mâ katalo ceyy.* Ils ont chassé du matin au soir et n'ont rien tué. •*Ambâkir kan mâci tagnus, ta'âl lêi namcu sawa !* Si demain tu vas chasser, viens chez moi, nous partirons ensemble ! •*Fî l-darat al-subyân bagunsu lê jidâd al xala.* Au temps de la moisson, les jeunes gens chassent les pintades.

ganat / yagnit *v. intr.*, forme I n° 6, *Cf. danna*, * qnt, ق ن ت
♦ **soupirer fortement, gémir, râler, pousser** (contraction du ventre), respirer fortement et expirer après avoir comprimé l'air dans les poumons lorsqu'on est très malade ou que l'on va à la selle. •*Al mardânîn*

yaguntu min ta'ab al marad. Les malades gémissent à cause de la souffrance que la maladie leur fait endurer. •*Al-saxîr ganat yidôr yigilluh.* Le petit a soupiré parce qu'il désirait être levé. •*Al-mardân fî l-lêl mâ nâm, illa bagnit bas !* Le malade n'a pas dormi de la nuit, il n'a fait que râler. •*Al wallâda gâlat lê l mara al tidôr tawlid : "Aginti, aginti bas al-saxîr bamrug !".* La sage-femme a dit à la parturiente : "Pousse, pousse et l'enfant sortira !".

ganâtîr *pl.*, → *gantûr.*

Ganda *n. pr.* d'animal, *m.*, nom donné au chacal dans les contes ou les devinettes.
♦ **Goupil, Ganda.** •*Fî l hije l-tuwâl walla l gusâr, al ba'acôm usumah Ganda Abu Halîme.* Dans les contes ou les devinettes, le chacal s'appelle Ganda Père de Halimé. •*Ganda buxucc dâiman al marfa'în acân da humman hassâ xusmân.* Ganda trompe toujours l'hyène et c'est pour cela qu'ils sont maintenant ennemis.

gandako *n. anim.*, *f.*, → *amgandako.*

gandal / yigandil *v. trans.*, *qdr.*, forme II, * qndl, ق ن د ل
♦ **étirer le cou,** tirer la tête pour redresser les vertèbres cervicales. •*Al wilêd al-dahabah wildoh, al wallâda tigandilah.* L'accoucheuse étire le cou du nouveau-né. •*Anâ wagêt min al watîr wa l-râjil da ja gandalâni.* Je suis tombé du véhicule et cet homme est venu m'étirer le cou.

gandûl / ganâdîl *n. m.*, voir plus loin les expressions *gandûl sigrêt, gandûl mappa,* * qndl, ق ن د ل
♦ **épi.** •*Xalla hanâ Mahammat indaha ganâdil kubâr.* Le mil de Mahamat a de gros épis. •*Al-jarâd akal al ganâdîl.* Les sauterelles ont mangé les épis. •*Al-sabi daxal al-zere' wa kasar lêyah gandûl.* Le jeune homme est entré dans le champ et s'est cassé un épi pour lui.

gandûl mappa / ganâdil mappa expression, *litt.* épi de pain, * qndl, ق ن د ل
♦ **baguette de pain.** •*Gandûl mappa be acara riyâl.* La baguette de pain coûte dix riyals. •*Hû gidir akal talâta ganâdîl mappa.* Il a pu manger trois baguettes de pain.

gandûl sigrêt / ganâdîl sigrêt expression, *litt.* épi de cigarette, * qndl, ق ن د ل
♦ **une cigarette,** "bâton" de cigarette. •*Gandûl sigrêt be riyâlên.* Une cigarette coûte deux riyals. •*Bikêt hanâ l-sigrêt, ganâdîlah icirîn.* Le paquet de cigarettes contient vingt bâtons de cigarettes.

ganga 1 / yigangi *v. trans.*, *Cf. gongo.*
♦ **racler le fond sec de la marmite, sécher et durcir** (pâte de la boule), **former une croûte sur la boule,** récupérer la pâte cuite, séchée et durcie, de la boule accrochée au fond de la marmite. •*Al iyâl gango l burma, wa daggo gongohum da be sukkar wa fûl.* Les enfants ont raclé le fond sec de la marmite, ils l'ont pilé en le mélangeant avec du sucre et des arachides. •*Ècki da yâ Fâtime, siddih adîl be l gadah acân mâ yigangi !* Fatimé, couvre bien ta boule avec le bol en bois pour qu'il ne s'y forme pas de croûte !

ganga 2 / gangayât *n. coll.*, *sgtf. gangay*, voir le *Syn. nuggâra.*

gangar *invar.*, dans l'expression *wigif gangar*, souvent accompagne de *ke* ou de *ke bas.*
♦ **défier quiconque s'approche, se camper devant *qqn.*, rester impassible devant,** rester sur sa position par provocation ou défi. •*Al humâr wigif lêi gangar ke !* L'âne s'est campé devant moi, me défiant de le faire avancer ! •*Al-sarrâg câla l bahâyim be nahâr wa maca bêhum gangar.* Le voleur a pris le bétail en plein jour, et s'en est allé, défiant ceux qui pourraient le poursuivre. •*Hû fî l-duwâs wigif gangar ke bas, mâ baxaf min al môt.* Pendant le combat, il est

resté debout, impassible, sans avoir peur de mourir.

gangas 1 / yigangis *v. intr. {- tihit}*, *qdr.* (*Ka.*), forme II, * qnqš, ق ن ق ش

♦ **s'accroupir, s'asseoir sur les talons.** •*Al miskîn gangas tihit fî xacum al-derib.* Le pauvre est assis à la porte de la maison. •*Al wilêd gangas bubûl.* L'enfant s'est accroupi pour uriner. •*Zamân, al mara kan râjilha nâdaha, tawwâli taji tigangis giddâmah.* Autrefois, lorsqu'une femme était appelée par son mari, elle venait aussitôt s'accroupir devant lui. •*Al-Nasâra mâ bidôru bigangusu.* Les Européens n'aiment pas s'asseoir sur les talons.

gangas 2 / yigangis *v. trans.*, * qnqš, ق ن ق ش

♦ **asseoir l'enfant, tenir l'enfant accroupi,** tenir l'enfant en position assise sur les pieds légèrement écartés d'un adulte afin qu'il puisse faire ses besoins. •*Acta gangasat axûha l-saxayar acân yuhurr.* Achta a posé sur ses pieds son petit frère en position assise afin qu'il défèque. •*Al-saxîr al-saxayar kan bidôr buhurr, nâdum kabîr bigangisah fî rijilênah.* Lorsque le petit bébé veut faire ses besoins, un adulte le tient sur ses pieds en position assise.

gangâs *n. m.*, *Syn. gangasân, gangisîn, amgangûs*, * qnqš, ق ن ق ش

♦ **en position assise, assis(e) sur les talons, accroupi(e).** •*Al kalib mâ bixalli l gangâs.* Le chien ne se lasse pas de rester en position assise. •*Al gangâs gâsi lê l-ciyâb wa l-Nasâra.* C'est pénible pour les vieillards et les Blancs de rester assis sur les talons.

gangasân *n. d'act.*, ≅ *gangisîn*, → *gangâs*, * qnqš, ق ن ق ش

gangay *n. f.*, → *ganga 2, nuggâra.*

gangisîn *n. d'act.*, ≅ *gangasân*, → *gangâs*, * qnqš, ق ن ق ش

ganîs *n. m.*, * qnṣ, ق ن ص

♦ **chasse.** •*Al-sultân wa jamâ'itah marago lê l ganîs fajur fajur.* Le sultan et sa cour sont partis pour la chasse de très bon matin. •*Ahamat wa kalbah maco lê l ganîs wa katalo arnab.* Ahmat et son chien sont partis pour la chasse et ont tué un lapin. •*Anâ mâ na'arif ganîs al-sêd.* Je ne sais pas chasser [je ne connais pas la chasse de gibier].

ganna' / yiganni' *v. trans.*, *Cf. hakam*, forme II, * qnʕ, ق ن ع

♦ **compenser, dédommager, donner, couvrir la tête,** rétablir par un don l'harmonie des rapports humains à la suite d'une insulte, d'une calomnie ou d'un interdit provoquant la honte. •*Anâ ba'ad talâte yôm fî bêti hanâ l arûs, nasîbti ganna'atni be wâhid jineh hanâ dahab.* Après avoir passé trois jours dans la maison de la mariée, ma belle-mère m'a donné une pièce d'or. •*Axawât al arîs ganna'o hamâthum be alif riyâl.* Les sœurs du marié ont donné à leur belle-sœur mille riyals. •*Zamân al-râjil yiganni' martah hatta tâkul ma'âyah.* Autrefois, l'homme donnait quelque chose à sa femme pour qu'elle mange avec lui. •*Al awîn ganna'o l arûs be l-tarha.* Les femmes ont recouvert la tête de la mariée d'un petit voile. •*Al-râjil ganna' jârah fî l-cerîye acân hû ayyarah.* Parce qu'il avait insulté son voisin, il l'a dédommagé devant le tribunal.

gannâsa *pl.*, → *gannâsi.*

gannâsi / gannâsa *adj. n., mrph. intf.*, (*fém. gannâsiye*), ≅ *gannasîn*, * qnṣ, ق ن ص

♦ **chasseur (-euse).** •*Al gannâsîn baktulu kulla ceyy fî l kadâde.* Les chasseurs tuent toute sorte de gibier en brousse. •*Al gannâsi marag badri lê l-sêd.* Le chasseur est sorti de bonne heure pour tuer le gibier. •*Al mara mâ tabga gannâsiye acân hî xawwâfa.* La femme n'est pas chasseresse parce qu'elle est peureuse.

gantûr / ganâtîr *n. m.*, *qdr.*, connu au *Sdn.* (*C.Q.*), * qnṭr, ق ن ط ر

♦ **termitière.** •*Al gantûr al fî tihit al-cadaray di kabîr.* La termitière qui est sous cet arbre est grande. •*Ahmar* *"balangôti" wa lâ bancax wa lâ bi'ôti... Da l gantûr.* C'est rouge et cela ne va ni vers le nord ni vers le sud… C'est la termitière. *Dvnt.* •*Ba'ad al almi zarat al gantûr, mâ fî halal.* Une fois que la termitière est engloutie dans l'eau, il n'y a plus rien à faire [il n'y a pas de solution]. *Prvb.* (*i.e.* il faut agir avant qu'il ne soit trop tard).

gânûn / gawânîn *n. m.*, → *xânûn.*

gao → *gaww.*

gar'a / gara' *n. f.*, ≅ le pluriel *gar'ât*, *Cf. kâs, jônu, buxsa*, * qrʕ, ق ر ع

♦ **grande calebasse, Lagenaria *sp.*,** famille des cucurbitacées. •*Amci, talga l gar'a indaha laban fî tihit al-sarîr !* Va, tu trouveras sous le lit la grande calebasse qui contient du lait ! •*Al baddâlât induhum gar'ât kubâr.* Les troqueuses ont de très grandes calebasses. •*Hû cirib almi be l gar'a.* Il a bu de l'eau dans une grande calebasse.

gara / yagri *v. trans.*, forme I n° 7, * qr', ق ر ء

♦ **lire, étudier.** •*Al wilêd gamma bagri juwâb ammah.* L'enfant s'est mis à lire la lettre de sa mère. •*Ali gara katîr fî kitâbah.* Ali a lu beaucoup de pages de son livre. •*Mâla mâ yidôr yagri fî l bêt ?* Pourquoi ne veut-il pas étudier à la maison ?

gara' *pl.*, → *gar'a.*

gârab / yigârib *v. trans.*, * qrb, ق ر ب

♦ **s'approcher de *qqn.*** •*Al mara l ma'zûra mâ tigârib râjilha.* La femme qui a ses règles ne s'approche pas de son mari. •*Al-nâdum al indah sull, mâ tigâribah !* Ne t'approche pas de celui qui a la tuberculose !

garâc *n. m.*, → *garrâc.*

garad 1 / yagrud *v. trans.*, forme I n° 2, * qrd, ق ر ض

♦ **pincer, écraser, cisailler sans couper, mordre profondément.** •*Hû garadâni be hajar fî usbe'i.* Il m'a écrasé les doigts avec une pierre. •*Al bâb garad al binêye fî îdha, wa mâ daffag damm.* La porte a cisaillé la main de la fillette, mais cela n'a pas saigné. •*Mâ tamdax al adum da, tagrud lisânak !* Ne croque pas cet os, tu vas te mordre la langue !

garad 2 *n. vég., coll.*, voir l'expression *akal garad, sgtf. garaday*, nom de l'arbre et du fruit qui sert à tanner les peaux, * qrẓ, ق ر ظ

♦ **nom d'un arbre, gonakié, gommier rouge, Acacia nilotica (L.),** famille des mimosacées. •*Iyâl al garad yudubxu bêhum al furâw.* On tanne les peaux avec les graines de gommier rouge. •*Al-saxîr kan bisabbib katîr, yifawwuru iyâl al garad wa yibarruduh beyah wa yantuh yacarab ciyya ke acân hû dawa.* Quand un enfant a la diarrhée, on fait bouillir des graines de gommier rouge, on le lave avec cette décoction et on lui en donne un petit peu à boire parce que c'est un médicament.

garad Makka *n. vég., coll., sgtf. garaday makka*, → *garad 2, litt.* acacia de La Mecque, * qrẓ, mkk, ق ر ظ • م ك ك

♦ **nom d'un arbre, Prosopis juliflora,** famille des mimosacées. •*Garad Makka têrâbah jâbo min al-Sa'udiye.* Les plants de Prosopis juliflora ont été apportés d'Arabie Saoudite. •*Garad Makka al xanam bâkulu iyâlah.* Les chèvres mangent les fruits du Prosopis. •*Talga garad Makka kubâr fî l kartiyât al gadîmîn hanâ Anjammêna.* On trouve de gros Prosopis juliflora dans les vieux quartiers de N'Djaména.

garadi / garadiyîn *adj.* de couleur, (*fém. garadiye*), *Cf. garad 2*, * qrẓ, ق ر ظ

♦ **violet (-ette).** •*Al mas'ûlîn lê l intixâbât bidôru min kulla nâdum yintaxib yidiss usba'ah fî lôn al garadi.* Les responsables des élections demandent que chaque votant trempe le doigt dans une encre violette. •*Al-dawa l garadi bantuh lê l mardânîn al* *induhum âkûla.* On donne une solution de permanganate de potassium [le médicament violet] aux malades qui souffrent de démangeaisons.

garâdi *pl.*, → *gardi.*

garâdîd *pl.*, → *gardûd.*

garâgîc *pl.*, → *gargûca, gurgâca.*

garâgît *pl.*, → *girgît.*

garam *n. m.*, *Syn. côg*, * qrm, ق ر م
♦ **nostalgie, désir, avoir grande envie de.** •*Anâ jît tawwalt fî Anjammêna wa hassâ garam hanâ iyâli katalâni.* Je suis arrivé à N'Djaména depuis longtemps et à présent j'ai la nostalgie de mes enfants. •*Âdum, garam al madîde sawwah.* Adoum a une grande envie de manger de la bouillie.

garambûbu / garambuba'ât *n. m.*, ≃ *garambûbiyât (pl.), empr. fr.*
♦ **grand boubou.** •*Al yôm da, al-Nasrâni libis garambûbu !* Aujourd'hui l'Européen a revêtu un grand boubou ! •*Hû cara lêyah garambûbu, yôm al-tahûra.* Il s'est acheté un grand boubou le jour de la circoncision. •*Al arîs marag lêna lâbis garambûbu kabîr.* Le marié est sorti devant nous, portant un grand boubou très ample.

garan / yagrun *v. trans.*, forme I n° 2, * qrn, ق ر ن
♦ **passer autour du cou, entourer le cou avec les mains, attacher en entourant avec la corde, ligaturer, encercler,** manière d'attacher en entourant l'objet de plusieurs tours de cordes et en glissant les extrémités sous la ligature afin de ne pas faire de nœud et de pouvoir libérer l'objet lié facilement. •*Al-saxîr yirîd yagrun ammah min ragabitha wallâ abuh.* Le petit enfant aime passer ses mains autour du cou de sa mère ou de son père. •*Hû garan al garfa wa caddaha.* Il a bien attaché le sac en peau et l'a chargé. •*Al-râjil garan al ijil fî rijil ammah wa halabaha.* L'homme a lié le cou du veau à la patte avant de sa mère et a tiré le lait. •*Al birgâd garano l-sarârîg wa mâ xallôhum yajuru.* Les gendarmes ont encerclé les voleurs et ne les ont pas laissés s'enfuir.

garâri *pl.*, → *garray.*

garâri' *pl.*, → *garrâ'.*

garas / yagrus *v. trans.*, forme I n° 1, * qrs, ق ر س
♦ **cailler** (lait), **tourner** (lait), **pincer avec les ongles,** sentir le lait qui s'acidifie ou le froid qui saisit. •*Al-laban kan garas, rihtah tincamma, wa ta'âmah yabga hâmud.* Quand le lait a tourné, il a une odeur spéciale et son goût est acide. •*Al ajûz kan ti'addib binêyitha mâ tuduggaha bê sôt, tagrusha bas.* Lorsqu'une femme âgée éduque sa fille, elle ne lui donne pas de coups de chicote, mais elle la pince avec les ongles. •*Hêy al wilêd da mâla babki ? Yâtu garasah minnuku ?* Hé ! pourquoi cet enfant pleure-t-il ? Qui d'entre vous l'a pincé ? •*Al barid kan garas ta'arif kadar al-cite daxal wa tihissah fî jildak.* Lorsque le froid pince, on sait que l'hiver est arrivé et on le ressent dans son corps.

gardi / garâdi *n. m.*, *empr. fr.*
♦ **gardien, sentinelle, enseigne.** •*Humman induhum gardi fî bêthum.* Ils ont une sentinelle chez eux. •*Sidt al kisâr lissâ mâ xattat gardiha.* La femme qui prépare des galettes n'a pas encore posé son enseigne. •*Gardi hanâ l bilbil birmîl wa busubbu fî râsah mucuk ahmar.* L'enseigne du lieu de vente du *bilbil* est un fût avec du marc rouge au-dessus.

gardi minicipo nom composé, *empr. fr.*, *litt.* garde municipal.
♦ **employé de mairie, agent de la municipalité.** •*Al gardi minicipo hâwag al-sûg wa anta tike lêl-tujjâr wa yicîl minnuhum gurus.* L'employé de la mairie a fait le tour du marché pour percevoir la taxe des commerçants et leur donner un ticket de reçu. •*Al gardi minicipo indah xalag axabac misil hanâ l askar.*

L'agent de la municipalité a un uniforme kaki comme celui des militaires.

gardûd / garâdîd *n. m.*, * qrd, ق ر د
♦ **lit d'un petit oued, zone de verdure, lieu verdoyant,** lieu où passe l'eau en saison des pluies, entre la plaine (*naga'a*) et le coteau sableux (*gôz*). •*Macêna fî l ganîs, wa katalna xazâl gâ'ide tâkul fî lubb al gardûd.* Nous sommes allés à la chasse et avons tué une gazelle en train de brouter au milieu du lit verdoyant de l'oued. •*Al-sane almi l xarîf mâ ragad fî garadîd dâr Wadday.* Cette année, l'eau de la saison des pluies n'est pas restée longtemps dans les petits oueds verdoyants du Ouaddaï.

garfa / gurâf *n. f.*, *Cf. dabiye, jurab, muxlay, si'in*, * ġrf, غ ر ف
♦ **gros sac en peau, grosse poche en cuir,** sac pouvant contenir de quarante à cinquante *koro* de mil. •*Al gurâf maxâzin hanâ l Arab.* Les poches en cuir servent de magasins pour les Arabes. •*Al garfa min farwit al bagar.* Les sacs en peau sont faits avec de la peau de vache. •*Al gurâf nirabbutûhum wa niciddûhum fî dahar al-jumâl walla l-tîrân.* On attache les poches en cuir et on les fixe sur le dos des chameaux ou des bœufs. •*Dugga l garfa, al-jamal ba'arfah.* Frappe la grande poche en peau, le chameau comprend ce que cela signifie. *Prvb.* (*i.e.* un seul geste suffit au chameau pour comprendre ce que veut son maître, *Cf.* "A bon entendeur, salut!").

garga *n. coll.*, animal, *sgtf. gargay, ≅ gargar, gargaray.*
♦ **nom d'un poisson silure, Clarotes laticeps, Synodontis batensoda, Synodontis nigrita.** •*Al gargay kan karabtaha tinyaxrit.* Lorsqu'on attrape un Clarotes laticeps, il grogne. •*Al garga nafarên, wâhed azrag, wa wâhed axdar.* Il y a deux espèces de poissons *garga* : les noirs (Synodontis nigrita), et les verts (Synodontis batensoda). •*Al gargay xacumha dayyix, mâ tagdar tazrut, lâkin tinyang-nying akilha.* Le Clarotes laticeps n'a pas une grande bouche, il ne gobe pas sa nourriture, mais il la grignote.

gargac / yigargic *v. trans.*, forme II, racine connue en arabe *égy.* (*H.W.*), * qrqš, ق ر ق ش
♦ **manger sans sauce, croquer,** manger quelque chose de sec. •*Ammi al mulâh da mâ nidôrah, nigargic bas.* Maman, je mangerai la boule sans cette sauce que je n'aime pas. •*Hey al iyâl, tigargucu mappa walla êc ?* Hé ! les enfants ! Que mangerez-vous sans sauce, du pain ou bien de la boule ?

gargâc *n. m.*, * qrqš, ق ر ق ش
♦ **sans sauce.** •*Hû akal al êc gargâc bas.* Il a mangé la boule sans sauce. •*Al iyâl birîdu al mappa gargâc.* Les enfants aiment le pain sans sauce. •*Al mulâh gassar lêna, nâkulu l êc al faddal da gargâc bas !* Il nous manque de la sauce, nous mangerons le reste de la boule en nous en passant.

gargar 1 / yigargir *v. trans.*, *qdr.*, forme II, * qrqr, ق ر ق ر
♦ **creuser.** •*Al almi gargar al-durdur.* La pluie a creusé le mur. •*Mâ tigarguru l bîr di, hî xalâs tawîle !* Ne creusez pas le puits, il est déjà assez profond !

gargar 2 / yigargir *v. trans.*, *qdr.*, forme II, *onom.*, * qrqr, ق ر ق ر
♦ **ronfler** (feu), **rugir** (lion), **blatérer.** •*Al-nâr gargarat wa mâ indina lêha laham.* Le feu a ronflé et nous n'avions pas de viande à faire griller. •*Al-nâs kan sim'o l-dûd gargar, yar'arfu kadar hû za'alân.* Lorsque les gens entendent le lion rugir, ils savent qu'il est en colère.

gargar 3 nom de poisson *coll.*, *sgtf. gargaray,* → *garga.*

gargarân 1 *n. d'act., m.*, *qdr.*, *≅ gargirîn*, * qrqr, ق ر ق ر
♦ **fait de creuser, fait de ronger, trou, creux,** trou creusé tout doucement et lentement. •*Gargarân al almi lê l-durdur xawwafâni, akûn*

yaga'. Le trou que l'eau a fait dans le mur m'a fait peur, le mur risque de tomber. •*Gargarân al uwâra hint al humâra di min al-dûd, wâjib tusubb fôgha budra.* Le trou dans la plaie de cette ânesse est dû aux vers, il faut y mettre de la poudre.

gargarân 2 *n. d'act., m., qdr., onom.,* ≅ *gargirîn,* * qrqr, ق ر ق ر

♦ **rugissement du lion, grognement du chameau, ronflement d'un moteur, grondement, bruit sourd.** •*Gargarân al-dûd da nasma'o kulla lêl, cunû bigi lêyah ?* Nous entendons le rugissement de ce lion chaque nuit, que lui est-il arrivé ? •*Gargarân watîrak da indah coxol xasrân lêyah.* Le ronflement du moteur de ta voiture est dû à une pièce qui s'est cassée. •*Al makana l kabîre hint al-carika hanâ l-almi wa l-nâr, nasma' gargarânha tûl al-lêl.* Toute la nuit, j'entends le grondement sourd du gros moteur de la société d'eau et d'électricité.

gargat / yigargit *v. intr.,* forme II.

♦ **grossir.** •*Mahammat al-sane di gargat marra wâhid.* Cette année, Mahamat a vraiment grossi. •*Humman gargato acân mâ bihimmu lê ceyy.* Ils ont grossi parce qu'ils n'ont aucun souci. •*Hî gargatat acân râjilha ligi xidime.* Elle a grossi parce que son mari a trouvé du travail.

gargirîn *n. d'act., m.,* → *gargarân.*

gargûca / garâgîc *n. f.,* connu au *Sdn.* (*C.Q.*) et en *Egy.*, souvent utilisé au pluriel, ≅ *gurgâca,* * jrš, ج ر ش

♦ **fosse nasale, cartilage du nez.** •*Al almi caragâni wa daxal lêi fî garâgîci.* L'eau a pénétré profondément dans mon nez et est entrée dans les fosses nasales. •*Garâgîci ansaddo min al-zuxma, mâ nagdar ninaffis adîl.* J'ai le nez bouché [mes fosses nasales sont bouchées] à cause d'un rhume, je ne peux pas respirer comme il faut. •*Ligat darbe be sakkîn fî gargûcitha wa ankasarat, da bas sawwa lêha nuxnâxa kan tahajji.* Elle a reçu un coup de couteau dans le cartilage du nez qui s'est cassé ; c'est à cause de cela qu'elle nasille quand elle parle. •*Al-nâdum kan zuxma karabatah, mâ yagdar yinaffis acân garâgîcah masdûdât.* Celui qui a un rhume ne peut plus respirer parce que ses fosses nasales sont bouchées.

gargura *qdr., n. f.,* nom d'une maladie du cheval, * qrqr, ق ر ق ر

♦ **affection respiratoire du cheval.**

gâri / gâriyîn *adj. mrph. part.* actif, (*fém.* *gâriye*), *Cf. gara,* * qr', ق ر ء

♦ **qui a étudié, instruit(e), étudiant(e).** •*Al-nâdum al gâri râsah fâtih.* Celui qui a étudié a un esprit ouvert [une tête grande ouverte]. •*Al gâriyîn kârbîn al-Dawla.* Les gens instruits dirigent l'État. •*Bitti sawwoha amîna âmma acân hî gâriye.* Ma fille a été nommée secrétaire générale parce qu'elle est instruite.

garîb / garîbîn *adj. {- lê},* ≅ le pluriel *gurâb,* (*fém.* *garîbe*), * qrb, ق ر ب

♦ **près, près de, auprès de, proche, bientôt.** •*Bêti garîb lê l-sûg.* Ma maison est près du marché. •*Cahar ramadân garîb.* Le mois de ramadan est proche. •*Mâ tamci garîb janb al humâr da, yusukkak !* Ne t'approche pas de cet âne, il risque de ruer ! •*Garîb talga gursak.* Bientôt, tu toucheras [tu trouveras] ton argent. •*Al bîr garîbe lê l hille.* Le puits est proche du village. •*Al-zura'ât garîbîn lê l wâdi.* Les champs sont proches de l'oued.

garin *n. m.,* → *gerin.*

garinîn *n. d'act., m.,* ≅ *garanân, Cf. garne.*

garjam / yigarjim *v. intr., qdr.* forme II.

♦ **faire des grumeaux** (lait), **avoir de petites boursouflures** (peau), **se transformer en boulettes,** se dit du résultat du lait tourné ou caillé que l'on a fait chauffer, se dit également de la déformation de la peau par de petits boutons. •*Al-laban kan garas wa xattêtah fî l-nâr yigarjim.* Le lait tourné et chauffé sur le feu fait des grumeaux. •*Jildi garjam min akil al bâ'ûda wa nada l xarîf.* Mon corps est couvert de petites boursouflures dues aux piqûres de moustiques et à l'humidité de la saison des pluies.

garmân / garmânîn *adj.*, (*fém. garmâne*), * qrm, ق ر م

♦ **nostalgique.** •*Anâ garmâne lê ahali.* J'ai la nostalgie de ma famille. •*Humman dahâba jâyîn min al-safar garmânîn lê curâb al-câhi.* Ils viennent d'arriver de voyage et ont grande envie de prendre du thé. •*Al yôm garmân lê cunû tâkulah ?* Aujourd'hui qu'as-tu envie de manger ?

garnât / garnâtât *n. m., empr. fr.*

♦ **grenade.** •*Al garnât xumbula saxayre taktul katîr min xamsîn nâdum.* La grenade est une petite bombe qui peut tuer plus de cinquante personnes d'un seul coup. •*Al-nâs bugûlu al garnât malân be ibar wa lazâwîr.* Les gens disent que les grenades sont pleines d'aiguilles et de lames de rasoir. •*Fî l muzâharât al askar kan bidôru bixawwufu l-nâs bizaggulu fôghum garnâtât abcette-cette.* Lorsque les militaires veulent faire peur aux gens au cours d'une manifestation, ils leur lancent des grenades lacrymogènes.

garne / garnât *n. f., Syn. garinîn, garanân*, * qrn, ق ر ن

♦ **encerclement, cercle.** •*Askarna dasso l adu fî garne.* Nos soldats ont encerclé l'ennemi. •*Humman sawwo garne akûn induhum mulamma ?* Ils ont fait un cercle, peut-être ont-ils une réunion ?

garra 1 / yigarri *v. trans.*, forme II, * qr', ق ر ء

♦ **enseigner, instruire.** •*Al faxîr garra l wilêd Xur'ân.* Le marabout enseigne le Coran à l'enfant. •*Axti tigarri fransê fî l-lekôl.* Ma sœur enseigne le français à l'école. •*Garrîni kalâm Arab !* Enseigne-moi l'arabe !

garra 2 / yigirr *v. intr.*, forme I n° 11, * qrr, ق ر ر

♦ **avouer, revenir sur sa décision, reconnaître son erreur, accepter,** revenir sur sa parole. •*Al askar faracoh wa garra be fi'il al-sawwah.* Les militaires l'ont fouetté : il a avoué ce qu'il avait fait. •*Xadija abat tigirr acân tisâmih darritha.* Khadidja a refusé de revenir sur sa décision pour pardonner à sa coépouse. •*Zamân anâ abêt al xidime di wa hassâ garrêt lêha acân mâ indi gurus.* Autrefois j'avais refusé ce travail, mais à présent je l'ai accepté parce que je n'ai plus d'argent.

garrâ' / garâri' *n. m., Cf. xâtim,* ≅ *garray*, * qr', ق ر ء

♦ **anneau, bague, alliance,** bague utilisée dans les pratiques divinatoires. •*Al mujaddim garmân lêyah garrâ'.* Le lépreux garde la nostalgie de son anneau. •*Garrâ'i da hanâ fudda.* Mon anneau est en argent. •*Kulla râjil kan bidawwir bâxud mara, bidiss lêha garrâ' hanâ dahab fî usba'ha.* Tout homme qui désire épouser une femme lui passe un anneau d'or au doigt.

garrab / yigarrib *v. trans.*, forme II, *Cf. algarrab*, * qrb, ق ر ب

♦ **se rapprocher, approcher** (s'), **être près de, faillir.** •*Inti, garribi l kitâb janbiki !* Toi, approche le livre près de toi ! •*Âce, garrabti taxatri wallâ ?* Aché, vas-tu bientôt voyager ? •*Al mara garrabat talda.* La femme est près d'accoucher. •*Mirid, garrab bumût, lâkin hassâ hû âfe.* Il a été très malade, il a failli mourir, mais maintenant il est en bonne santé.

garrâb *pl.*, → *garrâbi.*

garrâbi / garrâbîn *adj. n.*, (*fém. garrâbiye*), ≅ le pluriel *garrâb, Syn. angurbay, agrûbi*, * qrb, ق ر ب

♦ **qui marche à pied, piéton.** •*Al-rujâl rakbîn xêl wa âna jît warâhum garrâbiye.* Les hommes étaient à cheval ; moi, je suis venue à pied derrière eux. •*Al askar mâ ligo zamil acân al wata xarîf, jo garrâb.* Les militaires n'ont pas trouvé de moyen de transport parce qu'on est en saison des pluies, ils sont venus à pied.

•*Gabbal lê dârah garrâbi acân juwâdah mât.* Il est retourné dans son pays à pied parce que son cheval était mort.

garrac 1 / yigarric *v. intr.*, forme II, * qrš, ق ر ش

♦ **gagner de l'argent, avoir une bonne somme d'argent,** gagner de l'argent en quantité suffisante pour vivre. •*Ahmat al yôm garrac acân kaffoh.* Ahmat a une bonne somme d'argent aujourd'hui parce qu'on l'a payé. •*Kan xadamt hinâk tigarric.* Si tu travailles là-bas, tu gagneras de l'argent. •*Wâjib al-subyân kan garraco, yifarrihu banât hillithum.* Lorsque les jeunes gens gagnent de l'argent, ils doivent l'utiliser pour réjouir les jeunes filles de leur village.

garrac 2 / yigarric *v. trans.*, forme II.

♦ **garer sa voiture,** mettre sa voiture au garage. •*Garric watîrak ba'îd min al bâb acân indina iyâl dugâg !* Gare ta voiture loin de la porte parce que nous avons de petits enfants ! •*Abui yigarric watîrah fî l garrac wa yikaffi fî kulla cahar ujurah.* Mon père met sa voiture au garage en payant chaque mois un loyer.

garrâc / garrâcât *n. m., empr. fr.*

♦ **garage.** •*Iyâl garrâc jilidhum azrag min al-zêt.* Les garagistes ont le corps noirci par l'huile des moteurs. •*Hû gâ'id baxdim fî l garrâc al janb bêtna.* Il est en train de travailler dans le garage qui est à côté de nous.

garrad 1 / yigarrid *v. trans., Cf. gatta', gallam*, forme II, * qrḍ, ق ر ض

♦ **couper en rondelles.** •*Hî gâ'ide fî l bêt tigarrid darrâba.* Elle est à la maison en train de couper le gombo en rondelles. •*Zâra garridi lêna tamâtim be dihin wa salât !* Zara, coupe-nous des tomates en rondelles, et mets-y de l'huile et des feuilles de salade ! •*Al-darrâba kan mâ garrâdoha mâ taybas ajala.* Si l'on ne coupe pas le gombo en rondelles, il ne sèche pas rapidement.

garrad 2 / yigarrid *v. trans.*, forme II, * qrḍ, ق ر ض

♦ **serrer les boulons, boulonner.** •*Al musâ'id garrad sawâmîl hanâ l watîr.* L'apprenti a serré les boulons du véhicule. •*Garrid adîl al-sawâmîl acân al ajal mâ yimbalis.* Serre bien les boulons pour que la roue ne s'en aille pas [ne s'échappe pas] !

garrâda / garrâdât *n. f.*, * qrḍ, ق ر ض

♦ **grand poignard, sabre.** •*Zamân talga l awîn al gor'âniyât induhum garrâdat.* Autrefois, les femmes goranes portaient de grands poignards. •*Al garrâda saxayre min al-sêf.* Le sabre est plus petit que l'épée.

garrah / yigarrih *v. trans.*, forme II, * qrḥ, ق ر ح

♦ **vacciner.** •*Zênaba waddat binêyitha lê l-daktôr acân yigarrihha.* Zénaba a conduit sa fille chez le médecin pour la faire vacciner. •*Wilêdi garrahoh didd amkanyang-nyang wa l-calal.* On a vacciné mon fils contre la rougeole et la poliomyélite.

garrahan *n. d'act., m.*, ≅ *garrihîn*, * qrḥ, ق ر ح

♦ **vaccination.** •*Fî l ayyâm dôl, wazîr al-sahha, sawwa hamla hint garrihin lê l iyâl al-dugâg.* Ces jours-ci, le ministre de la Santé a mené une campagne de vaccination pour les petits enfants. •*Wâjib garrahân al-saxîr yabda min al usbu' al awwâl al wildôh fôgah.* On doit vacciner le bébé dès la première semaine de sa naissance.

garras / yigarris *v. trans.*, forme II, *intf.* ou répétitif, * qrṣ, ق ر ص

♦ **pincer fortement avec les ongles.** •*Mûsa garras rafîgah acân hû câl halâwtah.* Moussa a pincé son ami parce qu'il lui avait pris son bonbon. •*Nigarrisak kan mâ tasma kalâmi.* Je vais te pincer très fort, si tu n'écoutes pas ce que je te dis.

garrasân *n. d'act., m.*, → *garrisîn.*

garray / garâri *n. f.*, ≅ *garra'*, * qrr, ق ر ر

♦ **anneau, bague, alliance.** •*Garrayti hint fudda.* Mon anneau est en argent. •*Garârihum sirgôhum.* Leurs bagues ont été volées. •*Hôjtak di misil cahawt al mujaddim lê l garray !* Ton désir est irréalisable, il est comme le désir passionné du lépreux de porter des bagues !

garrihîn *n. d'act.*, → *garrahân.*

garrisîn *n. d'act.*, ≅ *garrasân*, * qrṣ, ق ر ص

♦ **pincement,** fait de pincer fortement avec les ongles. •*Garrisîn hanâ jidditi bôja min hanâ ammi.* Lorsque ma grand-mère me pince avec les ongles, elle me fait plus mal que ma mère. •*Al mara di mâ tafruc iyâlha lâkin xawwafathum be l garrisîn.* Cette femme ne frappe pas ses enfants, mais elle leur fait peur en les pinçant avec les ongles.

garse / garsât *n. f.*, * qrṣ, ق ر ص

♦ **pincée.** •*Mulâhki da ta'âmah mugassir, subbi fôgah garse hint mileh !* Ta sauce manque de goût, mets-y une pincée de sel ! •*Antîni lêi garse hint catte madgûga nixalbitha ma'â l mileh !* Donne-moi une pincée de piment en poudre pour que je la mélange avec le sel !

gârûra *n. coll.*

♦ **teinture.** •*Macêt al-sûg wa carêt lêi gârûra.* Je suis allé au marché et j'ai acheté de la teinture. •*Al hajjâja di samhe acân cafoha be za'af al indah gârûra.* Cet éventail est beau parce qu'il a été fait avec des feuilles de palmier doum teintées.

garwa *n. f.*, désigne au *Sdn.* un vent froid d'hiver (*C.Q.*), *Syn. ambîbi*, * qrr, ق ر ر

♦ **vent violent, bourrasque, harmattan,** vent sec du temps de la moisson ou de la fin de la saison des pluies. •*Kan garwa hajjat, xalâs kulla l xadâr nijid wa l xarîf wigif.* Lorsque souffle l'harmattan, tout a déjà mûri et la saison des pluies est finie. •*Al-ramad hanâ l-darat yakrub al iyâl al-dugâg wa l kubâr kan garwa hajjat.* La conjonctivite de fin de saison des pluies atteint [attrape] les petits enfants et les adultes lorsque le vent souffle en bourrasque.

garyaf / yigaryif *v. trans.*, *qdr.*, forme II, connu au *Sdn.* (*C.Q.*), * qrf, ق ر ف

♦ **provoquer le manque, intoxiquer, droguer,** ressentir le besoin d'un excitant. •*Amis mâ ciribt gahawa wa garyafatni, hassêt waja' râs katîr.* Hier, je n'ai pas pris de café ; cela m'a manqué, j'ai eu très mal à la tête. •*Al gôro, al-câhi wa l-sijâra, nâdum al bacarabhum kan mâ ligâhum, yigaryifuh.* Lorsque quelqu'un est habitué à prendre de la cola, du thé, ou à fumer une cigarette, s'il n'en a plus, ces excitants le mettent en état de manque.

garyâf *n. d'act.*, *m.*, *Syn. xarmân, kêf*, → *kêf 2.*

gasab *n. coll.*, *Cf. agêg*, * qṣb, ق ص ب

♦ **roseau, canne.** •*Lammêt gasab nidôr ni'addil lêi kûzi.* J'ai rassemblé des cannes de mil pour construire ma case. •*Gasab al bêrbere bilimmu lê l bahâyim acân al-sêf.* Ils ramassent des cannes de berbéré pour les bestiaux en prévision de la saison sèche. •*Al-rêke wa gasab al-sukkar coxôl wâhid.* La canne sucrée ou la canne à sucre, c'est la même chose.

gasad / yagsud *v. trans.*, forme I n° 1, on entend moins souvent *xasad*, * qṣd, ق ص د

♦ **viser, croire, avoir l'intention de, faire le projet de.** •*Amis anâ gasadt namci lêk lâkin mâ ligît fursa.* Hier, j'avais l'intention d'aller chez toi, mais je n'ai pas trouvé d'occasion. •*Sahi gurusna sirgoh lâkin anîna mâ gasadnah lê wilêdku.* Il est vrai qu'on a volé notre argent, mais nous ne soupçonnons [visons] pas votre fils. •*Âce gasadat fî galbaha tamci Makka.* Aché a fait dans son cœur le projet de partir pour La Mecque.

gasam / yagsim *v. trans.*, forme I n° 6, * qsm, ق س م

♦ **partager en deux, diviser en deux.** •*Al-lêl kan gasam, anâ nômi yikammil.* Mon sommeil cesse au milieu de la nuit. •*Agsim al êc da tinên, wa hijjah be l hajjâja yabrud !* Partage la boule en deux, et ventile-la avec l'éventail pour qu'elle refroidisse !

gâsi / gâsiyîn *adj.*, (*fém.* *gâsiye*), * qsy, ق س ي

♦ **difficile, dur(e), pénible, cher** (coût). •*Al gurus gâsi.* L'argent est difficile à gagner. •*Al almi gâsi fî l kadâde.* Il est dur de trouver de l'eau en brousse. •*Bani hanâ l buyût gâsi.* La construction des maisons est difficile. •*Al mara di, hâlha gâsiye.* Cette femme est pénible à vivre [son caractère est difficile]. •*Fî bidâyit al xarîf al xalla gâsiye.* Au début de la saison de pluies, le mil coûte cher.

Gâsim *n. pr.* d'homme, *Cf. Xâsim, Gisma*, * qsm, ق س م

gasir / gusûr *n. m.*, * qṣr, ق ص ر

♦ **étage, maison à étages, palais.** •*Al môt yaxrib al gusûr wa ya'amir al xubûr.* La mort détruit les palais et peuple les tombeaux. *Prvb.* •*Janb bêtna gasir tawîl.* A côté de chez nous, il y a une haute maison à étages. •*Fî galbi nidôr nagôd fî gasir.* J'aimerais bien habiter dans un immeuble [dans mon cœur je voudrais être dans une maison à étages].

gassa / yuguss *v. trans.*, *Cf. gata', fassad* ; forme I n° 5 ; *Syn. gassas, yigassis,* * qṣṣ, ق ص ص

♦ **couper, découper, taillader, ciseler, entailler.** •*Al xayyâti gassa l xulgân be l magass.* Le tailleur a coupé du tissu pour habits avec des ciseaux. •*Al wilêd al-nihis da gassa îdah be l-lazwâr.* Cet enfant désobéissant s'est entaillé le doigt avec la lame de rasoir. •*Al haddâdi yuguss al hadîd kan bidôr bi'addil kurbâj walla fâs.* Le forgeron cisèle le fer lorsqu'il veut fabriquer un couteau de jet ou une hache.

gassam / yigassim *v. trans.*, forme II, *Cf. gisim*, * qsm, ق س م

♦ **distribuer, partager, diviser, répartir, donner à,** donner en faisant des parts. •*Al xani gassam gurus lê l masâkîn.* Le riche a distribué de l'argent aux pauvres. •*Abui gassamâna xulgân.* Mon père nous a donné à chacun des vêtements. •*Gassamna warasa hanâ axûna.* Nous avons partagé l'héritage de notre frère. •*Sant al-ju' al munazzamât yigassumu xalla lê l jî'ânîn.* Les années de famine, les organismes distribuent du mil aux affamés.

gassamân *n. d'act.*, *m.*, → *gassimîn.*

gassân *n. d'act.*, *m.*, → *gassîn.*

gassar / yigassir *v. trans.*, forme II, * qṣr, ق ص ر

♦ **diminuer, rabaisser, rapetisser.** •*Al xanamay di be alif lâkin nigassir lêk miya.* Ce mouton coûte mille riyals, mais je te fais un rabais de cent riyals. •*Al xalag, da kan mâ gassar lêi minnah ciya, mâ nagdar nibî'ah.* Si tu ne me fais pas de rabais, je ne peux pas acheter ce vêtement.

gassarân *n. d'act.*, *m.*, → *gassirîn.*

gassâri / gassârîn *adj. n.*, *mrph. intf.*, (*fém.* *gassariye*), *Syn. andûru, goygoy*, * qṣr, ق ص ر

♦ **court(e), petit(e) de taille, nain(e).** •*Ambâkir arûs hanâ Ahmat al gassâri.* Demain, c'est le mariage de Ahmat le nain. •*Al iyâl yicammutu lê l gassâriye l mâce dîk !* Les enfants se moquent de la petite femme qui s'en va là-bas. •*Al gassâri dâk, bisammuh "adumah giseyyar".* Ce nain est appelé "os court".

gassas / yigassis *v. trans.*, forme II, *Cf. gasa, yuguss,* * qṣṣ, ق ص ص

♦ **couper avec force, cisailler, hacher.** •*Abungassâs yigassis al gecc ajala wa bêtah gantûr.* Le termite soldat cisaille l'herbe très vite ; il habite dans une termitière.

gassimîn *n. d'act.*, *m.*, ≃ *gassamân*, * qsm, ق س م ⇨

♦ **distribution.** •*Amis anîna hidirna fî l gassimîn hanâ l xulgân lê l atâma hanâ Kundul.* Hier, nous avons assisté à la distribution des vêtements aux orphelins de Koundoul. •*Al gassimîn hanâ l-cahâdât lê iyâl al-lekkôl yabga ambâkir.* La distribution des diplômes aux élèves aura lieu demain.

gassîn *n. d'act.*, ≅ *gassân*, * qṣṣ, ق ص ص

♦ **coupe, coupure, entaille.** •*Al xayyâti da mâ ya'rif gassîn al garambûbu.* Ce tailleur ne sait pas réaliser la coupe d'un grand boubou. •*Kan nigatti' basal walla laham naxâf min gassîn al-sakkîn lê îdi.* Lorsque je coupe des oignons ou de la viande, j'ai peur de me couper la main.

gassirîn *n. d'act., m.*, ≅ *gassarân*, * qṣr, ق ص ر

♦ **diminution, abattement, rabais, manque de.** •*Gassirîn hanâ l gurus hanâ l xaddâmîn sabbab macâkil fî l balad.* L'abattement du salaire des travailleurs a causé des problèmes dans le pays. •*Gassirîn al xalla fî l bêt mâ sameh.* Il n'est pas bon de manquer de mil à la maison. •*Al-tâjir da mâ birîd al gassirîn hanâ l-taman.* Ce commerçant n'aime pas faire de rabais sur les prix.

gat'ân *n. d'act.*, → *gata'ân.*

gata' 1 / yagta' *v. trans.*, forme I n° 14, * qṭʕ, ق ط ع

♦ **couper.** •*Al-juwâd gata' al habil.* Le cheval a coupé la corde. •*Mâla gatêt al-cadaray di.* Pourquoi as-tu coupé cet arbre ? •*Mâ ligît ceyy gata' rîgi.* Je n'ai rien trouvé à manger depuis ce matin [pour couper la salive].

gata' 2 / yagta' *v. trans. {- be}*, dans l'expression *gata' nâdum* ; forme I n° 14, * qṭʕ, ق ط ع

♦ **calomnier, médire, diffamer,** dire du mal de quelqu'un en son absence. •*Al yôm hû gata'âha lê Fâtime be l-sirge.* Aujourd'hui, il a diffamé Fatimé en l'accusant de vol. •*Angari mâ tagta' al-nâs be l kalâm al-cên !* Attention, ne calomnie pas les gens avec de mauvaises paroles ! •*Mâ tagta' al-nâs, ticîl zanib !* Ne diffame pas les gens, c'est un péché !

gata' cerî'e / yagta' cerî'e expression, *litt.* couper le jugement, * qṭʕ, šrʕ, ق ط ع • ش ر ع

♦ **rendre un jugement, trancher un palabre, juger.** •*Al gâdi gata' al-ceri'e wa hî mâ xasadat bêha.* Le juge a prononcé le jugement : elle ne l'a pas accepté. •*Ceri'itku di, al-sultân bas yagdar yagta'ha lêku !* Votre palabre, seul le sultan peut le trancher !

gata'ân *n. d'act.*, → *gati'în.*

gatara *n. f.*, ≅ *gatra*, signifiant en *ar. lit.* : goutte, * qṭr, ق ط ر

♦ **pommade auréomycine, collyre.** •*Sabbêt gatara fî êni l-tojâni.* J'ai mis de la pommade auréomycine dans l'œil qui me faisait mal. •*Al gatra, hî samhe lê l-dawa hanâ waja' al uyûn.* La pommade auréomycine est bonne pour soigner la conjonctivite.

gatata *pl.*, → *gitt.*

gatâti *pl.*, → *guttiye.*

gati' *n. d'act.*, * qṭʕ, ق ط ع

♦ **coupe, moisson.** •*Gati' al kurnyânye gubbâl najûd al-duxun.* On coupe les épis de mil précoce avant que le mil pénicillaire ne soit mûr. •*Al gati' yabga fî kumalt al-darat.* La moisson a lieu à la fin de la saison des pluies. •*Jiddi sawwa nafîr lê gati' zer'ah.* Mon grand-père a groupé des volontaires pour l'aider à moissonner son champ.

gâti' / gâti'în *adj. mrph. part.* actif, (*fém. gâti'e*), * qṭʕ, ق ط ع

♦ **traversant, coupant(e), franchissant.** •*Lammêna ma'âyah gâti' al gudron.* Je l'ai rencontré tandis qu'il traversait la route goudronnée. •*Cîf bagarak gâti'în al-câri !* Regarde tes vaches qui coupent la route ! •*Al xanamây gâti'e l wâdi wa l marfa'în xattam lêha.* La chèvre traversait l'oued et a rencontré l'hyène [l'hyène lui est passée devant].

gatî'e *n. f.*, * qṭʕ, ق ط ع

♦ **diffamation, rapportage, mouchardage, calomnie, médisance,** fait de dire du mal de quelqu'un qui est absent. •*Fî dîn al Islâm, al gatî'e harâma.* Dans la religion musulmane, la diffamation est interdite. •*Fî ayyâm Ramadân, angari' min al gatî'e !* Les jours de Ramadan, tiens-toi à l'écart de la calomnie ! •*Al gatî'e misil tikallim wara axûk wallâ nâdum âxar.* La médisance est le fait de dire du mal de son frère [ton frère] ou de quelqu'un d'autre en son absence.

gati'în *n. d'act., m.*, forme simple, ≅ *gata'ân*, *Cf. gatti'în*, * qṭʕ, ق ط ع

♦ **fait de couper, fait de sectionner, coupure.** •*Gati'în al-surra be mûs wasxân, mâ sameh !* Ce n'est pas bien de couper le cordon ombilical avec une lame de rasoir sale. •*Al-nâs bidôru bi'awwunûna fî gati'în al-rîs wa mâ indina xanâjir.* Les gens veulent nous aider à couper le riz, mais nous n'avons pas de faucilles. •*Sakâkîn janb al-laday xidimithum gati'în basal, laham, darrâba, bangâw wa kulla coxol bâkulu.* On se sert des couteaux de cuisine pour couper les oignons, la viande, le gombo, les patates douces et tout ce qu'on mange.

gatra *n. f.*, → *gatara.*

gatta' / yigatti' *v. trans.*, forme II, * qṭʕ, ق ط ع

♦ **couper en menus morceaux, hacher, caler** (moteur), **avoir des ratées** (moteur). •*Al arda gatta'at al hubâl kulluhum.* Les termites ont déchiqueté toutes les cordes. •*Al-jazzâri gatta' al-laham kîmân kîmân.* Le boucher a découpé la viande en menus morceaux et l'a disposée en petits tas. •*Al watîr kan bigatti', bifartugu l karbiratêr wa bixassulu l awwâma.* Lorsque le moteur d'un véhicule a des ratés et cale, on démonte le carburateur et on lave le flotteur.

gattâ'a / gattâ'ât *n. f.*, dans l'expression *gattâ'it al xanâfir* (coupe ongle), → *daffâra*, * qṭʕ, ق ط ع

gatta'ân *n. d'act.*, → *gatti'în.*

gattâ'i 1 / gattâ'în *adj.*, (*fém. gattâ'iye*), *Cf. hattâbi, caggâgi*, * qṭʕ, ق ط ع

♦ **médisant(e), calomnieux (-euse), bûcheron (-onne), élagueur (-euse),** celui qui coupe le bois de chauffe sans le vendre. •*Al-râjil da gattâ'i, al-nâs mâ bidôru bagôdu janbah.* Cet homme est médisant, les gens n'aiment pas rester à côté de lui. •*Al gattâ'în lammo tihit dull al-cadaray.* Les calomniateurs sont rassemblés à l'ombre de l'arbre. •*Gattâ'i l-cadar burûx be fâsah wa magassah.* Le bûcheron circule avec sa hache et sa cisaille.

gattâ'i 2 *invar.*, dans l'expression *be l gattâ'i*, *Syn. be l farrâdi*, * qṭʕ, ق ط ع

♦ **en détail.** •*Anâ mâ indi râsmâl katîr, sûgi kulla be l gattâ'i.* Je n'ai pas un gros capital, je ne vends qu'au détail. •*Al-tâjir da mâ bisâwig be l gattâ'i, illa be l-jumla.* Ce commerçant ne vend pas au détail, il ne vend qu'en gros.

gatti'în *n. m.*, ≅ *gatta'ân*, *mrph. intf.* et répétitif, * qṭʕ, ق ط ع

♦ **coupure, coupe, fait de couper, traversée.** •*Al hâkûma mana'at gatti'în cadar al kadâde.* Le gouvernement a interdit de couper les arbres de la brousse. •*Gatti'în al-bahar be l markaba acân al almi katîr.* On traverse le fleuve en pirogue parce qu'il y a trop d'eau. •*Al-sakkîn di min gatti'în al basal xalâs kallat.* A force de couper des oignons, ce couteau est émoussé.

gaw 1 *n. m.*, → *gawn.*

gaw 2 *n. coll.*, → *gaww.*

gawâdîl *pl.*, → *gôdâla.*

gawâgir *pl.*, → *gêgar.*

gâwal 1 / yigâwil *v. intr.*, forme III, * qwl, ق و ل

♦ **mentir, calomnier, rapporter les paroles d'un autre.** •*Hû maca gâwal fî rufugânah wa karabohum fî l-sijin.* Il est allé calomnier ses amis qui ont été mis en prison. •*Râjilha jâb lêha xulgân wa hî macat gâwalat lê jâritha.* Son mari lui a apporté des habits et elle est allée le dire à sa voisine.

gâwal 2 / yigâwil *v. trans.*, forme III, * qwl, ق و ل

♦ **discuter le prix, fixer le prix,** discuter avec le commerçant pour fixer le prix. •*Hû ja gâwal al bêt lâkin lissâ mâ carah.* Il est venu discuter le prix de la maison, mais il ne l'a pas achetée. •*Anîna gâwalna l xalag da lâkin mâ indina gurus nikaffuh.* Nous avons fixé le prix de ce vêtement mais nous n'avons pas d'argent pour le payer.

gawâlib *pl.*, → *gâlib.*

gawana *pl.*, → *gôni.*

gâwas / yigâwis *v. trans.*, forme III, * qys, ق ي س

♦ **mesurer, prendre la mesure, essayer un vêtement.** •*Al xayyâti gâwas al xalag.* Le tailleur a mesuré le vêtement. •*Gâwast al-na'al ma'â rijili.* J'ai appliqué la sandale contre mon pied pour la mesurer. •*Al binêye gammat tigâwis tûlha ma'â axutha.* La fillette s'est levée pour comparer sa taille avec celle de sa sœur. •*Gâwaso l-tawâgi fî rusênhum wa mâ gidiro yacruhum.* Ils ont essayé les bonnets sur leur tête et n'ont pas pu les acheter.

gâwasân *n. d'act.*, → *gâwisîn.*

gâwâsi / gâwâsîn *adj.*, (*fém. gâwâsiye*), * qys, ق ي س

♦ **mesureur, métreur (-euse).** •*Nâs hanâ l kadastir gâwâsîn al buyût wa l-cawâri.* Les agents du cadastre sont les mesureurs des maisons et des routes. •*Al-gawâsi mâ xattat al kânifo adîl, acân da al-câri bigi dayyax.* Le métreur n'a pas calculé comme il faut le tracé du caniveau, c'est pourquoi la rue est étroite.

gâwâyim *pl.*, → *gâyme.*

gawi / gawiyîn *adj.*, (*fém. gawiye*), * qwy, ق و ي

♦ **fort(e), solide, dur(e), ferme.** •*Laham al fîl gawi.* La viande d'éléphant est dure. •*Amsuk gawi, mâ taga' !* Tiens bien pour ne pas tomber ! •*Îdak mâ tabga gawîye !* Sois magnanime ! [que ta main ne devienne pas dure !]. •*Al hubâl dôl arbutuhum gawiyîn !* Attachez solidement ces cordes ! •*Râsak gawi misil hanâ l marfa'în.* Ta tête est dure comme celle de l'hyène. •*Râsak mâ yabga gawi !* Ne t'entête pas !

gâwisîn *n. d'act.*, *m.*, ≅ *gâwasân*, * qys, ق ي س

♦ **mesure, fait de mesurer.** •*Gâwisîn al gumâc yukûn be l mêtir wallâ be l yarda.* La mesure d'une pièce d'étoffe se fait au mètre ou au yard. •*Gâwisînak lê l-sukkar da mâ ajabâni.* Ta manière de mesurer le sucre ne m'a pas plu.

gaww 1 *n. coll.*, prononcé *[gao]*, *sgtf. gawway, Cf. amdufûfu, maharêb, currâba*, * qwy, ق و ي

♦ **nom d'une herbe, sorte de jonc,** herbe à seccos dont l'extrémité est piquante. •*Carâgine hiney al gaww bitawwulu min hiney gecc al kawal.* Les seccos en paille de *gaww* durent plus longtemps que ceux qui sont fabriqués avec les tiges du Cassia tora. •*Fî l xarîf al gaww yugumm katîr fî l bâlôy.* En saison des pluies, l'herbe *gaww* pousse en abondance dans les terrains détrempés.

gaww 2 / gawwâna *n. m.*, prononcé au *sing. [gao]*, *Syn. gawwâni, caddâri*, * qwy, ق و ي

♦ **guérisseur, sorcier.** •*Amm al gaww jaggalat.* La mère du guérisseur a la syphilis ! (moquerie lancée envers celui qui accumule toutes sortes de médicaments pour se soigner). •*Al gaww bidâwi al marad be cadar lâkin hû mâ bizayyin misil al* *wanjâmi.* Le guérisseur soigne des maladies avec des racines d'arbres, mais il ne rase pas comme le barbier. •*Al gawwâna bidâwu l-nâs min al-cawâtîn wa l massâsîn.* Les sorciers guérissent les gens sous l'emprise des diables ou des vampires. •*Al arîs mâ gidir banna, abbahâtah fataco lêyah gaww wa antah dawa katîr.* Le nouveau marié n'a pu déflorer sa femme, ses parents sont partir chercher un guérisseur qui lui a donné de nombreux remèdes.

gawwa / yigawwi *v. trans.*, forme II, * qwy, ق و ي

♦ **affermir, solidifier, fortifier,** rendre solide. •*Al-ziyâra tigawwi l-rufug.* La visite solidifie l'amitié. •*Al-riyâda tigawwi l-jilid.* Le sport fortifie le corps. •*Allah yigawwi gulubku !* Que Dieu fortifie vos cœurs !

gawwâl / gawwâlîn *adj. mrph. intf.*, (*fém. gawwâla*), *Cf. kaddâb, gatta', fâsix*, * qwl, ق و ل

♦ **rapporteur (-euse), menteur (-euse), commère, médisant(e),** qui rapporte et déforme les paroles des autres. •*Al-râjil da gawwâl, ayyi kalâm kulla bamci bi'ôri l-sultân !* Cet homme est un rapporteur, il va répéter au sultan la moindre de nos paroles. •*Inti di mara gawwâla, mâla ôrêti lê râjilki bakân macêna !* Toi alors, tu es une rapporteuse, pourquoi as-tu dit à ton mari où nous sommes allées ? •*Al gawwâlîn lammo fî ga'ar al-cadaray.* Les commères se sont réunies au pied de l'arbre.

gawwam / yigawwim *v. trans.*, forme II, * qwm, ق و م

♦ **réveiller, mettre debout, mettre en marche, envoyer *qqn.*** •*Macêt fî bêt rafîgi ligîtah nâyim wa mâ gidirt gawwamtah.* Je suis parti chez mon ami, je l'ai trouvé endormi et n'ai pas pu le réveiller. •*Mahammat gawwam watîrah wa hassâ bidôr baxatir.* Mahammat a mis sa voiture en marche et à présent il veut voyager. •*Al-câyib waga' fî l-câri, amci gawwimah !* Le vieil homme est tombé dans la rue, va le relever ! •*Gawwamna talî'e ti'akkid lêna marâkiz al adu.* Nous avons envoyé un éclaireur pour nous faire connaître avec exactitude les positions de l'ennemi.

gawwamân *n. d'act. m.*, ≅ *gawwimîn*, → *gamma*, * qwm, ق و م

♦ **réveil, fait de réveiller, fait de mettre debout,** fait d'être réveillé par *qqn.* ou *qqch.* •*Al gawwamân badri lê l-sala' be l azzâni.* Tôt le matin, on se réveille pour la prière avec la voix du muezzin. •*Wilêdi, kan nâm dâxal, gawwamânah be l haraka di mâ nidôrah.* Lorsque mon enfant dort à l'intérieur, je n'aime pas qu'il soit réveillé par un tel bruit.

gawwâna *pl.*, → *gaww 2, gawwâni.*

gawwâni / gawwâna *n. m.*, voir le *Syn. gaww 2*, * qwn, ق و ن

gawwimîn *n. d'act., m.*, → *gawwamân.*

gâyim / gâymîn *adj. mrph. part.* actif, (*fém. gâyme*), * qwm, ق و م

♦ **en train de se développer, en train de croître, se mettant à accomplir une tâche,** assurer une fonction. •*Al birgâd wa l bôlis gâymîn be amni l-dâxili.* La gendarmerie et la police assurent la sécurité intérieure. •*Al-talij sûgah gâyim fî wakt al Ramadân.* Le commerce de la glace se développe beaucoup au temps du Ramadan. •*Al acarro gâymîn katîr fî l-nugu'.* Les pommes de Sodome poussent en grand nombre dans les terrains dénudés.

gayle *n. f.*, * qyl, ق ي ل

♦ **temps de midi, milieu du jour,** moment le plus chaud du jour, passage du soleil au zénith. •*Arja harray hint al gayle acân tucurr xumâmak !* Attends le soleil de midi pour étendre tes affaires à sécher ! •*Amci lêi gayle fî l bêt acân ticîl âmantak !* Viens chez moi à midi pour prendre ce que tu m'as confié !

gayle tcakkâka expression, * qyl, ق ي ل
♦ **en plein midi, en pleine chaleur,** moment ou le soleil est au zénith et tape très fort. •*Adharo l iyâl mâ yurûxu gayle tckakkâka !* Interdisez aux enfants de se promener en plein midi ! •*Gammêt min bêti daha, wa lihigt al-zere' gayle tcakkâka.* J'ai quitté ma maison vers dix heures et je suis arrivé au champ au moment où le soleil était au zénith.

gâyme / gâwâyim *n. f.*, on distingue *gâyme giddâmiye* (de l'épaule au coude) et *gâyme warrâniye* (de la cuisse au genou), *Cf. wirik, rufax*, * qwm, ق و م
♦ **épaule** (animal)**, cuisse, gigot.** •*Hî carat gâyme warrâniye samîne min al-sûg.* Elle a acheté une cuisse grasse au marché. •*Al gâwâyim al giddâmiyât hiney al xanam ruxâs min al warrâniyât.* Les épaules de mouton sont moins chères que les gigots.

gâymîn *pl.*, → *gâyim.*

gayyad / yigayyid *v. trans.*, forme II, * qyd, ق ي د
♦ **entraver, attacher les pattes,** poser une entrave sur les pattes de l'âne, de la vache ou du chameau. •*Al humâr, yigayyuduh min rijilêna al giddâmiyât.* On entrave l'âne en attachant ses pattes de devant. •*Al bagaray, kan mâ gayyadt rijilênah al warrâniyât, tidaffig lêk al-laban.* Si on ne pose pas une entrave aux pattes arrière de la vache, elle renversera le lait. •*Gayyid jamalak fî rijilah al-zêne !* Entrave la patte avant droite de ton chameau !

gayyal / yigayyil *v. intr. {- fî, - tihit}*, forme II,* qyl, ق ي ل
♦ **passer le temps de midi, se reposer, faire la sieste,** supporter le poids de la chaleur du jour entre douze et seize heures. •*Amis rafîgi gayyal fî bêti.* Hier, mon ami a passé le milieu du jour chez moi. •*Al wata bigat hâmiye, wa gayyalna tihit al-cadaray.* Il a fait chaud, et nous avons fait la sieste sous l'arbre. •*Kan tisallim al-nâs be duhûr, tugûl lêhum : "gayyaltu âfe ?".* Quand tu salues les gens en début d'après-midi, tu leur dis : "Vous êtes-vous bien reposés pendant le milieu du jour ?"

gayyilîn *n. d'act., m.*, ≅ *gayyalân*, * qyl, ق ي ل
♦ **passer le temps de midi, sieste.** •*Gayyilîni ma'âku da hâlu bilhên.* C'est très agréable de passer avec vous le temps de la sieste. •*Kulla yôm ahad, gayyilînah fî l bêt acân yinjamma min al xidime.* Chaque dimanche, il passe à la maison au milieu du jour pour se reposer du travail.

gazâz / gazâzât *n. coll.*, comme dans l'arabe *sd.* (*C.Q.*) et *égy.* (*H.W.*) avec une métathèse dans la racine d'origine ; *sgtf. gazâza, Cf. bannûray*, * zjj, ز ج ج
♦ **verre, bouteille, vitre.** •*Al-suba zeyy al gazâz, kan kassar, mâ billamma.* La jeunesse est comme du verre qui, lorsqu'il est brisé, ne se recolle pas. *Prvb.* •*Amîne macat fî l-sûg wa carat gazâza malâne dihin.* Aminé est allée au marché et a acheté une bouteille pleine d'huile. •*Al wilêd kassar al gazâza hint al kôka fî l biric.* L'enfant a cassé une bouteille de coca sur la natte. •*Rijilah anjarahat be gazâz mukassar.* Il s'est blessé le pied en marchant sur du verre cassé.

gazâza *sgtf.*, ≅ *gazâzay*, → *gazaz.*

gazwâl *n. m., empr. angl.*
♦ **gas-oil, gazole.** •*Al gazwâl al fî baladna bujûbuh min Nijêrya.* Le gazole qui se trouve dans notre pays est importé du Nigeria. •*Al watâyir al kubâr bas buruxu be gazwâl.* Seules les grosses voitures marchent au gazole.

gecc *n. vég., coll., m.*, ≅ *gacc, sgtf. geccay, gaccay*, * qšš, ق ش ش
♦ **herbe, paille.** •*Âdum ajjan tîne be gecc acân yitallis bêtah.* Adoum a malaxé de l'argile avec de la paille pour faire l'enduit de sa maison. •*Gatêt gecc axadar lê juwâdi.* J'ai coupé de l'herbe verte pour mon cheval. •*Al gecc gamma fî râs al-*

dangay. L'herbe a poussé sur le toit de la maison.

gêd / guyûd *n. m., Cf. cukâl,* * qyd, ق ي د

♦ **entrave,** court lien qui relie les deux pattes avant de l'âne ou les deux pattes arrière de la vache. •*Al humâr gata' al gêd wa arrad.* L'âne a coupé l'entrave et s'est sauvé. •*Al-râjil da bisâwig guyûd fî l-sûg.* Cet homme vend des entraves au marché. •*Al-bagaray di, halabôha, wa nisio, mâ sallo minha al gêd.* Ils ont trait cette vache, mais ils ont oublié de retirer l'entrave des pattes arrière.

gedd al manxar *→ gadd al manxar.*

gêgar / gawâgir *n. m.,* connu au *Sdn.* (*C.Q.*).

♦ **camp militaire, centre administratif, ville.** •*Fî l gêgar askar katîrîn, wa watâyir wa lekkôl wa sûg kulla fîh.* Au camp militaire, il y a beaucoup de combattants, des voitures, une école, et même un marché. •*Kulla sana cêxna yaji fî l gêgar wa yiwaddi lêna l-lampo.* Chaque année, notre chef va au centre administratif pour nous rapporter les papiers de l'impôt. •*Nâs barra yaju fî l gêgar yifattucu xidime.* Les gens de la brousse viennent en ville pour chercher du travail. •*Saxâfa hanâ l gawâgir mâ sawa misil al kadâde.* La civilisation urbaine n'est pas la même que celle de la campagne.

gêny 1 / gênyât *n. m., empr.* (Ouaddaï), prononcé *[gêñ], Syn. kirekimme, risêx.*

♦ **articulation de la cheville, articulation du poignet.** •*Rûxt katîr wa gâ'id nadla' min al gêny.* J'ai beaucoup marché, je boite de la cheville. •*Zâman al-judûd balbaso hujûl bisawwuhum awâwîr fî gênyâthum.* Autrefois, les ancêtres portaient aux pieds des anneaux qui leur causaient des plaies aux chevilles. •*Wagêt wa gêny hanâ îdi bôjâni.* Je suis tombé et j'ai mal au poignet.

gêny 2 *n. coll.,* prononcé *[gêñ], sgtf. gênyê, → nîm 1.*

gerîb *invar., → garîb,* * qrb, ق ر ب

gerin 1 / gurûn *n. m., ≅ garin,* * qrn, ق ر ن

♦ **corne, tresse,** grosse tresse de la chevelure des femmes en forme de corne. •*Al ijil da gernah dahâbah tâ'in.* Ce veau a la corne qui commence à poindre. •*Al mara di maccatôha gurûn.* On a coiffé cette femme avec de grosses tresses en forme de cornes.

gerin 2 / gurûn *n. m., ≅ xarn,* * qrn, ق ر ن

♦ **siècle.** •*Fî l gerin al wâhed wa icirîn bigât hurûbât katîre fî l âlam.* Au vingtième siècle il y a eu de nombreuses guerres dans le monde. •*Al gerin al wâhed yisawwi miya sana.* Un siècle est l'équivalent de cent ans.

gêtân *n. m., Cf. gutun,* * qṭn, ق ط ن

♦ **cordon, cordelette, toron, lacet,** cordon fin composé de fils multicolores. •*Gêtân waragâti angata' wa mâ ligit âxar nijaddidah.* Le cordon qui tient mes amulettes s'est coupé et je n'en ai pas trouvé d'autre pour le remplacer. •*Al gêtân da indah lôn katîr.* Ce cordon est multicolore. •*Carêt fî l-sûg gêtân azrag lê markûbi.* J'ai acheté au marché des lacets noirs pour mes chaussures.

gi''êde / gi''êdât *n. d'act., mrph. dmtf., f.,* * qʕd, ق ع د

♦ **fait d'être là, fait de s'asseoir où d'être en position assise.** •*Al gi''êde sâkit fî l bêt di, mâ tanfâni be ceyy.* Rester à la maison sans rien faire ne m'est pas profitable. •*Gi''êdit al awîn fî xacum al bêt tijîb harsûm.* Un groupe de femmes assises devant la porte de la maison est un présage de malheur.

gibal *pl., → gible.*

gibêl *invar., Cf. gabul,* * qbl, ق ب ل

♦ **auparavant, tout à l'heure** (dans le passé)**, déjà,** il y a peu de temps. •*Gibêl, fajur, anâ ciribt câhi.* Ce matin, j'ai déjà bu du thé. •*Anâ gibêl macêt fî l bêt wa mâ ligîtak.* Je suis passé chez toi tout à l'heure et je ne t'ai pas trouvé. •*Ana carêt laham wakit gibêl macêt al-sûg.* J'ai acheté de la viande lorsque je suis allé tout à l'heure au marché. •*Anâ wa Yaxûb gibêl ciribna câhi sawa.* Auparavant, nous avons, Yacoub et moi, pris le thé ensemble.

gibil / yagbal *v. trans.*, forme I n° 20, * qbl, ق ب ل

♦ **accepter, agréer, exaucer.** •*Marti mâ gibilat minni l masârif al antêtha lê l akil.* Ma femme a refusé l'argent que je lui ai donné pour le repas. •*Hî gibilat tamci ma'âi fî dârna.* Elle a accepté d'aller avec moi dans notre village. •*Allah yagbal du'âk !* Que Dieu exauce ta prière ! •*Al-cahhâd kan antêtah, yugûl : "Allah yagbal al-sadaxa !".* Lorsque tu donnes quelque chose à un mendiant, il dit : "Que Dieu accepte l'aumône !".

gible / gibal *n. f.*, * qbl, ق ب ل

♦ **direction de la Ka'aba** (La Mecque)**, orientation de la prière, sens** (direction). •*Al muslimîn bisallu fî l gible.* Les musulmans prient en direction de la Kaaba. •*Al mayyit bigabbuluh alê l gible.* On tourne le mort en direction de La Mecque. •*Kulla yôm nigabbil alê l gible nachad Allah.* Tous les jours je me tourne vers La Mecque pour implorer Dieu. •*Râjili, mâ na'arf al gible al maca fôgha.* Je ne sais pas dans quelle direction mon mari est parti. •*Hawwa maca fî l gible wêni ?* Quelle direction Hawwa a-t-elle prise ?

gicâde *n. f.*, ≅ *gucâde*, comme en arabe *syr.* et *égy.* (*H.W.*), * qšd, ق ش د

♦ **crème du lait, peau du lait.** •*Hay al iyâl, yâtu jaxx al-laban wa akal al gicâde di ?* Hé ! les enfants ! Qui a trempé le doigt dans le lait pour en lécher [manger] la crème ? •*Zibditi mâ kabîre acân al iyâl amis akalo l gicâde.* Je n'ai pas beaucoup de beurre parce qu'hier les enfants ont bu [mangé] la crème du lait. •*Al-laban kan fâr wa barad, bisey gicâde.* Le lait se couvre de crème lorsqu'il a bouilli et qu'il s'est refroidi. •*Al-laban fawwaroh wa sawwa gicâde.* On a bouilli le lait et la peau du lait s'est formée.

gicir *n. coll., m., sgtf. giciray*, * qšr, ق ش ر

♦ **peau, enveloppe végétale, cosse, pelure.** •*Gicir al hajlij dawa lê waja' amkilêwe.* La peau des drupes de savonnier est un remède contre les maux de reins. •*Al xanam bâkulu gicir hanâ l-fûl.* Les moutons mangent les coques d'arachides. •*Amrug gicir al mongo da gubbâl ma tâkulah !* Ôte la peau de cette mangue avant de la manger ! •*Al hadîye maxbûla law kân gicirayt fûl.* On accepte toujours un cadeau même s'il ne s'agit que d'une pelure d'arachide.

gicta *n. vég., coll., f., sgtf. gictay*, nom de l'arbre et du fruit, * qšṭ, ق ش ط

♦ **nom d'un arbuste, anone, pomme cannelle, Annona squamosa,** famille des annonacées. •*Anîna têrabna gicta fî janb l bêt.* Nous avons planté des anones à côté de la maison. •*Hêy, yâ l iyâl ! Mâ tilaggutu iyâl al gictay di, wâhed wâhed ke, tikammulu !* Hé ! les enfants ! ne cueillez pas une par une les pommes cannelles de cet arbre, il n'en restera plus !

gîd *n. m., empr. fr.*

♦ **guide.** •*Al-sahara mâ indaha cawâri, bala gîd tiwaddir.* Il n'y a pas de routes dans le désert, sans guide on se perd [tu te perdras]. •*Al askar câlo gîd wa maco hajamo l adu be l xafala.* Les soldats ont pris un guide et sont allés attaquer l'ennemi par surprise.

gidd *v. impér.*, → *gadda 1.*

giddâm 1 *invar.*, expression *min hini lê giddâm* [dorénavant], * qdm, ق د م

♦ **devant, en avant.** •*Gregwar wigif be watîrah giddâm bêt Âdum.* Grégoire s'est arrêté avec sa voiture devant la maison d'Adoum. •*Al miskîn* *gâ'id giddâm bâb bêtna.* Le pauvre est devant la porte de notre maison. •*Hû farac al biric giddâm bêtah.* Il a étalé la natte devant sa maison. •*Alfaddal giddâm !* Je t'en prie, avance ! •*Amci giddâmna acân inta ta'arf al-derib !* Passe devant nous parce que tu connais le chemin !

giddâm 2 *n. m.*, euphémisme, *litt.* devant, * qdm, ق د م

♦ **sexe, parties génitales, bas-ventre de la femme.** •*Illa l-daktôriye tagdar ticîf giddâm al mara kan indaha muckila.* Seule la doctoresse peut examiner le sexe de la femme quand elle a des ennuis. •*Mâ tixalli giddâm binêyitki sâkit bala surwâl.* Ne laisse pas le sexe de ta fille à l'air, sans culotte. •*Al micôtîne al miskîne di mâ indaha ceyy tastur giddâmaha.* Cette pauvre folle n'a rien pour cacher son bas-ventre.

giddâmi / giddâmiyîn *adj.*, (*fém. giddâmiye*), * qdm, ق د م

♦ **qui est en avant, antérieur(e).** •*Al-râjil al giddâmi ligi gurus katîr.* L'homme qui est en avant a trouvé beaucoup d'argent. •*Al-nâs al giddâmiyîn axawân al-sultân.* Les gens qui sont devant sont les frères du sultan. •*Al mara l giddâmiye amm iyâli.* La femme qui est devant nous est la mère de mes enfants.

giddêm *n. vég.*, *coll.*, *sgtf. giddêmay*, *mrph. dmtf.*, connu au *Sdn.* (*C.Q.*), * qḍm, ق ض م

♦ **nom d'un arbre, Grewia tenax (Forsk.),** famille des tiliacées, arbuste dont la fleur blanche est belle et parfumée et dont les petits fruits sont très rouges et très sucrés. •*Al giddêm cadar yugumm fî bakânât marâgid al almi wa taraf al-rujûl.* Le Grewia tenax est un arbre qui pousse dans les endroits où l'eau stagne et au bord des petits oueds. •*Rihit nuwâr al giddêm haluwa misil al itir.* L'odeur des fleurs du Grewia tenax est comme celle d'un parfum. •*Iyâl al giddêmay kan nijido yabgo humur wa al-nâs yâkuluhum.* Les fruits du Grewia tenax sont rouges lorsqu'ils sont mûrs, et comestibles.

gidêd / gidêdât nom, *mrph. dmtf.*, *m.*, *Cf. gadd, nugura*, * qdd, ق د د

♦ **petit trou, petite perforation.** •*Al masâjîn sawwo lêhum gidêdât suxâr fî l bêt acân yucummu bêhum al-rih.* Les prisonniers ont fait de petits trous dans le mur de la prison pour pouvoir respirer [sentir l'air]. •*Xalagi jadîd, lâkin wakit farrêtah, ligit fôgah gidêd, waja'ani bilhên.* Mon vêtement est neuf, mais lorsque je l'ai déplié, j'y ai trouvé un petit trou, cela m'a fait beaucoup de peine.

gidêdîm / gidêdîmât nom, *mrph. dmtf.*, *m.*, *Cf. gaddûm*, * qdm, ق د م

♦ **petite bouche, petit pommeau de la selle.** •*Gidêdîmah gidêdîm al-dihêc, al irfah nantih lêyah êc... Da l-serij.* Son petit pommeau est comme la petite bouche d'un ânon ; celui qui sait de quoi je parle, je lui donnerai une boule… C'est la selle du cheval. *Dvnt.* •*Mâla wilêdi sarrêt gidêdîmak ke, mâ tidôr laban ?* Pourquoi, mon enfant, fais-tu ainsi la moue [attaches-tu ta petite bouche], ne veux-tu pas de lait ?

gidêl *n. m.*, connu au *Sdn.* (*C.Q.*).

♦ **nom d'oiseau, pie-grièche,** de la famille des laniidés (Malb.). •*Al gidêl, hû gaddûmah azrag wa burux min dâr lê dâr.* La pie-grièche a un bec noir et va de région en région. •*Hû da xawwâf, bajiri jari l gidêl.* C'est un peureux, il court aussi vite qu'une pie-grièche.

gidêre / gidêrât nom, *mrph. dmtf.*, *f.*, *Cf. gudra*, * qdr, ق د ر

♦ **un peu de force, un peu de courage,** une petite force, un peu de vigueur. •*Mâ tujuxx al-nigêre kan mâ indak gidêre.* Ne force pas l'animal caché dans un petit trou à sortir si tu n'as pas un peu de force. *Prvb.* (*i.e.* ne provoque pas les gens, si tu n'as pas la force de leur résister !). •*Al yôm da, ninjamma, mâ mâci l-zere' nikammil gidêrti.* Aujourd'hui je me repose, je ne vais pas au champ, j'y épuiserais mon peu de force.

gidim / yagdam *v. intr.*, forme I n° 20, * qdm, ق د م

♦ **devenir vieux (vieille), être usé(e), vieillir, s'user, s'abîmer.** •*Al bêt da gidim bidôr bani jadîd.* Cette maison est vieille, elle doit être reconstruite. •*Xalagi gidim kan ligit gurus nacri âxar.* Mon vêtement est usé ; si je trouve de l'argent, j'en achèterai un autre. •*Xalag abui kabîr wa bagdam min cawâribah... Da l-rahad.* Le vêtement de mon père est grand et s'use sur les bords... C'est le marigot. *Dvnt.*

gidir 1 / yagdar *v. intr.*, forme I n° 20, * qdr, ق د ر

♦ **pouvoir, être capable de.** •*Al mardân mâ gidir xadam.* Le malade n'a pas pu travailler. •*Ambâkir mâ nagdar namci lêku.* Demain je ne pourrai pas aller chez vous.

gidir 2 / gudûr *n. m.*, *Syn. halla*, * qdr, ق د ر

♦ **grande marmite, chaudron,** grosse marmite en aluminium pouvant contenir jusqu'à quarante litres. •*Zâra, subbi l ajîne fî l gidir !* Zara, mets la pâte de mil dans la grande marmite ! •*Jûbu lêna gudûr kubâr lê l almi al hâmud, yôm al-sadaxa !* Le jour du sacrifice, apportez-nous les grosses marmites pour préparer l'eau acide ! •*Mâ indi gidir wâhid kulla fî bêti.* Je n'ai même pas une seule grosse marmite dans ma maison.

gidrêc ? *invar.*, interrogatif, contraction de *gadur cunû*, * qdr, š'n, ق د ر • ش ء ن

♦ **quelle quantité ?** •*Tidôri xalla gidrêc, kôro wallâ kortên, wallâ cuwâl ?* Quelle quantité de mil veux-tu : un koro, deux koros, ou bien un sac ? •*Al almi daffag fî l-turâb gidrêc, bitimm birmil wallâ ?* Quelle est la quantité d'eau répandue à terre, cela atteindrait-il le volume d'un fût ?

gidrôn / gidrônât *n. m.*, altération du *fr.* venant lui-même de l'arabe, *Cf. gutrân.*

♦ **goudron, route goudronnée.** •*Bêtna mugta' al gidrôn hanâ câri arba'în.* Notre maison est de l'autre côté de la rue goudronnée des quarante. •*Hû tallas durdur bêtah be gidrôn acân al iyâl mâ yal'abo tihtah.* Il a enduit le mur de sa maison avec du goudron pour que les enfants ne viennent plus y jouer. •*Balad al-Nasâra kullaha ke gidrônât.* Au pays des Blancs, toutes les routes sont goudronnées.

gifêfe / gifêfât nom, *mrph. dmtf.*, *f.*, *Cf. guffa*, * qff, ق ف ف

♦ **petit couffin.** •*Xattêt fî gifêfti tamatimay wahade bas.* J'ai mis une seule tomate dans mon petit couffin. •*Hî tamci fî l-sûg be gifêfitha.* Elle va au marché avec son petit couffin.

gifêl / gifêlât *n. m. dmtf.*, *Cf. guful*, * qfl, ق ف ل

♦ **petit cadenas.** •*Al kês indah gifêl saxayyar kê.* La caisse a un tout petit cadenas. •*Hû indah gifêl hanâ nahâs.* Il a un petit cadenas en cuivre.

gifir *n. coll.*, *m.*, *sgtf. gifiray*, métathèse dans la racine, *Cf. girif, gicir*,* qrf, ق ر ف

♦ **écorce, peau** (végétale). •*Banjuru gifir al-talha acân yisawwi samux.* On entaille l'écorce de l'Acacia seyal pour qu'il produise de la gomme arabique. •*Be gifir al-cadar bisawwu dawa.* Avec l'écorce des arbres on prépare des médicaments.

gijêje / gijêjât *n. f.*, *mrph. dmtf.*, *litt.* petite touffe de cheveux, *Cf. guje.*

♦ **toupet, mèche de cheveux, aigrette.** •*Tarîd al maytîn dâiman birabbu lêyah gijêje.* On laisse pousser une petite touffe de cheveux sur la tête de celui qui naît après plusieurs enfants morts. •*Wilêdha sawwo lêyah gijêje misil hint al xarnûk.* On a laissé sur la tête de son enfant une petite touffe de cheveux semblable à l'aigrette de la grue couronnée. •*Al-subyân dôl xatto tawâgi humur fôg gijêjâthum.* Ces enfants ont posé des bonnets rouges sur leur petite touffe de cheveux.

gilayyil / gilayyilîn *adj.*, (*fém. gilayyile*), * qll, ق ل ل ⇨

♦ **court(e) et mince, menu(e), petit(e) de taille.** •*Al-nâs bahagruh lê l-nâdum al gilayyil lâkin hû mâni'.* Les gens méprisent l'homme qui est de petite taille, bien qu'il ait beaucoup de force. •*Al mara l gilayyile mâ ti'ajjis ajala.* La femme qui est menue ne vieillit pas vite.

gill *n. m.*, * qll, ق ل ل
♦ **manque.** •*Gill al almi bizîd al-sahara.* Le manque de pluie fait avancer le désert. •*Gill al ma'âc batrud al-nâs min al hille.* Le manque de nourriture chasse les gens du village. •*Gill al gurus bilizz al-nâdum al galbah xafîf fî l-sirge.* Le manque d'argent pousse à voler celui qui ne sait pas résister à la tentation [qui a le cœur faible]. •*Gill al mâl hagâra, bibayyin al xilâf.* Le manque de bien amène le mépris et provoque la mésentente. *Prvb.*

gill ! *v. impér.*, → *galla 1.*

gîm *n. coll.*, *m.*, ≅ *gimm*, *sgtf. gîmay, gîmmay*, la racine indique qu'il s'agit d'une sorte de mouche fréquentant les chameaux (*Mu.*), * qmˁ, ق م ع
♦ **petits insectes volants, petits moustiques, moucherons qui piquent,** nuée d'insectes minuscules qui piquent sans bourdonner. •*Al-sane di al xarîf tagîl, wa indah gîm.* Cette année, la saison des pluies a été abondante [lourde] et il y a de petits insectes qui piquent. •*Al gimm, suxâr min al ba'ûda wa ba'addi harr, bas mâ ba'awwi.* Le *gimm* est plus petit que le moustique et sa piqûre fait très mal [il mord brûlant], on ne l'entend pas bourdonner. •*Al bahâyim, kan al gîm bâkulhum, mâ basarho.* Les bestiaux ne paissent plus lorsqu'ils sont dévorés par de petits moustiques.

gîma *n. f.*, * qwm, ق و م
♦ **plat de viande hachée avec des macaronis.** •*Al gîma halu be l mappa.* La viande hachée avec des macaronis est très bonne à manger avec du pain. •*Al gîma hî laham marhûk be tamâtim wa dihin wa makrôni.* La *gîma* est un plat cuisiné à base de viande hachée mélangée à des tomates, de l'huile et des macaronis.

Gimêr *n. pr.* d'homme, *mrph. dmtf.*, *litt.* petite lune, *Cf. Gamar*, * qmr, ق م ر

gimêriye *n. anim.*, *mrph. dmtf.*, *f.*, → *gimri.*

gimih / yagmah *v. intr.*, forme I n° 20, * qmh, ق م ح
♦ **être lésé(e), ne pas recevoir sa part,** être éloigné(e) sans salaire ou sans récompense. •*Wakit al-nâs gassamo l arata hanâ abuhum, hû gimih.* Lors de la distribution de l'héritage de leur père, il a été lésé. •*Al-nâs kulluhum ligo gurushum hanâ cahar illa anâ bas gimiht.* Tous les gens ont touché leur salaire mensuel, sauf moi qui n'ai rien reçu. •*Kan mâ abado Allah, humman yagmaho yôm al xiyâma.* S'ils n'adorent pas Dieu, ils seront sans récompense le jour de la résurrection.

gimm *n. coll.*, → *gîm.*

gimri / gamâri *n. coll.*, animal, *sgtf. gimêriye*, anthroponyme féminin dans les contes du Ouaddaï, * qmr, ق م ر
♦ **petite tourterelle, tourterelle à collier, Streptopelia (Malb.).** •*Gamar wa Gimêriye, âc yâ iyâli !* Lune et Petite Tourterelle, ah ! mes pauvres enfants ! (Ritournelle d'un conte). •*Caraki karab gimêriye samhe.* Mon piège a pris une jolie tourterelle. •*Al gâmâri birîdu akil al kirêb.* Les tourterelles aiment manger le fonio sauvage. •*Al gimriye tabki tugûl : "Nasîbi fasil, nasîbi fasil", wa l-nasîb yurudd : "Al fasle bittiki, al fasle bittiki !".* La tourterelle belle-mère roucoule en disant : "Mon gendre est mauvais, j'ai un mauvais gendre." et le gendre répond : "C'est ta fille qui est mauvaise, c'est ta fille qui est mauvaise !".

girab *pl.*, → *girbe 1, girbe 2, girbe 3.*

giray / girayât *n. f.*, *Cf. gara*, * qr', ق ر ء ⇨

♦ **étude, lecture, leçon.** •*Anâ mâci l giray.* Je pars étudier. •*Girayitki sameh.* Tu lis bien [ta lecture est bonne]. •*Bamci bikammil giraytah fî Fransa.* Il va terminer ses études en France. •*Zamân al-nâs mâ birîdu girayt al-lekkôl.* Autrefois les gens n'aimaient pas aller étudier à l'école.

girbe 1 / girab *n. f.*, utilisé aussi comme insulte, *Syn. si'in*, * qrb, ق ر ب

♦ **outre,** outre faite généralement en peau de chèvre ou en peau de mouton. •*Al girbe malâne almi bârid.* L'outre est pleine d'eau fraîche. •*Xayyato lêi girbe hint xazâl.* On m'a cousu une outre en peau de gazelle. •*Amlo l girab almi nadîf !* Remplissez les outres d'eau propre ! •*Kalib ab girbe ! Mâla naffast al ajal hanâ biskilêti ?* Chien ventru comme une outre ! Pourquoi as-tu dégonflé le pneu de ma bicyclette ?

girbe 2 / girab *n. f.*, terme populaire, * qrb, ق ر ب

♦ **bedaine, bide, ventre.** •*Anâ nihiss waja' fî girbiti.* J'ai mal au bide. •*Cîf al-râjil da wallâhi zamân biyêtil, wa hassâ sawwa lêyah girbe !* Regarde cet homme : auparavant il était vraiment maigre, mais maintenant il a pris du ventre ! •*Yômên da jâri sawwa lêyah girbe, wa anâ mâ na'arfah.* En deux jours il a pris de la bedaine, et je ne sais comment ! (Se dit d'une personne dont on doute de l'honorabilité dans l'acquisition rapide de ses biens).

girbe 3 / girab *n. f.*, * qrb, ق ر ب

♦ **mollet.** •*Cîf rijilênah girabhum kubâr !* Regarde les gros mollets de ses jambes ! •*Kan ruxt katîr, girab rijilêni wa rukkubbêni boj'ôni.* Lorsque je marche beaucoup, j'ai mal aux mollets et aux genoux.

girêd nom *mrph. dmtf. m.*, dans l'expression *sukkâr girêd*, peu utilisée, prononcée *sukkâr girêt*, *Cf. sukkâr kâro, gass*, * qrḍ, ق ر ض

♦ **sucre en morceaux, carreau de sucre.** •*Al-sukkâr al girêd mâ bita''im misil al-sukkâr al baxîte.* Le sucre en morceaux ne sucre pas autant que le sucre en poudre. •*Kan induku sukkâr girêd, antûni ma'âku, nusubbah lêi fî dawa.* Si vous avez du sucre en morceaux, donnez-m'en que j'en mette avec un médicament. •*Al-câhî da mâsix, zîdini girêday !* Mon thé est fade, donne-moi un carré de sucre !

Girêda *n. pr.* de lieu, chef-lieu de sous-préfecture du Biltine.

♦ **Guéréda.**

girêfe / girêfât nom, *mrph. dmtf., f.*, → *garfa*, * ġrf, غ ر ف

girên / girênât nom, *mrph. dmtf., m.*, → *gerin*, * qrn, ق ر ن

♦ **petite corne, petite tresse.** •*Zâra maccatat ca'arha girênât.* Zara s'est coiffée en faisant deux tresses [petites cornes]. •*Al xanamay girênha ankasar.* La petite corne de la chèvre s'est cassée.

girêsât nom pluriel, *mrph. dmtf., Cf. gurus*, * qrš, ق ر ش

♦ **petits sous, petite monnaie, piécettes.** •*Kan cilt girêsât hanâ l-cahar da nibi' lêi laffay wa acara kôro hiney xalla.* Lorsque je toucherai mon maigre salaire mensuel, je m'achèterai un voile et dix koros de mil. •*Tantîni girêsât ciyya ke, balhago lêi cunû ?* Tu me donnes ces quelques piécettes, que puis-je m'acheter avec ?

girêt nom *mrph. dmtf. m.*, → *girêd.*

girfa *n. f.*, → *girfe.*

girfe *n. cdmt., f.*, ≅ *girfa*, → *girif*, * qrf, ق ر ف

♦ **cannelle, écorce aromatique.** •*Gahawitki di, yâ Fâtime, al yôm da mâ nucumm fogha riht al girfe !* Fatimé, je ne sens pas aujourd'hui dans ton café l'odeur de la cannelle. •*Al girfe yijîbuha min diyâr al-sabah, min al Hind wa Âsya.* Les écorces odoriférantes viennent d'Orient, d'Inde et d'Asie. •*Riht al girfe haluwa fî kullu coxol bicarboh misil al abre, wa l gahawa, wa l karkadê.* Le parfum de la cannelle est très bon dans toutes les boissons comme l'eau *abre*, le café et le *karkadê*.

girgît / garâgît *adj.*, (*fém. girgîte*), *Cf. samîn, xalîd.*

♦ **gros (grosse), rond(e), dodu(e), gras (grasse).** •*Al mara di girgîte tiginn tâkul ma'â l amyânîn.* Cette femme est grosse, comme si elle mangeait avec les aveugles. *Prvb.* (*i.e.* elle est grosse comme si elle choisissait toujours pour elle la meilleure part de nourriture). •*Iyâlki, ta'akkilîhum cunû bigo garâgît ?* Que donnes-tu à manger à tes enfants pour qu'ils soient dodus ? •*Al-râjil da girgît acân hû xani.* Cet homme est gras parce qu'il est riche.

girif *n. coll.*, *sgtf. girfay*, *Syn. gifir*, * qrf, ق ر ف

♦ **écorce.** •*Al-cadaray di saxayre girifha lissâ raxas.* Cet arbre est petit et son écorce est encore tendre. •*Girif al murray dawa zên lê l waram.* L'écorce du cailcédrat est un bon médicament contre l'enflure.

girim / yagram *v. intr. {- lê}*, forme I n° 20, *Cf. ictâg*, * qrm, ق ر م

♦ **désirer la présence de *qqn.*, avoir la nostalgie de, penser à *qqn.*,** avoir la pensée tournée vers quelqu'un qu'on aime. •*Xatart, indi cahar wâhid bas, girimt lê iyâli.* Il n'y a qu'un mois que je suis partie de chez moi et je désire avoir près de moi mes enfants. •*Al xuraba' girimo lê dârhum.* Les étrangers ont gardé la nostalgie de leur pays. •*Hawwa kan tagram lê xâlitha, tamci tuzûrha.* Lorsque Hawwa se sent trop séparée de sa tante, elle part lui rendre visite. •*Al wilêd girim lê ammah acân bidôr barda.* L'enfant désire sa mère parce qu'il veut téter.

girinti *n. anim.*, (*fém. girintiye*), connu au *Sdn. [qirinti]* (*C.Q.*).

♦ **hippopotame, Hippopotamus amphibius.** •*Al girinti mâ baxâf min al-nâs.* L'hippopotame n'a pas peur des hommes. •*Al ôfore bakurbu l-nâdum al baktul al girinti wa baxarrumuh gurus katîr.* Les agents des Eaux et Forêts arrêtent celui qui tue l'hippopotame et lui font payer une lourde amende.

girjimme *n. f.*

♦ **larynx des animaux à égorger.** •*Kan dabaho kabic, wa l girjimme nazalat tihit, bugûlu fatîs, battân mâ bâkuluh.* Lorsqu'on égorge un bélier, et que le larynx descend au contact du couteau, on dit que l'animal est crevé et qu'il n'est pas mangeable. •*Al-nâdum kan badbah, yixalli l girjimme fôg ma'â l-râs.* Lorsque quelqu'un égorge un animal, il fait attention à couper la gorge de telle sorte que le larynx remonte au contact du couteau et reste avec la tête.

girli *n. vég.*, *coll.*, *sgtf. girliye.*

♦ **nom d'un arbre, Prosopis africana (Taub.),** famille des mimosacées, grand arbre au bois très dur, surexploité et en voie de disparition. •*Al girliye cadaray kabîre wa xabca misil al himmêday.* Le Prosopis africana est un grand arbre gris vert comme le Sclerocarya birrea. •*Al girli gawi wa l fâs mâ tagdar tagta'ah illa yutuccu be l-nâr.* Le Prosopis africana a un bois très dur, on ne peut le couper avec une hache, on le fait tomber en brûlant la base du tronc. •*Al girli bisawwu fanâdig wa lîhân wa ganga.* Avec le Prosopis africana, on fabrique des mortiers, des ardoises coraniques et des tambours.

girr *v. impér.*, → *garra 2.*

girrêye / girrêyât *n. f. mrph. dmtf.*, *Cf. giray*, * qr', ق ر ء

♦ **étude, lecture,** fait d'étudier ou de lire, manière d'étudier ou de lire. •*Girrêytak di mâ adîle.* Ta lecture n'est pas bonne. •*Girrêyt al-saxîr di farrahath abbahâtah.* La manière dont ce garçon lit a réjoui ses parents.

gisayyar *adj.*, → *gisêyar.*

gisayyir *adj.*, → *gisêyar.*

gisês *n. m.*

♦ **nom d'une danse,** danse avec les lances accompagnée du tambour.

•*Anîna macêna fî li'ib hanâ l gisês.* Nous sommes partis assister à la danse *gisês*. •*Anâ lissâ mâ cift li'ib al gisês.* Je n'ai pas encore assisté à la danse *gisês*.

giseŷar 1 / gusâr *adj. mrph. dmtf.*, (*fém. giseyre*), ≅ le masculin *gisayyir*, * qṣr, ق ص ر

♦ **petit(e), court(e).** •*Nahar al-cite giseŷar.* La journée d'hiver est courte. •*Al mara l gisêyre di mâ talhag cadarayt al-lêmûn.* Cette petite femme n'arrive pas à la hauteur du citronnier. •*Hamîr al-jîrân dôlâk, gusâr.* Les ânes de nos voisins là-bas sont petits. •*Xalami giseŷar, mâ nagdar naktib bêya.* Mon crayon est trop court, je ne peux plus écrire. •*Lummu lêna, nahajju hijje gusâr !* Rassemblons-nous, je vais vous poser des devinettes [raconter des histoires courtes] !

giseŷar 2 *adj. m.*, nom d'un mois, ≅ *giseyyar*, * qṣr, ق ص ر

♦ **huitième mois de l'année lunaire,** mois le plus court. •*Fî cahar giseŷar anâ xatar ma'â axui, fî hillitna.* Au mois de *giseŷar* je suis parti en voyage avec mon frère pour notre village. •*Marit Âdum jahhazat fûl wa sukkar wa dagîg lê Ramadân fî cahar giseyyar.* La femme d'Adoum a préparé pendant le mois de *giseŷar* des arachides, du sucre et de la farine de mil pour le Ramadan.

giseyyar nom d'un mois lunaire, → *giseŷar 2*.

gisim / agsâm *n. m.*, ≅ *xisim*, *Cf. gassam*, * qsm, ق س م

♦ **part, partage, lot,** fait de partager. •*Al gisim xalâs bigi.* Le partage est déjà fait. •*Humman gassamo l mâl ambênathum lâkin hû mâ ligi gisimah.* Ils se sont partagé les biens entre eux, mais il n'a pas reçu sa part.

gisma *n. f.*, vocabulaire religieux, ≅ *xisma*, * qsm, ق س م

♦ **destin, prédestination, sort, part, chance,** destinée, ou part destinée à tout homme par Dieu. •*Ceyyi da, gisma min Rabb al âlamîn.* Ce qui m'arrive là [ma chose], c'est le destin voulu par le Seigneur des mondes. •*Anâ hamadt lê gisimt Allah.* Je loue Dieu pour la part qu'il m'a réservée.

Gisma *n. pr.* de femme, *Cf. gisma*, * qsm, ق س م

git'e *n. f.*, ≅ *giti'e*, * qṭʕ, ق ط ع

♦ **coupon, morceau d'étoffe, morceau de tissu.** •*Anâ mâci naciri git'e lê wilêdi yixayyutuha lêyah xalag.* Je vais acheter un coupon à mon enfant pour qu'on lui couse un vêtement. •*Git'e hint al kafan bêda.* Le coupon destiné au linceul est blanc. •*Al git'e di saxayre mâ tabga lêk xalag.* Ce coupon est petit, il ne peut suffire pour te faire un habit.

gitâr / gitârât *n. m.*, *empr. fr.*

♦ **guitare.** •*Anîna indina gitâr fî bêtna.* Nous avons une guitare chez nous. •*Anâ na'arif nudugg gitâr.* Je sais jouer de la guitare. •*Anâ gâ'id nifattic gitâr hanâ cari nibî'ah.* Je suis en train de chercher une guitare en vente pour l'acheter.

giti'e *n. f.*, → *git'e*.

gitt / gatata *n. anim.* mâle, (femelle *gitte*), * qṭṭ, ق ط ط

♦ **chat sauvage, civette, genette, Genetta senegalensis, Genetta pardina,** famille des viverridés. •*Al gitt xatar wa l fâr annasar !* Le chat a voyagé et les rats sont devenus victorieux. *Prvb.* •*Anîna ligîna gitt fî l kadâde.* Nous avons trouvé un chat sauvage dans la brousse. •*Al gatata akalo jidâd al hille kulluhum ke.* Les chats sauvages ont mangé toutes les poules du village.

gitte *n. f.*, → *gitt*.

giwâs / giwâsât *n. m.*, moins usité que *gâwisîn*, *Cf. gâwas*, * qys, ق ي س

♦ **mesure.** •*Kafan al mayyit, mâ bixayyituh bala giwâs.* On ne coud pas le linceul du mort sans l'avoir mesuré auparavant. •*Fî l âsima kulla l buyût mabniyîn be giwâsât.* Dans la capitale, toutes les maisons sont construites selon des mesures.

giwêdîle / giwêdîlât *n. f. mrph. dmtf., Cf. gôdâla.*
♦ **petit cabaret.** •*Giwêdilitha di mâ indaha zabâyin acân dahâbha fatahatha.* Son petit cabaret n'a pas encore de clients parce qu'elle vient de l'ouvrir. •*Râsmâlha angata' acân da xalâs waggafat giwêdîlitha.* Ayant perdu son capital, elle a fermé le cabaret [son capital s'est coupé, c'est pour cela qu'elle a arrêté le cabaret]. •*Al-sakkâra kan mâ induhum gurus kulla yurûxu giwêdilât giwêdilât acân yalgo durr al-dêf.* Lorsque les ivrognes n'ont pas d'argent, ils passent de cabaret en cabaret pour trouver à goûter un échantillon de boisson.

giyâfa *n. vég., coll., f., sgtf. giyâfay,* * ġyf, غ ي ف
♦ **nom d'un arbre, goyavier, goyave, Psidium guayava,** famille des combrétacées. •*Iyâl hanâ giyâfa halu wa warcâlah dawa hanâ waja' batun.* Les fruits du goyavier sont délicieux et avec ses feuilles on soigne les maux de ventre. •*Al-rîh kasarat al giyâfay al fî bêtna.* Le vent a cassé le goyavier qui est chez nous.

giyâm *n. d'act., m.,* * qwm, ق و م
♦ **départ.** •*Humman mâ ôrôna wakit giyâm al-tayyâra.* Ils ne nous ont pas dit l'heure du départ de l'avion. •*Al yôm narugdu fî l mawgaf wa l giyâm bukûn ambâkir.* Aujourd'hui, nous allons passer la nuit à la gare routière et le départ aura lieu demain. •*Xabbirni gubbal giyâmak be yômên !* Préviens-moi deux jours avant ton départ !

gîzân *pl., → gôz.*

glâs *n. m., empr., ≅ gilâs, Syn. talij.*
♦ **glace,** eau congelée. •*Fî wakt al-Ramadân, al-nâs bacuru glâs katîr !* Pendant le Ramadan, les gens achètent beaucoup de glace ! •*Nusubb al glâs fî l karkadê acân yabga lêna bârid.* Je vais mettre de la glace dans la boisson *karkadê* pour qu'elle soit fraîche.

gôbi *n. coll.,* terme méprisant.
♦ **soldat blanc, militaire européen.** •*Al gôbi gâ'idîn fî taraf al hille.* Les soldats blancs sont à l'extrémité de la ville. •*Al iyâl al-subyân bafurcuhum lê l banât al bamcu lê l gôbi.* Les jeunes gens frappent les filles qui fréquentent les soldats blancs.

gôdâla / gawâdîl *n. f.,* ≅ le pluriel *gôdâlât, empr., Cf. anday.*
♦ **cabaret, bar traditionnel, débit de boisson,** lieu où l'on boit de la bière de mil. •*Sidt al gôdâla mâ saffat marîse al yôm.* La tenancière du cabaret n'a pas préparé [filtré] de bière aujourd'hui. •*Gôdâlât hanâ Ridîna, marisîthum murra wa tatala ajala fî l-râs.* Les cabarets du quartier Ridina ont de la bière amère qui monte vite à la tête. •*Tûla l-lêl nasma'o awwa hanâ l gôdâla l gâ'ide usut Kabalay.* Tout au long de la nuit nous entendons le bruit du cabaret qui est au milieu du quartier Kabalaye.

godogodo *n. m., empr.* haoussa (*gôdo gôdo*), *Cf. gugur.*
♦ **boulette de mil,** petites boulettes de mil préparées à partir d'un reste de boule. •*Al godogodo be l-ruwâba wa l-sukkar hâlu.* Les boulettes de mil trempées dans du lait et du sucre sont délicieuses. •*Ti'ajjin al godogodo fî l-ruwâba wa tacarboh be jônu.* On pétrit les boulettes de mil dans du babeurre et on boit cela avec une petite louche. •*Kan ciribt godogodo be fajur, titimm al-nahâr kulla nâyim !* Si on boit du *godogodo* le matin, on passe le reste de la matinée avec l'envie de dormir.

gôfaf / yigôfif *v. intr. {- lê}, Cf. kôlaf*; forme III, * qff, ق ف ف
♦ **se gonfler, être plein d'orgueil, s'enfler,** faire le gros dos, en parlant du cheval. •*Al xani gôfaf lê l masâkîn.* Le riche est plein d'orgueil vis-à-vis du pauvre. •*Al-juwâd al-jarray yigôfif giddâm al xêl.* Le meilleur cheval de course fait le gros dos devant les chevaux. •*Al-râjil al fahal gôfaf fî giddâm al-nâs.* L'homme sûr de lui gonfle ses pectoraux devant les gens.

gôfâf *n. m.*, ≅ *gofâf*, * qff, ق ف ف

♦ **fait de se gonfler, fait de s'enfler, fait de se donner de l'importance,** fait de faire le gros dos. •*Gôfâf al-sabi da, mâ nidôrah.* Je n'aime pas la manière dont ce jeune homme se donne de l'importance. •*Gôfâf al bisse lê l kalib.* Le chat se gonfle pour faire peur au chien. *Prvb.* (*i.e.* la personne faible se donne de l'importance pour effrayer son adversaire).

gôfâfi / gôfâfîn *adj.*, (*fém. gôfâfiye*), * qff, ق ف ف

♦ **orgueilleux (-euse), fier (fière), fanfaron (-onne).** •*Hû gôfâfi tugûl abuh sultân.* Il fait le fier, on dirait qu'il est le fils d'un roi. •*Bigat gôfâfiye acân Allah antâha rizix ciyya ke.* Elle est devenue orgueilleuse parce que Dieu l'a un peu gâtée. •*Al gôfâfîn, fî marâdhum ke yamcu fî rûsên al-nâs.* Le désir des orgueilleux, c'est de marcher sur la tête des autres.

gôga / yigôgi *v. trans.*, *empr.* bien connu au *Sdn.* ; forme III.

♦ **porter un enfant sur le dos.** •*Al awîn gôgo iyâlhum al-dugâg wa maco l-labtân.* Les femmes ont porté sur leur dos leur petit enfant et se sont rendues à l'hôpital. •*Al binêye gôgat axuha l-saxayar.* La fillette a porté sur son dos son petit frère. •*Axti, gôgini anâ iyît !* Ma sœur, porte-moi sur ton dos, je suis fatigué !

gogân *n. d'act.*, *m.*, → *gôgîn.*

gôgay / gôgâyîn *adj.*, (*fém. gôgâye*), → *gôga.*

♦ **qui porte le bébé, peau de chèvre pour porter le bébé, pagne portant le bébé,** qui porte bien les enfants sur son dos, pièce en cuir ou en tissu qui maintient le bébé attaché sur le dos de sa mère. •*Al binêye l-saxayre di gôgâye lê l iyâl.* La petite fille sait bien porter les enfants sur son dos. •*Al mara di mâ gôgâye, saxîrha bidôr baga.* Cette femme ne sait pas porter les enfants sur son dos, son enfant est sur le point de tomber. •*Al gôgay hint saxîri di gidimat, nibi' âxara.* Le petit pagne avec lequel j'attache mon bébé sur mon dos est usé, je vais en acheter un autre.

gôgayân *n. d'act.*, → *gôgiyîn.*

gôgîn *n. d'act.*, *m.*, ≅ *gôgân, gôgo, Cf. gôga, Syn. gôgiyîn.*

♦ **portage de l'enfant sur le dos,** le fait qu'un enfant soit porté sur le dos de sa mère. •*Awîn al-nasâra mâ ba'arfu l gôgîn.* Les Européennes ne savent pas porter l'enfant sur le dos. •*Al banât al-dugâg hanâ baladna birîdu l gôgîn.* Les petites filles de notre pays aiment porter les enfants sur le dos.

gôgiyîn *n. d'act.*, *m.*, ≅ *gôgayân, Syn. gôgân, gôgîn, Cf. gôga.*

♦ **fait de porter l'enfant sur le dos,** le fait qu'un enfant soit porté ou transporté sur le dos de sa mère. •*Al iyâl al-suxâr kan yabko katîr yisakkutuhum be l-radda'ân wa l gôgayân.* Lorsque les petits enfants pleurent beaucoup, on les fait taire en leur donnant le sein et en les portant sur le dos. •*Al gôgiyîn halu lê l amm be rabbâta hint kongo walla sarbêt.* C'est agréable pour la mère de transporter au dos son enfant attaché avec un petit pagne en coton solide ou une serviette de toilette.

gôgo *n. d'act.*, voir le *Syn. gôgîn.*

gôl *n. m.*, *coll.*, *sgtf. gôla, gôle*, * qwl, ق و ل

♦ **un dire, parole, racontar.** •*Mâ tasma' gôl al-nâs.* N'écoute pas le dire des gens. •*Anâ simit gôl al-nâs wa xâsamtah lê rafigi.* J'ai écouté le dire des gens et coupé mes relations avec mon ami. •*Kan tasma' gôl al-nâs titallig martak.* Si tu écoutes le dire des gens, tu répudieras ta femme. •*Gôlit "mâlêc" yaxrub al-dêc.* Une parole comme "cela ne fait rien" détruit l'armée. *Prvb.* (*i.e.* la force de l'armée est dans l'observation stricte du règlement).

gôlal / yigôlil *v. trans.*, *Cf. galla* ; forme III, * qll, ق ل ل

♦ **hausser, soulever légèrement, lever un peu, entrouvrir.** •*Al-sarrâg* *gôlal al bâb acân yidôr yadxul.* Le voleur a soulevé légèrement la porte parce qu'il voulait entrer par-dessous. •*Al wilêd yigôlil rijilênah acân yakrub al funjâl min al-tarbêza.* L'enfant se met sur la pointe des pieds pour saisir le verre qui est sur la table. •*Zâra, gôlili sidadt al burma acân mâ tidaffig !* Zara, entrouvre le couvercle de la marmite afin qu'elle ne déborde pas !

gômân *n. d'act., m., → gômîn.*

gômîn *n. d'act., m., ≅ gômân, Cf. gawwamân, giyâm,* * qwm, ق و م

♦ **départ, fait de se lever,** fait de commencer une action, de mettre en route une activité. •*Al gômîn min al-nôm fajur fajur da sameh.* Le fait de se réveiller de très bon matin est bon. •*Humman bidôru bisâfuru lâkin al gômîn da illa ambâkir.* Ils veulent voyager, mais le départ n'aura lieu que demain.

gondoko *n. anim., coll., → amgandako.*

gongo *n. m., empr.* utilisé en arabe *sd., Cf. tifil 2, gicir.*

♦ **reste de la marmite, résidu, fond de la casserole,** reste accroché au fond de la marmite après la cuisson de la boule. •*Nidôr nusût al êc wa l burma di gongôha mâ marag.* Je veux faire cuire la boule, mais ce qui reste de la cuisson précédente est encore accroché [n'est pas sorti]. •*Al iyâl lammo wa daggo lêhum amkilônyo be gongo wa fûl wa sukkar.* Les enfants se sont rassemblés et ont pilé de la nourriture en mélangeant ce qui était resté accroché au fond de la marmite avec des arachides et du sucre. •*Ciribt almi hâmud hanâ gongo.* J'ai bu de l'eau acide faite à partir de la pâte accrochée au fond de la marmite.

gongon *n. m., empr.* haoussa.

♦ **vendeur de ferraille, ferrailleur,** revendeur de pièces détachées usagées récupérées sur les véhicules. •*Al gongon gâ'idîn fî l mawgaf induhum hadîd katîr lâkin gadîm.* Les ferrailleurs sont au parc automobile, ils ont beaucoup de pièces détachées en fer, mais tout est usagé. •*Hû xidimtah gongon fî sûg Sanfil.* Il est ferrailleur au marché Cent-fils.

gôni / gawana *n. m.,* la racine évoque celui qui a été "comblé d'éloges magnifiques" (*Ka.*), ≅ le pluriel *gawâni,* * qwn, ق و ن

♦ **marabout, maître, lecteur qualifié du Coran,** qui connaît par cœur le Coran. •*Al gôni indah hîrân katîrîn fî bêtah.* Le marabout a beaucoup de disciples chez lui. •*Hû hafad al Xur'ân acân da binâduh al gôni.* On l'appelle *gôni* parce qu'il a appris par cœur le Coran. •*Al gawana lammo wa garo Xur'ân.* Les maîtres en lecture coranique se sont réunis et ont lu des passages du Coran.

gonje *n. m., empr.*

♦ **vêtements d'occasion, fripes, vente aux enchères.** •*Hû cara xalag gonje lê martah.* Il a acheté un vêtement d'occasion pour sa femme. •*Anâ carêt lêi xalag jadîd, mâ gonje !* Je me suis acheté un vêtement neuf, pas une fripe ! •*Xumâm al gonje raxîs bilhên.* Les vêtements d'occasion ne valent pas cher. •*Al gonje da kulla kê, al-duwân xammah.* Les douaniers ont saisi toutes les fripes [ont ramassé à pleines mains]. •*Hû mâ kaffa dênah, acân da bêtah daggoh gonje.* Il n'avait pas remboursé sa dette, c'est pourquoi sa maison a été vendue aux enchères.

Gôre *n. pr.* de lieu, chef-lieu de sous-préfecture du Logone-Oriental.

♦ **Goré.**

gôro *n. coll., m., sgtf. gôray, empr.*

♦ **kola, noix de kola.** •*Têrâb al gôro fî Tcâd, mâ fîh.* La kola ne pousse pas au Tchad [il n'y a pas de semence de kola au Tchad]. •*Al gôro murr bilhên.* La noix de kola est très amère. •*Al gôro bijîbu fî yôm al fâthe, da acân hû indah mayâba hanâ l axîde.* On apporte des noix de kola le jour de la célébration du mariage, parce que la noix de kola est un porte-bonheur dans le mariage.

gôtâbê *n. m.*, sans pluriel, *empr.*, peut-être du pidjin *angl. go to be*, la dernière syllabe est articulée avec une tonalité montante, *Cf. cayyâli.*
♦ **porteur,** garçon qui transporte au marché les marchandises des clients. •*Al gôtâbê jara warâi be xumâmi.* Le porteur a couru derrière moi avec mes affaires. •*Wâjib mâ taxallu iyâlku yabgo gôtâbê.* Vous ne devez pas laisser vos enfants devenir des porteurs. •*Al mara, iyâl al gôtâbê sirigo xumâmha kulla ke.* Les petits porteurs ont volé toutes les affaires d'une femme.

Goygoy *n. m.*, *empr.*, *Cf. Iblîs.*
♦ **nom d'un diable, nom d'un génie, tourbillon de vent, lutin, nain,** nom d'un mauvais génie qui fait égarer les gens, qui prend l'apparence d'un tourbillon. •*Al goygoy câlah waddah fî l kadâde wa waddarah.* Le génie l'a pris, emmené en brousse et égaré. •*Mâcye bêt rafigti, nar'arfah min zamân, lâkin Goygoy câlâni wa waddarâni !* Je partais chez mon amie dont je connaissais la maison depuis longtemps, mais Goïgoï m'a prise et m'a égarée en cours de route ! •*Filim "Goygoy" anto l usum da acân al-nâdum al-li'ib fôgah gassâri.* On a donné au film Goïgoï un tel nom à cause de l'acteur principal qui est un nain.

gôz / gîzân *n. m.*, * qwz, ق و ز
♦ **terrain sablonneux, coteau,** lieu de culture non inondable, bien exposé et généralement non argileux. •*Têrabtu al xalla fî l gôz wallâ ?* Avez-vous semé le mil sur le coteau sablonneux ? •*Hey ! al iyâl, asraho ba'îd min al gîzân !* Hé ! les enfants ! faites paître les troupeaux loin des cultures du terrain sablonneux !

Gôz Bêda *n. pr.* de lieu, chef-lieu de sous-préfecture du Ouaddaï, *litt.* terrain sablonneux blanc, * qwz, byḍ, ق و ز • ب ي ض
♦ **Goz-Beida.**

grâd *n. m.*, *empr. fr.*
♦ **grade militaire.** •*Al askari allago lêyah grâd yôm al îd.* Le soldat a été décoré le jour de la fête. •*Râjili daxal askariye indah xamsa sana, wa rabato lêya grâd kumanda.* Mon mari est entré dans l'armée il y a cinq ans, et il a reçu [on lui a attaché] le grade de commandant.

grenâd *n. m.*, → *garnâd.*

grênât *n. m.*, → *garnâd.*

grinti *n. anim.*, *m.*, → *girinti.*

gu' *n. m.*, *Cf. gawi*, * qwy, ق و ي
♦ **force, violence.** •*Al wilêd waddoh be gu' fî l-sijin.* On a conduit l'enfant de force à la prison. •*Al askar yicîlu hagg al-nâs be gu'.* Les soldats prennent par la force le bien des gens. •*Anâ numût fî haggi kan nâdum bidôr bicîlah minni be gu'.* Je mourrai pour défendre mon bien si quelqu'un veut me le prendre par la force.

gu'âd *n. d'act.*, *m.*, *Cf. ga'ad*, * qʕd, ق ع د
♦ **fait de rester, fait d'être assis, manière d'être avec.** •*Gu'âd hanâ l-sês al katîr bisawwi waja' sulub.* Le fait de rester longtemps sur une chaise fait mal au bas du dos. •*Mâ tirîd gu'âd al-turâb biwassix lêk xulgânak !* Ne prends pas l'habitude de rester par terre, tu vas salir tes habits ! •*Ista'dale fî gu'âdki ma'â jîrânki !* Conduis-toi bien dans tes relations avec tes voisins !

gu'ûd *pl.*, → *ga'ûd.*

gu'ûr *pl.*, → *ga'ar.*

gûb *n. mld.*, *coll.*, *m.*, *sgtf. gûbay*, ≅ *gûba*, *Cf. Abujulâx, abungurdân 2, amdinar, amdirêce*, * qwb, ق و ب
♦ **teigne, lésions cutanées, dermatophytose.** •*Al xanam dôl gamma lêhum gûb fî udunnênhum.* Ces moutons ont des lésions autour des oreilles. •*Al gûba tugumm dawâyir dawâyir fî râs hanâ l wilêd kan wasxân.* La teigne pousse en faisant des ronds sur la tête de l'enfant sale.

gûba *n. f.*, maladie confondue avec la gale, *Cf. amtarkaziye*, → *gûb*, * qwb, ق و ب

♦ **teigne, dartre.** •*Al wilêd da râsah indah gûba.* La tête de cet enfant a la teigne. •*Al-jâba l gûba wa l jarab, al wasax.* C'est la saleté qui apporte la teigne et la gale.

gubâl *n. m.*, dans l'expression *gubâl al-cahar*, moins employé que *gabilîn al-cahar*, * qbl, ق ب ل

♦ **premier croissant de lune, premier jour du mois lunaire.** •*Nisâfir lêku gubbâl gubâl al-cahar al-jâyi.* Je partirai chez vous avant le premier jour du prochain mois. •*Al-lêle di sanga'ana lê gubâl al-cahar, lâkin al xamâm katîr, mâ bincâf.* Cette nuit, nous avons levé la tête pour voir le premier croissant de lune, mais il y avait des nuages et il ne se voyait pas.

gubar *pl.*, → *gubra*.

gubbâl *invar.*, *Cf. gabul*, * qbl, ق ب ل

♦ **avant.** •*Maryam macat gubbâli fî l-lekkôl.* Mariam est allée avant moi à l'école. •*Talga l-tâhûna gubbâl bêti.* Tu trouveras le moulin, il est avant ma maison.

gubbâl ma *invar.*, suivi d'un verbe à l'*inacc.*, dans *gubbâl ma*, *ma* n'est pas une négation mais l'équivalent du français "que" (correspondant au *pron.* relatif neutre de l'*ar. lit.*), * qbl, ق ب ل

♦ **avant que, avant de.** •*Gubbâl ma tâkul, xassil idênak !* Avant de manger, lave-toi les mains ! •*Gubbâl ma yarkabo fî l watîr, akalo jidâde.* Avant de monter en voiture, ils ont mangé une poule. •*Hû hassal kulla xumâm al bêt gubbâl ma yâxud martah.* Il a préparé toutes les affaires de la maison avant de se marier.

gubra / gubar *n. f.*, moin utilisé que *mahajam*, * qbr, ق ب ر

♦ **ventouse en verre.** •*Kafêt batuni be gubra hatta l-lahame xallatni.* J'ai posé une ventouse sur mon ventre pour faire disparaître ma crampe. •*Nudumm lêi kôb hanâ fomâd yâbis, nisey gubra.* Je garde les pots de pommade en verre, vides, pour m'en servir de ventouses.

gucâde *n. coll.*, → *gicâde.*

gucc *v. impér.*, → *gacca 1.*

gûd *v. impér.*, → *gâd.*

gudâm *pl.*, → *gadîm.*

gudaya *pl.*, → *gâdi.*

gudhân *pl.*, → *gadah.*

gudra *n. f.*, * qdr, ق د ر

♦ **force, capacité, pouvoir.** •*Al mara mâ indaha gudra misil al-râjil.* La femme n'a pas autant de force que l'homme. •*Hû mâ indah gudra lê l axîde acân mâ indah mâl.* Il ne peut pas se marier parce qu'il n'a pas d'argent [n'a pas la capacité de la noce]. •*Al watîr da mâ indah gudra yindassa fî l-tîne.* Ce véhicule n'est pas fait pour passer dans la boue [n'a pas le pouvoir d'entrer dans la boue].

gudûd *pl.*, → *gadd 1.*

gudûr *pl.*, → *gidir 2.*

gufaf *pl.*, → *guffa.*

guffa / gufaf *n. f.*, le mot français est venu de l'arabe, * qff, ق ف ف

♦ **couffin, panier en corde.** •*Cilt dagîgi min al-tâhûna fî l guffa.* J'ai rapporté du moulin ma farine dans un couffin. •*Al awîn yuxuttu l xadâr fî gufafhum.* Les femmes mettent les légumes dans leurs couffins.

guftân / gafâtîn *n. m.*, mot arabe (*Mu.*) d'emprunt turc, * qfṭ, ق ف ط

♦ **caftan.** •*Al guftân tagîl min al ibâye wa indah kôl.* Le caftan est plus lourd que la cape *ibâye* et il a un col. •*Jiddi inda guftân sameh jâboh lêyah min Turkiya.* Mon grand-père a un beau caftan qu'on lui a rapporté de Turquie.

guful / agfâl *n. m.*, * qfl, ق ف ل
♦ **cadenas.** •*Al-râjil sadda l bêt be guful wa marag.* L'homme a cadenassé la porte et est sorti. •*Bâb bêti mâ indah guful.* La porte de ma maison n'a pas de cadenas.

gûgur *n. m., empr.*
♦ **plat de mil,** farine de mil cuite à l'eau et consommée avec du babeurre. •*Al baggâra birîdu l gûgur be ruwâba wa sukkar.* Les éleveurs aiment le *gûgur* avec du babeurre et du sucre. •*Ammi sawwi lêna l gûgur ajala, acân anîna jî'ânîn !* Maman, fais-nous vite du *gûgur* parce que nous avons faim !

guhh *v. impér.*, → *gahha.*

guhha *n. f., Cf. gahha,* * qḥḥ, ق ح ح
♦ **toux.** •*Al guhha bidâwuha be l garad.* On soigne la toux avec une décoction de gommier rouge. •*Marad al-guhha yita''ib al iyâl al-suxâr.* La toux chronique [la maladie de la toux] fatigue les petits enfants. •*Al barday jâtna wa jâbat lêna l guhha.* Le froid est arrivé et nous a fait tousser [nous a apporté de la toux].

gujaj *pl.*, → *gujja.*

Guje *n. pr.* de lieu, *n. pr.* d'homme, quartier de N'Djaména, → *gujja.*

gujja / gujaj *n. f.*, connu au *Sdn.* (*C.Q.*), ≅ *gujje, guje* ; *Syn. tiffe, Cf. guttiye*
♦ **touffe de cheveux, cheveux mal peignés, tignasse, toupet.** •*Al askari da gujjitah katîre namman mullawliwe.* Ce militaire a des cheveux longs tellement mal peignés qu'ils sont tous emmêlés. •*Al micôtinîn gujajhum wasxânîn bilhên.* Les fous ont des tignasses très sales. •*Al iyâl al-suxâr nigattu'u sûfhum wa nixallu lêhum gujja saxayre ke.* Nous coupons les cheveux des petits enfants et nous leur laissons une petite touffe de cheveux.

Gujja *n. pr.* d'homme, → *gujja.*

gujje *n. f.*, → *gujja.*

gûl *v. impér.*, → *gâl.*

gulûb *pl.*, → *galib.*

guluny *n. mld., m.*, prononcé *[guluñ],* connu au *Sdn.*
♦ **hydrocèle, gonflement des testicules, éléphantiasis.** •*Al guluny marad yakrub al-rujâl walla l bahâyim al-dukûra, wa yiwarrim bêdâthum.* L'éléphantiasis est une maladie que les hommes et les animaux mâles attrapent et qui fait enfler leurs testicules. •*Al-râjil kan indah guluny ruwaxtah gâsiye lâkin, kan indah mara, yagdar yaldi iyâl.* Un homme souffrant d'éléphantiasis a beaucoup de peine à marcher, mais, s'il a une femme, il peut engendrer des enfants. •*Al-nâs bugûlu : al-wilêd kan câl coxol tagîl yanzil lêyah guluny kan bigi kabîr, lâkin al kalâm da mâ sahi.* Les gens disent que si un enfant porte quelque chose de trop lourd, il aura les testicules enflés quand il sera grand, mais cette assertion est fausse.

gumâc / gumâcât *n. m.*, * qmš, ق م ش
♦ **tissu, coupon.** •*Gumâc hanâ jârti ajabâni bilhên.* Le tissu de ma voisine me plaît beaucoup. •*Al gumâc al-sameh, gursah katîr.* Un beau tissu coûte cher. •*Al gumâc da min al gutun wa l harîr.* Ce tissu est fait avec du coton et de la soie.

gumâji / gumâjiyât *n. m., Syn. angumâji, xalag,* * qmš, ق م ش
♦ **vêtement long, robe, boubou.** •*Kan al îd garrab, al xayyâtîn bisâhuru fî xiyât al gumajiyât.* Lorsque la fête approche, les tailleurs veillent toute la nuit pour coudre des vêtements. •*Kulla ma nalbas gumâji jadîd, nihiss be farha.* Chaque fois que je mets un vêtement neuf, je ressens de la joie.

gumâr *n. m., Cf. kac,* * qmr, ق م ر
♦ **jeu d'argent, jeu de hasard, poker,** désigne aussi plus largement tout jeu de hasard où l'on parie de l'argent. •*Al-râjil kan wâlaf li'ib al gumâr, mâ yixalli coxol fî bêtah acân*

biwaddir gursah kulla ke. Lorsqu'un homme s'adonne au jeu de hasard où l'on parie, il ne laisse plus rien chez lui parce qu'il perd tout son argent. •*Yôm al îd, al iyâl bal'abo gumâr.* Le jour de la fête, les enfants jouent au poker. •*Li'ib hanâ l gumâr harâm acân mâ yixallik ta'abid.* Les jeux de hasard où l'on parie de l'argent sont interdits par la religion, car ils ne laissent plus au joueur le temps de faire des actes d'adoration. •*Al PMU hû nô min li'ib hanâ gumâr.* Le Pari Mutuel Urbain fait partie des jeux de hasard.

gûmiya nom de personne, *coll.*, *m.*, → *gûmiye.*

gûmiye nom de personne, *coll.*, *m.*, ≃ *gûmiya* et *gûmya*, *sgtf. gûmyay* ; on aime rappeler le jeu de mots *gu' miya* [de force (il prend) cent riyals] *i.e.* : tu dois payer cinq cents francs d'impôt, ce nom a été donné aux collecteurs d'impôts et de taxes civiques, * qwm, ق و م

♦ **goumier, garde du sultan, collecteur d'impôts.** •*Nalgo l gûmiye dôl fî bakân al-sultân.* On trouve ces goumiers chez le sultan. •*Abui gûmyay fî bakân al-cerîye.* Mon père est goumier au palais de justice.

gumm *v. impér.*, → *gamma.*

gumsu *n. f.*, *empr.* (*Bilâla*), utilisé dans le Chari-Baguirmi, *Cf. mâgira.*
♦ **cheftaine, responsable,** celle qui commande aux filles dans une organisation. •*Al gumsu be kalâm Bilâla ma'nah kabîrt al banât.* La *gumsu* dans la langue des Bilala signifie la cheftaine des filles. •*Al gumsu kan mâ jât, al-li'ib mâ yabga.* Lorsque celle qui commande n'est pas là, il ne peut y avoir de danse. •*Al binêye di gumsu wa ammaha hakkâma.* Cette fille est cheftaine et sa mère griot.

gumur *n. m.*, * qmr, ق م ر
♦ **goitre.** •*Al-râjil da indah gumur, wa caggoh fî l-labtân.* Cet homme a un goitre, on l'a opéré à l'hôpital. •*Mâ tixabbinah lê l-nâdum al indah gumur, yabga mardân wa âkûn yumût !* Ne mets pas en colère quelqu'un qui a un goitre, il pourrait tomber malade et mourir ! •*Hî ragadat mardâne acân indaha gumur wa hârajat ma'â râjilha.* Elle est tombée malade parce qu'elle avait un goitre et qu'elle s'était disputée avec son mari !

guna' *n. d'act.*, *m.*, *Cf. hijâb*, *Syn. tarha*, * qnʕ, ق ن ع
♦ **voile couvrant la tête, dédommagement, compensation, contentement.** •*Al mara di indaha guna' azrag, mâ ticîf mucâtha.* Cette femme porte un voile noir sur la tête, on ne voit [tu ne vois] pas sa coiffure. •*Zamân al-râjil yantiha lê martah guna' hatta tâkul ma'âyah.* Autrefois, l'homme donnait un cadeau à sa femme pour qu'elle mange avec lui. •*Hû kaffa guna' bakân al-sultân acân ayyar nusbânah.* Il a payé un dédommagement chez le sultan parce qu'il a injurié ses beaux-parents.

gunbul / ganâbil *n. m.*, prononcé *gumbul*, voir le *Syn. amgunbul*, * qnbl, ق ن ب ل

gundar / ganâdir *n. m.*, utilisé par les Arabes nomades, *Cf. kôb.*
♦ **quart, timbale, gobelet métallique.** •*Kaltûma anti wilêdki almi fî l gundar, mâ tazgih be l funjâl !* Kaltouma, donne de l'eau à boire à ton enfant dans un gobelet, et pas dans un verre ! •*Al gundar hanâ hadîd wallâ êlamûn wa indah adân.* Le quart est en fer ou en aluminium et a une anse.

Gunugaya *n. pr.* de lieu, chef-lieu de sous-préfecture du Mayo-Kebbi.
♦ **Gounou-Gaya.**

Gur'ân *n. pr. gr.*, → *Gurân.*

gurâb *pl.*, → *garîb*, * qrb, ق ر ب

gurâd / garâdîn *n. m.*, → *abungurdân*, * qrḍ, ق ر ض

gurâf *pl.*, → *garfa.*

gurâh *n. m.*, * qrḥ, ق ر ح

♦ **vaccin.** •*Gurâh didd al-sîda mâ fîh.* Il n'y a pas de vaccin contre le sida. •*Al awîn al xalbânîn bat'abo kan mâ maco lê l gurâh.* Les femmes qui sont enceintes souffriront si elles n'ont pas été vaccinées.

guram *pl.*, → *gurma.*

Gurân *n. pr. gr.*, *coll.*, ≅ *Gur'ân.*

♦ **Gorane.**

gurd al-cadar 1 *n. anim.*, *m.*, composé de *girid* (rongeur) et de *al-cadar* (les arbres), * qrḍ, ق ر ض

♦ **lérot,** rongeur ressemblant à un tout petit écureuil. •*Gurd al-cadar saxayyar min al-sabara.* Le lérot est plus petit que l'écureuil. •*Al-nâs bugûlu : "Mâ taktul gurd al-cadar acân iyâlak mâ yi'îcu !".* Les gens disent : "Ne tue pas le lérot, sinon tes enfants ne vivront pas longtemps !". •*Gurd al-cadar mâ bâkuluh.* On ne mange pas le lérot.

gurd al-cadar 2 *n. mld.*, *m.*, la racine évoque ici le fait de rendre le mal pour le mal ou le bien pour le bien, * qrḍ, ق ر ض

♦ **mauvais sort, tétanos,** mauvais sort tombé sur celui qui a tué un lérot, ou mort d'un enfant par suite d'une infection du cordon ombilical. •*Wilêd jarti, karabah gurd al-cadar.* Un mauvais sort est tombé sur l'enfant de ma voisine. •*Al-saxîr kan karabah marad gurd al-cadar, jildah yabga asfar wa yarjif wihêdah ke, wa mâ yarda'.* Lorsque le mauvais sort *gurd al-cadar* tombe sur un enfant, son corps jaunit, il tremble tout seul et ne tète plus. •*Al-nâs gâlo : al mara di indaha gurd al-cadar, iyâlha kulluhum mâto !* Les gens ont dit : "Cette femme est porteuse du mauvais sort *gurd al-cadar*, tous ses enfants sont morts !".

gurdaccadar *n. anim.*, → *gurd al-cadar.*

gurgâca / garâgîc *n. f.*, surtout utilisé au pluriel, (en arabe *égy.* *gargûc*), → *gargûca*, * qrqš, ق ر ق ش

gurlum *n. m.*, *empr.*, *Cf. tajtaje.*

♦ **fusil traditionnel,** premier fusil fabriqué artisanalement. •*Al gurlum baktulu beyah fayala.* Avec le fusil traditionnel on tue les éléphants. •*Hassâ al gurlum bigi ma'adûm acân al hâkûma tasjin al-nâdum al-sana'ah.* Maintenant le fusil traditionnel "*gurlum*" est introuvable, parce que le gouvernement met en prison le fabricant.

gurma / guram *n. f.*, signifie en *ar. lit.* "racine de l'arbre", *empr. syr.* utilisé en turc et en arabe *sd.* (*C.Q.*), *Cf. nasab*, * qrm, ق ر م

♦ **généalogie.** •*Kan tifattic fî l gurma talga jiddina wâhid ma'âk.* Si tu remontes [si tu cherches] dans la généalogie, tu trouveras que nous avons le même aïeul [notre aïeul est un avec le tien]. •*Al gurma hî hisâb al-judûd.* La généalogie fait le compte des ancêtres. •*Kan tahsib al guram, talga gurmit al Arab min asil wâhid.* Si on considère les généalogies, on constate que celles des Arabes ont une même origine.

gûru *n. m.*, hypothèse sur la racine, * qwr, ق و ر

♦ **gri-gri, talisman, fétiche.** •*Al gûru wirêge walla cadar fî farwa, barbutuh fî l-durâ' lê yizâdt al gudra.* Le gri-gri *guru* est une protection magique faite d'un morceau d'arbre enveloppé dans une peau ; on l'attache en haut du bras pour qu'il augmente la force. •*Katîr min al fallâta balbasso gûru fî durâ'hum.* Beaucoup de Peuls portent des talismans.

guruc *n. m.*, → *gurus*, * qrš, ق ر ش

gurûn *pl.*, → *gerin.*

gurunful *n. cdmt.*, *coll.*, *m.*, *sgtf.* *gurunfulay*, comme en *ar. lit.* moderne, *empr.* grec (*Mu.*) formé à partir du mot *καριοφυλλον [kariophylon]*, * qrnf, ق ر ن ف

♦ **girofle, clou de girofle, Caryophyllus aromaticus.** •*Rihe hint al gurunful, haluwa bilhên fî l-câhi.* Le parfum de girofle est délicieux dans le thé. •*Ya binêyti, subbi lêi gurunfulaytên fî l karkâr !* Ma fille, mets deux clous de girofle dans mon huile parfumée ! •*Al mara sawwat xumra be itir wa gurunful.* La femme a fait un mélange de parfum avec des clous de girofle. •*Têrab al gurunful mâ fîh fî dârna.* On ne produit pas de clous de girofle dans notre pays [il n'y a pas de semence de giroflier dans notre pays].

gurus *n. m.*, mot arabe d'emprunt turc, emprunté à l'allemand (groschen) ; ≅ *guruc* (Guéra), expressions *Syn. coxol ciya, tcok-tcok, Cf. fakka, riyâlât*, * qrš, ق ر ش

♦ **argent, monnaie.** •*Al miskîn mâ indah gurus.* Le pauvre n'a pas d'argent. •*Al-cahar kammal, al-nâs câlo gurus.* C'est la fin du mois, les salariés ont reçu de l'argent [ont pris de l'argent]. •*Sahi, al gurus gâsi !* C'est vrai, l'argent est difficile à gagner !

gurus abyad expression, *litt.* argent blanc, ≅ *riyâl abyad*, * byḍ, ب ي ض

♦ **comptant, cash, argent sonnant et trébuchant.** •*Kaffîni gursi abyad, wa lâ dên wa lâ ba'adên !* Paye-moi cash, sans faire de "bon pour" ni dire "ensuite" [sans dette ni après]! •*Hû kaffo murattabah al yôm gurus abyad, ciftah be êni.* Il a reçu aujourd'hui son salaire en argent sonnant et trébuchant, je l'ai vu de mes yeux. •*Kan tidôr tal'ab ma'âna gumâr tikaffi gursak abyad kac !* Si tu veux jouer au poker avec nous, tu payeras cash !

gusâr *pl.*, → *gisêyar 1.*

gusgus *n. m.*, *empr.* (Ouaddaï), * qṣṣ, ق ص ص

♦ **jeune pousse, plante qui sort de terre, arbuste.** •*Al gusgus yabga cadar wa l-cadar yabga xabar.* Les jeunes plants deviennent des arbres, mais les arbres meurent et on en parle au passé. *Prvb.* (*i.e.* la mort fait tout disparaître). •*Kan sana wahade al almi mâ sabba, al gusgus yumût.* Lorsqu'une année il ne pleut pas, les jeunes pousses meurent.

guss *v. impér.*, → *gassa.*

gussa *n. f.*, * qṣṣ, ق ص ص

♦ **tresse frontale, toupet, frange,** petite tresse enroulée sur le front des jeunes filles non mariées, haut de la crinière du cheval retombant sur le front. •*Mucât al gussa hanâ banât barra.* Ce sont les filles de la campagne qui portent une tresse sur le front. •*Hû karab juwâdah min gussitah acân al-lijâm angata'.* Il a attrapé son cheval par la frange parce que le mors s'était cassé.

gusur *n. m.*, *Ant. tûl*, *Cf. giseyar*, à ne pas confondre avec *gusûr*, * qṣr, ق ص ر

♦ **petitesse, petite taille.** •*Hî gusurha da hanâ jidditha.* Elle est petite comme sa grand-mère [elle, sa petitesse est celle de sa grand-mère]. •*Hû be gusrah da mâ tagdar talhagah fî l-ruwâxe.* Il est trapu, mais il va si vite que tu ne peux marcher à son rythme.

gusûr *pl.*, → *gasir.*

gût *n. m.*, *empr. fr.*

♦ **goutte.** •*Akil al-laham al katîr bisawwi gût.* Trop manger de viande donne la goutte. •*Câyibna inda gût, rukubbênah bôj'oh.* Notre vieux père a la goutte, ses genoux lui font mal.

gutrân *n. m.*, le mot français vient de l'arabe, * qṭr, ق ط ر

♦ **goudron, insecticide naturel,** produit huileux insecticide résultant de la macération et de la cuisson de graines de pastèques, d'amandes de savonnier ou de tourteaux d'arachide. •*Al gutrân nisawwuh min iyâl al bittêx, nusubbuh fî l burma wa nuxuttu fî l-nâr wa yamrug dihin azrag, wa da bas al gutrân.* Le goudron est extrait des graines de pastèques que l'on met dans une marmite posée sur le feu ; il en sort de l'huile noire, et c'est cela le goudron. •*Nimassuhu l gurâf wa l-ni'êlât wa l maxâli be gutrân min al arda wa l fâr.* On enduit de goudron les poches en cuir, les lanières de sandales et les musettes pour les protéger des termites et des rats.

guttiye / gatâti *n. f.*, ≃ le pluriel *guttiyât*, signifie en arabe *sd.* "cabane en bottes de paille", *Cf. gujja.*
♦ **mèche de cheveux, touffe de cheveux, houppe, huppe.** •*Anâ zamân indi guttiye wa hassâ indi jurriye.* Autrefois j'avais une houppe, et maintenant je n'ai plus qu'une crête. *Prvb.* (*i.e.* j'étais riche comme une grue couronnée qui volait, et maintenant je suis pauvre comme un coq qui reste à terre). •*Al xarnûk indah guttiye usut fî râsah.* La grue couronnée porte une huppe sur le milieu de la tête. •*Abui rabba lê iyâlah gatâti.* Mon père a laissé pousser [a élevé] des touffes de cheveux sur la tête de ses enfants. •*Gatêt guttiyit wilêdi wa antêtah dikk.* J'ai coupé la mèche de cheveux de mon enfant et je lui ai donné un coq.

gutun *n. vég., m., sgtf. gutunay*, le mot français vient de l'arabe, * qṭn, ق ط ن
♦ **nom d'une plante cultivée, coton, cotonnier, Gossypium barbadense,** famille des malvacées. •*Farditki hanâ gutun wallâ ?* Ton pagne est-il en coton ? •*Têrib lêna gutunay fî l bêt !* Plante-nous un cotonnier dans la cour de la maison ! •*Têsi, tês fallâta, al-caham binaggit min kilewâtah... Da l gutun.* Mon bouc est un bouc peul, la graisse coule de ses reins... C'est le cotonnier. *Dvnt.*

guwâl *n. m.*, * qwl, ق و ل
♦ **contrat oral.** •*Bêti yabnu lêi be guwâl.* On a signé un contrat pour la construction de ma maison. •*Xidimti yômîye mâ guwâl.* Je travaille comme journalier et non comme contractuel. •*Kaffîyîn al guwâl axêr min al yômiye.* La paye d'un contractuel est moins élevée que celle d'un journalier.

guwâle *n. f.*, * qwl, ق و ل
♦ **calomnie, ragot, racontar, médisance.** •*Al awîn birîdu l guwâle.* Les femmes aiment les ragots. •*Wâjib al mara mâ ta'allim guwâle.* La femme ne doit pas s'habituer à [apprendre] la calomnie. •*Al-rujâl dôl âtilîn, mâ induhum xidime illa l guwâle.* Ces hommes sont sans travail, ils ne font rien d'autre que rapporter des médisances.

gûyi *n. m.*, * qwy, ق و ي
♦ **nom d'une bière de mil.** •*Al gûyi bisakkir ajala kê bas.* Le *gûyi* enivre très vite. •*Al awîn al ba'arfu bisawwu gûyi mâ katîrîn.* Il n'y a pas beaucoup de femmes qui savent préparer le *gûyi.*

guyûd *pl.*, → *gêd.*

H

-h *pron. pers.* suffixe après une voyelle, → *-ah.*

-ha *pron. pers.* suffixe, féminin, 3ème personne du singulier, devient *-aha* après deux consonnes.
♦ **son, sa, d'elle.** •*Zâra cakarat wilêdha wa binêyitha.* Zara a remercié son fils et sa fille. •*Fâtime, ammaha mardâne.* La mère de Fatimé est malade [Fatimé, sa mère est malade]. •*Râjilha darabâha.* Son mari l'a battue.

-hum *pron. pers.* suffixe, masculin et féminin, 3ème personne du pluriel, devient *-uhum* après deux consonnes.
♦ **d'eux, d'elles, leur, leurs, eux, elles.** •*Al-Nasâra kalâmhum gâsi.* La langue des Européens est difficile [Les Européens, leur langue est difficile]. •*Mâ induhum iyâl katîrîn.* Ils n'ont pas beaucoup d'enfants. •*Sallamâhum.* Il les a salués.

hâ ! *invar.*, interjection, marque l'affirmation lorsqu'il est prononcé avec une tonalité montante, *Syn. hahâ, aywa.*
♦ **ha !, oui !, bon !**

hâ sameh ! *invar.*, exclamation, → *hâ, sameh,* * smḥ, س م ح
♦ **oui !, bien !**

ha'a *invar.*, marque la négation avec une tonalité descendante sur la deuxième syllabe, *Cf. lâ.*
♦ **non.** •*"Akalti êc wallâ ?" "Ha'a, batuni malâne !".* "As-tu mangé de la boule aujourd'hui ? (*i.e.* veux-tu manger ?)". "Non (merci), j'ai le ventre plein !". •*"Taxatir ambâkir ?" "Ha'a, al-tayyâra xasrâne !".* "Est-ce que tu voyages demain ?" "Non, l'avion est en panne !".

ha'ah *invar.*, interjection exprimant la négation ou le refus, → *ha'a.*

haba / yahabi *v. intr.*, forme I n° 7, * ḥbw, ح ب و
♦ **marcher à quatre pattes.** •*Wilêdi l-saxayar haba, wa anâ farhâne.* Mon petit enfant a marché à quatre pattes, et j'en suis heureuse. •*Al makarsa da yahabi fî kulla bakân.* Ce paralytique marche à quatre pattes partout. •*Al askar fî l-duwâs yahabu be rukubbênhum.* Les soldats, au combat, avancent à quatre pattes sur les genoux.

habac / yahabic *v. trans.*, forme I n° 6, connu en *Egy.*, * hbš, ه ب ش
♦ **toucher à, voler, subtiliser.** •*Hawwa, fakkiri lê l wilêd da, mâ yahabic al-nâr !* Hawwa, fais attention que l'enfant ne touche pas le feu ! •*Hêy Yakûb, idênak wasxânîn, mâ tahabic lêi xalagi !* Hé ! Yacoub ! tu as les mains sales, ne touche pas mon vêtement ! •*Al iyâl habaco gurus hanâ ammuhum.* Les enfants ont volé l'argent de leur mère. •*Kan macêt al-sûg fakkir ; kan mâ ke, al iyâl bahabcu gursak !* Si tu vas au marché,

fais attention, sinon les enfants voleront ton argent !

Habaca *n. pr.* de pays.
♦ **Éthiopie.**

habân *n. d'act., m.*, → *habîn.*

habas / yahabis *v. trans.*, ≅ l'*inacc. yahbis*, forme I n° 6, * ḥbs, ح ب س
♦ **enfermer, emprisonner, garder à vue.** •*Wâjib al muslim yahabis martah dâxal fî bêtah.* Le musulman doit garder sa femme à l'intérieur de sa maison. •*Kan habastîni nikassir al bâb wa namrug !* Si tu m'enfermes, je casserai la porte et sortirai ! •*Al mujrimîn habasôhum fî l-dangay.* Les criminels sont enfermés dans la prison. •*Abmangûr habas martah fî karkûr al-cadaray.* Le petit calao enferme sa femelle dans le trou d'un arbre creux.

habasân *n. d'act.*, → *habisîn*, * ḥbs, ح ب س

habat / yahabit *v. intr. {- tihit}*, * hbṭ, ه ب ط
♦ **se calmer, rester tranquille, être sage (enfant), s'apaiser.** •*Al wilêd da nihis, min rijilah ankasarat da, habat.* Cet enfant était intenable ; depuis qu'il s'est cassé la jambe, il reste tranquille. •*Hê, ahabtu tihit wa aktubu !* Hé ! calmez-vous et écrivez ! •*Ahabti min ruwaxt al fî l-lêl, kan al askar ligôki yisijnûki !* Cesse de te promener la nuit ; si les militaires te trouvent, ils te mettront en prison !

habatân *n. d'act.*, → *habitîn.*

habayân *n. d'act.*, → *habîn.*

habâyib *pl.*, → *habîb.*

habb / hubûb *n. coll., m., sgtf. habba, habbay* [une graine, une pilule], * ḥbb, ح ب ب
♦ **grain, graine, cachet, pilule, comprimé, une unité.** •*Al binêye cattatat habb hanâ bittex lê hamâmha.* La fille a jeté à la volée des graines de pastèques pour ses pigeons. •*Anâ macêt lê l-daktôr, antâni hubûb.* Je suis allé chez le docteur, il m'a donné des comprimés. •*Hû batar lêyah hizme hint rêke wa sâwagâha be l habba.* Il a délié une botte de cannes à sucre et a vendu celles-ci à l'unité.

habba 1 / yihibb *v. trans.*, forme I, n° 11, * ḥbb, ح ب ب
♦ **embrasser, aimer.** •*Mûsa lâga ammah jâye min al-sûg wa habbatah katîr.* Moussa est allé à la rencontre de sa maman revenant du marché et celle-ci l'a beaucoup embrassé. •*Mâ sameh, mâ tihibb martak fî l-câri !* Ce n'est pas bien, n'embrasse pas ta femme dans la rue ! •*Al galib bihibb al-tâba.* Le cœur aime le tabac. *Prvb.* (*i.e.* on peut aimer ce qui n'est pas bon à la santé, "le coeur a ses raisons que la raison ne connaît pas".)

habba 2 / yihibb *v. trans.*, forme I n° 11, dans l'expression *al-rih habbat*, *Syn. al-rîh sâgat, al-rîh hajjat*, *Cf. hajja, habbab*, * hbb, ه ب ب
♦ **attiser le feu, souffler** (vent). •*Hibbi lêi nâr al-câhi di !* Attise-moi le feu qui est sous le thé ! •*Al-rîh mâ habbat lêna, al yôm da, al wata hâmiye.* Il n'y a pas de vent, aujourd'hui il fait chaud. •*Ali gâ'id yihibb al-nâr hint al bagar, bisawwi lêhum duxxân min al gîm.* Ali est en train d'activer le feu pour faire de la fumée aux vaches, et ainsi éloigner les insectes. •*Al awîn yidarru l xalla kan al-rih habbat.* Les femmes vannent le mil lorsque le vent souffle.

habba 3 *sgtf.* de *habb*, dans les expressions *be l habba, habba habba* [par unité, un par un], → *habb.*

habba 4 / hubûb *sgtf. f., Cf.* habbay, → *habb*, maladie des bovins et des ovins appelée ainsi dans la région du Batha, ≅ le *dmtf.* : *hibêba* désignant la même maladie, → *abumalûs, carbay, sull*, * ḥbb, ح ب ب
♦ **tuberculose.** •*Bagarti tuguhh akûn indah habba.* Ma vache tousse, elle a peut-être la tuberculose. •*Al habba kan karabat al bahîme tigahhiha wa tikammil gudritha.* Lorsque la tuberculose a contaminé un animal, elle le fait tousser et épuise ses forces.

•*Al kabic da yuguhh, denni indah hibêba.* Ce bélier tousse, il pourrait avoir la tuberculose.

habbab / yihabbib *v. trans.*, forme II, *Cf. hajjaj, habba 2,* * hbb, ه ب ب

♦ **éventer, souffler.** •*Al iyâl habbaboh lê abûhum al mardân min al hamu.* A cause de la chaleur, les enfants ont éventé leur père malade. •*Fâtime habbibi lêi al-nâr ma'âki !* Fatimé, active le feu qui est près de toi ! •*Hû ragad fî l faday wa habbab min al hamu bê l hajjâja.* Il s'est couché dans la cour et s'est fait un peu d'air avec l'éventail pour se rafraîchir.

habbâba / habbâbât *n. f.*, *Syn. hajjâja, hâhay, rahhâba,* * hbb, ه ب ب

♦ **éventail.** •*Antîni l habbâba nihabbib, al wata hâmiye lêi.* Donne-moi l'éventail pour que je me rafraîchisse, j'ai chaud. •*Al habbâba min al-za'af walla min rîc al-na'âm wa usumha hajjâja kula.* L'éventail est en feuilles de palmier doum ou en plumes d'autruche, et on l'appelle aussi *hajjâja.*

Habbâba *n. pr.* de femme, nom donné à la première épouse du sultan, *Cf. mêram,* * ḥbb, ح ب ب

habbabt al-Nasâra / habbabât al-Nasâra expression, *litt.* éventail des Blancs, ≅ *habbabt al hadîd* [éventail en fer] ; *Cf. hajjâja, Syn. marwaha,* * hbb, ه ب ب

♦ **ventilateur.** •*Habbabt al-Nasâra taxadîm be l kahrabah wallâ be l bâtiri.* Le ventilateur fonctionne avec l'électricité ou une batterie. •*Habbâbat al-Nasâra yibi'uhum min al-sûg al kabîr.* Les ventilateurs s'achètent au grand marché.

habbâc / habbâcîn *adj.*, (*fém. habbâca*), * hbš, ه ب ش

♦ **voleur à la tire, pickpocket.** •*Kan macêt fî l-sûg angari min al habbâcîn !* Si tu vas au marché, fais attention aux pickpockets ! •*Al habbâc da dassa lazwar fî l-sâbûnay wa carrat jêbi wa juzlâni waga'.* Ce voleur a enfilé une lame de rasoir dans un savon, il a coupé ma poche, et mon portefeuille est tombé.

habbahân *n. cdmt., coll., m.*, pour *habb al hân* (*H.W.*) ; altération de *habb al hâl* (*C.Q.*) *litt.* grain parfumé, * ḥbb, ح ب ب

♦ **cardamome, Amomum cardamomum L.**, grains vert foncé pilés que l'on met dans le café. •*Kulla yôm ba'ad al xada anâ nacrab gawha be habbahân.* Tous les jours, après le repas de midi, je bois du café à la cardamome. •*Mâ cift habbahân têraboh fî Tcâd.* Je n'ai jamais vu planter de la cardamome au Tchad. •*Amdux lêk habbahân yiwaddir lêk rih al-sigarêt min gaddûmak, acân abûk mâ ya'arfah !* Mâche un grain de cardamome pour éliminer de ta bouche l'odeur de cigarette afin que ton père ne sache pas que tu as fumé !

habbat / yihabbit *v. trans.*, forme II, * hbṭ, ه ب ط

♦ **éteindre, calmer, apaiser,** faire descendre. •*Zênaba naggatat almi fî l-dihin al hâmi wa gamma nâr, Ahmat habbatah be l-turâb.* Zénaba a fait tomber des gouttes d'eau dans l'huile bouillante qui a flambé ; Ahmat a éteint le feu en jetant de la terre. •*Xadîje tidôr mâciye l-sûg, habbatat wilêdha be halâwa acân mâ yabki.* Khadidjé, voulant aller au marché, a calmé son enfant en lui donnant des bonbons pour qu'il ne pleure pas. •*Al iyâl binâhusu fî l-câri, abûhum marag habbatâhum.* Les enfants s'excitaient et couraient dans la rue, leur père est sorti les calmer.

habbatân *n. d'act.*, → *habbitîn.*

habbay / habbayât nom *f.*, nom d'unité de *habb*, employé au pluriel pour désigner "quelques graines", * ḥbb, ح ب ب

♦ **grain, graine,** petite quantité. •*Mâ indah fûl wa lâ habbay.* Il n'a plus d'arachides, pas même une graine. •*Antâni habbayât hanâ gahwa.* Il m'a donné quelques grains de café.

habbe / habbât *n. f.*, * ḥbb, ح ب ب

♦ **baiser** (un). •*Wilêdi kan baka nihannisah wa nantih habbe fî cudûgah namman yaskut.* Lorsque mon enfant pleure, je le console et l'embrasse [lui donne un baiser] sur la joue jusqu'à ce qu'il se taise. •*Kan jît al bêt nahadin iyâli, yâtu kulla nantih habbe fî cidigah.* Lorsque je rentre à la maison, je serre contre moi mes enfants, je leur donne à chacun un baiser sur la joue.

habbitîn *n. d'act., m.*, ≅ *habbatân*, * hbṭ, ه ب ط

♦ **extinction, apaisement, fait de calmer,** fait de faire descendre. •*Al-râjil kan xabban, habbitînah illa be kalâm halu.* Lorsqu'un homme est en colère, seule une parole douce peut l'apaiser. •*Al-nâr kan gammat fî l-sûg habbitînah illa be nâs al pompî.* Si le feu prend au marché, il n'y a que les pompiers qui peuvent l'éteindre. •*Habbatân wilêdi illa be dabdabân.* Mon enfant ne se calme que si je le berce.

Habbo *n. pr.* d'homme, pour *habboh litt.* ils l'ont chéri ; → *habba 1*, * ḥbb, ح ب ب

habbôba *n. f.*, connu au *Sdn.*, *Syn. kâkay*, * ḥbb, ح ب ب

♦ **grand-mère, bonne-maman.** •*Al iyâl birîdu habbôbithum acân tihajji lêhum hijje gusâr wa tuwâl.* Les enfants aiment leur grand-mère parce qu'elle leur pose des devinettes ou leur raconte des histoires. •*Dâiman al habbôba hanûna.* La grand-mère est toujours tendre avec les enfants.

Habbôba *n. pr.* de femme, connu au *Sdn.* (*C.Q.*), → *Habbâba*, * ḥbb, ح ب ب

habîb / habâyib *adj.*, (*fém. habîbe*), * ḥbb, ح ب ب

♦ **aimé(e), chéri(e).** •*Ambâkir hôl hanâ l istixlâl hanâ baladna l habîba.* Demain, c'est l'anniversaire de l'indépendance de notre cher pays. •*Habibti macat xallatni wihêdi.* Ma bien-aimée est partie en me laissant seul.

Habîb *n. pr.* d'homme, → *habîb*, * ḥbb, ح ب ب

Habîba *n. pr.* de femme, *fém.* de *Habîb*, * ḥbb, ح ب ب

Habîbe *n. pr.* de femme, variante de *Habîba*, * ḥbb, ح ب ب

habil / hubâl *n. m.*, * ḥbl, ح ب ل

♦ **corde, unité de mesure de longueur.** •*Anâ rabatt al-juwâd be l habil.* J'ai attaché le cheval avec la corde. •*Al arda fârat wa gatta'at al hubâl.* Les termites ont mangé et coupé les cordes.

habil al-nâr / hubâl al-nâr nom composé, expression, *Cf. habil, nâr* [corde de feu], * ḥbl, ح ب ل

♦ **câble électrique, ligne électrique, fil électrique.** •*Mâ tilammis habil al-nâr kan aryân !* Ne touche pas au fil électrique lorsqu'il est dénudé ! •*Ba''id min habil al-nâr kan rijilênak walla idênak laynîn !* Éloigne-toi du fil électrique lorsque tu as les pieds ou les mains mouillés !

habil warîd / hubal warîd expression, → *habil, warîd*, * ḥbl, wrd, ح ب ل • و ر د

♦ **artères carotides.** •*Al-nâdum kan gata'o habil warîdah yumût ajala ke !* Si l'on tranche la carotide de quelqu'un, il meurt très rapidement ! •*Kan xanagtah min hubâl warîdah, dammah yigîf ajala ke wa uyûnah yamurgu !* Si je l'étrangle, bien vite ses carotides ne laisseront plus passer le sang, et ses yeux sortiront de leurs orbites.

habîl *n. vég., coll., sgtf. habîlay,* comme en arabe de l'ouest du *sd.* (*C.Q.*).

♦ **nom d'un arbre, Combretum glutinosum, bois d'encens,** famille des combrétacées, arbre à grosses feuilles et à écorce rugueuse et claire. •*Al habîlay dullaha bârid.* L'ombre du Combretum glutinosum est fraîche. •*Al habîl bisawwi duxxân katîr kan taccoh.* Le Combretum glutinosum dégage beaucoup de fumée quand on le met au feu.

habîn *n. d'act., m.*, terme utilisé seulement pour les enfants, ≅ *habân, habayân, habiyîn*, * ḥbw, ح ب و

♦ **marche à quatre pattes,** action du petit enfant qui marche à quatre pattes. •*Al-saxîr kan allam al habîn, bagôd kulla yôm wasxân.* Dès qu'un petit enfant apprend à marcher à quatre pattes, il est tout le temps sale. •*Zâra wilêdha gamma min al habîn.* L'enfant de Zara commence à se mettre debout [s'est levé du fait de marcher à quatre pattes]. •*Al-saxîr kan mâ mardân wa yâkul adîl, habînah ajala ke.* Si le bébé n'est pas malade et mange comme il faut, il marchera très vite à quatre pattes.

habisîn *n. d'act., m.*, ≅ *habasân*, * ḥbs, ح ب س

♦ **réclusion, emprisonnement, enfermement.** •*Habisîn al iyâl l-dugâg fî l bêt sameh, lâkin kan mâ yamcu l-lekôl babgo xawwâfîn walla talfânîn.* C'est bien de garder les petits enfants à la maison, mais s'ils ne vont pas à l'école, ils deviendront peureux et sots. •*Habasân al-sarrâgîn xaffaf al-sirge fî hillitna.* L'emprisonnement des voleurs a fait diminuer le nombre de vols dans notre quartier.

habitîn *n. d'act., m.*, ≅ *habatân, Cf. habat*, * hbṭ, ه ب ط

♦ **fait de calmer, fait de rester tranquille, apaisement.** •*Habitîn al iyâl min al-sirge wa l-ruwâxa mâ indah fâyde illa be adab min al amm walla l abu.* Vouloir détourner les enfants du vol ou du vagabondage ne sert à rien s'il n'y a pas l'éducation de la mère ou du père. •*Al galib al mardân, habitînah da be l-dawa.* On calme le cœur malade avec un médicament.

habiyîn *n. d'act.*, → *habîn.*

Habsita *n. pr.* de femme, nom donné à la fille dont le père est mort et qui a fait avec sa mère les quatre mois et dix jours de réclusion requis pour le deuil, *Cf. xabîbe*, * ḥbs, ح ب س

Habsitay *n. pr.* de femme, *Cf. habsita*, * ḥbs, ح ب س

habûb *n. m.*, * hbb, ه ب ب

♦ **vent, air.** •*Anâ mâ nirîd habûb al marwaha.* Je n'aime pas l'air du ventilateur. •*Al habûb al-sâg garîb al-sabah bârid bilhên.* Le vent qui a soufflé à l'aube était frais.

hâc 1 / yuhûc *v. intr.*, forme I n° 4, * hwš, ه و ش

♦ **enfler, dilater, croître, gonfler, se gonfler de colère,** pousser rapidement en parlant des plantes. •*Al bizre hâcat.* Les jeunes plants ont vite poussé. •*Mahammat simi xine hanâ l hakkâma galbah hâc wa cakkat be gurus.* Mahamat a écouté les chansons de la chanteuse traditionnelle, son cœur s'est dilaté, et il lui a donné de l'argent. •*Al hirbe kan hâcat taftah xacumha wa tibaddil lônha wa tumutt danabha adîl.* Lorsque le caméléon se gonfle de colère, il ouvre grand la bouche, change de couleur et déroule sa queue bien droite.

hâc 2 / yuhûc *v. trans.*, forme I n° 4, *Cf. hawwag, hôc*, * ḥwš, ح و ش

♦ **entourer, se rassembler autour, encercler.** •*Wakit jît min al maxatar, kulla l â'ila hâcatni wa sallamat lêi.* Lorsque je suis revenu de voyage, toute la famille m'a entouré et m'a salué. •*Hû sawwa hâdis wa l-nâs hâcoh acân yi'akkudu min hayât al-nâdum al-taracoh.* Il a causé un accident et les gens sont venus tout autour pour se rendre compte de l'état de la personne qui avait été renversée. •*Al-sarrag jarra wa l askar hâcoh wa karaboh.* Le voleur a couru et les militaires l'ont encerclé et attrapé.

haca 1 / yahci *v. trans.*, forme I n° 6, * ḥšw, ح ش و

♦ **farcir.** •*Al awîn haco laham marhûk fî l tamâtim wa l-catte xadra wa basal kubar.* Les femmes ont farci des tomates, des poivrons et de gros oignons avec de la viande hachée. •*Al yôm Fâtime akkalatna barzîn hacoh be laham marhûk.* Fatimé nous a donné à manger des aubergines qu'on avait farcies avec de la viande hachée.

haca ! *invar.*, interjection.
♦ **zut !, flûte !, quelle barbe !, et merde !** •*Al gâl haca xiti.* Celui qui a dit "zut!" a manqué son but. •*Haca ! yâ dalimt al-sakkin, kan mâ ke al yôm nat'anak !* Et merde ! Si j'avais sur moi un couteau [si le couteau ne me faisait pas défaut], je te poignarderais tout de suite !

hacâ *n. m.*, dans l'expression *harag hacâ, hirig hacâ* [brûler les entrailles, *i.e.* : causer une grande douleur, faire énormément de peine], inversement l'expression *barrad hacâ* [refroidir les entrailles] se traduira par "apaiser, réchauffer le cœur, * ḥšw, ح ش و
♦ **entrailles** (lieu des sentiments), **cœur** (lieu des sentiments), **viscères, boyaux.** •*Al mara di iyâlha tinên mâto fî l hâdis, wa hacâha hirig.* Les deux enfants de cette femme sont morts dans l'accident, elle est bouleversée [ses entrailles sont calcinées]. •*Inta yâ wilêdi, takbur wa tibarrid hacâi !* Toi, mon enfant, tu grandis et tu me réchauffes le cœur [tu refroidis mes entrailles]. •*Hey, kan mâ tagôd sâkit, hassâ naharrig hacâk !* Hé ! reste tranquille ! sinon je vais te calciner les boyaux ! •*Al-daxal fî l hacâ kulla aca !* Tout ce qui entre dans l'estomac peut être considéré comme un dîner ! •*Al-râjil da harag hacâi, katal wilêdi !* Cet homme m'a fait énormément de peine [m'a brûlé les entrailles] : il a tué mon fils !

hâca / yihâci *v. trans.*, forme III, *Cf. hâzar*, * ḥwš, ح و ش
♦ **plaisanter, taquiner gentiment.** •*Mâ tixabbin fî kalâmi da, anâ nihâci ma'âk bas !* Ne te fâche pas à cause de ce que je t'ai dit, je plaisantais simplement ! •*Hî tirîd tihâci rafîgâtha tugûl lêhum : "Hêy al bayrât, yâtu yâxudku ?".* Elle aime taquiner ses amies en leur disant : "Vous les vieilles filles, qui va vous épouser ?".

hacar / yahacir *v. trans.*, forme I n° 6, * ḥšr, ح ش ر
♦ **bourrer, tasser, serrer.** •*Al birgâd hacar al masâjîn fî l-dangay.* Les gendarmes ont entassé les prisonniers dans la prison. •*Sîd al-taksi yahacir rukkâb katîrîn fî watîrah.* Le chauffeur de taxi bourre son véhicule avec de nombreux passagers. •*Hû hacar carmût wa udam fî l-cuwâl.* Il a bourré son sac avec de la viande séchée et des os.

hacaray / hacarât *n. f.*, * ḥšr, ح ش ر
♦ **insecte.** •*Amis hacaray wahade daxalat lêi fî êni.* Hier, un insecte m'est tombé dans l'œil. •*Al hacarât katîrîn fî wakt al-darat.* Il y a beaucoup d'insectes en fin de saison des pluies.

hacâyim *pl.*, → *hacîme.*

hacc *invar.*, *onom.* liée à compassion.
♦ **hélas !, mon pauvre, vois !** •*Hacc, cûfu l miskîn da xalagah kulla mucarrat.* Hélas ! Regardez ce pauvre dont le vêtement est tout déchiré ! •*Hacc, al yôm kan mâ daharôna min al-duwâs ticîf coxol al mâ ya'ajibak.* Hélas ! Aujourd'hui, si on ne nous avait pas séparés lors de la bagarre, tu aurais vu ce qui ne t'aurait pas plu. •*Hacc, Âdum mât, kalawa lêyah abû l iyâl !* Hélas, Adoum est décédé, condoléances, c'était un bon père de famille !

hâci / huwâc *n. anim.*, *m.*, plus jeune que le *higg*, pas de féminin, *Cf. higg*, * ḥšw, ح ش و
♦ **chamelon,** jeune chameau ayant atteint l'âge du dressage et prêt à être sevré. •*Al hâci nakûr marra wâhid.* Le jeune chameau est très fougueux. •*Al hâci mâ biciddu fôgah xumâm.* On ne charge pas le jeune chameau.

Hâcim *n. pr.* d'homme, gand-père du Prophète, * hšm, ه ش م

hacîme / hacâyim *n. f.*, connu au *Sdn.* de l'Ouest (*C.Q.*).
♦ **tronc d'arbre sec.** •*Fî l xarîf sîd al bagar bilimm hacâyim kubâr wa bi'ôgid nâr wa bisawwi duxxân lê l ba'ûda.* Pendant la saison des pluies,

les vachers rassemblent de gros troncs d'arbre et allument du feu pour faire de la fumée et éloigner les moustiques. •*Ahmat wakit mugabbil min al-zere' jâb hacîme kabîre.* En revenant du champ, Ahmat a rapporté un gros tronc d'arbre. •*Fakkir lê l hacîme di, mâ tagôd fôgha âkûn indaha dabib wallâ agârib !* Fais attention à ce tronc d'arbre, ne t'assois pas dessus, il pourrait y avoir des serpents ou des scorpions !

hâd / tihîd *v. intr.*, → *hâtat.*

hada / yahadi *v. trans.*, forme I n° 6, * hdy, ه د ي

♦ **donner, accorder, offrir en cadeau.** •*Rafîgi jâ min al-safar wa hadâni xalag.* Mon ami est revenu de voyage et m'a offert un habit en cadeau. •*Kan taxdumu adîl nahadi lêku xanam.* Si vous travaillez bien, je vous donnerai des chèvres.

hâda 1 / yihâdi *v. trans.*, ≅ l'*inacc. yahâdi* ; forme III, * hdy, ه د ي

♦ **diriger quelqu'un, conseiller quelqu'un, orienter quelqu'un dans la vie,** guider quelqu'un en lui montrant la bonne direction (la voie droite) morale et religieuse. •*Hâdîni be kalâm yanfâni fî hayâti !* Conseille-moi avec une parole qui me sera utile dans la vie ! •*Al abu dâ'iman yahadi iyâlah lê l xêr.* Le père guide toujours ses enfants vers le bien. •*Inta hâdêtni adîl.* Tu m'as bien orienté dans la vie.

hâda 2 *pron.* démonstratif *m.*, → *da.*

hadaba *n. f.*, * ḥdb, ح د ب

♦ **colline, bosse, cyphose,** bosse du bossu. •*Zerê'na, ba'ad tufût al hadaba dîk, as'al al-nâs bi'ôruk !* Une fois que tu as dépassé la colline là-bas, demande aux gens où se trouve notre champ, ils te l'indiqueront ! •*Al-râjil da indah hadaba.* Cet homme a une bosse. •*Al mara l indaha hadaba di kaddâba.* Cette femme bossue est menteuse.

hadaf / ahdâf *n. m.*, * hdf, ه د ف

♦ **objectif, but, fin.** •*Anîna hadafna l wahîd illa nabnu watanna.* Nous, notre seul but est de construire notre pays. •*Humman dôl hadafhum illa l-sirge.* Ceux-là, leur seul objectif, c'est le vol. •*Humman dôl mâ induhum amân, lihigo hadafhum battân mâ bisallumûna !* Ceux-là n'ont pas de reconnaissance ; maintenant qu'ils sont parvenus à leurs fins, ils ne nous saluent même plus.

hadag / hudûg *n. m.*, ≅ le pluriel *huduggên*, *Syn. hâjib*, * ḥdq, ح د ق

♦ **sourcil.** •*Sûf al hadag kan magrûn, yâ axêr !* Quand les poils des sourcils s'entrecroisent, que c'est beau ! •*Awîn wahadîn yizayyinu huduggênhum wa yimassuhuhum be "krêyondebôte".* Certaines femmes rasent leurs sourcils et les redessinent avec un crayon de beauté.

hadam / yahdim *v. trans.*, forme I n° 6, * hdm, ه د م

♦ **détruire totalement.** •*Al ba'âcîm hadamo l-zere'.* Les chacals ont détruit le champ. •*Al askar hadamo l watâyir hanâ l adu.* Les soldats ont détruit les voitures de l'ennemi. •*Al xarîf hadam al bêt.* La saison des pluies a détruit la maison.

hadan / yahadin *v. trans.*, ≅ l'*inacc. yahadin*, *Cf. alhadano*, forme I n° 6, * ḥḍn, ح ض ن

♦ **prendre dans les bras, donner l'accolade, enlacer, couver,** porter sur sa poitrine, sur son sein. •*Ammi, ahadnîni, al barday katalatni !* Maman, serre-moi dans tes bras, j'ai très froid [le froid m'a tué] ! •*Al awîn hadano iyâlhum.* Les femmes ont pris leurs enfants dans les bras. •*Anâ hadant rafîgi l-jâ min dâr ba'îde.* J'ai donné l'accolade à mon ami qui est venu de loin [d'un pays lointain]. •*Hânini axawânki, wa ahadnîhum !* Aime tendrement tes frères, et prends-les dans tes bras ! •*Al-jidâde tahadîn bêdha angas min cahar.* La poule couve ses œufs pendant un peu moins d'un mois.

hadanân *n. d'act., m.*, → *hadinîn.*

hadar / yahadir *v. intr. {- fôg}*, forme I n° 6, * hdr, ه د ر

♦ **faire du bruit, gronder, ronfler.** •*Al almi hadar misil busubb hassâ bas.* La tornade gronde comme s'il pleuvait à verse maintenant. •*Mâ tahadir fôgna, sawwêna lêk cunû ?* Ne nous gronde pas, que t'avons-nous fait ? •*Hey, al iyâl damdumu lêi ajala, watîrhum hadar, âkûn yamcu yixalluni !* Hé ! les enfants ! dépêchez-vous de rassembler mes affaires ; leur voiture ronfle déjà, ils risquent de partir et de me laisser !

hadâra *n. f.*, * ḥḍr, ح ض ر

♦ **vigilance, prévoyance.** •*Al hadâra axêr min al-catâra.* La vigilance vaut mieux que le courage. *Prvb.* •*Fattaco l-sarrâg wa mâ ligoh acân min hadartah simi' al haraka wa marag ajala ke.* Ils ont cherché le voleur et ne l'ont pas trouvé, parce qu'il était vigilant, qu'il avait entendu leur mouvement et qu'il était parti très vite.

hâdat / tihîd *v. intr.*, → *hâtat.*

hadâya *pl.*, → *hadîye.*

hadâyid *pl.*, → *hadîd.*

hadba *adj. f.*, → *ahdab.*

hadd 1 / hudûd *n. m.*, *Cf. taraf*, * ḥdd, ح د د

♦ **limite, frontière, fond.** •*Hû nakat kê namman lihig hadd al bîr.* Il a creusé jusqu'à l'eau [jusqu'à ce qu'il ait atteint le fond du puits]. •*Axui ga'îd fî hudûd hanâ l-Tcâd ma'â l-Sûdân.* Mon frère se trouve à la frontière Tchad Soudan. •*Hummân jaro kê, wa mâ lihigo hadd al madîna.* Ils ont couru longtemps et n'ont pas atteint la limite de la ville.

hadd 2 dans l'expression *be hadd*, * hdd, ه د د

♦ **sans cesse, pour de bon, définitivement.** •*Jidâdti tibayyid wa tifaggi' be haddaha.* Ma poule pond et couve sans cesse. •*Al wilêd rassalna bas, maca be haddah.* Nous avons envoyé l'enfant faire une commission, et il est parti sans revenir. •*Axui maca Fransa bagri bas, ga'ad be haddah.* Mon frère est parti étudier en France et y est resté définitivement.

hadda 1 / yihidd *v. trans.*, forme I n° 11, * hdd, ه د د

♦ **abattre, décapiter.** •*Fî Sa'ûdiya nâdum kan katal, bihidduh.* En Arabie Saoudite, on coupe la tête des assassins. •*Zamân fî l-duwâs, yihiddu rûsên al masâjîn be l-sêf.* Autrefois, pendant la guerre, on coupait la tête des prisonniers avec un sabre. •*Haddo cadar cârina.* Ils ont abattu les arbres de notre rue.

hadda 2 / yihidd *v. intr.*, forme I n° 11, *Cf. hizin*, * ḥdd, ح د د

♦ **porter le deuil.** •*Al mara kan haddat mâ timaccit, wa lâ tilmassah be rihe, wa lâ talbas fudda wa lâ dahab.* La femme qui porte le deuil ne se coiffe pas, ne se masse pas avec de l'huile parfumée, ne porte ni argent ni or sur elle. •*Al-suwâr haddo sinîn tawîle nammân jâbo l hurriye.* Les révolutionnaires ont porté le deuil, de longues années, avant d'apporter la liberté.

haddâb *pl.*, → *hidbe.*

haddad / yihaddid *v. trans.*, forme II, ≅ l'*inacc. yahaddid*, * hdd, ه د د

♦ **forcer, contraindre, menacer, épouvanter, intimider.** •*Al askari haddad al-tâjir be bundugah wa câl minnah xumâm katîr.* Le soldat a menacé le commerçant avec son fusil et lui a pris beaucoup de choses. •*Humman bidôru bahaddudûni lâkin anâ mâ xuft.* Ils veulent m'intimider, mais je n'ai pas eu peur. •*Haddadoh wa câlo watîrah, maco wa xalloh mul'assif.* Ils ont pris de force sa voiture, ils sont partis en le laissant dans la peine.

haddâd *adj. n., coll. mrph. intf., sgtf. m. haddâdi*, (*fém. haddâdiye*), ≅ le pluriel *haddâdîn*, mot devant être utilisé avec précaution car il sert d'insulte, → *usta*, * ḥdd, ح د د

♦ **forgeron, potière.** •*Al haddâdi gâ'id budugg fî sindaltah.* Le forgeron est en train de frapper sur son enclume. •*Awîn al haddâd tacco burâm.* Les femmes des forgerons ont cuit des marmites en terre.

haddadân *n. d'act., m.,* → *haddidîn.*

haddâdi *n. pr. gr.,* → *haddâd.*

haddâdiye *n. anim., mrph. adj. fém.,* ≅ *jaraday haddâdiye,* → *haddâd,* * ḥdd, ح د د

♦ **nom d'un criquet, criquet forgeron, Chrotogonus senegalensis (K.),** famille des pyrgomorphidæ, petit criquet au ventre crème orné de petits points noirs, et ayant l'intérieur des fémurs jaune. •*Al hadâdiye jarâday xabca wa gisayre wa cêne, sadurha arîd, tinattit acân jinêhâtha gusâr.* Le criquet "forgeron" est rugueux, petit et laid ; il a un large thorax, il saute parce que ses ailes sont petites. •*Al haddâdiye tillagi fî l gôz ma'â l-darat wa l-nâs mâ bâkuluha.* Le criquet "forgeron" se trouve dans les terrains sablonneux à la fin de la saison des pluies ; les gens ne le mangent pas.

haddâduk *n. anim., coll.,* confondu souvent avec le *jarâd al ucar,* * hdd, ه د د

♦ **nom d'un criquet, Atractomorpha acutipennis (G-M.),** famille des pyrgomorphidæ, petit criquet vert clair ayant une tête allongée et qui vole peu. •*Tâkul wa mâ bâkuluha... Di jarâday haddâdûk.* Il mange mais on ne le mange pas... C'est le petit criquet allongé. *Dvnt.* •*Al iyâl al-dugâg maco karrabo haddâduk wa antôh lê l-jidâd.* Les petits enfants sont partis attraper des criquets Atractomorpha acutipennis et les ont donnés aux poules. •*Jaraday haddâdûk saxayre min abunjallôg lônah axadar.* Le criquet Atractomorpha acutipennis est plus petit que l'Acrida bicolor et a une couleur verte.

haddas / yihaddis *v. trans.,* ≅ l'*inacc. yahaddis, Cf. hajja, kallam, xabbar,* * ḥdṯ, ح د ث

♦ **parler, converser.** •*Coxol al bigi amis da, mâ haddasok bêyah wallâ ?* Est-ce qu'on t'a parlé de ce qui était arrivé hier ? •*Hû mâ yagdar yahaddis ma'â l banât.* Il ne peut pas parler aux filles. •*Haddis iyâli wa gûl lêhum anâ gâ'id âfe !* Parle à mes enfants et dis-leur que je suis en bonne santé !

haddây / haddâyîn *adj. mrph. intf.,* (*fém. haddâye*), *Cf. hada,* * hdy, ه د ي

♦ **conseiller (-ère).** •*Al-câyib wa l ajûz humman haddâyîn acân irifo coxôl katîr.* Les personnes âgées sont de bons conseillers parce qu'ils connaissent beaucoup de choses. •*Anâ nirîd nagôd janb al-nâdum al haddây.* Moi, j'aime bien rester à côté de quelqu'un qui donne de bons conseils. •*Mâ tagôdi ma'â l mara di acân hî mâ haddâye !* Ne reste pas avec cette femme, parce qu'elle est mauvaise conseillère !

haddidîn *n. d'act., m.,* ≅ *haddadân,* * hdd, ه د د

♦ **menace, intimidation.** •*Humman dôl illa gâ'idîn fî haddidîn al-nâs bas.* Ils ne sont là que pour menacer les gens. •*Mâ tirîd haddidîn al-nâs, yôm wâhid baktuluk !* Ne prends pas l'habitude de menacer les gens, un jour ils te tueront !

haddîn *n. d'act., m.,* ≅ *haddân,* * hdn, ه د ن

♦ **abattage, décapitation.** •*Al hâkûma mana'at haddîn al-cadar.* Le gouvernement a interdit l'abattage des arbres. •*Haddîn al mujrimîn, xarâr mârig min al mamlaka.* La décapitation des criminels est prescrite par un décret royal.

hâdi 1 *pron.* démonstratif féminin, → *hâda, di.*

hâdi 2 / hâdiyîn *adj. mrph. part.* actif, (*fém. hâdiye*), * hd', ه د ء

♦ **calme, tranquille, paisible.** •*Al-râjil kan hâdi bi'îc ma'â martah.* L'homme paisible vivra longtemps avec sa femme. •*Al mara l hâdiye, iyâlha kulluhum bamurgu adîlîn.* La femme calme n'aura que de bons enfants [tous ses enfants sortiront parfaits]. •*Al iyâl babgo hâdiyîn kan al mêtir daxal fî l kilâs.* Les enfants redeviennent tranquilles dès que le maître entre dans la classe.

hadîd / hadâyid nom de minéral, *coll., m., sgtf. hadîday,* * ḥdd, ح د د
♦ **fer,** tout objet en fer. •*Al hadîd gawi min al hatab.* Le fer est plus dur que le bois. •*Jibt hadîday yudugguha lêi sakkîn.* J'ai apporté un bout de fer pour qu'on m'en fasse [frappe] un couteau. •*Al haddâd xammo hadâyid fî l pûs.* Les forgerons ont entassé de la feraille dans la carriole.

hadinîn *n. d'act., m., ≅ hadanân, → hadan,* * ḥḍn, ح ض ن
♦ **portage dans les bras, tendresse, couvaison,** geste de la mère qui porte son enfant sur son giron et le serre dans ses bras. •*Al ammahât yirîdu l hadinîn.* Les mères aiment serrer les enfants dans leurs bras. •*Al-jidâde tifaggi' bêdha ba'ad hadinîn hanâ icirîn yôm.* La poule fait éclore ses œufs après une couvaison de vingt jours.

hadîr 1 *n. m., Cf. dadâg,* * hdr, ه د ر
♦ **grondement, bruit sourd, ronflement, roulement sourd.** •*Hadîr al almi da, ankun baji !* Le grondement de la tornade est tel qu'il se pourrait bien qu'il pleuve ! •*Hadîr al bazûka misil hadîr al burrâg.* Le roulement sourd du bazooka ressemble à celui du tonnerre. •*Simi't lêi hadîr al watâyir dôl, jâyin min wên ?* J'ai entendu le bruit sourd de ces véhicules, d'où venaient-ils ?

hadîr 2 / hadîrîn *adj., (fém. hadîre),* * ḥḍr, ح ض ر
♦ **prêt(e), prévoyant(e), sur ses gardes, vigilant(e).** •*Al mara al hadîre tisawwi akilha gubbâl râjilha ma yaji min al xidime.* La femme prévoyante a préparé son repas avant que son mari ne revienne du travail. •*Al askar hadîrîn dâimân lê l-duwâs.* Les militaires sont toujours prêts au combat. •*Hû kan nâm da hadîr, yuxutt sêfah wa sakkînah tihit wusadtah al-nâyim fôgha didd al-sarrâgîn.* Celui-là, quand il dort, est toujours prévoyant : il met son épée et son couteau sous son oreiller et est prêt à s'en servir contre les voleurs. •*Ganda abu Halîme dâiman hadîr acân baxâf min al môt.* Le chacal "Ganda abou Halimé" est toujours sur ses gardes parce qu'il a peur de mourir.

hâdir / hâdirîn *adj. mrph. part.* actif, forme I, (*fém. hâdire*), * ḥḍr, ح ض ر
♦ **présent(e), comptant, tout de suite, cash.** •*Anîna hâdirîn yôm môt hanâ abu Âdum.* Nous étions présents le jour de la mort du père d'Adoum. •*Fî l xada, al hâdirîn mâ rijo l xâyibîn.* Au repas, les présents n'ont pas attendu les absents. •*Âce, inti hâdire ma'â l âxarîn fî l xidime amis ?* Aché, étais-tu présente avec les autres au travail hier ? •*Hû kaffâni hâdir ujura hanâ bêti.* Il m'a payé comptant le loyer de ma maison. •*Amci wa ta'âl hâdir, mâ ti'axxir !* Pars et reviens tout de suite, ne t'attarde pas !

hadîs 1 / ahâdîs *n. m.,* * ḥdṯ, ح د ث
♦ **dire du Prophète,** parole attribuée à *Muhammad.* •*Simi' hadîs hanâ l-nabi Muhammad fî Ramadân.* J'ai écouté les dires du prophète *Muhammad* pendant le Ramadan. •*Katab Abdullay kulla l ahâdis al-simi'ha min al-Rasûl.* Abdoulaye a écrit toutes les paroles qu'il avait entendues de l'Envoyé de Dieu.

hadîs 2 *n. m., Cf. haddas,* * ḥdṯ, ح د ث
♦ **parole, dire.** •*Mâ simi' hadîsak, tidôr cunû ?* Je ne t'ai pas entendu, que veux-tu ? •*Mâ tisaddig hadîs al kaddâb da !* Ne crois pas aux dires de ce menteur !

hadîs 3 *adj., (fém. hadîsa, hadîse), Syn. jadîd,* * ḥdṯ, ح د ث
♦ **nouveau (-velle), récent(e), moderne.** •*Dêc hanâ Tcâd mu'azzaz be silah hadîs.* L'armée du Tchad est équipée d'un armement moderne. •*Al arabât al hadîsa sarî'e wa mâ indaha haraka kân mâciye.* Les camions modernes sont rapides et ne font pas de bruit quand ils roulent.

hâdis / hawâdis *n. m.*, * ḥdṯ, ح د ث
♦ **accident.** •*Hâdis bigi fî l-câri wa sabbab môt wâhid.* Dans la rue il y a eu un accident qui a fait un mort. •*Axlabît al hawâdis hanâ l-câwâri fî Anjammêna bisabbubu l-cifêrât hanâ taksi.* La plupart des accidents dans les rues de N'Djaména sont dus aux chauffeurs de taxi.

Hâdiya *n. pr.* de femme, → *hâdiye*, * hdy, ه د ي

hadîye / hadâya *n. f.*, ≅ le pluriel *hadiyât*, * hdy, ه د ي
♦ **cadeau, don,** cadeau souvenir. •*Mêtir al-lekkôl gassam hadâya lê l iyâl al-najaho.* Le maître d'école a distribué des cadeaux aux enfants qui avaient réussi. •*Marit Âdum antat hadîye na'âmay lê cêxhum.* La femme d'Adoum a donné une autruche en cadeau à son chef de tribu. •*Ammi rassalat lêi hadîye hint garra'.* Ma mère m'a envoyé une bague en cadeau. •*Iyâli najaho fî l giray wa antêthum hadiyât.* Mes enfants ont réussi leurs études et je leur ai donné des cadeaux.

hadrat *invar.*, * ḥḍr, ح ض ر
♦ **Excellence,** titre d'une haute personnalité. •*Hadrat al wazîr hanâ l axbâr sawwa amis mu'tamar sahafi.* Son Excellence le ministre de l'Information a tenu hier une conférence de presse. •*Hadrat al-safîr hanâ Fransa fî Tcâd sâfar amis.* Son Excellence l'ambassadeur de France au Tchad a voyagé hier.

hafa *n. m.*, * ḥfw, ح ف و
♦ **manque de protection de la peau, déshydratation, nudité des pieds, marche pieds nus,** fait de ne pas protéger la peau par de l'huile ou les pieds par des chaussures. •*Jildi min al hafa kê, bigi axacan.* Ma peau est devenue toute rugueuse pour n'y avoir pas passé de l'huile. •*Al almi l wasxân bisabbib al-saxîr, wa bisawwi lêyah hafa.* L'eau sale provoque la diarrhée du bébé et est pour lui une cause de déshydratation. •*Bî lêi na'âl min al hafa.* Achète-moi des sandales pour me protéger les pieds. •*Al haffa caggag rijilêni.* Mes pieds se sont crevassés parce que je les ai laissés sans protection. •*Jilid hanâ rujâl yahamal al hafa mâ misil jilid hanâ al awîn.* La peau des hommes supporte le manque de crème bien plus que celle des femmes. •*Al hafa da ta'abni.* Le manque d'huile sur le corps me fait souffrir.

hafad / yahfad *v. trans.*, forme I n° 13, ≅ *hafaz, yahafiz*, * ḥfẓ, ح ف ظ
♦ **protéger, garder, conserver, mémoriser.** •*Amci âfe Allah yahfadak !* Va en paix, que Dieu te protège ! •*Mahammat hafad gursah min al-sarrâgîn.* Mahammat a mis son argent à l'abri des voleurs. •*Al-râjil hafad al gurus al intu ammantuh lêyah.* L'homme a gardé l'argent que vous lui avez confié. •*Wilêdi hafad al Xur'ân, bigi Gôni.* Mon fils a mémorisé tout le Coran, il est maintenant un Maître en lecture coranique.

hâfad / yihâfid *v. intr.*, → *hâfaz.*

hafadân *n. d'act., m.*, → *hufudân.*

hafâfîr *pl.*, → *haffâr.*

hafar / yahafir *v. trans.*, forme I n° 6, *Cf. bahhat, nakat*, * ḥfr, ح ف ر
♦ **creuser.** •*Humman hafaro l xabur ajala ke wa dafanoh.* Ils ont vite creusé sa tombe et l'ont enterré. •*Hî hafarat majra giddâm bêtha.* Elle a creusé un caniveau devant sa maison. •*Al-rujâl bidôru bahafuru bîr fî l hille.* Les hommes veulent creuser un puits au village.

hafâyid *pl.*, → *hafîde.*

hafaz / yahafiz *v. trans.*, → *hafad.*

hâfaz / yihâfiz *v. intr. {- lê}*, forme III, ≅ *hâfad, yihâfid*, *Syn. hafad*, * ḥfẓ, ح ف ظ
♦ **conserver, mettre à l'abri, garder, mémoriser.** •*Anîna gâ'idîn nihâfuzu lê carafna.* Nous gardons encore notre dignité. •*Hâfiz lê mâlak kan mâ kê l harâmîn basurguh.* Protège soigneusement ton bien,

sinon les malfaiteurs vont le voler. •*Wilêdi l-saxayar yihâfiz dâiman lê wasiyti.* Mon petit enfant retient toujours mes conseils.

hafazân *n. d'act.*, → *hufudân.*

haffa 1 / yihiff *v. trans.*, forme I n° 11, * ḥff, ح ف ف

♦ **raboter, tailler.** •*Al menizye haffa l xacab acân bi'addil al finêtir.* Le menuisier a raboté le bois pour ajuster la fenêtre. •*Binêyt al-lekkôl tihiff xalâmha be lazwâr.* L'écolière taille son crayon avec une lame de rasoir. •*Nihiff furu' al-cadaray di acân tugumm adîle.* Je taille les branches de cet arbre pour qu'il pousse bien comme il faut.

haffa 2 / yihiff *v. trans.*, forme I n° 11, → *dagac 2*, * ḥff, ح ف ف

♦ **aller partout, s'en aller çà et là, vadrouiller,** aller et regarder en cherchant de tout côté. •*Mâci wa mâ bilaffit, kan laffat al-dunya haffat ! da l-safarôg.* Il va sans se retourner ; le jour où il se retournera, le monde s'en ira ! C'est le bâton de jet. *Dvnt.* •*Al mara di mâ tisawwi akil lê iyâlha, illa tihiff al buyût bas.* Cette femme ne prépare pas le repas de ses enfants, elle ne fait que passer de maison en maison. •*Iyâl bandi mâ induhum buyût, yihiffu min sûg lê l-sûg, wa min câri lê l-câri.* Les petits voleurs n'ont pas de maison, ils vont d'un marché à l'autre et d'une rue à l'autre.

haffâf / haffâfîn *adj. mrph. intf.*, (*fém. haffâfa*) *Syn. daggâc*, * ḥff, ح ف ف

♦ **errant(e), vagabond(e),** qui marche sans but précis. •*Al haffâf mâ indah xidime wa lâ yifatticha.* Le vagabond n'a pas de travail et n'en cherche pas. •*Al mara kan haffâfa fî l buyût axêr mâ ta'xudha.* Une femme qui passe de maison en maison sans but précis, il vaut mieux ne pas l'épouser. •*Fî Anjammêna iyâl katîrîn haffâfîn.* A N'Djaména il y a beaucoup d'enfants errants.

haffân *n. d'act.*, ≅ *haffîn*, → *haffîn.*

haffar / yihaffir *v. trans.*, forme II, * ḥfr, ح ف ر

♦ **creuser, faire creuser.** •*Haffar nugâr acân yitêrib lêyah cadar fî giddâm bêtah.* Il a creusé des trous afin de planter des arbres devant sa maison. •*Al-nâs al yifattucu l-dahab yihaffuru minjam misil al halâlîf.* Les chercheurs d'or creusent n'importe comment, comme le font les cochons. •*Al-sabar haffaro l fûl al amis têrabnah kulla ke.* Les écureuils ont déterré toutes les arachides que nous avions plantées hier.

haffâr / hafâfîr *n. m.*, *mrph. intf.*, *litt.* qui creuse vite, *Cf. atala*, * ḥfr, ح ف ر

♦ **pic, barre à mine.** •*Al-râjil nakat al wara-bêt be l haffâr.* L'homme a creusé le trou des toilettes avec un pic. •*Al haffâr hadîday tarîne wa inḍaha gadd budussu fôgah ûd.* Le pic pour creuser est fait d'un morceau de fer muni d'un trou dans lequel on enfonce un manche en bois. •*Wald al fâr haffâr.* Le fils du rat sait bien s'y prendre pour creuser les trous. *Prvb.* (*i.e.* "Tel père, tel fils !").

haffaz / yihaffiz *v. trans.*, forme II, * ḥfẓ, ح ف ظ

♦ **faire mémoriser, faire apprendre.** •*Anâ farhâne min Abu Zênaba, haffaz iyâli al Xur'ân wa l hadîs.* Je suis contente du père de Zénaba : il a appris le Coran et les paroles du Prophète à mes enfants. •*Al mudarris yihaffiz nacîd al watani lê talâmîzah.* Le professeur apprend l'hymne national à ses élèves.

haffîn *n. d'act.*, ≅ *haffân*, *Cf. haffa*, * ḥff, ح ف ف

♦ **taillage, rabotage.** •*Al galam katibah mâ bincâf, bidôr haffîn.* Ce crayon a besoin d'être taillé, on ne voit plus ce qu'il écrit. •*Al bâb da mâ yinsadda, bidôr haffîn.* Cette porte ne se ferme plus, elle a besoin d'être rabotée. •*Canabâtak dôl tuwâl, bidôru haffîn.* Tes moustaches sont trop longues, elles ont besoin d'être raccourcies.

hafhaf / yihafhif *v. trans.*, forme II, * ḥff, ح ف ف

♦ **couper les cheveux, se coiffer,** rafraîchir la chevelure en coupant le bout ou les mèches de cheveux. •*Al-subyân yihafhufu sûfhum acân al-îd garîb.* Les jeunes gens se coiffent en coupant un peu leurs cheveux parce que la fête approche. •*Al-râjil mâ birabbi sûfah misil ca'ar al mara, ille bihafhifah bas.* L'homme ne prend pas autant de soin pour ses cheveux que la femme, il ne fait que les raccourcir.

hafîde / hafâyid *n. f.*, * ḥfẓ, ح ف ظ

♦ **médaille, médaillon,** objet que l'on porte au cou ou au poignet. •*Anâ indi hafîde hint dahab.* J'ai une médaille en or. •*Al hafîde di hint Maryam.* Cette médaille est à Mariam. •*Zamân fî Abbecce talga kulla saxîr saxayir indah hafîde hint fudda fî ragabtah.* Autrefois à Abéché, tous les petits enfants portaient une médaille d'argent au cou. •*Hafîdt al iyâl, baktubu fôgha usum al-saxîr wa usum abuh wa jiddah.* Sur les médailles des enfants, on grave leur nom ainsi que ceux de leur père et de leur grand-père.

hafidîn *n. d'act., m.*, → *hufudân.*

hâfiz / hâfizîn *adj.*, (*fém. hâfize*), * ḥfẓ, ح ف ظ

♦ **protecteur (-trice), qui connaît par cœur,** qui a mémorisé. •*Amci âfe al hâfiz Allah bas !* Va en paix : seul Dieu est le protecteur. •*Wilêdi hâfiz kalâm katîr min târix hanâ Tcâd.* Mon fils a retenu par cœur de nombreuses pages [paroles] de l'histoire du Tchad !

Hâfiz *n. pr.* d'homme, → *Hâfiz.*

hafizîn *n. d'act., m.*, → *hufudân.*

hafla / haflât *n. f.*, * ḥfl, ح ف ل

♦ **cérémonie, festivités, fête.** •*Yôm al îd fîh hafla fî câri arba'în.* Il y a une cérémonie à la "rue des quarante" le jour de la fête. •*Fî daxûl al-sana hafla kabîre bigat fî l bêt hanâ wazârt al xârijiya.* Il y avait une cérémonie dans la grande maison du ministère des Affaires étrangères le jour de la nouvelle année. •*Sawwat hafla fî yôm tahûrit iyâlha.* Elle a organisé une fête le jour de la circoncision de ses enfants.

hafs *n. m.*, *Cf. amr, warc*, * ḥfs, ح ف ص

♦ **variante d'une écriture coranique, nom d'une lecture du Coran,** fondée sur une des sept lectures traditionnelles du Coran à partir du texte de *ˁUtman* ; la lecture *hafs* de *ˁÂsim* fait autorité en Arabie Saoudite, au Soudan et au Tchad. •*Al katib al hafs wa l âmr wâhid bas, al farig illa fî l-riwâya.* L'écriture du *hafs* et celle du *amr* sont identiques, il n'y a que des variantes dans la récitation. •*Al alif al bikammil al kalima bingari "a" fî hafs wa "e" fî "amr".* Le alif de la fin d'un mot est prononcé "a" en lecture *hafs*, et "é" en lecture *amr*.

Hafsa *n. pr.* de femme, femme du Prophète.

hafyân / hafyânîn *adj.*, (*fém. hafyâne*), * ḥfw, ح ف و

♦ **qui va nu-pieds, qui est sans protection de la peau,** qui n'a ni la peau ni les cheveux massés avec de l'huile. •*Mâ turûx hafyân acân al harray hâmiye.* Ne marche pas pieds nus parce que le soleil est chaud. •*Al mêtir biwassi abbahât al iyâl acân mâ yaju hafyânîn fî l-lekkôl.* Le maître demande aux parents d'élèves que les enfants ne viennent pas pieds nus à l'école. •*Al mara l miskîne di hafyâne wa jilidha axabac.* Cette pauvre femme marche pieds nus et la peau de son corps est sèche.

hagar / yahgir *v. trans.*, ≅ l'*inacc. yahagir*, forme I n° 6, * ḥqr, ح ق ر

♦ **mépriser** ***qqn.*****, être impoli(e) avec** ***qqn.*****, être irrespectueux (-euse), être insolent(e) envers** ***qqn.*** •*Hû da muta'ammid, yahagir al-nâs al kubâr minnah.* Celui-là est insolent, il ne respecte pas les gens plus âgés que lui. •*Karrim ragabtak acân al-nâs mâ yahaguruk !* Respecte-toi [honore ton cou] pour que les gens ne te méprisent pas ! •*Acta hagarat râjilha acân hû miskîn.* Achta méprise son mari parce qu'il est pauvre. •*Anâ mâ nahagir ammi wa lâ abui wa lâ nâdum kabîr minni.* Je ne manque de respect ni à ma mère, ni à mon père, ni à quelqu'un de plus âgé que moi.

hagâyig *pl.*, → *hagîga.*

hagg / hugûg *n. m.*, *Cf. haxx*, * ḥqq, ح ق ق

♦ **droit, ce qui appartient à, ce qui revient de droit à *qqn.*** •*Al gurus da haggi anâ.* Cet argent m'appartient. •*Xadamt lê l hâkûma wa mâ kafatni hugûgi.* J'ai travaillé pour le gouvernement, et il ne m'a pas payé mes droits. •*Al-zakât hagg hanâ l masâkîn !* L'aumône est ce qui revient de droit aux pauvres ! •*Hâkûma hanâ Tcâd badat tihtarim hugûg al Insân.* Le gouvernement tchadien commence à respecter les droits de l'homme.

haggag / yihaggig *v. trans.*, forme II, ≅ l'*inacc. yahaggig*, * ḥqq, ح ق ق

♦ **accomplir, réaliser.** •*Anâ haggagt hadafi.* J'ai réalisé mon but. •*Hû sawwa l mulamma wa mâ haggag ceyy.* Il a fait la réunion et n'a rien réalisé.

haggan / yihaggin *v. trans.*, ≅ l'*inacc. yahaggin*, *Cf. zaga, carrab, jaxxam* ; forme II, * ḥqn, ح ق ن

♦ **gaver, gorger d'eau, forcer à boire,** donner à boire de force. •*Mûsa baka wa Maryam hagganatah.* Moussa a pleuré et Mariam lui a donné à boire de force. •*Al-râjil haggan al-jamal be almi hanâ atrôn.* L'homme a gavé le chameau avec de l'eau natronnée. •*Haggant wilêdi l-saxayar acân yunûm.* J'ai forcé mon petit enfant à boire pour qu'il puisse dormir.

hagganân *n. d'act.*, *m.*, → *hagganîn.*

haggâr / haggârîn *adj.*, (*fém. haggâra*), * ḥqr, ح ق ر

♦ **méprisant(e), insolent(e), indocile,** qui a la tête dure et ne veut rien comprendre ni sentir. •*Al wilêd al haggâr dâwas mêtirah.* L'enfant insolent s'est battu avec son maître. •*Al binêye di haggâra mâ tasma kalâm ammaha.* Cette fille est méprisante, elle n'écoute pas la parole de sa mère. •*Mâ tabga haggâr, ihtarim al-nâs al kubâr minnak !* Ne sois pas indocile, respecte les gens qui sont plus âgés que toi !

Haggâr *n. pr.* d'homme, → *haggâr.*

hagginîn *n. d'act.*, *m.*, ≅ *hagganân*, * ḥqn, ح ق ن

♦ **gavage.** •*Anâ mâ nirîd hagginîn al iyâl al-dugâg be l madîde.* Je suis contre [je n'aime pas] le gavage des petits enfants avec de la bouillie. •*Hagginîn al iyâl al-dugâg be l-dihin xatari bilhên.* Le gavage des petits enfants avec de l'huile est très dangereux. •*Al hagginîn katal lêi wilêdi l hattât al kurûc.* Le gavage a tué le dernier de mes enfants.

hagîga / hagâyig *n. f.*, * ḥqq, ح ق ق

♦ **vérité, réalité.** •*Kalâmak da hagîga mâ kidib.* Ce que tu as dit [ta parole] n'est pas un mensonge, c'est la vérité. •*Orîni l hagîga, inta mâci wên ?* Dis-moi la vérité, où vas-tu ?

hagu *n. m.*, *Syn. dimsik*, *Cf. karrâb*, * ḥqw, ح ق و

♦ **cordelette, ceinture, lien en tissu, cordon,** ce qui permet d'attacher le saroual. •*Jiddi cayyab xalâs, idênah yarjifu, mâ yagdar yarbut hagu hanâ surwâlah.* Mon grand-père est trop vieux, ses mains tremblent, il ne peut plus attacher la ceinture de son pantalon. •*Al wilêd al-saxayar mâ yagdar yalbas surwâl al indah hagu acân mâ ya'arif yirabbitah.* Le petit enfant ne peut pas porter une culotte que l'on serre avec un cordon parce qu'il ne sait pas le nouer.

hahâ *invar.*, → *âhah*, marque l'affirmation avec une tonalité montante sur la deuxième syllabe, *Syn. hâ, aywâ, Cf. na'am.*

hâha / yihâhi *v. trans.*, *Cf. tarad*, *empr.*, connu au *Sdn.* (*C.Q.*) ; forme III, * hwy, ه و ي ⇨

♦ **éventer, agiter la main pour chasser des volatiles,** éloigner les oiseaux ou les mouches par des gestes ou du bruit. •*Iyâli maco badri wa hâho l-têr min al-zurâ'a.* Mes enfants sont allés très tôt dans les champs pour en chasser les oiseaux. •*Abuh mardân wa hû yihâhi lêyah min al hamu.* Son père est malade et il est en train de l'éventer pour le rafraîchir [éloigner la chaleur]. •*Al bahâyim yihâhu l-hacarât be dunubbênhum.* Les bestiaux chassent les insectes avec leur queue. •*Mûsa nâm wa ammah hâhat lêyah be hajâja.* Moussa dort et sa mère l'évente avec un éventail.

hâhân *n. d'act., m.,* → *hâhîn.*

hâhay / hâhâyât *n. f., Syn. hajjâja, rahhâba,* * hwy, ه و ي
♦ **éventail.** •*Anâ mâ indi hâhay.* Je n'ai pas d'éventail. •*Fî l hamu al-nâs bacuru hâhâyât.* En saison chaude les gens achètent des éventails.

hâhîn *n. d'act., m.,* ≅ *hâhân, Cf. hâha,* * hwy, ه و ي
♦ **fait d'éventer, fait de chasser les volatiles,** fait d'agiter l'éventail ou la main. •*Mâ nâgdar lê hâhîn al-dubbân min al-rimme.* Je ne peux pas chasser les mouches du cadavre (se dit d'une situation difficile ou pénible dont on ne peut écarter les curieux ni ceux qui veulent en tirer profit). •*Al hâhîn mâ yanfa' lê l-jarâd.* Il est inutile d'essayer de chasser les criquets d'un endroit. •*Al binêye di ti'ibat min hâhîn al-têr min al-zere' fî l harray.* Cette fille est fatiguée de chasser les oiseaux du champ sous le soleil. •*Kân mâ hâhîni lêyah da, mâ yagdar yunûm min al hamu.* Si je ne l'évente pas, il ne peut pas dormir tant il fait chaud.

hâj ! *invar.,* interjection exprimant l'enthousiasme.
♦ **ouais !, formidable !**

hâj bâj ! *invar.,* exclamation, réponse à l'invitation d'un conteur allant commencer son histoire.
♦ **parle !, à toi la parole !** •*Kan nidôr nahajji lê l iyâl hije tuwâl, nugûl : "Hijjeyti hijjeyitku !" wa humman yuruddu : "Hâj bâj !".* Lorsque je veux raconter un conte aux enfants, je dis : "Mon histoire sera la vôtre !" et ils répondent "Parle !". •*Ma nabda hijjeyti illa kan al iyâl gâlo lêi "hâj bâj" wallâ "hâ, ha l-taji !".* Je ne commence mon histoire que lorsque les enfants me disent : "parle! " ou "oui, qu'elle vienne !".

hâja / hâwâyij *n. f.,* ≅ *hâje* (sg.), *hâjât (pl.),* * ḥwj, ح و ج
♦ **besoin, chose nécessaire, affaires, bagages,** chose que l'on recherche ou dont on a besoin ou envie. •*Al mara câlat hâjât katîrîn fî guffitha.* La femme a emporté beaucoup de choses dans son couffin. •*Jît lêk acân tantîni hâja.* Je suis venue vers toi pour que tu me donnes quelque chose. •*Jîti, cunû hâjitki tidôrîha ?* Tu es venue, de quoi as-tu besoin [quoi ton besoin tu le veux] ? •*Hâjti kitâb franse.* J'ai besoin d'un livre de français [mon besoin est un livre de français]. •*Anâ mâ indi hâje be ju' walla atac.* Je maîtrise en moi le besoin de manger ou de boire. •*Jûtu hini, hawâyijku cunû ?* Vous êtes venus ici, de quoi avez-vous besoin ? •*Mâ tagôd hini bala hâje !* Ne reste pas ici si tu n'as besoin de rien !

hajâlîj *pl.,* → *hajlîj.*

hajam 1 / yahjim *v. trans.,* ≅ l'*inacc. yahajim,* forme I n° 6, * hjm, ه ج م
♦ **attaquer par surprise, surprendre pour tuer.** •*Al-sarrâgîn hajamo l hille wa câlo bagar katîrîn.* Les voleurs ont attaqué par surprise le village et ont emporté de nombreuses vaches. •*Al-râjil hajam jâra be fajur fajur wa dâwasah.* L'homme a attaqué son voisin de très bon matin et s'est battu avec lui. •*Al-sayyâdîn hajamo l-dûd fî bêtah wa kataloh.* Les chasseurs ont surpris le lion dans sa tanière et l'ont tué.

hajam 2 / yahjim *v. trans.,* ≅ l'*inacc. yahajim, Cf. hajjam,* forme I n° 6, * ḥjm, ح ج م ⇨

♦ **poser des ventouses.** •*Al binêye hajamat anfûla fî dahar ammaha.* La fille a posé des ventouses sur le dos de sa mère. •*Al-râjil da yahajim kitif axuh al waga' min al-juwâd.* Cet homme posera des ventouses sur l'épaule de son frère qui est tombé de cheval.

hajamân *n. d'act., m.*, → *hajimîn.*

hajar 1 / yahajir *v. trans.*, forme I n° 6, * ḥjr, ح ج ر

♦ **empêcher de, interdire, refuser, être à sec, léser,** empêcher *qqn.* d'exercer son droit. •*Al askar hajarôna min al-ruwâxa hint al-lêl.* Les soldats nous ont interdit de nous promener pendant la nuit. •*Hû marad al bôl hajarah.* Il a des calculs qui l'empêchent d'uriner. •*Al bîr di hajarat, mâ indaha almi.* Ce puits est à sec [il est devenu pierre], il n'y a plus d'eau. •*Mahmûd gâl lê rafîgah : "Marti hajaratni min al-serîr".* Mahmoud a dit à son ami : "Ma femme me refuse le droit du lit (*i.e.* de coucher avec elle)". •*Hawwa râjilha hajarâha, santên mâ gabbal lêha.* Le mari de Hawwa a failli à son devoir matrimonial : depuis deux ans il n'est pas revenu au foyer. •*Al-râjil da, hajaroh min haggah, sawwoh lêyah ceri'e ôja.* Cet homme est lésé dans son droit, ils lui ont fait une parodie de justice [un procès tordu].

hajar 2 / hujâr nom, *m.*, voir expression *riyâl hajar*, * ḥjr, ح ج ر

♦ **montagne, pierre, rocher.** •*Macêna rikibna fî hajar Tandu ma'â rafîgi.* Nous sommes allés escalader la montagne Tandou avec mon ami. •*Antîni hajar al hinâk da, nudugg bêyah ponti !* Donne-moi la pierre qui est là-bas afin que je m'en serve pour enfoncer un clou ! •*Hujâr hanâ Tibesti tuwâl min hanâ Wadday.* Les montagnes du Tibesti sont plus hautes que celles du Ouaddaï. •*Azurg al kalib be l hajar al giddâmak da !* Jette sur le chien la pierre qui est devant toi ! •*Cadaray tawîle bala nuwâr... Da l hajar.* Un arbre très haut qui n'a pas de fleurs... C'est la montagne. *Dvnt.*

Hajar *n. pr.* d'homme, → *hajar 2.*

hâjar / yihâjir *v. intr.*, forme II, *Syn. hajjar*, * hjr, ه ج ر

♦ **émigrer, rechercher la science,** suivre l'enseignement d'un faki itinérant en se déplaçant avec lui de village en village. •*Iyâl jirânna hâjaro ma'â sayyidhum lê l xarib.* Les enfants de nos voisins ont émigré avec leur maître vers l'Ouest. •*Axui yihâjir ma'â immah acân bidôr bahfaz al Xur'ân.* Mon frère a émigré avec son oncle paternel parce qu'il veut apprendre le Coran. •*Al-nâs kan al harba bigat lêhum katîre, yihâjuru fî diyâr jîrânhum.* Lorsque la guerre est trop intense, les gens émigrent vers les pays voisins.

hajar Bangi / hujar Bangi nom composé, *litt.* pierre de Bangui, * ḥjr, ح ج ر

♦ **pierre ponce.** •*Al awîn yuhukku ku'ubênhum be hajar Bangi min al-caggigîn.* Les femmes poncent leurs talons avec une pierre ponce pour éliminer les crevasses. •*Hajar Bangi yujûbu min Afrixiya l wusta.* Les pierres ponces viennent d'Afrique centrale.

Hâjara *n. pr.* de femme, *Cf. Hâjir*, * hjr, ه ج ر

Hajaray *sgtf.* d'un *n. pr. gr., m.*, (*fém. Hajarayye*), → *Hujâr.*

hajas / yahajis *v. trans.*, ≅ l'*inacc. yahjis* ; *Cf. dahar, farrag* ; forme I n° 6, * ḥjz, ح ج ز

♦ **séparer des adversaires, arrêter une bagarre, s'interposer, réserver une place,** empêcher les gens de se battre, se mettre dans une file d'attente. •*Al pôlîs hajas al-nâs al biddâwaso.* La police a séparé les gens qui se bagarraient. •*Al iyâl dâwaso, wa abûhum hajasâhum.* Les enfants se sont battus et leur père les a séparés. •*Ajuru ahjusuhum dôlâk humman biddâwaso !* Venez vite [courez] ! séparez ces deux-là qui se battent ! •*Ahajis leî bakân fî l-rôg al awwal hanâ l-labtân !* Réserve-moi une place dans la première file d'attente à l'hôpital !

hâje *n. f.*, → *hâja* (chose dont on a besoin).

Hâje *n. pr.* de femme, → *Hâjje.*

hâjib / hawâjib *n. m.*, *Cf. hadak*, * ḥjb, ح ج ب

♦ **sourcil.** •*Al hâjib kan sûfah katîr, yâ axêr min ciyya ; lâkin kan katîr marra wâhid, mâ sameh.* Quand un sourcil est fourni, c'est mieux que lorsqu'il n'a pas de poils, mais lorsqu'il est trop épais, ce n'est pas beau. •*Hû cayyab namman hawâjibah bigan buyud.* Il a vieilli au point que même ses sourcils ont blanchi.

hajilij *n. coll.*, → *hajlîj.*

hajimîn 1 *n. d'act., m.*, ≅ *hajamân*, * hjm, ه ج م

♦ **attaque, assaut,** fait d'attaquer. •*Al-suwâr burûdu l hajimîn hanâ fajur.* Les rebelles aiment attaquer le matin. •*Wakit al hajimîn al awîn gammo babku.* Au moment de l'attaque, les femmes se sont mises à pleurer.

hajimîn 2 *n. d'act., m.*, ≅ *hajamân*, * hjm, ه ج م

♦ **fait de poser des ventouses.** •*Al-hajimîn dawa ahâli hanâ l-rutûba.* La pose des ventouses est une médication traditionnelle pour traiter les rhumatismes. •*Al hajimîn bel mahajam walla be gubra.* Pour poser des ventouses, on utilise des cornes creuses ou de petits pots en verre.

hajîr *n. m.*, voir le *Syn. furâc* (trois jours de deuil à la place mortuaire).

Hâjir *n. pr.* de femme, nom de la mère d'Ismaïl, *Cf. hajar 1*, * hjr, ه ج ر

Hâjire *n. pr.* de femme, variante de *Hâjara*, * hjr, ه ج ر

hajj *n. m.*, → *hijj.*

hâjj / hujjâj *adj. n.*, (*fém. hâjje*), le masculin, toujours accompagné de l'article, est prononcé *al hâj*, * ḥjj, ح ج ج

♦ **pèlerin,** titre de la personne qui a fait le pèlerinage à La Mecque. •*Al hâjj katab lêna, mâ baji min Makka illa ba'ad santên.* Le pèlerin nous a écrit qu'il ne reviendrait de La Mecque que dans deux ans. •*Axui jâb lêna kâsêt ma'â l hujjâj al gabbalo.* Mon frère nous a fait parvenir une bande magnétique par les pèlerins qui étaient de retour. •*Âce tilimm gurus katîr acân tidôr tabga hâjje.* Aché met beaucoup d'argent de côté parce qu'elle veut partir en pèlerinage à La Mecque [devenir pèlerin].

Hâjj *n. pr.* d'homme, pour *al-Hâjj*, *Cf. hajj*, * ḥjj, ح ج ج

hajja 1 / yihajji *v. trans.*, *Cf. gâl, kallam* ; ≅ l'*inacc. yahajji* ; forme II, * ḥjw, ح ج و

♦ **parler, converser, raconter une histoire.** •*Ali hajja lê rafîgah fî l bêt.* Ali a parlé à son ami à la maison. •*Amis fî l-lêl hajjêna hije tuwâl.* Hier pendant la nuit, nous avons raconté des contes.

hajja 2 / yihijj *v. intr.*, forme I n° 11, connu au *Sdn.* (C.Q), hypothèse sur la racine, → *habbat, sâgat*, * ʕjj, ع ج ج

♦ **prendre** (feu), **souffler** (vent). •*Al-nâr hajjat wa haragat al kadâde.* Le feu a pris et incendié la brousse. •*Al-rîh mâ hajjat lêna, al yôm da, al wata hâmiye.* Il n'y a pas un brin de vent aujourd'hui, il fait chaud.

hajja 3 / yihijj *v. intr.*, forme I n° 11, * ḥjj, ح ج ج

♦ **accomplir le pèlerinage à La Mecque.** •*Al-sana di nâs hajjo katîrîn.* Cette année, beaucoup ont fait le pèlerinage. •*Bidôr gurus acân bihijj.* Il veut de l'argent pour faire le pèlerinage à La Mecque.

hajjaj / yihajjij *v. trans.*, forme II, ≅ l'*inacc. yahajjij*, hypothèse dans la racine, * ʕjj, ع ج ج

♦ **éventer, ventiler, souffler sur le feu, faire ronfler le feu.** •*Bihajjij al-nâr wa cararay nattat fî ênah.* Il activait le feu et une étincelle lui a sauté dans l'œil. •*Hajjiji wilêdki min al hamu !* Évente ton enfant contre la chaleur ! •*Hû yihajjij al akil al hâmi hatta yâkul.* Il refroidit la nourriture trop chaude en l'éventant avant de la manger.

hajjâja / hajjâjât nom *dmtf.*, *f.*, hypothèse dans la racine, *Cf. hajjaj*, *Syn. rahhaba, hahây*, * ʕjj, ع ج ج ٠

♦ **éventail,** éventail en fibre de rônier pour activer le feu. •*Zênaba hajjajat al-nâr fî l-kânûn be l hajjâja.* Zénaba a activé le feu avec un éventail. •*Al hajjâja jâbat lêi rih.* L'éventail m'a apporté de l'air. •*Al mara tihajjij saxîrha be hajjâjitha acân tinawwimah.* La femme évente son enfant pour le faire dormir.

hajjâja hanâ l hadîd / hajjâjât hanâ l hadîd mot composé, *Cf. hajjaj, hadîd, litt.* éventail en fer, *Syn. hajjâja hanâ Nasâra*, * ʕjj, ع ج ج ٠

♦ **ventilateur.** •*Fî dâr barra hajjâja hanâ hadîd mâ fîh.* En brousse, il n'y a pas de ventilateur. •*Wakit jît Anjammêna ajabt lê hajjâjit al-Nasâra (hajjâja hanâ Nasâra).* Quand je suis venu à N'Djaména, j'ai été étonné par les ventilateurs.

hajjâla / hajjâlât *adj. f.*, (inusité au masculin), * hjl, ه ج ل

♦ **femme divorcée non remariée, femme libre, femme vivant comme une célibataire,** femme qui n'est pas forcément une prostituée. •*Daggâni bala janiye, kaffuh mâlah xalluni nagôd hajjâla !* Mon mari m'a battue sans raison, remboursez-lui le bien qu'il a apporté pour m'épouser et laissez-moi devenir une femme libre ! •*Al hajjalât mâ katîrîn fî dâr barra.* Il n'y a pas beaucoup de femmes célibataires au village. •*Al mara l hajjâla abat mâ tâxud al-râjil al miskîn da.* La femme divorcée a refusé d'épouser cet homme pauvre.

hajjam / yihajjim *v. trans.*, ≅ l'*inacc. yahajjim*, forme II, *Syn. hajam yahjim*, * ḥjm, ح ج م

♦ **poser des ventouses, appliquer des ventouses.** •*Dahari bôjâni wa hajjamo lêi anfûla.* J'ai mal au dos et on m'a appliqué des ventouses. •*Al wanjâmi hajjamah be gerin hanâ bagar.* Le guérisseur lui a posé des ventouses en cornes de vache. •*Fî l-Ramadân, al-nâdum mâ bahajjumuh anfûla.* Pendant le Ramadan, on n'applique à personne des ventouses.

hajjân *n. d'act.*, *m.*, → *hajjîn.*

hâjjân *n. d'act.*, → *hâjjîn.*

hajjar / yihajjir *v. intr.*, forme II, ≅ l'*inacc. yahajjir*, * ḥjr, ح ج ر

♦ **sécher, tarir, être à sec, devenir du caillou, avoir des calculs, atteindre le rocher** (fond du puits), se dit d'un puits dont le fond ou le niveau de l'eau a atteint le socle granitique : on ne peut creuser davantage. •*Gubbâl al-sêf mâ yaji nakatna bîrna lâkin hî hajjarat.* Avant que la saison sèche n'arrive, nous avons creusé notre puits, mais le fond est resté sec et nous avons atteint le rocher. •*Biyâr hanâ hillitna kulluhum hajjaro wa hassâ gâ'idîn yankutu âxarîn.* Tous les puits de notre village sont à sec, et à présent nous sommes en train d'en creuser d'autres. •*Marad al bôl kan hajjar, mâ biddâwa illa be l amaliye.* Lorsqu'une maladie urinaire (bilharziose) provoque des calculs, on ne peut la soigner qu'en faisant une opération.

Hajjaro *n. pr.* d'homme, pour *hajjaroh, litt.* ils l'ont fait émigrer, *Cf. hâjar*, * hjr, ه ج ر

hajjâs al matar expression, composée de *hajjâs* [empêcheur] et de *al matar* [la pluie], *i.e.* : "celui qui arrête la pluie", ≅ l'expression *farrâg al matar*, * ḥjz, ح ج ز

♦ **arc-en-ciel.** •*Indi farde lônha misil hajjâs al matar.* J'ai un pagne aux couleurs de l'arc-en-ciel. •*Azamôna wa jâbo lêna almi sîrô axadar wa ahamar wa asfar yicabbih hajjâs al matar.* Ils nous ont invités et nous ont apporté des sirops verts, rouges et jaunes ressemblant aux couleurs de l'arc-en-ciel.

hajjây / hajjâyîn *adj.*, (*fém. hajjâye*), *Cf. jallâs*, * ḥjw, ح ج و

♦ **conteur (-euse), parleur (-euse), causeur (-euse), loquace.** •*Al-râjil da hajjây hû bidahhik al-nâs.* Cet homme est un bon causeur, il fait rire les gens. •*Jiddi hajjây be fî l-lêl mâ bixallina nunûmu.* Mon grand-père est un conteur, la nuit il ne nous laisse pas dormir.

Hâjje *n. pr.* de femme, *fém.* de *al Hâjj*, * ḥjj, ح ج ج

hajjîn 1 *n. d'act., m.*, ≅ *hajjân*, hypothèse dans la racine, * ʕjj, ع ج ج

♦ **souffle, soufflement, fait d'activer le feu en soufflant.** •*Furu' al-cadaray ancabako wa sawwo haraka katîre ma'â hajjîn al-rîh.* Les branches de l'arbre se sont entrecroisées et font beaucoup de bruit quand le vent souffle. •*Fî l-sêf al wata hâmiye, wa hajjîn al-rîh bigawwim ajâj katîr.* En saison sèche il fait chaud, et le vent qui souffle soulève la poussière. •*Câhiki da mâ fâr, nârki di tidôr lêha hajjân.* Ton thé ne bout pas, ton feu a besoin d'être activé.

hajjîn 2 *n. d'act., m.*, ≅ *hajjân*, moins employé que *hije, kalâm*, * ḥjw, ح ج و

♦ **fait de parler.** •*Kan al-nâs nâmo, al hajjîn kan bicêc kulla yinsami.* Lorsque les gens dorment, même si l'on parle doucement, cela s'entend. •*Al iyâl yi'allumu hajjîn al amm awwal min kulla kalâm.* Les enfants commencent à parler leur langue maternelle avant toutes les autres.

hâjjîn *n. d'act., m.*, ≅ *hâjjân*, * ḥjj, ح ج ج

♦ **fait de partir en pèlerinage à La Mecque,** fait d'accomplir le pèlerinage à La Mecque. •*Al-sane al-nâs al gursuhum gassar, hâjjînhum bigi gâsi.* Cette année, les gens qui n'avaient pas assez d'argent sont partis pour le pèlerinage dans des conditions difficiles. •*Al hâjjîn, tôba lê -llah.* Accomplir le pèlerinage est un acte de conversion vers Dieu.

Hajjuwa *n. pr.* de femme, variante de *Hâjje Hawwa*, * ḥjj, ح ج ج

hajlîj / hajâlîj *n. vég., coll., m., sgtf. hajlijay*, ≅ *hajilij, hajlij, haljîj*, peut être *empr. irn.* par analogie aux myrobolans d'Inde, d'après *dict.* (*Ka.*) article *ihlîlaj* (إهليلج) p. 67 et 1438, * hlj, ه ل ج

♦ **nom d'un arbre, savonnier, fruit du savonnier, Balanites ægyptiaca (L.),** famille des simarubacées, arbre atteignant six à dix mètres de haut, très utile et connu en Égypte depuis des millénaires. •*Hû massa hajlîj katîr.* Il a sucé beaucoup de drupes de savonnier. •*Al xanam birîdu l hajlîj.* Les moutons et les chèvres aiment les feuilles et les fruits du savonnier. •*Talko fî talko wa l-talko ma'allag... Da l hajlîj.* Un tel est dans un tel et un tel est suspendu… C'est la drupe du savonnier. *Dvnt.*

Hajôja *n. pr.* de femme, variante de *Hâjje*, * ḥjj, ح ج ج

hak ! *invar.*, interjection, pour chasser ou éloigner une vache.

♦ **va-t'en !, ouste !** •*Al-râ'i kan xalâs alxadda, yinicc bagarah wa yugûl lêhum "Hak ! Hak !".* Lorsque le berger a fini de prendre son repas, il envoie les vaches paître en leur disant : "Partez ! Ouste !". •*Al bagaray gâ'ide tâkul al-cargâniye wa l wilêd rafa'a l asa wa taradâha "Hak !".* La vache était en train de manger le secco, l'enfant a levé son bâton et l'a chassée en disant : "Ouste !".

hâk / hâku impératif, (*fém. hâki*), peut-être contraction de *[hada hanâk]* (ceci est à toi), * hnw, ه ن و

♦ **prends !, attrape !** •*Hâk al barrâd, xuttah fî l-nâr !* Prends la théière et pose-la sur le feu ! •*Hâku l êc da, âkuluh !* Prenez la boule et mangez-la ! •*Hâki guruski !* Prends ton argent !

hakam / yahkim *v. trans.*, ≅ l'*inacc. yahakim*, forme I n° 6, * ḥkm, ح ك م

♦ **gouverner, diriger, juger, punir, donner une amende,** exercer une autorité morale, politique ou religieuse. •*Al-Ra'îs yahkim al-dawla.* Le Président gouverne le pays. •*Al-sultân yahkim dârna.* Le sultan dirige notre région. •*Sawwo lêna carîye wa hakamôna gurus katîr !* Nous sommes passés en jugement [ils ont tranché pour nous le litige] et avons une grosse amende à payer. •*Nâs al-cerîye yahkumu kulla yôm al mujrimîn.* Les gens du tribunal punissent chaque jour les malfaiteurs.

hakîm / hakîmîn *adj.*, (*fém. hakîme*), * ḥkm, ح ك م

♦ **sage, médecin, judicieux (-euse),** qui a une intelligence pratique. •*Al-râjil da hakîm acân yagdar yidâwi l marad.* Cet homme a l'intelligence d'un médecin parce qu'il sait soigner les maladies. •*Al wallâda hakîme, indaha irfe katîr min al awîn al âxarîn.* L'accoucheuse est une sage-femme [femme sage] qui a plus de connaissances que les autres femmes.

Hakîm *n. pr.* d'homme, *litt.* sage, savant, * ḥkm, ح ك م

hâkim / hukkâm *adj. n., mrph. part.* actif, (*fém. hâkime*), * ḥkm, ح ك م

♦ **gouverneur, juge, dirigeant.** •*Al-nâs mâ burûdu l hukkâm al-zâlmîn.* Les gens n'aiment pas les juges injustes. •*Al yôm al hâkim kallam lê l-nâs.* Aujourd'hui le gouverneur s'est adressé aux gens. •*Tcâd fî zaman al isti'mâr hukkâmha Nasâra.* A l'époque de la colonisation, les gouverneurs du Tchad étaient des Européens.

Hakîma *n. pr.* de femme, *litt.* sage, savante, * ḥkm, ح ك م

hakka / yuhukk verbe *trans.*, forme I n° 5, * ḥkk, ح ك ك

♦ **gratter, frotter, poncer.** •*Al wilêd jarbân buhukk jildah bala jumma.* L'enfant a la gale, il se gratte le corps sans cesse [sans repos]. •*Hû hakka râsah da akûn indah gamul ?* Il se gratte la tête, peut-être a-t-il des poux ? •*Hû, rijilêna caggago fî wakt al barid, wa hakkahum be hajar Bangi.* Ses pieds se sont crevassés à cause du froid, il les frotte avec une pierre ponce de Bangui. •*Hajar Bangi katîr fî l-sûg.* On trouve beaucoup de pierres ponces de Bangui au marché.

hakkâma / hakkâmât *n. f.*, ne s'emploie qu'au féminin, → *bôcâni, Cf. dûku, xannâya*, * ḥkm, ح ك م

♦ **chanteuse, griot** (femme), **chantre,** femme qui chante les louanges des ancêtres ou des hommes courageux. •*Al hakkâma ligat gurus katîr yôm al-tahûra hanâ iyâli.* La chanteuse traditionnelle a reçu beaucoup d'argent le jour de la circoncision de mes enfants. •*Al-Ra'îs cakkat lê l hakkâmât be gurus katîr.* Le Président a donné beaucoup d'argent aux chanteuses.

hakkân *n. d'act., m.*, → *hakkîn.*

hakkar / yihakkir *v. trans.*, forme II, ≅ l'*inacc. yahakkir.*

♦ **s'asseoir en tailleur, être assis les jambes croisées.** •*Al-sultân hakkar giddâm abîdah.* Le sultan est assis en tailleur devant ses serviteurs. •*Al-nâs al kubâr birîdu bihakkuru yôm al malamma.* Les grandes personnalités aiment s'asseoir par terre, les jambes croisées, lors des réunions.

hakkarân *n. d'act., m.*, → *hakkirîn.*

hakkîn *n. d'act., m.*, ≅ *hakkân, Cf. hakka*, * ḥkk, ح ك ك

♦ **frottage, frottement, grattage, ponçage,** fait de frotter, gratter, poncer. •*Haraka hanâ hakkîn îdân al-cadaray di daharâni l-nôm.* Le bruit du frottement des branches de cet arbre m'empêche de dormir. •*Hakkîn al-nâdum al mujarrib bisawwi lêi zahîge.* Le fait d'entendre le galeux se gratter me donne la nausée. •*Al-terbêza di xacna, tidôr hakkîn be l-sanfara.* Cette table est rugueuse, elle aurait besoin d'être poncée au papier de verre.

hakkirîn *n. d'act.*, ≅ *hakkarân, Syn. hikkêre.*

♦ **être assis à terre les jambes croisées,** fait de s'asseoir ou d'être assis en tailleur. •*Al hakkirîn lê l* *mara mâ adîl.* Il n'est pas convenable pour une femme de s'asseoir en tailleur. •*Al hakkirîn da maga'ad al-salâtîn.* Le fait de s'asseoir en tailleur est la posture des sultans.

hakko *n. m., empr.*
♦ **nom d'un jeu d'enfant, sorte de lutte à cloche-pied,** jeu dans lequel les lutteurs, debouts sur une jambe, tiennent l'autre jambe repliée par derrière en cherchant à renverser leur adversaire. •*Kan mâ indak gudra, mâ tal'ab hakko !* Si tu n'as pas de force, ne joue pas au *hakko* ! •*Fî li'ib al hakko, kulla wâhid ya'gil rijilah fôg wa yunutt acân yarmi axûh.* Au jeu de *hakko,* chacun tient une jambe repliée et saute sur l'autre pour faire tomber son adversaire [son frère].

hâku *pl.,* → *hâk.*

hâkûma / hâkûmât *n. f.,* * ḥkm, ح ك م
♦ **gouvernement, les autorités de l'État, autorités de l'administration.** •*Al hâkûma câlat xaddâmîn adîlîn.* Le gouvernement a embauché de bons travailleurs. •*Al hâkûmât lammo wa jâbo l âfe.* Les gouvernements se sont réunis pour ramener la paix. •*Al hâkûma jâbat lêna xalla.* Les autorités nous ont fait venir du mil. •*Al hakûma ligat guruş katîr be fadiyîn al masâjîn.* Les autorités administratives ont reçu beaucoup d'argent venant de la caution versée par les parents des prisonniers.

hâkûma zarga expression, *litt.* gouvernement noir, * ḥkm, zrq, ح ك م • ز ر ق
♦ **conduite tyrannique, comportement dictatorial, autoritarisme.** •*Al wilêd al-saxayar, gamma babki wa abûh bikaccir kulla mâ gidir sakkatah, ille antah coxol al bidôrah gabul sakat, hû hâkûma zarga !* Le petit enfant s'est mis à pleurer ; son père le gronde et n'arrive pas à le faire taire, il ne peut que lui donner ce qu'il demande pour le calmer ; cet enfant agit comme un dictateur ! •*Al mara di, râjilha mâ bagdar bufût kalâmha, hî hâkûma zarga !* Le mari de cette femme n'a plus d'autorité chez lui [il ne dépasse pas la parole de sa femme], elle a une conduite tyrannique.

hâkûra / hâkûrât *n. f., Cf. faday.*
♦ **cour, espace devant la maison.** •*Ta'âl ajjir al bêt da acân indah hâkûra kabîre !* Viens louer cette maison parce qu'elle a une grande cour ! •*Hâkûra hint bêt Mahammat muhawwaga be carâgine.* La cour de la maison de Mahamat est clôturée par des seccos.

hâl / ahwâl *n. f., Cf. xulug,* * ḥwl, ح و ل
♦ **caractère, état de *qqn.* ou de *qqch.*, situation, circonstance.** •*Binêyti indaha hâl cêne.* Ma fille a mauvais caractère. •*Sîd al hâl ta'abân.* Celui qui a mauvais caractère est toujours malheureux. •*Al-dawa baddal hâl al mardâne.* Le médicament a amélioré l'état de la malade. •*Mâ tagdar tibaddil hâl al-nâdum misil bugûlu : al kalib mâ bixalli mag'ad amgangûs.* Tu ne peux changer le caractère de quelqu'un ; on dit en effet : "Le chien ne peut abandonner son habitude de s'asseoir sur les pattes arrière !" *Prvb.*

halâ *n. f., Cf. farha,* * ḥlw, ح ل و
♦ **très grande joie.** •*Al halâ katalatni acân iyâli najaho.* Je suis vraiment très heureuse [la grande joie m'a tuée] parce que mes enfants ont réussi. •*Halâti, binêyti wildat lêha wilêd.* C'est une immense joie pour moi : ma fille a mis au monde un garçon. •*Yâ rûh, yâ halâ, mâ nagdar balâk !* Tu es ma vie, ma grande joie, je ne peux pas vivre sans toi ! (déclaration d'amour).

hâla / hâlât *n. f.,* * ḥwl, ح و ل
♦ **situation, état, cas, mode de vie, temps, époque.** •*Anîna gâ'idîn fî hâlit al harib.* Nous sommes en état de guerre. •*Jâb lêna maktûb wa ôrâna be hâlithum fî l-dâr.* Il nous a apporté une lettre et nous a fait part de leur mode de vie dans le pays. •*Ligît al âfe wa hassâ da hâlti adîle.* J'ai recouvré la santé et à présent je vais très bien

[mon état est parfait]. •*Mâ talga ticîf al-Ra'îs, illa kan fî hâlât muhimma.* Tu ne peux rencontrer le Président que pour des cas importants.

halab / yahlib *v. trans.*, ≅ l'*inacc. yahalib*, forme I n° 6, * ḥlb, ح ل ب

♦ **traire, extraire le jus,** presser un fruit pour en avoir le jus. •*Anâ mâ na'arif nahlib al bagar.* Je ne sais pas traire les vaches. •*Al-râ'i halab al-nâga.* Le berger a trait la chamelle. •*Yâ jîrâni, kan halabtu, jûbu lêna laban ciya !* Hé ! mes voisins ! si vous avez fait la traite, apportez-nous un peu de lait ! •*Fâtime ahalbi lêi lêmûn talâte walla arba' !* Fatimé, presse-moi trois ou quatre citrons !

halabân *n. d'act.*, → *hulâb.*

halaf / yahlif *v. trans.*, ≅ l'*inacc. yahalif*, forme I n° 6, * ḥlf, ح ل ف

♦ **jurer, prêter serment.** •*Anâ nahalif battân mâ nifattic kalâm !* Je le jure, je ne chercherai plus de querelles ! •*Ahalif be l-sahi !* Jure de dire la vérité ! •*Al-cuhûd jo wa halafo.* Les témoins sont arrivés et ont prêté serment.

halafôf *n. vég., coll., sgtf. halafôfay.*

♦ **nom d'un arbuste, Grewia flavescens (Juss.),** famille des tiliacées. •*Al halafôfay cadaray misil cadarayt al-tukka wa iyâlha bâkuluhum.* Le Grewia flavescens ressemble au Grewia villosa, ses fruits sont comestibles. •*Al halafôf talgah fî bakân margad al almi.* On trouve le Grewia flavescens là où l'eau stagne. •*Matârig al halafôf yisawwuhum sadâyid lê l kawâzi.* Avec les verges du Grewia flavescens, on fabrique les portes des cases rondes.

halag / yahlig *v. trans.*, ≅ l'*inacc. yahalig*, forme I n° 6, * ḥlq, ح ل ق

♦ **dégorger, nettoyer la gorge avec le doigt,** introduire le doigt dans la gorge du bébé pour faire sortir ce qui l'obstrue. •*Al-saxîr kan mâ bâkul, wâjib yahalguh.* Lorsqu'un enfant ne mange plus, il faut lui nettoyer la gorge. •*Al-nâdum kan waga' min al watîr wallâ l-juwâd, wa hâss be ragabtah kula bahalguh.* Si quelqu'un tombe d'un véhicule ou d'un cheval, et s'il a mal à la nuque, on lui nettoie la gorge avec le doigt. •*Anâ mâ na'arif nahlig iyâli, acân naxâf.* Je ne sais pas nettoyer la gorge de mes enfants avec le doigt parce que j'ai peur.

halaga / halagât *n. f.*, *Cf. safîne, tâfûra*, * ḥlq, ح ل ق

♦ **boule de paille, coussin de paille,** protection de paille entortillée et disposée en quatre boules sous la selle du chameau. •*Al-halaga diredimme min gecc maftûl wa mulawlaw, buxuttuha fî tihit al bâsûr acân dahar al-jamal mâ yidabbir.* Le coussin de paille est une boule de paille entortillée et enroulée sur elle-même ; on le pose sous la selle de chameau pour éviter que celui-ci ne se blesse le dos. •*Ba'asûr al-jamal indah arba'a halagât.* La selle du chameau a quatre coussins de paille.

halâgîm *pl.*, → *halgûm.*

halaj / yahlij *v. trans.*, forme I n° 6, ≅ l'*inacc. yahalij*, * ḥlj, ح ل ج

♦ **perdre l'eau, abîmer, forcer, foirer,** ne plus s'adapter, se dit d'un tuyau qui est devenu trop large et qui perd. •*Sîd al almi halaj al-tiyo wa mâ irif ya'addilah.* Le porteur d'eau a abîmé [foiré] le robinet et ne sait pas le réparer. •*Yâtu halaj al guful da ?* Qui a forcé ce cadenas ? •*Mâ nanti bantalôni lê l-xassâli acân naxâf yahlij lêy tcênah.* Je ne donne pas mon pantalon au blanchisseur parce que j'ai peur qu'il abîme la fermeture éclair. •*Angari'i, al-câhi l axadar yahlij al wilêd !* Fais attention, le thé vert est diurétique [fait pisser l'enfant].

halâk *n. m.*, *Cf. hilik*, * hlk, ه ل ك

♦ **ruine, mort, perdition, péril.** •*Marad al-sîda halâk lê l-nâdum al karabah.* La maladie du sida, c'est la mort pour celui qui l'a attrapée. •*Kan mâ tidôr halâk hanâ rûhak, mâ tacrab al muxaddirât !* Si tu ne veux pas mettre ta vie en péril, ne prends pas de drogue !

halal *n. m.*, pluriel inusité, * ḥll, ل ل ح

♦ **solution, compromis.** •*Anâ indi macâkil katîrîn, fattic lêi halal ma'âk !* J'ai beaucoup de problèmes, trouve-moi une solution ! •*Al xubara' fattaco halal lê carikât al-sukkar wa l-sâbûn.* Les experts ont cherché des solutions pour les sociétés de sucre et de savon. •*Kulla l muwâtinîn lammo wa fattaco halal lê l harba l ambênâthum.* Tous les citoyens se sont réunis et ont cherché une solution pour arrêter la guerre entre eux.

halâl / halâlîn *adj.*, (*fém. halâla*), * ḥll, ل ل ح

♦ **licite, permis(e), personnel(-elle).** •*Al axîde kan be gurus ciya, kula halâla.* Le mariage, même s'il est conclu avec peu d'argent, est licite. •*Al-juwâd da haggi halâli.* Ce cheval est à moi personnellement. •*Al iyâl al-tinên dôl hinêyi halâli, wa l-talâta dôl hanâ axui.* Ces deux enfants sont à moi, et les trois autres sont à mon frère.

halâlîf *pl.*, → *hallûf.*

halany / hulûny *n. m.*, prononcé *[halañ], Cf. hallany, Syn. abhulûny.*

♦ **édenté(e)** (mâchoire), qui n'a pas de dents, qui a perdu ses dents. •*Al ajâyis, kan lihigo l-tamanîn sana, katîr minnuhum xucûmhum bagbo hulûny.* De nombreuses vieilles femmes qui ont atteint l'âge de quatre-vingts ans sont édentées. •*Al-râjil sabi ke bas, xacumah bigi halany ba'ad waga' min al watîr.* Cet homme jeune, a perdu toutes ses dents après être tombé d'un camion. •*Al-ciyâb al induhum hulûny mazlûmîn min madixîn al-laham.* Les vieillards qui n'ont plus de dents ne peuvent plus mâcher la viande [sont privés de mastication de la viande]. •*Al wilêd al-dahâba wildoh xacumah halany.* L'enfant qui vient de naître a une bouche sans dents. •*Hu nattat saxîrah abhulûny wa dihik ma'âyah.* Il a fait sauter en l'air son bébé qui n'avait pas encore de dents et a ri avec lui.

Halâta *n. pr.* d'homme, pour *halâwtah, litt.* sa douceur, sa sucrerie, *Cf. halâwa*, * ḥlw, و ل ح

halâwa *n. coll., m., sgtf. halâway*, * ḥlw, و ل ح

♦ **bonbon, sucrerie, friandise.** •*Al halâwa be riyâl riyâl fî l-sûg.* Les bonbons sont à un riyal chacun au marché. •*Ligit al halâway di fî l-derib.* J'ai trouvé ce bonbon sur le chemin.

halfa *n. f. coll., sgtf. halfay*, connu au *Sdn.* (*C.Q.*), * ḥlf, ف ل ح

♦ **nom d'un oiseau, perdrix.** •*Râs al halfay yâbis misil râs amdago.* La tête de la perdrix est lisse comme celle de la pintade. •*Al halfay tirîd tagôd fî l wâdi wa tisawwi awwa katîre.* La perdrix aime rester près de l'oued et fait beaucoup de bruit. •*Tagdar taji lê l halfa garîb, wa mâ tagdar takrub minhum wâhade.* On peut [tu pourras] approcher les perdrix d'assez près, mais on ne peut en attraper aucune.

halgûm / halâgîm *n. m., Cf. luxlux*, * ḥlq, ق ل ح

♦ **gorge, gosier, pharynx** (hypopharynx). •*Al-jamal indah halgûm kabîr acân ragabtah tawîle.* Le chameau a un grand gosier parce qu'il a un long cou. •*Ba'ad al-zuxma sawwatni, halgûmi bôjâni.* Après avoir attrapé un rhume, j'ai mal à la gorge. •*Al iyâl buguhhu katîr wa l-daktôr kacaf halâgîmhum.* Les enfants toussent beaucoup et le médecin leur a examiné la gorge.

halîb *adj.* dans l'expression *laban halîb*, * ḥlb, ب ل ح

♦ **lait frais, lait bourru,** lait qui vient d'être tiré. •*Anâ nirîd al-laban al halîb.* J'aime beaucoup le lait frais. •*Zabûnti indaha burma kabîre lê l-laban al halîb.* Ma cliente a une grande marmite pour mettre le lait frais.

halibîn *n. d'act., m.*, → *hulâb.*

halîfe *n. f.*, *Cf. halaf*, * ḥlf, ح ل ف

♦ **serment.** •*Hû birîd al halîfe.* Il aime prêter serment. •*Hû sarrâg halîftah mâ nidôruha, wadduh bakân al askar !* C'est un voleur, nous n'acceptons pas son serment, amenez-le chez les soldats. •*Anâ mâ nirîd al halîfe bala derib.* Je n'aime pas jurer sans raison. •*Yâ râjil ab martên, cîn hâlak min halift al-lêl ?* Eh ! le polygame ! Comment as-tù passé ta nuit à jurer à ta femme qu'elle était ta préférée ?

halig / hulûg *n. m.*, terme plutôt réservé aux animaux, *Cf. halgûm*, * ḥlq, ح ل ق

♦ **gorge, gosier.** •*Al atac tihissah fî l halig.* On ressent la soif dans la gorge. •*Bidâyit al-zuxma tôja' fî l halig wa l-râs, wa tisidd al garâgîc.* Un début de rhume fait mal à la gorge, à la tête, et bouche les fosses nasales.

hâlik dans l'expression *iser hâlik*, → *isêr*, *Cf. hilik*, * hlk, ه ل ك

♦ **qui conduit à la mort, qui mène à la fin.** •*Al-ju' hâlik kan al xarîf mâ ja adîl.* Lorsque la saison des pluies n'est pas bonne, la faim fait mourir beaucoup de monde. •*Marad al-sîda hâlik lê l-cabâb.* La maladie du sida conduit à la mort les jeunes gens. •*Isêr hâlik anâ jît lêk fî l bêt wa mâ ligîtak.* En fin d'après-midi, je suis venu chez toi et ne t'ai pas trouvé.

Halîme *n. pr.* de femme, *litt.* longanime ; *Halîme al-sa'adiye* : mère adoptive du Prophète, *Cf. Sa'adiye*, * ḥlm, ح ل م

Halimta *n. pr.* de femme, pour *halimtah*, *litt.* son rêve.

hâliyan *invar.*, *Cf. hassâ*, * ḥwl, ح و ل

♦ **actuellement, présentement.** •*Zamân anâ sakant fî Mongo lâkin hâliyan bêti fî Anjammêna.* Autrefois j'habitais à Mongo, mais actuellement je réside à N'Djaména. •*Sahi anâ gâ'id naxadim lâkin hâliyan da mâ indi gurus.* C'est vrai que je travaille, mais actuellement je n'ai pas d'argent.

haljîj *n. vég.*, *coll.*, *sgtf. haljîjay*, → *hajlîj.*

hall *n. m.*, * ḥll, ح ل ل

♦ **solution.** •*Al-tacâdiyîn sawwo mu'tamar watani acân yalgo hall lê baladhum wa lê ca'abhum al-ta'ban.* Les Tchadiens ont organisé une conférence nationale afin de trouver une solution pour leur pays, et leur peuple qui souffre. •*Wâjib talga hall wâhid lê wilêdak acân yibaddil hâlah min al-sirge.* Il faut que tu trouves une solution pour que ton enfant change d'attitude et ne vole plus.

halla 1 / yihill *v. intr.*, forme I n° 11, * hll, ه ل ل

♦ **commencer un nouveau mois, être au début du mois, apparaître,** se dit de la nouvelle lune qui laisse apparaître son premier croissant au début du mois. •*Al yôm xamâm mâ fî wa l-cahar halla.* Aujourd'hui il n'y a pas de nuage et le mois a commencé [la lune a laissé voir son premier croissant]. •*Rijîna mata cahar gisêyar yihill.* Nous avons attendu pour savoir quand le mois de *gisêyar* allait commencer.

halla 2 / yihill *v. intr. {- lê}*, forme I n° 11, * ḥll, ح ل ل

♦ **être licite, être permis(e), devenir une habitude,** être juste, conforme à la loi religieuse, ou non frappé par dans un interdit. •*Laham al xinzîr mâ yihill lê l muslimîn.* La viande de cochon n'est pas permise pour les musulmans. •*Mâl al atâma mâ halla lêk.* Il ne t'est pas permis de prendre le bien des orphelins [le bien des orphelins ne peut te revenir licitement]. •*Axadim be idênak, gursak yihill lêk !* Travaille avec tes mains, et ton argent te reviendra de droit ! •*Amis jît wa antênak, da bas halla lêk !* Hier, quand tu es venu, nous t'avons donné quelque chose, en aurais-tu pris l'habitude pour venir de nouveau ?

halla 3 / yihill *v. trans.*, forme I n° 11, *Cf. anfakka*, * ḥll, ح ل ل

♦ **dénouer, détacher, résoudre,** trouver une solution. •*Nihill al habil* *min al humâr.* Je vais détacher [dénouer] la corde de l'âne. •*Anâ indi muckila mâ tagdar tihillaha lêi.* J'ai un problème que tu ne pourras pas résoudre. •*Macêna fî bakân al-cerîye wa l-zûz halla lêna kalâmna.* Nous sommes allés au palais de justice et le juge a résolu notre différend. •*Hill al bâb da, wa andassa dâxal wa nûm !* Ouvre [détache] cette porte, et va dormir à l'intérieur !

halla 4 / hilal *n. f., Cf. gidir, burma, kalôl*, plus employé dans l'est du Tchad qu'à N'Djaména, ≅ le pluriel *hallât*, * ḥll, ح ل ل

♦ **marmite en aluminium, fait-tout, casserole.** •*Carêt halla xâssa lê l-câhi, acân hî tufûr ajala.* J'ai acheté une marmite en aluminium, spéciale pour le thé, parce que l'eau y bout rapidement. •*Xâlti jat min al maxatar, wa jâbat lêi hilal.* Ma tante maternelle est revenue de voyage et m'a apporté des marmites en aluminium. •*Al hilal xafîfîn min al burâm, mâ tagdar tusût fôgah êc.* Les marmites en aluminium sont plus légères que les marmites en terre cuite, mais on ne peut pas s'en servir pour faire cuire la boule.

hallaf / yihallif *v. trans.*, forme II, * ḥlf, ح ل ف

♦ **faire prêter serment.** •*Al-ra'îs al-dawla l-jadîd hallafoh giddâm al-ca'ab.* On a fait prêter serment au nouveau Président de la République devant le peuple. •*Al-sarrâg xâlat gâl mâ câl al xumâm wa l-sultân hallafah Xur'ân.* Le voleur a nié avoir pris des affaires, et le sultan l'a fait jurer sur le Coran.

hallag / hiyallig *v. intr.*, forme II, ≅ l'*inacc. hayallig*, * ḥlq, ح ل ق

♦ **planer, tournoyer en l'air.** •*Al-tayyâra min fajur gâ'ide tihallig.* Depuis ce matin l'avion est en train de tourner en l'air. •*Al-sugûra kan bihallugu, akîd câfo rimme.* Lorsque les vautours planent, c'est sûr qu'ils ont vu un cadavre.

hallak / yihallik *v. trans.*, forme II, * hlk, ه ل ك

♦ **tomber ensemble, entraîner *qqn.* vers le mal, détruire, anéantir, rendre *qqn.* coupable,** précipiter quelqu'un dans une mauvaise situation, faire un mauvais coup à quelqu'un en le rendant coupable d'un méfait. •*Rafîgi maca sirig wa hallakâni ma'âh.* Mon ami a commis un vol et m'a impliqué dans ce mauvais coup. •*Mâ turûx ma'â l-sarrâgîn yôm wâhid yihallukûk !* Ne te promène pas avec les voleurs, un jour ils te rendront coupable de leur méfait !

hallal / yihallil *v. trans.*, forme II, * ḥll, ح ل ل

♦ **rendre licite, permettre.** •*Allah mâ hallal laham al xinzîr lê l muslimîn.* Dieu n'a pas rendu licite la viande de porc pour les musulmans. •*Allah hallal lêna l xalla.* Dieu a permis que nous mangions du mil. •*Mâ tagdar tihallil mâl al atâma.* Tu ne peux pas rendre licite l'acquisition pour toi du bien des orphelins.

hallâl *pl.*, → *hille.*

hallân *n. d'act.*, → *hallîn.*

hallany / yihalliny *v. trans.*, forme II.

♦ **perdre les dents, édenter,** faire tomber les dents. •*Al waram hallany gaddûmi.* Les abcès m'ont fait perdre les dents. •*Al awîn kan sabiyât wa hallanyo, samâhum bangus.* Les jeunes femmes qui n'ont plus de dents ne sont plus aussi belles qu'auparavant [leur beauté diminue]. •*Al-sûsa tihalligny al gaddûm.* Les caries font tomber les dents.

hallikîn *n. d'act., m.*, ≅ *hallakân, Cf. hallak*, * hlk, ه ل ك

♦ **chute, fait d'entraîner dans le mal, perdition, disgrâce**, fait d'entraîner les autres et de les faire tomber dans des situations mauvaises. •*Hû bas jâb al hallikîn lê abuh.* C'est lui qui a entraîné son père dans la déchéance. •*Hû min al bôlîs al-sirri lâkin mâ yixassid be hallikîn al-nâs minjamm ke.* Il est de la police secrète, mais n'accepte pas qu'on implique n'importe comment les gens dans des affaires louches. •*Dahartah kê min hallikîn nafsah be li'ib al gumâr wa mâ nafa'.* J'ai eu beau lui interdire de ne pas se perdre en jouant au poker, ce fut peine perdue !

hallîn *n. d'act., m.*, ≅ *hallân.*

♦ **ouverture, solution, fait d'ouvrir, fait de dénouer.** •*Fattic derib lê hallîn muckiltak di !* Cherche une solution pour résoudre ton problème ! •*Hallîni lê l habil min juwâdi da acân hû dalûl.* Si j'ai dénoué la corde qui retenait mon cheval, c'est parce qu'il est bien domestiqué.

Hallôm *n. pr.* de femme, variante de *Halîme*, * ḥlm, ح ل م

hallûf / halâlîf *n. anim.*, m., * hlf, ه ل ف

♦ **phacochère, Phacochoerus æthiopicus (Pallas),** famille des suidés. •*Nalgo l halâlîf fî l kadâde.* On rencontre les phacochères dans la brousse. •*Daharah, darib al xanam, amalah cên wa gidêdîmah wârim,... Da l hallûf.* Son dos est comme un chemin fréquenté par les moutons (*i.e.* sa peau est rugueuse et mouchetée), son travail est mauvais et sa petite bouche est enflée,... C'est le phacochère. *Dvnt.* •*Al hallûf danabah ciyya kê tawîl wa ragabtah giseyre.* Le phacochère a une queue un peu longue et un petit cou.

hallûm *n. vég., coll., sgtf. hallûmay, Syn. mulah 2*, * ḥlm, ح ل م

♦ **nom d'un arbre, ben ailé, Moringa oleifera (Lam.).** •*Mulâh hanâ warcâl al hallûm bisawwuh be fûl marhûk.* On mélange les feuilles de Moringa oleifera avec des arachides écrasées pour faire la sauce. •*Cadar al hallûm mâ kabîr wa hû kulla mâ katîr.* Le Moringa oleifera n'est pas un grand arbre, et il est rare.

halu / halwîn *adj., n. pr.* d'homme, (*fém. haluwa, n. pr.* de femme), * ḥlw, ح ل و

♦ **bon (bonne), délicieux (-euse), agréable, doux (douce).** •*Al kalâm al halu bamurg al-dâbi min nugurtah.* La bonne parole fait sortir le serpent de son trou. •*Al akil wa l-carâb dâ'iman halu lê l-nâs.* Manger et boire sont toujours agréables pour les gens. *Prvb.* •*Al bittêxay di haluwa bilhên.* Cette pastèque est excellente. •*Cammêt rihit xulgân al awîn dôl haluwa.* J'ai senti l'odeur des vêtements de ces femmes, elle était agréable.

hâlûk *n. m., coll., sgtf. hâlûkay,* → *amjabara.*

halwas / yihalwis *v. intr. {- lê}*, forme II, *Cf. hilwês*, * hws, ه و س

♦ **préoccuper, revenir sans cesse, trotter dans la tête, obséder, revenir à l'esprit.** •*Anâ mâ indi watîr wa bakâni ba'îd ; maci hanâ l-tayâra di, halwas lêi wa daharâni l-nôm.* Je n'ai pas de voiture et j'habite loin ; le souci de prendre l'avion m'a empêché de dormir. •*Marad hanâ abui da yihalwis lêi, fî galbi.* Cette maladie de mon père me préoccupe très profondément. •*Iyâl al-lekôl, al imtihânât tihalwis lêhum fî rusênhum.* Les examens sont une obsession pour les étudiants. •*Kalâmak da halwas lêi, lâkin al ajas mâ xallâni.* Ta parole m'est revenue à l'esprit, mais la fatigue m'a empêché de la mettre en pratique.

hâm / yuhûm *v. intr.*, forme I n° 4, * ḥwm, ح و م

♦ **voler en dessinant un cercle, voltiger, se déplacer, se promener çà et là, tourner en rond.** •*Anîna hûmna kê, mâ ligîna bêtak, âkûn rûhna min al-darib al wassaftina da.* Nous avons tourné en rond et n'avons pas trouvé ta maison, sans doute avons-nous perdu le chemin que tu nous avais indiqué. •*Al-tayâra hâmat kê, wa mâ irfat bakân tidalli.* L'avion faisait des tours en l'air sans savoir où se poser. •*Abu Zênaba tallagâha lê martah acân hî tuhûm bala xarad.* Le père de Zénaba a répudié sa femme parce qu'elle se promenait çà et là sans motif.

hama / humyân *n. m.*, pour le féminin → *hamât*, * ḥmw, ح م و ⇨

♦ **beau-frère de l'épouse.** •*Axu hanâ râjili da bas hamâi.* Le frère de mon mari est mon beau-frère. •*Al hama lê l mara min jîhit axawân al-râjil.* Du point de vue de la femme, le beau-frère fait partie des frères du mari. •*Fâtime humyânha zênîn lêha.* Les beaux-frères de Fatimé sont bons pour elle.

hâma / yihâmi *v. intr. {- lê}*, forme III, * ḥmy, ح م ي

♦ **courir au secours de *qqn.*, secourir, aider, protéger, plaider pour *qqn.*,** venir au secours de quelqu'un qui est agressé. •*Kan al iyâl jaxxo axûku fî l-derib, hâmu lêyah.* Si les enfants cherchent noise à votre frère, allez à son secours ! •*Al yôm kan mâ hâmet lêi da, baktulûni.* Aujourd'hui, si tu n'étais pas venu à mon secours, ils m'auraient tué. •*Ta'âlu, hâmu lêi, al-nâs dôl bidôru biballusu minni gursi.* Venez à moi, au secours, ces gens-là veulent m'arracher mon argent !

hamad 1 / yahmid *v. trans.*, ≅ l'*inacc. yahamid* ; forme I n° 6, * ḥmd, ح م د

♦ **louer Dieu, rendre grâces.** •*Al mardân hamad acân hû ligi l âfe.* Le malade a loué Dieu parce qu'il a recouvré la santé. •*Hassâ, al xidime adîle, wa nahmid Allah.* A présent, le travail est excellent et je rends grâces à Dieu. •*Yahmudu acân induhum mâl wa iyâl.* Ils louent Dieu parce qu'ils ont des biens et des enfants.

hamad 2 / yahmid *v. intr. {- be}*, ≅ l'*inacc. yahamid*, forme I n° 6, *Cf. xassad*, * ḥmd, ح م د

♦ **se résigner à, se contenter de, accepter, être d'accord,** recevoir dans la soumission à Dieu. •*Anîna hamadna be hayat al maskana di.* On s'est contenté de cette vie toute simple. •*Hamad be l marad da.* Il s'est résigné à cette maladie. •*Yâ binêyti, ahamdi be l gurus al abûki jâbah lêki da !* Ma fille, accepte l'argent que ton père t'a apporté !

hamad 3 *n. d'act., m., Syn. hamadân, hamidîn, Cf. hamad 2, xassidîn*, * ḥmd, ح م د

♦ **résignation, satisfaction, louange à Dieu, acceptation,** fait de se contenter de ce que l'on a en rendant grâces à Dieu. •*Allah yaxbal hamdak !* Que Dieu accepte ta louange ! •*Al hamad axêr min al-cakwa.* Il vaut mieux se contenter de ce que l'on a que se plaindre. •*Kan talga ciyya wallâ katîr, da bas risxak ; al hamad lê Allah wâjib.* Si tu obtiens peu ou beaucoup de choses, c'est la part qui t'est destinée ; tu dois en louer Dieu.

hamâd *n. m., Cf. hammad*, * ḥmḍ, ح م ض

♦ **acidité.** •*Hamâd al almi da acân indah lêmûn.* L'acidité de cette eau vient du fait qu'on y a mis du citron. •*Mâ nagdar nacrab laban râyib acan indah hamâd.* Je ne peux pas boire de lait caillé à cause de son acidité.

hamadân *n. d'act., m.,* ≅ *hamidîn,* → *hamad 3*, * ḥmd, ح م د

Hamadi *n. pr.* d'homme, *m., Cf. Hâmid*, * ḥmd, ح م د

hamaj *invar.*, ≅ *hamraj*, * hmrj, ه م ر ج

♦ **en désordre, n'importe comment, bousculade, pagaille.** •*Al-daktôr gâl : "Andasso lêi wâhed wâhêd !", mâ yidôr hamaj.* Le médecin a dit : "Entrez chez moi un par un !" ; il ne veut pas de bousculade. •*Axadim xidime adîle, xidimtak al hamaj di mâ tiwaddik giddâm !* Travaille bien comme il faut ; si tu fais ton travail n'importe comment, tu n'avanceras pas !

hamal / humlân *n. anim.* mâle, (femelle *hamala*), * ḥml, ح م ل

♦ **agneau.** •*Al humlân mâ bâkulu gecc humman barda'o bas.* Les agneaux ne broutent pas d'herbe, ils têtent seulement. •*Al marfa'în daxal fî l-zerîbe wa akal al hamal.* L'hyène est entrée dans l'enclos et a dévoré l'agneau.

hamala 1 *n. d'act. f., Cf. ihmâl,* * hml, همل

♦ **abandon, négligence, insouciance,** Le fait de laisser le troupeau s'en aller paître tout seul. •*Al hamala bas waddarat al xanam.* C'est parce qu'on a laissé le troupeau sans surveillance qu'on a perdu les chèvres et les moutons. •*Al marad da halak al wilêd, coxolah al hamala bas : mâ waddoh fî l-daktôr.* Cette maladie a mis en danger la vie de l'enfant ; il est encore malade par pure négligence : on ne l'a même pas amené chez le médecin.

hamala 2 *n. f., → hamal.*

hamâm *n. anim., coll., m., sgtf. hamâmay,* * ḥmm, حمم

♦ **pigeon.** •*Al hamâmay akalat al xalla fî l-tabag.* Le pigeon a mangé le mil sur le van. •*Al hamâm mardân mâ yagdar yitîr.* Les pigeons sont malades, ils ne peuvent voler.

hamâm jabali nom d'oiseau, *m., litt.* pigeon montagnard, → *dalôj,* * ḥmm, jbl, حمم • جبل

hamar 1 *n. anim., coll., sgtf. hamaray,* * ḥmr, حمر

♦ **nom d'une antilope, kob de Buffon, Adenota kobus,** famille des bovidés. •*Al hamar xazâl kubâr wa ahmar.* Les kobs de Buffon sont de grosses antilopes au pelage rouge. •*Al hamaray mâ tarta' illa fî xucum al bahar.* L'Adenota kob ne broute que sur les bords du fleuve. •*Tês al hamar kabîr min martah wa hî mâ indaha gurun.* Le kob de Buffon mâle est plus gros que sa femelle qui n'a pas de cornes.

hamar 2 *n. vég., coll., sgtf. hamray,* nom donné au baobab à N'Djaména, *Cf. kalakûka, tabaldi.*

hamâr / hamârât *n. m.*, le pluriel est peu usité, * ḥmr, حمر.

♦ **rougeur.** •*Al hamâr dâk akûn nâr.* La rougeur qui est là-bas serait peut-être du feu. •*Al harrây kan jât wâg'e nucûfu hamâr kabîr fî l-sama.* Quand le soleil vient de se coucher, on voit une grande tache rouge au ciel. •*Al hamâr côf wa l xadâr bahar(i)g al-jôf.* Les femmes au teint clair attirent, mais les brunes satisfont le cœur [Le rouge se voit de l'extérieur et le vert enflamme le cœur]. *Prvb.* (*i.e.* il ne faut pas se fier aux apparences).

hâmar / yihâmir *v. trans.*, forme III, *Cf. bâza,* * ḥmr, حمر

♦ **rivaliser, jalouser,** être rival de *qqn.* •*Mâ tihâmir ma'â axûk fî mara wahade !* Ne sois pas le rival de ton frère à cause d'une femme. •*Mâ tihâmir nâdum kan ba' coxol jadîd !* Ne sois pas jaloux de celui qui a acheté quelque chose de neuf !

hamât / hamâtât *n. f.*, autre pluriel *hamawât, → hama, Cf. darre,* * ḥmw, حمو

♦ **belle-sœur, rivale, coépouse,** autre femme du polygame. •*Anâ mâ nirîd hamâti acân hî tiharric râjili be l kalâm al yaxrib bêtna.* Je n'aime pas ma belle-sœur parce qu'elle exerce une mauvaise influence sur mon mari par des paroles qui peuvent détruire notre foyer. •*Maryam wa Xadîja hamâtât Zênaba.* Mariam et Khadija sont les belles-sœurs de Zénaba. •*Zâra mâ indaha hamât acân râjilha mâ indah axut.* Zara n'a pas de belle-sœur parce que son mari n'a pas de sœur. •*Râjili axad mara âxara, jâb lêi hamât.* Mon mari a épousé une autre femme qui est devenue pour moi une rivale. •*Hamâti tujuxxîni kulla yôm be kalâm, acân hî indaha darar fî galibha.* Ma coépouse me provoque chaque jour par de méchantes paroles parce qu'elle est jalouse [elle a la jalousie dans son cœur].

Hamatta *n. pr.* d'homme, pour *hamadtah, litt.* sa louange, *Cf. hamad,* * ḥmd, حمد

hambak / yihambik *v. intr.*

♦ **dénier, contester,** revenir sur sa parole. •*Daggênahum fî l karte, bas gammo hambako.* Nous les avons battus aux cartes, et ils se sont mis à contester. •*Yaxây tisâmihni, mâ nagdar nantîk al budâ'a, al-tâjir da hambak !* Mon frère, excuse-moi, je ne puis te remettre les marchandises, le commerçant est revenu sur sa parole !

hambakân *n. d'act.*, → *hambikîn.*

hambâki / hambâkîn *adj. n.*, (*fém. hambâkiye*).
♦ **contestataire, négateur (-trice),** qui a l'habitude de se contredire, qui ne tient pas sa parole. •*Humman dôl hambâkîn, mâ nal'abo ma'âhum.* Ceux-là contestent toujours, nous ne jouerons pas avec eux. •*Al-tâjir da, hambâki ; anâ mâ nisey bê' ma'âyah.* Ce commerçant ne tient jamais sa parole, je n'accomplirai aucune transaction commerciale avec lui.

hambat / yihambit *v. intr.*, connu au *Sdn.* (*C.Q.*).
♦ **barrer la route pour voler, couper la route pour piller,** arrêter les voitures et les voyageurs pour les déposséder de leur bien. •*Al-râjil da hambat wa l hâkûma karabatah wa adamatah.* Cet homme coupait les routes pour piller les voyageurs, et les autorités l'ont condamné à mort. •*Inta mâla tihambit ? Lissâk durâ'ak axadar !* Toi, pourquoi coupes-tu la route pour piller les gens ? Tu as encore de la vigueur dans les bras pour travailler !

hambâta *pl.*, → *hambâti.*

hambatân *n. d'act.*, *m.*, → *hambitîn.*

hambâti / hambâta *n. m.*, (*fém. hambâtiye*), racine connue en arabe *sd.* (*C.Q.*), ≅ le pluriel *hambâtîn*, *Syn. rabbât al-durûb, rabbâtîn al-durûb.*
♦ **coupeur de routes, bandit de grand chemin, voleur à main armée.** •*Al hambâta rabbato l-derib lê l watîr wa akalo l budâ'a l fôgah.* Les bandits de grand chemin ont coupé la route au véhicule et pris toute la marchandise qui s'y trouvait. •*Kan mâcîn Âti, fakkuru fî Gôz Na'sân, hambâta katîrîn.* Si tu vas à Ati, fais attention quand tu arriveras au *Goz Na'sân*, il s'y trouve de nombreux coupeurs de route.

hambikîn *n. d'act.*, *m.*, ≅ *hambâk, hambaka, hambakân.*
♦ **dénégation, contestation,** fait de dénier, de contester ou de revenir sur sa parole. •*Al hambaka mâ tanfa' ma'âna, al'abo lêna adîl !* Cela ne nous sert à rien de contester, jouons comme il faut ! •*Hambakânak da mâ mâci bakân, al bê'e tammat !* Tu n'arriveras à rien en contestant : le marché a déjà été conclu !

hambitîn *n. d'act.*, *m.*, ≅ *hambatân, hambât*, *Cf. hambat.*
♦ **fait de couper la route, fait de piller les voyageurs.** •*Al hambitîn mâ adîl, acân hû bijîb adam al amni.* Le fait de couper la route aux voyageurs et de les piller est un mal, cela entraîne l'insécurité. •*Al hambitîn bixalli l-nâs mâ bisâfuru katîr wa l budâ'a tabga xâliye.* Le fait que les routes soient coupées par des bandits empêche les gens de voyager et fait monter le prix des marchandises.

hambôl *n. m.*
♦ **défi.** •*Al hambôl, al banât xattoh lê l-subyân ; kan mâ rafa'oh illa yadbaho tôr.* Les filles ont lancé un défi aux garçons ; s'ils ne le relèvent pas, ils devront égorger un taureau. •*Amrîka halafat tarfa' al hambôl wa gâlat : kan tudugg al ibre sêf, kulla lê Saddâm tamurgah min al Koweyt.* Les États-Unis ont juré de relever le défi en disant que, même s'il leur fallait forger une aiguille pour en faire une épée, ils chasseraient Saddam du Koweït.

hambûba *n. f.*, → *hanbûba.*

hamdal *n. vég.*, *coll.*, *m.*, → *handal.*

Hamdân *n. pr.* d'homme, *Cf. hamad*, * ḥmd, ح م د

hamde *adj. f.*, → *hâmud.*

Hâmde *n. pr.* de femme, *fém.* de *Hâmid*, *Cf. hamad*, * ḥmd, ح م د

Hamdo *n. pr.* d'homme, pour *Hamdoh* [On a fait ses louanges], * ḥmd, ح م د

hamdu *n. m.*, entre dans la formule de bénédiction *Al hamdu lillah !*
* ḥmd, ح م د
♦ **louange,** nom de la première sourate du Coran. •*Al hamdu lillah !* Dieu soit loué ! [la louange est à Dieu]. •*Kan fatah al Xur'ân, talga "al hamdu" awwal sûra.* Lorsqu'on ouvre le Coran, la première sourate que l'on trouve est celle qu'on appelle "la louange".

hamham / yihamhim *v. intr.*, *onom.*, *qdr.*, forme II, ≅ l'*inacc. yahamhim*, * hmhm, ه م ه م
♦ **faire hum!, se racler la gorge, toussoter.** •*Al-râjil hamham acân yidôr yikallim.* L'homme s'est raclé la gorge parce qu'il voulait parler. •*Hû hamham gubbâl ma yikallim.* Il s'est raclé la gorge avant de parler.

hamhâm *n. d'act.*, *m.*, *Cf.* le verbe *hamham*, * hmhm, ه م ه م
♦ **raclement de la gorge.** •*Al hamhâm tihtah kalâm.* Quelqu'un qui se racle la gorge est sur le point de parler [En dessous du raclement de la gorge, il y a la parole]. *Prvb.* •*Hamhâmah da acân camma rihit al-laham.* Son raclement de gorge est dû au fait qu'il a senti l'odeur de la viande (*i.e.* il ne veut pas qu'on oublie de le servir).

hâmi / hâmiyîn *adj.*, (*fém. hâmiye*), * ḥmy, ح م ي
♦ **chaud(e).** •*Al harray hâmiye fî l-sêf.* Le soleil est chaud en saison sèche. •*Hû kallam be nafas hâmi.* Il s'est emporté en parlant [il a parlé avec un souffle chaud]. •*Al-laban da hâmi, mâ nagdar nacarbah ajala.* Ce lait est trop chaud, je ne peux pas le boire rapidement.

Hâmid *n. pr.* d'homme, *Cf. hamad*, * ḥmd, ح م د

Hamîda *n. pr.* d'homme et de femme, *Cf. hamada*, * ḥmd, ح م د

hamîdan dans l'expression *hamîdân majîd*, * ḥmd, ح م د
♦ **admirable !, splendide !, très bien !, magnifique !,** digne d'éloges et de louanges. •*Kan gidirt macêt lêyah "hamîdan majîd", kan mâ gidirt mâ fî awaja.* Si tu pouvais aller chez lui, ce serait très bien ; si tu ne peux pas, cela ne fait rien [pas de défaut]. •*Simi'na kalâm al wilêd giddâm al kubârât, da kulla "hamîdan majîd !".* Nous avons entendu ce qu'a dit l'enfant devant les personnalités, c'était vraiment splendide ! •*Al wilêd al waddar da, ligyoh sâlim wa jâboh ; hâ hiyah "hamîdan majîd !".* L'enfant qui s'était perdu a été retrouvé sain et sauf, et ramené chez lui ; ainsi c'est très bien ! Tant mieux !

Hamîde *n. pr.* de femme (variante *Hamîda*), et *n. pr. gr.*, *coll.*, nom d'une fraction de tribu arabe (*Wulâd Râcid*) se rattachant aux *Juhayna*, * hmd, ه م د

hamidîn *n. d'act.*, → *hamad 3*.

hâmil 1 / hâmilîn *adj. mrph. part.* actif, (*fém. hâmle*), le féminin est aussi employé à la place du masculin, terme utilisé pour qualifier des animaux ou des objets, * hml, ه م ل
♦ **abandonné(e), seul(e), sans soin, errant(e),** sans surveillance. •*Ligîna humâr hâmil(e) fî l-câri wa sîdah mâ ma'arûf.* Nous avons trouvé un âne abandonné dans la rue : on ignore son propriétaire. •*Al xanam dôl sârhîn hâmilîn (hâmle) bala râ'i.* Ces chèvres et ces moutons vont paître tout seuls sans berger. •*Ballaxo fî l-râdyo : ayyi nâdum ligi bahîme hâmle yiwaddiha lê l askar.* On a lancé à la radio le message suivant : toute personne qui trouve un animal errant doit le conduire au camp militaire.

hâmil 2 / hâmilîn *adj. mrph. part.* actif, (*fém. hâmile*), * ḥml, ح م ل
♦ **portant, chargé(e).** •*Ligîna wilêd hâmil hatab fî râsah.* Nous avons rencontré un enfant portant du bois sur la tête. •*Al-tayyâra hâmile rukkâb maca Fransa.* L'avion chargé de passagers est parti pour la France. •*Cîf al-jumâl dôl, âkûn hâmilîn samux !* Regarde ces chameaux, ils transportent peut-être de la gomme arabique !

hâmil 3 / hawâmil terme de l'*ar. lit.*, ≅ le pluriel *hâmilât*, (femme enceinte), → *xalbâne*, * ḥml, ل م ح

hamîr *pl.*, → *humâr.*

hamla *n. f.*, terme de l'*ar. lit.* utilisé à la radio, * ḥml, ل م ح

♦ **campagne.** •*Hamla hint al intixâbât al-râ'isiya al-tâniya tikammil ambâkir.* La campagne pour les élections présidentielles du deuxième tour s'achève demain. •*Fî l hamla hint al intixâbât, al muraccahîn sawwo malammât katîrîn fî kulla kartiye hanâ Anjammêna.* Pendant la campagne électorale, les candidats ont organisé de nombreux meetings dans tous les quartiers de N'Djaména. •*Al-daktôr gamma be hamla lê wassiye didd al kôlêra.* Le médecin a lancé une campagne de sensibilisation, prodiguant des conseils pour lutter contre le choléra.

hâmle *adj. f.*, → *hâmil.*

hamm / humûm *n. m.*, * hmm, م م ه

♦ **souci, angoisse, préoccupation.** •*Al yôm anâ hammi katîr min sûf râsi.* Mes soucis sont actuellement plus nombreux que les cheveux de ma tête. •*Humûm al-dunya daharôni l-nôm fî l-lêl.* Les soucis de la vie m'ont empêché de dormir la nuit. •*Hû abadan mâ basman acân indah hamm katîr.* Il ne grossit jamais parce qu'il a beaucoup de soucis. •*Al hamdu lillah, axui rafa' minni hamm kabîr min galbi fî turbât al iyâl.* Dieu soit béni ! mon frère m'a délivré d'une grande préoccupation concernant l'éducation de mes enfants.

hamm ! *invar.*, interjection, pour chasser les pigeons.

♦ **partez !** (pigeons). •*Ali, gûl "hamm !" lê hamâm al gâ'id bâkul iyâl al bittêx !* Ali, chasse les pigeons qui sont en train de manger les graines de pastèques. •*Kan taturd al hamâm gûl lêyah : "Hamm !".* Pour chasser les pigeons, dis-leur : "Ham !".

hamma 1 / yihimm *v. intr. {- lê}*, forme I n° 11, * hmm, م م ه

♦ **se soucier, être préoccupé(e), être inquiet (-ète).** •*Watîrak da hawân, anâ hammêt lêk fî maxatarak da.* Ton véhicule était en mauvais état, je me suis fait du souci pour toi lors de ton voyage. •*Al-sarrâg hamma katîr acân karaboh.* Le voleur est très inquiet parce qu'il a été pris. •*Mâ tihimmi lêi, kan anâ ba'îd minniki kulla, nantîki xabari.* Ne t'inquiète pas, même si je suis loin de toi, je t'enverrai des nouvelles. •*Anâ nihimm lê iyâli l mâ ligo akil.* Je suis préoccupé de mes enfants qui n'ont pas trouvé de quoi manger.

hamma 2 / yihimm *v. trans.*, * hmm, م م ه

♦ **soupçonner, suspecter, reconnaître son objet perdu,** croire que ce qui est dans les mains d'un autre est un objet personnel qui nous appartient. •*Sîd al hatab hamma humârah al waddarah fî sûg al mâl.* Le marchand de bois a cru reconnaître au marché aux bestiaux son âne qu'il avait perdu. •*Sâ'iti, al yôm dâk, waddartaha fî l âzûma, hammêtha fî îd al wilêd dâk.* L'autre jour, j'ai perdu ma montre au cours de l'invitation, je pense l'avoir reconnue au bras de ce garçon.

hamma 3 / yihammi *v. trans.*, forme II, * ḥmy, ي م ح

♦ **chauffer, réchauffer.** •*Al-nâr hammat al bêt.* Le feu a réchauffé la maison. •*Zênaba hammat al-laban wa antatah lê Mahammat.* Zénaba a réchauffé le lait et l'a donné à Mahamat.

hammad 1 / yihammid *v. intr.*, forme II, * ḥmḍ, ض م ح

♦ **devenir acide, tourner, surir.** •*Al-laban da, kan ragad yihammid.* Si on laisse ce lait se reposer ainsi, il deviendra acide. •*Al mulâh hammad acân al wata hâmiye.* La sauce a tourné parce qu'il fait chaud.

hammad 2 / yihammid *v. trans.*, forme II, *Cf. hamad 2*, *Syn. sabbar, yisabbir*, * ḥmd, د م ح ⇨

♦ **calmer, faire accepter, consoler, faire taire,** amener *qqn.* à se résigner à son sort. •*Hû katab lê abuh maktûb, hammadah kadar al-sane hû mâ jâyi.* Il a écrit une lettre à son père pour lui faire accepter de ne pas venir le voir cette année. •*Antîh dêdki, hammidi kan laban mâ fîh kulla !* Donne-lui le sein, calme-le ainsi, même si tu n'as plus de lait ! •*Al-daktôr hammad al-mardân kadâr maradah da mâ biddâwa.* Le médecin a parlé au malade pour lui faire accepter sa maladie incurable.

Hammâd *n. pr.* d'homme, → *Hammat.*

hammâdi *adj.*, (*fém.* *hammâdiye*), qui fait partie des *Hammâdiye.*

Hammâdiye *n. pr. gr.*, *coll.*, *sgtf.* *Hammâdi* (homme), *Hammâdiye* (femme), nom d'une fraction de tribu arabe (*Salâmât*) se rattachant aux *Juhayna.*

hammal / yihammil *v. trans.*, forme II, ≅ l'*inacc. yahammil*, *Cf. wazzaf*, * ḥml, ح م ل
♦ **responsabiliser, confier la charge.** •*Jâri bidôr bisâfir wa hammalâni mas'ûliye hint iyâlah.* Mon voisin veut voyager et m'a donné la responsabilité de veiller sur ses enfants. •*Hû hammalâni mas'ûliye hanâ xumâm bêtah.* Il m'a chargé de veiller sur les affaires de sa maison. •*Anâ hamaltiki mas'ûliye hint iyâli kadâr anâ naji.* Je t'ai confié la charge de mes enfants jusqu'à mon retour. •*Al-Ra'îs hammal mas'ûliyt al amni lê l birgâd wa l bôlîs.* Le Président à confié à la gendarmerie et à la police la charge de la sécurité publique.

hammam / yihammim *v. trans.*, forme II, * hmm, ه م م
♦ **causer du souci à, préoccuper.** •*Xidime hint al-zurâ'a gâ'ide tihammimni bilhên al-sana acân mâ indi gurus nixaddim bêyah l harrâtîn.* Je suis très préoccupé cette année par les travaux champêtres parce que je n'ai pas d'argent pour embaucher des cultivateurs. •*Al macâkil hanâ l harba hammamo l-nâs.* Les problèmes de guerre ont préoccupé les gens. •*Al imtihân hammamâni marra wâhid.* Les examens m'ont beaucoup préoccupé.

hammar 1 / yihammir *v. trans.*, forme II, ≅ l'*inacc. hayammir*, * ḥmr, ح م ر
♦ **rougir, mûrir, faire revenir dans l'huile, roussir, cuire dans l'huile.** •*Êni hammarat acân daggôni fôgha be l bâl.* J'ai reçu le ballon sur l'œil et c'est pour cela qu'il est devenu rouge. •*Mâ tâkul mongo axadar, arja yihammir !* Ne mange pas de mangues vertes, attends qu'elles mûrissent ! •*Uyûnak hammaro misil da mâla ? Inta sakrân walla cunû ?* Pourquoi tes yeux sont-ils devenus si rouges, serais-tu ivre ? •*Iyâl al-tamâtimay di xalâs hammaro.* Les tomates de ce plant sont déjà mûres. •*Hammirî l basal da kadar namci l-tâhûna !* Fais revenir ces oignons dans l'huile, le temps que j'aille au moulin ! •*Hammiri lêna laham lê l xada !* Fais-nous cuire la viande dans l'huile pour le repas !

hammar 2 / yihammir *v. trans.*, forme II, ≅ l'*inacc. hayammir*, *Cf. jahham 2, kallah*, * ḥmr, ح م ر
♦ **fixer du regard, regarder fixement, scruter.** •*Al-râjil hammar al mara di, câlat lêyah cunû ?* L'homme a regardé fixement cette femme, que lui a-t-elle donc pris ? •*Nidawwir namrug acîrah giddâm rufugânah, hammarâni wa kamân xuft.* Je voulais révéler [sortir] son secret devant ses amis, il m'a fixé du regard et j'ai eu peur. •*Kan tihammir nâdum, illa ambênâtku ceyy !* Lorsque tu regardes fixement quelqu'un, c'est qu'il y a quelque chose entre vous !

hammarân *n. d'act.*, *m.*, → *hammirîn.*

Hammât *n. pr.* d'homme, variante de *hammâd*, *litt.* qui loue sans cesse, * ḥmd, ح م د

hammirîn 1 *n. d'act.*, *m.*, *Cf. ahmar*, * ḥmr, ح م ر ⇨

♦ **cuisson dans l'huile, friture, fait de faire revenir dans l'huile, rougissement.** •*Hammirîn al-laham fî l-dihin mâ gâsi.* Ce n'est pas difficile de faire revenir la viande dans l'huile. •*Fâtime, ba'ad hammirîn al basal, subbi l-laham wa l-dugga wa l-tamâtim, ke da mulâhki yabga ahamar tcu !* Fatimé, après avoir fait roussir les oignons, mets la viande, les condiments et les tomates, ainsi la sauce deviendra-t-elle très rouge ! •*Hammirîn uyûnah da, min carâb al merîse.* Le rougissement de ses yeux est dû au fait qu'il boit de l'alcool.

hammirîn 2 *n. d'act.*, *m.*, ≅ *hammarân*, *Cf. côf*, * ḥmr, ح م ر
♦ **regard perçant, regard qui dévisage,** fait de fixer le regard sur *qqn.* ou *qqch.* •*Al yôm da hammirîn al mara di xawwafâni.* Aujourd'hui, le regard insistant de cette femme m'a fait peur. •*Hî tirîd hammirîn al-subyân.* Elle aime fixer son regard sur les jeunes gens.

Hamôda *n. pr.* d'homme, *Cf. hamad*, * ḥmd, ح م د

Hamr al gôz *n. pr.* de lieu, quartier de N'Djaména, → *ahmar, gôz.*

hamra *adj. f.*, → *ahmar.*

hamraj *invar.*, → *hamaj.*

hamray / hamrayât *n. anim.*, *f.*, → *hamar.*

Hamrôy *n. pr.* de femme, féminin de *Ihêmir*, *Cf. ahmar*, * ḥmr, ح م ر

hamu *n. m.*, *Cf. harâra*, * ḥmy, ح م ي
♦ **chaleur.** •*Wakt al hamu, al-nâs bunûmu barra.* Quand il fait chaud, les gens dorment dehors. •*Al hamu ja wa l gilâs bigi xâli.* La chaleur est venue et la glace est chère. •*Fattic lêi hajjâja, al hamu katalâni.* Cherche-moi un éventail, la chaleur m'étouffe [me tue].

hâmud / hâmdîn *adj.*, (*fém. hâmde*), * ḥmḍ, ح م ض
♦ **acide, aigre.** •*Al-ruwâba l-jâboha fajur bigat hâmde.* Le babeurre qu'on a apporté ce matin est devenu aigre. •*Al-lêmûn hâmud misil al ardêb.* Le citron est acide comme les fruits du tamarinier.

Hamza *n. pr.* d'homme, nom d'un des oncles paternels du Prophète, * ḥmz, ح م ز

hân / yihîn *v. trans.*, forme I n° 10, *Cf. azzab, ta''ab*, * hwn, ه و ن
♦ **maltraiter, torturer, mépriser.** •*Al askar gâ'idîn bihînu l masâjîn.* Les soldats sont en train de torturer les prisonniers. •*Mâ tihînah lê axûk ambâkir hû kulla balga gurus !* Ne méprise pas ton frère comme cela, lui aussi trouvera de l'argent demain !

hana / yahani *v. trans.*, forme I n° 6, *Cf. dangar*, * ḥnw, ح ن و
♦ **courber, pencher, incliner.** •*Fî dâr Wadday al awîn kan bisallumu yahanu duhûrhum karâma lê l-rujâl.* Au Ouaddaï les femmes s'inclinent [courbent le dos] devant les hommes par respect, lorsqu'elles les saluent. •*Al wilêd al mu'addab kan abuh biwassih, yahani ragabtah.* L'enfant poli incline la tête lorsque son père lui donne des conseils.

hanâ outil du complément déterminatif des noms masculins, *Cf. hint, hiney*, expression *hanâ cunû* [de quoi ?] *i.e.* : "et encore quoi, pourquoi encore ?", * hnw, ه ن و
♦ **de, à, en, pour,** exprime l'appartenance, la matière, le contenu, la destination, l'usage. •*Al kalib da hanâku wallâ ?* Est-ce votre chien ? •*Al busât da hanâ yâtu ? Al busât da hanâ Mûsa.* A qui est ce tapis ? C'est le tapis de Moussa. •*Al busât da hanâ cunû ? Al busât da hanâ sûf.* En quoi est ce tapis ? Ce tapis est en laine. •*Zâra darabat mulâh hanâ jidâd.* Zara a préparé une sauce à la poule. •*Cuwâl hanâ faham be mîtên.* Le sac de charbon de bois coûte deux cents riyals. •*Antâni lîtir hanâ dihin.* Il m'a donné un litre d'huile. •*Aciri lêi cakôc hanâ l-lekôl !* Achète-moi un cartable ! •*Da gurus hanâ l-dawa*

wallâ hanâ xidimti ? Est-ce de l'argent pour les médicaments ou pour mon travail ? •*Wilêdi akal katîr, tantîh êc hanâ cunû battân ?* Mon enfant a beaucoup mangé, pourquoi lui donnes-tu encore de la boule ? •*Katkati kulla tamâm, wa battân nanti gurus lê l bôlis hanâ cunû ?* Tous mes papiers sont en règle, pourquoi donner encore de l'argent à la police ?

hanâbîb *pl.*, → *hanbûba.*

hanâbir *pl.*, → *hunbur*.

hanafiye *n. f.*, terme de l'*ar. lit.* moins utilisé que *mâsûra*, → *tiyo, mâsura*, * ḥnf, ح ن ف

hanâjir *pl.*, → *hanjar.*

hanak / hunukkên *n. m.*, * ḥnk, ح ن ك

♦ **menton, maxillaire inférieur.** •*Kan tâkul coxol hanakak yiharrik.* Lorsque tu manges, ton menton remue. •*Al wilêd kan kalaf yugumm lêyah sûf fî hanakah.* Lorsqu'un enfant devient un homme, des poils lui poussent au menton. •*Al iyâl addâgago amdardûm fî hunukkênhum.* Les enfants se sont battus en se donnant des coups de poing au menton.

Hanân *n. pr.* de femme, *litt.* affection, tendresse, *Cf. hanna*, * ḥnn, ح ن ن

hânan / yihânin *v. trans.*, forme III, * ḥnn, ح ن ن

♦ **aimer avec tendresse,** assurer avec amour la protection et la vie d'un autre, prendre soin par amour. •*Hânin ammak wa abûk, wa axawânak al-suxâr minnak !* Aime ton père, ta mère et tes frères cadets ! •*Mafrûd lêi anâ l kâbîr bas, nihâninki inti al-saxayre.* C'est un devoir pour moi qui suis grand, de prendre soin de toi qui es petite.

hânas / yihânis *v. trans.*, forme III, en arabe *sd. hannas* (*C.Q.*), hypothèse sur la racine évoquant la tendresse, la douceur, la flatterie et les caresses (*Ka.*), * 'nṯ, ء ن ث

♦ **consoler, calmer un enfant, cajoler,** dire des paroles de consolation ou faire des gestes pour ramener au calme, enjôler. •*Hânis axûk mâ yabki !* Console ton frère pour qu'il ne pleure pas ! •*Al mara hânasat wilêdha namman firih.* La femme a cajolé son enfant jusqu'à ce qu'il soit content.

hânasân *n. d'act., m.*, → *hânisîn.*

hanbûba / hanâbîb *n. f.*, autre pluriel *hanbûbât*, transformation supposée de *unbûba* (tuyau), connu au *Sdn.* (*C.Q.*), ≅ *hambûba*, * 'nb, ء ن ب

♦ **ballon, baudruche,** petit ballon en caoutchouc que l'on gonfle avec la bouche. •*Rufugân al arûs rabbato hanâbîb fî râs al watîr.* Les amis de la mariée ont attaché des ballons sur le capot de la voiture. •*Al iyâl naffaxo al hanâbîb wa li'ibo bêhum.* Les enfants ont joué avec les ballons qu'ils avaient gonflés. •*Kan macêti l-sûg bi'i lêi hanbûba !* Si tu vas au marché, achète-moi un ballon !

handal *n. vég., coll., m., sgtf. handalay*, ≅ *hamdal*, * ḥnẓl, ح ن ظ ل

♦ **sorte de coloquinte, Colocynthis vulgaris (Schr.),** famille des cucurbitacées. •*Al handal bugumm katîr fî l gôz wa hû bicâbih al-cammâm.* Les coloquintes sauvages poussent en grand nombre dans les terrains sableux et ressemblent au melon. •*Iyâl al handal murr marra wâhid.* Les fruits de la coloquinte sauvage sont très amers.

handar / yihandir *v. intr. {- lê}*, *Syn. alhandar.*

♦ **se poser en obstacle, défier l'adversaire,** se planter devant un autre pour le défier ou l'empêcher d'avancer. •*Al-dûd handar lê l-sayyâdîn.* Le lion défie les chasseurs. •*Al mara tugûl lê wilêdha : "Amci min giddâmi, mâ tihandir lêi !".* La femme dit à son fils : "Va-t'en ! Ne reste pas planté devant moi !". •*Iyâl al-lekkôl handaro lê mêtirhum, mâ yamcu kan mâ antâhum natâ'ijhum.* Les élèves ont défié leur maître en refusant de partir tant qu'il ne leur aurait pas remis leurs résultats.

handasa *n. f.*, terme de l'*ar. lit.* emprunté au persan *andâsat*, * hnds, س د ن ه

♦ **géométrie, architecture, ingénierie.** •*Ligi minha mâci bagri bitxassas fî handasa hint al buna.* Il a obtenu une bourse pour se spécialiser en architecture du bâtiment. •*Al handasa indaha furu' katîre.* L'ingénierie comprend plusieurs branches.

hanga / hangât *n. f.*, hypothèse sur la racine évoquant le cou, *Cf. koryo, Syn. buxsa kabîre*, * ʕnq, ع ن ق

♦ **grand pot, nom d'un récipient,** grand pot dont la base est formée d'une calebasse surmontée d'un col en fibres végétales, et pouvant contenir trente litres. •*Al hanga di indaha dihin.* Cet pot contient de l'huile. •*Ammi indaha hanga tusubb fôgha laban.* Ma mère a un pot dans lequel elle met du lait. •*Al hanga abadan mâ birassulu beha l iyâl al-dugâg.* On ne laisse jamais les petits enfants s'en aller avec un grand pot.

hânisîn *n. d'act., m.*, ≅ *hânasân, hannasân, hannisîn, Cf. hânas*, * ʼnt, ء ن ث

♦ **consolation, fait de consoler,** persuader avec douceur. •*Al iyâl al-dugâg kan gammo babku battân mâ tudugguhum, amci lêhum be hânisîn !* Si les petits enfants se mettent à pleurer, ne les frappez pas de nouveau, il faut les consoler. •*Al hânisîn axêr min al hurâj.* La consolation est mieux que la dispute. •*Mêtirna birîd al hânisîn, hû mâ buduggina ajala.* Notre maître aime nous consoler, il n'aime pas nous frapper [il ne nous frappe pas vite].

hanjar / hanâjir *n. m.*, connu au *Sdn.* (*C.Q.*), *Syn. ragaba, zarrût*, * ḥnjr, ح ن ج ر

♦ **larynx, col, cou.** •*Hanjarha hanjar al xazâl.* Elle a un cou de gazelle. •*Fî Bitkin bisawwu jurâr induhum hanâjir samhîn.* A Bitkine, on fabrique des jarres qui ont de très beaux cols.

hankûk *n. m.*, connu au *Sdn.*, emprunt de Nubie, (*C.Q. hanqûq*).

♦ **nervure de feuille, fibre végétale,** nervure de la feuille de palmier doum. •*Al hankûk, hû l-nuss al gawi al yamurguh min al-za'af.* La nervure fibreuse est la partie dure que l'on extrait de la feuille de palmier doum. •*Fî l-cafayân buxuttu l hankûk wa bacfoh be l-za'af al mârin.* En vannerie, on dispose la fibre, puis on la coud avec des lambeaux souples de feuilles de palmier.

hanna / yihinn *v. trans.*, forme I n° 11, * ḥnn, ح ن ن

♦ **éprouver de la tendresse pour, aimer.** •*Al amm tihinn wilêdha l mardân bilhên.* La mère a de la tendresse pour son enfant malade. •*Anâ nihinn ammi wa abui acân humman xalâs bigo kubâr bilhên.* J'ai de la tendresse pour ma mère et mon père parce qu'ils sont déjà très âgés.

hannak / yihannik *v. trans.*, forme II, *Cf. hadan*, * ḥnk, ح ن ك

♦ **serrer contre soi, entourer d'affection** ***qqn.,*** serrer dans les bras. •*Al ammahât hiyannuku iyâlhum fî wakt al barday.* Les mères serrent leurs enfants contre elles quand il fait froid. •*Ahmat hannak rafîgah fî l-salâm acân garîb mâ lammo.* Ahmat embrasse son ami et le serre contre lui parce qu'ils ne se sont pas rencontrés depuis longtemps. •*Al iyâl kan ligo zôl bahajji lêhum hije tuwâl, bahannukuh, mâ bidôru bikissu min janbah.* Lorsque les enfants ont trouvé quelqu'un qui leur raconte des histoires, ils se serrent contre lui et ne veulent plus le quitter.

hannan 1 / yihannin *v. intr.*, forme II, ≅ l'*inacc. bahannin*, * ḥnʼ, ح ن ء

♦ **mettre du henné.** •*Fî lêle hanâ l îd al awîn kulluhum bahannunu.* A la veille de la fête, toutes les femmes mettent du henné. •*Al mara l haznâne mâ wâjib lêha tihannin.* La femme qui est en deuil ne doit pas mettre de henné.

hannan 2 / yihannin *v. trans., Cf. hanna,* * ḥnn, ح ن ن

♦ **émouvoir, affecter profondément, remuer les entrailles, faire pitié.** •*Al mardân da, ciftah râgid ta'abân hannanâni.* Ce malade que j'ai vu étendu et souffrant, m'a ému. •*Al mara l waddarat saxîrha di bilhên tihannin.* Cette femme qui a perdu son bébé fait pitié.

hannanân *n. d'act.,* → *hanninîn.*

hannas / yihannis *v. trans.,* voir le *Syn. hânas,* * 'nṯ, ء ن ث

hannasân *n. d'act.,* → *hânisîn.*

hanninîn 1 *n. d'act.,* ≅ hannanân, *Syn. tahnîn, Cf. henne,* * ḥn', ح ن ء

♦ **pose du henné,** fait de décorer les mains ou les pieds avec du henné. •*Hanninîn al arûs min âdât hanâ al awîn.* Décorer la mariée avec du henné est une coutume des femmes. •*Min xumâm al hanninîn, al hinne wa l mahlabiye wa l-nacâdir.* Parmi les affaires dont on a besoin pour la pose du henné, outre le henné, il y a de la lotion *mahlabiye* et du sel d'ammoniac pour noircir.

hanninîn 2 *n. d'act.,* ≅ *hannanân, Cf. hanna,* * ḥnn, ح ن ن

♦ **tendresse, affection, compassion, émotion,** fait de porter de l'affection, de la tendresse à *qqn.* •*Maradak da sawwa lêi hanninîn fî galbi.* Ta maladie m'a ému [m'a fait de la tendresse dans le cœur]. •*Hannînîn al amm lê saxîrah kan yabki.* La compassion de la maman se porte sur son bébé lorsqu'il pleure.

hannisîn *n. d'act., m.,* → *hânisîn.*

hanûn / hanûnîn *adj., (fém. hanûna),* * ḥnn, ح ن ن

♦ **tendre, délicat(e), affectueux (-euse).** •*Al ahal hanûnîn kan yôm jâk udur.* Les membres de la famille sont affectueux le jour où l'on célèbre [t'arrive] un événement triste ou heureux. •*Anâ ammi hanûna lêi.* Ma mère est très tendre envers moi. •*Al-rujâl hanûnîn lê awînhum wa iyâlhum.* Les hommes sont tendres envers leurs femmes et leurs enfants.

hany-hany / yihany-hiny *v. intr., qdr., onom.,* prononcé *[hañhañ, yihañhiñ],* forme II.

♦ **hennir.** •*Al-juwâd al badnân bihany-hiny wihêdah ke.* Le cheval repu hennit tout seul. •*Al xêl kan câfo l anâti bihany-hunyu wa bisaksuku.* Si les chevaux voient les juments, ils hennissent et ruent. •*Al-juwâd bihany-hiny kan bidôr xalla.* Le cheval hennit lorsqu'il veut du mil.

hany-hanyân *n. d'act.,* → *hany-hinyîn.*

hany-hinyîn *n. d'act., m.,* prononcé *[hañhiñin]* ≅ *hany-hanyân.*

♦ **hennissement.** •*Hany-hinyîn al-juwâd da min al-ju' wa l atac.* C'est la faim et la soif qui font hennir ce cheval [le hennissement de ce cheval est causé par la faim et la soif]. •*Hany-hinyîn juwâdi kattar acân faras rafîgi marbûta min barra.* Le hennissement répété de mon cheval vient du fait que la jument de mon ami est attachée dehors.

hanyanyan ! *invar., onom.,* cri du cheval.

hâra / hârât *n. f., Syn. raff,* * ḥwr, ح و ر

♦ **quartier, secteur, département.** •*Cêx al hâra azam al-nâs kulluhum fî bêtah.* Le chef de quartier a invité tous les gens chez lui. •*Al âsima indaha hârât kutâr.* La capitale a de nombreux quartiers. •*Fî l xarîf hâritna malyâne ba'ûda.* Pendant la saison des pluies, notre quartier est plein de moustiques. •*Al hârât al-judâd induhum cawâri kubâr.* Les nouveaux quartiers ont des rues très larges.

harab / yahrib *v. intr. {- min},* forme I n° 6, *Syn. arrad,* * hrb, ه ر ب

♦ **fuir, s'enfuir, se sauver, partir clandestinement, s'échapper.** •*Al-sarrâg harab min al-dangay.* Le voleur s'est sauvé de la prison. •*Akrubha zên al-têray di mâ tahrib min idênak !* Tiens bien cet oiseau pour qu'il ne s'échappe pas de tes mains !

hârab / yihârib *v. trans.*, forme III, *Cf. dâwas*, * ḥrb, ح ر ب

♦ **combattre, lutter.** •*Al hâkûma gâ'ide tihârib al-nâs al bidaxxulu l-sukkar barcôt.* Le gouvernement est en train de lutter contre les gens qui importent le sucre frauduleusement. •*Râbeh hârab al-Nasâra.* Rabah a combattu les Européens. •*Wâjib lêku tihârubu l-jahal.* Il vous faut combattre l'ignorance.

harâba *n. f.*, → *hurûba.*

hârabân *n. d'act., m.*, ≅ *hâribîn, Syn. muhâraba, Cf. duwâs*, * ḥrb, ح ر ب

♦ **combat, fait de combattre, guerre, bataille,** fait de faire la guerre. •*Al hârabân bidôr sulah.* La guerre nécessite des armes. •*Al-suluh axêr min al hârabân.* La réconciliation vaut mieux que la guerre.

haraf / yahrif *v. intr.*, forme I n° 6, ayant pour sujet le cheval, ≅ l'*inacc. yaharif, Cf. taras*, * ḥrf, ح ر ف

♦ **s'arrêter brusquement, stopper et reculer un peu,** s'arrêter brusquement et reculer un peu. •*Al-juwâd gallab wa haraf giddâm al banât.* Le cheval a galopé, puis s'est arrêté brusquement devant les filles. •*Wakt al xêl harafo giddâm al awîn, al-zaxrâta zaxratat talâte marrât wa xannat.* Au moment où les chevaux ont arrêté leur course devant les femmes, celle qui pousse des youyous en a lancé trois fois et a chanté. •*Al-juwâd kan jâri cadîd bala lijâm mâ yaharif, yatruc kulla coxol giddâmah.* Lorsque le cheval court à toute vitesse sans mors, il ne s'arrête plus ni ne recule, il renverse tout ce qui se trouve devant lui.

harag / yahrig *v. trans.*, forme I n° 6, ≅ l'*inacc. yaharig, Cf. hirig, yahrag*, * ḥrq, ح ر ق

♦ **brûler, enflammer, mettre le feu.** •*Al iyâl kan bal'abo be l-nâr bahargu l-kûzi.* Si les enfants jouent avec le feu, ils vont incendier la case. •*Al-nâdum mâ bacrab sijâra janb al banzîn, wa illa yaharig nafsah.* L'homme ne fume pas à côté de l'essence, sinon il s'enflammera lui-même.

harag galbi expression, [il a enflammé mon cœur], *m.*, *Cf. serîr, abdallâla, jannanni*, * ḥrq, ح ر ق

♦ **nom d'un lit décoré,** lit en fer, avec des motifs décoratifs. •*Al arûs antat nasîbitha sarîr harrag galbi.* La mariée a donné à sa belle-mère un très beau lit en fer. •*Al harrag galbi saxayyar min al abdallâla.* Le lit décoré appelé "il a enflammé mon cœur" est plus petit que le lit à baldaquin.

haragân *n. d'act., m.*, → *harigîn*, * ḥrq, ح ر ق

haraj / yahrij *v. trans.*, forme I n° 6, ≅ l'*inacc. yaharij*, * hrj, ه ر ج

♦ **gronder, réprimander.** •*Harajâni bala janiye... Da l-dagdâg.* Il me gronde sans que j'aie commis de faute… C'est le tonnerre. *Dvnt.* •*Mâla taharijni fî kulla wakit, sawwêt lêk cunû ?* Pourquoi me grondes-tu tout le temps, que t'ai-je fait ?

hâraj / yihârij *v. trans.*, forme III, * hrj, ه ر ج

♦ **se disputer, se quereller, réprimander, invectiver,** lancer des invectives contre *qqn.* •*Al micôtîn yihârij al-nâs fî l-câri.* Le fou lance des invectives contre les gens dans la rue. •*Hû hâraj jirânah fî muckilat al iyâl.* Il s'est disputé avec son voisin à cause du problème créé par les enfants.

haraka / harakât *n. f.*, * ḥrk, ح ر ك

♦ **bruit, vacarme.** •*Al kalib sawwa haraka wakit al-sarrâg daxal.* Le chien a fait du bruit lorsque le voleur est entré. •*Hey al iyâl ! Be harakâtku dôl mâ nagdar nunûm !* Hé ! les enfants ! Votre vacarme m'empêche de dormir [avec vos bruits, je ne peux pas dormir] !

haram 1 / yaharim *v. trans.*, forme I n° 6, * ḥrm, ح ر م

♦ **interdire.** •*Amrîka haramat tayyârit Lîbya mâ tamrûg fî l xârij.* L'Amérique a interdit aux avions libyens de sortir pour se poser à l'étranger. •*Al wilêd kan tamma santên, ammah tahrimah min al-dêd.* Lorsque l'enfant a atteint l'âge de deux ans, sa mère va le sevrer [elle l'interdira du sein]. •*Ahrim al mara di mâ tindassa fî bêtna !* Interdis à cette femme d'entrer chez nous !

haram 2 *n. m.*, *Cf. tarha*, * ḥrm, ح ر م

♦ **petit voile,** voile porté par les femmes qui reviennent de La Mecque. •*Al mara al mugabbile min Makka, na'arfûha be laffi'în al haram.* On reconnaît la femme qui revient de La Mecque au port du petit voile *haram*. •*Al haram hû laffay saxayre bas, al awîn yixattu bêyah rusênhum.* Le voile *haram* est plus petit que le voile ordinaire, les femmes s'en couvrent la tête.

Haram *n. pr.* de femme, ≅ *al Haram* [enceinte sacrée, petit voile que les femmes mettent sur la tête], * ḥrm, ح ر م

harâm / harâmât *adj.*, (*fém. harâma*), *Ant. halâl*, *Cf. makruh*, * ḥrm, ح ر م

♦ **interdit(e), proscrit(e), illicite, blâmable,** chose interdite par la loi religieuse. •*Al marîse harâma lê l muslimîn, mâ yacarbôha.* La bière est proscrite par les musulmans, ils n'en boivent pas. •*Al-zina harâm, wâjib tâxud mara be halâl !* L'adultère est interdit, on doit se marier [tu dois te marier] d'une manière licite ! •*Al-daxûl fî l-jâmiye harâm lê l muslim al mâ tâhir wa lê l-nâdum al mâ muslim.* Il est interdit à un musulman impur et à un non-musulman d'entrer dans une mosquée. •*Al istikbâr harâm.* La vanité est blâmable.

harâmi / harâmiyîn *adj.*, (*fém. harâmiye*), *Cf. rabbât al-durûb*, terme d'insulte, * ḥrm, ح ر م

♦ **malfaiteur, voleur (-euse), bandit, brigand, criminel (-elle).** •*Al fagur bizîd adad al harâmiyîn fî l balad.* La pauvreté augmente le nombre de malfaiteurs dans le pays. •*Hû da harâmi, mâ timassikah amâna !* C'est un voleur, ne lui confie rien ! •*Al harâmiyîn ligôna fî derib hanâ Mongo faracôna wa câlo xumâmna.* Les brigands nous ont arrêtés [trouvés] sur la route de Mongo ; ils nous ont frappés et nous ont arraché nos affaires.

harâmîs *pl.*, → *harmûs.*

haran / yahrin *v. intr. {- fî, - lê}*, ≅ l'*inacc. yaharin*, *Cf. jazam*, forme I n° 6, * ḥrn, ح ر ن

♦ **refuser de partir, rester sur place, être rétif (-ive), s'obstiner,** refuser d'avancer (en parlant du cheval). •*Al-dûd haran fî l wâdi.* Le lion est resté dans l'oued et ne veut plus en sortir. •*Al humar harân lêna fî l-derib.* L'âne a refusé d'avancer sur la route. •*Al iyâl harano fî li'ib al bâl.* Les enfants sont restés sur place à jouer au ballon.

harâr / harârât *n. coll.*, *sgtf. harâray*, * ḥrr, ح ر ر

♦ **épice, condiment.** •*Al mara sabbat harâr katîr fî l gahwa.* La femme a mis beaucoup d'épices dans le café. •*Zâra carat harârât min al-sûg amis.* Hier, Zara a acheté des condiments au marché. •*Maryam sawwat abre be harârât lê l-rujâl yacarboh.* Mariam a préparé pour les hommes une boisson à base de galettes épicées.

harâra *n. f.*, *Syn. hamu*, * ḥrr, ح ر ر

♦ **chaleur, douleur.** •*Harârit al-nâr hint al-laday sawwat lê waja' râs.* La chaleur du feu de la cuisine m'a donné la migraine. •*Ruxt fî l harray wa sawwat lêi harâra fî l bôl.* J'ai marché au soleil, et cela m'a provoqué des douleurs lorsque j'ai uriné. •*Xamîs lêyah al harâra, yiballix be mot hanâ* *axuh.* C'est avec douleur que Khamis annonce la mort de son frère.

harâriye *n. f., mrph. adj.*, * ḥrr, ح ر ر

♦ **piquant, brûlure.** •*Al-Nasrâniye di mâ tirîd harârît al-catte.* Cette Européenne n'aime pas le piquant du piment. •*Al-catte l-dugâg harârîtha fâtat hint al-catte l kubâr.* Le piquant du petit piment est plus fort que celui du gros piment. •*Al mulâh al ahamâr da inda catte, anâ hassêt be harârîtha.* Cette sauce est pimentée, j'en ressens le piquant.

haras 1 / yahris *v. trans.*, forme I n° 6, ≅ l'*inacc. yaharis*, * ḥrs, ح ر س

♦ **garder, attendre.** •*Anâ harastak giddâm al bêt wa inta mâ jît.* Je t'ai attendu devant la maison et tu n'es pas venu. •*Kan rafîgi ja gûlu lêyah xalli yaharisni ciya !* Si mon ami arrive, dites-lui de m'attendre un peu ! •*Ya iyâli, aharsu al xalla di adîl, mâ taxallu l xanam yaju yâkuluha.* Mes enfants, gardez bien ce mil ! Ne laissez pas les chèvres venir le manger ! •*Aharsîni hini, hassâ naji lêki !* Attends-moi ici, j'arrive tout de suite !

haras 2 *n. m., coll., Cf. harrâs (harrâsîn), gardi*, * ḥrs, ح ر س

♦ **garde.** •*Fî xacum al gêgar, haras wâgif be bundugah.* A la porte de la garnison, il y a un garde en faction avec son fusil. •*Haras al-Ra'îs mâ bixallu nâdum yadxul fî l-ra'âsa.* La garde présidentielle ne laisse personne entrer dans la Présidence. •*Hassâ, haras al miyah wa l xâbât (ôfôre) kan câfo nâdum katal sêde walla gata' cadaray xadra, yixarrumuh.* Maintenant, lorsque les gardes des Eaux et Forêts voient quelqu'un tuer du gibier ou couper un arbre vert, ils lui font payer une amende.

harasîm *pl.*, → *harsûm.*

harat / yahrit *v. trans.*, ≅ l'*inacc. yaharit*, forme I n° 6, * ḥrṯ, ح ر ث

♦ **cultiver, travailler la terre,** enlever les herbes sauvages. •*Anâ al-sana haratt wihêdi xamsa muxammas hanâ fûl.* Cette année, j'ai cultivé à moi seul cinq longueurs d'arachides. •*Al iyâl, fakkuru mâ tahartu l xalla ma'â l gecc sawa !* Les enfants, faites attention de ne pas arracher le mil avec l'herbe !

haratan *n. d'act., m.*, → *haritîn.*

harâyig *pl.*, → *harîge.*

harâz *n. vég., coll., m., sgtf. harâzay*, * 'rz, ء ر ز

♦ **nom d'un arbre, cad, Acacia albida (Del.),** famille des mimosacées, appelé aussi : "arbre miracle". •*Al harâz yixaddir fî l-sêf wa baybas fî l xarîf.* L'Acacia albida verdit en saison sèche et perd ses feuilles [sèche] en saison des pluies. •*Al xanam akalo iyâl al harâzay dîk.* Les chèvres ont mangé les graines de ce cad. •*Al harâzay di fî l xarîf mâ indaha dull, lâkin fî l-sêf dullaha bârid.* Cet acacia ne fait pas d'ombre en saison des pluies ; mais en saison sèche il a une ombre fraîche. •*Tiht al harâz al-turâb sameh lê l hirâte.* Sous l'Acacia albida, la terre est bonne pour la culture.

Harâz jambo *n. pr.* de lieu, poste administratif du Batha, * 'rz, ء ر ز

♦ **Haraze Djombo.**

Harâz mangany *n. pr.* de lieu, chef-lieu de sous-préfecture du Salamat, * 'rz, ء ر ز

♦ **Haraze Mangueigne.**

harb / hurûb *n. m.*, ≅ *harib*, → *harba 2*, * ḥrb, ح ر ب

harba 1 / hurâb *n. f., Cf. tcalakay*, * ḥrb, ح ر ب

♦ **lance,** toutes sortes de lances. •*Al-carrâki ta'an al-dûd be harbitah.* Le braconnier a transpercé le lion avec sa lance. •*Hû yarkiz hurâbah fî kony hanâ l bêt.* Il a posé ses lances debout dans l'angle de la maison. •*Taradna l-sarrâgîn be hurâbna wa karâbîjna.* Nous avons repoussé les voleurs avec nos lances et nos couteaux de jet. •*Fî l-duwâs, al bundug axêr min al* *harba.* A la guerre, il vaut mieux avoir un fusil qu'une lance.

harba 2 / hurûb *n. f.*, ≅ le singulier *harb, harib*, et au pluriel *hurûbât*, *Cf. duwâs*, * ḥrb, ح ر ب

♦ **guerre.** •*Anîna iyîna min al harba.* Nous sommes fatigués de la guerre. •*Al harib yidammir al-dawla.* La guerre détruit l'État. •*Fî l xarn al icirîn, bigat hurûb katîre fî l âlam.* Au vingtième siècle, il y a eu de nombreuses guerres dans le monde.

hardam / yihardim *v. trans.*, *qdr.*, combinaison des racines *hrm* (s'écrouler à cause de l'âge) et *hdm* (démolir), forme II, *Cf. dammar, kassar, tallaf, waga'*, * hdm, ه د م

♦ **s'écrouler, s'effondrer, tomber, démolir.** •*Al matar sabba katîr wa hardam al buyût.* La pluie est tombée en abondance et a démoli les maisons. •*Al almi ja katîr wa hardam al bîr.* L'eau est venue en grande quantité et a fait s'effondrer le puits. •*Al-câyib sunûnah hardamo.* Les dents du vieillard sont tombées. •*Fî l-duwâs al askar be banâdîghum al kubâr yihardumu l buyût.* Pendant le combat, les soldats démolissent les maisons avec leurs armes lourdes.

hardamân *n. d'act., m.*, → *hardimîn.*

hardimîn *n. d'act., m., Cf. hardam, kassirîn, dammirîn*, * hdm, ه د م

♦ **écroulement, démolition, éboulement, effondrement.** •*Hardimîn al bîr min ajas hanâ rujâl al hille.* L'éboulement de ce puits est dû à la lassitude des hommes du village. •*Hardimîn al bêt da min kutur al matara.* L'écroulement de cette maison est dû à l'abondance de pluie.

hargân / hargânîn *adj.*, (*fém. hargâne*), * ḥrq, ح ر ق

♦ **brûlé(e), consumé(e), épuisé(e), calciné(e).** •*Al kûzi l hinâk da hargân.* La case qui est là-bas est brûlée. •*Hî hargâne acân râjilha mât xalla lêha atâma fî îdênha.* Elle est épuisée de chagrin parce que son mari est mort en lui laissant deux orphelins sur les bras. •*Sîd al-dukkân da bisâwig dippâ hargân.* Ce marchand vend du pain calciné.

hargas / yihargis *v. intr.*, *qdr.*, forme II, ≅ l'*inacc. yahargis*, * ḥrqṣ, ح ر ق ص

♦ **se tortiller, se tordre, se contorsionner.** •*Al angurrâsa addatni fî dahari wa anâ hargast.* Les petites fourmis noires m'ont piqué dans le dos et je me suis tortillé. •*Al-dâbi kan gata'tah min usut yihargis.* Lorsqu'on coupe [si tu coupes] un serpent en deux, il se tortille. •*Râgde fî furâci nihargis acân indi waja batun cadîd.* Je suis étendue sur mon matelas et je me tords parce que j'ai très mal au ventre.

hargasân *n. d'act., m.*, → *hargisîn.*

hargisîn *n. d'act.*, ≅ *hargasân*, * ḥrqṣ, ح ر ق ص

♦ **tortillement, contorsion,** fait de se tordre. •*Al hargisîn, hû mâ li'ib.* La contorsion n'est pas de la danse. •*Hargisîn danab abundigêr da, acân angata'.* C'est parce que la queue du gecko est coupée qu'elle se tortille.

hâri / hâriyîn *adj. mrph. part.* actif, (*fém. hâriye*), *Cf. hiri*, * ḥry, ح ر ي

♦ **qui espère, qui pressent, qui sait, qui est persuadé(e).** •*Al hâri axêr min al muta'acci.* Celui qui pressent un bon repas est plus en forme que celui qui a déjà dîné. *Prvb.* •*Dayyinni alif, anâ hâriye kadâr al-cahar da yumût, yikaffûni !* Prête-moi mille riyals, je sais qu'à la fin du mois ils me payeront mon salaire ! •*Fâtime hâriye al yôm kaffayân gurusha min al-trezôr.* Fatimé est persuadée qu'aujourd'hui le Trésor Public lui versera son salaire.

harib *n. f.*, → *harba 2.*

hâribîn *n. d'act.*, → *hârabân.*

harif / hurûf *n. m.*, * ḥrf, ح ر ف

♦ **lettre de l'alphabet.** •*Wilêdi dahâba gâ'id bi'allim bagri fî l hurûf.* Mon enfant est en train d'apprendre à lire les lettres de l'alphabet. •*Bala l mukabbarât mâ nagdar nafnud al* *hurûf.* Sans lunettes [sans loupes], je ne peux pas distinguer les lettres de l'alphabet.

harîf / harîfîn *adj.*, (*fém. harîfe*), *Ant. kîca, kamkali*, * ḥrf, ح ر ف

♦ **expert(e) dans son travail, aimable, sociable, amical(e),** qui se fait beaucoup de relations. •*Hû harîf fî li'ib hanâ arbâtâcar.* C'est un bon joueur au jeu de *arbâtâcar.* •*Al mara l harîfe bêtha munazzam wa ta'arif kikkêf tistaxbal al-duyûf.* La femme aimable a une maison bien organisée et sait bien accueillir les hôtes. •*Al-râjil al harîf, mâ bâkul wihêdah.* L'homme qui a beaucoup de relations ne mange jamais seul.

harîge / harâyig *n. f.*, * ḥrq, ح ر ق

♦ **feu de brousse, incendie.** •*Angaru mâ tutuccu l harîge fî l kadâde !* Faites attention de ne pas allumer d'incendie dans la brousse ! •*Al harâyig yidammuru al balad.* Les feux de brousse détruisent le pays. •*Al-sana l fâtat al harîge akalat al-sûg.* L'année passée, un incendie a ravagé le marché [l'incendie a mangé le marché].

harigîn *n. d'act., m.*, ≅ *haragân*, * ḥrq, ح ر ق

♦ **fait d'incendier, incendie, fait de brûler, brûlure,** fait de mettre le feu. •*Al askar daharo l-nâs min harigîn al kadâde.* Les soldats ont interdit aux gens de brûler la brousse. •*Kulla sane fî nâs bisabbubu harigîn al-sûg.* Chaque année, il y a des gens qui provoquent l'incendie du marché.

Hârin *n. pr.* d'homme, *litt.* obstiné, qui ne veut pas se déplacer, qui reste là où il est, *Cf. haran*, * ḥrn, ح ر ن

harîr *n. coll., sgtf. harîray*, * ḥrr, ح ر ر

♦ **soie.** •*Anâ indi xalag hanâ harîr.* J'ai un vêtement en soie. •*Xulgân hanâ l harîr mâ halu fî wakt al hamu.* Il n'est pas bon de porter des vêtements en soie quand il fait chaud.

harîs / harîsîn *adj.*, (*fém. harîse*), *Cf. baxîl, raxbân, fasil, jabbâri*, * ḥrs, ح ر س

♦ **avare,** qui ne donne pas volontiers. •*Al harîs bumût be l-ju' wa gursah yifaddil lê l wurrâs.* L'avare mourra de faim et son argent reviendra aux héritiers. •*Anâ mâ nirîd al-râjil al harîs.* Je n'aime pas un homme avare. •*Binêyti mâ nijawwizha lê l-râjil al harîs al-ju' baktulha.* Je ne donnerai pas ma fille en mariage à un avare, elle mourrait de faim.

haritîn *n. d'act., m.*, ≅ *haratân, Syn. hirâte, Cf. harat*, * ḥrṯ, ح ر ث

♦ **agriculture, culture,** fait de cultiver la terre. •*Haritîn al fûl wa l sumsum fî l gôz.* On cultive les arachides et le sésame sur des terrains sablonneux. •*Fî Tcâd haritîn al gutun bijîb gurus katîr.* Au Tchad, la culture du coton rapporte beaucoup d'argent. •*Haritîn al-rîs wa l gameh bidôr irfe.* Cultiver du riz ou du blé suppose un savoir-faire.

harmâne / harmânât *adj. f.*, *Cf. harâm*, * ḥrm, ح ر م

♦ **divorcée définitivement, femme répudiée trois fois,** femme définitivement illicite pour son premier époux. •*Al mara l harmâne kan mâ hallalat, mâ tigabbil fî bêt râjilha.* La femme répudiée trois fois ne pourra retourner dans la maison de son premier mari que si elle épouse un autre homme. •*Wâjib lê l-râjil yifakkir fî talâg al mara acân mâ tabga harmâne.* L'homme doit faire attention à ne pas répudier sa femme à trois reprises, pour éviter qu'elle ne devienne illicite pour lui.

harmûs / harâmîs *adj.*, (*fém. harmûsa*), ≅ *harsûm*, terme d'insulte, * ḥrmz, ح ر م ز

♦ **porte-malheur, maudite.** •*Al mara di harmûsa min jât bas wilêdi karaboh fî l-sijin.* Cette femme est porte-malheur, à peine est-elle arrivée que mon fils a été arrêté et mis en prison. •*Nâs al hille bugûlu l binêye di harmûsa min râjilha rahhalâha fî bêtah bas taradoh min al xidime.* Les gens du village disent que cette fille est porte-malheur ; dès que son mari l'a accueillie chez lui, il a été renvoyé du travail. •*Al bisse l-zarga kan jat lêk fî l-lêl coxol da harmûs.* Si une chatte noire arrive chez toi la nuit, c'est un signe de malheur.

hârr / hârrîn *adj.*, (*fém. harre*), *Cf. hâmi*, * ḥrr, ح ر ر

♦ **brûlant(e), dur(e), pénible, fort(e), piquant(e),** difficile à supporter, qui fait mal. •*Mâ tajri hârr be watîrak fî l-câri !* Ne roule pas trop vite avec ta voiture dans la rue. •*Al mulâh da hârr min al-cette.* Cette sauce est très pimentée. •*Al xidime di hârre bilhên.* Ce travail est très pénible. •*Rujâl gusâr, duwâshum hârr... Di cette.* Ce sont de petits hommes dont le combat est dur à supporter… Ce sont les piments. *Dvnt.* •*Al yôm da, al harray hârre.* Aujourd'hui le soleil est brûlant. •*Al odikolony rihitah mâ halûwa bilhên wa hû hârr kan sabboh fî l-jirah.* L'eau de Cologne n'a pas un parfum exquis et fait très mal quand on en met sur une blessure ouverte.

harra / yuhurr *v. trans.*, forme I n° 5, * hrr, ه ر ر

♦ **déféquer, chier, faire une crotte, faire caca.** •*Al-jidâde harrat fî l biric.* La poule a fait une crotte sur la natte. •*Al-tifil harra fî surwâlah.* Le petit enfant a déféqué dans sa culotte. •*Intu kubâr xalâs ! Battân mâ nicîfku tuhurru fî sarâwîlku !* Vous êtes désormais des grands, je ne veux plus vous voir faire caca dans vos slips !

harrab / yiharrib *v. trans.*, forme II, ≅ l'*inacc. yaharrib*, * hrb, ه ر ب

♦ **transporter en cachette, transférer des devises, faire passer secrètement,** faire passer de l'argent d'un pays à l'autre. •*Al barcâta harrabo xumâm katîr be l-lêl.* Les contrebandiers ont transporté en cachette beaucoup de marchandises pendant la nuit. •*Al-caxxâla yiharrubu gurushum lê dârhum al-jo minha be fann.* Les ouvriers émigrés ont l'art de faire passer leur argent en cachette dans leur pays d'origine.

harrac / yiharric *v. trans.*, forme II, ≅ l'*inacc. yaharric*, * hrš, ه ر ش

♦ **inciter, exciter, provoquer à,** pousser à. •*Humman bas harracoh acân yisawwi ingilâb fî l-Ra'îs.* Ce sont eux qui l'ont incité à faire un coup d'État pour renverser le Président. •*Al-râjil da harrac al iyâl al-dugâg acân yidâwusu.* Cet homme a excité les petits enfants à se battre les uns contre les autres.

harracân *n. d'act.*, *m.*, → *harricîn.*

harrâci / harrâcîn *adj.*, (*fém. harrâca*), * hrš, ه ر ش

♦ **agitateur (-trice), incitateur (-trice) de troubles, excitateur (-trice).** •*Mâ tabga harrâci l mulûk wa kattâl al ajâwîd fî l-durûb !* Ne sois pas celui qui dresse les chefs les uns contre les autres ni celui qui tue les notables en chemin ! *Prvb.* (*i.e.* tiens-toi tranquille !) •*Mâ tasma kalâm al harrâcîn, tixâlufu ma'â waldênak kula !* N'écoutes pas l'avis des excitateurs, sinon tu seras en désaccord même avec tes parents !

harrag / yiharrig *v. trans.*, forme II, ≅ l'*inacc. yaharrig*, * ḥrq, ح ر ق

♦ **faire brûler, incendier.** •*Al-binêye di ma ta'arif tu'ûs, harragat al mulâh.* Cette fille ne sait pas faire la cuisine, elle a fait brûler la sauce. •*Mâ taktib askari wa taharrig galib hanâ ammak !* Ne chagrine pas ta mère en t'enrôlant dans l'armée ! •*Al xassâli harrag xulgâni kulluhum be l makwitah.* Le blanchisseur a brûlé tous mes habits avec son fer à repasser.

harragân *n. d'act.*, *m.*, → *harrigîn.*

harrak / yiharrik *v. trans.*, forme II, ≅ l'*inacc. yaharrik*, * ḥrk, ح ر ك

♦ **bouger, remuer, déplacer, mettre en mouvement, agiter, faire du bruit.** •*Al marfa'în harrak min tihit al-côk.* L'hyène a bougé sous les épines. •*Al-rih taharrik al-cadar.* Le vent agite les feuilles des arbres. •*Al iyâl harrako xumâm al êc.* Les enfants ont déplacé les ustensiles de cuisine pour la boule.

harrakân *n. d'act., m.*, ≅ *harrikîn*, * ḥrk, ح ر ك

♦ **mouvement, déplacement, agitation,** fait de bouger. •*Harrakân al xumâm da mâ adîl.* Il n'est pas bon de déplacer ainsi les affaires. •*Hû mâ bagdar bagôd sâkit birîd al harrakân.* Il ne peut pas rester tranquille, il aime bouger. •*Harrakân al-laban al-râyib bumurg al-zibde.* Le fait d'agiter le lait caillé fait sortir le beurre.

harram / yiharrim *v. trans.*, forme II, ≅ l'*inacc. yaharrim*, *Cf. karram*, * ḥrm, ح ر م

♦ **obéir à la loi, respecter un interdit, se conformer au règlement, être juste, être interdit(e).** •*Wâjib al kabîr yiharrim al-saxayar.* Il faut que le grand soit juste avec le petit. •*Kan mâ harramt al xawânîn tamci l-sijin.* Si tu n'obéis pas aux lois, tu iras en prison. •*Harrim nafsak hatta l-nâs yiharrumuk !* Respecte-toi pour que les autres te respectent ! •*Hâraj martah, tallagâha namman harramâha.* Il s'est disputé avec sa femme, et l'a répudiée trois fois au point qu'il ne peut plus la reprendre maintenant [il l'a rendue illicite pour lui].

harrân / harrânîn *adj. mrph. intf.*, (*fém. harrâna*), *Cf. haran*, * ḥrn, ح ر ن

♦ **qui refuse d'avancer, rétif (-ve), récalcitrant(e),** qui refuse d'obéir. •*Anâ indi humâr harrân.* J'ai un âne qui refuse d'avancer. •*Kan zâmiltak harrâna mâ tiwaddik ajala fî bakân al mâci fôgah.* Si ta monture est récalcitrante, elle ne te conduira pas vite à destination. •*Al wilêd da harrân, rassaloh min fajur, aba mâ yamci !* Cet enfant refuse d'obéir, depuis ce matin il n'est pas allé faire la commission qu'on lui avait confiée.

harrar / yiharrir *v. trans.*, forme II, * ḥrr, ح ر ر

♦ **libérer.** •*Al-râjil bala rujâl mâ yagdar yiharrir al-dâr.* Un seul homme ne peut pas libérer le pays. •*Al-sawra harrarat al balad.* La rébellion a libéré le pays. •*Lê hassâ Falastîn mâ harrarôha, gâ'ide fî idên al musta'mirîn.* Jusqu'à présent la Palestine n'est pas encore libérée, elle est entre les mains des colons.

harras / yiharris *v. trans.*, forme II, ≅ l'*inacc. yaharris*, * ḥrs, ح ر س

♦ **faire garder, placer une sentinelle, charger *qqn.* de garder.** •*Al-râjil marag wa harras wilêdah fî janb al xumâm.* L'homme est sorti et a mis son fils à côté des affaires pour les garder. •*Al-sultân harras al askar giddâm bêtah.* Le sultan a placé des soldats devant sa maison pour la garder.

harrâs / harrâsîn *n. m.*, *Cf. haras, gardi*, * ḥrs, ح ر س

♦ **gardien, sentinelle.** •*Indina kulâb harrâsîn misil al askar.* Nous avons des chiens qui sont d'aussi bonnes sentinelles que des militaires. •*Harrâsna râjil adîl, mâ yunûm fî l-lêl !* Notre gardien est très bien, il ne dort pas la nuit.

harrat / yiharrit *v. trans.*, forme II, ≅ l'*inacc. yaharrit*, * ḥrṯ, ح ر ث

♦ **faire cultiver,** louer des manœuvres pour cultiver. •*Hû harrat al-nâs fî zer'ah wa kaffahum gurus katîr.* Il a demandé à des gens de cultiver son champ et leur a donné beaucoup d'argent. •*Anâ mâ indi gurus kan mâ ke nidôr niharrit nâs fî zer'i.* Je n'ai pas d'argent ; si j'en avais, je ferais volontiers cultiver mon champ par d'autres personnes. •*Al hâkûma karrabat al-sahâlîg wa harratathum sâkit bala gurus.* Le gouvernement a arrêté les désœuvrés et leur a fait travailler la terre sans les payer.

harrâta / harrâtât *n. f. mrph. intf.*, *Cf. harrat*, * ḥrṯ, ح ر ث

♦ **charrue, tracteur, machine agricole.** •*Al harrâtîn fî l xarîf bahartu be harrâtât birabbutuhum fî l-tîrân.* Pendant la saison des pluies, les agriculteurs cultivent les champs en utilisant des charrues tirées par des bœufs. •*Al hirâte be l harrâta traktêr* *ta'abha ciya.* Cultiver avec un tracteur est peu fatigant.

harrâti / harrâtîn *adj. n., mrph. intf.*, (*fém.* *harrâtiye*), *Syn. muzâri'*, *zarrâ'i*, * ḥrṯ, ح ر ث

♦ **cultivateur (-trice), agriculteur (-trice), paysan (-anne).** •*Al harrâti xani min al haddâdi.* Le cultivateur est plus riche que le forgeron. •*Ammi harrâtiye gadîme.* Ma mère est une vieille paysanne. •*Balad hanâ Tcâd ti'îc be l harrâtîn.* Le Tchad vit grâce à ses agriculteurs.

harray *n. f.*, * ḥrr, ح ر ر

♦ **soleil.** •*Al harray hâmiye bilhên, âkûn al almi yusubb.* Le soleil est très chaud, il va peut-être pleuvoir. •*Al harray taggat, amurgu curru xumâmku !* Le soleil tape, sortez étendre vos affaires. •*Murhâkti xallêtha wara l bêt, wa ligitha giddâm... Di l harray.* J'ai laissé ma meule derrière la maison et je l'ai retrouvée devant… C'est le soleil. *Dvnt.*

harricîn *n. d'act.*, *m.*, ≅ *harracân*, * hrš, ه ر ش

♦ **incitation, excitation, provocation,** fait de provoquer ou d'inciter à la querelle. •*Anâ mâ nicîl harricîn al-nâs.* Je ne prends pas en considération les provocations des gens. •*Kan tasma harricîn al-nâs tidâwis kulla yôm ma'â rufugânak.* Si tu écoutes les incitations des gens à la querelle, tu te battras tous les jours avec tes amis.

harrigîn *n. d'act.*, *m.*, ≅ *harragân*, * ḥrq, ح ر ق

♦ **brûlure, inflammation, incinération,** fait de brûler. •*Al xassâlîn al mâ bidôru harrigîn xulgân al-zabâyin bibarrudu l makwa fî l almi.* Les blanchisseurs qui ne veulent pas brûler les habits de leurs clients en les repassant, refroidissent leur fer à repasser en le trempant dans l'eau. •*Harrigîn al akil al mâ adîl, da amân min al marad.* Le fait d'incinérer la nourriture mauvaise est une sécurité pour éviter les maladies.

harrikîn *n. d'act.*, *m.*, → *harrakân.*

harsûm / harasîm *adj. m.*, métathèse dans les consonnes du mot, terme d'insulte, → *harmûs.*

Hârûn *n. pr.* d'homme, Aaron.

hasab *pl.*, → *hasab 3.*

hasab 1 / yahsib *v. trans.*, ≅ l'*inacc. yahasib*, forme I n° 6, * ḥsb, ح س ب

♦ **compter, penser que, croire que, estimer que, égrener le chapelet.** •*Anâ gâ'id nahsib gursi.* Je suis en train de compter mon argent. •*Hû hasab gursah wa ligah nâgis.* Il a compté son argent et a trouvé qu'il en manquait. •*Anâ nisît, mâ habsabt sinîn wilêdi.* J'ai oublié, je n'ai pas compté l'âge [les années] de mon enfant. •*Hasab du'âh be sibihtah.* Il compte ses invocations avec son chapelet. •*Anâ nahasib hû mardân, mâ ja fî l xidime !* Je pense qu'il est malade : il n'est pas venu au travail. •*Nahasib be sibihti tûrây tûray namman nalhag al-cahîd.* J'invoque Dieu en égrenant mon chapelet, grain par grain, jusqu'à ce que je retrouve le gros grain du début.

hasab 2 *invar.*, * ḥsb, ح س ب

♦ **selon, avis, mesure,** à la mesure de. •*Hasab gudurti jibtah lêyah xamsa riyâl.* A la mesure de mes moyens, je lui ai apporté cinq riyals. •*Alê hasab fikri, hû micôtin.* A mon avis, il est fou. •*Hasab râyi da, namcu nixarrufu barra acân nahartu.* D'après moi [selon mon idée], il serait bon de passer la saison des pluies en brousse pour cultiver.

hasab 3 / hasab *n. m.*, *Cf. hassab*, * ḥsb, ح س ب

♦ **protection, refuge.** •*Hû sawwa coxol hawân wa jara, maca ligi hasab fî dâr jâra.* Il a fait quelque chose de mauvais, il s'est enfui et a trouvé refuge dans un pays voisin. •*Al masâjîn hasabhum Allah.* Les prisonniers s'en remettent à la protection de Dieu. •*Al-zerîbe hasab lê l ijjâl wa l xanam min al marâfi'în.* La haie d'épines protège les veaux, les moutons et les chèvres contre les hyènes.

hâsab / yihâsib *v. trans.*, forme III, * ḥsb, ب س ح

♦ **faire les comptes avec, faire le bilan, régler les comptes, juger** (jugement dernier). •*Mas'ûl al banki hanâ l-dawla yihâsib zabâyinah fî kulla cahar.* Le responsable de la banque de l'État fait les comptes avec ses clients chaque mois. •*Al-tâjir hâsabah lê Ahmat wa ligi l budâ'a nâgse.* Le commerçant a fait le bilan de sa boutique avec Ahmat, il a trouvé que beaucoup de marchandises manquaient. •*Fî l âxira Allah bihâsib kulla l-nâs.* Dans l'autre monde, Dieu jugera tout le monde.

hasab-al-bêt *n. anim., f., Cf. hasab 3,* → *amjarâri*, * ḥsb, byt, ت ي ب • ب س ح

♦ **nom d'un oiseau, hirondelle,** de la famille des Hirundinidæ, genre *hirundo* (Malb.). •*Hasab-al-bêt tabni bêtha dâxal fî l bêt.* L'hirondelle construit son nid à l'intérieur de la maison. •*Hasab-al-bêt mâ taxâf min al-nâs.* Les hirondelles ne craignent pas les hommes.

hasab-al-mulûk *n. anim., coll., Cf. hasab 3,* * ḥsb, mlk, ك ل م • ب س ح

♦ **nom d'un criquet, Orthochtha venosa (R.),** famille des acridiens (*s.-f.* acridinæ). •*Hasab-al-mulûk jarâday xabca wa kabîre ciyya min ambazzâni.* Le criquet Orthochtha venosa est couleur de terre et un peu plus gros que le criquet Hieroglyphus daganensis. •*Hasab-al-mulûk tinlagi fî l-darat wa l-nâs bâkuluha.* Les criquets Orthochtha venosa se trouvent à la fin de la saison des pluies et les gens les mangent.

Hasaballah *n. pr.* d'homme, pour *hasab Allah, litt.* sous la protection de Dieu, Dieu suffit.

Hasabannabi *n. pr.* d'homme, pour *hasab al-nabi, litt.* sous la protection du Prophète.

hasad / yahsid *v. trans.*, forme I n° 6, ≃ l'*inacc. yahasid*, * ḥsd, د س ح

♦ **envier, être jaloux (-ouse), jalouser.** •*Mâ tahasid jârak kan ligi coxôl jadîd !* Ne sois pas jaloux de ton voisin s'il a reçu quelque chose de neuf ! •*Amkalâm hasadat iyâl Zâra.* Amkalam est jalouse des enfants de Zara. •*Al iyâl hasado rafîghum al garray minhum.* Les enfants envient leur camarade qui réussit bien dans ses études.

hasâda *pl.*, → *hasûd.*

hasal / yahsal *v. intr.*, forme I n° 13, ≃ l'*inacc. yahasal*, *Cf. bigi, kân*, * ḥṣl, ل ص ح

♦ **avoir lieu, se produire, arriver.** •*Amis hasal hâdis hanâ murûr fî l-câri l kabîr hanâ l-sûg.* Un accident de circulation s'est produit hier dans la grande rue du marché. •*Mâla mâ macêt lêi, cunû l hasal lêk ?* Pourquoi n'es-tu pas allé chez moi, que t'est-il arrivé ?

hasan 1 / yahsin *v. intr. {- fôg}*, ≃ l'*inacc. yahasin*, forme I n° 6, *Syn. ahsan, yi'ahsin*, * ḥsn, ن س ح

♦ **faire du bien, faire une bonne œuvre,** accomplir quelque chose de bon ou de bien. •*Wâjib tahsin fôg al-dêf al-jâyi min ba'îd.* Tu dois faire du bien à l'hôte qui vient de loin. •*Ligît rafigât hasano fôgi be l xêr wakt al-ta'ab.* J'ai trouvé des amies qui m'ont bien aidée pendant un moment difficile.

hasan 2 / hisân *adj.*, (*fém. husna*), terme de l'*ar. lit.*, peu employé, → *sameh, zên*, * ḥsn, ن س ح

Hasan *n. pr.* d'homme, *litt.* beau, bon, *Cf. hasan*, * ḥsn, ن س ح

hasana / hasanât *n. f.*, terme de l'*ar. lit.*, * ḥsn, ن س ح

♦ **bienfait, gratitude, reconnaissance.** •*Kan tigassim sadaxât talga hasana min Allah.* Si tu donnes des aumônes, tu recevras des bienfaits de Dieu. •*Al hasana fî l man'ûl misil al-cara fî l gandûl.* La reconnaissance envers un vaurien est aussi inutile qu'un ver dans l'épi de mil. *Prvb.*

Hasana *n. pr.* d'homme, *litt.* bienfait, gratitude, *Cf. hasana*, * ḥsn, ح س ن

Hasanaddîn *n. pr.* d'homme, pour *hasan al-dîn, litt.* excellence de la religion.

Hasaniya *n. pr.* de femme, *litt.* belle, bonne, *Cf. Hasan*, * ḥsn, ح س ن

Hasaniye *n. pr.* de femme, variante de *Hasaniya*, * ḥsn, ح س ن

hasar *n. mld., m.*, ≅ *bôldamm*, * ḥṣr, ح ص ر

♦ **bilharziose, formation de calculs, lithiase.** •*Al wilêd barrad fi l-rahad wa hasar karabah.* L'enfant s'est lavé dans le marigot et a attrapé la bilharziose. •*Hû bubûl damm akûn coxolah hasar.* Il urine du sang, il a peut-être la bilharziose. •*Marad al hasar kan hajjar, mâ yiddâwa illa be caggîn.* Lorsque des calculs se forment dans la vessie, on ne peut y remédier que par une opération.

hasas *n. coll., m., sgtf. hasasay, Syn. hasu*, * hss, ه س س

♦ **petit caillou, petite pierre, gravier.** •*Al-jidâde tazrut hasas ma'â l xalla.* La poule avale de petits cailloux avec le mil. •*Al awîn gâ'idîn bilaggutu hasas acân yusubbuh fi fadayâthum.* Les femmes sont en train de ramasser du gravier pour en mettre dans leur cour. •*Akalt ma'â l fûl hasasay kassarat sinni.* J'ai mangé avec les arachides un petit caillou qui m'a cassé une dent.

hasasa *pl.*, → *hiss.*

hasâsiya / hasâsiyât nom *sing.*, ≅ *hasâsiye*, * ḥss, ح س س

♦ **ressentiment, rancune, rancœur, désir de vengeance.** •*Al wilêd da indah hasâsiyât ma'â wilêd hanâ jârah.* Ce garçon a de la rancœur contre le fils de son voisin. •*Al harrâtîn wa siyâd al mâl hasâsiyâthum mâ bikammulu.* Les rancunes entre les éleveurs et les agriculteurs n'en finissent pas.

hasayân *n. d'act., m.*, → *hasiyîn.*

hasâyif *pl.*, → *hasîfe.*

hashas *n. m.*, voir le *Syn. hasas.*

Hasîba *n. pr.* de femme, → *hasab.*

hasîfe / hasâyif *n. f.*, dans l'expression *câl hasîfe* (nourrir un désir de vengeance contre *qqn.*, prendre en haine), * ḥsf, ح س ف

♦ **inimitié, malveillance, haine, colère contre *qqn.*,** désir de prendre sa revanche et de faire du mal. •*Al biss câl hasîfe lê l fâr.* Le chat a pris les rats en haine. •*Al-sayyâdi karab hasîfe be fajur fajur lê l-sêd.* De bon matin, le désir de tuer du gibier est monté au cœur du chasseur. •*Al-sarrâgîn câlo hasîfe lê l xani.* Les voleurs sont pleins d'inimitié contre celui qui est riche.

hâsil / hâsilîn *adj. mrph. part.* actif, (*fém. hâsile*), *Syn. jâhiz*, * ḥṣl, ح ص ل

♦ **prêt(e), disponible.** •*Kan anâ gabbalt min al xidime, nalga l akil hâsil.* Quand je rentre du travail, je trouve la nourriture prête. •*Jâbo lêi xulgân muxayyatîn hâsilîn.* Ils m'ont apporté des vêtements prêts-à-porter [cousus disponibles]. •*Kan mâ xadamt, mâ talga gurus hâsil.* Si tu ne travailles pas, tu n'auras pas d'argent disponible.

hasiyîn *n. d'act., m.*, ≅ *hasayân, Syn. xarazân, xarizîn, Cf. hisi*, * ḥsw, ح س و

♦ **assèchement, évaporation, tarissement.** •*Hasiyîn al biyâr marrar mag'ad al-dunya lê siyâd al mâl.* L'assèchement des puits a rendu la vie dure aux éleveurs. •*Hasiyîn al biyâr bigi badri al-sana.* Cette année, les puits se sont vite asséchés.

haskanît *n. vég., coll., sgtf. haskanîtay*, ≅ *askanît*, * ḥsk, ح س ك

♦ **nom d'une herbe à épines, Cenchrus biflorus (Roxb.),** famille des graminées, ayant des épines fines très difficiles à ôter des vêtements ou de la peau. •*Fî zerê'na haskanît katîr.* Dans notre champ, il y a beaucoup d'herbes à épines. •*Al humâr daggac al wilêd fî l haskanît.* L'âne a entraîné l'enfant dans les épines. •*Kan mâ bâtil nat'an kê nammin lê l-talâtil... Da l haskanît.* Si je n'étais pas si fine [maigre], je t'aurais piqué jusqu'aux amygdales… C'est l'herbe à épines Cenchrus biflorus. *Dvnt.*

hass *n. m.*, *Cf. hassa*, * ḥss, ح س س

♦ **sensation, fait de sentir.** •*Hass al-jilid illa be l-lams.* La sensation sur le corps ne se manifeste que par le toucher. •*Hiss al bundug al kabîr, misil infijâr al ôbi, bissawi hass birajjif al-jilid.* Le bruit d'un coup de canon, comme l'éclatement d'un obus, provoque une sensation qui fait frémir tout le corps.

hassa 1 / yihiss *v. intr.*, forme I n° 11, * ḥss, ح س س

♦ **sentir, ressentir, se sentir mal, être souffrant.** •*Anâ hassêt be marad nidôr namci fî l-labtân.* Je ne me sens pas bien, je veux aller à l'hôpital. •*Al-râjil hassa be daxilîn al-sarrâg fî bêtah.* L'homme a senti l'entrée du voleur chez lui. •*Abbakar al yôm mâ ja fî l xidime, âkûn hassa.* Abakar n'est pas venu aujourd'hui au travail, il est peut-être souffrant.

hassa 2 / yihassi *v. trans.*, forme II, *Cf. hisi*, * ḥsw, ح س و

♦ **évaporer, assécher.** •*Rih garwa tihassi l-ruhûd.* Le fort vent de fin de saison des pluies évapore l'eau des mares. •*Al xarafân al katîr lê l bîr di hassaha.* Trop puiser de l'eau dans ce puits l'assèche.

hassâ *invar.*, contraction de *al-sâ'a*, ≅ *hassa*, et dans le Chari-Baguirmi *duggut*, * swʕ, س و ع

♦ **maintenant, tout de suite.** •*Nadxulu hassa bas lê l-daktôr.* Nous allons entrer tout de suite chez le docteur. •*Arjâni, hassâ najik.* Attends-moi, je reviens tout de suite. •*Yâtu baka hassâ ?* Qui a pleuré maintenant ? •*Iyâl hanâ hassâ, kalâmhum katîr.* Les enfants de maintenant parlent beaucoup.

hassab / yihassib *v. intr.*, forme II, ≅ l'*inacc. yahassib*, * ḥsb, ح س ب

♦ **chercher protection, se réfugier,** chercher protection derrière *qqn.* ou *qqch.* •*Yôm abui bidôr buduggini anâ hassabt fî jidditi.* Le jour où mon père a voulu me taper, j'ai cherché protection auprès de ma grand-mère. •*Hû hassab fôgi battân mâ tuduggah !* Il s'est réfugié derrière moi, ne le frappe plus !

hassaf / yihassif *v. intr.* *{- lê}*, forme II, ≅ l'*inacc. yahassif*, * ḥsf, ح س ف

♦ **haïr, détester, chercher à nuire, vouloir faire du mal.** •*Sîd al-dukkân hassaf lê l-sarrâg.* Le boutiquier cherche à surprendre le voleur pour lui faire mal. •*Al-subyân hassafo lêyah acân hû bibahbir giddâm al banât.* Les jeunes gens le haïssent parce qu'il épate les filles. •*Mâla hassaftu lêyah, acân hû fahîm minnuku wallâ ?* Pourquoi lui voulez-vous du mal ? Est-ce parce qu'il est plus intelligent que vous ?

hassal / yihassil *v. trans.*, forme II, ≅ l'*inacc. yahassil*, *Cf. jahhaz*, * ḥṣl, ح ص ل

♦ **préparer** (se), **apprêter, arranger, bien disposer.** •*Hassalt juwâdi lê galûb al xêl.* J'ai préparé mon cheval pour la course de chevaux. •*Al askari yihassil lê l-duwâs.* Le combattant se prépare au combat.

hassalân *n. d'act.*, *m.*, → *hassilîn.*

Hassân *n. pr.* d'homme, *mrph. intf.*, *Cf. Hasan*, * ḥsn, ح س ن

hassar / yihassir *v. intr.*, forme II, ≅ l'*inacc. yahassir*, * ḥṣr, ح ص ر

♦ **avoir la bilharziose.** •*Al barûd fî l buwat al wasxânîn bihassir al iyâl.* En se baignant dans les marigots sales, les enfants attrapent la bilharziose. •*Wilêdi bôlah ahmar akûn hassar wâjib niwaddi l-labtân.* L'urine de mon enfant est rouge ; peut-être a-t-il la bilharziose : je dois le conduire à l'hôpital. •*Iyâl al hille kulluhum hassaro acân bibarrudu fî l bûta.* Tous les enfants du village ont la bilharziose parce qu'ils se baignent dans le marigot.

hassay / hassayîn *adj. mrph. intf.*, (*fém. hassaye*), *Cf. hisi*, * ḥsw, ح س و

♦ **qui s'assèche vite, qui s'évapore vite,** qui ne garde pas l'eau longtemps. •*Al-rahad da hassay, yagôd cahar wâhid bas ba'ad al xarîf.* Ce marigot s'assèche vite, il ne tient qu'un mois après la saison des pluies. •*Mâ tubûl fî l-cagg acân hû hassay, wa mâ ti'âmin al abd acân hû nassay !* N'urine pas dans une fente car elle ne garde rien ; ne mets pas ta confiance dans un esclave car il oublie tout ! *Prvb.* (sagesse populaire pour inciter à la prudence : une fente peut cacher des animaux dangereux).

hassilîn *n. d'act., m.*, ≅ *hassalân*, * ḥṣl, ح ص ل

♦ **fait d'apprêter, préparation, mise en place.** •*Humman gammo be hassilîn al xumâm gubbâl al axîde.* Ils se sont mis à apprêter les affaires avant le mariage. •*Al-câhi mâ bukûn bala hassilîn al kanûn.* Le thé ne peut se faire tant que le brasero n'est pas prêt.

Hassûn *n. pr.* d'homme, *Cf. Hassân*, * ḥsn, ح س ن

hasu *n. coll. m.*, *Syn. hasas*, *sgtf. hasasay*, * ḥsy, ح س ي

♦ **petits cailloux, gravier.** •*Hassâ bani hanâ l buyût bigi be l hasu wa l sima wa l hadîd.* A présent la construction des maisons se fait avec du gravier, du ciment et des tiges de fer. •*Fâtime xallitki di mâ jawwadtiha, al yôm êcki kulla ke hasu.* Fatimé, tu n'a pas bien trié ton mil, ta boule est pleine de petits cailloux. •*Al hasu akil al-na'âm.* Les petits cailloux sont la nourriture de l'autruche.

hasûd / hasûdîn *adj.*, (*fém. hasûda*), ≅ le pluriel *hasâda*, * ḥsd, ح س د

♦ **jaloux (-ouse), envieux (-euse).** •*Al hasûd nâdum birîdah mâ fîh.* Personne n'aime le jaloux. •*Al mara di hasûda, mâ tanti êcha lê iyâl darritha.* Cette femme est très jalouse : elle ne donne pas sa boule aux enfants de sa coépouse. •*Kan bigit hasûd, rufugânak halâlak baktuluk.* Si tu es devenu jaloux, tes propres amis te tueront.

hât / yihît *v. intr.*, utilisé seulement au féminin, → *hâtat*, ≅ *hâd, tihîd.*

hatab *n. coll., m., sgtf. hatabay*, * ḥṭb, ح ط ب

♦ **bois, fagot,** bois sec, bois mort ou bois de chauffe. •*Al hatab gâsi fî Anjammêna.* Le bois de chauffe coûte cher à N'Djaména. •*Ammi nagalat min al kadâde hatabay tawîle fî râsha.* Ma mère a rapporté de la brousse un long bout de bois qu'elle a transporté sur la tête.

hâtat / tihît *v. intr.*, forme I n° 10, ≅ *hâdat, yihîd*, * ḥyḍ, ح ي ض

♦ **avoir ses règles.** •*Al mara kan hâtat mâ tusûm Ramadân fî ayâm al hêt.* Pendant le Ramadan, la femme ne jeûne pas les jours où elle a ses règles. •*Al bitt kan kalafat tihît fî kulla cahar.* Quand la fille devient pubère, elle a ses règles tous les mois. •*Al mara l ajûs battân mâ tihît.* La vieille femme n'a plus de règles.

hatta 1 / yihitt *v. trans.*, forme I n°11,* ḥtt, ح ت ت

♦ **secouer.** •*Hî hattat al biric wa ragadat ma'â iyâlha.* Elle a secoué la natte et s'est allongée dessus avec ses enfants. •*Hû dalla min al watîr wa hattat xulgânah min al ajâj.* Il est descendu de voiture et a secoué son vêtement couvert de poussière.

hatta 2 / yuhutt *v. trans.*, → *xatta.*

hatta 3 *invar.*, lorsqu'il est suivi d'un substantif ou d'un verbe à l'accompli, *Cf. damma, lahaddi*, * ḥty, ح ت ي

♦ **jusqu'à, et même, jusqu'à ce que,** (marque qu'une limite a été franchie). •*Akal al-jidâde kullaha ke, hatta l udâm !* Il a mangé la poule tout entière, jusqu'aux os ! •*Al-sarrâg sirig xumâmi hatta l barrâd.* Le voleur a volé toutes mes affaires, et même la théière. •*Anâ rijitak kê hatta inta jît.* Je t'ai vraiment attendu jusqu'à ce que tu sois arrivé. •*Anâ hidirt abui hatta mât.* J'ai assisté mon père jusqu'à sa mort.

hatta 4 *invar.*, lorsqu'il est suivi de l'*inacc.*, * ḥty, ح ت ي

♦ **avant que, d'abord.** •*Tamci ticîl xumâmak hatta taji.* Tu iras prendre tes affaires avant de venir. •*Yacrab al-dawa hatta yâkul.* Il boit d'abord le remède avant de manger. •*Barrid hatta albas xalagak.* Lave-toi avant de t'habiller !

hattâbi / hattâbîn *adj.*, (*fém. hattâbiye*), *Cf. gattâ'i, caggâgi*, * ḥṭb, ح ط ب

♦ **bûcheron (-ne),** celui qui coupe et vend le bois de chauffe. •*Al hattâbi maca bakân al haddâd yitarrugu lêyah fâsah.* Le bûcheron est parti chez les forgerons pour qu'on lui aiguise sa hache. •*Zahifîn hanâ l-sahara da kulla min al hattâbîn bas.* L'avancée du désert est due aux bûcherons. •*Al-dâbi addah lê l hattâbi fî rijilah.* Le serpent a mordu le bûcheron au pied.

hattân 1 *n. d'act., m.*, ≅ *hattîn*, * ḥtt, ح ت ت

♦ **secouement, fait de secouer.** •*Hattân al furâc gubbâl al-nôm wâjib !* On doit secouer la literie avant de dormir ! •*Al-sumsum da xalâs nijid, bidôr hattîn min furu'ah fî mâ'ûn adîl.* Ce sésame est mûr, il faut le récolter en secouant ses branches au-dessus d'un récipient adapté.

hattân 2 *n. d'act.*, "fait de poser", moins usité que *xattîn*, → *xattîn*, * ḫṭṭ, خ ط ط

hattât al kurûc / hattâtîn al kurûc expression, composée de *hattât* (celui qui secoue pour faire descendre) et de *al kurûc* (les estomacs), *litt.* le secoueur des estomacs, * ḥtt, ح ت ت

♦ **dernier-né, benjamin,** dernier enfant qu'une femme a pu mettre au monde. •*Hattât al kurûc hanâ ammi, wilêd.* Le dernier-né de ma mère est un garçon. •*Hattât al kurûc hû najîd min axawânah kulluhum ke.* Le benjamin est plus vif et plus dégourdi que tous ses frères.

hattîn *n. d'act., m.*, → *hattân.*

hâw ! *invar.*, interjection pour faire arrêter un âne, ≅ *icc haw !*

♦ **ho !, holà !** •*Al hamîr dôl, gûlu lêhum "hâw !", mâ yikassuru l hôt !* Arrêtez ces ânes, dites-leur : "ho !", qu'ils ne cassent pas l'abreuvoir ! •*Hâw ! Hâw ! Kulla aba mâ bigîf lêi ! Humâri da âsi !* "Holà ! ho !" Il ne veut même pas s'arrêter, mon âne est vraiment têtu !

hawa *n. m.*, * hwy, ه و ي

♦ **air.** •*Al-tayyâra târat fôg fî l hawa.* L'avion a volé haut dans l'air. •*Al yôm al hawa bincamma rucâc rucâc.* Aujourd'hui l'air sent le printemps. •*Amis fî l-lêl al-sahâb câl wa l hawa katam.* Hier, à la nuit, le temps était nuageux, il n'y avait pas un souffle d'air.

hawâdis *pl.*, → *hâdis.*

hâwag *v. trans.*, → *hawwag.*

hawâjib *pl.*, → *hâjib.*

hawal / yahawil *v. intr.*, forme I n° 6, * ḥwl, ح و ل

♦ **dépasser un an, passer une année.** •*Min abui mât, hassâ xalâs hawal.* Depuis que mon père est mort, un an est déjà passé. •*Bi'ah lubyak da gubbâl ma yahawil ! Kan mâ ke da yisawwis.* Vends tes haricots avant que ne passe une année, sinon ils vont être mangés par les charançons !

hâwal / yihâwil *v. intr.*, forme III, * ḥwl, ح و ل

♦ **tenter, essayer,** vouloir et chercher à faire quelque chose. •*Anâ hâwalt namci lêk, lâkin mâ ligit wakit.* J'ai essayé d'aller chez toi, mais je n'ai pas eu le temps. •*Hû yihâwil yicîf kan ligi tayâra, yisâfir lê dârah.* Il essayera de voir s'il trouve un avion pour aller dans son pays. •*Amnawwal hâwalna nigabbulu dârna, lâkin gurusna* *gassar.* L'année dernière, nous avons tenté de regagner notre pays, mais nous n'avions pas assez d'argent.

hawâmil *pl.*, → *hâmil 3.*

hawân / hawânîn *adj.*, (*fém.* *hawâne*), terme d'insulte, *Cf. kacrân, fasil*, * hwn, ن و ه

♦ **mauvais(e), méchant(e), malfaisant(e), vil(e), méprisable, féroce.** •*Al-dûd hawân min al fîl.* Le lion est plus féroce que l'éléphant. •*Di, binêye hawâne.* C'est une mauvaise fille. •*Al kalib da hawân acân bi'addi.* C'est un chien méchant, il mord. •*Al-râjil al hawân da mâ yixalli jîrânah yicîlu almi min bêtah.* Ce sale individu ne laisse pas ses voisins prendre de l'eau chez lui.

Hawâri *n. pr.* de femme, pluriel de *hurîye*, * ḥwr, ر و ح

hawârîye / hawârîyât *n. f.*, voir le *Syn. Hûrîye*, * ḥwr, ر و ح

hawat / yahawit *v. trans.*, forme I, n° 6, * ḥwṭ, ط و ح

♦ **contourner, passer derrière.** •*Cîf yâtu hawat wara l bêt da !* Regarde qui est passé par derrière la maison ! •*Ahawit be hinâk talga l-saxxân !* Tourne par là, tu trouveras le récipient pour l'eau des ablutions ! •*Kan mâci lê bêtna ahawit al-jâmiye, wa cîl al-câri al xarbâni !* Pour venir chez nous, passe derrière la mosquée et prends la rue qui va à l'ouest !

hâwat / yihâwit *v. trans.*, forme III, *Cf. agar*, * ḥwṭ, ط و ح

♦ **mettre tête-bêche, croiser.** •*Hâwit idênak fôg râsak !* Croise tes mains sur la tête ! •*Al afrantiyât hâwato l-ci'âb wa l marâdis fî l watîr acân mâ yaga'o.* Les manœuvres ont disposé les bois fourchus et les poutres tête-bêche sur le plateau du véhicule pour qu'ils ne tombent pas. •*Al iyâl kan râgdîn fî l-serîr yihâwutu rusênhum ma'â rijilênhum.* Lorsque les enfants dorment sur le lit, ils se mettent tête-bêche.

hawatân *n. d'act.*, *m.*, → *hawitîn.*

hâwâyij *pl.*, → *hâja.*

hawâyir *pl.*, → *hawîre.*

Hawâzme *n. pr. gr.*, *coll.*, *sgtf.* *Hâzmi, Hawâzmi* (homme), *Hâzmiye, Hawâzmiye*, (femme).

♦ **Hawazmé.** •*Al Hawâzme yas'o jumâl wa bagar fî l Batha.* Les Hawazmé élèvent des chameaux et des vaches dans le Batha. •*Al mara l hâzmiye di samhe wa mu'addaba.* Cette femme Hawazmé est belle et bien élevée.

Hawâzmi *sgtf.* d'un *n. pr. gr.*, (*fém.* *Hawâzmiye*), → *Hawâzme.*

hâwil *adj. mrph. part.* actif, (*fém.* *hâwile*), *Cf. hôl*, * ḥwl, ل و ح

♦ **qui a duré plus d'un an, qui date de l'an passé, qui a passé une année.** •*Amxibbiye karabatni, cirib lêi almi hanâ ardêb hâwil wa basal wa catte dugâg.* J'ai attrapé le paludisme, j'ai bu de l'eau de tamarinier de l'an passé, mélangée avec des oignons et de petits piments. •*Fakkiri, mâ taciri lêi l-lubya l hâwil, kulla ke musawwis.* Fais attention, ne m'achète pas des haricots de l'an passé parce qu'ils sont tous charançonnés ! •*Al-darrâba kan hâwile, mâ haluwa fî l mulah.* Le gombo de l'année dernière n'est pas bon dans la sauce. •*Inta jît mata hini, fî Anjammêna ? Anâ hâwil !* Quand es-tu arrivé à N'Djaména ? J'y suis depuis un an !

hawîre / hawâyir *n. f.*, * hwr, ر و ه

♦ **crevasse, gouffre,** trou d'eau en saison des pluies. •*Ligîna hawîre kabîre fî l kadâde, indaha dâbi kabîr.* Nous avons trouvé en brousse un grand gouffre où il y avait un gros serpent. •*Angari, mâ tidangir fî l hawîre, kan inta macêt fî l-sarhe !* Attention, ne te penche pas au-dessus du gouffre, quand tu vas faire paître le troupeau !

hawitîn *n. d'act.*, *m.*, ≅ *hawatân*, * ḥwṭ, ط و ح

♦ **fait de contourner, contournement.** •*Al-sarrâg birîd hawitîn al buyût be wara acân al-nâs* *mâ yicûfuh.* Le voleur aime passer derrière les maisons pour éviter que les gens ne le voient. •*Fakkir lê hawitîn al kalib be warâk, xatîr !* Fais attention : lorsque le chien passe derrière toi, c'est dangereux !

hawîy al-lêl expression, * hwy, ه و ي

♦ **milieu de la nuit,** moment de la nuit entre vingt-trois heures trente et deux heures trente du matin. •*Al-dîk bi'ô'i hawîy al-lêl !* Le coq a chanté au milieu de la nuit ! •*Al barcâta bisâfuru hawîy al-lêl.* Les contrebandiers font leur trafic au milieu de la nuit.

hawjân / hawjânîn *adj., (fém. hawjâne), ≅ hôjân, Cf. hiwij, cahwân,* * ḥwj, ح و ج

♦ **désireux (-euse), qui a besoin de, qui a envie de.** •*Anâ hawjâne nil'ânas ma'âku, lâkin wakit mâ indi.* J'aimerais bien causer avec vous, mais je n'en ai pas le temps. •*Al masâjîn hawjânîn yamurgu min al-sijin.* Les prisonniers ont envie de sortir de prison.

Hawwa *n. pr.* de femme.

♦ **Eve.**

hawwac 1 / yihawwic *v. trans.,* forme II, *Cf. hôc,* * ḥwš, ح و ش

♦ **délimiter la concession, borner une concession, clôturer,** entourer la concession d'une clôture. •*Hawwac bêtah acân yidôr yirahhil martah.* Il a clôturé sa concession parce qu'il veut y amener sa femme. •*Nâs al-Sîn hawwaco nuss baladhum be durdur hanâ hajar.* Les Chinois ont entouré d'un mur de pierre une partie de leur pays. •*Awîn al kadâde yihawwucu buyûthum be gasab jadîd.* Les femmes de brousse entourent leur maison d'une clôture en cannes de mil fraîches [nouvelles].

hawwac 2 / yihawwic *v. trans.,* forme II, * ḥwš, ح و ش

♦ **encourager, abreuver une deuxième fois, encourager à boire, stimuler, exciter,** se dit du berger qui mène une deuxième fois ses bêtes à l'abreuvoir et qui les stimule à boire en sifflant. •*Juwâdah actân, cirib wa anjamma, wa battân hawwacah.* Le cheval assoiffé a bu et s'est reposé ; son maître lui a donné à boire une deuxième fois. •*Al-râ'i yisaffir lê bahâyimah acân yicajji'hum fî carâb al almi kan hawwacâhum.* Le berger siffle pour ses bêtes afin de les pousser à boire l'eau qu'il leur donne pour la deuxième fois. •*Al iyâl bihawwucu l-la''âbîn be l-cakat.* Les enfants ont encouragé les danseurs en agitant le bras. •*Ali hawwac al banât be rusên al-sukkar wakit maco bi'âwunu fî xidimt al-zere'.* Ali a encouragé les filles venues aider au champ, en leur donnant des pains de sucre. •*Al-rujâl gâ'idîn bâkulu wa l mulâh gassar lêhum, gammo hawwaco.* Les hommes étaient en train de manger, la sauce leur a manqué et ils se sont mis à en demander une deuxième fois.

hawwâc / hawwâcîn *adj. mrph. intf., (fém. hawwâca), Cf. hâc,* * hwš, ه و ش

♦ **coléreux (-euse), emporté(e) par la colère,** qui se gonfle de colère. •*Al-râjil da hawwâc, kan simi' kalâm dunya mâ basbur.* Cet homme se met vite en colère ; lorsqu'il est provoqué [lorsqu'il entend des paroles de ce bas monde], il ne patiente pas. •*Angâri min al-tôr da, hû hawwâc gurûnah turân yat'anak !* Prends garde à ce taureau, il est coléreux, ses cornes sont pointues, il pourrait t'encorner ! •*Amcidêgât hawwâca kan cammat riht al-nâdum.* Lorsque la vipère sent l'odeur de l'homme, elle se gonfle de colère. •*Bissiti hawwâca kan câfat kalib ja garîb lê l bâb.* Ma chatte a le poil hérissé de colère lorsqu'elle voit un chien venir près de la porte.

hawwacân *n. d'act., m., ≅ hawwicîn, Cf. hawwac 1, hawwac 2,* * ḥwš, ح و ش

♦ **deuxième abreuvement, bornage, délimitation.** •*Hawwacân al xêl lê l almi da yisabbirhum lê l yôm al-jâyi.* Le fait d'avoir abreuvé deux fois les chevaux aujourd'hui permettra de les faire patienter jusqu'à demain. •*Hawwacân bêtna sawwênah be carâgine acara.* Nous avons délimité notre concession en l'entourant de dix seccos.

hawwag / yihawwig *v. trans.*, forme II, ≃ l'*inacc. yahawwig, Syn. hâwag, yahâwig*, * ḥwq, ح و ق

♦ **contourner, tourner autour, encercler, entourer, rôder.** •*Al kalib hawwag al-laham.* Le chien a tourné autour de la viande. •*Al-câri bahawwig al-jâmiye.* La rue contourne la mosquée. •*Hawwagna l-zerîbe be çôk.* Nous avons garni la haie d'épines. •*Al marfa'în hawwag al bêt fî l-lêl.* L'hyène a rôdé autour de la maison la nuit. •*Al askar hawwago l-sarârîg.* Les combattants ont encerclé les voleurs. •*Yalla nahawwugu gubbâl al-nuggâra ma tadrub !* Mettons-nous vite en cercle avant que l'on ne frappe le tambour !

hawwagân *n. d'act., m.*, ≃ *hawwigîn, Cf. hawwacân*, * ḥwq, ح و ق

♦ **circonvolution, fait d'entourer, fait de tourner autour, clôturer,** fait de tourner autour. •*Hawwagân hanâ l hôc da akal carâgine katîr.* Il a fallu beaucoup de seccos pour clôturer cette concession. •*Kan maca fî l-sûg hû birîd al hawwagân fî xacum al-dakâkîn.* Lorsqu'il va au marché, il aime faire le tour des boutiques. •*Hawwagân al Ka'aba yita''ib al hujjâj kan katîrîn.* Les circonvolutions des pèlerins autour de la Kaaba les fatiguent lorsqu'ils sont nombreux.

hawwal / yihawwil *v. intr.*, forme II, * ḥwl, ح و ل

♦ **déménager, changer de lieu, se déplacer,** (se) transporter d'un endroit à un autre. •*Al-cahar al fât, hawwalt fî bêt âxar.* Le mois passé, j'ai déménagé dans une autre maison. •*Al baggâra hawwalo fî janb al almi.* Les vachers se sont déplacés pour être près de l'eau. •*Al-dîfân dôl yihawwulu ambâkir fî bêthum.* Ces hôtes retourneront demain chez eux.

hawwâm / hawwâmîn *adj. mrph. intf.*, (*fém. hawwâma*), *Cf. râwwâx, kaddâd*, * ḥwm, ح و م

♦ **qui aime voler en dessinant des cercles, qui aime se déplacer çà et là, qui fait sans cesse des tournées, qui aime se promener.** •*Min al-tuyûr al hawwâmîn : al-jiga wa l hideyya.* Parmi les oiseaux qui volent longtemps en dessinant des cercles, il y a le vautour et l'épervier. •*Al-mara l hawwâma dâyimân bêtha mâ munazzam.* La femme qui se promène tout le temps a toujours une maison en désordre. •*Inta da bigit hawwâm, naji lêk kulla mâ nalgâk !* Toi alors, tu es toujours en tournée ; chaque fois que je vais chez toi, tu n'y es pas !

hawwat / yihawwit *v. intr.*, forme II, ≃ l'*inacc. yahawwit*, * ḥwt, ح و ت

♦ **pêcher, attraper du poisson.** •*Al yôm ahad, nidôr namci nihawwit fî l bahar.* Aujourd'hui c'est dimanche, je veux aller pêcher au fleuve. •*Kan al-rîh katîre mâ nagdar nihawwit.* Je ne peux pas pêcher lorsqu'il y a trop de vent. •*Humman hawwato min fajur lê aciye wa mâ karabo ceyy.* Ils ont pêché du matin au soir et n'ont rien pris.

hawwatân *n. d'act., m.*, ≃ *hawwitîn*, * ḥwt, ح و ت

♦ **pêche,** fait de pêcher. •*Al hawwatân fî l bahar gâsi min al fî l-rahad.* Il est plus difficile de pêcher dans le fleuve que dans le marigot. •*Al-râjil da bibakkir lê l hawwatân.* Cet homme se lève très tôt pour aller à la pêche. •*Hû mâ ba'arif hawwatân, garib al bahar biwaddih.* Il ne sait pas pêcher, il a failli se noyer [le fleuve était près de l'emporter].

hawwâti / hawwâtîn *adj.*, (*fém. hawwâtiye*), * ḥwt, ح و ت

♦ **pêcheur (-euse).** •*Al yôm al hawwâtîn mâ jo fî l-sûg wa l awîn caro laham.* Aujourd'hui les pêcheurs ne sont pas venus au marché, les femmes ont acheté de la viande. •*Al hawwâti gabbal fî bêtah idênah acara.* Le pêcheur est rentré chez lui bredouille [ses deux mains ayant dix doigts]. •*Al hawwâtîn al gâ'idîn fî Cârî balgo gurus katîr.* Les pêcheurs qui sont au bord du fleuve Chari gagnent beaucoup d'argent.

Hawwâye *n. pr.* de femme, *mrph. dmtf.* affectif, variante de *Hawwa.*

hawwicîn *n. d'act., m.,* → *hawwacân.*

hawwigîn *n. d'act., m.,* → *hawwagân.*

hawwitîn *n. d'act., m.,* → *hawwatân.*

haxx / huxûx *n. m.,* terme influencé par l'*ar. lit., Cf. hagg,* * ḥqq, ح ق ق
♦ **droit, vérité, rectitude morale, droiture.** •*Allah bidôr al haxx bas, mâ takdib, wa mâ tasrig wa mâ tuxûn !* Dieu n'aime que la rectitude : ne mens pas, ne vole pas et ne trahis pas ! •*Anâ zôl nihibb al haxx.* Je suis quelqu'un qui aime la vérité. •*Fîya jam'iye usumha huxûx al insân, dâyiman tidâfi' lê l-nâs.* Il y a une association qui s'appelle "les Droits de l'homme" et qui défend les hommes en toutes circonstances. •*Kan mâ kaffêtni huxûxi da, mâ namrug min bêtak !* Si tu ne me payes pas mes droits, je ne sortirai pas de chez toi ! •*Kan tahajji, gûli l haxx !* Quand tu parles, dis la vérité !

hây ! *invar.,* exclamation.
♦ **oh !, ouf !** •*Hây, yâ galbi ! mata nilimmu ma'â iyâli ?* Oh ! mon cœur ! quand serons-nous ensemble avec mes enfants ? •*Hây, al iyâl agôdu sâkit, mâ tinnâhaso !* Oh ! les enfants ! restez tranquilles, ne faites pas les imbéciles ! •*Hây, inta gâ'id tisawwi cunû ?* Oh ! qu'es-tu en train de faire ? •*Wakit ja, ga'ad fî l biric wa gâl : "hây !" acân hû ayyân.* Quand il est revenu, il s'est assis sur la natte en disant : "ouf !", parce qu'il était fatigué. •*Akal, riwi zên wa gâl : "Hây ! Al hamdu lillah !".* Il a mangé et s'est bien rassasié, il a dit : "Ouf ! Dieu soit béni !".

haya *n. m.,* voir l'expression *iyâl haya,* * hy', ء ي ه
♦ **atelier au bord de la route, petit garage,** lieu où l'on répare les vélomoteurs et les motos sur le bord de la route. •*Fî janb al-jâmiye l kabîre nalgo haya, fôgah moblêtât, motoyât wa biskilêtât katîrîn.* A côté de la grande mosquée, on trouve de petits ateliers dans lesquels on répare un grand nombre de vélomoteurs, de motos ou de bicyclettes. •*Fî l haya da, yi'addulu al pawasa al xasrânîn.* Dans ces petits ateliers au bord des routes, on répare les pousse-pousse endommagés.

hayâ *n. f.,* * ḥyy, ح ي ي
♦ **vie.** •*Anâ ti'ibt fî l hayâ.* J'ai souffert dans la vie. •*Mâ cift coxol sameh misil da fî hayâti.* Je n'ai jamais vu une chose aussi belle de ma vie.

hayarân *n. d'act.,* → *hayyirîn.*

Hayât *n. pr.* de femme, *litt.* vie, * ḥyy, ح ي ي

hayawân / hayawânât *n. m.,* → *haywân.*

hâyim / hâymîn *adj. mrph. part.* actif, forme I, (*fém. hâyime*), *Cf. haymân, rawwâx,* * hmm, ه ي م
♦ **errant(e), en mouvement, se déplaçant en quête de,** allant çà et là à la recherche de quelqu'un ou de quelque chose. •*Al harrâs hâyim tûla l-lêl.* Le gardien se déplace pendant toute la nuit. •*Al kulâb hâymîn bifattucu lêhum akil.* Les chiens errants recherchent de la nourriture. •*Hawa wa rafîgitha hâyimât kê fî l-sûg wa mâ ligo xadar.* Hawa et son amie ont sillonné le marché sans trouver de légumes. •*Al kalib al hâyim axêr min al kalib al-nâyim.* Un chien errant vaut mieux qu'un chien qui dort. *Prvb.*

hayin *adj.,* → *hayyin.*

hayirin *n. d'act.,* → *hayyirîn.*

hâyis / hâysîn *adj. mrph. part.* actif, forme I, (*fém. hâyse*), *Cf. sâhar,* * hws, ه و س
♦ **éveillé(e), réveillé(e), en train de veiller, en train de rôder la nuit.** •*Jiddi hâyis tûla l-lêl, bidda'i.* Mon grand-père reste éveillé toute la nuit en égrenant son chapelet. •*Al-sarrâg daxal fî l bêt, istâri al gardi hâyis, mâ*

nâm. Le voleur est entré dans la maison, or le gardien était en train de veiller et ne dormait pas. •*Al mara hâyse mâ nâmat acân râjilha mâ fîh.* La femme est restée éveillée, elle n'a pas dormi parce que son mari était absent.

haymân / haymânîn *adj.*, (*fém. haymâne*), *Cf. hawwâm*, * hym, ه ي م
♦ **qui erre affamé(e) ou assoiffé(e),** → *hâyim.*

hayrân / hayrânîn *adj.*, (*fém. hayrâne*), *Syn. muthayyir*, * ḥyr, ح ي ر
♦ **désolé(e), perplexe, inquiet (-ète), bouleversé(e), hagard(e),** en plein désarroi, désorienté(e). •*Anâ lagêtah hayrân ba'ad môt hanâ abuh.* Je l'ai trouvé désolé après la mort de son père. •*Xadîja hayrâne mâ ta'arfa talga gurus min wên.* Khadidja est bouleversée : elle ne sait plus où trouver de l'argent. •*Humman hayrânîn ba'ad karabohum fî l-sijin.* Ils sont en plein désarroi depuis qu'ils ont été mis en prison.

haywân / haywânât *n. m.*, ≅ *hayawân, yahawânât*, * ḥyy, ح ي ي
♦ **animal, bête.** •*Al xarîf kan gassar, katîr min al haywânât yumûtu bê sabab al atac wa l-ju'.* Lorsqu'il a peu plu pendant la saison des pluies, beaucoup d'animaux meurent de soif ou de faim. •*Al-nâdum haywân bahajji.* L'être humain est un animal qui parle. •*Haywanât al kadâde mâ yagdaro yi'îcu fî l gêgar.* Les animaux de la brousse ne peuvent pas vivre en ville.

hayy / hayyîn *adj.*, (*fém. hayye*), * ḥyy, ح ي ي
♦ **vivant(e).** •*Al-dâbi da hayy, hû mâ yilharrak lâkin kân lammastah yi'addik !* Ce serpent est vivant, il ne bouge pas ; mais si tu le touches, il te mordra ! •*Mâ tihimm lê iyâlak yâ abba ! Kan hayyîn da baju lêk !* Ne te fais pas de soucis pour tes enfants, père ! S'ils sont vivants, ils reviendront vers toi !

hayyan / yihayyin *v. trans.*, forme II, ≅ l'*inacc. yahayyin*, * hwn, ه و ن
♦ **faciliter.** •*Al-râjil da hayyan lêi xidimti.* Cet homme m'a facilité le travail. •*Al askar abo mâ yihhayunu lêna l-safar.* Les soldats ont refusé de nous faciliter le voyage.

hayyar / yihayyir *v. trans.*, forme II, *Cf. dahac*, * ḥyr, ح ي ر
♦ **rendre perplexe, désorienter, surprendre, mettre en plein désarroi, troubler, être ébahi(e).** •*Kalâmak da hayyarâni marra wâhid, gult cunû ?* Ton propos m'a rendu perplexe, qu'as-tu dit ? •*Umar hayyar martah acân marag min fajur wa lissâ mâ ja.* Oumar a troublé sa femme parce qu'il est sorti dès le matin et qu'il n'est pas encore revenu. •*Bakîk da yihayyirni marra wâhid !* Tes pleurs me laissent en plein désarroi.

hayyarân *n. d'act.*, → *hayyirîn.*

hayyin / hayyinîn *adj.*, ≅ le singulier *hayin*, et au pluriel *haynîn*, (*fém. hayyine, hayne*), * hwn, ه و ن
♦ **facile, simple,** ce que l'on peut prendre dans la main. •*Kalâm al Arab hayyin.* La langue arabe [le parler des Arabes] est facile. •*Al xiyâte hayyine lê l-rujâl be l makana.* C'est facile pour les hommes de coudre à la machine.

hayyirîn *n. d'act., m.*, ≅ *hayyarân, hayarân, hayirîn, Syn. hêre*, * ḥyr, ح ي ر
♦ **désolation, stupéfaction, étonnement, désarroi, embarras.** •*Anâ al yôm da hayyart hayyirîn min kalâm al gâlah lêi da.* Aujourd'hui, je suis plongé dans la stupéfaction à cause de ce qu'il m'a dit. •*Maxtari al faj'a da, mâ yabga lêki hayyirîn !* Que mon voyage soudain ne soit pas pour toi une cause de désarroi !

hazar / hazarât *n. m.*, * ḥzr, ح ز ر
♦ **mesure, calcul, précaution.** •*Al hazar mâ banfa' fî l xadar.* Calculer pour prendre ses précautions ne permet pas d'échapper au destin. *Prvb.* •*Hazarâtak, mâ tamrug min al*

bêt ! Prends bien garde de ne pas sortir de la maison !

hâzar / yihâzir *v. trans.*, forme III, *Cf. jâlax, turah,* * hd̲r, ه ذ ر

♦ **plaisanter, taquiner, se moquer.** •*Dâ'imân yihâzurûha bugûlu lêha : râjil tilif.* Ils la taquinent toujours en lui disant qu'elle est un garçon manqué. •*Al iyâl hâzaro al mara l ajûz wa yuxuccuha wa yugûlu lêha derb al-sûg mincâx.* Les enfants se sont moqués de la vieille et l'ont trompée en lui disant que la route du marché était au nord.

hazîn / hazînîn *adj.*, (*fém. hazîne, hazînât*), * ḥzn, ح ز ن

♦ **triste,** en parlant d'une nouvelle. •*Simîna xabar hazîn muwajjah lê âyila hint rafîgna.* Nous avons écouté une triste nouvelle destinée à la famille de notre ami. •*Al balâx al hazîn da mâ muwajjah lêku.* Ce triste communiqué ne s'adresse pas à vous.

Hâzmi *sgtf.* d'un *n. pr. gr.*, *m.*, (*fém. Hâzmiye*), → *Hawâzme.*

haznân / haznânîn *adj.*, (*fém. haznâne*), *fém.* pluriel *haznânât*, *Cf. xadbân,* * ḥzn, ح ز ن

♦ **triste, chagrin(e), peiné(e), en deuil,** qui souffre à cause de la disparition d'un être cher. •*Brahîm haznân acân abuh mât.* Brahim a de la peine parce que son père est mort. •*Al mara di haznâne acân râjilha sâfar.* Cette femme est triste parce que son mari est parti en voyage. •*Sant al-ju', nâs katîrîn mâto, wa l faddalo haznânîn.* L'année de la famine, beaucoup de gens sont morts ; ceux qui sont restés en vie étaient tristes. •*Al banât mâ li'ibo acân humman haznânât.* Les filles n'ont pas dansé parce qu'elles avaient du chagrin.

haznânât féminin pluriel, moins utilisé que *haznânîn,* → *haznân.*

hazz *n. m.*, * ḥẓẓ, ح ظ ظ

♦ **chance.** •*Nitmanna lêku hazz sa'îd fî xidimitku l-tisawwuha ambâkir.* Je vous souhaite bonne chance pour le travail que vous réaliserez demain. •*Hî mâ indaha hazz, lê hassâ mâ axadoha.* Elle n'a pas de chance, jusqu'à présent on ne l'a pas épousée.

hazza / yihizz *v. trans.*, forme I n° 11, * hzz, ه ز ز

♦ **secouer, agiter, trembler, hocher, vibrer.** •*Al iyâl kan bidôru nabag walla hajlîj yihizzu furu' al-cadaray.* Lorsque les enfants désirent des jujubes ou des drupes de savonnier, ils secouent les branches de l'arbre. •*Al-rîh hazzat warcâl al-cadar wa l warag al asfar daffag kulla ke.* Le vent a agité les feuilles des arbres et toutes les feuilles jaunes sont tombées.

hazzâma / hazzâmât *n. f.*, voir le *Syn. rabbâta,* * ḥzm, ح ز م

hazzan / yihazzin *v. trans.*, forme II, ≅ l'*inacc. yahazzin,* * ḥzn, ح ز ن

♦ **attrister, peiner, endeuiller.** •*Simit balâx wâhid fî l-radyo hazzanâni marra wâhid.* J'ai entendu à la radio un communiqué qui m'a vraiment peiné. •*Môt al-sabi hazzan al banât kulluhum.* La mort du jeune homme a attristé toutes les jeunes filles. •*Al-duwâs bihazzin al balad.* La guerre endeuille le pays.

hazzân *n. d'act.*, *m.*, → *hazzîn.*

hazzaz / yihazziz *v. trans.*, forme II, factitif et *intf.*, *Cf. hazza,* ≅ l'*inacc. yahazziz,* * hzz, ه ز ز

♦ **agiter, secouer, faire trembler, faire bouger,** agiter plusieurs fois ou violemment. •*Al-sarrâg hazzaz al bâb acân yil'akkad min siyâd al bêt naymîn walla haysîn.* Le voleur a fait bouger plusieurs fois la porte pour s'assurer que ceux qui étaient dans la maison dormaient ou bien veillaient. •*Al-rih tihazziz warag al-cadar.* Le vent agite fortement les feuilles des arbres.

hazzazân *n. d'act.*, *m.*, → *hazzîn.*

hazzîn *n. d'act.*, *m.*, ≅ *hazzazân, hazzân,* * hzz, ه ز ز ⇨

♦ **agitation, secousse, hochement, vibration, tremblement.** •*Amis fî l-lêl anâ hassêt be hazzîn al bâb.* Hier, pendant la nuit, j'ai entendu la vibration de la porte. •*Al xalla kan bigat tuwâla hazzîn al-rîh bikassirha.* Lorsque le mil est haut, les coups de vent le secouent et le cassent. •*Al-râjil da birîd hazzîn hanâ râsah.* Cet homme a tendance à hocher la tête.

hazzizîn *n. d'act., m.,* → *hazzîn.*

hê ! *invar.,* interjection, → *hêy !*
♦ **hé !**

hêd *n. m.,* → *hêt.*

hêl *n. m.* dans les expressions *cadda hêlah, indah hêl, gamma be hêlah, ga'ad be hêlah,* * ḥyl, ح ي ل
♦ **force, mettre son énergie dans, avoir du dynamisme pour, s'armer de courage, prendre la ferme résolution de,** prendre son courage à deux mains, se ressaisir. •*Anîna caddêna hêlna acân naturdu l-jahal min hillitna.* Nous nous sommes armés de courage pour éliminer [renvoyer] l'ignorance de notre village. •*Al-sane di al harrâtîn caddo hêlhum fî l hirâte.* Cette année, les cultivateurs ont mis toute leur énergie dans la culture. •*Al-cadda hêlah, coxôl gâsi lêyah mâ fîh.* Rien n'est trop dur pour celui qui prend son courage à deux mains. •*Al mardân gudurtah kammalat, mâ indah hêl yurûx.* Le malade est épuisé [sa force est terminée], il n'a plus la force de marcher. •*Al-nâs caddo hêlhum wa dâwaso l ambardabay.* Les gens se sont ressaisis et ont combattu le monstre transformé en hyène. •*Al bareh anâ mâ numt, gâ'ide be hêli nifakkir namman fajur.* Hier, je n'ai pas dormi, je suis restée assise en pensant jusqu'au matin.

Hêmâd *n. pr. gr., coll., sgtf. Hêmâdi* (homme), *Hêmâdiye* (femme).
♦ **Hémat.** •*Al Hêmâd, Arab sayyâra fî Haraz Mangany wa Amm-al-tîmân.* Les Hémat sont des Arabes nomades dans la région de Haraz Mangueigne et d'Am-Timan. •*Al-Salâmât wa l Hêmât wa l-Râcid, humman jidduhum wâhid.* Les Salamat, les Hémat et les Rachid ont le même grand-père.

Hêmâdi *sgtf.* d'un *n. pr. gr.,* (*fém. Hêmâdiye*), → *Hêmâd.*

hêra *n. f.,* → *hêre.*

hêre *n. f.,* ≅ *hêra, Syn. hayyirîn, Cf. hayyar,* * ḥyr, ح ي ر
♦ **chose extraordinaire, trouble, surprise, étonnement, perplexité, embarras.** •*Al hamdu lillah ! Allah fakka minni hêre kabîre, alxaddêna wa accêna !* Dieu soit loué ! C'est extraordinaire [Dieu a ouvert devant moi une surprise étonnante] : nous avons déjeuné et dîné ! •*Indi talâte yôm nidôr naxatir nicîf iyâli, lâkin mâ ligit zâmle, alhayyart hêre !* Depuis deux jours, je cherche une occasion pour partir voir mes enfants, mais je n'ai aucun moyen de déplacement, cela me met dans un grand embarras !

hêt *n. m.,* ≅ *hêd,* * ḥyḍ, ح ي ض
♦ **menstrues, règles de la femme.** •*Al mara kan bigat ajûs battân hêt mâ bajîha.* La femme, devenue vieille, n'a plus ses règles. •*Al binêye kan tammat xamistâcar sana xalâs indaha hêt.* Lorsqu'une fille a quinze ans, elle a ses menstrues. •*Anâ xalâs hêti angata'.* C'est fini, je n'ai plus mes règles.

hêy ! *invar.,* interjection manquant la surprise ou l'étonnement.
♦ **hé !, oh !, sapristi !** •*Hêy al iyâl ! gâ'idîn tisawwu cunû ?* Hé ! les enfants ! qu'êtes-vous en train de faire ? •*Hêy tara ! agôd sâkit, mâ titallif lêna l-râdyo !* Sapristi ! reste tranquille, n'abîme pas notre poste de radio !

hî *pron. pers.* sujet, féminin, 3ème personne du singulier.
♦ **elle.** •*Hî bas daggatni !* C'est elle qui m'a frappé ! •*Fâtime wên ? Hî, di hî hini !* Où est Fatimé ? La voici, elle est là !

hibb *v. impér.,* → *habba 1, habba 2.*

hibêba *n. mld., dmtf., f., litt.* petit grain, maladie des bovins (tuberculose) → *habb, habba 4.*

hibêl / hibêlât *n. m. mrph. dmtf.*, voir ci-dessous l'expression *gâ'id alê l hibêl, Cf. habil,* * ḥbl, ح ب ل

♦ **cordelette, ficelle, situation critique.** •*Al-sarrâg mâ barbutuh be hibêl.* On n'attache pas un voleur avec une ficelle. •*Al hibêl da, anâ carêtah xâli.* J'ai payé cher cette cordelette. •*Hû gâ'id alê l hibêl.* Il est dans un situation critique.

hibêlay / hibêlayât *n. f. mrph. dmtf.* affectif, *Cf. hibêl,* * ḥbl, ح ب ل

♦ **petite cordelette, bout de ficelle.** •*Anâ waddart hibêlayti fî l-câri.* J'ai perdu ma petite cordelette dans la rue. •*Azgul lêi al hibêlay di !* Jette-moi ce bout de ficelle !

hibin / hubûn *n. m., Cf. nafad, namnam,* * ḥbn, ح ب ن

♦ **furoncle, gros bouton** (peau), **anthrax.** •*Wilêdi baka katîr fî l-lêl, wa be fajur barramtah ligît hibin fî abâtah.* Mon enfant a beaucoup pleuré cette nuit ; au matin, j'ai examiné tout son corps et constaté qu'il avait un furoncle à l'aisselle. •*Al bansalîn dawa hanâ l hubûn.* La pénicilline est un médicament contre les furoncles. •*Al hibin fî l mêram wa butuccu l xâdum.* La femme du sultan a un furoncle, et ils ont brûlé au fer rouge la servante. *Prvb.* (*i.e.* les petits payent injustement les défauts des grands).

hibin absôt *n. mld., m., Cf. hibin, absôt,* ≅ *waram absôt,* * ḥbn, swṭ, ح ب ن • س و ط

♦ **écrouelles, abcès froid,** abcès des ganglions. •*Hibin absôt yakrub fî l-rufâx walla l-ragaba walla fî l abât.* L'infection des ganglions provoque chez les gens des abcès à l'aine, au cou ou à l'aisselle. •*Nâdum kan indah hibin absôt wa madax lubya wa hattah fî xacumah, bingadda.* Lorsque quelqu'un a un abcès froid, et qu'il met un haricot mâché sur la pointe de l'abcès, celui-ci mûrit et crève. •*Al-daktôr yidâwi hibin absôt be ibar bansalîn.* Le médecin soigne les écrouelles en faisant des piqûres d'antibiotiques [pénicilline].

hîcân *pl.,* → *hôc.*

hicêre / hicêrât nom d'amimal, *mrph. dmtf., f., litt.* petit insecte, → *hacara,* * ḥšr, ح ش ر

hidâne *n. d'act., Cf. hudun,* * ḥḍn, ح ض ن

♦ **fait de serrer sur son sein, fait de serrer les bras, fait de se blottir dans le giron.** •*Al-saxîr birîd al hidâne fî l-cite acân tatrud lêyah l barid.* Le petit enfant aime se blottir dans le giron de sa mère en hiver pour ne pas avoir froid. •*Al hidâne tiwassif mahannit al amm lê l-saxîr wallâ lê l-nâdum al-garîb.* Serrer quelqu'un dans ses bras est une preuve de tendresse de la mère pour son enfant ou pour quelqu'un de proche.

Hidâya *n. pr.* de femme, *mrph. dmtf.*, [bonne conduite], *fém.* de *Hâdi, Cf. Alhâdi,* * hdy, ه د ي

hidayya *n. f.,* → *hideyya.*

hidbe / haddâb *n. coll.,* ≅ *hidibe, Syn. dôr,* * hdb, ه د ب

♦ **troupeau.** •*Al-sane al baggâra mu'ôtiyîn be mâlhum haddâb haddâb.* Cette année, les éleveurs se sont dirigés vers le sud, emmenant des troupeaux entiers. •*Al-jazzâra bâ'o lêhum hidbe hint bahâyim lê l-dabih.* Les bouchers ont acheté un troupeau de bêtes pour l'abattage.

hidd *n. m., Cf. hadda,* * ḥdd, ح د د

♦ **deuil.** •*Al mara, kan râjilha mât bilabbusûha xulgân al hidd.* Lorsqu'une femme a perdu son mari, sa famille l'habille avec des vêtements de deuil. •*Banât hillitna mât lêhum sabi xâli wa kulluhum maccato mucât al hidd.* Les filles de notre village ont perdu un jeune homme qu'elles aimaient beaucoup, elles se sont toutes coiffées de manière à signifier le deuil.

hidd ! *v. impér.*, → *hadda 1, hadda 2.*

hideyya / hideyyât *n. f.*, ≅ *hidayya, hideyye, Cf. jiga, sagur, sagur al agâb*, * ḥd', ح د ء

♦ **milan, épervier, Milvus *sp.*** •*Al hideyya xatafat al farrûj wa târat.* L'épervier a raflé le poussin et s'est envolé. •*Al farârîj jaro daxalo fî l-ligdâbe wakit câfo l hideyya.* Les poussins se sont précipités sous le hangar lorsqu'ils ont vu l'épervier. •*Al hideyya kammalat al farrârîj.* L'épervier a exterminé les poussins.

hideyye nom d'oiseau, *f.*, → *hideyya.*

hidibe *n. coll.*, → *hidbe.*

hidir / yahdar *v. intr. {- fi}*, ≅ l'*inacc. yahadar*, forme I n° 20, * ḥḍr, ح ض ر

♦ **assister à, être présent.** •*Anâ hidirt fî l-dafanân hanâ abuh.* J'ai assisté à l'enterrement de son père. •*Mâla mâ tahdar fî l malamma ?* Pourquoi n'assistes-tu pas à la réunion ? •*Hummân hidiro fî l-cerîye amis.* Ils ont assisté hier au jugement.

hiff *v. impér.*, → *haffa 1, haffa 2.*

hifiz *n. m.*, * ḥfẓ, ح ف ظ

♦ **mémorisation.** •*Tilâwit âyât min al Xur'ân tisâ'id fî l hifiz.* Psalmodier les versets du Coran aide à les retenir. •*Al iyâl kan bagru be hifiz banjaho fî l giray.* Lorsque les enfants apprennent par cœur leur leçon, ils réussissent dans leurs études.

higag *pl.*, → *higg.*

higêg / higêgât *n. m., dmtf.*, → *hagg.*

higg / higag *n. anim.* mâle, (femelle *higge*), *Cf. hâci, huwâr*, * hqq, ه ق ق

♦ **jeune chameau (chamelle),** chameau ou chamelle arrivé à l'âge de l'accouplement. •*Higgiti câlat durâr lêha ayyâm, hassâ mâ tamci jay wa jay.* Ma jeune chamelle est en gestation depuis quelques jours, elle ne fait plus de va-et-vient. •*Angari min al higg da, acân hu jahmân !* Fais attention à ce jeune chameau en âge de s'accoupler parce qu'il est enragé !

hîho ! *invar., onom.*, cri de l'âne.

♦ **hi-han !** •*Al humâr bikirr "hîho !".* L'âne brait "hi-han !"

hijâb / hijâbât *n. m.*, * ḥjb, ح ج ب

♦ **protection, port d'amulettes, voile protecteur.** •*Sawwêt hijâb lê iyâli min al waba' al katîr.* J'ai protégé mes enfants avec des amulettes contre de nombreux fléaux. •*Al-rujâl induhum hijâbât min al bundug wa l-sakkîn.* Les hommes se protègent avec des amulettes contre les coups de fusil ou de couteau. •*Marti indaha farde taxîne hijâb min al barday.* Ma femme a un pagne épais pour se protéger du froid.

Hijâz *n. pr.* de lieu, région d'Arabie le long de la mer Rouge, "Hedjaz", * ḥjz, ح ج ز

Hijâzi *n. pr.* d'homme, → *Hijâz*, * ḥjz, ح ج ز

Hijâziye *n. pr.* de femme, *fém.* de *Hijâzi*, * ḥjz, ح ج ز

hije *n. coll., m., sgtf. hijjey, hijjeye* ; → *hije gusâr, hije tuwâl, Syn. titime*, * ḥjw, ح ج و

♦ **histoire, récit fantastique.** •*Hijjeyti di halûwa, asma'ôha !* Je vais vous raconter une belle histoire, écoutez-la ! •*Fî l-lêl al iyâl bulummu bitâlulu be hije.* La nuit, les enfants se rassemblent et passent la veillée à raconter des histoires. •*Kalâm da mâ sahi, da hije hanâ ajâyis !* Cela n'est pas vrai, ce sont des histoires de vieilles femmes !

hije gusâr expression, composée de *hije* [énigmes] et de *gusâr* [petites], *sgtf. hijjey gisayre*, * ḥjw, ح ج و

♦ **devinette, énigme.** •*Indi hijey gisayre, usumha : xalag abui kabîr bagdam min cawâribah, wa da l-rahad !* J'ai une devinette, la voici [son nom est] : "Le boubou de mon père est grand, il s'use aux extrémités." La réponse est : le marigot ! •*Be hije gusâr nirabbit* *rufugâni.* Avec les devinettes, je lance un défi à [j'attache] mes amis.

hije tuwâl expression, composée de *hije* (récits fantastiques) et de *tuwâl* (longs), *Syn. titime*, * ḥjw, ṭwl, ح ج و • ط و ل

♦ **contes, fables.** •*Kulla l iyâl ba'arfu hije tuwâl hanâ Ganda abu Halîme wa Marfa.* Tous les enfants connaissent le conte du chacal "Ganda Abou Halimé" et de l'hyène "Marfa". •*Al hije l-tuwâl yabdo be "hajâtku bajâtku" walla "hijeyti be hijeyitku (be l-jâtku)" wa l axârîn yugûlu "hâj baj" walla "xalliha taji" !* On commence le conte en disant : "Mon histoire avec la vôtre" et les autres répondent : "Qu'elle vienne !".

hijêlij nom d'arbre, *mrph. dmtf., coll., sgtf. hijêlijay* [petit savonnier], *Hijêlîje* : nom d'un petit village au sud d'Abéché, → *hajlij.*

hijil / hujûl *n. m.*, * ḥjl, ح ج ل

♦ **anneau de cheville, balzane,** tache blanche au pied d'un cheval ou à la patte d'un taureau. •*Fî zamân jidditi indaha hujûl hanâ fudda.* Autrefois, ma grand-mère portait des anneaux de cheville en argent. •*Juwâdi indah hujûl buyud fî rijilênah.* Mon cheval a des balzanes. •*Fî l-sûg nalgo hujûl bakân al-tujjâr.* Au marché, on trouve des bracelets de cheville chez les commerçants. •*Tôri indah hijil fî rijilah al-zêne.* Mon taureau a une tache blanche à la patte droite.

hijj *n. m.*, * ḥjj, ح ج ج

♦ **pèlerinage.** •*Anâ lissâ mâ macêt al hijj.* Je ne suis pas encore allé en pèlerinage à La Mecque. •*Allah kan antâni gurus wâjib lêi namci l hijj.* Si Dieu me donne de l'argent, je dois aller en pèlerinage à La Mecque.

hijje / hujaj *n. f.*, → *sible, barahîn*, * ḥjj, ح ج ج

♦ **histoire vaine, prétexte.** •*Gumm axadim, mâ tisawwi lêk hijje, inta mâ mardân !* Mets-toi au travail, ne trouve pas de faux prétextes, tu n'es pas malade ! •*Wallâhi, al hâkûma mâ tallafat lêi ceyy, mâ nagdar nixalli l xidime wa nisawwi lêi hujaj mâ nâf'e !* Par Dieu, l'État ne m'a rien fait de mal, je ne vais pas abandonner mon travail en avançant de vains prétextes ! •*Al mara di sawwat hujaj bas acan mâ tidôr râjilha, hî gâlat dâ'iman mâ yantîni akil wa lâ carâb.* Cette femme fait continuellement des histoires parce qu'elle ne veut pas de son mari ; elle dit toujours : "Il ne me donne ni à manger ni à boire !".

hijjey *n. f.*, → *hije.*

Hijra *n. pr.* de femme, *litt.* émigration, Hégire, * ḥjr, ح ج ر

hikam *pl.*, → *hikma.*

hikâya / hikâyât *n. f.*, * ḥky, ح ك ي

♦ **histoire, fable, conte, récit.** •*Hikâya di xarîbe !* Cette histoire est étrange ! •*Zamân bahajju lêna be l xûl wa l-têr al xadâri, dôl hikayât bas.* Jadis, on nous racontait les histoires de l'ogre et l'oiseau vert ; c'étaient des contes.

hikkêre / hikkêrât *n. d'act., mrph. dmtf., f., Syn. hakkirîn.*

♦ **fait de s'asseoir en tailleur, position assise en tailleur.** •*Cûfu hikkêrit al wilêd da misil hint al-sultân !* Regardez cet enfant, il est assis en tailleur comme un sultan ! •*Cûfu hikkêrtah hint al yôm di, akûn indah gurus.* Regardez sa façon de s'asseoir en tailleur aujourd'hui, il a peut-être de l'argent !

hikma / hikam *n. f.*, * ḥkm, ح ك م

♦ **sagesse, littérature sapientiale,** textes de sagesse. •*Al mara di indaha hikma sahi sahi.* Cette femme est vraiment sage. •*Al-nâs bugûlu lêk inta indak hikma wakit irift xumâm katîr wa kârib carfak.* Les gens diront que tu as de la sagesse lorsque tu auras connu beaucoup de choses et que tu ne t'amuseras pas avec ta dignité.

Hikma *n. pr.* de femme, → *hikma*, * ḥkm, ح ك م

hîla / hîlât *n. f.*, → *hile*, * ḥwl, ح و ل

hilâb *n. m.*, ≅ *hilâba, hilâbe*, → *hulâb.*

hilâbe *n. d'act.*, → *hulâb.*

hilal *pl.*, → *halla 4.*

hilâl *n. m.*, * hll, ه ل ل

♦ **croissant de lune, premier jour du mois lunaire.** •*Al hilâl rigeyyak bilhên mâ bincâf adîl.* Le croissant de lune est très fin, il ne se voit pas bien. •*Anâ naxatir ma'â hilâl al-cahar al-jâyi.* Je partirai en voyage le premier jour du mois qui vient.

Hilâl *n. pr.* d'homme et de femme, → *hilâl*, * hll, ه ل ل

Hilbay *n. pr. gr.*, *mrph. sgtf.*, (*fém. Hilbayye*), → *Bani Halba.*

hilbe *n. f.*, *sgtf. hilbey*, * ḥlb, ح ل ب

♦ **nom d'une graine grise, trigonelle, Trigonnella,** famille des papilionacées. •*Al hilbe dawa hanâ l waram.* La graine de trigonelle est un remède contre les enflures. •*Nâdum kan batunah tôjah biwalluku lêyah hilbe bacrab.* Si quelqu'un a mal au ventre, on lui fait boire une décoction de graines de trigonelle. •*Ba'ad al xarîf, al hilbe bitêribûha fî l widyân wa bazgûha.* Après la saison des pluies, on plante la trigonelle au bord des oueds et on l'arrose ensuite.

hîle / hiyal *n. f.*, ≅ *hîla*, * ḥwl, ح و ل

♦ **ruse, tromperie, stratagème.** •*Al-sarrâg daxal lêi fî l bêt be sakkînah, wa sawwêt hîle ke, namman maragtaha minnah.* Le voleur est entré chez moi, me menaçant avec son couteau ; j'ai rusé de telle manière que j'ai réussi à le lui ôter de la main. •*Hîltak di mâ najahat.* Ta ruse a échoué. •*Al-duwâs bidôr hîle.* Pas de combat sans ruse [le combat aime la ruse]. •*Hiyalku dôl mâ najaho.* Vos ruses n'ont pas réussi. •*Al ba'acôm sawwa hîla kula mâ niji min al môt.* Le chacal a eu beau ruser, il n'a pas pu échapper à la mort. •*Sawwi lêk hîla tanfa'ak !* Invente une ruse qui te soit profitable !

hilêle / hilêlât *n. f.*, *mrph. dmtf.*, *Cf. hille*, * ḥll, ح ل ل

♦ **hameau.** •*Sîyâd al hilêle, mâ ciftu lêi azîz(an) xâli lêi ?* Gens du hameau, n'auriez-vous pas vu mon bien-aimé ? (chanson). •*Fî l xarîf al-sukkar xâli, tifatticah hilêle hilêle kulla mâ talgah.* Pendant la saison des pluies, le sucre est cher ; même si on va de hameau en hameau pour en chercher, on n'en trouve pas.

hilik / yahlak *v. trans.*, forme I n° 20, ≅ l'*inacc. yahalak*, * hlk, ه ل ك

♦ **anéantir, conduire à la mort, faire périr, perdre, ruiner,** faire mourir. •*Al-ju' halak al-nâs fî l-sinîn al fâto.* La faim a fait mourir les gens, les années passées. •*Wâjib tamci lê l-daktôr gubbâl al marad ma yahalkak.* Tu dois aller chez le médecin avant que la maladie ne te conduise à la mort.

hilim / yahlam *v. intr.* {*- be*}, ≅ l'*inacc. yahalam*, *Cf. ri'i*, forme I n° 20, * ḥlm, ح ل م

♦ **rêver, cauchemarder.** •*Umar hilim : martah wildat lêyah wilêd.* Mahamat a rêvé que sa femme avait mis au monde un garçon. •*Kulla yôm Ahmat yahlam be fayala.* Tous les jours, Ahmat rêve à des éléphants. •*Amis, hilimt be massâs târ bei.* Hier, j'ai eu un cauchemar : un vampire m'a pris et s'est envolé avec moi.

hill *v. impér.*, → *halla 1, halla 2, halla 3.*

hillâl *pl.*, → *hille.*

hille / hillâl *n. f.*, ≅ le pluriel *hallâl*, * ḥll, ح ل ل

♦ **village, ville, quartier,** lieu d'habitation. •*Al-nâs jaro min al hille acân al-duwâs gamma fôgha.* Les gens ont fui la ville à cause de la guerre [parce que la guerre y avait commencé]. •*Al-sana di siyâd al hillâl al barra jî'ânîn.* Cette année, les gens des villages de brousse ont faim. •*Anjammêna hille kabîre min Mundu.* N'Djaména est une ville plus grande que Moundou. •*Nâs hille Leklêr lammo nakato kânifo.* Les habitants du quartier Leclerc se sont rassemblés pour creuser un caniveau.

Hille gazâz *n. pr.* de lieu, quartier de N'Djaména : "Hillé gazaz", [le quartier des verres de bouteille], → *hille, gazâz.*

Hille Nasâra *n. pr.* de lieu, quartier de N'Djaména [le quartier des Blancs], → *hille, Nasâra.*

hilwês *n. coll., sgtf. hilwêsay*, peut-être combinaison des racines *hls* [frayeur nocturne] et *hws* [rôder la nuit], *Cf. abunhurgâs, Syn. dallûm,* * hls, hws, ه ل س • ه و س

♦ **nom d'un mille-pattes, iule.** •*Al hilwêsay mâ indaha uyûn.* L'iule n'a pas d'yeux. •*Al-nâs mâ bâkulu l hilwês.* Les gens ne mangent pas d'iules.

himâr *n. m.*, [âne], terme de l'*ar. lit.*, servant d'insulte, → *humâr.*

himâya / himâyât *n. f., Cf. daraga, hijâb,* * ḥmy, ح م ي

♦ **protection.** •*Al himâya hint al-nabât tidôr mukâla katîre.* La protection des végétaux exige beaucoup de soin. •*Himâya hanâ l-nâs min marad al wirde tukûn illa be adimîn hanâ l ba'ûda.* On ne protégera réellement les gens contre le paludisme qu'en supprimant les moustiques.

Himêdi *sgtf.* d'un *n. pr. gr., m.,* (*fém. Himêdiye*), → *Wulâd Himêd.*

himêl / himêlât *n. anim.* mâle, *mrph. dmtf.*, (femelle *himêle*), * ḥml, ح م ل

♦ **jeune agneau, jeune agnelle.** •*Al-râ'i hadan himêlât tinên hanâ daynitah.* Le berger porte dans ses bras les deux agneaux de sa brebis. •*Anâ nirîd al himêle katîr min al himêl acan kan kibrat talda iyâl katîrîn.* Je préfère de beaucoup une agnelle à un agneau car, lorsqu'elle sera grande, elle mettra bas de nombreux petits.

Himêra *n. pr.* de femme, *mrph. dmtf.*, → *ahmar*, * ḥmr, ح م ر

himi / yahma *v. intr. {- lê}*, ≅ l'*inacc. yahama*, sens passif, forme I n° 21, * ḥmy, ح م ي

♦ **être chaud(e),** provoquer une sensation de chaleur. •*Wakt gabbalt min al-labtân, al harray himat lêi.* Au retour de l'hôpital, je sentais que le soleil était chaud. •*Anâ bahdalt, namci fî l xidime wa l-laban mâ himi lêi ajala.* Je suis pressé d'aller au travail, et le lait n'a pas chauffé assez vite. •*Xattêt almi bârid fî l harray acân yahma lêna lê l barûd.* J'ai mis de l'eau froide au soleil afin qu'elle soit chaude pour notre bain.

himil / yahmal *v. trans.*, ≅ l'*inacc. yahamal, Syn. alhammal, yilhammal* ; forme I n° 20, * ḥml, ح م ل

♦ **supporter, porter,** supporter un poids, une peine physique ou morale. •*Al mara di kacrâne, lâkin râjilha himlâha.* Cette femme est renfrognée, mais son mari l'a supportée jusque-là. •*Jâri da fasil, lâkin anâ himiltah.* J'ai un mauvais voisin, mais je l'ai supporté jusqu'à présent. •*Al miskîn yahmal al-ta'ab.* Le pauvre supporte la souffrance.

himilat / tahmal *v. intr. {- be}*, forme I n° 20, ≅ à l'accompli *himlat*, et à l'*inacc. tahamal*, * ḥml, ح م ل

♦ **être enceinte.** •*Martak min himlat da indaha kam cahar ? Garîb lê l wâlûda !* Depuis combien de temps ta femme est-elle enceinte ? Elle est près d'accoucher ! •*Al mara kan himilat dâyiman kaslâne.* Lorsque la femme est enceinte, elle est toujours fatiguée. •*Wassi binêyitki zên mâ tahmal lêki farax !* Conseille bien ta fille, qu'elle ne soit pas enceinte d'un bâtard !

himlat verbe à l'accompli, *fém. sing.*, → *himilat.*

himm *v. impér.*, → *hamma 1.*

himmêd *n. vég., coll., m., sgtf. himmêday,* * ḥmḍ, ح م ض

♦ **nom d'un arbre, sorte de prunier, Sclerocarya birrea (A. Rich.),** famille des anacardiacées, grand arbre dont le fruit est acide et dont l'amande est délicieuse ; avec son bois on fait des mortiers. •*Cadarayt al himmêd bissawuha fanâdig wa gudhân.* Avec le bois du prunier on fabrique des mortiers et de gros bols en bois pour la boule. •*Al himmêd nalgoh ba'îd fî l kadâde fî l-turâb al indah ramla.* On trouve le Sclerocarya birrea loin en brousse dans la terre sablonneuse.

hîn *v. impér.*, → *hân.*

hinâk *invar.*, * hnw, ه ن و
♦ **là-bas, au loin.** •*Hinâk fî Mundu, marîse katîre.* Là-bas à Moundou, il y a beaucoup de bière de mil. •*Hinâk, al-rujâl bagru kitâbhum.* Là-bas, les hommes lisent leur livre. •*Al almi sabba katîr hinâk, giddâm al wâdi.* Il a beaucoup plu là-bas, en avant de l'oued. •*Hû maca, ligah lê juwâdah hinâk, janb al-rahad.* Il est parti et a trouvé son cheval là-bas, à côté du marigot.

hinâse *n. d'act.*, *m.*, *Syn. hânisîn, Cf. hânas*, * 'nṯ, ء ن ث
♦ **consolation, action de consoler.** •*Al awîn hinâse wa l Xur'ân dirâse.* Les femmes ont besoin être consolées et le Coran d'être étudié. *Prvb.* (*i.e.* chaque situation difficile a une voie pour être surmontée). •*Ali kan gamma babki mâ baskut bala hinâse.* Quand Ali se met à pleurer, il ne se tait qu'après avoir été consolé.

Hind *n. pr.* de pays, *n. pr.* de femme, (femme du Prophète), * hnd, ه ن د
♦ **Inde.**

Hinda *n. pr.* de femme, → *Hind*, * hnd, ه ن د

hindu nom *invar.*, venu par le cinéma et les vidéocassettes.
♦ **hindou.** •*Amis cîfna filim hindu fî l vidyo.* Hier nous avons regardé un film hindou au magnétoscope. •*Fî kulla filim hindu lâzim yixannu wa yal'abo fôgah.* Dans chaque film hindou, il faut qu'il y aît des chants et des danses.

hinêjir nom, *mrph. dmtf.*, *m.*, * ḥnjr, ح ن ج ر
♦ **petit larynx, petit col, petit cou.** •*Zêy, hinêjir al-jidey, dôdili girênki lêi !* Zeille, petit larynx de gazelle, laisse pendre vers moi ta petite tresse (complainte de l'ogre dans un conte) ! •*Gazâzt al xumra, hinêjirha tawîl.* Le flacon de parfum a un col fin et élancé.

hiney outil du complément déterminatif des noms pluriels, de plus en plus remplacé par *hanâ*, → *hanâ.*
♦ **de, à, en, pour.** •*Al bagar dôl hiney Mûsa.* Ces vaches sont à Moussa. •*Al iyâl dôl hineyhum.* Ce sont leurs enfants. •*Al banât dôl hineyi.* Ce sont mes filles. •*Al wulâd dôl hineyki.* Ces garçons sont à toi (femme).

hini *invar.*, expression *min hini lê giddâm* (dorénavant), * hnw, ه ن و
♦ **ici.** •*Hini, bêt al awîn al mardânîn.* Ici, c'est la maison des femmes malades. •*Anâ, min naxadim hini, indi santên.* Cela fait deux ans que je travaille ici. •*Hû wâ'adâni hini, fî bêtak.* Il m'a donné rendez-vous ici, chez toi.

hinn *v. impér.*, → *hanna.*

hinne *n. vég.*, *f.*, * ḥn', ح ن ء
♦ **nom d'une plante cultivée et subspontanée, henné, Lawsonia inermis (L.),** famille des lythracées, les feuilles sont utilisées en décoction pour décorer les pieds et les mains des femmes. •*Al arûs xattat hinne fî rijlênha.* La mariée a mis du henné sur ses pieds. •*Bigi tabî'e lê l awîn, kulluhum gâ'idîn budussu hinne.* Toutes les femmes ont pris l'habitude de se mettre du henné.

hinniye *n. f.*, *Cf. hanna*, * ḥnn, ح ن ن
♦ **tendresse, pitié.** •*Al-râjil da mâ indah hinniye wâhade kula lê martah.* Cet homme n'a aucune tendresse pour sa femme. •*Al askar mâ induhum hinniye lê l-ca'ab.* Les soldats n'ont aucune pitié pour le peuple.

hint outil du complément déterminatif des noms féminins, de plus en plus remplacé par *hanâ*, → *hanâ*.
♦ **de, à, en, pour.** •*Al bitt di hintak wallâ ?* Est-ce ta fille ? •*Al-nâga hint Ahamat ligîtha janb al-bîr.* J'ai trouvé la chamelle d'Ahmat près du puits.

hirab *pl.*, → *hirbe.*

hiraf *pl.*, → *hirfe.*

hîrân *pl.*, → *hîrâni, huwar.*

hîrâni / hîrân *adj.*, (*fém. hîrâniye*) nom de personne, *Cf. muhâjiri, tilmiz*, * ḥwr, ح و ر
♦ **disciples, élèves de l'école coranique.** •*Masîkna indah hîrân katîrîn.* Notre école coranique a de nombreux élèves. •*Al yôm al hîrân mâ garo, acân sayyidhum mardân.* Aujourd'hui, les élèves de l'école coranique n'ont pas étudié parce que leur maître était malade.

hirâte *n. f.*, *n. d'act.*, * ḥrṯ, ح ر ث
♦ **agriculture, culture d'un champ, fait de cultiver, travail de la terre,** fait de piocher ou de sarcler la terre. •*Al gecc gamma katîr, da wakt al hirâte.* L'herbe a beaucoup poussé, c'est le moment de sarcler. •*Kan kammalna l hirâte, nacarbo lêna câhi murr.* Lorsque nous aurons fini de cultiver le champ, nous prendrons du thé fort. •*Al-têrab be l kudungâr wa l-tûriye, wa l hirâte be l-jarray wa l kadanka.* On sème en utilisant un plantoir courbé ou un plantoir droit ; et on travaille la terre avec un sarcloir ou une houe.

hirbe / hirab *n. f.*, mot arabe d'emprunt *irn.* (*Mu.*), * ḥrb, ح ر ب
♦ **caméléon.** •*Fî cadarayitna hirbe kabîre gâ'ide tâkul dubbân.* Sur notre arbre, il y a un grand caméléon qui est en train d'avaler des mouches. •*Al hirbe tibaddil lônha kulla yôm.* Le caméléon change de couleur tous les jours. •*Al hirab bumûtu fî l-darat.* Les caméléons meurent au temps de la moisson. •*Al wilêd al-dahâbah bi'allim al hubay, bixannu lêyah : "Hirbe jôki, dagigki ducâc, gabbili ruddi !".* Lorsque le petit enfant commence tout juste à marcher à quatre pattes, on lui chante : "Caméléon, ils sont venus vers toi, ta farine n'est pas assez fine, mouds-la encore !".

hirêke / hirêkât nom, *mrph. dmtf.*, *f.*, *Cf. haraka*, * ḥrk, ح ر ك
♦ **petit mouvement, bruissement.** •*Simi hirêke bas, gamma min al-nôm.* Il a juste entendu un petit bruit, et s'est réveillé. •*Al hirêke al fî l gecc da hint cunû ?* Quel est ce bruissement dans l'herbe, là ?

hirfe / hiraf *n. f.*, * ḥrf, ح ر ف
♦ **métier.** •*Fî l-dunya mâ fî hirfe cêne.* En ce monde, il n'y a pas de sot métier. •*Al hirfe tisawwi l-râjil hurr.* Avoir un métier libère l'homme.

hiri / yahara *v. trans.*, * ḥry, ح ر ي
♦ **espérer, pressentir, avoir conscience de, penser.** •*Angari min al mara di, mâ (bi)tahara l êb !* Prends garde à cette femme, elle ignore ce qu'est la honte ! •*Anîna hirînâki min amis wa l yôm dahâba jitî !* Nous pensions que tu viendrais hier, et c'est aujourd'hui que tu arrives ! •*Anâ hirît tijîb lêi xalag yôm al îd, lâkin mâ antêtni ceyy.* J'espérais que tu m'apporterais un vêtement le jour de la fête, mais tu ne m'as rien donné. •*Al-sarrâg mâ bahara l êb, yasrig hagg abuh kulla !* Le voleur n'a plus honte de rien [ne sent plus la honte], il vole même ce qui appartient à son père.

Hiriba *n. pr.* de lieu, chef-lieu de sous-préfecture du Biltine, *litt.* puits des vaches, *hiri-ba* en langue béri.
♦ **Iriba.**

hirig / yahrag *v. intr.*, sens passif, ≅l'*inacc. yaharag*, forme I n° 20, * ḥrq, ح ر ق
♦ **être brûlé(e), se consumer.** •*Inti binêye xanba, xallêti l mulâh hirig.* Tu es une fille peu soigneuse, tu as laissé brûler la sauce. •*Kan al iyâl bal'abo be l-nâr al kûzi yaharag.* Si les enfants jouent avec le feu, la case

brûlera [sera brûlée]. •*Al yôm da, mappa adîl mâ fîh, kullah hirig.* Aujourd'hui, il n'y a pas de bons pains, ils sont tous brûlés.

hiris / yaharas *v. intr. {- lê}*, *Cf. rixib*, * ḥrs, ح ر س

♦ **garder pour soi, être avare,** refuser de donner ce que l'on a. •*Wazîr al mâliye hiris lê l gurus, mâ bidôr bikaffi l xaddâmîn.* Le ministre des Finances a refusé de payer le salaire des fonctionnaires. •*Antâni câhi murr wa hiris lê l-sukkarah gâl mâ indah.* Il m'a offert du thé amer et a refusé de me donner du sucre, prétextant qu'il n'en avait pas.

hisâb / hisâbât *n. m.*, expression *yôm al hisâb* (jour du jugement dernier où l'on fera les comptes), * ḥsb, ح س ب

♦ **compte, calcul, opération, comptabilité, finance, jugement dernier.** •*Âmil hisâbak ! Kan tal'ab nuduggak.* Fais bien attention [fais ton compte] ! si tu t'amuses, je te frappe ! •*Al-râjil da sawwa hisâb hanâ mâlah.* Cet homme a fait le compte de sa fortune. •*Al-tâjir da mâ ba'arif bisawwi hisâb, dâiman hû xasrân.* Ce commerçant ne sait pas tenir sa comptabilité, il est toujours en déficit. •*Yôm al hisâb, kulla nâdum muhâsab fî xidimtah al-sawwâha fî l-dunya.* Le jour du jugement dernier, chacun sera jugé selon ses actes ici-bas.

hisân *pl.*, → *hasan 2.*

Hisên *n. pr.* d'homme, *mrph. dmtf.*, *Cf. Ḥasan*, jumeau de *Ḥasan* fils de *ˁAli*, * ḥsn, ح س ن

Hisêni *n. pr.* d'homme, *mrph. dmtf.*, variante de *Hisên*, * ḥsn, ح س ن

hisi / yahsa *v. intr.*, sens passif, forme I n° 21, ≅ l'*inacc. yahasa*, *Cf. hassa 2*, * ḥsw, ح س و

♦ **s'évaporer, s'assécher, être à sec, se tarir.** •*Hî nisat al-cahi fî l-nâr nammin al barrâd hisi.* Elle a oublié le thé sur le feu au point que la théière s'est asséchée. •*Al biyâr hanâ hillitna kulluhum hiso acân al almi mâ sabba katîr al-sane.* Tous les puits de notre village se sont asséchés parce qu'il n'a pas beaucoup plu cette année. •*Al-ruhûd yahaso fî l-sêf.* Les marigots s'évaporent en saison sèche. •*Sidd gazâzayt al fatrôn di acân mâ yahasa !* Ferme bien la bouteille de pétrole pour qu'il ne s'évapore pas !

hisib / ahsâb *n. m.*, (section du Coran), → *hizib 2*, * ḥzb, ح ز ب

hiss / hasasa *n. m.*, * ḥss, ح س س

♦ **voix, cri.** •*Simit hiss al-zaxrâta.* J'ai entendu la voix de celle qui lance des youyous. •*Hasasa l bisas be fî l-lêl bixawwufuni.* La nuit, les cris des chats me font peur. •*Simit hiss al-dîdân gâ'idîn bukurru.* J'ai entendu la voix des lions en train de rugir.

hiss ! *v. impér.*, → *hassa 1.*

hîtân *pl.*, → *hôt.*

hitêbay / hitêbayât *n. f. mrph. dmtf.*, *Cf. hatab*, * ḥṭb, ح ط ب

♦ **petit morceau de bois, petit bout de bois.** •*Hitêbâyti di mâ tinajjid lêi al êc.* Ce n'est pas ce petit morceau de bois qui fera cuire ma boule. •*Hitêbâyâti dêl mâ bifawwuru lêi almi.* Ces petits bouts de bois ne feront pas bouillir mon eau.

hitt *v. impér.*, → *hatta 1.*

hiwij / yahwaj *v. trans.*, ≅ *yahawah*, *Cf. hâja*, forme I n° 20, * hwj, ح و ج

♦ **avoir besoin de, avoir envie de, désirer.** •*Al wilêd da hiwij yarda' dêd ammah.* Cet enfant a besoin de téter sa mère. •*Râjili hiwij al maxatar lê ziyârit ahalah.* Mon mari a envie de partir en voyage pour rendre visite à sa famille. •*Al harrâtîn yahwajo lê l almi ba'ad al hirâte.* Les agriculteurs désirent la venue de la pluie après avoir cultivé la terre. •*Kulla l-nâs bahawajo, al mâ bahawaj illa –llah.* Tout le monde a besoin de quelque chose, il n'y a que Dieu qui n'a besoin de rien. *Prvb.*

hiya *invar.*, ≅ *hiyya.*

♦ **alors, à présent, et puis, voilà que.** •*Hiya, xallêtah lêk lê l gurus !* Voilà, je t'ai remis ta dette (tu ne me dois plus rien) ! •*Hiya barrid, namcu ma'â abûna !* A présent lave-toi, pour que nous partions ensuite avec notre père ! •*Hiya acânak inta, kan mâ ke, tikaffi alfên.* Et puis, c'est bien parce que c'est toi ! sinon tu payerais deux mille riyals. •*Al murr kan ja kula, hiya tasbur lêyah !* S'il t'arrive de traverser un moment difficile [amer], tu devras alors patienter !

hiyal *pl.*, → *hîle.*

hiyi / yahaya *v. intr.*, forme I n° 21, * ḥyy, ح ي ي

♦ **vivre.** •*Darabna l-dûd, lâkin hiyi.* Nous avons tiré un coup de fusil sur le lion, mais il vivait encore. •*Anîna numûtu lâkin ba'ad al môt nahayo.* Nous mourrons, mais après la mort nous vivrons.

hizâm / hizâmât *n. m.*, ≅ *huzâm*, *Cf. karrâb, hagu*, * ḥzm, ح ز م

♦ **ceinture de soldat, mousqueton, sangle, ceinturon,** ceinture ou cordelette accrochée autour de la taille par un mousqueton. •*Al askari, libis xulgânah al xubuc wa rabat hizâmah fî sulbah.* Le soldat a mis son treillis et attaché sa ceinture sur les hanches. •*Al bôlis kan karab al-sarrâg yufurcah be hizâm râsah hadîd.* Lorsqu'un policier attrape un voleur, il le fouette avec son ceinturon qui a une boucle en fer.

hizâr *n. d'act., m.*, *Cf. hâzar, camâte*, * hḏr, ه ذ ر

♦ **plaisanterie, taquinerie, moquerie.** •*Al hizâr bijîb al-duwâs.* La moquerie mène à la bagarre. •*Al-rujâl bugûlu : hizâr al mara bijîb al hugra.* Les hommes disent que les plaisanteries des femmes aboutissent au manque de respect.

hizib 1 / ahzâb *n. m.*, * ḥzb, ح ز ب

♦ **parti.** •*Fîh taxrîban talâtîn hizib siyâsî fî baladna.* Il y a à peu près trente partis politiques dans notre pays. •*Al ahzab al-siyâsîya hanâ baladna mâ induhum imkâniyât adîle acân yitraccaho fî l intixâbât.* Les partis politiques de notre pays n'ont pas les moyens adéquats pour se présenter aux élections.

hizib 2 / ahzâb *n. m.*, ≅ *hisib*, * ḥzb, ح ز ب

♦ **section du Coran, partie d'un livre.** •*Amis anâ garêt hizbên bas wa l-nôm xalabâni.* Hier, j'ai seulement lu deux parties du Coran, puis je me suis endormi [le sommeil m'a vaincu]. •*Hû da namman bigi câyib, mâ gara al Xur'ân wa lâ hizib wâhid kulla.* Celui-là est devenu vieux sans avoir même pris le temps de lire une seule partie du Coran ! •*Al Xur'ân fôgah sittîn hizib.* Le Coran est divisé en soixante parties.

hizime *n. f.*, → *hizme.*

hizin 1 / yahzan *v. intr.*, ≅ l'*inacc. yahazan*, forme I n° 20, * ḥzn, ح ز ن

♦ **être triste.** •*Mâlak tahzân kulla yôm ?* Pourquoi es-tu triste chaque jour ? •*Hizino kulluhum acân al-ju' daxal fî dârhum.* Ils sont tous devenus tristes parce que la faim sévit [est entrée] dans leur pays. •*Mâ tisawwi l-cên, acân tahzân ba'adên !* Ne fais pas le mal parce qu'ensuite tu seras triste !

hizin 2 / huzûn *n. m.*, * ḥzn, ح ز ن

♦ **tristesse, deuil.** •*Al hizin daxal lê nâs al hille ba'ad môt jârna.* La tristesse était au fond du cœur des gens du village après la mort de notre voisin. •*Al hizin daxal lêi sinîn tawîle ba'ad furga hanâ râjili.* La tristesse m'a habitée [est entrée en moi] pendant de longues années après la séparation d'avec mon mari.

hizme / hizam *n. f.*, ≅ *hizime*, * ḥzm, ح ز م

♦ **gerbe, fagot, tas.** •*Anâ kassart hizme hint hatab wa mâ gidirt jibtaha fî l bêt.* J'ai cassé du bois et j'en ai fait un fagot, mais je n'ai pas pu le transporter à la maison. •*Fî wakt al-darat, al-nâs bisawwu l gecc hizam hizam lê xidimt al buyût.* A la fin de la saison des pluies, les gens rassemblent l'herbe en gerbes pour l'entretien des maisons. •*Al hizime kan xalabâtak, kassir zîdha !* Si le tas de bois est trop lourd à porter pour toi, casse encore du bois et ajoutes-en ! *Prvb.* (*i.e.* quand tu ne peux accomplir une chose tout seul, il faut signifier aux autres que tu as besoin d'aide).

hizz *v. impér.*, → *hazza.*

hôc / hîcân *n. m.*, *Cf. dôr*, * ḥwš, ح و ش
♦ **concession, terrain, enclos, mur d'enceinte, place, cour,** espace clos dans lequel la maison est construite. •*Hôc abu Mûsa kabîr.* La concession du père de Moussa est grande. •*Amis al kadastir kassar al hîcân al fî l-derib.* Hier, les agents du cadastre ont fait casser les constructions se trouvant sur l'emplacement réservé à la route.

hôha / yihôhi *v. intr.*, forme III, *onom.* connue en arabe *sd.*, *Cf. amhûhu.*
♦ **avoir la coqueluche, tousser,** qui tousse en ayant la coqueluche. •*Al-coxol da waba', al iyâl kulluhum hôho.* C'est une épidémie, tous les enfants ont la coqueluche. •*Al iyâl kan hôho buguhhu katîr.* Quand les enfants ont la coqueluche, ils toussent beaucoup. •*Wilêdi da hôha, zaggêtah curba hanâ amkûru wa hassa ligi l âfe.* Mon enfant a attrapé la coqueluche, je lui ai donné à boire une soupe de protoptère et à présent il a recouvré la santé.

hôjân *adj.*, (*fém. ôjâne*), → *hawjân.*

hôl *n. m.*, * ḥwl, ح و ل
♦ **anniversaire, année,** intervalle d'une année. •*Al yôm, hôl hanâ axui l-saxayar.* Aujourd'hui, c'est l'anniversaire de mon petit frère. •*Kan tammêt hôl, namci l hijâz.* L'année prochaine à la même date, je partirai en pèlerinage à La Mecque. •*Ba'ad hôlên fatahna l-lekkôl.* Deux ans après, nous avons ouvert une école.

hôli / hôliyîn *adj.*, (*fém. hôliye*), * ḥwl, ح و ل
♦ **âgé(e) d'un an,** qui a entre un et deux ans. •*Al-saxîr kan bigi hôli wâjib ammah tafurdah.* Lorsqu'un bébé est âgé d'un an, sa mère doit le sevrer. •*Al marfa'în akal al bagaray wa ijilha l hôli kulla.* L'hyène a dévoré la vache, et son veau qui avait un an.

Hôriye *n. pr.* de femme, → *Hûriye,* * ḥwr, ح و ر

hôt / hîtân *n. m.*, *Syn. tabarêg,* * ḥwṭ, ح و ط
♦ **abreuvoir, piscine,** bassin, entouré de murettes en glaise, qui recueille l'eau tirée du puits et sert à abreuver le bétail. •*Al bagar ciribo fî l hôt.* Les vaches ont bu à l'abreuvoir. •*Mâ tixallu l hamîr yikassuru l hîtân !* Ne laissez pas les ânes casser les abreuvoirs ! •*Al-Nasâra malo hôthum almi wa gâ'idîn bilbarrado.* Les Européens ont rempli d'eau leur piscine et sont en train de se baigner.

hû *pron. pers.* sujet, masculin, 3ème personne du singulier.
♦ **lui, il.** •*Hû, maca wên ?* Où est-il donc allé ? •*Da hû, hû hini, gâ'id yacrab al-laban.* Le voici, il est ici en train de boire du lait.

hubâl *pl.*, → *habil.*

hubâra / hubârât *n. f.*, ≅ *hubbâra,* * ḥbr, ح ب ر
♦ **outarde, Neotis nuba, Choriotis arabs stieberi,** famille des otididés. •*Anâ katalt hubâra be bundug.* J'ai tué une outarde avec un fusil. •*Al hubâra kabîre bilhên min al-jidâde lâkin saxayre min al-na'âm.* L'outarde est bien plus grande qu'une poule mais plus petite qu'une autruche.

hubay *n. f.*, *Cf. haba,* * ḥbw, ح ب و
♦ **fait de marcher à quatre pattes.** •*Wilêd Fâtime, allam al hubay, yidaffig kulla coxol giddâmah !* L'enfant de Fatimé a appris à marcher à quatre pattes, il renverse tout ce qui se trouve devant lui. •*Al-saxîr kan mâ mardân, bi'allim al hubay fî l-cahar al xâmis min wâlûdtah.* Lorsqu'un enfant n'est pas malade, il apprend à

marcher à quatre pattes dès le cinquième mois.

hubb *n. m.*, * ḥbb, ح ب ب
♦ **amour.** •*Hubbi lê watani cadîd.* Mon amour pour la patrie est très fort. •*Al amm hubbaha katîr lê iyâlha.* La mère a beaucoup d'amour pour ses enfants. •*Hubbi lêki katîr !* J'ai beaucoup d'amour pour toi !

hubbâra *n. f.*, → *hubâra.*

hubûb *pl.*, → *habb, habba 4.*

hubûn *pl.*, → *hibin.*

hubus *n. m.*, *Cf. habas*, * ḥbs, ح ب س
♦ **prison, cachot, garde à vue, digue, barrage.** •*Al hubus lê l-nâs al mujrimîn.* Le cachot est destiné aux criminels. •*Al xarîf ja wa l-nâs sawwo hubus lê l berbere.* La saison des pluies est arrivée, les gens ont fait des digues pour le berbéré.

hûc *v. impér.*, → *hâc 1, hâc 2.*

huda *n. m.*, inusité au pluriel, * hdy, ه د ي
♦ **bonne direction, guidance spirituelle, conseil spirituel,** bons conseils. •*Al huda yiwaddik fî l-darb al-sahi.* Les bons conseils te conduiront sur le vrai chemin. •*Kalâmi da huda lêk inta.* C'est un bon conseil que je te donne. •*Asma' hudayi, mâ tamci ma'â l-sahâlîg dôl !* Écoute mon conseil, ne va pas avec ces gens oisifs !

Huda *n. pr.* de femme, *litt.* bon conseil, → *huda*, * hdy, ه د ي

hudhud *n. anim., coll.*, → *ablaglago.*

hudub *pl.*, → *ahdab.*

hudûd *pl.*, → *hadd 1.*

hudûg *pl.*, → *hadag.*

hudun *n. m.*, *Cf. hadan*, voir ci-dessous l'expression *(mât) fî hudun*, * ḥḍn, ح ض ن
♦ **poitrine, giron, sein, protection vigilante, qui est lié(e) juridiquement par le mariage.** •*Cilt wilêdi fî huduni wa andassêt lê l-daktôr.* J'ai serré mon enfant sur ma poitrine et suis entré dans le cabinet du docteur. •*Al-saxîr al-radî' dâiman fî hudun ammah.* Le petit qu'on nourrit au sein est toujours contre la poitrine de sa mère. •*Abu Ahmat da mât fî hudun martah al-saxayre.* Le père d'Ahmat est mort, lié juridiquement par le mariage à sa seconde femme.

hudûr *n. m.*, * ḥḍr, ح ض ر
♦ **présence.** •*Fî mulamma hint ambâkir al-Ra'îs gâl hudûr hanâ ayyi nâdum muhimm bilhên.* Pour la réunion de demain, le Président a dit que la présence de toutes les personnes était très importante. •*Bala hudûr hanâ abu l binêye al-cêriye di mâ tukûn.* Ce jugement ne peut avoir lieu sans la présence du père de la jeune fille. •*Kan be hudûrak nagdaro namcu nisallumu l-jîrân.* Lorsque tu seras là, nous pourrons aller saluer nos voisins.

hufar *pl.*, → *hufra.*

hufdân *n. d'act., m.*, → *hufudân.*

hufra / hufar *n. f.*, ≅ le pluriel *hufrât*, *Cf. nugura*, * ḥfr, ح ف ر
♦ **trou, fosse.** •*Fî wakit al hirâte al harrâtîn bisawwu hufar dugâg be l kudungar.* Au temps des semailles, les agriculteurs font de petits trous avec leur plantoir. •*Al hufra l fî wara l bêt hardamat amis.* Le trou qui est derrière la maison s'est effondré hier. •*Fî l xarîf al kalib bisawwi hufra acân yillabbad min al-dubbân.* En saison des pluies, le chien creuse un trou pour se mettre à l'abri [se cacher] des mouches.

hufudân *n. d'act., m.*, ≅ *hufdan, hafadân, hafidîn, hafazân, hafizîn*, *Cf. dammîn*, * ḥfẓ, ح ف ظ
♦ **conservation, mise à l'abri, stockage, protection, mémorisation,** fait de garder et de protéger un bien confié. •*Hufudân al amâne da*

muhimm marra wâhid. Il est très important de bien conserver ce qui nous a été confié. •*Hufudânak lê l giray di adîl.* Tu as très bien su mémoriser cette leçon.

hugra *n. f.*, ≅ *hugura*, *Cf. hagar*, * ḥqr, ح ق ر

♦ **mépris, manque de respect, dédain, insolence, humiliation, infamie, avanie.** •*Al hugra, mâ barda bêha illa l humâr.* Le mépris ne peut servir qu'à élever un âne. *Prvb.* (*i.e.* personne n'accepte d'être humilié). •*Al-li'ib ma'â l iyâl al-dugâg bijîb lêk al hugra.* Jouer avec les petits enfants ne t'apportera que du mépris. •*Al awîn dôl fajjaxôna bê ni'êlâthum, coxôlhum lêna da hugra !* Ces femmes sont passées devant nous sans enlever leurs chaussures [nous ont piétinés], c'est vraiment méprisant pour nous ! •*Anâ acân jît ma'âki bas tiwassifîni hugra misil da !* C'est simplement parce que je suis venu avec toi que tu me manifestes tant de dédain ! •*Al-râjil al fahal mâ birîd al hugra.* Un homme brave n'accepte pas d'être humilié. •*Al bidôr al hugra lê nafsah, galbah mayyit.* Celui qui accepte d'être méprisé est un lâche [son cœur est mort]. •*Al-caddagân lê l-nâdum al kabîr hugura.* Gifler une grande personne est une infamie.

hugûg *pl.*, → *hagg.*

hugura *n. f.*, → *hugra*, * ḥqr, ح ق ر

hujaj *pl.*, → *hijje.*

hujâr *pl.*, → *hajar 2.*

Hujâr *n. pr. gr., coll., sgtf. Hajaray* (homme), *Hajarayye* (femme), * ḥjr, ح ج ر

♦ **Hadjeraï.** •*Al Hujâr yaskunu fî l hujâr hanâ Gêra.* Les Hadjeraï habitent dans les montagnes du Guéra. •*Al hajarayye di arrâfa lê mulâh al warcâl.* Cette femme Hadjeraï est douée pour préparer les sauces aux feuilles d'arbres.

hujjâj *pl.*, → *hâjj.*

hujûl *pl.*, → *hijil.*

hukk *v. impér.*, → *hakka.*

hukkâm *pl.*, → *hâkim.*

hukum 1 *n. m.*, * ḥkm, ح ك م

♦ **amende, contravention, taxe.** •*Anâ madlûma, mâ nikaffi lêku hukum !* Je subis une injustice, je ne vous payerai pas d'amende ! •*Al-nâs, kan dâwaso yikaffu hukum.* Si des gens se battent, ils doivent payer une amende ! •*Al hukum, bâkuluh nâs al-cerî'e bas !* Les contraventions sont systématiquement détournées par les gens du tribunal.

hukum 2 *n. d'act., m.*, * ḥkm, ح ك م

♦ **gouvernement, art de gouverner,** manière de gouverner. •*Hukumku da mâ ridîna beyah.* Nous ne sommes pas satisfaits de votre manière de gouverner. •*Hummân dôl cadîdîn fî hukumhum.* Ceux-là sont compétents dans l'art de gouverner.

hulâb *n. m.*, pour le même sens ≅ *hilâb, hilâba, hilâbe, hulâba, halabân, halibîn*, *Cf. halab*, * ḥlb, ح ل ب

♦ **traite du lait, action de traire.** •*Hulâb al bagar al-cawâyil kulla yôm be fajur wa aciye.* La traite des vaches laitières se fait tous les jours le matin et le soir. •*Hulâb al-nâga tigif fôg be tûlak, wa indak koryo fî rabagtak.* La traite du lait de chamelle se fait debout, en portant, accroché au cou, le pot à lait en fibre. •*Hulabt al xanam gâsiye min hulabt al bagar.* Il est plus difficile de traire les chèvres que les vaches.

hulaba *n. d'act.*, ≅ *hulâbe*, → *hulâb.*

hulûg *pl.*, → *halig.*

hulûny *pl.*, prononcé *[hulûñ]*, → *halany.*

hûm *v. impér.*, → *hâm.*

humâr / hamîr *n. anim.* mâle, (femelle *humâra*), ≅ *himâr* (terme d'insulte), * ḥmr, ح م ر

♦ **âne (ânesse).** •*Al marfa'în akal al humâr.* L'hyène a dévoré l'âne.

•*Hamîr katîrîn fî Tcâd.* Il y a beaucoup d'ânes au Tchad. •*Abu Fattûma, jâyi min zômah, tâgîtah fî gaddûmah... Da l humâr.* Le père de Fatouma revient d'une grande frayeur avec son bonnet sur la bouche… C'est l'âne. *Dvnt.* •*Arba'a kabat kabat, tinên anturulle wa wâhid batbat... Da l humâr.* Quatre martèlent *kabat kabat*, deux sont prêtes à bondir, et il y en a une qui refuse tout absolument… C'est l'âne (avec ses quatre pattes, ses deux oreilles et sa queue). *Dvnt.* •*Humâr al giseyyar rakûbah hayyin (walla halu).* Il est facile (ou agréable) de monter un petit âne. *Prvb.* (*i.e.* il est facile de s'en prendre au plus faible).

humâr kadâde / hamîr kadâde *n. anim., litt.* âne de brousse, * ḥmr, kdd, ك د د • ح م ر

♦ **âne sauvage, zèbre.** •*Cift humâr kadâde fî derib Faya.* J'ai vu un âne sauvage sur la route de Faya. •*Hamîr al kadâde farwithum bêda wa induhum sîhân zurug wa tuwâl min hamîrna hiney al bêt.* Les zèbres ont une peau blanche avec des rayures noires, ils sont plus grands que nos ânes domestiques.

humbus *n. m.*, hypothèse sur la racine, * ḥnbs, ح ن ب س

♦ **tige creuse de l'oignon.** •*Al basal al-dahaba axadar fî janâyînah da indah humbus tuwâl.* Les oignons qui sortent bien verts dans les jardins ont de longues tiges. •*Al basal kan rawyân almi humbusah mâ murr.* Lorsque les oignons sont bien arrosés, leurs tiges ne sont pas amères. •*Al humbus bagta'oh ma'â l-salât, wa kan wihêda kula bin'akil.* On coupe la tige creuse de l'oignon pour la manger avec la salade, mais on peut aussi la manger toute seule.

humlân *pl.*, → *hamal.*

humma / hummât *n. mld.*, *Syn. wirde*, * ḥmy, ح م ي

♦ **fièvre.** •*Hû da bigi bâtil min al humma wa mâ bâkul adîl.* Celui-ci a maigri à cause de la fièvre et n'a pas d'appétit. •*Min amis kê humma karabatni.* Depuis hier j'ai de la fièvre [la fièvre m'a pris].

humman *pron. pers.* sujet, masculin et féminin, 3ème personne du pluriel, *Cf. hû, hî.*

♦ **eux, elles.** •*Humman maco fî l-lekkôl.* Ils sont allés à l'école. •*Humman dôl judûdi katabo l kitâb da.* Ce sont mes ancêtres qui ont écrit ce livre.

humra *n. mld.*, *f.*, * ḥmr, ح م ر

♦ **eczéma, urticaire, démangeaison,** petits boutons rouges. •*Al binêye di indaha humra fî jilidha kulla ke.* Cette fille est couverte d'urticaire. •*Al humra marad bidâwuh be kanfût wa atrôn bimassuhuh fî l-jilid.* L'eczéma est une maladie qu'on soigne avec un emplâtre de son et de natron.

humuk *pl.*, → *ahmak.*

humûm *pl.*, → *hamm.*

humur *pl.*, → *ahmar.*

humyân *pl.*, → *hama.*

hunbur / hanâbir *adj. f.*, *qdr.*, prononcé *humbur*, qualifiant seulement des filles ou des femmes, *Cf. tuss*, * hnbr, ه ن ب ر

♦ **mondaine, femme prétentieuse, femme maniérée, coquette,** qui aime se montrer bien habillée, qui fait beaucoup de gestes en parlant, qui joue à la grande dame. •*Al hunbur mâ maryûda fî ust al banât.* Les jeunes filles n'aiment pas celles qui jouent aux grandes dames. •*Al mara l hunbur dâimân tiwassif nafisha hî bas nimro wâhid.* La femme mondaine aime toujours se montrer, voulant être en tout la première. •*Al banât al hanâbir yikammulu wakithum fî l muccât.* Les filles coquettes passent tout leur temps à se faire coiffer.

hunukkên *pl.*, → *hanak.*

hurâb *pl.*, → *harba 1.*

hurâj *n. d'act.*, *m.*, * hrj, ه ر ج

♦ **querelle, altercation violente, dispute, noise, reproche, prise de**

bec (*s. fig.*), fait d'insulter ou d'injurier avant la bagarre, prise de bec. •*Mâ tifattic lêi l hurâj !* Ne me cherche pas querelle ! •*Bactantîni kulla yôm bẹ l hurâj, sawwêt lêk cunû ?* Tu m'ennuies toujours en me cherchant noise, que t'ai-je fait ? •*Al hurâj al katîr bijîb al-nakkalân.* Faire trop de reproches à quelqu'un l'éloigne de toi.

hurâr *n. m.*, * hrr, ه ر ر

♦ **excrément, crotte, merde.** •*Abunju'urân dardag al hurâr.* Le bousier roule la crotte. •*Xassili wilêdki min hurârah !* Lave ton enfant, débarrasse-le de sa merde ! •*Kan sultân ja, al askar baju... Dôl al hurâr wa l-dubbân.* Lorsque le sultan arrive, les militaires viennent… C'est la crotte qui attire les mouches. *Dvnt.* •*Kûzi kabîr waga' wa l-subyân ragrago... Dôl al hurâr ma'â l-dubbân.* Ma grande case ronde est tombée et les jeunes gens ont crié de joie… C'est la crotte avec les mouches. *Dvnt.*

hurâr hadîd nom composé, *Cf. hurâr, hadîd*, * hrr, ḥdd, ه ر ر • ح د د

♦ **mâchefer.** •*Fî bakân al haddâd talga hurâr hadîd katîr.* Chez les forgerons, on trouve [tu trouves] beaucoup de mâchefer. •*Hurâr al hadîd, wa lâ hajar, wa lâ hadîd wa talgah bakân nâr al haddâd.* Le mâchefer n'est ni de la pierre ni du fer, on le trouve là où les forgerons font du feu.

hurga *n. f.*, *Cf. hizin*, * hrq, ح ر ق

♦ **chagrin, affliction, mélancolie.** •*Al hurga tisawwi lê l-nâdum marad.* Le chagrin rend malade. •*Al hurga mâ tixalli l-nâdum bâkul wa lâ bacrab.* La mélancolie empêche la personne de manger et de boire.

hûrîye / hûrîyât *n. f.*, mot arabe d'emprunt *irn.*, ≅ *Hôriye, Syn. hawârîye*, * ḥwr, ح و ر

♦ **houri, femme du paradis.** •*Al hûrîyât gâ'idîn fî l-janna.* Les houris sont au Paradis. •*Binêyit Zâra ajjammalat ênha misil ên hûrîyt al-janna.* La fille de Zara s'est maquillé les yeux comme ceux d'une houri.

hurma *n. f.*, * ḥrm, ح ر م

♦ **dignité, respect, sens de l'honneur.** •*Anâ nagôd be hurmiti fî bêti.* Je reste dignement chez moi. •*Wâjib kulla nâdum yagôd be hurmitah.* Chacun doit garder sa dignité.

hurr *v. impér.*, → *harra.*

hurr / ahrâr *adj.*, (*fém. hurra*), ≅ le pluriel *hurrîn*, * hrr, ح ر ر

♦ **libre, pur(e), authentique, vrai(e), pur-sang, racé(e)** (animal). •*Ti'îc Tcâd hurra wa mustaxilla !* Que le Tchad vive libre et indépendant ! •*Intu hurrîn fî buna hanâ watanku.* Vous êtes libres dans la construction de votre pays. •*Buldân hanâ Ifrîxiya hassâ kulluhum hurrîn.* A présent, tous les pays d'Afrique sont libres. •*Anâ ligît lêi agîgay hurra, nisawwiha lêi marbatay.* J'ai trouvé une vraie agate rouge, je vais l'attacher pour en faire un porte-bonheur. •*Indah kalib hurr jâbah min Fransa.* Il a un chien de race qu'il a rapporté de France. •*Ba' lêyah faras hurra min al-Sûdân.* Il s'est acheté une jument pur-sang venant du Soudan.

hurr ! *invar.*, interjection servant à faire avancer l'âne.

♦ **hue !, avance !** •*Hurr, al humar da mâ rawwâx !* Hue ! cet âne ne marche pas vite ! •*Al barcâti dagga humârah, wa sâgah "hurr ! hurr !".* Le contrebandier frappait son âne, et le faisait avancer en lui disant : "Hue ! avance !".

Hurra *n. pr.* de femme, *litt.* celle qui n'est pas une esclave, qui est libre, noble, * ḥrr, ح ر ر

hurriya / hurriyât *n. f.*, ≅ *hurriye*, *Cf. istixlâl*, * ḥrr, ح ر ر

♦ **liberté, indépendance,** liberté politique. •*Fî Anjammêna naga'at al hurriya wasî'e.* A N'Djaména, la place de l'Indépendance est vaste. •*Al hurriye xâliye min al fudda wa l-dahab.* La liberté est plus précieuse que l'argent ou l'or. •*Al-juwâd ambalas wa ligi hurriytah.* Le cheval s'est échappé et a trouvé sa liberté. •*Simi'na kulla l-duwal hanâ Ifrîxiya ligo l hurriye.* Nous avons entendu que tous les pays d'Afrique étaient libres [ont trouvé leur liberté].

hurûb / hurûbât *n. f., pl.*, ≅ *hurûba, Syn. harba, harâba, Cf. duwâs*, * ḥrb, ح ر ب

♦ **guerres, hostilités.** •*Sultân al hille gidir sawwa suluh bên al harrâtîn wa l baggâra ba'ad al hurûb al sawwoha.* Le sultan du village a pu réconcilier les cultivateurs et les éleveurs après les hostilités qu'ils avaient engagées les uns contre les autres. •*Al hurûbât axxarat Afrixiya wara.* Les guerres ont retardé la progression de l'Afrique.

hurûba *n. f.*, → *hurûb.*

hurûf *pl.*, → *harif.*

Husna *n. pr.* de femme, ≅ *Husuna*, * ḥsn, ح س ن

husud *n. m.*, * ḥsd, ح س د

♦ **jalousie, mal causé par la jalousie.** •*Allah yinajjîni min al husud !* Que Dieu me délivre de la jalousie ! •*Kan tisawwî xidime, sawwîha bala husud !* Si tu fais un travail, fais-le sans jalousie !

Husuna *n. pr.* de femme, → *Husna.*

hût *n. anim., coll., m., sgtf. hûtay*, * ḥwt, ح و ت

♦ **poisson.** •*Karabt hûtay saxayre fî l-rahad.* J'ai attrapé un petit poisson dans le marigot. •*Hût axadar xâli fî l-sûg.* Le poisson frais est cher au marché. •*Talgo hût kubâr hanâ cari janb al bahar.* Vous trouverez de gros poissons à vendre près du fleuve.

huwâc *pl.*, → *hâci.*

huwâme *n. d'act., f., Cf. hâm*, * ḥwm, ح و م

♦ **déplacement, tournée, promenade, vagabondage, fait de voler en dessinant un cercle,** fait de tourner en rond. •*Al huwâme bala xarad mâ zêne lê l mara.* Ce n'est pas bien pour une femme de se promener sans but. •*Hêy Yaxûb, anâ mâ nidôr lêk al huwâme fî l-cawâri acân watâyir katîrîn !* Hé ! Yacoub ! je ne veux pas que tu te promènes çà et là dans les rues parce qu'il y a beaucoup de voitures. •*Abbakar ja l gêgar, mâ jaddad cêy bala l huwâme.* Abakar est arrivé en ville, il n'a rien trouvé d'autre à faire que de vagabonder.

huwâr / hîrân *n. anim., m.*, plus jeune que le *hâci, Cf. hâci, higg*, * ḥwr, ح و ر

♦ **chamelon,** tout jeune chameau ne quittant pas sa mère. •*Al-nâga talda huwâr wâhid bas fî l-sane.* La chamelle met bas un seul chamelon par an. •*Al-râ'i yusurr duyûd al-nâga acân al huwâr mâ yarda'.* Le berger attache les pis de la chamelle pour éviter que le chamelon ne tête.

huxûx *pl.*, → *haxx.*

huyya ! *invar.*, interjection pour faire déguerpir un chien, *Syn. jerr !*

♦ **va-t'en !, ouste !** •*Al kalib da nabah katîr fî l-lêl wa nâdum ke gâl lêyah "huyya !" mâ fî.* Ce chien a beaucoup aboyé pendant la nuit et il n'y avait personne pour lui dire : "Va-t'en, ouste !". •*Hisên, anâ mâci fî bêt jîrâni, kan cift al kalib dâxil bêti gûl leyah "huyya !".* Hissène, je m'en vais chez mon voisin ; si tu vois le chien entrer dans ma maison, chasse-le en lui disant "ouste !".

huzâm *n. m.*, → *hizâm.*

huzûn *pl.*, → *hizin 2.*

I

-i *pron. pers.* suffixe, masculin et féminin, 1ère personne du singulier, jamais complément d'un verbe, *Cf. -ni.*
♦ **mon, ma, de moi, moi.** •*Kitâbi wa kâyêti fî bêti.* Mon livre et mon cahier sont à la maison [dans ma maison]. •*Ta'âl ma'âi !* Viens avec moi !

-iki *pron. pers.* suffixe après deux consonnes, → *-ki.*

-ina *pron. pers.* suffixe, → *-na.*

i'âda / i'âdât *n. d'act.*, terme de l'*ar. lit.*, * ʕwd, ع و د
♦ **répétition, reprise, réitération.** •*"Al xatt macxûl natlubu minku i'âdat al mukâlama".* "Par suite d'encombrement, votre appel ne peut aboutir, veuillez rappeler ultérieurement !". •*I'âdat al-salâ mâ wâjibe illa kan al-salâ tilfat.* On ne doit recommencer sa prière que lorsqu'elle est mal faite.

i'lâm *n. m.*, invar, * ʕlm, ع ل م
♦ **information, avis, notice.** •*Zamân, fî Tcâd, al-tarbiya wa l-saxâfa wa l i'lâm, kulluhum ke fî wazâra wahade.* Autrefois, au Tchad, l'éducation, la culture et l'information étaient rassemblées dans un seul ministère. •*Fî hizib hanâna xattêna mara mas'ûla min al i'lâm.* Dans notre parti, nous avons désigné [posé] une femme pour être responsable de l'information.

i'lân / i'lânât *n. m.*, * ʕln, ع ل ن
♦ **déclaration, annonce.** •*Al-siyâsîyîn lammo l-nâs fî naga'at al hurriya acân yigaddumu lêhum i'lân.* Les politiciens ont rassemblé les gens à la place de l'Indépendance pour leur communiquer une déclaration. •*Wafid wâhid ja lêna be i'lân muhimm.* Une délégation nous est arrivée avec une déclaration importante.

i'tabar / yi'tabir *v. trans.*, forme VIII, * ʕbr, ع ب ر
♦ **considérer comme.** •*Humman bi'taburu l luxxa l arabiya misil lahja.* Ils considèrent la langue arabe comme un dialecte. •*Anâ mâ mâci lêk acân inta mâ i'tabartini râjil.* Je ne vais pas chez toi parce que tu ne m'as pas considéré comme un homme.

i'tamar / yi'tamir *v. intr.*, forme VIII, * ʕmr, ع م ر
♦ **visiter les lieux saints, accomplir le petit pèlerinage.** •*Abui hajja wa i'tamar.* Mon père a fait le grand et le petit pèlerinage. •*Anâ i'tamart fî l-sana l fâtat.* J'ai fait le petit pèlerinage l'an dernier.

i'taraf / yi'tarif *v. intr.*, → *ihtaraf.*

ibâd *pl.*, [serviteurs de Dieu], → *abid*, * ʕbd, ع ب د

ibâda / ibâdât *n. f.*, ≅ *ibâde*, * ʕbd, ع ب د
♦ **adoration, acte d'adoration,** fait d'adorer Dieu. •*Al-siyâm, wa l hajj,*

wa l-salâ, kulluhum ibâdât lê Allâh. Le jeûne du Ramadan, le pèlerinage, la prière sont des actes d'adoration de Dieu. •*Al-du'a l katîr, min al ibâda.* Les nombreuses invocations avec le chapelet sont un acte d'adoration. •*Wakt al-Ramadân, al ibâda katîre.* Pendant le Ramadan, il y a beaucoup d'actes d'adoration. •*Al xidime al adîle kulla ibâde.* Tout bon travail est un acte d'adoration.

ibâde *n. f.*, → *ibâda.*

ibar *pl.*, → *ibre.*

ibâr *n. m.*, *Cf. abbâr*, * ʕbr, ع ب ر

♦ **récipient étalon, unité de mesure d'un volume.** •*Al karyo di ibâr hanâ l-laban fî l-sûg.* Ce récipient en vannerie sert d'étalon pour vendre le lait au marché. •*Gazzâzt al biyêr ibâr hanâ l-dihin.* La bouteille de bière sert d'unité de volume pour l'huile. •*Bixêsti di, ibâr hanâ l-ruwâba fî l-cari.* Ma petite gourde est une mesure pour vendre le babeurre.

ibâya / ibâyât *n. f.*, ≅ *ibâye*, * ʕb', ع ب ء

♦ **grand manteau, cape,** vêtement de couleur noire recouvrant tout le corps, y compris le visage, lorsqu'il est porté par les femmes. •*Al ibâya xalag tawîl wa taxîn, wa macgûg be giddâm min fôg lê tihit wa indah xuta lê l-râs ; al-rujâl balbasoh fî wakt al barid.* Le manteau *ibâya* est un habit long et lourd, ouvert par devant jusqu'en bas et ayant un capuchon, les hommes le portent en hiver. •*Al awîn balbaso l ibâya hijâb.* Les femmes portent la cape *ibâya* pour se protéger du regard des autres.

ibêbît / ibêbitât *n. m.*, *mrph. dmtf.*, *litt.* petite boulette serrée dans la main, → *abbût*, * ʕbd, ع ب د

ibêd / ibêdât nom, *mrph. dmtf.*, *m.*, (pour une fille : *xiyêdim*), * ʕbd, ع ب د

♦ **petit esclave, nouveau-né, garçon sans patronyme,** nouveau-né de sexe masculin et qui n'a pas encore reçu son nom. •*Martah jâbat ibêd.* Sa femme a donné naissance à un garçon. •*Ibêd hanâ axui, yusubbu lêyah usum ba'ad talâte yôm.* Le nouveau-né de mon frère recevra son nom dans trois jours. •*Axti mâ jâbat ibêdat kulla xiyêdimât bas.* Ma sœur n'a mis au monde aucun garçon, seulement des filles.

Ibêre *n. pr.* de femme, *mrph. dmtf.*, *litt.* petite aiguille, *Cf. ibre*, * 'br, ء ب ر

Ibêris *n. pr.* d'homme, *mrph. dmtf.*, *litt.* rosé, rosâtre, *Cf. abras*, * brṣ, ب ر ص

Ibêw *n. pr.* d'homme, *mrph. dmtf.*, *Cf. abba*, * 'bw, ء ب و

ibil *n. coll.*, → *jamal*, * 'bl, ء ب ل

♦ **chameaux,** troupeau de chameaux. •*Al ibil gâ'idîn fî l Batha.* Les troupeaux de chameaux se trouvent dans le Batha. •*Fî l xarîf al ibil birîdu al-sahara, axêr lêhum min al widyân.* En saison des pluies, les troupeaux de chameaux préfèrent être dans le désert plutôt que dans les oueds.

ibirt al-nôm expression, *litt.* piqûre du sommeil, moins employé que *xaddarân*, *Cf. xaddar 2*, * 'br, nwm, ء ب ر • ن و م

♦ **anesthésie générale, piqûre de morphine,** piqûre pour insensibiliser. •*Gubbâl al amaliye al-daktôr bat'anah lê l mardân ibirt al-nôm.* Avant l'opération, le médecin fait une anesthésie au malade. •*Al-mardân kan ta'ano ibirt al-nôm yunûm marra wâhid wa mâ yihiss al waja'.* Lorsqu'on fait une anesthésie générale au malade, il dort profondément et ne ressent plus le mal.

ibirt al-râha / ibar al-râha expression, *litt.* piqûre du repos, * 'br, rwh, ء ب ر • ر و ح

♦ **euthanasie, piqûre pour donner la mort,** piqûre pour faire mourir sans souffrance. •*Kalbi jihim wa abui antah ibirt al-râha.* Mon chien a attrapé la rage et je l'ai piqué. •*Al-nâs bugûlu : fî Amrîka, dakâtîr bantu ibar al-rahâ lê l mardânîn al mâ bidôru* *bi'icu fî l-dunya, lâkin coxol da mamnu'.* Les gens disent qu'en Amérique, des médecins pratiquent l'euthanasie pour les malades qui ne veulent plus vivre dans ce bas monde, mais c'est une chose interdite.

iblîs / abâlîs *n. m.*, * bls, ب ل س

♦ **Satan, diable, démon, agité(e), intenable,** qui ne reste pas en place et fait des bêtises. •*Al wilêd da nihis misil al iblîs.* Cet enfant est insupportable, un vrai démon. •*Iblîs wâhid daharâni min al-sala'.* Un diable m'a empêché de faire ma prière. •*Inta iblîs misil juwâd al inglîz.* Tu es agité comme le cheval des Anglais.

Ibrahîm *n. pr.* d'homme, Abraham.

ibre / ibar *n. f.*, ≅ *ibire*, * 'br, ء ب ر

♦ **aiguille, piqûre, seringue, injection.** •*Ibre hanâ l-daktôr wa ibre hanâ l xayyâti mâ sawa.* L'aiguille utilisée par le médecin pour les piqûres et celle du tailleur ne sont pas les mêmes. •*Hû miskîn, ibre kula mâ indah !* Il est pauvre, il n'a pas même une aiguille. •*Binêyti samhe wa ênha wahade... Di l ibre.* Ma fille est belle et n'a qu'un œil… C'est l'aiguille. *Dvnt.* •*Al ibre hint al wirde murra bilhên.* Les injections contre le paludisme font très mal.

ibrîg / abârîg *n. m.*, *Cf. saxxân*, * brq, ب ر ق

♦ **aiguière,** récipient en terre, puis en fer blanc et maintenant en plastique, servant uniquement aux ablutions et à la toilette. •*Antîni l ibrîg nilwadda !* Donne-moi l'aiguière que je fasse mes ablutions. •*Al-rujâl kan jo, al iyâl yamlo l abârîg almi wa yiwadduhum lêhum !* Quand les hommes arrivent, les enfants remplissent les aiguières d'eau et les leur apportent ! •*Fî l-sûg mâ fî ibrîg, illa l-saxxân bas.* Au marché il n'y a plus d'aiguière en terre mais seulement des récipients en plastique.

ibtada / yibtadi *v. trans.*, ≅ *ibtada', ibtada'at, ibtada'o*, forme VIII, * bd', ب د ء

♦ **commencer.** •*Iyâl al-lekkôl lê hassâ mâ ibtado l giray.* Jusqu'à présent, les écoliers n'ont pas encore commencé les cours. •*Al mu'tamar al watani ibtada yôm xamistâcar cahari wâhid.* La Conférence nationale a commencé le quinze janvier.

ibtada' / yibtadi' *v. trans.*, → *ibtada.*

ibtala / yibtali *v. intr. {- be}*, forme VIII (b), * blw, ب ل و

♦ **s'adonner à, se passionner pour, souffrir de.** •*Al-nâdum da ibtala be carâb al marîse.* Ce homme s'adonne à la boisson. •*Binêyti ibtalat be durûsha.* Ma fille se passionne pour ses études. •*Al yôm min fajur ammi ibtalat be waja' râs.* Depuis ce matin ma mère souffre d'un mal de tête. •*Ambâkir da, mâ tibtali be xidime âxara, amci l-lekkôl !* Demain, ne t'investis pas dans un autre travail, tu iras à l'école !

ibtidâ'an *invar. {- min}*, voir ci-dessous l'expression *ibtidâ'an min al yôm*, * bd', ب د ء

♦ **à partir de, à commencer par, à dater de, à compter de.** •*Ibtidâ'an min al yôm nâdum mâ yidaffig wasax fî l-câri !* Dorénavant [à partir d'aujourd'hui], que personne ne jette ses ordures dans la rue ! •*Al-nâs yamcu l xidime ibtidâ'an min al-sâ'a sab'a.* Les gens vont au travail à partir de sept heures.

Ibtisâm *n. pr.* de femme, terme de l'*ar. lit., litt.* sourire, *Cf. basme*, * bsm, ب س م

îc *v. impér.*, → *âc.*

ica *n. m.*, → *ice.*

icâ'a / icâ'ât *n. f.*, * šyʕ, ش ي ع

♦ **diffusion, propagation, fait de colporter une rumeur.** •*Suhuf katîrîn gammo be icâ'ât didd wazîrna hanâ l axbâr.* De nombreux articles de presse ont colporté des rumeurs diffamant notre ministre de l'Information. •*Al-sahâfiyîn sawwo ica'ât bê waba' hanâ l marad al xatari* *l-ja fî Zayîr.* Les journalistes ont diffusé des nouvelles concernant l'épidémie de la dangereuse maladie qui sévit au Zaïre.

icâra / icârât *n. f.*, * šwr, ش و ر
♦ **signe, signal, geste.** •*Hî sawwat lêi icâra wa anâ wigift.* Elle m'a fait un signe et je me suis arrêté. •*Ambuku mâ ba'arif yikallim ma'âk illa be l icârât.* Le sourd-muet ne peut s'exprimer que par des gestes. •*Al askar al bisawwu jarsîs yôm al îd, yitâbu'u icârât hanâ kabîrhum.* Les militaires qui défilent le jour de la fête obéissent aux signes de leur chef.

icc ! *invar.*, interjection, → *karr !* et *haw !*

ice *n. f.*, ≅ *ica*, * ʕyš, ع ي ش
♦ **temps du soir, prière du soir,** temps de la prière à partir de dix-neuf heures. •*Al ice yabda' min al-sâ'a sab'a laxâyit nuss al-lêl.* Le temps du soir commence à partir de dix-neuf heures jusqu'à minuit. •*Salât al ice bisalluha min al-sâ'a sab'a wa gubbâl al-sâ'a atnâcar hanâ l-lêl.* La prière du soir peut s'accomplir entre dix-neuf heures et minuit. •*Al-talâta raka'a ba'ad al ice, humman sunan mu'akkada.* Les trois inclinations de la prière du soir sont conformes à la tradition du Prophète.

îce *n. f.*, * ʕyš, ع ي ش
♦ **vie, mode de vie, conditions de vie,** manière de vivre. •*Al xurba gâsiye lâkin al îce jabbâra.* C'est dur de vivre hors de son pays d'origine, mais c'est la vie qui t'y oblige. •*Al mardân da îctah mâ ma'arûfa.* On ne connaît pas les conditions de vie de ce malade. •*Yâ wilêd Bârîs, ictak fî Tcâd murra walla haluwe ?* Hé ! le Parisien ! la vie au Tchad est-elle dure ou douce pour toi ?

icig / ya'acig *v. trans.*, forme I n° 19, * ʕšq, ع ش ق
♦ **désirer ardemment, être amoureux (-euse) de, s'éprendre.** •*Al-sabi da mâ indah gurus, wa icig lêyah binêye samhe usumha Jamîla.* Ce jeune homme n'a pas d'argent et il est amoureux d'une belle fille qui s'appelle Jamila. •*Binêyitki kan tidôr titimm al awîniye, fakkiri lêha acân mâ ta'acig wâhid min al-sahâlîg !* Quand ta fille achèvera sa puberté, surveille-la pour qu'elle ne s'éprenne pas d'un chômeur !

icim / ya'cam *v. intr.* {*- fôg, - fî*}, forme I n° 20, * ʕšm, ع ش م
♦ **dédaigner, mépriser, s'enorgueillir.** •*Zamân hî miskîne wa hassâ badat ta'cam fôgi.* Auparavant elle était simple, mais à présent elle commence à me mépriser. •*Min ligi xidime da, xalâs icim fôg l-nâs.* Depuis qu'il a trouvé du travail, il méprise les gens. •*Mâ ta'cam fî axawânak !* Ne méprise pas tes frères !

icirîn / acârîn nombre cardinal, * ʕšr, ع ش ر
♦ **vingt.** •*Marag min al bêt indah icirîn yôm wa mâ ligîna xabarah.* Il est parti de la maison il y a vingt jours et nous n'avons pas reçu de nouvelles de lui. •*Binêyti di umurha icirîn sana.* Ma fille que voici a vingt ans. •*Kôm al-darrâba be icirîn riyâl.* Le petit tas de gombos coûte vingt riyals.

ictâg / yictâg *v. intr.* {*- lê*}, forme VIII, *Cf. girim,* * šwq, ش و ق
♦ **avoir la nostalgie de, désirer, avoir grande envie de,** éprouver le manque d'une personne aimée. •*Kulla yôm Ahmat yictâg lê martah lâkin al xidime karabatah.* Tous les jours, Ahmat pense amoureusement à sa femme, mais il est pris par son travail. •*Al mara ictâgat lê râjilha acân maca ba'îd wa lissâ mâ ja.* La femme a grande envie de retrouver son mari parce qu'il est parti au loin en voyage et qu'il n'est pas encore revenu. •*Ali ictâg bidôr bicîf iyâlah.* Ali voudrait revoir ses enfants qui lui manquent.

ictara / yictari *v. trans.*, forme VIII, → *cara, bâ'* dans le sens de "acheter", * šry, ش ر ي

ictarak / yictarik *v. intr.* {*- ma'â, - fôg*}, forme VIII, * šrk, ش ر ك ⇨

♦ **s'associer, participer à.** •*Hû bidôr baji bictarik ma'âna acân nacru xanamay.* Il veut venir participer avec nous à l'achat d'un mouton. •*Nidôru nal'abo bâl, ta'âl ictarik ma'âna.* Nous voulons jouer au ballon, viens t'associer à nous !

ictaxal / yictaxil *v. intr.*, forme VIII, terme de l'*ar. lit.*, *Cf. ancaxal*, * šġl, ش غ ل
♦ **travailler, fonctionner, être occupé(e) par un travail fixe.** •*Wilêd jâri bictaxil fî l matâr.* Le fils de mon voisin travaille à l'aéroport. •*Johde, tactaxil wên ?* Djohdé, où travailles-tu ?

ictirâk / ictirakât *n. m.*, * šrk, ش ر ك
♦ **association, collaboration, participation.** •*Ictirâk al-nâs dôl adîl.* L'association de ces gens-là est bien structurée. •*Al harrâtîn sawwo lêhum ictirâk wa caro lêhum makana hint hirâte.* Les cultivateurs ont créé une association et acheté une machine agricole.

ictirâki / ictirâkiyîn *adj.*, (*fém. ictirâkiye*), * šrk, ش ر ك
♦ **socialiste.** •*Al hizb al ictirâki hû bas hâkim fî Fransa.* C'est le parti socialiste qui gouverne en France. •*Lîbya dawla ictirâkiye.* La Libye est un pays socialiste.

îd 1 / a'yâd *n. m.*, * ʕyd, ع ي د
♦ **fête.** •*Yôm al îd dabahna kabic.* Le jour de la fête, nous avons immolé un bélier. •*Bîna xulgân lê l iyâl wa l awîn be munâsaba hanâ îd al-Ramadân.* Nous avons acheté des habits pour les femmes et les enfants à l'occasion de la fête du Ramadan.

îd 2 / îdên *n. f.*, * ydy, ي د ي
♦ **main, bras, avant-bras, manche.** •*Idên al arûs indahun (induhum) hinne.* Les mains de la mariée sont décorées avec du henné. •*Ba'ad ma xassalt idêni nâkul ma'âku.* Après m'être lavé les mains, je mangerai avec vous. •*Indak îdên : îdak al isra wa îdak al-zêne.* Tu as deux mains : la gauche et la droite. •*Ali libis xalag, idênah misil udunnên hanâ l fîl.* Ali a mis un vêtement dont les manches ressemblent à des oreilles d'éléphant. •*Îdi sallat êni.* Ma main a arraché mon œil. *Prvb.* (se dit d'un acte regrettable commis sur un proche).

îd yabse / îdên yabsîn expression, → *îd, yâbis* [main sèche, *i.e.* : qui ne rapporte rien] *Ant. dura' axadar*, * ydy, ybs, ي ب س • ي د ي
♦ **pauvre, sans moyen, dépendant(e), sans ressource, bredouille.** •*Al-sane di mâ nagdaro namcu lêku ziyâra, îdna yabse.* Cette année, nous ne pourrons pas aller vous rendre visite, nous n'en avons pas les moyens. •*Galbah hanûn lâkin îdah yabse mâ yagdar yisaddix.* Il a le cœur plein de tendresse, mais il est pauvre, il ne peut pas faire l'aumône. •*Al ajâyis îdênhum yabsîn acân da bikallufûhum iyâlhum.* Les vieilles mères sont sans ressources, et c'est la raison pour laquelle ce sont les enfants qui les prennent en charge.

idad *pl.*, → *idde 2.*

idâd *pl.*, → *idd.*

îdân *pl.*, → *ûd.*

idâra / idârât *n. f.*, * dwr, د و ر
♦ **administration.** •*Al idâra l-tacadiya xidimitha tagîle bilhên.* L'administration tchadienne travaille très lentement. •*Hû baxdim fî l idâra hint al-labtân al kabîr.* Il travaille dans l'administration de l'hôpital central [le grand hôpital]. •*Tcâd mâ tagdar tikaffi gurs al xaddamîn hanâ l idâra.* Le Tchad ne peut pas payer le salaire de ceux qui travaillent dans l'administration.

idâri / idârîn *adj.*, (*fém. idâriye*), * dwr, د و ر
♦ **administrateur, gestionnaire.** •*Axui idâri xidimtah fî gasir hanâ l hâkûma.* Mon frère est gestionnaire, il travaille au Palais du gouvernement. •*Al xaddâmîn kulluhum birîduh acân hû idâri adîl.* Tous les travailleurs l'apprécient parce que c'est un bon administrateur.

idd / udûd *n. m.*, *Cf. ma'âde*, ≅ les pluriels *addâd, idâd*, * ʕdd, ع د د

♦ **lieu d'eau, point d'eau, lieu d'exhaure, puits vieux,** lieu où l'on peut toujours trouver de l'eau, en surface ou en profondeur. •*Al idd garîb lê farîg hanâ Abu Cammo.* Le point d'eau est près du campement Abou Chammo. •*Al baggâra wa l harrâtîn sawwo macâkil fî sabab al idd acân kulla wahadîn minhum yidôru yazgu.* Les éleveurs et les cultivateurs se sont disputés à cause du point d'eau, parce que tout le monde veut y puiser.

idd ! *v. impér.*, → *adda 4.*

idda *n. f.*, → *idde.*

iddat marrât expression, ≅ *iddit marrât*, * ʕdd, mrr, ع د د • م ر ر

♦ **plusieurs fois, à plusieurs reprises.** •*Al kalâm da anâ karrartah lêk iddat marrât wa abêt mâ tasmâni.* Cette parole, je te l'ai répétée plusieurs fois, mais tu n'as pas voulu m'écouter. •*Macêt lêk fî bêtak iddit marrât wa inta yôm wâhid kula mâ jît lêi.* Je suis allé chez toi plusieurs fois et tu n'es pas même venu un jour chez moi. •*Almi sabba iddat marrât lâkin al gecc lissâ mâ gamma.* Il a plu plusieurs fois et l'herbe n'a pas encore poussé.

idde 1 *n. f.*, ≅ *idda*, *Cf. xabîbe*, * ʕdd, ع د د

♦ **délai après divorce, viduité,** temps de trois mois après le divorce. •*Al idde bihassubûha min yôm al-talâg lahaddi talâta cahar.* Le délai de viduité se compte à partir du jour du divorce et dure trois mois. •*Al idde wakit bihassubûha da, acân yar'arfu kadâr batun al mara xâliye min al xalaba walla mâ xâliye.* On compte ainsi le délai de viduité pour s'assurer que la femme n'est plus enceinte. •*Fî ayâm al idde, mamnu' lê l mara tâxud râjil.* Il est interdit à une femme d'épouser un homme tant que dure son délai de viduité.

idde 2 / idad *n. coll., f.*, *sgtf.* inusité, * ʕdd, ع د د

♦ **affaires, bagages, matériel, service à café ou à thé.** •*Limm lêna idditna nihawwulu fî l bêt al-jadîd !* Rassemble nos affaires, nous déménageons dans la nouvelle maison ! •*Yaxûb jîb lêna iddit al-câhi al gâ'ide fî tihit al-sarîr !* Yacoub, apporte-nous le service à thé qui se trouve sous le lit ! •*Wallâhi, jâyi lêku fî Anjammêna da, idditi sarragôha indak fî Almâsâgit bas !* Par Dieu, tandis que je venais vous voir à N'Djaména, on me volait mes bagages tout près d'ici à Massaguet !

iddit marrât expression, → *iddat marrât.*

idêm / idêmât nom, *mrph. dmtf., m.*, dans les expressions *idêm al-ragabah, idêm amûd al-dahar*, *Cf. adum*, * ʕẓm, ع ظ م

♦ **petit os, osselet, vertèbre, petite arête.** •*Hû rigeyyig misil idêm al hût.* Il est maigre comme une petite arête de poisson. •*Idêm hanâ l hûtay ârad lêyah fî ragabtah.* Une petite arête de poisson s'est mise en travers de sa gorge. •*Waga' min wara wa ankasar min idêm al-ragaba.* Il est tombé en arrière et s'est cassé une vertèbre [un petit os de la nuque]. •*Idêmât rugubênhum alkassaro acân al watîr cagalab bêhum.* Ils ont eu des vertèbres cassées parce que leur véhicule s'est renversé.

idên *pl.*, → *îd 2.*

idêriye / idêriyât *adj. n. f. mrph. dmtf.*, inusité au masculin, *Cf. firefîr*, * ʕdr, ع ذ ر

♦ **adolescente, jeune fille, vierge.** •*Anâ axadt binêye idêriye.* J'ai épousé une jeune fille vierge. •*Al binêye l idêriye bâxuduha be gurus katîr.* Il faut beaucoup d'argent pour épouser une jeune fille vierge.

idêyne / idêynât *n. f. mrph. dmtf.*, terme péjoratif servant d'insulte dans l'expression *ab idêynât* [qui a de petites oreilles], *Cf. adân*, * 'dn, ء ذ ن

♦ **petite oreille.** •*Ijêli al waddar da, idêynitah al wahâde macrûma.* Mon veau perdu a une de ses petites oreilles marquée par une entaille. •*Al far ab idêynât da, gaddad lêi cuwâl al fûl.* Ces sales rats aux petites oreilles ont percé mon sac d'arachides.

idile / idilât *n. f.*, ≅ *idle*, au duel : *idiltên*, * ʕdl, ع د ل

♦ **demi-charge du bât,** une des deux parties de la charge portée par une bête de somme. •*Idilt al-jamal al-zenayye di mâ marbûtah adîl.* La partie droite de la charge du chameau n'est pas bien attachée. •*Al xumâm al fî l humâr da idilt al wahade hinti.* Une des deux parties de la charge de l'âne m'appartient.

idim / ya'dam *v. intr.*, sens passif, forme I n° 20, * ʕdm, ع د م

♦ **être absent, manquer, ne pas exister.** •*Al gôro idim fî l-sûg.* Il n'y a plus de noix de kola au marché. •*Fî wakt al harb al-câhi wa l-sukkar idim.* Pendant la guerre, il n'y avait plus ni thé ni sucre.

idle *n. f.*, → *idile.*

idlîm *n. anim., coll., sgtf. idlimay,* désigné ainsi à cause de la couleur noire des plumes, *Cf. na'âm*, * ẓlm, ظ ل م

♦ **autruche mâle.** •*Al idlim gaddam lê l-na'âm.* L'autruche mâle marche devant les autruches femelles. •*Al idlim katîr fî l kadâde.* Il y a beaucoup d'autruches mâles en brousse. •*Ric al idlîm azrag wa tuwâl.* Les plumes de l'autruche mâle sont noires et longues.

idrâb / idrâbât *n. m.*, * ḍrb, ض ر ب

♦ **grève.** •*Al idrâb hanâ l mudarrisîn yikammil ambâkir.* La grève des enseignants se terminera demain. •*Al hâkûma mana'at ayyi no' hanâ idrâb.* Le gouvernement a interdit toute forme de grève.

Idrîs *n. pr.* d'homme, nom d'un prophète d'*Allah* dans le Coran (le patriarche Enoch dans la Bible).

îdyolôjiya / îdyolôjiyât *n. f., empr. fr.*

♦ **idéologie.** •*Nâs hanâ junûb Sûdân rafado l îdyolôjiya hanâ nâs mincâx.* Les gens du Sud Soudan ont refusé l'idéologie des gens du Nord. •*Al-Nasâra jâbo lêna îdyolôjiya hintuhum fî Ifrîxiya.* En Afrique, les Européens nous ont apporté leur idéologie.

îfe *n. f., Cf. âf*, * ʕyf, ع ي ف

♦ **cause de dégoût, chose écœurante, saleté, cloaque,** chose qui provoque la répugnance. •*Fî l xarîf îfe katîre fî l-cawâri l wasxânîn.* En saison des pluies, il y a beaucoup de choses qui soulèvent le cœur dans les rues sales. •*Fî wakt al îne al baggâra bihawwulu jây jây bâbo l îfe lê bahâyimhum.* Au cœur de la saison des pluies, les bouviers se déplacent çà et là pour éviter que leurs bestiaux n'aillent dans les cloaques. •*Al mara l xamba, bêtha kulla îfe !* Tout, dans la maison de la femme souillon est cause de dégoût !

ifrît / afârît *adj., qdr.*, (*fém. ifrîte*), *Cf. Iblîs*, * ʕfrt, ع ف ر ت

♦ **diable, démon, rusé(e), malfaisant(e), malin.** •*Al wilêd da ifrît mâ bagôd sâkit, illa bidâwis bas.* Cet enfant est un démon, il ne reste pas tranquille, il ne fait que se battre. •*Al banât bugûlu lêyah ifrît acân hû giseyyar.* Les filles l'appellent "diable" parce qu'il est petit de taille. •*Hû ifrît, bel l kalâm al halu bas yâkul haggak.* C'est un malin : en te gratifiant de belles paroles, il vole [mange] ce qui t'appartient.

ifrixi / ifrixiyîn *adj. n.*, → *afrixi.*

Ifrîxiya *n. f.*, ≅ *Afrîka, Afrîxiya, Ifrixiya.*

♦ **Afrique.** •*Buldân hanâ Ifrîxiya l wusta kulluhum fagâra.* Les pays d'Afrique Centrale sont tous pauvres. •*Hâliyan buldân hanâ Ifrîxiya kulluhum ta'banîn.* En ce moment, tous les pays d'Afrique traversent des moments difficiles [souffrent].

Ifrîxiya l-junûbiya *n. pr.* de pays.

♦ **Afrique du Sud.**

igêbât *pl.*, *mrph. dmtf.*, *f.*, nom des pluies qui ne sont pas encore nuisibles pour les récoltes, *Cf. matart al fasâd*, * ʕqb, ع ق ب

♦ **dernières pluies de la saison, pluies tardives.** •*Almi l katîr fât, mâ faddal illa l igêbât.* Les grosses pluies sont tombées, il ne reste plus à attendre que les pluies tardives. •*Almi l igêbât banfa' al bazar al-dahâba gâyim.* Les dernières pluies de la saison sont utiles aux jeunes plants.

igêde / **igêdât** *n. f.*, *mrph. dmtf.*, → *ugda*, * ʕqd, ع ق د

igêl / **igêlât** *n. m.*, *mrph. dmtf.*, *Cf. gêd, cukâl*, * ʕql, ع ق ل

♦ **cordelette, entrave.** •*Mahammat sawwa igêl lê l hâci.* Mahamat a fait une entrave pour le chamelon. •*Al igêl da hanâ hadîd.* Cette entrave est en fer.

igid *n. m.*, voir plus haut *almi igid*, * ʕqd, ع ق د

♦ **collier, ficelle contre la douleur,** ficelle sur laquelle le marabout a fait des invocations en faisant des nœuds et qui doit apporter la guérison au membre autour duquel elle est attachée (cou, cheville, *etc.*,). •*Al ajûs waja' rijilên mâ xallâha, macat lê l faki, sawwa lêha igid.* La vieille avait mal aux jambes, elle est allée chez le marabout qui lui a donné une ficelle sur laquelle il avait prié. •*Bitt al Arab di indaha igid lê waja' ragabitha.* Cette fille arabe porte une ficelle nouée autour du cou parce qu'il lui fait mal.

ihâna / **ihânât** *n. f.*, → *mahâne*, * hwn, ه و ن

ihdâcar nombre cardinal, ≅ *acara wa wâhed, wahadâcar*, * wḥd, ʕšr, و ح د • ع ش ر

♦ **onze.** •*Al-cahar da indah ihdâcar yôm min gâbal.* Nous sommes le onzième jour du mois. •*Al-sâ'a ihdâcar sawa sawa.* Il est onze heures juste. •*Al mara di indaha ihdâcar wilêd dakar.* Cette femme a onze garçons.

Ihêmir *n. pr.* d'homme, *mrph. dmtf.*, *litt.* rougeaud, rougeâtre, *Cf. ahmar, hamroy*, * ḥmr, ح م ر

ihmâl *n. m.*, * hml, ه م ل

♦ **négligence, insouciance, abandon, délaissement, laisser-aller.** •*Al ihmâl biwaddir râs-al-mâl.* La négligence ruine le capital. *Prvb.* •*Ihmâlak be iyâlak dôl mâ yanfa'âk.* Ne pas prendre soin de tes enfants qui sont là ne te rapportera rien de bon. •*Ihmâlku be xumâmku da jâb lêku sirge.* Laisser ainsi vos affaires à l'abandon, c'est attirer le voleur [vous a apporté le vol] !

ihsâ' / **ihsâ'ât** *n. m.*, * ḥṣy, ح ص ي

♦ **compte, calcul, recensement, statistique.** •*Munazzamat al-sihha l âlamiya gâmat be ihsâ' hanâ hâlât amrâd al atfâl alê mustawa âlami.* L'Organisation mondiale de la santé s'est mise à recenser les cas de maladies infantiles au niveau mondial. •*Wazart al-dâxiliya nazzamat ihsa hanâ l-sakkân fî talâta wa tis'în.* Le ministère de l'Intérieur a organisé le recensement de la population en 1993 [quatre-vingt treize].

Ihsân *n. pr.* d'homme et de femme, *litt.* charité, bienfait, bienfaisance, *Cf. hasan*, * ḥsn, ح س ن

ihsâni / **ihsâniyîn** *adj.*, (*fém. ihsâniya, ihsâniye*), * ḥsn, ح س ن

♦ **humanitaire, bienfaisant(e).** •*Al munazzamât al ihsâniya jabo ma'wan lê baladna.* Les organisations humanitaires ont apporté de l'aide à notre pays. •*Hû gâ'id baxdim fî munazzama ihsâniye wahade.* Il travaille dans une organisation humanitaire.

ihtafal / **yihtafil** *v. intr.* {*- be*}, forme VIII dans l'expression *ihtafal be îd*, * ḥfl, ح ف ل

♦ **fêter, célébrer l'anniversaire.** •*Ifrîxiya ihtafalat al yôm be îd al hurriye.* L'Afrique a fêté aujourd'hui l'anniversaire de l'Indépendance. •*Ambâkir al-dêc yihtafil be duxûlah fî* *l âsima.* Demain, l'armée fêtera l'anniversaire de son entrée dans la capitale.

ihtajja / yihtajja *v. intr. {- be}*, forme VIII, * ḥjj, ح ج ج

♦ **protester, objecter, contester, réagir contre.** •*Al-saxîr yirîd al gôgo, wa kan mâ gôgoh yihtajja, yabki katîr.* Le bébé aime être porté sur le dos de sa mère ; quand il n'est plus porté, il réagit en pleurant beaucoup. •*Al-ca'ab yihtajjo be adam al amni wa acân da yizâhuru.* Les gens [le peuple] protestent contre le manque de sécurité, et c'est pour cela qu'ils manifestent. •*Al mudarrisîn ihtajjo lê l hakûma acân yizîdu lêhum murattabâthum.* Les enseignants ont protesté auprès du gouvernement pour que leur salaire soit augmenté.

ihtalla / yihtalla *v. trans.*, forme VIII, * ḥll, ح ل ل

♦ **occuper illégalement un lieu, s'installer sans permission dans.** •*Humman ihtallo zurâ'itna.* Ils ont occupé illégalement nos champs. •*Hî tidôr tihtalla bêt darritha.* Elle voulait occuper la maison de sa coépouse.

ihtamma / yihtamma *v. intr. {- be}*, * hmm, ه م م

♦ **se soucier de, prendre grand soin de,** s'occuper avec attention de *qqn.* ou de *qqch.* qui tient à cœur. •*Anâ nihtamma be turbât iyâli.* Je me soucie de l'éducation de mes enfants. •*Al-nâs yihtammo be talisîn buyûthum gubbâl al xarîf.* Les gens prennent soin de crépir leur maison avant la saison des pluies.

ihtaraf / yihtarif *v. intr. {- be}*, ≅ *i'taraf, yi'tarif*, * ʕrf, ع ر ف

♦ **admettre une erreur, reconnaître sa faute, confesser, avouer.** •*Hû ihtaraf kadar hû bas taracâni be watîr.* Il a reconnu que c'est lui qui m'avait renversé avec sa voiture. •*Giddâm al bôlîs ihtarafat be sirgitha.* Devant la police, elle a reconnu avoir volé. •*Anâ ihtaraft kadar coxoli al-sawwêtah da mâ adîl.* J'ai reconnu que ce que j'ai fait n'était pas bien.

ihtaram / yihtarim *v. trans.*, forme VIII, * ḥrm, ح ر م

♦ **respecter.** •*Anâ nihtarim ammi wa abui.* Je respecte ma mère et mon père. •*Anâ nihtarim nafsi gabul kulla ceyy.* Moi, je me respecte avant tout. •*Wâjib al kabîr yihtarim al-saxîr wa l-saxîr yihtarim al kabîr.* Il faut que le grand respecte le petit et vice versa.

ihtifâl / ihtifâlât *n. m.*, *Cf. hafla*, * ḥfl, ح ف ل

♦ **cérémonie, réjouissance, festivité, solennité.** •*Yôm îd Ramadân, al banât wa l-subyân bisawwu ihtifâl fî naga'at al bâl hanâ Digêl.* Le jour de la fête du Ramadan, les jeunes filles et les jeunes gens ont organisé une cérémonie festive sur le terrain de football de Diguel. •*Yôm îd al hurriye, ihtifâlât bigo fî kulla l muduriyât.* Le jour de l'Indépendance, des festivités ont eu lieu dans toutes les préfectures.

ihtijâj / ihtijâjât *n. m.*, * ḥjj, ح ج ج

♦ **protestation, contestation, revendication.** •*Al-Ra'îs simi' ihtijâjât hanâ l xaddâmîn.* Le Président a écouté les revendications des fonctionnaires. •*Hû gaddam ihtijâj lê kabîrah hanâ l xidime acân mâ kaffoh gursah.* Il a protesté auprès de son chef de service parce qu'on ne lui avait pas versé son salaire.

ihtilâl / ihtilâlât *n. m.*, * ḥll, ح ل ل

♦ **occupation illégale.** •*Mug'ad al askar fî bêtna da ihtilâl.* L'installation des soldats dans notre maison est une occupation illégale. •*Al-duwâs al-sabbab môt katîr fî baladna da kula ga'arah ihtilâl hanâ arâdîna.* La guerre qui a causé beaucoup de morts dans notre pays a pour origine l'occupation illégale de notre territoire.

ihtirâf *n. m.*, *{- be}*, ≅ *i'tirâf*, *Cf. ihtaraf, tôba*, * ʕrf, ع ر ف

♦ **confession, aveu,** fait de reconnaître une faute ou une erreur. •*Anâ simi't ihtirâf hanâ l-sarrâgîn be l-sirge fî giddâm al-zûz.* J'ai entendu l'aveu des voleurs devant le juge. •*Al* *ihtirâf be l-zanib fadîla.* Reconnaître sa faute est une vertu.

ihtirâm / ihtirâmât *n. m.*, * ḥrm, ح ر م

♦ **respect.** •*Ihtirâm al mu'allim wâjib.* On doit respecter le professeur. •*Gillit al ihtirâm bijîb al-duwâs.* Le manque de respect conduit à la bagarre.

ijâr / ijârât *n. m.*, * 'jr, ء ج ر

♦ **loyer, prix d'une location, prix d'une place, prix du billet pour un voyage.** •*Anâ bêti bala ijâr.* J'habite une maison où je ne paye pas de loyer. •*Sâfarna fî l-tayâra be ijâr katîr.* Nous avons voyagé en avion avec des billets ayant coûté cher. •*Ijâr al buyût fî l âsima xâli.* La location des maisons dans la capitale coûte cher.

ijâza / ijâzât *n. f.*, * jwz, ج و ز

♦ **congé, vacance.** •*Al iyâl kammalo l ijâza hint al xarîf.* Les enfants ont terminé les vacances de la saison des pluies. •*Al-sawwâg talab ijâza.* Le chauffeur a demandé un congé. •*Fî l-sana l-jâye, al ijâzât tabga katîre.* L'année prochaine, il y aura beaucoup de périodes de vacances.

ijêle / ijêlât *n. f., mrph. dmtf., litt.* petite génisse, → *ijle*, * ˁjl, ع ج ل

Ijêle *n. pr.* de femme, *dmtf.* de *ijle, litt.* petite génisse, * ˁjl, ع ج ل

ijeyyis / ijeyyisât *n. f., mrph. dmtf.*, ≅ *ijeyyiz, Cf. ajûs*, * ˁjz, ع ج ز

♦ **petite vieille,** vieille femme qui est pleine de sagesse, ou bien qui radote et ne sait plus rien faire. •*Binêyti l-saxayre irifat al kalâm kulla, hî bigat ijeyyis.* Ma petite fille sait bien parler, elle est devenue sage comme une vieille femme. •*Kalâmah bâyiz misil mulâh darabatah ijeyyiz.* Sa parole est sans consistance comme la sauce préparée par une vieille. *Prvb.*

ijil / ijjâl *n. m.*, (*fém. ijle*), autre pluriel *ajjâl*, * ˁjl, ع ج ل

♦ **veau, génisse, taurillon, bouvillon.** •*Al ijil, kan dahâbah wildoh, mâ yagdar yarda'.* Quand le veau vient de naître, il ne peut pas téter. •*Macêt lê zabûnti, sitt al-laban, ligît ijjâlha fî l-zerîbe.* Je suis allé chez la femme qui me vend du lait, j'ai trouvé ses veaux dans l'enclos.

ijil madmûn expression, *litt.* veau porteur d'une garantie d'argent, *Cf. ijil raba', jada'*, * ˁjl, ḍmn, ع ج ل • ض م ن

♦ **taurillon, bouvillon,** qui a des cornes et qui pourra bientôt être chargé. •*Mahammat dabah ijil madmûn yôm arûsah.* Mahamat a égorgé un taurillon le jour de son mariage. •*Al ijil al madmûn da indah arba'a walla xamsa xarâyif.* Ce taurillon a déjà quatre ou cinq ans [quatre ou cinq saisons des pluies].

ijile / ijilât *n. f.*, → *ijle.*

ijis / ya'ajas *v. intr.*, → *ijiz, ya'ajaz.*

ijiz / ya'ajaz *v. intr. {- min}*, forme I n° 20, ≅ *ijis, ya'ajas, Cf. kisil, iyi*, * ˁjz, ع ج ز

♦ **être fatigué(e), être lassé(e), être découragé(e).** •*Al-daktôr ijiz min ilâj abûk da akûn mâ yanfa' !* Le docteur est découragé du traitement qu'il donne à ton père : peut-être est-ce la fin de sa vie ! •*Anâ ijizt min xidimtak acân mâ tikaffîni ajala.* Je suis fatigué du travail que tu me donnes parce que tu ne me payes pas vite. •*Al xaddâmîn ijizo min al hâkûma acân mâ zâdat murattabâthum min nagis hanâ l franka CFA.* Les fonctionnaires sont lassés du gouvernement parce qu'il n'a pas augmenté leur salaire depuis la dévaluation du franc CFA. •*Âce, mâ ta'ajaze min turba hanâ iyâlki, ambâkir banfa'ôki !* Aché, ne te décourage pas de l'éducation que tu donnes à tes enfants, demain ils te seront utiles !

ijjâl *pl.*, → *ijil.*

ijjês *n. m. mrph. dmtf.*, vieillesse, → *abun'ijjês.*

ijle / ijlât *n. f.*, expressions *ijile bitt santên, ijile bitt talâta sana, ijile*

raba'ye (génisse de deux ans, de trois ans, de quatre ans) ; ≅ *ijile, ijilât*, * ʕjl, ج ع ل
♦ **veau femelle, génisse.** •*Al-sana di ligît xalla katîre, bi't bêha ijlât ṙaba'iyât.* Cette année, j'ai récolté beaucoup de mil avec lequel j'ai acheté des génisses de quatre ans. •*Bagarti wildat ijle samhe.* Ma vache a mis bas un joli veau.

ijmâli *adj. m.*, dans l'expression *be l ijmâli*, * jml, ج م ل
♦ **en gros.** •*Al-tâjir da sûgah bè l ijmâli, mâ be l farrâdi.* Ce commerçant vend en gros, pas au détail. •*Budâ'iti l jibtaha di kullaha ke bi'taha be l ijmâli.* Toute la marchandise que j'avais rapportée, je l'ai vendue en gros.

ijrâm / ijrâmât *n. m.*, * jrm, ج ر م
♦ **criminalité, délinquance, crime, délit.** •*Al ijrâm kan bigi katîr al-nâs bajuru baxallu dârhum.* Lorsque la criminalité prend une trop grande proportion, les gens quittent leur pays. •*Al askar sawwo ijrâm fî l masâkîn wa l abriyâ'.* Les soldats ont commis des crimes en s'attaquant aux pauvres et aux innocents.

ijtahad / yijtahid *v. intr.*, forme VIII, terme de l'*ar. lit.*, *Cf.* l'expression *sawwa juhud*, → *juhud*, * jhd, ج ه د
♦ **s'efforcer, faire un effort.** •*Ijtahid tanjah !* Fais un effort et tu réussiras ! •*Hû ijtahad fî addilîn bêtah acân yidôr yirahhil martah.* Il s'efforce de rendre sa maison la plus confortable possible parce qu'il veut y faire venir sa femme. •*Kan macêt Anjamména gûl lê wilêdi yijtahid fî kalâm giraytah.* Si tu vas à N'Djaména, dis à mon fils qu'il se donne à fond à ses études.

ijtama' / yijtami' *v. intr.*, forme VIII, * jmʕ, ج م ع
♦ **se rassembler, se réunir, se rencontrer.** •*Al-nâs yijtamu'u fî l-jâmiye lê l-salâ.* Les fidèles [les gens] se rassemblent dans la mosquée pour la prière. •*Fî l usbû' da, fîya ru'asa kubâr jâyîn yijtamu'u fî gasir al-ca'ab.* Cette semaine, de grands chefs d'État viendront se rassembler au palais du peuple. •*Ahmat yijtami' ma'â rufugânah fî l madrasa.* Ahmat et ses camarades se rencontrent à l'école arabe.

ijtihâd *n. m.*, terme de l'*ar. lit.* moins employé que *juhud*, * jhd, ج ه د
♦ **effort, application, assiduité.** •*Al intixâbât di, bala ijtihâd mâ tukûn.* Sans effort, ces élections ne peuvent avoir lieu. •*Ijtihâd iyâl al-lekkôl fî l giray acân al imtihân garrab.* Les élèves sont assidus à l'école parce que l'examen approche.

ijtima' / ijtima'ât *n. m.*, moins employé que *malamma*, * jmʕ, ج م ع
♦ **réunion, rencontre.** •*Al wuzara' sawwo ijtima ma'â l-Ra'îs.* Les ministres ont fait une réunion avec le Président. •*Al yôm indina ijtima' fî l maktab.* Aujourd'hui nous avons une réunion au bureau. •*Al mudîr hanâ l-lekkôl sawwa ijtima' ma'â abbahât al iyâl.* Le directeur de l'école a fait une réunion avec les parents d'élèves.

ijtimâ'i / ijtimâ'iyîn *adj.*, (*fém. ijtimâ'iya, ijtimâ'iye*), terme de l'*ar. lit.*, * jmʕ, ج م ع
♦ **social(e).** •*Hî wazîra fî cu'ûn al ijtimâ'iye.* Elle est ministre des Affaires sociales. •*Bulâma hanâ Bûtal-fîl, râjil ijtimâ'i yilimm al-nâs kulla ahad fî bêtah wa yiwassîhum be tanmiya.* Le chef du village "Marigot de l'éléphant" est un philanthrope ; il rassemble les gens tous les dimanches chez lui pour leur donner des conseils concernant le développement.

ikil / ya'kal *v. intr.*, sens passif, forme I n° 20, *Cf. akal*, * 'kl, ج ك ل
♦ **être noyé(e), être brûlé(e), être perdu(e).** •*Wilêd hanâ jâri ikil fî l bahar.* L'enfant de mon voisin s'est noyé dans le fleuve. •*Al mara haznâne acân dukkân râjilha ikil.* La femme est triste parce que le magasin de son mari a brûlé. •*Maxzan al-zaxîra ikil fî lubb al-lêl.* Le dépôt de munitions a brûlé au milieu de la nuit. •*Imtihân al bakalorea bigi gâsi, katîr min al iyâl ikilo.* Les épreuves du

baccalauréat étaient difficiles, beaucoup d'élèves n'ont pas su s'en sortir.

ikkêle / ikkêlât *n. f.*, *mrph. dmtf.*, *Cf. ikil, akil*, * 'kl, ل ك ء

♦ **petite quantité de nourriture, petite portion, petit plat cuisiné, petit repas, début de noyade, raclée.** •*Nidôr ikkêle haluwa min akilku hanâ l-Nasâra.* J'aimerais avoir un bon petit échantillon de ce que vous, les Blancs, vous mangez. •*Ammi, kan induku ikkêle, antûni !* Maman, si vous avez un peu de nourriture, donnez-le moi ! •*Al gugur ikkêle haluwa bissawuha l Arab.* Le *gugur* est un très bon plat cuisiné par les Arabes. •*Al askar al maco l-duwâs ikilo ikkêle.* Les militaires qui sont allés au combat ont pris une raclée.

ikrâm *n. m.*, *Cf. ihtirâm*, * krm, م ر ك

♦ **respect, vénération, considération.** •*Hû indah ikrâm lê ammah wa abuh.* Il a du respect pour son père et sa mère. •*Al wilêd da mâ indah ikrâm lê nâs al kubâr minnah kula.* Cet enfant n'a aucune considération pour les personnes plus âgées que lui.

ikticâf / ikticâfât *n. m.*, *Cf. kacaf*, * kšf, ف ش ك

♦ **découverte.** •*Al ikticâf hanâ l fatrôn fî Tcâd farrah kulla l-nâs.* La découverte du pétrole a réjoui tout le monde. •*Al ikticâf hanâ l-nâr bigi min zamân.* Le feu a été découvert il y a longtemps.

ila *invar.*, terme de l'*ar. lit.*, → *alê.*

ilâb *pl.*, → *ulba.*

ilâh / ilâhât *n. m.*, * 'lh, ه ل ء

♦ **divinité, un dieu.** •*Al majûsa bugûlu kulla ceyy be ilâhah.* Les animistes disent que chaque chose a sa divinité. •*Al majûsa ba'budu ilâhât katîrîn.* Les animistes adorent beaucoup de dieux.

ilâhi / ilâhiyîn *adj.*, (*fém. ilâhiye*), * 'lh, ه ل ء

♦ **divin(e).** •*Al-durdumma al fî daharah di, xalîge ilâhiye.* Cette bosse qu'il a dans le dos a été faite par Dieu [est une création divine]. •*Da xarâr ilâhi, wâjib nahamdu beyah.* C'est une décision divine, nous devons nous en contenter. •*Maca ba'îd yifattic ilim ilâhi.* Il est parti très loin étudier la théologie [la science divine].

ilâj / ilâjât *n. m.*, *Cf. dawa*, * ʕlj, ج ل ع

♦ **traitement, soin.** •*Al marad da bidôr ilâj adîl marra wâhid.* Cette maladie exige un traitement très sérieux. •*Wakit hî mardâne ligat ilâj sameh min ahal râjilha.* Lorsqu'elle était malade, elle a reçu de bons soins de la part de sa belle-famille.

ilal *pl.*, → *ille 2, ille 3.*

ilig 1 / ya'lag *v. intr.* *{- fî}*, sens passif, forme I n° 13, * ʕlq, ق ل ع

♦ **être accroché(e), s'accrocher.** •*Al abalany ilig fî cadaray.* Le singe s'est accroché à une branche d'arbre. •*Hû galbah ilig fî l binêye di bidôr bâxudha.* Il est amoureux de cette jeune fille [son cœur est accroché sur cette fille], il veut l'épouser.

ilig 2 *n. m.*, *Cf. lâyûg*, * lwq, ق و ل

♦ **viscosité, fait d'être gluant,** fait de faire des fils en parlant d'une sauce. •*Al mulah da indah ilig !* Cette sauce est filante ! •*Kan tusubb tamâtim fî mulah al-darrâba l xadra, iligha yingati'.* Si tu mets des tomates dans la sauce au gombo frais, celle-ci perd sa viscosité. •*Al-Nasrâniye mâ tirîd ilig al mulûxiye fî l mulah.* La femme blanche n'aime pas la viscosité des feuilles de mouloukhiyé dans la sauce.

ilim 1 / ya'lam *v. intr.* *{- be}*, forme I n° 20, *Cf. irif*, * ʕlm, م ل ع

♦ **savoir, connaître, s'instruire,** avoir connaissance de. •*Hû ilim bêna kadar anîna jâyîn.* Il a su que nous allions venir. •*Zamân hû basrig lâkin hassâ hû ilim ziyâda, xalla l-sirge.* Autrefois il était voleur, mais à présent il est davantage instruit et a cessé de voler.

ilim 2 / ulûm *n. m.*, * ˁlm, ع ل م

♦ **savoir, science, instruction, connaissance des mystères.** •*Al ilim fî l-râs misil al-laban fî l kâs.* La science dans la tête est comme le lait dans la calebasse. *Prvb.* •*Indi ilim katîr fî hirâtit al-jarrây.* Je sais bien sarcler [j'ai beaucoup de savoir dans le sarclage].

ilim al-dunya expression, *litt.* science des choses de ce bas monde, *Syn. ilim dunyawi, Cf. ilim, dunya, Ant. ilim al-dîn*, * ˁlm, dnw, ع ل م • د ن و

♦ **science profane.** •*Nâs Amrîka lihigo l gamar be ilim al-dunya.* Les Américains sont allés sur la lune grâce aux sciences profanes. •*Allah mâ dahar al-nâs min giray hint ilim al-dunya.* Dieu n'a pas interdit aux hommes d'étudier les sciences profanes. •*Girayt al-lekkôl di ilîm hanâ dunya.* Ce qui est enseigné à l'école française est une science profane.

ilim al-râs expression, *litt.* science de la tête, *Cf. ilim, râs*, * ˁlm, r's, ع ل م • ر ء س

♦ **bon sens, débrouillardise, intelligence, ingéniosité.** •*Mâ gara fî l-lekkôl, lâkin hû bigi wazîr be ilim al-râs bas.* Il n'a pas étudié à l'école, mais est devenu ministre grâce à son bon sens. •*Al iyâl sawwo lêhum watîr hanâ silik be ilim râshum bas.* Les enfants se sont fabriqué une voiture en fil de fer grâce à leur ingéniosité.

ilim al xalbât expression, *litt.* science des mensonges, *Cf. ilim, xalbât*, * ˁlm, h̲lṭ, ع ل م • خ ل ط

♦ **boniment, fable, mensonge, démagogie,** belles paroles sans fondement pour tromper les gens. •*Râsah malân illa be ilim al xalbât.* Tout ce qu'il a dans la tête n'est que mensonge. •*Maca fî Fransa wa mâ gara illa ilm al xalbât wa ja !* On dirait qu'il n'est allé en France que pour apprendre des boniments ! •*Zu'ama l ahzâb al-siyâsîya ya'arfu bilhên ilim al xalbât.* Les chefs de partis politiques savent bien tenir des discours démagogiques.

illa *invar.*, variante *ille*, devant un nom *fém.*

♦ **sauf, excepté, moins.** •*Nâkul kulla l akil illa l hût bas.* Je mange de tout sauf du poisson. •*Al-sâ'a xamsa illa acara dagîga.* Il est cinq heures moins dix. •*Al-nâs kulluhum jo illa rafîgi.* Tous sont venus, sauf mon ami. •*Mâ nibaddil farasi illa be juwâd jarray.* Je n'échangerai ma jument que contre un cheval de course. •*Lâ ilâh illa llâh !* Il n'y a de divinité que Dieu !

illa kan locution, → *illa, kan.*

♦ **ne... que si, sauf si.** •*Hî mâ tagdar taciri jidâde illa kan antêtah miya riyâl.* Elle ne peut acheter une poule que si tu lui donnes cent riyals. •*Amci lê rufugânak illa kan inta mardân !* Ne pars chez tes amis que si tu n'es pas malade ! [pars chez tes amis, sauf si tu es malade].

ille 1 *invar.*, → *illa.*

ille 2 / ilal *n. f.*, ≅ *illa, Syn. sabab*, voir l'homonyme *ille 3*, * ˁll, ع ل ل

♦ **cause, motif, raison.** •*Kulla sane al-sûg ba'akal, lâbudda fî ille wahade.* Chaque année, le marché est incendié ; il y a certainement une raison à cela. •*Al awîn mâ bidâwusu bala ille, kan saxayre kulla.* Les femmes ne se battent pas sans motif, si minime soit-il.

ille 3 / ilal *n. f.*, homonyme de *ille 2*, * ˁll, ع ل ل

♦ **défectuosité, déficience, maladie, indisposition.** •*Al wilêd da bugumm yalla yalla wa bi'addi callûftah, mâ sâkit indah ille.* Cet enfant se lève difficilement, il se mord la lèvre, ce n'est pas pour rien, il doit être malade. •*Al-saxîr al-saxayyar kan indah ille babki fî l-lêl.* Le bébé pleure la nuit quand il est indisposé.

illiye / alâli *n. f.*, *Syn. lugdâbe, râkûba*, * ˁlw, ع ل و

♦ **abri, auvent, appentis, hangar.** •*Anâ mâ nagdar nunûm fî l illiye fî* *wakt al barid.* Je ne peux pas dormir sous le hangar quand il fait froid. •*Alâli hanâ sûg al-Digêl banôhum be hadîd wa assamanti.* Les appentis du marché de Diguel sont construits en fer et en ciment.

Ilyâs *n. pr.* d'homme, Elie.

imam *pl.*, → *imme 2.*

imâm / imâmât *n. m.*, * 'mm, ء م م
♦ **imam,** celui qui préside la prière. •*Fî l-jâmiye al-nâs bisallu wara l imâm.* A la mosquée, les gens prient derrière l'imam. •*Al imâm hanâ l-jâmiye l kabîre gaddam xutba amis fî l-râdyo.* L'imam de la grande mosquée a prononcé hier un sermon à la radio.

îmân *n. m.*, * 'mn, ء م ن
♦ **croyance, foi.** •*Al-nâdum al mâ indah îmân, mâ tisaddix kalâmah !* Ne crois pas les dires de celui qui n'a pas foi en Dieu ! •*Al-râjil da indah îmân muxlis lê Allah.* Cet homme a une croyance sincère envers Dieu. •*Al-nadâfa min al îmân.* La propreté découle de la foi. *Prvb.*

Imar *n. pr. gr.*, *coll.*, *sgtf. Amari* (homme), *Amariye* (femme).
♦ **Imar.** •*Al Imar yas'o bagar fî Gêra.* Les Imar élèvent des bovins dans le Guéra. •*Xacum bêt al Imar axawân lê Wulâd Râcid.* Les Imar et Oulad Rachid sont des tribus frères.

imdâ' / imdâ'ât *n. m.*, * mḍy, م ض ي
♦ **signature.** •*Al maktûb da indah imdâ' hanâ ra'îs al-dawla.* Ce papier porte la signature du chef de l'État. •*Anâ mâ nakrub minnak amâne illa be imdâ'ak wa imdâ'i.* Je n'accepterai de toi un dépôt que s'il est accompagné de ta signature et de la mienne. •*Imda' hanâ l-daktoriye di muxalbat wa tawîl.* La signature de cette infirmière est compliquée et longue.

imêc / umuc *adj. mrph. dmtf.*, (*fém. imêce*), * ʕmš, ع م ش
♦ **qui a la vue faible, qui a de petits yeux, qui a les yeux bridés.** •*Inti imêce, wa tirîdi bilhên gatti'în al-cawâri ; yôm âxar mâ tagta'e wihêdki !* Tu as la vue faible et tu aimes bien traverser les rues ; une autre fois [un autre jour], ne traverse pas toute seule ! •*Al-Cinwa humman umuc lâkin bucûfu adîl.* Les Chinois ont de petits yeux bridés, mais ils voient très bien.

imêre / imêrât *n. f. mrph. dmtf.*, *Cf. umra*, * ʕmr, ع م ر
♦ **petit pot,** petit pot en vannerie. •*Imêritki malâne sumsum mardûd.* Ton petit pot en fibres est plein de poudre de sésame. •*Al-Nasrânye jammalat bêtha be imêrât wa tibêgât dugâg.* L'européenne a décoré sa maison avec de petits pots en fibres et de petits vans colorés.

imêyid / imêydât *n. m. mrph. dmtf.*, ≅ *imeyyid, imeyyidât*, *Cf. amûd*, * ʕmd, ع م د
♦ **petit pilon.** •*Nisît, taccêt imêydi hanâ l-tûm fî l-nâr ma'â l hatab.* Par inattention [j'ai oublié], j'ai brûlé mon petit pilon à ail dans le feu avec le bois. •*Min cadar hanâ l hajlij walla l himmêd, bisawwu imeyyidât.* C'est à partir du bois de savonnier ou de prunier que l'on fait de petits pilons.

imeyyid / imeyyidât *n. m. mrph. dmtf.*, → *imêyid*, * ʕmd, ع م د

imi / ya'ma *v. intr.*, sens passif, forme I n° 21, *Cf. ama 1*, * ʕmy, ع م ي
♦ **devenir aveugle, être aveugle.** •*Al-râjil da mâ indah saxîr, imi wa gamma bahajjir.* Cet homme n'a pas d'enfant, il est devenu aveugle et s'est mis à mendier. •*Hî dâwasat fajjoha fî râsha wa imat.* Elle s'est battue ; elle a reçu un coup de bâton sur la tête et est devenue aveugle. •*Al wilêd al-saxayar da, al-ramad karabah wa mâ dâwoh ajala, xalâs imi.* Ce petit enfant avait attrapé une conjonctivite que l'on n'a pas soignée rapidement, il est alors devenu aveugle. •*Hû imi wa mâ indah saxîr yugûdah.* Il est aveugle et n'a pas d'enfant pour le conduire.

imkâniya / imkâniyât *n. f.*, * mkn, ن ك م

♦ **moyen, possibilité.** •*Anîna mâ indina imkâniyât al-namurgu behum fatrôn hanâ baladna.* Nous n'avons pas les moyens d'exploiter notre pétrole. •*Kan ligit imkâniyât namci lêk.* J'irai chez toi quand j'aurai les moyens.

imm / amâmên nom de personne, *m.*, (*fém. imme*, → *amme*), ≅ *amm*, autre pluriel *amâme*, * ˁmm, م م ع

♦ **oncle paternel.** •*Immi jawwazâni lê binêytah al kabîre.* Mon oncle paternel m'a marié avec sa fille aînée [sa grande fille]. •*Amâmêni jo min al farîg bisallumu ammi wa abui.* Mes oncles paternels sont venus du campement saluer ma mère et mon père. •*Immak sa'a faras jarrâye wallâ ?* Ton oncle paternel a t-il élevé une jument de course ?

immât nom pluriel, → *amme, imme.*

imme 1 nom de personne, → *amme.*

imme 2 / imam *n. f.*, *Syn. kadmûl*, *Cf. câl 3*, * ˁmm, م م ع

♦ **grand turban.** •*Hû kajja immitah wa maca yicîf al-li'ib.* Il a enroulé son grand turban sur la tête et est allé voir la danse. •*Amis hû cara imme bêda.* Hier, il a acheté un grand turban blanc.

immetât *pl.*, → *amme.*

immit nom de personne, *f.*, → *amme*, * ˁmm, م م ع

immitât nom pluriel, → *amme.*

Immite *n. pr.* de femme, surnom, → *immit*, * ˁmm, م م ع

imtihân / imtihânât *n. m.*, * mḥn, ن ح م

♦ **examen, test, épreuve.** •*Al-sane di al imtihân bigi gâsi bilhên.* Cette année, l'examen a été très difficile. •*Wilêdi najah fî l imtihân.* Mon enfant a réussi son examen. •*Al imtihân yukûn fî cahar sitte, agri adîl acân tanjah !* L'examen aura lieu au mois de juin, étudie bien pour réussir !

in câ' Allah comme en de l'*ar. lit.*, * 'lh, ه ل ء

♦ **in cha' Allah !, si Dieu le veut, s'il plaît à Dieu, par la grâce de Dieu.** •*In ca' Allah tanjah fî l imtihân al-jâi.* S'il plaît à Dieu, tu réussiras ton prochain examen. •*Kan xadamtu katîr, in ca' Allah talgo gurus.* Si vous travaillez beaucoup, par la grâce de Dieu vous gagnerez [trouverez] de l'argent. •*Kan ciribt al-dawa da, in ca' Allah talga l âfe.* Si tu prends ce médicament, tu retrouveras la santé, in cha' Allah !

inab *n. vég.*, *m.*, expression *cadarayt al inab* (vigne, *litt.* arbre du raisin), * ˁnb, ب ن ع

♦ **nom d'un arbre, vigne, raisin.** •*Fî Fayalârjo cadar al inab yugumm katîr.* La vigne pousse en abondance à Faya Largeau. •*Al inab indah ji halu.* Le jus de raisin est délicieux.

inbarim *v.* impératif → *anbarim min.*

incâ' *n. f.*, terme de l'*ar. lit.*, * nš', ء ش ن

♦ **établissement, implantation, création, fondation.** •*Incâ' al madâris fî baladna bikallif al hakûma gurus katîr.* L'implantation des écoles dans notre pays coûte beaucoup d'argent au gouvernement. •*Al Cinwa xarraro incâ' labtân fî Digêl.* Les Chinois ont décidé la création d'un hôpital à Diguel.

ind *invar.*, particule de l'*ar. lit.*, dans l'expression *ind Allah*, * ˁnd, د ن ع

♦ **auprès de, chez.** •*Al faki gâl : "Al Xur'ân munazzal min ind Allah !".* Le faki a dit : "Le Coran est descendu d'auprès de Dieu !". •*Al indah wêbe wa l indah siwêbe, kulla ind Allah sawa !* Celui qui possède dix koros de mil et celui qui en possède mille sont égaux devant Dieu !

ind- *invar.*, préfixe se combinant avec les pronoms personnels suffixes *-i, -ak, -ki, -ah, -ha, -na, -ku, -hum* pour traduire l'idée de possession telle que le français l'exprime dans la conjugaison du verbe "avoir", * ʿnd, ع ن د

♦ **avoir, j'ai, tu as, il a, nous avons, vous avez, ils ont,** [chez moi, chez toi, chez lui, chez elle, chez nous, chez vous, chez eux, chez elles]. •*Al hamdu lillah, indi bêt wa iyâl talâta.* Dieu soit loué, j'ai une maison et trois enfants. •*Inta indak cunû ?* Qu'as-tu ? •*Indiki iyâl kam ?* Combien as-tu d'enfants ? •*Abui indah mâl katîr.* Mon père a de nombreux troupeaux. •*Ammi indaha dahab.* Ma mère a de l'or. •*Indina lekkôl fî hillitna.* Nous avons une école dans notre village. •*Induku cunû fî bêtku ?* Qu'avez-vous chez vous ? •*Humman induhum labtân fî hillithum.* Ils ont un hôpital dans leur village.

indah *cplx. prép.*, → *ind-*.

indaha *cplx. prép.*, → *ind-*.

indak *cplx. prép.*, → *ind-*.

indaye / indayât *n. f.*, → *anday*, * ndw, ن د و

indi *cplx. prép.*, → *ind-*.

indiki *cplx. prép.*, → *ind-*.

indina *cplx. prép.*, → *ind-*.

Indonôzya *n. pr.* de pays.
♦ **Indonésie.**

induhum *cplx. prép.*, → *ind-*.

induku *cplx. prép.*, → *ind-*.

îne *n. f.*, * ʿyn, ع ي ن

♦ **pluie fine ininterrompue, période pluvieuse intense, milieu de la saison des pluies,** moment où les pluies sont les plus rapprochées et où une petite pluie fine peut tomber pendant plusieurs jours. •*Al-sana, al îne sawwat arba'a yôm bas.* Cette année, la pluie fine du milieu de la saison des pluies n'a duré que quatre jours. •*Fî l îne, al hatab gâsi.* En période pluvieuse intense, le bois de chauffe coûte très cher. •*Al watâyir mâ bisâfuru fî wakt al îne.* Les véhicules ne circulent plus tant que tombe la pluie fine, au cœur de la saison des pluies.

Inêse *n. pr.* de femme, *mrph. dmtf.*, *litt.* causette, *Cf. anasa*, * 'ns, ء ن س

inêtiye / inêtiyât *adj. n. f. mrph. dmtf.*, *Cf. antay*, * 'nṯ, ء ن ث

♦ **jeune femelle, génisse.** •*Al-tiyêsât rid'o l-laban, xallo l inêtiyât.* Les petits boucs ont tété et n'ont pas laissé de lait aux chevrettes. •*Al ijêlât al inêtiyât xâliyât min al-tiyêrât.* Les génisses valent plus cher que les jeunes taureaux.

infijâr *n. m.*, terme de l'*ar. lit.*, * fjr, ف ج ر

♦ **explosion, éclatement.** •*Infijâr hanâ l ôbi al bigi fî lêlt al xamîs, sabbab xasâra katîre.* L'explosion d'obus qui a eu lieu dans la nuit de mercredi à jeudi a causé beaucoup de dégâts. •*Al adu da waga' fî zere' hanâ mîn, wa anfajar fôghum infijâr cên.* L'ennemi est tombé sur un champ de mines qui l'a anéanti dans une explosion gigantesque.

ingari / ingaru v. *impér.*, → *angari.*

ingilâb / ingilâbât *n. m.*, * qlb, ق ل ب

♦ **coup d'État, putsch.** •*Ingilâbât katîre bigat fî Ifrixiya.* De nombreux coups d'État ont eu lieu en Afrique. •*Al askar sawwo ingilâb wa mâ najaho.* Les militaires ont organisé un putsch, mais ils ont échoué.

inglîz *adj., n. pr. gr. coll.*, → *inglizi, dâr Inglîz.*

inglîzi / inglîz *adj. n.*, (*fém. inglîziye*).
♦ **anglais(e).** •*Hû yagdar yikallim kalâm Inglîz.* Il peut parler l'anglais [la parole des Anglais]. •*Ahmad axad Inglîziye.* Ahmad a épousé une Anglaise.

ini / ya'ana *v. trans.*, forme I n° 21, * ʿny, ع ن ي

♦ **concerner** ***qqn.*****, se diriger vers, partir vers, prendre la direction de, viser.** •*Kalâmak da, inîtni bêyah anâ wallâ ?* Est-ce à moi que tu parles ?

[ta parole, tu l'as dirigée vers moi ?]. •*Gummi na'ano l-sûg awwal, wa nigabbulu fî l-labtân !* Lève-toi, nous partirons vers le marché et nous reviendrons par l'hôpital ! •*Al-suwâr ino l hajar.* Les rebelles sont partis vers la montagne.

iniversite *n. m., empr. fr.*
♦ **université.** •*Iniversite hanâ Tcâd mâ kabîre bilhên.* L'Université du Tchad n'est pas très grande. •*Al askar jo tarado l iyâl min al iniversite.* Les soldats sont venus disperser les étudiants de l'université.

Injîl *n. m., empr.* grec : *ευαγγελιον* signifiant : "bonne nouvelle".
♦ **Évangile.** •*Al Injîl hû kitâb hanâ l-dîn al masîhi.* L'Évangile est le livre de la religion chrétienne. •*Sîrat Sayyidna Îsa mazkûra fî Injîl.* Le récit de la vie de Jésus se trouve dans l'Évangile. •*Indi Injîl mutarjam be kalâm arab hanâ Tcâd.* J'ai l'Évangile traduit en arabe tchadien.

inna *invar.*, en *ar. lit.* "certes", utilisé par les enfants pour désigner un criquet *Syn. ambazzâni.*
♦ **certes, nom d'un criquet, Hieroglyphus daganensis,** criquet ayant comme une inscription *inna* dessinée en caractères arabes sur le pronotum. •*Innana difâ' lê l watan.* Certes, nous sommes les défenseurs de la patrie. •*Fîya jaraday usumha "inna, marit sayidna".* Il y a un criquet que l'on appelle "Certes, femme de notre marabout".

insân / nâs *n. m.*, ≅ *insâni*, *Cf. nâdum*, * 'ns, ء ن س
♦ **être humain, humain, homme, personne humaine, quelqu'un.** •*Simîna fî l kadâde hiss insâni wa xufna minnah.* Nous avons entendu dans la brousse une voix humaine et nous avons eu peur. •*Al-nâs, kalâmhum katîr kan câfo coxol mâ ajabâhum.* Les gens parlent beaucoup lorsqu'ils voient quelque chose qui ne leur plaît pas. •*Min maxâlîg Allah, al insân bas yixalli l hubay wa yurûx be rijilên tinên.* Parmi les créatures de Dieu, seul l'homme abandonne la marche à quatre pattes pour marcher sur deux pieds.

insâni *n. m.*, → *insân.*

inta *pron. pers.* sujet masculin, 2ème personne du singulier, souvent confondu avec le féminin *inti.*
♦ **toi (homme), tu.** •*Hay inta, mâla jît ?* Eh toi, pourquoi es-tu venu ? •*Inta cîft cunû fî l-televizyôn amis ?* Qu'as-tu vu hier à la télévision ?

intabah / yintabih *v. intr.*, forme VIII, * nbh, ن ب ه
♦ **faire attention, prêter attention.** •*Fî l fasil al-talâmiz bintabuhu kan al mudarris gâ'id bacrah lêhum al-daris.* En classe, les élèves font attention lorsque le professeur est en train de leur expliquer le cours. •*Gibêl anâ mâ intabaht adîl lê kalâmak al gultah da.* Je n'ai pas bien prêté attention à ce que tu as dit il y a quelques instants.

intâj *n. m.*, *Cf. nataj, nattaj*, * ntj, ن ت ج
♦ **production.** •*Al-sane di al hirâte mâ jâbat intâj adîl.* Cette année, la production agricole a été médiocre. •*Al xidime bala intâj tikassil al xaddâmîn.* Le travail improductif décourage [rend paresseux] les travailleurs.

intay / anâti *n. f.*, * 'nṯ, ء ن ث
♦ **femelle.** •*Al bahîme l intay, na'arfuha acân indaha darre.* On reconnaît une bête femelle du troupeau à ses mamelles. •*Xanami kulluhum anâti.* Mon troupeau de chèvres et de moutons n'est constitué que de femelles. •*Al kilêb da, mâ na'arfah intay wallâ dakar.* Je ne sais pas si ce chiot est une femelle ou un mâle.

intazar / yintazir *v. trans.*, forme VIII, *Cf. riji, haras*, * nẓr, ن ظ ر
♦ **attendre.** •*Al-râjil ja wa intazarâk mudda hanâ sâ'a wa inta mâ jît.* L'homme est venu, il t'a attendu une heure mais tu n'es pas venu. •*Anâ intazartak fî l bêt wa mâla mâ jît lêi ?* Je t'ai attendu à la maison, pourquoi n'es-tu pas venu chez moi ?

inti *pron. pers.* sujet, féminin, 2ème personne du singulier, *Cf. inta.*
♦ **toi** (femme)**, tu .** •*Inti jîti mâta min dârku ?* Quand es-tu revenue de ton pays ? •*Inti di fahîme marra wâhid !* Toi alors, tu es très intelligente !

intixâb / intixâbât *n. m.*, * nh̠b, ن خ ب
♦ **élection, vote.** •*Al-ca'ab marag lê l intixâbât hanâ l-Ra'îs.* Le peuple est sorti pour élire le Président [pour les élections du Président]. •*Al intixâbât mâ yukûnu fî l-cahar al-jâyi acân gurus mâ fîh.* Les élections n'auront pas lieu le mois prochain parce qu'il n'y a pas d'argent.

intixâl / intixâlât *n. m.*, terme de l'*ar. lit.*, * nql, ن ق ل
♦ **déplacement, mutation, changement de lieu.** •*Al yôm intixâl al hujjâj min Arafa alê Mina.* Aujourd'hui, les pèlerins font le déplacement d'Arafa à Mina. •*Intixâlât al askar kâno bala izin al-Ra'îs.* La mutation des soldats s'est faite sans la permission du Président.

intixâli / intixâliyîn *adj.*, (*fém. intixâliye*), * nql, ن ق ل
♦ **de transition, provisoire.** •*Al hâkûma l intixâliye min darrajoha indaha xamsa cahar.* Il y a cinq mois que le gouvernement de transition a été mis en place. •*Al âda' hanâ l hâkûma l intixâliye mâ jâyîn min hizib siyâsî wâhid bas.* Les membres du gouvernement de transition ne viennent pas tous du même parti politique.

intizâr *n. d'act., m.*, * nẓr, ن ظ ر
♦ **attente, fait d'attendre.** •*Sîd al bêt mâ nâm gâ'id fî intizâr al-sarrâg.* Le propriétaire de la maison ne s'est pas endormi, il attendait le voleur. •*Anâ fî intizârak min amis.* Je t'attends depuis hier.

intu *pron. pers.* sujet, *masc.* et *fém.*, 2ème personne du *pl.*, *Cf. inta, inti.*
♦ **vous.** •*Intu Nasâra.* Vous êtes des Européens. •*Intu ciribtu câhi wallâ ?* Avez-vous pris du thé ?

inxâz *n. m.*, * nqd̠, ن ق ذ
♦ **salut, délivrance, secours.** •*Fîh hizib siyâsî fî baladna usumah al haraka l wataniya lê l inxâz.* Il y a un parti politique dans notre pays qui s'appelle "le Mouvement Patriotique du Salut". •*Al-salîb al ahmar munazzama hint inxâz fî l âlam.* La Croix-Rouge est une organisation de secours agissant dans le monde entier.

inzâr / inzârât *n. m.*, terme de l'*ar. lit.*, * nd̠r, ن ذ ر
♦ **avertissement, mise en garde.** •*Antêtah inzâr acân mâ yufûk bâbi da kan anâ mâ fîni !* Je lui ai donné un avertissement pour qu'il n'ouvre plus ma porte quand je ne suis pas là. •*Hû anta inzâr lê martah min al-ruwâxe, kan mâ xallatha yitallìgha.* Il a donné à sa femme l'avertissement de ne plus courir n'importe où ; si elle continue, il la répudiera. •*Al umda anta inzar lê l-nâs acân mâ yusubbu wasax fî l kânifôyât.* Le maire à demandé aux citadins de ne ne plus jeter d'ordures dans les caniveaux.

Îrân *n. pr.* de pays.
♦ **Iran.**

Irâx *n. pr.* de pays.
♦ **Irak.**

ire *n. f.*, *Cf. aryân*, * ʕry, ع ر ي
♦ **nudité, fait d'être nu(e).** •*Al iyâl al-dugâg wa l micôtinîn birîdu l ire.* Les petits enfants et les fous aiment être nus. •*Al ire mâ êb, lâkin al êb al kabîr hû al-sirge walla l kidib.* La nudité n'est pas quelque chose de honteux ; ce qui est vraiment honteux, c'est le vol ou le mensonge. •*Al-ju' fî l hacâ, wa l ire camâte.* La faim torture les entrailles, mais la nudité provoque la dérision. *Prvb.* (*i.e.* il vaut mieux supporter la faim qu'être mal habillé).

irêbi nom *adj. mrph. dmtf.*, (*fém. irêbiye*), terme péjoratif pouvant servir d'insulte, * ʕrb, ع ر ب
♦ **petit arabe,** qui se prend pour un Arabe. •*Al-nâs al bartunu kan Arabi wâhid sawwa lêhum coxol bôjahum bugûlu lêyah "cîf al Irêbi da !".*

Lorsqu'un Arabe a vexé quelqu'un qui ne l'est pas, ce dernier le traite de "petit arabe !". •*Inti di ta'arfi kalâm al Arab kê da, inti Irêbiye wallâ ?* Toi donc, tu connais le langage des Arabes, serais-tu une "petite arabe" ?

irêg / irêgât *n. m. mrph. dmtf.*, *Cf. irig*, * ʕrq, ع ر ق

♦ **radicelle, artériole, veinule.** •*Kan timaggin al-tamâtim fakkir lê irêgâtah, al-rih mâ tadrubhum.* Lorsque tu repiques les tomates, fais attention que le vent ne secoue [ne frappe pas] les radicelles ! •*Al fûl kan nawwar, subb turâb fî ga'arah acân irêgâtah mâ yamurgu barra !* Mets de la terre au pied des arachides lorsqu'elles sont en fleurs, pour que leurs radicelles ne sortent pas ! •*Al-damm yamci kulla bakân fî l-jilid be l urûg al kubâr wa l irêgât al-suxâr kulla.* Le sang va dans toutes les parties du corps grâce aux grosses artères et aux artérioles.

Irêgât *n. pr. gr.*, *coll.*, *sgtf. Irêgi* (homme), *Irêgiye* (femme).

♦ **Irégat,** nom d'une fraction de tribu arabe (*Wulâd Atiye*) se rattachant aux *Juhayna*. •*Al Irêgât yas'o xanam wa bagar fî l Batha.* Les Irégat élèvent des chèvres et des vaches dans la région du Batha. •*Xâli axad Irêgiye jâbat lêyah wulâd tittên.* Mon oncle a épousé une femme Irégat qui lui a donné deux fils.

Irêgi *sgtf.* d'un *n. pr. gr.*, (*fém. Irêgiye*), → *Irêgât.*

Irênib *n. pr.* de femme, *mrph. dmtf.*, *litt.* petit lièvre, *Cf. arnab*, * 'rnb, ء ر ن ب

irf nom mas, → *uruf.*

irfe *n. f.*, utilisé surtout à propos des relations humaines, * ʕrf, ع ر ف

♦ **connaissance par relation, relations personnelles, contact.** •*Martah macat ôrat rufugânah wa kulla nâs hanâ irfitha wa gâlat lêhum : "Nidôr ni'arrib iyâli".* Sa femme est allée avertir ses amis ainsi que tous ceux qu'elle connaissait [tous les gens de sa connaissance] et leur a dit : "Je veux circoncire mes enfants". •*Anâ indi irfe ma'â l-daktôr.* J'ai fait la connaissance du docteur [j'ai une connaissance avec le docteur]. •*Hummân dôl irfithum min zamân ma'â abui.* Ceux-là sont de vieilles connaissances de mon père. •*Hû indah ma'âk irfe ?* Te connaît-il ? •*Abbakar indah irfe katîre fî xidimtah.* Abakar connaît bien son travail [a une grande connaissance dans son travail].

irif / ya'arif *v. trans.*, on entend à l'*inacc.* : *na'arfa, ta'arfa, ya'arfa* au lieu de *na'arifah, ta'arifah, ya'arifah* ; forme I n° 19, * ʕrf, ع ر ف

♦ **savoir, connaître, reconnaître.** •*Anâ irift girayti.* J'ai su ma leçon. •*Al-nâdum da, mâ na'arif usumah.* Cette personne-là, je ne connais pas son nom. •*Marti irifat kadar hî xaltâne.* Ma femme a reconnu qu'elle avait eu tort.

irig / urûg *n. m.*, *Cf. warîd*, * ʕrq, ع ر ق

♦ **racine, veine, artère, vaisseau sanguin, origine.** •*Al-cadaray, urûgha tihit fî l-turâb.* L'arbre a ses racines dans la terre. •*Al urûg biwaddu l-damm fî kulla l-jilid.* Les artères font circuler le sang dans tout le corps. •*Kan gata'o irgak, al-damm mâ bigîf wa tumût !* Si on te coupe une artère, le sang ne s'arrêtera pas et tu mourras ! •*Hû da irgah arabi.* Il est d'origine arabe [sa racine est arabe].

iris *n. m.*, *Syn. arûs*, *Cf. irse.*

♦ **noce, mariage,** ensemble des fêtes et cérémonies autour du jeune couple. •*Al faxara bagru mubârakât fî bêt al iris.* Les fakis lisent des bénédictions dans la maison nuptiale. •*Iris hanâ wilêdi ba'ad santên.* Les noces de mon fils auront lieu dans deux ans. •*Al iris ba'ad al fâthe.* La noce commence après la conclusion officielle du mariage.

irse *n. m.*, *Syn. iris*, * ʕrs, ع ر س

♦ **noce, consommation du mariage, épousailles,** rencontre du jeune couple. •*Al yôm aciye da irse hint axti l-saxayre, wâjib namci badri.* Ce soir a lieu la noce de ma petite sœur, je dois y aller tôt. •*Al irse lê l arîs wa l farha lê l matâmîs.* La jouissance des épousailles est pour le marié et la joie pour les imbéciles. *Prvb.*

irwa *n. f.*, * ʕrw, ع ر و

♦ **boutonnière, broderie d'une boutonnière, ganse.** •*Zamân irwa hint al-zarâyir mâ bixayyutûha illa be l-îd.* Autrefois, les bords des boutonnières étaient entièrement brodées à la main. •*Zôl kan lâbis jallâbiya mâ indaha irwa, sadurah bagôd fâtih.* Si quelqu'un porte une djellaba sans boutonnières, il aura la poitrine à découvert.

Îsa *n. pr.* d'homme, nom de Jésus dans le Coran, * ʕys, ع ي س

isâ'a *n. f.*, *Cf. asa'*, * sw', س و ء

♦ **insolence, offense, insulte,** manque de convenances à l'égard de qqn. •*Al isâ'a giddâm al-nâs tijîb al macâkil.* Le manque de convenances à l'égard des gens crée des problèmes. •*Al-dawaka birîdu isâ'it al-nâs al mâ bantûhum gurus.* Les griots aiment insulter les gens qui ne leur donnent pas d'argent. •*Da mâ isâ'a, martak sabbat al wasax giddâm bêti !* N'est-ce pas là une offense, ta femme qui jette des ordures devant ma maison !

isâba / isâbât *n. f.*, *Cf. waba*, * ṣwb, ص و ب

♦ **coup dur, dommage, atteinte.** •*Isâbât al kôlêra kammalo be fadul hanâ l-dakâtîr.* Les malheurs apportés par le choléra ont pris fin grâce aux médecins. •*Bittiki di isâbitha gatî'e bas, ahadîha axêr.* Ta fille a la fâcheuse habitude de médire, corrige-la, cela serait mieux ! •*Al-suwâr bactano l hâkûma be duwâs al isâbât.* La rébellion harcèle le gouvernement par une guérilla agissant au coup par coup.

Isâxa *n. pr.* d'homme, variante de *Ishâx*.

Îsay *sgtf.* d'un *n. pr. gr.*, (*fém. Îsayye*), → *Wulâd Îsa.*

isêfân *adj. mrph. dmtf.*, (*fém. isêfâne*), → *asfân, fagrân, hawjan*, * 'sf, ء س ف

♦ **qui est dans le besoin, pauvre, sans argent, qui tire le diable par la queue,** qui manque de ressources sans le manifester extérieurement. •*Hû min Allah xalagah kê, isêfân.* Il est pauvre depuis sa naissance, [depuis que Dieu l'a créé]. •*Anâ namci lê ammi kân mâ isêfân.* J'irais bien rendre visite à ma mère si je ne tirais pas le diable par la queue. •*Râjilha xatar wa xallâha isêfâne.* Son mari a voyagé et l'a laissée sans ressources.

isêl / isêlât *adj. mrph. dmtf.*, (*fém. isêle*), *Cf. asal*, * ʕsl, ع س ل

♦ **un peu sucré(e), doux (douce).** •*Al agêg da isêl.* Cette canne de mil est un peu sucrée. •*Laban al bagar da isêl, bala sukkar kula bincarib !* Ce lait de vache est un peu sucré, on peut même le boire sans sucre. •*Al-câhi da sukkarah ciyya ; lâkin isêl, isêl kê acarbah !* Ce thé manque de sucre, mais il est un peu sucré quand même, il est buvable ainsi !

(al) Isêl *n. pr.* d'homme, *mrph. dmtf.* de *asal* [miel], (*fém. Isêle*), *Cf. Isêli*, * ʕsl, ع س ل

Isêlay *n. pr.* de femme, *mrph. dmtf.*, *litt.* un peu douce, un peu sucrée, *Cf. asali*, * ʕsl, ع س ل

Isêli *n. pr.* d'homme, *mrph. dmtf.*, *litt.* un peu sucré, *Cf. asali*, * ʕsl, ع س ل

isêm / isêmât *n. m. mrph. dmtf.*, *Cf. usum*, * smw, س م و

♦ **petit nom,** joli petit nom. •*Isêmha l binêye di halu, bisammûha amkazam.* Le petit nom de cette fille est joli, on l'appelle "petit nez concave". •*Wilêdki da isêmah yâtu ?* Quel est le petit nom de ton fils ?

isêr nom, *mrph. dmtf.*, *m.*, expression *isêr hâlik* (fin d'après-midi, au moment où le soleil est piquant), *Cf. usur, hâlik*, * ʕsr, ع ص ر

♦ **après-midi,** temps de l'après-midi vers seize heures jusqu'au coucher du soleil. •*Kan bigîna isêr, namci lêk.*

Vers seize heures, nous irons chez toi. •*Anâ nirîd nacarab gahwa be isêr.* J'aime bien prendre du café dans l'après-midi. •*Daxalna Anjammêna min al maxatar isêr hâlik.* Nous sommes arrivés de voyage à N'Djaména en fin d'après-midi. •*Cûfu l-sabi l bahbâri da, hatta tâgîtah isêr hâlik wa nyalnyal mâci !* Regardez ce jeune homme orgueilleux qui va jusqu'à porter son chapeau sur le côté et qui marche lentement avec solennité !

Ishâx *n. pr.* d'homme, fils d'Abraham, Isaac, mot arabe, "emprunt de l'hébreu *tsahaq*, rire" (*Ka.*), * sḥq, ق ح س

isi / ya'sa *v. trans.*, forme I n° 21, ≅à l'accompli *asa*, * ʕṣy, ي ص ع

♦ **désobéir à Dieu, pécher contre Dieu.** •*Zamân hû râjil adîl, lâkin hassâ hû isi, bacrab marîse.* Jadis, c'était un homme irréprochable ; mais à présent il désobéit à Dieu, il boit des boissons alcoolisées. •*Wâjib lêk mâ ta'sa Rabbak.* Tu ne dois pas désobéir à ton Seigneur.

isif / ya'asaf *v. intr.*, forme I n° 20, *Cf. garyaf*, * ’sf, ف س ء

♦ **manquer de, être en carence, regretter.** •*Hû isif lê talligîn martah.* Il a regretté d'avoir répudié sa femme. •*Anâ na'arif kadar Ibrahîm ya'asaf lê bê'în juwâdah.* Je sais qu'Ibrahim regrette d'avoir vendu son cheval. •*Hû isif lê curâb al marîse.* Il a regretté d'avoir bu de la bière. •*Al yôm da abui isif min al-riyâl acân da mâ sawwa câhi.* Aujourd'hui, mon père n'a pas d'argent, c'est pour cela qu'il n'a pas préparé de thé.

isira *adj. fém.*, ≅ *isra, isre, isire*, → *isra*, * ysr, ر س ي

isire *adj. fém.*, ≅ *isre*, → *isra*.

islah / islâhât *n. m.*, * ṣlḥ, ح ل ص

♦ **réforme, perfectionnement.** •*Al mas'ûlîn hanâ l madâris bidôru bisawwu islah fî nizâm al-tarbawi.* Les responsables des écoles arabes veulent réformer le système éducatif. •*Al mas'ûlîn hanâ l hâkûma fakkaro fî islah hanâ tarbiyat al haywanât.* Les responsables du gouvernement ont réfléchi à la réforme de l'élevage.

islâm *n. m.*, * slm, م ل س

♦ **islam.** •*Dîn al islâm gâ'id fî Tcâd gubbâl daxûl al musta'mirîn.* La religion musulmane existait au Tchad avant l'arrivée des colons. •*Al islâm dîn hanâ l muslimîn.* L'islam est la religion des musulmans.

islâmi / islâmiyîn *adj.*, (*fém. islâmiya, islâmiye*), * slm, م ل س

♦ **islamique.** •*Al-lajna l islâmiya sawwat amis bayân lê l muslimîn.* Le comité islamique a fait hier une déclaration aux musulmans. •*Al-râjil wa martah kan muslimîn wa induhum macâkil ambênâthum biwadduhum fî l-lajna l islâmiye.* Les problèmes qui peuvent exister entre le mari et son épouse, s'ils sont musulmans, sont portés au jugement du comité islamique.

islîb / asâlîb *n. m.*, *empr.* (*fr. angl.*), ≅ le pluriel *eslibât*.

♦ **slip.** •*Zamân, zôl kabîr mâ balbas islîb, illa surwâl tawîl.* Autrefois les adultes ne portaient pas de slip, mais seulement de longs sarouals. •*Al-zôl kan bibarrid fî l bahar, ahsan yukûn lâbis islîb.* Lorsque quelqu'un se baigne dans le fleuve, il vaut mieux qu'il mette un slip.

Ismâ'îl *n. pr.* d'homme, Ismaël.

Ismâîl *n. pr.* d'homme, → *Ismâ'îl*.

Ispânya *n. pr.* de pays.

♦ **Espagne.**

ispôr *n. m.*, *empr. fr.*, plus utilisé que *riyâda*.

♦ **sport.** •*Hû bisawwi kulla yôm ispôr bê fajur.* Il fait du sport tous les matins. •*Ba' lêyah na'âl hanâ ispôr.* Il s'est acheté des chaussures de sport. •*Awîn al-nasâra yirîdu yisawwu ispôr misil rujâlhum.* Les européennes aiment faire du sport comme leur mari.

isra *adj. fém.*, (*masc.* peu utilisé *yasâr*), ≅ *isira, isire, isre, Cf. yasâr,* * ysr, ي س ر

♦ **gauche.** •*Amci adîl wa ba'adên liff be îdak al isra !* Va tout droit et ensuite tourne à gauche ! •*Al-râjil da, rijilah al isra mâtat.* Cet homme a la jambe gauche paralysée. •*Mâla ti'awwi fajur ke, gammêt be l isra wallâ cunû ?* Pourquoi cries-tu ainsi dès le matin, te serais-tu levé du pied gauche ? •*Mâ tâkul be îdak al isra !* Ne mange pas avec la main gauche !

Isra'îl *n. pr.* de pays.

♦ **Israël.** •*Isra'îl dawla mujâwira lê Falastîn.* Israël est un pays voisin de la Palestine. •*Hassâ Isra'îl wa Falastîn bidôru bisâluhu.* Maintenant, Israël et la Palestine veulent se réconcilier.

isray *adj.*, (*fém. israyye*), * ysr, ي س ر

♦ **côté gauche.** •*Al wilêd da yaktib isray.* Cet enfant est gaucher [écrit à gauche]. •*Usba'i hanâ îdi al isrâyye cammam wa daharâni l-nôm.* J'ai un panaris au doigt de la main gauche, et cela m'a empêché de dormir.

isre *adj. fém.*, → *isra.*

ista'adda / yista'idd *v. intr. {- lê}*, forme IX, *Cf. jahhaz,* * ʕdd, ع د د

♦ **se préparer à.** •*Humman ista'addo lê l harba.* Ils se sont préparés pour la guerre. •*Hû yista'idd lê l-safar.* Il va se préparer pour partir en voyage. •*Amis anâ ista'addêt lê l imtihân.* Hier, je me suis préparé à l'examen.

ista'bad / yista'bad *v. trans.*, forme IX, terme moins employé que *abbad,* * ʕbd, ع ب د

♦ **rendre** ***qqn.*** **esclave, asservir, dominer** ***qqn.*****, opprimer,** chercher à faire de quelqu'un son esclave, chercher à dominer ou à opprimer l'autre. •*Zamân al-Salâtîn ista'badu l-nâs al-du'âf.* Autrefois les sultans ont asservi ceux qui étaient faibles. •*Kan abûk mât ambâkir immak yista'badak !* Si ton père meurt, demain ton oncle paternel fera de toi son esclave !

ista'badân *n. d'act., m.*, → *ista'bidîn.*

ista'bidîn *n. d'act., m.*, forme IX, ≅ *ista'badân, Cf. abbidîn,* * ʕbd, ع ب د

♦ **esclavage, asservissement, oppression, domination,** fait de chercher à faire de *qqn.* son esclave. •*Allah yas'alak yôm al xiyâma fî ista'bidînak lê l-nâs al masâkîn.* Au jour de la résurrection, Dieu te demandera de rendre compte de l'oppression [esclavage] que tu as exercée sur les gens pauvres. •*Wâjib dahirîn ista'bidîn al-rujâl lê l awîn wa lê l iyâl al-suxâr.* On doit combattre l'esclavage que les hommes imposent aux femmes et aux petits enfants.

ista'dal / yista'dal *v. intr.*, forme IX, *Cf. adâla,* * ʕdl, ع د ل

♦ **être juste, être vrai(e), être droit(e), être rigoureux (-euse), se tenir bien.** •*Inta kan mâ ista'dalt fî xidimtak di, anâ mâ nagôd ma'âk !* Si tu n'es pas rigoureux dans ton travail, je ne reste pas avec toi ! •*Ista'dale fî gu'âdki ma'â jîrânki !* Conduis-toi bien dans tes relations avec tes voisins ! •*Kan râkib fî l-juwâd ista'dal adîl, kan mâ ke da taga'.* Lorsque tu montes à cheval, tiens-toi droit, sinon tu vas tomber ! •*Ista'dal adîl nidôr nagôd ma'âk fî l banbar !* Tiens-toi bien droit, que je puisse m'asseoir à côté de toi sur le petit banc !

ista'jal / yista'jal *v. trans.*, forme IX, → *sa'jal,* * ʕjl, ع ج ل

ista'jar / yista'jar *v. trans.*, forme IX, terme de l'*ar. lit.* moins employé que *ajjar, Cf. ajjar, âjar,* * 'jr, ء ج ر

♦ **louer** ***qqch.*****, mettre en location, prendre en location, payer** ***qqn.*** **pour accomplir une tâche.** •*Hû ista'ajar lêyah bêt fôgah almi wa nâr.* Il a loué une maison avec l'eau et l'électricité. •*Anâ mâ nista'jar watîri lê l mêri acân yangulu beyah al-salte.* Je ne louerai pas mon véhicule à la Mairie parce qu'elle s'en servira pour transporter les ordures. •*Al-Sa'ûdiye ista'jarat carika banat lêna jâmiye kabîre.* L'Arabie Saoudite a payé une entreprise qui nous a construit une grande mosquée.

ista'jarân *n. d'act., m.*, → *ista'jirîn.*

ista'jirîn *n. d'act., m.*, ≅ *ista'jarân*, → *ajjirîn*, * 'jr, ر ج ء

ista'kad / yista'kad *v. trans.*, moins utilisé que *al'akkad* [s'assurer de], → *al'akkad*, * 'kd, د ك ء

ista'kal / yista'kal *v. intr.*, forme IX, → *istâkal.*

ista'kalân *n. d'act.*, → *ista'kilîn.*

ista'kilîn *n. d'act., m.*, ≅ *ista'kalân*, * 'kl, ل ك ء

♦ **usure, frottement qui use.** •*Tarbilîn ajal biskilêti min ista'kilin al bilal.* Le flottement de la roue de ma bicyclette autour de l'axe est dû à l'usure des billes du roulement. •*Kan mâ tidôru ista'kilîn habil al-juwâd, dissu jinzir fî ga'ar al 'ûd, wa arbutu l habil fôgah.* Si vous voulez éviter l'usure de la corde du cheval, mettez une chaîne à la base du piquet et attachez-y la corde !

ista'mal / yista'mal *v. trans.*, forme IX, * ʕml, ل م ع

♦ **utiliser, employer.** •*Fî darna anîna nista'malo l-luxxa l faransâwiya fî l makâtib.* Dans notre pays, nous utilisons la langue française dans les bureaux de l'administration. •*Fî l barûd anâ nista'mal al-sâbûn al masnu' fî baladi.* Pour le bain, j'utilise du savon fabriqué dans mon pays. •*Nâs al mudun birîdu bista'malo l hubûb kan mardânîn.* Les gens des villes aiment prendre des comprimés quand ils sont malades.

ista'mar / yista'mar *v. trans.*, forme IX, * ʕmr, ر م ع

♦ **coloniser, dominer, exploiter.** •*Fransa ista'marat Tcâd fî mudda hanâ sittîn sana.* La France a colonisé le Tchad pendant soixante ans. •*Al-duwal hanâ Urubba lê hassâ kula gâ'idîn bista'maro l-duwal al fagâra.* A présent encore, les pays d'Europe sont en train d'exploiter les pays pauvres.

ista'zan / yista'zan *v. intr. {- min}*, forme IX, * 'd̲n, ن ذ ء

♦ **demander la permission, demander l'autorisation.** •*Anâ ista'zant min abûk hatta rassaltak fî l-sûg.* J'ai demandé à ton père la permission de t'envoyer au marché. •*Al mara ista'zanat min râjilha hatta maragat.* La femme a demandé à son mari la permission de sortir. •*Anâ nidôr namrug fî l-câri lâkin lissâ mâ ista'zant min abui.* Je veux sortir dans la rue, mais je n'ai pas encore demandé la permission à mon père.

istafâd / yistafîd *v. trans.*, forme IX, * fyd, د ي ف

♦ **tirer profit, bénéficier.** •*Hû istafâd min tijârtah di.* Il a tiré un bon profit de son commerce. •*Hû mâ istafâd ceyy min al haya.* Il n'a tiré aucun profit de la vie. •*Kan tagri tistafîd coxol yi'âwinak fî hayâtak.* Lorsque tu lis, tu tires toujours profit de quelque chose qui t'aidera dans ta vie.

istafag / yistafig *v. intr.*, *Cf. alwâfago* ; forme IX, * wfq, ق ف و

♦ **se mettre d'accord, trouver un compromis, s'entendre.** •*Anâ wa jârti, istafagna acân nisawwu sûg.* Ma voisine et moi, nous nous sommes entendues pour faire du commerce. •*Kulla l-tacâdiyîn istafago acân yabnu dârhum.* Tous les Tchadiens se sont entendus pour construire leur pays. •*Râjili yistafig ma'â jârah acân yaktulu l-dûd.* Mon mari va s'entendre avec son voisin pour tuer le lion. •*Humman istafago, caro lêhum bêt sawa.* Ils se sont entendus et ont acheté ensemble une maison.

istâfar Allah expression, formule religieuse d'imploration du pardon de Dieu ; sans doute altération de *istaxfar* réalisé *[istâfar]* ou *[istawfar]*, → *istaxfar*, * ġfr, ر ف غ

♦ **que Dieu pardonne !,** Mon Dieu ! A Dieu ne plaise ! Que Dieu me pardonne ! •*Mûsa ayyar ammah wa axtah gâlat : "Istâfar Allah !".*

Moussa a insulté sa mère et a dit : "Que Dieu me pardonne !". •*Fî kulla l-salâ nugûl "Istâfar Allah !".* Dans chaque prière je dis : "Que Dieu me pardonne !".

istafrah / yistafrah *v. intr.*, forme IX, terme de l'*ar. lit.*, → *firih, farhân*, * frḥ, ف ر ح

istaha / yistahi *v. intr.*, forme IX, *Cf. ayyab, xijil*, * ḥyy, ح ي ي

♦ **avoir honte, avoir de la pudeur, avoir du respect humain, craindre.** •*Hû yidôr yafruc martah lâkin câf nasibtah wa istaha.* Il voulait frapper sa femme, mais il a vu sa belle mère : il a eu honte. •*Al wilêd istaha minnak acân inta rafîg abuh.* L'enfant est réservé devant toi [te craint], parce que tu es l'ami de son père. •*Hû sa'alâni lê l axîde wa anâ istahêt minnah, mâ nagdar ni'orih kalâm sahi.* Il m'a demandée en mariage, j'ai eu du respect humain devant lui et n'ai pas pu lui dire la vérité. •*Kan tistahi minni, amurgi barra wa âkuli !* Si tu as honte devant moi, va manger dehors !

istahbal / yistahbal *v. trans.*, forme IX, *Syn. jâlax*, * hbl, ه ب ل

♦ **plaisanter, parler à la légère, blaguer,** parler pour se faire remarquer, ne pas parler sérieusement. •*Hû bistahbal ma'â l banât.* Il plaisante avec les filles. •*Al wilêd istahbal abuh gâl hû mardân, lâkin hû tayyib.* L'enfant n'a pas parlé sérieusement à son père, il lui a dit qu'il était malade alors qu'il était en bonne santé. •*Al-sarrâgîn istahbalo l-bôlis wa ambalaso.* Les voleurs ont trompé la vigilance des policiers en blaguant avec eux, et se sont échappés.

istahlam / yistahlam *v. intr.*, forme IX, * ḥlm, ح ل م

♦ **rêver, avoir une pollution nocturne.** •*Al-sabi kan bâkul adîl wa mâ baxadim, bistahlam fî l-lêl.* Lorsqu'un jeune homme mange bien sans travailler, il rêve en ayant une pollution nocturne. •*Al-nâdum kan istahlam, yibarrid barûd janâba.* Lorsque quelqu'un a une pollution nocturne, il fait une toilette de purification.

istahyan / yistahyan *v. intr.*, forme IX, * hwn, ه و ن

♦ **feindre de ne pas reconnaître *qqn.*, ignorer *qqn.*, se détourner de *qqn.*,** regarder ailleurs pour fuir quelqu'un que l'on connaît, méconnaître quelqu'un. •*Hû gâid bacrab merîse, cafâni da istahyan.* Il était en train de boire une boisson alcoolisée, et a fait semblant de ne pas me voir. •*Lammêna fî l-câri wa istahyan mâ sallamâni ke bas maca.* Nous nous sommes rencontrés dans la rue et il m'a ignoré ; il ne m'a même pas salué, et s'en est allé.

istâkal / yistâkal *v. intr.*, forme IX, ≅ *ista'kal*, * 'kl, ء ك ل

♦ **se manger, être comestible, s'user, s'abîmer, se déchirer** (tissu). •*Al mulâh da mâ yistâkal lêna acân bigi bârid bilhên.* On ne peut pas manger cette sauce parce qu'elle est devenue trop froide. •*Xalagi gidim wa bada' bistâkal.* Mon vêtement est usé et commence à se déchirer. •*Al hadîd yistâkal kan xidimtah bigat katîre.* Le fer s'use lorsqu'on le fait beaucoup travailler.

istakbar / yistakbar *v. intr.*, forme IX, *Cf. jôkâk, kôlaf*, * kbr, ك ب ر

♦ **être orgueilleux (-euse), être fier (-fière), être arrogant(e),** faire l'important. •*Hû istakbar, acân da mâ al'allam ceyy fî hayâtah.* Il est tellement orgueilleux qu'il ne s'est laissé instruire en rien dans sa vie. •*Hî ji'âne lâkin istakbarat mâ tagdar tâkul giddâm al-nâs.* Elle a faim, mais elle est fière et refuse de manger devant les gens.

istamarra / yistamarra *v. intr.*, forme IX, * mrr, م ر ر

♦ **durer, être permanent(e), continuer, se répéter.** •*Al harba istamarrat tis'a cahar fî l âsima hanâ Tcâd.* La guerre a duré neuf mois dans la capitale du Tchad. •*Hassâ da Mahammat istamarra adîl fî xidimtah.* Jusqu'à présent, Mahamat continue de bien travailler. •*Al-sane l fâtat di, istamarrêt fî l giray.* L'année passée, j'ai continué mes études.

istankar / yistankar *v. intr.*, forme IX, * nkr, ن ك ر

♦ **être enragé(e), être en fureur, se mettre en colère, être agressif (-ve).** •*Al askari al fahal da yistankar fî l-duwâs, wa lâ baxâf, wa lâ bajiri.* Le soldat courageux est agressif au combat, il n'a pas peur et ne recule pas. •*Al mara istankarat wa abat bani hanâ bêtha.* La femme s'est mise en colère et a refusé de construire son foyer. •*Al kalib câf al-sarrâgîn wa istankar fî l-nabahân.* Le chien a vu les voleurs et s'est mis à aboyer furieusement [il s'est enragé dans l'aboiement].

istarah / yistarih *v. intr.*, terme de l'*ar. lit.* moins employé que *anjamma*, → *anjamma*, * rwḥ, ر و ح

♦ **se reposer.** •*Al gadd al bijîb al-rîh, siddah wa istarih !* Le trou par lequel le vent souffle, bouche-le et repose-toi ! *Prvb.* (*i.e.* fais tout ton possible pour éviter les palabres !). •*Al harrâtîn yistarîhu kan al harray gayyalat.* Les cultivateurs se reposent lorsque le soleil est en plein midi.

istâri *invar.*, *Cf. lâkin*, * r'y, ر ء ي

♦ **mais, voilà que, or, et puis, cependant, pourtant, alors que,** (marque d'une rupture entre l'intention et sa réalisation). •*Amis anâ jît lêk wa martak gâlat inta mâ fîk, istâri inta nâyim dâxal.* Hier, je suis venu chez toi et ta femme m'a dit que tu n'étais pas là, alors que tu dormais à l'intérieur. •*Al-sane tidôr taxatir, istâri mâ bigi lêk.* Cette année, tu voulais voyager, or cela n'a pas eu lieu. •*Iyâl al-lekôl lammo, istâri al mudarrisîn adrabo.* Les élèves s'étaient rassemblés, mais les enseignants s'étaient mis en grève.

istasâb / yistasîb *v. intr.*, forme IX, * ṣwb, ص و ب

♦ **être malade, être contaminé(e) par, être infecté(e) par, attraper une maladie, être possédé(e) par un diable,** être atteint par un handicap naturel. •*Al-râjil da istasâb be marad al-sull.* Cet homme a attrapé la tuberculose. •*Humman kulluhum istasabo be marad al amkanyang-nyang.* Ils ont tous attrapé la rougeole. •*Wilêdah istasâb, yifattucu faki yidâwuh.* Son fils est possédé par un diable, il cherche un faki pour le soigner.

istata' / yistati' *v. intr.*, forme IX, terme de l'*ar. lit.*, moins employé que *gidir*. Conjugaison à l'accompli : *anâ istati't, inti istata'ti, hû istata', anîna istati'na, hummân istatâ'o*, * ṭwˁ, ط و ع

♦ **pouvoir, avoir les moyens.** •*Al-sane di kan anâ istati't namci l hijj.* Cette année, si j'en ai les moyens, j'irai à La Mecque. •*Al-nâdum kan istata' wâjib yarham al masâkîn.* Lorsqu'on le peut, c'est un devoir d'avoir pitié des pauvres et de leur faire l'aumône.

istawfar / yistawfar *v. trans.*, forme IX, altération de *istaxfar*, → *istaxfar*, * ġfr, غ ف ر

♦ **implorer le pardon de Dieu, demander pardon.** •*Kan sawwêt coxol hawân, istawfar Rabbak !* Si tu as fait un acte mauvais, demande pardon à ton Seigneur ! •*Kulla yôm hû bistawfar alif marra be sibihtah.* Chaque jour, il implore mille fois le pardon de Dieu en égrenant son chapelet.

istaxalla / yistaxill *v. intr. {- min}*, forme IX, * qll, ق ل ل

♦ **être indépendant(e), quitter, démissionner.** •*Baladna istaxallat min al isti'mâr indaha talâta wa talâtîn sana.* Notre pays est indépendant depuis trente trois ans. •*Amis hû istaxalla min al hâkûma.* Hier il a quitté le gouvernement. •*Ambâkir kan mâ kaffôni, nistaxill min al-lajna.* Si demain il ne me paye pas, je démissionne du comité.

istaxar / yistaxir *v. trans.*, * ḫyr, خ ي ر

♦ **consulter le sort pour choisir le meilleur parti, pratiquer la divination, chercher le conseil de**

Dieu. •*Al-zôl kan bidôr bisawwi ceyy wa mucakkik, wâjib yistaxir Rabbah.* Lorsque quelqu'un hésite à faire quelque chose, il doit chercher le conseil de son Seigneur. •*Anâ wakit nidôr nâxud da istaxirt Rabbi hatta sawwêt al fâte.* Lorsque j'ai voulu me marier, j'ai d'abord pris conseil de mon Seigneur avant de conclure le mariage.

istaxbal / yistaxbal *v. trans.*, forme IX, * qbl, ق ب ل

♦ **recevoir, accueillir.** •*Al yôm Ra'îs al-jamhûriya istaxbal kulla l-sufara l gâ'idîn fî baladna.* Aujourd'hui, le Président de la République a reçu tous les ambassadeurs qui se trouvent dans notre pays. •*Direktêr hanâ l-lekkôl istaxbal abbahât al iyâl ba'ad kumâle hanâ l xarîf.* Le directeur de l'école a reçu les parents d'élèves à la fin de la saison des pluies.

istaxfar / yistaxfar dans l'expression *istaxfar Allah !* Formule religieuse d'imploration du pardon de Dieu, * ġfr, غ ف ر

♦ **que Dieu pardonne !, demander pardon à Dieu,** Mon Dieu ! A Dieu ne plaise ! Que Dieu me pardonne ! •*Mûsa ayyar ammah wa axûh gâl lêyah "istaxfar Allah !".* Moussa a insulté sa mère, et son frère lui a dit : "Demande pardon à Dieu !". •*Fî kulla l-salâ nugûl "istaxfar Allah !".* Dans chaque prière je dis : "Que Dieu me pardonne !". •*Kulla yôm hû bistaxfar alif marra be sibihtah.* Tous les jours, il implore mille fois le pardon de Dieu en égrenant son chapelet.

istaxrab / yistaxrab *v. intr.*, forme IX, * ġrb, غ ر ب

♦ **s'étonner, admirer.** •*Wakit gâlo lêi hû axad, anâ istaxrabt.* Lorsqu'on m'a dit qu'il s'était marié, je me suis étonné. •*Wakit cîfna l-tayyâra gâmmat, ixtaxrabna marra wâhid.* Quand nous avons vu l'avion décoller, nous étions stupéfaits [très étonnés]. •*Anâ istaxrabt lê binêyti l-saxayre l-ta'arif tusût êc najîd.* J'ai admiré ma petite fille qui sait bien faire cuire la boule.

istêri *invar.*, → *istâri.*

isti'bâd *n. d'act.*, *m.*, *Cf. ista'bad,* voir le *Syn. abbidîn,* * ʕbd, ع ب د

isti'jâr *n. d'act.*, *m.*, *Syn. ajjirîn, ajjarân,* → *ajjirîn,* * 'jr, ء ج ر

isti'kâl *n. m.*, → *ista'kilîn.*

isti'mâl *n. d'act.*, *m.*, * ʕml, ع م ل

♦ **utilisation, emploi, mode d'emploi, usage.** •*Hî mâ irifat al isti'mâl hanâ l-dawa da wa sabbab lêha marad âxar.* Elle n'a pas su utiliser ce médicament et cela lui a causé une autre maladie. •*Kan tidôr tacri l-dawa wâjib tas'al al-daktôr yi'ôrik isti'mâlah.* Si tu veux acheter un médicament, tu dois demander au médecin de t'expliquer son mode d'emploi.

isti'mâr *n. d'act.*, forme IX, * ʕmr, ع م ر

♦ **colonisation, fait de commander, commandement, impérialisme, domination.** •*Hû birîd al isti'mâr hanâ l awîn.* Il aime commander les femmes. •*Anâ mâ nirîd al isti'mâr illa naxdim be nîyti.* Je n'aime pas être commandé, je ne travaille que si je le veux bien. •*Al mara di isti'mârha katîr lê râjilha.* Cette femme domine complètement son mari. •*Wakit al isti'mâr, nâs baladna mâ farhânîn !* Au temp de la colonisation, les gens de notre pays n'étaient pas heureux.

isti'mâri / isti'mâriyîn *adj.*, (*fém. isti'mâriye*), *Cf. musta'mir,* * ʕmr, ع م ر

♦ **colonialiste, impérialiste, dictatorial(e), dominateur (-trice), autoritaire.** •*Acân hû nâdum isti'mâri taradoh min xidimtah.* A cause de son attitude dictatoriale, il a été renvoyé de son travail. •*Al mara di ticîfha tugûl isti'mâriye, lâkin hî miskîne marra wâhid.* Cette femme paraît vouloir tout dominer, mais en fait elle est humble. •*Zamân al isti'mâriyîn yitâjuru be l Afrixiyîn.* Autrefois, les colonialistes pratiquaient la traite des Noirs.

istibdâd *n. m.*, * bdd, ب د د

♦ **dictature, despotisme, tyrannie, mépris, comportement hautain.** •*Zamân îcna fî hukum hanâ istibdâd.* Autrefois, nous avons vécu sous une dictature. •*Fî hukum hanâ hassâ istibdâd mâ fîh acân jât al-demoxratiya.* A présent il n'y a plus de gouvernement dictatorial parce qu'on a instauré la démocratie. •*Hû da, coxolah istibdâd, kan ba'arfak kula mâ bisallimak !* Celui-là a vraiment un comportement méprisant : même s'il te connaît, il ne te salue plus !

istibido *n. m., empr.* (*fr.* vers 1960) venant de "scoubidou".

♦ **fil de nylon coloré, fil plastique décoratif, fil de scoubidou,** fil fin et creux servant à la décoration des objets ou des cheveux des fillettes. •*Fî Abbece, al banât bacfo barâtîl be istibido.* A Abéché, les filles fabriquent des vans avec des fils de scoubidou. •*Birêtilât al isitibo ba'alluguhum zîna fî l buyût.* Les petits ronds en paille décorés avec du fil plastique sont accrochés au mur pour décorer les maisons.

istifâg / istifâgât *n. m.*, *Syn. isitifâgiye*, * wfq, و ف ق

♦ **accord.** •*Al istifâg ambên al mara wa l-râjil fî l bêt adîl.* L'entente entre la femme et l'homme dans le foyer est une bonne chose. •*Al mu'âridîn wa l hâkûma mado istifâg amis.* Les opposants et le gouvernement ont signé hier un accord. •*Al istifâgiye al bigat ambên al-ru'asa l-tinên jâbat al âfe.* L'accord conclu entre les deux chefs d'État a apporté la paix.

istifâgiye / istifâgiyât *n. f.*, voir le *Syn. istifâg.*

istihbâl *n. m.*, * hbl, ه ب ل

♦ **plaisanterie.** •*Mûsa birîd istihbâl al banât.* Moussa aime la plaisanterie avec les filles. •*Al wilêd da mâ birîd al istihbâl ma'â rufugânah, yixabbin ajala.* Ce garçon n'aime pas que ses amis plaisantent avec lui, il se met vite en colère.

istikbâr *n. m.*, *Cf. istakbar, bahbar*, * kbr, ك ب ر

♦ **vanité, orgueil, fierté.** •*Al istikbâr harâm.* La vanité est blâmable. •*Hasan wilêd adîl lâkin indah istikbâr ciya.* Hassan est un bon garçon, mais il est un peu orgueilleux.

istinkar *n. d'act.*, * nkr, ن ك ر

♦ **rage, agressivité, fureur, colère, entêtement,** fait d'être enragé, en fureur, en colère. •*Al instinkar ba'ami wa bicôtin.* La colère rend aveugle et fou. •*Al istinkar fî xidimt al harray yijîb al marad.* S'entêter à vouloir absolument travailler au soleil finit par rendre malade.

istirâha *n. f.*, on utilise aussi le mot d'emprunt *rekreasyo*, * rwh, ر و ح

♦ **repos, détente, récréation, pause.** •*Fî l madrasa al iyâl bamurgu istirâha marritên.* A l'école arabe, les enfants sortent deux fois par jour en récréation. •*Lâ taxadim arba'a sa'ât bala istirâha !* Ne travaille pas plus de quatre heures de suite sans prendre un temps de détente !

istitâ'a *n. f.*, *Syn. tâxa, gudra*, * ṭwˁ, ط و ع

♦ **capacité, moyens financiers.** •*Bala istitâ'a mâ tagdar tabni bêt.* Sans moyens financiers, on ne peut pas [tu ne peux pas] construire une maison. •*Nantîki masârîf gadur istitâ'ti.* Je te donne l'argent pour les dépenses quotidiennes, comme je peux.

istixara *n. f.*, * hyr, خ ي ر

♦ **divination au moyen du Coran,** utilisation de formules religieuses pour choisir le meilleur parti. •*Al istixâra, al-nâdum bisawwîha fî l-lêl wa bargud bunûm.* La divination par le Coran se fait la nuit en prononçant des formules religieuses avant de s'endormir. •*Keyfîyit al istixâra mazkûra fî l-sunna, salâ wa du'a.* La pratique de la divination par des formules religieuse est mentionnée dans la tradition, elle consiste en une prière et une invocation.

istixbâl *n. m.*, * qbl, ق ب ل

♦ **accueil.** •*Ra'îs al-jamhuriya maca fî Fransa wa ligi hinâk istixbâl hârr.* Le Président de la République a été chaleureusement accueilli lors de son séjour en France. •*Humman mâ ligo istixbâl adîl fî hillitna.* Ils n'ont pas trouvé bon accueil dans notre village.

istixlâl / istixlâlât *n. m., Cf. hurriya*, * qll, ق ل ل

♦ **indépendance,** pouvoir indépendant d'un souverain. •*Hizib hanâ l-Ra'îs al-tcâdi al gadîm usumah al ijtihâd al watani lê l istixlâl wa l-sawra.* Le parti de l'ancien Président tchadien s'appelait Union Nationale pour l'Indépendance et la Révolution. •*Baladna ligat istixlâlha indaha talâta wa talâtîn sana.* Notre pays a acquis son indépendance il y a trente-trois ans.

istixrâr *n. m.*, *mrph.* forme IX, terme de l'*ar. lit.*, * qrr, ق ر ر

♦ **sécurité, stabilité.** •*Adam al istixrâr mâ yixallîni nagôd fî Tcâd.* Le manque de sécurité ne me permet pas de rester au Tchad. •*Al fawda mâ tijîb al istixrâr lê l muwâtinîn.* L'anarchie n'apporte pas de sécurité aux citoyens.

isyân 1 *n. m.*, *Cf. asa 1*, * ʿṣy, ع ص ي

♦ **désobéissance, rébellion, révolte.** •*Al-nâdum al mâ biti' kalâm Allah coxolah isyân.* Ne pas obéir à la parole de Dieu, est un acte de rébellion. •*Isyân al amm wa l abu bidissak al-nâr !* Désobéir à ta mère et à ton père te mènera en enfer. •*Isyânak lê kabîrak da mâ bizîdak giddâm !* Désobéir à ton chef ne te fera pas avancer dans ton travail.

isyân 2 *pl.*, → *asa 2.*

ît *v. impér.*, → *ât.*

Itâlya *n. pr.* de pays.

♦ **Italie.**

itêcân / itêcânîn *adj. mrph. dmtf.*, (*fém. itêcâne*), *litt.* qui a un peu soif, → *atcân*, * ʿṭš, ع ط ش

itfaddal / itfaddalu verbe à l'impératif, → *alfaddal*, * fḍl, ف ض ل

itfassah / yitfassah *v. intr.*, forme V, → *alfassah*, * fsḥ, ف س ح

itic / ya'tac *v. intr.*, *inacc.*, forme I n° 20, *Cf. atcân*, * ʿṭš, ع ط ش

♦ **être assoiffé(e), avoir soif.** •*Hû sâyim wa itic marra wâhid.* Il jeûne et a très soif. •*Al musâfirîn itico acân mâ ligo almi garîb.* Les voyageurs ont eu très soif parce qu'ils n'ont pas trouvé d'eau près d'eux. •*Anîna iticna wa mâ ciribna almi bârid.* Nous avons eu très soif et n'avons pas bu d'eau fraîche. •*Zâra saffat lê l-difân amtaba'aj, al itic kulla baji bacrab.* Zara avait préparé de la bière de mil sucrée pour les invités, quiconque avait soif venait boire.

itinên nombre cardinal, quand il est en apposition, *Cf. tittên, tinên*, * ṯny, ث ن ي

♦ **deux.** •*Ali wa Hasan, al itinên dôl bas karabathum wirde.* Ali et Hassan, sont les deux seuls a avoir attrapé de la fièvre. •*Macêna lêyah anîna itinên, wa ligînah.* Nous sommes allés à deux chez lui, et l'avons trouvé.

(al) itinên / al itnênât nom d'un jour de la semaine, pour *yôm al itinên*, * ṯny, ث ن ي

♦ **lundi.** •*Yôm al itinên naji lêk fî bêtak.* Lundi, je viendrai chez toi. •*Al itinên al yôm al-tâni fî l usbu'.* Le lundi est le deuxième jour de la semaine. •*Al iyâl bagru itinên wa talât.* Les enfants étudient le lundi et le mardi.

itir 1 / ya'tar *v. intr.*, *Cf. tarta'*, * ʿṯr, ع ث ر

♦ **buter sur *qqch.*, trébucher, faire un faux pas, se répéter dans un discours.** •*Hû itir acân tutul taggah fî rijilah.* Il a trébuché parce qu'il a buté contre ce rocher [une pierre a frappé son pied]. •*Al yôm da, maragt ke itirt, mâ nalga ceyy giddâmi !* Aujourd'hui j'ai fait un faux pas au moment de sortir ; je ne trouverai rien de ce que je cherchais. •*Hû da arrâf lê l hije, mâ ba'atar tak !* Il sait bien raconter les histoires, il ne se répète pas !

itir 2 / utûr *n. m.*, pluriel peu employé, * ʕṭr, ع ط ر
♦ **parfum.** •*Itir al awîn tagîl.* Le parfum des femmes est fort [lourd]. •*Rufugâni jâbo lêi itir fî yôm fâtehti.* Mes amis m'ont apporté des parfums le jour de mon mariage. •*Al utûr al gâ'idîn fî l-sûg jâyîn min Nijêrya.* Les parfums qui sont sur le marché viennent du Nigeria.

itmanna / yitmanna *v. trans.*, forme V, * mnw, م ن و
♦ **souhaiter.** •*Nitmanna lêk tûl al umur.* Je te souhaite une longue vie. •*Al yôm anâ nitmanna l matara tanzil.* Aujourd'hui je souhaite qu'il pleuve. •*Itmannêt nagôd fî bakân bârid fî wakt al hamu.* J'ai souhaité rester dans un endroit frais pendant la saison chaude.

itmassak / yitmassak *v. intr.*, forme V, pour *almassak, yilmassak*,* msk, م س ك
♦ **prendre au sérieux, se saisir de, s'adonner à.** •*Al-tâlib al mujtahid bitmassak be giraytah.* L'élève appliqué se donne à fond à son étude. •*Iyâlah jo ôroh kalâm kidib, wa hû itmassak beyah.* Ses enfants sont venus lui dire des mensonges et il les a pris au sérieux.

itraccah / yitraccah *v. intr.*, forme V, verbe venant de l'*ar. lit.*, pour *arraccah, yirraccah*, * ršḥ, ر ش ح
♦ **postuler, présenter sa candidature,** se présenter comme candidat. •*Hû yidôr yitraccah fî ra'âsa hanâ l-dawla.* Il veut postuler sa candidature pour la présidence de la République [de l'État]. •*Kan mâ indak mâl katîr, mâ titraccah !* Si tu n'as pas beaucoup d'argent, ne présente pas ta candidature !

itrayyad *v. intr.*, forme V, → *arrayyad.*

ittahad / yittahid *v.*, terme de l'*ar. lit.* moins utilisé que *wahhad* ; → *wahhad.*

itte *n. coll.*, animal, *sgtf. ittey*, * ʕṯṯ, ع ث ث
♦ **charançon, mite, vers, Aspidomorpha, Tribolium.** •*Itte rijêlâtha sitte... Di l gamlay.* C'est un charançon qui a six petites pattes… C'est le poux. *Dvnt.* •*Al itte akalat al farwa.* Les mites ont rongé la peau. •*Zâra carat carmût min al-sûg lâkin kulla kê malyân itte.* Zara a acheté de la viande au marché, mais elle était pleine de vers.

ittihâd / ittihadât *n. m.*, * wḥd, و ح د
♦ **union.** •*Abui maca fî l Ittihâd al-Soviyêti.* Mon père est parti en Union Soviétique. •*Al munâdilîn hanâ l hizib al-siyâsî "ittihâd al watani" lammo amis.* Les militants du parti politique "Union Nationale" se sont réunis hier.

ittisâl / ittisâlât *n. m.*, terme de l'*ar. lit.* moins utilisé que *muwâsala*, * wṣl, و ص ل
♦ **communication, connexion, contact, liaisons téléphoniques.** •*Hini al ittisâlât al-duwaliya, natlubu minku al intizâr dagâyig.* "Ici les communications internationales, veuillez patienter quelques instants !" •*Tcâd indaha ittisâlât katîre ma'â l-Sa'udiya.* Le Tchad a de nombreuses liaisons téléphoniques avec l'Arabie Saoudite. •*Xatt hanâ l-têlafûn angata', mâ fî ittisâl min Anjammêna lê Sâr.* La ligne téléphonique est coupée, il n'y plus de liaison entre N'Djaména et Sarh.

itwaffa / yitwaffa *v. intr.*, forme V, pour *alwaffa, yilwaffa*, *Syn. mât* ; *antakal, antaxal*, * wfy, و ف ي
♦ **mourir, décéder.** •*Al-câyib al mardân itwaffa amis.* Le vieil homme qui était malade est mort hier. •*Anîna simîna xabarah, hû itwaffa fî l harba.* Nous avons appris la nouvelle, il est mort au combat.

îx *v. impér.*, → *âx.*

ixâb / ixâbât *n. m.*, * ʕqb, ع ق ب
♦ **sanction, punition.** •*Al ixâb al mârig min al gâdi hayyin min hanâ l*

askar. La sanction donnée par le juge est moins lourde que celle infligée par les militaires. •*Anâ naxâf min ixâb hanâ Allah.* J'ai peur de la punition de Dieu.

ixil / ya'xal *v. intr.*, forme I n° 20, * ˁql, ع ق ل

♦ **être raisonnable, atteindre l'âge de raison.** •*Al binêye kan ixilat taxadim lê ammaha.* Lorsqu'une fille a atteint l'âge de raison, elle travaille pour sa mère. •*Wilêdak lissâ mâ ixil, gadur hâlah da bidâwis ma'â iyâl al-dugâg.* Ton enfant n'est pas encore raisonnable, à son âge il se bat avec les petits enfants.

ixlâs *n. m.*, * ẖlṣ, خ ل ص

♦ **sincérité, fidélité, dévotion.** •*Al-dîn bidôr al ixlâs fî l galib.* La religion exige la sincérité du cœur. •*Al-râjil da ixlâs cadîd lê martah.* Cet homme a une grande fidélité envers sa femme.

Ixlâs *n. pr.* de femme, *Cf. ixlâs*, * ẖlṣ, خ ل ص

ixlîm / axâlîm *n. m.*, *qdr.*, *empr.* au grec *κλιμα* (région), * 'qlm, ء ق ل م

♦ **région.** •*Ixlîm hanâ l Batha indah bagar katîr.* Il y a beaucoup de vaches dans la région du Batha. •*Ra'îs al Jamhûriya sawwa ziyâra fî ixlîm hanâ Gêra.* Le Président de la République s'est rendu en visite dans la région du Guéra. •*Al-sana, al xarîf adîl fî axâlîm al-junûb.* Cette année, la saison des pluies est bonne dans les régions du Sud.

ixlîmi / ixlîmiyîn *adj.*, (*fém. ixlimiye*), * 'qlm, ء ق ل م

♦ **régional(e).** •*Al wafid al ixlimi ja fî hillitna al yôm.* La délégation régionale est arrivée dans notre village aujourd'hui. •*Humman induhum barnâmij ixlimi hanâ fassidîn al iyâl.* Ils ont un programme régional pour la vaccination des enfants.

ixtaca / yixtaci *v. intr.* {*- min*}, forme VIII, * ẖšy, خ ش ي

♦ **craindre, avoir honte, redouter,** respecter. •*Anâ ixtacêt min Allah, mâ nâktul nâdum !* Je crains Dieu, je ne tuerai personne ! •*Saxîrak sirig gursi, wa anâ ixtacêt minnak acân inti zôl kabîr, kan mâ ke niwaddih fî l-sijin.* Ton fils a volé mon argent ; je t'ai respecté parce que tu es un homme âgé, sinon je l'aurais emmené directement en prison.

ixtâr / yixtâr *v. trans.*, terme de l'*ar. lit.*, *Cf. azzal*, * ẖyr, خ ي ر

♦ **choisir, prendre le meilleur.** •*Al-Ra'îs xayyar al hâkûma wa ixtâr wuzara' âxarîn.* Le Président a remanié le gouvernement et choisi d'autres ministres. •*Min kulla l banât Sanûsi ixtâr Zênaba.* Parmi toutes les filles, Sanoussi a choisi Zénaba. •*Anâ mâ ni'âminak akûn ambâkir tixtâr lêk rifge âxara.* Je ne te crois plus, demain tu choisiras peut-être un autre compagnon de voyage.

ixtarab / yixtarib *v. intr.*, forme VIII, voir le *Syn. xarrab 2*, * ġrb, غ ر ب

ixtilâsiye / ixtilâsiyât *n. f.*, * ẖlṣ, خ ل ص

♦ **magouille, magouillage, combine.** •*Anâ madlûm fôgah cakêtah wa sawwo ixtilâsiye ma'â l komisêr, akalo gursi.* J'ai été lésé et ai porté plainte contre lui, mais ils ont magouillé avec le commissaire et ont pris mon argent. •*Al-sarrâg ahalah marragoh be ixtilâsiye min al-sijin.* Le voleur a été sorti de prison par une combine de sa famille.

ixtisâd *n. m.*, influence de l'*ar. lit.*, employé dans l'expression *sawwa ixtisâd* [il a fait des économies], * qṣd, ق ص د

♦ **économie.** •*Al mâ bisawwi ixtisâd bat'ab.* Celui qui ne fait pas d'économie souffrira. •*Al hâkûma sawwat ixtisâd wa addalat al-cawâri.* Le gouvernement a fait des économies et a refait les rues. •*Râjili sawwa ixtisâd wa cara bêt.* Mon mari a fait des économies et a acheté une maison.

ixtisâdi / ixtisâdiyîn *adj.*, (*fém. ixtisâdiye*), * qṣd, ق ص د

♦ **économique.** •*Al hâla l ixtisâdiye fî kulla buldân hanâ Ifrîxiya mâ samhe.* La situation économique dans tous les pays africains n'est pas bonne. •*Tcâd tidôr tibaddil siyâsitha l ixtisâdiye ma'â Fransa.* Le Tchad veut changer sa politique économique avec la France. •*Al-Ra'îs ayyan râjil ixtisâdi fî wazart al mâliye.* Le Président a nommé un homme expert en économie, au ministère des Finances.

ixtiyâr / ixtiyârât *n. m.*, * x̱yr, خ ي ر

♦ **choix.** •*Al-râjil ixtiyârah lê l mara l-samhe wa l mul'allime da, acân yabni bêthum adîl.* Le choix de l'homme se porte sur la femme belle et instruite afin de construire avec elle un bon foyer. •*Xidimtak fî zer'i da alê ixtiyârak !* Travaille dans mon champ comme tu le souhaites ! [ton travail dans mon champ est selon ton choix]. •*Fî ixtiyârna namcu Abbece.* Nous avons choisi de partir pour Abéché. •*Alê ixtiyârak kan tâkul laham wallâ hût.* C'est comme tu veux, tu peux manger de la viande ou du poisson.

ixwa *pl.*, → *axu.*

iya *n. f.*, langage des enfants, *Cf. amm.*

♦ **maman, grand-mère.** •*Iya macat al-sûg.* Maman est allée au marché. •*Iya wa abba kulluhum ke xataro.* Maman et papa sont tous les deux partis en voyage.

iya hârr expression vulgaire utilisée à N'Djaména, → *abba hârr*, * ḥrr, ح ر ر

♦ **petite amie, amante, fiancée,** généralement femme plus âgée que son partenaire, vivant librement avec lui sans idée de mariage. •*Hû maca l-sahara ma'â iya hârr hintah.* Il est allé à la soirée de gala avec sa petite amie. •*Al yôm iya hârr hintak mâ jât wallâ cunû ?* Aujourd'hui, ta fiancée n'est-elle pas venue ?

iyâl nom de personne, *coll.*, *m.*, *Cf. wilêd, binêye*, * ʕyl, ع ي ل

♦ **enfants, élèves, graines, fruits, progéniture.** •*Iyâl katîr bala akil, misil juwâd bala habil.* Une grande progéniture sans nourriture est comme un cheval sans corde. *Prvb.* •*Iyâl al bittêx yâkuluh magli.* On mange les graines de pastèques grillées. •*Anâ indi iyâl katîrîn.* Moi, j'ai beaucoup d'enfants. •*Al awîn bal'abo kâre be iyâl al-tamur.* Les femmes jouent au jeu de dames avec des noyaux de dattes. •*Al iyâl al bamcu bê lazzân min fasil lê fasil yitarlusu fî l-bakalôrya.* Les élèves qui passent de classe en classe parce qu'ils sont pistonnés finissent par être inaptes à passer le baccalauréat.

iyâl bandî expression, *invar.*, composée de *iyâl* (enfants) et du mot d'emprunt *fr.* "bandi", * ʕyl, ع ي ل

♦ **petits voleurs à la tire, délinquants, chapardeurs, pickpockets.** •*Iyâl bandî xatafo juzulân min îd al-râjil da.* Des petits voleurs ont arraché le portefeuille de la main de cet homme. •*Fakkir lê jêbak min al iyâl al bandî !* Fais attention à ta poche à cause des pickpockets !

iyâl haya expression, *Cf. iyâl, haya*, * ʕyl, hy', ع ي ل • ه ي ء

♦ **réparateurs, petits mécaniciens,** réparateurs de bicyclettes, de vélomoteurs ou de motos, se trouvant d'habitude sur le bas-côté de la route. •*Fî l ayyâm al fâto, iyâl haya addalo lêi mublêti.* Ces derniers jours, les petits mécaniciens ont réparé ma mobylette. •*Iyâl haya induhum hadîd katîr.* Les réparateurs ont beaucoup de ferraille. •*Bakân hanâ iyâl haya, saxayyar min al garrâc.* L'atelier des réparateurs de vélo est plus petit qu'un garage.

iyâli / iyâliyîn *adj.*, (*fém. iyâliye*), * ʕyl, ع ي ل

♦ **enfantin(e),** qui a le comportement d'un enfant. •*Al-râjil da umrah garîb xamsîn sana wa lê hassâ gâ'id iyâli.* Cet homme a presque cinquante ans mais il a jusqu'à présent un comportement enfantin. •*Hî iyâliye bilhên, mâ tirassuluha fî l-sûg !* Elle est très enfantine, ne l'envoyez pas au marché !

iyâliye *n. f.*, *Cf. fém.* de *iyâli*, * ʕyl, ع ي ل

♦ **enfance.** •*Anâ mâ ti'ibt fî iyâliyti acân wakit dâk abui xani.* Je n'ai pas souffert dans mon enfance parce qu'en ce temps-là mon père était riche. •*Al iyâliye haluwa bilhên acân nâdum mâ bihimm lê ceyy.* L'enfance est une période très agréable parce que sans soucis. •*Al iyâliye êle !* L'enfance est synonyme de désordre !

Iyâlnâs *n. pr. gr.*, *coll.*, composé de *iyâl* et de *nâs* [enfants de gens], * ʕyl, 'ns, ع ي ل • ء ن س

♦ **Yalnas.** •*Iyâlnâs gâ'dîn fî Malfi.* Les Yalnas se trouvent à Melfi. •*Iyâlnâs humman min Gêra, lâkin mâ yartunu.* Les Yalnas sont dans le Guéra, ils ne parlent pas d'autre langue que l'arabe [ils n'ont pas de "patois"].

iyêcay / iyêcayât nom, *mrph. dmtf.*, *f.*, [morceau de boule], → *êc.*

iyêne / iyênât *n. f. mrph. dmtf.*, *Cf. ên*, * ʕyn, ع ي ن

♦ **petit œil.** •*Hû da min al-sakkar iyênâtah bigan (bigo) humur tcu !* Lui, c'est l'ivresse qui a rendu ses petits yeux tout rouges ! •*Abbakar iyêntah tôjah min amis.* Abakar a un œil qui lui fait mal depuis hier. •*Zên, al kâfir ab iyênât, ticîl haggi wa tahârijni !* Très bien, espèce de mécréant aux petits yeux, tu prends ce qui m'appartient et en plus tu me cherches querelle ! (insulte).

iyêr *n. vég.*, *coll.*, *sgtf. iyêray*, ≅ *iyôr*, * ʕyr, ع ي ر

♦ **nom d'une plante grimpante, Momordica balsamina (Lin.),** famille des cucurbitacées, utilisée pour la sauce. •*Al iyêr yasrah misil al-sôso, wa warcâlah bisawwuh mulâh.* La plante Momordica balsamina grimpe comme celle qui porte les éponges végétales, avec ses feuilles on fait la sauce. •*Al iyêr xâli fî l-sûg acân hû mâ katîr.* La plante Momordica balsamina coûte cher au marché parce qu'elle est rare. •*Mulâh al iyêr murr ciya wa yaftah al-niye.* La sauce au Momordica balsamina est légèrement amère et ouvre l'appétit.

Iyêsiye *n. pr. gr.*, *coll.*, *sgtf. Iyêsi* (homme), *Iyêsiye* (femme), nom d'une fraction de tribu arabe (*Salâmât*) se rattachant aux *Juhayna.*

iyêyilât nom pluriel, *mrph. dmtf.*, *Syn. ayyâla, ayâyîl*, *Cf. iyâl*, * ʕyl, ع ي ل

♦ **marmaille, petits gosses, bambins, gamins.** •*Hey al iyêyilât, agôdu sâkit mâ tisawwu lêi haraka !* Hé ! les gosses ! restez tranquilles et ne faites pas de bruit ! •*Fâtime iyêyilâtki âfe wallâ ?* Fatimé, tes bambins sont-ils en bonne santé ?

iyi / ya'aya *v. intr.*, forme I n° 21, * ʕyy, ع ي ي

♦ **se fatiguer, s'épuiser, être épuisé(e), être lassé(e) de.** •*Amîs, hû xadam katîr wa iyi.* Hier, il a beaucoup travaillé et il est fatigué. •*Xadamti cunû ta'aye be fajur fajur ?* Quel a été ton travail pour que tu sois fatiguée de si bon matin ? •*Kullina, ammahât iyâl, iyîna.* Nous, les mères de famille [mères d'enfants], nous sommes toutes épuisées. •*Anîna iyîna min kabîrna fî l xidime, garîb nicittu nixalluh.* Au travail nous en avons assez de notre chef, nous allons bientôt nous disperser et l'abandonner.

iyyêre / iyyêrât nom, *mrph. dmtf.*, *f.*, → *mu'yâr*, * ʕyr, ع ي ر

♦ **petite insulte, petit reproche.** •*Battân mâ tugûl iyyêre hawâne lê axûk al-saxayyar.* N'insulte plus méchamment ton petit frère. •*Al binêye mâ indaha iyyêre, illa wilêdak bas nindîlâni !* La fille n'a rien à se reprocher, c'est ton fils simplement qui est jaloux ! •*Angari mâ tabge iyyêre lê l awîn !* Fais attention, ne laisse pas aux femmes l'occasion de te faire des reproches [ne deviens pas une petite insulte pour les femmes] !

izâ'a / izâ'ât *n. f.*, * dyʕ, ذ ي ع

♦ **radiodiffusion, diffusion.** •*Awwal yôm nasma' izâ'a min Fransa.* C'est le premier jour où j'entends la radiodiffusion française. •*Hû katab balâx wa wadda fî l izâ'a.* Il a écrit un communiqué et l'a porté à la radio pour y être diffusé. •*Fî l-sâ'a sitte kulla l izâ'ât bikallumu be axbâr hanâ diyârhum.* A six heures, toutes les radios diffusent les nouvelles de leur pays.

izâb *n. m.*, *Syn. azâb*, * ˤd̲b, ع ذ ب
♦ **torture, souffrance, tourment, enfer.** •*Allah yinajjîna min izâb al-nâr !* Que Dieu nous délivre de la torture du feu de l'enfer ! •*Fî duwâs hanâ tis'a cahar al-Tacâdiyîn câfo izâb katîr.* Au cours de la guerre de neuf mois, les Tchadiens ont connu beaucoup de souffrances. •*Kan irift al-askariye fôgha izâb misil da, mâ nindassa askari.* Si j'avais su que le service militaire était aussi pénible, je ne me serais pas engagé comme combattant.

izan *invar.*
♦ **bon, alors.** •*Izan kan mâ tidôr nisawwi lêk awwa antini gursi.* Si tu ne veux pas que je te cause des ennuis [que je te fasse du bruit], alors rends-moi mon argent ! •*Izan kan macêt lêk tantini cunû ?* Bon, que me donneras-tu si je vais chez toi ?

izâna / **izânât** *n. f.*, ≅ *izâne*, *Syn. azân*, * ’d̲n, ء ذ ن
♦ **appel à la prière.** •*Al yôm fajur anâ mâ simît al izâna.* Ce matin, je n'ai pas entendu l'appel à la prière. •*Fî Ramadân al muslimîn bafturu ba'ad al izâna hint al maxrib.* Pendant le Ramadan, les musulmans rompent le jeûne après l'appel à la prière du coucher du soleil.

izbêr / **izbêrât** *n. m.*, *empr.* (*angl.* "spare").
♦ **pièce de rechange, pièce détachée.** •*Fî l xarîf, kulla watîr bisâfir be izbêrâtah.* En saison des pluies, chaque véhicule part en voyage avec ses pièces de rechange. •*Hû indah dukkân hanâ izbêrât fî l-sûg.* Il a une boutique de pièces détachées au marché. •*Makantah hint al xiyâte tallafat, wa ba' lêha izbêr jadîd.* Sa machine à coudre ne fonctionne plus, et il a acheté pour la réparer une pièce de rechange neuve.

izêrig *adj. mrph. dmtf.*, (*fém. zirêga*), * zrq, ز ر ق
♦ **noir(e), noiraud(e).** •*Zênaba wildat wilêd izêrig kurum.* Zénaba a mis au monde un enfant très noir de peau. •*Al-ta'ab sawwaha zirêga misil al faham.* La souffrance l'a rendue aussi noire que le charbon. •*Mâla l burma di xallêtuha bigat zirêga misil da,.* Pourquoi avez-vous laissé cette marmite se noircir ainsi ?

Izêrig *n. pr.* d'homme, *mrph. dmtf.*, *Cf. izêrig*, * zrq, ز ر ق

izin *n. m.*, voir ci-dessous l'expression *min iznak, min izinki*, * ’d̲n, ء ذ ن
♦ **permission, autorisation, s'il te plaît.** •*Anâ, mâ namrug min bêti, illa be izin hanâ râjili.* Je ne sors de la maison qu'avec la permission de mon mari. •*Mâ tacrab dawa bala izin al-daktôr !* Ne prends pas de médicaments sans la permission du docteur ! •*Yâtu antak izin tamrug be fî l-lêl ?* Qui t'a donné la permission de sortir la nuit ? •*Be izin Allah, ambâkir nisâfir.* Avec la permission de Dieu, demain je partirai en voyage. •*Min izinki, xalli lêi al-derib namci !* S'il te plaît, laisse-moi partir ! •*Min iznak antîni kitâbak da nagri !* S'il te plaît, donne-moi ton livre, j'aimerais lire !

izz *n. m.*, *Cf. azza*, * ˤzz, ع ز ز
♦ **considération, estime, honneur, puissance, confort, respect.** •*Hî indaha izz lê iyâlha kulluhum.* Elle élève ses enfants dans l'affection et le confort. •*Hû izzah lêk ciyya acân mâ ba'arfak.* Il a peu de considération pour toi parce qu'il ne te connaît pas. •*Izz al ahal janna.* Le confort de la famille, c'est le paradis. •*Al mâ ba'arfak mâ bi'izzak.* Celui qui ne te connaît pas n'a pas d'estime pour toi.

izz ! *v. impér.*, → *azza.*

Izza *n. pr.* de femme, *litt.* puissance, force, *Cf. Azîz*, * ˤzz, ع ز ز

Izzaddîn *n. pr.* d'homme, pour *izza l-dîn*, *litt.* puissance de la religion.

Izzal'ahal *n. pr.* de femme, pour *izza l ahal*, *litt.* puissance de la famille, → *izz*.

Izziye *n. pr.* de femme, *mrph. dmtf.*, → *Izza*, * ʕzz, ع ز ز

Izzo *n. pr.* d'homme, *Cf. Azzo*, * ʕzz, ع ز ز

J

ja / yaji *v. trans.*, forme I n° 8, * jy', ج ي ء

♦ **venir, arriver, passer.** •*Sîd al bêt ja lêna bidôr gursah.* Le propriétaire de la maison est venu chez nous chercher son argent [il veut son argent]. •*Mâ tunûm barra, al marfa'în baji lêk !* Ne dors pas dehors, l'hyène pourrait venir vers toi ! •*Marti taji l bêt badri.* Ma femme viendra à la maison de bonne heure. •*Matar ja wa maca, bisallim lêku katîr.* Matar est passé, il vous salue beaucoup. •*Sanit milâdak, al-Ra'îs Degôl jâna ziyâra fî Tcâd.* Le jour de ta naissance, le Président de Gaulle était venu chez nous visiter le Tchad.

ja''ar / yija''ir *v. intr.*, *Syn. jô'ar, yijô'ir*, * j'r, ج ء ر

♦ **crier du fond de la gorge, déverser sa colère, agonir d'injures, rugir, mugir.** •*Xallîni nunûm, mâ tijô'iri fôgi ti'ayyirîni !* Laisse-moi dormir, arrête de m'injurier ! •*Al-jamal kan gâ'idîn banharo, yija''ir, zôl kan câfah bihanninah.* Lorsqu'on met à mort un chameau en le piquant au garrot, il crie du fond de la gorge, et il fait pitié à voir. •*Al-dûd kan jaxxoh yija''ir tû l al-nahar.* Lorsque le lion se sent menacé, il rugit toute la journée. •*Mâla l bagar yijô'uru min fajur ?* Pourquoi les vaches mugissent-elles depuis le matin ?

ja'aba / ja'abât *n. f.*, connu au *Sdn.* (*C.Q.*), ≅ le pluriel *ji'âb*, * jʕb, ج ع ب

♦ **fesse, postérieur, derrière.** •*Hî ta'anôha ibre fî ja'abitha.* On lui a fait une piqûre à la fesse. •*Mariyam darabat axuha l-saxayar fî ja'abâtah.* Mariam a frappé le postérieur de son petit frère.

ja'al / yaj'al *v. trans.*, forme I n° 13, expression *Allah ja'ala*, * jʕl, ج ع ل

♦ **faire cas de, considérer, importer à *qqn.*, tenir compte de, Dieu l'a voulu ainsi.** •*Fî l-labtân al-daktôr da mâ ja'al al mardânîn ajala.* A l'hôpital, ce médecin fait peu de cas de ses malades. •*Al-râjil nâda martah wa hî mâ ja'alatah.* L'homme a appelé sa femme, et elle n'en a pas tenu compte. •*Rakûb al xêl ja'aloh âde min zamân.* Monter à cheval est considéré comme une habitude ancestrale. •*Allah mâ yaj'al lêk baraka !* Que Dieu ne t'accorde pas de bénédiction [qu'il ne fasse pas cas d'une bénédiction pour toi] ! (insulte). •*Caglibîn al watîr da, xadar Allah ja'alah !* La voiture s'est renversée, c'est le destin que Dieu a voulu ainsi !

ja'alân *n. d'act.*, *m.*, → *ja'ilîn.*

ja'ar / yaj'ur *v. trans.*, forme I n° 1, * j'r, ج ء ر

♦ **vomir,** émettre un bruit venant du fond de la gorge avant le vomissement. •*Al-nâdum kan baj'ur, bantuh dawa ahâli : cîh, wallâ lêmûn walla atrôn.* Lorsque quelqu'un vomit, on lui donne un médicament traditionnel : de l'armoise, du citron ou du natron. •*Hû min ja'ar damm, ahalah irifo kadâr garîb yumût.* Dès qu'il a vomi du sang, sa famille a su qu'il allait bientôt mourir. •*Mâ taj'ur dâxal fî l bêt, amrug barra ?* Ne vomis pas à l'intérieur, sors !

Ja'âtne *n. pr. gr., coll., sgtf. Ji'etni* (homme), *Ji'etniye* (femme).
♦ **Djaatné,** nom d'une d'une fraction de tribu arabe (*Wulâd Hamat*) se trouvant dans le Batha et se rattachant aux *Juhayna.* •*Al-Ja'âtne yas'o jumâl fî l-Jada'a.* Les Djaatné élèvent des chameaux à Djédaa. •*Al Dja'âtne xacum bêt min al Hêmâd.* Les Djaatné sont un des clans Hémat.

ja'ilîn *n. d'act., m.,* ≅*ja'alân,* * jʕl, ج ع ل
♦ **considération pour l'autre, attention à l'autre, soin porté à l'autre.** •*Hî tirîd ja'ilîn al-nâs.* Elle aime considérer les gens. •*Zâra fâtat be janbi ke bas wa ja'ilîn kula mâ ja'alatni.* Zara est passé près de moi en faisant semblant de ne pas me voir. •*Al-daktoriye di, al mardânîn birîduha acân ja'ilînha lêhum ajala.* Tous les malades aiment cette infirmière parce qu'elle s'occupe d'eux rapidement.

ja'îr 1 *n. m., Cf. ja'ar, Syn. gadîf,* * j'r, ج ء ر
♦ **vomissement, bruit de celui qui vomit,** effort de celui qui essaye de vomir. •*Ja'îr al mardân da daharâni l-nôm.* Le bruit de ce malade qui vomissait m'a empêché de dormir. •*Al mara l xuluf tin'arif be l-ja'îr.* La femme en début de grossesse se reconnaît au bruit qu'elle fait pour vomir.

ja'îr 2 *n. m., Cf. ja'ar,* * j'r, ج ء ر
♦ **rugissement, beuglement, cri de supplication.** •*Ja'îr al-bagar yinsam'i min ba'îd.* Le mugissement des vaches s'entend de loin. •*Mâ nidôr nasma' ja'îr al-jamal al-naharoh.* Je déteste entendre le beuglement du chameau qu'on tue. •*Al badbahak mâ basma' ja'îrak.* Celui qui t'égorge n'entend pas ton cri de supplication. *Prvb.* (*i.e.* celui qui en veut à ta vie ou à ton argent est sans pitié).

jâb / yijîb *v. trans.,* forme I n° 10, * jwb, ج و ب
♦ **apporter, rapporter.** •*Mahammat jâb xazalay min al kadâde.* Mahamat a rapporté une gazelle de la brousse. •*Amcu jûbu lêna laham matcûc !* Allez, apportez-nous de la viande grillée !

jabad / yajbid *v. trans.,* forme I n° 6, métathèse dans la racine, expression *jabad rijilên min* (quitter *qqn.*), * jḏb, ج ذ ب
♦ **tirer, arracher, attirer, se retirer** (l'eau). •*Al-râjil jabad al almi min al bîr be l-dalu.* L'homme a tiré l'eau du puits avec le seau en peau. •*Al-juwâd aba mâ yamci, wa sîdah jabad al-serîme.* Le cheval a refusé de marcher et son maître l'a tiré par le bridon. •*Hû jabad al-zabâ'în kulluhum ke.* Il a attiré à lui tous les clients. •*Acân simi't minnak kalâm mâ ajabâni, jabadt rijili minnak.* C'est parce que j'ai entendu de toi une parole qui ne m'a pas plu, que je ne vais plus chez toi [j'ai retiré mon pied de toi]. •*Almi l bahar kan jabad, al hawwâtîn buxummu l hût be l kabbasât.* Lorsque l'eau du fleuve se retire, les pêcheurs ramassent le poisson avec des nasses.

jâbad / yijâbid *v. trans.,* forme III, métathèse dans la racine, * jḏb, ج ذ ب
♦ **tirer, retenir, opposer sa force à une autre contraire, lutter, crâner.** •*Ali jâbad ma'â l-sarrâg fôg al battâniye wa gidir gala'aha minnah.* Ali a tiré la couverture que prenait le voleur et a pu l'arracher de ses mains. •*Humâri da rabattah, jâbad al habil laxâyit gata'ah.* J'ai attaché mon âne ; il a tiré sur la corde jusqu'à ce qu'elle casse. •*Jâbad axû l kabîr minnah acân mâ yadbah al kabic lê l-difân.* Il a retenu [tiré] son grand frère afin qu'il n'égorge pas le bélier pour les invités. •*Al-nâdum gubbâl mâ yumût yijâbid fî sallân al-rûh.* Avant de mourir, l'homme lutte en cherchant à éloigner de lui ce qui lui fait rendre l'âme. •*Al-sabi da birîd nafsah, fî l*

hille zôl bijâbid misilah ke mâ fîh. Ce jeune homme est orgueilleux, il n'y a pas plus crâneur que lui au village.

jabadân *n. d'act.*, → *jabdîn.*

jabal / jibâl *n. m.*, * jbl, ج ب ل

♦ **montagne.** •*Fî turâb hanâ Gêra jibâl katîrîn marra wâhid.* Dans la région du Guéra il y a beaucoup de montagnes. •*Anâ nirîd narkab fî l-jabal.* J'aime escalader la montagne.

jabana / jabanât *n. f.*, connu au *Sdn.*, *empr.* moderne du Yémen (*jamana*) (*C.Q.*), * jbn, ج ب ن

♦ **cafetière,** récipient en porcelaine, en fer ou en terre cuite, gardant le café au chaud. •*Be asur, marti jâbat lêi jabana malyâne gahwa.* A seize heures, ma femme m'a apporté une cafetière pleine de café. •*Iyâli kasaro jabanitna wâjib lêna nacru âxara.* Mes enfants ont cassé notre cafetière, il nous faut en acheter une autre. •*Fî l-zamân jabana hint al-tîne tixalli al gawaha hâmiye lê wakit ba'îd misil al-sabbâra.* Autrefois les cafetières en terre cuite gardaient le café chaud très longtemps, comme un thermos.

jabar / yajbur *v. trans.*, forme I n° 1, * jbr, ج ب ر

♦ **forcer, contraindre, obliger.** •*Mâ tajburni nisawwi coxol al mâ nidôrah.* Ne me force pas à faire ce que je ne veux pas. •*Hû jabarâni nacrab ma'âyah câhi.* Il m'a obligé à boire du thé avec lui. •*Al mêtir jabarâna niwaddu lêyah gurus hanâ l katibîn.* Le maître nous a contraints à lui apporter l'argent pour l'inscription.

Jabar *n. pr.* d'homme, *litt.* fort, contraint, * jbr, ج ب ر

jabârîk *pl.*, → *jubrâka.*

jabbad / yijabbid *v. trans.*, forme II, *intf.* répétitif, * jḏb, ج ذ ب

♦ **tirer, arracher les herbes, tirer sur la cigarette.** •*Al iyâl, yôm al batâla, maco fî l-jinêne yijabbudu l gecc min tihit cadar al mango.* Pendant les vacances, les enfants sont allés dans le jardin arracher l'herbe de dessous les manguiers. •*Al wilêd al bisawwi awwa fî l kilâs, al mêtir jabbadah min addânah wa taracah amkaff !* Le maître a tiré l'oreille et donné une gifle à l'enfant qui faisait du bruit dans la classe ! •*Jabbad sijaraytah di talâta marrât bas, wa zagalâha.* Il a tiré trois fois sur sa cigarette et l'a jetée.

jabbâd *n. m.*, pour *jaddâb*, métathèse dans la racine, prononcé aussi *jambât*, → *janbât*, * jḏb, ج ذ ب

jabbâri 1 / jabbârîn *adj.*, (*fém. jabbâriye, jabbâra*), * jbr, ج ب ر

♦ **avare, pingre, mesquin(e), contraignant(e), oppressant(e), critique,** qui force et qui s'impose à l'autre. •*Al-râjil da xani, lâkin jabbâri fî bêtah kula mâ bâkul.* Cet homme est riche, mais il est pingre ; il ne mange même pas chez lui. •*Al-tâjir da jabbâri acân da budâ'itah bârat.* Ce commerçant est mesquin, c'est pourquoi sa marchandise ne s'est pas vendue. •*Hû jabbâri lê iyâlah kula bacri lêhum xulgân hanâ gonje.* Il est avare, il habille ses enfants chez le fripier. •*Hawwa di, jabbâriye, mâ tamrug gurusha lê l akil.* Hawwa est vraiment avare, elle n'aime pas dépenser son argent pour la nourriture. •*Al hâla jabbâra.* La situation est critique.

jabbâri 2 / jabbârîn *adj.*, (*fém. jabbâriye*), employé surtout au masculin, * jbr, ج ب ر

♦ **rebouteux (-euse).** •*Kan mâ tixalli al-ruwâxa l katîre di, anâ naksir rijilki wa nabga lêki jabbâri !* Si tu n'arrêtes pas de te promener partout, je te casse la jambe et je te la remettrai d'aplomb comme le fait un rebouteux [je deviendrai pour toi un rebouteux] ! •*Hû jabbâri adîl, lâkin îdah harre.* C'est un très bon rebouteux, mais une brute [sa main est brûlante]. •*Rijil Maryam ankasarat wa l-jabbâri rakkabâha adîl.* Mariam s'est cassé la jambe, et le rebouteux l'a remise bien d'aplomb.

jabdân *n. d'act.*, *m.*, → *jabdîn.*

jabde / jabdât *n. f.*, * jd̲b, ج ذ ب

♦ **étirement, allongement, longue distance, tirage.** •*Al farga l ambên al-sûg wa bêtna jabde marra wâhid.* La distance qu'il y a entre le marché et notre maison est vraiment longue. •*Al bahar jabde min al hille.* Le fleuve est à une bonne distance du village. •*Anâ mâ fakkart warâi, lâkin jabde wahade min waray bas, laffat wa ligîtah lê axui.* Je ne faisais pas attention à ce qui se passait derrière moi ; j'ai ressenti simplement quelque chose qui me tirait par derrière ; j'ai tourné la tête et j'ai trouvé mon frère.

jabdîn *n. d'act.*, *m.*, ≅*jabidîn, jabadân, jabdân*, * jd̲b, ج ذ ب

♦ **traction, extraction, arrachage, exhaure, puisage,** fait de tirer pour faire sortir. •*Al wilêd mâ yagdar yamrug sinnah be jabdîn.* L'enfant ne peut pas s'arracher tout seul une dent. •*Jabdîn al almi min al bîr marradâni amis.* Le fait de puiser de l'eau hier m'a rendu malade.

jabdîn al wijih expression, → *jabdîn, wijih*, * jd̲b, wjh, ج ذ ب • و ج ه

♦ **avoir un air pincé, être mal à l'aise, être crispé(e), être tendu(e).** •*Jarti fâtat al-Sa'ûdiye wa jat, mâ tisallimak adîl, illa be jabdîn al wijih.* Ma voisine partie en Arabie Saoudite est revenue ; elle ne te salue plus simplement, elle ne le fait qu'en prenant un air pincé. •*Hî tirîd jabdîn al wijih giddâm al-subyân !* Elle est toujours crispée lorsqu'elle est en face des jeunes gens !

jabhe / jabhât *n. f.*, *Cf. jiffe*, * jbh, ج ب ه

♦ **front, tendance.** •*Anâ kan nisalli, nuxutt jabhiti fî l-turâb.* Lorsque je prie, je pose mon front sur la terre. •*Wakit saxayre karabâni marad amfirehâne wa taccôni be nâr fî jabhiti.* Lorsque j'étais petite, j'ai eu des convulsions et on m'a brûlé le front avec un tison. •*Kulla l-nâs ya'arfu jabhit al-tahrîr hint Ifrîxiya l-junûbiya.* Tous les gens connaissent le Front de Libération de l'Afrique du Sud. •*Fî Tcâd duwâs bigi ambên al-jabhât al askariya.* Il y a eu au Tchad une guerre opposant les tendances militaires entre elles.

jabidîn *n. d'act.*, → *jabdîn.*

Jâbir *n. pr.* d'homme, *mrph. part.* actif, *litt.* rebouteux, *Cf. jabar*, * jbr, ج ب ر

jada' / jud'ân *adj.*, (*fém. jada'a*), → *raba'*, * jd̲ʿ, ج ذ ع

♦ **fort(e) et jeune, jeune et costaud,** jeune animal entre quatre et cinq ans, âge où la viande est la meilleure. •*Al ijil al-jada' karibînah murr kan harab.* Le veau jeune et costaud est difficile à rattraper quand il s'est enfui. •*Al bagar al-jud'ân lahamhum halu.* Les génisses âgées de quatre ou cinq ans donnent une très bonne viande. •*Al hâci walla l ijil, kan bigi arba'a walla xamsa sana, da jada'.* Le chamelon - ou le veau - devient fort lorsqu'il a quatre ou cinq ans.

Jada'a *n. pr.* de lieu, → *al-Jada'a.*

jâdal / yijâdil *v. trans.*, forme III, * jdl, ج د ل

♦ **discuter, disputer, contredire, contester.** •*Mâ tijâdilni fî l kalâm al mâ ta'arfah !* Ne discute pas avec moi de ce que tu ne connais pas ! •*Al iyâl fî l kilâs jâdalo fî târîx hanâ duxûl Fransa fî Tcâd.* En classe d'histoire, les élèves ont discuté de la venue de la France au Tchad. •*Al binêye jâdalat râjilha wa hû xabban minha.* La jeune femme a contredit son mari qui s'est mis en colère contre elle.

jadala *pl.*, → *jidil.*

jadari *n. m.*, *Cf. jiggêl*, maladie des hommes et des animaux, → *ammisêrîn*, * jdr, ج د ر

♦ **variole, peste bovine.** •*Xalâs jadari mâ fîh fî Tcâd.* La variole n'existe plus désormais au Tchad. •*Tuccu l bagar al mâto min marad hanâ l-jadari !* Brûlez les bovins qui sont morts de la peste !

jadâwil *pl.*, → *jadwal 1, jadwal 2.*

jadd *invar.*, prononcé souvent *jatt*, * jdd, ج د د

♦ **vrai(e), dur(e), intensif (-ve).** •*Wâjib lê l-riyâdiyîn yidarribuhum tadrîb jadd.* Les sportifs ont besoin d'être entraînés intensivement. •*Hû baxadim jadd acân da al-nâs kulluhum birîduh.* Il travaille dur, c'est pourquoi tous les gens l'aiment.

jadda / yijidd *v. intr.*, forme I n° 11, *Cf. jaddad 2*, * jdd, ج د د

♦ **être à la mode, apparaître pour la première fois, être nouveau (-elle) pour, être renouvelé(e) par.** •*Wakt al-sawra jaddat, subyân katîrîn fâto lêha.* Lorsque la rébellion est apparue pour la première fois, de nombreux jeunes gens sont partis rejoindre ce mouvement. •*Mucât al-rasta dahâbah jadda lê banât hassâ.* Les tresses rasta sont à la mode pour les filles d'aujourd'hui. •*Ba'ad santên yijidd lêku coxol jadîd min xine wa libâs.* Dans deux ans vous aurez de nouvelles chansons et de nouveaux vêtements à la mode.

Jadda *n. pr.* de lieu, *n. pr.* de femme, ville d'Arabie, ≅ *Jedda*, * jdd, ج د د

jaddad 1 / yijaddid *v. trans.*, forme II, * jdd, ج د د

♦ **renouveler, aménager, restaurer, réhabiliter, retaper.** •*Al-râjil da jaddad bêtah.* Cet homme a retapé sa maison. •*Kulla sana al-lameri tijaddid al-cawâri.* Chaque année, la mairie aménage les routes. •*Al makâtîb kan gidimo, bijaddiduhum fî l komsêriye.* Lorsque les pièces d'identité sont vieilles et abîmées, on les renouvelle au commissariat.

jaddad 2 / yijaddid *v. trans.*, *Cf. jadda*, * jdd, ج د د

♦ **mettre à la mode.** •*Kulla cabâb fî wakithum bijaddudu lubâshum.* Tous les jeunes gens s'habillent à la mode de leur temps. •*Binêyti tidôr yimaccutûha mucât jaddadoh dahâba.* Ma fille aimerait être coiffée à la dernière mode.

jaddadân *n. d'act., m.*, → *jaddidîn.*

jaddam / yijaddim *v. intr.*, forme II, * jdm, ج ذ م

♦ **avoir la lèpre, devenir lépreux (-euse),** attraper la lèpre. •*Al-râjil al miskîn akal hût be laban wa jaddam.* Le pauvre homme a mangé du poisson avec du lait et a attrapé la lèpre. •*Al-nâdum kan jaddam mâ bixalluh bagôd ma'â ahalah.* Lorsqu'une personne est devenue lépreuse, on ne la laisse pas dans sa famille.

jaddar / yijaddir *v. intr.*, forme II, * jdr, ج د ر

♦ **avoir la variole, peste bovine.** •*Al-sana al-laban bigi xâli acân al bagar jaddaro.* Cette année, le lait est devenu cher parce que les vaches ont attrapé la peste bovine. •*Zamân, al-nâdum kan jaddar biwadduh ba'îd min ahalah.* Lorsqu'autrefois quelqu'un avait attrapé la variole, on l'éloignait de sa famille.

jaddidîn *n. d'act. m.*, ≅ *jaddadân*, *Cf. jadîd*, * jdd, ج د د

♦ **réhabilitation, remise en bon état, restauration.** •*Al-lajna hanâ jaddidîn hanâ l-labtân al gadîm taxdim lêl wa nahâr.* Le comité de réhabilitation du vieil hôpital travaille nuit et jour. •*Jaddidîn al bêt da gubbâl al xarîf axêr.* Il vaut mieux restaurer cette maison avant la saison des pluies.

jadi / jidyân *n. m.*, *Cf.* le diminutif *jidey*, * jdy, ج د ى

♦ **faon, petit d'une gazelle.** •*Anâ karabt jadi wa nidôr nirabbih.* J'ai attrapé le petit d'une gazelle et je voudrais l'élever. •*Al-jadi da lissâ saxayar, mâ allam akilîn al gecc ke, ammah mâtat.* Cette petite gazelle est trop jeune et ne sait pas brouter l'herbe ; sa mère est morte.

jadîd / judad *adj.*, (*fém. jadîde*), ≅ le pluriel *jadîdîn*, * jdd, ج د د

♦ **neuf (neuve), nouveau (-elle), récent(e).** •*Labbast wilêdi xalag jadîd.* J'ai habillé mon enfant avec un vêtement neuf. •*Al-nasâra dôl dahabhum jô judad fî l hille.* Ces Européens viennent d'arriver pour la première fois dans cette ville. •*Bît sâ'a jadîde min al Kanumbay.* J'ai acheté une montre neuve au marchand Kanembou. •*Al-televizyôn da, coxol jadîd fî Anjammêna.* La télévision est une chose récente à N'Djaména.

jadwal 1 / jadâwil *n. m., qdr., Cf. barnâmij,* * jdwl, ج د و ل

♦ **programme, emploi du temps, calendrier.** •*Al yôm jadwali malyân marra wâhid.* Aujourd'hui, j'ai un emploi du temps très chargé. •*Iyâl al-lekkôl jadwalhum mugassam marritên, lê l giray wa lê l istirâha.* L'emploi du temps des écoliers est divisé en deux : une partie pour les études, et l'autre pour la détente.

jadwal 2 / jadâwil *n. m., qdr., Cf. saraf, majara,* * jdwl, ج د و ل

♦ **rigole, petit caniveau, bras de rivière.** •*Fî jinênti jadâwil katîrîn lê zagayân al-cadar.* Dans mon jardin, il y a de nombreuses rigoles pour l'irrigation des arbres. •*Fî wakt al xarîf kulla l-nâs ba'addulu jadwal jadwal fî janâyinhum.* En saison des pluies, tout le monde arrange ses petites rigoles dans son jardin.

jafa *n. m.,* * jfw, ج ف و

♦ **méchanceté, individualisme, dureté, haine.** •*Hassâ al-nâs gâ'idîn bi'allumu l-jafa.* A présent, les gens apprennent à vivre dans l'individualisme. •*Al-jafa coxol mâ adîl.* La méchanceté est une mauvaise chose. •*Al-zulum bijîb al-jafa.* L'injustice est source de haine.

jâfa / yijâfi *v. trans.,* forme III, *Ant. hânan,* * jfw, ج ف و

♦ **traiter avec dureté, être méchant(e) envers, faire du tort à *qqn.*, être injuste, détester, haïr.** •*Mâ tijâfini acân al mâl, anâ kula indi hagg fôgah !* Ne me fais pas de tort en ce qui concerne notre capital, j'ai aussi un droit sur lui ! •*Al binêye jâfat axawânha ba'ad môt hanâ ammaha.* La fille a traité durement ses frères après la mort de sa mère. •*Jîrâni jâfôni fî kalâm al iyâl.* Mes voisins sont méchants avec moi à cause du problème des enfants.

jafâf *n. m., Cf. jiffe,* * jff, ج ف ف

♦ **sécheresse.** •*Wakt al-jafaf al-nâs kulluhum ta'abânîn.* A l'époque de la sécheresse, tous les gens étaient souffrants. •*Al-jafaf coxol xatari wa baksir al hille ajala ke bas.* La sécheresse est dangereuse, elle anéantit très vite le village. •*Al-jafâf da coxol al-nâdum mâ tilhanna fî dâr hanâ adûk kulla.* La sécheresse est une chose qu'on ne peut même pas souhaiter au pays de son ennemi.

jafâfên *pl.,* → *jiffe.*

jafal / yajfil *v. intr.,* forme I n° 6, *Cf. xanas,* * jfl, ج ف ل

♦ **s'écarter de, reculer de frayeur, fuir, se déplacer,** faire un mouvement rapide pour éviter un danger. •*Al-sêd jafal min simi' hiss al bundug.* Le gibier a fui au bruit du fusil. •*Al xanam jafalo min al marfa'în.* Les moutons se sont éloignés rapidement de l'hyène. •*Jafalna wakt al micôtin ja lêna garîb.* Nous avons fait un écart au moment où le fou est venu tout près de nous.

Jâfar *n. pr.* d'homme, *qdr., litt.* ruisseau, * jᶜfr, ج ع ف ر

jafaya *pl.,* → *jâfi.*

jâff / jâffîn *adj.,* (*fém. jâffe*), * jff, ج ف ف

♦ **desséché(e), sec (sèche), ingrat(e).** •*Mâ tanti l muhâjiri êc jâff !* Ne donne pas de boule sèche au mendiant ! •*Al-cadaray di jâffe acân mâ sabbo lêha almi.* Cet arbre est desséché parce qu'on ne l'a pas arrosé. •*Mâ tixalli galbak jâff lê abûk wa ammak !* Ne sois pas ingrat envers ton père et ta mère [ne laisse pas ton cœur se dessécher] !

jaffa 1 / yijiff *v. intr., Cf. yibis* ; forme I n° 11, * jff, ج ف ف

♦ **se sécher, s'égoutter.** •*Xassili farditki wa xallîha tijiff !* Lave ton pagne et laisse-le sécher ! •*Nidôr nimaggin al berbere lâkin al-rahad jaffa.* Je voulais planter le berbéré mais le marigot a séché. •*Almi daggâna, lâkin jaffêna fî hamu hanâ l-nâr.* La pluie nous a fouettés, mais nous nous sommes séchés à la chaleur du feu.

jaffa 2 / jifaf *n. f.*, → *jiffe.*

Jaffâl *n. pr.* d'homme, *mrph. intf.*, → *jafal*, * jfl, ج ف ل

Jaffâla *n. pr.* de femme, *mrph. intf.*, → *jafal*, * jfl, ج ف ل

jâfi / jafaya *adj. mrph. part.* actif, forme I, (*fém. jâfiye*), ≅ le pluriel *jâfiyîn*, * jfw, ج ف و

♦ **dur(e), rude, antipathique, méchant(e), cruel (-elle), ingrat(e).** •*Hû jâfi misil sakkîn al abât.* Il est cruel comme le couteau que l'on porte au bras. •*Mahamat mâ jâfi lê abuh.* Mahamat n'est pas ingrat envers son père. •*Al binêye di jâfiye lê xâlâtha.* Cette fille est rude avec sa tante. •*Hêy yâ iyâl, mâ tabgo jafaya lê ahalku !* Hé ! les enfants ! Ne devenez pas ingrats envers vos familles ! •*Al-nâs al-jafaya, mâ balgo rufugân wa lâ ahal.* Les gens méchants ne trouvent ni ami ni famille.

Jâfi *n. pr.* d'homme, voir plus haut *jâfi.*

jaga / jagâ *n. m.*, → *jiga.*

jagâ *pl.*, → *jaga.*

Jagalbo *n. pr.* d'animal, utilisé dans les contes ou les devinettes.

♦ **Djagalbo, surnom du chameau.** •*Ab Jagalbo, râsah wa ragabtah xalaboh.* Djagalbo, le chameau, est fatigué de porter sa tête et son cou. •*Ab Jagalbo sabûr lê l-ta'ab.* Djagalbo, le chameau, endure avec patience.

jagallo *n. m.*, ≅ *jagalloy.*

♦ **terrain argileux sec et défoncé, fond d'une mare piétinée et séchée, ornières séchées, boue durcie.** •*Al-jagallo bakân al-tîne, wakit layyin fajjaxoh, wa kan yibis yabga gawi wa tâli' nâzil.* Le *jagallo* est un terrain argileux qui a été piétiné quand il était détrempé et qui est devenu dur et tout défoncé quand il a séché. •*Al a'raj mâ baturduh fî l-jagallo.* On ne renvoie pas un boiteux sur un terrain plein d'ornières. *Prvb.* (*i.e.* on ne confie une mission qu'à celui qui peut la remplir). •*Al-jagallo mâ bakân li'ib al urujja.* Un terrain défoncé n'est pas une piste de danse pour les boiteux. *Prvb.* (*i.e.* ne te mêle pas d'une affaire où tu n'es pas compétent !).

jagjag / yijagjig *v. intr.*, → *jakjak.*

jagjagân *n. d'act.*, → *jagjigîn.*

jagjigin *n. d'act.*, *m.*, ≅ *jagjagân*, *Cf. jagjag.*

♦ **trot, trottinement, course en petites foulées.** •*Al mara di tagîle, mâ tahmal jagjigîn al humâr.* Cette femme est enceinte, elle ne supporte pas le trot de l'âne. •*Al-jaggigîn bisawwi abnâxûs lê l-râkib kan batnah malâne.* Le trot du cheval provoque un point de côté au cavalier qui a le ventre plein.

jâhad / yijâhid *v. trans.*, forme III, * jhd, ج ه د

♦ **lutter contre, combattre.** •*Al hâkûma gâ'ide tijâhid didd al yabâs.* Le gouvernement est en train de lutter contre la désertification. •*Wazâra hint al-ta'lîm gâ'ide tijâhid didd al-jahal.* Le ministère de l'Éducation est en train de lutter contre l'ignorance. •*Mandêla jâhad didd al-tafrixa bên al-Zurug wa l Buyud.* Mandela a lutté contre la ségrégation raciale entre les Noirs et les Blancs.

jahal *n. m.*, *Syn. jahâliye, jahilîn*, * jhl, ج ه ل

♦ **ignorance.** •*Kulla l-nâs gammo sawa acân yihârubu l-jahal.* Tout le monde s'est mis en même temps à combattre l'ignorance. •*Al-jahal adu kabîr lê l-nâs.* L'ignorance est le grand ennemi des hommes. •*Mâ tixalli âyiltak fî l-jahal !* Ne laisse pas ta famille dans l'ignorance ! •*Al-jahal abu l fitan.* L'ignorance est à l'origine des discordes [père des discordes]. •*Al-ilim nûr wa l-jahal dalâm.* La science est lumière et l'ignorance est obscurité.

jahâliye *n. f.*, → *jahal*, * jhl, ج ه ل

jaham *n. mld.*, connu au *Sdn.* (*C.Q.*), * jḥm, ج ح م

♦ **rage.** •*Al kalib da al-jaham karabah bidôr ba'addi bas.* Ce chien a attrapé la rage, il ne cherche qu'à mordre. •*Kan kalib jahmân addâk xalâs inta kula al-jaham bakurbak.* Si un chien enragé te mord, toi aussi tu attraperas la rage.

jahamân / jahamânîn *adj.*, (*fém. jahmâne*), *Cf. jaham*, * jḥm, ج ح م

♦ **enragé(e).** •*Amis, addatni kalbe jahmâne.* Hier, une chienne enragée m'a mordu. •*Kulâb hanâ Sa'îd kulluhum jahmânîn.* Les chiens de Saïd sont tous enragés. •*Al-nâdum da jihim acân addah kalib jahmân.* Cet homme a attrapé la rage parce qu'un chien enragé l'a mordu. •*Al kalib al-jahmân kan adda jârak, jahhiz arjah !* Si un chien enragé a mordu ton voisin, tiens-toi prêt et attends-le ! *Prvb.* (*i.e.* ce qui atteint ton voisin t'atteindra aussi).

jahannaba *n. f.*, ≅ *jahannab*, altération de *jahannam*, → *jahannam*.

jahannam *n. m.*, *empr. aram.*, du nom de la vallée *Gai-hinnom* en hébreu, *Cf. jahîm*, ≅ *jahannama*.

♦ **géhenne, enfer, feu de l'enfer.** •*Allah yinajjîni min azâb jahannam !* Que Dieu me sauve des tortures de l'enfer ! •*Al bisirgu hagg al-nâs, yôm al âxira yidissuhum fî nâr jahannama.* Ceux qui volent les affaires des autres seront jetés au dernier jour dans le feu de l'enfer.

jahar / yajhar *v. trans.*, forme I n° 13, * jhr, ج ه ر

♦ **rendre public, dévoiler, révéler,** porter à la connaissance de tous. •*Al-râjil jahar sirr hanâ rafîgah.* L'homme a dévoilé le secret de son ami. •*Al awîn birîdu bajharo l kalâm hanâ rufugânhum.* Les femmes aiment mettre sur la place publique les problèmes de leurs amies. •*Anâ abadan mâ najhar kalâm galbi lê marti.* Je ne révélerai jamais à ma femme tout ce que j'ai au fond du cœur.

jaharân *n. d'act.*, *m.*, → *jahirîn.*

jahare *n. f.*, → *abunjahare.*

jahham 1 / yijahhim *v. trans.*, forme II, *Cf. jaham*, * jḥm, ج ح م

♦ **transmettre la rage.** •*Al kalib al-jahmân kan adda nâdum yijahhimah.* Le chien enragé transmet la rage à celui qu'il mord. •*Angari mâ tal'ab ma'â l bisse di, kan addatak tijahhimak !* Attention, ne joue pas avec ce chat ; s'il te mord, tu attraperas la rage !

jahham 2 / yijahhim *v. intr.* {*- fôg*}, forme II, *Cf. jaham, kâlah, hammar*, * jḥm, ج ح م

♦ **dévorer des yeux, dévisager, regarder avec envie.** •*Min al-ju' iyâli jahhamo fôg al-laham al mâ nijîd ajala.* Mes enfants, tenaillés par la faim, dévorent des yeux la viande qui ne cuit pas assez vite. •*Al binêye al-samhe di, wakit jât, kulla l-subyân jahhamo fôgha.* Lorsque cette jolie fille est arrivée, tous les jeunes gens l'ont dévisagée.

jahhaz / yijahhiz *v. trans.*, forme II, *Cf. hassal*, * jhz, ج ه ز

♦ **préparer** (se)**, être prêt(e), apprêter,** avoir rassemblé tout ce qui est nécessaire. •*Al mara jahhazat al akil min sâ'a atnacar.* Dès midi, la femme a achevé la préparation du repas. •*Hû jahhaz gursah bidôr bacri bêt.* Il a préparé son argent pour acheter une maison. •*Anâ jahhazt nidôr mâci lêku wa intu jîtu.* Je me suis préparé pour aller chez vous et voilà que vous êtes arrivés.

jahhazân *n. d'act.*, ≅ *jahhizîn*, * jhz, ج ه ز

♦ **préparation.** •*Al îd ja wa anîna lissâna fî jahhazân al akil.* La fête est arrivée alors que nous n'avons même pas encore fini la préparation de la nourriture. •*Ambâkir nisâfir wa lê hassâ mâ badêt jahhazân al-safar.*

Demain je pars en voyage, mais je n'ai pas encore commencé à préparer mes affaires.

jahhizîn *n. d'act., m.*, → *jahhazân.*

jâhil / juhhâl *adj.*, (*fém. jâhile*), ≅ le pluriel *jâhilin*, *Cf. ummi*, * jhl, ج ه ل
♦ **ignorant(e), insensé(e), analphabète,** qui ne sait rien. •*Al-jâhil adu nafsah acân mâ ba'rif bafsul al-cên min al-zên.* L'ignorant est l'ennemi de sa propre personne parce qu'il ne sait pas distinguer le bien du mal. •*Humman dôl juhhâl bidôru bi'allumu bagru.* Ceux-là sont des analphabètes, ils désirent apprendre à lire. •*Al-râjil da jâhil, mâ ba'rif ceyy.* Cet homme est un ignorant, il ne sait rien.

jahilîn *n. m.*, → *jahal.*

jahîm *n. m.*, dans l'expression *nâr al-jahîm*, *Syn. jahannaba, jahannam*, * jhnm, ج ه ن م
♦ **enfer, géhenne, feu de l'enfer.** •*Al munâfix yadxul fî nâr al-jahîm yôm al xiyâma.* L'hypocrite ira au feu de l'enfer le jour de la résurrection. •*Al-jahîm hî nâr yi'azzubu fôgha l kuffâr yôm al xiyâma.* L'enfer est le feu qui, au jour de la résurrection, fera souffrir tous ceux qui n'auront pas cru en Dieu. •*Kan mâ ta'abid Allah, tadxul fî l-jahîm !* Si tu n'adores pas Dieu, tu iras en enfer.

jahirîn *n. d'act., m.*, ≅ *jaharân*, * jhr, ج ه ر
♦ **publication, dévoilement, révélation, divulgation,** fait de rendre public ce qui était secret ou privé. •*Al-nâs mâ baju fî bêtah acân hû birîd jahirîn al acâyir.* Les gens ne viennent pas chez lui parce qu'il divulgue les secrets. •*Marti mâ tidôr tagôd ma'âha acân hî muwâlife be jahirîn al kalâm.* Ma femme n'aime pas rester avec elle parce qu'elle a l'habitude de divulguer tout ce qu'on dit.

jâhiz / jâhizîn *adj. mrph. part.* actif, forme I, (*fém. jâhize*), *Syn. hâsil*, * jhz, ج ه ز
♦ **prêt(e), préparé(e).** •*Mara zêne, inti jâhize lê l-safar wallâ ?* Madame, êtes-vous prête pour partir en voyage ? •*Inta jâhiz acân tisawwi imtihân al-sane wallâ ?* Es-tu prêt à passer le concours cette année ? •*Al xamîs al-jâyi kulla l watâyir jâhizîn lê sûg Durbâli.* Jeudi prochain, toutes les voitures seront prêtes pour aller au marché de Dourbali.

jahjah / yijahjih *v. intr.*, → *jâjah.*

jahmân / jahmnîn *adj. m.*, → *jahamân.*

jâis *invar.*, → *jâyiz.*

jâjah / yijâjih *v. trans.*, forme III, connu au *Sdn.* (*C.Q.*), ≅ *jahjah*, *Cf. jiha*, * wjh, و ج ه
♦ **perdre sa direction, errer, être désorienté(e).** •*Al harba jâjahat iyâl hanâ baladna.* La guerre a désorienté les fils de notre pays. •*Al iyâl dôl jâjaho acân abuhum mât wakit humman dugâg.* Ces enfants sont désorientés parce que leur père est mort lorsqu'ils étaient petits. •*Iyâl bandi jâjaho fî l-cawâri acân marago min âyilâthum.* Les petits délinquants errent dans les rues parce qu'ils ont quitté leur famille.

jajal *n. d'act.*, *Cf. jajjal.*
♦ **semailles avant les premières pluies.** •*Xallit al-jajal tanjad fî ust al xarîf.* Le mil semé avant les premières pluies mûrit au milieu de la saison pluvieuse. •*Al-jajal kan mâ mudaffan adîl, al-sabara tabhatah.* Lorsque la semence jetée avant les premières pluies n'est pas suffisamment enterrée, les écureuils la déterrent.

jajjal / yijajjil *v. trans.*, forme II.
♦ **semer avant les premières pluies.** •*Al harrâtîn bijajjulu gubbâl al xarîf, acân kan jât matara wâhade kulla, yibazzir ajala.* Les paysans ont semé le grain avant la saison des pluies pour que, la première pluie venue, il germe vite. •*Al amdago bahhatat kulla l-têrâb al-jajjaloh l harrâtîn.* Les pintades ont déterré et mangé

toutes les semences que les paysans avaient semées.

jakjak / yijakjik *v. intr.*, *onom.*, ≅*jagjag, yijagjig, jagjago, yijagjugu.*

♦ **trotter, trottiner,** trotter en faisant claquer les sabots sur le sol. •*Be xêlhum jakjako kê namman addallo l wâdi.* Ils ont trotté avec leurs chevaux jusqu'à l'oued où ils sont descendus. •*Al humâr kan yijakjik tasma' rijilêna min ba'îd.* Lorsque l'âne trotte, tu entends de loin le claquement de ses sabots [ses jambes]. •*Al humâr wa l-juwâd yijagjugu.* L'âne et le cheval trottent.

jakka / yujukk *v. trans.*, forme II, connu au *Sdn.* (*C.Q.*).

♦ **trotter, courir en petites foulées, faire du jogging.** •*Anâ indi juwâd mâ ya'arif ruwâxa ille yujukk jakkîn bas.* J'ai un cheval qui ne sait que marcher au trot. •*Kulla yôm jâri yujukk arba'în dagîga.* Tous les jours mon voisin court en petites foulées pendant quarante minutes.

jakkân *n. d'act.*, *m.*, ≅*jakkîn*, *Cf. jakka.*

♦ **petites foulées, jogging, trot,** course de fond. •*Be l-jakkân al-nâdum bagdar bamci ba'îd.* En courant en petites foulées, quelqu'un peut aller loin. •*Jakkân hanâ l-juwâd bisawwi waja' dahar.* La course de trot avec le cheval fait mal au dos. •*Anâ indi juwâd mâ ya'arif ruwâxa ille yujukk jakkân bas.* J'ai un cheval qui ne sait marcher qu'au trot.

jakkîn *n. d'act.*, *m.*, → *jakkân.*

jal'ân / jal'ânîn *adj.*, (*fém. jal'âne*), * jlˁ, ج ل ع

♦ **gâté(e), choyé(e).** •*Al wilêd al-jal'ân babki bala janiye.* L'enfant gâté pleure sans raison. •*Al iyâl kan bigo jal'ânîn mâ banfa'o nafishum.* Lorsque les enfants sont trop choyés, cela ne leur est pas profitable. •*Al mara di farhâne acân hî jal'âne fi râjilha.* Cette femme est heureuse parce qu'elle est choyée par son mari.

jalab / yajlib *v. intr.*, forme I n° 6, modification de la place de la voyelle *i* à l'*inacc.* lorsque le *b* du radical est suivi d'une voyelle : on entend *yajilbu* là où l'on attendait *yajlibu*, * jlb, ج ل ب

♦ **partir se ravitailler, partir pour chercher des vivres,** aller très loin troquer sa nourriture contre ses produits. •*Al awîn yajilbu be labanhum fî l gêgar.* Les femmes partent en ville troquer leur lait contre de la nourriture. •*Abu Hawa jalab min Dar Sila namma lê Amm al-tîmân wa gabbal be gurâfah malânîn xalla.* Le père de Hawa est parti du Dar Sila se ravitailler à Am-Timan et il est revenu avec ses gros sacs en cuir pleins de mil. •*Al baggâra yajilbu lê l xalla acân humman mâ harrâtîn.* Les éleveurs vont chercher du mil parce qu'ils ne sont pas cultivateurs.

jalabân *n. d'act.*, *m.*, ≅*jalibîn*, *Cf. jalab*, * jlb, ج ل ب

♦ **ravitaillement, troc,** fait de partir se ravitailler, de troquer ses produits contre de la nourriture, de chercher fortune. •*Zamân al-jalabân bê l-jumâl walla l-tîrân.* Autrefois, le ravitaillement s'effectuait avec des chameaux ou des bœufs porteurs. •*Al-sayyâra mâ yagdaro yi'îcu bala jalabân.* Les nomades ne peuvent pas vivre sans troquer leurs produits contre de la nourriture.

jalad / yajlid *v. trans.*, forme I n° 6, ≅l'*inacc. yajlud*, * jld, ج ل د

♦ **fouetter, chicoter, cravacher, flageller,** donner des coups de chicote. •*Al askar jalado l-sakkâri.* Les militaires ont donné des coups de chicote à l'ivrogne. •*Mâ tajlid axûk !* Ne fouette pas ton frère ! •*Ajlid al humâr da yamci ajala.* Fouette cet âne ! Qu'il marche plus vite !

jalaf / yajluf *v. trans.*, forme I n° 1, * jlf, ج ل ف

♦ **couper un morceau en longueur, tailler, entailler.** •*Axti jalafat lêi faggûsay.* Ma sœur m'a coupé un morceau de concombre. •*Al-jazzâri gâ'id bagta' laham, wa l-sakkîn jalafatah fî îdah.* Le boucher coupait de la viande, le couteau lui a entaillé la main.

jalâjîl *pl.*, → *jaljûl.*

Jalâl *n. pr.* d'homme, *litt.* grandeur, majesté de Dieu, * jll, ج ل ل

jâlal 1 / yijâlil *v. trans.*, forme III, *Cf. hawwal*, * jll, ج ل ل
♦ **transvaser, déplacer.** •*Jâlil dihinak da fî bakân, wa antîni jaylûni !* Transvase ton huile ailleurs [dans un lieu], et rends-moi mon bidon ! •*Jâlalna xumâmna fî l bêt dâk, acân da bidaffig.* Nous avons déplacé nos affaires dans cette case, parce que le toit de l'autre laissait passer la pluie.

jâlal 2 / yijâlil *v. trans.*, forme III, * jll, ج ل ل
♦ **réfléchir, penser, résoudre,** trouver une solution meilleure. •*Hâk al gurus al-ciyya da, jâlilah cîfah, kan lihig lêk jîb lêi biric hanâ kawcu !* Prends cette petite somme d'argent ! Essaye de voir si tu en as assez pour me rapporter une natte en plastique ! •*Orêtak muckilti, jâlilha cîfha wa antîni radd !* Je t'ai confié mon problème, penses-y et donne-moi une réponse ! •*Mâ tisawwi ma'âyah awwa, ôri l-jîrân lê l kalâm da yijâjuluh yicîfuh.* Ne fais pas de bruit avec lui, parles-en aux voisins, qu'ils voient quelle est la solution la meilleure.

jalâla *n. f.*, * jll, ج ل ل
♦ **louange, invocation,** fait de chanter la majesté de Dieu, de dire : "Il n'y a pas de divinité autre que Dieu." •*Be sâ'a arba'a al faxîr maca l-jâmiye lê l-jalâla.* A seize heures, le marabout est allé à la mosquée chanter la majesté de Dieu. •*Kan al gamar warradah al-nâs bisawwu l-jalâla : "Lâ ilâha illa l-lâh !".* Lorsqu'il y a une éclipse de lune, les gens chantent la majesté de Dieu : "Il n'y a pas de divinité autre que Dieu !".

Jalâladdîn *n. pr.* d'homme, pour *jalâl al-dîn, litt.* grandeur de la religion.

Jalâlay *n. pr.* de femme, *fém.* de *Jalâl*, * jll, ج ل ل

jalâlîb *pl.*, → *jallâbiye.*

jalas 1 / yajlus *v. intr.*, forme I n° 1, *Cf. ânas*, * jls, ج ل س
♦ **causer, s'entretenir avec *qqn.*, converser assis.** •*Fî l-lêl anâ namci najlus ma'â rufugâni.* La nuit, je vais causer avec mes amis. •*Jidditi tajlus lêi kulla yôm be hije hanâ zamân.* Tous les jours, ma grand-mère me raconte de vieilles histoires.

jalas 2 / yajlus *v. intr.*, forme I n° 1, terme de l'*ar. lit.* utilisé pour une position de prière, * jls, ج ل س
♦ **s'asseoir,** s'asseoir sur les talons après avoir posé les genoux sur le sol. •*Ahmat salla wa nisi mâ jalas ba'ad al-raka' al-tâniya.* Ahmat a prié ; il a oublié de s'asseoir après la deuxième inclination. •*Al faki yi'allim al iyâl kikkêf yajlusu fî l-salâ.* Le faki apprend aux enfants comment il faut s'asseoir pendant la prière.

jalax / yajlux *v. intr. {- be}*, forme I n° 1, * jlẖ, ج ل خ
♦ **se moquer de *qqn.*, tourner *qqn.* en dérision, mépriser.** •*Jâri al-sarrâg daxal lêyah fî bêtah, wa gamma kôrak ; hassâ rufugânah bajluxu bêyah.* Mon voisin s'était mis à hurler lorsque le voleur était entré chez lui ; à présent ses amis se moquent de lui. •*"Cêx al banât" farac binêye wahade, wa hî gammat ramatah wa kulla l banât jalaxo bêyah.* Le "chef des filles" a fouetté une fille ; celle-ci l'a jeté à terre et les autres filles l'ont tourné en dérision.

jâlax / yijâlix *v. trans.*, forme III, *Cf. hâzar, turah, laxam*, * jlẖ, ج ل خ
♦ **taquiner, plaisanter .** •*Hî rûhha dâyxe, kan al-subyân bijâluxûha tilxabban ajala ke.* Elle est soupe au lait [son souffle est étroit] ; lorsque les jeunes gens la taquinent, elle se fâche vite. •*Kan tijâlix ma'â l iyâl al-dugâg yahgurûk.* Si tu taquines les petits enfants, ils ne te respecteront plus.

jâlib / jâlbîn *adj. mrph. part.* actif, (*fém. jâlbe*), * jlb, ج ل ب

♦ **allant troquer, partant loin chercher *qqch.*,** qui part du campement pour aller au marché porter des affaires à troquer et rapporter des vivres. •*Cîf al binêye di jâlbe be labanha fî l gêgar !* Regarde cette fille qui va en ville troquer son lait ! •*Kulla yôm be fajur nilâgi awîn jalbîn min Amsinêne lê Farca.* Tous les matins je croise des femmes qui viennent de Amsinéné et vont à Farcha échanger leurs produits. •*Abu Hawwa lâgêtah jâlib lê l atrôn.* J'ai rencontré le père de Hawwa qui s'en allait chercher du natron.

jalibîn *n. d'act., m.,* → *jalabân.*

jalid *n. d'act., m., Cf. daggîn, faricîn,* * jld, ج ل د

♦ **fouet, fait de battre, fait de frapper, coups de chicote.** •*Jalid al wilêd al-saxayar be l mutrag mâ sameh.* Ce n'est pas bien de frapper un petit enfant avec une verge. •*Al-jalid al katîr yaktul galib wilêd al-saxayar, yabga haggâr.* Battre trop souvent un petit enfant lui fait perdre tout désir de progrès [tue son cœur], et le rend impoli. •*Jalid al faki lê l iyâl fî l giray yi'addibhum.* Les coups de chicote du marabout éduquent les enfants à être plus attentifs à leurs études.

jâlilîn *n. d'act., m., Cf. jâlal,* * jll, ج ل ل

♦ **réflexion, pensée.** •*Mâ tilbahdal fî l maxatar, jâlilînak lêyah yukûn afdal !* Ne te presse pas de partir en voyage, il vaut mieux que tu y réfléchisses avant ! •*Hî tirîd al-jalilîn kan sim'at xabar hanâ habîbha al xâtir.* Elle devient pensive quand elle entend des nouvelles de son fiancé parti en voyage.

jaljal / yijaljil *v. intr.,* * jljl, ج ل ج ل

♦ **courir çà et là, se déplacer en permanence, aller sans cesse çà et là,** se déplacer sans cesse hors de la maison, ne pas rester en place. •*Agôdu tihit, mâ tijaljulu fî l harray !* Restez en place, ne courez pas partout au soleil ! •*Al mara l rawwâxa tijaljil fî l buyût min fajur lê aciye.* La femme agitée se déplace sans cesse d'une maison à l'autre.

jaljâli / jaljâlîn *adj. mrph. intf., qdr.,* (*fém. jaljâliye*), * jljl, ج ل ج ل

♦ **agité(e), qui ne reste pas en place, qui est toujours en déplacement,** qui marche beaucoup sans s'asseoir. •*Âdum jaljâli bilhên mâ bagdar bagôd tihit.* Adoum ne reste pas en place, il ne peut s'asseoir un instant. •*Al mara di bigat jaljâliye, râjilha tallagaha.* Cette femme devenait de plus en plus agitée et son mari l'a répudiée.

jaljax / yijaljix *v. trans.,* forme II, *Cf. jaxjax, nyamnyam.*

♦ **chatouiller,** chatouiller les côtes ou sous l'aisselle pour provoquer le rire. •*Al-binêye jaljaxat rafîgitha al-za'lâne wa dahhakatha.* La fillette a chatouillé son amie qui était triste, et l'a fait sourire. •*Al amm tirîd tijaljix saxîraha acân yadhak lêha.* La maman aime chatouiller son petit enfant pour qu'il lui fasse un sourire.

jaljâx *n. m., Cf. jaljax,* voir le *Syn. nyamnyâm.*

jaljaxân *n. d'act.,* → *jaljixîn.*

jaljixîn *n. d'act., m.,* ≅ *jaljaxân, Cf. naymnyimîn.*

♦ **chatouillement, picotement, chatouille,** fait de chatouiller. •*Jaljixîn hanâ l abât bidahhik al iyâl al-dugâg.* Chatouiller l'aisselle des petits enfants les fait rire. •*Agôd sâkit, jaljixînak da mâ bidahhikni lâkin biza''ilni !* Reste tranquille, tes chatouilles ne me font pas rire mais plutôt m'agacent ! •*Al-jaljixîn bisabbib macâkil.* Chatouiller quelqu'un attire des ennuis.

jaljûl / jalâjîl *n. m., Cf. sarsûr, zubb, dakar, giddâm,* * jljl, ج ل ج ل

♦ **sexe du taureau.** •*Al-tôr kan mardân jaljûlah bidôdil.* Lorsqu'un taureau est malade il laisse pendre sa verge. •*Al bugdum karab al-tôr min jaljûlah.* La grande hyène a attrapé le taureau par son sexe.

jalkôs *n. m., empr. fr.* "glucose"
♦ **glucose, perfusion.** •*Al-jalkôs yanti gudra lê l mardânîn.* La perfusion donne de la force aux malades. •*Allago lêyah talâta jalkôs wa ligi l âfe.* On lui a posé [suspendu] trois perfusions et il a recouvré la santé.

jalla' / yijalli' *v. trans.*, forme II, * jlˁ, ج ل ع
♦ **choyer un enfant, cajoler, gâter.** •*Jidditi jalla'at wilêdi.* Ma grand-mère a cajolé mon enfant. •*Al-râjil jalla' martah acân hû birîdha.* L'homme gâte sa femme parce qu'il l'aime. •*Al axniya' yijallu'u iyâlhum fî hayâthum be gurus katîr.* Les riches, de leur vivant, choient leurs enfants en leur donnant beaucoup d'argent.

jallâba *n. pr. gr., coll., sgtf. jallâbi, jallâbiye ; Cf. jalab yajlib,* * jlb, ج ل ب
♦ **Djallaba,** nom d'une groupe arabe commerçant venant du Soudan. •*Binêyt al-Jallâba mahbûsa.* La fille du Djallaba reste enfermée chez elle. •*Al-Jallâbi da, tâjir kabîr fî l-sûg.* Ce Djallaba est un grand commerçant du marché.

jallâbiye / jalâlîb *n. f.*, * jlb, ج ل ب
♦ **djellaba, boubou.** •*Kulla l-rujâl fî l-salâ induhum jalâlîb buyud.* Tous les hommes ont des djellabas blanches pour la prière. •*Al xayyâti xayyat lêi jallâbiye gisayre.* Le tailleur m'a cousu un boubou trop court.

jallad / yijallid *v. trans.*, forme II, * jld, ج ل د
♦ **recouvrir d'une peau, tendre une peau, relier un livre,** donner corps à un objet. •*Xayyâti l marakîb jallad lêi waraga.* Le cordonnier a recouvert mon amulette d'une peau. •*Jârna yijallid al-nagâgir lê li'ib hanâ l îd.* Notre voisin tendra une peau sur les tambours pour la danse de la fête. •*Al-sarmâti jallad lêi kutubi be farwa hanâ tês.* Le cordonnier a relié mes livres avec une peau de bouc.

jallal / yijallil *v. intr.*, forme II, → *jalâla,* * jll, ج ل ل
♦ **chanter la majesté de Dieu, louer Dieu avec la *jalala*.** •*Ba'ad salla l-duhur abûna gamma bijallil.* Après avoir fait sa prière de midi, notre père s'est mis à chanter la majesté de Dieu. •*Al-nâs jallalo wakit al gamar warradah.* Les gens ont chanté la majesté de Dieu lors de l'éclipse lunaire [lorsqu'Il a donné la fièvre à la lune]. •*Al faxara bijallulu ba'ad salât al asur.* Les marabouts chantent la majesté de Dieu après la prière de quinze heures trente.

jallâs / jallâsîn *adj. n.,* (*fém. jallâsa*), *Cf. hajjay,* * jls, ج ل س
♦ **conteur (-euse), causeur (-euse).** •*Al-jidde kan jallâsa, al iyâl birîdûha, wa mâ bunûmu ajala.* Lorsqu'une grand-mère est une bonne conteuse, les enfants l'aiment et ne s'endorment pas tout de suite. •*Fî l-sêf kulla l-rujâl bilimmu fî l-dabalay wa yasma'o kalâm al-jallâs.* En été, tous les hommes se rassemblent sur la place qui leur est réservée pour écouter l'histoire du conteur.

jalsa / jalsât *n. f.*, * jls, ج ل س
♦ **causerie, séance, session,** fait d'être assis pour causer. •*Kulla l xaddâmîn hanâ l-lameri lammo sawwo jalsa.* Tous les travailleurs de la mairie se sont réunis pour une session. •*Al-jalsa ma'â l-nâs al gâriyîn tizîd lêk ilmak bilhên.* T'asseoir pour causer avec des gens instruits augmentera beaucoup ton savoir. •*Jalsitna di haluwa lâkin wakit hanâ l xidime xalâs tamma.* Notre causerie est intéressante, mais c'est déjà l'heure du travail.

jam'iye / jam'iyât *n. f.*, ≅*jam'iya,* * jmˁ, ج م ع
♦ **association, assemblée, groupement.** •*Al-Ra'îs azam al-jam'iyât al-insâniya fî l mu'tamar al watani.* Le Président a invité les associations humanitaires à la Conférence nationale. •*Jam'iye jadîde ligat awragha hanâ l xidime min wazârt al-dâxiliya.* Une nouvelle association a reçu son autorisation de

fonctionner du ministère de l'Intérieur. •*Wazîrna hanâ cu'ûn al xârijiya kallam amis giddâm al-jam'iye hanâ l umam al muttahida.* Notre ministre des Affaires étrangères a prononcé un discours hier devant l'assemblée des Nations unies.

jama' / yajma' *v. trans.*, forme I n° 14, * jmʕ, ج م ع
♦ **réunir, rassembler, grouper.** •*Hû jama' iyâlah al kubâr wa wassâhum gubbâl môtah.* Il a réuni ses grands enfants et leur a donné des conseils avant sa mort. •*Nirîd najma' jârâti nil'ânaso.* J'aime réunir mes voisines pour causer avec elles. •*Al-sukkân kulluhum kê jama'o fî bêt al-sultân, acân yibâruku lêyah l îd.* Tous les habitants se sont rassemblés dans la maison du sultan pour lui souhaiter une bonne fête.

jamâ'a nom *fém.*, pluriel, * jmʕ, ج م ع
♦ **groupe, assemblée, communauté, ensemble de gens, foule.** •*Al-jamâ'a lammo bisawwu cerîye lê Zâra.* L'assemblée s'est constituée pour trancher le différend entre les deux coépouses. •*Yôm al îd jamâ'a jo katîrîn fî l-li'ib.* Le jour de la fête, la foule est venue nombreuse à la danse. •*Fî l malamma al-jamâ'a induhum xulgân xubuc.* Lors de la réunion, les membres de l'assemblée portaient des vêtements gris.

jamad / yajmud *v. intr.*, forme I n° 1, * jmd, ج م د
♦ **se figer, s'affermir, se durcir, devenir solide,** prendre consistance. •*Dihin al bagar yajmud fî l-cite.* Le beurre se fige en hiver. •*Wilêdi l-saxayar da jamad ajala.* Le corps de mon petit enfant s'est affermi rapidement. •*Al almi kan jamad, da bas bisammuh glâs.* L'eau solidifiée s'appelle glace.

jamâhîr *pl.*, → *jamhûr.*

jamal / jumâl *n. anim.*, (*fém.* *nâga*), *coll. albil, ibil* ; *Cf. huwâr, ba'îr, hâci,* * jml, ج م ل
♦ **chameau, nom d'une constellation.** •*Sûfah, sûf arnab wa batûnah : yâ Mahammat !... Da l-jamal.* Son poil est celui du lapin, et son ventre : ô Mahammat, comme il est gros !… C'est le chameau. *Dvnt.* •*Xattêna cuwâlên hana xalla fî dahar al-jamal.* Nous avons posé deux sacs de mil sur le dos du chameau. •*Al-rujâl sabûrîn misil al-jumâl.* Les hommes sont aussi patients que les chameaux. *Prvb.* •*Abjigelbo, râsah wa ragabtah xalabo... Da l-jamal.* Abdjiguelbo : sa tête et son cou l'ont épuisé… C'est le chameau qui se repose. *Dvnt.*

jamâl *n. m.*, *Syn. samâh*, * jml, ج م ل
♦ **beauté.** •*Al-jamâl zîna lê l-cabâb.* La beauté est un éclat de la jeunesse. •*Al-rujâl baxannu, bugûlu : "Jamâlki daharâni l-nôm !".* Les hommes chantent aux femmes leur amour en disant : "Ta beauté m'a empêché de dormir !".

Jamâl *n. pr.* d'homme, *litt.* beauté, *Cf. jamâl,** jml, ج م ل

Jamâlât *n. pr.* de femme, *litt.* beautés, *Cf. Jamâl*, * jml, ج م ل

jamârik *pl.*, → *jumruk.*

jamâyir *pl.*, → *jamîre.*

jamb *invar.*, → *janb.*

Jambalbâr *n. pr.* de lieu, altération de *janb al bahar*, → *Janb al bahar.*

jamhûr / jamâhîr *n. coll. m.*, *qdr.*, * jmhr, ج م ه ر
♦ **public, peuple, multitude, foule, assistance.** •*Al-sûg bakân hanâ l-jamhûr.* Le marché est un lieu public. •*Al-jamâhîr lammo wa darrajo cêx âxar.* Le peuple s'est réuni et a élu un autre chef. •*Al-jamhûr lamma fî naga'at al bâl yôm farîx Saw hanâ Tcâd li'ib ma'â farîx hanâ Nijêrya.* L'assistance était venue en foule au terrain de football le jour où l'équipe des Sao du Tchad jouait contre l'équipe du Nigeria.

jamhûriya / jamhûriyât *n. f.*, * jmhr, ج م ه ر

♦ **république.** •*Dârna Tcâd bigat jamhûriya min sanit alif wa tus'umiya wa sittîn.* Notre pays, le Tchad, est devenu une république en mille neuf cent soixante. •*Fî kulla jamhûriya Ra'îs wâhid bas.* Il n'y a qu'un Président par République. •*Jamhûriyit Lîbya fî muncâx Tcâd.* La République de Libye est au nord du Tchad.

jami' *invar.*, * jmˁ, ج م ع

♦ **tous, ensemble, tout le monde, chacun(e).** •*Ambâkir al îd, jami' al-nâs yuguccu xucûm buyûthum al yôm.* Demain, c'est la fête ; aujourd'hui, tout le monde doit balayer le pas de sa porte. •*Jami' wâhid minnuku yangul lêi almi fî bêti.* Chacun de vous doit transporter de l'eau chez moi. •*Orîhum kulluku jami' ta'âlu !* Dis-leur de venir tous ensemble !

jâmi' 1 / jami'în *adj. mrph. part.* actif, (*fém. jâmi'e*), *Syn. lâmm*, * jmˁ, ج م ع

♦ **rassembleur, qui réunit, sociable,** qui aime la société, qui aime vivre avec des gens. •*Jâri da râjil jâmi' ahalah.* Mon voisin est un homme qui rassemble sa famille autour de lui. •*Hû jâmi' al-nâs fî bêtah.* Il réunit les gens chez lui. •*Habsita jâmi'e axawâtha be l mahanna.* Habsita est celle qui réunit ses sœurs par la tendresse.

jâmi' 2 *n. m.*, → *jâmiye*, * jmˁ, ج م ع

Jâmi *n. pr.* d'homme, nom donné au dernier enfant quand c'est un garçon, *Cf. Ajjumla*, * jmˁ, ج م ع

jâmi'a / jâmi'ât *n. f.*, * jmˁ, ج م ع

♦ **université.** •*Azzolo mudarris riyâda fî l-jâmi'a.* Azzolo est professeur d'éducation physique à l'université. •*Fî l-jâmi'a al wulâd katîrîn min al banât.* A l'université, les garçons sont plus nombreux que les filles.

jâmid / jâmdîn *adj.*, (*fém. jâmde*), *Cf. gawi*, * jmd, ج م د

♦ **ferme, solide, costaud, robuste, dur(e), figé(e), affermi(e), formé(e).** •*Al binêye di samîne, lâkin mâ jâmde.* Cette fille est grosse mais non robuste. •*Fî l-cite kulla dihin hanâ l bagar jâmid.* En hiver, le beurre liquide [l'huile de vache] se fige. •*Al madîde, sabbênâha dagîg wa bigat êc jâmid.* La bouillie vient de la farine, versée dans l'eau, et devient une boule dure. •*Daggêt al-ruwâba wa ligit al-zibde jâmde.* J'ai battu le babeurre et constaté que le beurre s'était formé.

jamîl / jamîlîn *adj.*, (*fém. jamîle*), superlatif *ajmal*, * jml, ج م ل

♦ **beau.** •*Al banât dôl jamilîn marra wâhid.* Ces filles sont très belles. •*Al mara l-jamîle di râjilha mât wa xalâs bigat armala.* Cette belle femme a perdu son mari, elle est veuve.

Jamîla *n. pr.* de femme, *fém.* de *Jamîl*, * jml, ج م ل

jamîre / jamâyir *n. f.*, *Cf. uruf, râye*, * jmr, ج م ر

♦ **grosse tresse au sommet du crâne,** grosse tresse partant du front, montant sur le sommet de la tête et partageant la coiffure en deux. •*Al mara macatat ca'arha be jamâyir.* La femme s'est coiffée en faisant de grosses tresses allant de l'avant à l'arrière de la tête. •*Al awîn kan bamcutu dabbu Gurân bisawwu ustah jamîre.* Lorsque les femmes se coiffent à la manière des Goranes, elle font, au milieu de leur coiffure, une longue tresse partant du front et allant à l'arrière de la tête.

jâmiye / jawâmi' *n. f.*, ≅ *jâmi'*, * jmˁ, ج م ع

♦ **mosquée.** •*Yôm al îd al-nâs bisallu fî l-jawâmi'.* Le jour de la fête, les gens prient dans les mosquées. •*Indina jâmi' fî janb bêtna.* Nous avons une mosquée à côté de chez nous. •*Al-jâmiye l kabîre hint Anjammêna gâ'ide janb al-sûg al kabîr.* La grande mosquée de N'Djaména se trouve à côté du grand marché.

jamma 1 / yijimm *v. trans.*, *Syn. rayyah*, * jmm, ج م م

♦ **reposer, mettre au repos, procurer le bien-être, pacifier, mettre à l'aise,** donner la paix. •*Al wilêd kan be xidimtah yijimm ahalah.* Lorsqu'un enfant a un travail, il permet à sa famille de se reposer. •*Al-Ra'îs al adîl yijimm al-ca'ab.* Un bon Président procure le bien-être à son peuple. •*Wilêdi jammâni, Allah yibârikah !* Mon enfant m'a procuré le bien-être, que Dieu le bénisse !

jamma 2 / yijimm *v. trans.*, forme I n° 11, *Cf. nadah, nazza*, * jmm, ج م م

♦ **sourdre, suinter de l'intérieur, saliver,** se renouveler en eau (en parlant du puits). •*Xalli l macîce tijimm !* Laisse se remplir d'eau le trou fait dans le sable de l'oued. •*Al bîr tijimm kan xarafo almiha.* Quand on tire l'eau du puits, on la voit sourdre au fond. •*Hamâd al-lêmun bixalli xacum al-nâdum bijimm buzâx.* L'acidité du citron fait venir la salive à la bouche.

Jammâ' *n. pr.* d'homme, *litt.* qui rassemble tout et possède tout, *Cf. jama'a*, * jmʕ, ج م ع

jammal / yijammil *v. trans.*, forme II, *Cf. fandas*, * jml, ج م ل

♦ **embellir, décorer.** •*Al-cadar jammalo l bêt.* Les arbres ont embelli la maison. •*Hû jammal bêtah, bidôr bitcakkimah.* Il a embelli sa maison parce qu'il voulait la vendre. •*Al mara tijammil râsha be l mucât, wa îdênha wa rijilênha be l hinne.* La femme se fait belle en se tressant les cheveux et en s'appliquant du henné sur les mains et les pieds.

jammâla *n. coll.*, *sgtf. jammâli*, * jml, ج م ل

♦ **chamelier, éleveur de chameaux.** •*Al yôm al-jammâla jo katîrîn fî l-sûg.* Aujourd'hui, les chameliers sont venus nombreux au marché. •*Al-jammâla lissâ mâ nacaxo.* Les chameliers ne sont pas encore partis pour le Nord.

jammam / yijammim *v. trans.*, forme II, * jmm, ج م م

♦ **faire sourdre, faire saliver.** •*Al-rujâl nakato l bîr wa jammamoha.* Les hommes ont creusé le puits et ont fait sourdre l'eau. •*Hamâd al-lêmun jammam rîgi.* L'acidité du citron m'a fait saliver.

jammamân *n. d'act.*, ≅*jammimîn*, * jmm, ج م م

♦ **fait de sourdre, laisser venir l'eau, salivation, fait de saliver,** fait d'attendre et de laisser le fond du puits se remplir d'eau, de provoquer la venue de la salive dans la bouche. •*Mâ tiwaddiri wakitki fî jammamân al bîr, amci l bahar wa jîbi lêna almi ajala !* Ne perds pas ton temps à attendre que l'eau vienne sourdre au fond du puits, va au fleuve et ramène-nous vite de l'eau ! •*Jammamân gaddûmki be l buzâx da, akûn coxolki xuluf ?* Tu salives beaucoup, peut-être es-tu en début de grossesse ?

jammar / yijammir *v. trans.*, *Cf. mujammar*, * jmr, ج م ر

♦ **passer par le feu, passer par l'ordalie.** •*Al-nâdum kan bugûl hû carîfî, wa cakkako fôgah, bijammuruh.* Lorsque quelqu'un se dit de la lignée du Prophète et qu'on en doute, on le fait passer par l'ordalie. •*Al-sayyâxi kan bidôru bakcif al-dahab, bijammirah fî l-nâr.* Le bijoutier qui veut vérifier la qualité de l'or le fait passer par le feu.

jammimîn *n. d'act.*, *m.*, → *jammamân.*

jamrak / yijamrik *v. trans.*, *qdr.*, terme de l'*ar. lit.*, emprunt *irn.*, forme II, * jmrk, ج م ر ك

♦ **dédouaner, imposer la taxe douanière, taxer, payer la taxe douanière.** •*Anâ jamrakt watîri fî Sâr.* J'ai dédouané ma voiture à Sarh. •*Hawa miskîne, al-duwân jamrak budâ'itha nuss be l-nuss.* Pauvre Hawa, la douane exige qu'elle paye une taxe équivalente à la moitié de la valeur de ses marchandises. •*Wâjib al-duwân mâ yijamrik al-dawa.* Il ne faut pas que les douaniers taxent les médicaments.

jamsinda *n. m. coll.*, *sgtf. jamsinday*, *Syn. kijîji*.
♦ **nom d'une herbe, nom d'une racine, encens,** herbe dont les racines servent d'encens ou de parfum pour l'eau de la toilette mortuaire. •*Al-jamsinda urûg hiney gecc fî xacum al bahar, induhum rîhe haluwa.* Le *jamsinda* est la racine d'une herbe qui pousse au bord du fleuve et dont le parfum est délicieux. •*Kan nâdum mât fî bakân mâ indah sâbun walla itir, busubbu si'id wa jamsinda fî almi hanâ l barûd.* Si quelqu'un meurt dans un endroit où il n'y a ni savon, ni parfum, on met du *si'id* du *jamsinda* dans l'eau de la toilette mortuaire. •*Al-jamsinda kan muxalbat be si'id wa asajam wa samux rutrut, bisawwu duxxân fî l bêt.* Le *jamsinda* mélangé avec du *si'id*, du *asajam* et de la gomme de *rutrut* constitue un encens pour parfumer la maison.

jamur *n. coll.*, *sgtf. jamuray, jamray*, * jmr, ج م ر
♦ **braise.** •*Amci jîb lêna jamur min jâritna nisawwu câhi !* Va chez notre voisine, rapporte-nous de la braise pour que nous préparions du thé ! •*Kan sutti l êc aktuli l-jamur !* Si tu as fini de cuire la boule, éteins la braise ! •*Jîbi jamuraytên fî l muxbar da, nusubb duxxân fî l bêt !* Apporte-moi deux braises dans le brûle-parfum pour que je fasse fumer de l'encens dans la maison !

jâmûs / jawâmîs *n. anim.*, *m.*, *qdr.*, mot arabe d'origine *irn.* (*kawmîš* كاوميش), *Cf. dict.* (*Ka.*) article جاموس *[jâmûs] p. 245*, * jwms, ج و م س
♦ **buffle, Syncerus *sp.*,** famille des bovidés. •*Al-jâmûs fahal min kulla l bahâyim hanâ l kadâde.* Le buffle est le plus brave de tous les animaux de la brousse. •*Al gannâsîn ligo jâmûs wa mâ gidiro kataloh.* Les chasseurs ont trouvé un buffle mais ils n'ont pas pu le tuer.

jana 1 / yajni *v. trans.*, *Cf. janiye*, * jny, ج ن ي
♦ **commettre une faute, commettre un délit.** •*Al binêye fâtat tisahlig, janat farax wa ahalha kataloha.* La fille est partie courir avec les garçons, elle est devenue fille-mère et sa famille l'a tuée. •*Badharoh mâ yurûx ma'â l-sarârîg ke, mâ andahar ; maca jana macâkil lê abuh.* On a eu beau lui interdire de fréquenter les voleurs, il n'y a rien eu à faire ; il a commis un délit dont les conséquences sont retombées sur son père.

jana 2 *n. m.*, la racine évoque le fruit tout frais cueilli, ≅*janah*, * jny, ج ن ي
♦ **nouveau-né(e), bébé.** •*Al-jana da ta''ab ammah be l baki.* Ce nouveau-né fatigue sa mère par ses pleurs. •*Abbakar min axad ke, mâ ligi jana wâhid kulla !* Depuis qu'Abbakar s'est marié, sa femme n'a encore jamais eu d'enfant.

janab / janabât *n. m.*, * jnb, ج ن ب
♦ **côté de la djellaba,** pièce de tissu formant le côté de la djellaba. •*Al-jallâbiye kan bifassulûha, bisillu lêha dakar wa janabên.* Lorsqu'on découpe le patron d'une djellaba, on taille la pièce centrale de devant et les deux côtés. •*Juyûb al-jallâbiye birakkubûhum fî l-janabât.* On monte les poches de la djellaba sur les côtés.

janâba / janâbât *n. f.*, dans l'expression *barûd janâba*, * jnb, ج ن ب
♦ **purification, toilette rituelle, bain de purification,** toilette de purification après un acte sexuel ou une pollution nocturne ; on lave le corps tout entier, un côté après l'autre avec de l'eau propre, sans savon ni parfum. •*Fî l-lêl al-sabi kan nâyim wa istahlam, wâjib bibarrid barûd al-janâba.* Après une nuit où le jeune homme aura rêvé dans son sommeil d'être avec une femme, il se lavera et fera une toilette de purification. •*Al iyâl al mâ induhum xamistâcar sana mâ bibarruduhum barûd janâba.* Les enfants qui n'ont pas atteint l'âge de quinze ans ne font pas de toilette de purification. •*Al mayyit al kâlif kulla, bibarrudu barûd janâba.* Lorsqu'un

adulte est mort, on le lave selon le rite de purification. •*Al arûs wa l arîs kan gammo fajur, bibarrudu barûd janâba.* Lorsque les nouveaux mariés se réveillent, ils font une toilette de purification.

janah *n. m.*, → *jana.*

janâh / janâhe *n. m.*, moins employé que son diminutif *jinêh*, * jnḥ, ج ن ح

♦ **aile.** •*Al-na'am indah janâhe lâkin mâ yagdar yitîr.* L'autruche a des ailes, mais elle ne peut voler. •*Al-dîk da kassar janâhah fî l-sulûk wakit bidôr bidalli.* Ce coq s'est cassé une aile contre le grillage au moment où il voulait se poser.

janâhe *pl.*, → *janâh.*

janâyin *pl.*, → *jinêne.*

janâza / janâzât *n. f.*, *Cf. mayit, fatis*, * jnz, ج ن ز

♦ **cadavre humain, dépouille mortelle.** •*Cîf fî l-câri l wasi' nâs induhum janâza !* Regarde dans la grand-rue, des gens transportent une dépouille mortelle ! •*Al-janâza biwadduha ba'îd min al-nâs.* On emmène la dépouille mortelle loin des gens. •*Al mayyit bibarruduh barûd al-janâza.* Lorsque quelqu'un est mort, on lui fait sa toilette mortuaire.

janâzîr *pl.*, → *jinzîr.*

janb *invar.*, prononcé *jamb*, le *n* est prononcé *m* devant le *b*, * jnb, ج ن ب

♦ **à côté de, près de.** •*Bêti gâ'id janb bêtak.* Ma maison est à côté de la tienne. •*Mâ tagôd janbi !* Ne reste pas à côté de moi ! •*Al-jâmiye janb al-sûg.* La mosquée est à côté du marché.

Janb al bahar *n. pr.* de lieu, altéré en *jambalbar*, [à côté du fleuve], nom d'un quartier de N'Djaména.

janbât / janbâtât *n. m.*, ≅ le pluriel *janâbit*, *Cf. marfa'în 2*, nasalisation et métathèse dans la racine, * jḏb, ج ذ ب

♦ **hameçon, valet du menuisier.** •*Al iyâl al-dugâg bihawwutu be xêt wa janbât bas.* Les petits enfants ne pêchent qu'avec un hameçon au bout d'un fil. •*Al hawwatân be carak halu min al be janbât.* Pêcher au filet est plus agréable que pêcher à la ligne. •*Janbâtâti dugâg, mâ yikarrubu hût kubâr.* Mes hameçons sont petits, ils n'attrapent pas de gros poissons.

janfa / janfât *n. f.*, * jnf, ج ن ف

♦ **sous-vêtement,** sous-vêtement que l'on porte avec le grand boubou. •*Anâ nagôd be janfa bas fî bêti.* Je reste à la maison avec simplement un sous-vêtement. •*Kan al wata hâmiye al-nâs bagôdu be janfa bas fî buyûthum.* Quand il fait chaud, les gens restent en sous-vêtements chez eux. •*Al-nâs balbaso janfa min dâxal lê l garambûbu.* Les gens portent un sous-vêtement sous leur grand boubou.

janga / jangât *n. f.*, → *faras.*

jangal 1 / yijangil *v. trans.*, *qdr.*, racine connue en arabe *sd.* (*C.Q.*), forme II, *Syn. kambal, tandal.*

♦ **accumuler, entasser, empiler,** mettre les affaires les unes sur les autres. •*Al-tâjir jangal al basal fî l-sûg.* Le commerçant a entassé des oignons au marché. •*Hî jangalat xumâmha fî râsha wa maragat.* Elle a pris ses affaires, les a empilées sur sa tête et est sortie. •*Fî wakt al-darat, al harrâtîn yijangulu l xalla fî l-jurun.* Au temps de la moisson, les cultivateurs entassent le mil à l'abri sur des claies surélevées.

jangal 2 / yijangil *v. intr.*

♦ **partir, quitter un lieu.** •*Al-râjil ma'â iyâlah xallo xumâmhum wa jangalo muwajjihîn hillithum.* L'homme et ses enfants ont laissé leurs affaires et sont partis en se dirigeant vers leur village. •*Yâ jamâ'a, mag'adna da mâ banfa', yalla nijangulu !* Eh ! vous tous amis ! cela ne sert à rien de rester comme cela, partons !

jangalân *n. d'act., m.*, → *jangilîn.*

jangâli / jangâliyîn *adj.*, (*fém. jangâliye*), *Cf. jangal, kambali.* ⇨

♦ **qui accumule, qui entasse, qui empile,** qui met les affaires les unes sur les autres. •*Al mara l-jangâliye di gidirat câlat al xumâm da kulla ke fôg râsha.* Cette femme qui sait empiler les affaires a pu prendre tout ce chargement sur sa tête. •*Mâ tabga nâdum jangâli ke, cîl al xumâm al indah fayide bas !* Ne deviens pas quelqu'un qui accumule tout, ne prends que les affaires qui te sont utiles ! •*Siyâd al watâyir jangâliyîn al xumam fî l arabât.* Les propriétaires de véhicules ont l'habitude d'entasser le plus d'affaires possible sur leur camion.

jangilîn *n. d'act., m., qdr.*, ≅*jangalân, empr.* connue en arabe *sd.* (*C.Q.*).
♦ **accumulation, entassement, surcharge.** •*Al-cifêr mâ xassad be jangilîn al xumâm fî watîrah.* Le chauffeur n'est pas d'accord pour entasser ainsi les affaires sur sa voiture. •*Hû birîd jangilîn al xumâm fî sarîrah.* Il aime accumuler des affaires sur son lit.

jânib *n. m.*, * jnb, ج ن ب
♦ **côté.** •*Al wilêd baxadim dâ'iman fî jânib abuh.* Le garçon travaille toujours à côté de son père. •*Al binêye wigifat be jânib ammaha yôm al-duwâs.* La fille s'est battue aux côtés de sa maman le jour de la bagarre.

janîn *n. m.*, la racine évoque ce qui est caché et ne peut se voir, *Cf. xuluf*, * jnn, ج ن ن
♦ **embryon, fœtus, début de grossesse.** •*Fâtime tirîd al-nôm kê da, akûn coxolha janîn !* Fatimé dort beaucoup [aime dormir ainsi], elle est peut-être enceinte ! •*Al mara di janînha mâ bidôr riht al mulâh.* Cette femme en début de grossesse ne supporte pas l'odeur de la sauce [son embryon n'aime pas l'odeur de la sauce]. •*Marit Ahmat ramat janîn hanâ caharên.* La femme de Karim a avorté après deux mois de grossesse.

janiye / janiyât *n. f.*, (la racine du verbe évoque le fait de cueillir le fruit d'un arbre), ≅*jenîye*, * jny, ج ن ي
♦ **faute, délit, motif susceptible de sanction.** •*Al wilêd da jâb janiye lê ahalah.* Cet enfant a créé des ennuis à sa famille en commettant un délit. •*Râjilki janîtah cunû, al bôlîs jo karaboh ?* Quelle faute ton mari a t-il commise pour que les policiers soient venus l'arrêter ? •*Anâ janîti cunû, taharijni kê da ?* Qu'ai-je fait pour que tu me grondes ainsi ? •*Al miskîn da karaboh bala janiye fî l-sijin.* Ce pauvre homme a été mis en prison sans motif.

jankab / yijankib *v. trans., qdr.*, connu au *Sdn.* (*C.Q.*), forme II.
♦ **sarcler.** •*Âdum jankab zar'ah.* Adoum a sarclé son champ. •*Al harrâtîn marago yijankubu zura'âthum.* Les cultivateurs sont sortis pour sarcler leurs champs.

jankâba *n. f.*, → *jankâbi.*

jankabân *n. d'act., m.*, → *jankibîn.*

jankâbi / jankâbîn *adj. mrph. intf., qdr.*, (*fém.* *jankâba* ou *jankâbiye*), *Cf. jankab.*
♦ **sarcleur (-euse),** qui sarcle bien. •*Al-râjil da jankâbi xalli yamci ma'âk fî l-zere'.* Cet homme sarcle bien, il faut qu'il parte avec toi au champ. •*Al-jankâbîn gabbalo min al-zere' be acîye.* Les sarcleurs sont revenus du champ le soir.

jankibîn *n. d'act., m., qdr.*, ≅*jankabân.*
♦ **sarclage.** •*Al-jankibîn mâ gâsi misil al hirâte.* le sarclage n'est pas aussi pénible que le labourage. •*Al-jankibîn bukûn ba'ad al îne.* Le sarclage se fait lors de la deuxième partie de la saison des pluies.

janna 1 / yijinn *v. intr.*, forme I, n° 11, * jnn, ج ن ن
♦ **devenir fou.** •*Al-tâjir gursah waddar bas xalâs janna.* Le commerçant a perdu son argent, il en est devenu fou. •*Al-sabi da janna, acân al mara l birîdha axâdôha xalloh.* Ce jeune homme est devenu fou, parce que la fille qu'il aimait a été mariée et qu'il a été laissé pour

compte. •*Al-marra di, min râjilha wa wilêdha mâto ke jannat : tikallim wihêdha.* Cette femme est devenue folle depuis qu'elle a perdu son mari et son fils : elle parle toute seule.

janna 2 / jinân *n. f.*, ≅*janne*, * jnn, ج ن ن

♦ **paradis, jardin.** •*Al-nâdum, kan xadam adîl, yadxul al-janna.* Si quelqu'un a fait de bonnes œuvres ici-bas, il entrera au paradis. •*Nat'ab acân nalga l-janna.* Je peine pour recevoir en récompense le paradis [pour trouver le paradis]. •*Ta'abid Allah, acân tadxul al-janna.* Tu adores Dieu pour entrer au paradis.

jannan / yijannin *v. trans.*, forme II, "rendre fou", → *jannanni*, *Cf. janna*, * jnn, ج ن ن

jannâni / jannânîn *adj. n., mrph. intf.*, (*fém. jannâniye*), * jnn, ج ن ن

♦ **guérisseur (-euse), sorcier (-ère), exorciste,** qui sait parler avec les djinns. •*Al mara di macat lê l-jannâni acân wilêdha karabah cêtân.* Cette femme est allée chez le guérisseur parce que son enfant est sous l'influence d'un démon. •*Al-jannânîn bidâwu l micôtinîn.* Les guérisseurs soignent les fous.

jannanni terme entrant dans l'expression *serîr jannanni*, *litt.* il m'a rendu fou, *Cf. harag galbi, abdallâla*, * jnn, ج ن ن

♦ **nom d'un lit à deux places, nom d'un beau lit à baldaquin.** •*Binêyti rahhaltaha be sarâyir tinên, wâhid jannanni wa wâhed formika.* J'ai envoyé ma fille chez son mari avec deux lits à baldaquin et un lit en formica. •*Al-sarîr jannanni hassâ mâ xâli misil wakit dahâba jaddadoh.* Les lits à baldaquin valent maintenant moins cher qu'à l'époque où ils étaient à la mode.

janne *n. f.*, → *janna*.

jânu *n. m.*, → *jônu*.

janûb *n. m.*, terme de l'*ar. lit.*, ≅*junûb*, moins employé que *wati*, * jnb, ج ن ب

♦ **sud.** •*Al almi busubb katîr fî janûb hanâ Tcâd.* Il pleut beaucoup dans le sud du Tchad. •*Janûb hanâ Tcâd indah carikât.* Beaucoup de sociétés industrielles travaillent dans le sud du Tchad. •*Sant al-ju' nâs katîrîn maco fî janûb hanâ l balad harato.* A l'époque de la famine, beaucoup de gens étaient partis cultiver au sud du pays.

janûbi / janûbiyîn *adj.*, (*fém. janûbiye*), ≅*junûbi*, * jnb, ج ن ب

♦ **méridional(e), sudiste.** •*Al-janubiyîn hanâ l balad mâ harato l-sane di.* Les gens du sud du pays n'ont pas cultivé cette année. •*Sawrit al-janubiyîn tâlabat be suluh watani acân al-duwâs mâ indah fâyde.* Les rebelles du sud du pays ont demandé la réconciliation nationale parce que la guerre n'a aucune utilité.

janzabîl *n. cdmt., coll., m., sgtf. janzabîlay*, connu en *Egy.*, pour *zanjabil,* métathèse dans la racine du mot arabe d'emprunt *irn.* (*Mu.*), *Cf. xurunjâl*, * znjbl, ز ن ج ب ل

♦ **nom d'une plante à rhizome aromatique, gingembre rouge, Zingiber (Roscoe),** famille des zingibéracées. •*Al-janzabîl busubbuh fî l gahwa wa fî l kisâr.* On met du gingembre dans le café ou les galettes. •*Fî l-Ramadân al-janzabîl babga xâli.* Pendant le Ramadan, le gingembre devient cher.

janzar / yijanzir *v. trans.*, *qdr.*, forme II, métathèse dans la racine, mot arabe d'emprunt *irn.* (*Ka.*) (C.Q), * znjr, ز ن ج ر

♦ **enchaîner.** •*Al wilêd côtan wa ahalah janzaroh.* L'enfant est devenu fou et ses parents l'ont enchaîné. •*Âdum janzarah lê wilêdah acân aba l giray.* Adoum a enchaîné son enfant parce qu'il a refusé d'étudier. •*Al bôlîs janzaroh lê l-sarrâg hatta faracoh.* Les policiers ont enchaîné le voleur avant de le frapper.

jâr 1 / yujûr *v. trans.*, forme I n° 4, * jwr, ج و ر ⇨

♦ **torturer, opprimer, faire souffrir.** •*Al bôlîs jâr al-sarrâg.* Les policiers ont torturé le voleur. •*Al barcâta yujûru zimalhum fî l-ruwâxe.* Les contrebandiers font souffrir leurs montures pour qu'elles avancent vite. •*Zamân al askar jâro l-ca'ab.* Autrefois les soldats opprimaient le peuple.

jâr 2 / jîrân *adj. n.*, pour le féminin → *jâra*, * jwr, ج و ر

♦ **voisin.** •*Jâr zên wa garîb, axêr min axu ba'îd.* Un voisin bon et proche vaut mieux qu'un frère lointain. •*Jâri mu'zi bilhên.* Mon voisin fait beaucoup de mal. •*Wâjib ziyârt al-jîrân fi kulla yôm îd.* Il faut rendre visite aux voisins à chaque fête.

jara 1 / yajiri *v. trans.*, forme I n° 7, * jry, ج ر ي

♦ **couler.** •*Manxari tajiri damm.* Je saigne du nez. •*Al uyûn yajuru dumu' fî mahannit al galib.* Les yeux laissent couler des larmes quand le cœur est attendri. •*Fî l xarîf al-rijil di tajiri almi wasxân be turâb wa hatab.* En saison des pluies, ce bras de l'oued coule avec de l'eau sale, charriant de la terre et du bois.

jara 2 / yajiri *v. intr. {- be, - min}*, forme I n° 7, * jry, ج ر ي

♦ **courir, fuir, rouler en voiture, rouler à bicyclette.** •*Al-sarrâg jara min al bôlîs.* Le voleur a couru pour fuir la police. •*Yajiri wên ?* Où court-il ? •*Tajiri be watîr walla be biskilêt ?* Roules-tu en voiture ou à bicyclette ?

jâra / jârât *adj. n. f.*, pour le masculin → *jâr 2*, * jwr, ج و ر

♦ **voisine.** •*Indi jâra zêne bilhên.* J'ai une très bonne voisine. •*Jârâtku sahâlîg.* Vos voisines sont désœuvrées.

Jâra *n. pr.* de femme, *litt.* voisine, * jwr, ج و ر

jarab *n. mld., m.*, * jrb, ج ر ب

♦ **gale, blépharite.** •*Bagarti sûfaha daffag acân hî indaha jarab.* Les poils de ma vache sont partis [sont tombés] parce qu'elle a la gale. •*Al-sane di al-jarab daxal bilhên lê bahâyimna.* Cette année, la gale a frappé durement [est entrée beaucoup dans] notre bétail. •*Al bahîme kan indaha jarab, mâ tixalbitha fî lubb ammahâtha !* Lorsqu'un animal du troupeau a la gale, ne le laisse pas au milieu de ses congénères [de ses mères] ! •*Al-jarab mâ yixalli l xanam wa l-dawâyin yâkulu wa lâ yacarbo, illa yidôru yuhukku wa yalhaso jilidhum bas.* La gale empêche les moutons et les chèvres de manger et de boire, ils ne cherchent qu'à se gratter et à se lécher !

jarâba *n. f.*, terme employé dans le Chari-Baguirmi, *Syn. kêf, garyâf*, → *kêf 2*.

jarad / yajrud *v. trans.*, forme I n° 2, *Syn. jarrad*, * jrd, ج ر د

♦ **ôter la viande de l'os, découper la viande, dépecer, dépouiller,** laisser les os sans viande. •*Al-jazzâri jarad al-laham wa daffag al udâm.* Le boucher a récupéré toute la viande et jeté les os. •*Laham al-sûg kulla bajurduh, bifaddil udâm bas.* On découpe toute la viande au marché, il ne reste plus que les os.

jarâd *n. coll.*, animal, *sgtf. jarâday*, * jrd, ج ر د

♦ **criquet, sauterelle.** •*Martah darabat lêna mulâh jarâd be dihin katîr.* Sa femme nous a préparé une sauce de sauterelles avec beaucoup d'huile. •*Al-jarâd kan magli be dihin halu.* Les criquets frits dans l'huile sont excellents. •*Al-jarâd kammal al xalla.* Les criquets ont mangé tout le mil. •*Ligit jarâday wahade kabîre wa samîne, karabtaha lê wilêdi.* J'ai trouvé une sauterelle grosse et grasse et l'ai attrapée pour l'apporter à mon enfant.

jarâd al ucar *n. anim., coll., sgtf. jaradayt al ucar*, * jrd, ʕšr, ج ر د • ع ش ر

♦ **nom d'un criquet, Poekilocerus bufonius hieroglyphicus,** famille des pyrgomorphidæ, espèce rare et colorée de jaune et de violet, associée au Calotropis procera. •*Jarâd al ucar, talgah illa fî cadarayt al ucar.* Tu ne trouveras les criquets Poekilocerus bufonius que sur le Calotropis procera. •*Jarâd al ucar cên, lônah asfar wa indah nugat garadi misil lôn nuwârayt al ucar, wa râsah tarîn wa tawîl.* Les criquets se trouvant sur le Calotropis procera sont laids, ils sont jaunes avec des points violets de la couleur de la fleur du Calotropis ; ils ont une tête pointue et allongée.

jarad-jarad *n. m.*, → *jaradjarad.*

Jarâde *n. pr.* de femme, *mrph. sgtf.*, → *jarâd*, * jrd, ج ر د

jarâdil *pl.*, → *jardal.*

jaradjarâd expression [criquets-criquets], on peut aussi écrire *jarad-jarad*, *Cf. rajmât*, * jrd, ج ر د

♦ **orgues de Staline, nom d'un lance-roquettes multiple, L.R.M. 122 mm.** •*Al-jaradjarâd kan daraboh al buyût bahardumu.* Lorsqu'on tire avec les orgues de Staline, les maisons s'écroulent. •*Fî harb hanâ tisa'a cahar, al askar darabo l âsima be jaradjarâd.* Pendant la guerre de neuf mois, en 1980, les militaires ont tiré sur la capitale avec des orgues de Staline.

jarah / yajrah *v. trans.*, forme I n° 13, *Cf. awwar*, * jrḥ, ج ر ح

♦ **blesser.** •*Al iyâl dâwaso wa wilêd wâhid jaraho fî râsah.* Les enfants se sont battus et un enfant a été blessé à la tête. •*Al-sakkîn jarahatni fî îdi.* Je me suis blessé la main avec un couteau [le couteau m'a blessé sur ma main].

jarahân *n. d'act.*, → *jarihîn.*

jarâid *pl.*, → *jarîda.*

jarâkîn *pl.*, → *jarkan.*

jarana *pl.*, → *jurun.*

jarâri *pl.*, → *jarrây 1.*

jaras / jursân *n. m.*, * jrs, ج ر س

♦ **cloche.** •*Kulla yôm ahad nasma' jaras al kanîsa babki.* Chaque dimanche, j'entends sonner la cloche de l'église. •*Al faras rabato lêha jursân dugâg fî ragabitha.* On a attaché de petites cloches au cou de la jument.

jaraw *pl.* moins employé que *jirêwât*, → *jaru.*

jarawa *pl.*, → *jaru.*

jarâyim *pl.*, → *jarîme.*

jarbân / jarbânîn *adj.*, (*fém. jarbâne*), *Syn. mujarrib*, * jrb, ج ر ب

♦ **galeux (-euse).** •*Al kalib al-jarbân addâni amis.* Le chien galeux m'a mordu hier. •*Hey al iyâl, siddu l bâb, mâ tixallu l kulâb al-jarbânîn yadxulu fî bêtna !* Hé ! les enfants ! fermez la porte, ne laissez pas les chiens galeux entrer chez nous ! •*Al-daktôr hanâ l bahâyim yidâwi kulla bahîme jarbâne.* Le vétérinaire soigne la gale de tout animal domestique.

jardal / jarâdil *n. m.*, *qdr.*, mot arabe (H.), peut-être d'emprunt turc *kardal* (*C.Q.*), ≅ *cô*, * jrdl, ج ر د ل

♦ **seau.** •*Hî waradat lê l almi be jardal.* Elle est allée chercher de l'eau avec un seau. •*Hî macat al-sûg tidôr tacri jardalên.* Elle est allée au marché car elle voulait acheter deux seaux. •*Al harîge gammat wa katalôha be l almi l fî jarâdil dôl.* L'incendie s'est déclaré et on l'a éteint avec l'eau de ces seaux.

jarhe / jarhât *n. f.*, * jrḥ, ج ر ح

♦ **blessure.** •*Al wilêd da jarhitah kabîre.* La blessure de cet enfant est profonde. •*Al askari indah jarhe fî râsah.* Le soldat a une blessure à la tête.

jari *n. d'act.*, *m.*, *Syn. jire*, * jry, ج ر ي

♦ **course, fait de courir,** d'aller vite à vélo, à moto ou en voiture. •*Hû maca bicîf jari hanâ l xêl.* Il est allé voir la course de chevaux. •*Anâ mâ nirîd jari hanâ l watâyir acân bisawwu lêi awwa katîre.* Je n'aime pas que les véhicules roulent vite parce qu'ils font beaucoup de bruit. •*Al-jâri wa l-têrân, xilib al-na'âm.* Courir et voler en même temps dépasse la capacité de l'autruche. *Prvb.* (*i.e.* On ne peut pas accomplir deux activités difficiles en même temps).

jâri / **jâriyîn** *adj. mrph. part.* actif, Ière forme du verbe *jara*, (*fém. jâriye*), à ne pas confondre avec *jâri* (mon voisin, *Cf. jâr*), * jry, ج ر ي

♦ **en train de courir, courant(e).** •*Cift al-sarrâg jâri.* J'ai vu le voleur courir. •*Cift al mara jâriye min kalib al-jahmân.* J'ai vu la femme fuir le chien enragé en courant. •*Mâ tagdar tagta' al bahar acân al almi jâri cadîd.* Tu ne peux pas traverser le fleuve car son courant est ici très fort.

Jâri sâmîni *n. pr.* de lieu, *litt.* "voisin, excuse-moi !", nom de quartiers périphériques à N'Djaména, terme générique désignant une zone où les gens sont obligés de passer par les concessions voisines parce que les rues ne sont pas encore tracées.

jarid *n. m.*, *Cf. malfa'a*, * jrd, ج ر د

♦ **foulard en laine, écharpe à frange.** •*Al-jarid xattay hint sûf min al barid sahi sahi.* Le foulard est une petite couverture très efficace contre le froid. •*Al-jarid tagdar talxatta beyah wa turûx.* Tu peux te couvrir d'une écharpe et marcher ainsi sans difficulté. •*Al-jarid al asli bujûbuh min Masir walla min Tûnis, walla min al Maxrib.* On rapporte les foulards en laine de l'Égypte, de Tunis ou du Maroc.

jarîd *n. coll., m., sgtf. jarîday*, * jrd, ج ر د

♦ **nervure de rônier, branche de rônier effeuillée.** •*Al-jarîd bisawwu beyah sarâyir wa farfar.* Avec les nervures de rônier, on fabrique des lits et des stores. •*Al ôfôrê bakurbu l-nâs al bangulu l-jarîd.* Les agents des Eaux et Forêts arrêtent et pénalisent ceux qui transportent des nervures de rônier.

jarîda / **jarâid** *n. f.*, ≅*jarîde*, * jrd, ج ر د

♦ **journal (-aux).** •*Fî Tcâd, fî xamsa jarâid muhimmât lê l axbâr.* Au Tchad, il y a cinq journaux importants pour l'information. •*Al-jarîde al-tantih l axbâr fî l-dâxil wa l xârij hî Anjammêna-Ebdo.* Le journal qui donne des nouvelles de l'intérieur et de l'extérieur est N'Djaména-Hebdo. •*Fî Anjammêna katîr min al-nâs birîdu bagru jarâid.* A N'Djaména, beaucoup de gens aiment lire les journaux. •*Xabar hanâ l-jarîda baji ciyya mu'axxir min hanâ l-râdyo.* Les nouvelles du journal arrivent avec un peu plus de retard qu'à la radio.

jarîday / **jarâid** *n. f.*, ≅*jarîde*, * jrd, ج ر د

♦ **os de l'avant-bras, radius, cubitus.** •*Kulla îd indaha jarîdaytên.* Tout avant-bras a deux os. •*Al wilêd waga' wa kassar îdah min al-jarîday.* L'enfant est tombé et s'est cassé un des deux os de l'avant-bras.

jarîde 1 / **jarâid** *n. f.*, (journal), → *jarîda.*

jarîde 2 / **jarâid** *n. f.*, (os de l'avant bras), → *jarîday.*

jarih / **juruh** *n. m.*, *Syn. jirâh*, *Cf. uwâra*, * jrḥ, ج ر ح

♦ **blessure.** •*Kan indak jarih jadîd wâjib tusubb lêyah alkôl walla almi dâfi be mileh ciya.* Lorsque tu as une blessure fraîche [nouvelle], verses-y de l'alcool ou bien de l'eau tiède avec un peu de sel. •*Al-sarij da sawwa juruh lê l-juwâd fî daharah acân caddoh bala xartay.* Cette selle a causé une blessure sur le dos du cheval parce qu'ils l'ont trop chargée sans mettre de tapis de protection.

jarihîn *n. d'act., m.*, ≅*jarahân*, * jrḥ, ج ر ح

♦ **fait de blesser, blessure.** •*Anâ naxâf min jarihîn al-sakkîn kan nigatti' al-laham.* J'ai peur de me blesser avec le couteau [j'ai peur de la blessure du couteau] lorsque je coupe la viande. •*Jarihîn al hadîd al musaggir xatari acân bisawwi ucba.*

Se blesser avec un fer rouillé est dangereux parce qu'on peut attraper le tétanos.

jarîme / jarâyim *n. f.*, * jrm, ج ر م
♦ **crime, faute, délit, forfait.** •*Katil al-nâs da jarîme kabîre.* Tuer une personne est un délit très grave. •*Al-nâdum al bisawwi jarîme yikammil hayâtah kullaha fî l-sijin.* La personne qui commet un crime passera tout le reste de sa vie en prison.

Jaririya *n. pr.* de femme, → *Juriya*, * jwr, ج و ر

Jârita *n. pr.* de femme, pour *jâritah*, *litt.* sa voisine, *Cf. jâr*, * jwr, ج و ر

jâriya *n. pr.* de femme, *litt.* servante, domestique, * jwr, ج و ر

jarkal / yijarkil *v. intr.*, *qdr.*, utilisé en arabe *sd.*, forme II, *Cf. jakka, gallab.*
♦ **galoper, aller au petit galop.** •*Al-juwâd da bijarkil misil indah cukâl amxuluflâf fî rijilêna.* Ce cheval va au petit galop comme s'il avait les jambes opposées attachées par des liens (*i.e.* le cheval avance la jambe avant droite en même temps que la jambe arrière gauche). •*Anâ nirîd rakûb al-juwâd al bijarkil, acân mâ bisawwi waja' fî l-nawâyit.* J'aime monter le cheval qui marche au petit galop parce qu'il ne me fait pas mal aux côtes. •*Al humâr al-rîfay da adîl, bijarkil misil al-juwâd.* Ce grand âne de brousse est très bon, il marche au petit galop comme le cheval.

jakalân *n. d'act.*, → *jarkilîn.*

jarkan / jarâkîn *n. m.*, *empr. angl. fr.*, on entend ausi le pluriel *jarkanât.*
♦ **jerrycan, bidon en plastique.** •*Al-jarâkîn induhum ayyinât katîrîn.* Il y a de nombreuses sortes de jerrycans. •*Jîb lêi dihin fûl sâfi jarkan wâhid !* Apporte-moi un bidon d'huile d'arachide !

jarkilîn *n. d'act.*, *m.*, ≅ *jarkalân.*
♦ **petit galop.** •*Jarkilîn al-juwâd axêr min al-jakkîn.* Le petit galop du cheval est plus agréable que le trot. •*Kan xâtir, xalli juwâdak yurûx, acân al-jarkilîn bi'ayyih.* Si tu voyages, fais marcher ton cheval au pas parce que le petit galop le fatigue davantage.

jarkôs *n. m.*, → *jalkôs.*

jarma *n. pr.* d'homme, *n. m.*, employé au Ouaddaï, * jrm, ج ر م
♦ **écuyer du sultan, chef de cavalerie.** •*Jarma Utmân hû râjil fahal fî zaman hanâ sultân Urâda.* Djarma Outmane était un homme courageux au temps du sultan Ourada. •*Al-jarma nâdum gâ'id dâyimân janb al-sultân.* Le chef de la cavalerie se trouvait toujours aux côtés du sultan.

jarr / jurâr *n. m.*, * jrr, ج ر ر
♦ **jarre, cruche.** •*Al-jarr malân almi.* La cruche est pleine d'eau. •*Al awîn warado lê l almi be jurârhum.* Les femmes sont allées chercher de l'eau avec leurs jarres. •*Budugg dungur wa mâ bibayyid... Da l-jarr.* Elle se creuse un nid et ne pond pas… C'est la jarre. *Dvnt.*

jarra 1 / yijarri *v. trans.*, forme II, * jry, ج ر ي
♦ **faire courir, faire couler.** •*Min amis batuni tijarrîni ajala ajala.* Depuis hier "j'ai la courante" [mon ventre me fait courir très vite]. •*Mâ tijarrîni misil da anâ mâ indi nafas tawîl !* Ne me fais pas courir ainsi, je n'ai pas beaucoup de souffle (je n'ai pas un souffle long) ! •*Al askar, kabîrhum jarrâhum jari hanâ sâ'itên.* Le chef a fait courir les soldats pendant deux heures. •*Naggêt al basalay wa jarrat monxâri nuxxâma.* J'ai épluché un oignon et j'ai le nez qui coule [il me fait couler le nez].

jarra 2 / yujurr *v. trans.*, forme I n° 5, * jrr, ج ر ر
♦ **tirer une carte, tirer à soi, tirer une corde, charger un fusil, mettre une balle dans le canon.** •*Anâ lissâ mâ jarrêt kartay kula wa hû fatah al-li'ib.* Je n'avais pas encore tiré une carte qu'il avait déjà gagné la partie. •*Hû jarra jokêr.* Il a tiré un joker. •*Al-dalu da bigi tagîl, ta'âl nujurruh*

sawa ! Le seau est lourd, viens m'aider à le tirer ! •*Cift al askari jarra bundugah, bidôr badrub al-sarrâg wa xuft.* J'ai vu le soldat mettre une balle dans le canon de son fusil, il voulait tirer sur un voleur, et j'ai eu peur.

jarra 3 / yujurr *v. intr.*, très grossier et vulgaire, * jrr, ج ر ر
♦ **copuler, coïter.**

jarra 4 *n. f.*, → *jarre* et *jirre.*

jarrab 1 / yijarrib *v. trans.*, forme II, * jrb, ج ر ب
♦ **essayer de, tenter de, fréquenter, se familiariser avec, expérimenter.** •*Hû jarrab al-juwâd wa liga mâ nihis bilhên.* Il a essayé le cheval et trouvé qu'il n'était pas trop têtu. •*Awwal yôm yijarrib al-suwâg hint al watîr.* C'est le premier jour où il essaie de conduire une voiture. •*Jarrib al-nâs dôl ; kan hâlhum zêne, tagôd ma'âhum !* Fréquente ces gens-là : s'ils sont bien [si leur caractère est bon], tu resteras avec eux !

jarrab 2 / yijarrib *v. intr.*, forme II, *Cf. jirib*, * jrb, ج ر ب
♦ **attraper la gale,** devenir galeux (-euse). •*Al iyâl ammuhum xallathum wasxânîn namman jarrabo.* La mère a laissé ses enfants tellement sales qu'ils ont attrapé la gale. •*Mâ tagôd janb al kalib da, tijarrib !* Ne reste pas près de ce chien, tu vas attraper la gale !

jarrabân *n. d'act.*, *m.*, ≅ *jarribîn*, * jrb, ج ر ب
♦ **essai.** •*Hû xâf min jarrabân al bundug.* Il a peur d'essayer de tirer au fusil. •*Hû bidôr ba'allim rakûb al biskilêt lâkin al-jarrabân bigi lêyah gâsi.* Il veut apprendre à monter à bicyclette mais l'essai a été difficile.

jarrad / yijarrid *v. trans.*, forme II, *Syn. jarad, yajrud*, * jrd, ج ر د
♦ **dépouiller, ôter, découper la viande, séparer la viande de l'os, remettre les choses en place** (*s. fig.*), **donner un avertissement.** •*Hû jarrad al-laham be l-sakkîn.* Il a séparé la viande de l'os avec un couteau. •*Al-jazzâra jarrado l-laham wa xallo l udâm.* Les bouchers ont découpé la viande et laissé les os. •*Hû gamma biddaxxal fî cu'unui, macêt lêyah jarrradtah jarridîn marra wâhid.* Il mettait son nez dans mes affaires, je suis allé le voir et j'ai remis avec lui les choses en place en l'avertissant sérieusement.

jarrah / yijarrih *v. trans.*, forme II, *intf.* ou répétitif, * jrḥ, ج ر ح
♦ **blesser plusieurs fois,** causer des blessures. •*Al-subyân biddâwusu, macêt nidâhirhum, gammo jarahôni fî îdêni.* Les jeunes gens étaient en train de se battre ; je suis allé les séparer, ils m'ont blessé aux mains. •*Hî jarrahat darritha be l mûs.* Elle a blessé sa coépouse en lui donnant plusieurs coups de lame de rasoir.

jarrahân *n. d'act.*, *m.*, → *jarrihîn.*

jarrâr / jarrârîn *adj. m. mrph. intf.*, terme très grossier, *Cf. jarra 3, zannay*, * jrr, ج ر ر

jarrây 1 / jarâri *n. instr.*, *mrph. intf.*, *f.*, * jry, ج ر ي
♦ **sarcloir.** •*Jarrâyti wahade bas wa antêtha lê jâri.* Je n'ai qu'un seul sarcloir et l'ai donné à mon voisin. •*Kan jâyîn xallu l-jarâri fî l-zere' !* Si vous revenez, laissez les sarcloirs au champ ! •*Al-nâs bahartu fî l gîzân be jarâri wa fî xacum al widyân be kandankât.* On travaille la terre des terrains sablonneux avec des sarcloirs et celle des bords des oueds avec des houes.

jarrây 2 / jarrâyîn *adj. n.*, (*fém. jarrâye*), * jry, ج ر ي
♦ **de course, coureur (-euse).** •*Al-juwâd al-jarrây danabah giseyyar wa sadurah wasi'.* Le cheval de course a une queue courte et un large poitrail. •*Al Ifrixiyîn jarrâyîn min al-Nasâra fî li'ib al-jari.* Les Africains sont de meilleurs coureurs que les Européens. •*Al mara di tidôr tabga jarrâye, kulla fajur tacrab bêd nayy be rîgha.* Cette femme veut devenir championne de course : tous les matins elle gobe à jeun un œuf cru.

jarre 1 / jarrât *n. f.*, *Cf. jurun*, *≅jerre, jerrât*, * jrr, ج ر ر

♦ **épis entassés, tas d'épis, quantité de mil disposé sur l'aire,** volume d'épis mis en tas allongés et destinés à être battus. •*Anîna ayyânîn, daggêna jarre wahade bas.* Nous sommes épuisés, nous n'avons battu qu'un petit tas d'épis de mil. •*Al-jerrât al-talâte dôl malo lêna tamâne cuwâl hanâ xalla.* Ces trois tas d'épis nous ont rempli huit sacs de mil. •*Xallit jîrânna daggoha amis, bigat arba'a jarrât.* Nous avons battu hier le mil de nos voisins : quatre tas recouvrant l'aire.

jarre 2 dans l'expression *kasar jarre*, *→ kasar jirre.*

jarribîn *n. d'act., m.*, *→ jarrabân.*

jarrihîn *n. d'act., m.*, *≅jarrahân*, * jrḥ, ج ر ح

♦ **blessure,** fait d'avoir été blessé. •*Al askari mât ba'ad jarrihînah.* Le soldat est mort à la suite de ses blessures. •*Jarrihînâk da kan mâ macêt al-labtân tat'ab.* Si tu ne vas pas à l'hôpital, tes blessures te feront souffrir.

jarsas / yijarsis *v. intr.*, forme II, *empr. fr.*, *→ jarsîs.*

♦ **défiler.** •*Fî yôm îd al hurriya iyâl al-lekkôl jarsaso.* Le jour de la fête de l'Indépendance, les écoliers ont défilé. •*Al askar jarsaso giddâm kabîrhum.* Les soldats ont défilé devant leur chef.

jarsâsi / jarsâsîn *adj. mrph. intf.*, (*fém. jarsâsiye*), *empr. fr.*, *→ jarsis.*

♦ **qui sait défiler.** •*Al askar dôl jarsâsîn bilhên.* Ces soldats savent bien défiler. •*Yôm îd al hurriya al-Ra'îs cakar al askar al-jarsâsîn.* Le jour de la fête de l'Indépendance, le Président a félicité les soldats qui ont bien su défiler.

jarsîs *n. m.*, *empr. fr.* "exercice".

♦ **défilé militaire.** •*Yôm îd al hurriya al-nâs kulluhum bamcu bicîfu jarsîs hanâ l askar.* Le jour de la fête de l'Indépendance, tous les gens partent voir le défilé militaire. •*Al awîn mâ ba'arfu jarsîs misil al-rujâl.* Les femmes ne savent pas défiler comme les hommes.

Jartannabi *n. pr.* de femme, pour *jârt al-nabi*, *litt.* voisine du Prophète, *Cf. jâra, Nabi.*

Jartarrahmân *n. pr.* de femme composé à partir d'un nom divin, pour *jart al-Rahmân*, *litt.* voisine du Miséricordieux, *Cf. jâra, raham.*

jaru / jarawa *n. anim.*, m., moins usité que le *dmtf. jirew*, * jrw, ج ر و

♦ **chiot, petit du chien.** •*Al-jarawa kan dahabhum wildôhum, amyânîn.* A la naissance, les chiots sont aveugles. •*Al-jaru nabihînah katîr.* Le chiot aboie beaucoup.

jarûra *n. d'act.*, terme très grossier et vulgaire, ("copulation, coït"), *Cf. carmata, zina*, * jrr, ج ر ر

jâs *n. m.*, terme de l'*ar. lit.* emprunté aux langues européennes, formé à partir du grec χαος *[kaos]*, *Cf. fatrôn.*

♦ **pétrole, kérosène.** •*Al-tayâra titîr be jâs wa l watîr yurûx be esâns.* Les avions fonctionnent au kérosène et les voitures marchent à l'essence. •*Fî farig bên al-jâs wa l esâns acân rihithum cik cik.* Il y a une différence entre le pétrole et l'essence, leur odeur est bien différente. •*Al-lampa kan muwalli'e, mâ tusubb fôgah jâs !* Lorsqu'une lampe à pétrole est allumée, ne la remplis pas de pétrole à ce moment-là !

jasad *n. m.*, *→ jilid*, * jsd, ج س د

♦ **corps.** •*Jasad wilêdki da annafax kulla ke min al marad.* Le corps de ton enfant est tout enflé à cause de la maladie. •*Jasadi hâmi, akun coxoli amxibbiye.* J'ai le corps chaud et je commence peut-être une fièvre paludéenne. •*Al-nâdum kan mât, jasadah bibarruduh wa busubbuh fôgah itir wa bikaffunuh wa badufnuh.* Lorsque quelqu'un est mort, on lave son corps, on le parfume, on l'enveloppe d'un linceul et on l'enterre.

jâsaf / yijâsif *v. trans.*, ≅*jâzaf, yijâzif*, * jzf, ج ز ف

♦ **se donner à fond à, s'investir tout entier dans,** choisir uniquement ce qui aidera à réaliser un but précis. •*Tâha jâsaf fî l giray lâkin mâ najah.* Taha s'est donné à fond dans ses études, mais n'a pas réussi. •*Jâsif fî tijârtak tanjah !* Investis-toi tout entier dans ton commerce et tu réussiras !

jâsar / yijâsir *v. trans.*, forme III, * jsr, ج س ر

♦ **être hardi(e), être effronté(e), provoquer *qqn.*, chercher querelle, faire la tête à *qqn.*, être méchant(e) envers *qqn.*,** avoir une attitude qui engendrera une querelle. •*Ahmat yijâsir jîrânah fî kalâm al iyâl al-dugâg.* Ahmat fait la tête à ses voisins à cause des petits enfants qui sont à l'origine de palabres. •*Darriti tijâsir rafîgti kulla yôm, tisawwi lêha kalâm.* Ma coépouse provoque tous les jours mon amie et lui crée des ennuis. •*Al iyâl yijâsuru mu'allimhum acân humman mâ mu'addabîn.* Les enfants sont effrontés à l'égard de leur maître parce qu'ils sont mal élevés.

jâsas / yijâsis *v. intr.* *{- lê}*, forme III, *Cf. kidib*, *Syn. jassas*, * jss, ج س س

♦ **espionner, rapporter la parole des autres, renseigner, dénoncer, moucharder.** •*Al-duwâs al bigi bên Amkalâm wa darritha acân nâs âxarîn jâsaso ambênâthum bas.* S'il y a eu une bagarre entre Amkalam et sa coépouse, c'est parce qu'on rapportait à l'une les parole de l'autre. •*Al-ra'îs sajan al masâ'îl dôl acân ligi nâdum wâhid jâsas lêya.* Le Président a mis en prison ces responsables parce qu'il a rencontré quelqu'un qui l'a renseigné. •*Nâdum kan yangul al kalâm min jay min jay walla yijâsis lê l âxarîn, da bijîb fitine.* Celui qui rapporte les paroles qui viennent de-ci de-là, ou qui espionne les autres, sème la discorde.

jâsir / jâsrîn *adj. mrph. part.* actif, (*fém. jâsre*), *Cf. jâsar*, * jsr, ج س ر

♦ **effronté(e), hardi(e), provocateur (-trice), querelleur (-euse), méchant(e).** •*Al mara kan bigat jâsre mâ tagdar tabni bêtha.* Lorsque la femme devient effrontée, elle ne peut pas construire son foyer. •*Asbur lê jârak kan jâsir kulla !* Patiente envers ton voisin, même s'il te cherche querelle ! •*Al kalib kân jâsir, mâ bixalli sarrâg badxul fî bêt sîdah.* Lorsque le chien est méchant, il ne laisse pas entrer un voleur dans la maison de son maître.

jassas / yijassis *v. intr.* *{- fî}*, forme II, *Syn. jâsas*, * jss, ج س س

♦ **espionner, calomnier, médire, rapporter tout ce qu'on entend, dénoncer, moucharder.** •*Al-râjil jassas fî axawânah lê l hâkuma bugûl humman suwâr.* L'homme a dénoncé ses frères au gouvernement, en disant qu'ils étaient des révolutionnaires. •*Hû da bijassis fî l-nâs, mâ tahajju janbah !* Celui-ci rapporte tout ce que disent les gens, ne parlez pas en sa présence !

jâsûs / jawâsîs *adj.*, (*fém. jâsûsa*), * jss, ج س س

♦ **espion (-ne), indicateur (-trice), rapporteur (-euse), mouchard(e).** •*Al-jâsûs simi' al kalâm al anîna gulnah wa waddah lê l-Ra'îs.* L'espion a écouté ce que nous avons dit et l'a transmis au Président. •*Al askar kataloh lê l-jâsûs al bangul acîrhum barra.* Les soldats ont tué l'espion qui colportait leurs secrets à l'extérieur. •*Al mara di jâsûsa tamci l xidime be fî l-lêl.* Cette femme est une indicatrice, elle va au travail la nuit.

jatt *invar.*, → *jadd.*

jaw *n. m.*, → *jaww.*

jawâb / jawâbât *n. m.*, ≅*juwâb*, *Cf. maktûb*, * jwb, ج و ب

♦ **lettre, correspondance, courrier.** •*Katabt juwâb lê ahali fî dârna.* J'ai écrit une lettre à ma famille au pays. •*Kulla l-jawâbât lê diyâr al xârij biwadduhum be l-tayyâra.* Toutes les lettres pour les pays étrangers sont transportées par avion. •*Al busta* *indaha sanâdîg lê juwâbât hanâ kulla dâr.* La poste a des boîtes aux lettres pour tous les pays. •*Mâ ligit radd lê jawâbi al katabtah lêk min zamân.* Je n'ai pas reçu de réponse [je n'ai pas trouvé la réponse] à la lettre que je t'avais écrite il y a longtemps.

jâwab / yijâwib *v. trans.*, forme III, * jwb, ج و ب

♦ **répondre.** •*Kallamt lêyah marritên wa mâ jâwabâni.* Je lui ai adressé deux fois la parole, mais il ne m'a pas répondu. •*Nidôr nijâwibah lâkin al-nâs daharôni.* Je voulais lui répondre, mais les gens m'en ont empêché.

jawadân *n. d'act.*, → *jawwadân.*

Jawâhir *n. pr.* de femme, *qdr.*, *litt.* joyaux, bijoux, *Cf. Jawhara*, * jwhr, ج و ه ر

jawâlîn *pl.*, → *jâylûn.*

jawâmi' *pl.*, → *jâmiye.*

jawâmîs *pl.*, → *jâmûs.*

jawâni *pl.*, → *jônu.*

jâwar / yijâwir *v. trans.*, forme III, * jwr, ج و ر

♦ **être le voisin, côtoyer, jouxter, habiter à côté de.** •*Anâ jâwart nâs adîlîn.* J'habite à côté de très bons voisins. •*Humman caro l bêt da, wa hassâ jâwaroni.* Ils ont acheté cette maison et sont maintenant mes voisins. •*Mâ tijâwir al-sarrâgîn !* N'habite pas à côté des voleurs.

jawâsîs *pl.*, → *jâsûs.*

Jawhara *n. pr.* de femme, *litt.* joyau, bijou, luciole, ≅ *Johara*, * jwhr, ج و ه ر

jawla / jawlât *n. f.*, * jwl, ج و ل

♦ **tournée, voyage, tour.** •*Ra'îs al-dawla sawwa jawla fî kulla l mudiriyât.* Le chef de l'État a effectué une tournée dans toutes les préfectures. •*Al-dakâtîr sawwo jawlât fî l hille acân yixabburu l-nâs be xutûra hanâ marad al-sîda.* Les médecins ont fait des tournées en ville pour informer les gens du danger inhérent à la maladie du sida.

jaww *n. m.*, prononcé *jaw*, mais on entendra *jawwi, jawwak etc.*, * jww, ج و و

♦ **ambiance, atmosphère, climat, espace aérien, air.** •*Al-jaww hanâ l âfe gabbal fî l-dârna.* Un climat de paix est revenu dans notre pays. •*Jawwi ma'â râjili mâ adîl.* L'ambiance entre mon mari et moi n'est pas bonne. •*Namcu janb al bahar acân nalgo jaww bârid !* Partons près du fleuve pour trouver un peu de fraîcheur [une atmosphère fraîche] ! •*Cifna tayyâra kabîre tihallig fî l-jaww min amis.* Nous avons vu hier un gros avion tourner en l'air.

jawwa' / yijawwi' *v. trans.*, forme II, * jwʕ, ج و ع

♦ **affamer, faire mourir de faim.** •*Ya axti, mâ tijawwi'îni, antîni xada ajala ajala !* Ma sœur, ne me fais pas mourir de faim, donne-moi vite à manger ! •*Al-sane kan al xarîf mâ ja adîl, al-sêf bijawwi' al-nâs wa l bahâyim.* Si cette année la saison des pluies n'est pas bonne, la saison sèche verra mourir de faim les gens et les animaux.

jawwad / yijawwid *v. trans.*, forme II, *Cf. jôjal*, * jwd, ج و د

♦ **améliorer, rendre excellent(e), psalmodier correctement le Coran, trier le mil, fouetter, cravacher,** séparer le mil du sable en le tournant sur le van. •*Axti ga'ade tijawwid xallitha.* Ma sœur est en train de trier son mil. •*Antini afkâr nijawwid bêha kalâmi fî giddâm al-cerî'e.* Donne-moi des idées, que j'améliore ma plaidoirie devant le tribunal. •*Hû jawwad al Xur'ân fî Sa'udiye.* Il a appris à psalmodier le Coran dans les règles de l'art en Arabie Saoudite. •*Al habbahân yijawwid riht al-câhi.* La cardamome améliore le parfum du thé. •*Xallitki di mâ jawwadtiha min al hasu.* Tu n'as pas bien ôté les petits cailloux de ton mil. •*Al muhâjirîn mâ bagru adîl, sayyidhum gamma* *jawwadâhum be l-sôt.* Les élèves de l'école coranique n'étudiaient pas correctement, leur maître s'est mis à les fouetter avec une chicote.

jawwadân *n. d'act.*, ≅*jawwidîn, Cf. jôjalân, jaww,* * jwd, ج و د

♦ **amélioration, tri, correction** (fouet), **articulation correcte du Coran,** fait de rendre meilleur et de première qualité, d'ôter les impuretés du mil. •*Min jawwadân al xalla sulbi ankasar.* J'ai les reins cassés d'avoir secoué le mil pour en faire sortir les impuretés. •*Wilêdi kan al'allam jawwidîn al kalâm nijîbah lêk tigarrih.* Dès que mon enfant commencera à parler [a appris l'amélioration de la parole], je te l'amènerai pour que tu l'enseignes. •*Jawwidîn al Xur'ân gâsi marra wâhid.* Il est très difficile de bien psalmodier le Coran. •*Wâjib jawwidîn al iyâl kân sawwo coxol fasil.* On doit corriger les enfants avec le fouet lorsqu'ils font quelque chose de mauvais.

jawwal / yijawwil *v. intr.*, forme II, * jwl, ج و ل

♦ **voyager, parcourir de longues distances, faire de grands tours, être en tournée.** •*Fî l xarîf iyâl al-lekkôl bijawwulu bilhên.* En saison des pluies, les écoliers parcourent de longues distances. •*Al askar bijawwulu kulla wakit.* Les soldats sont toujours en tournée. •*Al balad kan indaha duwâs, al-ca'ab bijawwulu fî diyâr al-jîrân.* Lorsque la guerre éclate dans le pays, les populations fuient en faisant de grands tours dans les pays voisins.

jawwâniye / jawwâniyât nom, *Syn. arrâgi, xaffâf* ; ≅*juwâniye,* * jwn, ج و ن

♦ **sous-vêtement, petite tenue, habit d'intérieur,** habit léger servant de tenue de détente à l'intérieur de la maison ou porté sous la djellaba. •*Al-rujâl birîdu lubâs al-jawwâniyât fî wakt al hamu.* Les hommes aiment se mettre en tenue légère pendant la saison chaude. •*Hû mâ birîd balbass xalag bala jawwâniye.* Il n'aime pas mettre un habit sans sous-vêtement. •*Al-juwâniye jallâbiye saxayre, xafîfe, ciya tihit lê l-rukuba.* L'habit d'intérieur ressemble à une petite djellaba, légère et arrivant un peu en dessous du genou.

jawwaz / yijawwiz *v. trans.*, forme II, *Syn. axxad,* * zwj, ز و ج

♦ **donner en mariage, marier,** établir et nouer le contrat de mariage. •*Abui jawwazâni mara bala niyti.* Mon père m'a marié à une femme sans mon consentement [sans mon intention]. •*Al yôm al-rujâl lammo yijawwuzu Zênaba.* Aujourd'hui, les hommes se sont réunis pour marier Zénaba. •*Al wilêd, abuh katab lêyah jawâb, xabbarah bidôr yijawwizah mara samhe.* Le père a écrit une lettre à son fils, l'informant qu'il voulait lui donner en mariage une femme belle.

jawwazân *n. d'act.*, ≅*jawwizîn,* voir le *Syn. axxidîn.*

jawwi / jawwiyîn *adj.*, (*fém. jawwiya, jawwiyya*), mot de l'*ar. lit.*, * jww, ج و و

♦ **aérien (-ne).** •*Tusma hint al xuwwât al jawwiyya cik min hint al birgâd.* Les uniformes de l'armée de l'air sont différents de ceux de la gendarmerie. •*Carikat al xutût al-jawwiyya al-tacâdiya indaha tayyâra wahade bas.* La compagnie des lignes aériennes tchadiennes ne possède qu'un seul avion.

jawwidîn *n. d'act.*, → *jawwadân.*

jawwizîn *n. d'act., m.*, voir le *Syn. axxidîn.*

jaxam / yajxam *v. trans.*, forme I n° 13, → *jixim.*

jaxânîn *pl.*, → *jaxnûn.*

jaxanûn *n. m.*, → *jaxnûn.*

jaxjax 1 / yijaxjix *v. trans.*, forme II, *Cf. jaljax, jaxxa.*

♦ **chatouiller, nettoyer les interstices des dents,** chatouiller avec le bout du doigt sous les côtes ou sous l'aisselle. •*Hû akal laham wa jaxjax* *sunûnah be geccay.* Il a mangé de la viande et s'est nettoyé les interstices avec un un brin d'herbe. •*Al iyâl jaxjaxo axuhum acân yila''ubuh.* Les enfants ont chatouillé leur frère pour le faire jouer.

jaxjax 2 *n. vég.*, *coll.*, *sgtf. jaxjaxay*, en arabe *sd. jaqjaq* (*C.Q.*), *Cf. himmêd.*
♦ **nom d'un arbre, Vitex diversifolia Bak.,** famille des verbénacées, arbre pas très grand ayant des feuilles duveteuses, donnant des fruits sucrés. •*Al-jaxjax yugumm fî l gîzân.* Le Vitex diversifolia pousse sur les coteaux sablonneux. •*Iyâl al-jaxjax bâkulûh acan halu.* On mange les fruits du Vitex diversifolia parce qu'ils sont sucrés.

jaxjaxân *n. d'act.*, *m.*, → *jaxjixîn.*

jaxjixîn *n. d'act.*, *m.*, ≅ *jaxjaxân.*
♦ **chatouillement, titillation, picotement,** fait de chatouiller, de picoter. •*Jaxjixîn al âdân be l geccay xatari.* C'est dangereux de chatouiller l'oreille avec une herbe. •*Al-jaxjixîn bidahhik al iyâl al-dugâg.* Chatouiller un enfant le fait rire.

jaxnûn / jaxânîn *n. m.*, connu au *Sdn.* (*C.Q.*), ≅ *jaxanûn.*
♦ **recoin sombre, couloir, cave, trou.** •*Al arnab daxalat fî l-jaxnûn.* Le lapin est entré dans le trou. •*Bêtku kulla jaxânîn anâ mâ nagdar naskun ma'âku.* Votre maison n'est faite que de couloirs, je ne peux pas habiter avec vous.

jaxxa / yujuxx *v. trans.*, racine connue en arabe *sd.* (*C.Q.*), *Cf. kâs, yukûs* ; forme I n° 5.
♦ **provoquer à la bagarre, chercher querelle, exciter, taquiner, irriter.** •*Umar jaxxa l-dâbi fî nugurtah.* Oumar a excité le serpent dans son trou. •*Al wulâd bidôru bujuxxu l banât.* Les garçons aiment taquiner les filles. •*Al binêye l-saxayre jaxxat axûha fî ênah.* La petite fille a irrité l'œil de son frère [a provoqué son frère dans son œil]. •*Ênî gâ'ide tujuxxîni.* J'ai quelque chose qui irrite mon œil [mon œil m'irrite]. •*Jaxxâni wa kâs kalâmi, battân mâ nidôr yabga rafîgi.* Il me cherche querelle et veut faire des palabres, désormais je ne veux plus qu'il soit mon ami.

jaxxam / yijaxxim *v. trans.*, forme II, métathèse dans la racine, connu au *Sdn.* (*C.Q.*), * ġmj, غ م ج
♦ **donner à boire une petite gorgée.** •*Al mardân da, axuh bas jaxxamah madîde !* Ce malade, son frère est le seul à lui avoir donné à boire une gorgée de bouillie ! •*Al-saxîr al-dahâba wildoh, jaxxamoh almi be sukkar acân ammah lissâ mâ indaha laban.* On fait boire au bébé qui vient de naître une petite gorgée d'eau avec du sucre, parce que sa maman n'a pas encore de lait.

jaxxân *n. d'act.*, *m.*, → *jaxxîn.*

jaxxâx / jaxxâxîn *adj.*, (*fém. jaxxâxa*).
♦ **provocateur (-trice), excitateur (-trice), fauteur (-trice) de troubles.** •*Al wilêd da jaxxâx misil al ambitêne.* Ce garçon est un fauteur de troubles aussi agaçant que la diarrhée. •*Burma birîd kalâm al-dunya, hû jaxxâx marra wâhid !* Bourma aime les palabres, c'est un vrai provocateur !

jaxxîn *n. d'act.*, *m.*, ≅ *jaxxân.*
♦ **provocation, irritation.** •*Wilêdi ênah bigat hamra sababah al-jaxxîn hanâ amis.* L'œil de mon enfant est devenu rouge parce qu'il est irrité depuis hier. •*Al-râjil al xawwâf mâ birîd jaxxîn al-dûd.* L'homme peureux n'aime pas provoquer la colère du lion. •*Hî xacîme tirîd jaxxîn al-nâs.* Elle est querelleuse, elle aime provoquer les gens à la bagarre.

jay jay expression, → *jayi jayi.*

jayâlîn *pl.*, → *jaylûn.*

jaye *n. d'act.*, *f.*, → *jayye.*

jâyi / jâyîn *adj. mrph. part.* actif, (*fém. jâye*), * jy', ج ي ء
♦ **venant de, arrivant de.** •*Jâye min wên wakit da ?* D'où viens-tu à une

heure pareille ? •*Lagêtha jâye min al-labtân be wilêdha fî îdha.* Je l'ai rencontrée alors qu'elle revenait de l'hôpital avec son enfant dans les bras. •*Anîna jâyîn lêku wa intu mâcîn wên ?* Nous sommes en train d'aller chez vous, où partez-vous donc ?

jâyi jâyi *invar., onom.,* ≅*jayi jayi, jay jay,* * jy', ج ي ء

♦ **çà et là, de tous les côtés, dans tous les sens, partout,** à gauche et à droite. •*Angari mâ turûx jâyi jâyi, cîl al-derib adîl !* Attention, ne cours pas çà et là, reste bien sur le chemin ! •*Mâ tamci jâyi jâyi misil bôl al-jamal !* Ne t'en va pas à gauche et à droite comme l'urine du chameau ! (*i.e.* ne te disperse pas, choisis une bonne direction !). •*Xuttu l wasâsîd jâyi jâyi acân axûku mâ yaga' min al-sarîr !* Mettez les coussins à gauche et à droite pour que votre frère ne tombe pas du lit !

jâyib / jâybîn *adj. mrph. part.* actif, (*fém. jâybe*), * jwb, ج و ب

♦ **qui a apporté, qui a rapporté.** •*Amis, wakit mugabbil al bêt, jâyib ma'âyah pôlîs tinên lê l xada.* Hier, il est revenu à la maison en amenant avec lui deux policiers pour prendre le repas de midi. •*Daggactu l-diyâr kê, jâybîn cunû ?* Vous avez parcouru tous ces pays, qu'en avez-vous rapporté ? •*Al-nasrâniye jâybe ma'âha iyâl dugâg lê l-lekkôl.* La femme blanche conduit [emmène avec elle] les petits enfants à l'école.

jâyiz *invar., Cf. akûn,* → *kalawa,* * jwz, ج و ز

♦ **peut-être, probable,** qui peut arriver. •*Xacum bêtah mugaffal, jâyiz lissâ mâ gabbal min al xidime ?* La porte de sa maison est fermée, peut-être n'est-il pas encore revenu du travail ? •*Al wata hamiye al yôm, jâyiz aciye almi yusubb ?* Il fait chaud aujourd'hui, peut-être va-t-il pleuvoir ce soir ? •*Jâyiz, ambâkir walla ambukra bas, marti tanfas.* Ma femme va accoucher probablement demain ou après-demain. •*Jâyiz naji lêku yôm al îd.* Je viendrai peut-être vous rendre visite le jour de la fête.

•*Kan fatrôn hanâ baladna marag, jâyiz ninjammo ciyya ke min al fagur.* Si le pétrole de notre pays sort, nous pourrons peut-être nous reposer un peu et oublier la pauvreté.

jaylûn / jayâlîn *n. m., empr.* (*angl.* "gallon"), ≅*jawâlîn, Cf. safîhe*

♦ **bidon en fer.** •*Carêna fatrôn fî jaylûn.* Nous avons acheté du pétrole dans un bidon. •*Al-sarrâg câl lêi jayâlîn arba'a.* Le voleur m'a pris quatre bidons. •*Al-jawâlîn katîrîn fî l-sûg be mîya wa icirîn riyâl.* On trouve beaucoup de bidons au marché pour cent vingt riyals.

jayyân *n. d'act., m.,* → *jayyîn.*

jayye / jayyât *n. f.,* ≅*jaye, Cf. jayyîn,* * jy', ج ي ء

♦ **venue, arrivée, retour.** •*Anâ mâ hâdir wakit jayyit al-ra'îs hanâ Kamrûn.* Je n'étais pas là lors de la venue du Président du Cameroun. •*Wakit jayyiti fî bêtku inta lissâ mâ wildôk.* Lors de mon arrivée chez vous, tu n'étais pas encore né. •*Mabrûk al-jayye !* Bienvenue !

jayyid terme de l'*ar. lit.*, dans l'expression *jayyid jiddan,* * jwd, ج و د

♦ **très bien.** •*Al ustâz câf katibi wa antâni "jayyid jiddan".* Le professeur a vu mon écriture et m'a donné un "très bien". •*Hî takrub bêtha jayyid jiddan.* Elle tient très bien son foyer. •*Hummân yikallumu kalâm franse jayyid jiddan.* Ils parlent très bien le français.

jayyîn *n. d'act.,* ≅*jayyân,* * jy', ج ي ء

♦ **arrivée, venue.** •*Jayyîn hanâ axui min al xarîj farrahani bilhên.* L'arrivée de mon frère venant de l'étranger m'a rendu très heureux. •*Jayyîn al xubara' fî dârna antana fikra fî l-coxol al wâjib lêna nisawwuh.* La venue des experts dans notre pays nous a donné une idée sur ce que nous devons faire.

jâz / yujûz *v. intr. {- lê}*, forme I n° 4, * jwz, ج و ز ⇨

♦ **convenir, devoir, permettre, être possible, être licite,** il est bon que. •*Mâ bujûz lêk tamci lêyah fî bêtah wa tidâwisah.* Il ne convient pas que tu ailles chez lui le combattre. •*Mâ yujûz lêk tachad kan indak gudra taxadim.* Il ne t'est pas permis de mendier si tu as la force de travailler. •*Ammi gâlat : "Bujûz lêki tamci tagri !".* Ma mère a dit qu'il était bon que j'aille étudier. •*Al xidime di tujûz lê l-nâs al mul'allimîn.* Ce travail convient aux gens instruits. •*Maxatarki lê ammiki da yujûz.* Tu devrais partir en voyage pour voir ta mère.

jaza *n. m.*, * jzw, ج ز و
♦ **récompense, rétribution, peine,** conséquence ou résultat d'une action. •*Al-ta'ab jazah al-sabur.* Supporter la souffrance demande de la patience. •*Al-sarrâg jazah al-sijin.* La peine qu'encourra le voleur est la prison. •*Jaza hanâ l munâfixîn, nâr al xiyâme !* C'est le feu de l'enfer [feu de la résurrection] qui rétribuera les hypocrites !

jazâlîn *pl.*, → *juzlân.*

jazam / yajzim *v. intr. {- fi}*, ≅ *jizim* pour l'accompli et *yajzam* pour l'*inacc.*, *Cf. haran*, forme I n° 6, * jzm, ج ز م
♦ **s'obstiner, s'entêter, insister, persister dans son idée, faire un caprice,** ne pas vouloir changer d'avis, ne pas abandonner ce qu'on a l'intention de faire ou de dire. •*Al mara di râsha gawi, kan jazamat fî coxol mâ tixalli.* Cette femme a la tête dure : quand elle s'obstine sur quelque chose, elle n'en démord pas. •*Al-râjil, kan jizim, mâ bixalli kalâmah.* Lorsqu'un homme s'entête, il ne revient pas sur sa parole [il ne laisse pas sa parole]. •*Al-saxîr da kan jizim, mâ bal'ab ma'â axawânah.* Quand ce petit fait un caprice, il ne veut plus jouer avec ses frères.

jazâyim *pl.*, → *jazîme.*

Jazâyir *n. pr.* de pays.
♦ **Algérie.**

jâzim / jâzmîn *adj. mrph. part.* actif, (*fém. jâzime*), * jzm, ج ز م
♦ **têtu(e), capricieux (-euse), obstiné(e), entêté(e), opiniâtre,** qui n'en fait qu'à sa tête. •*Hû wilêd jâzim bilhên, râsah gawi mâ basma kalâm abuh.* C'est un enfant capricieux, il a la tête dure et n'écoute pas son père. •*Al binêye di jâzime fî kalâmha, mâ tixalli l-macâkil.* Cette fille opiniâtre ne cesse de créer des problèmes.

Jâzim *n. pr.* d'homme, *litt.* obstiné, têtu, *Cf. jâzim*, * jzm, ج ز م

jazîme / jazâyim *n. f.*, * jzm, ج ز م
♦ **entêtement, obstination, caprice.** •*Jazîmt al-talaba yôm al muzaharât sabbabat lêhum xasâra kabîre.* L'obstination des étudiants le jour de la grève a entraîné des conséquences fâcheuses [une grande perte] pour eux. •*Amm al iyâl tasbur lê kulla jazâyim hanâ iyâlha.* La mère de famille supporte avec patience tous les caprices de ses enfants.

Jazîre *n. pr.* de femme, *litt.* île, * jzr, ج ز ر

jazma / jizam *n. f.*, mot arabe d'emprunt turc (*Mu.*), * jzm, ج ز م
♦ **paire de souliers, paire de sandales, paire de babouches.** •*Amis macêt al-sûg bît jazma.* Hier, je suis allé au marché acheter une paire de souliers. •*Al-dila yabga jazma gawiye.* Avec le cuir on fabrique de bons souliers.

Jazûli *n. pr.* d'homme, *litt.* très abondant, considérable, * jzl, ج ز ل

jazur *n. m.*, *Syn. bâtwâr*, * jzr, ج ز ر
♦ **abattoir.** •*Riht al-jazur afne min damm al bahâyim al-dabahôhum.* L'odeur de l'abattoir est nauséabonde à cause du sang des bêtes égorgées. •*Al barcâta mâ badbaho laham fî l-juzur.* Les bouchers fraudeurs n'égorgent pas à l'abattoir les animaux dont ils vendent la viande.

jazza / yujuzz *v. trans.*, * jzz, ج ز ز
♦ **couper horizontalement en tranches, découper la viande en**

lamelles. •*Taccâci l-laham jazza laham axadar hanâ miya lê binêyti.* Le rôtisseur a découpé pour ma fille des tranches de viande crue pour cent riyals. •*Al-jazzâra al-dabaho lêna l-tôr, lê l-laham hanâ filê kulla ke jazzo câloh.* Les bouchers sont venus égorger un bœuf chez nous ; ils ont découpé en tranches tout le filet et l'ont emporté .

jazzâm / jazzâmîn *adj.*, (*fém. jazzâma*), * jzm, ج ز م
♦ **obstiné(e), acharné(e), opiniâtre, têtu(e).** •*Al-sabi da jazzâm hû bisawwi coxol hanâ râsah bas.* Ce jeune homme est obstiné et n'en fait qu'à sa tête. •*Al maxtar be l humâr al-jazzâm murr bilhên.* Voyager sur le dos d'un âne têtu est très pénible.

jazzar / yijazzir *v. trans.*, forme II, *Cf. gatta'*, * jzr, ج ز ر
♦ **débiter, découper en morceaux, égorger et découper la viande,** faire le métier de boucher. •*Bagaraytak tidôr tumût, adbahha wa jazzirha lê nâs al farîg.* Ta vache est en train de mourir, égorge-la et débite-la pour les gens du campement. •*Fî yôm îd al-dahîye, kulla nâdum kan indah gudra, yijazzir kabic kabîr.* Le jour de la fête du sacrifice, chaque personne égorge et découpe en morceaux un bélier, s'il en a les moyens.

jazzâra *adj. n., coll. mrph. intf.*, *sgtf.* : jazzâri, (*fém. jazzâriye*), autre pluriel *jazzârîn*, * jzr, ج ز ر
♦ **boucher.** •*Al-jazzâra dabaho bagar.* Les bouchers ont égorgé des vaches. •*Kulla îd ninâdu jazzâri yadbah lêna xanamay.* A chaque fête, nous appelons un boucher pour nous égorger un mouton.

jazzâri *sgtf. m.*, → *jazzâra.*

jêb / juyûb *n. m.*, * jwb, ج و ب
♦ **poche.** •*Hû fagri wa jêbah magdûd.* Il est pauvre et sa poche est trouée (*i.e.* il n'a pas un sou). •*Kan mâ daxxalt îdak fî jêbak, mâ talga tâkul !* Si tu ne donnes pas d'argent [si tu ne mets pas ta main dans ta poche], tu ne trouveras pas de quoi manger ! •*Hû indah juyûb katîrîn fî xalagah.* Il a de nombreuses poches à son habit.

jêbân *n. d'act.*, ≅*jêbîn*, * jwb, ج و ب
♦ **apport, approvisionnement, transport,** fait d'apporter. •*Jêbân al buda'a min Kusiri gâsi bilhên.* Rapporter les marchandises de Kousseri jusqu'ici est très pénible. •*Al xumâm da tagîl jêbânah lahaddi l bêt mâ hayyin.* Ces affaires sont lourdes, ce n'est pas facile de les transporter jusqu'à la maison.

jêbe / jêbât *n. f.*, utilisé avec le verbe *jâb* ou *marag*, * jwb, ج و ب
♦ **fait de transporter une seule fois, marque de deux points au jeu de cartes,** marquer (*jâb*) deux points au jeu de *kôs* parce qu'on a gagné une manche, perdre (*marag*) au jeu de *kôs* en ayant totalisé un nombre de points inférieur à cinquante-neuf et en donnant deux points à l'adversaire. •*Amci jîbi lêna jêbe wahade hint almi !* Fais-nous un voyage d'eau ! •*Hû jabâni jebtên lâkin anâ jawwaztah awwal.* Il a gagné deux fois en marquant quatre points contre moi, mais je l'avais dominé auparavant. •*Amis fî li'ib al kôs maragôni jêbe.* Hier, au jeu de *kôs*, j'ai perdu deux points.

jêbîn *n. d'act., m.*, → *jêbân.*

jenîye *n. f.*, → *janiye.*

jênu *n. m.*, → *jônu.*

jerr ! *invar.*, interjection, *Syn. huyya !*
♦ **va-t'en !, ouste !,** pour éloigner un chien. •*Jerr, gumm xâdi, mâ ti'awwi lêi !* Va-t'en, lève-toi et pars au loin, ne me casse pas les oreilles ! •*Al kalib kan jâyi gûl lêyah jerr, mâ yulugg lêi l almi da.* Si le chien arrive, dis-lui : "ouste !", qu'il s'en aille et ne vienne pas laper mon eau !

jerre / jerrât *n. f.*, → *jarre*, * jrr, ج ر ر

ji *n. m.*, *empr. fr.*
♦ **jus.** •*Hû maca fî l ôtêl cirib ji hanâ banân.* Il est allé au restaurant boire

du jus de bananes. •*Hû cara makana hanâ ji.* Il a acheté une machine pour faire du jus.

ji'âb *pl.*, → *ja'aba.*

jî'ân / jî'ânîn *adj.*, (*fém. jî'âne*), ≅*ji'ân, ji'âne, ji'ânîn*, * jwˁ, ج و ع
♦ **affamé(e).** •*Anîna jî'ânîn wa atcânîn.* Nous sommes affamés et assoiffés. •*Nâdum mâ fîh fî l bêt wa anâ jî'ân.* Il n'y a personne à la maison et j'ai faim. •*Al-jî'ân, fôrt al burma gâsiye lêyah.* C'est pénible pour celui qui a faim, d'attendre que le contenu de la marmite cuise. *Prvb.* (peut se dire pour exprimer que l'on a un besoin urgent d'argent).

Ji'êtni *sgtf.* d'un *n. pr. gr.*, *m.*, (*fém. Ji'êtniye*), → *Ja'âtne.*

jîb / jîbât *n. m.*, *empr. fr.*
♦ **jupe.** •*Banât al-lekkôl kulluhum balbaso jîbât.* Toutes les écolières portent des jupes. •*Hî libisat jîb giseyyar.* Elle a porté une minijupe.

jîb ! *v. impér.*, → *jâb.*

jibâl *pl.*, → *jabal.*

jibbên *n. vég.*, *coll.*, *mrph. dmtf.*, *m.*, ≅*jibên*, *sgtf. jibbênay* ou *jibênay* (peu usité), * jbn, ج ب ن
♦ **nom d'une plante, Solanum incanum,** famille des solanacées, le grain ressemble à un petit grain de raisin jaune et sert à faire cailler le lait. •*Indi laban fî buxusti, wa naggat fôgah jibbên acân yibarkib.* J'ai du lait dans ma calebasse ; j'y ai mis une goutte de sève de Solanum incanum pour qu'il caille. •*Al-jibbên cidêre, iyâlha sufur wa darâdim, tugumm fî l gôz, wa tûlha angas min dura'ên.* Le Solanum incanum est un arbrisseau, ses fruits sont jaunes et ronds, il pousse sur les terrains sablonneux et sa hauteur ne dépasse pas deux coudées.

jibên *n. vég.*, *coll. mrph. dmtf. m.*, → *jibbên.*

jibna *n. f.*, → *jubna.*

Jibrîl *n. pr.* d'homme, nom de l'ange Gabriel.

Jibrîn *n. pr.* d'homme, variante de *Jibrîl.*

jidâd *n. coll.*, *sgtf. jidâde jidâday*, connu au *Sdn.* (*C.Q.*), métathèse dans la racine, → *jidâd Kano, jidâd al wâdi, jidâd al xala*, * djj, د ج ج
♦ **poule, poulet.** •*Al banât tacco lê l-rujâl jidâd kubâr.* Les filles ont fait griller de gros poulets pour les hommes. •*Al-jidâde bayyadat fî dungurha.* La poule a pondu dans son nid. •*Binêyti, binêyit sultân, kasêtha saba'a yarda wa sîgânha mâcîn aryânîn... Di l-jidâde.* Ma fille est la fille du sultan, je l'ai habillée avec sept yards de tissu, et elle court les jambes nues… C'est la poule. *Dvnt.*

jidâd al wâdi *n. coll.*, *sgtf. jidâdayt al wâdi, litt.* poule de l'oued, désigne la pintade, → *amdago, jidâd al xala.*

jidâd al xala *n. coll.*, *sgtf. jidadayt al xala, litt.* poule de la brousse, *Syn. jidâd kâtci, amdago, amsala'a, jidâd Kano, jidâd al wâdi*, * djj, <u>h</u>lw, د ج ج • خ ل و
♦ **pintade, Numida meleagris strasseni,** famille des phasianidés. •*Jidadayt al xala misil al-jidâde, lâkin hî ciya kabîre wa tagdar titîr kula.* La pintade ressemble à la poule, mais est un peu plus grande ; elle peut aussi voler. •*Jidadayt al xala râsha mâ indah sûf.* La pintade n'a pas de duvet sur la tête. •*Jidâd al xala bibayyid marra wahade bas fî l-sana wa da wakt al xarîf.* Les pintades ne pondent qu'une seule fois dans l'année, pendant la saison des pluies. •*Katabo, mâ garo… Da sûf jidâd al xala.* Ils ont écrit sans avoir étudié… C'est le plumage des pintades (sur lequel on croit deviner une écriture). *Dvnt.*

jidâd amsala'a *n. coll.*, *sgtf. jidâde amsala'ay, litt.* poule chauve, désigne la pintade, → *amdago, jidâd al xala.*

jidâd Kano *n. coll.*, *sgtf. jidâde Kano, litt.* poule de Kano, désigne le pintade, → *amdago, jidâd al xala.*

jidâde *n. f., sgtf.* → *jidâd.*

jidâr *n. m.*, (mur), voir le *Syn. durdur*, * jdr, ج د ر

jidd / judûd nom de personne, *m.*, autre pluriel *ajdâd*, voir plus loin le féminin *jidde*, * jdd, ج د د
♦ **grand-père, aïeul, ancêtre.** •*Jiddi indah miya wa acara sana.* Mon grand-père a cent dix ans. •*Judûdna gâ'idîn fî hillitna ma'â iyâlhum al barhartu.* Nos grands-parents sont dans notre village avec leurs enfants qui cultivent.

Jidda *n. pr.* d'homme, pour *jiddah, litt.* son grand-père, *Cf. jiddo*, * jdd, ج د د

jiddan *invar.*, *Cf. jayyid*, * jdd, ج د د
♦ **très.** •*Al mardân hassâ âfitah tamâma jiddan.* Le malade se porte à présent très bien. •*Hû baxdim adîl jiddan.* Il travaille très bien. •*Al ustâz câf katibi wa antâni "jayyid jiddan" !* Le professeur a vu mon écriture et m'a donné un "très bien".

jidde / jiddât nom de personne, *f.*, *fém.* de *jidd*, → *jidd*, * jdd, ج د د
♦ **grand-mère, aïeule, ancêtre.** •*Jidditi bigat ajûz, mâ tagdar turûx.* Ma grand-mère est devenue vieille, elle ne peut plus marcher. •*Sûf jiddâti bigi kulla abyad.* Les cheveux de mes grand-mères sont devenus tout blancs.

jiddit al iyâl *n. mld.*, *Cf. amhasba, amkanyang-nyang*, * jdd, ʕyl, ج د د • ع ي ل
♦ **rougeole.** •*Al amkanyang-nyang usumha jiddit al iyâl acân maraday gadîme wa mâ ligo lêyha dawa marra wâhid.* Les gens appellent la rougeole "la grand-mère des enfants" parce que c'est une vieille maladie contre laquelle on n'a trouvé aucun médicament. •*Hassâ jiddit al iyâl bidâwuha fî l-labtân be suhûla.* Actuellement la rougeole se soigne facilement à l'hôpital.

Jiddo *n. pr.* d'homme, donné à celui qui rappelle son grand-père, *Cf. Jidda*, * jdd, ج د د

jidêy / jidêyât *n. anim.* mâle, *mrph. dmtf.* affectif, (femelle *jideyye*), → *jadi*, * jdy, ج د ي
♦ **petit de la gazelle, faon.** •*Zêy, yâ Zêy hinêjir al-jidêy, dôdili girênki lêy.* Zeille, Zeille, ton petit cou est comme celui d'un faon, laisse pendre vers moi ta tresse (refrain d'un conte). •*Kan macêt fî kadâde, jîb lêi jidêy nirabbih !* Si tu vas en brousse, ramène-moi le petit d'une gazelle pour que je l'élève ! •*Al-jidêy sameh min iyâl al-sêd.* Le petit de la gazelle est le plus beau des animaux de la brousse [des enfants du gibier].

Jideyye *n. pr.* de femme, *Cf. jidey.*

jidil / judûl *n. m.*, mot à ne pas utiliser en public pour désigner une partie du corps, ≅ *judul (sing.), jadala (pl.), Cf. giddâm mara, dumbur*, * jdl, ج د ل
♦ **clitoris, souche d'arbre.** •*Hû yidôr yamrug al-jidil al fî zer'ah wa l-dâbi marag lêyah.* Il voulait ôter la souche qui se trouvait dans son champ : un serpent est sorti à sa rencontre. •*Al-daktôr bugûl al-tahûra lê l mara mâ adîle acân al-jidil kân mâ fîh al walûda gâsiye.* Le médecin dit que l'excision n'est pas une bonne chose pour la femme parce que l'ablation du clitoris rendra l'accouchement difficile.

jidyân *pl.*, → *jadi.*

jifaf *pl.*, → *jaffa 2.*

jiff *v. impér.*, → *jaffa 1.*

jiffe / jafâfên *n. f.*, au singulier ≅ *jifhe, jaffa* et les pluriels *jiffât, jifaf*, → *jabhe*, * jff, ج ف ف
♦ **front, chanfrein du cheval.** •*Juwâdi indah xurriye fî jiffitah.* Mon cheval a une tache blanche sur le chanfrein. •*Al wilêd waga' be jiffitah acân hû mâ allam al gu'âd.* L'enfant est tombé sur le front [avec le front] parce qu'il ne sait pas encore se tenir

assis. •*Fî l-salâ, nuxutt jiffiti fî l-turâb.* Pendant la prière, je pose mon front par terre.

jifhe *n. f.*, → *jiffe, jabhe.*

jiga / jigât *n. anim. f.*, *empr.* connu au *Sdn.*, ≅ *jaga* (*sing.*) et *jagâ* (*pl.*).
♦ **charognard, vautour.** •*Al-jiga sallalat uyûn al humar al fatîs.* Le charognard a extrait les yeux de l'âne crevé. •*Al-jigât akalo saxîr xanamayitna.* Les vautours ont mangé le petit de notre chèvre. •*Râsha amalas misil râs al-jaga.* Elle a la tête chauve [lisse] comme celle d'un charognard.

jigandiye *n. f.*, → *jigindiye.*

jigâre *n. vég.*, *f.*, variété de sorgho rouge, *Cf. amhimêriun, kurnyânye, najjâda,* → *dura hamra.*

Jigelbo surnom du chameau, → *Jagalbo.*

jiggêl *n. mld.*, *mrph. dmtf.*, racine connue en arabe *sd.* (*C.Q.*), *Cf. bajal,* * jql, ج ق ل
♦ **variole, petite vérole,** maladie de la peau. •*Al-jiggêl marad hanâ l bagar wa hanâ l-nâs kulla.* La variole est une maladie qui touche les bœufs et les hommes. •*Al munazzama al âlamiya hint al-sahha gâlat min sanit alif wa tus'u miya wa tamâne wa sab'în, marad al-jiggêl mâ karab nâdum.* L'Organisation mondiale de la santé a dit qu'en mille neuf cent soixante-dix-huit, plus personne n'avait attrapé la variole. •*Zamân al-jiggêl bidâwuh be gati'în al hibin wa taccîn bakânah be l-nâr.* Autrefois, on soignait la petite vérole en ouvrant les pustules et en les cautérisant.

jigindiye *n. instr.*, *f.*, *onom.*, connue en arabe *sd.* ≅ *jigandiye,*
♦ **sorte de guitare à deux cordes, sorte de harpe traditionnelle.** •*Anâ mâ na'arif nadrub al-jigindiye.* Je ne sais pas jouer de la guitare. •*Subyân hanâ dâr barra kulluhum ba'arfu badurbu l-jigindiye.* Tous les jeunes gens du village savent jouer de la harpe traditionnelle.

jiha / jihât *n. f.*, ≅ *jihe, jihha,* * wjh, و ج ه
♦ **direction, côté.** •*Al yôm abûna marag wa mâ na'arfu jihtah.* Aujourd'hui notre père est parti, mais nous ne savons pas dans quelle direction [sa direction]. •*Al bagar maco fî jiha wahade bas.* Les vaches sont parties dans la même direction. •*Jâtna rih wa almi min jiht al-sabah.* Le vent et la pluie nous sont venus de l'est. •*Anâ mâ ligit musâ'ada wahîde kulla min jihtak.* Je n'ai pas reçu la moindre aide de ta part.

jihâd *n. m.*, * jhd, ج ه د
♦ **effort, combat, lutte.** •*Al-jihâd didd al yabâs wa l-jahal lissâ mâ kammal.* La lutte contre la sécheresse et l'ignorance n'est pas encore finie. •*Al-sane di al-jihâd didd al hacarât bada badri bilhên.* Cette année, la lutte contre les insectes a commencé très tôt.

jihe *n. f.*, → *jiha.*

jihha *n. f.*, → *jiha.*

jihil / yajhal *v. trans.*, forme I n° 20, * jhl, ج ه ل
♦ **ignorer.** •*Hû yajhal al-nâs kulluhum.* Il ignore tout le monde. •*Hû xabban acân rufugânah jihiloh.* Il est en colère parce que ses amis l'ont ignoré.

jihim 1 / yajham *v. intr.*, forme I n° 20, * jḥm, ج ح م
♦ **avoir la rage, attraper la rage.** •*Kalbi jihim gubbâl ma yumût.* Mon chien a attrapé la rage avant de mourir. •*Al-daktôr indah ibre yat'an al kulâb acân mâ yajhamo.* Le médecin vaccine les chiens pour qu'ils n'attrapent pas la rage. •*Al kalib kan jihim babda ba'addi sîdah.* Lorsqu'un chien est enragé, il commence d'abord par mordre son maître.

jihim 2 / yajham *v. intr.* *{- fî, - fôg}*, sens figuré de *jihim 1*, forme I n° 20, * jḥm, ج ح م ⇨

♦ **dévorer des yeux, dévisager, convoiter, avoir envie de manger de la viande.** •*Min al-ju' iyâli jihimo fî l-laham al mâ nijîd ajala.* Parce qu'ils ont faim, mes enfants dévorent des yeux la viande qui ne cuit pas assez vite. •*Al binêye al-samhe di, wakit jât, kulla l-subyân jihimo fôgha.* Lorsque cette jolie fille est arrivée, tous les jeunes gens l'ont dévisagée. •*Anâ jihim nidôr nâkul laham matcûc.* J'ai une envie folle de manger de la viande grillée.

jîl / ajyâl *n. m.*, * jyl, ج ي ل
♦ **génération.** •*Naxdumu lê l-jîl al-jâyi.* Nous travaillons pour la génération à venir. •*Tcâd indaha jîl jadîd hanâ dakâtîr.* Le Tchad a une nouvelle génération de médecins. •*Al-târîx biwassif al ajyâl.* L'histoire éclaire [montre] la destinée des générations.

jilâde *n. f.*, *Cf. jilid*, * jld, ج ل د
♦ **couverture en peau, protection en cuir, art de couvrir les livres, reliure en cuir,** art de relier les livres avec une couverture en cuir. •*Waragâti dôl nidôr lêhum jilâdât humur.* Je voudrais que mes amulettes soient recouvertes d'un cuir rouge. •*Al kitâb kan indah jilâde yagôd sinîn katîre.* Lorsqu'un livre a une couverture en cuir, il dure de nombreuses années. •*Sakkînak di jilâditha gidim axêr tijaddidah.* Le cuir qui enveloppe la poignée de ton couteau est usé, il vaudrait mieux le renouveler. •*Jilâdt al kutub wa l wargât xidimt al-sarmâta.* Recouvrir les livres et les amulettes, c'est le travail du cordonnier. •*Min zamân judûdna ba'arfu l-jilâde, cîf buyût suyûfhum wa wargâthum !* Depuis longtemps, nos ancêtres connaissaient l'art de recouvrir de cuir les objets ; regarde les fourreaux de leurs épées et leurs amulettes !

jild al ên / julûd al uyûn expression, *litt.* peau de l'œil, *Cf. jild, ên, Syn. farwit al ên*, * jld, ʕyn, ج ل د • ع ي ن
♦ **paupière.** •*Jilid êni l israîye biriffîni al yôm da, mâla ?* Pourquoi donc ma paupière gauche a-t-elle des palpitations aujourd'hui ? •*Wilêd râjilha hanûn lêha misil jild al ên.* Son fils [l'enfant de son mari] est aussi doux avec elle que la paupière de son œil. •*Al iyâl al-suxâr bicaglubu julûd uyûnhum.* Les petits enfants s'amusent à retourner leurs paupières.

jilêjil *n. mld.*, *qdr.*, utilisé aussi en arabe *sd.* (*C.Q.*), * jljl, ج ل ج ل
♦ **orgelet, chalazion, compère-loriot.** •*Jilêjil marag leyah fî ênah.* Il a un orgelet à l'œil. •*Jilêjilah mâ angadda ajala wa sabbab lêyah ramad.* Son orgelet a mis du temps à mûrir [ne s'est pas vite troué] et a provoqué une conjonctivite. •*Al-jilêjil hû misil al-namnam yugumm fî tihit al ên wa gaddînah bôja'.* L'orgelet est comme un petit bouton qui pousse au bord de la paupière [en bas de l'œil] ; lorsqu'il perce, cela fait mal.

jilid / julûd *n. m.*, *Cf. jisim*, * jld, ج ل د
♦ **corps de l'homme,** aspect extérieur du corps de l'homme. •*Âdum jildah bôjah.* Adoum est souffrant [son corps lui fait mal]. •*Al banât massaho jilidhum be dihin.* Les filles s'enduisent le corps avec de l'huile. •*Jild al-cuyâb mukarcam.* La peau [le corps] des vieux est ridée. •*Al-jûd gatti'în laham al-julûd.* La générosité n'a pas de limite [La générosité va jusqu'à couper sa chair pour l'autre]. *Prvb.*

Jim'e *n. pr.* d'homme, donné à celui qui est né le vendredi, *Cf. jum'a*, * jmʕ, ج م ع

Jim'iye *n. pr.* de femme, prénom donné à celle qui est née le vendredi, *Cf. Jum'a*, * jmʕ, ج م ع

jime *n. pr.* d'homme, *Cf. jim'e.*

jimêl / jimêlât *n. anim.*, *mrph. dmtf.*, *m.*, *litt.* petit chameau, → *jamal*, * jml, ج م ل

jimêray / jimêrayât *n. f. mrph. dmtf., litt.* une petite braise, → *jamur,* * jmr, ج م ر

jimêre / jimêrât *n. f. mrph. dmtf.* de *jamur, litt.* petite braise, → *amjimêre,* * jmr, ج م ر

jimm *v. impér.,* → *jamma 2.*

jimmêz *n. vég., coll., m., sgtf. jimmêzay,* * jmz, ج م ز

♦ **nom d'un arbre, ficus, Ficus gnaphalocarpa (Miq.),** famille des moracées. •*Warcâl hanâ l-jimmêz indah fî lubbah coxol abyad misil al-laban bidâwu beyah al xabat-labat.* Les feuilles du ficus contiennent un liquide blanc comme le lait avec lequel on soigne les aphtes. •*Jimmêzay kabîre gâ'ide usut fî hillitna.* Il y a un grand ficus au milieu de notre village.

jimmêz al ahmâr nom d'arbre, *coll., m.,* → *danbalo.*

jinân *pl.,* → *janna 2.*

jindi *n. anim., m.,* "grillon blanc qui mange le linge", → *abuntcirriki.*

jinêh 1 / jinêhât *n. m., empr. (angl. égy.).*

♦ **pièce d'or, guinée,** poids d'une pièce de huit grammes d'or. •*Yôm al fâthe, abu l wilêd jâb jinêh wâhid bas.* Le jour du mariage, le père du jeune homme n'a apporté qu'une seule guinée. •*Ammahât al banât, katîrîn minnuhum, batulbu jinêhat xamsa lê l fâthe.* Beaucoup de mères de jeunes filles réclament cinq pièces d'or pour le mariage de leur fille.

jinêh 2 / jinêhât *n. f., mrph. dmtf.* de *janâh,* * jnḥ, ج ن ح

♦ **aile.** •*Al-na'âm indah jinêhât lâkin mâ yagdar yitîr.* L'autruche a des ailes mais ne peut pas voler. •*Al-têray di kassarat jinêhha l wâhid fî l-sulûk wakit tidôr tidalli.* Cet oiseau s'est cassé une aile contre le grillage au moment où il voulait se poser.

Jinêhât *n. pr.* de femme, *litt.* guinées, pièces d'or.

jinêne / janâyin nom, *mrph. dmtf., f.,* * jnn, ج ن ن

♦ **jardin.** •*Al-jinêne xaddarat.* Le jardin a reverdi. •*Zagêna jinênitku amis.* Nous avons arrosé votre jardin hier. •*Al-janâyin bigo katîrîn janb al bahar.* Il y a de nombreux jardins au bord du fleuve. •*Kan tidôr xadâr, amci fî l-janâyin barra !* Si tu veux des légumes, va dans les jardins de banlieue !

jinês *n. m., empr. fr.* "jeunesse", → *cabâb.*

jiniral / jiniralât *n. m., empr. fr.,* → *liwa.*

jinis / ajnâs *n. m.,* * jns, ج ن س

♦ **race, espèce, qualité, genre.** •*Cara juwâd jinsah adîl marra wâhid.* Il a acheté un cheval de race. •*Anâ mâ nâkul jinis al mulâh da.* Je ne mange pas ce genre de sauce. •*Jinis al bundug da mâ sameh.* Cette qualité de fusil n'est pas bonne.

jinn / junûn nom, (*fém. jinnayye*), * jnn, ج ن ن

♦ **djinn, démon, génie, esprit subtil,** bon ou mauvais génie. •*Al mara di jinn darabâha.* Un djinn a battu cette femme. •*Mâ turûx fî l-lêl, al-jinn yixattim lêk !* Ne te promène pas la nuit, un démon pourrait t'importuner ! •*Al wâdi indah junûn katîrîn.* Il y a beaucoup de génies dans l'oued. •*Al-râjil kan junûnah jo, mâ yâkul wa mâ yamrug min al bêt.* Lorsque les génies viennent chez un homme, celui-ci ne mange plus ni ne sort plus de chez lui. •*Al-râjil da jinnayye karabatah wa daharatah axîde hint al awîn.* Un djinn femelle a pris possession de cet homme et l'a empêché d'épouser une femme.

jinsiye / jinsiyât *n. f.,* terme récent, * jns, ج ن س

♦ **nationalité.** •*Martah jinsiyitha fransiye.* Sa femme est de nationalité française. •*Al-nâs al bisawwu gurus muzawwar fî Tcâd, jinsiyithum*

Ciningâliye. Ceux qui font de la fausse monnaie au Tchad sont de nationalité sénégalaise.

jinzîr / janâzîr *n. m., qdr.*, mot arabe, métathèse dans la racine d'emprunt *irn. zinjîr* (*Mu.*), * jnzr, ج ن ز ر
♦ **chaîne.** •*Al binêye indaha jinzîr hanâ dahab fî ragabitha.* La fille a une chaîne en or au cou. •*Anâ indi jinzîr narbut beyah bâb bêti.* J'ai une chaîne pour attacher la porte de ma maison.

jîr 1 *n. m.*, * jyr, ج ي ر
♦ **chaux, pierre à chaux.** •*Baladna malâne jîr lâkin mâ maragoh.* Notre pays est plein de pierres à chaux et nous ne les avons pas exploitées. •*Bêtna daraboh be jîr wa bigi abyad karr.* Nous avons passé notre maison à la chaux, elle est devenue toute blanche. •*Mâ tidiss îdak fî amli l-jîr, yâkul îdak misil al almi al fawwaroh !* Ne plonge pas ta main dans l'eau de chaux, elle te la brûlerait comme l'eau bouillante !

jîr 2 *n. m.*, * jyr, ج ي ر
♦ **mil fermenté très blanc,** mil devenu blanc comme de la chaux à la suite d'une longue préparation. •*Al-jîr dawa lê waja' al batun.* La farine de mil *jîr* est un médicament contre les maux de ventre. •*Sahi, êc al-jîr abyad misil al katkat.* C'est vrai, la boule faite avec de la farine de mil *jîr* est blanche comme du papier. •*Al-jîr bisawwu beyah kisâr kula.* On fait aussi des galettes avec de la farine de mil *jir*. •*Madîde hanâ l-jîr be laban halîb haluwa, fâtat kulla l madâyid.* La bouillie à base de mil blanchi mélangé à du lait frais est excellente, meilleure que toutes les autres bouillies.

jirâh *n. m.*, → *jarih*, * jrḥ, ج ر ح

jirâhî / jirâhiyîn *adj.*, (*fém. jirâhiye*) dans l'expression *amaliye jirâhiye*, * jrḥ, ج ر ح
♦ **chirurgical(e).** •*Al mara di sawwo lêha amaliye jirâhiye.* Cette femme a subi une opération chirurgicale. •*Anâ mâ nixassid yisawwu lêi amaliye jirâhiye.* Je n'accepterai pas d'être opéré.

jîrân *pl.*, → *jâr 2.*

jirbêke *n. f., empr.* utilisé au Soudan, moins employé au Tchad que *farwa*.
♦ **prépuce.** •*Al wilêd kan yitahhuruh yagta'o jirbêktah.* Quand on circoncit l'enfant, on lui coupe le prépuce. •*Wâjib lê l wilêd mâ yagôd be jirbêktah namman yakluf.* Un enfant ne doit pas rester avec son prépuce jusqu'à l'âge de la puberté.

jire *n. d'act., m., Syn. jari*, * jry, ج ر ي
♦ **course, fait de courir.** •*Al-jire da bala na'al xatari, babrut al-rijil.* Courir sans chaussures est dangereux, cela écorche les pieds. •*Kulla yôm be fajur fajur nasma'o jire hanâ l askar wa xinêhum.* Tous les jours, de bon matin, nous entendons les militaires courir et chanter.

jîre *n. f.*, * jwr, ج و ر
♦ **voisinage.** •*Al-jîre ambên Tcâd wa Kamarûn samhe.* Le Tchad et le Cameroun entretiennent des relations de bon voisinage. •*Maga'ad al-jîre bidôr irfe.* Vivre en bon voisinage, c'est tout un art.

jirêr / jirêrat nom, *mrph. dmtf., m., Cf. jarr*, * jrr, ج ر ر
♦ **petite jarre, petite cruche.** •*Hû ligi l-jirêr da almih bârid, kammalah marra wâhid.* Il a trouvé que l'eau de cette petite jarre était fraîche, il l'a entièrement bue. •*Al mara sabbat al asal fî l-jirêr.* La femme a versé du miel dans la petite jarre.

jirêrat *pl.*, → *jirêr*.

jirêray / jirêrayât *n. f. mrph. dmtf.* de diminutif, *Cf. jirêr*, * jrr, ج ر ر
♦ **toute petite jarre.** •*Jirêrayti di mâ nagdar nantiki tawurdi bêha.* Je ne peux pas te donner ma toute petite jarre pour aller chercher de l'eau. •*Kan macêti l-sûg bî'i jirêray lê binêyitki !* Si tu vas au marché, achète une toute petite jarre à ta fille.

jirêrîye / jirêrîyât *n. f. mrph. dmtf.*, *Cf. jurriye*, * jrr, ج ر ر
♦ **petite crête, crête du poussin.** •*Kan tidôr tifannid al firêrîj min al firêrîje, cîf jirêriyâthum !* Lorsque tu veux distinguer parmi les poussins ceux qui deviendront des coqs ou des poules, regarde leur petite crête ! •*Al-diyêk da mâ indah jirêriye, coxolah dakke.* Ce jeune coq n'a pas de crête fine qui se dresse, mais une crête épaisse et dure.

jirêw / jirêwât *n. anim.* mâle, *mrph. dmtf.*, (femelle *jirêwe*), *Cf. jaru, kalib*, * jrw, ج ر و
♦ **tout jeune chiot, petit du chien.** •*Jirêw kalbitku da yixawwif farârîjna.* Le chiot de votre chienne fait peur à nos poussins. •*Kan tal'ab ma'â l-jirêwât yinaxucûk.* Si tu joues avec des chiots, ils te grifferont. *Prvb.* (*i.e.* si tu joues avec les enfants, ils ne te respecteront pas). •*Kalbitna jâbat jirêwe wahade bas.* Notre chienne n'a eu qu'un chiot femelle.

jirib / yajrab *v. intr.*, sens passif, *Cf. jarab*, * jrb, ج ر ب
♦ **avoir la gale, être galeux.** •*Fî l xarîf al almi katîr, al kulâb kulluhum jiribo acân yunûmu fî l-turâb al-layyin.* En saison des pluies, il y a beaucoup d'eau ; tous les chiens ont la gale parce qu'ils dorment dans la terre humide. •*Kan jiribt amci l-labtân, al-daktôr yidâwîk !* Si tu as la gale, va à l'hôpital ; le médecin te soignera !

jirjîr *n. vég., coll., sgtf. jirjîray.*
♦ **nom d'une herbe, cresson alénois, Lepidium sativum,** famille des crucifères, plante cultivée. •*Al-jirjîr be tamâtim indah xiza katîr.* Le cresson alénois avec des tomates est très nourrissant. •*Al-jirjîr dugâg min al-salât wa indah cette cette.* Le cresson est plus petit que la salade, et a un goût un peu piquant. •*Fî wakt al-cite al-jirjîr yugumm katîr.* En hiver, le Lepidium sativum pousse en abondance.

jirre *n. f.*, voir l'expression *kasar jirre*, ≅*jarra*, * jrr, ج ر ر
♦ **aliment en rumination, régurgitation des ruminants, rejet d'aliments indigestes.** •*Al xanam, nalgo jirrithum fî l-dôr misil al-nabag wa l hajlîj, wa l himmêd.* On trouve dans l'enclos la régurgitation des moutons, faite de noyaux de jujube, de savonnier et de Sclerocarya birrea. •*Al xêl wa l hamîr mâ induhum jirre.* Les chevaux et les ânes ne ruminent pas leurs aliments.

jirrêye / jirrêyât *n. f. mrph. dmtf.*, ≅*jirrêy*, → *jari*, * jry, ج ر ي
♦ **course, petite course, manière de courir**. •*Min bêti maragt be jirrêye wahade bas, lihigt bakân xidimti.* Je n'ai qu'une toute petite course à faire pour sortir de chez moi et aller à mon travail. •*Jirreyt al mara di mâ sâkit, xallat saxîrha fî l bêt wa sim'atah babki.* Ce n'est pas pour rien que cette femme s'est mise à courir, elle avait laissé son bébé à la maison et l'a entendu pleurer. •*Jirrêyt al-nâs di mâ wigifo namman lihigo l-sarârîg.* La course de ces gens-là ne s'arrêtera que lorsqu'ils auront rattrapé les voleurs.

jisim *n. m.*, → *jism.*

jism / ajsâm *n. m.*, ≅*jisim*, *Cf. jasad*, * jsm, ج س م
♦ **corps humain,** considéré dans sa forme et son volume. •*Jismah tawîl misil al-zarâf.* Il a la taille d'une girafe [son corps est long comme une girafe]. •*Jismah kabîr misil bâkul ma'â l amyânîn.* Il est gros, comme s'il avait l'habitude de manger avec des aveugles (*i.e.* de choisir pour lui les meilleurs morceaux). •*Al yôm da, jildi ayyân.* Aujourd'hui je suis fatigué.

jîtan jît / jîtan jîtu expression, (*fém. jîtan jîti*), ≅ le pluriel *jîtan jûtu*, * jy', ج ي ء
♦ **bienvenue !, bonne arrivée !, bonjour !** •*Hawwa jîtan jîti, xâlitki dôl âfe wallâ ?* Bonjour Hawwa, comment va ta tante ? •*Alfaddalo, jîtan jîtu, dîfânna !* Avancez, vous qui êtes nos hôtes, bienvenue à vous ! •*Jîtan jît Abu Fâtime, kikkêf al maxatar !* Bonjour et bienvenue,

Abou Fatimé ! Comment s'est passé le voyage ?

jîtan jîtu *pl.*, → *jîtan jît.*

Jiwêli *n. pr.* d'homme, *mrph. dmtf.*, *litt.* qui a des troupeaux, nomade, * jwl, ج و ل

Jiwêriye *n. pr.* de femme, diminutif de *Jâriya*, *litt.* petite servante, * jwr, ج و ر

jixim / yajxam *v. trans.*, *empr.* à l'arabe *sd.* (*C.Q.*), peut être contraction de جرع ماء *[jaraʕ mâ']* (il a bu une gorgée d'eau), ≅ souvent *jaxam* ; forme I n° 20
♦ **boire une gorgée, goûter un liquide.** •*Al mardân lissâ mâ yagdar yajxam madîde.* Le malade ne peut pas encore boire une petite gorgée de bouillie. •*Al-nafasât yajxamu laban be asal.* Les femmes qui viennent d'accoucher boivent à petites gorgées du lait avec du miel. •*Amis jiximt lêi sîrô wa hassâ ligit al âfe.* Hier j'ai bu une petite gorgée de sirop et maintenant j'ai retrouvé la santé. •*Hî jiximat al-ruwâba, wa bigat lêha hâmde.* Elle a goûté le babeurre et l'a trouvé très acide. •*Jixim al gahwa di wa gâl : murra, mâ indaha sukkâr.* Il a goûté le café et a dit qu'il était amer et sans sucre.

jizam *pl.*, → *jazma.*

jizân *pl.*, → *jôz.*

jizâra *n. f.*, *Cf. jazzâri*, * jzr, ج ز ر
♦ **boucherie** (profession), **travail de boucher.** •*Al-jizâra xidime misil al acxâl al âxara wa l-nâs bâs yakrahuha.* Le travail de boucher est un travail comme les autres, mais les gens le détestent. •*Hû mâ ba'arfa al-jizâra, mâ gidir salax al-kabic da adîl, lê l farwa gaddadâha.* Il ne connaît rien au métier de boucher : il n'a pas su dépouiller ce bélier comme il faut, il a troué la peau partout.

jîze / jîzât *n. f.*, *Syn. axîde*, * zwj, ز و ج
♦ **mariage.** •*Al-jîze bala xayy misil al farwa dubâxha nayy.* Le mariage sans amour est comme une peau mal tannée. *Prvb.* •*Ambâkir, jîze hint binêyit xâli.* Demain, c'est le mariage de la fille de mon oncle maternel. •*Al-jîze fî l madîna cik min al-jîze fî l-rîf.* Le mariage en ville est différent du mariage à la campagne.

jizim / yajzam *v. intr.*, → *jazam.*

jô'ar / yijô'ir *v. intr.*, voir le *Syn. ja''ar* (mugir), * j'r, ج ء ر

jôf / ajwâf *n. m.*, * jwf, ج و ف
♦ **cœur** (lieu des sentiments), **poitrine, creux du thorax, entrailles,** creux dans la poitrine où siège l'âme. •*Anâ actâne bilhên wa cirib almi bârid, xalâs barrad jôfi.* J'avais terriblement soif, j'ai bu de l'eau fraîche et cela m'a apaisé le cœur. •*Anâ simi't xabar halu, xalâs jôfi barad.* J'ai entendu une bonne nouvelle et je suis heureux [le creux de ma poitrine s'est refroidi]. •*Al-nâr haragat jôfah acân wilêdah al wahîd al maca fî l harib anjarah.* Le feu de la douleur a consumé son cœur parce que son fils unique parti à la guerre a été blessé.

jogrâfiya *n. f.*, *empr. fr.*
♦ **géographie.** •*Axui l kabîr bigarri jogrâfiya fî l-lekkôl.* Mon grand frère enseigne la géographie à l'école. •*Fî giray hanâ l-jogrâfya wassafona kadar misâha hint Tcâd wâhed malyûn wa mîtên wa arba' wa tamânîn alif kilomêtir murabba'.* Pendant le cours de géographie, on nous apprend que la superficie du Tchad est d'un million deux cent quatre-vingt-quatre mille kilomètres carrés.

Jôhara *n. pr.* de femme, *qdr.*, *Cf. Jawhara*, * jwhr, ج و ه ر

Johde *n. pr.* d'homme, *Cf. jihâd*, * jhd, ج ه د

jôjal / yijôjil *v. trans.*, forme III, *Cf. jawwad*, * jwl, ج و ل
♦ **agiter des grains sur le van, faire voltiger, balader,** faire glisser des grains sur le van avec des

mouvements saccadés obliques, pour ôter du mil toutes les impuretés. •*Al mara tijôjil al kirêb be l-tabag min al-turâb.* La femme agite les graines de fonio en les faisant glisser sur le van, pour en extraire la terre. •*Hêy, râjil zên, mâla tijôjilna misil al xalla fî l-tabag, xallîna bakân wâhed !* Hé ! monsieur [homme bon] ! Pourquoi nous fais-tu aller d'un lieu à l'autre comme le mil sur le van, laisse-nous tranquilles ! (Reproche d'une femme à son mari trop autoritaire). •*Macêna jojalna fî lubb al hille wa jîna.* Nous sommes partis nous balader en ville et sommes revenus.

jôjalân *n. d'act., Syn. jôjilîn, Cf. jawadân, jawwadân, jôjal,* * jwl, ج و ل

♦ **fait d'ôter les impuretés du grain, fait d'agiter de gauche à droite, fait d'aller çà et là, balade,** fait de faire glisser les grains sur le van pour en ôter les impuretés, fait d'aller d'un endroit à un autre sans savoir exactement où l'on va. •*Wâjib jôjalân al xalla gubbâl al-tâhûna.* Tous les petits cailloux doivent être ôtés du mil avant qu'il ne soit porté au moulin. •*Al awîn kan maco fî l madagg, xidimithum al-darrayân wa jôjalân al xalla.* Lorsque les femmes vont sur l'aire à battre le mil, leur travail consiste à vanner le mil, puis à en ôter les détritus avec le van. •*Jôjalân al-nâdum da fî l-câri min al-sakar.* C'est parce que cet homme est ivre qu'il va çà et là, sans raison, dans la rue.

jôjilîn *n. d'act., → jôjalân, jawwadân.*

jôkak / yijôkik *v. intr.,* forme III, *Syn. ajjôkak.*

♦ **crâner, parader, plastronner, fanfaronner, faire de l'esbroufe.** •*Hû al yôm libis xalag jadîd wa jôkak giddâm rufugânah.* Aujourd'hui il a mis un habit neuf, il plastronne devant ses amis. •*Al mara di tijôkik lê l awîn dôl acân libsat dahab.* Cette femme parade devant les autres parce qu'elle porte sur elle des bijoux en or.

jôkâki / jôkâkîn *adj.,* (*fém. jôkâkiye*) *Cf. ajjôkak.*

♦ **fanfaron (-onne), mondain(e), dandy, coquet (-ette), élégant(e),** qui aime faire de l'esbroufe et se montrer pour plaire aux autres. •*Al-jôkâki cadda juwâdah, wa farracah be l busât wa gallab giddâm al banât.* Celui qui aime se montrer a sellé son cheval, l'a recouvert d'un tapis et a galopé devant les filles. •*Al mara di jôkâkiye acân hî axt al-sultân.* Cette femme montre son élégance parce qu'elle est la sœur du sultan. •*Al-râjil al-jôkâki libis xulgânah al xâliyîn wa marra fî l-câri acân al-nâs yicîfuh.* Cet homme coquet a revêtu ses beaux habits [ses habits coûteux] et a fait un tour dans la rue pour se montrer aux gens. •*Al-subyân dôl jôkâkîn.* Ces jeunes gens sont des fanfarons.

jôke / jôkeyât *n. m., empr.* (*fr. angl.*)

♦ **jockey.** •*Hû indah jôke xâss barkab fî juwâdah.* Il a un jockey spécial qui monte son cheval. •*Wâjib al-jôkeyât yukûnu farâfîr, mâ rujâl kubâr.* Il faut que les jockeys soient des adolescents, et non des hommes de forte taille.

jôkêr / jôkêrât *n. m., empr.* (*fr. angl.*), ≅ le pluriel *jawâkir.*

♦ **joker.** •*Hû fatah al karte acân indah jokêrên.* Il a gagné la partie parce qu'il avait deux jokers en sa possession. •*Fî li'ib al karte hû basrig al-jôkêrât.* Quand il joue aux cartes, il triche en subtilisant les jokers.

jômas / yijômis *v. intr.,* forme III, *Cf. jâmûs,* * jwms, ج و م س

♦ **être en fureur, être en colère, être agressif (-ve), se déchaîner.** •*Mâla yijômis kê da, hû sakrân walla jâyi min al gôdâla ?* Pourquoi est-il en fureur, est-il saoul ou bien revient-il du cabaret ? •*Al-râjil da katalo axuh wa hû kaman jômas gâl illa yicîl târ.* On a tué le frère de cet homme-là, il en est devenu fou et a dit qu'il prendrait sa revanche.

jômasân *n. d'act., m., → jômisîn.*

jômâsi / jômâsîn *adj.*, (*fém.* *jomâsiye*), *Cf. jâmûs*, * jwms, ج و م س
♦ **coléreux (-euse), irascible, furieux (-euse),** qui se met en colère devant les gens parce qu'il a peur. •*Juxx al-dâbi fî nugurtah, wa mâ tujuxx al-jômâsi fî bêtah !* Provoque le serpent dans son trou, mais ne provoque pas l'homme irascible dans sa maison ! *Prvb.* •*Hû jômâsi kan yôm ligi kalâm al-dunya.* Il devient furieux le jour où il a un palabre.

jômisîn *n. d'act.*, ≅*jômàsân*, * jwms, ج و م س
♦ **rage, agressivité, colère, fureur,** fait d'être enragé, en fureur, en colère. •*Hû coxolah da, mâ jômisîn bas, ceytân zâtah ke !* En ce qui le concerne, ce n'est plus de la rage, c'est le diable en personne ! •*Jômisîn hanâ l-dûd da, mâ ajabni al yôm baktul lêyah bahîme.* A entendre la fureur de ce lion, je ne serais pas étonné qu'aujourd'hui il tue pour lui une bête du troupeau.

jônu / jawâni *n. m.*, ≅*jânu, jêni, jênu.*
♦ **petite louche,** petite louche servant de cuillère pour prendre la bouillie. •*Humman ciribo madîde be jawâni hanâ hadîd.* Ils ont mangé la bouillie avec de petites louches. •*Kan cahar hanâ ramadân garrab al-jawâni babgo gâsiyîn.* A l'approche du mois de ramadan, les petites louches coûtent cher.

Jonxor *n. pr. gr.*, *coll.*, *sgtf. jonxoray* (homme), *jonxorayye* (femme).
♦ **Djongor.**

Jonxoray *sgtf.* d'un *n. pr. gr.*, *m.*, (*fém. Jonxorayye*), → *Jonxor.*

jôr *n. m.*, * jwr, ج و ر
♦ **mauvais traitement, oppression, tyrannie, injustice, torture.** •*Al masâjîn ligo jôr min al bolîs.* Les prisonniers ont subi les mauvais traitements des policiers. •*Al-Ra'îs da jôrah murr bilhên al-ca'ab kulluhum jaro.* La tyrannie de ce Président est insupportable, tout le peuple a fui.

jôran / yijôrin *v. trans.*, * jrn, ج ر ن
♦ **mettre en tas, accumuler.** •*Al mandânya jôrano l xalla fî l-sûg lê l-cari'.* Les vendeurs au détail ont mis des tas de mil en vente au marché. •*Al-duyûf kan dahâba jo nazalo, kulla wâhid minnuhum bijôrin xumâmah giddâmah.* Lorsque les hôtes viennent d'arriver, chacun d'eux accumule ses affaires devant lui.

jorojoro *n. anim.*, m.
♦ **serpentaire, Sagittarius serpentarius,** famille des falconidés. •*Al-jorojoro bisawwi ucc fî cadaray tawîle wa indaha côk, rakibînha gâsi.* Le serpentaire fait son nid dans un grand arbre épineux sur lequel il est difficile de grimper. •*Al-jorojoro kan taggêtah wa waga' kula, mâ taji janbah ajala, akûn bisill ênak !* Si tu as frappé un serpentaire et qu'il est tombé, ne t'approche pas de lui, il pourrait t'arracher un œil ! •*Al-jorojoro akilah dabîb.* Le serpentaire se nourrit de serpents.

joxân *n. vég.*, *coll.*, *m.*, *sgtf. joxânay*, connu au *Sdn.* (*C.Q.*).
♦ **nom d'un arbre, faux ébénier, Diospyros mespiliformis (Hochst.),** famille des ébénacées, grand arbre aux fruits comestibles. •*Iyâl al-joxân asal wa wâhid hâmud lâkin mâ bilhên.* Les fruits du faux ébénier sont sucrés, mais certains ont un goût un peu acide. •*Cadar al-joxân bugumm fî l wâdi wa l-tugûla birîdu bâkulu iyâlah.* Le Diospyros mespiliformis pousse dans l'oued, les singes aiment manger ses fruits.

jôz / jizân *adj. n.*, (*fém. jôse*), * zwj, ز و ج
♦ **paire, couple, ce qui va avec, ce qui complète, moitié de, époux (-se), dose,** complément nécessaire pour l'efficacité d'un médicament ou d'une protection magique, ce qui manque pour faire une unité. •*Anâ indi marâkib jôzên.* J'ai deux paires de souliers. •*Abui rabba jîzân katîrîn hanâ hamâm.* Mon père a élevé plusieurs couples de pigeons. •*Farwit al barada bisawwuha jôz fî hijâb al-sulah.* La peau du poisson électrique

sert d'ingrédient complémentaire dans les amulettes protégeant contre les armes. •*Kan tidôri tisawwi dawa hanâ wirde lê iyâlki l-dugâg, tusubbi warcâl hanâ safarmôd fî l almi wa jôzah lêmun wa sukkar.* Si tu veux fabriquer un médicament contre la fièvre pour tes petits enfants, mets des feuilles d'eucalyptus dans l'eau et ajoutes-y une dose de citron et de sucre. •*Al yôm jôzti mârûda, yâtu yisawwi lêna êc ?* Aujourd'hui mon épouse est souffrante, qui va nous préparer la boule ? •*Al mara di farhâne min jôzha.* Cette femme est contente de son mari [de sa moitié].

ju' *n. m.*, * jwʕ, ج و ع
♦ **faim, famine.** •*Al-ju' kattal nâs fî Tcâd, sanit arba'a wa tamanîn.* La faim a fait mourir des gens au Tchad en mille neuf cent quatre-vingt-quatre. •*Al-ju' mâ xallâni nunûm.* La faim m'a empêché de dormir [ne m'a pas laissé dormir]. •*Hassa ju' sawwâni.* Maintenant, je commence à avoir faim [la faim se fait pour moi]. •*Amis ju' karabâk wallâ ?* Hier, as-tu eu faim ? •*Al sallâk min al-ju' taggigah be l fâs !* Celui qui t'a tiré de la famine, assomme-le avec la cognée ! *Prvb.* (*i.e.* on rend souvent le mal pour le bien).

jubna *n. f.*, *Cf. jibbên*, * jbn, ج ب ن
♦ **fromage.** •*Al iyâl yirîdu yâkulu jubna be mappa.* Les enfants aiment manger le fromage avec du pain. •*Al awîn bisawwu l-jubna be laban râyib wa mileh.* Les femmes préparent le fromage avec du lait caillé et du sel.

jubrâka / jabârîk *n. f.*, *qdr.*, connu au *Sdn.* (*C.Q.*), terme peu utilisé.
♦ **champ autour de la maison, petit champ.** •*Al-jubrâka zere' saxayar, almi hanâ l xarîf bas yazgîha.* Le *jubrâka* est un petit champ que seule l'eau de la saison des pluies arrose. •*Al xanam akalo l-darrâba hint al-jubrâka.* Les chèvres ont mangé le gombo du petit champ autour de la maison. •*Al-jubrâka hint al faggûs wa l agêg bahartuha wara l bêt.* Ils ont cultivé derrière la maison leur petit champ de concombres et de cannes à sucre.

jubur *n. m.*, *Cf. jabbâri*, * jbr, ج ب ر
♦ **avarice.** •*Hû bâ' lêi farde raxîse ke min jubrah.* Son avarice l'a poussé à m'acheter le pagne le moins cher. •*Al-jubur mâ zên, rakkib lêna câhi fî l barrâd al kabîr da !* L'avarice n'est pas une bonne chose, fais-nous bouillir du thé dans cette grande théière !

jûd *n. m.*, *Cf. kurum*, * jwd, ج و د
♦ **générosité, libéralité, largesses.** •*Al-jûd be l mawjûd.* On ne peut donner que ce que l'on a. *Prvb.* •*Jûd hanâ abu Zênaba da bas bilimm lêyah nâs katîrîn fî bêtah.* C'est la générosité du père de Zénaba qui rassemble tant de monde chez lui. •*Seyy al-jûd, talgah giddâmak !* Fais aux autres des largesses, tu les retrouveras plus tard devant toi !

jud'ân *pl.*, → *jada'.*

judad *pl.*, → *jadîd.*

judâm *n. mld.*, * jḏm, ج ذ م
♦ **lèpre.** •*Hassâ al-dakâtîr irifo dawa hanâ l-judâm wa bagdaro bidâwuh.* Aujourd'hui les médecins ont découvert le médicament contre la lèpre et ils peuvent la soigner. •*Al-judâm marad bi'âdi wa mâ baktul ajala.* La lèpre est une maladie contagieuse qui ne tue pas vite. •*Hû biwaxxir bilhên misil judâm karabah.* Il transpire beaucoup comme s'il avait attrapé la lèpre.

judûd *pl.*, → *jidd.*

judul *n. m.*, → *jidil.*

judûl *pl.*, → *jidil.*

jugurnuma 1 *n. m.*, *empr.*, vocabulaire d'ancien combattant, *Cf. garyâf.*
♦ **sentiment de manque d'une drogue, envie de boire ou de manger, gueule de bois,** être en manque d'un aliment ou d'une boisson que l'on aime, désir de "faire passer la gueule de bois". •*Amis ciribt merîse*

katîr bilhên, bigit sakrân wa numt fî l-câri, antîni merîse ciyya ke acân al-jugurnuma sawwâni. Hier, j'ai bu beaucoup de bière de mil, je me suis soûlé et j'ai dormi dans la rue ; donne-moi un peu de bière parce que je suis en état de manque. •*Jugurnuma hint al gûgur be l-ruwâba karabâni.* J'ai très envie de manger du couscous de mil au lait caillé.

jugurnuma 2 *n. m.*, *empr.*, *Cf. jugurnuma 1*
♦ **pari-vente,** sorte de kermesse organisée généralement par des femmes, et où le chiffre d'affaires repose sur la vente de nombreuses boissons. •*Kulla yôm ahad anâ namci fî jugurnuma.* Tous les dimanches, je m'en vais à un pari-vente. •*Axti gâ'ide tigassim al bîye hanâ jugurnuma hanâha.* Ma sœur est en train de distribuer des billets pour son pari-vente.

Juhayna *n. pr. gr.*, *coll.*, nom d'une tribu arabe, *Cf. Wulâd Atiye, Wulâd Hamat, Wulâd Râcid, Salâmât.*
♦ **Djouhayna, Juhayna.** •*Djuhayna hî gabîle min gabâyil al Arab.* Djouhayna est le nom d'une tribu arabe. •*Jidd hanâ gabîlit Juhayna hû Abdullâhi al-Juhayni, wa hû min wulâd Abd al Muttâlib jidd al-Rasûl Muhammad.* L'ancêtre de la tribu des Juhayna est *Abdullâhi al-Juhayni* qui était un des enfants de *Abd al Muttâlib,* le grand-père du Prophète *Muhammad.*

juhhâl *pl.*, → *jâhil.*

juhud *n. m.*, * jhd, ج ه د
♦ **effort.** •*Wâjib tisawwi juhud kabîr kan tidôr tanjah fî hayâtak.* Il faut que tu fasses beaucoup d'efforts si tu veux réussir dans la vie. •*Hû mâ bidôr bisawwi juhud ciyya kula acân yahrit zer'ah.* Il ne veut faire aucun effort pour cultiver son champ.

julûd nom, pluriel de *jilid*, *Cf. farwa, dila*, * jld, ج ل د
♦ **peau dure, cuir.** •*Carêt laham wa mâ gidirt akaltah acân bigi julûd.* J'ai acheté de la viande mais n'ai pas pu la manger car elle était comme du cuir. •*Al-laham da gawi misil julûd al bagar.* Cette viande est dure comme de la peau de vache.

(al) jum'a / juma' nom d'un jour de la semaine, *fém.*, pour *yôm al-jum'a*, ≅le pluriel *jum'ât*, * jmʕ, ج م ع
♦ **vendredi.** •*Fî salât al-jum'a, al imâm bigaddim xutba lê l muslimîn gabul al-salâ.* Pendant la prière du vendredi, l'imam prononce un discours religieux avant la prière. •*Al-tujjâr mâ bufukku dakâkînhum yôm al-jum'a.* Les commerçants n'ouvrent pas leurs boutiques le vendredi. •*Fî nâs binâduhum Jum'a acân wildôhum lêlit al-jum'a.* Il y a des gens qu'on appelle Vendredi parce qu'ils sont nés la nuit du jeudi au vendredi. •*Al-nâs bugûl al-jum'a tagîle, mâ yôm hanâ xidime, yôm hanâ ibâda wa râha.* Les gens disent que le vendredi est une journée importante [lourde], que ce n'est pas une journée de travail, mais une journée réservée à l'adoration de Dieu et au repos.

Jum'a *n. pr.* d'homme ou de femme, nom donné à ceux (ou celles) qui naissent dans la nuit du jeudi au vendredi, *Cf. jum'a*, * jmʕ, ج م ع

juma' *pl.*, → *(al) jum'a.*

jumâl *pl.*, → *jamal.*

jumâr *invar.*, [petits cailloux], dans l'expression *gata' jumâr*, * jmr, ج م ر
♦ **se soulager en urinant, uriner.** •*Fî sûg al kabîr, ba'ad min al-rujâl bagta'o jumâr fî l-câri.* Au grand marché, il y a des hommes qui se soulagent en urinant dans la rue. •*Allim iyâlak yagta'o jumâr fî warabêt !* Apprends à tes enfants à uriner au cabinet !

jumla / jumlât *n. f.*, *Cf. kulla*, * jml, ج م ل
♦ **total(e), ensemble, tout(e) entier (-ère), totalité.** •*Ahali be jumlithum fî Âtiya.* Toute ma famille se trouve à Ati. •*Antîni gursi be l-jumla anâ mâ nidôr macâkil.* Donne-moi la totalité de mon argent, je n'aime pas avoir des

ennuis. •*Al-tâjir bidôr gursah be l-jumla mâ tigattu'u lêh.* Le commerçant veut tout son argent d'un seul coup, pas en plusieurs fois.

Jumla *n. pr.* de femme, → *Ajjumla,* * jml, ج م ل

jumma 1 *n. f., Syn. râha, Cf. anjamma,* * jmm, ج م م

♦ **repos, temps de repos.** •*Cîl lêk jumma ciyya ke kadâr yijîbu lêk al xada.* Prends un peu de repos le temps que l'on t'apporte le repas. •*Jummit al-râjil kan indah gurus wa jummit al mara kan iyâlha farajo.* Le repos de l'homme c'est quand il a de l'argent, et le repos de la femme c'est lorsque ses enfants sont devenus adultes. •*Tallagtaha wa anjammêt jumma ke min kutur al kalâm.* Je l'ai répudiée et me repose un peu de tous ses palabres. •*Al yôm : jumma, anâ mâ macêt al xidime.* Aujourd'hui, repos, je ne vais pas au travail. •*Kan jarrêt mâ tagîf ticîl jumma, ta'aya katîr.* Lorsque tu cours, n'interromps pas ta course pour te reposer un peu, cela t'épuiserait davantage.

jumma 2 *n. f., Cf. anjamma,* * jmm, ج م م

♦ **île.** •*Kan tidôr tucugg al bahar, agîf fî l-jumma di.* Si tu veux traverser le fleuve, arrête-toi sur cette île.

jummâr / jummârât *n. coll., sgtf. jummâray,* * jmr, ج م ر

♦ **cœur de palmier.** •*Fî l-rucâc al-nâs bimarrugu gulûb al-za'af, balgo l-jummâr wa bifawwuruh, bâkuluh.* Au temps de la montée de la sève, les gens arrachent la base des jeunes palmiers, ils trouvent le cœur, le font bouillir et le mangent. •*Kan timarrig jummâr al-delêb walla l-dôm, xalâs cadartah tumût.* Enlever le cœur du rônier ou du palmier doum fait mourir l'arbre.

jumriki / jumrikiyîn *adj., qdr.,* terme de l'*ar. lit.,* emprunt *irn.,* (*fém. jumrikiye*), *Cf. jumruk,* * jmrk, ج م ر ك

♦ **douanier.** •*Hû gâ'id baxdîm fî l ittihâd al-jumriki hanâ Ifrîxiya l usut.* Il travaille dans l'Union douanière de l'Afrique centrale. •*Al amal al-jumriki, hû min asâs ixtisâd al-dawla.* L'activité douanière est une des bases de l'économie du pays.

jumruk / jamârik *n. m., qdr.,* terme de l'*ar. lit.,* emprunt *irn.,* ≅ *dwân,* * jmrk, ج م ر ك

♦ **douane, taxe douanière, droit de douane.** •*Al-jumruk fî baladna bidaxxil gurus katîr fî sandûg hanâ l hâkûma.* Dans notre pays, la douane fait entrer beaucoup d'argent dans la caisse du gouvernement. •*Budâ'ât al barcôt mâ indaha jumruk.* Les affaires passées en fraude échappent aux taxes douanières. •*Al-tujjâr al kubâr yikaffu jamârik katîr lê l-dwân, acân da waga'o fî xasâra.* Les grands commerçants payent de très importants droits de douane, c'est pour cela qu'ils sont en faillite [ils sont tombés dans la perte].

jundi / junûd *adj.,* (*fém. jundiye*), * jnd, ج ن د

♦ **recrue, soldat,** soldat de première classe. •*Al askâri al-dahâba jundi mâ ba'arif burûx misil al askari l gadîm.* Le soldat qui vient d'être recruté ne sait pas marcher comme l'ancien soldat. •*Junûd Râbeh jo be Ifrîxiya l wusta wa daxalo Câri Bâgirmi.* Les soldats de Rabah sont venus par la République Centrafricaine et sont entrés au Chari Baguirmi. •*Al-jundi da marag xalla l askariye.* Cette recrue a quitté l'armée.

junûb *n. m.,* moins employé que *wati,* ≅ *janûb,* → *janûb.*

junûbi / junûbiyîn *adj.,* (*fém. junûbiye*), → *janûbi.*

junûd *pl.,* → *jundi.*

junûn *pl.,* → *jinn.*

jûr *v. impér.,* → *jâr 1.*

jurâb / jurâbât *n. m., Cf. dabiye, garfa, muxlay, si'in,* * jrb, ج ر ب

♦ **grand sac en cuir,** grand sac en peau porté par les hommes. •*Anâ indi* *jurâb malyân xalla.* J'ai un grand sac en cuir rempli de mil. •*Jiddi budumm xumâmah hanâ l-câhi fî l-jurâb.* Mon grand-père garde ses affaires pour préparer le thé dans un grand sac en cuir. •*Humman sabbo sumsum fî jurâb wa waddoh fî l-sûg.* Ils ont mis du sésame dans un grand sac en cuir et l'ont apporté au marché.

jurâr *pl.*, → *jarr.*

jurma / jurmât *n. f.*, * jrm, ج ر م
♦ **volume, constitution physique, taille, masse, corps.** •*Al wilêd da jurmitah saxayre.* Cet enfant est malingre [son volume est petit]. •*Hû jurmitah misil hint abuh.* Il a la constitution physique de son père.

jurr *v. impér.*, → *jarra 2.*

jurriye / jurriyât *n. f.*, *dmtf. jirêriye*, * jrr, ج ر ر
♦ **crête.** •*Zamân indi guttiye wa hassâ indi jurriye... Da l-dîk.* Autrefois, j'avais une houppe et maintenant j'ai une crête... C'est le coq. *Dvnt.* •*Zayyant wilêdi wa xallêt lêyah jurriye.* J'ai rasé la tête de mon enfant et lui ai laissé une crête de cheveux.

jursân *pl.*, → *jaras.*

jurud *pl.*, → *ajrad.*

juruf *n. m.*, *Cf. taraf*, * jrf, ج ر ف
♦ **berge du fleuve, rive escarpée, escarpement,** bord rongé par l'eau de l'oued. •*Juruf al wâdi da tawîl, mâ nagdar nidalli beya.* Les berges escarpées de l'oued sont profondes, je ne peux pas y descendre. •*Al bahâyim ciribo wa tala'o be juruf al mincâxi.* Les animaux ont bu et sont remontés par les berges du côté nord.

juruh *pl.*, → *jarih.*

jurun / jarana *n. m.*, *Cf. tindil*, * jrn, ج ر ن
♦ **table de branchages, caillebotis surélevé, séchoir à épis, tas d'épis de mil,** sorte de table faite avec des rondins et des branchages, supportée par des poteaux à un mètre du sol environ, sur laquelle on entrepose les épis pour les mettre à l'abri des animaux. •*Al hallûf al mudurr kassar al-jurun.* Le phacochère malfaisant a cassé le séchoir à épis. •*Sîyâd al-zurâ'a kulluhum sawwo jarana lê l xalla.* Tous les paysans font des plateaux en rondins, surélevés pour entreposer les épis de mil.

juwâb / juwâbât *n. m.*, → *jawâb*, * jwb, ج و ب

juwâd / xêl *n. anim.*, *m.*, *Cf. faras, faluw*, * jwd, ج و د
♦ **cheval.** •*Al-juwâd fî l kadâde axêr min al watîr.* En brousse il vaut mieux avoir un cheval qu'une voiture. •*Al xêl al mâcîn dôl gawwamo ajâj bilhên.* Ces chevaux qui marchent soulèvent beaucoup de poussière.

juwâd al-cêtân *n. anim.*, *m.*, *litt.* cheval de Satan, * jwd, šṭn, ج و د • ش ط ن
♦ **libellule.** •*Juwâd al-cêtân birîd bagôd fî l bakân al indah almi.* La libellule aime rester là où il y a de l'eau. •*Al iyâl al-dugâg karabo juwâd al-cêtân.* Les petits enfants ont attrapé une libellule.

juwâniye / juwâniyât *n. f.*, utilisé aussi en arabe *sd.*, → *jawwâniye*, * jww, ج و و

Juwêriya *n. pr.* de femme, femme du Prophète, ≅ *Juwayriya*, * jwr, ج و ر

juwwa *invar.*, *Syn. dâxal*, *Cf. juwâniye*, * jww, ج و و
♦ **à l'intérieur, dedans.** •*Adxul juwwa nûm !* Rentre à l'intérieur et dors ! •*Hassâ da mâ nagdar nunûm juwwa, al wata hâmiye bilhên.* A présent je ne peux plus dormir à l'intérieur car il fait trop chaud.

juxma / juxmât *n. f.*, métathèse dans la racine, connu au *Sdn.* (*C.Q.*), * ġmj, غ م ج
♦ **gorgée.** •*Al iyâl ciribo l-laban, juxma kulla mâ xalloha lêi.* Les enfants ont bu tout le lait, ils ne m'ont pas même laissé une gorgée. •*Yâ Hawwa, labanki da mâ balhag lêna*

juxma wâhade kulla ! Hawwa, tu nous as donné si peu de lait que nous n'avons même pas pu en boire une gorgée !

juxx *v. impér.*, → *jaxxa.*

juyûb *pl.*, → *jêb.*

juzlân *n. m.*, → *juzulân.*

juzu' / ajza' *n. m.*, * jz', ج ز ء

♦ **part, portion, partie, section.** •*Zirâ'it al xalla wa l gutun juzu' min al ixtisâd al muhimm hanâ l-dawla.* La culture du mil et du coton est une part importante de l'économie de l'État. •*Al-sultân gassam juzu' min al-zaka lê faxara.* Le sultan a donné une partie de l'aumône légale aux fakis.

juzulân / jazâlîn *n. m.*, connu au *Sdn.* (*C.Q.*), pour *juzdân*, *empr.* turc (*Mu.*), composé de *juz'* et de *dân* mot *irn.* (*Ka.*), * jzd, ج ز د

♦ **porte-monnaie, portefeuille, bourse.** •*Amci fî bêti, talga l-juzulân gâ'id fî tihit al-sarîr !* Va chez moi, tu trouveras le porte-monnaie qui se trouve sous le lit ! •*Al-juzulân dammâm al gurus.* Le porte-monnaie sert à garder l'argent. •*Al-sarrâg kan daxal fî l bêt, awwâl ke yifattic bakân al-juzulân.* Quand un voleur entre dans une maison, il cherche avant tout où se trouve le porte-monnaie.

K

-k *pron. pers.* suffixe au contact d' une voyelle, → *-ak*.

-ki *pron. pers.* suffixe, féminin, 2ème personne du singulier, devient *-iki* après deux consonnes.
♦ **ton, ta, de toi, toi.** •*Râjilki jâb lê ammiki gurus.* Ton mari a apporté de l'argent à ta mère. •*Binêyitki ma'âki fî l-sûg wallâ ?* Est-ce que ta fille est avec toi au marché ?

-ku *pron. pers.* suffixe, masculin et féminin, 2ème personne du pluriel, devient *-uku* après deux consonnes.
♦ **de vous, votre, vos, vous.** •*Abûku wa ammuku ma'â axawâtku fî buyûtku.* Votre père et votre mère sont avec vos sœurs chez vous [dans vos maisons]. •*Induku cunû ma'âku ?* Que transportez-vous [qu'est-ce que vous avez avec vous] ? •*Sallamtuku.* Je vous ai salués.

ka'ab 1 / ku'ubbên *n. m.*, * kʕb, ك ع ب
♦ **talon.** •*Côkayt kûk ta'anatni fî ka'abi wa daharatni al-ruwâxe.* Une longue épine d'Acacia sieberiana m'a piqué au talon et m'a empêché de marcher. •*Al-na'al kan ka'abah tawîl, mâ na'arif nurûx bêyah.* Je ne sais pas marcher avec des chaussures à talons hauts. •*Hî gisayre, acân da bas talbas dâyiman na'al indah ka'ab tawîl.* Elle est petite et c'est pour cela qu'elle met des chaussures à talons hauts. •*Al awîn yuhukku ku'ubbênhum be hajar Bangi min al-caggigîn.* Les femmes frottent leur talon avec une pierre ponce pour éviter les crevasses.

ka'ab 2 / ka'abîn *adj.*, (*fém. ka'aba*), *Syn. sa'ab*, * kʕb, ك ع ب
♦ **dur(e), sévère, intransigeant(e), qui a mauvais caractère, insupportable.** •*Al-nâdum kan ka'ab mâ tagdar taskun ma'âyah.* Lorsque quelqu'un a mauvais caractère, on ne peut pas habiter avec lui. •*Al mara di tallagtahah acân hî ka'aba, mâ tirîd al-dîfân wa tahârij axawâti.* Il a répudié cette femme parce qu'elle était intransigeante ; elle n'aimait pas les hôtes et se disputait avec mes sœurs.

(al) Ka'aba *n. pr.*, "très ancien temple de La Mecque, appelé autrement *bêt Allah* (maison de Dieu), et qui est le but du pèlerinage" (*Ka.*), * kʕb, ك ع ب
♦ **Kaaba.**

ka'âgîr *pl.*, → *ka'gûr*.

ka'ak *n. coll., m., sgtf. ka'akay*, comme en *ar. lit.* (*Mu.*), *empr. irn.*, ≅ *kâk, kâkay*, * kʕk, ك ع ك
♦ **gâteau cuit au four.** •*Axawâti sallalo ka'ak lê l îd.* Mes sœurs ont préparé des gâteaux pour la fête. •*Akalt ka'akay wa ciribt almi fî râsha.* J'ai mangé un gâteau et j'ai bu de l'eau ensuite [sur sa tête].

ka'ak mugatta' *n. coll., m., sgtf. ka'akay*, * kʕk, qtʕ, ك ع ك • ق ط ع ⇨

♦ **sorte de beignet,** sorte de bugnes faites à partir d'une pâte levée, sucrée, et cuite dans l'huile. •*Al ka'ak al mugatta' mâ bikallif gurus katîr misil ka'ak al furun.* Les beignets coûtent moins cher à fabriquer que les gâteaux au four. •*Awîn al-dahâri ba'arfu illa ka'ak mugata'a bas.* Les femmes de la campagne profonde ne savent préparer que des beignets cuits dans de l'huile.

ka'gûr / ka'âgîr *n. m.*, connu au *Sdn.*, en Mimi *kâgûl*, ≅ *kâgûr*.
♦ **vieux chien, vieil âne.** •*Jiranna induhum kalib ka'gûr bahris lêhum al bêt.* Nos voisins ont un vieux chien qui leur garde la maison. •*Nâs al-lameri daffago laham indah samm wa kulla l kulâb al ka'âgîr akaloh wa mâto.* Les gens de la municipalité ont jeté de la viande empoisonnée et tous les vieux chiens qui l'ont mangée sont morts. •*Al ka'âgîr mâ biwadduhum fî l ganîs acân mâ bagdaro bajuru.* On n'amène pas les vieux chiens à la chasse parce qu'ils ne peuvent pas courir. •*Al humar al ka'gûr, al iyâl mâ bagdaro bicudduh.* Les enfants ne peuvent pas charger le vieil âne.

kab *invar.*, *onom.*, prononcé *kap*, accompagne les verbes *karab, rikib*.
♦ **d'un seul coup, hop !,** prendre d'un seul coup, ne faire qu'une bouchée de ce qui est pris. •*Al bôlîs addabba bicêc wa kab karab al-sarrâg.* Le policier s'est approché tout doucement et hop ! il a attrapé le voleur. •*Al-dabb bakrub al-dubbân kab !* Le lézard gobe les mouches d'un seul coup. •*Wakit bagarna sirigohum, abui cadda juwâdah wa rikib kab wa sâr wara l-sarrâgîn.* Lorsque nos vaches ont été volées, mon père a sellé son cheval, a sauté dessus, "hop !", et a poursuivi les voleurs.

kabâb *n. m.*, * kbb, ك ب ب
♦ **plat de foie en sauce,** foie en sauce avec des oignons, de l'ail et des tomates. •*Fî l otêl al kabâb be xamsîn riyâl.* Au restaurant, le plat de foie en sauce coûte cinquante riyals. •*Hurra sawwat kabâb lê dîfân abûha.* Hourra a préparé un plat de foie en sauce pour les invités de son père. •*Akalna kabâb yôm al îd hanâ l-dahîye.* Nous avons mangé du foie en sauce le jour de la fête du sacrifice.

kabâbît *pl.*, → *kabbût.*

kabâbo *pl.*, → *kubbay.*

kabâkib *pl.*, → *kubkub.*

Kabalay *n. pr.* d'ethnie, nom d'un quartier de N'Djaména.
♦ **Kabalaye.**

kabaljo *n. m.*
♦ **nom d'un poisson, Schilbe uranoscopus, makélélé.** •*Al kabaljo hût abyad, lahamah halu wa dihinah katîr.* Le "makélélé" est un poisson blanc, sa chair est bonne et grasse. •*Hûtayt al kabaljo samhe wa indaha côkayât talâte, al wahade fî daharha wa l-tinên fî nawâytênha.* Le "makélélé" est un joli poisson qui a trois nageoires piquantes : l'une est sur le dos, et les deux autres sont de chaque côté.

kabâri *pl.*, → *kubri.*

kabârît *pl.*, → *kibrît.*

kabas / yakbis *v. trans.*, ≅ l'*inacc. yakbus*, forme I n° 6, * kbs, ك ب س
♦ **se jeter sur, assaillir, insulter, injurier.** •*Al-dûd kabas al ijil fî janb al wâdi.* Le lion s'est jeté sur le veau au bord de l'oued. •*Al wilêd xaflân, wa l micôtin kabasah.* L'enfant ne s'y attendait pas et le fou s'est jeté sur lui. •*Al afranti hanâ l watîr aba mâ baxadim, al-sawwâg gamma kabas lêyah.* L'aide-chauffeur refusait de travailler, le chauffeur s'est mis à l'insulter.

kabat kabat ! *invar.*, *onom.* évoquant le pas de l'âne, *Cf. kaf kaf.*
♦ **clac ! clac !** •*Al humâr maca kabat kabat !* L'âne avançait en martelant le sol de ses sabots, clac ! clac !

kabba 1 / yukubb *v. trans.*, forme I n° 5, * kbb, ك ب ب
♦ **extraire la boule, verser, pencher, sortir et briller** (étoiles), sortir la

pâte de la marmite et la renverser dans un gros bol en bois qui lui donnera la forme d'une boule. •*Al mara kabbat al êc min al burma fî l gadah.* La femme a sorti la boule de la marmite et l'a mise dans le gros bol en bois. •*Kubb lêi câhi fî funjâli !* Verse-moi du thé dans mon verre ! •*Al matara kabbat amis.* La pluie est tombée à verse hier. •*Al gamar be tôgah wa l-nujûm kabban fôgah... da l arîs.* La lune est entourée de son halo [collier] et les étoiles brillent autour… C'est le jeune marié (avec son turban autour du cou et les filles qui le regardent). *Dvnt.*

kabba 2 / yikibb *v. intr. {- lê}*, utilisé aussi en arabe *sd.*, *Syn. sabba lê, ayyar*, * kbb, ك ب ب

♦ **insulter, injurier, lancer des paroles dures.** •*Al-sultân kabba lê Abbakar acân mâ karabâha lê martah adîl.* Le sultan a lancé des paroles dures à Abakar parce qu'il ne prenait pas bien soin de sa femme. •*Fî haggi halâli, aba mâ yikaffîni, kabba lêi wa lâ xalla ammi wa lâ abui.* Il a refusé de me payer ce qui me revenait de droit, et il m'a en plus insulté, sans oublier mon père et ma mère !

kabbar 1 / yikabbir *v. trans.*, forme II, * kbr, ك ب ر

♦ **faire grandir, agrandir, dramatiser, exagérer, grossir.** •*Al akil al indah xiza bikabbir al iyâl.* La nourriture qui contient des vitamines fait grandir les enfants. •*Da kalâm saxayyar ke bas wa hû kabbarah.* C'est un petit problème, c'est lui qui l'a dramatisé. •*Naddârâti dôl bikabburu lêi l katib al fî l katkat.* Mes lunettes agrandissent ce qui est écrit sur le papier.

kabbar 2 / yikabbir *v. intr.*, * kbr, ك ب ر

♦ **dire la grandeur de Dieu, prier,** prononcer la formule rituelle : Dieu est grand ! •*Al muslimîn yikabburu fî bidâyit al-salâ.* Les musulmans disent la grandeur de Dieu au début de la prière. •*Wakit hû kabbar rafa' idênah wa gâl : "Allâhu akbar".* Quand il prie en disant la grandeur de Dieu, il lève les mains en disant : "Dieu est le plus grand".

kabbarân *n. d'act.*, *m.*, → *kabbirîn.*

kabbâsa / kabbâsât nom, *mrph. intf.*, *f.*, * kbs, ك ب س

♦ **porte-vêtements, cage arrondie en bois, nasse,** assemblage de baguettes ayant la forme d'une cage ronde sur laquelle on jette les habits pour les parfumer par-dessous. •*Xulgân al mara al wildat bidaxxunûhum kulla yôm fî l kabbâsa.* Les vêtements de la femme qui a accouché sont toujours posés sur la cage en bois pour être parfumés par l'encens. •*Carêt kabbâsa be arba'în riyâl.* J'ai acheté un porte-vêtements pour quarante riyals. •*Al iyâl kassaro kabbâsa hint jiddithum.* Les enfants ont cassé le porte-vêtements de leur grand-mère. •*Al hawwâtîn yuxummu l hût be kabbâsâthum.* Les pêcheurs ramassent le poisson avec leurs nasses.

kabbirîn *n. d'act.*, *m.*, ≅ *kabbarân*, * kbr, ك ب ر

♦ **exaltation de Dieu, s'exclamer en exaltant Dieu,** fait de dire "Allah est le plus grand" en levant les mains au cours de la prière, expression servant aussi d'exclamation. •*Al-salâ mâ tabga bala kabbirîn.* On ne peut pas faire la prière sans exalter Dieu en levant les mains. •*Al kabbirîn katîr fî wakit hanâ l-salâ.* On exalte Dieu en levant les mains de nombreuses fois pendant la prière. •*Abui wakit câf al bahar awwal marra, kabbar.* Lorsque mon père vit la mer pour la première fois, il s'exclama en disant : "Allah est le plus grand" !

kabbût / kabâbît *n. m.*, comme en *ar. lit.* (*Mu.*), *empr. fr.*, * kbt, ك ب ت

♦ **capot, grand manteau,** se dit dans le jeu de cartes *kôs* pour un "jeu blanc" qui compte double. •*Al kabbût mâ binlabis fî l hamu.* On ne met pas de grand manteau quand il fait chaud. •*Hû fatah kabbût hanâ l watîr wa tâwag al makana.* Il a ouvert le capot de la voiture et a jeté un coup d'œil sur le moteur. •*Al kabâbît baxalo fî l-*

cite. Le prix des manteaux augmente en hiver.

kabbût absûf *n. m.*, * kbt, ṣwf, ك ب ت • ص و ف

♦ **manteau de fourrure,** se dit, au jeu de cartes *kos*, de celui qui a perdu en ayant totalisé un nombre de points inférieur à vingt-neuf. •*Hû maragoh marritên kabbût absûf wâjib mâ yal'ab xalâs.* On l'a battu deux fois ; il a totalisé un nombre de points inférieur à vingt-neuf, il ne devra pas rejouer. •*Yidôr yamrugni kabbût absûf wa mâ gidir.* Il voulait me battre mais il n'a pas pu.

kabc al hajar *n. anim.*, → *kabic al hajar.*

kabdi *adj.* de couleur, (*fém. kabdiye*), *Cf. kibde*, * kbd, ك ب د

♦ **marron foncé, rouge foncé, bordeaux** (couleur). •*Ladrayti al kabdiye di, al fâr akal nussaha.* Mon drap rouge foncé a été en partie mangé par les rats. •*Al-rujâl mâ birîdu balbasso xalag kabdi.* Les hommes n'aiment pas porter des habits marron foncé.

kabic / kubâc *n. anim.*, *m.*, terme d'insulte, ≅ le pluriel *kubâca, kubcân*, *Syn. xarûf*, *Cf. dayne*, * kbš, ك ب ش

♦ **bélier.** •*Yôm al îd, al kubâc yabgo xâliyîn.* Le jour de la fête, les béliers coûtent cher. •*Al kabic da nakûr bilhên mâ bidôr al-nâs.* Ce bélier est très farouche, il n'aime pas être près des gens. •*Al kubâca sarrahôhum fî l kadâde.* Ils sont partis faire paître les béliers dans la brousse.

kabic al hajar *n. anim.*, *m.*, *litt.* bélier des montagnes, ≅ *kabc al hajar*, * kbš, ḥjr, ك ب ش • ح ج ر

♦ **mouflon à manchettes, Ammotragus lervia.** •*Kabic al hajar talga fî l hujâr wa hû misil al-tês.* Le mouflon à manchettes se trouve dans les montagnes et il ressemble au bouc. •*Kabic al hajar jarray mâ tagdar talhagah acân yagdar yunutt fôg al hujâr misil al xazâl fôg al-naga'a.* Le mouflon à manchettes court très vite et on ne peut pas le rejoindre parce qu'il peut sauter sur les rochers comme la gazelle saute sur un terrain plat.

kabine *n. f.*, → *wara-bêt, sindâs.*

kabîr / kubâr *adj. n.*, (*fém. kabîre*), expressions *al mara l kabîre* [la première femme], *al usba' al kabir* [le pouce], * kbr, ك ب ر

♦ **grand(e), chef, premier (-ère), pouce, gros orteil, aîné(e),** ce qui est grand et qui domine. •*Ambâkir, yôm al îd al kabîr hanâ Ramadân.* Demain, c'est le jour de la grande fête du Ramadan. •*Martah al kabîre zêne.* Sa première femme est gentille. •*Kabîr al-sarârîg karaboh.* Ils ont arrêté le chef des voleurs. •*Da wilêdi l kabîr.* C'est mon fils aîné. •*Al-cumâm karabâni fî usba'i l kabîr hanâ îdi l-zêne.* J'ai attrapé un panaris au pouce de la main droite. •*Côkay ankasarat lêi tihit xunfar usba'i al kabîr hanâ rijili l isra.* Une épine s'est cassée sous l'ongle du gros orteil de mon pied gauche. •*Wilêdi l kabîr murassal lê jidditah fî hillitna.* Mon fils aîné a été envoyé chez sa grand-mère dans notre village.

kabkab / yikabkib *v. trans.*, forme II, *empr. fr.*, *Cf. gata'.*

♦ **passer au coupe-coupe, décapiter, tailler.** •*Fî wakit hanâ duxûl al isti'mâr, fî sanit alif wa tus'u miya wa saba'atâcar, asâkir nasâra wa ciningâliyîn kabkabo faxara katîrîn be l kubkub fî dâr Wadday, wa min da bisammûha sant al kubkub.* Au temps de la pénétration coloniale, en mille neuf cent dix-sept, des soldats blancs et des Sénégalais ont décapité de nombreux fakis dans la région du Ouaddaï ; à cause de cela, on appelle cette année-là : l'année du coupe-coupe. •*Kabkib rusên al-cadar dôl acân yixadduru min jadîd !* Étête ces arbres [coupe les têtes de ces arbres] pour qu'ils puissent reverdir !

kabkabê *n. m.*, connu au Soudan (*C.Q.*).

♦ **pois chiche, Cicer arietinum (L.),** famille des papilionacées. •*Zura'ât al kabkabê hinî mâ katîrîn, bujûbuh min*

Masir wa Sûdân. Ici, il n'y a pas beaucoup de champs de pois chiches, on importe les pois chiche d'Égypte et du Soudan. •*Iyâl al kabkabê xubuc wa bifawwuruhum be mileh.* Les pois chiches sont marron couleur terre, on les fait bouillir dans de l'eau salée. •*Al kabkabê kan akaltah, xalâs ju'ak yumût lâkin bicarribak almi katîr.* Après avoir mangé des pois chiches, on n'a plus faim [ta faim meurt], mais on a besoin de boire beaucoup d'eau.

kabkâbiya nom d'arbre, *f.*, → *ambahudo.*

kabrat / tikabrit *v. trans.*, *qdr.*, forme II, connu au *Sdn.* (*C.Q.*), verbe utilisé seulement au féminin, * kbrt, ك ب ر ت

♦ **préparer la peau, lisser et parfumer la peau,** frotter la peau d'une femme avec du natron et du son, poser sur la peau une pâte chaude faite de citron et de caramel pour épiler, *litt.* rendre la peau semblable au vermeil. •*Al awîn kabrato l arûs gubbâl ma yiwadduha fî bêt râjilha.* Les femmes ont frotté la nouvelle mariée avec du son et du natron avant de l'amener chez son mari. •*Al mara kan tikabrit tabga samhe.* La femme devient belle si elle se frotte avec du son et du natron.

kabsul *n. m.*, *empr. fr.*, ≅ *kapsûn.*

♦ **capsule, gélule,** médicament en capsules. •*Al kabsul no'ah katîr, bidâwi amrâd katîrîn.* Il y a beaucoup de sortes de médicaments en capsules, ils soignent de nombreuses maladies. •*Angari min al kabsul al fî l-sûg, jâyiz indah muxaddirât.* Attention, n'achète pas au marché de médicaments en capsules, ils pourraient contenir de la drogue !

kabtâni / kabtâniyât *n. m.*, hypothèse sur la racine, dérivation de *guftâni* (à la manière d'un cafetan), * qft, ق ف ت

♦ **habit, tenue,** sorte de saroual et de djellaba courte, portée d'abord par la garde nomade, puis devenue à la mode dans les années soixante-dix. •*Al mas'ûl jâb kabtâniyât xubuc lê askarah.* Le responsable a apporté des tenues *kabtâni* kaki à ses combattants. •*Hassâ al-rujâl kulluhum bidôru l kabtâni, kan axadar, ahamar, axabac, wa kulla lôn.* A présent, tous les hommes aiment porter des habits *kabtâni*, verts, rouges, gris ou de n'importe quelle autre couleur.

kac *invar.*, *empr.* (*angl. fr.*).

♦ **comptant, argent en espèces, liquidités.** •*Fî l-râdyo, siyâd al PMU bitcâtcu l-nâs : "Al'ab be kac, talga kac !".* A la radio, les organisateurs du PMU trompent les gens en leur disant : "Joue de l'argent cash, tu gagneras cash !". •*Mâ naxadim ma'âk be dên fî l-cahar, nidôr gursi kac fî kulla yôm.* Je ne travaillerai pas avec toi s'il faut attendre d'être payé à la fin du mois, je veux mon argent en espèces à la fin de chaque journée.

kacaf / yakcif *v. trans.*, forme I n° 6, * kšf, ك ش ف

♦ **contrôler, inspecter, ausculter, dévoiler, révéler, radiographier, faire une analyse médicale, dévoiler la honte de *qqn.*,** regarder avec attention pour découvrir où est le mal. •*Al-daktôr kacaf al-laham al mardân.* Le vétérinaire a contrôlé et identifié la mauvaise viande. •*Wâjib al-daktôr yakcif lêk kan batunak tôjâk.* Il faut que le docteur t'ausculte si tu as mal au ventre. •*Al mara kacafat acîr râjilha lê l-nâs, wa hû tallagâha.* La femme a révélé les secrets de son mari et celui-ci l'a répudiée. •*Al-daktôr yakcif al mardânîn be l-râdyo acân ya'arif bakân al marad.* Le docteur fait une radiographie des malades pour savoir où se trouve le mal. •*Waddi bôlak fî l-labtân yakcufuh, âkûn coxolak hasar !* Emporte ton urine à l'hôpital pour qu'ils en fassent l'analyse, tu as peut-être la bilharziose !

kacakay / kacakayât *n. f.*

♦ **sorte de gros panier,** panier rond, gros et haut, ayant un couvercle, et servant à mettre le linge ou la vaisselle à l'abri de la poussière. •*Al kacakay hî guffa kabîre min al-za'af.* Le "kachakaï" est un gros panier tressé avec des feuilles de palmier doum. •*Al kacakay hî dammâma hint al xulgân hanâ l iyâl.* Le gros panier rond avec un couvercle sert à mettre à l'abri les vêtements des enfants. •*Fî l-sûg al kacakayât zamân bûtiyîn, lâkin hassâ xâliyîn.* Autrefois les gros paniers ronds avec un couvercle étaient bon marché, mais maintenant ils coûtent cher.

Kacamre *n. pr. gr.*, *coll.*, variante *Kacmare*, *sgtf. Kacamray* (homme), *Kacamrayye* (femme).
♦ **Kachamré.**

kacara *n. f.*, *Ant. kalâm leyyin*, * kšr, ك ش ر
♦ **sévérité, dureté.** •*Hû birîd al kacara rufugânah kulluhum abo mâ bamcu lêyah.* Il a tendance à être sévère [il aime la sévérité], tous ses amis ont refusé d'aller chez lui. •*Fî xidimitna kacara mâ fîh.* Dans notre travail, personne n'est sévère envers nous [il n'y a pas de sévérité].

kaccab / yikaccib *v. trans.*, racine connue en arabe *sd.* (*C.Q.*), forme II.
♦ **glaner après la récolte.** •*Al awîn marago yikaccubu fî l-zere'.* Les femmes sont sorties pour glaner au champ. •*Anâ kaccabt sôsal wâhid bas !* Je n'ai pu glaner que le contenu d'un seul panier ! •*Al mara kan kaccabat al xalla, mâ tusubbaha fî l-jurun acân ganâdîlha dugâg.* La femme qui a glané des épis de mil ne les met pas sur le séchoir parce qu'ils sont trop petits.

kaccâfa / kaccâfât *n. f.*, * kšf, ك ش ف
♦ **jumelles pour voir.** •*Al-Nasâra induhum kaccâfat, bucûfu bêhum ba'îd.* Les Européens ont des jumelles pour voir au loin. •*Dabbâbât al askar induhum kaccâfât bicîfu behum al adu.* Les chars des militaires ont des jumelles pour voir l'ennemi.

kaccar / yikaccir *v. intr.* *{- lê}*, forme II, * kšr, ك ش ر
♦ **réprimander, gronder, être sévère avec *qqn.*,** faire des remarques. •*Al-râjil kaccar lê wilêdah acân hû tallaf.* L'homme a grondé son enfant parce qu'il avait commis une faute. •*Mâ tikaccir lê l-nâs, bakrahôk.* Ne réprimande pas les gens parce qu'ensuite ils te détesteront ! •*Al kabîr mâ bikaccir lê xaddâmînah.* Le chef n'est pas sévère envers ceux qui travaillent pour lui.

kacif 1 *n. m.*, * kšf, ك ش ف
♦ **examen, analyse, radiographie, révélation.** •*Hû cirib dawa ba'ad al kacif.* Il a pris un médicament après les analyses. •*Kan batunak tôjâk, curâb al-dawa l bala kacif da mâ sameh.* Lorsque tu as mal au ventre, ce n'est pas bien de prendre un médicament sans avoir fait auparavant des examens médicaux. •*Kacif al-râdyo hanâ l-labtân bihaddid bakân al marad.* La radiographie de l'hôpital révèle [cerne] l'endroit qui est malade.

kacif 2 *n. m.*, * kšf, ك ش ف
♦ **inventaire, bilan, enquête, recensement.** •*Al-tâjir sawwa kacif hanâ dukkânah.* Le commerçant a fait le bilan du commerce de sa boutique. •*Al-Ra'îs sawwa kacif hanâ mâl al-dawla.* Le Président a fait l'inventaire des biens de l'État. •*Ali katal dimme wa ahala sawwo kacif acân yikaffu l-diye.* Ali a commis un meurtre, sa famille a fait un recensement du clan afin de répartir entre chaque membre le prix du sang à payer.

kâcif / kâcfîn *adj. mrph. part.* actif, (*fém. kâcfe*), * kšf, ك ش ف
♦ **ouvert(e), à l'air, découvert(e).** •*Fâtime mâ tixalli l akil kâcif, siddi be l-tâsa !* Fatimé, ne laisse pas la nourriture à l'air, recouvre-la d'une cuvette ! •*Anâ abadan mâ nixalli duwânti kâcfe.* Je ne laisse jamais mon canari ouvert.

kackâc *n. m.*, * kš', ك ش ء
♦ **graillon, gras,** morceau de viande auquel reste accroché un peu de graisse et que l'on fait frire dans l'huile. •*Al kackâc be mileh halu.* Les graillons avec du sel sont délicieux. •*Al-laham al-samîn, kan galênah yabga kackâc.* Lorsque l'on grille la

viande qui a de la graisse, on obtient du graillon.

Kacmaray *sgtf.* d'un *n. pr. gr., m.,* (*fém. Kacmarayye*), → *Kacamre.*

Kacmare *n. pr. gr., coll.,* → *Kacamre.*
♦ **Kachmaré.**

kacrân / kacrânîn *adj. {- fî},* (*fém. kacrâne*), *Cf. akcar,* * kšr, ك ش ر
♦ **sévère, dur(e), méchant(e), irritable, renfrogné(e).** •*Al-râjil da kacrân bilhên fî martah.* Cet homme est très sévère envers sa femme. •*Martak di kacrâne, mâ tidôr al-nâs.* Ta femme est méchante, elle n'aime pas les autres [les gens]. •*Al mu'allimîn al kacrânîn, iyâl al-lekkôl mâ biridûhum.* Les élèves n'aiment pas les enseignants qui sont sévères.

kadab / yakdib *v. intr.,* forme I n° 6, → *kidib,* * kḏb, ك ذ ب

kadâd *n. vég., coll., m., sgtf. kadâday,* connu au *Sdn.* (*C.Q.*), hypothèse sur la racine : *Cf. dict.* (*Ka.*) article قتاد *[qatâd],* * kdd, qtd, ك د د • ق ت د
♦ **nom d'un arbre, mimosa clochette, Dichrostachys cinerea (L.),** famille des mimosacées. •*Hatab al kadâd mâ yinballa ajala be l almi, tagdar ti'ôgidah kan al almi sabba fôgah kulla.* Le bois du mimosa clochette ne s'imprègne pas d'eau, on peut le faire brûler même s'il a été mouillé par la pluie. •*Be lîhe hanâ l kadâd bisawwu habil wa barbutuh lê l-saxîr fî idênah wa rijilênah kan bawarmo.* Avec le liber du mimosa clochette on fabrique des cordes que l'on attache aux bras ou aux jambes des petits enfants lorsque leurs membres sont enflés.

kadâde *n. f., Cf. dahara, xala, wa'are,* * kdd, ك د د
♦ **brousse,** endroit non cultivé mais fréquenté et où l'herbe pousse. •*Macêt kajjêt caraki fî l kadâde.* Je suis allé poser un piège en brousse. •*Fî mincâx hanâ Abbece al kadâde mâ indaha cadar.* Au nord d'Abéché, il n'y a plus d'arbres en brousse.

kadâmîl *pl.,* → *kadmûl 1.*

kadanga *n. f.,* → *kadanka.*

kadangar / yikadingir *v. intr., qdr.,* prononcé aussi *[kadaŋar, yikadiŋir], Cf. kudungâr,* ≅ *kadgar, yikadgir.*
♦ **ouvrir des trous avant de semer, préparer un trou pour enfouir la semence,** donner un coup de houe pour fendre la terre et ouvrir un trou destiné à recevoir la semence. •*Kadingir lêna nitêribu warâk !* Prépare les trous, nous sèmerons derrière toi ! •*Al-râjil yikadingir giddâm wa l mara wa l iyâl yidaffunu warâyah.* L'homme est devant et creuse les trous, la femme et les enfants le suivent et y enterrent la semence.

kadanka / kadankât *n. f., empr.,* connu au *Sdn.* (*C.Q.*), ≅ *kadanga, Cf. kudungar.*
♦ **houe, fer de la houe,** fer plat en forme de petite pelle que l'on pose au bout du plantoir. •*Haratt zer'i be kadanka.* J'ai cultivé mon champ avec une houe. •*Nâs Wadday birîdu bahartu be l kadankât.* Les Ouaddaïens aiment cultiver avec des houes.

kadar 1 *n. m.,* hypothèse dans la racine, * qdr, ق د ر
♦ **le temps que, pendant que, le moment où, jusqu'à ce que, avant que.** •*Aktib kadar anâ naji !* Écris, le temps que je revienne ! •*Kadar tagri da, anâ namci nijîb lêna akil.* Pendant que tu étudies, je vais apporter le repas. •*Anâ nisawwi madîde kadar yugumm min al-nôm.* Je vais lui faire de la bouillie avant qu'il ne se réveille. •*Hî gâlat, kadar Mahammat yugumm wa yamci l-lekkôl, hî tamci tibî' lêyah fangâsû.* Elle a dit que, le temps que Mahammat se lève et aille à l'école, elle irait lui acheter des beignets.

kadar 2 *invar.,* utilisé en arabe *sd.,* hypothèse sur la racine, après les verbes signifiant "savoir", "avertir", "faire connaître", *Cf. xadar*, * qdr, ق د ر

♦ **que.** •*Hû ôra rufugânah kadar axtah mardâne.* Il a averti ses amis que sa sœur était malade. •*Al awîn irifo kadar inta râjil zên.* Les femmes ont su que tu es un homme sérieux. •*Kallamt lê ammi kadar axui mât.* J'ai dit à ma mère que mon frère était mort. •*Orêt abui kadar al bêt bâ'o.* J'ai averti mon père qu'on avait vendu la maison.

kadâr / kadârîn *adj.*, (*fém. kadâra*), * kdr, ك د ر

♦ **traînard(e), lent(e) à la course, qui marche lentement, paresseux (-euse) dans sa marche,** qui ne court pas vite. •*Al faras di kadâra.* Cette jument ne court pas vite. •*Al-juwâd al kadâr mâ bâkul fî l galûb.* Un cheval traînard ne remportera jamais de prix à la course. •*Kulla juwâd kan jâri wihêdah mâ kadâr.* Tout cheval qui galope seul galope vite. *Prvb.*

kadastir *n. m.*, *empr. fr.*, ≅ *kadastar.*

♦ **service du cadastre.** •*Nâs al kadastir jo gatta'o l-cawâri.* Les gens du service de cadastre sont venus tracer les rues. •*Hî waddat maktûb fî l kadastir acân yantuha bêt.* Elle a déposé une demande au service du cadastre pour qu'on lui donne un terrain.

kadâyis *pl.*, → *kadîs.*

kâdd / kâddîn *adj. mrph. part.* actif, (*fém. kâdde*), * kdd, ك د د

♦ **errant(e), vagabond(e), qui se promène çà et là, qui se déplace.** •*Al kabîr da, mâ yillagi fî l bêt wa lâ fî l xidime, kâdd bas.* On ne trouve ce chef ni chez lui, ni au travail, il est toujours en déplacement. •*Inti kâdde, tifattici cunû ?* Tu te promènes çà et là, que cherches-tu ? •*Mâ tixalli iyâlki kâddîn fî l-cawâri !* Ne laisse pas tes enfants vagabonder dans les rues !

kadda 1 / yukudd *v. trans.*, forme I n° 5, * kdd, ك د د

♦ **croquer, grignoter, broyer.** •*Al kalib kadda l adum hanâ l bagaray.* Le chien a croqué l'os de la vache. •*Al iyâl bidôru bukuddu l-dôm.* Les enfants aiment grignoter les noix de palmier doum. •*Anâ kaddêt rijil hanâ jidâde.* J'ai croqué un pilon de poulet.

kadda 2 / yukudd *v. intr.*, surtout employé au Chari-Baguirmi, *Cf. râx, hâm*, * kdd, ك د د

♦ **marcher, se déplacer, partir, se promener, parcourir.** •*Ahmat xalla bâb bêtah fâtih wa kadda.* Ahmat a laissé la porte de sa maison ouverte, il est parti se promener. •*Kaddêt be sûgi da kê, al yôm da bê' mâ fîh !* J'ai parcouru tout le marché avec mes marchandises à vendre, aujourd'hui rien ne s'est vendu ! •*Amci kudd, fattic lêk xidime !* Va, pars chercher du travail !

kaddab / yikaddib *v. trans.*, forme II, * k<u>d</u>b, ك ذ ب

♦ **contredire, démentir.** •*Al-râ'i bugûl al-sarrâgîn câlo l bagar, lâkin rufugânah kaddabo wa gâlo hû bas waddarâhum.* Le berger a dit que les voleurs avaient emporté les vaches, mais ses amis l'ont contredit en affirmant que c'était lui qui les avait perdues. •*Xacum al kalâm hanâ l hakûma gaddam bayân fî l-televizyôn kaddab al-di'âyât al gammo bêha ba'ad al-jarâyid al-tacâdiya.* Le porte-parole du gouvernement a démenti dans un communiqué à la télévision la propagande de certains journaux tchadiens. •*Cîf al wilêd al masrûf da, kan mâ kaddab fî axtah ke galbah mâ yabrud !* Regarde ce vaurien, tant qu'il n'a pas calomnié sa sœur, il n'est pas content !

kaddâb / kaddâbîn *adj.*, (*fém. kaddâba*), terme d'insulte, * k<u>d</u>b, ك ذ ب

♦ **menteur (-euse).** •*Bakrub al-rih wa busubbaha fî l-cabaka... Da l kaddâb.* Il prend le vent et le verse dans le panier ajouré… C'est le menteur. *Dvnt.* •*Rafîgak al mâci da kaddâb.* Ton ami qui passe là est un menteur.

kaddâd 1 / kaddâdîn *adj.*, (*fém. kaddâda*), * kdd, ك د د ⇨

♦ **croqueur (-euse), grignoteur (-euse).** •*Hû kaddâd al udâm misil kalbah.* C'est un croqueur d'os comme son chien. •*Al iyâl dôl kaddâdîn al-dôm.* Ces enfants sont des croqueurs de fruits de palmier doum.

kaddâd 2 / kaddâdîn *adj. mrph. intf.*, (*fém. kaddâda*), * kdd, ك د د

♦ **promeneur (-euse), vagabond(e), errant(e),** qui se déplace çà et là. •*Anâ mâ nâxud mara kaddâda fî l buyût.* Je n'épouserai jamais une femme qui passe son temps à se promener de maison en maison. •*Al kabîr da kaddâd, mâ yillagi fî l bêt wa lâ fî l xidime.* Ce chef est un vagabond, on ne le trouve jamais à la maison ni au travail.

kaddak 1 / yikaddik *v. trans.*, forme II, *onom.*

♦ **picorer.** •*Al-dîk kaddak al xalla l fî l biric.* Le coq a picoré le mil qui est sur la natte. •*Al farârîj gâ'idîn bikadduku fî tihit al-cadaray.* Les poussins sont en train de picorer sous l'arbre.

kaddak 2 / yikaddik *v. trans.*, forme II, *empr.*, connu au *Sdn.*

♦ **boucher, fermer, obturer.** •*Amis hî kaddakat nugâr al fâr al fî bêtha.* Hier, elle a bouché les trous des rats qui sont dans sa maison. •*Awwal anâ gâ'id nantîk gurus lâkin xalâs kaddak lêk.* Auparavant, je te donnais de l'argent, mais c'est terminé pour toi.

kaddân *n. d'act.*, *m.*, ≅ *kaddîn*, * kdd, ك د د

♦ **grignotement, fait de croquer,** fait de grignoter. •*Al adum da gawi kaddânah gâsi.* Cet os est dur, c'est difficile de le croquer. •*Al-cuyâb mâ bagdaro lê l kaddân acân mâ induhum sunûn.* Les vieux ne peuvent pas croquer les os parce qu'ils n'ont pas de dents.

kaddas / yikaddis *v. intr.*, forme II, ≅ *kandas*, * kds, ك د س

♦ **s'assoupir, somnoler, dodeliner de la tête, tomber de sommeil,** avoir la tête qui tombe à cause du sommeil. •*Al muhâjirîn garo katîr lahaddi l fajur, wa hassâ bado bikaddusu.* Les élèves de l'école coranique ont étudié toute la nuit jusqu'au matin, et maintenant ils somnolent. •*Al yôm xadamt katîr wa l-nôm xalabâni, gammêt nikaddis.* Aujourd'hui j'ai beaucoup travaillé, le sommeil est plus fort que moi et j'en ai la tête qui tombe.

kaddasân *n. d'act.*, *m.*, → *kaddisîn.*

kaddîn *n. d'act.*, *m.*, → *kaddân.*

kaddisîn *n. d'act.*, *m.*, ≅ *kaddasân*, * kds, ك د س

♦ **dodelinement, assoupissement, somnolence,** somnoler, fait d'avoir la tête qui tombe à cause du sommeil. •*Al kaddisîn fî wakit al xidime mâ adîl.* Ce n'est pas bien de somnoler au moment du travail. •*Al-râjil da birîd al kaddisîn ba'ad al xada.* Cet homme aime somnoler après le repas.

kadgar / yikadgir *v. intr.*, → *kadangar.*

kâdir / kawâdir *n. m.*, *empr. fr.*

♦ **cadre, châssis, chambranle, personne instruite.** •*Al bâb da kâdirah mâ adîl nâdu xaccâbi yaji ya'addilah.* Le cadre de cette porte n'est pas bien ajusté, appelez un menuisier pour qu'il vienne le réparer. •*Al kawâdir al kubâr hanâ l hâkûma abo mâ yaxdumu acân al gurus bigi lêhum ciyya.* Les hauts cadres du gouvernement ont refusé de travailler parce qu'ils ont trouvé que leur salaire était insuffisant.

kadîs / kadâyis *n. anim.*, *m.*, *Syn. biss*, connu au *Sdn.* (*C.Q.*) employé en Nubie, * kds, ك د س

♦ **chat.** •*Al kadîs akal kulla l fâr al gâ'id fî l bêt.* Le chat a mangé tous les rats qui se trouvaient dans la maison. •*Xanâfir hanâ l kadîs tuwâl.* Les griffes du chat sont longues. •*Hî taxâf mâ tagdar talmas al kadîs.* Elle a peur et ne peut pas toucher le chat.

kadmal / yikadmil *v. trans.*, *qdr.*, forme II, *Syn. kajja*, *Cf. kadmûl.* ⇨

♦ **entourer la tête d'un turban, mettre un turban.** •*Al-subyân kadmalo rusênhum be kadâmîl judad, yôm al îd.* Les jeunes ont entouré leur tête d'un turban neuf le jour de la fête. •*Al-Nasrâni da mâ ya'arif yikadmil râsah be kadmûl.* Ce Blanc ne sait pas se mettre un turban sur la tête.

kadmûl 1 / kadâmîl *n. m., empr.*, connu au *Sdn.* (*C.Q.*)
♦ **turban.** •*Al mâ indah kadmûl, mâ farhân yôm al îd.* Celui qui n'a pas de turban n'est pas heureux le jour de la fête. •*Al askari rabbat râsah be kadmûl axabac.* Le militaire a noué sur sa tête un turban kaki. •*Al kadâmîl hanâ l-rujâl.* Les turbans sont faits pour les hommes.

kadmûl 2 *n. m.*, dans l'expression *câl kadmûl.*
♦ **trône, pouvoir.** •*Ali câl kadmûl hanâ abuh al mât yôm dâk, hû bas al yôm cêxna.* Ali a hérité du trône de son père décédé il y a quelques jours, c'est lui notre chef de clan aujourd'hui. •*Hû yurûx yijôkik fî l-câri misil câl kadmûl hanâ abuh.* Il marche en faisant le fier dans la rue comme s'il avait pris le pouvoir de son père.

kadôs / kadôsât *n. m., empr.* connu au *Sdn.*, ≃ *kodôs.*
♦ **pipe.** •*Al-Nasrâni indah kadôs fî gaddûmah.* L'Européen a une pipe à la bouche. •*Awîn al haddâd bisawwu kadôsât hanâ tîne.* Les potières font des pipes avec de la glaise. •*Al-câyib kadôsah kassar.* La pipe du vieil homme s'est cassée.

kadrak / yikadrik *v. intr., qdr.*, forme II, *empr.* connu au *Sdn.*, *Syn. tcakkar.*
♦ **devenir dur, durcir, s'endurcir.** •*Al-sarrâg jildah kadrak min al faric.* Le voleur a le corps endurci à force d'avoir reçu des coups de fouet. •*Al bittex rakkaboh wa l-nâr bigat ciyya xalâs kadrak, mâ bin'akil.* On a mis la pastèque à cuire, mais le feu n'était pas assez fort, alors elle a durci et est immangeable.

kaf kaf ! *invar., onom.* évoquant le pas du cheval, *Cf. kabat kabat !*
♦ **clic ! clac !** •*Al-juwâd maca, kaf kaf !* Le cheval avançait en martelant le sol de ses sabots, clic ! clac !

kafa 1 / yakfi *v. trans.* avec *pron. pers.* suffixe, *{- min}*, forme I n° 7, * kfy, ك ف ي
♦ **suffire à *qqn.*, en avoir assez de, être assez pour.** •*Maryam, kafâki, mâ tusubbi sukkar katîr fî l-câhi !* Mariam, c'est assez, ne verse pas beaucoup de sucre dans le thé ! •*Anîna kafâna min al êc.* Cela suffit de nous donner la boule. •*Al-nahâr da kulla kê, mâ kafâku min al giray ?* Toute la journée ne vous suffit-elle pas pour étudier ? •*Humman kafâhum min akil al-riss kulla yôm.* Ils en ont assez de manger du riz tous les jours.

kafa 2 / yakfa *v. trans.*, forme I n° 16, * kf', ك ف ء
♦ **recouvrir, renverser, boucher en couvrant.** •*Hî kafat l asêt fî l burma.* Il a retourné une assiette sur le fond de la marmite. •*Kafo l-janâza be l biric.* Il ont recouvert la dépouille mortelle d'une natte. •*Yâ binêyti, akfe l-nâr be l muxbar !* Ma fille, recouvre les braises avec le brûle-parfum ! •*Zâra, mâ takfi l wilêd be batunah !* Zara, ne mets pas l'enfant sur le ventre ! •*Hû kafâni be batuni wa assarâni hârr fî dahari.* Il m'a renversé sur le ventre et m'a appuyé fortement sur le dos. •*Hî kafat al burma be l asêt.* Elle a recouvert la marmite d'une assiette.

kafâfe *pl.*, → *kaffe.*

kafafên *pl.*, → *kuff.*

kafan *n. m.*, * kfn, ك ف ن
♦ **linceul.** •*Al kafan kiswit al mayyit.* Le linceul est le vêtement du mort. •*Al kafan bilabbusuh lê l marhûm ba'ad al barûd.* On enveloppe le mort dans un linceul après la toilette mortuaire. •*Jâri mât macêna l-sûg jîbna kafan.* Mon voisin est mort, nous sommes allés au marché et avons rapporté un linceul.

Kafâni *n. pr.* de femme, *litt.* cela me suffit, * kfy, ك ف ي

kafar / yakfur *v. intr.*, forme I n° 2, * kfr, ك ف ر

♦ **être mécréant(e), être impie, être renégat(e).** •*Zamân hû mu'min be Allah lâkin hassâ kafar.* Autrefois il croyait en Dieu, mais à présent c'est un mécréant. •*Hî kafarat gubbâl ma tumût.* Elle a renié sa foi avant de mourir.

kaffa 1 / yikiff *v. trans.*, forme I n° 11, * kff, ك ف ف

♦ **ourler,** faire un ourlet. •*Kiff lêi rabbâtti di be xêt asfar !* Fais un ourlet à mon pagne avec un fil jaune ! •*Nidôr tikiff lêi laffayti di kaffe saxayre.* Je voudrais que tu fasses un ourlet fin à mon voile.

kaffa 2 / yikaffi *v. trans.*, forme II, * kfy, ك ف ي

♦ **payer, rembourser.** •*Al hâkûma kaffat al xaddâmîn.* Le gouvernement a payé les fonctionnaires. •*Al mâ kaffa l-târ, abu humâr.* Si quelqu'un ne rend pas à un autre selon la loi du talion, son père est un âne. *Prvb.* (*i.e.* celui qui ne lave pas le sang par le sang est moins valeureux qu'un âne !). •*Macêt kaffôni dêni.* Je suis parti me faire rembourser mes créances.

kaffa 3 *n. f.*, → *kaffe.*

kaffan / yikaffin *v. trans.*, forme II, * kfn, ك ف ن

♦ **envelopper le mort dans un linceul, mettre le mort dans un linceul.** •*Hummân kaffano l mayyit ajala ajala.* Ils ont très vite enveloppé le mort dans un linceul. •*Al mayyit, mâ bikaffunuh be biric.* La natte ne sert pas de linceul pour le mort.

kaffân 1 *n. d'act., m.*, ≅ *kaffîn*, * kff, ك ف ف

♦ **fait d'ourler, de border d'un ourlet.** •*Kaffân al xulgân, da xidime hint al xayyâtîn.* Faire les ourlets, c'est le travail des tailleurs. •*Kaffân laffayti hint al harîr di gâsi, fakkir lêyah !* Fais bien attention : l'ourlet sur mon voile en soie est difficile à réaliser !

kaffân 2 *n. d'act., m.*, ≅ *kaffîn, Syn. kaffayân*, * kfy, ك ف ي

♦ **payement, fait de payer, paye.** •*Kaffân al ijâr hanâ l bêt da gâsi.* Le loyer de cette maison est très cher [le payement du loyer de cette maison est difficile]. •*Kaffân al-dên sameh.* C'est bien de payer ses dettes. •*Kaffîn al xaddâmîn yabga fî nihâyit kulla cahar.* La paye des fonctionnaires aura lieu à la fin de chaque mois.

kaffanân *n. d'act.*, → *kaffinîn*, * kfn, ك ف ن

kaffâni / kaffânîn *adj. n. m. mrph. intf.*, surnom donné à celui qui enveloppe le mort dans le linceul, *Cf. kaffan*, * kfn, ك ف ن

kaffar / yikaffir *v. intr. {- lê}*, terme religieux, forme II, → *kaffâra 2*, * kfr, ك ف ر

♦ **réconforter, consoler,** remonter le moral de quelqu'un après une épreuve et lui témoigner sa sympathie en lui disant : *"Kaffâra !"*. •*Macêna, kaffarna lê abu Zênaba acân hû hakamoh gurus.* Nous sommes allés réconforter le père de Zénaba parce qu'il avait été condamné à payer une amende. •*Amci, kaffir lê martak, bagarha waddaro !* Va consoler ta femme, ses vaches sont perdues ! •*Caggôha fî l-labtân wa l-nâs kaffaro lêha.* Elle a été opérée à l'hôpital et les gens sont venus la réconforter.

kaffâra 1 *n. f., Syn. kaffâriye*, * kfr, ك ف ر

♦ **expiation, péché à expier.** •*Al akil amad fî Ramadân, bilazzimak kaffâra.* Faire exprès de manger de jour pendant le Ramadan oblige à expier. •*Allah yinajjini min kaffârit Ramadân !* Que Dieu me garde de commettre un péché pendant le Ramadan ! •*Al-nâdum da akal fî Ramadân, wâjib yusûm caharêm mutatâbi'ên kaffâra.* Celui-ci a mangé de jour pendant le Ramadan, il devra jeûner deux mois successifs pour expier sa faute. •*Jâri mirid marad cên, Allah yaj'alah lêyah kaffâra !* Mon voisin a attrapé une grave maladie, que Dieu considère cela comme une expiation de son péché !

kaffâra 2 expression, *Cf. kaffar*, * kfr, ك ف ر

♦ **c'est expié, être quitte, prompt rétablissement !**, formule de consolation par laquelle on témoigne sa sympathie à quelqu'un qui est sorti vivant d'une épreuve. On signifie que l'épreuve subie a servi à l'expiation d'une faute commise, et donc que la paix est de nouveau possible. •*Gûlna "kaffâra" lê abu Zênaba wakit hakamoh gurus.* Nous avons dit : " Tu es quitte envers Dieu !" à Abu Zénaba condamné à payer une amende. •*Kaffâra lêk min al marad al hawân al karabak da.* Tu as expié ta faute, remets-toi vite de cette vilaine maladie que tu as attrapée ! •*Râjilha maragoh min al-sijin, lissâ mâ gidirat jât gâlat lêyah "kaffâra !".* Son mari est sorti de prison, elle n'a pas encore pu venir le consoler en lui disant "c'est expié !".

kaffariye *n. f.*, voir le *Syn. kaffâra*, * kfr, ك ف ر

kaffayân *n. d'act., m.*, ≅ *kaffiyîn*, voir le *Syn. kaffân 2*, * kfy, ك ف ي

kaffe 1 / kifâf *n. f.*, * kff, ك ف ف

♦ **ourlet, bordure.** •*Kaffit xalagi l abyad da, al xayyâti xayyatâha be xêt ahmar, acân da al iyâl bicammutu lêi.* L'ourlet de mon vêtement blanc a été cousu avec un fil rouge, c'est pourquoi les enfants se moquent de moi. •*Mâ nidôr kaffe ôja fî farditi l-samhe di.* Je ne veux pas d'ourlet tordu sur mon beau pagne.

kaffe 2 / kufûf *n. f.*, ≅ le pluriel *kafâfe*, * kff, ك ف ف

♦ **paume de la main.** •*Hî darabat binêyitha be kaffit îdha.* Elle a frappé sa fille avec la paume de la main. •*Kaffit îdah al-zêne bigat zarga acân hû bacrab sijâra.* La paume de sa main est devenue noire parce qu'il fume la cigarette.

kaffîn *n. d'act., m.*, → *kaffân.*

kaffinîn *n. d'act., m.*, ≅ *kaffanân*, * kfn, ك ف ن

♦ **enveloppement du mort dans un linceul,** fait d'envelopper le mort dans son linceul. •*Al kaffinîn babga be gumâc abyad wa jadîd, kan dêbalân aw wazin.* On enveloppe le mort dans un linceul fait d'une pièce de tissu blanc et neuf, en coton de plus ou moins bonne qualité. •*Kaffinîn al mayyit yabga ba'ad al barûd.* L'enveloppement dans le linceul se fait après la toilette mortuaire. •*Kaffinîn al mara l mayte, al awîn bas bisawwuh.* Il n'y a que les femmes qui procèdent à l'enveloppement d'une morte dans son linceul.

kâfi / kâfiyîn *adj. mrph. part.* actif, (*fém. kâfiye*), * kfy, ك ف ي

♦ **suffisant(e).** •*Gursak da mâ kâfi lê bê'it al bêt da !* L'argent que tu as ne suffit pas pour acheter cette maison. •*Cuwâl faham wâhid bas kâfi lê xidime hint yômen.* Un seul sac de charbon est suffisant pour deux jours de travail. •*Fikrak da mâ kâfi lêi, mâ bihill lêi muckilti di.* L'idée que tu m'as donnée ne suffit à résoudre mon problème.

kâfir / kuffâr *adj. mrph. part.* actif, (*fém. kâfire*), * kfr, ك ف ر

♦ **mécréant(e), renégat(e), impie, païen (-ne).** •*Fî Anjammêna al kuffâr katirîn.* Il y a beaucoup de mécréants à N'Djaména. •*Al kâfir mâ ya'abid Allah.* Le mécréant n'adore pas Dieu.

kafrân 1 / kafrânât *n. m., empr. fr.*, vocabulaire des anciens combattants.

♦ **caporal.** •*Hû da daxal fî l askariye, wa ajala ke ligi daraja kafrân.* Il est entré dans l'armée, et très vite il a été promu au grade de caporal [il a trouvé l'avancement de caporal]. •*Duf'a hanâ kafrânât waddôha tisawwi tadrîb fî l-dabbâbât.* Un groupe de caporaux a été emmené pour s'exercer au maniement des chars.

kafrân 2 / kafrânîn *adj.*, (*fém. sing. kafrâne, fém. pl. kafrânât*), *Cf. kifir*, * kfr, ك ف ر ⇨

♦ **sévère, impitoyable, méchant(e), dur(e).** •*Mas'ûl al-duwân da, kafrân bilhên : bâkul hagg al-nâs bas !* Le responsable de la douane est impitoyable : il ne cherche qu'à voler les gens ! •*Martak di kafrâne, mâ tilfâham kan xabbanat.* Ta femme est très dure, c'est impossible de la raisonner quand elle est en colère.

kafu *n. m.*, *Cf. bartal, tabag, Syn. kufo*, * kf', ك ف ء

♦ **petit couvercle en vannerie,** couvercle du *umra*. •*Siddi lê l êc da be l kafu, mâ yabrud !* Recouvre cette boule avec un petit couvercle en vannerie afin qu'elle ne refroidisse pas ! •*Al kafu bisawwuh min lihe hanâ kulkul wa za'af.* Le couvercle en vannerie est fabriqué à partir de l'écorce du Bauhinia rufescens et des feuilles de palmier doum.

kâfûr *n. m.*, * kfr, ك ف ر

♦ **naphtaline, camphre.** •*Al kâfûr coxol diredimmât wa abyad.* La naphtaline se présente sous la forme de petites boules blanches. •*Al kâfûr indah rîhe, buxuttuh ma'â l-xulgân fî l-sandûg didd al-dûd.* La naphtaline est odoriférante, on la met avec les vêtements dans la cantine pour éloigner les vers. •*Al kâfûr yisawwu waragât lê l iyâl al-suxâr.* Avec la naphtaline on fait des amulettes pour les petits enfants.

kâgûr / kawâgîr *n. m.*, → *ka'gûr*.

kahhal / yikahhil *v. trans.*, forme II, * kḥl, ك ح ل

♦ **mettre du khôl.** •*Al mara di tikahhil kulla yôm kan tidôr mâciye fî l-sûg.* Cette femme met du khôl tous les jours lorsqu'elle veut aller au marché. •*Al banât al-dugâg mâ bagdaro bikahhulu adîl.* Les petites filles n'arrivent pas à mettre du khôl sur leurs yeux correctement.

kahhan / yikahhin *v. intr.*, forme II, * khn, ك ه ن

♦ **prédire l'avenir, pratiquer la divination.** •*Al xattâti kahhan lê l mara gâl lêha : "Tâxudi râjil xani !".* Celui qui pratique la géomancie a dit à la femme qu'elle épouserait un homme riche. •*Zamân al awîn bikahhunu fî sabbîn al wade'.* Autrefois, les femmes pratiquaient la divination en jetant des cauris.

kahraba *n. f.*, *qdr.*, mot arabe d'emprunt *irn.*, * khrb, ك ه ر ب

♦ **électricité, lampe à pression.** •*Al yôm al kahraba gata'ôha min fajur.* Aujourd'hui, l'électricité a été coupée dès le matin. •*Al-carika hint al kahraba gâ'ide janb bêtna lâkin tisawwi haraka katîre marra wâhid.* La société d'électricité est à côté de chez nous, mais elle fait un bruit d'enfer. •*Al kahraba : lampa tictaxil be jâs wa rîh, dayyaha abyad misil hanâ l ampûl.* La lampe à pression fonctionne avec du pétrole et de l'air sous pression, elle a une clarté blanche comme celle d'une ampoule électrique.

kaji kaji *invar.*, *empr.*, désigne la personne s'acquittant de son travail avec zèle, *Cf. fâlih.*

♦ **très bien, infatigable, très actif (-ve), zélé(e),** renforce l'idée d'un travail vite fait et bien fait. •*Inti di taxdimi kaji kaji.* Tu travailles très, très bien. •*Al binêye di mu'addaba, nadîfe, wa nacîte wa xaddâma kaji kaji.* Cette fille est bien élevée, propre, courageuse, travailleuse, elle fait tout avec zèle.

kajja 1 / yukujj *v. intr. {- lê}, empr.* (Mimi, Ouaddaï), forme I n° 5

♦ **poser un collet, tendre un piège.** •*Sîd al-zerîbe kajja lê l marfa'în fî l-lêl.* Le propriétaire de l'enclos a posé un piège pour l'hyène la nuit. •*Anîna kajjêna lê l gimri fî ust al-zere'.* Nous avons posé un piège pour les tourterelles au milieu du champ. •*Sîd al-dukkân kajja lê l-sarrâgîn be harba kabîre.* Le propriétaire de la boutique a tendu un piège pour les voleurs et les attend avec une grande lance. •*Amis al kalib akal êci wa l yôm kajjêt lêyah.* Hier le chien a mangé ma boule, et aujourd'hui je lui ai tendu un piège.

kajja 2 / yukujj *v. trans.*, comme dans l'arabe *sd.* (*C.Q.*) ; forme I n° 5, *Cf. kadmal.*

♦ **enrouler un turban sur la tête, se coiffer d'un turban.** •*Hû kajja kadmûlah min al harray wa l ajâj.* Il a entouré sa tête d'un turban pour se protéger du soleil et de la poussière. •*Hû kajja immitah wa maca yicîf al-li'ib.* Il a enroulé son grand turban sur la tête et est parti voir la danse.

kajjâj / kajjâjîn *adj.*, (*fém. kajjâja*).

♦ **tendeur de pièges, braconnier, qui porte volontiers un turban.** •*Hû kajjâj gidir karrab têr katîr.* C'est un tendeur de pièges qui est capable d'attraper de nombreux oiseaux. •*Al-kajjâjîn xatto carakhum lê jidâd al xala fî xacum al-tamada.* Les braconniers tendent leurs filets pour attraper les pintades au bord du point d'eau. •*Min tallagôha ke kajjat lê l-rujâl.* Depuis qu'elle est répudiée, elle tend des pièges aux hommes. •*Subyân hillitna dôl kajjâjîn lê l kadâmîl.* Les jeunes de notre village aiment se coiffer d'un turban.

kajjâma / kajjâmât *n. f.*, *Cf. carak*, pour la racine → *amgajjâma, gajjam.*

♦ **piège à mâchoires,** piège à ressort. •*Al kajjâma karabat al fâray.* Le piège a ressort a attrapé un rat. •*Xattêna kajjâma lê l marfa'în al kammal xanamna, wa gâ'idîn naharsuh.* Nous avons posé un piège à mâchoires pour attraper l'hyène qui a décimé nos chèvres, et nous sommes en train de l'attendre. •*Cîf sunûn al-râjil da misil al kajjâma !* Regarde les dents de cet homme, elles ressemblent à celles d'un piège à mâchoires !

kajjar / yikajjir *v. trans.*, forme II, ≅ *kôjar*, *empr.* (Mimi, Ouaddaï) connu au *Sdn.* (*C.Q.*).

♦ **clôturer.** •*Anâ kajjart bêti be carâgine.* J'ai clôturé ma maison avec des seccos. •*Bêtak kan mâ kajjartah al xanam badxulu wa bakulu l xadar hanâ jinêntak.* Si tu n'as pas clôturé ta maison, les moutons vont entrer et manger les légumes de ton jardin. •*Hû kajjar hôcah lâkin lissâ mâ bana bêt wâhid kulla.* Il a clôturé sa concession mais n'a pas encore construit une seule chambre.

kajjarân *n. d'act.*, *m.*, ≅ *kajjirîn*, *empr.* (Mimi, Ouaddaï) connu au *Sdn.*

♦ **délimitation par clôture, protection par clôture, clôture,** fait de clôturer. •*Hû mâ ba'arif kajjarân be carâgine.* Il ne sait pas poser une clôture de seccos. •*Fî hillâl barra, al-nâs birîdu l kajjarân be l-carâgine.* Dans les villages, les gens aiment clôturer leur maison avec des seccos.

kajje / kajjât *n. f.*, *empr.* (Mimi, Ouaddaï), connu au *Sdn.* (*C.Q.*).

♦ **clin d'œil,** signe utilisé souvent par les femmes entre elles. •*Be kajjit ên bas sawwat icâra lê rafîgitha acân mâ tahajji.* Par un simple clin d'œil, elle a fait signe à son amie de ne pas parler. •*Hî mâ tirîd kajjit al ên.* Elle n'aime pas qu'on lui fasse des clins d'œil.

kajjirîn *n. d'act.*, *m.*, → *kajjarân.*

kâk *n. m.*, altération de *ka'ak*, → *ka'ak.*

kâka / yikâki *v. intr.*, forme III, *onom.*, connue au *Sdn.* (*C.Q.*), * qwq, ق و ق

♦ **caqueter, glousser.** •*Jidâdti kâkat wa lissâ mâ bayyadat.* Ma poule a caqueté mais n'a pas encore pondu. •*Al-dikk mâ bikâki illa bi'ô'i bas.* Le coq ne caquette pas, il ne fait que chanter.

kâkay 1 / kâkayât *n. f.*, *empr.* (usité au Bornou), *Cf. jidde.*

♦ **grand-mère, bonne-maman.** •*Kâkayti tirîdni bilhên min ammi kula.* Ma grand-mère m'estime plus que ma mère. •*Anâ mâ hidirtaha lê kâkayti, amm ammi.* Je n'ai pas connu ma grand-mère maternelle. •*Kalâm hanâ l-zamân, kulla nalgoh min al kâkayât.* Les histoires d'autrefois se retrouvent toutes chez les grand-mères.

kâkay 2 / kâkayât *n. f. mrph. sgtf.* de *ka'ak*, [un morceau de gâteau] → *ka'ak*, * kʿk, ك ع ك

kâl / yikîl *v. trans.*, forme I n° 10, * kyl, ك ي ل

♦ **mesurer un volume,** mesurer avec un koro. •*Amis hû kâl xalla arba'a cuwâl.* Hier, il a mesuré avec son koro quatre sacs de mil. •*Sîd al-tamur kâl lêi nuss kôro be miya riyâl.* Le marchand de dattes m'a mesuré un demi-koro de dattes au prix de cent riyals.

kâla / yikâli *v. trans.*, forme III, * kl', ك ل ء

♦ **assister un malade, aider une personne souffrante,** subvenir aux besoins d'un malade ou d'une personne souffrante en lui apportant de la nourriture ou des médicaments. •*Al-râjil da mardân, tawwal, wa wilêdah kâlah.* Il y a longtemps que cet homme est malade ; c'est son fils qui l'a assisté et aidé. •*Zahra, axutha wildat wa kâlatha ayyâm katîr.* La sœur de Zahra a accouché, Zahra l'a assistée plusieurs jours. •*Al mardânîn ahalhum yikâluhum.* Ce sont les familles qui aident et assistent les malades.

kalâ'ît *pl., n. pr.* de lieu, village au nord du Ouaddaï, *Cf. ci'ab.*

♦ **support, tréteau,** matériel préfabriqué transporté par les nomades, servant de support aux rondins du lit ou des armoires. •*Al kalâ'ît bisawwûhum min cadar al gafal, badal al-ci'ab lê l-rahal walla l-serîr walla l amjimêl.* On fabrique les tréteaux du campement avec du bois de bdellium d'Afrique pour remplacer les bois fourchus qui supportent le lit ou les armoires. •*Al kalâ'ît xafîfîn fî caddân al-zâmle.* Les supports en bois des nomades ne pèsent pas lourd dans le chargement de la bête de somme.

kalâc *n. m.*, → *klâc abkasarah, klacinkôf.*

kalaf / yakluf *v. intr.*, ≅ l'*inacc. yaklif*, forme I n° 6, * klf, ك ل ف

♦ **devenir pubère, passer à l'âge adulte.** •*Hû tahharoh, gubbâl mâ yaklif.* On l'a circoncis avant qu'il ne devienne pubère. •*Al wilêd kan kalaf, hissah babga axacan.* Quand un enfant devient adulte, sa voix devient grave. •*Al-subyân yaklufu fî xamistâcar wallâ sittâcar sana.* Les enfants deviennent pubères à l'âge de quinze ou seize ans.

kâlahân *n. d'act., m.*, → *kallihîn.*

kalakûka *n. vég., coll., f., sgtf. kalakûkay* (peu usité), *empr.*, → *hamar 2, tabaldi.*

♦ **nom d'un arbre, baobab, Adansonia digitata (L.),** famille des bombacacées. •*Iyâl al kalakûka hâmud misil al ardêb.* Les fruits du baobab sont acides comme ceux du tamarinier. •*Al kalakûka indah âsâm katîrîn, wahadîn bugulu tabaldi, wahadîn bugûlu hamar.* Le baobab a plusieurs noms, certains l'appellent *tabaldi*, d'autres *hamar*. •*Al awîn bisawwu mulâh be warcâl al kalakûka.* Les femmes font la sauce avec les feuilles du baobab.

kalâm / kalâmât *n. m., Cf. hurâj, xacîm,* * klm, ك ل م

♦ **parole, parler, palabre, problème avec quelqu'un, querelle.** •*Kalâmah katîr, wa mâ indah fâyide.* Il parle beaucoup [sa parole est abondante] et sans utilité. •*Mâ gidir ja l xidime acân sawwa kalâm ma'â martah.* Il n'a pas pu venir au travail parce qu'il a eu un palabre avec sa femme. •*Kallamna be kalâm Arab.* Nous avons parlé en arabe [le parler des Arabes]. •*Al-sultân gata' al kalâm al ambên al mara di wa râjilha.* Le sultan a déjà réglé le problème existant entre cette femme et son mari. •*Kalâm katîr bisawwi waja' râs.* Trop parler fait mal à la tête.

kalâm najîd expression : parole sûre, vraie, → *najîd, Ant. kalâm neyy.*

kalâm neyy expression : mensonge, parole fausse, → *neyy, Ant. kalâm najîd.*

kalanki / kalankiyât *n. m., empr.*, en Maba : *kala anqi* désigne la limite du champ, connu au *Sdn.* (*C.Q.*).

♦ **borne, limite, frontière.** •*Tcâd wa Sûdân induhum kalanki tawîl ambênâthum.* Le Tchad et le Soudan ont une longue frontière commune. •*Anâ mâ nufût kalanki hanâ zar'i kan gâ'id nahrit.* Je ne dépasse pas la limite de mon champ quand je le cultive.

kalas / kulus *adj.*, (*fém. kalsa*), ≅ le pluriel *kulussa*, racine arabe (*Ka.*), concernant le bœuf ou le taureau, *Cf. tilib*, * klṯ, ك ل ث

♦ **fort(e), gros (grosse), adulte, costaud,** qui mène et guide le troupeau. •*Tôri l kalas indah gudra lê l-caddân.* Mon gros bœuf supporte d'être chargé lourdement [a la force pour la charge]. •*Al-tîrân al kulus fahalîn lê l-duwâs.* Les taureaux qui mènent le troupeau se battent avec courage.

kalasîda *n. f.*, ≅ *kalisîda.*

♦ **nom d'une herbe, Eleusine indica (L.) Gaert.,** famille des graminées. •*Al kalasîda geccay gawiye, tugumm taraf al-cawâri, tagdar tarbut fôgha humârak kan cadaray mâ fiha.* L'Eleusine indica est une herbe très solide qui pousse au bord du chemin ; on peut attacher son âne à cette herbe lorsqu'il n'y a pas d'arbre. •*Al iyâl al-nuhûs bixalfucu l kalasîda al ga'ide fî l-derib acân tarmi l awîn be jurârhum.* Les enfants sots nouent les herbes Eleusine indica qui sont au bord du chemin pour que les femmes s'y prennent les pieds et tombent à terre avec leur jarre.

kalawâ *n. f.*, connu au *Sdn.* (*C.Q.*)

♦ **condoléances, lamentations,** pleurs sur un mort. •*Amis macêna kalawâ ba'îde.* Hier, nous sommes allés très loin présenter nos condoléances. •*Kan macêt bakân al môt tugûl : "kalawâna" lê ahal al mayyit, wa yuruddu lêk : "jâyiz !".* Quand on va à une place mortuaire, on dit à la famille du mort : "Recevez nos condoléances !", et ils répondent : "La mort est notre sort à tous !". •*Hû gaddam kalawâ lê axuh al ba'îd.* Il est allé présenter ses condoléances à son frère qui était loin.

kalawâda *n. f.*, ≅ *kalawda, kalôda*, → *kalawda.*

kalawda / kalawdât *n. f.*, ≅ *kalawada, Cf. kalawa.*

♦ **lieu des condoléances, place mortuaire.** •*Fî hillitna kalawdât katîrîn al yôm.* Dans notre village, il y a beaucoup de places mortuaires aujourd'hui. •*Ba'adên talgâni fî bakân al kalawada.* Tu me retrouveras ensuite à la place mortuaire. •*Jôna min ba'îd lê l kalawda.* Ils sont venus de loin pour nous présenter leurs condoléances.

kalâwe *pl.*, → *kilwe.*

kalâyil *pl.*, → *kalôl.*

kalb al almi / kulâb al almi *n. anim., litt.* chien d'eau, * klb, mwh, ك ل ب • م و ه

♦ **loutre, Aonyx capensis (Schin).** •*Kalib al almi yakrub hût min al almi wa yâkulah barra.* La loutre attrape le poisson et le sort de l'eau pour le manger. •*Kalib al almi sûfah misil sûf al kalib wa canabah misil canab al-dûd.* La loutre a un pelage ressemblant à celui du chien et des moustaches semblables à celles du lion.

kalb al harray / kulâb al harray *n. anim., m.*, composé de *kalb* chien et de *harray*, *Cf. waddar jamal nasîbtah*, * klb, ḥrr, ك ل ب • ح ر ر

♦ **nom d'une fourmi,** grosse fourmi argentée qui a de grandes pattes et court très vite au soleil. •*Kalb al harray mâ ba'addi.* La fourmi argentée ne pique pas. •*Al yôm al wata hâmiye marra wâhid acân da kulâb al harray marago katîrîn bilhên.* Aujourd'hui, il fait très chaud, c'est pourquoi les fourmis argentées sont sorties nombreuses.

Kalfâ *n. pr.* d'homme, *Cf. kalaf*, * klf, ك ل ف

kalib / kulâb *n. anim.* mâle, (femelle *kalbe*), ≃ le pluriel *kilâb*, * klb, ك ل ب

♦ **chien.** •*Al kalib mâ indah sabur.* Le chien n'a pas de patience. •*Al-jarr yâbis wa xacûmah bijimm almi... Da munxar al kalib.* La jarre est sèche et de son ouverture perle de l'eau… C'est le nez du chien. *Dvnt.* •*Bawrud mâ bixassil... Da l kalib.* Il va chercher de l'eau et ne lave pas… C'est le chien. *Dvnt.* •*Wald al bûga, naxnaxah fî cudûgah... Da l kalib.* Fils de la trompette, il grommelle dans ses joues… C'est le chien. *Dvnt.* •*Al kalib banbah wa l-jamal mâci.* Le chien aboie, la caravane passe. *Prvb.*

kalîf / kulafa' *n. m.*, *Cf. wali*, * klf, ك ل ف

♦ **parenté, tuteur (-trice), responsable, protecteur (-trice),** celui qui peut prendre en charge quelqu'un. •*Al binêye al-saxayre fî âxiditha, kalîfha abûha wallâ axu abûha.* Lorsqu'une vierge se marie, le garant du mariage est son père ou bien le frère de son père. •*Al awîn bala kulafa' âxidithum gâsiye.* Il est difficile d'épouser des femmes qui n'ont pas de tuteur. •*Inta saragt xumâmi da, jîb kalîfak hatta nixallîk !* Tu as volé mes affaires que voici, je ne te laisserai pas en paix tant que tu ne m'auras pas amené ton tuteur.

kâlif / kâlfîn *adj. mrph. part.* actif, (*fém. kâlfe*), *Cf. bâlix*, * klf, ك ل ف

♦ **nubile, pubère.** •*Wâjib axidt al binêye illa kan kâlfe.* On ne doit marier une fille que lorsqu'elle est nubile. •*Al wilêd kan kâlif, ticîf fî wijhah namnam wa fî abâtah sûf.* Lorsqu'un garçon devient pubère, on voit sortir de petits boutons sur son visage et du poil sous les aisselles.

kâlihîn *n. d'act.*, *m.*, → *kallihîn*, * klḥ, ك ل ح

kalima / kalimât *n. f.*, terme de l'*ar. lit.* moins employé que *kalâm*, → *kilme*, *Cf. kalâm*, * klm, ك ل م

♦ **mot, parole.** •*Al wazîr hajja kalima wahade bas lê xaddâmînah.* Le ministre n'a dit qu'un seul mot à ceux qui travaillaient pour lui. •*Al kalimât dôl, anâ mâ fihimt minhum ceyy.* Je n'ai absolument rien compris de ce que tu as dit.

kalisida nom d'herbe, *f.*, → *kalasîda.*

kâlisong / kâlisongât *empr. fr.*, prononcé *[kâlisoŋ]*, ≃ *kalson, kalsonât.*

♦ **slip d'enfant, caleçon.** •*Al iyâl al-suxâr bilabbusûhum kâlisongât.* On habille les petits enfants en leur mettant un slip. •*Fî l hamu, lubâs al kalisôn bita"ib al iyâl.* Pendant les grosses chaleurs, le port du caleçon dérange les enfants.

kalkat / yikalkit *v. trans.*, forme II.

♦ **forcer à sortir d'un trou, chasser d'un trou, curer, nettoyer un creux,** enfoncer un bâton dans un trou pour faire sortir le gibier. •*Al iyâl câlo matârig tuwâl wa kalkato l-dâbi fî nugurtah.* Les enfants ont pris des baguettes et forcé le serpent à quitter son trou. •*Al-râjil târad al waral wa kalkatah fî nugurtah.* L'homme a couru derrière le varan et a cherché avec un bâton à le faire sortir de son trou. •*Kalkiti lêi adâni, âkun coxol waga' fôgha !* Cure mon oreille, il y a sans doute quelque chose dedans !

kall *invar.*, * kll, ك ل ل

♦ **c'est la même chose, c'est pareil, c'est équivalent.** •*Kan inta jît walla axûk al-saxayar kula kall.* Que ce soit toi qui viennes ou bien ton petit frère, c'est la même chose. •*Kan jî'ân babki wa kan mâ jî'ân kula kall.* Qu'il ait faim ou non, il pleure quand même. •*Anâ, kan akalt êc walla riss, kulla kall ; al muhimm batuni malâne.* Que je mange la boule de mil ou du riz, c'est la même chose, pourvu que j'aie le ventre plein.

kalla 1 / yikill *v. intr.*, * kll, ك ل ل

♦ **être émoussé(e),** ne plus couper, ne plus être aiguisé(e). •*Al-sakkîn kallat, mâ tigatti' lêi al-laham da !* Le couteau est émoussé, il n'arrive même plus à couper ce morceau de viande ! •*Kadankitah wa fâsah kallo min katarit l xidime, waddâhum lê l* *haddâdi yitarrighum lêyah.* Sa houe et sa hache ne sont plus tranchantes à force d'avoir servi ; il les a apportées au forgeron pour qu'il les aiguise. •*Mâ tagta' al mutrag da be sakkîn acân tikill, agta'ah be l fâs !* Ne coupe pas ce bois avec le couteau parce que tu l'émousses ; coupe-le avec la hache !

kalla 2 / yikalli *v. intr.*, forme II, * kl', ك ل ء

♦ **chercher de quoi manger, assurer sa subsistance matérielle.** •*Fî wakt al-ju' al awîn induhum irfe katîr yikallu.* Au temps de la famine, les femmes ont beaucoup d'idées pour trouver de quoi manger. •*Al awîn yikallu fî wakt al-ju' be gaccân al kirêb wa hafarân amjabara walla bêt al-nimle.* Les femmes, pendant la famine, assurent leur subsistance en déterrant les racines de rônier ou en creusant les fourmilières. •*Al-râjil xatar lê l gêgar yikalli lê iyâlah.* Cet homme est parti en ville pour assurer la subsistance de ses enfants.

kallaf / yikallif *v. trans.*, *Cf. xaddam* ; forme II, * klf, ك ل ف

♦ **coûter, charger *qqn.* de *qqch.*, confier une tâche à *qqn.*** •*Maradi da kallaf ma'âi gurus katîr.* Ma maladie m'a coûté cher. •*Jîze hint wilêdi kallafatni xidime katîre.* Le mariage de mon fils m'a demandé beaucoup de travail. •*Mâ tikallif nafsak be l-coxol al mâ tagdarah !* Ne te charge pas de choses qui te dépassent ! •*Anâ nikallifak be iyâli tiwaddîhum kulla yôm fî l-lekkôl.* Je te charge de conduire tous les jours mes enfants à l'école.

kallafân *n. d'act., m.*, ≅ *kallifîn*, *Cf. kilfe*, * klf, ك ل ف

♦ **prise en charge, coût,** fait de confier une tâche ou une commission à *qqn.*, fait de se charger de *qqn.* ou de *qqch.* •*Hû xilib min kallafân hanâ iyâl axuh.* Il est fatigué de prendre en charge les enfants de son frère. •*Kallafân hanâ l banât gâsi marra wâhid.* Prendre en charge des filles coûte très cher.

kallag / yikallig *v. intr.* {*- lê*}, racine évoquant la gerbe en arabe *sd.* (*C.Q.*), forme II.

♦ **présenter ses condoléances.** •*Al-rujâl daxalo kallago lê mart al mayyit.* Les hommes sont entrés présenter leurs condoléances à la femme du défunt. •*Al-sultân ballax lê axuh yikallig lêyah.* Le sultan a envoyé un communiqué à son frère pour lui présenter ses condoléances.

kallah / yikallih *v. intr.* {*- fôg*}, forme II, *Cf. jahham 2, hammar 2*, * klḥ, ك ل ح

♦ **fixer des yeux, regarder fixement, guetter,** attendre en fixant du regard quelque chose que l'on désire. •*Al kalib da kallah kê, mâ antêtuh akil al yôm ?* Ce chien nous regarde sans cesse, vous ne lui avez donc pas donné à manger aujourd'hui ? •*Macêna kallahna kê fî giddâm al-trêzôr wa mâ ligîna gurus wa gabbalna.* Nous sommes allés faire le guet devant le Trésor, nous n'avons pas reçu notre salaire [pas trouvé d'argent], nous sommes revenus. •*Tikallih fôgi ke, tidôr cunû ?* Tu me regardes en espérant quelque chose, que veux-tu ?

kallahân *n. m.*, → *kallihîn.*

kallam / yikallim *v. trans.*, forme II, * klm, ك ل م

♦ **parler.** •*Hû yikallim kalâm Arab ajala ajala.* Il parle très vite l'arabe [la parole des Arabes]. •*Mahammat kallam lê abuh be kalâm franse.* Mahamat a parlé à son père en français. •*Anâ kallamt lêyah gubbâl ma naxatir.* Je lui ai parlé avant de partir en voyage.

kallayân *n. d'act., m.*, ≅ *kalliyîn*, → *kalla*, * kl', ك ل ء

♦ **recherche de nourriture, approvisionnement, chercher de quoi vivre,** fait de chercher ce qui assure sa subsistance. •*Al-jafâf kan ja, al awîn kallayânhum katîr.* Quand vient la sécheresse, les femmes sont très occupées par la recherche de nourriture. •*Nâdum kan mâ indah ceyy yâkul fî wakt al-ju', kallayânah* *gâsi.* Lorsque quelqu'un n'a plus rien à manger en temps de famine, il lui est difficile de trouver de quoi vivre.

kallifîn *n. d'act., m.,* → *kallafân.*

kallihîn *n. d'act., m.,* ≅ *kâlahân, kallahân, kâlihîn, Cf. côfan, kallah,* * klḥ, ك ل ح

♦ **fixation du regard, attention d'un regard envieux, fait de regarder *qqch.* en espérant l'obtenir,** fait de regarder fixement et attentivement *qqn.* ou *qqch.* en espérant l'obtenir. •*Mâ tirîd al kallihîn ! Al-nâs yugûlu lêk inta massâs.* Ne prends pas l'habitude de regarder fixement les gens, sinon ils diront que tu es un sorcier ! •*Hî tirîd al kâllihîn wa l-nâs gâlo hî sarrâga.* Elle a tendance à fixer son regard sur les gens et on lui a dit qu'elle était une voleuse. •*Kallihîn al iyâl giddâm al bâb da acân yigassumuhum fangâsu.* Ces enfants attendent avec convoitise devant la porte qu'on leur donne des beignets.

kalliyîn *n. d'act., m.,* → *kallayân.*

kalôda / kalôdât *pl.,* → *kalawada.*

kalôl / kalâyil *n. m.,* et *n. pr.* d'homme, ≅ le pluriel *kalâyil, empr.* connu au *Sdn., Cf. burma.*

♦ **petite marmite en terre,** petite marmite en terre dans laquelle on fait généralement cuire la sauce. •*Al mara darabat al mulâh fî l kalôl.* La femme a préparé la sauce dans la petite marmite en terre. •*Zênaba ligiyat kalâyil fî l-sûg wa ba'at wâhid.* Zénaba a trouvé des petites marmites à sauce au marché et elle en a acheté une.

kalson *n. m.,* → *kâlisong.*

Kaltam *n. pr.* de femme, *Cf. Kaltûma,* * klṯ, ك ل ث

Kaltûma *n. pr.* de femme, une fille du Prophète s'appelait *Um-Kaltûm, litt.* "qui a les mâchoires épaisses et les joues charnues" (*Ka.*), * klṯ, ك ل ث

kalwaj / yikalwij *v. trans.,* forme I n° 2, *Cf. kalwajân, mukalwaj, empr.* connu au *Sdn.* (*C.Q.*), *Cf. awwaj.*

♦ **tordre, arquer, déformer.** •*Al watîr taracah wa kalwaj rijilênah, wa hassa mâ yagdar yurux.* Le véhicule l'a renversé et lui a tordu les jambes, maintenant il ne peut plus marcher. •*Al-sayyâdîn ta'ano l fîl, lâkin farwitah gawiye wa kalwajat hurâbhum.* Les chasseurs avaient jeté leurs lances sur l'éléphant, mais elles se sont tordues sur sa peau dure.

kalwajân *n. d'act., m.,* ≅ *kalwijîn, Cf. kalwaj.*

♦ **torsion, fait d'être tordu(e), action de tordre.** •*Kalwajân îdênah wa rijilênah da, min wildoh.* Il est né avec les mains tordues et les pieds bots. •*Kalwajân al hadîd mâ gâsi lê l haddâd.* Tordre le fer n'est pas difficile pour les forgerons.

kam *invar.,* adverbe interrogatif de quantité.

♦ **combien ?** •*Awînak kam ?* Combien as-tu de femmes ? •*Kam maco wa kam faddalo ?* Combien sont partis et combien sont restés ? •*Kam marra macêt lêk wa inta mâ fîk !* Combien de fois suis-je allé chez toi, et tu n'y étais pas !

kamad / yakmud *v. trans.,* ≅ l'*inacc. yakmid* ; forme I n° 6, *Cf. tcakka 4,* * kmd, ك م د

♦ **bourrer, tasser en pressant, enfoncer.** •*Hû kamad xulgânah fî l-sandûg.* Il a tassé ses vêtements dans la malle. •*Anâ kamadt al-dagîg fî l gidir al kabîr.* J'ai tassé la farine dans la grande cuvette. •*Hû yakmud al katkat al hawân fî l guffa wa yutuccah.* Il bourre le couffin de papiers à jeter, puis il les brûlera. •*Takmud al hatab fî l-nâr.* Elle enfonce du bois dans le feu.

kamâmên *pl.,* → *kimm.*

kamân *invar., Cf. battân, empr.,* connu au *Sdn.* (*C.Q.*)

♦ **aussi, encore, de plus, qui plus est, alors.** •*Kan mâ tantîni gurus, kamân xallini namci !* Si tu ne me donnes pas d'argent, alors laisse-moi partir. •*Taracoh, wa wakit kallam kamân daggoh.* Ils l'ont renversé, et quand il a parlé, ils l'ont en plus frappé.

kamanja / kamanjât *n. m., qdr.*, mot arabe d'emprunt *irn.*, * kmnj, ك م ن ج

♦ **violon.** •*Zamân al fannânîn al-tacâdiyîn mâ induhum kamanja.* Autrefois, les artistes tchadiens n'avaient pas de violons. •*Anâ mâ na'arif nadrub al kamanja.* Je ne sais pas jouer du violon.

Kamarûn *n. pr.* de pays, → *Kamrûn.*

kamasanji / kamasanjiya nom de personne, autre pluriel *kamasanjiyât, kamasanjiyîn*, ≅ *kumsenji.*

♦ **intermédiaire, receveur, commissionnaire, commis de charge,** qui met des personnes en relation les unes avec les autres pour son profit, celui qui perçoit la location des places des voyageurs. •*Al kamasanjiya bitartucu l-rukkâb fî l mawgaf.* Les commissionnaires enjôlent les passagers à la gare routière. •*Anâ kan musâfire, mâ nanti gursi lê l kamasanji.* Lorsque je pars en voyage, je n'en paye pas le prix au commis. •*Al kamasanji wadda zabûnah lê siyâd al buyût.* Le commissionnaire a conduit son client chez le propriétaire des maisons.

kamasanjiya *pl.*, → *kamasanji.*

kamâsîr *pl.*, → *kumsêr.*

kamâyin *pl.*, → *kamîn.*

kambal / yikambil *v. trans., qdr.*, forme II, *Cf. tandal, jangal*, (le *b* de *kambal* pourrait être considéré comme épenthétique), * kmhl, ك م ه ل

♦ **augmenter, entasser, accumuler, rassembler des choses.** •*Al-tâjir da kambal al-laffâ'ât fî dukkânah.* Ce commerçant a entassé les voiles dans sa boutique. •*Al wilêd al-saxayar kambal xumâm hanâ li'ibah fî sarîr ammah.* Le petit garçon a entassé ses jouets sur le lit de sa mère. •*Namcu lê zabûnna da, yikambil lêna l-darrâba wa l bumbiter.* Allons chez notre vendeur habituel, pour nous il tasse bien le gombo qu'il nous vend et nous fait de bons tas de pommes de terre.

kambalân *n. d'act., m.*, → *kambilîn.*

kambilîn *n. d'act., m., qdr.*, ≅ *kambalân, Cf. kambal*, * kmhl, ك م ه ل

♦ **accumulation, entassement,** fait d'accumuler. •*Al-tâjir, kambilînah lê l budâ'a fî dukkânah da acân yacuru minnah fî ayyâm al îd.* Il y a une accumulation d'affaires dans la boutique de ce commerçant parce que les gens viendront les acheter pour le jour de la fête. •*Hî tirîd kambilîn al xulgân fî l-sarîr.* Elle a l'habitude d'entasser ses habits sur le lit.

kamdala *n. vég., coll., f.*, → *kirêb.*

♦ **nom d'une herbe, sorte de fonio sauvage, Brachiaria regularis (Stapf.),** famille des graminées. •*Al kamdala hî gaccay, ticâbih al kirêb.* La Brachiaria regularis est une herbe qui ressemble au fonio. •*Al kamdala al-nâs birîduha katîr min al kirêb acân tâ'ime.* Les gens préfèrent de beaucoup la graine de Brachiaria regularis à celle du fonio parce qu'elle a un bon goût. •*Al kamdala talgâha fî l xarîf, tugumm fî l-naga'a.* On trouve la Brachiaria regularis en saison des pluies, elle pousse sur les terrains plats argileux.

Kamerûn *n. pr.* de pays, → *kamrûn.*

kamfûs *n. m.*, → *kanfûs.*

kamfût *n. m.*, → *kanfût.*

kâmil *adj.*, (*fém. kâmle, kâmila*), souvent accompagné de la particule *ke*, * kml, ك م ل

♦ **entier (-ière), complet (-ète), jamais.** •*Hû akal xanamay kâmile ke wihêdah.* Il a mangé à lui seul un mouton entier. •*Xalas, anâ kâmil ke mâ mâci bêtku, xalluni ninjamma !* C'est fini, je n'irai plus jamais chez vous, laissez-moi me reposer ! •*Hassâ al iyâl kâmil ke mâ bidôru bangulu* *almi.* A présent les enfants ne veulent plus du tout apporter [transporter] de l'eau.

kamîn / kamâyin *n. m.*, un quartier d'Abéché s'appelle *Kamîne*, * kmn, ك م ن

♦ **embuscade.** •*Al askar rabato kamîn lê l adu.* Les militaires ont tendu une embuscade à l'ennemi. •*Al haramiyîn waga'o fî kamîn al bôlîs.* Les bandits sont tombés dans l'embuscade des policiers.

kamkali / kamkaliyîn *adj.*, (*fém. kamkaliye*), "en Nubie *kam kalu* signifie : crotte de chameau" (*C.Q.*).

♦ **asocial(e), solitaire.** •*Al kamkali mâ indah rufugân, gâ'id wihêdah fî bêtah bas.* Celui qui est asocial n'a pas d'ami, il reste seul chez lui. •*Al banât wa l-subyân tcakko sukkar wa câhi wa l kamkaliye mâ tidôr taji wa mâ tijîb ceyy.* Les filles et les garçons se sont cotisés, ils ont mis ensemble du sucre et du thé ; la fille solitaire n'a pas voulu venir et n'a rien apporté.

kammal / yikammil *v. trans.*, forme II, * kml, ك م ل

♦ **terminer, finir, achever, être terminé(e).** •*Maryam kammalat xidimitha wa macat fî l-li'ib.* Mariam a achevé son travail et est allée à la danse. •*Al-laban al bînah da kammal ajala.* Le lait que nous avons acheté a été vite bu [terminé]. •*Kammil al mulâh al gâ'id fî l-tâsa di !* Finis la sauce qui est dans cette cuvette !

kammalân *n. d'act.*, → *kammilîn.*

kammilîn *n. d'act.*, *m.*, ≅ *kammalân*, * kml, ك م ل

♦ **fin, terminaison, achèvement.** •*Xidimitna di lissâ kammilinha mâ bincâf lêi.* Je ne vois pas encore quand se terminera notre travail. •*Kammilîn al almi min al biyâr kasar al-dâr.* Le tarissement des puits a ruiné la région. •*Kammilîn hanâ kalâmhum da illa yukûn giddâm al-zûz.* Leur palabre ne s'achèvera que devant le juge.

kammûn *n. cdmt.*, *coll.*, *m.*, * kmn, ك م ن

♦ **cumin noir, nom d'une épice.** •*Al kammûn busubbuh fî l kisâr wa fî l ajîne l-zarga.* On met du cumin noir dans les galettes et le gâteau de riz, noir. •*Al kammûn, bi'akkulu lê l iyâl al-dugâg be zibde.* On fait manger aux petits enfants du cumin noir avec du beurre. •*Al ajîne indaha kammûn.* La boisson de mil écrasé a du cumin noir.

kammûniya *n. f.*, * kmn, ك م ن

♦ **tripes en sauce,** plat de tripes de mouton en sauce. •*Humman bafturu kulla yôm be kammûniya wa mappa.* Chaque jour, ils prennent au petit déjeuner des tripes en sauce avec du pain. •*Fî yôm usum hanâ marit axui sawwêt kammûniya.* Le jour où la femme de mon frère a donné un nom à son enfant, j'ai préparé un plat de tripes en sauce. •*Amîna waddat sufra indaha kammûniya lê nasîbitha.* Amina a apporté un plateau contenant des tripes en sauce pour sa belle-mère.

Kamrûn *n. pr.* de pays, ≅ *Kamarûn, Kamerûn.*

♦ **Cameroun.** •*Kamrûn balad jâra hint Tcâd.* Le Cameroun est un pays voisin du Tchad. •*Safârit Kamrûn fî l âsima garîbe ma'â maktab hanâ carikat al kahraba wa l almi.* L'ambassade du Cameroun se trouve dans la capitale, près du bureau de la société de l'électricité et de l'eau.

kamrûni / kamrûniyîn *adj.*, (*fém. kamrûniye*).

♦ **Camerounais(e).** •*Fî sinîn al-jâye, petrôl hanâ dârna banguluh fî l bahar be derib hanâ jîrânna al kamrûniyîn.* Dans les années à venir, le pétrole de notre pays sera acheminé vers la mer en passant par nos voisins camerounais. •*Anîna mâ nirîdu l-saxâfa l kamrûniye.* Nous n'aimons pas la culture camerounaise.

kan 1 *invar.*, suivi d'un verbe à l'accompli, ≅ *kin, Cf. kan 2.*

♦ **quand, chaque fois que, toutes les fois que, si, lorsque,** exprimant une condition à propos d'une situation qui se répète ou qui doit normalement se réaliser. •*Kan akalt hût, nixassil îdi be sâbûn.* Chaque fois que j'ai mangé du poisson, je me lave les mains avec du savon. •*Al êc kan barad, mâ halu.* Lorsque la boule est froide, elle n'est plus bonne. •*Al-râjil kan xâf, al mara axêr minnah !* Quand un homme a peur, une femme vaut mieux que lui !

kan 2 *invar.*, suivi d'un verbe à l'*inacc.*, ≅ *kin*, *Cf. kan 1.*

♦ **si, si jamais, s'il arrive que,** exprimant la condition d'une action qui peut se réaliser. •*Al yôm kan mâ tunûm, nahagginak.* Aujourd'hui, si tu ne dors pas, je vais te gaver avec de l'eau (menace d'une mère à son enfant) ! •*Hêy, yâ wilêd, kan tikallim, fakkir !* Hé ! l'enfant ! réfléchis avant de parler ! •*Inta kan tas'al, til'allam ; âxer lêk min tagôd sâkit !* Si tu poses des questions, tu t'instruiras ! C'est mieux pour toi que de rester en silence !

kân / yukûn *v. intr.*, *Cf. bigi, hasal* ; forme I n° 4, * kwn, ك و ن

♦ **être, devenir, avoir lieu, se produire.** •*Al Arabi da, kan mâ cirib al-câhi yukûn mardân.* Si cet Arabe ne boit pas de thé, il tombe malade [il devient malade]. •*Yôm al îd, al iyâl bukûnu farhânîn kan libiso xulgân judad.* Le jour de la fête, les enfants seront heureux s'il portent des habits neufs. •*Al-ta'ab kan kân kulla, wâjib al-sabur.* Même si la souffrance est là, on doit patienter. •*Hâdis kân awaltamis fî Hille gazâz, mâto tinên wa anjaraho arba'a.* Un accident a eu lieu avant-hier au quartier Hillé gazaz, il y a eu deux morts et quatre blessés.

kan… kula expression, → *kan, kula,* * kll, ك ل ل

♦ **même si.** •*Kan gâsi lêi kula, nisawwih.* Même si cela m'est difficile, je le ferai. •*Kan batunak ammalat kula, acrab al-laban da, mâ tifaddilah lêi fî l mâ'ûn !* Même si tu as le ventre plein, bois ce lait et ne m'en laisse pas dans le récipient !

kan law locution, *Cf. law kan.*

♦ **même si.** •*Kan law ammuku wahade wa abûku wâhid kula, fikirku mâ wâhid.* Même si vous êtes de même mère et de même père, vous n'avez pas la même pensée. •*Al-tadâmun yilimmuku kan law adâtku wa saxafâtku mâ sawa kula.* La solidarité vous rassemblera, même si vos coutumes et vos cultures sont différentes.

kan mâ locution, suivi d'un verbe à l'accompli, *litt.* "si… ne pas".

♦ **tant que.** •*Kan mâ akal, mâ yamci l-kekôl !* Tant qu'il n'aura pas mangé, il n'ira pas à l'école ! •*Inta kan mâ garêt, mâ tabga râjil zên !* Tant que tu n'étudies pas, tu ne deviendras pas un gentleman !

kan mâ kê da expression, *litt.* s'il n'en est pas ainsi.

♦ **sinon, autrement, sans quoi.** •*Al wilêd da afurcah, kan mâ kê da yatala lêk fî râsak.* Fouette cet enfant, sinon il ne te respectera pas [il te montera sur la tête] ! •*Sallêt lêyah al-sakkîn, kan mâ kê da mâ yantini gursi.* J'ai sorti mon couteau, autrement il ne m'aurait pas donné mon argent. •*Sawwat balâx fî l-râdyo, lê râjilha, kan mâ kê da mâ yigabbil ajala.* Elle a lancé un communiqué à la radio pour son mari ; si elle ne l'avait pas fait, il ne serait pas retourné chez lui rapidement.

kan misil locution, → *kan* et *misil.*

♦ **si jamais, s'il arrive que.** •*Anâ maragt ; kan misil jat, xalliha tarjâni.* Je sors ; si jamais elle vient, qu'elle m'attende. •*Kan misil mâ ligit al abu, nâdih lê l wilêd !* Si jamais tu ne trouves pas le père, appelle l'enfant !

kanaba / kanabât *n. f.*, mot de l'*ar. lit.* moderne, emprunt au *fr.* "canapé" (*H.W.*), * knb, ك ن ب

♦ **banc, table-banc.** •*Fî l kilâs kanabitna wahade ma'â axûku l-saxayyar.* En classe, nous partageons la même table-banc avec votre petit frère. •*Gu'âd al kanaba bisawwi lêk waja' dahar, axêr lêk al biric.* Le fait de rester assis sur le banc te fait mal au dos ; il vaut mieux que tu te mettes sur la natte. •*Bît kanabât acân nidôr naftah ôtêl.* J'ai acheté des bancs parce que je veux ouvrir un restaurant.

Kanada *n. pr.* de pays.
♦ **Canada.**

kanâdim *pl.*, → *kundum.*

kanâdiw *pl.*, → *kindiwe.*

kanâfîs *pl.*, → *kanfûs.*

kanâgîr *pl.*, → *kangûr.*

kanâji *pl.*, → *kunji.*

kanâjîr *pl.*, → *kanjar 3, kunjâr.*

kanâr *n. coll.*, animal, *empr. fr.*, *sgtf. kanaray, Cf. wizzîn.*
♦ **canard.** •*Al kanâr birîdu bagôdu fî l almi, humman mâ bahmalo l hamu.* Les canards aiment rester dans l'eau, ils ne supportent pas la chaleur. •*Fî l-sûg al kanâr xâli min al-jidâd.* Au marché, les canards coûtent plus cher que les poules.

kanâsa / kanâsât *n. f.*, → *kunûs*, * kns, ك ن س
♦ **malchance, malheur.** •*Mâ tabki misil da, xalli l kanâsa minnak !* Ne pleure pas comme cela, oublie ton malheur ! •*Anâ coxoli kanâsa, kan mâ kêda, râjili mâ bumût wa yixalli lêi iyâl dugâg.* C'est la malchance qui tombe sur moi ; s'il n'en était pas ainsi, mon mari ne serait pas mort en me laissant des petits enfants à charge.

kanâtîc *pl.*, → *kantôca.*

kanâyis *pl.*, → *kanîsa.*

kanâyit *pl.*, → *kanîte.*

kandas / yikandis *v. intr.*, → *kaddas.*

kandaw / yikandiw *v. trans.*, *Syn. kambal, Cf. kindiwe, tandal.*
♦ **entasser, accumuler, amonceler,** faire des tas. •*Nâs al mêri yinkanduwu turâb katîr acân yi'addulu bêyah al-cawâri.* Les employés municipaux font de gros tas de terre pour pouvoir arranger les rues. •*Anâ kandawt xulgâni fî l biric lê l xassilîn.* J'ai entassé sur la natte mes vêtements à laver.

kanfat / yikanfit *v. trans.*, forme II, *Cf. kanfût.*
♦ **enlever le son du grain, piler pour détacher le son,** mettre à part la pellicule protectrice du grain. •*Banât hanâ hassâ, mâ bidôru bikanfutu.* Les filles d'aujourd'hui ne veulent plus piler le mil pour en ôter le son. •*Al awîn kanfato l xalla lê l-jîr.* Les femmes ont enlevé le son du mil à fermenter. •*Fâtime kanfatat duxun lê l almi l hâmud.* Fatimé a enlevé le son du petit mil pour en faire de l'eau acide.

kanfâta 1 *n. f.*, *Cf. kanfût.*
♦ **mil pilé.** •*Al xalla l kanfâta bas bisawwuha kisâr fî l maytam.* Les galettes pour la place mortuaire sont faites avec du mil qui n'a été que simplement pilé. •*Al-dîk kadkak al kanfâta al macrûra fî l biric.* Le coq a picoré le mil pilé qui était étalé sur la natte.

kanfâta 2 / kanfâtât *adj. n. f. mrph. intf., qdr., Syn. kanfâtiye,* ≅ le pluriel *kanfâtîn.*
♦ **pileuse.** •*Indina xalla lâkin mâ ligina kanfâta.* Nous avons du mil, mais nous n'avons pas trouvé de pileuse. •*Al kanfâtât balgo gurus katîr fî l-Ramadân.* Les pileuses gagnent beaucoup d'argent pendant le Ramadan. •*Hassâ jâbo fî kartye hanâna tâhûna kanfâta.* Maintenant, on a apporté dans notre quartier une machine qui ôte le son du mil [un moulin pileur].

kanfatân *n. d'act. m., qdr.,* ≅ *kanfitîn, Cf. cakkân.*
♦ **deuxième pilage, fait de piler, pilage pour ôter le son du mil,** fait de piler une deuxième fois une céréale après avoir enlevé la balle. •*Al kanfatân misil al-cakkân, lâkin nusubb almi ciya fî l xalla acân yimarrig al kanfût.* Le deuxième

pilage est semblable au premier sauf que je verse un peu d'eau sur le mil pour faire sortir le son. •*Al kanfatân mâ yabga illa be l fundug wa l amûd.* Le deuxième pilage ne peut se faire qu'avec le mortier et le pilon.

kanfâtîn *pl.*, → *kanfâta.*

kanfâtiye / kanfâtiyât *adj. n. f.*, moins employé que son *Syn. kanfâta.*
♦ **pileuse.** •*Min amis nifattic kanfâtiyât ke, mâ ligit.* Depuis hier je cherche des pileuses et je n'en ai pas trouvées. •*Xalliti di, al kanfâtiye kanfatatha wa naffadatha.* La pileuse a pilé et vanné mon mil que voici. •*Al kanfâtiyât mâ farhânât acân sana'o tâhûna lê l kanfâtan wa l-nâs kulluhum yamcu fôgha.* Les pileuses ne sont pas contentes parce qu'on a fabriqué un moulin pour piler le mil et que tout le monde va y porter le sien.

kanfitîn *n. d'act., m.*, → *kanfatân.*

kanfûs / kanâfîs *n. m.*, prononcé *kamfûs,* connu au *Sdn.*, racine proposée par *C.Q.*, * knft, ك ن ف ت
♦ **cache-sexe féminin.** •*Al binêye di indaha kanfus.* Cette fille porte un cache-sexe. •*Al kanfûs hanâ banât zamân, hassâ da al banât yalbaso surwâl saxayar.* Les filles d'autrefois portaient des cache-sexe, aujourd'hui les filles portent de petites culottes.

kanfût *n. m.*, ≅ *kamfût*, *Cf. uttâb, cara*, connu au *Sdn.* (*C.Q.*).
♦ **son des céréales, glume des graminées,** résidu de la mouture des céréales, mil, blé ou riz ; deuxième enveloppe du grain de mil que l'on enlève en pilant le grain humide. •*Al bagar akalo kanfût.* Les vaches ont mangé le son. •*Al mara daggat al xalla wa câlat al kanfût tiwaddih fî l-sûg.* La femme a pilé le mil et pris le son pour l'apporter au marché. •*Siyâd al bahâyim bacuru ayyi wakit kanfût lê mâlhum.* Les éleveurs achètent tout le temps du son pour le donner à manger à leur cheptel.

kangûr / kanâgîr *n. m.*, *Syn. ci'ibe.*
♦ **poteau fourchu, pilier, carcan, collier,** carcan fabriqué à partir d'une fourche, collier en fer ou en cuir. •*Rujâl kanâgîr, mâ kubur anâgîr.* La solidité des hommes ne se juge pas à l'épaisseur de leur cou. *Prvb.* [les hommes solides comme les piliers qui supportent le poids du toit de la case ne sont pas ceux qui ont de grosses nuques]. •*Fî l-zamân al abîd, kan bidôru biwadduhum lê l bê', birabbutu lêhum kanâgîr fî rugubbênhum acân mâ yi'arrudu.* Autrefois, lorsqu'on amenait des esclaves à vendre, on leur passait au cou un carcan de bois pour éviter qu'ils ne s'enfuient. •*Al kangûr sawwoh min ci'ibe wa habil.* On fabriquait les carcans de bois avec une fourche et une corde. •*Al kalib da, rabato lêyah kangûr fî ragabtah acân mâ yiwaddir.* On a attaché au cou de ce chien un collier pour éviter qu'il ne se perde. •*Al kûzi kan mâ indah kangûr, mâ bi'îc.* Une case ronde qui n'a pas de poteau central ne dure pas.

kânifo / kânifoyât *n. m.*, *empr. fr.*
♦ **caniveau.** •*Al kânifoyât, majâri hanâ l almi l wasxân fî l madîna.* Les caniveaux sont un lieu où coule l'eau sale dans la ville. •*Al kânifo, bêt hanâ l go'ony wa l amba'ûda.* Le caniveau est le refuge [la maison] des grenouilles et des moustiques. •*Fî l xarîf nicîfu al kânifoyât malânât almi katîr.* En saison des pluies, nous voyons les caniveaux pleins d'eau.

kanîsa / kanâyis *n. f.*, "du persan *kalîsa*, formé du mot *ecclesia*" (*Ka.*), en grec *εκκλησια* = assemblée.
♦ **église.** •*Nâs bamcu katîrîn yôm al ahad fî l kanîsa.* Les gens sont nombreux à aller le dimanche à l'église. •*Fî kanâyis tinên kubâr fî Anjammêna.* Il y a deux grandes églises à N'Djaména.

kanîte / kanâyit *n. f.*, *empr.*, connu au *Sdn.* (*C.Q.*), ≅ *kanyîte*
♦ **feu de paille, ennuis causés par *qqn.*,** grand feu que l'on allume sous les arbres pour faire tomber les criquets et les manger. •*Al-nâs katalo l-jarad be l kanîte.* Les gens ont tué

les sauterelles avec un feu de paille. •*Xâli sawwa kanâyit be gêcc wa lihe.* Mon oncle a allumé des feux de paille et de fibres d'écorce. •*Al mâ indah kanîte mâ yagdar yaktul jarâd fî l-lêl.* Celui qui ne fait pas de feu de paille ne peut pas tuer les sauterelles la nuit. •*Ahala gâ'idîn bala muckila kê, jâb lêhum kanîte wa l askar jôhum fî l bêt.* Sa famille vivait en paix, et voilà qu'il lui a apporté des ennuis ; les militaires sont venus chez eux.

kanjar 1 / yikanjir *v. intr.*, *qdr.*, forme II, *Syn. laffa, yiliff*, * h̲njr, خ ن ج ر

♦ **virer, tourner,** emprunter une courbe. •*Kan kanjart be hini talga l-dukkân.* Si tu vires par ici, tu trouveras la boutique. •*Kan mâci bêtna tikanjir marritên be isra hatta talgah.* Si tu veux aller chez nous, tu tournes deux fois à gauche avant de trouver notre maison. •*Sîd al biskilêt kan bidôr bikanjir bilaffit bicîf cunû jâyi warayah.* Lorsqu'un cycliste veut virer, il se retourne pour voir ce qui est derrière lui.

kanjar 2 / yikanjir *v. intr.*, "se courber", voir le *Syn. anhana*, * h̲njr, خ ن ج ر

kanjar 3 / kanâjîr *n. m.*, (serpette) → *xanjar*, * h̲njr, خ ن ج ر

Kannâna *n. pr.* de femme, *litt.* carquois, nom d'une tribu arabe, * knn, ك ن ن

kannas / yikannis *v. intr.*, forme II, connu au *Sdn.* et au Ouaddaï (Maba), * kns, ك ن س

♦ **porter malheur à** ***qqn.*****, pratiquer la sorcellerie,** faire des actes en secret pour porter malheur à quelqu'un. •*Anâ bigit fagrâne acân hî bas kannasat lêi.* Je suis devenue pauvre à cause de cette femme qui m'a porté malheur. •*Hû kannas kê lahaddi katal ammah wa abuh.* Il a accompli des actes occultes, et a fini par causer la mort de ses parents.

Kano *n. pr.* de ville (Kano au Nigeria), → *biric Kano, jidâd Kano.*

kâno *n. m.*, *empr. fr.* "canon", → *silah.*

kanta / kinat *n. f.*, la racine évoque la robustesse et la solidité, *Cf. rahal*, * knt, ك ن ت

♦ **étagère,** étagère posée au mur pour mettre les ustensiles des femmes. •*Acta rahhalôha be kanta amm talâte.* On a emmené Achta chez son mari avec une étagère à trois rayons. •*Al xaccâbi da tammay, câl alif riyâl acân yi'addil kanta amm arba'a.* Ce menuisier est avide d'argent, il m'a pris mille riyals pour réparer mon étagère à quatre rayons.

kantac / yikantic *v. trans.*, *qdr.*, forme II, *Cf. abunkintêc.*

♦ **porter beaucoup de fruits, se couvrir de boutons.** •*Al mangoye di al-sane kantacat iyâl acân riwat almi.* Cette année, le manguier porte beaucoup de fruits parce qu'il s'est gorgé d'eau. •*Al-sixêlât kan al xarîf ja, kulla ke gidêdîmâthum yikanticu, wa mâ yagdaro yarda'o wa lâ yâkulu gecc.* Quand la saison des pluies arrive, tous les chevreaux ont leur petite bouche pleine de boutons et ils ne peuvent plus ni téter ni manger de l'herbe.

kantîn *n. m.*, → *kintîn.*

kantôca / kanâtîc *n. m.*, *qdr.*, mot connu au *Sdn.* (*C.Q.*), d'emprunt *irn.*, ≅ le pluriel *kantôcât*, *Cf. kantac*, racine d'après l'*ar. lit.* (*Ka.*), * kndj, ك ن د ج

♦ **pot en vannerie, fourre-tout des femmes, boîte à parfums,** pot en vannerie qui conserve les bois parfumés, l'encens et les objets des femmes. •*Al kantôca misil al karyo lâkin saxaryre.* Le fourre-tout des femmes ressemble au pot à lait, mais est un peu plus petit. •*Zamân awîn barra busubbu duxxânhum fî l kanâtîc acân rihtah mâ tamrug ajala.* Autrefois les femmes conservaient les bois d'encens dans des pots en vannerie pour éviter que leur parfum ne s'évente. •*Awîn al farîg budummu kanâtîchum fî l-rahal.* Les femmes du campement rangent leurs boîtes à parfums dans leur meuble.

Kânumbay *sgtf.* d'un *n. pr. gr.*, (*fém. Kânumbayye*), → *Kânumbu.*

Kânumbu *n. pr. gr.*, *coll.*, *sgtf. Kânumbay* (homme), *Kânumbayye* (femme).
♦ **Kanembou.**

kânûn / kawânîn *n. m.*, * knn, ك ن ن
♦ **petit brasero, porte-braise,** assemblage en fil de fer supportant les braises du charbon de bois. •*Taccêt laham fî l kânûn.* J'ai grillé de la viande sur le brasero. •*Subb al-jamur fî l kânûn wa xutt al barrâd fî râsah !* Mets la braise sur le brasero et pose la théière par-dessus !

kany ! *invar.*, *onom.* accompagnant la morsure, prononcé *[kañ].*
♦ **gnan !** •*Al kalib marag min bêt sîdah wa addâni kany !* Le chien est sorti de la maison de son maître et m'a mordu, "gnan !"

kanyîte *n. f.*, → *kanîte.*

Kanza *n. pr.* de femme, *litt.* trésor, * knz, ك ن ز

kap *invar.*, *onom.*, → *kab.*

kapsûn / kapsûnât *n. m.*, → *kabsul.*

kaptên 1 / kaptênât *n. anim.*, *m.*, *empr. fr.*, ≅ *amzâye*
♦ **nom d'un poisson, capitaine, Lates niloticus.** •*Al hawwâti karab hût kaptên amis.* Hier, le pêcheur a attrapé un poisson capitaine. •*Al-Nasâra birîdu bacru hût kaptên.* Les Européens aiment acheter du capitaine.

kaptên 2 / kaptênât *n. m.*, *empr. fr.* "capitaine", → *naxîb.*

kar ! *invar.*, *onom.* évoquant la dessication ou le vide, *Cf. kayam.*
♦ **complètement vide !, entièrement sec (sèche) !, complètement desséché(e) !** •*Al-duwâne yâbse kar !* Le canari est complètement sec ! •*Al bêt yâbis kar, mâ indah nâdum !* La maison est entièrement vide, il n'y a personne !

kâr / kârât *n. m.*, *empr. fr.*
♦ **autocar.** •*Fîh kârât katîrîn fî derib hanâ Farca.* Il y a beaucoup d'autocars sur la route de Farcha. •*Kulla fajur anâ narkab kâr be acara riyâl wa namci l xidime.* Chaque matin je monte dans le car en payant dix riyals pour aller au travail.

kara / yakri *v. trans.*, forme I n° 7, *Cf. ajar, keri*, * kry, ك ر ي
♦ **embaucher comme berger,** embaucher un salarié pour soigner les bêtes du troupeau. •*Hamôda kara ru'yân talâte lê albilah.* Hamoda a embauché trois ouvriers pour soigner ses chameaux. •*Inta tidôr takrîni be kam ?* Pour quelle somme d'argent veux-tu m'embaucher ?

karab 1 / yakrub *v. trans.*, forme I n° 2, voir plus bas les expressions *karab râsha, karab wijhah*, * krb, ك ر ب
♦ **saisir, attraper, empoigner, tenir fortement, écrouer, arrêter.** •*Al-carak karab al marfa'în min rijilah.* Le piège a attrapé l'hyène à la patte. •*Al bôlîs karab al-sarrâg.* Le policier a empoigné le voleur. •*Akurbah, mâ tixallih yamci !* Tiens-le bien, ne le laisse pas s'en aller ! •*Ali, karaboh dangay amis.* Ali a été écroué hier. •*Al bôlis karabo l-nâs al mâ induhum karte dandite.* Les policiers ont arrêté les gens qui n'avaient pas leur carte d'identité.

karab 2 / yakrub *v. trans.*, forme I n° 2, expression *karabat bêtha*, * krb, ك ر ب
♦ **tenir son foyer, prendre soin de** ***qqn.*****, prendre à charge** ***qqn.*****, s'occuper des enfants, être une bonne maîtresse de maison.** •*Fâtime karabat axawânha ba'ad môt ammaha.* Fatimé a pris ses frères en charge après la mort de sa mère. •*Al-râjil kan axad mara wâjib yakrubha.* Lorsqu'un homme épouse une femme, il doit prendre soin d'elle. •*Ahmat wa Zênaba karabo bêthum adîl.* Ahmat et

Zénaba tiennent bien leur foyer. •*Nidôr nâxud mara tidôr takrub bêtha adîl.* Je veux épouser une femme qui désire être une bonne maîtresse de maison.

karab râsha / yakrub râsha expression, *litt.* il a pris la tête d'elle, * krb, r's, ك ر ب • ر ء س

♦ **se fiancer, être fiancé(e).** •*Al binêye di min karabo râsha xallat al-ruwâxe.* Depuis que cette fille est fiancée, elle a cessé de se promener. •*Al-sabi kan bidôr bakrúb râs binêye yicâwir abbahâtah.* Lorsqu'un jeune homme veut se fiancer, il consulte ses parents.

karab rijilah / yakrub rijilah expression, *litt.* il a retiré son pied, * krb, rjl, ك ر ب • ر ج ل

♦ **ne plus rendre visite à *qqn.*, ne plus mettre les pieds chez,** ne plus aller chez *qqn.* •*Maryam karabat rijilha min bêt darritha.* Mariam ne met plus les pieds chez sa coépouse. •*Anâ karab rijili acân kulla yôm anâ namci lêyah wa hû mâ bajîni.* Je ne vais plus lui rendre visite parce que chaque fois que je suis allé le voir, il n'est pas venu chez moi.

karab wijhah / yakrub wijhah expression, *litt.* il a saisi son visage, *Ant. talag wijhah,* * krb, wjh, ك ر ب • و ج ه

♦ **se crisper, faire la moue, se renfrogner, se crisper, être tendu(e), faire la grimace,** avoir les traits tirés, ne pas être à l'aise. •*Andassêna lêyah, bas karab wijhah acân tahasib jîna nidôru minnah gurus.* Nous sommes entrés chez lui et il s'est renfrogné parce qu'il pensait que nous étions venus pour lui demander de l'argent. •*Maryam karabat wijihha min waja' al batun.* Mariam faisait la grimace parce qu'elle avait mal au ventre.

karabân *n. d'act., m.,* → *karibîn.*

karabân râs *n. d'act.,* → *karibîn râs.*

karâbîj *pl.,* → *kurbâj.*

karâbilo *pl.,* → *karbalo.*

karâblo *pl.,* → *karbalo.*

karâbo *pl.,* → *kurbo.*

karac / yakruc *v. trans.,* forme I n° 2, connu en Syrie et en arabe *sd.* (C.), *empr. aram., Cf. tarad.*

♦ **renvoyer, expulser.** •*Al-nâs al bamcu caxxâla fî Sa'ûdiya bala awrâg yakrucûhum bala xumâmhum.* Les gens qui vont travailler en Arabie Saoudite sans papiers en règle sont expulsés du pays sans leurs affaires. •*Al-lâji'în hiney Ruwanda, hâkûma hint al-Zâyîr karacathum min dârha.* Le gouvernement zaïrois a expulsé du pays les réfugiés du Rwanda.

karad ke expression, → *karat ke.*

karâdim *pl.,* → *kurdum.*

karah *n. m., Ant. farah 2,* → *karha, kirih,* * krh, ك ر ه

karâha *n. f.*

♦ **aversion, inconvénient, désagrément, inimitié.** •*Kalâm al-dunya l katîr yisawwi lêk karâha ma'â l-nâs.* A force de t'entendre palabrer, les gens te prendront en aversion. •*Iyâlki taybîn wallâ ? Ayye mâ fîh karâha !* Tes enfants sont-ils en bonne santé ? Oui, ils vont bien ! •*Laban al bagar al bâkulu mucuk mâ indah karâha.* Il n'y a pas d'inconvénient à boire le lait des vaches qui se nourrissent du marc de bière de mil.

karaj *invar.,* dans l'expression *karaj karaj,* → *kuruj.*

karâkid *pl.,* → *kurkud.*

karâkîr *pl.,* → *karkûr.*

karâkiw *pl.,* → *karkaw.*

karam *n. m.,* voir le *Syn. kurum 2.*

karâma 1 / karâmât *n. f.,* * krm, ك ر م

♦ **respect, politesse, dignité.** •*Al mara di indaha karâma lê l-rujâl.* Cette femme a du respect pour les hommes. •*Al wilêd da mâ indah karâma, mâ yisallim al-nâs al kubâr minnah.* Ce garçon n'a pas de respect, il ne salue pas les gens plus âgés que lui. •*Al xaddâmîn dôl kabîrhum birîdhum acân induhum lêyah karâma.* Ces ouvriers sont aimés de leur patron parce qu'ils le respectent.

karâma 2 *invar.*, * krm, ك ر م
♦ **par générosité pour Dieu, en aumône.** •*Al yôm nigassim laham karâma acân lammêna ma'â ammi.* Aujourd'hui, je distribuerai de la viande par générosité, pour Dieu, parce que nous nous sommes réunis avec ma mère. •*Al awwîn lammo wa daggo ambalalo karâma Allah yarfa' al waba.* Les femmes se sont réunies et ont préparé de petites boulettes de mil qu'elles donneront en aumône pour Dieu afin qu'il éloigne l'épidémie.

karâma 3 nom d'un mois lunaire, → *tôm al awwal*, * krm, ك ر م
♦ **mois de la naissance du Prophète.** •*Fî cahar al karâma, al faxara bamdaho be munâsabit mawlid al-Rasûl wahadâcar yôm.* Les onze premiers jours du mois de *karâma*, les fakis chantent les louanges du Prophète à l'occasion de sa naissance. •*Lêlt al atnâcar hanâ l karâma, da bâs îd mawlid al-Rasûl.* La nuit du douzième jour du mois de *karâma* est la fête de la naissance du Prophète.

Karâma *n. pr.* de femme, → *karâma*, * krm, ك ر م

Karamaddîn *n. pr.* d'homme, pour *karam al-dîn*, *litt.* noblesse de la religion, *Cf. karram, dîn*, * krm, dyn, ك ر م • د ي ن

karangalê *n. f.*, *Cf. dâmi, farkoto.*
♦ **charge d'eau à vendre, deux bidons d'eau,** estagnons pleins d'eau accrochés à un balancier porté sur les épaules des vendeurs d'eau. •*Nâdi lêna sîd al karangalê yusubb lêna almi !* Appelle le porteur d'eau, qu'il nous en apporte ! •*Min fajur, sîd al karangalê mâ jâna, mâ ligi almi walla cunû ?* Depuis ce matin, le porteur d'eau n'est pas venu chez nous ; peut-être n'a-t-il pas trouvé d'eau. •*Al karangalê be xamistacar riyâl fî Janb-al-bahar.* La charge de deux bidons d'eau coûte quinze riyals au quartier Jambalbar.

karânik *pl.*, → *kurnuk.*

karany *n. m.*, *empr.*, prononcé *[karañ]*, en arabe *sd. karan* (*C.Q.*), à ne pas confondre avec *kâray.*
♦ **rosée.** •*Fî wakt al xarîf, yôm al almi kan mâ sabba, be fajur talga l gecc indah karany.* En saison des pluies, le jour où il n'a pas plu, on trouve, le matin, de la rosée sur l'herbe. •*Al karany nugat hanâ almi suxâr suxâr fî l gecc.* La rosée est formée de fines gouttelettes d'eau sur l'herbe.

karârîb *pl.*, → *karrâb.*

karârîs *pl.*, → *karras.*

karas 1 / yakrus *v. intr.*, forme I n° 2, * krz, ك ر ز
♦ **se cacher, épier, écouter aux portes,** chercher à voir ou à écouter sans être vu, chercher à connaître ce que font les autres. •*Al gannâsi karas fî l gacc wakt al xazâlay wigifat.* Le chasseur s'est caché dans l'herbe quand la gazelle s'est arrêtée. •*Al-sarrâg karas wara l bâb.* Le voleur s'est caché derrière la porte. •*Al galâgîl yakursu fî cugûg al-darâdir wakt al harray tabga hâmiye.* Les margouillats se cachent dans les fentes des murs quand le soleil devient chaud. •*Kan jâyi lêna, ta'âl adîl, mâ takrus wa tasma' kalâm al-jîrân.* Lorsque tu viens chez nous, entre directement ! Ne te cache pas en écoutant indiscrètement ce que disent les voisins !

karas 2 *n. m.*, ≅ *karâsa*, * krz, ك ر ز
♦ **indiscrétion, écoute indiscrète,** fait d'écouter derrière le secco pour savoir ce que font les autres ou pour transmettre des commérages. •*Angari min al karas lê l-jîrân !* Ne cherche pas à écouter indiscrètement ce que disent les voisins ! •*Hî taji illa lê l*

karas. Elle ne vient ici que pour écouter aux portes. •*Mâ tiwâlif l karas yâ wilêdi, mâ adîl lê l-râjil !* Mon fils, ne prends pas l'habitude d'écouter indiscrètement ce que disent les autres, ce n'est pas bien pour un homme !

karâsa *n. f.*, → *karas 2.*

karâsi *pl.*, → *kursi.*

karâso *pl.*, → *kursi.*

karat ! *invar.*, *onom.* accompagnant le verbe *akal* [manger].
♦ **tout entier !, entièrement !,** sans rien laisser. •*Akalah karat !* Il l'a mangé en entier ! •*Akalat al hût karat !* Elle a mangé le poisson tout entier, sans rien laisser !

karat ke expression, * krd, ك ر د
♦ **complètement, entièrement.** •*Kadar naji da, akalo l êc karat kê xallôni.* Le temps que j'arrive, ils ont mangé entièrement la boule et ne m'ont rien laissé. •*Kammil xidimtak karat ke hatta amci bêtak !* Achève complètement ton travail avant de partir chez toi !

kâray *n. anim.*, *m.*, *empr. Cf. marfa'în, bugdum.*
♦ **hyène rayée, Hyæna hyæna,** plus petite que l'hyène tachetée. •*Anâ naxâf min al marâfi'în, mâ nagdar nifassil bên al kâray wa l bugdum.* J'ai peur des hyènes et je ne sais pas faire la différence entre une hyène rayée et une hyène tachetée. •*Al kâray saxayyar min al marfa'în wa ciya najîd.* L'hyène rayée est plus petite et un peu plus maligne que l'hyène tachetée.

karâyo *pl.*, → *karyo.*

karbalo / **karâblo** *n. m.*, ≅ le pluriel *karâbilo*, * krbl, ك ر ب ل
♦ **cuvette en terre,** récipient en terre recevant l'eau du bain ou de la lessive. •*Fâtime, barridi l wilêd fî l karbalo da !* Fatimé, lave l'enfant dans cette cuvette en terre ! •*Waddi almi fî l karbalo lê abûki yilbarrad !* Apporte à ton père de l'eau dans ma cuvette en terre pour qu'il se lave ! •*Anâ wa jârti, kulla karâblona, al iyâl kassarôhum.* Les enfants ont cassé nos cuvettes en terre, la mienne et celle de ma voisine.

karbân *n. d'act.*, *m.*, → *karibîn.*

karbîn *n. d'act.*, *m.*, ≅ *karbân*, → *karibîn*, * krb, ك ر ب

karbiratêr *n. m.*, emprunt *fr.* "carburateur".

karcam / yikarcim *v. trans.*, *qdr.* (*Ka.*), forme II, * kršm, ك ر ش م
♦ **froisser, plisser, se chiffonner, grimacer, froncer les sourcils, rider la face.** •*Mâ tixalli l wilêd yikarcim lêna katâkitna !* Ne laisse pas l'enfant froisser nos papiers [nous froisser nos papiers] ! •*Mâ tudumm al xulgân fî bakân hawân bikarcumu !* Ne mets pas les vêtements dans un mauvais endroit où ils se chiffonneront ! •*Karcam wijhah acân batnah tôjah.* Il grimace parce qu'il a mal au ventre. •*Simbil, mâ tikarcimi lêi wijihki fî giddâm al-nâs !* Simbil, ne fronce pas les sourcils [ton visage] quand tu me regardes devant les gens !

karcamân *n. d'act.*, *m.*, ≅ *karcimîn*, *Cf. karcam*, * kršm, ك ر ش م
♦ **froissement, chiffonnement,** fait d'être froissé et plissé. •*Al xalag, kan xassaltah wa assartah, karcamânah da, mâ yilfartag illa be l makwa.* Après avoir été lavé et essoré, le linge est tout froissé, et les plis ne disparaissent qu'avec le repassage. •*Al kawiyîn bifartig karcimîn al xulgân.* Le repassage fait disparaître les plis du vêtement froissé.

karcimîn *n. d'act.*, → *karcamân.*

kâre *n. f.*, *empr.*, utilisé dans l'expression *li'ib al kâre*, jeu joué surtout par les femmes, *Cf. sije, dâle, xuzzi.*
♦ **nom d'un jeu de pions, sorte de jeu de dames.** •*Fattic lêi iyâl kâre, nidôr nal'ab ma'â Zênaba.* Va me chercher des pions, je voudrais jouer au *kâre* avec Zénaba. •*Âce akalat*

buyût tinên fî li'ib kâre min Acta. Aché a pris deux cases chez Achta au jeu de *kâre*.

karfas / yikarfis *v. trans., qdr.*, forme II, * krfs, ك ر ف س

♦ **froisser, chiffonner, être en position fœtal(e), se recroqueviller, se mettre en chien de fusil.** •*Al wilêd da kan nâyim bikarfis.* Lorsque cet enfant dort, il se recroqueville. •*Hî xabbanat, karfasat al gurus al katkat al-râjilha antâha wa zagalatah.* Elle s'est fâchée, a froissé le billet de banque que son mari lui avait donné et l'a jeté. •*Mâ tixalli iyâlak yikarfusu makâtibak.* Ne laisse pas tes enfants chiffonner tes documents.

karha / karhât *n. f.*, ≅ *karah*, *Ant. farha*, * krh, ك ر ه

♦ **malheur, mauvaise nouvelle, catastrophe, calamité, mal, peine,** chose épouvantable, qui fait horreur. •*Be fajur simîna balâxât hanâ l karha.* Ce matin, nous avons écouté à la radio les communiqués concernant les mauvaises nouvelles. •*Al karha mâ tillabbad lê sîdha.* Tu ne peux cacher le malheur qui t'atteint [le malheur ne se cache pas chez son propriétaire]. *Prvb.* •*Al-nâdum ta'arif rafîgak fî l karah.* On reconnaît celui qui est un ami lorsqu'on est dans le malheur. •*Al-nâs lammo ke mâlhum ? Cunû l bigi farah walla karah ?* Pourquoi les gens se sont-ils réunis ? Est-ce un bonheur ou un malheur qui est arrivé ?

kari *n. m.*, → *keri.*

karib *n. d'act., m., Cf. karibîn, karabân*, * krb, ك ر ب

♦ **fait de saisir, fait d'attraper, prise, saisie.** •*Karib al-sarrâgîn fî Anjammêna bada' indah caharên.* On a commencé à attraper les voleurs à N'Djaména depuis deux mois. •*Al iyâl ba'arfu karib al-têr be carak.* Les enfants savent prendre les oiseaux au piège.

kârib / karbîn *adj. mrph. part.* actif, (*fém. kârbe*), * krb, ك ر ب

♦ **saisissant(e), attrapant, tenant, pris(e) tout entier dans une difficulté,** qui a la tête ailleurs à cause d'un problème. •*Anâ ligîtah kârib bundugah fî îdênah.* Je l'ai trouvé avec un fusil dans les mains. •*Al mara l kârbe saxîr fî îdênha di ammi.* Cette femme qui tient un enfant dans ses bras, c'est ma mère. •*Al mara l kârbe bêtha adîl râjilha dâyiman farhân.* La femme qui est une bonne maîtresse de maison réjouit son mari. •*Ligîtah amis fî l-câri, râsah kârib bahajji wihêdah bas.* Je l'ai trouvé hier dans la rue, tourmenté par quelque problème ; il parlait tout seul.

karibîn *n. d'act.*, ≅ *karabân, karbân, karbîn*, * krb, ك ر ب

♦ **prise, fait de prendre, fait d'attraper, saisie.** •*Al-sarrâg kan indah silah, karibînah xatîr.* Il est dangereux d'attraper un voleur qui a une arme. •*Al-jada' da karibînah murr kan harab.* Ce jeune veau est difficile à rattraper lorsqu'il fuit. •*Min karibînah lê l-tâsa bas, anâ iriftah kadar bidaffig al-dagîg.* De la manière dont il a attrapé la cuvette, j'ai su qu'il renverserait la farine. •*Karabân al-nâs fî l-sijin sâkit bala janiye mâ adîl.* Ce n'est pas bien de mettre les gens en prison sans qu'ils aient commis de faute. •*Karibîn al hût fî l bahar gâsi bilhên.* Il est difficile de pêcher des poissons dans le fleuve.

karibîn râs *n. d'act., Cf. karab râsha*, [prendre la tête], ≅ *karabân râs*, *Syn. gaddimîn al-salâm*, * krb, r's, ك ر ب • ر ء س

♦ **demande en mariage.** •*Karibîn râs binêyit jâri babga yôm al itinên.* La demande en mariage concernant la fille de mon voisin aura lieu lundi. •*Yôm karibîn al-râs abbahât al wilêd bujûbu sukkar walla malâbis lê abu l binêye.* Le jour de la demande en mariage, le jeune homme apporte du sucre ou des habits au père de la jeune fille.

kârih / kârihîn *adj.*, (*fém. kârihe*), *mrph. part.* actif, * krh, ك ر ه

♦ **haïssant, détestant**. •*Hû munâfix, bahajji lêk kalâm halu wa fî galbah* *kârihak.* Il est sournois, il t'adresse de bonnes paroles, mais il te hait dans son cœur.

karîm 1 / kurama *adj.*, (*fém. karîme*), *n. pr.* d'homme, ≅ le pluriel *karimîn*, * krm, ك ر م

♦ **généreux (-euse), bon (bonne), affable, accueillant(e),** qui rend service à tout le monde. •*Abu iyâli kulla yôm bêtah malân dîfân acân hû karîm.* Le père de mes enfants a tous les jours sa maison pleine d'invités parce qu'il est accueillant. •*Anâ indi binêye karîme marra wâhid.* J'ai une fille très généreuse. •*Al karîm hû Allah !* Le généreux par excellence, c'est Dieu !

karîm 2 / kirâm *adj.*, (*fém. karîme*), * krm, ك ر م

♦ **noble, fidèle, respectable, honorable, cher (chère).** •*Yâ axawâni l kirâm, anâ farhân be jayyitkum !* Mes chers frères, je suis heureux que vous soyez venus ! •*Yâ duyûfna l kirâm jitân jîtu !* Honorables invités, bienvenue à vous ! •*Raxiye axut karîme indi.* Rakhiyé est une sœur qui m'est chère.

Karîm *n. pr.* d'homme, *Cf. Abd-al-karîm*, * krm, ك ر م

Karîma *n. pr.* de femme, *fém.* de *Karîm*, * krm, ك ر م

karkad / yikarkid *v. trans.*, forme II, peut-être le résultat de la combinaison des racines *kdd* [croquer] et *qrḍ* [rogner], * kdd, qrḍ, ك د د • ق ر ض

♦ **grignoter, ronger, croquer.** •*Hey, al iyâl, mâ tikarkudu al udâm dôl, yadxul lêku fî laxamku.* Hé ! les enfants ! ne grignotez pas ces os, ils vont rentrer dans vos gencives. •*Min gibêl, nikarkid fî adumi da acân indah macâc.* Depuis tout à l'heure, je ronge et croque cet os parce qu'il a encore de la moelle rouge.

karkadê *n. vég.*, *m.*, arabe *sd.* (*C.Q.*), fleur du *karkanji* ramassée pour la boissson, *Cf. almi angara, almi ardêb*, → *karkanji.*

♦ **nom d'une boisson, boisson à base de fleur d'hibiscus,** décoction de fleurs d'*Hibiscus sabdariffa*, de couleur rouge et consommée sucrée. •*Rakkibi lêna karkade nacarboh ba'ad al akil !* Prépare-nous une décoction de fleurs d'hisbiscus que nous boirons après le repas ! •*Al karkadê be sukkar adîl fî Ramadân.* La décoction sucrée à base de fleurs d'hibiscus est excellente à boire pendant les soirs de Ramadan.

karkanji *n. vég.*, *m.*, confondu souvent avec *karkadê*.

♦ **nom d'une plante herbacée, oseille de Guinée, Hibiscus sabdariffa (L.),** famille des malvacées, plante à sauce, dont on fait aussi une boisson. •*Sawwi lêna mulâh karkanji be laham !* Prépare-nous une sauce à l'oseille avec de la viande ! •*Karkanji be sukkar adîl fî Ramadân.* La boisson à l'oseille sucrée est excellente pendant le Ramadan. •*Gattêna karkanji wa yabbasnah.* Nous avons cueilli et fait sécher de l'oseille.

karkanji hanâ l gôz *n. vég.*, *m.*, *Syn. karkanji hanâ l kadâde*, → *karkany.*

karkanji hanâ l kadâde *n. vég.*, *m.*, *Syn. karkanji hanâ l gôz*, → *karkany.*

Karkanjiye *n. pr.* de lieu, quartier de N'Djaména où l'on cultivait de l'oseille sauvage, → *karkanji.*

karkany *n. vég.*, *m.*, utilisé en arabe *sd.*, prononcé *[karkañ]*, *Syn. karkanji hanâ l gôz, karkanji hanâ l kadâde.*

♦ **nom d'une plante herbacée, Hibiscus cannabinus (Linn.),** famille des malvacées, plante sauvage servant à faire des cordes. •*Habil hanâ karkany fî l xarîf yilgatta' ajala acân bi'affin.* La corde faite en Hibiscus cannabinus se rompt rapidement en saison des pluies parce qu'elle pourrit. •*Al karkany al bisawwu beyah al hubâl, mâ bitêribuh, warcâlah axacan mâ bisawwuh mulâh.* L'Hibiscus cannabinus qui sert a faire les cordes, n'est pas planté ; ses feuilles ont de petits piquants et ne servent pas à faire la sauce.

karkar / yikarkir *v. trans.*, forme II, * krkr, ك ر ك ر

♦ **dégager les voies respiratoires,** enfiler le doigt dans la gorge pour dégager les voies respiratoires. •*Al-saxîr kan mâ bâkul, bikarkuruh ma'â l fajur.* Lorsque le bébé ne mange pas, on lui dégage la gorge avec le doigt, tôt le matin. •*Al wilêd kan indah sunûn, bidaxxuluh asa fî gaddûmah ya'addîha hatta mâ ya'addi l karkâri yikarkuruh.* Lorsque l'enfant a des dents, on lui met un bâton dans la bouche avant de lui dégager la gorge, afin qu'il morde le bâton et non le doigt de l'opérateur.

karkâr *n. m.*, en arabe *sd. kurkâr* (*C.Q.*), ≅ *karkaro*, * krr, ك ر ر

♦ **huile parfumée, parfum gras,** parfum de femmes à base d'huile mélangée à différents parfums et aromates. •*Al banât massaho karkâr.* Les jeunes filles se sont mises du parfum *karkâr*. •*Al karkâr masuh hanâ l awîn.* Ce sont les femmes qui se massent avec de l'huile parfumée *karkâr*. •*Dihin hanâ l fûl kan sabboh itir wa duxxân bas yabga karkâr.* Si l'on met du parfum et du bois aromatique dans de l'huile d'arachide, cela devient tout simplement du *karkar*.

karkarân *n. d'act.*, → *karkirîn.*

karkâri / karkârîn *adj. n., mrph. intf.*, (*fém. karkariye*), *Cf. karkar*, * krkr, ك ر ك ر

♦ **qui sait dégager la gorge.** •*Al karkâri bicîl rumâd fî usba'ah gubbâl ma yidaxxilah fî gaddûm al-saxîr.* Celui qui sait dégager la gorge met son doigt dans la cendre avant de l'introduire dans la bouche de l'enfant. •*Al mara l karkâriye jât lê l wilêd acân tamurg min halgûmah adum hanâ hût.* La femme spécialisée pour dégager la gorge, est venue ôter de la gorge de l'enfant l'arête de poisson qu'il avait avalée.

karkaro *n. m.*, → *karkâr.*

karkâs *invar.*, *empr.* (*fr.* carcasse).

♦ **vieux (vieille), usé(e), déglingué(e).** •*Be gursi mâ nibi' mubilêt karkâs.* Je n'achèterai pas une vieille mobylette avec mon argent. •*Fî l xarîf anâ mâ naxtir be watîr karkâs.* Je ne voyagerai pas avec une vieille voiture en saison des pluies.

karkaw / karâkiw *n. m.*, → *juruf*, * krw, ك ر و

♦ **berge, ravin, bord rongé par l'oued, sinus frontal.** •*Al bagar wa l xanam wigifo fî l karkaw hanâ l-wâdi, bidôru bacarbo almi.* Les vaches et les moutons se sont arrêtés au bord du ravin de l'oued parce qu'ils désiraient boire. •*Anâ wigif fî l karkaw hanâ l Batha.* Je me suis arrêté au bord des berges du Batha. •*Hu waga' min jamalah wa anfajja fî karkaw ênah.* Il est tombé de son chameau et s'est blessé au sinus frontal.

karkirîn *n. d'act., m.*, ≅ *karkarân*, * krkr, ك ر ك ر

♦ **dégagement de la gorge,** fait d'introduire le doigt dans la gorge pour en chasser ce qui l'obstrue ou ce qui empêche d'avoir de l'appétit. •*Al iyâl kan induhum sunûn, karkirînhum gâsi.* Lorsque les enfants ont des dents, il est dificile d'introduire le doigt dans leur gorge. •*Al iyâl labbado min rafîgit jiddithum acân baxâfo min al karkirîn.* Les enfants se sont cachés en voyant l'amie de leur grand-mère, parce qu'ils avaient peur qu'elle leur introduise le doigt dans la gorge. •*Al-wilêd, niytah ansaddat, mâ yagdar yâkul, bala karkirîn mâ yabga lêyah axêr.* L'enfant a perdu l'appétit et ne peut plus manger ; si on ne lui dégage pas la gorge avec le doigt, il n'ira pas mieux.

karkôra *n. f.*, * krkr, ك ر ك ر

♦ **obstruction de la gorge, amygdalite, anorexie,** quelque chose qui empêche l'enfant d'avaler ou lui fait perdre l'appétit. •*Wilêdi da birayyil wa bawrad, âkûn indah karkôra.* Mon enfant bave et est fiévreux, il a peut-être la gorge obstruée. •*Al karkôra dawâha illa be l* *karkirîn.* On ne peut soigner l'obstruction de la gorge qu'en la dégageant avec le doigt.

karkûr / karâkîr *n. m., qdr.*, * krkr, ك ر ك ر

♦ **cavité dans un arbre, trou, grotte, caverne, creux.** •*Fî l-rucâc ammangûr bisawwi lêyah karkûr fî l-cadaray.* Juste avant la saison des pluies, le calao fait son trou dans l'arbre. •*Al karâkîr buyût al amguggum wa l abmanâgîr wa l watâwît.* Les trous dans les arbres servent d'abris aux calaos, aux hiboux et aux chauves-souris.

karnak 1 / yikarnik *v. intr.*, terme peu utisé.

♦ **se faire une bosse à la tête,** recevoir un coup sur la tête qui provoque une bosse. •*Wilêdi waga' fôg al murhâka wa jiffitah karnakat.* Mon enfant est tombé sur la meule et s'est fait une bosse au front. •*Ta'âl nad'ak lêk râsak fî l bakân al darabôk fôgah acân mâ yikarnik !* Viens que je te frotte la tête à l'endroit où ils t'ont frappé pour éviter qu'il ne se forme une bosse !

karnak 2 / yikarnik *v. trans., qdr.*, forme II, racine connue en arabe *sd.* (*C.Q.*).

♦ **heurter *qqn.* avec son cheval, renverser *qqn.* en le bousculant avec son cheval,** renverser un adversaire pendant un combat. •*Gubbâl al adu ma yat'ana, hû karnakah be juwâdah.* Avant que l'adversaire ne lui donne un coup de lance, il l'avait renversé avec son cheval. •*Sîd al-juwâd karnak al hambâti l sirig al bahâyim mâci bêhum.* Le cavalier a renversé grâce à son cheval le voleur qui s'en allait avec les bêtes qu'il avait volées.

karne / karneyât *n. f., empr. fr.*

♦ **carnet,** carnet de visite à l'hôpital, ou carnet de notes à l'école. •*Hû cara karne hatta daxal fî l-labtân.* Il a acheté un carnet avant d'entrer à l'hôpital. •*Bala karne, al-daktôr mâ baxassid tadxul lêyah.* Sans carnet de visite, le docteur n'accepte pas qu'on entre dans son cabinet. •*Yôm gassimîn al karne fî l-lekkôl kulla wilêd yijîb arba'în riyâl.* Le jour où l'on distribue les carnets de notes à l'école, chaque élève doit apporter quarante riyals.

karno *n. m.*, → *korno.*

kâro *n. m., empr. fr.* dans l'expression *sukkar kâro, Cf. sukkar gass.*

♦ **morceau, carreau.** •*Al-sukkar kâro mâ indah ta'âm misl al-dagîg.* Le sucre en morceaux n'est pas aussi sucré que le sucre en poudre. •*Inta kam kâro tusubb fî câhîk da ?* Combien de morceaux de sucre mets-tu dans ton thé ?

karr 1 *invar., intf.* de couleur dans l'expression *abyad karr, Syn. abyad tal.*

♦ **blanc immaculé, tout blanc.** •*Anâ libist xalag abyad karr.* J'ai revêtu un habit tout blanc. •*Katabt fî katkat abyad karr.* J'ai écrit sur du papier très blanc. •*Xalîl waddar farasah al bêda karr da.* Khalil a perdu sa jument blanche immaculée.

karr 2 *invar.*, connu au *Sdn.* (*C.Q.*), ≅ *kerr, icc karr*, * krr, ك ر ر

♦ **partez !,** interjection destinée à chasser les poules. •*Al iyâl gûlu karr lê l-jidâd mâ tixalluhum yâkulu l-sumsum !* Les enfants, chassez les poules, ne les laissez pas manger le sésame ! •*Karr ! al-jidâd dôl jî'ânîn walla cunû ?* "Allez-vous-en !", mais qu'ont-elles donc ces poules, seraient-elles affamées ?

karra 1 / yikirr *v. intr.*, forme I n° 11, *Cf. gargarân*, * krr, ك ر ر

♦ **rugir, beugler, braire, mugir.** •*Al-dûd karra fî l kadâde wa daharâna nôm al-lêl.* Le lion a rugi dans la brousse et nous a empêchés de dormir la nuit. •*Al-tôr yikirr fî lubb ammahâtah.* Le taureau mugit au milieu des vaches [au milieu de ses mères]. •*Kan al-rucâc ja, al humar yikirr min al farha.* Lorsque le temps de la montée de sève précédant la saison des pluie est arrivé, l'âne brait de joie.

karra 2 / yukurr *v. trans.*, forme I n° 5

♦ **traîner par terre, prendre la dernière carte, gagner la partie de cartes, tirer en traînant à terre, rayer d'un trait, tirer un trait.** •*Al kalib karra l-laham fî l-turâb.* Le chien a traîné la viande par terre. •*Al marfa'în yukurr al xanamay min al-zerîbe.* L'hyène traîne la chèvre hors de l'enclos. •*Ta'âl, kurr ma'âi cuwâl al xalla !* Viens, tire avec moi le sac de mil ! •*Hû karra l kartay al anâ zagaltaha, xalâs fatah.* Il a pris la dernière carte que j'ai jetée, et il a gagné la partie. •*Katibak da mâ ajabni, kurr al bakân da !* Ce que tu as écrit ne me plaît pas, raye cette partie ! •*Anâ gâfil wa hû daxal kamân karrêtah.* Il ne me manquait plus qu'une carte pour faire une série, il s'en est défaussée et j'en ai profité pour gagner un point sur lui.

karrab 1 / yikarrib *v. trans.*, forme II, répétitif *intf.*, * krb, ك ر ب

♦ **attraper plusieurs fois, prendre, saisir, cueillir, fixer en passant plusieurs fois la corde.** •*Al bôlîs yikarrubu iyâl bandî fî l-sûg.* Les policiers ont attrapé des enfants voleurs au marché. •*Al iyâl maco karrabo jarâd fî l kadâde.* Les enfants sont allés attraper les sauterelles en brousse. •*Karribi butân bêtki adîl acân al-rîh mâ ticalli'ah.* Fixe bien la couverture du toit de ta maison en passant plusieurs fois la corde pour éviter que le vent ne l'emporte !

karrab 2 / yikarrib *v. trans.*, forme II, *Syn. amman, massak, wakkal*, * krb, ك ر ب

♦ **confier.** •*Al faxîr da karraboh muhâjirîn kutâr.* On a confié à ce faki beaucoup d'enfants à former. •*Al marfa'în mâ bikarrubuh laham.* On ne confie pas de la viande à une hyène. *Prvb.*

karrab 3 / yikarrib *v. trans.*, forme II, *Syn. ôgad*, * krb, ك ر ب

♦ **allumer** (le feu), **s'enflammer, prendre feu.** •*Fâtime karrabti nârki wallâ ?* Fatimé, as-tu allumé ton feu ? •*Al hattab kan layyin mâ bikarrib.* Lorsque le bois est vert, il ne s'enflamme pas. •*Karrib lêna nâr, wa sawwi lêna câhi !* Allume du feu et fais-nous du thé !

karrab 4 / yikarrib *v. trans.*, forme II, * krb, ك ر ب

♦ **transmettre une maladie à *qqn.*** •*Hû muzaxxim, ciribna fî ma'ûn wâhid, xalâs karrabâni zixme.* Il était enrhumé, nous avons bu dans le même récipient, et voilà qu'il m'a transmis son rhume. •*Zôl kan bâkul ma'â l-nâdum al indah sîda mâ bikarribah.* Ce n'est pas en mangeant avec quelqu'un qui a le sida qu'on attrape cette maladie.

karrâb / karârîb *n. f.*, *Cf. dimsik*, * krb, ك ر ب

♦ **ceinture en toile, cordon, attache,** cordon du pagne des femmes qui permet d'attacher le petit pagne. •*Al-rabbâta fî sulb al mara bala karrâb mâ tagôd adîl, timbalis.* Sans l'attache, le petit pagne ne tient pas bien sur les hanches de la femme, il glisse. •*Rabbato sulubbênhum be karârîb lê nagilîn al xalla.* Elles ont ceint leurs reins avec une ceinture en toile pour transporter le mil.

karrabân *n. d'act.*, → *karribîn.*

karram / yikarrim *v. trans.*, forme II, * krm, ك ر م

♦ **respecter, honorer, être généreux (-euse) envers, donner *qqch.* en aumône,** faire un acte de générosité. •*Karrim ammak wa abûk !* Honore ta mère et ton père ! •*Karramna l gâdi acân bi'ôrina al-sahi.* Nous avons respecté le juge parce qu'il nous disait la vérité. •*Al iyâl al mâ mu'addabîn mâ bikarrumu l-nâs.* Les enfants sans éducation ne respectent pas les gens. •*Al-jum'a al-jâye, kan Allah hayyâni, nikarrim be madîde lê l muhâjirîn.* Vendredi prochain, si Dieu me prête vie, je ferai l'aumône en donnant de la bouillie aux mendiants de l'école coranique.

karrân *n. d'act.*, → *karrîn.*

karrany / yikarriny *v. intr.*, forme II, prononcé *[karrañ]*.

♦ **se couvrir de rosée, perler** (sueur). •*Al gecc karrany acan amis al almi sabba.* L'herbe s'est couverte de rosée parce qu'hier il a plu. •*Al mara kan xalbâne, ticîf wijihha yikarriny kan al wata bârde kulla.* Lorsqu'une femme est enceinte, on voit la sueur perler sur son visage, même quand il fait froid.

karrar / yikarrir *v. trans.*, forme II, * krr, ك ر ر

♦ **répéter, réitérer, reprendre.** •*Kam marra, karrart lêk tixassil idênak gubbâl al akil ?* Combien de fois t'ai-je répété qu'il faut se laver les mains avant de manger ? •*Al mêtir karrar al giray lê l iyâl al mâ fihimo.* Le maître a repris la leçon pour les enfants qui n'avaient pas compris.

karras / karârîs *n. m.*, ≅ *kurrâs*, * krs, ك ر س

♦ **cahier.** •*Al-râs mâ kurrâs.* La tête n'est pas un cahier. *Prvb.* (*i.e.* notre mémoire n'est pas infaillible). •*Iyâl al madâris baktubu fî l karârîs.* Les enfants des écoles arabes écrivent sur des cahiers.

karrâs / karrâsîn *adj.*, (*fém.* *karrâsa*), * krz, ك ر ز

♦ **curieux (-euse), indiscret (-ète).** •*Al-râjil da karrâs bilhên mâ tahajju janbah.* Cet homme est très curieux, ne parlez pas à côté de lui. •*Mâ tabga nâdum karrâs, da mâ sameh, al-nâs bajuru minnak !* Ne sois pas curieux, ce n'est pas bien, les gens te fuiront !

karribîn *n. d'act.*, ≅ *karrabân*, → *karrab*, * krb, ك ر ب

♦ **attraper plusieurs fois, prendre rapidement, ramasser.** •*Karribîn al-jarâd bacxil al iyâl min al giray.* Attraper les criquets détourne les enfants de leurs études. •*Al bôlîs marago lê karribîn al-lampo.* Les policiers sont sortis pour arrêter ceux qui n'ont pas payé l'impôt.

karrîn 1 *n. d'act.*, *m.*, ≅ *karrân.*

♦ **traînage, fait de tracter.** •*Karrînak lê l-côk da, tisawwi bêyah cunu ?* Que vas-tu donc faire avec ces branches d'épineux que tu traînes ? •*Karrînak lê kalâmak da, inta mâ radyân ma'âna wallâ ?* Est-ce parce que tu n'es pas d'accord avec nous, que tu traînes tes mots quand tu nous parles ? •*Xulgâni dôl xassaltuhum hassâ, karrînhum fî l-turâb, mâ nidôrah yâ iyâl !* Eh ! les enfants ! je viens de laver mes habits, je ne veux pas que vous les traîniez par terre !

karrîn 2 *n. d'act.*, ≅ *karrân*, * krr, ك ر ر

♦ **rugissement, braiment, beuglement.** •*Al bâreh fî l-lêl, kulla l-nâs simi'o karrîn al-dîdân.* Hier, pendant la nuit, tout le monde a entendu le rugissement du lion. •*Al-rucâc ja karrîn al hamîr kitir.* Le début de la saison des pluies est arrivé, les ânes ont multiplié leurs braiments.

kârro *n. f.*

♦ **charrette.** •*Ahmat cara lêyah kârro acân yangul bêha l faham wa l hatab.* Ahmat a acheté une charrette pour transporter du charbon et du bois. •*Sîd al kârro di, rabba juwâdah namman bigi samîn.* Le propriétaire de cette charrette a bien nourri son cheval, au point qu'il est devenu gras.

karta *n. coll.*, *f.*, *sgtf. kartay*, *empr. fr.*, ≅ *karte*, *Cf. xarta.*

♦ **carte à jouer.** •*Al-subyân li'ibo karta yôm al ahad al fât.* Les jeunes gens ont joué aux cartes dimanche dernier. •*Al banât mâ ya'arfu li'ib al karta.* Les filles ne savent pas jouer aux cartes.

kartca-kartca *n. vég.*, *f.*

♦ **nom d'un arbuste, Securinega virosa (Baill.),** famille des euphorbiacées. •*Cadarayt al kartca-kartca hî mâ kabîre, wa iyâlha buyud bâkuluhum.* Le Securinega virosa n'est pas très grand, ses fruits blancs se mangent. •*Matârig al kartca-kartca bigattu'u wa barbutuh lê iyâl al-suxâr min al xucce.* On coupe des branches de Securinega virosa et on en prélève un morceau que l'on attache à la taille des petits enfants pour les protéger du mauvais œil. •*Yiwalluku warcâl cadarayt al kartca-kartca acân dawa lê l-sabîb.* On fait bouillir les feuilles du Securinega virosa pour soigner la diarrhée. •*Cadarayt al kartca-kartca, nalgôha tugumm fî l hujâr.* Le Securinega virosa pousse dans les montagnes.

karte / kurût *n. f.*, → *karta, karte dandite.*

karte dandite / kurût dandite nom composé, *empr. fr.*, ≅ *karte dandake, karte dendike, Cf. piyês.*
♦ **carte d'identité, pièce d'identité.** •*Wazîr al-dâxiliya gâl : kan nâdum mâ indah karte dandite wa karaboh yahakmu.* Le ministre de l'Intérieur a dit que lorsqu'on arrête quelqu'un qui n'a pas de carte d'identité, il doit être puni par une amende. •*Karte dandite hinti tiwassif jinsiyti.* Ma carte d'identité indique ma nationalité. •*Kurût dandike bisillûhum fî l komsêriye santral.* Les cartes d'identité sont à retirer au commissariat central.

kartiye nom, *m.*, *empr. fr.*
♦ **quartier.** •*Bêti fî kartiye Gardôle.* Ma maison se trouve au quartier Gardolé. •*Kulla arondisima mukawwan min acara walla tamâne kartiye.* Chaque arrondissement est constitué de huit ou dix quartiers.

kartôna / karâtîn *n. f.*, *empr. fr.*
♦ **carton, boîte en carton.** •*Yôm fâtîhtah hû jâb lê nasîbtah kartôna hanâ halâwa.* Le jour de son mariage, il a apporté un carton de bonbons à sa belle-mère. •*Hu cirib kartôna hanâ gâla wihêdah.* Il a bu un carton de bière à lui seul. •*Al-duwân karabo karâtîn katîrîn hanâ sâbûn min al-tujjâr.* Les douaniers ont saisi de nombreux cartons de savon appartenant à des commerçants.

kartûc *n. coll.*, *sgtf. kartucay*, *empr. fr.* utilisé aussi en arabe *sd. xartûc* (*C.Q.*), → *rassâs.*

karûm *adj. m.*, → *karîm.*

karyo / karâyo *n. f.*, *empr.*, connu au *Sdn.* (*C.Q.*), ≅ *koryo.*
♦ **pot en fibres végétales,** pot en fibres de rônier montées en spirales fines et très serrées, servant à garder le lait, le beurre ou certains aliments. •*Maryam sabbat ajîne fî l karyo.* Mariam a versé de la boisson de mil écrasé dans le pot. •*Ammi darrat lêi laban min al koryo.* Ma mère m'a versé du lait qui était dans le pot. •*Al karâyo bissawuhum be za'af.* On fabrique les pots *koryo* avec de la fibre de feuilles de palmier doum.

kâs 1 / yukûs *v. trans.*, *Cf. fattac,* connu au *Sdn.* (*C.Q.*) ; forme I n° 4, * kws, ك و س
♦ **chercher en marchant, marcher en cherchant, chercher querelle.** •*Al-rujâl bukûsu fî l-lêl bakân carâb al marîse wa li'ib al gumâr.* Les hommes se promènent la nuit en cherchant un lieu où l'on boit de l'alcool et où l'on joue au poker. •*Âdum gabbal dârah bukûs lêyah mara samhe.* Adoum est retourné dans son pays pour se chercher une belle femme. •*Al bukûs balga, wa l balda budûx al-talga.* La personne qui cherche des ennuis les trouvera, comme celle qui accouche ressentira les douleurs. *Prvb.* •*Angari, mâ tukûs kalâmi !* Attention, ne viens pas me chercher des ennuis !

kâs 2 / kîsân *n. m.*, * k's, ك ء س
♦ **calebasse,** récipient en calebasse pour boire, servant parfois à recouvrir la boule. •*Al-sakkâra bacarbo fî l gawâdîl be kîsân.* Les soûlards boivent dans les cabarets avec des calebasses. •*Sidt al-laban tusubb labanha fî kâs nadîf.* La laitière verse son lait dans une calebasse propre. •*Anti lê l-dêf almi bârid fî l kâs al abyad !* Donne à l'invité de l'eau fraîche dans la calebasse blanche !

kâs 3 / ku'ûs *n. m.*, * k's, ك ء س
♦ **coupe.** •*Fî yôm îd hanâ l hurriya, farîx hanâ hâriti Kilêb-mât câl al kâs min farîx hanâ Amrigêbe wakit li'ibo kûra.* Le jour de la fête de l'Indépendance, l'équipe de mon quartier Klémat a remporté la coupe

en éliminant l'équipe de Amriguébé au football. •*Baladna Tcâd lissâ mâ câlat al kâs al âlami hanâ l kûra.* Notre pays le Tchad n'a pas encore remporté la coupe du monde de football.

kasa / yaksi *v. trans.*, forme I n° 7, * ksw, ك س و

♦ **revêtir, habiller,** acheter des habits pour *qqn.* •*Ammi kasatni xalag hanâ barday.* Ma mère m'a habillé d'un vêtement contre le froid. •*Al arîs yaksi martah laffay be acara alif riyâl.* Le marié a revêtu sa femme d'un voile valant dix mille riyals. •*Wâjib lê l-rujâl yaksu awînhum wa iyâlhum.* C'est un devoir pour les hommes d'habiller leurs femmes et leurs enfants.

kasab *v. trans.*, → *kisib.*

kasaban *n. d'act.*, → *kasibîn.*

kasal *n. m.*, * ksl, ك س ل

♦ **fatigue, paresse, nonchalance.** •*Al-sana di al kasal daxal lêi fî jildi.* Cette année j'ai été très fatigué [la fatigue a envahi mon corps]. •*Anâ nidôr mâci l xidime lâkin al kasal daharâni.* Je voulais aller au travail mais la fatigue m'en a empêché. •*Al kasal min dalâyil al fagur.* La paresse est l'une des causes de la pauvreté. *Prvb.*

kasar / yaksir *v. trans.*, forme I n° 6, * ksr, ك س ر

♦ **briser, casser, rompre, quitter sa place, émigrer, déborder,** briser le lien qui fixe en un lieu. •*Al iyâl al-dugâg yaksuru l agêg be rijilênhum.* Les petits enfants cassent les cannes de mil avec leurs pieds. •*Al mâ indah biric andirga, xalli yaksir !* Celui qui n'a même pas une simple natte, qu'il s'en aille [qu'il émigre] ! •*Al-bahar anmala ke nammin kasar fî l hille.* Les eaux du fleuve sont montées jusqu'à inonder la ville.

kasar jirre / yaksir jirre *v. trans.*, expression, *Cf. kasar* ; forme I n° 6, ≅ *kasar jarra*, * ksr, ك س ر

♦ **ruminer les aliments.** •*Al-nâs mâ baksuru jirre.* Les hommes ne ruminent pas les aliments. •*Al bahâyim bas baksuru jirre fî wakt al-jumma.* Il n'y a que le bétail qui rumine au temps du repos. •*Al bagar kan gabbalo min al-sarhe baksuru jarra kan gâ'idîn binjammo fî l-lêl.* Lorsque les vaches sont revenues du pâturage, elles ruminent en se reposant la nuit.

kâsar 1 / yikâsir *v. trans.*, forme III, * ksr, ك س ر

♦ **diviser un liquide, vendre au détail, composer une suite de cartes,** terme commercial pour répartir le contenu liquide d'un récipient et le vendre moins cher, terme de jeu de cartes désignant l'action de composer une suite numérique après avoir tiré et jeté une carte. •*Al-dihin da kan kâsartah baksirni.* Si je vends mon huile au détail, j'y perdrai de l'argent. •*Fatrônak da, kan mâ anba' be l birmîl, kâsirah be jawâlîn.* Si ton pétrole ne se vend pas en fût, vends-le au détail en le répartissant dans des bidons ! •*Fî l-dôr da kan mâ kâsart kartitak anâ naftah.* Si tu ne composes pas une belle suite de cartes ce tour-là, c'est moi qui gagne [j'ouvre mon jeu].

kâsar 2 / yikâsir *v. intr.*, forme III, ce verbe n'est utilisé qu'avec un sujet féminin, *Syn. dâfagat*, * ksr, ك س ر

♦ **perdre le liquide amniotique, rompre la poche des eaux,** début de l'avortement ou de la naissance. •*Marti kâsarat acân râxat katîr fî l harray.* Ma femme a perdu du liquide amniotique parce qu'elle a beaucoup marché sous le soleil. •*Kan al mara kâsarat, wâjib yiwadduha ajala fî labtân acân al-saxîr mâ yaga'.* Lorsque la femme enceinte perd le liquide amniotique, il faut vite l'emmener à l'hôpital pour éviter l'avortement.

kasâwe *pl.*, → *kiswe.*

kasâyib *pl.*, → *kasîbe.*

kasbân / kasbanîn *adj.*, (*fém. kasbâne*), * ksb, ك س ب

♦ **gagnant(e).** •*Hû kasbân acara alif riyâl.* Il a gagné dix mille riyals. •*Caro lêi xumâmi kulla ke lâkin mâ kasbân coxol katîr.* Ils ont acheté toutes mes affaires, mais je n'ai pas réalisé un gros bénéfice.

kâsêt / kâsêtât *n. m., empr. fr.*

♦ **cassette, bande magnétique.** •*Anâ macêt al-sûg carêt kâsêt.* J'étais allé au marché acheter une cassette. •*Hû sajjal kâsêt hanâ l giray.* Il a enregistré le cours sur une cassette.

kasîbe / kasâyib *n. f.*, * ksb, ك س ب

♦ **pillage, action de piller, prise de butin.** •*Yôm al kasîbe hanâ bêt al-Ra'îs râjil wâhid daraboh fî îdah.* Le jour du pillage de la Présidence, un homme a été blessé par balle à la main. •*Sawwîn mâl al-nâs kasîbe da harâm.* Il est interdit de s'emparer du bien d'autrui comme butin. •*Al askar kan ihtallo bakân wâhid, bugummu le l kasîbe.* Lorsque les soldats prennent une localité et l'occupent, ils se livrent au pillage.

kasibîn *n. d'act., m.*, ≅ *kasabân*, * ksb, ك س ب

♦ **profit, gain, bénéfice, fait de remporter la victoire, fait de gagner.** •*Sawwîn al bak marritên, da kasibîn lê l mâ ligioh.* La deuxième session du baccalauréat est profitable à ceux qui n'ont pas réussi la première. •*Kasibîn al-risix be waxar jibhitak, caraf !* Gagner ton pain à la sueur de ton front est un honneur !

kasir *n. m.*, * ksr, ك س ر

♦ **brisure, cassure, fait de briser, fait de casser.** •*Kasir hanâ l wilêd da fî îdah al-zêne.* La main droite de cet enfant a une fracture. •*Kasir hanâ râs al-sukkar be l îd gâsi bilhên.* Il est très difficile de casser un pain de sucre seulement avec la main.

kâsir ! *v. impér.*, → *kâsar 2.*

kâsir bêt dans l'expression *mara kâsir bêt*, → *kâsre bêt.*

kask *n. m., empr. fr., Cf. tâgiye*

♦ **casque, écouteurs.** •*Al mu'tamirîn dasso kask fî rusênhum acân yasma'o bêyah kalâm al-Ra'îs.* Les participants à la conférence ont porté des écouteurs pour suivre [écouter] le discours du Président. •*Al wata kan hâmiye, kask hanâ l hadîd labisînah mâ halu.* Quand il fait chaud, le port du casque est désagréable.

kaskas / yikaskis *v. trans.*, forme II, *Cf. kassa.*

♦ **reculer, revenir en arrière.** •*Hû kaskas xalla l-derib lê l watîr.* Il a reculé pour laisser passer la voiture. •*Kan mâ kaskastu natrucku be biskilêti.* Si vous ne reculez pas, je vais vous heurter avec ma bicyclette. •*Mâ tikaskis min kalâmak al awwal gultah !* Ne reviens pas sur ce que tu as dit auparavant !

kaslân / kaslânîn *adj.*, (*fém. kaslâne*), *Syn. ayyân*, * ksl, ك س ل

♦ **fatigué(e), paresseux (-euse).** •*Al wilêd da kaslân kulla yôm yamci mul'axxir fî l giray.* Cet enfant est paresseux, il arrive tous les jours en retard à l'école. •*Hî kaslâne min ta'ab al xalaba.* Elle est fatiguée parce qu'elle est enceinte. •*Al-rujâl dôl kaslânîn acân mâ ciribo câhi be fajur.* Ces hommes ne sont pas courageux au travail parce qu'ils n'ont pas bu de thé ce matin.

kâsre / kâsrât *adj. f. mrph. part.* actif, dans l'expression *mara kâsre bêt* ou *mara kâsir bêt*, * ksr, ك س ر

♦ **qui déjà été mariée,** femme qui a divorcé ou qui a été répudiée. •*Al mara l kâsre bêt axîditha mâ gâsiye misil al kilâsku.* Il est moins cher d'épouser une femme qui a déjà été mariée que d'épouser une jeune fille vierge. •*Al kâsre bêt mutallaga min râjilha l awwalâni.* Celle qu'on appelle "quittant le foyer" est celle qui a été répudiée par son premier mari. •*Al awîn al kasrât buyût hummân mâ ajâyis, yagdaro yâxudu.* Les femmes mariées et divorcées ne sont pas forcément vieilles, elles peuvent se remarier.

kassa / yukuss *v. trans.*, connu au *Sdn.* (*C.Q.*) ; ≅ l'*inacc. yikiss*, forme I n° 5.

♦ **reculer, enlever, dégager, retirer** (se)**, ôter, écarter, éloigner,** mettre à l'écart, laisser le passage. •*Mûsa kassa ba'îd min al-dâbi.* Moussa s'est écarté loin du serpent. •*Kussi l amûd min al-nâr !* Éloigne du feu le pilon ! •*Al-nâs yukussu min al-câri kan al-Ra'îs jâyi.* Les gens s'éloignent de la rue lorsque passe le Président. •*Kussu, xallu lêi derib namci !* Reculez, laissez-moi passer ! •*Kuss min janbi !* Éloigne-toi de moi !

kassab / yikassib *v. trans.*, forme II, * ksb, ك س ب

♦ **faire bénéficier** ***qqn.*****, donner en plus du prix normal,** donner à *qqn.* l'occasion de faire des bénéfices. •*Hû kassab rafîgah miya riyâl wa câl al xanamay.* Il a donné à son ami cent riyals en plus et a pris le mouton. •*Al-tâjir kassabâni fî budâ'iti al-carêtaha amis min al-sûg.* Le commerçant m'a donné l'occasion de faire un bon bénéfice en achetant la marchandise que j'avais achetée hier au marché. •*Kan tidôr al-sa'â di anâ carêtaha be mitên, kassibni wa cîlha !* Si tu as besoin de cette montre, je l'ai achetée deux cents riyals, donne-moi un peu plus et tu pourras la prendre !

kassal / yikassil *v. trans.*, forme II, * ksl, ك س ل

♦ **rendre paresseux, fatiguer** ***qqn.*****, décourager,** abattre (*s. fig.*). •*Nidôr mâci lêk lâkin simit xabar kassalâni.* Je voulais aller chez toi, mais j'ai appris une nouvelle qui m'a abattu. •*Al yôm fajur zaratt dawa kassalâni marra wâhid.* Ce matin, j'ai pris un médicament qui m'a fatigué.

kassar / yikassir *v. trans. mrph. intf.*, forme II, * ksr, ك س ر

♦ **casser en menus morceaux, briser complètement, détruire.** •*Al mêri kassarat al buyût al mâ mubawwarîn.* La mairie a fait détruire les maisons qui n'étaient pas bornées selon le cadastre. •*Angari, kan mâ tagôd sâkit, hassâ nikassir wijhak !* Fais attention ! Si tu ne restes pas tranquille, je te casse la figure !

kassarân *n. d'act.*, → *kassirîn.*

kassirîn *n. d'act. mrph. intf.*, [fait de casser en menus morceaux], *Cf. kasir,* voir l'expression *kassirîn al wijih,* * ksr, ك س ر

kassirîn al wijih expression, *litt.* casser le visage, * ksr, wjh, ك س ر • و ج ه

♦ **faire la grimace, grimacer.** •*Kan mâ tixalli kassirîn wijihki da, anâ nisill wald ênki !* Si tu n'arrêtes pas de me faire des grimaces, je t'arrache la prunelle de l'œil. •*Al banât gubbâl ma yidâwusu babdo be kassirîn al wijih.* Avant de se battre, les filles commencent par se faire des grimaces. •*Kassirîn al wijih bidahhik al iyâl al-suxâr.* Les grimaces font rire les petits enfants.

katab / yaktib *v. trans.*, forme I n° 6, * ktb, ك ت ب

♦ **écrire.** •*Wilêdi katab lêi juwâb.* Mon enfant m'a écrit une lettre. •*Aktib usumak sameh !* Écris ton nom comme il faut ! •*Al faki yaktib fî l-lôh walla l-katkat.* Le faki écrit sur une tablette en bois ou sur du papier.

katabân *n. d'act.*, → *katibîn.*

katâfe *pl.*, → *kitif.*

katâkit *pl.*, → *katkat 1.*

katal / yaktul *v. trans.*, forme I n° 1, * qtl, ق ت ل

♦ **tuer.** •*Al-râjil da katal al marfa'în al janb hillitna.* Cet homme a tué l'hyène qui rôdait près de notre village. •*Mâ taktûl nafsak be l xidime l katîre !* Ne te tue pas au travail !

kâtal / yikâtil *v. intr.*, forme III, * qtl, ق ت ل

♦ **agoniser.** •*Al wilêd al mardân hassâ gâ'id bikâtil.* L'enfant qui était malade est en train d'agoniser. •*Môt al hâdis hanâ l-tayyâra sîdah mâ bikâtil.* Celui qui a trouvé la mort à la suite d'un accident d'avion n'a pas eu le temps d'agoniser.

katalân *n. d'act., m.,* → *katilîn.*

katam / yaktim *v. trans.*, forme I n° 6, * ktm, ك ت م

♦ **taire, cacher, sceller,** garder le silence. •*Îsa katam acîr rafîgah.* Issa a gardé le secret de son ami. •*Mâ taktim al kalâm al-sahi.* Ne cache pas la vérité. •*Amis fî l-lêl al-sahab câl wa l hawa katam.* Hier, le temps était couvert et il n'y avait pas un souffle d'air.

katambûru *n. anim., coll., sgtf. katumburiyay*, connu au *Sdn.* (*C.Q.*).

♦ **kob onctueux, Kobus defassa (Rüppel),** famille des bovidés. •*Al katambûru gadur humâr al kadâde, indah gurûn mugabbilîn giddâm, wa talgah katîr fî l wati.* Le kob onctueux a la grosseur d'un âne de brousse, il a les cornes tournées vers l'avant ; on en trouve un grand nombre dans le Sud. •*Antayit al katambûru mâ indaha gurûn wa hî saxayre min al-dakar.* La femelle du kob onctueux n'a pas de cornes et est plus petite que le mâle.

katara *n. f., Cf. katîr*, * kṯr, ك ث ر

♦ **multiplicité, grand nombre.** •*Katara hint al-jarad masîbe lê baladna.* Le trop grand nombre de criquets est un fléau pour notre pays. •*Anâ mâ nirîd katarat al kalâm.* Je n'aime pas le bavardage.

katarbila *n. f.,* → *katarpila.*

katarpila *n. f., empr.* (*amr.*), ≅ *katarbila.*

♦ **bouteur, bulldozer, gros engin des travaux publics, niveleuse.** •*Al yôm al katarpila kassarat al-sûg.* Aujourd'hui, le bouteur a rasé [a brisé] le marché. •*Al mêri jâbat katarbilât yi'addulu l bûta hint Amrigêbe.* La mairie a fait venir des bulldozers pour refaire le collecteur des eaux d'Amriguébé. •*Wilêdi sawwa katarbila hanâ silik.* Mon enfant a fabriqué un bouteur en fil de fer.

kâtci *n. anim., coll., sgtf. kâtciye*, utilisé dans l'expression *jidâd kâtci*, → *jidâd xala.*

♦ **pintade.** •*Bêd al kâtci kan sabboh lê jidâdt al bêt, kulla tifaggi'ah.* Si l'on pose des œufs de pintade sous une poule, elle les fera éclore. •*Al kâtci kan fî l bêt kulla, yabki misil fî l kadâde.* Quand une pintade est domestiquée, elle criaille comme si elle était en brousse.

katib *n. m., Cf. katbîn*, * ktb, ك ت ب

♦ **écriture.** •*Al faxîr yixassil lêi katib min al-lôh wa nacarbah.* Le marabout a lavé l'écriture de la tablette et j'ai bu cette eau. •*Wilêdi jab lêi juwâb wa katibah mâ iriftah.* Mon enfant m'a apporté une lettre dont je ne connaissais pas l'écriture. •*Al iyâl katibhum rîgân rîgân fî lîhânhum.* Les enfants ont écrit d'une manière appliquée et ordonnée [leur écriture est bien alignée] sur leurs ardoises. •*Rîgân rîgân, samaha l bizre fî l-gîzân... Da l-katib.* Bien alignées, aussi belles que des jeunes plants sur les coteaux sablonneux… C'est l'écriture (*i.e.* les lettres d'une belle écriture). *Dvnt.*

kâtib / kuttâb *adj. mrph. part.* actif, (*fém. kâtibe*), * ktb, ك ت ب

♦ **écrivain, greffier, secrétaire.** •*Al-râjil da kâtib fî bakân al-sultân.* Cet homme est greffier au palais du sultan. •*Al kâtib hanâ l-ra'îs, wilêdi !* Le secrétaire du Président, c'est mon fils !

katibîn *n. m.,* ≅ *katabân*, * ktb, ك ت ب

♦ **inscription, recensement, fait d' inscrire,** fait d'écrire. •*Al-lekkôl fakka wa hû mâ indah gurus hanâ katibîn iyâlah.* C'est la rentrée des classes et il n'a pas d'argent pour l'inscription de ses enfants. •*Al hakûma al-jadîde laxat katibîn hanâ sukkân lê l intixâbât al awwal, wâjib yijaddudu l katibîn be derib sahi.* Le nouveau gouvernement a annulé le premier recensement électoral, il doit en organiser un autre d'une manière juste.

kâtil / kâtilîn *adj. mrph. part.* actif, (*fém. kâtile*), * qtl, ق ت ل ⇨

♦ **meurtrier (-ère), tueur (-euse).** •*Al-nâs ligo l-janâza lâkin al kâtil arrad.* Les gens ont trouvé la dépouille mortelle, mais le meurtrier a fui. •*Al-râjil al-jâyi da akûn hû bas al kâtil.* Cet homme qui vient est peut-être bien le meurtrier.

katilîn *n. d'act., m.,* ≅ *katalân,* * qtl, ق ت ل

♦ **meurtre, fait de tuer, fait d'éteindre.** •*Katilîn al-nâs bala sabab mâ sameh.* Ce n'est pas bien de tuer les gens sans cause. •*Kan sâtat êc hî mâ tirîd katilîn al-nâr.* Lorsqu'elle a fini de faire cuire la boule, elle n'a pas l'habitude d'éteindre le feu. •*Katilîn al-dûd mâ coxol hayyin.* Ce n'est pas facile de tuer un lion.

kâtilîn *n. d'act., m.,* * qtl, ق ت ل

♦ **agonie.** •*Kâtilînah câl mudda tawîle hatta mât.* Son agonie a duré longtemps avant qu'il ne meure. •*Katîr min al-nâs baxâfo min al kâtilîn al-tawîl.* Beaucoup de gens ont peur d'une longue agonie.

kâtim / kâtimîn *part. actif, adj., (fém. kâtime), → katam,* * ktm, ك ت م

♦ **silencieux (-euse), discret (-ète),** taisant, cachant. •*Al kalâm, hû kâtimah fî galbah mâ bayyanah lê rufugânah.* Cette parole, il l'a gardée dans son cœur sans la révéler à ses amis. •*Hû ga'îd kâtim acân hû dêf.* Il est resté silencieux parce qu'il est étranger.

katîr / kutâr *adj., (fém. katîre),* ≅ le pluriel *katîrîn* (*masc.*) *katîrât* (*fém.*), * ktr, ك ث ر

♦ **nombreux (-euses), en grand nombre, abondant(e), beaucoup, plusieurs, souvent.** •*Iyâl dugâg katîrîn fî Anjammêna.* Il y a beaucoup de petits enfants à N'Djaména. •*Nâs katîrîn marago min al-labtân.* De nombreuses personnes sont sorties de l'hôpital. •*Al-Nasrâni da indah gurus katîr.* Cet Européen a beaucoup d'argent. •*Al xanamay di indaha sûf katîr.* Ce mouton a une toison épaisse. •*Hû kalâmah katîr !* Il bavarde trop ! •*Al-nâs yisadduxu katîr fî ayyâm îd al-Ramadân.* Les gens font souvent l'aumône pendant les jours de fête du Ramadan.

Katîr *n. pr.* d'homme, → *katîr.*

katîr bilhên expression, *Cf. katîr, bilhên,* * ktr, ك ث ر

♦ **trop, tant.** •*Al-sukkar da sabbêtah katîr bilhên fî l-câhi.* Tu as mis trop de sucre dans le thé. •*Al gurus da, mâ katîr bilhên.* Cet argent n'est pas de trop. •*Mâ tacrab dawa katîr bilhên, bita''ibak !* Ne prends pas tant de médicaments, cela va te fatiguer !

katîr ke expression, → *katîr, ke, Cf. katîr min,* * ktr, ك ث ر

♦ **grande quantité, grand nombre.** •*Al-nâs katîr ke birîdu l-sijâra.* Un grand nombre de personnes aiment fumer la cigarette. •*Fî l xarîf al Arab katîr ke bisîru l muncâx.* En saison des pluies, les Arabes sont nombreux à se déplacer vers le nord. •*Al-dîfân dôl al gâ'idîn fî l-tacca, katîrîn ke lissâ mâ ligo watâyir lê l maxatar.* Bon nombre de ces étrangers qui sont à la gare routière n'ont pas encore trouvé de véhicule pour leur voyage.

katîr min expression, *Cf. katîr ke,* * ktr, ك ث ر

♦ **la plupart.** •*Katîr min al-nâs birîdu l-sijâra.* La plupart des gens aiment fumer la cigarette. •*Katîr min al Arab bancaxo fî l xarîf.* La plupart des Arabes se déplacent vers le nord pendant la saison des pluies.

katkat 1 / katâkit *n. coll. m., sgtf. katkatay* (un bout de papier), connu au *Sdn.* (*C.Q.*), * ktt, ك ت ت

♦ **papier, billet.** •*Fî l-lekôl indina katkat cên.* A l'école, nous avons du mauvais papier. •*Maryam waddarat katkat al-tahûna.* Mariam a perdu le billet du moulin. •*Da miya riyâl katkat.* C'est un billet de cent riyals.

katkat 2 *n. coll.,* nom d'un arbre dont l'écorce part en lambeaux, → *amkatkat.*

katkâta *pl.,* → *katkâti.*

katkâti / katkâta *adj. n.*, (*fém. katkâtiye*), * ktt, ك ت ت

♦ **changeur de monnaie.** •*Sûg Anjammêna indah katkâta bibaddulu gurus misil fî l banki.* Au marché de N'Djaména, il y a des changeurs de monnaie comme à la banque. •*Al katkâti ba'arif bimayyiz bên al gurus al adîl wa l muzawwar.* Le changeur de monnaie sait faire la différence entre la vraie et la fausse monnaie.

katolîki / katolîkiyîn *adj.*, (*fém. katolîkiye*), *empr. fr.* venant du grec καθολικος (universel)

♦ **catholique.** •*Hû da masîhi katolîki wa gâ'id baxdim ma'âna.* C'est un chrétien catholique qui travaille avec nous. •*Al-Nasâra mâ kulluhum kê katolîkiyîn.* Tous les Européens ne sont pas catholiques.

kattab / yikattib *v. trans.*, forme II, *Cf. katab*, * ktb, ك ت ب

♦ **faire écrire, apprendre à *qqn.* à écrire,** demander à quelqu'un d'écrire *qqch.* en lui tenant la main ou en lui faisant copier un modèle. •*Al faki kattab al muhâjirîn al Xur'ân fî l-lôh.* Le faki apprend aux élèves de l'école coranique à écrire le Coran sur une planchette. •*Al mêtir yikattib al iyâl fî l-lekkôl be l-lâkrê fî l-sabbûra.* A l'école, le maître apprend aux enfants à écrire au tableau avec de la craie.

kattaf 1 / yikattif *v. trans.*, *Cf. kitif*, * ktf, ك ت ف

♦ **croiser les bras, retrousser les manches.** •*Al birgâd kattafo idên al-sarrâgîn be wara wa rabatôhum wa faracôhum.* Les gendarmes ont croisé les bras des voleurs dans leur dos, ils les ont attachés et les ont fouettés. •*Al metrês tugûl : "Kattufu idênku wa cûfu l-sabbûra !".* La maîtresse dit : "Croisez vos bras et regardez le tableau !". •*Kan tikattif rijilên al-têr fî janahênah mâ yagdar yitîr.* Si on croise les pattes des oiseaux par-dessus leurs ailes, ils ne peuvent plus voler.

kattaf 2 / yikattif *v. trans.*, forme II, * ktf, ك ت ف

♦ **retrousser les manches,** remonter l'habit sur l'épaule pour dégager les bras. •*Al-rujâl kattafo xulgânhum jâyîn barfa'o l kûzi.* Les hommes ont retroussé les manches de leur habit et sont venus soulever le toit de la case ronde. •*Wilêdak kattaf camîsah lê l-duwâs, acmi adharah !* Ton fils a retroussé les manches de sa chemise pour aller se battre ; pars l'en empêcher !

kattal 1 / yikattil *v. trans.*, forme II, répétitif et *intf.*, * qtl, ق ت ل

♦ **massacrer, faire un carnage,** tuer plusieurs personnes ou animaux à la fois. •*Al askari l mâci da kattal nâs katîrîn fî l-duwâs.* Ce soldat qui passe a massacré beaucoup de gens pendant la guerre. •*Al marfa'în ligi xanami bala râ'i fî l kadâde wa kattalâhum marra wâhid.* L'hyène a trouvé mes moutons en brousse sans berger et les a décimés.

kattal 2 / yikattil *v. trans.*, forme II, *Syn. xammad*, * ktl, ك ت ل

♦ **fermer la bouche et les yeux d'un agonisant,** passer la main mouillée sur le visage d'un agonisant pour lui fermer les yeux et la bouche. •*Al-râjil al marîd da ahalah nammin kattaloh, wa Allah antah l âfe.* Cet homme est tombé tellement malade que sa famille est allée jusqu'à lui fermer les yeux, mais Dieu lui a rendu la santé. •*Al-nâdum kan bidôr bumût, buxuttuh fî l gible wa bimattutuh adîl wa bikattuluh.* Lorsque quelqu'un est en train de mourir, on lui ferme les yeux, on le met sur le côté dans la direction de la prière, on l'étend comme il faut et on lui ferme complètement les yeux.

kattar / yikattir *v. trans.*, forme II, * kṯr, ك ث ر

♦ **multiplier, devenir nombreux.** •*Al-râjil da kattar kalâmi.* Cet homme m'a rendu bavard. •*Hû iyâlah kattaro, wa ma'îctah bigat gâsiye.* Ses enfants sont devenus très nombreux et il n'a pas de quoi les nourrir. •*Mâ tikattiri duxân al-sanawbar, bijîb lêki l-junûn !* Ne fais pas brûler trop d'encens à base de bois de pin, cela attirerait chez toi les djinns !

kattarân *n. d'act., m.,* → *kattirîn.*

kattirîn *n. d'act., m.,* ≃ *kattarân,* * ktr, ك ت ر

♦ **multiplicité, multiplication,** augmentation en nombre. •*Kattirîn al ôtêlât da mâ sameh, al-nâs bigo jafaya.* La multiplicité des restaurants n'est pas bonne, parce que les gens sont devenus individualistes. •*Kattirîn kalâmah da, bidôr nikaffih gursah.* S'il parle autant, c'est qu'il veut que je le paye.

kaw *invar.,* connu au *Sdn.* (*C.Q.*), *Syn. lâ.*

♦ **non.** •*Kaw anâ mâ indi kitâb.* Non, je n'ai pas de livre. •*Kaw sana l fâtat anâ mâ ligit xalla katîre.* Non, l'année dernière je n'ai pas récolté beaucoup de mil.

kawa / yakwi *v. trans.,* forme I n° 7, * kwy, ك و ي

♦ **repasser le linge, marquer au fer rouge, cautériser.** •*Al xassâli yakwi xulgân al-nâs kulla yôm.* Le blanchisseur repasse les vêtements des gens tous les jours. •*Anâ kawêt xalagi.* J'ai repassé mon vêtement. •*Humman mâ ya'arfu yakwu.* Ils ne savent pas repasser le linge. •*Akwi xalagi da sameh !* Repasse bien comme il faut mon vêtement. •*Al baggâra ya'arfu yakwu awawîr al bagar al mâ babro.* Les bouviers savent cautériser les plaies des vaches qui ne se cicatrisent pas. •*Al-dabara fî l-juwâd, jûbu l humâr akwuh !* Le cheval a une plaie sur le dos, amenez l'âne et cautérisez-le ! *Prvb.* (*i.e.* les pauvres ou les faibles payent pour les riches ou les forts).

kawâci *pl.,* → *kawcu.*

kawâdir *pl.,* → *kâdir.*

kawâgîr *pl.,* → *kâgûr.*

kawâkib *pl.,* → *kôkab.*

kawal *n. vég., coll., m., sgtf. kawalay, empr.*

♦ **nom d'une plante herbacée, Cassia tora (Linn.),** famille des césalpiniacées, dont on fait avec les feuilles une sauce noire. •*Maryam, sawwi lêna fatûr êc be mulâh kawal !* Mariam, prépare-nous pour le petit déjeuner une boule avec de la sauce aux feuilles de Cassia tora ! •*Mulâh al kawal, be carmût wa dihin bagar, bilhên halu.* La sauce aux feuilles de Cassia tora avec de la viande séchée et du beurre est excellente. •*Rabbêna kawalay fî giddâm bêtna.* Nous avons fait pousser un plant de Cassia tora devant notre maison.

kawânîn *pl.,* → *kânûn.*

kâwar / yikâwir *v. trans.,* forme III, * kwr, ك و ر

♦ **acheter en gros, ramasser en grande quantité, emporter un grand nombre de.** •*Al-tujjâr kâwaro l xalla l gâ'ide fî l-sûg.* Les commerçants ont acheté en gros le mil qui était au marché. •*Fî sûg hanâ Kundul kâwarna lêna faggûs wa bittêx wa tamâtim wa catte.* Au marché de Koundoul, nous avons acheté de grosses quantités de concombres, de pastèques, de tomates et de piments. •*Al mêri tikâwir al pawasa al mâ induhum makâtib adîlîn.* La mairie ramasse tous les pousse-pousse dont les conducteurs n'ont pas de papiers en règle.

kawâro *pl.,* → *kôro.*

kawayân *n. d'act., m.,* ≃ *kawiyîn, Syn. kawi,* * kwy, ك و ي

♦ **cautérisation, repassage,** fait de repasser le linge. •*Al kawayân be l makwa al mâ hâmiye mâ yifartig karcamân al xulgân.* Repasser avec un fer qui n'est pas chaud n'efface pas le froissement du linge. •*Al kawayân, mâ nixalluh lê l iyâl al-dugâg, butuccu lêna al xulgân.* Nous ne laissons pas les petits enfants repasser le linge, ils risqueraient de brûler nos vêtements.

kawâzi *pl.,* → *kûzi.*

kawcu / kawâci *n. m., empr. fr.*, *≅ kôci (sing.), kawâcu (pl.).*
♦ **caoutchouc, plastique, élastique, sac plastique.** •*Bêti bidaffig wa carêt acara yarda hanạ kawcu, nixattih beyah.* La pluie pénètre dans ma chambre [ma maison laisse couler l'eau] ; j'ai acheté dix yards de plastique pour couvrir le toit. •*Antîni kawcu nusubb fôgah tamâtim !* Donne-moi un sac en plastique pour y mettre des tomates ! •*Kan macêt al-sûg acri lêi kawâcu lê sarâwîl iyâli !* Si tu vas au marché, achète des élastiques pour les culottes de mes enfants !

kawi *n. d'act., Cf. kawa, Syn. kawayan, kayy,* * kwy, ك و ي
♦ **cautérisation.** •*Dabart al bahâyîm bidâwûha be l kawi.* On soigne les plaies du dos des bêtes de somme par la cautérisation. •*Al baggâra ba'arfu bidâwu awâwîr al bagar be l kawi.* Les éleveurs savent soigner les plaies des vaches en les cautérisant.

kawiyîn *n. d'act.*, → *kawayân.*

kawjas *n. m.*, pour *kawj* en arabe *sd.*, emprunt *irn.* (*C.Q.*), nom donné au chien, ≅ *kôjos* au Ouaddaï.
♦ **nom du chien.** •*Kawjas usum al kalib.* Kawjas est un nom donné au chien. •*Kawjas taraf al mâl, sa'iyit al hawa.* Kawjas est à la limite des troupeaux, c'est l'élevage du vent (*i.e.* le chien est un animal du troupeau que l'on ne consomme pas, cẹla ne vaut pas la peine d'en prendre soin).

kawkab altéré en *kôkab,* → *kôkab, Kôkab, kôkâb,* * kwkb, ك و ك ب

kawro *n. mld., m.*, maladie des bovins, diarrhée des bovins, *Cf. sabîb.*

kawwak / yikawwik *v. intr.*, forme II, *empr.* connu au *Sdn.*
♦ **hurler, crier, appeler à voix forte.** •*Al mara kawwakat be hiss tulha acân ta'arif bakân râjilha fî l-zere'al xalla.* La femme a crié à haute voix pour savoir où se trouvait son mari dans le champ de mil. •*Hû kawwak lê l-râ'i acân yigabbil al bagar.* Il a appelé le berger à voix forte pour qu'il fasse revenir les vaches.

kawwakân *n. d'act., m.*, → *kawwikîn.*

kawwam / yikawwim *v. trans.*, forme II, *Syn. kôyam, yikôyim,* * kwm, ك و م
♦ **entasser, mettre en tas.** •*Fî l-sûg al awîn yikawwimu xumâm al mulâh : al basal wa l-tûm wa l-darrâba.* Au marché, on trouve les femmes qui mettent en tas les condiments pour la sauce : les oignons, l'ail et le gombo. •*Al harrâti gata' al xalla wa kawwamâha gubbâl al-daggîn.* Le cultivateur a coupé les épis de mil et les a entassés avant de les battre.

kawwan / yikawwin *v. trans.*, forme II, * kwn, ك و ن
♦ **constituer, former, s'installer dans la vie.** •*Anîna kawwanna wafid yamci yicîfku.* Nous avons formé une délégation qui ira vous voir. •*Al-râjil da ligi gurus wa kawwan nafsah.* Cet homme a trouvé de l'argent et s'est bien installé. •*Al-tujjâr bidôru bikawwunu carika hurra lêl-sukkar.* Les commerçants veulent créer une société sucrière indépendante.

kawwar / yikawwir *v. intr.*, forme II, * kwr, ك و ر
♦ **être absent, s'éclipser.** •*Al harray kawwarat.* Il y a eu une éclipse de soleil. •*Wilêdak al yôm kawwar, mâ ja l giray.* Ton fils s'est absenté, il n'est pas venu au cours.

kawwây / kawwâyîn *adj. mrph. intf.*, (*fém. kawwâye*), * kwy, ك و ي
♦ **repasseur (-euse),** qui sait utiliser le fer à repasser. •*Al-nâdum al mâ kawway biharrig al xulgân.* La personne qui ne sait pas repasser brûle les habits. •*Al xassâli al-janb bêtna kawway bilhên wa indah zabâyîn katîrîn.* Le blanchisseur qui est à côté de notre maison sait bien repasser le linge et a beaucoup de clients. •*Marti ta'arif taxassil adîl lâkin mâ kawwaye.* Ma femme sait bien faire la lessive, mais ne sait pas repasser.

kawwikîn *n. d'act., m.*, ≅ *kawwakân, Cf. kawwak.*

♦ **cri, hurlement, fait d'appeler à haute voix.** •*Kawwikîn al kulâb fî l-lêl da hasso lêhum be ceyy.* Le hurlement des chiens cette nuit vient de ce qu'ils ont senti quelque chose. •*Fî l-sarhe al-ra'âwiye yil'ârafo bakanâthum be l kawwikîn.* Dans leurs déplacements à la recherche de pâturages, les bergers signalent leur position les uns aux autres en se lançant des cris.

kâyal / yikâyil *v. trans.*, forme III, ≅ *kôyal*, * kyl, ك ي ل

♦ **remplir jusqu'à faire déborder, faire déborder.** •*Mâ tikâyil al almi da fî l-dawâyin, hassâ al wata barde nâdum bacarabah mâ fîh !* Ne remplis pas à ras bord l'eau du canari, à présent il fait froid et il n'y personne qui y boira ! •*Al matara sabbat katîre fî l kadade wa kâyalat al widyân.* La pluie est tombée à verse en brousse et a fait déborder les oueds.

kayâlîn *pl.*, → *kaylûn.*

kayam ! *invar., onom.* évoquant la dessication, *Syn. kar !*

♦ **complètement sec (sèche) !, entièrement desséché(e) !** •*Al gacc yâbis kayam !* L'herbe est desséchée ! •*Al kisar yibis kayam !* Les galettes sont devenues complètement sèches !

kayê / kayêyât *n. f., empr. fr.*, souvent utilisé comme un nom masculin, ≅ *kayêti* ou *kayeyti, kayêtak* ou *kayeytak etc.*, (mon cahier, ton cahier, *etc.*) ≅ le pluriel *kayêtât.*

♦ **cahier.** •*Fî l-lekkôl indina kayêyât tinên bas.* A l'école, nous n'avons que deux cahiers. •*Kayêytak samhe.* Ton cahier est beau. •*Al kayê di be icirîn riyâl fî l-sûg.* Ce cahier est coûte vingt riyals au marché.

kâyef / kâyefât *n. m., empr.*

♦ **roi.** •*Bikêt hanâ karte indaha arba'a kâyef.* Un paquet de cartes a quatre rois. •*Halîme daxalat be kâyef hanâ kubbi.* Halimé a jeté le roi de cœur qui complète ma série (au jeu de *arbâtâcar*).

kayfiya / kayfiyât *n. f., Cf. kêf, kikkêf, tarîga,* ≅ *keyfiya, keyfiye,* * kyf, ك ي ف

♦ **méthode, manière de.** •*Wâjib yamci ma'âna nâdum ya'arif kayfiyat al kalâm ma'â l kubârât.* Il faudrait que vienne avec nous quelqu'un qui connaisse la manière de parler aux autorités. •*Hû xijil giddâm abuh wa mâ ligi keyfiyit al kalâm hanâ l axîde.* A cause de sa timidité devant son père, il n'a pas trouvé le moyen de parler de son mariage. •*Al askar al-judad yi'allumûhum keyfiyit al-darabân be l-silah.* On apprend aux nouveaux soldats le maniement des armes à feu.

kaygama *n. m., empr.* (usité au Bornou), *Syn. kâyef, câyib.*

♦ **roi au jeu des cartes.** •*Kaygama be kalâm al borno ma'nâtah al kâyef. Kaygama* est un mot bornouan qui désigne le roi au jeu de cartes. •*Fî li'ib al karte al kaygama yinhasib arba'a.* Au jeu de cartes, le roi vaut [se compte] quatre points.

kaylûn / kayâlîn *n. m.*, connu au *Sdn.* (*C.Q.*) et *égy.* (*H.W.*), * kyl, ك ي ل

♦ **serrure,** serrure d'une porte. •*Al bêt kan masdûd be kaylûn indah damân min al-sarrâgîn.* Une porte fermée avec une serrure donne plus de sécurité contre les voleurs. •*Kan waddart muftah al kaylûn, illa nikassuru l bâb.* Si tu perds la clé de la serrure, nous devrons casser la porte. •*Fî l-sûg nalgo kayâlîn nafarhum cik cik.* Au marché, on trouve toutes sortes de serrures.

kayta *n. f.*, → *keyta.*

kayy / kayyât *n. m., Cf. kawwa, Syn. kawi,* * kwy, ك و ي

♦ **marque au fer rouge, cautérisation.** •*Kayy al-nâr babra ajala, lâkin kayy al xayy mâ babra.* Une marque au fer rouge se cicatrise vite, mais une marque due à l'amour ne guérit pas. •*Kulla xacum bêt al*

Arab bissawwu alâma be kayy lê bahâyimhum. Chaque clan arabe fait une marque au fer rouge qui lui est propre sur chacun de ses bestiaux. •*Hû mardân abunsifêr karabah, wa bugûlu dawâyah illa be kayy al-nâr fî îdênah.* Il a attrapé un ictère et on dit qu'on ne peut le soigner qu'en lui faisant des marques au fer rouge sur le bras.

kayyac / yikayyic *v. trans.*, forme II, connu au *Sdn.* (*C.Q.*), *Cf. kîca, ajami.*
♦ **considérer comme un mauvais joueur aux cartes, traiter *qqn.* d'ignorant, insulter.** •*Hû kayyacâni acân mâ irif fatihîn al-televizyôn.* Il m'a considéré comme un ignorant parce que je n'ai pas su mettre en marche la télévision. •*Rakûbha lê l môto kayyacâha marra wâhid.* Le fait qu'elle ait essayé de monter sur la moto a montré qu'elle n'y connaissait rien. •*Hû zâta mâ ba'arif bal'ab wa bikayyic al âxarîn.* Lui-même ne sait pas bien jouer et il considère les autres comme de mauvais joueurs.

kayyaf / yikayyif *v. trans.*, forme II, * kyf, ك ي ف
♦ **calmer, satisfaire, apaiser, se sentir à l'aise.** •*Kan inta xarmân wa ciribt al-câhi yikayyifak.* Lorsqu'on est en manque d'excitant et qu'on boit du thé, cela apaise. •*Anâ dâxalt bêtak bas, xalâs kayyaft.* A peine suis-je entré chez toi que je me suis senti à l'aise. •*Al-tâba tikayyif siyâdha l bacarboha.* Le tabac apaise celui qui le fume.

kayyal / yikayyil *v. trans.*, voir le *Syn. kâl*, * kyl, ك ي ل

kayyâl / kayyâlât *adj.*, (*fém. kayyâla*), *Cf. abbâr*, * kyl, ك ي ل
♦ **qui mesure les volumes, récipient mesureur, étalon.** •*Fî Abbece, al kôro l kayyâla aynitha wahade bas ; kan wâhid dassa ayna âxara, yixarrumuh.* A Abéché, l'unité de mesure du koro est partout la même ; si quelqu'un introduit un koro ayant une autre mesure, on le punit par une amende. •*Fî Anjammêna siyâd al almi induhum takaka kayyâlât, tukkên be xamistâcar riyâl.* A N'Djaména, les porteurs d'eau ont des estagnons servant de mesure : deux touques valent quinze riyals. •*Al-sukkâr indah funjâl kayyâl.* Pour vendre le sucre, on utilise un verre étalon.

kayyâli / kayyâlîn nom de métier, (*fém. kayyâla*), * kyl, ك ي ل
♦ **qui sait bien mesurer un volume, peseur (-euse), expert(e) en mesure,** qui fait le compte d'un volume ou d'un poids pour établir une transaction commerciale. •*Al awîn dôl jo min al gêgar, kayyâlîn al-darrâba wa l xalla, yiwaddu fî sûghum.* Ces femmes sont venues de la ville mesurer le gombo et le mil avant de les emporter pour les vendre au marché. •*Jâna kayyâli cara minnina xamsîn cuwâl hanâ xalla.* Un expert est venu chez nous pour peser et nous acheter cinquante sacs de mil.

Kayyis *n. pr.* d'homme, → *Kwayis*, * kys, ك ي س

kaza *invar.*, dans l'expression *kaza wa kaza.*
♦ **ceci et cela, et cætera.** •*Gûli lêi yôm al îd da tidôri kaza wa kaza.* Dis-moi exactement ce que tu veux pour le jour de la fête [tu veux ça et ça]. •*Orîni kaza wa kaza wa kaza cunû cahano fî watîrhum !* Énumère-moi tout ce qu'ils ont chargé dans cette voiture ! •*Nidôr fî hayâti bêt, wa gurus, wa iyâl wa kaza wa kaza.* J'aimerais avoir dans ma vie une maison, de l'argent, des enfants, *etc.*

kazâlik *invar.*, *Cf.* l'*ar. lit.* كذلك [*kadâlik*], [c'est ainsi que]
♦ **aussi, également, pareillement.** •*Al-râjil da kaddâb wa wilêdah kazâlik.* Cet homme est un menteur et son enfant aussi. •*Muxtâr mât martah ti'ibat wa iyâlah kazâlik.* Moukhtar est mort, sa femme a souffert ainsi que ses enfants.

kazama / kazamât *n. f.*, *Syn. fanyara, Cf. munxar sêf, xartûm,* * kzm, ك ز م
♦ **nez petit, nez concave,** renfoncement de la partie supérieure

du nez. •*Al kazama axêr min al xartûm.* Le nez renfoncé est préférable à un long nez. •*Ta'âli, yâ binêyti amm kazama al fâite l-samah !* Viens, ma fille, toi qui as un petit nez concave surpassant toute beauté !

ke *invar.*, *Cf. kulla ke, tcabba ke, katîr ke, ciya ke, awwal ke, misil ke, kan mâ ke* ; *ke* après un verbe indique une direction, ou une manière d'agir.
♦ **ainsi, comme cela, par là.** •*Gâl ke : "Anâ mardân, ta'âlu lêi !".* Il a dit : "Je suis malade, venez me voir [vers moi] !". •*Anâ mâci ke !* Je m'en vais là-bas !

kê *invar.*, *kê* après un verbe prolonge ou intensifie l'action de ce verbe.
♦ **longtemps, beaucoup, intensément.** •*Al biss camcam kê... namman irif bakân al-laham.* Le chat a reniflé partout..., jusqu'à ce qu'il ait découvert où se trouvait la viande. •*Bihawwig kê... iyi.* Il ne fait que tourner autour... [il tourne autour, fatigué]. •*Darabah kê hatta ôra l-sahi.* Il l'a rossé longtemps, jusqu'à ce qu'il ait dit la vérité.

kêf 1 *invar.*, → *kikkêf.*

kêf 2 *n. m.*, venant du mot arabe *kîf* (Cannabis sativa), *Syn. jarâba, garyâf, xarmân,* * kyf, ك ي ف
♦ **manque, intoxication provoquant un manque,** état de manque d'une personne intoxiquée par une drogue. •*Hû kan kêf al-sijâra karabah, kan mâ indah gurus kulla yiddayan.* Lorsqu'il est en manque de cigarettes et qu'il n'a pas d'argent pour en acheter, il s'endette. •*Al-daktôr gâl anâ mâ mardâne, coxoli kêf al gahawa bas.* Le docteur m'a dit que je n'étais pas malade, mais intoxiquée par le café [ma chose est un manque dû au café].

kêlân *n. d'act.*, → *kêlîn.*

kêlîn *n. d'act.*, *m.*, ≅ *kêlân*, *Syn. kiyâl,* * kyl, ك ي ل
♦ **mesure, fait de mesurer.** •*Al binêye di kêlinha mâ adîl, xaccatni.* La manière dont cette fille mesure ce qu'elle vend n'est pas correcte, elle m'a volé [trompé]. •*Fakkir lê kêlîn hanâ siyâd al-sukkar, hummân bakumdu l-lêda fî ga'ar al funjâl.* Fais attention à la mesure des marchands de sucre ; ils tassent un morceau de sac en plastique transparent au fond du verre qui sert à mesurer.

Kellu bitt al-Digêl *n. pr.* de femme, → *Tcallu.*

Kêlo *n. pr.* de lieu, chef-lieu de sous-préfecture de la Tanjilé.
♦ **Kélo.**

Kelû *n. pr.* de femme, → *kellu bitt al-Digêl.*

kenkâyri *n. f., empr. fr.*, ≅ *kenkâyeri.*
♦ **quincaillerie.** •*Al kenkâyri al kabîre janb al-jâmiye l kabîre.* La grande quincaillerie se trouve près de la grande mosquée. •*Fî l kenkâyeri talga kulla l mu'iddât al baxadumu bêhum fî l buna.* Dans la quincaillerie, on trouve tous les outils nécessaires à la construction.

kenza *n. coll. m.*, *sgtf. quenzay, empr. fr.* "quinze ans"
♦ **ancien combattant,** mis à la retraite après quinze ans de service. •*Al kenza wahdîn cârako fî l harba l âlamiya l-tâniye.* Certains anciens combattants ont pris part à la seconde guerre mondiale. •*Al kenza bikaffuhum kulla talâta cahar.* La pension des anciens combattants est versée à la fin de chaque trimestre. •*Abui kenzay min askar hanâ Fransa.* Mon père est un ancien combattant de l'armée française.

keri / kiryân *adj. n.*, (*fém. kerîye*), ≅ *kari*, *Cf. mu'ajjar, ajîr, xaddam,* * kry, ك ر ي
♦ **ouvrier, salarié, berger salarié.** •*Al keri yikaffuh be cahar wallâ subu' walla yôm.* Le berger salarié est payé au mois, à la semaine ou à la journée. •*Usum keri, katîr bahajju bêyah al baggâra wa l abbâla.* Ce sont les éleveurs de vaches et de chameaux qui emploient le plus souvent le terme de "berger salarié". •*Al kiryân*

yasraho wa yitabburu l almi lê l bagar walla l ibil. Les bergers salariés font paître le troupeau et puisent l'eau pour abreuver les vaches ou les chameaux.

kerr ! *invar.*, interjection pour chasser les volatiles, → *karr !*

kês / **kêsât** nom, *m.*, *empr. fr.*, *Cf. sandûg.*

♦ **caisse, talon du jeu de cartes, cercueil, casier.** •*Al yôm da al-tamâtim jâboha kêsât kêsât fî l-sûg.* Aujourd'hui, on a apporté des caisses de tomates au marché. •*Al wazîr âwan al arîs be xamsa kês kôka.* L'ami du marié a aidé le marié en lui apportant cinq casiers de coca-cola. •*Al minizye addal lêi kês hanâ xumâm.* Le menuisier m'a fabriqué une caisse pour les affaires. •*Fakkir, faddal illa xamsa karte fî l kês !* Fais attention, le talon du jeu n'a plus que cinq cartes ! •*Al mayyit kan bujûbuh min dâr lê dâr bidissu fî kês hanâ xacab.* Lorsqu'on transporte le mort d'un pays à un autre, on le met dans un cercueil en bois.

keyfiye *n. f.*, → *kayfiya.*

keyta *n. f.*, ≅ *kayta,* la racine évoque la production d'un son, * h̲yt, خ ي ت

♦ **gaïta,** instrument à vent de la famille du hautbois. •*Al yôm anâ cift li'ib al keyta.* J'ai vu aujourd'hui une danse accompagnée par la gaïta. •*Naffâx al keyta cudûgah misil si'in malyân.* Le joueur [le souffleur] de gaïta a les joues comme une outre qu'on aurait remplie d'eau.

kî'ân *pl.*, → *ku'.*

kibad *pl.*, → *kibde.*

kîbân *pl.*, → *kôb.*

kibde / **kibad** *n. f.*, * kbd, ك ب د

♦ **foie.** •*Âkul kibde katîr acân tijîb lêk al-damm !* Mange beaucoup de foie car cela te donnera de la force [t'apportera du sang]. •*Al kibde fî l-sûg gurusha katîr.* Au marché, le foie est cher. •*Hû ta'abân bilhên acân indah marad kibde.* Il est très fatigué car il a une maladie de foie.

kibêc / **kibêcât** *n. anim.*, *mrph. dmtf.*, *m.*, → *kabic*, * kbš, ك ب ش

♦ **jeune bélier.** •*Al kibêc kabîr min al hamal wa lissâ mâ bigi kabic.* Le jeune bélier est plus gros qu'un agneau bien qu'il ne soit pas encore adulte. •*Laham al kibêcât mârin bilhên, yanjad ajala.* La viande de jeune bélier est très tendre, elle cuit très vite.

kibêde / **kibêdât** nom, *mrph. dmtf.*, *f.*, *Cf. kibde*, * kbd, ك ب د

♦ **petit foie.** •*Al marîse tifaddil lê l-sakkâra kibêde saxayre bas.* La boisson ne laisse aux soûlards qu'un foie affaibli [petit]. •*Anâ kan mâ l igêde nat'an ke namman lê l kibêde... Di amdirêsay.* Si je n'avais pas ce petit nœud, je percerais jusqu'au foie… C'est le cramcram. *Dvnt.*

Kibêre *n. pr.* de femme, *mrph. dmtf.*, *litt.* grandette, grandelette, *Cf. kabîr, Kubra*, * kbr, ك ب ر

Kibêt *n. pr. gr.*, *coll.*, *sgtf. Kibêtay* (homme), *Kibêtayye* (femme).

♦ **Kibet.** •*Al Kibêt gâ'idîn fî muduriyit Salâmât.* Les Kibet se trouvent dans la préfecture du Salamat. •*Al Kibêt humman mâ Arab, induhum rutâna xâssa.* Les Kibet ne sont pas arabes, ils ont un "patois" spécial.

Kibêtay *sgtf.* d'un *n. pr. gr.*, (*fém. Kibêtayye*), → *Kibêt.*

kibêyir / **kibêyrât** *adj. mrph. dmtf.*, (*fém. kibêyre*), ≅ le masculin *kibêyyir*, * kbr, ك ب ر

♦ **grandelet (-ette), aîné(e),** plus grand que ses frères, plus grande que ses sœurs. •*Wilêdi l kibêyir al-sane di, dassêtah al-lekkôl.* Cette année, j'ai fait entrer à l'école le plus grand de mes fils. •*Rahûla hint binêyti l kibêyre fî l-cahar al-jâyi.* C'est le mois prochain que ma fille aînée ira s'installer chez son mari.

kibir / yakbar *v. intr.*, ≅ l'*inacc. yakbur*, forme I n° 20, * kbr, ك ب ر

♦ **grandir, vieillir.** •*Wilêdi kibir ajala.* Mon enfant a vite grandi. •*Iyâl jarti kibiro wa gammo yurûxu.* Les enfants de ma voisine ont grandi et se sont mis à marcher. •*Al wilêd kan yacrab lâyo wa laban ammah yakbar ajala min al âxarîn.* L'enfant qui boit de la bouillie légère et le lait de sa mère grandira plus vite que les autres.

kibrît / kabârît *n. m.*, *qdr.*, *Syn. ôgîd, almêt*, * kbrt, ك ب ر ت

♦ **allumettes, soufre.** •*Al wilêd sirig kibrît hanâ ammah.* L'enfant a volé la boîte d'allumettes de sa mère. •*Anâ indi kibrît fî jêbi.* J'ai une boîte d'allumettes dans ma poche. •*Arbuti lê wilêdki kibrît fî ragabtah min al ên.* Attache au cou de ton enfant du soufre pour le protéger du mauvais œil.

kîca / kiyac *adj. masc.* et *fém.*, connu au *Sdn.* (*C.Q.*), terme péjoratif servant d'insulte, équivalent à "villageois !" pour un N'Djaménois, ou à "plouc !" pour un Parisien, *Cf. ajami.*

♦ **mauvais(e) joueur (-euse), inexpérimenté(e), péquenaud(e) !, rustre, villageois(e) !**, qui se trompe au jeu de cartes, qui ne pense pas à l'avenir. •*Hû kîca mâ ya'arif yal'ab arba'atâcar.* C'est un mauvais joueur, il ne sait pas jouer au *arba'atâcar*. •*Anâ mâ nagdar nal'ab arba'atâcar ma'â nâdum kîca.* Je ne peux pas jouer au *arba'atâcar* avec un mauvais joueur. •*Al mara l kîca di mâ ta'arif al ixtisâd, tâkul bas wa tal'ab.* La femme rustre ne sait pas faire d'économies, elle ne sait que manger et danser. •*Hû da kîca, mâ ba'arif ceyy, dahâba ja min dar barra.* C'est un péquenaud, il ne connaît rien, il vient juste d'arriver de brousse.

kiccêb *n. m.*, ≅ *kicêb*, → *kaccab.*

♦ **épi secondaire, fruit tardif, grains oubliés,** épi moins bien formé que l'épi de mil principal. •*Al kiccêb hû ganâdil hanâ l-ca'ag al bugummu ba'ad al gati'.* Les épis secondaires sont des épis qui poussent sur des tiges secondaires après la moisson. •*Xallit al kiccêb dugâga.* Les épis de mil qui poussent sur les tiges secondaires du plant sont petits. •*Al masâkîn baju fî zere' al fûl acân yisillu l kiccêb.* Les pauvres viennent dans le champ d'arachides pour ramasser les gousses oubliées.

Kiccêb *n. pr.* d'homme, ≅ *Kicêb*, → *kiccêb.*

kicêb *n. m.*, → *kiccêb.*

Kicêb *n. pr.* d'homme, → *kiccêb.*

kicêrân / kicêrânîn *adj. mrph. dmtf.*, (*fém. kicêrâne*), *Cf. kacrân*, * kšr, ك ش ر

♦ **un peu sévère, un peu méchant(e), un peu renfrogné(e).** •*Raxiye kicerâne min wakit hî saxayre.* Rakhié est méchante depuis qu'elle est petite. •*Wilêdi, mâ tabga kicêrân rufugânak bajuru minnak !* Mon enfant, ne sois pas méchant, tes amis te fuiront ! •*Al iyâl dôl kicêrânîn misil abuhum.* Ces enfants sont méchants comme leur père.

kiddêbe / kiddêbât *n. f.*, *Cf. xacca, tcâtca*, * kḏb, ك ذ ب

♦ **parole en l'air, promesse non tenue, prédiction non réalisée,** parole sans fondement, dont on n'est pas sûr de la véracité. •*Yâ axui, inta ôrêtni tiwaddîni lê ammi, lâkin coxolak bigi kiddêbe sâkit.* Mon frère, tu m'avais dit que tu m'emmènerais chez ma mère, mais je m'aperçois que c'était une parole en l'air. •*Anâ, kalâmak mâ nasma'ah acân kiddêbâtak kitiro.* Maintenant, je ne crois plus à ce que tu dis [ta parole je ne l'entends plus] parce que tu m'as trop fait de promesses non tenues.

kidi *n. m.*, terme employé au Oudaddaï dans l'expression *kidi gorân.*

♦ **nom d'une danse tambourinée,** nom donné à une danse gorane. •*Yôm al îd, al-nâs waggo li'ib hanâ kidi gorân.* Le jour de la fête, les gens ont préparé le lieu pour la danse gorane. •*Banât hillitna mâ ba'arfo li'ib hanâ* *kidi gorân.* Les filles de notre quartier ne savent pas danser le *kidi* gorane.

kidib 1 / yakdib *v. intr. {- lê}, Cf. kidib 2*, forme I n° 18, * kd̲b, ك ذ ب

♦ **mentir à *qqn.*, médire de *qqn.*** •*Al amyân kidib lêi, gâl hû câf fîl.* L'aveugle m'a menti : il a dit qu'il avait vu un éléphant. •*Kaltûma kidibat lê râjilha gâlat hî xalbâne indaha xamsa cahar.* Kaltouma a menti à son mari en lui disant qu'elle était enceinte depuis cinq mois.

kidib 2 / yakdib *v. intr. {- be}*, forme I n° 18, *Cf. kidib 1*, * kd̲b, ك ذ ب

♦ **calomnier, diffamer,** dire faussement du mal de quelqu'un. •*Mâ takdib be axûk !* Ne calomnie pas ton frère ! •*Mâla takdib be jârti ?* Pourquoi diffames-tu ma voisine ? •*Hû kidib bei lê rafîgah gâl anâ bi't watîr.* Il a dit à son ami que j'avais acheté une voiture, alors que c'était faux.

kidib 3 / yakdib *v. intr. {- fôg, - fi}*, forme I n° 18, *Cf. kidib 1, kidib 2*, * kd̲b, ك ذ ب

♦ **rapporter des renseignements, renseigner,** donner des renseignements justes ou faux sur les activités de *qqn.* •*Al-jâsûs maca kidib fôgi lê l-duwân.* L'espion a rapporté des renseignements me concernant aux douaniers. •*Al mara l-saxyare kidibat fî darrîtha lê râjilha, da bas al-jâb lêhum al-duwâs.* La deuxième femme a renseigné son mari sur le comportement de sa coépouse, et c'est cela qui a déclenché la bagarre entre les femmes.

kidib 4 *n. m.*, * kd̲b, ك ذ ب

♦ **mensonge.** •*Allah mâ bidôr al kidib.* Dieu n'aime pas le mensonge. •*Al kidib hablah giseyyar.* La corde du mensonge est courte (*Prvb.*), *i.e.* le mensonge se reconnaît rapidement. •*Hî allamat al kidib bas, râjilha tallagâha.* Elle ne faisait que mentir [elle n'avait appris que le mensonge], son mari l'a répudiée.

Kidirmi *n. pr.* d'homme, nom d'une tribu du Ouaddaï.

kifâf *pl.*, → *kaffe 1.*

kifâya *invar.*, dans l'expression *be l kifâya*, * kfy, ك ف ي

♦ **en suffisance, suffisamment.** •*Al mardân cirib dawa be l kifâya wa ligi l âfe.* Le malade a pris une dose suffisante de médicament et a retrouvé la santé. •*Akalt êc be l kifâya wa hassâ nidôr nunum.* J'ai mangé suffisamment de boule et maintenant j'ai envie de dormir.

kiff *v. impér.*, → *kaffa 1.*

kifir / yakfar *v. intr.*, * kfr, ك ف ر

♦ **être sévère, être impitoyable, être méchant, intraitable,** ne pas chercher à comprendre. •*Al-ladwân kifiro lêna marra wâhid al yôm, câlo xumâmna kulla ke.* Les douaniers ont été impitoyables envers nous aujourd'hui, ils ont pris toutes nos marchandises. •*Al kafrân kifir lê nâs al-dangay, mâ antâhum akil al yôm.* Le caporal est impitoyable envers les prisonniers, il leur a refusé la nourriture aujourd'hui. •*Kalibna amis fî l-lêl kifir marra wâhid mâ xalla rufugâni yadxulu lêi.* Hier soir, notre chien est devenu méchant, il a empêché mes amis d' entrer chez moi. •*Awwal da nistafugu ma'âyah, lâkin al yôm da kifir lêna marra wâhid.* Auparavant on s'entendait très bien avec lui, mais aujourd'hui il s'est montré intraitable.

kijêl *n. coll., mrph. dmtf., m., sgtf. kijêlay* (un collier, ou le tour d'un collier, ou une perle), *empr.*, * kjl, ك ج ل

♦ **collier, perle allongée,** tour de collier fait de petites perles blanches allongées et noires aux extrémités. •*Al awîn, hassâ mâ balbasso kijêl.* De nos jours, les femmes ne portent plus de collier. •*Zamân al kijêl xâli, bacruh be bagaray.* Autrefois les colliers valaient très cher, on les échangeait contre une vache. •*Kijêl hanâ axti sameh bilhên.* Le collier de ma sœur est très joli. •*Ligit lêi kijêlay wâg'e fî l-derib.* J'ai trouvé un collier tombé dans la rue. •*Al kijêlay bêda wa* *xacumha azrag min jay wa jay.* Une perle *kijêl* est blanche au milieu et noire aux deux extrémités.

kijîji *n. m., coll., sgtf. kijîjay, empr., → jamsînda.*

kikkêf *invar.*, adverbe interrogatif de manière, *≅ kêf,* * kyf, ك ي ف

♦ **comment ?** •*Al mardân kikkêf ?* Comment va le malade ? •*Badur ! Kikkêf âfitak al yôm ?* Badour ! Comment vas-tu aujourd'hui [comment ta santé aujourd'hui] ? •*Kikkêf daggêtu l-sarrâg ?* Comment avez-vous battu le voleur ?

kîl *v. impér., → kâl.*

kilâb *pl., → kalib.*

kilâs / kilâsât *n. m., empr. fr., Cf. bêt wâhid, bêt tinên.*

♦ **classe.** •*Mas'ûl hanâ abbahât al iyâl lamma gurus acân yabni kilâsât judad fî hillitna.* Le responsable des parents d'élèves a rassemblé de l'argent pour construire de nouvelles classes dans notre village. •*Fî lîse hanâ Anjammêna talga miya wa talâtîn tilmîz fî l kilâs al wâhid.* Au lycée de N'Djaména, on peut compter cent trente élèves dans une seule classe.

kilâsku / kilâskuyât nom de personne, *f., empr.*

♦ **demoiselle, jeune fille, adolescente.** •*Al kilâsku di harragat galb al-subyân.* Cette jeune fille a enflammé le cœur des jeunes gens. •*Al kilâsku di lissâ mâ allamôha daribîn al mulâh.* Cette demoiselle n'a pas encore appris à préparer la sauce. •*Anâ indi axawât kilâskuyât.* J'ai des sœurs qui sont des adolescentes.

kilêb / kilêbât *n. anim.* mâle, *mrph. dmtf.*, (femelle *kilêbe*), *→ kalib*, * klb, ك ل ب

♦ **petit chien, chiot.** •*Anâ taract al kilêb hanâ jârti be moblêti.* J'ai renversé le chiot de mon voisin avec ma mobylette. •*Fattic kilêb sameh indah sûf azrag, nirabbih !* Cherche-moi un joli petit chien qui a des poils noirs, pour que je l'élève !

Kilêb mât *n. pr.* de lieu, altéré en *klêmât*, [le chiot est mort], nom d'un quartier de N'Djaména.

kilêyil / kilêyilât *n. m. mrph. dmtf., Cf. kalôl, ≅ kileyyil.*

♦ **petite marmite.** •*"Tuf, al hijjey angata'at fî râs saxayirna lahhâs kilêyilna !".* "Pft ! l'histoire s'est coupée sur la tête de notre petit qui lèche notre petite marmite !" (formule traditionnelle qui clôt les contes). •*Al binêyât kan bidôru bisawwu amkillêlo buxuttu kilêylâthum fî l-nâr.* Les petites filles, lorsqu'elles veulent faire la dînette, mettent leurs petites marmites sur le feu.

kileyyil / kileyyilât *n. m. mrph. dmtf., → kilêyil.*

kilfe *n. f., Cf. kalaf, nafaxa,* * klf, ك ل ف

♦ **pension alimentaire, nécessaire pour vivre, charge d'une personne,** tout ce qui est nécessaire à l'entretien et à la vie d'une personne. •*Al ajûz antat kilfe lê marit wilêdha l xâtir.* La vieille maman a pris en charge la femme de son fils parti en voyage. •*Anâ nagdar nicîl kilift al masâkîn dôl.* Je peux prendre en charge ces pauvres. •*Al kilfe hî al akil wa l-carâb wa l kiswe wa l maskan.* La charge pour l'entretien d'une personne comprend la nourriture, la boisson, l'habillement et le logement.

killême / killêmât *n. f. mrph. dmtf., Cf. kilme,* * klm, ك ل م

♦ **petit mot, parole.** •*Tâ'al ni'ôrîk killême wâhade.* Viens, j'ai quelque chose à te dire. •*Killêmâti kam ôrêtak acân mâ tamci l bahar !* Combien de fois t'ai-je dit de ne pas aller au fleuve !

kilma / kilmât *n. f., ≅ kilme,* * klm, ك ل م

♦ **une parole, mot.** •*Kan mâ tagôd sâkit, nugûl lêk kilma mâ tansaha muddit hayâtak.* Si tu ne restes pas tranquille, je te dirai un mot que tu n'oublieras jamais de ta vie. •*Kilimti di mâ fasle.* Ma parole n'est pas méchante. •*Inta mâ râjil zên, orêtni kilme fârxe, acân da anâ xabbant minnak.* Tu n'es pas un homme correct, tu m'as dit une parole sans fondement, voilà pourquoi je suis fâchée. •*Al mara tasma' al kilme l haluwe min râjilha.* La femme écoute la gentille parole que lui dit son mari.

kilmatizêr *n. f.*, *empr. fr.*, → *mubarrid.*

kilme / kilmât *n. f.*, → *kalima, killême, kilma*, * klm, ك ل م

kîlo / kîloyât *n. m.*, *empr. fr.* venant du grec *χιλιοι* (mille), *Cf. kilômitir.*
♦ **kilogramme.** •*Hî carat bumbitêr kiloyên.* Elle a acheté deux kilos de pommes de terre. •*Fî N'jammêna mâ fîh laham be kîlo, illa be kôm bas.* A N'Djaména on n'achète pas la viande au kilo, mais au tas.

kilômitir / kilômitrât *n. m.*, mot passé dans l'arabe d'emprunt *fr.* venu du grec, ≅ l'abréviation *kîlo.*
♦ **kilomètre.** •*Be watîrak kan cilt al gidron al muxarrib, wa jarêt tamanîn kilômitir talga l hille Dugya.* Si tu pars en voiture en prenant la route goudronnée à l'ouest, et si tu files [tu cours] pendant quatre-vingts kilomètres, tu trouveras le village de Dougia. •*Juwâdi jara kilômitir wâhid bas, sabag wa câl al-râs.* Mon cheval a couru un kilomètre simplement, puis il a dépassé les autres et est arrivé en tête.

kilwe / kilewât *n. f.*, autre pluriel *kalâwe*, * kly, ك ل ي
♦ **rein, rognon.** •*Fî l batwâr kilêwât hanâ l bahâyim xâwâli.* A l'abattoir, les rognons de bestiaux coûtent cher. •*Al-râjil da ligi ta'ane fî kilwitah.* Cet homme a reçu un coup de poignard dans le rein [dans son rein].

kimâle *n. f.*, → *kumâle.*

kîmân *pl.*, → *kôm.*

kimil / yakmal *v. intr.*, forme I n° 20, sens passif, * kml, ك م ل
♦ **être terminé(e), se terminer.** •*Almi l barrâd wallak kê namman kimil.* L'eau de la théière a bouilli jusqu'à ce qu'il n'y en ait plus du tout. •*Kan ta'anôk wa dammak kimil xalâs tumût.* Si on te poignarde et que ton sang s'écoule complètement, tu mourras.

kimm / akmâm *n. m.*, autre pluriel *kamâmen, kumûm*, * kmm, ك م م
♦ **manche d'un habit.** •*Xalagak da kimmah kabîr bilhên.* La manche de ton vêtement est très large. •*Hû damma sakkînah tihit kimmah.* Il a caché son couteau sous la manche de son vêtement.

kin *invar.*, → *kan.*

kinâfa *n. f.*, * knf, ك ن ف
♦ **gâteau roulé et fourré.** •*Anâ sawêt kinâfa be fûl wa tamur.* J'ai fait un gâteau roulé et fourré avec des arachides et des dattes. •*Al-rujâl birîdu l kinâfa.* Les hommes aiment le gâteau *kinâfa.* •*Fî kulla udur, al awîn bisawwu kinâfa.* A chaque cérémonie, les femmes font des gâteaux roulés et fourrés.

kinar *n. m.*, * knr, ك ن ر
♦ **bordure du tissu, bord du côté de la trame,** bordure du tissu qui ne s'effrange pas. •*Ayyi tôb bamurug min al masna' indah kinârên.* Tout tissu qui sort de l'usine a une bordure de trame de chaque côté. •*Al-tôb kan gidim kula, kinârah mâ bincarit.* Même si le tissu vieillit, le bord du côté de la trame ne se déchire pas.

kinat *pl.*, → *kanta.*

kindi *n. m.*, *empr.*, ≅ *kindi-kindi.*
♦ **putois.** •*Al kindi bakân al gâ'id fôgah rîhtah mâ tilbaddal.* De l'endroit où se trouve le putois émane une odeur qu'on ne peut faire disparaître. •*Al kindi bicâbih al fâr wa rihtah afne bilhên.* Le putois ressemble au rat et a une odeur nauséabonde. •*Albêt da gadîm*

bincamma kindi-kindi. Cette maison est vieille et sent le putois.

kindi-kindi *n. m.*, → *kindi.*

kindiwe / kanâdiw *n. f.*, *Cf. kandaw.*
♦ **accumulation de terre, tertre, colline, butte.** •*Fî janb al bûta hint Kilêbmat zamân fiya kindiwe kabîre hint turâb.* Au bord du canal du quartier Klémat, il y avait autrefois un immense tas de terre. •*Fî wara gêgar al askar, induhum kanâdiw kubâr bil'allamo fôghum daribîn hanâ l bundug.* Derrière le camp militaire, ils ont levé de grandes buttes de terre derrière lesquelles ils apprennent à tirer au fusil.

kindiye *n. f.*, *litt.* partie d'une montagne, * knd, ك ن د
♦ **colline.** •*Al xanam maco saraho fî l kindiye.* Les moutons sont partis paître sur la colline. •*Al kindiye ba'îde min al hille.* La colline est loin du village.

kinkeliba *n. vég.*, *coll.*, → *amkawala.*

kinnîn *n. m.*, *empr. fr.*, *sgtf. kinnînay* ; expression *kinnîn hanâ wirde* [comprimés pour la fièvre, nivaquine].
♦ **comprimé, cachet, nivaquine.** •*Al-râjil al mugâbil bêtna cara acara kinnînay min al-sûg.* L'homme qui est en face de chez nous a acheté dix cachets au marché. •*Inta ciribt kinnîn hanâ wirde wallâ ?* As-tu pris [as-tu bu] des comprimés de nivaquine ?

Kinnîn *n. pr. gr.*, *n. pr.* de lieu, *Hille Kinnîn*, village de *Kinnîn* à Abéché, quartier Touareg spécialisé dans le tissage de tapis (→ *camle*).

kintîn *n. m.*, terme utilisé à l'est du Tchad, *empr. fr.*, ≅ *kantîn*, voir le *Syn. dukkân.*

Kinya *n. pr.* de pays.
♦ **Kenya.**

kinyân *pl.*, → *kony.*

kîr 1 / akyâr *n. m.*, * kyr, ك ي ر
♦ **foyer du forgeron, soufflet du forgeron.** •*Ammi gâl leî : "Kiss xâdi, inta wasxân misil naffâx al kîr !".* Ma mère m'a dit : "Va-t'en ! Tu es aussi sale que celui qui actionne les soufflets du forgeron !". •*Tagdar ticif akyâr al haddâd fî Amrigêbe.* Tu pourras voir le soufflet du forgeron au quartier Amriguébé.

kîr 2 *n. m.*, * kwr, ك و ر
♦ **petit groupe autour d'une table,** ensemble de personne se groupant pour manger. •*Fî l âzâr al-nâs bagôdu kîr kîr yâ bâkulu.* Au cours des cérémonies, les gens se mettent par petits groupes pour manger. •*Fî l xada, abui gâl lê difânah : "Agôdu kîrên !".* Au moment du repas, mon père a dit aux invités : "Formez deux groupes !".

kirâm *pl.*, → *karîm 2.*

kirce / kurûc *n. f.*, * krš, ك ر ش
♦ **estomac, panse, abdomen, ventre.** •*Kircit al fîl malâne cadar.* L'estomac de l'éléphant est plein de branches d'arbres. •*Al bagaray di, kircitha malâne.* La panse de cette vache est pleine. •*Al-zôl da kircitah kabîre.* Cet homme-là a un gros ventre. •*Al-nâs dôl kurûchum kubâr kê da, akûn jâyîn min Sa'ûdiya.* Ces gens avec de tels gros ventres viennent peut-être d'Arabie Saoudite.

kirdi *n. coll.*, *empr.* (usité au Bornou), *sgtf. kirday.*
♦ **païen (-enne), animiste.** •*Al kirdi mâ induhum dîn.* Les païens n'ont pas de religion. •*Hassâ adad al kirdi gâ'id bangus.* A présent, le nombre des païens est en train de régresser.

kirêb *n. vég.*, *coll.*, *m.*, *sgtf. kirêbay* (une graine de *kirêb*), voir les autres espèces de graminées du même genre : *ammohôj, difre, kamdala,* * krb, ك ر ب
♦ **nom d'une herbe, fonio sauvage, Echinochloa colona (Link.), Brachiaria kotschyana (Stapf.),** famille des graminées, très appréciées pour la boule et la bouillie. •*Fî l xarîf al kirêb bibazzir katîr.* Pendant la

saison pluvieuse, l'Echinochloa colona pousse tout seul en abondance. •*Al kirêb, kan mâ daggoh zên al-difre tibîn.* Si l'on ne pile pas bien les graines d'Echinochloa colona, elles ressemblent à celles de l'Echinochloa pyramidalis ; (Si les enveloppes noires du grain de *kirêb* ne sont pas toutes enlevées, il n'est pas tout blanc et ressemble au *difre*).

kirêkimme / kirêkimmât *n. f.*, venant de *kurkum* "bulbe de safran indien" (*Ka.*), * krkm, ك ر ك م

♦ **os saillant d'une articulation,** os saillant du poignet ou de la cheville. •*Rijili anfakkat min al kirêkimme wa l bâreh daharatni l-nôm.* Je me suis fait une luxation de la cheville, et hier cela m'a empêché de dormir. •*Al kirêkimmât fî l îdên wa l-rijilên.* Les poignets et les chevilles ont des os saillants.

kirello *n. m.*, connu au *Sdn.*, *Cf. galgal.*

♦ **nom d'un lézard,** lézard plus petit que le margouillat. •*Al kirello saxayyir wa axabac wa amlas min al galgâl wa talgah fî l gôz.* Le lézard *kirello* est petit et gris, il a la peau plus lisse que celle du margouillat et on le trouve dans les coteaux sableux. •*Al kirello usum al galgal fî Gêra.* Le lézard *kirello* est le nom du margouillat au Guéra.

kirêyo / kirêyât nom, *mrph. dmtf.*, *f.*, *Cf. karyo, umra, buxsa, empr.*

♦ **petit pot.** •*Xâli jâb lêi kirêyo malâne asal.* Mon oncle m'a apporté un petit pot plein de miel. •*Al-ru'yân kulluhum induhum kirêyât lê l balîle.* Les bergers ont tous des petits pots pour mettre du mil gonflé dans l'eau. •*Kirêyti malâne cêbe wa dihin.* Mon petit pot est plein de chébé parfumé et d'huile.

kîri 1 / kiriyât *n. f.*, *empr.*, utilisé au Ouaddaï, par les *Maba* et les *Mimi*.

♦ **bracelet,** sorte de bracelet fin, cylindrique, ayant une boule à chaque extrémité. •*Binêyti indaha kîri hanâ dahab fî îdha al-zêne.* Ma fille a un petit bracelet en or au poignet droit. •*Fî l gêgar al banât mâ balbaso l kîri katîr.* En ville, les filles ne portent pas souvent de bracelets *kîri*. •*Al kîri hanâ dahab xâli.* Le bracelet en or est cher.

kîri 2 *n. m.*

♦ **abattage clandestin,** boucher échappant au contrôle fiscal. •*Siyâd al kîri al yôm mâ dabaho xanam.* Les bouchers clandestins n'ont pas égorgé de moutons aujourd'hui. •*Laham al kîri raxîs min hanâ sûg.* La viande provenant de l'abattage clandestin coûte moins cher que celle du marché.

kirih / yakrah *v. trans.*, forme I n° 20, * krh, ك ر ه

♦ **haïr, détester.** •*Al wilêd da kirihah lê axuh.* Cet enfant a haï son frère. •*Al-nâs kirihoh acân yôm wâhid hû ta'an nâdum be sakkîn wa katalah.* Les gens l'ont haï parce qu'un jour il a tué quelqu'un d'un coup de poignard.

kirkimme *n. f.*, → *kirekimme.*

kirr *v. impér.*, → *karra 1.*

kirrêbe / kirrêbât *n. f. mrph. dmtf.*, *Cf. karibîn*, * krb, ك ر ب

♦ **mauvaise saisie,** fait ou manière de mal saisir, ou d'attraper injustement. •*Kirrêbit al askar lê axawâni bihên waja'atni.* L'arrestation de mes frères par les militaires m'a fait très mal. •*Kirrêbtak lê sufra di mâ zêne, tinbalis minnak.* Tu n'as pas pris comme il faut ce plateau, il te glissera des mains.

kiryân *pl.*, → *keri.*

kîs al almi *n. m.*, composé de *kîs* ("sac", en *ar. lit.*), * kys, mwh, ك ي س • م و ه

♦ **poche des eaux.** •*Al mara, al-talge kan karabatha, kîs al almi kan mâ angadda, wâlûditha lissâ.* Lorsque la femme ressent les douleurs, si la poche des eaux n'est pas percée, c'est que le temps de l'accouchement n'est pas encore arrivé. •*Al wallâda mâ tillammasah lê kîs al almi nammân hû wihêdah yingadda.* La sage-femme ne touche pas la poche des eaux jusqu'à ce qu'elle se perce toute seule.

kîs al maxadda / akyâs al maxaddât *n. m.*, composé de *kîs* ("sac", en *ar. lit.*), → *maxadda*, *Syn. kîs al wassâde*, * kys, hdd, ك ي س • خ د د

♦ **taie, enveloppe de coussin.** •*Kîs al maxadda, hû gumâc muxayyat be rasim, wa nidissu bêyah al gutun.* L'enveloppe de coussin est une poche de tissu brodé de dessins dans laquelle on glisse le coton. •*Carêt arba'a akyâs maxaddât be mîtên riyâl.* J'ai acheté quatre taies pour deux cents riyals.

kîsân *pl.*, → *kâs 2, kôs 2.*

kisâr *n. coll.*, *m.*, *sgtf. kisray*, * ksr, ك س ر

♦ **crêpe, galette.** •*Kisâr al-rîs abyad min kisâr al xalla.* Les crêpes de riz sont plus blanches que les crêpes de mil. •*Sallalo kisâr fî bêtna acân indina dîfân.* Nous avons préparé des galettes à la maison parce que nous avions des invités. •*Akalna kisâr yâbis be sukkar.* Nous avons mangé des crêpes séchées avec du sucre. •*Agta' lêi kisâray !* Coupe-moi un bout de galette !

kisêre yâbse expression, *litt.* galette sèche, * ksr, ybs, ك س ر • ي ب س

♦ **avare, pingre.** •*Al-Nasrâni da kisêre yâbse.* Ce Blanc est un pingre ! •*Al-râjil al kisêre yabse, yarxab hatta lê martah wa iyâla.* L'homme avare refuse de donner même à sa femme et à ses enfants.

kisib / yaksab *v. trans.*, forme I n° 20, ≃ l'*inacc. kasab*, *Cf. ribih*, * ksb, ك س ب

♦ **gagner, réaliser un bénéfice, tirer profit.** •*Al-tâjir da kisib gurus katîr.* Ce commerçant a gagné beaucoup d'argent. •*Al yôm da hî mâ kisibat ceyy min budâ'itha.* Aujourd'hui, elle n'a tiré aucun bénéfice de ses marchandises.

kisil / yaksal *v. intr.*, *Cf. ijis*, forme I n° 20, * ksl, ك س ل

♦ **être fatigué(e), être paresseux (-euse), se décourager.** •*Anâ nidôr namci lêk lâkin kisilt.* Je voulais aller chez toi, mais j'étais fatigué. •*Al yôm da anâ kisilt, mâ nagdar naxadim.* Aujourd'hui je suis fatigué, je ne peux pas travailler. •*Hî taksal min xidime hint bêtha.* Elle se fatigue à cause de l'ampleur du travail qu'elle a à faire à la maison.

kisre *n. coll.*, *sgtf. kisray*, *Syn. dibdibbe*, * ksr, ك س ر

♦ **galette épaisse de mil,** galette cuite sous la cendre. •*Al yôm da al-râ'i alxadda lêyah be kisre wa laban musaxxan.* Aujourd'hui, le berger a déjeuné avec des galettes de mil et du lait bouillant. •*Al kisre mâ tabga zâd lê l xâtir, acân bâkuluha hâdir bas.* On ne peut pas se servir des galettes de mil épaisses pour en faire des provisions de route parce qu'on doit les manger dès qu'elles ont été faites (elles ne se conservent pas).

kissêre / kissêrât *n. d'act.*, *mrph. dmtf.*, *f.*, *Cf. kasirîn*, * ksr, ك س ر

♦ **fait de briser, fait de casser, brisure, cassure,** cassure ou brisure sans gravité ou peu importante. •*Fî l-cerîye, al wilêd dawwar acara alif hint kissêrit îdah.* Au tribunal, le garçon a demandé dix mille riyals en dédommagement de son bras cassé. •*Acân kissêrit finêjîlha al mara daggat binêyitha.* La femme a battu sa fille parce qu'elle avait cassé son petit verre.

kiswe / kasâwe *n. f.*, * ksw, ك س و

♦ **vêtement, habit.** •*Martah xabbanat acân mâ cara lêha kasâwe hanâ l îd.* Sa femme s'est mise en colère parce qu'il ne lui a pas acheté d'habits pour la fête. •*Hû rassal kiswe lê ammah.* Il a envoyé un vêtement à sa mère. •*Kasâwei kulluhum wasxânîn.* Tous mes vêtements sont sales. •*Amm duxxân al kindikay al balsag fî l kasâwe !* "Toi, femme dont le parfum puissant s'est imprégné dans les vêtements !" (Poème de *Îsa Azrag al-Nour* "Moussa Chauffeur").

kitâb / kutub *n. m.*, *al kitâb* désigne le Livre par excellence, * ktb, ك ت ب

♦ **livre, Coran, Bible.** •*Kitâbi sameh min kitâbak.* Mon livre est plus beau que le tien. •*Indina kutub tinên bas.* Nous n'avons que deux livres. •*Al mu'minîn yi'âmunu be l kutub al arba'a : al-Tôrât, wa l-Zabûr, wa l Injîl, wa l Xur'ân.* Les croyants croient en quatre livres : la Loi, les Psaumes, l'Évangile et le Coran. •*Wahât (wa hayât) al Kitâb, mâ cift gursak !* Par les versets du Coran, je n'ai pas vu ton argent !

kitâbe *n. f.*, *Cf. katab*, * ktb, ك ت ب

♦ **inscription, écriture.** •*Kitâbitku di mâ bâyine.* Votre écriture n'est pas claire. •*Al kitâbe hint al iyâl lê l giray gammat ba'ad al xarîf.* L'inscription des enfants à l'école commence à la fin de la saison des pluies. •*Iyâl bêtna yil'allamo l kitâbe fôg al-sabbûra be l-lakrê.* Les enfants de notre concession apprennent à écrire sur un tableau avec de la craie.

kitâbi / kitâbiyîn *n. pr. gr.*, terme appartenant au vocabulaire religieux, * ktb, ك ت ب

♦ **homme du Livre, gens du Livre,** ceux qui appuient leur foi sur la Bible. •*Al masihiyîn humman kitâbiyîn.* Les Juifs et les chrétiens sont les gens du Livre. •*Al kitâbiyîn wa l muslimîn kulluhum ke mu'âminîn be Allah.* Les gens du Livre et les musulmans croient tous en Dieu.

kitêkire *n. f.*, *mrph. dmtf.*

♦ **petite bouteille, flacon, fiole.** •*Al kitêkire hint al fatrôn be xamsa riyâl.* La petite bouteille pleine de pétrole vaut cinq riyals. •*Hû cirib talâta kitêkire hanâ argi.* Il a bu trois petites bouteilles d'alcool de mil.

kitif / katâfe *n. m.*, (duel *katâfen*), * ktf, ك ت ف

♦ **épaule.** •*Wâjib lê l-nâs yulummu kitif be kitif wa yabnu baladhum.* Les gens doivent s'épauler [se rassembler épaule contre épaule] pour construire leur pays. •*Al xayyâti gâwas al git'e fî katâfeni.* Le tailleur a mesuré le coupon sur mes épaules. •*Katâfe l harrâtin gawiyîn.* Les épaules des cultivateurs sont musclées.

kitir 1 / yaktar *v. intr.*, forme I n° 20, * kṯr, ك ث ر

♦ **se multiplier, augmenter, devenir nombreux.** •*Mâla kalâmki kitir, yâ Hawwa ?* Pourquoi parles-tu autant, Hawwa ? •*Kulla sana adad al-sukkân hanâ l kûra l ardiya baktar.* Chaque année, le nombre d'habitants augmente sur la terre. •*Al mêtir da bigarri adîl, acân da kulla sane iyâlah yaktaro.* Ce maître donne un bon enseignement, c'est pour cela que chaque année le nombre de ses élèves augmente.

kitir 2 nom d'arbres et d'arbustes, *coll.*, *sgtf. kitray*, → *kitir abyad, kitir azrag*, on pourrait aussi proposer la racine *ktr* qui évoque la forme d'une voûte élevée, * kṯr, ك ث ر

Kitir *n. pr.* d'homme, *Cf. kitir 1*.

kitir abyad *n. vég.*, *coll.*, *m.*, *sgtf. kitiray bêda*, *Cf. kitir 2*, * ktr, byḍ, ك ت ر • ب ي ض

♦ **nom d'un arbuste, gommier blanc, Acacia mellifera, Acacia senegal,** famille des mimosacées. •*Al awîn birîdu bacru faham al kitir.* Les femmes aiment acheter du charbon de bois de gommier blanc. •*Al kitir bisawwi samux.* L'Acacia mellifera produit de la gomme arabique.

kitir azrag *n. vég.*, *coll.*, *sgtf. kitiray zarga*, *Cf. kitir 2*, * ktr, zrq, ك ت ر • ز ر ق

♦ **nom d'un petit arbre, gommier noir, Acacia læta (R. Br.),** famille des mimosacées. •*Al kitiray al-zarga cadaray côkha suxâr wa ahmar wa mukanjar, wa râsha azrag.* L'Acacia læta est un arbre qui a de petites épines rouges et crochues, et dont la tête est noire. •*Al kitir al azrag samuxah ahmar wa asal.* Le gommier noir produit une gomme rouge et sucrée. •*Al kitir al azrag talgah fî l-naga'a wa bisawwu bêyah zerîbe lê l bahâyim.* L'Acacia læta se trouve dans les terrains argileux plats, on s'en sert pour clôturer les parcs à bestiaux.

kittêbe *n. f. mrph. dmtf.*, *Cf. katibîn*, * ktb, ك ت ب ⇨

♦ **fait d'écrire, écriture.** •*Axadti lêki râjil, wa lâ ba'arif girrêye wa lâ kittêbe.* Tu a épousé un homme qui ne sait ni lire ni écrire. •*Kittêbtak di anâ mâ na'arif nagrîha.* Je n'arrive pas à lire ton écriture.

kittêle *n. f. mrph. dmtf., Cf. katilîn,* * qtl, ق ت ل
♦ **meurtre, abattage, fait de tuer, assassinat.** •*Anâ wildôni fî lêle hiṇt kittêlt al-ra'îs al gadîm.* Je suis né la nuit de l'assassinat de l'ancien président. •*Kittêlit bagarayti bala izni, bilhên waja'atni.* Le fait que ma vache ait été abattue sans ma permission m'a fait très mal.

kiwêkib / kiwêkibât *n. m. mrph. dmtf.,* → *kiyêkib,* * kwkb, ك و ك ب

kiwênîn / kiwênînât *n. m. mrph. dmtf., Cf. kanûn,* * knn, ك ن ن
♦ **petit brasero.** •*Cârêt kiwênîn lê l-câhi.* J'ai acheté un petit brasero pour le thé. •*Tidôr tadrub mulâh fî l kiwênîn.* Elle veut faire cuire la sauce sur le petit brasero.

kiwêre / kiwêrât *n. f. mrph. dmtf., Cf. kôro,* * kwr, ك و ر
♦ **petit koro.** •*Fî wakit fatûr al-Ramadân talga kulla sufra fôgha kiwêrât marsûsât.* Au moment de rompre le jeûne pendant le Ramadan, on trouve sur chaque plateau des petits koros bien alignés. •*Fî l-sûg hanâ l madîde talga l-nâs yâtu kulla wâhid indah kiwêre wa jênu.* Là où l'on vend de la bouillie, on trouve des gens qui ont chacun un petit koro et une petite louche.

kiwês / kiwêsât *n. m.,* → *kiyês.*

Kiwêt *n. pr.* de pays, ≅ *Kuwayt.*
♦ **Koweït.**

Kiwêyse *n. pr.* de femme, *mrph. dmtf.,* → *kwayis,* * kys, ك ي س

Kiyâbe *n. pr.* de lieu, chef-lieu de sous-préfecture du Moyen-Chari.
♦ **Kyabé.**

kiyac *pl.,* → *kîca.*

kiyâl *n. d'act.,* voir le *Syn. kêlîn,* * kyl, ك ي ل

kiyêfir / kiyêfirîn *adj. mrph. dmtf.,* (*fém. kiyêfire*), → *kâfir,* * kfr, ك ف ر
♦ **petit bandit, vaurien (-enne), coquin(e).** •*Wilêdki l kiyêfir da kidib lê abbah fôgi.* Ton fils est un petit vaurien, il n'a rapporté à son père que des mensonges sur moi. •*Al binêye al kiyêfire di al'allamat al-cihide.* Cette coquine a déjà appris à quémander. •*Al iyâl al kiyêfirîn dôl tcâtco l-Nasâra fî l-sûg wa ligo minnuhum gurus.* Ces enfants sont de petits bandits, ils ont trompé les Blancs et leur ont extorqué de l'argent.

kiyêkîb / kiyêkîbât *n. m. mrph. dmtf.,* ≅ *kiwêkîb, litt.* petite lance à barbillons, → *kôkâb,* * kwkb, ك و ك ب

kiyêr / kiyêrât *n. m., empr. fr.* plus utilisé que *ma'alaga.*
♦ **cuillère.** •*Al iyâl kan bâkulu riss, wâjib tantuhum kiyêrât.* Lorsque les enfants mangent du riz, il faut leur donner des cuillères. •*Zâra xalbatat al-sukkar ma'â l-câhi be kiyêr.* Zara a mélangé le sucre dans le thé avec une cuillère. •*Hî antat binêyitha curba be kiyêr.* Elle a donné à sa fille de la soupe avec une cuillère.

kiyês / kiyêsât *n. m. mrph. dmtf.,* ≅ *kiwês, Cf. kâs,* * k's, ك ء س
♦ **petite calebasse, petite coupe.** •*Al mara kan bêtha wasi' be l-dîfân, tisill al êc be l kiyêsât.* Quand une femme a une grande maisonnée à nourrir, elle répartit la boule dans de petites calebasses. •*Al farîx al-najah fî li'ib al bâl yantuh kiwês hanâ fudda wa dahab.* L'équipe qui a gagné au match de football a reçu une petite coupe en argent et or.

kizême / kizêmât *n. f. mrph. dmtf., litt.* tout petit nez concave, → *kazama,* * kzm, ك ز م

klâc abkasarah / klâcât abkasarah *n. m., litt.* "kalach pliable", * ksr, ك س ر ⇨

♦ **nom d'un fusil d'assaut, kalachnikov AK 74,** sorte de kalachnikov avec des barres d'appui qui se replient, de calibre 5,45 mm. •*Klâc abkasarah bicâbih kalâc al ga'arah hatab, lâkin hû bittabbag.* La kalachnikov AK 74 ressemble à la kalachnikov à crosse en bois AK 47, mais elle a des barres d'appui articulées. •*Al askari darab al harâmi be klâcah abkasarah.* Le combattant a tiré sur le voleur avec une kalachnikov AK 74.

klacinkôf *n. m.*, ≅ *kalâc, empr.* russe pour *kalachnikov.*
♦ **nom d'un fusil d'assaut, kalachnikov AK 47,** calibre de 7,62 mm. •*Al klacinkôf bundug fardi.* La kalachnikov est une arme individuelle. •*Al xazna hint al klacinkôf ticîl talâtîn rassâsay.* Le chargeur de la kalachnikov contient trente cartouches.

Klêmât *n. pr.* de lieu, altération de *kilêb mât*, → *Kilêb mât.*

kôb / kîbân *n. m.*, *Cf. mu'allabât*, * kwb, ك و ب
♦ **récipient pour boire, gobelet, boîte,** boîte en fer blanc, boîte de conserve. •*Kôb hanâ l-tamâtim al ahmar mâ xâli.* La boîte de tomates rouges ne coûte pas cher. •*Kôb al-duwâne wâjib yagôd dâiman nadîf.* Le gobelet pour prendre l'eau du canari doit être toujours propre.

kôb al arûs *n. vég.*, *litt.* coupe de la mariée, * kwb, ʕrs, ك و ب • ع ر س
♦ **nom d'une plante herbacée, Asparagus africanus,** famille des casuarinacées. •*Cidêray kôb al arûs mâ tawîle, hî marne wa xidêra sirij.* L'Asparagus africanus n'est pas grand, ses tiges sont souples et très vertes. •*Ma'â l-darat urûg kôb al arûs bisubbu iyâl wa l-nâs bâkuluhum.* A la fin de la saison des pluies, des tubercules poussent sur les racine de la plante "coupe de la mariée", et les gens les mangent. •*Iyâl kôb al arûs humur, al-iyâl bumussuhum.* Les fruits de l'Asparagus africanus sont rouges et les enfants les sucent.

kôcât *n. m.*, *empr.* (Ouaddaï)
♦ **nom d'une bière de mil.** •*Al-râjil maca cirib kôcât.* L'homme est parti boire de la bière de mil. •*Al kôcât bisawwu be êc hanâ xalla, kisâr, wa tawwâra.* On prépare la bière de mil avec de la boule de mil, des galettes, de la levure de mil.

kôci *n. m.*, → *kawcu.*

kodôs / kodôsât *n. m.*, → *kadôs.*

kohol *n. m.*, → *kuhul.*

kôjar / yikôjir *v. trans.*, → *kajjar.*

kôjarân *n. d'act., m.*, ≅ *kôjirîn*, → *kajjarân.*

kôjas *n. m.*, → *kawjas.*

kôjirîn *n. d'act. m.*, ≅ *kajjirîn*, → *kajjarân.*

kôka nom, *m.*, *empr. amr.*
♦ **coca-cola,** bouteille de coca-cola. •*Fî l barday, al kôka mâ indah sûg.* Quand il fait froid, le coca-cola ne se vend pas bien au marché. •*Ammahât al arûs cirbo talâte kês hanâ kôka.* Les parentes de la mariée ont bu trois caisses de coca-cola.

kôkab / kawâkib *n. f.* (exception), altération de l'*ar. lit. kawkab*, * kwkb, ك و ك ب
♦ **planète.** •*Al kawâkib birâru fî l-lêl, wahadîn dugâg wâhadîn ciya ke kubâr.* Les planètes brillent la nuit ; les unes sont petites, les autres sont un peu plus grosses. •*Al gamar kawkab min al kawâkib.* La lune est l'une des planètes.

Kôkab *n. pr.* de femme, ≅ *Kawkab*, *litt.* planète, * kwkb, ك و ك ب

kôkâb / kawâkîb *n. m.*, *qdr.*, *Cf. harba*, * kwkb, ك و ك ب
♦ **lance à barbillons.** •*Abbakar maca lê l ganîs be harbitah wa kôkâbah.* Abakar est allé à la chasse avec sa grande lance et sa lance à barbillons. •*Al kawâkîb humman rugâg wa turân, wa kan ta'ano,*

marigînhum gâsi. Les lances à barbillons sont fines et aiguisées ; lorsqu'elles sont plantées dans la chair, il est difficile de les retirer.

kokko *n. m. onom., Cf. difde', go'ony, ambirtiti.*

♦ **crapaud-buffle.** •*Fî l-sêf, mâ nasma'o kokko acân al almi mâ fîh.* Pendant la saison sèche, on n'entend pas les crapauds coasser, parce qu'il ne pleut pas. •*Al kokko yamrug fî l-lêl yifattic lêyah akil.* Les crapauds sortent la nuit pour se chercher de la nourriture. •*Almi hâmi mâ li'ib kokko.* L'eau chaude n'est pas l'endroit où dansent les crapauds. *Prvb.* (*i.e.* ne t'ingère pas dans des affaires où tu n'es pas compétent !).

kôl *n. m., empr. fr.*

♦ **col.** •*Al-camîs kan gidim, kôlah biccarrat awwal al kamâme.* Lorsqu'une chemise est vieille, le col se déchire avant les manches. •*Al kôl fî xulgân al awwîn ciyya.* On ne trouve pas beaucoup de vêtements féminins ayant un col.

kôlaf / yikôlif *v. intr.*, forme III, *Cf. gôfaf*, * klf, ك ل ف

♦ **rouler les épaules, se pavaner, être orgueilleux, être prétentieux, se vanter,** traduit littéralement par "faire le gros dos", *i.e.* : "faire l'important", "jouer au grand personnage". •*Al yôm rikib lêyah watîr jadîd wa yikôlif giddâm al-nâs.* Aujourd'hui, il a utilisé une voiture neuve et se pavane devant les gens. •*Hû da kôlaf ke acân al yôm ligi lêyah gurus ciya.* Il joue au grand personnage parce qu'aujourd'hui il a reçu un peu d'argent.

kôlâf *n. d'act.*, voir le *Syn. kôlifîn.*

kôlafân *n. d'act.*, → *kôlifîn.*

kôlâfi / kôlâfîn *adj.*, (*fém. kôlâfiye*), *Cf. kôlaf, Syn. jokâki, bahbâri*, * klf, ك ل ف

♦ **orgueilleux (-euse), prétentieux (-euse), snob, vantard(e),** qui joue au grand personnage. •*Al kôlâfi hû l-nâdum al figêrân wa baxadim xidimt siyâd al gurus.* Le vantard est quelqu'un qui n'a pas beaucoup de moyens mais qui imite le comportement des gens riches. •*Anâ na'rifha kadar hî kôlâfiye, acân da bas jaxxêtha be kalâm al-Nasâra l-tagîl.* Je savais qu'elle était prétentieuse, et c'est pour cela que je l'ai testée en lui parlant un français savant [lourd]. •*Axwânak kulluhum ke kôlâfiyîn, ille inta miskîn fôghum.* Tous tes frères sont orgueilleux, toi seul es resté simple.

kôlêra *n. f., empr. fr.*, nom d'un quartier et d'un marché de N'Djaména.

♦ **choléra.** •*Waba' al kôlêra daxal al balad.* Une épidémie de choléra a atteint [est entré dans] le pays. •*Amnawwal marad al-sabîb hanâ l kôlêra katal nâs katîrîn.* L'an passé les diarrhées dues au choléra ont tué beaucoup de monde. •*Hû indah dukkân fî sûg al kôlêra.* Il a une boutique au marché "Choléra".

kôlifîn *n. d'act.*, ≅ *kôlâf*, * klf, ك ل ف

♦ **fait de se pavaner, fait de rouler les épaules, prétention, fierté, orgueil, vantardise,** art de faire des gestes et de se montrer plus important que l'on est, de jouer les héros, de se faire remarquer. •*Libis xulgân judad wa rabbat sintîra wa mâci be kôlifîn fî l-câri.* Il a mis des vêtements neufs et une ceinture, et est allé se pavaner dans la rue. •*Min awwâl ke xâf min al-duwâs, wakit câf axawânah jo, gamma bisawwi kôlâf, gâl hû fahal.* Auparavant il avait peur de se battre, mais dès qu'il a vu ses frères venir, il a joué au héros, disant qu'il était un homme courageux.

Kolômbya *n. pr.* de pays.

♦ **Colombie.**

kolonel *n. m.*, → *axîd.*

kôm / kîmân *n. m.*, * kwm, ك و م

♦ **tas, amoncellement, amas, monceau.** •*Kôm hanâ l basal, gursah katîr !* Un tas d'oignons coûte très cher [son argent est beaucoup] ! •*Zâra carat kîmân talâta hanâ tamâtim.*

Zara a acheté trois tas de tomates. •*Fî l-sûg alwân al kimân katîrîn.* Au marché, les couleurs des tas de marchandises sont très variées. •*Al iyâl gâ'idîn bal'abo fî kôm hanâ ramla.* Les enfants sont en train de jouer sur un tas de sable. •*Kimân tamâtimki dôl dugâg be icirîn icirîn da.* Tes tas de tomates à vingt riyals sont bien petits !

komanda / komandayât *n. m., empr. fr.,* ≅ *kumanda.*
♦ **commandant, délégué municipal.** •*Râjili komanda hanâ askar al amni.* Mon mari est commandant des forces de sécurité. •*Amci cîf komanda hanâ l baladiye al inta wildok fôgha acân yantîk milâdiye !* Pars voir le délégué municipal de l'arrondissement où tu es né pour qu'il te délivre un extrait de naissance !

kômi nom de personne *m., empr. fr.,* ≅ *gardi minisipo.*
♦ **secrétaire dactylo.** •*Hû xidimtah kômi fî l mêri.* Il est secrétaire dactylo à la mairie. •*Xidimt al kômi ta'abah katîr wa gurusha ciyya.* Le travail de dactylo est fatigant et rapporte peu d'argent.

kômîn *pl., Syn. katîrîn,* * kwm, ك و م
♦ **en grand nombre, en foule.** •*Jâb bagar kômîn fî l-sûg wa mâ ancaro.* Il a apporté un très grand nombre de vaches au marché mais elles ne se sont pas vendues. •*Amis lammo kômîn fî giddâm bêtah wa hajjo be l-demoxrâtiye.* Hier, des gens sont venus en foule devant sa maison et ils ont parlé de démocratie.

Kômîn *n. pr.* de femme, surnom donné à celle qui met au monde de nombreux enfants, pour *Amm al kômîn, Cf. kômîn,* * kwm, ك و م

kôna *invar.*, connu au *Sdn.* (*C.Q.*), utilisé au Ouaddaï.
♦ **partons !, allons !** •*Kôna fî l kadâde !* Partons en brousse ! •*Yâ axti kôna ajala gubbâl al harray ma tabga hâmiye.* Ma sœur, partons vite avant que le soleil ne soit trop chaud. •*Kôna ma'âi l-sûg wa ba'adên namcu nicîf bêtki !* Viens avec moi au marché, puis nous reviendrons ensemble pour que je voie ta maison !

kondorong *n. m., empr.* (Ouaddaï, Maba), ≅ *kondrong, Cf. merîse, kôcât, nîlon, bilbil.*
♦ **nom d'une bière de mil, boisson fermentée.** •*Fî Anjammêna al kondorong mâ katîr.* A N'Djaména le *kondorong* est rare. •*Anîna mâ nacarbo kondorong acân hû bisakkir.* Nous ne buvons pas de bière *kondorong* parce qu'elle enivre.

kondrong *n. m.,* → *kondorong.*

kongo nom d'une qualité de tissu, dans l'expression *tôb kongo* [étoffe du Congo].
♦ **tissu solide en coton teint.** •*Tôb kongo basna'oh fî duwal katîrîn, lâkin bisammuh kongo acân nâs Kongo balbasoh katîr.* L'étoffe "congo" est fabriquée dans de nombreux pays, mais on l'appelle ainsi à cause des Congolais qui aiment s'en vêtir. •*Al gôgîn halu lê l amm be rabbâta hint kongo walla sarbêt.* La mère aime porter sur le dos son enfant en l'attachant avec un petit pagne de coton solide ou une serviette de toilette.

Kongo *n. pr.* de pays.
♦ **Congo.**

konkân sitte *n. m.*, connu au *Sdn.* (*C.Q.*)
♦ **nom d'un jeu de cartes.** •*Anâ mâ na'arif ayyi no' hanâ konkân, wa lâ konkân sitte, wa lâ konkân arbatâcar.* Je ne sais jouer à aucune sorte de jeux de cartes *konkân*, ni celui à six, ni celui à quatorze. •*Al konkân sitte, kan bal'aboh, ayyi nâdum bantuh sitte kartay.* Lorsqu'on joue au *konkân* à six, on donne à chacun six cartes.

kononêl / kononêlât *n. m., empr. fr.,* → *axîd.*

kontrôl *n. m., empr. fr.*
♦ **contrôle, fouille.** •*Al askar sawwo kontrôl wa masako asliha katîre fî batun al hille.* Les militaires ont fait

une fouille et saisi de nombreuses armes au cœur de la ville. •*Al kontrôl fî l-lêl, al-sarârig yaxâfo minnah.* Les voleurs craignent les contrôles la nuit.

kony / kinyân *n. m., empr. fr.*, prononcé *[koñ].*

♦ **coin.** •*Al-sarrâg labbad fî l kony.* Le voleur s'est caché dans le coin. •*Al iyâl al matâmîs yagôdu fî l kinyân acân bâbo l giray.* Les enfants sots se mettent dans les coins de la classe parce qu'ils ne veulent pas étudier.

kôrak / yikôrik *v. intr.*, connu au *Sdn.* (*C.Q.*), *Cf. kororak* ; forme III.

♦ **crier au secours, appeler au secours, hurler,** pousser des cris de détresse. •*Wakit al-sarrâg daxal fî bêtna, al wilêd kôrak.* Lorsque le voleur est entré chez nous, l'enfant a appelé au secours. •*Câfo l-dûd wa kôrako.* Ils ont vu le lion et ont crié au secours. •*Tikôriki, mâlki ? Cunû sawwâki ?* Tu cries, qu'as-tu ? Que t'arrive-t-il ?

kôram / yikôrim *v. intr.*, forme III, * wrm, و ر م

♦ **avoir un œil enflé, enfler** (œil), **avoir un œdème palpébral,** avoir les paupières tellement enflées que l'œil ne peut plus s'ouvrir. •*Ragadt, wa gammêt fajur, ligît uyûni tinênithum kôramo, lâkin mâ na'arfa cunu addâni.* Je me suis couché et, lorsque je me suis levé le matin, j'ai constaté que mes paupières [mes yeux] avaient gonflé, mais je ne sais pas ce qui m'a mordu. •*Kan garwa hajjat, katîr min al iyâl uyûnhum bikôrumu.* Lorsque le vent fort souffle en bourrasques, beaucoup d'enfants ont les yeux enflés. •*Al wilêd kan ênah kôramat, al iyâl bidâbuxuh, bugûlu lêyah : "Kôram, kôram, ên al-dîk, nâkul janbak mâ nantîk !".* Lorsqu'un enfant a un œil enflé qui le gêne pour voir, les autres le taquinent en lui disant : "Il est enflé, il est enflé, œil de coq, je mange à côté de toi, je ne te donne rien !".

korde *n. m., empr.*

♦ **nom d'une bière de mil.** •*Al korde bisâwuguh be jurâr.* On vend le *korde* dans des jarres. •*Al korde bisawwuh be xalla duxun wallâ be rîs.* On prépare le *korde* avec du mil pénicillaire ou du riz.

korno *n. vég., coll., m., empr.* (Darfour), ≅ *karno, sgtf. kornoy*, désigne l'arbre et le fruit, le fruit du *korno* est plus gros que le *nabag*, mais moins sucré, *Cf. nabag, nabag al fîl.*

♦ **nom d'un arbre, jujubier, jujube, Zizyphus spina-christi (L., Desf.),** famille des rhamnacées, pousse au bord de l'eau et peut devenir un grand arbre dont les fruits sont comestibles. •*Dagîg hanâ iyâl al korno bakuluh be ruwâba.* On mange le fruit du jujubier réduit en poudre avec du babeurre. •*Cadar al korno billagi minjamm fî l hille wa fî l kadâde.* Les jujubiers se trouvent partout, çà et là, en ville et dans la brousse.

kôro / kawâro *n. f.*, autre pluriel *kuwar, Cf. midd*, * kwr, ك و ر

♦ **bol émaillé, récipient servant de mesure, koro,** d'une contenance de deux litres environ. •*Kôro hint al xalla be xamsa wa talâtîn riyâl.* Le koro de mil est à trente-cinq riyals. •*Kôrt al-sumsum tala'at fî l-sûg.* Au marché, le prix du koro de sésame est monté.

korôrâk *n. m., Cf. baki, kôrak.*

♦ **cri d'appel au secours, hurlement, clameur,** manière spéciale dont les femmes crient et pleurent devant un malheur. •*Al kororâk da, jâyi min wên ?* D'où vient cette clameur ? •*Simi'na kororâk be fajur fajur.* Nous avons entendu un cri d'appel de très bon matin. •*Al kororâk mâ yanfa' lê l-nâdum al mayyit !* Les cris ne servent à rien pour celui qui est mort !

koryo *n. f.*, → *karyo.*

kôs 1 *n. m., empr.* (Kanem, Bornou)

♦ **nom d'un jeu de cartes.** •*Al awîn yirîdu li'ib hanâ l kôs.* Les femmes aiment jouer au *kôs*. •*Al kôs li'ib indah dubâx katîr.* Le *kôs* est un jeu dans lequel on se taquine beaucoup.

kôs 2 / kîsân *n. m., Cf. xarrâf,* * kwz, ك و ز

♦ **pot à eau, gobelet ayant une anse, quart.** •*Axrif lêi almi be l kôs !* Prends-moi de l'eau avec le gobelet ! •*Amrugi lêi l kôs min al-duwâne !* Sors-moi le pot à eau qui est dans la jarre !

kôsang / yikôsing *v. trans., empr.* (Ouaddaï), *Cf. barbar.*

♦ **débroussailler, défricher.** •*Kulla harrâti yikôsing zar'ah gubbâl al xarîf.* Chaque cultivateur défriche son champ avant la saison des pluies. •*Yûsuf min kôsang xalâs bada bijajjil.* Après avoir achevé de défricher son champ, Youssouf a commencé à l'ensemencer avant les pluies.

kosey *n. m., empr.*

♦ **beignets,** beignets faits avec de la farine de haricots. •*Al kosey akil hanâ Hawsa.* Les beignets de haricots sont la nourriture des Haoussas. •*Jîb lêi zîgêgeh : kosey be acara riyâls !* Apporte-moi des friandises : des beignets de haricots à dix riyals !

kôt *n. m., empr. fr.,* expression *katal lêi kôt* (il m'a fait un clin d'œil)

♦ **clin d'œil, clignotant d'un véhicule, feux de croisement,** faire un signe avec les yeux. •*Hû katal lêi kôt bidôr namci ma'âyah.* Il m'a fait un clin d'œil pour que je parte avec lui. •*Al watîray daggat kôt, tidôr tiliff be hini.* La voiture a mis son clignotant, elle veut tourner.

Kotdîvar *n. pr.* de pays, le pays est souvent désigné par sa capitale, *Syn. Sâhil al âj (ar. lit.), Cf. Abijan.*

♦ **Côte d'Ivoire.**

kôyal / yikôyil *v. trans.,* forme III, ≅ *kâyal,* * kyl, ك ي ل

♦ **remplir à ras bords, se gonfler d'un liquide, boire exagérément.** •*Anâ koyalt almi mâ nagdar nâkul êc.* Je me suis gorgé d'eau, je ne peux plus manger de boule. •*Hî kôyalat madîde battân mâ tagdar tunûm.* Elle s'est rempli le ventre de bouillie, elle ne pourra plus dormir. •*Al xarîf kôyal al bahar almi.* Les eaux de pluie ont rempli complètement le fleuve. •*Koyili lêi al gidir da dihin bagar.* Remplis de beurre fondu ma grosse marmite en aluminium !

kôyalân *n. d'act., m.,* → *kôyilîn.*

kôyam / yikôyim *v. trans.,* forme III, *Syn. kawwam, yikawwim,* * kwm, ك و م

♦ **mettre en tas, entasser.** •*Hî gâ'ide tikôyim hatab giddâm bêtha.* Elle est en train d'entasser des fagots devant sa maison. •*Fî l-sûg, al awîn bikôyumu basal, tûm wa tamâtim.* Au marché, les femmes font des tas d'oignons, d'ails et de tomates.

kôyilîn *n. d'act., m.,* ≅ *kôyalân,* → *kôyal,* * kyl, ك ي ل

♦ **fait de remplir à ras bords, fait de boire exagérément.** •*Kôyilînku lê l esâns fî l barâmîl janb bêt al-laday da, xatîr !* Remplir d'essence vos fûts à côté du foyer de cette cuisine, c'est dangereux ! •*Fî l-Ramadân ta'âl cîf lêk kôyilîn hanâ madîde.* Au moment du Ramadan, viens voir comment les gens se remplissent le ventre de bouillie.

krêb *n. vég., coll., m.,* → *kirêb*

krêyon / krêyonât *n. m., empr. fr.,* → *xalam.*

krêyondebôte *n. m., empr. fr.* "crayon de beauté".

krib *invar., onom.* accompagnant les verbes *lamma* [rassembler] *kabas* [donner l'accolade].

♦ **face à face,** se trouver l'un contre l'autre. •*Al-suwâr ma'â l askar al hâkuma lammo krib.* Les rebelles se sont trouvés face à face avec l'armée gouvernementale. •*Ra'îs hanâ Tcâd wakit nazal min al-tayyâra, Ra'îs hanâ Fransa kabasah krib.* Lorsque le Président du Tchad est descendu d'avion, le Président de la France lui a donné l'accolade en le serrant contre lui.

ku' / kî'ân *n. m.*, * kwʕ, ك و ع

♦ **coude.** •*Al-nâdum mâ yagdar yi'addi ku'ah.* Personne ne peut mordre son coude. •*Wilêdi waga' min al-cadaray wa îdah al isra anfakka min al ku'.* Mon enfant est tombé de l'arbre et s'est déboîté le coude. •*Cîf al-râjil da, daggâni be kû'ah fî xacumi !* Regarde cet homme, il m'a frappé en m'envoyant un coup de coude dans la bouche.

ku'ubbên *pl.*, → *ka'ab 1.*

ku'ûs *pl.*, → *kâs 3.*

kubâc *pl.*, → *kabic.*

kubâca *pl.*, → *kabic.*

kubâr *pl.*, → *kabîr.*

kubb *v. impér.*, → *kabba 1.*

kubbay / kabâbo *n. f.*, *n. pr.* de femme, *Syn. funjâl*, * kwb, ك و ب

♦ **récipient pour boire, verre.** •*Ahmar damm al kabâbo al-nâs kulluhum birîdu lâkin lê hagguhum bâbo... Da l-câhi.* Cela circule dans les verres comme le sang, tous les gens l'aiment ; mais quand cela concerne leur argent, ils refusent de s'en procurer... C'est le thé. *Dvnt.* •*Al yôm min fajur ciribt kubbaytên bas hanâ câhi.* Depuis ce matin, je n'ai pris que deux verres de thé. •*Anâ ciribt câhi be kubbay "ta'ab nâdôna" wa axti ciribat be kubbay "nuggarit Jamma" al kabîre.* J'ai bu du thé dans un petit verre à thé (*ta'ab nâdôna*) et ma sœur en a bu dans un grand verre (*nuggarit Jamma*).

kubbi *n. m.*, *empr.* (usité au Bornou), *Cf. sinêk, subâta, dinâri.*

♦ **cœur,** couleur rouge au jeu de cartes. •*Anâ nâkul be l kubbi, acân hû galib habibti.* Je gagnerai avec le cœur parce qu'il représente le cœur de ma chérie. •*Gibêl da kan ramêt lêi du' kubbi anâ naftah.* Si tu avais jeté le deux de cœur, j'aurais étalé mon jeu et je gagnais.

Kubbôye *n. pr.* de femme, → *kubbay*, * kwb, ك و ب

kubcân *pl.*, → *kabic.*

kubkub / kabâkib *n. m.*, *empr. fr.*

♦ **coupe-coupe.** •*Al-jazzâri kassar al udâm be l kubkub.* Le boucher a cassé les os avec un coupe-coupe. •*Zamân al bundug mâ fîh al-nâs bidâwusu be l kubkub.* Autrefois, il n'y avait pas de fusils, les gens se faisaient la guerre avec le coupe-coupe. •*Fî wakit hanâ duxûl al isti'mâr, fî sanit alif wa tus'u miya wa saba'atâcar, askari nasrâni wâhid anta amur kattalo faxara katîrîn be l kubkub fî dâr Wadday, wa min da bisammûha sant al kubkub.* Au temps de la pénétration coloniale, en mille neuf cent dix-sept, un officier blanc a donné l'ordre de décapiter de nombreux fakis dans la région du Ouaddaï ; à cause de cela on appelle cette année : l'année du coupe-coupe.

Kubra *n. pr.* de femme, pour *Xadîja l kubra* (première femme du Prophète), *Cf. kabîr*, * kbr, ك ب ر

kubri / kabâri *n. m.*, connu en *Egy.*, *empr.* turc, * kbr, ك ب ر

♦ **pont.** •*Al almi sabba katîr wa l kubri ankasar.* Il a beaucoup plu et le pont s'est cassé. •*Anjammêna indaha kabâri tinên bas.* A N'Djaména il n'y a que deux ponts.

kubu nom de lieu, terme des éleveurs *baggâra* connu au *Sdn.* (*C.Q.*).

♦ **forêt dense, coin de verdure, fourré,** endroit argileux qui garde l'eau en saison des pluies, et sur lequel pousse une abondante végétation. •*Fakkuru lê bahâyimku, nugurt al marfa'în fî l kubu al hinâk da.* Faites attention à vos bestiaux, le trou de l'hyène se trouve là-bas dans le fourré. •*Jîdad kâtci bibayyid fî l kubu acân fî cadar wa gecc katîr.* Les pintades pondent dans la forêt parce qu'il y a là des arbres et beaucoup d'herbe.

kubur *n. m.*, * kbr, ك ب ر

♦ **vieillesse.** •*Al kubur jâni wa l-côf aba.* Je suis devenu vieux et j'ai perdu la vue [la vieillesse m'est arrivée et la vue a refusé]. •*Al kubur jâni battân* *mâ nisawwi siyâsa, tawwa nagôd na'abid Allah.* Je suis devenu vieux, je ne fais plus de politique, maintenant je me consacre à l'adoration de Dieu. •*Al kubur kan jâk, wâjib tagôd fî l bêt.* Lorsque viendra la vieillesse, tu devras rester à la maison.

kubûriye *n. f.*, * kbr, ك ب ر
♦ **pouvoir, autorité, cadeau à la première épouse,** cadeau que fait le mari à la première épouse lorsqu'il en prend une seconde. •*Al-sultân antoh kuburiye hint abuh.* On a donné au sultan le pouvoir de son père. •*Zamân fî Ifrîxiya l janûbiya al-nâs al buyud induhum al kuburiye.* Autrefois, en Afrique du Sud, les Blancs avaient le pouvoir. •*Xâli axad mara tâniye wa lê l kabîre mâ antaha kubûriye.* Mon oncle a épousé une deuxième femme, mais il n'a pas donné de cadeau d'ancienneté à la première épouse.

kûca / kuwac *n. f.*, connu au *Sdn.*, *empr. aram.* (*C.Q.*), *Syn. dungus.*
♦ **poubelle, tas d'ordures, décharge,** lieux où l'on brûle les ordures. •*Al xanamay al fatîse di, azgulûha fî l kûca.* Jetez cette chèvre crevée sur le tas d'ordures ! •*Anjammêna fôgha kuwac katîrîn fî l-cawâri.* Dans les rues de N'Djaména, il y a de nombreuses décharges publiques. •*Wilêdki ligîtah al yôm fôg al kûca hint al-Nasâra ma'â iyâl bandî.* J'ai trouvé aujourd'hui ton fils jouant sur le tas d'ordures des Européens avec les petits délinquants.

kucbara *n. f.*, → *kusbara.*

kucur *pl.*, → *akcar.*

kudd *v. impér.*, → *kadda 1.*

kudungâr *n. m.*, *empr.*, ≅ le *sing. kudungâra.*
♦ **plantoir, constellation du Centaure,** grand bois en forme de L au bout duquel est fixé un fer de houe pour ouvrir les trous qui recevront la semence. •*Fî wakt al-têrâb, ticîf al harrâtîn kulla wâhid be kundungarah yihaffuru l-nugâr lê l-têrâb.* Au temps des semailles, on voit chaque cultivateur avec son plantoir faire des trous pour y mettre les semences. •*Al kudungar, ûd tawîl wa mukanjar, wa fî xacumah kadanga.* Les plantoirs ont un grand manche en bois recourbé au bout duquel se trouve un fer de houe.

kuff / akfâf *n. m.*, ≅ le pluriel *kafâfên*, * kff, ك ف ف
♦ **sabot.** •*Kuff al-juwâd sawwa nugâr fî l-derib.* Le sabot du cheval fait des trous sur la route. •*Al haddâdi sawwa lê l-râjil da hadîd lê akfâf juwâdah.* Le forgeron a forgé des fers pour les sabots du cheval de cet homme. •*Al xêl bisawwu ajaj be akfâfhum yôm al-zaffa.* Le jour de la procession nuptiale, les chevaux soulèvent de la poussière avec leurs sabots.

kuff ! *onom.*, *invar.*, connue au *Sdn.*
♦ **paf !, pan !** •*Amis fî l-lêl hiss al bundug daharâna l-nôm, illa kuff, kuff !* Hier soir, dans la nuit, les coups [la voix] de fusil m'ont empêché de dormir, ce n'était que "paf ! paf !" •*Al bundug al kuff ! kuff ! da, fî hillitku wallâ ?* Les coups de feu "pan ! pan !" avaient-ils lieu dans votre quartier ? •*Wakit simi'o kuff da, kulluhum arrado.* Dès qu'ils ont entendu "pan !" ils se sont tous enfuis.

kuffâr *pl.*, → *kâfir.*

kufo *n. m.*, *Syn. kafu, xuta*, * kf', ك ف ء
♦ **couvercle conique en vannerie,** couvercle d'une corbeille. •*Jâritna jâbat lêna êc muxatta be kufo.* Notre voisine nous a apporté une boule recouverte d'un couvercle conique. •*Al êc kan fî l kufo mâ yabrud ajala.* Si la boule est à l'abri sous un couvercle en vannerie, elle ne refroidit pas vite.

kufta *n. f.*, * kft, ك ف ت
♦ **boulette de viande hachée, boulette de viande.** •*Laham hanâ l kufta yarhakoh fî l makana l-tarhak al-laham.* La viande des boulettes est hachée avec un hachoir à viande. •*Laham al kufta l marhûk*

bidardumuh bê basal wa camâr wa mileh, wa binajjudu fî l-dihin. On fabrique les boulettes de viande *kufta*, en les mélangeant avec des oignons, du cumin et du sel, et en les cuisant dans de l'huile.

kufûf *pl.*, → *kaffe 2.*

kufûfu *n. m.*, * kff, ك ف ف

♦ **fleur du mil avant le grain, glume du mil, enveloppe de l'épi, barbe de maïs.** •*Al xalla dahâbha sawwat kufûfu.* Le mil est tout juste en fleurs. •*Faraj al-darat garîb acân al xalla kullaha câlat kufûfu.* Le bon temps de la moisson est proche parce que le mil est en fleurs. •*Al kufûfu kan daffag xalâs, kulla l xalla bêda.* Lorsque la glume de l'épi est partie [tombée], le mil est tout blanc.

kufur *n. m.*, * kfr, ك ف ر

♦ **blasphème, impiété, incrédulité, infidélité.** •*Sabbîn al-dîn kufur.* Blasphémer est un acte d'impiété. •*Kufurak da misil kufur târik al-salâ.* Ton infidélité envers Dieu est aussi grave que l'abandon de la prière. •*Daffigin al akil, kufur be l-ni'ma.* Jeter la nourriture est une insulte à la bonté de Dieu.

kuhul nom de minéral, *coll.*, *sgtf. kuhulay*, ≅ *kohol*, *Syn. dalâl*, * kḥl, ك ح ل

♦ **khôl, antimoine.** •*Acuru l kuhul lê jamâl uyûnku.* Achetez du khôl pour la beauté de vos yeux. •*Al kuhul bujûbu min al-Sa'udiya.* On importe le khôl d'Arabie Saoudite.

kuhuli / kuhuliyîn *adj.*, (*fém. kuhuliye*), * kḥl, ك ح ل

♦ **bleu noir, noir à reflets métalliques.** •*Rîc amdalba kuhuli bilâsif min ba'îd.* Les plumes du pique-bœuf sont noires avec des reflets métalliques que l'on voit de loin. •*Al wizzin lônah kuhuli mâ misil al xurâb.* Le canard sauvage a une couleur bleu noir qui n'est pas comme celle du corbeau.

kujj *v. impér.*, → *kajja 1, kajja 2.*

kujûr *n. m.*, *Cf. kunûs, marguay.*

♦ **rite païen, culte idolâtrique, divinités fétiches.** •*Al Arab mâ induhum kujûr.* Les Arabes n'ont pas de divinités fétiches. •*Al-nâs al induhum kujûr ya'budu l asnâm.* Les gens qui ont des rites païens adorent des idoles.

kujura / kujurât *n. f.*, *empr.* connu au *Sdn. Cf. zerîbe, kajjar.*

♦ **clôture, séparation, paravent, palissade.** •*Addal kujura fî lubb bêtah bên bakân al-rujâl wa bakân al awîn.* Il a dressé une palissade dans sa concession pour séparer le lieu des hommes de celui des femmes. •*Mâ fî kujura bên jârna wa bênna, fadayitna wahade bas !* Il n'y a pas de mur de séparation entre nos voisins et nous, nous avons la même cour.

kûk *n. vég.*, *coll.*, *m.*, *sgtf. kûkay*, connu au *Sdn.* (*C.Q.*).

♦ **nom d'un arbre, Acacia sieberiana (DC.),** famille des mimosacées, un des plus grands acacias africains. •*Côkayt al kûk tawîle wa gawiye.* Les épines d'Acacia sieberiana sont longues et dures. •*Be côk al kûk nâs barra yixayyutu beyah al-jurah.* Avec une épine d'acacia, les gens de brousse referment les blessures. •*Cokayt al kûk mâ ti'affin al-jirâh.* L'épine d'Acacia sieberiana n'infecte pas les plaies.

Kûka *n. pr. gr. coll.*, *sgtf. Kûkay* (homme) *Kûkayye* (femme).

♦ **Kouka.** •*Al Kûka gâ'idîn fî l Batha.* Les Kouka se trouvent dans le Batha. •*Al mara l Kûkayye jât fî Anjammêna min al-darat al fât.* La femme kouka est arrivée à N'Djaména l'an passé après la saison des pluies.

kûkucâwire *n. anim.*, → *rihew*, * šwr, ش و ر

kûkuma / kûkûmât *n. instr.*, *f.*, *empr.* (Bilala), *Cf. kamanja.*

♦ **violon traditionnel.** •*Al kûkuma lammat al-nâs.* Le violon rassemble les gens. •*Al wulâd li'ibo kûkuma yôm tahûrit rufugânhum.* Les garçons ont joué du violon le jour de la circoncision de leurs amis.

kula *invar.*, ne pas confondre avec *kulla, Cf. kulla,* * kly, ك ل ي

♦ **aussi.** •*Anâ kula mardân.* Moi aussi, je suis malade. •*Axti kula binêyit lekkôl.* Ma sœur est aussi une écolière. •*Anâ kula nirîdki !* Moi aussi, je t'aime !

kulâb *pl.*, → *kalib.*

kulafa' *pl.*, → *kalîf.*

kulkul *n. vég., coll., m., sgtf. kulkulay,* * klkl, ك ل ك ل

♦ **nom d'un arbuste, Bauhinia rufescens (Lam.),** famille des césalpiniacées, arbuste dont les fruits et les feuilles donnent un fourrage très apprécié des bestiaux. •*Be lihe hanâ l kulkul bisawwu barâtîl wa birabbutu beyah.* Le liber des tiges du Bauhinia rufescens sert à fabriquer des vans décorés et est utilisé comme fil d'attache. •*Al kulkulay mâ kabîre, wâ mâ indaha côk, wa dullaha bârid.* Le Bauhinia rufescens n'est pas grand, il n'a pas d'épines, mais il donne une ombre fraîche.

kull- *invar.*, préfixe entrant dans la formation de *kullina, kulluku, kulluhum, kullihin* (*fém.*), * kll, ك ل ل

♦ **nous tous, vous tous, eux tous, tous.** •*Al-nâs kulluhum marago, intu kula kulluku amurgu !* Tous sont sortis : vous aussi, sortez tous ! •*Kullina tacadiyîn !* Nous sommes tous des tchadiens !

kulla *invar.*, avant un nom, ≅ *kulli* (après une préposition), * kll, ك ل ل

♦ **tout(e), tous, chaque.** •*Kulla l-nâs mardânîn min al harray.* Tout le monde est malade à cause de la chaleur du soleil. •*Kulla l bagar ciribo.* Toutes les vaches ont bu. •*Kulla nâs al hille ba'arfu l-silima.* Tous les habitants du village connaissent le cinéma. •*Fî kulli udur bisawwu mulâhât.* A chaque cérémonie, on prépare des sauces différentes.

kulla bakân expression, *litt.* tous lieux, *Cf. kulla, bakân,* * kll, kwn, ك ل ل • ك و ن

♦ **partout.** •*Al iyâl yalmasso l wâtir al-jadîde fî kulla bakân.* Les enfants touchent la voiture neuve partout. •*Yôm îd al hurriye, al farha daxalat lê l-Tacâdiyîn fî kulla bakân.* Le jour de la fête de l'Indépendance, la joie régnait partout chez les Tchadiens.

kulla ke expression, *Cf. kulla, kê,* * kll, ك ل ل

♦ **tout(e) entier (-ère), entièrement.** •*Al-laham kulla ke, kalib wâhid akalah.* Toute la viande a été mangée par un chien. •*Cirib al-laban kulla ke, mâ xalla lêi ciyya kula.* Il a bu tout le lait et ne m'en a même pas laissé.

kulla ma *invar.* locution.

♦ **toutes les fois que, chaque fois que.** •*Duggah kulla ma ja lêna !* Frappe-le chaque fois qu'il vient chez nous ! •*Kulla ma anâ jit lêki, hû baharijni.* Toutes les fois que je viens chez vous, il me gronde.

kulla wâhid expression, (*fém. kulla wahade*), * kll, ك ل ل

♦ **chacun(e).** •*Kulla wâhid bidôr bigardi bêtah.* Chacun veut garder sa maison. •*Al banât dôl, kulla wahade samhe min al âxara.* Ces filles sont toutes plus belles les unes que les autres [chacune est plus belle que l'autre].

kulla yôm expression, *Cf. kulla, yôm,* * kll, ywm, ك ل ل • ي و م

♦ **chaque jour, tous les jours.** •*Kulla yôm nisalli ma'â l-rujâl.* Chaque jour je prie avec les hommes. •*Anâ mâci kulla yôm wara abui fî xidimtah.* J'accompagne tous les jours mon père au travail. •*Kan mâ tibarrid kulla yôm tabga mardân.* Si tu ne te laves pas chaque jour, tu tomberas malade.

kullâba / kullâbât *n. instr., mrph. intf., f.,* * klb, ك ل ب

♦ **pince,** grosse pince utilisée par les forgerons pour sortir le fer du feu. •*Al haddâdi yakrub hadîdaytah min al-nâr be l kullâba.* Le forgeron prend son morceau de fer et le sort du feu avec une grosse pince. •*Al haddâdi budumm kullâbâtah fî l muxulay.* Le forgeron garde ses pinces dans un sac en cuir.

kulli *invar.*, après une préposition, → *kulla.*

kullihin *pron. pers. fém.* pluriel, moins employé que *kulluhum*, → *kull-*

kullina *pron. pers.*, → *kull-, -na.*

kulluhum *pron. pers.*, → *kull-, -hum.*

kulluku *pron. pers.*, → *kull-, -ku.*

kulûfi / kulûfiyîn *adj.*, (*fém. kulûfiye*), *Cf. jôkâki, bahbâri, Syn. kôlâfi*, * klf, ك ل ف

♦ **orgueilleux (-euse), fier (-ère), prétentieux (-euse), vantard(e), snob,** qui joue au grand personnage. •*Al wilêd da kulûfi bilhên.* Ce garçon est très orgueilleux. •*Al-sabi da kulûfi wa hû bas maryûd al banât.* Ce jeune garçon est fier et c'est lui seul que les jeunes filles aiment. •*Al binêye di kulûfiye mâ tidôr tâxud râjil fagari.* Cette fille est prétentieuse, elle ne veut pas se marier avec un homme pauvre.

kulûfiye *n. f.*, *Syn. kôlifîn, kôlâf*, * klf, ك ل ف

♦ **fait de marcher avec fierté, fait de se pavaner, fait de plastronner, fait de snober,** fait de se donner de l'importance. •*Hû birîd al kulûfiye giddâm al banât.* Il aime se pavaner devant les filles. •*Yôm al îd, kulla wâhid bisawwi kulûfiye be xulgânah al-judad giddâm axawânah.* Le jour de la fête, chacun aime se montrer à ses frères avec ses habits neufs.

kulus *pl.*, → *kalas.*

kulussa *pl.*, → *kalas.*

kulûtu *n. f.*, *empr.* Ouaddaï, désignant en Maba la teinture rouge pour les peaux.

♦ **femme fardée,** terme désignant au départ les Zaïroises élégantes, terme devenu péjoratif quand il s'applique aux Tchadiennes fortes, fardées et qui se sont éclairci la peau avec des produits de beauté. •*Amis kulûtu wahade sawwat jugurnuma fî kartye hanâna.* Hier, une femme fardée a fait un pari-vente dans notre quartier. •*Al awîn al kulûtu lammo bakân al mâgira.* Les femmes fardées se sont réunies chez la cheftaine.

kumâle *n. f.*, ≅ *kimâle*, * kml, ك م ل

♦ **fin, terminaison, achèvement, limite.** •*Fî kumâle hanâ l-cahar da nidôr namci Mango.* A la fin de ce mois, j'aimerais aller à Mongo. •*Fî kumâlit al-sana di âkûn nixalli l xidime.* A la fin de cette année, peut-être cesserai-je de travailler. •*Ligît nugura hint dâbi fî kumâlit zer'i.* J'ai trouvé un trou de serpent à la limite de mon champ.

kumanda *n. m.*, ≅ *komanda*, *empr. fr.*, → *râ'id.*

Kumbâl *n. pr.* d'homme, *qdr.*, formé à partir du verbe *kambal*, * kmhl, ك م ه ل

kumbiya *n. anim.*, *coll.*, *m.*, *sgtf. kumbiyay.*

♦ **nom d'un gros criquet, criquet pèlerin, Schistocerca gregaria,** famille des acridiens (*s.-f.* cyrtacanthacridinæ). •*Al kumbiya jarâd ciya kubâr wa bi'âzi l xalla bilhên, kan ja bijîb al-ju'.* Les criquets pèlerins sont des criquets assez gros et très nuisibles pour le mil ; lorsqu'ils arrivent, ils apportent avec eux la famine. •*Anâ wildôni fî sant al kumbiya.* Je suis né au temps de la venue des criquets pèlerins. •*Al kumbiya bicâbih amkocôl lâkin hû asfar sijj, saksâkâtah kubâr wa induhumh côk turân wa azrag.* Le criquet pèlerin ressemble au criquet Ornithacris cavroisi, mais il est jaune citron avec de grosses pattes qui ont des piquants pointus et noirs.

kumbo *n. cdmt.*, *coll.*, *m.*, connu au *Sdn.* (*C.Q.*), * knb, ك ن ب

♦ **haricot noir, poivre de Guinée, nom d'une épice, fruit du Xylopia,** famille des annonacées. •*Al kumbo harr misil al-cette.* Le haricot noir est aussi piquant et fort que le piment. •*Al gahawa kan indaha kumbo katîr mâ tincarib.* Si le café a trop de poivre de Guinée, il est imbuvable. •*Iyâl al kumbo murr marra wâhid.* Les grains de haricot noir sont très amers.

Kumra *n. pr.* de lieu, chef-lieu de sous-préfecture du Moyen-Chari.
♦ **Koumra.**

kumsêr / kamâsîr nom de personne *m., empr. fr.*
♦ **policier, commissaire de police.** •*Rafîgi kumsêr gâ'id fî kumsêriye hint câri arba'în.* Mon ami est commissaire au commissariat de la rue des quarante mètres. •*Al mara di râjilha kumsêr.* Le mari de cette femme est policier.

kumsêriye / kumsêriyât *n. f., empr. fr.*
♦ **commissariat de police.** •*Al-nâdum kan bidôr bisill karte dandite, bamci l kumsêriye.* Lorsque quelqu'un désire obtenir une carte d'identité, il va au commissariat. •*Al kumsêriye malâne sarrâgîn !* Le commissariat est plein de voleurs !

kumûm *pl.*, → *kimm.*

kûn *v. impér.*, → *kân.*

kundum / kanâdim *coll.*, connu au *Sdn.* (*C.Q.*), *sgtf. kundumay, kundumayye.*
♦ **qui n'a pas de cornes.** •*Al kundum fî l-dôr yin'arif ajala ke !* La bête qui n'a pas de cornes est facilement reconnaissable dans le troupeau ! •*Al-tôr al kundumay da, mâ nagdar nicidd fôgah acân hû âsi.* Ce bœuf-là qui n'a pas de cornes, je ne peux rien lui faire porter parce qu'il est indocile. •*Al-bagaray al kundumayye di labbâna.* Cette vache qui n'a pas de cornes est une bonne laitière. •*Fî dôrna indina bagar kanâdim.* Dans notre troupeau, nous avons plusieurs vaches sans cornes.

kungurung ! *invar., onom.* liée à la chute d'un objet creux.
♦ **badaboum !** •*Al birmil waga' kungurung !* Le fût est tombé, badaboum ! •*Cunû waga' kugurung min râs al-dangay ?* Qu'est-ce qui est tombé du toit en faisant un tel bruit ?

kunjâr / kanâjîr *n. m.*, connu au *Sdn.* (*C.Q.*), ≅ *kunjâra*, * h̲njr, خ ن ج ر
♦ **crochet, harpon,** crochet fixé au bout d'un bâton pour faire tomber les fruits. •*Jîb lêna l kunjâr, nidallu lêna tamur !* Apporte-nous un crochet pour faire tomber les dattes ! •*Fattic lêna ûd tawîl acân narbutu fôgah hadîday, nisawwu kunjâra !* Cherche-nous un long bâton pour que nous y attachions un morceau de fer et fassions un crochet ! •*Al iyâl sarago l kanâjîr wa jaro bidallu l mango.* Les enfants ont volé les crochets et ont couru pour cueillir les mangues.

Kunjâr *n. pr.* de lieu, village dans la sous-préfecture d'Oum Hadjer, chef-lieu de canton *Misîrîye*, * h̲njr, خ ن ج ر

kunjâra *n. f.*, → *kunjâr.*

kunji / kanâji nom d'oiseau, connu au *Sdn.* (*C.Q.*).
♦ **cigogne, Ciconia abdimii.** •*Al kunji azrag wa gaddûmah tawîl wa abyad.* La cigogne est noire et son bec est long et blanc. •*Al kunji birabbi iyâlah be l-jarâd.* La cigogne nourrit ses petits avec des criquets. •*Al kunji da mâ bagdar bitîr acân mardân.* Cette cigogne ne peut pas voler parce qu'elle est malade.

Kunjuru *n. pr.* de lieu, village de la sous-préfecture d'Oum Hadjer, * h̲njr, خ ن ج ر

kunûs *pl.*, la racine évoque le retrait dans un gîte où l'on se cache, * kns, ك ن س
♦ **nom donné à la Margaye, idoles, rites occultes, pratiques idolâtriques,** objets sacrés de la Margaye (Guéra). •*Humman induhum kunûs.* Ils ont des idoles. •*Hû bigi mardân acân aba mâ yisawwi kunûs hanâ nâs hillitah.* Il est tombé malade parce qu'il a refusé les

pratiques idolâtriques des gens de son village.

kuple *n. m.*, *empr. fr.*, vocabulaire des courses de chevaux.
♦ **couplé,** pari dans lequel il faut désigner les deux premiers chevaux d'une course. •*Hû maca gata' tike hanâ bâri kuple.* Il est allé acheter [couper] un ticket du pari couplé. •*Hû kammal gursah fî gatti'în al kuple wa mâ akal.* Il a dépensé tout son argent en prenant des tickets du pari couplé, sans rien gagner du tout.

kura *invar.*, moins employé que *dôr, marra*, * krw, krr, ك ر ر • ك ر و
♦ **fois, tour, semaine.** •*Al muslimîn bisallu kura xamsa fî l yôm.* Les musulmans prient cinq fois par jour. •*Al yôm min fajur macêt fî bêtku kura talâte wa mâ ligit nâdum.* Aujourd'hui, dès le matin, je suis allé trois fois chez vous et n'ai trouvé personne.

kûra / kuwar *n. f.*, * krw, ك ر و
♦ **ballon, football.** •*Hû maca yicîf li'ib al kûra.* Il est parti voir le match de football. •*Anâ nirîd nal'ab kûra.* J'aime jouer au ballon.

kura' / kura'ên *n. m.*, terme de l'*ar. lit.* moins employé que *rijil*, ≅ le pluriel *kura'ât*, * krʕ, ك ر ع
♦ **pied, bas de la jambe.** •*Kura' juwâdi ammalaxat wa waddêtah fassadôha lêyah.* Mon cheval s'est fait une entorse au pied et on lui a fait des scarifications. •*Wakit gabbal min al xârij, masak kura' ammah wa baka fôgha.* Quand il est revenu de l'étranger, il a saisi le pied de sa mère et s'est mis à pleurer. •*Fakkiri, inti tagîle wa humârki kura' mamlûx !* Attention, tu es lourde et la patte de ton âne a une entorse !

kura'-kura' *n. m.*, * krʕ, ك ر ع
♦ **soupe de pieds de vache.** •*Curbit al-dalâfe, bisammûha kura'-kura' fî Anjammêna.* La soupe de pieds de vache s'appelle *kura'-kura'* à N'Djaména. •*Al kura'-kura' muxazzi bifîd al-jisim.* La soupe de pieds de vache est nourrissante et bonne pour la santé [utile pour le corps].

kura'ên *pl.*, → *kura'.*

kurama *pl.*, → *karîm 1.*

kûran *empr. fr.*, courant, électricité, → *kahraba.*

kuray / kurayât *n. m.*, * kry, ك ر ي
♦ **palefrenier, garçon d'écurie, écuyer,** homme attaché aux soins du cheval du sultan. •*Al kuray naddaf câyit al-juwâd.* Le palefrenier a nettoyé l'endroit où le cheval était attaché. •*Al-sultân yidôr al kuray yicidd lêyah juwâdah.* Le sultan désire que l'écuyer selle son cheval. •*Al kurayât katîrîn minnuhum subyân.* Beaucoup de garçons d'écurie sont des jeunes gens.

kurbâj / karâbîj *n. m.*, *empr. irn.* (*Mu.*), signifiant "chicote" en *ar. lit.* (*H.W.*), * krbj, ك ر ب ج
♦ **couteau de jet.** •*Al-râjil ta'an al hallûf be l kurbâj.* L'homme a tué [a piqué] le phacochère avec un couteau de jet. •*Jiddi câl harba wa kurbâj tarîn lê l-sêd.* Mon grand-père a pris une lance et un couteau de jet aiguisé pour tuer du gibier. •*Al karâbîj misil al-safârîg, lâkin hummân min hadîd.* Les couteaux de jet ressemblent aux bâtons de jet, mais ils sont en fer.

kurbo / karâbo *n. m.*, utilisé en arabe *sd.*, * krb, ك ر ب
♦ **cage à poules.** •*Al gitt câl al-jidâde min lubb al kurbo.* La civette a pris la poule à l'intérieur même de la cage. •*Indi karâbo sab'a saragôhum fî sûg al-jidâd.* J'avais sept cages à poules, ils me les ont volées au marché aux volailles. •*Diss al-jidâde di fî l kurbo wa siddaha adîl mâ tamrug.* Mets cette poule dans la cage et ferme-la bien, qu'elle ne s'échappe pas.

kurdâle *n. vég.*, *coll.*, utilisé en arabe *sd.*, ≅ *kurdâli.*
♦ **nom d'une plante, Mærua pseudopetalosa (Gily, Bened),** famille des capparidacées. •*Al*

kurdâle tugumm katîre fî l-sahara walla fî l gîzân, wa l-jumâl birîdu bâkulu warcâlha. La plante Mærua pseudopetalosa pousse dans les endroits désertiques ou sur les terrains sablonneux ; les chameaux aiment brouter ses feuilles. •*Al kurdâle iyâlha darâdim darâdim, yucukkuhum fî l fundug, yinaffudu l wasax, wa yifawwurûhum fî l-nâr, wa yusubbu lêhum tucrûru walla atrôn, wa yâkuluhum.* La Mærua pseudopetalosa a des graines comestibles en forme de petites boules que l'on prépare ainsi : on les fend en les pilant dans le mortier, on les nettoie, ensuite on fait bouillir ces graines longtemps, et on y met du sel indigène ou du natron.

kurdâli *n. vég.*, → *kurdale.*

kurdinye *n. m.*, *empr. fr.*, → *kurdunye.*

kurdum / karâdim *adj.* de couleur pour un cheval, (*fém. kurdumayye*), connu au *Sdn.* (*C.Q.*)
♦ **bai orangé, brun(e), ordinaire, couleur sombre uniforme,** cheval n'ayant aucun signe extérieur particulier ni sur le front, ni sur les pattes. •*Al-juwâd da kurdum.* Ce cheval est bai orangé. •*Hû cara juwâd kurdum lâkin mâ bagdar bajri.* Il a acheté un cheval brun qui ne peut pas courir.

kurdunye *n. m.*, *empr. fr.*, ≅ *kurdinye.*
♦ **cordonnier.** •*Kurduniye hanâ Abbeche ya'arif yixayyit ni'êlât wa sawâkîc wa buyût al Xur'ân.* Les cordonniers d'Abéché savent coudre des sandales, des sacs, et des étuis pour mettre le Coran. •*Al kurduniye mâ bicîl tamân katîr kan xayyat na'âl gadîm.* Le cordonnier ne prend pas beaucoup d'argent pour réparer [coudre] une vieille paire de sandales. •*Amci lê l kurdunye, yixayyit lêna xuruj hanâ almi !* Va chez le cordonnier, qu'il nous fabrique une paire d'outres en cuir !

kurjuma *n. f.*, *empr. fr.* "croisement", utilisé surtout à N'Djaména, *Cf. murabba', mafrag.*
♦ **croisement, carrefour, intersection.** •*Kan tusûg watîr wa jît fî l kurjuma, barrid jarîk wa cîf yamîn wa cimâl hatta amci !* Lorsque tu conduis un véhicule et que tu arrives à un croisement, ralentis [refroidis ta course], et regarde à droite et à gauche avant de continuer ! •*Kan macêt al kurjuma fakkir fî gatta'ân al-câri acân al watâyir katîrîn.* Si tu passes par le carrefour, fais attention en traversant la rue parce qu'il y a beaucoup de voitures.

kurkud / karâkid *adj. n. m.*, qualifiant la tête, pluriel peu employé, *Cf. karat ke*, * krd, ك ر د
♦ **complètement chauve, sans cheveux, glabre,** qui "n'a plus un poil sur le caillou", qui a perdu tous ses cheveux ; **unité de mesure de profondeur,** longueur d'un homme prise entre la tête et les pieds. •*Angari min al mara al-râsha kurkud.* Méfie-toi de la femme qui n'a plus du tout de cheveux. •*Al wilêd da râsah akalatah ambarbâra wa bigi kurkud.* Cet enfant a eu la tête dévorée par la teigne, il n'a plus un poil sur le caillou. •*Al-râs al kurkud mâ sameh !* Une tête complètement chauve n'est pas belle.

kurkum *n. cdmt.*, *m.*, *Cf. kirekimme*, le mot français "curcuma" vient de l'espagnol qui l'a emprunté à l'arabe, * krkm, ك ر ك م
♦ **safran indien, curcuma, cari.** •*Al-Nasâra bidôru bâkulu hût ma'â riss indah kurkum.* Les Blancs aiment manger le poisson avec du riz au cari. •*Al-dagîg al usumah kurkum, nusubbah fî almi ciya, wa nimassih bêyah jildi, wa nixalli yagôd ciyya yaybas, xalâs jildi babga asfar.* Il y a une poudre qu'on appelle curcuma ; je la mets dans un peu d'eau et me la passe sur la peau ; je la laisse quelque temps et ma peau devient jaune. •*Massihîn be l kurkum yixayyir lôn al-jilid, lâkin mâ yitawwil.* Se masser la peau avec du curcuma en change la

couleur, mais cela ne dure pas longtemps.

kurmud *n. vég., coll., qdr., sgtf. kurmuday*, connu au *Sdn. kurmut* (*C.Q.*), * krmd, ك ر م د

♦ **nom d'un arbre, Mærua crassifolia (Forsk.),** famille des capparidacées, arbuste brouté par tous les animaux et très riche en protéines. •*Al kurmuday cadaray bêda mâ indaha côk.* Le Mærua crassifolia est un arbre blanc qui n'a pas d'épines. •*Al kurmud yugumm fî l gôz wa dullah bârid acân da al-têr birîdah katîr.* Les Mærua crassifolia poussent sur les coteaux sableux, leur ombre épaisse est fraîche et c'est pour cela que les oiseaux les aiment beaucoup.

kurnâka nom, → *amkurnâka.*

kurnêc / kurnêcât *n. m., empr. fr.*

♦ **corniche, avant-toit.** •*Fî Abbece, al-nâs babnu kurnêc fî buyûthum.* A Abéché, les gens construisent leur maison en entourant la toiture d'une corniche. •*Al kurnêc be dringêl ahmar bijammil al bêt.* La corniche en brique rouge orne la maison.

kurnuk / karânik *n. m., qdr.*, connu au *Sdn.* (*C.Q.*), *Cf. libgdâbe, tcûri*, * krnk, ك ر ن ك

♦ **hangar, abri,** sorte d'abri en paille ou en cannes de mil au toit voûté, ne laissant pas passer la pluie, fermé de tous les côtés et ayant une petite porte. •*Al-dîfân gâ'idîn fî l kurnuk.* Les hôtes sont sous le hangar. •*Al-rujâl gâ'idîn bi'accu fî l kurnuk.* Les hommes sont en train de dîner sous le hangar. •*Al kurnuk bisawwuh be hatab wa carâgine walla agêg.* L'abri *kurnuk* est construit avec des bois recouverts de seccos ou de cannes de mil.

kurnyâle *n. mld., empr.*

♦ **crampe, tétanie, engourdissement dû au froid,** maladie provoquant une immobilisation temporaire des articulations du corps. •*Al kurnyâle marad mâ baktul lâkin bi'ayyi bilhên.* La tétanie des muscles n'est pas une maladie mortelle mais elle fait très mal. •*Marad al kurknyale bikarfis al îdên wa l-rijilên, wa dawâyah be sumsum mardûd wa almi dâfi, wa bimassuhuh.* L'engourdissement dû au froid paralyse les mains et les jambes ; on l'élimine en massant le corps avec de la poudre de sésame mélangée à de l'eau tiède.

kurnyânye *n. vég., coll., f., empr., Cf. dura hamra.*

♦ **variété de sorgho rouge, mil précoce, Sorghum Durra,** famille des graminées. •*Al kurnyânye tanjad fî awwal al-darat.* Le sorgho rouge est le premier à mûrir au temps de la moisson. •*Al kurnyânye, êcha ahmar bilhên.* La boule faite avec du Sorghum Durra est très rouge. •*Nâs hanâ hillitna mâ bâkulu kurnyânye.* Les gens de notre village ne mangent pas la boule de sorgho rouge.

kurr *v. impér.*, → *karra 2.*

kursi / karâsi *n. m.*, ≅ le pluriel *karâso*, * krs, ك ر س

♦ **chaise ; envoyé du sultan.** •*Abui indah karâsi katîrîn fî l bêt.* Mon père a beaucoup de chaises à la maison. •*Al-sultân rassal al kursi fî l bêt.* Le sultan a envoyé son messager à la maison. •*Al-râjil ga'ad fî kursi sameh.* L'homme est assis sur une belle chaise.

kurtâl *n. m.*

♦ **pot en vannerie,** récipient ayant un couvercle, dont la base est recouverte de cuir rouge, et qui sert à mettre à l'abri des objets. •*Awîn al-dahâri busubbuh ba'ad al acya' fî l kurtâl.* Les femmes de brousse mettent quelques-unes de leurs affaires dans des pots en vannerie. •*Al kurtâl mâ busubbu fôgah cêy sâyil.* On ne met pas de liquide dans le *kurtâl.*

kurûc *pl.*, → *kirce.*

kuruj ! *onom., Syn. karaj karaj.*

♦ **crac !** •*Al muhâjiri fajjaxa l kâs, kassarah kuruj kuruj !* L'élève de l'école coranique a piétiné la calebasse, il l'a cassée : crac crac crac ! •*Simîtah kasar lêyah gôro* *kuruj !* Je l'ai entendu casser sa noix de kola : crac !

kurum 1 *invar.*, *intf.* de couleur dans l'expression *azrag kurum*, *Syn. azrag litt*, * krm, ك ر م

♦ **très noir, noir cirage.** •*Carêt cakôc azrag kurum be mîtên riyâl.* J'ai acheté un sac tout noir à deux cents riyals. •*Sûf abundulug azrag kurum namman bilâsif.* Les plumes du grand calao sont tellement noires qu'elles brillent.

kurum 2 *n. m.*, pour le même sens ≅ *karam*, *Cf. karîm*, * krm, ك ر م

♦ **largesse, bonté, générosité.** •*Allah antâk al mâl da, acân tisawwi bêyah kurum.* Dieu t'a donné ces richesses pour que tu puisses faire des largesses. •*Al kurum be l mawjûd.* Le don généreux se fait à partir de ce que l'on a réellement. •*Fâtime usumha mârig be l kurum acân ammaha kulla mara zêne.* Lorsqu'on parle de Fatimé, son nom est associé à l'idée de générosité parce que sa mère aussi était charitable [femme bonne]. •*Al karam xacum buyût.* La générosité tient d'un esprit de famille. *Prvb.*

kurundung *n. m.*, → *amkurundung.*

kurus *n. m.*, *empr. fr.*, → *taksi kurus.*

♦ **course de vitesse, compétition.** •*Al xêl induhum kurus yôm al ahad al-jâyi.* Il y aura une course de chevaux dimanche prochain. •*Al-nâs lammo farhânîn acân bicîfu l kurus.* Les gens se sont rassemblés dans la joie pour regarder la course. •*Ajjarna taksi kurus macêna l matâr.* Nous avons pris [loué] un "taxi-course" pour aller à l'aéroport.

kurût *pl.*, → *karte.*

kûs *v. impér.*, → *kâs 1.*

kusbara *n. cdmt.*, *coll.*, *f.*, * ksbr, ك س ب ر

♦ **nom d'une herbe, coriandre, Coriandrum sativum (Linné),** famille des ombellifères. •*Al mulâh da indah kusbara.* Cette sauce contient de la coriandre. •*Al kusbara nô' min harârât al mulâh.* La coriandre est une sorte d'épice pour la sauce. •*Fî Anjammêna al-nâs mâ birûdu al kusbara fî l mulâh.* A N'Djaména, les gens n'aiment pas la coriandre dans la sauce.

kusbarra *n. coll.*, → *kusbara.*

Kuseri *n. pr.* de lieu, ≅ *Kusiri*, ville du Cameroun en face de N'Djaména.

♦ **Kousseri.**

kuss *v. impér.*, → *kassa.*

kussâr *n. coll.*, *sgtf. kussâray*, *Cf. kassar*, * ksr, ك س ر

♦ **morceau de brique,** moitié ou tiers d'une brique. •*Al buna be dringêl kussâr mâ bahalib ajala.* La construction ne progresse pas vite lorsqu'on utilise des morceaux de briques. •*Al usta kaddak al finêtir hanâ l-dangay be dringêl kussâr.* Le maçon a condamné la fenêtre de la case en la bouchant avec des morceaux de briques.

kutâr *pl.*, → *katîr.*

kuttâb *pl.*, → *kâtib.*

kutub *pl.*, → *kitâb.*

kutula *n. d'act.*, *f.*, terme d'argot, *Cf. ankatal*, * ktl, ك ت ل

♦ **ambiance de fête, festivité.** •*Al yôm, yôm al kutula, kulla zôl libis âxir canta.* Aujourd'hui c'est un jour festif, chacun est habillé au dernier cri. •*Fî yôm hanâ l-jugurnuma, ta'âl cîf di mâ kutula !* Le jour du "pari-vente", il faut voir cette ambiance de fête !

kutumbûru *n. anim.*, m., → *katambûru.*

kutur *n. m.*, * kṯr, ك ث ر

♦ **grande quantité de, un grand nombre, abondance.** •*Al bagar dôl, kutûrhum anâti.* Un grand nombre de ces bovidés sont des femelles. •*Kutr al kalâm biraxxis al xâli.* Trop de parler de ce qui est cher en diminue la valeur. *Prvb.* •*Fî wakt al barid, kutur al xadâr fî l-sûg.* En saison froide, il y a une grande quantité de légumes au marché. •*Kutur al kalâm, halâtah giray.* Mieux vaut étudier que beaucoup parler. *Prvb.*

kuwac *pl.*, → *kûca.*

kuwar *pl.*, → *kûra, kôro.*

Kuwayt *n. pr.* de pays, *Cf. Kiwêt.*

kuwayyis *invar.*, → *kwayyis.*

kuyôr / kuyorât *n. m.*, → *kiyêr.*

kûzi / kawâzi *n. m.*, *Cf. bêt, dangay,* * kwz, ك و ز

♦ **case ronde,** case ronde traditionnelle au toit en paille. •*Al kûzi bârid min al-dangay.* La case en paille est plus fraîche que la maison en dur. •*Al-rih ramat al kawâzi.* Le vent a fait tomber les cases en paille. •*Al-nâr gammat fî kûzina.* Notre case a pris feu.

kwâfêr *n. m.*, *empr. fr.* "coiffeur", → *wanjâmi.*

kwayyis / kwaysîn *adj.*, (*fém. kwayse*), utilisé surtout dans l'est du Tchad, ≅ *kuwayyis*, * kys, ك ي س

♦ **bon, bien, en bonne santé.** •*Amis anâ kwayyis wa mâ gidirt macêt lêku.* Hier, j'étais en bonne forme, mais je n'ai pas pu aller chez vous. •*Al yôm da xaddêna kwayyis fî bêt Mûsa.* Aujourd'hui, nous avons bien mangé chez Moussa. •*Iyâlak kwaysîn wallâ ?* Tes enfants sont-ils en bonne santé ?

Kwayyis *n. pr.* d'homme, *Cf. kwayyis*, * kys, ك ي س

L

-llah *n. pr.*, → *Allah.*

lâ *invar.*, ≅ *la', ha'a, Cf. mâ.*

♦ **non, pas du tout, ne... pas** (interdiction). •*Lâ, anâ mâ nantik gurus.* Non, je ne te donnerai pas d'argent. •*Lâ, al yôm da xidime mâ fîha.* Non, aujourd'hui, il n'y a pas de travail. •*Mâciye sûg al-yôm wallâ ? Lâ lâ, mâ indi niye !* Vas-tu au marché aujourd'hui ? Non, je n'en ai pas du tout l'intention ! •*Lâ tisâfir bala izin abûk !* Ne pars pas en voyage sans l'autorisation de ton père !

la''ab / yila''ib *v. trans.*, forme II, * lˁb, ل ع ب

♦ **faire danser, faire jouer, faire cabrer.** •*Bârak Allah fî wilêdki, la''ab lê binêyti l-saxayre wa sakkatâha namman anâ jît !* Que Dieu bénisse ton enfant, il a fait jouer ma petite fille et l'a calmée jusqu'à ce que je revienne ! •*Al xarnûk la''ab martah.* Le mâle de la grue couronnée a fait danser sa femelle. •*Ênha gawiye, wihêdha bas la''abat al-rujâl.* Sans respect humain [son œil est dur], toute seule, elle a fait danser les hommes. •*Hû la''ab juwâdah giddâm al banât.* Il a fait danser et cabrer son cheval devant les filles.

la''âb / la''âbîn *adj. mrph. intf.*, (*fém. la'âba*), * lˁb, ل ع ب

♦ **danseur (-euse), joueur (-euse),** qui sait très bien danser ou jouer. •*Al mara di la''âba bilhên.* Cette femme est une excellente danseuse. •*La''âbîn al karte lissa mâ jo.* Les joueurs de cartes ne sont pas encore venus. •*Al-râjil da la''âb fî l kûra.* Cet homme-là est un bon joueur de football.

la'abe / la'abât *n. f.*, *Cf. li'ib*, * lˁb, ل ع ب

♦ **jeu, partie de cartes, jouet.** •*Al-la'abe di fârat fôgi.* J'ai perdu cette partie. •*Kan macêt Kuseri, jîb la'abe lê iyâli !* Si tu vas à Kousseri, rapporte-moi un jouet pour mes enfants !

la'ana *n. f.*, → *na'île*, * lˁn, ل ع ن

la'anna *invar.*, terme de l'*ar. lit.*, *Syn. acân.*

♦ **parce que.** •*Mâ gidir macêt lêk la'anna amis al wata hâmiye bilhên.* Je n'ai pas pu aller chez toi parce qu'hier il faisait très chaud. •*Dassêt iyâli fî l-lekkôl la'anna l giray indaha mustaxbal.* J'ai inscrit mes enfants à l'école parce que les études ouvrent un avenir.

lâ'ib / lâ'ibîn *adj. n., mrph. part. actif*, (*fém. lâ'ibe*), *Cf. li'ib*, * lˁb, ل ع ب

♦ **joueur (-euse), danseur (-euse),** qui joue, qui danse, qui s'amuse. •*Inta lâ'ib fî farîx yâtu ?* Dans quelle équipe joues-tu ? •*Hî bas lâ'ibe fî nuggârit kidi gurân.* C'est elle, la danseuse qui danse au son du tambour *kidi* gorane. •*Lâ'ibîn al-bâl hiney Tcâd câlo hadîye kabîre min*

Kamerûn. Les joueurs de football tchadiens sont revenus du Cameroun en rapportant un gros cadeau. •*Al wilêd da bigi lâ'ib mâ bagri adîl.* Cet enfant s'amuse, il n'étudie pas.

lâ'iha / lawâ'ih *n. f.*, * lwḥ, ل و ح

♦ **règlement, statut, ordonnance, règle.** •*Yôm al mu'tamar al watani l mustaxill al-nâs hajjo katîr be l-lâ'iha l-dâxiliya.* Le jour de la conférence nationale souveraine les gens ont beaucoup parlé du règlement intérieur. •*Al mudarrisîn sawwo lâ'iha xassa lê l-ta'lîm.* Les enseignants ont composé un règlement spécial concernant l'éducation.

la'îm / lu'ama' *adj.*, (*fém. la'îme*), ≅ le pluriel *la'imîn*, *Cf. xacîm*, * l'm, ل ء م

♦ **ignoble, insolent(e), infâme, grossier (-ère), impudent(e).** •*Al-nâdum al-la'îm, mâ baxjal mîn zôl.* L'insolent n'éprouve aucune honte devant quiconque se trouve en face de lui. •*Hû da la'îm bilhên, dâ'iman bi'ayyir be kalâm facih.* C'est un ignoble personnage, il est toujours en train d'insulter les autres dans un langage grossier.

labak / yalbik *v. trans.*, forme I n° 6, * lbk, ل ب ك

♦ **planter, enfoncer, piler, mélanger dans le mortier,** piler pour réduire en pâte. •*Albiki lêna zâd hanâ tamur be fûl wa kisâr !* Pour notre provision de voyage, pile-nous une pâte de dattes avec des arachides et des galettes ! •*Anâ labakt lêi warcâl hanâ angâli acân nisawwi mulâh.* J'ai pilé des feuilles de manioc pour préparer ma sauce. •*Sîd al bêt labak al-sarrâg be sakkîn fî daharah.* Le maître de maison a planté son couteau dans le dos du voleur.

labakân *n. m.*, → *labikîn.*

laban / albân *n. m.*, * lbn, ل ب ن

♦ **lait.** •*Halabna laban min al bagar.* Nous avons trait le lait des vaches. •*Be fajur anâ ciribt laban râyib.* Ce matin, j'ai bu du lait caillé. •*Fawwiri laban al xanam !* Fais bouillir le lait de chèvre ! •*Awîn al Arab bujûbu l-labân fî buxashum.* Les femmes arabes [les femmes des Arabes] apportent le lait dans leurs grosses gourdes en calebasse. •*Al almi sallêtah min al bîr wa mâ gidirt gabbaltah... Da l-laban fî l-darre.* J'ai tiré l'eau du puits et n'ai pas pu la ramener là où elle était... C'est le lait sorti des pis de la vache. *Dvnt.* •*Fî dukkân al mugâbilna da talga xurdawât wa raff kâmil ke hanâ albân.* Dans la boutique en face de chez nous, on trouve [tu trouveras] de la pacotille et une étagère pleine de boîtes de lait.

laban al agrab mot composé de *laban* [lait] et de *agrab* [scorpion], *litt.* lait du scorpion, → *amlibêne.*

laban al-jidâd expression, *litt.* lait de poule. Désigne une préparation culinaire à base de restes de galettes ou de boule de mil délayés dans de l'eau.

laban mubarkab expression, à ne pas confondre avec le petit-lait *rwâba*, *Cf. barkab*, * lbn, krb, ل ب ن • ك ر ب

♦ **lait caillé,** lait qui contient encore de la matière grasse. •*Kan ciribt laban mubarkab mâ ta'tac ajala.* Boire du lait caillé étanche la soif pour longtemps [si tu bois du lait caillé, tu n'auras pas vite soif]. •*Al-laban al mubarkab ta'âmah cik min al halîb.* Le lait caillé a un goût différent du lait frais. •*Al xiza fî l-laban al mubarkab katîr min hanâ l-ruwâba.* Le lait caillé est plus nourrissant que le babeurre.

labani / labaniyîn *adj.*, (*fém. labaniye*), *Cf. laban*, * lbn, ل ب ن

♦ **blanc cassé, bleuâtre,** blanc tirant sur le bleu. •*Lôn al katkat da mâ abyad karr, hû labani.* La couleur de ce papier n'est pas franchement blanche, mais blanc cassé. •*Amis bî't farde labaniye wa indaha xutût sufur.* Hier, j'ai acheté un pagne blanc tirant sur le bleu avec des rayures jaunes.

labaniye nom, *Cf. laban*, * lbn, ل ب ن

♦ **thé au lait.** •*Kulla yôm, bê sâ'a acara, nacarbo labanye fî l-dêwân.* Chaque jour, à dix heures, nous buvons du thé au lait dans le salon. •*Anti iyâlki labanye, axêr min al-câhi wihêdah !* Donne à tes enfants du thé au lait, c'est meilleur pour eux que du thé simple !

labasân *n. d'act.*, → *labisîn.*

labax 1 / yalbax *v. trans.*, forme I n° 13, * lbh̲, ل ب خ

♦ **appliquer l'enduit, enduire,** lancer avec la main une poignée de glaise molle puis l'étaler. •*Ambâkir wâjib talbax lêi durduri da be tîne mârne gubbâl al xarîf.* Demain, il faudrait que vous appliquiez un bon enduit sur mon mur avant que vienne la saison des pluies. •*Al bêt da, kan mâ labaxo, al-sane baga.* Si cette maison n'est pas recouverte d'un enduit, elle tombera cette année. •*Mâla lê Sâkin labaxtu fôgah kalâm misil da ?* Pourquoi avez-vous lancé à Sakine une telle parole ?

labax 2 nom d'arbre, terme de l'*ar. lit.* désignant l'*Albizia lebbeck*, (*H.W.*), → *amkacaw*, * lbh̲, ل ب خ

labaxân *n. d'act.*, *m.*, ≅ *labixîn*, * lbh̲, ل ب خ

♦ **cataplasme, enduit.** •*Labaxân al bêt da adîl.* L'enduit de cette maison est bien fait. •*Labaxân al-dawa hanâ waja' al-sadur da, sameh.* Ce cataplasme contre le mal de poitrine est bon. •*Labixîn al-râs be galba wa cêbe bijîb al-ca'ar.* S'enduire la tête avec de la graisse et de l'armoise fait pousser les cheveux.

labbad / yilabbid *v. trans.*, forme II, * lbd, ل ب د

♦ **cacher,** mettre en sécurité, à l'abri. •*Al wilêd labbad tihit al-sarîr.* L'enfant s'est caché sous le lit. •*Anâ labbadt gursi min al-sarrârig.* J'ai caché mon argent pour éviter que les voleurs ne le prennent. •*Al iyâl bilabbudu min al almi.* Les enfants se protègent de la pluie [se cachent à l'abri de la pluie]. •*Mâ tilabbidi lêi kalâm !* Dis-moi tout sans rien me cacher [Ne me cache aucune parole] ! •*Anâ mâ nilabbid lêk ceyy.* Je ne te cache rien.

labbadân *n. d'act.*, *m.*, → *labbidîn.*

labban / yilabbin *v. intr.*, forme II, * lbn, ل ب ن

♦ **avoir du lait, produire du lait.** •*Al mara wildat wa lissâha mâ labbanat, saxîrha da bat'ab.* La femme a accouché et n'a pas encore de lait, son enfant va souffrir. •*Al xanamay di lissâha mâ labbanat.* Cette chèvre n'a pas encore de lait.

labbâna / labbânât *adj. n. f. mrph. intf.*, ≅ *labbâne*, * lbn, ل ب ن

♦ **bonne laitière, qui donne beaucoup de lait.** •*Al bagaray al kundumayye di labbâna tamla l kôro amm gazâztên !* Cette vache qui est sans cornes est une bonne laitière, elle nous donne un plein koro de deux litres de lait ! •*Al xarîf ja wa l gecc gamma katîr, xalâs bigêrayâtna dôl bigo labbânât.* La saison des pluies est arrivée, l'herbe a beaucoup poussé, enfin nos petites vaches donnent beaucoup de lait. •*Nâgti labbâna, al-sane mâ indi hamm be l-ju'.* Ma chamelle donne beaucoup de lait, cette année je n'ai plus de souci concernant la famine. •*Al bagar al ajâyis mâ labbânât.* Les vieilles vaches ne donnent pas beaucoup de lait. •*Al bagara l-nakûra labbâna.* La vache désobéissante est une bonne laitière. *Prvb.* (*i.e.* une femme peut avoir mauvais caractère et en même temps avoir un cœur large en donnant le meilleur d'elle-même).

labbâne *adj. n. f. mrph. intf.*, → *labbâna.*

labbas / yilabbis *v. trans.*, forme II, * lbs, ل ب س

♦ **habiller, donner pour vêtement, vêtir.** •*Al mara labbasat wilêdha xulgân samhîn.* La femme a habillé son enfant avec de beaux vêtements. •*Âdum labbas martah tôb jadîd.*

Adoum a habillé sa femme avec une étoffe neuve.

labbâs al xâtim / labbâsîn al xawâtim nom composé, *m.*, *litt.* celui qui reçoit la bague, *Cf. labbas, xâtim*, * lbs, ẖtm, ل ب س ・ خ ت م
♦ **annulaire,** quatrième doigt de la main. •*Labbâs al xâtim gisayyir min al ustâni.* L'annulaire est plus petit que le médium. •*Al arûs indaha xâtim hanâ dahab fî usba'aha labbâs al xâtim.* La nouvelle mariée porte une bague en or à l'annulaire.

labbâsa / labbâsât *n. m.*, * lbs, ل ب س
♦ **taie, housse.** •*Labbis al wassâdât be labbâsât acân kan wassaxo kulla tagdar tamrughum wa tixassilhum !* Habille les coussins avec des taies, ainsi, lorsqu'elles seront sales, on pourra les enlever pour les laver. •*Al-labbâsa no' hanâ akyâs bilabbusu bêyhum al maxaddât wallâ karâso hanâ l watîr.* La housse est une sorte de sac qui enveloppe les coussins ou les sièges de voitures.

labbax / yilabbix *v. trans.*, forme II, *Syn. labax*, * lbẖ, ل ب خ
♦ **enduire de glaise, étaler une pâte, poser un enduit,** faire poser un enduit de glaise sur les murs de la maison. •*Hû labbax durdur hanâ bêtah.* Il a enduit de glaise le mur de sa maison. •*Hî labbaxat râsha be zibde.* Elle a mis une grosse couche de beurre sur sa tête.

labbidîn *n. d'act., m.*, ≅ *labbadân*, * lbd, ل ب د
♦ **fait de cacher, dissimulation, camouflage.** •*Labbidîn al-dawa ba'îd min al iyâl, adîl marra wâhid.* Cacher les médicaments loin des enfants est une excellente chose. •*Labbidînak da mâ yanfa' lêk, al bolîs câfok.* Te cacher ne te sert à rien, les policiers t'ont vu.

labikîn *n. d'act., m.*, ≅ *labakân*, *Cf. labak*, * lbk, ل ب ك
♦ **pilage, fait d'enfoncer,** fait de piler des végétaux dans le mortier pour les réduire en pâte ou en faire sortir l'huile. •*Al ajîne l bigassumuha sadaxa lê l iyâl tidôr labikîn adîl fî funduk.* La pâte de mil mélangée au babeurre que l'on donne aux enfants doit être pilée consciencieusement dans le mortier. •*Al-sumsum al magli, labikînah hayyin min al-nayy.* Il est plus facile de piler du sésame grillé que du sésame cru lorsqu'on veut en faire une pâte.

lâbine *n. f.*, ≅ *lâbne*.
♦ **jeunes feuilles de savonnier.** •*Mulâh al hût yâbis be lâbine, nâs al hallâl birîdu.* La sauce de poisson sec avec de jeunes feuilles de savonnier est appréciée des villageois. •*Al-lâbne mirêre fî l mulâh.* Les jeunes feuilles de savonnier donnent un goût amer à la sauce.

lâbis / labsîn *adj. mrph. part.* actif, *(fém. lâbse)*, * lbs, ل ب س
♦ **habillé(e), vêtu(e), revêtant,** portant un vêtement ou une parure. •*Hû min al fajur ke lâbis xalagah mucaglab.* Depuis ce matin, il porte son vêtement à l'envers. •*Cîfî ! Al iyâl dôl min al kôlâf lâbsîn sa'âthum fî yâmînhum.* Regarde ces enfants ! Pour se faire remarquer, ils portent leur montre à la main droite. •*Binêyitha lâbse xulgân al mayârim yôm al îd.* Sa fille, le jour de la fête, s'est habillée avec des vêtements de reine [des mères de sultans].

labisîn *n. d'act., m.*, ≅ *labasân*, * lbs, ل ب س
♦ **habillement, fait de porter un vêtement, fait de s'habiller.** •*Inta wâlaf be labisîn al xulgân al wasxânîn.* Tu as l'habitude de porter des habits sales. •*Anâ ciftah labbisînah lê waragâtah wa cêlînah lê hurâbah da, biwassif kadar hû mâci l harba.* Je l'ai vu mettre ses gris-gris et prendre ses lances, cela m'a fait comprendre qu'il partait à la guerre.

labix *n. m.*, → *labaxân*.

labixîn *n. d'act., m.*, → *labaxân*.

lablab 1 / yilablib *v. intr.*, *qdr.*, * lblb, ل ب ل ب ⇨

♦ **bégueter, chercher à saillir,** faire le cri du bouc. •*Al-tês al xasi mâ bilablib fî l xanam.* Le bouc castré ne béguète plus pour saillir les chèvres. •*Al yôm axûk lablab fôgna misil al-tês wa fât.* Aujourd'hui, ton frère nous a interpellés en criant comme un bouc, puis il est parti.

lablab 2 *n. m.*, * lblb, ل ب ل ب

♦ **peau du cou,** peau pendante du cou du bœuf ou du taureau. •*Al-tôr kan mâci lablabah yamci isre wa zêne.* Quand le bœuf marche, la peau de son cou se balance de gauche à droite. •*Al bagaray ma indahah lablab misil al-tôr.* La vache n'a pas la peau du cou qui pend comme celle du taureau.

lâbne *n. f.*, → *lâbine.*

labtân / labtânât *n. m.*, *empr. fr.*

♦ **hôpital, dispensaire.** •*Al-labtân al kabîr wasxân.* Le grand hôpital est sale. •*Al-labtânât hassâ mâ induhum dawa.* Les hôpitaux n'ont maintenant plus de médicaments. •*Al anfarmaye di jâbôha lêna jadîde fî labtân hanâ hâritna.* Cette nouvelle infirmière vient d'être affectée au dispensaire de notre secteur.

lâbudda *invar.*, composé de *lâ* et de *budda*, *litt.* pas d'issue, pas d'échappatoire, * bdd, ب د د

♦ **il faut absolument, il est obligatoire de, coûte que coûte, devoir, falloir, c'est sûr,** il n'y a pas d'autre alternative. •*Lâbudda l-saxîr yikarrim al kabîr.* Il faut absolument que le petit respecte le grand. •*Ambâkir da lâbudda namci lêk ziyâra fî l bêt.* Je dois absolument aller te rendre visite demain. •*Al ên al câfat al harray, lâbudda tumût.* L'œil qui a vu le soleil devra mourir (*i.e.* tout homme doit mourir). *Prvb.*

lâco *n. m.*, *empr. fr.* plus employé que *jîr*.

♦ **chaux.** •*Abu lê rafîgi indah dukkân malyân cuwâlât lâco.* Le père de mon ami a une boutique pleine de sacs de chaux. •*Al-lâco bujûbuh min Nijêrya.* On importe la chaux du Nigeria. •*Al-lâco fî Tcâd kulla gâ'id katîr.* On trouve aussi beaucoup de chaux au Tchad.

ladam / yaldum *v. trans.*, forme I n° 1, * ldm, ل د م

♦ **enfiler des perles.** •*Al ajûs gâ'ide taldum xaddûr hanâ binêyitha.* La vieille maman est en train d'enfiler les perles de sa fille. •*Hî tidôr taldum xaddûr hanâ binêyitha wa tiwaddiha fî bêt râjilha.* Elle veut enfiler les perles de sa fille et accompagner celle-ci chez son mari. •*Sibihti angata'at wa ladamtaha fî xêt matîn.* Mon chapelet s'est cassé, je l'ai reconstitué en enfilant les grains sur un fil solide.

ladara *n. f.*, → *ladrâ.*

ladâri *pl.*, → *ladrâ.*

laday / ladâyât *n. coll. f.*, connu au *Sdn.*, contraction de *al adây* l'outil (*C.Q.*), *sgtf. ladîye, ladâye*, voir l'expression *caggîn laday*, * 'dw, ع د و

♦ **foyer, pierres du foyer, cuisine,** trois pierres constituant le foyer de la cuisine, trépied qui cale et soutient la marmite. •*Ta'âli, ôgidi l-nâr fî l-laday wa xutti l burma !* Viens allumer le foyer et pose la marmite dessus ! •*Al-laday malâne rumâd.* Le foyer est plein de cendres. •*Al-jidâde bayyadat fî bêt al-laday.* La poule a pondu dans la cuisine. •*Fî hije tuwâl, rusên hanâ l-nâs bisowwuhum ladâyât.* Dans certains contes, des têtes d'hommes remplacent les pierres du foyer de la cuisine. •*Al-ladayât dôl mâ tâmmîn, jîbi lêi ladâye wahade !* Les pierres de ce foyer sont insuffisantes, apporte-moi une autre pierre pour caler la marmite.

ladîye *n. f.*, *sgtf.*, → *laday.*

lâdôb *n. m.*, *Cf. awîr.*

♦ **nom d'une herbe rampante, Ipomoea asarifolia (Desr.),** famille des convolvulacées. •*Kulla yôm namci fî cârib al bahar wa nagta' zuhûr al-ladôb al garadi.* Tous les jours, je vais au fleuve cueillir des fleurs violettes d'ipomées. •*Fî l xarîf* *al iyâl bigattu'u al-ladôb wa bilfâraco behum fî l-rahad.* En saison des pluies, les enfants cassent des bouts d'Ipomoea asarifolia et s'en servent pour se fouetter dans le marigot.

ladrâ / ladâri *n. m., empr. fr.*, ≅ le pluriel *ladrâyât*.

♦ **drap.** •*Amm al arûs macat al-sûg carat ladrâ be alfên.* La mère de la nouvelle mariée est allée au marché acheter un drap à deux mille riyals. •*Al-ladrâ mâ xâli bilhên.* Le drap n'est pas très cher.

ladwân *n. m., empr. fr.*, → *duwân*.

lafa' / yalfa' *v. trans.*, forme I n° 14, → *laffa'*, * lfˤ, ل ف ع

lafag / yalfug *v. trans.*, ≅ *yalfig*, * lfq, ل ف ق

♦ **surfiler, surjeter,** retourner et coudre les lisières de deux pièces de tissu cousues. •*Al-jallâbiye kan xayyatôha, biwadduha balfagoha gubbâl mâ yalbassoha.* La djellaba une fois cousue, on fait surfiler ses coutures avant de la porter. •*Al-tujjâr mâ balbasso xulgânhum kan mâ laffagohum.* Les commerçants ne portent pas d'habits non surfilés.

lafâya *pl.*, → *lafiye*.

laffa / yiliff *v. trans., Cf. hawwag*, forme I n° 11, * lff, ل ف ف

♦ **tourner, virer, enrouler.** •*Al humâr laffa be wara bêtna.* L'âne a tourné derrière notre maison. •*Amci fî l-câri da adîl wa liff be îdak al-zêne, talga bêtna !* Va tout droit dans cette rue, puis tourne à droite, tu trouveras notre maison ! •*Watâyir al askar laffo be jari cadîd.* Les voitures des combattants ont viré à toute vitesse. •*Hû laffa l kadmûl fî râsah.* Il a enroulé le turban sur sa tête.

laffa' / yilaffi' *v. trans.*, forme II, * lfˤ, ل ف ع

♦ **se couvrir, jeter le vêtement sur l'épaule, passer le voile par-dessus l'épaule.** •*Âdum kan al wata barday yalbas xalagah wa yilaffi' be câlah.* Lorsqu'il fait froid, Adoum met son vêtement et se couvre la tête et les épaules avec son châle. •*Al mara laffa'at laffayitha min râsha nammân lê katâfênha.* La femme passe son voile sur la tête et le rejette ensuite sur les épaules.

laffâ'a / laffa'ât *n. f., Cf. laffa'*, voir le *Syn. laffay*, * lfˤ, ل ف ع

laffa'ân *n. d'act., m.*, → *laffi'în*.

laffâfi *pl.*, → *laffay*.

laffâgi / laffâgîn *adj. n., mrph. intf., fém.* peu usité, * lfq, ل ف ق

♦ **qui sait surfiler, couturier (-ère).** •*Kan xalagak ciltah min al-tarzi, waddih lê l-laffâgi, yalfugah lêk !* Quand tu prends ton vêtement chez le tailleur, apporte-le au couturier pour qu'il surfile les bords des coutures ! •*Al-laffâgi bixayyit bala makana, be îdah bas.* Celui qui surfile n'utilise pas de machine à coudre, il surfile tout à la main.

laffat / yilaffit *v. trans.*, forme II, * lft, ل ف ت

♦ **tourner, retourner, faire pivoter.** •*Al mara laffatat râsha ticîf saxîrha al fî daharha.* La femme a tourné la tête pour voir son petit qu'elle portait sur le dos. •*Laffît taragayit kitâbak !* Tourne la page de ton livre ! •*Mâ tilaffît râsak, kan mâ ke al muss bajarhak !* Ne tourne pas la tête, sinon le rasoir va te blesser !

laffatân *n. d'act.*, ≅ *laffitîn*, * lft, ل ف ت

♦ **retournement, changement d'orientation,** fait de se retourner, de pivoter. •*Kan mâci be biskilêt fî l-câri, al-laffatân mâ sameh.* Il n'est pas prudent de se retourner pour regarder derrière toi, lorsque tu es à bicyclette dans la rue. •*Hû birîd al-laffatân kan râyix.* Il aime se retourner quand il se promène.

laffay / laffâfi *n. f.*, ≅ le pluriel *laffâyât, Syn. laffâ'a, Cf. xaffâfa*, * lff, ل ف ف

♦ **grand voile,** grand voile dans lequel les femmes s'enroulent. •*Al-*

laffayât gâsiyîn yôm al îd. Les voiles coûtent cher le jour de la fête. •*Axti tidôr laffay misil hintiki.* Ma sœur veut un voile comme le tien. •*Awîn al-Nasâra mâ ya'arfu yalbaso l-laffay.* Les Européennes ne savent pas porter le voile.

laffe / lifaf *n. f.*, autre pluriel *laffât*, * lff, ل ف ف

♦ **tournant, changement de direction, virage.** •*Kan tidôr tamci bêti, amci kê wa liff be l-laffe l xarbâniye talga bêt abyad mugâbil bêtna.* Si tu veux aller chez moi, va de ce côté, puis change de direction en prenant la rue qui va à l'ouest ; tu trouveras une maison blanche, notre maison est en face. •*Al-câri kan indah laffât katîrîn, tiwaddir ajala.* Lorsque la rue a de nombreux tournants, on se perd vite.

laffi'în *n. d'act.*, *m.*, ≅ *laffa'ân*, * lfᶜ, ل ف ع

♦ **revêtement du voile, fait de revêtir le voile.** •*Al mara al mugabbile min al hijj, tin'arif be laffi'în al haram.* La femme qui revient du pèlerinage à La Mecque se reconnaît au petit voile *haram* qu'elle porte sur la tête. •*Wâjib laffi'în al arûs be laffay jadîde.* La nouvelle mariée doit revêtir un voile neuf. •*Al micôtine mâ tidôr al-laffi'în.* La folle ne veut pas revêtir de voile.

laffitîn *n. d'act.*, *m.*, → *laffatân.*

lafîf / lafîfîn *adj.*, (*fém. lafîfe*), * lff, ل ف ف

♦ **mal élevé(e), indiscret (-ète), qui se mêle de tout,** qui a peu d'éducation et qui s'ingère dans les affaires des autres. •*Al mara al-lafîfe dâ'iman mâ fî bakânha, tahajji misil tidôr fî kalâm mâ hanâha.* La femme de peu d'éducation n'est jamais à sa place, elle intervient à tout moment dans une conversation qui ne la concerne pas. •*Al binêye di lafîfe acân tindassa fî buyût al-nâs bala izin.* Cette fille est mal élevée, elle entre dans les maisons des gens sans demander la permission. •*Inta da lafîf bilhên, anâ nahajji ma'â marti, kula tindassa fôgah !* Tu es vraiment indiscret, je parle avec ma femme et tu t'immisces dans la conversation ! •*Allah yasturni min jîzit binêyit al-lafîf !* Que Dieu me garde d'épouser la fille d'un pauvre type sans éducation !

lafîye / lafâya *n. f.*, *Cf. luwaye*, * lff, ل ف ف

♦ **tresse, torsade, écheveau.** •*Jîb lêi lafîye hanâ za'af wahade bas naftul lêi habil lê juwâdi.* Apporte-moi une torsade de fibres de feuilles de palmier doum, que je fabrique une corde pour mon cheval. •*Al gannâssîn bisawwu l-carmût lafâya lafâya.* Les chasseurs préparent la viande séchée en faisant des torsades avec les lambeaux de viande.

laflaf / yilaflif *v. intr.*, * lff, ل ف ف

♦ **se promener, aller çà et là, parcourir.** •*Yôm al îd macêt laflaft, sallamt al ahal.* Le jour de la fête, je suis allé çà et là saluer les membres de ma famille. •*Al-nâs al busûmu xumâm bilaflufu fî l-sûg.* Les marchands ambulants parcourent le marché pour vendre leur marchandise.

lâga / yilâgi *v. trans.*, forme III, * lqy, ل ق ي

♦ **rencontrer, aller à la rencontre de, accueillir.** •*Maragna lâgêna l-sultân.* Nous sommes sortis à la rencontre du sultan. •*Lâgêt axui jâyi min al-safar.* J'ai accueilli mon frère revenant de voyage. •*Marti lâgatni be almi bârid.* Ma femme m'a accueilli en m'offrant de l'eau fraîche.

lagâdîb *pl.*, → *lugdâbe.*

lagan *adj. n. m.*, *Cf. laggan*, * lqn, ل ق ن

♦ **enseigné(e) par la répétition, par oral, enseignement basé sur la mémorisation,** enseignement sans écriture ni lecture. •*Fî l hille, al awîn al kubâr bagru l xur'ân lagan.* Au village, les femmes reçoivent un enseignement oral du Coran. •*Al-ta'lîm al-lagan xâss bê l-nâs al kubâr.* L'enseignement oral fondé sur la mémorisation est réservé aux adultes.

lâgân *n. d'act., m.,* → *lâgîn.*

lagayân *n. d'act., m,* → *lagiyîn.*

lagga 1 / yilaggi *v. trans. {- fî},* forme II, * lqy, ل ق ي

♦ **recueillir dans, recevoir *qqch.* dans.** •*Al wallâda tilaggi l-saxîr fî idênha.* L'accoucheuse recueille le nouveau-né dans ses mains. •*Laggêt almi ambowâla fî l-duwâne.* J'ai recueilli l'eau de la gargouille dans le canari. •*Abunsi'in kan bâkul al hût bazurgah fôg wa bilaggih hatta yazurtah.* Lorsque le marabout mange du poisson, il le lance en l'air, le rattrape dans son bec, puis l'avale.

lagga 2 / yulugg *v. trans.*, forme I n° 5, * lqlq, ل ق ل ق

♦ **laper, goûter sur la langue.** •*Al kalib lagga l almi fî l-dôzam.* Le chien a lapé l'eau dans la bassine. •*Daffigi l-laban da, mâ tacarbeh al bisse laggatah.* Jette ce lait, ne le bois pas, la chatte l'a lapé ! •*Anâ sâyime, luggi lêi ta'am mulâhi da.* Je suis en train de jeûner, goûte ma sauce à ma place.

laggam / yilaggim *v. trans.*, forme II, * lqm, ل ق م

♦ **faire manger doucement, donner la becquée,** donner à manger par petites bouchées. •*Mûsa laggam abuh al mardân.* Moussa a fait manger doucement son père qui est malade. •*Jidditi tilaggim iyâlha l-dugâg.* Ma grand-mère donne la becquée à ses petits-enfants. •*Al binêye laggamat axûha l-îdah maksûra.* La fille donne à manger à son frère qui a la main cassée.

laggan / yilaggin *v. trans.*, forme II, * lqn, ل ق ن

♦ **faire comprendre, instruire, faire répéter, souffler les mots d'une phrase,** faire comprendre une parole en la répétant et en la faisant reprendre, faire apprendre à quelqu'un ce qu'il lui faudra dire. •*Al amm lagganat wilêdha acân yi'allim al kalâm.* La mère fait répéter les mots à son enfant pour qu'il apprenne à parler. •*Al-râjil lê abuh lagganah al-cahâda wakit garîb bumût.* L'homme fait entendre la profession de foi à son père qui se meurt. •*Al faxîr laggan al muhâjiri wakit nisi sûrtah.* Le faki souffle à son élève les mots qu'il a oubliés dans la sourate qu'il récite. •*Laggantak al kalâm da min gibêl, inta nisîtah wallâ ?* Je t'avais déjà appris à dire ce mot, tu l'as déjà oublié ?

laggân 1 *n. d'act., m.,* ≅ *laggîn,* * lqlq, ل ق ل ق

♦ **goûter sur la langue, fait de laper.** •*Al-ta'âm mâ yin'arif illa be l-laggân fî l-lisân.* On ne connaît le goût de la nourriture qu'en la goûtant. •*Al biss wa l kalib mâ yar'arfu yacarbo illa be l-laggân.* Le chat et le chien ne savent boire qu'en lapant.

laggân 2 *n. d'act., m.,* ≅ *laggîn,* * lqy, ل ق ي

♦ **fait de cueillir, fait de recevoir, fait de recueillir.** •*Laggîn almi l xarîf fî l-dawâyin bijîb al ba'ûda fî l bêt.* Recueillir l'eau de pluie dans des jarres fait venir les moustiques dans la maison. •*Mâ tazgul al kôb da, nidôru lê laggîn al-zêd al mahrûg.* Ne jette pas cette boîte de conserve vide, nous en avons besoin pour recueillir l'huile de vidange.

lagganân *n. d'act., m.,* ≅ *lagginîn, Cf. laggan,* * lqn, ل ق ن

♦ **fait de faire répéter, fait de souffler les mots.** •*Al-saxîr kan bidôr bil'allam al kalâm, bilaggunuh lagginîn.* Lorsque le petit enfant cherche à apprendre à parler, on lui fait répéter plusieurs fois les mots jusqu'à ce qu'il les retienne. •*Lagganân al-nâdum al fî xarxarat al môt be kalimt al-cahâde wâjib.* Lorsque quelqu'un agonise, c'est un devoir de lui faire répéter la formule de la profession de foi.

laggat / yilaggit *v. trans.*, forme II, * lqṭ, ل ق ط

♦ **cueillir, ramasser, suivre pas à pas.** •*Mûsa laggat al-lêmûn.* Moussa a cueilli les citrons. •*Al iyâl yilaggutu l faggûs min al-zere'.* Les enfants ramassent les concombres du champ. •*Laggit al kutub al-daffago tihit !*

Ramasse les livres qui sont tombés par terre [en bas] ! •*Siyâd al bêt laggato derb al-sarrâg namman ligoh.* Les habitants de la maison ont suivi pas à pas les traces du voleur et ont fini par le trouver.

laggatân *n. d'act., m.,* → *laggitîn.*

lagginîn *n. d'act., m.,* → *lagganân.*

laggitîn *n. d'act., m.,* ≅ *laggatân, Cf. laggat,* * lqṭ, ل ق ط

♦ **cueillette, ramassage, fait de ramasser, fait de suivre pas à pas.** •*Laggitîn al-sumsum min al-turâb gâsi.* Il est difficile de ramasser le sésame tombé par terre. •*Bahimtak kan waddarat, be laggitîn deribha bas talgâha !* Lorsqu'une bête de ton troupeau se perd, c'est en suivant sa trace que tu la retrouveras !

lâgîn *n. d'act., m.,* ≅ *lâgân,* * lqy, ل ق ي

♦ **accueil, rencontre.** •*Lâgîn al-duyûf be farha, da axêr min al xabîne.* Accueillir les hôtes avec joie, c'est mieux que râler. •*Al iyâl birîdu lâgîn al amm kan jâye min al-sûg.* Les enfants aiment accueillir leur mère lorsqu'elle revient du marché.

lagiyîn *n. d'act., m.,* ≅ *lagayân,* * lqy, ل ق ي

♦ **fait de trouver, fait de recevoir.** •*Lagiyîn al xidime fî Anjammêna bigi gâsi marra wâhid.* Trouver du travail à N'Djaména est devenu très difficile. •*Kan mâ indak xidime lagiyîn al gurus gâsi bilhên.* Il est très difficile de gagner de l'argent lorsqu'on n'a pas de travail.

laglag / yilaglig *v. trans.,* forme II, * lqlq, ل ق ل ق

♦ **bouger, secouer, vibrer, branler.** •*Hû indah sûsa wa sunûnah kulluhum bilaglugu.* Il a des caries et toutes ses dents bougent. •*Ci'ibt al-ligdâbe di tilaglig, sabbutûha adîl !* Le poteau de cet abri branle, fixez-le solidement ! •*Mâla tilaglig râsak misil da ?* Pourquoi secoues-tu la tête comme cela ?

laha / yalhi *v. trans.,* forme I n° 7, * lhw, ل ه و

♦ **distraire, divertir, amuser,** distraire *qqn.* par *qqch.* au point de lui faire oublier ce dont il était préoccupé. •*Amîn laha rafîgah lahaddi martah jât min al-sûg.* Amine a distrait son ami jusqu'à ce que sa femme soit revenue du marché. •*Âce lahat iyâlha be xumâm hanâ l-li'ib wa macat al-sûg.* Aché a diverti ses enfants avec des jouets et est allée au marché.

lahad / luhûd *n. m.,* pluriel peu employé, * lḥd, ل ح د

♦ **fosse mortuaire, tombe.** •*Al mayyit yidaxxuluh fî l-lahad.* On fait entrer le mort dans la fosse. •*Ba'ad hôlên, mâ ticîf al-luhûd.* Dans deux ans, tu ne verras plus où se trouvent les tombes. •*Nakato l-lahad fî bakân indah sinyâka katîre.* Ils ont creusé la fosse mortuaire là où il y avait beaucoup de sable.

lahaddi *invar., Syn. damman, namman, laxâyit, hatta,* * ḥdd, ح د د

♦ **jusqu'à ce que, au point que, tellement que.** •*Almi sabba katîr lahaddi l-câri anmala.* Il a tellement plu que la rue a été inondée. •*Al watîr jâri bilhên lahaddi mâ gidirt waggaftah.* La voiture allait tellement vite que je n'ai pas pu l'arrêter. •*Li'ib kê lahaddi gudurtah kammalat.* Il a dansé jusqu'à épuisement.

laham 1 / yalham *v. trans.,* forme I n° 13, ≅ *lahham, yilahhim,* * lḥm, ل ح م

♦ **souder, raccorder.** •*Macêt bakân siyâd al-sûdir, yalhamo lêi bakân al guful hanâ bâbi.* Je suis allé chez les soudeurs pour qu'ils fixent sur ma porte une ferrure permettant de passer un cadenas. •*Radyôi tallaf wa l addâli laham al-suluk al mugatta'în.* Mon poste de radio était en panne et le réparateur a fait une soudure pour raccorder les fils cassés. •*Alham al hadidayât al-tinên dôl fî biskilêti !* Soude ces deux morceaux de fer sur ma bicyclette !

laham 2 *n. coll.*, *sgtf. lahamay*, → *laham furun, matcûc, muhammar, magli, mubawwax, murakkab, mafrûm*, * lḥm, ل ح م

♦ **viande, chair.** •*Al bisse câlat al-lahamay wa jarat.* Le chat a pris le morceau de viande et s'est enfui. •*Al-laham da mâ nijid adîl.* Cette viande n'est pas bien cuite. •*Akil al-laham al katîr bisawwi gût.* Trop manger de viande donne la goutte.

laham furun nom composé, *Cf. laham, furun*, * lḥm, frn, ل ح م • ف ر ن

♦ **viande cuite au four, méchoui, rôti.** •*Laham furun, al-laham al-najjadoh fî l furun.* La viande au four est simplement de la viande que l'on a fait cuire dans le four. •*Fî yôm arûsah sawwo lêna laham furun, macwi hanâ talâte kabic.* Le jour de ses noces, on nous a préparé de la viande cuite au four, trois béliers rôtis [méchouis]. •*Al bahîme kan bisawwûha laham furun yarmurgu minha al masârîn.* Lorsqu'on fait cuire au four la viande des bestiaux, on vide d'abord ceux-ci de leurs entrailles.

lahamân *n. d'act.*, *m.*, → *lahimîn.*

lahame *n. mld.*, *f.*, * lhm, ل ه م

♦ **coliques, crampes d'estomac, spasmes intestinaux, dyspepsie,** douleur abdominale,. •*Hû cirib almi bârid be fajur wa lahame karabatah.* Il a bu de l'eau fraîche le matin et a attrapé des crampes d'estomac. •*Al-lahame waja' fî l batun.* Les spasmes intestinaux provoquent des douleurs dans le ventre.

lahan *n. m.*, * lḥn, ل ح ن

♦ **insinuations, sous-entendus, allusions blessantes, air d'une chanson, mélodie.** •*Acân hî tirîd al-lahan, al yôm dâwaso ma'â rafîgitha.* Aujourd'hui, elle s'est battue avec son amie parce qu'elle aime parler en faisant des allusions blessantes. •*Al-lahan mâ adîl.* Ce n'est pas bien de parler avec des sous-entendus. •*Al xinney di lahanha halu.* La mélodie de cette chansonnette est belle.

lâhat / yilâhit *v. intr.* quand le sujet est près de mourir ; *v. trans.* lorsque le sujet est en bonne santé, forme III, * lht̠, ل ه ث

♦ **délirer, parler tout seul, crier, interpeller sans raison sérieuse,** parler confusément sous l'effet de la soif ou de la souffrance, être près de mourir. •*Al mardân lâhat acân al marad assarah.* Le malade a déliré parce que la maladie l'oppressait. •*Al masâjîn rusênhum laffo min al-ta'ab, bilâhutu bas.* Les prisonniers perdaient la tête sous l'effet de la souffrance, ils déliraient. •*Al iyâl abûhum yilâhit acân hû garrab yumût.* Le père des enfants délire parce qu'il est près de mourir. •*Al binêye l mu'addaba mâ taj'al ayyi zôl bilâhitha fî l-câri.* La jeune fille bien élevée ne tient pas compte de quiconque l'interpelle dans la rue.

lâhatân *n. d'act.*, *m.*, → *lâhitîn.*

lâhâti / lâhâtîn *adj.*, (*fém. lâhâtiye*), * lht̠, ل ه ث

♦ **qui délire, crieur (-euse), qui parle tout(e) seul(e).** •*Al-câyib da lâhâti, iyâlah mâ bidôru bagôdu janbah.* Ce vieux parle tout seul, ses enfants n'aiment pas rester à côté de lui. •*Mâ tabga lâhâti, asbur ba'adên nantik gursak !* Ne crie pas ! Patiente un peu, et je te donnerai ton argent !

lahhag / yilahhig *v. trans.*, forme II, * lḥq, ل ح ق

♦ **faire atteindre, faire rejoindre, faire parvenir, emmener, envoyer, rapporter,** permettre à deux choses (ou à deux personnes) de se rejoindre. •*Allah yilahhigni l-Ramadân al-jâyi.* Que Dieu me prête vie jusqu'au prochain Ramadan ! •*Al binêye lahhagat xumâm al êc lê xâlitha.* La fille a rapporté les ustensiles de cuisine à sa tante maternelle. •*Lahhago maktûb hanâ salâm lê axawânhum.* Ils ont envoyé une lettre de salutation à leurs frères.

lahham 1 / yilahhim *v. intr.*, forme II, * lhm, ل ه م

♦ **souffrir de coliques, avoir des spasmes intestinaux ou des crampes**

d'estomac, souffrir de dyspepsie. •*Al wilêd lahham, mâ tantuh almi bârid !* L'enfant souffre de crampes d'estomac, ne lui donnez pas d'eau fraîche ! •*Al-nâdum kan lahham batunah tôjah bilhên mâ yagdar yacrab coxol bârid.* Si quelqu'un a des coliques, il a très mal au ventre et ne peut pas boire quelque chose de frais. •*Al-nâdum kan lahham axêr yidâwuh be dawa hanâ l bêt.* Si une personne a des spasmes intestinaux, il vaut mieux qu'on la soigne à la maison avec des médicaments traditionnels.

lahham 2 / yilahhim *v. trans.*, "souder", → *laham 1*, * lḥm, ل ح م

lahhâmi / lahhâmîn *n. m. mrph. intf.*, * lḥm, ل ح م

♦ **soudeur.** •*Al-lahhâmîn xidimithum hadîd wa ba'arfu basna'o bîbân wa sarâyir.* Les soudeurs travaillent le fer et savent fabriquer des portes et des lits. •*Al-lahhâmi kulla bi'iddu min al haddad.* Le soudeur est considéré [compté] comme un forgeron.

lahhan / yilahhin *v. intr.*, forme II, * lḥn, ل ح ن

♦ **faire des allusions blessantes, parler avec des sous-entendus, insinuer des propos malveillants, se moquer, insulter,** donner à entendre *qqch.* pour blesser, se moquer ou insulter celui à qui l'on parle dans un langage courtois, parler avec *qqn.* un argot particulier pour ne pas être compris des autres. •*Al banât lahhano lê Maryam.* Les filles ont fait à Mariam des allusions blessantes. •*Al mara lahhanat lê jâritha acân humman muhârijîn.* La femme parle à sa voisine avec des sous-entendus parce qu'elles sont en conflit. •*Sîd al bîr lahhan lê sîd al bagar acân mâ yazgi bahâyimah hini.* Le propriétaire du puits insinue des propos malveillants devant le berger pour qu'il ne fasse pas boire ses bêtes ici.

lahhas / yilahhis *v. trans.*, *Cf. lihis*, verbe toujours employé au sens figuré, * lḥs, ل ح س

♦ **corrompre, arroser** (*s. fig.*), **soudoyer.** •*Kan mâ indak mîlâdiye kulla, lahhis al komisêr bas, yitalli' lêk paspor !* Même si tu n'as pas d'extrait de naissance, arrose le commissaire et il te délivrera un passeport ! •*Lahhis al ministir bas yamda lêk fî fakâtîrak !* Il te suffit de soudoyer le ministre et il signera ta facture !

lahhâs / lahhâsîn *adj. n. m. mrph. intf.*, *Cf. lihis*, * lḥs, ل ح س

♦ **lécheur, index.** •*"Tuff, angata fî râs saxayirna lahhâs kilêyilna !".* "Touff, j'ai craché ! L'histoire est terminée, elle s'est coupée sur la tête de notre petit qui lèche notre petite marmite !" (formule achevant la récitation d'un conte). •*Al-sakkîn gata'atni fî usba'i l-lahhâs.* Le couteau m'a coupé l'index [le doigt lécheur].

lahimîn *n. d'act., m.*, ≅ *lahamân*, * lḥm, ل ح م

♦ **soudure, fait de souder.** •*Al-lahamân lassagân al hadîd be nâr ambenâtah.* Souder, c'est coller des morceaux de fer entre eux en les chauffant. •*Al-lahamân bala naddârat xâssât yitallif al uyûn.* Souder sans porter de lunettes spéciales abîme les yeux.

lâhitîn *n. d'act., m.*, ≅ *lahatân*, *Cf. lâhat*, * lht, ل ه ت

♦ **délire, interpellation,** fait de délirer et de parler tout seul. •*Hû lâhitînah da, akûn garrab bumût ?* Il délire, peut-être est-il sur le point de mourir ? •*Lâhitîn al-subyân lê l banât fî l-cawâri da, mâ min al adab.* Lorsque des jeunes gens interpellent des jeunes filles dans la rue, ce n'est pas poli.

lahja / lahjât *n. f.*, terme de l'*ar. lit.*, * lhj, ل ه ج

♦ **dialecte, langue maternelle.** •*Kalâm Arab hanâ Tcâd lahja mahaliye.* Le parler des Arabes du Tchad est un dialecte. •*Fî Ifrîxiya kulla dâr indaha lahjât xâssa.* En Afrique, chaque région a un dialecte particulier. •*Al-Zaxâwa wa l Gor'ân wa l Hujâr, kalâmhum lahjât mahaliye.* Les Zaghawa, les Goranes et les Hadjeraï ont chacun une langue maternelle.

lahwa / lahwât *n. f.*, * lhw, ل ه و

♦ **perte de temps, occupation futile, distraction, amusement.** •*Hû bugûl baxdim lâkin coxolah lahwa.* Il dit qu'il travaille alors qu'il perd son temps. •*Li'ib al karte da lahwa amci fattic lêk xidime !* Le jeu de cartes est une perte de temps, va chercher du travail !

lâj / yulûj *v. intr.*, * lwj, ل و ج

♦ **partir se réfugier, chercher un endroit viable, se déplacer sans itinéraire précis, partir à l'aventure.** •*Fî l harba, kulla l-nâs lâjo mâ ya'arfu bakân yarkuzu.* Pendant la guerre, tous les gens sont partis sans savoir où s'installer. •*Halîme lâjat min môt hanâ râjilha.* Halimé cherche un endroit pour vivre depuis la mort de son mari. •*Sant al-ju' al bagar wa l-nâs lâjo min al muncâx lê l wati.* L'année de la famine, les hommes et les vaches sont descendus du Nord vers le Sud à la recherche d'un endroit viable.

lajana / lajanât *n. f.*, *Cf. bullâxa, nuxnâxa, ablijêne*, * ljn, ل ج ن

♦ **défaut de prononciation, mauvaise prononciation, chuintement, difficulté d'élocution,** qui n'arrive pas a prononcer le "s". •*Al-lajana hî ta'ab fî l-lisân mâ yagdar yahaji sameh.* La difficulté d'élocution est un défaut [une paresse] de la langue qui empêche d'articuler correctement. •*Al binêye di indaha lajana kan tugûl "samma" tasma "camma".* Cette fille a un défaut de prononciation : lorsqu'elle veut dire *"samma"* [il a commencé], tu entends : "chamma" [il a senti].

lâji' / lâji'în *adj. n.*, (*fém. lâj'e*), * lj', ل ج ء

♦ **réfugié(e).** •*Maca fât al Kamerûn wa bigi lâji' hinâk.* Il est parti pour le Cameroun et est devenu là-bas un réfugié. •*Mâ yagôd fî bêtah misil al-lâji'.* Il ne reste pas chez lui et vit comme un réfugié. •*Wakit sinîn al-duwâs, nâs katîrîn bigo lâji'în fî l-duwal al-mujâwirêna.* Pendant les années de guerre, beaucoup de gens sont allés se réfugier dans les pays limitrophes.

lajja / yulujj *v. trans.*, forme II, * ljj, ل ج ج

♦ **faire boire pour la première fois,** donner la première gorgée d'un liquide à un nourrisson (geste réservé à une personne de confiance). •*Al mara l kaddâba mâ tulujj l-saxîr.* Une femme menteuse ne donnera pas à un nourrisson sa première gorgée. •*Binêyti lajjôha be laban.* La première gorgée qu'on a fait boire à ma petite fille était une gorgée de lait. •*Anâ lajjêt wilêd hanâ axti be almi dâfi.* La première gorgée que j'ai donnée au bébé de ma sœur était une gorgée d'eau tiède.

lajjam / yilajjim *v. trans.*, forme II, * ljm, ل ج م

♦ **mettre le mors,** enfiler le mors dans la bouche du cheval. •*Hû lajjam juwâdah bidôr mâci l hille.* Il a mis le mors à son cheval parce qu'il veut aller en ville. •*Al-juwâd al-nihis kan mâ lajjamoh rakibînah gâsi bilhên.* Il est très difficile de monter sur un cheval têtu si on ne lui met pas de mors.

lajjan / yilajjin *v. trans.*, forme II, * ljn, ل ج ن

♦ **abroger, annuler, mettre hors d'usage, retirer.** •*Al hakûma lajjanat al-dastûr al gadîm wa xattat dastûr jadîd badalah.* Le gouvernement a abrogé l'ancienne constitution et l'a remplacée par une nouvelle. •*Fî l-labtân al-dawa l waktah fât da, kulla ke lajjanoh.* A l'hôpital, les remèdes périmés sont mis hors d'usage.

lajlaj / yilajlij *v. trans.*, forme II.

♦ **ébranler, faire bouger, déstabiliser, agiter.** •*Hû burûx ma'â l-sahâlîg, lajlajoh maragoh min xidimtah.* Il fréquente les bons à rien qui l'ont désorienté et lui ont fait quitter son travail. •*Al kaddâbîn lajlajo binêyti bidôru baxarbu lêha bêtha.* Les menteuses ont ébranlé ma fille, elles veulent détruire son foyer.

lajna / lijân *n. f.*, * ljn, ل ج ن

♦ **comité, ligue.** •*Al yôm nisawwu lajna tamci ticîf al xidime al fî Faya.* Aujourd'hui, nous formons un comité qui examinera le travail qu'il faut effectuer à Faya. •*Al-lajna l islâmiya tisawwi cerî'e fî l-jâmiye l kabîre.* La ligue islamique rend des jugements à la grande mosquée. •*Al hâkûma sawwat lijân ca'abiya.* Le gouvernement a constitué des comités populaires.

lâkam / yilâkim *v. trans.*, * lkm, ل ك م

♦ **boxer.** •*Kan mâ tagôd sâkit nilâkimak !* Si tu ne restes pas tranquille, je te boxe ! •*Lâkamâni wa warram êni.* Il m'a boxé et m'a fait enfler l'œil.

lâkin *invar.* ; ≅ *lâkîn*, * lkn, ل ك ن

♦ **mais, or, cependant, sauf que, sans que, bien que, pourtant.** •*Yûsuf maca fî l-lekkôl lâkin mâ ya'arif yaktib.* Youssouf est allé à l'école, mais il ne sait pas écrire. •*Nidôr nacri xalag lâkin gursi gassar.* Je voudrais acheter un vêtement, mais je n'ai pas assez d'argent. •*Gâl lêi mâci l-sûg lâkin lissâ mâ marag.* Il m'a dit qu'il allait au marché, mais il n'est pas encore sorti. •*Hût katîr lâkin xâli.* Il y a beaucoup de poissons, mais c'est cher. •*Kulla yôm al-jazzâra yaktulu l mâl ; lâkin hummân mâ badbaho minjam kê.* Tous les jours, les bouchers abattent du bétail, cependant ils n'égorgent pas sans discernement. •*Hû rijilah wahade lâkin rawwâx.* Bien qu'il n'ait qu'une seule jambe, il marche vite. •*Anâ farhân min xidimti lâkin ayyân bas.* Je suis content de mon travail, sauf que je suis fatigué.

lakka / yulukk *v. trans.*, forme I n° 5, * lkk, ل ك ك

♦ **talonner, presser du talon,** donner un léger coup de talon dans le ventre de la monture pour la faire avancer. •*Al humâr aba mâ burûx, wakit sîdah lakkah gamma bijakjik.* L'âne refusait de marcher ; lorsque son maître l'a talonné, il s'est mis à trotter. •*Ayyi nâdum kân rikib humâr wallâ juwâd majbûr yulukkah acân da bigi misil tabî'e.* Quiconque monte un âne ou un cheval est obligé de talonner sa monture car elle en a l'habitude.

lakkak / yilakkik *v. trans.*, forme II, * lkk, ل ك ك

♦ **enfoncer, planter dans, ficher dans.** •*Al gardi lakkak lê l-sarrâg nuccâb fî naytah.* Le gardien a décoché une flèche qui s'est plantée dans les côtes du voleur. •*Al-râ'i lakkak harbitah fî l-turâb wa ga'ad binjamma fî l-dull.* Le berger a fiché sa lance en terre et s'est reposé à l'ombre.

lakkân *n. d'act.*, → *lakkîn*, * lkk, ل ك ك

lakkîn *n. d'act.*, *m.*, ≅ *lakkân*, *Cf. lakka*, * lkk, ل ك ك

♦ **talonnade, fait de talonner, fait de presser du talon.** •*Juwâdi da adîl, yurûx katîr bala lakkân.* Mon cheval est excellent, il marche longtemps sans qu'on ait besoin de le talonner. •*Al humâr al-nihiss yarja sîdah kan iyi min al-lakkîn hatta yurûx.* L'âne capricieux attend que son maître soit épuisé de le talonner avant de se mettre à marcher normalement.

lâkrûs *n. m.*, *empr. fr.* "la course", → *galûb.*

lâla *invar.*, négation renforcée.

♦ **non, pas du tout, absolument pas.** •*Inta mardân ? Lâla anâ âfe !* Es-tu malade ? Pas du tout, je suis en bonne santé ! •*Mâci l xidime ? Lâla, al yôm îd !* Pars-tu au travail ? Non, non, aujourd'hui c'est la fête ! •*Lâla, anâ mâ bacrab câhi, anâ bacrab gahawa.* Non vraiment, je ne bois pas de thé, je prendrai du café.

lâlas / yilâlis *v. intr.*, forme III, *Syn. râra.*

♦ **briller, passer comme un éclair.** •*Hû jâ lâlas lêna, lâkin aba mâ yindassa bêtna.* Il est venu vers nous comme un éclair, mais il a refusé d'entrer dans notre maison. •*Al almi* *lâlas wakit sabbêtah fî l funjâl.* L'eau brillait au moment où je l'ai versée dans les verres. •*Al arûs wijihha bilâlis misil al gamar.* Le visage de la mariée brille comme la lune.

lâlê expression, formule de salutation, *Cf. lâlêk, lâlêki.*

♦ **salut !, bonjour !** •*Lâlê, intu âfe wallâ ?* Salut ! Allez-vous bien ? •*Lâlê lê la''âbîn al keyta.* Bonjour à ceux qui dansent au son de la gaïta (formule d'encouragement).

lalêk / lalêku expression utilisée surtout à N'Djaména, formule de salutation adressée à des garçons ou à des hommes.

♦ **bonjour !** •*Lalêk Bukar !* Bonjour, Boukar ! •*Lâlêku, siyâd al bêt !* Bonjour, messieurs [propriétaires de la maison] !

lalêki / lalêku expression, formule de salutation adressée à des filles ou à des femmes.

♦ **bonjour !** •*Lalêki Maryam !* Bonjour, Mariam ! •*Lâlêku banâti !* Bonjour, mes filles !

lalêku *pl.*, → *lalêk, lalêki.*

lâm / yulûm *v. trans.*, forme I n° 4, * lwm, ل و م

♦ **blâmer, reprocher, accuser, critiquer.** •*Kan inta mâ jît ajala fî l xidime wa taradôk, mâ tulûmni !* Si tu n'arrives pas à l'heure au travail et qu'on te renvoie, tu ne m'accuseras pas ! •*Hû sâkit ke bas lâmâni anâ mâ indi janiye.* Il m'a accusé sans preuve alors que je n'ai commis aucune faute. •*Akkid min sabab al muckila, ajala ke mâ tulûm al-nâs !* Assure-toi de la cause du palabre, n'accuse pas trop vite les gens !

Lâmâji *n. pr.* de lieu, village à la périphérie de N'Djaména sur la route d'Abéché, lieu du cimetière principal de N'Djaména.

Lamana *n. pr.* d'homme, *Cf. lamîn,* * 'mn, ء م ن

lameri *n. m.*, *empr. fr.* à ne pas confondre avec *miri* "impôt", ≅ *mêrî,* → *mêrî*

♦ **mairie, municipalité.** •*Al-lameri, nizâm bugumm be xidimt al madîna.* La mairie est un organisme qui s'occupe de l'aménagement de la ville. •*Xidime hanâ l-lameri katîre marra wâhid.* Le travail de la mairie est énorme. •*Nâs al-lameri nagalo l wasâxa ba'îd min al-nâs.* Les employés de la municipalité ont transporté les ordures loin des gens.

Lamîn *n. pr.* d'homme, pour *Al'amîn,* * 'mn, ء م ن

lamlam / yilamlim *v. trans.*, *qdr.*, forme II, * lmm, ل م م

♦ **assembler, rassembler, grouper en tas, collecter.** •*Anâ gammêt fajur nilamlim xumâmi, nidôr nisâfir.* Je me suis levé de bon matin, j'ai rassemblé mes affaires car je veux partir en voyage. •*Inta lamlamt xumâmak mâci wên ?* Tu as rassemblé tes affaires, où veux-tu t'en aller ? •*Be fajur badri, al mara lamlamat xumâm al akil wa gâ'ide taxassilah.* Tôt le matin, la femme a groupé les ustensiles de cuisine et s'est mise à les laver.

lamma / yilimm *v. trans.*, forme I n° 11, ≅ *inacc. yulumm,* * lmm, ل م م

♦ **se rassembler, regrouper, se rencontrer avec, joindre, unir, réunir.** •*Al-nâs lammo yôm al îd fî l-nuggâra.* Les gens se sont rassemblés le jour de la fête autour du tambour. •*Ali lamma ma'â abuh fî l-câri.* Ali a rencontré son père dans la rue. •*Limm al bagar bakân wâhid !* Regroupe les vaches au même endroit [en un seul lieu] ! •*Allah yilimmina yôm âxar !* Que Dieu nous réunisse un autre jour ! •*Ta'âl limm ma'âna !* Viens te joindre à nous ! •*Cunû coxol al-lammaku dâwastu ?* Qu'est-ce qui vous a poussés à vous battre [vous a réunis pour vous battre] ?

lamma- *invar.* suivi d'un *pron. pers.*, dans les expressions *mâ lammâni, mâ lammâk, mâ lammah, etc.*, * lmm, ل م م ⇨

♦ **ne pas concerner** ***qqn.,*** cela ne me concerne pas ! cela ne te regarde pas ! *etc.* •*Inta mâ lammâk, agôd sâkit !* Cela ne te regarde pas ! Reste tranquille ! •*Anâ mâ lammâni bêku !* Je ne suis pas concerné par vos affaires !

lammas / yilammis *v. trans., Cf. limis*, forme II, * lms, ل م س
♦ **toucher, palper, tripoter,** mettre les mains partout, toucher à tout. •*Kan macêt bakân al haddâd mâ tilammis al-sindâle, kan mâ ke, humman bugûlu lêk inta hagartuhum !* Quand tu vas chez les forgerons, ne touche pas l'enclume, sinon ils diront que tu leur manques de respect ! •*Min âde hanâ l-daktôr yilammis al mardânîn kulla yôm.* C'est l'habitude du médecin de palper les malades tous les jours.

lâmmîn *adj. m. mrph. part.* actif, employé au pluriel, * lmm, ل م م
♦ **rassemblés (-ées), groupés (-ées).** •*Ligit al awîn lammîn giddâm bêti.* J'ai trouvé les femmes groupées devant ma maison. •*Cîf al iyâl lammîn fî l-câri !* Regarde les enfants rassemblés dans la rue !

lamôrik *n. f., empr. fr.* "la remorque", ≃ *lamorôk.*
♦ **camion semi-remorque.** •*Sâfarna be lamôrik wa indaha tirella min wara.* Nous avons voyagé sur un camion semi-remorque qui tirait en plus une remorque. •*Al-lamôrik di mâ tahmal safar al xarîf.* Ce camion semi-remorque ne supportera pas le voyage pendant la saison des pluies.

lamorôk *n. m.,* → *lamôrik.*

lampa / lampât *n. f., empr. fr.*
♦ **lampe à pétrole.** •*Lampiti mâ indaha fatrôn.* Ma lampe n'a plus de pétrole. •*Rassalt wilêdi yacri lêna fatrôn lê l-lampa wa gamma kasar lêna l bêday.* J'ai envoyé mon enfant nous acheter du pétrole pour la lampe et il a cassé le verre.

lampô / lampôyât *n. m., empr. fr.* "l'impôt", → *mêri.*

lams *n. m., Cf. lammas*, * lms, ل م س
♦ **toucher** (le). •*Al-lams be l îden.* On touche avec les mains. •*Be l-lams al-daktôr ya'arif kadar al-jilid hâmi walla bârid wa kê da ya'arif âfît al-nâdum.* Par le toucher, le docteur sait si le corps est chaud ou froid et il est ainsi renseigné sur la santé de la personne.

lamsag / yilamsig *v. trans.*, hypothèse dans la combinaison des deux racines *lmm* [rassembler] et *lṣq* [coller], * lmm, lṣq, ل م م • ل ص ق
♦ **rafistoler, bricoler.** •*Râs bêtah waga', mâ ligi tôl kafah, lamsagah ke bas wa daxal fôgah.* Le toit de sa maison s'était écroulé, il n'avait plus assez de tôles pour le remplacer ; il bricola comme il put et rentra chez lui. •*Al muhâjiri na'alah kulla ke algatta' wa lamsaga burûx beyah.* L'élève de l'école coranique avait une sandale dont la lanière s'était cassée, il la rafistola et marcha avec.

lamsâg *n. d'act., m.,* ≃ *lamsagân, lamsigîn*, * lmm, lṣq, ل م م • ل ص ق
♦ **rafistolage, bricolage.** •*Al-nâs al jîbtuhum dôl mâ ba'arfu xidime, coxolhum lamsâg.* Les gens que tu m'as amenés ne connaissent rien au travail, ils ne savent que bricoler. •*Lamsâg al kalâm mâ banfa', lâ tigallid fôgi !* Monter de toute pièce une accusation contre quelqu'un est inutile, ne m'accuse pas sans preuve !

lamsagân *n. d'act.,* → *lamsâg.*

lamsigîn *n. d'act., m.,* ≃ *lamsagân,* → *lamsâg*, * lmm, lṣq, ل م م • ل ص ق

lân / yilîn *v. trans.*, forme I n° 10, *Ant. jaffa*, * lyn, ل ي ن
♦ **mouiller, adoucir, assouplir, attendrir, amollir.** •*Al-zibde tilîn al-jilid.* Le beurre assouplit la peau. •*Nâdum kan mâ hanûn galbah mâ bilîn.* Lorsque quelqu'un n'est pas affectueux, son cœur ne s'attendrit pas. •*Al-tcakcâk al-ciyya di bas, xalâs al-turâb lân.* Il a suffi de ces quelques gouttes de pluie pour mouiller et ameublir la terre. •*Xayyâti l marâkîb*

yilîn al farwa gubbâl mâ yaxadim beha. Le cordonnier mouille le cuir avant de le travailler.

langam / yilangim *v. intr.*, forme II, utilisé en arabe *sd.*

♦ **vagabonder, pérégriner, errer,** ne pas rester en place. •*Hû langam misil al kalib wa ja bidôr aca.* Il a vagabondé comme un chien et est revenu pour demander son dîner. •*Kan mâ langam tûl al-lêl galbah mâ yabrud.* Il n'est pas satisfait [son cœur ne se refroidit pas] tant qu'il n'a pas vagabondé toute la nuit ! •*Yilangim misil al marfa'în wa yigabbil dâyiman ta'abân.* Il pérégrine comme l'hyène et revient toujours fatigué.

langâmi / langâmîn *adj.*, (*fém. langâmiye*), *Cf. langam, rawwâx, daggâc.*

♦ **marcheur (-euse), vagabond(e), errant(e),** qui ne reste pas en place, qui ne s'assied jamais, qui se promène partout. •*Wilêd hanâ Halu langâmi bilhên.* Le fils de Halou ne reste jamais en place. •*Maryam, inti mara, mâ tabge langâmiye, al awîn ba'ayyurûki.* Mariam, tu es une femme, ne te promène pas partout, sinon les femmes vont t'insulter. •*Hû langâmi misil "kalb al harray".* Il ne tient pas en place comme la fourmi qui court au soleil. •*Nâs al mêrî yaktulu l kulâb al-langâmîn.* Les agents municipaux tuent les chiens errants.

lâsaf / yilâsif *v. intr.*, forme III, * lṣf, ل ص ف

♦ **refléter, briller,** lancer des reflets. •*Xalagi hanâ l îd yilâsif min nadâftah.* Mon vêtement de fête est tellement propre qu'il brille. •*Al banât yuxuttu coxol fî wijihum bilassif ahmar axadar asfar fî l dayy.* Les filles se mettent sur le visage quelque chose qui lance, à la lumière, des reflets rouges, verts ou jaunes.

lasâtig *pl.*, → *listig.*

lâsig / lâsgîn *adj. mrph. part.* actif, (*fém. lâsge*), * lṣq, ل ص ق

♦ **collé(e) à, agrippé(e) à, collant(e).** •*Fâtime wilêdki da lâsig fî nâyitki bas, mâ bixallîki taxdimi.* Fatimé, ton enfant est collé à ton côté, il ne te laisse pas travailler. •*Kan maktûb jâyi min ba'îd be l busta, indah timbir lâsig fôgah.* Lorsqu'une lettre arrive de loin par la poste, un timbre y est collé dessus. •*Al iyâl kan mardânîn lâsgîn fî ammahâthum.* Lorsque les enfants sont malades, ils sont constamment agrippés à leur mère.

lassag / yilassig *v. trans.*, forme II, * lṣq, ل ص ق

♦ **coller, agripper** (s'), **colmater.** •*Xalîl lassag nimro fî juwâdah.* Khalil a collé un numéro sur son cheval. •*Katabt usumi fî katkat wa lassagtah fî kitâbi.* J'ai écrit mon nom sur un papier et je l'ai collé sur mon livre. •*Zôl kan fajax tcingam bilassig lêyah fî rijilah.* Lorsque quelqu'un marche sur un chewing-gum, celui-ci colle à son pied.

lassagân *n. d'act.*, ≅ *lassigîn*, * lṣq, ل ص ق

♦ **collage, assemblage,** fait de coller. •*Al-nâs burûdu lassagân sûrt al-ra'îs fî buyûthum.* Les gens aiment coller la photo du Président dans leur maison. •*Listig al watîr battân kula angadda acân lassagânah mâ adîl.* La chambre à air de la voiture a encore crevé parce qu'elle a été mal collée.

lassigîn *n. d'act.*, *m.*, → *lassagân.*

Latîfa *n. pr.* de femme, *litt.* bienveillante, * ltf, ل ط ف

lattax / yilattix *v. trans.*, forme II, * lṭẖ, ل ط خ

♦ **salir, tacher, éclabousser, enduire,** coller la glaise sur un mur en la projetant. •*Al usta lattax tîne fî l-durdur.* Le maçon enduit le mur de glaise. •*Al-saxîr mâ ba'arif bâkul, lattax xulgânah be l akil.* Le bébé ne sait pas manger, il tache ses habits avec la nourriture.

lattaxân *n. d'act.*, → *lattixîn.*

lattixîn *n. d'act., m.*, ≅ *lattaxân*, * lṭw, ل ط و

♦ **salissure, éclaboussure, tache, fait d'asperger, projection.** •*Amm al iyâl mâ tanja min lattixîn xulgânha be l wasax.* La maman ne peut éviter de recevoir sur ses habits les éclaboussures de ses enfants. •*Lattixîn al-durdur be l-zêd al mahrûg badhar al arda mâ tugumm fôgah.* Asperger le mur d'huile de vidange empêche les termites d'y grimper.

law kân *invar.*

♦ **même si.** •*Law kân tijîb lêi askar yudugguni kula mâ nantik xumâmi.* Même si tu amènes des soldats pour me frapper, je ne te donnerai pas mes affaires. •*Anâ nisâfir ambâkir law kân almi yusubb.* Je partirai en voyage demain, même s'il pleut. •*Al bayâd xêr, law kân hurâr al-têr.* La couleur blanche porte bonheur, même si c'est celle d'une crotte d'oiseau. *Prvb.*

lawa / yalwi *v. trans.*, forme I n° 7, * lwy, ل و ي

♦ **enrouler, rouler, plier, tordre.** •*Kulla yôm kan bidôr mârig min bêtah balwi kadmûla fî râsah.* Chaque jour, lorsqu'il sort de chez lui, il enroule son turban sur la tête. •*Hû lawa xumâmah be xalagah.* Il a roulé ses affaires dans son vêtement. •*Mâ talwi îd al-saxîr misil da !* Ne tords pas le bras de l'enfant de cette façon !

lawâ'ih *pl.*, → *lâ'iha.*

lâwak / yilâwik *v. trans.*, forme III, * lwk, ل و ك

♦ **mâcher, mastiquer.** •*Ayyi akil bâkulu, yilâwukuh hatta yazurtuh.* Tout ce qu'on mange, on le mâche avant de l'avaler. •*Kan zôl bâkul laham wa mâ bilâwikah ke bas bazurtah, baxnagah.* Si quelqu'un avale de la viande sans la mâcher, il s'étranglera. •*Al atfâl mâ induhum sunûm bilâwuku akil, acân da bi'akkuluhum zibde.* Les bébés n'ont pas de dents pour mastiquer la nourriture, c'est pour cela qu'on leur donne à manger du beurre.

lawâsîn *pl.*, → *lîsân.*

lawâta *pl.*, → *lûti.*

lawâya *pl.*, → *lawiye.*

lawiye / lawâya *n. f.*, * lwy, ل و ي

♦ **mal de ventre, coliques, entérite,** douleur dans le ventre avec l'impression que les intestins se tordent. •*Batuni mâ rayyahatni, indi lawiye min fajur mâ maragt.* Mon ventre ne m'a pas laissé tranquille, j'ai des coliques et depuis ce matin je ne suis pas sorti. •*Akil al-laham al-nayy bisabbib lawiye.* Manger de la viande crue donne de l'entérite.

lawlaw / yilawliw *v. trans., qdr.*, forme II, * lwy, ل و ي

♦ **enrouler, envelopper, enrober, bander, lover, aller çà et là chercher *qqch.*** •*Al-dâbi lawlaw fî l-cadaray.* Le serpent s'est enroulé autour de l'arbre. •*Al-daktôr yilawliw lêi rijili be nyangur abyad.* Le docteur a bandé mon pied avec un tissu blanc. •*Lawliw al furâc min al ajâj !* Roule le matelas pour le protéger de la poussière ! •*Mâ tilawliw al kalâm, hajji l-sahi !* Ne contourne pas le problème [n'enroule pas la parole], dis la vérité ! •*Fât lawlaw ke mâ ligi xidime gabbal.* Il est parti çà et là chercher du travail, il est revenu sans avoir rien trouvé.

lawwan / yilawwin *v. trans.*, forme II, terme de l'*ar. lit.*, * lwn, ل و ن

♦ **colorier, peindre de plusieurs couleurs.** •*Al usta lawwan al bêt min dâxal, asfar wa axadar.* Le maçon a peint l'intérieur de la maison en jaune et vert. •*Al iyâl lawwano l katkat al mudarris al antâhum lêyah.* Les enfants ont colorié les feuilles de papier que leur a données le maître.

lawwas / yilawwis *v. trans.*, *Cf. sadda* ; forme II, * lwṯ, ل و ث

♦ **recouvrir de glaise, obturer avec de la glaise, boucher un trou, enduire de glaise,** passer une couche de glaise pour obturer. •*Abmangûr yilawwis martah fî l-karkûr.* Le grand calao enferme sa femelle dans le creux d'un arbre. •*Al-râjil lawwas al-*

dabanga al malâne xalla. L'homme a recouvert de glaise le grenier qui était plein de mil. •*Al usta lawwas nugâr al bêt be dringêl kussâr wa tîne.* Le maçon a obstrué les trous se trouvant dans la maison, avec des morceaux de brique et de la glaise.

lawwasân *n. d'act., m.,* ≅ *lawwisîn,* * lwṯ, ل و ث

♦ **fait d'enduire, obturation,** fait de boucher les fentes ou les trous par l'application d'une couche d'argile appropriée, fait d'enduire les pis d'excréments pour empêcher le veau de téter. •*Mâci l wâdi nicîl tîne samhe lê lawwasân dabangiti.* Je vais dans l'oued chercher de la bonne glaise pour fermer mon grenier. •*Al-nugura l fî râs al bêt tidôr lêha lawwasân.* Il faut, avec une couche d'enduit, boucher le trou qui se trouve sur le toit de la maison. •*Al yôm halabt labân katîr acân lawwast duyûd al bagaray be ba'ar wa ijilha mâ gidir ridi'.* Aujourd'hui, j'ai tiré beaucoup de lait parce que j'avais enduit d'excréments les pis de la vache et que son veau n'avait pas pu téter.

lawwisîn *n. d'act., m.,* → *lawwasân.*

laxa / yalxi *v. trans.,* forme I n° 7, * lġy, ل غ ي

♦ **annuler, abroger, invalider, abolir, reporter.** •*Al hakûma l-jadîde laxat al katibîn al awwal hanâ l-sukkân lê l intixâbât.* Le nouveau gouvernement a annulé les résultats du premier recensement électoral. •*Anîna hassa mâ musta'iddîn lê malamma di, wâjib nalxûha lê wakit âxar.* Nous ne sommes pas prêts actuellement pour tenir cette réunion, il faut la reporter à un autre moment. •*Hî laxat âzûmitha di acân môt jârha.* Elle a annulé sa réception à cause de la mort de son voisin.

laxâlix *pl.,* → *luxlux.*

laxam 1 / yalxam *v. trans.,* forme I n° 13, *Cf. istahbal,* * lẖm, ل خ م

♦ **déranger, chahuter, embrouiller quelqu'un, bonimenter, faire perdre la tête.** •*Hû laxam al banât be hije kê wa nassahum lê l bakân al mâcîn fôgah.* Il a raconté aux filles de tels boniments qu'il leur a fait oublier le lieu où elles voulaient se rendre. •*Al iyâl al-dugâg laxamo mêtirhum fî lubb al kilâs.* Les petits enfants ont fait perdre la tête à leur maître dans la salle de classe. •*Al-subyân balxamo l banât fî l-câri.* Les jeunes gens chahutent les filles dans la rue.

laxam 2 *n. m.,* * lġm, ل غ م

♦ **gencive.** •*Al binêye di samhe, laxamha axadar sirij.* Cette fille est belle, ses gencives sont très bleues. •*Al ajûz laxamha mâ indah sunûn.* Les gencives de la vieille n'ont plus de dents. •*Al-saxîr al-saxayar, sunûnah kan yugummu laxamah yawram.* Le tout petit enfant a les gencives enflées lorsque ses dents poussent.

laxawâs *n. m.,* → *laxwâs.*

laxâwîs *pl.,* → *laxwâs.*

laxâyit *invar.,* contraction de *ilâ xâya(t), Cf. lahaddi, hatta, namma,* * ġyy, غ ي ي

♦ **jusqu'à ce que, tellement que.** •*Inta wassaftîni bêtak, anâ macêt laxâyit al kumsêriye wa mâ ligîtah gabbalt.* Tu m'avais indiqué où se trouvait ta maison ; je suis allé jusqu'au commissariat mais je ne l'ai pas trouvée et je suis revenu. •*Al-saxîr babki laxâyit ammah jât gallatah.* Le petit s'est mis à pleurer jusqu'à ce que sa mère soit revenue le prendre. •*Al almi sabba laxâyit durdurna hardam.* Il a tellement plu que notre mur s'est écroulé. •*Hû akal kê laxâyit batunah anmalat.* Il a mangé jusqu'à ce que son ventre soit plein.

laxbat / yilaxbit *v. trans., qdr.,* → *xalbat.* * lẖbṭ, ل خ ب ط

laxma *n. f.,* * lẖm, ل خ م

♦ **chahut, dérangement.** •*Amci ba'îd anâ mâ nidôr laxma fî l xidime !* Va-t'en loin, je n'aime pas chahuter pendant qu'on travaille ! •*Al-râjil da kalâmah kulla laxma.* Cet homme ne parle que pour déranger les autres. •*Kan macêt al-lekkôl agri mâ tirîd al-laxma.* Si tu vas à l'école, étudie ! Ne prends pas plaisir à chahuter !

laxwas / yilaxwis *v. trans.*, *qdr.*, forme II, * lġw, ل غ و

♦ **mélanger confusément, dire des bêtises.** •*Hay, yâ râjil, hajji adîl, mâ tilaxwis !* Hé ! toi, monsieur ! parle comme il faut, ne dis pas de bêtises ! •*Al mara l xanba laxwasat al akil wa maragatah lê l-nâs !* La femme brouillonne a mal préparé le repas qu'elle a apporté aux gens.

laxwâs / laxâwîs *n. m.*, * lġw, ل غ و

♦ **futilité, inconsistance, vanité, bêtise.** •*Al-nâs mâ bidôru bagôdu janbah acân hû bahajji hije hanâ l-laxawâs.* Les gens n'aiment pas rester à côté de lui parce qu'il ne dit que des paroles futiles. •*Anâ mâ nirîd kalâm al-laxawâs.* Je n'aime pas les propos futiles.

laxx *n. m.*, * l h̲ h̲, ل خ خ

♦ **pagaille, acte inintelligible, ignominie, non-sens, désordre.** •*Da bas al-laxx al aba l-tês !* Ce sont des ignominies que même le bouc n'apprécie pas ! •*Anâ mâ nidôr al-laxx illa l-sahi bas.* Je n'aime pas les non-sens, je ne veux que la vérité. •*Anâ mâ naxadim xidimt al-laxx.* Quand je travaille, je ne fais pas n'importe quoi.

laxxad / yilaxxid *v. trans.*, forme II, * lġd, ل غ د

♦ **faire la nique à, toucher le menton,** toucher le menton de quelqu'un avec son doigt pour le provoquer à la bagarre. •*Al mara laxxadat darritha fî derib al-sûg lâkin al-nâs mâ xallohum dâwaso.* La femme a fait la nique à sa rivale en lui touchant le menton avec le doigt sur le chemin du marché, mais les gens les ont empêchées de se battre. •*Wakit maco fî bakân al-sultân sa'alohum gâlo lêhum yâtu l-laxxad axuh awwal ?* Lorsqu'ils sont partis chez le sultan, on leur a demandé quel a été le premier à provoquer l'autre.

laxxâmi / laxxâmîn *adj.*, (*fém. laxxâmiye*), * lh̲m, ل خ م

♦ **chahuteur (-euse), importun(e).** •*Al wilêd da laxxâmi bilhên mâ bixalli axawânah bagru.* Ce garçon est un chahuteur, il ne laisse pas ses frères étudier. •*Al-sabi da laxxâmi mâ baxalli l banât bamcu.* Ce jeune garçon est un chahuteur, il ne laisse pas les filles aller librement.

laxxan / yilaxxin *v. trans.*, forme II, → *laggan*, * lqn, ل ق ن

laxxanân *n. d'act.*, *m.*, ≅ *laxxinîn*, → *lagganan.*

laxxinîn *n. d'act.*, *m.*, ≅ *laxxanân*, → *lagganân*, * lqn, ل ق ن

Lay *n. pr.* de lieu, chef-lieu de la préfecture de la Tanjilé.

♦ **Laï.**

lâya / yilâyi *v. trans.*, forme III, utilisé en arabe *sd.*, * lwy, ل و ي

♦ **délayer la farine dans de l'eau.** •*Hawwa lâyat al burma.* Hawwa a délayé la farine dans de l'eau et l'a versée dans la marmite. •*Hî mâ ta'rif tilâyi, sâtat al êc gawi bilhên.* Elle ne sait pas délayer la farine dans de l'eau, elle a préparé une boule très dure.

lâyal / yilâyil *v. trans.*, forme III, * lyl, ل ي ل

♦ **passer la nuit avec une de ses épouses.** •*Al-râjil al indah awîn kutâr yilâyil awînah lêltên lêltên.* Le polygame passe deux nuits avec chacune de ses femmes. •*Rujâl wâhidîn bilâyulu awînhum min hille lê hille.* Il y a des hommes qui se déplacent d'une ville à l'autre pour partager leurs nuits avec leurs différentes femmes.

layâli *pl.*, → *lêl.*

lâyam / yilâyim *v. trans.*, forme III, hypothèse sur la racine, *Syn. lamma*, * lmm, ل م م

♦ **ramasser, rassembler pour emporter, rafler,** réunir en ramassant ce qui était dispersé. •*Yalla, al wata bigat fî l-lêl, lâyumu katâtiku dôl, wa* *andasso nûmu !* Allez, il fait nuit, ramassez vos papiers et entrez dormir ! •*Al-duwân lâyamo buda'it al barcâta min al-sûg.* Les douaniers ont raflé les marchandises des contrebandiers au marché. •*Al birgâd lâyam kulla l-nâs al mâ induhum piyês.* Les gendarmes ont ramassé tous ceux qui n'avaient pas de papiers d'identité. •*Al almi jâyi, lâyim lêna l xumâm da dâxal !* La pluie arrive, ramasse ces affaires pour les mettre à l'intérieur !

layân / layânât *n. m.*, * lyn, ل ي ن
♦ **humidité.** •*Fî l xarîf al-layân katîr.* Pendant la saison des pluies, il y a beaucoup d'humidité. •*Al-durdur waga' acân layân katîr fî ga'arah.* Le mur s'est écroulé parce que sa base avait absorbé beaucoup d'humidité.

lâyij / layjîn *adj. mrph. part.* actif, (*fém. layje*), * lwj, ل و ج
♦ **se promenant comme un vagabond, errant(e).** •*Al kilâb al mâ induhum siyâd lâyijîn fî l-cawâri sâkit.* Les chiens qui n'ont pas de maître errent dans les rues. •*Umâr mâ yagdar yigarrih saxîrah, yixallih lâyij fî l hille.* Oumar ne peut envoyer son fils à l'école ; il le laisse se promener comme un vagabond au village.

Layla *n. pr.* de femme, *litt.* une nuit, * lyl, ل ي ل

lâyo *n. m.*, *Cf. lâya*, * lwy, ل و ي
♦ **bouillie très légère.** •*Fatart be lâyo indah sukkar katîr.* Au petit déjeuner, j'ai pris de la bouillie légère et très sucrée. •*Al-saxîr kan yacrab lâyo yabga samîn wa indah gudra.* Si un petit enfant boit de la bouillie légère, il deviendra gras et aura de la force. •*Anâ, al-lâyo mâ yaktul lêi ju'.* Quant à moi, la bouillie légère ne me rassasie pas [ne me tue pas la faim].

lâyûg *adj. n. m.*, → *lâyûk.*

lâyûk *adj. n.*, (*fém. lâyûka*) ; ≅ *lâyûg*, * lwq, ل و ق
♦ **gluant(e), visqueux (-euse), filant(e),** qui fait des fils en parlant d'une sauce. •*Ammulûxiye lâyûka misil al-darrâba l xadra.* Le mouloukhiyé est aussi gluant que le gombo vert. •*Al-tîne kan mâ lâyûka mâ tanfa' fî l-talis.* Lorsque la glaise n'est pas visqueuse, elle ne peut servir d'enduit. •*Akalna êc be mulah lâyûk.* Nous avons mangé une boule avec une sauce filante.

layyan / yilayyin *v. trans.*, forme II, * lyn, ل ي ن
♦ **mouiller, humidifier, humecter.** •*Al xarîf ja wa layyan al-turâb.* La saison des pluies est venue et a humidifié la terre. •*Hêy, yâ iyâl, mâ tilayyunu lêna l bakân !* Hé ! les enfants ! Ne nous mouillez pas cet endroit ! •*Al wilêd bâl wa layyan al furâc.* L'enfant a uriné et a mouillé le matelas. •*Al-salât yilayyin al batun.* La salade facilite la digestion [mouille le ventre].

layyin / laynîn *adj.*, (*fém. layne*), ≅ le singulier *leyyin*, et le pluriel *layyinîn*, * lyn, ل ي ن
♦ **humide, produit frais, bois vert, mou (molle), tendre.** •*Al almi sabba katîr wa l-turâb layyin.* Il a beaucoup plu et la terre est humide. •*Al hawwâtîn jâbo hût layyin katîr fî l-sûg.* Les pêcheurs ont apporté beaucoup de poissons frais au marché. •*Maryam carat hatab leyyin, acân da l-nâr mâ ôgadat.* Mariam a acheté du bois vert, c'est pour cela que le feu n'a pas pris.

layyûn *n. vég.*, *coll.*, *sgtf. layyûnay*, * lyn, ل ي ن
♦ **nom d'un arbre, Lannea acida (A. Rich.),** famille des anacardiacées, arbre sans épines. •*Lihe l-layyûn birabbutu beyah dimbil al kûzi.* Avec les écorces de Lannea acida, on attache les verges formant le cercle à la base du toit de la case. •*Al-layyûn iyâlah dugâg bicabbuhu l-nabag wa nâs wahadîn bâkulûh.* Les fruits du Lannea acida ressemblent à des jujubes et certaines personnes les mangent.

lazam / yalzam *v. trans.*, forme I n° 13, * lzm, ل ز م ⇨

♦ **empêcher de bouger, fixer, solidifier, retenir, filtrer** (passoire), **soutenir.** •*Al-cadaray lazamat al-durdur.* L'arbre empêche le mur de bouger. •*Bêtah yidôr yaga' acân da hû yalzamah be dûliye.* Sa maison est sur le point de tomber, c'est pourquoi il la renforce avec une poutre. •*Alzam rijilak fî bêtak, battân mâ tajîni !* Reste chez toi, ne viens plus me voir ! •*Al-saffay di lazamat al-tifîl wa l-câhi ja adîl.* Cette passoire filtre comme il faut les feuilles de thé et le thé vient bien propre.

lazâwîr *pl.*, → *lazwâr.*

lazdân / **lazdânât** *n. m., empr. fr.*
♦ **adjudant.** •*Xâli lazdân, bikaffuh gurus katîr min al-sarsar.* Mon oncle est adjudant, il touche plus d'argent qu'un sergent. •*Al-lazdân da hû mas'ûl al yôm min al askar al bamcu l-taftîc.* Cet adjudant est aujourd'hui responsable des militaires chargés du contrôle.

lâzim *invar.*, * lzm, ل ز م
♦ **nécessaire, indispensable, il faut.** •*Al yôm da, lâzim martak tusût lêna êc.* Aujourd'hui, il faut que ta femme nous prépare la boule. •*Lâzim takurbi xidimitki adîl !* Tu dois mettre tout ton cœur à l'ouvrage !

lazwâr / **lazâwîr** *n. m., empr. fr., Cf. mûs.*
♦ **lame de rasoir.** •*Al budâ'a hassa bigat xâliye, al-lazwâr al wâhid kulla bigi be xamsa riyâl.* A présent les marchandises coûtent cher, la lame de rasoir est à cinq riyals. •*Dummi l-lazâwîr dôl zên min al iyâl !* Garde bien ces lames de rasoir hors de portée des enfants !

lazza / **yilizz** *v. trans.*, forme I n° 11, * lzz, ل ز ز
♦ **pousser, déplacer en poussant, faire avancer,** déplacer horizontalement. •*Lizz al-bâb, mâ tixallih fâtih !* Pousse la porte, ne la laisse pas ouverte ! •*Awwunûni nuluzzu l watîr al wahlân da !* Aidez-moi à pousser cette voiture embourbée ! •*Axawâti lazzo l bagar min al-zerîbe.* Mes sœurs ont fait sortir les vaches de l'enclos.

lazzam / **yilazzim** *v. trans.*, forme II, *Cf. lazam*, * lzm, ل ز م
♦ **fixer, caler.** •*Yilazzim abûh al mardân da be l wasâsîd, wa yantih madîde.* Il cale son père malade avec des coussins et lui donne de la bouillie. •*Lazzim ligdâbtak be ci'ab judad, kan mâ ke taga' !* Fixe des bois fourchus neufs pour soutenir ton hangar, sinon il s'écroulera ! •*Ahmat, lazzim galbak be l-sabur, iyâlak âfe !* Ahmat, ne t'en fais pas [fixe ton cœur avec la patience], tes enfants se portent bien !

lazzân *n. d'act., m.*, → *lazzîn.*

lazzâz / **lazzâzîn** *adj. n., mrph. intf.*, dans l'expression *lazzaz al-nâr*, *Cf. râs al fitine*, * lzz, ل ز ز
♦ **provocateur (-trice), qui met de l'huile sur le feu, excitateur (-trice), fauteur (-trice) de troubles.** •*Mâ tixallu yagôd ma'âku, hû da nâdum lazzâz al-nâr.* Ne le laissez pas rester avec vous, c'est un provocateur. •*Lazzâz al-nâr hû nâdum al bizîd al kalâm wa bilizz al-nâs fî l-duwâs.* Le fauteur de troubles est celui qui exagère les propos et pousse les gens à se battre.

lazzîn *n. d'act.*, ≅ *lazzân*, * lzz, ل ز ز
♦ **pression, fait de pousser,** fait de pousser horizontalement. •*Lazzîn al watîr da gâsi bilhên.* Il est très difficile de pousser cette voiture. •*Watîraytah mâtat bala lazzîn ke mâ tagdar tidawwir.* Les batteries de sa voiture sont mortes, celle-ci ne pourra démarrer que si on la pousse. •*Al iyâl al mâ induhum niye hanâ giray, illa yuluzzu lazzîn hatta yagru.* Les enfants qui n'ont pas envie d'étudier doivent être sans cesse stimulés, jusqu'à ce qu'ils se mettent au travail.

lê *invar.*, (indique une destination ou la finalité d'une action), *Cf. alê*
♦ **à, au, vers, pour.** •*Zâra macat lê l-sûg.* Zara est partie faire son commerce. •*Waddi l kitâb da lê Mahammat !* Apporte ce livre à

Mahamat ! •*Amci lê l haddâdi yitarrig lêk sakkînak !* Va chez le forgeron, il aiguisera ton couteau !

lêda *n. f.*, *empr.* (*angl.* "leather"), invariable.
♦ **sac en plastique.** •*Antîni lêda tinên nusubb fôghum xumâmi !* Donne-moi deux sacs en plastique pour que je mette mes affaires ! •*Lêda wahade be riyâl.* Un sac en plastique coûte un riyal.

lekkôl / lekkolât *n. m.*, *empr. fr.*, ≅ *ekkôl, lokkôn, lekôl.*
♦ **école.** •*Lekkôlku wên ?* Où se trouve votre école ? •*Anâ lekôli fî Anjamména.* Mon école est à N'Djaména. •*Abui waddâni fî lekkôl al-Nasâra.* Mon père m'a emmené à l'école des Blancs. •*Al yôm muzâharât hanâ iyâl al-lekkôl.* Aujourd'hui, il y a des manifestations de lycéens.

lekôl / lekolât *n. m.*, → *lekkôl.*

lekreasyo *n. m.*, → *rekreasyo.*

lêl / layâli *n. f.*, *Cf. lêle*, *Ant. nahâr*, * lyl, ل ي ل
♦ **nuit,** temps de l'obscurité par opposition au jour. •*Al bôlis sawwo dûriye tûla l-lêl.* La police a fait une ronde toute la nuit. •*Macêt ragadt layâli ma'â nusubâni.* Je suis allé passer quelques nuits chez mes beaux-parents.

lêle / lêlât *n. f.*, * lyl, ل ي ل
♦ **nuit** (une), désignant une période déterminée. •*Ragadt lêle wâhade fî l farîg.* J'ai passé une nuit au campement. •*Iyâli induhum lêylât min tahhartuhum.* Cela fait plusieurs nuits que mes enfants ont été circoncis.

lêmûn *n. coll.*, *m.*, *sgtf. lêmûnay*, * lym, ل ي م
♦ **citron, limon.** •*Al-lêmun dawa hanâ waja' galib.* Le citron est un médicament contre le mal de cœur. •*Agta lêi lêmûnay saxayre !* Coupe-moi un petit citron !

Lêre *n. pr.* de lieu, chef-lieu de sous-préfecture du Mayo-Kebbi.
♦ **Léré.**

Lêya *n. pr.* de femme, pour *lêyah*, *litt.* pour lui.

leyyin / leynîn *adj. m.*, → *layyin.*

li'êbe / li'êbât nom, *mrph. dmtf.*, *f.*, → *li'ib 2.*

li'ib 1 / yal'ab *v. trans.*, forme I n° 20, * lʕb, ل ع ب
♦ **danser, jouer, s'amuser.** •*Fâtime li'ibat misil râsha yingati yôm iris hanâ axutha.* Fatimé a dansé à s'en décrocher la tête, le jour des noces de sa sœur. •*Hasan li'ib be sakkîn wa ta'an nafsah.* Hassan a joué avec un couteau et s'est blessé [s'est piqué lui-même]. •*Li'ibna bâl al yôm, wa nasarna.* Nous avons joué au ballon, et nous avons gagné. •*Fî l xarîf al iyâl bal'abo be tîne fî l-rahad.* En saison des pluies, les enfants s'amusent avec la boue, dans le marigot.

li'ib 2 / al'âb *n. m.*, pluriel peu usité, *Syn. la'abe*, * lʕb, ل ع ب
♦ **danse, jeu, amusement.** •*Yôm al îd kullina macêna fî l-li'ib.* Le jour de la fête, nous sommes tous partis assister à la danse. •*Li'ib al karta fî Ramadân bifawwit al wakit xasâra.* Jouer aux cartes pendant le Ramadan fait passer le temps inutilement. •*Al-nâs kulluhum maco bicîfu li'ib al-nuggâra.* Tous les gens étaient partis pour voir la danse tambourinée.

li-llah dans la formule *al hamud li-llah*, ≅ *lillay*, pour *lê Allah*, *litt.* à Dieu, pour Dieu, → *hamdu.*

libad *pl.*, → *libde.*

libâs / libâsât *n. m.*, ≅ *lubâs*, * lbs, ل ب س
♦ **vêtement, habillement, fait de porter un vêtement, fait de porter des chaussures.** •*Al-libâs fî l-sûg lônah katîr.* Au marché, les vêtements sont de toutes les couleurs. •*Libâs al awîn nafarah cik min hanâ l-rujâl.* L'habillement des femmes est différent de celui des hommes. •*Al vêst wa l-crâvat wal garambubuyât,*

libâs hanâ l-rujâl bas. La veste, la cravate et les grands boubous font partie de l'habillement des hommes.

libbêse / libbêsât *n. f. mrph. dmtf., Cf. labisîn,* * lbs, ل ب س

♦ **habillement, vêtement,** fait ou manière de s'habiller ou de porter un vêtement. •*Libbêsitha lê xalagha l-jadîd da, akûn mâciye l azûma.* Le fait qu'elle porte ce vêtement neuf est peut-être le signe qu'elle se rend à l'invitation. •*Libbêstak di samhe, ajabatni.* Ta manière de t'habiller est belle, elle me plaît.

libbîd / libbîdîn *adj., (fém. libbîde), Cf. mulabbad,* * lbd, ل ب د

♦ **qui cache.** •*Derib al âfe libbîd.* Le chemin de la paix cache celui qui s'y trouve. *Prvb.* (*i.e.* le bonheur ne fait pas de bruit). •*Gerîb mâ ligîna xabarah, al afê libbîde.* Il y a longtemps que nous n'avons pas eu de ses nouvelles ; on ne parle pas de celui qui est en bonne santé. •*Hummân libbîdîn lê acîrhum.* Ils gardent bien leur secret.

libbîs / libbîsîn *adj., (fém. libbîsiye),* ≃ le singulier *libbîsi,* * lbs, ل ب س

♦ **élégant(e), bien habillé(e),** qui s'habille d'une manière appréciée de tous. •*Al mara kan libbîsiye, ti'ajjib kulla l-nâs.* La femme bien habillée plaît à tout le monde. •*Al-zôl al-libbîs ba'arif bi'azzil al xulgân al biwâfuguh.* L'homme élégant sait choisir les vêtements qui lui conviennent.

libde / libad *n. f.,* comme en arab *sd.* (*C.Q.*), *Cf. safîne, tâfûra,* * lbd, ل ب د

♦ **feutre sous la selle du cheval, tapis de selle.** •*Zamân al-libde yisawwûha min sûf al xanam, lâkin hassâ da al-nâs yisawwûha min gutun wallâ gumâc mârin.* Autrefois, le tapis de la selle du cheval était en feutre fait avec du poil de mouton, mais maintenant les gens le fabriquent avec du coton ou du tissu souple et doux. •*Al-libde buxuttuha tihit serij al-juwâd.* On met le tapis de feutre sous la selle du cheval.

libe' *n. m.,* * lb', ل ب ء

♦ **colostrum, premier lait, fromage** fabriqué avec le premier lait de la vache ou de la chèvre. •*Anâ min gâ'id mâ cirib libe'.* Depuis que j'existe, je n'ai pas encore bu de colostrum. •*Al-libe' : laban hanâ l bagaray wallâ l xanamay al-dahâbha wildat.* Le colostrum est le premier lait de la vache ou de la chèvre qui vient de mettre bas.

libêne *n. f. mrph. dmtf.* affectif, *Cf. laban,* * lbn, ل ب ن

♦ **petite quantité de lait.** •*Yâ mara, mâla sabbêti l-libêne di bas be acara riyâl.* Femme, pourquoi m'as-tu versé une si petite quantité de lait pour dix riyals ? •*Al-libêne di ciya, mâ nagdar nanti minnaha lê l bisse.* Il y a trop peu de lait pour que je puisse en donner au chat.

libi / yalba *v. intr.,* forme I n° 21, * lby, ل ب ي

♦ **être à la bonne taille, aller bien** (habit), **convenir, être à la bonne pointure.** •*Al xalag da libi fôgi kuwayyis.* Cet habit me va très bien. •*Al-na'al da kabîr, mâ balba fî rijilak.* Ces sandales sont trop grandes, elles ne sont pas à ta pointure.

Lîbi / Lîbiyîn *adj., (fém. Lîbiye).*

♦ **Libyen(-ne).** •*Anîna l-Tcâdiyîn, indina alaxât ma'â jîrânna l-Libiyîn wa l Kamrûniyîn.* Nous les Tchadiens, nous avons des relations avec nos voisins Libyens et Camerounais. •*Haras hanâ l-Ra'îs al-Lîbi, humman Libiyât.* Les gardes du corps du Président libyen sont des Libyennes.

libis / yalbas *v. trans.,* forme I n° 20, * lbs, ل ب س

♦ **s'habiller, revêtir, enfiler un vêtement, mettre un vêtement, porter** (un chapeau). •*Itfaddal giddâm ! Nalbass xalagi wa namcu.* Je t'en prie, avance ! Je mets mon vêtement et on s'en va. •*Muxtâr libis xalag, idênah misil udunnên hanâ l fîl.* Moukhtar a mis un vêtement dont les manches ressemblent à des oreilles d'éléphant. •*Kan nâdum balbas* *angâfay, bugûlu ba'adên côfah bangus.* Lorsque quelqu'un porte un chapeau de paille, les gens disent qu'ensuite sa vue diminuera.

Lîbya *n. pr.* de pays.
♦ **Libye.**

lîf *n. vég., coll., m., sgtf. lîfay, Syn. sôso,* * lyf, ل ي ف
♦ **nom d'une plante grimpante, éponge, éponge végétale, Luffa ægyptiaca,** famille des cucurbitacées. •*Barûd hanâ l-lîf axêr min al-sâbûn barâyah.* Se laver avec une éponge végétale est encore mieux que se laver avec du savon. •*Al-lîfay di jâbôha min Sâr, tamanha icirîn riyâl.* Cette éponge végétale vient de Sarh, elle coûte vingt riyals.

lif'e / lifa' *n. anim., f.,* appelé en Algérie *[lefaˁa],* la racine évoque ici la chaleur et la blancheur, *Syn. amcidêgât,* * lf', ل ف ء
♦ **nom d'un serpent, Cerastes cerastes,** vipère de couleur jaune sable pâle et à la morsure brûlante. •*Al-lif'e dabîbe kabîre indaha samm hawân.* La vipère est un gros serpent qui a un venin dangereux. •*Kan nâdum jaxxa l-lif'e yabla bêha.* Si quelqu'un taquine une vipère, c'est à ses risques et périls [il souffrira avec elle].

lifa' *pl., → lif'e.*

lifaf *pl., → laffe.*

liff *v. impér., → laffa.*

ligdâbe *n. f., → lugdâbe.*

ligêmât nom pluriel, *Cf. fangâsu,* * lqm, ل ق م
♦ **petits beignets,** beignets dont on ne fait qu'une bouchée. •*Amci l-sûg, bî' ligêmât lê iyâlak !* Va au marché, achète des petits beignets pour tes enfants ! •*Al-ligêmat wahade be riyâl.* Un petit beignet vaut un riyal. •*Al yôm nisawwi ligêmât be farîn, wa laban wa dihin.* Aujourd'hui, je vais préparer des petits beignets avec de la farine de blé, du lait et de l'huile.

ligi / yalga *v. trans.,* forme I n° 21, voir l'expression *ligi idênah,* * lqy, ل ق ي
♦ **trouver, retrouver, recouvrer la santé, recevoir, toucher un salaire.** •*Al wilêd ligi gurus fî l-turâb.* L'enfant a trouvé de l'argent par terre. •*Kan axûk mâ ligi l âfe, mâ tansa tamci lêi ! Talgâni fî l-labtân kulla yôm be sâ'a tis'a.* Si ton frère n'a pas recouvré la santé, n'oublie pas de venir me voir ! Tu me trouveras tous les jours à l'hôpital à neuf heures. •*Ligit juwâb min ammi.* J'ai reçu une lettre de ma mère. •*Al muwazzafîn lissâ mâ ligo gurushum.* Les fonctionnaires n'ont pas encore touché leur salaire.

ligi idênah / yalga idênah expression, *litt.* il a trouvé sa main, * lqy, ˁyd, ل ق ي • ع ي د
♦ **avoir du temps libre pour, se libérer pour.** •*Yôm al îd, mâ ligit idêni acân najîk !* Le jour de la fête, je n'ai pas pu me libérer pour venir te voir ! •*Hî macdûha ma'â tahûra hanâ iyâlha, mâ ligat idênha acân taji tikallik lêku.* Elle est très préoccupée par la circoncision de ses enfants, elle n'a pas eu le temps de venir vous offrir ses condoléances.

lihân *pl., → lôh.*

lîhân *pl., → lôh.*

lihe *pl., → lihê.*

lihê / lihe *n. f.,* * lḥy, ل ح ي
♦ **liber, écorce fibreuse,** fibres d'écorce servant de lien. •*Cadar al-layyûn wa l kulkul kulluhum bamurgu minnuhum lihe.* On tire facilement des écorces fibreuses à partir d'arbres comme le Lannea acida et le Bauhinia rufescens. •*Jîb lêi lihê, narbut bêha l farfar da !* Apporte-moi une fibre d'écorce pour que j'attache le canisse ! •*Liheyt al xarrûb kan daract beha l kâs tisawwi rihtah haluwa.* Si tu frottes la calebasse avec une écorce de caroubier, cela lui donne une bonne odeur.

lihig / yalhag *v. trans.*, forme I n° 20, * lḥq, ل ح ق

♦ **atteindre, rejoindre, rattraper, parvenir à.** •*Al wilêd da saxayyar, mâ yalhag acara sana.* Cet enfant est petit, il n'a pas dix ans. •*Mûsa jara lihigah lê Mahammat.* Moussa a couru rejoindre Mahamat. •*Anâ girimt lêki, wa mâ gidirt nalhagki.* Tu me manques et je n'ai pas pu te rejoindre.

lihis / yalhas *v. trans.*, forme I, n° 20, * lḥs, ل ح س

♦ **lécher,** prendre avec le doigt le reste de sauce au fond du plat. •*Al muhâjiri lihis al-tâsa al indaha mulâh.* L'enfant de l'école coranique a léché avec son doigt la sauce qui restait dans la petite cuvette. •*Maryam, siddi l-kalôl adîl, mâ tixalli l kalib yalhasah !* Mariam, ferme bien la marmite à sauce pour éviter que le chien ne la lèche !

lijâm / lijâmât *n. m.*, * ljm, ل ج م

♦ **mors.** •*Dumm al-lijâm zên acân mâ yuruh !* Range bien le mors, qu'on ne le perde pas ! •*Al-juwâd bala lijâm barmik.* Si tu montes un cheval sans lui passer un mors, il te jettera à terre. •*Al-ja mâ indah lijâm !* Celui qui est arrivé n'a pas de mors ! (formule pour excuser l'inopportunité de *qqn.* ou de *qqch.*). •*Amci bakân al haddâd wa bi' lijâmât !* Va chez les forgerons et achète des mors !

lijân *pl.*, → *lajna.*

lijêne / lijênât *n. f.*, *Cf. abbullâxa*, * ljn, ل ج ن

♦ **zézaiement, élocution difficile, qui a un cheveu sur la langue, chuintement, prononciation défectueuse,** qui prononce "l" ou "y" au lieu de "r", ou bien "z" au lieu de "j", *etc.* •*Al wilêd da indah lijêne, mâ bagdar bugûl râdyo, illa bugûl : "yâdyo".* Cet enfant zézaye, il ne peut pas dire "radio", il ne dit que "yadyo". •*Hû mâ yagdar yahajji adîl acân indah lijêne.* Il ne peut pas bien parler parce qu'il a un cheveu sur la langue. •*Al-zôl al indah lijêne, baxjal mâ bahajji giddâm al iyâl.* Celui qui a une prononciation défectueuse a honte et ne parle pas devant les enfants.

lîli *n. m.*

♦ **nom d'un lit à une place.** •*Al-sarîr lîli biraggid nâdum wâhid bas.* Le lit appelé *lîli* ne permet qu'à une seule personne de s'étendre. •*Al-lîli sarîr hanâ hadîd saxayyar, wa bamsahoh be fintir azrag.* Le *lîli* est un petit lit en fer recouvert d'une couche de peinture noire.

lîlî *n. anim.*, *sgtf. lîliye.*

♦ **nom d'un oiseau, merle noir.** •*Al-lîlî talgah katîr fî l bakân al indah almi.* Tu trouveras des merles noirs en grand nombre là où il y a de l'eau. •*Al-lîlî azarag bilâsif wa danabah mutwassit.* Le merle a un plumage noir qui lance des reflets et une queue de taille moyenne.

lîliye *n. coll. f.*

♦ **nichée de merles noirs, volée de merles.** •*Al-lîliye uccaha wâhid wa kabîr.* La volée de merles noirs a un seul grand et gros nid. •*Al-lîliye xamistâcar aw icirîn têray fî ucc wâhid.* Une nichée de merles peut compter une quinzaine ou une vingtaine d'oiseaux dans un seul nid.

Lîliye *n. pr.* de femme, du nom de l'oiseau *lîlî*, le merle noir, ou bien *dmtf.* de *Layla.*

lillâh *cplx. prép.*, pour *lê Allâh*, ≅ *lillâhi, lillay*, → *al hamdu lillâh.*

♦ **à cause de Dieu, par amour de Dieu.** •*Anâ gassamt sadaxa lillâh(i).* J'ai distribué l'aumône à cause de Dieu. •*Kan tisalli, salli lillâh(i).* Lorsque tu pries, prie par amour de Dieu !

lillay altération, pour *lê Allâh(i)*, → *lillâh.*

limi' / yalma' *v. intr.*, forme I n° 22, * lmʕ, ل م ع

♦ **briller.** •*Al-sayyâxi xassal al-dahab be l-nacâdîr namma limi'.* Le bijoutier a nettoyé l'or avec de l'alcali jusqu'à ce qu'il brille. •*Mûsa, watîrak da nadîf, balma' kê da jadîd, dahabah* *bîtah.* Moussa, ta voiture est propre, elle brille ainsi parce qu'elle est neuve et que tu viens de l'acheter.

limis / yalmas *v. trans., Cf. lammas* ; forme I n° 20, * lms, ل م س

♦ **toucher, caresser, palper.** •*Jidditi limisat râs Zênaba al mumaccat.* Ma grand-mère a caressé la tête bien coiffée de Zénaba. •*Al-daktôr maca lê l wilêd wa limisah.* Le docteur s'est approché de l'enfant et l'a palpé. •*Mâ talmas al kalib al wasxân da !* Ne touche pas ce sale chien !

limm *v. impér.,* → *lamma.*

limmêse / limmêsât *n. d'act., mrph. dmtf., f., Cf. lamsîn,* * lms, ل م س

♦ **fait de toucher doucement, caresse, effleurement.** •*Ba'ad limmêsitak lê l-dagîg, ammi karcamat wijihha.* Ma mère a fait la grimace dès qu'elle t'a vu toucher la farine avec les doigts. •*Limmêsti lê l funjâl wahade bas wa hû ankasar.* J'ai à peine effleuré le verre qu'il s'est cassé.

lîn *v. impér.,* → *lân.*

lingi *n. m.,* utilisé aussi en arabe *sd.*

♦ **bonne relation, lien d'amitié, pacte d'amour.** •*Al-lingi kitâb, balhag al xaddâr.* Le lien d'amitié est comme un serment sur le Coran, il fera du mal à celui qui le rompra. *Prvb.* •*Anâ ma'âk indina lingi ambênatna mâ nagdar nisawwi lêk coxol hawân.* Avec toi nous avons un pacte d'amour, je ne peux pas te faire quelque chose de mal. •*Anâ wa jârti indina lingi.* Ma voisine et moi avons entre nous un lien d'amitié très fort. •*Anâ alwakkalt lê Allâhi, xallêt lingî bas yalhagah.* Je me confie en Dieu ; celui qui m'a trahi, je laisse notre pacte d'amitié lui retomber sur la tête (*i.e.* à lui d'en supporter les conséquences).

lîsân / lawâsîn *n. m.,* * lsn, ل س ن

♦ **langue.** •*Min fôg dull wa min tihit dull wa bahajji hadîs al-durr... Da l-lîsân.* Au-dessus, il y a de l'ombre ; en dessous, il y a aussi de l'ombre, et elle dit des méchancetés… C'est la langue. *Dvnt.* •*Carrâb al-sijâra lîsânah azrag kurum.* Le fumeur de cigarettes a la langue très noire. •*Fôg tâga, tihit tâga, wa usut binêye Jallâba... Da l-lîsân.* Cavité au-dessus, cavité en dessous, et au milieu une fille Djallaba… C'est la langue *Dvnt.* (*i.e.* la langue est aussi aisée qu'une fille riche dans sa maison).

lîsân bagara *n. m., litt.* langue de vache, * lsn, bqr, ل س ن • ب ق ر

♦ **nom d'une herbe, Portulaca oleracea (L.),** famille des portulacées. •*Lîsân bagara yugumm wihêdah fî l xarîf, nisawwu bêyah l mulâh.* l'herbe "langue de vache" pousse toute seule en saison des pluies, elle sert à faire la sauce. •*Warcâl lîsân bagara dugâg wa urâd wa tuxân min al finâr lâkin hâmud ciya.* Les feuilles de la Portulaca oleracea sont petites et larges, plus épaisses que celles des épinards mais un peu acides.

lisbâse *n. m., empr. fr.*

♦ **laissez-passer.** •*Kan mâ indak lisbâse, mâ tagdar tadxul fî Tcâd.* Si tu n'as pas de laissez-passer, tu ne pourras pas entrer au Tchad. •*Mâ tansa tamci fî l kumsêriye gubbâl mâ taxtîr, yisawwu lêk lisbâse !* N'oublie pas de passer au commissariat avant de partir en voyage, on te délivrera un laissez-passer !

lîse / lîseyât *n. m., empr. fr.*

♦ **lycée.** •*Lê hassâ, al iyâl mâ bado l giray fî lîse.* Jusqu'à présent, les élèves n'ont pas repris les cours au lycée. •*Anjammêna indaha lisêyât katîrîn.* Il y a beaucoup de lycées à N'Djaména.

lissâ *invar.,* le ʕ de la racine s'entend parfois avant un *pron.* suffixe, comme dans *lissâ'i* ; mais ≅ *lissâni, lissâk,* * swʕ, س و ع

♦ **toujours, encore.** •*Hû lissâ mardân.* Il est encore malade. •*Hû lissâh mâ marag min bêtah.* Il n'est toujours pas sorti de chez lui. •*Maryam macat fî l-sûg ? Lâ, lissâ.* Mariam est-elle allée au marché ? Non, pas encore. •*Arjâni, anâ lissâ'i* *mâ barradt !* Attends-moi, je ne me suis pas encore lavé !

lissâ mâ expression, → *lissâ, mâ.*
♦ **toujours pas, pas encore.** •*Al iyâl lissâ mâ gabbalo min al giray.* Les enfants ne sont toujours pas revenus de l'école. •*Anâ kalâmi kammal illa amm al binêye lissâha mâ gâlat kalâmha.* J'ai fini de parler ; seule, la mère de la fille n'a pas encore dit son mot.

lissêg *n. vég., coll., m., sgtf. lissêgay,* * lṣq, ل ص ق
♦ **nom d'une herbe, épi collant, Setaria verticillata,** famille des graminées. •*Al bagar mâ birîdu akil al-lissêg.* Les vaches n'aiment pas brouter l'herbe à épi collant. •*Al-sana, al-lissêg gamma katîr fî l hillitna.* Cette année, l'herbe à épi collant a beaucoup poussé dans notre village.

listig / lasâtig *n. m., empr. fr., Cf. kawcu.*
♦ **élastique, pneu, chambre à air.** •*Al watîr lasâtigah kulluhum algaddado.* Tous les pneus de la voiture sont crevés. •*Fî Abbece addâlîn al kawânîn butuccu l-lasâtig wa bicîlu sulûkhum.* A Abéché, les fabricants de porte-braises brûlent les pneus pour en récupérer les fils de fer.

litinan *n. m., empr. fr.,* → *dâbit abdabburtên.*

lîtir / litrât *n. m., empr. fr.* venant du grec : *λιτρα* (mesure).
♦ **litre, bouteille d'un litre.** •*Al-daktôr allag ḍamm lîtir lê l mardân.* Le médecin a transfusé un litre de sang au malade. •*Lîtir al-dihin be miya wa xamsîn riyâl.* Le litre d'huile coûte cent cinquante riyals.

litt *invar., intf.* de couleur dans l'expression *azrag litt.*
♦ **noir cirage, tout noir,** noir comme du charbon. •*Al burma daharha azrag litt.* Le dos de la marmite est très noir. •*Al-dôka kisâraytha hirigat wa bigat zarga litt.* La galette posée sur la plaque à cuire a brûlé et est devenue toute noire.

liwa' / liwa'ât *n. m., ≅jiniral, jeneral,* * lwy, ل و ي
♦ **général.** •*Hasâ, Ra'îs al-Tcâd bigi liwa' lê l xuwât al musallaha.* Maintenant, le président de la République du Tchad est devenu général de corps d'armée. •*Al-liwa' rutba askariya fî l-dêc.* Général est un grade militaire dans l'armée. •*Al-liwa'ât fî l-Sûdân nazzamo wa sawwo ingilâb wa tarado Nimêyri.* Les généraux soudanais ont fait un coup d'État et ont chassé le Président Nimeyri.

lizz *v. impér.,* → *lazza.*

lôh / lihân *n. m., ≅* le pluriel *lîhân,* * lwḥ, ل و ح
♦ **planchette, tablette, omoplate,** petite tablette en bois sur laquelle les élèves des écoles coraniques écrivent les versets du Coran. •*Al muhâjirîn induhum lihân katîrîn, wa yaktubu be l-daway fî lîhânhum.* Les élèves des écoles coraniques ont beaucoup de tablettes sur lesquelles ils écrivent avec de l'encre. •*Al wilêd ankassar min lôhah.* L'enfant s'est cassé l'omoplate.

lôje *n. f.,* * lwj, ل و ج
♦ **déplacement vers un endroit viable, départ pour trouver un refuge, déplacement sans itinéraire précis, départ à l'aventure.** •*Fî sinîn al harba lûjna lôje, mâ irifna bakân narkuzu.* Pendant les années de guerre, nous avons connu un déplacement continuel sans savoir où nous pourrions nous fixer. •*Hawwilîn hanâ garracna da, sabbab lôje tawîle lê zabâyinna.* Nous avons déplacé notre garage et nos clients doivent aller très loin chercher ce dont ils ont besoin.

lokkôn / lokkonât *n. m.,* → *lekkôl.*

lôla / yilôli *v. trans.,* forme III, * lwy, ل و ي
♦ **bercer, dorloter, pouponner.** •*Al binêye tilôli axûha acân yaskut.* La jeune fille berce son frère pour qu'il se taise. •*Al mara lôlat wilêdha l*

mardân. La femme a bercé son enfant malade. •*Al awîn lôlo iyâlhum al-dugâg.* Les femmes ont dorloté leurs petits enfants.

lôlaj / yilôlij *v. trans.*, *qdr.*, forme II, composé de *lawj lâj*, racine connue en arabe *sd.* (*C.Q.*), *Cf. tôtah*, * lwj, ل و ج

♦ **balancer, tituber, faire tourner l'eau dans un récipient,** aller à gauche et à droite sans but. •*Dalli min al-serîr, mâ tilôlij lêna rijilênak.* Descends du lit, arrête de balancer tes jambes devant nous ! •*Cîf al-sakrân da bilôlaj wihêdah ke, mâ ba'arf al-derib !* Regarde ce soûlard qui titube tout seul et ne reconnaît pas son chemin ! •*Fâtime lôlajat al almi al fî l kôro wa daffagatah.* Fatimé a fait tourner l'eau dans le koro avant de la jeter.

lôlân *n. d'act.*, *m.*, → *lôlîn.*

lôlayân *n. d'act.*, → *lôliyîn.*

lôlîn *n. d'act.*, *m.*, ≅ *lôlayân, lôlân,* * lwy, ل و ي

♦ **bercement, fait de pouponner, fait de dorloter,** fait de bercer. •*Wilêd Halîme, wâlaf mâ bunûm bala lôlîn.* Le fils d'Halimé s'est habitué à ne s'endormir que s'il est d'abord bercé. •*Al iyâl birîduh lôlîn al-jidde acân hî sabûra.* Les enfants préfèrent être dorlotés par leur grand-mère parce qu'elle est patiente.

lôliyîn *n. d'act.*, *m.*, ≅ *lôlayân,* → *lôlîn*, * lwy, ل و ي

lôm *n. m.*, ≅ *luwâme*, * lwm, ل و م

♦ **accusation, reproche entre adultes.** •*Al-lôm mâ indah fâyide, nagôdu mulhâninîn axêr !* Les accusations ne servent à rien, il vaut mieux rester unis dans l'amour ! •*Lômak leî da mâ sameh, anâ jît mâ ligîtak !* Les reproches que tu m'adresses ne sont pas justes, je suis venu chez toi et ne t'ai pas trouvé !

lôn / alwân *n. m.*, * lwn, ل و ن

♦ **couleur, coloris.** •*Xalag al-daktôr lônah abyad.* La blouse du docteur a une couleur blanche. •*Al farâde fî l-sûg gâ'idîn alwân wa ackâl.* Il y a au marché toutes sortes de pagnes de toutes les couleurs [les pagnes au marché sont de couleurs et de sortes différentes]. •*Juwâdi lônah ahmar.* Mon cheval a une robe rouge [mon cheval, son coloris est rouge].

lu'ama' *pl.*, → *la'îm.*

lubân *n. vég.*, *coll.*, *m.*, *sgtf. lubanay*, * lbn, ل ب ن

♦ **nom d'un arbre, encens, gomme à parfum, résine parfumée,** gomme d'un arbre servant d'encens et venant de l'Inde. •*Fî l-sûg samux al-lubân katîr, jâboh min al- Sa'ûdiya.* Au marché, il y a beaucoup de grains d'encens *lubân* que l'on importe d'Arabie Saoudite. •*Samux al-lubân, kan xalbatoh fî l-duxxân, banti rîhe haluwa bilhên.* Lorsque la gomme de l'arbre *lubân* est mélangée à d'autres encens, elle dégage une odeur exquise.

lubâs / lubâsât *n. m.*, → *libâs.*

lubb *n. m.*, * lbb, ل ب ب

♦ **intérieur, cœur.** •*Hû gâ'id fî lubb al bîr.* Il est à l'intérieur du puits. •*Lubb al bêt hâmi misil al-nâr.* L'intérieur de la maison est chaud comme le feu. •*Lubb al insân, Allah bas âlim beyah !* Le cœur de l'homme, Dieu seul le connaît !

Lubnân *n. pr.* de pays.

♦ **Liban.**

lubya *n. vég.*, *coll.*, *m.*, *sgtf. lubyay*, * lwb, ل و ب

♦ **nom d'une plante herbacée, haricot, Vigna *sp.*,** famille des légumineuses papilionacées. •*Akalt al-lubya wa nafaxâni.* J'ai mangé des haricots qui m'ont gonflé le ventre. •*Al-lubya kan rakkaboh be dihin wa sukkar wa mileh ciya wa fûl marhûg, yabga halu bilhên.* Les haricots bouillis, avec de l'huile, du sucre, un peu de sel et des arachides grillées, sont délicieux. •*Al-jidâde, kan akalat lubyay, yamrug ênha.* Si une poule mange un grain de haricot, elle perdra un œil [son œil sortira] ! •*Al-lubya da, kulla ke sawwas.* Ces haricots sont tous charançonnés.

lûda *n. f.*
♦ **grains de berbéré préparés.** •*Ganâdîl al berbere kan xalâs nijido, nifawwurûhum fî l burma, acân numurgu minhum lûda.* Lorsque les épis de berbéré sont mûrs, on les fait cuire à la vapeur dans la marmite, pour en détacher ensuite les grains *lûda* prêts à être mangés. •*Al-lûda akil al berbere fadîx.* Le *lûda* est une manière de manger les grains de berbéré frais.

lugam *pl.*, → *lugma.*

lugdâbe / lagâdîb *n. f.*, connu au *Sdn.* *luqdâbe* ou *uqdâbe* (*C.Q.*), ≅ *ligdâbe*, *Cf. râkûba, kurnuk.*
♦ **petit hangar, abri, auvent, appentis,** abri contre le soleil. •*Fî l-sûg lagâdîb katîrîn hanâ l-tujjâr.* Il y a au marché de nombreux petits hangars pour les commerçants. •*Fî Ramadân banêt lêi lugdâbe bârde.* Pendant le Ramadan, j'ai construit un abri frais. •*Al-lugdâbe be tôl hâmiye.* Les appentis en tôle sont chauds. •*Caddêna wa maddêna wa Allah mâ talag lêna... Di l-lugdâbe.* Nous avions préparé notre monture et commencions à nous mettre en mouvement, mais Dieu ne nous a pas laissés partir… C'est l'abri. *Dvnt.*

lugg *v. impér.*, → *lagga 2.*

lugma / lugam *n. f.*, ≅ *luguma*, * lqm, ل ق م
♦ **bouchée, petit morceau.** •*Cilt lugumtên bas cibi't.* J'ai pris simplement deux bouchées qui m'ont rassasié. •*Hû gata' al êc lugma wa antâha lê wilêdah.* Il a pris un petit morceau de la boule de mil et l'a donné à son enfant.

luguma *n. f.*, → *lugma.*

luhât *n. m.*, * lhṯ, ل ه ث
♦ **délire, paroles incohérentes.** •*Al-luhât mâ bihill lêk al macâkil.* Parler indéfiniment d'une manière incohérente ne résoudra pas tes problèmes. •*Luhât al mardân da akûn garrab bumût.* Le délire de ce malade est peut-être le signe qu'il est sur le point de mourir. •*Luhât al iyâl lê l micôtinîn fî l-cawâri da mâ zên.* Ce n'est pas bien de laisser les enfants adresser des paroles insensées aux fous dans les rues.

luhûd *pl.*, → *lahad.*

lukâk *adj.*, (*fém.* *lukâka*), connu au *Sdn.* (*C.Q.*), dans l'expression *tîne lukâka* ou *tîne lukâk*, * lkk, ل ك ك
♦ **argile collante et compacte, glaise fine.** •*Al bakân kan indah tîne lukâka bisawwi amzahalôta.* Là où se trouve de la glaise collante, on glisse. •*Lê tallisîn al buyût bi'ajjunu tîne lukâka be gecc.* Pour enduire les maisons, on fait une pâte en mélangeant de la glaise collante avec de la paille.

lukk *v. impér.*, → *lakka.*

lûm *v. impér.*, → *lâm.*

lumma / lummât *n. f.*, * lmm, ل م م
♦ **réunion, rencontre, union.** •*Al furga hayyine, gâsiye l lumma.* La séparation est facile, c'est la rencontre qui est difficile. •*Lummitna tabga fî kulla yôm jim'a fî l-jâmiye.* Notre rencontre a lieu tous les vendredis à la mosquée.

lungu *n. m.*, *empr.*, arabe de N'Djaména, *Cf. zugâg, dirêb.*
♦ **ruelle, venelle,** rue étroite, longue et non droite. •*Macêt be l-lungu, wa ligit kalib jahamân, addâni fî rijili.* Je suis passé par la ruelle et j'ai rencontré un chien enragé qui m'a mordu à la jambe. •*Mâ ticîl al-lungu al-jâye min Gardôle wa tugûl tamrug fî Arbut-sulbak, tiwaddir marra wâhid !* Ne prends pas les ruelles qui partent de Gardolé pour aller au quartier Ceins-tes-reins, tu te perdrais à coup sûr complètement !

lûti / lawâta *n. m.*, terme d'insulte, * lwṭ, ل و ط
♦ **homosexuel, idiot !** •*Al-lûti birîd bisawwi xidimit al awîn wa kan*

bahajji kula hissah misil hanâ l mara. L'homosexuel aime faire le travail des femmes et, lorsqu'il parle, sa voix ressemble à la leur. •*Kan wilêdi lûti naktulah.* Si mon enfant devient homosexuel, je le tuerai. •*Anâ mâ nirîd nijâwir al-lawâta.* Je n'aime pas côtoyer des homosexuels.

luwâk *n. coll. m.*, *sgtf. luwâkay*, * lwk, ل و ك

♦ **graine de tamarinier.** •*Zôl kan bâkul ardêb wa mâ bidôr yidôrisah yâkul luwâk.* Si quelqu'un mange des gousses de tamarinier et ne veut pas avoir ensuite mal aux dents, il croque une graine de tamarinier. •*Luwâk al ardêb, al iyâl bifaggu'uh bal'abo bêyah.* Les enfants ouvrent en deux les graines de tamarinier pour jouer.

luwaye *n. f.*, * lwy, ل و ي

♦ **tresse, fibre enroulée, rouleau, mèche enroulée,** rassemblant les cheveux non encore finement coiffés. •*Al-luwâya mâ samhîn misil al mucât al-dugâg.* Les grosses tresses sont moins belles que les tresses fines. •*Fî l-sûg carêt talâta lawâya hanâ carmût zarâf.* J'ai acheté au marché trois rouleaux de viande séchée de girafe.

•*Fartigi luwayit garniki da, nimaccitaha lêki dugâg !* Défais ta grosse tresse pour que je te la coiffe avec de petites tresses bien fines !

luxlux / laxâlix *n. m.*, *Cf. halgum*, * lqlq, ل ق ل ق

♦ **arrière de la gorge, larynx, pharynx** (oropharynx). •*Al bahîme kan badbahôha, yirabbutu rijilênha wa yagta'o luxluxha be sakkîn.* Lorsqu'on égorge le bétail, on lui attache les pattes et on lui tranche l'arrière de la gorge avec un couteau. •*Al-luxlux ambên al halgum wa l-digin.* L'oropharynx se trouve entre la gorge et le menton.

luxxa / luxxât *n. f.*, mot arabe, *empr.* au grec λογος (parole), * lġw, ل غ و

♦ **langue.** •*Luxxit al franse wa lâ hint ammi wa lâ hint abui.* La langue française n'est ni la langue de ma mère ni celle de mon père. •*Fî Tcâd luxxât katîrîn marra wâhid.* Au Tchad, il y a beaucoup de langues. •*Fî Tcâd luxxa hint al franse luxxa hint al xidime.* Au Tchad, la langue française est la langue de travail.

M

ma *invar.*, dans des locutions adverbiales comme *ba'ad ma, gubbâl ma, misil ma*, résurgence du relatif neutre de l'*ar. lit.*

♦ **après que, avant que, comme ce que.** •*Wilêd al-cêx accayyax gubbâl ma yantuh l kadmûl.* Le fils du cheikh s'est attribué le pouvoir du chef avant même que lui soit remis le turban. •*Hû albassam ba'ad ma simi' al kalâm al halu da.* Il a souri après avoir entendu cette bonne parole. •*Al iyâl kan butûnhum malânîn, yamraho misil ma yidôru.* Lorsque les enfants ont le ventre plein, ils courent et jouent comme ils veulent.

mâ *invar.*, négation de l'attribut, *Cf. lâ.*

♦ **ne... pas.** •*Hû mâ fîh.* Il n'est pas là. •*Anâ mâ indi gurus.* Moi, je n'ai pas d'argent.

mâ... ceyy expression.

♦ **rien.** •*Mâ indi ceyy fî bêti.* Je n'ai rien chez moi. •*Jêbi mâ indah ceyy.* Je n'ai rien dans ma poche. •*Mâ fî ceyy ambênâtna !* Il n'y a rien entre nous !

mâ câ' Allah ! exclamation, exprime l'acquiescement, le remerciement, l'accord ou la réalisation d'un souhait, *litt.* "ce que Dieu veut !", → *câ'*, * šy', ش ي ء

♦ **Dieu merci !, c'est bien !, Dieu l'a voulu ainsi !** •*Mâ câ' Allah, wilêdi najah fî l imtihân !* Dieu merci, mon enfant a réussi son examen ! •*Ligit mara kwaysa, mâ câ' Allah !* Tu as une bonne épouse, Dieu l'a voulu ainsi ! •*Mâ câ' Allah, kulla ma'zûmîn wasalo !* Dieu merci, tous les invités sont arrivés.

mâ fî expression, → *fî 3.*

mâ' / yumû' *v. intr.*, forme I n° 4, * myʕ, م ي ع

♦ **fondre, liquéfier.** •*Al mara xattat al-zibde fî l-nâr acân tumû'.* La femme a mis du beurre sur le feu pour le liquéfier. •*Al yôm kûran mâ fîh wa l gilâs kulla mâ'.* Aujourd'hui, il n'y a pas d'électricité et toute la glace a fondu. •*Al-caham kan xattoh fî l-nâr yumû' ajala.* Si on met de la graisse sur le feu, elle fond vite.

ma''at / yima''it *v. trans.*, forme II, * mʕṭ, م ع ط

♦ **arracher l'herbe, déraciner, ôter.** •*Al iyâl ma''ato l fûl al-dahâbah mâ nijid.* Les enfants ont arraché les arachides qui n'étaient pas encore mûres. •*Al muzâri' ma''at al gecc min al-zere'.* Les agriculteurs ont arraché l'herbe des champs. •*Macêna fî l kadâde ma''atna gêcc lê humârna.* Nous sommes allés en brousse ramasser [déraciner] de l'herbe pour notre âne. •*Al katîrîn bima''utu sûf al-râs.* Un grand nombre de personnes peuvent épiler tous les cheveux de la tête. *Prvb.* (*i.e.* l'union fait la force). •*Al binêye di ma''atat sûf al-jidâde wa hammaratha be dihin.* Cette jeune fille a plumé la poule et l'a fait rôtir dans l'huile. •*Awîn Yûsuf addâwaso,* *wa l mara l kabîre ma''atat darritha.* Les femmes de Youssouf se sont battues et la première femme a arraché les cheveux de sa rivale.

ma'â *invar.*, préposition marquant l'accompagnement.
♦ **avec, et.** •*Macêt ma'â xâli fî Sâr.* Je suis allé avec mon oncle à Sarh. •*Akal êc ma'â rufugânah.* Il a mangé la boule avec ses amis. •*Mâ tamci ma'âna !* Tu n'iras pas avec nous ! •*Ali ma'â Âdum maco fî l-sûg.* Ali et Adoum sont allés au marché. •*Zênaba ma'â Maryam rafîgât.* Zénaba et Mariam sont des amies.

ma'âbid *pl.*, → *ma'bad.*

ma'âc *n. m.*, ≅ *ma'îca, ma'îce*, * ʕyš, ع ي ش
♦ **aliment, nourriture, denrée alimentaire.** •*Gill al ma'âc kasar al-dâr.* Le manque de nourriture a brisé le village. •*Al-sane di, al hamdu lillâh, dârna malâne ma'âc.* Cette année, Dieu soit béni, notre région est pleine de denrées alimentaires.

ma'âdala / ma'âdalât *n. d'act., f.* ; ≅ *mu'âdala,* → *mu'âdala.*

ma'add / ma'addât nom de lieu, *m.*, *Cf. murhâl*, * ʕdw, ع د و
♦ **itinéraire, sentier, chemin de la caravane, passage, couloir, gué, piste.** •*Ma'add hanâ l-da'îne ba'addi be janb bêtna.* L'itinéraire des troupeaux en transhumance passe à côté de notre maison. •*Al-sane di, baddalna ma'addina acân gatta'în al-durub bigo katîrîn, wa da'înitna ti'ibat min al masâr.* Cette année, nous avons changé de chemin à cause des coupeurs de route qui sont de plus en plus nombreux ; c'est pourquoi nos troupeaux sont fatigués par la transhumance. •*Cîl ma'add al wâdi l mârig xarb al hille, biwassilak !* Prends la piste de l'oued qui sort à l'ouest du village, il te conduira à destination !

ma'adda / ma'addât nom de lieu, *m.*, → *ma'add.*

ma'addab / ma'addabîn *adj. mrph. part.* passif, (*fém. ma'addaba*), → *mu'addab.*

ma'adûm *adj.*, (*fém. ma'adûma*), → *ma'dûm.*

ma'ag *n. m.*, → *mâk.*

ma'agûd / ma'agûdîn *adj.*, (*fém. ma'agûda*), * ʕqd, ع ق د
♦ **noué(e), attaché(e) dans un nœud.** •*Hû ligi gurus ma'agûd fî mindîl.* Il a trouvé de l'argent dans le nœud d'un mouchoir. •*Al habil da ma'agûd bilhên mâ binhalla ajala.* Cette corde est solidement attachée, elle ne se dénoue pas facilement. •*Al binêye di ca'arha ma'agûd be wara.* Cette fille a les cheveux noués par derrière.

ma'agûl / ma'agûlîn *adj. mrph. part.* passif, (*fém. ma'gûla*), → *ma'gûl*, * ʕql, ع ق ل

ma'ajûr / ma'ajûrîn *adj. mrph. part.* passif, (*fém. ma'ajûra*), → *ma'jûr.*

ma'akal *n. m.*, *Cf. akil*, * ʼkl, ء ك ل
♦ **provision de nourriture, nourriture.** •*Kan tisâfir, fakkir lê ma'akal hanâ iyâlak !* Si tu pars en voyage, pense à faire des provisions pour nourrir tes enfants ! •*Al wata kan bigat cêne, al-nâs mâ bihimmu illa lê ma'kâlhum.* Quand les temps sont difficiles, les gens ne pensent qu'à la nourriture.

ma'akâl *n. m.*, *Cf. sidâx, agôd*, * ʼkl, ء ك ل
♦ **dot, argent pour le mariage.** •*Al-râjil kân mâ kaffa gurs al ma'akâl, mâ bantuh martah.* Tant que l'homme n'a pas payé la dot, on ne lui donne pas sa femme. •*Hassâ al axîde ma'akâlha be gurus wa zamân be bagar walla albil.* A présent la dot se paye avec de l'argent, mais autrefois c'était avec des vaches ou des chameaux.

ma'alaga / ma'âlig *n. f.*, ≅ le pluriel *ma'alagât*, moins utilisé que *kiyêr*, → *kiyêr*, * ʕlq, ع ل ق

ma'âlig *pl.*, → *ma'alaga.*

ma'amman / ma'ammanîn *adj. mrph. part.* passif, (*fém. ma'ammana*), → *mu'amman.*

ma'âni *pl.*, → *ma'na.*

ma'arad / ma'ârid *n. m.*, ≅ *ma'rad*, * ʕrḍ, ع ر ض

♦ **exposition, foire.** •*Yôm îd al mara, al-Tacâdiyât bisawwu ma'arad kabîr fî wazârat al xârijiya.* Le jour de la fête de la femme, les Tchadiennes organisent une grande foire au ministère des Affaires étrangères. •*Amci, cîf fî l ma'arad katîr min al acya' al sawwohum be îdên bas, misil al xiyâte wa cofayt al barâtil wa l umâr al kubâr.* Va voir à l'exposition les nombreux objets faits à la main, tels que les broderies, les vans et les grands pots en fibres. •*Fî l ma'rad al-nâs yiwassufu kulla ceyy hanâ tijâra.* A la foire, les gens exposent tous les articles de commerce.

ma'ârid *pl.*, → *ma'arad.*

ma'ârif *pl.*, → *ma'rafa.*

ma'arras *adj. n. m.*, → *mu'arras.*

ma'arûf / ma'arûfîn *adj. m. mrph. part.* passif, → *ma'rûf*, * ʕrf, ع ر ف

Ma'âti *n. pr.* d'homme, *litt.* don, cadeau, *Cf. anta*, * ʕṭw, ع ط و

ma'awan *n. m.*, * ʕwn, ع و ن

♦ **aide,** aide financière ou alimentaire. •*Fî sinîn al-ju' al Wilâyât al Muttahida al Amrîkiya rassalat ma'awan hanâ akil lê baladna.* Pendant les années de famine, les États-Unis d'Amérique ont envoyé une aide alimentaire à notre pays. •*Buldân Ifrixiya barjo ma'awan min al buldân al axniya'.* Les pays d'Afrique attendent l'aide des pays riches.

ma'âwana / ma'âwanât *n. f.*, → *mu'âwana*, * ʕwn, ع و ن

ma'aza *n. m.*, *Cf. kalawda, furâc*, * ʕzy, ع ز ي

♦ **place mortuaire, deuil.** •*Ma'azâna lamma nâs katîrîn.* Notre place mortuaire a rassemblé beaucoup de gens. •*Narfa'o l ma'aza ba'ad talâte yôm, acân al-nâs al ba'idîn yaju yikallugu.* On ne lève la place mortuaire qu'au bout de trois jours pour que ceux qui sont loin puissent venir présenter leurs condoléances. •*Jo yifawwutu ma'âna ayâm al ma'aza dôl wa yigabbulu.* Ils sont venus passer avec nous ces jours de deuil, puis ils repartiront.

ma'azûm / ma'azumîn *adj.*, (*fém. ma'zûma*), ≅ *ma'zûm*, * ʕzm, ع ز م

♦ **invité(e).** •*Al yôm anâ ma'zûm xada fî bêt Yaxûb.* Aujourd'hui, je suis invité à déjeuner chez Yacoub. •*Kulla l wufûd al-jo lê l mu'tamar ma'zumîn hanâ l-Ra'îs.* Toutes les délégations venues pour la conférence sont invitées par le Président. •*Al arîs sawwa akil katîr lê ma'zumînah.* Le nouveau marié a préparé beaucoup de plats pour ses invités.

Ma'azzal *n. pr.* d'homme, *litt.* choisi, *Cf. azzal*, * ʕzl, ع ز ل

Ma'azzala *n. pr.* de femme, *litt.* qui a été choisie, *fém.* de *Ma'azzal*, * ʕzl, ع ز ل

ma'bad / ma'âbid nom de lieu, *m.*, *Cf. abad*, * ʕbd, ع ب د

♦ **temple, aire sacrée, lieu d'adoration.** •*Al ma'bad hû bakân salât al Handûs.* Le temple est le lieu de prière des Hindous. •*Zamân al-nâs yabnu ma'âbidhum tihit al-turâb.* Autrefois, les gens construisaient leur temple sous la terre. •*Al ma'âbid induhum hurma lê siyâdhum.* Les aires sacrées sont respectées par ceux qui les ont construites.

ma'bûr / ma'bûrîn *adj. mrph. part.* passif, (*fém. ma'bûra*), → *mu'abbar*, * ʕbr, ع ب ر

ma'dûm / ma'dûmîn *adj. mrph. part.* passif, (*fém. ma'dûma*), ≅ *ma'adûm*, * ʕdm, ع د م ⇨

♦ **inexistant(e), introuvable, qui manque, rare.** •*Fî sanit al-ju' al xalla bigat ma'dûma fî l-sûg.* A l'époque de la sécheresse, le mil est devenu inexistant au marché. •*Al-sukkar kan bigi ma'dûm katîr min al-nâs bixallu curâb al-câhi.* Lorsque le sucre manque, beaucoup de gens s'arrêtent de boire du thé. •*Al-sana l fâtat al-lubya bigi ma'dûm fî l-sûg.* L'année dernière, les haricots étaient introuvables au marché.

ma'dûr / ma'dûrîn *adj.*, (*fém. ma'dûra*), ≅ *ma'zûr*, *Cf. mu'awwag*, * ˤd̲r, ع ذ ر

♦ **infirme, handicapé(e), mutilé(e),** atteint par une infirmité. •*Al wilêd da ma'dûr badla'.* Cet enfant est infirme, il boite. •*Ba'ad harba hanâ sanit alif wa tus'u miya wa tis'a wa tamânîn, cîfna ma'dûrîn katîrîn fî l hilâl.* Après la guerre de mille neuf cent quatre-vingt-neuf, nous avons vu beaucoup de mutilés dans les villages. •*Cîf al binêye di, mâ tal'ab ma'â axawânha acân hî ma'dûra !* Regarde cette fillette, elle ne joue pas avec ses frères parce qu'elle est infirme !

ma'gûl 1 / ma'gûlîn *adj. mrph. part. passif*, (*fém. ma'gûla*), *Cf. agal*, * ˤql, ع ق ل

♦ **entravé(e),** qui a la patte maintenue repliée par une entrave. •*Al hâci da ma'gûl, mâ bagdar bugumm.* Ce chamelon est entravé, il ne peut pas se lever. •*Al-tôr da ma'gûl min rijilênah acân âsi.* Ce taureau a les pattes repliées et entravées parce qu'il est nerveux et turbulent. •*Hummân jo fî l-sûg wa sarragîn câlo jumâlhum al ma'gûlîn min rijilênhum.* Ils sont venus au marché et les voleurs ont pris leurs chameaux qu'ils avaient entravés.

ma'gûl 2 / ma'gûlîn *adj. mrph. part. passif*, (*fém. ma'gûla*), *Cf. agul*, * ˤql, ع ق ل

♦ **intelligible, compréhensible, clair(e), acceptable, raisonnable.** •*Ôrîni kalâm ma'gûl, inta xassadt walla lâ ?* Parle-moi clairement, tu veux bien ou non ? •*Kalâm Tâhir dôl mâ ma'gûl, bamci giddâm wa bigabbil wara.* Ce que dit Tahir est incompréhensible, il est confus [il va devant et revient en arrière]. •*Al kalâm al hajjah da, mâ ma'gul, anîna mâ xassadna.* Ce qu'il a dit n'est pas acceptable, nous ne sommes pas d'accord. •*Taman al xumâm fî l-sûg mâ ma'gûl, xâli bilhên.* Le prix des marchandises au marché n'est pas raisonnable, tout est très cher.

ma'gûr / ma'gûrîn *adj. mrph. part. passif*, *Cf. agar*, * ˤqr, ع ق ر

♦ **disposé(e) tête-bêche, en sens inverse.** •*Hî halabat al bagaray wa xallat al ijil ma'agûr fî rijil ammah.* Elle a trait le lait de la vache et laissé le veau attaché à la patte avant de sa mère. •*Ciddi al-su'ûn dôl ma'gûrîn fôg dahar al humar !* Charge les outres sur le dos de l'âne en mettant leur ouverture dans le sens inverse de la tête de l'âne !

ma'îca / ma'îcât *n. f.*, → *ma'âc.*

ma'îce *n. f.*, → *ma'âc.*

ma'iddât *pl.*, → *mu'iddât.*

ma'jûr / ma'jûrîn *adj. mrph. part. passif*, (*fém. ma'jûra*), ≅ *ma'ajûr*, *Cf. mu'ajjar*, * ʼjr, ء ج ر

♦ **rétribué(e) par Dieu, récompensé(e) par Dieu.** •*Al-nâdum al bigaddim xidime lillâhi, ma'jûr.* Celui qui travaille pour Dieu est déjà rétribué. •*Sawwi l hasana wa ansâha, inta dâyiman ma'jûr !* Fais le bien et oublie-le, tu seras toujours rétribué par Dieu ! •*Kulla l-nâs al-sawwo l xêr ma'jûrîn.* Tous ceux qui ont fait le bien seront récompensés par Dieu.

ma'kâl *n. m.*, *Cf. sidâx, agôd, mâl*, * ʼkl, ء ك ل

♦ **dot complémentaire,** argent d'une partie de la dot, versé à la belle-mère. •*Al ma'kâl hû gurûs walla mâl tâkulah al amm fî âxidit binêyitha.* La dot complémentaire est de l'argent ou des biens que reçoit la belle-mère lors du mariage de sa fille. •*Al ma'kâl mâ fîh fî l-cerî'e lâkin min al âdât.* La dot complémentaire n'est pas un acte juridique à accomplir, mais une coutume. •*Al-râjil kan mâ kaffa gurs al ma'kâl, mâ bantuh martah.* Tant que l'homme n'a pas versé la dot complémentaire, on ne lui donne pas sa femme.

ma'kûl / ma'kûlîn *adj. mrph. part.* passif, (*fém. ma'kûla*), *Cf. akal*, * 'kl, ل ك ء

♦ **mangé(e), détruit(e), rongé(e), abîmé(e).** •*Biricki al ma'kûl min tarafah da, xayyiti be za'afay !* Ta natte est abîmée de ce côté, recouds-la avec un morceau de feuille de rônier ! •*Ligît rabbâtti ma'kûla min usut wa mâ na'arif mata l fâr akalâha.* Je me suis aperçu que mon pagne était troué [mangé] au milieu, et je ne sais pas quand les rats l'ont rongé. •*Dakâkîn al-sûg al kabîr ma'kûlîn be l-nâr !* Les boutiques du grand marché ont été détruites par le feu !

ma'lûm *adj. mrph. part.* passif, (*fém. ma'lûma*), *Cf. ma'rûf*, * ʕlm, م ل ع

♦ **connu(e), su(e).** •*Kalâm al sultân da ma'lûm lêku wallâ ?* Savez-vous ce qu'a dit le sultan ? [Cette parole du sultan est-elle connue de vous ?]. •*Yabga fî ma'lumku dôr al-sabit da tahûrit iyâli.* Vous êtes informés [est devenu dans votre connu] que samedi prochain aura lieu la circoncision de mes enfants. •*Hû xatar, lâkin wakit gabbilînah mâ ma'lûm.* Il est parti en voyage, mais la date de son retour est inconnue.

ma'mûm / ma'mûmîn *adj. n., mrph. part.* passif, *fém.* inusité, * 'mm, م م ء

♦ **assistant de l'imam, répondant de la prière, fidèle qui prie derrière l'imam,** celui à qui l'on se fie, celui qui répond aux invocations de l'imam pendant la prière. •*Al ma'mûm yitâbi dâyimân al imâm.* L'assistant de l'imam répète toujours ce que dit l'imam. •*Aktar al-nâs bugûlu "abui imâm", lâkin fî l hagîga hû bas ma'mûm.* Beaucoup disent que leur père est imam, alors qu'il n'est en réalité que celui qui répond à l'imam pendant la prière. •*Kulla l-nâs al bisallu wara l imâm bugûlu lêhum ma'mûmîn.* Tous ceux qui prient derrière l'imam sont appelés des assistants à la prière.

ma'mûr 1 / ma'mûrîn *adj. n., mrph. part.* passif, (*fém. ma'mûra*), *Cf. amar 1, mursal*, * 'mr, ر م ء

♦ **préposé(e), subalterne, sous-ordre, subordonné(e), chargé(e) de,** qui est sous les ordres de quelqu'un. •*Ma'mûr al-sultân ja bifattic nâdum sarrâg.* Le préposé du sultan est venu chercher un voleur. •*Al askar dâyimân ma'mûrîn wa wâjib yitâbu'u l awâmir.* Les militaires sont toujours sous les ordres d'un supérieur et doivent obéir. •*Hî ma'mûra be lammin al banât lê l-li'ib.* Elle est chargée de rassembler les filles pour la danse.

ma'mûr 2 / ma'mûrîn *adj. mrph. part.* passif, (*fém. ma'mûra*), * ʕmr, ر م ع

♦ **peuplé(e), plein(e) de gens.** •*Âce wa râjilha bêthum ma'mûr be l iyâl.* La maison d'Aché et de son mari est pleine d'enfants [peuplée avec des enfants]. •*Al-dôray ma'mûra kulla yôm be l banât wa l-subyân.* La place du village est tous les jours pleine de jeunes gens et de jeunes filles.

ma'na / ma'âni *n. f.*, * ʕny, ي ن ع

♦ **sens, signification.** •*Kalâm hanâ l-râjil da mâ indah ma'na.* La parole de cet homme n'a pas de sens. •*Anâ mâ irift ma'na hanâ l kalâm al inti ôrêtîni.* Je n'ai pas compris le sens de ce que tu m'as dit.

ma'rad *n. m.*, → *ma'arad.*

ma'rafa / ma'ârif *n. f.*, *Cf. irfe*, * ʕrf, ف ر ع

♦ **connaissance, savoir-faire, compétence.** •*Hû bidôr yabga wazîr lâkin ma'raftah lê l-siyâsa ciyya.* Il veut être ministre, mais sa compétence en politique est limitée. •*Mâ nidôr yisawwu lêi amaliya fî l labtân da, acân al-daktôr mâ indah ma'rafa fî l-amaliyât.* Je ne veux pas être opéré dans cet hôpital parce que le médecin n'y connaît rien [n'a pas de connaissances] en chirurgie. •*Kabîr al xidime lâzim ma'ârifah tukûn katîre.*

Il est important que le chef de travaux ait de grandes compétences .

ma'rûc / ma'rûcîn *adj.*, (*fém. ma'rûca*), * ʕrš, ع ر ش

♦ **étayé(e).** •*Al bîr al ma'rûca be l mahrêb almiha nadîf.* Le puits étayé d'herbes a une eau claire. •*Al bîr al mâ ma'rûca taga' ajala ke bas.* Le puits qui n'a pas d'armature s'effondre rapidement.

ma'rûd / ma'rûdîn *adj. mrph. part.* passif, (*fém. ma'rûda*), * ʕrḍ, ع ر ض

♦ **exposé(e), présenté(e).** •*Fî l-sûg talga kulla lôn al gumâc ma'rûd fî l-dakâkîn.* On trouve au marché tous les tissus de couleur présentés dans les boutiques. •*Al bango acân mamnû', mâ talgah ma'rûd fî l-sûg.* Le haschisch étant interdit, on ne le trouve pas exposé au marché.

ma'rûf / ma'rûfîn *adj.*, *n. pr.* d'homme, (*fém. ma'rûfa*), * ʕrf, ع ر ف

♦ **connu(e).** •*Al-râjil ma'rûf fî l hille di.* Cet homme est connu dans ce village. •*Ma'rûf kadar inta tacrab marîse, hanâ cunû tilabbid ?* C'est connu que tu prends de la boisson, pourquoi te caches-tu ? •*Hajje Halîme mara ma'rûfa min al munâdilât al-tacâdiyât.* Madame Hadjé Halimé est une militante tchadienne très connue.

ma'siya / ma'siyât *n. f.*, * ʕṣy, ع ص ي

♦ **désobéissance, révolte.** •*Ayyi fi'il muxâlif al-dîn bisammuh ma'siya.* Tout acte transgressant les règles de la religion est une désobéissance. •*Xalli minnak al ma'siya wa arja' fî l-derib al adîl !* Arrête de désobéir et reviens sur le droit chemin !

ma'ûn / mawâ'în *n. m.*, * mʕn, م ع ن

♦ **récipient, vaisselle.** •*Al mara l xanba tixalli mawâ'înha wasxânîn.* La femme souillon laisse ses récipients sales. •*Nacrab fî ma'ûn nadîf.* Je bois dans un récipient propre. •*Antêt râjili akil fî ma'ûn jadîd.* J'ai donné à mon mari de la nourriture dans un récipient neuf.

ma'wûg / ma'wûgîn *adj.*, (*fém. ma'wûga*), *Cf. ma'zûr*, moins utilisé que *mu'awwag*, → *mu'awwag*.

ma'xûda *adj. f.*, → *mâxûda*.

ma'yûf / ma'yûfîn *adj. n.*, *mrph. part.* passif, (*fém. ma'yûfa*), * ʕyf, ع ي ف

♦ **répugnant(e), dégoûtant(e), écœurant(e), repoussant(e).** •*Al-saxîr al-saxayar ma'yûf acân bisabbib wa bigaddif wa naxâxîmah yajuru min munxarah.* Le petit enfant est répugnant parce qu'il a la diarrhée, vomit, et a de la morve qui lui coule du nez. •*Al micôtin mâ'yuf acân mâ bixassil wa mâ bibarrid, wa hû îfe giddâm al-nâs.* Le fou est repoussant, il ne lave pas ses habits et ne se lave pas, il est objet de dégoût pour les gens. •*Hêy inti di, malki ma'yûfa, tibazzixi wa tinaxximi giddâmna ?* Hé ! pourquoi es-tu ainsi répugnante pour les autres ? Tu craches et tu te mouches devant nous !

ma'zûl / ma'zûlîn *adj. n.*, (*fém. ma'zûla*), * ʕzl, ع ز ل

♦ **isolé(e), séparé(e) des autres, mis(e) en quarantaine.** •*Al bagaray di ma'zûla min ammahâtha acân hî mardâne.* Cette vache est isolée de ses congénères parce qu'elle est malade. •*Al mardânîn be marad al kôlêra ma'azûlîn min al-nâs al-taybîn.* Les malades du choléra sont séparés des bien portants.

Ma'zûl *n. pr.* d'homme, *litt.* trié, mis à part, * ʕzl, ع ز ل

ma'zûm / ma'zûmîn *adj. mrph. part.* passif, (*fém. ma'zûma*), ≅ *ma'azûm*, * ʕzm, ع ز م

♦ **invité(e).** •*Anâ ma'zûm fî bêt al-Ra'îs.* Je suis invité chez le Président. •*Al yôm mâ nilxadda ma'âku acân ma'zûma.* Aujourd'hui je ne déjeunerai pas avec vous parce que je suis invitée. •*Anâ wa rafîgti Malîka ma'zûmîn bakân ahalna.* Mon amie Malika et moi-même sommes invitées dans notre famille.

ma'zûr / ma'zûrîn *adj.*, (*fém. ma'zûra*), *Cf. mu'awwag*, ≅ *ma'dûr*, * ʕḏr, ع ذ ر

♦ **excusé(e), qui a eu un contretemps, qui a ses règles, handicapé(e) mental(e).** •*Al mudarris simi be môt hanâ abu l wilêd da, wa gâl lêyah : gabbil al bêt inta ma'zûr.* Le professeur a appris [entendu] la mort du père de cet élève et lui a dit : "Tu es excusé, retourne à la maison !". •*Al mara di mâ tigârib râjilha acân hî ma'zûra indaha hêt.* Cette femme ne s'approche pas de son mari parce qu'elle a ses règles. •*Axti indaha talâte yôm mâ sâyime acân hî ma'zûra.* Ma sœur ne jeûne pas depuis trois jours parce qu'elle a ses règles. •*Al yôm al-tâjir da mâ fatah dukkânah akîd hû ma'zûr.* Aujourd'hui, ce commerçant n'a pas ouvert sa boutique, c'est sûr qu'il a eu un contretemps. •*Al wilêd da ma'zûr, râsah mâ fôgah.* Cet enfant est handicapé mental, il n'a pas sa tête.

ma'zûz / ma'zûzîn *adj. mrph. part.* passif, (*fém. ma'zûza*), → *mu'azzaz.*

mab'ûj / mab'ûjîn *adj. mrph. part.* passif, *Syn. magdûd*, * bʕj, ب ع ج

♦ **percé(e), fendu(e), troué(e),** en parlant du ventre ou de *qqch.* de gonflé. •*Al-dalu da mab'ûj, mâ nagdar namla l hôt ajala.* Cette poche en cuir est percée, je ne peux pas vite remplir l'abreuvoir. •*Ajalak da mab'ûj, waggif watîrak da, axêr lêk !* Ta roue est crevée, tu ferais mieux d'arrêter ton véhicule.

mabâlît *pl.*, → *mublêt.*

mabâlix *pl.*, → *mablax.*

mabârid *pl.*, → *mabrad.*

mabârim *pl.*, → *mubram.*

mabdi / mabdiyîn *adj. mrph. part.* passif, (*fém. mabdiye*), * bd', ب د ء

♦ **entrepris(e), commencé(e).** •*Al mabdi mukammal.* Ce qui a été entrepris va être bientôt fini. •*Kan al xidime mabdiye xalli nikammiluha marra wâhid wa namcu.* Si le travail a déjà été commencé, il vaut mieux qu'on le finisse avant de partir.

mabhût 1 / mabhûtîn *adj. mrph. part.* passif, (*fém. mabhûta*), *Cf. bahat*, * bht, ب ه ت

♦ **effrayé(e), terrifié(e), apeuré(e).** •*Wilêdi câf al marfa'în wa jâni mabhût, yarjif wa yabki.* Mon enfant a vu l'hyène, il est revenu vers moi terrifié, il tremble et il pleure. •*Al iyâl mabhûtîn da, acân câfo l askar jâyîn lêhum be banâdik.* Les enfants sont effrayés parce qu'ils ont vu les militaires arriver vers eux avec leur fusil.

mabhût 2 / mabhûtîn *adj. mrph. part.* passif, (*fém. mabhûta*), *Cf. mankût*, * bḥṯ, ب ح ث

♦ **creusé(e), gratté(e)** (couche de terre), dont la couche de terre a été écartée. •*Ligo l xabur mabhût.* Ils ont trouvé la tombe ouverte. •*Zerê'na amis têrabna, wa l yôm fajur jîna ligîna mabhût.* Hier nous avons ensemencé notre champ, et ce matin nous l'avons trouvé tout gratté.

mablax / mabâlix *n. m.*, * blġ, ب ل غ

♦ **montant, somme d'argent, magot.** •*Jâb lêna mablax hanâ acara alif riyâl.* Il nous a apporté une somme de dix mille riyals. •*Hû indah mablax fî l banki.* Il a de l'argent à la banque.

mabni / mabniyîn *adj.*, (*fém. mabniye*), * bny, ب ن ي

♦ **construit(e).** •*Bêtna mabni be dringêl ahmar.* Notre maison est construite en briques cuites [rouges]. •*Al askar kassaro l buyût al mabniyîn fî l-câri.* Les militaires ont démoli les maisons construites sur la rue. •*Ucc al-têr mabni be gecc.* Le nid d'oiseau est fait avec de l'herbe.

mabrad / mabârid *n. m.*, ≅ *mabrat, mubrad, mubrat*, voir aussi la racine *brṭ*, * brd, ب ر د

♦ **lime.** •*Al haddâdi indah mabrad xâs lê tarrigîn al-sakâkîn.* Le forgeron a une lime spéciale pour aiguiser les couteaux. •*Hî câlat al mabrad wa* *tidôr tifijj beyah râjilha.* Elle a pris la lime et voulait frapper la tête de son mari. •*Sunûn mabradi mâto, mâ bitarrig al-sakâkîn.* Les dents de ma lime sont usées [mortes], celle-ci n'aiguise plus les couteaux. •*Fî dukkânah mabârid lê l bê'.* Il a dans sa boutique des limes à vendre.

mabrat *n. m.*, → *mabrad.*

mabrûk *invar.*, *n. pr.* d'homme, dans l'expression *mabrûk lê*, *litt.* béni soit, * brk, ب ر ك

♦ **félicitations.** •*Anîna macêna gulna mabrûk lê l arîs.* Nous sommes allés présenter nos félicitations au jeune marié. •*Al banât gâlo mabrûk lê Ali acân darrajo cêx al hille.* Les filles ont félicité Ali qui a été élu chef du village. •*Mâci nugûl mabrûk lê l mara l-dahâba wildat.* Je vais aller féliciter la femme qui vient d'accoucher.

Mabrûka *n. pr.* de femme, *litt.* celle qui est bénie, * brk, ب ر ك

mabrût / mabrûtîn *adj.*, (*fém. mabrûta*), * brṭ, ب ر ط

♦ **écorché(e), pelé(e), décortiqué(e),** dont la peau a été ôtée. •*Al wilêd al-jâyi da îdah mabrûta.* Cet enfant qui vient a la main écorchée. •*Amci l-sûg aciri lêna fûl mabrût.* Va au marché nous acheter des arachides décortiquées et pelées.

mabsût / mabsûtîn *adj. mrph. part.* passif, forme I, (*fém. mabsûta*), *Syn. farhân*, * bsṭ, ب س ط

♦ **content(e), joyeux (-euse), réjoui(e).** •*Al iyâl al-ligo xulgân hanâ l îd mabsûtîn.* Les enfants qui ont reçu [trouvé] des habits de fête sont contents. •*Al arûs mabsûta fî bêtha l-jadîd.* La mariée est joyeuse dans sa nouvelle maison. •*Al-râjil mabsût acân martah wildat, jâbat timân.* L'homme est joyeux parce que sa femme a mis au monde des jumeaux.

mabtûn / mabtûnîn *adj.*, (*fém. mabtûna*), *Cf. sabîb*, * bṭn, ب ط ن

♦ **qui a une diarrhée forte, qui a mal au ventre.** •*Al-nâs al mabtûnîn be marad al kôlêra, al-daktôr allag lêhum jalkôs.* Le médecin a posé des perfusions aux malades ayant une forte diarrhée due au choléra. •*Binêyitki kan mabtûna tidâwiha be almi hanâ hilbe wallâ amlibêne.* Si ta fille a une forte diarrhée, tu la soigneras avec une infusion de trigonelle ou d'Euphorbia hirta.

mabtûr / mabtûrîn *adj. mrph. part.* passif, (*fém. mabtûra*), *Cf. batar*, * btr, ب ت ر

♦ **dispersé(e), détaché(e), délié(e), en vrac.** •*Hêy, al iyâl, kutubku dôl mâlhum mabtûrîn ?* Hé ! les enfants ! pourquoi donc vos livres sont-ils ainsi dispersés ? •*Mâ tixalli l gecc da mabtûr fî l-zere', arbutah wa waddih bêtak !* Ne laisse pas l'herbe ainsi en vrac dans le champ, attache-la et emporte-la chez toi !

mabxûd / mabxûdîn *adj. mrph. part.* passif, (*fém. mabxûda*), * bġḍ, ب غ ض

♦ **haï(e), détesté(e).** •*Al-nâdum kan fi'ilah cên, babga mabxûd fî kulla l-nâs.* L'homme qui agit mal sera détesté de tout le monde. •*Al-dambârîn, mabxûdîn min kulla l-nâs.* Les sorciers qui commandent aux criquets sont détestés de tout le monde.

mabxût / mabxûtîn *adj. mrph. part.* passif, (*fém. mabxûta*), → *baxît.*

mabyû' / mabyû'în *adj. mrph. part.* passif, (*fém. mabyû'a*), ≃ *mabuyû'*, *mabuyû'a*, * byʕ, ب ي ع

♦ **vendu(e), acheté(e).** •*Al-tâjir gâl lêi, biskilêtâtah dôl mabyu'în xalâs !* Le commerçant m'a dit que ces bicyclettes-là étaient déjà vendues ! •*Fî l mahkama, kan al-zûz mabyu', mâ bagta' al-cêriye adîle.* Au tribunal, un juge acheté ne prononcera pas un bon jugement.

mabzûl / mabzûlîn *adj. mrph. part.* passif, (*fém. mabzûla*), * bzl, ب ز ل

♦ **celui qui a une hernie.** •*Al mabzûl mâ indah gudra.* Celui qui a une hernie n'a pas de force. •*Al-râjil da mabzûl mâ bagdar burûx ajala.* Cet homme a une hernie, il ne peut pas marcher vite.

maca / yamci *v. trans.*, *{- lê, - fî}*, forme I n° 7, * mšy, م ش ي
♦ **marcher, aller, passer.** •*Amci âfe !* Va en paix ! •*Hû maca wên al yôm ? Jît lêyah marritên mâ ligîtah.* Où est-il allé aujourd'hui ? Je suis venu le voir deux fois sans le trouver ! •*Mâ tamci fî l bakân da.* Ne va pas à cet endroit ! •*Al iyâl maco fî l-lekôl.* Les enfants sont allés à l'école. •*Al bôlis maca l kumsêriye.* Le policier est allé au commissariat. •*Macêt al-sûg.* Je suis allé au marché. •*Âce jat wa macat, tisallim lêku katîr.* Aché est passée, elle tient à vous saluer tous. •*Macêt lê rafîgi nisallimah.* Je suis allé chez mon ami pour le saluer.

maca wara / yamci wara expression, *Cf. maca, wara, litt.* marcher derrière, * mšy, wr', م ش ي • و ر ء
♦ **suivre, accompagner.** •*Anâ mâci wara abui fî xidimtah.* J'accompagne mon père au travail. •*Anâ mâci l-zere', saxîr wâhid ke yamci warâi mâ fîh !* Je vais au champ, qu'aucun petit ne me suive !

macâbik *pl.*, → *macbak.*

macâc *n. m.*, *Cf. tâyûk*, * mšš, م ش ش
♦ **moelle rouge, huile des articulations, os spongieux.** •*Al macâc, hû dihin fî udâm al mafâsil.* La moelle rouge est une sorte d'huile qui se trouve dans les os des articulations. •*Anâ nirîd fî l mulâh al adum indah macâc.* J'aime quand il y a dans la sauce un os spongieux.

macâkil *pl.*, → *muckila.*

macânig *pl.*, → *macnaga.*

macârî' *pl.*, → *macrû'.*

macârib *pl.*, → *macrab.*

macârît *pl.*, → *mucrât.*

macat / yamcut *v. trans.*, forme I n° 1, *Syn. maccat,* * mšṭ, م ش ط
♦ **coiffer, tresser,** concernant surtout la chevelure féminine. •*Zênaba macatat ca'ar axutha wa massahatah dihin wa cêbe.* Zénaba a coiffé les cheveux de sa sœur, et les a enduits d'huile et d'armoise. •*Yâ Xadija, amcuti ca'ar binêyti di, wa nikaffiki gurus !* Ô ! Khadidja ! coiffe les cheveux de ma fille et je te donnerai de l'argent ! •*Al Ambororo yamcutu misil al awîn.* Les Peuls se tressent les cheveux comme les femmes.

macâwîr *pl.*, → *mucwâr 1, mucwâr 2.*

macaxxa / macaxxât *n. f.*, *Cf. caxxa,* * šqq, ش ق ق
♦ **préoccupation, peine, ennui, gêne, dérangement, souffrance.** •*Xidimtah di macaxxa wa mâ indaha gurus zên.* Son travail est pénible et ne lui rapporte pas beaucoup d'argent. •*Al harba jâbat al macaxxa lê l-nâs.* La guerre a apporté beaucoup de souffrances aux gens.

macayân *n. d'act.*, → *maciyîn.*

macâyic *pl.*, → *macîce.*

macâyin *pl.*, → *macîn.*

macâyix *pl.*, → *cêx.*

macbak / macâbik *n. m.*, *Cf. madabb,* * šbk, ش ب ك
♦ **espace entre les branches d'une fourche, écartement, fourche,** base commune de deux doigts. •*Macbak al-ci'ibe di wasi'.* L'espace entre les deux branches de ce poteau fourchu est large. •*Al wilêd waga' min macbak furu' al-cadaray di.* L'enfant est tombé de la branche fourchue de cet arbre. •*Macâbik biskilêti al-tinên kulluhum an'awajo, acân da râyix be rijilêni.* Les fourches de mon vélo sont toutes les deux tordues, c'est pour cela que je marche à pied.

macca 1 / yumucc *v. trans.*, ≅ l'*inacc. yimicc*, forme I n° 5, * mšš, م ش ش ⇨

♦ **essuyer, effacer, frotter.** •*Mâla maccêt katibi da ?* Pourquoi as-tu effacé ce que j'avais écrit ? •*Micc kalâmi da min galbak.* Oublie ce que je t'ai dit ! [efface ma parole de ton cœur]. •*Muccu l kutûb dôl min al ajâj !* Essuyez la poussière de ces livres !

macca 2 / yimacci *v. trans.*, forme II, * mšy, م ش ي

♦ **faire marcher, poursuivre un travail, organiser.** •*Hu bimacci xidimtah misil bidôrah.* Il organise son travail comme il veut. •*Al hâkûma timacci xidimitha be l-dastûr.* Le gouvernement poursuit son travail selon la constitution. •*Al amm timacci saxîrha fî l-dull min al harray.* La maman fait marcher son petit à l'ombre, loin du soleil.

maccat / yimaccit *v. trans.*, employé généralement avec un sujet *fém. maccatat, timaccit* ; forme II, * mšṭ, م ش ط

♦ **tresser les cheveux, coiffer,** (en parlant de la chevelure des femmes). •*Al maccâta maccatat al banât yôm al îd.* La coiffeuse a coiffé les filles le jour de la fête. •*Fâtime macat yimaccutuha lê l iris.* Fatimé est partie se faire coiffer pour la noce.

maccâta / maccâtât *adj. n. f. mrph. intf.*, inusité au masculin, * mšṭ, م ش ط

♦ **habile dans l'art de tresser les cheveux, coiffeuse.** •*Fî âxir yôm hanâ Ramadân al maccâtât balgo gurus katîr.* Le dernier jour du Ramadan, les coiffeuses trouvent beaucoup d'argent. •*Al arîs kaffaha lê l maccâta mîtên riyâl acân maccatat martah.* Le nouveau marié a donné deux cents riyals à la coiffeuse qui avait tressé les cheveux de sa femme.

maccay / maccayîn *adj. mrph. intf.*, (*fém. maccaye*), → *maca*, * mšy, م ش ي

♦ **bon marcheur (-euse),** qui marche vite sans se fatiguer. •*Al-juwâd da maccay, mâ ya'aya ajala.* Ce cheval est un bon marcheur, il ne se fatigue pas vite. •*Binêyit Fâtime hassâ maccâye.* La fille de Fatimé a déjà fait ses premiers pas, maintenant elle marche bien.

macdûd / macdûdîn *adj.*, (*fém. macdûda*), * šdd, ش د د

♦ **chargé(e), portant sur le dos un fardeau, bien serré(e), bien attaché(e).** •*Al-râjil al mardân da bagnit misil macdûd atrôn.* Cet homme malade halète comme s'il portait un sac de natron. •*Al humâr da macdûd xalla.* Cet âne est chargé de mil. •*Al-jumâl macdûdîn cawâwîl hanâ sukkar.* Les chameaux sont chargés de sacs de sucre. •*Butân al-juwâd kan mâ macdûd, al-sarij bimâyil wa barmih lê sîdah.* Si la sangle de la selle du cheval n'est pas bien serrée, celle-ci penchera et le cavalier tombera.

macdûh / macdûhîn *adj. mrph. part.* passif, (*fém. macdûha*), * šdh, ش د ه

♦ **tourmenté(e), inquiet (-ète), préoccupé(e), effaré(e), soucieux (-euse).** •*Anâ macdûha fî turbât iyâli.* Je suis très préoccupée par l'éducation de mes enfants. •*Jirânna al fî Zâyîr macdûhîn, al harba mâ xallathum yigangusu.* Nos voisins zaïrois sont tourmentés, la guerre ne leur a pas permis de s'asseoir un instant. •*Ali macdûh fî l-lêl wa l-nahar, bidôr bikammil bêtah gubbâl al xarîf.* Ali reste préoccupé nuit et jour par la maison qu'il veut achever avant la saison des pluies.

macfi / macfiyîn *adj.*, (*fém. macfiye*), * šfy, ش ف ي

♦ **cousu(e)** (vannerie). •*Xacum al karyo macfi be sêr.* Le col du pot en fibres végétales est cousu avec une lanière. •*Al karyo macfiye be za'af wa indaha sidâde.* Le pot en fibres est cousu avec des feuilles de rônier, et a un couvercle. •*Fî no' min al barâtil macfiyîn be lihe hana kulkul.* Il existe une sorte de van cousu avec les fibres de l'écorce du Bauhinia rufescens.

macgûg / macgûgîn *adj.*, (*fém. macgûga*), * šqq, ش ق ق ⇨

♦ **opéré(e), fendu(e), ouvert(e).** •*Al-daktôr mâ bidôr baxalli l macgûg wihêdah.* Le médecin ne veut pas laisser l'opéré seul. •*Al-durdur da macgûg, garîb baga.* Ce mur est fendu, il est sur le point de s'écrouler. •*Al-duwâne kan macgûga, mâ talzam almi.* Lorsqu'une jarre est fendue, elle ne garde pas l'eau.

machûn / **machûnîn** *adj.*, (*fém. machûna*), * šḥn, ش ح ن

♦ **chargé(e), plein(e).** •*Al watîr machûn min amis wa l-cifêr mâ fîh.* La voiture est chargée depuis hier, mais le chauffeur n'est pas là. •*Al watâyir al-jo min Kamerûn kulluhum machûnîn xalla.* Les voitures en provenance du Cameroun sont toutes chargées de mil. •*Al-tayyâra machûna budâ'a hanâ tâjir wâhid bas.* L'avion est chargé des marchandises d'un seul commerçant.

machûr / **machûrîn** *adj. mrph. part.* passif, (*fém. machûra*), *Syn. cahîr*, * šhr, ش ه ر

♦ **connu(e), célèbre, fameux (-euse), illustre, notoire.** •*Râbeh machûr fî ta'rîx hanâ Tcâd.* Rabah est connu dans l'histoire du Tchad. •*Zênak al-sawwêtah lê jârak da machûr, al-nâs kulluhum ba'arfuh.* Le bien que tu as fait à ton voisin est connu de tout le monde.

maci *n. d'act.*, *Cf. maca*, * mšy, م ش ي

♦ **marche, fait de marcher, fait d'aller.** •*Al maci kulla yôm fî l xidime be rijilên da ta'ab.* Le fait d'aller tous les jours à pied au travail est très fatigant. •*Al maci fî l kadâde bala sakkîn mâ adîl lê l-râjil.* Il ne convient pas qu'un homme parte en brousse sans son couteau.

mâci / **mâcîn** *adj. mrph. part.* actif, (*fém. mâciye, mâce*), *Ant. jâyi*, * mšy, م ش ي

♦ **allant, marchant, passant,** qui va, qui marche, qui passe. •*Mâci wên ?* Où vas-tu [Où es-tu allant ?]. •*Lâgêthum fajur mâcîn be watîrhum lê l-hatab.* Je les ai rencontrés ce matin alors qu'ils s'en allaient avec leur voiture chercher du bois. •*Cift mara mâciye l-tâhuna be guffitha.* J'ai vu une femme qui allait au moulin avec son couffin. •*Al askari al mâci da, kattal nâs katîrîn fî l-duwâs.* Ce soldat qui passe a massacré beaucoup de gens pendant la guerre.

macîce / **macâyic** *n. f.*, *Cf. idd, tamada*, * mšš, م ش ش

♦ **point d'eau, affleurement d'eau, trou pour recueillir l'eau dans l'oued,** eau propre sous une couche superficielle de sable d'un oued. •*Al banât bawurdu lê l almi fî macâyic.* Les filles vont chercher de l'eau dans des trous creusés dans l'oued. •*Al wilêd gâ'id bankut macîce.* Le garçon est en train de creuser dans l'oued un trou pour recueillir l'eau.

macîn / **macâyin** *n. m.*, ≅ le pluriel *macînât*, *empr. fr.* venant du latin *machina.*

♦ **machine, engin, tracteur.** •*Al-tujjâr bahartu zura'âthum be macînât.* Les commerçants cultivent leurs champs avec des tracteurs. •*Humman katabo lêi maktûb be macîn.* Ils m'ont écrit une lettre dactylographiée.

maciyîn *n. d'act.*, *m.*, ≅ *macayân*, * mšy, م ش ي

♦ **marche, fait d'aller.** •*Macayânak fî bêt rufugânak kulla yôm da, xallih !* Arrête d'aller tous les jours chez tes amis ! •*Maciyînki fî l-cawâri minjamm da xatari.* C'est dangereux d'aller ainsi dans les rues n'importe où !

mackûr / **mackûrîn** *adj.*, (*fém. mackûra*), * škr, ش ك ر

♦ **remercié(e), félicité(e).** •*Abu Mahammat mackûr fî xidimtah al-sawwaha lê l watan.* Le père de Mahamat a été félicité pour le service qu'il a rendu à la patrie. •*Al-nâdum al bisawwi l-zên lê axawânah dâ'iman mackûr.* Celui qui fait du bien à ses frères est toujours remercié.

macmac / **yimacmic** *v. trans.*, *qdr.*, forme II, * mšš, م ش ش

♦ **essuyer, torcher.** •*Al binêye bakat wa macmacat dumû'ha.* La fillette a pleuré et essuyé ses larmes. •*Kan tamci l wara-bêt cîl katkat acân timacmic beyah !* Si tu vas aux toilettes, prends du papier pour t'essuyer ! •*Hû akal wa macmac gaddumah.* Il a mangé et s'est essuyé la bouche.

macnaga / **macânig** *n. f.*, *Cf. canag*, * šnq, ش ن ق

♦ **potence, gibet.** •*Ba'ad al macnaga mâ fî kaffâra.* On ne peut pas consoler un pendu. *Prvb.* [Après la potence il n'y a pas de consolation. *i.e.* Il faut prévoir sans attendre l'irréparable.]. •*Anâ mâ cift macnaga illa fî l-suwar al bisawwuruhum fî l-jarâid.* Je n'ai pas vu de potence, je n'en ai vue que sur les photos publiées dans les journaux.

macnûg / **macnûgîn** *adj. mrph. part.* passif, (*fém. macnûga*), * šnq, ش ن ق

♦ **pendu(e).** •*Al-sabi, jo ligyo fî dangaytah macnûg be habil.* Il sont venus et ont trouvé le jeune homme pendu dans sa chambre au bout d'une corde. •*Fî filim hanâ amis, al macnûg xalla warâyah awîn tittên wa iyâl katîrîn.* Dans le film d'hier, l'homme qui a été pendu a laissé derrière lui deux femmes et beaucoup d'enfants.

macrab / **macârib** nom de lieu *m.*, *Cf. cirib*, * šrb, ش ر ب

♦ **point d'eau potable,** endroit où l'on peut boire. •*Anîna macrabna ba'îd min hini.* Notre point d'eau potable est loin d'ici. •*Humman macrabhum al bahar.* Le fleuve leur fournit l'eau potable. •*Macrabku wên ?* Où pouvez-vous vous désaltérer ?

macri / **macriyîn** *adj.*, (*fém. macriye*), * šry, ش ر ي

♦ **acheté(e).** •*Al xadâr da macri min al-sûg.* Ce légume a été acheté au marché. •*Al bêt da macri min al-sane l fâtat.* Cette maison a été achetée l'année dernière.

macru *n. m.*, → *macrû'.*

macrû' / **macârî'** *n. m.*, terme de l'*ar. lit.*, ≅ *macru, macârî*, * šrʕ, ش ر ع

♦ **projet.** •*Munazzamit PNUD madat macrû' wâhed hanâ bani labtân fî Digêl.* Le PNUD. a signé un projet pour la construction d'un hôpital à Diguel. •*Anâ indi macrû' hanâ hirâte fî Dugya.* J'ai un projet de culture à Dougia.

macrûb / **macrûbât** *adj. n. m.*, employé surtout au pluriel, * šrb, ش ر ب

♦ **boissons, bu(e).** •*Hassâ talga maçrûbât garîb fî l-dakâkîn.* A présent tu trouveras des boissons dans les boutiques. •*Al macrûb xiza lê l-jilid.* Ce qui est bu nourrit le corps. •*Yôm al-tahûra hanâ iyâli carêt macrûbât lê kulla l-nâs al hidiro.* Le jour de la circoncision de mes enfants, j'ai acheté des boissons pour tous ceux qui y ont assisté. •*Hû indah dukkân kabîr hanâ l macrûbât misil al kôka, wa almi l karkanji, wa l fanta wa kulla ceyy.* Il tient un grand magasin de boissons où l'on trouve du coca, de la décoction sucrée de fleurs d'hibiscus, du fanta, *etc.*

macrûg / **macrûgîn** *adj. mrph. part.* passif, (*fém. macrûga*), *Cf. ancarag*, * šrq, ش ر ق

♦ **qui a le nez plein d'un liquide qui fait mal, qui a un aliment passé de la gorge au nez, qui est monté(e) au nez, étranglé(e) par un aliment qui a mal passé,** étranglé(e) par un aliment "qui n'a pas pris le bon tuyau dans la gorge". •*Buguhh katîr, hû mâ mardân lâkin macrûg.* Il tousse beaucoup ; il n'est pas malade, mais il s'est étranglé avec quelque chose qui lui est remonté de la gorge au nez. •*Hû macrûg be riht al-catte, yi'attic katîr wa yuguhh.* L'odeur du piment lui est monté au nez, il éternue beaucoup et tousse. •*Al iyâl dôl macrûgîn acân dihiko wakit bâkulu kisâr.* Ces enfants se sont étranglés parce qu'ils ont ri pendant qu'ils mangeaient des galettes de mil.

macrûm / macrûmîn *adj. mrph. part.* passif, (*fém. macrûma*), *Cf. caram*, * šrm, ش ر م

♦ **déchiré(e), entaillé(e),** en parlant du nez ou des oreilles. •*Ijêli l waddar da, idêynitah al wahade macrûma.* Mon veau qui s'est perdu a une entaille sur une de ses petites oreilles. •*Adâni macrûma, mâ nagadar nalbas xurûs.* Le lobe percé de mon oreille est déchiré, je ne peux plus porter de boucles d'oreilles.

macrût / macrûtîn *adj. mrph. part.* passif, (*fém. macrûta*), *Cf. carat*, * šrṭ, ش ر ط

♦ **déchiré(e)** (tissu). •*Xalagak da mâ talbasah, macrût min wara !* Ne mets pas ce vêtement, il est déchiré par derrière ! •*Mâ turûxi giddâmna be farditki al macrûta di !* Ne te promène pas devant nous avec ton pagne déchiré ! •*Kitâbi da kan ligîtah macrût, mâ nicîlah minnak, illa tikaffîni jadîd.* Si je remarque que mon livre est déchiré, je ne le reprendrai pas, tu m'en payeras un autre [neuf] !

mactûr 1 *n. vég., coll., m., sgtf. macturay*, * šṭr, ش ط ر

♦ **nom d'un arbre, saucissonnier, Kigelia africana,** famille des bignoniacées. •*Cadar al mactûr mâ yanfah, yanti dull wa hatabah lê l-nâr bas.* Le saucissonnier est un arbre qui n'a pas d'autre utilité que de donner de l'ombre et du bois pour le feu. •*Mâ tillôlaj lêna misil wilêd al-mactûr !* Ne te balance pas devant nous à gauche et à droite comme le fruit du saucissonnier ! *Prvb.* (*i.e.* ne t'agite pas pour rien en allant çà et là).

mactûr 2 *adj.*, (*fém. mactûra*), * šṭr, ش ط ر

♦ **coupé(e) en tranches.** •*Antîni saxayyre ke min al fijilay al mactûra di !* Donne-moi un petit morceau de ce navet coupé en tranches ! •*Al awîn biyabbusu darrâba mactûra lê l mulâh fî l-sêf.* Les femmes font sécher du gombo coupé en tranches pour faire la sauce pendant la saison sèche.

macwi *adj. mrph. part.* passif, (*fém. macwiye*), *Cf. matcûc*, → *laham furun*, * šwy, ش و ي

♦ **méchoui, viande grillée,** animal cuit entier dans le four. •*Fî azûmitna l fâtat, jîbna talâta kabic macwi.* Lors de notre dernière réception, nous avions apporté trois méchouis. •*Agta'e lêna laham macwi, wa basal axadar wa fijil janbah !* Madame, coupez-nous de la viande grillée, et mettez des oignons verts et des navets à côté ! •*Al-jidâde l macwiye be kam fî l otêl ? Be urbu miya riyâl !* Combien coûte le poulet grillé à l'hôtel restaurant ? Il coûte quatre cents riyals !

macxûl / macxûlîn *adj.*, (*fém. macxûla*), *Syn. muctaxil*, * šġl, ش غ ل

♦ **occupé(e), préoccupé(e).** •*Amis anâ macxûl bilhên mâ gidirt macêt sallamtuku.* Hier j'étais très occupé, je n'ai pas pu aller vous saluer. •*Al yôm Âdum mâ bagdar bamrug acân hû macxûl be saxîrah al mardân da.* Aujourd'hui, Adoum ne peut pas sortir parce qu'il est préoccupé par son fils malade. •*Al xarîf ja al-nâs kulluhum macxûlîn fî l xidime hanâ l-zurâ'a.* La saison des pluies est arrivée, tous les gens sont occupés par les travaux des champs. •*"Al xatt macxûl, natlubu minku i'âdat al mukâlama !"*. "Par suite d'encombrement, votre appel ne peut aboutir, veuillez rappeler ultérieurement !".

macxûx / macxûxîn *adj. mrph. part.* passif, (*fém. macxûxa*), * šqq, ش ق ق

♦ **qui est dans une situation pénible, préoccupé(e), qui est en difficulté, surmené(e).** •*Anâ macxûx be marad hanâ iyâli mâ gidirt macêt lêku.* Je suis préoccupé par la maladie de mes enfants, je n'ai pas pu aller chez vous. •*Anâ macxûx fî l xidime acân nâs katîrîn yaju fî maktabi.* Je suis surmené aux heures de travail parce que beaucoup de gens viennent dans mon bureau. •*Al wilêd da macxûx bactan ammah bidôr gurus.* Cet enfant est en difficulté, il ennuie sa mère parce qu'il veut de l'argent.

mada / yamda *v. trans.*, forme I n° 16, * mḍy, م ض ي

♦ **signer.** •*Humman mado istifag wâhid hanâ waxf itlâx al-nâr.* Ils ont signé un accord de cessez-le-feu. •*Anâ mâ na'arfah, macêt hinâk, antôni katkatay wa gâlo lêi : amda !* Je ne sais pas, je suis allé là-bas, ils m'ont donné un bout de papier et m'ont dit de signer.

mâda *n. f.*, → *madda 2.*

madabb / madabbât *n. m.*, *Cf. macbak*, * ḍbb, ض ب ب

♦ **jointure entre les branches d'une fourche, angle, repli, recoin, intérieur de la main,** partie de la main entre l'articulation du pouce et le reste des cinq doigts. •*Al-sakkîn jarahatni fî madabb îdi.* Je me suis coupé l'intérieur de la main entre le pouce et les doigts avec un couteau. •*Al-dâbi gâ'id binjamma fî madabb al-cadaray.* Le serpent se repose sur la fourche de l'arbre. •*Al mara l girgîtiye dammat al ibre fî madabb ca'arha.* La grosse femme a rangé son aiguille dans un repli de sa chevelure. •*Al mara gâlat lê darritha : yôm wâhid nulummu fî l madabb.* La femme a dit à sa coépouse : un jour nos deux routes se rejoindront, on se retrouvera ! •*Allah yinajjîni min madabb al xabur.* Que Dieu me délivre du recoin de la tombe ! (*i.e.* qu'il me conduise au grand espace du paradis !).

madâbih *pl.*, → *madbah.*

madâbix *pl.*, → *madbax.*

madâd / madâdâd *n. m.*, * ḍdd, ض د د

♦ **nom d'un canon bitube de D.C.A.,** canon bitube de 14,5 mm, modèle Z.U.P. 2, sur roues tractées ou sur plate-forme de camion ou de Toyota. •*Al madâd bundug kabîr buxuttuh fî l watîr.* Le bitube de 14,5 mm est une arme lourde qu'on pose sur un camion. •*Hu ba'arif badrub al madâd.* Il sait tirer au canon D.C.A. bitube.

madâdâd *pl.*, → *madâd.*

madâfi' *pl.*, → *madfa'a.*

madagg / madaggât nom de lieu, *m.*, * dqq, د ق ق

♦ **aire à battre les céréales.** •*Al awîn batulsu madaggât acân al xalla yibisat.* Les femmes ont lissé des aires à battre avec de la boue parce que le mil est déjà sec. •*Al-rujâl yuduggu l xalla fî l madagg.* Les hommes battent le mil sur des aires.

madâgîg *pl.*, → *mudgâga.*

madah / yamdah *v. trans.*, forme I n° 12, * mdḥ, م د ح

♦ **louer, faire l'éloge,** chanter un poème religieux louant le Prophète. •*Al-rujâl bas yamdaho l-rasûl fî l-jâmiye be hissuhum al halu.* Il n'y a que les hommes qui puissent louer le Prophète de leur belle voix. •*Al awîn mâ yamdaho fî l-jawâmi' acân mâ masmuh lêhum.* Les femmes ne déclament pas de poèmes dans les mosquées parce que cela ne leur est pas permis.

madâlîm *pl.*, → *madlûm.*

Madan *n. pr.* de femme.

madani / madaniyîn *adj.*, *n. pr.* d'homme et de femme, (*fém. madaniye*), * mdn, م د ن

♦ **citadin(e), urbain(e), civil(e), civique.** •*Abui râjil madani.* Mon père est un homme de la ville. •*Al madaniyîn birîdu l-nadâfa.* Les citadins aiment la propreté. •*Al madani mâ bacrab almi fî l bîr.* L'homme de la ville ne boit pas l'eau du puits. •*Al-dawa wa l-ta'lîm wa hurriyat al intixâbât, da kulla hugûg al madaniyîn.* Les médicaments, l'enseignement, la liberté de vote, tout cela fait partie des droits civiques. •*Mâ fîh nâdum bidôr battân harba madaniye.* Personne ne veut encore une guerre civile.

madâris *pl.*, → *madrasa.*

madawwar *n. coll.*, → *mudawwar*, * dwr, د و ر

madax / yamdax *v. trans.*, forme I n° 13, * mḍġ, م ض غ

♦ **mâcher, écraser avec les dents, croquer.** •*Al iyâl madaxo l faggûs kulla kê, kammaloh.* Les enfants ont croqué tous les concombres et les ont terminés. •*Al-râ'i madax lêyah balîle.* Le berger a mâché du mil gonflé dans de l'eau. •*Al-juwâd yamdax al-lijâm acân bôjah fî gaddûmah.* Le cheval mordille le mors parce qu'il lui fait mal à la bouche.

madaxân *n. d'act.*, → *madixîn.*

madâyid *pl.*, → *madîde.*

madâyin *pl.*, → *mudun.*

madbah / madâbih nom de lieu, *m.*, *Cf. batwar*, ≅ *madbaha*, * d̲bḥ, ذ ب ح

♦ **abattoir,** lieu où l'on égorge. •*Anâ macêt al madbah fî Farca, wa bî't laham hanâ bagar.* Je suis allé à l'abattoir de Farcha et j'ai acheté de la viande de bœuf. •*Fî kulla gêgar, indah bakân hanâ madbah mu'ayyân.* Dans toutes les agglomérations, l'abattoir se trouve dans un endroit bien déterminé.

madbax / madâbix *n. m. mrph.* nom de lieu, * dbġ, د ب غ

♦ **tannerie.** •*Hî macat zârat al madbax.* Elle est partie visiter la tannerie. •*Madbax hanâ Anjammêna gâ'id fî taraf al hille.* La tannerie de N'Djaména se trouve à l'extrémité de la ville.

madbuh / madbûhîn *adj. mrph. part.* passif, (*fém. madbûha*), *Cf. dabah*, * d̲bḥ, ذ ب ح

♦ **égorgé(e).** •*Al-sarrâg câl al xanamay al madbûha wa jara.* Le voleur a pris le mouton égorgé et a fui. •*Al bôlîs ligyo nâdum madbuh wa mazgûl fî l-câri.* Les policiers ont trouvé une personne égorgée et jetée dans la rue. •*Laham al xanamay al mâ madbûha mâ sameh lê l akil.* Il n'est pas bon de consommer la chair d'un mouton qui n'a pas été égorgé.

madbûx / madbûxîn *adj. mrph. part.* passif, (*fém. madbûxa*), * dbġ, د ب غ

♦ **tanné(e).** •*Al farwa al mâ madbûxa tigafgir kan yibisat.* La peau non tannée se cartonne lorsqu'elle sèche. •*Al ajâyis birîdu bagôdu fî faraw madbûxîn.* Les vieilles femmes aiment s'asseoir sur des peaux tannées.

madda / yimidd *v. trans.*, forme I n° 11, * mdd, م د د

♦ **tendre vers, s'acheminer à, se diriger vers.** •*Al xêl maddo min al hille barra.* Les chevaux se sont dirigés vers la sortie du village. •*Al kabîr madda lêi gurus jadîd lâkin anâ abêt.* Le chef m'a proposé des billets de banque tout neufs, mais j'ai refusé. •*Al wilêd madda l almi lê abuh.* L'enfant a apporté de l'eau à son père. •*Midd rijilak, yusullu lêk côk !* Étends ta jambe, qu'on t'en enlève l'épine !

mâdda / mâddât *n. f.*, ≅ *mâda*, * mdd, م د د

♦ **matière, article.** •*Yôm al mu'tamar al watani l mustaxill al mu'tamirîn xâlato bilhên fî l mâdda tamâne wa sittîn.* Le jour de la Conférence nationale souveraine, les conférenciers ont beaucoup discuté à propos de l'article soixante-huit. •*Al mu'tamirîn mâ istafago ajala fî l mâdda al-tuxuss luxxât al-tarjama.* Les conférenciers ont mis du temps à s'accorder sur le contenu de l'article concernant les langues à utiliser pour la traduction.

maddad / yimaddid *v. trans.*, ≅ *mattat, yimattit*, → *mattat*, * mdd, م د د

maddâx 1 / maddâxîn *adj. mrph. intf.*, (*fém. maddâxa*), * mḍġ, م ض غ

♦ **mangeur (-euse), gourmand(e), consommateur (-trice).** •*Al-ra'âwiye maddâxîn lê l balîle.* Les bergers sont de gros mangeurs de mil bouilli à l'eau. •*Fî l bêt da, mâ nagdar nuxutt fûl walla sumsum fî l biric, acân indi faray maddâxa.* Dans cette maison, je ne peux poser ni arachide ni sésame sur la natte parce qu'il y a un rat gourmand.

maddâx 2 / maddâxât *n. m., mrph. intf.*, [masticateur], * mḍġ, غ ض م
♦ **mâchoire, dentition postérieure, molaires.** •*Indi sûsa fî maddaxâti, bactanatni bactana ke.* J'ai une carie qui m'importune beaucoup au fond de la mâchoire. •*Al-daktôr salla durûsi al induhum sûsa, wa xallani bala maddâxât.* Le dentiste a arraché mes molaires qui avaient des caries, et je n'en ai plus aucune [il m'a laissé sans molaires].

madfa'a / madâfi' *n. f.*, terme de l'*ar. lit.* introduit récemment, * dfʕ, ع ف د
♦ **canon.** •*Fî l-duwâs al askar budurbu madfa'a wa erbeje wa klacinkof.* Pendant la guerre, les militaires tiraient au canon, au bazooka ou à la kalachnikov. •*Al madfa'a hissaha farig min al bâzûka.* Le bruit du canon est différent de celui du bazooka.

madfûn / madfûnîn *adj.*, (*fém. madfûna*), * dfn, ن ف د
♦ **enterré(e).** •*Al fatîs madfûn ba'îd min al hille.* Le cadavre est enterré loin du village. •*Al iyâl ligo bundug madfûn fî l-turâb.* Les enfants ont trouvé une arme enfouie sous la terre. •*Ligît gurus madfûn fî xacum bêti.* J'ai trouvé de l'argent enfoui devant la porte de ma maison.

madgûg / madgûgîn *adj.*, (*fém. madgûga*), * dqq, ق ق د
♦ **battu(e), écrasé(e), pilé(e).** •*Al binêye jâbat laham matcûc wa mileh madgûg.* La fille a apporté de la viande grillée et du sel en poudre. •*Hî carat carmût madgûg acân tadrub mulâh.* Elle a acheté de la viande séchée et écrasée pour préparer la sauce.

madîde / madâyid *n. f.*, * mdd, د د م
♦ **bouillie,** bouillie à base de céréales. •*Ciribt madîde hâmiye be jônu.* J'ai bu de la bouillie chaude avec une petite louche. •*Sawwo madîde xafîfe lê l mara l-nafasa.* Elles ont préparé de la bouillie légère pour la jeune accouchée. •*Madâyid hanâ Ramadân târo lêna.* Nous en avons assez des bouillies du Ramadan.

madih *n. m., Cf. madah*, * mdḥ, ح د م
♦ **louange du Prophète, chant de louange, poème chanté,** fait de chanter les louanges du Prophète avec un poème. •*Fî lêlit mawlid al-rasûl tasma' madih al faxara fî l-jawâmi'.* Pendant la nuit d'anniversaire de la naissance du Prophète, tu entendras les fakis chanter ses louanges dans les mosquées. •*Kan nasma' al madih, galbi yihinn wa dumû'i tajiri.* Quand j'entends les poèmes louant le Prophète, mon cœur s'attendrit et mes larmes coulent. •*Al madih yilayyin al gulûb lê l ibâda.* Les poèmes chantés rendent les cœurs sensibles à l'adoration.

madîna / mudun *n. f.*, ≅ le pluriel *madâyin*, * mdn, ن د م
♦ **ville, cité.** •*Fî l madîna al xalla xâliye bilhên.* En ville, le mil est très cher. •*Mâ nirîd naskun fî l madâyin.* Je n'aime pas habiter dans les villes. •*Amis, ja wafid fî l madîna.* Une délégation est arrivée hier en ville. •*Fî Urubba, al mudun katîrîn min fî Ifrîxiya.* Il y a plus de villes en Europe qu'en Afrique.

Madîna *n. pr.* de lieu, *n. pr.* de femme, *Cf. madîna*, * mdn, ن د م
♦ **Médine.**

madixîn *n. d'act., m.*, ≅ *madaxân*, * mḍġ, غ ض م
♦ **fait de mâcher, mastication.** •*Madixîn al balîle be l-durûs.* Le mil à l'eau se mâche avec les molaires. •*Min al adab fî l madixîn tisidd xacumak.* Par politesse, lorsqu'on mâche quelque chose, on ferme la bouche. •*Abhuluny madlûm min al madixîn.* Celui qui n'a plus de dents ne peut plus mastiquer.

madlûm / madâlîm nom de personne, *mrph. part.* pass, (*fém. madlûma*), * ẓlm, م ل ظ ⇨

♦ **lésé(e), à qui on a fait du tort, plaignant(e), opprimé(e),** celui qui se plaint à cause du tort qui lui a été fait, celui qui a été privé de son droit. •*Malâ inta madlûm fôgi ? Sawwêt lêk cunû ?* Pourquoi te plains-tu contre moi ? Que t'ai-je fait ? •*Kan madlûma, amci acki acân talge haggiki !* Si tu as subi une injustice, va te plaindre pour retrouver ton droit ! •*Anîna dôl madlûmîn, xadamna katîr wa mâ ligîna wazîfe fî l hâkuma.* On nous a traités injustement, nous avons beaucoup travaillé et nous n'avons pas trouvé de postes dans le gouvernement.

madmûm / madmûmîn *adj. n., mrph. part.* passif, (*fém. madmûma*), * ḍmm, ض م م

♦ **conservé(e), contenu conservé.** •*Ligîna târîxna maktûb wa madmûm adîl fî l kutub al gadîme.* Nous avons trouvé notre histoire écrite et bien conservée dans de vieux documents. •*Ammi, kôritki di madmûm fôgha cunû ?* Maman, ton koro, que contient-il ?

madmûn / madmûnîn *adj. mrph. part.* passif, (*fém. madmûna*), *Cf. ijil madmun*, * ḍmn, ض م ن

♦ **sûr(e), garanti(e), en sécurité, fiable.** •*Kalâm hanâ l-râjil da madmûn.* La parole de cet homme est fiable. •*Al bakân da madmûn mâ indah maxâfa.* Cet endroit est sûr, il n'y a rien à craindre. •*Mâlak da madmûn fî l banki.* Ton bien est en sécurité à la banque. •*Al-rujâl bugûlu : kalâm al awîn mâ madmûn.* Les hommes disent que ce que disent les femmes n'est pas fiable.

madrasa / madâris *n. f.*, * drs, د ر س

♦ **école, école arabe.** •*Al iyâl kulluhum maco l madrasa.* Tous les enfants sont allés à l'école arabe. •*Al madâris hanâ baladna mâ kifâya.* Les écoles ne sont pas suffisantes dans notre pays. •*Madrasitna hint Sakrikêr malâne banât.* Il y a beaucoup de filles dans notre école du Sacré-Cœur.

madrûb 1 / madrûbîn *adj. mrph. part.* passif, (*fém. madrûba*), * ḍrb, ض ر ب

♦ **blessé(e), battu(e), préparée** (sauce). •*Al askari da, madrûb fî rijilah, mâ bagdar burûx bala asa'.* Ce soldat est blessé à la jambe, il ne peut marcher sans canne. •*Abu l iyâl, agulah madrûb min al macâkil.* Le père des enfants est accablé [a la conscience battue] par ses soucis. •*Al mulâh madrûb min gibêl.* La sauce est déjà préparée.

madrûb 2 / madrubîn *adj. mrph. part.* passif, (*fém. madrûba*), * ḍrb, ض ر ب

♦ **battu(e), peint(e), recouvert(e) d'un produit,** peint au pistolet ou au pinceau, recouvert d'une couche de peinture ou d'enduit. •*Watîri madrûb buhya hamra.* Ma voiture est peinte en rouge. •*Buyût Anjammâna katîrîn madrûbîn jîr be dâxal.* De nombreuses maisons de N'Djaména sont recouvertes, à l'intérieur, d'une couche de chaux.

madrûc 1 / madrûcîn *adj.*, (*fém. madrûca*), *Cf. darac 1*, * jrš, ج ر ش

♦ **concassé(e), écrasé(e), broyé(e),** écrasé(e) ou pilé(e) grossièrement sans être réduit(e) en poudre. •*Al gameh al hâkûma gassamatah lê l masâkîn da madrûc.* Le blé que le gouvernement a distribué aux pauvres est concassé. •*Al xalla l madrûca di, sawwuha lêna madîde !* Préparez-nous de la bouillie avec ce mil écrasé !

madrûc 2 / madrûcîn *adj. mrph. part.* passif, (*fém. madrûca*), *Cf. darac 2*, * jrš, ج ر ش

♦ **gratté(e), nettoyé(e), récuré(e), frotté(e),** qui a été frotté(e) pour être propre ou lisse. •*Al mara l xamba di jâbat lêna almi fî kâs mâ madrûc.* Cette femme souillon nous a apporté de l'eau dans une calebasse non nettoyée. •*Hî dâyiman mawâ'înha madrûcîn.* Elle a toujours ses récipients récurés. •*Al buxsa di madrûca min amis, subbi fôgha l-laban !* Cette gourde en calebasse a été nettoyée hier, verses-y le lait !

madrûr 1 / madrûrîn *adj. mrph. part.* passif, (*fém. madrûra*), *Cf. darra*, * drr, د ر ر

♦ **versé(e), répandu(e).** •*Talga al-laban al madrûr fî l gar'a, cîlah !* Tu trouveras le lait versé dans la calebasse, prends-le ! •*Al gahawa al madrûra fî l fanâjîl di, baradat.* Le café versé dans ces verres a refroidi.

madrûr 2 / madrûrîn *adj.*, (*fém. madrûra*), * ḍrr, ض ر ر

♦ **affligé(e), malheureux (-euse), gêné(e),** qui a subi une perte, un dommage. •*Al mara di madrûra acân iyâlha mirido.* Cette femme est affligée parce que ses enfants sont malades. •*Al-tâjir da mâ bizîd acân hû madrûr min katrat al-âkûl hanâ l-duwân.* Ce commerçant ne s'enrichit plus, il subit des pertes à cause du grand nombre de taxes arbitraires que lui fait payer la douane.

madsûs / madsûsîn *adj. mrph. part.* passif, (*fém. madsûsa*), * dss, د س س

♦ **enfilé(e), introduit(e).** •*Ta'âli silli l-dabbûs al madsûs fî ca'ari !* Viens enlever l'épingle qui s'est enfilée dans ma chevelure ! •*Xumâm al akil kulla madsûs dâxal wallâ ?* Tous les ustensiles de cuisine sont-ils à l'intérieur ?

madxûr / madxûrîn *adj.*, (*fém. madxûra*), * d̲ h̲ r, ذ خ ر

♦ **conservé(e), mis(e) à l'abri.** •*Xumâm al-tâjir da madxûr fî bêtna.* Les affaires de ce commerçant sont bien conservées chez nous. •*Al kirêb hanâ l mara di madxûr fî l-dabanga indah acara sana.* Le fonio sauvage de cette femme est bien conservé dans le grenier depuis dix ans.

madyûn / madyûnîn *adj.*, (*fém. madyûna*), * dyn, د ي ن

♦ **endetté(e), débiteur (-trice).** •*Anâ madyûna lê l-râjil da, kaffuh mâlah xalli nagôd hajjâla.* Je suis débitrice, rendez l'argent à cet homme pour que je puisse être libre (vieille chanson). •*Al-râjil da madyûn alfên riyâl.* Cet homme a une dette de deux mille riyals. •*Anâ simi't kadar intu madyûnîn.* J'ai appris que vous vous êtes endettés.

mafakk / mafakkât *n. m.*, *Cf. fakka*, * fkk, ف ك ك

♦ **clé, décapsuleur, ouvre-boîtes.** •*Îsa amci lê sîd al magaza yantîk mafakk hanâ kôka, jîbah lêna.* Issa, va demander au propriétaire du magasin de te donner un décapsuleur de bouteille de coca, et apporte-le nous ! •*Anâ waddart mafakk hanâ bêti min amis.* Depuis hier, j'ai perdu la clé de ma maison. •*Al makânase fartag makanit watîri be mafakkât katîrîn.* Le mécanicien a démonté le moteur de ma voiture avec de nombreuses clés.

mafâlse *pl.*, → *muflis.*

mafârig *pl.*, → *mafrag.*

mafâsil *pl.*, → *mafsal.*

mafâtîh *pl.*, → *muftah.*

mafcûc / mafcûcîn *adj. mrph. part.* passif, (*fém. mafcûca*), *Cf. facca*, * fšš, ف ش ش

♦ **qui a dégorgé dans l'eau, qui a trempé dans l'eau** (tissu). •*Tôb al-zarâg kan mâ mafcûc wa alxattêt beyah, jildak yabga azrag.* Si tu te couvres avec du tissu indigo qui n'a pas dégorgé dans l'eau, ton corps deviendra tout noir. •*Indiki xulgân judâd mâ mafcûcîn, wa tidôri battân xalag jadîd !* Tu as des vêtements neufs qui n'ont pas encore trempé dans l'eau, et tu veux encore un vêtement neuf ! •*Al-jallâbiye l-jadîde, kan mâ mafcûca mâ tinkawi adîl.* Lorsqu'une djellaba neuve n'a pas dégorgé dans l'eau, elle se repasse difficilement.

mafhûg / mafhûgîn *adj. mrph. part.* passif, (*fém. mafhûga*), *Cf. anfahag*, * fhq, ف ه ق

♦ **qui a subi un traumatisme crânien, évanoui(e), tombé(e) en syncope,** qui a perdu connaissance et qui saigne des oreilles, du nez ou de la bouche à la suite d'un coup reçu sur la tête ou la nuque. •*Waddêt wilêdi l* *mafhûg lê Abu Xadîje yigandilah lêi.* J'ai amené mon enfant évanoui au père de Khadijé pour qu'il lui étire le cou. •*Al mara waga'at min al watîr wa ragadat, mâ mâtat lâkin mafhûga.* La femme est tombée du véhicule et est restée allongée à terre ; elle n'est pas morte mais a perdu connaissance à la suite d'un traumatisme crânien.

mafhûm / mafhûmîn *adj.*, (*fém. mafhûma*), * fhm, ف ه م

♦ **compris(e).** •*Inta askut xalâs kalâmak mafhûm.* Tais-toi, on a compris ce que tu as dit ! •*Al-rujâl dôl acîrhum ke mâ mafhûm, mâ baxdumu wa induhum gurus.* On ne comprend pas le secret de ces hommes-là : ils ne travaillent pas, mais ils ont de l'argent.

mafjûj / mafjûjîn *adj.*, (*fém. mafjûja*), * fjj, ف ج ج

♦ **blessé(e),** blessé(e) à la tête. •*Dammah daffag katîr acân fajjoh wakit al-duwâs.* Son sang a beaucoup coulé parce qu'il a été blessé à la tête lors de la bagarre. •*Al micôtin fajja lê l wilêd wa maca.* Le fou a blessé l'enfant à la tête et est parti. •*Al mara fajjat darritha fî râsha wa l-damm aba mâ yagîf.* La femme a blessé sa coépouse à la tête et le sang ne cesse de couler.

mafjûx / mafjûxîn *adj. mrph. part.* passif, (*fém. mafjûxa*), *Cf. fajax*, * jfẖ, ج ف خ

♦ **piétiné(e), écrasé(e),** sur lequel on a marché. •*Ligît kitâbi wâgi' tihit al-tarbeze wa mafjûx.* J'ai retrouvé mon livre, il était tombé sous la table et a été tout piétiné. •*Arfa'o l-sibhe l mafjûxa di !* Retire de là ce chapelet qui a été piétiné ! •*Warcâl angâli, kan mâ mafjûx fî l fundug adîl mulâha mâ halu.* Si les feuilles de manioc que l'on met dans la sauce ne sont pas bien écrasées, la sauce ne sera pas bonne.

mafkûk / mafkûkîn *adj. mrph. part.* passif, (*fém. mafkûka*), *Cf. fakka*, * fkk, ف ك ك

♦ **ouvert(e), luxé(e), déboîté(e).** •*Anâ maragt wa xallêt bâbi mafkûk.* Je suis sorti et j'ai laissé ma porte ouverte. •*Al-sarrâgîn daxalo fî bêtna acân ligo l bâb mafkûk.* Les voleurs sont entrés dans notre maison parce qu'ils ont trouvé la porte ouverte. •*Mâ nagdar nurûx acân rukubti mafkûka.* Je ne peux pas marcher parce que j'ai le genou déboîté.

mafrag / mafârig *n. m.*, *Cf. kurjuma, malamma*, * frq, ف ر ق

♦ **intersection, rond-point, bifurcation,** rencontre avec un chemin prenant une autre direction que celle empruntée. •*Kan lihigt mafrag al-derib amci be îdak al-zêne, talga bêtna !* A la prochaine intersection, prends le chemin de droite et tu trouveras notre maison ! •*Mâ ticîl al-derib da, yiwaddirak be mafârigah al katîrîn !* Ne prends pas ce chemin, il y a trop d'intersections et tu te perdras !

mafrûc / mafrûcîn *adj. mrph. part.* actif, (*fém. mafrûca*), * frš, ف ر ش

♦ **déplié(e), étendu(e).** •*Al-biric mafrûc kan tidôri amci nûmi !* La natte est étendue ; si tu veux, va dormir ! •*Mâla xallêti l burûc dôl mafrûcîn fî l harray ?* Pourquoi as-tu laissé ces nattes étendues au soleil ? •*Al-ladra l mafrûca fî l-serîr di usumha "xamsa banât".* Cette draperie étendue sur le lit s'appelle "cinq filles".

mafrûd 1 / mafrûdîn *adj. mrph. part.* passif, (*fém. mafrûda*), * frd, ف ر د

♦ **sevré(e).** •*Al-saxîr indah sana wa nuss lâkin lissâ mâ mafrûd.* Le bébé a un an et demi mais il n'a pas encore été sevré. •*Binêyti xalâs mafrûda hassâ tacrab madîde.* Ma fille a déjà été sevrée, maintenant elle prend la bouillie.

mafrûd 2 / mafrûdîn *adj. n. m.*, dans l'expression *mafrûd lê*, * frḍ, ف ر ض

♦ **obligatoire, devoir.** •*Mafrûd lêk titî' ammak wa abûk.* Tu dois obéir à ton père et à ta mère. •*Mafrûd lêki ti'allimi iyâlki l-salâ wa l giray.* Il faut que tu apprennes à tes enfants à prier et à étudier. •*Mafrûd lê l hâkûma tikaffi l xaddâmîn.* C'est une obligation pour le gouvernement de payer les travailleurs.

mafrûg / mafrûgîn *adj. mrph. part.* passif, (*fém. mafrûga*), * frq, ف ر ق

♦ **séparé(e), mis(e) à part, isolé(e),** séparé du reste. •*Talga cuwâl xalla mafrûg wihêdah, waddih fî l bêt !* Tu trouveras un sac de mil séparé des autres, apporte-le à la maison ! •*Al-tîbân al mafrûgîn dôl mâ talmashum !* Ces étoffes qui ont été mises à part, ne les touche pas !

mafrûh / mafrûhîn *adj. mrph. part.* passif, (*fém. mafrûha*), moins employé que *farhân, mabsût*, * frḥ, ف ر ح

♦ **heureux (-euse), réjoui(e), content(e).** •*Al-râjil da dâyiman mafrûh, mâ na'arfu mâla ?* Cet homme est toujours heureux, nous ne savons pas pourquoi ! •*Al yôm marti mafrûha acân bi't lêha laffay.* Aujourd'hui ma femme est contente parce que je lui ai acheté un voile. •*Al xaddâmîn mafrûhîn, âkûn antôhum al mâhiye.* Les travailleurs sont heureux, peut-être ont-ils reçu leur salaire.

mafrûk / mafrûkîn *adj. mrph. part.* passif, (*fém. mafrûka*), *Cf. farak*, * frk, ف ر ك

♦ **frotté après avoir été grillé** (épi), **gombo battu pour la sauce.** •*Al gandul da xalâs mafrûk mâ indah ceyy tinyang-nyingah.* Tous les grains de cet épi ont été détachés, il n'y a plus rien à grignoter dessus. •*Al-darrâba l mafrûka, haluwa be kisâr.* La sauce au gombo battu est excellente avec des galettes. •*Al ganâdil al mafrûkîn dôl zaggulûhum lê l-jidâd !* Ces épis dont les grains ont été détachés, donne-les aux poules !

mafrûm / mafrûmîn *adj. mrph. part.* passif, (*fém. mafrûma*), * frm, ف ر م

♦ **haché(e).** •*Al mahaci bamloh laham mafrûm.* On remplit les légumes farcis avec de la viande hachée. •*Al-laham al mafrûm banjad ajala kan bisawwuh salkîma.* La viande hachée cuit rapidement lorsque l'on prépare la sauce pour les sandwichs.

mafsal / mafâsil *n. m.*, * fṣl, ف ص ل

♦ **articulation, jointure.** •*Mafsal hanâ îdi bôjâni.* L'articulation de mon bras me fait mal. •*Waga' min al-juwâd, mâ ankasar, lâkin mafâsilah bôj'oh.* Il est tombé de cheval, il ne s'est rien cassé, mais a mal aux articulations. •*Gattu'u l laham da min al mafâsil lê l-taccîn !* Coupez la viande selon les articulations, pour la grillade !

mafsûl / mafsûlîn *adj. mrph. part.* passif, (*fém. mafsûla*), * fṣl, ف ص ل

♦ **distingué(e), séparé(e), renvoyé(e), isolé(e).** •*Al wilêd min tamma râjil bêtah mafsûl lêyah wahêdah.* Dés que le garçon est devenu homme, il a sa maison à part pour lui. •*Kan macêt talga bêt al-tâjir mafsûl mâ bidôr wasif kula.* Si tu y vas, tu trouveras la maison du commerçant isolée des autres, pas besoin de te faire un plan. •*Al iyâl dôl mafsûlîn min al giray.* Ces enfants sont renvoyés de l'école.

mafsûx / mafsûxîn *adj. mrph. part.* passif, (*fém. mafsûxa*), * fsh̲, ف س خ

♦ **séparé(e), divorcé(e), répudié(e), libre, éclos(e), aboli(e), résilié(e),** libéré(e) des liens du mariage. •*Al mara di fâtihitha mafsûxa indaha caharên.* Cette femme a été libérée des liens du mariage [sa *fâtiha* a été résiliée] il y a deux mois. •*Maryam axadat râjil âxar acân hî mafsûxa min râjilha al awwalâni.* Mariam a épousé un autre homme parce qu'elle a été répudiée par son premier mari. •*Waddi l masaray al mafsûxa di lê abûki !* Apporte à ton père cet épi de maïs éclos !

maftûg / maftûgîn *adj.*, (*fém. maftûga*), * ftq, ف ت ق

♦ **décousu(e), ouvert(e).** •*Xalag al wilêd maftûg min nâytah.* Le vêtement de l'enfant est décousu sur le côté. •*Al xalag al maftûg da mâ hanâi.* Cet habit décousu ne m'appartient pas.

maftûh / maftûhîn *adj.*, (*fém. maftûha*), * ftḥ, ف ت ح

♦ **ouvert(e).** •*Al bâb min maftuh indah yômên.* La porte est ouverte depuis deux jours. •*Anâ macêt al garrâc wa ligit makant al watîr maftûha.* Je suis allé au garage et j'ai trouvé le moteur de la voiture démonté.

maftûl / maftûlîn *adj. mrph. part.* passif, (*fém. maftûla*), * ftl, ف ت ل

♦ **tordu(e), cordelé(e), entortillé(e).** •*Al habil da mâ maftûl adîl.* Cette corde n'a pas été cordelée comme il faut. •*Rijil al biskilêt di maftûla.* La roue de cette bicyclette est tordue.

maḥfzûr / mafzûrîn *adj. mrph. part.* passif, (*fém. mafzûra*), * fzr, ف ز ر

♦ **courbé(e), cambré(e).** •*Al-râjil da daharah mafzûr min ta'ab al xidime.* Cet homme a le dos courbé à cause de la dureté du travail. •*Mâla daharki mafzûr nagalti xumâm katîr wallâ ?* Pourquoi as-tu le dos courbé, as-tu transporté beaucoup de choses ? •*Al mara l xalbâne mafzûra.* La femme enceinte est cambrée.

mag'ad 1 / magâ'id nom, *mrph.* nom de lieu, *m.*, ≅ *mug'ad*, * qʕd, ق ع د

♦ **fait de rester en un lieu, siège, banc, résidence, installation, fait de vivre en un lieu.** •*Mag'ad al awîn fî l buyût zên lê tarbiyat al iyâl.* Il est bon que les femmes restent à la maison pour l'éducation des enfants. •*Magâ'id hanâ l iyâl fî l-lekkôl hiney xacab.* A l'école, les bancs des enfants sont en bois. •*Al watîr da magâ'idah marnîn.* Les sièges de cette voiture sont doux. •*Mag'ad al-rujâl kulla yôm fî l-cawâri da, adam caxala.* Le fait que tous les jours les hommes passent leur temps dans la rue est dû au manque de travail.

mag'ad 2 *n. m.*, *Cf. muwâfaga*, ≅ *mug'ad*, * qʕd, ق ع د

♦ **foyer, demeure, résidence des époux,** fait que l'homme et la femme vivent ensemble. •*Al mara di mag'adha ma'â râjilha mâ ajabâha.* Cette femme n'est pas contente de vivre ainsi avec son mari. •*Al-râjil kan xulugah sameh ma'â martah, mug'athum adîl.* Si l'homme se conduit bien envers sa femme, leur foyer est parfait.

magâ'id *pl.*, → *mag'ad 1.*

magabbad / magabbadîn *adj. mrph. part.* passif, (*fém. magabbada*), → *mugabbad.*

magâcîc *pl.*, → *mugcâce.*

Magâji *n. pr.* d'homme, *litt.* riche, *Cf. Magajiya.*

Magajiya *n. pr.* de femme, (en langue haoussa : "pas de fatigue").

magâlîm *pl.*, → *muglâm.*

magan *n. coll.*, *sgtf. maganay*, connu au *Sdn.* (*C.Q.*).

♦ **plant,** jeune plant destiné à être repiqué ou replanté. •*Indi magan hanâ giyâfa.* J'ai de jeunes plants de goyaviers. •*Magani hanâ l berbere da mâ gamma ajala.* Mes plants de berbéré n'ont pas poussé vite. •*Magan al-cadar mâ billagi illa fî wakt al xarif.* On ne trouve les jeunes plants d'arbres qu'en saison des pluies.

magâs / magâsât *n. m.*, * qys, ق ي س

♦ **mesure, jauge.** •*Al-tayêr câl magâs hanâ binêyti acân yixayyit lêha xalag.* Le tailleur a pris les mesures de ma fille pour lui coudre un vêtement. •*Al-nâdum al mayyit bicîlu magâsah acân yixayyutu lêyah kafanah wa yankutu xaburah.* On prend la mesure du mort pour coudre son linceul et creuser sa tombe.

magass / magassât *n. instr.*, *m.*, * qṣṣ, ق ص ص

♦ **paire de ciseaux, cisailles.** •*Al xayyât câl magass hanâ Mûsa wa gassa lêyah xalag wa xayyatah.* Le tailleur a pris les ciseaux de Moussa, il lui a coupé un vêtement et l'a cousu. •*Fattact kê fî l-sûg wa mâ ligît lêk magass.* J'ai cherché partout au marché et je ne t'ai pas trouvé de ciseaux. •*Al bannâyîn bigassusu l-tôl be l magassât.* Les maçons découpent la tôle avec des cisailles. •*Yâ Âce, antîni magassiki !* Aché, donne-moi ta paire de ciseaux !

magâti' *pl.*, → *magta'*.

magaza / magazayât *n. m.*, *empr.* au *fr.* qui l'a lui-même emprunté à l'arabe, *Cf. dukkân*, * ẖzn, خ ز ن

♦ **magasin, boutique.** •*Wilêdi rassaltah al magaza yijîb lêi sâbûn, min gibêl wa lê hassâ mâ ja.* J'ai envoyé mon enfant au magasin pour qu'il m'apporte un savon, et jusqu'à présent il n'est pas revenu. •*Sîd al magaza gâl mâ indah câhi axadar.* Le boutiquier m'a dit qu'il n'avait pas de thé vert. •*Hû fatah lêyah magaza fî l-sûg al kabîr.* Il a ouvert un magasin au grand marché.

magbûd / magbûdîn *adj.*, (*fém. magbûda*), * qbḍ, ق ب ض

♦ **empoigné(e), hypothéqué(e), confisqué(e), saisi(e).** •*Xumâm al mara di magbûd fî kalâm ujurt al bêt.* Les affaires de cette femme sont confisquées parce qu'elle n'a pas payé son loyer. •*Al-sarrâg magbûd fî l-sijin.* Le voleur a été empoigné et mis en prison. •*Ligît al-sabi da magbûd fî dên.* J'ai trouvé ce jeune homme immobilisé par d'autres qui lui réclamaient sa dette.

magbûl / magbûlîn *adj.*, (*fém. magbûla*), ≅ *maxbûl*, * qbl, ق ب ل

♦ **accepté(e), correct(e), acceptable.** •*Al hadiyya magbûla law kân giciravt fûl.* On accepte toujours un cadeau même s'il ne s'agit que d'une pelure d'arachide. •*Al iyâl al magbûlîn fî l giray illa l induhum sab'a sana.* Ne sont acceptés à l'école que les enfants âgés de sept ans.

Magbûl *n. pr.* d'homme, → *magbûl*, * qbl, ق ب ل

Magbûla *n. pr.* de femme, → *magbûl*, * qbl, ق ب ل

magcûc / magcûcîn *adj.*, (*fém. magcûca*), * qšš, ق ش ش

♦ **balayé(e), effacé(e).** •*Mâla fadayitki mâ magcûca ?* Pourquoi ta cour n'est-elle pas balayée ? •*Mâ tafurcu l biric acân al bakân da mâ magcûc adîl.* N'étalez pas la natte car cette place n'est pas bien balayée. •*Mâ nagdar nagri l maktûb da acân nussah magcûc.* Je ne peux pas lire cette lettre parce que la moitié en a été effacée.

magdûd / magdûdîn *adj.*, (*fém. magdûda*), *Syn. mab'ûj*, * qdd, ق د د

♦ **troué(e), percé(e), crevé(e).** •*Carrâb al-sijâra xalgah magdûd.* Le fumeur de cigarettes a l'habit troué. •*Waddêt markûbi l magdûd bakân al kurdinye.* J'ai apporté mon soulier percé chez le cordonnier. •*Mâ tarkab fî l biskilêt da rijilah al warraniye magdûda.* Ne monte pas sur cette bicyclette : sa roue arrière est crevée.

magfûl / magfûlîn *adj.*, (*fém. magfûla*), * qfl, ق ف ل

♦ **fermé(e), cadenassé(e).** •*Anâ bêti magfûl.* Ma porte est fermée. •*Hû da râsah magfûl mâ yafham al kalâm.* Il n'est pas intelligent [sa tête est cadenassée], il ne comprend pas ce qu'on lui dit. •*Al-lekkôlat kulluhum magfûlîn acân al wata xarîf.* Toutes les écoles sont fermées car c'est la saison des pluies.

maggan / yimaggin *v. trans.*, *empr.*, connu au *Sdn.* (*C.Q.*) ; forme II.

♦ **repiquer, transplanter, planter un arbre.** •*Al-Ra'îs marag barra min Farca wa maggan cadar.* Le Président est sorti au-delà de Farcha et a planté des arbres. •*Wakt al-cite al harratîn bimaggunu l-berbere.* Pendant l'hiver, les cultivateurs repiquent le berbéré. •*Mas'ûl al-lekôl maggan filêr fî giddâm al kilâs.* Le responsable de l'école a transplanté des fleurs devant la classe.

magganân *n. d'act.*, ≅ *magginîn*, *Cf. maggan*, voir ci-dessous l'expression *magganân hanâ l-cadar*.

♦ **repiquage, plantation, reboisement.** •*Magganân al bêrbere babda ba'ad al xarîf.* Le repiquage du berbéré commence à la fin de la saison des pluies. •*Magganân hanâ l-cadâr badhar al-sahara.* Le reboisement freine l'avancée du désert.

maggar / yimaggir *v. intr.*, concernant l'intimité des femmes, verbe à ne pas utiliser en public, * mqr, م ق ر

♦ **se parfumer à l'encens,** se mettre assise sur un tabouret au-dessus d'un trou où l'on fait brûler des bois parfumés. •*Al arûs maggarat be darôt wa bigat safra sijj.* La jeune mariée s'est parfumée au bois de badamier et son corps est devenu tout jaune. •*Kan timaggiri, alxatte adîl bê l-nato' !* Lorsque tu te parfumes à l'encens, couvre-toi bien avec la couverture en peaux !

magginîn *n. d'act., m.*, → *magganân.*

magîl *n. m., Cf. gayle*, * qyl, ق ي ل

♦ **activité aux alentours de midi, lieu habituel de la sieste,** ce que l'on fait pendant la période chaude entre douze et quinze heures. •*Al yôm magîlna sameh fî bêt Mahammat.* Aujourd'hui, nous avons bien passé le milieu du jour chez Mahamat. •*Al-dîdân magîlhum fî l kadâde bakân al adlam bilhên.* Les lions passent leur temps de sieste dans la forêt, là où il fait très sombre.

mâgira / mâgirât nom de personne *f.*, inusité au masculin, *Cf. gumsu.*

♦ **cheftaine, responsable,** femme chef d'une association. •*Al mâgira lammat al awîn fî bêtaha.* La cheftaine a rassemblé les autres femmes chez elle. •*Al-sana l mâgira macat Makka.* Cette année, la cheftaine est allée à La Mecque.

magli / magliyîn *adj.*, (*fém. magliye*), * qlw, ق ل و

♦ **frit(e), bouilli(e) dans l'huile.** •*Al hût al magli da rihtah haluwa bilhên.* Ce poisson frit a une très bonne odeur. •*Al bumbitêr kan magli yabga mârin.* Lorsque les pommes de terre sont frites, elles deviennent tendres. •*Al awîn yibî'u jarâd magli giddâm al-lekôl.* Les femmes vendent des sauterelles frites devant l'école. •*Jâbo lêna laham magli fî l xada.* Ils nous ont apporté pour le repas, de la viande cuite dans de l'huile.

maglûm / maglûmîn *adj.*, (*fém. maglûma*), ≅ le pluriel *magâlîm*, → *galam*, * qlm, ق ل م

♦ **dont un morceau a été coupé, entamé(e),** dont un morceau a été détaché ou arraché de force. •*Al-tôr da maglûm min wirkah acân da badla'.* Ce bœuf a la cuisse blessée, c'est pourquoi il boite. •*Mâla êc al-rujâl da maglûm min usut ?* Pourquoi la boule destinée aux hommes a-t-elle été entamée au milieu ?

magrûn / magrûnîn *adj.*, (*fém. magrûna*), * qrn, ق ر ن

♦ **attaché(e), serré(e) en un bloc, attaché(e) par les cornes.** •*Al xumâm al-caddoh fî dahar al humâr magrûn gawi.* Les affaires qu'on a chargées sur le dos de l'âne sont bien attachées. •*Al hatab magrûn adîl.* Le fagot est bien attaché. •*Al-tôr da magrûn fî l-cadaray be habil hanâ tîl.* Ce taureau est attaché par les cornes à l'arbre avec une solide corde en fibres végétales.

magsûm / magsûmîn *adj.*, (*fém. magsûma*), * qsm, ق س م

♦ **divisé(e), partagé(e).** •*Al bêt da magsûm min usut lê wurrâs tinên.* Cette concession a été partagée en deux parties égales pour les deux héritiers. •*Xidimti magsûma alê talata bakân.* Mon travail est réparti en trois lieux différents.

magta' / magâti' *n. m.*, * qṭʕ, ق ط ع

♦ **gué, passage, lieu d'embuscade de bandits.** •*Anâ mâ na'arfa l magta', mâ nagdar namci.* Je ne connais pas le passage, je ne peux pas y aller. •*Al bakân da magta' derib, mâ tamcu beyah, amcu be hinâk !* Cet endroit est un lieu d'embuscade fréquenté par des coupeurs de route, n'y passez pas, passez là-bas !

magtu' / magtu'în *adj.*, (*fém. magtû'a*), * qṭʕ, ق ط ع ⇨

♦ **coupé(e), enclavé(e), peu fréquenté(e).** •*Fî l xarîf hallâl wahdîn magtu'în.* Pendant la saison des pluies, certains villages sont enclavés. •*Al-cadaray al magtû'a lissâ mâ xaddarat.* L'arbre qui a été coupé n'a pas encore reverdi. •*Al askari l îdah magtû'a mâ waddoh fî l-duwâs.* On n'a pas emmené au combat le soldat à la main coupée. •*Al-darib da magtu' min al-nâs.* Ce chemin est peu fréquenté par les gens.

magtu' târi / magtu'în târi expression, *litt.* coupé du rappel de son nom ; → *magtu', târi*, * qṭʕ, ṭry, ق ط ع • ط ر ي

♦ **inconnu(e), oublié(e), coupé(e) du monde,** dont le nom n'est plus mentionné. •*Anâ magtu' târi, fî l-dâr di mâ indi wâli.* Je suis un inconnu dans ce pays, je n'ai aucune famille proche à laquelle me raccrocher. •*Al-sarrâgîn al magtu'în al-târi dôl câlo xumâmi kulla.* Les voleurs, ces inconnus, ont pris toutes mes affaires !

Magzîk *n. pr.* de pays.
♦ **Mexique.**

mahabba / mahabbât *n. f.*, * ḥbb, ح ب ب

♦ **amour entre les humains.** •*Al wilêd da indah cadar sawwah waraga hint mahabba.* Ce jeune homme a des racines avec lesquelles il s'est confectionné une amulette pour s'attirer l'amour des autres. •*Al mara ma'â râjilha mahabbithum dâ'iman tizîd.* L'amour qui existe entre une femme et son mari croît sans cesse. •*Al mahabba coxol min al galib.* L'amour est un sentiment qui vient du cœur.

mahâbîl *pl.*, → *mahbûl.*

mahâbîs *pl.*, → *mahbûs.*

mahabûb *adj. n.* pr, → *mahbûb, Mahbûb.*

mahaci *n. m.*, * ḥšw, ح ش و
♦ **légume farci.** •*Fî l xada anîna akalna xadar mahaci.* Au déjeuner, nous avons mangé des légumes farcis. •*Hî mâ ta'arif tisawwi xadâr mahaci.* Elle ne sait pas préparer les légumes farcis.

Mahadi 1 *n. pr.*, * hdy, ه د يْ
♦ **homme pieux venant à la fin du monde, Mahdi,** nom du douzième imam, dans la famille d'Ali, qui, selon les chi'ites, a disparu pour revenir un jour rétablir la religion dans sa pureté primitive. •*Fî l-sab'înât, fî zôl wâhid gâl : hû bas al Mahadi al muntazar.* Dans les années soixante-dix, quelqu'un a dit qu'il était le Mahdi qu'on attendait. •*Al Mahadi, râjil sâleh bazhar fî Makka, wa ba'adah Sayyidna Îsa banzil.* Le Mahdi est un homme pieux qui apparaîtra à La Mecque, précédant la venue de notre Seigneur Issa.

Mahadi 2 *n. pr.* d'homme, *litt.* bien éduqué, dans la bonne voie, *Cf. hada*, * hdy, ه د ي

Mahadiye *n. pr.* de femme, *litt.* bien éduquée, dans la bonne voie, *fém.* de *Mahadi, Cf. hada*, * hdy, ه د ي

mahafûd / mahafûdîn *adj., n. pr.* d'homme, (*fém. mahafûda*), ≅ *mahfûz, mahfûd*, * ḥfẓ, ح ف ظ
♦ **protégé(e), gardé(e), mis(e) à l'abri, conservé(e).** •*Al-zere' da mahafûd adîl.* Ce champ est bien protégé. •*Bagar al hille di mahafûdîn be zerîbe hint côk.* Les vaches de ce village sont gardées à l'intérieur d'un enclos d'épineux. •*Gurus hanâ l-tujjâr wa l xaddâmîn mahafûd fî l banki.* L'argent des commerçants et des travailleurs est conservé à la banque. •*Al binêye al fata, kan mahafûda bâxudûha ajala ke.* Si une jeune fille est restée vierge, elle trouvera vite un mari.

mahag / yamhag *v. trans.*, forme I n° 13, * mḥq, م ح ق
♦ **diminuer la valeur, consumer, décimer, endommager, abîmer.** •*Al-nâr mahagat al hatab al axadar kula.* Le feu a consumé même le bois vert. •*Al-tâhûna kan mâ adîle tamhag al-dagîg.* Si le moulin n'est pas bien

réglé, il ne donne pas toute la quantité de farine espérée. •*Al marad mahag lêna bahâyimna.* La maladie a décimé nos troupeaux.

mahâhâ *n. d'act. f.*, * hwy, ى و ه
♦ **fait de chasser les volatiles, se défendre contre.** •*Mahâhât al-têr min al-zurâ'a tidôr tibkîre.* Pour chasser les oiseaux des champs, il faut se lever tôt. •*Al haraka di fî l-lêl min mahâhât al-câyib lê amba'ûda be danab al-bagaray.* Ce bruit qu'on entend la nuit vient du vieux qui chasse les moustiques avec une queue de vache. •*Fattic mahâhât nafsak min al-sarrâgîn !* Cherche à te défendre contre les voleurs.

mahâhîr *pl.*, → *muhhâra.*

mahajam *n. m.*, → *mahjam.*

mahajar / mahâjir *n. m.*, * hjr, ر ج ه
♦ **émigration pour étudier, départ pour l'étude du Coran,** fait de quitter sa famille et sa région pour étudier le Coran avec un maître. •*Muxtâr maca l mahajar wa sawwa talâta sane.* Moukhtar est parti étudier à l'étranger pendant trois ans. •*Al banât mâ bamcu l mahajar.* Les filles ne quittent pas leur famille pour aller étudier le Coran. •*Al mahajar yi'allim al iyâl al-sabur wa l haya l ijtimâ'iya.* Quitter sa famille pour aller étudier le Coran apprend aux enfants la résignation et la vie en commun.

mahâjim *pl.*, → *mahjam.*

mahâjir *pl.*, → *mahajar.*

Mahâjir *n. pr.* d'homme, *Cf. muhâjiri*, * hjr, ر ج ه

mahâjiri *n. m.*, → *muhâjiri.*

Mahâjiriye *n. pr.* de femme, *fém.* de *Mahajir*, → *muhâjiri*, * hjr, ر ج ه

mahâkim *pl.*, → *mahkama.*

mahakûm *adj. m.*, → *mahkûm.*

mahalab *n. vég.*, → *mahlab.*

mahale *n. f.*, * mhl, ل ه م
♦ **doucement.** •*Arfa' al xumâm da be mahale.* Soulève ces affaires doucement. •*Sûg watîrak be mahale mâ tisawwi hâdis !* Conduis ta voiture doucement, ne cause pas d'accident !

mahall / mahallât *n. m.*, * ḥll, ل ل ح
♦ **endroit, lieu de campement, zone, résidence, domicile.** •*Mahall al-côk da indah dâbi.* Cet endroit épineux abrite un serpent. •*Intu mahalluku wên ? Kan iriftah namci lêku.* Où se trouve votre lieu de séjour ? J'irai vous voir si je le connais. •*Mahalluku wên, Âce ? Mahallina xarib min câri Nimêri.* Où résidez-vous, Aché ? Nous habitons à l'ouest de l'avenue Nimeyri.

mahalli / mahalliyîn *adj.*, (*fém. mahalliye*), * ḥll, ل ل ح
♦ **local(e).** •*Mâlki inti indiki fî Tcâd icirîn sana, wa mâ ta'arfi tahajji be l kalâm al mahalli ?* Comment se fait-il que tu sois au Tchad depuis vingt ans et que tu ne saches pas parler la langue locale ? •*Lissâ mâ cîfna fatrôn hanâna al mahalli.* Nous n'avons pas encore vu le pétrole de notre pays. •*Indina carika tisawwi dawa mahalli.* Nous avons une société qui fabrique des médicaments locaux.

Mahamat *n. pr.* d'homme, altération de *Muhammad*, nom du Prophète, * ḥmd, د م ح

Mahamîd *n. pr. gr., coll., sgtf. Mahmûdi* (homme), *Mahmûdiyye* (femme).
♦ **Mahamid,** nom d'une fraction de tribu arabe (*Wulâd Atiye*) se rattachant aux *Juhayna.* •*Al Mahamîd arab, gâ'idîn fî Arada.* Les Mahamid sont arabes, ils se trouvent à Arada. •*Nuggâra hint al Mahâmîd, daggînha cik min al âxarîn.* Le rythme du tambour des Mahamid est original [différent des autres].

Mahammat *n. pr.* d'homme, altération de *Muhammad*, nom du Prophète, * ḥmd, د م ح

mahâne / **mahânât** *n. f.*, ≅ *mahâni*, *Syn. ihâna*, * hwn, ه و ن
♦ **mépris, torture, souffrance, épreuve, tourment.** •*Al iyâl dôl câfo mahâne cêne wakit abuhum sâfar.* Ces enfants ont connu une souffrance terrible lorsque leur père est parti en voyage. •*Allah mâ yijîb lêna l mahâne fî l-dâr !* Que Dieu nous épargne la souffrance dans le pays ! •*Al askar karabo l-sarrâg wa wassafoh mahâne cêne marra wâhid.* Les soldats ont attrapé le voleur et lui ont fait subir une horrible torture. •*Al-duwwâs bijîb al mahâne fî l-dâr.* La guerre a apporté des tourments au pays.

mahâni *n. m.*, → *mahâne.*

mahanna *n. f.*, *Cf. rêde*, * ḥnn, ح ن ن
♦ **amour, tendresse, délicatesse, affection.** •*Al mahanna axêr min al-duwâs.* L'amour vaut mieux que la guerre. •*Hibb iyâlak acân tijîb lêhum al mahanna bênâthum !* Aime tes enfants pour faire naître entre eux la tendresse ! •*Anâ indi lêki mahanna.* J'ai pour toi de la tendresse.

maharêb nom végétal *coll.*, *m.*, *sgtf. maharebay*, ≅ *mahrêb, mahrêbay*, connu au *Sdn.*
♦ **nom d'une herbe, Cymbopogon giganteus (Chiov.),** famille des graminées, ayant une bonne odeur et pouvant atteindre plusieurs coudées de haut. •*Râs al kûzi da bano be maharêb.* On a construit le toit de cette case avec du Cymbopogon giganteus. •*Al mahrêb billagi katîr fî l wati.* L'herbe Cymbopogon giganteus se trouve en abondance dans le Sud. •*Be l mahareb bi'arcu l biyâr wa almîhum babga halu.* On étaye les puits à l'aide de l'herbe Cymbopogon giganteus qui parfume l'eau.

mahârib *pl.*, → *mihrâb.*

mahârîc *pl.*, → *muhrâc.*

mahasan / **mahâsîn** *n. m.*, partie du corps entre le pubis et le nombril, *Cf. dabbe 2*, * ḥsn, ح س ن
♦ **bas-ventre.** •*Al-zôl kan bôl asarah, bihiss be waja' fî l mahsana.* Lorsque quelqu'un a besoin d'uriner, il ressent une douleur au bas-ventre. •*Awîn wahadîn kan induhum âde, bihissu be waja fî mahasanhum.* Certaines femmes, lorsqu'elles ont leurs règles, ont mal au bas-ventre.

Mahâsin *n. pr.* de femme, *litt.* beautés, *Cf. hasan*, * ḥsn, ح س ن

mahatta / **mahattât** *n. f.*, *litt.* lieu de stationnement, ≅ *maxatta*, * ḥṭṭ, ح ط ط
♦ **barrière, poste de contrôle des véhicules.** •*Mahattit Anjammêna kan mâci Abbêce dunjay lê Lamâji.* Lorsqu'on va à Abéché, la barrière de N'Djaména se trouve un peu avant Lamadji. •*Fî l mahatta fî birgâd wa bôlîs wa duwân, bifattucu al watâyir akûn yalgo coxol mamnu'.* Au poste de contrôle, des policiers et des douaniers, à la recherche de choses interdites, fouillent les véhicules.

mahâwir *pl.*, → *mahwar, muhwar.*

Mahayaddîn *n. pr.* d'homme, pour *muhyi al-dîn, litt.* qui fait vivre la religion, *Cf. hiyi, dîn.*

mahbûb / **mahbûbîn** *adj.*, (*fém. mahbûba*), * ḥbb, ح ب ب
♦ **aimé(e).** •*Inta bigit mahbûb al banât.* Tu es devenu l'aimé des jeunes filles. •*Al-nâdum kan farhân dâiman bagôd mahbûb al-nâs.* Si la personne est joyeuse, elle est toujours aimée des gens. •*Hî mahbûba fî ammaha wa abûha.* Elle est aimée de sa mère et de son père.

Mahbûb *n. pr.* d'homme, pour *Al mahbûb*, → *mahbûb*, * ḥbb, ح ب ب

Mahbûba *n. pr.* de femme, *fém.* de *Mahbûb*, * ḥbb, ح ب ب

mahbûc / **mahbûcîn** *adj. mrph. part.* passif, (*fém. mahbûca*), terme de l'arabe *sd.*, *Syn. malmûs*, * hbš, ه ب ش
♦ **volé(e).** •*Xumâm al wilêd al gâ'id busûmah da mahbûc, mâ tacuru*

minnah ceyy ! Ce garçon fait du porte à porte pour vendre des affaires volées, ne lui achetez rien ! •*Al-sâ'a di tamanha da bilhên raxîs kan mâ mahbûca.* Cette montre coûte tellement peu cher qu'on croirait qu'elle a été volée.

mahbûl / mahbûlîn *adj. n.*, (*fém. mahbûla*) ; ≅ le pluriel *mahâbîl*, * hbl, ه ب ل

♦ **insensé(e), stupide, fou (folle), toqué(e).** •*Al wilêd da mahbûl min saxayyar hû mâ indah rafîg.* Cet enfant est fou depuis son jeune âge et n'a pas d'ami. •*Inta mâla tadhak misil al mahâbîl ?* Pourquoi ris-tu comme un fou ? •*Râjil wâhid ja bidôr bâxud jârti wa l-nâs gâlo lêyah hî mahbûla.* Les gens ont dit à l'homme qui voulait épouser ma voisine que cette dernière était folle.

mahbûs / mahâbîs *adj.*, (*fém. mahbûsa*), * ḥbs, ح ب س

♦ **prisonnier, en garde à vue, enfermé(e), reclus(e),** qui ne sort jamais de la maison. •*Al iyâl hassâ mahbusîn fî l gêgar.* Les enfants sont à présent en garde à vue à la garnison. •*Awîn al-sultân mahâbîs mâ burûxu minjamm.* Les femmes du sultan sont recluses, elles ne vont pas où elles veulent. •*Hî mahbûsa mâ tagdar tamci l-sûg kula.* Elle est recluse chez elle, elle ne peut même pas aller au marché.

mahcûr / mahcûrîn *adj. mrph. part.* passif, (*fém. mahcûra*), * ḥšr, ح ش ر

♦ **entassé(e), rassemblé(e), bourré(e),** réuni(e) en grand nombre dans un lieu restreint. •*Al xumâm da mahcûr fî l maxzan.* Ces affaires sont entassées dans le magasin. •*Al masâjîn dôl mahcûrîn mâ ligo farga yi'arrudu.* Ces prisonniers sont entassés dans la prison, ils n'ont pas trouvé d'issue pour s'évader. •*Batunak mahcûra be l-laham.* Tu t'es rempli le ventre de viande.

mahdûm / mahdumîn *adj. mrph. part.* passif, (*fém. mahdûma*), * hdm, ه د م

♦ **détruit(e), écroulé(e), effondré(e).** •*Bêt hanâ jâri da mahdûm gubbâl al xarîf.* La maison de mon voisin a été détruite avant la saison des pluies. •*Al bîr di mahdûma indaha santên.* Ce puits s'est effondré il y a deux ans.

mahfûd *adj. m.*, → *mahafûd.*

mahfûf / mahfûfîn *adj. mrph. part.* passif, (*fém. mahfûfa*), *Cf. haffa*, * ḥff, ح ف ف

♦ **taillé(e), raboté(e).** •*Al-terbêza di, atrâfha mahfûfîn mulus.* Cette table a les bords rabotés et lisses. •*Xacum al galam da mâ mahfûf, katibah mâ bincâf.* Le bout de ce crayon n'est pas taillé, il n'écrit pas [son écriture est invisible].

mahfûr / mahfûrîn *adj.*, (*fém. mahfûra*), * ḥfr, ح ف ر

♦ **creusé(e).** •*Al bîr di mahfûra min sana l fâtat lâkin mâ indaha almi.* Ce puits a été creusé l'année dernière, mais il n'a pas d'eau. •*Al-nugra al mahfûra al-tawîle di xidime hint kalibkụ.* Ce trou profondément creusé est l'œuvre de votre chien.

mahfûz / mahfûzîn *adj. mrph. part.* passif, (*fém. mahfûza*), ≅ *mahfûd, mahafûd*, * ḥfẓ, ح ف ظ

♦ **protégé(e), gardé(e), conservé(e), mis(e) à l'abri.** •*Xumâm al mayyit mahfûz bakân al-sultân acân iyâlah lissâhum dugâg.* Les biens du défunt sont gardés chez le sultan parce que ses enfants sont encore petits. •*Girayti di kullaha xalâs mahfûza fî râsi.* J'ai appris mon cours par cœur.

mahgûr / mahgûrîn *adj.*, (*fém. mahgûra*), * ḥqr, ح ق ر

♦ **méprisé(e), dédaigné(e).** •*Al wilêd da mahgûr acân abbahâtah mâ induhum gurus.* Cet enfant est méprisé parce que ses parents n'ont pas d'argent. •*Hî bigat mahgûra acân yôm dâk macat sirgat wa karaboha.* On la méprise parce que l'autre jour elle a été prise en flagrant délit de vol.

mahhan / yimahhin *v. trans.*, forme II, * mḥn, م ح ن ⇨

♦ **éprouver, faire souffrir.** •*Al marad yimahhin al fîl.* La maladie éprouve même l'éléphant. *Prvb.* •*Al askar mahhano l masâjîn.* Les militaires tourmentent les prisonniers. •*Al mara di timahhin al-saxîr da acân wilêd darritha.* Cette femme fait souffrir ce petit parce qu'il est le fils de sa rivale.

mâhir / mâhirîn *adj. mrph. part.* actif, (*fém. mâhire*), * mhr, م ه ر

♦ **habile, compétent(e).** •*Al-râjil da mâhir fî amalah.* Cet homme est compétent dans son travail. •*Al-sayyâdi dâk mâ baxta, hû mâhir.* Ce chasseur ne rate jamais sa cible, il est habile.

mâhiye / mawâhi *n. f.*, connu au *Sdn.*, emprunt *irn.* (*C.Q.*) passé dans le turc *mâh* (mois), *Cf. cahariye*

♦ **mensualité, salaire mensuel, traitement mensuel, paye mensuelle.** •*Al hâkuma lissâ mâ kaffat al xaddâmîn mawâhihum.* Le gouvernement n'a pas encore payé aux fonctionnaires leurs mensualités. •*Zamân al mâhiye ti'ayyic al-nâdum.* Autrefois la paye d'un salaire permettait à une personne de vivre [faisait vivre la personne]. •*Binêytah taxadim be mâhiye ma'â l-Nasâra.* Sa fille est salariée, elle travaille chez les Blancs.

mahjam / mahâjim *n. m.*, *Cf. gubra*, * ḥjm, ح ج م

♦ **ventouse en corne.** •*Amis saduri gamma bojâni wa abui ja xatta lêi mahjam.* Hier, j'avais mal à la poitrine et mon père est venu me poser des ventouses. •*Hî taxâf mâ tidôr yuxuttu lêha mahjam.* Elle a peur, elle ne veut pas qu'on lui pose des ventouses. •*Al bagar kan dabahôhum yamurgu gurûnhum lê l mahâjim.* Lorsque l'on abat des vaches, on met les cornes de côté [on sort leurs cornes] pour en faire des ventouses.

mahkama / mahâkim *n. f.*, *Cf. cerîye, hukum*, * ḥkm, ح ك م

♦ **tribunal.** •*Al gâdi gâ'id fôg al mahkama yagta' al-cêriye.* Au tribunal siège le juge qui prononce le jugement. •*Kan nâdum sawwa janiye, bahkumuh fî l mahkama.* Celui qui a commis une faute grave est jugé au tribunal.

mahkûk / mahkûkîn *adj. mrph. part.* passif, (*fém. mahkûka*), * ḥkk, ح ك ك

♦ **frotté(e), gratté(e), griffé(e).** •*Macêt fî l bêt wa ligit wilêdi l-saxayyar jildah kulla mahkûk akûn âkula karabatah ?* Je suis allé à la maison et j'ai trouvé mon petit enfant avec son corps tout griffé, peut-être a-t-il des démangeaisons ? •*Mâla ênak mahkûka ramad karabak wallâ ?* Pourquoi t'es-tu frotté l'œil ? Aurais-tu attrapé une conjonctivite ?

mahkûm 1 / mahkûmîn *adj. mrph. part.* passif, ≅ *mahakûm*, * ḥkm, ح ك م

♦ **puni(e), en faute, passible d'amende.** •*Intu mahkûmîn acân xâlaftu kalâm al umda wa tabnu amtabalbôl.* Vous êtes passibles d'amende parce que vous n'avez pas suivi les consignes du maire, en construisant vos maisons en désordre. •*Al binêye di mahkûma râs hanâ sukkar acân mâ jatna yôm al malamma.* Cette fille doit payer un pain de sucre en punition, parce qu'elle n'est pas venue le jour de notre réunion.

mahkûm 2 / mahkûmîn *adj. mrph. part.* passif, (*fém. mahkûma*), ≅ *mahakûm*, terme de l'*ar. lit.*, * ḥkm, ح ك م

♦ **gouverné(e), dirigé(e), condamné(e) à,** pris en main par la force. •*Baladna indaha xamistâcar sana mahkûma be hukum askari.* Notre pays a été dirigé pendant quinze ans par des militaires. •*Xamîs mâ yagdar yisawwi coxol sameh lê martah, acân hû mahkûm alêh be sijin talâte cahhar.* Khamis ne peut rien faire de bon pour sa femme parce qu'il est condamné à trois mois de prison.

mahlab *n. m.*, → *mahlab al-subyân, mahlab azrag, rujâl al mahlab.*

mahlab al-subyân *n. coll., m., sgtf. mahlabay*, composé de *mahlab* et de *subyân* [jeunes gens], * ḥlb, ṣbw, ح ل ب • ص ب و

♦ **nom d'un parfum,** grain blanc venant d'Orient, moulu et mélangé à des parfums ; élément parfumant la coiffure des jeunes filles. •*Mahlab al-subyân busubbuh fî l xumra.* On met du *mahlab* dans le parfum. •*Hî carat mahlab al-subyân al jâboh min Makka.* Elle a acheté des graines parfumées *mahlab* venant de La Mecque.

mahlab azrag *n. vég., coll., m., sgtf. mahlabay zarga,* ≅ *mahalab azrag,* * ḥlb, ح ل ب

♦ **nom d'une graine noire, nom d'une herbe, Monechma ciliatum (Jacq.),** famille des acanthacées. •*Al mahlab al azrag bidâwi l waram wa waja' al galib.* La Monechma ciliatum soigne les enflures et les maux de cœur. •*Al mahlab al azrag yugumm katîr fî l gôz.* La Monechma ciliatum pousse en abondance sur les terrains sablonneux. •*Al mahlab al azrag dawa hanâ waja' al batun.* La Monechma ciliatum est un remède qui guérit les maux de ventre. •*Al mahlab al azrag, al awîn bixalbutuh fî l-dilke wa bilmassaho beyah.* Les femmes mélangent les graines de Monechma ciliatum avec un onguent pour s'en passer sur le corps.

mahlabay *adj.* de couleur, qualifiant la robe du cheval ou de l'âne, * ḥlb, ح ل ب

♦ **gris foncé.** •*Al humâr al mahlabay da mâ rawwâx.* Cet âne à la robe gris foncé ne marche pas vite. •*Juwâdi l mahlabay da, carêtah min Abu Xadîje.* Mon cheval gris foncé que voici, je l'ai acheté au père de Khadijé !

mahlabiye *n. f., Cf. mahalab,* * ḥlb, ح ل ب

♦ **nom d'un parfum, nom d'une lotion parfumée,** lotion huileuse permettant au henné d'agir rapidement sur la peau. •*Al mahlabiye al fî l kîbân, talgaha fî l-sûg jâye min al Hind.* La lotion parfumée en boîte se trouve au marché, elle vient d'Inde. •*Al mara kan tidôr tahannin, timassi idênha wa rijilênha be l mahlabiye gubbâl tuxxut al hinne, acân al hinne ticîl ajala.* Lorsque la femme veut se mettre du henné, elle se passe de la lotion parfumée *mahlabiye* sur les mains et les pieds avant d'y poser le henné, pour que celui-ci prenne vite sur la peau.

mahlûb / mahlûbîn *adj. mrph. part.* passif, (*fém. mahlûba*), * ḥlb, ح ل ب

♦ **trait(e), tiré** (lait). •*Al-laban mahlûb min amis.* Le lait a été trait depuis hier. •*Al bagaray di lissâ mâ mahlûba.* Cette vache n'a pas encore été traite.

mahlûg 1 / mahlûgîn *adj. mrph. part.* passif, (*fém. mahlûga*), *Cf. halag,* * ḥlq, ح ل ق

♦ **quï a eu la gorge nettoyée.** •*Saxîrak kan mâ mahlûg, mâ indah niye fî l akil.* Si ton enfant n'a pas la gorge nettoyée, il n'aura pas envie de manger. •*Wilêdi, al yôm da mahlûg, aba l madîde wa l-laban kula.* On a nettoyé aujourd'hui la gorge de mon enfant, il refuse de boire la bouillie et même le lait.

mahlûg 2 / mahlûgîn *adj. mrph.* prt passif, (*fém. mahlûga*), *Cf. halag,* * ḥlq, ح ل ق

♦ **qui a la tête rasée, qui a les cheveux coupés très court.** •*Al-rujâl bigabbulu min al hijj rusênhum mahlugîn.* Les hommes qui reviennent du pèlerinage à La Mecque ont la tête rasée. •*Al-sabi kan mahlûg, sameh min kan indah gujje.* Le jeune homme qui a les cheveux coupés très court est plus beau que celui qui a une tignasse. •*Al-sawri, dâ'iman râsah mâ mahlûg acân bugûl hû haznân.* Le révolutionnaire n'a jamais la tête rasée parce qu'il dit qu'il est en deuil.

mahlûj / mahlûjîn *adj. mrph. part.* passif, (*fém. mahlûja*), * ḥlj, ح ل ج

♦ **incontinent(e), foiré(e),** qui laisse perdre son contenu à cause d'une fermeture mal fixée devenue trop large. •*Mâ talmasso l-tiyo da acân mahlûj, yidaffig al almi !* Ne touchez pas à ce tuyau, son robinet est foiré et il perd ! •*Ajala hint watîrna di indaha sâmûla mahluja, namcu bicêc bicêc axêr.* Un des boulons de la roue de notre voiture est foiré, il vaut mieux aller tout doucement. •*Wilêdki, mâla yubûl katîr ke misil mahlûj ?* Pourquoi ton enfant urine-t-il si souvent ? On dirait qu'il est incontinent.

mahlûl / **mahlûlîn** *adj.*, (*fém. mahlûla*), * ḥll, ح ل ل

♦ **dénoué(e), détaché(e), ouvert(e), liquide, liquéfié(e).** •*Al-juwâd da al yôm sîdah xallah mahlûl ke bas.* Ce cheval est aujourd'hui en liberté, son maître l'a laissé détaché. •*Al wilêd da micôtin mâ tixalluh mahlûl.* Cet enfant est fou, il ne faut pas le détacher. •*Mâ yagdar yazrut illa l-dawa al mahlûl !* Il ne peut avaler qu'un médicament liquide !

Mahmûdi *sgtf.* d'un *n. pr. gr.*, *n. pr.* d'homme, (*fém. Mahmûdiye*), → *Mahamîd, Cf. hamad.*

mahrêb *n. vég.*, → *maharêb.*

Mahri *sgtf.* d'un *n. pr. gr.*, (*fém. mahriye*), → *Mahriye.*

Mahriye *n. pr. gr.*, *coll.*, *sgtf. Mahri, Mahriye*, nom d'une fraction de tribu arabe (*Wulâd Atiye*) se trouvant dans la région d'Arada et rattachant aux *Juhayna.*

mahrûg / **mahrûgîn** *adj. mrph. part.* passif, voir ci-dessous l'expression *dihin mahrûg*, (*fém. mahrûga*), * ḥrq, ح ر ق

♦ **brûlé(e), chagriné(e), huile de vidange.** •*Xumân al bêt da kulla ke mahrûg.* Toutes les affaires de cette maison sont brûlées. •*Anâ mahrûga acân râjili maca fî l harba wa lissâ mâ ja.* Je suis chagrinée parce que mon mari est allé à la guerre et n'est pas encore revenu. •*Al-dihin al mahrûg busubbuh fî l bakân al-tugumm fôgah al arda, walla fî l wara bêt, walla fî l kânifôyât al bargud fôghum al almi.* On répand l'huile de vidange là où montent les termites, ou bien dans les cabinets, ou encore dans les caniveaux dans lesquels l'eau stagne.

mahrûm / **mahrûmîn** *adj. mrph. part.* passif, (*fém. mahrûma*), * ḥrm, ح ر م

♦ **interdit(e) de, privé(e) de, exclu(e).** •*Al kâfir mahrûm min al-janna.* Le païen sera exclu du paradis. •*Al-ca'ab dôl mahrûmîn min huxûxhum.* Ces gens du peuple sont privés de leur droits.

mahrûs / **mahrûsîn** *adj. mrph. part.* passif, (*fém. mahrûsa*), * ḥrs, ح ر س

♦ **gardé(e).** •*Bêt al-câyib da mahrûs be kulâb kacrânîn.* La maison de ce vieil homme est gardée par des chiens méchants. •*Dukkân al-tâjir da mahrûs be kalib.* La boutique de ce commerçant est gardée par un chien.

mahrût / **mahrûtîn** *adj.*, (*fém. mahrûta*), * ḥrṯ, ح ر ث

♦ **cultivé(e),** terrain cultivé. •*Anâ zar'i xalâs mahrût.* Mon champ est déjà cultivé. •*Al-zere' al mâ mahrût da sîdah mardân.* Le propriétaire de ce champ, qui n'est pas encore cultivé, est malade. •*Al bagar akalo l bizre hanâ l-zere' al mahrut wa sîd al-zere' maca caka bakân al-sultân.* Les vaches ont brouté les jeunes plants du champ cultivé : son propriétaire est allé se plaindre chez le sultan.

mahsûb / **mahsûbîn** *adj.*, (*fém. mahsûba*), * ḥsb, ح س ب

♦ **compté(e), inventorié(e).** •*Anâ xattêt gursi mahsûb adîl wa jît ligîtah nâgis.* J'ai bien compté mon argent avant de le déposer, et lorsque je suis venu le reprendre, j'ai trouvé qu'il en manquait. •*Gurs al-tâjir da mahsûb.* L'argent de ce commerçant est compté. •*Mâl al marhûm lissâ mâ mahsûb.* Le bien du défunt n'a pas encore été inventorié.

mahwar / **mahâwir** *n. m.*, ≅ *mahawar, mihwar*, → *muhwar*, * ḥwr, ح و ر

majâl / **majâlât** *n. m.*, * jwl, ج و ل

♦ **place libre, espace vide.** •*Fattic lêi majâl hanâ xidime ma'âku !* Cherche-moi une place pour travailler avec vous ! •*Nâs katîrîn fî l hafla, mâ ligîna majal nâgôdu tawwâli bas gabbalna.* Il y avait beaucoup de monde à la soirée festive, nous n'avons pas trouvé le moindre endroit pour nous asseoir et nous sommes revenus aussitôt.

majâlis *pl.*, → *majlis.*

majara *n. f.*, → *majra.*

majâri *pl.*, → *majra.*

majarr *n. m.*, *Cf. jarra 2*, * jrr, ج ر ر
♦ **traction à terre, fait de tirer.** •*Al addah al-dâbi, baxâf min majarr al habil.* Celui qui a été mordu par un serpent a peur d'une corde qui bouge [de la traction d'une corde]. *Prvb.* (*Cf.* "Chat échaudé craint l'eau froide"). •*Majarr al-côk fî l-darib mâ sameh, bilkassar wa bi'âzi l-nâs.* Traîner des branches d'épineux sur le chemin n'est pas bon, elles se casseront et gêneront les passants.

majbûr / majbûrîn *adj.*, (*fém. majbûra*), * jbr, ج ب ر
♦ **contraint(e), forcé(e), obligé(e).** •*Wilêdi waddar gurus hanâ l-nâs wa anâ majbûr nikaffi.* Mon enfant a perdu l'argent que des gens lui avaient confié et je suis obligé de rembourser. •*Al-nâdum kan sawwa jarîme majbûr yagôd fî l-sijin.* Lorsque quelqu'un a commis un crime, il est contraint de rester en prison. •*Abuh lê rafîgi mât wa anâ majbûr nagôd ma'âh fî l furâc.* Le père de mon ami est mort et je suis forcé de rester avec lui à la place mortuaire.

majhûl / majhûlîn *adj.*, (*fém. majhûla*), * jhl, ج ه ل
♦ **inconnu(e).** •*Mâla inti majhûla fî bakân al xidime ?* Pourquoi es-tu inconnue là où tu travailles ? •*Fî râjil wâhid majhûl gâ'id ma'â l-rujâl fî bêtna.* Il y a un inconnu qui se trouve avec les hommes dans notre maison.

majjân *invar.*, *Cf. sâkit*, * mjn, م ج ن
♦ **gratuitement, gratis, gratuit(e).** •*Axui antâni cawawîl xalla majjân.* Mon frère m'a donné gratuitement des sacs de mil. •*Mâ talga coxol majjân fî l-sûg.* Tu ne trouveras rien de gratuit au marché.

majlis / majâlis nom *mrph.* nom de lieu, * jls, ج ل س
♦ **conseil, parlement,** lieu où l'on cause assis. •*Ra'îs al-jamhuriya kassar al majlis al watani lê l-côra.* Le président de la République a dissous le Conseil national consultatif. •*Majlis al-cuyûx lamma gubbâl al mu'tamar.* Le conseil des sages s'est réuni avant la conférence.

majnûn / majânîn *adj.*, (*fém. majnûna*), *Cf. micôtîn*, * jnn, ج ن ن
♦ **fou (folle).** •*Al iyâl câfo majnûn fî l-câri wa gammo jaro.* Les enfants ont vu dans la rue un fou et se sont mis à courir. •*Al majnûna taccat bêt râjilha wa maragat.* La folle a mis le feu à la maison de son mari et est sortie. •*Al hâkûma gâ'ide tabni bêt lê l majânîn.* Le gouvernement est en train de construire un asile de fous.

majra / majâri nom, *mrph.* nom de lieu, *m.*, ≅ *majara, mujura, mujra*, *Cf. jara yajri, jadwal*, * jry, ج ر ي
♦ **canalisation, rigole, caniveau, fossé, ruisseau, piste, parcours d'un oued,** milieu de la piste où roulent les voitures, lieu permettant à l'eau ou aux voitures de "courir". •*Bêtah waga' fî wakt al xarîf acân mâ sawwa lêyah majra.* Sa maison s'est effondrée pendant la saison des pluies parce qu'il n'avait pas fait de fossé pour évacuer l'eau. •*Fî l âsima al-lamêri addal majâri hanâ almi.* Dans la capitale, la mairie a creusé des caniveaux pour évacuer l'eau. •*Fî mujra yijîb lêna almi min al-câto fî l bêt.* Il y a une canalisation qui nous apporte l'eau du château jusqu'à la maison. •*Fî l xarîf, al almi bajiri fî l majâri.* Pendant la saison des pluies, l'eau coule dans les caniveaux. •*Al-cifêr marag min al mujura wa daxal fî l-turâb al mayyit.* Le chauffeur est sorti de la piste et s'est enfoncé dans le bas-côté [dans la terre morte].

majrûh / majrûhîn *adj. mrph. part.* passif, (*fém. majrûha*), * jrḥ, ج ر ح

♦ **blessé(e).** •*Ba'ad al-duwâs kulla l majrûhîn nagalôhum fî l-labtân.* Après la guerre, on a transporté tous les blessés à l'hôpital. •*Al askari l majrûh lê hassâ mâ ligi l âfe.* Le soldat blessé n'a pas encore retrouvé la santé.

mâjûd *adj. m.*, → *mawjûd.*

majûsa *pl.*, → *majûsi.*

majûsi / majûsa *adj.*, (*fém. majûsiye*), * njs, ن ج س

♦ **animiste.** •*Al-râjil da majûsi.* Cet homme est animiste. •*Al majûsi mâ ba'bid Allah.* L'animiste n'adore pas Dieu. •*Al majûsa ba'abdu l asnâm.* Les animistes adorent les idoles.

mâk *n. m.*, noté par Decorse en 1906, pour désigner le "sourcil", ≅ dans le Chari-Baguirmi *mahak*, pour *ma'g* (coin de l'œil), moins employé que *hadag*, → *hadag*, * m'q, م ء ق

makaccan *adj.*, (*fém. makaccana*), → *mukaccan.*

makâcîf *pl.*, → *makcûf.*

makâla / makâlât *n. d'act. m.*, ≅ *mukâla*, *Cf. ilâj*, → *mukâla.*

makân *n. m.*, terme de l'*ar. lit.*, → *bakân.*

makana / makanât *n. f.*, mot arabe d'emprunt, *Cf. macîn.*

♦ **machine, engin, moteur.** •*Jârna indah makana biyaxxit bêha xulgân kulla yôm.* Mon voisin a une machine à coudre avec laquelle il coud des vêtements tous les jours. •*Makanât al xiyâta gurushum katîr.* Les machines à coudre coûtent très cher. •*Makanit watîri xasrâne.* Le moteur de ma voiture est tombé en panne. •*Al-sane bujûbu lêna makanât hanâ hirâte.* Cette année, on nous apportera des engins agricoles.

makânase / makânaseyât nom de personne *m.*, inusité au féminin, *empr. fr.*

♦ **mécanicien.** •*Hû xidimtah makânase hanâ l watâyir al kubâr.* Il travaille comme mécanicien de gros porteurs. •*Makânaseyât hanâ l garrâc da ba'arfu xidime adîl.* Les mécaniciens de ce garage savent bien travailler.

makânîs *pl.*, → *maknûs.*

makarsa / makarsa'în *adj. m.*, → *mukarsa'.*

makâsib *pl.*, → *maksab.*

makâtib *pl.*, → *maktab.*

makcûf / makâcîf *adj.*, (*fém. makcûfa*), * kšf, ك ش ف

♦ **indécent(e), sans pudeur.** •*Al wilêd da makcûf.* Cet enfant est indécent. •*Mâ tagôd ma'â l iyâl al makâcîf dôl !* Ne reste pas avec ces enfants sans pudeur !

makdûd / makdûdîn *adj.*, (*fém. makdûda*), * kdd, ك د د

♦ **rongé(e), grignoté(e).** •*Akalna l-laham wa l udâm al makdûdîn daffagnahum fî l-kûca.* Nous avons mangé toute la viande et jeté les os rongés dans la poubelle. •*Al kalib ligi adum makdûd marra wâhid kula câlah jara beyah.* Le chien a trouvé un os complètement rongé, il l'a pris et s'est enfui.

makêk *n. anim.*, → *tês al hajar.*

makfi / makfiyîn *adj.*, (*fém. makfiye*), * kf', ك ف ء

♦ **couvert(e), recouvert(e).** •*Al êc da hâmi acân makfi be l gadah.* La boule est chaude parce qu'elle est recouverte avec le bol en bois. •*Amci fî l bêt talga l madîde makfiye be l karbalo.* Va à la maison, tu trouveras la bouillie recouverte d'une cuvette en terre. •*Râs bêtna makfi be carâgine.* Le toit de notre maison est couvert de paille.

makfûf / makfûfîn *adj. mrph. part.* passif, (*fém. makfûfa*), * kff, ف ف ك

♦ **ourlé(e), bordé(e) d'un ourlet.** •*Al xalag kan mâ makfûf yiccarrat cancal cancal min tarafah.* Si un habit n'est pas ourlé, son extrémité part en franges. •*Xalagah l abyad da makfûf be xêt ahmar, acân da al iyâl yicammutu lêyah.* Son vêtement blanc est ourlé d'un fil rouge, c'est pour cela que les enfants se moquent de lui.

makhala / makhalât *n. instr., f., Cf. kohol,* * kḥl, ل ح ك

♦ **flacon de khôl.** •*Al makhala misil fundung saxayyar min nihâs.* Le flacon de khôl ressemble à un petit mortier en cuivre. •*Jîbi l makhala, nikayyil lêki uyûnki !* Apporte-moi le flacon de khôl, que je t'en mette aux yeux !

mâkil / mâkilîn *adj. mrph. part.* actif, (*fém. mâkile, mâkile*), *Cf. akal,* * 'kl, ل ك ء

♦ **qui a mangé, qui a gagné, qui a fait disparaître.** •*Al wâdi amnawwal mâkil nâs tinên.* Deux personnes se sont noyées dans l'oued l'an dernier [l'oued, l'an dernier a mangé deux personnes]. •*Amis anâ mâkile catte sawwat lêi waja' batun.* Hier, j'ai mangé du piment et cela m'a fait mal au ventre. •*Al masâ'îl mâkilîn gurus al-ca'ab.* Les responsables ont détourné [mangé] l'argent du peuple. •*Inti mâkile kam fî gumâr hanâ amis da ?* Combien as-tu gagné au poker hier ?

Mâkin *n. pr.* d'homme, *litt.* fort, solide, * mkn, ن ك م

makjûj / makjûjîn *adj. mrph. part.* passif, (*fém. makjûja*), *Cf. kajja.*

♦ **tendu** (piège), **coiffé(e) d'un turban.** •*Al-carak da makjuj lê l marfa'în.* Ce piège a été tendu pour l'hyène. •*Hû ja lêi amis indah kadmûl makjûj fî râsah.* Il est venu chez moi hier, la tête coiffée d'un turban.

Makka *n. pr.* de lieu, *n. pr.* de femme, * mkk, ك ك م

♦ **La Mecque.**

makkan / yimakkin *v. trans.*, forme II, * mkn, ن ك م

♦ **se fixer, s'installer, donner du prestige à, consolider,** donner de l'autorité et de la considération à *qqn.* •*Hû makkan fî xidimtah di acân baxadim adîl.* Il a occupé longtemps ce poste de responsabilité, parce qu'il travaillait bien. •*Allah yimakkinak fî l-tijâra !* Que Dieu te fasse réussir dans le commerce !

makkâni / makkânîn *adj.*, (*fém. makkaniye*), mot arabe d'emprunt, *Cf. makana.*

♦ **tailleur.** •*Al makkâni xayyat sarawîl talâta lê iyâli.* Le tailleur a cousu trois sarouals pour mes enfants. •*Al makkâni indah dukkân fî l-sûg.* Le tailleur a un atelier au marché. •*Râjili makkâni adîl.* Mon mari est un bon tailleur.

Makki *n. pr.* d'homme, *litt.* Mecquois, * mkk, ك ك م

Makkiya *n. pr.* de femme, ≅ *Makkiye, litt.* Mecquoise, * mkk, ك ك م

makmûd / makmûdîn *adj. mrph. part.* passif, (*fém. makmûda*), * kmd, د م ك

♦ **tassé(e), bourré(e).** •*Al-tâsa makmûda dagîg.* La cuvette est pleine de farine bien tassée. •*Al-tayyâra waddat cuwâl makmûd jawabât lê Abbece.* L'avion a apporté un sac bourré de lettres à Abéché.

maknûs / makânîs *adj.*, (*fém. maknûsa*), surtout employé à propos des femmes, terme d'insulte, *Ant. sa'îd,* connu au *Sdn.* et au Ouaddaï, * kns, س ن ك

♦ **porte-malheur, soumis à un mauvais sort.** •*Al-râjil mât acân martah al-jadîde di maknûsa.* L'homme est mort parce que sa nouvelle femme était un porte-malheur. •*Hey, inti di, maknûsa ! Min yôm jîti fî bêti, mâ ligit gurus !* Hé ! Toi alors, tu es un porte-malheur ! Depuis que tu es venue chez moi, je n'ai plus gagné d'argent ! [je n'ai plus trouvé d'argent]. •*Gursi da, yâtu* *câlah ? Kulla intu l makânis dôl !* Qui a volé mon argent ? C'est sans doute encore vous, bande de porte-malheur !

makôsang / **makôsangîn** *adj.*, *→ mukôsang.*

makrofôn / **makrofônât** *n. m.*, *empr. fr.*
♦ **haut-parleur, amplificateur, microphone.** •*Al makrofôn yarfa' hiss al-nâdum al bikallim lê l-nâs.* Le haut-parleur permet d'amplifier la voix de celui qui parle à des gens. •*Kulla yôm badri nasma'o al mu'azzin yinâdi l-nâs lê l-salâ be l makrofôn.* Chaque jour, tôt le matin, nous entendons le muezzin qui appelle les gens à la prière en utilisant un microphone.

makruh / **makruhîn** *adj. mrph. part.* passif, (*fém. makrûha*), * krh, ك ر ه
♦ **abominable, détesté(e), haïssable,** qui n'est pas bon à voir. •*Al-râjil da bigi makruh acân kaddâb.* Cet homme est détesté de tous parce qu'il est menteur. •*Marad al kôlêra makruh acân bikattil al-nâs ajala.* Le choléra est une maladie abominable parce qu'il tue très vite un grand nombre de gens.

maksab / **makâsib** *n. m.*, * ksb, ك س ب
♦ **bénéfice, gain, profit.** •*Al-sukkar da kan câroh minni be alif kula maksabi icirîn riyâl bas.* Même si on m'achète ce sucre à mille riyals, mon bénéfice ne sera que de vingt riyals. •*Râs mâlah angatah acân mâ balga maksab fî l budâ'a.* Il a perdu son capital parce qu'il ne réalise aucun profit sur sa marchandise.

maksûr / **maksûrîn** *adj. mrph. part.* passif, (*fém. maksûra*), * ksr, ك س ر
♦ **cassé(e), brisé(e).** •*Inta mudangir misil daharak maksûr ke mâlak ?* Tu es penché comme si tu avais le dos cassé, qu'as-tu ? •*Rijli maksûra mâ nagdar nal'ab kûra.* J'ai la jambe cassée, je ne peux pas jouer au football.

maktab / **makâtib** *n. m.*, * ktb, ك ت ب
♦ **bureau, cabinet.** •*Indi kutub katîrîn fî maktabi.* J'ai beaucoup de livres dans mon bureau. •*Askar gâ'idîn katîrîn fî giddâm al maktab hanâ l wazîr.* Il y a beaucoup de soldats devant le bureau du ministre. •*Wassifni maktab hanâ l-daktôr al macêt yôm jildi bojâni !* Montre-moi le cabinet du médecin où je suis allé le jour où je ne me sentais pas bien !

maktal 1 *n. m.*, * ktl, ك ت ل
♦ **agonie.** •*Al mardân da coxolah maktal, wa ahalah mâ irfoh.* Ce malade est entré en agonie, et sa famille ne le sait pas. •*Al-nâdum al mardân kan ja fî l maktal, battân mâ indah dawa.* Lorsqu'un malade entre en agonie, plus aucun médicament n'est efficace pour le guérir.

maktal 2 *n. m.*, * ktl, ك ت ل
♦ **point névralgique du corps, point vital du corps, point sensible,** lieu fragile du corps qui provoque la mort ou la syncope lorsqu'il est touché. •*Al-nâdum kan daggoh fî l maktal baxmar wallâ bumût.* Si l'on frappe une personne sur un point sensible du corps, il tombe en syncope ou meurt. •*Kattâlîn al-diman kan bidâwusu, mâ bat'ano illa fî l maktal.* Lorsque les tueurs professionnels se battent, ils ne donnent de coups de poignard que dans les points névralgiques du corps.

maktûb / **makâtîb** *adj. n.*, *mrph. part.* pass forme I, (*fém. maktûba*), *Cf. jawâb*, * ktb, ك ت ب
♦ **écrit(e), lettre, note écrite, ordonnance.** •*Xâli rassal lêna maktûb hanâ âfitah.* Mon oncle nous a envoyé une lettre au sujet de sa santé. •*Min ayyi dâr al makâtîb baju be l-busta.* De tous les pays, les lettres viennent par la poste. •*Humman musâfirîn wa antêthum maktûb lê xâlti.* Ils partaient en voyage et je leur ai donné une lettre pour ma tante maternelle.

maktûl / **maktûlîn** *adj. mrph. part.* passif, (*fém. maktûla*), * qtl, ق ت ل ⇨

♦ **tué(e), condamné(e) à mort.** •*Râjilki lê hassâ kula mâ ja akûn hû min al maktûlîn.* Ton mari n'est jusque-là pas revenu, peut-être est-il parmi les tués ? •*Al-râjil da maktûl.* Cet homme est condamné à mort.

makwa / makwât *n. f.*, * kwy, ك و ي

♦ **fer à repasser.** •*Anâ xassalt xulgâni wa hassâ mâci nifattic makwa.* J'ai lavé mes vêtements et à présent je vais chercher un fer à repasser. •*Fî dâr barra makwa mâ fîh.* Il n'y a pas de fer à repasser au village. •*Al makwa himat bilhên wa akalt xalagi.* Le fer à repasser était trop chaud et a brûlé mon vêtement.

makwi / makwiyîn *adj.*, (*fém. makwiye*), * kwy, ك و ي

♦ **repassé(e).** •*Xalagi muxassal lâkin lissâ mâ makwi.* Mon vêtement est lavé, mais il n'est pas encore repassé. •*Al-nasrâni da mâ balbas xulgân kan mâ makwiyîn.* Cet Européen ne porte pas de vêtements qui ne sont pas repassés.

mâl / amwâl *n. m. coll., sgtf. mâlay*, * mwl, م و ل

♦ **richesse, bêtes du troupeau, cheptel, capital, denier, fonds.** •*Mâl al-dunya rih sâkit.* La richesse de ce bas monde n'est que du vent. •*Al mâl da hanâ yâtu ?* A qui appartient ce cheptel ? •*Al-tujjar al bantu l mâl babnu buyût lê l-lekkôl.* Les commerçants bailleurs de fonds construisent des bâtiments pour l'école. •*Al muwazzafîn dôl sirigo mâl hanâ l-dawla.* Ces fonctionnaires ont détourné les deniers de l'État. •*Gubbâl al mâlay ma tawlid, darritha tinmali laban.* Avant qu'une bête ne mette bas, ses pis se remplissent de lait.

mâl- *invar.*, préfixe interrogatif suivi du *pron. pers.* suffixe, entrant dans la composition de *mâli, mâlak, mâlki, mâlah, mâlha, mâlna, mâlku, mâlhum*, *Cf. mâla.*

♦ **qu'est-ce que ?, pourquoi ?,** qu'ai-je ? qu'as-tu ?, qu'a-t-il, *etc.* •*Anâ mâli, sawwêt lêk cunû ?* Qu'est-ce que j'ai, que t'ai-je donc fait ? •*Wijhak marbût, mâlak ?* Tu as un visage sombre [ton visage est attaché], qu'as-tu ? •*Malki râgde, ji'âne wallâ mardâne ?* Pourquoi es-tu couchée, as-tu faim ou bien es-tu malade ? •*Mâlhum, mâ maco lêna amis ?* Qu'est-ce qui les a empêchés de venir nous voir hier ? •*Mâlku mâ daxaltu lêi fî l bêt ?* Pourquoi donc n'êtes-vous pas entrés chez moi ?

malâ'ika *pl.*, → *malak 2.*

mala / yamla *v. trans.*, forme I n° 16, * ml', م ل ء

♦ **remplir.** •*Mala girbitah almi.* Il a rempli son outre d'eau. •*Almi l xarîf mala cawâri l hillê.* L'eau de la saison des pluies a rempli les rues de la ville. •*Amla l-dabanga xalla !* Remplis de mil le grenier ! •*Amlo fanâjîlku câhi wa acarboh !* Remplissez vos verres de thé et buvez !

mâla *invar.*, adverbe interrogatif de cause.

♦ **pourquoi ?** •*Mâla tabki ?* Pourquoi pleures-tu ? •*Mâla l-nâs bacarbo sijâra ?* Pourquoi les gens fument-ils des cigarettes ? •*Mâla tigawwimni min al-nôm, tidôr minni cunû ?* Pourquoi donc m'as-tu réveillé, qu'attends-tu de moi ?

malabbas *n. coll.*, *Cf. kufta* ; ≅ *mulabbas*, → *mulabbas.*

malâfi' *pl.*, → *malfa'a.*

malâji' *pl.*, → *malja'.*

malak 1 / yamluk *v. trans.*, forme I n° 1, * mlk, م ل ك

♦ **gouverner, posséder.** •*Zamân al-Nasâra malako fî Ifrîxiya.* Autrefois, les Européens gouvernaient l'Afrique. •*Al mara di malakat râjilha.* Cette femme commande son mari.

malak 2 / malâ'ika *n. m.*, * mlk, م ل ك

♦ **ange.** •*Al malak, hû abid min ibâd Allah.* L'ange est un des serviteurs de Dieu. •*Ambâkir namci lêk kan malk al môt mâ zârâni.* Demain, j'irai chez toi si l'ange de la mort ne me rend pas visite (*i.e.* si je ne suis pas mort).

malamm / malammât *n. m., Cf. lamma, mafrag,* * lmm, ل م م

♦ **intersection, rond-point, croisement,** rencontre avec un chemin se joignant à celui sur lequel on se trouve. •*Amci be derbak da, namman talhag malamm al-durub, afrug be l-sabhâni, biwaddîk al-labtân !* Poursuis ton chemin jusqu'à la prochaine intersection, prends la route qui va à l'est, elle te conduira à l'hôpital ! •*Fî malamm al-durûb al hakûma sawwat alâmât be nûr ahmar wa axdar acân al watâyir mâ yittâraco.* A l'intersection des routes, le gouvernement a fait poser des feux de signalisation rouge et vert pour éviter le carambolage des véhicules.

malamma / malammât *n. f.*, plus employé que *ijtima'*, * lmm, ل م م

♦ **réunion, meeting.** •*Al-nâs maco fî l malamma hint al-siyâsîyîn.* Les gens sont allés au meeting des hommes politiques. •*Al malamma sawwoha gubbâl al îd.* Ils ont tenu la réunion avant la fête.

malân / malânîn *adj.*, (*fém. malâne*), ≅ *malyân, malyâne, malyânîn,* * ml', م ل ء

♦ **rempli(e) de, plein(e) de.** •*Al barrâd malân câhi.* La théière est pleine de thé. •*Al ajûz indaha bannûray malâne cêbe.* La vieille femme a un flacon plein de chébé parfumé. •*Alkâraro fî l haskanît wa xulgânhum malânîn côk.* Ils se sont traînés dans les herbes épineuses et leurs habits sont pleins d'épines.

malat / yamlut *v. trans.*, forme I n° 1, *Cf. mallat,* * mlṭ, م ل ط

♦ **arracher, déraciner.** •*Hû malat al-cadaray al-saxayre l gâ'ide giddâm bêtah.* Il a arraché le petit arbre qui était devant sa maison. •*Zâra malatat ca'aray hint darritha.* Zara a arraché une tresse de sa coépouse.

malatân *n. d'act., m.,* ≅ *malitîn,* * mlṭ, م ل ط

♦ **arrachage, déracinement.** •*Al fîl kan xabban birîd malatân al-cadar.* Lorsque l'éléphant est en colère, il se met à [il aime] arracher les arbres. •*Fî l-darat al-nâs ba'azumu rufugânhum bamcu lêhum fî l-zurâ'a lê malatân al fûl.* Au temps de la moisson, les gens invitent leurs amis au champ pour récolter [arracher] les arachides.

malawwan *adj. m.*, → *mulawwan.*

malax / yamlux *v. trans.*, forme I n° 1, * mlẖ, م ل خ

♦ **se faire une entorse, subir l'étirement des ligaments, se fouler une articulation.** •*Azzalo fî li'ib al bâl malax rukubtah.* En jouant au football, Azzalo s'est fait une entorse au genou. •*Al wilêd jara wa waga', wakit gamma mâ bagdar burûx, acân malax risêxah.* L'enfant a couru et est tombé ; lorsqu'il s'est relevé, il ne pouvait plus marcher parce qu'il s'était foulé la cheville. •*Binêyti waga'at min al humâr wa malaxat îdha.* Ma fille est tombée de l'âne et s'est foulé le poignet. •*Al wagi' fî l-jagallo bamlux al-rijil.* En tombant sur un terrain plein d'ornières, on se foule la cheville.

malbûk / malbûkîn *adj. mrph. part. passif,* (*fém. malbûka*), *Cf. labak,* * lbk, ل ب ك

♦ **mélangé(e), pilé(e), planté(e), enfoncé(e), trapu(e) et fort(e),** réduit(e) en poudre ou en pâte. •*Zâdna kisâr malbûk be sumsum wa tamur wa xalla duxun, mâ kammalna ke lihignâku.* Nos provisions faites d'un mélange pilé de sésame, de dattes et de mil, ont duré [ne se sont pas terminées] jusqu'à ce que nous vous ayions rejoints. •*Côkayt al kûk malbûk fî ka'abah, acân da mâ yagdar yurûx.* Une épine d'Acacia sieberiana s'était plantée dans son talon, c'est pour cela qu'il ne pouvait pas marcher (extrait d'un conte d'Arada). •*Yûsuf, sabi malbûk, kulla l-subyân baxâfo minnah.* Youssouf est un jeune homme fort et trapu, tous les jeunes gens le craignent. •*Xadîja zamân malbûka, min mirdat da, bigat bâtile.* Autrefois Khadidja était forte ; depuis qu'elle est tombée malade, elle a maigri.

maldûm / maldûmîn *adj. mrph. part.* passif, (*fém. maldûma*), * ldm, ل د م

♦ **enfilé(e)** (perle), **arrangées** (perles), tenu(e) l'un(e) à côté de l'autre par un fil. •*Suksukha maldûm adîl lâkin wakit waddatah fî l-sûg mâ jâb lêha taman adîl.* Son ensemble de perles était bien arrangé, mais lorsqu'elle l'a apporté au marché, on le lui a acheté à bas prix. •*Awîn hanâ zamân induhum suksuk katîr maldûm birabbutuh fî salabbêhum.* Les femmes d'autrefois avaient des ensembles de perles tenues les unes aux autres, qu'elles attachaient autour de leurs hanches.

mâlêc expression, contraction de *mâ lê l-ceyy, Syn. mâ bisey ceyy.*

♦ **ce n'est rien, cela n'a pas d'importance, tant pis.** •*Gôlit "mâlêc" xarabat al-dêc.* Le fait de dire : "Cela n'a pas d'importance" détruit l'armée. *Prvb.* (*i.e.* la force de l'armée est dans l'observation stricte du règlement). •*Anâ ôrêtak al-nasîhe : mâlêc kan xabbant kulla !* Je t'ai donné ce conseil pour ton bien : si tu te fâches, tant pis !

malele *n. f.*, → *malle.*

malfa'a / malâfi' *n. f.*, *Cf. lafa', jarid, câl, kadmûl*, * lfʕ, ل ف ع

♦ **foulard, écharpe, turban court,** pièce de tissu passée autour du cou et rejetée sur l'épaule. •*Anâ mâ indi malfa'a.* Je n'ai pas de foulard. •*Kan al wata ajaj al-rujâl bucîlu malâfi'.* Lorsque le temps est poussiéreux, les hommes portent des turbans.

Malfi *n. pr.* de lieu, chef-lieu de sous-préfecture du Guéra.

♦ **Melfi.**

malfûf / malfûfîn *adj. mrph. part.* passif, (*fém. malfûfa*), * lff, ل ف ف

♦ **enveloppé(e), enroulé(e).** •*Idî malfûfa be l bandi acân tôjâni.* J'ai la main bandée parce qu'elle me fait mal. •*Râsah malfûf be l kadmul min al ajaj.* Il a enroulé un turban sur sa tête pour se protéger de la poussière. •*Al-rujâl dôl rusênhum malfûfîn be l kadâmîl acân macîn al-salâ.* Ces hommes ont la tête coiffée [enroulée] d'un turban parce qu'ils vont prier. •*Mâ tixalli laffayitki malfûfa minjamm, tabbigiha adîl !* Ne laisse pas ton voile roulé n'importe comment, plie-le comme il faut !

mali *n. d'act., m., Cf. mala*, * ml', م ل ء

♦ **remplissage, fait de remplir.** •*Mali al batun al bilhên bi'âzi !* Trop se remplir le ventre est nuisible à la santé ! •*Mali l galib be l hamm yadharak al-nôm.* Un cœur plein de soucis empêche de dormir [le remplissage du cœur avec les soucis interdit le sommeil].

mâli / mâliyîn *adj.*, (*fém. mâliye*), * mwl, م و ل

♦ **financier (-ière).** •*Baladna gâ'ide tiwâjih macâkil mâliya.* Notre pays se trouve confronté à des problèmes financiers. •*Fî l Mu'tamar al watani l mustaxill al-nâs hajjo katîr fî nugat al mâliya.* A la Conférence nationale souveraine, les gens ont beaucoup discuté les points concernant les finances. •*Hû yaxadim fî wazârat al mâliye.* Il travaille au ministère des Finances.

malik / mulûk *adj.*, (*fém. malika*), * mlk, م ل ك

♦ **roi, chef, chef de canton.** •*Malik hanâ hillitna ja fî l mulamma.* Le chef de notre village est venu à la réunion. •*Al malik hanâ Murra mât fî umur hanâ miya sana.* Le chef du canton de Mourra est mort à l'âge de cent ans. •*Al malika hint Angiltara lê hassâ hayye.* La reine d'Angleterre est encore en vie.

Malika *n. pr.* de femme, (signifie "reine, souveraine" en *ar. lit.*), *Cf. malik*, * mlk, م ل ك

malîl *n. m.*, * mll, م ل ل

♦ **soupe de blé, bouillie de blé,** soupe de blé cuite dans de l'eau sucrée et assaisonnée de condiments. •*Katîr min al-nâs bâkulu malîl fî fatûr hanâ Ramadân.* Beaucoup prennent de la soupe de blé pour rompre le jeûne pendant le Ramadan. •*Al malîl, gameh murakkab be almi wa sukkar wa indah dihin bagar wa harârât.* La bouillie de blé est à base de blé bouilli dans de l'eau sucrée auquel s'ajoutent du beurre et des condiments.

malix *n. m.*, *Cf. malax*, *Syn. malûx*, * mlh̲, م ل خ

♦ **entorse, foulure.** •*Al malix bôja katîr min al kasir.* Une entorse fait plus mal qu'une fracture. •*Al malix mâ yiddâwa illa kan maraso be almi bârid.* On ne soigne les foulures qu'en les massant dans l'eau froide.

malja' / **malâji'** nom de lieu, * lj', ل ج ء

♦ **refuge.** •*Katîr min al-ru'asa al gudâm hanâ Ifrîxiya ligo malja' fî Urubba.* Beaucoup d'anciens présidents d'Afrique ont trouvé refuge en Europe. •*Al-duwâs gamma fî Anjammêna wa anîna ligina malja' fî Kamrûn.* La guerre a éclaté à N'Djaména et nous avons trouvé refuge au Cameroun. •*Al xâba malja' al-sêd.* La forêt est le refuge des animaux sauvages.

malla / **yimill** *v. trans.*, forme I n° 11, moins utilisé que l'expression *dassa fî l malele*, * mll, م ل ل

♦ **mettre sous la cendre chaude.** •*Fî l-darat al iyâl yimillu ganâdîl hiney xalla farîk fî l malele.* Pendant le temps de la moisson, les enfants mettent sous la cendre chaude des épis de mil à froisser dans les mains. •*Mill lêna fûl ciya ke acân nagdaro nacarbo beyah câhi !* Fais cuire quelques arachides sous la cendre pour que nous les mangions en prenant le thé !

mallah / **yimallih** *v. trans.*, forme II, * mlḥ, م ل ح

♦ **tremper dans la sauce,** tremper dans la sauce, dans le lait ou dans le miel. •*Anâ mallaht al êc fî l asal wa akaltah.* J'ai trempé la boule dans le miel et je l'ai mangée. •*Al mulâh da mâ nirîdah, agta'e lêi êcay nimalliha fî l laban.* Je n'aime pas cette sauce, coupe-moi un petit morceau de boule que je tremperai dans du lait !

mallak / **yimallik** *v. trans.*, forme II, * mlk, م ل ك

♦ **accorder, confier, attribuer, donner la responsabilité, céder *qqch.* à *qqn.*,** transférer la propriété à *qqn.* •*Bêt hanâ abu mallako lêyah.* On lui a confié la maison de son père. •*Xallitku di, Allah yimallikku lêha !* Que Dieu vous accorde cette récolte de mil ! •*Al-sultân mallak al hukum lê wilêdah.* Le sultan a donné à son fils le pouvoir de gouverner.

mallas / **yimallis** *v. trans.*, forme II, * mls, م ل س

♦ **lisser, polir,** rendre lisse. •*Al-dihin bimallis jild al awîn.* L'huile rend lisse la peau des femmes. •*Hî ga'îde tifattic fumât tidôr timallis ca'arha.* Elle est en train de chercher de la pommade pour se lisser les cheveux.

mallasân *n. d'act.*, *m.*, ≅ *mallisîn*, * mls, م ل س

♦ **lissage, polissage, rasage,** fait de rendre la peau lisse, rasée et satinée. •*Al mara di tirîd mallasân hanâ jilidha.* Cette femme aime se lisser le corps. •*Mallasân jilid al-râjil mâ sameh bisawwih âtil.* Il n'est pas bon pour un homme de se lisser la peau, cela le rendrait mou.

mallat / **yimallit** *v. trans.*, forme II, * mlṭ, م ل ط

♦ **épiler, arracher les cheveux, plumer,** arracher les herbes avec leurs racines. •*Al awîn bimallutu sûf jilidhum be l-sukkariya.* Les femmes s'épilent les poils du corps avec une sorte de caramel. •*Binêyti mallatat ca'ar rafîgitha fî l-duwâs.* Ma fille a arraché les cheveux de son amie au cours d'une bagarre. •*Maryam gâ'ide timallit al-jidâde.* Mariam est en train de plumer la poule.

mallax / **yimallix** *v. trans.*, forme II, * mlh̲, م ل خ

♦ **arracher du tronc** (branche). •*Al-rîh mallaxat furu' al harâzay di.* Le vent a arraché la branche de cet Acacia albida. •*Al ôbi mallax firi' kabîr wa ramah fî l-nâs.* L'obus a arraché une grosse branche qui est tombée sur les gens.

malle *n. f.*, ≅*malele*, * mll, م ل ل

♦ **cendre chaude, foyer éteint encore chaud,** terre brûlante se trouvant sous le foyer, creux que l'on fait dans les cendres chaudes pour y cuire *qqch.* •*Taccêt al masar fî mallit al-laday.* J'ai fait griller du maïs sur le foyer encore chaud. •*Al-jamur mât illa l malle bas faddalat.* La braise s'est éteinte, il ne reste plus que la cendre chaude.

malmal / yimalmil *v. intr.*, forme II, * mll, م ل ل

♦ **bouger, remuer, agiter.** •*Hû mardân bilhên, mâ bagdar bimalmil.* Il est très malade, il ne peut pas bouger. •*Al-saxîr da, ammah min raggadatah ke, mâ malmal râgid bakân wâhid bas.* Dès que le bébé a été couché par sa mère, il ne s'est pas agité et est resté étendu au même endroit.

malmâl *n. m.*, dans l'expression *xalli l malmâl*, * mll, م ل ل

♦ **ne pas rester dans l'ennui, s'occuper de, s'activer.** •*Xalli malmâl hanâyah da, axadim jinêntak !* Ne t'occupe pas de lui [laisse son ennui], travaille ton jardin ! •*Sûti lêna l êc ajala, xalli l malmâl.* Prépare-nous vite la boule ! Active-toi !

malmûm / malmûmîn *adj. mrph. part.* passif, (*fém. malmûma*), *Cf. lamma*, * lmm, ل م م

♦ **rassemblé(e), réuni(e), mis(e) ensemble.** •*Xulgân iyâlha malmûmîn fî l-sandug.* Les vêtements de ses enfants sont mis ensemble dans la cantine. •*Bêti wa bêt jâri malmûmîn sawa bas, mâ indina durdur ambênâtna.* Ma concession et celle de mon voisin ne forment qu'une seule concession, nous n'avons pas de mur entre nous. •*Al xalla l-jadîde malmûma fî l-jurun wa tidôr al-nâdum al yangulha.* La nouvelle récolte de mil est rassemblée sur le séchoir, il faudrait quelqu'un pour la transporter. •*Xummi l-rumâd al malmûm fî janb al-laday, subbih fî tukk al wasax !* Ramasse la cendre accumulée près du foyer et jette-la dans la poubelle !

malmûs / malmûsîn *adj. mrph. part.* passif, (*fém. malmûsa*), * lms, ل م س

♦ **touché(e), ensorcelé(e).** •*Ciftah xumâmi da malmûs, yâtu limsah ?* J'ai remarqué qu'on a touché à mes affaires, qui est-ce ? •*Al-râjil da malmûs.* Cet homme est ensorcelé.

malsa *adj. fém.*, → *amalas*.

Malsa *n. pr.* de femme, formé à partir du féminin de *amalas*, *litt.* lisse, douce, * mls, م ل س

malûx *n. m.*, voir le *Syn. malix*, → *malix*, * mlẖ, م ل خ

malxûm / malxûmîn *adj.*, (*fém. malxûma*), * lẖm, ل خ م

♦ **distrait(e), inattentif (-ive), étourdi(e), dérangé(e),** qui perd le fil de ses idées. •*Al-nâdum kan malxûm mâ bifakkir.* Lorsque quelqu'un est dérangé par l'extérieur, il ne peut réfléchir. •*Afham adîl wasiye hint abûk mâ tabga malxûm !* Écoute bien le conseil de ton père, ne sois pas inattentive ! •*Nidôr nihajji lê l binêye di lâkin hî malxûma mâ simatni adîl.* Je voulais parler à cette fille, mais elle est distraite, elle ne m'a pas bien écouté.

malyân / malyânîn *adj.*, (*fém. malyâne*), → *malân*, * mlʼ, م ل ء

malyûn / malâyîn nombre cardinal, *m.*, *empr. fr.*

♦ **million.** •*Al bêt da caroh be malyûn.* Cette maison a été achetée un million. •*Al-tâjir mât xalla malâyîn franka lê l wurrâs.* Le commerçant est mort en laissant des millions de francs aux héritiers. •*Sukkân hanâ Tcâd kulluhum mâ yutummu acara malyûn.* La population tout entière du Tchad n'atteint pas dix millions.

Mamadu *n. pr.* d'homme, variante de *Muhammad*, * ḥmd, ح م د

mamâlik *pl.*, → *mamlaka.*

mamâsîx *pl.*, → *mamsûx*, * msẖ, م س خ

mamca *n. d'act. m.*, * mšy, م ش ي

♦ **trajet, distance parcourue à pied,** fait d'aller, de marcher. •*Al mamca min Klêmât lê l-Digêl be rijilên gâsi.* Le trajet à pied du quartier Klémat à Diguel est pénible. •*Al mamca lê bêtku ba'îd marra wâhid, acân da nâdum mâ yagdar yamci lêku ajala ajala.* Il faut parcourir une très grande distance pour aller chez vous, c'est pour cela que personne ne peut vous joindre rapidement.

mamcûc / **mamcûcîn** *adj.*, (*fém. mamcûca*), * mšš, م ش ش

♦ **effacé(e), essuyé(e).** •*Usumak mamcûc min al kâye hanâ l mêtir acân bigit nihis marra wâhid.* Ton nom est rayé du cahier du maître parce que tu es devenu très têtu. •*Katib al-tâblo mamcûc.* Ce qui était écrit au tableau a été effacé.

mamdi / **mamdiyîn** *adj.*, (*fém. mamdiye*), * mḍy, م ض ي

♦ **signé(e).** •*Kartitak kan mâ mamdiye min al kumisêr al kabîr, bakurbûk.* Si ta carte n'est pas signée par le commissaire en chef, tu seras arrêté par la police. •*Wâjib tacrab dawa indah maktûb mamdi min al-daktôr.* Tu ne dois prendre que des médicaments prescrits par une ordonnance signée par le médecin. •*Al mêtir gâl lê l iyâl : "Gabbulu lêi kayêyâtku kan mamdiyîn min abbahâtku !".* Le maître a dit aux élèves : "Rapportez-moi vos cahiers s'il ont été signés par vos parents !".

mamdûd / **mamdûdîn** *adj. mrph. part.* passif, (*fém. mamdûda*), * mdd, م د د

♦ **étendu(e), tendu(e).** •*Ra'îs hanâ Tchad îdah mamdûdah lê l-sulh al watani.* Le Président du Tchad tient la main tendue pour la réconciliation nationale. •*Râgid wa rijilah mamdûda fî l-darib.* Il est allongé à terre avec la jambe étendue sur le chemin.

mamfa'a *n. f.*, → *manfa'a.*

mamfûx part pass forme I, → *manfûx.*

mamhûg / **mamhûgîn** *adj. mrph. part.* passif, (*fém. mamhûga*), * mḥq, م ح ق

♦ **prodigue, gaspilleur (-euse), inconsistant(e), sans valeur, improductif (-ve), dépensier (-ère), ruineux (-euse).** •*Id râjili mamhûgah, mâ yiga''id gurus fî jêbah.* Mon mari ne garde pas l'argent dans sa poche, il a la main dépensière. •*Hû tawîl mamhug misil côkayt al kûk !* Il est grand et ruineux comme l'épine de l'Acacia sieberiana. •*Mâl al harâm mamhûg.* Le bien mal acquis est dépensé sans profit (*i.e.* est gaspillé facilement sans qu'on sache vraiment ce qu'on en a fait).

Mâmi *n. pr.* de femme, *litt.* maman.

mamlaka / **mamâlik** *n. f.*, * mlk, م ل ك

♦ **royaume.** •*Mamlaka hint Wadday ma'ârûfa min zamân.* Le royaume du Ouaddaï est connu depuis longtemps. •*Mamlaka hint Bâgirmi mâ dâwasat al-Nasâra.* Le royaume du Baguirmi n'a pas combattu les Européens.

mamlûk / **mamâlîk** *adj.*, (*fém. mamlûka*), * mlk, م ل ك

♦ **possédé(e), gouverné(e), dominé(e), esclave,** qui appartient à un autre, tombé(e) au pouvoir d'un autre. •*Al abid al mamlûk baxdim bas mâ indah jumma.* L'esclave appartenant à son maître ne fait que travailler et n'a pas de repos. •*Hassâ, fî dârna, al-nâs kulluhum ke ahrâr, mâ fî zôl mamlûk.* A présent, dans notre pays, tout le monde est libre, personne n'appartient à un autre. •*Al-râjil da mamlûk !* Cet homme est dominé par sa femme !

mamlûl / **mamlûlîn** *adj. mrph. part.* passif, (*fém. mamlûla*), *Cf. malla*, * mll, م ل ل

♦ **cuit(e) sous la cendre.** •*Yâtu farak ganâdîli al mamlûlîn dôl ?* Qui a égrené mes épis cuits sous la cendre ?

•*Al fûl al murakkab hâlu min al mamlûl.* Les arachides bouillies sont meilleures que celles cuites sous la cendre.

mamlûx / mamlûxîn *adj. mrph. part.* passif, (*fém. mamlûxa*), *Cf. malax*, * mlẖ, م ل خ

♦ **qui a une entorse, qui a une foulure, arrachée du tronc** (branche), qui a subi un étirement des ligaments d'une articulation. •*Al-rajil da mamlûx min al ku'.* Cet homme a subi un étirement des ligaments du coude. •*Lâ'ib al kûra, kan mamlux min risêxah mâ yagdar yusûk al bâl wa yixalli bakânah lê zôl âxar.* Lorsqu'un joueur de football a la cheville foulée, il ne peut plus tirer dans le ballon et laisse sa place à un autre. •*Al firi' al kabîr hanâ l-cadaray di mamlûx min al-rîh al jât amis.* La grosse branche de cet arbre a été arrachée hier par un coup de vent.

mamnû' / mamnû'în *adj. mrph. part.* passif, forme I, (*fém. mamnû'a*), * mnʕ, م ن ع

♦ **interdit(e), défendu(e), prohibé(e).** •*Mamnû' lê l mara al-câbba mâ tixalbit ma'â l-rujâl fî l-jâmiye.* Il est défendu à la jeune femme de se mêler aux hommes dans la mosquée. •*Mamnû' mâ tadxul fî l bêt bala izin sîdah.* Il est interdit d'entrer dans une maison sans la permission de celui qui l'habite. •*Gati'în al bahar mamnu' lê l-nâs al mâ induhum lisbâse.* Il est interdit aux gens qui n'ont pas de laissez-passer de traverser le fleuve.

mamsûh / mamsûhîn *adj. m. mrph. part.* passif, → *mumassah*, * msḥ, م س ح

mamsûx / mamsûxîn *adj.*, (*fém. mamsûxa*), ≅ le pluriel *mamâsîx*, * msẖ, م س خ

♦ **fade, sans goût, inconsistant(e), falot(e),** qui n'a pas de personnalité. •*Rufugânak dôl mamâsîx mâ yagdaro yudummu lêk acîrak.* Tes amis sont inconsistants, ils ne pourront pas garder ton secret. •*Al-sabi da mamsûx bala l kidib, mâ indah ceyy âxar.* Ce jeune homme ne vaut pas grand chose ; hormis le mensonge, il n'a rien d'autre à proposer.

man'ûl / man'ûlîn *adj.*, (*fém. man'ûla*), ≅ le pluriel *mana'îl*, métathèse dans la racine, *Cf. na'al 1*, * lʕn, ل ع ن

♦ **maudit(e), vaurien (-enne).** •*Al wilêd da man'ûl, mâ yasma' kalâmi, mâ yanfa !* Maudit soit ce gosse, il ne m'écoute pas, c'est un vaurien ! •*Al iyâl al mana'îl dôl kassaro ganâdil al-zere' kulla ke.* Ces maudits enfants ont coupé tous les épis du champ.

mana' 1 / yamna' *v. trans.*, forme I n° 14, * mnʕ, م ن ع

♦ **interdire, imposer sa puissance, avoir le dessus sur *qqn.*** •*Râjili mana'âni, mâ namci fî bakân jîrâni.* Mon mari m'a interdit d'aller chez mes voisins. •*Al-mêri mana'at al-nâs mâ yusubbu wasax fî l kânifo.* La municipalité a interdit aux gens de jeter des ordures dans les caniveaux. •*Al-rujâl dâwaso l ambardabay, lâkin awwal ke hû mana'âhum.* Les hommes se sont battus contre le monstre, mais dès le début celui-ci l'a emporté sur eux.

mana' 2 *n. m.*, * mnʕ, م ن ع

♦ **force.** •*Talga l mana' min al akil al indah xiza.* Ta force vient d'aliments nourrissants. •*Mana' al-dûd fâtahum lê kulla sêd al xala.* La force du lion a eu raison de tous les animaux de la brousse. •*Anâ naxâf min darriti acân mana'ha katîr.* J'ai peur de ma coépouse parce qu'elle a beaucoup de force.

mana'ân *n. d'act., m.*, → *mani'în.*

mana'îl *pl.*, → *man'ul.*

manâbir *pl.*, → *minbar.*

manâcîr *pl.*, → *muncâr.*

manâdib *pl.*, → *mandûb 1.*

manâdîl *pl.*, → *mindîl.*

manâdir *pl.*, → *mandar.*

manâfi' *pl.*, → *manfa'a.*

manâgîc *pl.*, → *mungâc 1, mungâc 2.*

manâgîr *pl.*, → *mungâr.*

manâgo *pl.*, → *mango 1.*

manâra / manarât *n. f.*, * nwr, ن و ر
♦ **minaret.** •*Manâra hint al-jâmiye di tawîle.* Le minaret de cette mosquée est élevé. •*Al manârât alâmât hanâ bakânât al-jawâmi'.* Les minarets sont signes de la présence de mosquées.

manâsib *pl.*, → *mansab.*

manâsij *pl.*, → *mansaj.*

manâsîs *pl.*, → *munsâs.*

manâtix *pl.*, → *mantaxa.*

manâxir *pl.*, → *manxar.*

manâzil *pl.*, → *manzal, manzil.*

Manâzil *n. pr.* de femme, → *Manzala*, * nzl, ن ز ل

manâzîl *pl.*, * nzl, ن ز ل
♦ **esprits** (les). •*Al mara di indaha manâzîl baju lêha be fî l-lêl.* Cette femme a des esprits qui lui rendent visite la nuit. •*Al manâzîl bahajju ma'al-nâs wa mâ bincâfo.* Les esprits parlent aux gens, mais ne se voient pas.

manâzir *pl.*, → *manzar.*

Manda *n. pr.* de femme, *Cf. Manda amm callûfa* (chanteuse à Abéché).

mandânya *pl.*, → *mandânyi.*

mandânyi / mandânya *adj. n.*, (*fém. mandâniye*), ≅ le pluriel *mandânyîn*, *empr.* (Ouaddaï)
♦ **vendeur (-euse) au détail, petit(e) revendeur (-euse), détaillant(e),** marchand(e) sans boutique vendant sa marchandise à terre. •*Al yôm da al mandânya mâ ligo sûg.* Aujourd'hui, les marchands détaillants n'ont pas fait de bonnes affaires. •*Al mandânyi xumâmah mâ katîr.* Le vendeur au détail n'a pas beaucoup d'articles à vendre. •*Al mandânya xumâmhum xâli, wa humman mâ induhum dakâkîn bagôdu fî lagâdîb al-sûg.* Les affaires des marchands détaillants coûtent cher, ils n'ont pas de boutiques et demeurent sous les hangars du marché.

mandar / manâdir *n. m.*, → *manzar*, * nẓr, ن ظ ر

Mandara *n. pr.* de femme, *litt.* miroir, *Mûsa Mandara* (personnage légendaire du Chari-Baguirmi).

mandarin *n. coll.*, → *yusuf afandi.*

mandawa *n. coll.*, *m.*, ≅ le terme soudanais *mudammas.*
♦ **arachides grillées.** •*Kan macêti fî l-sûg aciri lêi mandawa.* Si tu vas au marché, achète-moi des arachides grillées. •*Kulla yôm be sâ'a acara nâkul mandawa be mappa.* Chaque jour, à dix heures, je mange des arachides grillées avec du pain. •*Al mandawa da rîhtah tincamma fî l xacum.* Quand on mange ces arachides grillées, la bouche exhale ensuite leur odeur.

mandûb 1 / manâdib *adj. mrph. part.* passif, (*fém. mandûba*), * ndb, ن د ب
♦ **membre, délégué(e), émissaire.** •*Ra'îs al-jamhuriya rassal mandûb fî Fransa.* Le président de la République a envoyé un émissaire en France. •*Al yôm fajur ja lêna mandûb min al-Sûdân.* Ce matin, un émissaire nous est arrivé du Soudan.

mandûb 2 *adj. mrph. part.* passif, (*fém. mandûba*), *Cf. nafal*, * ndb, ن د ب
♦ **surérogatoire.** •*Salât al-daha mandûb lê kulla muslim.* La prière de la matinée est surérogatoire pour chaque musulman. •*Salât al-lêl ba'ad al ice kula mandûba.* La prière de la nuit, après la prière de sept heures du soir, est une prière surérogatoire.

manêvir / manêvrât *n. m.*, *empr. fr.*

♦ **manœuvre.** •*Al manêvir banti l usta mûna wa hû kamân babni.* Le manœuvre donne du mortier au maçon qui, lui, entreprend la construction. •*Fattic lêi manêvrât talâta yi'addulu l bêt da !* Cherche-moi trois manœuvres pour réparer cette maison ! •*Xidimt al manêvir be tîne bikaffu miya wa xamsîn riyâl al yômiye.* Le manœuvre qui travaille la glaise est payé cent cinquante riyals la journée.

manfa'a / manâfi' *n. f.*, *Cf. nifi*, * nfʕ, ن ف ع

♦ **avantage, utilité, intérêt, profit.** •*Akil al hût indah manfa'a bigawwi l-jilid ajala.* Manger du poisson fortifie rapidement le corps. •*Tâbi' fi durûsak ba'adên kan najaht talga manfa'a katîre !* Suis comme il faut tes études ; après avoir réussi, tu y trouveras beaucoup d'utilité ! •*Xidimt al barcôt mâ indah ayyi manâfi' lê l-dawla.* La contrebande n'est d'aucun intérêt pour l'État.

manfûc / manfucîn *adj.*, (*fém. manfûcîn*), * nfš, ن ف ش

♦ **peigné(e), cardé(e), rêche et gris(e),** aspect rugueux et gris de la peau après une longue maladie. •*Râsak manfûc wallâ ?* T'es-tu peigné les cheveux ? •*Al askar dôl rusênhum mâ manfûcîn.* Ces soldats n'ont pas les cheveux peignés. •*Jildak manfûc min al marad al-tawîl namma bigi abyad.* Ta peau est devenue presque blanche à la suite de ta longue maladie.

manfûx / manfûxîn *adj. mrph. part.* passif, forme I, (*fém. manfûxa*), qualifiant des récipients (ventre, sac, *etc.*), ≅ *mamfûx*, *Cf. wârim*, * nfḫ, ن ف خ

♦ **gonflé(e), enflé(e).** •*Yâ Fâtime, al wilêd da, al yôm, batûnah manfûxa, akkaltuh cunû ?* Fatimé, cet enfant a aujourd'hui le ventre gonflé, que lui avez-vous donné à manger ? •*Al-juwâd manfûx, batûnah kabîr misil l-duwâne.* Ce cheval est enflé, il a le ventre gros comme une jarre. •*Bala'îm al-tahûna manfûxîn malânîn dagîg.* Les sacs du moulin sont gonflés, ils sont pleins de farine.

manga *n. vég.*, *coll. m.*, → *mongo.*

Mangalme *n. pr.* de lieu, chef-lieu de sous-préfecture du Guéra.

♦ **Mangalmé.**

mango 1 / manâgo *n. m.*, utilisé aussi en arabe *sd.*

♦ **singe vert.** •*Al manâgo gâ'idîn katîrîn fî l kadâde.* Les singes verts sont nombreux en brousse. •*Al manâgo birîdu akil al ardêb wa l hajlîj.* Les singes verts aiment manger du tamarin et des drupes de savonnier.

mango 2 *n. vég.*, → *mongo.*

Mango *n. pr.* de lieu, chef-lieu de préfecture du Guéra.

♦ **Mongo.**

mangûc / mangûcîn *adj. mrph. part.* passif, (*fém. mangûca*), * nqš, ن ق ش

♦ **dépoli(e), rugueux (-euse), piqué(e).** •*Al murhâka di mangûca, tarhak al xalla sameh.* Cette meule est dépolie, elle écrase bien le mil. •*Al marâhîk hanâ jidditi kulluhum mangûcîn.* Toutes les meules de ma grand-mère sont dépolies. •*Darâdir Anjammêna mangûcîn min katart al-rassâs hanâ l hurûb al fâtat.* Les murs de N'Djaména ont été piqués par les multiples impacts de balles des guerres passées.

mangûha *adj. f.*, → *manjûh.*

mangûl / mangûlîn *adj.*, (*fém. mangûla*), * nql, ن ق ل

♦ **transporté(e).** •*Anâ jît nidôr ni'âwinku lâkin xumâmku xalâs mangûl.* J'étais venu vous aider, mais vos affaires ont déjà été transportées. •*Al budâ'a lissâ mâ mangula kullaha ke fî l-sûg.* Les marchandises ne sont pas toutes transportées au marché.

mangûs / mangûsîn *adj. mrph. part.* passif, (*fém. mangûsa*), * nqṣ, ن ق ص

♦ **diminué(e), dont une partie manque.** •*Al xaddâmîn hanâ l hâkûma kaffohum gurushum lâkin mangûs.* Les fonctionnaires ont reçu leur argent, mais pas en totalité. •*Bît* *(bi't) cuwâl hanâ xalla ciyya mangûs be mîtên riyâl.* J'ai acheté un sac de mil pas tout à fait plein, à deux cents riyals.

mâni' 1 / mân'în *adj. mrph. part.* actif, (*fém. mân'e*), * mnʕ, م ن ع
♦ **refusant, empêchant, qui interdit.** •*Al askar al gâ'idîn fî giddâm bêt al-ra'îs mân'în nâdum ke mâ badxul minjamm.* Les militaires qui sont devant la maison du Président interdisent l'entrée à quiconque se présente sans raison. •*Al wilêd babki katîr acân ammah mân'eh min al-dêd.* L'enfant pleure beaucoup parce que sa mère lui refuse le sein.

mâni' 2 / mân'în *adj.*, (*fém. mân'e*), * mnʕ, م ن ع
♦ **fort(e).** •*Hû da râjil mâni'.* C'est un homme fort. •*Al mara di mân'e lê sôtîn al êc.* Cette femme a de la force, elle peut préparer la boule. •*Al attâla man'în fî xidimithum.* Les dockers travaillent avec vigueur [sont forts dans leur travail].

mani'în *n. d'act., m.*, ≅ *mana'ân*, * mnʕ, م ن ع
♦ **interdiction.** •*Mani'în ruwâxt al askar be banâdighum fî l âsima da ceyy sameh bilhên.* L'interdiction qu'ont les militaires de circuler dans la capitale avec leur fusil est une très bonne chose. •*Hû mâ ihtaram mani'în hanâ curâb al-sijâra fî l kilâs.* Il n'a pas respecté l'interdiction de fumer des cigarettes en classe.

manjûh *adj.*, (*fém. manjûha*), *litt.* qui a été chassé avec des injures, * njh, ن ج ه
♦ **agité(e), turbulent(e), cancanier (-ère), mal élevé(e), voyou, insolent(e).** •*Wald al manjûha, mâ tamma subû'ah, gamma bikalli lê rûha... Da l farrûj.* Le fils de l'insolente, à peine a-t-il une semaine qu'il se lève pour chercher à manger… C'est le poussin. *Dvnt.* •*Al wilêd al manjuh kan bidâwis, wa bidâhuruh mâ biddâhar wa bi'ayyir.* Lorsque l'enfant mal élevé se bat, on n'arrive pas à l'en empêcher et il lance des insultes.

manjûr / manjûrîn *adj. mrph. part.* passif, (*fém. manjûra*), * njr, ن ج ر
♦ **creusé(e), bêché(e), travaillée** (terre). •*Turâb jinênitna manjur wa hâsil lê l magan.* La terre de notre jardin est bêchée et prête pour le repiquage. •*Al fundug da mâ manjûr adîl, al-zôl al-najarah da, mâ ba'arif najir.* Ce mortier n'est pas bien creusé, celui qui l'a sculpté ne connaissait pas son métier. •*Al-turâb da manjûr hâsil lê sallân al-dringêl.* Cette terre travaillée est prête à être utilisée pour fabriquer des briques.

mankûb / mankûbîn *adj.*, (*fém. mankûba*), * nkb, ن ك ب
♦ **malheureux (-euse), victime d'une calamité.** •*Munazzama hint al-salîb al ahmar waddat akil lê l mankûbîn hanâ Somâliya.* La Croix Rouge a apporté des vivres aux sinistrés de la Somalie. •*Al-nâs al mankûbîn bigo kulluhum mardânîn.* Tous les sinistrés sont tombés malades.

mankût / mankûtîn *adj.*, (*fém. mankûta*), *Syn. mabhût 2*, * nkṯ, ن ك ث
♦ **creusé(e).** •*Al bîr xalâs mankûta lâkin mâ indaha almi.* Le puits a déjà été creusé mais n'a pas d'eau. •*Humman ligo l xabur mankût wa dafano l mayyit.* Ils ont trouvé la tombe déjà creusée et ont enterré le mort.

manna' / yimanni' *v. intr.*, forme II, *Syn. almanna', yilmanna'*, * mnʕ, م ن ع
♦ **s'appuyer sur, prendre un point d'appui.** •*Al-jarâd yimanni' fî saksâkah hatta yitîr.* Les criquets s'appuient sur leurs pattes pour s'envoler. •*Al-câyib manna' fôg wilêdah hatta gamma.* Le vieux papa s'est appuyé sur son fils pour se lever.

Mannân *n. pr.* d'homme dans *Abd al Mannân, litt.* bienveillant, bon, * mnn, م ن ن

Mannâni *n. pr.* d'homme, *litt.* bienveillant, * mnn, م ن ن

mansab / manâsib *n. m.*, * nṣb, ب ص ن

♦ **poste de responsabilité.** •*Hû ga'ad sana fî mansab hanâ wazârt al-dâxiliya.* Il est resté un an à un poste du ministère de l'Intérieur. •*Zamân Ra'îsna mansabah xâ'id hanâ l-dêc.* Auparavant, le poste de responsabilité de notre Président était celui de chef d'état-major de l'armée.

mansaj / manâsij *n. m.*, *Cf. câl*, * nsj, ج س ن

♦ **ouvrage tissé à la main, broderie faite à la main, bonnet brodé, châle brodé,** bonnet fait à la main, châle décoré et portant des franges. •*Hû ja min Makka wa gassamâna manâsij humur wa xudur wa buyud.* Il est revenu de La Mecque et nous a donné des ouvrages tissés et brodés à la main, des rouges, des verts et des blancs. •*Al mansaj misil xattay saxayre indah canâcil mulawwanîn.* Le châle brodé ressemble à une petite couverture qui a des franges multicolores. •*Al mara mâ tilaffi' be l mansaj.* La femme ne se couvre pas avec un châle brodé. •*Xayyit lêi tâgiye mansaj, nacriha minnak !.* Brode-moi un bonnet, je te l'achèterai !.

mansi / mansiyîn *adj. mrph. part. passif*, (*fém. mansiye*), * nsy, ي س ن

♦ **oublié(e).** •*Kan macêt bakân al xayyâti jib lêi xalgi l mansi fî bakânah.* Si tu vas chez le tailleur, rapporte mon habit que j'ai oublié chez lui. •*Al kôro di indaha cahar gâ'ide mansiye fî l-zere', dahâba l yôm hatta jibnâha.* Ce koro a été oublié au champ il y a un mois, c'est seulement aujourd'hui que nous l'avons rapporté.

mansôno *invar.*, *empr.*

♦ **arachide avec sa coque, arachide non décortiquée.** •*Al-sane di haratt wa ligît icirîn cuwâl hanâ fûl mansôno.* Cette année j'ai cultivé et récolté [trouvé] vingt sacs d'arachides non décortiquées. •*Ammi kan macêti l-sûg jîbi lêna zigêgê hanâ fûl mansôno walla kan wiliwili kulla.* Maman, si tu vas au marché, rapporte-moi quelque chose comme des arachides non décortiquées ou des boulettes de tourteaux grillées.

mansûj / mansûjîn *adj.*, (*fém. mansûja*), * nsj, ج س ن

♦ **brodé(e), fait(e) à la main.** •*Aciri lêi câl mansûj wa tawâgi xamsa, mansûjât be harîr bunni wa dahabi wa labani.* Achète-moi un châle tissé à la main et cinq bonnets brodés à la main avec des fils de soie brun foncé, or et blancs. •*Hassâ jadda lê subyân jalâlîb mansûjîn min giddâm.* A présent, la nouvelle mode pour les jeunes gens est de porter des djellabas dont le devant est brodé à la main.

Mansûr *n. pr.* d'homme, *litt.* victorieux, vainqueur, *Cf. Nasar, Nasra*, * nṣr, ر ص ن

Mansûra *n. pr.* de femme, *fém.* de Mansûr, *Cf. Nasra*, * nṣr, ر ص ن

mansûs / mansûsîn *adj.*, (*fém. mansûsa*), → *munsâs*, * nṣṣ, ص ص ن

♦ **mis(e) en brochette, embroché(e), fixé(e), mis(e) par écrit.** •*Al yôm akalna laham mansûs.* Aujourd'hui, nous avons mangé des brochettes. •*Al-laham al mansûs haluw.* Les brochettes sont très bonnes. •*Anâ kalâmi l gûltah da mamsûs fî l kutub.* Ce que j'ai dit a été rapporté dans des livres.

mantaxa / manâtix *n. f.*, * nqt, ط ق ن

♦ **localité, base militaire.** •*Mantaxa hint masâgit ga'ide garib lê Anjammêna.* La localité de Massaguet est près de N'Djaména. •*Al-suwwâr sawwo lêhum mantaxa fî l kadâde.* Les rebelles ont installé une base en brousse.

mantûj / mantujîn *adj.*, (*fém. mantûja*), * ntj, ج ت ن

♦ **produit(e), récolté(e),** ce qui est produit, réalisé. •*Al gutun al mantûj fî Tcâd mâ bijîb taman adil.* Le coton produit au Tchad ne rapporte pas assez. •*Al xalla l mantûja, al-sana mâ tamrugna min al-sêf.* Le mil produit cette année n'est pas suffisant pour nous faire vivre jusqu'à la fin de la saison sèche.

manxar / **manâxir** *n. f.*, ≅ *monxar, monxor, munxar, munxur*, dans tous les cas, la voyelle de la première syllabe est nasalisée, *litt.* lieu du ronflement, * nẖr, ن خ ر

♦ **nez, narine.** •*Al binêye manxarha adîle misil al-sêf.* Le nez de la jeune fille est beau comme une épée. •*Awîn hanâ Tcâd birîdu bigaddudu manâxirhum lê yidaxxulu fôghum cinif.* Les femmes du Tchad aiment percer leur narine pour y mettre un anneau.

manyax ! *invar.*, *onom.* accompagnant le verbe *balla* (mouiller).

♦ **trempé(e) complètement !, détrempé(e) !,** plein d'eau. •*Al furâc anballa manyax !* Le matelas est complètement trempé ! •*Al almi balla l xalla manyax ke.* La pluie a mouillé complètement le mil.

manzal / **manâzil** nom de lieu, *m.*, *Cf. damre*, * nzl, ن ز ل

♦ **campement provisoire, lieu d'installation, étape, halte, hôtellerie,** lieu où l'on descend les affaires pour installer le campement provisoirement, lieu où l'on descend lors d'une halte. •*Wulad Himêd, manzalhum fî Birkit Fâtime.* Les Oulad Himed installent leurs campements provisoires au "Point d'eau de Fatimé". •*Al-sayyâra mâ yitawwulu ziyâde min cahar wâhed fî l manzala di.* Les nomades ne restent pas plus d'un mois dans ce campement provisoire. •*Kan macêt Abbece, manzalak wên ?* Lorsque tu vas à Abéché, où descends-tu ?

Manzala *n. pr.* de femme, *Cf. manzal*, * nzl, ن ز ل

manzar / **manâzir** *n. m.*, terme de l'*ar. lit.*, ≅ *mandar*, * nẓr, ن ظ ر

♦ **beau paysage,** joli site. •*Al manâzir bifarruhu l galib.* Les beaux paysages réjouissent le cœur. •*Manzar hanâ rahad "abkadôs" al fî Abbece ajab kulla l-nâs.* Le site de la retenue d'eau "de l'homme à la pipe" à Abéché plaît à tout le monde.

manzil / **manâzil** nom de lieu, *m.*, terme utilisé surtout par les Arabes nomades, * nzl, ن ز ل

♦ **habitation, maison, demeure.** •*Axawâni, manzilhum fî kilêb mât.* La maison de mes frères se trouve au quartier Klémat. •*Fî hille barra, al-nâs babnu manânizlhum be gecc wa agêg.* Dans les village de brousse, les habitants construisent leurs maisons avec de l'herbe et des cannes de mil.

mappa *n. coll.*, *m.*, *empr. fr.*, *sgtf. mappay.*

♦ **pain allongé.** •*Anâ macêt al-dukkân carêt mappa.* Je suis allé à la boutique acheter du pain. •*Humman mâ bakulu êc illa mappa bas.* Ils ne mangent pas de boule, il ne mangent que du pain.

mar'ûb / **mar'ûbîn** *adj. mrph. part.* passif, forme I, (*fém. mar'ûba*), * rˤb, ر ع ب

♦ **peureux (-euse), poltron (-onne), effarouché(e), effrayé(e), froussard(e).** •*Al mar'ûb mâ balga mara.* Le poltron ne trouve pas de femme à épouser. •*Al mar'ûba gâ'ide ticîf ke, al-sarrâg câl mâlha.* L'effarouchée était en train de regarder le voleur qui emportait son bien. •*Al mar'ûbîn mâ maryûdîn fî l banât.* Les froussards ne sont pas aimés des filles.

mara / **awîn** *n. f.*, ≅ pour le *pl. niswân (coll.), nisâ' (coll.)* ; pour le masculin, → *râjil*, * mr', م ر ء

♦ **femme, épouse, dame.** •*Al mara mâ mara illa kan râjilha addalâha.* Une femme n'est vraiment femme que si l'homme prend bien soin d'elle. •*Al-râjil kan xâf, al-mara axêr minnah.* Quand l'homme a peur, une femme vaut mieux que lui. • *Lalêki mara zêne !* Bonjour madame [femme bonne] ! •*Nâs wahadîn bugûlu : "Mara bala râjil mâ mara !".* Certains disent : "Une femme sans mari n'a pas droit à tout le respect dû à une femme !".

(al) mara l kabîre expression [la grande femme], → *darre*, * mr', م ر ء

♦ **première femme, première épouse,** première femme d'un polygame. •*Inti bas al mara l kabîre, xutti agilki wa rayyisi iyâlki.* C'est toi qui es la première femme, fais bien attention et prends soin de tes enfants. •*Al yôm lêltah ma'â martah al kabîre.* Aujourd'hui, il passera la nuit avec sa première femme.

mara tilfat / awîn tilfo expression, *litt.* femme qui est abîmée, terme d'insulte en parlant d'un homme, * mr', tlf, م ر ء • ت ل ف

♦ **homme efféminé, inverti sexuel.** •*Hû da mara tilfat, mâ bidôr axidt al awîn.* C'est un inverti sexuel, il ne veut pas se marier [épouser des femmes]. •*Mara tilfat, nabaz hanâ l-râjil al bisey xidimt al awîn, busût êc, bisey mulâh ; wa ya'arif katîr min xidime hanâ l awîn.* "Homme efféminé" [femme ratée] est le surnom que l'on donne à celui qui accomplit le travail des femmes, qui prépare la boule et la sauce, et s'adonne à de nombreux travaux féminins.

mara zarga expression, *litt.* femme noire, * mr', zrq, م ر ء • ز ر ق

♦ **femme seule au foyer, seule responsable du foyer,** femme qui tient son foyer sans l'aide d'un homme. •*Anâ mara zarga bas, mâ indi gurus nikaffi lampo !* Je suis une femme seule, je n'ai pas d'argent pour payer l'impôt ! •*Hî mara zarga bas, kârbe nafaxa hint iyâlha.* Elle est toute seule à tenir sa maison et à prendre en charge ses enfants.

marabay / marabâyât *n. f.*, employé dans le Chari-Baguirmi.

♦ **habit.** •*Lâbis lêyah marabay saxayre minnah.* Il a revêtu un habit trop petit pour lui. •*Hummân rufugân tinên wa lâbsîn marabayât biccâbaho.* Ce sont deux amis et ils portent des habits qui se ressemblent. •*Min gabbal min Bârîs, mâ cîfnah lâbis marabay misil hintina.* Depuis qu'il est revenu de Paris, nous ne l'avons pas vu s'habiller comme nous.

marâbi' *pl.*, → *marbu'.*

marad / amrâd *n. m.*, ≅ le *sgtf. maraday, Cf. mirid, waja'*, * mrḍ, م ر ض

♦ **maladie.** •*Wilêdki da maradah cunû ?* Quelle est la maladie de ton enfant ? •*Marad abzâgûf katal nâs katîrîn fî l-sêf.* La méningite est une maladie qui a tué beaucoup de gens pendant la saison sèche. •*Al-dubbân bangul al amrâd.* Les mouches transportent les maladies.

marad al-nôm *n. m.*, *litt.* maladie du sommeil, → *dubbân, abudubbân, duwi*, * mrḍ, nwm, م ر ض • ن و م

♦ **trypanosomiase, maladie du sommeil.** •*Al-râjil da gâ'id kaslân, mâ yâkul, akûn karabah marad al-nôm.* Cet homme est très fatigué, il ne mange pas ; peut-être a-t-il la maladie du sommeil ? •*Al mardân marad al-nôm, uyûnah misil baxammudu ke, mâ bagdar bunûm adîl, wa hû ayyân katîr.* Le malade atteint par la maladie du sommeil a les yeux demi fermés, il ne peut pas vraiment dormir et est très fatigué.

marad al-sukkar *n. mld., m.*, composé de *marad* (maladie) et de *sukkar* (sucre), *litt.* maladie du sucre, ≅ *marad sukkar, sukkari*,* mrḍ, skr, م ر ض • س ك ر

♦ **diabète.** •*Al-nâdum kan marad al-sukkar karabah, mâ yâkul coxol asal.* Lorsque quelqu'un a du diabète, il ne mange rien de sucré. •*Marad al-sukkar dawah gâsi.* Il est difficile de soigner le diabète. •*Ticîf nâdum al indah marad al-sukkar bâtil, mâ indah damm !* Tu reconnais le diabétique à sa maigreur et à son manque de force [de sang] !

marâd *n. m.*, *Cf. râd*, * rwd, ر و د

♦ **désir, volonté.** •*Câlo xumâmi bala marâdi.* Ils ont pris mes affaires contre mon gré. •*Anâ mâ indi marâd, al-ligîtah bas nacarbah kan câhi walla gahwa.* Je n'ai pas de désir particulier ; ce que je trouverai, je le boirai, que ce soit du thé ou du café. •*Wakit nidôrah bas niwaddîk lê* *ammak, inta marâdak cunû ?* Je ne te conduirai chez ta mère que lorsque je le voudrai, tu n'as pas d'avis à me donner [qu'as-tu à me signifier ton désir ?]. •*Al gôfâfîn, fî marâdhum ke yamcu fî rûsên al-nâs.* Le désir des orgueilleux est de marcher sur la tête des autres.

mârad / yimârid *v. intr.*, forme III, * mrḍ, م ر ض

♦ **faire semblant d'être malade, traîner dans le travail.** •*Al wilêd da yimârid acân mâ bidôr bamci lekkôn.* Ce garçon fait semblant d'être malade parce qu'il ne veut pas aller à l'école. •*Binêyitki timârid, mâ tisawwi l akil ajala.* Ta fille travaille lentement, elle ne prépare pas vite le repas.

marâda expression, *invar.*, contraction de *ma* (ce que) et de *râda* (il a voulu), * rwd, ر و د

♦ **cela m'est égal, tant pis !,** cela ne fait rien, je m'en fiche. •*Inta hawân ! Aywâ, marâda anâ hawân !* Tu es méchant ! Oui, je suis méchant, cela m'est égal ! •*Sîd al almi mâ ja ! Marâda anâ sîdah namci nijîb almi !* Le porteur d'eau n'est pas venu ! Tant pis, j'irai moi-même en chercher !

marâdîs *pl.*, → *murdâs.*

marag / yamrug *v. trans.*, forme I n° 1, *Syn. marag*, * mrq, م ر ق

♦ **sortir.** •*Al-sarrâg marag al gurus min tihit al biric.* Le voleur a sorti l'argent de dessous la natte. •*Mûsa wên ? Hû marag wallâ gâ'id ?* Où se trouve Moussa ? Est-il là, ou bien est-il sorti ? •*Maryam wa Zênaba marago min al bêt.* Mariam et Zénaba sont sorties de la maison.

maragân *n. d'act.*, ≅ *margân, margîn, marigîn*, * mrq, م ر ق

♦ **sortie, départ de la femme répudiée,** fait de sortir. •*Al maragân be fî l-lêl bilhên mâ sameh.* Le fait de sortir très tard la nuit n'est pas bon. •*Al-subyân burûdu l maragân hanâ l-lêl.* Les jeunes gens aiment les sorties nocturnes. •*Maragân al mara min bêtha bala xarad muhimm mâ adîl.* Il n'est pas bon que la femme sorte de chez elle sans motif important. •*Maragân al mara l kabîre min bêtha da bigi lê darritha halu bilhên.* Le départ de la première épouse répudiée a été pour la coépouse une très bonne chose.

marâgid *pl.*, → *margad.*

marah / yamrah *v. intr.*, forme I, n° 12, * mrḥ, م ر ح

♦ **gambader, courir en jouant, jouer.** •*Kulla yôm, filewtak kan mâ mardâne tamrah fôg al gôz janb ammaha.* Lorsque ta pouliche n'est pas malade, elle gambade tous les jours à côté de sa mère sur le coteau sablonneux. •*Al iyâl kan butûnhum malânîn, yamraho misil ma yidôruh.* Lorsque les enfants ont le ventre plein, ils courent et jouent comme ils veulent.

marâhîk *pl.*, → *murhâka.*

marâhil *pl.*, → *marhala.*

marâhîm *pl.*, → *marhûm.*

marâkib *pl.*, → *markaba.*

marâkiz *pl.*, → *markaz.*

marâr *n. m.*, *Cf. murr*, * mrr, م ر ر

♦ **peine, difficulté, souffrance, douleur, amertume, goût amer,** ensemble de choses amères. •*Târ lêi marâr al-dunya al mâ bikammil !* J'en ai assez des difficultés de ce bas monde qui n'en finissent pas ! •*Anâ be marâr misil da ma'âk mâ nag'ôd.* Je ne puis rester avec toi en supportant une telle peine. •*Ad'i Allah yamrug minnak marârak da !* Invoque Dieu, qu'Il écarte de toi [qu'il sorte de toi] les souffrances que tu endures ! •*Anâ ciribt dawa indah marâr katîr.* J'ai pris un remède très amer.

marâra *n. f.*, *Cf. murr*, * mrr, م ر ر

♦ **amertume.** •*Marârt al galib tugumm kan inta sawwêt coxol wa mâ najah.* L'amertume du cœur naît [se lève] lorsque tu n'as pas réussi quelque chose que tu as entrepris. •*Hî râjilha axad fôgha, sawwat lêha marâra hint galib wa gammat tidâwis* *darritha wa râjilha kulla.* Son mari a épousé une autre femme, elle en a ressenti de l'amertume et s'est mise à faire la guerre à sa coépouse ainsi qu'à son mari.

marâsîm *pl.*, → *marsûm.*

marâtib *pl.*, → *martaba 2.*

marawîd *pl.*, → *mirwad.*

marâyis *pl.*, → *marîse.*

marbat 1 *n. coll., sgtf. marbatay, Cf. xaddur*, * rbt, ر ب ط

♦ **attache, porte-bonheur, perle attachée au corps,** fil autour du poignet ou du cou qui retient une perle porte-bonheur. •*Ligît lêi marbatay wâg'e, wakit rabattaha jâbat lêi l xêr.* J'ai trouvé à terre une perle porte-bonheur ; après l'avoir attachée sur moi, elle m'a porté chance. •*Marbatayti di sa'îde lêi, min rabattahah darriti tallagôha.* Ma perle porte-bonheur m'a porté chance : depuis que je l'ai attachée sur moi, ma coépouse a été renvoyée. •*Al marbat misil al hujâr, fî kubâr wa fî dugâg, wahadîn agig hurr wa wahadîn kawcu.* Les perles qui portent bonheur sont dures comme la pierre, les unes sont grosses, les autres petites, certaines sont en agate pure, d'autres en plastique. •*Al marbat ille lê l awîn bas, yarbutuh fî idênhum walla rabagithum walla sulûbhum.* Les perles qui portent bonheur ne concernent que les femmes, elles les attachent au poignet, au cou ou aux hanches.

marbat 2 *n. m., Cf. rabat,* → *câye, witid*, * rbt, ر ب ط

♦ **lieu d'attache des animaux, piquet.** •*Marbat al-sixêlât wa l ijêlât dâ'iman giddâm al bêt.* L'endroit où l'on attache les chevreaux et les veaux se trouve toujours devant la maison. •*Al-juwâd kan saragoh kula, mâ bansa bakân marbatah.* Le cheval, même s'il a été volé, n'oublie jamais le lieu où il était attaché.

marbu' / marâbi' *n. m.*, * rbʕ, ر ب ع

♦ **carré, terrain, lot d'un lotissement, lopin.** •*Anâ carêt marbu' min Ahmat fî Digêl.* J'ai acheté un lot de terrain à Ahmat au quartier Diguel. •*Al marbu' hû al arid al indah arba'a kinyân mulgâbilîn sawa sawa.* Le carré est une surface qui a ses quatre angles égaux. •*Hû indah marâbî' wa al-sane mâ yagdar yabni.* Il a des terrains et, cette année, il n'a pas pu construire.

marbût / marbûtîn *adj. mrph. part.* passif, (*fém. marbûta*), *Cf.* expression *marbut be dên*, * rbṭ, ر ب ط

♦ **attaché(e), lié(e), dont on a noué l'aiguillette, impuissant(e).** •*Ligit tês marbût fî l-cadaray.* J'ai trouvé un bouc attaché à un arbre. •*Al masâjîn idênhum marbûtîn be jinzir hanâ hadîd.* Les prisonniers ont les mains attachées avec une chaîne en fer. •*Al-sabi da marbût, mâ bagdar bigârib martah.* Ce jeune homme est impuissant, il ne peut pas approcher sa femme.

marbût be dên expression, *litt.* attaché par une dette, (*fém. marbûta be dên*), * rbṭ, dyn, ر ب ط • د ي ن

♦ **endetté(e), débiteur (-trice),** qui doit rembourser une dette. •*Ahmat marbût be dên hanâ talâta malyûn min al-cahar al fât.* Ahmat est débiteur de trois millions depuis le mois dernier. •*Xadîja marbûta be dên acân da hî sawwat gurus muzawwar wa sajanôha.* Khadija était endettée, c'est pour cela qu'elle a fabriqué de la fausse monnaie et qu'on l'a mise en prison.

marca'a *n. f.*, → *marcaha.*

marcaha / marcahât *n. f.*, ≅ *marca'a, Cf. bâsûr*, * ršḥ, ر ش ح

♦ **bât en rondin,** sorte de claie en rondins reposant sur un tapis de paille posé sur le dos de l'âne. •*Al marcaha hatab marbût be sêr, yuxuttuha fî l-safîne.* Le bât en rondin est fait de bouts de bois liés les uns à côté des autres par une lanière de cuir, on le pose par-dessus le tapis de paille. •*Al* *marcaha tadhar al xumâm al-tagîl mâ yi'assir nawaytên al humâr.* Le bât en rondin empêche les affaires lourdes de comprimer les côtes de l'âne.

marcûc / marcûcîn *adj.*, (*fém. marcûca*), * ršš, ر ش ش
♦ **arrosé(e).** •*Fadayit bêtna magcûca wa marcûca almi.* La cour de notre maison a été balayée et arrosée d'eau. •*Xalagak halu bilhên acân marcûc itir.* Ton habit sent bon parce qu'il a été aspergé de parfum. •*Al fangâsu da marcûc sukkar.* Ces beignets sont arrosés de sucre.

mardad / yimardid *v. trans.*, *qdr.*, forme II, *Cf. radda*, * rdd, ر د د
♦ **piler de nouveau, broyer en farine, écraser en farine,** prendre les grains qui ont été déjà pilés et lavés pour les réduire en farine destinée à la bouillie. •*Axti l-saxayre wakit gâ'ide timardid al xalla, al amûd daggaha fî jiffitha.* Tandis que ma petite sœur en était au deuxième pilage, elle s'est donné un coup de pilon sur le front. •*Al madîde haluwa acân al-sawwatha mardadat xallitha adîl.* La bouillie est bonne parce que celle qui l'a faite a écrasé deux fois son mil bien comme il faut.

mardadân *n. d'act.*, → *mardidîn*, * rdd, ر د د

mardân / mardânîn *adj.*, (*fém. mardâne*), * mrḍ, م ر ض
♦ **malade,** en mauvaise santé. •*Amis anâ mardân, mâ macêt al xidime.* Hier j'étais malade, je ne suis pas allé au travail. •*Al-Nasrâniye di mardâne acân wata hâmi fî Tcâd.* Cette Européenne est malade parce qu'il fait chaud au Tchad. •*Rafîgak da mardân sulta !* Ton ami est assoiffé de pouvoir !

mardidîn *n. d'act.*, *m.*, ≅ *mardadân*, *Cf. mardad*, * rdd, ر د د
♦ **deuxième pilage, broyage,** fait d'écraser le mil pilé et lavé pour le réduire en farine. •*Fî ayyâm al-Ramadân, al awîn bixallu l mardidîn lê banâthum al-dugâg.* Les jours de Ramadan, les femmes laissent à leurs petites filles le soin de réaliser le deuxième pilage. •*Mardidîn al xalla mâ gâsi bilhên misil al-rahhikîn.* Le deuxième pilage du mil n'est pas aussi pénible que le fait de l'écraser à la main.

Mardiya *n. pr.* de femme, ≅ *Mardiye*, *litt.* qui est acceptée par tout le monde, * rḍw, ر ض و

mardûd / mardûdîn *adj. mrph. part.* passif, (*fém. mardûda*), *Cf. marhûk*, * rdḍ, ر ض ض
♦ **broyé(e) très fin, écrasé(e) en poudre, réduit(e) en farine,** passé(e) sous la meule après avoir été préalablement pilé(e) et lavé(e). •*Hû cirib sumsum mardûd wa muxalbat be almi wa sukkar.* Il a bu du sésame réduit en poudre et mélangé avec de l'eau et du sucre. •*Al-dagîg da mâ mardûd adîl acân mâ rihiko fî l-tâhûna.* Cette farine n'est pas bien écrasée parce qu'on ne l'a pas apportée au moulin. •*Harâr kan mardûd binballa adîl fî l gahwa.* Lorsqu'un condiment est réduit en poudre très fine, il se fond bien dans le café.

mardûf / mardûfîn *adj. mrph. part.* passif, (*fém. mardûfa*), * rdf, ر د ف
♦ **qui monte en second derrière le cavalier, qui est assis sur le porte-bagages, sous la responsabilité d'un tuteur,** qui est mis derrière le cavalier sur une monture. •*Al mardûf mâ indah cahwa fî l-tiwirrik.* Celui qui monte à cheval en étant derrière le cavalier n'a pas envie de s'asseoir en passant une jambe par-dessus l'autre. *Prvb.* •*Al mardûf mâ budûx halât al-rakûb.* Celui qui est sur le porte-bagages ne peut goûter le plaisir de celui qui est sur la selle. *Prvb.* •*Rafîgi ja min Abbece, bidôr bagôd ma'âi, lâkin anâ zâti mardûf ma'â xâli.* Mon ami est venu d'Abéché, il désire demeurer avec moi, or je suis moi-même sous la responsabilité d'un tuteur.

mardûx / mardûxîn *adj. mrph. part.* passif, (*fém. mardûxa*), *Cf. radax*, * rḍẖ, ر ض خ ⇨

♦ **meurtri(e), qui a une ecchymose, qui a un bleu.** •*Al askari taracoh wa wakit gamma ligi jildah kulla mardûx.* Le combattant a été renversé, et lorsqu'il s'est relevé, son corps était couvert d'ecchymoses. •*Al-rujâl dâwaso be isyân wa wâhid minnuhum gabbal bêtah angartah mardûxa.* Les hommes se sont battus avec des bâtons, et l'un d'eux est revenu chez lui avec la nuque meurtrie. •*Rijili mardûxa, daggôni fôgha be hajar, mâ nagdar nafjaxha fî l-turâb.* J'ai le pied meurtri par une pierre qú'on m'a lancée, je ne peux plus l'appuyer par terre. •*Sôsal waga' min al watîr, sulbah mardûx, râgid fî l bêt.* Sossal est tombé du véhicule, il a la hanche meurtrie et reste allongé à la maison.

Marfa *n. m.*, → *Marfa', marfa'în.*

Marfa' *n. pr.* d'animal, *m.*, nom de l'hyène dans les contes et les devinettes, → *marfa'în*, * rfˁ, ر ف ع

♦ **Marfa.** •*Marfa' Wa Ganda, min zamân humman rufugân, wa hassa xusmân.* Marfa l'hyène et Ganda le chacal étaient autrefois des amis, et sont maintenant des ennemis. •*Marfa' xawwâf wa awîr min kulla sêd al xala'.* Marfa l'hyène est le plus peureux et le plus sot des animaux de la brousse.

marfa'în 1 / marâfi'în *n. anim.*, *m. mrph.* duel, terme d'insulte lorsqu'il est employé comme *adj.*, *qdr.*, combinaison de la racine *ˁrf* (crinière) et de la racine *rfˁ* (lever) car l'hyène a deux crinières érectiles l'une sur la tête et l'autre au milieu du dos (*Cf.* DECORSE 1906, am°arafaïn, p. 47), surnom de l'hyène : "Marfa", *Cf. bugdum, kâray*,* rfˁ, ˁrf, ر ف ع • ع ر ف

♦ **hyène tachetée, Crocuta crocuta, malhonnête !,** qui garde pour lui ce qu'on lui a confié. •*Al marfa'în karra l xanamay min rijilha.* L'hyène a traîné la chèvre par la patte. •*Al marâfi'în hawwagôha lê l hille, wa gâ'idîn bu'ûtu.* Les hyènes ont tourné autour du village en ricanant [elles étaient en train de crier]. •*Al marâfi'în nafarhum tinên, al kabîr wa l-saxayar.* Il y a deux sortes d'hyènes : la grande et la petite. •*Al-hâkim da marfa'în, mâ yigassim lêku al ma'îce al jâboha min al xarij.* Cet homme est malhonnête, il ne distribue pas les vivres qu'on lui a apportés de l'étranger.

marfa'în 2 / marafi'în *n. m.*, * rfˁ, ر ف ع

♦ **crochet.** •*Fattic lêi marfa'în nisill ramboyti min ga'ar al bîr.* Cherche un crochet pour que je retire ma puisette du fond du puits. •*Zamân al marfa'în yisawwu min al hatab, lâkin hassâ min hadîd.* Autrefois les crochets étaient faits en bois, mais maintenant ils sont en fer.

marfu' / marfû'în *adj.*, (*fém. marfu'a*), * rfˁ, ر ف ع

♦ **soulevé(e), chargé(e) sur.** •*Min amis xumâmi marfu' fî dahar al watîr.* Mes affaires sont chargées sur le plateau arrière du véhicule depuis hier. •*Yôm îd l hurriya, al-darappo marfu' fôg, wa kulla l-nâs lammo basma'o xutbit al-Ra'îs.* Le jour de la fête de l'Indépendance, les drapeaux sont levés et tout le monde est rassemblé pour écouter le discours du Président.

marga *n. f.*, * mrq, م ر ق

♦ **soupe de viande.** •*Al marga be mappa da mâ akil hanâ l masâkîn.* La soupe avec du pain n'est pas la nourriture des pauvres. •*Anâ fatart be marga hanâ jidâd wa hassâ l atac bactanâni.* J'ai pris mon petit déjeuner avec de la soupe de poulet et maintenant la soif me tourmente.

margad / marâgid nom de lieu, *m.*, * rqd, ر ق د

♦ **mare, lit, logis.** •*Margad hanâ l wilêd da wasxân.* Le lit de cet enfant est sale. •*Al bakân da margad hanâ almi.* Cet endroit est une mare. •*Anâ miskîne, margadi fî l-turâb !* Je suis pauvre et couche à même la terre [mon lit est sur la terre] !

margad al gamul expression, *litt.* lieu où se reposent les poux, * rqd, qml, ر ق د • ق م ل ⇨

♦ **occiput, haut de la nuque.** •*Taggêtah be asa fî margad al gamul acân sirgâni gurus katîr wa aba mâ yibayyinah lêi.* Je lui a donné un coup de bâton sur l'occiput parce qu'il m'avait volé beaucoup d'argent et qu'il refusait de le reconnaître. •*Angari min taggîn hanâ nâdum fî margad al gamul acân bumût lêk !* Fais attention de ne pas frapper le haut de la nuque de quelqu'un, tu pourrais le faire mourir !

margân *n. d'act., m.,* → *maragân.*

margandanga *n. m., empr.* (Ouaddaï), *Cf. sadaxa.*
♦ **mouton découpé et distribué,** mouton égorgé le troisième jour après la naissance d'un enfant. •*Hû cara kabic wa dabahah margandanga lê martah al wildat.* Il a acheté un bélier et l'a égorgé pour le distribuer en l'honneur de sa femme qui avait accouché. •*Ciribt curba hanâ kabic margandanga hanâ jarti.* J'ai pris de la soupe de bélier qui était distribuée en l'honneur de l'accouchement de ma voisine saine et sauve. •*Margandanga sameh lê l mara l ambikêriye kan wildat âfe, acan hû sadaxa.* Il est bien d'égorger un mouton et d'en distribuer la viande en l'honneur d'une femme dont le premier accouchement s'est bien passé, parce que c'est une aumône.

Margay *n. pr. m.*, ce nom est aussi masculin en langue Kenga.
♦ **Margaye, nom de la divinité du Guéra.** •*Lê l-yôm fî Gêra, nâs gâ'idîn ba'abdu l Margay.* Jusqu'à ce jour, au Guéra, des gens rendent un culte à la Margaye. •*Al Margay dîn xâs, mâ misil dîn al Islâm.* La Margaye est l'objet de rites religieux différents de ceux de l'islam. •*Al Margay, siyâdah baxâfo minnah !* Ceux qui vénèrent la Margaye la craignent.

margi / margiyîn *adj. n. m.,** mrq, م ر ق
♦ **bélier engraissé, bélier mis à l'engrais,** mouton gardé à la maison pour être engraissé et égorgé lors d'une fête. •*Ammi indaha kabic margi.* Ma mère a un mouton à l'engrais. •*Al kabic al margi hanâ ammi, abui dabahah fî îd al-dahye.* Mon père a égorgé le mouton engraissé de ma mère pour la fête de la Tabaski.

margîn *n. d'act., m.,* → *maragân.*

marhala / marâhil *n. f.,* * rḥl, ر ح ل
♦ **étape, station.** •*Gati'în al marhala l-tawîle fî l-safar al xarîf gâsi acân al almi katîr wa l-cawâri kulluhum tîne.* Franchir une grande distance en saison des pluies est pénible parce qu'il pleut beaucoup et que toutes les routes sont pleines de boue. •*Al girây indaha marâhil muxtalifa.* Le cursus des études comprend différentes étapes. •*Al axîde marhala muhimma fî l haya.* Le mariage est une étape très importante dans la vie.

marhûk / marhûkîn *adj.,* (*fém. marhûka*), * rhk, ر ه ك
♦ **réduit(e) en poudre, moulu(e), broyé(e), écrasé(e).** •*Xallitna l marhûka di sallalâha kisâr.* Avec notre mil moulu nous avons préparé des galettes. •*Al fûl al marhûk bisawwuh madîde.* Avec la pâte d'arachide on fait de la bouillie.

marhûm / marâhîm *adj. part.* passif forme I, (*fém. marhûma*), * rḥm, ر ح م
♦ **défunt(e), mort(e),** *litt.* qui a été pris en pitié, celui à qui Dieu a fait miséricorde. •*Al-sultân gassam al warasa lê iyâl al marhûm.* Le sultan a partagé l'héritage entre les enfants du défunt. •*Râjili marhûm indah talâta sanawât.* Il y a trois ans que mon mari est mort [est devenu défunt]. •*Iyâl al marhûma bifakkuru kulla yôm fî ammuhum.* Les enfants de la défunte pensent chaque jour à leur mère. •*Al-dawla katabat âsâm al marhûmîn fî katkat kabîr.* L'État a fait inscrire [a écrit] les noms des morts sur une grande feuille de papier.

marîd *adj.,* (*fém. marîde*), voir le *Syn. mardân.*

mârig / mârgîn *adj. mrph. part.* actif, (*fém. mârge*) voir l'expression *mara mârge min bêt*, * mrq, م ر ق

♦ **en train de sortir, sortant,** sur le point de sortir. •*Anâ mârig hassâ wa nigabbil ba'adên.* Je sors tout de suite et je reviendrai ensuite. •*Fî l-lêl kan tidôr mârig mâ tansa sakkînak.* La nuit, si tu veux sortir, n'oublie pas ton couteau. •*Ahmat axad mara mârge min bêt.* Ahmat a épousé une femme divorcée. •*Wilêdha dahâbah sunûnah mârgîn.* Son enfant a une dent qui est tout juste en train de sortir. •*Kalâmak da mârig min al-sahih.* Ta parole est invraisemblable.

marigîn *n. d'act., m.,* → *maragân.*

mârih / mârhîn *adj. mrph. part.* actif, (*fém. mârhe*), * mrḥ, م ر ح

♦ **qui gambade, qui court en jouant,** qui est en train de gambader, qui joue en courant. •*Cîft filêwtak mârhe janb ammaha.* J'ai vu ta pouliche en train de gambader à côté de sa mère. •*Mâ nagdaro nagôdu hini, iyâl al-lekkôl al marhîn dôl gawwamo lêna ajâj.* Nous ne pouvons pas rester ici, ces écoliers qui courent en jouant nous envoient un nuage de poussière.

mârin / marnîn *adj.,* (*fém. marne*), *Ant. gawi*, * mrn, م ر ن

♦ **doux (douce), mou (molle), souple, tendre,** qui n'offre aucune résistance au toucher. •*Maryam jâbat min al-tahûna dagîg mârin.* Mariam a apporté du moulin, de la farine moulue très finement. •*Jild al-saxîr da mârin.* La peau de ce petit enfant est douce. •*Farwa hint al arnab mârne.* La peau de lapin est souple et douce. •*Al farâde dôl marnîn, xalâs mâ yanfa'o.* Ces pagnes sont chiffonnés et usés [mou et doux], c'est fini, ils sont désormais inutilisables.

marîse / marâyis *n. f.,* ≅ *merîse*, terme générique, → *bilbil, korde, kondrong, kôcât, nîlon*, * mrs, م ر س

♦ **bière de mil, boisson alcoolisée, alcool.** •*Al marîse titallif al-nâs.* La boisson alcoolisée détruit là personnalité [abîme les gens]. •*Jârti saffat marîse lê l-sûg.* Ma voisine a filtré de la bière de mil pour la vendre au marché. •*Al marîse bisâwugûha be jurâr.* On vend la bière de mil dans des calebasses. •*Jidditi amsanang-nang, tihit al-sarîr tinangnang... Di l-merîse.* Ma grand mère marmonne : sous le lit, elle chuchote… C'est la bière de mil en train de fermenter. *Dvnt.* •*Al marîse mâ rîse.* L'alcool c'est le désordre. *Prvb.*

Mâriya *n. pr.* de femme, femme du Prophète.

marja'i / marja'în *adj.,* (*fém. marja'iya*), * rjˤ, ر ج ع

♦ **ressource, auquel on a recours,** personnalité ressource. •*Hî caxsiya marja'iya fî l mu'tamar.* C'est une personnalité ressource du congrès. •*Hû mâ min al-lajna l marja'iya.* Il ne fait pas partie du comité des personnes ressources.

marjân *n. coll., sgtf. marjanây* (morceau de corail, petite perle rouge), *Cf. xaddur*, * rjn, ر ج ن

♦ **corail, collier en perles de corail, perle rouge.** •*Jidditi indaha marjân katîr fî ragabitha.* Ma grand-mère a beaucoup de colliers de perles rouges au cou. •*Banât hanâ l madîna mâ birabbutu marjân.* Les filles de la ville ne portent plus de collier de coraux. •*Al-tôma rabbato lêha marjanay min al xucce.* On a attaché au cou de la jumelle une petite perle rouge contre le mauvais œil.

Marjan-daffag *n. pr.* de lieu, quartier de N'Djaména, [le corail s'est répandu, *i.e.* le collier de corail s'est cassé].

marjû' / marju'în *adj.,* (*fém. marju'a*), * rjˤ, ر ج ع

♦ **qui n'est plus lié(e) par le contrat, aboli(e), abrogé(e), cassé** (jugement), se dit lorsqu'on revient sur une décision. •*Al xumâm al-carêtah min dukkânak da marju' acân inta mâ ôrêtni l-sahi.* Le contrat conernant l'achat des affaires de ta boutique est rompu parce que tu ne m'as pas dit la vérité. •*Al kalâm mâ angata' adîl, al* *gadiye marjû'a.* Le différend ayant été mal tranché, le jugement a été cassé.

marjû'a *adj. f.*, qualificatif appliqué à la femme qui conjure la formule de répudiation dont elle est l'objet, * rjʕ, ر ج ع

♦ **non concernée par la répudiation, elle n'est pas répudiée,** se dit pour exiger du mari qu'il revienne sur sa décision de répudier sa femme. •*Hû gâl "tallagtiki tallagtiki" giddâm axawânah, wa hummân gâlo "marjû'a" acân al iyâl.* Il a dit : "Je te répudie, je te répudie !" devant ses frères ; mais, à cause des enfants, ils ont dit : "Elle n'est pas répudiée !". •*Amm al iyâl di wâjib tukûn marju'a acân balaha al iyâl babku bilhên.* Cette mère de famille doit revenir à la maison parce que sans elle les enfants pleurent beaucoup.

markaba / marâkib *n. f.*, ≅ le pluriel *markabât*, * rkb, ر ك ب

♦ **pirogue.** •*Abui indah markaba bangul beha sukkar.* Mon père a une pirogue avec laquelle il transporte du sucre. •*Al girinti cagalab al markaba wa mara wahade al bahar câlaha.* L'hippopotame a renversé la pirogue et une femme a été emportée par le fleuve. •*Kan nidôr nagta namci Kusiri mâ namci be markaba, namci be l pon.* Lorsque je veux traverser le fleuve pour aller à Kousseri, je ne prends pas de pirogue, je passe par le pont.

markaz / marâkiz *n. m.*, *Cf. bakân*, * rkz, ر ك ز

♦ **maison, résidence, lieu de séjour, demeure, refuge, centre.** •*Hû mâ indah markaz sâbit.* Il n'a pas de résidence fixe. •*Al hâkûma sawwat marâkiz lê l-lâji'în.* Le gouvernement a construit des maisons pour les réfugiés. •*Al marâkiz al-saxâfiya mâ katîrîn fî baladna.* Il n'y a pas beaucoup de centres culturels dans notre pays. •*Anâ be markazi fî Almâsâgit.* J'ai une résidence à Massaguet. •*Balâk markazi yâtu ?* Où irais-je me réfugier en dehors de chez toi ?

markazi / markaziyîn *adj.*, (*fém. markaziya*), * rkz, ر ك ز

♦ **central(e), gouvernemental(e).** •*Al askar hanâ l hâkûma l markaziya hajamo l-suwwâr.* Les forces du gouvernement central ont attaqué les rebelles. •*Al hâkûma l markaziya gâ'ide tiwâjih su'ûbât ma'â l-sawra.* Le gouvernement central est en train de rencontrer des difficultés avec la rébellion.

markûb 1 / marâkîb *n. m.*, pour dire un soulier, → *rijil hanâ markûb*, * rkb, ر ك ب

♦ **paire de sandales, paire de souliers, paire de chaussures.** •*Carêt markûb min al-sûg.* J'ai acheté des sandales au marché. •*Markûbi angadda be tihit.* Ma chaussure est trouée par-dessous. •*Al markûb bigi saxayyar minni.* Mes souliers sont devenus trop petits pour moi.

markûb 2 / markûbîn *adj. mrph. part.* passif, dans l'expression *lissâ mâ markûb*, à propos d'une monture, (*fém. markûba*), * rkb, ر ك ب

♦ **monté(e).** •*Al-juwâd da, lissâ mâ markûb.* Ce cheval n'a pas encore été monté. •*Al-dahac da lissâ mâ markûb, bilhên âsi.* Cet ânon n'a pas encore été monté, il est très têtu.

marmax / yimarmix *v. trans.*, *qdr.*, forme II, * mrġ, م ر غ

♦ **se rouler par terre.** •*Waddi juwâdak yirmarmix fî l-ramla !* Emmène ton cheval se rouler dans le sable ! •*Xassil idênak al marmaxtuhum dôl fî l-turâb !* Lave tes mains qui ont tripoté la terre [qui se sont roulées dans la terre] ! •*Fakkir lê axawânak mâ yimarmuxu fî l-turâb !* Fais attention [pense] à tes frères, qu'ils ne se roulent pas dans la terre !

marmi / marmiyîn *adj.*, (*fém. marmiye*), * rmy, ر م ي

♦ **jeté(e) à terre, abandonné(e).** •*Al iyâl al marmiyîn barugdu fî l-sûg.* Les enfants abandonnés dorment au marché. •*Ligit halaway marmiye fî l-câri lâkin abêt mâ nicîlha.* J'ai trouvé un bonbon jeté dans la rue, mais j'ai refusé de le prendre. •*Marmi Allah mâ binrafi'.* Celui que Dieu a fait tomber ne peut être relevé. *Prvb.* •*Ali ligi wilêd farax marmi fî l kânifo.* Ali a trouvé un enfant bâtard dans le caniveau.

marmûl / marmûlîn *adj. mrph. part.* passif, (*fém. marmûla*), *Cf. madfûr*, * rml, ر م ل

♦ **tressé(e), entrelacé(e), entrecroisé(e),** tressé(e) grossièrement avec trois ensembles de brins, tenu(e) entre deux fibres ou deux lanières entrecroisées. •*Safînt al-za'af kan marmûla adîl titawwil.* Si le tapis de selle en fibres de palmier doum est bien tressé, il dure longtemps. •*Al binêye di ca'arha tuwâl kan marmûl yabga misil al-tafûra.* Cette fille a de longs cheveux ; si on les entrelaçait, ils deviendraient comme un tapis de selle. •*Al-takiye di marmûla be lihe gawi acân da tawwalât.* Les tiges de cette clôture sont tenues bien serrées par une fibre solide, et c'est pour cela que la clôture a duré longtemps. •*Bâb bêti indah farfar hana jarîd al-tamur marmûl be suyûr.* La porte de ma maison est un treillis fait de nervures de palmier tenues entre elles par une lanière de cuir entrecroisée.

Mârne *n. pr.* de femme, *fém.* de *mârin*, *litt.* tendre, souple, molle, * mrn, م ر ن

Mâro *n. pr.* de lieu, chef-lieu de sous-préfecture du Moyen-Chari.

♦ **Maro.**

Mârôk *n. pr.* de pays.

♦ **Maroc.** •*Parôp, misil Arab Marôk, dallo min tayyâra fôg !* Propre, comme un Arabe du Maroc descendant d'un avion ! •*Al-sane Tcad rassalat talaba fî Mârôk.* Cette année, le Tchad a envoyé des étudiants au Maroc. •*Al-ra'îs gamma, al yôm fajur, min Anjammêna mâci Mârôk.* Le Président a quitté ce matin N'Djaména pour le Maroc.

marra 1 / yimirr *v. intr. {- fî, - bê}*, forme I n° 11, * mrr, م ر ر

♦ **faire un tour, passer près de,** passer devant quelqu'un pour se faire remarquer, ou devant une chose pour l'admirer. •*Amis anîna marrêna fî usta l-sûg.* Hier, nous sommes passés au milieu du marché. •*Hû libis xalagah al-jadîd wa marra fî l hille.* Il a mis son habit neuf et a fait un tour au village. •*Al-subyân marro fî l-li'ib acân bicûfu yâti l-samhe.* Les jeunes gens sont allés à la danse pour voir quelle était la plus belle. •*Anîna marrêna be bêtku wa nâdum mâ fih.* Nous sommes passés devant votre maison mais il n'y avait personne.

marra 2 / yimirr *v. trans.*, forme I n° 11, * mrr, م ر ر

♦ **relire, repasser** (leçon), redire pour s'assurer que l'on sait ou que l'on a compris. •*Al-tâlib marra lôhah giddâm sayyidah.* L'élève a relu devant son maître ce qu'il avait écrit sur son ardoise. •*Yimirr giraytah fî l-lêl.* Il repasse sa leçon la nuit.

marra 3 / marrât *n. f.*, expression *be l marra* (une fois pour toutes, pour de bon), * mrr, م ر ر

♦ **fois.** •*Awwal marra naji fî bêtak.* C'est la première fois que je viens chez toi. •*Macêt marra wahade fî l-silima.* Je suis allé une fois au cinéma. •*Jît marritên fî bêtak wa mâ ligîtak.* Je suis allé deux fois chez toi et ne t'ai pas trouvé. •*Cil al-dawa da talâta marrât fî l yôm, fajur, duhur wa aciye !* Prends ce médicament trois fois par jour, le matin, à midi et le soir ! •*Sarahna talâta marrât fî l wâdi.* Nous sommes sortis trois fois faire paître les troupeaux dans l'oued. •*Kam marrât anâ ôrêtak al kalâm da !* Combien de fois te l'ai-je déjà dit ! •*Al-nâdum kan mât, yiwadduh be l marra, battan mâ yigabbil.* Lorsque quelqu'un est mort, on le conduit au cimetière une fois pour toutes, il ne reviendra pas. •*Inta mâci dârak be l marra walla tigabbil lêna ?* Tu pars dans ton pays pour de bon, ou bien reviendras-tu chez nous ?

marra wâhid expression, *litt.* une fois, altéré en *marway* au sud de N'Djaména, * mrr, م ر ر ⇨

♦ **complètement, entièrement, tout(e), jusqu'au bout, définitivement,** une fois pour toutes. •*Hû sakrân marra wâhid.* Il est complètement saoul. •*Anâ nisit gursi marra wâhid.* J'ai complètement oublié mon argent. •*Inta ciribt al almi marra wâhid.* Tu as bu toute l'eau. •*Hû gara l kitâb da marra wâhid.* Il a lu ce livre jusqu'au bout. •*Anâ fût min bêtha marra wâhid.* Je suis parti de chez elle une fois pour toutes.

marrad / **yimarrid** *v. trans.*, forme II, * mrḍ, م ر ض

♦ **rendre malade.** •*Akil hanâ l-laham al mâ nijid adîl bimarridni.* Le fait de manger de la viande mal cuite me rend malade. •*Al-nôm hanâ l-lêl al fî l faday bimarrid al iyâl.* Le fait de dormir la nuit dans la cour rend les enfants malades.

marrag / **yimarrig** *v. trans.*, forme II, * mrq, م ر ق

♦ **expulser, faire sortir.** •*Hû marrag al iyâl min al bêt acân bidôr bunûm.* Il a fait sortir les enfants de la maison parce qu'il voulait dormir. •*Ta'al marrig lêi l-côk min rijili !* Viens me sortir les épines du pied !

marrar / **yimarrir** *v. trans.*, forme II, *Cf. târ lê*, * mrr, م ر ر

♦ **rendre difficile, rendre insupportable.** •*Hassâ, al askar ke marraro lêna l-dunya.* A présent, les soldats nous ont rendu la vie dure. •*Anjammêna marrarat lêi nidôr namci bakân âxar.* La vie à N'Djaména m'est devenue insupportable, je veux m'en aller ailleurs.

marras / **yimarris** *v. trans.*, *Cf. lammas* ; forme II, * mrs, م ر س

♦ **caresser, lisser.** •*Al amm timarris wilêdha acân tirîdah.* La mère caresse son enfant parce qu'elle l'aime. •*Marris canabak, talga l-racwa !* Lisse ta moustache, tu gagneras un pot de vin ! *Prvb.* (*i.e.* Prends ton temps dans les tractations pour gagner plus d'argent !).

marrasân *n. d'act., m.*, → *marrisîn.*

marrisîn *n. d'act., m.*, ≅ *marrasân*, * mrs, م ر س

♦ **fait de lisser, fait de caresser.** •*Ca'ar al awîn bidawwir marrisîn be dihin.* Les cheveux tressés des femmes ont besoin d'être lissés avec de l'huile. •*Marrisîn al amm lê wilêdha biwassif kadar hî tirîdah.* Le fait que la femme caresse son enfant montre qu'elle l'aime. •*Al bisse tirîd marrisîn hanâ daharha.* Le chat aime se faire caresser le dos.

marsidis / **marsidisât** *n. m., empr.* : marque des véhicules "Mercedes", ≅ *mercidid, mercedês.*

♦ **camion, véhicule.** •*Hû inda watîr marsidis saxayyar.* Il a une voiture Mercedes. •*Mersedêsâtah yangulu sukkar min Sâr.* Ses camions Mercedes transportent le sucre de Sarh.

marsûm / **marâsîm** *n. m.*, * rsm, ر س م

♦ **décret.** •*Al-Ra'îs mada fî marsûm wâhid acân yiwaggif nuss hanâ l xaddâmîn.* Le Président a signé un décret pour licencier la moitié des fonctionnaires. •*Xâli darrajoh safîr hanâ Tcâd fî Fransa be marsûm jadîd.* Mon oncle a été nommé ambassadeur du Tchad en France par un nouveau décret.

marsûs / **marsûsîn** *adj.*, (*fém. marsûsa*), * rṣṣ, ر ص ص

♦ **aligné(e), rangé(e),** mis(e) en rang. •*Al mara di xumâm bêtha marsûs adîl.* Les affaires de la maison de cette femme sont bien rangées. •*Kîbân hanâ l-laban al-dagîg marsûsîn fî dukkânah.* Les boîtes de lait en poudre sont rangées dans sa boutique. •*Al kitâbât marsûsîn fî l-tarbêza.* Les livres sont rangés sur la table.

martaba 1 / **martabât** *n. f.*, * rtb, ر ت ب

♦ **rang social, degré de dignité, niveau.** •*Al-nâs basma'o kalâmah acân hû indah martaba.* Les gens écoutent ce qu'il dit parce qu'il a une dignité. •*Al-sarrâg bitallif martaba* *hint ahalah.* Le voleur salit la dignité de sa famille. •*Hî dammat martabitaha.* Elle a préservé sa dignité. •*"Kan tal'abe ma'âi, nuduggiki hassâ !" - "Martaba ?".* "Si tu joues avec moi je vais te frapper tout de suite !" - "De quel droit ?" [quel rang as-tu ?].

martaba 2 / marâtib *n. f.*, terme de l'*ar. lit.* moins utilisé que *furâc* ou *matala*, * rtb, ر ت ب

♦ **matelas, couverture sur le dos du cheval, tapis de selle, molleton.** •*Fî l-sûg al kabîr talga marâtib kubâr walla dugâg, cifon walla gutun.* Au grand marché, on trouve de grands ou de petits matelas, des matelas mousse ou des matelas en coton. •*Sarîr al hadîd bala martaba mâ tagdar tunûm fôgah.* Il n'est pas possible de dormir sur un lit en fer sans matelas. •*Dahar al-juwâd kan indah martaba, mâ yinbarit wa yisawwi awâwîr.* Lorsque le dos du cheval est protégé par un tapis de selle, il ne s'écorche pas et n'a pas de plaies.

marto / martoyât *n. m.*, *empr. fr.*

♦ **marteau.** •*Nidôr nudugg al ponti da wa l marto ambalas minni wa waga' fî rijili.* Je voulais taper sur cette pointe, le marteau m'a échappé des mains et est tombé sur mon pied. •*Kan tidôr taciri lêk martoyât hiney hadîd amci fî kenkâyeri.* Si tu veux acheter des marteaux en fer, va à la quincaillerie.

mârûd / mârûdîn *adj.*, (*fém. mârûda*), * wrd, و ر د

♦ **fiévreux (-euse).** •*Hû bigi mârûd acân al ba'ûda addatah.* Il a de la fièvre parce que les moustiques l'ont piqué. •*Al mârûd mâ indah niye fî l akil.* Celui qui a de la fièvre n'a pas d'appétit. •*Mahammat mârûd indah ayyâm wa hassâ ligi l âfe.* Mahammat avait de la fièvre depuis plusieurs jours ; à présent il a recouvré la santé. •*Marûd al ûd, Allah yantik al âfe yâ wilêdi !* Que le bois soit malade à ta place, que Dieu te donne la santé, mon fils !

marwâ / marwât *n. f.*, → *marwaha*, * rwḥ, ر و ح

Marwa *n. pr.* de lieu, nom d'un rocher près de La Mecque, → *umra 2.*

marwaha / marwahât *n. f.*, * rwḥ, ر و ح

♦ **ventilateur.** •*Mâ indi marwaha fî bêti acân anâ miskîne.* Je n'ai pas de ventilateur chez moi parce que je suis pauvre. •*Al-sana al-jâye axui yijîb lêi marwaha.* L'an prochain, mon frère m'apportera un ventilateur. •*Al marwahât gâsiyîn fî l-sûg.* Les ventilateurs coûtent cher au marché.

marway *invar.*, altération de *marra wâhid*, → *marra wâhid.*

marxi / marxîn *adj. mrph. part.* passif, (*fém. marxiye*), * rḫy, ر خ ي

♦ **mou (molle), détendu(e), relâché(e), desserré(e).** •*Mâ tabga nâdum marxi akrub jildak wa axadim.* Ne sois pas mou, il faut t'armer de courage et travailler. •*Al humâr rubâṭah da marxi bi'arrid.* L'âne n'est pas bien attaché, il va se sauver. •*Kalâmah da, akurbah marxi !* Ne prends pas trop sa parole au sérieux ! •*Sawâmil al watir kan marxiyin, al ajal bamrug.* Si les boulons du véhicule sont desserrés, la roue risque de s'en aller.

marxûs / marxûsîn *adj. mrph. part.* passif, terme pouvant servir d'injure, (*fém. marxûsa*), * rḫṣ, ر خ ص

♦ **sans valeur, inintéressant(e), qui n'a aucun intérêt, délaissé(e).** •*Al-coxol al marxûs mâ fih nâdum yaj'alah.* Personne ne fait cas d'une chose sans valeur. •*Al-zere' da marxûs indah santên mâ haratoh.* Ce champ n'est pas intéressant, on ne l'a pas cultivé depuis deux ans. •*Al wilêd da marxûs, zôl bihtamma bêyah mâ fih.* Cet enfant est délaissé, personne ne s'occupe de lui. •*Hey, wald al marxûs, amci hinâk !* Hé ! fils de bon à rien ! va-t'en !

Marxûs *n. pr.* d'homme, *litt.* délaissé, * rḫṣ, ر خ ص

maryala / maryalât *n. instr., f.*, * ryl, ر ي ل

♦ **bavoir, tablier.** •*Al-maryala, hî nyangur saxayyar barbutuh lê saxîr kan ba'allumuh al akil.* Le bavoir est une petite pièce de lingerie que l'on attache sur la poitrine du bébé quand on lui apprend à manger. •*Al mara, kan ti'akkil wilêdha tarbut lêyah maryala acân mâ yiwassix xulgânah al-samhîn.* Lorsque la femme donne à manger à son enfant, elle lui attache un tablier pour ne pas salir ses beaux vêtements.

Maryam *n. pr.* de femme.

♦ **Marie.** •*Maryam ammah lê sayidna Îsa.* Marie est la mère de notre Seigneur Jésus. •*Maryam min al mu'âminât.* Marie fait partie de celles qui ont eu la foi.

Maryama *n. pr.* de femme, variante de *Maryam.*

Maryamu *n. pr.* de femme, variante de *Maryam.*

Maryôma *n. pr.* de femme, variante de *Maryam.*

maryûd / maryûdîn *adj. mrph. part.* passif, forme I, (*fém. maryûda*), *Cf. râd*, * rwd, ر و د

♦ **aimé(e), chéri(e) de.** •*Wilêd al xani maryûd al banât.* Le fils d'un riche est aimé des filles. •*Al mara l-zêne maryûda fî rajîlha.* La femme gentille est aimée de son mari. •*Al hukkâm al adîlîn maryûdîn fî l-nâs.* Les bons chefs sont aimés des gens. •*Al banât al-samhât maryûdât fî l-subyân.* Les belles filles sont chéries des jeunes gens.

Maryûd *n. pr.* d'homme, → *maryûd*, * rwd, ر و د

Maryûda *n. pr.* de femme, *litt.* aimée, → *maryûd*, * rwd, ر و د

marzabba / marzabbât *n. f.*, * rzb, ر ز ب

♦ **gros marteau en fer, masse.** •*Al haddâdi takkam al hadîday be l marzabba kê namman tanâha.* Le forgeron a tapé sur le fer avec son gros marteau jusqu'à ce qu'il se courbe. •*Al haddâdi mâ bagdar baxadim bala marzabba.* Le forgeron ne peut pas travailler s'il n'a pas un gros marteau.

marzûx / marzûxîn *adj. mrph. part.* passif, (*fém. marzûxa*), *Syn. murazzax*, *Cf. rizix*, * rzq, ر ز ق

♦ **chanceux (-euse), veinard(e),** qui a de la chance. •*Al wilêd da marzûx min yôm al wildoh, acân abuh ligi xidime.* Cet enfant a eu de la chance depuis qu'il est né, parce que son père a trouvé du travail. •*Al binêye di marzûxa, ligat râjil adîl karabâha.* Cette fille a de la chance, elle a trouvé un bon mari [un homme parfait qui l'a prise]. •*Al iyâl al mâ marzûxîn mâ najaho fî l imtihânât.* Les enfants malchanceux n'ont pas réussi aux examens.

Marzûxa *n. pr.* de femme, *mrph. part.* passif, → *rizix.*

mas'i / mas'în *n. m.*, *Cf. mâl*, * sʕy, س ع ي

♦ **bien, cheptel, capital.** •*Kan nâdum bêtah gabad nâr, al-nâs bugûlu lêyah : "Al mas'i binsa'i gâsiye l-nafis !".* Si la maison de quelqu'un a brûlé, les gens lui disent : "Le capital se reconstituera, ta vie est sauve et c'est ce qu'il y a de plus cher !" *Prvb.* •*Bagarah dôl mas'în min zamân.* Ses vaches constituent depuis longtemps son capital.

mas'ûl / masâ'îl *adj.*, (*fém. mas'ûla*), ≅ le pluriel *mas'ûlîn*, * s'l, س ء ل

♦ **responsable.** •*Kulla nâdum mas'ûl min amalah giddâm Allah.* Chaque personne est responsable de ses actes devant Dieu. •*Ba'ad al ingilâb al mâ najah, Ra'îs al-dawla karrab kulla l masâ'îl hanâ l askar.* Après la tentative de putsch, le chef de l'État a fait arrêter tous les responsables militaires. •*Hû mas'ûl min iyâlah.* Il a la responsabilité de ses enfants. •*Nidôr na'ajjir al bêt da lâkin al mas'ûl minnah marag.* Je voudrais louer cette maison, mais celui qui en est responsable est sorti.

mas'uliya / mas'uliyât *n. f.*, ≅*mas'uliye*, * s'l, ل ء س
♦ **responsabilité.** •*Wâjib yâtu kula yicîl mas'uliytah giddâm al muckila di.* Il faut que chacun prenne ses responsabilités devant ce problème. •*Anâ cilt mas'uliya hint iyâli wa marti.* J'ai pris la responsabilité de mes enfants et de ma femme. •*Anâ xaddâm sâkit mâ indi ayyi mas'uliya.* Je suis un simple travailleur, je n'ai aucune responsabilité.

Mâsa *n. pr. gr., coll., sgtf. Mâsay* (homme), *Mâsayye* (femme).
♦ **Massa.** •*Al Mâsa gâ'idîn fî Mayo-Kebi.* Les Massa sont dans le Mayo-Kébi. •*Al Mâsa, humman mâ arab, wa mâsikîn âdâthum gawi.* Les Massa ne sont pas arabes, ils tiennent fermement à leurs coutumes.

masâ'îl *pl.*, → *mas'ûl.*

masâfa / masâfât *n. f.*, * swf, س و ف
♦ **distance.** •*Masâfa tawîle ambên bêtna wa sûg al kabîr.* Il y a une grande distance entre notre maison et le grand marché. •*Kan râx masâfa garîbe kula babga mardân.* Marcher un peu, même sur une courte distance, le rend malade.

masah / yamsah *v. trans.*, se construit avec un double complément d'objet direct, forme I n° 12, * msḥ, م س ح
♦ **enduire, oindre.** •*Hû masah al-tarbêza verni.* Il a passé du vernis sur la table. •*Zâra masahat wijiha dihin.* Zara a enduit son visage d'huile.

masâha / masâhât *n. f.*, * msḥ, م س ح
♦ **étendue, surface, superficie.** •*Ôdti masâhitha tisâwi icirîn mitir murabba'.* Ma chambre a une surface de vingt mètres carrés. •*Anîna nigâwusu musâhit al-zura'ât be muxammas.* Nous mesurons la superficie des champs en *muxammas*.

masâjid *pl.*, → *masjid.*

masak / yamsuk *v. trans.*, ≅l'*inacc. yamsik*, forme I n° 1, * msk, م س ك
♦ **attraper, saisir, commencer.** •*Hû masak al-sarrâg.* Il a attrapé le voleur. •*Al binêye masakat sameh wasâya hanâ ammaha.* La fille a bien suivi les conseils de sa mère. •*Al yôm anâ masak cahar ramadân.* Aujourd'hui, j'ai commencé le jeûne du mois de ramadan.

masâkin *pl.*, → *maskan.*

masâkîn *pl.*, → *miskîn.*

Masakori *n. pr.* de lieu, chef-lieu de sous-préfecture du Chari-Baguirmi.
♦ **Massakori.**

masal / amsâl *n. m.*, * mṯl, م ث ل
♦ **exemple, proverbe.** •*Masalak da xalâs anâ fihimtah.* C'est fini, j'ai compris ton exemple. •*Al-râjil da kan bahajji birîd banti masal fî l-coxol al gâ'idîn ni'îcu kulla yôm.* Cet homme, quand il parle, aime donner des exemples sur les choses de la vie courante. •*Kalâmi al gultah lêk da masal bas.* Ce que je t'ai dit n'est qu'un exemple. •*Asma' al masal da : "Mâ tagôd fî l biric wa ta'ayyir al-za'af !".* Écoute ce proverbe : "Ne t'assois pas sur la natte si c'est pour critiquer [insulter] ce avec quoi elle est faite !" *Prvb.*, (*Cf.* "Ne crache pas dans la soupe !").

Masalât *n. pr. gr., coll., sgtf. Masalâti* (homme), *Masalâtiye* (femme), dans la région du Batha.
♦ **Massalat.**

Masalâti *sgtf.* d'un *n. pr. gr., m.*, (*fém. Masalâtiye*), → *Masalât.*

masâlih *pl.*, → *maslaha.*

Masâlît *pl.* de *Masalâti*, *n. pr. gr.* de la région d'Adré.
♦ **Massalit.**

masalla / masallât *n. f.*, ≅*musalla*, *Cf. salla*, * sll, س ل ل
♦ **alêne, grande aiguille.** •*Cuwâlât al xalla bixayyutûhum be masalla.* On coud les sacs de mil avec une alêne.

•*Al masallât kubâr min ibar al xiyâte.* Les alênes sont plus grosses que les aiguilles à coudre.

masâmîr *pl.*, → *musmâr.*

masâni' *pl.*, → *masna'.*

masar *n. vég., coll., m., sgtf. masaray*, ≅ *am'abat*, connu au *Sdn.*, emprunt *égy.* Nubie pharaonique (*C.Q.*)
♦ **nom d'une céréale, maïs, Zea mays,** famille des graminées. •*Al-darat ja wa l masar nijid.* Le temps de la moisson est arrivé et le maïs est mûr. •*Al masar, kan rakkaboh wa duxt minnah masaray wahade bas, talgah haluwa bilhên !* Si on fait bouillir du maïs et qu'on en goûte un seul grain, on trouve que c'est très bon !

masâr *n. d'act., m., Cf. sâr*, * syr, س ي ر
♦ **déplacement du campement, voyage,** déménagement du campement. •*Al masâr tawîl fî l-rahîl lê l bakân al indah gecc wa almi, bisawwi yômên aw talâte yôm !* C'est un long voyage pour aller là où se trouvent l'herbe et l'eau, cela prend deux ou trois jours ! •*Kan al almi kammal fî mincâx, masâr al baggâra lê l wati mâ butûl.* Lorsque la pluie a fini de tomber au nord, les éleveurs se déplacent rapidement vers le sud. •*Fî l xarîf masâr al Arab al-sayyâra alê mincax.* En saison des pluies, le déplacement des Arabes nomades s'effectue vers le nord.

Masâr *n. pr.* d'homme, nom donné à celui qui est né le jour du départ du campement, * syr, س ي ر

masaray *sgtf. f.*, → *masar.*
♦ **plant de maïs, grain de maïs.** •*Amis da masray wahade kulla mâ indina fî bêtna, wa l yôm Allah fatah lêna be cuwâl.* Hier, nous n'avions pas même un grain de maïs chez nous, et voilà qu'à présent Dieu nous a fait grâce d'un sac ! •*Tucci lêi gandûl masaray fî ladayitki !* Cuis-moi un épi de maïs sous la cendre chaude de ton foyer ! •*Al masaray di fasaxat.* Ce plant de maïs est en fleur.

masârîf nom pluriel, * srf, ص ر ف
♦ **argent en espèces, pécule,** somme d'argent nécessaire pour la nourriture et les dépenses quotidiennes. •*Al yôm kan mâ antêtni masârîf, akil mâ fîh !* Aujourd'hui, si tu ne me donnes pas d'argent, il n'y aura pas de quoi manger ! •*Ambâkir îd, anâ mâ farhâne acân al masârîf dôl ciyya.* Demain, c'est le jour de la fête, je ne suis pas contente parce que j'ai peu d'argent. •*Be l masârîf al-ciyya dôl kula nalgo l nâkulu.* Avec ce peu d'argent, nous trouverons quand même de quoi manger.

masârih *pl.*, → *masrah 1.*

masârîn *pl.*, → *musrân.*

masârin buyud expression, *litt.* intestins blancs, → *musrân*, * mṣr, byḍ, م ص ر • ب ي ض
♦ **entrailles maternelles.** •*Humman dôl min masârîni l buyud, mâ nagdar nixallihum.* Ce sont les fils de mes entrailles, je ne peux pas les abandonner. •*Iyâl jâri birîdûni marra wâhid, nicîfhum misil iyâl masârîni l buyud.* Les enfants de mes voisins m'aiment beaucoup, je les considère comme les miens.

masâtîr *pl.*, → *mastara.*

masâwîk *pl.*, → *muswâk.*

masâwît *pl.*, → *muswât.*

masâxa / masâxât *n. f.*, * msh̲, م س خ
♦ **fadeur, insipidité, comportement incorrect, acte répréhensible,** fait d'être sous-estimé ou pris pour un imbécile. •*Masâxt al madîde di acân mâ indaha sukkar.* La fadeur de cette bouillie vient du fait qu'elle n'est pas sucrée. •*Nâdum kê birîd al masâxa mâ fîh.* Personne n'aime être pris pour un imbécile. •*Xalli hije l masâxa giddâm al-nâs !* Arrête de raconter des histoires sales devant les gens !

Mâsay *sgtf.* d'un *n. pr. gr.*, *m.*, (*fém. Mâsayye*), → *Mâsa.*

masâyib *pl.*, → *masîbe, musîbe.*

masâyik *pl.*, → *masîk.*

masâyir *pl.*, → *masîre.*

masdûd / masdûdîn *adj. mrph. part.* passif, (*fém. masdûda*), * sdd, س د د

♦ **fermé(e), obturé(e), bouché(e).** •*Hû da râsah masdûd mâ yafham ceyy.* Celui-là est bouché, il ne comprend rien. •*Al-dakâkîn hanâ sûg Dembe masdûdîn min amis.* Les boutiques du marché de Dembé sont fermées depuis hier. •*Bâb betku mâla masdûd ?* Pourquoi la porte de votre maison est-elle fermée ? •*Hû nîtah masdûda min al akil.* Il n'a pas d'appétit.

mashûr / mashûrîn *adj. mrph. part.* passif, (*fém. mashûra*), * sḥr, س ح ر

♦ **empoisonné(e), ensorcelé(e).** •*Hû mâ yagdar yâxud mara âxara acân hû mashûr.* Il ne peut pas épouser une autre femme parce qu'il a été ensorcelé. •*Hû mardân wa l-daktôr mâ gidir dâwah acân hû mashûr.* Il est malade et le médecin n'a pas pu le soigner parce qu'il a été empoisonné. •*Al mara di mashûra bigat misil al micôtine.* Cette femme est ensorcelée, elle est devenue comme folle.

masîbe / masâyib *n. f.*, ≅ le pluriel *masâ'ib*, * ṣwb, ص و ب

♦ **ennui, problème, esclandre, scandale,** mauvaise affaire qui ternit la réputation ou l'honneur. •*Al wilêd jâb masîbe lê abuh.* L'enfant a créé des ennuis à son père [a apporté une mauvaise affaire]. •*Anâ, râjili miskîn, mâ nifattic lêyah masâyib.* Mon mari est pauvre, je ne vais pas lui créer des problèmes. •*Ali, al mara, kan tijîb lêk masîbe, talligha !* Ali, si ta femme te crée des ennuis, renvoie-la !

masîhi / masîhiyîn *adj.*, (*fém. masîhiye*), ≅ le pluriel *masîhyîn*, * msḥ, م س ح

♦ **chrétien (-enne).** •*Anâ indi rufugân katîrîn masîhiyîn.* J'ai beaucoup d'amis chrétiens. •*Al masîhyîn bamcu kulla yôm al ahad be fajur fî l kanîsa.* Les chrétiens vont tous à l'église le dimanche matin.

masîk / masâyik nom, *mrph.* nom de lieu, *m.*, connu au *Sdn.* (*C.Q.*), lieu où les enfants sont "tenus" par un maître, * msk, م س ك

♦ **école coranique, aire de prière musulmane, petite mosquée, tribunal coutumier,** lieu où l'on tranche les litiges, et où parfois on mange. •*Masîk hanâ hillitna kabîr.* L'école coranique de notre village est grande. •*Xâli indah masîk fî giddâm bêtah.* Mon oncle a une école coranique devant sa maison. •*Al masâyik bakân ta'lîm hanâ l Xur'ân.* Les écoles coraniques sont des lieux où l'on apprend le Coran. •*Namcu nisallu barra fî l masîk.* Nous allons prier dehors, à la petite mosquée. •*Al malik gâ'id fî l masîk bagta' al-carîye.* Le chef est au tribunal pour trancher un jugement.

masîl *n. m.*, *Cf. sâl*, * syl, س ي ل

♦ **cours d'eau, lit de l'oued, vallée,** végétation poussant le long de l'oued. •*Al ijâl barta'o fî l masîl acân geccah tuwâl.* Les veaux paissent dans le lit de l'oued parce qu'il y a là une herbe haute. •*Al baggâra mâ barjo l-lêl yalgahum fî l masîl acân baxâfo min sêd al xala.* Les vachers n'attendent pas que la nuit les surprenne [les rejoigne] dans l'oued parce qu'ils ont peur des bêtes sauvages.

Masinya *n. pr.* de lieu, chef-lieu de sous-préfecture du Chari-Baguirmi.

♦ **Massenya.**

Masir *n. pr.* de pays, * mṣr, م ص ر

♦ **Égypte.**

masîr 1 *n. m.*, *Cf. sâr*, * syr, س ي ر

♦ **marche, déplacement, déroulement, objectif.** •*Al-demoxrâtiye hî tugûd masîr baladna lê giddâm.* La démocratie fait avancer notre pays. •*Masîr al intixâbât al-sameh yifarrih al âlam.* La bonne marche des élections réjouira le monde. •*Anâ masîrî : nalga gurus wa* *nisawwi mustaxbal lê iyâli.* Mon objectif est de gagner de l'argent et d'assurer l'avenir de mes enfants.

masîr 2 *n. m.*, * ṣyr, ص ي ر
♦ **destin.** •*Kan da bas masîrna nâdum kê baxbal dêf mâ fîh.* Si tel est notre destin, personne n'accueillera d'hôte chez lui. •*Ni'îcu kê kula fî l-nihâya l môt bas masîrna.* Aussi longtemps que nous vivons, au terme la mort est notre destin.

Masîray *n. pr. gr.*, → *Misîray.*

masîre / masâyir *n. f.*, * syr, س ي ر
♦ **tresse sur la tempe.** •*Mucât al gâdriye indah masâyir tinên.* La coiffure dite "simple" a deux tresses sur chaque tempe. •*Al masîre bisarruhuha be l mucut.* La tresse sur la tempe se lisse avec le peigne.

Masîriye *n. pr. gr.*, → *Misîriye.*

mâsix / masxîn *adj.*, (*fém. mâsxe*), terme pouvant servir d'insulte, * msh̲, م س خ
♦ **fade, sans goût, insipide, imbécile.** •*Al-râjil da kalâmah mâsix.* Cet homme-là a un discours incohérent. •*Al almi mâsix lâkin balayah hayâ mâ fîh.* L'eau est sans goût, mais sans elle il n'y a pas de vie. •*Al-câhi da mâsix mâ nagdar nacarbah.* Ce thé est sans goût, je ne peux pas le boire. •*Al akil al mâsix mâ baga' fî l galib.* On ne se régale pas d'une nourriture sans goût. •*Hû da nâdum mâsix.* C'est un imbécile.

masjid / masâjid nom de lieu, * sjd, س ج د
♦ **mosquée.** •*Fî Anjammêna al masâjid katîrîn.* Il y a beaucoup de mosquées dans la ville de N'Djaména. •*Al-salâ fî l masjid ma'â l-nâs indaha sab'a wa icirîn daraja, axêr min hint al bêt al-tisalliha wihêdak.* La prière faite à la mosquée avec les gens fait progresser de vingt-sept degrés vers Dieu ; elle est meilleure que celle faite à la maison où l'on est seul.

masjûn / masâjîn *adj.*, (*fém. masjûna*), * sjn, س ج ن
♦ **prisonnier.** •*Jâri masjûn indah xamsa cahar.* Mon voisin est prisonnier depuis cinq mois. •*Be munâsaba hanâ daxûl al-sana, al-Ra'îs fakka kulla l masâjîn al-siyâsîyîn.* A l'occasion de la nouvelle année, le Président a libéré tous les prisonniers politiques. •*Fî wakit al hamu al masâjîn bat'abo.* Les prisonniers souffrent lorsqu'il fait chaud.

maskan / masâkin *n. m.*, * skn, س ك ن
♦ **demeure, habitation, résidence, logement.** •*Anâ maskani fî Anjammêna.* J'habite à N'Djaména. •*Zamân anâ maskani fî l-rîf lâkin hassâ hawwalt fî l madîna.* Autrefois je résidais à la campagne, mais maintenant je me suis installé [j'ai déménagé] en ville. •*Al kilfe, hî al akil wa l-carâb wa l kiswe wa l maskan.* La charge pour l'entretien d'une personne comprend la nourriture, la boisson, l'habillement et le logement.

maskana *n. f.*, * skn, س ك ن
♦ **simplicité, discrétion, pauvreté.** •*Hû indah gurus katîr lâkin birîd al maskana.* Il a beaucoup d'argent, mais il aime la simplicité. •*Humman gâ'idîn bi'îcu fî maskanithum.* Ils sont en train de vivre dans la pauvreté.

maskaro *n. m. mrph.* nom de lieu, ≅ *maskôro*, *Syn. xattîn laday, caggîn ladday* (à Abéché)
♦ **repas de fête, festin, banquet**, grand repas offert généralement le lendemain des noces. •*Yôm al ahad al-jâyi, indina maskaro fî bêt axti l arûs.* Dimanche prochain, nous avons un repas de fête dans la maison de ma sœur nouvellement mariée. •*Abu l arîs dabah tôr fî maskaro hanâ wilêdah.* Le père du marié a égorgé un bœuf pour le banquet de son fils. •*Al xada hanâ l maskaro mâ marag ajala, wa nuss al-dîfân fâto.* Le festin des mariés n'a pas été vite prêt [n'est pas sorti vite], et la moitié des invités sont partis.

maskôro *n. m.*, → *maskaro.*

maskûn / **maskûnîn** *adj.*, (*fém. maskûna*), * skn, س ك ن

♦ **habité(e).** •*Al bêt da maskûn min zamân.* Cette maison est habitée depuis longtemps. •*Al hille di dahâbha jadîde lissâ mâ maskûna.* Ce village est encore neuf, il n'a pas été habité. •*Al buyût dôl dahâba banohum lissâ mâ maskûnîn.* Ces maisons viennent d'être construites, elles ne sont pas encore habitées.

maslaha / **masâlih** *n. f.*, ≃ le pluriel *maslahât*, * slḥ, ص ل ح

♦ **avantage, utilité, bénéfice, intérêt.** •*Xidimti indaha maslaha kabîre lê l-dawla.* Mon travail a un grand intérêt pour le pays. •*Tijâritki di mâ indaha lêki maslaha.* Ton commerce ne te rapporte pas de bénéfice. •*Al-coxol kan mâ indah lêk masâlih axêr kan mâ sawwêtah.* Ce qui ne te procure aucun avantage, il vaut mieux ne pas le faire.

maslûl / **maslûlîn** *adj. mrph. part.* passif, (*fém. maslûla*), * sll, س ل ل

♦ **enlevé(e), ôté(e), retiré(e).** •*Al wilêd al-jâyi da ênah maslûla.* Cet enfant qui vient a perdu un œil. •*Hû sinnah maslûla lâkin rakkabo lêyah âxara hint dahab.* Sa dent est tombée [est enlevée], mais on lui en a remis une autre en or.

maslûx / **maslûxîn** *adj.*, (*fém. maslûxa*), * sl͟h, س ل خ

♦ **écorché(e), dépiauté(e).** •*Al xanamay di madbuha lâkin lissâha mâ maslûxa.* Ce mouton a été égorgé mais n'est pas encore dépiauté. •*Al-laham al bijîbuh fî l-sûg da maslûx hâsil.* La viande qu'on apporte au marché est celle de bêtes écorchées prêtes à être débitées. •*Al bagaray al maslûxa dîk lahamha gassumuh lê l masâkîn.* Il faut distribuer aux pauvres la viande de cette vache dépiautée.

Masmajay *sgtf.* d'un *n. pr. gr.*, *m.*, (*fém. Masmajayye*), → *Masmaje.*

Masmaje *n. pr. gr.*, *coll.*, *sgtf. Masmajay* (homme), *Masmajayye* (femme).

♦ **Masmadjé.** •*Al Masmaje gâ'idîn fî Umm Hajar.* Les Masmadjé se trouvent à Oum Hadjer. •*Al Masmaje humman mâ bartunu ille bahaju kalâm Arab bas.* Les Masmadjé ne parlent pas d'autres langues que l'arabe.

masmas / **yimasmis** *v. trans.*, forme II, * mṣṣ, م ص ص

♦ **rincer la bouche, laver légèrement, nettoyer.** •*Hû masmas xacumah be almi.* Il s'est rincé la bouche avec de l'eau. •*Xalagi câl ajâj katîr nidôr nimasmisah be almi.* Mon vêtement est très poussiéreux, je veux le nettoyer avec de l'eau.

masna' / **masâni'** *n. m.*, * ṣnʕ, ص ن ع

♦ **usine.** •*Masna' hanâ l gumâc fî Sarh.* Il y a une usine textile à Sarh. •*Zamân fî Abbece, Al-Sîniyîn xatto masna' hanâ dihin.* Autrefois, les Chinois avaient installé une huilerie à Abéché.

masnu' / **masnu'în** *adj.*, (*fém. masnu'a*), * ṣnʕ, ص ن ع

♦ **fabriqué(e).** •*Al gumac da masnu' fî Tcâd.* Ce tissu est fabriqué au Tchad. •*Al-tayyâra wa l watîr masnu'în fî Urubba wa l wilâyât al muttahida hanâ Amrîka.* Les avions et les voitures sont fabriqués en Europe et aux États-Unis d'Amérique.

masong / **masongât** *n. m.*, inusité au féminin, *empr. fr.*

♦ **maçon.** •*Al masongât mâ induhum xidime katîre fî l xarîf.* Les maçons n'ont pas assez de travail en saison des pluies. •*Anâ nidôr ni'allim xidime hint al masong.* Je veux apprendre le métier de maçon.

masrah 1 / **masârih** nom de lieu, *m.*, * srḥ, س ر ح

♦ **pâturage.** •*Masrah hanâ l bakân da gaccah ciya.* Ce pâturage a peu d'herbe. •*Al masârih fî Kânem, geccuhum muxazzi lê l bahâyim acân indah ciya ke atrôn.* Les pâturages du Kanem ont une herbe nourrissante pour les bestiaux parce qu'elle contient un peu de natron.

masrah 2 nom de lieu, *m.*, peu employé, terme de l'*ar. lit.*, * srḥ, س ر ح

♦ **scène, lieu de distractions, lieu de réjouissances, lieu du théâtre.** •*Maragna min al âzûma wa macêna fî l masrah, cîfna li'ib bas.* Nous sommes sortis du lieu de l'invitation et sommes allés nous distraire en regardant seulement des danses. •*Masrah hanâ Anjammêna fî wazârt al xârijiya.* Le théâtre de N'Djaména se trouve au ministère des Affaires ètrangères.

masrahi / masrahiyîn *adj. mrph. part.* actif, (*fém. masrahiye*), * srḥ, س ر ح

♦ **théâtral(e).** •*Al yôm fajur macêna fî l markaz al ijtimâ'i, sawwêna tadrîb masrahi.* Aujourd'hui, nous sommes allés au centre social pour répéter une pièce de théâtre. •*Hidirna fî l hafla l masrahiye.* Nous avons assisté à la soirée théâtrale.

masri / masriyîn *adj. m.*, et aussi *n. pr.* d'homme, (*fém. masriye*), * mṣr, م ص ر

♦ **égyptien (-enne).**

masrûf / masrûfîn *adj. mrph. part.* passif, (*fém. masrûfa*), * ṣrf, ص ر ف

♦ **vaurien (-enne), bon (bonne) à rien, maudit(e).** •*Al-râjil da masrûf bilhên, yiwaddir waktah fî li'ib al gumâr.* Cet homme est un vaurien, il perd son temps à jouer au poker. •*Al mara l masrûfa titcakkim xallitha wa taskar be l gurus.* La femme bonne à rien vend son mil et se saoule avec son argent. •*Al-sakkâra masrûfîn mâ bihtammo be buyûthum walla iyâlhum.* Les ivrognes sont des maudits, il ne se soucient ni de leur maison ni de leurs enfants.

masrûg / masrûgîn *adj.*, (*fém. masrûga*), * srq, س ر ق

♦ **volé(e), cambriolé(e).** •*Hî carat xumâm masrûg wa siyâdah ligoh fôgha.* Elle a acheté des affaires volées que les propriétaires ont trouvées sur elle. •*Al-dukkân da masrûg min awaltamis.* Cette boutique a été cambriolée avant-hier.

massa / yumuss *v. trans.*, forme I n° 5, *Cf. massâs*, * mṣṣ, م ص ص

♦ **sucer.** •*Anâ massêt hajlîj.* J'ai sucé des drupes de savonnier. •*Hû yumuss halâwa kulla yôm.* Il suce des bonbons tous les jours.

massah / yimassih *v. trans.*, forme II, * msḥ, م س ح

♦ **enduire, oindre, embaumer, masser** frotter avec un corps gras. •*Mûsa massah jildah be dihin gawwi.* Moussa s'est passé de la graisse sur le corps. •*Massêt jildi min al barday.* Je me suis mis de la pommade pour me protéger du froid. •*Al awîn yimassuhu sûfhum acân yabga tuwâl.* Les femmes s'enduisent les cheveux d'huile pour qu'ils s'allongent.

massâha / massâhât *n. f.*, terme récent, *Syn. cîfon*, * msḥ, م س ح

♦ **effaceur, gomme, chiffon du tableau.** •*Al katib hanâ l krêyon, buguccuh be massâha.* L'écriture du crayon s'efface avec une gomme. •*Kan kammaltu katibku fî l-tâblo, guccuh be l massâha !* Lorsque vous aurez achevé d'écrire au tableau, nettoyez-le [effacez] avec l'effaceur !

massahân *n. d'act., m.*, → *massihîn.*

massak / yimassik *v. trans.*, forme II, → *karrab, anta*, * msk, م س ك

♦ **confier, donner.** •*Massakna xulganna lê axûna wa anîna waga'na fî l bahar nu'ûmu.* Nous avons confié nos vêtements à notre frère et sommes descendus nager dans le fleuve. •*Al xaddâmîn massako gurushum lê awînhum.* Les travailleurs ont confié leur argent à leurs épouses. •*Massiki l muftah hanâ l bêt lê jîrânna !* Donne la clé de la maison à nos voisins !

massâka / massâkât nom, *mrph. intf., f.*, * msk, م س ك

♦ **poignée, bretelle.** •*Câkôci indah massâka.* Mon sac a une bretelle. •*Al massâka hint al bâb ankasarat.* La poignée de la porte s'est cassée.

massal / yimassil *v. trans.*, forme II, * mṯl, م ث ل

♦ **représenter** ***qqn.*****, donner un exemple, illustrer par un exemple.** •*Nâs hillitna attafago acân wâhid yimassilhum fî l hâkûma.* Les gens de notre village se sont mis d'accord pour que l'un d'entre eux les représente au gouvernement. •*Anâ massalt lêk al kalâm da acân tafhamah.* Je vais te donner un exemple pour que tu puisses comprendre cette parole. •*Hû massal fôgna cêx.* Il représente pour nous le chef de tribu.

massân *n. d'act., m.*, → *massîn*, * mṣṣ, م ص ص

massâs / massâsîn nom de personne, *mrph. intf., m.*, (*fém. massâsa*), terme d'insulte, * mṣṣ, م ص ص

♦ **homme ou femme vampire, sorcier (-ère), glouton** (enfant), homme ou femme qui boit le sang de ses victimes à distance. •*Maryam waga'at mardâne acân massâs akalâha.* Mariam était tombée malade parce qu'un sorcier l'avait envoûtée [la mangeait]. •*Intu ta'arfu bêt al massâsa di wallâ ?* Vous connaissez la maison de cette sorcière ? •*Acarbo lêku cadar acân al massâsîn bigo katîrîn.* Buvez des décoctions de racines d'arbre parce que les vampires sont nombreux ! •*Cîfu al wilêd al massâs da ! Al akil da kulla ke mâ tammah, wa bidôr âxar !* Regardez cet enfant glouton ! Tout ce qu'il a mangé ne lui suffit pas, il en veut encore !

massax / yimassix *v. trans.*, forme II, * msẖ, م س خ

♦ **affadir, rendre sans goût, rendre insipide, priver de saveur,** être forcé d'accepter quelque chose sans intérêt. •*Al almi l katîr bimassix al ajîne.* Trop d'eau rend la soupe de mil insipide. •*Hassa da gurus bigi mâ fî, al-dunya massaxat lêna.* Ces derniers temps, l'argent est devenu rare et la vie est dure [nous est devenue sans goût].

massihîn *n. d'act., m.*, ≅ *massahân*, * msḥ, م س ح

♦ **massage.** •*Hî mâ tirîd al massihîn be l fumâd.* Elle n'aime pas se masser avec de la pommade. •*Anâ nirîd al massihîn be l-dihin fî l-cite.* J'aime me masser avec de l'huile en hiver.

massîn *n. d'act., m.*, ≅ *massân*, * mṣṣ, م ص ص

♦ **succion, fait de sucer.** •*Massîn al glâs bisawwi abhilêg.* Sucer la glace provoque une angine. •*Ba'ad al iyâl al-suxâr birîdu massîn asabêhum.* Certains enfants aiment sucer leurs doigts.

mastalanti *n. m.*, "mentholatum", → *mastolatum.*

mastalanti cinwa *n. m.*, onguent à base de menthol et de camphre venant de Chine, et vendu dans une petite boîte ronde ; *Cf. mastolatum.*

♦ **pommade chinoise, baume au camphre.** •*Mastalanti cinwa nô'ên : wâhid abyad bârid wa wâhid ahmar wa hârr marra wâhid.* Il y a deux sortes de pommade chinoise au camphre : l'une blanche et douce [froide], l'autre rouge et très forte. •*Mastalanti cinwa yidâwi amrâd katîrîn misil al-zuxma, waja' al-râs, wa waja' al mafâsil.* Le baume au camphre guérit de nombreuses affections telles que les rhumes, les maux de tête, et les rhumatismes.

mastalonti *n. m.*, → *mastolatum.*

mastara / masâtîr nom de lieu, moins employé que *maxbaxa*, *Cf. xabur, turba*, * str, س ت ر

♦ **cimetière.** •*Al hâkûma mana'at al-dafinîn fî l mastara hint Sanfil.* Le gouvernement a interdit d'inhumer au cimetière de Cent-fils. •*Al mastara hint al iyâl al-dugâg wati min gasir al-ca'ab.* Le cimetière des petits enfants se trouve au sud du palais du peuple. •*Mâ turûx fî masâtîr fî l-lêl !* Ne te promène pas dans les cimetières la nuit !

mastolatum *n. m.*, ≅ *mastalanti, mastalonti* ; désigne l'ensemble des médicaments à base de camphre, de menthol, de salicylate de méthyle et d'huile d'eucalyptus ; *Cf. rôb 2, abtûm, otomîk, abmarto, abfas, absêf, abcanab, mastalanti.*

♦ **pommade, onguent au camphre.** •*Kan indiki zuxma, almassahe lêki be mastolatum !* Lorsque tu as un rhume, mets-toi de la pommade au camphre ! •*Angari, mâ tamsah mastolatum fî uwârtak.* Prends garde, ne mets pas de pommade au camphre sur ta blessure. •*Al mastolatum kan massaht bêyah jildak amba'ûda mâ ta'addîk.* Si tu masses ton corps avec de la pommade au camphre, les moustiques ne te piqueront pas.

mastransîs / mastransîsât *n. m., empr. fr.*

♦ **nom d'un fusil, MAS trente-six,** fusil à répétition, calibre 7,5 mm, de la Manufacture d'Armes de Saint-Étienne en France. •*Al-Nasâra sana'o l mastransis fî sanit alif wa tus'u miya wa sitte wa talâtîn.* Les Français ont fabriqué le MAS trente-six en mille neuf cent trente six. •*Al mastransis gawi wa yaktulu beyah l fîl kula.* Le MAS trente-six est puissant et on s'en sert aussi pour tuer l'éléphant.

mastûr 1 / mastûrîn *adj.*, (*fém. mastûra*), ≅ le pluriel *masâtîr*, * str, س ت ر

♦ **caché(e), réservé(e), discret (-ète).** •*Acta nadumay mastûra bilhên wa l-nâs kulluhum buruduha.* Achta est une personne très discrète et tous les gens l'aiment. •*Al-nâdum al mastûr mâ yamrug acâyir al-nâs.* Celui qui est discret ne dévoile pas le secret des gens. •*Hû mastûr mâ badxul fî kalâm al mâ buxussah.* Il est discret, il ne se mêle pas de ce qui ne le regarde pas.

mastûr 2 / mastûrîn *adj.*, (*fém. mastûra*), * str, س ت ر

♦ **inhumé(e), enterré(e).** •*Faki Halu mastûr fî xubûr sêsabân fî Abbece.* Le faki Halou est inhumé au cimetière des Parkinsonia à Abéché. •*Al marhûma mastûra indaha talâte yôm.* La défunte est enterrée depuis trois jours.

Mastûra *n. pr.* de femme, *litt.* sage, silencieuse, * str, س ت ر

masuh *n. d'act., m.*, ≅ *masih*, * msḥ, م س ح

♦ **massage.** •*Al karkâr masuh hanâ l awîn.* L'huile parfumée *karkâr* est utilisée par les femmes pour se masser. •*Al masuh hanâ l-dihin coxol muhimm lê l awîn.* Le massage avec de l'huile est très important pour les femmes. •*Anâ wâlaft be masuh hanâ l-dihin fî l-cite.* Je me suis habitué à me masser avec de l'huile en hiver.

mâsûra / mawâsîr *n. f., Syn. hanafîye*, * mwsr, م و س ر

♦ **robinet, tuyau,** arrivée de l'eau de la ville. •*Almi l mâsura halu min hanâ l bîr.* L'eau du robinet est meilleure que celle du puits. •*Carikat al almi sawwat taftîc wa saddat al mawâsîr al-siyâdha mâ bikaffuha.* La Société d'Eau a mené une enquête et fermé l'arrivée d'eau de ceux qui ne la payaient pas. •*Sidd mâsûrtak di, ga'ide tinaggit !* Ferme comme il faut ton robinet, il goutte !

mât / yumût *v. intr.*, forme I n° 4, * mwt, م و ت

♦ **mourir.** •*Iyâl rafîgitna, abûhum mât amis.* Le père des enfants de notre amie est mort hier. •*Min dôr hanâ Âdum, acara bagar mâto.* Dix vaches du troupeau d'Adoum sont mortes. •*Yôm wâhid da, inta kula tumût !* Toi aussi, un jour tu mourras !

mat'am / matâ'im *n. m., Syn. ôtêl*, * ṭʕm, ط ع م

♦ **restaurant.** •*Hû fatah mat'am fî janb al-sûg.* Il a ouvert un restaurant à côté du marché. •*Fî l-lêl kula al matâ'im fâtihîn.* Même la nuit, les restaurants sont ouverts. •*Al awîn mâ badxulu katîr fî l matâ'im misil al-rujâl.* Les femmes ne fréquentent pas les restaurants autant que les hommes.

mat'ûn / mat'ûnîn *adj.*, (*fém. mat'ûna*), * ṭʕn, ط ع ن

♦ **poignardé(e), piqué(e), vacciné(e).** •*Al-râjil da mat'ûn fî rijilah.* Cet homme a eu la jambe poignardée. •*Al mat'ûn fî daharah* *jara.* Le fuyard a été poignardé dans le dos. •*Al iyâl dôl mat'ûnîn cên bilhên.* Ces enfants ont été gravement poignardés. •*Ali, bagarak mat'ûnîn wallâ ?* Ali, tes vaches sont-elles vaccinées ?

mata *invar.*, adverbe interrogatif de temps, ≅ **mîtên**.
♦ **quand ?** •*Jît mata ?* Quand es-tu venu ? •*Mata tamci lêi ?* Quand viendras-tu chez moi ?

mata kula kan locution.
♦ **tant que, aussi longtemps que.** •*Mata kula kan hû gâ'id, anîna nunûmu fî l faday.* Tant qu'il sera là, nous coucherons dans la cour. •*Tamrad bas mata kula kan tacrab marîse.* Tu seras malade tant que tu boiras de la bière de mil.

matâ'im *pl.*, → *mat'am.*

matâbix *pl.*, → *matbax.*

matacûc *adj. m.*, → *matcûc.*

matâhif *pl.*, → *mathaf.*

matala / matâli *n. f.*, *empr. fr.*, ≅ le pluriel *matalayât.*
♦ **matelas.** •*Farract lê iyâli matala kabîr hanâ gutun.* J'ai étendu pour mes enfants un grand matelas en coton. •*Al matalayât bisawwuhum be gutun wa gumâc.* Les matelas sont faits avec du coton et du tissu. •*Nalgo fî l-sûg matalayât cifon lâkin kula xâliyîn bilhên.* On trouve au marché des matelas en mousse synthétique, ils coûtent cependant très cher. •*Matalayti di, wilêdi tallafaha be bôlah.* Mon fils a abîmé mon matelas que voici en pissant dessus.

matalayât *pl.*, → *matala.*

matâli *pl.*, → *matala.*

matâmir *pl.*, → *matmûra.*

matâmîs *pl.*, → *matmûs 2.*

matammanât nom pluriel, *sgtf. matammanay* (un élément du collier en or), * ṯmn, ث م ن

♦ **collier en or ciselé,** assemblage de pièces fines et ciselées formant un collier en or. •*Axti indaha matammanât hanâ talâte jineh.* Ma sœur a un collier en or fait de trois guinées. •*Binêyt al xani indaha matammanât.* La fille d'un homme riche a un collier en or. •*Âdum labbas awînah matammanât fî yôm tahûra hanâ iyâlhum.* Adoum a couvert ses femmes de colliers d'or le jour de la circoncision de ses enfants. •*Fî l-li'ib waddart matammanayti al wahade.* A la danse, j'ai perdu un élément en or de mon collier.

matar / amtâr *n. m.*, voir le *Syn. matara*, * mṭr, م ط ر

Matar *n. pr.* d'homme, *litt.* pluie, *Cf. matara*, * mṭr, م ط ر

matâr / matârât *n. m.*, *Syn. naga'at al-tayyâra*, * ṭyr, ط ي ر
♦ **aéroport.** •*Al-tayyâra nazalat fî l matâr al-duwali hanâ Anjammêna.* L'avion a atterri sur l'aéroport international de N'Djaména. •*Ambâkir namcu l matâr nilâgu rafîgna jâyi min Makka.* Demain, nous irons à l'aéroport accueillir notre ami qui revient de La Mecque. •*Matâr hanâ Faya saxayyar min hanâ Anjammêna.* L'aéroport de Faya est plus petit que celui de N'Djaména.

matara / matarât *n. f.*, *Cf. almi*, ≅ *matar* (singulier) *amtâr* (pluriel), * mṭr, م ط ر
♦ **pluie.** •*Matara tagîle sabbat fî Anjammêna awaltamis.* Une grosse pluie [une pluie lourde] est tombée avant-hier sur N'Djaména. •*Al matarât bigo ciya fî l-sinîn dôl.* Les pluies ont été peu nombreuses ces dernières années. •*Al-nâs bidôru l matara tabga xafîfe.* Les gens souhaitent que la pluie tombe en douceur.

Matara *n. pr.* de femme, *fém.* de *Matar*, * mṭr, م ط ر

matârig *pl.*, → *mutrag.*

matart al fasâd expression, *Syn. matart al-darat, Cf. fasâd, igêbât,* * mṭr, م ط ر

♦ **pluie tardive, "pluie des dégâts",** pluie ayant lieu au moment de la moisson et faisant pourrir les épis mûrs et les fruits. •*Al matara kan sabbat fî l darat, di bas matart al fasâd.* Lorsque la pluie tombe au temps de la moisson, c'est la "pluie des dégâts". •*Matart al fasâd tallafat al-zurâ'a.* La pluie tardive a abîmé les champs.

matarûm *adj. m. mrph. part.* passif, altération de *matrûm,* → *matrûm.*

matbax / matâbix nom de lieu, *m.*, terme de l'*ar. lit.* moins utilisé que *tukul, bêt al-laday,* * ṭbẖ, ط ب خ

♦ **cuisine,** lieu où l'on prépare le repas. •*Al-tabbâxa daxalat al matbax wa sâtat êcc wa darabat mulâh.* La cuisinière est entrée dans la cuisine, elle a fait cuire une boule et préparé une sauce. •*Al-nâs al mâ induhum matâbix fî l xarîf ta'abânîn.* Les gens qui n'ont pas de pièce pour la cuisine sont très gênés pendant la saison des pluies. •*Al matbax acîr hanâ l bêt.* La cuisine est le secret de la maison.

matbûb / matbûbîn *adj. mrph. part.* passif, (*fém. matbûba*), * ṭbb, ط ب ب

♦ **ensorcelé(e), envoûté(e).** •*Hû bigi mukarsah acân matbûb.* Il est devenu paralysé parce qu'il est ensorcelé. •*Hû matbûb, galbah aba l xidime.* Il est envoûté, il refuse catégoriquement tout travail.

matbûx / matbûxîn *adj. mrph. part.* pass, (*fém. matbûxa*), * ṭbẖ, ط ب خ

♦ **cuisiné(e), cuit(e), prêt(e) à être mangé(e).** •*Mulâh hanâ l-dîfân matbûx min fajur.* La sauce pour les hôtes est cuite depuis le matin. •*Al-curba kan xalâs matbûxa jîbiha lêi !* Si la soupe est prête, apporte-la-moi !

matckûk / matckûkîn *adj. mrph. part.* passif, (*fém. matckûka*), *Cf. tcakka 3,* * škk, ش ك ك

♦ **planté(e), enfoncé(e), tassé(e) avec un bâton, piqué(e), piqueté(e), coloré(e) par piqûres,** se dit des lèvres ou des gencives qui sont colorées en bleu à la suite de piqûres faites par des épines de savonnier et recouvertes de noir de fumée ou de charbon de bois. •*Arbut juwâdak fî l ûd al matckûk hinâk da !* Attache ton cheval au bois planté en terre là-bas ! •*Indah côkay matckûka lêyah fî ka'abah acân da mâ yagdar yurûx.* Il a une épine enfoncée dans le talon, et c'est pour cela qu'il ne peut plus marcher. •*Rabbit al-cargâniye fî l îdân al matckûkîn dôl acân tisawwi daraga.* Attache un secco à ces pieux fichés en terre pour faire un paravent. •*Al musâfirîn dôl matckûkîn fî l watîr.* Les voyageurs sont tassés et serrés les uns contre les autres dans le véhicule. •*Al binêye di laxamha matckûk sameh.* Cette fille a de jolies gencives colorées en bleu. •*Al xalla al fî l birmil di lissâha mâ matckûka adîl.* Le mil qui est dans la touque n'a pas encore été bien tassé avec un bâton. •*Al mara al-samhe di callûfitha matckûka.* Cette jolie femme a les lèvres bleues et piquetées.

matcûc / matcûcîn *adj. mrph. part.* passif, forme I, (*fém. matcûca*), ≅ *matacûc, Cf. tacca 1,* * ṭšš, ط ش ش

♦ **brûlé(e), grillé(e), cautérisé(e).** •*Yôm al îd, akalna jidâde matcûca.* Le jour de la fête, nous avons mangé un poulet grillé. •*Abu iyâli dawwar laham matcûc be dihin.* Mon mari a demandé de la viande grillée à l'huile. •*Fî yôm arûs hanâ Mahammat kulla l-nâs al-lammo akalo laham matcûc.* Le jour du mariage de Mahamat, tous les gens qui étaient là ont mangé de la viande grillée.

matcxûx / matcxûxîn *adj. mrph. part.* passif, (*fém. matcxûxa*), → *mutcaxtcax.*

mathaf / matâhif *n. m.*, terme de l'*ar. lit.*, ≅ *mathaf,* * tḥf, ت ح ف

♦ **musée.** •*Xumâm hanâ judûdna, xattôh fî l mathaf al watani.* Les objets de nos ancêtres sont déposés dans le musée national. •*Mathaf al âsima garîb ma'â bêt al-Ra'is.* Le musée de la capitale du Tchad se trouve à côté de la maison du Président.

mathûm / mathûmîn *adj.*, (*fém. mathûma*), * whm, و ه م

♦ **présumé(e) coupable, soupçonné(e), accusé(e).** •*Hû da mathûm be sirge.* Celui-ci est accusé de vol. •*Ligo nâdum mayyit fî l-câri wa hassâ nâs al hille kulluhum mathûmîn.* On a trouvé une personne morte dans la rue et à présent tous les gens du quartier sont soupçonnés. •*Al-xanamay al bêda mathûma be l-caham.* Le mouton blanc est supposé être gras. *Prvb.* (*Cf.* "L'habit ne fait pas le moine.")

matîn / matînîn *adj.*, (*fém. matîne*), * mtn, م ت ن

♦ **solide, ferme, sûr(e), fort(e) physiquement, costaud.** •*Al habil da matîn.* Cette corde est solide. •*Al bêt da matîn acân mabni adîl.* Cette maison est solide car elle est bien construite. •*Al-râjil da kalâmah matîn.* Cet homme a une parole sûre. •*Al wilêd da hû saxayar, lâkin matîn.* Cet enfant est petit, mais il est fort.

matîs nom de personne, *coll.*, *sgtf. matîsay, matîsayye*, *empr. fr.*, pouvant avoir un sens péjoratif.

♦ **métis.** •*Al matîs induhum kartiye wihêdhum fî ust al hille.* Les métis ont un quartier à part au centre de la ville. •*Hû axad mara matîsayye.* Il a épousé une femme métisse.

matlûb / matlûbîn *adj.*, (*fém. matlûba*), * ṭlb, ط ل ب

♦ **qui est demandé(e), on demande que.** •*Al matlûb minnak da tifakkir lê iyâlak.* Tout ce qu'on te demande, c'est de veiller sur tes enfants. •*Matlûb minnuku tihtarumu l xawânîn.* On vous demande de respecter les lois.

matlûs / matlûsîn *adj. mrph. part.* passif, (*fém. matlûsa*), *Cf. talas*, *Syn. mutallas*, * ṭls, ط ل س

♦ **enduit(e), lissé(e).** •*Al hôt da mâ yalzam al almi acân mâ matlûs be tînit gantûr.* Cet abreuvoir en terre ne retient pas bien l'eau parce qu'il n'est pas lissé avec de la terre de termitière. •*Al almi mâ hardam buyût Amrigêbe al matlûsîn be asamanti.* La pluie n'a pas détruit les maisons du quartier Amriguébé qui étaient crépies de ciment. •*Al-sane di dangayti mâ matlûsa wa l xarîf garrab !* Cette année, ma maison n'a pas reçu une nouvelle couche d'enduit et la saison des pluies approche !

matmûra / matâmir nom de lieu, *f.*, * ṭmr, ط م ر

♦ **silo enterré, grenier enterré.** •*Al matmûra nugura babnûha wa batulsûha wa bisawwu lêha sidâde baxzunu fôgha xalla, walla sumsum walla dura.* Le grenier enterré est un trou dont on a bien lissé les bords avec de l'argile, dont on a préparé le couvercle, et dans lequel on emmagasine du mil, du sésame ou du sorgho. •*Abu Khadîja, al-sane, sabba xallita fî l matmûra acân mâ indah dabanga.* Cette année, Abou Khadidja a mis son mil dans un silo enterré parce qu'il n'avait pas de grenier. •*Al Arab al-sayyâra kan gidiro harato busubbu xallithum fî l matâmîr lahaddi l xarîf al âxar.* Si les Arabes nomades ont pu cultiver la terre, ils mettent leur mil dans des greniers enterrés, pour le conserver jusqu'à la prochaine saison des pluies.

matmûs 1 / matmûsîn *adj. mrph. part.* passif, (*fém. matmûsa*), moins employé que *mutammas*, * ṭms, ط م س

♦ **plongé(e) dans l'eau, immergé(e).** •*Ligit al xarrâf matmûs fî ga'ar al-duwâne.* J'ai trouvé le gobelet tout au fond de l'eau de la jarre. •*Al mayyit da matmûs fî l bahar indah yômên.* Ce cadavre est resté sous l'eau pendant deux jours.

matmûs 2 / matâmîs *adj. mrph. part.* passif, forme I, (*fém. matmûsa*), → *tamas 2*, *Cf. balîd*, * ṭmṯ, ط م ث

♦ **sot (sotte), imbécile, stupide, bête, idiot(e), borné(e),** qui ne comprend pas. •*Al binêye di matmûsa, mâ tafham umur hanâ dînha.* Cette fille est sotte, elle ne comprend pas les exigences de sa religion. •*Al humâr* *da matmûs, mâ ba'arf al-derib.* Cet âne est stupide, il ne reconnaît pas le chemin. •*Al giray di cîfnaha amis, intu matâmîs, mâ ta'arfûha ?* Nous avons vu cette leçon hier, êtes-vous des imbéciles pour ne pas l'avoir comprise ? •*Al irse lê l arîs wa l farha lê l matâmîs.* Le plaisir des noces est pour le marié et la joie extérieure pour les imbéciles. *Prvb.*

matni / matniyîn *adj.*, *(fém. matniye)* Syn. *muntani*, * ṯny, ث ن ي
♦ **tordu(e), recourbé(e), incurvé(e), déformé(e).** •*Al-sakkîn di matniye, mâ tadbah lêk al-tôr da.* Ce couteau est tordu, il ne te permettra pas d'égorger ce bœuf. •*Al-nubbâl matni acân marbût be habil gawi min al-tarafên.* L'arc est incurvé parce qu'il est rélié aux deux extrémités par une corde solide et tendue. •*Al-sarîr da, hadîdah kulla ke matni, mâ biraggidak.* Ce lit en fer est tout déformé, tu ne t'y reposeras pas bien.

matrag *n. m.*, → *mutrag*.

matrat al fasâd expression, → *matart al fasâd*.

matrûd / matrûdîn *adj. mrph. part.* passif, *(fém. matrûda)*, * ṯrd, ط ر د
♦ **chassé(e), renvoyé(e).** •*Al iyâl al matrudîn min giray bigayyulu fî l-cari.* Les enfants qui ont été chassés des cours passent toute la journée dans les rues. •*Hû matrud min al xidime.* Il a été licencié de son travail.

matrûm / matrûmîn *adj.*, *(fém. matrûma)*, *Cf. mugajjam*, * ṯrm, ث ر م
♦ **ébréché(e), dont le bout est cassé.** •*Ma tacrab câhi be l funjâl al matrûm.* Ne bois pas de thé dans un verre ébréché. •*Al mara di sunûnha al giddâmiyât matrûmîn.* Cette femme a les dents de devant tout ébréchées. •*Sakkînak di matrûma mâ tagta' al-laham.* Ton couteau est ébréché, il ne coupe pas la viande. •*Râs al-sukkar al anâ bîtah minnak amis da matrûm min râsah.* Ce pain de sucre que je t'ai acheté hier a le bout cassé.

matrûr / matrûrîn *adj.*, *(fém. matrûra)*, *Cf. tarra*, * trr, ت ر ر
♦ **filé(e).** •*Sûf hanâ l-camle matrûr.* La laine du tapis est filée. •*Al gutun al matrûr bisawwuh tcâka.* C'est avec du coton filé que l'on tisse les bandes de coton.

mattan 1 / yimattin *v. trans.*, forme II, * mtn, م ت ن
♦ **fixer solidement, consolider, affermir, durer dans,** prendre un point d'appui solide et fixe. •*Hû mattan lugdabtah min al-rih.* Il a consolidé son petit hangar pour que le vent ne l'emporte pas. •*Hû mattan bêtah fî bêt hanâ jârah al mabni be blôk.* Il a fixé sa maison en l'appuyant sur celle de son voisin qui était construite en parpaings.

mattan 2 / yimattin *v. trans.*, *Cf. jawwad*, * mtn, م ت ن
♦ **lire un texte sacré,** lire dans les règles de l'art. •*Al mujawwid bimattin wa l-cêx bifassir.* Le lecteur lit le texte sacré et le maître l'explique. •*Al-talâmiz mattano girayithum gubbâl mâ yibattulu.* Les élèves ont lu leur texte avant de quitter la classe.

mattat / yimattit *v. trans.*, forme II, ≅ *maddad*, * mtt, mdd, م ت ت ، م د د
♦ **allonger (s'), étendre (s'), tendre, tabasser.** •*Awîn hanâ Tcâd birîdu bimattutu wa bahajju.* Les femmes du Tchad aiment s'allonger par terre et causer. •*Al mardân, mattatoh fî l gible.* On a étendu le malade en orientant son visage vers La Mecque. •*Al haddâdi mattat al-silik fî sindâltah.* Le forgeron a redressé le fil de fer sur son enclume. •*Al-nâs kan karabo sarrâg fî l-sûg bimattutuh.* Lorsque les gens prennent un voleur au marché, ils le tabassent.

matwa / matwât *n. f.*, *Cf. tawa*, * ṯwy, ط و ي
♦ **couteau pliable, couteau de poche, canif.** •*Al matwa kan ciftaha tugûl hadîday bas, mâ ta'arifha kadar sakkîn.* Lorsque tu vois un couteau de poche, tu penses que ce n'est qu'un simple morceau de fer, tu ne sais pas qu'il s'agit d'un couteau. •*Al matwa*

tintawi dâxal, râsha mâ yamrug illa kan inta tidôr tamurgah. Le couteau de poche se replie sur lui-même, sa lame [sa tête] ne sort que si tu veux la sortir.

matwi / matwiyîn *adj.*, (*fém. matwiye*), * ṭwy, ط و ي

♦ **enroulé(e), qui a le ventre creux.** •*Al birêc al matwi da hanâ l-rujâl.* Cette petite natte enroulée est réservée aux hommes. •*Al burûc al matwiyîn dôl hanâ cari wallâ ?* Ces nattes qui sont enroulées sont-elles à vendre ? •*Al-cayib da batunah matwi min amis mâ akal.* Ce vieil homme a le ventre creux, il n'a rien mangé depuis hier.

Mâw *n. pr.* de lieu, chef-lieu de préfecture du Kanem.

♦ **Mao.**

maw'id / mawâ'îd *n. m.*, * wʕd, و ع د

♦ **rendez-vous.** •*Mâ tifill al maw'id fôgi !* Ne me pose pas de lapin ! •*Indi maw'id ma'â rafîgi, wâjib namci lêyah.* J'ai un rendez-vous avec mon ami, il faut que je parte. •*Mâla antêtni mawâ'îd wa mâ jît ?* Pourquoi m'as-tu donné rendez-vous et n'es-tu pas venu ?

mawâ'îd *pl.*, → *maw'id.*

mawadi' *pl.*, → *mawdû'.*

mawâgif *pl.*, → *mawgaf.*

mawâhi *pl.*, → *mâhiye.*

mawâlid *pl.*, → *mawlid.*

mawârid *pl.*, → *mawrid.*

mawasa *pl.*, → *mûs.*

mawâsîr *pl.*, → *mâsûra.*

mawâyig *pl.*, → *mâyig.*

mawâzîn *pl.*, → *mîzân.*

mawdû' / mawadi' *n. m.*, * wdʕ, و ض ع

♦ **objet de discussion, sujet d'un examen.** •*Anâ jît lêk nahajju fî mawdû' al xidime.* Je suis venu te voir pour que nous parlions du travail. •*Al mu'allimîn lammo be xussûs mawadi' hanâ al imtihânât.* Les enseignants se sont réunis pour parler des sujets des examens.

mawgaf / mawâgif *mrph.* nom de lieu, * wqf, و ق ف

♦ **gare routière, aire de stationnement.** •*Mawgaf hanâ Mongo bimmali arabât yôm al xamîs.* La gare routière de Mongo se remplit de véhicules le jeudi. •*Nidôr mâci l mawgaf na'addi rafîgi l xâtir.* Je veux aller à la gare routière pour accompagner mon ami qui voyage. •*Kan mâci l mawgaf waddi lêi xumâmi ma'âk !* Si tu vas à la gare routière, prends mes affaires, apporte-les avec toi !

mawja / mawjât *n. f.* ; terme de l'*ar. lit.*, ≅ *môja*, * mwj, م و ج

♦ **bouton d'une radio, longueur d'onde, fréquence radio.** •*Amis al iyâl tallafo lêi al mawja hint al-râdyo.* Hier les enfants m'ont cassé le bouton des longueurs d'onde de la radio. •*Râdyo Tcâd bahajji fî l mawja al gasîra kula.* Radio-Tchad émet [converse] aussi en ondes courtes. •*Kan tidawwir tasma' al axbâr, liff al mawja lahaddi talga l-nimra !* Quand tu veux écouter les nouvelles, tourne [bouge] le bouton des longueurs d'onde jusqu'au bon numéro !

mawjûd / mawjûdîn *adj. mrph. part.* passif, (*fém. mawjûda*), ≅ *mâjûd*, *Syn. gâ'id*, * wjd, و ج د

♦ **être présent, être là.** •*Anâ mawjûd min al-sabah fî bêti, mâ maragt bakân.* Je suis chez moi depuis le matin, je ne suis sorti nulle part. •*Al-sukkar mawjûd fî l-sûg.* Le sucre se trouve au marché. •*Rufugânak mawjûdîn fî l bêt.* Tes amis sont à la maison.

mawlid / mawâlid *n. m.*, ≅ *mawlûd*, terme réservé à la naissance des prophètes, expression *îd al mawlid*, *Cf. walûda*, * wld, و ل د ⇨

♦ **anniversaire de naissance, naissance d'un prophète,** jour de l'anniversaire de la naissance du Prophète. •*Id al mawlid hanâ l-sana l fâtat mâ ligit farde jadîde.* L'an dernier, le jour de l'anniversaire de la naissance du Prophète, je n'ai pas reçu de pagne neuf. •*Fî lêle hanâ mawlid al-nabi al faxara yagru katîr.* La nuit de l'anniversaire de la naissance du Prophète, les fakis lisent beaucoup.

mawlûd *n. m.*, *mrph. part.* passif, → *mawlid*, * wld, و ل د

Mawlûd *n. pr.* d'homme, *mrph. part.* passif, donné à celui qui est né le jour de l'anniversaire de la naissance du Prophète, * wld, و ل د

mawrid / mawârid *n. m.*, *Cf. warad*, * wrd, و ر د

♦ **aiguade, point d'eau,** lieu où l'on faire boire les troupeaux. •*Al yôm al-dûd karab mawrid al bahâyim.* Aujourd'hui, un lion a occupé l'endroit où les animaux vont boire. •*Al-cêx râx wa irif bakân al mawrid hatta sayyar farîgah.* Le chef est allé à la recherche du point d'eau pour y faire installer ensuite son campement.

mawsûm / mawsûmîn *adj.*, (*fém. mawsûma*), * wsm, و س م

♦ **marqué(e) d'un signe.** •*Al-tôr da mawsûm fî daharah.* Ce taureau a une marque sur le dos. •*Al bahâyim dôl kulluhum mawsûmîn.* Tous ces animaux portent des marques.

mawtânî / mawtâniyîn *adj.*, (*fém. mawtâniye*), ≅ *môtâni*, * wṭ', و ط ء

♦ **méridional(e), orienté(e) vers le sud, qui est dans la direction du sud, sudiste.** •*Jarti l mawtâniye minni di, wildat albâreh.* Ma voisine, qui se trouve dans la direction du sud par rapport à moi, a accouché hier. •*Al-nâs al mawtâniyîn induhum âdât farig min âdât al mincâxiyîn.* Les gens du Sud ont des coutumes différentes de celles des gens du Nord. •*Cîl al-derib al mawtâni, biwaddik Bongôr !* Prends la route du sud, elle te conduira à Bongor !

mawwa' / yimawwi' *v. trans.*, forme II, * myʕ, م ي ع

♦ **liquéfier, fondre.** •*Al hadîd al gawi kula, ustayât hanâ zamân yagdaro yimawwu'uh.* Les artisans d'autrefois pouvaient faire fondre le fer même s'il était très dur. •*Al-sayyâxi mawwa' al-dahab.* L'orfèvre a liquéfié l'or.

mawwa'ân *n. d'act.*, *m.*, ≅ *mawwi'în*, * myʕ, م ي ع

♦ **fonte, liquéfaction, dissolution,** fait de rendre liquide ou de dissoudre dans l'eau. •*Mawwa'ân al-zibde mâ gâsi.* Ce n'est pas difficile de faire fondre le beurre. •*Anâ mâ nagdar lê mawwa'ân al-sukkar da !* Je n'ai pas le temps de laisser fondre ce sucre !

mawwi'în *n. d'act.*, *m.*, → *mawwa'ân.*

mawzûn 1 / mawzunîn *adj.*, (*fém. mawzûna*), * wzn, و ز ن

♦ **pesé(e), mesuré(e), réglé(e) à l'heure.** •*Al-sukkar da mawzûn.* Ce sucre est pesé. •*Sâ'itak di mâ mawzûna fî l wakit adîl.* Ta montre n'est pas réglée à l'heure exacte. •*Al-dahab da mawzûn be l-jinêh.* La guinée sert de mesure pour peser cet or.

mawzûn 2 dans les expressions *râsah mawzûn* (être imbibé d'alcool, avoir pris sa dose), *râsah mâ mawzûn* (être fou, anormal), * wzn, و ز ن

♦ **ne pas avoir toute sa tête, divaguer, dérailler, délirer, être soûl(e), être fou (folle), être ivre.** •*Hû da bahajji alê kêfah acân râsah mâ mawzûn.* Il parle tout seul parce qu'il est fou. •*Al wilêd cirib bango wa râsah mâ mawzûn.* Le garçon a fumé du haschisch et il déraille. •*Kulla aciye, Xamîs bamci l godâla wa bigabbil lêna fî l bêt râsah mawzûn.* Chaque soir, Khamis va au cabaret et revient chez nous ivre.

maxâbir 1 *pl.*, → *maxbara.*

maxâbir 2 *pl.*, → *muxbar.*

maxâbiz *pl.*, → *maxbaz.*

maxad *n. vég., coll., m., sgtf. maxaday*, utilisé en arabe *sd., Cf. mordo, ambala'o, tuntub.*
♦ **nom d'un arbuste, Capparis,** famille des capparidacées. •*Al maxad, iyâlah bâkuluh layyin.* On mange les fruits du Capparis quand ils sont frais. •*Iyâl al maxaday di, kan nijido, humur wa asalîn.* Lorsque les fruits de ce Capparis sont mûrs, ils sont rouges et sucrés.

maxadda / maxaddât *n. m., Syn. wassâde*, * ḫdd, خ د د
♦ **coussin, oreiller, traversin.** •*Waddi al maxadda di lê l-dêf !* Porte cet oreiller à l'invité ! •*Xassili akyâs al maxaddât dôl !* Lave ces taies d'oreillers !

maxaddar *adj. m.*, → *muxaddar.*

maxâfa / maxâfât *n. f., Syn. xôf*, * ḫwf, خ و ف
♦ **crainte, peur.** •*Al bakan da madmûn, mâ indah maxâfa.* Ce lieu est sûr, il n'y a rien à craindre. •*Maxâfit Allah munajjiye min nâr al xiyâme.* La crainte de Dieu délivrera du feu éternel le jour de la résurrection.

maxâli *pl.*, → *muxlay.*

maxâlîg *pl.*, → *maxlûg.*

maxarib *n. m.*, → *maxrib.*

maxârib *pl.*, → *maxrib.*

maxârîf *pl.*, → *muxrâfa.*

maxârîg *pl.*, → *maxarûga.*

maxâris *pl.*, → *muxras.*

maxaru' / maxru'în *adj.*, (*fém. maxru'a*), *Cf. muxawwaf*, * ḫrʕ, خ ر ع
♦ **effrayé(e), terrorisé(e), terrifié(e).** •*Hû hilim be coxol hawân wa gamma maxaru'.* Il a fait un cauchemar et s'est réveillé effrayé. •*Hû gamma min al-nôm maxaru' acân al askar daxalo lêyah fî bêtah.* Il s'est réveillé terrifié parce que les militaires étaient entrés chez lui.

maxarûf / maxarûfîn *adj.*, (*fém. maxarûfa*), → *maxrûf*, * ġrf, غ ر ف

maxarûga / maxârîg nom *fém., mrph. part.* pass forme I, connu au *Sdn.* (*C.Q.*), * ḫrq, خ ر ق
♦ **col du fémur, articulation du fémur.** •*Al ajûz di ankasarat min al maxarûga.* Cette vieille femme s'est cassé le col du fémur. •*Hey, yâ iyâl, mâ tal'abo fî amzahâlota di, tarmîku wa tisallil maxârîgku !* Hé ! les enfants ! Ne jouez pas sur la glaise glissante, elle vous fera tomber et vous allez vous luxer le fémur !

maxassal *adj. mrph. part.* passif, forme II, (*fém. maxassala*), → *muxassal.*

maxatar *n. m.*, ≅ *maxtar, Syn. xatarân, xatirîn*, * ḫṭr, خ ط ر
♦ **voyage.** •*Anâ jît min al maxatar amis.* Je suis rentré de voyage hier. •*Al maxatar fî l xarif gâsi wa xatari.* Le voyage en saison des pluies est pénible et dangereux. •*Al maxatar bala zâd mâ adîl.* Ce n'est pas bien de voyager sans provisions de route.

maxatta / maxattât *n. f.*, → *mahatta*, * ḥṭṭ, ح ط ط

maxawi / maxawiyîn *adj.*, (*fém. maxawiye*), *Cf. sadîg* ; *Syn. moxoy*, * ġwy, غ و ي
♦ **amant(e), amoureux (-euse), fiancé(e), copain (copine), petit(e) ami(e).** •*Al mara kan azaba wallâ hajjâla kula, mâ wâjib tiga"id maxawi.* La femme qui est célibataire ou libérée des liens du mariage ne doit pas avoir d'amant. •*Binêyit jîrâni tidôr tisawwi lêha maxawi, lâkin ahalha gâlo lêha : "Al axîde be l halâl caraf".* La fille de nos voisins désirait prendre un amant, mais sa famille lui a dit : "Se marier dans des conditions licites est un honneur".

maxaxa *pl.*, → *muxx.*

maxayyin *adj. m.*, → *muxayyin.*

maxazan *n. m.*, → *maxzan.*

maxâzin *pl.*, → *maxzan*.

maxbara / maxâbir *n. f.*, *Syn. mastara, Cf. turba, xabur*, * qbr, ق ب ر

♦ **cimetière.** •*Maxbarit Lâmâji hawwagôha be durdur.* Le cimetière de Lamadji a été entouré d'un mur. •*Zamân maxâbir al iyâl wihêdhum.* Autrefois, les cimetières d'enfants se trouvaient à part des autres cimetières.

maxbaz / maxâbiz *n. m.*, terme de l'*ar. lit.*, → *furun*, * h̲bz, خ ب ز

maxbûl / maxbûlîn *adj. mrph. part.* passif, *n. pr.* d'homme, (*fém. maxbûla*), → *magbûl*.

Maxbûla *n. pr.* de femme, *litt.* acceptée, * qbl, ق ب ل

maxcûc / maxcûcîn *adj. mrph. part.* passif, (*fém. maxcûca*), * ġšš, غ ش ش

♦ **trompé(e), falsifié(e), trafiqué(e), truqué(e).** •*Al-sukkar da maxcûc, muxalbat bê sinyâka.* Ce sucre n'est pas pur, il est mélangé avec du sable. •*Al-laban al busûru fî Anjamêna da kulla ke maxcûc.* Tout le lait vendu au détail par les marchands ambulants à N'Djaména est trafiqué. •*Mâ tabge maxcûca fakkiri lê iyâl al-sûg !* Ne te laisse pas tromper, fais attention aux enfants du marché !

mâxde / mâxdât *adj. f. mrph. part.* actif, à ne pas confondre avec le féminin de *mâxid*, * ' h̲ d̲, ء خ ذ

♦ **pleine, enceinte,** qui va mettre bas. •*Al-sane mâ indi câyle wahade kula, bagarayâti kullihîm maxdât.* Cette année, je n'ai pas de vache qui donne du lait, toutes mes vaches sont pleines. •*Farasi mâxde, mâ nidôr lêha al-caddân.* Ma jument va bientôt mettre bas, je ne veux pas qu'on lui fasse porter une charge.

maxdûd / maxdûdîn *adj. mrph. part.* passif, (*fém. maxdûda*), * h̲ḍḍ, خ ض ض

♦ **mélangé(e), remué(e), confus(e).** •*Al mulâh da maxdûd min gibêl.* Cette sauce a été remuée depuis longtemps. •*Al madîde di maxdûda be sukkar wa ruwâba.* Cette bouillie a été mélangée avec du sucre et du babeurre. •*Inta kalâmak kulla yôm maxdûd.* Tu parles toujours d'une manière confuse.

mâxid / mâxidîn *adj.*, (*fém. mâxide*), * ' h̲ d̲, ء خ ذ

♦ **marié(e).** •*Al-sabi da lissâ mâ mâxid.* Ce jeune homme n'est pas encore marié. •*Al mara di mâxide lâkin râjilha musâfir.* Cette femme est mariée, mais son mari est en voyage.

maxlûb / maxlûbîn *adj.*, (*fém. maxlûba*), * ġlb, غ ل ب

♦ **vaincu(e), dominé(e),** qui est sous l'autorité d'un autre. •*Al maxlûb mâ yagdar yanti râyah.* Le vaincu ne peut pas donner son avis. •*Hû dâ'iman maxlûb fî li'ib al bâl.* Il est toujours vaincu dans le jeu de ballon. •*Al-râjil da maxlûb, bala izin martah mâ yagdar yisawwi ceyy.* Il est dominé par sa femme, sans sa permission il ne peut rien faire. •*Hû maxlûb be l fagur acân da mâ yagdar yâxud.* Il est plongé dans la misère [il est vaincu par la pauvreté], à cause de cela il ne peut pas se marier.

maxlûg / maxâlîg *adj. n., mrph. part.* passif, (*fém. maxlûga*), ≅ le pluriel *maxlûgîn*, * h̲lq, خ ل ق

♦ **créature, créé(e).** •*Kulla maxlûg bâkul rizgah.* Chaque créature mange la part de nourriture que Dieu lui a réservée. •*Mâ wâjib lêk ticammit lê maxlûg misilak.* Tu ne dois pas te moquer d'une créature semblable à toi. •*Al-nâs maxlûgîn min turâb.* Les êtres humains ont été créés à partir de la terre.

maxnûg / maxnûgîn *adj.*, (*fém. maxnûga*), * h̲nq, خ ن ق

♦ **étranglé(e).** •*Ligînah maxnûg be habil wa marbût fî l-cadaray.* Nous l'avons trouvé étranglé avec une corde et attaché contre un arbre. •*Hû maxnûg be warama mâ yagdar yacrab almi kula.* Il a été étranglé par une enflure au cou, il ne pouvait pas même boire de l'eau.

maxrib / maxârib *n. m.*, ≅*maxarib*, * ġrb, غ ر ب

♦ **coucher du soleil, crépuscule, prière du crépuscule,** temps de la prière juste après le coucher du soleil. •*Ma'â l maxrib, kulla l-nâs yigabbulu min xidimithum.* Au coucher du soleil, tous les gens reviennent de leur travail. •*Nasma'o l mu'azzinîn bi'azzunu wakit wâhid fî l maxrib.* Nous entendons les muezzins appeler à la prière du crépuscule au même moment. •*Accêna ba'ad al maxrib.* Nous avons dîné après le coucher du soleil.

Maxrib *n. pr.* de pays.

♦ **Maroc.**

maxrûf / maxrûfîn *adj. mrph. part.* passif, (*fém. maxrûfa*), ≅*maxarûf*, * ġrf, غ ر ف

♦ **vidé(e), puisé(e).** •*Al bîr di al yôm maxrûfa mâ indaha almi.* Ce puits a été vidé, il n'a plus d'eau. •*Al almi l maxrûf fî l kôro di, al-jidâde dassat xacumha fôgah.* La poule a introduit son bec dans l'eau qui se trouvait dans le koro.

maxsûb / maxsûbîn *adj. mrph. part.* passif, (*fém. maxsûba*), *Cf. xasab, yaxsib*, ≅*yaxasib*, *Cf. majbûr*, * ġṣb, غ ص ب

♦ **obligé(e), contraint(e).** •*Anâ maxsûba be turbâ hanâ iyâli.* Je suis obligée d'élever mes enfants. •*Nâs al mêri maxsûbîn be nâdum al mayyit kan mâ indah wâli yadfunah.* Les employés municipaux sont contraints d'enterrer un mort qui n'a pas de famille. •*Kan anâ mardâne, râjili bas maxsûb beî yikâlini.* Lorsque je suis malade, c'est mon mari qui doit s'occuper de moi. •*Al maxsûb bijîb almi barûdah !* Celui qui est sous la contrainte apporte l'eau de sa toilette mortuaire ! (*i.e.* la contrainte est mortifère) *Prvb.*

maxsûd *n. m. mrph. part.* passif forme I, * qṣd, ق ص د

♦ **but à atteindre, objectif.** •*Nas'al Allah yitimm lêi maxsûdi.* Je demande à Dieu qu'il me fasse atteindre mon but. •*Hû da fî maxsûdah yâxud mara.* L'objectif de celui-là était de se marier. •*Al-rujâl fî maxsûdhum yabgo axniya'.* Le but des hommes est de devenir riches.

maxsûl *n. m., adj. m. mrph. part.* passif, *Cf. xassal*, * ġsl, غ س ل

♦ **nettoyé(e), lavé(e), propre.** •*Al busât kan maxsûl adîl nâyir.* Lorsque le tapis est bien nettoyé, il brille. •*Kan mâci l-salâ, albas xalagak al maxsûl nadîf.* Lorsque tu vas à la prière, mets ton habit lavé, bien propre. •*Mâ tusûti êc fî l burma kan mâ maxsûla adîle !* Ne fais pas cuire la boule dans la marmite si elle n'est pas bien lavée !

maxtar *n. m.*, → *maxatar*, * ḫṭr, خ ط ر

maxtûba / maxtûbât *adj. f.*, pas d'équivalent masculin, * ḫṭb, خ ط ب

♦ **promise en mariage, fiancée.** •*Al binêye l fata kan maxtûba, battân zôm âxar mâ baxtibha.* Lorsqu'une jeune fille vierge est promise en mariage à quelqu'un, personne d'autre ne la demandera en mariage. •*Zôl kan bidôr bâxud, bamci baxtib al bitt al mâ maxtûba.* Lorsqu'un homme veut se marier, il va demander en mariage une fille qui n'est pas déjà promise à quelqu'un.

mâxûda / mâxûdîn *adj. mrph. part.* passif, employé simplement au féminin, ≅*ma'xûda* (singulier) *mâxûdât* (pluriel), *Syn. mujawwaza, Cf. axad*, * ' ḫ ḏ, ء خ ذ

♦ **épousée, mariée.** •*Kan indiki binêye mâ mâxûda, jawwizîni lêha, yâ xâlti !* Si tu as une fille qui n'est pas mariée, donne-la moi en mariage, ma tante ! •*Banât immi kulluhum mâxûdât acân da axadt binêye min barra.* Toutes les filles de mon oncle sont mariées, c'est pour cela que j'ai épousé une fille étrangère [de l'extérieur].

maxxat 1 / yimaxxit *v. intr.*, forme II, * mḫṭ, م خ ط

♦ **s'étirer.** •*Al-râjil maxxat acân hû ayyân.* L'homme s'est étiré parce qu'il était fatigué. •*Al wilêd al-saxayar* *yimaxxit kan gamma min al-nôm.* Le petit enfant s'étire lorsqu'il se réveille.

maxxat 2 / yimaxxit *v. trans.*, forme II, * mẖṭ, م خ ط

♦ **tabasser, lyncher.** •*Al-sarrâg wakit karaboh, al-subyân maxxatoh sahi sahi.* Lorsqu'ils ont pris le voleur, les jeunes gens l'ont tabassé

maxxatân *n. d'act.*, → *maxxitîn.*

maxxitîn *n. d'act.*, ≅ *maxxatân*, * mẖṭ, م خ ط

♦ **étirement, fait de s'étirer.** •*Maxxitîn al-saxîr da, acân dahâba gamma min al-nôm.* Ce petit enfant s'étire parce qu'il vient de se réveiller. •*Mâ min al adab maxxitîn al banât fî l kilâs giddâm al wulâd.* Ce n'est pas poli pour une fille de s'étirer en classe devant les garçons.

maxzan / maxâzin *n. m.*, *Cf. magaza*, ≅ *maxazan*, * ẖzn, خ ز ن

♦ **dépôt, entrepôt, magasin.** •*Al-nâs kasaro l maxzan hanâ l ma'âc.* Les gens ont saccagé le dépôt de vivres. •*Hû indah maxzan hanâ xalla fî bêtah.* Il a un entrepôt de mil chez lui. •*Al-sarrâgîn kattalo garâdi hanâ maxâzin al-sûg.* Les voleurs ont tué les gardiens des magasins du marché.

Maxzûm *n. pr.* d'homme.

maxzûn / maxzûnîn *adj. mrph. part.* passif, (*fém. maxzûna*), * ẖzn, خ ز ن

♦ **emmagasiné(e), stocké(e).** •*Humman mâ induhum budâ'a maxzûna fî l bêt.* Ils n'ont pas de marchandises stockées dans le magasin. •*Al fâr akal al xalla l maxzûna fî l-dabanga.* Les rats ont mangé le mil stocké dans le grenier.

maxzûz / maxzûzîn *adj. mrph. part.* passif, forme simple, (*fém. maxzûza*), *Cf. muxazzaz*, * ġrz, غ ر ز

♦ **planté(e) dans, fiché(e) en terre.** •*Kan macêt fî l-labtân talga kulla mardân indah jalkôs maxzûz lêyah fî îdah.* Lorsqu'on va à l'hôpital, on voit [tu trouveras] chaque malade avec une perfusion plantée dans le bras. •*Al-râ'i xalla harbitah maxzûza fî taraf al-rahad, wa maca bigâlib al bagar.* Le berger a laissé sa lance plantée au bord de la mare et est allé rassembler les vaches.

mayâba / mayâbât *n. f.*, terme utilisé dans le Chari-baguirmi.

♦ **ce qui porte chance, porte-bonheur, charme** (magique). •*Al gôro wa l halâwa hiney yôm al fâte mayâba lê l âxarîn al mâ axado.* Les noix de kola ou les bonbons distribués le jour de la célébration d'un mariage portent bonheur à ceux qui ne sont pas mariés. •*Fî l-sûg, kan Ali indah xumâm nadîf wa tamanah munâsib, indah mayâba : yubû'uh ajala ke.* Si, au marché, Ali a des marchandises neuves et à un prix convenable, il a de la chance, parce que tout le monde viendra vite lui acheter ses affaires. •*Al mara di indaha mayâba, al-nâs kulluhum birîdûha.* Cette femme a un charme qui pousse tous les gens à l'aimer. •*Mayabt al-sabi tajlib fôgah al banât.* Le jeune homme attire les jeunes filles par son charme magique.

mâyal / yimâyil *v. intr.*, *Cf. mayyal* ; forme III, ≅ *môyal, yimôyil*, * myl, م ي ل

♦ **pencher, être en déséquilibre, ne pas être en équilibre, tourner vers, préférer.** •*Hû mâyal alê martah al-saxayre.* Il a préféré sa deuxième femme à la première. •*Mâla l xumâm da mâyal ? Akûn mâ caddoh adîl.* Pourquoi ces affaires sont-elles penchées ? Peut-être ont-elles été mal attachées sur le dos de la monture.

mayârim *pl.*, → *mêram.*

mayâtim *pl.*, → *maytam.*

Maydugri *n. pr.* de lieu, nom d'une ville du Nigeria à deux cents kilomètres du Lac Tchad.

♦ **Maïduguri.**

mâyi' / may'în *adj. mrph. part.* actif, (*fém. mây'e*), * myʕ, م ي ع

♦ **liquide, fluide.** •*Zibditi l-carêtha di mây'e min al harray.* Mon beurre est devenu liquide à cause du soleil. •*Wadaka wa dihin al bagar yagôdu* *may'în bas fî l hamu.* L'axonge et le beurre restent liquides à cause de la chaleur.

mâyig / mawâyig *n. m.*, * m'q, م ء ق

♦ **orbite de l'œil, dessus et dessous de l'œil, creux entre l'œil et les sinus,** cavité se trouvant autour de l'œil entre les paupières et les sinus. •*Al amyân kan almi uyûnah daffag, mawâyigah bindasso dâxal.* L'aveugle qui a eu les yeux crevés a les orbites enfoncées. •*Al-sarrâg daggah lê sîd al bêt bunya, warrâm mâyigah wa cidigah.* Le voleur a donné un coup de poing au propriétaire de la maison et cela lui a fait enfler le dessous de l'œil et la joue.

Maymûn *n. pr.* d'un djinn.

Maymûna *n. pr.* de femme, femme du Prophète, * ymn, ي م ن

mâyo / mayôyât *n. m., empr. fr.*

♦ **maillot, tenue,** tee-shirt. •*Ayyi farîx hanâ kûra indah mâyo xâss.* Chaque équipe de football a des maillots qui lui sont propres. •*Yôm al îd hanâ l hurriya, xaddâmîn hanâ carikat al-sukkar libiso mâyo abyad.* Le jour de la fête de l'Indépendance, les ouvriers de la Société Sucrière avaient revêtu des maillots blancs.

Maysâla *n. pr.* de lieu, chef-lieu de sous-préfecture du Moyen-Chari.

♦ **Moïssala.**

Maysôro *n. pr.* de lieu, → *Mosoro.*

maytam / mayâtim nom, *mrph.* nom de lieu, *m.*, * mwt, م و ت

♦ **place mortuaire, lieu des funérailles,** lieu de rassemblement de ceux qui viennent présenter leurs condoléances. •*Jirâni induhum maytam.* Il y a eu un décès chez mes voisins [mes voisins ont une place mortuaire]. •*Ba'ad al-duwâs mayâtim baktaro.* Après la guerre, les places mortuaires se multiplient. •*Ba'ad talâta yôm yarfa'o furâc al maytam.* On démonte les installations mises en place pour la célébration des funérailles, au bout du troisième jour.

Mayto *n. pr.* de lieu, poste administratif du Chari-Baguirmi.

♦ **Moïto.**

mayyal / yimayyil *v. trans., Syn. mâyal* ; forme II, * myl, م ي ل

♦ **pencher, déséquilibrer, se tourner vers .** •*Min ligi gurus da, ahalah mayyalo alêh.* Depuis qu'il est devenu riche, sa famille se tourne vers lui. •*Al-rih mayyalat al-cadar.* Le vent a fait pencher les arbres. •*Al gâdi mayyal al-carîye fôgi.* Le juge a tranché l'affaire en ma défaveur.

mayyar / yimayyir *v. trans.*, forme II, * myr, م ي ر

♦ **payer l'impôt, imposer** (taxe), **taxer,** faire payer l'impôt. •*Al-cêx mayyar nâs al hille.* Le chef a fait payer l'impôt à tous les gens du village. •*Al ajâyis wa l iyâl al mâ tammo tamantâcar mâ bimayyuru.* Les personnes âgées et les jeunes qui n'ont pas atteint l'âge de dix-huit ans ne payent pas l'impôt.

mayyaz / yimayyiz *v. trans.*, expression *mayyaz hâlah, mayyaz nafsah* (se tenir prêt à), * myz, م ي ز

♦ **distinguer, faire la différence entre, mettre de l'ordre, placer au bon endroit.** •*Indak dîfân bajûk, mayyiz hâlak, agôd arjâhum !* Tu auras des hôtes, sois prêt à les accueillir ! •*Al binêye kan ixilat, timayyiz bên al-cên wa l-zên.* La fille qui est devenue raisonnable sait distinguer entre le bien et le mal. •*Al-tâjir mayyaz al-budâ'a wa barja l-zabâyin.* Le commerçant a arrangé ses marchandises et attend ses clients. •*Al-râ'id mayyaz askarah fî mahallât stratejiya.* Le commandant a placé ses soldats aux endroits stratégiques.

mayyit / maytîn *adj.*, (*fém. mayte*), * mwt, م و ت

♦ **mort(e), décédé(e).** •*Ligina râjil mayyit fi l bahar.* Nous avons trouvé un homme mort dans le fleuve. •*Al mara al mayte di, al wâluda katalatha.* Cette femme est morte à la suite de son accouchement. •*Yôm al xiyâma kulla l maytîn bab'aso.* Le jour de la résurrection, tous les morts ressusciteront. •*Mutrag sêsabân sâkin fî l gîzân... Dôl al maytîn.* Des branches de Parkinsonia qui reposent sur les coteaux… Ce sont les morts. *Dvnt.*

mazbût / **mazbûtîn** *adj.*, (*fém. mazbûta*), * ḍbṭ, ض ب ط

♦ **réglé(e), bien, bon (bonne).** •*Ammi sawwat lêna câhi mazbût.* Ma mère nous a préparé du bon thé. •*Hajji kalâm mazbût fî giddâm al-rujâl.* Parle bien devant les hommes. •*Sâ'iti mazbûta fî l wakit.* Ma montre indique l'heure juste.

mazgûl / **mazgûlîn** *adj. mrph. part.* passif, *n. pr.* d'homme, (*fém. mazgûla*), * zjl, ز ج ل

♦ **jeté(e).** •*Cunû l mazgûl giddâm al bêt.* Qu'est-ce qui est jeté devant la maison. •*Al mara ligat saxîr tifil mazgûl fî l kûca.* La femme a trouvé un nouveau-né abandonné [jeté] sur le tas d'ordures. •*Hî ligat juzlân mazgûl, indah gurus wa makâtîb.* Elle a trouvé un portefeuille dans lequel il y avait de l'argent et des papiers.

Mazhab *n. pr.* d'un djinn.

mazkûr / **mazkûrîn** *adj.*, (*fém. mazkura*), * d̠kr, ذ ك ر

♦ **cité(e), rappelé(e), énuméré(e), mentionné(e).** •*Kalâm al inta gulta lêi da mazkûr fî l kutub.* La parole que tu m'as dite est citée dans les livres. •*Inta usumak kulla yôm mazkur fî bêtna acân sawwêt lêna coxol zên.* Ton nom est rappelé chaque jour dans notre maison parce que tu nous as fait du bien.

mazrûb / **mazrûbîn** *adj.*, (*fém. mazrûba*), * zrb, ز ر ب

♦ **clôturé(e) par une haie épineuse, entouré(e) d'une haie d'épines.** •*Zerêna mazrûb.* Notre champ est entouré d'une haie d'épineux. •*Al farig da mâ mazrûb.* Ce campement n'est pas clôturé par une haie.

mazrûr / **mazrûrîn** *adj.*, (*fém. mazrûra*), * zrr, ز ر ر

♦ **immobilisé(e), bloqué(e), pris(e) au piège.** •*Al-sarrâg mazrûr fî l bêt.* Le voleur est pris au piège dans la maison. •*Al-sûg muhawwag be askar, kulla l-sarrâgîn mazrûrîn dâxal.* Le marché a été encerclé par les militaires, tous les voleurs sont bloqués à l'intérieur.

mêc *n. m.*, *empr. fr.*

♦ **mèche de cheveux, mèche de lampe à pétrole.** •*Hî maccatat be mêc.* Elle s'est tressée avec des mèches de cheveux. •*Al pakêt hanâ l mêc be mîtên riyâl.* Le paquet de mèches coûte deux cents riyals. •*Lampiti mâ tidâwi adîl acân mêcha kammal.* Ma lampe n'éclaire pas bien parce que la mèche s'est entièrement consumée.

mekânise / **mekâniseyât** nom de personne *m.*, inusité au féminin, *empr. fr.*, → *makanase.*

melele *n. f.*, ≅ *melle*, → *malle.*

melle *n. f.*, ≅ *melele*, → *malle.*

mêr *n. m.*, *empr. fr.*, → *umda.*

mêram / **mayârim** *n. f.*, *Cf. habbâba, mômo*, le mot au singulier n'a pas le même sens qu'au pluriel.

♦ **reine mère, filles du sultan,** parenté féminine du sultan. •*Zamân al mayârim mâ bâkulu ma'â l xadîm.* Autrefois, les filles du sultan ne mangeaient pas avec les femmes esclaves. •*Yôm tahurit iyâl al-sultân, al mêram maragat wa cakkatat lê l-la''âbîn be gurus.* Le jour de la circoncision des fils du sultan, la reine mère est sortie et a encouragé les danseurs en leur donnant de l'argent.

Mêram *n. pr.* de femme, nom de la mère du sultan, désigne aussi celle qui n'est pas esclave, → *hurra.*

mêri *n. m.*, au sens de "impôt", à ne pas confondre avec *mêrî*, → *mîri*, * myr, م ي ر

mêrî *n. m.*, parfois considéré comme un féminin, *empr. fr.*, à ne pas confondre avec *mêri*, ≅ *lameri.*

♦ **mairie, municipalité.** •*Kan mâ indak milâdiye, amci l mêri* *yisawwuha lêk.* Si tu n'as pas d'extrait d'acte de naissance, va à la mairie où l'on t'en délivrera un. •*Umda hanâ l âsima bicîluh fî l mêrî be intixâbât.* Le maire de la capitale est désigné à la suite des élections municipales.

merîse nom d'une bière de mil, *f.*, → *marîse.*

mêtir / **mêtrât** *n. m.*, *empr. fr.*
♦ **maître, instituteur.** •*Al-sana di, bujûbu lêna mêtir jadîd.* Cette année, nous aurons un nouveau maître. •*Al mêtrât lammo bicâwuru fî xidimt al iyâl.* Les maîtres se sont réunis pour se consulter au sujet du travail des enfants.

metrês / **metresât** *n. f.*, *Cf. mêtir, mu'allim.*
♦ **maîtresse, enseignante, institutrice.** •*Nâdîn al mu'allima metrês da luxxa fransayye.* Appeler une enseignante "maîtresse", c'est utiliser un mot français. •*Al metrês misil al amm.* L'institutrice est comme une mère de famille.

mi'aggir / **mi'aggirîn** *adj.*, (*fém. mi'aggire*) → *mu'aggir*, * ʕqr, ع ق ر

mibêrit / **mibêritât** nom, *mrph. dmtf.*, *m.*, → *mabrat*, * brd, ب ر د

miccête / **miccêtât** *n. d'act.*, *mrph. dmtf.*, *f.*, *Cf. mucât*, * mšṭ, م ش ط
♦ **coiffure, tresses,** l'ensemble des jolies tresses d'une coiffure, style de coiffure. •*Al binêye di, miccêtitha di wâfagatha marra wâhid.* La manière dont cette fille est coiffée lui convient très bien. •*Al-riyês ab silê'e yagôd bala miccête.* On ne coiffe pas une tête chauve [la petite tête chauve reste sans coiffure, *i.e.* il faut s'accepter tel que l'on est]. *Prvb.*

miccêye *n. f. mrph. dmtf.*, *Cf. maciyîn*, * mšy, م ش ي
♦ **marche, fait d'aller.** •*Al yôm min fajur miccêyâti fî bêtak talâta marrât wa mâ ligîtak.* Depuis ce matin, je suis allé trois fois chez toi sans te trouver. •*Abûnah miccêytah hint amnawwal fî Bangi, battan mâ gabbal lêna.* Notre père est allé à Bangui l'an dernier, il n'est pas encore revenu.

micil *invar.*, prononcé ainsi dans les régions du Guéra et du Chari-Baguirmi, → *misil.*

micôgir / **micôgirîn** *adj. mrph. part. actif*, *qdr.*, (*fém. micôgire*), *Cf. côgar*, * šqr, ش ق ر
♦ **en train de devenir vert.** •*Xadâr al-jinêne di micôgir bilhên, akûn siyâdah bazguh sameh !* Les légumes de ce jardin ont de belles feuilles très vertes, sans doute leur propriétaire les arrose-t-il bien ! •*Al-rucâc bada wa kulla l kadâde micôgire.* C'est le printemps, toute la forêt est en train de verdir.

micôtin / **micôtinîn** *adj.*, (*fém. micôtine*), * šṭn, ش ط ن
♦ **fou (folle), possédé(e) par le diable.** •*Mûsa câf micôtin fî l-câri.* Moussa a vu un fou dans la rue. •*Al micôtin agulah mâ fôgah, bisawwi kulla coxol bidôrah.* Le possédé par le diable n'a plus ses esprits, il fait n'importe quoi [tout ce qu'il veut].

mîdân / **midânât** *n. m.*, * mdn, م د ن
♦ **place publique, terrain.** •*Ambâkir al-ra'îs bigaddim xutba fî mîdân al hurriya.* Demain, le président prononcera un discours à la place de l'Indépendance. •*Tinên min askarna mâto fî mîdân al harib.* Deux de nos soldats sont morts sur le champ de bataille. •*Al-nâs marago bicîfu l askar fî mîdân al-tadrîb.* Les gens sont sortis pour voir les soldats sur le terrain d'entraînement.

midd / **amâdîd** *n. m.*, ≃ le pluriel *amdâd*, *Cf. kôro*, * mdd, م د د
♦ **nom d'une mesure de volume, mesure d'un demi-litre environ,** équivalent à ce que peuvent prendre deux mains jointes d'un adulte. •*Fî kumalt al-sôm, gubbâl salât al îd, kulla nâdum yamgrug midd hanâ futra.* A la fin du jeûne du Ramadan, avant la prière de la fête, chacun prépare une mesure de céréales pour la donner en aumône. •*Fî zer'ak kan ligit xalla katîre, tamrug amâdîd*

zaka'. Lorsqu'on a récolté [si tu as trouvé] une grosse quantité de mil, on met de côté des *midd* à donner en aumône. •*Jârak kan mâ indah akil, âwinah be amâdîd hiney dura !* Si ton voisin manque de nourriture, aide-le en lui donnant des mesures de sorgho ! •*Arba'a amdâd butummu kôro.* Quatre mesures *midd* remplissent un koro.

midd ! *v. impér.*, → *madda.*

miderîce *n. f. mrph. dmtf.*, *Cf. madrûc*, terme péjoratif, * jrš, ج ر ش

♦ **sorgho broyé,** sorgho concassé donné par les organismes humanitaires. •*Al PAM gassam al miderîce lê l masâkîn.* Le P.A.M. a distribué du sorgho concassé aux pauvres. •*Madîde hanâ l miderîce ta'âmha mâ halu misil madîdt al masar.* La bouillie de sorgho concassé n'est pas aussi bonne que celle faite avec du maïs.

Midêxîr *n. pr.* d'homme, *mrph. dmtf.*, *Cf. Duxur*, * ḏ ẖ r, ذ خ ر

Midêxîre *n. pr.* de femme, *fém.* de *Midêxîr*, *Cf. Duxur*, * ḏ ẖ r, ذ خ ر

migammir / migammirîn *adj.*, (*fém. migammire*), → *mugammir*, * qmr, ق م ر

migôgi / migôgiyîn *adj.*, (*fém. migôgiye*), *Cf. gôga.*

♦ **portant *qqch.* dans le dos.** •*Gammêt fajur ligît jîrâni kulluhum migôgiyîn... Da l masar.* Je me suis levé le matin et j'ai trouvé tous mes voisins portant leurs enfants dans le dos... C'est le maïs. *Dvnt.* •*Al mara l migôgiye saxîrha di axut ammi.* Cette femme qui porte son enfant sur le dos est la sœur de ma mère.

mihâya *n. f.*, * mḥw, م ح و

♦ **eau sanctifiée, eau de l'écriture,** eau de lavage de l'ardoise sur laquelle étaient écrits des versets du Coran et que boivent les malades ou ceux qui attendent quelque chose de Dieu. •*Wakt al-Ramadân fî nâs katîrîn bicîlu sunna be almi mihâya.* Pendant le Ramadan, beaucoup de gens rompent le jeûne en buvant quelques gorgées d'eau sanctifiée. •*Abba l faki katab lêi mihâya min al massâs.* Le marabout a écrit des versets sacrés et m'en a donné l'eau à boire pour chasser les vampires. •*Aktib al-lôh wa xassilah, wa waddi l mihâya di lê l mardân !* Écris sur la tablette des versets coraniques, lave la tablette et donne l'eau à boire au malade !

mihrâb / mahârib *n. m.*, * ḥrb, ح ر ب

♦ **niche indiquant l'orientation de la prière, mihrab,** niche dans le mur du fond de la mosquée. •*Al mihrâb yiwassif jihhit al ka'aba fî l-sala.* La niche de la mosquée indique la direction de la Kaaba pour la prière. •*Al mihrâb mâ mujammal acân giddâm al musalliyîn.* La niche indiquant l'orientation de la prière n'est pas décorée parce qu'elle se trouve devant ceux qui prient.

mihwar *n. m.*, → *muhwar.*

Mijêliye *n. pr.* de femme, *mrph. dmtf.*, *litt.* petite épiphanie, * jlw, ج ل و

mikarsa' *adj. m.*, → *mukarsa'.*

mikarsah *adj. n. m.*, → *mukarsa'.*

mikrôb / mikrôbât *n. m.*, *empr. fr.*

♦ **microbe.** •*Al akil kan indah mikrôb bisawwi waja' batun.* Si la nourriture a des microbes, elle donne des maux de ventre. •*Al mikrôb da coxol mâ sameh lê l insâni.* Ce microbe est redoutable pour l'homme.

mîlâd / mawâlîd *n. m.*, *Cf. walûda*, * wld, و ل د

♦ **naissance.** •*Yôm mîlâd wilêdi dabahna tôr.* Le jour de la naissance de mon enfant, nous avons égorgé un taureau. •*Kulla sana al muslimîn bi'ayyudu hôl hanâ mîlâd al-rasûl.* Chaque année, les musulmans fêtent l'anniversaire de la naissance du Prophète. •*Sanit milâdak, al-ra'îs Degôl jâna ziyâra fî Tcâd.* Le jour de ta naissance, le Président de Gaulle est venu visiter le Tchad.

mîlâdiye / mîlâdiyât *n. f.*, * wld, و ل د

♦ **acte de naissance.** •*Mîlâdîti di sallôha lêi fî mêri min yôm wildôni bas.* Cet extrait du registre des actes de naissance me concernant a été fait à la mairie, le jour même où je suis né. •*Fî l mîlâdiye katabo usum ammi wa abui wa dâri wa nafari, wa l-sane l wildôni fôgha.* Sur l'acte de naissance ont été inscrits le nom de ma mère et de mon père, le nom de ma région et de mon ethnie, et l'année où je suis né.

milârya *n. f., empr. fr.*

♦ **malaria, paludisme.** •*Anâ silimt min al milârya.* Je n'ai pas été contaminé par le paludisme. •*Al-nâs al bumûtu be marad al milârya katîr min al bumûtu be marad al-sîda.* Les gens meurent plus de la malaria que du sida.

mileh *n. coll.*, condiment, *m.*, *sgtf. milhay* (un grain, une pincée de sel), * mlḥ, م ل ح

♦ **sel de cuisine,** chlorure de sodium. •*Al mileh kan katîr fî l akil bisey abunsifêr.* L'excès de sel dans la nourriture donne l'ictère. •*Subbi lêi milhay fî wêkti !* Mets un grain de sel dans ma sauce !

milês nom d'arbre, *coll.*, → *millês.*

Milêsa *n. pr.* de femme, *mrph. dmtf.*, → *Malsa, amalas*, * mls, م ل س

mill *v. impér.*, → *malla.*

millês *n. vég.*, *coll.*, *sgtf. millêsay*, ≅ *milês*, * mls, م ل س

♦ **nom d'un arbre, raisinier, Lannea microcarpa (Engl.),** famille des anacardiacées, arbre sans épines avec des drupes en grappes ressemblant au raisin. •*Al millês cadar yugumm fî gôz al fî tihit al hajar.* Les Lannea microcarpa poussent dans des terrains sablonneux au pied des montagnes. •*Al millêsay sâgha abyad wa amlas, wa iyâlha durdumma durdumma misil al inab.* Le tronc du Lannea microcarpa est blanc et lisse, et ses fruits forment de petites boules qui évoquent le raisin.

milyâr / milyârât nombre cardinal, *empr. fr.*

♦ **milliard.** •*Alif malyûn franka yisâwi wâhid milyâr.* Mille millions de francs équivalent à un milliard. •*Wâhid milyâr be gurus hanâ Fransa yisâwi miya milyâr be gurus hanâ Tcâd.* Un milliard de francs français équivaut à cent milliards de francs tchadiens.

mimbar *n. m.*, → *minbar.*

min *invar.*, lorsque *min* a un *pron.* suffixe, le *n* est redoublé : *minni* (de moi), *minnak* (de toi) *etc.*

♦ **de, à partir de, depuis, dès lors que, loin de, plus que, moins que,** (préposition marquant le point de départ, l'éloignement, la provenance et servant à former le complément des adjectifs employés avec la valeur de comparatif ou de superlatif). •*Âdum marag min al bêt.* Adoum est sorti de la maison. •*Mâ tacarab min almi da !* Ne bois pas de cette eau ! •*Hû sa'al minnak.* Il a demandé de tes nouvelles. •*Hû kabîr min axuh.* Il est plus grand que son frère. •*Zênaba samhe min Maryam.* Zénaba est plus belle que Mariam. •*Hû mardân min Ramadân ja ke.* Il était malade dès le début du Ramadan. •*Carêt markûb min al kurdunye.* J'ai acheté des sandales chez le cordonnier. •*Labbid gursak min al-sarrâg !* Mets [cache] ton argent à l'abri des voleurs ! •*Zâra rabatat mindîl fî râsha min al ajâj.* Zara s'est attaché un foulard sur la tête pour se protéger de la poussière. •*Min al iyâl dôl kulluhum ke, hû bas al adîl.* De tous ces enfants, c'est lui le meilleur.

min hini lê giddâm expression, *Cf. hini, giddâm*, * hnw, qdm, ه ن و • ق د م

♦ **dorénavant, désormais.** •*Mâ nidôr hû yaji fî bêti min hini lê giddâm acân hû sarrâg !* Dorénavant, je ne veux plus qu'il vienne chez moi, c'est un voleur! •*Anâ, min hini lê giddâm, Allah yasturni, mâ ni'ôrîk* *acîr !* Désormais, que Dieu me garde, je ne te confierai plus aucun secret !

min xâdi expression, → *xâdi*, * ġwd, غ و د

♦ **de l'autre côté, dorénavant, désormais.** •*Al birmil da, mâ tixalluh giddâm al bêt, huttuh min xâdi !* Ne laissez pas ce fût devant la maison, mettez-le de l'autre côté ! •*Ta'âl badri, min xâdi kan axxart baturdûk !* Viens tôt ; si désormais tu arrives encore en retard, tu seras renvoyé ! •*Inti bigîti kabîre, min xâdi cîli laffay kan mârge !* Tu es devenue grande, prends désormais un voile lorsque tu sors !

min zamân expression, → *zamân*, * zmn, ز م ن

♦ **depuis longtemps.** •*Inta gâ'id fî Anjammêna min zamân.* Tu es à N'Djaména depuis longtemps. •*Mâla mâ jit sallamtîni min zamân ?* Pourquoi n'es-tu pas venue me saluer depuis si longtemps ?

mîn *n. coll. m.*, *empr. fr.*, prononcé parfois *nîm*, → *nîm 2*

♦ **mine.** •*Lê hassâ mîn katîr gâ'id mudaffan fî l-turâb.* Il y a encore beaucoup de mines qui demeurent enterrées. •*Al mîn da mâ binfajir illa fî l-dabbâbât.* Cette mine n'explose qu'au passage des chars. •*Fî l-duwâs al askar bidaffunu nîm katîr fî l-durûb.* Pendant la guerre, les soldats ont miné les routes [ont enterré beaucoup de mines dans les routes].

minah *pl.*, → *minha.*

minayyil / minayyilîn *adj. mrph. part.* actif, (*fém. minayyile*) → *munayyil*, * nyl, ن ي ل

minbar / manâbir *n. m.*, pluriel peu usité, * nbr, ن ب ر

♦ **chaire, ambon, tribune,** estrade d'une mosquée sur laquelle monte l'imam pour prêcher avant la prière du vendredi. •*Al imâm tala' fî l minbar wa xatab.* L'imam est monté en chaire pour prêcher. •*Al-jamiye di indaha minbar.* Cette mosquée a une chaire. •*Fî jâmiyit Al Azhar hanâ Masir manâbir katîrîn.* Dans la mosquée Al Azhar au Caire, il y a de nombreuses chaires.

mincâr *n. m.*, → *muncâr.*

mincâx nom de lieu, *m.*, ≅ *muncax*, racine d'après étymologie de *C.Q.*, * nsˁ, ن س ع

♦ **nord.** •*Al-tamur hanâ Tcâd baji min mincâx.* Les dattes du Tchad viennent du Nord. •*Naga'at al-tayâra gâ'ide mincâx al hille.* Le terrain d'aviation se trouve au nord de la ville.

mincâxi / mincâxiyîn *adj.*, (*fém. mincâxiye*), * nsˁ, ن س ع

♦ **septentrional(e), orienté(e) au nord, nordiste,** se trouvant du côté nord. •*Al-cadaray al mincâxiye di, anâ bas têrabtaha.* Cet arbre, au nord, c'est moi qui l'ai planté. •*Al-câri l kabîr al mincâxi hanâ Anjammêna, bisammuh câri Xamsîn.* La grande rue au nord de N'Djaména s'appelle rue des Cinquante mètres. •*Al-nâs al mincâxîn induhum bagar katîr.* Les gens du Nord ont beaucoup de vaches.

mindassi / mindassîn *adj. mrph. part.* actif, (*fém. mindasse*), ≅ *mundassi*, * dss, د س س

♦ **qui entre, qui s'introduit dans.** •*Mindassi hini, tidôr cunû ?* Toi qui t'es introduit ici, que veux-tu ? •*Wakit Jiwêriye mindasse lêku lâgat râjilki mârig.* Au moment où Djiwériyé rentrait chez vous, elle a rencontré ton mari qui sortait.

mindîl / manâdîl *n. m.*, *Cf. mucwâr*, * ndl, ن د ل

♦ **fichu, foulard, mouchoir de tête.** •*Zâra rabatat râsaha be mindîl min al ajâj.* Zara s'est attaché un foulard sur la tête pour se protéger de la poussière. •*Al banât marago be gufaf wa manâdîl fî idênhum.* Les filles sont sorties avec des couffins et des fichus dans les mains.

minêdil / minêdilât *n. m. mrph. dmtf.*, *Cf. mindil*, * ndl, ن د ل ⇨

♦ **petit fichu, petit mouchoir.** •*Binêyti rabatat minêdil fî râsha.* Ma fille a noué sur sa tête un petit fichu. •*Mâ tagdare tangûli kortên hanâ sukkar fî l minêdil da.* Tu ne pourras transporter deux koros de sucre dans ce petit mouchoir.

minha / minah *n. f.*, * mnḥ, م ن ح

♦ **bourse d'études.** •*Hû ligi l bâk wa antôh minha yamci yagri barra.* Il a réussi le baccalauréat et a reçu une bourse pour aller étudier à l'étranger. •*Al Marôk anta talâte mïnah hanâ dirâsa lê talaba Tcâdiyîn.* Le Maroc a donné trois bourses pour des étudiants tchadiens.

minisipo *n. m., empr. fr.* dans l'expression *gardi minisipo*, → *kômi.*

minizye nom de métier, *m., empr. fr.*, → *xaccâbi.*

minjamm *invar., Cf. am'urud,* * jmm, ج م م

♦ **en désordre, sans distinction, n'importe comment, n'importe où.** •*Mâ tuxutt al kutub dôl minjamm !* Ne range pas ces livres n'importe comment ! •*Mâ tamci fî l-câri minjamm, watâyir bajuru bilhên !* Ne marche pas dans la rue n'importe comment, il y a des voitures qui roulent à toute allure ! •*Al mara l xanba, kulla xumâmha gâ'id minjamm.* La femme brouillonne laisse toutes ses affaires en désordre.

mira'ye / mira'yât *n. f.*, voir le *Syn. amcawwâfa*, * r'y, ر ء ي

mirakkiz / mirakkizin *adj.*, → *murakkiz.*

mirakkizin *pl.*, → *mirakkiz.*

mirêdân / mirêdânîn *adj. mrph. dmtf.* péjoratif, (*fém. mirêdâne*), * mrḍ, م ر ض

♦ **maladif (-ve), souffreteux (-euse), égrotant(e), souffrant(e),** affaibli(e) par la maladie. •*Saxîri hattât al kurûc da, kulla yôm mirêdân.* Mon dernier-né est tout le temps souffrant. •*Indah cahar fî l-labtân, hû da'îf marra wâhid wa mirêdân.* Il a passé un mois à l'hôpital, il est très faible et égrotant.

mirêfi'în / mirefi'înât *n. m. mrph. dmtf.*, * rfʕ, ʕrf, ر ف ع • ع ر ف

♦ **jeune hyène,** petite hyène. •*Fî l gêgar, mâ simi't hiss hanâ mirêfi'în.* En ville, je n'ai jamais entendu le bruit d'une jeune hyène. •*Al mirefi'înât tarado l-duhûc namman lê l-zerîbe.* Les jeunes hyènes ont poursuivi les ânons jusqu'à l'enclos.

mirêhike / mirêhîkât *n. f., mrph. dmtf., litt.* petite pierre pour écraser le mil, → *murhâka*, * rhk, ر ه ك

mirêr / mirêrât *n. m. mrph. dmtf.*, * mrr, م ر ر

♦ **un peu amer, mauvaise odeur,** goût légèrement amer. •*Mulâh hanâ l-lâbne mirêr.* La sauce aux feuilles de savonnier a un goût amer. •*Al-câhi l-Jinênay da mirêr.* Ce thé de Djinéné a un goût un peu amer. •*Al wilêd da xilêgah mirêr.* L'habit de cet enfant sent mauvais.

mirêye / mirêyât nom, *mrph. dmtf., f.*, pour *mireyye*, terme péjoratif, insulte, *Cf. riyêjil*, * mr', م ر ء

♦ **femme immature, femmelette.** •*Al mirêye tagdar tisawwi êc wa mulah, lâkin mâ tagdar takrub al bêt adîl.* La femme immature peut préparer la boule et la sauce, mais n'est pas capable de tenir la maison comme il faut. •*Hî di mâ tammat mara, hî mirêye bas, mâ tagdar takrub iyâlha !* Ce n'est pas une femme adulte, elle est restée immature et ne sait pas tenir ses enfants !

mireyyat *pl.*, → *mireyye.*

mireyye / mireyyat *n. f. mrph. dmtf.*, → *mirêye*, * mr', م ر ء

mîri *n. m.*, ≅ *mêri, Syn. lampo*, * myr, م ي ر

♦ **impôt, capitation, taxe.** •*Al mîri gurus al muwâtin wâjib yikaffih kulla sana lê l hakûma kan umrah tamma tamantâcar sana.* L'impôt est une somme d'argent que chaque citoyen doit payer au gouvernement chaque année dès qu'il a dix-huit ans. •*Hassâ da, al mîri hanâ l-nâdum mîtên riyâl fî l-sana.* A présent, la capitation est de deux cents riyals par an. •*Zamân al bahâyim kulla yadfa'o fôghum mîri.* Autrefois, on devait payer une taxe sur les bestiaux. •*Fî Anjammêna kan mâ kaffêt al mîri yidissuk al-dangay.* A N'Djaména, si tu n'as pas payé l'impôt, on te met en prison. •*Al askar marago yikarrubu l-nâs fî l-cawâri acân yikaffu l mîri.* Les militaires sortent pour arrêter les gens dans les rues afin de leur faire payer l'impôt. •*Al mîri bidaxxil gurus lê l-dawla.* L'impôt est une entrée d'argent [fait entrer l'argent] pour l'État.

mirid / yamrad *v. intr.*, forme I n° 20, * mrḍ, م ر ض

♦ **tomber malade, se flétrir, se faner.** •*Amis Mahammat mirid acân akal ka'ak katîr.* Hier, Mahamat était malade parce qu'il a mangé beaucoup de gâteaux. •*Anâ miridt acân mâ ciribt gahwa min amis.* Je suis malade parce que je n'ai pas pris de café depuis hier. •*Al xadar al bujûbuh fî l-sûg bamrad kan al harray lihigatah.* Les légumes verts et les feuilles qu'on apporte au marché se flétrissent si on les laisse au soleil.

mirik / murûk *n. m.*, *empr.* connu au *Sdn.* (*C.Q.*), *Cf. murdâs.*

♦ **poutre.** •*Al-dangay di murûkha hanâ delêb.* Cette maison a des poutres en rônier. •*Mirik bêti da ankassar, axêr nibaddilah ajala.* Une poutre de ma maison s'est cassée, il vaut mieux la changer rapidement.

mirôbil / mirôbilîn *adj. mrph. part.* actif, (*fém. mirôbile*), *Cf. rôbâl*, * rbl, ر ب ل

♦ **hydropique, qui a le ventre gonflé d'eau.** •*Al mara di mirôbile indaha santên, wa l-daktôr mâ gidir dâwaha.* Cette femme est hydropique depuis deux ans et le docteur n'a pas pu lui trouver de remède. •*Al mirôbil batunah kabîre wa mâ indah niye fî l akil.* L'hydropique a un ventre énorme mais il n'a pas envie de manger.

mirr *v. impér.*, → *marra 1, marra 2.*

mirrêge / mirrêgât *n. d'act.*, *mrph. dmtf.*, *f.*, *Cf. margîn*, * mrq, م ر ق

♦ **fait de sortir, sortie,** fait de sortir ou d'être sorti comme à l'ordinaire. •*Dahâbi jît min mirrêgti hint amis.* C'est maintenant que je reviens de ma sortie d'hier. •*Hû mâ binlagi misil mirrêgit al-jaraday min al buxsa.* Il n'est jamais à la maison [il est introuvable], il est comme le criquet sorti du pot.

mirrêso *n.*, *dmtf.*, → *ammirrêso.*

mirwad / marawîd *n. m.*, * rwd, ر و د

♦ **crayon à khôl.** •*Nidaxxil al mirwad fî l makhala wa nikahhil ênî.* Je trempe mon crayon à khôl dans le flacon et je m'en mets sur les yeux. •*Siddi lêi kuhli da be l mirwad adîl min al ajâj !* Ferme comme il faut le flacon à khôl avec son crayon pour que la poussière n'y entre pas !

misajjal / misajjalât *n. m. mrph. part.* pass forme II, * sjl, س ج ل

♦ **magnétophone, radiocassette.** •*Axui jâb lêi misajjal be xamsa alif riyâl.* Mon frère m'a apporté un magnétophone valant mille riyals. •*Inta, daxxil al-carît fî l misajjal wa kallim, hû yisajjil kulla l kalâm al inta tugûlah.* Introduis une cassette dans le magnétophone et parle, il enregistrera tout ce que tu dis. •*Yôm al îd al-subyân xatto lêhum kasêt hanâ xine fî l misajjal.* Le jour de la fête, les jeunes gens ont passé des cassettes de chants dans leur radiocassette.

mîsâx *n. m.*, terme de l'*ar. lit.*, * wṯq, و ث ق

♦ **pacte, charte, alliance, contrat, traité.** •*Al hâkuma gâ'ide taxdim be l mîsâx al asâsi hanâ l-dawla.* Le gouvernement est en train de travailler sur la charte fondatrice de l'État. •*Al-ra'îs al masri xalla mîsâx lê ca'abah, wa lê hassâ ke mâ baddaloh.* Le Président égyptien a laissé pour son peuple une charte qui est actuellement toujours en vigueur [qui n'a pas été remplacée].

misêkîn / misêkinât *adj. mrph. dmtf.*, (*fém.* *misêkîne*), → *miskîn*, * skn, س ك ن

♦ **pauvre, discret (-ète), humble.** •*Al mara zamân xaniye wa hassâ bigat misêkîne.* Autrefois la femme était riche, mais maintenant elle est pauvre. •*Jâri misêkîn mâ bidôr kalâm al-dunya.* Mon voisin est un homme simple, il ne veut pas de problèmes.

misêrîn *n. mld.*, maladie des animaux appelée ainsi dans la région du Chari-Baguirmi, *Cf. abuzirêg, ammisêrîn, jadari*, * mṣr, م ص ر

♦ **peste bovine.** •*Al-sana di al misêrîn karab al bagar kulluhum.* Cette année, toutes les vaches ont attrapé la peste bovine. •*Mûsa, aciri lêna xanamay adîle mâ indaha misêrîn !* Moussa, achète-nous une bonne chèvre n'ayant pas la peste !

misik *n. m.*, * msk, م س ك

♦ **musc.** •*Al misik itir xâli, mâ katîr fî l-sûg, bujûbuh min al-Sa'ûdiya.* Le musc est un parfum cher, il n'y en a pas beaucoup au marché, on l'importe d'Arabie Saoudite. •*Al-duxxân kan indah misik wa dufur rihtah mâ tamrug ajala min al kasâwi.* L'odeur de l'encens mélangé de musc et de coquillages parfumés imprègne très longtemps les vêtements.

misil *invar.*, ≅ *micil* dans le Guéra, * mṯl, م ث ل

♦ **comme, de même que, ainsi que, semblable à, environ, vers,** (préposition marquant la comparaison, mais servant aussi à marquer l'atténuation ou l'approximation devant un nombre ou un moment de la journée). •*Axûki misil axûi.* Ton frère est comme le mien. •*Carêti na'âl misil hanâi.* Tu as acheté des sandales comme les miennes. •*Al wilêd da indah gudra misil abuh.* Cet enfant a la force de son père [semblable à son père]. •*Wilêdi indah misil acara sana ke.* Mon enfant a environ une dizaine d'années. •*Mahammat ja fî bêti misil gayle ke.* Mahamat est venu chez moi vers midi. •*Jilid al-saxîr mârin misil al gutun.* La peau du bébé est douce comme le coton.

misil ma locution, le *ma* ici n'est pas une négation, → *ma.*

♦ **comme, de la même manière que, autant que.** •*Axadim misil ma cift abûk xadam !* Travaille comme tu as vu ton père travailler ! •*Al-rujâl mâ kaddabîn misil ma bahsubuh l awîn.* Les hommes ne sont pas aussi menteurs que le pensent les femmes.

Misîray *sgtf.* d'un *n. pr. gr.*, *m.*, (*fém.* *Misîrayye*), → *Misîriye.*

Misîriye *n. pr. gr.*, *coll.*, rassemblant les *Misîriye Humur* (Missirié Rouge) et les *Misîriye Zurug* (Missirié Noir), *sgtf. Misîray* (homme), *Misîrayye* (femme).

♦ **Missirié,** nom d'une fraction de tribu arabe (*Wulâd Atiye*) se rattachant aux *Juhayna.* •*Al Misîriye Arab sayyâra, yas'o bagar bas.* Les Missirié sont des Arabes nomades, ils n'élèvent que des vaches. •*Al Misîriye katîrîn fî l-Salâmât wa l Batha.* Les Missirié sont nombreux au Salamat et dans le Batha.

miskîn / masâkîn *adj.*, (*fém.* *miskîne*), *Cf. sâkit*, * skn, س ك ن

♦ **pauvre, simple, humble, discret (-ète), timide, calme, tranquille.** •*Al-râjil da sâkit acân hû miskîn.* Cet homme est tranquille parce qu'il est humble. •*Anîna masâkîn.* Nous sommes pauvres. •*Al mara di miskîne, acân hî mu'addaba.* Cette femme est discrète parce qu'elle est bien élevée. •*Al-dawâyin masâkîn min al-ni'ze.* Les moutons sont plus calmes que les chèvres.

Miskîn *n. pr.* d'homme, → *miskîn*, * skn, س ك ن

Miskîne *n. pr.* de femme, *fém.* de *Miskîn*, * skn, س ك ن

misôfin / misôfinîn *adj.*, (*fém.* *misôfine*), * swf, س و ف

♦ **moisi(e).** •*Akilak da, mâ jit akaltah min amis, bigi misôfin.* Tu n'as pas mangé ta nourriture depuis hier, elle est moisie. •*Al mulâhât dôl kulluhum misôfinîn, mâ tantuhum lê l muhâjirîn !* Toutes ces sauces sont moisies, ne les donne pas aux mendiants de l'école coranique !

mistara / masâtir *n. f.*, terme de l'*ar. lit.* utilisé dans les écoles arabes pour désigner la "règle", moins employé que *rêgil*, → *rêgil*, * sṭr, س ط ر

mistarah / mistarâhât *n. m.*, → *mustarah.*

mîtên / mîtênât nombre cardinal, * m'y, م ء ي

♦ **deux cents.** •*Fî l-sûg al kabîr hanâ Anjammêna al-jidâde be mîtên riyâl.* Une poule coûte deux cents riyals au grand marché de N'Djaména. •*Hû antaha lê martah mîtên riyâl tamci l-sûg tacri xumâm hanâ l akil.* Il a donné à sa femme deux cents riyals pour aller au marché acheter des provisions pour le repas. •*Abui indah mîtên bagaray.* Mon père possède deux cents têtes de vaches.

Mitêre *n. pr.* de femme, diminutif de *matara*, → *matara.*

mitêrig / mitêrigât nom, *mrph. dmtf.*, *m.*, → *mutrag*, * ṭrq, ط ر ق

♦ **baguette, petite branche, petite lanière.** •*Al faki yafruc al iyâl be mitêrig.* Le marabout frappe les enfants avec une petite lanière. •*Al-cadaray di saxayre, lissâ mitêrigâtha rugâg.* Cet arbre est petit, ses branches sont encore très fines.

mitir / amtâr *n. m.*, mot arabe, *empr.* au grec *μετρον* (mesure), *Cf. yarda.*

♦ **mètre.** •*Kan macêt al-sûg bi' lêi gumâc yisâwi talâte mitir.* Si tu vas au marché, achète-moi trois mètres de tissu. •*Al kilômitir wâhid yisâwi alif mitir.* Un kilomètre est l'équivalent de mille mètres. •*Bêtna min al kumsêriye acara amtâr bas.* Notre maison se trouve à une dizaine de mètres seulement du commissariat de police.

mixdâr / mixdârât *n. m.*, * qdr, ق د ر

♦ **quantité, dose, mesure.** •*Al-dawa da, acarbah fî gadur al mixdâr al-daktôr ôrak !* Prends ce médicament selon la dose prescrite par le médecin ! •*Anâ mâci lâkin fî mixdâr talâta sa'ât nigabbil.* Je m'en vais et je reviendrai dans trois heures.

mixêrîfe / mixêrîfât *n. f.*, *mrph. dmtf.*, → *muxrâfa*, * ġrf, غ ر ف

mixêris / mixêrisât *n. m. mrph. dmtf.*, *Cf. muxras*, * ẖrṣ, خ ر ص

♦ **petit poinçon.** •*Antîni mixêriski nidôr nangud ca'ari !* Donne-moi ton petit poinçon, je voudrais défaire ma coiffure ! •*Mixêriski da, attilîni lêyah, acân tarîn !* Prête-moi ton petit poinçon parce qu'il est bien pointu !

Mixêsil *n. pr.* d'homme, *Mixêsîle* (femme), *dmtf.* de *maxassal* [qui a été lavé].

mixxêd *n. vég., coll., m., sgtf. mixxêday*, en arabe *sd. mixxêt* (*C.Q.*).

♦ **nom d'un arbuste, Boscia senegalensis (Pers.), fruit du Boscia senegalensis,** famille des capparidacées, fruit rond de 1 à 2 cm de diamètre en petites grappes, contenant des graines mangeables en temps de famine. •*Iyâl al mixxêd murr, al-nâs bifawwurûh hatta bâkulûh.* Les fruits du Boscia senegalensis sont amers, les gens les font bouillir pour les manger. •*Cadar al mixxêd gusâr wa mâ indah côk.* Les Boscia senegalensis sont petits et n'ont pas d'épines.

mixxêt *n. vég., coll., m.*, → *mixxêd.*

miya / miyyât nombre cardinal, *f.*, au duel *mîtên*, * m'y, م ء ي

♦ **cent, centaine, billet de cinq cents francs *CFA*.** •*Kulla yôm nisarrif miya riyâl fî bêti lê l akil.* Chaque jour, je dépense cent riyals pour la nourriture de la maison. •*Indi miya wahade fî jêbi.* J'ai un billet de cent riyals dans ma poche. •*Fî l-sûg jabo barârîd bê l miyyât.* On a apporté au marché des théières par centaines.

Mîzâb *n. pr.* d'homme, mot arabe d'emprunt *irn.* (*Mu.*), *litt.* canal, * wzb, و ز ب

mîzân / mawâzîn *n. m.*, * wzn, و ز ن

♦ **balance.** •*Mîzânak da mâ adîl.* Ta balance n'est pas bonne. •*Al-râjil da jabad al-zabâyin acân mîzânah adîl bilhên.* Cet homme a attiré les clients parce que sa balance était très bonne.

mizêgil nom, *mrph. dmtf.*, *m.*, (*fém. mizêgile*), → *mazgûl*, * zjl, ز ج ل

♦ **abandonné(e), livré(e) à lui-même, seul(e).** •*Cîfna saxîr saxayyir mizêgil fî l rahad.* Nous avons vu un tout petit enfant laissé tout seul au bord du marigot. •*Kilêbti di ligîtha saxâyre ke mizêgile fî l-dungus wa ciltaha rabbêtha.* C'est ma chienne ; je l'ai trouvée toute petite, abandonnée sur le tas d'ordures, je l'ai prise et l'ai élevée.

Mizêgil *n. pr.* d'homme, *Mizêgîle* (femme), nom donné à un enfant qui a été abandonné par sa mère et qu'on a recueilli, * zql, ز ق ل

moblêt *n. m.*, → *mublêt.*

môj / amwâj *n. m.*, *Cf. callâl al almi*, * mwj, م و ج

♦ **vague d'eau, flot, onde.** •*Môj hanâ bahar Anjammêna mâ bicîl al-nâs.* Les vagues du fleuve de N'Djaména n'emportent pas les gens. •*Al-rîh al yôm katîre, gawwamat amwâj al-ruhûd.* Il y a aujourd'hui un grand vent qui soulève des vagues dans le marigot. •*Al-rih kan gammat, môj hanâ l bahar bugumm misil al-jibâl.* Lorsque le vent souffle, les vagues de la mer sont aussi grosses que des montagnes.

môja / môjât *n. f.*, ≅ *mawja,* * mwj, م و ج

♦ **longueur d'onde, bouton d'une radio, bande des fréquences radio.** •*Môjitna fî tamâne wa talâtîn.* Nous sommes sur la longueur d'onde trente-huit. •*Nixayyuru môjitna be sâ'a sitte wa nuss hanâ acîye.* Nous changerons notre longueur d'onde à six heures et demie du soir. •*Amis al iyâl tallafo lêi môjt al-râdyo.* Hier, les enfants m'ont cassé le bouton des longueurs d'ondes de la radio. •*Râdyo Tcâd bahajji fî l môja al gasîra kula.* Radio-Tchad émet aussi en ondes courtes. •*Kan tidôr tasma' al axbâr, liff al môja lahaddi talga l-nimra !* Quand tu veux écouter les nouvelles, tourne le bouton des longueurs d'ondes jusqu'au bon numéro !

mokôsang *adj. m.*, → *mukôsang.*

mômo *n. f.*, nom donné à la "reine mère", → *mêram, habbâba.*

mongo *n. vég.*, *coll.*, *m.*, ≅ *manga, mango, sgtf. mongoy, mangoy.*

♦ **nom d'un arbre, manguier, mangue, Mangifera indica (L.),** famille des anacardiacées. •*Al mongo banjad fî l-sêf.* Les mangues mûrissent en saison sèche. •*Al-ji hanâ l mongo mâ xâli bilhên.* Le jus de mangues n'est pas très cher. •*Al iyâl birîdu l manga.* Les enfants aiment les mangues.

monxar *n. f.*, → *manxar.*

mordo *n. vég.*, *coll.*, *m.*, *sgtf. mordoy*, utilisé en arabe *sd.*

♦ **nom d'un arbuste, Capparis corymbosa,** famille des capparidacées. •*Al mordo cadaray kabîre wa tawîle min al arad.* Le Capparis corymbosa est un arbre imposant, plus grand que l'Albizzia chevalieri. •*Cadar al mordo yugumm illa fî l gôz.* Le Capparis corymbosa ne pousse que sur un terrain sablonneux.

Moritânya *n. pr.* de pays, → *Muritanya.*

Mosoro *n. pr.* de lieu, chef-lieu de sous-préfecture du Kanem.

♦ **Moussoro.**

môt *n. m.*, * mwt, م و ت

♦ **mort.** •*Môt hanâ ammah da, bilhên hazzanah.* La mort de sa mère l'a beaucoup attristée. •*Al môt kan jâ, mâ indah dawa.* Le jour où la mort arrive, il n'y a pas de remède pour l'éviter. •*Xalliti fî l biric, al-dîg bidôr bixîr… Da l môt.* Mon mil est sur la natte, le coq cherche à l'emporter… C'est la mort. *Dvnt.* (*i.e.* le mil représente la vie que la mort emporte lorsque l'on dort). •*Al maci bala jaye… Da l môt.* L'aller sans retour… C'est la mort. *Dvnt.* •*Habili tawîl kadd al-diyâr… Da l môt.* Ma corde est longue, elle est passée dans toutes les régions… C'est la mort. *Dvnt.* (*i.e.* la nouvelle de la mort passe partout, allusions aux sens des verbes *fatal 1* et *fatal 2*). •*Hâjj taba' lêyah hâje, xalab al faxara wa l hujjâj… Da l môt.* Un grand monsieur poursuit ce dont il a besoin pour vivre, aucune médecine de faki ou de pèlerins ne peut l'arrêter… C'est la mort. *Dvnt.*

môtânî / môtâniyîn *adj.*, (*fém. môtâniye*), → *mawtâni*, * wṭ', و ط ء

môto / môtoyât *n. f.*, *empr. fr.*, on entend *môtoi* ou *môtoyti* (ma moto), *môtôk, môtoyak* ou *môtoytak* (ta moto) *môtoyah* ou *motoytah* (sa moto), *etc.*

♦ **moto.** •*Fî Tcâd, mâ fî carikit môtoyât.* Au Tchad, il n'y a pas de société qui fabrique des motos. •*Hey, Yaxûb, al-sarrâgîn yagdaro yidawwuru môtôytak bala muftah.* Hé ! Yacoub ! les voleurs peuvent faire démarrer ta moto sans clé de contact.

moxoy *adj. n.*, (*fém. moxoye*), terme utilisé surtout dans la région d'Abéché, *Cf. sadîg*, → *maxawi*, * ġwy, غ و ي

môya *n. m.*, *mrph. dmtf.* (*Ka.*), terme utilisé en arabe *sd.* et dans l'est du Tchad, *Syn. almi*, * mwh, م و ه

♦ **eau propre,** petite quantité d'eau. •*Hû atcân cirib kôbên hanâ môya.* Il est assoiffé, il a bu deux gobelets. •*Amis mâ fîh moya fî hillitna, al awîn kulluhum maco l bîr.* Hier, il n'y avait pas d'eau dans notre quartier, toutes les femmes sont allées au puits.

môya-nâr expression, *litt.* eau de feu, * mwh, nwr, م و ه • ن و ر

♦ **acide de batterie.** •*Môya-nâr kan naggat fî xalag jadîd, yigatti'ah nyangur nyangur.* Si l'acide de batterie coule sur un vêtement neuf, il le réduit en lambeaux. •*Al môya-nâr bincâf sâfî, lâkin mâ tilammisah !* L'acide de batterie est limpide, mais ne le touche pas !

môyal / yimôyil *v. intr.*, → *mâyal*, * myl, م ي ل

mû' *v. impér.*, → *mâ'*.

mu'abbad 1 / mu'abbadîn *adj. mrph. part.* passif, (*fém. mu'abbada*), * ʕbd, ع ب د

♦ **qui a été rendu(e) esclave, qui a été asservi(e).** •*Zamân fî kulla bêt sultân talga subyân mu'abbadîn.* Autrefois, dans chaque maison du sultan, il y avait de jeunes esclaves. •*Sa'îde min saxayre ke mu'abbada lê mêram mart al-sultân.* Depuis qu'elle est petite, Saïdé a été mise au service de la femme du sultan.

mu'abbad 2 / mu'abbadîn *adj. mrph. part.* passif, (*fém. mu'abbada*), *Cf. dâyim*, * 'bd, ء ب د

♦ **perpétuel (-le), à vie, pour toujours.** •*Hakamoh lêyah be sijin mu'abbad.* Ils l'ont condamné à la prison à perpétuité. •*Nâdum kan sallal mara min râjilha, tabga lêyah mu'abbada.* Lorsque quelqu'un a courtisé une femme mariée et l'a séparée de son mari, il ne pourra jamais l'épouser.

mu'abbak / mu'abbakîn *adj. mrph. part.* passif, (*fém. mu'abbaka*), * ʕbk, ع ب ك

♦ **mis en boule.** •*Al micôtin da sûfah mu'abbak wa nâdum mâ bagdar bizayyinah.* Ce fou a les cheveux bouclés et personne ne peut le raser. •*Al-dagîg al mu'abbak da tidôri tadurbih madîde wallâ ?* Veux-tu préparer de la bouillie avec ces boulettes de farine ?

mu'abbar / mu'abbarîn *adj. mrph. part.* passif, (*fém. mu'abbara*), *Syn. ma'bûr*, *Cf. mugâwas*, * ʕbr, ع ب ر
⇨

♦ **mesuré(e), dosé(e).** •*Al-zere' da mu'abbar xalâs ahartuh wa nikaffîku gurusku !* Le champ est déjà mesuré, cultivez-le et je vous payerai ! •*Al-sukkar mu'abbar subbi fî l madîde !* La dose de sucre est prête, mets-la dans la bouillie ! •*Al-câri bên Sâr wa Anjammêna mu'abbar (ma'bûr) min zamân tawîl.* La longueur de la route entre Sarh et N'Djaména a été mesurée depuis longtemps.

mu'abbid / mu'abbidîn *adj. mrph. part.* actif, (*fém. mu'abbide*), *Cf. abbad,* * ʕbd, ع ب د

♦ **qui rend esclave,** qui asservit *qqn.* en le faisant travailler pour lui. •*Fî Ifrîxiya, fî nâs lê hassâ kula mu'abbidîn nâs.* Jusqu'à présent, en Afrique, il y a des gens qui rendent esclaves d'autres personnes. •*Hî mu'abbide wilêd darritha.* Elle a fait du fils de sa coépouse son esclave.

mu'accag *adj.*, (*fém. mu'accaga*), → *mu'accig.*

♦ **accroché(e), enclenché(e),** qui demeure accroché. •*Xalli watîrak mu'accag acân mâ yidardig.* Laisse ta voiture avec une vitesse enclenchée pour qu'elle ne roule pas plus loin ! •*Talko fî talko wa talko mu'accag... Dôl iyâl al hajlîj.* C'est quelque chose dans quelque chose, et ce quelque chose est accroché… Ce sont les drupes de savonnier. *Dvnt.*

mu'accig / mu'accigîn *adj. mrph. part.* actif, (*fém. mu'accige*), *Cf. accag, mu'accag, Syn. mu'allig,* * ʕšq, ع ش ق

♦ **accroché(e),** qui s'accroche. •*Al ardêbay di nijidat, al iyâl kulla yôm mu'accigîn fôgha.* Ce tamarinier a des fruits mûrs, les enfants y sont accrochés tous les jours. •*Anâ mu'accig galbi fôgak, wa inta nisîtni xalâs walla cunû ?* Mon cœur est accroché à toi, m'aurais-tu déjà oubliée ?

mu'âdala / mu'âdlât *n. d'act. f.*, *Cf. âdal,* ≅ *ma'âdala,* * ʕdl, ع د ل

♦ **égalisation, équivalence, nivellement, équilibrage,** fait d'équilibrer et d'arranger comme il faut les affaires. •*Fîyah maktab, fî jâmiyit Anjammêna, gâyim be mu'âdala hint al-cahâdât al-jâyin min barra.* A l'université de N'Djaména, il y a un bureau chargé d'établir l'équivalence des diplômes passés à l'étranger. •*Fî li'ib al kûra, al farîxên marago be mu'âdala.* Au jeu de football, les deux équipes sont sorties à égalité. •*Al xumâm al fî dahar al-jamal bidôr mu'âdala, kan mâ ke baga'.* Les affaires qui sont sur le dos du chameau doivent être équilibrées, sinon elles tomberont.

mu'addab / mu'addabîn *adj. mrph. part.* passif, forme II, (*fém. mu'addaba*), ≅ *ma'addab, ma'addaba, ma'addabîn,* * ʼdb, ء د ب

♦ **bien éduqué(e), bien élevé(e), poli(e),** qui se conduit bien. •*Indi binêye mu'addaba.* J'ai une fille bien éduquée. •*Cift fî l-câri iyâl mâ mu'addabîn.* J'ai vu dans la rue des enfants mal élevés. •*Al pôlis da mu'addab fî xidimtah, acân da al-nâs bihtarumuh.* Ce gendarme travaille avec politesse, c'est pour cela que les gens le respectent.

mu'addad / mu'addadîn *adj. mrph. part.* passif, (*fém. mu'addada*) ne qualifiant que des chevaux, * ʕdd, ع د د

♦ **caparaçonné(e),** portant un harnais d'ornement. •*Juwâd al-sultân mu'addad adîl.* Le cheval du sultan est bien caparaçonné. •*Yôm al îd, al-nâs al axinya' barkabo xêl mu'addadîn.* Le jour de la fête, les riches montent des chevaux caparaçonnés .

mu'addal / mu'addalîn *adj. mrph. part.* passif, (*fém. mu'addala*), * ʕdl, ع د ل

♦ **réparé(e), rangé(e), en ordre,** en bon état de marche. •*Al xarîf garrab wa l-cawâri hanâ Anjammêna mâ mu'addalîn.* La saison des pluies est proche et les rues de N'Djaména ne sont pas aménagées. •*Watîri mâ mu'addal anâ mâ nagdar nisâfir.* Ma voiture n'est pas en bon état, je ne peux pas voyager.

mu'affas / mu'affasîn *adj. mrph. part.* passif, (*fém. mu'affasa*), → *mul'affis*, * ʕfṣ, ع ف ص

mu'affin / mu'affinîn *adj. mrph. part.* actif, (*fém. mu'affine*), * ʕfn, ع ف ن

♦ **pourri(e).** •*Tamâtim hanâ l mara di mu'affin, mâ tacrih !* Les tomates de cette femme sont pourries, ne les achète pas ! •*Anâ akalt laham mu'affin wa hassâ sawwa lêi waja' batun.* J'ai mangé de la viande pourrie et maintenant j'ai mal au ventre.

mu'aggad / mu'aggadîn *adj. mrph. part.* passif, (*fém. mu'aggada*), *Syn. mul'aggid*, * ʕqd, ع ق د

♦ **noué(e), attaché(e), embrouillé(e).** •*Al gurus, talgeh mu'aggad fî lîsân al farde.* Tu trouveras l'argent noué dans le bord [la langue] du pagne. •*Kalâmak da bilhên mu'aggad, anâ mâ na'arfah.* Ton discours est très embrouillé, je n'y comprends rien.

mu'aggid / mu'aggidîn *adj. mrph. part.* actif, (*fém. mu'aggide*), * ʕqd, ع ق د

♦ **traditionaliste, intégriste, complexé(e),** qui rumine des arrière-pensées. •*Sayyidna, zôl mu'aggid ; badharna mâ nalbaso wa lâ pantalon wa lâ cemîs illa l-jallâbiye.* Notre marabout est un traditionaliste : il nous interdit de porter un pantalon ou une chemise, il ne nous permet que la djellaba. •*Al-nâs kan al'âyaro, wa kan mâ fî wâhid minhum baji batlub al-simah min axûh, humman mu'aggidîn acân mâ bidôru bigirru !* Lorsque des gens se sont insultés et qu'aucun d'eux ne demande pardon à son frère, ils sont complexés car ils ne veulent pas revenir sur leur parole !

mu'aggir / mu'aggirîn *adj.*, (*fém. mu'aggire*), * ʕqr, ع ق ر

♦ **desséché(e), dont le corps a vieilli, ratatiné(e), rabougri(e).** •*Al walad da jildah mu'aggir, mâ bagdar bal'ab kûra.* Ce garçon est rabougri, il ne peut pas jouer au football. •*Al bittex da mu'aggir, akûn al ên waga'at fôgah ?* Ces pastèques sont desséchées, peut-être le mauvais œil leur est-il tombé dessus ?

mu'âhada *n. f.*, *Cf. âhad*, * ʕhd, ع ه د

♦ **pacte, alliance, engagement, promesse, accord.** •*Waffayân al mu'âhada min al îmân.* Tenir sa promesse est un acte de confiance. •*Fransa wa Tcâd mado mu'âhada hint ta'âwun.* La France et le Tchad ont signé un accord de coopération.

mu'ajjal / mu'ajjalîn *adj. mrph. part.* passif, (*fém. mu'ajjala*), * ʼjl, ء ج ل

♦ **reporté(e) à une date ultérieure, remis(e) à plus tard.** •*Al-sadâx arba'în alif, icirîn hâdir, wa icirîn mu'ajjal.* La dot s'élève à quarante mille riyals, vingt mille à payer tout de suite et vingt mille à payer plus tard. •*Safarna mu'ajjal, nisâfuru yôm âxar.* Notre voyage a été reporté, nous partirons un autre jour.

mu'ajjar / mu'ajjarîn *adj. mrph. part.* passif, (*fém. mu'ajjara*), *Syn. musta'jar, kari*, * ʼjr, ء ج ر

♦ **loué(e), rétribué(e), payé(e), qui a reçu de l'argent,** qui a été payé pour accomplir une tâche. •*Hû xidimtah cêne acân mâ mu'ajjar.* Il travaille mal parce qu'il n'est pas rétribué. •*Al bêt da lissâ mâ mu'ajjar tidôrah wallâ ?* Cette maison n'est pas encore louée, la veux-tu ? •*Buyûti kulluhum mu'ajjarîn lâkin lissâ mâ kaffôni gurus al-cahar.* Toutes mes maisons sont louées, mais on ne m'en a pas encore payé le loyer.

mu'ajjij / mu'ajjijîn *adj. mrph. part.* actif, (*fém. mu'ajjije*), * ʕjj, ع ج ج

♦ **poussiéreux (-euse), couvert(e) de poussière.** •*Al xalag da mu'ajjij bilhên mâ talbasah !* Cet habit est très poussiéreux, ne le porte pas ! •*Al bêt kan sîdah mâ fîh tawwal bagôd mu'ajjij.* Lorsqu'une chambre reste longtemps inoccupée, elle se couvre de poussière. •*Al-tasa di bilhên mu'ajjije mâ tusubbi fôgha l mulâh.* Ne verse pas la sauce dans cette tasse parce qu'elle est pleine de poussière !

mu'ajjir / mu'ajjirîn *adj. mrph. part.* actif, (*fém. mu'ajjire*), *Cf. ajjar, Syn. musta'jir*, * 'jr, ء ج ر

♦ **qui a pris en location, locataire, qui a loué *qqch.*** •*Hû indah santên mu'ajjir fî bêti.* Il est locataire chez moi depuis deux ans. •*Kaltûma, inti mu'ajjire bêtki be kam fî l-cahar ?* Kaltouma, à combien par mois s'élève le loyer de ta maison ? •*Al watîr da mâ hanâhum, hummân mu'ajjirînah min Mûsa.* Ce n'est pas leur voiture, ils l'ont prise en location chez Moussa. •*Anâ mu'ajjire fî l bêt da indi tamâne sana.* Je suis locataire dans cette maison depuis huit ans.

mu'ajjis *adj. m.*, → *mu'ajjiz*.

mu'ajjiz / mu'ajjizîn *adj. mrph. part.* actif, (*fém. mu'ajjize*), prononcé au masculin singulier *mu'ajjis*, * ʕjz, ع ج ز

♦ **qui est devenu(e) vieux (vieille), vieilli(e).** •*Al mara di mu'ajjize, mâ tawlid.* Cette femme est devenue vieille, elle ne mettra plus d'enfant au monde. •*Al-râjil da sabi wa bincâf mu'ajjiz, coxolah ta'ab.* Cet homme est jeune, il paraît vieux, c'est la souffrance qui l'a rendu ainsi.

mu'âkasa / mu'âkasât *n. f.*, * ʕks, ع ك س

♦ **contestation.** •*Amm al bint, kan mu'akkala adîl, tirahhil binêyitha ajala bala mu'âkasa.* Lorsque la belle-mère a reçu suffisamment d'argent en plus de la dot, elle laisse sans contestation sa fille fonder son foyer. •*Al-râjil da birîd al mu'âkasa, mâ taxaddimah ma'âk !* Cet homme aime la contestation, ne l'embauche pas pour travailler avec toi !

mu'âkis / mu'âkisîn *adj. mrph. part.* actif, (*fém. mu'âkise*), * ʕks, ع ك س

♦ **contestataire, antagoniste, contrariant(e), défavorable, fâcheux (-euse).** •*Anâ mâ indi rafîg mu'âkis.* Aucun ami n'est en désaccord avec moi. •*Al watîray di mu'âkise mâ tidôr tidawwir !* Cette fichue voiture ne veut pas démarrer ! •*Al iyâl dôl mu'âkisîn mâ basma'o kalâm hanâ ammuhum.* Ces enfants sont contestataires, ils n'écoutent pas la parole de leur mère.

mu'akkad / mu'akkadîn *adj. mrph. part.* passif, (*fém. mu'akkada*), * 'kd, ء ك د

♦ **assuré(e), affirmé(e), confirmé(e).** •*Al kalâm da mu'akkad.* Cette parole est confirmée. •*Al xabar lissâ mâ mu'akkad, mâ tikallumu l awîn.* La nouvelle n'est pas encore confirmée, n'en informez pas les femmes ! •*Kan al-sîda karabâh, al-nâs bugûlu môtah mu'akkad !* Lorsque quelqu'un attrape le sida, les gens disent que sa mort est certaine.

mu'akkal / mu'akkalîn *adj. mrph. part.* passif, (*fém. mu'akkala*), *Cf. akkal*, * 'kl, ء ك ل

♦ **qui a reçu de l'argent, soudoyé(e), corrompu(e).** •*Al-zûz caglab al-cerî'e fôgi, akûn mu'akkal.* Le juge a retourné le jugement contre moi, peut-être a-t-il été acheté. •*Amm al bint, kan mu'akkala adîl, tirahhil binêyitha ajala bala mu'âkasa.* Lorsque la belle-mère a reçu suffisamment d'argent en plus de la dot, elle laisse facilement sa fille partir fonder son foyer.

mu'akkid / mu'akkidîn *adj. mrph. part.* actif, forme II, (*fém. mu'akkide*), * 'kd, ء ك د

♦ **certain(e), sûr(e), assuré(e), affirmatif (-ve).** •*Hû mu'akkid min xabar ziyârit al-Ra'îs lê Abbece.* Le Président ira visiter Abéché, il est certain de cette nouvelle. •*Al-dêf yadxul al âsima illa kan al bôlîs mu'akkidîn minnah.* Un étranger ne rentre dans la capitale que lorsque la police est assurée de son identité. •*Al-nâs sâmo acân mu'akkidîn da bas cahar ramadân gâbal.* Les gens ont jeûné parce qu'ils sont sûrs que le mois de ramadan est commencé.

mu'akkil / mu'akkilîn *adj. mrph. part.* actif, (*fém. mu'akkile*), *Cf. akkal*, * 'kl, ء ك ل

♦ **qui a donné à manger, qui a nourri, qui a incendié, qui a donné de l'argent, qui a corrompu, qui a**

soudoyé. •*Hû mâ indah xidime, wa martah bas mu'akkileh wa mucarribeh.* Il n'a pas de travail, et c'est sa femme qui lui donne à manger et à boire. •*Inta ta'arfah kadar al-laham da hanâ xinzir, mâla mu'akkilni lêyah ?* Tu savais que c'était de la viande de cochon, pourquoi m'en as-tu donné à manger ? •*Siyâd al faham dâyiman mu'akkilîn al kadâde be l-nâr.* Les producteurs de charbon de bois mettent toujours le feu à la brousse. •*Hû mu'akkil nasibtah gurus katîr wa lê hassâ mâ rahhalat lêyah martah.* Il a donné beaucoup d'argent à sa belle-mère, mais jusqu'à présent elle n'a pas laissé partir sa fille fonder son foyer. •*Mâla mu'akkil nâs al-duwân gurus katîr ke acân al xumâm al-ciya da ?* Pourquoi a-t-il soudoyé les douaniers avec tant d'argent pour une si petite quantité de marchandises ?

mu'âlin / mu'âlinîn *adj. mrph. part.* actif, (*fém. mu'âline*), terme peu utilisé, * ʕln, ع ل ن

♦ **informateur (-trice), porte-parole, annonceur (-euse).** •*Al mu'âlin gâl ambâkir al îd.* L'informateur nous a dit que la fête aurait lieu demain. •*Amis al mu'âlin gâl ambâkir al-sûg yaftah be sâ'a acara.* Hier l'informateur nous a dit que le marché ne serait ouvert qu'à dix heures.

mu'allab / mu'allabîn *adj. mrph. part.* passif, (*fém. mu'allaba*), * ʕlb, ع ل ب

♦ **mis en boîte de conserve.** •*Al-lubya l axadar al bujûbu min Urubba kulla mu'allab.* Les haricots verts qu'on importe d'Europe sont tous en boîtes de conserve. •*Al-Nasâra birîdu l akil al mu'allab.* Les Blancs aiment la nourriture en boîtes de conserve.

mu'allabât *pl.*, pour le singulier → *kôb*, * ʕlb, ع ل ب

♦ **boîtes de conserve.** •*Akil hanâ l mu'allabât, kan mudditha kammalat, mâ bâkuluh.* On ne mange plus le contenu des boîtes de conserve lorsqu'elles sont périmées. •*Kulla l mu'allabât al bibî'ûhum fî l-sûg baju min barra.* Toutes les boîtes de conserve que l'on vend au marché viennent de l'étranger.

mu'allag / mu'allagîn *adj. mrph. part.* passif, (*fém. mu'allaga*), expression *galbah mu'allag* (il est inquiet), * ʕlq, ع ل ق

♦ **suspendu(e), accroché(e), pendu(e), inquiet (-ète).** •*Al-carmût mu'allag katîr fî l habil.* Il y a beaucoup de viandes séchées suspendues à la corde. •*Anâ galbi mu'allag acân marti mardâne bilhên.* Je suis inquiet [mon cœur est suspendu] parce que ma femme est gravement malade. •*Ligit juzlân mu'allag fî l-cadaray.* J'ai trouvé un porte-monnaie accroché à l'arbre. •*Galbi mu'allag fî iyâli l musâfirîn.* Je suis inquiet pour mes enfants partis en voyage.

mu'allam 1 / mu'allamîn *adj. mrph. part.* passif, (*fém. mu'allama*), *Cf. allam, mul'allim*, * ʕlm, ع ل م

♦ **instruit(e), qui a appris.** •*Hû mâ daktôr lâkin mu'allam kikkêf yat'an ibre.* Il n'est pas médecin mais sait faire les piqûres. •*Iyâl Nasâra kulluhum ke mu'allamîn al ômîn.* Tous les enfants des Blancs ont appris à nager. •*Al kalbe di mu'allama mâ tâkul coxol fî l-turâb.* Cette chienne a appris à ne pas manger ce qui se trouve par terre.

mu'allam 2 / mu'allamîn *adj. mrph. part.* passif, (*fém. mu'allama*), *Cf. alama*, * ʕlm, ع ل م

♦ **marqué(e) par, signalé(e) par, reconnaissable à,** qui porte un signe caractéristique. •*Al buyût al-câri bicîlhum mu'allamîn fintîr abyad.* Les maisons qui seront détruites, parce qu'elles sont sur le passage de la nouvelle rue, sont marquées à la peinture blanche. •*Al askar mu'allamîn min xulgânhum.* Les militaires sont reconnaissables à leurs vêtements. •*Bahâyim al bâtwâr mu'allamîn be nimra fî duhûrhum.* Les bêtes destinées à l'abattoir portent un numéro sur le dos.

mu'allic / mu'allicîn *adj. mrph. part.* actif, (*fém. mu'allice*), hypothèse dans la racine, * 'ls, س ل ء

♦ **débile, attardé(e) mentalement, péquenaud(e),** retardé(e) dans son développement physique ou mental. •*Al-nâdum al mu'allic, fikra cikk min hanâ axawânah.* Le débile a toujours une idée différente de celle de ses frères. •*Hawwa fakkiri lê nizâm bêtki, mâ tabge mu'allice !* Hawwa, veille à ce que ta maison soit bien ordonnée, ne deviens pas une péquenaude !

mu'allif / mu'allifîn *adj. n. m. mrph. part.* actif, forme II, (*fém. mu'allife*), * 'lf, ف ل ء

♦ **écrivain, compositeur (-trice).** •*Zamân fî Tcad mâ fî mu'allifîn.* Autrefois il n'y avait pas d'écrivain au Tchad. •*Al mu'allif yaktib al kalâm be râsah bas.* L'écrivain exprime dans les livres ses idées personnelles.

mu'allim / mu'allimîn *adj. n., mrph. part.* actif, (*fém. mu'allime*), *Syn. mudarris*, * ˤlm, ع ل م

♦ **enseignant(e), professeur.** •*Al yôm îd al mu'allimîn.* Aujourd'hui c'est la fête des enseignants. •*Hî zamân mu'allime fî Abbece.* Elle était autrefois enseignante à Abéché. •*Al mu'allimîn fî baladna ta'abânîn.* Les enseignants mènent une vie dure dans notre pays. •*Hû nâdum mu'allim fî xidimt al hadîd.* C'est quelqu'un qui enseigne l'art de travailler le fer.

Mu'allim *n. pr.* d'homme, *Cf. mu'allim*, * ˤlm, ع ل م

mu'âman / mu'âmanîn *adj. mrph. part.* passif, (*fém. mu'âmana*) *Cf. âman*, * 'mn, ن م ء

♦ **digne de confiance, sûr(e),** à qui l'on fait confiance. •*Abbakar nâdum mâ mu'âman, fakkir mâ yadxûl bêtak !* Abakar n'est pas une personne digne de confiance, fais attention qu'il n'entre pas chez toi ! •*Hî mu'âmana, acân da râjilha yixalliha tamrug al hille.* Elle est digne de confiance, c'est pour cela que son mari la laisse sortir en ville. •*Zamân al askar mâ mu'âmanîn, acân dâyiman yicîlu gurs al-nâs.* Autrefois, les militaires n'étaient pas dignes de confiance parce qu'ils prenaient toujours l'argent des gens.

mu'âmar / mu'âmarîn *adj. mrph. part.* passif, (*fém. mu'âmara*), * ˤmr, ع م ر

♦ **réconcilié(e).** •*Zamân anîna dâwasna ma'âhum lâkin hassâ anîna mu'âmarîn.* Autrefois, nous nous sommes battus avec eux, mais à présent, nous sommes réconciliés. •*Martah al kabîre xabbanat macat bêt abûha wa lissâ mâ mu'âmara.* Sa première femme s'est fâchée, elle est retournée chez son père et ils ne se sont pas encore réconciliés.

mu'âmara *n. f.*, *Cf. xiyâne*, * 'mr, ء م ر

♦ **conspiration, complot.** •*Sawwo mu'âmara acân yicîlu l hukum, lâkin facalo.* Ils ont ourdi un complot pour prendre le pouvoir, mais ont échoué. •*Intu coxolku mu'âmara bas acân tidôru tisillu minni marti.* Votre entreprise n'est qu'une conspiration, vous cherchez en fait à m'arracher ma femme.

mu'âmin / mu'âminîn *adj. mrph. part.* actif, (*fém. mu'âmine*), *Cf. âman*, * 'mn, ء م ن

♦ **qui a confiance en, qui croit en, qui a foi en,** qui fait confiance à. •*Hû mâ mu'âmin martah.* Il n'a pas confiance en sa femme. •*Hî mu'âmine jîrânah.* Elle fait confiance à ses voisins. •*Al kitâbiyîn wa l muslimîn kulluhum ke mu'âminîn be Allah.* Les gens du Livre et les musulmans croient en Dieu.

mu'âmir / mu'âmirîn *adj. mrph. part.* actif, forme III, (*fém. mu'âmire*), *Cf. âmar*, * ˤmr, ع م ر

♦ **conciliateur (-trice), qui réconcilie,** qui a réconcilié. •*Inta mâla mâ mu'âmir axtak ma'â râjilha.* Pourquoi ne cherches-tu pas à réconcilier ta sœur avec son mari ? •*Al-câyib da mu'âmir banâtah ma'â rujâlhum.* Ce vieux père a réconcilié ses filles avec leur époux.

mu'amman / mu'ammanîn *adj. mrph. part.* passif, (*fém. mu'ammana*), ≅ *ma'amman*, * 'mn, ن م ء

♦ **confié(e), dépositaire, mis(e) en sécurité,** chose confiée ou personne à qui l'on a confié *qqch.*, arme dont le cran de sûreté à été enclenché. •*Anâ xâtir lâkin xumâmi mu'amman, gâ'id bakân rafîgi.* Je pars en voyage, mais mes affaires sont confiées à mon ami qui les garde chez lui. •*Iyâli mu'ammanîn lêk.* Mes enfants te sont confiés. •*Anâ kan mu'amman gurus katîr, mâ nagdar nunûm.* Lorsqu'on me confie beaucoup d'argent, je n'arrive pas à dormir. •*Hî mu'ammana cuwâl sukkar wa râjilha bâ'ah.* On lui avait confié un sac de sucre [elle était dépositaire d'un sac de sucre] et son mari l'a vendu. •*Al bunduk kan mu'amman, mâ bagdar badrub.* Lorsqu'une arme a le cran de sûreté enclenché, elle ne peut plus tirer.

mu'ammar / mu'ammarîn *adj. mrph. part.* passif, (*fém. mu'ammara*), *Cf. ammar*, * ˁmr, ر م ع

♦ **chargé** (fusil). •*Bundugi mu'ammar, mâ talmasoh, yâ iyâli !* Mon fusil est chargé ; mes enfants, n'y touchez pas ! •*Yôm al îd al askar yijarsusu be banâdig mâ mu'ammarîn.* Le jour de la fête, les militaires défilent avec des fusils qui ne sont pas chargés.

mu'ammin / mu'amminîn *adj. m. mrph. part.* actif, (*fém. mu'ammine*), *Cf. amman*, * 'mn, ن م ء

♦ **qui a confié *qqch.*** •*Hû indah bagar mu'amminhum lê nâdum fî l kadâde.* Il a des vaches qu'il a confiées à quelqu'un en brousse. •*Hî mu'ammine dahabha lê axûtha.* Elle a confié son or à sa sœur. •*Al-tujjâr al kubâr mu'amminîn gurushum barra.* Les gros commerçants placent leur argent à l'étranger.

mu'ammir / mu'ammirîn *adj. mrph. part.* actif, (*fém. mu'ammire*), *Cf. ammar*, * ˁmr, ر م ع

♦ **qui a chargé le fusil.** •*Hû mu'ammir bundugah acân bidôr badrub xazâl.* Il a chargé son fusil parce qu'il veut tirer sur une gazelle. •*Al askar dôl mu'ammirîn banadîghum, kussu ba'îd minnuhum.* Ces militaires ont chargé leur fusil, éloignez-vous d'eux !

mu'anbin / mu'anbinîn *adj. m. mrph. part.* actif, *Cf. anban*, pour le féminin, → *hakkâma*, * 'bn, ن ب ء

♦ **chanteur du "bon vieux temps",** chanteur de la nostalgie du temps passé. •*Al mu'anbin da fakkar ahala acân al xurba târat lêyah.* Le chanteur a pensé à sa famille : il souffrait trop de la solitude. •*Hissa l mu'anbin hannan kulla gulub al mustami'în.* La voix du chanteur du bon vieux temps a attendri le cœur de tous les auditeurs.

mu'angir / mu'angirîn *adj.*, (*fém. mu'angire*), * ˁnq, ق ن ع

♦ **inflexible, entêté(e), obstiné(e), qui se donne de l'importance,** qui joue au petit chef et refuse d'obéir, qui n'en fait qu'à sa tête. •*Al humâr al mu'angir, be daggîn kulla mâ bamci.* L'âne entêté refuse d'avancer, même si on lui donne des coups de bâton. •*Cîf al-râjil al mu'angir da, mâ baxâf min al askar !* Regarde cet homme qui se donne de l'importance, il ne craint pas les militaires ! •*Al mara l mu'angire haggâra.* La femme qui n'en fait qu'à sa tête est insolente.

mu'ânis / mu'ânisîn *adj. mrph. part.* actif, (*fém. mu'ânise*), *Syn. muwannis*, *Cf. ânas*, * 'ns, س ن ء

♦ **qui converse familièrement, qui fait la causette avec, qui aime parler avec *qqn.*, qui aime tenir compagnie.** •*Wilêdki da mu'ânis binêyti, xallih yagôd ma'âna.* Ton enfant converse avec ma fille, laisse-le avec nous. •*Hassâ Halîme mu'ânisêni wa kan rahhalôha, al bêt yabga lêi cên.* A présent Halimé me tient compagnie, mais lorsqu'on l'aura emmenée chez son mari, la maison sera triste pour moi. •*Al-râdio mu'ânis al-nâdum kan gâ'id wihêdah.* Le poste de radio tient compagnie à celui qui est tout seul.

mu'annis / mu'annisîn *adj. mrph. part.* actif, (*fém. mu'annise*), → *muwannis.*

mu'ârad / mu'âradîn *adj. mrph. part.* passif, (*fém. mu'ârada*), *Cf. ârad,* * ʕrḍ, ع ر ض

♦ **en travers, posé(e) perpendiculairement à.** •*Habil al-nâr angata', waga' tihit wa gâ'id mu'ârad lêna fî l-câri.* Le câble électrique s'est cassé, il est tombé à terre et s'est mis en travers de la rue. •*Al ûd al mu'ârad fî l-derib da kussuh xâdi !* Pousse au loin ce bois posé en travers de la route ! •*Al-cawâwîl al mu'âradîn fî xacum al-derib, dissuhum dâxal gubbâl al almi !* Ces sacs qui barrent l'entrée, mettez-les à l'intérieur avant que la pluie ne tombe !

mu'ârada / mu'âradât *n. f., Cf. sawra,* * ʕrḍ, ع ر ض

♦ **opposition.** •*Al mu'ârada al musallaha dawwarat al-suluh ma'â l hâkûma.* L'opposition armée cherche à se réconcilier avec le gouvernement. •*Amrîka tidôr tadurb al Irâk, lâkin ligiyat mu'ârada katîre min bâgi l-duwal.* L'Amérique voulait frapper militairement l'Irak, mais elle a rencontré une forte opposition des autres États.

mu'ârafa *n. f.,* moins employé que *irfe,* → *irfe,* * ʕrf, ع ر ف

♦ **connaissance.** •*Abu Mahammat wa l-daktôr mâ axawân coxolhum mu'ârafa bas.* Le père de Mahamat et le docteur ne sont pas frères, ils se connaissent simplement. •*Anâ mâ indi mu'ârafa ma'â l-râjil da mâ nagdar namci fî bêtah.* Je ne connais pas cet homme, je ne peux pas aller chez lui.

mu'ârid / mu'âridîn *adj. mrph. part.* actif, (*fém. mu'âride*), * ʕrḍ, ع ر ض

♦ **opposant(e).** •*Katîr min al mu'âridîn gabbalo fî l balad.* Beaucoup d'opposants sont rentrés au pays. •*Al mu'âridîn sawwo muzaharât didd al hâkûma.* Les opposants ont organisé une manifestation contre le gouvernement.

mu'arrab / mu'arrabîn *adj. mrph. part.* passif, (*fém. mu'arraba*), *Syn. mutahhar,* * ʕrb, ع ر ب

♦ **circoncis, excisée.** •*Wilêdi mu'arrab min al-sana l fâtat.* Mon fils est circoncis depuis l'année dernière. •*Al iyâl dôl dugâg bilhên lissâ mâ mu'arrabîn.* Ces enfants sont très petits, ils ne sont pas encore circoncis. •*Fâtime mâ mu'arraba, ke bas axadôha.* Fatimé n'était pas excisée quand elle s'est mariée.

mu'arrad 1 / mu'arradîn *adj. mrph. part.* passif, (*fém. mu'arrada*), *Cf. arrad 2,* * ʕrḍ, ع ر ض

♦ **qu'on a adjuré(e), qui a recu un ordre au nom de Dieu,** personne à qui a été adressée une adjuration. •*Anâ mu'arrad be Allah mâ nikallim ma'âha, acân da mâ nagdar namci lêha.* On m'a adjuré de ne pas parler avec elle, c'est pourquoi je ne peux pas aller chez elle. •*Hî mu'arrada be Allah tamrug min al bêt da.* On lui a ordonné, au nom de Dieu, de quitter cette maison.

mu'arrad 2 / mu'arradîn *adj. mrph. part.* passif, (*fém. mu'arrada*), *Cf. arrad 3,* * ʕrḍ, ع ر ض

♦ **estimé(e) en valeur marchande, à vendre au prix de.** •*Al bagaray di mu'arrada be sitte alif riyâl kan tidôr tibî'ha.* Cette vache est estimée à six mille riyals si tu veux l'acheter. •*Al xanam dôl mu'arradîn be alif alif.* Ces chèvres valent mille riyals chacune.

mu'arrag / mu'arragîn *adj. mrph. part.* passif, (*fém. mu'arraga*), *Cf. arrag,* * ʕrq, ع ر ق

♦ **ensorcelé(e), envoûté(e), empoisonné(e).** •*Al mara di lê hassâ mâ axadoha, walla mu'arraga, walla mâxide laha jinn !* Jusqu'à présent, personne n'a épousé cette femme : elle est ou ensorcelée ou mariée à un djinn. •*Anâ misil mu'arrag fî l-laham, kan akaltah bas nigaddif.* Je suis comme empoisonné par la viande ; dès que j'en mange, je vomis.

mu'arras / mu'arrasîn *adj. mrph. part.* passif, (*fém. mu'arrasa*), terme d'insulte d'un emploi très grossier, ≅ *ma'arras*, → *mu'arrasa*, * ˁrs, ع ر س

♦ **entremetteur (-euse), maquereau (-relle), proxénète, souteneur.** •*Al-râjil da bicâbi mu'arras.* Cet homme a le comportement d'un entremetteur. •*Al mu'arras bangul al awîn lê l kubârât.* Le proxénète amène les femmes chez les grandes personnalités. •*Al mara l mu'arrasa, tilimm al-rujâl ma'â awîn al-nâs.* La maquerelle ménage des rencontres entre les hommes et les femmes d'autrui.

mu'arrasa / mu'arrasât *adj. f. mrph. part.* actif, *Cf. mu'arras*, * ˁrs, ع ر س

♦ **déflorée.** •*Al binêye di mâ mu'arrasa, hî idêriye.* Cette fille n'a pas été déflorée, elle est vierge. •*Al yôm, ba'ad al banât mu'arrasât gubbâl al axîde, da ceyy mâ sameh, muxâlif lê l-cariye wa lê l âdât.* De nos jours, certaines filles sont déflorées avant le mariage, ce n'est pas bien et cela va à l'encontre de la loi et des coutumes.

mu'arrid 1 / mu'arridîn *adj. mrph. part.* actif, (*fém. mu'arride*), * ˁrd, ع ر د

♦ **qui se sauve, qui s'évade, fuyard, exilé(e).** •*Humman dôl mu'arridîn min al-sijin.* Ceux-là se sont évadés de la prison. •*Anâ mu'arrid min al macâkil al mâ biwâluni.* Je fuis les problèmes qui ne me concernent pas. •*Al-râjil da siyâsî mu'arrid min baladah wa jâ bidôr bagôd ma'âna.* Cet homme est exilé politique, il a fui son pays et désire s'installer chez nous.

mu'arrid 2 / mu'arridîn *adj. mrph. part.* actif, (*fém. mu'arride*), dans l'expression *mu'arrid be Allah*, *Cf. arrad 2*, * ˁrḍ, ع ر ض

♦ **suppliant(e) au nom de Dieu, qui adjure.** •*Marti mu'arrideni be Allah acân mâ nâxud mara âxara.* Ma femme m'a supplié au nom de Dieu de ne pas épouser une autre femme. •*Al-nâs dôl mu'arridînak be Allah misil da, inta sawwêt lêhum cunû ?* Qu'as-tu donc fait à ces gens-là pour qu'ils t'adjurent ainsi ?

mu'arrid 3 / mu'arridîn *adj. n., mrph. part.* actif, (*fém. mu'arride*), *Cf. arrad 3*, * ˁrḍ, ع ر ض

♦ **qui demande le prix, qui estime la valeur marchande.** •*Al-jamal al-samîn da mâ fî zôl mu'arrid ke hajja fôgah.* Personne n'a encore demandé le prix de ce chameau gras. •*Al mu'arridîn waggafo taman al kabic da be alfên riyâl bas.* Les acheteurs ont arrêté l'estimation de la valeur de ce bélier à seulement deux mille riyals.

mu'arrix / mu'arrixîn *adj. n.*, (*fém. mu'arrixe*), *Cf. târîx*, * 'rh̲, ء ر خ

♦ **historien (-enne).** •*Ba'ad al mu'arrixîn bugûlu al Bilâla silsilithum jâyi min al Yaman.* Certains historiens disent que les ancêtres des Bilala viennent du Yémen. •*Katîr min al mu'arrixîn al-Tcâdiyîn nagalo tâ'rîx hanâ baladhum min al mu'arrixîn al Fransiyîn.* Beaucoup d'historiens tchadiens écrivent l'histoire de leur pays à partir des écrits des historiens français.

mu'assal / mu'assalîn *adj. mrph. part.* passif, (*fém. mu'assala*), * ˁsl, ع س ل

♦ **sucré(e).** •*Al iyâl al-dugâg birîdu l fangâsu l mu'assal.* Les petits enfants aiment les beignets sucrés. •*Al-câhi da mu'assal xalâs walla lissâ ?* Ce thé est-il déjà sucré ou pas encore ?

mu'assas / mu'assasîn *adj. mrph. part.* passif, (*fém. mu'assasa*), * 'ss, ء س س

♦ **fondé(e), créé(e), construit(e).** •*Sinima Vôg, mu'assasa indaha icirîn sana.* Le cinéma Vog a été construit il y a vingt ans. •*Madrasitna di mu'assasa min zaman tawîl.* Notre école a été fondée il y a très longtemps.

mu'assasa / mu'assasât *n. f.*, * 'ss, ء س س ⇨

♦ **organisme, établissement, institution, fondation.** •*Fî mu'assasa jadîde ligat makâtibha hanâ l xidime.* Il y a un nouvel organisme qui vient d'être légalisé. •*Al mu'assasât al ihsâniya jâbo mu'âwana lê l-nâs al mankûbîn.* Les organismes humanitaires ont apporté de l'aide aux personnes sinistrées.

mu'assib / mu'assibîn *adj. mrph. part.* actif, (*fém. mu'assibe*), * ʕṣb, ع ص ب

♦ **dur(e), nerveux (-euse),** qui a beaucoup de tendons ou de nerfs. •*Al-câyib da jildah kulla mu'assib.* Il ne reste plus que les tendons sur le corps de ce vieillard. •*Al-laham al mu'assib da akilah mâ haluw.* Cette viande est pleine de nerfs, elle n'est pas bonne à manger.

mu'assif / mu'assifîn *adj. mrph. part.* actif, (*fém. mu'assife*), * ʼsf, ء س ف

♦ **pauvre, qui est en carence, nécessiteux (-euse),** qui est dans le besoin. •*Al yôm anâ mu'assif mâ indi riyâl wâhid kula fî jêbi.* Aujourd'hui je suis pauvre, je n'ai même pas un riyal dans ma poche. •*Anâ mu'assif kan mâ kê mâ nagdar nitcakkim xumâmi.* Je suis dans le besoin, sinon je ne vendrais pas mes affaires.

mu'assis / mu'assisîn *adj. n., mrph. part.* actif, (*fém. mu'assise*), * ʼss, ء س س

♦ **fondateur (-trice).** •*Xâli bas al mu'assis hanâ lekkôl Amrigêbe.* C'est mon oncle qui est le fondateur de l'école d'Amriguébé. •*Hî l mu'assise harîge hint al kadâde.* C'est elle qui est à l'origine du feu de brousse. •*Humman talâta mu'assisîn al-sawra.* Les fondateurs de la rébellion étaient au nombre de trois.

mu'attic 1 / mu'atticîn *adj. mrph. part.* actif, (*fém. mu'attice*), * ʕṭš, ع ط ش

♦ **qui provoque la soif.** •*Akil al mandawa mu'attic.* Manger des arachides grillées donne soif. •*Al-Ramadân kan al wata hâmiye mu'attic.* Jeûner pendant le Ramadan quand il fait chaud fait ressentir la soif. •*Al-jari fî l harray mu'attic, wâjib tacrab almi katîr ba'ad li'ib al bâl !* Courir au soleil donne soif, il faut que tu boives beaucoup après avoir joué au football !

mu'attic 2 / mu'atticîn *adj. mrph. part.* actif, (*fém. mu'attice*), * ʕṭs, ع ط س

♦ **qui fait éternuer.** •*Al-catte mu'attice, ta''abatni be l atticîn.* Le piment fait éternuer, il me fait souffrir à force de me faire éternuer. •*Indi âkûla fî munxâri wa l-dakâtîr xarraro lêi dawa mu'attic marra wâhid.* J'ai des démangeaisons dans le nez, et les médecins m'ont prescrit un médicament qui me fait éternuer tout le temps. •*Al ajâj wa l wasax mu'atticîn, kan taxadim sidd munxarak wa gaddûmak be mucwâr !* La poussière et la saleté font éternuer ; lorsque tu travailles, attache un mouchoir pour protéger ton nez et ta bouche !

mu'âwan / mu'âwanîn *adj. mrph. part.* passif, (*fém. mu'âwana*), * ʕwn, ع و ن

♦ **aidé(e),** qui est aidé. •*Axu l banât dâyiman mu'âwan.* Celui qui a des sœurs trouve toujours de l'aide. •*Tcâd talga dâyiman mu'âwana min al xârij.* Le Tchad est toujours aidé de l'extérieur. •*Al amyanîn mu'âwanîn, balgo musâ'ada min al munazzamât al-duwâliya.* Les aveugles sont aidés, ils reçoivent des dons des organisations internationales.

mu'âwana / mu'âwanât *n. f.*, * ʕwn, ع و ن

♦ **aide, assistance, collaboration, subvention, participation, secours**. •*Fransa jâbat mu'âwana hanâ dawa lê Tcâd wakit al waba' hanâ l kôlêra ja.* La France a apporté au Tchad une aide en médicaments lors de l'épidémie de choléra. •*Al-râjil da amyân bidôr minnuku mu'âwana.* Cet homme est aveugle, il vous demande de l'aider. •*Wâjib al axniya' yugummu be mu'âwana lê l masâkîn.* Les riches doivent secourir matériellement les pauvres. •*Fîh mu'âwana ambên al* *harrâtîn fî l xarîf.* Il existe une entraide entre les cultivateurs en saison des pluies.

mu'awwag / mu'awwagîn *adj. n. m. mrph. part.* passif, (*fém. mu'awwaga*), *Syn. ma'wûg, Cf. ma'dûr,* * ˁwq, ع و ق

♦ **handicapé(e), infirme, impotent(e), mutilé(e).** •*Marad al-calal sawwa l iyâl dôl mu'awwagîn.* C'est la poliomyélite qui a rendu ces enfants handicapés. •*Amis bigat hafla kabîre hint mu'awwagîn al harb.* Hier a eu lieu la grande fête des mutilés de guerre. •*Al wilêd al mu'awwag mâ yagdar yaxadim ceyy.* L'enfant infirme ne peut pas travailler.

mu'âxaba / mu'âxabât *n. f.*, * ˁqb, ع ق ب

♦ **répression, punition, châtiment, peine.** •*Al bôlîs gammo be mu'âxaba didd al iyâl al-sufaha.* Les policiers se sont mis à punir les jeunes délinquants. •*Hû mu'axabtah fî l-sijin tammat acara sana.* Il a purgé une peine de dix ans de prison. •*Iyâl al-lekkôl mu'âxabithum be daggîn.* On punit les élèves en les frappant. •*Mu'axabat al kuffâr yôm al xiyâma be l-nâr.* Le feu sera le châtiment des païens au jour de la résurrection.

mu'axxad / mu'axxadîn *adj. mrph. part.* passif, (*fém. mu'axxada*), *Syn. mujawwaz, Cf. axxad,* * ' h̲ d̲, ء خ ذ

♦ **marié(e).** •*Wilêdki Hasan mu'axxad lê binêyit yâtu min xawalênah ?* A laquelle de ses cousines ton fils Hassan est-il marié ? •*Fâtime mu'axxada min al-sana l fâtat.* Fatimé est mariée depuis l'année dernière.

mu'axxar / mu'axxarîn *adj. mrph. part.* passif, (*fém. mu'axxara*), * 'h̲r, ء خ ر

♦ **retardé(e), en retard, après coup.** •*Al binêye di sadâxha icirîn alif, al acara hâdir, wa l acara mu'axxar.* La dot de cette fille s'élève à vingt mille riyals, en voici dix mille, les dix mille autres seront payés ultérieurement. •*Al yôm kaffo al xaddâmîn gurushum hanâ l-cuhûr al mu'axxara.* Aujourd'hui, ils ont payé les arriérés de salaire des fonctionnaires. •*Al-zûs gâl cerî'itna mu'axxara acân al-cuhûd mâ jo.* Le juge a dit que notre jugement a été retardé parce que les témoins n'étaient pas venus.

mu'axxid / mu'axxidîn *adj. mrph. part.* actif, (*fém. mu'axxide*), *Syn. mujawwiz, Cf. axxad,* * ' h̲ d̲, ء خ ذ

♦ **qui a donné en mariage, qui a marié.** •*Hû mu'axxid binêyâtah kulluhum ke lê nâs xuraba.* Il a donné toutes ses filles en mariage à des étrangers. •*Al mara di mu'axxide wilêdha lê binêye abuha tâjir.* Cette femme a marié son fils à la fille d'un commerçant. •*Humman mu'axxidîn iyâlhum ambênâthum.* Ils ont marié leurs enfants entre eux.

mu'axxir / mu'axxirîn *adj. mrph. part.* actif, (*fém. mu'axxire*), * 'h̲r, ء خ ر

♦ **qui est en retard, retardataire.** •*Mâlak, al yôm inta jît mu'axxir ?* Qu'as-tu ? Tu es venu en retard aujourd'hui. •*Al binêye di mu'axxire fî xidimitha.* Cette fille est en retard dans son travail.

mu'ayyan / mu'ayyanîn *adj. mrph. part.* passif, (*fém. mu'ayyana*), * ˁyn, ع ي ن

♦ **choisi(e), fixé(e), déterminé(e), nommé(e).** •*Alhabboh mu'ayyan fî wazârat al mâliye min al-cahar al fât.* Monsieur Alhabboh a été nommé à la tête du ministère des Finances le mois dernier. •*Al yôm al mu'ayyan lê l-salâ l kabîre hû l-jum'a.* Le jour fixé pour la grande prière est le vendredi.

mu'ayyid 1 / mu'ayyidîn *adj. mrph. part.* actif, (*fém. mu'ayyide*), * 'yd, ء ي د

♦ **soutenant, appuyant, supporter,** qui manifeste son appui. •*Anâ mâ mu'ayyid siyâsit al hâkûma l-jadîde.* Je ne supporte pas la politique du nouveau gouvernement. •*Al muzâhirîn wa l-nâs al mu'ayyidînhum kulluhum karabohum fî l-sijin.* Les manifestants et leurs sympathisants ont tous été incarcérés.

mu'ayyid 2 / mu'ayyidîn *adj. mrph. part.* actif, (*fém. mu'ayyide*), * ˤyd, ع ي د

♦ **en fête, en repos,** en train de fêter, en train de se reposer. •*Be l itnên al-jâye anîna mu'ayyidîn be munâsaba hanâ jayyit abbahâtna.* Lundi prochain, nous serons en fête à l'occasion de la venue de nos parents. •*Al yôm gâlo îd, wa nâs katîr mâ mu'ayyidîn.* On a dit qu'aujourd'hui c'est la fête, mais il y a beaucoup de gens qui ne la célèbrent pas. •*Al yôm, anâ mu'ayyid, mâ mâci l xidime.* Aujourd'hui, je me repose, je ne vais pas travailler.

mu'azzab / mu'azzabîn *adj. n. m. mrph. part.* passif, (*fém. mu'azzaba*), * ˤd̲b, ع ذ ب

♦ **qui a très mal, torturé(e), qui souffre beaucoup, opprimé(e).** •*Al-nâdum al mâ indah gurus fî Tcâd mu'azzab.* Celui qui vit au Tchad et qui n'a pas d'argent souffre beaucoup. •*Al mara kan mâ indaha wilyân mu'azzaba nammam tumût.* La femme qui n'a pas de protecteurs souffrira jusqu'à sa mort. •*Mandela nassar al-nâs al-zurug al mu'azzabîn fî junub Ifrîxiya.* Mandela a conduit à la victoire les Noirs opprimés d'Afrique du Sud. •*Anâ mu'azzab be rêditki.* Mon amour pour toi me fait beaucoup souffrir.

mu'azzal / mu'azzalîn *adj. mrph. part.* passif, *n. pr.* d'homme et de femme, (*fém. mu'azzala*), * ˤzl, ع ز ل

♦ **choisi(e), trié(e).** •*Al markûb da mu'azzal min al-sûg.* Cette paire de souliers a été choisie au marché. •*Al xalla di mu'azzala adîle, mâ indaha hasu.* Le mil est bien trié, il ne contient pas de sable. •*Kan gâlo : al fûl walla l basal mu'azzal ma'nah al-sameh xattoh wihêdah wa l mâ adîl wihêdah.* Lorsqu'on parle d'arachides ou d'oignons triés, cela veut dire que l'on a mis de côté ceux qui sont bons et que l'on a écarté ceux qui ne le sont pas.

Mu'azzal *n. pr.* d'homme, *litt.* choisi, * ˤzl, ع ز ل

mu'azzaz / mu'azzazîn *adj. mrph. part.* passif IIème forme *{- be}*, (*fém. mu'azzaza*), * ˤzz, ع ز ز

♦ **protégé(e) par, fortifié(e) par, consolidé(e), équipé(e).** •*Dêc hanâ Tcâd mu'azzaz be silâh hadîs.* L'armée tchadienne est équipée d'un armement moderne. •*Gasr al-saltana l fî Wara mu'azzaz be durdur tawîl wa arîd.* Le palais royal à Ouara est fortifié par un mur haut et épais.

mu'azzi / mu'azzîn *adj. mrph. part.* actif, (*fém. mu'azziye*), * ˤzy, ع ز ي

♦ **consolateur (-trice), qui présente ses condoléances,** ceux qui viennent offrir leurs condoléances et consoler la famille en deuil. •*Al mu'azzîn jo daxalo fî bêt jârna wa marago.* Ceux qui offrent leurs condoléances sont entrés dans la maison de notre voisin et sont sortis. •*Anâ mâci mu'azzi lê rafîgi acân xâlah mât.* Je vais présenter mes condoléances à mon ami parce que son oncle maternel est mort.

mu'azzib 1 / mu'azzibîn *adj. n. m. mrph. part.* actif, (*fém. mu'azzibe*), *Cf. azzab 1*, * ˤd̲b, ع ذ ب

♦ **qui fait mal, qui fait souffrir, qui tourmente, oppresseur.** •*Al wilêd da dâyiman mu'azzib ammah be l baki.* Cet enfant embête sans cesse sa mère par ses pleurs. •*Marti mu'azzibêni kulla yôm be kutur al kalâm.* Ma femme m'ennuie tous les jours avec ses discussions interminables. •*Al-sarârîg mu'azzibîn nâs Anjammêna.* Les voleurs tourmentent les gens de N'Djaména.

mu'azzib 2 / mu'azzibîn *adj. mrph. part.* actif, (*fém. mu'azzibe*), *Syn. azzâbi*, * ˤzb, ع ز ب

♦ **qui fait paître en solitaire, berger (-ère) solitaire,** qui part seul(e) et sans bagage pour faire paître le troupeau. •*Ali mu'azzib fî bakân cik acân bagarah mardânîn.* Ali est parti en berger solitaire faire paître son troupeau dans un autre endroit parce que ses vaches sont malades. •*Hî mu'azzibe be bigêrât abûha ma'âna.* Elle fait paître toute seule les petites vaches de son père, et s'est jointe à nous. •*Iyâl farîgna kulluhum kê mu'azzibîn sawwa.* Tous les enfants de notre campement partent en même temps faire paître le troupeau sans emporter de bagages.

mu'azzil / mu'azzilîn *adj. mrph. part.* actif, (*fém. mu'azzile*), * ʕzl, ع ز ل

♦ **qui a choisi, qui a trié,** qui a séparé le bon du mauvais. •*Inta mu'azzil al mongo l kubâr da tidôr tiwaddih wên ?* Tu as trié les grosses mangues, où veux-tu les emporter ? •*Inti mu'azzile l xumâm da kulla ke, indiki gurus tibî'ih wallâ ?* Tu as mis de côté toutes ces affaires, as-tu de l'argent pour les acheter ?

mu'azzin / mu'azzinîn *adj. n. m.*, terme de l'*ar. lit.*, moins employé que *azzâni*, → *azzâni*, * 'd̲n, ء ذ ن

mu'azziz / mu'azzizîn *adj. mrph. part.* actif, (*fém. mu'azzize*), *Cf. mujahhiz*, * ʕzz, ع ز ز

♦ **prêt(e) à agir, apprêté(e) pour, qui s'est équipé(e),** qui a rassemblé ce dont il a besoin pour agir. •*Al-duwân mu'azzizîn lê tifittic al barcôt.* Les douaniers se sont équipés pour rechercher les marchandises importées en fraude. •*Al-sarrâg mu'azziz lê l-sirge fî l-lêl.* La nuit, le voleur est prêt à voler. •*Abbakar mu'azziz xuwâtah lê l harb.* Abakar a préparé ses forces armées à la guerre.

mu'iddât *pl.*, ≅ *ma'iddât*, *Cf. xumâm*, * ʕdd, ع د د

♦ **matériel, équipement.** •*Al-sana al hâkûma mâ jâbat mu'iddât lê l mu'allimîn.* Cette année, le gouvernement n'a pas apporté de matériel didactique aux enseignants. •*Talâte sane ke, mâ jaddado mu'iddât hanâ bêt al wâlûda.* Depuis trois ans, ils n'ont pas renouvelé le matériel de la salle d'accouchement.

mu'min / mu'minîn *adj.*, (*fém. mu'mine*), * 'mn, ء م ن

♦ **croyant(e).** •*Al-rujâl dôl mu'minîn sahi sahi, baxâfo Allah.* Ces hommes-là sont de vrais croyants, ils craignent Dieu. •*Al-nâs al mu'minîn bitî'u awâmir hanâ Allah wa bigassumu l-sadaxa lê l masâkîn.* Les croyants obéissent aux ordres d'Allah et font l'aumône aux pauvres.

mu'ô'i / mu'ô'iyîn *adj. m. mrph. part.* actif, *Cf. ô'a*, * ʕwy, ع و ي

♦ **poussant son cri** (coq). •*Kulla yôm bas nasma'o hissak, misil al-dîk al mu'ô'i !* Tous les jours, nous entendons ta voix qui ressemble à celle du coq poussant son cri ! •*Dîkku mu'ô'i tûl al-lêl, mâ bixallina nunûmu.* Votre coq chante toute la nuit, il ne nous laisse pas dormir.

mu'ôra *n. f.*, *mrph. part.* passif forme IV, *Cf. ôra, yi'ôri*, * wry, و ر ي

♦ **annonce, nouvelle, parole transmise,** ce qui se dit ou s'est dit. •*Al mu'ôra hint al axîde tabga gubbâl yômên walla talâta.* On annonce la nouvelle du mariage deux ou trois jours auparavant. •*Al xabar al-cên mu'ôrâtah tudurb al galib.* L'annonce d'une mauvaise nouvelle fait battre le cœur. •*Mu'ôrati lêk al-nasîhe di, mâ tilxabban fôgha !* Je ne te dis que la vérité, ne te mets pas en colère !

mu'ôri / mu'ôrîn *adj. m. mrph. part.* actif, *Cf. ôra*, terme rare peu employé, *Syn. muballix*, * wry, و ر ي

♦ **transmetteur,** celui qui transmet un message. •*Hû bas mu'ori kalâm al kidib al jâb lêna l barjal.* C'est lui qui a transmis cette parole mensongère entraînant chez nous le désordre. •*Al mu'ôriye be l makrofôn da tugûl cunû fî kalâmha da ?* Que raconte donc celle qui parle au micro ?

mu'ôrid / mu'ôridîn *adj.*, (*fém. mu'ôride*), *Cf. ârid, Syn. micôtin*, * ʕrḍ, ع ر ض

♦ **fou (folle), endiablé(e), possédé(e),** qui est soumis(e) à l'influence provisoire d'un diable. •*Al mu'ôrid ja fât be hini bala xulgân.* Le fou a passé par ici, il était nu. •*Al iyâl daggoha le l mara l mu'ôride wa jaro, acân hî tizarrighum.* Les enfants ont frappé la femme folle et ont fui parce qu'elle leur lançait des projectiles. •*Hû, mâla badbah wa bahajji wihêdah misil al mu'ôrid ?* Pourquoi donc parle-t-il tout seul comme un possédé ?

mu'ôti / mu'ôtiyîn *adj. mrph. part.* actif, (*fém. mmu'ôtiye*), *Cf. wati, Ant. mugabbil*, * wṭ', و ط ء

♦ **qui va en direction du sud,** qui se déplace vers le sud. •*Fî kumâle hanâ l-darat, tilâgi l baggâra kulluhum mu'ôtiyîn lê l bahar.* A la fin du temps de la moisson, on voit [tu rencontres] tous les bouviers qui s'en vont en direction du sud, vers le fleuve. •*Al-sane di, al Misîriye mâ mu'ôtiyîn acân nakato lêhum sawâni.* Cette année, les Missirié ne se sont pas déplacés vers le sud parce qu'ils se sont creusé des puits profonds. •*Xâli mu'ôti be albilah.* Mon oncle se déplace vers le sud avec ses chameaux.

mu'râd 1 *n. m.*, dans l'expression *mu'râd be Allah, Cf. arrad 2*, * ʕrḍ, ع ر ض

♦ **adjuration, supplication au nom de Dieu.** •*Wâjib al-nâdum yasma' al mu'râd be Allah.* On doit entendre l'adjuration au nom de Dieu pour s'y conformer. •*Hû misil al kâfir, mâ yasma' al mu'râd be Allah.* Il est comme un païen, il n'entend pas la supplication au nom de Dieu.

mu'râd 2 *n. m., Cf. arrad 3*, * ʕrḍ, ع ر ض

♦ **estimation de la valeur marchande, prix souhaité pour une transaction.** •*Ba'ad al mu'râd, sîd al bagar wa l-câri' kan istafagtu fî l-taman, sîd al bagar yanti lê l-sabbâbi hagg al gôro.* Après l'estimation de la valeur marchande du bétail, si le propriétaire et l'acheteur se mettent d'accord sur le prix de la transaction, le propriétaire donnera au courtier un pourboire [le droit à la noix de cola]. •*Mu'râdak da mâ ajbâni, zîd al-tamân ciyya wa nilbâya'o.* Ton prix d'achat ne me convient pas, augmente un peu le montant et nous concluons la vente.

mu'tamar / mu'tamarât *n. m.*, * 'mr, ء م ر

♦ **conférence.** •*Al-nâs gâ'idîn bijahhuzu lê l mu'tamar al watani.* Les gens sont en train de se préparer pour la Conférence nationale. •*Ra'îs al-dawla banti mu'tamar sahâfi ambâkir.* Le Président de la République donnera une conférence de presse demain. •*Al mu'tamar al watani bidarrij hâkuma intixâliya.* La Conférence nationale va élire un gouvernement de transition.

mu'tamir 1 / mu'tamirîn *adj.*, (*fém. mu'tamire*), * 'mr, ء م ر

♦ **congressiste, conférencier (-ère),** participant à un congrès ou à une conférence. •*Kulla l mu'tamirîn rido be kalâm hanâ l-Ra'îs.* Tous les participants ont été d'accord sur ce qu'a dit le Président. •*Mu'tamire wahade câlat al kalâm wa l-nâs saffago lêha.* Une congressiste a pris la parole et les gens l'ont applaudie.

mu'tamir 2 / mu'tamirîn *adj. m. mrph. part.* actif, *Cf. i'tamar, umra 2*, * ʕmr, ع م ر

♦ **qui accomplit le petit pèlerinage, qui visite les lieux saints.** •*Al-sane anâ hâj wa mu'tamir.* Cette année, je fais le grand et le petit pèlerinage. •*Al mara l mu'tamire bisammûha Hâjje kula.* La femme qui a fait le petit pèlerinage est aussi appelée "Hadjé".

mu'tarif / mu'tarifîn *adj.*, (*fém. mu'tarife*) ; → *muhtarif 1*, * ʕrf, ع ر ف

mu'ti *adj. m. mrph. part.* actif, terme de l'*ar. lit., Cf. anta*, * ʕṭw, ع ط و

♦ **donateur.** •*Yâ mu'ti l abîd arzuxni !* Toi qui donnes à tes serviteurs, donne-moi ma part pour ce jour ! •*Mâ fîh mu'ti illa -llah !* Il n'y a pas d'autre donateur que Dieu !

mu'yâr *n. m., Cf. ayyar*, * ʕyr, ع ي ر

♦ **insulte.** •*Al mu'yâr bajrah.* L'insulte blesse. •*Al mu'yâr bijîb al-duwâs.* L'insulte provoque la bagarre.

mu'zi / mu'ziyîn *adj. mrph. part.* actif, (*fém. mu'ziye*), * ḏyʕ, ذ ي ع

♦ **nuisible, qui fait du mal, qui cause des dégâts.** •*Al amburbur mu'zi, bâkul al xadâr.* Les criquets Oedalus sont nuisibles parce qu'ils mangent les légumes. •*Mâ tabga* *nâdum mu'zi lê jîrânak !.* Ne deviens pas celui qui fait du mal à son prochain ! •*Al wilêd kan mu'zi yita''ib ammah wa abuh.* Lorsqu'un enfant est malfaisant, il fait souffrir ses père et mère. •*Al ba'ûda di mu'ziye, tijîb al wirde.* Ces moustiques sont nuisibles, ils transmettent [ils apportent] le paludisme. •*Al-têr mu'zi bamurg al-nâs min al xalla.* Les oiseaux sont nuisibles, ils dépossèdent les gens de leur mil.

mubâcaratan *invar.*, terme de l'*ar. lit.*, * bšr, ب ش ر

♦ **aussitôt, immédiatement.** •*Al-nâs al barra simo mubâcaratan fî l-râdyo bayâṇ hanâ l-Ra'îs lê l watan.* Les gens de la province ont aussitôt écouté à la radio la déclaration du Président s'adressant à la nation tchadienne. •*Hû gamma be xidime mubâcaratân fî giddâm al-nâs.* Il s'est mis immédiatement au travail devant tout le monde.

mubaccar / mubaccarîn *adj. mrph. part.* passif, (*fém. mubaccara*), * bšr, ب ش ر

♦ **qui a reçu une bonne nouvelle.** •*Al mubaccar mâ bagdar bunûn min al farah !* Celui qui a reçu une bonne nouvelle ne peut dormir tant il est heureux ! •*Al mubaccarîn be l-janna acara.* Il y a dix personnes à qui le paradis a été promis.

mubaccir / mubaccirîn *adj. mrph. part.* actif, (*fém. mubaccire*), * bšr, ب ش ر

♦ **qui annonce une bonne nouvelle, de bonne augure.** •*Jâbo lêyah xabar mubaccir, martah wildat wilêd.* On lui a annoncé une bonne nouvelle, sa femme a accouché d'un garçon. •*Al-darat mubacirna be l xêr.* L'époque de la moisson nous annonce l'abondance.

mubactin / mubactinîn *adj.*, (*fém. mubactine*), *Cf. bactan*, * šṭn, ش ط ن

♦ **ennuyeux (-euse), qui inquiète, emmerdeur (-euse), enquiquineur (-euse), embêtant(e), agaçant(e).** •*Cîf al iyâl al mubactinîn dôl mâ yaxallu ammuhum tunûm fî l-lêl.* Regarde ces enfants ennuyeux, ils ne laissent pas leur mère dormir la nuit. •*Al-jâr kan mubactin, sîr minnah !* Si le voisin t'embête, installe-toi ailleurs ! •*Al mara kan mubactine râjilha bitalligha ajala ke.* Lorsqu'une femme est une enquiquineuse, son mari la répudie rapidement.

mubaddal 1 / mubaddalîn *adj.*, (*fém. mubaddala*), * bdl, ب د ل

♦ **échangé(e).** •*Al xumâm hanâ l mara di mubaddal be âxar.* Les affaires de cette femme ont été échangées par d'autres. •*Gursi da be dolar, lissâ ma mubaddal be gurus hanâ Tcâd.* Mon argent est en dollars, je ne l'ai pas encore échangé contre de l'argent tchadien.

mubaddal 2 / mubaddalîn *adj.* qualifiant une personne, (*fém. mubaddala*), terme d'insulte, *litt.* qui a été échangé à sa naissance par les diables, * bdl, ب د ل

♦ **handicapé(e) mental(e), crétin(e), attardé(e), anormal(e) de naissance, demeuré(e).** •*Al wilêd da mubaddal : indah saba'a sane mâ bagdar burûx wâ lâ bahaji.* Cet enfant est anormal : il a sept ans, il ne marche pas et ne parle pas non plus. •*Inti mubaddala walla cunû, gurus anâ antêtki da ahsibih, cîfih !* Espèce de crétine [tu es crétine ou quoi ?] ! Regarde l'argent que je t'ai donné et compte-le ! (reproche d'une cliente à une vendeuse qui ne lui a pas rendu sa monnaie). •*Al binêye di mubaddala, mâ tirassulûha ba'îd !* Cette fille est handicapée mentale, ne l'envoyez pas loin faire une commission !

mubaddir / mubaddirîn *adj.*, (*fém. mubaddire*), * bdr, ب د ر

♦ **matinal(e), tôt.** •*Al mara di maragat al yôm mubaddire lê l kirêb.* Cette femme est sortie tôt le matin pour recueillir le fonio sauvage. •*Al xarîf, al-sane di, jâna mubaddir min amnawwal.* La saison des pluies est venue cette année plus tôt que l'an dernier. •*Al askar yamurgu mubaddirîn lê xidimithum.* Les militaires sortent de bon matin pour accomplir leur travail. •*Kan mâ numt mubaddir, mâ nagdar nugumm lê* *salât al fajur.* Si je ne dors pas tôt, je ne pourrai pas me lever pour la prière de l'aube.

mubahdal / mubahdalîn *adj. mrph. part.* passif, *qdr.*, (*fém. mubahdala*), *Cf. bahdal, barjâl,* * bhdl, ب ه د ل

♦ **désordonné(e), sens dessus dessous.** •*Al kâtib da mâ ya'arif nizâm, kulla l maktab mubahdal.* Ce secrétaire n'a pas un brin d'organisation, tout le bureau est en désordre. •*Kan gammêtu min al-nôm mâ tixallu furâcku mubahdal.* Lorsque vous vous réveillez, ne laissez pas votre literie en désordre. •*Ba'ad al-duwâs al-nâs ligo buyûthum mubahdalîn.* Après la guerre, les gens ont retrouvé l'intérieur de leur maison sens dessus dessous.

mubahdil / mubahdilîn *adj. mrph. part.* actif, forme II, (*fém. mubahdile*), *Syn. musta'jil,* * bhdl, ب ه د ل

♦ **pressé(e), agité(e), impatient(e).** •*Inta mubahdil, mâci wên amis da ?* Hier, tu étais pressé : où allais-tu donc comme cela ? •*Iyâlak dôl mubahdilîn lê l akil.* Tes enfants sont impatients de manger le repas. •*Hû mubahdil acân gamma xâtir.* Il est agité parce qu'il se prépare à voyager. •*Inti malki mubahdile misil da, tidôri mâciye wên ?* Pourquoi es-tu dans une telle précipitation, où as-tu envie de partir ?

mubâlâ *n. d'act., m., Cf. balâ,* * blw, ب ل و

♦ **soin porté à, souci de,** fait de prendre soin ou d'avoir le souci de *qqn.* ou de *qqch.* •*Al-nabât bidôr mubâlâ katîre acân yanjad adîl.* Les végétaux exigent beaucoup de soin pour mûrir dans les meilleures conditions. •*Al-râjil da muhtaram, indah mubâlâ fî iyâlah.* Cet homme est respectable, il prend soin de ses enfants.

Mubârak *n. pr.* d'homme, *litt.* béni, *Cf. baraka,* * brk, ب ر ك

mubarkab *adj. m. mrph. part.* passif, *Cf. barkab,* → *laban mubarkab,* * krb, ك ر ب

mubarrak / mubarrakîn *adj.*, (*fém. mubarraka*), *mrph. part.* passif, *Cf. bârik,* * brk, ب ر ك

♦ **qui a été baraqué(e), qui a été agenouillé(e),** qui a été mis(e) à genoux. •*Al wilêd da mubarrak fî l harray acân sirig kitâb hanâ rafîgah wa l mêtir câfah.* Cet enfant a été mis à genoux parce qu'il a volé le livre de son ami et le maître l'a vu. •*Al-jamal al hinâk mubarrak hâsil lê l-caddîn.* Le chameau a été baraqué, prêt à recevoir le chargement.

mubarrid / mubarridîn *n. m., mrph. part.* actif, *Syn. mukayyif, klimatizêr,* * brd, ب ر د

♦ **climatiseur, refroidisseur, réfrigérant.** •*Al axniya' induhum âlât mubarridîn al buyût.* Les maisons des riches ont des climatiseurs. •*Fî wakt al hamu al-Nasâra mâ yagdaro yaxadmu bala mubarrid.* Pendant la saison chaude, les Européens ne peuvent pas travailler sans climatiseur. •*Al-tallâja âla mubarride tibarrid al almi ajala.* Le réfrigérateur est un instrument qui produit du froid et rafraîchit l'eau très vite.

mubarrik / mubarrikîn *adj. mrph. part.* passif, (*fém. mubarrike*), * brk, ب ر ك

♦ **agenouillé(e).** •*Al mara mubarrike tarhak al xalla fî l murhâka.* La femme est agenouillée pour écraser le mil sur la meule dormante. •*Fî l-salâ, kulla l-nâs mubarrikîn mugâbilîn al gibla.* Pendant la prière, tout le monde est agenouillé dans la direction de La Mecque.

mubattil / mubattilîn *adj. mrph. part.* actif, (*fém. mubattile*), * bṭl, ب ط ل

♦ **qui fait cesser le travail, qui a interrompu, qui est en panne.** •*Anâ mubattile maxatari da acân wilêdi mardân wa râjili mâ fîh !* J'ai abandonné mon intention de voyager parce que mon enfant est malade et que mon mari n'est pas là ! •*Watîri mubattil mâ bilgawwam.* Ma voiture est en panne, elle ne démarre plus.

mubawwar / mubawwarîn *adj. mrph. part.* passif, (*fém. mubawwara*), *Cf. bawwar.*

♦ **borné(e).** •*Al bêt kan mâ mubawwar, bijîb lêk macâkil ma'â l hâkûma.* Si ta maison n'est pas bornée au cadastre, tu auras des ennuis avec l'administration. •*Fî kartiye Guje, nâs al mêri kassaro l buyût al mâ mubawwarîn acân yamrug cawâri lê l-nâs.* Au quartier Gudjé, les employés de la mairie ont détruit les maisons qui n'étaient pas bornées au cadastre, afin d'ouvrir des routes au service des habitants.

mubawwax / mubawwaxîn *adj. mrph. part.* passif, (*fém. mubawwaxa*), * bwh̲, ب و خ

♦ **cuit(e) à l'eau.** •*Mâ tanti l-saxîr laham mubawwax min al burma, babga nafsân !* Ne donne pas au petit enfant de la viande cuite à l'eau sortant de la marmite, car il risquerait de devenir gourmand ! •*Al-laham al mubawwax kan xallo ragad yôm kula mâ bixayyir.* Même si on laisse dehors, pendant un jour, de la viande cuite à l'eau, elle ne s'abîmera pas. •*Al-fûl al mubawwax be gicirah halu min al axadar.* Les arachides cuites à l'eau avec leur coque sont meilleures que lorsqu'on les mange crues.

Mûbay *sgtf.* d'un *n. pr. gr.*, (*fém. Mubayye*), → *Mûbi.*

mubayyid / mubayyidîn *adj. mrph. part.* actif, (*fém. mubayyide*), * byḍ, ب ي ض

♦ **blanchâtre.** •*Lâgêtah lâbis lêyah xalag mubayyid wa mâci l-salâ.* Je l'ai rencontré habillé d'un habit blanchâtre alors qu'il allait à la prière. •*Uyûnah mubayyidât min kutur al-ramad.* Ses yeux ont pris une couleur blanchâtre à cause des nombreuses conjonctivites qu'il a attrapées.

mubayyide / mubayyidât *adj. f. mrph. part.* actif, * byḍ, ب ي ض

♦ **pondeuse, qui a pondu.** •*Al-jidâde l mubayyide di, mâ tadbahôha !* N'égorgez pas cette poule qui a pondu ! •*Al-jidâd al mubayyid da xalluh yiraggid !* Laissez ces poules pondeuses couver leurs œufs !

mubazzir / mubazzirîn *adj. mrph. part.* actif, (*fém. mubazzire*), * bd̲r, ب ذ ر

♦ **prodigue, gaspilleur (-euse).** •*Wilêd axui da mubazzir, fî cahar wâhid bas saraf miya alif riyâl.* Mon neveu est un gaspilleur, en un mois il a dépensé cent mille riyals. •*Al-nâdum kan bigi mubazzir, bikammil mâlah fî l-rîh.* Lorsque quelqu'un est prodigue, il dépense tout son argent pour rien [dans le vent].

Mûbi *n. pr. gr., coll., sgtf. Mûbay* (homme), *Mûbayye* (femme).

♦ **Moubi.** •*Al Mûbi gâ'idîn fî Mangalme.* Les Moubi se trouvent à Mangalme. •*Al Mûbayye di mâ Arabiye, lâkin tahaji kalam Arab.* Cette femme moubi n'est pas arabe, mais elle parle l'arabe.

mublêt / mabâlît *n. m., empr. fr.*

♦ **mobylette, cyclomoteur, vélomoteur.** •*Dawwart mublêti wa macêt fî l-sûg.* J'ai démarré ma mobylette et je suis allé au marché. •*Al mabâlît mâ xâliyîn bilhên.* Les mobylettes ne coûtent pas très cher. •*Mublêti angadda lêi fî l-derib, acân da jît mu'axxire.* Ma mobylette a crevé en route, voilà pourquoi je suis arrivée en retard.

mubrad *n. m.*, → *mabrad.*

mubram / mabârim *n. m.*, * brm, ب ر م

♦ **coton filé au fuseau, fil sur le fuseau.** •*Hû maca l-sûg cara mubrâm acân yixayyit xalagah.* Il est allé au marché acheter un fuseau de fil pour coudre son vêtement. •*Al mubrâm da mâ gawi.* Ce coton filé au fuseau n'est pas solide.

mubrat *n. m.*, → *mabrad.*

mubtali / mubtaliyîn *adj. m. mrph. part.* actif, *Cf. ibtala*, * blw, ب ل و

♦ **dévoué(e) à, qui travaille avec ardeur, qui s'adonne à,** qui travaille de tout son cœur à, qui se consacre à une tâche pénible ou inutile. •*Cîf* wilêdi da mubtali be l giray dâyiman. Regarde mon enfant, il est toujours plein d'ardeur à l'étude ! •*Hû da mubtali be l kidib min zamân.* Depuis longtemps, celui-là n'est qu'un fieffé menteur [il s'adonne au mensonge]. •*Hummân dôl mubtaliyîn be kalâm al-dunya, xallihum minnak.* Ceux-là ne font que chercher des ennuis, laisse-les, ne t'approche pas d'eux ! •*Binêyti di mubtaliye be l-laday.* Ma fille passe tout son temps à la cuisine.

mubtasim / mubtasimîn adj. mrph. part. actif, (fém. mubtasime), → *mulbassim*, * bsm, ب س م

mubxar n. m., moins utilisé que muxbar, → *muxbar*, * bẖr, ب خ ر

mucaddar / mucaddarîn adj. mrph. part. passif, (fém. mucaddara), → *mashûr, mu'arrag*, * šjr, ش ج ر

♦ **ensorcelé(e), soumis(e) à un sort, empoisonné(e),** qui est sous l'influence magique des racines préparées par le sorcier. •*Hû mucaddar, rijilêna mâto, mâ yagdar yaxadim.* Il a été ensorcelé, ses jambes sont paralysées [sont mortes], il ne peut plus travailler. •*Anîna kullina ke mucaddarîn mâ nagdaro nunûmu fî l-lêl wa l-daktôr mâ ligi lêna dawa.* Nous avons tous été mis sous l'emprise d'un sort, nous ne pouvons plus dormir et le docteur ne nous a pas trouvé de médicaments adéquats. •*Al mara al-samhe di mâ mâxde, akûn mucaddara.* Cette belle femme n'est pas mariée, peut-être a-t-elle été ensorcelée. •*Al-daktôr mâ irif lêyah dawa acân hû mucaddar, bigaddif lêl wa nahâr.* Le médecin ne sait pas quel médicament lui donner parce qu'il a été empoisonné avec des racines et qu'il vomit jour et nuit.

mucafcaf / mucafcafîn adj. mrph. part. passif, qdr., (fém. mucafcafa), * šfšf, ف ش ف ش

♦ **agité(e), inquiet (-ète), craintif(-ve), inconstant(e), versatile,** qui n'est pas concentré(e). •*Fâtime binêye mucafcafa daffagat al-dagîg.* Fatimé est une fille agitée, elle a renversé la farine. •*Al wilêd da mucafcaf mâ tirassuluh fî l-sûg !* Ce garçon est versatile, ne l'envoyez pas au marché !

mucaggag / mucaggagîn adj., (fém. mucaggaga), * šqq, ش ق ق

♦ **fendu(e), fissuré(e).** •*Fâtime jâbat hatab mucaggag wa ôgadat nâr.* Fatimé a apporté du bois fendu et a allumé du feu. •*Al-durdur mucaggag wa sîdah yidôr yarmih.* Le mur est fendu et son propriétaire veut l'abattre.

mucaglab / mucaglabîn adj. mrph. part. passif, (fém. mucaglaba), Cf. *caglab*, * šqlb, ش ق ل ب

♦ **retourné(e), à l'envers.** •*Hû libis xalgah mucaglab.* Il a porté son vêtement à l'envers. •*Xattêt al biric adîl wa jît ligîtah mucaglab.* J'avais étendu la natte comme il faut, et quand je suis revenu, je l'ai trouvée retournée à l'envers.

mucaglib / mucaglibîn adj., (fém. mucaglibe), expression *mucaglib al gurus* [faux-monnayeur], Cf. *caglab*, * šqlb, ش ق ل ب

♦ **qui renverse, qui retourne.** •*Ligit sarrâg mucaglib al katâkit bifattic lêyah gurus.* J'ai trouvé un voleur qui cherchait de l'argent en retournant les papiers. •*Al-mara di kulla yôm mucaglibe fôgna l-dunya be kutur kalâmha.* Cette femme nous accable d'ennuis [retourne sur nous le monde] à cause de ses nombreux palabres. •*Yâ iyâli, anâ nikallim lêku wa mâla intu mucaglibîn wujûhku minni ?* Mes enfants, je vous parle, pourquoi vous détournez-vous de moi ? •*Hû xattoh fî l-sijin acân hû mucaglib al gurus be gurus hawân.* Il l'ont mis en prison parce que c'était un faux-monnayeur [il retourne l'argent en argent mauvais].

mucâhada n. f., Cf. *câhad, câf*, * šhd, ش ه د

♦ **vision, fait de voir, observation, fait de regarder.** •*Kan tidôr tusûm Ramadân da, illa be mucâhadat al-cahar.* Si tu veux observer le jeûne du prochain Ramadan, tu ne peux le commencer qu'après avoir vu le premier croissant de lune. •*Mucâhadat al-telefizyon tiwassifak kulla coxol bigi fî dârak walla kan ba'îd kulla.* La télévision te montre tout ce qui se passe dans ton pays, même si c'est loin. •*Mâ tikaffi gursak fî budâ'a illa ba'ad mucâhadtak lê l-sanif !* Ne paye une marchandise que si tu en a vu la qualité !

mucahhi / mucahhîn *adj. mrph. part.* actif, (*fém. mucahhiye*), * šhw, ش ه و

♦ **qui souhaite, qui a envie, qui désire.** •*Anâ mucahhiye maxtar fî Makka.* Je souhaite partir en voyage à La Mecque. •*Binêyti mucahhiye xâtim hanâ dahab.* Ma fille souhaite avoir une bague en or.

mucahhim / mucahhimîn *adj. mrph. part.* actif, (*fém. mucahhime*), * šḥm, ش ح م

♦ **gras (grasse), qui a beaucoup de graisse.** •*Al-xanamay di mucahhime mâ tagdar tagôd fî l harray.* Cette chèvre est grasse, elle ne peut pas rester sous le soleil. •*Al-jazzâra maco fî l-sûg wa caro tôr mucahhim.* Les bouchers sont allés au marché et ont acheté un taureau bien gras.

mucâhid / mucâhidîn *adj.*, (*fém. mucâhide*), * šhd, ش ه د

♦ **téléspectateur (-trice).** •*Amis, al mucâhidîn mâ firiho min al barnâmij.* Hier, les téléspectateurs n'étaient pas contents du programme. •*Al mucâhidîn mâ birîdu bicîfu suwar hanâ l-nâs al-jî'ânîn.* Les téléspectateurs n'aiment pas regarder les images de gens affamés.

mucakkal / mucakkalîn *adj. mrph. part.* passif, (*fém. mucakkala*), * škl, ش ك ل

♦ **entravé(e), attaché(e),** cheval qui est entravé par un *cukkâl.* •*Juwâd hanâ abûi mucakkal fî janb al-rahad.* Le cheval de mon père est entravé au bord du marigot. •*Farasna dalûla, kan mâ muccakala kula tagôd bakân wâhid.* Notre jument est docile ; même si elle n'est pas entravée, elle reste au même endroit.

mucakkik / mucakkikîn *adj.*, (*fém. mucakkike*), * škk, ش ك ك

♦ **qui doute, incertain(e), sceptique, dubitatif(-ve).** •*Anâ mucakkik fî safar hanâ abui al yôm.* Je ne suis pas sûr que mon père parte en voyage aujourd'hui. •*Mâlak mucakkik, tahasib mâ nikaffîk gursak ?* Pourquoi es-tu sceptique, crois-tu que je ne vais pas te payer ? •*Anâ mucakkike akûn ambâkir mâ nagdar namci lêki.* Je ne suis pas certaine de pouvoir aller chez toi demain.

mucakkit 1 / mucakkitîn *adj.*, (*fém. mucakkite*), utilisé en arabe *sd.*

♦ **qui manifeste la victoire, qui fait un signe victorieux,** qui lève sa main ou un objet en signe de réussite. •*Amis da mâ cifnâk wa lâ ma'â l-nâs al faza'o wa lâ ma'â l mucakkitîn.* Hier, nous ne t'avons vu ni parmi ceux qui partaient secourir les sinsitrés, ni parmi ceux qui manifestaient leur réussite. •*Al-rujâl kulluhum ke fâto ma'â l-sawra wa l yôm da, kan al hakkâma zaxratat, mâ talga mucakkit.* Tous les hommes sont partis dans la rébellion ; si aujourd'hui la femme griot pousse des youyous, il n'y aura personne pour lever la main en signe de victoire.

mucakkit 2 / mucakkitîn *adj. mrph. part.* actif, (*fém. mucakkite*).

♦ **ulcéreux (-euse).** •*Rijilah mucakkite indah caharên, mâ yagdar yurûx !* Depuis deux mois il a la jambe couverte d'ulcères et il ne peut plus marcher ! •*Gata'o rijilah al mucakkite di, kan mâ ke ti'affin.* On lui a coupé cette jambe couverte d'ulcères pour éviter la gangrène. •*Al indah uwâra mucakkite, mâ bidôr al-zahma.* Celui qui a des plaies ulcéreuses n'aime pas la bousculade.

mucallax / mucallaxîn *adj. mrph. part.* passif, (*fém. mucallaxa*), → *mufarrad 2, mufassad*, * šlẖ, ش ل خ

mucamma' / mucamma'ât *n. f.*, voir le *Syn. bâc*, * šmʕ, ش م ع

mucangil / mucangilîn *adj. mrph. part.* actif, (*fém. mucangile*), *Cf. cangal*, * šnql, ش ن ق ل

♦ **allongé(e) sur le dos.** •*Hû râgid mucangil fî dull al-cadaray di acân iyi min al hirâte.* Il s'est allongé sur le dos à l'ombre de cet arbre parce qu'il était fatigué d'avoir labouré. •*Al iyâl al-dugâg al induhum caharên, dâ'iman mucangilîn acân lissâ mâ yagdaro yagôdu be ja'abâthum.* Les bébés âgés de deux mois sont toujours allongés sur le dos parce qu'ils n'ont pas encore la force de se tenir assis.

mucâraka / mucârakât *n. f.*, * šrk, ش ر ك

♦ **participation, contribution.** •*Wâjib kulla iyâl al balad yijîbu mucârakithum lê l buna l watani.* Il faut que tous les fils du pays apportent leur contribution à la reconstruction du pays. •*Bala mucâraka hanâ l-jami', al-taxaddum hanâ l balad mâ yukûn.* Sans la participation de tous, le pays ne se développera pas.

mucârata *n. f.*, *Cf. cârat*, * šrṭ, ش ر ط

♦ **contrat, arrangement, convention, condition.** •*Kan xassadti nâxudki bala mucârata !* Si tu acceptes, je t'épouse sans poser de conditions ! •*Hû mâ wâfag fî l mucârata hint bê'it al bêt.* Il n'est pas d'accord sur les conditions du contrat de vente de la maison.

mucarbak / mucarbakîn *adj. mrph. part.* passif, (*fém. mucarbaka*), peut-être combinaison des racines *šbk* [entrelacer, enchevêtrer] et *rbk* [mêler, embrouiller], utilisé en arabe *sd.*, racine d'après (*H.W.*), * šrbk, ش ر ب ك

♦ **enchevêtré(e), emmêlé(e), entrecroisé(e).** •*Ca'ar al binêye di mucarbak acân hî micôtine.* Les cheveux de cette fille sont emmêlés parce qu'elle est folle. •*Al katib kan mucarbak mâ bingari.* L'écriture dont les lettres s'enchevêtrent est illisible. •*Al-cabaka mucarbaka be hubâl.* Le panier ajouré est fait de cordes entrecroisées.

mucârik / mucârikîn *adj.*, (*fém. mucârike*), * šrk, ش ر ك

♦ **participant(e), actionnaire.** •*Anâ kula min al mucârikîn fî l mulamma hint al yôm aciye.* Je serai aussi de ceux qui participent à la réunion de ce soir. •*Anâ mucârik fî l-dukkân da.* Je suis actionnaire dans cette boutique. •*Hî mucârike ma'âk fî l-zere' da.* Elle partage avec toi la propriété de ce champ.

mucarrab / mucarrabîn *adj.*, (*fém. mucarraba*), *Syn. carbân*, * šrb, ش ر ب

♦ **abreuvé(e), désaltéré(e),** dont la soif a été étanchée. •*Juwâdak da kan mâ mucarrab niwaddih al-sânye.* Si ton cheval n'a pas été désaltéré, je vais l'amener au puits. •*Zamilna kulluhum ke mâ mucarrabîn.* Toutes nos montures ont encore soif.

mucarram / mucarramîn *adj. mrph. part.* passif, (*fém. mucarrama*), *Cf. macrûm.*

♦ **déchiré(e), coupé(e), entaillé(e),** en parlant du nez ou de l'oreille. •*Al-daktôr hanâ l bahâyim yifassil al bagar wa l xanam al mâ mufassadîn be uddunnêhum al mucarramîn.* Le vétérinaire distingue les vaches et les chèvres qui ne sont pas vaccinés, grâce aux entailles de leurs oreilles [avec leurs oreilles entaillées]. •*Munxâr tôri mucarrama acân da mâ nagdaro nudussu lêyah zumâm.* La narine de mon bœuf est déchirée, c'est pour cela que nous ne pouvons plus lui passer de corde par le nez.

mucarrat / mucarratîn *adj.*, (*fém. mucarrata*), * šrṭ, ش ر ط

♦ **déchiré(e).** •*Xalagi da mucarrat wâjib lêi nacri âxar.* Mon habit est déchiré, il me faut en acheter un autre. •*Farditki mucarrata mâ tamurgi beha fî l-câri !* Ne sors pas avec ton pagne dans la rue, il est déchiré !

mucât *n. m.*, * mšṭ, م ش ط

♦ **tresse, coiffure féminine.** •*Banât hanâ hassâ burûdu l mucât be sûf al marhûma.* Les filles de maintenant aiment porter des tresses postiches.

•*Mucatki da kaffêti fôgah kam ?* Combien as-tu payé pour être coiffée ainsi ?

mucâtara *n. f.*, * šṭr, ش ط ر
♦ **encouragement.** •*Al mucâtara fî l xidime tizîd al xaddâm nacât.* L'encouragement au travail augmente l'activité des travailleurs. •*Al mucâtara l katîre fî l-li'ib tijîb al barjâl.* Trop encourager la danse entraîne le désordre.

mucattat / mucattatîn *adj.*, (*fém. mucattata*), * štt, ش ت ت
♦ **dispersé(e), répandu(e).** •*Al xamba dâiman xumâmha mucattat fî l bêt.* La femme désordonnée a toujours ses affaires éparpillées dans la maison. •*Mâlak mâ tudumm al kalâm, acîrak kulla yôm mucattat fî l hille !* Pourquoi n'es-tu pas discret, ton secret est divulgué tout le quartier !

mucâwar / mucâwarîn *adj.*, (*fém. mucâwara*), * šwr, ش و ر
♦ **consulté(e).** •*Al mucâwar mâ xassad be l kalâm.* Le consulté n'était pas d'accord avec ce qui a été dit. •*Hû xabban min axîde hint axuh acân mâ mucâwar.* Il s'est fâché à la suite du mariage de son frère parce qu'il n'avait pas été consulté. •*Al binêye arradat min bêthum acân mâ mucâwara fî jîzitha ma'â l-râjil da.* La fille a fui la maison parce qu'elle n'avait pas été consultée pour son mariage avec cet homme.

mucâwara / mucâwarât *n. f.*, * šwr, ش و ر
♦ **consultation.** •*Rujâl al hille sawwo mucâwara acân yidôru yaktulu l-dûd.* Les hommes du village se sont consultés parce qu'ils voulaient tuer le lion. •*Al mucâwara zêne.* La consultation est une bonne chose.

mucâwir / mucâwirîn *adj.*, (*fém. mucâwire*), * šwr, ش و ر
♦ **consultant(e).** •*Al wilêd al mucâwir abuh da bidôr xâtir.* L'enfant qui est en train de consulter son père voudrait partir en voyage. •*Al mucâwirîn xassado be l kalâm.* Les consultants ont approuvé ce qui a été dit.

mucaxxil / mucaxxilîn *adj.*, (*fém. mucaxxile*), * šġl, ش غ ل
♦ **qui fait travailler, qui fait fonctionner.** •*Fî wakit al hamu anîna mucaxxilîn marwah fî bêtna.* Pendant la saison chaude, nous faisons marcher un ventilateur dans notre maison. •*Al hâkûma mucaxxile nâs katîrîn, minnuhum askar wa dakâtîr lâkin mâ al-ca'ab kulluhum.* Le gouvernement fait travailler beaucoup de gens tels que les militaires et les médecins, mais n'offre pas d'emploi au peuple tout entier. •*Anâ mucaxxil nâsên fî zer'i.* J'ai embauché deux personnes pour travailler dans mon champ.

mucc *v. impér.*, → *macca 1.*

muckila / macâkil *n. f.*, * škl, ش ك ل
♦ **problème, ennui.** •*Al yôm anâ indi muckila fî l bêt.* Aujourd'hui, j'ai un problème à la maison. •*Iyâli kasaro îd hint rafîghum wa jâbo lêi macâkil.* Mes enfants m'ont créé des ennuis, ils ont cassé la main de leur ami. •*Kan tagdar tâxud binêyti, anâ mâ indi muckila !* Si tu veux épouser ma fille et que tu en as les moyens, je n'y vois aucun inconvénient ! •*Tcâd gâ'ide tiwâjih macâkil ixtisadiya xatîre marra wâhid.* Le Tchad se trouve confronté à de très graves problèmes économiques. •*Al muckila kan mâ muckiltak, mâ tudugg sadurak !* Si ce problème ne te concerne pas, ne te désigne pas [ne frappe pas ta poitrine] pour le résoudre ! *Prvb.* (*i.e.* Ne mets pas ton nez dans les affaires des autres !).

mucrât / macârît *n. m.*, * šrṭ, ش ر ط
♦ **avertissement.** •*Anâ antêthum mucrât battân mâ yidâwusu.* Je leur ai donné un avertissement pour qu'ils ne se battent plus. •*Al harrâtîn antoh mucrât lê sîd al bagar.* Les agriculteurs ont donné un avertissement aux éleveurs de vaches. •*Anâ gaddamt mucrât lê abbahâtku battân al-dagga wilêdi, anâ kula*

nuduggah. J'ai donné [présenté] un avertissement à vos parents ; celui qui frappera encore mon enfant aura à faire à moi [je le frapperai aussi].

mucrik / mucrikîn *adj.*, (*fém. mucrike*), * šrk, ش ر ك

♦ **polythéiste, idolâtre,** qui associe des dieux à Allah. •*Hassâ al-nâs al mucrikîn mâ katîrîn misil hanâ zamân.* De nos jours, les polythéistes ne sont pas aussi nombreux qu'autrefois. •*Al mara di râjilha tallagâha acân hî mucrike.* Cette femme a été répudiée par son mari parce qu'elle adorait d'autres dieux qu'Allah.

muctâg / muctâgîn *adj. mrph. part.* passif, (*fém. muctâga*) *Cf. ictag*, * šwq, ش و ق

♦ **amoureux (-euse), désireux (-euse), nostalgique.** •*"Salâm alêki, muctâgîn !" "Anîna be l aktar !".* "Bonjour, vous nous manquiez !" "Et vous, vous nous avez manqué encore plus !". •*Arba'a sana mâ cift ahali, anâ muctâg lêhum bilhên.* Je n'ai pas vu ma famille depuis quatre ans, j'en ai la nostalgie. •*Iyâli muctâgîn lê ammmihim al macat ziyâra lê ahalha bas wa ga'adat hinâk.* Les enfants désirent revoir leur mère qui est partie rendre visite à sa famille et qui est restée là-bas.

muctari / muctariyîn *adj. mrph. part.* actif, (*fém. muctariye*), *Cf. bâyi'*, * šry, ش ر ي

♦ **acheteur (-euse).** •*Anâ daxalt al-sûg muctariye dôzam hanâ sâbûn wa itir odikolony min zâbûni.* Me trouvant au marché, j'ai acheté à mon vendeur habituel une douzaine de savons et de l'eau de Cologne. •*Inta mâ tixâlit, anîna muctariyîn minnak al farâde dôl be taman munâsib, istâri humman hiney sirge, gabbil lêna gurusna !* Ne conteste pas, nous t'avons acheté ces pagnes à bon prix, or il s'est avéré que ces pagnes avaient été volés, rends-nous notre argent !

muctaxil / muctaxilîn *adj. mrph. part.* actif, (*fém. muctaxile*), *Syn. macxûl*, * šġl, ش غ ل

♦ **travaillant, qui travaille.** •*Inta muctaxil wên ?* Où travailles-tu ? •*Fî Tcâd awîn katîrîn muctaxilîn fî l makâtib.* Au Tchad, il y a beaucoup de femmes qui travaillent dans les bureaux.

mucuk *n. coll., sgtf. mucukay, litt.* ce qui reste du pressurage (*Mu.*), utilisé en arabe *sd.*, (*C.Q.*), * mšq, م ش ق

♦ **marc de bière de mil, résidu du filtrage.** •*Al xanam bâkulu l mucuk hanâ l kọcât.* Les moutons mangent le marc de la boisson. •*Al awîn bidaffugu l mucuk hanâ l bilbil fî l bûta.* Les femmes versent le marc du *bilbil* dans le marigot.

mucut *n. m., Syn. peny*, * mšṭ, م ش ط

♦ **peigne.** •*Bi't mucut be arba'în riyâl min al-sûg.* J'ai acheté un peigne au marché pour quarante riyals. •*Mucut hanâ l hadîd bita"in fî l-râs.* Le peigne en fer écorche le cuir chevelu [pique dans la tête].

mucwâr 1 / macâwîr *n. m.*, * šwr, ش و ر

♦ **course à faire.** •*Indi mucwâr alê l-sûg bas, hassâ naji !* J'ai une course à faire dans la direction du marché, je reviens tout de suite. •*Al yôm sawwêt arba'a mucwâr kadar nigayyil da.* Aujourd'hui j'ai fait quatre courses entre midi et trois heures. •*Anâ macêt macâwîr katîre wa mâ ligît al-nâdum al nifatticah da.* J'ai fait de nombreuses courses et je n'ai pas trouvé la personne que je cherchais.

mucwâr 2 / macâwîr *n. m., empr. fr.*

♦ **mouchoir.** •*Xayyatat lê râjilha mucwâr.* Elle a brodé un mouchoir pour son mari. •*Gubbâl mâ tadxulu l gusur al kâbîr, guccu marâkîbku be macâwîrku !* Avant d'entrer dans le grand palais, essuyez le dessus de vos chaussures avec vos mouchoirs ! •*Hâk al mucwâr da, gucc al waxar min jiffitak !* Prends ce mouchoir et essuie la sueur de ton front !

mudabbi / mudabbiyîn *adj. mrph. part.* actif, (*fém. mudabbiye*), * dbb, د ب ب

♦ **qui marche à pas de loup,** qui marche tout doucement. •*Hû mudabbi acân yidôr yakurbah lê rafîgah.* Il marche à pas de loup parce qu'il veut attraper son ami. •*Hî mudabbiye tidôr taxaffil wilêdha.* Elle marche tout doucement parce qu'elle veut surprendre son enfant.

mudabbir / mudabbirîn *adj. mrph. part.* actif, (*fém. mudabbire*), *Cf. dabbâri*, * dbr, د ب ر

♦ **qui se débrouille bien, débrouillard(e).** •*Al mara di mudabbire min râjilha.* Cette femme se débrouille mieux que son mari. •*Al-nâs al mudabbirîn birabbu iyâlhum.* Les gens qui se débrouillent arrivent à élever convenablement leurs enfants.

mudaffan / mudaffanîn *adj. m. part.* passif, *Cf. daffan*, * dfn, د ف ن

♦ **enterré(e), caché(e), recouvert(e).** •*Al-jajal kan mâ mudaffan adîl, al-sabara tabhatah.* Lorsque la semence jetée avant les premières pluies n'est pas suffisamment enterrée, les écureuils la déterrent. •*Al wilêd ramdân, uyûnah mudaffanîn.* L'enfant a une conjonctivite, on ne voit plus ses yeux (ses yeux sont recouverts).

mudallâl / mudallâlîn *adj.*, (*fém. mudallala*), * dll, د ل ل

♦ **gâté(e), choyé(e), vivant dans l'abondance, qui vit à l'aise,** qui vit dans le farniente et le luxe. •*Hû ribi mudallâl mâ ta'abân.* Il a été élevé dans l'abondance, il n'a pas souffert dans sa vie. •*Martah mudallala acân indah mâl katîr.* Sa femme peut mener une vie aisée parce qu'il a beaucoup d'argent. •*Fî l-lekkôl al iyâl al mudallalîn yita''ubu l mêtir, mâ yagru wa mâ yaktubu wa kan daggôhum babku.* A l'école, les enfants gâtés fatiguent le maître ; ils n'étudient pas, n'écrivent pas et, lorsqu'on les frappe, ils pleurent.

mudallim / mudallimîn *adj.*, (*fém. mudallime*), accompagnant un *adj.* de couleur, *Ant. fâtih*, * ẓlm, ظ ل م

♦ **foncé(e), sombre, triste.** •*Al askar lôn watîrhum axadar mudallim wa tawâgîhum humur wa mudallimîn.* Les militaires ont des véhicules vert foncé et des bérets rouge foncé. •*Mâla al yôm wijhak mudallim, mardân wallâ muxabbin ?* Pourquoi aujourd'hui ton visage est-il sombre, es-tu malade ou en colère ?

mudamdam / mudamdamîn *adj. mrph. part.* passif, (*fém. mudamdama*), *Cf. damdam*, * dwm, د و م

♦ **rangé(e), ordonné(e).** •*Tidôr tunûm wa xumâmak mâ mudamdam !* Tu veux dormir et tes affaires ne sont pas rangées ! •*Al kôs, talgah ma'â l idde l mudamdama fî lubb al bêt.* Tu trouveras le gobelet pour prendre de l'eau parmi les affaires rangées à l'intérieur de la maison. •*Al-sufar mudamdamîn dâxal, amurgi lêna wâhade nuruss fôgha fanâjil al-câhi.* Les plateaux sont rangés à l'intérieur, sors-nous en un pour y ranger les verres à thé !

mudamdim / mudamdimîn *adj. mrph. part.* actif, (*fém. mudamdime*), *Cf. damdam*, * dwm, د و م

♦ **qui a rangé, qui a mis en ordre.** •*Hî mudamdime xumâm al-câhi wa anâ mâ ligit al barrâd.* Elle a rangé les affaires pour le thé et je n'ai pas trouvé la théière. •*Inta mudamdim bêtak, xâtir mata ?* Tu mets en ordre ta maison, quand pars-tu en voyage ? •*Nâs Anjammêna mudamdimîn xumâmhum dâxal buyûthum acân yaxâfo min al-sarârîg.* Les habitants de N'Djaména ont l'habitude de ranger leurs affaires à l'intérieur de leur maison parce qu'ils craignent les voleurs.

mudammar / mudammarîn *adj. mrph. part.* passif, (*fém. mudammara*), * dmr, د م ر

♦ **détruit(e), anéanti(e).** •*Ba'ad al harba, jîna ligîna Anjammêna kullaha mudammara.* Après la guerre, nous avons retrouvé N'Djaména entièrement détruite. •*Al arabiye di mudammara.* Cette voiture a été disloquée.

mudammas *adj. m. mrph. part.* passif, qualifiant les arachides grillées, moins employé que *mandawa*, → *mandawa.*

mudammir / mudammirîn *adj. mrph. part.* actif, (*fém. mudammire*), * dmr, د م ر

♦ **qui détruit, qui anéantit, qui tue.** •*Al yabâs mudammir lê l haya.* La sécheresse détruit toute forme de vie. •*Al-jahal mudammir.* L'ignorance tue.

mudamrag / mudamragîn *adj. mrph. part.* passif, (*fém. mudamraga*), *Cf. dâmirge.*

♦ **trempé(e) dans l'eau, gonflé(e) par l'eau, blanchi(e) dans l'eau.** •*Masari abyad bilhên kê da acân mudamrag.* Mon maïs est devenu très blanc parce qu'il a été trempé dans de l'eau. •*Al xalla al mudamraga tagôd yômên fî l almi.* Pour que le mil soit gonflé et blanchi, il doit rester deux jours dans l'eau. •*Nâs wahadîn mâ bâkulu êc kan dagîgah mudamrag, bugûlu mâ indah xiza.* Certaines personnes ne mangent pas la boule faite avec la farine dont les grains ont gonflé et blanchi dans de l'eau, sous prétexte qu'elle n'est pas nourrissante.

mudangir / mudangirîn *adj.*, (*fém. mudangire*), *Cf. dangar.*

♦ **penché(e) en avant.** •*Hû mudangir bahrit.* Il s'est penché et cultive. •*Inta mudangir misil daharak maksûr ke mâlak ?* Tu es penché comme si tu avais le dos cassé, qu'as-tu ?

mudara' *pl.*, → *mudîr.*

mudârag / mudâragîn *adj. mrph. part.* passif, (*fém. mudâraga*), * drq, د ر ق

♦ **caché(e), protégé(e), abrité(e).** •*Al-duwâne mudâraga min al harray be l biric.* Le canari est protégé du soleil par une natte. •*Al-cadaray di mâ kibirat ajala acân mudâraga min al harray.* Cet arbre n'a pas grandi parce qu'il ne reçoit pas de lumière du soleil.

mudârig / mudârigîn *adj.*, (*fém. mudârige*), * drq, د ر ق

♦ **qui se cache, qui se protège, qui se met à l'abri.** •*Hû mudârig min al harray.* Il s'est mis à l'abri du soleil. •*Humman mudârigîn wara l-cadaray.* Ils se sont cachés derrière l'arbre. •*Hî mudârige min al-rujâl.* Elle se protège du regard des hommes.

mudarrab / mudarrabîn *adj. mrph. part.* passif, (*fém. mudarraba*), * drb, د ر ب

♦ **exercé(e), entraîné(e), habitué(e).** •*Al askari da mudarrab fî daribîn al-silâh al-tagîl.* Ce militaire est entraîné à tirer à l'arme lourde. •*Zâra mudarraba fî karibîn bêtha.* Zara est habituée à tenir son foyer.

mudarraj / mudarrajîn *adj. mrph. part.* passif, (*fém. mudarraja*), * drj, د ر ج

♦ **élu(e), promu(e).** •*Al-sultân al mudarraj fî Abbecce wilêd hanâ l-sultân Muhammad Urâda.* Le sultan élu à Abéché est le fils du sultan Mouhammad Ourada. •*Wazîr al awwal hanâ baladna mudarraj indah caharên.* Le premier ministre de notre pays a été élu il y a deux mois.

mudarrib / mudarribîn *adj. mrph. part.* actif, (*fém. mudarribe*), * drb, د ر ب

♦ **formateur (-trice), instructeur, moniteur (-trice), expérimenté(e).** •*Al mudarrib hanâ l askar îdah ankasarat.* L'instructeur des soldats s'est cassé le bras. •*Mudarribîn judâd jo min Fransa acân yaxdumu ma'â l mu'allimîn al-Tacâdiyîn.* De nouveaux formateurs sont arrivés de France pour travailler avec les enseignants tchadiens. •*Xâli mudarrib fî mâlah.* Mon oncle est expérimenté dans l'art de gérer sa sa fortune.

mudarris / mudarrisîn *adj.*, (*fém. mudarrise*), *Syn. mu'allim*, * drs, د ر س

♦ **enseignant(e), professeur.** •*Al mudarrisîn hanâ Tcâd sawwo idrâb bala hadd.* Les enseignants ont fait une grève illimitée. •*Al xidime hint al mudarris fî l-jâmi'a gâsiye bilhên.* Le métier de professeur à l'université est très difficile.

mudâwam / mudâwamîn *adj. mrph. part.* passif, (*fém. mudâwama*), * dwm, د و م

♦ **perpétuel (-elle), permanent(e), continuel (-elle).** •*Ammi maradha mudâwam fôgha.* Ma mère souffre en permanence de cette maladie. •*Akilhum hanâ fâjur da mudâwam lêhum.* Ils ont constamment de quoi manger le matin.

mudâwar / mudâwarîn *adj.*, (*fém. mudâwara*), * dwr, د و ر

♦ **rond(e).** •*Tarât al biskilêt dôl mâ mudâwarîn.* Les roues de cette bicyclette ne sont pas rondes. •*Al fangâsu da mudâwar.* Ce beignet est rond.

mudawwar 1 *adj.* et *n. coll.*, *sgtf. mudawwaray*, ≅ *madawwar*, * dwr, د و ر

♦ **qui tourne** (moteur). •*Al watîr gâ'id mudawwar wa l-rukkâb mâ jo.* Le moteur de la voiture est en train de tourner mais les voyageurs ne sont pas arrivés. •*Makana hint al kahraba mudawwara min fajur, mâ xallatna be l haraka.* Le groupe électrogène tourne depuis ce matin en nous cassant les oreilles.

mudawwar 2 *n. coll.*, *sgtf. mudawwaray*, ≅ *madawwar*, * dwr, د و ر

♦ **gâteau rond.** •*Al yôm fatart be mudawwar.* Aujourd'hui, j'ai pris mon petit déjeuner avec des gâteaux ronds. •*Al mudawwar bicâbih al fangâsu.* Les gâteaux ronds ressemblent aux beignets.

mudawwid / mudawwidîn *adj.*, (*fém. mudawwide*), * dwd, د و د

♦ **qui a des vers, parasité(e).** •*Al-laham da mudawwid.* Cette viande contient des vers. •*Kan batunak mudawwide amci l-labtân !* Si tu as des vers dans le ventre, va à l'hôpital !

mudawwir / mudawwirîn *adj. mrph. part.* actif, (*fém. mudawwire*), * dwr, د و ر

♦ **en marche, qui tourne.** •*Al makana hint al watîr mudawwire.* Le moteur de la voiture est en marche. •*Al-tâhûna mudawwire min sâ'a sab'a hanâ fajur.* Le moulin est en marche depuis sept heures du matin.

mudâxala / mudâxalât *n. f.*, expression *mudâxala gawiye* [bonne relation], peu employé au pluriel, *Cf. alaxât*, * dḫl, د خ ل

♦ **relation, contact avec *qqn*.** •*Hû gâ'id fî bêtah, mâ birîd mudâxalt al-nâs.* Il reste chez lui et n'aime pas avoir de relations avec les gens. •*Al mudâxala l katîre ma'â l-nâs mâ fasle.* Ce n'est pas un mal d'avoir beaucoup de contacts avec les gens. •*Al-Rasûl wassa be mudâxalât al-jâr.* Le Prophète nous recommande d'entretenir de bonnes relations avec nos voisins.

mudayyif / mudayyifîn *adj. mrph. part.* actif, (*fém. mudayyife*), * ḍyf, ض ي ف

♦ **accueillant(e), qui reçoit bien ses hôtes,** qui a accueilli. •*Amîn wakit macêna lêyah mudayyifna be kabic kabîr.* Lorsque nous sommes allés chez Amine, il nous a bien accueillis en égorgeant pour nous un gros bélier. •*Martak di raxbâne, mudayyifêni be almi azrag bas.* Ta femme est avare, elle m'a reçu en m'offrant de l'eau simple.

mudayyix / mudayyixîn *adj. mrph. part.* actif, (*fém. mudayyixe*), * dyq, د ي ق

♦ **agonisant(e), souffrant(e),** dans un état de grandes souffrances physiques et morales. •*Al-râjil da mudayyix garîb bumût.* Cet homme est agonisant, il va bientôt mourir. •*Al-sarrâg mudayyix min ta'ab al-sijin.* Le voleur souffre beaucoup en prison [est souffrant à cause de la peine de la prison].

mudbâx / madâbîx *n. m.*, *Cf. dabax*, * dbġ, د ب غ

♦ **gourdin, gros bâton.** •*Dabazoh be mudbâx kasaro sulbah acân hû sarrâg.* On lui a cassé la hanche en le frappant avec un gourdin parce que c'était un voleur. •*Al mudbâx asay malsa wa taxîne.* Le gourdin est un bâton lisse et gros. •*Kalôl zatta lê xasîmah be l mudbax fî margad al gamul.* Kalol a asséné à son ennemi un violent coup de gourdin sur la nuque.

mudbâxi / mudbâxîn *adj. mrph. part.* actif, → *dâbâxi.*

mudda / muddât *n. f.*, * mdd, م د د
♦ **durée, moment, période, pendant.** •*Fî mudda hánâ talâte sana hî ragde mardâne.* Elle est restée malade pendant trois ans. •*Anâ ga'adt mudda tawîle mâ cîft ammi.* Je suis resté longtemps sans voir ma mère. •*Al wuzara' ga'ado muddit yômên fî hillitna.* Les ministres ont passé deux jours dans notre village.

mudda'i / mudda'în *adj. n., mrph. part.* actif, terme de l'*ar. lit.*, * dˤw, د ع و
♦ **procureur, demandeur (-euse) en justice, prétentieux (-euse).** •*Al mudda'i l âm, hû damîn masâlih al-dawla.* Le procureur général est le garant des intérêts de l'État. •*Hû mudda'i, bugûl ba'arif kulla ceyy.* Il est prétentieux, il affirme tout savoir. •*Abûk bilhên mudda'i al ma'rifa.* Ton père prétend être un grand savant.

mudgâga / madâgîg *n. f.*, * dqq, د ق ق
♦ **fléau.** •*Mudgâgti ankasarat.* Mon fléau s'est cassé. •*Hû hassal madâgîg lê daggîn xallitah.* Il a apprêté des fléaux pour le battage de son mil.

mudîr / mudara' *n. m.*, * dwr, د و ر
♦ **directeur (-trice), chef.** •*Al mudîr hanâ l-lekkôl râjil zên.* Le directeur de cette école est un homme gentil. •*Yôm fatihîn hanâ l-lekkôl da, al mudîr bas câl al kalâm.* Le jour de l'inauguration de cette école, seul le directeur avait pris la parole. •*Mudîr bêt al-saxâfa cajja' al firax al musixiya.* Le directeur de la maison de la culture a encouragé les équipes musicales.

mudîriye / mudîriyât *n. f.*, ≅ *mudîriya, mudûriya, Syn. muhâfaza,* * dwr, د و ر
♦ **préfecture.** •*Jamhuriyit Tcâd indaha arbatâcar mudîriye.* La République du Tchad comprend quatorze préfectures. •*Mudûriyit Wadday wasi'e lâkin sukkânha mâ katîrîn bilhên.* La préfecture du Ouaddaï est vaste, mais peu peuplée. •*Mudîriyât al wati sukkânhum kutâr.* Les préfectures du Sud sont très peuplées.

mudun *pl.*, → *madîna.*

mudûriya / mudûriyât *n. f.*, → *mudîriye*, * dwr, د و ر

mudurr / mudurrîn *adj.*, (*fém. mudurra*), * ḍrr, ض ر ر
♦ **qui fait le mal exprès, nuisible, malfaisant(e),** qui ne fait rien de bon et n'en fait qu'à sa tête. •*Hî binêye mudurra bilhên, xalbatat al-darrâba ma'â l-dagîg !* C'est une fille qui ne fait vraiment rien de bon, elle a mélangé le gombo avec la farine ! •*Al iyâl al mudurrîn sabbo côk fî l-câri.* Les enfants malfaisants ont jeté des épines dans la rue.

mufaddi / mufaddiyîn *adj. mrph. part.* actif, (*fém. mufaddiye*), *Cf. fadda 1*, * fḍw, ف ض و
♦ **qui vide, qui décharge,** qui a vidé ou déchargé. •*Hû mufaddi dukkânah, akûn ligi dukkân âxar ?* Il est en train de vider sa boutique, peut-être en a-t-il trouvé une autre ? •*Hummân mufaddiyîn buyûthum acân yaxâfu min al-nâr al gammat fî bêt jîrânhum.* Ils vident leur maison parce qu'ils ont peur du feu qui a pris dans la maison de leurs voisins. •*Watîraytak mufaddiye, cuhunitha wên ?* Où le contenu de ton camion sera-t-il déchargé ?

mufaddil / mufaddilîn *adj. mrph. part.* actif, (*fém. mufaddile*), * fḍl, ف ض ل
♦ **restant(e), qui reste, surplus.** •*Âkul al êc al mufaddil da kan jî'ân !* Mange la boule qui reste si tu as faim ! •*Al xumâm al mufaddil da*

ba'adên jîbih ma'âki. Ensuite, tu rapporteras avec toi les affaires restantes.

mufaggir / mufaggirîn *adj. mrph. part.* actif, (*fém. mufaggire*), *Syn. fagrân, mufallis*, * fqr, ف ق ر

♦ **pauvre.** •*Al yôm anâ mufaggir marra wâhid.* Aujourd'hui je suis devenu vraiment pauvre. •*Al mufaggir mâ yagdar yâxud binêyit al xani.* Le pauvre ne peut pas épouser la fille du riche.

mufâhama / mufâhamât *n. f.*, * fhm, ف ه م

♦ **compréhension, bonne entente, accord.** •*Al mufâhama ambên al axwân adîle.* L'entente entre les frères est bonne. •*Kalâmku, hilluh be mufâhama, axêr !* Réglez votre procès à l'amiable, c'est mieux !

mufajjaj 1 / mufajjajîn *adj. m. mrph. part.* passif, *Cf. fajjaj*, * fjj, ف ج ج

♦ **blessé(e) à la tête.** •*Ligîna nâdum wâgi' giddâm bêtna wa râsah mufajjaj.* Nous avons trouvé quelqu'un couché à même la terre devant notre maison et sérieusement blessé à la tête. •*Macat fî bakân al-cariye mufajjaja wa nâdum câl dalîmitha mâ fîh.* Elle est allée au tribunal avec sa blessure à la tête mais personne n'a recueilli sa plainte.

mufajjaj 2 / mufajjajîn *adj. mrph. part.* passif, (*fém. mufajjaja*), *Cf. fajja 2, fijje*, * fjj, ف ج ج

♦ **écarté(e),** au milieu duquel il y a un espace vide. •*Al gecc kulla ke mufajjaj, yâtu ganas al yôm ?* Toute l'herbe a été écartée et couchée ; qui a chassé aujourd'hui ? •*Al-rih jat katîre wa xallat kulla l-cadar al xâba mufajjaj.* Un grand vent a soufflé, il a écarté et couché tous les arbres de la forêt en laissant des espaces vides.

mufajjar / mufajjarîn *adj. mrph. part.* passif, (*fém. mufajjara*), * fjr, ف ج ر

♦ **explosé(e), éclaté(e).** •*Ba'ad al harib, al askar laggato al xanâbil al mâ mufajjara.* Après la guerre, les soldats ont ramassé les obus qui n'avaient pas explosé. •*Al xunbula al mâ mufajjara kan dassoha fî l-nâr tinfajir.* Si on met dans le feu un obus qui n'a pas éclaté, il explose.

mufajjax / mufajjaxîn *adj. mrph. part.* passif, (*fém. mufajjaxa*), *Cf. fajax*, * jfh̲, ج ف خ

♦ **piétiné(e), écrasé(e).** •*Al-derib da kulla mufajjax al watîr mâ yagdar yamci.* Ce chemin est tout piétiné, impraticable ; la voiture ne peut pas passer. •*Al-dâbi râsah mufajjax mâ na'arfah cunû l-rikib fôgah.* La tête du serpent a été écrasée, je ne sais pas ce qui lui est passé dessus.

mufajjir / mufajjirât *n. f.*, pour *mutafajjir*, * fjr, ف ج ر

♦ **explosif.** •*Hû sikir wa rama mufajjirât fî l-nâs.* Il était soûl et a jeté des engins explosifs sur les gens. •*Yôm al-duwâs al askar ramo mufajjirât katîrîn fî l hille.* Le jour de la guerre, les soldats ont lancé beaucoup d'engins explosifs dans la ville. •*Al wilêd al-saxayar ligi mufajjir fî l-câri, limisah wa jarrahah fî îdah.* Le petit enfant a trouvé un engin explosif dans la rue ; il l'a touché et a été blessé à la main.

mufakkak / mufakkakîn *adj. mrph. part.* passif, (*fém. mufakkaka*), * fkk, ف ك ك

♦ **écarté(e), ouvert(e), branlant(e), détaché(e).** •*Sandugi hanâ l xacab da min jâboh lêi ke mufakkak, masâmirah hêlhum marago.* Lorsqu'on a apporté mon coffre en bois, il était branlant, la plupart des clous ne tenaient plus [leur force était sortie]. •*Al ilab dôl min jâbohum ke, ligînâhum mufakkakîn.* Lorsqu'on nous a apporté ces boîtes, nous les avons trouvées ouvertes. •*Angari, al kursi da mufakkak, mâ tag'od fôgah !* Cette chaise est branlante, ne t'assieds pas dessus !

mufakkir / mufakkirîn *adj. mrph. part.* actif, (*fém. mufakkire*), * fkr, ف ك ر

♦ **qui pense, réfléchissant, veillant sur.** •*Al-ciyâb dôl mufakkirîn, wâjib* *al-subyân yasma'o wasâyahum.* Ces personnes âgées réfléchissent, il faut que les jeunes écoutent leurs conseils. •*Anîna mufakkirîn kalâm hanâ abûk, kan mâ kê nafurcuk.* Nous nous sommes souvenus de ce qu'avait dit ton père, sinon nous t'aurions frappé. •*Anâ mufakkir dâ'iman fî l madrasa lê iyâlak.* Je veille toujours sur tes enfants à l'école.

mufallis / mufallisîn *adj. mrph. part.* actif, (*fém. mufallise*), *Cf. fagrân, asfân,* * fls, ف ل س

♦ **pauvre, misérable.** •*Al yôm anâ mufallis min fâr al-jâmiye.* Aujourd'hui, je suis plus pauvre qu'un rat de mosquée. •*Hassâ al-nâs kulluhum bigo mufallisîn acân al gurus bigi mâ fîh.* A présent tout le monde est devenu pauvre parce qu'il n'y a plus d'argent.

mufantar / mufantarîn *adj. mrph. part.* passif, (*fém. mufantara*), ≅ *mupantar, empr. fr.*

♦ **peint(e).** •*Kan mâci lêna, liff be l-câri al-xarbâni wa fakkir lê bâbna al mufantar axabac till !* Si tu viens chez nous, tourne par la rue qui va à l'ouest et remarque bien notre porte peinte en beau gris ! •*Fâtime kan macêti l-sûg, acirir lêi kôro mufantara be fintîr axadar wa asfar !* Fatimé, si tu vas au marché, achète-moi un koro avec des motifs peints en vert et rouge ! •*Al-Nasâra birîdu l buyût al mufantarîn.* Les Blancs aiment les maisons peintes.

mufarrac / mufarracîn *adj. mrph. part.* passif, (*fém. mufarraca*), * frš, ف ر ش

♦ **étendu(e), déplié(e), installé(e), recouvert(e),** qui est couvert d'une natte, d'un matelas ou d'un joli drap. •*Xurfitna l wahade mufarraca lê l-nôm wa l âxara lê l-dîfân.* Nous avons une chambre à coucher et une autre pour y recevoir les hôtes. •*Serîri mufarrac be ladra "xamsa banât".* Mon lit est recouvert d'un drap appelé "cinq filles". •*Al bêt kan mâ mufarrac adîl, abul iyâl mâ farhân.* Le père de famille n'est pas content si la maison n'est pas bien arrangée.

mufarrad 1 / mufarradât *adj. mrph. part.* passif, (*fém. mufarrada*), *Cf. mucattat,* * frd, ف ر د

♦ **trié(e), séparé(e), mis(e) à part.** •*Limm al xumâm al mufarrad da kulla ke fî bakân wâhid !* Rassemble au même endroit toutes les affaires triées ! •*Mâ tixalbutu al budâ'a l mufarrada di !* Ne mélangez pas ces marchandises qui ont été triées ! •*Al-salât da mâ mufarrad adîl, ligit fôgah dûd.* Cette salade n'est pas bien triée, j'y ai trouvé une limace [un ver].

mufarrad 2 / mufarradîn *adj. mrph. part.* passif, (*fém. mufarrada*), *Cf. farrad 2, Syn. mucallax, mufassad,* * frḍ, ف ر ض

♦ **scarifié(e),** qui porte des scarifications. •*Acta indaha wilêd wijihah mâ mufarrad.* Achta a un enfant dont le visage n'est pas scarifié. •*Al-ra'îs Tambalbay wijihah mufarrad bilhên.* Le Président Tombalbaye avait un visage marqué par de nombreuses scarifications.

mufarrag / mufarragîn *adj. mrph. part.* passif, (*fém. mufarraga*), * frq, ف ر ق

♦ **séparé(e), réparti(e), dispersé(e).** •*Al-laham da kan xalâs mufarrag, antîni kômi namci.* Lorsque la viande sera débitée et répartie, donne-moi mon tas et je partirai. •*Al xulgân dôl mâ mufarragîn, mâ nagdar nibi' lêk minhum misil da.* Ces vêtements sont encore en vrac [pas séparés], je ne peux t'en vendre un comme cela. •*Al xalla di mufarraga kôro kôro.* Ce mil est réparti en koros. •*Al-Tacâdiyîn kulluhum mâ wâhid, mufarragîn gabâyil wa xucûm buyût.* Tous les Tchadiens ne forment pas un même groupe, ils se répartissent en ethnies et en clans.

mufarrah / mufarrahîn *adj. mrph. part.* passif, (*fém. mufarraha*), * frḥ, ف ر ح

♦ **qui a été réjoui(e), qu'on a rendu heureux (-euse).** •*Inta tadhak ke, mufarrah be coxol wallâ ?* Tu ris, mais qu'est-ce qui te rend heureux ? •*Al mara di tinyanyil misil al* *mufarraha be l axîde.* Cette femme marche lentement avec solennité, elle semble réjouie comme celle à qui on a annoncé son mariage. •*Ba'ad al idrâb al-tawîl da, iyâl al-lekkôl mufarrahîn be fatihîn al-lekkôlât.* Après la longue grève, les écoliers se sont réjouis de l'ouverture des écoles.

mufarric / mufarricîn *adj. mrph. part.* actif, (*fém. mufarrice*), * frš, ف ر ش

♦ **étalant, qui a étalé.** •*Anâ mufarric birci fî xacum al-tarîg wakit hû ja sallamâni.* J'étalais ma natte devant la porte lorsqu'il est venu me saluer. •*Siyâd al xadâr wa l hût mufarricîn fî taraf al-sûg.* Les marchands de légumes et de poissons ont étalé leurs marchandises à l'extrémité du marché. •*Abui mufarric fî l-sûg be xumâm katîr.* Mon père a étalé beaucoup d'affaires au marché.

mufarrid / mufarridîn *adj. mrph. part.* actif, (*fém. mufarride*), *Cf. farrad,* * frd, ف ر د

♦ **qui a séparé, qui a choisi le bon, qui a trié.** •*Hû mufarrid lêyah za'af min al hankûk yadfurah biric.* Il a ôté les nervures des feuilles de palmiers doum pour tresser une natte. •*Zâra mufarride l-salât min al karkanji.* Zara a trié la salade en la séparant de l'oseille.

mufarrig / mufarrigîn *adj. mrph. part.* actif, (*fém. mufarrige*), * frq, ف ر ق

♦ **qui sépare, qui fait des parts,** qui a séparé, qui a réparti. •*Mâlki mufarrige l-laham fôg al biric al-jadîd.* Qu'as-tu ? Pourquoi as-tu réparti les morceaux de viande sur la natte neuve ? •*Yâ wilêdi acân cunû mâ mufarrig xulgân al-rujâl min xulgân al awîn ?* Mon enfant, pour quelle raison ne sépares-tu pas les habits des hommes de ceux des femmes ?

mufarrih / mufarrihîn *adj. mrph. part.* actif, (*fém. mufarrihe*), *Syn. farrâhi,* * frḥ, ف ر ح

♦ **amusant(e), drôle, réjouissant(e), comique,** qui provoque la joie. •*Hû nâdum mufarrih be hijeh wa rûhah tawîle.* C'est quelqu'un d'amusant quand il raconte des histoires, et il a de la patience. •*Marti mufarrihe, kân macêt al bêt za'alân kula tifarrihni be l kalâm al halu.* Ma femme est drôle ; même lorsque je reviens triste à la maison, elle me réjouit en m'adressant de gentilles paroles. •*Inta simi't al xabar al mufarrih da wallâ ? Wilêdi darrajoh kumanda fî l birgad !* As-tu entendu cette heureuse nouvelle ? Mon enfant a été promu commandant de la gendarmerie !

mufarrix / mufarrixîn *adj.*, (*fém. mufarrixe*), terme insultant lorsqu'il qualifie des êtres humains, * frẖ, ف ر خ

♦ **couvé** (œuf), **mère de bâtard,** se dit au masculin d'un œuf qui n'est pas bon à manger et qui contient un poussin, et au féminin de la mère d'un enfant illégitime. •*Al bêday di, min dassêtha fî l almi ke, iriftaha kadar mufarrixe.* Dès que j'ai mis cet œuf dans l'eau, j'ai su qu'il contenait un poussin. •*Al bêd al mufarrix mâ bâkuluh.* On ne mange pas les œufs couvés. •*Al-sahlûga di indaha caharên mufarrixe lêha be wilêd.* Il y a deux mois, cette vagabonde a mis au monde un enfant bâtard.

mufartag / mufartagîn *adj.*, (*fém. mufartaga*), * frq, ف ر ق

♦ **dénoué(e), détaché(e),** non tenu(e), non entretenu(e). •*Al mara di ca'arha mufartag acân mâ ligat maccâta adîle.* Cette femme a les cheveux défaits parce qu'elle n'a pas trouvé de bonne coiffeuse. •*Al bêt al mufartag siyâdah sâro.* Les propriétaires de la maison non entretenue sont partis.

mufartig / mufartigîn *adj. mrph. part.* actif, (*fém. mufartige*), * frq, ftq, frtq, ف ر ق • ف ت ق • ف ر ت ق

♦ **qui démonte, qui détache, qui dénoue,** qui a défait, détaché, démonté. •*Inta murfartig râs bêtak da, tidôr ti'addilah be tôl wallâ ?* Tu es en train de démolir le toit de ta maison, voudrais-tu le refaire en tôles ? •*Mâla mufartige ca'arki wa mâ* *macêti lê l maccâta ?* Pourquoi as-tu dénoué ta chevelure et n'es-tu pas allée chez la coiffeuse ? •*Nâs al farîg mufartigîn buyûthum akûn sâyrîn ?* Les gens du campement ont démonté leur maison, peut-être vont-ils se déplacer ?

mufassad / mufassadîn *adj. mrph. part.* passif, (*fém. mufassada*), *Syn. mucallax, mufarrad,* * fṣd, ف ص د

♦ **scarifié(e), vacciné(e).** •*Al-râjil da mufassad fî wijiha.* Cet homme a des scarifications au visage. •*Hû xalâs mufassad didd al abzâgûf.* Il est déjà vacciné contre la méningite.

mufassal / mufassalîn *adj. mrph. part.* passif, * fṣl, ف ص ل

♦ **découpé(e), expliqué(e) en détail, séparé(e), détaillé(e).** •*Anâ nahsib al-tâyêr xayyatah lê xalagi lâkin macêt ligitah dahâba mufassal.* Je croyais que le tailleur avait déjà cousu mon vêtement mais, lorsque j'y suis allé, j'ai vu qu'il venait juste de le découper. •*Al akil al fî l-sufra da lissâ mâ mufassal, asburu ciya !* La nourriture qui est sur le plateau n'est pas encore bien disposée, attendez un peu ! •*Kalâm hanâ l mêtir da, mâ mufassal adîl.* Ce que le maître a dit était confus [pas bien expliqué].

mufassax / mufassaxîn *adj. mrph. part.* passif, (*fém. mufassaxa*), *Cf. mabrût,* * fsh̲, ف س خ

♦ **qui a été pelé, qui a été épluché(e),** dont la peau a été enlevée. •*Al pumbitêr kan mufawwar wa mufassax, tagdar tâkulah balah mulâh !* Tu peux manger sans sauce les pommes de terre qui ont été bouillies et épluchées ! •*Fûl hanâ l madîde kan mâ mufassax adîl, mâ yabga abyad karr !* Si les arachides n'ont pas été bien pelées, la bouillie n'est pas parfaitement blanche.

mufassil / mufassilîn *adj. n., mrph. part.* actif, forme II, (*fém. mufassile*), * fṣl, ف ص ل

♦ **qui découpe le tissu, tailleur,** qui découpe le patron d'un habit dans un coupon. •*Al mufassil tallaf lêi xalagi.* Celui qui a découpé mon habit l'a raté. •*Hî mufassile muxayyite, acân da indaha zabâyin katirîn.* C'est une femme qui sait couper et coudre, c'est pour cela qu'elle a beaucoup de clients. •*Al mufassilîn kan al îd garrab yalgo gurus katîr.* Ceux qui taillent les habits gagnent beaucoup d'argent lorsque la fête approche.

mufassix / mufassixîn *adj. mrph. part.* actif, (*fém. mufassixe*), *Cf. fassax,* * fsh̲, ف س خ

♦ **qui a pelé, qui a épluché, qui a montré les dents.** •*Hî mufassixe fûlha acân tiwaddih al-tâhûna, tisawwi beyah madîdit Ramadân.* Elle a enlevé la fine peau de ses arachides pour les emporter au moulin, et préparer ensuite la bouillie pour le Ramadan. •*Mâla mufassix sunûnak misil al-dûd al xâyir ?* Pourquoi montres-tu les dents comme un lion qui attaque ?

mufattac / mufattacîn *adj. mrph. part.* passif, (*fém. mufattaca*), * ftš, ف ت ش

♦ **recherché(e), fouillé(e), contrôlé(e).** •*Watâyir katîrîn jo min Nijêrya wa mâ xallohum daxalo fî l hille acân lissâ mâ mufattacîn.* Beaucoup de camions sont venus du Nigeria ; on les a empêchés de rentrer dans la ville parce qu'ils n'avaient pas encore été fouillés. •*Yôm al-taftîc al askar bidôru badxulu fî bêtna wa anîna gulna lêhum al bêt da xalâs mufattac.* Le jour de la fouille, les soldats voulaient entrer dans notre maison, mais nous leur avons dit que celle-ci avait déjà été fouillée.

mufattag / mufattagîn *adj. mrph. part.* passif, (*fém. mufattaga*), * ftq, ف ت ق

♦ **décousu(e).** •*Wilêdi gabbal min li'ib al bâl be surwâlah mufattag.* Mon enfant est revenu avec son pantalon décousu après avoir joué au ballon. •*Anâ mâ nirîd kalâmak al mufattag da, mâ indah fâyide.* Je n'aime pas ton discours décousu, il n'a aucun intérêt.

mufattic / mufatticîn *adj.*, (*fém. mufattice*), * ftš, ف ت ش

♦ **contrôleur (-euse), chercheur (-euse), inspecteur (-trice).** •*Hî di mufattice fî l amrâd hanâ iyâl al-dugâg.* Celle-ci travaille dans la recherche sur les maladies infantiles. •*Al mufattic hanâ l-ta'lîm anta l amân lê l mudarrisîn fî xidimithum.* L'inspecteur de l'éducation a donné confiance aux enseignants dans leur travail.

mufattih / mufattihîn *adj. mrph. part.* actif, ayant le sens d'un *part.* passif, (*fém. mufattihe*), *Cf. fatah*, *Ant. masdûd, amyân*, *Syn. mulfattih, mutfattih*, * ftḥ, ف ت ح

♦ **ouvert(e), intelligent(e), large d'esprit, instruit(e).** •*Binêyti nijawwizha lê râjil mufattih.* Je marierai ma fille à un homme à l'esprit ouvert. •*Axêr lêk xasîm mufattih min rafîg amyân !* Il vaut mieux qu'il soit pour toi un ennemi instruit plutôt qu'un ami ignare [aveugle] !

mufâwada / mufâwadât *n. f.*, terme de l'*ar. lit. Syn. muhâdasa*, * fwḍ, ف و ض

♦ **entretien, discussion, négociation, pourparlers.** •*Al-duwâs mâ adîl, ta'âl nisawwu mufâwada !* La guerre n'est pas bonne, viens que nous entamions des pourparlers ! •*Al mufâwada ambênât iyâl al-dâr tijîb al âfe.* Les discussions entre les enfants du pays conduisent à la paix. •*Ta'âl nisawwu mufâwada ma'â kabîrna acân yizîd lêna murattabna !* Viens, nous allons négocier avec notre patron une augmentation de salaire !

mufawwar / mufawwarîn *adj.*, (*fém. mufawwara*), * fwr, ف و ر

♦ **bouilli(e), bouillant(e), chauffé(e), stérilisé(e).** •*Al ibre di kan mâ mufawwara adîl be almi hâmi mâ tat'anni beha !* Si cette seringue n'a pas été stérilisée dans l'eau bouillante, ne l'utilisez pas pour me piquer ! •*Al-câhi mufawwar min gibêl.* Le thé a bouilli depuis longtemps. •*Al-tifil daxxal îdah fî l-laban al mufawwar wa gamma babki.* Le petit enfant a mis sa main dans le lait bouillant et s'est mis à pleurer.

mufawwite / mufawwitîn *adj. m. mrph. part.* actif, ne s'emploi qu'au féminin, *Cf. fawwat*, → *xuluf, janîn*, * fwt, ف و ت

♦ **en début de grossesse, enceinte,** enceinte de quelques semaines. •*Maryam mufawwite indaha talâta cahar.* Mariam est enceinte de trois mois. •*Al mara l mufawwite di mâ tirîd mulâh al hût.* Cette femme en début de grossesse n'aime pas la sauce au poisson.

muflis / mafâlse *adj.*, (*fém. muflise*), ≅ le pluriel *muflisîn*, terme servant aussi d'insulte, * fls, ف ل س

♦ **pauvre, insolvable, en faillite,** sans argent. •*Anâ muflis indi yômên.* Je n'ai plus d'argent depuis deux jours. •*Al mara l muflise tcakkamat xumâm bêtha.* La femme pauvre a vendu les effets de sa maison. •*Âdum, sawwi lêna câhi mafâlse addâyano !* Adoum, fais-nous du thé fort avec peu de sucre, comme celui des pauvres qui se font mutuellement crédit (*i.e.* un thé fort qui empêche de s'assoupir) ! •*Wald al muflis !* Fils de pauvre type !

mufrâka / mufrâkât *n. instr.*, *f.*, * frk, ف ر ك

♦ **baguette pour produire le feu, nom d'instrument de cuisine, batteur,** bois de *gafal* que l'on frotte dans les mains sur un autre bois pour faire sortir du feu, agitateur que l'on fait tourner entre les paumes des mains pour préparer la sauce. •*Al mufrâka, irifôha judûdna hanâ zamân lê ôgadân al-nâr.* Pour produire du feu, nos ancêtres savaient utiliser un bâton qu'ils frottaient sur un autre bois. •*Nâr al mufrâka dawa lê têr al iyâl "amfirehâne".* Le feu sorti du bâton est un remède contre la maladie infantile appelée "oiseau des enfants". •*Nâs hassâ katîrîn mâ ba'arfu l mufrâka.* Beaucoup aujourd'hui ne connaissent pas le bâton qui sert à produire le feu. •*Al-darrâba di aktulîha adîl be l mufrâka, hatta adurbiha mulâh !* Bats ce gombo avec le batteur jusqu'à ce qu'il devienne liquide, puis fais-en une sauce !

muftah / mafâtîh *n. instr.*, *m.*, * fth̩, ف ت ح

♦ **clé.** •*Hû waddar mafâtîhah kulluhum fî derib al-sûg.* Il a perdu toutes ses clés sur le chemin du marché. •*Al bêt da bibânah katîrîn lâkin muftâhum wâhid bas.* Cette maison a beaucoup de portes mais une seule clé les ouvre.

muftin / muftinîn *adj.*, (*fém. muftine*), *Cf. muxlif*, * ftn, ف ت ن

♦ **excitateur (-trice), fauteur (-trice) de troubles.** •*Duwâshum da asâsa kulla ke min al muftin da bas.* C'est cet excitateur qui est à l'origine de leur bagarre. •*Humman waddo lê l muftin fî l-sijin.* Ils ont conduit le fauteur de troubles en prison.

mug'ad *n. m.*, → *mag'ad 2*, * qˤd, ق ع د

muga'ad *n. m.*, → *mug'ad.*

mugabbad 1 / mugabbadîn *adj. mrph. part.* passif, (*fém. mugabbada*), *Cf. mu'ôgad*, * qbḍ, ق ب ض

♦ **consumé(e), allumé(e), flambé(e).** •*Al-nâr mugabbada min gibêl, ta'âli sawwi lêna câhi !* Le feu est allumé depuis longtemps, viens nous préparer du thé ! •*Al kûzi mugabbad nâr, amcu aktulûha !* La case a pris feu, allez l'éteindre !

mugabbad 2 / mugabbadîn *adj. mrph. part.* passif, (*fém. mugabbada*), *Cf. gabbad 2*, * qbḍ, ق ب ض

♦ **pris(e), attrapé(e), saisi(e), empoigné(e),** arrêté(e). •*Axûna min amis fattacnah kê, istâri hû wa rufugânah mugabbadîn fî l kumsêriye.* Depuis hier, nous cherchions notre frère partout, et voilà que nous l'avons trouvé arrêté avec ses amis et retenu au commissariat. •*Al-hawwâti gabbal fî bêtah be hûtah katîr mugabbad fî l-cabaka.* Le pêcheur est revenu chez lui avec beaucoup de poissons pris au filet.

mugabbad 3 / mugabbadîn *adj. mrph. part.* passif, (*fém. mugabbada*), ≅ *magabbad*, *Cf. mu'amman*, * qbḍ, ق ب ض

♦ **confié(e), prêté(e), déposé(e).** •*Gursi mugabbad bakân al-tâjir jârna da.* Mon argent est confié à notre voisin commerçant. •*Fâtime kulla yôm ticîl masârif min gurus hanâ râjilha al mugabbad fî l banki.* Tous les jours, Fatimé prend l'argent dont elle a besoin pour les dépenses, sur la somme que son mari a déposée à la banque.

mugabbil / mugabbilîn *adj. mrph. part.* actif, (*fém. mugabbile*), * qbl, ق ب ل

♦ **qui revient, qui retourne chez lui.** •*Amîn lâgêtah mugabbil min al-sarhe.* J'ai rencontré Amine qui revenait du pâturage. •*Anâ macêt al-labtân wa xalâs mugabbile.* Je suis allée à l'hôpital et je retourne à la maison. •*Usmân wa axûk kan mugabbilîn min al madrasa, axaco abûku fî l xidime yantîku l masârîf jubuhum lêi.* Ousman, lorsqu'avec ton frère vous reviendrez de l'école, passez voir votre père au travail pour qu'il vous donne l'argent pour la nourriture.

mugâbil / mugâbilîn *adj. mrph. part.* actif, forme III, (*fém. mugâbile*), * qbl, ق ب ل

♦ **face à, en face de, correspondant(e) à, compensé(e) par.** •*Bêti mugâbil bêtak.* Ma maison est en face de la tienne. •*Al mara mugâbile râjilha wa tahajji.* La femme s'est tenue en face de son mari et lui a parlé. •*Al-nâs al mugâbilîn al gâdi da, humman mazlûmîn.* Les gens qui sont en face de ce juge sont les victimes d'une injustice. •*Xâli anta martah hadîye mugâbile lê xidimtha al-samhe al gaddamatha lêyah.* Mon oncle a donné à sa femme un cadeau correspondant au beau travail qu'elle avait effectué pour lui. •*Anâ xidimti di fî sabîl Allah, mâ mugâbile ceyy.* Mon travail est pour la gloire de Dieu, je ne reçois aucune compensation.

mugaccir / mugaccirîn *adj.*, (*fém. mugaccire*), * qšr, ق ش ر

♦ **qui a pelé, qui s'écorce, qui se desquame,** dont la peau ou l'écorce se détache. •*Ligit binêyti callûfitha mugaccire min ta'ab al wirde.* J'ai trouvé ma fille souffrant d'une forte fièvre qui lui faisait peler la lèvre. •*Uwârtak al mugaccire di xalâs birat, wa inta ligit al âfe.* Ta plaie, dont la croûte se détachait, est enfin guérie, et tu as recouvré la santé. •*Al-cadar mugaccir acân al almi kammal xallah.* Les arbres ont perdu leur écorce parce qu'il s'est arrêté de pleuvoir depuis longtemps.

mugaddad / mugaddadîn *adj. mrph. part.* passif, (*fém. mugaddada*), * qdd, ق د د

♦ **percé(e), troué(e), crevé(e).** •*Ahmat gabbal min al-zere' be biskilêtah kulla mugaddad min al-côk wa amdirêsa.* Ahmat est revenu du champ avec sa bicyclette, les pneus étaient complètement crevés par les épines et les cramcrams. •*Na'âli waddêtah lê addâli l-ni'êlât acân hû mugaddad.* J'ai apporté mes sandales au cordonnier parce qu'elles sont trouées. •*Gammêt wa ligit farditi kullaha mugaddada min al arda.* Après m'être levée et avoir pris mon pagne, j'ai constaté qu'il avait été tout troué par les termites.

mugaddam / mugaddamîn *adj. n. m. mrph. part.* passif, (*fém. mugaddama*), * qdm, ق د م

♦ **qui est mis(e) devant, délégué(e) pour un mariage, avance.** •*Zôl kan bi'ajjir bêt fî Anjammêna bikaffi caharên mugaddam hatta yindassa fî l-bêt.* Lorsque quelqu'un loue une maison à N'Djaména, il doit payer deux mois d'avance avant d'y entrer. •*Yôm hanâ axîdtah, abuh bas mugaddam.* Le jour de son mariage, c'est son père qui fut délégué.

mugaddim / mugaddimîn *adj.*, (*fém. mugaddime*), * qdm, ق د م

♦ **qui est devant, qui est en avant, guide.** •*Sâ'iti mugaddime be xamsa dagâ'ig.* Ma montre est en avance de cinq minutes. •*Al askar jo wa karabo l-râjil al mugaddim wakit al muzaharât.* Les soldats sont venus arrêter l'homme qui dirigeait la manifestation. •*Al-râjil al mugaddim lê l-nâs nasîbi.* L'homme qui est devant les gens est mon beau-père.

mugaffal / mugaffalîn *adj. part.* passif, (*fém. mugaffala*), * qfl, ق ف ل

♦ **qui a été fermé(e).** •*Anâ macêt lêk wa ligit xacum bêtak mugaffal.* Je suis allé chez toi et j'ai trouvé la porte de ta maison fermée. •*Kulla l farmasiyât talgâhum mugaffalîn acân al yôm ahad.* Tu trouveras toutes les pharmacies fermées parce qu'aujourd'hui, c'est dimanche. •*Al yôm da min al fajur, al-dunya mugaffala giddâmi.* Aujourd'hui, depuis ce matin, je n'ai rien reçu ni mangé [le bas monde était fermé devant moi].

mugaffil / mugaffilîn *adj. mrph. part.* actif, (*fém. mugaffile*), *Cf. gafal*, * qfl, ق ف ل

♦ **fermant, qui a fermé,** qui ferme ou qui a fermé. •*Al-tujâr mugaffilîn dakâkînhum acân câfo nâs al-duwân.* Les commerçants ont fermé leurs boutiques parce qu'ils ont vu les douaniers. •*Inti mâla mugaffile bêtki ambahîn ke ?* Pourquoi as-tu fermé ta maison si tôt ? •*Hû indah talâte yôm mugaffil bâbah acân mardân.* Depuis trois jours, il a fermé sa porte parce qu'il est malade.

mugajjam / mugajjamîn *adj. mrph. part.* passif, (*fém. mugajjama*), *Cf. gajjam.*

♦ **déchiqueté(e), arraché(e), grignoté(e), lacéré(e), ébréché(e),** faire un trou en arrachant quelque chose. •*Hey al iyâl, xulgânku mâlhum mugajjamîn, cunû gatta'âhum ?* Hé ! les enfants ! pourquoi vos habits sont-ils pleins d'accrocs, qu'est-ce qui les a ainsi coupés ? •*Mappit al iyâl dôl mugajjama.* Le pain de ces enfants a été grignoté. •*Faggûsi ligîtah kulla mugajjam, al fâr akalah ; yâtu bibî'ah ?* Mes concombres ont tous été grignotés par les souris, qui va me les acheter ? •*Bitti samhe, waddoha* *wa jâboha mugajjama... Da l êc.* Ma fille est belle, ils l'ont emportée et ramenée toute déchiquetée… C'est la boule. *Dvnt.*

mugalliny / mugallinyîn *adj. m. mrph. part.* actif, *Cf. guluny.*

♦ **qui a un éléphantiasis.** •*Al mugalliny mâ yagdar yaxadim.* Celui qui souffre d'éléphantiasis ne peut plus travailler. •*Al-dakâtîr bisawwo amaliye lê l mugallinyîn.* Les médecins opèrent ceux qui ont un éléphantiasis.

mugammil / mugammilîn *adj. mrph. part.* actif, (*fém. mugammile*), * qml, ق م ل

♦ **pouilleux (-euse), qui a des poux.** •*Al-surwâl da mugammil.* Ce pantalon a des poux. •*Al iyâl dôl xulgânhum kulluhum mugammilîn.* Tous les vêtements de ces enfants ont des poux.

mugammir / mugammirîn *adj. mrph. part.* actif, (*fém. mugammire*), ≃ *migammir, migammire, Cf. gumur,* * qmr, ق م ر

♦ **qui a un goitre.** •*Al-nâdum al mugammir mâ birîd al muxlât.* Celui qui a un goitre n'aime pas les disputes. •*Al migammir mâ bahmal al-dalîme.* Celui qui a un goitre ne supporte pas l'injustice.

mugarjil / mugarjilîn *adj. mrph. part.* actif, (*fém. mugarjile*).

♦ **nain(e), qui n'a pas grandi, rachitique,** qui a gardé l'apparence d'un enfant, qui ne s'est pas développé comme un adulte. •*Al-saxîr kan mugarjil, âkûn mardân walla batunah mâ malâne be akil indah xiza.* Lorsqu'un enfant ne s'est pas développé comme un adulte, c'est qu'il a peut-être été malade ou qu'il n'a pas mangé de nourriture suffisamment riche. •*Al mugarjilîn, katîr minnhum mâ man'în.* Beaucoup d'enfants nains ne sont pas costauds.

mugarjim *adj. m. mrph. part.* actif, *Cf. garjam.*

♦ **en grumeaux, boutonneux (-euse), grumeleux (-euse).** •*Al-laban kan mugarjim, mâ tagdar tacarbah wa lâ tâkul fôgah êc.* Lorsque le lait tourné a formé des grumeaux, tu ne peux ni le boire, ni l'utiliser pour manger la boule. •*Iyâlki dôl mâ cifti jilidhum kulla ke mugarjim, waddihum al-labtân !* Tu n'as pas vu que le corps de tes enfants était couvert de boutons ! Emmène-les à l'hôpital !

mugarrac / mugarracîn *adj. mrph. part.* passif, (*fém. mugarraca*), *Cf. garrac 2.*

♦ **stationné(e), garé(e).** •*Al watîr al mugarrac giddâm bêti da, hanâ yâtu ?* A qui appartient la voiture qui est stationnée devant ma maison ? •*Fî l garrâc al kabîr talga watâyir katîrîn mugarracîn, mâ na'arif kan talfânîn walla adîlîn.* Au grand garage, on trouve [tu trouveras] de nombreuses voitures garées ; je ne sais pas si elles sont en panne ou en bon état de marche.

mugarrad 1 / mugarradîn *adj.*, (*fém. mugarrada*), * qrḍ, ق ر ض

♦ **coupé(e) en rondelles.** •*Al-darrâba l mugarrada lissâha mâ yibisat.* Le gombo coupé en rondelles n'est pas encore sec. •*Humman garrado l faggûs wa akaloh bala mileh.* Ils ont coupé le concombre en rondelles et l'ont mangé sans sel.

mugarrad 2 / mugarradîn *adj.*, (*fém. mugarrada*), * qrḍ, ق ر ض

♦ **bien boulonné(e), serré(e) par des boulons.** •*Al-sâmûla di mâ mugarrada adîl.* Ce boulon n'est pas bien serré. •*Ajal al watîr kan mâ mugarrâd adîl bamrug kan al watîr mâci bas.* Si les boulons de la roue ne sont pas bien serrés, la roue partira quand la voiture roulera.

mugarric 1 / mugarricîn *adj. mrph. part.* actif, (*fém. mugarrice*), *Cf. garrac 1,* * qrš, ق ر ش

♦ **qui a gagné de l'argent, qui a de l'argent.** •*Al yôm hû farhân ke da, akûn mugarric !* Aujourd'hui il est heureux, peut-être a-t-il gagné de l'argent ! •*Hawa sawwat lêyah xurûs hiney dahab acân mugarrice.* Hawa s'est fait ciseler des boucles d'oreilles en or parce qu'elle a de l'argent. •*Al-sakkâra kan yôm mugarricîn, yulummu katîrîn fî l gôdâla.* Lorsque les ivrognes ont de l'argent, ils se rassemblent nombreux au cabaret.

mugarric 2 / mugarricîn *adj. mrph. part.* actif, (*fém. mugarrice*), *Cf. garrac 2.*

♦ **qui a garé sa voiture, qui a rangé sa voiture.** •*Ahmat, mugarric watîrak wên al ayyâm dôl ?* Ahmat, où as-tu garé ta voiture ces jours-ci ? •*Fî giddâm gasir al-ca'ab, al-sawwâgîn mugarricîn watâyir al kubârât.* Devant le palais du peuple, les chauffeurs ont garé les voitures des personnalités.

mugaryif / mugaryifîn *adj. mrph. part.* actif, (*fém. mugaryife*), *Syn. mulgaryif,* * qrf, ق ر ف

♦ **qui se trouve en manque d'excitant, qui a besoin de drogue.** •*Anâ al yôm da mugaryife, min fajur câhi mâ ciribt.* Aujourd'hui, j'ai besoin d'excitant, depuis ce matin je n'ai pas bu de thé. •*Carrâb al muxaddirât kan mugaryif mâ bilfâham.* Lorsqu'un drogué est en manque, il ne comprend plus rien à ce qu'on lui dit.

mugâsam / mugâsamîn *adj.*, (*fém. mugâsama*), * qsm, ق س م

♦ **partagé(e), divisé(e).** •*Al gurus da mugâsam.* Cet argent est partagé. •*Al xalla mugâsama alê talâta bakân.* Le mil a été partagé en trois.

mugâsim / mugâsimîn *adj. mrph. part.* actif, (*fém. mugâsime*), * qsm, ق س م

♦ **qui fait le partage, qui partage avec *qqn.*** •*Al xalla gâ'ide lâkin al mugâsim ma'âi lissâ mâ ja.* Le mil est là, mais celui qui le partage avec moi n'est pas encore arrivé. •*Al mugâsim da dalam al-nâs.* Celui qui a fait le partage n'a pas été équitable avec les gens.

mugassam / mugassamîn *adj. mrph. part.* passif, (*fém. mugassama*), * qsm, ق س م

♦ **partagé(e), divisé(e).** •*Al bêt da mugassam dâxal arba'a dangay.* Cette concession est diviséée en quatre pièces. •*Mâla al warasa di mugassama ambên al wulâd wa l banât sawa sawa ?* Pourquoi cet héritage a-t-il été divisé en parts égales entre les garçons et les filles ? •*Faridti di mugassama talâte mahall, wahade di nixayyitha xalag.* Mon pagne est divisé en trois morceaux, avec l'un deux je vais me faire coudre un habit.

mugassim / mugassimîn *adj. n., mrph. part.* actif, (*fém. mugassime*), * qsm, ق س م

♦ **qui a distribué, distributeur (-trice), diviseur, qui a divisé,** qui fait des parts. •*Gursak da, mugassimah sadaxa wallâ ?* Vas-tu distribuer cet argent-là en aumône ? •*Al-zulum bas mugassim iyâl al-dâr.* C'est l'injustice qui a divisé les enfants du pays. •*Abui bas mugassim lêna l halâwa di !* C'est mon père qui nous a distribué des bonbons ! •*Mâ tilammis halâwit binêyti di acân mugassimêha sadaxa lê rufugânha.* Ne touche pas aux bonbons de cette fille parce qu'elle veut les donner en aumône à ses amis.

mugassir / mugassirîn *adj. mrph. part.* actif, (*fém. mugassire*), * qṣr, ق ص ر

♦ **qui manque à.** •*Al-râjil da xani ceyy mugassir lêyah mâ fîh.* Cet homme est riche, rien ne lui manque. •*Al-câhi da sukkarah mugassir.* Le sucre mis dans ce thé n'est pas suffisant. •*Ta'âm al mulah da mugassir.* Cette sauce manque de goût.

mugâta'a / mugâta'ât *n. f., Cf. gata',* * qṭʕ, ق ط ع

♦ **coupure, séparation, division, rupture.** •*Kalâmak da bijîb lêna mugâta'a ambênâtna.* Ce que tu as dit risque de nous diviser [nous apporte une séparation entre nous]. •*Al mugâta'a al bigat ambêni wa ambên axui acân mahanna mâ fî.* La rupture entre mon frère et moi est due à l'absence d'affection réciproque.

•*Adam al-ziyâra lê l ahal bijîb al mugâta'a.* Ne pas rendre visite à sa famille entraîne la séparation.

mugatta' / mugatta'în dans les expressions *diwêde mugatta'* et *ka'ak mugatta'*, (*fém. mugatta'a*), → *diwêdi mugatta', ka'ak mugatta', mugatta'* est aussi employé comme terme d'injure, * qṭʕ, ق ط ع

♦ **coupé(e), sectionné(e), démuni(e)** (injure). •*Râdyoyti tallafat, waddêtah lê l addâli, laham sulûkah al mugatta'în.* Ma radio était cassée, je l'ai apportée au réparateur qui a soudé les fils qui étaient coupés. •*Indi yômên naxadim fî ka'ak al îd, sawwêt dibla wa ka'ak mugatta'.* Depuis deux jours, je prépare des gâteaux pour la fête, j'ai fait des gâteaux en forme de serpentin et des gâteaux coupés en tranches.

mugâwala / mugâwalât *n. f., Cf. gâl, mucârata*, * qwl, ق و ل

♦ **contrat, arrangement, entente, forfait, marché.** •*Abbakar sawwa ma'âi mugâwala lê bani hana l-lekôl da, lâkin lissâ mâ kaffa l gurus.* Abakar s'était entendu avec moi pour construire cette école, mais jusqu'à présent il n'a rien payé. •*Gubbâl al hirâte ke, al harrâtîn sawwo mugâwala ma'â kabîr hanâ jam'iyitna acân yijîb lêhum harrâtât wa yikaffu ba'ad al-darat.* Avant de cultiver leur champ, les agriculteurs ont passé un contrat avec le chef de notre association pour qu'il leur fournisse des tracteurs qu'ils payeront après les récoltes.

mugâwas / mugâwasîn *adj. mrph. part.* passif, (*fém. mugâwasa*), * qys, ق ي س

♦ **mesuré(e).** •*Al bakân mugâwas lêi acân naharit fôgah xalla.* Cette place a été mesurée pour que j'y cultive du mil. •*Al xalag da mugâwas xamsa yarda.* Ce vêtement a été coupé dans un tissu de cinq yards.

mugâwil / mugâwilîn *adj. n., mrph. part.* actif, (*fém. mugâwile*), * qwl, ق و ل

♦ **entrepreneur (-euse).** •*Nidôr mugâwil yabni lêi bêti.* Je veux un entrepreneur pour construire ma maison. •*Anâ antêt gursi lê l mugâwil wa lê hassâ mâ jâb xaddâminah bado l xidime.* J'ai donné de l'argent à l'entrepreneur et jusqu'à maintenant il n'a pas amené ses ouvriers pour commencer le travail.

mugawwi / mugawwiyîn *adj. mrph. part.* actif, (*fém. mugawwiye*), * qwy, ق و ي

♦ **fortifiant(e), reconstituant(e), tonifiant(e).** •*Al-laban xiza mugawwi lê l iyâl al-dugâg.* Le lait est un aliment qui fortifie les petits enfants. •*Al mardân ligi ibre mugawwiye hint batamîn.* Le malade a reçu une injection tonifiante de vitamines.

mugayyad / mugayyadîn *adj. mrph. part.* passif, (*fém. mugayyada*), * qyd, ق ي د

♦ **entravé(e), attaché(e).** •*Al mujrimîn mugayyadîn be janâzîr hanâ hadîd.* Les criminels sont entravés avec des chaînes en fer. •*Al humâr kan mâ mugayyad yi'arrid ba'îd.* Un âne qui n'est pas entravé s'enfuit très loin. •*Al-nâga tagdar tahalibha kan mâ mugayyada kula, acân hî dalûla.* On peut traire la chamelle même si elle n'est pas entravée, parce qu'elle est docile.

mugcâca *n. f.*, → *mugcâce.*

mugcâce / magâcîc *n. f.*, ≅ *mugcâca*, * qšš, ق ش ش

♦ **balai.** •*Al binêye gaccat al faday be l mugcâce.* La fille a passé un coup de balai dans la cour. •*Albil abui katirîn wa ugâlhum wâhid... Di l mugcâce.* Les chameaux de mon père sont nombreux et ils sont attachés ensemble… C'est le balai. *Dvnt.*

muglâm / magâlîm *n. m., Cf. mudbax, safarôg, ukkâz*, * qlm, ق ل م

♦ **gros bâton, gourdin.** •*Al humâr aba mâ yurûx wa l mara darabatah be muglâm.* L'âne a refusé d'avancer et la femme l'a frappé avec un gros bâton. •*Al-subyân dâwaso be* *magâlîm.* Les jeunes gens se sont battus avec des gourdins.

mugôgi / mugôgiyîn *adj.*, (*fém. mugôgiye*), → *migôgi.*

mugrân *n. instr.*, *m, Cf. gêd, cukkâl, ugâl*, * qrn, ق ر ن

♦ **entrave,** lien qui attache le cou du veau à une patte avant droite de la vache afin de permettre la traite du lait. •*Anâ cilt al mugrân wa rabat rijilên al bagaray.* J'ai pris l'entrave et j'ai attaché les pattes de la vache. •*Al mugrân habil yarbutu beyah al ijil wakit yidôru yahalbu ammah.* L'entrave est une corde avec laquelle on attache le veau quand on veut traire la vache.

mugtâ' *n. m.*, *Cf. gata'*, * qṭʕ, ق ط ع

♦ **de l'autre côté, au-delà de.** •*Anîna macêna mugtâ' al bahar.* Nous sommes partis de l'autre côté du fleuve. •*Hû mâ yagdar yamci mugtâ' acân mâ indah maktûb.* Il ne peut pas aller de l'autre côté du fleuve parce qu'il n'a pas de laissez-passer. •*Bêtna mugta' al gidron hanâ câri arba'în.* Notre maison est au-delà du goudron de la rue des quarante mètres.

mugur *n. m.*, terme employé entre femmes et réservé à l'univers féminin.

♦ **trou à parfum,** trou dans lequel on fait brûler des bois parfumés. •*Al gu'âd fî l mugur xâs be l awîn.* Rester assis au-dessus du trou à parfum est réservé aux femmes. •*Al awîn kan bidaxxunu fî l mugur bixattu be nato' walla be bâdjo.* Lorsque les femmes encensent leur corps, elles se couvrent de peaux de mouton ou d'une couverture.

muhâdasa / muhâdasât *n. f.*, *Cf. mufâwada*, * ḥdṯ, ح د ث

♦ **conversation, dialogue, entretien, pourparler.** •*Amis al muhâdasa bigat ambên al hâkûma wa l-suwâr.* Hier, il y a eu des pourparlers entre le gouvernement et les rebelles. •*Al yôm fîh muhâdasa ambên al wilêd wa abuh.* Aujourd'hui, l'enfant dialogue avec son père.

muhaddad / muhaddadîn *adj. mrph. part.* passif, (*fém. muhaddada*), * ḥdd, ح د د

♦ **limité(e), fixé(e), menacé(e) de.** •*Anâ gudurti muhaddada mâ nagdar nangul al xumâm da.* Mes forces sont limitées, je ne peux pas transporter ces affaires. •*Hukum al-sultân da muhaddad mâ misil hanâ l-Ra'îs.* Le pouvoir du sultan est limité, il n'est pas comme celui du Président. •*Al-râjil muhaddad be katil, mâ bagdar burûx minjamm.* Cet homme est menacé de mort, il ne peut pas se promener librement.

muhâfaza 1 / muhâfazât *n. f.*, * ḥfẓ, ح ف ظ

♦ **conservation, fait de garder, sauvegarde,** garder en main le minimum de cartes au cas où l'on perd la partie. •*Anîna numûtu acân muhâfazit karâmitna.* Nous allons mourir pour sauver notre dignité. •*Humman mâ bajuru bilhên, coxolhum muhâfaza lê watîrhum.* Ils ne roulent pas beaucoup, ils tiennent à conserver leur voiture. •*Fî li'ib araba'atâcar kan mâ tal'ab be muhâfaza, dâyiman tufûr fôgak !* Au jeu de cartes *arbâtâcar*, si on n'abat pas une partie de ses cartes, on perd toujours !

muhâfaza 2 / muhâfazât *n. f.*, terme de l'*ar. lit.* peu employé, *Syn. mudûriya, mudîriye, perfectir*, * ḥfẓ, ح ف ظ

♦ **préfecture,** bureau préfectoral. •*Kulla muhâfaza indaha muhâfiz.* Chaque préfecture a un préfet. •*Tcad indaha arba'tâcar muhâfaza.* Le Tchad a quatorze préfectures.

muhâfiz / muhafizîn *n. m.*, * ḥfẓ, ح ف ظ

♦ **préfet.** •*Al muhâfiz hanâ Wadday ja fî Anjammêna.* Le préfet du Ouaddaï est venu à N'Djaména. •*Kulla arba'a sana al muhafizîn hanâ l arbatâcar muduriya hanâ Tcâd bulummu fî Anjammêna.* Tous les quatre ans, les préfets des quatorze préfectures du Tchad se rencontrent à N'Djaména.

muhaggig / muhaggigîn *adj. mrph. part.* actif, (*fém. muhaggige*), * ḥqq, ق ق ح

♦ **sûr(e), rassuré(e), certain(e), qui a la certitude de.** •*Hû da bas al-sirig xumâmi anâ muhaggig minnah.* C'est lui qui a volé mes affaires, j'en ai la certitude. •*Anâ mâ muhaggig akûn mâ ja ?* Je ne suis pas sûr, peut-être n'est-il pas venu ?

Muhâjir *n. pr.* d'homme, *Cf. muhâjiri*, * hjr, ر ج ه

muhâjiri / muhâjirîn *adj. n. m., mrph. part.* actif, forme III, (*fém. muhâjiriye*), ≅ *mahâjiri*, *Syn. hîrâni*, * hjr, ر ج ه

♦ **migrant(e), élève de l'école coranique, mendiant(e),** celui ou celle qui a quitté sa maison pour étudier ; élève de l'école coranique mendiant sa nourriture pour lui et son maître, le faki. •*Al muhâjiri ligi akil katîr al yôm.* Le mendiant a trouvé beaucoup de nourriture aujourd'hui. •*Al muhâjiri azzal al-laham wa wadda l mulâh be l êc lê sayyidah.* Le mendiant a pris pour lui [a choisi] la viande, et apporté la sauce et la boule à son maître. •*Mâ tatrud al muhâjirîn kan jo fî bêtak !* Ne chasse pas les mendiants quand ils viennent chez toi !

muhajjab / muhajjabîn *adj. mrph. part.* passif, (*fém. muhajjaba*), *Cf. hijâb*, * ḥjb, ب ج ح

♦ **protégé(e) par des amulettes, invulnérable,** qui se trouve protégé par des amulettes contre l'attaque des forces invisibles ou contre les blessures des armes d'un adversaire. •*Al-râjil al muhajjab, al-silah mâ bâkulah.* L'homme protégé par des amulettes n'est atteint par aucune arme de l'adversaire. •*Al muhajjab mâ bindarr(a).* On ne peut pas nuire à un homme qui s'est rendu invulnérable. •*Xadîja muhajjaba min al xucce wa l massâsîn.* Khadidja est protégée contre le mauvais œil et contre les vampires.

muhajjal / muhajjalîn *adj. mrph. part.* passif, (*fém. muhajjala*), * ḥjl, ل ج ح

♦ **qui porte des balzanes.** •*Juwâdi l muhajjal da, sa'îd lêi, kulla ma maragt bêyah lê l ganîs, nigabbil be sêde.* Mon cheval qui a des balzanes me porte chance ; chaque fois que je pars avec lui en brousse, je reviens avec du gibier. •*Al xêl al muhajjalîn dâ'imân jarrayîn.* Les chevaux qui ont des balzanes sont toujours de bons coursiers.

muhajjam / muhajjamîn *adj. mrph. part.* passif, (*fém. muhajjama*), * ḥjm, م ج ح

♦ **à qui l'on a appliqué des ventouses.** •*Xâli maxarûgtah di abat lêyah, mufassadah wa muhajjamah, kula mâ bagdar burûx.* Mon oncle souffre de la hanche [la tête de son fémur se refuse à lui], on lui a fait des scarifications et on lui a posé des ventouses, mais il ne peut toujours pas marcher. •*Ligîtha munkafiye, muhajjam fî daharha amfûla.* Je l'ai trouvée couchée sur le ventre avec des ventouses posées sur le dos.

muhallal / muhallalîn *adj. mrph. part.* passif, (*fém. muhallala*), *Cf. hallal*, * ḥll, ل ل ح

♦ **licite, permis(e),** rendu(e) consommable par l'égorgement rituel. •*Kan xanamay mâtat fatîse, mâ nâkulha acân mâ muhallala.* Lorsqu'une chèvre est morte sans être égorgée, je ne la mange pas parce que c'est interdit [elle est illicite]. •*Kan tizîd almi fî l-laban wa tisâwigah lê l-nâs, gursak mâ muhallal lêk !* Lorsque tu mets de l'eau dans du lait et que tu le vends, l'argent gagné n'est pas licite. •*Al xinzîr lahamah mâ muhallal lê l muslimîn.* Il n'est pas permis aux musulmans de consommer de la viande de cochon.

muhallig / muhalligîn *adj. mrph. part.* actif, (*fém. muhallige*), * ḥlq, ق ل ح

♦ **planant, tournoyant en l'air.** •*Al-sugûra kan muhalligîn fî l bakân da, akîd indah rimme.* Lorsque les vautours planent là-bas, on peut être sûr qu'il s'y trouve un cadavre. •*Al-tayyâra min gibêl muhallige, mâ gidirat tanzil fî l matâr acân al ajaj katîr.* Depuis tout à l'heure l'avion tourne en l'air, il ne peut atterrir sur la piste à cause de l'intensité du vent de sable.

muhallik / muhallikîn *adj.*, (*fém. muhallike*), * hlk, ه ل ك

♦ **qui mène à la ruine, qui conduit à la perdition, dangereux (-euse), mortel (-elle),** qui entraîne les autres dans le mal ou à la mort. •*Kan mâ waddar gursah kulla ke, mâ ya'arif kadar al gumâr muhallik.* Tant qu'il n'aura pas perdu tout son argent, il ne comprendra pas [ne saura pas] que le poker mène à la ruine. •*Iyâl immak dôl muhallikîn, mâ tamci ma'âhum ambâkir yidissuk al-sijin !* Tes cousins que voici entraînent les autres dans de mauvaises actions ; ne va pas avec eux, sinon demain on te mettra en prison ! •*Al mara di muhallike, angari' minha !* Cette femme est dangereuse, prends garde à elle ! •*Marad amkanyang-nyang wa l-sull wa l-sîda muhallikîn.* Les maladies comme la rougeole, la tuberculose et le sida, sont des maladies mortelles.

muhallil 1 / muhallilîn *adj. mrph. part.* actif, (*fém. muhallile*), *Cf. halla*, * ḥll, ح ل ل

♦ **qui analyse, qui résout, qui trouve une solution,** qui a analysé une situation pour trouver une solution. •*Al-nâdum al mufakkir hû bas muhallil macâkil ahalah.* L'homme qui réfléchit arrive à résoudre les problèmes de sa famille. •*Al-zûz muhallil al kalâm gubbâl mâ yagta' al-cerîye.* Avant de prononcer la sentence, le juge a analysé les données du problème. •*Abûk, hû min al-nâs al muhallilîn al kubâr fî l hisâbât.* Ton père est un des grands mathématiciens.

muhallil 2 / muhallilîn *adj. mrph. part.* actif, (*fém. muhallile*), * ḥll, ح ل ل

♦ **proclamant l'unicité de Dieu,** qui répète le *tahlîl* où l'on affirme que "Il n'y a de dieu qu'Allah". •*Al gamar warradah, al-nâs bisâhuru muhallilîn.* Il y a une éclipse de lune, les gens ont veillé en répétant : "Il n'y a de dieu que Dieu". •*Fî salât al îd al-nâs bamcu muhallilîn wa mukabbirîn.* En allant à la grande prière du Ramadan, les gens répètent : "Il n'y a de dieu qu'Allah !" et disent : "Allah est le plus grand !".

muhallile / muhallilât *adj. f.*, qualifiant une épouse divorcée, * ḥll, ح ل ل

♦ **libre de retrouver son premier mari,** femme libre de se remarier avec son premier mari, après avoir contracté un second mariage avec un autre homme qui l'a répudiée. •*Al mara kan harmâne, mâ tigabbil lê râjilha l awwalâni, illa kan muhallile.* La femme qui a été répudiée à trois reprises par son mari ne peut revenir vers lui qu'après avoir été libérée par un autre homme qu'elle aura épousé. •*Jâritna l mutallaga di, râjilha aba mâ bigabbilha acân mâ muhallile.* Notre voisine a été répudiée par son mari ; celui-ci refuse de l'épouser à nouveau parce qu'elle n'a pas été libérée d'un deuxième mariage.

muhalliny / muhallinyîn *adj. mrph. part.* actif, (*fém. muhallinye*), *Cf. halany.*

♦ **édenté(e),** qui n'a pas de dents, qui a perdu ses dents. •*Al ajâyis, kan lihigo l-tamanîn sana, katîr minnuhum bagbo muhallinyîn.* De nombreuses vieilles femmes qui ont atteint l'âge de quatre-vingts ans sont édentées. •*Al-râjil sabi ke bas, bigi muhalliny ba'ad waga' min al watîr.* Cet homme est jeune, il a perdu toutes ses dents après être tombé d'un camion.

muhamhim / muhamhimîn *adj. mrph. part.* actif, (*fém. muhamhime*), *Cf. hamham*, * hmhm, ه م ه م

♦ **qui se racle la gorge.** •*Hû muhamhim da bala cak indah kalâm bidôr bugûlah.* Il est en train de se racler la gorge, il a sans doute quelque chose à dire. •*Wakit hû muhamhim da dâxil bêtah.* Lorsqu'il se racle la gorge, cela veut dire qu'il est en train de rentrer chez lui.

muhâmi / muhâmîn *adj. mrph. part.* actif, (*fém. muhâmiye*), vocabulaire moderne, * ḥmy, ح م ي

♦ **avocat(e), défenseur.** •*Hû katal nâdum wa yôm al-ceriye câl muhâmi.* Il a tué une personne et a pris un avocat pour le défendre le jour du jugement. •*Al muhamiyîn mâ rido be l-cariye hint al-zûz.* Les avocats ne sont pas d'accord avec le jugement rendu par le juge.

Muhammad *n. pr.* d'homme, nom du Prophète, * ḥmd, ح م د

♦ **Mouhammad.** •*Muhammad gabîltah Xurêc.* Mouhammad est de la tribu de Qouraïch. •*Muhammad, hû rasûl min ind Allah lê l-nâs.* Mouhammad a été envoyé par Allah aux hommes.

muhammadiya *adj. f.*, dans l'expression *ansâr al-sunna al muhammadiya* (partisans de la tradition du Prophète), nom d'une confrérie religieuse, *Cf. Muhammad.*

muhammal / muhammalîn *adj. mrph. part.* passif, (*fém. muhammala*), * ḥml, ح م ل

♦ **chargé(e) de.** •*Al-rujâl dôl muhammalîn be l xidime hanâ l-durûb.* Ces hommes sont chargés des travaux des routes. •*Anîna muhammalîn be xidime katîre al-sana.* Nous sommes chargés d'exécuter de nombreux travaux cette année.

muhammar / muhammarîn *adj. mrph. part.* passif, (*fém. muhammara*), qualifiant la cuisson de la viande, *Cf. nâcif*, * ḥmr, ح م ر

♦ **cuit(e) dans l'huile, frit(e), revenu(e) dans l'huile.** •*Gâ'idîn nâkulu laham muhammar.* Nous sommes en train de manger de la viande cuite dans de l'huile. •*Al-laham kan gatta'oh wa xassaloh, wa galoh be dihin fî l-nâr, yabga laham muhammar.* La "viande frite" c'est de la viande coupée en morceaux, lavée et cuite dans de l'huile bouillante.

muhammir / muhammirîn *adj. mrph. part.* actif, (*fém. muhammire*), * ḥmr, ح م ر

♦ **rouge foncé, rougeâtre.** •*Fanne tirîd talbas xalagha l muhammir.* Fanné aime mettre sa robe rouge foncé. •*Kullina fî l kilâs nagru fî kutub sijillênhum muhammirîn.* Nous lisons tous en classe dans des livres dont la couverture est rougeâtre.

muhânana *n. d'act.*, *Cf. hânan*, * ḥnn, ح ن ن

♦ **amour mutuel, tendresse mutuelle,** fait de s'aimer mutuellement. •*Hey yâ iyâli, akurbu l muhânana, mâ tijjâfo, kan anâ bigît mâ fîni walla kan mût kula !* Hé ! mes enfants ! aimez-vous les uns les autres, ne soyez pas méchants entre vous, même si je ne suis plus là ou si je suis morte ! •*Al muhânana tajma'a l â'ila.* La tendresse mutuelle réunit la famille.

muhânas / muhânasîn *adj. mrph. part.* passif, (*fém. muhânasa*), *Cf. hânas*, * 'nṯ, ء ن ث

♦ **cajolé(e), consolé(e).** •*Al-tôr al mâ muwaddab, mâ yinrakib illa kan muhânas.* Le bœuf porteur qui n'est pas bien apprivoisé n'est monté qu'après avoir été cajolé. •*Al iyâl al-dugâg yixallu l baki illa kan muhânasîn wa muradda'în.* Les petits enfants ne s'arrêtent de pleurer qu'après avoir été consolés et allaités.

muhânasa *n. f.*, *Cf. hânas*, * 'nṯ, ء ن ث

♦ **consolation, fait de consoler, fait de cajoler.** •*Anâ coxoli lêki muhânasa kula abêti mâ tasukti !* Je ne fais que te cajoler, mais tu refuses de te taire ! •*Wilêdi da kan gamma babki bidôr al muhânasa hatta yaskut.* Lorsque mon enfant se met à pleurer, il a besoin d'être consolé pour se taire.

muhandis / muhandisîn *n. m.*, *qdr.*, terme de l'*ar. lit.*, racine d'emprunt *irn.*, * hnds, ه ن د س

♦ **ingénieur, technicien (-enne), architecte.** •*Fattic lêi muhandis* *yi'addil lêi televizyôni da !* Va me chercher un technicien pour réparer ma télévision ! •*Madrasat al muhandisîn fî hârit Cagwa, janb bêt al-râdio.* Le lycée technique [l'école des techniciens] se trouve dans le quartier Chagoua à côté de la maison de la radio. •*Fattic lêi muhandis yabni lêna gasir !* Cherche-moi un architecte pour qu'il me construise une maison à étages !

muhârab / muhârabîn *adj. mrph. part.* passif, (*fém. muhâraba*), * ḥrb, ح ر ب

♦ **combattu(e).** •*Al-jahal muhârab fî kulla bildân al âlam.* L'ignorance est combattue dans tous les pays du monde. •*Hû ayyân misil al-dûd al muhârab.* Il est épuisé comme un lion pourchassé.

muhâraba *n. d'act. f., Syn. hârabân,* * ḥrb, ح ر ب

♦ **guerre, combat, bataille.** •*Al muhâraba tidammir al-dâr.* La guerre détruit le pays. •*Al muhâraba didd al-jahal wâjibe !* Le combat contre l'ignorance est un devoir ! •*Al muhâraba l bigat ambên al-Tacâdiyîn dâmat sinîn tawîle.* La guerre qui a opposé les Tchadiens entre eux a duré de longues années.

muhargis / muhargisîn *adj. mrph. part.* actif, *qdr.*, (*fém. muhargise*), *Cf. hargas, abunhurgâs,* * ḥrqṣ, ح ر ق ص

♦ **celui qui se tortille, en train de se tortiller.** •*Hû muhargis acân batunah tôjah.* Il est en train de se tortiller parce qu'il a mal au ventre. •*Mâlak muhargis angurâsa addatak wallâ ?* Pourquoi te tortilles-tu ? Une fourmi t'a-t-elle piqué ?

muhârib / muhâribîn *adj.*, (*fém. muhâribe*), * ḥrb, ح ر ب

♦ **combattant(e).** •*Al muhâribîn al gudâm hassâ kula gâ'idîn gawiyîn.* Les anciens combattants demeurent jusqu'à présent des hommes forts. •*Wâjib al hâkûma tikaffi l muhâribîn hugûghum.* Il faut que le gouvernement paye le droit des combattants. •*Al muhâribîn al gudâm bikaffuhum kulla talâta cahar.* Les anciens combattants sont payés tous les trimestres.

muhârij / muhârijîn *adj. mrph. part.* actif, (*fém. muhârije*), *Syn. mulhârij,* * hrj, ه ر ج

♦ **en conflit, s'opposant à d'autres.** •*Al firêfirât dôl muhârijîn, mâ bissâlamo.* Ces jeunes adolescents sont en conflit, ils ne se saluent plus. •*Al-nâs kan mulhârijîn kula, yôm al îd da bisâluhu.* Même si les gens ont eu des conflits entre eux, ils se réconcilient le jour de la fête.

muharrac *adj. mrph. part.* passif, forme II, * hrš, ه ر ش

♦ **incité(e), provoqué(e) à, influencé(e), excité(e) contre un(e) autre,** celui qui a été poussé à agir contre *qqn.* sous l'influence d'un autre. •*Al muharrac baktul abuh.* Celui qui est excité contre son père finit par le tuer. *Prvb.* •*Hû tarad wilêdah min al bêt acân muharrac.* Il a chassé son fils de la maison parce que quelqu'un l'avait incité à le faire.

muharrag / muharragîn *adj. mrph. part.* passif, (*fém. muharraga*), * ḥrq, ح ر ق

♦ **brûlé(e), consumé(e).** •*Gammêna min al-nôm wa ligîna l-sûg kulla muharrag, wa mâ irifna yâtu taccah.* Nous nous sommes réveillés et avons trouvé le marché entièrement brûlé ; nous n'avons pas su qui avait allumé l'incendie. •*Al-laham kan muharrag murr, mâ bin'akil.* La viande brûlée est amère et immangeable.

muharram 1 / muharramât *adj. mrph. part.* passif, (*fém. muharrama*), *Cf. harâm,* * ḥrm, ح ر م

♦ **interdit(e), proscrit(e), illicite.** •*Al-sirge wa l katil wa l-zina min al muharramât.* Le vol, le meurtre et l'adultère font partie des choses interdites. •*Wâjib til'allam, mâ tagôd fî l-jahal wa tisawwi l muharramât !* Tu dois t'instruire, ne reste pas dans l'ignorance qui te fait accomplir des actes illicites !

muharram 2 *n. m.*, → *dahitên,* * ḥrm, ح ر م

muharrar / muharrarîn *adj. mrph. part.* passif, (*fém. muharrara*), * ḥrr, ح ر ر

♦ **libéré(e).** •*Xalâs arâdina muharrara min îd al adu.* Notre territoire a déjà été libéré de la main de l'ennemi. •*Falastîn lissâ mâ muharrara.* La Palestine n'a pas encore été libérée.

muharric / muharricîn *adj. n., mrph. part.* actif, (*fém. muharrice*), * hrš, ه ر ش

♦ **incitateur (-trice), instigateur (-trice), provocateur (-trice), excitateur (-trice),** qui pousse à la bagarre, qui excite les uns contre les autres. •*Ma tabga muharric, da bisawwi fitine bên al-nâs !* Ne pousse pas à la bagarre, cela provoque la division entre les gens ! •*Al muharricîn bas daxxalo l-duwâs fi gulûb al-cimâliyîn wa l-junubiyîn.* Ce sont des incitateurs qui ont inculqué la guerre dans l'esprit des gens du nord et du sud du pays.

muharrik / muharrikîn *adj.*, (*fém. muharrike*), * ḥrk, ح ر ك

♦ **qui bouge, en mouvement,** qui est sur le point de, qui s'est préparé(e) à. •*Humman muharrikîn akûn bidôru musâfirîn.* Ils s'agitent, peut-être vont-ils partir en voyage. •*Al mara di muharrike tidôr mâciye talhag râjilha.* Cette femme est prête à rejoindre son mari.

muharrir / muharrirîn *adj. mrph. part.* actif, (*fém. muharrire*), * ḥrr, ح ر ر

♦ **libérateur (-trice).** •*Al-nâs muharrirîn nafishum min al ubûdiye.* Les gens se sont libérés de l'esclavage. •*Humman dôl furrâs, muharrirîn min al isti'mâr.* Ce sont des braves, ils ont libéré leur pays du colonialisme.

muhâsab / muhâsabîn *adj. mrph. part.* passif, forme III, (*fém. muhâsaba*), * ḥsb, ح س ب

♦ **être jugé(e),** être compté(e) comme juste ou injuste en fonction de ses actes. •*Yôm al xiyâma, kulla nâdum muhâsab min xidimtah al-sawwâha fi l-dunya.* Au jour de la résurrection, chacun sera jugé selon les actes qu'il a commis sur la terre. •*Al iyâl, kan mâ bitî'u wâlidênhum muhâsabîn muhâsaba kabîre.* Les enfants qui n'obéissent pas à leurs parents seront jugés sévèrement.

muhâsaba / muhâsabât *n. f., Cf. hâsab*, * ḥsb, ح س ب

♦ **compte, règlement de compte, bilan.** •*Rafîgi jâboh fi l-sijin ba'ad al muhâsaba al sawwaha lêyah sîd al mâl.* Mon ami a été mis en prison après le bilan que son employeur a fait devant lui. •*Hawwa wa rafîgâtha sawwo muhâsaba hanâ gurushum hanâ l pâre wa gassamoh.* Hawwa et ses amies ont compté l'argent de leur tontine et l'ont partagé.

muhassal / muhassalîn *adj. mrph. part.* passif, (*fém. muhassala*), *Syn. mujahhaz*, * ḥṣl, ح ص ل

♦ **apprêté(e), préparé(e), bien disposé(e), prêt(e).** •*Al-câyib da kafanah muhassal gubbâl ma yumût.* Ce vieux avait apprêté son linceul avant de mourir. •*Anâ juwâdi muhassal lê galûb al xêl al bukûn yôm al îd.* Mon cheval est prêt pour la course de chevaux qui aura lieu le jour de la fête.

muhassif / muhassifîn *adj. mrph. part.* actif, (*fém. muhassife*), * ḥsf, ح س ف

♦ **qui nourrit un désir de vengeance, qui a une dent contre *qqn.*, qui veut prendre sa revanche, qui a de la rancune contre,** qui en veut à *qqn.* •*Abûk muhassif lêk min amis duhur acân inti abêt mâ tamci l-lekkôl.* Ton père t'en veut depuis hier après-midi parce que tu as refusé d'aller à l'école. •*Gaddâfi muhassif lê l Amerikiyîn al fâto darabo gasrah.* Kadhafi garde de la rancune à l'égard des Américains qui sont allés bombarder son palais.

muhassir / muhassirîn *adj.*, (*fém. muhassire*), * ḥṣr, ح ص ر

♦ **qui a la bilharziose.** •*Al-daktôr caggah acân hû muhassir.* Le chirurgien l'a opéré parce qu'il avait la bilharziose. •*Al iyâl al muhassirîn mâ yagdaro yubûlu.* Les enfants qui ont attrapé la bilharziose ne peuvent plus uriner. •*Carêt kinnîn lê wilêdi l muhassir.* J'ai acheté des comprimés pour mon enfant qui a la bilharziose.

muhâwaga *n. d'act., f., Cf. hâwag,* * ḥwq, ح و ق

♦ **fait de tourner autour, fait de rôder, fait de marcher à la ronde.** •*Al muhâwaga fî buyût al-nâs mâ adîle.* Ce n'est pas bien de rôder autour des maisons des gens. •*Al-sahâfiyîn hâwago l-Ra'îs muhawagt al iyâl lê abûhum.* Les journalistes tournaient autour du Président comme des enfants autour de leur père.

muhâwat / muhâwatîn *adj. mrph. part.* passif, (*fém. muhâwata*), *Cf. hâwat,* * ḥwṭ, ح و ط

♦ **croisé(e), disposé(e) tête-bêche, qui a manqué son but, passé(e) à côté,** qui ne se rencontrent pas, qui se sont croisés sans se voir. •*Al-lugdâbe marâdîsha fî l bani muhâwatîn.* Les bois du hangar sont disposés tête-bêche. •*Ziyâritna bigat muhâwata acân mâ indina wa'ad.* En allant vous rendre visite, nous nous sommes croisés sans nous rencontrer parce que nous n'avions pas pris de rendez-vous. •*Kalâmak bigi lêi muhâwat anâ mâ fihîmtah, tidôr cunû ?* Tu te contredis dans ton propos, je n'y comprends rien, que veux-tu ?

muhawwag / muhawwagîn *adj. mrph. part.* passif, forme II, (*fém. muhawwaga*), employé quand il s'agit d'êtres inanimés, *Cf. hawwag,* * ḥwq, ح و ق

♦ **entouré(e), cerné(e), encerclé(e), clôturé(e).** •*Bêtna muhawwag be burûc.* Notre maison est entourée de nattes. •*Al-cadaray al malyâne jarâd muhawwaga be l iyâl.* L'arbre rempli de sauterelles est encerclé par les enfants. •*Buyût al-sarrâgîn muhawwagîn be l bôlîs.* Les maisons des voleurs sont cernées par la police.

muhawwig / muhawwigîn *adj. m. mrph. part.* actif, *Cf. hawwag,* * ḥwq, ح و ق

♦ **en cercle autour de, qui entoure.** •*Al bôlis muhâwigîn al-sarrâgîn.* Les policiers ont encerclé les voleurs. •*Wata bârid, al-nâs al bardânîn muhawwigîn al-nâr bidaffu.* Il fait froid, les gens qui ont froid se mettent autour du feu pour se réchauffer.

muhayyar / muhayyarîn *adj. mrph. part.* passif, (*fém. muhayyare*), → *muhayyir.*

muhayyir / muhayyirîn *adj. mrph. part.* actif, (*fém. muhayyire*), a aussi le sens du *part.* passif *muhayyar,* * ḥyr, ح ي ر

♦ **déconcertant, déconcerté(e), déroutant, dérouté(e), embarrassant, embarrassé(e), désolant, désolé(e).** •*Môt hanâ l bahâyim muhayyir al baggâra.* La mort des bêtes du troupeau a désolé les éleveurs. •*Abu Fâtime macêt lêyah, ligîtah muhayyir, hagg al-câhi kula mâ indah.* Je suis allé chez Abou Halimé, je l'ai trouvé en plein désarroi parce qu'il n'avait pas même un sou pour s'acheter un peu de thé. •*Fâtime muhayyire acân axûha l-saxayar carrat kitâbha.* Fatimé est désolée parce que son petit frère a déchiré son livre.

muhhâra / mahâhîr *n. m.,* ≅ le pluriel *muhhârât,* * mhr, م ه ر

♦ **coquillage,** huître, moule, gros escargot ou autre coquillage vide au bord du fleuve. •*Angari, kan mâ cift muhhâra wa fajjaxtaha, tajarhak !* Attention, si tu marches sur une huître que tu n'a pas vue, tu te blesseras [elle te blessera] ! •*Awîn barra, lê l mahâhîr bixassulûhum adîl wa bihukku bêhum gango hanâ burâmhum kan xalâs sâto l êc.* Les femmes de la brousse rendent bien propres des coquillages, et s'en servent pour gratter les fonds de marmites dans lesquelles elles ont fait cuire la boule.

muhimm / muhimmîn *adj. mrph. part.* actif, forme IV, (*fém. muhimma*), * hmm, ه م م

♦ **important(e), essentiel (-elle), grave.** •*Hassâ da al muhimm lêi, illa âfiti.* A présent, l'essentiel pour moi est de recouvrer la santé. •*Maca wafid muhimm lê l-rîf.* Une délégation importante est allée en province. •*Al xubara' muhimmîn lêna fî dârna.* Les experts sont des hommes importants pour notre pays.

muhôhi / muhôhiyîn *adj.*, (*fém. muhôhiye*), *onom.*

♦ **qui a une toux coquelucheuse, qui a la coqueluche,** qui tousse comme celui qui a la coqueluche. •*Iyâl al hille kulluhum muhôhiyîn.* Tous les enfants du village ont la coqueluche. •*Al-saxîr al muhôhi yabga bâtil.* L'enfant qui a la coqueluche maigrit.

muhrâc / mahârîc *n. m.*, * hrš, ه ر ش

♦ **agitation, incitation aux troubles, excitation, mauvais conseil.** •*Al muhrâc bijîb al-duwâs.* L'excitation mène à la bagarre. •*Al muhrâc mâ sameh, marrag al mara min bêt râjilha.* Les mauvais conseils font du mal, ils peuvent amener une femme à quitter son foyer [faire sortir la femme de la maison de son mari].

muhsin / muhsinîn *adj. mrph. part.* actif, (*fém. muhsine*), * ḥsn, ح س ن

♦ **qui fait du bien, charitable.** •*Al-tâjir al muhsin yat'im al-nâs kulla cahar.* Le commerçant charitable donne de la nourriture aux gens tous les mois. •*Al mara l muhsine, jîrânha birîduha.* La femme bienfaisante est aimée de ses voisins.

muhtâj / muhtâjîn *adj.*, (*fém. muhtâja*), * ḥwj, ح و ج

♦ **qui est dans le besoin, pauvre, qui désire.** •*Hû muhtâj bidôr gurus.* Il est dans le besoin, il veut de l'argent. •*Wilêdi muhtâj lê l-ta'lîm bas.* Mon enfant a soif d'apprendre. •*Humman muhtâjîn bucûfu ammahathum.* Ils ont besoin de revoir leur mère.

muhtâl / muhtâlîn *adj. mrph. part.* passif, (*fém. muhtâle*), * ḥwl, ح و ل

♦ **escroc, filou, voleur (-euse), rusé(e).** •*Nâs al hille irfo kadâr hû nâdum muhtâl.* Les gens du village ont su que c'était un filou. •*Yûsuf mâ tijâwiz binêytak lê râjil muhtâl !* Youssouf, ne donne pas ta fille en mariage à un escroc !

muhtall / muhtallîn *adj.*, (*fém. muhtalla*), *Cf. xazâ*, * ḥll, ح ل ل

♦ **squatter, occupant(e), envahisseur.** •*Hû muhtall arâdi hanâ baladna.* Il a occupé illégalement le territoire de notre pays. •*Anîna mâ min al muhtallîn.* Nous ne sommes pas des envahisseurs.

muhtaram / muhtaramîn *adj. mrph. part.* passif, (*fém. muhtarama*), * ḥrm, ح ر م

♦ **respectable, respecté(e), vénérable, révérend(e), honorable, louable,** dont le comportement est apprécié par l'entourage. •*Yâ rafîgi, wallâhi Abûk râjil muhtaram !* Mon ami, ton père est vraiment un homme respectable ! •*Al mas'ûl kan bigi muhtaram, rufugânah fî l xidime bihibbuh katîr.* Lorsque le responsable adopte un comportement louable, tous ses collègues de travail l'apprécient beaucoup.

muhtarif 1 / muhtarifîn *adj. mrph. part.* passif, *{- be}*, (*fém. muhtarife*), ≅ *mu'tarif*, * ʕrf, ع ر ف

♦ **avouant sa faute, reconnaissant son erreur.** •*Hû muhtarif be sirgitah fî gidddâm al-cerî'e.* Il a reconnu son vol devant le tribunal. •*Al-rujâ dôl muhtarifîn be tazwîr al gurûs al katkat.* Ces hommes ont avoué qu'ils avaient fabriqué de faux billets.

muhtarif 2 / muhtarifîn *adj. mrph. part.* actif, (*fém. muhtarife*), * hrf, ه ر ف

♦ **qui a un métier.** •*Hû mâ muhtarif, gâ'id sâkit bala xidime.* Il n'a pas de métier, il reste là sans rien faire. •*Hû muhtarif, baxadim sûdîr.* Il a un métier, il est soudeur.

muhtarim / muhtarimîn *adj.*, (*fém. muhtarime*), * ḥrm, ح ر م
♦ **respectueux (-euse).** •*Hû muhtarim abbahâtah.* Il respecte ses parents. •*Maryam muhtarime wâlidênha.* Mariam respecte ses parents. •*Humman muhtarimîn kabîrhum fî l xidime.* Ils respectent leur chef au travail.

muhwar / mahâwir *n. m.*, ≅ *mahwar, mihwar*, * ḥwr, ح و ر
♦ **fer pour marquer le bétail, fer pour cautériser.** •*Al baggâra buxuttu muhwar fî l-nâr wa butuccu bêyah l bahîme kan indaha dabara.* Les éleveurs de vaches mettent un fer dans le feu pour cautériser les bêtes qui ont des plaies. •*Bê l muhwar al baggâra bisawwu alâmât lê bahâyimhum acân ya'arfûhum.* Les éleveurs de vaches font avec le fer rouge plusieurs sortes de marques sur leurs bêtes afin de les reconnaître.

mujâbada / mujâbadât *n. f.*, *Cf. jabad*, * jd̲b, ج ذ ب
♦ **fait de tirer, traction, tirage, tiraillement, conflit.** •*Anâ mâ nidôr al mujâbada, kaffini gursi !* Je ne veux pas avoir de problèmes, paye-moi ! •*Al iyâl birîdu l mujâbada fî l-dôray.* Les enfants aiment se tirailler sur la place du village.

mujâbid / mujâbidîn *adj. mrph. part.* actif, (*fém. mujâbide*) *Cf. jabad*, * jd̲b, ج ذ ب
♦ **qui attire le regard, crâneur (-euse), qui cherche à se montrer, qui se pavane, vaniteux (-euse),** qui a la vanité de vouloir se faire admirer. •*Al binêye di mujâbide ke, mâciye wên ?* Cette fille qui cherche ainsi à se montrer, où va-t-elle ? •*Mâ tabga mujâbid tadxul fî xacum al-nâs !* Ne sois pas vaniteux pour que les gens ne disent pas de mal de toi [que tu n'entres pas dans la bouche des gens] !

mujâdala / mujâdalât *n. f.*, *Cf. jâdal*, * jdl, ج د ل
♦ **discussion, dispute.** •*Daxalo fî l malamma wa bigat ambênâthum mujâdala hâmiye fî kalâm al kursi.* Ils sont entrés dans l'assemblée et une chaude discussion a eu lieu entre eux pour savoir à qui reviendrait le siège de la présidence. •*Daxal al-jafa ambênâthum acân bigat mujâdala fî sabab al warasa.* Ils se sont haïs après une dispute concernant l'héritage.

mujaddim / mujaddimîn *adj.*, (*fém. mujaddime*), * jd̲m, ج ذ م
♦ **lépreux (-euse).** •*Kulla sana, al-nâs bantu musâ'ada lê l mujaddimîn.* Chaque année, les gens donnent une aide aux lépreux. •*Al mujaddime mâ tahmal al hamu.* La lépreuse ne supporte pas la chaleur. •*Al mujaddimîn induhum raff wihêdhum fî taraf al madîna.* Les lépreux ont un quartier à part, à la périphérie de la ville.

mujaddir / mujaddirîn *adj.*, (*fém. mujaddire*), * jdr, ج د ر
♦ **qui a attrapé la variole.** •*Al-tôr al mujaddir lahamah mâ bâkuluh.* On ne mange pas la viande d'un bœuf qui a attrapé la variole. •*Al-nâdum al mujaddir biwadduh ba'îd min ahalah acân mâ ya'âdîhum.* La personne qui a attrapé la variole est emmenée loin de sa famille pour qu'elle ne contamine personne.

mujahhaz / mujahhazîn *adj.*, (*fém. mujahhaza*), *Syn. muhassal*, * jhz, ج ه ز
♦ **apprêté(e), prêt(e).** •*Al xumâm hanâ l-Ramadân xalâs mujahhaz.* Les affaires de cuisine et les condiments pour le Ramadan sont déjà prêts. •*Zâdna hanâ l-safar lissâ mâ mujahhaz.* Notre provision pour le voyage n'est pas encore apprêtée.

mujahhiz / mujahhizîn *adj. mrph. part.* actif, (*fém. mujahhize*), *Syn. mu'azziz*, * jhz, ج ه ز
♦ **prêt(e) à.** •*Anâ mujahhiz lê l-safar.* Je suis prêt pour le voyage. •*Anîna mujahhizîn lê l maci l-zere'.* Nous sommes prêts pour aller au champ.

mujâhid / mujâhidîn *adj.*, (*fém. mujâhide*), * jhd, ج ه د

♦ **militant(e), combattant(e).** •*Mujâhidîn katîrîn waga'o fî mîdân al-caraf.* Beaucoup de combattants sont tombés au champ d'honneur. •*Al mujâhidîn bihârbu acân al-dîn wallâ l watan.* Les militants combattent pour la cause de la religion ou de la patrie.

mujâlasa *n. d'act., f.*, * jls, ج ل س

♦ **fait de s'asseoir pour causer, session.** •*Mâ nirid mujâlast al-nâs al bacarbo marîse.* Je n'aime pas m'asseoir et causer avec ceux qui boivent de la bière de mil. •*Mujâlast al-nâs al kubâr haluwa kan yahajju lêk wakit cabâbhum.* Il est très agréable de s'asseoir et de causer avec les anciens lorsqu'ils racontent le temps de leur jeunesse.

mujallad / mujalladîn *adj.*, (*fém. mujallada*), * jld, ج ل د

♦ **recouvert(e) d'une peau, relié(e) en cuir, porté(e) constamment** (vêtement). •*Al kitâb da mujallad be farwa.* Ce livre est recouvert d'une peau. •*Al waragât dôl lissâ mâ mujalladîn.* Ces amulettes ne sont pas encore recouvertes de peau. •*Sill al xalag al mujallad fôgak da, wa xayyirah be âxar !* Quitte le vêtement que tu portes constamment sur toi, change-le, mets-en un autre !

mujâmala *n. d'act., f.*, * jml, ج م ل

♦ **complaisance, prise de parti pour, complicité dans un jugement.** •*Wâjib al-zûz yagt'a al-cariye bala mujâmala.* Le juge doit trancher l'affaire sans prendre parti. •*Cari'itku di bigat mujâmala, anâ mâ xassad bêha.* Je n'accepte pas votre jugement : les juges sont complices de ceux contre qui je porte plainte.

mujâmil / mujâmilîn *adj. m. mrph. part.* actif, * jml, ج م ل

♦ **complaisant(e), tendancieux (-euse), partisan(e) de, complice de,** qui a pris parti pour *qqn.*, qui n'est pas neutre dans un jugement. •*Ôri l kalâm al-sahi, mâ tabga mujâmil !* Dis la vérité, ne prends parti pour personne ! •*Al-zûz akal racwa wa bigi mujâmil ma'â dâlim.* Le juge a été corrompu par un pot-de-vin, il a pris parti pour le plaignant.

mujammal / mujammalîn *adj. mrph. part.* passif, (*fém. mujammala*), * jml, ج م ل

♦ **enjolivé(e), paré(e), embelli(e), décoré(e).** •*Al banât fî yôm al-li'ib mujammalât be l fudda wa l-dahab wa l farâde al-samhât.* Le jour de la danse, les filles sont parées d'argent, d'or et de beaux pagnes. •*Bêti mujammal be sarîr mufarrac wa amcawwâfa wa satâyir.* L'intérieur de ma maison est embelli par un lit recouvert de jolis draps, par une armoire à glace et des rideaux.

mujammar / mujammarîn *adj. mrph. part.* passif (*fém. mujammara*), *Cf. jammar, muhajjab*, * jmr, ج م ر

♦ **testé(e) par le feu, passé(e) à l'ordalie, protégé(e), invulnérable, fondu(e) au creuset,** personne qui a prouvé par des tests qu'elle descend vraiment du Prophète. •*Ali mujammar, al-silah mâ bâkulah.* Ali est invulnérable, les armes ne peuvent rien contre lui. •*Al-dahhab kan mâ mujammar, mâ binsabba fî l gâlib.* Si l'or n'est pas fondu, on ne peut le couler dans le moule.

mujammil 1 / mujammilîn *adj. mrph. part.* actif, (*fém. mujammile*), * jml, ج م ل

♦ **qui a embelli, décorant, valorisant(e), qui fait la beauté.** •*Humman mujammilîn nafishum be xurus wa laffa'ât samhîn.* Elles se sont embellies en portant des boucles d'oreilles et de beaux voiles. •*Al kuhul mujammil uyûn al awîn.* Le khôl embellit les yeux des femmes. •*Al pantir al abyad, hû bas mujammil al yôm buyût al âsima.* C'est la peinture blanche qui fait aujourd'hui la beauté des concessions de la capitale.

mujammil 2 / mujammilîn *adj. mrph. part.* actif, (*fém. mujammile*), * jml, ج م ل

♦ **qui a fait le compte, qui a fait le total, qui a fait l'addition.** •*Al-tâjir da mujammil gursah acân yijîb* *budâ'a.* Le commerçant a fait le compte de son argent parce qu'il veut apporter d'autres marchandises. •*Anâ nidôr naxatir acân da wâjib nijammil gursi.* Je veux voyager, c'est pourquoi je dois faire le compte de mon argent.

mujamrak / mujamrakîn *adj. mrph. part.* passif, (*fém. mujamraka*), * jmrk, ج م ر ك

♦ **dédouané(e), déclaré(e) à la douane, taxé(e) en douane.** •*Al budâ'a l mâ mujamraka, al-duwân kan ligâha bicîlha.* Les marchandises qui n'ont pas été déclarées sont saisies par les douaniers lorsqu'ils les trouvent. •*Watîri mujamrak be arba'în alif riyâl.* Ma voiture a été taxée par la douane quarante mille riyals.

mujangal / mujangalîn *adj.*, (*fém. mujangala*), *Cf. jangal.*

♦ **entassé(e).** •*Al watîr da indah xumâm mujangal.* Cette voiture a des marchandises entassées. •*Al xulgân al mujangalîn dôl hanâ yâtu ?* A qui sont ces habits entassés ?

mujankab / mujankabîn *adj.*, (*fém. mujankaba*), *Cf. jankab.*

♦ **sarclé(e), répétée** (parole). •*Al-zere' da agêgah gusâr acân mâ mujankab.* Les cannes à sucre de ce champ sont courtes parce que celui-ci n'a pas été sarclé. •*Siyâd al mâl xallo bagarhum akalo l-zura'ât al mujankabîn.* Les éleveurs ont laissé leurs vaches brouter les champs sarclés. •*Al-darrâba kan mâ mujankaba adîl mâ tawlid katîr.* Le gombo produit peu lorsqu'il n'est pas bien sarclé. •*Al kalâm al mujankab mâ indah fâyide.* Répéter sans cesse la même parole n'a aucun intérêt.

mujannas / mujannasîn *adj. mrph. part.* passif, (*fém. mujannasa*), * jns, ج ن س

♦ **métissé(e).** •*Al-nâdum al mujannas ammah min balad cik wa abuh min balad cik.* Le père et la mère d'un métis sont de pays différents. •*Al baxal hayawân mujannas min faras wa humâr.* Le mulet est un animal métissé provenant d'une jument et d'un âne.

mujanzar / mujanzarîn *adj. mrph. part.* passif, (*fém. mujanzara*), *Cf. jinzîr*, * jnzr, ج ن ز ر

♦ **enchaîné(e).** •*Al micôtin gâ'id mujanzar fî bêt abuh.* Le fou se trouve enchaîné dans la maison de son père. •*Al masâjîn al mujrimîn mujanzarîn.* Les prisonniers criminels sont enchaînés.

mujarrab / mujarrabîn *adj. mrph. part.* passif, (*fém. mujarraba*), * jrb, ج ر ب

♦ **qui a été testé(e), qui a été essayé(e), qui a été expérimenté(e).** •*Al-juwâd da mujarrab hû jarrây.* Ce cheval a été testé, il court bien. •*Al-dawa da mujarrab, sameh bilhên.* Ce médicament a été testé, il est très efficace. •*Mâ talmas al banâdik al muttakiyîn janb al bâb, mujarrabîn !* Ne touche pas aux fusils qui sont appuyés contre la porte, ils ont déjà été essayés !

mujarrad / mujarradîn *adj. mrph. part.* passif, (*fém. mujarrada*), * jrd, ج ر د

♦ **dépouillé(e), nu(e).** •*Faddal adum bas, al-laham kulla mujarrad.* Il ne reste plus que l'os, toute la viande a été arrachée. •*Al adum al mujarrad da antuh lê l kalib !* Donnez cet os sans viande au chien !

mujarrah / mujarrahîn *adj. mrph. part.* passif, (*fém. mujarraha*), *Cf. majrûh*, * jrh, ج ر ح

♦ **qui a été blessé(e),** qui a de nombreuses blessures. •*Hû jâboh mujarrah min bakân al-duwâs.* Ils l'ont ramené blessé du lieu du combat. •*Al kâr caglab be l nâs, wa wakit marragôhum kulluhum mujarrahîn.* L'autocar s'est renversé avec des gens à bord ; quand on les a évacués, ils étaient tous blessés. •*Ba'ad al harb, mujarrahîn katîrîn nagalôhum fî Anjammêna.* Après la guerre, de nombreux blessés ont été transportés à N'Djaména.

mujarrib 1 / mujarribîn *adj. n. m. mrph. part.* actif, (*fém. mujarribe*), * jrb, ج ر ب ⇨

♦ **qui essaye, qui expérimente**, qui a essayé, qui a expérimenté •*Axûk bas mujarrib al watîr da.* C'est ton frère qui a essayé cette voiture. •*Inta kan mujarrib ciya ciya bas til'allam.* C'est en faisant petit à petit des expériences que tu t'instruiras [tu apprendras].

mujarrib 2 / mujarribîn *adj. mrph. part.* actif, (*fém. mujarribe*), [galeux], voir le *Syn. jarbân*, * jrb, ج ر ب

mujarrih / mujarrihîn *adj. n. m. mrph. part.* actif, *Cf. fassad*, * jrḥ, ج ر ح

♦ **qui blesse, blessant(e), qui vaccine.** •*Al ardêb babga mujarrih fî l-lîsân kan zôl massah katîr.* Les fruits du tamarinier blessent la langue si on en suce trop. •*Simi'na min kabîrhum kalâm mujarrih.* Nous avons entendu de la bouche de leur chef une parole blessante. •*Al hajlîj indah côk mujarrih, lâkin kulla l-jumâl bâkuluh.* Le savonnier a des épines qui blessent, mais tous les chameaux les mangent.

mujâwib / mujâwibîn *adj.*, (*fém. mujâwibe*), * jwb, ج و ب

♦ **celui qui répond, qui a répondu.** •*Hû bas al mujâwibni adîl fî su'âlâti.* C'est lui qui a bien répondu à mes questions. •*Hî mujâwibe râjilha adîl.* Elle a bien répondu à son mari.

mujâwir / mujâwirîn *adj. mrph. part.* actif, (*fém. mujâwire*), * jwr, ج و ر

♦ **voisin(e), limitrophe, qui jouxte.** •*Al buldân al mujâwirîn Tcâd humman xamsa.* Les pays voisins du Tchad sont cinq. •*Humman mujâwirîn ma'â l gêgar.* Ils sont voisins du camp militaire.

mujawwaza / mujawwazât *adj. f. mrph. part.* passif, *Syn. mu'axxada, mâxûda*, → *mu'axxad*, * zwj, ز و ج

♦ **mariée à, promise en mariage à.** •*Axti mujawwaza indaha arba'a sana.* Ma sœur est mariée depuis quatre ans. •*Banât immi kullihim mujawwazât.* Mes cousines sont toutes mariées.

mujawwid / mujawwidîn *adj. m. mrph. part.* actif, * jwd, ج و د

♦ **expert en récitation du Coran.** •*Anâ mujawwid al Xur'ân indi santên.* Depuis deux ans je suis devenu expert dans la récitation du Coran. •*Al faki al bisallîku da mujawwid.* Ce marabout qui dirige votre prière est expert dans la lecture du Coran.

mujawwiz / mujawwizîn *adj. m. mrph. part.* actif, "marié", → *mu'axxid, mutzawwij*, * zwj, ز و ج

mujjâmilîn *adj. pl. mrph. part.* actif, *Cf. ajjâmalo*, * jml, ج م ل

♦ **qui se sont entraidés, qui se sont relayés pour une tâche.** •*Anâ wa Ahmat mujjâmilîn fî xidimitna.* Ahmat et moi, nous nous sommes entraidés dans notre travail. •*Amm al iyâl wa banâtha mujjâmilîn fî ceylân saxîrhum al-saxayyar.* La mère et ses filles se sont relayées pour porter le bébé.

mujômis / mujômisîn *adj.*, (*fém. mujômise*), *Cf. jâmûs, Syn. xadbân*, * jwms, ج و م س

♦ **en colère, en fureur, furibond(e).** •*Inta l yôm mujômis kê da, xabbant ma'â yâtu ?* Aujourd'hui tu es en colère, avec qui t'es-tu donc fâché ? •*Al mara di mujômise acân râjilha harajâha.* Cette femme est furibonde parce que son mari lui a fait des reproches.

mujôran / mujôranîn *adj. mrph. part.* passif, (*fém. mujôrana*), * jrn, ج ر ن

♦ **entassé(e), accumulé(e).** •*Xallitna di gâ'ide mujôrana, lissâ mâ daggênâha ke, nammin matart al fasâd sabbat fôgah.* Nos épis de mil étaient en tas, nous ne les avions pas encore battus au moment où une pluie tardive les a mouillés. •*Fî l-sûg al manga ma'â l giyâfa mujôran giddâm siyâdaha.* Au marché, les mangues et les goyaves se trouvent en tas devant leur propriétaire.

mujra *n. m.*, → *majra.*

mujrim / mujrimîn *adj. mrph. part.* actif, (*fém. mujrime*), * jrm, ج ر م

♦ **criminel (-elle).** •*Mûsa ma'â râjil mujrim fî l-dangay.* Moussa est en prison avec un criminel. •*Humman dôl mujrimîn ! Bisawwu gurus muzawwar wa bisâwugu muxaddarât.* Ce sont des criminels ! Ils fabriquent de faux billets et commercialisent de la drogue.

mujtahid / mujtahidîn *adj.*, (*fém. mujtahide*), * jhd, ج ه د

♦ **appliqué(e), studieux (-euse), zélé(e).** •*Hû najah fî l imtihân acân hû mujtahid.* Il a été reçu à son examen parce qu'il est appliqué dans ses études. •*Al-nâdum al mujtahid mâ bat'ab katîr.* Celui qui est zélé ne peine pas beaucoup dans son travail. •*Wilêdi l-saxayar mujtahid bilhên, hû birîd giraytah.* Mon petit enfant est appliqué, il aime ses études.

mujtama' / mujtama'ât *n. m.*, * jmˤ, ج م ع

♦ **milieu social, société, groupe ethnique.** •*Kulli mujtama' indah âde xâssa beyah.* Chaque société a une tradition qui lui est propre. •*Kulla l gabâyil al-tcâdiyye muhâfize lê âdâtha.* Tous les groupes ethniques tchadiens conservent leurs coutumes. •*Al-carmata tafsid al mujtama' wa tijîb al masâ'ib.* La prostitution pervertit la société et est source de graves problèmes.

mujtami' / mujtami'în *adj. mrph. part.* actif, forme VIII, (*fém. mujtami'e*), *Cf. ijtama'*, * jmˤ, ج م ع

♦ **qui s'est joint(e) à, qui s'est réuni(e) avec, qui se sont rassemblés.** •*Yâtumman al mujtami'în ma'â l wazîr dâxal ?* Qui sont ceux qui sont en réunion avec le ministre ? •*Al-nâs al mujtami'în gibêl xalâs catto.* Les gens qui s'étaient rassemblés auparavant se sont déjà dispersés. •*Mâla l awîn dôl mujtami'în ma'âk ?* Pourquoi ces femmes se sont-elles réunies avec toi ?

mujura *n. f.*, → *majra.*

mukabbarât *n. m.*, * kbr, ك ب ر

♦ **verres correcteurs.** •*Hû mâ bagdar bicîf bala mukabbarât.* Il ne peut pas voir sans verres correcteurs. •*Katîr min al-Nasâra mâ bucûfu bala mukabbarât.* Beaucoup d'Européens ne voient pas sans verres correcteurs.

mukabbir 1 / mukabbirîn *adj.*, (*fém. mukabbire*), * kbr, ك ب ر

♦ **grossissant(e), qui rend gros (grosse).** •*Al-naddara al mukabbire tisahhil al-côf.* Les lunettes à verres grossissants facilitent la vue. •*Al akil al adîl al indah xiza mukabbir al iyâl ajala ajala.* La bonne nourriture vitaminée fait grossir très vite les enfants.

mukabbir 2 / mukabbirîn *adj.*, (*fém. mukabbire*), *Cf. kabbar 2*, * kbr, ك ب ر

♦ **disant la grandeur de Dieu, disant la prière "Dieu est grand",** celui qui commence la prière en lançant la formule *Allahu akbar*. •*Ammi mukabbire lê l-salâ, mâ tahajji ma'â nâdum âxar.* Ma mère a commencé sa prière, elle ne peut parler à personne d'autre. •*Al-nâs bamcu salât al îd mukabbirîn.* Les gens vont à la prière de la fête en disant : "Dieu est le plus grand".

mukaccan / mukaccanîn *adj. mrph. part.* passif, forme II, (*fém. mukaccana*), *Cf. matcûc, magli*, * kšʼ, ك ش ء

♦ **rôti(e), frit(e), grillé(e),** cuit(e) dans l'huile. •*Fî l xada, rassêna laham mukaccan fî l asêtât.* Au déjeuner, nous avons aligné les morceaux de viande rôtie sur les assiettes. •*Al mara al xamba harragat al basal al mukaccan.* La femme souillon a laissé brûler les oignons dans l'huile. •*Hû acca be jidâde mukaccana.* Il a dîné d'un poulet rôti.

mukaccir / mukaccirîn *adj.*, (*fém. mukaccire*), *mrph. part.* actif forme II, * kšr, ك ش ر

♦ **dur(e), sévère, méchant(e), renfrogné(e), grognon (-onne).** •*Al-saxîr kan mukaccir da, mardân walla jî'ân.* Quand le bébé est aussi grognon, c'est qu'il est malade ou qu'il a faim. •*Al askari, kan ta'abân kulla yôm, talgah mukaccir bas.* Lorsqu'un militaire est tous les jours fatigué, il a l'air [tu le trouves] renfrogné.

mukaddak / mukaddakîn *adj. mrph. part.* passif, (*fém. mukaddaka*).
♦ **bouché(e), fermé(e).** •*Al ambawwâla mâ tutcurr adîl da, akîd hî mukaddaka.* Cette gargouille ne laisse pas l'eau passer, elle est certainement bouchée. •*Al fâr, kan nugârhum mukaddakîn kula, yigaddudu l bêt bakân âxar.* Les rats creuseront ailleurs dans la maison, si on bouche leurs trous.

mukaddib / mukaddibîn *adj. mrph. part.* actif, (*fém. mukaddibe*), * kd̲b, ك ذ ب
♦ **celui qui dément.** •*Hû mukaddib al kalâm al inta gultah.* Il a démenti ce que tu avais dit. •*Humman mukaddibîn al xabar al anîna simîna amis.* Ils démentent l'information que nous avons apprise hier.

mukaddis / mukaddisîn *adj.*, (*fém. mukaddise*), * kds, ك د س
♦ **qui somnole, qui dort à demi,** qui a la tête qui tombe à cause du sommeil. •*Hî mukaddise acân wakt al-câhi tamma wa hî mâ cirbat.* Elle somnole parce qu'elle n'a pas pris de thé à l'heure habituelle. •*Daxalt fî bêtah wa ligîtah mukaddis.* Je suis entré dans sa maison et l'ai trouvé en train de somnoler.

mukadmal / mukadmalîn *adj. mrph. part.* passif, (*fém. mukadmala*), *Cf. kadmûl.*
♦ **enturbanné(e), coiffé(e) d'un turban, recouvert(e)** (tête). •*Al hujâj rusênhum mukadmalîn be câlât muraggatât abyad wa ahmar.* La tête des pèlerins revenant de La Mecque est recouverte d'un châle moucheté blanc et rouge. •*Fî bakân al-cerîye talga l-cêx râsah mukadmal.* Au tribunal, le cheikh est coiffé d'un turban.

mukadmil / mukadmilîn *adj. mrph. part.* actif, (*fém. mukadmile*), *Cf. kadmûl.*
♦ **qui a mis le turban.** •*Jâni mukadmil râsah wa sâdd uyûnah, mâ iriftah kadar wilêdi.* Il est venu vers moi, la tête entourée d'un turban et le visage masqué ; je ne l'ai pas reconnu : c'était mon fils. •*Al-duwân mukadmilîn rusênhum be kadâmîl acân kan câlo budâ'a hint nâdum kula mâ ya'arifhum.* Les douaniers ont la tête entourée d'un turban pour ne pas être reconnus du propriétaire dont ils saisissent la marchandise. •*Hini mara mukadmile mâ fî.* Ici, aucune femme ne se recouvre la tête d'un turban.

mukâfâ *n. f.*, *Cf. kaffa, yikaffi,* tonalité montante sur la dernière syllabe, ≅ *mukâfa'*, * kfy, ك ف ي
♦ **récompense, remboursement, compensation.** •*Mubilêti waddar wa l ligah nantih mukâfâ hanâ alif riyâl.* Ma mobylette est perdue et je donnerai une récompense de mille riyals à celui qui la trouvera. •*Hû nagal lêi xumâmi wa aba mâ bicîl al mukâfâ l antêtha lêyah.* Il a transporté mes affaires et a refusé de prendre la récompense que je lui ai donnée. •*Al wilêd mâ yagdar yigaddim mukâfâ mugâbile lê turba hanâ ammah.* L'enfant ne peut pas compenser tout ce que sa mère lui a donné depuis sa naissance pour son éducation.

mukaffan / mukaffanîn *adj. mrph. part.* passif, (*fém. mukaffana*), * kfn, ك ف ن
♦ **enveloppé(e) dans un linceul.** •*Al maytîn mukaffanîn be gumac abyad.* Les morts sont enveloppés dans un linceul blanc. •*Hû da mayyit lâkin lissâ mâ mukaffan.* Il est mort, mais il n'a pas encore été enveloppé dans son linceul.

mukajjar / mukajjarîn *adj.*, (*fém. mukajjara*), *Cf. kajjar.*
♦ **clôturé(e).** •*Bêti mukajjar min sana l fâtat.* Ma maison est clôturée depuis l'année dernière. •*Hôcna mukajjar be carâgine.* Notre concession est clôturée par des seccos. •*Amci fî l bêt al mukajjar be*

carâgine dâk, nâdi lêi wilêdi ! Va là-bas dans la concession clôturée par des seccos, appelle mon enfant !

mukâla / mukâlât *n. d'act., m., Cf. kâla,* * kl', ك ل ء

♦ **soin, entretien, attention.** •*Al mardân mât acân mâ ligi mukâla adîl.* Le malade est mort parce qu'il n'a pas trouvé de bons soins. •*Hî mardâne tidôr mukâla.* Elle est malade, elle exige des soins. •*Al-nâdum kan mardân bilhên, mukâlâtah gâsiye.* Prendre soin d'une personne gravement malade est très. •*Fî l-santir al-daktôriye dâ'iman tiwassi be mukâlât al iyâl al-dugâg.* Au centre social, l'infirmière donne toujours des conseils pour les soins à prodiguer aux petits enfants.

mukâlama / mukâlamât *n. f.*, terme de l'*ar. lit.*, * klm, ك ل م

♦ **appel téléphonique, conversation téléphonique.** •*"Al xatt macxûl, natlubu minku i'âdat al mukâlama".* "Par suite d'encombrement, votre appel ne peut aboutir, veuillez rappeler ultérieurement". •*Fî Tcâd axalbiyit al mukâlamât fî l xârij be l-telefôn, lê l-Sa'ûdiya.* Au Tchad, la plupart des conversations téléphoniques pour l'étranger ont lieu avec l'Arabie Saoudite.

mukallaf / mukallafîn *adj.*, (*fém. mukallafa*), * klf, ك ل ف

♦ **chargé(e) de, responsable de,** qui a la responsabilité de, qui a la tutelle de. •*Nâs al-lameri mukallafîn be l-nadâfa hanâ l-cawâri.* Les agents de la municipalité sont chargés de veiller sur la propreté des rues. •*Hû mukallaf be axawânah.* Il a la responsabilité de ses frères. •*Xalli yal'ab, inta mâ mukallaf beyah !* Laisse-le s'amuser, il n'est pas sous ta tutelle !

mukallih / mukallihîn *adj. mrph. part.* act, (*fém. mukallihe*), * klḥ, ك ل ح

♦ **qui a le regard envieux.** •*Mukallihîn ke tidôru cunû ? Yalla cittu !* Avec ces regards envieux, que voulez-vous donc ? Allez, dispersez-vous ! •*Cîfu l muhâjirîn dôl, min gâyle mukallihîn, bidôru akil.* Regardez ces enfants de l'école coranique ; depuis midi ils regardent par là avec envie, ils veulent de la nourriture !

mukallim / mukallimîn *adj., mrph. part.* actif, (*fém. mukallime*), * klm, ك ل م

♦ **orateur (-trice), prédicateur (-trice), conférencier (-ère), speaker (speakerine),** qui parle à, qui s'adresse à. •*Al-râjil al mukallim da mâ indah zere'.* Cet homme qui parle n'a pas de champ. •*Al mukallim fî giddâm al-nâs dôl axui al kabîr miňni.* Celui qui s'adresse aux gens est mon grand frère.

mukalwaj / mukalwajîn *adj.*, (*fém. mukalwaja*), *Cf. kalwaj.*

♦ **tordu(e), bot(e), sinueux (-euse).** •*Îdak di mukalwaja min mata ?* Depuis quand ton bras est-il ainsi tordu ? •*Derbak da mukalwaj, mâ yiwaddîna ajala.* Ta route est sinueuse, elle ne nous conduira pas rapidement à destination. •*Wildoh ke, rijilah mukalwaja, lâkin caggoh wa hassa yagdar yurux.* Il est né avec un pied bot, mais on l'a opéré et maintenant il peut marcher.

mukambal / mukambalîn *adj.*, (*fém. mukambala*), *Cf. kambal*, * kmhl, ك م ه ل

♦ **entassé(e), accumulé(e).** •*Al hatab mukambal dâxal fî bêt al-laday.* Le bois de chauffe se trouve entassé dans la cuisine. •*Fî yôm axîde hint binêyitha jâbo lêha xumâm mukambal.* Le jour du mariage de sa fille, on lui a apporté de nombreuses affaires entassées les unes sur les autres.

mukammil / mukammilîn *adj. mrph. part.* actif, (*fém. mukammile*), * kml, ك م ل

♦ **achevé(e), fini(e).** •*Xalâs al kalâm mukammil bakân al-sultân.* L'affaire a déjà été tranchée chez le sultan. •*Anâ ma'âk xidimitna mukammile xalâs.* Notre travail est déjà terminé.

mukanfat / mukanfatîn *adj.*, (*fém. mukanfata*), *Cf. kanfat.*
♦ **grain d'une céréale dont on a enlevé le son.** •*Al xalla kan mâ mukanfata êcha mâ halu.* La boule de mil dont le son n'a pas été enlevé n'est pas bonne. •*Al gameh da mâ tiwadduh fî l-tâhûna lissâ mâ mukanfat !* N'apportez pas ce blé au moulin parce qu'on en n'a pas encore ôté le son !

mukanjar / mukanjarîn *adj. mrph. part.* passif, (*fém. mukanjara*), *Cf. kanjar*, * hnjr, خ ن ج ر
♦ **courbé(e).** •*Al-cadaray di furû'ha kulluhum mukanjarîn.* Toutes les branches de cet arbre sont courbées. •*Al-râjil da tawîl wa mukanjar.* Cet homme est grand et courbé.

mukarcam / mukarcamîn *adj. mrph. part.* passif, (*fém. mukarcama*), *Cf. karcam*, * krš, kršm, ك ر ش • ك ر ش م
♦ **ridé(e), chiffonné(e), froissé(e).** •*Al-râjil da wijiha kulla yôm mukarcam.* Cet homme a toujours le visage renfrogné. •*Al mara bigat ajûs xalâs jibhitha kula mukarcama.* Cette femme est déjà vieille, elle a même le front ridé. •*Hû libis xalag mukarcam wa maca l xidime.* Il a mis un vêtement froissé et est allé au travail.

mukarrab / mukarrabîn *adj. mrph. part.* passif, (*fém. mukarraba*), *Cf. mugabbad, mu'amman*, * krb, ك ر ب
♦ **pris(e), attrapé(e), confié(e) à, prêté(e) à.** •*Wilêdi ja min al-zurâ'a be jarâdah mukarrab fî buxsitah.* Mon enfant est revenu des champs avec sa gourde en calebasse pleine de criquets qu'il avait attrapés. •*Xumâmi mukarrab lê nâs bêtku hinâk.* Mes affaires sont confiées aux gens de chez vous là-bas. •*Gursi mukarrab lê Ahmat, kan gabbalt nicîlah.* Mon argent est confié à Ahmat, je le prendrai lorsque je reviendrai. •*Yûsuf, amci jîb lêi al-cugga al mukarraba bakân jâri, âkûn yajûna dîfân !* Youssouf, va chercher la grande natte que j'ai prêtée à mon voisin, parce que des hôtes vont peut-être venir chez nous !

mukarram / mukarramîn *adj. mrph. part.* passif, forme II, (*fém. mukarrama*), * krm, ك ر م
♦ **respecté(e), respectable, vénérable.** •*Al-râjil, kan xani walla âlim, mukarram giddâm al-nâs.* Lorsqu'un homme est riche ou bien instruit, il est respecté par les gens. •*Jâri da, nicîfah mukarram.* Je vois que mon voisin est un homme respectable. •*Al ajûz di mukarrama acân hî amm al-subyân dôl.* Cette vieille femme est vénérable car elle est la mère de ces jeunes gens.

mukarriny *adj. mrph. part.* actif, (*fém. mukarrinye*), *Cf. karrany.*
♦ **couvert(e) de rosée, couvert(e) de gouttelettes.** •*Kan al almi sabba aciye, fajur talga kulla l gecc mukarriny.* Lorsqu'il pleut le soir, on trouve le matin toute l'herbe couverte de rosée. •*Al mardân jildah mukarriny acân allago lêyah jalkôs.* Le corps du malade perle de sueur parce qu'il est sous perfusion [ils lui ont accroché du glucose]. •*Al koro di mukarrinye min barra acân fî lubbaha glâs.* Ce koro est couvert de petites gouttelettes à l'extérieur parce qu'il contient de la glace.

mukarsa' / mukarsa'în *adj. n.*, (*fém. mukarsa'a*), ≅ *mukarsah*, * krsˁ, ك ر س ع
♦ **infirme, estropié(e), paralytique,** qui n'a plus l'usage de ses jambes. •*Al mukarsa' kalâmah katîr.* Le paralytique parle beaucoup. •*Mâ fîh dawa fî l-labtân lê l mukarsa'în.* Il n'y a pas de médicaments à l'hôpital pour guérir les infirmes. •*Immiti mukarsa'a min yôm al wildôha.* Ma tante paternelle est infirme de naissance [depuis le jour où on l'a mise au monde].

mukarsah / mukarsahîn *adj. n.*, (*fém. mukarsaha*), ≅ *mukarsa'*, → *mukarsa'*, * krsˁ, ك ر س ع

mukaskis / mukaskisîn *adj.*, (*fém. mukaskise*), racine *ksks* connue en arabe *égy.* (*H.W.*). ⇨

♦ **qui recule.** •*Mâlak mukaskis wara ?* Pourquoi recules-tu ? •*Al mara l mukaskise di taxâf min al kalib.* Cette femme qui recule a peur du chien.

mukassar / mukassarîn *adj. mrph. part.* passif, (*fém. mukassara*), * ksr, ك س ر

♦ **paralysé(e), handicapé(e), cassé(e).** •*Al-râjil da rijilênah mukassarîn, mâ yagdar yurûx.* Cet homme a les deux pieds cassés, il ne peut marcher. •*Al bêt da mukassar be nuss al xarbâni.* Cette maison est cassée du côté ouest.

mukâtafa *n. d'act., m., Cf. kitif,* * ktf, ك ت ف

♦ **entraide, fait de s'épauler.** •*Al mukâtafa bên al mara wa l-râjil ta'amir al bêt.* C'est l'entraide entre la femme et l'homme qui construit le foyer. •*Al mukâtafa ambênât iyâl al amm wa l abu tijîb al mahabba.* Le fait que les enfants de la famille [de la mère et du père] s'entraident est source d'amour mutuel.

mukattaf / mukattafîn *adj. mrph. part.* passif, (*fém. mukattafât*), *Cf. kitif,* * ktf, ك ت ف

♦ **croisés** (les bras), **retroussée** (manche), **relevée** (jambe du pantalon). •*Cift sarrag idênah mukattafât fi daharah mâci giddâm al askar.* J'ai vu un voleur qui avait les mains croisées dans le dos et qui allait devant les militaires. •*Al-tuyûr dôl mâ yagdaro yitîru acân janâhêhum mukattafîn be wara.* Ces oiseaux ne peuvent plus voler parce qu'on leur a croisé les pattes par-dessus les ailes. •*Fî l kilâs al mêtir bugûl : "Kan anâ nahajji, mâ nidôr nicîf nâdum idênah mâ mukattafât !".* En classe, le maître dit : "Lorsque je parle, je veux voir tout le monde avec les bras croisés !". •*Kimm xalagah mukattaf.* La manche de son vêtement est retroussée.

mukattif / mukattifîn *adj. mrph. part.* actif, (*fém. mukattife*), * ktf, ك ت ف

♦ **croisant les bras, qui a la manche retroussée.** •*Anâ mâ nagdar nagôd mukattif idêni wa axui yudugguh !* Je ne peux pas rester les bras croisés tandis que l'on frappe mon frère ! •*Min adab iyâl al-lekôl, kan al-direktêr bahajji lêhum, idênhum mukattifîn.* C'est l'habitude des écoliers bien élevés d'avoir les bras croisés lorsque le directeur leur parle. •*Al-subyân mukattifîn garambûbiyâthum, bidoru buluzzu l watîr.* Les jeunes gens ont retroussé les manches de leur grand boubou, ils veulent pousser le véhicule. •*Al mêtir mukattif idên camîcah baktib fî l-sabbûra.* Le maître a les manches de sa chemise retroussées, il écrit au tableau.

mukawwan / mukawwanîn *adj. mrph. part.* passif, IIème forme *{- min, - be}*, (*fém. mukawwana*), * kwn, ك و ن

♦ **formé(e) de, constitué(e) par, composé(e) de.** •*Al wafid mukawwan min al-ra'îs wa nâyibah.* La délégation est composée du président et de son adjoint. •*Al munazzama hint al awîn mukawwana min banât wa ajâyiz.* L'association des femmes est formée de jeunes filles et de vieilles femmes.

mukayyif / mukayyifât *n. m., Syn. kilmatizêr, mubarrid, → mubarrid,* * kyf, ك ي ف

♦ **climatiseur.** •*Hû bigi mas'ûl kabîr maktabah indah mukayyif.* Il est devenu un grand responsable, son bureau est équipé d'un climatiseur. •*Fî l-Sa'udye talga l mukayyifât fî kulla bakân.* En Arabie Saoudite, on trouve partout des climatiseurs.

mukôlif / mukôlifîn *adj. mrph. part.* actif, (*fém. mukôlife*), *Cf. kôlaf,* * klf, ك ل ف

♦ **vaniteux (-euse), orgueilleux (-euse).** •*Inta da mukôlif bilhên, tixayyir fî xulgânak tcabba tcabba.* Tu es vraiment vaniteux, tu changes d'habit à tout moment pour te montrer. •*Al mara l mukôlife tiwassif nafisha giddâm rafîgâtha.* La femme orgueilleuse aime se montrer devant ses amies.

mukôsang / mukôsangîn *adj. m.*, ≃ *makôsang, mokôsang.*

♦ **défriché(e), débroussaillé(e), nettoyé(e).** •*Al-zere' kan mâ mukôsang, hirattah murra.* Lorsque le champ n'a pas été défriché, il est difficile de le cultiver. •*Al-zere' da gamma xalla katîre acân mukôsang wa mutactac.* Ce champ a produit beaucoup de mil parce qu'il avait été nettoyé et qu'on en avait brûlé les souches et les épines. •*Al-zere' kan mukosang, da xalâs mâ faddal lê sîdah illa yitêribah.* Une fois le champ défriché, il ne reste plus au paysan qu'à l'ensemencer.

mukôyam / mukôyamîn *adj. mrph. part.* passif, (*fém. mukôyama*), * kwm, ك و م

♦ **entassé(e), empilé(e).** •*Fî l-sûg talga l-laham mukôyam fî l-tarâbîz.* Au marché, on trouve [tu trouveras] la viande entassée sur des tables. •*Hî mara xanba xulgân hanâ iyâlha mukôyamîn fî sarîrha.* C'est une femme peu soigneuse, les habits de ses enfants sont entassés sur son lit.

mul'abbid / mul'abbidîn *adj. m. mrph. part.* actif, (*fém. mul'abbide*), *Syn. mut'abbid, Cf. al'abbad,* * ʕbd, ع ب د

♦ **adorateur (-trice) de Dieu, pieux (pieuse), dévot(e),** qui accomplit ses actes de piété. •*Hû mul'abbid bazkur Allah katîr.* C'est un homme dévot, il fait souvent mention de Dieu. •*Binêyti di min saxayre ke, gammat mul'abbide xâyfe Allah.* Ma fille accomplit ses actes de piété depuis son enfance, elle craint Dieu.

mul'âbidîn *adj. m. mrph. part.* actif, *Cf. al'âbado,* * ʕbd, ع ب د

♦ **qui s'aiment mutuellement, qui s'adorent, amoureux (-euse).** •*Al mul'âbidîn humman birrâyado marra wâhid.* Les amoureux s'aiment très fort. •*Abui wa ammi mul'âbidîn lahaddi l môt.* Mon père et ma mère se sont beaucoup aimés jusqu'à la mort. •*Gulûb al mul'âbidîn yicîfu gubbâl al ên.* Le cœur de ceux qui s'aiment perçoit avant l'œil.

mul'acci / mul'acciyîn *adj. mrph. part.* actif, → *mut'acci,* * ʕšy, ع ش ي

mul'addib / mul'addibîn *adj. mrph. part.* actif, (*fém. mul'addibe*), *Syn. mut'addib, mu'addab,* * 'db, ء د ب

♦ **qui est éduqué(e), qui a été dressé(e), élevé(e) bien.** •*Inta kan mâ mul'addib, anâ ni'addibak !* Si tu n'es pas éduqué, c'est moi qui t'éduquerai ! •*Al mara kan mul'addibe, mâ tarfa' hissaha giddâm al-rujâl.* La femme bien éduquée ne hausse pas la voix en présence des hommes. •*Iyâlak dôl mul'addibîn, mâ ca' Allah !* Tes enfants sont bien élevés, merci à Dieu [ce que Dieu a voulu] !

mul'affis / mul'affisîn *adj. mrph. part.* actif, (*fém. mul'affise*), *Syn. mu'affas, Cf. al'affas,* * ʕfṣ, ع ف ص

♦ **cabossé(e), qui a été enfoncé(e).** •*Al kôro di mul'affise, mâ tikîli bêha lê l-nâs.* Ce koro est cabossé, ne t'en sers pas comme mesure ! [ne mesure pas avec pour les gens !]. •*Al-tuk da, dihinah kulla daffag acân hû mul'affis wa mugaddad.* Cet estagnon s'est complètement vidé de son huile parce qu'il est cabossé et percé.

mul'aggid / mul'aggidîn *adj. mrph. part.* actif, (*fém. mul'aggide*), *Syn. mu'aggad, mut'aggid, Cf. al'aggad,* * ʕqd, ع ق د

♦ **compliqué(e), paralysé(e), noué(e),** qui ne se presse pas pour faire une commission, une course, qui fait des problèmes pour rien. •*Mâla turûx misil â'sâbak mul'aggidîn.* Pourquoi marches-tu comme si tes tendons étaient noués. •*Hû da mul'aggid axêr mâ tirassilah.* Il est compliqué, il vaut mieux ne pas l'envoyer. •*Mâla tabga mul'aggid kê fî l kalâm ?* Pourquoi ne parles-tu pas clairement et simplement ?

mul'âgirîn *adj. pl. mrph. part.* actif, *Cf. al'âgaro, mulhâwitîn,* * ʕqr, ع ق ر

♦ **qui se sont croisés, qui se sont mis tête-bêche.** •*Anîna kulla yôm mul'âgirîn ma'âk, min al-durub dôl ticîl wênu ?* Nous nous croisons tous les jours sans nous rencontrer, quel est donc le chemin que tu prends ? •*Cîfi l iyâl dôl mul'âgirîn kikkêf wa nâymîn !* Regarde ces enfants : ils dorment tête-bêche !

mul'akkid / mul'akkidîn *adj. mrph. part.* actif, (*fém. mul'akkide*), *Cf. al'akkad, Syn. mut'akkid*, * 'kd, ء ك د

♦ **qui s'est assuré(e) de, qui est certain(e) de,** qui a vérifié la réalité d'un fait ou d'un dire. •*Inta mul'akkid kadâr marti jâbat leî binêye wallâ ?* T'es-tu assuré que ma femme avait mis au monde [m'avait apporté] une fille ? •*Anîna mâ mul'akkidîn min wakit fatihîn al-lekkôl.* Nous ne sommes pas certains de la date d'ouverture des écoles. •*Hî mul'akkide mâ fî nâdum sirig bêtha illa jâritha.* Elle est sûre que personne d'autre que sa voisine n'a pu voler dans sa maison.

mul'allim / mul'allimîn *adj. mrph. part.* actif, (*fém. mul'allime*), *Syn. mut'allim, muta'allim*, *Cf. al'allam*, * ˤlm, ع ل م

♦ **intellectuel (-elle), qui s'est instruit(e), cultivé(e), lettré(e).** •*Nifattic mara mul'allime lê wilêdi acân yâxudha.* Je cherche une femme cultivée pour la donner en mariage à mon fils. •*Râjili mâ mul'allim acân da mâ antoh mas'uliye kabîre.* Mon mari n'est pas instruit, c'est pour cela qu'on ne lui a pas confié une grosse responsabilité. •*Awîn hanâ Tcâd katîr minhum mâ mul'allimîn.* De nombreuses femmes tchadiennes ne sont pas instruites. •*Hû nâdum muta'allim, râsah malân.* C'est un homme instruit, il connaît beaucoup de choses [sa tête est pleine]. •*Al mut'allim mâ mustakbir.* Celui qui est instruit n'est pas orgueilleux.

mul'âminîn *adj. pl. mrph. part.* actif, *Cf. al'âmano*, * 'mn, ء م ن

♦ **qui se portent une confiance mutuelle.** •*Xaddâmîn al banki wa siyâd al gurûs mul'âminîn.* Ceux qui travaillent à la banque et ceux qui possèdent l'argent se portent une confiance mutuelle. •*Anâ wa hî mul'âminîn wa naxdumu sawa fî l bêt da.* Elle et moi avons mutuellement confiance l'un dans l'autre et travaillons ensemble dans cette pièce.

mul'âmir / mul'âmirîn *adj. n., mrph. part.* actif, (*fém. mul'âmire*), *Cf. al'âmar*, * 'mr, ء م ر

♦ **comploteur (-euse), conspirateur (-trice), complice.** •*Al-jawâsîs irfo l-nâs al mul'âmirîn fôg al-Ra'îs.* Les espions connaissaient ceux qui complotaient contre le Président. •*Marti wa binêyti mul'âmirîn yidôru yisirgu gursi.* Ma femme et ma fille s'entendent entre elles pour essayer de voler mon argent. •*Wâhid min al mul'âmirîn karaboh amis.* On a attrapé hier l'un des conspirateurs.

mul'âmirîn *pl.*, à ne pas confondre avec le *pl.* de *mul'âmir* ci-dessus, *Cf. al'âmaro*, * ˤmr, ع م ر

♦ **réconciliés.** •*Anîna ma'âhum lissâ mâ mul'âmirîn.* Nous ne nous sommes pas encore réconciliés avec eux. •*Al iyâl dôl zamân humman adâwaso lâkin hassâ humman mul'âmirîn.* Ces enfants s'étaient battus autrefois, mais maintenant ils sont réconciliés. •*Anâ ma'â axtak min zamân mul'âmirîn, wa hassâ da anâ tallagtaha.* Ta sœur et moi étions jadis réconciliés, mais à présent je l'ai répudiée.

mul'ammid / mul'ammidîn *adj. mrph. part.* actif, forme V, (*fém. mul'ammide*), ≅ *mut'ammid, muta'ammid*, *Cf. al'ammad*, *Syn. mudurr, haggâr, mu'ammid*, * ˤmd, ع م د

♦ **qui fait mal exprès, mauvais(e), malfaisant(e), diable, entêté(e) à mal faire.** •*Inti mul'ammide bilhên mâla cilti lêna al-derib al-dayyax da ?* Tu l'as vraiment fait exprès, pourquoi nous as-tu fait prendre ce chemin étroit ? •*Al wilêd al mul'ammid mâ bamci fî l-lekôl adîl, lâkin yal'ab fî l-câri !* Le mauvais garçon ne va pas tout droit à l'école, il joue dans la rue ! •*Hû fajaxâni mul'ammid.* Il m'a piétiné exprès. •*Inti daffagti l-dihin mul'ammide !* Elle a renversé l'huile exprès ! •*Mâla hassâ bigit muta'ammid misil al humâr al acgar ?* Pourquoi deviens-tu aussi têtu que l'âne roux, pour mal faire ce qu'on te demande ? •*Al mut'ammid bala jôr mâ yamci adîl.* L'entêté, sans cravache derrière lui, ne peut marcher droit. •*Hû ba'arf al-dîn wa mut'ammid mâ ba'abid.* Il connaît la religion et s'entête à ne pas faire ses actes d'adoration.

mul'ammin / mul'amminîn *adj. mrph. part.* actif, (*fém. mul'ammine*), *Cf. mulhassib*, * 'mn, ء م ن

♦ **qui s'est protégé(e), qui s'est mis(e) sous la protection de.** •*Anâ mul'ammin acân indi hijâb.* Je suis protégé parce que je porte des amulettes. •*Hummân mul'amminîn acân mutawakkilîn lê Allah.* Ils sont protégés parce qu'ils se sont mis sous la protection de Dieu. •*Inta nâyim fî l kadâde di, mul'ammin be cunu ? Indi sulah.* Tu dors en brousse, avec quoi te protèges-tu ? J'ai des armes.

mul'ânisîn *adj. pl., mrph. part.* actif, *Syn. mulwânisîn, mut'ânisîn, Cf. al'ânaso*, * 'ns, ء ن س

♦ **qui causent entre eux, qui discutent entre eux, qui dialoguent.** •*Intu amis mul'ânisîn fî bêt yâtu ?* Chez qui avez-vous causé hier ? •*Al iyâl gâ'idîn mul'ânisîn, mâ taturdûhum !* Les enfants sont en train de causer entre eux, ne les chassez pas ! •*Al banât mul'ânisîn be l kâsêt.* Les filles causent entre elles en écoutant des cassettes audio.

mul'ârifîn *adj. pl., mrph. part.* actif, *Syn. mut'ârifîn, Cf. al'ârafo*, * ʕrf, ع ر ف

♦ **qui ont entre eux des relations, qui se connaissent mutuellement.** •*Anîna mul'ârifîn ma'â abûk min wakit anîna iyâl dugâg.* Ton père et moi, nous nous connaissons depuis l' enfance. •*Kan mul'ârifîn ma'â daktôr waddini fî bêtah yantîni dawa ciya.* Si tu connais le docteur, amène-moi chez lui pour qu'il me donne quelques remèdes !

mul'assif / mul'assifîn *adj. n. m. mrph. part.* actif, forme V, (*fém. mul'assife*), *Syn. âsif, mut'assif, muta'assif, Cf. nidim*, * 'sf, ء س ف

♦ **qui regrette, désolé(e), navré(e), attristé(e).** •*Anâ mul'assife acân sawwêt mawâ'îd wa mâ gidirt macêt lêk.* Je suis désolée parce que je t'avais donné rendez-vous et que je n'ai pas pu aller chez toi. •*Hû mul'assif lê giraytah l katîre wa mâ najah fî l bâkalôriya.* Il est attristé, après avoir beaucoup travaillé, de n'avoir pas réussi son baccalauréat. •*Muta'assif, acân al-nimra al-talabtûha hassâ mâ caxxâla.* Je suis désolé car le numéro que vous avez demandé n'est pas en service actuellement. •*Inta dawwart minni musâ'ada wa anâ muta'assif, acân mâ indi ceyy nantîk.* Tu attendais de moi quelque chose pour t'aider ; je suis navré, je n'ai rien à te donner. •*Al-suwâr jo katalo imâm al hille, wa kulla l-nâs mut'assifîn be môtah.* Les rebelles sont venus tuer l'imam du village, et tout le monde s'est attristé de sa mort.

mul'âwinîn *pl., Cf. âwan*, * ʕwn, ع و ن

♦ **ceux qui s'entraident.** •*Anîna wa jîrânna mul'âwinîn misil iyâl al amm.* Nos voisins et nous, nous nous entraidons comme les enfants d'une même mère. •*Anîna mul'âwinîn fî xidimitna.* Nous nous entraidons dans notre travail.

mul'âxidîn *adj. pl., mrph. part.* actif, *Cf. al'âxado*, * ' h̲ d, ء خ ذ

♦ **mariés entre eux.** •*Hummân ma'â l-Salâmât mul'âxidîn.* Ils se sont mariés avec des Salamat. •*Anâ mâ na'arif kadar Fanne wa Ali mul'âxidîn.* Je ne savais pas que Fanné et Ali s'étaient mariés.

mul'âxîn *adj. mrph. part.* actif, * 'h̲w, ء خ و

♦ **qui ont des sentiments fraternels,** qui se considèrent mutuellement comme des frères. •*Al-Tacâdiyîn dôl mul'âxîn acân humman fî dâr al xurba.* Ces Tchadiens ont entre eux des sentiments fraternels parce qu'ils sont à l'étranger. •*Anâ wa hummân mul'âxîn acân hadafna wâhid.* Eux et moi, nous nous considérons comme des frères parce que nous poursuivons le même but.

mul'axxir / mul'axxirîn *adj.*, (*fém. mul'axxire*), *Syn. mut'axxir*, * 'ẖr, ء خ ر

♦ **retardataire, en retard,** qui est en retard sur le programme. •*Dawlitna mul'axxire fî l-tatawwur.* Notre pays est sous-développé [en retard dans le développement]. •*Xalâs, jîtu mul'axxirîn, mâ tindassu fî l kilâs !* Ça y est, vous êtes venus en retard, vous ne rentrerez pas en classe ! •*Intu jûtu mul'axxirîn fî l-salâ.* Vous êtes arrivés en retard à la prière.

mulabbad / mulabbadîn *adj. mrph. part.* passif, (*fém. mulabbada*), *Cf. mulabbid*, * lbd, ل ب د

♦ **caché(e),** qui a été caché(e). •*Da cunû l mulabbad fî l-dabanga di ?* Qu'est-ce qui se trouve caché dans ce grenier ? •*Al wilêd maca sirig gurus hanâ ammah al mulabbad fî l-sandûg.* L'enfant est allé voler l'argent de sa mère qui est caché dans la cantine.

Mulabbad *n. pr.* d'homme, *litt.* caché, * lbd, ل ب د

mulabbas *n. coll.*, *Cf. kufta*, ≅ *mulabbas*, * lbs, ل ب س

♦ **plat de viande enrobée d'œuf, viande hachée recouverte d'omelette, œuf farci à la viande hachée.** •*Câlat laham wa bêd jidâd, wa sawwat al mulabbas.* Elle a pris de la viande et des œufs et a préparé un plat de viande enrobée d'œufs. •*Nâs katîrîn mâ bisawwu mulabbas fî l udur acân hû bikallif.* Peu de gens préparent de la viande hachée aux œufs à l'occasion des cérémonies parce que ce plat coûte cher. •*Al mulabbas hû laham marhûk wa mulabbas be bêd jidâd, wa yinajjuduh fî l-dihin al hâmi.* La viande aux œufs est préparée à partir de viande hachée qu'on habille de jaunes d'œufs et que l'on fait frire dans de l'huile bouillante.

mulabbax / mulabbaxîn *adj. mrph. part.* passif, (*fém. mulabbaxa*), mot arabe d'emprunt *aram.* (*Mu.*), * lbẖ, ل ب خ

♦ **enduit(e), crépi(e).** •*Al bêt da mâ mulabbax adîl kan al xarîf ja baga'.* Cette maison n'est pas bien crépie ; si la saison des pluies arrive, elle va s'écrouler. •*Mâla durdurku da mâ mulabbax ?* Pourquoi votre mur n'est-il pas crépi ?

mulabbid / mulabbidîn *adj. mrph. part.* actif, (*fém. mulabbide*), * lbd, ل ب د

♦ **caché(e), se cachant,** qui se cache. •*Al-sayyadîn ligo l marfa'în mulabbid fî l-côk.* Les chasseurs ont trouvé l'hyène cachée sous les épines. •*Al agrab mulabbide fî tihit al-duwâne.* Le scorpion est caché sous le canari. •*Al-sarrâg kan mulabbid kula binlagi.* On trouvera le voleur même s'il s'est caché.

mulâga *n. d'act.*, *f.*, * lqy, ل ق ي

♦ **accueil, rencontre,** fait d'aller à la rencontre de quelqu'un pour l'accueillir. •*Macêna fî l matâr lê mulâga hanâ abûna.* Nous sommes allés à l'aéroport pour accueillir notre père. •*Al madaniyîn marago fî l-cawâri lê mulâgat al-Ra'îs.* Les citoyens sont sortis dans la rue pour accueillir le Président.

mulaggam / mulaggamîn *adj. mrph. part.* passif, (*fém. mulaggama*), * lqm, ل ق م

♦ **nourri(e), qui reçoit la becquée.** •*Saxîr hanâ Maryam mulaggam.* On a donné à l'enfant de Mariam des bouchées de nourriture. •*Cift iyâl abmangûr dôl, sumân, mulaggamîn be jarâd wa kirêb !* Regarde comme les petits du calao sont gras, ils sont nourris de sauterelles et de fonio sauvage !

mulaggat / mulaggatîn *adj. m. mrph. part.* passif, (*fém. mulaggata*), peut servir d'insulte, * lqṭ, ل ق ط

♦ **ramassé(e), bâtard(e).** •*Al mango da, mâ tâkuluh, mulaggat min al-turâb !* Ne mangez pas ces mangues, elles ont été ramassées par terre ! •*Al micôtin da xulgânah kulluhum mulaggatîn min al kûca.* Ce fou a ramassé dans la poubelle tous les vêtements qu'il porte. •*Al wilêd da mulaggat, mâ indah abuh !* Cet enfant est un bâtard, il n'a pas de père !

mulaggim / mulaggimîn *adj. mrph. part.* actif, (*fém. mulaggime*), *Cf. laggam*, * lqm, ل ق م

♦ **qui donne la becquée, qui nourrit, qui fait manger.** •*Martah ragde misil bitt al-sultân, wa mâ faddal illa yujûbu lêha nâdum mulaggim.* Sa femme se repose comme une fille de sultán, il ne lui manque plus que quelqu'un pour lui donner à manger. •*Al akil tara gâ'id giddâmak ! Anâ mâ nabga lêk mulaggime.* Ton repas est devant toi ! Je ne vais pas devenir pour toi quelqu'un qui te donne la becquée.

mulâh 1 / mulâhât *n. m.*, ≃ *mulah*, pluriel peu employé, * mlḥ, م ل ح

♦ **sauce,** ce qui donne de la saveur. •*Al mulâh bala basal mâ halu.* La sauce sans oignons n'est pas bonne. •*Fî kulli udur bisawwu mulâhât muxtalifîn.* A chaque cérémonie, on prépare des sauces différentes.

mulâh 2 *n. vég., coll., m., Syn. hallûm*, * mlḥ, م ل ح

♦ **nom d'un arbre, ben ailé, Moringa oleifera (Lam.),** arbre à sauce, famille des moringacées, arbuste dont les jeunes fruits, les fleurs et les feuilles se mangent en tant que légumes dans la sauce. •*Al mulâh cadaray, waragha dugâg misil hanâ l karno wa talgaha fî l kadâde walla fî l buyût.* Le ben ailé est un arbre, ses feuilles sont petites comme celles du jujubier, on le trouve [tu le trouveras] en brousse ou dans les concessions. •*Warcâl hanâ l mulâh kan sawwoh uwêke halu bilhên.* La sauce faite avec des feuilles du Moringa oleifera est excellente.

mulahhim / mulahhimîn *adj. mrph. part.* actif, (*fém. mulahhime*), * lhm, ل ه م

♦ **qui souffre de crampes abdominales, qui souffre de coliques, qui a des spasmes intestinaux, dyspepsique.** •*Al mara di batunha tojâha acân hî mulahhime.* Cette femme a mal au ventre parce qu'elle a des crampes. •*Hû mulahhim acân cirib almi glâs.* Il a des coliques parce qu'il a bu de l'eau glacée.

mulajjam / mulajjamîn *adj. mrph. part.* passif, (*fém. mulajjama*), * ljm, ل ج م

♦ **qui a un mors passé dans la bouche, bridé(e) par le mors.** •*Al-juwâd kan mulajjam mâ yagdar yâkul xalla.* Le cheval ne peut pas manger de mil lorsqu'il a un mors passé dans la bouche. •*Al faras di mâ mulajjama acân hî mâ nihise.* On n'a pas mis de mors à la jument parce qu'elle n'est pas têtue.

mulajlaj / mulajlajîn *adj. mrph. part.* passif, (*fém. mulajlaja*).

♦ **qui a la bougeotte, instable, agité(e).** •*Al mara di sâbte fî bêtha, mâ mulajlaja.* Cette femme est bien installée chez elle, elle n'a pas la bougeotte. •*Al-râjil al mulajlaj maca fî l-carîye xalbat al kalâm.* L'homme agité est allé au tribunal semer la confusion.

mulâkama *n. f.*, * lkm, ل ك م

♦ **boxe.** •*Al mulâkama nô' min al-riyâda.* La boxe est un genre de sport. •*Al-rujâl al ba'arfu l mulâkama mâ biddâwaso be sakâkîn, illa be bunya bas.* Les hommes qui connaissent la boxe ne se battent plus au couteau, mais simplement avec les poings.

mulâkim / mulâkimîn *adj.*, (*fém. mulâkime*), * lkm, ل ك م

♦ **boxeur.** •*Al mulâkim îdênah gawiyîn.* Le boxeur a des bras puissants. •*Fî kumâlt al mulâkama, mulâkim wâhid waga' xamrân.* A la fin du match, un boxeur est tombé évanoui.

mulamma *n. f.*, → *malamma.*

mulassag / mulassagîn *adj.*, (*fém. mulassaga*), * lṣq, ل ص ق

♦ **collé(e).** •*Marabaytah mulassaga fôgah min al waxar.* Son habit lui colle au corps à cause de la sueur. •*Êbak misil usumak, kan tâbah wa* *kan tardah kula mulassag fôgak.* Ton action honteuse [ta honte] est comme ton nom : que tu la refuses ou que tu l'acceptes, elle reste collée à toi. •*Asâme iyâl al-lekkôl maktûbîn fî l katkat al mulassag fî l-durdur.* Les noms des élèves sont écrits sur un papier collé au mur.

mulawlaw / mulawlawîn *adj. mrph. part.* passif, (*fém. mulawlawa*), *Cf. lawlaw*, * lwy, ل و ي

♦ **lové(e), enroulé(e).** •*Al-dâbi mulawlaw fî furu' al-cadaray.* Le serpent est enroulé autour de la branche de l'arbre. •*Al wilêd da, wakit wildoh surritah mulawlawa fî ragabtah.* Lorsque cet enfant est né, il avait le cordon ombilical enroulé autour du cou. •*Amkalâm gammat lê l-duwâs wa farditha mulawlawa fî sulubha.* Amkalam s'est levée pour se battre, avec son pagne enroulé autour des hanches.

mulawwan / mulawwanîn *adj. mrph. part.* passif, forme II, (*fém. mulawwana*), * lwn, ل و ن

♦ **coloré(e), bariolé(e), en couleurs,** coloré(e) avec des couleurs vives. •*Fî yôm al îd, al awîn yantu dîfânhum ka'ak mulawwan.* Le jour de la fête, les femmes offrent à leurs invités des gâteaux aux couleurs variées. •*Fî l âsima nalgo kulla l buyût mulawwanîn.* Dans la capitale, nous trouvons que toutes les maisons ont des couleurs différentes. •*Jârna indah telfizyôn mulawwân.* Notre voisin a un téléviseur en couleurs.

mulawwas / mulawwasîn *adj. mrph. part.* passif, (*fém. mulawwasa*), *Cf. lawwas*, * lwṯ, ل و ث

♦ **bouché(e), fermé(e), obturé(e),** qui a été fermé hermétiquement avec de la glaise. •*Nidôr nicîl xalla ciyya lâkin dabangitna mulawwasa.* Je voulais prendre un peu de mil, mais notre grenier est fermé. •*Nugurit al ammangûr mulawwasa.* Le trou, dans lequel se trouve la femelle du petit calao, est bouché. •*Al almi ragad katîr fî bêtna acân al kânifo mulawwas.* Il y a beaucoup d'eau qui stagne dans notre maison parce que le caniveau est bouché.

mulaxbat / mulaxbatîn *adj.*, (*fém. mulaxbata*), → *muxalbat.*

mulaxxas / mulaxxasât *n. m.*, terme de l'*ar. lit.* moins employé que *zibde*, → *zibde*, * lḫṣ, ل خ ص

♦ **abrégé, résumé, sommaire, synthèse.** •*Al ustâz gâ'id bacrah lêna mulaxxas hanâ kitâb al adab.* Le professeur est en train de nous commenter le résumé du livre de littérature. •*Anâ nagri dâyiman mulaxxas al kitâb gubbâl mâ nagri l kitâb zâtah.* Avant de lire un livre, je lis toujours son résumé.

mulâzim / mulâzimîn *adj. mrph. part.* actif, (*fém. mulâzime*), * lzm, ل ز م

♦ **attaché(e) à un service, chargé(e) de l'accueil,** personne attachée au service d'un chef traditionnel, personne qui accueille chez elle un hôte de son ethnie. •*Al-râjil da mulâzim hanâ l-sultân.* Cet homme est l'attaché du sultan. •*Al mulâzim da hû mas'ûl hanâ l askar.* Celui-ci, qui est chargé de l'accueil, est un responsable de l'armée.

mulbactin / mulbactinîn *adj. mrph. part.* actif, (*fém. mulbactine*), *Cf. bactan*, * šṭn, ش ط ن

♦ **gêné(e), tourmenté(e), ennuyé(e), dérangé(e), ennuyeux (-euse), dérangeant(e), gênant(e), agaçant(e).** •*Ra'îsna mulbactîn be ta'ab al hukum.* Notre Président n'est pas à l'aise dans l'art de gouverner. •*Marti di mulbactine tidôr kalâm al-dunya mâ tixallini nunûm !* Ma femme m'agace, elle me cherche noise et ne me laisse pas dormir ! •*Hassâ da al iyâl mulbactinîn be l hamu.* Maintenant les enfants sont gênés par la chaleur.

mulbarrid / mulbarridîn *adj. mrph. part.* actif, forme V, (*fém. mulbarride*), * brd, ب ر د

♦ **qui s'est lavé(e), qui s'est douché(e), qui s'est baigné(e).** •*Kan mâ mulbarride, mâ talbase xalagki l-*

nadîf da ! Si tu ne t'es pas lavée, ne revêts pas ton vêtement propre ! •*Amci, gûl lê l xaddâmîn : "Al mulbarrid fôghum yaji yiwaddi lêhum l akil !".* Va dire aux travailleurs : "Que celui d'entre vous qui s'est lavé vienne apporter aux autres la nourriture !". •*Yâ iyâli, kan mâ mulbarridîn, amcu albarrado hassâ !* Mes enfants, si vous ne vous êtes pas lavés, faites-le tout de suite !

mulbassim / mulbassimîn *adj. mrph. part.* actif, (*fém. mulbassime*), *Syn. mubtasim*, * bsm, ب س م

♦ **tout(e) souriant(e), tout sourire.** •*Lâgêtah mulbassim, al yôm da hû farhân.* Je l'ai rencontré tout souriant, aujourd'hui il est heureux. •*Al iyâl al mulbassimîn yifarruhu ammahâthum.* Les enfants souriants réjouissent leur mère. •*Nidôr nicîf sunûnha l buyud kan hî mulbassime.* J'aime voir ses dents blanches lorsqu'elle sourit.

mulfa'a *n. f.*, → *malfa'a.*

mulfâhimîn *adj. pl., mrph. part.* actif, *Syn. mutfâhimîn, Cf. alfâhamo*, * fhm, ف ه م

♦ **qui s'entendent mutuellement, qui se comprennent mutuellement.** •*Al xaddâmîn dôl mulfâhimîn ma'â kabîrhum.* Ces travailleurs s'entendent avec leur chef. •*Wâjib al Afrixiyîn yabgo mulfâhimîn wa yixallu l-duwâs.* Il faut que les Africains parviennent à s'entendre et cessent de se battre.

mulfârigîn *adj. pl., mrph. part.* actif, *Cf. alfârago*, * frq, ف ر ق

♦ **qui se sont séparés les uns des autres, qui se sont dispersés, qui sont divisés.** •*Intu kulluku ke min balad wâhid, wa mâla mulfârigîn fî dâr al xurba di ?* Vous venez tous d'une même région, pourquoi êtes-vous ainsi dispersés dans ce pays étranger ? •*Bugûlu : Al Arab fî Tcâd mulfârigîn hassâ acân zamân addâwaso fî cân al-naga.* On dit que les Arabes du Tchad sont aujourd'hui divisés entre eux parce qu'autrefois ils se sont battus à cause d'une chamelle. •*Al awîn hanâ l-jâm'iye di mâ mulfârigîn, induhum tadâmun ambênâthum.* Les femmes de cette association ne sont pas divisées mais solidaires les unes des autres.

mulfârihîn *adj. m. mrph. part.* actif, *Cf. alfâraho, Cf. farhânîn, mabsûtîn*, * frḥ, ف ر ح

♦ **qui se sont réjouis mutuellement.** •*Kulla l-Tcâdiyîn mulfârihîn be marigîn al fatrôn.* Tous les Tchadiens se sont réjouis à cause de l'extraction du pétrole. •*Anîna mulfarihîn be darrijînak.* Nous nous sommes réjouis de ta promotion.

mulfarrig / mulfarrigîn *adj. mrph. part.* passif, (*fém. mulfarrige*), *Cf. alfarrag*, * frq, ف ر ق

♦ **qui s'est séparé(e), qui s'est dispersé(e).** •*Yâ binêyti sûfki al mulfarrig da maccitih, axêr lêki !* Ma fille, tes cheveux sont ébouriffés, il vaut mieux que tu les tresses ! •*Zamân jidditi gâlat lêi al-cêytân indah sunûn kubâr wa mulfarrigîn.* Autrefois, ma grand-mère me disait que Satan avait des dents énormes et dispersées dans la bouche. •*Al-zere' kan xallitah mulfarrige ba'îd ba'îd yalda adîl.* Lorsque, dans le champ, les pieds de mil sont suffisamment espacés les uns des autres, ils produisent en grande quantité.

mulfarrij / mulfarrijîn *adj. n. m. mrph. part.* actif, (*fém. mulfarrije*), *Syn. mutfarrij, mutafarrij, Cf. alfarraj*, * frj, ف ر ج

♦ **spectateur (spectatrice), qui regarde.** •*Wilêdki da, fî l kilâs gâ'id misil al-nâdum al mulfarrij.* Ton enfant ne participe pas en classe, il reste spectateur. •*Inta ma'a l-nâs al bal'abo walla ma'â l mulfarrijîn ?* Fais-tu partie des joueurs ou des spectateurs ?

mulgâbilîn *adj. pl., mrph. part.* actif, *Cf. algâbalo*, * qbl, ق ب ل

♦ **qui se sont rencontrés, qui sont face à face.** •*Lekkôlna wa bêt al izâ'a mulgâbilîn.* Notre école et la maison de la radio se font face. •*Hajjêna ma'âyah mulgâbilîn bala xôf.* Nous avons parlé avec lui, face à face, sans peur.

mulgaryif / mulgaryifîn *adj. mrph. part.* actif, (*fém. mulgaryife*), → *mugaryif*, * qrf, ق ر ف

mulgâsimîn *adj. pl., mrph. part.* actif, *Cf. algâsamo*, * qsm, ق س م
♦ **qui se sont divisés, qui se sont partagés.** •*Al-Tcâdiyîn bigo mulgâsimîn acân mâ alwâfago fî l-natîjit al intixâbât.* Les Tchadiens se sont divisés parce qu'ils ne se sont pas entendus sur le résultat des élections. •*Hummân bas mulgâsimîn warasa hanâ abûhum.* Ils se sont eux-mêmes partagé l'héritage de leur père.

mulhâdinîn *adj. pl., mrph. part.* actif, forme V, *Cf. hadan*, * ḥḍn, ح ض ن
♦ **qui se sont embrassés, qui se donnent l'accolade, serrés dans les bras l'un contre l'autre.** •*Al awîn wa iyâlhum mulhâdinîn.* Les femmes et leurs enfants se sont embrassés. •*Al binêye ma'â axtutha mulhâdinîn acân al wata barday.* La fillette et sa sœur se serrent l'une contre l'autre parce qu'il fait froid.

mulhâninîn *adj. pl., mrph. part.* actif, *Cf. alhânano*, * ḥnn, ح ن ن
♦ **qui s'aiment d'une tendresse réciproque, qui s'aiment les uns les autres.** •*Cîf al iyâl dôl, mulhâninîn bilhên !* Regarde ces enfants qui s'aiment les uns les autres ! •*Al-râjil wa martah kan mulhâninîn, ma'îcithum hayyine wa haluwa.* Lorsque l'homme et la femme s'aiment mutuellement, ils mènent une vie simple et douce. •*Anîna kan macêna fî dâr al xurba, nabgo mulhâninîn ambênâtna.* Lorsque nous nous retrouvons dans un pays étranger, nous nous aimons entre nous.

mulhardim / mulhardimîn *adj. mrph. part.* actif, forme V, (*fém. mulhardime*), *Cf. hardam*, * hdm, ه د م
♦ **en ruine, écroulé(e), effondré(e).** •*Inta bêtak wên lê l bêt al mulhardim dâk ?* Où se trouve ta maison par rapport à la maison en ruine qui est là-bas ? •*Al'abo ba'îd min al bîr al mulhardime di !* Allez jouer loin de ce puits effondré ! •*Ta'âlu narfa'o cuwâlât al xalla al mulhardimîn dôl.* Venez, que nous relevions ces sacs de mil tombés du tas !

mulhârij / mulhârijîn *adj. mrph. part.* actif, (*fém. mulhârije*), → *muhârij*, * hrj, ه ر ج

mulhâwigîn *adj. mrph. part.* actif, VIème forme, (*fém. mulhâwigât*), * ḥwq, ح و ق
♦ **qui se sont mis en cercle,** qui se disposent en cercle. •*Al-nâs gâ'idîn mulhâwigîn bil'ânaso.* Les gens se disposent en cercle pour causer entre eux. •*Al-sugurra mulhâwigîn wa l-rimme usuthum.* Les vautours se sont mis en cercle autour du cadavre.

mulhâwit / mulhâwitîn *adj. mrph. part.* actif, (*fém. mulhâwite*), *Cf. alhâwato*, * ḥwṭ, ح و ط
♦ **différent** (prix)**, qui dépasse la ligne, non-aligné(e).** •*Kulla l acya' tamânhum mulhâwit.* Chaque chose a un prix différent. •*Mâ taktib mulhâwit !* N'écris pas en t'écartant de la ligne ! •*Agûfu sawa sawa, axêr min mulhâwitîn !* Tenez-vous debout sur une même ligne, c'est mieux que d'être en désordre !

mulkârib / mulkâribîn *adj. m. mrph. part.* actif, *Cf. alkârab*, * krb, ك ر ب
♦ **assidu(e), obstiné(e), qui a pris à cœur, qui s'est attaché(e) à, qui se sont empoignés.** •*Al axawân dôl mulkâribîn fî xidimithum.* Ces frères sont assidus au travail. •*Hû mulkârib fôgah acân wali.* Il s'est attaché à lui parce qu'il est de sa parenté. •*Hî mulkâribe fî kalâmha hanâ gibêl.* Elle tient ferme à ce qu'elle a dit auparavant. •*Al iyâl al mulkâribîn dôl, adharohum mâ yiddâwaso !* Ces enfants qui se sont empoignés, empêche-les de se battre !

mulkayyif / mulkayyifîn *adj. mrph. part.* actif, (*fém. mulkayyife*), *Syn. mutkayyif*, * kyf, ك ي ف ⇨

♦ **soulagé(e) d'un manque, à l'aise, comblé(e), détendu(e), satisfait(e),** au sens figuré : qui est comblé(e) par la parole de la personne aimée, qui ne ressent plus le manque ou le besoin. •*Hû min cirib câhi da, mulkayyif yihajji ma'âna farhân.* Dès qu'il boit du thé, il est soulagé et heureux de parler avec nous. •*Hî xidimitha di mulkayyife minha.* Elle est à l'aise dans son travail. •*Hî mulkayyife min kalâmah al ôraha da.* Elle est comblée par la parole qu'il lui a dite.

mullâhigîn *adj. pl. mrph. part.* actif, *Cf. allâhago*, * lḥq, ل ح ق

♦ **atteints, rejoints, rencontrés,** qui ont cherché à se rejoindre par des visites, qui cherche à atteindre le cœur de l'autre par des insultes. •*Anâ ma'âk mâ mullâhigîn be ayyi kalâm hawân.* Toi et moi, n'avons jamais cherché à nous faire du mal par une parole mauvaise. •*Indina mudda mâ mullâhigîn, yâtu kula fî xidimtah.* Il y a un certain temps que nous ne nous sommes pas rendu visite [rencontrés], chacun était occupé par son travail .

mullawliw / mullawliwîn *adj. mrph. part.* actif, (*fém. mullawliwe*), *Cf. allawlaw*, * lwy, ل و ي

♦ **enroulé(e), emmêlé(e), qui a grimpé autour.** •*Al askari da gujjitah katîre namman mullawliwe.* Ce militaire a des cheveux longs tellement mal peignés qu'ils sont tous emmêlés. •*Al-dâbi l mullawliw fî l-ci'ibe mâ bunûm.* Le serpent enroulé autour de la fourche d'un arbre ne dort pas.

mulmarrid / mulmarridîn *adj.* (*fém. mulmarride*), → *mutmarrid.*

mulmassik / mulmassikîn *adj.*, (*fém. mulmassike*), → *mutmassik.*

muluk *n. m.*, * mlk, م ل ك

♦ **pouvoir.** •*Hû waras al muluk min abuh.* Il a hérité du pouvoir de son père. •*Yôm al xiyâma, al muluk hanâ Allah wihêdah bas.* Le jour de la résurrection, le pouvoir est à Dieu seul.

mulûk *pl.*, → *malik.*

mulus *pl.*, → *amalas.*

mulûxiye *n. f.*, → *ammulûxiye.*

mulwaddib / muwalddibîn *adj. mrph. part.* actif, (*fém. mulwaddibe*), *Syn. mut'addib, mul'addib*, → *mul'addib*, * wzb, و ظ ب

mulwânisîn *adj. pl. mrph. part.* actif, → *mul'ânisîn*, * 'ns, ء ن س

mulwannis / mulwannisîn *adj. mrph. part.* actif, (*fém. mulwannise*), → *mul'annis*, * 'ns, ء ن س

mulwâsilîn *adj. mrph. part.* actif, (*fém. mulwâsilât*), *Syn. mutwâsilîn*, * wṣl, و ص ل

♦ **en contact, en relation, en lien avec,** qui se fréquentent mutuellement. •*Anâ wa waladak mulwâsilîn wa hû âfe.* Je suis en relation avec ton fils, il est en bonne santé. •*Hummân min rahhalo binêyithum, mâ mulwâsilîn ma'âha.* Depuis qu'ils ont emmené leur fille chez son mari, ils ne la voient plus. •*Humman mulwâsilîn ma'âna, ille anîna rijilna angata'at minhum !* Ils nous rendent souvent visite, mais nous n'allons plus chez eux [notre pied s'est coupé d'eux] !

mulxaddi / mulxaddiyîn *adj.*, (*fém. mulxaddiye*), → *muxaddi.*

mulxâlif / mulxâlifîn *adj. mrph. part.* actif, (*fém. mulxâlife*), * ḫlf, خ ل ف

♦ **différent(e), entrecroisé(e), en désordre.** •*Hû akal gurus ciya bas acân nimirta jat mulxâlife.* Il a gagné peu d'argent au tiercé car les numéros des chevaux qu'il a joués sont arrivés dans le désordre. •*Kalâmak mâ yabga mulxâlif lê kalâmi acân nanjaho.* Pour que nous réussissions, ta parole ne doit pas être différente de la mienne. •*Alam hanâ Makka indah sêffên mulxâlifîn.* Sur le drapeau de La Mecque, il y a deux sabres entrecroisés.

mulxatti / mulxattiyîn *adj. mrph. part.* actif, (*fém. mulxattiye*), * ġṭw, غ ط و

♦ **couvert(e), recouvert(e).** •*Mâlak mulxatti fî l hamu da ?* Pourquoi es-tu ainsi couvert avec cette chaleur ? •*Hî mulxattiye wa mâ nâyime, gâ'ide tasma' kalâmna kulla ke.* Elle s'est recouverte de son pagne, mais elle ne dort pas, elle écoute toute notre conversation. •*Fî l-sêf al-nâs bunûmu mâ mulxattiyîn.* En saison chaude, les gens dorment sans se couvrir.

mulxâwiyîn *adj. mrph. part.* actif, terme grossier à ne pas employer en public, *Cf. alxâwo*, * 'ẖw, ء خ و

♦ **s'aimant mutuellement, amants,** qui font l'amour entre eux. •*Al-sabi ma'â l hajjâla di, mâ mulxâwiyîn.* Le jeune homme et cette femme libérée de son deuxième mariage ne s'entendent pas dans leur amour. •*Câfoha kallamat ma'â jâri bas, bahasbu humman mulxâwiyîn.* On l'a vue parler avec mon voisin, on suppose qu'ils sont amants.

mumaccat / mumaccatîn *adj. mrph. part.* passif, (*fém. mumaccata*), *Cf. maccat*, * mšṭ, م ش ط

♦ **coiffé(e), tressé(e).** •*Al fannân Gazonga sûfah mumaccat.* Le chanteur Gazonga a les cheveux tressés. •*Al mara kan mâ mumaccata, mâ samhe.* La femme qui n'est pas coiffée n'est pas belle. •*Yôm al-duxûl hanâ l-lekôl talga l banât kulluhum mumaccatât mucât jadîd.* Le jour de la rentrée scolaire, on voit [tu trouves] toutes les filles avec des cheveux nouvellement tressés.

mumassah / mumassahîn *adj. mrph. part.* passif, (*fém. mumassaha*), *Cf. massah, Syn. mamsûh*, * msḥ, م س ح

♦ **enduit(e), teint(e), oint(e).** •*Bêt rafigti mumassah be pintîr abyad karr.* La maison de mon amie est recouverte d'une couche de peinture blanche éclatante. •*Jildi, nucumm fôgah rîhe haluwa acân mumassah be dilke.* Je sens la bonne odeur de mon corps enduit de crème *dilke*. •*Farditi mumassaha be lôn axadar.* Mon pagne est teint en vert.

mumassih / mumassihîn *adj. mrph. part.* actif, (*fém. mumassihe*), * msḥ, م س ح

♦ **qui s'est enduit(e), qui s'est passé un onguent sur la peau.** •*Ligit al binêye mumassihe jilidha be dihin.* J'ai constaté [trouvé] que la jeune fille s'était massée avec de l'huile. •*Hû mumassih jildah be dawa.* Il s'est passé de la pommade sur le corps.

mumassil / mumassilîn *adj. n., mrph. part.* actif, (*fém. mumassile*), * mṯl, م ث ل

♦ **représentant(e), délégué(e).** •*Mumassile hint al-Tacâdiyât al yôm taji fî malammitna.* La représentante des Tchadiennes viendra aujourd'hui à notre rencontre. •*Al-râjil da mumassil al wazîr.* Cet homme est le représentant du ministre. •*Al axawân dôl mumassilîn al munazzamât al-duwaliya fî dârna.* Ces camarades sont les délégués des organisations internationales dans notre pays.

mumattit / mumattitîn *adj. mrph. part.* actif, (*fém. mumattite*), * mtt, م ت ت

♦ **étendu(e), allongé(e), couché(e).** •*Nâsên mumattitîn ust al-câri.* Deux personnes sont allongées au milieu de la rue. •*Al micôtin ga'id mumattit fî l wasax.* Le fou est couché dans les ordures.

mumayyal / mumayyalîn *adj. mrph. part.* passif, forme II, (*fém. mumayyala*), * myl, م ي ل

♦ **penché(e), déséquilibré(e), mal équilibré(e).** •*Al-tôr caddoh xumâm katîr wa mumayyal acân daharah bôjah.* Le bœuf porteur a été chargé de trop d'affaires ; elles penchent parce que son dos lui fait mal. •*Al garfa kan mumayyala, âdilha be l karâyo !* Si la grosse poche en cuir tire trop d'un côté, équilibre le bât en mettant les pots de l'autre côté ! •*Al-cadar mumayyal min katrat al-rih.* Les arbres sont penchés à cause de la force [de l'abondance] du vent.

mumayyiz / mumayyizîn *adj. mrph. part.* actif, (*fém. mumayyize*), *Cf. ixil*, * myz, م ي ز

♦ **raisonnable, ayant acquis une certaine sagesse, qui est sorti(e) de l'enfance, mûr(e),** qui a quitté le comportement enfantin. •*Al binêye al mumayyize tagdar tijimm ammaha fî xidimt al bêt.* La fille raisonnable peut soulager sa mère dans les travaux domestiques. •*Al wilêd da mumayyiz, kalâmah najîd.* Cet enfant est mûr, il parle comme un grand.

mumbarim / mumbarimîn *adj. mrph. part.* actif, (*fém. mumbarime*), → *munbarim*, * brm, ب ر م

Mûmin *n. pr.* d'homme, pour *mu'min, litt.* croyant, *Cf. âman*, * 'mn, ء م ن

mumkin *invar.*, * mkn, م ك ن

♦ **possible, peut-être.** •*Mumkin al âfe tarja' fî baladna be muwâfaga hanâ kulla l-Tcâdiyîn.* Il est possible que la paix revienne dans notre pays si tous les Tchadiens s'entendent entre eux. •*Mumkin tisâfir ma'â axûk be l-tayâra.* Tu voyageras peut-être avec ton frère par avion.

munâ *n. m.*, * mny, م ن ي

♦ **souhait, désir, espoir.** •*Fî munâi da ni'îc tamanîn sana.* Mon espoir, c'est de vivre jusqu'à quatre-vingts ans. •*Munâki cunû, yâ azîze ?* Ma chère amie, que souhaites-tu ? •*Iyâl al-lîse munâhum al-najâh.* L'espoir des lycéens, c'est la réussite aux examens.

mûna 1 *n. f.*, * m'n, م ء ن

♦ **approvisionnement, vivres, plats cuisinés, nourriture, alimentation.** •*Yôm al axîde hanâ axti sawwêna mûna anwâ'a katîre.* Le jour du mariage de ma sœur, nous avons préparé de nombreuses sortes de plats. •*Katîr min al awîn bisawwu mûna yôm al îd hanâ Ramadân.* Beaucoup de femmes préparent des variétés de plats le jour de la fête du Ramadan.

mûna 2 *n. f.*, * m'n, م ء ن

♦ **mortier, gâchis,** glaise préparée pour lier les briques de terre entre elles. •*Al manêvir banti l usta mûna, wa hû kammân babni.* Le manœuvre donne le mortier au maçon qui, lui, construit. •*Al-nâs al babnu be blôk mûnithim asamanti muxalbat be ramla.* Les gens qui construisent avec des parpaings utilisent du mortier fait avec du ciment mélangé de sable.

munaccar / munaccarîn *adj. mrph. part.* passif, (*fém. munaccara*), * nšr, ن ش ر

♦ **entraîné(e).** •*Al-juwâd kan mâ munaccar adîl, mâ bicîl fî l-sagab.* Si un cheval n'est pas bien entraîné, il ne remportera pas la course. •*Xêlku dôl munaccarîn wallâ lâ ?* Vos chevaux ont-ils été entraînés ?

munaccat / munaccatîn *adj. mrph. part.* passif, (*fém. munaccata*), * nšṭ, ن ش ط

♦ **fortifié(e), entraîné(e), exercé(e).** •*Al xêl al mâ munaccatîn mâ yagdaro yajuru.* Les chevaux qui ne sont pas bien exercés ne peuvent pas courir. •*Al-riyâdiyîn dôl mâ munaccatîn mâ yagdaro yal'abo adîl.* Ces sportifs ne sont pas bien entraînés, ils ne peuvent pas bien jouer. •*Farîx Elekespôr munaccat lâ'ibînha mâ ba'ayo ajala.* L'équipe Elec-sport est bien entraînée, ses joueurs sont résistants à la fatigue.

munaccit / munaccitîn *adj. mrph. part.* actif, (*fém. munaccite*), * nšṭ, ن ش ط

♦ **fortifiant(e), dynamisant(e), entraînant(e).** •*Inta mardân lâkin al-dawa munaccit, kan ciribtah talga l âfe.* Tu es malade, mais ce médicament est un fortifiant ; si tu le prends, tu guériras. •*Al xabar al-simînah amis da munaccit.* La nouvelle que nous avons apprise hier est réconfortante.

munâda / munâdayîn *adj. mrph. part.* passif, (*fém. munâdaya*), *Cf. nâda*, * ndw, ن د و

♦ **appelé(e), convoqué(e).** •*Xâli munâda fî al-cerîye.* Mon oncle a été convoqué au tribunal. •*Al iyâl jo jâriyîn acân munâdayîn lê l-sadaxa.*

Les enfants sont venus en courant parce qu'on les avait appelés pour recevoir l'aumône. •*Inti jîti hini da, munâdaya walla ?* Toi, tu es venue ici, mais est-ce qu'on t'a appelée ?

munâdâ *n. d'act. f., Cf. nâda,* * ndw, ن د و

♦ **appel, fait d'appeler.** •*Munâdât al-nâdum al kabîr min ba'îd fî l-cari, mâ min al adab.* Appeler de loin une grande personne dans la rue, ce n'est pas poli. •*Anâ mâ nidôr al munâdâ bala fâyde.* Je n'aime pas être appelé pour rien.

munaddaf / munaddafîn *adj.,* (*fém. munaddafa*), * nẓf, ن ظ ف

♦ **rendu(e) propre, nettoyé(e).** •*Kulla yôm al bêt wa l-laday munaddafîn.* Tous les jours, la maison et la cuisine sont propres. •*Fadayt al xanba mâ munaddafa.* La cour de la femme souillon n'est pas nettoyée. •*Markûb al-râjil da dâyiman munaddaf.* Les souliers de cet homme sont toujours propres.

munâdi / munâdîyîn *adj. mrph. part.* actif, (*fém. munâdiye*), *Cf. nâda,* * ndw, ن د و

♦ **qui appelle, qui convoque.** •*Al azzâni munâdi lê l-salâ.* Le muezzin appelle à la prière. •*Al ajal munâdi sîdah fî l xabur !* Celui dont les jours s'achèvent est convoqué au tombeau !

munâdil / munâdilîn *adj. mrph. part.* actif, (*fém. munâdila*), *Cf. munâsir,* * nḍl, ن ض ل

♦ **militant(e), défenseur.** •*Al munâdilîn hanâ l mu'ârada zâharo fî l-cawâri.* Les militants de l'opposition ont manifesté dans les rues. •*Hizib hanâ MPS anta xulgân nô'hum wâhid lê munâdilînah.* Le parti du M.P.S. a donné des uniformes [habits d'une seule espèce] à ses militants.

munaffaz / munaffazîn *adj. mrph. part.* passif, (*fém. munaffaza*), * nfd̲, ن ف ذ

♦ **ordre exécuté, décision appliquée.** •*Xarâr hanâ l-daktôr xalâs munaffaz fî l mardânîn.* Les ordres du médecin concernant les malades ont déjà été exécutés. •*Al xarârât al câlohum fî l mu'tamar al watani wahdîn minnuhum lissâ mâ munaffazîn.* Certaines décisions prises à la Conférence nationale ne sont pas encore exécutées.

munaffiz / munaffizîn *adj. mrph. part.* actif, (*fém. munaffize*), * nfd̲, ن ف ذ

♦ **exécutant(e), qui exécute.** •*Al askar munaffizîn al xarâr hanâ kabîrhum.* Les soldats exécutent les décisions de leur chef. •*Hû munaffiz al kalâm al-cariye gâlatah.* Il exécute la décision rendue par le jugement.

munâfix / munâfixîn *adj. mrph. part.* actif, (*fém. munâfixe*), * nfh̲, ن ف خ

♦ **hypocrite, arrogant(e), sournois(e),** celui qui connaît les obligations religieuses mais qui se conduit comme s'il les ignorait. •*Al munâfix, hû al-nâdum al ba'arif al-salâ wa mâ bisalli.* L'hypocrite est celui qui sait faire la prière, mais qui ne prie pas. •*Al munâfixîn kan mâ tâbo yidaxxuluhum fî l-nâr.* Les hypocrites qui ne se convertissent pas seront jetés dans le feu de l'enfer. •*Hû munâfix, bahajji lêk kalâm halu wa fî galbah kârihak.* Il est sournois, il t'adresse de bonnes paroles, mais il te hait dans son cœur.

munagga *adj. mrph. part.* passif, *Cf. tcalla,* * nqy, ن ق ي

♦ **épluché(e), écorcé(e).** •*Jîbi lêi al bangâw da, kan munagga, nusubbah fî l mulâh !* Apporte-moi cette patate douce ! Une fois épluchée, je la mettrai dans la sauce. •*Ammi, antîna agêg munagga nâkuluh ma'âki !* Maman, donne-nous des cannes à sucre épluchées, que nous les mangions avec toi ! •*Cîl al-lubya l munagga fî l-sufra di !* Prends les haricots épluchés qui sont sur ce plateau !

munâhata *n. f., Cf. nâhat, Syn. nâhitîn,* * nhṭ, ن ح ط

♦ **halètement, essoufflement.** •*Munâhatâ hint al wilêd da akûn hû mardân.* Le halètement de ce garçon vient peut-être de ce qu'il est malade. •*Hû jara bilhên wa wigif lê l munâhata.* Il a beaucoup couru et s'est arrêté pour souffler.

munajjad 1 / munajjadîn *adj. m. mrph. part.* passif, *Cf. nijid, murakkab*, * nḍj, ن ض ج

♦ **bien cuit(e).** •*Al-laham al mâ munajjad adîl bisey waja' batun.* La viande mal cuite provoque des maux de ventre. •*Al-câhi al axadar kan munajjad adîl halu.* Le thé vert qui a bouilli longtemps est délicieux. •*Al-hût al mâ munajjad bisawwi tamîme.* Le poisson mal cuit donne la nausée.

munajjad 2 / munajjadîn *adj. mrph. part.* passif, (*fém. munajjada*), *Cf. najjad 3*, * njd, ن ج د

♦ **prémuni(e), protégé(e),** dont le corps a été protégé par des racines ou des rites magiques. •*Kan yômak tamma, kan munajjad kula, tumût.* Lorsque ton dernier jour arrive, même si tu es prémuni par des racines, tu mourras quand même. •*Hû munajjad be cadar adîl, al hadîd ke mâ bâkulah.* Il a bien protégé son corps avec des racines, aucune arme [fer] ne peut le blesser.

munajjas / munajjasîn *adj. mrph. part.* passif, (*fém. munajjasa*), * njs, ن ج س

♦ **souillé(e).** •*Al bakân da munajjas mâ wâjib lêk tisalli fôgah.* Tu ne dois pas prier ici parce que cet endroit est souillé. •*Xalagi da munajjas be l bôl.* Mon vêtement est souillé par l'urine.

munajji / munajjiyîn *adj. mrph. part.* actif, (*fém. munajjiye*), * njw, ن ج و

♦ **sauveur, qui délivre.** •*Al-daktôr da munajji min marad al kôlêra.* Ce médecin est celui qui nous guérit de la maladie du choléra. •*Al xarîf munajji min al-ju'.* La saison des pluies nous délivre de la faim. •*Maxâfit Allah munajjiye min nâr al xiyâme.* La crainte de Dieu nous sauve du feu éternel au jour de la résurrection.

munakkal / munakkalîn *adj. mrph. part.* passif, (*fém. munakkala*), * nkl, ن ك ل

♦ **intimidé(e), terrorisé(e), inhibé(e),** inhibé(e) par un ordre, qui a peur d'enfreindre une interdiction. •*Al munakkal bibayyin acîr rufugânah.* Celui qui est terrorisé dévoile le secret de ses amis. •*Hî munakkala mâ tagdar tahajji ma'â l-subyân acân dâiman ammaha tiwarwirha.* Elle est inhibée, elle ne peut pas causer avec les garçons parce que sa mère la met toujours en garde.

munakkat / munakkatîn *adj. mrph. part.* passif, (*fém. munakkata*), * nqṯ, ن ق ث

♦ **creusé(e), qui a des trous.** •*Bêtku da mâla munakkat, induku fâr ?* Pourquoi votre maison a-t-elle ainsi des trous, y a-t-il des rats chez vous ? •*Al-câri kan munakkat rawaxtah ta'ab lê l amyâne.* C'est difficile pour un aveugle de marcher dans une rue qui a des trous.

munang-ning / munang-ningîn *adj. mrph. part.* actif, (*fém. munang-ninge*), *Cf. nang-nang.*

♦ **qui murmure, qui grommelle, qui parle à voix basse.** •*Mâlak munang-ning, tidôr cunû ?* Pourquoi murmures-tu ainsi, que veux-tu ? •*Hû munang-ning acân mâ radyân be kalâmna da.* Il grommelle parce qu'il n'est pas content de ce que nous avons dit. •*Anâ mâ munan-ninge, coxol ke nidôrah mâ fîh.* Je ne murmure pas, je n'ai envie de rien.

munâsab / munâsabîn *adj. mrph. part.* passif, (*fém. munâsaba*), *Syn. munâsib*, * nsb, ن س ب

♦ **convenable, acceptable.** •*Al xumâm da carêtah min al-sûg be taman munâsab.* J'ai acheté ces articles au marché à un prix convenable. •*Kan ligit bêt be taman munâsab nacrih.* Si je trouve une maison à un prix convenable, je l'achèterai.

munâsaba / munâsabât *n. f.*, * nsb, ن س ب

♦ **occasion.** •*Be munâsaba hanâ tahûrit iyâlah, hû azam rufugânah kulluhum.* A l'occasion de la circoncision de ses enfants, il a invité tous ses amis. •*Anîna akalna laham katîr be munâsaba hanâ îd al-dahîye.* Nous avons mangé beaucoup de viande à l'occasion de la fête de la Tabaski.

munâsib 1 / munâsibîn *adj.*, (*fém. munâsibe*), * nsb, ن س ب

♦ **convenable, adéquat(e), approprié(e).** •*Mahammat, kan macêt al-sûg wa ligit farde be taman munâsib, ta'al ôrini acân nacriha lê marti !* Mahammat, si tu vas au marché et si tu trouves un pagne à un prix convenable, viens me le dire, que je l'achète pour ma femme ! •*Antîni l mafakk al munâsib nifartig karbirâtêr watîri !* Donne-moi la clé adéquate pour démonter le carburateur de ma voiture !

munâsib 2 / munâsibîn *adj. mrph. part.* actif, (*fém. munâsibe*), * nsb, ن س ب

♦ **qui est gendre de, qui est beau-père (belle -mère) de.** •*Hû bisawwi gâsi ke da, acân al-Ra'îs munâsib abuh.* Il se croit supérieur aux autres parce que le Président est le gendre de son père. •*Hawwa munâsibe lêha râjil askari.* Hawwa a donné sa fille en mariage à un militaire [est belle-mère d'un militaire].

munâsir / munâsirîn *adj.*, (*fém. munâsire*), *Cf. munâdil*, * nṣr, ن ص ر

♦ **supporter, partisan(e).** •*Al munâsirîn kulluhum maco fî l midân yicîfu li'ib al bâl.* Tous les supporters sont allés au stade regarder le match de football. •*Ayyi munâsir yanti gurus lê farîxah.* Chaque supporter donne de l'argent à son club.

munassas / munassasîn *adj. mrph. part.* passif, (*fém. munassasa*), *Cf. nassas*, * nṣṣ, ن ص ص

♦ **embroché(e).** •*Mûsa al-laham da mâ munassas adîl.* Moussa, cette viande n'est pas embrochée comme il faut. •*Al-laham al munassas, muxazzaz fî cârib al-nâr.* Les brochettes de viande sont plantées au bord du feu.

munassix / munassixîn *adj. n. m. mrph. part.* actif, (*fém. munassixe*), * nsq, ن س ق

♦ **coordinateur (-trice), chargé(e) d'affaires.** •*Munassix al wazîr antâna wa'ad ambukra.* Le chargé d'affaires du ministre nous a donné rendez-vous après-demain. •*Kulla l a'dâ' hanâ l-lajna jo illa l munassix.* Tous les membres du comité sont venus, sauf le coordinateur. •*Al mara di sawwôha munassixe hint al hâkûma ma'â l-carîkât al ajnabiye.* Cette femme a été désignée par le gouvernement pour être coordinatrice auprès des sociétés étrangères.

munâwala / munâwalât *n. f.*, * nwl, ن و ل

♦ **offre, proposition,** fait de tendre quelque chose à *qqn.* •*Al munâwala kan be l îd mâ ba'îd.* L'offre tendue avec la main n'est pas illusoire [lointaine]. *Prvb. Cf.* "Un tiens vaut mieux que deux tu l'auras !". •*Munâwalt al kalâm fî l-lêl mâ adîle.* La nuit, ce n'est pas bien de parler à distance avec quelqu'un.

munâwil / munâwilîn *adj. mrph. part.* actif, (*fém. munâwile*), * nwl, ن و ل

♦ **qui donne, qui offre.** •*Hû munâwil al gurus lê axuh.* Il tend l'argent à son frère. •*Humman munâwilîn al xumâm da lê rufugânhum.* Ils sont en train d'offrir ces affaires à leurs amis.

munawwim / munawwimîn *adj. mrph. part.* actif, (*fém. munawwime*), * nwm, ن و م

♦ **somnifère, qui endort, qui fait dormir.** •*Al-dawa da munawwim.* Ce médicament est un somnifère. •*Al-ruwâba curâb munawwim al-nâdum.* Le petit lait est une boisson qui fait dormir les gens. •*Al amm munawwime wilêdha fî rijilênha.* La mère endort son enfant sur ses jambes.

munawwir / munawwirîn *adj. mrph part.* actif, (*fém. munawwire*), * nwr, ن و ر

♦ **florissant(e).** •*Al faggûs munawwir indah caharên wa yibis.* Les concombres ont fleuri il y a deux mois, mais ils ont séché à cause du manque de pluie. •*Al fûl munawwir garîb al xarîf bikammil.* Les arachides sont en fleurs, c'est bientôt la fin de la saison des pluies.

munâxaca / munâxacât *n. f.*, * nqš, ن ق ش

♦ **discussion, débat.** •*Al ahzâb al-siyâsîya hanâ l mu'ârada sawwo munâxacât ma'â Ra'îs al-dawla.* Les partis politiques d'opposition ont organisé des discussions avec le chef de l'État. •*Al yôm indina munâxacât ma'â kabîrna.* Aujourd'hui, nous avons des discussions avec notre supérieur. •*Humman sawwo munâxacât acân yalgo halal lê l muckila hanâ zahif al-sahra.* Ils ont organisé des débats pour trouver des solutions au problème de l'avancée du désert.

munaxnix / munaxnixîn *adj. mrph. part.* actif, (*fém. munaxnixe*), *Cf. naxnax*, * nhr, ن خ ر

♦ **qui nasille, qui parle du nez.** •*Al-râjil da munaxnix fî l hije, acân zamân karabah marad fî munxarah.* Cet homme-là nasille quand il parle, parce qu'autrefois il a eu une affection au nez [une maladie l'a pris dans le nez]. •*Binâduh abnuxnâxa acân dâyiman munaxnix.* On l'appelle "le nasilleur" parce qu'il parle toujours du nez.

munayyil / munayyilîn *adj. mrph. part.* actif, (*fém. munayyile*), *Cf. nayyal*, * nyl, ن ي ل

♦ **qui sort de son lit** (fleuve), **débordant, inondant.** •*Fî l-cahar da, al bahar munayyil wa kan jabad ciya, nitêribu rîs wa bêrbere.* Ce mois-ci, le fleuve est sorti de son lit ; lorsqu'il se sera retiré un peu, nous repiquerons du berbéré et du riz. •*Al widyân kan munayyilîn mâ fîh muwâsalât ambên Anjammêna wa Amm al-tîmân.* Lorsque les oueds débordent, il n'y a plus de moyens de communication entre N'Djaména et Am-Timan.

munazzam / munazzamîn *adj.*, (*fém. munazzama*), * nẓm, ن ظ م

♦ **ordonné(e), organisé(e).** •*Bêtah dâxal munazzam adîl.* L'intérieur de sa maison est bien ordonné. •*Al mara di mâ munazzama xumâmha kulla mudaffag fî l faday.* Cette femme n'est pas ordonnée, toutes ses affaires sont jetées pêle-mêle dans la cour.

munazzama / munazzamât nom *fém., mrph. part.* pass forme II, * nẓm, ن ظ م

♦ **organisation, organisme.** •*Al munazzama hint al xaddâmîn fî Tcâd indaha icirîn sana.* L'organisation des travailleurs du Tchad a vingt ans d'existence. •*Munazzamat al umam al muttahida, assasôha ba'ad al harb al âlamiya al-tâniya.* L'Organisation des Nations Unies a été fondée après la deuxième guerre mondiale.

munazzim / munazzimîn *adj.*, (*fém. munazzime*), * nẓm, ن ظ م

♦ **organisateur (-trice).** •*Al munazzimîn hanâ galûb al xêl kaffo gurus lê l hâkûma.* Les organisateurs de la course de chevaux ont payé des taxes au gouvernement. •*Al munazzim hanâ l li'ib mâ ja.* L'organisateur du match de football n'est pas venu. •*Anâ min al munazzimîn hanâ l-li'ib al bâl al bigi yôm al îd.* Je suis parmi les organisateurs du match de football qui a eu lieu le jour de la fête.

munbarim / munbarimîn *adj. mrph. part.* actif, (*fém. munbarime*), ≃ *mumbarim, mumbarimîn, mumbarime*, * brm, ب ر م

♦ **qui se tourne, retourné(e), tourné(e).** •*Hû munbarim bicîf al watâyir wa l mubilêt taracah.* Il s'est retourné pour voir si des voitures arrivaient, et une mobylette l'a renversé. •*Wakit al-sarrâg daxal fî l bêt, hû mâ câfah acân munbarim wijihah alê l-jihha l âxara.* Il n'a pas vu le voleur qui entrait dans la maison parce qu'il avait le visage tourné ailleurs [dans une autre direction].

muncâr / manâcîr *n. m.*, ≅ *mincâr*, * nšr, ن ش ر

♦ **scie.** •*Al xaccâbi yigatti' al xacab be l muncâr.* Le menuisier coupe les planches avec une scie. •*Mâ tagta'e l firi be l fâs, axêr be l muncâr !* Ne coupe pas la branche avec une hache, c'est mieux de la couper à la scie !

muncarig / muncarigîn *adj. mrph. part.* actif, (*fém. muncarige*), * šrq, ش ر ق

♦ **qui s'étrangle, étranglé(e) avec un liquide,** qui a laissé un liquide entrer entre le nez et la gorge. •*Al wilêd buguh katîr da acân muncarig min al hagginîn.* L'enfant tousse beaucoup parce qu'on l'a forcé à boire et qu'il s'est étranglé. •*Anâ l yôm muncarige ke da, akûn nalga laham !* Aujourd'hui, je me suis étranglée en avalant mal un liquide, c'est peut-être le signe qu'on va m'apporter de la viande fraîche ! (superstition).

muncâx *n. m.*, → *mincâx*.

muncâxi *adj. m.*, → *mincâxi*.

muncaxxi / mucaxxiyîn *adj. mrph. part.* actif, (*fém. muncaxxiye*), pour le pluriel ≅ *muncaxxîn*, *Cf. ancaxxa*, * šqq, ش ق ق

♦ **fatigué(e), ennuyé(e), préoccupé(e), soucieux (-euse), qui s'est épuisé(e) au travail,** qui s'adonne à un travail pénible ou inutile. •*Ayyâmah da, hû muncaxxi fî kalâm al intixâbât.* Ces jours-ci, il est préoccupé par l'affaire des élections. •*Al abû muncaxxi fî xidimtah lê turbât iyâlah.* Le père de famille se donne à fond à son travail pour assurer l'éducation de ses enfants. •*Hî muncaxxiye acân tidôr lêha mâl.* Elle se fatigue parce qu'elle veut se faire un capital.

mundamm / mundammîn *adj. n.*, *mrph. part.* actif, (*fém. mundamma*), ≅ le masculin *mundammi*, *Cf. andamm*, * ḍmm, ض م م

♦ **qui a rejoint, rallié(e).** •*Hû mâ mundamm ma'â l-suwwar.* Il n'a pas rejoint la rébellion. •*Hizib al hâkûma yanti gurus lê l-nâs al mundammîn ma'âyah.* Le parti gouvernemental donne de l'argent aux gens qui se rallient à lui. •*Hî mundamma fî bêt axûha acân râjlha tallagâha.* Elle a rejoint la maison de son frère parce que son mari l'a répudiée.

mundammi *adj. m.*, → *mundamm*.

mundassi / mundassiyîn *adj.*, (*fém. mundassiye*), ≅ *mindassi*, * dss, د س س

♦ **qui entre, qui s'introduit.** •*Al mundassi fî l-jâmiye dâk abui.* Mon père est celui qui entre là-bas dans la mosquée. •*Al-râjil al mundassi fî bêtna da, yâtu minnuku ba'arfah ?* Qui parmi vous connaît cet homme qui entre chez nous ? •*Mundassiye hini, tidôri yâtu ?* Toi la femme qui rentres ici, qui cherches-tu ? [tu veux qui ?].

Mundu *n. pr.* de lieu, chef-lieu de la préfecture du Logone-Occidental.

♦ **Moundou.**

munfarid / munfaridîn *adj. m. mrph. part.* actif, *Cf. anfarad*, * frd, ف ر د

♦ **qui s'isole, qui est seul(e), isolé(e), qui s'est mis(e) à part.** •*Hû dâyiman munfarid wihêdah misil al mujaddim.* Il est toujours tout seul, à l'écart, comme un lépreux. •*Al-subyân gâ'idîn ba'îd munfaridîn min al-cuyâb.* Les jeunes se sont mis à part, loin des personnes âgées.

munfarig / munfarigîn *adj. mrph. part.* actif, (*fém. munfarige*), *Cf. anfarag*, * frq, ف ر ق

♦ **qui se sépare, qui s'est mis à l'écart, divergent(e),** qui s'est séparé(e) de. •*Inta mâla munfarig ba'îd ke min al-nâs ?* Pourquoi te tiens-tu à l'écart, loin des gens ? •*Iyâl Tcad munfarigîn fî rayhum acân kulla wâhid yidôr al hukum.* Les enfants du Tchad ont des opinions divergentes parce que chacun veut prendre le pouvoir. •*Al-derib da munfarig alê talâta durûb, wa l wati bas yiwaddîk al-sûg.* Ce chemin se divise en trois, seul le chemin qui va au sud mène au marché.

munfarih / munfarihîn *adj. mrph. part.* actif, (*fém. munfarihe*), → *farhân*, * frḥ, ف ر ح

munfasil / munfasilîn *adj.*, (*fém. munfasile*), * fṣl, ف ص ل

♦ **distingué(e), séparé(e), détaché(e).** •*Al-râjil al-raxbân munfasil min axawânah.* L'homme avare se distingue de ses frères. •*Mâlak munfasil min al-nâs ?* Pourquoi es-tu resté à l'écart des gens ?

munfazir 1 / munfazirîn *adj.*, (*fém. munfazire*), * fzr, ف ز ر

♦ **courbé(e), cambré(e), incurvé(e).** •*Hû câl xumâm tagîl wa hassâ munfazir.* Il a porté une lourde charge, il a maintenant le dos cambré. •*Hû munfazir acân gâ'id yal'ab nuggâra.* Il est ainsi cambré parce qu'il est en train de danser au son du tambour.

munfazir 2 / munfazirîn *adj. mrph. part.* actif, (*fém. munfazire*), * fzr, ف ز ر

♦ **qui s'enfuit, qui court pour fuir, s'en allant au champ.** •*Cîf al-sabi al munfazir wa l bôlîs warâya !* Regarde le jeune qui fuit devant les policiers ! •*Al iyâl mâlhum munfâzirîn, jâyîn min al-lekkôl ?* Pourquoi donc les enfants reviennent-ils de l'école en courant ? •*Câlo xumâmhum munfazirîn al gôz.* Ils avaient pris leurs affaires et s'en allaient au champ.

mungâc 1 / manâgîc *n. instr.*, * nqš, ن ق ش

♦ **pince à épiler, pince pour enlever les épines.** •*Al wilêd salla côkay be l mungac min rijilah.* L'enfant s'est retiré une épine du pied avec une pince à épiler. •*Mûsa indah manâgîc katîrîn.* Moussa a beaucoup de pinces à épiler.

mungâc 2 / manâgîc *n. m.*, pierre à dépolir, → *naggâca*, * nqš, ن ق ش

mungâr / manâgîr *n. m.*, *Cf. nagar*, * nqr, ن ق ر

♦ **pierre ronde, projectile,** pierre ronde tenant dans la main servant à gaufrer la meule et pouvant servir de projectile. •*Al-sarrâg al amis da, kan ligîtah, nikassir râsah be mungar !* Si je retrouve le voleur venu hier, je lui casse la tête avec une pierre ronde ! •*Al manâgîr bangucu bêhum al murhâka.* C'est avec les pierres rondes que l'on pique la meule dormante pour la rendre rugueuse.

munhadib / munhadibîn *adj.*, (*fém. munhadibe*), * ḥdb, ح د ب

♦ **voûté(e), bossu(e), arqué(e).** •*Jâna dêf câyib dahara munhadib, wa ôrâna kulla l-târîx hanâ Tcâd.* Un hôte est venu chez nous, il était vieux et son dos était voûté, il nous a raconté toute l'histoire du Tchad. •*Matârig bêt al Arab munhadibîn.* Les bois qui forment les cases arabes sont arqués. •*Al kurnuk babnuh munhadib.* Les abris sont construits en forme de voûte.

Munîr *n. pr.* d'homme, *litt.* brillant, resplendissant, *Cf. nawwar*, * nwr, ن و ر

Munîra *n. pr.* de femme, *litt.* brillante, resplendissante, *Cf. nawwar*, * nwr, ن و ر

munjammi / munjammiyîn *adj.*, (*fém. munjammiye*), * jmm, ج م م

♦ **qui se repose.** •*Al harat sahi sahi fi l xarîf, fi l-darat hû munjammi.* Celui qui a bien cultivé son champ pendant la saison des pluies se repose à l'époque de la moisson. •*Hummân waraso mâl katîr min abûhum wa hassâ humman munjammiyîn.* Ils ont hérité de nombreux biens de leur père et à présent, ils mènent une vie aisée.

munkafi / munkafiyîn *adj.*, (*fém. munkafiye*), * kf', ك ف ء

♦ **couché(e) sur le ventre, retourné(e), renversé(e).** •*Hû munkafi acân mardân bilhên.* Il est couché sur le ventre parce qu'il est très malade. •*Al-saxîr al-tifil munkafi acân bidôr ba'allim al hubay.* Le petit enfant est couché sur le ventre parce qu'il veut apprendre à marcher à quatre pattes. •*Dahari bojâni acân da bas anâ munkafî.* J'ai mal au dos, c'est pourquoi je me suis couché sur le ventre. •*Hî munkafîye be l biric min al matar.* Elle a renversé la natte sur elle pour se protéger de la pluie.

munkir / munkirîn *adj.*, (*fém. munkire*), * nkr, ن ك ر

♦ **négateur (-trice), athée.** •*Al-râjil da munkir.* Cet homme est un négateur. •*Hû da munkir abadan mâ bidôr al-sahi.* Celui-ci nie tout ce qu'on lui dit, il ne veut jamais croire la vérité. •*Min gabbal min Urubba bigi insân munkir.* Depuis qu'il est revenu d'Europe, il est athée.

munlafit / munlafitîn *adj. mrph. part.* actif, (*fém. munlafite*), *Cf. munbarim*, * lft, ل ف ت

♦ **tourné(e), retourné(e),** qui a la tête tourné(e) vers. •*Mâlak munlafit, ragabtak tôjak walla cunû ?* Pourquoi tournes-tu ainsi la tête de travers, as-tu mal au cou ? •*Inta munlafit alê hinâk tidôr ticîf cunû ?* Tu es tourné de l'autre côté : que veux-tu regarder ?

munlahi / munlahiyîn *adj.*, (*fém. munlahiye*), * lhw, ل ه و

♦ **qui se divertit, qui se distrait avec, qui perd son temps.** •*Axui da munlahi be li'ib al karte.* Mon frère passe son temps à jouer aux cartes. •*Min zamân hû munlahi be li'ib al bâl.* Depuis longtemps il ne cesse de jouer au ballon.

munsâs / manâsîs *n. instr.*, *Syn. mansûs* (métathèse vocalique), * nṣṣ, ن ص ص

♦ **brochette, viande en brochette.** •*Kan dabahtu l xanamay di, sawwo lêna minnaha manâsîs !* Lorsque vous égorgerez ce mouton, préparez-nous des brochettes ! •*Âdum, kan abûk ja, agta' lêyah munsâs wâhid fî l-sufra be mileh wa cette !* Adoum, quand ton père viendra, prépare-lui une brochette de viande sur un plateau avec du sel et du piment !

muntabi' / muntabi'în *adj. mrph. part.* actif, (*fém. muntabi'e*), terme de l'*ar. lit.*, * tbʕ, ت ب ع

♦ **qui a suivi, qui suit.** •*Abbakar ja amis bas, wa muntabi' ma'âna fî l xidime.* Abbakar est arrivé seulement hier, il vient travailler avec nous [il suit le travail avec nous]. •*Xallêt wilêdak muntabi' fî giraytah.* Tu as laissé ton enfant suivre ses études.

muntabih / muntabihîn *adj. mrph. part.* actif, (*fém. muntabihe*), terme de l'*ar. lit.*, * nbh, ن ب ه

♦ **éveillé(e), attentif (-ve).** •*Al wilêd da muntabih fî durûsah.* Cet enfant est attentif pendant les cours. •*Humman mâ muntabihîn lê kalâm hanâ rafîghum.* Ils ne sont pas attentifs à ce que dit leur camarade.

muntahi / muntahiyîn *adj.*, (*fém. muntahiye*), * nhy, ن ه ي

♦ **fini(e), achevé(e), terminé(e).** •*Muckiltah xalâs muntahiye.* Son problème est déjà fini. •*Al-cahar da kan mâ muntahi kula, mâ faddal leyah ceyy.* Il ne reste que peu de temps avant la fin du mois. •*Anîna muntahiyîn ma'ayah xalâs.* Nous avons déjà réglé notre affaire avec lui.

muntalig / muntaligîn *adj. mrph. part.* actif, (*fém. muntalige*), * ṭlq, ط ل ق

♦ **détendu(e), relâché(e), dilaté(e).** •*Al-tôl da muntalig acân al wata bigat hâmiye bilhên.* La tôle s'est dilatée parce qu'il commence à faire très chaud. •*Al binêye kan mâ indaha tarbiya adîle, tabga muntalige fî l hille.* Lorsqu'une fille a été mal éduquée, sa conduite est relâchée en ville.

muntani / muntaniyîn *adj.*, (*fém. muntaniye*), → *matni*, * ṯny, ث ن ي

muntawi / muntawiyîn *adj. mrph. part.* actif, (*fém. muntawiye*), * ṭwy, ط و ي

♦ **enroulé(e), recroquevillé(e).** •*Amis ligît dâbi muntawi tihit al-cadaray.* Hier, j'ai trouvé un serpent enroulé sous l'arbre. •*Al iyâl dôl muntawiyîn misil da akûn jî'ânîn.* Ces enfants sont recroquevillés, peut-être ont-ils faim. •*Al kalbe muntawiye akûn tidôr talda.* La chienne est recroquevillée, peut-être est-elle sur le point de mettre bas.

muntaxil / muntaxilîn *adj. mrph. part.* passif, (*fém. muntaxile*), * nql, ن ق ل

♦ **qui se déplace, qui s'est déplacé(e), défunt(e).** •*Al muzi' gâl ba'ad ciyya humman muntaxilîn alê l môja al mutawassitah.* Le speaker a annoncé que, dans quelques instants, ils vont changer de longueur d'onde pour émettre en ondes moyennes. •*Cûlu l fâtiha lê l muntaxil alê rahmit Allah.* Récitons la *fâtiha* pour le défunt [celui qui s'est déplacé vers la miséricorde de Dieu].

muntazar / muntazarîn *adj. mrph. part.* passif, (*fém. muntazara*), * nẓr, ن ظ ر

♦ **qui est attendu(e), qu'on attend.** •*Al muntazar lissâ mâ ja wa l-nâs kulluhum catto.* Celui qu'on attendait n'est pas venu et tous les gens se sont dispersés. •*Axti muntazara al yôm fî Bârîs.* Ma sœur est attendue aujourd'hui à Paris. •*Fî l-sab'înât, fî zôl wâhid gâl hû bas al mahadi l muntazar.* Dans les années soixante-dix, il y avait quelqu'un qui se présentait comme le *Mahadi* qu'on attendait.

muntazir / muntazirîn *adj. mrph. part.* actif, (*fém. muntazire*), * nẓr, ن ظ ر

♦ **qui attend.** •*Al-râjil da muntazir al wazîr.* Cet homme est celui qui attend le ministre. •*Anâ muntazirah min al fajur, wa lê hassâ hû mâ ja.* Je l'attends depuis le matin et jusqu'à maintenant il n'est pas venu. •*Anâ muntazire l-cahar al-jâyi kan kammal naxatir !* J'attends la fin du mois pour partir en voyage.

muntij / muntijîn *adj. mrph. part.* actif, (*fém. muntije*), * ntj, ن ت ج

♦ **productif (-ve),** qui donne de bons résultats. •*Al xidime di muntije.* Ce travail est productif. •*Al-sana di al-zurâ'at muntijîn acân al xarîf sameh.* Cette année, les champs ont beaucoup produit parce que la saison des pluies a été bonne.

munxar *n. f.*, → *manxar.*

munxar sêf expression, *f.*, *litt.* nez épée, * nḫr, syf, ن خ ر • س ي ف

♦ **nez droit.** •*Al binêye di samhe acân munxarha sêf.* Cette fille est belle parce qu'elle a un nez droit. •*Al munxar al-sêf adîle, mâ indah kazama.* Le nez droit est parfait, il n'a pas de courbure.

munxari' / munxari'în *adj. mrph. part.* actif, (*fém. munxari'e*), * ḫrʕ, خ ر ع

♦ **paniqué(e), effrayé(e).** •*Hû munxari' min câf al askar.* Il a paniqué dès qu'il a vu les soldats. •*Al marfa'în marag munxari' min al-zerîbe acân simi hiss al bundug.* L'hyène est sortie effrayée de l'enclos, parce qu'elle a entendu le bruit du fusil.

munyalnyil / munyalnyilîn *adj.*, (*fém. munyalnyile*), *Cf. nyalnyal, mukôlif.*

♦ **qui va lentement, qui marche doucement, qui va tranquillement.** •*Bala cakk anîna munyalnyilîn alê l âxira.* Sans aucun doute, nous allons doucement vers l'autre monde. •*Humman munyalnyilîn bilfassaho fî l-janâyin.* Ils se promènent tranquillement dans les jardins. •*Al-dud da mâ yaxâf, munyalnyil ke daxal al hille.* Ce lion n'a pas peur, il marche lentement et entre même à l'intérieur du village.

munyang-nyang / munyang-nyangîn *adj. mrph. part.* passif, (*fém. munyang-nyange*), *Cf. nyang-nyang.*

♦ **grignoté, rongé,** en parlant d'un épi ou de ses grains. •*Al ganâdîl dôl munyang-nyangîn min amis ke !* Ces épis ont été rongés seulement hier ! •*Al gandûl al munyang-nyang min nussah, al-têr kula mâ bidôrah.* Même les oiseaux ne veulent pas d'un épi qui a été grignoté à moitié.

mupantar / mupantarîn *empr. fr.*, → *mufantar.*

murabba 1 / murabbayîn *adj. mrph. part.* passif, (*fém. murabbaya*), * rbw, ر ب و

♦ **éduqué(e), élevé(e).** •*Wilêdak kan mâ murabba adîl, bitallif wa l-nâs kulluhum bakrahoh.* Si ton enfant est mal éduqué, il deviendra un délinquant et tout le monde le détestera. •*Al binêye l murabbaya tarbiya adîle di, kulla l-subyân birîdûha !* Cette fille très bien élevée, tous les jeunes gens l'aiment !

murabba *adj. m.*, → *murabba'.*

murabba' / murabba'în *adj.*, (*fém. murabba'a*), ≅ *murabba*, * rbʕ, ر ب ع

♦ **carré(e), croisé(e), carrefour.** •*Bêtna murabba'.* Notre maison a la forme d'un carré. •*Al kutub dôl murabba'în.* Ces livres sont carrés. •*Fadâyit bêtna murabba'a.* La cour de notre maison est carrée. •*Humman laffo be l-câri al murabba hanâ l-jâmiye l kabîre wa câlo l-câri al wasi al xarbâni hanâ l busta.* Ils ont tourné au carrefour de la grande mosquée et ont pris la grande rue qui part de la poste vers l'ouest.

murabbat / murabbatîn *adj.*, (*fém. murabbata*), * rbṭ, ر ب ط

♦ **attaché(e), ligoté(e), lié(e).** •*Al wilêd côtan wa hassâ gâ'id murabbat fî l bêt.* L'enfant est devenu fou, il est à présent attaché à la maison. •*Al-juwâd al murabbat hini yâtu sirgah ?* Qui a volé le cheval qui était attaché ici ?

murabbit / murabbitîn *adj.*, (*fém. murabbite*), * rbṭ, ر ب ط

♦ **qui attache, qui noue.** •*Jârti al yôm, murabbite sulubha misil da, tidôr kalâm dunya bas.* Si aujourd'hui ma voisine a noué son pagne autour de ses hanches de cette façon, c'est qu'elle cherche querelle à quelqu'un. •*Hû murabbit xumâmah misil da, akûn xâtir !* Il attache ses affaires, peut-être veut-il partir en voyage !

muraccah / muraccahîn *adj. n. m. mrph. part.* passif, (*fém. muraccaha*), terme de l'*ar. lit.* utilisé à la radio, * ršḥ, ر ش ح

♦ **candidat(e).** •*Fî l intixâbât al-ra'âsiya nazalo xamistâcar muraccah.* Lors des élections présidentielles, quinze candidats se sont présentés [sont descendus]. •*Al muraccahîn yikaffu gurus gubbâl al hamla hint al intixâbât.* Les candidats payent une somme d'argent avant la campagne électorale. •*Fî dârna lissâ mâ ligîna mara bigat muraccaha fî l intixâbât al-ra'âsiya.* Dans notre pays, nous n'avons pas encore eu de femme candidate aux élections présidentielles.

muraddaf / muraddafîn *adj. mrph. part.* passif, (*fém. muraddafa*), * rdf, ر د ف

♦ **l'un(e) derrière l'autre, croisé(e), posé(e) sur.** •*Wâjib min adab al mara tagôd fî l biric rijilêna muraddafîn walla mumattitîn.* La femme polie doit s'asseoir sur la natte, les jambes croisées ou allongées. •*Al-cuwâl al muraddaf be fôg da hanâ fûl.* Ce sac posé là-dessus est un sac d'arachides.

murâfig / murâfigîn *adj. mrph. part.* actif, IIIème forme, (*fém. murâfige*), * rfq, ر ف ق

♦ **accompagnateur (-trice), suite de quelqu'un, accompagné(e).** •*Jôna Ru'asa talâta dîfân wa murâfigînhum wuzara' talâta min bilâdhum.* Trois Présidents sont venus en hôtes chez nous, ils étaient accompagnés de trois ministres venant de leur pays. •*Ja l-daktôr ma'â l wafid al murâfigah lê ziyârat al mardânîn.* Le docteur, accompagné d'une délégation, est venu visiter les malades.

muraggad / muraggadîn *adj. mrph. part.* passif, (*fém. muraggada*), * rqd, ر ق د

♦ **couché(e), étendu(e),** qui a été étendu(e) à l'horizontal. •*Al-saxîr muraggad fî l-sarîr.* L'enfant a été couché sur le lit. •*Al-cadaray di muraggada, al-rîh ramatha.* Cet arbre a été couché sur le sol, le vent l'a fait tomber.

muraggada / muraggadât *adj. mrph. part.* passif, employé seulement au féminin, * rqd, ر ق د

♦ **éventée** (bière), **périmée** (bière), boisson qui aurait dû être bue la veille. •*Hû bacrab al marîse l muraggada.* Il boit de la bière éventée. •*Anâ mâ nirîd al marîse l muraggada.* Je n'aime pas la bière éventée.

muraggat / muraggatîn *adj. mrph. part.* passif, (*fém. muraggata*), *Cf. raggat*, * rqṭ, ر ق ط

♦ **colorié(e), bariolé(e), multicolore.** •*Al iyâl birîdu al xalag kan muraggat.* Les enfants aiment les habits bariolés. •*Al-tujjâr bijîbu laffayât muraggatât nafar nafar lê l îd.* Les commerçants apportent toutes sortes de voiles multicolores en vue de la fête. •*Farditi l muraggata di nirîdha bilhên.* J'aime beaucoup mon pagne multicolore.

muraggid / muraggidîn *adj. m. mrph. part.* actif, *Cf. muraggad, ragad*, * rqd, ر ق د

♦ **qui couve, qui fait reposer,** qui se couche, qui s'étend. •*Xalâs al îne rikibat, wa l amdago muraggide fî l bêd.* Nous sommes déjà au cœur de la saison des pluies, les pintades couvent. •*Al amm muraggide saxîrah giddâmha.* La mère fait reposer son bébé à côté d'elle. •*Jidâdina muraggide garîb tifaggi'.* Notre poule a couvé, les œufs vont bientôt éclore.

murâh / murâhât *n. m.*, *Cf. râh*, * rwḥ, ر و ح

♦ **troupeau en marche, caravane,** troupeau se déplaçant avec moins de quarante têtes de bétail. •*Ahmat sâg murâh hanâ albil wa waddah al-sûg.* Ahmat a conduit la caravane de chameaux et l'a emmenée au marché. •*Al fayala burûxu murâhât murâhât.* Les éléphants se déplacent en groupes. •*Xâli figir tak, mâ indah murâh wâhid kula hanâ albil !* Mon oncle est vraiment pauvre, il n'a même pas deux chameaux marchant l'un derrière l'autre !

murajji / murajjîn *adj. mrph. part.* actif, (*fém. murajjiye*), * rjw, ر ج و

♦ **attendant, qui attend.** •*Hû bidôr yisâfir acân da murajji l-tayyâra.* Il veut voyager, c'est pourquoi il attend l'avion. •*Inta murajji yâtu hini ?* Qui attends-tu ici ?

murajji' / murajji'în *adj. mrph. part.* actif, (*fém. murajji'e*), terme de l'*ar. lit.* : "celui qui rend quelque chose, celui qui restitue", → *mugabbil*, * rjʕ, ر ج ع

murakkab 1 / murakkabîn *adj. mrph. part.* passif, (*fém. murakkaba*), *Cf. munajjad*, * rkb, ر ك ب

♦ **cuit(e) à l'eau, dur** (œuf). •*Al-hût al mâ murakkab adîl bisey tamîme.* Le poisson mal cuit provoque la nausée. •*Al bêd al murakkab, al wahade be icirîn riyal.* Un œuf dur coûte vingt riyals. •*Kalibna, nantuh laham murakkab, acân mâ yajham.* Nous donnons à notre chien de la viande cuite pour qu'il n'attrape pas la rage.

murakkab 2 / murakkabîn *adj. mrph. part. passif*, (*fém. murakkaba*), * rkb, ر ك ب

♦ **posé(e) sur, monté(e), d'aplomb, intelligible** (parole). •*Âce, wên al-câhi ? Al-câhi murakkab fî l-nâr !* Aché, où est le thé ? Le thé est sur le feu ! •*Al wilêd al murakkab fî l-juwâd wara xâlah da, bicabbih wilêdi.* Cet enfant qui est monté sur le cheval derrière son oncle ressemble à mon enfant. •*Udâm hanâ îdah l mukassara di xalâs murakkabîn, garîb yalga l âfe.* Les os cassés de son bras sont remis d'aplomb, il va bientôt être guéri. •*Al-râdyo l mufartag da, lissâ mâ murakkab.* Ce poste de radio démonté n'est pas encore remonté. •*Mâ ti'axxurûni be l hije, iyâli murakkabîn fî l watîr !* Ne me retardez pas avec des histoires, mes enfants sont déjà montés sur le véhicule ! •*Kalâmah mâ murakkab, mâ fihimna minnah ceyy !* Ce qu'il dit est inintelligible, nous n'avons rien compris !

murakkaz / murakkazîn *adj. mrph. part.* passif, → *murakkiz.* * rkz, ر ك ز

murakkib / murakkibîn *adj. mrph. part.* actif, forme II, (*fém. murakkibe*), * rkb, ر ك ب

♦ **qui fait monter, qui a installé, qui a posé(e), qui fait cuire.** •*Hû murakkib waladah warâyah fôg juwâdah.* Il était sur son cheval et a fait monter son enfant derrière lui. •*Jârna murakkib lêya tiyo fî bêtah.* Notre voisin a installé chez lui l'eau de la ville. •*Hî murakkibe gidir kabîr hâna câhi fî l-nâr lê difânha.* Elle a posé une grosse marmite de thé sur le feu pour les invités. •*Hî murakkibe lêna jidâde be rîs.* Elle est en train de nous faire cuire un poulet avec du riz. •*Hû murakkibah fî watîrah sâkit bala gurus.* Il l'a laissé monter gratuitement dans sa voiture.

murakkiz / murakkizîn *adj. mrph. part.* actif, (*fém. murakkize*), *Syn. murakkaz*, ≅ *mirakkiz*, * rkz, ر ك ز

♦ **s'appuyant sur, stabilisé(e) par, assuré(e) par.** •*Al-câyib al murakkiz fî asaytah da, jiddi.* Ce vieil homme appuyé sur sa canne, c'est mon grand-père. •*Gimeriye mirakkize fî l ûd, tizâgi zigeyt al-dûd... Di l-nuggâra.* Une tourterelle appuyée sur un bois, sa plainte résonne comme celle du lion… C'est le tambour fixé sur trois bois ou sur un bois fourchu. *Dvnt.*

murammid / murammidîn *adj. mrph. part.* actif, (*fém. murammide*), * rmd, ر م د

♦ **qui devient cendre,** qui se couvre de cendre, plein de cendre. •*Al kanûn murammid, akûn mâ indah nâr !* Le brasero est plein de cendres, peut-être n'y a-t-il plus de feu ! •*Mâla nârki murammide ?* Pourquoi ton feu s'est-il couvert de cendres ?

murâsil / murâsilîn *adj. mrph. part.* actif, (*fém. murâsile*), * rsl, ر س ل

♦ **qui est envoyé(e).** •*Murâsilna l fî Abbece gâl lêna : "Al-nâr gammat fî l-sûg al kabîr hanâ Abbece wa akalat al-dakâkîn".* Notre envoyé à Abéché nous a informés qu'un incendie s'était déclaré au grand marché de la ville et avait ravagé les boutiques. •*Murâsil hanâ radyo Fransa hidir fî l mu'tamar al-sahafî.* L'envoyé de Radio-France a assisté hier à la conférence de presse.

murassal / murassalîn *adj. mrph. part.* passif, (*fém. murassala*), * rsl, ر س ل

♦ **qui a été envoyé(e).** •*Wilêdi l kabîr murassal lê jidditah fî hillitna.* Mon fils aîné a été envoyé chez sa grand-mère dans notre village. •*Al-rusul murassalîn lê l-nâs acân ya'budu Allah.* Les "messagers" ont été envoyés auprès des hommes pour qu'ils adorent Dieu. •*Xalagi da murassal lêi min bakân ba'îd.* Mon vêtement m'a été envoyé de loin.

murassas / murassasîn *adj. mrph. part.* passif, (*fém. murassasa*), souvent confondu avec *murassis*, → *murassis*, * rṣṣ, ر ص ص

♦ **aligné(e), rangé(e), ordonné(e).** •*Al askar murassasîn giddâm kabîrhum.* Les soldats se sont alignés devant leur chef. •*Al almi sabba wa balla l-dringêl al murassas.* Il a plu et les briques alignées ont été mouillées. •*Al fanâjîl murassasîn adîl fî l-sufra.* Les verres sont bien rangés sur le grand plateau.

murassil / murassilîn *adj. mrph. part.* actif, (*fém. murassile*), * rsl, ر س ل

♦ **qui envoie, qui a envoyé.** •*Abûku murassil lêku xumâm min al-cahar al fât.* Votre père vous a envoyé des affaires depuis le mois dernier. •*Anâ murassil lêyah jawâbên wa mâ ligit minnah radd.* Je lui ai envoyé deux lettres et n'ai reçu de lui aucune réponse.

murassis / murassisîn *adj. mrph. part.* actif, (*fém. murassise*), * rṣṣ, ر ص ص

♦ **qui a aligné, qui a rangé,** qui s'est aligné(e), qui a mis en ordre. •*Ligit al masâkîn murassisîn giddâm al maxzan hanâ l ma'îca.* J'ai trouvé les pauvres qui s'alignaient devant le dépôt de vivres. •*Hû murassis kutubah adîl fî l-tarbêza.* Il a bien rangé ses livres sur la table.

murattab / murattabât *n. m.*, *Cf. mâhiye*, * rtb, ر ت ب

♦ **salaire, paye.** •*Al xadâmîn kan mâ kaffôhum murattabâthum bi'adrubu.* Si les travailleurs ne touchent pas leur salaire, ils se mettront en grève. •*Murattabi l-nicîlah fî kulla cahar acara alif.* Mon salaire mensuel [le salaire que je prends chaque mois] est de dix mille riyals.

murâxab / murâxabîn *adj. mrph. part.* passif, (*fém. murâxaba*), *Cf. râxab*, * rqb, ر ق ب

♦ **surveillé(e), gardé(e).** •*Al-sijin murâxab be askar induhum banâdik.* La prison est gardée par des militaires qui ont des fusils. •*Fî l-lekkôl al iyâl murâxabîn, mâ bixalluhum burûxu alê kêfhum.* A l'école, les enfants sont surveillés, on ne les laisse pas se promener comme ils veulent.

murâxaba / murâxabât *n. f.*, * rqb, ر ق ب

♦ **supervision, surveillance, fait de surveiller, contrôle.** •*Al iyâl kan mâ induhum murâxaba, mâ balgo tarbiya zêne.* Les enfants qui n'ont personne pour les surveiller ne recevront pas une bonne éducation. •*Al-ra'îs xatta duwân fî l-durûb lê l murâxaba hanâ daxûl al barcôt.* Le Président a placé des douaniers sur les routes pour contrôler [surveiller] des produits qui entrent frauduleusement.

murâxib / murâxibîn *adj. mrph. part.* actif, (*fém. murâxibe*), * rqb, ر ق ب

♦ **superviseur (-euse), surveillant(e).** •*Wâjib al abu kan mâ fîh al amm tukûn murâxibe fî l bêt.* Quand le père est absent, la mère doit surveiller la maison. •*Waddo murâxib fî wazart al mâliya.* Ils ont amené un superviseur au ministère des Finances.

muraxxam / muraxxamîn *adj. mrph. part.* passif, (*fém. muraxxama*), * rqm, ر ق م

♦ **numéroté(e), immatriculé(e).** •*Fî Anjammêna, talga kulla bêt muraxxam.* A N'Djaména, tu verras que chaque maison est numérotée. •*Al watîr al mâ muraxxam, al bôlis bakurbah.* Les véhicules qui ne sont pas immatriculés sont arrêtés par la police.

murayyas / murayyasîn *adj. mrph. part.* passif, (*fém. murayyasa*), * rys, r's, ر ي س • ر ء س

♦ **bien entretenu(e), bien soigné(e).** •*Bagarak kan murayyasîn babgo katîrîn ajala ke bas.* Si tes vaches sont bien entretenues, elles se multiplieront rapidement. •*Hû mâ cayyab ajala acân murayyas adîl.* Il n'a pas vieilli vite parce qu'on a bien pris soin de lui.

murayyis / murayyisîn *adj. mrph. part.* actif, (*fém. murayyise*), * rys, r's, ر ي س • ر ء س

♦ **qui entretient bien, qui soigne bien.** •*Âdum murayyis iyâlah.* Adoum entretient bien ses enfants. •*Al iyâl dôl murayyisîn ammuhum wa abûhum.* Ces enfants s'occupent bien de leur mère et leur père.

murazzax / murazzaxîn *adj. mrph. part.* passif, (*fém. murazzaxa*), voir le *Syn. marzûx*, * rzq, ر ز ق

murdâs / marâdîs *n. instr.*, *Syn. durziye*, * rds, ر د س

♦ **poutre, support, pilier,** bois soutenant le toit des maisons ou supportant le lit en rondins. •*Al madâris balzamo l bêt acân mâ yaga'.* Les poutres soutiennent le toit de la maison pour l'empêcher de s'écrouler. •*Al xarîf ja wa carêt murdâs lê bêti.* La saison des pluies est arrivée et j'ai acheté un pilier pour ma maison. •*Waggêt serîri be marâdis wa ci'ab.* J'ai fabriqué mon lit avec un cadre en bois reposant sur des fourches.

murhâka / marâhîk *n. f. mrph.* instrument, ≅ le pluriel *murhâkât*, → *bitt al murhâka*, * rhk, ر ه ك

♦ **meule traditionnelle en granit, pierre fixe de la meule,** meule dormante sur laquelle on écrase le mil. •*Al hayy kabas al mayyit, wa l mayyit gamma bikôrik (bikawwik)... Di l murhâka wa l xalla.* Le vivant s'est jeté sur le mort, et le mort s'est mis à crier… C'est la meule sur laquelle le mil est écrasé. *Dvnt.* •*Fî l madîna, murhâka mâ fîha.* En ville, il n'y a plus de meules en granit. •*Fî dâr barra, al banât yulummu marâhîkhum wa yarhako wa yixannu.* En province, les filles rassemblent leurs meules et écrasent le mil ensemble en chantant. •*Bagarti xarra, râgde be ijilha barra… Di l murhâka.* Ma vache mouchetée, grise et blanche, dort dehors avec son veau… C'est la meule dormante avec sa petite pierre ronde qui la frotte. *Dvnt.*

murhâl / marâhîl *n. m.*, * rḥl, ر ح ل

♦ **itinéraire de transhumance, déplacement, draille,** chemin emprunté par les troupeaux transhumants ; **voie lactée**. •*Anîna waddarna min al murhâl.* Nous nous sommes égarés et avons perdu la draille. •*Al Arab marâhîlhum katîrîn.* Les Arabes ont beaucoup d'itinéraires de transhumance. •*Kan cilt murhâl al bagar da, yiwaddik laxâyit al-rahad.* Si tu empruntes cette draille, tu aboutiras au marigot. •*Al xarîf fât, murhâl al bagar yibis.* La saison des pluies est terminée, l'itinéraire de transhumance est sec. •*Al xarîf fât, kan zôl sanga' fî sama, yicîf al murhâl bâyin.* La saison des pluies est finie, si quelqu'un lève la tête, il verra très nettement la voie lactée.

Muritânya *n. pr.* de pays, ≅ *Moritânya.*

♦ **Mauritanie.**

murkin / murkinîn *adj.*, (*fém. murkine*).

♦ **comploteur (-euse).** •*Al-râjil da murkin.* Cet homme est un comploteur. •*Ba'ad al ingilâb al mâ najah, al askâr karrabo kulla l murkinîn.* Après le coup d'État manqué, les soldats ont arrêté tous les comploteurs.

murr 1 / murrîn *adj.*, (*fém. murra*), * mrr, م ر ر

♦ **amer (-ère), difficile.** •*Ciribna câhi murr misil al garad.* Nous avons bu du thé, amer comme des graines de gonakié. •*Al faggusay al akalnaha di murra.* Le concombre que nous avons mangé est amer. •*Papayât al jibtuhum dôl bigo murrîn.* Ces papayes que tu as apportées sont amères. •*Al hirâte l murra kamalat.* Le premier labour [la culture difficile] du champ est fini. •*Al-dâx al halu budûx al murr.* Celui qui a goûté le bonheur goûtera aussi l'amertume (*Prvb.*) !

murr 2 *n. vég., coll., sgtf. murray*, * mrr, م ر ر

♦ **nom d'un arbre, caiḷcédrat, acajou du Sénégal, Khaya senegalensis (Desr.),** famille des méliacées, grand arbre au bois rouge, servant à faire les pirogues, et dont l'écorce, très amère, est utilisée dans certaines décoctions médicinales. •*Al-murr cadar kubâr bugumm fî xacum al bahar.* Les cailcédrats sont de gros arbres qui poussent au bord du fleuve. •*Be gifir al murray di nisawwu dawa lê waja' al batun wa lê l awâwîr.* Avec l'écorce de ce cailcédrat, on fabrique des médicaments contre les maux de ventre ou contre l'infection des plaies.

murr lêi ! expression, exclamation, *litt.* "amer pour moi !", ≅ *murr alêi !* * mrr, م ر ر

♦ **dur à supporter !, que c'est pénible !, misère !, quelle guigne !** •*Murr lêi al watîr bidôr batrucni !* Misère, la voiture a failli me renverser ! •*Murr lêi fârigîn hanâ wilêdi !* Que c'est pénible d'être séparée de mon fils !

Murrâta *n. pr.* d'un djinn.

murrayidîn *adj. pl. mrph. part. actif, Cf. râd*, * rwd, ر و د

♦ **qui s'aiment mutuellement.** •*Hî wa rafigitha murrayidîn bilhên.* Elle et son amie s'aiment bien. •*Al mara ma'â râjilha kan mâ murrâyidîn mâ bi'îcu.* Si la femme et son mari ne s'aiment pas, ils ne vivront pas longtemps ensemble.

mursal / mursalîn, *adj. n. mrph. part.* passif, (*fém. mursala*), * rsl, ر س ل ⇨

♦ **commissionnaire, envoyé(e), messager,** qui a été envoyé(e) pour porter un message. •*Al mursal dalu bicîl wa bijîb.* Celui qui transmet un message est comme une puisette qui prend et qui apporte. *Prvb.* •*Al mursal bijimmak wa mâ bagdi lêk hâjtak.* Le fait d'envoyer quelqu'un te procure un peu de repos mais ne règle pas ton problème comme tu le désires. *Prvb.* •*Anâ hammêt lê l mursal al mâ ja ajala.* Je me suis fait du souci parce que le messager a tardé à venir.

Mursal *n. pr.* d'homme, *n. pr.* de lieu, quartier de N'Djaména, [envoyé], * rsl, ر س ل
♦ **Moursal.**

murtah / murtâhîn *adj.*, (*fém. murtâha*), * rwḥ, ر و ح
♦ **soulagé(e), reposé(e), à l'aise, content(e), satisfait(e).** •*Anâ murtah acân abui ja min Makka amis.* Je suis content parce que mon père est revenu hier de La Mecque. •*Al mara di murtâha acân iyâlha kulluhum induhum xidime.* Cette femme est à l'aise parce que tous ses enfants ont du travail.

murtazaxa *n. coll.*, *sgtf. murtazaxay*, * rzq, ر ز ق
♦ **mercenaires.** •*Al-Ra'îs jâb murtazaxa wakt al harb.* Le Président a fait venir [apporté] des mercenaires au moment de la guerre. •*Al murtazaxa bikaffuhum gurus katîr.* Les mercenaires sont bien payés. •*Al murtazaxa nâs bala îmân wa kattâlîn al-dimam.* Les mercenaires sont des gens sans foi et des criminels.

murûk *pl.*, → *mirik.*

murûr *n. m.*, *Cf. ruwâxa, zahama*, * mrr, م ر ر
♦ **circulation, passage.** •*Hû mât ba'ad hâdis hanâ murûr.* Il est mort à la suite d'un accident de circulation. •*Angari min al murûr giddâm al-nâdum al bisalli !* Prends garde de ne pas passer devant quelqu'un qui prie !

mûs / mawasa *n. m.*, * mws, م و س
♦ **rasoir, lame de rasoir, bistouri, cutter,** lame très tranchante. •*Mâ tal'abo bê l mûs, bagta'aku !* Ne jouez pas avec la lame de rasoir, vous allez vous blesser [elle vous coupera] ! •*Al-daktôr tahhar al wilêd be l mûs.* Le docteur a circoncis l'enfant avec un bistouri. •*Zahra, kan macêti l-sûg, bî'i lêy mawasa tittên acân nifassid beyah l wilêd min waja' al batun !* Zara, quand tu iras au marché, achète deux lames de rasoir, que je puisse scarifier l'enfant contre les maux de ventre ! •*Al mûs al-zayyan Hasan, bizayyin hisên kulla.* La lame qui a rasé Hassan rasera aussi Hissène. *Prvb.* (*i.e.* ce qui arrive à l'un arrivera aussi à l'autre, et à toi aussi !).

Mûsa *n. pr.* d'homme, * mws, م و س
♦ **Moïse.** •*Mûsa rabboh fî lubb âyila hint Fir'ôn.* Moïse a été élevé dans la famille du Pharaon. •*Mûsa wakit bigi rasûl, marag min Masir.* Moïse, devenu prophète, est sorti d'Égypte.

musâ'ad / musâ'adîn *adj. mrph. part.* passif, (*fém. musâ'ada*), * sʕd, س ع د
♦ **aidé(e), pistonné(e), soutenu(e).** •*Hû musâ'ad fî xidimtah.* Il est aidé dans son travail. •*Anîna mâ musâ'adîn fî l imtihân, xadamna adîl wa Allah najahhâna.* Nous n'avons pas été aidés pendant l'examen, nous avons bien travaillé et Dieu nous a fait réussir.

musâ'ada / musâ'adât *n. f.*, *Cf. sa'idîn*, * sʕd, س ع د
♦ **aide, don.** •*Fî sant al yabâs al-duwâl al-rufugân hanâ Tcâd jâbo lêna musâ'ada katîre hint ma'âc.* Pendant l'année de la sécheresse, les pays amis du Tchad nous ont apporté une aide alimentaire importante. •*Al hâkûma jâbat lêna musâ'ada hanâ dawa wakit al waba' hanâ kôlêra.* Le gouvernement nous a fait un don en médicaments lors de l'épidémie de choléra. •*Al-tâjir anta musâ'ada lê jârah al bêtah waga'.* Le riche a donné une aide à son voisin dont la maison s'est écroulée.

musâ'id / musâ'idîn *adj. mrph. part.* actif, (*fém. musâ'ide*), * sʕd, س ع د

♦ **aide, apprenti(e).** •*Al musâ'idîn muwâlifîn be l-safar al katîr.* Les apprentis sont habitués à voyager souvent. •*Al musâ'id sawwa êc lê l-sawwâg.* L'apprenti a préparé la boule pour le chauffeur. •*Amis al-sawwâg ti'ib acân musâ'idînah mardânîn.* Hier, le chauffeur a peiné dans son travail parce que ses aides étaient malades. •*Al-râjil jâb musâ'ide lê martah fî l bêt.* L'homme a amené à sa femme une personne pour l'aider à la maison.

musâbara / musâbarât *n. f.*, * sbr, س ب ر

♦ **divination, superstition, croyance aux présages,** croyance à des phénomènes extérieurs en rapport avec le bonheur ou le malheur des hommes. •*Al musâbara coxol al-dîn mana'ah.* La divination est une pratique interdite par la religion. •*Al awîn birîdu l musâbara.* Les femmes s'intéressent aux présages. •*Zâra mâ turûx bala marbatayitha ; coxolha musâbara bas !* Zara ne se promène jamais sans sa perle attachée au bras, ce n'est que de la superstition !

musabbih / musabbihîn *adj. mrph. part.* actif, (*fém. musabbihe*), *Cf. sabah*, * ṣbḥ, ص ب ح

♦ **qui va à l'est,** qui se dirige vers l'est. •*Kan tidôr tisalli, agif be tûlak musabbih wa kabbir !* Quand tu veux prier, tiens-toi debout, tourné vers l'est, puis dis la grandeur de Dieu ! •*Al-tujjâr musabbihîn laxâyit al-Sûdân, wa yigabbulu be budâ'a katîre.* Les commerçants vont à l'est jusqu'au Soudan et reviennent avec beaucoup de marchandises.

musabbir / musabbirîn *adj. mrph. part.* actif, (*fém. musabbire*), * ṣbr, ص ب ر

♦ **qui fait patienter, consolateur (-trice),** qui aide à accepter son sort et à s'y résigner. •*Hassâ kalâm al-râjil da musabbirna.* A présent, c'est la parole de cet homme qui nous a consolés. •*Al akil mâ katal lêna ju' lâkin musabbirna bas.* Ce repas ne nous a pas rassasiés mais a calmé temporairement notre faim.

musâbir / musâbirîn *adj. mrph. part.* actif, (*fém. musâbire*), *Cf. sâbar, sibir*, * sbr, س ب ر

♦ **superstitieux (-euse), qui croit au destin, lié(e) au sort,** qui pense que son sort est lié à *qqn.* ou *qqch.* •*Hû musâbir al-najma sumâk, kan mâ câfâha bahâyîmah yumûtu katîr.* Il est superstitieux et croit que son destin est lié à l'étoile Arcturus : s'il ne la voit plus, bon nombre de ses troupeaux mourront. •*Al mara di taxâf katilîn al galgâl misil hî musâbireh.* Cette femme a peur de tuer un margouillat, comme si son propre sort était lié à cet animal. •*Hummân musâbirîn al xazâl, acân da mâ bâkulu lahamha.* Ils sont superstitieux, pensant que leur sort est lié à celui de la gazelle ; c'est pour cela qu'ils n'en mangent pas.

musaddas / musaddasât *n. m.*, terme de l'*ar. lit.*, ≅ *bestele, pestele, petâr*, * sds, س د س

♦ **pistolet,** généralement un calibre de 9 millimètres. •*Hû sirig musaddas abuh wa maca bêyah fî l-lekôl.* Il a volé le pistolet de son père et l'a emporté à l'école. •*Al asâkir rabbato musaddasâthum fî sulubbênhum.* Les militaires ont attaché leur pistolet sur la hanche.

musaffa / musaffahîn *adj.*, (*fém. musaffaha*), * ṣfw, ص ف و

♦ **filtré(e).** •*Al-laban da musaffa adîl, cîlah acarbah !* Ce lait est bien filtré, bois-le ! •*Al almi da dahâba jâboh min al bîr lissâ mâ musaffa.* Cette eau vient d'être puisée, elle n'est pas encore filtrée.

musaffir 1 / musaffirîn *adj. mrph. part.* actif, (*fém. musaffire*), * sfr, س ف ر

♦ **qui fait voyager, qui envoie à l'étranger.** •*Yâ wilêdi anâ musaffirak barra acân tagri, mâ tamci tissahlag !* Mon enfant, je t'envoie à l'étranger pour étudier, ne passe pas ton temps à satisfaire tes passions ! •*Hummân kan induhum gurus mâla musaffirîn* *awînhum al-Sûdân be l watâyir ?* S'ils ont de l'argent, pourquoi envoient-ils leurs femmes au Soudan par la voie terrestre ?

musaffir 2 / musaffirîn *adj. mrph. part.* actif, (*fém. musaffire*), expression *wijih musaffir* (visage sombre), *Cf. asfar*, * ṣfr, ص ف ر

♦ **jaunissant(e), jaunâtre, jaune foncé,** qui tend vers le jaune ou qui est très jaune. •*Bôl wilêdi da musaffir, âkûn coxolah abunsifêr.* L'urine de mon enfant est jaune foncé, il a peut-être un ictère. •*Abûku gabbal min al-sûg ambahîn wa wijhah musaffir, mâ na'arfah cunû hasal lêyah.* Votre père est revenu très tôt du marché avec un visage sombre, je ne sais pas ce qui lui est arrivé. •*Al faggûs al kubâr al musaffirîn hamdîn wa mâ yanfuxu l batun.* Les gros concombres jaunes sont acides et ne constipent pas.

musâfir / musâfirîn *adj. n., mrph. part.* actif, forme III, (*fém. musâfire*), * sfr, س ف ر

♦ **voyageur (-euse), qui est en voyage.** •*Simi'na balâx lê l musâfirîn be l-tayyâra yamcu badri fî l-matâr.* Nous avons entendu un communiqué adressé aux passagers prenant l'avion, les invitant à se présenter de bonne heure à l'aéroport. •*Al musâfir kaffa gursah lê sîd al watîr.* Le voyageur a payé le propriétaire de la voiture. •*Lâgêna musâfir be jamalah fî l-sahara.* Nous avons rencontré un voyageur avec son chameau dans le désert.

musafliz / musaflizîn *empr.* au *fr. mrph. part.* actif, (*fém. musaflize*), *Cf. musaxxafa.*

♦ **cultivé(e), évolué(e), civilisé(e), instruit(e),** qui est entré(e) dans la culture du monde moderne. •*Al-nâdum kan musafliz, mâ wâjib yikôlif fî l-nâs.* Si quelqu'un est cultivé, il ne doit pas s'enorgueillir devant les autres. •*Al binêye di acân musaflize tisey nafisha misil nasrâniye.* Parce qu'elle est instruite, cette fille se comporte comme une Européenne. •*Al-dimoxrâtiye sawwat al-Tacâdiyîn kulluhum ke musaflizîn.* La démocratie a fait entrer tous les Tchadiens dans la culture du monde moderne.

musaggir 1 / musaggirîn *adj. mrph. part.* actif, (*fém. musaggire*), *Cf. sagur*, * ṣqr, ص ق ر

♦ **volant(e) très haut, planant.** •*Al iyâl bicîfu coxol musaggir fôg, wa mâ anfasal lêhum, hû tayyâra wallâ sagur.* Les enfants regardent quelque chose qui vole très haut, mais ils ne peuvent pas distinguer s'il s'agit d'un avion ou d'un rapace. •*Al-jaga musaggir fî l-sama wa câf al-rimme.* Le vautour plane dans le ciel, il a vu un cadavre.

musaggir 2 / musaggirîn *adj.*, (*fém. musaggire*), *Cf. saggar 2*, hypothèse dans la racine, * šqr, ش ق ر •

♦ **rouillé(e).** •*Mâ tacrab fî kôb musaggir yisabbib lêk marad wâhid !* Ne bois pas dans un gobelet rouillé, cela va te rendre malade. •*Hû maca fî l-labtan acân amis fî l-lêl hadiday musaggire ta'anatah.* Il est allé à l'hôpital parce qu'hier, à la nuit, un morceau de fer rouillé l'a blessé. •*Al guful musaggir wâjib tusubb fôgah dihin.* Le cadenas est rouillé, il faut que tu y mettes de l'huile.

musahhil / musahhilîn *adj.*, (*fém. musahhile*), * shl, س ه ل

♦ **qui facilite,** qui rend facile. •*Katibak da musahhil lêna l xidime.* Ce que tu as écrit nous facilite le travail. •*Zamân al-safar ta'ab lâkin hassâ l watâyir musahhilînna lê l-nâs.* Autrefois c'était pénible de voyager, mais à présent, grâce aux voitures, c'est devenu facile pour tous.

musâid *n. m.*, → *musâ'id.*

musajjal / musajjalîn *adj.*, (*fém. musajjala*), → *misajjal*, * sjl, س ج ل

♦ **recommandée** (lettre), **inscrit(e), enregistré(e).** •*Ligit maktûb musajjal min al-Sa'ûdiye, akûn fôgah gurus.* J'ai reçu une lettre recommandée venant d'Arabie Saoudite, c'est peut-être de l'argent. •*Fâtime musajjala ma'âku fî l jam'iye.* Fatimé est inscrite avec vous dans l'association. •*Al xine al musajjal fî l kâsêt da hâna Ali l-Jada'.* Ces chansons enregistrées sur cette cassette sont d'Ali al Djada.

musakkar 1 / musakkarîn *adj. mrph. part.* pass, (*fém. musakkara*), *Cf. sukkar*, * skr, س ك ر

♦ **qui a été sucré(e).** •*Almi angâra musakkar acân wakt al fatûr garîb.* La décoction d'hibiscus sauvage a été sucrée parce que le temps de rompre le jeûne approche. •*Al gahwa kan mâ musakkara murra.* Le café non sucré est amer.

musakkar 2 / musakkarîn *adj. mrph. part.* passif, (*fém. musakkara*), * skr, س ك ر

♦ **fermé(e), barré(e)** (chemin, route). •*Macêt lêki wa ligît bâbki musakkar.* Je suis allé chez toi, mais j'ai trouvé la porte close. •*Anâ maragt be l-câri l kabîr da, wa ligîtah musakkar be askar, âkûn al-Ra'îs mârig.* J'ai pris cette grande rue, elle se trouvait barrée par des soldats, sans doute le Président allait-il sortir !

musakkar 3 / musakkarîn *adj. mrph. part.* passif, (*fém. musakkara*), * skr, س ك ر

♦ **abruti(e), drogué(e).** •*Mâ bagdar bikallim adîl misil musakkar be muxaddirât.* Il ne parle pas correctement, comme s'il était drogué. •*Al mardân musakkar be kinnîn hanâ l-nôm, acân da mâ bihiss al waja'.* Le malade est sous l'effet [est drogué avec] des somnifères, ainsi ne sent-il plus la douleur.

musâlaha *n. d'act., f.*, → *suluh*, [réconciliation], * ṣlḥ, ص ل ح

musâlahîn *adj. pl.*, → *musâlih.*

musâlih / musâlhîn *adj. mrph. part.* passif, (*fém. musâlhe*), ≃ le pluriel *musâlahîn*, * ṣlḥ, ص ل ح

♦ **réconcilié(e).** •*Xalîl musâlih martah al-tallagâha indah caharên.* Il s'est réconcilié avec sa femme qu'il avait répudiée il y a deux mois. •*Al axawân dôl musâlhîn ba'ad al hurâj al bigi ambênâthum fî l warasa.* Ces frères se sont réconciliés, après la dispute qui a eu lieu entre eux à propos de l'héritage.

musalla *n. f.*, → *masalla.*

musallah 1 / musallahîn *adj.*, (*fém. musallaha*), * slḥ, س ل ح

♦ **armé(e).** •*Al-râjil da daxal fî bêtna fî l-lêl, musallah be sakkîn.* Cet homme est entré dans notre maison la nuit, armé d'un couteau. •*Fî Anjammêna al-sarrâgîn kulluhum musallahîn.* A N'Djaména, tous les voleurs sont armés. •*Fî l-lêl al-rujâl kulluhum burûxu musallahîn be bundug walla sakkîn.* La nuit, tous les hommes se promènent, armés d'un fusil ou d'un couteau.

musallah 2 / musallahîn *adj.*, (*fém. musallaha*), * ṣlḥ, ص ل ح

♦ **réparé(e), bien éduqué(e), réhabilité(e), remis(e) en état.** •*Buyût Anjammêna induhum santên da, musallahîn, acân zamân kassaro fî l-duwâs.* Les maisons de N'Djaména ont été remises en état il y a deux ans, parce qu'auparavant, elles avaient été détruites au cours des combats. •*Watîri lissâ ma musallah.* Ma voiture n'est pas encore réparée.

musallib / musallibîn *adj. mrph part.* actif, (*fém. musallibe*), * slb, س ل ب

♦ **déshabillé(e),** dépouillé(e), qui a ôté ses vêtements. •*Macêt ligîtah musallib wa nâyim fî dull al-cadaray.* Je l'ai trouvé déshabillé, en train de dormir à l'ombre de l'arbre. •*Kan musallib, mâ tamrug fî l-câri !* Si tu t'es déshabillé, ne sors pas dans la rue ! •*Iyâl al-lekkôl musallibîn, gâ'idîn bisawwu riyâda.* Les écoliers se sont déshabillés et sont en train de faire du sport.

musallih / musallihîn *adj. m. mrph. part.* actif, → *musallah*, * slḥ, س ل ح

musâmah / musâmahîn *adj.*, (*fém. musâmaha*), * smḥ, س م ح

♦ **pardonné(e).** •*Al masjûn, xalâs musâmah marag min al-sijin, wa maca bêthum.* Le prisonnier a été pardonné, il est sorti de prison et est retourné chez lui. •*Al mu'minîn musâmahîn, mâ bidissûhum fî nâr al xiyâme.* Les croyants seront pardonnés et ne seront pas jetés au feu de l'enfer.

musâmaha *n. f.*, * smḥ, س م ح

♦ **pardon, réconciliation.** •*Yôm al îd kulla l-nâs batlubu l musâmaha min ahalhum wa rufugânhum.* Le jour de la fête, tous les gens demandent pardon à leur famille et à leurs amis. •*Al malamma l kabîre l bigat fî gasir hanâ l-ca'ab jâbat al musâmaha ambên iyâl al balad.* La grande réunion qui a eu lieu au palais du peuple a amené la réconciliation entre les fils du Tchad. •*Anâ ma'âk ambênatna illa l musâmaha.* Il n'y a que le pardon entre toi et moi.

musâmih / **musâmhîn** *adj. n., mrph. part.* actif, (*fém. musâmhe*), * smḥ, س م ح

♦ **qui excuse, qui pardonne.** •*Anâ musâmih lêk, lâkin coxolak da battân mâ tisawwi !* Je te pardonne, mais ne recommence pas ce que tu as fait ! •*Yâ wilêdi, anâ mâ musâmhe lêk kan mâ gabbalt lêi.* Mon enfant, je ne te pardonnerai pas, si tu ne reviens pas chez moi. •*Ammi wa abui musamhîm lêi gubbâl mâ yumûtu.* Ma mère et mon père m'ont accordé leur pardon avant de mourir.

musamman / **musammanîn** *adj. mrph. part.* passif, (*fém. musammana*), * smn, س م ن

♦ **engraissé(e), bien nourri(e).** •*Al wilêd da musamman be l akil al halu acân abuh xani.* Cet enfant est grassouillet, il reçoit de la bonne nourriture parce que son père est riche. •*Al faras al musammana adîl sabagat al xêl.* La jument qui a été bien nourrie a dépassé les chevaux pendant la course.

musammim / **musammimîn** *adj. mrph. part.* actif *{- fî}*, (*fém. musammime*), *Cf. sammam*, * ṣmm, ص م م

♦ **décidé(e), engagé(e), qui a la ferme volonté de, déterminé(e).** •*Hî di musammime hatta l môt, mâ tidôr ticîf darritha.* Celle-là est décidée jusqu'à la mort à ne pas voir sa coépouse. •*Humman dôl askar musammimîn fî l askariye.* Ce sont des soldats engagés volontaires dans l'armée. •*Anâ musammim fî giray hint iyâli.* Je tiens absolument à ce que mes enfants s'instruisent. •*Marti musammime fî bani hanâ bêtha, acân da câlat kulla gursi.* Ma femme voulait à tout prix construire sa maison, c'est pour cela qu'elle a pris tout mon argent.

musammin / **musamminîn** *adj. mrph. part.* actif, (*fém. musammine*), * smn, س م ن

♦ **qui engraisse, qui fortifie, qui nourrit entièrement,** qui rend gras et fort. •*Al-laban wa bêd al-jidâd wa l kibde musamminîn.* Le lait, les œufs et le foie sont des aliments qui fortifient le corps. •*Fâtime musammine binêyitha be laban dêdha.* Fatimé nourrit sa fille avec le lait de son sein. •*Hârûn musammin juwâdah be xalla duxun wa laban halîb.* Haroun engraisse son cheval avec du petit mil et du lait.

musammix / **musammixîn** *adj. mrph. part.* actif, (*fém. musammixe*), * ṣmġ, ص م غ

♦ **collant(e), gluant(e).** •*Al-sarne musammix acân muxalbat be samux wa haljîj (hajlîj).* La pâte d'amande de savonnier est collante parce qu'elle est mélangée avec de la gomme arabique. •*Fî l-darat kulla warcâl al berbere musammix kan garîb tanjad.* Au temps de la moisson, lorsque le sorgho est presque mûr, toutes ses feuilles sont gluantes.

musanfar / **musanfarîn** *adj.*, (*fém. musanfara*), *Cf. sanfar, amalas*, * ṣnfr, ص ن ف ر

♦ **limé(e), poli(e), gratté(e).** •*Al-tarbêza di xacna, lissâ mâ musanfara.* Cette table est rugueuse, elle n'est pas encore polie. •*Al hadîd al musanfar bilâsif fî l harray.* Le fer limé brille au soleil. •*Al hadâyid dôl kulluhum ke mâ musanfarîn.* Tous ces bouts de fer ne sont pas limés.

musangi' / musangi'în *adj.*, (*fém. musangi'e*), *Cf. sanga'.*
♦ **qui lève la tête,** qui relève la tête pour voir ou pour boire. •*Al askar mâ câfoh acân humman mâcîn wa musangi'în.* Les soldats ne l'ont pas vu parce qu'ils marchaient la tête haute. •*Hû waga' fî l-nugura acân musangi' bicîf al-tayyâra.* Il est tombé dans le trou parce qu'il levait la tête pour voir l'avion.

musangir / musangirîn *adj. mrph. part.* actif, (*fém. musangire*), *Cf. sangar.*
♦ **qui est en attente, attendant comme un mendiant.** •*Al hujjâj musangirîn talâte yôm fî l matâr, wa tayyâra mâ jâthum.* Les pèlerins ont attendu comme des mendiants trois jours à l'aéroport, mais l'avion n'est pas venu. •*Jâri musangir min fajur fî l-lâbtan barja' al-daktôr, wa hû mâ jâ.* Mon voisin attend le docteur depuis le matin à l'hôpital, mais il n'est pas venu.

musâra'a / musarâra'ât *n. d'act., f.*, → *sura'*, * ṣrʕ, ص ر ع

musarram / musarramîn *adj. mrph. part.* passif, (*fém. musarrama*), employé dans un sens péjoratif quand il qualifie des êtres humains, * ṣrm, ص ر م
♦ **bridé(e), harnaché(e), enturbanné(e),** à qui on a passé un mors. •*Al-juwâd al musarram mâ bagdar barmi sîdah.* Le cheval bridé ne peut pas renverser son maître. •*Al-juwâd mâ musarram âr be sîdah daggacah al xala.* Le cheval n'avait n'a pas de bridon, il a emmené son maître vagabonder, loin dans la brousse. •*Ligît nadûm giddam bêti gaddûmah musarram.* J'ai trouvé devant ma maison quelqu'un au visage enturbanné.

musarrim / musarrimîn *adj. mrph. part.* actif, (*fém. musarrime*), * ṣrm, ص ر م
♦ **enturbanné(e).** •*Fî l-cite, katîr min al-rujâl burûxu musarrimîn.* En hiver, beaucoup d'hommes se promènent avec leur turban. •*Anâ lagêt al askar al musarrim fî derib al-zere'.* J'ai rencontré des militaires enturbannés sur le chemin du champ.

musawwis / musawwisîn *adj. mrph. part.* actif, (*fém. musawwise*), * sws, س و س
♦ **charançonné(e), carié(e), véreux (-euse).** •*Kan macêti l sûg cîfi zên, mâ tibî'i lêi lubya musawwis !* Si tu vas m'acheter des haricots au marché, vérifie bien qu'ils ne soient pas charançonnés ! •*Al-durûs kan musawwisîn sîdhum mâ yagdar yamdax adîl.* Celui qui a des molaires cariées ne peut pas bien mâcher. •*Habbayât al-lubya al musawwisât kan têrabôhum mâ bugummu.* Si l'on plante des graines de haricots charançonnées, elles ne poussent pas.

musaxxaf / musaxxafîn *adj. mrph. part.* passif, (*fém. musawwafa*), *Cf. saxâfi, musafliz*, * ṯqf, ث ق ف
♦ **cultivé(e), intellectuel (-elle).** •*Ahmat râjil musaxxaf acân gara fî l-jâmi'a.* Ahmat est un homme cultivé parce qu'il a étudié à l'université. •*Kan gâ'id ma'â l-nâs al musaxxafîn, inta kula tissaxxaf.* En restant auprès de gens cultivés, toi aussi tu te cultives.

musaxxan / musaxxanîn *adj. mrph. part.* passif, (*fém. musaxxana*), * sḫn, س خ ن
♦ **chauffé(e), bouilli(e).** •*Al-laban al musaxxan indah gicâde.* Sur le lait chauffé se forme de la crème. •*Almi l-rahad wallâ l bîr, mâ tacarbah kan mâ musaxxan !* Ne bois pas l'eau du marigot ou du puits si elle n'a pas été bouillie ! •*Barridi iyâlki be almi musaxxan, acân al-zuxma mâ takrubhum !* Lave tes enfants avec de l'eau tiède [chauffée] pour qu'ils n'attrapent pas de rhume !

Mûsay *n. pr.* d'homme, *mrph. dmtf.* affectif, *Cf. Mûsa.*

musayyif / musayyifîn *adj. mrph. part.* actif, (*fém. musayyife*), * ṣyf, ص ي ف ⇨

♦ **qui passe la saison sèche,** qui a passé le temps de la saison sèche. •*Al bagar musayyifîn fî taraf al bahar, amci hinâk talgâhum !* Les vaches passent la saison sèche au bord du fleuve ; vas-y, tu les trouveras ! •*Hû musayyif fî l âsima acân xidime hint al-zurâ'a xalâs kammalat.* Il passe la saison sèche dans la capitale parce que les travaux champêtres sont déjà finis. •*Marti musayyife ma'â ammaha.* Ma femme passe la saison sèche avec sa mère.

musî' / musî'în *adj. mrph. part.* actif, (*fém. musî'e*), * sw', ء و س

♦ **qui insulte, insolent(e), offensant(e), médisant(e),** qui manque de convenance à l'égard des autres. •*Al awîn al bisaffu marîse fî l gawâdîl kulluhum musî'ât mâ induhum adab.* Les femmes qui préparent les boissons alcoolisées dans les cabarets manquent de convenance à l'égard des autres et sont mal élevées. •*Cîf al-râjil al musî' da, addalt lêyah makâtîbah wa fî l axîr gamma asâ'âni !* Regarde cet insolent : je lui ai rempli tous ses papiers, et à la fin il s'est mis à m'insulter !

musîbe / masâyib *n. f.*, ≃ *musîba*, * mṣb, م ص ب

♦ **malheur, calamité, désastre.** •*Al musîbe kan nazalat, arfa'ôha be l-sadaxât !.* Quand un malheur arrive, chassez-le avec des aumônes (*i.e.* faites preuve de solidarité) ! •*Nas'alo Allah yinajjîna min al musîbe di.* Nous demandons à Dieu qu'il nous délivre de cette calamité. •*Al harba wa l-ju', dôl al masâyib al fajfajo fî Tcâd.* La guerre et la famine sont des calamités installées au Tchad.

musîxa *n. f.*, *empr.*

♦ **musique.** •*Anâ nirîd nasma' musîxa hanâ fanâni tcâdi.* J'aime écouter la musique d'un chanteur tchadien. •*Al-nâdum kan yasma' musîxa dâ'iman galbah farhân.* Lorsque quelqu'un écoute de la musique, il a toujours le cœur joyeux. •*Al ambûku mâ yasma' musîxa.* Le sourd-muet n'entend pas la musique.

musîxi / musîxiyîn *adj.*, (*fém. musîxiya, musîxiye*).

♦ **musical(e).** •*Al firxa l musîxiya nazzamat hafla be munâsabat al arûs.* La troupe musicale a organisé une fête en l'honneur du nouveau marié. •*Al burunji min al âlât al musîxiye.* La trompette fait partie des instruments de musique.

muslay / muslâyât *n. f.*, *Syn. sallay, sajjâda, Cf. salâ*, * slw, و ل ص

♦ **tapis de prière.** •*Muslayti waddarat fî l-jâmiye.* J'ai perdu mon petit tapis de prière à la mosquée. •*Antîni bircak al-sameh da, nisey muslay.* Donne-moi ta belle natte, que j'en fasse un tapis de prière. •*Fî l-jâmiye al kabîre, musâlyât kubâr, al-nâs yisallu fôghum.* Dans la grande mosquée, il y a de grands tapis de prière sur lesquels les gens prient.

muslim / muslimîn *adj. n.*, (*fém. muslime), muslima*, * slm, م ل س

♦ **musulman.** •*Al muslimîn wa l masîhiyîn kulluhum ba'budu Allah.* Les chrétiens et les musulmans adorent tous Dieu. •*Ayyi muslim kan mâ bitâbi curût dînah, yil'azzab yôm al âxira.* Tout musulman qui n'observe pas la loi religieuse souffrira beaucoup au jour du jugement dernier.

musmâr / masâmîr *n. m.*, terme de l'*ar. lit.*, *Cf. ponti*, * smr, ر م س

♦ **clou, pointe.** •*Al musmâr al kabîr hanâ l bâb marag.* La grande pointe de la porte est partie. •*Al wilêd râyix bala markûbah wa l musmâr ta'anah.* L'enfant se promène sans chaussures et un clou l'a piqué. •*Tôl hanâ râs al bêt mâ indah masâmîr katîrîn wa l-rîh câlatah.* La tôle du toit de la maison n'était pas fixée avec assez de clous, et le vent l'a emportée.

musrân / masârîn *n. m.*, voir ci-dessous l'expression *saxîr musrâni, iyâl masârîni*, * msr, م ص ر

♦ **intestin, entrailles, tripe.** •*Kalb al miskîn bâtil misil ticîf musrânah !* Le chien du pauvre est tellement maigre qu'on verrait presque ses intestins !

•*Hû da, nirîdah misil saxîr musrâni.* Celui-ci, je l'aime comme s'il était mon propre enfant. •*Musrân al xanam, kan munajjad, halu be cette wa mileh !* Les tripes de mouton bien cuites sont délicieuses avec du piment et du sel. •*Iyâl musrâni bas yanfo'ôni !* Il n'y a que mes propres enfants qui m'importent ! [seulement les enfants de mes entrailles me seront utiles]. •*Iyâl jâri birîdûni, nicîfhum misil iyâl masârîni.* Les enfants de mon voisin m'aiment, je les considère comme mes propres enfants.

musrân zâyid expression, *m.*, *litt.* "intestin en plus", *n.* d'un organe, *n. mld.*, * mṣr, zyd, م ص ر • ز ي د

♦ **appendice, appendicite.** •*Al musrân al-zâyid bisawwi wâja' fî l-nâyit al-zênay.* L'inflammation de l'appendice fait mal au côté droit. •*Al-daktôr bidâwi al musrân al-zâyid, bicugg al mardân wa bagta' al musrân al-zâyid.* Le docteur soigne une appendicite, en opérant le malade pour lui enlever l'appendice.

muss *v. impér.*, → *massa.*

musta'bad / musta'badîn *adj. mrph. part.* passif, (*fém. musta'bada*), *Cf. ista'bad*, * ʕbd, ع ب د

♦ **qui est esclave, qui est asservi(e), qui est opprimé(e), qui est dominé(e).** •*Al musta'badîn al-zurug sawwo sawra didd siyâdhum fî Amrîka zamân.* Autrefois, les esclaves noirs se sont soulevés contre leurs maîtres en Amérique. •*Gubbâl Mandela al-nâdum al azrag dâyiman musta'bad fî janûb Afrixiya.* Avant Mandela, un Noir était toujours opprimé en Afrique du Sud.

musta'bid / musta'bidîn *adj. mrph. part.* actif, (*fém. musta'bide*), *Cf. ista'bad*, * ʕbd, ع ب د

♦ **qui rend esclave, qui opprime, qui domine.** •*Al-râjil ab'angara da musta'bid al iyâl al baxdumu ma'âyah.* Cet homme à la nuque de taureau fait travailler pour lui les enfants comme des esclaves. •*Hassâ al-nâs al induhum gurus musta'bidîn al fagâra.* A présent, les gens qui ont de l'argent oppriment les pauvres.

musta'dal / musta'dalîn *adj. mrph. part.* passif, (*fém. musta'dala*), terme de l'*ar. lit.*, * ʕdl, ع د ل

♦ **qui marche bien, qui est bien en ordre, bien organisé(e), qui est présenté(e) comme il faut.** •*Anâ farhâne min al xidime di acân kulla coxol musta'dal adîl.* Je suis heureuse de faire ce travail parce que tout est bien organisé. •*Al wâtir musta'adal, ta'âlu achanoh !* Le véhicule est dans une bonne position, venez le charger ! •*Mihrâb al-jâmiye musta'dal adîl fî l gibla.* La niche dans le mur de la mosquée est orientée exactement dans la direction de La Mecque.

musta'idd / musta'iddîn *adj. mrph. part.* actif, (*fém. musta'idde*), * ʕdd, ع د د

♦ **prêt(e), disposé(e) à.** •*Anâ musta'idd niwaddi ammi fî Makka.* Je suis prêt à amener ma mère à La Mecque. •*Anîna musta'iddîn ni'âwunûku fî xidimit jinênitku.* Nous sommes disposés à vous aider dans les travaux de votre jardin. •*Yâti l musta'idde tâxud harrâti ?* Qui est prête à épouser un cultivateur ?

musta'jar / musta'jarîn *adj. mrph. part.* passif, (*fém. musta'jara*), voir le *Syn. mu'ajjar*, * 'jr, ء ج ر

musta'jil / musta'jilîn *adj. mrph. part.* actif, forme IX, (*fém. musta'jile*), * ʕjl, ع ج ل

♦ **pressé(e).** •*Al yôm, mâ sallamt jâri acân anâ musta'jil mâci l xidime.* Aujourd'hui, je n'ai pas salué mon voisin parce que j'étais pressé d'aller au travail. •*Axti musta'jile kê, mâciye wên ?* Ma sœur, tu es tellement pressée ! Où vas-tu ? •*Hummân musta'jilât acân yisawwu l xada gubbâl al wakit.* Elles sont pressées car elles veulent préparer le repas avant l'heure habituelle.

musta'jir / musta'jirîn *adj. mrph. part.* actif, (*fém. musta'jire*), voir le *Syn. mu'ajjir*, * 'jr, ء ج ر

musta'kal / musta'kalîn *adj. mrph. part.* passif, (*fém. mustâkala*), *Syn. musta'kil*, → *mustâkal*, * 'kl, ء ك ل

musta'kil / musta'kilîn *adj. mrph. part.* actif, (*fém. musta'kile*), ≅ *mustâkil*, → *mustâkal*, * 'kl, ء ك ل

musta'mar / musta'marîn *adj. mrph. part.* passif, (*fém. musta'mara*), * ʕmr, ع م ر

♦ **colonisé(e).** •*Al musta'mar dâiman ta'bân.* Le colonisé vit toujours dans la souffrance. •*Nihâyit al isti'mâr fî Ifrîxiya, fî sittînât.* La colonisation en Afrique a pris fin dans les années soixante.

musta'mil / musta'milîn *adj. mrph. part.* actif, (*fém. musta'mile*), * ʕml, ع م ل

♦ **usagé(e), d'occasion.** •*Nidôr nacri surwâl musta'mil.* Je voudrais acheter un pantalon d'occasion. •*Cara biskilêt musta'mil lê wilêdah.* Il a acheté une bicyclette d'occasion pour son fils.

musta'mir / musta'mirîn *adj. mrph. part.* actif, (*fém. musta'mire*), * ʕmr, ع م ر

♦ **colonisateur (-trice), colon.** •*Al-râjil da musta'mir marra wâhid, mâ indah îmân !* Cet homme est vraiment un colon, il ne croit à rien ! •*Zamân al musta'mirîn bihînu al-nâs al-zurug.* Autrefois, les colons maltraitaient les Noirs.

mustacâr / mustacârîn *adj. n.*, (*fém. mustacâra*), * šwr, ش و ر

♦ **conseiller (-ère), consultant(e).** •*Al mustacârîn lammo fî gasir hanâ yôm xamistâcar cahari wâhid.* Les conseillers se sont réunis au palais du quinze janvier. •*Hû mustacâr fî l-ra'âst al-jamhûriya.* Il est conseiller à la présidence de la République.

mustadrij / mustadrijîn *adj. mrph. part.* actif, (*fém. mustadrije*), * drj, د ر ج

♦ **chanceux (-euse), favorisé(e) par la nature, parvenu(e),** qui surmonte les obstacles avec succès. •*Anâ mustadrij kan hassâ maragôni min al xidime kula ambâkir bas nalga xidime âxara.* J'ai la chance avec moi : même si on me renvoie maintenant de mon travail, demain j'en trouverai un autre ! •*Hû mustadrij acân da âc katîr fî l hukum.* Il a de la chance, c'est pourquoi il est resté très longtemps au pouvoir.

Mûstafa *n. pr.* d'homme, surnom donné au Prophète, *litt.* élu, choisi comme le meilleur, * ṣfw, ص ف و

mustafîd / mustafidîn *adj. mrph. part.* actif, (*fém. mustafîde*), *Cf. fayde*, * fyd, ف ي د

♦ **qui trouve utile, qui tire profit, bénéficiaire, qui a intérêt.** •*Anâ mustafîde min xidimti ma'âk.* Cela m'est utile de travailler avec toi. •*Al-duwân mâ mustafîd min al barcôt.* La contrebande ruine les entrées douanières [la douane ne tire pas profit de la contrebande]. •*Anîna mâ mustafîdîn min kalâm al ahzâb.* Nous ne tirons aucun profit du discours des partis politiques.

mustafîda *invar.*, *pl.*, * fyd, ف ي د

♦ **témoins oculaires du premier croissant de lune,** témoins, dont le nombre doit être supérieur à deux, qui affirment avoir vu le premier croissant de lune du mois de Ramadan. •*Mâ ligîna nâs mustafîda câfo l-cahar, nusûmu ambâkir.* Il n'y a pas eu de témoins oculaires du premier croissant du nouveau mois, demain nous continuons à jeûner. •*Axuh min al mustafîda al câfo l-cahar hanâ hilâl ramadân, fajur nusûmu.* Son frère est parmi ceux qui ont pu voir le premier croissant de lune du mois de ramadan ; demain matin nous commencerons le jeûne.

mustafig / mustafigîn *adj.*, (*fém. mustafige*), * wfq, و ف ق

♦ **qui est en accord avec,** qui s'est mis d'accord avec un autre pour faire *qqch.* •*Hû mustafig ma'â martah.* Il s'entend bien avec sa femme. •*Anâ mâ mustafig ma'âhum fî l ingilâb al bidôru bisawwuh.* Je ne suis pas d'accord avec eux sur le coup d'État qu'ils veulent faire. •*Humman mustafigîn acân yantûni binêyithum.*

Ils sont d'accord pour me donner leur fille en mariage.

mustahbil / mustahbilîn *adj.*, (*fém. mustahbile*), * hbl, ه ب ل

♦ **rusé(e), astucieux (-euse), plaisantin, taquin(e), clown,** qui ne prend au sérieux ni lui-même ni les autres pour provoquer le rire. •*Iyâl hanâ hâritna mustahbilîn marra wâhid, yitcâtcu l-Nasâra.* Les enfants de notre quartier sont rusés et plaisantins, ils savent tromper les Européens. •*Hû mustahbil, al-iyâl mâ yirîdu yagôdu janbah.* C'est un homme taquin, les enfants n'aiment pas rester à côté de lui. •*Al ba'acôm mustahbil acân da al marfa'în mâ birîdah.* Le chacal est rusé, c'est pourquoi l'hyène ne l'aime pas. •*Al wilêd da mustahbil, hû mâ mardân, bitcâtci ammah sâkit bas, mâ bidôr bamci l giray.* Cet enfant est rusé, il n'est pas malade, il fait croire à sa mère qu'il l'est [il trompe sa mère] uniquement parce qu'il ne veut pas aller à l'école.

mustahi / mustahiyîn *adj. mrph. part.* actif, (*fém. mustahiye*), * ḥyy, ح ي ي

♦ **timide, qui a honte, réservé(e).** •*Hû bas al mustahi fî axawânah mâ bahajji ma'a l banât fî l-câri.* Il est plus timide que ses frères et n'ose pas parler avec les filles dans la rue. •*Hû nâdum mustahi bilhên, mâ bilwâlaf ajala.* C'est quelqu'un de très timide, il lui faut du temps pour se familiariser avec ceux qu'il ne connaît pas.

mustahîl / mustahîlât *adj. mrph. part.* actif, IXème forme, * ḥwl, ح و ل

♦ **impossible.** •*Mustahîl lêk mâ tagdar tisawwi ceyy bala izin Allah.* C'est impossible pour toi, tu ne peux rien faire sans la permission de Dieu. •*Da mustahîl, nâdum ke yagdar yitîr mâ fîh.* C'est impossible, personne ne peut s'envoler. •*Coxol ke mustahîl fî l-dunya mâ fîh.* Il n'y a rien d'impossible dans la vie.

mustahyin / mustahyinîn *adj. mrph. part.* actif, (*fém. mustahyine*), *Cf. istahyan*, * hwn, ه و ن

♦ **qui ignore *qqn.*, qui feint de ne pas reconnaître, qui détourne son regard de *qqn.*,** qui fait peu de cas de *qqn.* et ne le prend pas en considération. •*Mâlak mustahyin minni, lammêna amis fî l-câri wa mâ sallamtîni !* Qu'as-tu ? Tu fais semblant de ne pas me reconnaître ; hier nous nous sommes rencontrés dans la rue et tu ne m'as pas salué ! •*Hû dâ'iman mustahyin min al-nâs.* Il fait toujours semblant de ne pas voir les gens.

mustâkal / mustâkalîn *adj. mrph. part.* passif, (*fém. mustâkala*), ≅ *musta'kal, mustâkil*, * 'kl, ء ك ل

♦ **usé(e), abîmé(e), râpé(e).** •*Al xalag da mustâkal min tihit, xassilah bicêc mâ yicarrat !* Ce vêtement est râpé, lave-le doucement pour qu'il ne se déchire pas ! •*Al hubâl dôl gadîmîn wa mustâkalîn, kan tidôr ticidd bêhum tabbikhum tittên tittên !* Ces cordes sont vieilles et usées, double-les si tu veux les utiliser pour fixer le chargement !

mustakbir / mustakbirîn *adj. mrph. part.* actif, (*fém. mustakbire*), * kbr, ك ب ر

♦ **vaniteux (-euse), orgueilleux (-euse), fier (-ère).** •*Wilêd al-sultân mâ mustakbir, bisallim al-nâs.* Le fils du sultan n'est pas orgueilleux, il salue les gens. •*Al-nâs mâ birîdu l-nâdum al mustakbir.* Les gens n'aiment pas celui qui est vaniteux. •*Hî mâ ligat râjil acân abûha mustakbir.* Elle n'a pas trouvé de mari parce que son père est un vaniteux.

mustâkil / mustâkilîn *adj. m.*, → *mustâkal.*

mustami' / mustami'în *adj. n., mrph. part.* actif, IXème forme, (*fém. mustam'e*), * smʕ, س م ع

♦ **auditeur (-trice).** •*Fî l-râdyo, al muzi' bisallim al mustami'în hatta banti nacrat al axbâr.* A la radio, le speaker salue les auditeurs avant de leur présenter le journal parlé. •*Yôm* *talâtîn fî Ramadân kulla l mustami'în yuxuttu al-râdyo janbuhum, acân yasma'o kalimat al imâm lê kumâlit Ramadân.* Le trentième jour du Ramadan, tous les auditeurs posent leur radio à côté d'eux afin d'entendre le message de l'imam annonçant la fin du Ramadan.

mustamirr / mustamirrîn *adj. mrph. part.* actif, (*fém. mustamirra*), * mrr, م ر ر

♦ **continuel (-elle), permanent(e).** •*Lê hassâ al-duwâs mustamirr fî Angôla.* Jusqu'à présent la guerre continue en Angola. •*Anîna mustamirrîn fî li'ib hanâ l bâl.* Nous continuons à jouer au ballon.

mustankir / mustankirîn *adj. mrph. part.* actif, forme IX, (*fém. mustankire*), * nkr, ن ك ر

♦ **irritable, agressif (-ve), énervé(e),** qui a mauvais caractère. •*Ali nâdum mustankir, mâ tujuxxuh !* Ali est quelqu'un d'agressif, ne le provoquez pas ! •*Marti mustankire, mâ tidôr hije ma'â nâdum !* Ma femme est énervée, elle ne veut parler à personne ! •*Al yôm da, min jît ke, ligîtha mustankire, mâ na'arfah al-coxol al bigi lêha.* Aujourd'hui, de retour à la maison, je l'ai trouvée agressive, je ne sais pas ce qui lui est arrivé.

mustarah / mustarâhât *n. m.*, terme de l'*ar. lit.*, *Syn. sindâs, wara-bêt*, * rwḥ, ر و ح

♦ **toilettes, cabinet, W.-C., latrines.** •*Yâtu gâ'id fî l mustarah ?* Qui est aux toilettes ? •*Al yôm batuni tôjâni min fajur gâ'id namci l mustarah.* Aujourd'hui, depuis ce matin, j'ai mal au ventre, je ne fais qu'aller aux toilettes. •*Al iyâl al-dugâg bamcu l mustarah bala na'âl.* Les petits enfants vont aux toilettes sans chaussures. •*Al mustarah kan mâ nadîf bijîb marad.* Lorsque les cabinets ne sont pas propres, ils apportent des maladies. •*Anîna mustarahâtna yankutuhum tuwâl wa yidussu lêhum barâmil.* Pour nos latrines, nous creusons un trou très profond que nous étayons avec des carcasses de fûts métalliques.

mustasîb / mustasîbîn *adj.*, (*fém. mustasîbe*), * ṣwb, ص و ب

♦ **fou (folle), atteint(e) par une maladie, malade,** celui (celle) qui est atteint(e) par un handicap physique ou mental. •*Agôdu sâkit al-râjil al-jâyi da mustasîb kan hajjêtu lêyah bita''inku !* Restez tranquilles, cet homme qui vient est fou ; si vous lui parlez, il va vous poignarder ! •*Al mara di mustasîbe be marad al-sull indaha santên.* Cette femme a attrapé la tuberculose il y a deux ans.

mustatî' / mustatî'în *adj. mrph. part.* actif *m.*, (*fém. mustatî'e*), *Cf. istata'*, * ṭwʕ, ط و ع

♦ **capable, qui a les moyens, qui peut payer, qui a de l'argent.** •*Iyâli mâ garo al-sane di, acân anâ mâ mustatî'e.* Mes enfants n'ont pas étudié cette année parce que j'étais sans ressources. •*Inta kan mustatî', mâ tagôd fî l xurba, gabbil lê ahlak !* Si tu as de l'argent, ne reste pas seul, retourne dans ta famille ! •*Hummân mâ mustati'în yâkulu l akil al halu kulla yôm.* Ils n'ont pas les moyens de manger une bonne nourriture tous les jours.

mustawa *invar.*, * swy, س و ي

♦ **niveau.** •*Hâliyan al mustawa l-dirâsi hanâ l-talâmiz fî Tcâd nagas.* Actuellement, le niveau d'étude des élèves au Tchad est en dessous de la normale. •*Munazzamat al-sihha l âlamiya gâmat be ihsa hanâ hâlât amrâd al atfâl alê mustawa âlami.* L'Organisation mondiale de la santé s'est mise à recenser les cas de maladies infantiles au niveau mondial.

mustawi / mustawiyîn *adj.*, (*fém. mustawiye*), * swy, س و ي

♦ **au même niveau, même dimension.** •*Kulla l-nâs mâ mustawiyîn fî l hayâ.* Tous les gens n'ont pas le même niveau dans la vie. •*Humman mâ mustawiyîn acân da mâ yagdaro yaxdumu sawa.* Ils n'ont pas le même niveau, c'est pourquoi ils ne peuvent pas travailler ensemble.

mustaxâra / mustaxârât *n. f., Cf. istaxâra, xattitîn, saxxar, Syn. cawwifîn,* * h̲yr, خ ي ر

♦ **magie, vision de l'avenir, astrologie, prédiction, divination,** prédiction de l'avenir, à partir de la géomancie ou des instruments des voyants. •*Ta'âli nicîf lêki mustaxâra akûn garîb tabge xaniye !* Viens, je vais te lire ton avenir, peut-être deviendras-tu bientôt très riche ! •*Câfo lêha mustaxâra wa gâlo lêha : "Wilêdki l marag da gâ'id mincax".* Ils lui ont prédit l'avenir et lui ont dit : "Ton enfant qui est parti se trouve au Nord". •*Al-nâs bicîfu l mustaxâra be l wade walla be l karte walla be ibre fî amcawâfa, walla be garra' mazgûl fî almi l kôro.* Des gens lisent l'avenir en utilisant des cauris, des cartes, une aiguille posée sur un miroir, ou une bague jetée dans un koro plein d'eau.

mustaxbal *n. m. mrph. part.* passif, IXème forme, * qbl, ق ب ل

♦ **futur, avenir.** •*Fî l mustaxbal Tcâd tabga dawla xaniye.* Dans l'avenir, le Tchad deviendra un pays riche. •*Al wazîr da indah niye yaxadim lê mustaxbal hanâ l-dawla.* Ce ministre a la volonté de travailler pour l'avenir du pays.

mustaxill / mustaxillîn *adj. mrph. part.* actif, (*fém. mustaxille*), * qll, ق ل ل

♦ **souverain(e), libre.** •*Ti'îc baladna hurra wa mustaxilla !* Vive notre pays libre et souverain ! •*Al mu'tamar al watani l mustaxill bada yôm xamistâcar cahari wâhid sanit alif wa tus'umiya talâta wa tis'în.* La Conférence nationale souveraine a commencé le quinze janvier mille neuf cent quatre-vingt-treize.

muswâk / masâwîk *n. instr.,* → *sâk,* * swk, س و ك

♦ **brosse à dents,** petit bâton taillé dans un bois de Salvodora persica. •*Al muswâk bisawwi al xacum halu.* La brosse à dents en bois laisse dans la bouche une bonne odeur. •*Al masâwîk nafar tinên : wâhid hanâ tabix usumah brôs, wa l âxar hanâ cadar caw.* Il y a deux sortes de brosses à dents : celle en plastique qu'on appelle "brosse" et celle taillée dans un bois de Salvadora persica.

muswât / masâwît *n. instr., m.,* instrument de cuisine, * swṭ, س و ط

♦ **bâton pour la boule,** gros bâton élargi à l'une des extrémités pour remuer la pâte de la boule au cours de sa cuisson. •*Bala muswât êc mâ binsât.* Sans un gros bâton, on ne peut pas faire cuire la boule. •*Al xaddâma gaddat al burma be l muswât wakit gâ'ide tusût.* La servante a percé la marmite avec le gros bâton en remuant la pâte de la boule. •*Al masâwît, mâ bisawwuhum min al-nîm acân hû murr.* On ne fabrique pas les bâtons pour la boule avec du bois de neem parce qu'il est amer.

mût *v. impér.,* → *mât.*

mut'abbid / mut'abbidîn *adj. mrph. part.* actif, (*fém. mut'abbide*), → *mul'abbid,* * ʕbd, ع ب د

mut'acci / mut'acciyîn *adj. mrph. part.* actif, (*fém. mut'acciye*), ≅ *muta'acci, Cf. al'acca,* * ʕšy, ع ش ي

♦ **qui a dîné, qui a pris son repas.** •*Anâ mut'acci be nîfa.* J'ai dîné en mangeant une tête de mouton grillée. •*Al iyâl al-dugâg mut'acciyîn be madîde.* Les petits enfants ont pris de la bouillie pour dîner. •*Al hâri axêr min al muta'acci.* Celui qui espère un bon repas est plus satisfait que celui qui a déjà dîné. *Prvb.* •*Acâku kan bigi, mâ tigawwumûni anâ xalâs muta'acciye.* Si votre dîner est prêt, ne me réveillez pas : j'ai déjà dîné.

mut'addib / mut'addibîn *adj. mrph. part.* actif, (*fém. mut'addibe*), *Syn. mul'addib, mu'addab,* → *mu'addab,* * ʼdb, ء د ب

mut'aggid / mut'aggidîn *adj. mrph. part.* actif, (*fém. mut'aggide*), → *mul'aggid,* * ʕqd, ع ق د

mut'akkid / mut'akkidîn *adj. mrph. part.* actif, (*fém. mut'akkide*), → *mul'akkid,* * ʼkd, ء ك د

mut'allim / mut'allimîn *adj. mrph. part.* actif, (*fém. mut'allime*), → *mul'allim*, * ˁlm, ع ل م

mut'âmir / mut'âmirîn *adj. mrph. part.* actif, (*fém. mut'âmire*), → *mul'âmir*, * ’mr, ء م ر

mut'ammid / mut'ammidîn *adj. mrph. part.* actif, (*fém. mut'ammide*), → *mul'ammid*, * ˁmd, ع م د

mut'ânisîn *adj. pl., mrph. part.* actif, → *mul'ânisîn*, * ’ns, ء ن س

mut'ârifîn *adj. pl., mrph. part.* actif, → *mul'arifîn*, * ˁrf, ع ر ف

mut'assif / mut'assifîn *adj. mrph. part.* actif, (*fém. mut'assife*), → *mul'assif*, * ’sf, ء س ف

muta''am / muta''amîn *adj. mrph. part.* passif, (*fém. muta''ama*), * ṭˁm, ط ع م

♦ **qui a du goût, qui a été sucré(e), qui a été salé(e).** •*Al-curba di mâ muta''ama zên, zîdiha mileh !* Cette soupe n'est pas assez salée, ajoute un peu de sel ! •*Al gahwa muta''ama walla lissâ, ôrîni !* Dis-moi si le café a été ou non sucré.

muta''an / muta''anîn *adj. mrph. part.* passif, (*fém. muta''ana*), * ṭˁn, ط ع ن

♦ **poignardé(e), piqué(e).** •*Dâku nâdum muta''an mayit !* Voilà le cadavre de quelqu'un qui a été poignardé ! •*Al-tîrân addâwaso wa kulluhum muta''anîn.* Les taureaux se sont battus et se sont blessés à coups de cornes. •*Fî l-sarhe na'alha angata', wa rijilênha kulluhum muta''anîn min al-côk.* En allant faire paître les troupeaux, sa paire de sandales s'est cassée, et ses pieds ont été entièrement piqués par les épines.

muta'acci / muta'acciyîn *adj. mrph. part.* actif, → *mut'acci*, * ˁšy, ع ش ي

muta'allim / muta'allimîn *adj. n., mrph. part.* actif, (*fém. muta'allime*), → *mul'allim*, * ˁlm, ع ل م

muta'ammid / muta'ammidîn *adj. mrph. part.* actif, (*fém. muta'ammide*), → *mul'ammid*, * ˁmd, ع م د

muta'assif / muta'assifîn *adj. mrph. part.* actif, (*fém. muta'assife*), → *mul'assif*, * ’sf, ء س ف

mutabbag / mutabbagîn *adj. mrph. part.* passif, (*fém. mutabbaga*), * ṭbq, ط ب ق

♦ **plié(e), replié(e), roulé(e),** enroulé(e). •*Farditi mutabbaga, gâ'ade dâxal, jîbîha lêi !* Mon pagne est plié et se trouve à l'intérieur de la maison, apporte-le moi ! •*Akalt ka'ak mutabbag yôm al îd.* J'ai mangé un gâteau roulé le jour de la fête.

mutabbar / mutabbarîn *adj. mrph. part.* passif, (*fém. mutabbara*), *Cf. tabbar*.

♦ **puisé(e), tiré(e) de terre.** •*Wakit al bagar maco fî l idd ligo l almi mutabbar xalâs.* Lorsque les vaches sont venues au point d'eau, l'eau était déjà puisée. •*Al ijjâl jo ciribo almina l mutabbar.* Les veaux sont venus boire l'eau que nous avions puisée.

mutactac / mutactacîn *adj. mrph. part.* passif, (*fém. mutactaca*), *Cf. tacca 1*, * ṭšš, ط ش ش

♦ **brûlé(e) çà et là.** •*Xattêt laffayti fî l kabbâsa acân nidaxxinha ; wakit rafa'taha, ligîtha mutactaca.* J'ai posé mon pagne sur le porte-vêtements pour y faire brûler dessous de l'encens ; lorsque je l'ai retiré, il était brûlé de-ci de-là. •*Gubbâl al xarîf, kan macêt al-zura'ât, talgâhum mutactacîn wa mukôsangîn.* Si tu te promènes dans les champs avant la saison des pluies, tu les trouveras brûlés çà et là et bien défrichés.

mutadayyin / mutadayyinîn *adj. mrph. part.* actif, (*fém. mutadayyine*), * dyn, د ي ن

♦ **pieux (pieuse), zélé(e) pour Dieu, religieux (-ieuse),** qui accomplit scrupuleusement ses actes religieux. •*Al wilêd da mutadayyin, salâtah kullaha ke fî l-jâmiye.* Ce garçon est pieux, il fait toutes ses prières à la mosquée. •*Al mara di mutadayyine, talbas lêha hijâb.* Cette femme est zélée, elle porte un voile. •*Al iyâl dôl, faki hanâhum da bigarrihum adîl, hû zâtah râjil mutadayyin.* Le maître de l'école coranique enseigne très bien ces enfants, lui-même est un homme religieux.

mutafajjir *adj. mrph. part.* actif, voir le *Syn. mufajjir*, * fjr, ف ج ر

mutaffarij / mutafarrijîn *adj. m.*, → *mulfarrij*, * frj, ف ر ج

mutaggalât nom pluriel, *Cf. tagîle*, * ṯql, ث ق ل

♦ **travaux de force.** •*Maca fî Lîbya, wa xidimtah illa fî l mutaggalât wa wakit gabbal waddar rajâlitah.* Il est parti en Libye et n'a effectué là-bas que des travaux de force ; lorsqu'il est revenu, il avait perdu sa virilité. •*Xidimt al mutaggalât kan faydítha katîre kula ti'ill al insân.* Même si les travaux de force ont beaucoup d'utilité, ils épuisent quand même un homme.

mutahayyir / mutahayyirîn *adj. mrph. part.* actif, (*fém. mutahayyire*), * ḥyr, ح ي ر

♦ **stupéfait(e), déconcerté(e) interdit(e)**, décontenancé(e), embarrassé(e), qui ne sait que faire. •*Ligîtah mutahayyir acân ammah mâtat.* Je l'ai trouvé décontenancée parce que sa mère était morte. •*Hî mutahayyire acân mâ ligat xabar min abu iyâlha.* Elle est déconcertée car elle n'a pas reçu de nouvelles de son mari. •*Abbahât al iyâl mutahayyirîn acân al wazîr gaffal al-lekkôlât.* Les parents d'élèves ne savent plus que faire parce que le ministre a fermé les écoles.

mutahhar / mutahharîn *adj. mrph. part.* passif, (*fém. mutahhara*), *Syn. mu'arrab*, * ṭhr, ط ه ر

♦ **purifié(e), circoncis, excisée, pur(e).** •*Al xalag kan fôgah najâsa, nâdum mâ bisalli bêyah acân mâ mutahhar.* On ne prie pas avec un vêtement sur lequel il y a une souillure parce qu'il n'est pas pur. •*Kulla l wulâd al bâlxîn mutahharîn.* Tous les garçons en âge de se marier sont circoncis.

mutahhir / mutahhirîn → *tahhâri.*

mutakka / mutakkîn *adj. m.*, (*fém. mutakkiye*), * wk', و ك ء

♦ **appuyé(e).** •*Amci talga l biric mutakka fî l-cadaray da jibah !* Va, tu trouveras la natte appuyée contre le mur, apporte-la ! •*Anâ cift biskilêt mutakka wara l bêt.* J'ai vu une bicyclette derrière la maison.

mutakkam / mutakkamîn *adj. mrph. part.* passif, (*fém. mutakkama*).

♦ **écrasé(e), broyé(e), concassé(e), aplati(e).** •*Al-darrâba lissâ mâ mutakkama wa anâ nidôr nadrub al mulâh.* Je voulais tourner la sauce, mais le gombo n'était pas encore écrasé. •*Iyâl al hajlij al mutakkam da, bisaffuh dihin.* On extraira l'huile de ces amandes de savonnier concassées. •*Al-dringêl al mutakkam da, angulah dâxal wa subbah fî bakân margad al almi.* Ces briques cassées en petits morceaux, apporte-les à l'intérieur et mets-les là où il y a des flaques d'eau.

mutâla'a / mutâla'ât *n. f.*, * ṭlʕ, ط ل ع

♦ **lecture.** •*Fî l maktaba di talga kutub katîr hanâ mutâla'a.* Dans cette bibliothèque, tu trouveras beaucoup de livres de lecture. •*Al mutâla'a bitanti fikir katîr lê l-tâlib.* La lecture donne beaucoup d'idées à l'étudiant.

mutâlab / mutâlabîn *adj. mrph. part.* passif *{- be}*, (*fém. mutâlaba*), * ṭlb, ط ل ب

♦ **endetté(e),** qui doit rembourser. •*Hû mutâlab be gurus katîr.* Il doit beaucoup d'argent. •*Hî mutâlaba be ayyâm hanâ siyâm Ramadân.* Elle doit jeûner de nouveau pour compenser les jours où elle n'a pas jeûné pendant le mois de ramadan.

mutâlaba / mutâlabât *n. f.*, *Cf. talab*, * ṭlb, ط ل ب

♦ **demande.** •*Kulla l xaddâmîn gaddamo mutâlabâthum lê l hâkûma wa lê hassâ mâ ligo radd.* Tous les fonctionnaires ont présenté leur demande au gouvernement, mais jusqu'à présent ils n'ont pas encore reçu de réponse. •*Al wazîr rafad mutâlabât hanâ naxâbit al mu'allimîn al-dayrîn rawâtibhum hanâ l-sane l fâtat.* Le ministre a refusé les demandes du syndicat des enseignants qui revendiquent les salaires de l'année passée.

mutâli' / mutâl'în *adj.,* (*fém. mutâl'e*), * ṭlʕ, ط ل ع

♦ **bon (-ne) lecteur (lectrice),** qui aime lire. •*Wilêd al-lekkôl da bilhên mutâli' kutubah, mudarrisînah kulluhum birîduh.* Cet écolier lit beaucoup, tous ses professeurs l'apprécient. •*Kan intu mutâl'în durûsku, tanjaho fî imtihânâtku.* Si vous lisez bien votre cours, vous réussirez vos examens.

mutallaf / mutallafîn *adj. mrph. part.* passif, (*fém. mutallafa*), * tlf, ت ل ف

♦ **abîmé(e), hors d'usage, cassé(e).** •*Al watîr da mutallaf indah santên.* La voiture est hors d'usage depuis deux ans. •*Sâ'iti mutallafa nidôr niwaddiha lê l-sallâhi.* Ma montre est en panne, je vais l'apporter chez le réparateur. •*Al-tâhûna mutallafa mâ tagdar tarhak al yôm.* Le moulin est en panne, il ne peut moudre aujourd'hui.

mutallas / mutallasîn *adj. mrph. part.* passif, (*fém. mutallasa*), *Cf. tallas, Syn. matlûs,* * ṭls, ط ل س

♦ **lissé(e), enduit(e), protégé(e) par un enduit.** •*Al xarîf garrab, wa bêti kulla ke mâ mutallas.* La saison des pluies approche, et ma maison n'est pas encore protégée par un enduit. •*Bêtah mutallas wa madrûb be jîr barra wa dâxal.* Sa maison est protégée par un enduit et recouverte d'une couche de chaux à l'extérieur et à l'intérieur. •*Al hamdu lillâh al-sane kulla buyûti mutallasîn gabl al matar.* Dieu soit loué ! Cette année, toutes mes maisons seront protégées par un enduit avant l'arrivée de la pluie.

mutallat / mutallatîn *adj. mrph. part.* passif, (*fém. mutallata*), * ṯlṯ, ث ل ث

♦ **qui est triplé(e), triangulaire.** •*Al balâx da mutallat fî l-radyo.* Ce communiqué a été répété trois fois à la radio. •*Al kalâm da mutallat, kan mâ fihimtah agôd !* Cette parole a été répétée trois fois ; si tu ne l'as pas comprise, tant pis pour toi [tu restes] ! •*Al habil da mâtin acân mutallat.* Cette corde est solide parce qu'elle a trois brins. •*Al kadâstir antâni bêt caklah mutallat, wa mâ ajabâni !* Le cadastre m'a proposé une concession de forme triangulaire, cela ne m'a pas plu.

mutallis / mutallisîn *adj. n. m. mrph. part.* actif, (*fém. mutallise*), * ṭls, ط ل س

♦ **qui enduit, maçon qui enduit**, qui a enduit. •*Al mutallis kan jâ, ôrûni !* Si le maçon qui enduit arrive, prévenez-moi ! •*Al-nâs al mutallisîn bêtak dôl, min wên ?* D'où viennent ceux qui ont passé l'enduit sur ta maison ? •*Mâla mutallise duwânitki be sima ?* Pourquoi as-tu enduit le canari avec du ciment ?

mutaltal / mutaltalîn *adj. mrph. part.* passif, (*fém. mutaltala*), * tltl, ت ل ت ل

♦ **fatigué(e), souffrant(e).** •*Inta da ahalak wên yâ mutaltal ?* Toi qui souffres, où est ta famille ? •*Abuh mât wa xallah mutaltal ke.* Son père est mort et l'a laissé dans la souffrance. •*Al-nâs dôl mutaltalîn acân mâ ligo xidime takrubhum.* Ces gens souffrent parce qu'ils n'ont pas encore trouvé de travail à faire.

mutamarrin / mutamarrinîn *adj.,* (*fém. mutamarrine*), * mrn, م ر ن

♦ **stagiaire.** •*Amis ja mudarris mutamarrin fî madrasitna.* Un enseignant stagiaire est arrivé hier dans notre école. •*Amis be duhur sahâfi mutamarrin gaddam lêna nacrat al axbâr.* Hier, dans l'après-midi, un journaliste stagiaire nous a présenté le journal parlé.

mutammal / mutammalîn *adj.*, (*fém. mutammala*), * ṭml, ط م ل

♦ **soigné(e) avec des compresses,** à qui on a appliqué des compresses chaudes. •*Al wilêd jildah kulla ke mutammal be almi hâmi.* On a appliqué des compresses chaudes sur tout le corps de l'enfant. •*Surrit al-tifil lissâ mâ mutammala.* On n'a pas encore appliqué de compresses chaudes sur le nombril de l'enfant.

mutammas / mutammasîn *adj. mrph. part.* passif, (*fém. mutammasa*), *Cf. xirig, xatas*, * ṭms, ط م س

♦ **plongé(e) au fond de l'eau, immergé(e), coulé(e).** •*Ligît al xarrâf mutammas fî ga'ar al-duwâne.* J'ai trouvé le gobelet au fond de l'eau de la jarre. •*Al mayyit da mutammas fî l bahar indah yômên.* Ce cadavre est resté sous l'eau pendant deux jours. •*Fattici l kôro talgêha mutammasa fî l-ruwâba !* Cherche-moi le koro, tu le trouveras immergé dans le babeurre !

mûtânî / mûtâniyîn *adj.*, (*fém. mûtâniye*), → *mawtâni*, * wṭ', و ط ء

mutârad / mutâradîn *adj. mrph. part.* passif, (*fém. mutârada*), *Cf. târad*,* ṭrd, ط ر د

♦ **poursuivi(e), pourchassé(e), traqué(e).** •*Al-sêd al yôm mutârad be l-sayyâdîn, acân da mâ warad fî l-rahad al kabîr da.* Traqué aujourd'hui par les chasseurs, le gibier n'est pas venu boire dans ce grand marigot. •*Hû allabbad acân mutârad be dên.* Il s'est caché parce qu'il est poursuivi par ses créanciers. •*Al-sarrâgîn mutâradîn kê, wa mâ lihigôhum.* Les voleurs ont été poursuivis, mais on ne les a pas rattrapés.

mutârada *n. d'act. m.*, * ṭrd, ط ر د

♦ **recherche, poursuite, chasse,** fait de partir pour recupérer quelque chose. •*Al-râjil da mâ bikaffik gursak illa be mutârada.* Cet homme ne te payera ton argent que si tu le poursuis sans cesse. •*Anâ mâ nirîd al mutârada, antini xumâmi !* Je n'aime pas partir à la recherche de mes affaires, rends-les moi !

mutarbal / mutarbalîn *adj.*, (*fém. mutarbala*), *Cf. mukalwaj.*

♦ **déformé(e), tordu(e), arqué(e).** •*Al wilêd da rijilêna mutarbalîn, acân ammah gôgatah katîr wakit hû tifil.* Cet enfant a les jambes arquées parce que sa mère l'a porté sur le dos trop souvent quand il était bébé. •*Kaltûma kan macêti l-sûg, aciri lêi gar'a adîle, mâ mutarbala.* Kaltouma, si tu vas au marché, achète-moi une bonne calebasse qui ne soit pas déformée.

mutarbaz / mutarbazîn *adj., qdr.*, (*fém. mutarbaza*), *Cf. tarbaz*, * drbz, د ر ب ز

♦ **fermé(e) avec un loquet.** •*Al iyâl mâ gidiro marago min al bêt acân al bîbân kulluhum mutarbazîn.* Les enfants n'ont pas pu sortir de la maison parce que toutes les portes étaient fermées avec un loquet. •*Anîna maragna wa tarbazna l bâb.* Nous sommes sortis et avons fermé la porte avec le loquet. •*Bâb bêtah dâ'iman mutarbaz acân mâ bidôr iyâlah yamurgu.* La porte de sa maison est toujours fermée avec un loquet parce qu'il ne veut pas que ses enfants sortent.

mutarjam / mutarjamîn *adj. mrph. part.* passif, *qdr.*, (*fém. mutarjama*), *Cf. tarjam*, * trjm, ت ر ج م

♦ **traduit(e).** •*Al xutba hint al-Ra'îs lissâ mâ mutarjama.* Le discours du Président n'a pas été traduit. •*Al kitâb da mutarjam min al franse lê l arabi.* Ce livre est traduit du français à l'arabe.

mutarjim / mutarjimîn *adj., qdr.*, (*fém. mutarjime*), *Cf. tarjam*, * trjm, ت ر ج م

♦ **traducteur (-trice), interprète.** •*Xâli bas mutarjim fî l mu'tamar al watani.* C'est mon oncle qui est traducteur à la Conférence nationale. •*Al mutarjim da gara katîr fî l xârij.* Ce traducteur a beaucoup étudié à l'étranger.

mutarlis / mutarlisîn *adj. mrph. part.* actif, (*fém. mutarlise*), *Cf. tarlas.*

♦ **figé(e), incapable de mouvement, épuisé(e),** à bout de forces. •*Mâ* *indah gudra gâ'id mutarlis.* Il n'a plus de force, il est épuisé. •*Ahmat wigif mutarlis ba'ad alif mitir hanâ l-sabag.* Ahmat s'est arrêté, à bout de forces, après mille mètres de course à pied.

mutarrag / mutarragîn *adj. mrph. part.* passif, (*fém. mutarraga*), * ṭrq, ط ر ق

♦ **aiguisé(e), éclaircie** (en parlant de la voix). •*Al-sakkîn di mutarraga adîl.* Ce couteau est bien aiguisé. •*Mâ tamci l kadâde be l fâs al mâ mutarraga !* Ne va pas en brousse avec la hache qui n'est pas aiguisée !

mutarram / mutarramîn *adj. mrph. part.* passif, (*fém. mutarrama*), * ṯrm, ث ر م

♦ **ébréché(e), écaillé(e).** •*Hû waga' wakit gâ'id bal'ab kûra wa gabbal sunûnah mutarramîn.* Il est tombé quand il était en train de jouer au ballon et est revenu avec des dents ébréchées. •*Amci sûg jîb lêi fanâjîl judad mâ mutarramîn.* Va au marché et rapporte-moi des verres neufs qui ne soient pas ébréchés. •*Sakkîni di mutarrama, mâ tadbah lêk al kabic.* Mon couteau est ébréché, il ne pourra pas te servir à égorger le bélier.

mutarran / mutarranîn *adj. mrph. part.* passif, (*fém. mutarrana*), *Cf. tarîn*, * ṭrn, ط ر ن

♦ **aiguisé(e), aigu(ë).** •*Angari, yâ binêyti ! Mâ tigatti'i al-laham be l-sakîn di, mutarrana !* Fais attention, ma fille ! Ne découpe pas de la viande avec ce couteau, il est aiguisé. •*Al hakkâma di hissaha mutarran acan ciribat almi atrôn.* Cette femme griot a la voix claire et aiguë parce qu'elle a bu de l'eau avec du natron.

mutatabbi' / mutatabbi'în *adj. mrph. part.* actif, (*fém. mutatabbi'e*), terme de l'*ar. lit.*, *Cf. wâlaf*, * ṭbʕ, ط ب ع

♦ **habitué(e) avec, familiarisé(e) avec, apprivoisé(e).** •*Al mara mutatabbi'e be l-nizâm al-sameh fî bêtha.* La femme s'est habituée à organiser comme il faut sa maison. •*Xallêt wilêdak mutatabbi' be l-sahlaga nammin marag min al giray.* Tu as laissé ton enfant s'habituer à l'oisiveté au point qu'il a abandonné ses études.

mutatâbi' / mutatâbi'în *adj. mrph. part.* actif, (*fém. mutatâbi'e*), terme de l'*ar. lit.*, * ṭbʕ, ط ب ع

♦ **successif (-ve), de suite, se suivant.** •*Al-nâdum da akal fî nahar Ramadân, wâjib yusûm caharên mutatâbi'ên kaffâra.* Celui-ci a mangé de jour pendant le Ramadan, il devra jeûner deux mois de suite pour expier sa faute. •*Simi'na fî l balâx be l môt al mutatâbi' hanâ abûh wa axûh, Allah yarhamhum be l-janne !* Nous avons entendu la nouvelle de la mort successive de son père et de son frère ; que Dieu les fasse entrer au paradis ! •*Al-sinîn al mutatâbi'în dôl, al-nâs al-zênîn bigo galîlîn.* Ces dernières années, les hommes honnêtes sont rares.

mutâwal / mutâwalîn *adj. mrph. part.* passif, (*fém. mutâwala*), * ṭwl, ط و ل

♦ **attaché(e) au piquet,** se dit d'un animal attaché avec une longe (*tuwâl*) pour lui permettre de brouter. •*Xallêt humâri mutâwal fî taraf al-zere'.* J'ai laissé mon âne attaché au piquet au bout du champ. •*Al faras di mutâwala fî l harray, hawwilha fî l-dull !* Cette jument est attachée au piquet en plein soleil, va la mettre à l'ombre ! •*Xêl al-duyûf mutâwilîn ba'îd, garrubûhum ciyyake min al-sarârig !* Les chevaux des hôtes sont attachés loin, rapproche-les un peu, qu'on ne les vole pas !

mutawwil / mutawwilîn *adj. mrph. part.* actif, (*fém. mutawwile*), * ṭwl, ط و ل

♦ **qui a duré.** •*Al-tâjir xumâmah mutawwil fî l maxzan.* Les affaires du commerçant sont restées longtemps dans le magasin. •*Jirâni dôl mutawwilîn fî bêthum da, mâ hawwalo lissâ.* Mes voisins ont occupé longtemps cette maison, ils n'ont pas encore déménagé. •*Hî mutawwile ma'â râjilha.* Elle est restée longtemps avec son mari.

mutaxaddim / mutaxaddimîn *adj. mrph. part.* actif, (*fém. mutaxaddima*), * qdm, ق د م

♦ **avancé(e), développé(e).** •*Baladna mâ bi'iddûha min al buldân al mutaxaddima.* Notre pays n'est pas compté parmi les pays avancés. •*Al buldân al mutaxaddima fî Ifrîxiya mâ bufûtu talâta.* Il n'y a pas plus de trois pays développés en Afrique.

mutcakkir / mutcakkirîn *adj.*, (*fém. mutcakkire*), utilisé aussi en arabe *sd.*

♦ **dur(e), petit(e), d'apparence jeune,** qui n'a pas grandi et est devenu sec, dur et fort. •*Al-darrâba l mutcakkire mulâha mâ halu.* La sauce faite avec du gombo dur n'est pas bonne. •*Al wilêd da kabîr hû bas mutcakkir mâ bizîd.* Ce garçon est plus âgé qu'il ne paraît, il a gardé une apparence infantile et ne grandit plus. •*Al iyâl al mutcakkirîn bincâfo dugâg lâkin induhum gudra marra wâhid.* Les enfants qui ne grandissent pas sont pris pour des petits, mais ils ont beaucoup de force.

mutcaltcal / mutcaltcalîn *adj. mrph. part.* passif, (*fém. mutcaltcala*).

♦ **décanté(e), épuré(e), clarifié(e), propre** (liquide). •*Dihin al bagar kan mâ mutcaltcal bincamma.* Si le beurre liquide [l'huile de vache] n'est pas décanté, il sent. •*Hey al iyâl, mâ tacarbo almi l bahar hassâ, wasxân, mâ mutcaltcal !* Eh ! les enfants ! ne buvez pas maintenant l'eau du fleuve, elle est sale et pas encore décantée !

mutêrab / mutêrabîn *adj. mrph. part.* passif, IIIème forme, (*fém. mutêraba*), * trb, ت ر ب

♦ **semé(e), ensemencé(e).** •*Al matara sabbat wa zer'i lissâ mâ mutêrab.* Il a plu et mon champ n'est pas encore semé. •*Al faggûs wa l bittêx mutêrabîn fî l wâdi.* Les concombres et les pastèques sont semés dans l'oued. •*Al-zurâ'ât dôl mutêrabîn xalla.* Ces champs sont ensemencés de mil.

mutfâhimîn *adj. pl.*, *mrph. part.* actif, (*fém. mutfâhime*), → *mulfâhimîn*, * fhm, ف ه م

mutfarrij / mutfarrijîn *adj. mrph. part.* actif, (*fém. mutfarrije*), → *mulfarrij*, * frj, ف ر ج

muthaf *n. m.*, → *mathaf.*

muthayyir / muthayyirîn *adj. mrph. part.* actif, (*fém. muthayyire*), → *hayrân*, * ḥyr, ح ي ر

mutkayyif / mutkayyifîn *adj. mrph. part.* actif, (*fém. mutkayyife*), → *mulkayyif*, * kyf, ك ي ف

mutmarrid / mutmarridîn *adj. mrph. part.* actif, (*fém. mutmarride*), *Syn. mulmarrid*, * mrd, م ر د

♦ **mutin, rebelle, désobéissant(e), révolté(e).** •*Nuss al-ca'ab hanâ Tcâd mutmarridîn induhum talâtîn sana.* Une partie du peuple tchadien s'est rebellée il y a une trentaine d'années. •*Al hâkuma ti'âxib kabîr hanâ l askar al mutmarrid min al xidime.* Le gouvernement infligera un châtiment au responsable des militaires qui a désobéi dans son travail. •*Al mara di mutmarride acân mâ ligat muratabha.* Cette femme s'est révoltée parce qu'elle n'a pas touché son salaire.

mutmassik / mutmassikîn *adj. mrph. part.* actif, (*fém. mutmassike*), *Cf. itmassak*, * msk, م س ك

♦ **s'attachant à, prenant au sérieux, s'adonnant à,** qui tient à. •*Al mara l-taxiye mutmassike be ibâditha wa titî' râjilha.* La femme pieuse prend au sérieux ses actes d'adoration et obéit à son mari. •*Kulla nâdum kan mutamssik be dînah, ceyy ke batlaf fî l-dunya mâ fîh.* Si chacun s'attachait à suivre les préceptes de sa religion, rien ne se dégraderait dans ce bas monde.

mutrag / matârig *n. m.*, → *firi'*, * ṭrq, ط ر ق

♦ **bâton flexible, verge, baguette, chicote.** •*Agta lêi mutrag min al-cadaray dik !* Coupe-moi une verge de cet arbre ! •*Al bawâlîs jâriyîn wara l iyâl be matârighum.* Les policiers sont en train de courir derrière les enfants avec leurs bâtons.

mutrâra / mutrârât *n. f. mrph.* instrument, *Cf. tarra,* * trr, ت ر ر

♦ **fuseau, toupie, bobine pour filer à la quenouille.** •*Binêyti macat al-dôr wa gabbalat xalbâne... Di l mutrâra.* Ma fille est partie au lieu du rassemblement, elle est revenue enceinte… C'est le fuseau qui tord et embobine le coton. *Dvnt.* •*Al mara macat al kadâde tifattic mutrâra samhe.* La femme est partie en brousse pour chercher de quoi faire un beau fuseau.

muttahid / muttahidîn *adj. mrph. part.* actif, (*fém. muttahida*), *Cf. mutwahhid,* * wḥd, و ح د

♦ **uni(e), confédéré(e).** •*Darrajoh Bill Klinton Ra'îs al wilâyat al muttahida l Amrîkiya fî l-sane alif wa tus'u miya wa itinên wa tis'în.* Bill Clinton a été élu Président des États-Unis d'Amérique en mille neuf cent quatre-vingt-douze. •*Wazîrna hanâ cu'ûn al xârijiya kallam amis giddâm al-jam'iye hanâ l umam al muttahida.* Notre ministre des Affaires étrangères a prononcé hier un discours devant l'assemblée des Nations unies.

muttajih / muttajihîn *adj.,* (*fém. muttajihe*), * wjh, و ج ه

♦ **aligné(e), orienté(e), tourné(e).** •*Al iyâl fî l kilâs kulluhum muttajihîn lê l mêtir.* Tous les enfants de la classe sont tournés vers le maître. •*Al mara di muttajihe fî jihit al Ka'aba fî kulla wakt al-salâ.* Cette femme est orientée vers la Kaaba durant tout le temps de sa prière.

muttawwir / muttawwirîn *adj. mrph. part.* actif, (*fém. muttawwira*), * ṭwr, ط و ر

♦ **développé(e), évolué(e).** •*Al xârra l ifrîxiya mâ muttawwira.* Le continent africain n'est pas développé. •*Al balad kan mâ muttawwira, mâ tagdar tasna' watâyir.* Si un pays n'est pas développé, il ne pourra pas fabriquer de voitures.

mutwahhid / mutwahhidîn *adj. mrph. part.* actif, (*fém. mutwahhide*), *Cf. muttahid,* * wḥd, و ح د

♦ **uni(e).** •*Wâjib lêku tinâdulu mutwahhidîn kan tidôru tanjaho.* Vous devez lutter unis si vous voulez réussir. •*Humman mutwahhidîn fî xidimithum.* Ils sont unis dans leur travail.

mutwakkil / mutwakkilîn *adj. mrph. part.* actif, (*fém. mutwakkile*), *Cf. wakkal,* * wkl, و ك ل

♦ **qui s'est confié(e) à.** •*Al mutwakkil mâ bindarr(a).* Celui qui s'est mis sous la protection de Dieu ne craint aucun mal (*i.e.* il ne sera pas atteint par le mal voulu par un autre). •*Al-sayyâdîn dâgcîn fî l kadâde mutwakkilîn lê Allah min al-dîdân wa l-numurra wa l-sumu'a.* Les chasseurs qui parcourent la brousse se sont confiés à Dieu pour qu'il les protège contre les lions, les léopards et les lycaons.

mutwassit / mutwassitîn *adj. mrph. part.* actif, (*fém. mutwassite*), * wsṭ, و س ط

♦ **moyen (-ne), qui est au milieu,** qui se trouve entre les extrêmes. •*Al xumâm da xâli anâ nidôr nacrih be tamam mutwassit.* Ces affaires coûtent cher, je veux les acheter à un prix convenable. •*Al wilêd da, xidimtah fî l-lekkôl mutwassite.* Le résultat du travail de cet enfant à l'école est moyen. •*Zamân, bicîlu fî xidimit al birgâd al-rujâl al mutwassitîn.* Autrefois, on recrutait pour la gendarmerie des hommes de taille moyenne.

mutxaddi / mutaxaddiyîn *adj.,* (*fém. mutxaddiye*), → *muxaddi,* * ġdw, غ د و

mutxassis / mutxassisîn *adj. mrph. part.* actif, (*fém. mutxassise*), * ḫṣṣ, خ ص ص

♦ **spécialisé(e) dans.** •*Wilêdi bidôr yabga mutxassis fî l handasa.* Mon fils veut se spécialiser dans l'architecture. •*Marti mutxassise fî sawwîn al ka'ak.* Ma femme s'est spécialisée dans la fabrication des gâteaux.

mutzawwij / mutzawwijîn *adj. mrph. part.* actif, (*fém. mutzawwije*), *Cf. mu'axxid, Syn. mâxid,* * zwj, ز و ج

♦ **marié(e).** •*Axui l mutzawwij yaxadim fî Fransa.* Mon frère marié travaille en France. •*Anâ lissâ mâ mutzawwije.* Je ne suis pas encore mariée.

muwa''i / muwa''iyîn *adj. m. mrph. part.* actif, (*fém. muwa''iye*), * wˁy, و ع ي

♦ **qui sensibilise, qui conscientise, qui éveille.** •*Kulla hizib indah nâs muwa''iyîn biwa''u l-ca'ab.* Dans chaque parti politique, il y a des gens qui sensibilisent le peuple. •*Al-Ra'îs gaddam hadîye lê l mara al muwa''iye l awîn lê najâh hanâ l-demoxrâtiye.* Le Président a offert un cadeau à la femme qui avait conscientisé les femmes pour le succès de la démocratie.

muwâ'ad / muwâ'adîn *adj. mrph. part.* passif, IIIème forme, (*fém. muwâ'ada*), * wˁd, و ع د

♦ **à qui l'on a fixé un rendez-vous, à qui l'on a fait une promesse, qui est convoqué(e), invité(e),** appelé(e) à un rendez-vous. •*Hû muwâ'ad be wazîfe fî l banki wa lissâ Allah mâ fatah lêyah.* On lui a promis un travail à la banque, mais Dieu ne lui a pas encore permis de l'obtenir. •*Nâs al hille kulluhum muwâ'adîn be l-sâ'a tamâni fî naga'at al hurriya, acân al-Ra'îs yikallim lêhum.* Les gens du village sont tous convoqués au rendez-vous de huit heures place de la liberté parce que le Président va leur parler.

muwa'i / muwa'iyîn *adj. mrph. part.* actif, (*fém. muwa'iye*), * wˁy, و ع ي

♦ **suppurant(e), qui a du pus.** •*Al uwâra di muwa'iye.* Cette plaie suppure. •*Awâwîrak dôl afinîn akûn muwa'iyîn.* Tes plaies sentent mauvais, peut-être suppurent-elles ?

muwâ'id / muwâ'idîn *adj. mrph. part.* actif, (*fém. muwâ'ide*), *Cf. wâ'ad,* * wˁd, و ع د

♦ **qui a convoqué(e), qui a un rendez-vous.** •*Anâ muwâ'ide ma'â nâs bâjûni fî kalâm hanâ axîdit binêyti, mâ nagdar namrug ma'âki.* Je dois rencontrer des gens qui vont venir me voir pour parler du mariage de ma fille, je ne peux pas sortir avec toi. •*Hû muwâ'id ma'â l-jârah acân yulummu be sâ'a tamâne.* Il a rendez-vous avec son voisin, ils doivent se rencontrer à huit heures.

muwaddab / muwaddabîn *adj.,* (*fém. muwaddaba*), *Cf. waddab, Syn. mu'addab,* * wẓb, و ظ ب

♦ **dressé(e), apprivoisé(e), dompté(e), éduqué(e).** •*Al-tôr da muwaddab, mâ taxâfe arkabeh !* Ce bœuf porteur est bien dressé, n'aie pas peur, monte ! •*Iyâlha kulluhum ke mâ muwaddabîn.* Tous ses enfants sont mal élevés. •*Bît lêi falwa lissâha mâ muwaddaba.* Je me suis acheté une pouliche qui n'est pas encore domptée.

muwaddar *adj. mrph. part.* passif, → *muwaddir.*

muwaddir / muwaddirîn *adj. mrph. part.* actif, (*fém. muwaddire*), *Syn. muwaddar,* * wdr, و د ر

♦ **égaré(e), perdu(e).** •*Al-rujâl ligo l wilêd da muwaddir fî l kadâde.* Les hommes ont trouvé cet enfant égaré dans la brousse. •*Fattact gursi l muwaddir wa mâ ligîtah.* J'ai cherché l'argent que j'avais perdu et je ne l'ai pas retrouvé.

muwâfaga *n. d'act. f., Cf. wâfag,* * wfq, و ف ق

♦ **accord, consentement,** fait d'être d'accord. •*Al wazîr antâna muwâfagah acân naftaho lêku madrasa jadîde.* Le ministre a donné son accord pour que nous ouvrions pour vous une nouvelle école. •*Fî l axîde, al muhimm muwâfagt ahal al mara wa ahal al-râjil.* Dans le mariage, l'important est le consentement des familles de la femme et du mari. •*Jêbîn al hatab* *min al kadâde yidôr muwâfaga min harrâsîn hanâ l almi wa l xâbât.* Pour rapporter du bois de la brousse, il faut l'accord des agents des Eaux et Forêts.

muwâfig / muwâfigîn *adj.*, (*fém. muwâfige*), * wfq, و ف ق

◆ **qui est d'accord.** •*Al-nâs kulluhum mâ muwâfigîn ma'âh fî kalâmah.* Tous les gens ne sont pas d'accord avec ce qu'il a dit. •*Kan tidôru mâcîn leyah anâ mâ muwâfige ma'âku.* Si vous voulez aller chez lui, je ne suis plus d'accord avec vous.

muwaggaf / muwaggafîn *adj. mrph. part.* passif, (*fém. muwaggafa*), * wqf, و ق ف

◆ **arrêté(e), suspendu(e).** •*Umar muwaggaf min al xidime indah caharên.* Oumar est en arrêt de travail depuis deux mois. •*Al watîr al muwaggaf fî xacum bêti sîdah yâtu ?* Qui est le propriétaire de la voiture garée devant la porte de ma maison ?

muwahhad *adj. mrph. part.* passif (*fém. muwahhada*), * wḥd, و ح د

◆ **unique, le même, un(e) seul(e), unifié(e).** •*Xallu kalâmku yabga muwahhad giddâm al-sultân !* Ne tenez devant le sultan qu'un même propos [que votre parole soit unique] ! •*Al ahzâb hanâ l mu'ârada lammo wa sawwo hizib muwahhad.* Les partis de l'opposition se sont réunis pour former un parti unique.

muwajjah / muwajjahîn *adj. mrph. part.* passif, (*fém. muwajjaha*), * wjh, و ج ه

◆ **destiné(e) à, orienté(e) vers.** •*Al xabar da muwajjah lê kulla l axawân hanâ Tcâd.* Cette nouvelle concerne tous les frères du Tchad. •*Xutba hint al-Ra'îs di muwajjaha lê kulla l Afârixa.* Le discours du Président est destiné à tous les Africains. •*Kalâmi da muwajjah lêk.* C'est à toi que je parle.

muwajjih / muwajjihîn *adj. mrph. part.* actif *{- alê}*, (*fém. muwajjihe*), *Cf. wajjah*, * wjh, و ج ه

◆ **s'orientant vers, se dirigeant vers,** le visage tourné vers. •*Al-râjil ma'â iyâlah xallo xumâmhum wa jangalo muwajjihîn alê hillithum.* L'homme et ses enfants ont laissé leurs affaires et sont partis en se dirigeant vers leur village. •*Al-Ra'îs gamma min Tcâd muwajjih alê Taywân.* Le Président de la République a quitté le Tchad pour se diriger vers Taiwan.

muwakkal / muwakkalîn *adj. n., mrph. part.* passif IIème forme *{- be}*, (*fém. muwakkala*), * wkl, و ك ل

◆ **responsable, chargé(e) d'affaires,** celui qui a la charge ou la responsabilité de *qqn.* ou de *qqch.* •*Al muwakkalîn be l-sûg yahfado al xumâm min al-sarrâgîn.* Ceux qui sont chargés de la sécurité du marché protègent les marchandises contre les agissements des voleurs. •*Axti l-saxayre muwakkala be iyâli.* Ma petite sœur est chargée de veiller sur mes enfants. •*Abui muwakkal be nâs al farîg.* Mon père est responsable des gens du campement.

muwâli *adj. mrph. part.* actif, (*fém. muwâliye*), [proche, près de], → wâla.

muwâlif / muwâlifîn *adj. mrph. part.* actif, (*fém. muwâlife*), * 'lf, ء ل ف

◆ **habitué(e), familiarisé(e), apprivoisé(e).** •*Mâ taxâf, ta'âl giddâm, kalbi muwâlif al-nâs, mâ ba'addik !* N'aie pas peur, avance, mon chien est apprivoisé, il ne va pas te mordre ! •*Iyâl al mara di muwâlifîn be l-sirge.* Les enfants de cette femme sont habitués au vol. •*Anâ mâ muwâlife, nâkul êc fî l-lêl.* Je ne me suis pas habituée à manger la boule quand il fait nuit. •*Al harrâtîn muwâlifîn be curâb al-câhi l murr.* Les cultivateurs ont l'habitude de prendre du thé amer.

muwalla' / muwalla'în *adj. mrph. part.* passif, IIème forme, (*fém. muwalla'a*), * wlʕ, و ل ع

◆ **allumé(e), éclairé(e).** •*Al-lampa gâ'ide dâxal lissâ mâ muwalla'a.* La lampe est à l'intérieur, elle n'a pas encore été allumée. •*Al yôm al bêt adlam acân al-lampa mâ muwalla'a.*

Aujourd'hui la maison est sombre parce que la lampe n'est pas allumée. •*Al watîr wigif lâkin nûrah muwalla'.* La voiture s'est arrêtée, mais les phares sont allumés.

muwallak / muwallakîn *adj. mrph. part.* passif, IIème forme, (*fém. muwallaka*), *Cf. wallak.*

♦ **chauffé(e) à ébullition, bouilli(e), bouillant(e).** •*Cirib câhi muwallak adîl.* J'ai pris du thé bien bouilli. •*Al wilêd al-saxayyar daxxal îdah fî l laban al muwallak wa gamma babki.* Le petit enfant a trempé sa main dans le lait bouillant et s'est mis à pleurer. •*Anâ mâ nacrab almi l-rahad kan mâ muwallak.* Je ne bois pas l'eau du marigot si elle n'a pas bouilli.

muwânis / muwânisîn *adj. mrph. part.* actif, (*fém. muwânise*), → *mu'ânis*, * 'ns, ء ن س

muwannis / muwannisîn *adj. mrph. part.* actif, (*fém. muwannise*), *Syn. mu'ânis, Cf. wannas*, * 'ns, ء ن س

♦ **qui cause avec, qui converse avec, qui discute avec, tenant compagnie.** •*Al wilêd da muwannisni, wa hassâ abuh bidôr biwaddi l kadâde.* Cet enfant me tenait compagnie, mais à présent son père veut l'envoyer en brousse. •*Axutki ga'ade ma'âki muwanniseki, mâla taradtiha ?* Ta sœur causait gentiment avec moi, pourquoi l'as-tu chassée ? •*Jirâni zamân muwannisînni wa min sâro al-tahace katalatni.* Autrefois mes voisins causaient avec moi, mais depuis qu'ils sont partis, la solitude m'a tué.

muwarrad / muwarradîn *adj. mrph. part.* passif, (*fém. muwarrada*), *Cf. warad*, * wrd, و ر د

♦ **abreuvé(e),** qui est allé(e) au point d'eau et qui a bu. •*Al bagar kan muwarradîn barugdu binjammo.* Lorsque les vaches ont bu, elles se couchent pour se reposer. •*Mâla l-juwâd da bihany-hiny katîr kê, mâ muwarrâd wallâ cunû.* Pourquoi ce cheval hennit-il tant, aurait-il soif ? [il n'est pas abreuvé, ou quoi ?].

muwarram / muwarramîn *adj. mrph. part.* passif, (*fém. muwarrama*), * wrm, و ر م

♦ **enflé(e), gonflé(e).** •*Al wilêd da dâwas ma'â axuh, wijihah muwarram.* Cet enfant s'est battu avec son frère, il a le visage enflé. •*Anâ wagêt min al watîr wa râsi muwarram.* Je suis tombé de la voiture et j'ai la tête enflée.

muwarras / muwarrasîn *adj. mrph. part.* passif, (*fém. muwarrasa*), * wrṯ, و ر ث

♦ **hérité(e),** donné en héritage à *qqn.* •*Al mâl da xalâs muwarras.* Ce bien est déjà donné en héritage. •*Bagarku dôl lissâ mâ muwarrasîn lâkin mâ tacruhum !* Vos vaches ne sont pas encore données en héritage, ne les vendez pas !

muwarrid / muwarridîn *adj. mrph. part.* actif, (*fém. muwarride*), *Cf. warrad*, * wrd, و ر د

♦ **qui va chercher de l'eau, qui emmène boire,** qui va au point d'eau pour boire. •*Lâgêtah fî derb al bîr, muwarrid juwâdah.* Je l'ai rencontré sur le chemin du puits, allant abreuver son cheval. •*Hey al iyâl, muwarridîn yâtu lê l almi al yôm ?* Hé ! les enfants ! qui d'entre vous va aller chercher de l'eau aujourd'hui ?

muwarrik / muwarrikîn *adj.*, (*fém. muwarrike*), *Cf. warrak*, * wrk, و ر ك

♦ **assis(e) en amazone, assis(e) jambes croisées,** manière de s'asseoir sur une monture en passant une jambe par-dessus l'autre. •*Al muwarrik fî l-jamal wilêdi l kabîr.* Celui qui est assis en amazone sur le dos du chameau est mon fils aîné. •*Al binêye l muwarrike fî l humâr di mâciye l bîr.* Cette jeune fille assise en amazone sur le dos de l'âne s'en va au puits. •*Anâ nalgâha kulla yôm muwarrike fî humârha.* Je la trouve tous les jours assise en amazone sur son âne.

muwarrim / muwarrimîn *adj. mrph. part.* actif, (*fém. muwarrime*), * wrm, و ر م

♦ **qui enfle, qui gonfle.** •*Cunû mugassir lêk, muwarrim gaddûmak* *misil da ?* Que te manque-t-il, que tu soupires ainsi en gonflant les joues [ta bouche] ! •*Jiddi rijilênah muwarrim mâ bagdar burûx.* Mon grand-père a les pieds qui enflent, il ne peut pas marcher.

muwâsala / muwâsalât *n. f., Cf. ittisâlât*, * wṣl, و ص ل
♦ **télécommunication, moyen de communication, contact, relation, moyen de transport.** •*Wazîr al busta wa l muwâsalât gabbal min safarah amis.* Le ministre des Postes et Télécommunications est revenu de son voyage hier. •*Anâ wa rafigi, al muwâsalât ambênâtna angata'at.* Mon ami et moi avons cessé d'entretenir des relations. •*Farca ba'îde, wa anâ mâ indi hagga l muwâsalât.* Farcha est loin, et je n'ai pas assez d'argent pour prendre un moyen de transport.

muwassa' / muwassa'în *adj. mrph. part.* passif, IIème forme, (*fém. muwassa'a*), * wsʕ, و س ع
♦ **élargi(e).** •*Hassâ al-ligdâbe mâ misil zamân, ciyya ke muwassa'a.* Aujourd'hui le hangar n'est pas comme auparavant, il est un peu plus large. •*Al hille muwassa'a.* La ville est agrandie.

muwassaf / muwassafîn *adj. mrph. part.* passif, IIème forme, (*fém. muwassafa*), * wṣf, و ص ف
♦ **indiqué(e), montré(e).** •*Dawâk da, isti'mâlah muwassaf fî l maktûb hanâ l daktôr.* Le mode d'emploi de ce remède est indiqué sur l'ordonnance du médecin. •*Al xidime di muwassafa lê l-nâs.* Ce travail a été montré aux gens.

muwassid / muwassidîn *adj.*, (*fém. muwasside*), * wsd, و س د
♦ **appuyé(e) sur un coussin, qui a la tête reposée sur *qqch.*** •*Humman muwassidîn îdênhum naymîn.* Ils ont posé leur tête sur leurs mains et se sont endormis. •*Al wilêd muwassid fî rijil ammah.* L'enfant a posé sa tête sur la jambe de sa mère.

muwâtin / muwâtinîn *adj. n.* (*fém. muwâtine*), * wṭn, و ط ن
♦ **citoyen (-enne).** •*Wâjib ayyi muwâtin tacâdi yikaffi mîri, wa yitâlib be hugûgah.* Il faut que chaque citoyen tchadien paye l'impôt et réclame ses droits. •*Al muwâtinîn al-tacâdiyîn lammo wa ayyado îd al hurriya.* Les citoyens tchadiens se sont rassemblés pour célébrer la fête l'Indépendance. •*Al muwâtinîn al-tacâdiyîn kulluhum bidôru l âfe tigabbil lêhum fî baladhum.* Tous les citoyens tchadiens veulent que la paix revienne dans leur pays.

muwaxxat / muwaxxatîn *adj. mrph. part.* passif, (*fém. muwaxxata*), * wqt, و ق ت
♦ **temporaire, provisoire.** •*Ra'îs al hizib kawwan maktabah muwaxxat lê usubu'ên bas.* Le président du parti n'a formé un bureau provisoire que pour deux semaines. •*Ligit xidime fî cirkit al gutun, lâkin muwaxxata lê cahar.* J'ai trouvé du travail dans la société cotonnière, mais c'est du travail temporaire, pour un mois.

muwaxxir / muwaxxirîn *adj. mrph. part.* actif, forme II, (*fém. muwaxxire*), * wġr, و غ ر
♦ **transpirant(e), suant(e).** •*Mâlak muwaxxir ke, inta mardân wallâ cunû ?* Pourquoi transpires-tu autant, es-tu malade ? •*Hû li'ib bâl jildah kulla muwaxxir.* Il a joué au ballon et est trempé de sueur.

muwazzaf / muwazzafîn *adj. n., mrph. part.* passif, forme II, (*fém. muwazzafa*),* wẓf, و ظ ف
♦ **fonctionnaire.** •*Al yôm da al muwazzafîn mâ ligo gurushum, abo l xidime.* Aujourd'hui, les fonctionnaires n'ont pas reçu leur argent et ont refusé de travailler. •*Sa'adiye muwazzafa fî l-labtân.* Saadiyé est fonctionnaire à l'hôpital. •*Agri katîr tabga muwazzaf !* Étudie beaucoup, tu deviendras fonctionnaire !

muxâbarât nom pluriel, mot de l'*ar. lit.* moderne, * h̲br, خ ب ر

♦ **agent des renseignements généraux, police secrète.** •*Hû da min nâs al muxâbarât yifattic axbâr al hille yijîbha lê l mas'ûlîn.* Celui-ci est un agent des renseignements généraux, il recherche des nouvelles du village pour les rapporter ensuite aux autorités [aux responsables]. •*Anâ mâ naxadim ma'â nâs al muxâbarât.* Je ne travaille pas avec ceux de la police secrète.

muxabbic / muxabbicîn *adj. mrph. part.* actif, (*fém. muxabbice*), *Cf. xabbac, axabac,* * ġbš, غ ب ش

♦ **grisâtre, couleur poussière, terreux (-euse)** (couleur)**, brunâtre, jaunâtre.** •*Al-nâs fî l-cite kulla jilidhum muxabbic.* En hiver, les gens ont la peau grisâtre. •*Al-darat kan ja, al gecc wa l-zura'ât kulluhum muxabbicîn min al-jafâf.* Lorsque la saison des pluies est terminée, l'herbe et les champs sont jaunâtres à cause de la sécheresse [à cause de la soif].

muxabbin / muxabbinîn *adj.,* (*fém. muxabbine*), * ġḍb, غ ض ب

♦ **qui est en colère, fâché(e).** •*Al wilêd muxabbin ma'â rafîgah.* L'enfant s'est mis en colère contre son camarade. •*Hî muxabbine acân râjilha axad mara âxara.* Elle est en colère parce que son mari a épousé une autre femme. •*Humman muxabbinîn acân taradôhum min al xidime.* Ils sont en colère parce qu'ils ont été renvoyés du travail.

muxaddam / muxaddamîn *adj. n. m., mrph. part.* actif, ≅ *litinan kononêl,* * qdm, ق د م

♦ **lieutenant-colonel.** •*Al axîd mas'ul min al muxaddam.* Le colonel est le supérieur du lieutenant-colonel. •*Al muxaddamîn gâmo be sawra fî junûb al-Sûdân.* Les lieutenants-colonels ont commencé une révolution au Sud Soudan.

muxaddar *adj. m. mrph. part.* passif, IIème forme, ≅ *maxaddar,* utilisé dans l'expression *muxaddar lê,* * qdr, ق د ر

♦ **prédestiné(e) à, fixé(e) par Dieu, destiné(e) d'avance à.** •*Hû, muxaddar lêyah acân yabga askari.* Il était prédestiné à être militaire. •*Âce, muxaddar lêha tamci tihijj.* Aché est destinée à aller un jour à La Mecque. •*Muxaddar lê l-Tacâdiyîn yi'îcu talâtîn sana hanâ hurûb.* Dieu avait décidé que les Tchadiens subiraient [vivraient] trente années de guerre.

muxaddarât *pl.,* → *muxaddira,* * h̲dr, خ د ر

muxaddas / muxaddasîn *adj. mrph. part.* passif, (*fém. muxaddasa*), * qds, ق د س

♦ **sanctifié(e).** •*Hû sâfar maca fî l arâdi l muxaddasa.* Il a voyagé, il est allé en terre sainte [en terres sanctifiées]. •*Al-jâmiye bêt muxaddas lê l-ibâda.* La mosquée est une pièce [maison] sanctifiée pour l'adoration.

muxaddi / muxaddiyîn *adj.,* (*fém. muxaddiye*), *Syn. mulxaddi, mutxaddi,* * ġdw, غ د و

♦ **qui a déjeuné,** qui a déjà pris le repas de midi. •*Amis da hû muxaddi ma'âna fî l bêt.* Hier, il a mangé à midi avec nous à la maison. •*Amis al-sultân muxaddi be jidâde.* Hier, le sultan a mangé un poulet au repas de midi. •*Âce, nâdi lêna axûki yajîna lê l xada ! Ha'a, hû xalâs mulxaddi.* "Aché, appelle ton frère, qu'il prenne le repas de midi avec nous !" - "Non, il a déjà déjeuné !".

muxaddima / muxaddimât *n. f.,* * qdm, ق د م

♦ **introduction, préface, titre.** •*Ba'ad muxaddimat al-nacra tasma'o l balâxât.* Après les titres du journal, vous suivrez les communiqués. •*Hû katab al kitâb da lâkin nâdum âxar katab lêyah al muxaddima.* Il a écrit ce livre, mais c'est une autre personne qui en a écrit la préface.

muxaddir / muxaddirîn *adj. mrph. part.* actif, (*fém. muxaddire*), * h̲dr, خ ض ر

♦ **vert foncé, verdâtre.** •*Al gecc wa l-cadar al fî xacum al bahar, talga sêf kulla muxaddir.* L'herbe et les arbres qui sont au bord du fleuve restent verts même en saison sèche. •*Almi l-rahad kan bigi ciyya, yabga muxaddir min al wasax.* Lorsqu'il y a peu d'eau dans le marigot, elle devient verdâtre à cause des saletés.

muxaddira / muxaddirât *n. f.*, ≅ le pluriel *muxaddarât*, * h̲dr, خ د ر

♦ **drogue.** •*Kulla l-nâs ya'arfu kadar amdamâro cidêre muxaddira.* Tout le monde sait que la Datura innoxia est une plante qui contient de la drogue. •*Katîr min al muxaddirât bujubûhum min Nijêrya.* Beaucoup de drogues viennent du Nigeria. •*Al-cubbân hanâ baladna mâ bacarbo muxaddarât.* Les jeunes de notre pays ne se droguent pas. •*Al bôlîs gâ'idîn bikarrubu l-nâs al bisâwugu muxaddarât.* Les policiers sont en train d'arrêter tous ceux qui font le commerce de drogues.

muxâlafa / muxâlafât *n. m.*, *Cf. xilâf*, * h̲lf, خ ل ف

♦ **opposition, divergence.** •*Muxâlafat kalâm al-jamâ'a mâ min al adab.* Ce n'est pas poli de contredire le consensus de l'assemblée. •*Muxâlafât al xaddâmîn lê l xawânîn bijîb al fawda fî l balad.* L'opposition que les fonctionnaires manifestent à l'égard des lois entraîne la pagaille dans le pays.

muxalbat / muxalbatîn *adj. mrph. part.* passif, (*fém. muxalbata*), ≅ *maxalbat, mulaxbat*, * h̲lt, خ ل ط

♦ **mélangé(e) à, métissé(e),** dont le père et la mère ne sont pas de la même ethnie. •*Al-dagîg muxalbat be l-turâb.* La farine est mélangée avec de la terre. •*Al wulâd muxalbatîn ma'â l banât fî l-lekôl.* Les garçons et les filles sont mélangés à l'école. •*Marti muxalbata, abûha Arabi wa ammaha Waddaye.* Ma femme est métissée, son père est Arabe et sa mère est Ouaddaïenne. •*Fî li'ib sabag al xêl, nimirti jat muxalbata acân da mâ akalt ceyy.* A la course de chevaux, mes numéros étaient dans le désordre [mélangés], c'est pour cela que je n'ai rien gagné.

muxalfac / muxalfacîn *adj. mrph. part.* passif, (*fém. muxalfaca*).

♦ **embrouillé(e), entortillé(e), emmêlé(e).** •*Kan burûx, rijilêna muxalfacîn.* Lorsqu'il marche, il a les jambes déformées qui se croisent l'une sur l'autre. •*Katib al-dakâtîr muxalfac, mâ bingari.* L'écriture des médecins est toute embrouillée et illisible.

muxâlif / muxâlifîn *adj., mrph. part.* actif, IIIème forme, (*fém. muxâlife*), * h̲lf, خ ل ف

♦ **qui contredit, contradicteur, qui va à l'encontre de, qui a un avis différent,** qui change d'avis, qui fait toujours le contraire de ce qu'on attend. •*Al muxâlif al-nadûm al mâ bihtarim al kalâm al gâloh lêyah.* Celui qui a l'esprit de contradiction ne respecte pas ce qu'on lui dit. •*Hû dâ'iman muxâlif bas, mâ bajîni fî l wa'ad !* Il change toujours d'avis, il ne me rejoint jamais au rendez-vous.

muxallas / muxallasîn *adj. mrph. part.* passif, (*fém. muxallasa*), * h̲ls, خ ل ص

♦ **achevé(e).** •*Al xidime hint al-zere' xalâs muxallasa.* Les travaux des champs sont déjà achevés. •*Al bêt da xidimtah xalâs muxallasa gâ'id lê l ujura.* Les travaux étant achevés, cette maison est maintenant en location.

muxalli / muxalliyîn *adj., mrph. part.* actif, (*fém. muxalliye*), * h̲lw, خ ل و

♦ **qui laisse, qui a laissé.** • *Mâla tâwi l biric wa muxallih barra ?* Pourquoi as-tu enroulé la natte et l'as-tu laissée dehors ?

muxallis / muxallisîn *adj. n., mrph. part.* actif, (*fém. muxallise*), * h̲ls, خ ل ص

♦ **qui sauve, sauveur.** •*Al-râjil da muxallis al-nâs min al-ju'.* Cet homme a sauvé les gens de la famine. •*Xidimit al-dura' hî bas al muxallise min al fagur !* Il n'y a que le travail des mains qui sauve de la pauvreté !

muxammas / muxammasât *n. m., litt.* "composé de cinq, que l'on peut diviser par cinq", utilisé en arabe *sd.* (*C.Q.*), * ḫms, خ م س

♦ **mesure surface, terrain rectangulaire,** superficie d'environ trente cordes de long sur quinze cordes de large, corde mesurant sept coudées. •*Zamân al-sabi yagdar yaharit muxammas fî yômên.* Autrefois, un jeune homme pouvait en deux jours labourer un "*muxammas*" de terre cultivable. •*Kan al xarîf adîl min al muxammas al wâhid bas talga xalla ti'ayyicak hôl tamâm ke.* Si la saison des pluies est bonne, un seul "*muxammas*" te permettra de récolter assez de mil pour vivre comme il faut pendant un an. •*Râjili harat fûl talâte "muxammasât"*. Mon mari a cultivé un champ d'arachides de trois "*muxammas*".

muxarrib 1 / muxarribîn *adj. mrph. part.* actif, (*fém. muxarribe*), * ḫrb, خ ر ب

♦ **destructeur (-trice), dévastateur (-trice), saboteur (-euse).** •*Al hâkûma karrabat al-nâs al muxarribîn al gâymîn be mu'âmarât didd al-dawla.* Le gouvernement a arrêté les saboteurs qui montaient un complot contre l'État. •*Al iyâl dôl muxarribîn kulla ceyy fî l bêt, mâ tixalli lêhum al-telvisyôn barra !* Ces enfants détruisent tout ce qui se trouve dans la maison, ne laisse pas la télévision dehors !

muxarrib 2 / muxarribîn *adj. mrph. part.* actif, (*fém. muxarribe*), *Cf. xarib*, * ġrb, غ ر ب

♦ **qui va à l'ouest,** qui se déplace vers l'ouest. •*Lâgêtha muxarribe be xumâmha fî râsha.* Je l'ai rencontrée alors qu'elle se dirigeait vers l'ouest avec ses affaires sur la tête. •*Al-subyân muxarribîn bifattucu lêhum xidime.* Les jeunes gens vont à l'ouest pour chercher du travail. •*Al-câri al muxarrib da, biwaddik al kumsêriye l-santral.* La rue qui va à l'ouest te conduira au commissariat central.

muxarrif / muxarrifîn *adj. mrph. part.* actif, (*fém. muxarrife*), *Cf. xarraf*, * ḫrf, خ ر ف

♦ **qui passe la saison des pluies,** qui a passé le temps de la saison des pluies. •*Marti muxarrife ma'â ammaha.* Ma femme passe la saison des pluies avec sa mère.

muxarrir / muxarrirîn *adj.*, (*fém. muxarrire*), * qrr, ق ر ر

♦ **décideur, rapporteur** (faisant un rapport), **qui prescrit,** celui qui arrête une proposition ou une décision. •*Al-sana hû muxarrir yamci Makka yihijj.* Cette année, il a décidé d'aller en pèlerinage à La Mecque. •*Anîna muxarrirîn ninjammo l usbu' l-jâye.* Nous avons pris la décision de nous reposer la semaine prochaine. •*Hî muxarrire mâ tâxud râjil indah awîn katîrîn.* Elle a décidé de ne pas épouser un homme qui a beaucoup de femmes. •*Hû câloh muxarrir âm wakit al mu'tamar al watani l hurr.* On l'a nommé rapporteur général à la Conférence nationale souveraine. •*Al-daktôr bas muxarrir lêi al-dawa da.* Il n'y a que le médecin qui puisse me prescrire ce médicament .

muxâsam / muxâsamîn *adj. mrph. part.* passif, (*fém. muxâsama*), *Cf. xâsam*, * ḫṣm, خ ص م

♦ **en querelle, isolé(e) par les autres, mis(e) à l'écart,** à qui l'on n'adresse plus la parole à la suite d'une querelle, avec qui on est en froid. •*Inta muxâsam acân al kalam al-sawwêtu tawwal da.* On ne t'adresse plus la parole à cause des problèmes que tu as causés jadis. •*Yaxay ! Jartak di muxâsama, râjilah indah yômên mâ jâha.* Hé ! frère ! Ta voisine s'est querellée, depuis deux jours son mari n'est pas allé la voir. •*Intu muxâsamîn acân mâ kaffêtu l-dên al fôgku da.* Les gens ne vous parlent plus parce que vous n'avez pas remboursé ce que vous leur devez. •*Hî di muxâsama min wakit fajjaxat darritha.* On ne lui parle plus depuis qu'elle a piétiné sa coépouse. •*Fî l-nâs dôl kulla ke, al yôm anâ bas al muxâsam fî lubb al bêt.* De tous ces gens-là, je suis aujourd'hui la seule à être mal vue à la maison.

muxâsim / muxâsimîn *adj. mrph. part.* actif, (*fém. muxâsime*), *Cf. xâsam*, * ẖṣm, خ ص م

♦ **qui boude *qqn.*, fâché(e) contre *qqn.* ;** qui est en querelle ou en froid avec *qqn.*, qui n'adresse plus la parole. •*Inti muxâsimêna cîlna lêki cunû ?* Tu ne nous adresses plus la parole, que t'avons-nous pris ? •*Ahmat muxâsim jîrânah indah santên, wa da mâ adîl.* Ahmat boude ses voisins depuis deux ans, ce qui n'est pas bien.

muxassal 1 / muxassalîn *adj. mrph. part.* passif, (*fém. muxassala*), ≅ *maxassal (-a, -în)*, * ġsl, غ س ل

♦ **lavé(e), nettoyé(e), purifié(e).** •*Iyâli libiso xulgânhum al muxassalîn nudâf.* Mes enfants ont mis leurs vêtements, lavés, très propres. •*Farditi l muxassala mâ yibisat acân al wata xarîf.* Mon pagne que j'ai lavé ne sèche pas parce c'est le temps de la saison des pluies. •*Wijhak da mâla mâ muxassal, almi mâ fîh wallâ ?* Pourquoi ne t'es-tu pas lavé la figure, n'y aurait-il plus d'eau ? •*Ba'ad gabbal min Makka, abûk muxassal min kulla l-zunûb.* A son retour de La Mecque, ton père est purifié de tous ses péchés.

muxassal 2 *adj.* de couleur, * ġsl, غ س ل

♦ **délavé, marron avec des taches blanches, pommelé,** couleur de la robe d'un cheval. •*Xâli ictara juwâd muxassal.* Mon oncle a acheté une cheval de couleur marron pommelé de blanc. •*Al-juwâd al muxassal jamîl, lâkin mâ binlagi minjamm.* Le cheval pommelé est beau mais rare [on ne le trouve pas n'importe où].

muxassid / muxassidîn *adj.*, (*fém. muxasside*), * qṣd, ق ص د

♦ **qui est d'accord, consentant(e).** •*Wilêdah daxal askari lâkin hû mâ muxassid.* Son fils s'est engagé dans l'armée, mais son père n'était pas d'accord. •*Al amm mâ muxasside be axîde hint binêyitha.* La mère n'était pas d'accord avec le mariage de sa fille. •*Al-ca'ab kulluhum mâ muxassidîn be l xarâr al-câlatah al hâkûma.* Tout le peuple n'était pas d'accord avec la décision qu'avait prise le gouvernement.

muxâta'a / muxâta'ât *n. f.*, terme de l'*ar. lit.*, * qṭʕ, ق ط ع

♦ **circonscription électorale.** •*Al-sane, fî kulla muxâta'a yintaxubu dibite wâhid.* Cette année, dans chaque circonscription, on élira un député. •*Fî muxâta'atna dibite haggina al gadîm mâ câloh.* Dans notre circonscription, notre ancien député n'a pas été réélu [ils ne l'ont pas pris].

muxatta / muxattayîn *adj. mrph. part.* passif, (*fém. muxattaya*), *Cf. masdûd*, * ġsl, غ س ل

♦ **recouvert(e), couvert(e), fermé(e).** •*Al kôro di muxattaya be sidâditha, indaha cunû ?* Ce koro est fermé avec son couvercle, que contient-il ? •*Al iyâl dôl muxattayîn be bâjo min al barid.* Ces enfants sont recouverts d'une couverture pour se protéger du froid.

muxattas / muxattasîn *adj. mrph. part.* passif, (*fém. muxattasa*), *Syn. matmûs, mutammas*, → *mutammas*, * ġṭs, غ ط س

muxatti / muxattiyîn *adj. mrph. part.* actif, (*fém. muxattiye*), * ġṭw, غ ط و

♦ **couvert(e), enroulé(e), recouvert(e).** •*Hû muxatti wa nâyim.* Il s'est couvert et s'est endormi. •*Mâla inta wakit da kula muxatti, mardân wallâ ?* Pourquoi, à cette heure-ci, es-tu encore sous ta couverture, es-tu malade ? •*Al binêye muxattiye râsha be farditha.* La fille a recouvert sa tête avec son pagne.

muxâwi / muxâwiyîn *adj. mrph. part.* actif, (*fém. muxâwiye*), * ġwy, غ و ي

♦ **lié(e) par amour, de même valeur** (cartes à jouer), **amoureux (-euse),** se dit de cartes qui ont une même valeur numérique sans avoir la même couleur. •*Al-dôr da kartiti kullaha ke* *muxâwiye.* Cette fois-ci [ce tour-là], toutes mes cartes ont la même valeur. •*Hû muxâwi lêyah mara min barra, bidôr bâxudha.* Il est amoureux d'une étrangère qu'il veut épouser.

muxawwaf / muxawwafîn *adj. mrph. part.* passif, (*fém. muxawwafa*), * h̲wf, خ و ف

♦ **effrayé(e), intimidé(e), apeuré(e), qui a été prévenu(e), qui a été averti(e),** à qui on a fait peur. •*Hû muxawwaf mâ yagdar yamci l kadâde wihêdah.* On lui a fait peur, il ne peut pas aller en brousse seul. •*Al-râjil da muxawwaf min haggah.* Cet homme a été intimidé, il a peur de réclamer son droit. •*Al gardi muxawwaf, mâ bagdar bidiss nâdum fî l maktab illa be izin min al wazîr.* Le gardien est prévenu, il ne peut laisser personne entrer dans le bureau sans la permission du ministre.

muxawwi / muxawwiyîn *adj. mrph. part.* actif, (*fém. muxawwiye*), * qwy, ق و ي

♦ **fortifiant(e), qui donne de la force.** •*Al-zibde muxawwiye lê jild al-saxîr.* Le beurre fortifie le corps du bébé. •*Laban al amm muxawwi lê l-saxîr min laban al kôb.* Le lait maternel donne plus de force au bébé que le lait en boîte.

muxayyat / muxayyatîn *adj.*, (*fém. muxayyata*), * h̲yṭ, خ ي ط

♦ **cousu(e).** •*Nâs hanâ zamân balbaso xulgân muxayyatîn be îdên.* Autrefois les gens portaient des habits cousus à la main. •*Hî mâ tagdar talbas laffâyitha l-jadîde acân lissâha mâ muxayyata.* Elle ne peut pas porter son voile parce qu'il n'est pas encore cousu. •*Anâ indi xalag jadîd muxayyat be îdên.* J'ai un vêtement neuf qui est cousu à la main.

muxayyin / muxayyinîn *adj.*, (*fém. muxayyine*), ≅ *maxayyin*, * h̲wn, خ و ن

♦ **las (lasse), fatigué(e), prostré(e), abattu(e), assommé(e),** épuisé(e) sans avoir fait d'effort physique. •*Ciribo amtab'aj wa ga'ado muxayyinîn tiht al-rakûba.* Ils ont bu de la bière sucrée et sont restés assommés à l'ombre de l'abri. •*Al-jidâd kulla ke muxayyin.* Toutes les poules sont fatiguées. •*Kaltûma muxayyine ke, akûn mardâne.* Kaltouma est très lasse, elle est peut-être malade.

muxazzaz / muxazzazîn *adj. mrph. part.* passif, *intf.* ou répétitif, (*fém. muxazzaza*), *Cf. maxzuz, xazza 2*, * ġrz, غ ر ز

♦ **planté(e) dans, fiché(e) en terre.** •*Al kalib gâ'id janb al manâsîs al muxazzazîn fî cârib al-nâr.* Le chien est resté près des brochettes plantées en terre au bord du feu. •*Hû gabbal min al ganîs ayyân wa xalla hurâbah muxazzazîn giddâm al-râkûba.* Il est revenu de la chasse, fatigué, et a laissé ses lances fichées en terre devant l'abri.

muxazzi / muxazziyîn *adj. mrph. part.* actif, (*fém. muxazziye*), *Cf. xazza*, * ġd̲y, غ ذ ي

♦ **nourrissant(e).** •*Laban al amm muxazzi bilhên lê l iyâl al-dugâg.* Le lait maternel est très nourrissant pour les petits enfants. •*Al bumbitêr wa bêd al-jidâd wa l karôt wa l-tamâtim muxazziyîn lê l-jilid.* Les pommes de terre, les œufs, les carottes et les tomates sont nourrissants pour le corps.

muxbar / maxâbir *n. instr., m.*, métathèse entre le *h* et le *b* de la racine, * bh̲r, ب خ ر

♦ **porte-braise, brûle-parfum.** •*Xummi lêki nâr fî l muxbar wa subbi fôgah duxxân !* Mets quelques braises dans le brûle-parfum et pose dessus du bois parfumé ! •*Amci fî l-sûg bî'i lêna talâte maxâbir !* Va au marché nous acheter trois brûle-parfum ! •*Fî bêt al arûs, fî muxbar hanâ duxxân.* Dans la maison de la mariée, il y a un brûle-parfum. •*Kârib sulbah wa l-nâr hârge galbah... Da l muxbar.* Il a les mains sur les hanches et le feu brûle son cœur… C'est le brûle-parfum. *Dvnt.*

muxlât *n. m., Cf. xâlat,* * h̲lṭ, خ ل ط

♦ **discussion, palabre, dispute.** •*Al muxlât bijîb al-jafa.* Les palabres entraînent l'antipathie. •*Al-nâs kulluhum kirihoh acân hû birîd al muxlât.* Tous les gens l'ont détesté parce qu'il aime les altercations. •*Al muxlât mâ sameh.* Une discussion violente n'est pas une bonne chose.

muxlâti / muxlâtiyîn *adj. mrph. part.* actif, (*fém. muxlâtiye*), *Cf. xâlat, muxlât,* * h̲lṭ, خ ل ط

♦ **qui aime objecter, qui aime contester, qui aime la discussion.** •*Inta mâ tabga muxlâti fî l kalâm al mâ ta'arfah !* Toi, ne discute pas d'un problème que tu ne connais pas ! •*Anâ mâ nirîd nagôd janb al-nâdum al muxlâti.* Je n'aime pas rester à côté de celui qui aime contester.

muxlay / maxâli *n. f. mrph.* instrument, ≃ *muxulay, muxulayât, Cf. garfa, dabiye, jurab, si'in,* * h̲ly, خ ل ي

♦ **musette, sac en peau, sac à fourrage, gibecière.** •*Sabbêt alûg lê juwâdi fî l muxlay.* J'ai mis des provisions pour le cheval dans le sac à fourrage. •*Jiddi cara muxlay lê xumâmah hanâ l-câhi.* Mon grand-père s'est acheté une musette afin d'y mettre ses affaires pour le thé. •*Al maxâli bisawwuhum min al farâw, wa humman xâliyîn bilhên.* Les sacs à fourrage sont en cuir, ils coûtent très cher. •*Muxlayti malâne xalla be atrôn.* Mon sac à provisions est plein de mil avec du natron.

muxlif / muxlifîn *adj. mrph. part.* actif, (*fém. muxlife*), *Syn. muftin,* * h̲lf, خ ل ف

♦ **qui met en conflit, qui provoque la dissension, qui sème la discorde.** •*Hû da, mâ ti'ôrih acîrak, nâdum muxlif, yixâlfak ma'â martak !* Cet homme-là, ne lui confie pas ton secret, c'est un semeur de discorde, il te mettra en conflit avec ton épouse ! •*Hârûn wa rafîgah bas bigo muxlifîn, xalafo l-rufugân dôl, lammohum dâwaso.* C'est Haroun et son ami qui ont semé la discorde entre ces amis, ils les ont poussés à se battre entre eux.

muxlife / muxlifîn *adj. f., Cf. xuluf,* * h̲lf, خ ل ف

♦ **enceinte, qui commence une grossesse,** celle qui est en début de grossesse. •*Al mara di muxlife.* Cette femme est enceinte (en début de grossesse). •*Hammâti mâ na'rifha indaha hâl walla muxlife.* Je ne sais pas si le mauvais caractère de ma belle-sœur lui est naturel ou si elle est en début de grossesse.

muxlis / muxlisîn *adj.,* (*fém. muxlisa*), * h̲lṣ, خ ل ص

♦ **sincère, loyal(e), dévoué(e), affectionné(e).** •*Hukkâm al balad kan mâ muxlisîn, al balad mâ tinbani.* Si les gouvernants du pays ne sont pas loyaux, le pays ne pourra pas se construire. •*Hû indah niye muxlisa fî l xidime.* Il met tout son cœur à l'ouvrage. •*Wâjib lêk tabga muxlis wa tihtarim abbahâtak.* Il faut que tu sois dévoué et que tu respectes tes parents.

muxrâfa / maxârîf *n. instr.,* * ġrf, غ ر ف

♦ **spatule en bois, morceau de calebasse, palette,** instrument de cuisine en forme de palette servant à extraire la pâte chaude de la marmite. •*Al mara xaratat al êc bê l muxrâfa.* La femme a raclé le reste de boule avec la spatule. •*Kubbi lêna l êc be l muxrâfa l wasî'e !* Sors-nous la boule de la marmite avec le grand [large] morceau de calebasse !

muxras / maxâris *n. instr.,* ≃ *muxuras,* * h̲rṣ, خ ر ص

♦ **poinçon,** outil utilisé surtout par les femmes pour démêler leurs cheveux. •*Al maccâta tifartig ca'ar al awîn be l muxras.* La coiffeuse défait la chevelure des femmes avec un poinçon. •*Al awîn birîdu bac'ago l muxras fî sûfhum.* Les femmes aiment planter leur poinçon dans leur chevelure.

muxtalif / muxtalifîn *adj.*, (*fém. muxtalife*), terme de l'*ar. lit.*, * h̲lf, خ ل ف

♦ **différent(e), en désaccord, divers(e).** •*Al-nâs kulluhum mâ sawa, afkarhum muxtalifîn.* Tous les gens ne sont pas les mêmes, leurs idées sont différentes. •*Al-luxxât hanâ junûb al balad mâ sawa, muxtalifîn.* Les langues du sud du pays ne sont pas identiques, elles sont différentes. •*Anâ wa hû muxtalifîn indina caharên.* Lui et moi sommes en désaccord depuis deux mois.

Muxtâr *n. pr.* d'homme, *litt.* choisi, élu, * h̲yr, خ ي ر

muxulay *n. f.*, → *muxlay.*

muxx / maxaxa *n. m.*, *Cf. tâyûk, macâc*, * m h̲ h̲, م خ خ

♦ **cerveau, moelle.** •*Aciri lêi udâm hanâ xanam induhum muxx !* Achète-moi des os de moutons qui ont de la moelle. •*Al-nâs bugûlu marad al amfitfit da, sababah zihiliye gâ'ide turûx fî l muxx.* Les gens disent que l'épilepsie est due à un lézard qui marche sur le cerveau. •*Adumah ancagga lahaddi l muxx kula bincâf.* Son os s'est brisé, on pouvait même voir la moelle.

muyassir / muyassirîn *adj. mrph. part.* actif, (*fém. muyassire*), * ysr, ي س ر

♦ **qui a facilité.** •*Allah muyassir al-haya lê kulla l-nâs.* Dieu a facilité la vie de tout le monde. •*Al-tayyârât muyassirîn al-safar lê l-nâs.* Les avions ont permis aux hommes de voyager facilement.

muzâhara / muzâharât *n. f.* employé surtout au *pl.*, * ẓhr, ظ ه ر

♦ **manifestation.** •*Iyâl al-lekkôl sawwo amis muzâharât didd al hâkûma.* Les lycéens ont fait hier une manifestation contre le gouvernement. •*Al askar sim'o kadar iyâl al-lekkôl bidôru bisawwu muzâharât, jo badri hawwago l-lekkôl.* Les soldats ont appris que les étudiants voulaient faire une manifestation, ils sont venus tôt le matin encercler les bâtiments scolaires.

muzahhaf / muzahhafîn *adj. mrph. part.* passif, (*fém. muzahhafa*), * zhf, ز ح ف

♦ **poussé(e), avancé(e).** •*Al xumâm muzahhaf min bakânah al awwal.* Ces affaires ont été déplacées de là où elles étaient auparavant. •*Mâla l kalanki muzahhaf min bakânah al awwal ?* Pourquoi la limite du champ a-t-elle été déplacée ?

muzâhir / muzâhirîn *adj. mrph. part.* actif, (*fém. muzâhire*), * ẓhr, ظ ه ر

♦ **manifestant(e).** •*Al askar jaraho muzâhirîn talâta.* Les soldats ont blessé trois manifestants. •*Muzâhirîn xamsa karabôhum fî l-sijin.* Cinq manifestants ont été incarcérés.

muzakki / muzakkîn *adj. mrph. part.* actif, (*fém. muzakkiye*), * zkw, ز ك و

♦ **qui a payé l'aumône légale.** •*Al-sana al-râjil al-tâjir da muzakki acara alif riyâl.* Ce commerçant a donné dix mille riyals pour s'acquitter de l'aumône légale. •*Hî muzakkiye cuwâlên hanâ xalla min zer'aha da.* Elle a donné pour l'aumône légale deux sacs de mil de son champ.

muzammal / muzammalîn *adj. mrph. part.* passif, (*fém. muzammala*), * zml, ز م ل

♦ **solidement attaché(e) sur la monture, bien ficelé(e), ligoté(e).** •*Al-nâs al musâfirîn xumâmhum muzammal, gâ'idîn barja'o l watîr.* Les voyageurs ont leurs bagages ficelés, ils attendent le véhicule. •*Al xumâm al mâ muzammal fî dahar al watîr bidaffig kan al watîr jâri.* Les bagages qui n'ont pas été solidement attachés sur le camion tomberont quand il roulera vite. •*Al birgâd jâbo harâmîya muzammalîn.* Les gendarmes ont amené des bandits ligotés.

muzammil / muzammilîn *adj. mrph. part.* actif, (*fém. muzammile*), *Cf. zammal*, * zml, ز م ل ⇨

♦ **qui a solidement attaché sur le bât, qui a ficelé, qui est en tenue de combat.** •*Inta muzammil xumâmak tidôr taxatir walla cunû ?* Tu as attaché tes effets, veux-tu voyager ? •*Al yôm al askar kulluhum muzammilîn akûn mâcîn al harba ?* Aujourd'hui, tous les soldats sont en tenue de combat, peut-être partent-ils à la guerre ?

muzâri' / muzâri'în *adj. n. m. mrph. part.* actif, (*fém. muzâri'a*), *Syn. harrâti, zarrâ'i*, * zrˁ, ز ر ع

♦ **paysan (-anne), agriculteur (-trice), cultivateur (-trice),** celui qui travaille dans les champs. •*Fî l-sêf kulla l muzâri'în binjammo.* Pendant la saison sèche, tous les paysans se reposent. •*Amnawal macêna lê axui l muzâri'.* Nous sommes allés l'an dernier chez mon frère, le cultivateur. •*Al hâkûma nazzamat maktab xâs lê l muzâri'în.* Le gouvernement a mis en place un bureau spécial pour les agriculteurs. •*Îdên al al muzâri' xucun min kutur al hirâte.* Les mains des agriculteurs sont rugueuses à force d'avoir travaillé la terre.

muzarrig / muzarrigîn *adj. mrph. part.* actif, (*fém. muzarrige*) *Cf. azrag*, * zrq, ز ر ق

♦ **noirâtre.** •*Jâb lêi hâdiye, juzlân lônah muzarrig.* Il m'a apporté en cadeau un portefeuille de couleur noirâtre. •*Al farde di muzarrige, tahmal al wasax.* Ce pagne noirâtre n'est pas salissant [supporte la saleté].

muzawwar / muzawwarîn *adj. m. mrph. part.* passif, (*fém. muzawwara*), *Cf. muzayyaf*, * zwr, ز و ر

♦ **falsifié(e), contrefait(e).** •*Al polîs karrab nâs katîrîn induhum jawâzât muzawwarât.* La police a mis en prison beaucoup de gens qui avaient de faux passeports. •*Hassâ al gurus al muzzawwar kitir, lâkin nâs al bunûka bagdaro bifannuduh.* A présent, il y a beaucoup de fausse monnaie en circulation, mais les employés des banques savent bien les reconnaître.

muzaxxim / muzaxximîn *adj. mrph. part.* actif, forme II, (*fém. muzaxxime*), * zkm, ز ك م

♦ **enrhumé(e).** •*Kan inti muzaxxime mâ tacarbe be funjâli, amci cîli hanâki !* Si tu es enrhumé, ne bois pas avec mon verre, va chercher le tien ! •*Nasur indah talâta yôm mâ marag acân muzaxxim.* Nassour n'est pas sorti depuis trois jours parce qu'il est enrhumé. •*Al wata bigat barde marra wâhid, al-nâs kulluhum muzaxximîn.* Il fait très froid et tout le monde est enrhumé.

muzayyad / muzayyadîn *adj.*, (*fém. muzayyada*), * zyt, ز ي ت

♦ **graissé(e).** •*Makana hint al watîr da muzayyada.* Le moteur de cette voiture est graissé. •*Hadîd hanâ l watîr kan muzayyad yaxdim adîl.* Les mécanismes de la voiture fonctionnent bien quand ils sont graissés.

muzayyaf / muzayyafîn *adj. m. mrph. part.* passif, *Cf. muzawwar*, * zyf, ز ي ف

♦ **faux (fausse), contrefait(e), sans valeur.** •*Al birgâd amis karaboh awîn wa rujâl induhum gurus muzayyaf.* Hier, les gendarmes ont arrêté des femmes et des hommes qui possédaient de la fausse monnaie. •*Al gurus al muzayyâf katkatah mârin, wa mâ indah alâma fî bakân al abyad da.* Les faux billets sont en papier mou, et il n'y a pas de filigrane dans l'endroit blanc qui lui est réservé.

muzayyan / muzayyanîn *adj. mrph. part.* passif, (*fém. muzayyana*), * zyn, ز ي ن

♦ **rasé(e).** •*Jidâdit al xala râsha mâ indah sûf misil muzayyana.* La pintade n'a pas de plumes sur la tête, comme si elle était rasée. •*Wâjib al muzayyan yalbas tâgiye.* Il faut que celui qui a la tête rasée porte un bonnet. •*Yôm îd al-Ramadân al-rujâl kulluhum rûsênhum muzayyanîn.* Le jour de la fête du Ramadan, tous les hommes ont la tête rasée.

muzi' / **muzi'în** *n. m.*, (*fém. muzi'e*), * ’d̲ʕ, ء ذ ع

♦ **speaker (speakerine).** •*Kulla yôm be sâ'a sab'a wa rubu', nasma'o l muzi' hanâ l-râdyo yigaddim nacrit al axbâr.* Tous les jours à sept heures et quart, nous entendons le speaker de la radio présenter le journal parlé. •*Axti muzi'e fî râdyo Tcâd.* Ma sœur est speakerine à Radio-Tchad.

muznib / **muznibîn** *adj. mrph. part.* actif, (*fém. muznibe*), * d̲nb, ذ ن ب

♦ **pécheur (pécheresse).** •*Hû muznib, sa'al Rabbah acân ya'afah.* C'est un pécheur, il a demandé à Dieu de lui pardonner. •*Allah yaxbal du'a l muznibîn kan tâbo.* Dieu accueille la prière des pécheurs lorsqu'ils se convertissent.

N

-na *pron. pers.* suffixe, masculin et féminin, 1ère personne du pluriel, devient *-ina* après deux consonnes.
◆ **de nous, notre, nos, nous.** •*Abûna, ammina wa axawânna l-dugâg gâ'idîn ma'âna fî bêtna.* Notre père, notre mère et nos petits frères sont avec nous à la maison. •*Indina kutub katîrîn.* Nous avons beaucoup de livres. •*Karabâna.* Il nous a attrapés.

-ni *pron. pers.,* suffixé à un verbe dont il est complément, masculin et féminin, 1ère personne du *sing.*, *Cf. -i.*
◆ **moi.** •*Ammi, ammi, Maryam darabatni fî râsi !* Maman, maman, Mariam m'a frappé à la tête ! •*Mâla mâ sallamtîni ?* Pourquoi ne m'as-tu pas salué ?

na''am / yina''im *v. trans.*, forme II, *Syn. an'am*, * nʕm, ن ع م
◆ **combler de bienfaits, accorder une faveur.** •*Allah yina''imki be jannat al fardôs !* Que Dieu t'accorde les jardins du paradis ! •*Kan kibiro iyâlak yinna''imûk fî hayâtak al faddalat.* Lorsque tes enfants grandiront, ils te combleront pendant le reste de ta vie.

na'aje / nu'ûj *n. f.*, *Syn. dayne*, * nʕj, ن ع ج
◆ **brebis.** •*Kulla yôm fî l bâtwâr badbaho l nu'ûj al uggar.* Tous les jours, on égorge à l'abattoir les brebis stériles. •*Al-na'aje mâ bidahhu beha yôm îd al-Dahiye.* On n'égorge pas en sacrifice une brebis le jour de la fête de Tabaski.

na'al / yan'al *v. trans.*, métathèse dans la racine, * lʕn, ل ع ن
◆ **maudire.** •*Allah yan'alak, inta mâ tasma kalâm !* Que Dieu te maudisse, tu n'écoutes pas ce qu'on te dit ! •*Hû da abuh bas na'alah, bigi carrâb merîse wa la''âb gumâr.* Son père l'a maudit, il est devenu buveur de bière et joueur de poker.

na'âl / ni'êlât *n. m.*, ≅ le pluriel *na'âle, ni'ile, Cf. markûb*, * nʕl, ن ع ل
◆ **paire de sandales.** •*Binêyti indaha na'âl wâhid bas.* Ma fille n'a qu'une paire de sandales. •*Râjili cara na'âl hanâ farwa.* Mon mari a acheté une paire de sandales en cuir. •*Ni'êlât al kawcu hâmiyîn bilhên.* Les sandales en plastique sont très chaudes.

na'ala *n. f.*, → *na'île*, * lʕn, ل ع ن

na'âle *pl.*, → *na'âl.*

na'am 1 / yan'im *v. trans.*, forme I n° 6, ayant toujours Dieu pour sujet dans les formules de souhait, * nʕm, ن ع م
◆ **accorder une grâce, accorder un bienfait.** •*Allah na'amak be l-sabur !* Que Dieu te donne la patience ! •*Allah na'am bêtak be l xêr !* Que Dieu comble ta maison de bienfaits !

na'am 2 *invar.*, réponse de celui qui est appelé par son nom, * nˤm, ن ع م

♦ **oui.** •*Yinâdûk, wa mâ tugûl "na'am", mâla ?* On t'appelle, et tu ne répond pas "oui", pourquoi ? •*Hû gâl lêki "na'am", illa inti mâ simi'tih.* Il t'a dit "oui", c'est toi qui n'as pas entendu. •*"Na'am", subhân Allah ! Yâtu babki kê da ?* Oui, que Dieu soit exalté ! Qui donc pleure ainsi ?

na'âm *n. anim., coll., m.*, femelle et *sgtf. na'âmay* ; pour le mâle, → *idlim*, * nˤm, ن ع م

♦ **autruche, Struthio camelus (Lin.),** famille des struthionidés. •*Rabbêt na'âmay fî bêtna.* J'ai élevé une autruche dans notre concession. •*Zênaba, ragabitha tawîle misil hint al-na'âmay.* Zénaba a un cou long comme celui d'une autruche. •*Al-na'âm billagi katîr fî kadâde hanâ Tcâd.* On rencontre beaucoup d'autruches dans la brousse du Tchad.

na'asân *n. m.*, → *na'sân.*

na'île *n. f.*, ≅ *na'ala, Syn. sarîfe,* * lˤn, ل ع ن

♦ **malédiction.** •*Al-na'île lihigathum, mâ basma'o kalâm amm wallâ abuh.* La malédiction est tombée sur eux parce qu'ils n'écoutaient ni leur mère ni leur père. •*Al bijîb al-na'île adam al-tâ'a.* C'est la désobéissance [le manque d'obéissance] qui amène la malédiction.

Na'îm *n. pr.* d'homme, *litt.* grâce, délice, félicité, * nˤm, ن ع م

Na'îma *n. pr.* de femme, *fém.* de *Na'îm, Cf. ni'ma,* * nˤm, ن ع م

na'je *n. anim., f.*, → *na'aje.*

na'sân / na'sânîn *adj.*, (*fém. na'sâne*), *Cf. ni'is, nâm,* * nˤs, ن ع س

♦ **assoupi(e), sommeilleux (-euse), somnolent(e).** •*Kan fî l-lêl mâ numt adîl wa fajur mâ ciribt gahawa, anâ na'sâne kulla l-nahar.* Si je n'ai pas bien dormi la nuit et si je n'ai pas bu de café le matin, je somnole toute la matinée. •*Al wilêd na'asân fî dahar ammah acân hî tilôlih.* L'enfant s'est assoupi sur le dos de sa mère parce qu'elle était en train de le bercer.

nabâbîl *pl.*, → *nubbâl.*

nabag *n. vég., coll., m.*, désigne l'arbre comme le fruit, *sgtf. nabagay, Cf. nabag al marfa'în,* * nbq, ن ب ق

♦ **nom d'un arbuste, jujubier, jujube, Zizyphus mauritiana (L.),** famille des rhamnacées, arbuste buissonnant épineux dont le bois résiste aux termites. •*Hû birîd al-nabag misil ba'acôm.* Il aime les jujubes autant qu'un chacal. •*Bixesti hamra, taga' mâ tilkassar... Di nabagay.* Ma petite calebasse tombe sans se briser… C'est un jujube. *Dvnt.* •*Al-nabag kan tâkulah katîr, bisey zuxma.* Si tu manges trop de jujubes, tu attraperas un rhume. •*Al-nabagay al fî giddâm bêtna indaha iyâl katîr.* Le jujubier qui est devant notre maison a beaucoup de fruits.

nabag al fîl *n. vég., coll.*, [jujubier de l'éléphant]→ *nabag al marfa'în.*

nabag al marfa'în *n. vég., coll., litt.* jujubier de l'hyène, ≅ *nabag al fîl* [jujubier de l'éléphant], désigne l'arbre et le fruit, *Cf. nabag,* * nbq, rfˤ, ن ب ق • ر ف ع

♦ **nom d'un arbuste, jujubier de l'hyène, Zizyphus mucronota (Willd.),** famille des rhamnacées. •*Nabag al marfa'în kubâr wa murr, wa mâ bâkuluh.* Les fruits du jujubier de l'hyène sont gros et amers, on ne les mange pas. •*Nabag al marfa'în yugumm katîr fî l xâbât.* Les jujubiers de l'hyène poussent en grand nombre dans les forêts.

nabah / yanbah *v. intr.*, forme I n° 12, * nbḥ, ن ب ح

♦ **aboyer.** •*Al kulâb nabaho ba'ad câfo l marfa'în.* Les chiens ont aboyé après avoir vu l'hyène. •*Al ba'acôm kula yanbah misil al kalib.* Le chacal aussi aboie comme le chien.

nabahân *n. d'act., m.*, ≅ *nabihîn,* * nbḥ, ن ب ح

♦ **aboiement, hurlement du chien.** •*Kalib hanâ jâri, nabahânah da al* *yôm katîr, ankûn fî sarrâg.* Le chien de mon voisin a beaucoup aboyé aujourd'hui [son aboiement était beaucoup], il y avait peut-être un voleur. •*Anâ mâ nirîd nabihîn al-kulâb be fî l-lêl.* Je n'aime pas l'aboiement des chiens pendant la nuit. •*Al iyâl kan sim'o nabahân al kulâb bugûlu ambênâthum : "Al kalib bugûl : hû, sîdi yumût, nâkul êc kanfût !".* Lorsque les enfants entendent le hurlement des chiens, ils imitent leur cri en se disant entre eux : "Le chien dit : c'est lui mon maître, il va mourir, je mangerai de la boule de son !".

nabal / yanbul *v. trans.*, forme I n° 1, * nbl, ن ب ل

♦ **battre, lancer.** •*Anâ mâ mardân lâkin galbi gâ'id banbul ajala ajala.* Je ne suis pas malade, mais mon cœur bat très rapidement. •*Kan galbak banbul ajala ajala amci l-labtân !* Si ton cœur bat très vite, va à l'hôpital !

nabat / yanbut *v. intr.*, forme I n° 1, * nbt, ن ب ت

♦ **pousser, germer.** •*Al-sana, al xalla nabatat adîl.* Cette année, le mil a bien poussé. •*Al fûl kan têraboh mâ yanbut illa ba'ad usbu'.* L'arachide commence à germer une semaine après avoir été semée. •*Al xalla nabatat wa l almi wigif mâ gâ'id busubb.* Le mil a poussé mais il a cessé de pleuvoir.

nabât / nabâtât *n. coll. m., sgtf. nabatay*, * nbt, ن ب ت

♦ **plante, végétation.** •*Al-sana, al xarîf adîl wa l-nabât kulla sameh.* Cette année, la saison des pluies est bonne et les jeunes plants aussi sont beaux. •*Al-sabara akalat al-nabât wa mâ gidirna katalnaha.* L'écureuil a mangé les jeunes plants et nous n'avons pas pu le tuer.

nabaz *n. m.*, * nbz, ن ب ز

♦ **surnom, sobriquet.** •*Anâ mâ indi nabaz.* Je n'ai pas de surnom. •*Al-nabaz bitâbi' al hâl.* Le surnom est adapté au caractère. •*Nabaz al-dûd "kalb al xala".* Le sobriquet du lion est "chien de la brousse".

nabbaz / yinabbiz *v. trans.*, forme II, * nbz, ن ب ز

♦ **louer, faire l'éloge, vanter les mérites, surnommer, injurier ;** chanter les louanges de quelqu'un en lui donnant des noms et des qualificatifs glorieux, ou, au contraire, le déprécier par des qualificatifs injurieux. •*Al hakkâma nabbazat al-Ra'îs be l adâla al-sawwaha le l-ca'ab.* La femme griot a vanté les mérites du Président pour la justice qu'il a apportée à son peuple. •*Al amm tinabbiz wilêdah acân tirîdah bilhên.* La maman fait l'éloge de son fils qu'elle aime beaucoup. •*Al-nâs binabbuzu l ba'acôm binâduh Ganda Abu Halîme acân hû najîd.* Les gens ont surnommé le chacal : "Ganda Abou Halimé" parce qu'il est malin et intelligent. •*Tarad al-dûku wa hû gamma bi'ayyir binabbiz fôgah giddâm al-nâs.* Il a chassé le griot qui s'est mis à l'insulter par des qualificatifs peu glorieux, devant tout le monde.

nabbazân *n. d'act., m.,* → *nabbizîn.*

nabbizîn *n. d'act., m.,* ≅ *nabbazân*, * nbz, ن ب ز

♦ **chanter les mérites, faire la louange, faire éloge, féliciter, fait de surnommer, fait d'injurier.** •*Nabbizînki lê wilêdki kabbar angartah.* Ta manière de féliciter ton enfant l'a rendu fier [a fait grossir sa nuque]. •*Nabbazânak al halu da yixalli l iyâl yirrassalo lêk.* Ta manière de faire l'éloge des autres, te permet d'envoyer les enfants faire tes courses. •*Nô' min al-nabbizîn misil tugûl : "Adal adal !".* Une des façons de féliciter quelqu'un, c'est de lui dire par exemple : "Parfait, parfait !". •*Hû birîd nabbizîn hanâ rufugânah.* Il aime donner des surnoms à ses amis.

nabi / anbiya' *adj. n.*, (*fém. nabiye*), ≅ le pluriel *ambiya'*, * nb', ن ب ء

♦ **prophète,** désigne aussi le Prophète Muhammad. •*Al-nabi mâ ya'arif ilim al xêb illa kan Allah allamah.* Un prophète ne connaît les choses mystérieuses que si Dieu les lui révèle. •*Al anbiya' mâ bakdibu, acân kalâmhum min Allah.* Les prophètes ne mentent pas, parce que leurs paroles viennent de Dieu. •*Al-Nabi wassa be l-jâr.* Le Prophète a conseillé d'entretenir de bonnes relations avec les voisins.

nabihîn *n. d'act., m.*, → *nabahân.*

Nabîl *n. pr.* d'homme, *litt.* excellent, éminent, noble, * nbl, ن ب ل

Nabîla *n. pr.* de femme, *fém.* de *Nabîl*, * nbl, ن ب ل

nacâcîb *pl.*, → *nuccâb.*

nacad / yancid *v. trans., Cf. sa'al*, forme I n° 6, * nšd, ن ش د

♦ **interroger, questionner, demander à *qqn.*,** poser des questions. •*Anâ waddart fî l kadâde wa ligît râ'i, nacadtah min al-derib.* Je me suis perdu en brousse, j'ai rencontré [trouvé] un berger et je lui ai demandé mon chemin. •*Ancidah, yi'ôrik bakân al gurus waddarah !* Interroge-le, il te dira le lieu où il a perdu l'argent !

nacâdir *n. m., qdr.*, mot arabe d'emprunt *irn.*, * nšdr, ن ش د ر

♦ **ammoniaque, sel d'ammoniaque.** •*Al-sayyâxi yixassil al-dahab be l-nacâdir acân birâri.* Le bijoutier nettoie l'or avec de l'ammoniaque pour qu'il brille. •*Hâlime sabbat nacâdir ciyya fî l ka'ak acân yabga mârin wa yagôd cahar tâm kula mâ yitallif.* Halimé a mis un peu de sel d'ammoniaque dans les gâteaux pour qu'ils restent frais et puissent se conserver un mois entier sans s'abîmer. •*Al awîn yimassuhu l-nacâdir kan alhannano xalâs, wa idênhum wa rijilênhum yabgo zurug kurum.* Les femmes se passent du sel d'ammoniaque quand le henné qu'elles ont posé a fini de faire son effet ; ainsi leurs mains et leurs pieds deviennent-ils très noirs.

nacal / yancil *v. trans.*, forme I n° 6, * nšl, ن ش ل

♦ **tirer de, ôter, faire sortir, voler, dérober.** •*Hû nacal al gurus min jêb hanâ rafîgi.* Il a volé de l'argent dans la poche de mon ami. •*Al-râ'i yancil kulla yôm almi min al bîr.* Chaque jour, le berger tire l'eau du puits. •*Hî damragat xallitha wa nacalatha min al almi.* Elle a laissé gonfler et blanchir son mil, puis elle l'a retiré de l'eau.

nâcal / yinâcil *v. trans.*, forme III, * nšl, ن ش ل

♦ **viser et tirer** au fusil. •*Hû nâcal al xazâlay wa darabâha.* Il a visé la gazelle et l'a touchée. •*Al fîl kan tidôr tinâcilah, labbid ba'îd !* Si tu veux viser et tirer au fusil sur un éléphant, cache-toi loin de lui !

nâcâli / nâcâlîn *n. m.*, * nšl, ن ش ل

♦ **qui vise bien, tireur (-euse) d'élite, adroit(e).** •*Al gannâsi da nâcâli, kulla yôm bigabbil fî l bêt be xazâlay.* Ce chasseur est un tireur adroit, chaque jour il revient à la maison avec une gazelle. •*Haras al-Ra'îs kulluhum asâkir nâcâlîn.* Tous les gardes du Président sont des tireurs d'élite.

nacât / nacâtât *n. m.*, * nšṭ, ن ش ط

♦ **activité.** •*Al-sana, al-nacâtât al-riyâdiya mâ badat ajala.* Cette année, les activités sportives n'ont pas commencé vite. •*Yôm al îd mâ fîh nacâtât fî l-sûg.* Il n'y a pas d'activité au marché le jour de la fête.

nacax / yancax *v. intr.*, forme I n° 13, racine d'après l'étymologie de *C.Q.*, en *ar. lit.* نسع *[nasʕ]* désigne le vent du nord (Ka.), * nsʕ, ن س ع

♦ **aller vers le nord,** se dit des nomades qui se dirigent vers le nord quand commence la saison des pluies. •*Siyâd al albil nacaxo bifattucu atrôn.* Les chameliers sont montés vers le nord pour chercher du natron. •*Al-sane l almi mâ sabba katîr siyâd al mâl mâ nacaxo.* Cette année il n'a pas beaucoup plu et les éleveurs ne sont pas montés vers le nord.

nacca / yinicc *v. trans.*, forme I n° 11, * nšš, ن ش ش ⇨

♦ **quitter l'enclos, sortir en groupe,** libérer les vaches de l'enclos pour les mener au pâturage. •*Al bagar nacco min fajur.* Les vaches sont sorties de l'enclos depuis ce matin pour aller au pâturage. •*Al galâgîl nacco hatta hû gamma min al-nôm.* Les margouillats étaient déjà sortis en nombre de leur cachette au moment où il s'est réveillé (*i.e.* il s'est réveillé après le lever du soleil).

naccâd / naccâdîn *adj. n., mrph. intf.*, (*fém. naccâda*) *Cf. sa'âl*, * nšd, ن ش د

♦ **curieux (-euse), questionneur (-euse),** qui pose trop de questions. •*Xalîl naccâd min axbâr hanâ l hille.* Khalil pose toujours des questions pour avoir des nouvelles du village. •*Hî naccâda, rafîgâtha mâ bahajju kalâm sirr janbaha.* Elle est curieuse et pose trop de questions, ses amies ne parlent pas de choses confidentielles en sa présence. •*Al iyâl al-duggâg naccâdîn min al kalâm al mâ hanâhum.* Les petits enfants sont curieux et posent des questions sur des sujets qui ne les concernent pas.

naccaf / yinaccif *v. trans.*, forme II, * nšf, ن ش ف

♦ **dessécher.** •*Al-samûm yinaccif wa yi'attic al-nâdum al musâfir fî l-sêf.* Le simoun dessèche et assoiffe celui qui voyage pendant la saison sèche. •*Al-dafu fî l-nâr binaccif jism al-nâdum.* Se chauffer au feu dessèche le corps.

naccâl / naccâlîn *adj. mrph. intf.*, (*fém. naccâla*), *Cf. nacal*, * nšl, ن ش ل

♦ **voleur à la tire, pickpocket.** •*Al-rujâl dôl naccâlîn mâ tagôd janbuhum !* Ces hommes sont des voleurs, ne reste pas à côté d'eux ! •*Al-tujjâr kan câfo l-naccâlîn binâdu l bolîs.* Si les commerçants voient des voleurs à la tire, ils appellent les policiers.

naccân *n. d'act., m.*, → *naccîn.*

naccar / yinaccir *v. trans.*, forme II, * nšr, ن ش ر

♦ **échauffer les chevaux, entraîner les chevaux,** faire courir les chevaux lentement pour échauffer leurs muscles. •*Gubbâl al-sabag, al xêl binaccuruhum.* Avant la course, on échauffe les chevaux. •*Al-juwâd kan binacuruh mâ bantuh xalla walla almi.* Juste avant d'entraîner les chevaux, on ne leur donne ni mil ni eau.

naccat / yinaccit *v. trans.*, forme II, * nšṭ, ن ش ط

♦ **stimuler, activer, dégourdir, entraîner, égayer,** rendre *qqn.* vif ou de bonne humeur. •*Al-juwâd da lissâ mâ naccatoh.* On n'a pas encore dégourdi ce cheval. •*Al xine binaccit al iyâl.* Les chants stimulent les enfants.

naccax / yinaccix *v. trans.*, forme II, *Cf. nacax*, * nsˁ, ن س ع

♦ **envoyer vers le nord, conduire les bêtes au Nord.** •*Abu Zênaba naccax iyâlah be l bahâyim wa hû faddal fî l-dâmre.* Abou Zénaba a envoyé vers le nord ses enfants avec les bêtes du troupeau et est resté seul au village. •*Gubbâl al îne, kulla l baggâra yinaccuxu bahâyimhum fî l gôz.* Avant le cœur de la saison des pluies, tous les éleveurs emmènent leurs bêtes au Nord sur les terrains sablonneux.

naccîn *n. d'act., m.*, ≅ *naccân*, * nšš, ن ش ش

♦ **envoyer paître, envoi du troupeau, sortie au pâturage, renvoi,** fait d'envoyer, de pousser le troupeau à sortir pour aller au pâturage. •*Naccîn al bagar da lê l-sarhe.* Les vaches sont ainsi sorties de leur enclos pour aller au pâturage. •*Al mudîr bada be naccîn hanâ kulla l ummâl.* Le directeur a commencé par renvoyer tous les travailleurs.

nacîd / anâcîd *n. m.*, * nšd, ن ش د

♦ **hymne, chant entraînant et joyeux.** •*Al-câyib da mâ nisi nacîd hanâ zamân.* Ce vieil homme n'a pas oublié l'hymne d'autrefois. •*Iyâl al-lekkôl xanno nacîd hanâ l watan.* Les écoliers ont chanté l'hymne national.

•*Anâ simît fî l-râdyo anâcîd haluwa.* J'ai entendu de beaux chants à la radio.

nâcif 1 *n. m.*, *Cf. mukaccan, magli, muhammar*, * nšf, ن ش ف

♦ **viande cuite dans l'huile,** morceau de viande cuite à la manière d'un bifteck. •*Fî l mat'am nalgo laham nâcif.* Au restaurant, on trouve de la viande cuite dans de l'huile. •*Al-laham al-nâcif mâ yin'akil lê l-ciyâb wa l ajâyiz.* La viande cuite dans de l'huile est immangeable par les personnes âgées. •*Al mara antat laham nâcif zâd lê râjilha l-musâfir.* La femme a donné une provision de viande cuite à son mari qui partait en voyage.

nâcif 2 / **nâcfîn** *adj. mrph. part.* actif, (*fém. nâcfe*), * nšf, ن ش ف

♦ **sec (sèche).** •*Min al xarîf kammal, al-turâb bagi nâcif.* Depuis que la saison des pluies est terminée, la terre est devenue sèche. •*Fî wakt al barid, al-nâs kulluhum jilidhum nâcfîn.* En hiver, tout le monde à la peau sèche.

nâcix / **nâcxîn** *adj. mrph. part.* actif, (*fém. nâcxe*), *Cf. nacax*, * nsˁ, ن س ع

♦ **qui va au nord,** qui se déplace vers le nord. •*Fî l xarîf talga l-sêd kulla nâcix mu'arrid min al-dubbân wa l ba'ûda hint al wati.* En saison des pluies, on rencontre [tu trouves] tous les animaux de la brousse s'en allant vers le nord, fuyant les mouches et les moustiques du sud du pays. •*Da'înitna nâcxe ba'ad al usbû' al-jâye.* Notre campement provisoire se déplacera vers le nord dans une quinzaine de jours [après la semaine prochaine]. •*Amcu nâcxîn be hadduku ke, talgo mawgaf al watâyir al mâcîn Abbece.* Allez plein nord [vers le nord avec vos limites], vous trouverez la gare routière avec les voitures en partance pour Abéché.

nacra / **nacrât** *n. f.*, dans l'expression *nacrat al axbâr*, * nšr, ن ش ر

♦ **journal parlé, publication des nouvelles à la radio, bulletin d'informations.** •*Kulla l-sahâfiyîn ya'arfu yigaddumu l-nacra hint al axbâr.* Tous les journalistes savent présenter le journal parlé. •*Nacrit al axbâr hanâ amis tawîle bilhên.* Hier, le journal parlé était très long. •*Anâ nirîd nasma' al-nacrât be fajur.* J'aime écouter le bulletin d'informations à la radio le matin.

nada *n. f.*, *Cf. karany*, * ndw, ن د و

♦ **humidité du sol, rosée.** •*Fî l xarîf, mâ targud fî l-turâb acân al-nada batla' fôgak.* Pendant la saison des pluies, ne te couche pas par terre à cause de l'humidité qui te transpercera. •*Fî l xarîf, al xumâm kan ragad barra, kulla ke yabga layyin min al-nada, kan al almi mâ sabba kula.* Lorsque les affaires restent dehors pendant la saison des pluies, elles deviennent toutes mouillées à cause de la rosée, même s'il n'a pas plu.

nâda / **yinâdi** *v. trans.*, forme III, * ndw, ن د و

♦ **appeler, convoquer.** •*Al-sultân nâda Âdum wa awînah fî l-câriye.* Le sultan a convoqué Adoum et ses femmes pour le jugement. •*Nâdi lêi Ali, kan gâ'id barra !* Appelle-moi Ali, s'il est dehors ! •*Al hâkûma nâdat al-sukkân yamurgu katîrîn fî l malamma.* Le gouvernement a convoqué les habitants pour qu'ils viennent nombreux à la réunion.

nadab / **yandub** *v. trans.*, forme I n° 1, ≅ l'*inacc. yandib*, * ndb, ن د ب

♦ **appeler, désigner,** appeler *qqn.* par le nom ou le désigner du doigt. •*Hû nadab axuh be usumah acân al-nâs katîrîn.* Il a appelé son frère par son nom parce qu'il y avait beaucoup de gens. •*Al mêtir yandub al iyâl kulla yôm acân ya'rif al mâ jo.* Le maître fait l'appel tous les jours pour savoir ceux qui ne sont pas venus.

nadâfa / **nadâfât** *n. f.*, * nẓf, ن ظ ف

♦ **propreté, hygiène.** •*Al-nadâfa tatrud al marad.* La propreté chasse la maladie. •*Katîr min al marad yakrub al-nâs acân adam al-nadâfa.* Beaucoup de gens attrapent des maladies parce qu'ils manquent d'hygiène. •*Al-nadâfa muhimma lê* *ammahât al iyâl.* L'hygiène est très importante pour les mères de famille.

nadah / yandah *v. trans.*, forme I n° 12, *Cf. nazza, jamma 2*, * nḍḥ, ن ض ح

♦ **perler** (eau), **suinter, former des gouttes.** •*Al-duwâne di tandah acân jadîde.* Ce canari suinte parce qu'il est encore neuf. •*Hû ta'abân, jildah kulla yandah waxar.* Il est fatigué, tout son corps ruisselle de sueur. •*Al kôro nadahat min barra nugat nugat acân indaha glâs dâxal.* De petites gouttes perlent à l'extérieur du koro parce qu'il contient de la glace. •*Munxar al kalib tandah misil al-jerr al malân almi.* Le nez du chien suinte comme une jarre pleine d'eau.

nadal / yandil *v. trans.*, forme I n° 6, connu au *Sdn.* (*C.Q.*), * ndl, ن د ل

♦ **frapper,** frapper avec la main. •*Hû nadal axtah fî daharha, acân mâ antatah almi ajala.* Il a frappé sa sœur dans le dos parce qu'elle ne lui avait pas donné de l'eau assez vite. •*Al mara di dâyiman tandil wilêdha l-saxayar.* Cette femme frappe tout le temps son enfant. •*Hû yandil al-nuggâra min fajur nammin lê acîye.* Il frappe le tambour du matin au soir.

nâdal / yinâdil *v. trans.*, forme III, * nḍl, ن ض ل

♦ **lutter, combattre, militer.** •*Al-Tcâdiyîn nâdalo nammin ligyo l-demôxrâtiye.* Les Tchadiens ont lutté pour que vienne la démocratie. •*Al-sawri yinâdil lê watanah bala murattab.* Le rebelle combat pour sa patrie sans recevoir de salaire.

nadam *n. m.*, voir le *Syn. nadâma*, * ndm, ن د م

nadâma *n. f.*, *Syn. nadam*, *Cf. nidim*, * ndm, ن د م

♦ **regret.** •*Al akil "abu nadâma", al-ju' axêr minnah.* La faim vaut mieux qu'un repas qu'on regrette d'avoir pris. *Prvb.* •*Mâ tisawwi coxol hawân wa ba'adên tagôd lê l-nadâma !* Ne fais pas une mauvaise chose que tu regretteras par la suite ! •*Xalâs, al-nadâma mâ tanfa'.* C'est fini, c'est inutile de regretter [le regret est vain].

nâdân *n. d'act.*, → *nâdîn*, * ndw, ن د و

nadâyid *pl.*, → *nadîd.*

naddaf / yinaddif *v. trans.*, forme II, * nẓf, ن ظ ف

♦ **nettoyer, rendre propre.** •*Al yôm anâ naddaft bêti.* Aujourd'hui, j'ai nettoyé ma chambre. •*Al-daktôr naddaf al ibar hanâ l-labtân.* Le médecin a nettoyé les seringues de l'hôpital. •*Ambâkir îd, wâjib kulla mara tinaddif xacum bêtha.* Demain c'est fête, il faut que chaque femme nettoie le seuil et sa maison.

naddam / yinaddim *v. trans.*, forme II, * ndm, ن د م

♦ **faire regretter.** •*Agôd sâkit, kan karabtak ninaddimak lê hayâtak !* Reste tranquille ; si je te prends, je vais te faire regretter d'être en vie. •*Al bôlîs faracoh lahaddi naddamoh lê sirgitah.* Les policiers l'ont fouetté jusqu'à lui faire regretter son vol.

naddâra / naddârât *n. f.*, ≅ *nunêt*, * nẓr, ن ظ ر

♦ **paire de lunettes.** •*Nisît naddârti fî bêt jîrâni.* J'ai oublié mes lunettes chez mes voisins. •*Al-naddârât nô'ên, nô' wâhed lê l harray wa l ajaj, wa nô' âxar mukabbir lê l giray wa l katib.* Il y a deux sortes de lunettes, celles qui protègent du soleil et de la poussière, et celles qui ont des verres grossissants pour la lecture et l'écriture.

naddifîn *n. m.*, *Cf. naddaf*, * nẓf, ن ظ ف

♦ **nettoyage.** •*Nâs al-lamêri gammo be naddifîn hanâ l-cawâri.* Les gens de la municipalité se sont mis au nettoyage des rues. •*Al-sana di naddifîn hanâ l-labtân bigi badri.* Cette année, le nettoyage de l'hôpital a eu lieu tôt.

nadîd / nadâyid *adj.*, (*fém. nadîde*), *Cf. gadar gadar*, * ndd, ن د د ⇨

♦ **du même âge.** •*Anâ wa Ahmad nadâyid.* Ahmad et moi sommes du même âge. •*Nadîdti, lê hassâ mâ axadôha, wa anâ jibt talâte iyâl.* Celle qui a le même âge que moi n'est pas encore mariée, alors que j'ai déjà mis au monde trois enfants. •*Abbakar nidim mâ gara, nadaydah kulluhum bigo kubârât.* Abbakar a regretté de ne pas avoir étudié ; tous ceux de son âge sont devenus de grandes personnalités.

nadîf / nudâf *adj.*, (*fém. nadîfe*), * nẓf, ن ظ ف

♦ **propre.** •*Al-nâs yamcu fî l-salâ be xulgân nudâf.* Les gens vont à la prière avec des vêtements propres. •*Al-nâdum al-nadîf, kulla l-nâs birîduh.* Quelqu'un qui est propre est aimé de tout le monde. •*Al bêt nadîf misil bêt al-sultân.* La maison est aussi propre que le palais du sultan.

Nadîfe *n. pr.* de femme, *litt.* propre, bien tenue, *Cf. nadîf*, * nẓf, ن ظ ف

nâdîn *n. d'act., m.*, ≅ *nâdân*, * ndw, ن د و

♦ **fait d'appeler, convocation, proclamation, appel, invitation.** •*Nâdîn usum hanâ l iyâl al najaho fî l bakaloriya be l-râdyo.* La proclamation des noms des élèves qui ont réussi au baccalauréat se fait à la radio. •*Nâdînhum lê l-sadaxa hint al môt be l balâx.* L'invitation à venir à la place mortuaire a fait l'objet d'un communiqué radiodiffusé. •*Nadîni lêku fî bêti da, indi kalâm ni'ôruku lêyah.* Je vous ai convoqué chez moi parce que j'ai quelque chose à vous dire.

nadmân / nadmânîn *adj.*, (*fém. nadmâne*), *Cf. nidim*, * ndm, ن د م

♦ **regrettant, contrit(e).** •*Rafîgi maca bazzar gursah fî l safah wa gabbal nadmân.* Mon ami est parti gaspiller son argent en menant une vie de débauche ; il est revenu en le regrettant. •*Al-nâdum al bâ' bêtah wa ajjar, talgah nadmân.* Celui qui a vendu sa maison, et en loue une autre pour lui, le regrette.

nâdum nom, *pron.* indéfini, (*fém. nâdumay*), pour *Ibn Âdam* (fils d'Adam), pour le pluriel → *nâs*, * ’dm, ء د م

♦ **quelqu'un, une personne, homme.** •*Nâdum fî ?* Y a-t-il quelqu'un ? •*Al-nâdum da ta'arfuh wallâ ?* Connaissez-vous cette personne ?

nâdumay / nâs nom, *pron.* indéfini, *f.*, (*masc. nâdum*), * ’dm, ء د م

♦ **quelqu'une, une personne, femme.** •*Hey, yâ nâdumay, agôdi sâkit !* Hé ! toi la femme ! reste tranquille ! •*Nâdumayitki di jat walla mâ jat ?* La femme que tu attendais est-elle arrivée ou non ?

nadyân / nadyânîn *adj.*, (*fém. nadyâne*) *Cf. nada*, * ndw, ن د و

♦ **humide.** •*Al-dagîg kan nadyân mâ bilxarbal adîl.* Lorsque la farine est humide, elle ne se tamise pas bien. •*Al furâc kan nadyân, nômah mâ halu.* Il n'est pas agréable de dormir dans une literie humide. •*Al maksûr mâ birîd al xûta al-nadyân.* Celui qui a eu une fracture n'aime pas être couvert par une couverture humide.

nafa' 1 / yanfa' *v. trans.*, ≅ à l'accompli *nifi'*, forme I n° 14, * nfˁ, ن ف ع

♦ **servir à, être utile à, convenir à.** •*Wilêdi hawân, âtil, mâ yanfa' !* Mon enfant est mauvais, paresseux, c'est un bon à rien [il est inutile] ! •*Al iyâl, kan wâlafo l-sirge, mâ yanfa'o abbahâthum.* Si les enfants s'habituent à voler, ils ne serviront plus leurs parents [ils ne seront plus utiles à leur parents]. •*Amsuk martak zên, tanfa'ak !* Tiens bien ta femme, elle te sera utile ! •*Râjili xalla lêi mâl nafa'âni.* Mon mari m'a laissé un capital qui m'a bien servi.

nafa' 2 *n. m.*, * nfˁ, ن ف ع

♦ **utilité, avantage.** •*Curâb al marîse mâ indah nafa'.* Le fait de boire de la bière de mil n'a aucun avantage. •*Al-juwâd da gâ'id tirabbih nafa'ah lêk cunû ?* Tu es en train d'élever ce cheval, quel avantage en tires-tu ?

nafac / yanfuc *v. trans.*, forme I n° 1, expression *nafac rîcah fôg* [déverser sa colère sur *qqn.*] ; *Cf. maccat*, * nfš, ن ف ش

♦ **peigner.** •*Wakit nafacat sûf râsha, gamul katîr daffag minnah.* Tandis qu'elle peignait ses cheveux, de nombreux poux tombaient. •*Wilêdi barrad wa nafac râsah.* Mon fils s'est lavé et s'est peigné. •*Mâ tanfuc al gutun da janb al-duwâne !* Ne peigne pas du coton près du canari d'eau !

nafacân *n. d'act., m.*, ≅ *nafcân, nafcîn, naficîn*, * nfš, ن ف ش

♦ **peignage, coiffage,** fait de se peigner. •*Nafacân al-sûf al mâ muxassal bôja bilhên.* Peigner des cheveux quand ils ne sont pas lavés fait très mal. •*Hû indah sûf katîr lâkin mâ birîd al-nafacân.* Il a beaucoup de cheveux, mais il n'aime pas les peigner.

nafad 1 / yanfud *v. trans.*, forme I n° 1, * nfḍ, ن ف ض

♦ **secouer, enlever la poussière, palpiter.** •*Hû nafad xalagah al mu'ajjij.* Il a secoué son vêtement poussiéreux. •*Hî nafadat al biric be l mugcâce.* Elle a secoué la natte avec un balai. •*Galbi banfudni min amis.* Mon cœur palpite depuis hier.

nafad 2 *n. coll., sgtf. nafaday*, connu au *Sdn.*, * nfṭ, ن ف ط

♦ **bouton sur la peau, pustule, ampoule.** •*Al wilêd da indah nafaday kabîre fî cidigah.* Ce garçon a un gros bouton sur la joue. •*Nafad katîr marag lêyah fî wijiha wa hû aba mâ yamci l-labtân.* De nombreux boutons sont sortis sur son visage, mais il a refusé d'aller à l'hôpital.

nafadân *n. d'act., m.*, ≅ *nafdân, nafdîn, nafidîn*, * nfd, ن ف ض

♦ **fait de secouer, palpitation,** fait d'enlever la poussière en secouant, faire sauter le mil sur le van pour en ôter les impuretés. •*Nafadân al galib mâ adîl.* Ce n'est pas bien d'avoir le cœur qui palpite. •*Anâ mâ nirîd nafadân al biric acân bisawwi ajâj katîr.* Je n'aime pas secouer la natte parce que cela dégage beaucoup de poussière.

nafaday *sgtf.* de *nafad*, → *nafad 2.*

nafal / nawâfil *n. m.*, * nfl, ن ف ل

♦ **prière surérogatoire.** •*Al-salâ ba'ad al ice, nafal.* La prière que l'on fait après celle de sept heures du soir est surérogatoire. •*Kulla l-salawât ba'ad al farid nawâfil.* Toutes les prières faites après celles qui sont obligatoires sont surérogatoires.

nafar *n. m.*, * nfr, ن ف ر

♦ **race, ethnie, origine, sorte, espèce, genre, qualité.** •*Sukkân Tcâd nafarhum katîr.* Les habitants du Tchad appartiennent à de nombreuses ethnies. •*Nafari arabiye.* Je suis arabe. •*Al xulgân dôl kulluhum nafarhum wâhid.* Tous ces vêtements sont de même qualité. •*Al katkat da nafarah gawi.* Ce genre de papier est solide. •*Al xêl dôl min al-nafar al-jarray.* Ces chevaux sont des chevaux de course [sont de la race des bons coureurs].

nafas *n. m.* expression *nafas hâmi* [parole sèche, ton dur], * nfs, ن ف س

♦ **respiration, débouché, désenclavement.** •*Tcâd mâ indaha nafas fî l bahar wa da mâ baxalliha tamci giddâm ajala.* Le Tchad n'a pas de débouché sur la mer et cela ne lui permet pas de se développer rapidement. •*Inta mâla tikallim be nafas hâmi misil da lê abûk ?* Pourquoi parles-tu sur ce ton à ton père ? •*Al askar taracoh be watîr wa nafasah angata'.* Une voiture de militaires l'a renversé et il s'est évanoui.

nafas bârid expression, *litt.* souffle froid, *Ant. nafas hâmi* voir ci-dessus, * nfs, brd, ن ف س • ب ر د

♦ **parler sur un ton bienveillant, parole douce, voix tendre.** •*Al-saxîr kan bakka katîr bidôr al-tihinnis wa l kalâm be nafas bârid.* Lorsqu'un petit enfant a beaucoup pleuré, il a besoin d'être cajolé et d'entendre une parole de tendresse. •*Al mara kan tidôr coxol min râjilha, tahajji lêyah be nafas* *bârid.* Lorsqu'une femme a besoin d'obtenir quelque chose de son mari, elle lui parle sur un ton bienveillant.

nafasa / nafasât *adj. f.*, * nfs, ن ف س

♦ **accouchée, mère,** femme qui vient d'accoucher. •*Al-nafasa farhâne acân hî wildat be âfe.* La nouvelle accouchée est heureuse car elle a mis au monde son enfant en restant en bonne santé. •*Axti wa hamâti kulluhum nafasât, jâbo banât.* Ma sœur et ma belle-sœur ont toutes les deux mis au monde des filles [sont des accouchées qui ont apporté des filles]. •*Al-nafasa xalâs ambâkir subû'ha, tagdar tamrug fî giddâm bêtha.* Demain, l'accouchée en est à son septième jour, elle pourra sortir devant sa maison.

nafax / yanfux *v. trans.*, forme I n° 1, * nfh̲, ن ف خ

♦ **souffler, gonfler.** •*Xalîl nafax al hanbûba nammin darabat.* Khalil a tellement gonflé le ballon qu'il a éclaté. •*Ali, anfux al-lampa, xalli nunûmu !* Ali, souffle la lampe, nous voulons dormir ! •*Nafaxt al-nâr namman ôgadat.* J'ai soufflé sur le feu jusqu'à ce qu'il prenne.

nâfax / yinâfix *v. intr.*, forme III, * nfq, ن ف ق

♦ **être hypocrite, être insoumis(e), être arrogant(e), se rebeller, être sournois(e),** refuser de faire son devoir. •*Dungus nâfax, illa bacrab marîse wa bal'ab gumâr, lâkin al-sane di tâb, xalâs !* Doungous vivait dans l'hypocrisie, buvant de la bière et jouant au poker, mais cette année, il s'est converti. •*Al binêye di nâfaxat, mâ tasma' kalâm hanâ l-nâs al kubâr.* Cette fille est arrogante et n'écoute pas ce que disent ses parents.

nafaxa / nafaxât *n. f.*, *Cf. nafax, masârîf, kilfe*, * nfq, ن ف ق

♦ **dépenses, charge, entretien, frais,** ensemble des dépenses couvrant l'entretien d'une personne. •*Al-râjil bas mukallaf be nafaxa hint al bêt !* C'est l'homme qui est chargé de payer les charges du foyer ! •*Fâtime, min râjilha mât, hî bas mas'ûla be nafaxa hint iyâlha.* Fatimé, depuis que son mari est mort, doit subvenir aux frais d'entretien de ses enfants. •*Ra'îs al-dawla mukallaf be nafaxât al xaddâmîn.* Le chef de l'État a la charge de payer les salaires des fonctionnaires.

nafaxân *n. d'act.*, → *nafixîn.*

nafâyir *pl.*, → *nafîr.*

nafcân *n. d'act., m.*, → *nafacân.*

nafcîn *n. d'act., m.*, → *nafacân.*

nafdân *n. d'act., m.*, → *nafadân.*

nafdîn *n. d'act., m.*, → *nafadân.*

naffâca / naffâcât nom, *mrph. intf., f.*, * nfš, ن ف ش

♦ **peigne.** •*Naffâcti waddarat.* J'ai perdu mon peigne. •*Mûsa cara naffâca min al-sûg lê axuh al-saxayyar.* Moussa a acheté un peigne au marché pour son petit frère.

naffad / yinaffid *v. trans.*, forme II, * nfḍ, ن ف ض

♦ **vanner une céréale,** secouer verticalement sur le van la céréale pilée pour la séparer du son. •*Al awîn naffado l xalla min al kanfut wa xassalôha.* Les femmes ont vanné le mil pour en ôter le son et l'ont lavé. •*Naffidi l-rîs da adîl min wasaxah hatta rakkibih.* Vanne le riz pour en ôter la saleté avant de le faire cuire ! •*Al kanfâtiyât kan mâ naffado l gameh da adîl, mâ nikaffîhum gurushum.* Je ne payerai les vanneuses que lorsqu'elles auront vanné correctement le blé.

naffadân *n. d'act. m.*, ≅ *naffidîn, Cf. darrân, xarbalân*, * nfḍ, ن ف ض

♦ **deuxième vannage,** fait de secouer dans un van une céréale après l'avoir pilée pour en faire sortir le son. •*Naffadân al xalla al mukanfata bala tabag mâ yabga.* Le deuxième vannage du mil dont le son a été détaché ne peut se faire sans van. •*Al xarbalan wa l naffadân yimarrig al kanfût min al xalla.* C'est en roulant et en secouant le mil sur le van qu'on le sépare du son. •*Kan kulla coxol indah kanfût, mâ yinaddaf illa be l-naffadân.* Toute céréale ne devient propre qu'après avoir été vannée.

naffal / yinaffil *v. trans.*, * nfl, ن ف ل

♦ **prier plus que d'obligation, dire des prières surérogatoires.** •*Abui yitimm nuss al-lêl yinaffil wa yidda'i.* Mon père passe la moitié de la nuit à faire des prières surérogatoires et à égrener son chapelet. •*Naffalna rak'itên lê wijih Allah acân yarfa' minnina l waba.* Nous avons prié volontairement deux fois de suite pour la gloire de Dieu, afin qu'il éloigne de nous l'épidémie.

naffar 1 / yinaffir *v. trans.*, forme II, * nfr, ن ف ر

♦ **se grouper pour travailler ensemble, rassembler des travailleurs,** former un groupe de travailleurs pour participer bénévolement aux travaux champêtres. •*Amis rufugâni naffaro lêi fî zer'i.* Hier, mes amis se sont groupés pour travailler ensemble dans mon champ. •*Nasîbi bidôr binaffir, lâkin lissâ mâ ligi gurus yacri xanamay.* Mon beau-père veut rassembler des travailleurs pour son champ, mais il n'a pas encore trouvé d'argent pour acheter un mouton.

naffar 2 / yinaffir *v. trans.*, forme II, * nfr, ن ف ر

♦ **effaroucher, faire fuir, provoquer l'éloignement, rendre indésirable.** •*Su'âd naffarat râjilha be kalâm al-dunya.* Souade a multiplié les palabres pour que son mari s'éloigne d'elle. •*Guje naffarâni min bêtah acân kulla mâ jît lêyah bikarcim wijhah fôgi.* Goudjé m'a fait comprendre que j'étais indésirable chez lui ; chaque fois que je vais le voir, il me fait la moue.

naffas / yinaffis *v. trans.*, forme II, * nfs, ن ف س

♦ **respirer, soupirer, dégonfler, vanner le mil,** secouer le mil dans un van pour écarter les impuretés. •*Mâla tinaffis kê da ?* Pourquoi soupires-tu ainsi ? •*Al wilêd naffas tagîl wakit câf al marfa'în.* L'enfant a respiré profondément lorsqu'il a vu l'hyène. •*Naffis ajal al watîr !* Dégonfle la roue de la voiture ! •*Awîn barra binaffusu l xalla be l-rih.* Les femmes du village vannent le mil en profitant du vent.

naffâx / naffâxîn *n. m. mrph. intf.*, *Cf. nafax*, * nfh̲, ن ف خ

♦ **actionneur de soufflet, joueur d'un instrument à vent, souffleur.** •*Cûfu l wilêd da, cudûgah misil naffâx al keyta !* Regardez cet enfant : ses joues sont aussi grosses que celles d'un joueur de gaïta ! •*Al haddâd induhum iyâl naffâxîn yi'âwunûhum.* Les forgerons ont des enfants qui les aident pour actionner leurs soufflets.

naffâxa / naffâxât *n. instr.*, *mrph. intf.*, *f.*, * nfh̲, ن ف خ

♦ **soufflet en cuir.** •*Al haddâdi banfux al-nâr be l-naffâxa.* Le forgeron active le feu avec un soufflet. •*Naffâxât al haddâd bissawuhum be farwa.* Les soufflets des forgerons sont faits avec du cuir.

naffaz / yinaffiz *v. trans.*, forme II, * nfd̲, ن ف ذ

♦ **exécuter un ordre, réaliser une intention.** •*Al askari binaffiz amur hanâ kabîrah.* Le soldat exécute l'ordre de son chef. •*Kan mâ tinaffiz xarârât al-sultân baturdak min al-dâr.* Si tu n'exécutes pas les décisions du sultan, il va te renvoyer du village. •*Al fikra al xatarat lêi fî bâli di, kan gidirt naffaztaha babga lêna axêr.* Tout ira mieux pour nous si je peux réaliser cette idée qui m'est venue à l'esprit.

naffazân *n. d'act.*, *m.*, ≃ *naffizîn*, * nfd̲, ن ف ذ

♦ **exécution** d'un ordre, d'un décret. •*Xarâr hanâ l-Ra'îs naffazânah mâ gâsi.* Il n'est pas difficile d'exécuter la décision du Président. •*Al hâkûma câlat xarâr acân tarfa' al bâryêrât lâkin lê hassâ naffazânah mâ bigi.* Le gouvernement a pris la décision de lever les barrières ; mais, jusqu'à présent, cet ordre n'a pas été exécuté.

naffidîn *n. d'act., m.*, → *naffadân.*

naffizîn *n. d'act., m.*, → *naffazân.*

Nâfi *n. pr.* d'homme, → *Annâfi.*

nâfi' / nâfi'în *adj. mrph. part.* actif, (*fém. nâf'e, nâfi'e*), ≅ le pluriel *naf'în*, * nfʕ, ن ف ع

♦ **utile, efficace.** •*Al-dawa da mâ nâfi' battân mâ nista'malah.* Ce médicament n'est pas efficace, je ne l'utiliserai plus. •*Al binêye di mâ nâf'e, hî mâ ti'âwin ammaha fî l-laday.* Cette fille n'est bonne à rien, elle n'aide pas sa mère à la cuisine.

naficîn *n. d'act., m.*, → *nafacân.*

nafidîn *n. d'act., m.*, → *nafidîn.*

nafîr / nafâyir *n. m.*, le pluriel *nafâyir* est peu employé, * nfr, ن ف ر

♦ **groupe de travail, entraide, aide collective, troupe d'ouvriers agricoles,** ensemble de travailleurs attelés à une tâche commune, généralement dans les champs. •*Rujâl al hille marago kulluhum nafîr fî zere' hanâ Mustafa.* Les hommes du village sont tous sortis pour travailler ensemble dans le champ de Moustafa. •*Anâ al yôm namci nafîr hanâ rafîgi.* Je vais aujourd'hui travailler avec les autres dans le champ de mon ami. •*Tabbâ' al-nafâyir xalla zer'ah bâyir.* Celui qui se laisse entraîner par le groupe des travailleurs volontaires laissera son champ en jachère. *Prvb.* (*i.e.* il faut parfois savoir dire "non !" pour travailler à ses propres affaires).

nafis / nufûs *n. f.*, *Cf. ruh*, * nfs, ن ف س

♦ **âme, souffle, vie, personne, sexe** (par euphémisme). •*Al-nafis xâliye min al-mâl.* L'âme est plus précieuse que la fortune. •*Al-nâs bihibbu nufûshum, mâ bidôru l môt.* Les gens préfèrent rester en vie plutôt que de mourir. •*Sawwêt nafsak âliye.* Tu as rehaussé ta personne. •*Sikir bilhên, wa nafsah mâ tagdar talzam al bôl al bajiri minnah.* Il était complètement soûl, il n'était plus capable de se retenir d'uriner sur lui. •*Al-nâdum kan sawwa hâdis, waga' wa mâ baharrik, bajubduh min nafsah acân yifîx.* Lorsque quelqu'un a eu un accident, qu'il est tombé et qu'il ne bouge plus, on lui tire le sexe pour qu'il reprenne connaissance.

nafis- / nufûs- *n. f.*, joint aux *pron. pers.* suffixes *-i, -ak, -ki, -ha, -na, -ku, -hum*, exprime la réflexivité ou la réciprocité, * nfs, ن ف س

♦ **moi-même, toi-même, lui-même, elle-même, nous-mêmes, vous-mêmes, eux-mêmes.** •*Mâ taktul nafsak !* Ne te tue pas ! •*Xalli yamcu yinjammo lê nafishum !* Laisse-les aller se reposer ! •*Albase lê nafiski !* Habille-toi ! •*Hu mâ bagdar bacri xalag lê nafsah.* Il ne peut pas s'acheter un vêtement pour lui-même. •*Anîna nirîdu nafisna bilhên.* Nous nous aimons beaucoup. •*Mâ taktulu nufûsku !* Ne vous tuez pas ! •*Yicîfu nufûshum fî l-cawwâfa.* Ils se regardent dans un miroir.

Nafîsa *n. pr.* de femme, *litt.* chose précieuse, * nfs, ن ف س

nafixîn *n. d'act.*, *Cf. nafax*, * nfh̲, ن ف خ

♦ **gonflement, colère, souffle.** •*Nafixîn al-nâr di illa be l-naffâxa wallâ l hajjâja.* On active ce feu uniquement avec un soufflet ou un éventail. •*Nafixîn al batun sababah illa l akil al mâ adîl.* Les ballonnements du ventre ne sont causés que par la mauvaise nourriture. •*Hû min fajur za'alân, cîf nafixînah fî l-nâs da.* Depuis le matin il est fâché, regarde cette colère qu'il reporte sur les gens.

nafsân / nafsânîn *adj.*, (*fém. nafsâne*), * nfs, ن ف س

♦ **gourmand(e), égoïste, pique-assiette, parasite, écornifleur (-euse),** qui ne peut s'empêcher de manger tout ce qui lui semble bon. •*Al-nafsân mâ lêyah ihtirâm.* Le gourmand, on ne lui porte aucun respect. •*Jârti iyâlha nafsânîn.* Les enfants de ma voisine sont des pique-assiette. •*Allah yântîni mara mâ nafsâne.* Que Dieu me donne une femme qui ne soit pas gourmande ! •*Al wilêd da bilhên girgît, acân hû nafsân bâkul tûl al-nahâr.* Cet enfant est très gros, il ne peut pas s'arrêter de manger tout au long de la journée.

nâga / nûg *n. f.*, ≅ le pluriel *nâgât*, * nwq, ن و ق

♦ **chamelle.** •*Nâgti indaha laban katîr.* Ma chamelle a beaucoup de lait. •*Fî dôr hanâ l albil, talga xamsa jumâl bas, wa l bâgi min al miya kulla nûg.* Dans un troupeau de chameaux, on ne trouve que cinq pour cent de mâles [tu trouves cinq chameaux et le reste des cents est tout en chamelles].

Nâga *n. pr.* de femme, *Cf. nâga*, * nwq, ن و ق

naga' / yanga' *v. trans.*, * nqʕ, ن ق ع

♦ **macérer, tremper, mariner,** laisser dans l'eau longtemps pour extraire le parfum ou la couleur. •*Al karkanje kan naga', almih ahamar tcu wa hâmud.* Après avoir macéré, l'oseille de Guinée donne à l'eau une couleur rouge vif. •*Kilêmtak di dahâba naga'atni.* Ta petite phrase marine encore au fond de mon cœur ! •*Hêy, mâ tâkul al kisâr da yâbis, xalli yanga' lêk wa subb al-sukkar !* Hé ! ne mange pas les galettes sèches, laisse-les pour qu'elles macèrent et verses-y du sucre !

naga'a / nugû' *n. f.*, ≅ le pluriel *naga'ât*, * nqʕ, ن ق ع

♦ **terrain plat dénudé, plaine vide, place vide,** terrain vide, généralement argileux, inondable ou désertique. •*Naga'at al hurriye hint Abbece mâ indaha cadar.* La place de l'Indépendance [de la liberté] à Abéché n'a aucun arbre. •*Râsah amlas misil al-naga'.* Sa tête est lisse comme une plaine dénudée. •*Kan tidôr bêt, amci fî l-naga'ât al barra dôl, akrub lêk wahade minnuhum.* Si tu veux une maison, va voir les terrains vides qui sont à l'extérieur de la ville, et prends-en un pour toi. •*Al-dirêsa tugumm katîre fî l-nugû'.* Les cramcrams poussent en grand nombre dans les terrains dénudés.

naga'at al bâl nom composé, *Cf. naga'a, bâl, litt.* terrain du ballon, * nqʕ, ن ق ع

♦ **terrain de football, aire de jeu.** •*Amis, al-nâs lammo katîrîn fî naga'at al bâl yicîfu li'ib hanâ kûra.* Hier, les gens se sont rassemblés en grand nombre sur le terrain de jeu pour regarder un match de football. •*Be fajur ligo nâdum mayyit fî naga'at al bâl.* Au matin, on a trouvé le cadavre d'un homme sur le terrain de football. •*Kulla yôm ahad nal'abo bâl fî naga'at al bâl al kabîre hanâ Idrîs Mahamat Ûya.* Chaque dimanche, nous jouons au foot sur le grand terrain de football Idris Mahamat Ouya.

naga'at al-tayâra expression, *litt.* terrain de l'avion, → *naga'a*, * nqʕ, ṭyr, ن ق ع • ط ي ر

♦ **aérodrome, aéroport, piste du terrain d'aviation.** •*Kulla yôm namci be taksi fî naga'at al-tayâra nijîb al-Nasâra al-dahâbhum baju.* Tous les jours, je vais en taxi à l'aéroport pour chercher les Européens qui viennent d'arriver. •*Mâciye naga'at al-tayâra nillaga axui al-jâyi min Makka.* Je vais au terrain d'aviation accueillir mon frère qui revient de La Mecque.

naga'at al xêl expression, *litt.* terrain des chevaux, → *naga'a*, * nqʕ, ẖyl, ن ق ع • خ ي ل

♦ **hippodrome, champ de courses.** •*Naga'at al xêl fî Anjammêna, mâ mazrûba.* L'hippodrome de N'Djaména n'est pas clôturé. •*Kan tamci be naga'at al xêl, siddi ca'arki acân ajâj katîr !* Si tu passes par le champ de courses, couvre tes cheveux parce qu'il y a beaucoup de poussière !

nagac / yanguc *v. trans.*, forme I n° 1, * nqš, ن ق ش

♦ **gaufrer la meule, boucharder, piquer pour dépolir.** •*Jidditi nagacat murhâkitha lê daracân al-dacîce.* Ma grand-mère a gaufré sa meule dormante pour écraser du mil et préparer du "dachiché". •*Anguci lêi al murhâka di be l mungâr, hî wa bittaha kulla !* Apprête les deux parties de la meule en les gaufrant avec la petite pierre ronde !

nagacân *n. d'act.*, → *nagicîn.*

nagad 1 / yangud *v. trans.*, forme I n° 1, * nqḍ, ن ق ض

♦ **défaire, dénouer, relâcher.** •*Al binêye nagadat ca'arha.* La jeune fille a dénoué sa chevelure. •*Cabaktak di mâ bigat adîle, angud habîlha da min hini.* Ton filet n'est pas bien tendu, défais ce côté-ci.

nagad 2 / yangud *v. trans.*, forme I n° 1, dans les expressions *nagad al kalâm, nagad al ahad*, * nqḍ, ن ق ض

♦ **rouvrir un débat, revenir sur une décision, réveiller un palabre,** relancer une affaire. •*Al kalâm xalâs kammal wa l madlûm ja nagadah min jadîd.* L'affaire a déjà été close et le plaignant est venu la relancer. •*Mâ tangudu lêna coxol al fât xalluna ninjammo !* Ne revenez pas sur des problèmes du passé, laissez-nous nous reposer ! •*Anâ nagadt al kalâm al awwal.* J'ai réveillé un vieux palabre. •*Âhadâni yikaffî l-dên al fôgah, wa gamma nagad al ahad.* Il m'avait promis qu'il me payerait sa dette, mais il n'a pas tenu sa promesse.

nagâgîr *pl.*, → *nuggâra.*

nagah / yangah *v. trans.*, forme I n° 12, * nqḥ, ن ق ح

♦ **causer une douleur vive, affecter.** •*Idi min al warama nagahatni kê, mâ xallatni nunûm.* J'ai des élancements dans la main au point qu'hier je n'ai pas pu dormir. •*Kan râsak yangahak acarab kinnîn.* Si tu as des douleurs vives dans la tête, prends des cachets. •*Hâla hint iyâlah al gâ'idîn fôgha di, mâ nagahatah.* La situation dans laquelle vivaient ses enfants ne l'a pas affecté. •*Hurâj axawânah al-suxâr ambênâthum bilhên nagahah.* Ses petits frères se sont disputés entre eux et il en a été très affecté.

nagal / yangul *v. trans.*, forme I n° 1, * nql, ن ق ل

♦ **transporter.** •*Munazzamit "oni" nagalat akil lê l-ji'ânîn.* L'ONU a transporté de la nourriture pour les affamés. •*Yagdar yangul xumâm katîr.* Il peut transporter beaucoup de choses. •*Acta hî saxayre lâkin tagdar tangul l-sufra di fî râsha.* Achta est petite, mais elle peut transporter ce plateau sur la tête.

nâgal / yinâgil *v. trans.*, forme III, *Syn. annâgal*, * nql, ن ق ل

♦ **rapporter.** •*Hû bas nâgal al kalâm lê kabîrna.* C'est lui qui a rapporté la parole à notre chef. •*Hû binâgil al kalâmât, mâ tahajju janbah !* Il rapporte à d'autres ce qu'on dit, ne parlez pas près de lui !

nagalân *n. d'act.*, *m.*, → *nagilîn.*

nagar / yangur *v. trans.*, forme I n° 1, *Cf. darab, dagga*, * nqr, ن ق ر

♦ **frapper, jouer du tambour.** •*Al binêye nagarat axutha l-saxayre.* La jeune fille a frappé sa petite sœur. •*Jârti nagarat iyâlha kulluhum al yôm.* Aujourd'hui, ma voisine a frappé tous ses enfants. •*Al barad nagar al-tôl wa gaddadah.* La grêle a frappé les tôles et les a percées. •*Darrâbi l-nuggâra gâ'id bangur nuggartah fî l-dôray !* Le tambourinaire est en train de jouer ardemment de son tambour sur la place du village.

nagas / yangus *v. trans.*, forme I n° 1, * nqṣ, ن ق ص

♦ **diminuer, réduire, rabaisser le prix, prendre ou donner moins, réserver pour.** •*Immiti nagasat al êc wakit abui mâ fîh.* Ma marâtre a diminué la quantité de la boule, lors de l'absence de mon père. •*Al wilêd nagas laban lê abuh fî l koro.* L'enfant a réservé un peu de lait dans le koro pour son père. •*Al ajûz, sidt al bêt, nagasat ijâr hanâ buyûtha.* La vieille propriétaire a diminué le prix du loyer de ses maisons. •*Xumâmak da tamanah gâsi, angusah lêi !* Le prix de tes marchandises est élevé, fais-moi un rabais !

nagasân *n. d'act., m.,* → *nagisîn.*

nagga / yinaggi *v. trans., Cf. azzal* ; forme II, * nqy, ن ق ي

♦ **éplucher les légumes, trier les feuilles de la sauce, peler un fruit.** •*Amis naggêt agêgay asala bilhên.* Hier, j'ai épluché une canne à sucre qui était très sucrée. •*Zênaba naggat tûm lê l mulâh.* Zénaba a épluché de l'ail pour la sauce. •*Al banât naggo lêhum xadâr lê l mulah.* Les filles ont trié des légumes et des feuilles pour préparer leur sauce. •*Al-Nasâra yirîdu yinaggu gicir al-tamâtim gubbâl mâ yusubbuh fî l mulâh.* Les Européens aiment ôter la peau des tomates avant de les mettre dans la sauce.

naggac / yinaggic *v. trans.,* forme II, *intf.* ou répétitif, * nqš, ن ق ش

♦ **faire gaufrer la meule, boucharder, piquer une surface lisse, écailler.** •*Al amyâne tidôr nâdum yinaggic lêha bitt murhâkitah.* La femme aveugle désire que quelqu'un lui gaufre la petite pierre de sa meule. •*Al amburjuk naggacat wijih wilêdi.* La varicelle a abîmé le visage de mon enfant.

naggâc / naggâcât *n. m. mrph. intf., Cf. nagac,* * nqš, ن ق ش

♦ **pincette à pâtisserie, fer à pâtisserie,** instrument dont se servent les femmes pour marquer la pâte et décorer ainsi leurs gâteaux. •*Al-naggâc usum hanâ hadîday saxayre indaha sunûn, bangucu bêyah al ka'ak.* La pincette à pâtisserie est le nom donné à un petit morceau de fer dont l'extrémité est dentelée et qui sert à donner du relief aux gâteaux. •*Ya axti, anguci lêi kâki be naggâcki l-saxayyar !* Ma sœur, fais des marques en relief sur mes gâteaux avec ta pincette à pâtisserie !

naggâca / naggâcât *n. f. mrph. intf., ≅ naggâc, Syn. mungâc 2, Cf. nagac,* * nqš, ن ق ش

♦ **pierre à dépolir, boucharde,** pierre ronde qu'on tient dans la main et avec laquelle on pique les deux parties de la meule pour les rendre rugueuses. •*Al-naggâca hajar saxayyar yangucu beyah al murhâka.* La pierre à dépolir est petite et sert à piquer la meule dormante pour la rendre rugueuse. •*Naggâcât al marâhîk hajar wa naggâcât marâhîk al-tawâhîn martoyât.* On utilise des pierres à dépolir pour rénover les meules dormantes traditionnelles et des bouchardes [des marteaux] pour rénover les meules coniques des moulins.

naggal / yinaggil *v. trans.,* forme II, * nql, ن ق ل

♦ **faire transporter.** •*Al bôlîs naggalohum lê l masâjîn almi be tukk.* Les policiers ont fait transporter des touques d'eau par les prisonniers. •*Hû bidôr binaggilni xumâmah wa anâ abêt.* Il voulait me faire transporter ses affaires, mais j'ai refusé.

naggâl / naggâlîn *adj., (fém. naggâla),* * nql, ن ق ل

♦ **transporteur (-euse), rapporteur (-euse).** •*Fî hillitna indina jamal kabîr naggâl al hatab.* Dans notre village, nous avons un grand chameau qui transporte du bois. •*Mâ tahajju kalâm acîr janbah hû da naggâl al kalâm.* Ne discutez pas d'un problème secret à côté de lui, c'est un rapporteur. •*Hî rawwâxa misil al-nimle l-naggâlt al xalla.* Elle se déplace continuellement comme la fourmi qui transporte le mil.

naggat / yinaggit *v. trans.,* forme II, * nqṭ, ن ق ط

♦ **goutter, faire tomber des gouttes,** tomber goutte à goutte. •*Al almi naggat fî l biric.* Des gouttes d'eau sont tombées sur la natte. •*Uyûnah bôj'ôh naggat fôghum dawa.* Il a mal aux yeux, il s'est mis quelques gouttes de collyre.

nagic *n. m., Cf. nagicîn,* * nqš, ن ق ش

♦ **gaufrage de la meule, écaillage d'une surface lisse.** •*Nagic al murhaka di adîl, rihikna xallitna ajala.* Le gaufrage de cette meule est bien réussi, nous avons moulu très vite notre mil. •*Nagic hanâ durdur bêtna da min daribîn al banâdig.* Le mur de notre maison est tout piqué par les balles de fusil.

nagicîn *n. d'act., m.,* ≅ *nagacân, Syn. nagic,* * nqš, ن ق ش

♦ **fait de dépolir la meule, gaufrage de la meule, écaillage d'une surface lisse,** fait de dépolir la meule en la piquant avec une autre pierre pour la rendre rugueuse. •*Yâ axti, kan mâ ta'arfi l-nagicîn, mâ titallifi lêi murhâkti !* Ô ma sœur ! Si tu ne sais pas dépolir la pierre, n'abîme pas ma meule ! •*Al-nagicîn al katîr yikammil hajar al-tâhûna ajala.* Dépolir la meule du moulin trop souvent l'use très rapidement.

nagil *n. m., Cf. nagilin,* * nql, ن ق ل

♦ **transport.** •*Wazîr al-nagil mana' al watâyir al kubâr mâ yurûxu fî l xarîf.* Le ministre des Transports a interdit aux gros porteurs de circuler en saison des pluies. •*Nagil al almi fî l-bâxa sâhil min nagilah fî l-jurâr.* On transporte de l'eau plus facilement dans des bidons en plastique que dans des jarres.

nagilîn *n. d'act., m.,* ≅ *naglîn, naglân, nagalân, Syn. nagil,* * nql, ن ق ل

♦ **fait de transporter, transport.** •*Nagilîn al hatab fî l watâyir al kubâr mamnu'.* Il est interdit de transporter du bois de chauffe dans les gros porteurs. •*Nagilîn al almi sawwa lêi waja' râs.* Transporter de l'eau m'a fait mal à la tête.

nagis *n. d'act., m., Cf. nagas,* * nqṣ, ن ق ص

♦ **fait de diminuer, diminution, rabais.** •*Nagis jismah da min adam al akil.* Son rachitisme [la diminution de son corps] est dû au manque de nourriture. •*Al-tâjir da mâ ba'arif nagis fî l budâ'a lê l-zabâyin.* Ce commerçant ne fait [ne connaît] aucun rabais sur les marchandises qu'il vend aux clients. •*Nagis al-côf min abun'ijjês.* La diminution de la vue est due à la vieillesse. •*Nagis al ma'îce min gillit al matar.* La production vivrière a diminué à cause du manque de pluie.

nâgis / nâgsîn *adj. mrph. part.* actif, forme I, (*fém. nâgse*), * nqṣ, ن ق ص

♦ **incomplet (-ète), inachevé(e), diminué(e), moins** (mathématiques), qui manque. •*Al xumâm da waddoh lê sîdah nâgis.* On n'a pas apporté au propriétaire toutes ses affaires. •*Al-cuwâl da mâ malyân, nâgis.* Ce sac n'est pas plein, il est incomplet. •*Xamsa nâgis talâta yisâwi tittên.* Cinq moins trois égale deux.

nagîse *n. f.,* * nqṣ, ن ق ص

♦ **rabais, diminution.** •*Al arabiye di tamânha xâli, mâ fîh nagîse ?* Le prix de cette voiture est élevé, n'y aurait-il pas un rabais possible ? •*Kan taciri lêi katîr, nixalli lêki be nagîse.* Si tu m'achètes beaucoup de marchandises, je te ferai un rabais.

nagisîn *n. d'act., m.,* ≅ *nagsîn, nagsân, nagasân,* * nqṣ, ن ق ص

♦ **diminution, réduction, dévaluation.** •*Fî l-sinîn al warrâniyîn dôl nagisîn al amtâr xalla l-sahara tazahaf.* Ces dernières années, le manque de pluies a favorisé l'avancée du désert. •*Nagisîn al-damm fî l-jilid bisawwi lê l-nâdum dôre.* Le manque de sang dans le corps provoque des vertiges. •*Nagisîn ximt al gurus jâb lêna barjâl fî l ixtisâd.* La dévaluation a désorganisé notre économie.

naglân *n. d'act., m.,* → *nagilîn.*

naglîn *n. d'act., m.,* → *nagilîn.*

nagsân *n. d'act., m.,* → *nagisîn.*

nagsîn *n. d'act., m.,* → *nagisîn.*

nahab / yanhab *v. trans.,* forme I n° 13, * nhb, ن ه ب

♦ **piller, voler.** •*Wakit al-sûg hirig al-sarrâgîn nahabo xumâm al-dukkân.* Lorsque le marché a pris feu, les voleurs ont pillé les marchandises des magasins. •*Jârti xatarat wa nâdum wâhid min nâs irfitha ja nahab al xumâm.* Ma voisine a voyagé et une personne qu'elle connaissait est venue voler ses affaires.

nahabân *n. d'act., m.*, ≅ *nahibîn*, → *nahib*, * nhb, ن ه ب

nahale *n. coll., f., sgtf. nahalay*, * nḥl, ن ح ل

♦ **abeille.** •*Al-nahale tisawwi asal lâkin lagiyînah gâsi bilhên.* Les abeilles produisent du miel qui est très difficile à récolter [à trouver]. •*Al-Nasâra birabbu l-nahale.* Les Européens élèvent les abeilles. •*Amis al-nahale maragat fî l-sûg wa l-nâs kulluhum catto.* Hier, les abeilles ont envahi le marché et tous les gens se sont dispersés.

nahar / yanhar *v. trans., Cf. dabah*, forme I n° 13, * nḥr, ن ح ر

♦ **piquer au garrot, donner au chameau l'estocade, abattre un chameau, égorger, transpercer le cœur, affecter** (*s.-f.*), manière d'égorger un chameau en lui portant le couteau à la clavicule, au bas du cou. •*Al-jazzâri amis nahar al-jamal.* Hier, le boucher a abattu le chameau en lui donnant l'estocade. •*Yôm îd al-dahîye, al hujâj yanharo albil, wallâ tîrân, wallâ kubâca.* Le jour de la fête de la Tabaski, les pèlerins de La Mecque vont abattre des chameaux, égorger des bœufs ou des béliers. •*Kalâmak da nahar galbi.* Ce que tu m'as dit m'a beaucoup affecté [transpercé le cœur].

nahâr *n. m., Ant. lêl*, * nhr, ن ه ر

♦ **jour, journée,** temps de la clarté, de l'aube au coucher du soleil. •*Al-sarrâg daxal be nahâr gangar kê fî bêti.* Le voleur est entré de jour, aux yeux de tous, dans ma maison. •*Mahammat baxadim tûla l-nahâr.* Mahamat travaille toute la journée. •*Al-safar be nahar damân wa axêr min safar al-lêl.* C'est plus sûr de voyager le jour que la nuit. •*Tuyûsi tinên wa gata't lêhum fir'ên, da bicattit wa da bilaggit... Dôl al-nahâr wa l-lêl.* J'ai deux boucs, j'ai coupé pour eux deux branches. L'un éparpille et l'autre ramasse… C'est le jour qui fait disperser les troupeaux, par opposition à la nuit qui les rassemble. *Dvnt.*

naharân *n. d'act., m.*, → *nahirîn.*

nahâs nom de minéral, *m.*, ≅ *nihâs*, * nḥs, ن ح س

♦ **cuivre.** •*Anîna akalna ka'ak fî sufra hanâ nahâs.* Nous avons mangé des gâteaux dans un plateau en cuivre. •*Indi fundug saxayyar hanâ nahâs bi'tah min al-sûg.* J'ai un petit mortier en cuivre que j'ai acheté au marché.

nahâs asfar mot composé, *litt.* cuivre jaune, * nḥs, ṣfr, ن ح س • ص ف ر

♦ **laiton.** •*Indaha fî udunnênha xurûs mâ hanâ dahab lâkin hanâ nahâs asfar.* Elle porte des boucles d'oreilles qui ne sont pas en or mais en laiton. •*Axlabiyit al agfâl hanâ nahâs asfar.* La plupart des cadenas sont en laiton.

nâhas / yinâhis *v. intr.*, forme III, *Cf. nihis*, * nḥs, ن ح س

♦ **s'entêter, désobéir, provoquer le malheur, s'agiter, s'exciter, se chamailler,** n'en faire qu'à sa tête et provoquer le malheur. •*Al wilêd nâhas wa kasar îdah.* L'enfant n'en a fait qu'à sa tête et s'est cassé le bras. •*Al iyâl mâ tinâhusu fî l-câri, watîr yatrucku !* Les enfants, ne vous excitez pas dans la rue en courant n'importe où, une voiture pourrait vous renverser !

nahâsa *n. f.*, * nḥs, ن ح س

♦ **entêtement, turbulence, agitation,** comportement insupportable. •*Al-nahâsa xidime hint al iyâl.* Être insupportable est le propre [travail] des enfants. •*Al-nahâsa mâ adîle acân hî no' min gillit al adab.* L'entêtement n'est pas bon, il relève d'un manque d'éducation. •*Martah al-jadîde jat be l-nahâsa.* Sa nouvelle femme est arrivée, apportant avec elle une turbulente agitation.

nâhat / yinâhit *v. intr.*, forme III, * nḥṭ, ن ح ط

♦ **haleter, être essoufflé(e), respirer avec effort, reprendre son souffle.** •*Al-dûd taradah, hû jara wa wigif binâhit.* Le lion l'a poursuivi, il a couru puis s'est arrêté pour reprendre son souffle. •*La''âbîn al kûra binâhutu katîr min ciddit al-jari.* Les joueurs de football halètent à cause de l'intensité de la course qu'ils doivent mener.

nâhatân *n. d'act., m.*, ≅ *nâhitîn*, *Syn. munahata*, * nhṭ, ن ه ط

♦ **halètement, essoufflement.** •*Hû birîd al-nâhatân kan jara ciya kula.* Il a tendance à être essoufflé, même lorsqu'il n'a pas beaucoup couru. •*Hû nâhatânah misil hanâ l-juwâd.* Il halète comme un cheval.

nahhâb / nahhâbîn *adj. mrph. intf.*, (*fém. nahhâba*), *Cf. sarrâg*, * nhb, ن ه ب

♦ **pillard(e), voleur (-euse), ravisseur (-euse).** •*Al-nahhâb haddad al mara wa câl gurusha.* Le voleur a menacé la femme et pris son argent. •*Fî l-sûg fakkuru lê xumâmku min al-nahhâbîn !* Au marché, faites attention à vos affaires, mettez-les à l'abri des pillards ! •*Hassâ al awîn kula bigo nahhâbât.* A présent, même les femmes deviennent des voleuses. •*Al-nahhâbîn bicîlu l iyâl wa yisawwuhum abîd wallâ xadîm.* Les ravisseurs prennent les enfants et en font des esclaves.

nahib *n. m.*, *Cf. sirge*, *Syn. nahabân, nahibîn*, voir ci-dessous l'expression *nahib al musallah*, * nhb, ن ه ب

♦ **pillage, vol à main armée.** •*Hû da kan ticîfah zôl adîl, lâkin xidimtah illa l-nahib.* Si tu le vois, il paraît très sérieux ; en réalité il ne fait que piller [son travail n'est que pillage]. •*Axlabiyit al iyâl bi'arrudu min al madâris wa bagôdu fî l-cawâri lê l-nahib bas !* La plupart des enfants fuient les écoles et ne restent dans les rues que pour piller ! •*Al fawda jâbat al-nahib al musallah fî l âsima.* Le désordre est la cause des vols à main armée qui ont lieu dans la capitale.

nahibîn *n. d'act., m.*, → *nahabân.*

nahîf / nahîfîn *adj.*, (*fém. nahîfe*), ≅ le pluriel *nuhâf*, * nḥf, ن ح ف

♦ **maigre, chétif (-ve), mince.** •*Al wilêd da nahîf mâ bagdar bal'ab ma'â l iyâl al gadurah.* Ce garçon est chétif, il ne peut pas jouer avec les enfants de son âge. •*Mâlki bigîti nahîfe, miridti wallâ ?* Pourquoi es-tu devenue chétive, as-tu été malade ?

nahirîn *n. d'act., m.*, ≅ *naharân*, → *nahar*, * nḥr, ن ح ر

♦ **estocade, fait de piquer au garrot,** coup de poignard porté au garrot du chameau. •*Anâ mâ nidôr nahdar fî wakit al-nahirîn hanâ l-jamal acân côfah mâ sameh.* Je n'aime pas assister au moment où l'on pique le chameau au garrot parce que ce n'est pas beau à voir. •*Al-nahirîn mâ babga illa be sakkîn tawîle wa tarîne.* On ne peut donner l'estocade qu'avec un couteau long et tranchant.

nâhitîn *n. d'act., m.*, → *nâhatân.*

naja / najât *n. f.*, *Cf. najja*, * njw, ن ج و

♦ **salut, délivrance, terme,** ce qui met fin à une situation mortifère. •*Al-naja min al harb illa be l musâlaha.* La guerre ne peut s'arrêter qu'avec la réconciliation. •*Al âfe naja min al marad.* La santé est ce qui nous délivre de la maladie. •*A'abid Allah, talga l-naja min al-nâr !* Adore Dieu, tu seras délivré du feu de l'enfer !

najâda *n. f.*, métathèse dans la racine, * ndj, ن ض ج

♦ **ruse, débrouillardise.** •*Najâdt al ba'côm katîre min hint al marfa'în.* Le chacal est beaucoup plus rusé que l'hyène. •*Kan al-sahi mâ accak kula al-najâda tagdar ti'accik !* Si la vérité ne te donne pas de quoi dîner, la ruse le pourrait. *Prvb.*

najadân *n. d'act., m.*, → *najidîn.*

najah / yanjah *v. trans.*, forme I n° 12, * njḥ, ن ج ح

♦ **réussir.** •*Wilêdha mâ najah acân hû mâ gara fî l bêt.* Son enfant n'a pas réussi parce qu'il n'a pas étudié à la maison. •*Ya binêyti, kan najahti fî l imtihân naciri lêki môto !* Ma fille, si tu réussis à ton examen, je t'achèterai une moto ! •*Al-tijâra najahat ma'âyah.* Il a réussi dans le commerce [le commerce a réussi avec lui].

najâh *n. m.*, * njḥ, ن ج ح
♦ **réussite, succès.** •*Fîyah firxa hanâ riyâda fî l âsima usmha al-najâh.* Il y a un club de sport dans la capitale dénommé "le succès". •*Al-sana najâhna fî l imtihân indah cakak.* Cette année, nous doutons de notre réussite à l'examen.

najar / yanjur *v. trans.*, forme I n° 1, * njr, ن ج ر
♦ **sculpter, tailler, bêcher.** •*Hû maca fî jinêntah wa najar ûd lê fâsah.* Il est parti dans son jardin et a taillé un morceau de bois pour sa hache. •*Al haddâdi najar lêi gadah wa fundug.* Le sculpteur sur bois m'a sculpté un bol et un mortier. •*Gubbâl mâ titêrib, anjur al-turâb hanâ jinêntak !* Avant de planter, bêche la terre de ton jardin !

najarân *n. d'act.*, → *najirîn.*

najâsa / najâsât *n. f.*, * njs, ن ج س
♦ **souillure, impureté.** •*Xalagak da indah najâsa mâ wâjib lêk tamci beyah fî l-jâmiye.* Tu ne dois pas aller à la mosquée avec ce vêtement souillé. •*Ta'âlu nunûmu hini al baḳân da sameh, mâ indah najâsa !* Venez, nous allons dormir ici, cet endroit est propre, il n'y a pas de saleté !

najât *pl.*, → *naja.*

Najât *n. pr.* de femme, *litt.* délivrance, salut, * njw, ن ج و

najayân *n. d'act.*, ≅ *najiyîn*, * njw, ن ج و
♦ **salut, délivrance, fait de sauver, fait de délivrer,** fait d'échapper à un destin funeste. •*Xalli l kalâm al katîr, sawwi kalâm najayânak !* Arrête ton bavardage, dis une parole qui puisse te sauver ! •*Najjiyîn al-nadûm min al-jahal illa be l giray.* Seule l'étude peut sauver quelqu'un de l'ignorance.

Najîb *n. pr.* d'homme, *litt.* noble, excellent, généreux, * njb, ن ج ب

najîd 1 / nujâd *adj.*, (*fém. najîde*), employé aussi dans l'expression *kalâm najîd* (voir ci-dessous), *Cf. nijid*, * nḍj, ن ض ج
♦ **mûr(e), cuit(e), vrai(e), juste, solide, sûr(e).** •*Al mangay di najîde bilhên.* Cette mangue est très mûre. •*Al-laham najîd adîl.* La viande est bien cuite. •*Al-rujâl bugûlu : al awîn mâ induhum kalâm najîd.* Les hommes disent que la parole des femmes n'est jamais sûre. •*Cunu bigi lêk ? Gûl lêi kalâm najîd, anâ mâ nidôr al kalâm al-neyy.* Dis-moi au juste ce qui t'est arrivé, je n'aime pas les mensonges.

najîd 2 / nujâd *adj.*, (*fém. najîde*), métathèse dans la racine, *Ant. awîr*, * nḍj, ن ض ج
♦ **éveillé(e), malin (maligne), dégourdi(e).** •*Nidôr nitcâtci lê wilêdi namci l-sûg, lâkin hû bigi najîd mâ yixallịni.* J'ai essayé de tromper mon enfant pour aller au marché sans lui, mais il est malin et ne me quitte pas. •*Al iyâl al bamcu l-lekôl hummân nujâd acân râshum fâtih.* Les enfants qui vont à l'école sont éveillés parce qu'ils sont instruits.

najidîn *n. d'act.*, *m.*, ≅ *najadân*, *Cf. nijid*, * nḍj, ن ض ج
♦ **cuisson.** •*Najidîn al mulâh da mâ ajala anâ nidôr mâci bêtna.* La cuisson de cette sauce n'est pas rapide, je veux aller chez moi. •*Najidîn al-câhi mâ bidôr wakit tawîl.* La préparation [cuisson] du thé ne prend pas beaucoup de temps.

najir *n. d'act.*, → *najirîn.*

najirîn *n. d'act.*, *m.*, ≅ *najarân*, *Syn. najir*, * njr, ن ج ر
♦ **sculpture, bêchage, fait de retourner la terre.** •*Najirîn al-jinêne fî l-sêf gâsi !* Bêcher le jardin pendant la saison sèche, c'est dur ! •*Hû bagdar lê najirîn al fanâdig wa l gudhân be l farrâr.* Il sait sculpter les mortiers et les gros bols en bois avec une petite hache.

najiyîn *n. d'act.*, → *najayân.*

najja 1 / yinajji *v. trans.*, forme II, *Cf. niji*, * njw, ن ج و ⇨

♦ **sauver de, protéger de, garder contre.** •*Allah yinajjina min kaffârit Ramadân !* Que Dieu nous préserve de transgresser la loi pendant le Ramadan ! •*Al-dakâtîr bigo sabab najjôna min al marad al katîr.* Les médecins nous ont sauvés de beaucoup de maladies. •*Al-sange najjatna min al ba'ûda.* La moustiquaire nous a protégés des moustiques.

najja 2 / yinajji *v. intr.*, forme II, *Cf. zawwal*, * njw, ن ج و
♦ **se purifier,** se laver et s'essuyer avec avoir satisfait ses besoins naturels, accomplir le rite de purification des organes sexuels avant la prière. •*Allim saxîrak yinajji kan daxal wara-bêt.* Apprends à ton fils à se purifier après être allé aux toilettes. •*Ba'ad al-nâs al bisayyiru fî l-câri mâ binajju.* Il y a certaines personnes qui urinent dans la rue et ne se purifient pas.

najjad 1 / yinajjid *v. trans.*, forme II, *Cf. nijid*, * nḍj, ن ض ج
♦ **faire cuire, faire mûrir.** •*Al mara najjadat lê dîfânha jidâde samîne wa maragatha lêhum.* La femme a fait cuire une grosse poule pour ses hôtes et la leur a donnée. •*Al-sâbne di najjadat lêna l kirêb ajala.* Cette période d'interruption de la pluie fera mûrir très rapidement le fonio sauvage .

najjad 2 / yinajjid *v. intr.*, forme II, * nḍj, ن ض ج
♦ **vérifier, s'assurer, contrôler la véracité,** s'assurer de la vérité de quelque chose. •*Simi' xabar fî l-râdyo amis wa hassâ mâci binajjid minnah.* Il a appris une nouvelle à la radio et vient de partir pour s'en assurer. •*Gubbâl mâ yinajjid min al-sim'a ke fât dâwas al-râjil da wa katalah.* Avant de vérifier la véracité de ce qu'il avait entendu, il est parti se battre avec cet homme et l'a tué.

najjad 3 / yinajjid *v. trans.*, forme II, *Cf. arrag, caddar*, * njd, ن ج د
♦ **se prémunir contre, se protéger contre,** assurer son corps contre toutes les forces qui peuvent le faire mourir, par les bains ou l'absorption de potions magiques. •*Wâjib tinajjid jildak min al hadîd wa l-sihir.* Il faut que tu te protèges contre les armes et les poisons. •*Hû najjad jildah be cadar murakkab burâm burâm wa bê da mâ yaxâf min samm al-dabîb wa l hadîd wa l-sihir.* Il a bu et s'est lavé avec des décoctions de racines ; de pleines marmites y sont passées ; il s'est prémuni ainsi contre le venin de serpent, les armes et les poisons.

najjâda *n. f.*, *Cf. nijid*, * nḍj, ن ض ج
♦ **prémices, premier mil, mil précoce,** nom d'une espèce de sorgho qui croît et mûrit en quarante jours. •*Al-najjâda hî dugâga min al bêrbere wa tanjad ajala gubbâl al xalla l âxara.* Le sorgho précoce est plus petit que le sorgho rouge et mûrit plus vite que les autres variétés de mil. •*Al harrâtîn birîdu bitêribu l-najjâda acân tafruj ajala ke wa tiwaddir al-ju'.* Les cultivateurs aiment semer le mil précoce parce qu'il éclôt vite et qu'il enraye la famine.

najjadân *n. d'act., m.*, → *najjidîn.*

najjâr / najjârîn *n. m.*, * njr, ن ج ر
♦ **sculpteur, charpentier.** •*Al-najjâr kula haddâdi bas.* Le sculpteur sur bois appartient aussi à la caste des forgerons. •*Najjâr al gudhân da indah irfe katîre fî coxol âxar kula.* Ce sculpteur de bols en bois a beaucoup de connaissances dans de nombreux autres domaines.

najjâra / najjârât *n. instr., mrph. intf., f.*, * njr, ن ج ر
♦ **herminette,** outil composé d'une lame de fer recourbée, utilisé pour sculpter le bois. •*Najjâra hanâ l haddâdi tanjur adîl.* L'herminette du forgeron sculpte bien le bois. •*Al-najjâra âla hint nijâra, al-rujâl bas baxdumu bêha.* L'herminette est un instrument de sculpture, seuls les hommes l'utilisent.

najjas / yinajjis *v. trans.*, forme II, * njs, ن ج س ⇨

♦ **souiller, salir.** •*Al bôl najjas xalagi.* L'urine a souillé mon vêtement. •*Al-râjil al-sakrân bâl fî l biric wa najjasah.* L'homme ivre a uriné sur la natte et l'a souillée.

najjasân *n. d'act., m., →* *najjisîn.*

najjidîn *n. d'act., m.,* ≅ *najjadân,* * nḍj, ن ض ج

♦ **cuisson, maturation,** fait de cuire. •*Najjidîn al-câhi bidôr irfe.* La cuisson du thé suppose une certaine compétence. •*Najjidîn al êc wa l mulâh baxalb al awîn al xunub.* La cuisson de la boule et de la sauce dépasse les capacités des femmes qui ne sont pas ordonnées. •*Najjidîn al xadâr wa l fawâkih bidôr harray.* Il faut du soleil pour faire mûrir les fruits et les légumes.

najjisîn *n. d'act., m.,* ≅ *najjasân,* * njs, ن ج س

♦ **souillure, fait de souiller.** •*Najjisîn hanâ bakân al ibâda mâ sameh.* Ce n'est pas bien de souiller le lieu d'adoration. •*Anâ mâ nidôr najjisîn al bakân da.* Je ne veux pas de souillure à cet endroit.

najjûr *n. m., Cf. najar, lîhe,* * njr, ن ج ر

♦ **écorce ôtée de l'arbre.** •*Al-caddâra induhum najjûr bidâwi kulla marad.* Les guérisseurs ont des écorces qui soignent toute sorte de maladies. •*Amci, tihit al-cadaray dîk kan ligit najjûr, jîbah ni'ôgudu duxxân lê l bagar !* Va sous cet arbre là-bas ; si tu trouves des écorces, rapporte-les ; nous les brûlerons pour faire de la fumée qui éloignera les insectes des vaches !

najma / nujûm *n. f.,* ≅ *najme, najmay, nujumay,* * njm, ن ج م

♦ **étoile.** •*Anâ cift al-nujûm gubbâlak.* J'ai vu les étoiles avant toi (*i.e.* je suis plus âgé que toi !). •*Al-sahab xatta l-nujûm.* Les nuages ont caché les étoiles. •*Inti di samhe misil al-najma.* Toi, tu es belle comme une étoile. •*Ba'ad al harray waga'at, kan sangêt ticîf najmay kabîre.* Après le coucher du soleil, si tu regardes en l'air, tu verras une grosse étoile. •*Wade'i sabbêtah, gammêt mâ ligîtah... Dôl al-nujûm.* J'ai posé mes cauris, je me suis réveillé et ne les ai plus trouvés… Ce sont les étoiles. *Dvnt.* •*Carrêt xalliti fî l-lêl wa gammêt fajur mâ ligîtha... Dôl al-nujum.* J'ai étendu mon mil sur la natte pour qu'il sèche la nuit, et le matin quand je me suis réveillé, je ne l'ai pas retrouvé… Ce sont les étoiles. *Dvnt.*

Najma *n. pr.* de femme, *Cf. najma,* * njm, ن ج م

najmay *n. f., → najma,* * njm, ن ج م

najûd *n. m., Cf. nijid,* * nḍj, ن ض ج

♦ **maturation, mûrissement, cuisson.** •*Nigabbil al-dâr acân da wakit najûd al bêrbere tamma.* Je retourne au pays parce qu'est venu le temps de maturation du berbéré. •*Al barday al-sane di axxarat najûd al-tamur.* Cette année, le froid a retardé le mûrissement des dattes. •*Najûd al-laham al adîl mâ yukûn illa fî l-jamur.* La viande n'est vraiment bien cuite que sur de la braise.

Najwa *n. pr.* de femme, *litt.* secret confié, confidence, * njw, ن ج و

nakar / yankur *v. intr., Cf. jazam, haran* ; forme I n° 1, ≅ à l'accompli *nikir,* * nkr, ن ك ر

♦ **refuser, nier, désavouer, démentir.** •*Al-râjil da nakar, mâ yaxadim.* Cet homme refuse de travailler. •*Al mara nakarat mâ tisâmih darritha.* La femme a refusé de pardonner à sa coépouse. •*Xêl wâhidîn baharnu, bankuru takke mâ baharruku illa yafurcuhum be sôt.* Il y a des chevaux rétifs qui refusent absolument de bouger et qui ne marchent qu'à la cravache. •*Akal mâl abûna wa wakit jâbo giddâm al mahkama nakar marra wâhid.* Il a gaspillé le bien de notre père et lorsqu'on l'a amené au tribunal, il l'a nié catégoriquement.

nakarân *n. d'act., m., → nakirîn.*

nakat / yankut *v. trans.*, *Cf. bahhat, hafar* ; forme I n° 1, * nqṯ, ن ق ث

♦ **déterrer, ôter une couche de terre, creuser,** ôter la terre qui recouvre quelque chose, dégager la terre ou le sable. •*Ambâkir nankut nugura lê cadarayti.* Demain, je creuserai un trou pour planter mon arbre. •*Nakkato nugâr lê magan al bêrbere.* Ils ont creusé des trous pour repiquer le berbéré. •*Al katerpila nakatat al-cawâri.* La niveleuse a dégagé la terre des rues.

nâkir / nâkirîn *adj. mrph. part.* actif, (*fém. nâkire*), voir ci-dessous l'expression *nâkir al-jamîl*, * nkr, ن ك ر

♦ **qui refuse, qui nie, ingrat(e).** •*Al binêye di nâkire min kalâmha l amis gâlatah.* La jeune fille refuse de reconnaître ce qu'elle a dit hier. •*Hû nâkir al-sirge l xattoha fôgah.* Il refuse de reconnaître le vol qu'on lui attribue. •*Burma nisi l-zên al-nâs al-sawwoh lêyah : wallâhi hû da zôl nâkir al-jamîl !* Bourma a oublié tout le bien que les gens lui ont fait, par Dieu, c'est un ingrat !

nakirîn *n. d'act., m.*, ≅ *nakrîn, nakrân, nakarân,* * nkr, ن ك ر

♦ **fait de nier, fait de refuser.** •*Hû bahajji wa birîd al-nakirîn.* Il parle et a tendance ensuite à nier ce qu'il a dit. •*Mâ ticîl kalâmah acân hû muwâlif be l-nakirîn.* Ne prends pas sa parole au sérieux parce qu'il a l'habitude de se contredire.

nakitîn *n. d'act., m.*, ≅ *nakatân,* * nqṯ, ن ق ث

♦ **fait de creuser, creusement, creusage, curage.** •*Al-sane, nakitîn al kânifôyât ta''ab nâs al mêri.* Cette année, le curage des caniveaux a donné beaucoup de peine aux agents de la mairie. •*Al katarpila cadîde fî nakitîn al-turâb.* Le bouteur est très puissant pour creuser la terre.

nakkal / yinakkil *v. trans.*, forme II, *Cf. baxxad,* * nkl, ن ك ل

♦ **intimider, faire craindre, faire redouter, éloigner de.** •*Faricîn al wilêd giddâm rufugânah nakkal lêyah al giray.* Parce qu'il a été fouetté devant ses amis, l'enfant craint maintenant d'étudier. •*Al wahada hârre lê Kaltûma, tinakkil lêha ga'idîn al bêt.* La solitude est très dure à supporter pour Kaltouma, elle lui fait redouter de rester à la maison. •*Hû bikaccir lê l iyâl nammin nakkalâhum min al bêt.* Il a été tellement sévère envers les enfants qu'il les a éloignés de la maison.

nakkalân *n. m.*, *Cf. nakkal,* ≅ *nakkilîn,* * nkl, ن ك ل

♦ **menace, intimidation, éloignement,** fait de reculer ou de s'abstenir de faire *qqch.* par peur ou par crainte d'un ennemi. •*Al hurâj al katîr bijîb al-nakkalân.* Faire trop de reproches à quelqu'un l'éloigne de toi. •*Nakkalânak lê l iyâl da bixallihum bakrahôk.* Ta manière de terroriser les enfants explique le fait que maintenant ils te haïssent.

nakkar / yinakkir *v. trans.*, forme II, * nkr, ن ك ر

♦ **éloigner, renvoyer, répudier.** •*Kalâmak al fasil da nakkar axawânak minnak.* Tes mauvaises paroles ont chassé tes frères. •*Hû nakkar iyâl axûh be l-ta'ab.* Il a fait fuir les enfants de son frère en leur demandant d'accomplir des travaux pénibles. •*Al gaddifîn nakkarâni carrâb al kinnîn.* Les vomissements m'empêchent de prendre de la nivaquine. •*Min ciddit kacartah nakkar al-nâs min bêtah.* Il est tellement sévère que les gens n'osent plus aller chez lui.

nakkas / yinakkis *v. intr.*, forme II, connu au *Sdn.* (*C.Q.*), * nks, ن ك س

♦ **sauter, sursauter, ruer,** se dit d'une monture qui veut se débarrasser de son cavalier. •*Al humâr nakkas bêk acân inta jaxxêtah fî nâytah.* L'âne a sauté avec toi pour te jeter par terre parce que tu l'as surpris en lui cognant le flanc. •*Tôri dalûl misil al watîr, mâ binakkis.* Mon bœuf est docile comme une voiture, il ne saute jamais.

nakkat / yinakkit *v. trans.*, forme II, * nqt, ن ق ت

♦ **faire des trous, creuser partout.** •*Al wata bigat hâmiye wa l kalib nakkat al bêt.* Il fait chaud et le chien a creusé des trous partout dans la concession. •*Fî l-zere', al abu binakkit wa l iyâl bitêribu.* Au champ, le père prépare les trous et les enfants sèment. •*Nâs al-lamêri nakkato kanifôyât gubbâl al xarîf.* Les gens de la municipalité ont creusé des caniveaux avant l'arrivée de la saison des pluies.

nakrân *n. d'act., m.,* → *nakirîn.*

nakrîn *n. d'act., m.,* → *nakirîn.*

naksi / ankisa *n. m.,* ≅ le pluriel *naksiyât*, * nqṣ, ن ق ص

♦ **short, culotte courte.** •*La''âbîn al kûra balbaso fanâyil gusâr wa ankisa.* Les joueurs de football sont habillés d'un maillot court et d'un short. •*Zâman iyâl al-lekkôl bilabbusûhum ankisa wa camâyic.* Autrefois, les écoliers étaient habillés d'une culotte courte et d'une chemise. •*Al-naksi balbasoh fî l-riyâda bas.* On ne met un short que pour faire du sport.

nakûr / nakûrîn *adj., (fém. nakûra), Ant. dalûl*, * nkr, ن ك ر

♦ **distant(e), solitaire, sauvage, farouche,** qui refuse la familiarité. •*Al-tôr kan mâ xasi nakûr.* Le taureau non castré est solitaire. •*Al-wilêd al-nakûr mâ bidôr al-nâs.* L'enfant farouche n'aime pas les gens. •*Al-nâga l-nakûra ramat lêna l xumâm.* La chamelle sauvage a renversé nos affaires.

nâm / yunûm *v. intr.*, forme I n° 4, * nwm, ن و م

♦ **dormir, sommeiller, s'endormir.** •*Fî l-Ramadân Ahmad bunûm tihit al-cadar.* Pendant le Ramadan, Ahmat dort sous les arbres. •*Al yôm nunûmu fî l-lugdâbe.* Aujourd'hui, nous dormirons sous l'abri. •*Askut, axûk gâ'id bunûm !* Tais-toi, ton frère est en train de s'endormir !

namlîye / namliyât *n. f., Cf. nimle*, * nml, ن م ل

♦ **grillage fin, grillage moustiquaire.** •*Al-namlîye hî hadîd rugâg mulawlaw misil al-cabaka, bisawwu beha cabâbîk wa bîbân.* Le grillage moustiquaire est en fil de fer très fin entrecroisé comme un filet, on l'utilise pour les fenêtres et les portes. •*Al-namliye bissawûha saffay lê l-câhi.* Avec du grillage très fin, on fait des passoires pour le thé.

namma *invar.,* → *damman.*

nammal 1 / yinammil *v. intr.*, forme II, * nml, ن م ل

♦ **avoir un cancer, avoir un pied de Madura,** cancer du pied provoqué par une épine. •*Rijil Dungus nammalat wa sawwat uwâra kabîre.* Le pied de Dungus a un cancer qui a provoqué une grande plaie. •*Hû nammal fî rijilah acân zamân côkay ta'anatah.* Il a un cancer au pied parce qu'autrefois une épine l'a piqué.

nammal 2 / ninammil *v. intr.*, forme II, xidir, * nml, ن م ل

♦ **ressentir des fourmillements, éprouver des picotements.** •*Rijilêni nammalo acân hakkart katîr.* J'ai des fourmis dans les jambes parce que je suis resté longtemps assis en tailleur. •*Îdi, wassadtaha lê rasî, wa hassêt bêha nammalat.* Je me suis servi de mon bras pour reposer ma tête, et je ressens des fourmillements. •*Kan tagôd rijilênak mutabbagât yinammulu lêk.* Si tu restes avec les jambes repliées sous ton corps, tu érpouveras des picotements.

nammâla / nammâlât *adj. n. f. mrph. intf.*, inusité au masculin, * nml, ن م ل

♦ **glaneuse,** femme qui creuse les fourmilières pour y recueillir, en temps de famine, les graines enfouies par les fourmis. •*Wakt al-ju' jâ, marit abûk macat nammâla.* C'est la famine, la femme de ton père est partie recueillir les graines des fourmilières. •*Al-sana l fâtat al-dûd tarad al-nammâlât min al kadâde.* L'an passé, le lion chassait de la brousse les femmes qui déterraient les graines des fourmilières.

nammalân *n. d'act., m.*, → *nammilîn.*

namman *invar.*, → *damman.*

nammilîn *n. d'act., m.*, ≅ *nammalân*, * nml, ن م ل

♦ **fait d'avoir un cancer.** •*Al-nammilîn marad bôja bilhên.* Le cancer du pied fait très mal. •*Al-nammilîn tisabbibah ta'in al-côk.* Le cancer du pied est provoqué par des piqûres d'épines.

nammin *invar.*, → *damman.*

namnam *n. coll., qdr., sgtf. namnamay*, *Cf. hibin*, * nmnm, ن م ن م

♦ **acné, bouton sur le visage.** •*Al wilêd da indah namnamay fî wijihah.* Ce garçon a un bouton sur le visage. •*Al binêye di xalâs kalafat, acân al-namnam marag katîr fî wijihha.* Cette fille est déjà adulte, elle a beaucoup de boutons d'acné sur le visage.

nâmûs *n. coll., m., sgtf. nâmûsay*, moins employé que *amba'ûda* (moustique), *Cf. ba'ûda*, * nms, ن م س

♦ **moustique, moucheron, petits insectes volants.** •*Fî l xarîf al baggâra mâ birîdu yagôdu wati acân al-namûs katîr.* En saison des pluies, les éleveurs n'aiment pas rester au Sud à cause du grand nombre de moustiques. •*Al-duxxân baturd al-namûs min al bahâyim.* La fumée éloigne les insectes des bêtes du troupeau.

nâna *n. vég., f.*, * nʕnʕ, ن ع ن ع

♦ **nom d'une plante aromatique, menthe poivrée, Mentha piperita (L.),** famille des Labiées. •*Al-nâna busubbuh fî l-câhi.* On met de la menthe dans le thé. •*Axui maggan lêna nâna fî giddâm bêtna.* Mon frère a repiqué pour nous de la menthe devant notre maison. •*Ciribna câhi be nâna.* Nous avons bu du thé à la menthe.

Nâna *n. pr.* de femme, surnom donné d'abord à une petite fille, *Cf. nâna*, * nʕnʕ, ن ع ن ع

nandal / yinandil *v. intr.*, forme II, connu au *Sdn.* (*C.Q.*), * ndl, ن د ل

♦ **être jaloux (-ouse) de.** •*Al mara di nandalat lê darritha.* Cette femme est jalouse de sa coépouse. •*Mahammat nandal acân abuh birîdah lê axuh al-saxayyar.* Mahammat est jaloux parce que son père aime son petit frère.

nandâli / nandâlîn *adj.*, (*fém. nandâliye*), *Cf. nandal*, * ndl, ن د ل

♦ **jaloux (-ouse).** •*Marti nandâliye mâ tixallîni nahajji ma'â mara hî mâ ta'arifha.* Ma femme est jalouse, elle ne me laisse pas parler avec une femme qu'elle ne connaît pas. •*Marit jâri nandâliye bilhên mâ taxalli râjilha bamrug fî l-lêl.* La femme de mon voisin est très jalouse, elle ne le laisse pas sortir la nuit.

nang-nang / yinang-ning *v. intr.*, forme II.

♦ **murmurer, grogner, bougonner, grommeler, marmonner.** •*Mâ tinang-nungu, hajju fôg !* Ne murmurez pas, parlez à haute voix ! •*Al mara tinang-ning dâxal fî bêtha mâ na'arfu cunû sawwâha.* La femme bougonne chez elle, on ne sait pas ce qui lui est arrivé. •*Al mêtir mâ birîd al iyâl kan binang-nungu fî l klâs.* Le maître n'aime pas que les élèves bougonnent en classe. •*Jidditi amsanang-nang, gâ'ide tihit al-sarîr tinang-ning... Di l merîse.* Ma grand-mère marmonne sous le lit, elle grommelle… C'est la bière de mil. *Dvnt.*

Nanniya *n. pr.* de femme, *Cf. Nâna.*

nâr 1 / yunûr *v. intr.*, forme I n° 4, * nwr, ن و ر

♦ **briller, éclairer, attirer le regard.** •*Al-dukkân da nâr acân sabbo fôgah budâ'a jadîde.* Cette boutique attire les regards parce qu'on y a mis des marchandises neuves. •*Al-dahab bunûr fî l ên.* L'or brille à l'œil.

nâr 2 / nîrân *n. f.*, souvent employé au masculin, * nwr, ن و ر

♦ **feu, lumière, électricité.** •*Ôgid nâr be l hatab !* Allume du feu avec le bois ! •*Katîr min al buyût fî Anjammêna mâ induhum nâr.* A N'Djaména, il y a beaucoup de maisons qui n'ont pas d'électricité. •*Têsi dabahtah wa mala l farîg damm... Da l-nâr.* J'ai égorgé mon bouc et il a rempli le campement de sang… C'est le feu. *Dvnt.* (*i.e.* au campement, on se partage le feu comme la viande d'un bouc).

nâs *n. coll.*, utilisé aussi comme *pl.* de *insân* et de *nâdum*, * 'ns, ء ن س

♦ **gens, hommes et femmes, humanité.** •*Jo nâs katîrîn fî môt Abbakar.* Beaucoup de gens sont venus lors de la mort d'Abbakar. •*Al-dunya mâ alxayyarat, illa l-nâs bas bilxayyaro !* Ce bas monde ne change pas, seuls les gens changent !

nasa *n. m.*, *Syn. nisyân*, * nsy, ن س ي

♦ **oubli.** •*Al-nasa ma'â l-nâs.* L'oubli fait partie de la vie [est avec les gens]. •*Al-nasa mâ adîl.* L'oubli n'est pas une bonne chose. •*Adam al ihtimâm be l-cayy bijîb al-nasa.* Le peu d'attention portée aux choses fait qu'on les oublie.

nasab 1 / yansib *v. intr.*, forme I n° 6, * nsb, ن س ب

♦ **citer son lignage, réciter sa généalogie, énumérer ses ancêtres, nommer sa parenté,** se rattacher à quelqu'un en le citant dans sa généalogie. •*Hû kan nasab adîl yalga ga'arah bilimm ma'âna.* S'il remonte comme il faut son lignage, il trouvera que nous avons une souche commune. •*Al-farax yansubu lê xâlah.* Le bâtard porte le nom de son oncle maternel [on le rattache à son oncle maternel]. •*Katîr min al Arab bansubu fî judûdhum al-jâyin min al Yaman.* Beaucoup d'Arabes font remonter leur généalogie à leurs ancêtres venus du Yémen.

nasab 2 nom, *Cf. nâsab*, * nsb, ن س ب

♦ **lien de parenté par la femme, parenté.** •*Anâ mâ minnuhum, coxolna al-nasab bas lammâna.* Je ne suis pas de leur ethnie, c'est un lien de parenté par le mariage qui nous réunit. •*Inta kan tidôr al-nasab ambênâtku yabga lêku halu, karrim wâlidên martak !* Si tu veux que les liens de parenté soient pour vous source de bonheur, respecte le père et la mère de ta femme !

nâsab / yinâsib *v. trans.*, forme III, * nsb, ن س ب

♦ **prendre femme, se marier, se lier avec une belle-famille,** se lier à une famille par le mariage d'une femme. •*Kan tidôr tinâsib, âxûd al binêye al gâriye wa l mu'addaba.* Si tu veux te marier, épouse une fille instruite et polie. •*Axui l-saxayar nâsab ba'îd min nafarah.* Mon petit frère a épousé une femme qui n'est pas de son ethnie. •*Anâ Maryam, nâsabôni nâs adîlîn.* Moi Mariam, des gens respectables ont épousé ma fille [des gens bien m'ont fait belle-mère].

nasâba *pl.*, *coll.*, → *nasîb*, désigne aussi l'ensemble de la belle famille, * nsb, ن س ب

♦ **belle-famille.** •*Nasâbti fî Anjammêna mâ katîrîn.* J'ai peu de membres de ma belle-famille à N'Djaména. •*Nasâbit axui nâs farhânîn.* La belle-famille de mon frère est très sympathique [sont des gens heureux].

nasaj / yansij *v. trans.*, forme I n° 6, * nsj, ن س ج

♦ **tisser, broder à la main,** fabriquer à la main un bonnet brodé. •*Ahmat nasaj tawâgi be harîr bunni wa axadar.* Ahmat a brodé à la main un bonnet avec des fils de soie brun café et rouge. •*Hassâ al-nâs ma bansuju be îdênhum, bansuju be makanât.* A présent, plus personne ne tisse à la main, on tisse à la machine.

nasajân *n. d'act.*, *m.*, ≅ *nasijîn*, * nsj, ن س ج

♦ **tissage à la main, fait de tisser, broderie à la main, fait de broder,** fait de réaliser à la main un travail de tissage ou de broderie. •*Zamân nasajân al-tcâka wa l-tawâgi, fî nâs mutaxassisîn fôgah.* Autrefois, il y avait des gens spécialisés dans le tissage de bandes de coton et de bonnets. •*Al-rujâl ba'arfu al-nasajân sameh min al awîn !* Les hommes savent tisser et broder à la main, beaucoup mieux que les femmes !

nasar / yansur *v. trans.*, forme I n° 1, * nṣr, ن ص ر

♦ **gagner, vaincre, l'emporter sur, donner la victoire à *qqn.*** •*Abui nasar fî jârah wakit maco l-carîye.* Mon père a gagné le procès contre son voisin [l'a emporté sur son voisin] après être allé au tribunal. •*Al askar nasaro fî l adu.* Les combattants ont remporté la victoire sur l'ennemi. •*Allah yansurak ! yâ Amîr al-dâr !* Que Dieu te donne la victoire, ô Commandeur du pays !

nasr *n. m.* victoire, → *nasar.*

nâsar / yinâsir *v. trans.*, forme III, * nṣr, ن ص ر

♦ **encourager, soutenir.** •*Al awîn nâsaro l-rujâl fî l hirâte.* Les femmes ont encouragé les hommes à cultiver leur champ. •*Kan mâ tinâsurûhum humman mâ bagdaro baxdumu.* Si vous ne les encouragez pas, ils ne peuvent pas travailler.

nasâra *pl.*, → *nasrâni.*

Nasarâni *sgtf.* d'un *n. pr. gr.*, (*fém. Nasarâniye*), → *nasrâni.*

nasax / yansux *v. trans.*, forme I n° 1, ≅ l'*inacc. yansax*, * nsẖ, ن س خ

♦ **abroger, abolir, supprimer.** •*Kalâm al abu bansux kalâm al amm.* La parole du père abroge celle de la mère. •*Al-dimoxrâtiye nasaxat al-diktâtôriye.* La démocratie a supprimé la dictature. •*Al-dastûr al-jadîd nasax al mîsâx al asâsi.* La nouvelle constitution abroge la charte fondamentale.

nasâyib *pl.*, → *nasîbe 2.*

nasîb 1 / nusubân *n. m.*, voir le féminim *nasîbe*, ≅ le pluriel *nasâba*, * nsb, ن س ب

♦ **beau-père, gendre, beau-frère du mari, beau-fils.** •*Nasîbi, abu marti, ja câl binêytah acân anâ daggêtha.* Mon beau-père, le père de ma femme, est venu reprendre sa fille (*i.e.* ma femme), parce que je l'avais battue. •*Nusubâni, axawân marti, cakôni bakân al-sultân.* Mes beaux-frères, les frères de ma femme, ont porté plainte contre moi chez le sultan. •*Nasîbi, râjil binêyti, zên lêi bilhên.* Mon gendre, le mari de ma fille, est très bon pour moi.

nasîb 2 *n. m.*, * nṣb, ن ص ب

♦ **chance, part de chance,** ce qui est destiné à l'homme, ce qui lui revient. •*Ayyi wâhid be nasîbah.* Chacun a sa chance. •*Anâ jibt sâbun ciya ke, gassamnah ma'â axawânak wa da nasîbak !* J'ai apporté un peu de savon, nous l'avons partagé avec tes frères, voilà la part qui te revient ! •*Mâ indi nasîb bilhên, ayyi wakit kan macêt al-sûg naciri ni'êlât samhîn, mâ nalgâhum !* Je n'ai vraiment pas de chance, chaque fois que je vais au marché pour m'acheter de belles sandales, je n'en trouve pas !

nasîbe 1 / nasîbât *adj. f.*, pour le masculin → *nasîb,* * nsb, ن س ب

♦ **belle-mère,** celle qui a un lien de parenté ascendant avec le mari. •*Nasibti, amm râjli, jâbat lêna dagîg fî l bêt.* Ma belle-mère, la mère de mon mari, nous a apporté de la farine à la maison. •*Xâlât wa immât râjili kulluhum nasîbâti.* Les tantes paternelles et maternelles de mon mari sont toutes mes belles-mères.

nasîbe 2 / nasâyib *n. f.*, * nṣb, ن ص ب

♦ **mal, malheur, accident.** •*Al harba di nasîbe jât lêna fî dârna.* Cette guerre est un mal qui est venu dans notre pays. •*Al-nasâyib baju be xafala.* Les malheurs arrivent sans qu'on s'y attende.

nasîh / nasîhîn *adj.*, (*fém. nasîhe*), *Syn. tayyib, âfe,* la racine évoque la soif étanchée (*Ka.*), * nṣḥ, ن ص ح

♦ **bien portant(e), en bonne santé,** •*Anâ nasîhe lâkin fagrâne.* Je suis bien portante, mais pauvre. •*Al-tôr kan nasîh, lahamah samîn.* Si le bœuf est bien portant, sa chair est grasse. •*Hû akkâl acân nasîh.* Il mange beaucoup parce qu'il est bien portant.

nasîhe *n. f.*, à ne pas confondre avec le féminin de *nasîh*, ≅ *nasîha*, * nṣḥ, ن ص ح

♦ **vérité, parole bonne et vraie, bon conseil.** •*Ôrîni l nasîhe, inta tigabbil mâta ?* Dis-moi la vérité, quand reviens-tu ? •*Fî zamânna da, al bi'ôri l-nasîha hû bas xasîm.* De nos jours, celui qui dit la vérité est considéré comme un ennemi. •*Kan tasma' nasîhit ammak wa abûk tabga râjil adîl.* Si tu écoutes les bons conseils de ton père ou de ta mère, tu deviendras vraiment un homme.

nasîj *n. m.*, *Cf. nasaj*, * nsj, ن س ج

♦ **tissage.** •*Carikat nasîj Tcâd fî l wati.* La Société de Tissage du Tchad se trouve au Sud. •*Al hakûma tidôr haritîn al gutun katîr lê tatawwur al-nasîj.* Le gouvernement désire que l'on cultive beaucoup de coton pour développer le tissage.

nasijin *n. d'act.*, → *nasajân.*

Nâsir *n. pr.* d'homme, *litt.* défenseur, * nṣr, ن ص ر

nasîye *n. f.*, connu au *Sdn.* (*C.Q.*), *Cf. nassa, xubâce*, * nsy, ن س ي

♦ **eau avec du babeurre.** •*Kan jît dêf fî farîg al baggâra min gayle, yantûk nasîye.* Si tu viens en hôte, aux environs de midi, au campement des éleveurs de vaches, on t'offrira de l'eau mélangée avec du babeurre. •*Al-nasîye, almi be ruwâba.* Le *nasîye* est un mélange d'eau et de babeurre. •*Al-nôm ta'âl, dabdib al iyâl, kan jît acîye nantîk nasîye.* "Viens sommeil, trompe les enfants, si tu viens le soir je te donnerai un mélange d'eau et de babeurre" (berceuse). •*Al-nasîye di, kan ciribtaha, tinassîk al atac.* Si tu bois cette eau mélangée à du babeurre, cela te coupera la soif [te fera oublier la soif].

Nâsra *n. pr.* de femme, *fém.* de *Nasur* [victorieux], *Cf. Mansûra,* * nṣr, ن ص ر

Nasraddîn *n. pr.* d'homme, pour *nasr al-dîn, litt.* victoire de la religion, *Cf. nasar, dîn.*

nasrâni / nasâra *adj. n., coll.*, (*fém. nasrâniye*), ≅ *nasarâni, nasarâniye,* * nṣr, ن ص ر

♦ **Blanc, Européen, Français, chrétien ;** *litt.* de Nazareth, d'où, à l'origine le sens de "chrétien", puis de Blanc d'origine européenne, et la plupart du temps de Français. •*Inta nasrâni wallâ ?* Es-tu d'origine européenne ? •*Al-Nasrâniye tirîd salâm al iyâl al-dugâg kan câfathum fî l-câri.* L'Européenne aime saluer les petits enfants quand elle les voit dans la rue. •*Dar al-Nasâra ba'îde.* Le pays des Blancs est très loin.

nassa 1 / yunuss *v. trans.*, forme I n° 5, * nṣṣ, ن ص ص

♦ **embrocher de la viande.** •*Hû nassa l-laham.* Il a fait des brochettes de viande. •*Nussi lêna al-laham da, amsahe cette wa mileh adîl !* Prépare-nous de bonnes brochettes, frotte cette viande avec un peu de piment et de sel !

nassa 2 / yinassi *v. trans.*, forme II, *Cf. nisi*, * nsy, ن س ي

♦ **faire oublier.** •*Anâ nidôr ninassîki al-ta'ab da !* Je voudrais te faire oublier toute cette souffrance ! •*Martah kalâmha katîr, nassatah lê l fatûr.* Sa femme parle trop, elle lui a même fait oublier de prendre son petit déjeuner !

nassa 3 / yiniss *v. trans.*, → *nazza,* * nzz, ن ز ز

nassar / yinassir *v. trans.*, forme II, * nṣr, ن ص ر

♦ **prendre le parti de *qqn.*, donner raison à, conduire *qqn.* à la victoire,** faire gagner *qqn.* dans un procès. •*Al* *gâdi nassar al mazlûm fî zâlim.* Le juge a donné raison au plaignant et a condamné l'auteur du méfait. •*Fî li'ib al kûra al hakam nassar farîx hanâ "gazêl" fî farîx hanâ "turbiyon".* Lors du match de foot, l'arbitre a pris le parti de l'équipe Gazelle au détriment de l'équipe Tourbillon.

nassas / yinassis *v. trans.*, forme II, *Syn. nassa*, * nṣṣ, ن ص ص

♦ **faire des brochettes, embrocher la viande.** •*Macêna lêyah dîfân wa nassas lêna laham hanâ xazâlay.* Nous avons été invités chez lui et il nous avait préparé des brochettes de gazelle. •*Kan tinassis al-laham fî l manâsîs, fakkir lê idênak !* Lorsque tu enfiles de la viande sur une brochette, fais attention à tes mains !

nassay / nassayîn *adj. mrph. intf.*, (*fém. nassâye*), * nsy, ن س ي

♦ **qui oublie vite, distrait(e), étourdi(e).** •*Al wilêd da nassay.* Cet enfant oublie vite. •*Hî di mâ tantîha amâna acân hî nassâye.* Ne donne pas quelque chose qu'on t'a confié à cette femme : elle est distraite.

Nasur *n. pr.* d'homme, *litt.* défenseur, protecteur, *Cf. nasar*, * nṣr, ن ص ر

natâij *pl.*, → *natîja.*

nataj / yantij *v. intr.*, forme I n° 6, * ntj, ن ت ج

♦ **produire, être bénéfique, prospérer.** •*Sa'iyitna hint al bahâyim natajat fî l-sinîn dôl.* Ces dernières années, nos troupeaux ont prospéré [l'élevage des troupeaux a produit]. •*Hirâte hint al gutun natajat al-sane wa jâbat gurus katîr.* La culture du coton a été bénéfique cette année et a rapporté beaucoup d'argent.

natar / yantur *v. intr. {- fî}*, forme I n° 1, *Cf. haraj*, * ntr, ن ت ر

♦ **gronder, admonester, reprocher avec violence, invectiver,** proférer des paroles dures ou des injures. •*Al mara tantur fî iyâlha al bal'abo fî l-turâb.* La femme a grondé ses enfants qui jouaient par terre. •*Cîf al mas'ûl da, yantur fî l xaddâmîn misil al-dûd !* Regarde ce responsable, il rugit comme un lion pour engueuler les ouvriers ! •*Abui natar fî immiti acân almiha al-jâbatah lêyah da waxsân.* Mon père a admonesté ma marâtre parce que l'eau qu'elle lui avait apportée était sale. •*Tantur fôgi, inta wilidtini wallâ ?* Es-tu mon père pour me gronder ainsi ? [Tu me grondes, m'aurais-tu engendré ?].

natarân *n. d'act., m.*, ≅ *natrân, natrîn, natirîn, Syn. natîr*, * ntr, ن ت ر

♦ **fait de gronder, invectives, réprimandes, reproches,** fait d'adresser des paroles dures et blessantes. •*Al-natarân al katîr fî iyâl mâ sameh.* Ce n'est pas bien de trop gronder les enfants. •*Hû birîd al-natîr fî axawânah, acân da abo mâ yaju fî bêtah.* Il a tendance à faire des reproches à ses frères, aussi ont-ils refusé de venir chez lui.

natîja / natâij *n. m.*, ≅ *natîje*, * ntj, ن ت ج

♦ **résultat, production.** •*Anâ rassaltah acân yamci yicîl lêi gursi min abuh wa lê hassâ mâ jâb lêi al-natîja.* Je l'ai envoyé pour qu'il aille prendre mon argent chez son père et jusqu'à présent il ne m'en a pas donné le résultat. •*Al-sana, anâ harattah lê zer'i wa mâ ligit minnah ayyi natîja.* Cette année, j'ai cultivé mon champ et il n'a rien produit [je n'ai pas trouvé de lui une production].

natîr *n. d'act., m.*, voir le *Syn. natarân*, * ntr, ن ت ر

natirîn *n. d'act., m.*, → *natarân.*

nato' / nutû' *n. m.*, ≅ *natu', Cf. badjo, farwa*, * nṭʕ, ن ط ع

♦ **couverture en peau, peaux cousues les unes aux autres.** •*Zamân al awîn bisawwu nato', bixattu bêyah iyâlhum min al barid.* Autrefois, les femmes fabriquaient des couvertures en peau avec lesquelles elles couvraient leurs enfants pour les protéger du froid. •*Indi nato' kabîr nagôd bêyah fî duxxân.* J'ai une grande couverture en peau sous laquelle je me mets quand je me parfume avec l'encens.

natrân *n. d'act., m.*, → *natarân.*

natrîn *n. d'act., m.*, → *natarân.*

natta / yunutt *v. trans.*, forme I n° 5, * nṭṭ, ن ط ط

♦ **sauter, bondir.** •*Amis natta lêna sarrâg wa câl xumâmna.* Hier, un voleur nous a sauté dessus et a pris nos affaires. •*Al xazalay tunutt al-côk.* La gazelle saute par-dessus les épines. •*Al wilêd natta min al-sarîr.* L'enfant a sauté du lit. •*Al arnab nattat fî l-zerîbe.* Le lapin a sauté dans la haie.

nattaj / yinattij *v. trans.*, forme II, * ntj, ن ت ج

♦ **produire, prospérer, aboutir.** •*Al-zere' da mâ nattaj xalla al-sane.* Cette année, ce champ n'a rien produit. •*Juhudna da kulla mâ nattaj lêna ceyy.* Tous nos efforts n'ont abouti à rien.

nattat / yinattit *v. trans.*, forme II, * nṭṭ, ن ط ط

♦ **sautiller, faire sauter, faire passer par-dessus.** •*Al-jarâd al mâ indah janâhe binattit.* Les criquets sans ailes sautillent. •*Al wilêd yinattit acân batnah malâne.* L'enfant sautille parce qu'il a le ventre plein. •*Al binêye di nattatat min al farha acân abûha ja.* Cette fille a sautillé de joie car son père est venu. •*Nattitah lêi xumâmi be l-durdur !* Fais passer mes affaires par-dessus le mur !

natte / nattât *n. f.*, * nṭṭ, ن ط ط

♦ **saut.** •*Nattitah wahade bas wa waga' fî l-zarîbe.* Il a fait un seul saut et est tombé dans la haie d'épines. •*Nattit al wilêd di fôg bilhên.* Ce garçon a sauté très haut.

natu' *n. m.*, → *nato'.*

nawâfil *pl.*, → *nafal.*

nâwal / yinâwil *v. trans.*, forme III, * nwl, ن و ل

♦ **procurer, fournir, donner, tendre la main,** étendre la main pour donner ou recevoir. •*Nidôr nantih gurus wa hû aba mâ binâwilah bicîlah minni.* Je voulais lui donner de l'argent mais il a refusé de le prendre. •*Macêt lê abui nâwalani gurus.* Je suis parti chez mon père, il m'a donné de l'argent. •*Al indah coxôl fî abâtah, mâ binâwil fôg.* Celui qui porte quelque chose sous l'aisselle ne cherche pas à attraper quelque chose en l'air. *Prvb.* (*i.e.* on ne peut choisir qu'une seule chose à la fois).

Nawala *n. pr. gr., coll.*, nom d'une fraction de tribu arabe se rattachant aux *Wulâd Hasan* (*Hasawna*).

Nawaybe *n. pr. gr., coll., sgtf. Nawaybi* (homme), *Nawaybiye* (femme), nom d'une fraction de tribu arabe se trouvant dans l'est du Tchad et se rattachant aux *Juhayna.*

nawâyit *pl.*, → *nâyit.*

nawwam / yinawwim *v. trans.*, forme II, * nwm, ن و م

♦ **faire dormir, endormir.** •*Al amm nawwamat wilêdha l-saxayar wa macat al-sûg.* La mère a endormi son petit enfant et est allée au marché. •*Al-dakâtîr induhum dawa binawwim al-nâs al-ta'abânîn bilhên.* Les médecins ont un médicament qui endort les gens qui sont très souffrants. •*Al amtab'aj kan zôl ciribâha katîre tinawwim.* La boisson *amtab'aj* prise en grande quantité fait dormir.

nawwâm / nawwâmîn *adj. mrph. intf.*, (*fém. nawwâma*), * nwm, ن و م

♦ **dormeur (-euse).** •*Al-nawwâm mâ yanjah fî l imtihân.* Le dormeur ne réussira pas son examen. •*Al-nawwâma taxalli wilêdha yabki katîr.* La dormeuse laisse son fils pleurer beaucoup. •*Safar hanâ l-nâs al-nawwâmîn gâsi.* Il est pénible de voyager avec des dormeurs.

nawwamân *n. d'act.*, → *nawwimîn.*

nawwar 1 / yinawwir *v. intr.*, forme II, * nwr, ن و ر ⇨

♦ **fleurir, être en fleurs.** •*Al-cadaray di nawwarat.* Cet arbre est en fleurs. •*Al fûl nawwar al xarîf al-sane sameh.* L'arachide est en fleurs, cette année la saison des pluies est bonne.

nawwar 2 / yinawwir *v. trans.*, forme II, * nwr, ن و ر

♦ **éclairer, illuminer.** •*Al-lampa nawwarat al bêt.* La lampe a éclairé la maison. •*Al gamar wa l-nujûm nawwaro l-dunya.* La lune et les étoiles éclairent le monde.

nawwarân *n. d'act., m.*, → *nawwirîn.*

nawwimîn *n. d'act.*, ≅ *nawwamân*, * nwm, ن و م

♦ **endormissement, fait d'endormir,** fait de laisser dormir. •*Mâ tiwâlifi wilêdki al-nawwimîn fôg daharki, kan kibir yita''ibki.* N'habitue pas ton fils à s'endormir sur ton dos ; lorsqu'il aura grandi, il te donnera du mal. •*Nawwimîn al-saxîr fî l amtôtahâni hayyin.* Il est facile d'endormir un enfant dans un berceau. •*Anâ mâ nixassid be nawwimîn iyâli fî bakân wasxân misil da.* Je ne suis pas d'accord pour laisser dormir mes enfants dans un endroit aussi sale que celui-là.

nawwirîn *n. d'act., m.*, ≅ *nawwarân*, * nwr, ن و ر

♦ **éclat, fait de briller, floraison, fait d'être fleurs.** •*Nawwirîn al bêt min sîdah.* L'éclat de la maison vient de son propriétaire. •*Nawwirîn al-cadaray di biwassif kadar al xarîf sameh.* Le fait que cet arbre soit en fleurs montre que la saison des pluies est bonne.

naxâba / naxâbât *n. f.*, terme de l'*ar. lit.*, * nqb, ن ق ب

♦ **syndicat.** •*Ra'îs hanâ l-naxâba anta amur lê l xaddâmîn yagôdu fî buyûthum ambâkir.* Le président du syndicat a donné l'ordre aux travailleurs de rester chez eux demain. •*Al hâkûma lissâ mâ ligat hall lê l idrâb hanâ l-naxâbât.* Le gouvernement n'a pas trouvé de solution à la grève des syndicats.

naxac / yanxac *v. trans.*, forme I n° 12, ≅ l'*inacc. yanxuc* ; → *naxxac.*

nâxac / yinâxic *v. intr. {- ma'â, - fî}*, forme III, * nqš, ن ق ش

♦ **parler, discuter, palabrer, disputer,** échanger des paroles pour résoudre un problème. •*Anâ mâ ninâxic ma'â l iyâl al-dugâg.* Je ne discute pas avec les petits enfants. •*Al xaddâmîn nâxaco katîr ma'â kabîrhum.* Les ouvriers ont longuement discuté avec leur chef. •*Al hukkâm nâxaco fî bani hanâ l-balad.* Les gouvernants ont discuté de la construction du pays.

naxal / naxîl *n. coll., sgtf. naxalay*, * nḫl, ن خ ل

♦ **palmier dattier.** •*Anîna indina naxalay fî bêtna.* Nous avons un palmier dattier chez nous. •*Al-naxal katîr fî nuss al mincâxi hanâ Tcâd.* Il y a beaucoup de palmiers dattiers dans la partie nord du Tchad. •*Fî bilâd al-sahara, fî marad bakurb al-naxîl.* Dans les pays du Sahara, il y a une maladie qui attaque les palmiers.

naxânix *pl.*, → *nuxnâxa.*

naxar / yanxar *v. trans.*, *Cf. naxxac*, * nqr, ن ق ر

♦ **arracher en surface, prendre de la glaise du bout des doigts, griffer, érafler, écorcher, sculpter,** arracher d'une motte un peu de terre avec les ongles. •*Fâtime, akurbi l wilêd da, mâ yanxar al-tîne.* Fatimé, prends l'enfant pour qu'il ne gratte pas la glaise. •*Mâ tal'ab ma'â l biss, yanxar idênak !* Ne joue pas avec le chat, il te griffera les mains ! •*Ûd al-ligdâbe di waga' fôgi wa naxarni fî dahari.* Le bois supportant le toit du hangar m'est tombé dessus et m'a écorché le dos. •*Al-cabâb gantûr, yanxaro kula yufûr.* La jeunesse est comme une termitière : on en gratte une partie, elle ne cesse de grandir. *Prvb.* (*i.e.* la fatigue ne nuit pas à la croissance de la jeunesse).

naxâxim *pl.*, → *nuxxâma.*

naxîb / nuxaba' *n. m.*, ≅ *kaptên*, * nqb, ن ق ب

♦ **capitaine.** •*Al-naxîb indah talâta dabbûra fî kitfah.* Le capitaine porte trois galons sur l'épaule. •*Al yôm fî l malamma, al-nuxaba' ârado fî nugât katîre tuxuss al amal.* Aujourd'hui, à la réunion, les capitaines se sont opposés sur plusieurs points concernant leur travail.

naxîl *pl.*, → *naxal.*

naxnax / yinaxnix *v. intr., qdr.*, → *nang-nang*, * nẖr, ن خ ر •

♦ **nasiller, parler du nez.** •*Al wizzîn yinaxnix fî l-rahad.* Le canard nasille dans le marigot. •*Hû da yinaxnix acân munxarah mukaddak.* Il parle du nez parce qu'il a le nez bouché.

naxxac / yinaxxic *v. trans.*, (≅ *naxac, yanxac*), forme II, *Cf. ancaxat*, * nqš, ن ق ش

♦ **griffer, griffonner.** •*Andassêt fî l-zerîbe wa l-côk naxxacâni.* Je suis entré dans l'enclos et les épines de la haie m'ont griffé. •*Mâ tal'ab ma'â l biss yinaxxicak !* Ne joue pas avec le chat, il va te griffer ! •*Al iyâl kan bi'allumu baktubu, binaxxucu fî l katkat.* Lorsque les enfants commencent à écrire, ils griffonnent le papier.

naxxam / yinaxxim *v. intr.*, forme II, *Cf. annaxxam*, * nẖm, ن خ م

♦ **moucher.** •*Mâ tinaxxim fî l biric !* Ne te mouche pas sur la natte ! •*Kan zuxuma sawwâk, naxxim ba'îd min al-nâs !* Si tu as un rhume, va te moucher loin des autres ! •*Ya iyâl, amcu ba'îd, mâ tinaxxumu lêi janb al-jarr !* Les enfants, allez plus loin, ne vous mouchez pas près de la jarre !

nâya / yinâyi *v. trans.*, forme III, * ny', nwy, ن ي ء • ن و ي

♦ **empêcher d'aboutir, s'opposer à, geler une situation,** empêcher de mûrir, empêcher une situation d'évoluer. •*Al-dihik binâyi l kalâm.* Le rire coupe la pertinence de la parole. •*Al-zurra' binâyi l êc.* La levure empêche la boule de bien cuire et de rester ferme.

nâyib / nuwwâb *n. m. mrph. part.* actif, forme I, au singulier ≅ *debite, dibite*, et les pluriels *nâyibîn, nuyâb*, (*fém. nâyibe*), * nwb, ن و ب

♦ **adjoint(e), délégué(e), député(e), remplaçant(e), sous-...,** qui travaille aux côtés d'un responsable ou qui peut le remplacer. •*Zâra nâyibe lê l wazîr.* Zara est l'adjointe du ministre. •*Nâyib al mudîr râjil zên bilhên.* Le directeur adjoint est un homme très bon. •*Nâyib al muhâfiz xâyib indah caharên.* Le sous-préfet est absent depuis deux mois. •*Nuwwâb al wuzara' al-talâta sâfaro amis lê Abbece.* Les délégués des trois ministres sont partis hier en voyage pour Abéché.

nâyim / nâymîn *adj. mrph. part.* actif, (*fém. nâyme*), * nwm, ن و م

♦ **dormant,** qui dort. •*Wakit al-sarrâg gâ'id bangul xumâmhum humman nâymîn.* Ils dormaient pendant que le voleur transportait leurs affaires. •*Hî nâyme min fajur akûn mardâne ?* Depuis le matin elle dort, peut-être est-elle malade ? •*Al yôm hû nâyim mâ gidir gamma salla l-subuh.* Aujourd'hui il dort, il n'a pas pu se lever pour faire la prière du matin.

nâyir / nayrîn *adj. mrph. part.* actif, (*fém. nayre*), * nwr, ن و ر

♦ **brillant(e),** qui brille. •*Al binêye bigat nayre bilhên akûn xalbâne.* La fille a la peau très brillante, peut-être est-elle enceinte ? •*Al-sabi da nâyir fî usut rufugânah.* Ce jeune homme brille au milieu de ses amis.

nâyit / nawâyit *n. m.* ; ***nawaytên*** [les deux côtés], * nyt, ن ي ت

♦ **côté, flanc.** •*Xadamt katîr wa nawaytêni bôj'ôni.* J'ai beaucoup travaillé, j'ai mal aux flancs. •*Wagêt min al-jamal wa fajjaxâni fî nayti.* Je suis tombé du chameau et il m'a écrasé le côté [il m'a piétiné mon côté]. •*Al-râjil da samîn nawaytênah kulla caham.* Cet homme est gras, ses flancs ne sont que de la graisse. •*Al iyâl barugdu be nawayithum fî l biric.*

Les enfants se reposent sur la natte en dormant sur le côté.

nayy / nayyîn *adj.*, (*fém. nayye*), expression *kalâm nayy* (voir ci-dessous), ≅ *neyy, neyye, neyyîn*, * ny', ن ي ء

♦ **cru(e), vert(e), faux (fausse),** pas mûr(e), pas cuit(e). •*Mahamat gassam sadaxa hanâ laham nayy.* Mahamat a donné en aumône de la viande crue. •*Al kalib xatafa l-jidâde nayye.* Le chien a volé la poule qui n'était pas encore cuite. •*Hê, yâ iyâl mâ tâkulu l banân al-dahabah nayy !* Hé ! les enfants ! ne mangez pas la banane qui est encore verte ! •*Anâ di mâ mâciye ma'âki, cîftiki kê, kalâmki da nayy.* Moi, je ne pars pas avec toi, je t'ai bien remarquée : ce que tu dis est faux. •*Al-nayy banfux.* Ce qui n'est pas bien cuit fait mal au ventre. *Prvb.* (*i.e.* si tu n'agis pas avec droiture, tu ne seras pas à l'aise).

nayyal 1 / yinayyil *v. trans.*, forme II, *Cf. nîl 2*, mot arabe d'emprunt *irn.*, * nyl, ن ي ل

♦ **teindre.** •*Al-tâjir jâb makana tinayyil al xulgân.* Le commerçant a apporté une machine qui teint les habits. •*Al mara nayyalat laffâyitha.* La femme a teint son voile.

nayyal 2 / yinayyil *v. intr.*, forme II, * nyl, ن ي ل

♦ **inonder, déborder.** •*Al Batha nayyalat wa jâbat hût katîr.* L'oued Batha a débordé et apporté une grande quantité de poissons sur les terrains inondés. •*Al bahar nayyal wa akal al buyût.* Le fleuve a débordé et a englouti les maisons.

nazal / yanzil *v. intr. {- min}*, *Cf. dalla* ; forme I n° 6, * nzl, ن ز ل

♦ **descendre, atterrir, rentrer du travail.** •*Al-saxîr nazal min dahar ammah.* Le petit est descendu du dos de sa mère. •*Al-tiwêray nazalat fî râs bêti.* Le petit oiseau est descendu sur le toit de ma maison. •*Al-tayyâra dallat garîb lâkin lissâha mâ nazalat.* L'avion s'est approché, mais il n'a pas encore atterri. *Hû nazal min al xidime, yinjamma.* Il est rentré du travail, il se repose.

nazalân *n. d'act.*, → *nazilîn.*

nazif *n. m.*, * nzf, ن ز ف

♦ **hémorragie, perte de sang.** •*Zôl kan majrûh wa indah nazîf bumût kan dammah kimil bas.* Un blessé qui a une hémorragie mourra lorsqu'il n'aura plus de sang. •*Al-nazif bita''ib al awîn al bawuldu fî l bêt.* Les hémorragies épuisent les femmes qui accouchent chez elles.

nâzil / nâzilîn *adj. mrph. part.* actif (*fém. nâzile*), * nzl, ن ز ل

♦ **descendant,** qui est descend, qui est descendu. •*Anâ cîft al-Ra'îs nâzil min al-tayyâra.* J'ai vu le Président descendre de l'avion. •*Abui ja min al-safar wa nâzil fî bêt wilêdah al kabîr.* Mon père est revenu de voyage et est descendu dans la maison de son grand fils. •*Lammêna ma'â martak nâzile min al xidime.* Nous avons rencontré ta femme qui revenait du travail.

nazilîn *n. d'act., m.*, ≅ *nazalân*, * nzl, ن ز ل

♦ **descente, fait de descendre.** •*Nazilîn al-tayyâra da sawwa lêna haraka katîr.* L'atterrissage de l'avion a fait beaucoup de bruit. •*Al-sane nazilîn al matar xafîf.* Cette année, les précipitations ont été peu abondantes.

nazûl *n. d'act., m.*, * nzl, ن ز ل

♦ **descente, fait de mettre le pied à terre, halte, atterrissage, fait d' abattre des cartes.** •*Nazûl al xarîb axêr min nazûl al-nasîb.* Il est préférable qu'un étranger descende chez toi plutôt que ton beau-frère. •*Fî l kadâde, al-sayyâra yi'azzunu gubbâl al-nazûl.* En brousse, les nomades lancent l'appel à la prière avant de s'arrêter et de descendre leurs affaires. •*Nazûl hanâ l-tayyâra yukûn ba'ad sâ'atên.* L'atterrissage de l'avion aura lieu dans deux heures. •*Anâ ligît nazûl fî l-dôr da.* Ce coup-ci, j'ai trouvé de bonnes cartes à abattre.

nazza / yinizz *v. trans.*, forme I n° 11, *≅ nassa, yiniss, Cf. jamma 2, nadah*, * nzz, ن ز ز

♦ **suinter, faire sortir l'humidité, suppurer.** •*Nahsubu l uwâra jâffe lâkin tinizz wi'e mâla ?* On croyait que la plaie était sèche, mais pourquoi suppure t-elle ? •*Al almi binizz min al-duwâne l-jadîde.* L'eau suinte du canari neuf. •*Munxar al kalib tinizz.* Le nez du chien est toujours humide.

nazzal / yinazzil *v. trans.*, forme II, * nzl, ن ز ل

♦ **faire descendre, mettre à la retraite.** •*Al attâla nazzalo cuhunit al watîr.* Les dockers ont déchargé le véhicule. •*Al-râjil da nazzalo min wazîftah.* Cet homme a été démis de sa fonction. •*Al-sawra nazzalo l-tayyâra hint al hâkûma be bundug kabîr.* Les rebelles ont abattu un avion gouvernemental avec une arme lourde. •*Kulla sana al-dêc al watani yinazzil al-cuyâb.* Chaque année, l'armée nationale met d' anciens combattants à la retraite. •*Allah nazzal al xor'ân lê Muhammad.* Dieu a fait descendre le Coran du ciel pour Muhammad.

nazzam / yinazzim *v. trans.*, forme II, * nẓm, ن ظ م

♦ **organiser, mettre en ordre, ranger.** •*Mahammat nazzam bêtah.* Mahamat a rangé sa chambre. •*Wazâra hint al-cabâb nazzamat sahara.* Le ministère de la Jeunesse a organisé une soirée dansante. •*Hû nazzam xidimtah.* Il a mis de l'ordre dans son travail.

nazzâz *n. m.*, → *abnazzâz.*

Nêjar *n. pr.* de pays.

♦ **Niger.**

nejêri / nejêriyîn *adj.*, (*fém. nejêriye*).

♦ **nigérien (-ne).** •*Anîna indina hudûd ma'â axawanna l-Nejêriyîn.* Nous avons des frontières communes avec nos frères Nigériens. •*Yôm tidirrij hanâ Ra'îsna, awwal Ra'îs ja : hû al-Ra'îs al-Nejêri.* Le jour de l'investiture de notre Président de la République, le premier président arrivé fut le Président Nigérien.

nêylûn / nêylûnât *n. m.*, *empr. fr.*, *Cf. kawcu.*

♦ **nylon, plastique.** •*Al musâfirîn xatto xumâmhum be nêylûn min al ajâj.* Les voyageurs ont protégé leurs affaires de la poussière en les recouvrant d'un plastique. •*Fî wakt al akil faract nêylûn lê iyâli acân mâ yiwassuxu lêi l bakân da.* A l'heure du repas, j'ai étendu par terre un plastique pour éviter que mes enfants ne salissent cet endroit.

neyy / neyyîn *adj.*, (*fém. neyye*), → *nayy*, * ny', ن ي ء

ni'êlât *pl.*, → *na'âl.*

ni'ile *pl.* (utilisé par les nomades), → *na'âl.*

ni'im / yan'am *v. intr.* {*- be, - fi*}, *Cf. na'am 1*, * nʕm, ن ع م

♦ **vivre dans l'abondance, vivre dans les plaisirs, jouir des délices de la vie.** •*Gadîm, iyâl al-salâtîn ni'imo fî zamânhum.* Autrefois, les enfants des rois vivaient dans l'abondance et les plaisirs de leur époque. •*Hû da Allah anta mâl, gâ'id ban'am fî hayâtah.* Dieu lui a donné beaucoup de richesses, il en jouit dans sa vie.

ni'ima *n. f.*, → *ni'ma.*

Ni'imât *n. pr.* de femme, pluriel de *ni'ime*, *litt.* grâce, bonté, * nʕm, ن ع م

ni'is / yan'as *v. intr.*, *Cf. nâm, kaddas, xamad* ; forme I n° 20, * nʕs, ن ع س

♦ **somnoler, faire un somme, s'assoupir,** dormir un petit peu. •*Al faxara gâ'idîn bagru fî l masîk xasâ'id, zôl ban'as mâ fîh.* Les fakis étaient en train de lire des poèmes à l'école coranique, personne ne somnolait. •*Fî l-Ramadân al-nâs al-ta'abânîn ni'iso fî l-dull.* Pendant le Ramadan, les gens fatigués s'étaient assoupis à l'ombre.

ni'ize *n. anim., coll.*, → *ni'ze.*

ni'ma / ni'mât *n. f.*, ≅ *ni'ime, ni'me, ni'ima* et les pluriels *ni'am, ni'imât*, * nˁm, ن ع م

♦ **grâce, bonté.** •*Allah yijîb lêna l-ni'ma fî baladna kullaha !* Que Dieu apporte la grâce dans tout notre pays ! •*Wâjib lêna nutûbu kan nidôru ni'ma min Allah.* Il faut que nous nous convertissions si nous voulons recevoir la grâce de Dieu.

Ni'ma *n. pr.* de femme, → *ni'ma*, * nˁm, ن ع م

Ni'mât *n. pr.* de femme, pluriel de *ni'ma*, * nˁm, ن ع م

ni'me *n. f.*, variante de *ni'ma*.

ni'ze *n. anim., coll., sgtf. tês, anzay, Syn. xanam buyud*, * ˁnz, ع ن ز

♦ **capriné, chèvres et boucs.** •*Farrig al-ni'ze min al-dawâyin acân na'arif hisâbhum !* Sépare les caprinés des ovidés pour que je sache leur nombre ! •*Anti atrôn lê l-ni'ze mâ lê l-dawâyin !* Donne de l'eau natronnée aux chèvres et pas aux moutons ! •*Ahasib lêi al-ni'ze dôl : induhum kam tuyûs wa kam anzayât !* Compte mes caprinés : que je sache combien j'ai de boucs et de chèvres ! •*Al xanam al buyud usumhum ni'ze.* Les "ovinés blancs" désignent aussi les chèvres.

nible / niblât *n. f.*, *Cf. nubbâl*, * nbl, ن ب ل

♦ **lance-pierre, fronde.** •*Axui katal gimêriye kabîre be l-nible.* Mon frère a tué une grosse tourterelle avec une fronde. •*Al-nible ci'ibe saxayre wa barbutu fôgha kawcu wa farwa.* Le lance-pierre est fait d'une petite fourche sur laquelle est attaché un élastique avec un morceau de peau. •*Al banât mâ ba'arfu budurbu l-nible.* Les filles ne savent pas tirer au lance-pierre.

nicc *v. impér.*, → *nacca.*

nicif / yancaf *v. intr.*, forme I n° 20, * nšf, ن ش ف

♦ **sécher.** •*Al-laham kan carroh fî l harray yancaf.* Quand on étend la viande au soleil, elle sèche. •*Halgûmi nicif min al atac.* J'ai la gorge sèche tellement j'ai soif. •*Xalagi carrêtah fî l harray acân yancaf lêi ajala.* J'ai étendu mon vêtement au soleil pour qu'il sèche rapidement.

nidâ' *n. m.*, * ndw, ن د و

♦ **appel, invitation, convocation.** •*Kabîr al hille gaddam nidâ' le kulla l-nâs acân yamcu yaktulu l-jarad.* Le chef du village a lancé un appel à tous pour aller tuer les criquets. •*Raîs al-jamhuriya sawwa nidâ' lê kulla l mu'âridîn acân yigabbulu fî l balad.* Le Président de la République a lancé un appel à tous les opposants pour qu'ils regagnent le pays. •*Al hâkûma l-jadîde gaddamat nida' lê jamî' al-duwal al-sadîxa acân yisâ'udu Tcâd.* Le nouveau gouvernement a lancé un appel à tous les pays amis pour aider le Tchad.

nidâl / nidâlât *n. m.*, *Cf. duwâs, harb*, * ndl, ن ض ل

♦ **lutte, combat, fait de militer.** •*Al hâkûma gammat be nidâl didd al-tafrixa.* Le gouvernement s'est mis à lutter contre le racisme. •*Al muhâribîn al gudam hanâ Afrîxiya, nâdalo nidâl kabîr lê hurriyat Fransa.* Les anciens combattants de l'Afrique ont mené de durs combats pour que la France retrouve sa liberté.

nidim / yandam *v. intr. {- lê}*, forme I n° 20, * ndm, ن د م

♦ **regretter, se repentir de *qqch*.** •*Raxîs nidim acân hû mâ yasma' kalâm abuh.* Rakhis a regretté de n'avoir pas écouté les conseils que lui avait donnés son père. •*Hû yandam lê xasartah al-sawwaha fî l-sûg.* Il va regretter l'argent qu'il a perdu au marché. •*Mâ ti'ayyir wa tandam !* N'insulte personne, pour ne pas avoir à le regretter !

nidôr *v. trans.*, → *dawwar 1.*

nîfa / nîfât *n. f.*, connu au *Sdn.* (*C.Q.*).

♦ **tête de mouton grillée.** •*Al-nîfa hî râs al kabic kan matcûc.* Le plat appelé *nîfa* est une tête de bélier grillée. •*Fî Anjammêna talga nîfât fî* *câri Arba'în.* A N'Djaména, on trouve des têtes de mouton grillées dans la rue des Quarante mètres. •*Anâ mut'acci be nîfa.* J'ai dîné en mangeant une tête de mouton grillée.

nifâx *n. m.*, *Cf. nâfax*, * nfq, ن ف ق
♦ **hypocrisie, arrogance, fausseté, sournoiserie, fourberie.** •*Al-nifâx mâ adîl.* L'hypocrisie n'est pas bonne. •*Mâ tiwâlif al-nifâx budurrak !* Ne prends pas plaisir à la fourberie, cela te nuirait ! •*Kan ligît al mâl, mâ tisawwi bêyah nifâx, biwaddîk al-nâr !* Si tu deviens riche, n'en profite pas pour vivre dans la débauche, cela te mènerait au feu de l'enfer !

nifi' / yanfa' *v. trans.*, → *nafa'.*

nifis / yanfas *v. intr.*, forme I n° 20, ayant toujours un sujet féminin, → *nifisat, tanfas*, * nfs, ن ف س

nifisat / tanfas *v. intr.*, forme I n° 20, ayant toujours un sujet féminin, * nfs, ن ف س
♦ **accoucher, mettre au monde.** •*Al mara garîb tanfas wa râjilha xatar.* La femme est sur le point d'accoucher et son mari a voyagé. •*Jarti nifisat fî l bêt.* Ma voisine a accouché à la maison. •*Awînah tinênithum nifiso yôm wâhid.* Ses deux femmes ont accouché le même jour.

nigêgîre / nigêgirât *n. f. mrph. dmtf.*, *Cf. nuggâra*, * nqr, ن ق ر
♦ **petit tam-tam.** •*Nigêgîritku di al bâreh daharatni l-nôm.* Votre petit tam-tam m'a empêché de dormir hier. •*Yôm al îd, al-nâs lammo be nigêgirâthum wa xêlhum.* Le jour de la fête, les gens se sont rassemblés avec leurs petits tam-tams et leurs chevaux.

niggêle *n. f. mrph. dmtf.*, *Cf. nagilîn*, * nql, ن ق ل
♦ **transport,** fait ou manière de transporter. •*Niggêltak lê xumâmak barra da, tidôr xâtir ?* Le fait de sortir tes affaires signifierait-il que tu veuilles partir en voyage ? •*Niggêlt al-tayyâra lê l hujjâj di, mâ tikammilhum fî subu' wâhid.* Cet avion ne suffira pas pour transporter tous les pèlerins en une semaine.

nihâ'i / nihâ'iyîn *adj.*, (*fém. nihâ'iye*), * nhy, ن ه ي
♦ **final(e).** •*Wâjib nalgo hall nihâ'i lê muckilitna di.* Il faut qu'on trouve une solution finale à notre problème. •*Anîna nidôru hall nihâ'i lê l muckila al ambên Tcâd wa Lîbya.* Nous voulons mettre fin au différend existant entre le Tchad et la Libye.

nihas *n. m.*, → *nahâs.*

nihâya / nihâyât *n. f.*, dans l'expression *fî l-nihâya, Ant. fî l bidâya*, * nhy, ن ه ي
♦ **à la fin.** •*Fî l-nihâya hû gâl bantîni gurus.* A la fin, il m'a dit qu'il me donnerait de l'argent. •*Hû mâ xadam ceyy wa fî l-nihâya bugûl nanti miya.* Il n'a rien fait ; et, à la fin, il m'a demandé de lui donner cent riyals.

nihêfân / nihêfânîn *adj. mrph. dmtf.*, (*fém. nihêfâne*), → *nahîf*, * nḥf, ن ح ف
♦ **gringalet (-ette), fluet (-ette), maigrichon (-onne).** •*Wilêdki da nihêfân ke, marûd wallâ ?* Ton enfant est bien maigrichon, serait-il malade ? •*Inti di zamân samîne, wa hassâ da mâla nihêfâne ke ?* Toi alors, tu étais grasse autrefois ; maintenant, pourquoi es-tu devenue si fluette ? •*Kan al-lekkôl fatah iyâli dâ'imân yabgo nihêfânîn min hamm al giray.* Après l'ouverture de l'école, mes enfants maigrissent un peu à cause de leur souci d'étudier.

nihis / nuhûs *adj.*, (*fém. nihise, nihse*), *Cf. nâhas, tuss, xârij*, * nḥs, ن ح س
♦ **insupportable, têtu(e), sot (sotte), cabochard(e), désobéissant(e), difficile,** qui fatigue les autres par son attitude. •*Al wilêd da nihis misil wildoh bala bismi.* Cet enfant est difficile comme s'il était né sans qu'on ait prononcé le nom de Dieu. •*Al humar nihis, bala l-dagg mâ yamci.* L'âne est têtu, il n'avance que si on le frappe. •*Inta nihis ! Allah yahadîk !*

Tu es insupportable ! Que Dieu te conduise sur le droit chemin !

nijâra *n. d'act., f.*, * njr, ن ج ر
♦ **sculpture, fait de sculpter.** •*Ali mâ indah xidime âxara, bala l-nijâra.* Ali n'a pas d'autre travail que celui de la sculpture. •*Al-nijâra amal sa'ab bidôr sabûr katîr.* La sculpture est un travail difficile qui demande beaucoup de patience.

Nijêdûn *n. pr., mrph. dmtf.*, héros de contes du Ouaddaï, signifiant : "le Petit Malin" par opposition à son partenaire *Tilêfûn*, *Cf. Tilêfûn*, * nḍj, ن ض ج

nijêri / nijêriyîn *adj.*, (*fém. nijêriye*).
♦ **nigérian(-e)** (du Nigeria). •*Al-Tcâdiyîn wa l-Nijêriyîn yilbâdalo budâ'ithum, al-Tcâdiyîn biwaddu lêhum al bagar wa bigabbulu fî baladhum be budâ'a.* Les Tchadiens et les Nigérians ont entre eux des échanges commerciaux, les Tchadiens exportent des vaches et importent des marchandises. •*Al mara l-Nijêriye mâ talbas laffay.* La femme nigériane ne porte pas de voile.

Nijêrya *n. pr.* de pays.
♦ **Nigeria.**

niji / yanja *v. intr.*, sens passif, forme I n° 21, *Cf. najja*, * njw, ن ج و
♦ **être sauvé(e) de, échapper à.** •*Darabôni be bundug, lâkin Allah najjâni min al môt wa nijît.* On a tiré un coup de fusil sur moi, mais Dieu m'a sauvé de la mort et j'ai été sauvé. •*Al markaba caglabat behum wa nijo min al xarag.* L'embarcation s'est retournée avec eux, mais ils ont échappé à la noyade.

nijid / yanjad *v. intr.*, forme I n° 20, métathèse dans la racine, * nḍj, ن ض ج
♦ **mûrir, cuire, être cuit(e) à point.** •*Al xadâr nijid, al-ju' marag.* Les légumes ont mûri et la faim a disparu. •*Al-laham yanjad ajala fî l burma.* La viande cuira rapidement dans la marmite.

nijis / nujûs *adj.*, (*fém. nijise*), * njs, ن ج س
♦ **impur(e), souillé(e).** •*Al biric da nijis, mâ tisalli fôgah !* Ne prie pas sur cette natte, elle est souillée ! •*Al wara-bêt nijis mâ tadxul fôgah bala markûb !* Les toilettes sont souillées, n'entre pas sans chaussures ! •*Huyya, yâ nijis !* Va-t'en, chien impur !

nikir *v. trans.*, → *nakar*.

nîl 1 *n. m.*, * nyl, ن ي ل
♦ **inondation, débordement.** •*Magan al bêrbere yukûn illa kan al-nîl jabad.* On ne peut repiquer le berbéré qu'en période de décrue. •*Al-sana al-nîl akal zurâ'ât katîrîn.* Cette année, l'inondation a ravagé beaucoup de champs. •*Al wakit tamma wa l-nîl lissâ mâ ja.* C'est le moment où d'habitude le fleuve déborde, mais il n'y a pas encore eu d'inondation.

nîl 2 *n. m.*, ≅ *nîle*, mot arabe d'emprunt *irn.* (*Mu.*), * nyl, ن ي ل
♦ **teinture, indigo.** •*Al mara daxxalat laffâyitha fî l-nîl acân tidôr tixayyir lônha.* La femme a trempé son voile dans de la teinture pour le faire changer de couleur. •*Nîl hanâ kadmûli da bigi tagîl.* Mon turban a été teint en bleu trop foncé.

Nîlay *n. pr.* de femme, *litt.* une inondation, un débordement du fleuve, * nyl, ن ي ل

nîle *n. vég., f.*, mot arabe d'emprunt *irn.* (*Ka.*), → *nîl 2*, dans l'expression *cidêrt al-nîle*.
♦ **nom d'une plante, indigo, teinture bleu foncé, indigotier, Indigofera tinctoria,** famille des papilionacées. •*Fî l wâdi cidêrt al-nîle tugumm wa hî mâ tawîle.* L'indigotier pousse dans l'oued, ce n'est pas un grand arbre. •*Warcâl hanâ cidêrt al-nîle budugguh wa busubbuh fî l almi, kan dassêt fôgah nyangur abyad bicîl lôn zahari.* On pile les feuilles d'indigotier, puis on les met dans de l'eau, et, lorsqu'on plonge dans cette eau un tissu blanc, il prend une couleur bleue.

nîlon *n. m.*, *empr.*

♦ **nom d'une bière de mil, nom d'une boisson de cabaret.** •*Al-rujâl dôl bacarbo nîlon.* Ces hommes-là boivent du *nîlon.* •*Al mara di tisaffi nîlon fi l gôdâla.* Cette femme prépare du *nîlon* dans le cabaret.

nîm 1 *n. vég.*, *coll.*, *m.*, *sgtf. nîmay*, originaire des Indes et de Birmanie, ≅ à N'Djaména *gênyê, geny.*

♦ **nom d'un arbre, neem, nimier, margousier, Azadirachta indica (A. Juss.),** famille des méliacées. •*Fî Anjammêna cadar al-nîm katîr.* A N'Djaména, il y a beaucoup de neems. •*Al-nîmay cadaray murra mâ bâkuluha wa lâ nâs wa lâ bahâyim.* Le neem est un arbre amer ; ni les hommes ni les animaux ne le mangent. •*Al-nîm cadar sameh, dullah bârid.* Les neems sont de beaux arbres qui ont une ombre fraîche.

nîm 2 *n. m.*, *empr. fr.* altération de "mine", → *mîn.*

nimar *pl.*, → *nimra.*

Nimêri *n. m. mrph. dmtf.*, *n. pr.*, nom d'un ancien président du Soudan, *litt.* petit léopard, → *nimir*, * nmr, ن م ر

nimir / numurra *n. anim.*, *m.*, ≅ le pluriel *numûra*, * nmr, ن م ر

♦ **léopard, panthère tachetée, Felis pardus.** •*Al-nimir batrân min al-dûd.* Le léopard est plus féroce que le lion. •*Numurra katîrîn fî turâb Zâkuma.* Il y a beaucoup de panthères tachetées dans la région de Zakouma.

nimle 1 *n. anim.*, *coll.*, (*sgtf. nimlay*), *Cf. abu'âce, angurrâsa, darr, kalb al harray, etc.*, * nml, ن م ل

♦ **fourmis,** espèce de grosses fourmis noires. •*Al-nimle tarba katîre bakân wâhid, wa kan mârge tamci deribha wâhid.* Les grosses fourmis noires vivent en colonies, et prennent le même chemin lorsqu'elles se déplacent. •*Ammâmti amrâs, fî l kadâde mâ taxâf... Di l-nimle.* Ma belle-mère a une grosse tête, en brousse elle n'a pas peur... C'est la fourmi. *Dvnt.*

nimle 2 *n. f.*, ≅ *marad al-nimle* [maladie de la fourmi] pour désigner une maladie des hommes ou des bovins, * nml, ن م ل

♦ **cancer, mycétome, pied de Madura.** •*Bagarti indaha nimle fî rijilha l-zêne l giddâmiye, gâ'ide tadla'.* Ma vache a attrapé un cancer sur la patte antérieure droite, elle boite. •*Al-nimle tâkul al bakân al karabatah, wa taktul al-nâdum kan mâ waddôh lê l-daktôr ajala.* Le cancer ronge l'endroit où il s'est installé, il tue la personne si on ne la présente pas très vite au médecin.

nimra / nimrât *n. f.*, *empr. it. fr.*, comme en *ar. lit.* moderne (*Mu.*), ≅ *nimre, nimro* et le pluriel *nimar*, * nmr, ن م ر

♦ **numéro.** •*Fî watîr hanâ l wazîr cîft nimra safra samha.* J'ai vu sur la voiture du ministre un beau numéro jaune. •*Kulla l makâtib hanâ l xaddâmîn induhum nimar.* Tous les bureaux des employés [travailleurs] portent des numéros.

nimre *n. f.*, → *nimra.*

nimro nom de nombre, → *nimra.*

nindilâni / nindilâniyîn *adj.*, (*fém. nindilâniye*), *Cf. nandal*, * ndl, ن د ل

♦ **jaloux (-ouse),** qui a la jalousie bien ancrée en lui. •*Anâ nindilâni acân hû axad al mara l nirîdha.* Je suis jaloux parce qu'il a épousé la femme que j'aimais. •*Al-darre al-jadîde mâ nindilâniye lê hamâtha al kabîre.* La deuxième femme du polygame n'est pas jalouse de sa coépouse. •*Inta kan jibt coxol, gassimah lê iyâlak sawa acân al iyâl al-dugâg nindilâniyîn !* Lorsque tu apportes quelque chose à tes enfants, partage-le équitablement entre eux, parce que les petits enfants sont jaloux !

nindili *n. m.*, *Cf. nandal*, * ndl, ن د ل

♦ **jalousie, préoccupation,** tourment dû à la jalousie. •*Al-nindili coxol mâ* *sameh.* La jalousie est une mauvaise chose. •*Al binêye di tirîd al-nindili kan câfat coxol jadîd fî rafîgâtha, hî kula tidôrah.* Cette jeune fille a tendance à être jalouse ; lorsqu'elle voit quelque chose de neuf chez son amie, elle le veut aussi. •*Hi bigat rigêyge min al-nidili.* Elle en a maigri de jalousie.

nîrân *pl.*, → *nâr 2*.

nis'e / nisa' *n. f.*, *Cf. wajaj*, * nsʕ, ن س ع

♦ **tresse de cuir, cordelette de cuir,** cordelette plate ou ronde fabriquée à partir de trois ou quatre lanières de cuir tressées. •*Nis'it dabiyti gidimat tilgatta' ajala.* Ma lanière de cuir tressée est vieille, elle se rompt à tout moment. •*Al-nis'e di hint farwa hint zarâf.* Cette lanière est faite avec un cuir de girafe tressé. •*Al-nisa' wa gurâf wa dabâya xidime hanâ l awîn.* Les lanières en cuir tressées, les grands et les petits sacs en cuir sont fabriqués par les femmes.

nisa' *pl.*, → *nis'e*.

nisâ' *coll.* → *mara*.

nisâ'i / nisâ'iyîn *adj.*, (*fém. nisâ'iye*), * nsy, ن س ي

♦ **féminin, qui concerne la femme.** •*Fî Tcâd, al-tâyêrât ba'arfu bixayyutu malâbis nisâ'iye.* Au Tchad, les tailleurs savent coudre des vêtements féminins. •*Mamnu' lê l-râjil : mâ yalbas malâbis nisâ'iye.* Il est interdit aux hommes de porter des vêtements féminins.

nisba *invar.*, dans l'expression *be l-nisba*, * nsb, ن س ب

♦ **concernant, par rapport à, en relation à, quant à,** en ce qui concerne. •*Be l-nisba lê kalâmak da, anâ namci lêk ambâkir.* A cause de ce que tu m'as dit, j'irai chez toi demain. •*Be l-nisba lê wilêdak, hû da kabîr minnah.* Par rapport à ton enfant, celui-ci est plus grand. •*Xidimtak di, be l-nisba lêna, anîna farhânîn minha.* Quant à nous, nous sommes contents de ton travail.

nisêrâni *adj. n., mrph. dmtf.* péjoratif, (*fém. nisêrâniye*), * nṣr, ن ص ر

♦ **petit Blanc.** •*Al-nisêrâni baji kulla yôm fî l-lekkôl be watîrah al-sameh !* Le petit Blanc vient chaque jour à l'école avec sa belle voiture ! •*Wilêd Âdum wilêd kalôc, hû mâ bâkul êc acân hu bigi nisêrâni.* Le fils d'Adoum est un collégien, il ne mange pas la boule parce qu'il devient comme un petit Blanc.

nisey *v. trans.*, *inacc.* ; → *sawwa 1*.

nisi / yansa *v. trans.*, forme I n° 21, * nsy, ن س ي

♦ **oublier.** •*Hû nisi l bêt wa fât giddâm.* Il a oublié où était la maison et l'a dépassée. •*Mâ tansa, acri lêi dihin fî l-sûg !* N'oublie pas de m'acheter de l'huile au marché !

nissêye / nissêyât nom, *mrph. sgtf.*, *f.*, *Cf. nasa, nasyîn*, * nsy, ن س ي

♦ **petit oubli,** oubli de quelqu'un qui n'a pas l'habitude d'oublier. •*Nissêyit sâ'iti fî l bêt di âzatni.* Je suis gêné d'avoir oublié ma montre à la maison. •*Nissêyti lê gursi fî l-sûg da akûn mâ nalgah battân.* Je ne retrouverai sans doute pas l'argent que j'ai oublié au marché.

niswân *coll.*, → *mara*, *nsy, ن س ي

nisyân *n. m.*, → *nasa*, * nsy, ن س ي

niwi / yanwa *v. intr.* *{- lê}*, forme I n° 21, *Syn. câl niye*, * nwy, ن و ي

♦ **avoir le désir, vouloir, avoir l'intention, avoir envie.** •*Anâ niwît lê akil al-laham.* J'ai eu grande envie de manger de la viande. •*Hî niwat lê l-safar.* Elle a l'intention de partir en voyage. •*Hû niwi lê l hajj wa Allah mâ ja'alah.* Il voulait faire le pèlerinage, mais Dieu ne lui en a pas donné l'occasion. •*Al-Ramadân garrab, wa hû yanwa lê l-siyâm kan mâ mardân.* Le Ramadan approche, il a l'intention de jeûner s'il n'est pas malade. •*Anâ niwît lê l-salâ.* J'ai eu la ferme intention de prier.

niwwême / niwwêmât *n. d'act., mrph. dmtf., f., Cf. nôm*, * nwm, ن و م

♦ **petit somme, assoupissement.** •*Al-lêle di, anâ coxoli niwwême gisayre bas.* Cette nuit, je n'ai fait qu'un petit somme. •*Al mardâne, mîn amis mâ câfat niwwême.* Depuis hier, la malade ne s'est pas assoupie [n'a pas vu un assoupissement].

nixâc / nixâcât *n. m.*, → *munâxaca*, * nqš, ن ق ش

♦ **discussion, débat.** •*Nixâc al-juhhâl âxirah duwâs.* La discussion entre les ignorants finit par la bagarre. •*Al-nixâc ma'â l awîn bijîb al hugra.* Discuter avec les femmes t'amènera le mépris. •*Al-dastûr al-jadîd kataboh ba'ad nixâc tawîl.* La nouvelle constitution a été écrite après un long débat.

niyâba / niyâbât *n. f.*, dans l'expression *be l-niyâba*, * nwb, ن و ب

♦ **par intérim.** •*Al yôm al-ra'îs mâ fîh musâfir, Ali bas al-raîs be l-niyâba.* Aujourd'hui, le Président n'est pas là, il est parti en voyage ; c'est Ali qui assure l'intérim. •*Al-Ra'îs be l-niyâba sawwa ingilâb askari wa mâ najah.* Le Président par intérim a fait un coup d'État militaire et a échoué.

niye / niyât *n. f., Cf. niwi*, * nwy, ن و ي

♦ **volonté, intention ferme, décision, appétit.** •*Maryam mâ indaha niye acân tamci fî l-tâhûna.* Mariam ne veut pas du tout aller au moulin. •*Al-sahâb xatta l-sama, al harrâtîn câlo niye lê l-têrâb.* Le ciel s'est couvert de nuages, les cultivateurs ont pris la décision de semer. •*Al-dakâtîr induhum niyât samha acân bi'âluju l mardânîn.* Les médecins ont la bonne volonté de soigner les malades. •*Al akil al halu yaftah al-niye.* La bonne nourriture ouvre l'appétit.

niyêdim *n. m. mrph. dmtf., Cf. nâdum, mirêye*, * ʼdm, ء د م

♦ **quelqu'un, la moindre personne, homme sans importance.** •*Jît fî bêtku niyêdim ke mâ fî.* Je suis venu chez vous et il n'y avait personne. •*Anâ mâ nidôr niyêdim yadxul fî cu'ûni.* Je n'aime pas que quelqu'un mette son nez [entre] dans mes affaires. •*Kalâmna da niyêdim ke yafhamah mâ fî, ille anâ wa hû.* Ce que nous avons dit, pas la moindre personne en dehors de lui et de moi, ne peut le comprendre.

niyêray / niyêrayât *n. f. mrph. dmtf., Cf. nâr*, → *niyêre*, * nwr, ن و ر

niyêre / niyêrât *n. f. mrph. dmtf., Cf. amniyêre, Syn. niyeray*, * nwr, ن و ر

♦ **petit feu.** •*Al-niyêre al nicîfûha hinâk di akûn fî hilêle.* Ce petit feu qu'on voit au loin là-bas est peut être celui d'un petit village. •*Al-niyêre di mâ tinajjid al êc ajala.* Ce petit feu ne fera pas vite cuire la boule. •*Amci, jîb lêi niyêray min al-jîrân !* Va nous chercher un peu de feu chez les voisins !

niyya *n. f.*, → *niye.*

nizâm *n. m.*, * nẓm, ن ظ م

♦ **organisation, ordre, système.** •*Mâ nirîd al xidime l bala nizâm.* Je n'aime pas le travail désordonné. •*Al-sabi da bêtah mâ indah nizâm wâhid kula.* Il n'y a aucun ordre dans la chambre de ce jeune homme.

nizzêle / nizzêlât *n. f. mrph. dmtf., Cf. nazilin*, * nzl, ن ز ل

♦ **petite descente,** fait ou manière de descendre. •*Nizzêlti min al xidime mâ daxalt al bêt kula illa nicîf al-nâr gammat fî kûzi hanâ jîrâni.* En rentrant du travail, avant d'entrer dans la maison, j'ai vu le feu embraser la case des voisins. •*Ba'ad nizêltah min al-tayyâra maca sallam rufugânah.* Après sa descente d'avion, il est parti saluer ses amis.

njung *invar.*, dans l'expression *almi njung*, → *amjung.*

nô' / anwâ' *n. m., Syn. tagim*, voir ci-dessous l'expression *anwâ' wa ackâl*, * nwʕ, ن و ع

♦ **genre, espèce, variété, qualité, caractéristique, toutes sortes de.**

•*Al-nâs anwâ' wa ackâl fî dâr wahade.* Il y a toutes sortes [genres et formes] de gens dans une même contrée. •*Fî l xada jâbo lêna akil anwâ' wa ackâl.* Au repas, on nous a apporté toutes sortes de choses à manger [qualités et formes différentes]. •*Kulla yôm jîrâni akilhum nô' wâhid bas.* Tous les jours mes voisins ont le même genre de nourriture. •*Al xalag da, nô'ah kê mâ iriftah.* Je ne connaissais vraiment pas ce genre de vêtement.

Nokku *n. pr.* de lieu, chef-lieu de sous-préfecture du Kanem.
♦ **Nokou.**

Nôku *n. pr.* de lieu, ≅ *Nokku, Nukku,* → *Nokku.*

nôm *n. m., dmtf. nômay,* * nwm, ن و م
♦ **sommeil.** •*Al-nôm ta'âl dabdib al iyâl !* Viens, sommeil, berce les enfants ! (berceuse). •*Nôm sawwah.* Il a sommeil. •*Min amis mâ cift nômay.* Depuis hier je n'ai pas fermé l'œil [je n'ai pas vu un brin de sommeil].

nôna / yinôni *v. intr., Cf. danna, yidinn* ; forme III, * nwn, ن و ن
♦ **bourdonner.** •*Al-nahale lammat tinôni fî l xadar (filêr).* Les abeilles se sont rassemblées et bourdonnent dans les fleurs. •*Al-dubbân nôna fî l-laham.* Les mouches bourdonnent sur la viande. •*Kulla yôm indi abundannân yinôni lêi fî bêti.* Tous les jours, il y a une guêpe maçonne qui vient bourdonner dans ma maison.

nôre *n. f., Cf. nûr,* * nwr, ن و ر
♦ **éclat, clarté.** •*Massihîn al-dihin wa l kohol wa l mucât yanti nôre lê l mara.* Le fait de se passer de l'huile sur la peau, de mettre du khôl et de bien tresser les cheveux donne un éclat à la femme. •*Al mara kan bâtile wa mardâne mâ indaha nôre.* La femme maigre et malade n'a pas d'éclat. •*Nôrt al bêt mâ tazhar illa kan nazzamoh adîl.* La beauté d'une maison n'apparaît que lorsqu'elle a été bien ordonnée.

Norvêjya *n. pr.* de pays.
♦ **Norvège.**

Nu'mân *n. pr.* d'homme, *Cf. Na'îm, ni'ima,* * nˤm, ن ع م

nu'ûj *pl.,* → *na'aje.*

Nûba *n. pr. gr. coll., sgtf. Nûbay* (homme), *Nûbayye* (femme), terme d'injure ou de mépris employé par les Arabes du Tchad.
♦ **Nubien (-enne), Noir(e).** •*Axti axadat Nûbay fî l hille.* Ma sœur a épousé un Noir en ville. •*Hassâ al-Nûba xalbato be l Arab.* Maintenant les Noirs se sont mélangés avec les Arabes. •*Hassâ al-Nûbayye di xalat al kunûs.* Cette femme noire a maintenant cessé d'adorer les idoles.

Nûbay *sgtf.* d'un nom *gr., m.,* (*fém. Nûbayye*), → *Nûba.*

nubbâl / nabâbîl *n. m., Cf. nuccâb,* * nbl, ن ب ل
♦ **arc.** •*Dahar al-câyib kanjar misil al-nubbâl.* Le dos du vieux est courbé comme un arc. •*Al gannâsi câl ma'âyah nubbâlah, safarôgah wa harbitah wa ini l kadâde.* Le chasseur a emporté avec lui son arc, son gourdin et sa lance, puis il a pris la direction de la brousse.

nubuwwa *n. f., Cf. nabî,* * nb', ن ب ء
♦ **prophétie, mission de prophète.** •*Al muslimîn bugûlu al-nubuwwa kammalat be l-Nabî Muhammad.* Les musulmans disent que la prophétie est achevée avec le Prophète Mouhammad. •*Al yôm fî adyân jadîda gâ'ide tugûl al-nubuwwa mâ wigifat.* Aujourd'hui, il y a de nouvelles religions qui disent que le mouvement prophétique continue.

nuccâb / nacâcîb *n. m., Cf. nubbâl,* * nšb, ن ش ب
♦ **flèche, arc avec ses flèches, tison.** •*Anâ indi nuccâb fî l bêt.* J'ai un arc et des flèches chez moi. •*Al fîl mâ binkatil be l-nuccâb.* On ne peut pas abattre un éléphant avec une flèche. •*Fâtime nâwilîni nuccâb wâhid min*

narki di, nikarrib bêyah al-laday ! Fatimé, apporte-moi un tison de ton feu pour que je puisse allumer le foyer de la cuisine !

nudâf *pl.*, → *nadîf.*

nufâs *n. m.*, *Cf. nifis*, * nfs, ن ف س
♦ **accouchement.** •*Farditki di, tincmamma nufâs nufâs.* Ton pagne sent les odeurs de l'accouchement. •*Al mara ba'ad al-nufâs tagdar tisalli kan bigat tâhire.* Après l'accouchement, la femme peut de nouveau prier lorsqu'elle est devenue pure.

nufâx *n. f.*, *Cf. nafax*, * nfh̲, ن ف خ
♦ **ballonnement, météorisme, maux de ventre.** •*Anâ mâ nirîd akil al bangâw wa fûl angangala acân bisawwi lêi nufâx.* Je n'aime pas manger des patates douces et des pois de terre parce que cela me donne des ballonnements. •*Al-nâs bisawwu dawa hanâ l-nufâx be atrôn wa almi dâfi'.* Les gens préparent un médicament contre les ballonnements avec du natron et de l'eau tiède.

nufûs *pl.*, → *nafis.*

nûg *pl.*, → *nâga.*

nugâr *pl.*, → *nugura.*

nugat *pl.*, → *nugta.*

nuggâra / nagâgîr nom, *mrph. intf.*, *f.*, *Cf. ganga*, * nqr, ن ق ر
♦ **tambour, tam-tam.** •*Siyâd al hille jallado nuggâra.* Les villageois ont fabriqué un tambour. •*Al-nuggâra lammat al-nâs.* Le tambour a rassemblé les gens. •*Axti gâ'ide tal'ab li'ib hanâ l-nuggâra.* Ma sœur est en train de danser au rythme du tambour. •*Gimêriye mirakkize fî l ûd, tizâgi zigeyt al-dûd... Di l-nuggâra.* Une tourterelle appuyée sur un bois, sa plainte résonne comme celle du lion... C'est le tambour fixé sur trois bois ou sur un bois fourchu planté en terre. *Dvnt.*

nuggârit Jamma' *n. f.*, composé de *nuggâra* (tambour) et de *Jamma'* (*n. pr.* d'homme), * nqr, ن ق ر
♦ **verre à thé,** grand verre à thé comparé au tambour de Jamma. •*Funjâl "nuggârit Jamma'" axêr min "ta'ab nâdôna" acân tagdar tacrab câhi katîr tilkayyaf.* Le grand verre à thé "tambour de Jamma" est mieux que le petit verre "fatigue de l'invitation" parce qu'il permet de boire suffisamment de thé pour être satisfait. •*Câhiyi da kan ciribtah be nuggârit Jamma' tilkayyaf.* Si tu bois un grand verre de mon thé, tu es comblé.

nugra → *nugura.*

nugta / nugat *n. f.*, * nqṭ, ن ق ط
♦ **point, goutte.** •*Al-sahâb câl bilhên lâkin lissâ mâ sabba nugta wahade kula.* Le ciel est très nuageux mais il n'est pas encore tombé une seule goutte de pluie. •*Hû tarjam al xutba hint al wazîr nugta ba'ad nugta.* Il a traduit le discours du ministre point par point.

nugû' *pl.*, → *naga'a.*

nugura / nugâr *n. f.*, * nqr, ن ق ر
♦ **trou, creux.** •*Al-dâbi daxal fî nugura tawîle.* Le serpent est entré dans un trou profond. •*Al fâr nakat nugâr katîrîn fî l bêt.* Les rats ont creusé de nombreux trous dans la maison. •*Tâgitak indaha nugura.* Ton bonnet a un trou.

Nûh *n. pr.* d'homme, "Noé", prophète pour les musulmans, * nwḥ, ن و ح

nuhûs *pl.*, → *nihis.*

nujâd *pl.*, → *najîd.*

nujûm *pl.*, → *najma.*

Nujûm *n. pr.* de femme, *Cf. najma.*

nujumay *n. f. mrph. sgtf.*, → *najma.*

nujûs *pl.*, → *nijis.*

Nukku *n. pr.* de lieu, → *Nokku.*

nûm *v. impér.*, → *nâm.*

numûra *pl.*, → *nimir.*

numurra *pl.*, → *nimir.*

nunêt / nunêtât *n. m.*, *empr. fr.*, ≅ *naddâra.*
♦ **paire de lunettes.** •*Iyâl al-Nasâra balbaso nunêtât.* Les enfants des Européens portent des lunettes. •*Anâ mâ nidôr nalbas nunêt.* Je ne veux pas porter de lunettes.

Nûnu *n. pr.* de femme, nom donné aussi à la fleur de nénuphar, *Cf. sittêb.*

nûr / anwâr *n. m.*, * nwr, ن و ر
♦ **lumière, clarté.** •*Nûr hanâ l watîr abyaḍ bilhên.* Les phares de la voiture éclairent bien. •*Al yôm bêtna mâ indah nûr.* Aujourd'hui, notre maison n'a pas de lumière.

nûr ! *v. impér.*, → *nâr 1.*

Nûr *n. pr.* d'homme, * nwr, ن و ر

Nûra *n. pr.* de femme, * nwr, ن و ر

Nûraccâm *n. pr.* de femme, pour *nûr al-câm, litt.* éclat du grain de beauté.

Nûraddîn *n. pr.* d'homme, pour *nûr al-dîn, litt.* lumière de la religion.

nusax *pl.*, → *nusxa.*

nuss *n. m.*, désigne une fraction, * nṣf, ن ص ف
♦ **moitié, côté, partie, un demi.** •*Antîni sukkar kôro wa câhi nuss kôro !* Donne moi un koro de sucre et la moitié d'un koro de thé ! •*Amis fî l-lêl al mardân nâm be nussah al-zêne.* Hier, pendant la nuit, le malade a dormi sur le côté droit. •*Al haddâd gâ'idîn be nuss al mincâx hanâ Anjammêna.* Les forgerons se trouvent dans la partie nord de N'Djaména. •*Câri bêtna talgah fî nuss al-sabhâni lê l bahar.* Tu trouveras la rue qui mène à notre maison sur le côté est du fleuve.

nuss ! *v. impér.*, → *nassa 1.*

nusubân *pl.*, → *nasîb 1.*

Nusura *n. pr.* de femme, variante de *Nasra*, * nṣr, ن ص ر

nusxa / nusax *n. f.*, * nsh̲, ن س خ
♦ **exemplaire, copie, manuscrit.** •*Al xâmûs da, taba'oh xamsîn alif nusxa.* Ce dictionnaire a été imprimé en cinquante mille exemplaires. •*Lâzim kulla musaxxaf yamluk nusxa wahade min al xâmûs da.* Il faut que toute personne cultivée possède un exemplaire de ce dictionnaire.

nutt *v. impér.*, → *natta.*

nutû' *pl.*, → *nato'.*

nuwâr *n. coll.*, *m.*, *sgtf. nuwâray*, * nwr, ن و ر
♦ **fleur ouverte.** •*Fî jinênitna al-cadar xaddar wa câl nuwâr.* Dans notre jardin, les arbres ont reverdi et se sont couverts de fleurs [ont pris des fleurs]. •*Macêt al wâdi wa ligit al-darrâba sawwat nuwâr.* Je suis allé dans le champ de gombo au bord de l'oued pour constater que le gombo était en fleurs.

nuwwâb *pl.*, → *nâyib.*

nuxaba' *pl.*, → *naxîb.*

nuxnâxa / naxânix *n. f.*, *Cf. naxnax, abnuxnâxa*, * nh̲r, ن خ ر
♦ **nasillement.** •*Al-nâdum kan garâgîcah tallafo, kan bikallim indah nunxnâxa.* Si quelqu'un a les fosses nasales abîmées, il nasille lorsqu'il parle. •*Sîd al-nuxnâxa mâ ticammit lêyah !* Ne te moque pas de celui qui nasille !

nuxxâma / naxâxim *n. f.*, *Cf. naxxam*, * nh̲m, ن خ م
♦ **morve.** •*Al-nuxxâma hî wasax yajri min al munxar kan indak zuxma.* La morve est quelque chose de sale qui coule du nez lorsqu'on est enrhumé [lorsque tu as un rhume]. •*Al-iyâl al-dugâg mâ yagdaro yamurgu naxâxîmhum.* Les petits enfants ne savent pas se moucher.

nuyâb *pl.*, → *nâyib.*

nyalat *n. anim.*, *m.*, *empr.* (Ouaddaï).
♦ **grand koudou, Strepsiceros strepsiceros.** •*Al-nyalat kabîr min al*

bagar wa gurûnah tuwâl wa mulawlawât, wa bi'îc fî l kadâde. Le grand koudou est plus gros qu'une vache, il a de longues cornes en volute et vit dans la brousse. •*Intayt al-nyalat mâ indaha gurûn.* La femelle du grand koudou n'a pas de cornes.

nyalnyal / yinyanyil *v. intr.*, forme II, *empr.* utilisé en arabe *sd.*, *Cf. munyalnyil.*
♦ **traîner, marcher lentement, marcher avec solennité,** marcher en balançant les bras. •*Al-dûd fahal al-sêd nyalnyal giddâmhum acân mâ baxâf.* Le lion, le plus fort et le plus courageux des animaux de la brousse, marche lentement devant eux parce qu'il n'a pas peur. •*Ta'âl ajala, tinyalnyil ke misil na'asân, mâlak ?* Viens vite, tu traînes comme si tu avais sommeil, qu'as-tu ?

nyam nyam ! *invar.*, *onom.* accompagnant le verbe *akal* (manger), employée surtout par les enfants.
♦ **miam-miam !, mangé entièrement !** •*Al xanam akalo l bittêx nyam nyam !* Les chèvres ont mangé toutes les pastèques, miam-miam ! •*Al êc da kulla ke, akaltah nyam nyam ke wihêdak !* Toi seul, tu as mangé entièrement la boule !

nyama-nyama nom pluriel, *empr.* pouvant servir d'insulte.
♦ **ramassis, objets sans valeur, ensemble incohérent, choses variées en petite quantité, groupes d'enfants.** •*Al yôm fî naga'at al hurriya, cift iyâl nyama-nyama katîrîn misil al-jarâd.* Aujourd'hui, sur la place de l'Indépendance, j'ai vu des groupes d'enfants aussi nombreux que des sauterelles. •*Jirânna wakit hawwalo, câlo ma'âhum kulla l-nyama-nyama hanâhum.* Lorsque nos voisins ont déménagé, ils ont emporté avec eux tous leurs objets sans valeur. •*Akil al-nyama-nyama da, misil al pumbiter, makrôni, kisâr, fangâsu, karôt, tamâtîm, kallafâni gurus katîr.* Acheter quelques patates, macaronis, galettes, beignets, carottes ou tomates en petite quantité m'a coûté cher.

nyamnyam / yinyamnyim *v. trans.*, forme II.
♦ **chatouiller, faire tressaillir, faire frissonner,** frissonner ou tressaillir à la suite d'un chatouillement. •*Rijili tinyamnyimni.* Je ressens un chatouillement sous le pied, qui me fait frissonner. •*Kan marti talmas rijilêni, jildi kulla ke binyamnyimni.* Lorsque ma femme caresse mes pieds, mon corps tout entier tressaille [me démange]. •*Al-saxîr kan binyamnyumuh fî batun rijilah, bajbidha wa badhak.* Si l'on chatouille la plante du pied d'un enfant, il retire le pied et se met à rire.

nyamnyâm *invar.*, *onom.*, *Cf. nyamnyam.*
♦ **chatouillis, guili-guili.** •*Wilêdi mâ bidôr al-naymnyâm tihit rijilah.* Mon enfant n'aime pas être chatouillé sous le pied. •*Yaxây anâ orêtak mâ tigawwim lêi nyamnyâm !* Mon frère, je te l'ai déjà dit : ne me réveille pas en me chatouillant !

nyamnyaman *n. d'act.*, *m.*, → *naymnyimîn.*

nyamnyimîn *n. d'act.*, *m.*, ≅ *naymnyamân*, *Cf. naymnyam.*
♦ **fait de chatouiller, chatouillement.** •*Nyamnyimîn hanâ l-rijil biraggis al-jilid.* Le fait de chatouiller le pied fait tressaillir tout le corps. •*Nyamnyimîn al amm lê wilêdaha bixallih dâyimân mabsût.* L'enfant est toujours heureux après avoir été chatouillé par sa mère.

nyanâgîr *pl.*, → *nyangûr.*

nyang-nyang / yinyang-nying *v. trans.*, forme II, utilisé en arabe *sd.*
♦ **grignoter, ronger.** •*Al fâr nyang-nyang al êc.* Les rats ont grignoté la boule. •*Anâ firiht be l-darat da, wa kassart lêi gandûl wa nyang-nyangtah.* J'ai été heureux de ce temps de la moisson, j'ai cassé un épi et l'ai grignoté.

nyang-nyâng *n. m.*
♦ **grignotage, fait de ronger.** •*Al-nâdum al mâ ba'arif al-nyang-nyâng bigajjim al gandûl.* Celui qui ne sait pas grignoter les grains tendres arrache tout un morceau de l'épi. •*Hû farak lêyah ganâdil hanâ nyang-nyâng wa dalla bêhum al ambalxâma.* Il a frotté dans ses mains les grains tendres à grignoter et a ainsi calmé sa faim.

nyangûr / nyanyâgîr *n. m., empr.* (Ouaddaï, Mimi), écrit en arabe *sd. jangûr* (*C.Q.*), ≅ les pluriels *nyanâgîr, yanâgîr*.
♦ **chiffon.** •*Amci jîb lêi nyangûr nugucc biskilêti !* Apporte-moi un chiffon pour que je nettoie ma bicyclette ! •*Al micôtin lamma nyanâgîr al-sûg wa câlahum fî râsah.* Le fou a rassemblé les chiffons du marché et les a portés sur la tête. •*Al iyâl lammo nyanyâgîr wa addalo bâlay.* Les enfants ont amassé des chiffons et en ont fait un ballon.

nyanyâgîr *pl.*, → *nyangûr.*

nyarra / yunyurr *v. intr.*, forme I n° 5.
♦ **grogner,** bruit par lequel le chien manifeste son mécontentement. •*Al kalib kan câf nâdum mâ ba'arfah bunyurr.* Lorsque le chien aperçoit quelqu'un qu'il ne connaît pas, il grogne. •*Amis al kulâb nyarro, âkûn simo haraka hint sarrâgîn.* Hier les chiens ont grogné, peut-être ont-ils entendu des voleurs.

nyâw ! *invar., onom.*, cri du chat.
♦ **miaou !** •*Al biss babki "nyâw !".* Le chat pleure "miaou !"

nyaxrat / yinyaxrit *v. intr. {- lê}, qdr., empr.*, forme II.
♦ **crisser du fond de la langue, faire un bruit du fond de la bouche, rassurer les bêtes du troupeau,** produire une sorte de crissement en faisant passer de l'air entre la base de la langue et le fond du palais, afin d'appeler ou de rassurer les bêtes du troupeau. •*Kan tidôr al bagar yatba'ôk, nyaxrit lêhum !* Si tu veux que les vaches te suivent, crisse du fond de la langue ! •*Al xanamay di dalûla, kan mâ tinyaxrit lêha kula takrubha wa tahlibha.* Cette brebis est docile ; même si tu ne la rassures pas en crissant de la langue, tu pourras la prendre et la traire. •*Halîme câfat al kalib min ba'îd wa nyaxratat lê tôrha acân mâ yajfil bêha.* Halimé a vu de loin un chien, elle a rassuré son bœuf porteur en crissant du fond de la langue pour éviter qu'il ne sursaute et ne la fasse tomber.

nyelet *invar., onom.* employée après les verbes de mouvement.
♦ **tout de suite, d'un seul coup, immédiatement.** •*Nâdum al kadastir gâl : "Hawwulu nyelet min al bakân da acân mugâbil naga'at al-tayyâra !".* Un agent du cadastre a dit : "Déménagez immédiatement de cet endroit parce qu'il est tout près du terrain d'aviation !". •*Yalla, gumm nyelet min giddâm al-nâs al kubâr !* Allons, lève-toi tout de suite, ne reste pas assis devant les grandes personnes !

nyurr ! *v. impér.*, → *nyarra.*

O

ô'a / yi'ô'i *v. intr.*, forme IV, * ʕwy, ع و ي

♦ **chanter (coq), crier (coq), faire cocorico.** •*Al-dik ô'a wa anâ gammêt min al-nôm.* Le coq a chanté et je me suis réveillé. •*Al-jidâde mâ ti'ô'i.* La poule ne lance pas de cocorico.

ô'în *n. d'act.*, *Cf. ô'a*, * ʕwy, ع و ي

♦ **cri du coq, chant du coq, cocorico.** •*Ô'în al-dâyaka bigawwim al-nâs lê l-salâ.* Les chants des coqs réveillent les gens pour la prière. •*Al-dîk da ô'înah binsami' ba'îd.* Ce coq a un cri qu'on entend de loin.

ôbi *n. m.*, *empr. fr.*

♦ **obus.**. •*Ôbi wâhid waga' fî bêtna wa mâ anfajar.* Un obus est tombé chez nous et n'a pas explosé. •*Ôbi maca be râs bêthum, wa humman anxara'o.* Un obus a touché le toit de leur maison et ils ont eu très peur.

ôda / uwad *n. f.*, utilisé dans l'arabe de l'est du Tchad, ≅ le pluriel *ôdât*, *Cf. bêt.*

♦ **chambre à coucher.** •*Fî wakt al hamu, al-nâs bunûmu barra min al uwad.* Pendant les grosses chaleurs, les gens dorment à l'extérieur des chambres à coucher. •*Ôdti masahôha be jîr.* Les murs de ma chambre à coucher ont été passés à la chaux.

odikolôny *n. m.*, *empr. fr.*

♦ **eau de Cologne, eau de toilette.** •*Al odikolôny bimassihuh fî surrit al-saxîr wa fî l-jurah badal alkôl.* On passe de l'eau de Cologne sur le nombril du nouveau-né et sur les blessures à la place de l'alcool. •*Anâ sawwêt xumra be odikilôny.* J'ai fait du parfum avec de l'eau de Cologne. •*Al odikolôny hû harr fî l uwâra, wa rihitah mâ halûwa bilhên.* L'eau de Cologne fait très mal sur les plaies, et son parfum n'est pas très agréable.

ôfôre *n. m.*, *empr. fr.*

♦ **Eaux et Forêts.** •*Nâs al ôfôre balbaso tusma wa induhum banâdig misil al askar.* Les agents des Eaux et Forêts portent un uniforme et ont des fusils comme les militaires. •*Al ôfôre haras hanâ l kadâde wa sêdha.* Les employés des Eaux et Forêts sont les gardiens de la flore et de la faune.

ôgad / yi'ôgid *v. trans.* *{- al-nâr}*, forme IV, * wqd, و ق د

♦ **allumer le feu, faire brûler.** •*Ammi ôgadat al-nâr wa sâtat êc.* Ma mère a allumé le feu et fait cuire la boule. •*Mâla ti'ôgid al-nâr hassâ ?* Pourquoi allumes-tu le feu maintenant ? •*Wakt al barid al-ru'yân yi'ôgudu nâr.* Quand il fait froid, les bergers allument du feu.

ôgadân *n. d'act.*, *m.*, ≅ *ôgidîn*, * wqd, و ق د

♦ **fait d'allumer, fait d'enflammer, fait d'éclairer, éclairage.** •*Ôgadân al-nâr janb al-tifil da mâ sameh !* Ce n'est pas bien d'allumer du feu à côté de ce petit enfant ! •*Anâ mâ na'arif ôgadân al-sijâra acân mâ nacrabha.*

Je ne sais pas allumer une cigarette parce que je ne fume pas.

ôgîd / awâgîd *n. m.*, *Syn. almêt*, → *kibrît*, * wqd, و ق د

♦ **allumette.** •*Jîb ôgid wa karrib al-nâr ajala !* Apporte une allumette et allume vite le feu ! •*Dâyimân dummu l awâgîd ba'îd min al iyâl !* Conservez toujours vos allumettes hors de portée des enfants ! •*Nisîna mâ cîlna ma'âna ôgid, kikkêf nisawwu al-câhi hassâ ?* Nous avons oublié de prendre avec nous des allumettes, comment à présent allons-nous préparer le thé ?

ôgidîn *n. d'act., m.*, → *ôgadân.*

ôja *adj. fém.*, pour *awja*, → *âwaj.*

okko *invar.*, → *akko.*

ôm *n. d'act. m.*, * ʕwm, ع و م

♦ **fait de nager, nage.** •*Al ôm fî l bahar gâsi bilhên.* La nage dans le fleuve est très difficile. •*Al ôm fî l almi l wasxân bisawwi marad.* Nager dans l'eau sale provoque des maladies.

ôma / yi'ômi *v. intr.*, forme IV, * wm', و م ء

♦ **lever la main, menacer de frapper, faire semblant de frapper,** faire un geste de la main comme pour frapper quelqu'un. •*Al xawwâf mâ ti'ômi lêyah, badurbak !* Il ne faut pas faire semblant de frapper un peureux, sinon il t'enverra des coups pour de bon ! •*Al bôlîs ôma lê l-sarrâg be asaytah.* Le policier a esquissé un geste pour frapper le voleur avec son bâton.

ômân *n. d'act., m.*, → *ômîn.*

ômây *n. f.*, *Ant. farah*, utilisé aussi en arabe *sd.*, hypothèse dans la racine qui évoque le manque de lait, la soif, * ʕym, ع ي م

♦ **malheur, calamité, peine.** •*Allah yinajjina min al ômây !* Que Dieu nous préserve du malheur ! •*Kan tifattic kalâm al-dunya taga' fî ômây.* Si tu cherches noise, tu tomberas dans le malheur. •*Al iyâl jaxxo lêhum ômay wahîde, wa arrado min al bêt.* Les enfants ont fait une grosse bêtise et se sont enfuis de la maison.

ômîn *n. d'act., m.*, ≅ *ômân*, *Syn. ôm*, *Cf. âm*, * ʕwm, ع و م

♦ **natation, fait de nager, nage.** •*Fî l xarîf al iyâl yil'allamo l ômîn fî l-ruhûd.* Pendant la saison des pluies, les enfants apprennent à nager dans les marigots. •*Al ômîn halu fî l hamu.* Il fait bon nager quand il fait chaud. •*Al bahar yixxarig al-nâs al mâ bar'arfo l ômîn.* Le fleuve noie les gens qui ne savent pas nager.

ômo *n. m.*, *empr. fr.*, nom d'une marque de lessive.

♦ **Omo, savon en poudre, lessive en poudre.** •*Farditi wakit jadîde xadra, wa hî hassâ fasaxat, bigat xabca acân xassilînha bigi katîr be ômo.* Quand il était neuf, mon pagne était vert ; à présent il s'est décoloré et est devenu gris à cause de nombreux lavages avec de la lessive en poudre. •*Xalagi l abyad ballêtah be sâbûn ômo, al xassal lêi be suhûla.* J'ai fait tremper mon habit blanc dans de l'eau avec du savon Omo, il s'est lavé facilement.

ôra 1 / yi'ôri *v. trans.*, forme IV, * wry, و ر ي

♦ **faire savoir, montrer, dire, informer, annoncer.** •*Al kaddâb ôra l-nâs kadar hû câf nâr fî l bahar.* Le menteur a dit aux gens qu'il a vu du feu sur le fleuve. •*Al-râdyo ôra l-nâs kadar ambâkir yulummu fî naga'at al hurriye.* La radio a annoncé aux gens qu'ils devront se rassembler demain place de la liberté. •*Inti, ôrini wên bêtku !* Toi, montre-moi où se trouve votre maison ! •*Hû ôrâni kalâm sameh banfa'ni.* Il m'a dit une bonne parole qui me sera utile.

ôra 2 *adj. n. f.*, → *a'war.*

ôra 3 / awâyir *n. f.*, ≅ le masculin *awra*, *Cf. janiye, êb*, * ʕwr, ع و ر

♦ **faute, problème, défaut,** ce qui cause la honte et que l'on cache. •*Harajtîni da, ôrti cunû ?* Tu me grondes comme cela, mais où est ma faute ? •*Awâyir al-rujâl al bitallifu* *lêhum mustaxbalhum misil al-sakar wa li'ib al gumâr.* Parmi les nombreux défauts qui gâchent l'avenir des hommes, il y a l'ivresse et les jeux de hasard. •*Ôrt al binêye di acân hî sarrâga.* Cette fille a un défaut : elle est voleuse.

ôra 4 *n. f.*, terme de l'*ar. lit.*, * ʕwr, ع و ر
♦ **indécence, sexe, parties génitales,** tout ce que l'on cache par pudeur. •*Jild al mara kulla ke ôra, wâjib tixattih adîl.* Tout le corps de la femme est "indécent", elle doit bien le couvrir. •*Wâjib al-râjil yastur ôrtah al gâ'ide bên al-surra wa l-rukba.* L'homme doit cacher ce qui se trouve entre le nombril et les genoux.

ôrad / yi'ôrid *v. intr.*, forme IV, * ʕrḍ, ع ر ض
♦ **s'emporter, devenir fou, s'affoler,** être sous l'influence provisoire d'un diable. •*Wilêd hanâ jâri maca l bahar fî l-lêl wa ôrad.* Le fils de mon voisin est allé au fleuve la nuit et s'est affolé. •*Al mara ôradat acân râjilha al watîr taracah wa katalah.* La femme est devenue folle parce qu'une voiture a renversé son mari et l'a tué. •*Al faxara bagdaro bidâwu l-nâdum al ôrad.* Les marabouts peuvent soigner la personne qui est sous l'influence d'un diable.

ôradan *n. d'act., m.*, → *ôridîn*, * ʕrḍ, ع ر ض

ôrân *n. d'act., m.*, → *ôrîn.*

ôrayân *n. m.*, → *ôrîn*, * wry, و ر ي

ordêvir *n. m., empr. fr.*
♦ **hors-d'œuvre,** crudités, entrée. •*Anîna akalna sahan hanâ ordêvir fî wakit al xada.* Nous avons mangé un hors-d'œuvre au déjeuner. •*Fî l mat'am sahan hanâ l ordêvir be sittîn riyâl.* Au restaurant un hors-d'œuvre coûte soixante riyals.

ordonâs / ordonâsât *n. m., empr. fr.*
♦ **ordonnance.** •*Al-daktôr katab lêi ordonâs naciri dawa hanâ alif riyâl.* Le docteur m'a prescrit une ordonnance pour acheter des médicaments qui m'ont coûté mille riyals. •*Anâ nidôr mâci l farmasi lâkin ordonâsi waddartah.* Je voulais aller à la pharmacie, mais j'ai perdu mon ordonnance.

ôridîn *n. d'act., m.*, ≅ *ôradân, Cf. ôrad*, * ʕrḍ, ع ر ض
♦ **folie, fait de devenir fou, possession, fait d'être possédé(e) par.** •*Hî tilbarrad wâgfe, coxolha da mâ ôridîn ?* Elle se lave debout, est-elle folle [sa chose est-elle la folie] ? •*Nâs bugûlu : ruwâxt al iyâl al-dugâg fî l-danâgis be maxrîb tijîb al ôridîn.* Les gens disent que les enfants qui se promènent sur les ordures au coucher du soleil deviennent fous.

ôrîn *n. d'act., m.*, ≅ *ôrân*, * wry, و ر ي
♦ **communication, transmission** d'un message. •*Nâs katîrîn ôrînhum mâ babga illa be balax fî l-râdyo.* Beaucoup de gens ne transmettent des messages que par des communiqués confiés à la radio. •*Ôrîn hanâ l xabar yukûn ambâkir.* La communication de la nouvelle aura lieu demain.

ôs *n. m.*, * ʕws, ع و س
♦ **préparation de la cuisine.** •*Hawa tagîle, lâkin ôsha nadîf.* Hawa est lente au travail, mais la préparation de sa cuisine est propre et bonne. •*Fâtime jidditha bas allamatha al ôs al-sameh da, tisawwi akil nafar nafar.* C'est grâce à sa grand-mère que Fatimé a appris à préparer de la bonne cuisine, elle sait faire toutes sortes de plats. •*Ôski da, inti sidtah âkulih !* Ta cuisine là, c'est toi qui l'as préparée, mange-la ! (Insulte à une cuisinière.)

Ostrâlya *n. pr.* de pays.
♦ **Australie.**

ôta / yi'ôti *v. intr.*, forme IV, * wṭ', و ط ء
♦ **aller vers le sud.** •*Fî l-sêf siyâd al mâl bi'ôtu.* Pendant la saison sèche les éleveurs vont vers le sud. •*Al-râjil ôta acân yifattic xidime.* L'homme est allé au Sud pour chercher du travail.

ôtêl / ôtêlât *n. m.*, *Syn. mat'am, empr. fr.*, ≅ *utêl.*

♦ **café, restaurant, hôtel, grill.** •*Ambâkir anîna namcu na'accu fî l ôtêl.* Demain nous irons dîner au restaurant. •*Fî hillitna ôtêl kabîr gâ'id wati min bêtna, kulla yôm namcu nilfassaho fôgah.* Il y a un grand hôtel-restaurant au sud de notre maison, chaque jour nous allons y faire un tour. •*Al-duyûf al-jâyîn min al xârij bidallu fî l ôtêl.* Les étrangers arrivant de loin descendent à l'hôtel. •*Al ôtêl fogah buyût hanâ ijâr wa akil.* Il y a à l'hôtel des pièces à louer, et de quoi manger. •*Al utêl bakân akil al uzbân.* L'hôtel est le lieu où mangent les célibataires.

otomik cinwa *n. m.*, *empr.*, marque de médicament, ≅ *atomîk.*

♦ **pommade chinoise.** •*Îdi anfakkat wa massahtaha be otomîk cinwa wa lawlawtaha be nyangûr nadîf, wa ba'ad yôm wâhid ligît al âfe.* Je me suis démis le poignet ; je l'ai massé avec de la pommade chinoise, bandé avec un morceau de tissu propre, et le jour suivant, j'étais guéri. •*Al otomîk cinwa bidâwi l-zuxma wa kulla bakân bôjak kan timassihah.* La pommade chinoise guérit le rhume et tous les endroits douloureux du corps.

P

padok *n. m., empr. angl.*
♦ **paddock.** •*Al xêl bulummuhum fî l padôk gubbâl al-sabag.* On rassemble les chevaux au paddock avant le départ. •*Al padôk bakân xâs lê l xêl, yagôdu fôgah sâkit gubbâl al-sabag fî naga'at al xêl.* Le paddock est un endroit spécial où les chevaux restent tranquilles avant la course sur l'hippodrome.

pakêt / pakêtât *n. m., empr.* (*fr.* "paquet") ; → *bikêt.*

Pâla *n. pr.* de lieu, chef-lieu de sous-préfecture du Mayo-Kebbi.
♦ **Pala.**

pan *n. m., empr.* (*fr.* "bon !").
♦ **début d'une action, commencement, bon !** •*Pan ke, inta gaddim lêna wa anîna nitâbu'ûk !* Bon ! On y va ; c'est toi qui nous guides, et nous, nous te suivons ! •*Pan hanâ l filim : râjil râkib fî humârah wa indah angâfay fî râsah.* Le début du film : c'est un homme qui est monté sur un âne et qui porte un chapeau de paille sur la tête.

panâti *pl.*, → *ponti.*

pantalon / panâtilîn *n. m., empr. fr.*
♦ **pantalon.** •*Hû bixayyit panâtilîn adîlîn.* Il coud de beaux pantalons. •*Fî Tcâd, al-rujâl bas balbaso panâtilîn, al awîn mâ balbasoh.* Au Tchad, les hommes portent des pantalons, les femmes n'en portent pas.

pantar / yipantir *v. trans.*, → *fantar.*

pantir *n. m.*, → *fantir.*

pappa *n. f, Syn. sâsu, Cf. na'âl.*
♦ **nu-pieds, sandalettes.** •*Al pappa be sittîn riyâl fî l-sûg.* Ces nu-pieds coûtent soixante riyals au marché. •*Al pappa usumha "sâsu" kula.* Les nu-pieds s'appellent aussi *sâsu.* •*Lubâs hanâ al pappa jumma fî rijilên.* Porter des nu-pieds est reposant. •*Pappiti râhat, wa mâ indi na'âl âxar.* J'ai perdu mes nu-pieds et n'ai pas d'autres sandalettes.

pappay *n. vég., coll. m., sgtf. pappâye* (une seule), *pappayât* (quelques-unes), *empr.*
♦ **nom d'une plante, papaye, papayer, Carica papaya,** famille des caricacées. •*Pappayâtki dôl be kam ?* Combien coûtent tes papayes ? •*Cadarayt al pappay turuss iyâlha fôg fî ragabitha.* Le papayer porte ses fruits [ses enfants] autour du cou. •*Amci aciri lêna pappâye wahade najîde !* Va nous acheter une papaye bien mûre !

pâre *n. m., empr.*
♦ **tontine, épargne collective.** •*Al yôm fî l hille kullaha, al awîn busubbu pâre.* Aujourd'hui, dans toute la ville, les femmes font des tontines. •*Anîna tamâne, nusubbu pâre hanâ alif alif, wa wâhade minnina al fî tûrha ticîlah.* Nous sommes huit, nous versons chacune mille riyals par mois

à la tontine, et celle dont c'est le tour reçoit huit mille riyals.

pâri *n. m., empr. fr.,* ≅ *bâri.*
♦ **pari,** pari lors d'une course de chevaux. •*Hû li'ib fî l pâri kuple wa mâ akal.* Il a joué au pari couplé et n'a pas gagné. •*Fî nâs yamcu lê l-sahhâra yisawwu lêhum sihir acân yâkulu fî l pâri.* Il y a des gens qui vont chez les sorciers pour qu'ils leur fassent des fétiches afin de gagner leur pari au tiercé.

paspôr / paspôrât *n. m., empr. fr.*
♦ **passeport.** •*Mâ tagdar taxatir fî l xârij bala paspôr.* Tu ne peux pas voyager à l'étranger sans passeport. •*Talla't lêi paspôr acân mâci nihijj.* Je me suis fait faire un passeport pour aller à La Mecque.

pawasa *pl.,* → *pûs.*

pê'êm / pê'emât *n. m.,* → *pêhêm.*

pêdâl / pêdâlât *n. m., empr. fr.* (pédale).

pêhêm / pêhemât *n. m.,* ≅ *pê'êm, empr. fr.* formé à partir des initiales P.M.
♦ **nom d'un pistolet mitrailleur, P.M. MAT 49,** pistolet mitrailleur français de calibre 9 mm, de la Manufacture d'Armes de Tulle, créé en 1949, et possédant un chargeur de 25 cartouches. •*Al pêhêm hû bundug saxayyar wa raccâc, wa gadîm fî Tcâd.* Le P.M. est un petit pistolet mitrailleur qui existe depuis longtemps au Tchad. •*Bawâlîs Anjammêna hassâ da induhum pêhemât.* Les policiers de N'Djaména ont à présent des pistolets mitrailleurs.

pêl / pêlât *n. m., empr. fr.*
♦ **pelle.** •*Xammêna l wasax be l pêl.* Nous avons ramassé les saletés avec une pelle. •*Al-subyân câlo l pêlât wa maco bahafuru l xabur.* Les jeunes gens ont pris des pelles et sont allés creuser la tombe.

peny / penyât *n. m., empr.* au *fr.* "peigne", → *mucut.*

perfectir *n. m.,* → *mudîriya.*

pêrik *n. m., empr. fr.*
♦ **perruque, mèche de cheveux.** •*Hî maccatat ca'arha be pêrîk.* Elle s'est coiffée en ajoutant des mèches de cheveux. •*Anâ mâ nimaccit perik, da ca'ari halâli bas, axêr lêi !* Je ne porte pas de perruque, ce sont mes propres cheveux, cela me va mieux ! •*Al binêye di coxolha cappo hanâ perik, mâ ca'arha.* Cette fille porte une perruque [sa chose est un chapeau de perruque], ce ne sont pas ses cheveux.

permi *n. m., empr. fr.* en concurrence avec *ruxsa,* → *ruxsa.*

persîl *n. coll., sgtf. persilay, empr. fr.*
♦ **persil.** •*Al persîl xadar dugâg busubbuh fî l-curba.* Le persil est une petite herbe [légume] que l'on met dans la soupe. •*Riht al persîl haluwa.* Le persil a une très bonne odeur. •*Al persîl mâ bâkuluh kan mâ munajjad.* On ne mange pas le persil quand il n'est pas cuit.

pestele *n. m.,* ≅ *bestele,* → *musaddas.*

petâr / petârât *n. m., empr.* de l'argot *fr.* pour désigner le pistolet, → *musaddas.*

petrôl *n. m.,* → *fatrôn.*

pinâr *n. vég., coll., m., empr. fr., sgtf. pinâray,* → *finârd.*
♦ **nom d'une herbe, épinard, Amaranthus viridis,** famille des amarantacées. •*Al pinâr mulâhah halu kan xalbatoh be karkanji.* La sauce des épinards est délicieuse si on la mélange avec de l'oseille. •*Anâ têrabt pinâr giddâm bêti.* J'ai planté des épinards devant ma maison.

pintir *n. m., empr.* (*fr.* "peinture"), → *fintir, buhya.*

pisti *n. m., empr. fr.*
♦ **piste de danse.** •*Yôm al-jugurnuma hanâ axti anâ mâ daxalt fî l pisti.* Le jour du pari-vente de ma sœur, je ne suis pas entré sur la piste de danse. •*Yôm tahûra hanâ iyâlha hî*

daxalat fî l pisti wa ragasat. Le jour de la circoncision de ses enfants, elle est entrée sur la piste de danse et a dansé.

piyês 1 / piyêsât *n. m., empr. fr., ≅ fiyês, fiyêsât.*

♦ **pioche.** •*Xaddâmîn al babnu l buyût baxdumu be piyêsât wa âlât âxara.* Les ouvriers qui construisent des maisons utilisent des pioches et d'autres instruments. •*Al-rujâl câlo piyês wa pêl wa nakato xabur hanâ l mayyit.* Les hommes ont pris une pioche et une pelle et ont creusé la tombe du mort.

piyês 2 *n. m., ≅ fiyês.*

♦ **pièces d'identité, papiers d'identité.** •*Zôl al indah piyês be l kâmil, hû bas muwâtin adîl.* Celui qui a ses pièces d'identité au complet est un vrai citoyen. •*Jibrîn mâ indah piyês, acân da hû dâ'iman indah macâkil ma'â l bôlîs.* Djibrine n'a pas de pièce d'identité, c'est pour cela qu'il a toujours des ennuis avec la police.

pôlîs *n. m., → bôlîs.*

Polônya *n. pr.* de pays.

♦ **Pologne.**

pompî *n. m., empr. fr.* dans l'expression *nâs al pompî* [gens de la pompe], prononcé avec une tonalité montante sur la dernière syllabe.

♦ **pompe, pompier.** •*Al-nâr kan gammat fî l-sûg habbitînah illa be nâs al pompî.* Si le feu prend au marché, seuls les pompiers peuvent l'éteindre. •*Hinda wa axutha warado, bujûbu almi min al pompî.* Hinda et sa sœur sont parties chercher de l'eau, elles rapportent de l'eau de la pompe. •*Harîge kabîre gammat fî l xala wa ajala ke al pompî jo katalôha.* Il y a eu un grand incendie dans la brousse, très vite les pompiers sont arrivés et l'ont éteint.

pon *n. m., empr. fr.* "pont", *→ kubri.*

ponti / panâti *n. m., empr. fr., ≅ bonti.*

♦ **clou, pointe.** •*Al mara rabatat sangeyitha fî l panâti.* La femme a attaché sa moustiquaire sur les pointes. •*Al wilêd ponti gadîm ta'anah fî rijilah wa hassâ wirid.* Le garçon s'est piqué le pied sur une vieille pointe et maintenant il a de la fièvre. •*Ponti hanâ l bâb carat jêbi.* La pointe de la porte a déchiré la poche de mon vêtement. •*Râs al bêt bidaffig almi be gudûd al panâti.* L'eau coule du toit à travers les trous des clous qui tiennent les tôles.

poppi *empr. fr.*, dans l'expression *binêy poppi, banât poppi.*

♦ **poupée.** •*Al mara macat fî l-sûg bâ'at lê binêyitha binêy poppi samhe marra wâhid.* La femme est allée au marché acheter pour sa fille une très jolie poupée. •*Axti Ayca mâ ta'arif ceyy fî l kilâs, wa hî gâ'ide dâyiman misil al binêy poppi.* Ma sœur Aycha n'apprend rien à l'école [ne sait rien en classe], elle reste toujours en classe comme une poupée. •*Anâ ciftah binêy poppi uyûnha biharruku misil hanâ nâdum adîl wa kan lammasôha katîr tabki !* J'ai vu une poupée qui avait les yeux mobiles comme ceux d'une personne et qui criait quand on la caressait trop !

prefectir *n. m., → mudîriya.*

program *n. m. empr. fr.*

♦ **affiche de cinéma, programme.** •*Kan xatto program hanâ filim cinwa, ôrini namci ma'âk al-sinima !* Si l'on a programmé le passage [si on a posé l'affiche] d'un film chinois, dis-le moi, j'irai avec toi au cinéma !

pumbitêr *n. coll., m., sgtf. pumbitêray, ≅ bambitêr, bumbitêr, empr. fr.*

♦ **pomme de terre.** •*Akalt pumbitêr wa nafaxâni marra wâhid.* J'ai mangé des pommes de terre qui m'ont bien fait gonfler le ventre. •*Mulâh hanâ l pumbitêr be tamâtim layyin wa laham, halu !* La sauce de pomme de terre avec des tomates fraîches et de la viande, c'est très bon !

pûs / pawasa *n. m.*, *empr. fr.*, *≅ fûs* (*sing.*), *fawasa* (pluriel)

♦ **pousse-pousse, carriole.** •*Nidôr nacri pûs nangul beyah xumâmi.* Je veux acheter un pousse-pousse pour transporter mes affaires. •*Anâ mâ indi gudra nilizz pûs.* Je n'ai pas assez de force pour pousser le pousse-pousse. •*Nisît pûsi fî l-câri wa nâdum wâhid sirgah.* J'ai oublié mon pousse-pousse dans la rue et quelqu'un l'a volé.

R

ra''af / yira''if *v. trans.*, forme II, * rʕf, رعف
♦ **faire saigner du nez, provoquer un épistaxis.** •*Al hamu ra''af al mara.* La femme a saigné du nez à cause de la chaleur. •*Al iyâl daggo l-sarrâg lahaddi ra''afoh.* Les enfants ont battu le voleur jusqu'à le faire saigner du nez.

ra'a / yar'a *v. trans.*, terme de l'*ar. lit.*, voir le *Syn. sarah*, * rʕy, رعي

ra'ab / yar'ib *v. trans.*, forme I n° 6, * rʕb, رعب
♦ **terroriser, intimider, effrayer.** •*Al-dûd ra'ab al-nâs.* Le lion a terrorisé les gens. •*Al askar ra'abo nâs al hille.* Les soldats ont terrorisé les habitants de la ville.

ra'ad *n. m.*, *Cf. dagdâg*, * rʕd, رعد
♦ **coup de tonnerre, foudre,** coup de foudre qui emporte les hommes ou les animaux. •*Fî l hille ra'ad katal al-juwâd wa salla cadaray.* Au village, la foudre a tué un cheval et déraciné un arbre. •*Al almi kan indah ra'ad, tagîl.* La pluie tombe en abondance lorsqu'il y a du tonnerre. •*Fî dâr barra, al-nâdum kan yasrig xumâm al-nâs, al-ra'ad bicîlah.* En brousse, celui qui vole les affaires des autres est foudroyé [emporté par la foudre].

ra'afân *n. m.*, ≅ *ra'ifîn*, → *ru'âf*, * rʕf, رعف

ra'as / yar'as *v. trans.*, forme I n° 13, * r's, رءس
♦ **présider.** •*Hasan ra'as al wafid al maca Mongo.* Hassan a présidé la délégation partie à Mongo. •*Anâ ra'ast al mu'tamar al watani l mustaxill.* J'ai présidé la Conférence nationale souveraine.

ra'âsa *n. f.*, * r's, رءس
♦ **présidence.** •*Hû bigi mustacâr fî ra'âsat al-jamhûriya.* Il est devenu conseiller à la présidence de la République. •*Al askari da haras fî bêt al-ra'âsa.* Ce soldat est gardien au palais présidentiel. •*Anâ ma'azûm fî ra'âsat al-jamhûriya.* Je suis invité à la présidence de la République.

ra'asân *n. d'act.*, *m.*, ≅ *ra'isîn*, * r's, رءس
♦ **fait de présider, présidence.** •*Hû aba l-ra'asân hanâ l mu'tamar al watani l mustaxill.* Il a refusé de présider la Conférence nationale souveraine. •*Ra'asân al malamma coxol gâsi bilhên.* Présider une réunion est une tâche très difficile.

ra'âsî / ra'âsîyîn *adj.*, (*fém. ra'âsîya*), * r's, رءس
♦ **présidentiel (-elle).** •*Fî yôm al îd, kulla l mas'ûlîn yamcu yisallumu l-Ra'îs fî l gasir al-ra'âsî.* Le jour de la fête, tous les responsables vont saluer le Président au palais présidentiel. •*Dârna tisawwi ba'ad al-subu' al jâyi al intixâbât al-ra'âsîye.* Dans quinze jours, notre pays votera pour élire un

Président. •*Fî l malamma l-duwaliya al sawwôha fî Anjammêna, kulla l watâyir al-ra'âsîya lammo fî giddâm bêt al-Cinwa.* Lors des réunions internationales qui ont lieu à N'Djaména, toutes les voitures présidentielles sont rassemblées devant le palais du peuple [maison construite par les Chinois].

ra'âsiye *n. f.*, *Cf. ra'îs*, * r's, ر ء س

♦ **pouvoir présidentiel, présidence,** mandat présidentiel. •*Fî l-cuhûr al fâto darrajo Idrîs lê ra'âsiye jadîde.* Les mois passés, on a élu Idris pour un nouveau mandat présidentiel. •*Al-ra'âsiye câlat ajâwîd wa axui kula minnuhum.* La présidence a pris des conseillers, et mon frère est l'un d'eux. •*Al-ra'âsiye yantuha lê l-zôl al fâyiz fî l intixâbât, mâ misil al-saltaniye.* Le pouvoir présidentiel est conféré à celui qui a remporté les élections ; l'autorité d'un sultan n'est pas transmise ainsi.

ra'âwiye *n. coll.*, connu au *Sdn.* (*C.Q.*), → *râ'i*, * rˁy, ر ع ي

râ'i / ri'ân *adj. mrph. part.* actif, forme I, (*fém. râ'iye*), ≅ les pluriels *ru'yân, ri'yân*, et pour le collectif *ra'âwiye*, * rˁy, ر ع ي

♦ **berger (-ère), vacher (-ère), bouvier (-ère).** •*Al yôm da, râ'i l bagar, al wirde karabatah.* Aujourd'hui le vacher a eu de la fièvre [la fièvre l'a pris]. •*Al-ru'yân dôl bagarhum katîrîn.* Ces bergers ont de nombreuses vaches. •*Al-râ'iye di taharis bagarha adîl min zere' hanâ l-nâs.* Cette bergère garde bien ses vaches loin des champs [loin du champ des gens]. •*Râ'i l bagar mâ bumût be l atac.* Le vacher ne meurt jamais de soif. *Prvb.*

râ'id / rawâ'id *n. m.*, connu en *Egy.* (*H.W.*), ≅ *kumanda*, * rwd, ر و د

♦ **commandant.** •*Al-râ'id indah arba'a dabbûra fî kitfah.* Le commandant porte quatre galons à l'épaule. •*Râjili râ'id fî l-dêc al-tacâdi.* Mon mari est commandant dans l'armée tchadienne.

ra'ifîn *n. d'act., m.*, ≅ *ra'afân*, → *ru'âf.*

ra'îs / ru'asa' *adj.*, (*fém. ra'îse*), ≅ *raîs*, * r's, ر ء س

♦ **président, chef, premier responsable.** •*Ra'îst al awîn sawwat malamma fî kartye Kilêbmât.* La présidente des femmes a tenu une réunion au quartier Klémat. •*Al-Ra'îs yigabbil min ziyârtah ambâkir.* Le Président revient de sa visite demain. •*Iyâl al-lekkôl ligo hadîya min al-Ra'îs.* Les écoliers ont reçu un cadeau de la part du Président. •*Al-nâs marago bilâgu l-ru'asa' al-jâyîn lêna dîfân.* Les gens sont sortis accueillir les présidents qui vont venir en visite chez nous. •*Ra'îst al wuzara' hint Britânya jat ziyâra fî Tcâd.* Le premier ministre de Grande-Bretagne est en visite au Tchad.

ra'îsi / ra'îsiyîn *adj.*, (*fém. ra'îsiye*), * r's, ر ء س

♦ **présidentiel (-elle), principal(e).** •*Al wafid al-ra'îsi lissâ mâ ja.* La délégation présidentielle n'est pas encore arrivée. •*Ligîna balâx ra'îsi.* Nous avons reçu un message présidentiel. •*Al-câri al-ra'îsi fî Anjammêna indah gudron.* La rue principale de N'Djaména est goudronnée.

ra'isîn *n. d'act., m.*, → *ra'asân.*

râb / yurûb *v. intr.*, forme I n° 4, *Cf. barkab*, * rwb, ر و ب

♦ **se coaguler, se cailler,** devenir du fromage. •*Al-laban râb min amis.* Le lait s'est caillé depuis hier. •*Al-dihin râb acân al wata bârde bilhên.* L'huile s'est coagulée parce qu'il fait très froid.

Râb'a *n. pr.* de femme, *Râb'a l Adawiya*, femme qui a suivi le Prophète et chanté ses louanges, * rbˁ, ر ب ع

raba' *adj. m.*, pour le pluriel, → *jada'*, pour le *fém.*, → *raba'iye*, * rbˁ, ر ب ع

♦ **adulte, fort et costaud, taurillon bien en chair,** se dit des taurillons qui ont entre quatre et cinq ans. •*Waddêt ijil raba' fî l-sûg, acân nibî'ah wa naciri lêi kasâwi.* J'ai conduit un taurillon au marché pour le vendre et m'acheter des vêtements. •*Al ijil al-raba' lahamah mârin wa halu.* La viande d'un taurillon de quatre ans est tendre et bonne.

rabâ'iye / rabâ'iyât *adj. f.*, *Cf. raba', kilâsku, farfôri*, * rbˁ, ر ب ع

♦ **adulte, nubile,** femelle du troupeau qui a passé quatre saisons, jeune fille nubile entre seize et vingt ans. •*Al-sana l fâtat, carêt lêi ijile rabâ'iye.* L'an passé, j'ai acheté une génisse de quatre ans. •*Banât abu Zênaba kulluhum rabâ'iyât.* Toutes les filles de Abou Zénaba sont nubiles. •*Cîf al banât al-rabâ'iyât al-jâyîn dôl da !* Regarde donc ces jeunes filles qui arrivent !

rabat / yarbut *v. trans.*, forme I n° 2, voir les expressions *rabat al kalâm, rabat sulub*, * rbṭ, ر ب ط

♦ **attacher, nouer.** •*Al-dêf rabat juwâdah fî l-cadaray.* L'hôte a attaché son cheval à l'arbre. •*Al mara rabatat saxîrha fî daharha.* La femme a noué son petit sur le dos.

rabat al kalâm expression [nouer la parole], *Cf. rabat, kalâm*, * rbṭ, klm, ر ب ط • ك ل م

♦ **conclure un contrat oral, s'accorder sur une parole, s'entendre.** •*Anâ ma'â axui rabatna bê'e hint al bêt.* Mon frère et moi nous sommes mis d'accord sur le prix d'achat de la maison. •*Rabatna kalâmna fî l-tijâra : wâhed yagôd fî l-sûg wa wâhed yifattic yijîb.* Nous nous sommes entendus pour faire du commerce : l'un restera au marché, l'autre ira chercher les marchandises et les apportera.

rabat sulub / yarbut sulub expression, * rbṭ, ṣlb, ر ب ط • ص ل ب

♦ **ceindre ses reins, attacher sa ceinture, entreprendre avec courage et détermination.** •*Rabat sulbi wa katalt al-nâr.* J'ai ceint mes reins (*i.e.* j'ai pris mon courage à deux mains), et éteint le feu. •*Arbut sulbak zên lê l hirâti !* Cultive ton champ avec beaucoup de détermination ! •*Rabatna salabêna, banêna bêtna.* Nous nous sommes mis avec courage à construire notre maison. •*Arubtu sulubbênku zên lê tuturdu l-dûd !* Ceignez bien vos hanches pour chasser le lion !

rabatân *n. m.*, → *rabit*, * rbṭ, ر ب ط

rabâyib *pl.*, → *rabîb.*

rabâyit *pl.*, → *rabîte.*

rabb / rubûb *n. m.*, (*fém. rabbe*), * rbb, ر ب ب

♦ **seigneur, maître (maîtresse).** •*Yâ Rabbi, sâ'idna !* Ô mon Seigneur, aide-nous ! •*Allah Rabbina wa Xâligna !* Dieu est notre Seigneur et notre Créateur ! •*Rabb al bêt mas'ul min mâlah wa iyâlah.* Le maître de maison est responsable de ses biens et de ses enfants. •*Al amm hî bas rabbit al bêt kan al abu mâ fîh.* La mère est la maîtresse de maison lorsque le père n'est pas là.

rabba / yirabbi *v. trans.*, forme II, * rbw, ر ب و

♦ **élever, nourrir.** •*Al wilêd da, xâlah rabbah acân hû atîm.* Cet enfant, c'est son oncle qui l'a élevé parce qu'il est orphelin. •*Yôm al îd al-nâs yissâmaho wa yugûlu : Allah yirabbi lêku iyâlku !* Le jour de la fête, les gens se pardonnent mutuellement et se disent : "Que Dieu élève pour vous vos enfants !". •*Al-subyân rabbo xêlhum adîl be xalla wa sumsum wa atrôn.* Les jeunes gens ont bien nourri leurs chevaux avec du mil, du sésame et du natron.

rabbah / yirabbih *v. trans.*, forme II, * rbḥ, ر ب ح

♦ **procurer du bénéfice, réaliser des profits.** •*Al yôm da budâ'iti mâ rabbahatni.* Aujourd'hui, je n'ai fait aucun bénéfice sur ma marchandise. •*Hû rabbahah xamsa alif riyâl.* Il lui a fait réaliser un profit de mille riyals.

rabbâni *adj.*, (*fém. rabbâniye*), * rbb, ر ب ب ⇨

♦ **divin(e), appartenant au seigneur, appartenant au maître,** qui vient de Dieu. •*Marad hanâ l-râjil da xadar rabbâni.* La maladie de cet homme vient de Dieu [un destin de Dieu]. •*Sôm ramadân, mâ nagdaro nugûlu ceyy fôgah, acân fard rabbâni.* Le jeûne du Ramadan, nous n'avons rien à en redire parce que c'est une obligation divine.

rabbat / yirabbit *v. trans.*, forme II, *intf.* ou répétitif, * rbṭ, ر ب ط

♦ **attacher solidement, lier pour immobiliser,** passer plusieurs fois un lien autour de *qqch.* •*Al-jazzâra rabbato l-tôr bidôru badbaho.* Les bouchers ont attaché solidement les pattes du taureau pour l'égorger. •*Abbakar yirabbit juwâdah be l-cukkal.* Abakar attache solidement son cheval avec une entrave. •*Al musâfirîn rabbato xumâmhum fî dahar al watîr.* Les voyageurs ont attaché solidement leurs affaires sur le plateau du véhicule. •*Rabbit sulbak be l kadmûl !* Ceins tes reins comme il faut avec le turban !

rabbât *adj. m. mrph. intf.*, en dehors de l'expression *rabbât al-durûb*, → *rabbâti.*

rabbât al-durûb / rabbâtîn al-durûb expression, *litt.* qui fait un nœud aux routes, terme d'insulte, *Cf. harâmi, sarrâg, rabbat, derib*, * rbṭ, drb, ر ب ط • د ر ب

♦ **coupeur de routes, bandit de grand chemin.** •*Fî sanit xamsa wa tis'în, rabbâtîn al-durûb bagta'o l-derib lê l musâfirîn wa bicîlu hagguhum.* En mille neuf cent quatre-vingt-quinze, les bandits de grand chemin coupaient les routes et dévalisaient les voyageurs. •*Al birgâd karab talâta min rabbâtîn al-durûb bê banâdîghum.* La brigade a attrapé trois coupeurs de routes armés de fusils. •*Inta yâ sahalûg, rabbât al-durûb, wâjib tifattic lêk xidime !* Eh ! toi, le chômeur, le coupeur de routes, tu ferais bien de trouver du travail !.

rabbat al kalâm / yirabbit al kalâm *v. trans.*, forme II, *intf.* de l'expression *rabat al kalâm*, *Ant. nagad al kalâm*, * rbṭ, ر ب ط

♦ **s'entendre fermement sur, s'accorder pleinement pour, conclure définitivement un palabre,** être entièrement d'accord sur une parole qui clôt un débat. •*Al-sane di, anâ wa râjili rabbatna kalâmna acân namcu Makka.* Cette année, mon mari et moi, nous nous sommes mis d'accord pour aller à La Mecque. •*Al-askar rabbato kalâmhum acân yujûbu al âfe bala duwâs.* Les combattants ont fini par s'entendre pour ramener la paix sans faire la guerre. •*Anâ wa Hasan rabbatna kalâmna tamâm, wa mâ fî nâdum yaji yifarrigna.* Hassan et moi, nous nous sommes parfaitement entendus, personne ne viendra nous séparer l'un de l'autre.

rabbâta / rabbâtât nom, *mrph. intf., f., Syn. hazzâma, Cf. farde, xirge,* * rbṭ, ر ب ط

♦ **pagne, coupon,** pièce d'étoffe d'environ deux yards que l'on attache à la ceinture. •*Al-rabbâta di indaha azrag wa axadar.* Ce pagne que l'on noue à la ceinture a du noir et du vert. •*Tôb al kongo indah talâta rabbâtât.* Dans une étoffe congo, on peut tailler trois pagnes que l'on noue à la ceinture. •*Al firke tôb xâs, al awîn bisawwûha rabbâta.* L'étoffe moirée est une étoffe spéciale que les femmes attachent autour des hanches en guise de pagne.

rabbatân *n. d'act.*, ≅ *rabbitîn*, * rbṭ, ر ب ط

♦ **fait de lier solidement, ficelage, fait d'attacher fermement, de fixer.** •*Rabbatân al kurnuk kan mâ adîl be hubâl al-rîh ticalli'ah.* Si l'abri n'est pas attaché solidement avec des cordes, le vent l'emportera. •*Rabbatânak lêi be l kalâm da, anâ mâ nirîdah.* Je n'aime pas être pris au piège de tes histoires.

rabbâti / rabbâtîn *adj. mrph. intf.*, (*fém. rabbâta*), ≅ le masculin singulier *rabbât*, * rbṭ, ر ب ط

♦ **qui attache solidement, qui sait bien fixer,** qui sait bien attacher les affaires. •*Kan macêtu l bîr fattucu* *nâdum rabbâti yicidd lêku l hamîr.* Si vous allez au puits, cherchez quelqu'un qui sait bien attacher les affaires pour qu'il vous charge les ânes. •*Al xumâm da marbût adîl, sîdah rabbâti.* Ces affaires sont bien attachées, leur propriétaire a bien su les fixer.

rabbitîn *n. m.*, → *rabbatân.*

Râbeh *n. pr.* d'homme, *litt.* celui qui gagne, qui fait du profit, * rbḥ, ر ب ح

Râbha *n. pr.* de femme, → *Râbeh.*

rabhân / rabhânîn *adj.*, (*fém. rabhâne*), * rbḥ, ر ب ح

♦ **bénéficiaire,** celui qui a tiré un profit. •*Al xumâm da kan bâ'oh minnah be xamsa riyâl kula hû rabhân.* Même si on lui achète ces affaires à cinq riyals, il réalisera un bénéfice. •*Hû rabhân gurus katîr min budâ'itah.* La vente de sa marchandise lui a rapporté gros.

Rabî' *n. pr.* d'homme, *litt.* printemps, * rbʕ, ر ب ع

râbi' nombre ordinal, (*fém. râb'e*), * rbʕ, ر ب ع

♦ **quatrième.** •*Yôm al arba'a, al yôm al-râbi fî l usbu'.* Le mercredi est le quatrième jour de la semaine. •*Hî l-râb'e fî iyâl Abûha.* C'est la quatrième des enfants de son père.

Rabî'a *n. pr.* de femme, → *Rabi'.*

rabîb / rabâyib *adj.*, (*fém. rabîbe*), * rbb, ر ب ب

♦ **élevé(e) loin de sa mère** (animal), **adoptif (-ve)** (enfant), enfant de la famille non engendré par l'un des conjoints. •*Al-nâga l-rabîbe mâ tirîd tifârig sîdha ba'îd.* La chamelle élevée loin de sa mère n'aime pas se séparer de son maître. •*Wilêd da rabîb hanâ abui.* C'est l'enfant adoptif de mon père. •*Hû mâ indah saxîr dôl kulluhum rabâybah.* Il n'a pas d'enfant, tous ceux-là sont ses enfants adoptifs. •*Rabibti di mâ nijawwizha lê l-râjil al baskar.* Je ne donnerai pas ma fille adoptive en mariage à un homme qui boit de la bière.

rabit *n. d'act.*, *m.*, *Syn. rabatân, rabitîn*, * rbṭ, ر ب ط

♦ **fait d'attacher, attache.** •*Rabit al gecc da mâ adîl.* Cette botte de paille n'est pas bien attachée. •*Al-suwâr bactano ca'ab be l-daggîn wa l-rabit.* Les rebelles ont tourmenté les gens en leur donnant des coups et en les attachant. •*Rabatânak lê l-juwâdak da mâ adîl, yinbalis hassâ bas.* Tu as mal attaché ton cheval, il va s'échapper immédiatement.

râbit *adj. mrph part. actif.* (*fém. râbite, râbte*), * rbṭ, ر ب ط

♦ **attaché(e), serré(e).** • *Râbit silêbah, al-nâr harge gilêbah... Da l muxbar.* Il a la taille serrée et le feu brûle son cœur… C'est le brûle-parfum. *Dvnt.* •*Al xalla kan mâ fasaxat, usumha râbite.* Lorsque l'épi de mil n'est pas ouvert, on dit que le mil est attaché. •*Al mara, riyêsha bôjâha min garyâf al-câhi, râbteh be mindîl.* La femme s'était serré la tête avec un foulard : elle lui faisait mal par manque de thé.

rabîte / rabâyit *n. f.*, *Cf. rabat*, * rbṭ, ر ب ط

♦ **ballot, paquetage,** ensemble de la literie et des affaires personnelles roulées et ficelées dans la natte. •*Al-rabîte hî furâc al-nôm mulawlaw be biric wallâ xumâm al babnu bêyah l bêt.* Le paquetage désigne l'ensemble de la literie enroulée dans une natte ou bien l'ensemble des affaires qui sert à construire la maison des nomades. •*Al baggâra kan gammo sâyirîn birabbutu xumâmhum rabâyit rabâyit wa biciddu fî duhûr al-zamil.* Lorsque les éleveurs de bœufs partent en transhumance, ils attachent leurs affaires et forment des ballots qu'ils chargent ensuite sur le dos de leurs montures.

rabitîn *n. m.*, → *rabit.*

rabtiye / rabtiyât *n. f.*, * rbṭ, ر ب ط

♦ **lien secret, accord secret, entente,** lien entre des personnes tenu secret.

•*Al-rujâl sawwo rabtiye wa wâhid minnuhum facal maca xabbar l askar.* Les hommes ont passé un accord secret entre eux, l'un d'eux n'a pas tenu ses engagements et est allé informer les soldats. •*Al-rabtiye hint al-sarrâgîn najahat.* L'accord secret passé entre les voleurs a porté ses fruits.

rabyân / rabyânîn *adj.*, (*fém. rabyâne*), * rbw, ر ب و

♦ **éduqué(e), élevé(e), gros et fort** (cheval). •*Hû rabyân ma'â jiddah fî l-dalâl.* Il a été élevé auprès de son grand-père dans le luxe. •*Hâlhum misil hâl al-Nasâra acân rabyânîn ma'âhum.* Ils sont devenus comme des Européens parce qu'ils ont été élevés avec eux. •*Humman dôl iyâl bandî rabyânîn fî l-cawâri.* Ces sont des délinquants parce qu'ils ont été éduqués dans les rues. •*Al-juwâd al-rabyân adîl badîn.* Un cheval élevé dans les règles de l'art vit dans le luxe.

racâd *n. vég., coll., m., sgtf. racâday,* ≅ *rucâd,* * ršd, ر ش د

♦ **nom de graine,** graines fines et rouge foncé qu'on donne aux enfants avec du beurre pour les fortifier. •*Saxîri akkal zibde be racâd katîr wa annafax.* Mon petit a mangé du beurre avec des graminées sauvages et a le ventre gonflé. •*Al-sane di racâd gamma katîr fî l gôz.* Cette année, les graminées sauvages *racâd* ont poussé abondamment sur le coteau sableux. •*Ligît racâday wahade fî l-sukkar.* J'ai trouvé une graine de *racâd* dans le sucre.

racca / yurucc *v. trans.*, forme I n° 5, *Cf. racrac,* * ršš, ر ش ش

♦ **arroser en fines gouttes, humecter, verser à petites gouttes, asperger.** •*Binêyti l-saxayre raccatni almi.* Ma petite fille m'a aspergé de quelques gouttes d'eau. •*Raccêna l-jinêne be almi min al-rahad.* Nous avons arrosé le jardin avec l'eau du marigot. •*Hinda raccat xulgânha itir haluw.* Hinda a mis quelques gouttes de bon parfum sur ses vêtements. •*Fî l-li'ib al banât buruccu l-subyân be itir.* Au cours de la danse, les filles aspergent les jeunes gens avec du parfum.

raccâca / raccâcât *n. f.*, * ršš, ر ش ش

♦ **mitrailleuse, mitraillette.** •*Amis fî l-lêl, simi'na hiss al-racâca fî xacum bêtna.* Hier pendant la nuit, nous avons entendu des tirs de mitraillette à l'entrée de notre maison. •*Giddâm al-nâs al askari darab be raccâcah nâdum fî l-câri.* Devant tout le monde, le militaire a tiré avec sa mitraillette sur quelqu'un dans la rue. •*Al yôm al-duwân kulluhum câlo raccacâthum wa maco janb al bahar.* Aujourd'hui, tous les douaniers ont pris leur mitraillette et sont allés au bord du fleuve.

Râcdi *sgtf.* d'un *n. pr. gr.*, *m.*, (*fém. Râcdiye*), → *Wulâd Râcid.*

Racîd *n. pr.* d'homme, * ršd, ر ش د

Râcid *n. pr.* d'homme et *n. pr. gr.*, *litt.* qui conduit dans le droit chemin, adulte, *Cf. Wulâd Râcid,* * ršd, ر ش د

racôm *n. m.*, → *racông.*

racông *n. m.*, *empr. fr.*, vocabulaire des anciens combattants, ≅ *racôm.*

♦ **ration alimentaire.** •*Al yôm al askâr gassamohum racong.* Aujourd'hui, on a distribué aux militaires leurs rations. •*Rafîgi mâ hidir fî gassimîn hanâ l-racong.* Mon ami n'était pas présent lors de la distribution des rations.

racrac 1 / yiracric *v. trans.*, *Cf. racca,* * ršš, ر ش ش

♦ **arroser, pleuviner, bruiner,** se dit de l'eau ou de la pluie tombant en gouttes très fines. •*Awaltamis al almi racrac wa l wata bigat bârde wa haluwe.* Avant-hier, la pluie est tombée en gouttes très fines et le temps est devenu frais et bon. •*Sidt al xadar racracat xadârha min al hamu.* La marchande de primeurs a arrosé ses légumes à cause de la chaleur. •*Fâtime, racrici tamâtimki da, acân mâ yamrad !* Fatimé, arrose tes tomates pour éviter qu'elles ne se flétrissent !

racrac 2 *n. coll., m.*, connu au *Sdn.* (*C.Q.*), *sgtf. racracay*, * ršš, ر ش ش

♦ **cils,.** •*Êni tôjani wa racracha kulla ke alma''at.* J'ai mal à l'œil et tous mes cils sont tombés. •*Al-racrac hijâb lê wald al ên.* Les cils sont protecteurs de la pupille [de l'enfant de l'oeil].

racrâc *n. m.*, * ršš, ر ش ش

♦ **bruine, pluie fine, gouttelettes.** •*Kan inta sâyim mâ tirîd racrâc al almi fî jildak !* Lorsque tu jeûnes, ne prends pas l'habitude de t'asperger d'eau ! •*Al almi kan ja racrâc buburd al wata min al hamu.* Quand la pluie fine tombe, elle refroidit l'atmosphère.

racwa / racwât *n. f.*, * ršw, ر ش و

♦ **pot-de-vin, bakchich.** •*Hû anta l-bôlîs racwa acân mâ yakurbu watîrah al mâ indah awrâg.* Il a donné au policier un bakchich pour qu'il ne saisisse pas sa voiture dont les papiers n'étaient pas en règle. •*Katîr min nâs al makâtib bala racwa mâ baxdumu lêk adîl.* Beaucoup d'agents administratifs ne feront pas comme il faut leur travail pour toi, s'ils ne reçoivent pas de pot-de-vin.

râd / yirîd *v. trans.*, forme I n° 10, * rwd, ر و د

♦ **aimer, désirer.** •*Nirîd Zênaba bilhên.* J'aime beaucoup Zénaba. •*Al xêl birîdu l gecc al axadar.* Les chevaux aiment l'herbe fraîche. •*Al-râjil, kan râd mara, mâ bicîf wa lâ basma.* L'homme qui aime une femme ne voit rien et n'entend rien (*i.e.* l'amour est aveugle). •*Anîna nirîdu naxdumu fî munazzamitku.* Nous désirons travailler avec vous dans votre organisation.

rada'ân *n. d'act.*, ayant pour sujet l'enfant, ≃ *radi'în*, * rdʕ, ر ض ع

♦ **allaitement, fait de téter, tétée.** •*Rada'ân al-saxîr fî dêd ammah axêr min al bibrôn.* Il vaut mieux que bébé tète sa mère plutôt que de boire au biberon. •*Al-saxîr ya'arif al-rada'ân kan camma dêd ammah min awwal yôm yaldoh.* Le bébé sait téter dès le premier jour de sa naissance après avoir senti le sein de sa mère.

radam / yardim *v. trans.*, forme I n° 6, *Syn. dabdab 3*, * rdm, ر د م

♦ **tasser, entasser, poser par-dessus, surélever, remblayer.** •*Al watâyir hanâ l-lameri radamo l-turâb fî l-cawâri.* Les voitures de la municipalité ont remblayé les rues avec de la terre. •*Anâ radamt xulgâni fî l biric acân nidôr nixassilhum.* J'ai entassé mes vêtements sur la natte parce que je veux les laver.

radamân *n. d'act., m.*, → *radimîn.*

radamiya *n. f.*, → *radmiye.*

radas 1 / yardis *v. trans.*, forme I n° 6, ≃ l'*inacc. yardus*, * rds, ر د س

♦ **aplatir, renforcer, piler en farine, damer.** •*Jâb tûb ahamar, kassarah wa raddasah fî giddâm bab bêtah al barrâni.* Il a apporté des briques rouges, les a cassées et damées devant la porte extérieure de sa maison. •*Radasat dagîg abyad lê râjilha jâyi min al-Sâ'udiye.* Elle a pilé de la farine bien blanche pour son mari qui revenait d'Arabie Saoudite. •*Ta'âlu nardusu dabbit al bîr acân al almi l wasxân mâ yigabbil fî lubbaha.* Venez, que nous rehaussions et aplatissions la margelle du puits pour éviter que l'eau sale ne retourne à l'intérieur.

radas 2 / yardus *v. trans.*, forme I, n° 1, la racine évoquerait le fait de "faire des pâtés" en écrivant, on peut aussi penser à une métathèse dans la racine, devenant *drs* et évoquant l'étude, * rds, ر د س

♦ **apprendre à écrire, écrire en copiant des formes, dessiner les lettres.** •*Al iyâl al-dahâbhum bi'allumuhum l katib bardusu.* Les enfants qu'on initie à l'écriture écrivent en copiant des formes. •*Hêy al iyâl, radastu katîr, xallu l katkat, amcu nûmu !* Hé ! les enfants, vous avez dessiné beaucoup de lettres, laissez vos papiers et allez dormir !

radax / yardax *v. trans.*, forme I n° 13, *Cf. malax, anmalax*, * rḍẖ, ر ض خ

♦ **faire une ecchymose, meurtrir, provoquer un bleu.** •*Al hajar waga'a fôgah wa radax îdah wa wirimat.* La pierre est tombée sur lui, et a meurtri sa main qui a enflé. •*Al wanjâmi gâl : rijili mâ ankasarat, al wagi' bas radaxâha, wa hû fassadâha tinên tinên.* Le guérisseur a dit que je n'avais pas la jambe cassée, mais que la chute l'avait simplement meurtrie ; il m'a fait deux scarifications de chaque côté.

radaxân *n. m.*, → *radix.*

radd *n. m.*, * rdd, ر د د

♦ **réponse.** •*Anâ katabt lêyah jawâb lâkin mâ ligît minnah radd.* Je lui ai écrit une lettre mais je n'ai pas reçu de réponse. •*Sa'altah wa mâ antâni radd.* Je l'ai demandé mais il ne m'a pas donné de réponse.

radda 1 / yurudd *v. trans.*, forme I n° 5, * rdd, ر د د

♦ **répondre, rendre, restituer.** •*Rudd lêi fî su'âli !* Réponds à ma question ! •*Al banât mâ raddo lêi gursi al-dayyantah lêhum amis.* Les filles ne m'ont pas rendu l'argent que je leur avais prêté hier.

radda 2 / yurudd *v. trans.*, forme I n° 5, * rḍḍ, ر ض ض

♦ **broyer, écraser à la meule.** •*Al-tahûna turudd al-dagig mârin.* Le moulin écrase le mil en farine très fine [molle]. •*Al awîn raddo dagîghum fî l murhâka.* Les femmes réduisent leur mil en farine sur la meule.

radda 3 / yiraddi *v. trans.*, dans l'expression *radda l galib* ; forme II, * rḍy, ر ض ي

♦ **apaiser le cœur, faire plaisir, consoler.** •*Îdak tiraddi galbak.* Ta main apaisera ton cœur. *Prvb.* (*i.e.* le travail des mains t'apportera une certaine satisfaction). •*Al binêye raddat galib ammaha.* La fille a fait plaisir à sa mère. •*Kan xâtir da, raddi lêi galbi be kalâm halu !* Si tu pars en voyage, console-moi avec de bonnes paroles !

radda' / yiraddi' *v. trans.*, forme II, * rḍʕ, ر ض ع

♦ **allaiter, donner le sein.** •*Al awîn radda'o iyâlhum.* Les femmes ont allaité leurs enfants. •*Al yôm mâ indi laban niraddi' wilêdi.* Aujourd'hui, je n'ai plus de lait pour allaiter mon enfant.

radda'ân *n. d'act., m.*, ≅ *raddi'în*, * rḍʕ, ر ض ع

♦ **allaitement au sein maternel, tétée,** fait de donner le sein à un enfant. •*Radda'ân al amm lê l-saxîr, da axêr min al biberon.* Il est préférable d'allaiter le bébé avec le sein plutôt qu'avec le biberon. •*Mâ wâjib raddi'în al-saxîr kan râx.* On n'est plus obligé d'allaiter l'enfant lorsqu'il marche. •*Al-saxîr birîd al-radda'ân kan ammah râgde ma'âyah.* L'enfant aime téter lorsque sa mère est couchée à côté de lui. •*Al-radda'ân lê l-saxîr bantih gudra wa bijîb lêyah l âfe.* L'allaitement au sein maternel fortifie le petit enfant.

raddaf / yiraddif *v. trans.*, forme II, * rdf, ر د ف

♦ **venir derrière, monter à deux, empiler,** prendre quelqu'un derrière soi sur sa monture. •*Hû raddaf axuh al-saxayyar fî l biskilêt.* Il a pris son petit frère derrière lui sur la bicyclette. •*Subyân wahdîn mâ baxassudu biraddufu banât wara motoyâthum.* Certains jeunes gens n'acceptent pas de prendre des filles sur leur moto. •*Sîd al kutub raddaf kitâbâtah giddâmah fî l-sûg.* Au marché, le libraire a empilé ses livres devant lui.

raddafân *n. d'act., m.*, → *raddifîn.*

raddam / yiraddim *v. trans.*, forme II, * rdm, ر د م

♦ **tasser, entasser.** •*Mûsa raddam fî giddâm bêtah dringêl katîr.* Moussa a entassé beaucoup de briques devant sa maison. •*Al musâ'idîn raddamo xumâm al musâfirîn fî dahar al watîr.*

Les apprentis ont entassé les affaires des voyageurs sur le plateau arrière de la voiture.

raddax / yiraddix *v. trans.*, forme II, *Cf. radax*, * rdh̠, ر ض خ

♦ **qui provoque une entorse, meurtrir.** •*Al wata dalma, wagêt wa taraf hanâ l kânifo raddax rijili l-zênayye.* Il faisait sombre, je suis tombée et la bordure du caniveau m'a provoqué une entorse au pied droit. •*Al wagi min al-juwâd yiraddix jildak kulla ke.* Une chute de cheval meurtrit tout le corps.

raddaxân *n. d'act., m.*, → *raddixîn.*

raddi'în *n. d'act.*, → *radda'ân.*

raddifîn *n. d'act., m.*, ≅ *raddafân*, * rdf, ر د ف

♦ **fait de prendre *qqn.* derrière soi sur sa monture, fait de prendre *qqn.* sur le porte-bagages,** fait de s'asseoir derrière quelqu'un sur une même monture. •*Mâ tirîd raddifîn al iyâl al-dugâg fî biskilêtak !* Ne prends pas l'habitude de transporter les petits enfants à l'arrière de ta bicyclette ! •*Al humâr da mardân mâ bahmal al-raddifîn.* Cet âne est malade, il ne supporte pas la surcharge.

raddixîn *n. d'act., m.*, ≅ *raddaxân*, * rdh̠, ر ض خ

♦ **fait d'avoir une entorse, meurtrissure, ankylose, courbature.** •*Rijilak di coxôlha mâ kasir, raddixîn bas.* Ce qui te fait mal à la jambe : ce n'est pas une fracture, mais simplement une entorse. •*Dawa l-raddixîn, tammilîn be almi hâmi wa massihîn be mastalonti.* On soigne les meurtrissures en appliquant des compresses d'eau chaude et en y passant du baume. •*Al-raddixîn mâ gâsi misil al kasirîn.* L'entorse n'est pas aussi grave que la fracture.

Radi *n. pr.* d'homme, pour *al-Radi*, *Cf. râdi*, * rdw, ر ض و

râdi / râdiyîn *adj.*, (*fém. râdiye*), * rdw, ر ض و

♦ **content(e), satisfait(e), d'accord, consentant(e).** •*Anâ mâ râdi be l kalâm al inta gultah.* Je ne suis pas d'accord avec ce que tu as dit. •*Hî mâ râdiye inta tâxud binêyitha.* Elle n'est pas contente que tu épouses sa fille. •*Al mâ râdi be kalâm al-sultân xalli yamci yixalli l-dâr.* Que celui qui n'est pas d'accord avec la décision du sultan quitte le pays !

radî' / radî'în *adj.*, (*fém. radî'e*), * rdʕ, ر ض ع

♦ **nourrisson, enfant au sein, non encore sevré(e), à la mamelle, bébé,** petit ne se nourrissant que du lait de sa mère. •*Al-saxîr al-radî' mâ yagdar yunûm fî l-lêl bala ammah.* Le petit enfant qui est encore au sein ne peut pas dormir la nuit sans la présence de sa mère. •*Zahara, binêyitha Xadîja mâtat radî'e.* Khadidja, la fille de Zahara, est morte, c'était encore un nourrisson. •*Carêt bagaray indaha ijil radî'.* J'ai acheté une vache qui avait un veau encore à la mamelle.

radi'în *n. d'act.*, → *rada'ân.*

radimîn *n. d'act., m.*, ≅ *radamân*, *Syn. dabdibîn*, * rdm, ر د م

♦ **élévation, fait de surélever, remblayage.** •*Kulla sana, al mêri tugumm be radimîn cawâri Anjammêna.* Chaque année, la mairie procède au remblayage des rues de N'Djaména. •*Wâjib radimîn al faday fî l xarîf acân al almi mâ yargud.* Il faut surélever la cour en saison des pluies pour éviter que l'eau ne stagne.

radix *n. m.*, *Syn. radixîn, radaxân*, * rdh̠, ر ض خ

♦ **meurtrissure, bleu, ecchymose.** •*Al-radix, hû mâ kasir wa mâ fakak, lâkin biwarrim al bakân al mardûx.* Le bleu n'est ni une fracture, ni une luxation, mais fait enfler la partie meurtrie. •*Baki hanâ l wilêd al katîr da, min al-radix al warram îdah.* Ton enfant pleure beaucoup à cause d'une ecchymose qui lui a fait enfler le bras.

radixîn *n. d'act.*, ≅ *radaxân*, → *radix*, * rdh̠, ر ض خ

Radiye *n. pr.* de femme, *litt.* satisfaite en toute chose, *fém.* de *Radi*, *Cf. râdi*, * rḍw, ر ض و

radmiye *n. f.*, ≅ *radamiya*, * rdm, ر د م

♦ **terre rapportée, remblai, piste sur remblai,** terre glaise recouvrant la terrasse des maisons. •*Anâ sabbêt radmiye giddâm bêti.* J'ai mis du remblai devant ma maison. •*Al watîr dalla min al-radmiye wa wihil.* La voiture a dérapé, elle a quitté la piste [est descendu du remblai] et s'est embourbée. •*Al mêri tisawwi radmiyât fî kulla l-cawâri gubbâl al xarîf.* La mairie remblaie toutes les rues avant la saison des pluies. •*Al bêt da bârid acân râsah masdûd be radmiye.* Cette maison est fraîche parce qu'elle est recouverte d'une bonne couche de terre.

radyân / **radyânîn** *adj.*, (*fém. radyâne*), * rḍy, ر ض ي

♦ **qui est d'accord, qui a accepté, qui a consenti, content(e), satisfait(e).** •*Al-sabi radyân be l fâte l abu sawwaha lêya.* Le jeune homme est satisfait du contrat de mariage que son père a conclu pour lui. •*Al-nâs mâ radyânîn be kalâm al hâkûma.* Les gens ne sont pas d'accord avec la décision du gouvernement [avec la parole du gouvernement]. •*Al binêye radyâne acân tamci tijîb almi lê ammaha.* La fille est contente d'aller porter de l'eau à sa mère.

râdyo / **rawâdi** *n. m.*, *empr. fr.* ; on entend *râdyoi* [ma radio] ; ce nom est aussi considéré comme féminin, on entend alors *râdîti* ou *râdyôti*, plus rarement *radyoyti* [ma radio]

♦ **poste de radio, transistor.** •*Al-râdyo da ceyy sameh, yiwarrina l axbâr.* La radio est une bonne chose, elle nous transmet les informations [nous fait savoir les nouvelles]. •*Hey al iyâl ! Mâ tal'abo lêi be l râdyo !* Hé ! les enfants ! ne jouez pas avec mon poste de radio ! •*Al-sarrâgîn câlo lêhum rawâdi ab arba'a hajar.* Les voleurs ont dérobé des transistors fonctionnant à quatre piles. •*Ba'ad talâte sâ'ât, al-rawâdi bixayyuru môjâthum.* Après trois heures d'émission, les radios changent leurs fréquences.

rafa' / **yarfa'** *v. trans.*, forme I n° 14, * rfʕ, ر ف ع

♦ **lever, soulever, relever.** •*Mûsa rafa' xalagah fôg wa jara.* Moussa a relevé son vêtement et a couru. •*Al mara rafa'at jarraha fî râsha.* La femme a levé sa jarre et se l'est mise sur la tête. •*Al attâla gâ'idîn yarfa'o xumâm fî l watîr.* Les dockers sont en train de charger les affaires dans le véhicule. •*Mâ tarfa'e xumâm tagîl, kan mâ ke, yidalli lêki til'e !* Ne soulève pas de choses lourdes, sinon tu risques d'avoir un prolapsus !

rafa'ân *n. d'act.*, *m.*, → *rafi'în.*

rafad / **yarfud** *v. trans.*, forme I n° 2, * rfḍ, ر ف ض

♦ **refuser, rejeter, abandonner, quitter.** •*Anâ rafadt rafîgi acân hû bacrab sijâra.* J'ai abandonné mon ami parce qu'il fume des cigarettes. •*Al-nâs kulluhum rafadoh acân hu hasûd bilhên.* Tous les gens l'ont rejeté parce qu'il est très jaloux. •*Hî rafadat fikra hanâ rafîgîtha al tugûl lêha : âbe râjilki.* Elle a rejeté l'idée de son amie lui suggérant de quitter son mari.

rafâf *pl.*, → *raff.*

rafag *n. m.*, → *rufug*, * rfq, ر ف ق

râfag / **yirâfig** *v. trans.*, forme III, * rfq, ر ف ق

♦ **lier une amitié, accompagner.** •*Abui râfag al-sultân fî safarah hanâ Anjammêna.* Mon père a accompagné le sultan lors de son voyage à N'Djaména. •*Al iyâl dôl min râfago hassâ induhum santên.* Ces enfants se sont liés d'amitié il y a maintenant deux ans.

rafârif *pl.*, → *rafraf.*

raff / **rufûf** *n. m.*, ≅ le pluriel *rafâf*, *Syn. hâra*, * rff, ر ف ف

♦ **secteur, coin, alentour, coin d'un quartier, étagère.** •*Almi hanâ amis* *da mâ sabba fî raffina.* La pluie d'hier n'est pas tombée sur notre secteur. •*Al-tujjâr al kubâr gâ'idîn fî rufûf hanâ câri Arba'în fî Anjammêna.* Les gros commerçants se trouvent aux alentours de la rue Quarante à N'Djaména. •*Be l-lêl mâ turûx fî l-rufûf al mâ induhum nâr !* La nuit, ne te promène pas dans les secteurs qui ne sont pas éclairés ! •*Amci fî l-dukkân al mugâbilna da talga xurdawât wa raff kâmil hanâ albân !* Va dans la boutique en face de chez nous, tu trouveras de la pacotille et une étagère remplie de boîtes de lait !

rafi'în *n. d'act., m.*, ≅ *rafa'ân*, * rfʕ, ر ف ع

♦ **fait de soulever, prise d'armes, fait de reprendre en chœur.** •*Al-rafi'în al katîr hanâ l-jarr da bikassirah.* Le fait de trop soulever la jarre la brisera. •*Rafi'în al wilêd min îdah mâ sameh.* Il n'est pas bon de soulever l'enfant par la main. •*Yôm al îd hanâ duxûl al-sana, cîfna jarsisîn hanâ l askar wa rafi'înhum lê l-sulah fî naga'at al hurriye.* Le jour de la fête du jour de l'an, nous avons assisté au défilé militaire et à la prise d'armes sur la place de la liberté.

rafîg / rufugân *adj.*, (*fém. rafîge*), ≅ le féminin pluriel *rafîgât*, * rfq, ر ف ق

♦ **ami(e), compagnon (compagne), accompagnateur (-trice).** •*Rafîg Âmir usumah Imrân.* L'ami d'Amir s'appelle Imrane. •*Anâ indi rafîge zêne.* J'ai une bonne amie. •*Al-Nasrâni da rufugânah Tacâdiyîn.* Les amis de cet Européen sont des Tchadiens. •*Acta ma'â Âce, humman rafîgât.* Achta et Aché sont des amies.

rafraf / rafârif *n. m.*, connu au *Sdn.* (*C.Q.*), désigne en arabe *égy.* le pare-choc, *Cf. tasâdum*, * rff, ر ف ف

♦ **garde-boue.** •*Rafârif watîrna malânîn tîne.* Les garde-boue de notre voiture sont pleins de boue. •*Tarac nâdum wa jara, lâkin al birgâd karaboh wa ligo damm fî rafraf watîrah.* Il a renversé quelqu'un et a filé, mais les gendarmes l'ont pris et ont trouvé des traces de sang sur un garde-boue de sa voiture.

râg / yurûg *v. intr.*, forme I n° 4, * rwq, ر و ق

♦ **vivre dans la quiétude, être tranquille, être en paix, se décanter, se reposer.** •*Gûl lê abûk kan râg ciyya ke, yajî yilxadda ma'âna !* Dis à ton père qu'après s'être un peu reposé, il vienne déjeuner avec nous ! •*Binêyti min waddoha fî bêtha ke râgat, anjammat lê nafisha.* A partir du moment où ma fille s'est installée dans sa maison, elle a mené une vie tranquille et s'est reposée. •*Al bagar xaddo almi al-rahad, xalluh yurûg hatta albarrado wa ta'âlu !* Les vaches ont sali l'eau du marigot en la remuant, laissez-la se reposer avant de vous laver, puis venez ! •*Almi l-duwâne kan râg antîni minnah nacrab !* Quand l'eau du canari se sera reposée, donne-m'en que je boive ! •*Xalli l almi da yurûg hatta tacrab !* Laisse l'eau se décanter avant de la boire !

râga / râgât *adj. f.*, qualificatif d'une belle natte, * rwq, ر و ق

♦ **nom d'une belle natte,** natte de très bonne qualité, multicolore et finement tressée. •*Anâ carêt biric râga be tultumiya riyâl.* J'ai acheté une natte de bonne qualité pour trois cents riyals. •*Fî l farîg, al-rujâl bifarrucu burûc râgât.* Au campement, les hommes étalent de belles nattes multicolores. •*Biric al-râga hanâ l axniya'.* Il n'y a que les riches qui utilisent une natte de très bonne qualité.

raga'ân *n. d'act.*, → *ragi'în.*

ragab xadra expression, *litt.* nuque verte, * rqb, x̱ḍr, ر ق ب • خ ض ر

♦ **fond de soi-même, for intérieur, soi-même.** •*Anâ mâ nal'ab be ragabti l xadra, kan indi zuxma kula namci l-labtân !* Je ne joue pas avec ma santé, je vais à l'hôpital même pour un rhume ! •*Inta kan mâ takrubni adîl, xalli lêi ragabti l xadra !* Si tu ne prends pas bien soin de moi, laisse-moi partir libre ! [laisse-moi seule à moi-même]. •*Anâ di iyît lê ragabti l xadra, mâ nagdar naxadim lêku !* Je suis profondément épuisée, je ne peux pas travailler pour vous !

ragaba / rugubbên *n. f., Syn. hanjar*, expression *fî ragabti* [j'en assume la responsabilité], ≅ le pluriel *rugâb*, → *ragabt al bahar*, * rqb, ب ق ر

♦ **cou, nuque, défluent, zone inondable, responsabilité** à assumer. •*Min amis kê, ragabti tôjâni.* Depuis hier, j'ai mal au cou. •*Yûsuf waga', ganduluh min ragabtah !* Joseph est tombé, étirez-lui la nuque ! •*Al warama al takrub fî l-ragaba, kan mâ dâwêtha ajala, taktul !* Les oreillons [l'enflure qui prend au cou] sont mortels quand ils ne sont pas soignés rapidement ! •*Iyâli kan ragado be l-ju', fî ragabti.* Si mes enfants se couchent en ayant faim, c'est moi qui en porte la responsabilité [c'est sur mon cou]. •*Kan katalt dimme, fî ragabtak.* Si tu as commis un meurtre, c'est toi qui es responsable devant Dieu [c'est sur ton cou]. •*Kan almi mâ sabba katîr, fattucu al-rugâb azra'o fôghum !* S'il n'a pas beaucoup plu, cherchez des zones inondables pour les cultiver !

ragabt al bahar / rugubbên al bahar expression, *litt.* cou du fleuve, ≅ *ragabt al wâdi*, *Cf. ragaba, bahar*, * rqb, bḥr, ر ح ب • ب ق ر

♦ **extension du fleuve, défluent, diverticule.** •*Ma tacrab almi hanâ ragabt al bahar acân hû wasxân wa mâ yajiri.* Ne bois pas l'eau du défluent parce qu'elle est sale et qu'il n'y a pas de courant [elle ne court pas]. •*Fî l xarîf, bahar Câri indah rugubbên katîrîn.* En saison des pluies, le fleuve Chari a de nombreuses extensions.

ragad / yargud *v. intr.*, forme I n° 1, * rqd, د ق ر

♦ **être couché, se coucher, se reposer**, être étendu en position de repos. •*Humman ragado fî l-dull.* Ils se sont reposés à l'ombre. •*Ragadti âfe wallâ ?* As-tu bien dormi ? •*Anâ ragadt waradde.* Je me suis couché à l'aube.

ragadân *n. d'act.*, → *ragidîn*.

ragas / yargus *v. trans.*, *Cf. li'ib*, forme I n° 1, * rqṣ, ص ق ر

♦ **danser.** •*Anâ ragast amdallûka.* J'ai dansé le *amdallûka*. •*Amis fî l hafla, kulla l-nâs ragaso.* Hier pendant la fête, tout le monde dansait.

ragga / yurugg *v. trans.*, forme II, *Cf. rigeyyig*, * rqq, ق ق ر

♦ **devenir mince, amincir, maigrir.** •*Mâla inta raggêt ke, indak hamm wallâ ?* Pourquoi as-tu tant maigri ? As-tu des soucis ? •*Ragga min macâkil hanâ martah.* Il a maigri à cause des ennuis que lui cause sa femme. •*Fâtime iyâlha raggo min abûhum xatar.* Les enfants de Fatimé ont maigri depuis que leur père est parti en voyage. •*Kadar al xarîf yaji da, al bahâyim buruggu acân al gecc mâ katîr.* Le temps que revienne la saison des pluies, tous les animaux vont maigrir parce qu'il n'y a pas beaucoup d'herbe.

ragga' / yiraggi' *v. trans.*, forme II, * rqʕ, ع ق ر

♦ **rapiécer, ravauder, repriser, raccommoder, coller une rustine.** •*Al wilêd ragga' xalagah al-rufugânah carratoh lêyah.* Le jeune homme a raccommodé le vêtement que ses amis lui avaient déchiré. •*Raggi' lêi xalagi l mucarrat da, min iznak, acân anâ mâ nicîf adîl !* S'il te plaît, fais-moi une reprise sur ce vêtement, je n'y vois pas très bien ! •*Iyâl al haya biraggu'u ajalât al moblêtât al mugaddadîn.* Les petits mécaniciens collent des rustines pour réparer les pneus crevés de mobylettes.

raggad / yiraggid *v. trans.*, forme II, * rqd, د ق ر

♦ **mettre au lit, coucher,** qui a un espace suffisant pour dormir. •*Zâra raggadat saxîrha fî l-sarîr.* Zara a mis au lit son petit. •*Al-rujâl yiraggudu jidduhum fî l angarêb.* Les hommes ont couché leur grand-père dans le lit *angarêb.* •*Sarîr al-lîli mâ rigaddid nâdumên.* Le lit *lîli* n'a pas de place suffisante pour deux personnes.

raggâd / **raggâdîn** *adj. n. m. mrph. intf.*, (*fém. raggâda*), * rqd, رق د

♦ **dormeur (-euse), paisible, pour le repos, couveuse** (poule). •*Jîdâdi raggâdât, bibayyudu wa bifaggu'u be hadduhum !* Mes poules sont de bonnes couveuses, elles pondent et couvent leurs oeufs sans cesse ! •*Al-jamal da raggâd, ticidd fôgah kê wa mâ yilharrak.* Ce chameau-là est paisible, tu peux le charger sans qu'il bouge. •*Biric al-salâ da, mâ tisawwuh lêku biric raggâd !* Ne faites pas de cette natte de prière une natte pour dormir ! •*Hû da âtil, mâ birîd al xidime, raggâd fî l-daha !* C'est un fainéant, il n'aime pas travailler, il dort toute la matinée !

raggas / **yiraggis** *v. trans.*, forme II, * rqṣ, رق ص

♦ **faire danser.** •*Yôm al ahad al fât, anâ talabt uxnya hanâ l fannân Îsa Mûsa acân niraggis wa nila''ib rafîgti Zâra.* Dimanche dernier, j'ai demandé le disque du chanteur Issa Moussa pour faire danser mon amie Zara. •*Al arûs raggasôha fî yôm al hafla.* Ils ont fait danser la mariée le jour de la cérémonie festive.

raggâs / **raggâsîn** *adj. n. m. mrph. intf.*, (*fém. raggâsa*), *Cf. la''âb*, * rqṣ, رق ص

♦ **danseur (-euse),** qui aime danser les danses modernes. •*Fâtime hî bilhên raggâsa.* Fatimé est une très bonne danseuse. •*Al-subyân cakkato lê l banât al-raggâsât.* Les jeunes gens encouragent les danseuses en leur donnant de l'argent.

raggat / **yiraggit** *v. trans.*, forme II, * rqṭ, رق ط

♦ **colorier, mettre des couleurs, barioler.** •*Allah raggat jidâd amdago be lôn sameh.* Dieu a donné aux pintades de jolies couleurs. •*Fî l-lekôl al iyâl yiraggutu rasimhum wa yi'alluguh fandâsiye fî l kilâs.* A l'école, les enfants colorient leurs dessins et les accrochent au mur pour décorer la classe.

ragi'în *n. d'act., m.*, ≅ *raga'ân, Cf. ragga'*, * rqˁ, رق ع

♦ **raccommodage, rapiéçage, ravaudage, fait de coller une rustine,** fait de faire des reprises sur de vieux vêtements. •*Ragi'în al xulgân al mugaddadîn mâ gâsi bilhên.* Le rapiéçage des vêtements troués n'est pas très difficile. •*Raggi'în lasâtik al watâyir, da xidimt al musâ'id.* Coller des rustines est le travail de l'aide-chauffeur.

râgid / **râgdîn** *adj. mrph. part.* actif, forme I, (*fém. râgde*), * rqd, رق د

♦ **couché(e), étendu(e).** •*Al-râjil da râgid fî l furâc binjamma acân xadam katîr.* Cet homme se repose étendu sur son matelas, parce qu'il a beaucoup travaillé. •*Binêyti râgde min amis.* Ma fille est couchée depuis hier. •*Fî Ramadân kulla l-nâs râgdîn fî l-dull min al atac.* Pendant le Ramadan, tous les gens sont étendus à l'ombre parce qu'ils ont soif.

ragidîn *n. d'act., m.*, ≅ *ragadân*, * rqd, رق د

♦ **repos, fait de se coucher,** fait de se reposer. •*Ragidîn bala wusâde mâ halu.* Ce n'est pas agréable de se reposer sans oreiller. •*Ragadân fî l-turâb bala furâc bâja fî l nawâyit.* Se coucher sur la terre sans matelas fait mal aux côtes.

ragîg *adj. invar.*, *Cf. xadîm, abîd*, * rqq, رق ق

♦ **captif, prisonnier vendu comme esclave, esclave.** •*Zamân, mamâlik hanâ Tchad bakurbu axawânhum al-du'âf bisawwûhum ragîg wa bisâwugûhum.* Autrefois, les dignitaires des royaumes tchadiens capturaient leurs frères plus faibles qu'eux, en faisaient des esclaves et les vendaient. •*Ba'ad duxûl al isti'mâr, waggafo bê' al-ragîg.* L'avènement de la colonisation a arrêté le commerce des esclaves.

ragrag / yiragrig *v. intr., qdr.*, utilisé quand il s'agit des hommes, *Cf. zaxrat* ; forme II, * rqq, ر ق ق

♦ **pousser des cris de joie, hurler de joie.** •*Wakt al arîs marag, al wazâ'ir ragrago.* Au moment où le marié est apparu, ses amis ont poussé des cris de joie. •*Kulla l-nâs ragrago ba'ad ma l-Râ'is kammal kalâmah.* Tous les gens ont poussé des cris de joie à la fin du discours du Président. •*Al banât wa l-subyân ragrago lê l marag nimro wâhid fî galûb al xêl.* Les filles et les garçons ont hurlé de joie pour celui qui est arrivé [sorti] premier à la course de chevaux.

ragta *adj. f.*, → *argat.*

râh / yurûh *v. intr.*, forme I n° 4, * rwḥ, ر و ح

♦ **partir loin, se perdre, s'égarer, mourir.** •*Juwâd hanâ abui râh fî l kadâde.* Le cheval de mon père s'est égaré en brousse. •*Mâ tixalli wilêdak yamci ba'îd min al bêt, yurûh !* Ne laisse pas ton enfant s'éloigner de la maison, il va s'égarer ! •*Yôm al îd al iyâl al-dugâg burûhu fî l-cawâri.* Le jour de la fête, les petits enfants se perdent dans les rues. •*Macêna kalawa hanâ jârna da, axûh râh fî l-lêl.* Nous sommes allés présenter nos condoléances à notre voisin, parce que son frère est mort cette nuit.

râha / râhât *n. f., Syn. jumma*, voir les expressions *be râha, bêt al-raha*, * rwḥ, ر و ح

♦ **repos, détente, pause.** •*Al-râha illa ba'ad al xidime.* Il n'y a de pause qu'après le travail. •*Al xaddâmîn balgo râhithum duhur.* Les ouvriers se reposeront [trouveront leur repos] l'après-midi. •*Mart al xani indaha râhât katîre.* La femme du riche a beaucoup de temps de repos [a de nombreux repos].

rahad / ruhûd *n. m.*, * rḥḍ, ر ح ض

♦ **marigot, mare,** eau stagnante qui généralement s'assèche après la saison des pluies. •*Al-sane di, al-ruhûd kulluhum malyânîn almi.* Cette année, les marigots sont pleins d'eau. •*Al iyâl tamaso fî l-rahad.* Les enfants ont plongé dans la mare. •*Xalag abui kabîr wa bagdam min cawâribah... Da l-rahad.* Le vêtement de mon père est grand et s'use à partir des bords… C'est le marigot (quand il s'assèche). *Dvnt.*

rahal 1 / yarhal *v. intr.*, forme I n° 13, *Cf. hawwal*, * rḥl, ر ح ل

♦ **se déplacer.** •*Jârti rahalat min raffina macat ba'îd.* Ma voisine a déménagé, elle est allée loin de notre quartier. •*Anâ nidôr narhal janb bakân xidimti.* Je voudrais me déplacer à côté de mon lieu de travail.

rahal 2 / ruhûl *n. m.*, * rḥl, ر ح ل

♦ **meuble de rangement, meuble à étagères des nomades.** •*Al-rahal hanâ l Arab bisawwu be arba'a ci'ab wa habil wa bifarrucuh wa buxuttu fôgah xumâmhum.* Le meuble de rangement des Arabes nomades est composé de quatre poteaux fourchus sur lesquels sont tendues des cordes, ils les recouvrent de nattes et posent dessus leurs affaires. •*Al Arab kan gammo sâyirîn bicallu'u buyûthum wa bifartugu ruhûlhum.* Lorsque les Arabes nomades se déplacent, ils défont leurs maisons et démontent leurs étagères.

rahal 3 / ruhûl *n. m.*, * rḥl, ر ح ل

♦ **chargement, contenu de la charge d'un chameau ou d'un bœuf, bagages des nomades.** •*Al-sane di fî zer'ah, dagga xalla talâte rahal.* Cette année, son champ a produit trois chargements de mil [dans son champ il a battu trois charges de mil]. •*Caddîn al-rahal fî l-jamal asmah min caddînah fî l-tôr.* Les bagages des éleveurs se chargent mieux sur un chameau que sur un bœuf porteur. •*Awîn al baggâra kan dallo, biwaggu al-sarâyir wa buxuttu l-rahal wa l amjimêl.* Après avoir déchargé les affaires, les femmes des éleveurs installent les lits, et dressent le meuble de rangement et le vaisselier.

rahalân *n. d'act.*, → *rahhilîn.*

raham / yarham *v. trans.*, forme I n° 13, * rḥm, ر ح م ⇨

♦ **faire miséricorde, avoir pitié de, avoir compassion de, accorder, donner,** faire un geste de miséricorde en donnant quelque chose. •*Allah rahamâni be gurus fî l-câri.* Dieu dans sa miséricorde m'a fait trouver de l'argent sur la route. •*Amci axadim, al-sana di, Allah yarhamak be mâl katîr !* Va travailler, cette année Dieu t'accordera beaucoup de biens ! •*Cîlu l fâte, Allah yarhamhum lê l maytîn be l-janna !* Récitez [prenez] la *fâtiha*, que Dieu prenne les morts en pitié et leur accorde le paradis !

rahama / rahamât *n. f.*, ≅ *rahma*, * rḥm, ر ح م

♦ **miséricorde, bonté, abondance de biens,** toute chose bonne accordée par Dieu. •*Al yôm da rahma jâtni katîre, al hamdu li llâh !* En ce jour, j'ai reçu [est venu vers moi] beaucoup de bonnes choses, louange à Dieu ! •*Achad Allah katîr, yijîb lêk al-rahama !* Demande sans cesse à Dieu de t'accorder l'abondance ! •*Al âfe jât lêna fî dârna, di kula rahama.* La paix est revenue dans notre pays, cela vient aussi de la bonté de Dieu. •*Jîna fî bêt sameh lê xidimitna, da kula rahama !* Nous sommes venus dans une jolie pièce pour travailler, c'est beaucoup de bonté de la part de Dieu !

rahhab / yirahhib *v. intr. {- be}*, forme II, * rḥb, ر ح ب

♦ **accueillir, souhaiter la bienvenue.** •*Anîna rahhabna be l-dêf al-jadîd.* Nous avons bien accueilli le nouvel hôte. •*Hû râjil hawân mâ yirahhib be l-dîfân.* C'est un méchant homme, il n'accueille pas bien ses hôtes.

rahhâba / rahhâbât *n. f.*, *Syn. hajjâja, hahây*, → *hajjâja*, * rḥb, ر ح ب

rahhak / yirahhik *v. trans.*, forme II, * rhk, ر ه ك

♦ **faire moudre.** •*Ammi rahhakatni kortên hanâ xalla.* Ma mère m'a fait moudre deux koros de mil. •*Hî mâ tirîd tirahhikha lê binêyitha l-saxayre xalla.* Elle n'aime pas donner du mil à moudre à sa petite fille.

rahhâk / rahhâkîn *adj. mrph. intf.*, (*fém. rahhâka*), * rhk, ر ه ك

♦ **qui sait moudre.** •*Al mara di rahhâka misil al-tâhûna.* Cette femme sait bien moudre comme un moulin. •*Binêyti di mâ rahhâka mâ ta'arif ceyy.* Ma fille-là ne sait pas moudre, elle ne connaît rien.

rahhal / yirahhil *v. trans.*, forme II, * rḥl, ر ح ل

♦ **faire déplacer, déménager, amener la mariée dans son foyer,** envoyer la jeune mariée chez son mari. •*Jime rahhal martah al-jadîde fî bêtah.* Djimé a amené sa nouvelle femme chez lui. •*Al arûs rahhaloha be sûni katîr.* On a amené la mariée chez son mari avec beaucoup de tasses en porcelaine. •*Mata inti tirahhili binêyitki fî bêt râjilha ?* Quand vas-tu conduire ta fille chez son mari ?

rahhâl / rahhâlîn *adj. n., mrph. intf.*, (*fém. rahhâla*), qui voyage beaucoup, → *râhil 2*, * rḥl, ر ح ل

rahhâla *pl.*, → *rahhâli.*

rahhalân *n. d'act., m.*, → *rahhilîn.*

rahhâli / rahhâla *adj. n. m. mrph. intf.*, ≅ *rahâlîn*, *Cf. râhil 2, sayyâri*, * rḥl, ر ح ل

♦ **petit nomade,** nomade qui ne se déplace que sur une petite distance selon la qualité des pâturages. •*Al-rahhâli fî wakt al xarîf yarhal fî l gîzân, yaxâf lê bahayimah min al ba'ûda wa l-dubbân.* Pendant la saison des pluies, le nomade se déplace dans les terrains sablonneux, fuyant [craignant] les moustiques et les mouches. •*Al-rahhâla fî l xarîf, yamurgu min al wati, wa mâ yalhago hudûd al muncâx, yagôdu usut usut fî l Batha walla Gêra walla Wadday.* Pendant la saison des pluies, les nomades quittent le Sud et remontent sans atteindre l'extrême Nord ; ils restent au centre dans les régions du Batha, du Guéra ou du Ouaddaï.

rahhilîn *n. d'act.*, ≅ *rahhalân*, → *rahûla, rahîl*, * rḥl, ر ح ل ⇨

♦ **déplacement, transhumance, déménagement.** •*Rahhilîn al bagar katîr katîr acân gillit al almi wa l gecc.* Le manque d'eau et de pâturage oblige les vaches à se déplacer sans cesse. •*Rahhilîn hanâ binêyit Amîn bakân râjilha yukûn be yôm al itinên al-jâyi.* Le déménagement de la fille d'Amine qui s'installe chez son mari aura lieu lundi prochain.

rahîf / ruhâf *adj.*, (*fém.* *rahîfe*), * rhf, ر ه ف

♦ **fin(e), léger (-ère), translucide, mince.** •*Kaltûma sallalat kisâr ruhâf marra wâhid.* Kaltouma a préparé [a sorti] de très fines galettes. •*Fî wakt al barid, al xuta kan rahîf mâ yadhar al barid.* Quand il fait froid, une couverture légère ne protège pas sufisamment du froid [n'empêche pas le froid]. •*Xalagi hanâ l-nôm rahîf bilhên.* Ma robe de nuit est très légère.

rahîk *n. m.*, *Cf. rihik*, * rhk, ر ه ك

♦ **fait d'écraser le mil, broyage.** •*Zamân gubbâl al-tâhûna, al-rahîk be l îdên bas !* Autrefois, avant l'arrivée du moulin, on écrasait le mil à la main ! •*Hassâ rahîk al xalla wa l masar wa l gahawa be l-tâhûna.* A présent, c'est le moulin qui broie le mil, le maïs ou le café.

rahîl *n. m.*, *Syn. rahhalân rahhilîn (≅ rahalân, rahilîn)*, * rḥl, ر ح ل

♦ **transhumance, déplacement du campement, déménagement.** •*Rahîl farigna lê l wati babda' fî l-subu al-jâyi.* Le déplacement de notre campement vers le sud aura lieu la semaine prochaine. •*Yôm rahîl hanâ l baggâra, kulluhum bisîru ma'â bahâyimhum.* Le jour où les éleveurs déplacent leur campement, ils partent avec tous leurs animaux.

râhil 1 / râhilîn *adj. part.* actif *m.*, (*fém.* *râhile*), * rḥl, ر ح ل

♦ **se déplaçant, défunt(e),** qui est en train de se déplacer. •*Al mayyit râhil ilâ l âxira.* Le mort s'en va dans sa maison éternelle. •*Al yôm al-dîfân râhilîn.* Aujourd'hui, les hôtes s'en vont. •*Al-râhil xalla warâyah mâl katîr lê iyâlah.* Le défunt a laissé un gros capital à ses enfants.

râhil 2 / ruhhal *adj. n. m.*, ≅ le singulier *rahhâl*, *Cf. rahhâli*, * rḥl, ر ح ل

♦ **grand nomade.** •*Al-râhil da daxal al hille bifattic lêyah sukkar wa câhi.* Ce nomade est entré dans le village à la recherche de sucre et de thé. •*Al-ruhhal al-sane gabbalo ajala min al muncâx lê l wati acân almi l xarîf mâ katîr.* Cette année, les nomades sont revenus tôt du Nord pour aller vers le Sud, parce que les pluies n'avaient pas été abondantes.

rahilîn *n. d'action*, → *rahhilîn.*

rahma *n. f.*, → *rahama.*

rahûla / rahûlât *n. f.*, * rḥl, ر ح ل

♦ **départ, déménagement, transfert, déplacement,** départ festif de la nouvelle mariée qui part de la maison de ses parents pour aller habiter chez son mari. •*Hidirna fî rahûla hanâ Zênaba.* Nous avons assisté au départ de Zénaba. •*Ambâkir, rahûla hanâ marit Yûsuf.* Demain, c'est le déménagement de la femme de Youssouf qui va habiter chez son mari. •*Fî rahûlit binêyâti, waddêt sarâyir formaka, amcawwâfât twâlêt wa xumâm katîr.* Lors du déplacement de mes filles chez leur mari, j'ai apporté des lits plaqués en formica, des armoires à glace et beaucoup d'affaires.

raîs *n. m.*, → *ra'îs.*

raja / yarja *v. trans.*, forme I n° 16, → *riji*, * rjw, ر ج و

raja' / yarja' *v. intr.*, forme I n° 14, * rjˁ, ر ج ع

♦ **revenir, retourner.** •*Al-sana l-jâye, rafîgti tarja' min Fransa.* L'année prochaine, mon amie reviendra de France. •*Wâjib tarja' lê Anjamêna gubbâl al xarîf.* Il faut que tu reviennes à N'Djaména avant la saison des pluies. •*Hî raja'at fî l-sûg tifattic gurusha al waddaratah.* Elle est retournée au marché pour rechercher l'argent qu'elle avait perdu.

rajab *n. m.*, * rjb, ر ج ب

♦ **septième mois de l'année lunaire.** •*Ajab ! yâ ajab ! Al almi sabba fî rajab, katal al-niyêre wa xalla l hatab... Da l môt.* Étonnant, vraiment étonnant ! La pluie est tombée au mois de *rajab*, elle a éteint le petit foyer et a laissé le bois... C'est la mort. *Dvnt.* •*Ba'ad rajab fât wa gisêyar daxal, al-nâs bihimmu cahar ramadân.* Le mois de *rajab* s'en est allé, le mois de *gisêyar* l'a remplacé, les gens pensent désormais au mois de ramadan qui arrive.

rajaf / yarjif *v. intr. {- min}*, ≃ l'accompli *rijif* ; forme I n° 6, * rjf, ر ج ف

♦ **trembler, être secoué(e), frissonner.** •*Hu rajaf wakt al askari marag lêyah al bundug.* Il a tremblé au moment où le militaire a pointé sur lui son fusil [a sorti pour lui le fusil]. •*Al iyâl rajafo wakit al micôtin daxal lêhum.* Les enfants ont tremblé de peur quand le fou est entré chez eux. •*Anîna narjufu min al barid.* Nous grelottons de froid.

rajafân *n. d'act., m.*, ≃ *rajifîn*, * rjf, ر ج ف

♦ **tremblement, frissonnement, frémissement,** action de trembler, de frissonner. •*Rufugânah cakkato lêyah, bas wa hû xalla l-rajafân.* Ses amis lui ont simplement fait un signe de victoire et il a cessé de trembler. •*Al-rajafân sababah xôf walla xarî'e.* Le fait de trembler vient de la peur ou d'une frayeur subite.

rajâjîl nom pluriel péjoratif, *Cf. râjil*, * rjl, ر ج ل

♦ **mecs, types, hommes.** •*Al-rajâjîl dôl kulluhum fagâra, târat lêi axîdithum !* J'en ai marre d'épouser ces espèces d'hommes pauvres ! •*Anâ mâciye nita"ib rajâjîl al gâ'idîn fî l-dull da !* Je vais aller faire souffrir ces mecs-là qui sont à l'ombre !

rajâla *n. f.*, *Cf. rajâliye*, * rjl, ر ج ل

♦ **bravoure, virilité.** •*Hû coxolah rajâla ke bas dâwas al-dûd.* C'est sa bravoure qui lui a permis de combattre le lion. •*Wâjib kulla râjil yiga"id rajâla ciya fî galbah.* Il faut que chaque homme ait dans son cœur un minimum de bravoure. •*Bakân wâhid al-rajâla tigassir al ayyâm.* Parfois la bravoure tue [raccourcit les jours].

rajâliye *adj. n. f.*, *Cf. rajâla*, → *rajâliye xabca*, *Ant. rajâliye ragta*, * rjl, ر ج ل

♦ **virilité, force physique, bravoure, puissance, masculin(e),** concernant l'homme. •*Inta da tiwassif rajâlîtak lê yâtu ?* A qui cherches-tu donc à montrer ta force ? •*Al-sabi da rajâliye gata'at galbah.* Le désir d'agir comme un homme a été pour cet adolescent plus fort que lui [sa virilité lui a coupé le cœur ; se dit d'un jeune dont les actes ne correspondent pas à ceux des garçons de son âge]. •*Mâca fî Lîbya, wa xidimtah illa fî l mutaggalât wa wakit gabbal waddar rajâlîtah.* Il est parti en Libye et n'a effectué que des travaux de force ; lorsqu'il est revenu, il avait perdu sa virilité. •*Al-sabi bihiss be rajâlîtah wakit indah xamistâcar sane.* Le jeune homme ressent la manifestation de sa virilité à l'âge de quinze ans. •*Al-tâyêrât ba'arfu bixayyutu malâbis rajâliye.* Les tailleurs savent coudre des vêtements pour hommes.

rajâliye ragta expression, *Ant. rajâliye xabca*, * rjl, ر ج ل

♦ **poltron (-onne), peureux (-euse), couard(e),** qui fait croire qu'il est brave. •*Al-subyân giddâm al banât yiwassufu rajâliyithum lâkin hî ragta.* Devant les filles, les jeunes gens montrent leur force, mais en fait ils sont peureux. •*Al askari al-rajâlîtah ragta yisakkuruh gubbâl mâ yiwadduh fî l-duwâs.* On saoule le combattant couard avant de l'envoyer au combat.

rajâliye xabca expression, *Ant. rajâliye ragta*, * rjl, ر ج ل

♦ **courage, bravoure, pugnacité, virilité.** •*Al-durbân coxolah rajâliye* *xabca ke.* Le ratel se défend avec pugnacité. •*Jabar be rajâliye xabca bas taradâhum namman dassâhum fî buyûthum.* Djabar a fait preuve d'un courage viril, il les a repoussés jusque chez eux.

rajam / yarjim *v. trans.*, forme I n° 6, ≅ l'*inacc. yarjum*, * rjm, ر ج م

♦ **lapider, jeter des pierres.** •*Al wilêd gamma rajam al kalib al akal êcah.* L'enfant s'est levé pour jeter des pierres sur le chien qui avait mangé sa boule. •*Laggutu lêna hujâr acân namcu narjimu l-sarrâg al gâ'id basrig xumâm jîrânna !* Ramassez des pierres, que nous allions lapider le voleur qui est en train d'emporter les affaires de notre voisin ! •*Fî dîn al Islâm nâdum kan mutzawwij wa zana barjumuh.* Dans la religion islamique, on lapide l'homme marié qui commet l'adultère.

rajayân *n. d'act., m.*, ≅ *rajiyîn*, * rjw, ر ج و

♦ **attente, espoir, espérance.** •*Rajayân al faraj illa be l îmân.* L'espérance d'être délivré de la souffrance n'existe qu'avec la foi en Dieu. •*Rajayân al-janâza gâsi.* Il est pénible d'attendre que le mort soit prêt à être enterré.

rajifîn *n. d'act., m.*, → *rajafân.*

râjil / rujâl *n. m.*, pour le féminin, → *mara*, * rjl, ر ج ل

♦ **homme, mari, époux, (mon)sieur unité de mesure de profondeur,** longueur d'un homme prise entre les pieds et les mains levées au-dessus de la tête. •*Al-râjil da rabba iyâlah acara ke !* Cet homme a élevé ses dix enfants ! •*Salâm alêk, râjil zên !* Bonjour monsieur [homme bon] ! •*Râjili ba'arif ba'addib al iyâl.* Mon mari sait éduquer les enfants. •*Al xidime hint al-zurâ'a wâjibe lê l-rujâl.* Le travail des champs est le devoir des hommes. •*Al bîr di tûlha xamsa râjil.* Ce puits a une profondeur de cinq hommes.

râjil tilif / rujâl tilfo expression, *litt.* homme qui est abîmé, en parlant d'une femme, *Cf. mara tilfat, wilêd tilif*, * rjl, tlf, ر ج ل • ت ل ف

♦ **femme virile.** •*Dâ'imân yihâzuru ma'âha bugûlu lêha : râjil tilif.* On la taquine toujours en la traitant de "femme virile". •*Al râjil al-tilif, hî mara lâkin fî xidimitha wa gudritha wa fahaliyitha ticabbih al-rujâl.* La femme virile est celle qui travaille avec la force et l'ardeur des hommes.

râjil-râjil / rujâl-rujâl expression qualifiant une femme, * rjl, ر ج ل

♦ **hommasse,** femme sans qualité féminine qui se comporte comme un homme. •*Al mara al-râjil-râjil di karabat al-sarrâg min gabbit xalaga wa rafa'atah zagalatah barra !* Cette femme d'aspect hommasse a attrapé le voleur par l'encolure, l'a soulevé et jeté dehors ! •*Al mara al-râjil-râjil hissa xalîd, wa fawwârâtha misil hanâ l-rujâl.* La femme aux traits hommasses a une voix grave et des biceps d'homme.

rajiyîn *n. d'act., m.*, → *rajayân.*

rajja' 1 / yirajji' *v. trans.*, forme II, * rjw, ر ج و

♦ **faire attendre.** •*Hî rajja'atni fî giddâm bêtha wa mâ jat lêi ajala.* Elle m'a fait attendre devant sa maison et ne s'est pas pressée de venir vers moi. •*Hî rajja'at axutha lê l xada, alxaddo wa addatha.* Elle a fait attendre sa sœur pour le repas de midi ; après le déjeuner elle l'a raccompagnée.

rajja' 2 / yirajji' *v. trans.*, forme II, * rjʕ, ر ج ع

♦ **faire revenir, retourner, rendre.** •*Mâla al mêtir rajja'âki min al-lekkôl ?* Pourquoi le maître t'a-t-il fait revenir de l'école ? •*Anâ rajja't al kitâb lê sîdah.* J'ai rendu [retourné] le livre à son propriétaire. •*Al-râjil rajja' martah al-tallagâha.* L'homme a fait revenir la femme qu'il avait répudiée.

rajjaf / yirajjif *v. trans.*, forme II, * rjf, ر ج ف

♦ **faire trembler, mettre en mouvement, faire vibrer.** •*Harakit al bundug rajjafat al-rujâl kulluhum.* Les coups de fusil ont fait trembler tous les hommes. •*Al awîn kan bal'abo nuggâra birajjufu jilidhum kulla ke.* Si les femmes dansent au son du tam-tam, elles mettent tout leur corps en mouvement. •*Al-tayyâra zagalat xumbula rajjafat al buyût kulluhum.* L'avion a largué une bombe qui a secoué toutes les maisons.

rajjafân *n. d'act., m.,* → *rajjifîn.*

rajjifîn *n. d'act., m.,* ≅ *rajjafân,* * rjf, ر ج ف

♦ **tremblement, frisson, frémissement,** fait de provoquer un tremblement. •*Rajjifîn hanâ jildah da min al barid.* Le tremblement de son corps est dû au froid. •*Hû birîd rajjifîn hanâ îdênah.* Il a tendance à avoir les mains qui tremblent.

râjmât *n. m.,* dont la racine évoque la lapidation, → *jarad jarad,* * rjm, ر ج م

♦ **nom d'un lance-roquettes multitube, L.R.M. type 63,** arme d'origine chinoise composée d'une série de douze tubes, calibre de 107 mm, tractée ou installée dans un véhicule tout terrain. •*Al askar jo darabo l hille be l-râjmât.* Les combattants sont venus tirer sur la ville avec un lance-roquettes multitubes. •*Al-râjmât bundug kabîr, kan daraboh bidammir al buyût.* Les lance-roquettes multitubes sont des armes lourdes dont les obus détruisent les maisons. •*Al-dêc al-tacâdi jarsaso be râjmâthum fî naga'at al hurriya.* L'armée tchadienne a défilé avec ses lance-roquettes multitubes place de la liberté.

raka' / yarka' *v. intr.,* forme I n° 14, * rkʕ, ر ك ع

♦ **s'incliner pendant la prière,** incliner le corps en ayant les paumes des mains posées sur les genoux. •*Abdullâhi nisi, hû raka' gubbâl al imâm.* Abdoulaye a oublié, il s'est incliné avant que l'imam ne le fasse. •*Hû raka' fî l-salâ.* Il s'est incliné pendant la prière.

raka'a / raka'ât nom *fém.,* ≅ *rak'a, Cf. raka',* * rkʕ, ر ك ع

♦ **inclination pendant la prière.** •*Salât al-duhur wa l asur wa l ice kulla wahade minnuhum indaha arba'a raka'ât.* Au cours de chacune des prières du matin, de l'après-midi et du soir, on fait quatre inclinations. •*Sallêt raka'ât lê wijh Allah.* J'ai prié en m'inclinant plusieurs fois par amour de Dieu [pour la face de Dieu].

râkaj / yirâkij *v. intr.,* forme III, *empr.*

♦ **être complice avec *qqn.*, s'entendre pour faire le mal, comploter,** s'entendre avec *qqn.* pour réaliser une chose défendue. •*Al barcâta râkajo ma'â nâs al hille, wa l-duwân mâ ligâhum.* Les contrebandiers se sont entendus avec les villageois, et les douaniers ne les ont pas trouvés. •*Xumâmi da sirigoh, akûn al gardi râkaj ma'â sarrâgîn acân mâ sawwo awwa.* On a volé mes affaires, le gardien est peut-être complice avec les voleurs parce qu'ils n'ont pas fait de bruit.

râkajan *n. d'act.,* → *râkijîn.*

rakan / yarkun *v. intr. {- fôg, - fî}, Cf. hasîfe* ; forme I n° 1.

♦ **comploter, tenir conseil contre *qqn.*,** se réunir en secret pour prendre une décision. •*Al askar rakano fî kabîrhum acân yaktuluh.* Les militaires ont comploté contre leur chef pour le tuer. •*Al xaddamîn kan mâ ligo gurushum, yarkunu wa yâbo l xidime.* Si les travailleurs ne touchent pas leur salaire, ils s'entendent discrètement pour refuser de venir au travail. •*Mâ tarkun fî axûk !* Ne complote pas contre ton frère ! •*Axawân Yûsuf rakano fôgah yarmoh fî l bîr.* Les frères de Joseph tinrent conseil contre lui et le jetèrent dans un puits.

rakaz 1 / yarkiz *v. trans.,* forme I n° 6, * rkz, ر ك ز

♦ **repérer un lieu, trouver l'endroit où, retrouver,** repérer ou retrouver quelque chose que l'on cherche dans un endroit précis. •*Hâmid fattac kê, wa rakaz bakân bagarah.* Hamid a cherché longtemps pour fini par trouver où étaient ses vaches. •*Fattact gursi kê, namma rakaztah hatta anjammêt.* J'ai cherché mon argent jusqu'à ce que je l'aie retrouvé, ensuite je me suis reposé. •*Al-rujâl fattaco kê, rakazo bêt al-dûd.* Les hommes ont cherché longtemps avant de localiser le repaire du lion.

rakaz 2 / yarkiz *v. trans.*, forme I n° 2, * rkz, ر ك ز

♦ **faire tenir debout, appuyer debout, dresser,** mettre *qqch.* debout en l'appuyant contre une paroi verticale. •*Fâtime, tawtiwi l burûc dôl wa arkizîhum fî l-takiye !* Fatimé, roule ces nattes et dresse-les contre le paravent ! •*Al askari rakaz bundugah fî l kony wa ragad binjamma.* Le militaire a appuyé son fusil dans l'angle et s'est étendu pour se reposer.

râkib / rukkâb *n. m. mrph. part.* actif, forme I, (*fém. râkibe*), *Cf. rikib, yarkab*, * rkb, ر ك ب

♦ **monté(e) sur un véhicule, cavalier (-ère), passager (-ère), voyageur (-euse).** •*Râkib al-juwâd da, Ahmat.* Ce cavalier [celui qui est monté sur ce cheval], c'est Ahmat. •*Al-râkib da, nazzaloh acân hû mâ dafa' ijâr.* On a fait descendre ce passager parce qu'il n'avait pas payé sa place. •*Al yôm al-rukkâb katîrîn fî l mawgaf.* Aujourd'hui, il y a de nombreux passagers à la gare routière. •*Al-râkib ajjar al kabîn be alif riyâl.* Le passager a payé sa place dans la cabine mille riyals. •*Inti jîti râkibe wallâ râyixe ?* Es-tu venue véhiculée ou à pied ?

râkij / râkijîn *adj. m. mrph. part.* actif, → *râkin.*

râkijîn *n. d'act., m.,* ≅ *râkajân, Cf. râkaj.*

♦ **complot, fait de comploter.** •*Al-darâyir râjilhum tallagahum ba'ad râkijinhum fôgah.* Le mari a renvoyé ses femmes qui avaient comploté contre lui. •*Râkajân didd al mu'allim, mu'âxabtah taridîn min al-lekkôl.* Le fait de comploter contre le professeur est sanctionné par le renvoi de l'école.

râkin / râkinîn *adj. mrph. part.* actif, (*fém. râkine*).

♦ **comploteur (-euse), qui a comploté,** qui s'est entendu avec *qqn.* pour faire du mal. •*Al-câyib râkin ma'â wilêdah didd jârah.* Le vieux père et son fils se sont entendus pour nuire à leur voisin. •*Al-sarrâg râkinîn ma'â axuh, kassaro lêhum dukkân.* Le voleur a comploté avec son frère pour cambrioler une de leurs boutiques. •*Al mara l-râkine di tisawwi fasil lê darritha.* Cette femme comploteuse fait du mal à sa coépouse.

rakkab 1 / yirakkib *v. trans.*, forme II, * rkb, ر ك ب

♦ **faire cuire dans l'eau.** •*Fî bidayt al xarîf al awîn birakkubu fûl axadar.* Au début de la saison des pluies, les femmes font cuire les arachides fraîches. •*Ammi rakkabat bêd jidâd lê l-sûg.* Ma mère a fait cuire des œufs durs pour les vendre au marché.

rakkab 2 / yirakkib *v. trans.*, forme II, * rkb, ر ك ب

♦ **poser, fixer, ajuster, installer, monter,** assembler une pièce sur (ou dans) un ensemble. •*Anâ rakkabt bâb hanâ wara-bêtna.* J'ai posé la porte de nos toilettes. •*Mahamat rakkab tuyo fî bêtah.* Mahamat a installé l'eau du robinet [un tuyau] chez lui. •*Sîd al-tahûna rakkab hujar judâd lê tâhûntah.* Le meunier a monté de nouvelles meules sur son moulin.

rakkâb / rakkâbîn *n. m. mrph. intf.*, (*fém. rakkâba*), * rkb, ر ك ب

♦ **cavalier (-ère), grimpeur (-euse), coureur (-euse) cycliste.** •*Al-jawwâd al usumah Djineh câl al-râs wa rakkâbah Xalîl.* Le cheval qui s'appelle Djinéh a pris la tête du peloton, et son cavalier s'appelle Khalil. •*Al-tugûla wa l abâliny rakkâbîn lê l-cadar.* Les gros singes verts et les petits singes rouges sont des grimpeurs aux arbres. •*Rakkâbîn al basâkilît sawwo sabag wa tinên najaho.* Les coureurs cyclistes ont fait une course et deux d'entre eux ont gagné.

rakkâbi / rakkâbîn *adj. n. m. mrph. intf., Cf. jabbâri, addâli,* * rkb, ر ك ب

♦ **rebouteux.** •*Al-rakkâbîn birakkubu nâs al mukassirîn.* Les rebouteux remettent d'aplomb ceux qui ont les os cassés. •*Al-rakkâbi indah tâbb hanâ gana yarbut bêyah al kasir.* Le rebouteux pose une attelle en bambou qu'il attache à l'endroit de la fracture.

rakkam / yirakkim *v. intr.*, forme II, * rkm, ر ك م

♦ **se grouper, se rassembler, se réunir.** •*Al-jaga rakkamo fî janb al fatîs.* Les charognards se sont rassemblés à côté du cadavre. •*Al-nâs dôl rakkamo katîrîn fî bakan al-ceriye.* Ces gens-là se sont réunis en grand nombre au palais de justice. •*Fî kulla aciye al-rihew yirakkumu fî l-cadâr al kubâr al mugâbilîn xacum al bahar.* Tous les soirs, les hérons garde-bœufs se rassemblent sur les grands arbres qui sont au bord du fleuve.

rakkaz / yirakkiz *v. trans.*, forme II, * rkz, ر ك ز

♦ **s'appuyer sur, s'assurer de.** •*Al-câyib rakkaz fî asaytah hatta gidir gamma be tûlah.* Le vieil homme s'est appuyé sur sa canne afin de pouvoir se lever. •*Hû yidôr yirakkiz al kalâm al-simi'ah amis.* Il veut s'assurer de ce qu'il a entendu hier à la radio.

rakkâza / rakkâzât *n. m. mrph. intf., Cf. rakkaz,* * rkz, ر ك ز

♦ **étai, support.** •*Yâ iyâli, durdurna bidôr baga', fattucu lêna rakkâzât !* Mes enfants, notre mur est en train de tomber [veut tomber], allez nous chercher des étais ! •*Dangaytak anfazarat, wâjib tuxutt lêha rakkâza !* Le toit de ta maison se courbe, il faut l'étayer [lui poser un étai] !

rakûb *n. d'act., m., Cf. rikib,* * rkb, ر ك ب

♦ **fait de monter sur,** fait de monter. •*Halât al-maci rakûb al xêl.* Que c'est bon de se promener à cheval ! (chanson). •*Kan al almi sabba, al-rakûb fî râs al buyût mâ sameh.* Ce n'est pas bien de monter sur le toit de la maison quand il a plu. •*Mâ tiwâlufu rakûb al-cadar yôm wâhid taga'o !* Ne prenez pas l'habitude de grimper aux arbres, un jour vous tomberez !

râkûba / rawâkîb *n. f.*, ≅ le pluriel *rakûbât, Cf. lugdâbe,* * rkb, ر ك ب

♦ **abri, auvent, appentis, petit hangar,** abri léger fait d'un toit de paille soutenu par quatre poteaux pour se protéger du soleil. •*Fattic lêna hatab wa gecc, wa abni lêna râkûba fî usta l-zere' !* Cherche du bois et de la paille, et construis-nous un abri au milieu du champ ! •*Al-sûg indah rawâkîb kutâr.* Il y a de nombreux petits hangars au marché.

rama / yarmi *v. trans.*, forme I n° 7, * rmy, ر م ي

♦ **jeter à terre, renverser, faire tomber, abattre.** •*Al attâli rama birmil al-dihin min al watîr.* Le docker a fait tomber du camion le fût d'huile. •*Mâ tarmi l-jarr fî l-derib !* Ne fais pas tomber la jarre en chemin ! •*Al humâr nakkas wa rama l wilêd.* L'âne a rué et jeté à terre l'enfant.

ramac / yarmic *v. intr.*, forme I n° 6, * rmš, ر م ش

♦ **cligner,** rapprocher les paupières pour mieux voir. •*Hû yarmic ajala ajala.* Ses paupières clignent très rapidement. •*Al amyân mâ yarmic acân uyûnah mâ fîhum xalâs.* L'aveugle ne cligne pas les yeux parce qu'il ne voit plus [il n'a plus d'yeux].

ramad *n. mld., m.,* * rmd, ر م د

♦ **conjonctivite.** •*Al-ramad da ta''ab jidditi.* Cette conjonctivite a fait souffrir ma grand-mère. •*Al-ramad al katîr bisawwi ama.* Une conjonctivite trop importante est cause de cécité. •*Fî wakt al ajâj al katîr, al-ramad yakrub al iyâl ajala bas.* Quand il y a beaucoup de poussière, les enfants attrapent très vite une conjonctivite.

Ramâd *n. pr.* d'homme, *litt.* cendre, nom donné à l'enfant dont on veut conjurer le sort, pour éviter qu'il ne meure en bas âge comme ses frères et sœurs, * rmd, ر م د

Ramâda *n. pr.* de femme, *fém.* de *Ramâd*, * rmd, ر م د

ramadân *n. m.*, * rmḍ, ر م ض

♦ **Ramadan** (jeûne), **ramadan** (neuvième mois de l'année lunaire). •*Ramadân hû l-cahar al-tâsi' fî l-sana.* Le mois de ramadan est le neuvième mois de l'année. •*Bâgi cahar wâhid bas lê Ramadân.* Il ne reste plus qu'un mois avant le Ramadan. •*Ramadân cahar al-tawba wa l xufrân.* Le mois de ramadan est le mois de la conversion et du pardon. •*Al Xor'ân, Allah nazzalah fî cahar ramadân.* Dieu a fait descendre le Coran pendant le mois de ramadan.

Ramadân *n. pr.* d'homme, → *ramadân*, * rmḍ, ر م ض

ramal / yarmil *v. trans.*, forme I n° 6, *Syn. rammal*, * rml, ر م ل

♦ **tresser, entrecroiser,** faire une tresse grossière avec trois ensembles, entrecroiser deux lanières autour d'un bois pour fabriquer une claie. •*Hû ramal lêyah safîne hint tibin lê humârah.* Il a tressé un tapis de paille pour le mettre sur le dos de son âne. •*Kan tagdar armil lêi al-za'af da sâfâyin lê l-tirâni.* Si tu peux, fabrique-moi des tapis de selle avec des feuilles de palmier doum pour les mettre sur le dos de mes bœufs porteurs ! •*Al mara kan haznâne tarmul sûf râsha.* Lorsqu'une femme est triste, elle tresse grossièrement sa chevelure. •*Armûl lêk anâgrîb lê l be', acân talga masârîf !* Fabrique des lits en cordes entrecroisées, tu pourras les vendre et trouver ainsi de l'argent pour ta nourriture quotidienne !

ramalân *n. d'act., m.*, → *ramilîn.*

rambay / rambayât *n. f., empr.*, utilisé en arabe *sd.*, *Cf. dalu*, ≅ *ramboy, rumbay.*

♦ **puisette, calebasse pour puiser,** calebasse avec une anse, que l'on fait descendre dans le puits. •*Al-rambay waga'at fî l bîr wa mâ indi marfa'în namrugha beyah.* La puisette est tombée dans le puits et je n'ai pas de crochet pour la retirer. •*Mâ tikassuru lêna l-rambayât kulluhum ke be zagilinku lêhum al be cidde da !* Ne cassez pas toutes nos puisettes en les laissant tomber aussi brutalement ! •*Xallîni nisill lêk rambay wahade bas ni'âwinak.* Laisse-moi t'aider en te tirant une calebasse d'eau du puits. •*Al-rambay min gar'a wa yuxuttu fôgha agfa, wa yarbutuha be habil.* La puisette est composée d'une calebasse sur laquelle on a fixé une anse que l'on attache à une corde.

ramboy *n. f.*, → *rambay.*

ramdân / ramdânîn *adj.*, (*fém. ramdâne*), * rmd, ر م د

♦ **atteint(e) de conjonctivite.** •*Anâ ramdâne indi cahar tamâm wa l-labtân ba'îd.* J'ai une conjonctivite depuis plus d'un mois et l'hôpital est loin. •*Hû ramdân ke namman imi.* Il a eu une conjonctivite si grave qu'il en est devenu aveugle. •*Al iyâl al-suxâr kulla yôm ramdânîn acân bal'abo be l-turâb.* Les petits enfants traînent tout le temps une conjonctivite parce qu'ils jouent avec de la terre.

rami *n. d'act., m.*, *Cf. rama*, * rmy, ر م ي

♦ **chute à terre, fait de tomber.** •*Al-rami hanâ l-dalu fî l bîr da bisawwi haraka "blung".* La chute du seau en cuir dans le puits fait "bloungue". •*Al-rami min al humâr baksir.* Tomber d'un âne provoque souvent une fracture.

ramilîn *n. d'act., m.*, ≅ *ramalân, rammalân, rammilîn*, * rml, ر م ل

♦ **tressage, entrecroisement de brins,** fait de tresser ou d'entrecroiser les brins pour faire une claie. •*Al miskîn idênah accaggago min ramilîn al-safâin.* Le pauvre a les mains lacérées à force de serrer les brins dans la confection des tapis de selle. •*Rammilîn al-cukkâba be lihe wa gecc, mâ be suyûr.* La couverture en paille recouvrant les cases des bergers est tenue par l'entrecroisement de fibres d'écorce ou d'herbe, mais pas par des lanières de cuir.

ramla *n. f.*, *Cf. sinyâka*, * rml, ر م ل
♦ **gros sable,** sable des oueds. •*Al bahar almih kammal, faddalat illa l-ramla.* L'eau du fleuve a tari, il ne reste plus que du sable. •*Al axniya' sabbo ramla fî buyûthum.* Les riches ont mis du sable dans leurs concessions.

Ramla *n. pr.* de femme, femme du Prophète, * rml, ر م ل

rammad / yirammid *v. intr.*, forme II, * rmd, ر م د
♦ **avoir une conjonctivite.** •*Wilêd jâritna rammad.* Le fils de notre voisine a une conjonctivite. •*Al-coxol da misil al waba', al iyâl kulluhum rammado.* Cette maladie ressemble à une épidémie, tous les enfants ont attrapé une conjonctivite.

rammal / yirammil *v. trans.*, forme II, tresser, entrecroiser, → *ramal*, * rml, ر م ل

rammalân *n. d'act.*, *m.*, → *ramilîn.*

rammilîn *n. d'act.*, *m.*, → *ramilîn.*

rango *n. m.*, → *rongo.*

râra / yirâri *v. intr.*, *qdr.*, forme III, * r'r', ر ء ر ء
♦ **briller, luire, resplendir, chatoyer, être lumineux,** être éclatant de lumière. •*Al-dahab birâri min ciddit nadâftah.* L'or est tellement propre qu'il brille. •*Al-râjil kan birîd martah, hî tirâri lêyah misil amcawwâfa.* Quand un homme aime sa femme, celle-ci resplendit devant lui comme un miroir. •*Al-saxîr, massahoh dihin, jildah birâri.* On a pommadé le petit et son corps luit. •*Yôm al îd al banât birâru misil al-dahab.* Le jour de la fête, les filles resplendissaient comme de l'or.

râs / rûsên *n. m.*, ≅ les pluriels *rûse*, *ru'ûs* ; voir ci-dessous l'expression *râs al fitine*, * r's, ر ء س
♦ **tête, sommet, extrémité, pain de sucre, instigateur (-trice).** •*Râs al mardân hâmi misil al-nâr.* La tête du malade est chaude comme le feu. •*Al-tiwêray nazalat fî râs bêti.* L'oisillon s'est posé sur le toit de ma maison. •*Râs al-sukkar xâli wa uslulîtah basîte.* Le pain de sucre [la tête de sucre] coûte cher et sa teneur en sucre est faible. •*Hî bas râs al fitine, wa mâla nakarat ?* C'est elle l'instigatrice de la bagarre, pourquoi l'a-t-elle nié ? •*Hummân lammâmîn al-rûse be l-dalâfe.* Ce sont eux qui mettent les têtes avec les sabots (*i.e.* ils mettent les gens en conflit, les dressant les uns contre les autres).

râs al bêt expression, *litt.* tête de la maison, *Cf. râs, bêt*, *Syn. râs bêt, râs dangay*, * r's, byt, ر ء س • ب ي ت
♦ **toit, terrasse,** toiture en terre ou en paille. •*Al xurâb bayyad fôg râs bêtna.* Le corbeau a pondu sur le toit de notre maison. •*Gubbâl al xarîf al-nâs bi'addulu rusên buyûthum.* Avant la saison des pluies, les gens réparent les toits de leurs maisons. •*Kûrit wilêdi waga'at fî râs al bêt hanâ jîrânna.* Le ballon de mon enfant est tombé sur le toit de la maison de nos voisins.

râs al-dêd / rusên al-duyûd expression, *litt.* tête du sein, *Cf. râs, dêd*, * r's, ṯyd, ر ء س • ث ي د
♦ **téton, mamelon, tétine.** •*Wilêdi mardân, min amis mâ limis râs dêdi.* Mon enfant est malade, depuis hier il n'a pas touché mon sein. •*Surr rusên duyûd al xanamay di acân al-sixêl mâ yarda'ha.* Attache les tétines de cette chèvre pour que le chevreau ne la tète pas. •*Kan tidôri tafurdi wilêdki, amasahe kawal afin fî râs dêdki.* Lorsque tu veux sevrer ton enfant, enduis le bout de ton sein d'une pâte à base de Cassia tora sentant mauvais.

râs al-sukkar nom composé, → *râs sukkar*.

râs-mâl / ru'ûs-al-mâl *n. m.*, *qdr.*, composé de *râs* [tête] et *mâl* [richesse], on pourrait aussi écrire *râsmâl*, * r's, mwl, rsml, ر ء س • م و ل • ر س م ل
♦ **cheptel, capital.** •*Al-tujjâr al induhum râs-mâl humman axnya.* Les commerçants qui ont un capital sont

riches. •*Rafîgti antatni râs-mâl wa cilt bêyah budâ'a katîre.* Mon amie m'a donné un capital et j'ai acheté beaucoup de marchandises. •*Râs-mâli acara alif riyâl.* J'ai un capital de dix mille riyals.

râs sukkar / rûsên sukkar expression [tête de sucre], *Cf. râs, sukkar*, * r's, skr, ر ء س • س ك ر

♦ **pain de sucre**. •*Antîni râs sukkar wâhid be arxas taman !* Donne-moi un pain de sucre au prix le plus bas ! •*Mâla mâ bît talâta râs sukkar ?* Pourquoi n'as-tu pas acheté trois pains de sucre ? •*Yôm al fâte hanâ Ahmat, waddêna sukkar râsên.* Le jour du mariage d'Ahamat, nous avons apporté deux pains de sucre.

rasam / yarsim *v. trans.*, forme I n° 6, * rsm, ر س م

♦ **dessiner, tatouer avec du henné,** faire des dessins. •*Mâ tarsim fî l-durdur be faham !* Ne dessine pas avec du charbon de bois sur le mur ! •*Al mara di binâduha min bêt lê bêt acân hî ta'arif tarsim al awîn.* Cette femme est appelée de maison en maison parce qu'elle sait tatouer les femmes avec du henné. •*Iyâl wahadîn rasamo l xarîta hint Tcâd be lubya mulawwan.* Il y a des enfants qui ont dessiné la carte du Tchad avec des haricots de couleurs différentes.

rasamân *n. d'act., m.*, → *rasimîn*, * rsm, ر س م

rasan 1 / yarsin *v. trans.*, forme I n° 6, *Cf. rassa*, * rsn, ر س ن

♦ **former la caravane, mettre à la queue leu leu,** attacher le bridon d'un dromadaire derrière la selle d'un autre dromadaire pour former la caravane. •*Arkab fî jamal wâhid wa arsin al âxar warayah.* Monte sur un dromadaire et attache par derrière le bridon d'un autre dromadaire. •*Sîd al-jumal yarsinhum acân yamcu mutatâbi'în fî lubb al hille.* Le chamelier attache chacun de ses dromadaires l'un derrière l'autre afin qu'ils marchent en file indienne dans la ville.

rasan 2 / arsân *n. m., Cf. serîme*, * rsn, ر س ن

♦ **muserolle,** corde ou courroie qui passe sur le nez du chameau. •*Rasan al-jamal da, lawliwah lêyah fî ragabtah !* Enroule la muserolle de ce dromadaire autour de son cou ! •*Al-farwa di ajabatni, nidôr nisawwiha arsân lê jumâli.* Cette peau me plaît, j'aimerais en faire une muserolle pour mon dromadaire. •*Nâgti bala rasan, mâ tagdar tugûdha.* Tu ne pourras pas conduire ma chamelle si elle n'a pas de muserolle.

rasanân *n. d'act.*, ≅ *rasinîn*, * rsn, ر س ن

♦ **formation de la caravane, mettre à la queue leu leu,** fait d'attacher le bridon d'un chameau derrière la selle d'un autre pour former la caravane. •*Al-rasanân xâs be l-jumâl.* Il n'y a que les dromadaires que l'on attache les uns à la suite des autres pour former une caravane. •*Sîd al-jumâl mâ yidôr al-ta'ab, wa kulla jumâlah yiwaddihum be rasanân bas.* Le chamelier n'aime pas se fatiguer, il attache tous ses chameaux et les conduit à la queue leu leu.

rasim / rusûm *n. m.*, * rsm, ر س م

♦ **dessin, croquis, plan, tatouage au henné.** •*Rasim hanâ wilêdi sameh, lasagtah fî durdur dangayti.* Le dessin de mon enfant est beau, je l'ai collé sur le mur de ma chambre. •*Cîf rusûm al-cadar wa l hayawânât hanâ baladi, mâ indah wasif !* Regarde les dessins des arbres et des animaux de mon pays, ils n'ont pas leur pareil !

rasimîn *n. d'act., m.*, ≅ *rasamân, Syn. tarsîm*, * rsm, ر س م

♦ **fait de dessiner, dessin, fait de tatouer au henné.** •*Nadôha lê rasimîn al arûs.* On l'a appelée pour tatouer la mariée au henné. •*Fî l-lekkôl al mudarris yi'allim al - rasamân lê l iyâl be buhya.* A l'école, le maître apprend aux enfants à faire des dessins avec de la peinture à l'huile.

rasinîn *n. d'act., m.*, → *rasanân.*

râsmâl *n. m.*, → *râs-mâl.*

rasmâli / rasmâliyîn *adj.*, (*fém. rasmâliye*), *Cf. ras-mâl*, * r's, mwl, rsml, ر س م ل • م و ل • ر ء س

♦ **capitaliste.** •*Duwal hanâ Urubba kulluhum rasmâliyîn.* Tous les pays d'Europe sont capitalistes. •*Hakûma hanâ dârna ticîl fatanti katîr min al-rasmâliyîn.* Le gouvernement de notre pays réclame beaucoup de taxes aux commerçants capitalistes.

rasman *n. vég., coll., m., empr.*; *rusmân* en arabe *sd.*, ≅ *rosmân.*

♦ **sorte de pastèque,** grosse pastèque allongée et très sucrée. •*Al-rasman halu min al bittêx al âxar.* Les pastèques *rasman* sont meilleures que les autres. •*Al-rasman tawîl wa lubbah ahamar wa asal min al bittex al-darâdim.* La *rasman* est allongée, très rouge à l'intérieur, et plus sucrée que les pastèques rondes.

rasmi / rasmiyîn *adj.*, (*fém. rasmiye*), * rsm, ر س م

♦ **officiel (-elle), correct(e), assidu(e).** •*Wafid rasmi maca fî Abbace.* Une délégation officielle est allée à Abéché. •*Wâjib lê kulla l mas'ûlîn yabgo rasmiyîn fî xidimithum.* Il faut que tous les responsables travaillent avec assiduité. •*Sultân dârna rasmi fî l-ceriye.* Le sultan de notre région est un personnage officiel pendant les jugements de la cour. •*Kulla yôm nasma'o balâxât rasmiye.* Tous les jours, nous écoutons des communiqués officiels.

rasmiyyan *invar.*, * rsm, ر س م

♦ **officiellement.** •*Al yôm Ra'îs al-jamhuriyya fatah rasmiyyan al mu'tamar al watani.* Aujourd'hui, le Président de la République a ouvert officiellement la Conférence nationale. •*Wazîr al-cabab xatam rasmiyyan al-nacâtât hanâ l usbu' al watani hanâ l-riyâda.* Le ministre de la Jeunesse a clôturé officiellement les activités de la semaine nationale sportive.

rassa / yuruss *v. trans.*, forme I n° 5, *Cf. rasan*, * rṣṣ, ر ص ص

♦ **aligner, ranger, ordonner** (mettre en ordre), mettre (ou se mettre) en rang, en ligne. •*Al mardânîn rasso giddâm bâb maktab al-daktôr.* Les malades se sont alignés devant la porte du bureau du docteur. •*Russ al kutub al gâ'idîn tihit fî l-turâb !* Range les livres qui sont par terre ! •*Nuruss al-sûni wa l-tâsât fî l-dolâb.* Je range les tasses et les cuvettes dans l'armoire.

rassal / yirassil *v. trans.*, forme II, * rsl, ر س ل

♦ **envoyer, dépêcher.** •*Rassalt wilêdi fî l-sûg.* J'ai envoyé mon enfant au marché. •*Nirassil juwâb lê nâsi l fî Abbece.* J'enverrai une lettre à ma famille qui est à Abéché. •*Wilêdah rassal lêyah gurus min al-Sa'ûdiya.* Son fils lui a envoyé de l'argent d'Arabie Saoudite.

rassâl / rassâlîn *adj. mrph. intf.*, (*fém. rassâla*), * rsl, ر س ل

♦ **qui fait des courses,** qu'on envoie pour accomplir une tâche. •*Wilêdi da rassâl lêi acân hû birîdni wa bihtarimni.* Mon fils fait bien mes courses parce qu'il m'aime et me respecte. •*Binêyti di mâ rassâla, kulla yôm nahrijha.* Ma fille ne fait pas mes courses, je la gronde chaque jour.

rassalân *n. d'act., m.*, → *rassilîn.*

rassâm / rassâmîn *adj. n., mrph. intf. m.*, (*fém. rassâma*), *Cf. rasam*, * rsm, ر س م

♦ **dessinateur (-trice).** •*Axti rassâma talga gurus katîr.* Ma sœur est dessinatrice et gagne beaucoup d'argent. •*Jari rassâm lâkin îdah cammamat.* Mon voisin est dessinateur, mais il a attrapé un panaris. •*Wazâra hint al-cabâb wa l-riyâda dawwarat rassâmîn lê yijammulu mîdân al kûra.* Le ministère de la Jeunesse et des Sports a fait appel à des dessinateurs pour orner le stade de football.

rassas / yirassis *v. trans.*, forme II, * rṣṣ, ر ص ص ⇨

♦ **aligner, mettre en rang, ranger, ajuster.** •*Al mêtir rassas al iyâl fî giddâm al kilâs.* Le maître a aligné les enfants devant la salle de classe. •*Hî rassasat al fanâjîl fî l-sufra.* Elle a rangé les petits verres sur le plateau.

rassâs *n. coll., sgtf. rassâsay, ≅ kartûc, Cf. talga,* * rṣṣ, ر ص ص
♦ **cartouche, balle, plomb.** •*Ên al hasûd be l ûd wa ên al massâs be l-rassâs.* On combat la jalousie avec un bâton et la sorcellerie avec un fusil [cartouches]. *Prvb.* •*Rassâsay wahade darabatah fî râsah.* Il a reçu une balle dans la tête.

rassasân *n. d'act., m.,* → *rassisîn.*

rassilîn *n. d'act., m., ≅ rassalân,* * rsl, ر س ل
♦ **envoi, fait d'envoyer.** •*Rassilîn al wilêd be gurus katîr fî l-sûg da xatîr.* C'est dangereux d'envoyer l'enfant avec tant d'argent au marché. •*Rassilîn al-sultân lêyah xawwafâni bilhên.* Le fait que le sultan lui ait envoyé quelqu'un m'a fait très peur. •*Hî tirîd al-rassilîn hanâ l iyâl al-dugâg.* Elle aime envoyer les petits enfants lui faire ses courses.

rassisîn *n. d'act., m., ≅ rassasân,* * rṣṣ, ر ص ص
♦ **alignement, mise en rang,** fait d'aligner, de ranger, de mettre en rang. •*Hî mâ ta'arif rassisîn hanâ xumâmha.* Elle ne sait pas ranger ses affaires. •*Al-tâjir da irif lê l-rassisîn hanâ budâ'itah fî l-dukkân.* Ce commerçant sait bien arranger ses marchandises dans son magasin.

rasta *n. m., empr. esp.*
♦ **coiffure rasta, chevelure négligée.** •*Al-sabi da xalla ca'arah rasta acân hû yibâzi al xannay al kabîr Bob Marle.* Ce jeune homme s'est laissé pousser les cheveux sans les soigner pour imiter le grand chanteur Bob Marley. •*Al banât maccato rasta misil al Amrikiyîn al-zurug al bidôru l hurriye.* Les filles se sont coiffées à la manière rasta, comme les Noirs américains qui désiraient la liberté.

rasûl / rusul *n. m.,* * rsl, ر س ل
♦ **envoyé de Dieu, apôtre** (vocabulaire chrétien). •*Al-rasûl Mahammat mât fî l Madîna.* L'envoyé de Dieu, Mouhammad, est mort à Médine. •*Al-rusul, humman anbiya Allah rassalâhûm lê l-nâs.* Les envoyés de Dieu sont des prophètes auxquels Dieu a confié une message pour les hommes.

rata' / yarta' *v. intr.,* forme I n° 14, * rtʕ, ر ت ع
♦ **brouter, marcher en broutant, se repaître.** •*Al bagar rata'o fî xacum al wâdi.* Les vaches sont allées brouter l'herbe au bord de l'oued. •*Al-râjil haràs juwâdah al yarta' fî janb al wâdi.* L'homme surveille son cheval qui broute à côté de l'oued.

ratag / yartug *v. trans., ≅ rattag, Cf. fatal, dafar,* forme I n° 1, * rtq, ر ت ق
♦ **cordeler, cordonner, lacer une claie, tresser, jacasser, jaser,** tordre des lanières ou des fibres en forme de corde. •*Hî ratagat suyûr lê l garfa.* Elle a fait un cordon en lanières pour le grand sac en cuir. •*Artug cukâl lê juwâdak !* Confectionne une entrave pour ton cheval ! •*Al awîn ratago l-cukkâba.* Les femmes ont lacé la natte en paille. •*Zênaba wa rafigitha ratago ca'arhum.* Zénaba et son amie ont tressé leurs cheveux. •*Mâ tartug lêi kalâm katîr, xallîni nunûm !* Arrête de jaser, laisse-moi dormir !

ratan / yartun *v. trans.,* forme I n° 1, * rṭn, ر ط ن
♦ **parler patois, baragouiner, parler une langue non-arabe.** •*Simit sahâfi wâhid ratan fî l-radyo.* J'ai entendu un journaliste parler en patois à la radio. •*Mahammat ba'arif bartun kalâm hanâ diyâr âxarîn kula.* Mahamat sait aussi baragouiner des langues d'autres pays.

râti' / râti'în *adj. mrph. part.* actif, (*fém. râti'e*), * rtʕ, ر ت ع
♦ **en train de brouter.** •*Ligît jamal râti' fî l kadâde.* J'ai trouvé un dromadaire en train de brouter dans la forêt. •*Min al xanam al-râti'în hinâk dôl, amci akrub lêna wahade samîne !*

Tu vois ces chèvres qui sont en train de brouter là-bas, va nous en attraper une !

râtib 1 / ratbîn *adj.*, (*fém. râtbe*), * rṭb, ر ط ب

♦ **froid(e), frais (fraîche),** qui est devenu froid(e). •*Al mardân da cirib lêyah laban râtib acân yantih gudra.* On donne à boire du lait frais à ce malade pour le fortifier. •*Fî wakt al barid, Fâtime mâ tanti iyâlha madîde râtbe.* Quand il fait froid, Fatimé ne donne pas de bouillie froide à ses enfants. •*Fî wakt al-cite al buyût ratbîn min al barid.* En hiver, les maisons sont froides.

râtib 2 / rawâtib *n. m.*, terme de l'*ar. lit.*, moins employé que *mahiye, cahariye, gurus cahar*, * rtb, ر ت ب

♦ **salaire, solde, paie.** •*Humman mâ ligo rawâtibhum induhum caharên.* Ils n'ont pas touché de salaire depuis deux mois. •*Zamân al muwazzafîn bikaffûhum nuss hanâ rawâtibhum bas.* Autrefois, on ne payait aux fonctionnaires que la moitié de leur salaire.

ratîn *n. m.*, terme souvent employé dans un sens péjoratif, * rṭn, ر ط ن

♦ **parler non arabe, baragouin, charabia, "patois", dialecte non arabe**. •*Anâ mâ na'arif ratîn hanâ nâs al hille di.* Je ne connais pas le "patois" des gens de ce village. •*Ratînku da mâ bil'allam ajala.* Votre dialecte ne s'apprend pas vite.

ratôto 1 *n. m.*, ≅ *ratôta*.

♦ **vase, boue, saletés en suspension dans l'eau.** •*Almi kan sabba sakat, cawâri Anjammêna kulluhum babgo ratôto.* Après une grosse pluie, les rues de N'Djaména sont pleines de boue. •*Watîrna mâ câl al mujra hanâ l watâyir, fât wihil fî l-ratôta.* Notre véhicule n'a pas pris la piste et est parti s'envaser.

ratôto 2 *adj. invar.*

♦ **mou (molle), flasque, faible,** qui n'a pas de force et n'est pas solide. •*Al-râjil al-samîn da jildah bilhên ratôto.* Ce gros bonhomme est tout mou et sans force. •*Al êc nayy bigi ratôto.* La boule n'est pas cuite, elle est flasque.

ratta' / yiratti' *v. trans.*, forme II, * rtʕ, ر ت ع

♦ **faire paître.** •*Al-râjil ratta' juwâdah fî taraf al wâdi.* L'homme a fait paître son cheval au bord du fleuve. •*Ambâkir dôrak, inta bas tiratti' al bagar.* Demain c'est ton tour, tu vas faire paître les vaches.

rattab 1 / yirattib *v. trans.*, forme II, *Cf. damdam*, * rtb, ر ت ب

♦ **ranger, mettre en ordre, rétablir une situation.** •*Fâtime rattibi lêi al-tâṣât dôl fî l armuwar.* Fatimé, range-moi la vaisselle dans l'armoire. •*Anâ farhâne kan xalâs bêti murattab.* Je suis heureuse lorsque ma maison est bien rangée. •*Maca fî wazart al-dâxiliya rattab umûrah wa gabbal.* Il est allé au ministère de l'Intérieur pour régulariser sa situation, puis est revenu.

rattab 2 / yirattib *v. trans.*, forme II, * rtb, ر ت ب

♦ **rétribuer, donner un salaire, donner quotidiennement.** •*Rattib lêi gursi fî kullu cahar, mâ tigatti'ah.* Verse-moi mon salaire chaque mois, d'une seule traite [ne le coupe pas]. •*Âce, rattibi lêi laban wa nikaffiki guruski.* Aché, donne-moi chaque jour du lait, je te le payerai. •*Allah yirattib lêk al akil !* Que Dieu te donne ta nourriture quotidienne !

rattab 3 / yirattib *v. trans.*, forme II, * rṭb, ر ط ب

♦ **refroidir, se figer à cause du froid.** •*Kulla yôm, ba'ad ma nifawwuru l-laban, nirattibah fî l gar'a l kabîre.* Tous les jours, après avoir fait bouillir le lait, je le refroidis dans la grande calebasse. •*Al barid rattab al-samin sawwa misil al wadaka.* Le froid a figé le beurre et l'a rendu comme de l'axonge.

rattag / yirattig *v. trans.*, forme II, → *ratag*, * rtq, ر ت ق

rattal / yirattil v. trans., forme II, * rṭl, رتل
♦ **psalmodier le Coran, chanter le Coran**, réciter le Coran en respectant les modulations. •*Al faxara rattalo l Xur'ân fî lêlt al îd.* Les fakis ont psalmodié le Coran pendant la nuit de la fête. •*Abu Halîme yirattil al Xur'ân wa muhâjirînah yitâbu'uh.* Abou Halimé psalmodie le Coran, et ses élèves le suivent dans ses modulations.

Rattâna pl., → *Rattâni*.

Rattâni / Rattâna n. pr. gr., coll., m., mrph. intf., terme ayant parfois un sens péjoratif, (*fém. Rattâniye*), ≅ le pluriel *Rattânîn*, * rṭn, رطن
♦ **non-Arabe, qui ne parle que son "patois", qui parle un dialecte non arabe, baragouineur (-euse)**, désigne celui (ou celle) qui ne parle pas l'arabe, ou qui le parle mal. •*Katîrîn min al-Rattânîn yahartu.* Beaucoup de *Rattânîn* sont des cultivateurs [cultivent]. •*Al-Nasâra kula mîn al-rattânîn.* Les Européens font aussi partie de ceux qui ne parlent pas l'arabe. •*Al-Tcâdiyîn al-rattâna wa l Arab bilfâhamo be kalâm Arab.* Les Tchadiens non arabes et les Arabes communiquent entre eux en arabe.

Rattânîn n. pr. gr., coll., → *Rattâni*, * rṭn, رطن

ratûba n. f., → *rutûba*.

ratul / artal n. m., mesure de poids d'environ quatre cent quarante grammes, mot arabe d'emprunt *aram.* (*Mu.*), correspondant au "litre" grec (*C.Q.*) dans lequel se trouvent les mêmes consonnes renversées, * rṭl, رطل
♦ **nom d'une mesure de poids, une livre.** •*Carêt ratul wâhid hanâ sandal be tumunmiya riyâl.* J'ai acheté une livre de bois de santal pour huit cents riyal. •*Al kîlo wâhed yisâwi ratlên wa rubu'.* Un kilo équivaut à deux *ratul* un quart. •*Axti jâbat lêi acara artâl hanâ mahalab al-subyân wa gurunful.* Ma sœur m'a apporté dix livres de graines parfumées et de clous de girofle.

rawâ'id pl., → *râ'id*.

râwad / yirâwid v. trans., forme III, Cf. *hânas*, * rwḍ, روض
♦ **être affectueux, attendrir par des paroles, faire un geste de tendresse, consoler, amadouer.** •*Al mara xabbanat wa râjilha yirâwidha be kalâm bârid.* La femme s'est fâchée et son mari l'a attendrie par de bonnes paroles [avec une parole fraîche]. •*Râjil ab martên mâ indah jumma fî l-lêl, illa yahlif wa yirâwid.* L'homme qui a deux femmes ne se repose pas la nuit, il ne fait que jurer et consoler par de bonnes paroles (*i.e.* il essaye de calmer la jalousie des épouses). •*Al faras jafalat, sîdha râwadâha hatta karabâha.* La jument a eu peur et a fait un écart, son propriétaire l'a amadouée avant de la maîtriser.

rawâdi pl., → *râdyo*.

rawâkîb pl., → *râkûba*.

rawâtib pl., → *râtib 2*.

Rawda n. pr. de femme, *litt.* jardin, * rwḍ, روض

rawwah / yirawwih v. intr., forme II, * rwḥ, روح
♦ **partir.** •*Al-da'îne rawwahat wati.* Les troupeaux ne sont pas encore partis vers le sud. •*Axawâni l musâfirîn lissâ ma rawwaho.* Mes frères qui vont voyager ne sont pas encore partis.

rawwax / yirawwix v. trans., forme II, * rwġ, روغ
♦ **faire marcher, promener** *qqn.* •*Hû rawwaxâni fî l hille lâkin mâ ligi lêi xidime.* Il m'a fait sillonner la ville, mais il ne m'a pas trouvé de travail. •*Anâ nidôr nirawwixah lê dêfî fî l hille acân yi'arifha.* Je voudrais promener mon hôte pour qu'il connaisse la ville.

rawwâx 1 / rawwâxîn adj., (*fém. rawwâxa*), mrph. intf., → *râx*, * rwġ, روغ ⇨

♦ **marcheur (-euse), trotteur (-euse),** ***qqn.*** **d'instable,** ***qqn.*** **qui ne reste jamais à la maison,** qui marche ou trotte vite et longtemps. •*Ali rawwâx, min hini lê Kundul lihig fî talâta sâ'a bas.* Ali est bon marcheur, il n'a mis que trois heures pour aller d'ici à Koundoul. •*Al-juwâd da rawwâx, acân nasîh wa indah gudra.* Ce cheval est bon trotteur parce qu'il est fort et en bonne santé. •*Râjilki rawwâx bilhên, kulla yôm nâji wa mâ nalgah fî l bêt.* Ton mari ne reste jamais à la maison, je viens chaque jour pour le voir et ne le trouve pas.

rawwâx 2 / rawwâxîn *adj. n. m. mrph. intf.*, (*fém. rawwâxa*), → *talî'e*, * rwġ, غ و ر

♦ **qui est à la recherche de, éclaireur (-euse), émissaire,** qui se déplace en quête d'eau, de nourriture, de lieu de campement et de tout renseignement pouvant intéresser le chef de sa tribu. •*Al-cêx rassal al-rawwâx acân yifattic lêhum bakân hanâ hille gerîbe wa sûgha.* Le chef de tribu a envoyé un éclaireur pour savoir où se trouvent le village et son marché le plus proche. •*Wâjib al-rawwâx yalga bakân al almi wa l gacc gubbal al farîg ma yarhal.* Il faut que l'émissaire ait repéré où se trouvent l'eau et l'herbe avant que le campement ne se déplace. •*Al-rawwâx, hû wâhid min al ajâwîd fî l ferîg.* C'est un notable qui est chargé de rechercher ce qui est nécessaire au campement.

rawyân / rawyânîn *adj.*, (*fém. rawyâne*), * rwy, ي و ر

♦ **irrigué(e), arrosé(e), trempé(e), rassasié(e).** •*Al yôm da matara sabbat tagîle, kulla l-zura'ât rawyânîn.* Aujourd'hui, il y a eu une forte pluie, tous les champs sont bien arrosés. •*Anâ rawyân mâ nidôr ceyy battân.* Je suis rassasié, je ne veux plus rien d'autre. •*Kan mâ rawyân xalli yizîdûk akil !* Si tu n'es pas rassasié, accepte qu'on te donne encore de la nourriture !

râx / yurûx *v. intr. {- ma'â}*, *Cf. fât, maca* ; forme I n° 4, * rwġ, غ و ر

♦ **se promener, s'en aller à pied, partir à pied, marcher à pied,** faire des visites le soir. •*Amîs hû râx ma'â rufugânah fî l-janâyîn.* Hier, il s'est promené avec ses amis dans les jardins. •*Humman râxo ma'â l-sakkâra, wa ciribo marîse katîr.* Ils ont accompagné [ont marché avec] les ivrognes et ont bu beaucoup de bière de mil. •*Al-jamal yagdar yurûx adîl kan bakân ba'îd kula.* Le dromadaire peut marcher bien comme il faut, même si la distance à parcourir est longue.

raxa 1 / yarxi *v. trans.*, forme I n° 7, * rẖy, ي خ ر

♦ **relâcher, desserrer, devenir mou (molle),** se lasser de. •*Al askar rabatoh gawi, lâkin rafîgi ja raxa lêyah al-rubât ciya.* Les soldats l'avaient solidement ligoté mais son ami est venu desserrer un peu ses liens. •*Arxi sawâmîl ajal al watîr, nidôr namurgah.* Je voudrais démonter la roue du véhicule, desserre les boulons.

raxa 2 / yarxi *v. intr.*, forme I n° 7, * rẖy, ي خ ر

♦ **s'esquiver, se défiler.** •*Hû gâ'id bubûx acân yixawwif min nafsah, wakit gammêt lêyah raxa.* Il était en train d'intimider son adversaire ; lorsque je me suis levé pour aller vers lui, il s'est défilé. •*Al-zôl al fahal, kan gamma bidâwis, mâ barxi.* L'homme courageux ne se défile pas lorsqu'il va se battre.

raxa 3 / yarxi *v. intr.*, forme I n° 7, *Cf. danna*, * rqy, ي ق ر

♦ **blatérer.** •*Al-jamal raxa wakit câf sîdah.* Le chameau blatère lorsqu'il voit son maître. •*Angari, mâ tarxi lêi fî adâni !* Arrête de me blatérer à la figure ! [fais attention de ne pas blatérer pour moi dans mes oreilles !].

raxab *n. m.*, * rġb, ب غ ر

♦ **égoïsme, avarice, individualisme.** •*Raxab al wilêd da fâtah lê hanâ abuh.* L'égoïsme de cet enfant dépasse celui de son père. •*Al wilêd al-saxayar kan bâkul wahêdah xalâs biwâlif al-raxab.* Si le petit enfant mange seul, il s'habitue à ne pas partager.

râxab / yirâxib *v. trans.*, forme III, * rqb, رق ب

♦ **superviser, surveiller, veiller sur.** •*Al-râjil dâiman birâxib fî iyâlah.* L'homme veille toujours sur ses enfants. •*Hû birâxib al xaddâmîn hanâ l hâkûma.* Il est en train de surveiller les fonctionnaires du gouvernement. •*Al mêtir birâxib al xidime hint al iyâl.* Le maître supervise le travail des enfants.

raxabân / raxabânîn *adj. n.*, (*fém. raxabâne*), → *raxbân*, * rġb, رغ ب

raxam / yarxim *v. trans.*, forme II, * rhm, رخ م

♦ **avoir de la compassion, prendre en pitié, s'attendrir** (cœur). •*Al atîm da ga'ad miskîn, kan ciftah galbak yarxim.* Cet orphelin est misérable ; si tu le vois, ton cœur aura pitié de lui. •*Amm al iyâl ta'abâne, wa râjilha galbah mâ barxim acân kulla yôm râyix fî l gawâddîl.* La mère de famille est épuisée, mais son mari n'a pas de compassion pour elle, il court tous les jours les cabarets. •*Hû kan bafurc al iyâl mâ barxim.* Quand il fouette les enfants, il n'a aucune pitié.

raxas / raxasîn *adj.*, (*fém. raxase*), *Cf. axadar, mârin*, * rhṣ, رخ ص

♦ **tendre, jeune, frais (fraîche), fragile.** •*Laham hanâ l-jazzâri da raxas, sameh lê l mulâh.* La viande du boucher est tendre et bonne pour la sauce. •*Al iyâl dôl lissâ raxasîn.* Ces enfants sont encore jeunes. •*Al faggûs da kulla ke raxas.* Ces concombres sont tous bien frais.

raxasa *n. f.*, * rhṣ, رخ ص

♦ **diminution du prix, fait d'être bon marché, baisse de prix,** fait qu'une marchandise coûte peu cher. •*Al-sane di, anîna halu lêna, acân raxasa hint xalla misil di, yôm wâhid mâ bigat.* Cette année, nous sommes très heureux parce que nous n'avons jamais vu de mil aussi bon marché. •*Al yôm fî l-sûg, al ammulûxiye illa raxasitha.* Aujourd'hui au marché, le mouloukhiyé n'est vraiment pas cher. •*Al-raxîs yi'ôrîk raxastah, ahsan tibi' ceyy xâli wa sameh.* Il vaut mieux acheter quelque chose de cher et de bonne qualité que d'acheter un produit bon marché dont on comprend par la suite le peu de valeur [le bon marché te montrera pourquoi il ne vaut pas cher].

Raxata *n. pr.* de femme, *litt.* léopard, panthère tachetée, *Cf. argat*, * rqṭ, رق ط

raxbân / raxbânîn *adj. n.*, (*fém. raxbâne*), *Syn. fasil, baxîl*, *Cf. harîs*, * rġb, رغ ب

♦ **égoïste, avare, avide, indépendant(e), individualiste,** celui qui ne partage pas sa nourriture. •*Wilêdi raxbân misil al kalib, mâ yidôr yâkul ma'â axawânah.* Mon enfant est égoïste et avide comme un chien, il ne veut pas manger avec ses frères. •*Al mara di raxbâne, mâ antatni almi azrag kula.* Cette femme est avare, elle ne m'a même pas donné à boire de l'eau toute simple. •*Al-Nasâra raxbânîn, kan mâ azamôk, mâ tagdar tâkul ma'âhum.* Les Européens ne partagent pas volontiers leur nourriture ; s'ils ne t'ont pas invité, tu ne peux pas manger avec eux.

raxîs *adj.*, (*fém. raxîse*) *Ant. xâli*, *Syn. bûti*, * rhṣ, رخ ص

♦ **bon marché, peu cher, avantageux, sans valeur.** •*Fî l xarîf, coxol raxîs ke mâ fîh.* Pendant la saison des pluies, on ne trouve plus rien à acheter bon marché. •*Gubbâl santên al xalla raxîse marra wâhed.* Il y a deux ans, le mil coûtait vraiment très peu cher. •*Kan macêt fî l-sûg nifattic al-coxol al-raxîs hatta nibî'ah.* Quand je vais au marché, je cherche les choses qui ne coûtent pas trop cher avant de les acheter.

Raxîs *n. pr.* d'homme, *Cf. raxîs*, * rhṣ, رخ ص

Raxîse *n. pr.* de femmme, *fém.* de *Raxîs*, * rhṣ, رخ ص

Raxiye *n. pr.* de femme, *Cf. ruxayya*, * rqy, ر ق ي

raxrax / yiraxrix *v. intr.*, forme II, * rh̲rh̲, ر خ ر خ

♦ **branler, ébranler, se remplir de larmes.** •*Bâb hanâ bêtna raxrax, nâdu l xaccâbi yi'addilah lêna !* La porte de notre maison branle, appelez le charpentier pour qu'il nous la répare ! •*Darib hanâ l banâdig al-tugâl raxrax al buyût.* Les coups tirés par les armes lourdes ont ébranlé les maisons. •*Al galib kan hanna, al uyûn biraxruxu.* Quand le cœur est affecté par la tendresse, les yeux se remplissent de larmes.

raxxam / yiraxxim *v. trans.*, forme II, * rqm, ر ق م

♦ **numéroter.** •*Al kadastir raxxam al buyût al banôhum amtabalbôl, acân yikassurûhum ba'ad al xarîf.* Les agents du cadastre ont numéroté les maisons qui n'ont pas respecté le plan de la ville, afin de les détruire après la saison des pluies. •*Al-jazâra raxxamo al-tîrân al-carôhum min al-sûg, wa waddôhum al batwâr.* Les bouchers ont numéroté les bœufs qu'ils ont achetés au marché, et les ont menés à l'abattoir.

raxxas / yiraxxis *v. trans.*, forme II, * rh̲ṣ, ر خ ص

♦ **sous-estimer, minimiser, rabaisser, diminuer la valeur, baisser le prix.** •*Al masar nijid wa raxxas al xalla.* Le maïs a mûri et rendu le mil moins cher. •*Ali raxxas dîfânah wa humman xabbano minnah.* Ali n'a pas traité ses hôtes à leur juste valeur et ils se sont fâchés. •*Al-tujâr kan yiraxxusu budâ'ithum balgo zabâyîn katîrîn.* Lorsque les commerçants baissent les prix, ils ont beaucoup de clients.

raxxasân nomd'action, *m.*, → *raxxisîn.*

raxxisîn *n. d'act.*, ≅ *raxxasân*, * rh̲ṣ, ر خ ص

♦ **sous-estimation, dépréciation, rabaissement,** fait de minimiser la valeur de quelqu'un ou de quelque chose. •*Inta raxxisînak lê ahalak da mâ sameh !* Déprécier ainsi ta famille, ce n'est pas bien ! •*Hû birîd raxxisîn al-nâs, hassâ mâ indah dêf wâhid kula fî bêtah.* Il a tendance à sous-estimer les autres, à présent aucun hôte ne vient chez lui.

rây *n. m.*, *Cf. fikir*, * r'y, ر ء ي

♦ **conseil, idée, avis, point de vue.** •*Indi macâkil katîrîn, ôrini lêy ray wâhid !* J'ai beaucoup de problèmes, donne-moi un conseil ! •*Râyki da, yanfâni.* Cet avis que tu me donnes m'est utile. •*Antîni râyki, kikkêf na'addulu bêtna !* Donne-moi ton point de vue sur la manière de construire notre foyer ! •*Gaddumu râyku fî l muckila di !* Donnez-moi votre avis sur ce problème !

râye / râyât *n. f.*, *Syn. darappo, drappo*, → *jamîre*, * r'y, ر ء ي

♦ **étendard, drapeau, tresse au sommet du crâne,** tresse partant du front et allant jusqu'en haut de la nuque. •*Anâ nirîd wa nihtarim râye hanâ baladi misil nirîd ammahâti wa abbahâti.* Je respecte le drapeau de mon pays autant que mes parents. •*Al-râye dîk gâ'ide fî bêt hanâ l muhâfiz.* Ce drapeau là-bas se trouve sur la maison du préfet. •*Al awîn al bimaccutu dabbu Gurân bisawwu raye usut fî râshum.* Les femmes qui se coiffent à la manière des Goranes portent une tresse sur le sommet du crâne.

râyib / raybîn *adj. mrph. part.* actif, (*fém. râybe*), * rwb, ر و ب

♦ **caillé(e), coagulé(e), figé(e).** •*Al-laban da râyib.* Ce lait est caillé. •*Al-laban al-râyib indah zibde.* Le lait caillé contient du beurre. •*Dihin al bagar da râyib acan al wata bârde.* Ce beurre [huile de vache] est figé parce qu'il fait froid.

râyig / râygîn *adj. mrph. part.* actif, (*fém. râyge*), * rwq, ر و ق

♦ **qui est au calme, tranquille, qui se repose, sans souci.** •*Al yôm rih katîr mâ fî, almi hanâ l bahar râyig.* Aujourd'hui, il n'y a pas beaucoup de vent, l'eau du fleuve est calme. •*Min* *abûk darrajoh sultân, inta râyig mâ indak macâkil !* Depuis que ton père a été nommé sultan, tu n'as plus aucun souci ! •*Yôm al ahad, kulla l xaddâmîn raygîng fî buyûthum.* Le dimanche, tous les travailleurs se reposent chez eux.

râyih / râyhîn *adj. mrph. part.* actif, forme I, (*fém. râyhe*), *Cf. râh, waddar,* * rwḥ, روح

♦ **perdu(e), égaré(e).** •*Anâ ligît wilêd râyih wa waddêtah fî l kumsêriye.* J'ai trouvé un enfant perdu et je l'ai conduit au commissariat. •*Hû maca yifattic bagarah al-rayhîn min al-cahar al fât.* Il est allé rechercher ses vaches égarées depuis le mois dernier. •*Râx katîr fî l-cawâri acân hû râyih min derib bêtah.* Il a beaucoup marché dans les rues parce qu'il avait perdu le chemin de sa maison.

râyix / râyxîn *adj. mrph. part.* actif, (*fém. râyxe*), * rwḥ, روح

♦ **marchant, patrouillant, se promenant.** •*Ligît wilêd saxayyar râyix wihêdah ust al-câri.* J'ai trouvé un petit enfant qui marchait seul au milieu de la rue. •*Al yôm al askar râyxîn be banâdighum.* Aujourd'hui, les soldats sont en train de patrouiller avec leurs armes. •*Al mara di râyxe kulla wakit ; fî bêtha ke, mâ tag'ôd.* Cette femme se promène tout le temps, elle ne reste pas chez elle.

rayyad / yirayyid *v. trans.*, forme II, * rwḍ, روض

♦ **retrouver la santé, permettre à *qqn.* de se reposer, soulager *qqn.*** •*Al mara rayyadat min al marad.* La femme a recouvré la santé. •*Iyâl hanâ Mahammat xalâs rayyado ba'ad al-tahûra.* Les enfants de Mahamat ont déjà recouvré la santé après avoir été circoncis. •*Al wilêd bigi kabîr wa rayyad ammah min al xidime.* L'enfant a grandi ; il a soulagé sa mère dans son travail.

rayyâd / rayyâdîn *adj. mrph. intf.*, (*fém. rayyâda*), * rwd, رود

♦ **qui aime.** •*Mûsa rayyâd lê l halâwa.* Moussa aime les bonbons. •*Hî rayyâda lê rakûb al xêl.* Elle aime monter les chevaux.

rayyah / yirayyih *v. trans.*, forme II, *Syn. jamma,* * rwḥ, روح

♦ **aider, soulager, permettre le repos, économiser les forces de *qqn.*** •*Al binêye kan farajat tirayyih ammaha.* La fille devenue adulte permet à sa mère de se reposer. •*Al-câdûf yirayyih siyâd al-janâyin fî l-zagi.* Le chadouf économise les forces du jardinier quand celui-ci puise pour irriguer sa terre.

rayyal / yirayyil *v. intr.*, forme II, * ryl, ري ل

♦ **baver, écumer, saliver.** •*Al wilêd al-saxayar gâ'id birayyil fî dahar ammah.* Le petit enfant est en train de baver sur le dos de sa mère. •*Hû xalâs cayyab acân bada birayyil.* Il est déjà devenu vieux parce qu'il commence à baver. •*Al-juwâd kan râx katîr birayyil.* Lorsqu'un cheval a marché longtemps, il écume. •*Zôl kan camma riht al-lêmûn tawwâli xacumah birayyil.* Dès que quelqu'un sent l'odeur du citron, il se met à saliver.

rayyas / yirayyis *v. trans.*, forme II, * rys, r's, ري س • ر ء س

♦ **entretenir, bien s'occuper de, prendre soin de.** •*Al binêye rayyasat abûha.* La fille s'occupe bien de son père. •*Al amm tirîd tirayyis iyâlha.* La mère aime bien entretenir ses enfants. •*Wâjib ammak wa abûk kan bigo kubâr tirayyishum.* Il faut que tu t'occupes bien de ton père et de ta mère s'ils sont vieux. •*Fâtime rayyasat al-dîfân fî l bêt.* Fatimé a bien accueilli et installé les invités dans la maison. •*Rayyis xumâmak acân mâ yitallif ajala !* Prends soin de tes affaires pour éviter qu'elles ne s'abîment vite ! •*Al-rujâl rayyaso awînhum yôm al îd.* Les hommes prennent soin de leurs épouses pour le jour de la fête. •*Safîfe hint al-juwâd kan mâ birayyisûha, tabga cêne.* Si la crinière du cheval n'est pas bien entretenue, elle est laide.

rayyasân *n. d'act.*, ≅ *rayyissîn,* * rys, r's, ري س • ر ء س ⇨

♦ **arrangement, soin, entretien.** •*Bêt al-tîne kan mâ indah rayyasân, baga'.* Lorsqu'une maison en terre n'est pas entretenue, elle tombe. •*Al-jilid bidôr rayyasân be jumma wa akil wa nadâfa.* Le corps humain a besoin d'être entretenu : il lui faut du repos, de la nourriture et de la propreté.

rayyisîn *n. d'act.*, → *rayyasân.*

râza / yirâzi *v. trans.*, connu au *Sdn.* (*C.Q.*), *Cf. lazza* ; forme III, * rwz, ر و ز

♦ **balancer, avancer puis reculer, pousser puis tirer, malmener,** faire avancer et reculer un véhicule dans un mouvement de va-et-vient suffisamment rapide pour le sortir du sable ou de la boue. •*Al-cifêr râza l watîr hatta marag min al-tîne.* Le chauffeur a fait avancer et reculer la voiture jusqu'à ce qu'il la sorte de la boue. •*Al-rukkâb dallo, râzo l watîr, lâkin mâ induhum gudra yamurguh min al wahal.* Les passagers sont descendus et ont poussé le véhicule en avant et en arrière, mais ils n'ont pas eu la force de le sortir du bourbier. •*Al wilêd gâ'id ma'â immitah, marit abuh, bilhên bitirâzih.* L'enfant était avec sa tante, l'autre femme de son père, et celle-ci l'a malmené.

razâla *pl.*, → *razîl.*

razâla *n. f.*, * rdl, ر ذ ل

♦ **bassesse, vilenie, dépravation.** •*Al atâla tijîb al hugra wa l razâla.* L'oisiveté est source de mépris et de bassesses. •*Razâlt al-subyân dôl sababha l-sirge wa l-sakar.* Ces jeunes-là sont dépravés à force d'avoir volé et bu de l'alcool.

razax / yarzux *v. trans.*, forme I n°1, ayant Dieu pour sujet, * rzq, ر ز ق

♦ **pourvoir à, donner la nourriture, accorder du bien,** donner le pain quotidien. •*Al-sane, Allah razax al masâkîn be l ma'îce.* Cette année, Dieu a donné aux pauvres de quoi vivre. •*Anîna mâ mardânîn, Allah razaxâna l âfya !* Nous ne sommes pas malades, Dieu nous a accordé la santé ! •*Allah yarzux al atâma be mâl wa ilim !* Que Dieu accorde aux orphelins des biens matériels et de l'instruction !

razîl / ruzala' *adj.*, (*fém. razîle*), ≅ les pluriels *razîlîn, razâla, Cf. xanba,* terme d'insulte, * rdl, ر ذ ل

♦ **vaurien (-ienne), bon (bonne) à rien, voyou, vil(e), ignoble.** •*Hû da razîl mâ baxadim illa bunûm bas.* C'est un voyou, il ne travaille pas et ne fait que dormir. •*Hî razîle mâ taxassil xulgânha dâ'iman wasxâne.* Elle n'est bonne à rien, elle ne lave pas ses habits, elle est toujours sale. •*Al-rujâl al-ruzala' mâ yihimmu kalâm al-nâs, gâ'idîn fî xidimithum al-cêne di !* Les vauriens ne prêtent aucune attention à ce que les gens leur disent, ils continuent à mal se comporter. •*Inti razîle, bêtki wasxân wa iyâlki ji'ânîn.* Vaurienne, ta maison est sale et tes enfants ont faim.

Razîna *n. pr.* de femme, *litt.* solide, ferme, grave, * rzn, ر ز ن

razze *n. f.*, * rzz, ر ز ز

♦ **gâche,** ferrure dans laquelle s'engage le pêne d'une serrure, d'une targette ou d'un loquet. •*Al-tarbaz bala razze mâ indah nafa'.* Une targette sans gâche est inutile. •*Al-razze bigat saxayre min al-tarbaz, al bab mâ binsadda.* La gâche est trop petite pour que le loquet s'y engage, la porte ne se ferme pas.

rêde *n. f.*, inusité au pluriel, * rwd, ر و د

♦ **estime, amour.** •*Al-rêde min al galib.* L'estime est un problème de cœur. •*Ammi sâmîni, al-rêde cêtan, garib mâ nillâgo !* Ma mère, pardonne-moi, l'amour est comme le diable, on ne se reverra pas avant longtemps ! (chanson).

Rêde *n. pr.* de femme, pour *al-rêde*, surnom, → *rêde*, * rwd, ر و د

rêgil / rêglât *n. m.*, *empr. fr.* règle, → *mastara.*

rêke *n. vég., coll., m., sgtf. rêkay, empr.* (haoussa), *Syn. gasab al-sukkar.*

♦ **canne à sucre,** grosse canne à sucre plus sucrée que les autres. •*Al-rêke bazra'oh katîr fî junûb al balad acân hû basna'o beyah al-sukkar.* On plante beaucoup de cannes à sucre dans le sud du pays parce qu'elles servent à fabriquer du sucre. •*Al-rêke asal bilhên, wa kan nâdum akalah katîr bisawwi lêyah waja' batun.* La canne à sucre est très sucrée ; si quelqu'un en mange beaucoup, il aura mal au ventre.

rekreyasyo *n. m., empr. fr.,* ≅ *lekreyasyo, Cf. jumma, râha, Syn. istirâha.*

♦ **récréation.** •*Macêt janb al-lekôl da, cift al iyâl marago rekreyasyo.* Je suis passé près de cette école, j'ai vu que les enfants étaient allés en récréation. •*Sidt al halâwa wa l mappa be l mulâh, wa sîd al mango bisâwugu katîr fî wakt al-rekreyasyo.* Les marchandes de bonbons et de pain avec de la sauce, et le marchand de mangues gagnent beaucoup d'argent en vendant leurs denrées pendant les récréations.

ri'ân *pl.,* → *râ'i.*

ri'âya / ri'âyât *n. f.,* → *sântir.*

ri'i / yar'a *v. intr.,* forme I n° 21, * r'y, ر ء ي

♦ **voir en rêve, avoir un songe, rêver.** •*Bugûlu : kan al-râjil ri'i râkib faras, da ma'nâtah yâxud mara jadîde.* On dit que lorsqu'un homme se voit en rêve monté sur une jument, c'est qu'il va épouser une nouvelle femme. •*Amis fî l-lêl, Ahmat ri'i : martah wildat timân.* Cette nuit, Ahmat a rêvé que sa femme mettait au monde des jumeaux. •*Kan al-nâdum ri'i hû mayyit, Allah baktib lêyah umur jadîd.* Si quelqu'un voit en rêve qu'il est mort, c'est que Dieu prolonge encore sa vie [a écrit pour lui un nouvel âge]. •*Marti xalbâne, tar'a kulla lêle gâ'ide tâkul laham, wa anâ naxâf saxîrha yaga'.* Ma femme est enceinte, chaque nuit elle rêve qu'elle est en train de manger de la viande, et j'ai peur qu'elle fasse une fausse couche [que son petit tombe].

ri'if / yar'af *v. intr.,* forme I n° 20, * rʕf, ر ع ف

♦ **saigner du nez.** •*Wilêdi dâ'iman bar'af ambâkir niwaddi l-labtân.* Tous les jours, mon enfant saigne du nez, demain je le conduirai à l'hôpital. •*Hû ri'if acân râx katîr fî l harray.* Il a saigné du nez parce qu'il a trop marché sous le soleil.

ri'yân *pl.,* → *râ'i.*

ribah *n. m.,* ≅ *ribeh,* * rbḥ, ر ب ح

♦ **bénéfice, profit.** •*Amis jibt budâ'a katîre, wa ligit fôgha ribah icirîn alif riyâl.* Hier, j'ai apporté beaucoup de marchandises, j'ai obtenu un bénéfice de vingt mille riyals. •*Al-tujjâr kan al-duwân bâkul budâ'ithum, mâ balgo ribah.* Si les douaniers saisissent [mangent] les marchandises des commerçants, ces derniers ne réaliseront pas de bénéfices. •*Mâ tidiss xacac fî budâ'itak, ribhak babga harâm !* Ne falsifie pas la qualité de ta marchandise, le bénéfice que tu en retirerais serait illicite !

rîbân *pl.,* → *rôb 1.*

ribbête / ribbêtât *n. d'act., mrph. dmtf., f.,* * rbṭ, ر ب ط

♦ **manière d'attacher, manière de nouer, manière de lier.** •*Ribbêtitha râsha da, mâciye tidâwis.* La manière dont elle a noué son foulard de tête montre qu'elle va se battre. •*Ribbêtti lê l humâr da, kula, al-sarrâg irif hallah.* La manière dont j'ai attaché cet âne n'a pas empêché le voleur de le délier.

ribeh *n. m.,* → *ribah.*

ribi / yarba *v. intr. {- ma'â},* forme I n° 21, * rbw, ر ب و

♦ **être élevé(e), être éduqué(e), grandir.** •*Amci arbe ma'â ahalki, anâ mâ indi gudra nirabbîki !* Va te faire élever dans ta famille, je n'ai pas les moyens de t'élever ! •*Al-saxîr kan ribi adîl, yanfa' nafsa.* Il est très utile pour le petit enfant de recevoir une bonne éducation. •*Iyâl al-jîrân dôl wa iyâli yarbo misil iyâl al amm.* Les enfants des voisins et les miens sont élevés comme des frères d'une même mère. •*Al-saxîr al-saxayyar bala ridâ'e mâ barba.* Le petit bébé à qui l'on ne donne pas la tétée ne grandira pas.

ribih / yarbah *v. trans.*, forme I n° 20, * rbḥ, ر ب ح

♦ **bénéficier.** •*Hû ribih gurus katîr fî budâ'itah di.* Il a tiré un grand bénéfice de sa marchandise. •*Al mara di mâ ribihat ceyy acân al-duwân câlo sukkarha.* Cette femme n'a réalisé aucun bénéfice parce que finalement les douaniers ont saisi son sucre.

rîc *n. coll. ; sgtf. rîcay, ≅ rîce*, * ryš, ر ي ش

♦ **plume.** •*Zamân askar Fransa induhum rîc fî tawagîhum.* Autrefois, les militaires français portaient des plumes sur leurs képis. •*Rîc al-na'âm bisawwu hajjâjât.* Avec les plumes d'autruche, on fabrique des éventails. •*Be rîcayt al-jidâd narsim wa naktib wâdih.* Avec une plume de poule, je dessine et j'écris bien [clair].

rîce *n. f.*, → *rîc.*

rîd *v. impér.*, → *râd.*

ridâ'e *n. f.*, *Cf. ridi*, * rḍʕ, ر ض ع

♦ **succion, fait de téter, tétée.** •*Al-dêd kan mâ indah laban, ridâ'tah hârre.* Lorsque le sein n'a plus de lait, la tétée fait mal. •*Al-saxîr al-saxayyar, bala l-ridâ'e mâ barba.* Le petit bébé à qui l'on ne donne pas la tétée ne grandira pas. •*Al-ridâ'e târat lêi acân mâ indi laban !* J'en ai marre d'avoir le sein sucé, parce que je n'ai plus de lait !

ridi / yarda *v. intr.*, *{- be}*, forme I n° 21, *Cf. xassad, wâfak*, * rḍw, ر ض و

♦ **accepter, être d'accord avec, être satisfait, consentir.** •*Mûsa wa axuh rido be axîde hanâ binêyithum.* Moussa et son frère ont accepté le mariage de leur fille. •*Anâ ridît naxadim ma'âk kan tantîni gurus adîl.* J'ai accepté de travailler avec toi si tu me donnes suffisamment d'argent. •*Anâ mâ narda be l hugura.* Je n'accepte pas l'insolence.

ridi' / yarda' *v. trans.*, forme I n° 22, * rḍʕ, ر ض ع

♦ **téter.** •*Wilêdi indah yômên mâ ridi' min ta'ab al wirde.* Mon enfant ne tète plus depuis deux jours à cause de la fièvre. •*Fakkiri saxirki kan yarda', mâ yitarri lêki fî dêdki !* Fais attention que ton enfant ne rote pas sur ton sein pendant qu'il est en train de téter !

Ridîna *n. pr.* de lieu, *mrph. v. intr.*, → *ridi*, quartier de N'Djaména [nous avons accepté], * rḍw, ر ض و

Ridwân *n. pr.* d'homme, nom d'un ange gardien du paradis, * rḍw, ر ض و

rîf / aryâf *n. m.*, *Syn. dar barra, hille barra*, * ryf, ر ي ف

♦ **campagne, province.** •*Fî l-rucâc, al-ziyâra fî l-rîf halûwa bilhên.* Au printemps, il est très agréable de visiter la campagne. •*Jiddi yaskun fî l-rîf.* Mon grand-père habite la province.

rîfay / rîfayât *adj.*, (*fém. rifâye*), dans l'expression *humâr rîfay*, utilisé en arabe *sd.*, * ryf, ر ي ف

♦ **mulet, mule.** •*Jâri indah humâr rifay.* Mon voisin a un mulet. •*Al humâr al-rîfay kabîr, daharah tawîl wa indah gudra katîre.* Le mulet est grand, son dos est long et il a beaucoup de force.

rifge *n. f.*, * rfq, ر ف ق

♦ **compagnonnage, compagnie,** compagnonnage pour le voyage. •*Al-safar bala rifge xatari.* Voyager sans avoir de compagnon est dangereux. •*Kan mâ rifge, al-sarragîn bicîlu xumâmi.* Si je n'ai pas de compagnon de voyage, les voleurs prendront mes affaires.

rîfi / rîfiyîn *adj.*, (*fém. rîfiye*), * ryf, ر ي ف ⇨

♦ **campagnard(e), rural(e).** •*Nasma'o min al-râdyo l-rîfi wasâya lê l baggâra.* On écoute à la radio rurale des conseils pour les vachers. •*Macêt fî l maktab al-rîfi nidôr lêi têrab hanâ fûl.* Je suis allé au bureau du département rural demander des semences d'arachide. •*Al-sahâfiyîn hanâ l-râdyo l-rîfi maco fî hillitna.* Les journalistes de la radio rurale sont venus dans notre village.

rîg *n. m.*, *Cf. buzâx*, voir ci-dessous les expressions *be rîg, gata' rîgah, gâ'id be rîgah*, * ryq, ر ي ق

♦ **salive, à jeun, faim faisant saliver, désir de manger.** •*Mâ tixalli dêfak yamrug be rîgah !* Ne laisse pas ton hôte partir à jeun [avec sa salive] ! •*Aftur hatta tamrug, al-rîg adu'.* Déjeune avant de partir, ce n'est pas bon d'être à jeun [la salive est un ennemi]. •*Mâ ligit ceyy fakkêt beyah rîgi.* Je n'ai rien trouvé à manger pour mon petit déjeuner [pour chasser ma salive]. •*Min fajur anâ ga'adt be rîgi.* Depuis le matin, je n'ai rien mangé [je reste avec ma salive]. •*Gata'at rîgha be sâ'a sab'a.* Elle a pris son petit déjeuner [elle a coupé sa salive] à sept heures.

rîgân *pl.*, → *rôg.*

rigeyyag *adj. m.*, → *rigeyyig.*

rigeyyig / rugâg *adj. mrph. dmtf.*, (*fém. rigêyge*), ≅ *rigeyyag*, * rqq, ر ق ق

♦ **fin(e), mince, étroite, léger (-ère) à digérer.** •*Al mara di ca'arha rugâg wa tuwâl.* Cette femme a les cheveux fins et longs. •*Al habil da rigeyyig bilhên fattic âxar !* Cette corde est trop fine, cherches-en une autre ! •*Al binêye di rigêyge wa samhe.* Cette jeune fille est fine et belle. •*Al-derib rigeyyag wa malân côk.* Le chemin est étroit et plein d'épines. •*Al-layo da rigeyyig, mâ yaktul lêi ju'.* Cette bouillie est très légère, elle ne calmera [tuera] pas ma faim.

riggêde *n. f. mrph. dmtf.*, *Cf. ragidîn*, * rqd, ر ق د

♦ **fait de se coucher, repos,** fait ou manière de s'étendre pour se reposer. •*Riggêditha hint amis di, anâ nugûl hî akûn mufawwite.* Sa manière de se reposer hier me fait dire qu'elle est peut-être enceinte. •*Cunû riggêdtak di, mardân wallâ ?* Pourquoi es-tu ainsi couché, serais-tu malade ?

rih *n. f.*, considéré parfois comme un masculin, * rwḥ, ر و ح

♦ **vent, air, courant d'air, gaz.** •*Rîh al-tayyâra ramat al buyût.* Le souffle des réacteurs de l'avion a fait crouler les maisons. •*Al bêt hâmi, amrug barra acrab rîh !* Il fait chaud dans la pièce, sors pour prendre l'air ! •*Al-jaw katam acân al-rih lissâ mâ sâgat.* L'atmosphère est lourde parce que le vent n'a pas encore soufflé. •*Jâri mâ bilaffit... Di l-rîh.* Il court sans se retourner… C'est le vent. *Dvnt.* •*Batuni di tacxur ke âkûn indaha rîh.* Les borborygmes de mon ventre sont sans doute causés par des gaz.

rîhe *n. f.*, pluriel inusité, *Cf. banne*, * rwḥ, ر و ح

♦ **odeur forte, parfum fort.** •*Rihit al fatîs sawwat lêi waja' râs.* L'odeur du cadavre m'a donné mal à la tête. •*Abûha cara lêha rîhe.* Son père lui a acheté du parfum. •*Rihit al-duxxân al halu da, wên ?* Ce parfum d'encens délicieux, d'où vient-il ? •*Rihit al-labtân tincamma dawa dawa.* L'odeur de l'hôpital provient des médicaments.

rihêd / rihêdât nom, *mrph. dmtf.*, *m.*, *Cf. rahad*, * rhḍ, ر ح ض

♦ **petite mare.** •*Bêtna fî janb al-rihêd al xarbâni.* Notre maison est proche du petit marigot à l'ouest du village. •*Al yôm da, al iyâl karrabo amkûru katîre min al-rihêdat.* Aujourd'hui, les enfants ont attrapé bon nombre de protoptères dans les petits marigots.

rihêw *n. anim.*, *coll.*, *sgtf. rihêway*, *Syn. kuku câwire*, * rhw, ر ه و

♦ **héron garde-bœuf, Ardeola ibis,** petit héron blanc accompagnant les ruminants. •*Al-rihêway nazalat fî râs al-tôr.* Le héron garde-bœuf s'est posé sur la tête du bœuf. •*Al-rihew, antini* *sixêle nantîk bigêre.* Petit héron, donne-moi un cabri et je te donnerai une génisse (chanson). •*Fî l xarîf, al-rihew barta' wara l bagar.* En saison des pluies, les hérons garde-bœufs cherchent les insectes dans l'herbe en suivant les vaches.

rihik / yarhak *v. trans.*, forme I n° 20, * rhk, ر ه ك

♦ **moudre, écraser en poudre, réduire en poudre, broyer avec une meule, hacher.** •*Al-tâhûna rihikat lêi dagîg axacan.* Le moulin a moulu ma farine grossièrement. •*Zâra tarhak kirêb fî l murhâka l kabîre.* Zara écrasera les graines de fonio sauvage sur la grosse meule en pierre. •*Yôm al îd, nâs al-tâhûna mâ barhako.* Le jour de la fête, les meuniers ne moulent pas. •*Laham hanâ l kufta yarhakoh fî l-makana.* On passe la viande au hachoir pour en faire des boulettes.

rihim / arhâm *n. m.*, * rḥm, ر ح م

♦ **utérus.** •*Al-rihim bêt al-janîn.* L'utérus abrite le foetus. •*Al mara mardâne, rihimha bôjâha.* La femme est malade, elle souffre de l'utérus.

riji / yarja *v. trans.*, ≅ *riji', yarja'*, et *raja, yarja*, à ne pas confondre avec *raja'*, *Cf. haras* ; forme I n° 21, * rjw, ر ج و

♦ **attendre, espérer.** •*Mâ tarjôni fî l xada.* Ne m'attendez pas pour le déjeuner. •*Rijîtak fî l bêt wa inta mâ jît.* Je t'ai attendu à la maison, et tu n'es pas venu. •*Amci, arjâni fî l-cadaray dîk !* Attends-moi sous cet arbre-là ! •*Al bisse riji'at al fâray fî xacum al-nugura.* Le chat a attendu le rat à l'entrée du trou. •*Arjâni nalbas xalagi wa namrug lêk !* Attends-moi, je m'habille et je sors à ta rencontre ! •*Al mardânîn yarjo l-daktôr fî giddâm al-labtân.* Les malades attendent le docteur devant l'hôpital.

riji' / yarja' *v. trans.*, → *riji, yarja.*

rijif / yarjif *v. intr.*, forme I n° 18, → *rajaf.*

rijil 1 / rijilên *n. f.*, ≅ les pluriels *rijile, rujûl*, * rjl, ر ج ل

♦ **jambe, pied.** •*Rijil al harrâti caggagat min al barid.* Le pied du cultivateur est crevassé par le froid. •*Amcu be rijilênku !* Allez-y à pied [avec vos jambes] ! •*Dalla min al watîr wa fât be rijilênah.* Il est descendu du véhicule pour partir à pied.

rijil 2 / rujûl *n. f.*, * rjl, ر ج ل

♦ **ruisseau, petite rivière, petit cours d'eau, torrent,** cours d'eau temporaire qui se jette dans le *wâdi* (l'oued) et qui ne coule que quelques heures après les orages de la saison des pluies. •*Al-sana di al-rijil jât badri.* Cette année, le ruisseau a coulé plus tôt. •*Humman harato janb al-rujûl.* Ils ont cultivé la terre près des cours d'eau. •*Bajiri jari l xuzlân, bala musrân... Di l-rijil.* Il court aussi vite qu'une gazelle et n'a pas d'intestin… C'est le torrent. *Dvnt.*

rijil markûb expression, ≅ *rijil hanâ markûb, rijil na'âl, Cf. rijil, markûb, na'âl*, * rjl, rkb, ر ك ب • ر ج ل

♦ **un soulier, une sandale.** •*Rijil markûbi waddarat, mâ cîftuha lêi ?* J'ai perdu ma sandale, l'auriez-vous vue ? •*Rijil markubha albaddal fî bakân al môt.* Sa chaussure a été échangée contre une autre à la place mortuaire.

rijilên *pl.*, → *rijil 1.*

rikam rikam *invar.*, *Cf. kîmân kîmân*, * rkm, ر ك م

♦ **par groupes,** un groupe ici, un groupe là. •*Al-nâs ga'ado fî l burûc rikam rikam.* Les gens étaient assis sur des nattes par petits groupes. •*Al-jagâ yagôdu rikam rikam, kan câfo rimme.* Les charognards se mettent en groupes lorsqu'ils voient un cadavre. •*Wakt al imtihânât kammalo, iyâl al-lekôl ga'ado rikam rikam bahajju.* Lorsque les examens sont terminés, les étudiants se rassemblent en groupes pour discuter.

rikib / yarkab *v. trans.*, forme I n° 20, * rkb, ر ك ب

♦ **monter sur, monter à cheval, s'adapter à.** •*Al-tigil rikib fî râs al-*

cadar. Le singe est monté au sommet de l'arbre. •*Ta'arif tarkab juwâd wallâ ?* Sais-tu monter à cheval ? •*Rafîgi birîd yarkab biskilêt.* Mon ami aime monter à bicyclette. •*Jarrib al-na'âl, cîfah kan yarkab fî rijilênak !* Essaie les sandales, vois si elles te vont [s'adaptent à tes pieds] ! •*Al watîr jîbna lêyah izbêr ajal, lâkin mâ rikib fôgah, hû nafarah cik.* Nous avions apporté une roue de secours pour le véhicule, mais elle ne s'adaptait pas car elle était d'un modèle différent.

rikiji *n. m., Cf. râkaj.*
♦ **complicité, malhonnêteté, fraude, malversation, magouille,** fait de se rendre complice ou d'employer des moyens interdits par la loi. •*Al-rikiji da mâ banfa ma'âi, antûni gursi ajala !* Je ne veux pas être complice, rendez-moi mon argent ! •*Al askar al mâ muxlisîn bisawwu rikiji wa bibî'u l banâdig.* Les militaires malhonnêtes font des magouilles et vendent leur fusil.

rikkêbe / rikkêbât *n. d'act., mrph. dmtf., f., Cf. rakibîn,* * rkb, ر ك ب
♦ **chevauchée, tournée, tour,** fait de monter en voiture, sur un engin à deux roues ou sur le dos d'un animal. •*Rikkêbti l fî l watîr di ajabatni bilhên.* La tournée que j'ai faite en voiture m'a beaucoup plu. •*Hî xâfat mîn rikkêbit al askari fî dahar humârha.* Elle a eu peur en voyant le soldat monter sur son âne. •*Rikebti fî juwâd di, macêt mâ gabbalt illa usur.* J'ai fait une bonne chevauchée avec ce cheval et ne suis revenu que vers quatre heures de l'après-midi.

rîm / arâm *n. m.,* * r'm, rym, ر ء م • ر ي م
♦ **gazelle blanche.** •*Fî Tcâd al-rîm mâ katîr misil al xazâl al âxar.* Au Tchad, les gazelles blanches ne sont pas aussi nombreuses que les autres espèces de gazelles. •*Al-rîm sameh min al xazâl, wa l-nâs bisammu bêyah banâthum.* La gazelle blanche est la plus belle des gazelles, et les gens donnent son nom à leurs filles.

rimam *pl., → rimme.*

Rîme *n. pr.* de femme, *Cf. rîm,* * rym, ر ي م

rimid / yarmad *v. intr.,* forme I n° 20, *Cf. rammad,* * rmd, ر م د
avoir une conjonctivite, attraper une conjonctivite. •*Wâjib kulla sabah tixassili wijih hanâ saxirki kan mâ kê yarmad.* Tu dois chaque matin laver le visage de ton enfant, sinon il attrapera une conjonctivite. •*Wilêd jâritna rimid min amis.* Depuis hier, l'enfant de notre voisine a une conjonctivite. •*Al iyâl kan rimido naggiti lêhum almi l-lêmûn fî uyûnhum.* Quand les enfants ont attrapé une conjonctivite, mets-leur une goutte de jus de citron dans les yeux.

rimme / rimam *n. f.,* * rmm, ر م م
♦ **cadavre, squelette.** •*Al-sagur saggar fôg wa câf al-rimme.* En volant très haut, le vautour a vu le cadavre. •*Bagarayt al-râjil waddarat wa maca ligi rimmitha.* La vache de l'homme s'est égarée ; celui-ci est parti et a trouvé son cadavre. •*Kan al-duwâs kammal, al kubârât bidaffunu l-rimam.* A la fin du combat, les chefs enterrent les cadavres.

rimmêye / rimmêyât *n. f. mrph. dmtf., Cf. rami,* * rmy, ر م ي
♦ **renversement, chute à terre,** fait ou manière de renverser ou de faire tomber. •*Yôm dâk dawasna ma'âyah wa anâ rimmêyâti lêyah talâta.* Ce jour-là, nous nous sommes battus et je l'ai fait tomber trois fois. •*Rimmêytah lê l wilêd da, kasarat îdah.* C'est en tombant que ce garçon s'est cassé le bras.

rimte *n. vég., coll., f., ≅ remte,* * rmṯ, ر م ث
♦ **nom d'une plante odoriférante, Bergia suffruticosa (Del.),** famille des Elatinacées. •*Al-rimte hî cadaray saxayre, warcâlha dugâg wa îdânha rugâg wa humur.* La Bergia suffruticosa est une petite plante, ses feuilles sont petites et ses branches fines et rouges. •*Al-rimte indaha rîhe*

lâkin al-nâs mâ bâkulûha. La Bergia suffruticosa a une odeur particulière, mais les gens ne la consomment pas.

rîse / rîsât *n. f.*, *mrph. dmtf.*, * rys, r's, ر ي س • ر ء س

♦ **bon entretien, bons soins prodigués,** fait ou manière de s'occuper de *qqn.* •*Al-câyib da mâ indah rîse.* On ne prodigue pas de bons soins à ce vieil homme. •*Rîse hint martak lê iyâlak di ajabatni.* La façon dont ta femme s'occupe de tes enfants m'a plu. •*Al marîse mâ rîse !* Ce n'est pas en buvant de l'alcool qu'on entretient bien son corps !

risêx / risêxât *n. m.*, *mrph. dmtf.*, considéré aussi comme un nom féminin, *Cf. kirekimme*, * rsğ, ر س غ

♦ **articulation de la cheville, malléole.** •*Risêxi bôjâni, nadla' min amis.* J'ai mal à la cheville, je boite depuis hier. •*Al masâjîn yigayyiduhum min risêxâthum be janâzîr acân mâ yagdaro yi'arrudu.* On attache les chevilles des prisonniers avec des chaînes pour qu'ils ne puissent pas s'enfuir.

riss *n. m.*, → *rizz.*

riss al-rahad *n. vég.*, *litt.* riz du marigot, *Cf. rizz, rahad.*

♦ **riz sauvage, Oryza breviligulata,** famille des graminées, sorte de riz à graine plate poussant au bord des mares. •*Riss al-rahad mâ bitêribu têrâb, bugumm wihêdah bas.* Le riz sauvage ne se plante pas, il pousse tout seul. •*Fî Wadday talga ruhûd katîrîn induhum riss.* Au Ouaddaï, on trouve beaucoup de mares dans lesquelles pousse du riz sauvage. •*Fî wati min naga'at al-tayâra talga riss al-rahad malân acân fî l bakân da al almi yargud katîr.* Vers le côté sud de l'aéroport, on trouve plein de riz sauvage parce qu'il y a beaucoup d'eau qui y stagne.

ritâna / ritânât *n. f.*, → *ratîn.*

riwâya *n. f.*, * rwy, ر و ي

♦ **récit d'un fait, relation d'une parole, style d'une récitation, version, variante d'un manuscrit.** •*Al-riwâya di hanâ tarîx buldân al Arab maktûb be l franse.* Ce récit est l'histoire des pays arabes écrite en français. •*Wilêdi bagri Xur'ân be riwâyit hafs.* Mon fils apprend le Coran selon la lecture *hafs.*

riwêkîbe / riwêkibât nom, *mrph. dmtf.*,*f.*, utilisé aussi en arabe *sd.*, *Cf. rakûba, ligdâbe*, * rkb, ر ك ب

♦ **petit hangar, petit abri.** •*Sawwêt lêi riwêkîbe fî l-sûg.* J'ai fait un petit hangar au marché. •*Al-rîh ramat al-riwêkîbe.* Le vent a fait tomber le petit hangar. •*Nâs al-lamêri kassaro l-riwêkibât hanâ l-sûg.* Les agents de la municipalité ont cassé les petits hangars du marché.

riwi / yarwa *v. intr.*, *Cf. cibi'* ; forme I n° 21, * rwy, ر و ي

♦ **boire à satiété, se rassasier, en avoir assez de, avoir le ventre plein,** ne plus vouloir boire, ne plus avoir soif. •*Al iyâl ciribo laban namma riwo.* Les enfants ont bu du lait à satiété. •*Anâ akalt wa mâ riwît.* J'ai mangé et je n'ai pas été rassasié. •*Al-râjil da riwi min martah wa tallagâha.* Cet homme en a eu assez de sa femme et l'a répudiée. •*Hû da riwi min rafîgah.* Celui-là en a assez de son ami.

rixaw *pl.*, → *rixwe.*

rixib / yarxab *v. intr.* {*- lê be, - lê fî*}, *Cf. hiris*, * rġb, ر غ ب

♦ **être avare, être égoïste, mesquin(e),** garder pour soi quelque chose que l'on pourrait donner à un autre. •*Râjili rixib lê difânah fî l-êc wa l-câhi.* Mon mari a été mesquin envers ses invités, il ne leur a offert ni boule, ni thé. •*Al-Nasâra dôl yarxabo lêna be gurushum.* Ces Européens gardent pour eux l'argent qu'ils pourraient nous donner. •*Yâ wilêdi, mâ tâxud al mara al bitarxab lê axawânak fî l akil.* Mon fils, n'épouse pas une femme qui refuserait de donner de la nourriture à tes frères.

rixis / yarxas *v. intr.*, forme I n° 20, * rẖṣ, ر خ ص ⇨

♦ **baisser de prix, diminuer, devenir bon marché,** devenir moins cher. •*Fî l xarîf al hût yarxas, xamsa be icirîn.* En saison des pluies, le poisson coûte moins cher : on a cinq poissons pour vingt riyals. •*Al xalla al-sane lê hassâ mâ rixsat.* Cette année, le prix du mil n'a pas baissé jusqu'à maintenant. •*Al-sâbun rixis acân jâ katîr.* Le savon est devenu bon marché parce qu'il en est arrivé une grande quantité.

rixwe / rixaw *n. f.*, * rġw, ر غ و

♦ **mousse, écume.** •*Al-câhi da lissâ mâ duxtah lâkin murr bilhên acân indah rixwe.* Ce thé, je ne l'ai pas encore goûté, mais il est très amer car il fait de la mousse. •*Al-juwâd gallab wa wakit ja wigif xacumah kulla rixaw.* Le cheval a couru ; quand il s'est arrêté, sa bouche était pleine d'écume. •*Macêt fî l-bahar lâkin mâ gidirt barradt acân al-rixwe katîre.* J'étais allé au fleuve, mais je n'ai pas pu me laver parce qu'il y avait trop d'écume. •*Da'akt farditi be sâbûn namman gammat rixwe.* J'ai frotté mon pagne avec du savon jusqu'à ce que la mousse apparaisse. •*Al-ta'ab rixwe.* La souffrance, c'est de la mousse. *Prvb.* (*i.e.* elle accompagne le travail mais finit par disparaître).

riyâda / riyâdât *n. f.*, ≅ *ispôr*, * rwḍ, ر و ض

♦ **sport.** •*Wazîr hanâ l-cabâb wa l-riyâda fatah al yôm li'ib hanâ l kûra.* Le ministre de la Jeunesse et des Sports a donné aujourd'hui le coup d'envoi du match. •*Anâ cârakt marra wahade fî l usbu' l watani hanâ l-riyâda.* J'ai participé une fois à la semaine nationale du sport. •*Anâ nirîd al-riyâda wa be l axas li'ib al kûra.* J'aime le sport et particulièrement le football.

riyâdi / riyâdiyîn *adj.*, (*fém. riyâdiye*), * rwḍ, ر و ض

♦ **sportif (-ive).** •*Kulla l-riyâdiyîn lammo fî mîdân al istifâg.* Tous les sportifs se sont regroupés au stade de la Concorde. •*Al-câyib da lê hassâ gâ'id gawi acân fî cabâbah hû riyâdi.* Jusqu'à présent ce vieil homme est resté fort parce que c'était un sportif dans sa jeunesse.

riyâl / riyâlât *n. m.*, mot arabe d'emprunt *esp.* (*Mu.*), * ryl, ر ي ل

♦ **riyal, pièce de monnaie,** nom de la plus petite pièce de monnaie valant cinq francs CFA. •*Koro hint al xalla be xamsa wa talâtîn riyâl.* Le koro de mil vaut trente-cinq riyals. •*Antîni riyâlât !* Donne-moi quelques pièces de monnaie !

riyâl abyad expression, *litt.* argent blanc, → *gurus abyad.*

riyâl ahmar expression, *litt.* riyal rouge, ≅ *abhimêra*, * ryl, ḥmr, ر ي ل • ح م ر

♦ **pièce de cinq francs, sou.** •*Mâ indah ceyy wa lâ riyâl ahmar !* Il n'a rien, pas même un sou ! •*Hû maca dagac al-diyâr kê, wa gabbal riyâl ahmar kula mâ indah.* Il a parcouru des régions entières et est revenu sans un sou.

riyâl hajar / riyâlât hujâr mot composé *m.*, *Cf. riyâl, hajar*, * ryl, ḥjr, ر ي ل • ح ج ر

♦ **pièce en argent,** pièce en argent portée au cou par les jeunes filles de la brousse. •*Al-riyâl al hajâr mâ xâli misil jineh al-dahab.* La pièce d'argent ne vaut pas autant que la guinée d'or. •*Al-riyâl al hajar be sub'u miya, wa l banât birîdu barbutuh fî rugâbhum.* La pièce en argent coûte sept cents riyals, et les filles aiment l'attacher à leur cou.

riyâle *n. f.*, *Cf. rîg, busâx, zabad*, * ryl, ر ي ل

♦ **bave, salive.** •*Micôtinîn wâhadîn induhum riyâle.* Certains fous bavent [ont de la bave]. •*Al-juwâd kan indah lijâm fî gaddûmah riyâltah tajiri.* Lorsque le cheval a un mors dans la bouche, il bave [sa bave coule].

riyêjil / riyêjilât nom, *mrph. dmtf.*, *m.*, terme péjoratif, insulte, → *râjil, mirêye*, * rjl, ر ج ل

♦ **homme immature, femmelette,** qui n'a pas la virilité d'un homme. •*Wilêdi xalâs, bigi riyêjil be harbitah* *wa sakkînah.* Mon enfant se prend pour un homme avec sa lance et son couteau. •*Al-sarrâg bigi riyêjil fî îdên al birgâd.* Le voleur est devenu une femmelette entre les mains des gendarmes.

riyês / riyêsât *n. m. mrph. dmtf.*, ≅ *ruwês, ruwêsât, riwês, riwâsât, Cf. râs*, * r's, ر ء س

♦ **petite tête, petit pain de sucre.** •*Al mara, riyêsha bôjâha min garyâf al-câhi, râbteh be mindîl.* Manquant de thé, la femme avait mal à la tête et se l'était serrée dans [avec] un foulard. •*Carika hint al-sukkar al fî Tcâd tasna' al-sukkar ruwêsât ruwêsât.* La Société sucrière du Tchad fabrique des petits pains de sucre.

Rizêgât *n. pr. gr., coll., sgtf. Rizêgi* (homme), *Rizêgiye* (femme), nom d'une fraction de tribu arabe (*Wulâd Atiye*) se rattachant aux *Juhayna.*

rizig *n. m.*, → *rizix.*

rizix / arzâx *n. m.*, ≅ *rizig*, * rzq, ر ز ق

♦ **minimum vital, pain quotidien, chance, richesse venant de Dieu,** portion de nourriture ou don accordé par Dieu, chance qui fait vivre. •*Al-sane di anâ farhâne, al-rizix l-ligîtah da katîr.* Cette année, je suis heureuse car j'ai bien reçu [trouvé beaucoup] ce qu'il me fallait pour vivre. •*Al-râjil da sa'îd, marag min al harba acân indah rizix fî l-dunya.* Cet homme est heureux, il est sorti vivant de la guerre à cause de la chance qu'il avait en ce bas monde. •*As'alo Allah acân yisahhil lêku arzâxku fî l-dunya !* Demandez à Dieu qu'il vous accorde facilement votre part de chance en ce bas monde !

Rizix *n. pr.* d'homme, → *rizix*, * rzq, ر ز ق

rizz *n. vég., m.*, ≅ *ruzz, empr. fr., Cf. ambelele*, * rzz, ر ز ز

♦ **nom d'une céréale, riz, Oryza barthi, Oryza sativa,** famille des graminées. •*Al-rizz gamma katîr fî l-rahad.* Le riz pousse en abondance dans le marigot. •*Iyâli birîdu madîde be rizz.* Mes enfants aiment la bouillie avec du riz. •*Rizziki da, xâli bilhên, angusi lêi al-taman !* Ton riz est très cher, diminue-moi le prix !

rôb 1 / rîbân *n. m., empr. fr.*, comme en *ar. lit.* moderne (*H.W.*), * rwb, ر و ب

♦ **robe,** robe traditionnelle. •*Al banât hassâ mâ balbaso rîbân, birîdu balbaso jîb wa camîs.* De nos jours, les filles ne portent plus de robe, elles préfèrent porter une jupe et une chemise. •*Albase rôb adîl yôm al îd !* Mets une belle robe pour le jour de la fête !

rôb 2 *n. m.*, nom de la marque des médicaments "Robb" à base de camphre, de menthol et de salicylate de méthyle, venant du Nigeria ; *Cf. mastolatum.*

♦ **pommade, onguent au camphre.** •*Kan mâ tagdar tinaffis min al-zuxma, amsah rôb fî sadurak !* Quand tu as le nez bouché [si tu ne peux plus respirer] à cause d'un rhume, passe-toi du *rôb* sur la poitrine ! •*Angurrâsa addat wilêdi wa massahtah be sahb al-rôb.* Des fourmis rouges ont mordu mon enfant et je lui ai appliqué de la pommade *rôb.* •*Kan ta'abâne albarrade be almi dâfi wa almassahe be rôb !* Lorsque tu es fatiguée, lave-toi avec de l'eau tiède et masse-toi avec de la pommade au camphre !

rôbal / yirôbil *v. trans.*, forme IV c, * rbl, ر ب ل

♦ **être malade d'hydropisie.** •*Al-nâdum kan rôbal, batunah tinmali' almi.* Lorsque quelqu'un est malade d'hydropisie, il a le ventre gonflé d'eau. •*Bugûlu al-darr kan zôl akalah birôbilah.* On dit que si quelqu'un mange une petite fourmi rouge, il sera atteint d'hydropisie.

rôbâl *n. m.*, peut-être altération de *rawbân* signifiant : "alourdi pour avoir trop mangé" (*Ka.*), * rbl, ر ب ل

♦ **hydropisie, ventre gonflé d'eau.** •*Rôbâl al-câyib da mâ addâwa namman karaboh fî l-labtân !* L'hydropisie de ce vieil homme n'a pas pu être soignée jusqu'à son hospitalisation. •*Al-rôbâl, hû marad bamla' al batun almi.* L'hydropisie est une maladie qui fait gonfler d'eau le ventre.

Rodôzya *n. pr.* de pays.
♦ **Rhodésie.**

rôg / rîgân *n. m.*, * rwq, ر و ق
♦ **rang, file, alignement.** •*Al iyâl jo, rasso rîgân rîgân giddâm al kilâsât.* Les enfants se sont mis en rangs devant les classes. •*Rîgân rîgân, samah al albil fî l gîzân... Dôl al wade'.* Bien alignés avec la beauté des chameaux sur les collines… Ce sont les cauris. *Dvnt.* •*Rog al-cadar da, adîl !* Cette rangée d'arbres est parfaite !

rôga *n. f.*, *Cf. râg*, * rwq, ر و ق
♦ **repos, tranquillité, aise.** •*Xadamt wa ligit gurus katîr, al yôm nunjammi wa gâ'id fî rôga.* J'ai travaillé et gagné beaucoup d'argent ; aujourd'hui, je me repose et reste tranquille. •*Al-rôga l katîre ti'allim al-nâdum al kasal.* Se reposer trop souvent donne à l'homme le goût de la paresse.

rongo *n. m.*, mot d'emprunt, ≅ *rango.*
♦ **farine grossière,** grains concassés non encore réduits en farine fine. •*Al mara kan tidôr êcha yabga nadîf mâ tixalbit al-rongo ma'â l-dagîg al-nadîf.* Lorsqu'une femme désire que sa boule devienne très propre, elle ne mélange pas la farine grossière avec la farine fine. •*Al muhâjirîn min safsifînhum lê l-rango, xucûmhum bigo buyud.* Les mendiants de l'école coranique ont la bouche blanche parce qu'ils ont pris la grosse farine avec leurs lèvres.

rosmân *n. vég.*, → *rasmân.*

rôxân *n. d'act., m.*, ≅ *rôxîn*, *Syn. maci, ruwâxe*, * rwġ, ر و غ
♦ **manière de marcher, fait de se promener, marche à pied.** •*Rôxân al-juwâd da, anâ mâ nahamalah.* Je ne supporte pas la manière de marcher de ce cheval. •*Al-rôxîn al katîr fî buyût al-nâs mâ sameh !* Aller trop souvent chez les autres n'est pas une bonne chose !

rôxîn *n. d'act.*, → *rôxân.*

ru'a 1 *n. d'act.*, *Cf. ri'i*, * r'y, ر ء ي
♦ **rêve prémonitoire, fait de rêver, vision en rêve.** •*Ru'a hanâ l-lêl, mâ tuxuttah fî galbak !* Ne rumine pas dans ton cœur ce que tu vois la nuit en rêve ! •*Ru'a hanâ l-rujâl fî rakûb al xêl, da yantîhum hukum.* Lorsque les hommes se voient, en rêve, montés sur des chevaux, c'est qu'ils vont accéder à un poste de commandement.

ru'a 2 *pl.*, → *ru'ya.*

ru'âf *n. m.*, *Syn. ra'afân, ra'ifin*, * rˤf, ر ع ف
♦ **épistaxis, saignement de nez, hémorragie nasale,** fait de saigner du nez. •*Al harray al hâmiye di sawwat lêi ru'âf.* Ce chaud soleil m'a fait saigner du nez. •*Wilêdi dammah kammal min kutur al-ru'âf.* Mon enfant s'est vidé de tout son sang à la suite de nombreux saignements de nez. •*Tammil jabhitak be l almi l bârid, al-ru'âf yagîf lêk !* Mets sur ton front des compresses d'eau froide, l'épistaxis s'arrêtera !

ru'asa' *pl.*, → *ra'îs.*

ru'ba *n. f.*, * rˤb, ر ع ب
♦ **peur, frayeur, terreur.** •*Al-dagdâg sawwa ru'ba lê l-nâs.* Le tonnerre a fait peur aux gens. •*Hû câf al askar jâyîn wa l-ru'ba daxalatah.* Il a vu les soldats venir et a été terrorisé.

ru'ûs *pl.*, → *râs.*

ru'ûs-al-mâl *pl.*, → *râs-mâl.*

ru'ya / ru'a *n. f.*, le pluriel *ru'a* a souvent valeur de collectif, *Cf. ri'i, hilim*, * r'y, ر ء ي
♦ **songe, rêve prémonitoire, vision.** •*Al-ru'ya hî al tajîk fî l-nôm, wa katîr ke tabga sahi.* Le songe prémonitoire vient la nuit, et bien souvent se réalise. •*Ru'a hanâ Yûsuf be axîdtah lê binêyit al-sultân da, bigi sahi.* Youssouf a rêvé plusieurs fois

d'épouser la fille du sultan, et cela s'est réalisé.

ru'yân *pl.*, → *râ'i.*

rub'iye / rub'iyât *n. f.*, *Syn. zarâg, dâriye*, * rbʕ, ر ب ع

♦ **tissu bleu noir,** nom d'un tissu teint en noir ou en bleu foncé avec de l'indigo. •*Al-nafasa bubû'u lêha rub'iye acân tahmal lêha l-duxxân.* On a acheté pour la nouvelle accouchée un tissu bleu foncé parce qu'il supporte bien d'être parfumé avec de l'encens. •*Al wazin kan dassoh fî l-nîle yagba rub'iye.* Lorsque le tissu en coton blanc est trempé dans de l'indigo, il s'appelle *rub'iye.*

rubât / rubâtât *n. m.*, *Cf. rabat*, * rbṭ, ر ب ط

♦ **lien, attache,** manière dont on a attaché *qqch.*, système d'attache. •*Fî l-zerîbe, al-râ'i bitcakkik îdân wa barbut fôghum rubâtât lê l-suxlân wa l ijjâl.* Dans l'enclos, le berger a planté des piquets autour desquels il a attaché des liens pour les chevreaux et les veaux. •*Juwâdak da, rubâtah mâ gawi, bacrud.* Ton cheval n'est pas bien attaché, il va se sauver. •*Al humâr da rubâtah gawi, amci arxih !* Le lien de cet âne est trop serré, va le desserrer un peu !

rubta / rubtât *n. f.*, ≅ le pluriel *rubat*, * rbṭ, ر ب ط

♦ **ballot, paquet, colis, lot, fagot, liasse.** •*Anâ bît cuwâl faham wa rubta hint hatab.* J'ai acheté un sac de charbon et un fagot de bois. •*Amis wilêdi ligi rubta hint gurus fî l-turâb.* Hier, mon enfant a trouvé une liasse de billets de banque par terre. •*Al xassâli maca fî xacum al bahar be rubtitah hint xulgân wasxânîn.* Le blanchisseur est allé au bord du fleuve avec son ballot de linge sale.

rubu' *n. m.*, désigne une fraction, * rbʕ, ر ب ع

♦ **un quart.** •*Al-nâr akalat rubu' hanâ xumâmah al fî l-dukkân.* Le feu a consumé le quart de ses affaires qui se trouvaient dans la boutique. •*Xadamt rubu' sâ'a bas râsi gamma bôjâni.* J'ai travaillé un quart d'heure seulement et j'ai commencé à avoir mal à la tête. •*Hassâ mâ indi ceyy lâkin nantik rubu' hanâ l gurus al dawwartah minni.* A présent je n'ai rien, mais je te donnerai le quart de l'argent que tu m'as demandé.

rubûb *pl.*, → *rabb.*

rucâc *n. m.*, * ršš, ر ش ش

♦ **printemps, temps de la montée de sève, temps des premières averses,** temps où se manifeste une poussée de sève à la fin des grosses chaleurs de la saison sèche ; temps des premières averses annonçant la venue de la saison des pluies. •*Al-rucâc ja wa l-nâs kulluhum bijahhuzu lê xidimt al-zurâ'a.* Le printemps est arrivé et tous les gens se préparent pour les travaux des champs. •*Al-sama câl sahâb wa l-cadar xaddar, al harrâtîn irifo wakt al-rucâc ja.* Le ciel s'est couvert de nuages et les arbres ont reverdi, les paysans ont su que le temps de la poussée de sève était arrivé.

rucâd *n. coll.*, *sgtf. rucâday*, → *racâd.*

rucc *v. impér.*, → *racca.*

rudâ *n. f.*, *Ant. xusba*, * rḍw, ر ض و

♦ **consentement, satisfaction, volonté.** •*Humman gâ'idîn baxdumu be rudâ hanâ l-ca'ab.* Ils sont en train de travailler conformément à la volonté populaire. •*Al askar câlo minni bêti bala rudâi.* Les soldats ont pris ma maison sans mon consentement. •*Al-sukât rudâ.* Le silence est consentement. *Prvb.*

rudd *v. impér.*, → *radda 1.*

rufâx / rufxên *n. m.*, *Cf. wirik*, * rfġ, ر ف غ

♦ **cuisse,** partie intérieure de la cuisse. •*Hû waga' min al watîr wa hassa hârr fî rufâxah.* Il est tombé de voiture et a senti une douleur vive au niveau de la cuisse. •*Al-nâdum al-samîn kan râx katîr rufxênah bawramo.* Si une grosse personne marche longtemps, ses cuisses enflent.

rufûf *pl.*, → *raff.*

rufug *n. m.*, *Syn. rafag*, * rfq, ر ف ق
♦ **amitié sincère.** •*Al-rufug al-sahi sahi fâyit al uxuwwa.* La vraie amitié dépasse la fraternité. •*Hummân dôl mâ axawân, coxolhum rufug bas lammahum misil da.* Ceux-là ne sont pas des frères, ils sont simplement unis par une amitié sincère.

rufugân *pl.*, → *rafîg.*

rufxên *pl.*, → *rufâx.*

rûg *v. impér.*, → *râg.*

rugâb *pl.*, → *ragaba.*

rugâd *n. m.*, *Cf. ragidîn, nawwimîn*, * rqd, ر ق د
♦ **sommeil, fait de dormir, fait de s'étendre, repos, détente.** •*Rugâd al-biric sawwa lêi waja' nâyit !* Dormir sur une natte m'a fait mal au côté ! •*Al-rugâd al katîr bijîb al kasal.* Se reposer trop souvent conduit à la paresse. •*Hû wâlaf al-rugâd bârra min al bêt.* Il s'est habitué à dormir en dehors de la maison.

rugâg *pl.*, → *rigeyyig.*

rugubbên *pl.*, pour *rugâb*, → *ragaba*, * rqb, ر ق ب

rugut *pl.*, → *argat.*

rûh / arwâh *n. f.*, *Cf. nafis*, * rwḥ, ر و ح
♦ **souffle vital, vie, âme, esprit.** •*Ruhah maragat.* Il est mort [son souffle vital est parti]. •*Anâ rûhi xâliye lêi.* Ma vie est ce qui m'est le plus cher. •*Al askari da câl arwâh hanâ nâs katîrîn.* Ce combattant a tué [a pris les vies de] beaucoup de gens. •*Kan gâlo nâdum mât : rûhah maragat wa jismah badfunuh.* Lorsqu'on dit que quelqu'un est mort, cela veut dire que son âme est partie et que l'on va enterrer son corps.

rûh ! *v. impér.*, → *râh.*

rûh dayxe expression, *Ant. rûh tawîle*, * rwḥ, ḍyq, ر و ح • ض ي ق
♦ **nervosité, étroit(e) d'esprit, irritable, irascible, impatient(e), nerveux (-euse), soupe au lait,** qui n'a pas l'esprit large. •*Al mara al-rûhha dayxe mâ takrub bêtha adîl, tixabbin kulla yôm.* La femme nerveuse ne tient pas bien son foyer, elle se met chaque jour en colère. •*Anâ rûhi dayxe, mâ nirîd al-dubâx.* Je suis facilement irritable, je n'aime pas les taquineries.

rûh harâmiye expression, *Cf. ruh, harâmi*, * rwḥ, ḥrm, ر و ح • ح ر م
♦ **esprit de malfaisance, méchanceté, banditisme.** •*Al wilêd da xarâb, afurci ke nammin rûhah al haramiye tamrug.* Cet enfant est un brise-tout, fouette-le jusqu'à ce que sorte son esprit de malfaisance. •*Al mara xanagat darritha nammin tayyarat rûhha l harâmiye.* La femme a étranglé sa coépouse jusqu'à faire envoler l'esprit de méchanceté qui l'habitait.

rûh tawîle expression, *Cf. ruh, tawîl*, * rwḥ, ṭwl, ر و ح • ط و ل
♦ **longanime, large d'esprit, patient(e), tolérant(e),** qui sait vivre sans s'inquiéter. •*Al-râjil da rûha tawîle, basbur lê l-ta'ab wa mâ ya'arif al-za'al.* Cet homme, dans sa longanimité, à le courage de supporter la souffrance et de ne pas connaître la colère. •*Mêtrât al-lekkôl rûhum tawîle ma'â l iyâl.* Les maîtres d'école sont patients avec les enfants. •*Nitmanna lê bitti tâxud râjil rûha tawîle.* Je souhaite que ma fille épouse un homme large d'esprit.

ruhâf *pl.*, → *rahîf.*

ruhhal *pl.*, → *râhil 2.*

ruhûd *pl.*, → *rahad.*

ruhûl *pl.*, → *rahal.*

rujâl *pl.*, → *râjil.*

rujâl al mahlab *n. vég.*, *coll.*, *sgtf. mahlabay*, *litt.* les maris des Mahalab,

≅ *mahalab al-rujâl*, *Cf. mahlab azrag*, * rjl, ḥlb, ب ل ح • ل ج ر

♦ **nom d'une herbe, Polycarpea linearifolia,** famille des caryophyllacées, d'une hauteur de 30 à 40 cm, ayant à sa tête une petite fleur blanche en forme de boule, et produisant des petites graines rouges. •*Rujâl al-mahlab bugumm ille fî l gôz.* L'herbe Polycarpea linearifolia ne pousse que sur les terrains sablonneux. •*Al bakân al-talgah fôgah mahlab azrag, jôzah mahalab al-rujâl.* On trouve les graines noires du Monechma ciliatum toujours mêlées à celles de la Polycarpea. •*Rujâl al mahlab mâ induhum ayyi fâyide.* La Polycarpea linearifolia ne nous est d'aucune utilité. •*Nifarrugu rujâl al mahlab min al mahlab al azrag be l-jôjalân be l-tabag.* Nous séparons les graines rouges de la Polycarpea des graines noires du Monechma en les secouant obliquement sur le van.

rujâliye *adj. f.*, → *rajâliye.*

rujûl *pl.*, → *rijil 2.*

rukkâb 1 *n. m.*, voir le *Syn. duwâl* [étriers], * rkb, ب ك ر

rukkâb 2 *pl.*, → *râkib.*

ruku' *n. d'act.*, *m.*, terme de l'*ar. lit.*, *Cf. raka'a*, * rkʕ, ع ك ر

♦ **inclination, prosternement,** incliner le corps en faisant la prière de manière à ce que les paumes des mains touchent les genoux. •*Gubbâl rafi'în al imâm min al-ruku', nâdum yarfa' râsah mâ fîh !* Avant que l'imam ne se relève de l'inclination pendant la prière, personne ne relève la tête ! •*Salât al mayyit mâ indah ruku' wa lâ sujûd.* La prière pour le mort ne comporte ni inclination ni prosternation.

rukuba / rukubbên *n. f.*, ≅ le pluriel *rukubbe*, * rkb, ب ك ر

♦ **genou.** •*Hî waga'at min al-cadaray wa rukubitha ankasarat.* Elle est tombée de l'arbre et s'est cassé le genou. •*Al iyâl sawwo awwa fî l kilâs wa l mêtir xattahum be rukubbênhum.* Les enfants ont fait du bruit en classe et le maître les a mis à genoux. •*Rukubti tôjâni marra wâhid mâ nagdar nurûx.* J'ai très mal au genou, je ne peux plus marcher.

rukubbên *pl.*, → *rukuba.*

rukun / arkân *n. m.*, *Syn. kony*, * rkn, ن ك ر

♦ **article, rubrique, élément, base, coin, angle.** •*Amis, mâ simi'na rukn al balaxât ajala.* Hier, nous n'avons pas suivi la rubrique des communiqués. •*Fî kulla lêle hanâ jum'a, nasma'o rukun al-dîn.* A la veille de chaque vendredi, nous entendons l'émission religieuse. •*Kulla yôm arbi'a, buxuttu fî l-râdyo rukun xâss lê l mara l-tacâdiye.* Tous les mercredis, la radio diffuse une émission spéciale concernant la femme tchadienne. •*Abui rakaz bundugah fî l-rukun al mawtâni hanâ l-dangay.* Mon père a posé son fusil contre le mur de la maison, côté sud.

rûm *n. coll.*, *sgtf. rûmay*, * rwm, م و ر

♦ **nom d'un arbre, kapokier, Bombax costatum (Pellegr.),** famille des bombacacées. •*Cadarayt al-rûm dullaha kabîr lâkin mâ indaha fâyde.* Le kapokier fait beaucoup d'ombre, mais il n'a pas d'autre utilité. •*Iyâl al-rûm misil al gutun, mâ bâkuluhum.* Les fruits du kapokier ressemblent à ceux du coton, ils ne se mangent pas.

rumâd *n. m. coll.*, *sgtf. rumaday*, * rmd, د م ر

♦ **cendre.** •*Al wilêd al-saxayyar daxal fî l-laday wa massah be rumâd.* Le petit enfant est entré dans la cuisine et s'est enduit de cendre. •*Hî gaccat ladayitha wa daffagat al-rumâd fî l-câri.* Elle a balayé le foyer de sa cuisine et répandu la cendre dans la rue.

rumâdi / rumâdiyîn *adj.* de couleur, (*fém. rumâdiye*), * rmd, د م ر

♦ **cendré(e),** couleur de cendre. •*Abun xarîte, lônah rumâdi, cîk min amdalba.* Le héron a une couleur cendrée bien différente de celle du pique-bœuf. •*Binêyti carat lêha tarha rumâdiye.* Ma fille s'est acheté un foulard couleur de cendre.

rumâye / rumayât *n. f.*, ≅ *rumây*, * rmy, ر م ي

♦ **fœtus mort-né, avortement, fausse couche,** fœtus expulsé de moins de six mois. •*Jârti xalbâne wa tidâfig, gâlo coxolha rumâye.* Ma voisine était enceinte et avait des pertes, ils ont dit que c'était une fausse couche. •*Al mara kan al-rumây, bactanatha, mâ indaha wâlûda ajala.* La femme qui fait souvent des fausses couches ne mettra pas vite au monde des enfants. •*Al mara l mardâne di zagalat rumâye.* Cette femme malade a avorté [a laissé tomber un fœtus].

rumbay / rumbayât *n. f.*, → *rambay.*

rummân *n. vég.*, *coll.*, *sgtf. rummâna, rummânay*, * rmn, ر م ن

♦ **nom d'un arbre, grenadier, grenade, Punica granatum,** famille des myrtacées. •*Riht al-rummân taftah l-niye.* L'odeur de la grenade donne de l'appétit [ouvre l'intention]. •*Fî Tcâd al-rummân mâ katîr, acân bacrab almi be zyâde.* Au Tchad, il n'y a pas beaucoup de grenadiers parce qu'il leur faut énormément d'eau.

Rummân *n. pr.* de femme, *Cf. rummân*, * rmn, ر م ن

Rummâna *n. pr.* de femme, *mrph. sgtf.*, *Cf. rummân*, * rmn, ر م ن

Runga *n. pr. gr.*, *coll.*, dans le mot *Runga* le *ng* vélarisé est prononcé *[ŋ]*, *sgtf. Rungay* (homme), *Rungayye* (femme).

♦ **Rounga.** •*Al-Runga gâ'idîn fi mudûriya hanâ Salâmât.* Les Rounga se trouvent dans la préfecture du Salamat. •*Al-Runga humman mâ arab, induhum rutâna xâssa.* Les Rounga ne sont pas arabes, ils ont leur propre dialecte.

Rungay *sgtf.* d'un *n. pr. gr.*, *m.*, (*fém. Rungayye*), → *Runga.*

rungul *n. anim.*, *m.*, *sgtf. rungulay.*

♦ **nom d'un criquet, criquet migrateur africain, Locusta migratoria migratorioides (R., F.),** famille des acridiens, *s.-f.* œdipodinæ. •*Al-rungul jarâda ahmar wa asfar, indah sûf dugâg fî sadurah wa binlagi fî Maw.* Le criquet migrateur est brun rouge et jaune, il a une sorte de duvet sur la poitrine et on le trouve à Mao. •*Al-rungul jarâd cên bâkul al xalla wa warcâl al-cadar wa kan nazal fî l-zurâ'a yidammir al ganâdil kulluhum.* Les criquets migrateurs africains sont méchants ; ils mangent le mil et les feuilles des arbres, et, lorsqu'ils descendent dans les champs, ils ravagent tous les épis.

rûse *pl.*, → *râs.*

rûsên *pl.*, → *râs.*

russ *v. impér.*, → *rassa.*

rusul *pl.*, → *rasûl.*

rusûm *pl.*, → *rasim.*

Rûsya *n. pr.* de pays.

♦ **Russie.**

rut ! *invar.*, *onom.* évoquant le pet.

♦ **"prout !"** •*Al wilêd fasa rut, wa ammah dihikat.* L'enfant a pété "prout !" et sa mère a ri. •*Wakit câf al askar jâyîn lêyah, anxara' wa fasa rut.* Lorsqu'il vit les soldats venir vers lui, il fut effrayé et péta : "prout !".

rutab *pl.*, → *rutba.*

rutâna *n. d'act.*, *f.*, *Cf. ratîn*, * rṭn, ر ط ن

♦ **parler une langue non arabe, fait de parler "patois",** fait et manière de parler une langue non arabe. •*Anâ wa râjili, mâ indina rutâna âxara bala kalâm Arab.* Mon mari et moi ne parlons pas d'autre langue que l'arabe. •*Kan tidôr ta'allim rutânti, agôd ma'âi fî l bêt.* Si tu veux apprendre ma langue maternelle, reste avec moi à la maison.

rutba / rutab *n. f.*, * rtb, ر ت ب

♦ **rang, degré, grade, niveau, galon.** •*Rutbitah di hû ligâha be l ilim.* C'est parce qu'il est instruit qu'il a obtenu ce rang. •*Zamân nâdum al-dîn indah rutba.* Autrefois, un religieux était respecté [avait un rang respectable]. •*Al-Ra'îs darraj askar fî rutab âliye.* Le Président a élevé des militaires à des grades supérieurs.

rutrut *n. vég.*, *coll.*, *qdr.*, *sgtf. rutrutay*, connu au *Sdn.* (*C.Q.*), ≅ *cadart al-damm.*

♦ **nom d'un bois d'encens, nom d'un arbre, Sterculia setigera (Del.),** famille des sterculiacées, arbre dont on consomme la gomme et dont l'écorce odoriférante est utilisée pour parfumer l'intérieur des maisons. •*Al-rutrut cadar mâ indah côk wa yicabbiha l-layyûn.* L'arbre Sterculia setigera n'a pas d'épines et ressemble au Lannea acida. •*Al-rutrutay kan gata'taha yamrug min liheha almi ahmar misil al-damm.* Si on coupe [si tu coupes] un Sterculia setigera, une sève rouge comme le sang sort de l'écorce. •*Al-rutrut yugumm fî l gîzân.* Le Sterculia setigera pousse dans les terrains sablonneux.

rutûba *n. f.*, ≅ *ratûba*, * rṭb, ر ط ب

♦ **rhumatismes.** •*Al-rutûba tibactin al-nâs fî l-cite.* Les rhumatismes font mal [ennuient] en hiver. •*Kan turûx katîr fî l almi wa mâ tâkul adîl, tamsukak ratûba !* Si tu marches longtemps dans l'eau et si tu ne te nourris pas bien, tu attraperas des rhumatismes ! •*Al-rutûba tisawwi waja' fî l mafâsil.* Les rhumatismes font mal aux articulations.

ruwâba *n. f.*, *Cf. barkab*, * rwb, ر و ب

♦ **babeurre, petit-lait, lait caillé.** •*Fî l xarîf al-ruwâba katîre acân al bagar cab'ânîn.* Pendant la saison des pluies, on trouve du babeurre en abondance parce que les vaches sont repues. •*Kan maragna l-zibde min al-laban al barkab, tifaddil al-ruwâba.* Si l'on retire le beurre du lait caillé, il reste le babeurre. •*Al-ruwâba bisawwu bêha l madîde wa l ajîne.* Avec le petit-lait, on prépare de la bouillie et de la pâte. •*Anâ ciribt ruwâba be sukkar.* J'ai bu du petit-lait sucré.

ruwâxe *n. d'act. f.*, ≅ *ruwâxa*, *Cf. râx, rôxân*, * rwġ, ر و غ

♦ **fait de marcher, marche, promenade.** •*Al wilêd kan allam al-ruwâxe, abuh wa ammah hâlu lêhum.* Lorsqu'un enfant a appris à marcher, son père et sa mère sont contents. •*Al-ruwâxe fî l harray bala na'âl gâsiye.* C'est pénible de marcher pieds nus au soleil. •*Anâ mâ nidôr al-ruwâxe l bala fayde.* Je n'aime pas me déplacer pour rien. •*Anâ iyît min al-ruwâxe, kulla yôm naji wa nigabbil wa mâ tidôr tantîni radd !* Je suis fatigué de marcher à pied ; tous les jours je viens et repars sans que tu veuilles me donner une réponse !

ruwês / ruwêsât nom *mrph. dmtf.*, → *riyês.*

ruwuj *pl.*, → *arwaj.*

rûx *v. impér.*, → *râx.*

ruxas *pl.*, → *ruxsa.*

Ruxayya *n. pr.* de femme, fille du Prophète, → *raxiye*, * rqy, ر ق ي

ruxsa / ruxas *n. f.*, * rẖṣ, ر خ ص

♦ **permis de conduire, autorisation.** •*Nâdum kan busûg watîr bala ruxsa, al bôlîs kan ligyah bakurbah.* La police arrêtera celui qui conduit une voiture sans permis. •*Al-ruxsa hint al-suwâge, al-nâs balgoha be gurus wa giray.* On obtient le permis de conduire en payant et en étudiant.

ruzala' *pl.*, → *razîl.*

ruzz *n. m.*, → *rizz.*

rwâba *n. f.*, → *ruwâba.*

S

sa''al / yisa''il *v. trans.*, forme II, *intf.*, * s'l, س ء ل

♦ **faire un interrogatoire, se renseigner, questionner,** poser beaucoup de questions. •*Al-dêf da sa''al ke hatta wassafoh lê bêtna.* Cet étranger a dû interroger plusieurs personnes avant qu'on ne lui indique notre maison. •*Mâ tisa''ilni min coxol al mâ na'arfah !* Ne me pose pas de questions sur ce que je ne sais pas !

sa''âl / sa''âlîn *adj. n. m. mrph. intf.*, (*fém. sa''âla*), * s'l, س ء ل

♦ **questionneur (-euse), interrogateur (-trice), curieux (-euse), qui se renseigne.** •*Mâ tabga nâdum sa''âl ke !* Ne deviens pas un interrogateur ! •*Hî sa''âla misil al-nâdum al muwaddir.* Elle pose sans cesse des questions, comme quelqu'un qui se serait égaré. •*Al-sa''âlîn kitiro fî binêyitha.* Les prétendants sont venus nombreux demander la main de sa fille. •*Al-sa''âl mâ biwaddir abadan.* Celui qui se renseigne ne s'égarera jamais. •*Hû bigi sa''âl acân bidôr bi'allim.* Il est devenu curieux parce qu'il veut apprendre.

sa''alân *n. d'act., m., → sa''ilîn.*

sa''at / yisa''it *v. trans.*, forme II, * sʕṭ, س ع ط

♦ **injecter dans le nez, priser** (tabac)**, instiller,** verser un médicament liquide dans les narines. •*Mâla mâ sa''attih lê wilêdki be dihin ?* Pourquoi n'as-tu pas instillé de l'huile dans les narines de ton enfant ? •*Zâra sa''atat wilêdha l-saxayar be dihin.* Zara a mis de l'huile dans les narines de son petit enfant.

sa''atân *n. d'act., → sa''itîn.*

sa''ilîn *n. d'act., m., ≅ sa''alân, mrph. intf.*, * s'l, س ء ل

♦ **fait de questionner, fait d'interroger, fait de se renseigner,** fait de poser beaucoup de questions. •*Al amyânîn burûdu l-sa''ilîn.* Les aveugles aiment poser des questions. •*Hî mâ tirîd al-sa''ilîn kan mâ ta'arfah bakân al mâciye fôgah kula.* Elle n'aime pas se renseigner auprès des gens, même quand elle a perdu son chemin.

sa''itîn *n. d'act., m., ≅ sa''atân, Cf. sa''at*, * sʕṭ, س ع ط

♦ **instillation nasale.** •*Sa''itîn al almi l-dâfi bê mileh ilâj lê l-zuxma.* L'instillation de l'eau tiède salée dans le nez est un traitement contre le rhume. •*Nâs wâhadîn bugûlu sa''itîn dihin al bagar walla dihin al xanam adîl lê waja' al-râs wa l-zuxma.* Certaines personnes disent qu'il est bon d'instiller dans le nez du beurre fondu ou de l'huile de mouton pour guérir les maux de tête et le rhume.

sa'a / yas'a *v. trans.*, forme I n° 16, connu au *Sdn.* (*C.Q.*), * sʕy, س ع ي

♦ **élever des animaux, constituer une richesse,** investir pour faire sa fortune en élevant du bétail. •*Xâli* *sa'a bahâyim katîrîn.* Mon oncle a élevé beaucoup de bestiaux [a beaucoup investi dans l'élevage]. •*Al-nâdum al fî l hille mâ yas'a bahâyim.* Une personne habitant en ville ne peut plus élever de bestiaux. •*Jibrîn wa rafîgah sa'o xêl bas.* Djibrin et son ami n'ont élevé que des chevaux [leur richesse ne repose que sur l'élevage des chevaux].

sâ'a / sâ'ât *n. f.*, * swʕ, س و ع
♦ **heure, montre.** •*Al-sâ'a sab'a fî sạ'iti.* Il est sept heures à ma montre. •*Amci fî l-sûg, talga sâ'a mâciye adîle be alif riyâl !* Va au marché, tu trouveras une montre impeccable pour mille riyals !

sa'ab / sa'abîn *adj.*, (*fém. sa'aba*), *Cf. ka'ab*, → *ka'ab 2*, * ṣʕb, ص ع ب
♦ **dur(e), difficile.** •*Al-nijâra amal sa'ab, bidôr sabûr katîr.* La sculpture est un travail dur qui exige beaucoup de patience. •*Al giray di sa'aba bilhên, mâ fihimt ceyy minha.* Cette leçon est très difficile, je n'ai rien compris.

Sa'ad *n. pr.* d'homme, *Cf. Sa'îd, Sa'adiye, litt.* fortuné, qui a de la chance, heureux, * sʕd, س ع د

sâ'ad / yisâ'id *v. trans.*, forme III, * sʕd, س ع د
♦ **aider.** •*Al xarîf ja, Mahammat sâ'ad abuh fî l-zere'.* La saison des pluies est arrivée, Mahamat a aidé son père au champ. •*Ta'âli, sâ'idîni fî l-laday !* Viens m'aider à la cuisine ! •*Asbur, Allah yisâ'idak !* Prends patience, Dieu te viendra en aide !

sa'âda *n. f.*, *Cf. su'âd, sa'îd*, * sʕd, س ع د
♦ **chance, bonheur.** •*Al-râjil gâl lê martah : "Be sa'âditki inti, anâ ligit xidime !".* L'homme a dit à sa femme : "Tu m'a porté chance [avec ta chance à toi], j'ai trouvé du travail". •*Anâ kan indi sa'âda, narba ma'â ammi wa abui !* Si j'avais eu de la chance, j'aurais été élevé par mon père et ma mère ! •*Al be sa'âdtah mâ bumût beha.* Celui qui a de la chance dans la vie ne meurt pas avant d'avoir reçu toute sa part. •*Sa'âdti bas jâbatni lêk !* La chance m'a conduit vers toi !

Sa'âda *n. pr.* de femme, *litt.* "bonheur, chance", * sʕd, س ع د

sâ'adân *n. d'act., m.*, ≅ *sâ'idîn*, → *musâ'ada*, * sʕd, س ع د

Sa'adiye *n. pr.* de femme, ≅ *Sa'adiya, Cf. Sa'ad, Sa'îd, litt.* qui a de la chance, heureuse, fortunée. *Halîme Al-sa'adiya* : mère adoptive du Prophète, * sʕd, س ع د

Sa'âdne *n. pr. gr., coll., sgtf. Sa'dûni* (homme), *Sa'dûniye* (femme), nom d'une fraction de tribu arabe (*Salâmât*) se rattachant aux *Juhayna.*

sa'ajal *v. trans.*, voir le *Syn. ista'jal.*

sa'al / yas'al *v. trans.*, forme I n° 13, * s'l, س ء ل
♦ **demander, interroger, questionner.** •*Nâs barra sa'alo l munazzamât yankutu lêhum biyâr.* Les gens de brousse ont demandé aux organisations humanitaires de leur creuser des puits. •*Hâkûma hanâ Tcâd sa'alat gurus min al-duwal al-sadîxa.* Le gouvernement du Tchad a demandé de l'argent aux pays frères. •*Kan tas'al, ta'alam.* Si tu poses des questions, tu t'instruiras. •*Fî l-lekkôl al iyâl al fahîmîn bas'alo sayyidhum.* A l'école, les enfants intelligents posent des questions à leur maître.

sa'âl / sa'âlîn *adj.*, (*fém. sa'âla*), * s'l, س ء ل
♦ **questionneur (-euse), curieux (-euse),** qui aime poser des questions. •*Al-sa'âl mâ biwaddir abadan.* Le questionneur ne s'égare jamais. •*Hû bigi sa'âl acân bidôr ba'allim.* Il est devenu curieux parce qu'il veut apprendre.

sa'alân *n. d'act., m.*, → *sa'ilîn.*

sa'arân / sa'ranîn *adj.*, (*fém. sa'arâne*), → *sa'rân.*

sâ'âti / sâ'âtîn *n. m.*, * swʕ, س و ع
♦ **horloger, réparateur de montre.** •*Addâli l-sâ'ât bisammuh sâ'âti.* Celui

qui répare les montres s'appelle un horloger. •*Al-sâ'âtîn bubû'u sâ'ât wa hujâr al-sâ'ât al elektronîk.* Les horlogers vendent des montres et des piles pour les montres électroniques.

Sa'dûni *sgtf. n. pr. gr.* (*fém. Sa'dûniye*), → *Sa'âdne.*

sa'îd / su'âd *adj.*, (*fém. sa'îde*), ≅ *se'îd* pour le masculin singulier et *sa'îdîn* pour le pluriel, * sˤd, س ع د

♦ **chanceux (-euse), content(e), qui est dans le bonheur, heureux (-euse), qui porte chance.** •*Al-râjil da farhân acân martah sa'îde lêyah.* Cet homme-là est heureux parce que sa femme lui porte bonheur. •*Al iyâl dôl humman su'âd fî hayâthum.* Ces enfants sont heureux dans leur vie.

Sa'îd *n. pr.* d'homme, *Cf. sa'îd, litt.* heureux, qui a de la chance, fortuné.

Sa'îde *n. pr.* de femme, *fém.* de *Sa'îd, litt.* heureuse, fortunée.

sâ'idîn *n. d'act., m.*, ≅ *sâ'adân, Cf. musâ'ada*, * sˤd, س ع د

♦ **fait d'aider, aide.** •*Allah amar be sâ'idîn al masâkîn.* Dieu a ordonné d'aider les pauvres. •*Kan mâ sâ'idîn al-nâs lêyah, wakit da al-ju' katal iyâlah.* Si les autres ne l'avaient pas aidé, en ce moment-ci ses enfants seraient morts de faim.

sâ'il / sâ'ilîn *adj. mrph. part.* actif, (*fém. sâ'ile*), * s'l, س ء ل

♦ **qui a posé une question, interrogeant, prétendant.** •*Al-sâ'il yâtu ?* Qui a posé une question ? •*Min zamân sâ'ilîn minnak, macêt wên yâ dahaba jît ?* On demande depuis longtemps de tes nouvelles, tu viens de revenir, où étais-tu donc parti ? •*Anâ simît binêytak bidawru bâxudûha, al-sâ'il min wên ?* J'ai entendu qu'on voulait marier ta fille, d'où vient le prétendant ?

sâ'ilîn *n. d'act., m.*, ≅ *sa'alân*, * s'l, س ء ل

♦ **interrogatoire, fait de questionner,** fait de poser des questions ou d'interroger *qqn.* •*Anâ dahâba jît min al xidime mâ nidôr al-sâ'ilîn al katîr.* Je viens d'arriver du travail, je ne veux pas qu'on me pose trop de questions. •*Al bolîs nâdoh wa hû mâ gidir radda fî sâ'ilînhum.* Les policiers l'ont interpellé et il n'a pas pu répondre à leur interrogatoire. •*Al-sâ'ilîn al katîr mâ sameh al-nâs mâ birîduh.* Ce n'est pas bien de poser trop de questions, les gens n'aiment pas cela.

sa'iye *n. d'act., f.*, * sˤy, س ع ي

♦ **élevage,** fait d'élever des animaux, de constituer une richesse. •*Sa'iye hint al xanam gâsiye bilhên.* L'élevage des moutons est très difficile. •*Anâ nirîd sa'iyt al bagar acân induhum laban katîr wa haluw.* J'aime élever des vaches parce qu'elles donnent beaucoup de bon lait.

sa'jal / yisa'jil *v. intr., qdr.*, forme II, prononcé souvent à N'Djaména *sa'ajal, Cf. bahdal, Syn. ista'jal*, * ˤjl, ع ج ل

♦ **être pressé(e) de, se hâter, se dépêcher.** •*Fî yôm al usum al-rujâl sa'jalo lê l akil.* Le jour de la cérémonie de l'imposition du nom, les hommes étaient impatients de manger. •*Hû yisa'jil kulla yôm kan mâci lê xidimtah.* Il est toujours pressé quand il va à son travail. •*Mâ tisa'julu fî l akil yâ iyâli !* Mes enfants, mangez lentement ! •*Hû yista'jal lê l maci fî l-sûg.* Il se dépêche d'aller au marché.

sa'rân / sa'rânîn *adj.*, (*fém. sa'râne*), *Syn. jahmân*, * sˤr, س ع ر

♦ **enragé(e).** •*Al wilêd da kalib sa'rân addah wa bigi mardân marra wâhid.* Cet enfant a été mordu par un chien enragé et est tombé gravement malade. •*Al kalib kataloh acân hû sa'rân.* On a tué le chien parce qu'il était enragé. •*Al kalib kan sa'rân babda ba'addi nâs al bêt.* Si le chien est enragé, il commence par mordre les gens de la maison.

sa'ûdi / sa'ûdiyîn *adj.*, (*fém. sa'ûdiye*), * sˤd, س ع د

♦ **saoudien (-enne),** d'Arabie Saoudite. •*Fî Tcâd, mara Sa'ûdiye ke* *mâ ciftaha jât.* Je n'ai jamais vu une Saoudienne venir au Tchad. •*Al-tijâra ma'â l-Sa'ûdiye indaha ribah katîr.* Le commerce avec l'Arabie Saoudite rapporte beaucoup d'argent. •*Gubbâl caharên jâna wafid sa'ûdi.* Il y a deux mois, nous avons reçu une délégation saoudienne.

Sa'ûdiya *n. pr.* de pays, pour *al mamlaka al Arabiya l-Sa'ûdiya* [le royaume d'Arabie Saoudite], * sʕd, س ع د

♦ **Arabie Saoudite.**

sab'a nombre cardinal, ≅ *saba'a, sab'e*, * sbʕ, س ب ع

♦ **sept.** •*Sab'a tamuray be saba'a riyâl.* Sept dattes coûtent sept riyals. •*Al usbû' indah saba'a yôm.* La semaine a sept jours.

sab'e nombre, → *sab'a.*

sab'în nombre cardinal, * sbʕ, س ب ع

♦ **soixante-dix.** •*Al-dura tanjad fî sab'în yôm.* Le sorgho mûrit en soixante-dix jours. •*Anîna sab'în fî fasilna.* Nous sommes soixante-dix en classe.

saba'a nombre cardinal, → *sab'a*, * sbʕ, س ب ع

saba'atâcar nombre cardinal, → *saba'tâcar.*

saba'tâcar nombre cardinal, ≅ *sabâtacar, saba'atâcar*, * sbʕ, ʕšr, س ب ع • ع ش ر

♦ **dix-sept.** •*Fî ragabit al Arabiye di saba'tâcar zeytûnay.* Il y a au cou de cette Arabe dix-sept perles d'ambre. •*Sawwêna saba'tâcar yôm fî l-derib hatta lihîgna Abbece.* Nous avons passé dix-sept jours en chemin avant d'atteindre Abéché.

sabab / asbâb *n. m.*, * sbb, س ب ب

♦ **cause, motif, raison.** •*Al miskîn kataloh bala sabab bas.* On a tué le pauvre sans raison. •*Hû arrad min al hille fî asbâb hanâ l binêye di.* Il a fui le village à cause de cette fille.

sabag 1 / yasbug *v. trans.*, forme I n° 1, *Ant. agab*, * sbq, س ب ق

♦ **devancer à la course, dépasser, arriver le premier.** •*Al wilêd sabag axuh.* L'enfant a couru plus vite que son frère. •*Al yôm hû sabagâni, ja fî l xidime awwali.* Aujourd'hui il m'a devancé, il est arrivé avant moi au travail.

sabag 2 *n. m.*, *Syn. sibâg*, * sbq, س ب ق

♦ **course.** •*Sabag hanâ l xêl bukûn fî hillitna yôm al îd.* Une course de chevaux aura lieu dans notre village le jour de la fête. •*Fî l xarîf sabag al xêl mâ fîh.* Il n'y a pas de courses de chevaux en saison des pluies. •*Al-Nasâra nazzamo sabag hanâ l watâyir wa taraco nâdum wâhid fî l-derib.* Les Européens ont organisé une course de voitures et ont renversé une personne sur la piste.

sâbago / yisâbugu *v. intr.*, forme III, employé au pluriel, * sbq, س ب ق

♦ **faire une course avec *qqn.*, organiser une course,** faire courir pour savoir qui arrivera le premier. •*Amnawwal wakit sâbago be l xêl, juwâdah sabag.* L'année dernière, lors de la course de chevaux, son cheval est arrivé le premier. •*Fî derib al-rahad al iyâl yisâbugu be hamîrhum.* Sur le chemin qui mène au marigot, les enfants font la course avec les ânes. •*Al-Ra'îs zârna wa sâbagna lêyah be l-jumâl.* Le Président est venu nous rendre visite et nous avons organisé une course de chameaux en son honneur.

sabah *n. m.*, ≅ *carx*, * sbḥ, ص ب ح

♦ **est,** à l'est. •*Al harray tatla' be sabah.* Le soleil se lève l'est [monte à l'est]. •*Al-sûg al kabîr sabah lê l-jâmiye.* Le grand marché se trouve à l'est de la mosquée.

sabal 1 / yasbul *v. trans.*, forme I n° 1, * sbl, س ب ل

♦ **abandonner, délaisser.** •*Zôl kabîr kan bahajji lêk, aj'alah axêr, mâ tasbulah !* Lorsqu'un adulte te parle, sois présent à ce qu'il dit, ne l'abandonne pas à lui-même !

•Nâdatni kê, kula abêt mâ nilaffît sabaltaha macêt. Elle m'a appelé avec insistance, mais j'ai refusé de me retourner, je l'ai laissée et suis parti.

sabal 2 *n. coll., sgtf. sabalay.*
♦ **bracelet en plastique.** *•Axti carat sabalay safra lê binêyti l-saxayre.* Ma sœur a acheté un bracelet en plastique pour ma petite fille. *•Al wulâd mâ balbaso l-sabal.* Les garçons ne portent pas de bracelet en plastique. *•Al-sabal wa l xiwêcât balbasôhum fî l-îden.* Les bracelets en plastique ou ceux en or se portent aux bras.

sabar 1 / yasbur *v. intr.*, forme I n° 1,* ṣbr, ص ب ر
♦ **patienter, supporter, attendre, se résigner.** *•Asbur lê l-ta'ab, tinnasir !* Supporte la souffrance, tu vaincras ! *•Al-jamal yasbur kan jî'ân.* Le chameau se résigne à la faim.*•Al wilêd sabar lahaddi ammah jât min al-sûg.* L'enfant a attendu patiemment que sa mère revienne du marché.

sabar 2 *n. anim., coll., sgtf. sabara,* ≅ le pluriel *suburra,* * ṣbr, ص ب ر
♦ **écureuil fouisseur, Euxerus erythropus (E. Geoffroy),** famille des anomaluridés. *•Al-sabara kabîre min al fâray wa najîde.* L'écureuil est plus gros qu'un rat et très malin. *•Al-sabara akalat al-zere'.* L'écureuil a dévasté [mangé] le champ. *•Fî l xala, fîyah sabar katîr wa buyûtah nugâr fî tihit al-côk.* En brousse, les écureuils fouisseurs sont nombreux et font leur nid [leurs maisons] dans des trous sous les épines.

sâbar / yisâbir *v. trans.*, forme III, * sbr, س ب ر
♦ **croire aux superstitions, lire les signes du ciel.** *•Hû sâbarâha lê martah kan tallagâha bas baturduh min al xidime.* Il est superstitieux en ce qui concerne sa femme et croit que, s'il la répudie, il sera renvoyé du travail. *•Hû bisâbir kulla ceyy.* Il est superstitieux en tout. *•Anîna sâbarna baki hanâ l xurâb da, kan baka fî bêtna dêf garîb jâye.* Nous croyons que le cri de ce corbeau est un présage : lorsqu'il pousse son cri chez nous, c'est qu'un hôte va bientôt arriver.

sabara *sgtf.*, → *sabar 2.*

sabarrob *n. m.*, → *sahb al-rôb.*

sabat 1 / yasbut *v. intr.*, forme I n° 1, ≅ l'*inacc. yasbit, Syn. tabat,* * ṯbt, ث ب ت
♦ **se fixer, s'installer dans son foyer, se ressaisir.** *•Al binêye sabatat fî bêtha.* La fille s'est installée dans son foyer. *•Hû bidôr baktul al marfa'în lâkin galbah mâ sabat, jara.* Il voulait tuer l'hyène mais il n'a pas pu contenir sa peur et a fui.

sabat 2 *n. m.*, * ṯbt, ث ب ت
♦ **panier, réceptacle, porte-bagages, galerie d'un véhicule,** porte-bagages aménagé au-dessus de la cabine des camions. *•Al afranti xatta xumâm al akil fî l-sabat.* L'apprenti a posé les ustensiles de cuisine sur la galerie. *•Sîd al watîr mâ yirakkib musâfir fî l-sabat.* Le propriétaire du camion ne fait monter aucun voyageur sur le porte-bagages au-dessus de la cabine.

sabât *n. d'act., m.,* ≅ *sabitîn, Syn. tabât,* * ṯbt, ث ب ت
♦ **stabilité, immobilité, installation au foyer, calme,** fait d'être fixe, immobile. *•Al binêye di sabâtha fî bêtha da farrah ahalha kulluhum.* Le fait que cette fille se soit installée dans son foyer a réjoui toute sa famille. *•Al-lugdâbe di kan sabâtha mâ adîl taga' fî l xarîf.* Si ce hangar n'est pas bien immobilisé, il s'écroulera en saison des pluies. *•Anâ nidôr lê wilêdi sabât fî l xidime.* J'aimerais que mon fils soit stable dans son travail.

sabâtâcar nombre cardinal, → *saba'tâcar.*

sabb *n. d'act., m., Cf. sabbîn, sabba, sabba lê,* * sbb, س ب ب
♦ **injure, insulte.** *•Kan taxâf min sabb al iyâl mâ tamci ma'â binêye fî lubb al hille !* Si tu as peur de te faire injurier par les enfants, ne te promène pas avec une fille à l'intérieur du

village ! •*Wilêdak da al'allam sabb al-nâs da wên ?* Où donc ton enfant a-t-il appris à insulter ainsi les gens ?

sabba 1 / yusubb *v. trans., Cf. darra,* forme I n° 5, * ṣbb, ص ب ب

♦ **verser.** •*Fî l ayyâm dôl almi sabba katîr fî l hille.* En ces jours-là, il pleuvait beaucoup au village. •*Subb lêi xalla fî cuwâli !* Verse-moi du mil dans mon sac ! •*Sidt al-laban sabbat lêna laban be fajur.* Le matin, la laitière nous a donné [versé] du lait.

sabba 2 / yisibb *v. intr. {- lê}, Syn. kabba lê, ayyar,* * sbb, س ب ب

♦ **injurier, insulter.** •*Iyâl al-câri sabbo lêyah be abuh.* Les enfants de la rue l'ont insulté en nommant son père. •*Al xani al-la''im bisibb lê l muhâjirîn wa batrudhum min giddâm bêtah.* L'homme riche et insolent insulte les mendiants et les chasse de devant sa maison.

sabbab 1 / yisabbib *v. trans.,* forme II, * ṣbb, ص ب ب

♦ **avoir la diarrhée.** •*Sîd al waja' batun yisabbib katîr.* Celui qui a mal au ventre a souvent la diarrhée. •*Al binêye ciribat almi wasxân wa sabbabat damm.* La fille a bu de l'eau sale et a une diarrhée sanglante.

sabbab 2 / yisabbib *v. trans.,* forme II, * sbb, س ب ب

♦ **causer** (être la cause de), **avoir pour conséquence, faire, provoquer.** •*Al karany sabbab lêi wirde.* La rosée m'a donné de la fièvre. •*Al almi al awaltamis da sabbab âkula lê iyâli.* La pluie d'avant-hier a provoqué des démangeaisons chez mes enfants.

sabbâba *pl.,* → *sabbâbi.*

sabbâba 1 / sabbâbât *n. f., Cf. sabba, Syn. darrâr,* * ṣbb, ص ب ب

♦ **entonnoir.** •*Sabbêt fatrôn fî l-jaylûn be sabbâba.* J'ai versé du pétrole dans le bidon à l'aide un entonnoir. •*Aciri lêy sabbâba kabîre lê l-dihin.* Achète-moi un grand entonnoir pour l'huile. •*Bala sabbâba mâ tagdar tusubb al esans fî l-tanki hanâ l watîr.* Sans entonnoir, tu ne pourras pas verser de l'essence dans le réservoir de la voiture.

sabbâba 2 *pl.,* → *sabbâbi.*

sabbâba 3 / sabbâbât *n. f., Syn. câhid,* * ṣbb, ص ب ب

♦ **index.** •*Mâ tiwarwir al-nâdum al kabîr minnak be sabbâbtak !* N'agite pas ton index pour réprimander quelqu'un qui est plus âgé que toi ! •*Al iyâl fî l kilâs yarfa'o sabbabâthum acân yuruddu fî su'âl al mu'allim.* En classe, les enfants lèvent l'index pour répondre à la question du professeur.

sabbâbi / sabbâba *n. m.,* ≅ le pluriel *sabbâbîn, Cf. samsâri,* * sbb, س ب ب

♦ **courtier, intermédiaire.** •*Xâli sabbâbi fî sûg al bagar.* Mon oncle est courtier au marché des vaches. •*Al-sabbâba babgo wâsta bên al baciri wa sîd al bahâyim.* Les courtiers font la médiation entre l'acheteur et le propriétaire des bestiaux.

sabbah 1 / yisabbih *v. intr.,* forme II, * ṣbḥ, ص ب ح

♦ **aller vers l'est.** •*Bagarah kulluhum mâto, hû xalla l hille wa sabbah.* Ses vaches sont toutes mortes, il a quitté le village pour aller vers l'est. •*Anâ mâ na'arfa bakân al humman mâcîn fôgah lâkin ciftuhum sabbaho.* Je ne sais pas où ils vont, mais je les ai vus se diriger vers l'est.

sabbah 2 / yisabbih *v. trans.,* forme II, voir plus haut l'expression *Allah yisabbihna* [bonne nuit !], * ṣbḥ, ص ب ح

♦ **dire bonjour à *qqn.*, souhaiter une bonne journée.** •*Kulla fajur gubbâl ma naftur namci nisabbih jîrâni.* Chaque matin, avant de prendre mon petit déjeuner, je vais dire bonjour à mes voisins. •*Wâjib tisabbih ammak wa abûk gubbâl ma tamci l xidime.* Tu dois saluer ta mère et ton père avant d'aller au travail. •*Lissâ rafîgi mâ ja sabbahâni.* Mon ami n'est pas encore venu me dire bonjour.

sabbah 3 / yisabbih *v. trans.*, *Cf. subhân Allah*, * sbḥ, س ب ح

♦ **louer Dieu, exalter Dieu,** dire la formule *subhân Allah* [que Dieu soit exalté !], pour réparer une omission ou excuser les écarts d'un homme dans son rapport à Dieu. •*Al Imâm sabbah ba'ad al-salâm fî kumâlit al-salâ.* Après avoir donné la paix à la fin de la prière, l'imam a dit : "Que Dieu soit exalté !". •*Al-zôl da gâl coxol cên mâ biwâfig wa axûh al janbah tawwâli sabbah.* Cet homme-là a dit une parole inconvenante ; son frère qui était à côté de lui a aussitôt dit : "Que Dieu soit exalté !".

sabban / yisabbin *v. intr.*, forme II, * ṣbn, ص ب ن

♦ **cesser de pleuvoir.** •*Fî l xarîf kan al wata sabbanat al harrâtîn mâ farhânîn.* Lorsqu'en saison des pluies il cesse de pleuvoir, les cultivateurs ne sont pas contents. •*Al wata sabbanat wa l xalla yibisat.* Il a cessé de pleuvoir et le mil a séché.

sabbân 1 *n. d'act., m.*, ≅ *sabbîn*, * ṣbb, ص ب ب

♦ **versement, fait de verser, transvasement.** •*Sabbân al-dihin min al-tanki fî l-barâmîl da gâsi bala tiyo hanâ kawcu.* Il sera difficile de transvaser l'huile de la citerne dans les fûts si l'on n'a pas de tuyau en caoutchouc. •*Al awîn fî l kartiye induhum sabbân hanâ pâre fî kulla subu'.* Au quartier, les femmes font chaque semaine un versement d'argent à la tontine. •*Al banki mâ indah gurus acân mâ ligi sabbân min sandûg hanâ l-duwân.* La banque n'a plus d'argent parce qu'elle n'a pas reçu le versement de la caisse des douanes. •*Angari min sabbîn al-dihin fî l-nâr !* Prends garde de ne pas verser de l'huile sur le feu !

sabbân 2 *n. d'act., m.*, ≅ *sabbîn*, *Cf. sabb, sabba, sabba lê*, * sbb, س ب ب

♦ **fait d'insulter, d'injurier.** •*Kan mâ tidôri tasma'e sabbân hanâ l-subyân, mâ tamrug be xulgân gusâr.* Si tu ne veux pas entendre les jeunes gens t'insulter, ne sors pas avec des vêtements courts. •*Al iyâl al mâ mu'addabîn birîdu l-sabbân kan zôl harajâhum.* Les enfants mal élevés aiment injurier celui qui les gronde.

sabbar / yisabbir *v. trans.*, forme II, *Syn. hammad 2*, * ṣbr, ص ب ر

♦ **faire patienter, consoler, faire accepter une situation,** amener *qqn.* à accepter son sort. •*Hû sabbar ammah ba'ad môt hanâ abuh.* Il a consolé sa mère après le décès de son père. •*Al mardân bidôr babki lâkin rufugânah sabbaroh.* Le malade voulait pleurer, mais ses amis l'ont consolé en lui faisant accepter sa situation. •*Hû fagari marra wâhid lâkin Allah sabbarah mâ basrig.* Il est très pauvre, mais Dieu lui a permis d'accepter son sort ; il ne vole pas.

sabbâr / sabbârîn *adj. n. m. mrph. intf.*, (*fém. sabbâra*), voir le *Syn. sabûr.*

sabbâra 1 *adj. n. f.*, → *sabûr.*

sabbâra 2 / sabbârât *n. f.*, connu au *Sdn.* (*C.Q.*), ne pas confondre avec *termûs*, * ṣbr, ص ب ر

♦ **thermos, bouteille thermos.** •*Maryam sabbat al-câhi l hâmi fî l-sabbâra.* Mariam a mis le thé chaud dans la bouteille thermos. •*Al mara sabbat al gahwa fî l-sabbâra wa maragatha lê l-rujâl.* La femme a mis le café dans le thermos et l'a apporté aux hommes.

sabbat / yisabbit *v. trans.*, forme II, * ṯbt, ث ب ت

♦ **affermir, assurer, fixer, fonder.** •*Al mara sabbatat galibha fî bêtha.* La femme s'est bien installée chez elle [a fixé son cœur dans sa maison]. •*Sôsal yisabbit bêtah be dûliye kabîr.* Sossal renforce sa maison avec un pilier. •*Hârûn sawwo lêyah maktûb sabbatoh fî xidimtah.* Ils ont écrit une lettre à Haroun pour le confirmer dans son travail [pour le fixer dans son travail].

sabbatân *n. m.*, → *sabbitîn.*

sabbîn *n. d'act.*, → *sabbân.*

sabbitîn *n. m.*, * ṯbt, ث ب ت

♦ **stabilisation, affermissement, fixation, confirmation,** fait d'affermir, de rendre dur, stable. •*Sabbitîn al-ligdâbe di bidôr sulûk wa masâmir.* Pour que ce hangar soit stable, il faut l'arranger avec du fil de fer et des clous. •*Sabbitîn al-sirge fôgah da mâ sahi.* Ce n'est pas vrai : il n'a pas reconnu avoir volé. •*Sabbitîn al bêt hanâ Mahammat da min abuh.* La stabilité du foyer de Mahamat est l'œuvre de son père .

sabbûra / sabbûrât *n. f.*, * sbr, س ب ر

♦ **tableau.** •*Be xacabay wa samux wa dagîg hanâ hajar battâriye, sawwêt sabbûra saxayre lê iyâli yaktubu fôgha.* Avec une planche, de la gomme arabique et de la poudre de vieilles piles, j'ai fait un petit tableau sur lequel mes enfants écrivent. •*Al iyâl yicîfu katib hanâ l mêtrât fî l-sabbûra wa yil'allamo yaktubu.* Les enfants regardent l'écriture des professeurs sur le tableau et ils apprennent ainsi à mieux écrire.

sabhâni / sabhâniyîn *adj.*, (*fém. sabhâniye*), *Cf. cargâniye*, * ṣbḥ, ص ب ح

♦ **oriental(e), qui est à l'est,** qui vient de l'est ou qui est orienté à l'est. •*Al buyût al-sabhâniyîn dôl, mâ induhum nâs.* Ces maisons qui sont à l'est sont inhabitées. •*Al kanîsa gâ'ide fî nuss al-sabhâni lê mahall al askar.* L'église se trouve à l'est du terrain militaire. •*Cîf al bagaray al-sabhâniye di, hî mardâne !* Regarde cette vache qui est à l'est, elle est malade !

sabi / subyân *adj.*, (*fém. sabiye*), *Cf. farfôri*, * ṣbw, ص ب و

♦ **jeune homme, jeune fille, jeunes gens.** •*Al-sabi da yôm arûsah, hû farhân.* Ce jeune homme a été heureux le jour de son mariage. •*Al binêye l-sabiye di samhe bilhên !* Cette jeune fille est très belle ! •*Al-subyân wa l banât bal'abo nuggâra yôm al îd.* Les jeunes gens et les jeunes filles dansent au rythme du tambour le jour de la fête.

sâbi' *adj.*, nombre ordinal, (*fém. sâb'e*), * sbʕ, س ب ع

♦ **le septième.** •*Al-sabit al yôm al-sâbi' fî l usbu'.* Le samedi est le septième jour de la semaine. •*Kulla saxîr kan wildoh yantuh usum fî l yôm al-sâbi'.* Chaque nouveau-né reçoit son nom le septième jour après sa naissance.

sabîb 1 *n. coll., sgtf. sabîbay*, * sbb, س ب ب

♦ **crin, poil de la queue.** •*Binêyti, ca'arha sameh wa tuwâl misil sabîb al-xêl !* La chevelure de ma fille est aussi longue et lisse qu'une queue de cheval ! •*Be sabîb al-zarâf, al awîn barbutu xaraz wa matammanât fî rugâbhum.* Les femmes enfilent des pierres précieuses et des pièces d'or sur des crins de girafe pour se faire des colliers. •*Yâ wilêdi, al binêye di ji'âne sabîbe, wa aryâne dabîbe !* Mon enfant, cette fille est affamée, maigre comme un crin de cheval, et nue comme un serpent !

sabîb 2 *n. m.*, *Cf. ambitêne*, * ṣbb, ص ب ب

♦ **diarrhée, courante, colique.** •*Sabîb hanâ l wilêd da almi bas, coxolah kôlêra.* La diarrhée de cet enfant n'est que de l'eau, il a le choléra. •*Fî awwal al xarîf, sabîb hanâ l bagar axadar.* Au début de la saison des pluies, la diarrhée des vaches est verte. •*Al wilêd kan sunûnah garîb bamurgu bamuskah sabîb.* Lorsqu'un enfant a les dents prêtes à sortir, il a la diarrhée.

sabîl *n. m.*, dans l'expression *fî sabîl al...* [sur le chemin de…], * sbl, س ب ل

♦ **pour l'amour de, pour la cause de.** •*Al muslimîn mâto cuhada fî sabîl Allah.* Les musulmans sont morts martyrs pour la cause de Dieu. •*Al-zaka bigassumûha lê l atâma fî sabîl Allah.* On distribue l'aumône aux orphelins pour l'amour de Dieu. •*Wilêdi marag sawra fî sabîl al watan.* Mon fils est parti rejoindre la rébellion pour défendre la patrie.

sâbine *n. f.*, → *sabne.*

sâbir / sâbirîn *adj. n. m. mrph. part.* actif, (*fém. sâbire*), *Cf. sabar*, moins employé que *sabûr*, → *sabûr*, * ṣbr, ص ب ر

♦ **patient(e), résigné(e), qui sait supporter.** •*Anâ sâbir be l-ta'ab.* Je me suis résigné à souffrir. •*Al amm sâbire lê furga hint wilêdha.* La mère supporte avec patience que son fils soit séparé d'elle. •*Al-sâyimîn sâbirîn fî l-ju' wa l atac.* Ceux qui jeûnent savent supporter la faim et la soif.

Sâbir *n. pr.* d'homme, *litt.* patient, *Cf. sabûr*, * ṣbr, ص ب ر

(al)-sabit nom d'un jour de la semaine, *masc.*, pour *yôm al-sabit*, * sbt, س ب ت

♦ **samedi.** •*Yôm al-sabit, al yôm al-sâbi' fî l usbu'.* Le samedi est le septième jour de la semaine. •*Al-sana l fâtat karabna Ramadân be yôm al-sabit.* L'an dernier, nous avons commencé le Ramadan un samedi.

sâbit / sabtîn *adj.*, (*fém. sâbte*), * ṯbt, ث ب ت

♦ **stable, fixé(e), immobile, calme, tranquille, solide.** •*Al-durdur da sâbit adîl al almi mâ bagdar barmih.* Ce mur est très solide, la pluie ne pourra pas le faire tomber. •*Al mara di sâbte fî bêtha mâ tifattic kalâm al-dunya.* Cette femme est tranquille chez elle, elle ne cherche pas querelle. •*Al-lugdâbe di mâ sâbte adîl, taga' fî l xarîf.* Ce hangar n'est pas bien fixé, il s'écroulera en saison des pluies.

Sâbit *n. pr.* d'homme, → *sâbit*, * ṯbt, ث ب ت

sâbix / sâbixîn *adj. mrph. part.* actif, (*fém. sâbixa*), * sbq, س ب ق

♦ **ancien (-enne), précédent(e), antérieur(e),** qui devance les autres et arrive le premier. •*Al-Zabûr, Allah nazalah lê umma sâbixa.* Dieu a fait descendre les Psaumes du ciel pour un peuple ancien. •*Al-Ra'îs al-sâbix hanâ junûb Ifrîxiya hârab nizâm hanâ l-tafrixa fî baladah.* L'ancien Président d'Afrique du Sud a combattu l'apartheid dans son pays.

sâbne *n. f.*, *Ant. îne*, ≅ *sâbine*, * ṣbn, ص ب ن

♦ **arrêt de la pluie, période sans pluie,** moment où la pluie s'arrête dans la première partie de la saison des pluies. •*Kan al-sâbne jât, anâ nisâfir.* Lorsque la pluie s'arrêtera, je partirai en voyage. •*Xufna lê l-sabne titawwil wa kulla l xadâr yaybas.* Nous avons eu peur que l'arrêt de la pluie ne se prolonge et que tous les légumes sèchent.

sabsab / yisabsib *v. trans.*, forme II, * ṣbb, ص ب ب

♦ **répartir, partager, diviser.** •*Sabsibi lêna l mulâh da ajala fî l-tâsât !* Répartis vite la sauce dans nos petites cuvettes ! •*Al mandanya yisabsubu budâ'ithum kîmân kîmân fî l-sûg.* Les petits vendeurs au détail disposent leurs marchandises en plusieurs tas au marché.

sâbûn / sawâbîn *n. m. coll.*, *sgtf. sâbunay*, le mot français est venu du latin, emprunt *irn.* (*Mu.*) ou grec (*C.Q.*), * ṣbn, ص ب ن

♦ **savon.** •*Tcâd indaha carika hint sâbun fî Mundu.* Le Tchad a une usine de savon à Moundou. •*Sâbun ômo mâ tagdar tilbarrad bêya, aciri sâbûn* Cotontchad *tilbarrad wa tixassil.* Tu ne peux pas te laver avec de l'Omo, achète du savon Cotontchad pour te laver et faire ta lessive.

sabur *n. m.*, * ṣbr, ص ب ر

♦ **patience.** •*Al-sabur nasur.* La patience donne la victoire. *Prvb.* •*Axadim be sabur acan talga ma'îctak !* Travaille avec patience pour trouver ce dont tu as besoin pour vivre !

sabûr / sabûrîn *adj.*, (*fém. sabûra*), *Syn. sabbâr, sabbâra, sâbir*, * ṣbr, ص ب ر

♦ **patient(e), persévérant(e), constant(e), calme.** •*Al-râjil da sabûr bilhên.* Cet homme est très patient. •*Al-rujâl dôl sabûrîn kan mâ ke bamcu backûni bakân al-sultân.*

Ces hommes-là sont calmes, sinon ils seraient allés chez le sultan pour porter plainte contre moi.

Sabûra *n. pr.* de femme, *litt.* patiente, *Cf. sabûr*, * ṣbr, ص ب ر

sâd / yisîd *v. trans.*, forme I n° 10, *Cf. ganas*, * ṣyd, ص ي د
♦ **chasser, prendre à la chasse,** aller à la chasse. •*Al-sayyadîn sâdo sêd katîr.* Les chasseurs ont pris beaucoup de gibier. •*Zamân al-râjil bisîd be nuccâb wa harba wa kurbaj, wa hassâ be bundug.* Autrefois, l'homme chassait avec un arc et des flèches, une lance et un couteau de jet, mais à présent il chasse avec un fusil.

sâda *invar.*, * syd, س ي د
♦ **pur(e), simple, sans mélange, unicolore.** •*Kan macet al-sûg, aciri lêi laffay sâda !* Si tu vas au marché, achète-moi un pagne unicolore ! •*Subb lêi câhi sâda, nifartig bêyah al aya !* Verse-moi du thé sans sucre, qu'il m'ôte la fatigue ! •*Al-saxîr al-saxayar basguh almi sâda.* On donne à boire de l'eau pure au bébé.

sâdâ *pl.*, → *sayyid.*

sadaf / yasduf *v. trans.*, forme I n° 1, *Syn. sâdaf*, * ṣdf, ص د ف
♦ **rencontrer par hasard, coïncider par chance avec, bien tomber, arriver au bon moment.** •*Jayyitak di xêr, sadafat lêna ma'â ayâm al îd.* Ta venue est de bon augure, elle coïncide avec nos jours de fête. •*Humman gâ'idîn baktulu l-dûd, wa anâ jît sadaftuhum.* Ils étaient en train de tuer le lion, et je suis arrivé au bon moment pour les aider. •*Al-Ramadân al-sane sâdaf lêna ma'â l-cite.* Cette année, le Ramadan est tombé en hiver. •*Al-zigêge al-jibtah lêi da, sâdaf lêi ma'â jayyit al-dîfân, sadda lêi acîr marra wâhid.* Les friandises que tu m'as rapportées de voyage arrivent juste à point, au moment où nous avons des hôtes ; elles ont voilé ce qui aurait été ma honte de ne rien avoir à leur offrir. •*Anâ sâdaftah fî l-derib mâci be biskilêtah.* Je l'ai rencontré sur le chemin, il allait à bicyclette. •*Axîdtak di hassâ ajjilha, tisâdif lêna ma'â l xarîf wa tita''ibna : watâyir mâ fî wa l hatab layyin wa l bakân tîne !* Reporte à plus tard ton mariage, il tombe au moment de la saison des pluies et nous causerait bien des ennuis [nous ferait souffrir] : les véhicules ne circulent plus, le bois est mouillé et il y a partout de la boue !

sâdaf / yisâdif *v. trans.*, forme III, *Cf. lâga*, voir le *Syn. sadaf*, * ṣdf, ص د ف

sâdafân *n. d'act.*, → *sâdifîn.*

sadag *n. m.*, → *sudug.*

sâdag / yisâdig *v. trans.*, forme III, * ṣdq, ص د ق
♦ **vivre en concubinage.** •*Xalîl râjil afîf, mâ sâdag fî hayâta.* Khalil est un homme chaste, jamais de sa vie il n'a vécu en concubinage avec une femme. •*Hû sâdagaha induhum santên wa l-sultân nâdahum, faracâhum wa sajanâhum.* Il a vécu en concubinage avec elle pendant deux ans, le sultan les a convoqués, fouettés et mis en prison.

sâdar / yisâdir *v. trans.*, forme III, * ṣdr, ص د ر
♦ **confisquer, saisir la marchandise.** •*Al-duwân sâdar al budâ'a hint al barcâta.* La douane a saisi les marchandises venues en contrebande. •*Al bôlis sâdar mublêti acân mâ indi faktîr.* Les policiers ont confisqué ma mobylette parce que je n'avais pas de facture.

sadâx *n. m.*, *Cf. ma'akâl, agôd,* ≅ *sidâx*, * ṣdq, ص د ق
♦ **dot.** •*Al-sadâx bijîbu yôm al fâte.* On apporte la dot le jour du mariage. •*Abu l binêye mâ dawwar sadâx katîr.* Le père de la fille n'a pas voulu une grosse dot. •*Al-sultân nagas taman al-sadâx acân al-banât mâ yi'azzubu.* Le sultan a diminué le montant des dots pour que les filles ne deviennent pas des célibataires. •*Al-râjil, kan tallag al mara, mâ bicîl minnaha sadâx al axâdaha bêyah.* Lorsqu'un homme

répudie sa femme, il ne peut pas reprendre la dot qui lui a permis d'épouser cette femme. •*Hassâ l axîde sadâxha be gurus wa dahab, lâkin zamân be bagar wa albil.* A présent, la dot se paye avec de l'argent et de l'or, mais autrefois c'était avec des vaches et des chameaux.

sadaxa / sadaxât *n. f.*, * ṣdq, ص د ق
♦ **aumône, sacrifice,** sacrifice rituel pour un mort. •*Al-sadaxa kammalat ba'ad talâte yôm.* Le sacrifice s'est achevé au bout de trois jours. •*Gassim sadaxa lê l atâma kan indak gurus katîr !* Si tu as beaucoup d'argent, donne l'aumône aux orphelins ! •*Al-sadaxât tanfa' al maytîn.* Le sacrifice est utile pour les morts. •*Al bala barfa'oh be l-sadaxât.* On chasse [on soulève] une calamité par l'aumône (*i.e.* par la solidarité).

sadâxa *n. f.*, *Cf. sadîg*, * ṣdq, ص د ق
♦ **amitié.** •*Madrasat al-Sadâxa janb sûg al kôlêra.* L'école de l'Amitié est près du marché Choléra. •*Anâ mâ nisît al-sadâxa al ambênâtna, lâkin mâ ligît wakit bas katabt lêk.* Je n'ai pas oublié l'amitié qu'il y a entre nous, mais je n'ai pas trouvé de temps pour t'écrire.

sadâyid *pl.*, → *sidâde.*

sâdd / sâddîn *adj. mrph. part.* actif, (*fém. sâdde*), *Cf. sadda*, * sdd, س د د
♦ **qui a fermé, qui a caché, qui a recouvert.** •*Abbakar, râjil raxbân, talgah kulla yôm sâdd bâb bêtha.* Abakar est un homme avare, tu constateras que tous les jours il tient fermée la porte de sa maison. •*Al arûs sâdde wijihha be l farde, nâdum ke mâ ya'arifha illa râjilha.* La mariée a caché son visage avec un pagne, seul son mari peut la reconnaître. •*Fî l-Sahara talgâ l-nâs sâddîn uyûnhum wa xucûmhum be kadâmîl.* Au Sahara, tous les gens rencontrés portent un turban qui leur cache les yeux et la bouche.

sadda / yisidd *v. trans.*, *Cf. xatta* ; forme I n° 11, * sdd, س د د
♦ **fermer, enfermer,** fermer un espace ou un volume. •*Al-râjil sadda bêtah min al-sarrâgîn.* L'homme a fermé sa maison pour la protéger des voleurs. •*Immi sadda ijilah fî l-zerîbe.* Mon oncle a enfermé son veau dans l'enclos. •*Sidd xacumak min al-dubbân !* Ferme la bouche pour que les mouches n'y entrent pas !

sadda l acîr / yisidd al acîr expression, *Syn. satar al hâl, litt.* fermer le secret, * sdd, ʿšr, س د د • ع ش ر
♦ **ôter tout soupçon, éviter la honte, empêcher le scandale, sauvegarder l'honneur.** •*Mâ indina ceyy nisawwuh lê l-dîfân, wa inta jibt lêna câhi wa sukkar, saddêt acîrna.* Nous n'avions rien à offrir à nos invités ; tu nous as apporté du sucre et du thé, tu nous as évité la honte. •*Bint immak bigat mara tamme, âxudha sidd acîrna !* Ta cousine est devenue adulte, épouse-la pour sauvegarder notre honneur ! •*Katalo nâdum wa zagaloh fî xacum bêt jâri, Allah yinajji min al-dimme wa yisidd acîrah !* On a tué quelqu'un qu'on a jeté devant la porte de mon voisin. Que Dieu épargne à celui-ci le prix du sang à payer et écarte tout scandale !

saddad / yisaddid *v. trans.*, forme II, * sdd, س د د
♦ **fermer hermétiquement, boucher un trou, recouvrer une créance.** •*Saddid nugâr al fâr al-sawwâhum fî l bêt !* Bouche les trous que les souris ont faits dans la maison ! •*Saddado l xabur be l-dringêl wa l-tîne.* Ils ont fermé la tombe avec des briques et de la boue. •*Kan jîtu mârgîn, saddudu l bîbân !* Lorsque vous sortirez, fermez bien les portes [si vous allez sortant, fermez les portes] ! •*Al-tâjir maca l banki yisaddid duyûnah.* Le commerçant est allé à la banque recouvrer ses créances.

saddân *n. d'act., m.*, ≅ *saddîn, Ant. fatahân,* expression *saddân (saddîn) al acîr* → *sadda l acîr*, * sdd, س د د
♦ **fermeture, fait de fermer.** •*Abbahât al iyâl kulluhum mâ farhânîn be saddân al-lekkôlât.* Tous

les parents d'élèves sont mécontents de la fermeture des écoles. •*Nijêrya gammat be saddân hanâ hudûdha ma'â kulla l buldân al mujâwirînha.* Le Nigeria s'est mis à fermer ses frontières avec tous les pays limitrophes. •*Hummân birîdu saddân hanâ bâb bêthum gubbâl al harray mâ taga'.* Ils aiment fermer la porte de leur maison avant la tombée du soleil.

saddax 1 / yisaddix *v. trans.*, forme II, *Cf. âman*, * ṣdq, ص د ق
♦ **croire, faire confiance.** •*Al kaddâb mâ bisadduxuh.* On ne fait pas confiance au menteur. •*Kulla l mu'minîn yisadduxu kalâm al-rusul.* Tous les croyants croient aux paroles des envoyés de Dieu.

saddax 2 / yisaddix *v. trans.*, forme II, * ṣdq, ص د ق
♦ **donner l'aumône, donner en cadeau,** faire l'aumône. •*Îdah yabse, mâ yagdar yisaddix lê l masâkîn.* Il est sans ressources, il ne peut pas donner l'aumône aux pauvres. •*Al-nâs yisadduxu katîr fî ayyâm îd al-Ramadân.* Les gens font souvent l'aumône pendant les jours de fête du Ramadan. •*Saddixi l êc da lê l muhâjirîn !* Donne cette boule en aumône aux mendiants !

saddîn *n. d'act., m.*, → *saddân.*

sâdifîn *n. d'act., m.*, ≅ *sâdafân*, * ṣdf, ص د ف
♦ **rencontre, arrivée au bon moment, fait de rencontrer, fait de coïncider.** •*Sâdifîn al-laham yôm al îd, ille fajur.* Les jours de fête, on ne trouve de la viande que le matin. •*Sâdinfînak lêi kulla min axxirîn al-taksi, kan mâ ke, anâ macêt.* Tu as pu me rencontrer à cause du retard du taxi, sinon je serais déjà parti.

sadîg / sudugân *adj.*, (*fém. sadîge*), *Syn. moxoy*, terme qui peut prendre un sens grossier, * ṣdq, ص د ق
♦ **petit(e) ami(e), concubin(e), fiancé(e).** •*Hî ligat lêha sadîg adîl.* Elle a trouvé un bon fiancé. •*Humman dôl lê hassâ gâ'idîn sudugân lissâ mâ al'âxado.* Jusqu'à présent, ceux-là ne se sont pas mariés, ils sont restés concubins. •*Al-sabi da axad binêye âxara wa xallâha lê sadigtah.* Ce jeune homme a épousé une autre jeune fille et a laissé sa petite amie.

sâdis *adj. m.*, → *sâti'.*

sadîx / asdixa' *adj.*, (*fém. sadîxa*), terme de l'*ar. lit.*, *Cf. sadîg*, * ṣdq, ص د ق
♦ **ami(e).** •*Al-duwal al asdixa' hanâ Tcâd jâbo musâ'ada wakit al waba' hanâ l kôlêra.* Les pays amis du Tchad ont apporté de l'aide lorsqu'il y a eu l'épidémie de choléra. •*Al-râjil da sadîxah lê abui.* Cet homme est l'ami de mon père.

sâdse *adj. f.*, → *sâti'.*

sadur / sudûr *n. m.*, * ṣdr, ص د ر
♦ **poitrine, thorax.** •*Al barid kan ja, saduri bôjâni.* Lorsque le froid arrive, j'ai mal à la poitrine. •*Nahadin saxîri fî saduri.* Je porte mon enfant sur ma poitrine.

Safa *n. pr.* de femme, femme du Prophète, nom du rocher près de La Mecque, ≅ *Saffay*, → *umra 2*, * ṣfw, ص ف و

safâfe *pl.*, → *saff 1.*

safâfîr *pl.*, → *suffâra.*

safag *n. m.*, *Syn. saffigîn*, * ṣfq, ص ف ق
♦ **applaudissement, battement de main.** •*Wakit câfoh jâyi lêhum, simi'na safag al-nâs misil al-caxtur.* Lorsqu'ils l'ont vu arriver vers eux, on a entendu les applaudissements crépiter comme la pluie d'un orage. •*Idêni wirimo min kutur al-safag fî l-li'ib.* Mes mains sont enflées à force de les avoir frappées durant la danse.

safah *n. m.*, → *safâha.*

safâha *n. f.*, *Cf. safîh*, *Syn. safah, safâhiye*, * sfh, س ف ه
♦ **sottise, folie, bêtise, gaspillage, vie de débauche,** manque d'intelligence, de sagesse ou de prudence. •*Xalâs, mâ titallufu*

gurusku, wakt al-safâha kammal, fakkuru ciyya fî mustaxbalku ! Arrêtez de gaspiller votre argent, le temps des sottises est terminé, pensez un peu à votre avenir ! •*Al-safâha mâ tizîd al-zôl, illa tukussah wara.* Le gaspillage ne fait pas progresser l'homme, mais au contraire le fait reculer. •*Safâhit kabîrna tallafat munazzamitna.* La bêtise de notre chef a gâché notre organisation. •*Min ciddit safâhîtah gamma dagga abuh !* Au comble de sa folie, il a frappé son père !

safâhiye *n. f.*, → *safâha*, * sfh, س ف ه

safâin *pl.*, → *safîne.*

safâlîg *pl.*, → *safalôga.*

safalôga / safâlîg *n. f.*, *qdr.*, hypothèse sur la racine qui évoque la longueur (*Ka.*), *saflâka* "éponger" en arabe *égy.* (*H.W.*), terme utilisé à Abéché, *Syn. ambowwâla*, * sflj, س ف ل ج

♦ **gargouille en terre.** •*Safalôga hint bêti ankassarat wa l almi akal al-durdur.* La gargouille en terre de ma maison s'est cassée, et l'eau a creusé le mur. •*Nidôr nabni, fattic lêi safâlîg najîdîn !* Je veux construire une maison, cherche-moi des gargouilles en terre bien cuites !

safar / safarât *n. m.*, * sfr, س ف ر

♦ **voyage, tournée.** •*Anâ xallêt al-safar acân bigît mardân.* J'ai renoncé à mon voyage parce que j'étais tombé malade. •*Al-safar be l-tayyâra halu bilhên !* Le voyage en avion est très agréable ! •*Mâ indina xabar be safarak.* Nous n'avons pas été mis au courant de ton départ en voyage.

safâr *n. m.*, * ṣfr, ص ف ر

♦ **le jaune,** la couleur jaune ou jaunâtre. •*Al wilêd mardân, al-safâr bâyin fî uyûnah.* L'enfant est malade, ses yeux prennent une couleur jaune. •*Safâr hanâ l xalag da misil warcâl al-cadar al bidôr baybas.* La couleur jaune de ce vêtement est comme celle des feuilles d'arbres qui s'assèchent.

sâfar / yisâfir *v. trans.*, forme III, * sfr, س ف ر

♦ **voyager, partir en voyage.** •*Abui sâfar fî l Kamrûn.* Mon père est parti en voyage au Cameroun. •*Al-sana al-jâye akûn nisâfir namci nuzûr ahali.* Je partirai peut-être l'année prochaine pour aller rendre visite à ma famille.

safâra / safârât *n. f.*, * sfr, س ف ر

♦ **ambassade.** •*Al yôm anâ ma'azûm mâci nâkul fî l-safara hint Cîn.* Aujourd'hui je suis invité, je vais manger à l'ambassade de Chine. •*Nâs al-safâra hint Kamrûn bidôru bicîlu xaddâmîn.* Les responsables de l'ambassade du Cameroun veulent recruter des travailleurs. •*Hû mâci l-safâra bicîl maktûb hanâ l-safar.* Il va à l'ambassade prendre un papier pour le voyage.

safârîg *pl.*, → *safarôg.*

safarmôd *n. vég.*, *coll.*, *m.*, *sgtf. safarmoday*, ≅ *siparmôd, caparmôd, safarmôt.*

♦ **nom d'un arbre, eucalyptus, Eucalyptus camaldulensis (Dehnhardt),** famille des myrtacées. •*Al-safarmôd bisawwu bêyah itir.* On fait du parfum avec l'eucalyptus. •*Al-safarmôd dawa lê l-zuxma kan fawwaroh be almi.* Les feuilles d'eucalyptus bouillies dans de l'eau sont un médicament contre le rhume.

safarmôt nom d'arbre, *coll.*, → *safarmôd.*

safarôg / safârîg *n. m.*, *qdr.*, connu au *Sdn.* racine d'après (*C.Q.*).

♦ **gourdin, bâton de jet,** gros bâton en bois de savonnier ayant la forme d'un boomerang, qu'on lance au ras du sol pour briser les pattes du gibier ou des voleurs. •*Al haddâdi najar safârîg lê l gannâsin.* Le forgeron a taillé des bâtons de jet pour les chasseurs. •*Al iyâl zarago jidâdit xala be l-safarôg.* Les enfants ont lancé un bâton de jet sur la pintade. •*Al gardi kassar rijil al-sarrâg be safarôg.* Le gardien a cassé la jambe du voleur avec un gourdin. •*Jâri ma bilaffat, kan allaffat al-dunya haffat... Da l-*

safarôg. Il court sans se retourner, s'il se retourne c'est la fin du monde... C'est le bâton de jet. *Dvnt.* •*Safarôgi wên ?* Où est mon bâton de jet ?

safâya *pl.*, → *safîhe.*

safâyeh *pl.*, → *safiye.*

safâyin *pl.*, → *safîne.*

saff 1 / safâfe *n. m.*, * ṣff, ص ف ف

♦ **côte, côtelette.** •*Amis wagêt min al watîr, safâfêyi bôjôni.* Hier, je suis tombée de voiture, j'ai mal aux côtes. •*Tucci lêna saff hanâ kabic !* Grille-nous une côtelette de mouton !

saff 2 / sufûf *n. m.*, * ṣff, ص ف ف

♦ **rang, rangée.** •*Agûfu saff wâhid bas !* Mettez-vous sur une seule rangée ! •*Al askar wigifo saff wâhid giddâm kabîrhum.* Les soldats se sont mis en rang devant leur chef.

saffa 1 / yisaffi *v. trans.*, forme II, * ṣfw, ص ف و

♦ **extraire, presser, essorer, filtrer, purifier,** obtenir un liquide clair et propre par pression ou filtrage. •*Al-makana saffat al-dihin fî l barâmîl.* La machine a pressé l'huile qu'on a mise dans des touques. •*Al mara tisaffi l-dihin min al kackâc.* La femme filtre l'huile de friture pour en extraire les graillons. •*Al-râjil yisaffi l laban min al-sûf be l-tême.* L'homme filtre le lait avec un tamis pour en ôter les poils. •*Al xalag kan xassaltah wa saffah bigi mukarcam.* Après avoir été lavé et essoré, un vêtement est froissé.

saffa 2 / yusuff *v. trans.*, forme I n° 5, * sff, س ف ف

♦ **priser** (tabac), **prendre avec les lèvres,** manger en prenant avec les lèvres un aliment en poudre. •*Hû yusuff tumbâg kulla yôm namman callûftah ambaratat.* Il prise du tabac tous les jours au point que sa lèvre est écorchée. •*Fâtime, adhare l wilêd da, mâ yusuff al-sukkar, bisawwi lêyah waja' batun.* Fatimé, empêche cet enfant de manger le sucre en poudre en y plongeant sa bouche, cela va lui faire mal au ventre. •*Aturdu l xanam dôl xâdi, mâ yusuffu lêi al-dagîg.* Chassez loin d'ici ces chèvres, qu'elles ne viennent pas manger ma farine.

saffag / yisaffig *v. trans.*, *Syn. tabtab* ; forme II, * ṣfq, ص ف ق

♦ **applaudir.** •*Al iyâl saffagoh lê l wilêd al marag nimra wâhid fî l kilâs.* Les enfants ont applaudi celui qui a été le premier de la classe. •*Saffugu, al-Ra'îs jâyi !* Applaudissez ! Le Président arrive !

saffagân *n. d'act., m.*, → *saffigîn.*

saffân *n. d'act., m.*, → *saffîn.*

saffar 1 / yisaffir *v. trans.*, forme II, * sfr, س ف ر

♦ **faire voyager, envoyer *qqn.* à l'étranger.** •*Hû saffar martah fî Fransa wa gâ'id azab.* Il a envoyé sa femme en France et est resté seul. •*Hî, kulla sane, tisaffir iyâlha fî Sûdân.* Chaque année, elle envoie ses enfants au Soudan.

saffar 2 / yisaffir *v. trans.*, forme II, * ṣfr, ص ف ر

♦ **jaunir, roussir.** •*Fî l-sêf, kulla warcâl al-cadar yisaffir.* En été, toutes les feuilles des arbres jaunissent. •*Al-nâdum kan mardân be wirde amxibbiye, bôlah yisaffir.* Lorsque quelqu'un a une fièvre intermittente, son urine devient très jaune. •*Wilêdi uyûnah saffaro acân indah abunsifêr.* Mon enfant a les yeux jaunes parce qu'il a un ictère. •*Kadâr naji min al-sûg da, saffiri l basal !* Le temps que je revienne du marché, fais roussir les oignons !

saffar 3 / yisaffir *v. intr.*, forme II, * ṣfr, ص ف ر

♦ **siffler.** •*Al-sarrag saffar lê rafîgah acân sîd al-dukkân ja.* Le voleur a sifflé pour avertir son ami que le propriétaire de la boutique était arrivé. •*Al bôlîs saffar lê sîd al-taksi.* Le policier a sifflé pour arrêter le chauffeur du taxi.

saffarân *n. d'act., m.*, → *saffirîn.*

saffâri / saffârîn *adj.*, (*fém. saffâriye*), * ṣfr, ص ف ر

♦ **siffleur, joueur de trompette, joueur de flûte.** •*Hû saffâri, kan saffar lê xanamah kulluhum yaju lêyah.* Il sait bien siffler ; lorsqu'il siffle tous les moutons viennent vers lui. •*Al-câyib al mâ indah sunûn da saffâri, yanfxûx al bûk marra wâhid.* Ce vieil homme qui n'a plus de dents est un excellent joueur de trompette. •*Mâ fî binêye ke saffâriye misilha be suffart al gasab !* Aucune fille ne sait jouer du pipeau aussi bien qu'elle !

saffay 1 / saffayât nom, *f.*, peut être emprunt au Syr. (*Mu.*), *Cf. dabak*, * ṣfw, ص ف و

♦ **rocher plat, plaque de rocher, affleurement de la roche,** rocher plat et lisse. •*Al banât marago fî l-lêl yal'abo fî l-saffay.* Les filles sont sorties la nuit pour danser sur le rocher plat. •*Fî usut zerêna saffay malsa wa kabîre nuduggu fôgha l xalla.* Au milieu de notre champ, il y a un gros rocher plat et lisse sur lequel nous battons le mil. •*Al awîn bucurru xalla fî l-saffay.* Les femmes étendent le mil au soleil sur l'affleurement de la roche.

saffay 2 / saffayât *n. f.*, → *safa*, * ṣfw, ص ف و

♦ **filtre, passoire,** linge dans lequel on presse un liquide à filtrer, tapis de paille permettant à l'eau tirée du puits de rester propre et d'être jetée dans l'abreuvoir sans se mêler à la terre. •*Al-tabbâri yisill al almi min al bîr wa yusubbah fî l-saffay acân yamci fî l hôt nadîf.* Le puiseur d'eau retire l'eau du puits et la verse sur une botte de paille pour qu'elle arrive propre à l'abreuvoir. •*Al-saffay hint al-câhi di, gudûdha wusa' mâ talzam al-tifil.* Les interstices de cette passoire à thé sont trop larges pour retenir les brins de thé. •*Mâ tixalli mucuk al amtab'aj fî l-saffay, bisawwi fôgha rîhe !* Ne laisse pas le marc de la bière légère dans le filtre, cela l'imprégnerait d'une mauvaise odeur !

saffe / saffât *n. f.*, * sff, س ف ف

♦ **bouchée, chique** (tabac), volume de farine ou de tabac pouvant être pris avec les lèvres. •*Mahammat antîni saffe wahade hint xalla !* Mahamat, donne-moi une bouchée de farine de mil ! •*Al-saffe l wahade mâ bitaktul al-ju'.* Une bouchée ne chasse pas la faim. •*Al-Sûdâni câl saffe hint tumbâk.* Le Soudanais a pris une chique de tabac.

saffigîn *n. d'act.*, *m.*, ≅ *saffagân*, *Syn. safag*, * sfq, ص ف ق

♦ **applaudissement,** fait d'applaudir. •*Saffigînku da mâ hârr.* Votre applaudissement n'est pas fort. •*Min fajur nasma' zaxrât wa saffigîn fî bêt jâri âkûn indah farah ?* Depuis le matin, j'entends des you-yous et des applaudissements dans la maison de mon voisin, peut-être fête-t-il un événement heureux ?

saffîn *n. d'act.*, *m.*, ≅ *saffân*, * ṣfw, ص ف و

♦ **filtrage, pressurage,** fait d'extraire un produit par filtration ou pressurage dans un linge. •*Saffîn al xalla min almi mâ gâsi bilhên.* Extraire le mil en le séparant de l'eau dans lequel il a trempé n'est pas une opération très difficile. •*Hî mâ tirîd saffîn al-dihin acân bôja fî l îd.* Elle n'aime pas presser de la pâte pour en extraire de l'huile parce que cela fait mal à la main.

saffirîn 1 *n. d'act.*, *m.*, *Cf. saffar 1*, * sfr, س ف ر

♦ **fait de faire voyager.** •*Al-saffirîn hanâ l hujjâj gâsi.* C'est difficile de faire voyager les pèlerins. •*Saffirîn hanâ nâs bêti da kallaf ma'âi gurus katîr.* Faire voyager ma famille m'a coûté beaucoup d'argent.

saffirîn 2 *n. d'act.*, *m.*, *Cf. saffar 2*, * ṣfr, ص ف ر

♦ **fait de jaunir, jaunissement.** •*Saffirîn hanâ l-cadaray di min adam al almi.* Les feuilles de cet arbre ont jauni à cause du manque d'eau. •*Saffirîn hanâ uyûnak da akûn coxolak abunsifêr ?* Tes yeux ont jauni, peut-être as-tu attrapé une hépatite ? •*Saffirîn al gecc da, min al-*

rih garwa. Le jaunissement de l'herbe est dû aux bourrasques du premier vent de l'hiver.

saffirîn 3 *n. d'act., m., Cf. saffar 3,* * ṣfr, ص ف ر

♦ **fait de siffler, sifflement,** coup de sifflet. •*Hê, yâ l iyâl, al-saffirîn fî l bêt mâ adîl, al'abo fî l-câri !* Hé ! les enfants ! ce n'est bien de siffler dans la maison, allez jouer dans la rue ! •*Saffirîn al bôlîs da lê l watâir acân yicîfu yâtu mâ indah makâtîb adîlîn.* Les coups de sifflet des policiers s'adressent aux chauffeurs de voitures pour voir ceux dont les papiers ne sont pas en règle.

Saffo *n. pr.* d'homme dans *Assaffo,* pour *al-saffoh, litt.* celui qu'ils ont purifié, *Cf. saffa,* * ṣfw, ص ف و

safha / safhât *n. f.,* * ṣfḥ, ص ف ح

♦ **page.** •*Nabdo lêku l axbâr be l-safha l-riyâdiya.* Nous commençons les nouvelles par la page sportive. •*Anâ garêt al kitâb da safha safha.* J'ai lu ce livre page après page.

sâfi / sâfiyîn *adj., (fém. sâfiye),* * ṣfw, ص ف و

♦ **clair(e), propre, pur(e), net (nette).** •*Almi l bîr sâfi misil hanâ l-tiyo.* L'eau du puits est claire comme celle du robinet [celle du tuyau]. •*Da dihin bagar sâfi.* C'est du beurre [de l'huile de vache] propre. •*Al-laban da sâfi, mâ muxalbat be almi.* Ce lait est pur, il n'est pas mélangé avec de l'eau. •*Al-ruwâba di sâfiye !* C'est du pur babeurre !

Sâfi *n. pr.* d'homme, *litt.* pur, clair, limpide, * ṣfw, ص ف و

safîfe / safîfât *n. f.,* connu au *Sdn.* *(C.Q.),* * sff, س ف ف

♦ **crinière.** •*Sabîb hanâ safîft al-juwâd tuwâl.* Les poils de la crinière du cheval sont longs. •*Al marfa'în kan bidôr bidâwis bigawwim safîftah.* Quand l'hyène veut se battre, elle hérisse sa crinière. •*Cift al-sarrâg sirig juwâd mâ indah lijâm, lâkin karabah min safîftah bas wa gallab.* J'ai vu le voleur s'emparer d'un cheval qui n'avait pas de mors : il le tenait par la crinière et galopait.

safîh / sufaha' *adj.,* ≅ le pluriel *safîhîn, (fém. safîhe),* * sfh, س ف ه

♦ **sot (sotte), stupide, inintelligent(e), grossier (-ère), indécent(e), délinquant(e).** •*Al-râjil da safîh marra wâhid iyâlah jî'ânîn wa hû bamci l-sinima.* Cet homme est vraiment sot : ses enfants crèvent de faim alors qu'il va au cinéma. •*Inta safîh walla mumassah be mileh ?* Tu es stupide ou bien "enduit de sel" ? •*Al-râjil da safîh, kammal gursah kulla kê be l marîse.* Cet homme est stupide, il a gaspillé tout son argent en buvant des boissons alcoolisées. •*Al bôlîs gammo be mu'âxaba didd al iyâl al-sufaha.* La police s'est mise à punir les jeunes délinquants.

safîhe / safâya *n. f.,* ≅ le singulier *safiye* et le pluriel *safâyeh,* * ṣfḥ, ص ف ح

♦ **estagnon, bidon en fer blanc, touque,** bidon de quinze litres, ayant contenu de l'huile, et servant au transport de l'eau. •*Anâ indi safîhe malâne kisâr yâbis.* J'ai un estagnon plein de galettes sèches. •*Sîd al almi jâb lêna arba'a safâya hanâ almi.* Le porteur d'eau nous a apporté quatre bidons d'eau. •*Al arûs waddo lêha safîhe hanâ dagîg.* On a apporté à la mariée une touque de farine.

safîne / safâyin *n. f.,* ≅ le pluriel *safâin, Syn. tâfûra, Cf. libde, xartay,* * sfn, س ف ن

♦ **tapis de selle, tapis de paille tressée,** sorte de tapis de paille ou de fibres de rônier tressées et cousues que l'on met sur le dos de l'âne ou du bœuf porteur avant de le monter. •*Mâ nagdaro niciddu l-tôr bala safîne.* On ne peut pas charger des affaires sur le dos du bœuf porteur sans mettre un tapis de selle. •*Farrici lêki coxol mârin fôg al-safîne acân mâ tuhukkiki !* Étends quelque chose de doux sur le tapis de selle pour éviter qu'il ne t'écorche les cuisses ! •*Xutti safînt al-za'af di fî dahar al humar, wa xallîni namci ajala !* Mets ce tapis de fibres de palmier doum sur le dos de l'âne, et laisse-moi vite partir !

safîr / sufara' *adj.*, (*fém. safîre*), * sfr, س ف ر

♦ **ambassadeur (-drice).** •*Abu lê rafîgi safîr hanâ Tcâd fî Masir.* Le père de mon ami est ambassadeur du Tchad en Égypte. •*Al yôm al-safîr al-jadîd hanâ Fransa al gâ'id fî Tcâd gâbal ra'îs al-dawla.* Aujourd'hui, le nouvel ambassadeur de France au Tchad a rencontré le chef de l'État.

Safîya *n. pr.* de femme, ≅*Safiyya*, femme du prophète.

Sâfiya *n. pr.* de femme, *fém.* de *Sâfi*, *Cf. Sâfi*, * ṣfw, ص ف و

safiye / safâyeh *n. f.*, → *safîhe.*

Safiyya *n. pr.* de femme, → *Safîya.*

saflaz / yisafliz *v. trans.*, *qdr.*, *empr. fr.*

♦ **instruire, civiliser.** •*Al ilim yisafliz al-nâdum.* Le savoir civilise l'homme. •*Âmis al-Ra'îs hajja kalâm saflaz al-nâs.* Hier, le Président a lancé un discours qui a instruit les gens. •*Hî ga'ade tisafliz al awîn ciya ciya.* Elle est en train d'instruire les femmes peu à peu.

safra *adj. f.*, → *asfar.*

sâg 1 / yusûg *v. trans.*, forme I n° 4, * swq, س و ق

♦ **conduire, mener, emmener, faire avancer devant soi.** •*Al-cifêr sâg al watîr, waddâh fî l mawgaf.* Le chauffeur a conduit le véhicule pour l'amener à la station. •*Al-râ'i yusûg al-ijjâl fî l wâdi.* Le berger mènera les veaux dans l'oued. •*Al askari sâg nâs al-dangay fî l-câri be bundugah.* Le combattant armé de son fusil conduit les prisonniers dans la rue.

sâg 2 / yusûg *v. intr.*, ayant le mot "vent" (*fém.*) comme sujet et signifiant "souffler", → *sâgat, tusûg.*

sâg 3 / sigân *n. m.*, *Cf. sagsâg, saksâk* (pour les criquets), * swq, س و ق

♦ **tibia, patte.** •*Taggit al-sâg, tikarcim al wijih.* Le coup de bâton porté au tibia fait crisper le visage. •*Al-jumâl sigânhum tuwâl.* Les chameaux ont de grandes pattes. •*Al amcakato kan karabat al-sâg, mâ tiddâwa ajala.* Lorsqu'on a un ulcère sur la jambe, il ne guérit pas vite.

sagar 1 / yasgur *v. intr.*, forme I n° 1, *Syn. saggar 1*, * ṣqr, ص ق ر

♦ **voler très haut.** •*Al hidêyya xatafat al farrûj wa sagarat bêyah.* L'épervier a emporté le poussin et est parti très haut dans le ciel avec lui. •*Gammêna al-sâ'a arba' be l-tayâra wa sagarat bêna ba'îd fî l-sama wa lihigna Makka ajala ke.* Nous avons décollé à quatre heures ; l'avion nous a emportés très haut [a volé avec nous loin] dans le ciel, et nous avons atteint La Mecque très rapidement.

sagar 2 *n. m.*, hypothèse dans la racine, * šqr, ش ق ر

♦ **rouille.** •*Al-sagar yitallif al hadîd wa mâ yitallif al-dahab.* La rouille abîme le fer mais n'attaque pas l'or. •*Al-mûs da fôgah sagar, azugulah minnak xâdi !* Cette lame de rasoir est rouillée, jette-la loin de toi ! •*Al wilêd al-saxayar kan tagta surritah be mûs fôgah sagar, al ucba takurbah wa yumût !* Si tu coupes le cordon ombilical d'un petit bébé avec une lame rouillée, il peut attraper le tétanos et mourir ! •*Al-nâdum kan ta'anatah hadîday indaha sagar, wâjib yamci l-labtân wa yata'anoh ibre hint ucba.* Lorsque quelqu'un se blesse sur un fer rouillé, il doit aller à l'hôpital se faire piquer contre le tétanos.

sâgarân *n. d'act.*, *m.*, → *sâgirîn*, * ṣqr, ص ق ر

sâgarba'a *n. pr.* d'animal, *m.*, pour *sâg arba'a* [quatre pattes], surnom donné à l'âne dans les devinettes.

♦ **quadrupède.** •*Ab sâgarba'a mudurr mâ bamci bala nîytah... Da l humâr.* Le quadrupède est têtu, il n'avance que lorsqu'il veut… C'est l'âne. *Dvnt.* •*Mâ tafham bala asa, misil ab sâgarba'a.* Tu ne comprends rien sans le bâton, comme l'âne aux quatre pattes.

sagat 1 / yasgut *v. intr.*, forme I n° 1, * sqṭ, س ق ط

♦ **être froid.** •*Amis fî l-lêl al wata sagatat wa kullina numna dâxal.* Hier, pendant la nuit, le temps était frais ; nous avons tous dormi à l'intérieur. •*Al mara di jilidha sagat bilhên akûn mâtat ?* Le corps de cette femme est devenu très froid, peut-être est-elle morte ?

sagat 2 *n. m.*, ≅ *sagit*, *Syn. barid*, * sqṭ, س ق ط

♦ **froid.** •*Anâ sagat sawwâni.* J'ai froid [le froid s'est fait pour moi]. •*Al-sagat baji fî l-cite.* Le froid vient en hiver. •*Al-sagat wa l-rîh bisawwu zuxma.* Le froid et le vent provoquent des rhumes.

sâgat / tusûg *v. intr.*, dans l'expression *sâgat al-rîh* ; → *hajja*, *habbat*, * swq, س و ق

♦ **souffler,** quand il s'agit du vent. •*Al yôm al-rîh sâgat, axêr min amis.* Aujourd'hui le vent a soufflé, c'est plus agréable qu'hier. •*Fî l-rucâc, al-rîh tusûg kulla yôm.* Pendant la période qui précède la saison des pluies, le vent souffle tous les jours.

saggar 1 / yisaggir *v. trans.*, forme II, *Syn. sagar 1*, * ṣqr, ص ق ر

♦ **faire voler, envoyer en l'air, voler très haut.** •*Al-la''âbîn yisagguru l bâl jay wa jay.* Les joueurs font voler la balle d'un côté et de l'autre. •*Al-rîh saggarat al katâkit wa l-lêdât fôg fî l-sama.* Le vent a fait voler très haut dans le ciel les bouts de papier et les sacs en plastique. •*Tayyârt al hujâj tisaggir ba'îd mâ tincâf ille duxxânha bas fî l-sama.* L'avion qui emmène les pèlerins à La Mecque vole très haut, on ne voit qu'une trace blanche dans le ciel.

saggar 2 / yisaggir *v.. intr.*, forme II, hypothèse dans la racine, * šqr, ش ق ر •

♦ **rouiller.** •*Al haddîday di saggarat, fakkir xalli mâ tat'anak !* Ce morceau de fer est rouillé, fais attention qu'il ne te pique pas ! •*Al guful kan saggar subbu lêyah fatrôn !* Si le cadenas est rouillé, versez-y du pétrole !

saggarân *n. d'act., m.*, → *saggirîn.*

saggirîn 1 *n. d'act., m.*, ≅ *saggarân*, *Cf. tayyirîn*, * ṣqr, ص ق ر

♦ **fait de lancer en l'air, fait de voler.** •*Hû ya'arif saggirîn al bâl fôg marra wâhid.* Il sait parfaitement bien lancer le ballon en l'air. •*Saggirîn al-tayyâra fôg bisawwiha xafîfe.* Lorsqu'un avion vole il semble léger. •*Nâdum kan yidôr ya'arif gudrit Allah, xalli yicîf saggirîn al-têr fî l-sama !* Si quelqu'un veut constater la puissance de Dieu, qu'il regarde le vol des oiseaux !

saggirîn 2 *n. d'act.*, *Cf. saggar 2*, *sagar 2*, hypothèse dans la racine, * šqr, ش ق ر •

♦ **fait de rouiller.** •*Al buhya tadhar al hadîd min al-saggirîn.* La peinture empêche le fer de rouiller. •*Saggirîn sakkîni da acân tawwalt mâ masahtaha dihin.* S'il y a de la rouille sur mon couteau, c'est parce que, depuis longtemps, je n'y ai pas passé d'huile.

sagî' *n. m.*, *Cf.* IVème forme du verbe *ṣaqaˁa* dans *dict. Ka.*, * ṣqˁ, ص ق ع

♦ **dehors la nuit, en plein air la nuit, à la belle étoile,** être sans protection la nuit et ressentir le froid. •*Al kâs ragad fî l-sagî' wa tarbal.* La calebasse est restée dehors et s'est déformée. •*Al-râjil da ragad fî l-sagi bas sadrah bôjah !* Il a suffi que cet homme dorme à la belle étoile pour qu'il ait mal à la poitrine.

sâgir / sâgirîn *adj. mrph. part.* actif, (*fém. sâgire*), *Cf. sagar 1*, * ṣqr, ص ق ر

♦ **qui vole en l'air.** •*Al-coxol al-sâgir fôg da, sagur walla lêda ?* Cette chose qui vole en l'air, est-ce un vautour ou un sac en plastique ? •*Al-tayyâra kan sâgire ba'îd tabga saxayre gadur al-têray.* Lorsqu'un avion vole très haut, il devient petit, de la taille d'un oiseau. •*Fî hajar Abtuyûr, talga l baja sâgir fôg wa* *yidalli wâhid wâhid fî râs al hajar.* Sur la montagne de l'Abtouyour, on voit des pélicans voler très haut et descendre un par un se poser au sommet du rocher.

sagit *n. m.*, → *barid*, connu au *Sdn.* (*C.Q.*), ≅ *sagat*, * sqṭ, س ق ط

♦ **fraîcheur, froid.** •*Wakt al-sagit, mâ tagdar tunûm bala bâjo.* Quand il fait froid, on ne peut pas dormir sans couverture. •*Kan tunûm barra, al-sagit yisawwi lêk marad.* Si tu dors dehors, le froid te rendra malade.

sâgit / sâgtîn *adj.*, (*fém. sâgte*), *Syn. bârid*, * sqṭ, س ق ط

♦ **froid(e), frais (fraîche).** •*Al-nâdum kan mât jildah babga sâgit.* Lorsqu'une personne meurt, son corps devient froid. •*Hû indah waja batun acân amis cirib almi sâgit.* Il a des maux de ventre parce qu'hier il a bu de l'eau fraîche. •*Al madîde kan sâgte mâ haluwa.* La bouillie n'est pas bonne lorsqu'elle est froide.

sagsâg *n. m.*, → *sâg 3, saksâk.*

sagtân / sagtânîn *adj.*, (*fém. sagtâne*), * sqṭ, س ق ط

♦ **refroidi(e), sensation de froid.** •*Antîni câhi hâmi, acân nidaffi jildi l-sagtân da.* Donne-moi du thé chaud, parce que j'ai froid [pour que je réchauffe mon corps qui a froid]. •*Anâ hassêt jildi sagtân, akûn indi wirde.* J'ai des frissons, j'ai probablement du paludisme.

sagur / sugurra *n. anim.*, *m.*, ≅ le pluriel *sugûra*, *Cf. hideyye, jiga, sagur al ugâb*, → *sagar 1*, * ṣqr, ص ق ر

♦ **rapace, vautour, faucon.** •*Amis sagur kabîr ja ga'ad fî cadarayitna.* Hier, un grand vautour est venu se poser sur notre arbre. •*Al-sagur kammal al-jidâd.* Le faucon a exterminé les poules.

sagur al agâb nom composé *m.*, → *sagur al ugâb.*

sagur al ugâb nom composé *m.*, *Cf. agâb, sagur, hideyye, jiga*, ≅ *sagur al agâb, sigêr al agâb* ; composé de *sagur* [rapace] et de *agâb* [le dernier de la série, le plus haut], * ṣqr, ʿqb, ص ق ر • ع ق ب

♦ **aigle.** •*Rîc hanâ l-sagur al ugâb, kan sabbêtah fî l almi, dawa lê l-ramad.* Les plumes de l'aigle trempées dans de l'eau constituent un remède contre la conjonctivite. •*Sagur al ugâb kan saggar fôg, bifirr janâhêna bas wa bihallig.* Lorsque l'aigle vole très haut, il garde les ailes déployées et plane. •*Sagur al agâb mâ billagi minjamm.* L'aigle est un oiseau rare [il ne se rencontre pas partout]. •*Al-sagur al ugâb babni uccah fôg fî l-cadar al-tuwâl al-nâs mâ yagdaro yarkabo fôgah.* L'aigle construit son nid au sommet des grands arbres, là où les hommes ne peuvent pas grimper.

sâh / yisîh *v. intr.*, forme I n° 10, *Cf. ât, sarax*, * ṣyḥ, ص ي ح

♦ **crier, appeler en criant, sonner.** •*Al wilêd sâh wakit câf al marfa'în.* L'enfant a crié lorsqu'il a vu l'hyène. •*Iyâl al-lekkôl induhum jaras yisîh lêhum al-sâ'a sab'a be fajur.* Il y a une cloche qui appelle les écoliers à sept heures du matin. •*Al askar, kabîrhum sâh lêhum wa kulluhum rafa'o banâdîghum.* Le chef a lancé un ordre en criant et tous les combattants ont levé leur fusil.

sahâb *n. coll.*, *m.*, *sgtf. sahâbay*, * sḥb, س ح ب

♦ **nuage.** •*Al-sahâb mâ almi illa kan sabbah.* Les nuages ne sont pas la pluie [les nuages ne sont de l'eau que lorsqu'il pleut]. •*Al harrâtîn daxalo buyûthum wakit câfo l-sahâb.* Les cultivateurs sont rentrés chez eux lorsqu'ils ont vu les nuages. •*Al-sahâb, nicîfuh fî wakt al xarîf, wa ba'ad marât fî l-cite.* On voit les nuages en saison des pluies, et quelquefois en hiver. •*Sahâbay taggat, da bas bidâyit al-rucâc.* Un nuage est apparu, c'est le commencement du printemps.

sahaba *n. vég., coll., sgtf. sahbay,* connu au *Sdn.* (*C.Q.*), * sḥb, س ح ب

♦ **nom d'un arbre, bouleau d'Afrique, Anogeissus leiocarpus (DC.),** famille des combrétacées, grand arbre sans épines, rare et très recherché pour son bois. •*Al-sahab indah samux ciya bas.* Le bouleau d'Afrique produit un peu de gomme. •*Al-sahabay cadaray bêda wa tawîle, wa îdânha yisawwuhum murûg lê l buyût acân al-sûsa mâ tâkuluhum.* Le bouleau d'Afrique est un arbre blanc, les poutres des maisons sont faites avec ce bois parce qu'il n'est pas attaqué par les vers.

sahâfa / suhuf *n. f.,* * ṣḥf, ص ح ف

♦ **presse.** •*Al yôm fî Tcâd al hamdu lillâhi hurriyit al-sahâfa mawjûda.* Aujourd'hui, Dieu soit loué, au Tchad il y a la liberté de la presse. •*Raîs al-dawla sawwa mu'tamar ma'â l-sahâfa l wataniya.* Le chef de l'État a donné une conférence devant la presse nationale. •*Al-sahâfa l-dawliya kaddabat al axbâr hanâ radyo Kamrûn.* La presse internationale a démenti les informations de Radio Cameroun.

sahafi / sahafiyîn *adj. mrph. part.* actif, (*fém. sahafiye*), ≅ *suhufi,* * ṣḥf, ص ح ف

♦ **de presse, journalistique.** •*Murâsil hanâ radyo Fransa hidir fî l mu'tamar al-sahafi.* L'envoyé de Radio France a assisté hier à la conférence de presse. •*Katîr min al-nâs bagru l axbâr al-suhufiye.* Beaucoup de gens lisent les nouvelles des journaux.

sahâfi / sahâfiyîn *adj. n.,* (*fém. sahâfiye*), * ṣḥf, ص ح ف

♦ **journaliste, animateur radio.** •*Al-sahâfi da hajja adîl fî giddâm al-nâs.* Cet animateur s'est bien exprimé devant les gens. •*Al-sahâfiyîn katabo kalâm al-Ra'îs al fî cahar al fât.* Les journalistes ont écrit ce qu'a dit le Président le mois dernier. •*Anâ nirîd nasma' kalâm al-sahâfiyîn kulla yôm.* J'aime écouter ce que disent les journalistes tous les jours.

sahal *adj. m.,* terme de l'*ar. lit.,* moins employé que *hayyin,* * shl, س ه ل

♦ **facile,** sans difficulté. •*Anîna ahal lêna l-sahal.* Nous sommes une famille, nous nous entendons facilement. •*Maxatari da bigi lêi sahal namman wassalt.* Mon voyage s'est passé sans difficulté jusqu'à mon arrivée. •*Tagdar tisâ'idni narfa'o l-cuwâl da ? Da ceyy sahal !* Peux-tu m'aider à soulever ce sac ? C'est une chose facile !

sahale / sahalât *n. f.,* ≅ *sahle, Cf. naga'a,* * shl, س ه ل

♦ **place sèche et propre, terrain plat et nu, espace sans végétation, terrain sec et dégagé, plaine.** •*Fî l xarîf al xanam birîdu birugdu (bargudu) fî l-sahale.* En saison des pluies, les moutons et les chèvres aiment se reposer sur un terrain sec et sans végétation. •*Al-sahale mâ tugumm gecc.* L'herbe ne pousse pas sur un terrain sec et pierreux. •*Al bakân da sahale, mâ indah bêt wâhid kula.* Cette place est un terrain dégagé, il n'y a même pas une seule maison. •*Fî l xarîf al xanam mâ bargud fî l-sahle.* Pendant la saison des pluies, l'eau ne stagne pas sur le terrain nu.

sahâlîg *pl.,*→ *sahlûg.*

sahan / suhûn *n. m.,* * ṣḥn, ص ح ن

♦ **assiette, cuvette, plat, jante de la roue,** cuvette ou plat émaillé. •*Al-sahan hanâ l-laham al matcûc be xamsîn riyâl.* L'assiette de viande grillée coûte cinquante riyals. •*Axti jâbat lêi sahan hanâ fûl.* Ma sœur m'a apporté une assiette pleine d'arachides. •*Watîrhum xisir, fartago ajalâtah, marago sâmûlât min al-sahan, wa wahadîn waddaroh.* Leur véhicule est tombé en panne ; ils ont démonté les roues, sorti les boulons des jantes mais en ont perdu quelques-uns.

sahar / yashar *v. trans.,* forme I n° 13, * sḥr, س خ ر

♦ **ensorceler, jeter un sort sur** ***qqn.,*** accomplir des actes de sorcellerie en utilisant une écriture, un nom, un morceau d'habit, des cheveux, ou des racines pour nuire à quelqu'un. •*Al binêye saharat rafîgitha.* La jeune fille a ensorcelé son amie. •*Hû da râjil hawân sahar jârah.* C'est un homme méchant, il a ensorcelé son voisin. •*Al mara l mâtat di al-nâs bugûlu darritha bas saharatha.* Les gens disent que cette femme qui est morte a été ensorcelée par sa voisine. •*Hû batunah tôjah acân antatah akil tidôr tasharah.* Il a mal au ventre parce que sa femme lui a donné à manger quelque chose pour l'ensorceler. •*Hû xaddâm bilhên, wa rufugânah gammo saharoh.* C'était un bon travailleur, c'est pour cela que ses amis l'ont ensorcelé.

sâhar / yisâhir *v. intr.*, forme III, * shr, س ه ر

♦ **veiller.** •*Hû sâhar janb martah al ga'îde titâlig.* Il a veillé à côté de sa femme en gésine. •*Anîna sâharna fî li'ib al-nuggâra.* Nous avons veillé en dansant au rythme du tambour. •*Ambâkir nisâhuru fî l giray.* Demain, nous allons veiller pour étudier.

sahara 1 / saharâṭ *n. f.*, *Cf. hafla*, ≅ *sahra*, * shr, س ه ر

♦ **veillée, soirée festive,** soirée dansante. •*Al-subyân zanzaro wa maco l-sahara ligo iya hârr dôl.* Les jeunes gens ont mis leur tenue moderne et sont allés à la soirée dansante rejoindre leurs petites amies. •*Sahara kabîre bigat yôm îd al hurriye.* Une grande soirée festive a eu lieu le jour de la fête de l'Indépendanee. •*Fî l-sahara al fannânîn yixannu wa l banât yitabtubu wa yal'abo.* Au cours de la soirée festive, les artistes chantent et les jeunes filles les accompagnent en tapant des mains et en dansant. •*Yôm al îd, al-sahra balâc.* Le jour de la fête, la soirée dansante est gratuite. •*Al awîn fandaso wa maco l-sahra.* Les femmes se sont mises en beauté pour la veillée.

sahara 2 / saharât *n. f.*, * ṣḥr, ص ح ر

♦ **désert.** •*Al-sahara gâ'ide tazhaf ajala ajala.* Le désert est en train de progresser rapidement. •*Fî l-sahara cadar mâ fîh.* Il n'y a pas d'arbres dans le désert. •*Gatti'în hanâ l-cadar ga'îd bizîd al-zahif hanâ l-sahara.* La coupe des arbres est en train de favoriser l'avancée du désert. •*Al watîr tallafat fî l-sahara usut wa l-rukkâb al atac garîb bikattilhum.* La voiture est tombée en panne en plein désert et les passagers étaient sur le point de mourir de soif.

sâharân *n. d'act.*, → *sâhirîn.*

sahb al-rôb expression, pour *sâhib al-rôb*, prononcé souvent *sabarrôb*, du nom donné à l'homme, en figurine sur les boites de "Robb", qui se masse la poitrine avec du *rôb* ; désigne l'onguent au camphre, → *rôb 2*, * ṣḥb, ص ح ب

sahha *n. m.*, terme de l'*ar. lit.* moderne, *Cf. âfe*, * ṣḥḥ, ص ح ح

♦ **santé, ministère de la santé publique.** •*Kêf sahhitak min amxibbiye al karabatak indaha usbu'ên ? Al hamdu lillah, anâ hassâ âfe !* Comment vas-tu après ton accès de fièvre de la semaine dernière ? Dieu soit loué, je suis maintenant en bonne santé ! •*Marad al kôlera sawwa hamm lê wazârat al-sahha.* L'épidémie de choléra a préoccupé le ministère de la Santé.

sahhal / yisahhil *v. intr.*, forme II, * shl, س ه ل

♦ **faciliter, aider.** •*Waddêna gurus ciya yôm al axîde lâkin abu l binêye sahhal lêna l fâte.* Nous avions apporté peu d'argent le jour du mariage, mais le père de la fille nous a facilité les conditions pour conclure le mariage. •*Anâ sa'altah xidime wa hû sahhal lêi al-derib marra wâhid.* Je lui ai demandé du travail et il m'a vraiment facilité les démarches [le chemin]. •*Abuh antah gurus wa da sahhal lêyah hayâtah.* Son père lui a donné de l'argent et cela lui a rendu la vie facile. •*Sahhil lêna al-awrâg acân namcu Kusri !* Facilite-nous l'obtention des papiers nécessaires pour aller à Kousseri !

sahhar / yisahhir *v. intr.*, forme II, * sḥr, س ح ر

♦ **manger avant l'aube,** prendre un repas vers quatre heures du matin, juste avant l'entrée dans le jeûne pendant le Ramadan. •*Fî l-Ramadân ba'ad al-nâs mâ bisahhuru.* Pendant le Ramadan, certains ne prennent pas le repas d'avant l'aube. •*Sahhart be madîde hâmiye wa fajur galbi tammamâni wa gaddaft.* J'ai mangé avant l'aube de la bouillie chaude, mais ce matin j'ai eu mal au cœur et j'ai vomi. •*Sa'a arba'a, hû bisahhir be laban râyib.* Il mange avant l'aube, à quatre heures, en prenant du lait caillé.

sahhâri / sahhârîn *adj.*, (*fém. sahhâra ou sahhâriye*), terme d'insulte, * sḥr, س ح ر

♦ **sorcier, magicien.** •*Al-nâs bamcu lê l-sahhâri wallâ lê l-xattâti yi'ôrîhum al-coxol al yukûn lêhum fî l mustaxbal.* Les gens vont chez le magicien ou le voyant pour qu'ils leur prédisent l'avenir. •*Al-sahhâri lamma gurus katîr acân indah zabâyin katîrîn.* Le sorcier a amassé beaucoup d'argent parce qu'il a beaucoup de clients. •*Al mara di sahhâra, nâs al hille kulluhum ba'arfuha.* Cette femme est une sorcière, tous les gens du village la connaissent.

sahi *invar.*, ≅ *sei, sai, sey*, * ṣḥḥ, ص ح ح

♦ **véritable, c'est vrai, juste, exact, n'est-ce pas ?** •*Sahi, al-ju' axêr min al atac.* C'est vrai : on supporte mieux la faim que la soif. •*Al gurus lagiyînah gâsi, da sahi.* Ce n'est pas facile de trouver de l'argent, c'est vrai. •*Indak zuxuma, sahi wallâ ?* Tu as un rhume, n'est-ce pas ?

sâhib / suhbân *adj.*, (*fém. sâhibe*), * ṣḥb, ص ح ب

♦ **camarade, compagnon, collègue, ami(e).** •*Hî di sâhibti, bakân xidimitna wâhid.* C'est ma collègue, nous travaillons ensemble. •*Hû bigi sarrâg acân suhubânah kulluhum sarrâgîn.* Il est devenu voleur parce que tous ses camarades le sont. •*Amis fî l-lêl sâhibak ja lêk wa inta mâ fîk.* Hier pendant la nuit, ton ami est venu mais tu n'étais pas là.

sahîfa / suhuf *n. f.*, terme de l'*ar. lit.*, * ṣḥf, ص ح ف

♦ **feuille de presse, feuillet, journal.** •*Fî cahar al fât, al-suhuf nacarat môt hanâ Ra'îs Zayîr.* Le mois passé, les journaux ont publié la nouvelle de la mort du Président du Zaïre. •*Suhuf katîrîn gammo be icâ'ât didd wazîrna hanâ l axbâr.* De nombreux articles de presse se sont mis à diffamer notre ministre de l'Information. •*Anâ garêt sahîfa hint al usbu' al fât, fî malamma tabga fî Parîs, wa wazîrna kulla yicârik fôgha.* J'ai lu dans un journal de la semaine dernière qu'une réunion se tiendrait à Paris et que notre ministre y participerait.

sâhil / sâhilîn *adj.*, (*fém. sâhile*), * shl, س ه ل

♦ **facile, simple.** •*Al kalâm da sâhil mâ indah ceyy gâsi.* Ce problème est facile, il ne pose aucune difficulté. •*Safar al-tayyâra sâhil min hanâ l watîr.* C'est plus facile de voyager en avion qu'en voiture.

Sâhil al âj *n. pr.* de pays.

♦ **Côte d'Ivoire.**

sâhirîn *n. d'act.*, *m.*, ≅ *sâharân*, *Cf. sâhar*, * shr, س ه ر

♦ **fait de veiller.** •*Hû mâ ligi l bâk acân hû mâ birîd al-sâhirîn fî l giray.* Il n'a pas réussi son baccalauréat parce qu'il n'aimait pas veiller pour étudier. •*Cabâb hanâ hassâ, birîdu l-sâhirîn fî l-bârât.* La jeunesse d'aujourd'hui aime veiller dans les bars.

sahlag / yisahlig *v. intr.*, *qdr.*, forme II, * sˤlk, ص ع ل ك

♦ **chômer, être désœuvré, vagabonder,** être incapable de travailler. •*Kan lekkôl mâ fîh, al iyâl bisahlugu.* S'il n'y a pas de cours, les élèves seront désœuvrés. •*Wâjib al-râjil yifattic xidime, mâ yisahlig.* L'homme doit chercher du travail et ne pas rester désœuvré. •*Axui maca sahlag fî l hille kê, wa mâ jâb coxôl wâhid kulla.* Mon frère est parti vagabonder en ville, et n'a toujours rien rapporté.

sahlaga *n. f.*, * ṣˁlk, ص ع ل ك
♦ **chômage, délinquance.** •*Hû wâlaf al-sahlaga battân mâ baxdim.* Il a pris goût au chômage, il ne travaillera plus. •*Al hâkûma gâ'ide tinâdil didd al-sahlaga hint al-cabâb.* Le gouvernement est en train de lutter contre le chômage des jeunes.

sahle / sahlât *n. f.*, → *sahale*, * shl, س ه ل

sahlûg / sahâlîg *adj., qdr.*, (*fém. sahlûga*), *Cf. fâgid amal*, * ṣˁlk, ص ع ل ك
♦ **chômeur (-euse), délinquant(e), désœuvré(e), oisif (-ve).** •*Al-sahlûg babga rabbât al-durûb.* Le chômeur deviendra un coupeur de routes. •*Al iyâl kan mâ rabbôhum tarbiya zêne, kulluhum babgo sahâlîg.* Si les enfants sont mal éduqués, ils deviendront des délinquants. •*Anâ mâ nijawwiz binêyti lê l-râjil al-sahlûg.* Je ne donnerai pas ma fille en mariage à un chômeur.

sahra / sahrât *n. f.*, → *sahara 1*, * shr, س ه ر

sahûr *n. m.*, * sḥr, س ح ر
♦ **dernier repas avant le jeûne, collation,** repas pris la nuit, pendant le Ramadan, juste avant l'aube et le début du jeûne. •*Al-sahûr da bârid, daffuh lêna !* Ce déjeuner est froid, réchauffez-le pour nous ! •*Sahûr al-laban adîl, yaktul al atac.* Une collation avec du lait est excellente, elle étanche la soif. •*Mâ gammêt lê l-sahûr wakt al azân hanâ sâ'a arba'a, wa anâ hassâ actâne.* Je ne me suis pas levée pour le repas avant l'aube au moment de l'appel du muezzin à quatre heures, et maintenant j'ai soif.

sai *invar.*, ≅ *say, sei, sey*, → *sahi.*

sâj / sâjât *n. m.*, *Cf. sâja, dôka*, * ṣwj, ص و ج
♦ **plaque en fer,** plaque en fer sur laquelle on fait cuire des galettes. •*Kisâr al abre bisalluluh fî sâj mamsûh tâyûg.* On cuit les galettes *abre* sur une plaque en fer graissée avec de la moelle. •*Al-sâj hadîday malsa wa bamsahôha be dihin katîr wa tâyug.* La plaque en fer pour les galettes est lisse et enduite de beaucoup d'huile et de moelle.

sâja / sâjât *n. f.*, comme en *ar. lit.*, *empr.* au turc (*Mu.*), * ṣwj, ص و ج
♦ **plaque en fer, plaque à sable,** plaque permettant au véhicule enlisé de sortir du sable ou de la boue. •*Dassêna sâja lê l watîr hatta marag min al-ramla.* Nous avons introduit une plaque sous le véhicule pour le sortir du sable. •*Al-sâjât tugâl acân min hadîd malbûk.* Les plaques à sable sont lourdes parce qu'elles sont épaisses et en fer [en fer tassé]. •*Al-safar bala sâja fî l xarîf xatari lê l-cifêr.* Il est dangereux pour un chauffeur d'effectuer un voyage en saison des pluies sans plaque à sable.

sajad / yasjud *v. intr.*, forme I n° 1, * sjd, س ج د
♦ **se prosterner,** se prosterner devant Dieu en mettant le front contre le sol. •*Kulla yôm anâ nasjud lê Allah.* Chaque jour, je me prosterne devant Dieu. •*Tidôr anâ nasjud lêk hatta tikaffini gursi wallâ ?* Veux-tu que je me prosterne devant toi pour que tu payes mon dû ?

sajam *n. vég., m.*, ≅ *asajam.*
♦ **nom d'une plante parfumée, sorte d'encens,** plante dont la feuille ressemble à la Datura, et dont le tubercule sert d'encens. •*Al-sajam cidêre saxayre, wa irigha abyad.* Le *sajam* est une petite plante dont la racine est blanche. •*Irig hanâ l-sajam bamurguh min al-turâb wa bucurruh fî l harray acân indah rîhe.* On sort de terre la racine du *sajam* et on la fait sécher au soleil parce qu'elle a une bonne odeur. •*Duxxân hanâ l-sajam bixalbutuh be l jamsinda, zên lê waja' al udâm.* L'encens à base de *sajam* se mélange avec le *jamsinda*, il est bon pour soigner le mal des os.

sajan 1 / yasjin *v. trans.*, forme I n° 6, * sjn, س ج ن

♦ **emprisonner.** •*Wilêd hanâ jâri sajanoh min amis.* Le fils de mon voisin a été emprisonné depuis hier. •*Al bôlîs sajano l-sarrâg.* Les policiers ont emprisonné le voleur.

sajan 2 *n. m.*

♦ **noir de fumée.** •*Sajan al burma wa l-dôka, bixalbutuh be samux wa bisawwu bêyah al-dawâye.* On mélange le noir de fumée de la marmite et de la poêle avec de la gomme arabique pour en faire de l'encre. •*Fâtime akurbi l burma be katkat acân sajanha mâ yiwassix lêki îdenki wa xalagki !* Fatimé, prends la marmite avec un morceau de papier pour éviter de salir tes mains et ton vêtement !

sajâyir *pl.*, → *sijâra.*

Sajîla *n. pr.* de femme, → *Assajila, sijilli*, * sjl, س ج ل

sajjada / sajjâdât *n. f.*, ≅ *sajjâja*, voir le *Syn. muslay*, * sjd, س ج د

sajjâja / sajjâjât nom *fém.*, altération de *sajjâda*, moins utilisé que *muslay*, → *muslay.*

sajjal / yisajjil *v. trans.*, forme II, * sjl, س ج ل

♦ **enregistrer, aller rendre visite.** •*Al-sahâfiyîn hanâ radyo Tcâd sajjalo kalâm al harrâtîn.* Les journalistes de Radio-Tchad ont enregistré ce qu'ont dit les agriculteurs. •*Anâ sajjalt nacrat al axbâr hint amis fî l-lêl.* J'ai enregistré le journal parlé d'hier soir. •*Amis anâ sajjalt lêk ziyâra fî l bêt wa mâ ligîtak.* Hier, je suis allé chez toi pour te rendre visite, mais tu n'y étais pas.

sajjar / yisajjir *v. intr.*, forme II, *Cf. sijâra*, * sjr, س ج ر

♦ **fumer.** •*Al-râjil da bisajjir katîr bilhên.* Cet homme fume beaucoup. •*Hû yaxâf mâ yagdar yisajjir giddâm abuh.* Il a peur de fumer devant son père. •*Anâ cift mara gâ'ide tisajjir dâxal fî bêtha.* J'ai vu une femme en train de fumer dans sa chambre.

sajjâra *pl.*, → *sajjâri.*

sajjâri / sajjâra *adj.*, (*fém. sajjâriye*), *Cf. sajjar*, * sjr, س ج ر

♦ **fumeur.** •*Al-sajjâri al-nâr gaddadat xalagah.* Le fumeur a son vêtement troué par le feu. •*Al-sajjâri mâ bagdar bajiri.* Le fumeur ne peut pas courir.

sâk / yusûk *v. trans.*, forme I n° 4, * swk, س و ك

♦ **frotter les dents, curer les dents .** •*Al-râjil da yusûk sunûnah be 'ûd hanâ caw.* Cet homme se frotte les dents avec du bois de Salvadora persica. •*Anâ wa iyâli nusûku sunûnna be brôs wa ma'ajûn.* Mes enfants et moi nous nous nettoyons les dents avec une brosse et de la pâte dentifrice. •*Sûki sunûnki fajur wa aciye, yabga lêki ilâj min marad al-sûsa !* Brosse-toi les dents le matin et le soir, c'est un bon moyen [remède] pour éviter les caries !

sakâkîn *pl.*, → *sakkîn.*

sakan / yaskun *v. intr.*, forme I n° 1, * skn, س ك ن

♦ **habiter.** •*Zamân anâ sakant fî l-Sûdân.* Autrefois, j'ai vécu au Soudan. •*Zamân anâ ma'â l-râjil da sakanna sawa fî hille wahade.* Autrefois, cet homme et moi avons habité dans le même village. •*Inta tidôr taskun fî l âsima wallâ fî hille barra ?* Veux-tu habiter dans la capitale ou au village ?

sakanân *n. d'act., m.*, → *sakinîn.*

sakar *n. coll., m., sgtf. sakaray*, * skr, س ك ر

♦ **ivresse.** •*Hû bigaddif coxolah sakar.* Il vomit, il est ivre [sa chose est l'ivresse]. •*Amis sikirt sakaray cêne.* Hier, je me suis vraiment saoulé [j'étais ivre d'une ivresse mauvaise].

sakat / yaskut *v. intr.*, forme I n° 1, * skt, س ك ت

♦ **se taire, se tenir en silence.** •*Al mara sakatat wakit râjilha zi'il.* La femme s'est tue au moment où son mari s'est fâché. •*Askut, wilêdi ! Mâ taxâf !* Tais-toi, mon enfant ! N'aie pas peur !

sakatân *n. d'act.*, → *sakitîn.*

sâkin / sukkân *adj. n., mrph. part.* actif, forme I, (*fém. sâkine*), * skn, ن ك س

♦ **habitant(e), résidant(e), résident(e), stagnant(e).** •*Ya axti, inti sâkine wên ?* Ma sœur, où habites-tu ? •*Sukkân Anjammêna min nafar katîr.* Les habitants de N'Djaména appartiennent à beaucoup d'ethnies différentes. •*Indina Nasrâni wâhid bas sâkin ma'âna fî hillitna.* Nous n'avons qu'un seul Européen habitant avec nous dans notre village. •*Inta min sukkân hanâ wên ?* Dans quel quartier habites-tu ? •*Almi l Batha al-sane di sâkin.* Cette année, l'eau du Batha est stagnante.

Sâkin *n. pr.* d'homme, donné à celui qui est resté plus de neuf mois dans le sein de sa mère, * skn, ن ك س

Sakîna *n. pr.* de femme, *litt.* tranquillité, quiétude intérieure, * skn, ن ك س

sakinîn *n. d'act., m.*, ≅ *sakanân*, * skn, ن ك س

♦ **habitation, fait d'habiter, résidence, fait de résider.** •*Sakinîn al-rîf adîl min hanâ l madîna.* C'est mieux d'habiter à la campagne qu'en ville. •*Sakinîn al bêt al-dayyax ta'ab bilhên.* Il est pénible d'habiter dans une concession trop étroite.

sâkit / sâktîn *adj. mrph. part.* actif, forme I, (*fém. sâkte*), *Cf. sakat*, * skt, ت ك س

♦ **silencieux (-euse), tranquille, simple.** •*Hêy wilêd ! Agôd sâkit !* Hé ! l'enfant ! Reste tranquille ! •*Al mara jâritna sâkte sâkit fî bêtha.* Notre voisine est vraiment très silencieuse chez elle.

sakitîn *n. d'act.*, ≅ *sakatân*, * skt, ت ك س

♦ **fait de se taire, silence.** •*Sakitînak giddâm marad hanâ ammah da, mâ sâkit.* Ton silence à propos de [devant] la maladie de sa mère n'est pas sans signification. •*Al-nâs bidawwuru minnak rây lâkin sakitînak da mâ bijib halal.* Les gens attendent de toi une idée, ton silence n'apporte aucune solution.

sakka / yusukk *v. trans.*, forme I n° 5, * ṣkk, ك ك ص

♦ **donner un coup de pied, ruer, tirer dans un ballon, shooter, rejeter.** •*Al iyâl bal'abo wa yusukku l bâl lê l âxarîn.* Les enfants jouent et tirent dans le ballon pour l'envoyer aux autres. •*Al-juwâd al yôm aba l-caddân wa sakka sîdah.* Aujourd'hui, le cheval a refusé d'être sellé et a envoyé une ruade à son maître. •*Al bagaray sakkat Zênaba wa daffagat al-laban.* La vache a donné un coup de pied à Zénaba et renversé le lait. •*Zamân hî rafigti, lâkin hassâ sakkatni be gadd al finêtir.* Autrefois c'était mon amie, mais maintenant elle ne veut plus me voir [elle m'a rejetée par le trou de la fenêtre].

sakkan / yisakkin *v. trans.*, forme II, * skn, ن ك س

♦ **loger, héberger.** •*Hâmid sakkan rafîgah ma'âyah fî bêtah.* Hamid a hébergé son ami chez lui. •*Anâ nidôr tisakkini ma'âku.* J'aimerais loger chez vous.

sakkân *n. d'act., m.*, ≅ *sakkîn* (à ne pas confondre avec le "couteau"), * ṣkk, ك ك ص

♦ **ruade.** •*Hêy, amci xâdi, sakkân al-juwâd da xatari !* Hé ! éloigne-toi de là, la ruade de ce cheval est dangereuse. •*Uwâra hanâ l wilêd da, min sakkân al humâr.* La blessure de cet enfant a été causée par la ruade d'un âne.

sakkar 1 / yisakkir *v. trans.*, forme II, * skr, ر ك س

♦ **enivrer.** •*Al marîse sakkarat al attâli wa hû nâm fî l-câri.* La boisson alcoolisée a enivré le docker qui s'est endormi dans la rue. •*Al iyâl xaccoh lê rafîghum wa waddoh fî l gôdâla sakkaroh.* Les enfants ont trompé leur ami en le conduisant au cabaret pour l'enivrer.

sakkar 2 / yisakkir *v. trans.*, forme II, mot arabe d'emprunt *syr.* (*Mu.*), * skr, س ك ر

♦ **boucher, fermer, obstruer, barrer, joindre,** empêcher de passer. •*Sakkir finêtrât al bêt dôl gubbâl al-talasân !* Bouche les fenêtres de la maison avant de mettre de l'enduit ! •*Mâ nidôr almi hanâ l wasax da yajiri giddâm bêti, Abbakar sakkir derb al almi da be dringel !* Je ne veux pas avoir de l'eau sale qui coule devant ma maison ; Abakar, barre ce caniveau avec des briques ! •*Inta sakkart al bâb da adîl min al-sarrâgîn wallâ ?* As-tu bien fermé cette porte contre les voleurs ?

sakkar 3 / yisakkir *v. trans.*, forme II, * skr, س ك ر

♦ **sucrer.** •*Sakkir lêna l-câhi al fî l barrâd da !* Sucre notre thé qui est dans cette théière ! •*Zênaba sakkarat lêha duxxân wa sabbatah fî l kôb.* Zénaba a mis du sucre sur l'encens et versé le tout dans une boîte. •*Anâ nisît, mâ sakkart al madîde di.* J'ai oublié de sucrer la bouillie.

sakkâra *pl.*, → *sakkâri.*

sakkarân *n. d'act.*, → *sakkirîn.*

sakkâri / sakkâra *adj.*, (*fém. sakkâriye*), ≅ le pluriel *sakkârîn*, * skr, س ك ر

♦ **soûlard, ivrogne, buveur.** •*Yôm al îd al-sakkâra dâwaso ambênathum wa wâhid minnuhum mât.* Le jour de la fête, les soûlards se sont battus entre eux et l'un d'eux est mort. •*Al binêye di râjilha sakkâri bigabbil fî l bêt be fî l-lêl bilhên wa bafrucha.* Le mari de cette femme est un ivrogne ; il revient à la maison tard la nuit et la fouette. •*Al-sakkâri kan gâl xalla curâb al marîse kula coxolah jumma bas bigabbil lêha.* Lorsqu'un soûlard dit qu'il a cessé de boire, c'est qu'il prend seulement un peu de repos ; il se remettra ensuite à boire.

sakkat / yisakkit *v. trans.*, forme II, * skt, س ك ت

♦ **calmer, faire taire.** •*Sakkutu l wilêd, mâ yabki !* Faites taire l'enfant pour qu'il ne pleure plus ! •*Al mara sakkatat wilêdha be zibde.* La femme a calmé son enfant en lui donnant du beurre. •*Al-direktêr ja acân al mêtir al-jadîd mâ gidir yisakkit iyâlah.* Le directeur est venu parce que le nouveau maître ne pouvait pas faire taire ses élèves [ses enfants].

sakkatân *n. d'act.*, → *sakkitîn.*

sakkîn 1 / sakâkîn *n. f.*, *Cf. garrada, sakkîn janb al-laday*, * skn, س ك ن

♦ **couteau, poignard.** •*Sakkîn al-jazzâri tawîle misil al harba.* Le couteau du boucher est long comme une lance. •*Tarragt sakkîni lê nadbah bêha.* J'ai aiguisé mon couteau pour mieux égorger ma victime. •*Al-sakkîn "janb al-laday" hint al awîn, talgâha mazgûla fî ladayâthum.* Le couteau des femmes appelé "à côté du foyer", se trouve habituellement posé [jeté] près du foyer de la cuisine.

sakkîn 2 *n. d'act. m.*, → *sakkân.*

sakkîn janb al-laday / sakâkîn janb al-laday nom composé *f.*, *litt.* couteau près du foyer de la cuisine, * skn, س ك ن

♦ **couteau de cuisine.** •*Sakkîn janb al-laday mâ indaha bêt.* Le couteau de cuisine n'a pas de fourreau. •*Sakâkîn janb al-laday xidimithum gati'în basal, laham, darrâba, bangâw wa kulla coxol bâkuluh.* On se sert des couteaux de cuisine pour couper les oignons, la viande, le gombo, les patates douces et tout ce que l'on mange. •*Kulla mara indaha fî bêtha sakkîn janb al-laday.* Toutes les femmes ont dans leur maison un couteau de cuisine.

sakkirîn *n. d'act., m.*, ≅ *sakkarân*, *Syn. assilîn*, * skr, س ك ر

♦ **sucrage, fait de sucrer.** •*Hî mâ ta'arif sakkirîn al madîde.* Elle ne sait pas sucrer la bouillie. •*Sakkirîn al-câhi da sawwah mâ haluw.* Le fait d'avoir sucré ce thé ne l'a pas amélioré.

sakkitîn *n. d'act., m.*, ≅ *sakkatân*, * skt, س ك ت

♦ **fait de calmer, faire taire, fait d'apaiser.** •*Sakkitîn al amm lê saxîrha l-saxayyar be l-lôlayân wa l-raddi'în.* La mère calme son bébé en le berçant et en lui donnant le sein. •*Al kulâb nabaho tûl al-lêl, sakkitînhum illa be l-daggân.* Les chien ont aboyé toute la nuit, on ne peut les faire taire qu'en les frappant.

sakna *n. vég., f.*, → *sakne.*

sakne *n. vég., f.*, ≅ *sakna*, * skn, س ك ن

♦ **nom d'une plante, sorte d'ortie, Trichodesma africanum (L.),** famille des borraginacées, souvent confondue avec la *Rogeria.* •*Sakne hî geccay saxayre balgôha fî l gôz wallâ fî cârib al bahar.* La Trichodesma africanum est une petite plante que l'on trouve sur les terrains sablonneux au bord du fleuve. •*Al-sakne indaha côk dugâg misil al haskanît, wa bita''in hârr wa bisey âkûla fî l-jilid.* La plante Trichodesma africanum a de toutes petites épines qui, comme celles de la Cenchrus biflorus, rentrent dans la peau en faisant mal et provoquent des démangeaisons. •*Al-sakna bidâwi l waram, budugguha wa bamsahoha fî l bakân al wirim.* La Trichodesma africanum soigne les œdèmes, on l'écrase et on l'applique sur l'endroit enflé. •*Kan indak hibin, dugg warcâl l-sakne wa xuttah fî l hibin, wa ambâkir yingaddah.* Si tu as un furoncle, pile des feuilles de Trichodesma africanum et applique-les dessus, le lendemain il percera tout seul.

Sâkne *n. pr.* de femme, *fém.* de *Sâkin, Cf. Sâkin*, * skn, س ك ن

sakôc / sawâkîc *n. m.*, ≅ le pluriel *sakôcât*, → *câkôc.*

sakrân 1 / sakrânîn *adj.*, (*fém. sakrâne*), * skr, س ك ر

♦ **ivre, soûl(e).** •*Jâri sakrân, nâm fî l gôdâla.* Mon voisin était ivre, il a dormi dans le cabaret. •*Al mara l-sakrâne mâ tagdar turûx.* La femme saoule ne peut plus marcher. •*Al-nâs al bidâwusu dôl sakrânîn, mâ tahâjusuhum !* Ces gens qui se battent sont ivres, ne les séparez pas !

sakrân 2 *n. vég., m.*, → *amdamâro*, * skr, س ك ر

saksâk / saksâkât *n. m., Cf. sâg, sakka*, * skk, س ك ك

♦ **coup de patte des criquets, tibia des criquets.** •*Saksâk al-jarâd be côkah bita''in.* Les coups de patte des criquets piquent avec leurs pointes. •*Al-jarâd bimanni' fî saksâkah hatta bunutt.* Les criquets prennent appui sur leurs pattes pour sauter.

sâl 1 / yisîl *v. trans.*, forme I n° 10, * syl, س ي ل

♦ **couler.** •*Dumû'ah sâlo acân fakkar môt hanâ abuh.* Ses larmes ont coulé parce qu'il s'est souvenu de la mort de son père. •*Al birmîl angadda wa l-dihin sâl.* Le fût s'est percé et l'huile a coulé. •*Hî malat al-duwâne lahaddi l almi sâl.* Elle a rempli le canari jusqu'à ce que l'eau ait débordé.

sâl 2 *n. m., empr. fr.*

♦ **salle, hall.** •*Fî l-labtân kulla l-sâlât induhum nimar.* A l'hôpital, toutes les salles ont des numéros. •*Sâl hanâ wazârt al xârijiya indah xaddâmîn kutâr.* Dans le hall du ministère des Affaires étrangères il y a beaucoup d'employés.

sal'a / sal'ât *n. f.*, * ṣlʕ, ص ل ع

♦ **calvitie.** •*Al-câyib indah miya sana, râsah bigi sal'a.* Le vieux a cent ans, sa tête est chauve [est devenue calvitie]. •*Al wilêd, râsah sawwa sal'a acân al-nâr akalatah.* L'enfant n'a plus de cheveux parce qu'il a été brûlé à la tête.

salâ / salawât *n. f.*, * ṣlw, ص ل و

♦ **prière.** •*Salâti hint amis di mâ adîle.* Ma prière d'hier n'était pas bonne. •*Kattir salawâtak axêr min tikattir sayyi'âtak !* Multiplie tes prières au lieu de multiplier tes mauvaises actions !

sala' *n. vég., m.,* → *sala'la.*

sala'la *n. vég., m.,* ≅ *sala',* * slʕ, ع ل س

♦ **nom d'une plante grimpante, vigne de Sodome, Cissus quadrangularis (L.),** famille des ampélidacées, plante grimpante qui arrive à casser les arbres et les rochers. •*Al-sala'la fî l-sêf yabga axabac wa mâ indah warcâl wa mâ yumût min al atac ajala.* Le Cissus quadrangularis devient gris et perd ses feuilles en saison sèche, mais il est très résistant à la sécheresse. •*Al-sala'la hû mâ cadaray kabîre, ille bi'allig fôg misil al-sôso.* La vigne de Sodome n'est pas une grosse plante, elle grimpe comme la plante Luffa ægyptiaca.

salabê *pl.,* → *sulub.*

salaf *n. m.,* * slf, ف ل س

♦ **enfant mort,** "Fils que la mort a ravi et qui tient, pour ainsi dire, lieu d'une bonne action, *c.-à-d.,* dont la perte sera comptée à ses parents" (*Ka.*). •*Wilêdha al-saxâyir bigi salaf.* Son tout petit enfant est mort. •*Allah antâki l-salaf, wa hû bas yantîki l xalaf.* Dieu a pris ton enfant, il t'en donnera un autre. •*Allah yaj'alah salaf al-janne !* Que Dieu fasse de cet enfant mort ce qui te mènera au paradis ! (Qu'au nom de cet enfant Dieu te mène au paradis !).

salafiya *adj. f.,* dans l'expression *ansâr al-sunna al-salafiya* [partisans de la tradition des Anciens], nom d'une confrérie religieuse.

sâlah / yisâlih *v. intr.,* forme III, → *âfa 2, sâmah,* * ṣlḥ, ح ل ص

♦ **se réconcilier, faire la paix, trouver un compromis.** •*Abbakar wa abuh sâlaho acân battân hû mâ bacarab marîse.* Abakar s'est réconcilié avec son père parce qu'il ne boira désormais plus d'alcool. •*Al-râjil wa jârah sâlaho ba'ad sawwo lêhum carî'e.* L'homme et son voisin se sont réconciliés après avoir été en procès l'un contre l'autre. •*Mâ nisâluhu ma'â l adu hatta l môt !* Nous ne nous réconcilierons pas avec l'ennemi, tant que nous vivrons [jusqu'à la mort].

Salâhaddîn *n. pr.* d'homme, pour *Salâh al-dîn, litt.* intégrité de la religion, Saladin.

salâlim *pl.,* → *sillam.*

salâm *n. m.,* * slm, م ل س

♦ **paix, salutation.** •*Al-salâm alêkum !* La paix soit avec vous ! •*Allah yijîb lêna l-salâm !* Que Dieu nous apporte la paix ! •*Salâmi katîr lê rufugâni al-sâfaro.* Je salue chaleureusement mes amis qui sont partis en voyage. •*Be fajur, al-salâm wâjib lê l-jîrân.* Le matin, on doit saluer les voisins.

salâm alêk expression, salutation adressée à un homme, (à une femme : *salâm alêki*), * slm, م ل س

♦ **la paix soit sur toi !, bonjour !, bonsoir !** •*Salâm alêk, inta âfe wallâ ?* Paix à toi, bonjour, tu vas bien ? •*Salâm alêki, xalâs numti walla cunû ?* Paix à toi, femme, es-tu sur le point de dormir ? •*Salâm alêk, mâ ciftak min fajur !* Bonjour, paix à toi, je ne t'ai pas vu depuis ce matin !

salâma *n. f.,* * slm, م ل س

♦ **paix.** •*Al wihda wa l-salâma jo fî baladna.* L'unité et la paix règnent dans notre pays. •*Anâ nidôr naskun ma'âku be l-salâma.* Je veux habiter avec vous dans la paix.

Salâmât *n. pr. gr., coll., n. pr.* de la préfecture, *sgtf. Salâmi* (homme), *Salâmiye* (femme), nom d'une tribu arabe se rattachant à *Juhayna, Cf. Dar Begli, Wulâd Eli, Yêsiye, Wulâd Isa, Hammâdiye, Wulâd Humrân, Wulâd alwân, Sifêra, Sa'âdne.*

♦ **Salamat.**

Salâmi *sgtf.* d'un *n. pr. gr., m.,* (*fém. Salâmiye*), → *Salâmât.*

salâsil *pl.,* → *silsila.*

salât *n. coll., m., sgtf. salâtay, empr. fr.*, * ṣlṭ, ص ل ط

♦ **salade,** mélange de feuilles de salade avec des tomates. •*Fî ayâm Ramadân, katîr min al-nâs bâkulu salât ba'ad al fatûr.* Pendant le Ramadan, beaucoup mangent de la salade après la rupture du jeûne. •*Al-salât kan mâ xassaltah adîl yisawwi lêk dûd fî batunak.* Si tu ne laves pas la salade comme il faut, tu auras [elle te fera] des vers dans le ventre. •*Al-salât bilayyin al batun.* La salade facilite la digestion [humidifie le ventre]. •*Al-yôm carêt salâtay wa tamâtîn be talâtîn riyâl.* Aujourd'hui, j'ai acheté une salade et des tomates pour trente riyals.

salâtîn *pl.*, → *sultân.*

salax / yaslax *v. trans.*, forme I n° 13, * slẖ, س ل خ

♦ **écorcher, dépouiller, dépiauter,** ôter la peau d'un animal. •*Amis al-jazzâri salax al xanamay.* Hier, le boucher a écorché le mouton. •*Al-sadaxa l-jâye di, al-rujâl yaslaxo l-tôr.* Pour le prochain sacrifice, les hommes dépiauteront le taureau.

sâleh / sâlhîn *adj. mrph. part.* actif, ≅ *sâlih*, (*fém. sâlhe*), * ṣlḥ, ص ل ح

♦ **vertueux (-euse), zélé(e), probe, bon (bonne), intègre, pieux (pieuse).** •*Jâri da râjil sâleh ya'arif haxx al-jîre.* Mon voisin est un homme intègre qui respecte les exigences [le droit] du bon voisinage. •*Al mara l-sâlhe titi' râjilha wa ta'abid Allah.* La femme vertueuse obéit à son mari et adore Dieu. •*Al-râjil al-sâlih ba'abid Rabbah.* L'homme pieux adore son Seigneur. •*Allah yuxuttiki fî saff al-sâlhîn !* Que Dieu te mette au rang des gens intègres !

Sâleh *n. pr.* d'homme, *litt.* bon, sans défaut, vertueux, * ṣlḥ, ص ل ح

salîb *n. m.*, * ṣlb, ص ل ب

♦ **croix.** •*Al munazzama hint al-salîb al ahmar jâbat lêna dawa.* L'organisation de la Croix-Rouge nous a apporté des médicaments. •*Al masîhiyîn bi'allugu salîb fî rugâbhum.* Les chrétiens accrochent une croix autour de leur cou.

salîga *invar.*, ≅ *salîge*, * slq, س ل ق

♦ **sans sucre, au naturel, cuit(e) simplement à l'eau.** •*Zol kan cirib gahwa salîga be rîgah, bisawwi lêyah yabûsa.* Celui qui boit du café sans sucre, à jeun, sera constipé. •*Xassîn al-jamal bukûn be câhi axadar salîge.* On castre le chameau en lui donnant à boire du thé vert sans sucre.

salîh / salîhîn *adj.*, (*fém. salîhe*), * ṣlḥ, ص ل ح

♦ **ami(e), allié(e).** •*Al-rujâl dôl mâ adâwa humman salîhîn.* Ces hommes ne sont pas des ennemis, ce sont des alliés. •*Al-nâdum kan bigi lêk adu kula wâjib tabga lêyah salîh.* Si quelqu'un devient ton ennemi, tu dois quand même rester pour lui un ami.

sâlih *adj. m.*, → *saleh.*

sâlim / sâlmîn *adj.*, (*fém. sâlme*), * slm, س ل م

♦ **sain et sauf (saine et sauve), sans défaut, indemne.** •*Hû sawwa hâdis hanâ murûr wa marag sâlim.* Il a eu un accident de circulation et en est sorti indemne. •*Hû marag sâlim min al-tuhma hint al-sirge al wajjahoha lêyah.* Il est sorti lavé de l'accusation de vol qu'on portait sur lui. •*Nâs ciyya bas marago sâlimîn min al-sijin hanâ l-Ra'îs al fât.* Peu de gens sont sortis sains et saufs des prisons de l'ancien Président. •*Wâjib lê kulla nâdum yadbah kabic sâlim fî yôm al-dahîye.* Tout le monde doit égorger un bélier sans défaut le jour de la fête de la Tabaski.

Sâlim *n. pr.* d'homme, *litt.* sain, sans défaut, * slm, س ل م

salkîma *n. f.*, → *sarkîma.*

salla 1 / yisalli *v. trans.*, forme II, avec la préposition *be* prend le sens de diriger la prière, * ṣlw, ص ل و

♦ **prier, faire sa prière, accomplir le rite de la prière, diriger la prière.** •*Ahmat salla awkâtah.* Ahmat a accompli le rite de la prière aux moments recommandés. •*Salli rak'itên lê wijhi l-lâhi.* Prie en t'inclinant deux fois devant Dieu avec ferveur [vers la face d'Allah]. •*Al-nâs sallo salawâthum fî l-jâmiye.* Les gens ont fait leurs prières à la mosquée. •*Axui bisalli be l-nâs al-tarâwih kulla yôm.* Tous les jours, mon frère va avec les autres pour diriger la prière du *tarâwih.*

salla 2 / yisill *v. trans.*, forme I n° 11, * sll, ل ل س

♦ **ôter, enlever, tirer, retirer, sortir, récolter** (les arachides). •*Mûsa salla xalagah min al hamu.* Moussa a ôté son vêtement à cause de la chaleur. •*Ali salla riyâlên min jêbah wa anta lê l mahâjiri.* Ali a sorti deux riyals de sa poche et les a donnés au mendiant. •*Sîd al bêt salla xumsu miya dringêlây acân yabni bêyah durdur.* Le propriétaire de la maison a fabriqué cinq cents briques pour construire le mur de sa concession. •*Fî l-darat al harrâtîn bisillu fûlhum.* A la fin de la saison des pluies, les cultivateurs récoltent les arachides.

salla 3 *n. f.*, *Cf. mêc, sûf al marhûma*, * sll, ل ل س

♦ **cheveux artificiels, postiche,** cheveux nom tressés vendus en paquet. •*Al-salla hî ca'ar bilassuguh fî ca'ar al mara al mâ tuwâl.* Les cheveux artificiels se mettent [se collent] dans les cheveux courts des femmes. •*Zamân al-nâs bugûlu al-salla min sûf al marhûma lâkin hî sinâ'a bas.* Autrefois, les gens disaient que les cheveux postiches étaient ceux d'une femme décédée, en fait ce sont des cheveux fabriqués industriellement.

sallab / yisallib *v. trans.*, *Cf. salla* ; forme II, * slb, ب ل س

♦ **se déshabiller, ôter ses vêtements.** •*Al wata hâmiye, al-nâs kulluhum sallabo wa ragado.* Il fait chaud, tous les gens se sont déshabillés et se sont étendus. •*Sallib nibarridak, yâ wilêdi !* Déshabille-toi pour que je te lave, mon enfant ! •*Al-mardân sallab acân al-daktôr yakcifah.* Le malade s'est déshabillé pour que le docteur l'examine. •*Sallib al mayyit gubbâl ma tibarridah !* Ôte les vêtements du défunt avant de le laver !

sallabân *n. d'act., m.*, → *sallibîn.*

sallaf / yisallif *v. trans.*, forme II, *Cf. dayyan*, * slf, ف ل س

♦ **prêter de l'argent.** •*Hû maca lê rafîgah, sallafah gurus.* Il est allé chez son ami qui lui a prêté de l'argent. •*Jâni nisallifah gurus lâkin anâ kula mâ indi.* Il est venu pour que je lui prête de l'argent, mais moi-même je n'en avais pas.

sallah 1 / yisallih *v. trans.*, forme II, *Syn. addal*, * ṣlḥ, ح ل ص

♦ **réparer, améliorer, réformer, réhabiliter, retaper.** •*Al addâli sallah lêi râdôyti be miya riyâl.* Le réparateur a remis en état mon poste de radio pour cent riyals. •*Sallih hâlak ma'â jîrânak wa axawânak !* Améliore ta conduite envers tes voisins et tes frères ! •*Râjili sallah bêtah al kabîr gubbâl al xarîf.* Mon mari a retapé sa grande maison avant la saison des pluies.

sallah 2 / yisallih *v. trans.*, forme II, *Cf. silah*, * slḥ, ح ل س

♦ **armer.** •*Al-râ'is sallah askarah wa waddâhum al harba.* Le chef a armé ses combattants et les a emmenés se battre. •*Usmân fât fî l-zere' wa abuh sallah be bunduk "duz" wa ficilik rassâs.* Ousmane est allé au champ et son père l'a armé d'un fusil de calibre "douze" et d'une cartouchière pleine de cartouches.

sallal / yisallil *v. trans.*, forme II, * sll, ل ل س

♦ **faire sortir, épiler, extraire, arracher.** •*Wilêd Zênaba mardân wa sallaloh sunûn ambirtiti.* L'enfant de Zénaba est malade et on a facilité la sortie de ses premières dents. •*Al kalib sallal al-laham min al burma.* Le chien a réussi à faire sortir la viande de la marmite. •*Ammi sallalat ka'ak katîr lê îd.* Ma mère a préparé de nombreux gâteaux pour la fête. •*Al binêye sallalat cêb lê jidditha al ajûs.* La fille a arraché les cheveux blancs de sa vieille grand-mère. •*Al-dûd sallal fawâtirah wa xanâfirah acân yixawwif al-nâs.* Le lion a montré ses canines et sorti ses griffes pour effrayer les gens.

sallalân *n. d'act.*, *Syn. sallân,* → *sallîn,* * sll, س ل ل

sallam 1 / yisallim *v. trans.*, forme II, * slm, س ل م

♦ **saluer, donner la paix.** •*Al haddâdi sallam al-nâs al-jo lêyah.* Le forgeron a salué les gens qui sont venus lui rendre visite. •*Amci sallim nasîbtak be râs sukkar !* Va saluer ta belle-mère en lui apportant un pain de sucre !

sallam 2 / yisallim *v. trans.*, forme II, terme de l'*ar. lit.*, *Cf. taslîm* * slm, س ل م livrer, remettre *qqch.* à *qqn.*

sallân *n. d'act.*, → *sallîn.*

sallay / sallâyât *n. f.*, *Syn. muslay,* * ṣlw, ص ل و

♦ **tapis de prière.** •*Kan mâ indak sallay tagdar tisalli fî l biric wallâ fî bakân nadîf.* Si tu n'as pas de tapis de prière, tu peux prier sur une natte ou un endroit propre. •*Kulla yôm duhur al-jum'a tilâgi l-nâs induhum sallâyât fî îdênhum mâcîn al-jâmiye.* Tous les vendredis, au moment de la grande prière de midi, on rencontre des gens qui vont à la mosquée, un tapis de prière à la main.

sallibîn *n. d'act.*, *m.*, ≅ *sallabân,* * slb, س ل ب

♦ **déshabillage, fait de se déshabiller.** •*Kan gâ'id fî bêtah hû birîd al-sallibîn.* Lorsqu'il est chez lui, il aime se déshabiller. •*Al iyâl kan bidôru bunûmu sallibînhum gâsi marra wâhid.* Il est très difficile de déshabiller les enfants quand ils commencent à s'endormir.

sallilîn *n. d'act.*, voir le *Syn. sallîn,* * sll, س ل ل

sallîn *n. d'act.*, ≅ *sallân* (pour les briques), *sallilîn, sallalân* (pour les galettes et les beignets), * sll, س ل ل

♦ **fait de retirer, tirage, sortie, fait d'ôter, fabriquer,** fait de faire cuire des galettes de mil et de les sortir de la poêle, fait de mouler des briques. •*Sallîn al kisâr bidôr irfe.* Faire sortir les galettes de la poêle demande du savoir-faire. •*Sallîn al-dringêl fî l-sêf gâsi acân al wata hâmiye wa l almi xâli.* C'est difficile de fabriquer des briques pendant la saison sèche parce qu'il fait chaud et que l'eau coûte cher. •*Sallîn al almi min al bîr be l-dalu sâhil lê l-nâdum al ba'arfah.* Sortir l'eau du puits avec une puisette en cuir est facile pour celui qui en connaît la technique. •*Al-nâdum kan bidôr bumût, yijâbid min sallân al-rûh.* Au moment de l'agonie, l'homme se débat contre la mort [le retrait du souffle].

Sâlma *n. pr.* de femme, ≅ *Salme*, *litt.* saine, sans défaut, *fém.* de *Sâlim*, * slm, س ل م

Salmân *n. pr.* d'homme, nom d'un ami du khalife Ali, * slm, س ل م

Salmâne *n. pr.* de femme, *fém.* de *Salmân,* * slm, س ل م

Salmâni *sgtf.* d'un *n. pr. gr.*, *m.*, (*fém. Salmâniye*), → *Wulâd Salmân.*

Sâlme *n. pr.* de femme, → *Sâlma.*

saltana *n. f.*, * slṭ, س ل ط

♦ **sultanat, royaume, royauté.** •*Gubbâl al isti'mâr, Tcâd mugassama talâta saltana.* Avant la colonisation, le Tchad était divisé en trois royaumes. •*Saltanit Wadday tahkim be l-cêriye l islamiye.* Le royaume du Ouaddaï est sous la juridiction de la loi islamique.

saltaniye *n. f.*, *Cf. sultân,* * slṭ, س ل ط

♦ **sultanat, pouvoir du sultan, autorité exercée par un sultan.** •*Al-saltaniye, bantûha illa lê iyâl al-sultân al gadîm.* Le sultanat n'est transmis qu'aux fils du sultan précédent. •*Al-ra'âsiye yagdar yantûha lê nâdum âxar kulla, mâ misil al-saltaniye.* Le pouvoir présidentiel peut être confié à n'importe quel citoyen, contrairement au pouvoir du sultan. •*Hukum al-saltaniye, hassa mâ misil zamân.* Aujourd'hui, l'exercice du pouvoir du sultan n'est plus ce qu'il était autrefois.

sâlte *n. m., empr. fr., Cf. wasax.*
♦ **saleté, ordures.** •*Al iyâl al-dugâg baxannu bugûlu : "Nasâra gâl kê anîna sâlte !".* Les petits enfants chantent en disant : "Les Blancs ont dit que nous sommes sales !". •*Fî l-diyâr al kubâr, mamnu' sabban al-salte fî l-cawâri.* Dans les grands pays, il est interdit de jeter les ordures dans les rues.

salûs / salûsîn *adj., (fém. salûsa),* * sls, س ل س
♦ **doux (douce), humble, affable, facile à vivre, aimable.** •*Jâri râjil salûs.* Mon voisin est un homme affable. •*Wilêdi al-saxayyar salûs mâ yabki ajala.* Mon petit garçon est doux, il ne pleure pas facilement [vite]. •*Al-nâdum al-salûs kulla l-nâs birîduh.* Une personne humble est aimée de tous.

Salûsa *n. pr.* de femme, *litt.* douce, humble, *Cf. salûs,* * sls, س ل س

Salwa *n. pr.* de femme, *litt.* soulagement, consolation, quiétude, * slw, س ل و

sâm 1 / yusûm *v. intr.*, forme I n° 4, * ṣwm, ص و م
♦ **jeûner.** •*Anîna sumna cahar ramadân talâtîn yôm.* Nous avons jeûné trente jours pendant le mois de ramadan. •*Al mara l-nafasa wa l mardân mâ wâjib lêhum yusûmu kan al-siyâm bita''ibhum.* Une jeune parturiente et un malade ne doivent pas jeûner si cela les fait souffrir. •*Humman mâ gidiro sâmo acân al wakit bigi lêhum hâmi marra wâhid.* Ils n'ont pas pu jeûner parce qu'il a vraiment fait trop chaud. •*Al muslimîn hanâ Tcâd kulluhum sâmo amis acân al-cahar câfoh fî Âtiya.* Les musulmans du Tchad ont tous jeûné hier parce qu'on a vu le premier croissant de lune à Ati.

sâm 2 / yusûm *v. trans.*, forme I n° 4, *Cf. talla,* * swm, س و م
♦ **vendre en se déplaçant, vendre à domicile, faire du démarchage.** •*Xâlîl amîs sâm lafâyât wa tarhât wa ligi maksab katîr.* Hier, Khalil a vendu, en se déplaçant, de grands et petits voiles, et a gagné beaucoup d'argent. •*Xumâm al-sirge mâ busûmuh fî l kartiye al-câloh minha.* Les objets volés ne sont pas vendus à domicile dans le quartier où ils ont été pris.

sama / samâwât *n. m.*, * smw, س م و
♦ **ciel.** •*Lugdâbti tawîle wa haddaha mâ binlahig... Da l-sama !* Mon hangar est long, on ne peut pas atteindre sa limite… C'est le ciel. *Dvnt.* •*Târâti tinên gadur gadur… Da l-sama wa l arid !* J'ai deux roues qui ont la même dimension… Ce sont le ciel et la terre. *Dvnt.*

sama' *n. m.*, voir plus bas l'expression *sama' tagîl,* * smʕ, س م ع
♦ **audition, ouïe.** •*Al wilêd al gâ'id tihit al-cadaray di sama'ah mâ adîl.* L'enfant qui est sous cet arbre est dur d'oreille. •*Harakit al banâdig al-tugâl tallafat al-sama' hanâ l askari da.* Les détonations des armes lourdes ont abîmé l'ouïe de ce soldat. •*Hû xalla xidimt al-tâhûna acân mâ bidôr sama'ah bixiff.* Il a abandonné son métier de meunier parce qu'il ne veut pas que son ouïe diminue à cause du bruit du moulin.

sama' tagîl expression, *litt.* audition lourde, *Syn. sama' tuwâl, sama' tawîl,* * smʕ, ṯql, س م ع • ث ق ل
♦ **dur(e) d'oreille, un peu sourd(e).** •*Hû sama'ah tagîl acân zamân udunnênah anfakko.* Il est dur d'oreille parce qu'autrefois il a eu le tympan déchiré à la suite d'otites. •*Al-nâdum kan sama'ha tagîl mâ basma' al waswisîn.* Lorsque quelqu'un est dur d'oreille, il n'entend pas les chuchotements. •*Al-cuyâb kan xirifo sama'hum yabga tagîl.* Lorsque les

vieillards sont gâteux, ils deviennent durs d'oreille.

sama' tawîl expression, ≅ *sama' tuwâl*, → *sama' tagîl.*

sama'ân *n. d'act.*, → *sami'în.*

samâh *n. m.*, * smḥ, س م ح

♦ **beauté.** •*Al binêye di samâha misil hanâ ammaha.* La beauté de cette jeune fille est comme celle de sa mère. •*Samâhki misil samâh al aryal fî l gîzân.* Ta beauté est comme celle d'une gazelle sur les coteaux sableux. •*Samâh al binêye di sabbab duwâs ambên al-subyân hanâ l hille.* La beauté de cette jeune fille a provoqué une bagarre entre les jeunes gens du village.

Samah *n. pr.* d'homme, *litt.* beauté, *Cf. samah*, * smḥ, س م ح

sâmah 1 / yisâmih *v. trans.*, *Cf. tallag*, * smḥ, س م ح

♦ **répudier, renvoyer une femme.** •*Marti sâmêtha acân mâ tasma kalâmi.* J'ai répudié ma femme parce qu'elle ne suivait pas mes conseils. •*Hû sâmahâha, mâ câl minha gurus.* Il l'a renvoyée sans récupérer l'argent de la dot. •*Kan mâ tasma'e kalâmi, nisâmihki !* Si tu ne suis pas mes conseils, je te répudierai !

sâmah 2 / yisâmih *v. trans.*, *Cf. sâlah* ; forme III, * smḥ, س م ح

♦ **excuser, pardonner, tolérer.** •*Sâmihni, coxol al hassal ambênâtna da, mâ min nîyti !* Excusez-moi, ce qui s'est produit entre nous, je ne le souhaitais pas ! •*Ramêtah lâkin hû sâmahâni.* Je l'ai fait tomber, mais il m'a pardonné.

samak *n. coll.*, animal, terme littéraire peu employé, *Syn. hût*, *sgtf. samakay*, * smk, س م ك

♦ **poisson.** •*Fî l hamu al-nâs mâ bâkulu samak katîr.* Quand il fait chaud, les gens n'aiment pas manger du poisson. •*Anâ nirîd nâkul samak fî l aca.* Je préfère manger du poisson au dîner.

samawi / samawiyîn *adj.*, (*fém. samawiye*), * smw, س م و

♦ **céleste,** venant du ciel. •*Fardītha lônha zahari samâwi.* Son pagne est de couleur bleu ciel. •*Allah nazzal lê l anbiya' arba'a kutub samâwiye : al Injîl, al-Tawrêt, al-Zabûr wa l Xur'ân.* Dieu a fait descendre sur les prophètes quatre livres "célestes" : l'Évangile, la Torah, les Psaumes et le Coran.

sameh / samhîn *adj.*, (*fém. samhe*), connu au *Sdn.* (*C.Q.*), * smḥ, س م ح

♦ **bien, beau (belle), bon (bonne).** •*Akurbah sameh kê, lahaddi anâ narja' !* Tiens-le bien jusqu'à ce que je revienne ! •*Al binêye di samhe.* Cette jeune fille est belle. •*Da sameh !* C'est bien ! •*Al-coxol da sameh !* C'est une bonne chose !

sameh ! *invar.*, exclamation, ≅ *hâ sameh !* * smḥ, س م ح

♦ **bon !, d'accord !, bien !** •*Gûl lêyah : "Sameh, namci lêk ba'adên !".* Dis-lui que je suis d'accord, et que je viens chez lui tout de suite après ! •*Âh sameh, wassafôk illa ruwâxa bas, yôm wâhid naksir rijilak !* Bon, très bien ! Ils ne te poussent qu'au vagabondage ! Un jour je te casserai la jambe en te frappant ! (colère d'une maman contre son enfant qui ne fait que se promener dehors avec ses amis).

Samhâne *n. pr.* de femme, *litt.* douce, humble, * smḥ, س م ح

Samhurrâs *n. pr.* d'un djinn.

sami / sumyân *adj.*, (*fém. samiye*), * smw, س م و

♦ **homonyme,** qui porte le même nom. •*Amis sami abui talab lêna uxniya.* Hier, un homme qui porte le même nom que mon père a demandé à la radio de diffuser une chanson. •*Anâ indi sumyân talâta.* Je connais trois personnes qui portent mon nom [j'ai trois homonymes]. •*Al binêye di samîti, usumha Âce !* Cette fille porte mon nom, elle s'appelle Aché !

Sâmi *n. pr.* d'homme, *litt.* élevé, qui se dresse au-dessus des autres, * smw, س م و

sami'în *n. d'act., m.,* ≅ *sama'ân, Cf. simi,* * smʕ, س م ع

♦ **écoute, audition, fait d'écouter.** •*Sami'în al axbâr fî l-rawâdi yifattih al-nâdum fî l âlam.* Écouter les nouvelles sur plusieurs stations de radio ouvre la personne sur le reste du monde. •*Al-nâdum kan adânah tallafat, al-dakâtîr yagdaro yi'addulu lêyah sami'înah.* Si quelqu'un a l'ouïe [l'oreille] abîmée, les médecins peuvent améliorer son audition.

Samijiddah *n. pr.* d'homme, pour *sami jiddah, litt.* homonyme de son grand-père.

samin dans l'expression *dihin samin,* par opposition à *dihin fûl,* → *dihin bagar,* * smn, س م ن

samîn / **sumân** *adj.,* (*fém. samîne*), *Ant. bâtil,* * smn, س م ن

♦ **gras (grasse), gros (grosse).** •*Dabahna kabic samîn.* Nous avons égorgé un bélier gras. •*Zênaba mâ gidirat taccat gâyme hint al xanamay acân samîne bilhên.* Zénaba n'a pas pu griller la cuisse de la chèvre parce qu'elle était trop grasse. •*Al-nâs al-sumân mâ bahmalo l hamu.* Les gens gros ne supportent pas la chaleur.

Samir *n. pr.* d'homme, *litt.* qui aime raconter des contes la nuit, * smr, س م ر

Samîra *n. pr.* de femme, *fém.* de *Samîr,* * smr, س م ر

Sâmiya *n. pr.* de femme, *fém.* de *Sâmi,* * smw, س م و

samkâra *pl.,* → *samkâri.*

samkâri / **samkâra** *adj. n. m. mrph. intf., qdr.,* (*fém. samkâriye*), mot arabe d'emprunt *irn.,* comme en Egypte (*H.W.*) et au Soudan (*C.Q.*), * smkr, س م ك ر

♦ **ferblantier, rétameur.** •*Hî macat bakân al-samkâri tacri jabana hanâ hadîd.* Elle est allée chez le ferblantier pour acheter une cafetière en fer. •*Al-samkâra gâ'idîn fî taraf al-sûg.* Les ferblantiers se trouvent à la périphérie du marché.

samm / **sumûm** *n. m.,* ≅ le pluriel *simâm,* * smm, س م م

♦ **poison, venin.** •*Al akil, kan indah samm, yaktul ajala.* Quand la nourriture contient du poison, elle tue rapidement. •*Al-dâbi indah samm fî fawâtirah.* Le serpent a du venin dans ses crochets [canines]. •*Al fâr bactanâna, fattic lêyah sumûm.* Les rats nous dérangent, va leur chercher du poison [des poisons].

samma 1 / **yusumm** *v. trans., Cf. amsimême, sadda,* * ṣmm, ص م م

♦ **fermer, boucher un orifice.** •*Summ xacumak, yâ kaddâb !* Ferme ta bouche, menteur ! •*Nidôr taktib lêi maktûb lê wilêdi yijîb lêi gurus, wa tusumm xacumak mâ ti'ôri zôl.* Je voudrais que tu écrives une lettre à mon fils pour qu'il me rapporte de l'argent, et que tu fermes ta bouche pour que personne ne le sache ! •*Kan xalâs haffart al bîr wâjib tusummaha wa tixalli laha xacum saxayyar acân al iyâl mâ yaga'o fôgha.* Lorsque tu auras terminé de creuser le puits, il faudra que tu le fermes en laissant une petite ouverture pour que les enfants n'y tombent pas.

samma 2 / **yisammi** *v. trans., Syn. bada* ; forme II, * ṣmm, ص م م

♦ **commencer, entreprendre.** •*Al yôm sammêna l xidime.* Aujourd'hui, nous avons commencé le travail. •*Al masâ'îl hanâ l-lekôlât yisammu l kitâba ambâkir.* Les responsables des écoles commenceront demain les inscriptions. •*Al harrâtîn sammo l hirâte.* Les cultivateurs ont commencé les labours.

samma 3 / **yisammi** *v. trans.,* forme II, * smw, س م و

♦ **nommer, donner un nom.** •*Sammêt wilêdi fî jiddi.* J'ai donné à mon enfant le nom de mon grand-père. •*Sab'a yôm ba'ad al walûda, al abu yissami wilêdah.* Sept jours après la naissance, le père donne un nom à son fils. •*Mâ na'arif jîrâni sammo wilêdhum yâtu.* Je ne sais pas quel nom mes voisins ont donné à leur fils.

samma' / yisammi' *v. trans.*, forme II, * smʕ, س م ع

♦ **faire entendre.** •*Maryam samma'at girâyitha al-sajjalatha fî l kâsêt lê abûha.* Mariam a fait écouter à son père sa leçon qu'elle avait enregistrée sur une bande magnétique. •*Al-râdyo da cên lâkin bisammi'ni l axbâr.* Ce poste de radio est vilain, mais il me permet d'écouter les nouvelles.

sammam 1 / yisammim *v. trans.*, forme II, * smm, س م م

♦ **empoisonner.** •*Al-dakâtîr sammamo laham wa daffagoh lê l kulâb al-jahmânîn.* Les vétérinaires ont empoisonné de la viande et l'ont jetée aux chiens enragés. •*Al mara sammamat al akil wa waddatah lê darritha.* La femme a empoisonné la nourriture et l'a apportée à sa rivale.

sammam 2 / yisammim *v. intr.*, forme II, * ṣmm, ص م م

♦ **décider fermement, avoir la volonté de, être déterminé(e) à.** •*Hû sammam yabni bêt kabîr yisakkin fôgah ahalah kulluhum ke.* Il a décidé de construire une grande maison pour y loger toute sa famille. •*Âdum sammam yihijj wa yihajjij martah kulla.* Adoum s'est décidé à partir en pèlerinage à La Mecque et à y emmener aussi sa femme.

sammamân *n. d'act.*, ≅ *sammimîn*, *Syn. tasmîm 1*, * smm, س م م

♦ **empoisonnement, fait d'empoisonner.** •*Sammamânha lê xanami dôl, Allah yas'alha minah yôm al xiyâma.* Dieu lui demandera de rendre compte au jour de la résurrection de ce qu'elle a fait en empoisonnant mes chèvres. •*Wâjib sammamân al kulâb al-jahmânîn al âyrîn fî cawâri Anjammêna.* Il faut empoisonner les chiens enragés errant dans les rues de N'Djaména.

samman / yisammin *v. trans.*, forme II, * smn, س م ن

♦ **engraisser.** •*Hû samman xanamah acân yiwaddîhum fî l-sûg kan îd al-dahîye garrab.* Il a engraissé ses moutons pour les amener au marché à l'approche de la fête de la Tabaski. •*Al kanfût wa l atrôn bisammin al xanam adîl.* Le son et le natron engraissent bien les moutons. •*Hû samman tôrah acân yidôr yiwaddih fî Nijêrya.* Il a engraissé son bœuf parce qu'il veut l'emmener au Nigeria pour le vendre.

sammân *n. d'act.*, → *sammîn.*

sammax / yisammix *v. trans.*, forme II, * ṣmġ, ص م غ

♦ **produire de la gomme arabique, coller, poisser,** devenir consistant comme de la gomme arabique, faire de l'encre en mélangeant de la gomme arabique avec du charbon de bois pilé ou du noir de fumée. •*Wilêdi akal halâwa katîr, xacumah wa idênah sammaxoh.* Mon fils a mangé beaucoup de bonbons, il a la bouche et les mains qui poissent. •*Al gada sammax ên wilêdki.* La chassie a collé l'œil de mon enfant. •*Sammix dawâytak wa amci l masîg aktib !* Mets de la gomme arabique dans ton encrier et va écrire à l'école coranique !

samme *n. f.*, *Cf. samma 1, sammîn*, * ṣmm, ص م م

♦ **fermeture d'un orifice, bouchage, obturation, bouchon.** •*Kan al guhha axêr min sammit al xacum, al-dabbirîn axêr min mattitîn al-rijilên.* Si chercher à prendre la parole vaut mieux que se taire, prendre une initiative vaut mieux que ne rien faire [si tousser vaut mieux que garder la bouche fermée, chercher à se débrouiller vaut mieux que de rester les jambes étendues]. •*Sammit al bîr di acân al iyâl.* C'est à cause des enfants que l'orifice de ce puits a été fermé.

sammimîn *n. d'act.*, → *sammamân.*

sammîn *n. d'act.*, *m.*, ≅ *sammân*, terme utiliser à propos de la bouche, * ṣmm, ص م م ⇨

♦ **fermeture, fait de fermer.** •*Sammînak lê xacumak da, inta za'alân wallâ ?* Tu restes bouche close, serais-tu fâché ? •*Al-saxîr, yin'arif kan batunah malâne be sammîn xacumah.* On sait qu'un enfant a le ventre plein quand il ferme la bouche.

samni *adj.* de couleur, (*fém. samniye*), * smn, س م ن
♦ **jaune beige, couleur du beurre, blanc cassé.** •*Al-Nasrâni da lâbis xalag lônah samni.* Ce Blanc porte un vêtement blanc cassé. •*Kan mâci lêhum, fakkir lê l bâb al-samni da, bâs bêthum !* Pour aller chez eux, cherche [pense à] une porte beige, c'est là leur maison !

samra *adj. f.*, → *asmar*.

samsâra *pl.*, → *samsâri*.

samsâri / samsâra *n. m.*, mot arabe d'emprunt *irn.* (*Mu.*), *Cf. sarmsarma, sabbâbi*, * smsr, س م س ر
♦ **courtier, intermédiaire.** •*Fattic lêi samsâri acân balga lêi zabâyin lê budâ'ti di !* Cherche un courtier pour qu'il trouve des clients pour mes marchandises ! •*Angâri al-samsâra dôl mâ yâkulu haggak !* Prends garde que ces intermédiaires ne s'emparent de tes affaires !

samsarma *n. f.*, *qdr.*, *Cf. lûti*, * smsr, س م س ر
♦ **entremetteur, proxénète,** celui qui se charge de chercher des filles pour les amener à leur client. •*Al yôm al bôlîs karabo kulla l-samsarma hanâ l hille.* Aujourd'hui, les policiers ont raflé tous les entremetteurs de la ville. •*Al-samsarma bagôdu katîr kê fî l bârât.* Les proxénètes restent le plus souvent dans les bars.

sâmûla / sawâmîl *n. f.*, peut-être de la racine *sml* désignant un "petit gobelet" (*Ka.*), connu au *Sdn.* (*C.Q.*), * sml, س م ل
♦ **écrou,** écrou d'un boulon ou d'un goujon. •*Al mublêt bisawwi awwa acân sawâmîlah mâ marbûtîn adîl.* La mobylette fait beaucoup de bruit parce que ses écrous ne sont pas bien serrés. •*Sâmûla hint biskilêti waddarat.* L'écrou de ma bicyclette est tombé [est perdu].

samûm *n. m.*, * smm, س م م
♦ **vent chaud, infrarouge, simoun,** vent chaud du mois de mai. •*Kan al-samûm katîr, al anâti l-durar batraho.* Lorsque le vent chaud souffle longtemps, les femelles pleines des troupeaux avortent. •*Fî l-sêf al-samûm katîr, yinaccif wa yi'attic al-nâdum al musâfir.* En saison sèche, le vent chaud souffle souvent ; il dessèche et assoiffe le voyageur.

samux *n. coll., m., sgtf. samuxay* [un morceau de gomme], * ṣmġ, ص م غ
♦ **gomme arabique.** •*Al iyâl birîdu l-samux be sukkar.* Les enfants aiment la gomme arabique avec du sucre. •*Al-samux bijîb gurus katîr.* La gomme arabique rapporte beaucoup d'argent. •*Lônah lôn al hajar, be tirkitah fî l-cadar... Da l-samux.* Sa couleur est celle de la pierre, et elle est issue de l'arbre… C'est la gomme arabique. *Dvnt.* •*Mâci, jidey nâdâni... Da l-samux.* Je marchais, le petit d'une gazelle m'a appelé… C'est la gomme arabique. *Dvnt.*

sân / yusûn *v. trans.*, forme I n° 4, * ṣwn, ص و ن
♦ **soigner, prendre soin de, préserver sa dignité.** •*Fâtime sûni nafiski !* Fatimé, prends soin de toi-même ! •*Al-nâdum kan mâ busûn nafsah bicîf al hugra wa l ihâna.* Celui qui ne préserve pas sa dignité tombera dans le mépris et les tourments.

sana / sinîn *n. f.*, ≅ *sane*, ≅ le pluriel *sanawât*, * snw, س ن و
♦ **année, an.** •*Al-sana di nâxudki be mâl katîr.* Cette année, je t'épouserai en te donnant beaucoup de choses de valeur. •*Lammêna ba'ad sinîn tawîle.* Nous nous sommes rencontrés après de longues années de séparation. •*Ba'ad sanawât tawîla, abu Mahammat lamma gurus katîr.* Après de longues années, le père de Mahamat a amassé beaucoup d'argent.

sana' / yasna' *v. trans.*, forme I n° 14, * ṣnʕ, ص ن ع

♦ **fabriquer.** •*Al-carika hint al-sukkar sana'at sukkar rusê katîr lâkin al-nâs mâ induhum gurus yacru.* La société sucrière a fabriqué beaucoup de pains de sucre, mais les gens n'ont pas d'argent pour les acheter. •*Fî baladna anîna mâ nasna'o watâyir nacruhum min al xârij.* Dans notre pays, nous ne fabriquons pas de voitures, nous les achetons à l'extérieur. •*Fî Nijêrya basna'o sâ'ât.* Au Nigeria, on fabrique des montres.

sanâbil *pl.*, → *sunbul.*

sanad / yasnid *v. trans.*, *Cf. rakaz*, * snd, س ن د

♦ **appuyer, adosser, poser un support.** •*Al kursi da mâ adîl asnidah fî l-durdur !* Cette chaise n'est pas solide, appuie-la contre le mur ! •*Al-takâya dôl kan mâ sanadtûhum be ci'ab, baga'o ?* Si ces panneaux en tiges de mil ne sont pas appuyés contre des piquets, ils tomberont.

sanâdîg *pl.*, → *sandûg.*

sanâdîl *pl.*, → *sindâle.*

sanâge *pl.*, → *sange.*

sanam / asnâm *n. m.*, * ṣnm, ص ن م

♦ **idole, sorcellerie.** •*Nâs wâhdîn ba'abudu l asnâm.* Certaines personnes adorent les idoles. •*Al ibâda hint al asnâm mâ adîle.* Ce n'est pas bien d'adorer les idoles.

sanâm *n. m.*, pluriel peu utilisé : *asnimâ'*, voir le *Syn. zinkitte*, * snm, س ن م

sanat / yasnut *v. trans.*, *Cf. sannat*, * nṣt, ن ص ت

♦ **écouter attentivement, prêter l'oreille,** chercher à entendre. •*Anâ, kan nikallim lêk, lê kalâmi asuntah !* Lorsque je te parle, écoute attentivement ce que je te dis ! •*Wilêdah ja waswas lêyah fî adânah wa nicîfah sanat tcabba ke hatta laffat lêna.* L'enfant est venu murmurer quelque chose à l'oreille de son père ; j'ai vu ce dernier prêter l'oreille un instant, puis se retourner vers nous.

sanâtîr *pl.*, → *santîr.*

sanawât *pl.*, → *sana.*

sanawbar *n. vég.*, *qdr.*, utilisé comme encens, * ṣnbr, ص ن ب ر

♦ **nom d'un arbre, nom d'un bois d'encens, pin.** •*Carat lêha sanawbar katîr lê l-duxxân kan junûnha jâyîn.* Elle s'est acheté une grosse quantité de bois de pin comme encens, au cas où ses djinns reviendraient. •*Mâ tikattiri duxxân al-sanawbar fî l gayle acân bijîb lêki al-junûn !* Ne fais pas trop brûler d'encens à base de pin au milieu du jour parce que cela ferait venir chez toi les djinns ! •*Al binêye di coxolha massâs, daxxunûha be sanawbar murr !* Cette fille est sous l'emprise d'un vampire, encensez-la avec du bois de pin non mélangé avec du parfum ! [du pin amer].

sandal *n. m.*, * ṣndl, ص ن د ل

♦ **bois de santal, bois aromatique, bois d'encens.** •*Hî asarat râjilha cara lêha duxxân sandal.* Elle a insisté auprès de son mari pour qu'il lui achète du bois de santal parfumé. •*Al-sandal kan sabboh itir katîr, rihtah haluwwa bilhên.* Verser en abondance du parfum sur du bois de santal dégage un parfum exquis. •*Al mara l arûs tidaxxin bêtha be sandal.* La mariée parfume sa chambre en l'encensant avec du bois de santal.

sandiwic *n. coll.*, *empr. angl.*, *sgtf. sandiwicay.*

♦ **sandwich.** •*Fî kulla l-lekkôlât al awîn bisâwugu lê l iyâl sandiwic.* Dans toutes les écoles, les femmes vendent des sandwichs aux élèves. •*Anâ mâ nirîd nâkul al-sandiwic acân busubbu fôgah cette katîr.* Je n'aime pas manger des sandwichs parce qu'on y met beaucoup de piment.

sandûg / sanâdîg *n. m.*, * ṣndq, ص ن د ق

♦ **cantine, malle, coffre, grosse boîte, trésor, cercueil.** •*Anâ sabbêt* *xulgâni fî sandûgi.* J'ai mis mes vêtements dans ma cantine. •*Abui ja min al maxatar da, jâb lêi sandûg malân xumâm.* Mon père est revenu de voyage et m'a apporté une malle pleine d'affaires. •*Fî l xidime, jâbo lêna sanâdîg malânât kutub.* Au travail, on nous a apporté des malles pleines de livres. •*Al-sûg indah sanâdîg kubâr wa suxâr.* Au marché, il y a de petites et grosses cantines. •*Nâdum sarrag mâ buxuttuh amîn al-sandûg.* On ne met pas un voleur au poste de trésorier. •*Al mayyit kan bujûbuh min dâr lê dâr bidissuh fî sandûg hanâ xacab.* Lorsqu'on transporte le mort d'un pays à un autre, on le met dans un cercueil.

sane *n. f.*, → *sana.*

sanesane *n. vég.*, *coll. m.*, le nom français vient de l'arabe *sanân*, voir aussi *tôr azrag*, * snw, س ن و

♦ **nom d'une plante, séné, casse, espèce de cassier, Cassia italica (Mill.),** famille des césalpiniacées. •*Al-sanesane mâ tawîl, yugumm fî l gôz, indah matârig tuwâl yidanguru fî l-turâb.* Le séné n'est pas très grand, il pousse sur les terrains sablonneux, il a de longues branches qui se courbent jusqu'à terre. •*Warcâl al-sanesane, wa urûgah al-tihit al usumhum "tôr azrag", bisawwûhum dawa hanâ waja' al batun.* C'est avec les feuilles du cassier et sa longue racine appelée "taureau noir", que l'on extrait la casse pour guérir les maux de ventre.

sanfar / yisanfir *v. trans.*, forme II, mot arabe d'emprunt turc (*C.Q.*), * ṣnfr, ص ن ف ر

♦ **limer, polir.** •*Al muftah da mâ baftah al bâb illa yisanfuruh.* Cette clé n'ouvre pas la porte, il faut la limer. •*Humman sanfaro hadiday wa lahamoha fî l mublêt.* Ils ont limé un morceau de fer et l'ont soudé sur la mobylette.

sanfara *n. f.*, *qdr.*, *Cf. sanfar*, * ṣnfr, ص ن ف ر

♦ **toile émeri, papier de verre.** •*Hukk sakkînak be l-sanfara sagarah bamrug !* Frotte ton couteau avec de l'émeri, la rouille partira ! •*Al-tâbul hanâ l xacab da axacan, hukku be sanfara.* Cette table en bois est rugueuse, elle a besoin d'être passée au papier de verre. •*Talga l-sanfara fî bakân al isbêrât fî l-sûg.* Tu trouveras de la toile émeri au marché, à l'endroit où se trouvent les pièces détachées.

sanfarân *n. d'act.*, → *sanfirîn.*

Sanfil *n. pr.* de lieu, quartier de N'Djaména, *litt.* "cent fils", lieu des antennes utilisées par la Radiodiffusion Nationale Tchadienne.

♦ **Cent-fils.** •*Sanfil bakân al-hadîd al kubâr wa l-sulûk al kutâr.* Le quartier Cent-fils est l'endroit où se trouve de grands pylônes et de nombreux câbles aériens. •*Sanfil indah sûg kabîr bubû'u fôgah hadâyid hanâ l watâer.* Cent-fils a un gros marché où l'on trouve des pièces détachées de voitures.

sanfirîn *n. d'act.*, *m.*, ≅ *sanfarân*, *Cf. sanfar*, * ṣnfr, ص ن ف ر

♦ **polissage, fait de polir au papier de verre, fait de gratter à la toile émeri.** •*Tarbezti xacna, tidôr sanfirîn.* Ma table est rugueuse, elle a besoin d'être passée au papier de verre. •*Sagar hanâ sakkînak da mâ yamrug illa be sanfirîn.* La rouille qu'il y a sur ton couteau ne partira que si on la gratte avec de la toile émeri.

sanga' / yisangi' *v. trans.*, connu au *Sdn.* (*C.Q.*), forme II.

♦ **regarder en haut, lever la tête,** voir en levant la tête. •*Anâ sangêt nicîf al-tayyâra fî l-sama.* J'ai regardé en haut pour voir l'avion dans le ciel. •*Al iyâl sanga'o yicîfu hilâl cahar ramadân.* Les enfants ont levé la tête pour voir le croissant de la lune du mois de ramadan. •*Mâla tisangi' ke, ticîf cunû ?* Pourquoi lèves-tu la tête en l'air, que regardes-tu ?

sangar / yisangir *v. intr.*, forme II.

♦ **attendre comme un mendiant.** •*Al-lâji'în sangaro giddâm maktab al-salîb al ahmar.* Les réfugiés attendent comme des mendiants devant le bureau de la Croix-Rouge. •*Kulla yôm* *taji tisangir hini tidôr cunû ?* Tu es tous les jours là à attendre comme un mendiant, que désires-tu ?

sange / sanâge *n. f.*

♦ **moustiquaire.** •*Al-sange didd al ba'ûda.* La moustiquaire est une protection contre les moustiques. •*Kulla yôm be aciye, nirabbit sanâge lê iyâli.* Chaque soir, j'attache les moustiquaires pour mes enfants. •*Ragadt be sange fî l faday.* J'ai dormi sous une moustiquaire dans la cour. •*Fî l hallâl barra, mâ birabbutu sanâge fî l-sêf acân ba'ûda mâ fîh.* Dans les villages, les gens n'attachent pas de moustiquaires en saison sèche parce qu'il n'y a pas de moustiques.

Sâni *n. pr.* d'homme, *litt.* second, surnom donné à l'enfant dont le frère aîné s'appelle déjà Mahamat, *Cf. tâni,* * ṯny, ث ن ي

sanif / asnâf *n. m.*, ≅ le pluriel *sunûf,* * ṣnf, ص ن ف

♦ **sorte, genre, espèce, catégorie, qualité, modèle.** •*Fatûr hanâ Ramadân sanif katîr.* Il y a beaucoup de sortes de déjeuners pendant le Ramadan. •*Sanif hanâ l-sûni da, mâ fîh fî l-sûg.* Une telle qualité de porcelaine ne se trouve pas au marché. •*Sanif hanâ l-nâs dôl kulla wâhid.* Ces gens-là sont tous les mêmes [ont un même genre]. •*Kan macêt Fransa, jîb lêi talâte sâ'a sanifhum wâhid !* Si tu vas en France, apporte-moi trois montres de même modèle !

sâniye / sawâni *n. f.*, racine d'après *dict.* (*Ka.*), *Cf. hawîre, bîr,* * ṣnw, ص ن و

♦ **puits très profond,** trou profond qui garde toujours de l'eau. •*Al hâkûma nakatat lêna sâniye fî hillitna.* Le gouvernement a fait creuser un puits très profond dans notre village. •*Fî l-sêf al-sawâni, almîhum ba'îd.* Pendant la saison sèche, la nappe d'eau descend très bas dans les puits profonds.

sanna / yisinn *v. trans.*, forme I n° 11, *Syn. tarrag,* * snn, س ن ن

♦ **aiguiser.** •*Âdum sanna l-sakkîn acân yadbah al-xanamay.* Adoum a aiguisé le couteau pour égorger le mouton. •*Abu Zênaba maca fî bakân al hadâdi acân yisinn lêyah fâsah wa sakkînah.* Le père de Zénaba est allé chez le forgeron pour y faire aiguiser sa hache et son couteau.

sannad / yisannid *v. trans.*, *Cf. sanad (yasnid)* ; forme II, * snd, س ن د

♦ **fixer d'aplomb, caler, appuyer, adosser,** empêcher de tomber. •*Al mara sannadat wilêdah be laffay.* La mère à calé son enfant avec son voile mis en boule. •*Mâ tansa, sannid abûk al mardân be wasâsîd !* N'oublie pas, mettre des coussins derrière le dos de ton père qui est malade ! •*Axûk da, râsah bôjah, mâla mâ tisannidah be bajo ?* Ton frère a mal à la tête, pourquoi n'appuies-tu pas sa tête sur une couverture ?

sannat / yisannit *v. trans.*, forme II, métathèse dans la racine, * nṣt, ن ص ت

♦ **écouter, chercher à bien entendre, être attentif(-ive) à,** être préoccupé(e) par une parole. •*Hû mâ sannat al kalâm adîl wa maca ôrah giddâm.* Il n'a pas bien écouté ce que l'on disait, et est parti le communiquer aux autres. •*Min al bâreh nisannit kê... fî l hamm al fôgi da, nikaffi dên al-nâs da kikkêf ?* Depuis hier, je ne fais que penser à ce qui me préoccupe : comment vais-je rembourser la dette que je dois ?

sannâta / sannâtât *n. f. mrph. intf.*, *Cf. sannat,* * nṣt, ن ص ت

♦ **écouteur, casque.** •*Hû dassa sannâtât fî udunnênah.* Il a mis ses écouteurs. •*Al-sahâfiyîn induhum sannâtât fî l mu'tamar al-sahafi.* Les journalistes mettaient des casques pendant la conférence de presse.

Sannûri *n. pr.* d'homme, venant de l'arabe *sd. Sanhûri* (*C.Q.*).

santîr / sanâtîr *n. m.*, *empr. fr.*, ≅ *sentîr.* ⇨

♦ **ceinture.** •*Min mata irift rabbatân sulbak be santîr.* Depuis quand sais-tu ceindre tes reins d'une ceinture ? •*Al askar kulluhum ke yirabbutu sulubbênhum be sanâtîr.* Tous les militaires se ceignent les reins avec une ceinture.

sântir 1 / sântirât *n. m., empr. fr.*, plus utilisé que *markaz ijtimâ'i.*
♦ **centre social.** •*Fî l-sântir bi'allumu l awîn tarbiyt al iyâl al-dugâg.* Au centre social, on apprend aux femmes à élever les petits enfants. •*Fî l-sântirât al awîn bi'allumu ammahât al iyâl xidime hanâ buyûthum.* Dans les centres sociaux, on enseigne aux mères les travaux ménagers.

Santṛafrik *n.pr.* de pays, Syn: *Bangi.*
♦ **République Centrafricaine.**

santral *adj. invar., empr. fr.*
♦ **central(e).** •*Kan tidôr tisey paspor, amci fî l kusmêriye l-santral !* Si tu veux obtenir un passeport, va au commissariat central ! •*Al-labtân al-santral akbar min al-lâbtanât al fî Tcâd.* L'hôpital central est le plus grand des hôpitaux du Tchad.

Sanûsi *n. pr.* d'homme, du nom du fondateur de la confrérie *Sanûsiyya.*

Sanûsiyya *n. pr.*, Sénoussiya, nom de la confrérie fondée par *Sanûsi.*

Sao *n. pr.* de *gr.*, → Saw.

sâr / yisîr *v. intr. {- fî, - lê}*, forme I n° 10, * syr, س ي ر
♦ **partir, déménager, quitter un lieu, se déplacer.** •*Abbakar sâr amis fî Abbece.* Abakar est parti hier pour Abéché. •*Al Arab sâro mincâx.* Les Arabes sont partis vers le nord. •*Al bagar sâro wihêdhum fî l kadâde.* Les vaches sont parties toutes seules en brousse. •*Al arîs sâr lê martah.* Le marié est parti chez sa femme.

sâr al-lêl *n. anim.*, m., *litt :* il est parti la nuit, * syr, lyl, س ي ر • ل ي ل

♦ **nom d'un criquet, criquet arboricole, Anacridium melanorhodon,** famille des acridiens (*s.-f.* cyrtacanthacridinæ), gros criquets qui "passent pendant la nuit". •*Sâr al-lêl adu kabîr, yâkul al-zurâ'a wa l-cadar fî l-lêl.* Les criquets arboricoles sont très nuisibles, ils ravagent les champs et les arbres pendant la nuit. •*Sâr al-lêl yaji fî wakt al-darat.* Le criquet arboricole vient au temps de la moisson.

Sâr *n. pr.* de lieu, chef-lieu de la préfecture du Moyen-Chari.
♦ **Sarh.**

sâra' / yisâri' *v. trans., Cf. dâwas* ; forme III, * ṣrʕ, ص ر ع
♦ **lutter corps à corps, combattre, pratiquer la lutte sportive.** •*Hay al iyâl ! Agôdu sâkit, mâ tisâru'u !* Hé ! les enfants ! Restez tranquilles, ne jouez pas à lutter entre vous ! •*Al-râjil da sâra'âni bala gudra.* Cet homme a lutté sans force contre moi. •*Wilêdi aba yisâri' ma'â l banât.* Mon enfant a refusé de lutter avec les filles.

sarâb *n. coll., sgtf. sarâbay*, * srb, س ر ب
♦ **mirage.** •*Daffag almih lê almi l-sarâb.* Il a jeté son eau pour prendre l'eau du mirage. *Prvb.* (*i.e.* on perd tout en voulant trop gagner). •*Al-sarâb biwaddir al-ri'ân.* Les mirages égarent les bergers. •*Al-sarâb katîr kan al wata bigat hâmiye.* Il y a trop de mirages quand il commence à faire chaud.

saradîb *pl.*, → *surdâb.*

saraf 1 / yasruf *v. trans.*, forme I n° 2, *Cf. na'al, tarad,* * ṣrf, ص ر ف
♦ **chasser *qqn.*, éloigner *qqn.*, rejeter *qqn.*, congédier, maudire *qqn.* en le chassant, dépenser**. •*Hû Allah sarafah, ille bacarab marîse wa bal'ab gumâr !* Cet homme-là, Dieu l'a éloigné de lui : il ne fait que boire de la bière de mil et jouer au poker ! •*Al amm sarafat wilêdha, bigi nâfi'.* La mère a maudit son fils en le chassant, et il est devenu un bon à rien. •*Al mara al manhûla di, Allah*

yasrufaha ! Cette maudite femme, que Dieu la chasse ! •*Al-sabi da mubazzir saraf gursah fî l fâdi.* Ce jeune est un prodigue, il a dépensé son argent pour rien. •*Anâ mâ nidôr ňasruf kalâm katîr rajji' lêi gursi !* Je ne tiens pas à gaspiller ma salive, rends-moi mon argent !

saraf 2 / surûf *n. m.*, connu au *Sdn.* (*C.Q.*), *Cf. jadwal, majara.*
♦ **lac, bassin, cours d'eau, source,** lieu où de l'eau se trouve en permanence. •*Almi al-saraf mâ bahasa fî l-sêf kula.* L'eau du bassin n'est jamais tarie, même en saison sèche. •*Gêgar hanâ Bitkin indah saraf yacarbo minnah al-sukkân.* La sous-préfecture de Bitkine a une source alimentant en eau les habitants.

saragân *n. d'act.*, ≅ *sarigîn*, * srq, س ر ق
♦ **vol.** •*Saragân sâ'ati bôjâni acân antôni lêha hadîye.* Le vol de ma montre m'a fait de la peine parce que c'était un cadeau. •*Al birgâd karabo l askar al wâlafo be saragân al banâdig wa yubû'ûhum.* Les gendarmes ont attrapé les militaires qui s'étaient habitués au vol et à la vente des fusils.

sarah / yasrah *v. intr.*, forme I n° 12, plus utilisé que *ra'a*, * srḥ, س ر ح
♦ **faire avancer, paître, aller au pâturage, grimper** (plante), **être distrait(e), avoir l'esprit ailleurs,** pousser quelque chose près du sol pour le déplacer. •*Al xannâma wa l baggâra wa l-jammâla yasraho acân mâlhum yâkul wa yacba'.* Les éleveurs de moutons, de vaches et de chameaux conduisent leur cheptel au pâturage pour qu'il mange et soit rassasié. •*Al-râ'i sarah ba'îd fî l kadâde.* Le berger a emmené paître son troupeau loin dans la campagne. •*Al yôm da al mâl mâ gabbal acân mâ induhum ru'yân yasraho bêhum.* Aujourd'hui, les troupeaux ne sont pas revenus parce qu'ils n'avaient pas de bergers pour les accompagner au pâturage. •*Al iyêr yasrah misil al-sôso fî kulla bakân âli.* La plante Momordica balsamina grimpe comme la plante Luffa ægyptiaca sur tout ce à quoi elle peut s'accrocher. •*Anâ hajjêt lêyyah, kula mâ sim'âni acân hû sarah ba'îd, âkûn indah muckila !* Je lui ai parlé, mais il ne m'a même pas entendu ; son esprit était ailleurs, sans doute a-t-il des soucis !

sarâha *n. f.*, * srḥ, س ر ح
♦ **clarté, franchise, sincérité.** •*Wâjib nahajji lêk al-nasîhe acân indina sarâha ma'âk.* Je dois te dire la vérité parce que nous sommes sincères entre nous. •*Al-sarâha râha.* La franchise est un repos.

sarâri *pl.*, → *sirriye.*

sarârîg nom pluriel, → *sarrâg.*

sarâsîr *pl.*, → *sarsûr.*

sarâwîl *pl.*, → *surwâl.*

sarax / yasrax *v. intr.*, *Cf. 'ât (yi'ît), kawwak, sâh* ; forme I n° 12, * ṣrḫ, ص ر خ
♦ **crier, hurler, se lamenter, invectiver.** •*Al wilêd sarax acân al kalib addah.* L'enfant a hurlé parce que le chien l'avait mordu. •*Mâ tasrax fôgna, al-nâs basma'ôna !* Ne nous parle pas en criant [ne crie pas sur nous], les gens vont nous entendre ! •*Kan tinâdi axawânak, mâ tasrax lêhum !* Lorsque tu appelles tes frères, ne les invective pas !

saraxân *n. d'act., m.*, → *sarixîn*, * ṣrḫ, ص ر خ

sarâyih *pl.*, → *sarîhe.*

sarâyim *pl.*, → *sarîme.*

sarâyir *pl.*, → *sarîr.*

sarbêt / sarbêtât *n. m., empr. fr.*, ≅ *serbêt, sirbêt.*
♦ **serviette de toilette, serviette éponge.** •*Gôgêt wilêdi be sarbêt min al barid.* J'ai porté mon enfant sur le dos avec une serviette de toilette pour le protéger du froid. •*Anâ mâci nibarrid, antîni sarbêt nigacgic beyah jildi min al almi.* Je vais me laver, donne-moi une serviette de toilette

pour m'essuyer. •*Niwaddi sarbêt wa sâbûn lê l-nafasa.* Je vais apporter une serviette éponge et du savon à la nouvelle accouchée. •*Barradt be sâbûn wa gaccêt be serbêt.* Je me suis lavé avec du savon et me suis essuyé avec une serviette.

sardab / yisardib *v. intr.*, forme II, *empr. irn.*, → *surdâb*, * srdb, س ر د ب

♦ **se voûter, se courber vers le bas.** •*Ba'ad min al-nâs al-tuwâl, kan cayyabo bisardubu.* Certaines personnes de grande taille se voûtent lorsqu'elles vieillissent. •*Al-sabi da min al kulûfiye ke nammin sardab.* Ce jeune homme a tellement fait le fier en creusant la poitrine qu'il en est resté courbé.

sardîn *n. m.*, *empr. fr.*, → *ampûl.*

sarfanje *n. m.*, *empr. fr.* (utilisé à Abbéché).

♦ **charpentier.** •*Amci bakân al-sarfanje, laggit xacab mukassar, mukassar ke, ni'ôgudu bêyah l-nâr !* Va chez le charpentier ramasser de petits morceaux de bois pour que nous allumions le feu ! •*Al-sarfanje hakka l-xacab wa gatta'ah wa sawwa bêyah armwâr.* Le charpentier a raboté la planche et l'a coupée pour fabriquer une armoire.

sarhân *n. d'act.*, *m.*, → *sarhîn.*

sarhe *n. f.*, *Cf. sarah*, * srḥ, س ر ح

♦ **fait d'emmener paître, conduite au pâturage.** •*Al-sarhe lê l bagar walla l xanam walla l albil.* On emmène au pâturage les vaches, les chèvres et les moutons, ou les chameaux. •*Al-sarhe ba'îd fî l xala.* Aller faire paître le troupeau, c'est partir loin en brousse. •*Al bahâyim kan yôm mâ waddôhum al-sarhe, mâ balgo coxol bâkuluh fî l bêt.* Si un jour on n'emmène pas les bêtes au pâturage, elles ne trouvent rien à manger à la maison.

sari' / sarî'în *adj.*, (*fém. sarî'e*), → *ajîl*, * srʕ, س ر ع

sarîfe *n. f.*, *Syn. na'ala*, * ṣrf, ص ر ف

♦ **malédiction, éloignement, rejet de la communauté.** •*Bigi wilêd bandi acân coxolah sarîfe.* Il est devenu délinquant, parce qu'il a été rejeté et maudit. •*Daxalat lêyah sarîfe acân mâ bikarrim ammah wa lâ abuh.* Il a été maudit et chassé [une malédiction est entrée en lui] parce qu'il ne respecte ni sa mère ni son père.

sarigîn *n. d'act.*, → *saragân.*

sarîh / sarîhîn *adj.*, (*fém. sarîhe*), * ṣrḥ, ص ر ح

♦ **franc (franche), sincère, loyal(e).** •*Al binêye di sarîhe, mâ tudumm acîrha min ammah.* Cette fille est franche, elle ne cache rien à sa mère. •*Awwal marra nigâbil wazîr sarîh misil da.* C'est la première fois que je rencontre un ministre aussi loyal.

sârih / sârhîn *adj. mrph. part.* actif, (*fém. sârhe*), * srḥ, س ر ح

♦ **paissant, parti(e) au pâturage.** •*Anâ lagêtah sârih be jumâlah.* Je l'ai rencontré en train de faire paître ses chameaux. •*Al-râ'i sârih be buxsitah fôgha balîle wa almi.* Le berger s'en va avec sa gourde en calebasse contenant du mil trempé et de l'eau. •*Al bagaray di sârhe wihêdha bala râ'i.* Cette vache est partie toute seule au pâturage sans être accompagnée d'un berger.

sarîhe / sarâyih *n. f.*, connu au *Sdn.* (*C.Q.*), ≅ *sarîhay*, * srḥ, س ر ح

♦ **écharde.** •*Al-sarîhe daxalat lêi fî tihit xunfari, ta'âl âwinni fî maragânha !* Une écharde est entrée sous mon ongle, viens m'aider à l'enlever ! •*Mâ tilammis ûd al-delêb da, yidiss lêk sarîhe !* Ne touche pas ce bois de rônier, il donne des échardes !

sarij *n. m.*, → *serij.*

sarîme / sarâyim *n. f.*, ≅ *serîme*, *Cf. rasan*, * ṣrm, ص ر م

♦ **bridon,** bride entourant le museau et passant derrière les oreilles du cheval, du chameau ou de l'âne. •*Amîne wadda l-juwâd fî l bîr be l-*

sarîme bas. Amine a conduit le cheval au puits simplement avec le bridon. •*Jârna da, fattac fî l-sûg kê, mâ ligi sarîme.* Notre voisin a cherché partout au marché un bridon et n'en a pas trouvé. •*Al iyâl, ta'arfu bakân al-sarâyim fî l-sûg wallâ ?* Les enfants, savez-vous où se trouvent les bridons au marché ?

sarîr / sarâyir *n. m.*, * srr, س ر ر.
♦ **lit.** •*Carêt sarîr abdallâla be talâta alif riyâl.* J'ai acheté un lit à baldaquin pour trois mille riyals. •*Al baggâra sarâyirhum min al hatab.* Les lits des éleveurs de vaches sont en bois.

sarîr azrag / sarâyir zurug nom composé, *m.*, *litt.* lit noir, * srr, zrq, س ر ر • ز ر ق
♦ **natte en bambou,** natte des nomades servant de lit, faite avec des baguettes de bambou reliées, très serrées, par des lanières de cuir. •*Al baggâra mâ yagdaro yisîru be sarârîr hanâ hadîd walla xacab, ille be sarâyir zurug bas.* Les éleveurs ne peuvent pas se déplacer avec des lits en fer ou en bois, ils n'emportent avec eux que des nattes en bambou. •*Al-sarîr al azrag, bisawwuh be matârig hiney gana madfûrât be suyûr zurug, yintawi misil al biric fî caddân al-zâmle.* La natte qui sert de lit pour les nomades est faite avec des baguettes de bambou reliées par des lanières de cuir noires ; elle se roule comme une natte quand on la transporte sur une bête de somme.

sarix *n. m.*, * ṣrẖ, ص ر خ
♦ **cri perçant.** •*Simi't sarix lâkin mâ irift jihhitah.* J'ai entendu un cri perçant, mais je n'ai pas pu savoir d'où il venait. •*Sarix al mara di gawwamâni min al-nôm.* Le cri perçant de cette femme m'a réveillé.

sarixîn *n. d'act.*, *m.*, ≅ *saraxân*, * ṣrẖ, ص ر خ
♦ **hurlement, cri de douleur,** cri de détresse. •*Sarixîn al wilêd da akûn fajax lêyah jamûray.* Le hurlement de cet enfant vient peut-être de ce qu'il a mis son pied sur une braise. •*Jârti sarixînha da akûn jâbo lêha xabar cên.* Le cri de ma voisine est dû peut-être à une mauvaise nouvelle qu'on lui a annoncée.

sarkîma *n. f.*, *empr.* (haoussa, usité au Bornou), ≅ *salkîma.*
♦ **sauce pour le sandwich, sauce à la viande hachée,** viande hachée en sauce insérée dans un sandwich. •*Al-sarkîma hî mulâh be laham mafrûm.* La *sarkima* est une sauce à base de viande hachée. •*Amnawwal karabo nâdum bisawwi sarkîma be laham al batû.* L'an passé, on a surpris quelqu'un qui préparait de la sauce *sarkima* avec de la viande de chat.

sarmadan *invar.*, *qdr.*, * srmd, س ر م د
♦ **toujours, éternellement.** •*Mâla sarmadan kê mâ taxayyir hâlak ?* Pourquoi ne changes-tu jamais ton comportement ? •*Anâ ni'ôrik dâ'imân sarmadan mâ taxalli l bâb fâtih mâ tasma' kalâmi ; dâku, al yôm sirgôk !* Je te dis toujours de ne pas laisser la porte ouverte, mais tu n'écoutes pas ce que je te dis ; et, vois-tu, aujourd'hui on t'a volé !

sarmâta *pl.*, → *sarmâti.*

sarmâti / sarmâta nom de métier, *Syn. kudunye*, * srm, ص ر م
♦ **cordonnier, corroyeur.** •*Ficligi anfatag, waddêtah lê l sarmâti xayyatah lêi.* Ma cartouchière était décousue, je l'ai apportée chez le cordonnier pour qu'il me la recouse. •*Jilâdt al kutub wa l wargât xidimt al-sarmâta.* Recouvrir de cuir les livres et les amulettes est le travail du cordonnier.

sarne *n. coll.*, *sgtf. sarney*, *Cf. amkurnâka.*
♦ **pâte d'amandes de savonnier.** •*Al-sarne bisawwûha be hajlîj wa samux.* On prépare le "*sarné*" avec des amandes de savonnier et de la gomme arabique. •*Kan nâdum akal sarne katîr tisawwih lêyah waja' batun.* Si quelqu'un mange beaucoup de pâte d'amandes de savonnier, il aura mal au ventre.

sarra 1 / yusurr *v. trans.*, *Cf. rabbat, aggad* ; forme I n° 5, * ṣrr, ص ر ر

♦ **nouer dans un mouchoir, attacher les pis d'une femelle,** fermer par un nœud quelque chose dont on ne veut pas que le contenu se perde, replier le pis d'une femelle autour d'un bâtonnet et l'attacher par un bout d'étoffe ou une cordelette pour conserver le lait, garder rancune contre *qqn.* en conservant dans sa mémoire des faits pouvant l'accuser ou le compromettre. •*Maymûna sarrat gurusha fî mindîlha.* Maïmouna a noué son argent dans son mouchoir. •*Al wilêd sarra duyûd al xanamay min al-suxlân acân mâ yarda'o.* L'enfant a attaché les tétines de la chèvre pour empêcher les chevreaux de téter. •*Kulla yôm ba'ad al halbîn al-râ'i yusurr al-nâga.* Tous les jours, après la traite du lait, le berger attache les tétines de la chamelle. •*Anâ sarrêt lêk coxol katîr.* J'ai en mon cœur beaucoup de choses contre toi.

sarra 2 / yusurr *v. trans.*, *{- be}*, forme I n° 5, * srr, س ر ر

♦ **dire un secret à *qqn.*, confier un secret,** mettre *qqn.* au courant d'une nouvelle confidentielle. •*Al yôm da sarrêt abui be kalâm halu.* Aujourd'hui, j'ai confié à mon père un secret agréable. •*Wilêdi sarrâni be l xabar da, sahi wallâ ?* J'ai entendu cette nouvelle de mon fils, est-elle vraie ou non ?

sarra 3 / yusurr *v. trans.*, *Cf. farrah*, * srr, س ر ر

♦ **plaire, rendre heureux (-se), réjouir.** •*Yusurrini be najâhak fî l imtihân.* Je serais content que tu réussisses ton examen. •*Îd al hurriya yusurr kulla l-Tcâdiyîn.* La fête de l'Indépendance réjouira tous les Tchadiens.

Sârra *n. pr.* de femme, femme d'Abraham, *litt.* qui cause une joie secrète, * srr, س ر ر

sarraf / yisarrif *v. trans.*, forme II, * ṣrf, ص ر ف

♦ **dépenser.** •*Abu Mahammat sarraf gurus katîr fî yôm arûs hanâ wilêdah.* Le père de Mahamat a dépensé beaucoup d'argent le jour des noces de son fils. •*Al mara macat al-sûg sarrafat lê l xada.* La femme est allée au marché acheter des affaires pour le déjeuner.

sarrag / yisarrig *v. trans.*, forme II, * srq, س ر ق

♦ **accuser *qqn.* de vol.** •*Mâla tisarrigîni, xumâmki bakân xattêti bas nisîti !* Pourquoi m'accuses-tu d'avoir volé, tu oublies simplement où tu mets tes affaires ! •*Wakit sarragtina da, sabbat fôgna cunû ?* Lorsque tu nous as accusés de vol, quelles preuves as-tu fournies contre nous ?

sarrâg / sarrâgîn *adj. n. m. mrph. intf.*, (*fém. sarrâga*), terme d'insulte, un autre pluriel *sarârîg* est utilisé pour désigner les "voleurs de métier", les "professionnels du vol", * srq, س ر ق

♦ **voleur (-euse), tricheur (-euse).** •*Al-sarrâg câl al xumâm min al-dukkân.* Le voleur a emporté les affaires de la boutique. •*Labbid gursak min al-sarrâgîn !* Mets ton argent à l'abri des voleurs ! •*Al-nâdum da min al-sarrârîg.* Cette personne fait partie des voleurs professionnels. •*Kan tal'ab tiya ma'â Ali, fakkir lêyah bilhên, hû sarrâg !* Si tu joues au poker avec Ali, fais très attention à lui, c'est un tricheur !

sarrah 1 / yisarrih *v. intr.* *{- lê}*, forme II, * ṣrḥ, ص ر ح

♦ **autoriser, permettre, donner l'autorisation, déclarer, proclamer.** •*Al watâyir al kubâr mâ sarraho lêhum yurûxu fî l xarîf.* Les gros véhicules ne sont pas autorisés à circuler pendant la saison des pluies. •*Al askar sarraho lêhum yadurbu l-nâdum al kan waggafoh bajri.* Les militaires sont autorisés à abattre quiconque cherche à s'enfuir après avoir été arrêté. •*Al-Ra'îs sarrah gâl lâbudda yi'âxubu kulla muwazzaf akal amwâl al-dawla.* Le Président a fait une déclaration disant qu'il fallait punir tout fonctionnaire ayant volé les biens de l'État.

sarrah 2 / yisarrih *v. trans.*, forme II, * srḥ, س ر ح

♦ **dénouer ses cheveux pour les peigner, peigner, lisser les cheveux,** passer un peigne dans les cheveux pour les dénouer et les rendre lisses. •*Wilêd al-lekkôl kulla yôm be fajur yisarrih gujjitah be mucut.* Tous les matins, l'écolier passe un peigne dans sa touffe de cheveux. •*Al-nâsraniyât ca'arhum mâ bilmaccat, illa bisarruhuh bas.* Les cheveux des Européennes ne se coiffent pas avec de petites tresses fines, on les peigne seulement.

sarram / yisarrim *v. trans.*, forme II, mot arabe peut-être d'emprunt *irn.* (*Mu.*, *Ka.*), * ṣrm, ص ر م

♦ **brider, se masquer le visage d'un turban.** •*Al yôm abui sarram juwâdah akûn bidôr xâtir.* Aujourd'hui, mon père a bridé son cheval, il veut peut-être partir en voyage. •*Hû mâ ba'arif bisarrim juwâdah.* Il ne sait pas brider son cheval. •*Al harâmi yisarrim kan yurûx fî l hille.* Le bandit se masque le visage avec son turban lorsqu'il se promène en ville.

sarrân *n. d'act.*, voir le *Syn. aggadân*, * ṣrr, ص ر ر

sarrax / yisarrix *v. trans.*, forme II, * ṣrẖ, ص ر خ

♦ **faire hurler.** •*Gargirîn al-dûd da sarrax al-râjil al xawwâf.* Le rugissement du lion a fait hurler l'homme peureux. •*Furgit râjilha sarraxatha.* La séparation d'avec son mari l'a fait crier.

sarrâx / sarrâxîn *adj.*, (*fém. sarrâxa*), * ṣrẖ, ص ر خ

♦ **qui crie, qui braille, gueulard(e),** qui a une voix forte et aiguë. •*Wilêd jâritna sarrâx, daharna l-nôm.* L'enfant de notre voisine braille tout le temps, il nous a empêchés de dormir. •*Iyâl al-lekôl sarrâxîn misil al-ba'acîm.* Les enfants de l'école crient comme des chacals. •*Al mara sarrâxa, kan simi'at xabar cên mâ tasbur.* Une femme qui a l'habitude de crier ne se maîtrise pas lorsqu'elle apprend une mauvaise nouvelle.

sarrîn *n. d'act., m.*, ≅ *sarrân* ; voir le *Syn. aggadân*, * ṣrr, ص ر ر

sarrixîn *n. m.*, *Cf. sarixîn.*

sarsâr *n. m.*, hypothèse sur la racine signifiant "crier, vociférer" (*Ka.*), → *arîf*, * ṣrr, ṣrṣr, ص ر ر • ص ر ص ر

♦ **sergent.** •*Fî l-sawra mâ fîh sarsâr wa lâ axîd.* Dans la rébellion il n'y avait ni sergent ni colonel. •*Al-sarsar dôl bikôlufu kê acân al yôm câlo gurus.* Ces sergents crânent parce qu'ils ont touché leur solde aujourd'hui.

sarsûr / sarâsîr *n. m.*→ *abunsarsûr*, * ṣrr, ṣrṣr, ص ر ر • ص ر ص ر

♦ **prépuce de l'enfant, nœud avec un tissu, grillon noir, sexe du bélier, sexe du chameau.** •*Al wilêd da saxayyar lissâ sarsûrah mâ gata'oh.* On n'a pas encore ôté le prépuce de ce petit enfant. •*Al-sarsûr bicabbih amtcirriki wa bissawwi awa katîre fî wakt al-rucâc.* Le grillon noir ressemble au grillon blanc et fait beaucoup de bruit au début de la saison des pluies.

sârûx / sawârîx *n. m.*, * ṣrẖ, ص ر خ

♦ **missile, obus, roquette.** •*Yôm al-duwâs, sârûx waga' fî bêt jâritna.* Pendant la guerre, un missile est tombé dans la concession de notre voisine. •*Fî l-duwâs hanâ Abbece darabo sawarîx katîrîn lâkin mâ infajaro.* Pendant la guerre d'Abéché, ils ont tiré de nombreux missiles qui n'ont pas explosé. •*Nagdar nifannid bên sârûx erbeje wa sârûx al-dabbâba min harakithum.* Je peux faire la différence entre une roquette et l'obus tiré d'un char, simplement au bruit de leur explosion.

sarxân *n. m.*, → *sarixîn.*

sarxîn *n. d'act., m.*, → *saxirîn.*

sâs *n. m.*, * 'ss, ء س س

♦ **fondations, bases.** •*Al bêt waga' acân sâsah mâ adîl.* La maison s'est écroulée parce qu'elle n'avait pas de bonnes fondations. •*Kan tidôru tabnu janb al-rahad wâjib lêku tisawwu sâs tawîl.* Si vous voulez construire à côté du marigot, vous devez faire de profondes fondations. •*Fî l-sahara al-nâs babnu bala sâs.* Dans le désert, les gens construisent sans fondations.

sâsu *n. m.*, voir le *Syn. pappa.*

sât / yusût *v. trans.*, forme I n° 4, * swṭ, س و ط

♦ **remuer la pâte, faire cuire la boule,** préparer la boule en malaxant avec un bâton la pâte dans un récipient sur le feu. •*Al xaddâma sâtat lêna êc kabîr.* La servante nous a préparé une grosse boule. •*Sûti be l muswât al-tawîl !* Remue la pâte avec le gros bâton ! •*Fâtime mâ ta'arif tusût dagîg al masar.* Fatimé ne sait pas faire cuire la boule à base de farine de maïs.

satar / yastur *v. trans.*, *Cf. labbad* ; forme I n° 1, * str, س ت ر

♦ **cacher, protéger, couvrir, voiler, préserver.** •*Hû waga' min al wâtîr lâkin Allah satarah, ceyy mâ bigi lêyah.* Il est tombé du camion mais Dieu l'a protégé, il ne s'est rien fait de mal. •*Allah yasturni min safar al xarîf !* Que Dieu me garde de voyager en saison des pluies ! •*Yastur jildah be xalag kabîr.* Il couvre son corps avec un grand vêtement.

satar al hâl / yastur al hâl expression, → *sadda l acîr*, * str, ḥwl, س ت ر • ح و ل

satâtîr *pl.*, → *sittîr.*

satâyir *pl.*, → *sitâr, sitâra.*

sâti' *adj.*, nombre ordinal, (*fém. sâdse, sâti'e*), ≅ *sâdis, sâtit, sâtt* (*masc.*), *sâtte* (*fém.*), * stt, س ت ت

♦ **le sixième.** •*Macêna ziyâra fî l farîg fî l yôm al-sâti' min al îd.* Nous sommes allés rendre visite aux gens du campement, le sixième jour après la fête. •*Ali jâb xamsa wilêd wa sâtte di binêye.* Ali a cinq garçons et le sixième enfant est une fille. •*Fî l yôm al-sâti' fî Ramadân waddêt fatûr lê axwâni.* Le sixième jour du Ramadan, j'ai apporté le déjeuner à mes frères.

sâtir / sâtirîn *adj. n. m. mrph. part.* actif, (*fém. sâtire*), *Cf. satar*, * str, س ت ر

♦ **protecteur (-trice), protection, voile, rideau,** qui protège, qui voile, qui cache. •*Al awîn kan bâkulu bisawwu sâtir ambênhum wa ambên al-rujâl.* Lorsque les femmes mangent, elles tendent un voile entre elles et les hommes. •*Al-derib da dayyax, Allâh bas sâtir min al hawâdis !* Ce chemin est très étroit, Dieu seul protège les passagers contre les accidents !

sâtit *adj.*, nombre ordinal, (*fém. sâdse, sâtite*), → *sâti'*, * stt, س ت ت

sâtt *adj. m.*, → *sâti'.*

sattâr / sattârîn *adj. n., intf.*, attribut divin, (*fém. sattâra*), * str, س ت ر

♦ **qui garde à l'abri, qui enterre les morts, protecteur (-trice).** •*Subyân hillitna sattârin al acâyir.* Les jeunes de mon village savent garder leurs secrets. •*Yâ Sattâr, sâ'idni !* Toi, le Protecteur, viens à mon aide ! •*Al-rujâl al-sattârîn dafano l mayyit wa gabbalo.* Les hommes qui enterrent les morts ont inhumé le défunt et sont revenus.

sâtte *adj. f.*, → *sâti'.*

Saw *n. pr.* de *gr.*, peuples anciens des abords du lac Tchad.

sawa 1 *invar.*, dans une phrase nominale, * swy, س و ي

♦ **semblable, pareil (-eille), le même, la même.** •*Gursi wa gursak sawa.* J'ai autant d'argent que toi. •*Marti wa martak, êchum sawa.* Ta femme et la mienne préparent la même boule.

sawa 2 *invar.*, dans une phrase verbale, * swy, س و ي

♦ **ensemble, conjointement.** •*Sâfaro sawa.* Ils sont partis ensemble en voyage. •*Musa wa axuh akalo sawa.*

Moussa et son frère ont mangé ensemble. •*Al awîn fâto sawa fî l-sûg.* Les femmes sont parties ensemble au marché. •*Namcu l-sûg sawa.* Nous irons ensemble au marché.

sâwa / yisâwi *v. trans.*, forme III, * swy, س و ي

♦ **équivaloir, égaliser, rendre pareil.** •*Al gurus da yisâwi miya alif riyâl.* Cet argent équivaut à cent mille riyals. •*Xumâmi da yisâwi talâta kilo.* Mes affaires pèsent trois kilogrammes.

sawa sawa expression, * swy, س و ي

♦ **semblable, identique, c'est la même chose, c'est pareil.** •*Xalagi wa xalagak sawa sawa.* Ton vêtement et le mien sont identiques. •*Da wa dâk, sawa sawa.* Celui-ci ou celui-là, c'est pareil.

sawâ'an *invar.*, terme de l'*ar. lit.* dans les expressions *sawâ'an... aw, sawâ'an... wallâ*, * swy, س و ي

♦ **soit... soit, ou bien... ou bien.** •*Sukkân hillitku, sawâ'an râjil aw mara, mâ farhânîn min al hâkûma.* Les habitants de votre village, qu'ils soient hommes ou femmes, ne sont pas contents du gouvernement. •*Jîb lêi xalag misil inta tidôrah, sawâ'an axadar wallâ abyad !* Apporte-moi le vêtement que tu veux, qu'il soit vert ou blanc !

sawâbîn *pl.*, → *sâbûn.*

sâwag / yisâwig *v. trans.*, forme III, * swq, س و ق

♦ **commercer, négocier, acheter au marché, vendre au marché, faire des achats.** •*Al boy sâwag lê sidt al bêt.* Le boy a fait des achats pour la maîtresse de maison. •*Sâwagt xumâmi l fî dukkâni.* J'ai vendu les marchandises qui se trouvaient dans ma boutique. •*Marti tisâwig fî l-sûg al kabîr.* Ma femme fait du commerce au grand marché.

sawaga *pl.*, → *sûg.*

sâwagân *n. d'act.*, *m.*, → *sâwigîn.*

sawâkîc *pl.*, → *sakôc.*

sawâmîl *pl.*, → *sâmûla.*

sawâni *pl.*, → *sâniye.*

sawâri *pl.*, → *sûru.*

sawârîg *pl.*, → *sôrîg.*

sawârîx *pl.*, → *sârûx.*

sawâsi *pl.*, → *sîsi.*

sawâsil *pl.*, → *sôsal.*

sâwâyil *pl.*, → *sâyil.*

sawda *adj. f.*, → *aswad.*

Sawda *n. pr.* de femme, femme du Prophète, * swd, س و د

sâwigîn *n. d'act.*, *m.*, ≅ *sâwagân*, * swq, س و ق

♦ **vente, commerce,** fait de vendre. •*Sâwigîn hanâ l fûl mâ bidaxxil gurus katîr misil hanâ l-sukkar.* Le commerce des arachides ne rapporte pas autant d'argent que celui du sucre. •*Sâwigîn hanâ l muxaddarât mamnû' fî kulla l buldân hanâ l âlam.* Le trafic de la drogue est interdit dans tous les pays du monde. •*Sâwagân al marîse harâm lêna.* La vente de boissons alcoolisées est pour nous illicite.

sawra / sawrât *n. f.*, * ṯwr, ث و ر

♦ **rébellion, révolte, insurrection, révolution.** •*Sawra hint Tcâd indaha talâtîn sana.* La rébellion du Tchad a trente ans. •*Fî Ifrîxiya al-sawrât daffagat damm al-cabâb katîr bilhên.* En Afrique, les insurrections ont fait couler le sang de nombreux jeunes gens. •*Al-zulum bigawwim al-sawra fî l balad.* Les injustices soulèvent la révolte dans le pays.

sawri / suwâr *adj.*, (*fém. sawriye*), * ṯwr, ث و ر

♦ **rebelle, révolutionnaire.** •*Al hâkûma kan ligat sawri taktulah.* Si le gouvernement met la main sur un rebelle, il le tue. •*Hû bigi sawri wa l hâkûma karabat abuh.* Il est devenu révolutionnaire et le gouvernement a arrêté son père.

sawwa 1 / yisawwi *v. trans.*, forme II ; ≃ à l'*inacc. nisey, tisey, bisey,* * swy, س و ي

♦ **faire, fabriquer, réaliser.** •*Xalluh ! Hû mâ sawwa ceyy !* Laissez-le ! Il n'a rien fait ! •*Al-sana nisawwi zere' kabîr kan almi sabba.* S'il pleut cette année, je cultiverai un grand champ. •*Al kânifo al-sawwoh giddâm bêtna da saxayyar.* Le caniveau qu'ils ont fait devant notre maison est petit. •*Tisey cunû al yôm da ?* Que fais-tu aujourd'hui ? •*Sawwêt tarbêza fî l-sûg.* Je tiens [j'ai fabriqué] un petit étal au marché.

sawwa 2 / yisawwi *v.* entrant dans une expression, *sawwa* avec un *pron.* suffixe permet d'exprimer ce que le corps humain ressent lorsqu'on parle du froid, de la faim, de la soif *etc.*, * swy, س و ي

♦ **avoir faim, avoir soif, avoir chaud, avoir froid.** •*Ju' sawwâni.* J'ai faim. •*Atac sawwâk.* Tu as soif. •*Barid sawwâhum.* Ils ont froid. •*Wirde sawwâki.* Tu as de la fièvre. •*Hamu sawwâna.* Nous avons chaud.

sawwâg / sawwâgîn *n. m. mrph. intf.*, ≃ *cifêr*, * swq, س و ق

♦ **chauffeur, conducteur.** •*Al-sawwâgîn induhum naxâba.* Les chauffeurs ont un syndicat. •*Al-sawwâg, hû mas'ûl min al-rukkâb.* Le chauffeur est responsable des passagers qui montent dans son véhicule.

sawwak / yisawwik *v. trans.*, forme II, * swk, س و ك

♦ **brosser les dents.** •*Kulla yôm be fajur nisawwik sunûni gubbâl al akil.* Tous les jours, le matin, je me brosse les dents avant de manger. •*Hû bisawwik be ma'ajûn wa furca walla bê muswâk hanâ caw.* Il se brosse les dents avec une brosse et de la pâte dentifrice, ou bien avec un bâton en bois de Salvadora persica.

sawwam / yisawwim *v. trans.*, forme II, * ṣwm, ص و م

♦ **faire jeûner,** demander à quelqu'un de jeûner. •*Hû sawwam banâtah acân humman tammo awîn xalâs.* Il a recommandé à ses filles de jeûner parce qu'elles étaient déjà devenues adultes. •*Al-sana sawwamôna gubbâl Ramadân.* Cette année, on nous a fait jeûner avant le Ramadan. •*Al waba' hanâ l amkanyang-nyang kattal iyâl katîrîn, al imâm hanâ l hille sawwam al-nâs talata yôm.* L'épidémie de rougeole a tué beaucoup d'enfants ; l'imam du village a demandé aux gens de jeûner pendant trois jours.

sawwar 1 / yisawwir *v. trans.*, forme II, * ṣwr, ص و ر

♦ **photographier, filmer, dessiner, reproduire un document.** •*Amci sawwir, jîb arba'a sûra hanâk lê l komanda hanâ l kumsêriye, yisawwi lêk karte dandite !* Va te faire photographier pour avoir quatre photos, apporte-les au commissaire principal et il te fera une carte d'identité ! •*Fî l-jarâyid wa l kutub yisawwuru l-nâs al-lâji'in al marago min al-duwâs.* On reproduit dans les journaux et les livres les photos des émigrés fuyant les combats. •*Anâ nidôr minnak tisawwirni âna wa iyâli !* Je voudrais que tu me prennes en photo avec mes enfants !

sawwar 2 / yisawwir *v. intr.*, forme II, * ṯwr, ث و ر

♦ **se rebeller, se révolter.** •*Fî sanit arba'a wa sittîn, ca'ab hanâ Mangalme sawwaro didd al hâkûma.* En mille neuf cent soixante-quatre, la population de Mangalmé s'est rebellée contre le gouvernement. •*Al-ca'ab mâ bisawwir illa kan al hâkûma zamalatah.* Le peuple ne se révolte que lorsqu'il est opprimé par le gouvernement.

sawwas / yisawwis *v. trans.*, forme II, * sws, س و س

♦ **être mangé(e) par les vers, être percé(e) en fines galeries, être charançonné(e),** attaqué(e) par des insectes. •*Al-lubya kan sawwa xamsa walla sitte cahar, xalâs yisawwis.* Au bout de cinq ou six mois, les haricots sont déjà charançonnés. •*Al xalla wa l* *masar, mâ bisawwusu illa ba'ad sana aw aktar.* Le mil ou le maïs n'est attaqué par les vers qu'après une ou plusieurs années.

sawwîn *n. d'act., m.*, ≅ *sawwân*, * swy, س و ي

♦ **confection, fabrication, fait de faire.** •*Marti mutxassise fî sawwîn al ka'ak.* Ma femme s'est spécialisée dans la fabrication des gâteaux. •*Sawwîn al êc al mara ta'arfah adîl min al-râjil.* La femme sait mieux préparer la boule que l'homme. •*Al xaccâbi ba'arif sawwîn al karâsi.* Le menuisier sait fabriquer des sièges.

saxâ *n. m.*, ≅ *saxâ'*, moins employé que *jûd*, → *jûd*, * s<u>h</u>w, س خ و

♦ **bonté, générosité, largesse, magnificence.** •*Nas'alu Allah yibaddil al-zulum wa l-jafa al gâ'id fî gulûb al-nâs be l-saxâ wa l mahanna.* Nous demandons à Dieu qu'il mette la générosité et l'amour mutuel à la place de l'injustice et de la haine qui sont dans le cœur des gens. •*Âlim wâhid gâl : "Mâl al katîr mâ bijîb al-saxâ, lâkin bi'allim al-nâdum al-jubur wa l-cadaha".* Un savant a dit : "L'abondance de biens n'apporte pas avec elle la générosité, mais fait connaître à l'homme l'avarice et les soucis".

saxâ' *n. m.*, → *saxâ*, * s<u>h</u>w, س خ و

saxâfa / saxâfât *n. f.*, * <u>t</u>qf, ث ق ف

♦ **culture, civilisation.** •*Yâ banât baladi : al-saxâfa halâtha wataniye !* Oh ! les filles de mon pays ! la culture est un bien-être national ! (chanson) •*Kulla nâs induhum saxâfât cik.* Chaque peuple a une culture différente. •*Anâ mâ nirîd saxâfa mâ hint dâri !* Je n'aime pas une culture différente de celle de mon pays !

saxâfi / saxâfiyîn *adj.*, (*fém. saxâfiye*), * <u>t</u>qf, ث ق ف

♦ **culturel (-elle), intellectuel (-elle), cultivé(e)** (homme, femme). •*Anâ, kulla yôm be aciye, namci fî l markaz al-saxâfi hanâ Fransa.* Tous les soirs, je vais au centre culturel français. •*Baladna fôgha mu'assasât saxâfiye kutâr.* Notre pays a de nombreuses institutions culturelles.

saxal / suxlân *n. anim.* mâle, (femelle *saxla, saxala*), * s<u>h</u>l, س خ ل

♦ **chevreau.** •*Anzayti wildat talâta saxal.* Ma chèvre a mis bas trois chevreaux. •*Al-suxlân waddaro fî l kadâde wa l ba'âcîm akalôhum.* Les chevreaux se sont égarés dans la brousse et les chacals les ont dévorés. •*Nidôr nacri saxal abyad nirabbih.* Je voudrais acheter un chevreau blanc pour l'élever.

saxara *n. f.*, *Cf. saxayar*, * ṣġr, ص غ ر

♦ **petitesse, enfance, jeune âge.** •*Maryam, be saxaritha da ta'arif tisawwi êc wa mulâh.* Mariam, malgré son jeune âge, sait préparer la boule et la sauce. •*Wakit fî saxartah mâ gara, wa hassâ bifattic al giray.* Il n'a pas étudié dans son enfance, mais à présent il cherche à s'instruire.

saxâxîn *pl.*, → *saxxân*.

saxayar *adj. m.*, → *saxayyar*.

saxayir *adj. m.*, → *saxayyar*.

saxayyar / suxâr *adj.*, autre pluriel *dugâg*, (*fém. saxayre*), ≅ *saxîr, saxayir, saxayar*, * ṣġr, ص غ ر

♦ **petit(e), jeune,** en bas âge. •*Da wilêd saxayyar sâkit, mâ ya'arif ceyy !* Ce n'est qu'un enfant, il ne sait rien ! •*Al binêye saxayre, lissâ mâ biwaddûha fî bêt râjilha.* La fille est jeune, on ne l'emmènera pas tout de suite chez son mari. •*Al fangâsu da sallaloh suxâr bilhên.* Ils ont fait [tiré] des beignets très petits. •*Xalli l-suxâr yagôdu warâk !* Veille à ce que les petits restent derrière toi ! •*Iyâli lissâhum suxâr bilhên, mâ tixallihum wihêdhum !* Mes enfants sont encore trop petits, ne les laisse pas seuls !

Saxayyar *n. pr.* d'homme, *litt.* petit de taille, * ṣġr, ص غ ر

sâxi / sâxiyîn *adj.*, (*fém. sâxiye*), *Cf. kaji kaji*, * s<u>h</u>w, س خ و ⇨

♦ **serviable, complaisant(e), actif (-ive), dévoué(e), courageux (-euse) au travail,** qui accomplit une tâche avec empressement. •*Al binêye di sâxiye fî l xidime, nirîdha bilhên.* Cette jeune fille travaille avec empressement, je l'aime beaucoup. •*Al-râjil al-sâxi da bana bêtah adîl.* Cet homme courageux a construit une très belle maison. •*Al xaddamîn dôl sâxiyîn fî xidimithum.* Ces travailleurs sont actifs dans leur travail.

saxîr / suxâr *adj. n. m., Cf. saxayar,* * ṣġr, ص غ ر

♦ **bébé, petit enfant.** •*Saxîri yiharrik lêi fî batuni.* Mon petit remue dans mon ventre. •*Gâsi lê l-nâdum al mâ wilid saxîr fî hayâtah !* Malheureux, l'homme qui dans sa vie n'a pas engendré un petit enfant ! •*Saxîr xanamayti mât.* Le petit de ma chèvre est mort. •*Kulla saxîr sameh, illa saxîr al-dâbi.* Chaque enfant est beau, excepté le petit du serpent.

saxîr al-dangay nom composé, *litt.* petit de la maison, * ṣġr, ص غ ر

♦ **alcôve,** partie de la maison, petite pièce derrière la chambre des parents où dorment généralement les enfants. •*Fî l-cite, al margad fî saxîr al-dangay halu !* En hiver, il fait bon dormir dans l'alcôve ! •*Mîn bissiti mâtat, al fâr bal'abo fî saxîr al-dangay misil al ajab.* Depuis que ma chatte est morte, les souris dansent dans l'alcôve d'une manière incroyable. •*Mâ tindasso fî saxîr al-dangay, dâbi daxal fôgha amis !* Ne rentrez pas dans l'alcôve, un serpent y est entré hier !

saxxan / yisaxxin *v. intr.*, forme II, * sḫn, س خ ن

♦ **chauffer, devenir brûlant(e).** •*Al yôm al gôdâla saxxanat.* Aujourd'hui, les gens du cabaret étaient exités [le cabaret était brûlant]. •*Al bêt saxxan xalli namcu nunûmu fî faday !* Il fait trop chaud à l'intérieur de la maison, il faut qu'on aille dormir dans la cour !

saxxân / saxâxîn *n. instr., mrph. intf., m., Cf. ibrîg,* à ne pas confondre avec *barrâd,* * sḫn, س خ ن

♦ **bouilloire, aiguière,** récipient en plastique, en forme de bouilloire, utilisé pour les ablutions. •*Al-saxxân gâ'id fî wara l bêt.* La bouilloire est au cabinet. •*Antîni saxxân niwaddi !* Donne-moi l'aiguière, que je fasse mes ablutions ! •*Amle l-saxxân almi wa xutti lêi fî l-nâr !* Remplis d'eau la bouilloire et mets-la sur le feu !

saxxar 1 / yisaxxir *v. intr., Cf. istaxâra,* * sḫr, س خ ر

♦ **prédire l'avenir, lire l'avenir,** voir l'avenir en utilisant des stratagèmes magiques. •*Râjil wâhid câl almi fî kôro wa saxxar lêi wa gâl : "Dârna talga l âfe marra wâhid garîb".* Un homme a pris de l'eau dans un koro et a lu pour moi l'avenir en disant : "Notre pays retrouvera la paix très bientôt". •*Saxxar lêi lê bagari l waddaroh, wa gâl lêi : "Ôto, wa maco l bahar !".* Il a prédit pour moi ce qu'il adviendrait de mes vaches perdues et m'a dit : "Elles se sont dirigées vers le sud et sont allées vers le fleuve !".

saxxar 2 / yisaxxir *v. trans.*, forme II, * sḫr, س خ ر

♦ **mettre à la disposition de, assujettir, dompter, soumettre, exploiter,** forcer quelqu'un à travailler. •*Allah saxxar al hadîd lê l-nabi Dâwûd.* Dieu a donné au prophète David l'art de travailler le fer. •*Al-cêx Allah saxxar lêyah nâs baxdumuh.* Le chef religieux a des gens, mis par Dieu à sa disposition, pour le servir.

sayâl *n. vég., coll., sgtf. sayâlay,* * syl, س ي ل

♦ **nom d'un arbre, acacia, Acacia raddiana (Savi),** famille des mimosacées. •*Al-dîfân jo, wa gayyalo fî dull al-sayâlay al fî giddâm bêtna di.* Les hôtes sont venus, et ont passé le temps de la sieste à l'ombre de l'Acacia raddiana qui se trouve devant notre maison. •*Al-sayâl mâ bumût ajala kan mâ ligi almi kula.* L'Acacia raddiana est très résistant même en temps de sécheresse [il ne meurt pas vite, même s'il ne trouve pas d'eau].

sâyas / yisâyis *v. trans.*, forme III, * sws, س و س

♦ **persuader, convaincre avec douceur, encourager,** parler avec douceur. •*Al amm gâ'ide tisâyis wilêdha acân yixalli l-sahlaga.* La mère est en train de convaincre son enfant d'arrêter de vagabonder sans travailler. •*Al-râjil sâyas al-nâs al gâ'idîn baxdumu lêyah acân yikammulu l xidime.* L'homme encourage les gens qui sont en train de travailler pour lui afin qu'ils terminent la tâche.

sayi *invar.*, → *sahi.*

sayid *n. m.*, → *sayyid.*

sâyig / sâygîn *adj. mrph. part.* actif, (*fém. sâyge*), * swq, س و ق

♦ **qui conduit, qui souffle, qui pousse devant.** •*Al-nâs bugûlu : "sâyig al humâr ta'abân".* Les gens disent : "Celui qui conduit l'âne en étant derrière lui est un misérable." •*Al-rih al-sâyge min al garin al mincâxi l-sabahâni lê l garin al xarbâni l mawtâni usumah ambîbi carrâbt al-ruhûd.* Le vent qui souffle du nord-est vers le sud-ouest s'appelle l'harmattan, la "buveuse de mares". •*Kan mâ fîh xamâm, nicîfu nujum katîrîn, wahadîn binâduhum al mara l-sâyge ijjâlha.* Quand il n'y a pas de nébulosité, nous voyons de nombreuses étoiles, dont certaines sont appelées " la femme qui conduit ses veaux" (étoiles de la constellation du Taureau avec les Pléiades). •*Tôm al-râbi binâduh sâyig al-timân kula.* Le cinquième mois de l'année lunaire s'appelle aussi "celui qui pousse devant lui les Gémeaux".

sâyil / sâwâyil *n. m. mrph. part.* actif, * syl, س ي ل

♦ **liquide, fluide.** •*Al kurtâl mâ busubbu fôgah cêyy sâyil.* On ne met pas de liquide dans un pot en vannerie *kurtâl.* •*Al-sâyil mâ bincâl fî l-cabaka.* On ne prend pas de liquide avec un panier ajouré.

sâyim 1 / sâymîn *adj.*, (*fém. sâyme*), * ṣwm, ص و م

♦ **jeûnant,** qui est en train de jeûner. •*Hû mâ marag al yôm acân hû sâyim.* Il n'est pas sorti aujourd'hui parce qu'il est en train de jeûner. •*Al-sâymîn mâ gidiro xadamo fî l harray.* Ceux qui sont en train de jeûner n'ont pas pu travailler sous le soleil. •*Al mara l sâyme mâciye l-sûg tacri xumâm hanâ l akil.* La femme qui est en train de jeûner va au marché afin d'acheter des condiments pour le repas.

sâyim 2 / sâymîn *adj. n. m. mrph. part.* actif, (*fém. sâyme*), *Cf. sâm 2*, * swm, س و م

♦ **vendeur (-euse) ambulant(e), colporteur (-euse), camelot,** qui vend sa marchandise en se déplaçant. •*Hawwa lammêna ma'âha, sâyme lêha amjabara wa fûl murakkab.* J'ai rencontré Hawwa qui vendait, en se déplaçant, des germes de rôniers et des arachides bouillies. •*Xadîje carat itir min wâhed sâyim, lâkin mâ halu.* Khadidje a acheté du parfum à un camelot, mais ce n'était pas du bon parfum. •*Al bôlîs karrabo l-dakâtîr cukku al-sâymîn al-dawa.* Les policiers ont arrêté les faux médecins colporteurs de médicaments.

sâyir / sayrîn *adj.*, (*fém. sâyre*), * syr, س ي ر

♦ **nomade, voyageur, qui se déplace,** qui est en voyage. •*Al-sâyir mâ abêtah, gibêl dawwart bêtah, maca mâ jâni.* Je n'ai pas refusé d'accueillir le voyageur ; j'avais désiré connaître sa maison, mais il était parti sans venir chez moi (chanson). •*Siyâd al mâl sayrîn kulla wakit.* Les éleveurs se déplacent tout le temps. •*Farîgna sâyir ambâkir.* Nous allons déplacer notre campement demain. •*Kan jît sâyir kattir al awâyir !* Si tu es de passage [si tu viens en nomade] multiplie les problème là où tu es ! *Prvb.* (On reconnait ainsi l'intention de celui qui cause des ennuis à ceux qui l'ont accueilli.)

saytar / yisaytir *v. intr.* {*- fî*}, *qdr.*, * syṭr, س ي ط ر ⇨

♦ **commander, dominer, régner.** •*Al-sawra mâ gidirat tisaytir fî l balad.* La rébellion n'a pas pu prendre le commandement du pays. •*Fransa saytarat fî duwal hanâ Afrixiya sittîn sana.* La France a régné sur des pays d'Afrique pendant soixante ans.

saytara / saytarât *n. f.*, *qdr.*, * syṭr, س ي ط ر

♦ **commandement, domination, règne.** •*Humman lissâ mâ marago min saytara hint axûhum al kabîr.* Ils ne sont pas encore sortis de la domination de leur grand frère. •*Saytartak di, sawwîha ba'îd, al bêt da mâ hanâk wihêdak !* Va commander ailleurs, cette maison n'appartient pas qu'à toi seul ! •*Dâiman al mara tihit saytarat al-râjil.* La femme se trouve toujours sous la domination de l'homme.

sayyaf / yisayyif *v. intr.*, *Cf. sêf* ; forme II, * ṣyf, ص ي ف

♦ **passer la saison sèche.** •*Anâ sayyaft fî l kadâde ma'â l bagar.* J'ai passé la saison sèche en brousse avec les vaches. •*Al-sane di, nisayyif fî Faransa.* Cette année, j'irai passer la saison sèche en France. •*Al baggâra yisayyifu wati janb al bahar.* Les éleveurs passeront la saison sèche au Sud, près du fleuve.

sayyar 1 / yisayyir *v. trans.*, forme II, * syr, س ي ر

♦ **faire partir, faire quitter un lieu, chasser.** •*Al-râjil al kacrân sayyar jârah min al hôc.* Le méchant homme a chassé son voisin de la concession. •*Al fagur jidâm sayyar al-subyân.* La pauvreté est une lèpre qui fait partir les jeunes gens. •*Hû sirig wa l-nâs câfoh, ba'ad da l êb sayyarah min al hille.* Il a été surpris en train de voler ; ne pouvant supporter la honte, il a quitté le village.

sayyar 2 / yisayyir *v. trans.*, forme II, moins employé que l'expression *caggag suyûr suyûr* [découper en lanières], * syr, س ي ر

♦ **découper des lanières, attacher avec des lanières.** •*Mâ titallifi farwitki l-samhe di, waddîha lê ammiki tisayyirha lêki.* Ne gâche pas cette belle peau, porte-la à ta mère afin qu'elle te la découpe en lanières. •*Hû sayyar angarêbah be farwit xazâl.* Il a assemblé son lit en attachant les rondins avec des lanières en peau de gazelle.

sayyar 3 / yisayyir *v. intr.*, (uriner), voir le *Syn. bâl 1*, * syr, س ي ر

sayyâra *pl.*, → *sayyâri.*

sayyâri / sayyâra *adj.*, (*fém. sayyâriye*), *Cf. rahhâli*, * syr, س ي ر

♦ **nomade,** nomade qui se déplace sur une très grande distance. •*Kan sâro bixallu wa kan dallo binâdu... Dôl al-sayyâra.* Lorsqu'ils partent, ils laissent les autres et lorsqu'ils descendent, ils appellent… Ce sont les nomades. *Dvnt.* (*i.e.* les nomades partent en laissant les autres et lorsqu'ils reviennent en descendant de leur monture, ils s'interpellent). •*Al-sayyâra mâ bahartu humman bitâbu'u l-layân wa l gacc.* Les nomades ne cultivent pas le sol, ils poursuivent leur route vers l'eau et les pâturages. •*Fî l xarîf al-sayyâra bancaxo wa fî l-sêf bi'ôtu.* En saison des pluies, les nomades se déplacent vers le nord et, en saison sèche, vers le sud.

sayyâxa *pl.*, → *sayyâxi.*

sayyâxi / sayyâxa *adj. n. m. mrph. intf.*, inusité au féminin, ≅ le pluriel *sayyâxîn*, * ṣwġ, ص و غ

♦ **bijoutier, orfèvre.** •*Al-sayyâxa baxdumu l-dahab, ba'addulu coxôl katîr misil al xurûs wa l xiwêcât wa l xawâtîm.* Les bijoutiers travaillent l'or ; ils fabriquent beaucoup de bijoux : des boucles d'oreilles, des bracelets et des bagues. •*Al-sayyâxi al basrig mâ balga zabâyin.* Le bijoutier qui vole ne trouvera plus de clients.

sayyi'a / sayyi'ât *n. f.*, * sw', س و ء

♦ **mal, action mauvaise, péché,** faute commise en transgressant une loi religieuse. •*Anâ sawwêt lêyah hasana wa kaffâni lêha be sayyi'a.* Je lui ai fait du bien et il me l'a payé par le mal. •*Mâ tisawwi sayyi'ât fî l-*

dunya ! Ne commets pas de mauvaises actions en ce bas monde !

sayyid / sâdâ nom, (*fém. sing. sayde, fém. pl.* : saydât), * syd, س ي د
♦ **monsieur, madame.** •*Al-sayyid al wazîr lissâ mâ maca fî maktabah.* Monsieur le ministre n'est pas encore allé à son bureau. •*Al-sâda l kirâm agôdu âfe !* Chers messieurs, restez en paix ! (salutation de *qqn.* qui s'en va).

se'îd *adj. m.*, → *sa'îd.*

sêd *n. coll., m., sgtf. sêday, sêde,* * ṣyd, ص ي د
♦ **gibier, animal sauvage.** •*Al-Nasrâni katal sêday be bundugah.* L'Européen a tué une pièce de gibier avec son fusil. •*Katil sêd al kadâde mamnu'.* Il est interdit de tuer les animaux sauvages de la brousse.

sêf 1 / suyûf *n. m.*, * ṣyf, ص ي ف
♦ **saison sèche et chaude,** saison qui commence en mi-février début mars, et dure jusqu'en mi-mai début juin. •*Wakt al-sêf kan ja, al wata tahama.* Quand la saison sèche arrive, il fait très chaud. •*Ba'ad al-sêf yikammil, al-sama bisawwi sahâb.* A la fin de la saison sèche [après que la saison sèche soit terminée], le ciel se couvre de nuages.

sêf 2 / suyûf *n. m., Cf. garrâda,* * syf, س ي ف
♦ **épée, sabre.** •*Zamân, al-duyûc bidâwusu be l-suyûf.* Autrefois, les armées se battaient avec des épées. •*Alam hanâ Makka indah sêfên mulxâlifîn.* Sur le drapeau de La Mecque, il y a deux sabres croisés.

Sêfaddîn *n. pr.* d'homme, pour *sêf al-dîn, litt.* sabre de la religion.

sei *invar.*, → *sahi.*

sel *n. m., empr. fr.* échelle, → *tallâ'a.*

sêl *n. m.*, * syl, س ي ل
♦ **inondation, débordement du fleuve.** •*Al-nâs yimaggunu l berbere kan al-sêl wigif.* Les gens repiquent le berbéré quand l'eau du fleuve qui a inondé les terres ne monte plus. •*Al-sana al-sêl mâ katîr misil hanâ zamân.* Cette année, la surface de terres inondées n'est pas aussi importante que dans le passé.

sentre *invar., empr. fr.*, dans l'expression *xalag sentre*
♦ **serré** (habit), **collant** (vêtement), **taillé(e) sur mesure, cousu(e) sur mesure.** •*Hî libisat xalag sentre marra wâhid.* Elle a porté un vêtement très serré à la taille. •*Banât hanâ hassâ yirîdu yalbaso xalag sentre.* Les jeunes filles de maintenant aiment porter des vêtements cousus sur mesure.

sêr / suyûr *n. m.*, * syr, س ي ر
♦ **lanière de cuir.** •*Hû marag suyûr min al farwa wa xayyat al garfa.* Il a découpé [sorti] des lanières dans une peau et s'en est servi pour coudre le gros sac en cuir. •*Sêr hanâ na'âlah angata'.* La lanière de sa sandale s'est coupée.

sêra *n. f.*, * syr, س ي ر
♦ **cortège nuptial, sortie solennelle, procession.** •*Zamân fî Abbece, nâs kan induhum arûs, al-subyân ma'â l banât bamurgu sêra barra fî l ardêbay.* Autrefois à Abéché, à l'occasion d'un mariage, les jeunes gens et les jeunes filles sortaient solennellement ensemble jusqu'à un tamarinier en dehors de la ville. •*Al-sêra fî Anjamêna buluffu lêha be watâyir kan mâcîn bijîbu l arûx bas.* Le cortège nuptial à N'Djaména consiste à faire un tour avec les voitures, seulement au moment d'amener la mariée.

sêratân *n. mld., m., Cf. nimle 2,* * srṭ, س ر ط
♦ **cancer.** •*Al mara di sêratân karabâha fî dêdha.* Cette femme a attrapé un cancer du sein. •*Al-sêratân marad xatari wa baktul.* Le cancer est une maladie dangereuse et mortelle. •*Al-sêratân bakrub katîr carrâbîn al-sijâra.* Le cancer attaque souvent les fumeurs de cigarettes.

serbêt *n. m.*, → *sarbêt.*

serij / surûj *n. m.*, ≅ *sarij*" au Ouaddaï-, * srj, س ر ج

♦ **selle du cheval.** •*Anâ rikibt fî serij al-juwâd.* Je suis monté sur la selle du cheval. •*Gammêt nicidd al-juwâd, awwâl kê nuxutt al-serij.* Je vais harnacher le cheval en posant d'abord la selle. •*Al haddâdi addal surûj katîrîn.* Le forgeron a fabriqué de nombreuses selles. •*Gidêdimah gidêdim dihêc, al irfah nantîh lêyah êc... Da l-serij.* Sa petite bouche est celle d'une ânon ; celui qui sait, je lui donnerai de la boule… C'est la selle. *Dvnt.*

serîme *n. f.*, → *sarîme.*

serîr *n. m.*, → *sarîr.*

serne *n. f.*, → *sarne.*

sês / suyûs *n. m.*, *empr. fr.*, ≅ *cês, cuyûs, sêsât.*

♦ **chaise.** •*Fî bêti mâ indi sês wâhid kula !* Chez moi, je n'ai même pas une chaise ! •*Al kubârât jôna fî l-rîf wa mâ indina suyûs acan yagôdu fôghum.* Les hautes personnalités sont venues nous rendre visite en province mais nous n'avions pas de chaises à leur offrir pour les faire asseoir. •*Al-cuyûs nafar katîr min hadîd wa min xacab.* Il y a toutes sortes de chaises en fer et en bois.

sêsabân *n. vég., coll., m., sgtf. sêsabânay*, connu en *Egy.* (*H.W.*).

♦ **nom d'un arbre, Parkinsonia aculeata (L.),** famille des césalpiniacées, arbuste épineux dont les feuilles ont en décoction un effet purgatif. •*Matârig sêsabân sâkinîn fî l gizân... Dôl al maytîn.* Des verges de Parkinsonia aculeata reposant sur le sable… Ce sont des morts. *Dvnt.* •*Al-sêsabân mâ indah dull, lâkin sameh lê l-zarabân.* Le Parkinsonia aculeata ne donne pas beaucoup d'ombre, mais il permet de faire de bonnes haies de clôture.

sey *invar.*, → *sahi.*

si'id *n. vég., coll., m., sgtf. si'iday, Cf. siggêt*, * sʕd, س ع د

♦ **nom d'une herbe parfumée, sorte d'encens,** herbe ressemblant au *siggêt* dont les tubercules parfumés servent d'encens. •*Kan tidôr tatrud al ba'ûda wa l-dubbân min al bêt, daxxinah be si'id muxalbat be kijîji wa darôt wa samux rutrut.* Si tu veux chasser les moustiques et les mouches de ta maison, fais brûler des tubercules de *si'id* mélangés avec du *kijîji*, du *darôt* et de la gomme de l'arbre *rutrut*. •*Al-si'id talgah fî l-ramla al fî xacum al wâdi ; iyâlha fî urûgah darâdim darâdim misil al-siggêt.* On trouve l'herbe *si'id* dans le sable au bord de l'oued ; elle se multiplie par de petites boules au bout des racines, comme le *siggêt*. •*Al ajâyis birîdu duxxân al-si'id acân hû min zamân.* Les vieilles femmes aiment faire fumer des tubercules de *si'id* parce qu'on le fait depuis très longtemps.

si'in / su'ûn *n. m.*, *Syn. girbe*, *Cf. garfa, dabiye, si'in, jurâb*, * sʕn, س ع ن

♦ **outre, sac en cuir,** outre en peau de chèvre. •*Sîd al-zere' indah si'in malyân almi.* Le cultivateur a une outre pleine d'eau. •*Abkadakôra xanagoh bala ôra... Da l-si'în.* Empâtée, empotée, ils l'ont pendue sans qu'elle ait commis de faute… C'est l'outre pleine d'eau. *Dvnt.*

si'ir / as'âr *n. m.*, *Cf. taman*, * sʕr, س ع ر

♦ **prix courant, valeur marchande.** •*Si'ir al xalla tala' min al ayyâm al fâtat dôl.* Le prix du mil a augmenté ces derniers jours. •*As'âr al budâ'a fî l-rîf xâliye bilhên.* A la campagne, les prix [les prix des affaires] sont très élevés. •*Anâ wa jârti bî'na litrên hanâ dihin, si'irhum wâhid bas.* Ma voisine et moi, avons acheté au même prix deux litres d'huile.

sibâg *n. m.*, voir le *Syn. sabag 2*, * sbq, س ب ق

sibah *pl.*, → *sibhe.*

sibal *pl.*, → *sible.*

sibax *pl.*, → *sibxa.*

sibâyib *pl.*, → *sibbe.*

sibbe / sibâyib *n. f.*, *Cf. sabab, masîbe*, * sbb, س ب ب

♦ **problèmes, ennuis, palabres.** •*Hey al iyâl, mâ tidâwusu tujûbu lêi sibbe !* Hé ! les enfants ! ne vous battez pas, n'allez pas m'apporter des ennuis ! •*Al-sibbe tajîk nâyim.* Les ennuis arrivent quand tu dors. *Prvb.* (*i.e.* les ennuis arrivent, même si tu ne les cherches pas).

sibêhe / sibêhât *n. f. mrph. dmtf.*, *Cf. sibhe*, * sbḥ, س ب ح

♦ **petit chapelet.** •*Al faki fî l bêt indah sibêhe saxayre bidda'i beha.* A la maison, le faki a un petit chapelet avec lequel il prie. •*Macêt fî l-sûg bi't sibêhe simêhe be sittîn riyâl.* Je suis allé au marché pour acheter un joli petit chapelet à soixante riyals. •*Sibêhiti indaha talâta wa talâtîn tûray.* Mon petit chapelet a trente-trois grains.

sibêre / sibêrât nom, *mrph. dmtf.*, *f.*, *litt.* petit écureuil, → *sabara*, * ṣbr, ص ب ر

sibêy / sibêyât nom, *mrph. dmtf.*, *m.*, *Cf. sâbi, binêye*, * ṣbw, ص ب و

♦ **jeune homme, adolescent, grand garçon.** •*Al-sibêy rikib juwâdah wa gallab.* Le jeune homme est monté sur son cheval et est parti au galop. •*Min ba'îd cîft sibêy tihit al-cadaray, yagri fî kitâbah.* J'ai vu de loin un grand garçon sous un arbre, il lisait son livre. •*Al-sibêy darab amkîkî wa xanna bê l banât.* L'adolescent a joué [frappé] de son violon et chanté pour les filles.

sibhe / sibah *n. f.*, ≅ *sibihe*, * sbḥ, س ب ح

♦ **chapelet.** •*Axui ja min al hijâz, jâb lêi sibhe.* Mon frère est revenu de La Mecque, il m'a rapporté un chapelet. •*Nidda'i be sibhe tûla l-lêl.* J'invoque Dieu en égrenant mon chapelet tout au long de la nuit. •*Sibihti indaha tis'a wa tis'în tûray, wâgfên wa câhid.* Mon chapelet a quatre-vingt-dix-neuf petits grains, deux grains fixes et un gros grain séparant chaque fois trente-trois petits grains.

sibihe *n. f.*, → *sibhe.*

sibir 1 *n. m.*, (magie, sorcellerie), → *musâbara*, * sbr, س ب ر

sibir 2 / subûr *n. m.*, * ṣbr, ص ب ر

♦ **suc de plante amère, myrrhe, gomme du balsamier.** •*Al-sabur murr misil al-sibir, lâkin âxibtah haluwa min al asal.* La patience est plus amère que la myrrhe, mais au terme elle est meilleure que le miel. •*Al-sibir bihilluh saxayyar ke fî almi wa bacarboh lê l ilâj !* La gomme du balsamier, on en prend un tout petit morceau que l'on dissout dans de l'eau, et on le boit comme médicament !

sible / sibal *n. f.*, dans l'expression *sawwa sibal*, → *hijje, barahîn*, * sbl, س ب ل

♦ **prétexte, mauvaise explication, preuve sans valeur,** fausses raisons. •*Antîni gursi ajala, mâ tisey lêk sible tinbalis be kalâmak al katîr da !* Rends-moi vite mon argent, ne cherche pas de prétextes pour t'en sortir avec un tas d'histoires ! •*Al mêtir budugg al iyâl al bisowwu lêhum sibal kan jo mul'axxirîn.* Le maître frappe les enfants qui donnent de faux prétextes lorsqu'ils arrivent en retard.

sibxa / sibax *n. f.*, * ṣbġ, ص ب غ

♦ **teinture noire, encre de chine.** •*Al mara di massahat ca'arha be sibxa, bigi azrag litt.* Cette femme a passé ses cheveux à la teinture, ils sont devenus très noirs. •*Al arûs kan bidôru biwadduha fî bêtha, barsumu idênha wa rijilênha be sibxa.* Lorsque l'on veut conduire la mariée chez elle, on lui fait des tatouages sur les mains et les pieds avec de l'encre de chine.

sîd / siyâd *adj.*, (*fém. sidt al..., sidtât al...*), * syd, س ي د

♦ **maître (maîtresse) de, possesseur de, propriétaire de, marchand(e) de.** •*Sîd al bêt al janbina da, awwây bilhên.* Le propriétaire de la maison qui est à côté de la nôtre est très bruyant. •*Sîd al humâr da fât wên ?* Où est parti le propriétaire de cet âne ? •*Sîyâd al-tamâtim mâ jo al yôm.* Les marchands de tomates ne sont pas venus aujourd'hui. •*Al kalib da, sîdah Nasrâni.* Le maître de ce chien est un Européen. •*Sîd bêti marag.* Mon mari (le propriétaire de ma maison) est sorti. •*Sidt al-zere' mâtat.* La propriétaire du champ est morte. •*Al askar daggo sidtât al xadar al ga'ado fî ust al-câri.* Les militaires ont frappé les marchandes de légumes qui étaient assises au milieu de la rue. •*Sidt al bêt xallat iyâlha wihêdhum.* La maîtresse de maison a laissé ses enfants seuls.

sîd ! *v. impér.*, → *sâd.*

sîd al almi / siyâd al almi nom composé, → *sîd, almi, Cf. warrâd,* * syd, mwh, س ي د • م و ه

♦ **porteur d'eau,** celui qui en ville porte l'eau à domicile. •*Nâdi lêna sîd al almi !* Appelle-nous le porteur d'eau ! •*Sîyâd al almi yangulu l almi be takakâhum lê zabâyînhum.* Les porteurs d'eau transportent l'eau chez leurs clients avec leurs touques.

sîd al-janiye / siyâd al-janiye expression, (*fém. sidt al-janiye*), *litt.* propriétaire du délit, * syd, jny, س ي د • ج ن ي

♦ **coupable, fautif (-ive).** •*Al-sultân hakam siyâd al-janiye.* Le sultan a condamné les coupables. •*Kan tidôru ta'arfu sabab al muckila di, illa tifattucu sîd al-janiye.* Si vous voulez connaître les causes de ces ennuis, vous devez rechercher le coupable. •*Al-râjil ja fî l bêt, ligi awînah gâ'idîn biddâwusu, wa taradâha lê sidt al-janiye.* L'homme est venu chez lui, il a trouvé ses femmes en train de se battre et a répudié la fautive.

sîd al-tiyo / siyâd al-tiyo *n. m.* composé, *litt.* propriétaire du tuyau, maître du robinet, * syd, س ي د

♦ **qui tient la borne-fontaine, distributeur d'eau,** responsable qui ouvre la fontaine publique et fait payer l'eau. •*Sîd al-tiyo sadda ambahîn acan al banât addâwaso.* Le responsable de l'eau a fermé la fontaine très tôt parce que les filles s'étaient battues. •*Siyâd al-tiyo zâdo si'ir al almi fî l-sêf.* Ceux qui tiennent la borne-fontaine ont augmenté le prix de l'eau pendant la saison sèche.

sîda *n. mld., m., empr.*

♦ **sida.** •*Marad al-sîda xalâs daxal fî baladna.* La maladie du sida est entrée dans notre pays. •*Hâliyan kulla nâdum al bada babtal, bathamo be marad al-sîda.* Actuellement, quiconque commence à maigrir est soupçonné d'avoir le sida.

sidâde / sadâyid *n. f., Cf. sadda,* * sdd, س د د

♦ **couvercle, bouchon, fermeture.** •*Mâ taxallu l-duwâne bala sidâde !* Ne laissez pas le canari sans couvercle ! •*Al iyâl li'ibo be sidâdt al-duwâne.* Les enfants ont joué avec le couvercle du canari. •*Al binêye di xacumha mâ indah sidâde.* Cette fille ne sait pas tenir sa langue [sa bouche n'a pas de couvercle].

sidâx / sidaxât *n. m.*, → *sadâx,* * ṣdq, ص د ق

sidd *v. impér.*, → *sadda.*

sidt al... / sidtât al... *n. f.*, → *sîd.*

sifa *n. f.*, → *sife.*

sife / sifât *n. f.*, dans l'expression *be sife, ≅ be sifa,* * wṣf, و ص ف

♦ **en sa qualité de, bien que, alors que.** •*Eb al-cûm, hû be sifatah wazîr badxul fî l gôdâla bacrab marîse !* Quelle honte pour un ministre ! Il entre au cabaret pour boire de la bière de mil ! •*Be sifitha marit râjil turûx fî l-câri be xalag bas bala farde, da mâ adîl.* Bien qu'elle soit mariée, elle se promène dans la rue avec un vêtement qui n'est pas un pagne, ce n'est pas correct.

sifêfîre / sifêfirât nom, *mrph. dmtf., f.*, → *suffâra,* * ṣfr, ص ف ر

sifêr *adj. m. mrph. dmtf., Cf. abunsifêr,* * ṣfr, ص ف ر

Sifêra *n. pr. gr., coll.*, nom d'une fraction de tribu arabe (*Salâmât*) se rattachant aux *Juhayna.*

sifêre / sifêrât *n. f. mrph. dmtf.* de *sufra, litt.* petit plateau, *Cf. sufra,* * sfr, س ف ر

♦ **petit plateau.** •*Battân mâ tijîbi lêna l-câhi fî l-sifêre l gadîme di !* Ne nous apporte plus le thé sur ce vieux petit plateau ! •*Hawwa jâbat sifêrât samhîn min Makka.* Hawwa a rapporté de jolis petits plateaux de La Mecque.

sifilize *invar.* dans les expressions *nâdum sifilize, mara sifilize* [homme cultivé, femme cultivée], *empr. fr.*, → *musaxxaf.*

sifir / asfâr *n. m.*, * ṣfr, ص ف ر

♦ **zéro.** •*Al firax hanâ l bâl al-tinên marago sifir mugâbil sifir.* Les deux équipes se sont séparées sur le score de zéro à zéro. •*Anâ mâ xadamt fî l giray adîl, al mêtir xatta lêi sifir fî kayêti.* Je n'ai pas bien travaillé et le maître m'a donné la note zéro sur mon cahier.

sigân *pl.*, → *sâg 3.*

sige *n. f.*

♦ **farine de mil cuite, nourriture de voyage,** nourriture à base de farine de mil cuite destinée à être consommée en voyage. •*Zâd al-sige baktul al-ju' fî l kadâde.* Les provisions à base de farine de mil cuite coupent la faim [tuent la faim] en brousse. •*Al-sige hû dagîg hanâ xalla muxalbat be sumsum wallâ fûl wallâ tamur.* Le *sige* est à base de farine de mil cuite, mélangée à du sésame, des arachides ou des dattes.

sigêr / sigêrât *n. m. mrph. dmtf., Cf. sagur,* * ṣqr, ص ق ر

♦ **oiseau de proie, rapace, faucon,** famille des falconidés. •*Al-sigêr no' min al-têr, gaddûmah mukanjar.* Le faucon est une espèce d'oiseau au bec crochu. •*Sigêr wald al mêram baxtif al-tiwêrât.* Le "rapace fils de reine" chasse les petits oiseaux. •*Farârijna kulluhum ke, al-sigêr xatafâhum.* Tous nos poussins ont été enlevés par un petit faucon.

sigêr al agâb *n. m.*, → *sagur al ugâb,* * ṣqr, ˤqb, ص ق ر • ع ق ب

siggêt *n. vég., mrph. dmtf., m.*, * sqṭ, س ق ط

♦ **nom d'une plante à tubercule, Cyperus rotundus (L.),** famille des cypéracées, petite herbe qui pousse dans le sable et dont les petits tubercules se trouvent aux extrémités des racines ; ceux-ci sont noirs, ont la taille de grains de poivre, et sont très appréciés grillés ou pilés. •*Al yôm namcu lê l-siggêt.* Aujourd'hui, nous allons ramasser des tubercules de Cyperus. •*Kan macêt Abbece jîb lêi siggêt ma'âk.* Si tu vas à Abéché, rapporte-moi de petits tubercules de Cyperus.

sigrêt *n. coll., m., sgtf. sigrêtay, empr. fr., Syn. sijâra (sajâyir),* expression *gandûl hanâ sigrêt* [un "bâton" de cigarette, une cigarette]

♦ **cigarette, cigare.** •*Al-sigrêt indah anwa' katîre.* Il y a beaucoup de sortes de cigarettes. •*Al awîn fî Tchad mâ bicarbo sigrêt.* Au Tchad, les femmes ne fument pas la cigarette. •*Al-sigrêt bisawwi guhha katîre.* La cigarette fait beaucoup tousser. •*Indak gandûl wâhid hanâ sigrêt wallâ ?* Tu n'aurais pas une cigarette ?

sîh *v. impér.*, → *sâh.*

sîhân nom pluriel, *coll., sgtf. sîhay,* moins usité que le collectif, *Cf. zîg,* * syḥ, س ي ح

♦ **rayures d'une étoffe, raie de couleur.** •*Al farde al binâduha "gamar bôba" indaha sîhân xudur.* Le pagne que l'on appelle "la lune a brillé" a des rayures vertes. •*Surwâli al-sihânah zurug sirgoh amis fî l-lêl.* Mon pantalon aux rayures noires a été volé cette nuit. •*Jarâday ambukbuk sihânaha zurug fî daharha.* La sauterelle *ambukbuk* a des raies noires sur le dos.

sihha / sihhât *n. f., Syn. âfe,* pluriel peu usité, * ṣḥḥ, ص ح ح ⇨

♦ **santé.** •*Al-sana di, anâ sihhiti samhe.* Cette année, je ne suis pas en bonne santé. •*Al-nâdum al mardân sihhitah mâ adîle.* Le malade n'a pas une bonne santé. •*Al iyâl kan bâkulu adîl, sihhithum katîre.* Lorsque les enfants mangent bien, ils sont en excellente santé [leurs santés sont nombreuses].

sihir / ashâr *n. m.*, * shr, س ح ر
♦ **sorcellerie.** •*Al-râjil da akûn sawwo lêyah sihir kulla yôm hû mardân.* Cet homme est peut-être victime de sorcellerie, il est tout le temps malade. •*Jâri da birîd bisawwi sihir lê l-nâs.* Mon voisin aime pratiquer la sorcellerie.

sij *invar.*, → *sijj.*

sijâra / sajâyir *n. coll.*, *sgtf. sijaray*, mot arabe d'emprunt (*angl. esp.*), en concurrence avec son synonyme *sigrêt*, *Cf. sigrêt*, * sjr, س ج ر
♦ **cigarette, cigare.** •*Jêbi yâbis min amis, mâ indi hagg al-sijâra kula.* Ma poche est vide [sèche] depuis hier, je n'ai pas même un sou pour des cigarettes. •*Hummân mâ yacarbo illa sajâyir hanâ "emsete" (M.C.T.)* Ils ne fument que des cigarettes de la manufacture des cigarettes du Tchad.

sîje *n. m.* employé dans l'expression *li'ib al-sîje*, connu au *Sdn.* (*C.Q.*), ≅ *sije*, *Syn. kâre, dâli, xuzzi*, * syj, س ي ج
♦ **nom d'un jeu de dames,** sorte de jeu de dames composé de vingt-quatre pions et de trente-six cases. •*Anâ mâ na'arif nal'ab sîje, kulla rufugâni dayyanôni.* Je ne sais pas jouer aux dames, tous mes amis me font perdre de l'argent. •*Al mâ ya'arif yal'ab sîje badhako lêyah.* On rit de celui qui ne sait pas jouer aux dames. •*Al-sîje li'ib halu bilhên.* Le jeu de dames est un jeu très intéressant.

sijille / sijillât *n. m.*, ≅ le singulier *sijilli*, * sjl, س ج ل
♦ **couverture de livre ou de cahier, protège-cahier.** •*Sijille hanâ l kitâb jilâdithum xâli fî l-sûg.* La reliure en cuir d'un livre coûte cher au marché. •*Kulla sijillât hanâ kayêtâti be katkat hanâ jarîda.* Toutes les couvertures de mes cahiers sont en papier journal. •*Anâ na'arif Nasrâni, kullâ sijillât hanâ kutubah min farwa.* Je connais un Européen dont toutes les couvertures de livres sont en cuir.

sijin / sujûn *n. m.*, * sjn, س ج ن
♦ **prison.** •*Hakamoh lêyah be l-sijin al-dâyim.* On l'a condamné à une peine de prison à perpétuité. •*Nâs al-salîb al ahmar zâro l-sujûn hanâ Anjammêna amis.* Hier, des membres de la Croix-Rouge ont visité les prisons de N'Djaména.

sijj *invar.*, *intf.* de couleur dans l'expression *asfar sijj*, prononcé *sitc*, *Cf. asfar.*
♦ **jaune citron, jaune vif.** •*Bêrak hanâ Tchad ustah asfar sijj.* La bande de couleur au milieu du drapeau tchadien est jaune vif. •*Al-lêmun kan nijid yabga asfar sijj.* Lorsque le citron est mûr, il devient jaune vif.

sikêkîn / sikêkînât *n. m. mrph. dmtf.*, *Cf. sakkîn*, * skn, س ك ن
♦ **petit couteau.** •*Cîfi darâyirki ! Tarrago sikêkînhum, ôgodo niyêrithum.* Regarde tes coépouses ! Elles ont aiguisé leurs petits couteaux et allumé leur petit feu (chant dans un conte du Ouaddaï). •*Gata' faggûs be sikêkînah al-saxayre.* Il a coupé le concombre avec son petit couteau. •*Al basal wa l-laham mâ bilgatta' bala sikêkîn.* Les oignons et la viande ne se coupent qu'avec un petit couteau. •*Hey al iyâl yâtu câf lêi sikêkîni al ga'ade hini di ?* Hé ! les enfants ! qui a vu mon petit couteau qui était ici ?

sikêkir / sikêkirât *n. m. mrph. dmtf.*, *coll.*, *sgtf. sikêkiray*, *Cf. sukkar*, * skr, س ك ر
♦ **petits morceaux de sucre, miettes de sucre, brisures de sucre.** •*Abu'âce akal al-sikêkirât al daffago fî l-turâb.* La fourmi "Abou Aché" aime beaucoup les brisures de sucre que les gens ont laissées par terre. •*Al wilêd gâ'id bilaggit al-sikêkirât min al-turâb be lisânah.* L'enfant est en train de prendre avec sa langue les

petits morceaux de sucre qui sont par terre. •*Al-sikêkiray kan daffagtaha fî lubb al bêt tijîb al-darr wa abu'âce.* Si tu laisses tomber par terre un peu de sucre en poudre dans la maison, cela attirera les petites fourmis rouges et les grosses fourmis jaunes.

sikêkîri *adj. mrph. dmtf.*, (*fém. sikêkîriye*), terme péjoratif [ivrogne], → *sakkâri*, * skr, س ك ر

sikir / yaskar *v. intr.*, forme I, n° 20, * skr, س ك ر

♦ **s'enivrer, être ivre, être saoul(e).** •*Hû cirib marîse katîr wa sikir.* Il a bu beaucoup de bière de mil et s'est enivré. •*Hey ! Al yôm da mâlak tihârijni, inta sikirt wallâ ?* Hé ! aujourd'hui, qu'as-tu à me chercher querelle ? Serais-tu ivre ? •*Kulla yôm yurûxu fî l gawâdîl, yaskaro wa yidâwusu.* Tous les jours ils fréquentent [ils marchent] les cabarets, ils s'enivrent et puis se battent.

sikkête / sikkêtât *n. f. mrph. dmtf.*, *Cf. sakitîn, sukât*, * skt, س ك ت

♦ **silence,** fait ou manière de se taire. •*Sikkêttak di cunû ? Yalla, kallim !* Pourquoi ce silence ? Allons, parle ! •*Sikkêt al hâkim di mâ sâkit !* Ce n'est pas sans raison que le gouverneur se tait !

silâh / asliha *n. m.*, ≅ *sulâh*, * slh, س ل ح

♦ **arme.** •*Al askari indah silâh kabîr.* Le militaire a une grosse arme. •*Mâ tal'ab be silâh, acân hû xatari !* Ne joue pas avec une arme parce que c'est dangereux ! •*Kabîr al askar lamma l asliha fî l maxazan.* Le responsable militaire a rassemblé les armes dans le magasin.

sile / silêyât *n. m.*, *empr.* haoussa, *Cf. sawâsi.*

♦ **pièce de monnaie, sou.** •*Al yôm anâ mufallis mâ indi silêyât.* Aujourd'hui je suis pauvre, je n'ai pas de pièces de monnaie. •*Kan indak silêyât antîni xamsa riyâl nacri sijâra.* Si tu as des sous, donne-moi cinq riyals pour acheter une cigarette.

silêb / silêbât nom, *mrph. dmtf.*, *m.*, *Cf. sulub*, * ṣlb, ص ل ب

♦ **petite hanche,** hanche fine. •*Râbit silêbah, al-nâr harge gilêbah... Da l muxbar.* Il a la taille serrée et le feu brûle son cœur… C'est le brûle-parfum. *Dvnt.* •*Al iyâl al-suxâr yarbutu lêhum xaddûr fî silêbâthum.* On attache des perles autour des hanches des petits enfants.

Silêk *n. pr.* d'homme, → *Assilêk*, * slk, س ل ك

Silêmân *n. pr.* d'homme, → *Suleymân*, * slm, س ل م

silik / sulûk *n. m.*, * slk, س ل ك

♦ **fil de fer, grillage.** •*Al haddâdi sawwa kanûn hanâ sulûk.* Le forgeron a fabriqué un brasero en fil de fer. •*Anâ ajabt, simît hiss hanâ ammi wa abui fî adâni be silik al usumah têlafûn.* J'ai été très étonné, j'ai entendu la voix de ma mère et de mon père dans mon oreille grâce à un fil de fer qu'on appelle téléphone. •*Nâs al ôfore hawwago Zâkuma be sulûk.* Les agents des Eaux et Forêts ont clôturé le parc de Zakouma avec du grillage.

silim / yaslam *v. intr.* {*- min*}, forme I n° 20, *Cf. niji*, * slm, س ل م

♦ **être sain(e), être sauf (sauve), être intact(e).** •*Anâ sawêt kacif, wa silimt min al milârya.* J'ai subi un examen et je n'ai pas de paludisme. •*Maca l harib wa silim min al-jurah.* Il est allé à la guerre et il est revenu sans blessure, sain et sauf. •*Taslam ênak min al waja' !* Que ton œil soit intact de toute maladie ! (*i.e.* porte-toi bien !).

silima / silimât *n. f.*, *empr. fr.*, → *sinima.*

sill *v. impér.*, → *salla 2.*

sillam / salâlim *n. m.*, * slm, س ل م

♦ **échelle.** •*Anâ talêt fî râs al bêt be sillam.* Je suis monté sur le toit de la maison avec une échelle. •*Humman mâ induhum sillam wa bidôru barkabo fî râs al bêt.* Ils n'ont pas d'échelle et veulent monter sur le toit de la maison.

silmi / silmiyîn *adj.*, (*fém. silmiye*), * slm, س ل م

♦ **pacifique.** •*Anîna nidôru l muckila l ambênâtna tinhalla be tarîxa silmiya.* Nous aimerions résoudre le problème qui existe entre eux par la voix pacifique. •*Mâ ligo hall silmi lê l muckila di.* Ils n'ont pas trouvé de solution pacifique à ce problème.

silsila / salâsil *n. f.*, *qdr.*, * slsl, س ل س ل

♦ **chaîne, succession généalogique,** chaîne de la transmission de la tradition. •*Ba'ad al mu'arrixîn bugûlu al Bilâla silsilithum jâyi min al Yaman.* Certains historiens disent que la généalogie des Bilala remonte jusqu'au Yémen. •*Anîna Salâmât wa silsilitna jât min al-sabah.* Nous sommes Salamat, et la succession généalogique de nos ancêtres vient de l'Est.

sima *empr. fr.*, → *assamanti.*

simâh *n. m.*, → *musâmaha*, *Cf. wufrân, xufrân*, * smḥ, س م ح

♦ **excuse, le pardon.** •*Anâ dâyir minnuku al-simah, yâ axawâni, al môt mâ ma'rûf.* J'implore votre pardon, mes frères, on ne sait pas quand la mort arrive (formule d'au revoir de celui qui part loin en voyage). •*Mâ bênna illa l-simah !* Il n'y a plus rien d'autre entre nous que le pardon (formule de pardon après une dispute) ! •*Hû galbah azrag, mâ ya'arf al-simah.* Lui, il a le cœur plein de fiel [noir], il ne sait pas pardonner.

simâk *n. m.*, ≅ *sumâk*, * smk, س م ك

♦ **Arcturus, constellation du Bouvier.** •*Al-najma simâk tatla' fi l-cite.* L'étoile Arcturus monte dans le ciel en hiver. •*Simâk kan maragat, tiwaddir al-nujûm al âxarîn be dayyaha.* Lorsqu'Arcturus sort dans le ciel, son éclat fait perdre celui des autres étoiles. •*Sumâk kan al-juwâd câfha, yumût !* Si un cheval regarde Arcturus, il mourra !

simâm *pl.*, → *samm.*

simây / simâyât *n. f.*, *Cf. usum*, ≅ *simâye*, * smw, س م و

♦ **cérémonie du nom donné au bébé.** •*Al yôm simay hanâ wilêdi.* Aujourd'hui mon bébé recevra son nom. •*Al-simay bisawwuha ba'ad saba'a yôm.* La cérémonie du nom que l'on donne au bébé a lieu sept jours après sa naissance. •*Yôm al-simay al-nâs bulummu katîrîn bâkulu wa bacarbo.* Le jour où l'on donne un nom à un enfant, les gens se rassemblent nombreux pour manger et boire.

simâye *n. f.*, → *simây.*

Simbil *n. pr.* de femme, *qdr.*, *litt.* épis, *Cf. sinbil*, * snbl, س ن ب ل

Simbilay *n. pr.* de femme, *mrph. sgtf.*, *litt.* un épis, *Cf. sinbil*, * snbl, س ن ب ل

simi' / yasma' *v. trans.*, conjugaison spéciale, forme I n° 22, * smʕ, س م ع

♦ **écouter, entendre.** •*Nâs al hille sim'o (simi'o) kalâm al-daktôr ; mâ gâ'idîn bacarbo almi wasxân.* Les villageois ont suivi les conseils du docteur ; ils ne boivent plus d'eau sale. •*Al mara di sim'at (simi'at) kadar râjilha mât.* Cette femme a entendu que son mari était mort. •*Inta da, râsak gawi, mâ tasma' kalâm !* Toi alors, tu as la tête dure, tu n'écoutes pas ce qu'on te dit !

simin / yasman *v. intr.*, forme I n° 20, * smn, س م ن

♦ **grossir, être gras (grasse).** •*Abu l iyâl da simin acân wilêdah bigi wazîr.* Le père de ces enfants a grossi parce que son fils est devenu ministre. •*Al mara di siminat al-sane acân ligat gurus katîr.* Cette année, cette femme a grossi parce qu'elle a trouvé beaucoup d'argent. •*Hî tâkul katîr wa mâ tasman, akûn mardâne.* Elle mange beaucoup et ne grossit pas, elle est peut-être malade.

simmên *n. coll., mrph. dmtf., m., sgtf. simmênay, empr.*, connu au *Sdn.* (*C.Q.*), * smn, س م ن

♦ **termites ailés.** •*Wilêdi maca fî l-câri wa câf al-simmên yitîr, wa xâf minnah.* Mon enfant est allé dans la rue, il a vu les termites ailés s'envoler et en a eu peur. •*Kan yôm almi sabba katîr, be aciye al-simmên yamrug katîr.* S'il pleut beaucoup, les termites ailés sortent en grand nombre le soir. •*Al-simmên, arda indah janâhe tamrug fî l xarîf.* Les "termites ailés" sont des termites qui ont des ailes et qui sortent en saison des pluies.

Sîn *n. pr.* de pays.

♦ **Chine.**

sinâ'a / sinâ'ât *n. f.*, ≅ *sunâ'a*, * ṣnʕ, ص ن ع

♦ **industrie, fabrication, artisanat, activité manuelle, métier.** •*Darrajoh wazîr al-tijâra wa l-sinâ'a.* On l'a nommé ministre du Commerce et de l'Industrie. •*Fî Tcâd, fî maktab xâss lê l-sinâ'a l yadawiya.* Au Tchad, il y a un bureau spécial pour l'artisanat. •*Indina sina'ât kubâr : wâhade lê l-sukkar wa l âxara lê l-gutun wa l-dihin wa l-sâbûn.* Il y a des industries importantes : celle du sucre, celle du coton, celle de l'huile et du savon. •*Hû mâ ba'arif sinâ'a balga bêha riyâl.* Il n'a pas de métier qui puisse lui rapporter de l'argent. •*Inta mâ garêt wa mâ allam sinâ'a, kikkêf tirabbi iyâlak ?* Tu n'as ni étudié ni appris aucun métier, comment élèveras-tu tes enfants ?

Sinbil *n. pr.* de femme, → *sunbul*, * snbl, س ن ب ل

sindâle / sanâdîl *n. f.*, ≅ le pluriel *sindalât*, (*sindân* en *ar. lit.*), * snd, س ن د

♦ **enclume.** •*Al haddâdi yudugg al hadîd fî l-sindâle.* Le forgeron frappe le fer sur l'enclume. •*Jidditi amsilê'e, tabki bala wijê'e... Di l-sindâle.* Ma grand-mère est chauve, elle pleure sans avoir le moindre mal... C'est l'enclume. *Dvnt.* •*Nasma' awwa katîre, târi sanâdîl al haddâd !* Tout le vacarme que j'entends vient des enclumes des forgerons !

sindâs *n. m.*, dans le parler de l'est du Tchad (Mimi, Maba), *Syn. wara-bêt, kabine.*

♦ **cabinet, W.-C., toilettes, latrines.** •*Al-sindâs kan dasso lêyah birmîl, turabah mâ yaga' ajala.* Le trou des latrines ne s'effondre pas et dure longtemps lorsqu'il est fait avec des touques. •*Al-daktôr dâ'iman yiwassi be nadâfat al-sindâs.* Le médecin recommande toujours de tenir les toilettes propres.

sinêk *n. m.*, → *cinêk.*

sinima / sinimât *n. f., empr. fr.*, ≅ *silima.*

♦ **cinéma.** •*Zamân bujûbu aflâm samhe fî sinima Vog.* Autrefois, on passait de beaux films au cinéma Vog. •*Kan yixattu program hanâ filim cinwa, ôrini namci ma'âk al-sinima.* S'ils vont programmer le passage d'un film chinois, dis-le moi, j'irai avec toi au cinéma. •*Wahadîn bugûlu al-silima harâm.* Il y en a qui disent que le cinéma est illicite.

sinn 1 / sunûn *n. f.*, * snn, س ن ن

♦ **dent.** •*Sunnûni buyud misil al fudda.* Mes dents sont blanches comme de l'argent. •*Indi sinn hint dahab.* J'ai une dent en or. •*Al-râjil waga' min râs al bêt wa kasar sinnah al-dahhâka.* L'homme est tombé du toit de la maison et s'est cassé une incisive [sa dent rieuse].

sinn 2 / sinîn *n. m.*, dans l'expression *kabîr fî sinn, Cf. sana*, * snn, س ن ن

♦ **année, âge.** •*Jidditi bigat kabîre fî l-sinn, wa agulha mâ zâx.* Ma grand-mère est très âgée et a toute sa tête. •*Umar kabîr minni fî l-sinn lâkin anâ ajjaz xalâs.* Oumar est plus âgé que moi, mais je suis déjà devenue vieille et fatiguée. •*Sinîn al fasâla fî sanit arba'a wa tamânîn wa tamâna wa tamânîn.* Les années terribles ont été celles de mille neuf cent quatre-vingt-quatre et de mille neuf cent quatre-vingt-huit. •*Tcâd âcat sinîn katîre fî l* *harib.* Le Tchad a vécu de nombreuses années de guerre.

sinn ! *v. impér.*, → *sanna.*

sinn ambirbiti expression, → *sinn ambirtiti.*

sinn ambirtiti / sunûn ambirtiti expression, composée de *sinn* (dent) et de *ambirtiti* ou *ambirbiti* [grenouille], on entend surtout le pluriel *sunûn ambirtiti*, * snn, brbṭ, س ن ن • ب ر ب ط

♦ **poussée des dents de lait, percée des premières dents,** points blancs apparaissant sur les gencives de l'enfant précédant la percée des premières dents. •*Wilêdi sallaloh sunûn ambirtiti.* On a percé l'endroit où poussent les premières dents de mon enfant. •*Sunûn ambirbiti yugummu fî bakân al fawâtir.* La poussée des premières dents se manifeste à l'endroit des canines. •*Al wanzâmi ya'arif yidâwi sunûn ambirtiti.* Le barbier guérisseur sait soigner les douleurs causées par la poussée des premières dents.

sinyâka *n. f.*, *Cf. ramla.*

♦ **sable fin.** •*Fî janb bêtna, jâmiye indaha sinyâka bârde.* A côté de chez nous, il y a une mosquée qui a du sable fin et frais. •*Fî Abbece kan bano buyût, batulsu lubbuhum be sinyaka muxalbata be samux.* Lorsqu'on construit des maisons à Abéché, on recouvre les murs intérieurs avec une couche de sable fin mélangé de gomme arabique. •*Al-sinyâka, nalgoha fî l bahar kan almih jabad.* On trouve du sable fin dans le fleuve, lorsque l'eau se retire.

siparmod nom d'arbre, *coll.*, → *safarmod.*

sîr *v. impér.*, → *sâr.*

sîra / siyar *n. f.*, * syr, س ي ر

♦ **récit de la vie, biographie.** •*Yahya mâ fîh mâ tijîbu lênah sîrtah !* Yahya n'est pas là, ne nous rapportez pas ici le récit de sa vie ! •*Kutub al-sîra bijîbu hayât al anbiyâ' wa l-rusul.* Les hagiographies rapportent la vie des prophètes et des envoyés de Dieu.

sirâc *n. m.*, *empr. fr.*, ≅ *sîrâc, sîrâj,* dans l'expression *sîd al-sirâc, wilêd sirâc.*

♦ **cirage, cireur de chaussures.** •*Siyâd al-sirâc induhum kôb yudugguh misil al-jaras acân yinâdu zabâyinhum.* Les garçons cireurs ont une boîte qu'ils frappent comme une cloche pour appeler leurs clients. •*Al wilêd sîd al-sîrâc yagdar yixayyit al markub kan coxol gaddah walla ancarat wa yamsahah be sîrâc azrag, wa yimallisa be l furca.* Le garçon cireur peut recoudre les souliers quand ils sont troués ou déchirés, puis il les enduit avec du cirage noir et les fait briller en les polissant avec une brosse.

sirbêt / sirbêtât *n. m.*, *empr. fr.*, → *sarbêt.*

sirêrîg / sirêrigât *adj. n.*, *mrph. dmtf.*, *m.*, (*fém. sirêrîge*), → *sarrâg,* * srq, س ر ق

♦ **petit voleur, petit bandit.** •*Yâ wilêdi, tidôr tabga sirêrîg wallâ cunû ?* Mon enfant, chercherais-tu à être un petit bandit ? •*Al-nijise l-sirêrîge, hî bas câlat itiri !* L'impure, la petite voleuse, c'est elle qui a pris mon parfum ! •*Al xanam dôl bigo sirêrîgât, fakkuru lêhum mâ yamcu l-zere' !* Ces chèvres sont devenues de petites voleuses, faites attention de ne pas les laisser aller au champ !

sirge *n. f.*, * srq, س ر ق

♦ **vol, pillage, larcin.** •*Al-nâdum kan wâlaf al-sirge rûhah fî xatar.* Lorsque quelqu'un s'habitue à voler, sa vie est en danger. •*Al mathum be l-sirge, waddoh fî l kumsêriye.* Celui qu'on soupçonnait de vol a été conduit au commissariat.

sîri *n. m.*, *empr.* (*fr.* "série"), *Cf. fûli.*

♦ **suite numérique,** suite de cartes à jouer ayant la même couleur et mise dans un ordre croissant ou décroissant. •*Fî li'ib hanâ arbatâcar anâ fatêt kartiti kullaha be sîri.* J'ai gagné la partie de *arbâtâcar* en composant une suite numérique avec toutes mes cartes. •*Al-sîri li'ib hanâ l-nâdum al harîf.* Composer des suites numériques est la technique du très bon joueur de cartes.

sirig / yasrig *v. trans.*, forme I n° 18, * srq, س ر ق
♦ **voler, cambrioler, tricher.** •*Al-sarrâg daxal fî bêti wa sirig xumâmi kulla kê.* Le voleur est entré dans ma maison et a volé toutes mes affaires. •*Hû sirig fî li'ib al karte wa fârat fôgah.* Il a triché au jeu de cartes et a été éliminé d'office. •*Kalâmna ma'âyah mâ bilimm acân basrig.* On ne s'entend pas avec lui parce que c'est un voleur [notre parole avec lui ne se rencontre pas parce qu'il vole].

sirij *invar., intf.* de couleur dans l'expression *axadar sirij.*
♦ **vert vif,** très vert. •*Xalagi tihit abyad wa fôg axadar sirij.* Mon habit est blanc en dessous de la taille et vert vif au-dessus. •*Iyâl "madrasat al-sadâxa" wa l "liberte" kulluhum xulgânhum xudur sirij.* Les enfants des écoles de "l'amitié" et de "la liberté" portent tous des habits vert vif.

siritc *invar.*, → *sirij.*

sirô *invar., empr. fr.*
♦ **sirop.** •*Gazâzt al-sirô tamânha mîtên riyâl.* La bouteille de sirop coûte deux cents riyals. •*Al-sirô l ahmar halu lêi min al axadar.* Je préfère le sirop rouge au sirop vert.

sirr / asrâr *n. m.*, * srr, س ر ر
♦ **secret.** •*Nâs wahdîn yikallumu be sirr.* Certaines personnes parlent d'une manière cachée. •*Mâ tibayyin sirrina lê nâdum âxar !* Ne dévoile pas notre secret à quelqu'un d'autre ! •*Al-râjil da kan antêtah sirrak kula mâ bagdar budummah acân xacumah xafîf.* Si tu confies ton secret à cet homme, il ne pourra pas le garder car il ne sait pas tenir sa langue [sa bouche est légère].

sirreh *n. vég., coll., sgtf. sirrehay,* * srḥ, س ر ح
♦ **nom d'un arbuste, Cadaba farinosa (Forsk.),** famille des capparidacées, poussant au pied des arbres, apprécié des animaux. •*Al-sirreh nabât bilawliw fî l-cadar al kubâr wa mâ talga illa fî bakân al-cadâr katîr.* Le Cadaba farinosa est un arbre qui s'enroule autour des gros arbres, et qu'on ne trouve que là où il y a beaucoup d'arbres. •*Kan sukkar mâ fih, al mara tagdar tisawwi ambardom be xalla duxun wa almi hanâ l-sirreh.* Quand il n'y a pas de sucre, la femme peut faire de la bouillie *ambardom* avec du mil pénicillaire et de l'eau où l'on a laissé tremper du Cadaba farinosa.

sirriye / sarâri *n. f.*, ≅ le pluriel *sirriyât,* * srr, س ر ر
♦ **esclave, concubine,** femme esclave qui à cause de sa beauté est devenue une concubine. •*Humman dôl iyâl al-sirriye.* Ceux-ci sont les enfants de la concubine. •*Al-râjil da indah arba'a mara wa l xâmise di sirriye.* Cet homme a quatre épouses et la cinquième est une esclave.

sirsir / sarâsir *n. m.*, * sll, س ل ل
♦ **chaînette.** •*Al binêye di indaha sirsir fî ragabitha.* Cette fillette a une chaînette au cou. •*Al-subyân mâ bidôru birabbutu sirsir fî rugâbhum.* Les jeunes gens n'aiment pas attacher de chaînettes autour du cou.

sîsi / sawâsi *n. m.*
♦ **ancienne monnaie, petite pièce d'or,** pièce faite à partir de quatre grammes d'or (une demi-guinée en or). •*Zamân al-nâs bisâwugu be sîsi.* Autrefois, les gens faisaient du commerce en utilisant de petites pièces d'or. •*Garrâ' hanâ l binêye di, daggîn jineh wa sîsi.* La bague de cette jeune fille a un poids d'or [une frappe] d'une guinée et demie. •*Anâ al yôm mâ indi wa lâ tamma wa lâ sîsi.* Aujourd'hui je n'ai pas un sou en poche. •*Al Iyâl bidôru nantîhum riyâlên riyâlên, lâkin mâ indi sawâsi.* Les enfants désirent des pièces de dix francs, mais je n'ai pas de monnaie.

sîsî *n. f.*, → *amsîsî.*

sîtân *pl.*, → *sôt 1.*

sitâr / satâyir *n. m.*, ≅ le pluriel *sitârât*, *Cf. hijâb*, * str, س ت ر

♦ **diaphragme, rideau.** •*Al-râjil da anbazal, wâjib yamci l-labtân yixayyutu lêyah sitâr batunah.* Cet homme s'est fait une hernie, il doit aller à l'hôpital pour qu'on lui recouse le diaphragme. •*Laham al-sitâr mâ bâkuluh acân mâ halu.* On ne mange pas le diaphragme parce que ce n'est pas très bon. •*Humman rabato sitâr fî derib bêthum.* Ils ont attaché un rideau devant la porte de leur maison.

sitâra / satâyir *n. f.*, ≅ les pluriels *sitârât, sutûr*, *Cf. sitâr*, * str, س ت ر

♦ **rideau, grand voile, tenture, paravent,** ensemble des tentures couvrant tous les murs de la maison. •*Bêtah mâ indah sitâra acân da mâci l-sûg yacriha.* Il n'a pas de rideau dans sa maison, c'est pourquoi il va au marché en acheter. •*Al-satâyir al bijûbu min al-Sa'ûdiya samhîn wa tugâl min hanâ Lîbya.* Les tentures qu'on rapporte d'Arabie Saoudite sont plus belles et plus lourdes que celles qui viennent de Libye. •*Al-sitârât baksu l-darâdir wa bijammulu l bêt.* Les tentures habillent les murs et embellissent la maison.

sitc *invar.*, → *sijj.*

sitornêl *n. vég.*, *m.*, *empr. fr.*, → *siturnel.*

sittâcar nombre cardinal composé de *sitte* et de *acara*, * stt, ʿšr, س ت ت • ع ش ر

♦ **seize.** •*Hû âc fî baladna sittâcar sana.* Il a vécu seize ans dans notre pays. •*Hû indah sittâcar sana bas wa daxal askari.* Il n'a que seize ans mais il s'est engagé dans l'armée.

sitte / sittât nombre cardinal, * stt, س ت ت

♦ **six.** •*Sitte halâway be sitte riyâl.* On a six bonbons avec six riyals. •*Sitte rujâl fî sitte hamîr.* Il y a six hommes montés sur six ânes.

sittêb *n. vég.*, *m. mrph. dmtf.*, *Syn. bicine*, *Cf. nûnu*, * ṣṭb, ص ط ب

♦ **nom d'une plante aquatique, rhizome du nénuphar, nénuphar, Nymphæa lotus (Linn.),** famille des nymphéacées ; le rhizome épluché et bouilli est consommé ainsi que les graines produites par la fleur. •*Al-sane di sittêb katîr.* Cette année, il y a beaucoup de nénuphars. •*Amci fî l-rahad wa jîb lêna sittêb !* Va au marigot et rapporte-nous des rhizomes de nénuphars ! •*Binêyti, binêyit fallâta tadurb al bêt be ja'abâtha... Da l-sittêb.* Ma fille est peule, elle frappe le sol de la maison avec ses fesses… C'est le nénuphar. *Dvnt.*

sittîn nombre cardinal, * stt, س ت ت

♦ **soixante.** •*Hû sâm sittîn yôm.* Il a jeûné soixante jours. •*Hî at'amat sittîn miskîn.* Elle a donné de la nourriture à soixante pauvres.

sittîr / satâtîr *n. m.*, voir le *Syn. farfar 2*, * str, س ت ر

siturnêl *n. vég.*, *m.*, *empr. fr.*, ≅ *sitornêl.*

♦ **nom d'une herbe aromatique, citronnelle, Cymbopogon citratus (D.C.),** famille des graminées. •*Al-siturnêl indah rîhe haluwa, busubbuh fî l-cahi.* La citronnelle a un bon parfum, on en met dans le thé. •*Al-siturnêl kan wallako fî l almi dawa lê waja' al batun wallâ l-zuxma.* La décoction de citronnelle est un médicament pour guérir les maux de ventre et le rhume.

siwêbe / siwêbât *n. f. mrph. dmtf.*, *Cf. dict.* (*Ka.*) article *ṣûbat, 2.* ; *Syn. siyêbe*, * swb, ص و ب

♦ **grenier en forme de case,** grenier en terre, de forme ronde, recouvert d'un toit de paille amovible, pouvant contenir environ dix charges de chameaux (deux tonnes). •*Al indah wêbe, wa l indah siwêbe kulla ind Allah sawa.* Celui qui possède dix koros de mil et celui qui en possède mille sont pareils devant Dieu. *Prvb.* (*i.e.* nous sommes tous égaux devant Dieu !). •*Xallit al-zaka busubbûha fî* *l-siwêbât.* On conserve dans les greniers en terre le mil réservé à l'aumône. •*Awînah talâta wa siyêbtah wahade bas.* Il a trois femmes mais un seul grenier.

sixêl / sixêlât *n. m., mrph. dmtf.*, (femelle *sixêle*), → *saxal*, * s<u>h</u>l, س خ ل

♦ **cabri, jeune chevreau, chevrette, biquette.** •*Sixêli al wildoh fî l-darat hassâ bigi tiyês.* Mon petit chevreau né au printemps est devenu maintenant un jeune bouc. •*Sixêlti al wildoha fî l-cite kadâr lê l xarîf da tabga inêzay adîle.* Ma biquette née cet hiver deviendra une vraie petite chèvre en saison des pluies.

siyâd *pl.*, → *sîd.*

siyâha / siyâhât *n. f.*, * syḥ, س ي ح

♦ **tourisme.** •*Wazîr al-siyâha maca fî janûb al balad.* Le ministre du Tourisme est allé dans le sud du pays. •*Fî Tcâd adam al amni mâ xalla l-siyâha titawwir.* Au Tchad, le manque de sécurité n'a pas permis au tourisme se développer.

siyâhi / siyâhiyîn *adj.*, (*fém. siyâhiye*), * syḥ, س ي ح

♦ **touriste.** •*Dôl siyâhiyîn jâyîn min ba'îd.* Ce sont des touristes, ils viennent de loin. •*Al-râjil da siyâhi indah gurus katîr.* Cet homme est un touriste, il a beaucoup d'argent.

siyâm *n. d'act., m., Syn. sômân, sômîn*, * ṣwm, ص و م

♦ **jeûne, fait de jeûner.** •*Al-siyâm gâsi bilhên lê l mardân wa lê l mara l xalbâne.* Le jeûne est très pénible pour le malade et la femme enceinte. •*Anâ nabda l-siyâm be cahar gubbâl Ramadân.* Je commence le jeûne un mois avant le Ramadan. •*Al-siyâm mâ gâsi bilhên kan al wata mâ hâmiye.* Le jeûne n'est pas très pénible quand il ne fait pas chaud. •*Sâyim siyâm al-zihliye, al-ligîtah nudumma lê acîye wa kan sâyim siyâm al-dab, al-ligîtah kulla kab !* Lorsque je jeûne comme le petit lézard bleu, ce que je trouve, je le garde pour le soir ; et lorsque je jeûne comme le margouillat, ce que je trouve, je le gobe, hop ! •*Siyâm Ramadân indah baraka, zôl kan fagari kula bagdar busûm wa balga fatûrah.* Le jeûne du Ramadan amène la bénédiction ; même celui qui est pauvre pourra jeûner et trouver ensuite de quoi manger.

siyar *pl.*, → *sîra*, * swr, س و ر

siyâsa / siyâsât *n. f.*, * sws, س و س

♦ **politique.** •*Buldân hanâ Ifrîxiya baddalo siyâsithum hint zamân.* Les pays d'Afrique ont changé leur politique d'autrefois. •*Ra'îs al-dawla gâ'id bitâbi fî siyâstah hint al îd al mamdûda lê kulla l mu'âridîn.* Le Président de la République est en train de continuer sa politique de la main tendue à tous les opposants.

siyâsî / siyâsîyîn *adj.*, (*fém. siyâsîye*), * sws, س و س

♦ **politique.** •*Hû da râjil siyâsî, gâ'id baxdim fî l hâkûma.* C'est un homme politique, il travaille dans le gouvernement. •*Anîna indina macâkil siyâsîya fî baladna.* Nous avons des problèmes politiques dans notre pays.

siyêbe / siyêbât nom, *mrph. dmtf., f.*, → *siwêbe*, * ṣwb, ص و ب

siyêfay / siyêfayât *n. f. mrph. dmtf.*, *Cf. sûf*, * ṣwf, ص و ف

♦ **cheveu fin.** •*Al-nasrâniye siyêfayâtha tuwâl wa marnîn.* Les fins cheveux de cette femme blanche sont longs et souples. •*Al-saxîr al-dahaba wildôh bizayyunu siyêfayâtah yôm al-subu'.* On rase les petits cheveux du nouveau-né le jour où on lui donne son nom.

sô'ar / yisô'ir *v. intr.*, forme III, *Syn. jihim*, * sʕr, س ع ر

♦ **avoir la rage, être enragé(e), être fou (folle) de colère.** •*Al kalib kan sô'ar bi'addi l-nâs minjamm.* Lorsqu'un chien est enragé, il mord n'importe qui. •*Kulâb al hille kulluhum sô'aro acân al wata bigat hâmiye marra wâhid.* Tous les chiens du village sont enragés parce qu'il fait très chaud. •*Al micôtin sô'ar, illa bitârid wa bizarrig fî l-nâs.* Le fou est enragé, il ne fait que poursuivre les gens et les lapider.

sôban / yisôbin *v. trans.*, forme II, *Cf. sâbûn*, * ṣbn, ص ب ن

♦ **savonner, laver avec du savon.** •*Sâleh salla l-subuh wa maca l-sûg cara sâbûnay yisôbîn xulgânah wa yamci l-sêra ma'â l-subyân.* Saleh a fait la prière du matin, puis est allé au marché acheter un savon pour savonner ses vêtements ; il ira ensuite accompagner le cortège nuptial avec les jeunes. •*Fî l xasûl, al xalag kan mâ sôbanoh adîl wasaxah mâ bamrug.* Si pendant la lessive on ne savonne pas comme il faut le vêtement, la saleté ne s'en va pas.

sôfan / yisôfin *v. intr., qdr., Cf. sûf*, * swf, س و ف

♦ **moisir,** se couvrir d'une couche de moisi. •*Al êc da sôfan mâ tantih lê l muhâjirîn !* Cette boule a moisi, ne la donne pas aux mendiants de l'école coranique ! •*Al-tamâtim kan sôfan bincamma, nâdum bibî'ah mâ fih.* Lorsque les tomates moisissent, elles sentent et il n'y a personne pour les acheter. •*Al madîde kan masdûda talâte yôm, tisôfin.* Lorsque la bouillie reste fermée dans un récipient pendant trois jours, elle se couvre de moisi.

sôgar / yisôgir *v. intr., qdr.*, forme III, moins employé que *bitil*, * ṣwqr, ص و ق ر

♦ **maigrir.** •*Al-mara di sôgarat, hî akûn mardâne.* Cette femme a maigri, elle est peut-être malade ? •*Al-sana di jâri indah macâkîl katîr, sôgar marra wâhid.* Cette année, mon voisin a de nombreux problèmes, il a beaucoup maigri.

Sokoray *sgtf.* d'un *n. pr. gr.*, (*fém.* *Sokorayye*), → *Sokoro.*

Sokoro *n. pr. gr., coll., sgtf. Sokoray* (homme), *Sokorayye* (femme).

♦ **Sokoro.**

sôm *n. m., Cf. sâm, sômîn*, * ṣwm, ص و م

♦ **jeûne.** •*Fî l islâm xamsa xawâ'id, minhum al-sôm.* L'islam repose sur cinq piliers, l'un d'eux est l'obligation du jeûne. •*Sôm Ramadân tis'a wa icirîn yôm wallâ talâtîn yôm.* Le jeûne du Ramadan dure vingt-neuf ou trente jours. •*Fî kumâlt al-sôm akbar îd, usumah "îd al fitr".* A la fin du jeûne du Ramadan, il y a une très grande fête qui s'appelle "la fête de la rupture du jeûne".

Sômâl *n. pr.* de pays.

♦ **Somalie.**

sonki *n. m.*, mot arabe, emprunt au Turc (H.), ≅ *sunki*, et au pluriel, *sonkiyât*, * snk, س ن ك

♦ **baïonnette.** •*Hadîd al-sonki cik min hadîd sakkîn al haddâd.* Le fer des baïonnettes est différent de celui des couteaux que font les forgerons. •*Hassâ al askar hanâ Tcâd mâ yirakkubu sonkiyât fî xacum banâdighum.* A présent, les militaires du Tchad ne fixent plus de baïonnette au bout de leur fusil. •*Fî l harb al askar kan rassâshum kammal bittâ'ano be sonki.* Pendant la guerre, lorsque les combattants des deux camps avaient épuisé leurs munitions, ils s'entre-tuaient alors avec la baïonnette.

sôrag / yisôrig *v. trans.*, forme III, utilisé avec un sujet féminin.

♦ **cuire une grosse quantité de boule.** •*Fâtime lissâ saxayre, mâ tagdar tisôrig kulla yôm lê l-dîfân.* Fatimé est encore petite, elle ne peut pas faire cuire une grosse boule tous les jours pour les invités. •*Yôm al-sadaxa hint al môt, al awîn sôrago uyûc kubâr wa kutâr.* Le jour du sacrifice mortuaire, les femmes ont fait cuire d'énormes boules de mil en grande quantité.

sôrîb *n. coll., sgtf. sôrîbay.*

♦ **nom d'une herbe,** herbe très haute servant à la confection des toits et des clôtures. •*Fâtime wa ammaha nagalo gecc al-sôrîb acân babnu tcûri lê xanamhum.* Fatimé et sa mère ont transporté de l'herbe *sôrib* afin de construire un abri pour leurs moutons.

•*Al-sôrîb, gecc tuwâl yugumm fî marâgid al almi.* L'herbe *sôrib* est haute, elle pousse là où l'eau stagne.

sôrîg / sawârîg *n. m.*, *empr.*, connu au *Sdn.* (*C.Q.*)

♦ **grosse boule de mil.** •*Yôm al îd, marit Âdum sawwat talâte sôrîg wa maragathum fî l-dabalay.* Le jour de la fête, la femme d'Adoum a préparé trois grosses boules de mil et les a apportées sur le lieu du repas. •*Ambâkir, indi âzûma, nissawwi sawârîg kutâr be dagîg hanâ masar.* Demain j'ai une invitation à la maison, je vais préparer de nombreuses grosses boules de farine de maïs. •*Hî dâyiman sôrigha yaji gubbâl hanâ l awîn.* Sa grosse boule est toujours prête avant celle des autres femmes.

sôsal / sawâsil *n. m.*, *Cf. guffa*, * ṣwl, ص و ل

♦ **corbeille, panier** fait en fibres de rônier, plus rigide que le *guffa*, et utilisé dans les travaux des champs pour récolter le *kirêb* ou les épis ; on l'utilise aussi pour filtrer le mil trempé dans l'eau lors de la fabrication du *dâmirge*. •*Al awîn nagalo l xalla fî l madag be l-sawâsil.* Les femmes ont transporté le mil dans des paniers pour l'apporter sur l'aire à battre. •*Zâra câlat sôsalha wa macat tijîb kirêb min taraf al wâdi.* Zara a pris une corbeille et est allée chercher du fonio sauvage au bord de l'oued.

sôsalân *n. d'act.*, *m.*, ≅ *sôsilîn*, * ṣwl, ص و ل

♦ **lavage des céréales,** fait de laver le mil ou le riz pour en enlever le sable et les impuretés, en le faisant passer d'un récipient plein d'eau dans un autre. •*Al-sôsalân binaddif al xalla min al-turâb, acân kan rakkabôha wa ga'îd tamdax mâ talga hasu.* On lave le mil en le débarrassant de la terre afin qu'après l'avoir fait cuire, on ne trouve plus de petits cailloux en le mâchant. •*Sabbîn al almi fî l xalla walla l-rîs be harrikînah bicêc bicêc wa gâlibînah fî ma'ûn âxar, da bas al-sôsalân.* Verser de l'eau sur le mil ou le riz en remuant tout doucement, puis reverser les grains dans un autre récipient, voilà en quoi consiste le lavage des grains.

sôsilîn *n. d'act.*, → *sôsalân.*

sôso *n. vég.*, *empr.*, *Syn. lîf.*

♦ **nom d'une plante grimpante, éponge végétale, Luffa ægyptiaca,** famille des cucurbitacées. •*Anâ barradt be sôso.* Je me suis lavé avec une éponge végétale. •*Al-sôso be l-sâbûn wa l almi bamurgu l wasax min al-jilid.* L'éponge végétale imprégnée d'eau savonneuse fait sortir la saleté de la peau. •*Al-sôso, kan têraboh, bixaddir wa batala' fî l-darâdir wallâ fî l lagâdîb.* Lorsque l'on plante du Luffa ægyptiaca, il grimpe et remplit de verdure les murs ou les hangars.

sôt 1 / sîtân *n. m.*, *Syn. angarbo'ôy*, * swṭ, س و ط

♦ **cravache, chicote, lanière de cuir, fouet.** •*Al-sôt al adîl min jild al-zarâf.* Une bonne chicote est faite en peau de girafe. •*Yôm al-zaffa nucûfu kulla l-subyân be sîtânhum râkbîn fî xêlhum.* Le jour des noces, nous verrons tous les jeunes gens à cheval, avec leur chicote. •*Mêtir al-lekkôl kulla yôm indah sôt fî îdah acân yi'addib iyâlah.* Le maître d'école a toujours une chicote à la main pour éduquer ses élèves.

sôt 2 / aswât *n. m.*, vocabulaire *ar. lit.* moins employé au Tchad que son *Syn. hiss*, * ṣwt, ص و ت

♦ **voix.** •*Kan tahajji ma'â nasîbtak mâ tarfa' sôtak fôg bilhên !* Si tu parles à ta belle-mère, n'élève pas trop la voix ! •*Al-zuxma kasarat sôti.* Mon rhume m'a cassé la voix. •*Mâla min fajur mâ simit aswâtku ?* Pourquoi n'ai-je pas entendu vos voix depuis ce matin ?

sôtân *n. d'act.*, *m.*, → *sôtîn.*

sôtîn *n. d'act.*, *m.*, on entend aussi *sôtân*, * swṭ, س و ط

♦ **cuisson de la boule,** fait de préparer la boule. •*Sôtîn al êc da xidime hint al awîn.* La préparation de la boule, c'est le travail des femmes.

•*Sôtîn al êc hanâ l angâli gâsi bilhên.* Faire cuire la boule de manioc est très difficile.

su'âd *pl.*, → *sa'îd.*

Su'âd *n. pr.* de femme, *Cf. Sa'îd, litt.* heureuse, fortunée, * sˤd, س ع د

su'âl / su'âlât *n. m.*, * s'l, س ء ل

♦ **question, demande.** •*Anâ gaddamt su'âl lê rafîgi.* J'ai posé une question à mon ami. •*Al-sahâfi gaddam lêi su'âlât wa anâ gidirt raddêt lêyah.* Le journaliste m'a posé des questions et j'ai pu lui répondre. •*Kulla su'âl lêyah jawâb.* Toute question mérite une réponse.

su'ûba / su'ûbât *n. f.*, * ṣˤb, ص ع ب

♦ **difficulté.** •*Safar hanâ l xarîf indah su'ûbât kutâr.* On rencontre beaucoup de difficultés quand on voyage en saison des pluies. •*Hû wâjah su'ûbât katîre fî hayâtah.* Il a affronté beaucoup de difficultés dans sa vie.

su'ûn *pl.*, → *si'in.*

suba *n. m.*, *Cf. cabâb*, * ṣbw, ص ب و

♦ **jeunesse.** •*Mâ dûxt halâ fî subâi.* Je n'ai pas goûté le bonheur dans ma jeunesse. •*Al-suba mâ budûm.* La jeunesse ne dure pas éternellement. •*Al-suba zey al gazâz, kan kassar, mâ billamma.* La jeunesse est comme le verre : quand celui-ci est cassé il ne se recolle pas. *Prvb.* •*Ayyi nâdum yudûx halât hanâ l-suba wa l-ta'ab kula.* Tout homme goûtera les plaisirs de la jeunesse et la souffrance. •*Hû indah gurus katîr fî subâh.* Il a eu beaucoup d'argent dans sa jeunesse.

subâta *n. m.*, *Cf. sinêk, dinâri, kubbi*, * ṯbt, ث ب ت

♦ **pique** (carte), couleur noire du jeu de cartes. •*Al-subâta mâ yâkul ma'âi acân al azrag dâyiman nihiss.* Je ne gagne jamais avec le pique parce que le noir est toujours une couleur difficile. •*Anâ ramêt arba'it subâta.* J'ai jeté le quatre de pique.

subb *v. impér.*, → *sabba 1.*

subhân Allah expression, exclamation, ≅ *Allah subhânah wa ta'âla, Cf. ta'âlâ*, * sbḥ, س ب ح

♦ **que Dieu soit glorifié, que Dieu soit exalté, mon Dieu !,** Dieu est trop glorieux, trop élevé pour avoir des associés. •*Natlubu min Allah subhânah wa ta'âlâ yijîb lêna l âfe fî baladna.* Nous demandons à Dieu tout-puissant d'amener la paix dans notre pays. •*Subhân Allah, mâlak inta râjil mâ nâfi' ke ? Cîf, hassâ waddart gursak kulla ke !* Mon Dieu, pourquoi es-tu un homme aussi inutile ? Regarde, à présent tu as gaspillé tout ton argent !

subu' *n. m.*, désigne une fraction, * sbˤ, س ب ع

♦ **un septième.** •*Al yôm wa ambâkir nâkulu subu' min cuwâlna hanâ l xalla.* Aujourd'hui et demain nous allons consommer le septième de notre sac de mil. •*Agta' lêi min zer'ak da subu' wâhid acân nahartah lêi darrâba.* Laisse-moi [coupe pour moi] un septième de ton champ pour que je puisse y cultiver du gombo.

subû' *n. m.*, *Cf. usbû', Syn. simâye.*

♦ **fête du septième jour,** imposition du nom, sept jours après la naissance. •*Al yôm subû' hanâ wilêdi.* C'est aujourd'hui qu'on donnera un nom à mon enfant. •*Fî l-subû', badbaho l xanamay hint al usum daha.* On égorge le mouton à l'occasion de l'imposition du nom vers huit heures du matin.

(al) subuh *n. m.*, *Cf. sabah*, * ṣbḥ, ص ب ح

♦ **prière de l'aube.** •*Fî l-cite, al azzâni bi'azzin salât al-subuh fî sâ'a xamsa.* En hiver, le muezzin appelle à la prière de l'aube, à cinq heures du matin. •*Salât al-subuh min awwal al-salawât al xamsa.* La prière de l'aube est la première des cinq prières.

subûmiya nombre cardinal, ≅ *subu'miya*, * sbˤ, m'y, س ب ع • م ء ي

♦ **sept cents.**

subûr *pl.*, → *sibir 2.*

suburra *pl.*, → *sabar 2*, * sbr, س ب ر

subyân *pl.*, → *sabi.*

Sûdân *n. pr.* de pays.
♦ **Soudan.**

sûdâni / sûdâniyîn *adj.*, (*fém. sûdâniye*).
♦ **soudanais.** •*Hû da irifna kadar sûdâni min luxxitah bas.* Nous avons reconnu qu'il était soudanais à sa façon de parler. •*Al mara l-sûdâniye tirîd talbas hijâb tawîl acân yisidd jildaha kulla ke.* La femme soudanaise aime porter un long voile qui cache tout son corps.

sûdîr *n. m.*, *empr. fr.*
♦ **soudure.** •*Hû baxdim sûdîr ma'â abuh.* Il fait un travail de soudure avec son père. •*Xidime hint al-sûdîr tisawwi waja' hanâ ên.* Souder [le travail de soudure] fait mal aux yeux.

sudug *n. m.*, ≅ *sadag*, * ṣdq, ص د ق
♦ **concubinage, cohabitation, vie en union libre,** situation d'un couple non marié légalement. •*Al-râjil wa l mara kan âycîn fî l-sudug, al-nâs bicammutu lêhum.* Si un homme et une femme vivent ensemble sans être mariés, ils seront tournés en dérision. •*Al-sudug fî l-carî'a harâm.* Le concubinage est interdit par la loi religieuse. •*Al-sudug xacc lê l mara.* Le concubinage est une façon de tromper la femme.

sudugân *pl.*, → *sadîg.*

sudûr *pl.*, → *sadur.*

sudus *n. m.*, désigne une fraction, * stt, س ت ت
♦ **un sixième.** •*Al mâl da, inta indak fôgah sudus bas.* De ce bien, tu n'es propriétaire que d'un sixième. •*Sudus al-sittîn acara.* Le sixième de soixante, c'est dix.

sudux / suduxxên *n. m.*, *Cf. maddâx*, * ṣdġ, ص د غ
♦ **mâchoire inférieure,** os de la mâchoire. •*Suduxxêni bôj'ôni acân indi warama.* Les deux côtés de ma mâchoire inférieure me font mal parce que j'ai les ganglions enflés. •*Indi sûsa fî dirsi wa sudxi bôjâni.* J'ai une carie dans une molaire et la mâchoire me fait mal.

suduxxên *pl.*, → *sudux.*

sûf *n. coll.*, *sgtf. sûfay* (un cheveu un poil), * ṣwf, ص و ف
♦ **chevelure, poils, toison, laine.** •*Kalâmi katîr min sûf râsi.* J'ai des problèmes aussi nombreux que les cheveux de ma tête. •*Ambâkir, namci yizayyunu lêi sûf râsi.* Demain, j'irai me faire raser les cheveux. •*Maragt sûfay min manxari.* J'ai enlevé un poil de mon nez. •*Xanamaytak sûfha katîr lâkin laham mâ indaha.* Ton mouton a une toison épaisse, mais il n'a pas de viande. •*Cidêrti cidêrit kitir, anâ nagtah wa hî tabzur... Da l-sûf.* Mon petit arbre est un petit gommier, je l'ai coupé et il repousse sans cesse… C'est la chevelure. *Dvnt.*

sûf al kilâb *n. mld.*, *litt.* poil de chiens, * ṣwf, klb, ص و ف • ك ل ب
♦ **trachome, trichiasis, entropion,** maladie attrapée par ceux qui se baignent dans l'eau sale, complication d'un trachome mal soigné. •*Al wilêd da dâyiman uyûnah butcurru almi, coxolah akîd sûf al kilâb.* Cet enfant a les yeux qui pleurent sans arrêt, c'est sûr qu'il a un trachome. •*Al-sûf al kilâb marad bakurb al uyûn, wa kan mâ tiddâwa ajala, bi'âmi lê l-nâdum.* Le trachome est une maladie qui affecte les yeux ; si on ne le soigne pas rapidement, il rend aveugle.

sûf al marhûma expression, *litt.* cheveux de la défunte, *Cf. mêc, salla*, * ṣwf, rḥm, ص و ف • ر ح م
♦ **mèches de cheveux, tresses postiches.** •*Jâri âzan martah yimaccutûha be sûf al marhûma.* Mon voisin a permis à sa femme de tresser ses cheveux avec des mèches postiches. •*Banât Anjammêna kan mâcîn fî l âzûma bilassugu ca'arhum be sûf al marhûma.* Lorsque les filles de N'Djaména vont à une réception,

elles accrochent à leurs cheveux des tresses postiches.

sufaha' *pl.*, → *safîh.*

sufar *pl.*, → *sufra.*

sufara' *pl.*, → *safîr.*

suff *v. impér.*, → *saffa 2.*

suffâra / safâfîr *n. f.*, * sfr, ص ف ر
♦ **sifflet.** •*Yôm al îd abui ba' lê wilêdi suffâra.* Le jour de la fête, mon père a acheté un sifflet à mon enfant. •*Anâ simi't fî l-câri safâfîr hanâ l bôlîs biwagguful l watâyir.* J'ai entendu dans la rue les coups de sifflet des policiers arrêtant les voitures.

sufra / sufar *n. f.*, instrument de cuisine, *dmtf. sifêre*, * sfr, س ف ر
♦ **plateau en métal.** •*Jîb al-sufra l kabîre nagta'o fôgha laham !* Apporte le grand plateau, que nous découpions la viande dessus ! •*Al-sufra di anbaratat.* Ce plateau est abîmé [écorché]. •*Dalli lêna sufra hint al-nahâs !* Descends-nous le plateau en cuivre !

sufûf *pl.*, → *saff 2.*

sufur *pl.*, → *asfar.*

sûg / sawaga *n. m.*, ≅ le pluriel *aswâg*, * swq, س و ق
♦ **marché.** •*Bêti garîb lê sûg al xalla.* Ma maison est proche du marché au mil. •*Al-sûg, saddoh al yôm.* On a fermé le marché aujourd'hui. •*Fî Anjammena aswâg katîrîn.* Il y a beaucoup de marchés à N'Djaména.

sûg ! *v. impér.*, → *sâg 1.*

sugu' / sugu'ên *n. m.*, ≅ le pluriel *sug'ên*, * sqʕ, س ق ع
♦ **palais,** ce qui est entre le nez et la gorge, partie inférieure des parois d'un puits. •*Al wirde sawwat lêi uwâra fî sug'i.* La fièvre m'a provoqué des plaies dans le palais. •*Al-saxîr kan buguhh, al-daktôr yufukk xacumah wa yicîf sûgu'ah wa halgûmah.* Si le petit enfant tousse, le médecin lui ouvre la bouche et regarde son palais ainsi que sa gorge.

sugu'ên *pl.*, → *sugu'.*

sugûra *pl.*, → *sagur.*

sugurra *pl.*, → *sagur.*

suhbân *pl.*, → *sâhib.*

suhuf *pl.*, → *sahâfa, sahîfa.*

suhufi / suhfiyîn *adj.*, (*fém. suhfiye*), → *sahafi*, * ṣhf, ص ح ف

suhûla *invar.*, terme de l'*ar. lit.* dans l'expression *be suhûla*, * shl, س ه ل
♦ **facilement.** •*Jiddit al iyâl bidâwuha fî l-labtân be suhûla.* La rougeole se soigne facilement à l'hôpital. •*Xalagi l abyad ballêtah be sâbûn ômo, alxassal lêi be suhûla.* J'ai fait tremper mon habit blanc dans de l'eau avec de la lessive Omo, il s'est lavé facilement.

suhûn *pl.*, → *sahan.*

sujûd *n. m.*, *Cf. sajad*, * sjd, س ج د
♦ **adoration, prosternation,** acte d'adoration. •*Fî dîn al Islâm mâ fîh sujûd illa lê Rabbina l Xâlig.* Dans la religion islamique, on ne se prosterne que devant notre Créateur et Seigneur. •*Al-salâ indaha ruku' wa sujûd.* L'inclination du corps et la prosternation font partie de la prière.

sujûn *pl.*, → *sijin.*

sûk *v. impér.*, → *sâk.*

sukât *n. m.*, * skt, س ك ت
♦ **silence.** •*Al-sukât rudâ.* Qui ne dit mot consent. *Prvb.* •*Kulla wakit al-sukât mâ adîl lê l-râjil.* Ce n'est pas bon pour un homme de garder tout le temps le silence.

sukk *v. impér.*, → *sakka.*

sukkân *pl.*, → *sâkin.*

sukkar *n. m.*, mot arabe *empr.* (*irn.*, *ind.*), → *râs, kâro, girêd, baxîte, dagîg*, * skr, س ك ر

♦ **sucre.** •*Al-sukkar al-sabbêna fî l madîde bigi ciya.* Nous n'avons pas mis assez de sucre dans la bouillie. •*Macêna bîna sukkar min al-dukkân.* Nous sommes allés acheter du sucre à la boutique.

sukkar dagîg expression, *Cf. sukkar, dagîg, litt.* sucre en farine, * skr, dqq, س ك ر • د ق ق

♦ **sucre glace.** •*Al awîn al bisallulu fangâsû buruccu sukkar dagîg fî râsah.* Les femmes qui préparent les beignets les saupoudrent d'un peu de sucre glace. •*Al-sukkar al baxîte walla l-râs, budugguh bisawwuh sukkar dagîg.* On pile du sucre cristallisé ou du sucre en pain pour obtenir du sucre glace.

sukkar gass expression, *Cf. sukkar, gassa, kâro, girêt*, * skr, qṣṣ, س ك ر • ق ص ص

♦ **morceaux de sucre,** morceaux de sucre extraits du pain de sucre. •*Nâs Abbece mâ birîdu al-sukkar al gass acân bugûlu mâ bita"im.* Les gens d'Abéché n'aiment pas le sucre en morceaux parce que, disent-ils, il ne sucre pas bien. •*Al-sukkar al gass raxîs min al-râs.* Le sucre en morceaux coûte moins cher que le sucre en pain. •*Armi lêi talâta sukkaray gass fî labani.* Mets [fais-moi tomber] trois morceaux de sucre dans mon lait.

sukkâr râs expression, → *râs sukkar.*

sukkari *n. mld.*, (diabète), → *marad sukkar*, * skr, س ك ر

sukkariya *n. f.*, * skr, س ك ر

♦ **pâte pour épiler,** pâte collante à base de sucre et de citron pour épiler. •*Al awîn bimassuhu jilidhum be sukkariya acân yabga amalas.* Les femmes se passent de la pâte collante à épiler pour que leur corps devienne bien lisse. •*Al-sukkariya bisawwûha be sukkâr wa lêmûn fî l-nâr, kan xalâs barad yabga misil al halâwa.* On fait la pâte à épiler en cuisant sur le feu du sucre et du jus de citron ; après avoir refroidi, cela ressemble à du caramel.

sukkariye *n. f.*, dans l'expression *duxxân sukkariye, Cf. sukkar*, * skr, س ك ر

♦ **bois d'encens sucré, encens.** •*Duxxân sukkâriye hû nô' min al-duxxân al bixalbutuh be l-sukkar wa l itir.* Le bois d'encens sucré est une sorte d'encens que l'on mélange avec du sucre et du parfum. •*Fakkiri lê xulgânki acân al-duxxân al-sukkariye, kan xattêtih fî l-nâr bunutt carâr wa bâkulhum lêki.* Si tu mets de l'encens sucré sur le feu, des étincelles jailliront, fais attention de ne pas brûler tes vêtements.

sukok *n. mld.*, *Cf. abunsukuk,* ≅ *abunsukok*, * ṣkk, ص ك ك

♦ **hoquet.** •*Kan sukok karabâni, nacarab saba'a juxuma hanâ almi.* Lorsque j'ai le hoquet, je bois sept gorgées d'eau. •*Al-saxîr al-saxayyar kan sukok karabah ammah tixarri'ah.* Quand le petit enfant attrape le hoquet, sa mère essaye de l'effrayer un instant.

suksuk *n. coll.*, *onom.*, *sgtf. suksukay, Cf. xaddur.*

♦ **petites perles fines,** rangées de perles attachées autour de la taille des femmes. •*Banât hanâ zamân barbutu suksuk fî salabbênhum.* Les filles d'autrefois attachaient une ceinture de perles à leurs hanches. •*Nâs hanâ hassâ ballaco l-suksuk.* Les gens d'aujourd'hui n'aiment plus porter des perles fines [ne trouvent plus à la mode les ceintures de perles]. •*Subyân hanâ barra birîdu harakit l-suksuk kan banâthum gâ'idîn bal'abo.* Les jeunes gens de brousse aiment entendre le bruit des perles lorsque les jeunes filles sont en train de danser.

sulâh / sulahât *n. m.*, utilisé par les Arabes nomades, → *silâh.*

sulâsi / sulâsiyîn *adj.*, (*fém. sulâsiye*), terme de l'*ar. lit.*, *Cf. talâta, tilit*, * ṯlṯ, ث ل ث ⇨

♦ **triple, tripartite.** •*Al-lajna l-sulâsiya nazzamat xadamât hanâ l mu'tamar al watani l mustaxill.* Le comité tripartite a organisé les travaux de la Conférence nationale souveraine. •*Fî l usbû' al fât, al haraka l sulâsiye hanâ l MPS sawwat hafla fî l-naga'at hint al-sabag al xêl.* La semaine dernière, le mouvement tripartite du MPS a organisé une fête sur le terrain du champ de course.

sulat *pl.*, → *sulta.*

Suleymân *n. pr.* d'homme, nom d'un prophète en islam, Salomon, * slm, س ل م

sûliye / **sûliyât** *n. f., empr. fr.*
♦ **chaussure, soulier.** •*Al-sûliye hint farwa, wa labisînah halu wa bârde fî l-rijilên.* Les souliers sont en peau, c'est agréable de les porter, et ils tiennent les pieds au frais. •*Al wilêd sîd al-sirâc massah sûliyât hinêy râjili be siraj azrag litt.* Le cireur a frotté les souliers de mon mari avec du cirage très noir.

sull *n. mld., m., Cf. habba 4*, * sll, س ل ل
♦ **tuberculose.** •*Marad al-sull hawân, bi'âdi ajala bas fî l akil wa l-carâb.* La tuberculose est une maladie terrible [méchante] qui se transmet très vite par la nourriture et la boisson. •*Al-nâdum kan sull karabah, yuguhh katîr wa yagba bâtil.* Lorsque quelqu'un a attrapé la tuberculose, il tousse beaucoup et maigrit. •*Al-râjil da gudurtah kammalat acân hû indah sull.* Cet homme-là n'a plus de force [sa force est terminée] parce qu'il a la tuberculose.

sullitna *n. m., empr. fr.* pour : sous-lieutenant, → *dâbit abdabbûra.*

sulta / **sulat** *n. f.*, ≅ le pluriel *sultât*, * slṭ, س ل ط
♦ **responsabilité, pouvoir.** •*Hû antoh al-sulta hint al mudîriye.* On lui a donné la responsabilité de la préfecture. •*Ra'îsnâ gâ'id fî l-sulta indah xamistâcar sana.* Notre Président est au pouvoir depuis quinze ans. •*Al hâkûma l-jadîde gâlat min hini lê giddâm al-sulta fî îdên al-ca'ab.* Le nouveau gouvernement a dit que désormais le pouvoir était entre les mains du peuple.

sultân / **salâtîn** nom de personne, *m.*, * slṭ, س ل ط
♦ **sultan, roi.** •*Al-sultân rikib fî juwâdah wa l gûmiye bitâbu'uh be wara.* Le sultan est monté sur son cheval et les goumiers l'ont suivi [le suivent]. •*Al mara cakat râjilha fî bakân al-sultân.* La femme s'est plainte de son mari au sultan. •*Zamân, hukum hanâ l-salâtîn gâsi bilhên.* Les sultans d'autrefois gouvernaient d'une manière très autoritaire [très dure].

sultân al-têr nom composé *m., litt.* le roi des oiseaux, * slṭ, ṭyr, س ل ط • ط ي ر
♦ **ombrette, Scopus umbreta.** •*Sultân al-têr balgoh katîr ke ma'â l maxârib fî xacum al-ruhûd.* Au coucher du soleil, on trouve beaucoup d'ombrettes au bord du marigot. •*Ucc sultân al-têr kabîr, mabni be fire'ât wa gecc, wa ticîfah min ba'îd.* Le nid de l'ombrette est gros, il est fait de brindilles et d'herbe, et on le voit de loin.

sulub / **sulubbên** *n. m.*, ≅ le pluriel *salabê*, expression : *rabat sulub* "prendre son courage à deux main, s'armer de courage", * ṣlb, ص ل ب
♦ **hanche, rein, taille.** •*Al binêye rabatat suksuk fî sulubha.* La jeune fille a attaché de petites perles à sa taille [sur ses hanches]. •*Al awîn rabbato sulubbênhum lê nagilîn al xalla fî l madag.* Les femmes se sont armées de courage [ont ceint leurs reins] et ont transporté le mil sur l'aire à battre. •*Mâla karabt sulbak misil bôjâk ?* Pourquoi te tiens-tu les reins comme s'ils te faisaient mal ? •*Arbut sulbak zên lê l hirâte !* Prends ton courage à deux mains et laboure ton champ [ceins bien tes reins pour la culture].

sulubbên *pl.*, → *sulub.*

suluh *n. m.*, *Syn. musâlaha*, * ṣlḥ, ص ل ح
♦ **réconciliation.** •*Hû jâb al-suluh fî l balad.* Il a apporté la réconciliation dans le pays. •*Ba'ad al-suluh al watani al-nâs gammo lê buna hanâ l watan.* Après la réconciliation nationale, les gens se sont mis à la reconstruction de la nation. •*Al hâkûma wa l mu'âridîn al musallahîn sawwo suluh.* Le gouvernement et l'opposition armée se sont réconciliés [ont fait la réconciliation].

sulûk *pl.*, → *silik.*

Sulum *n. pr.* d'homme, *Cf. Sâlim, Salmân, Suleymân, Silêmân*, * slm, س ل م

sûm *v. impér.*, → *sâm 1, sâm 2.*

Suma'în *n. pr.* d'homme, réalisation locale de *Ismâ'îl*, ≅ *Sumaîn.*

Sumaîn *n. pr.* d'homme, → *Suma'în.*

sumâk nom d'une étoile, → *simâk.*

sumân *pl.*, → *samîn.*

Sumayya *n. pr.* de femme, *mrph. dmtf.*, *litt.* exaltée, sublime, * smw, س م و

sumsum *n. vég.*, *coll.*, *m.*, *sgtf. sumsumay* (un plant de sésame), * smm, س م م
♦ **nom d'une plante herbacée, sésame, Sesamum indicum,** famille des pédaliacées. •*Hirâtt al-sumsum indaha nafa' katîr.* La culture du sésame est très avantageuse. •*Al-sumsum indah dihin katîr.* Le sésame produit beaucoup d'huile. •*Harbit abui tawîle, marsûsa be l wade'... Di l-sumsumay.* La lance de mon père est longue, décorée de cauris bien alignés… C'est la tige de sésame. *Dvnt.*

sumsumiya *n. coll.*, → *sumsumiye.*

sumsumiye *n. coll.*, *f.*, ≅ *sumsumiya*, * smm, س م م
♦ **boulette de sésame.** •*Al mara di tisâwig sumsumiye lê iyâl al-lekkôl.* Cette femme vend des boulettes de sésame aux écoliers. •*Al-sumsumiya bisawwuha be samux, sukkar wa sumsum.* On fait les boulettes de sésame avec de la gomme arabique, du sucre et du sésame. •*Al iyâl al-dugâg birîdu bâkulu sumsumiye acân asala.* Les petits enfants aiment manger les boulettes de sésame parce qu'elles sont sucrées.

sumu' / sumû'a *n. m.*, mammifère qui tient du loup et de l'hyène (*Mu.*, *Ka.*), terme employé surtout au pluriel, * smʕ, س م ع
♦ **cynhyène, lycaon, Lycaon pictus.** •*Al-sumû'a akalo xanam hanâ axui.* Les cynhyènes ont dévoré les moutons de mon frère. •*Al-sumû'a yicâbuhu l kulâb.* Les lycaons ressemblent aux chiens.

sumû'a *pl.*, → *sumu'.*

sumûm *pl.*, → *samm.*

sumun *n. m.*, *Cf. samîn*, * smn, س م ن
♦ **grosseur, corpulence, embonpoint.** •*Sumun hanâ l-râjil da xawwafâni.* La grosseur de cet homme m'a fait peur. •*Al-sumun be l mâl.* La corpulence vient avec l'argent. •*Al-sumun fî l hamu bita''ib.* L'embonpoint fait souffrir quand il fait chaud.

sumur *pl.*, → *asmar.*

sumyân *pl.*, → *sami.*

sûn *v. impér.*, → *sân.*

sunâ'a / sunâ'ât *n. f.*, → *sinâ'a*, * ṣnʕ, ص ن ع

sunan *pl.*, → *sunna.*

sunbul / sanâbil *n. m.*, *qdr.*, ≅ *sanbul, sunbula, Cf. gandûl*, * snbl, س ن ب ل
♦ **épi.** •*Al-sunbul indah iyâl aktar min miya habba.* L'épi peut contenir plus d'une centaine de graines. •*Fî l-darat daxalt al-zere' wa kassart sanâbil hiney ferîg.* Au temps de la

moisson, je suis entré dans le champ et j'ai cassé des épis pour les griller.

sungul *n. m., empr.* (*angl.* "single").
♦ **camion sans remorque.** •*Fî l-ramla, al watîr al-sungul gawi min al-lamôrik.* Sur le sable, un camion sans remorque est plus puissant qu'une semi-remorque. •*Jiddi cara arabiye sungul jadîde be wâhid malyûn.* Mon grand-père a acheté un camion neuf sans remorque, à un million.

sûni / sûniyât *n. m., empr.* (Chine), *sgtf. sûniye*
♦ **vaisselle en porcelaine, assiette en porcelaine.** •*Al axniya' bâkulu fî l-sûni.* Les riches mangent dans de la vaisselle en porcelaine. •*Anâ indi dôzam wâhid bas hanâ sûni fî bêti.* Je n'ai que douze pièces de vaisselle en porcelaine chez moi. •*Al-sûni mâ bahmal fî bêt amm al iyâl, bilkassar ajala ke bas.* La porcelaine ne résiste pas dans la maison d'une mère de famille [mère d'enfants], elle est très vite brisée.

sunki *n. m.*, → *sonki.*

sunna / sunan *n. f.*, * snn, س ن ن
♦ **tradition musulmane.** •*Fî l islâm lubâs al-tâgiye da sunna.* En islam, le fait de porter un bonnet est traditionnel. •*Al-salâm amân sunnit al islâm.* Le fait de dire bonjour est un signe de confiance qui fait partie de la tradition musulmane. •*Fî l-salâ, fî farâ'id wa sunan.* Dans la prière rituelle, il y a des prescriptions et des traditions à respecter.

sunta *n. coll. f., sgtf. suntay, Cf. garad 2,* * snṭ, س ن ط
♦ **nom d'un arbre, Acacia arabica (Will. var. tomentosa Benth.).** •*Al-sunta ticabbih al garad wa ga'arha kabîr.* L'Acacia arabica ressemble à l'Acacia nilotica, il a un gros tronc. •*Al-sunta tugumm fî marâgid al almi hanâ l widyân, iyâlha badubxu bêyhum l furâw.* L'Acacia arabica pousse près des eaux stagnantes des oueds, ses fruits servent à tanner les peaux.

sunûf *pl.*, → *sanif.*

sunûn *pl.*, → *sinn 1.*

sur ! *invar., onom.* évoquant la vitesse, accompagnant le verbes *jara* (courir) *tarad* (chasser).
♦ **comme un trait, vite et loin, illico.** •*Jara sur ! wa karab al-sarrâg.* Il a couru comme un trait, et a attrapé le voleur. •*Inti nisitîni, mâ âna bas al-zaman taradtiki sur ke !* Tu m'as oublié, c'est pourtant moi qui autrefois t'avais déjà chassée illico.

sûr / aswâr *n. m.*, voir le *Syn. durdur,* * swr, س و ر

sur'a / sur'ât *n. f.*, dans l'expression *be sur'a,* * srʕ, س ر ع
♦ **rapidité.** •*Jîb lêi xumâmi be sur'a !* Apporte-moi rapidement mes affaires ! •*Maryam sawwi l êc be sur'a acân abûki bidôr xâtir !* Mariam, prépare vite la boule car ton père veut partir en voyage !

sûra 1 / suwar *n. f., Cf. sawwar,* * ṣwr, ص و ر
♦ **photo, image, illustration.** •*Anâ indi sûra ma'â rufugâni fî l-lekkôl wakit anâ saxayre.* J'ai une photo sur laquelle je suis avec mes amis de l'école quand j'étais petite. •*Al-suwar zikriyât.* Les photos sont des souvenirs. •*Sawwir lêk sûra, wa waddîha lê axawânak yicîfuk fôgha !* Fais-toi prendre en photo et envoie-la à tes frères pour qu'ils puissent te voir !

sûra 2 / sûrât *n. f.*, * swr, س و ر
♦ **sourate.** •*Hû hafad talâtîn sûra min al Xur'ân.* Il a appris par cœur trente sourates du Coran. •*Al wilêd dahaba bada girayit al Xur'ân mâ indah sûra wahade kula fî râsah.* L'enfant vient de commencer l'étude du Coran, il ne sait pas une seule sourate.

surâ' *n. m.*, * ṣrʕ, ص ر ع
♦ **lutte au corps à corps.** •*Al-surâ' bijîb al-duwâs.* La lutte au corps à corps dégénère en bagarre. •*Al iyâl birîdu l-surâ' acân bidôru ya'arfu*

gudrithum. Les enfants aiment la lutte parce qu'ils veulent mesurer leurs forces.

Surâj *n. pr.* d'homme, *litt.* lampe, * srj, س ر ج

surar *pl.*, → *surra.*

Surayya *n. pr.* de femme, nom d'une constellation, → *Tireyya,* * ṯrw, ث ر و

surdâb / saradîb *n. f.*, *qdr.*, *empr. irn.* (*Ka.*), ≅ le singulier *surdâba*, *Cf. ahdab, zinkitte,* * srdb, س ر د ب

♦ **courbure du dos, bosse sur le dos, voûte.** •*Min wildoh ke indah surdâb.* Il est né avec cette bosse sur le dos. •*Anâ ajjast wa dahari anhana wa surdâbti maragat.* Je suis devenue vieille, mon dos s'est voûté et ma bosse est apparue.

surdâba *n. f.*, → *surdâb.*

sûrij *n. m.*

♦ **nom d'une plante arbustive, Sesbania sesban,** famille des fabacées (papilionacées), arbuste à petites fleurs jaunes. •*Be l-sûrij al kubâr bisawwu behum angarêb.* Avec le bois des grands Sesbania sesban on fabrique des lits traditionnels. •*Al-sûrij al-dugâg bidaffuru bêhum cargâniye.* On utilise les petits Sesbania sesban pour tresser des seccos.

surr *v. impér.*, → *sarra 1, sarra 2.*

surra 1 / surar *n. m.*, * srr, س ر ر

♦ **nombril, cordon ombilical, ombilic.** •*Arbut surwâlak fi surritak !* Attache ton pantalon au niveau du nombril ! •*Al wilêd gata'o surritah yôm al wildoh.* On coupe le cordon ombilical de l'enfant à sa naissance. •*Gati'în al-surra be mûs wasxân, mâ sameh.* Ce n'est pas bien de couper le cordon ombilical avec une lame de rasoir sale. •*Katîr min al iyâl surarhum manfuxîn.* Beaucoup d'enfants ont une hernie ombilicale [leur nombril est enflé].

surra 2 / surar *n. f.*, * ṣrr, ص ر ر

♦ **balluchon.** •*Fartig al-surra indak di, cîl lêk tamur.* Dénoue ce balluchon qui est là devant toi, et prends des dattes pour toi. •*Al-surra di indaha cunû ?* Qu'y a-t-il dans ce balluchon ? •*Al barcâta bigattu'u xumâmhum fî surar.* Les contrebandiers traversent le fleuve en portant leurs marchandises dans des balluchons.

sûru / sawâri *n. m.*, *Cf. tcôro,* → *amm al-sûru,* * ṣwr, ص و ر

♦ **coquille d'escargot,** coquille conique utilisée comme toupie par les enfants. •*Amm al-sûru di akalat salâti.* L'escargot [celle qui a une coquille d'escargot] a mangé mes salades. •*Al iyâl yirîdu yal'abo be l-sawâri.* Les enfants aiment jouer avec les coquilles d'escargot.

surûf *pl.*, → *saraf 2.*

surûj *pl.*, → *serij.*

surûr *n. m.*, *Cf. farha,* * srr, س ر ر

♦ **joie, contentement, allégresse.** •*Matlûb min kulla nâdum yilâgi axuh be farha wa surûr.* On demande à chacun d' accueillir son frère dans la joie et l'allégresse. •*Mâ nidôr ceyy fî l-dunya illa l-surûr bas.* Je ne désire rien d'autre sur la terre que la joie.

surwâl / sarâwîl *n. m.*, comme en *ar. lit.* (*Mu.*), *empr. irn.*, * srw, س ر و

♦ **saroual, culotte.** •*Al-surwâl al wasî' axêr min al-surwâl al-dayyâx.* Il vaut mieux porter un saroual large qu'un saroual étroit. •*Surwâli anfatag.* Mon saroual est décousu. •*Al xayyâti xayyat lêi sarâwîl talâta.* Le tailleur m'a cousu trois sarouals.

Sûrya *n. pr.* de pays.

♦ **Syrie.**

sûsa *n. mld.*, *m.*, * sws, س و س

♦ **ciron, ver dans le bois, carie dentaire.** •*Marad al-sûsa karabah wa kassar durûsah.* Il a des caries qui lui ont rongé [cassé] ses molaires. •*Al-sûsa akalat al hatab hanâ ligdâbti.* Les cirons ont attaqué les bois de mon hangar. •*Zôl kan indah sûsa wa mâ gidir dâwâha, illa yisillu dirsah !*

Lorsque quelqu'un a une molaire cariée et n'a pas les moyens de la faire soigner, il ne peut que la faire arracher !

sûsêt / sûsêtât *n. m., empr. fr.,* ≅ *cosêt, Syn. currâb*
♦ **chaussette.** •*Anâ nalbas sûsêt fî wakt al barid.* Je porte des chaussettes quand il fait froid. •*Hû balbas markûb bala sûsêt.* Il porte des souliers sans chaussettes.

susta *n. f.*
♦ **ressort, suspension, amortisseur, rembourrage.** •*Al kursi da gawi, mâ indah susta.* Ce fauteuil est dur, il n'a pas de rembourrage. •*Magâ'id al watayir induhum susta.* Les sièges des voitures ont des ressorts. •*Watîri indah susta adîle, kan daxal fî bakân jagallo kula mâ binattit.* Ma voiture a une bonne suspension ; même si l'on roule sur un terrain défoncé, elle ne saute pas.

sût *v. impér.,* → *sât.*

sutra 1 / sutrât *n. f.,* → *sutra 2,* * str, س ت ر
♦ **enterrement, abri, protection, cache,** ce qui met à l'abri du regard d'autrui. •*Jâri mât fî l-lêl wa l-sutra tukûn ambâkir.* Mon voisin est mort cette nuit, et l'enterrement aura lieu demain. •*Al akil bidôr sutra.* Pour manger, il faut se mettre à l'abri du regard d'autrui. •*Al-sutra surwâl.* Ce qui préserve ton intimité est une culotte. *Prvb.* (*i.e.* il est nécessaire de se protéger du regard d'autrui pour garder son honneur).

sutra 2 *invar.,* dans l'expression *be sutra,* * str, س ت ر
♦ **en secret, en cachette, discrètement.** •*Ta'âl ni'ôrik kalâm wâhid be sutra ke, wa mâ ti'ôri nâdum.* Viens, je voudrais te dire un mot discrètement, et tu n'en parleras à personne. •*Al-sarrâgîn bisawwu gurus muzayyaf be sutra.* Les voleurs font de la fausse monnaie en cachette.

suttumiya nombre cardinal, * stt, m'y, س ت ت • م ء ي
♦ **six cents.**

sutûr *pl.,* → *sitâra.*

suwâg *n. m.,* → *muswâg.*

suwâge *n. d'act., f.,* * swq, س و ق
♦ **conduite d'un véhicule.** •*Al bôlîs yiwaggifak fî l-câri, wa yas'alak min al permi hanâ l-suwâge.* La police t'arrêtera dans la rue et te demandera ton permis de conduire. •*Hû sawa hâdis acân suwâgtah mâ adîle.* Il a eu un accident parce qu'il conduit mal [sa conduite est mauvaise].

suwâk *n. m.,* → *muswâk.*

suwar *pl.,* → *sûra 1.*

suwâr 1 / suwârât *n. m., Cf. kiri, xiwêcât,* * swr, س و ر
♦ **bracelet,** gros bracelet en or ou en argent. •*Anâ indi suwâr hanâ dahab.* J'ai un bracelet en or. •*Awîn barra balbaso suwârât hanâ fudda.* Les femmes de la campagne portent des bracelets en argent. •*Jârti indaha suwâr wâhid bas.* Ma voisine n'a qu'un seul bracelet.

suwâr 2 *pl.,* → *sawri,* * ṯwr, ث و ر

suwud *pl.,* → *aswad.*

suxâr *pl.,* → *saxayar, saxayyar, saxîr.*

suxlân *pl.,* → *saxal.*

suyûf *pl.,* → *sêf 1, sêf 2.*

suyûr *pl.,* → *sêr.*

suyûs *pl.,* → *sês.*

Suyûti *n. pr.* d'homme.

Swis *n. pr.* de pays.
♦ **Suisse.**

T

tâ' / yitî' *v. trans.*, forme I n° 9, * ṭwʕ, ط و ع

♦ **obéir, respecter.** •*Anâ nitî' ammi wa abui.* J'obéis à ma mère et à mon père. •*Humman mâ bitî'u l mudarris.* Ils n'obéissent pas au maître. •*Inta Zakariya kan mâ titî'ni mâ nagôd ma'âk bêt wâhid.* Toi, Zacharie, si tu ne me respectes pas, je ne resterai pas avec toi dans la même maison.

ta''ab / yita''ib *v. trans.*, forme II, * tʕb, ت ع ب

♦ **faire souffrir, donner de la peine, rendre la vie dure, nuire à.** •*Al-sane nakitîn al kânifôyât ta''ab nâs al mêri.* Cette année, le curage des caniveaux a donné beaucoup de peine aux agents de la mairie. •*Al fagur ta''ab al-subyân.* La pauvreté a rendu la vie dure aux jeunes gens. •*Al argi yita''ib al-nâdum al bacarbah.* L'alcool de mil nuit à celui qui le boit.

ta''abân *n. d'act.*, *m.*, → *ta''ibîn.*

ta''am / yita''im *v. trans.*, forme II, * ṭʕm, ط ع م

♦ **donner du goût à une sauce, relever une sauce, assaisonner, parfumer un plat ou un breuvage**, saler la sauce, sucrer le thé. •*Ta''imi l mulâh !* Mets du sel dans la sauce ! •*Hî ta''amat al-câhi.* Elle a déjà sucré le thé. •*Kikkêf ta''amti l mulâh da ? Halu bilhên.* Comment as-tu relevé cette sauce ? Elle est délicieuse.

ta''amân *n. m.*, * ṭʕm, ط ع م

♦ **fait de relever un plat, fait de donner du goût, assaisonnement,** fait de relever la nourriture pour lui donner du goût. •*Yâ binêyti, fakkiri, laham abcôk mâ bidôr ta''amân.* Ma fille, fais attention, la viande de porc-épic n'a pas besoin d'assaisonnement. *Prvb.* (*i.e.* l'excès est nuisible). •*Êb marti mâ ta'arif ta''amân al mulâh !* Le défaut [la honte] de ma femme est de ne pas savoir assaisonner la sauce ! •*Ta''amân al-salât be l milêh wa l-dihin wa l-lêmûn.* On relève le goût de la salade avec du sel, de l'huile et du citron.

ta''an / yita''in *v. trans.*, forme II, *mrph. intf.*, * ṭʕn, ط ع ن

♦ **poignarder, piquer,** donner beaucoup de coups de poignard. •*Al mardân ta''anoh ibar kê lâkin lê hassâ mâ ligi l âfe.* On a fait de nombreuses piqûres au malade, mais jusqu'à présent il n'a pas recouvré la santé. •*Sîd al-dukkân ta''an al-sarrâg lahaddi katalah.* Le propriétaire de la boutique a tué le voleur en le poignardant plusieurs fois. •*Al mara ta''anat darritha be l muxras.* La femme a donné de nombreux coups de poinçon à sa coépouse.

ta''ân / ta''ânîn *adj. mrph. intf.*, (*fém. ta''âna*), * ṭʕn, ط ع ن

♦ **piqueur (-euse), qui aime piquer, qui sait poignarder,** qui aime donner des coups de poignard. •*Al-râjil da ta''ân lê l-sêd.* Cet homme sait poignarder les animaux sauvages. •*Al* *mara l-ta''âna karaboha fî l kumsêriye.* On a enfermé au commissariat la femme qui aime poignarder.

ta''anân *n. d'act., m.*, → *ta''inîn.*

ta''ibîn *n. d'act., m.*, ≅ *ta''abân*, * tʕb, ت ع ب

♦ **souffrance, persécution, torture,** fait de faire souffrir *qqn.* •*Ta''ibîn al atama mâ adîl.* Ce n'est pas bien de faire souffrir les orphelins. •*Iyâl al-lekkôl ta''ibînhum da acân yanfa'o nafishum ba'adên wa yabgo rujâl.* Si on fait souffrir les écoliers, c'est pour qu'ensuite ils puissent se prendre en charge et devenir adultes.

ta''imîn *n. m.*, → *ta''amân.*

ta''inîn *n. d'act., m.*, ≅ *ta''anân*, * ṭʕn, ط ع ن

♦ **piqûre, coup de poignard, vaccination,** fait de poignarder. •*Al yôm ta''inîn hanâ iyâl al-dugâg min marad al amhûhu.* Aujourd'hui, c'est la vaccination des petits enfants contre la coqueluche. •*Hû mât be sabab ta''inînah fî l-duwâs.* Il est mort à cause des coups de poignard qu'il a reçus pendant la bagarre.

tâ'a *n. f.*, * ṭwʕ, ط و ع

♦ **obéissance.** •*Tâ'it al mudarris samhe.* C'est bien d'obéir au maître. •*Humman mâ induhum tâ'a wahade kula lê nâs al kubâr minnuhum.* Ils n'obéissent plus du tout aux personnes plus âgées qu'eux.

ta'ab *n. m., Cf. aya*, * tʕb, ت ع ب

♦ **fatigue, souffrance, peine.** •*Xidime bala ta'ab ke mâ fîh !* Il n'y a pas de travail sans peine ! •*Amm al iyâl kan râjilah mât wa mâ xalla lêha coxôl adîl, ticîf al-ta'ab.* Si une mère de famille perd son mari sans qu'il lui ait laissé un bon capital, elle souffrira.

ta'ab nâdôna *n. m.*, composé de *ta'ab* [fatigue] et de *nâdôna* [on nous a convoqués], *Cf. dinêj, bahari, absikêsik*, * tʕb, ndw, ت ع ب • ن د و

♦ **petit verre,** petit verre à thé appelé ainsi par les invités qui se sont donné la peine (*ta'ab*) de répondre à l'invitation (*nâdona*) sans avoir été rassasiés. •*Ta'ab nâdôna bicîl câhi ciyya, mâ barwi al-nâdum.* Le verre à thé "fatigue de l'invitation" contient très peu de thé, il ne suffit pas à désaltérer celui qui le boit. •*Ta'ab nâdôna halu fî l gahawa bas acân tacarab bicêc bicêc.* Le petit verre n'est bon que pour prendre le café, parce qu'on le boit tout doucement.

ta'abân / ta'abânîn *adj.*, (*fém. ta'abâne*), * tʕb, ت ع ب

♦ **souffrant(e), accablé(e), pauvre, qui peine,** qui supporte avec difficulté la souffrance causée par la maladie ou la pauvreté. •*Dârna di ta'abâne min macâkil hanâ l harba.* Notre pays est accablé par les problèmes de la guerre. •*Al mardân ta'abân, mâ bunûm fî l-lêl.* Le malade est souffrant, il ne dort pas la nuit. •*Al iyâl ta'abânîn fî derib al giray acân yalgo xidime adîle.* Les enfants se donnent de la peine dans leurs études pour trouver plus tard un travail intéressant. •*Hû da ahsan fî jîrâni al-ta'abânîn.* Celui-ci a fait une bonne action pour mes voisins souffrants.

ta'abbud *n. d'act., m.*, → *ibâda.*

ta'aggud *n. m., Cf. aggad*, * ʕqd, ع ق د

♦ **complication d'une affaire,** fait de compliquer une situation. •*Al awîn kan ligo l kalâm mâ baxallu, birîdu l-ta'aggud.* Lorsque les femmes ont un problème, elles aiment compliquer la situation. •*Hâkimna râjil mâ bidôr al-ta'aggud.* Notre gouverneur est un homme qui n'aime pas compliquer les affaires.

ta'âl / ta'âlu impératif, (*fém. ta'âli*), * ʕlw, ع ل و

♦ **viens, venez.** •*Ta'âl sîd al gôro !* Viens, marchand de noix de kola ! •*Kan waddêtu xada hanâ abûku ta'âlu ajala !* Après avoir apporté le repas de votre père, revenez vite !

ta'âlâ *invar.*, VIème forme du verbe *alâ* en *ar. lit.*, dans l'expression *Allah ta'âlâ* "Dieu qui est élevé, que Dieu soit exalté !", → *subhân Allah*, * ʕlw, ع ل و

ta'alîl *pl.*, → *ti'ilîle.*

ta'âlîm *pl.*, → *ta'lîm.*

ta'âlu *pl.*, → *ta'âl.*

ta'âm *n. m.*, * ṭʕm, ط ع م
♦ **saveur, bon goût, goût salé, nourriture.** •*Al-râjil gâl : "Al-salâm alêku !", wa anîna gûlna lêyah : "Wa alêk al-salâm, al-salâm fî l-ta'âm !".* L'homme nous a dit : "La paix soit avec vous !", et nous lui avons répondu : "Et sur toi aussi, viens manger avec nous [la paix est dans la nourriture] !". •*Ta'âm al mulâh da mugassir.* Cette sauce manque de goût. •*Mâ tidaffugu l-ta'âm fî l-câri antuh lê l masâkîn !* Ne jetez pas la nourriture dans la rue, donnez-la aux pauvres !

ta'amân *n. d'act.*, *m.*, ≅ *ta'imîn*, * ṭʕm, ط ع م
♦ **assaisonnement, relèvement du goût,** fait de donner goût à la nourriture. •*Ta'amân al akil baftah al-niye.* Le fait de donner du goût à la nourriture augmente l'appétit. •*Ta'amân al-câhi illa be l-sukkar.* On n'améliore le goût du thé qu'en y mettant du sucre.

ta'an 1 / yat'an *v. trans.*, forme I n° 13, *Cf. tabaz*, * ṭʕn, ط ع ن
♦ **piquer profondément, poignarder, transpercer.** •*Al-daktôr ta'an al mardân ibre.* Le docteur a fait une piqûre au malade. •*Al-sakrâne ta'anat rafîgitha.* La femme ivre a poignardé son amie. •*Kan cift al-dûd aṭ'anah be harbitak !* Si tu vois le lion, transperce-le de ta lance !

ta'an 2 *n. d'act.*, *m.*, → *ta'in.*

ta'anân *n. d'act.*, *m.*, → *ta'inîn.*

ta'ârix *pl.*, → *ta'rîx.*

ta'âwun / ta'âwunât *n. m.*, * ʕwn, ع و ن
♦ **coopération, collaboration, entraide.** •*Al-ta'âwun ambên Tcâd wa Faransa adîl bilhên.* La coopération entre le Tchad et la France est très bonne. •*Al-ta'âwun ambên al-duwal al bahajju be kalâm franse gâ'id babga gawi.* La collaboration entre les pays francophones est en train de se renforcer.

ta'cîga / ta'cîgât *n. f.*, connu au *Sdn.* (*C.Q.*), * ʕšq, ع ش ق
♦ **vitesse sur un véhicule, levier de vitesse,** vitesse d'une boîte de vitesses. •*Al-sawwâg da mâ ba'arif birakkib ta'cîga.* Ce chauffeur ne sait pas passer les vitesses [la vitesse]. •*Al musâ'id irif birakkib ta'cîga.* L'aide-chauffeur a su passer la vitesse. •*Al motêr battal ba'ad al-cifêr fadda l-ta'cigât.* Le moteur s'est arrêté après que le chauffeur l'eut mis au point mort [ait libéré les vitesses].

ta'dîb *n. d'act.*, *m.*, *Cf. adab*, * ʼdb, ء د ب
♦ **éducation, fait d'éduquer.** •*Ta'dîb al-saxîr, awwal ke yabda' fî l bêt hatta yamci l-masîg.* L'éducation du petit enfant commence à la maison en attendant que celui-ci aille à l'école coranique. •*Al amm hî bas tugumm be ta'dîb al-saxîr aktâr min al abu.* C'est la mère qui s'occupe de l'éducation du petit enfant, beaucoup plus que le père.

tâ'im / tâ'imîn *adj.*, (*fém. tâ'ime*), * ṭʕm, ط ع م
♦ **qui a du goût, au goût salé.** •*Xallîni, kalâmak da mâ tâ'im !* Laisse-moi, ton discours n'est pas intéressant ! •*Al mulâh xalâs tâ'im, battân mâ tizîdih mileh !* La sauce est déjà salée, n'y ajoute pas de sel !

ta'imîn *n. d'act.*, *m.*, → *ta'amân.*

ta'in *n. d'act.*, ≅ *ta'an*, *Cf. ta'inîn, ta''inîn*, * ṭʕn, ط ع ن
♦ **piqûre, repiquage, coup de poignard,** fait de poignarder, piquer. •*Al xarîf mâ wakit hanâ ta'in al berbere.* La saison des pluies n'est pas le moment où l'on repique le berbéré. •*Ta'in al ibre fî l hamu xatari.* C'est dangereux de recevoir une injection

quand il fait chaud. •*Al-sakkâra duwâshum cên, illa dagg wa ta'în.* Les soûlards se bagarrent avec méchanceté à coups de poing et à coups de couteau.

ta'inîn *n. d'act., m.,* ≅ *ta'anân, Syn. ta''inîn,* * ṭʕn, ط ع ن

♦ **piqûre, coup de poignard,** fait de piquer, de poignarder. •*Hû birîd al-ta'inîn kan gamma bidâwis.* Il aime donner des coups de poignard quand il commence à se battre. •*Al-ta'inîn fî l batun baktul ajala.* Le coup de poignard dans le ventre provoque très vite la mort. •*Ta'inîn al ibre fî l batun bôja.* Les piqûres dans le ventre font mal.

ta'îs / tu'âs *adj.,* (*fém. ta'îse*), racine d'après *dict. H.W.*, employé surtout à propos des femmes, terme d'insulte, ≅ le pluriel *ta'îsât, Cf. xamba,* * tʕs, ت ع س

♦ **souillon, malpropre, négligé(e),** qui néglige sa tenue vestimentaire. •*Hay yâ ta'îse, gucci fadayitki !* Hé ! souillon ! balaye ta cour ! •*Al-rujâl mâ birîdu al awîn al-ta'îsât.* Les hommes n'aiment pas les femmes négligées.

ta'kîd *n. m., Cf. akkad,* * 'kd, ء ك د

♦ **certitude, confirmation, assurance.** •*Gâlo wilêdi wisil be l âfe, lâkin mâ jâna minnah ta'kîd.* Ils ont dit que mon enfant était arrivé en bonne santé, mais nous n'en avons pas eu la confirmation. •*Simîna be waggifîn lampo hanâ l awîn, wa nidôru ta'kîdah.* Nous avons entendu que les femmes ne payeraient plus l'impôt et nous voulons en avoir la certitude.

ta'lal / yita'lil *v. intr., qdr.,* forme II, ≅ *tâlal, yitâlil, Syn. allal,* * ʕll, ع ل ل

♦ **veiller, causer le soir,** passer le temps de la soirée après le dîner à causer en société. •*Anîna ta'lalna ma'â dêfna al ja amis.* Nous avons veillé avec notre hôte qui est arrivé hier. •*Al iyâl mâ bita'lulu kan al gamar mâ abyad.* Les enfants ne veillent pas quand la lune n'est pas blanche. •*Fî wakt al barid, al-nâs yita'lulu dâxal fî buyûthum.* Quand il fait froid, les gens passent le temps de la veillée à l'intérieur de leur maison.

ta'lîm / ta'âlîm *n. d'act., m.,* → *allimîn,* * ʕlm, ع ل م

♦ **enseignement, éducation, ministère de l'Éducation Nationale, apprentissage.** •*Al hâkûma banat bêt lê l-ta'lim hanâ l-nâs al kubâr.* Le gouvernement a construit un établissement pour l'alphabétisation des personnes âgées. •*Abui wazîr hanâ l-ta'lîm al âli.* Mon père est ministre de l'Enseignement supérieur. •*Tibiddil hanâ mudarrisîn min barra wa dâxal xarâr hanâ wazârat al-tarbiya wa ta'lîm.* Le changement d'affectation des enseignants en province et dans la capitale est le résultat d'une décision du ministère de l'Éducation nationale.

ta'rîx / ta'ârix *n. m.,* → *târix.*

ta'tar / yita'tir *v. intr.,* forme II, racine d'après *HILL.* donnant l'expression *ʕitir ʕalâ* (come across), ≅ *tâtar, yitâtir,* * ʕtr, ع ت ر

♦ **se mêler dans, s'introduire dans les affaires de *qqn.*, gêner *qqn.* dans son travail.** •*Nâs gâ'idîn bikallumu be ceyy buxussuhum wa cîf al mâ indah adab da gamma ta'tar !* Les gens étaient en train de parler d'une chose qui les concernait, regarde ce mal élevé qui est venu s'en mêler ! •*Al xidime kan mâ gâlo lêk tisawwîha, mâ titâtir. Kan tallaftaha bi'ayyurûk.* Ne prends pas l'initiative de t'introduire dans un travail qu'on ne t'a pas demandé. Si tu bâcles ce travail, tu te feras insulter.

ta'tûri / ta'tûrîn *n. m., Cf. ta'tar,* ≅ *tâtûri,* * ʕtr, ع ت ر

♦ **gêneur (-euse), intrus(e), fouinard(e), indiscret (-ète), fouineur (-euse),** qui se mêle des affaires des autres. •*Al-nâdum al-ta'tûri bindassa fî l kalâm al mâ buxussah.* L'intrus est celui qui entre dans une conversation qui ne le concerne pas. •*Kadâde, zôl tâtûri, mâ tixalluh yagôd ma'âko !* Kadadé est un indiscret, ne le laissez pas s'installer au milieu de vous ! •*Hêy yâ ta'tûri ! yâtu nâdâk ?* Hé ! le fouinard ! qui t'as appelé ici ?

tâ'ûs / tawâ'îs *n. coll. m., sgtf. tâ'ûsay*, ≅ *tâwûs* et le pluriel *tawâwîs, tawûsât*, mot arabe d'emprunt grec *taôs* (*Ka.*), * ṭws, ط و س

♦ **paon.** •*Al-ta'ûs nô' min al-têr.* Le paon est une espèce d'oiseau. •*Danab al-tâ'ûs muraggat.* La queue du paon est multicolore. •*Râs al-tawûs bicabbih râs al xarnûk.* La tête du paon ressemble à celle de la grue couronnée.

ta'wîd / ta'widât *n. m.*, * ʕwḍ, ع و ض

♦ **compensation, aide, assistance.** •*Al-râjil da bêtah hirig wa anâ antêtah ta'wîd.* La maison de cet homme a été incendiée et je lui ai donné une compensation. •*Al miskîn bidôr ta'wîd min al axniya'.* Le pauvre a besoin d'être aidé par les riches.

ta'xîr / ta'xirât *n. m.*, * ’h̲r, ء خ ر

♦ **retard.** •*Ta'âl ajala bala ta'xîr !* Viens vite sans retard ! •*Ta'xîrna da kulla minnuhum.* Nous sommes en retard à cause d'eux. •*Al faxîr gâl : yajûz ta'xîr salât al ice.* Le faki a dit qu'on peut retarder [est possible le retard de] la prière du soir.

ta'ziya / ta'ziyât *n. f., Syn. kalawa, Cf. ma'aza*, * ʕzy, ع ز ي

♦ **condoléances, consolation.** •*Simi't balâx fî l-râdyo : Brahîm yigaddim ta'ziya lê axawânah be môt hanâ abuhum.* J'ai entendu un communiqué à la radio, disant que Brahim présentait à ses frères ses condoléances à l'occasion de la mort de leur père. •*Kan nâdum mât, al-nâs baju bisawwu ta'ziya lê ahal al mayyit.* Lorsque quelqu'un est mort, les gens viennent offrir leurs condoléances à la famille du défunt. •*Maryam rakkabat câhi lê l-nâs al-jo gaddamo lêha ta'ziyâthum.* Mariam a préparé du thé pour les gens qui sont venus lui présenter leurs condoléances. •*Ra'îs al-dawla maca gaddam ta'ziyâtah lê ahal al mayyitîn.* Le chef de l'État est allé présenter ses condoléances aux familles des défunts.

tab ! *invar., onom.* évoquant la main ou la bouche qui attrape.

♦ **hop !** •*Bidôr bajiri wa tab, masaktah !* Il voulait s'en aller en courant et hop ! il l'a attrapé. •*Al galgâl câf al-dubbân wa tap zaratah.* Le margouillat a vu la mouche et hop ! il l'a avalée.

tâb / yutûb *v. intr.*, forme I n° 4, * twb, ت و ب

♦ **se convertir, cesser une mauvaise action, se repentir, changer de conduite,** revenir dans la bonne direction indiquée par Dieu. •*Wilêdi awwal bacrab marîse, lâkin hassâ tâb.* Auparavant, mon fils buvait des boissons alcoolisées, mais à présent il a cessé et s'est converti. •*Al-sarrâg tâb min al-sirge, ba'ad al-sijin al katîr.* Le voleur n'a plus cherché à voler après un long temps de prison. •*Fî wakt al-Ramadân, kulla l-nâs yutûbu.* Pendant le temps du Ramadan, tout le monde s'est converti. •*Al mara râjilha harajâha acân tutûb min al xiyâna.* Le mari a admonesté sa femme pour qu'elle cesse de le tromper.

tâba 1 / yitâbi *v. trans.*, forme III, * tbʕ, ت ب ع

♦ **suivre quelqu'un, marcher derrière quelqu'un, poursuivre.** •*Al wilêd tâba' abuh al maca l-zere'.* L'enfant a suivi son père qui allait au champ. •*Hay yâ binêyti, mâ titâbi'i l micôtin !* Hé ! ma fille, ne marche pas derrière le fou ! •*Al kalib yitâbi' sîdah fî l ganîs.* Le chien suit son maître à la chasse. •*Al bôlîs tâba' al haramiyîn.* La police a poursuivi les malfaiteurs.

tâba 2 *n. f., empr.* (*esp. tabaco*), connu au *Sdn.* (*C.Q.*).

♦ **tabac.** •*Al galib bihibb al-tâba.* Le cœur aime le tabac. *Prvb.* (*i.e.* "à chacun ses goûts", "le cœur a ses raisons que la raison ne connaît pas"). •*Mâ afîne, malbûkha axêr min amjingir ajînit Kûka... Di l-tâba.* Il ne sent pas mauvais et a la forme d'une boule, il est meilleur que la bouillie froide des Kouka... C'est le tabac. *Dvnt.*

taba' / yatba' *v. trans.*, forme I n° 14, * ṭbʕ, ط ب ع

♦ **imprimer.** •*Kitâbak tabi'ah nadîf, taba'oh wên ?* Ton livre est impeccable [son impression est propre], où a-t-il été imprimé ? •*Al xâmûs da, taba'oh xamsîn alif nusxa.* Ce dictionnaire a été tiré en cinquante mille exemplaires.

tabag 1 / yatbug *v. trans.*, forme I n° 1, * ṭbq, ط ب ق

♦ **doubler, plier en deux, recommencer, refaire.** •*Hû tabag al maktûb wa dassah fî l-zarif.* Il a plié en deux la lettre et l'a mise dans l'enveloppe. •*Ace, atubgi lêi fujâl câhi !* Aché, redonne-moi un second verre de thé !

tabag 2 / tubgân *n. m.*, ≅ le collectif *tubâga* (ensemble des vans), *Cf. bartâl*, * ṭbq, ط ب ق

♦ **van,** plateau rond fabriqué avec des fibres de rônier assemblées et cousues en spirale. •*Al mara naffadat al xalla min al kanfût be l-tabag.* La femme sépare le mil du son avec un van. •*Al awîn bacfo tubgân be l-za'af.* Les femmes cousent les vans avec les fibres de feuilles de palmier doum. •*Al binêye di, samâhha samah al-nabag fî l-tabag.* La beauté de cette jeune fille est semblable à celle des jujubes sur un van. •*Umrak kan tâl, ticîf dabh al-jumâl be l-tubgân.* Si tu vis longtemps, tu verras qu'on égorgera des chameaux avec des vans. *Prvb.* (*i.e.* tu verras des choses incroyables).

tabal / yatbul *v. trans.*, connu au *Sdn.* (*C.Q.*), forme I n° 1, dans l'expression *tabal al bâb fî nâdum* [enfermer *qqn.*], * ṭbl, ط ب ل

♦ **fermer avec un loquet, enfermer,** fermer une porte avec un loquet, un cadenas, ou une clé. •*Hû tabal al bâb fî martah wa maca l xidime.* Il a enfermé sa femme et est allé au travail. •*Al bôlîs yatbul al bâb fî l-masâjîn.* Le policier a enfermé les prisonniers à clef. •*Atbul sandûngak min al iyâl, acân mâ yitallifu l-dawa !* Ferme avec un cadenas la cantine qui contient tes médicaments, pour éviter que les enfants ne les abîment !

tabaldi *n. vég.*, *coll.*, *m.*, *sgtf. tabalday*, connu au *Sdn.* (*C.Q.*), *Syn. hamar 2, kalakûka.*

♦ **nom d'un arbre, baobab, Adansonia digitata,** famille des bombacacées. •*Cadar hanâ l-tabaldi mâ fîh katîr fî darna.* Il n'y a pas beaucoup de baobabs dans notre pays. •*Al-awîn bisawwu l mulah be warcâl al-tabaldi.* Les femmes préparent la sauce avec des feuilles de baobab.

tabanje / tabanjât *n. f.*, → *tabanjiye.*

tabanjiye / tabanjiyât *n. f.*, mot arabe d'emprunt turc (*Mu.*), ≅ *tabanje*, * ṭbnj, ط ب ن ج

♦ **nom d'un revolver,** revolver à barillet, six coups, modèle dit d'ordonnance, de calibre 8 mm. •*Bi't lêyi tabanjiye naharis bêha xanami min al marâfi'în.* Je me suis acheté un revolver pour protéger mes chèvres contre les hyènes. •*Zamân al askar induhum tabanjiyât.* Autrefois, les militaires avaient des revolvers à six coups.

tabarêg / tabârîg *n. m.*, connu au *Sdn.* du nord (*C.Q.*), *Syn. hôt.*

♦ **abreuvoir.** •*Amla tabarêgak gubbâl al bagar ma yaju.* Remplis l'abreuvoir avant que les vaches n'arrivent. •*Al-sane di mâ indîna râ'i, anâ bas râ'iye, wa naji nitabbir namla l-tabârîg lê bagari.* Cette année, nous n'avons pas de berger, c'est moi qui suis la bergère : je viens puiser l'eau du puits et remplir les abreuvoirs pour mes vaches.

tabârîg *pl.*, → *tabarêg.*

tabarru' / tabarru'ât *n. m.*, * brʕ, ب ر ع

♦ **contribution, offrande, don.** •*Wâjib kulla nâdum yijîb tabarru'âtah lê l buna l watani.* Chacun doit apporter sa contribution à la reconstruction nationale. •*Al-nâr* *akalat dukkânah lâkin ahalah jâbo lêyah tabarru'ât.* Le feu a brûlé sa boutique mais les membres de sa famille lui ont apporté leur contribution pour le dédommager.

tabas *n. coll., m., sgtf. tabasay, empr.*, connu au *Sdn.* (*C.Q.*).
♦ **chaume, touffes d'herbe sèche.** •*Al-zere' da indah tabas katîr acân al-sane sîdah mâ haratah.* Ce champ est plein de touffes d'herbe sèche parce que cette année son propriétaire ne l'a pas labouré. •*Abui maca salla l-tabas hanâ l-zere'.* Mon père est allé arracher le chaume du champ.

tabat / yatbut *v. intr.*, forme I n° 1, ≅ *sabat, yasbut*, * ṯbt, ث ب ت
♦ **être stable.** •*Anâ mâ nâxud al mara al mâ tatbut lêi fî l bêt.* Je n'épouserai pas une femme qui ne restera pas stable à la maison. •*Hû tabat fî xidimtah acân simi' al wasiye hint rafîgah.* Il est devenu stable dans son travail parce qu'il a suivi le conseil de son ami.

tabât *n. m.*, ≅ *sabât*, * ṯbt, ث ب ت
♦ **stabilité, tranquillité, calme.** •*Al-tabât hû coxol sameh lâkin kulla l-nâs mâ bagdaro babgo tabtîn.* La stabilité est une bonne chose, mais tous les gens ne peuvent pas être stables. •*Dârna di Allah yisawwiha lêna dâr tabât !* Que Dieu fasse de notre pays une terre de tranquillité !

tabax / yatbux *v. trans.*, forme I n° 1, * ṭbẖ, ط ب خ
♦ **cuisiner, cuire un liquide ou une pâte.** •*Fâtime tabaxat lêna mulâh karkanji be rîs.* Fatimé nous a cuisiné du riz avec une sauce à l'oseille. •*Kan axti tabaxat lêk mulâh hanâ lubya, min al halâ tagta' asâbêk.* Si ma sœur te prépare une soupe de haricots, tu t'useras [tu te couperas] les doigts à force de les lécher !

tabâya *pl.*, → *tabî'e.*

tabâyig *pl.*, → *tabîge 1.*

tabaz / yatbuz *v. trans.*, forme I n° 1, *Cf. ta'an.*
♦ **piquer, entrer dans la peau,** piquer sans transpercer. •*Al-daktôr tabazâni be ibre kabîre.* Le médecin m'a fait une piqûre avec une grosse aiguille. •*Côk al hajilij yatbuz misil al ibre.* Les épines de savonnier piquent comme des aiguilles [comme une aiguille].

tâbb *n. m.*, * tbb, ت ب ب
♦ **attelle, renforcement.** •*Al-rakkâbi kan rakkab nâdum maksûr, barbut lêyah tâbb.* Lorsque le rebouteux remet d'aplomb quelqu'un qui a une fracture, il lui pose une attelle. •*Al-tâbb balzam al kasir acân mâ yifartig.* Les attelles maintiennent les os en place pour réduire la fracture.

tabba / yitibb *v. trans.*, forme I n° 11, * ṭbb, ط ب ب
♦ **ensorceler, soumettre par un sortilège, jeter des maléfices,** jeter un mauvais sort sur quelqu'un. •*Al mara tabbat darritha be musrân al marfa'în.* La femme a jeté un sort sur sa coépouse en utilisant un intestin d'hyène. •*Hû basma' kalâm martah misil hî tabbatah kê.* Il écoute tout ce que dit sa femme comme si elle l'avait ensorcelé.

tabbâbi / tabbâbîn *adj.*, (*fém. tabbâbiye*), * ṭbb, ط ب ب
♦ **sorcier (-ère).** •*Al-râjil da tabbâbi mâ yalga xêr wa lâ fî l-dunya wa lâ fî l âxira.* Cet homme est un sorcier, il ne sera récompensé ni dans cette vie ni dans l'autre. •*Jâri tabbâbi anâ mâ nidôr nagôd janbah nahawwil ambâkir.* Mon voisin est un sorcier, je ne veux pas rester à côté de lui, demain je vais déménager.

tabbag / yitabbig *v. trans.*, forme II, * ṭbq, ط ب ق
♦ **plier, replier, mettre en double, ranger du linge, ramasser ses affaires.** •*Al xassâli tabbag al xulgân al-nudâf.* Le blanchisseur a plié les habits propres. •*Axui katab lêi maktûb wa tabbagah.* Mon frère a écrit pour moi une lettre que je lui ai dictée, et il l'a pliée. •*Macêt al-sûg wa ligît kulla l-nâs yitabbugu xumâmhum.* Je suis allé au marché et j'ai vu [trouvé] que

tous les gens ramassaient leurs affaires. •*Anâ tabbagt camâyis min al barid.* J'ai porté sur moi deux chemises l'une sur l'autre [j'ai doublé des chemises] pour me protéger du froid.

tabbal / yitabbil *v. trans.*, forme II, → *gaffal*, * ṭbl, ط ب ل

◆ **fermer, cadenasser, enfermer,** fermer la porte avec un loquet. •*Hû tabbal bâb bêtah gubbâl ma yamrug.* Il a cadenassé la porte de sa maison avant de sortir. •*Be l lêl al masâjîn bitabbuluhum fî l-sijin, mâ baxallûhum bagôdu barra.* La nuit, on enferme les prisonniers, on ne les laisse pas à l'air libre [rester dehors].

tabbân *n. d'act., m.*, → *tabbîn.*

tabbar / yitabbir *v. trans.*, forme II, connu au *Sdn.* (*C.Q.*) *Cf. salla.*

◆ **puiser, tirer l'eau.** •*Al-râ'i tabbar almi katîr lê bagarah.* Le berger a puisé de l'eau pour ses vaches. •*Al yôm Mûsa sarah be l xanam wa aba mâ yitabbir lêhum almi yacarbo.* Aujourd'hui, Moussa a conduit les moutons au pâturage et a refusé de puiser de l'eau pour qu'ils boivent. •*Nidôr nawrud fî l bîr lâkin îdi tojâni mâ nagdar nitabbir.* Je voudrais aller au puits chercher de l'eau, mais j'ai mal à la main, je ne peux pas puiser.

tabbâr / tabbârîn *adj. n., coll., mrph. intf., sgtf. m. tabbâri,* (*fém. tabbâra*), *Cf. tabbar.*

◆ **puiseur (-euse),** celui qui tire l'eau du puits. •*Al-rujâl al-tabbârîn induhum gudra katîre.* Les hommes qui puisent de l'eau ont beaucoup de forces. •*Bagari mâ induhum tabbâri wa lâ râ'i.* Mes vaches n'ont personne pour leur tirer l'eau du puits ni pour les garder. •*Al-tabbâri maca l-sûg yacri rambay.* Celui qui tire l'eau du puits est allé au marché acheter une puisette.

tabbarân *n. d'act.*, → *tabbirîn.*

tabbat / yitabbit *v. trans.*, forme II, * ṯbt, ث ب ت

◆ **confirmer une accusation, prouver, démontrer.** •*Kaltam ayyarat darritha gâlat lêha massâsa, wa hî gâlat lêha illa titabbitih.* Kaltam a insulté sa coépouse en la traitant de vampire ; celle-ci lui a répondu : "Tu devras le prouver." •*Hû mâ gidir tabbat kalâmah da fî l-ceriye.* Il n'a pas pu confirmer son accusation par des preuves devant le tribunal.

tabbax 1 / yitabbix *v. trans.*, forme II, * ṭbq, ط ب ق

◆ **appliquer, mettre en pratique.** •*Al muslimîn yitabbuxu l-carî'a hint al islâm.* Les musulmans appliquent la loi islamique. •*Hû yitabbix kalâm kabîrah, acân da darrajoh mas'ul minnuhum.* Il met en pratique ce que son chef a dit, et c'est pour cela qu'on l'a promu responsable.

tabbax 2 / yitabbix *v. intr.*, forme II, *Syn. taxtax*, * ṭbḫ, ط ب خ

◆ **cuire un liquide épais.** •*Maryam zîdi jamur fî l kânûn, wa xalli mulâhki yitabbix adîl !* Mariam, ajoute un peu de braise et laisse bien cuire ta sauce ! •*Zâra tixalli l-lâyo yitabbix, wa ba'adên tusûtah êc najîd.* Zara délaye d'abord un peu de farine qu'elle laisse cuire un moment, puis elle fait cuire comme il faut le reste de la boule.

tabbâx / tabbâxîn *adj. n., mrph. intf.*, (*fém. tabbâxa*), * ṭbḫ, ط ب خ

◆ **cuisinier (-ère).** •*Al-tabbâx hanâ jîrânna mâ ya'arif akil adîl.* Le cuisinier de nos voisins ne sait pas bien préparer la nourriture. •*Tabbâxna mâ ja al yôm.* Notre cuisinier n'est pas venu aujourd'hui.

tabbigîn *n. m.*, * ṭbq, ط ب ق

◆ **fait de plier, fait de ranger, fait de doubler.** •*Al mara di ta'arif tabbigîn hanâ l xulgân.* Cette femme sait bien plier les vêtements. •*Anâ nidôr naxatir lâkin mâ na'arif tabbigîn hanâ xumâmi.* Je voudrais partir en voyage, mais je ne sais pas ranger mes affaires.

tabbîn *n. d'act., m.*, ≅ *tabbân*, * ṭbb, ط ب ب ⇨

♦ **ensorcellement, sorcellerie,** fait d'ensorceler *qqn.* •*Al-tabbîn baktul ajala acân bisawwu be urûg wa kujûr.* La sorcellerie tue rapidement parce qu'elle est à base de racines et de rites maléfiques. •*Al-tabbîn coxol haram.* La sorcellerie est interdite par la religion.

tabbirîn *n. d'act., m.,* ≅ *tabbarân, Syn. tabir, Cf. tabbar.*
♦ **puisage de l'eau, exhaure de l'eau,** fait de tirer l'eau du puits. •*Tabbirîn al almi lê l-câyib gâsi bilhên.* C'est très pénible pour un vieil homme de tirer l'eau du puits. •*Fî l-rîf, al yôm, al-tabbirîn bigi bê l môtêr.* Dans la campagne, maintenant, les gens tirent l'eau avec une motopompe. •*Al-tabbirîn lê l albil fî l-sêf yita''ib al-ri'yân.* Le puisage de l'eau pour abreuver les chameaux en saison sèche est très fatigant pour les bergers.

tabge / tabgât *n. f.,* * ṭbq, ط ب ق
♦ **pli.** •*Ligît fî tabgit farditi alâma hint al-carika al maragat minha.* J'ai trouvé la marque de fabrication de mon pagne dans un de ses plis. •*Al katkatay di mâ indaha tabge wahade kula.* Ce bout de papier n'a pas même un pli. •*Ligit maktûb indah tabgitên.* J'ai trouvé un papier écrit plié en quatre [ayant deux plis].

tabi' *n. m.,* * ṭbʕ, ط ب ع
♦ **impression** (édition), **cachet, estampille, sceau.** •*Kitâbak tabi'ah nadîf, taba'oh wên ?* Ton livre est impeccable [son impression est propre], où a-t-il été imprimé ? •*Al xâmûs tabi'ah sameh katibah wâdih.* L'impression du dictionnaire est bonne, les caractères de l'écriture sont clairs. •*Al maktûb da, al-sultân rassalah lêna, lâkin mâ indah tabi'.* Le sultan nous a fait envoyer cette lettre, mais elle n'a pas de cachet.

tabî'e / tabâya *n. f.,* * ṭbʕ, ط ب ع
♦ **caractère, habitude, nature.** •*Al wilêd da indah tabî'e cêne bilhên mâ bilwâlaf ajala.* Ce garçon a très mauvais caractère, il ne se familiarise pas vite avec les autres. •*Al-nâs kulluhum tabî'ithum mâ sawa.* Tous les gens n'ont pas les mêmes habitudes. •*Al binêye di tabî'itha ajabatni bilhên.* Le caractère de cette jeune fille m'a beaucoup plu.

tâbig / tâbgîn *adj. mrph. part.* actif, (*fém. tâbge*), * ṭbq, ط ب ق
♦ **qui a doublé, qui a plié en deux.** •*Hû tâbig al-lêl wa l-nahâr acân bidôr bikammil xidimtah ajala.* Il travaille jour et nuit [il a doublé la nuit et le jour] parce qu'il veut achever rapidement son travail. •*Tâbig xalagah fî xattaytah wa câyilhum mâci.* Il a plié en deux son vêtement sur sa couverture et, prenant le tout, il s'en est allé.

tabîge 1 / tabâyig *n. f.,* connu au *Sdn.* (*C.Q.*), *Cf. kôkâb,* * ṭbq, ط ب ق
♦ **lance, javelot,** lance au fer plat. •*Wakit simi' karrîn hanâ l-dûd hû câl harbitah al-tabîge wa marag.* Lorsqu'il a entendu le rugissement du lion, il a pris sa lance et est sorti. •*Anâ indi harba tabîge nuxuttaha tihit birci kan nidôr nunûm.* J'ai une lance que je mets sous ma natte quand je veux dormir. •*Hû câl tabigtah wa maca l ganîs.* Il a pris sa lance et est parti chasser.

tabîge 2 *n. f.,* * ṭbq, ط ب ق
♦ **compagnon de voyage.** •*Yâ wilêdi mâ taxatir abadan bala tabîge, al-tarîg da mâ sameh !* Mon fils, ne voyage pas sans compagnon, la route n'est pas sûre ! •*Kan dâyir tabîge fî l-safar, arjâni namcu sawa !* Si tu désires un compagnon pour le voyage, attends-moi, nous partirons ensemble !

tabir *n. d'act., m.,* → *tabbirîn.*

tâbit / tâbtîn *adj.,* (*fém. tabte*), ≅ *sâbit,* * ṯbt, ث ب ت
♦ **stable, calme, tranquille.** •*Abu Mahammat râjil tâbit mâ bifattic kalâm dunya.* Le père de Mahamat est un homme tranquille, il ne cherche pas de problèmes. •*Anâ nidôr naskun fî hille tabte mâ indaha haraka.* Je veux habiter dans un quartier calme et sans bruit. •*Al-râjil da mâ nâdum*

tâbit, bakân wâhid ke mâ yagdar yagôd. Cet homme est instable, il ne peut pas rester longtemps au même endroit.

tabix *n. m.*, * ṭbẖ, ط ب خ

♦ **matière plastique, celluloïd.** •*Al fanâjîl hanâ l-tabix mâ bitawwulu.* Les verres en matière plastique ne durent pas. •*Ma'ûn al-tabix kan xallôh fî l harray tawwal, binkassir ajala.* Lorsqu'un récipient en matière plastique reste longtemps au soleil, il se casse facilement.

tabîx *n. m.*, * ṭbẖ, ط ب خ

♦ **sauce très bien cuisinée, sauce appétissante,** sauce qui a été préparée avec beaucoup de viande. •*Al-dîfân akalo mulâh tabîx be kisâr.* Les hôtes ont mangé des galettes avec une bonne sauce. •*Al yôm tabîxki da milhah katîr bilhên, mâ misil hanâ zamân.* Aujourd'hui, ta sauce est trop salée, elle n'est pas comme d'habitude [comme celle de jadis].

tabla / tablât *n. f.*, → *guful*, * ṭbl, ط ب ل

♦ **loquet, cadenas.** •*Carêt tabla min al-sûg wa waddart mafâtihah.* J'ai acheté au marché un cadenas et j'en ai perdu les clés. •*Al-tabla di mâ tisidd adîl, subbûha fatrôn.* Ce cadenas ne ferme pas bien, versez du pétrole dessus. •*Al-tabla di kan muftâha waddar falitînha gâsi.* Si on perd la clé de ce cadenas, c'est difficile de le forcer.

tâblo *n. m.*, *empr. fr.*, en concurrence avec *sabbûra.*

♦ **tableau.** •*Hû irif al giray al maktûba fî l-tâblo.* Il a su la leçon qui est écrite au tableau. •*Al-tâblo da hanâ xacab.* Ce tableau est en bois. •*Fî l-madrasa, al mu'allim baktib lê l iyâl fî l-tâblo.* A l'école, le maître écrit au tableau pour les enfants.

tabtab / yitabtib *v. trans.*, *qdr.*, *onom.*, forme II, *Syn. saffag*, * ṭbṭb, ط ب ط ب

♦ **battre des mains ou des pieds, applaudir.** •*Wâjib mâ tadxul fî bêt al-nâs kan mâ tabtabt îdênak.* Tu ne dois pas rentrer dans la maison d'autrui si tu n'as pas auparavant frappé dans tes mains. •*Al banât xanno wa tabtabo yôm al îd.* Les filles ont chanté et frappé des mains le jour de la fête. •*Fî li'ib al baywale al-subyân bitabtubu be rijilênhum fî l-turâb.* En dansant le *baywale*, les jeunes gens battent des pieds sur le sol.

tabtabân *n. d'act.*, *m.*, → *tabtibîn.*

tabtibîn *n. d'act.*, *m.*, *qdr.*, ≅ *tabtabân*, *Syn. saffigîn*, * ṭbṭb, ط ب ط ب

♦ **applaudissement,** fait de battre des mains ou des pieds. •*Anâ nasma' tabtibîn bakân al-tahûra.* J'entends des gens qui battent des mains là où a eu lieu la circoncision. •*Ba'ad kalâm al-Ra'îs simi'na tabtibîn al-ca'ab min al farha.* Après la parole du Président, nous avons entendu les applaudissements de joie du peuple.

tâbul / tawâbil *n. m.*, *empr. fr.*

♦ **table, table-banc.** •*Anâ xattêt xumâmi fî l-tâbul barra lê-sûg.* J'ai posé mes affaires à vendre dehors, sur la table. •*Iyâl al-lekkôl, kulla sana yikassuru l-tawâbil be l-li'ib.* Chaque années les écoliers jouent avec les tables-bancs et les cassent. •*Tâbul hanâ l hadîd gawi min hanâ l xacab.* Une table en fer est plus solide qu'une table en bois.

tâbûr / tawâbîr *n. m.*, *Cf. rôg*, mot arabe d'emprunt turc (*Mu.*) ; *Cf.* Carbou 1954, p. 239, * tbr, ت ب ر

♦ **rang, file, ligne de soldats.** •*Al askar simi'o baki hanâ l burunji wa kulluhum wigifo tâbur.* Les militaires ont entendu le clairon et se sont tous mis debout en ligne. •*Yôm al îd, fî naga'at al hurriya, al-dêc sawwa tawâbîr anwa wa ackâl : al haras al-jamhûri, al birgâd, al-dwân, al-nômad wa l muhâribîn al gudâm.* Le jour de la fête, à la place de l'Indépendance, l'armée s'est disposée en rangées représentant les différentes formations : la garde républicaine, la gendarmerie, la douane, la garde nomade, et les anciens combattants.

tâbuska *n. f., empr.*
♦ **gros beignets,** gros beignets faits avec de la farine de mil. •*Ammi, kan macêti l-sûg, jîbi lêi talâte tâbuska be sitte riyâl.* Maman, quand tu iras au marché, rapporte-moi trois gros beignets pour six riyals. •*Tâbuska hanâ xallit al bêrbere be asal, halu min hanâ xallit al-duxun.* Les gros beignets faits avec de la farine de berbéré et du miel sont meilleurs que ceux faits avec du mil pénicillaire.

Tacâd *n. pr.* de pays, → *Tcâd.*

tacâdi / tacâdiyîn *adj.,* (*fém. tacâdiye*), → *tcâdi.*

tacahhud *n. m.,* * šhd, ش ه د
♦ **nom d'une prière,** conclusion de la prière ordinaire, après l'inclination et la prosternation. •*Al-tacahhud usut wa âxir al-salâ.* On dit le *tacahhud* au milieu et à la fin de la prière. •*Fî kulla ba'ad rag'atên fî julûs wa tacahhud.* Chaque fois que l'on fait deux inclinations, on s'assied et on dit le *tacahhud.*

tacca 1 / yutucc *v. trans.,* signifiant en *ar. lit.* : "laisser tomber une pluie douce, mais abondante" (*Ka.*) ; la racine évoquerait, par analogie, le jus de la viande s'écoulant pendant de la cuisson, forme I n° 5, * ṭšš, ط ش ش
♦ **brûler, griller.** •*Sîd al-laham tacca xanamay tamâma.* Le boucher a grillé un mouton entier. •*Al-nâs gâ'idîn butuccu l wasâxa fî l-câri.* Les gens sont en train de brûler des saletés dans la rue. •*Mâ tutucc gecc hanâ l kadâde !* Ne brûle pas l'herbe de la brousse ! •*Fî kimâlt al xarîf al harrâtîn bidôru butuccu amjabara fî l-nâr wa bâkulûha.* A la fin de la saison des pluies, les paysans aiment griller et manger des germes de noix de rôniers.

tacca 2 / yutucc *v. intr.,* forme I n° 5, connu au *Sdn., empr. aram.,* racine proposée par *C.Q., Cf. waddar, râx,* * ṭyš, ط ي ش
♦ **être perdu(e), être parti(e),** se trouver dans un endroit inconnu. •*Wilêdi l kabîr tacca marra wâhid.* Mon fils aîné est parti on ne sait où, et sans donner de nouvelles. •*Maca bifattic al bagar wa tacca fî l kadâde bakânah mâ ma'arûf.* Il est parti à la recherche des vaches et s'est perdu en brousse, on ne sait plus où il est.

tacca 3 / taccât *n. f., empr.* (*angl.* "*station*"), *Syn. mawgaf.*
♦ **gare routière.** •*Anîna addêna xâlti fî l-tacca hint Bahar al xazâl.* Nous avons accompagné ma tante à la gare routière du Bahar al ghazal. •*Al-taccât katîrîn fî Anjammêna, amci fî câri Arba'în, al-Digêl, Sanfîl, Dembe walla Sûg al xalla !* Il y a de nombreuses gares routières à N'Djaména ; va dans la rue des Quarante mètres, à Diguel, à Cent-fils, à Dembé ou bien au Marché au mil !

taccac / yitaccic *v. trans.,* forme II, *Cf. tacca 2, waddar,* * ṭyš, ط ي ش
♦ **faire perdre, égarer, disperser.** •*Anâ sârih be l bagar wa jat amzôbahâni taccacatni.* J'étais en train de faire paître mes vaches, un grand tourbillon de vent s'est levé et m'a désorienté. •*Fî l-duwâs, al adu taccac al askar kulluhum wa xallo l gêgar yâbis.* Au cours du combat, l'ennemi a dispersé tous les combattants qui ont alors abandonné leur camp.

taccân *n. d'act., m.,* → *taccîn.*

taccîn *n. d'act., m.,* ≅ *taccân,* → *tacca 1,* * ṭšš, ط ش ش
♦ **grillade, incendie, fait de brûler,** fait d'être au contact du feu. •*Taccîn al hût sâhil.* C'est facile de griller du poisson. •*Min taccîn hanâ dukkânah hû bigi mardân.* Depuis que sa boutique a brûlé, il est tombé malade.

tacig *n. m.,* peut-être de la racine du mot *tišt* (*H.W.*), d'emprunt *irn.* (*Ka.*), *Cf. tâsa, dumba,* ≅ *ticik,* * ṭšt, ط ش ت
♦ **grande cuvette, tub, bassin,** grande cuvette en étain ou en aluminium. •*Barridi wilêdki fî l-tacig, axêr min al-turâb !* Lave ton enfant dans la grande cuvette, c'est

mieux que sur la terre ! •*Cunû tacgi da, kassarti misil da ! ambâkir, mâ talgeh ; tixassili fî kôritki !* Tu as vu un peu comment tu as abîmé ma cuvette ! Demain, je ne te la prêterai pas [tu ne la trouveras pas], tu laveras tes affaires dans ton koro ! •*Lê amm al iyâl, al-tacig axêr min al-tâsa l kabîre hint al-tabix.* Pour une mère de famille, il est préférable d'avoir un tub qu'une grande cuvette en plastique.

tackîl *n. m.*, *Cf. cakkal 2*, * škl, ش ك ل

♦ **composition, formation.** •*Tackîl al maktab hanâ l ummâl da mâ adîl, acân al-nâs al-câlohum mâ induhum niye lê l xidime.* La composition du bureau que les travailleurs ont mis en place n'est pas bonne, parce que les gens qui ont été choisis n'ont pas envie de travailler. •*Ba'ad al intixâbât, al-nâs barjo tackîl al hâkûma min ra'îs al wuzara'.* Après les élections, les gens attendent du premier ministre la formation du gouvernement.

tadâmun *n. m.*, * ḍmn, ض م ن

♦ **solidarité, soutien, appui.** •*Al-ca'ab akkado tadâmunhum lê l askar.* Le peuple a assuré les soldats de son soutien. •*Humman bidôru bizâhuru lâkin mâ ligo tadâmun min al-cabâb.* Ils veulent manifester, mais ils n'ont pas trouvé l'appui de la jeunesse.

tadrîb / tadrîbât *n. m.*, * drb, د ر ب

♦ **entraînement, formation.** •*Tadrîb hanâ l askar kammal amis.* La formation des soldats s'est achevée hier. •*Al askari da mâ sawwa tadrîb acân da mâ ya'arif yijarsis.* Ce soldat n'a pas suivi d'entraînement, c'est pour cela qu'il ne sait pas défiler.

tadu *n. vég.*, *m.*, *empr.*

♦ **nom d'une plante herbacée, Striga hermontheca (Del.),** famille des scrofulariacées. •*Al-tadu kan gamma fî l-zere' da, battân mâ bugumm xalla.* Si le Striga hermontheca pousse dans ce champ, le mil n'y poussera pas. •*Al-tadu cidêrât suxâr yugummu fî l gôz wa yibawwuzu l-zurâ'a.* Le Striga hermontheca est une plante qui pousse sur les terrains sablonneux et qui fait perdre aux champs leur valeur. •*Kan cift al-tadu gamma fî l-zurâ'a, axêr tixalliha santên aw talâta !* Lorsque tu vois que du Striga a poussé dans les champs, il vaut mieux laisser ceux-ci en jachère deux ou trois ans !

tâf / yutûf *v. trans.*, forme I n° 4, * ṭwf, ط و ف

♦ **tourner autour.** •*Al-nâs maco tâfo fî l ka'aba.* Les gens sont partis tourner autour de la Kaaba. •*Wâjib kulla hâj yutûf sab'a marrât fî l Ka'aba.* Chaque pèlerin doit tourner sept fois autour de la Kaaba.

tafagiye *n. f.*, * wfq, و ف ق

fiancailles, concubinage, → *sadag.*

tafâhum *n. m.*, * fhm, ف ه م

♦ **compréhension, entente.** •*Natulbu min al-tacâdiyîn al-tafâhum acân al wihda l wataniya taji fî l balad !* Nous demandons que tous les Tchadiens s'entendent pour que l'unité nationale revienne dans le pays ! •*Allah yiga''idna be tafâhum fî bêtna !* Que Dieu nous garde en bonne entente dans notre maison !

tafala *pl.*, → *tifil 1.*

tafar 1 / atfâr *n. m.*, ≅ le singulier *tufar*, et le pluriel *tufurra*, * ṯfr, ث ف ر

♦ **croupière,** lien en cuir, en fibre ou en chiffon roulé qui passe sous la queue d'une bête de somme et est attaché à la selle. •*Tafar al humâr angata' wa l ba'asûr maca giddâm.* La croupière de l'âne s'est cassée et la selle a glissé vers l'avant. •*Kan da l ba'asûr, da l-tafar !* Si c'est la selle, voilà la croupière ! (*Prvb.* pour désigner deux amis inséparables qui pensent et font la même chose).

tafar 2 *n. m.*, * ṯfr, ث ف ر

♦ **entourage, proche, vassal(e), esclave,** tout objet qu'on utilise en le serrant entre les cuisses. •*Al-nâs dôl mâ min tafari.* Tous ces gens ne sont pas sous ma dépendance, ils sont de ma famille. •*Hû baji kulla yôm fî l bêt, da mâ acân hanâ tafari.* Il vient tous les jours à la maison, cela ne signifie pas qu'il est mon vassal. •*Hû da mâ min tafârna wa lâ min nafârna !* Celui-ci ne fait pas partie de nos esclaves et n'est pas de notre ethnie !

tafâsîl *pl.*, → *tafsîl.*

tafâsîr *pl.*, → *tafsîr.*

taffa / yitiff *v. trans.*, forme I n° 11, * dff, د ف ف
♦ **choisir, s'approprier, prendre, chiper,** saisir ce qui se présente à soi, prendre au vol. •*Anâ taffêtha lê Maryam acân hî mara kaji-kaji.* J'ai choisi Mariam parce que c'est une femme zélée dans son travail. •*Hû taffa kitâb sameh gubbâl axawânah.* Il a choisi un bon livre avant ses frères. •*Al-sarrâg yilammis al xumâm gubbâl mâ yitiffah.* Le voleur touche d'abord les affaires avant de les chiper.

taffah / yitaffih *v. trans.*, forme II, * ṭfḥ, ط ف ح
♦ **aplatir.** •*Hî taffahat al kisâr fî l-dôka.* Elle a aplati les galettes sur une plaque en fer. •*Al mara gâ'ide titaffih al ajîne hint al ka'ak.* La femme est en train d'aplatir la pâte des gâteaux .

taffar / yitaffir *v. intr.*, forme II, * ṭfr, ط ف ر
♦ **remonter son habit pour grimper, passer la croupière,** manière dont les femmes passent le pagne entre les jambes et le nouent par derrière avant de monter sur le bœuf porteur ; passer la croupière sous la queue de l'âne ou du chameau. •*Al mara taffarat acân tarkab fî l-tôr.* La femme a noué son pagne par derrière parce qu'elle va monter sur le bœuf. •*Al-rujâl mâ yitaffuru acân humman induhum sarâwîl tuwâl.* Les hommes n'ont pas besoin de passer leur vêtement entre les jambes parce qu'ils ont de grands pantalons.

tafha *adj. f.*, → *atfah.*

tâfih *adj. mrph. part.* actif, (*fém. tâfihe*), * tfh, ت ف ه
♦ **négligeable, futile, insignifiant(e),** sans importance. •*Al awîn birîdu bilkarrabo fî l kalâm al-tâfih.* Les femmes aiment donner de l'importance aux futilités. •*Mâ tahârij ma'â l-jîrân ! Muckilt al iyâl di tâfihe sâkit.* Ne te dispute pas avec les voisins ! Ce problème concernant les enfants est sans importance.

tafîre *n. f.*, → *tafar.*

tafrîj *n. m.*, terme de l'*ar. lit.* moins usité que *faraj*, *Cf. farraj*, * frj, ف ر ج
♦ **fait de mettre un terme à un malheur, fait de mettre fin à une épreuve, délivrance,** fait d'accéder à un temps de bonheur après le malheur. •*Tafrîj al hamm mâ babga illa be l-sabur.* On ne se libère des soucis qu'avec de la patience. •*Tafrîj dîxitna di mâ bagdar lêha illa Allah !* Il n'y a que Dieu seul qui puisse nous délivrer de cette épreuve !

tafrixa *n. f.*, * frq, ف ر ق
♦ **ségrégation, racisme, discrimination, clivage, apartheid.** •*Al-tafrixa gâ'ide fî kulla bakân.* La ségrégation raciale existe partout. •*Fî Ifrîxiya l-janûbiya al-tafrixa fâtat kulla l hudûd.* En Afrique du Sud, le racisme a dépassé ce que l'on pouvait imaginer [a dépasse les limites].

tafsîl / tafâsîl *n. m.*, *Cf. fassal*, * fṣl, ف ص ل
♦ **séparation, différence, détail.** •*Fî l ayyâm dôl fî tafâsîl ben al-cite wa l-sêf.* Ces jours-ci, on sent la différence entre l'hiver et la saison sèche. •*Fî Tcâd al-nâs ba'arfu tafâsîl al gabâ'il.* Au Tchad, les gens savent distinguer les différentes tribus.

tafsîr / tafâsîr *n. m.*, * fsr, ف س ر
♦ **commentaire coranique, explication du Coran,** livre commentant le Coran. •*Fî l-Ramadân, nasma'o tafsîr al-Xur'ân fî l-jâmiye.* Pendant le Ramadan, nous écouterons le commentaire du Coran à la mosquée. •*Kitâb al-faxîr da,*

tafsîr al Xur'ân. Le livre de ce faki est un commentaire du Coran. •*Kulla yôm ba'ad al fatûr râjili bamci l-jâmiye yasma' tafsîr al Xur'ân.* Tous les jours après le déjeuner, mon mari va à la mosquée pour écouter le commentaire du Coran.

taftîc *n. d'act., m.*, → *fatticîn*, * ftš, ف ت ش

♦ **contrôle, recherche, fouille.** •*Al askar gammo bisawwu taftîc fî l hille acân katîr min al-nâs mulabbidîn banâdig.* Les soldats se sont mis à fouiller le quartier parce que beaucoup de gens avaient caché des armes. •*Al bolîs gâ'idîn bisawwu taftîc hanâ l watâyir al mâ induhum awrâg rasmiye.* Les policiers sont en train de contrôler les véhicules dont les papiers ne sont pas en règle.

tâfûra / **tawafîr** *n. f.*, connu au *Sdn.* (*C.Q.*), ≅ le pluriel *tâfûrât*, voir le *Syn. safîne*,* ṯfr, ث ف ر

tâga / **tâgât** *n. f.*, terme utilisé à Abéché, * ṭwq, ط و ق

♦ **voussure, niche dans un mur, cavité,** cavité en forme triangulaire dans le mur de la chambre, servant d'étagère. •*Axlabiyit al buyût al mabniyîn be tîne fî Abbece induhum tâgât.* La plupart des maisons en terre d'Abéché ont des cavités servant d'étagères dans le mur. •*Al-tâga, hî misil finêtir mulawwas be barra, buxuttu fôgha fatâyil al itir walla bilbilo.* La *taga* est comme une fenêtre bouchée de l'extérieur et à l'intérieur de laquelle on pose les flacons à parfum ou la lampe à huile.

tagaddum *n. m.*, terme de l'*ar. lit.*, *Cf. zahifîn, gaddam*, * qdm, ق د م

♦ **progrès, avancement.** •*Akîd kan al petrôl marag baladna talga tagaddum.* Il est sûr que lorsque le pétrole sortira, notre pays progressera. •*Tagaddum hanâ kulla l buldân mâ babga illa be rabitîn sulub hanâ sukkânhum.* Le progrès de tout pays ne peut avoir lieu que si chacun des habitants se met sérieusement au travail [ceint ses hanches].

tagala / **tagalât** *n. f.*, * ṯql, ث ق ل

♦ **fardeau, charge.** •*Tagalt al xumâm al hassâ ciltaha fî râsi da, sawwat lêi waja râs.* Le fardeau que je viens de prendre sur la tête m'a donné des maux de tête. •*Al-jamal da mardân mâ bagdar bangul tagala.* Ce chameau est malade, il ne peut pas transporter une charge lourde.

tagdîm / **tagdimât** *n. m.*, * qdm, ق د م

♦ **avance.** •*Sâ'iti indaha tagdîm hanâ acara dagâ'ig.* Ma montre est en avance de dix minutes. •*Sâ'itak indaha tagdîm, wâjib tiwaddiha lê l-addâli.* Ta montre avance [a de l'avance], tu dois l'apporter chez le réparateur.

tagga 1 / **yutugg** *v. trans.*, *Cf. dagga, darab* ; forme I n° 5, * ṭqq, ط ق ق

♦ **frapper, heurter, cogner, marteler, taper.** •*Yâtu yutugg idênah fî l bâb da ?* Qui frappe [frappe ses mains] à cette porte ? •*Al wilêd tagga l funjâl fî l-tarbêza wa kassarah.* L'enfant a heurté le verre contre la table et l'a cassé. •*Al xaccâbîn taggo l bibân wa addalôhum.* Les menuisiers ont donné des coups de marteau sur les portes et les ont réparées. •*Rîht al xarîf taggatni.* J'ai senti l'odeur du vent de la saison des pluies. •*Anâ cammêt afana wa galbi taggâni.* J'ai senti une mauvaise odeur et j'ai eu un haut-le-cœur [mon cœur m'a tapé]. •*Al watîr mayyal wa l-rukkâb taggo l-sabat lê l-cofêr.* Le camion s'est penché et les passagers ont cogné sur le porte-bagages de la cabine pour avertir le chauffeur.

tagga 2 / **yutugg** *v. intr. {- lê}*, forme I n° 5,* ṭqq, ط ق ق

♦ **apparaître.** •*Al-sahâb tagga badri al-sana di.* Les nuages sont apparus tôt cette année. •*Al-râjil da al-jidâm tagga lêyah.* Les symptômes de la lèpre sont apparus sur cet homme.

taggag / **yitaggig** *v. trans.*, *Cf. tagga*, * ṭqq, ط ق ق

♦ **battre à grands coups, donner de nombreux coups, lyncher,** faire battre. •*Al-sallâk min al-ju' taggigah* *be l asa !* Celui qui t'a sauvé de la famine, frappe-le comme il faut avec un bâton ! *Prvb.* (*i.e.* Ne t'étonne pas de l'ingratitude !) •*Al iyâl taggago l kalib al-jahmân nammân mât.* Les enfants ont battu à mort le chien enragé.

taggâg *n. m.*, *Cf. faxâxa*, * ṭqq, ط ق ق

♦ **pulsation forte précédant l'agonie, derniers battements du cœur,** pression artérielle forte provoquant une pulsation visible à la base de la thyroïde. •*Al mardân rûhah fî l-taggâg.* Le malade a des pulsations cardiaques très fortes comme celles qui précèdent l'agonie. •*Al-nâdum kan jara katîr, taggâgah bugumm wa banzil ajala ajala.* Lorsque quelqu'un a couru, on voit les battements forts du cœur à la base de la thyroïde.

tagîl / tugâl *adj.*, (*fém. tagîle*), * ṯql, ث ق ل

♦ **lourd(e), fort** (parfum), **enceinte, pénible** (action). •*Cuwâl turâb tagîl min cuwâl al xalla.* Un sac de terre est plus lourd qu'un sac de mil. •*Al watâyir dôl tugâl acân câyilîn xumâm katîr.* Ces camions sont lourds parce qu'ils transportent beaucoup de choses. •*Al itir da tagîl bilhên, mâ wâjib lê l-râjil !* Ce parfum est trop fort, il ne convient pas aux hommes [il ne le faut pas pour l'homme] ! •*Al mara di tagîle mâ tahmal jagjigîn al humâr !* Cette femme est enceinte, elle ne supporte pas le trot de l'âne ! •*Al mardân da nafasah bigi tagîl.* Ce malade respire péniblement [sa respiration est devenue lourde].

tagim *n. m.*, *Syn. nô'.*

tâgiye / tawâgi *n. f.*, * ṭwq, ط و ق

♦ **chapeau, chéchia, bonnet, calotte.** •*Abui indah tâgiye bêda misil xalagah wa surwâlah.* Mon père a un chapeau blanc comme son boubou et son pantalon. •*Hassâ al-subyân mâ birîdu l-tawâgi.* A présent, les jeunes n'aiment pas porter de bonnet. •*Yôm al îd wilêdi waddar tâgitah fî bakân al-li'ib.* Le jour de la fête, mon enfant a oublié son chapeau sur l'aire de danse. •*Anâ indi xamsa tawâgi fî l bêt.* J'ai cinq bonnets à la maison.

tagtag / yitagtig *v. trans.*, *qdr.*, racine d'après *dict.* (*Ka.*), *onom.*, forme II, *Cf. tabtab*, * ṭqṭq, ط ق ط ق

♦ **frapper à, battre des mains ou des pieds, frapper, taper sur.** •*Al iyâl gâ'idîn bitagtugu fî l bâb.* Les enfants sont en train de frapper à la porte. •*Mâ titagtugu fî l-durdur, anâ nidôr nunûm.* Ne tapez pas sur le mur, je veux dormir.

Tâha *n. pr.* d'homme, nom des deux lettres commençant la vingtième sourate du Coran, un des noms du Prophète.

tâhac / yitâhic *v. trans.*, forme III, * wḥš, و ح ش

♦ **laisser *qqn.* seul, abandonner dans la solitude,** faire ressentir la solitude, éprouver avec nostalgie l'absence de *qqn.* •*Abûna tâhacâna fî l ayyâm al hû xâtir.* Notre père nous a manqué durant les jours où il était parti en voyage. •*Iyâli dôl tâhacôni min abuhum câlahum.* Mes enfants m'ont abandonnée dans la solitude depuis que leur père les a pris avec lui. •*Al-râjil da kulla yôm yitâhic âyiltah wa yagôd fî li'ib al karte.* Cet homme abandonne tous les jours sa famille pour jouer aux cartes.

tahace *n. f.*, ≅ *tahaca* comme en arabe *sd.*, *Cf. tâhac*, * wḥš, و ح ش

♦ **solitude.** •*Anâ kan jît dêfe al-tahace taktulni acân mâ na'arif nâdum.* Si j'arrive là comme une étrangère, je mourrai de solitude parce que je ne connais personne. •*Al-nâdum al-raxbân dâyiman yirîd al-tahace.* Celui qui est avare aime toujours vivre dans la solitude.

tahajjud *n. m.*, * hjd, ه ج د

♦ **nom d'une prière,** prière du Ramadan qui a lieu entre deux heures et trois heures du matin. •*Jiddi câyib bilhên, mâ yagdar yisalli salât al-tahajjud.* Mon grand-père est très âgé, il ne peut pas faire la prière du *tahajjud.* •*Al muslimîn bamcu salât* *al-tahajjud fî l-Ramadân.* Les musulmans vont à la prière du *tahajjud* pendant le Ramadan.

taham / yatham *v. trans.*, forme I n° 13, * whm, و ه م
♦ **accuser, soupçonner.** •*Hû taham rafîgah be sirge.* Il a accusé son ami de vol. •*Hî tahamat marit wilêdha be sahlaga.* Elle a accusé sa belle-fille d'être une délinquante. •*Al-nâs dôl kulluhum tahamôhum be katil al-dimme.* Tous ces gens-là ont été accusés de crime [ils les ont accusés].

tahamân *n. d'act., m.*, ≅ *tahimîn*, * whm, و ه م
♦ **soupçon, fait de soupçonner.** •*Mâ tirîd tahamân al-nâs bakrahok.* Ne prends pas l'habitude de soupçonner les autres, sinon tu seras haï. •*Tahamânak lêi da acân anâ gâ'id janbak wakit gursak waddar wallâ cunû ?* Est-ce parce que j'étais à côté de toi au moment où tu as perdu ton argent que tu me soupçonnes ?

tahâra / tahârât *n. f.*, * ṭhr, ط ه ر
♦ **purification.** •*Al-tahâra wâjib lê l mara wa lê l-râjil kula.* La purification du corps est obligatoire, aussi bien pour l'homme que pour la femme. •*Al ibâda mâ tukûn bala tahâra.* L'adoration ne peut se faire sans la purification du corps.

tahawa / tahawât *n. f.*, * ṭhw, ط ه و
♦ **friteuse,** gamelle à friture avec deux anses. •*Al mara tisallil fangâsu fî l-tahawa.* La femme fait frire ses beignets dans la friteuse. •*Al-tahawât fî l-sûg mâ xâliyîn bilhên.* Les friteuses ne coûtent pas très cher au marché. •*Fâtime najjadat al hût fî tahawa saxayre.* Fatimé a fait cuire les poissons dans la petite friteuse.

tahâyir *pl.*, → *tahûra.*

tahdîd *n. m., Cf. haddad*, * hdd, ه د د
♦ **menace, contrainte.** •*Mâ nagdar naxadim ma'âk be tahdîd wa tixawwifni min haggi.* Je ne peux ni travailler avec toi sous la contrainte, ni supporter que tu me fasses peur pour m'empêcher de faire valoir mes droits. •*Tahdîd hanâ l-sarrâgîn hassâ bigi be banâdig.* A présent les voleurs menacent leur victime avec des fusils.

tahhâm / tahhâmîn *adj.*, (*fém. tahhâma*), * whm, و ه م
♦ **soupçonneux (-euse),** enclin à soupçonner. •*Anâ mâ namsuk gurus hanâ l-nâdum al-tahhâm.* Je ne garderai pas l'argent de quelqu'un enclin à soupçonner les autres. •*Al mara di tahhâma bilhên wa râjilha tallagaha.* Cette femme était trop soupçonneuse et son mari l'a répudiée.

tahhar / yitahhir *v. trans.*, forme II, * ṭhr, ط ه ر
♦ **purifier, circoncire, exciser, laver, nettoyer.** •*Ammi sawwat âzûma acân tidôr titahhir axawâti.* Ma mère a organisé une invitation parce qu'elle veut faire exciser mes sœurs. •*Anâ tahhart xulgâni be almi nadîf min al-najâsa.* J'ai lavé mes habits avec de l'eau propre pour en enlever la saleté. •*Al-râjil aba mâ yitahhir banâtah.* L'homme a refusé de faire exciser ses filles. •*Be l ahad al-jâyi nidôr nitahhir iyâli.* Dimanche prochain, je voudrais faire circoncire mes enfants. •*Tahhir jildak lê l-salâ !* Purifie ton corps avant de faire ta prière !

tahharân *n. d'act.*, → *tahhirîn.*

tahhâri / tahhârîn *adj. n. m. mrph. intf.*, (*fém. tahhâra*), * ṭhr, ط ه ر
♦ **chirurgien (-enne), qui circoncit, qui pratique l'excision,** chirurgien traditionnel qui pratique la circoncision ou l'excision. •*Al-tahhâri da ênah mâ ticîf adîl.* Cet homme-là qui réalise les circoncisions n'a pas une bonne vue. •*Al-râjil al-tahhâri bêtah warâna.* La maison de l'homme qui circoncit est derrière la nôtre. •*Al-tahhâri azamoh fî l hille.* Le chirurgien qui pratique la circoncision a été invité en ville. •*Al-tahhâra bakkarât lê tahûrt al banât be fajur fajur.* Celle qui pratique l'excision est venue très tôt pour l'excision des filles.

tahhirîn *n. d'act., m.*, ≅ *tahharân, Syn. arrabân, arribîn*, * ṭhr, ط ه ر

♦ **fait de circoncire, circoncision, fait d'exciser, excision.** •*Umur hanâ l-tahhirîn lê l wulâd yagba min sitte sana lahaddi gabul al balûx.* C'est lorsque les garçons ont entre six et dix ans qu'arrive pour eux l'âge de la circoncision. •*Tahhirîn al wulâd sunna.* Circoncire les garçons est une tradition religieuse.

tâhim / tâhimîn *adj.*, (*fém. tâhime*), * whm, و ه م

♦ **soupçonneux (-euse), accusateur (-trice),** qui suspecte au point d'accuser. •*Umar tâhim jârah be sirge.* Oumar accuse son voisin de vol. •*Al-mara tâhime râjilha be sahlaga fî l hille.* La femme accuse son mari de traîner en ville sans raison.

tahimîn *n. d'act.*, → *tahamân.*

tâhir / tâhirîn *adj. mrph. part.* actif, (*fém. tâhire*), * ṭhr, ط ه ر

♦ **pur(e), purifié(e).** •*Al-nâdum kan mâ tâhir mâ yisalli.* Lorsque quelqu'un n'est pas pur, il ne fait pas la prière. •*Al mara al indaha hêt mâ tâhire.* La femme qui a ses règles n'est pas pure. •*Al mu'minîn gulûbhum tâhirîn min kulla coxol hawân, mâ yacrabo merîse, mâ yazno wa mâ yisirgu hagg al-nâs wa mâ yakdibu.* Les croyants ont le cœur purifié de toute chose mauvaise, ils ne boivent pas de boisson alcoolisée, ne commettent pas d'adultère, ne volent pas le bien d'autrui et ne mentent pas.

Tâhir *n. pr.* d'homme, *mrph. part.* passif, *litt.* pur, *Cf. tahhar*, * ṭhr, ط ه ر

Tâhire *n. pr.* de femme, → *Tâhir.*

Tahiyya *n. pr.* de femme, *litt.* salutation, * ḥyy, ح ي ي

tahmîr *n. d'act., m.*, * ḥmr, ح م ر

♦ **fait de fixer du regard, fait de dévisager,** fait de regarder fixement et sévèrement. •*Fî bêthum al-côf tahmîr wa l hije natîr.* Chez eux, le regard est dur et la parole sévère. •*Hû birîd tahmîr al banât.* Il aime dévisager les filles.

tahnîn *n. m., Cf. hinne, Syn. hanninîn*, * ḥn', ح ن ء

♦ **pose du henné, décoration avec le henné, tatouage au henné,** fait de poser du henné pour décorer le corps. •*Tahnîn al mara di ajab kulla l awîn.* La décoration de cette femme au henné a plu à toutes les femmes. •*Al arûs mâ yiwaddûha fî bêt râjilha, illa ba'ad tahnînha.* On ne conduit pas la mariée chez son mari tant qu'elle n'a pas été tatouée avec du henné.

tahniye *n. f.*, ≅ *tahniya*, * ṭḥn, ط ح ن

♦ **pâte de sésame sucré.** •*Al-tahniya, al iyâl birîdûha katîr.* Les enfants aiment beaucoup la pâte de sésame. •*Akil al-tahniye be l mappa halu min wihêdha acân indaha sukkâr katîr.* Il est meilleur de manger la pâte de sésame avec du pain, parce qu'elle est très sucrée.

tâhûna / tawâhîn *n. f., Cf. kanfâta* pour l'expression *tahûna kanfâta*, * ṭḥn, ط ح ن

♦ **moulin.** •*Al-tâhûna mâ rihikat al-xalla adîl.* Le moulin n'a pas bien écrasé le mil. •*Al-nâs mâ bihibbu baskunu janb al-tawâhîn acân bisawwu awwa katîre.* Les gens n'aiment pas habiter à côté des moulins parce qu'ils font beaucoup de bruit.

tahûra / tahâyir *n. f.*, * ṭhr, ط ه ر

♦ **circoncision, excision.** •*Al-tahûra tarja' al mâ wildoh.* La circoncision attend celui qui n'est pas encore né. •*Macêna l farîg fî tahûra hanâ iyâl xâli.* Nous sommes allés au campement pour la circoncision des enfants de mon oncle. •*Al-tahûra hint al mara, âde bas, mâ wâjib.* L'excision de la femme est simplement une coutume, elle n'est pas une obligation religieuse.

tahwa *n. f.*, → *tahawa.*

tâj / tijân *n. m.*, * twj, ت و ج

♦ **couronne.** •*Fî Tcâd al-salâtîn mâ balbaso tâj.* Au Tchad, les sultans ne portent pas de couronne. •*Zamân sultân hanâ Fransa balbas tâj hanâ dahab.* Autrefois, le roi de France portait une couronne en or.

Tâjaddîn *n. pr.* d'homme, pour *tâj al-dîn, litt.* couronne de la religion, *Cf. tâj, dîn.*

tâjar / yitâjir *v. trans.*, forme III, * tjr, ت ج ر

♦ **commercer.** •*Abui gâ'id bitâjir sukkar.* Mon père est en train de faire le commerce du sucre. •*Hû maca yitâjir fî Kamrûn.* Il est parti faire du commerce au Cameroun.

tajdîd *n. m.*, terme de l'*ar. lit.*, * jdd, ج د د

♦ **renouvellement, fait de renouveler.** •*Tajdîd hanâ l karte dandite al gidime mâ xâli.* Renouveler sa carte d'identité ne coûte pas cher. •*Al mara farrahat râjilha be tajdîd mucâtha.* La femme a fait plaisir à son mari en renouvelant sa coiffure.

tajhîz / tajhizât *n. m.*, *{- lê}*, * jhz, ج ه ز

♦ **préparation,** fait de rendre prêt *qqch.* •*Kabîrna sawwa tajhizâtah lê safarah.* Notre chef s'est préparé à partir en voyage. •*Anâ sawwêt tajhîzât lê Ramadân.* J'ai préparé tout ce qui est nécessaire pour le Ramadan.

tâjir / tujjâr *adj. n. m., mrph. part.* actif, (*fém. tâjire*), *Syn. tajjâri*, * tjr, ت ج ر

♦ **commerçant(e), marchand(e).** •*Iyâl al masâkîn ta'banîn ziyâda min iyâl al-tujjâr.* Les enfants des pauvres souffrent plus que ceux des riches. •*Al-tâjir da anta ma'wan lê l hâkûma.* Ce commerçant a donné une aide au gouvernement. •*Hî bigat tâjire kabîre.* Elle est devenue une grande commerçante.

tajjâri / tajjârîn *adj. n. m. mrph. intf.*, voir le *Syn. tâjir*, * tjr, ت ج ر

tajlîd *n. d'act., Cf. jilâde*, * jld, ج ل د

♦ **fait de couvrir de cuir, fait de réaliser une reliure en cuir .** •*Tajlîd al wargât wa l kutub xidime gadîme fî Abbece.* Recouvrir de cuir les amulettes et les livres est un travail très ancien à Abéché. •*Al-nâdum al jallad lêk kitâbak da mâ ba'arif tajlîd.* Celui qui a recouvert ton livre ne sait pas réaliser une belle reliure en cuir.

tajnîd *n. d'act., m.*, * jnd, ج ن د

♦ **enrôlement, recrutement.** •*Al hâkûma hint Tcâd waggafat al-tajnîd hanâ l askar.* Le gouvernement du Tchad s'est arrêté de recruter des soldats. •*Hassâ mana'o tajnîd al iyâl al-dugâg.* A présent, il est interdit de recruter de jeunes enfants dans l'armée.

tajtaje *n. f., Cf. gurlûm.*

♦ **fusil traditionnel,** fusil de fabrication locale. •*Zamân al-nâs bidâwusu be tajtaje.* Autrefois, les gens se faisaient la guerre avec des fusils traditionnels. •*Al-tajtaje bundug hanâ zamân, indah talga wahade bas.* Le *tajtaje* est un fusil d'autrefois à un seul coup.

tâjûn / tawâjîn *n. m.*, * ṭjn, ط ج ن

♦ **marmite à sauce,** marmite en aluminium réservée pour la cuisson de la sauce. •*Sawwat lêna mulâh tâjûn.* Elle nous a préparé une marmite de sauce. •*Hassâ, al awîn xallo daribîn al mulâh fî l kalâyil, badurbu fî l-tawâjîn.* Maintenant les femmes ont délaissé la petite marmite en terre, elles préparent la sauce dans une marmite en aluminium.

tajwîd *n. m., Cf. jawwad*, * jwd, ج و د

♦ **récitation psalmodiée du Coran,** récitation du Coran selon des règles très précises fixant l'articulation, les modulations et les poses. •*Tajwîd al Xur'ân indah xawâ'id.* La récitation psalmodiée du Coran a ses règles. •*Yôm al îd sawwo musâbaga hint tajwîd al Xur'ân fî jâmiyit Ambasatna.* Le jour de la fête, un concours de récitation du Coran a été organisé dans la mosquée du quartier Ambasatna.

tak *invar.*, *onom.* connue au *Sdn.* (*C.Q.*), *Cf. tak ke.*
♦ **seulement, pleinement, entièrement.** •*Faddal fî jêbi riyâl wâhid tak.* Il ne me reste en poche qu'un seul riyal. •*Batuni ammalat tak.* J'ai le ventre plein. •*Al-nâdum da muta'allim, râsah malân tak.* Cette personne est instruite, sa tête est pleine comme un œuf.

tak ! *invar.*, *onom.* accompagant le verbe *gata'* (couper).
♦ **net !, tak !,** d'un seul coup. •*Al humar gata' al habil, tak !* L'âne a coupé la corde d'un seul coup, tak ! •*Al-jazzâri gata'a ragabta al kabic, tak ! be sakkinah.* Le boucher a tranché net le cou du bélier, tak !

tak ke *invar.* après un nom ou un adjectif, on écrira aussi *takke*, (après un pronom → *tuk ke*), *Cf. tak.*
♦ **vraiment, bien, absolument, complètement, entièrement.** •*Al-jâmiye malâne tak ke nâs yôm al-jum'a.* La mosquée est vraiment pleine de monde le vendredi. •*Al iyâl ciribo l-laban tak ke kammaloh.* Les enfants ont bu tout le lait sans en laisser une goutte. •*Al xalla tak ke kammalat.* Le mil est complètement achevé. •*Al-duwâne malyâne takke !* Le canari est plein à ras bord !

taka 1 / yatki *v. trans.*, forme I, venant de la forme VIII du verbe *waka*, *Cf. dict.* (*Ka.*) articles تكا [*taka'*] et وكا, [*wakâ*], * wk', و ك ء
♦ **appuyer** ***qqch.*** **contre ou sur.** •*Yâtu taka l biric da hini wa fât ?* Qui a posé [appuyé] la natte ici et est parti ? •*Atki l-sarîr fî l-durdur wa gucci bêtna !* Appuie le lit contre le mur et balaye notre maison !

taka 2 *pl.*, hypothèse dans la racine, *Cf. takiye*, * wk', و ك ء
♦ **clôture en tiges de mil, paille liée formant une clôture, panneau végétal,** cadre en bois fixé en terre sur lequel on attache des tiges de mil ou de l'herbe haute pour former une clôture. •*Al-nâs babnu hîcânhum be taka hanâ agêg.* Les gens ont délimité [construit] leur concession avec des clôtures de tiges de mil. •*Taka hanâ l-lugdâbe di gidim.* Ce panneau qui recouvre cet abri est vieux. •*Al-taka mâ bingalla acân hû mâ madfûr.* La clôture en paille ne se transporte pas parce qu'elle n'est pas tressée.

takaka *pl.*, → *tukk.*

takâki *pl.*, → *tukkiye.*

takal takal *invar.* expression.
♦ **remis(e) à un autre, confié(e) à un autre,** se dit d'un travail ou d'un objet qu'on a reçu et dont on se décharge sur un autre. •*Xumâmi l xallêtah fî l-sûg da, jîbu lêi ma'âku, mâ tixalluh takal takal ke yiwaddir !* J'ai laissé mes affaires au marché, rapportez-les avec vous, ne les confiez pas à d'autres pour éviter qu'elles ne se perdent ! •*Kan tidôr tahâfiz lê xumâmak, mâ tixallih lê l-nâs takal takal !* Si tu veux conserver tes affaires, ne les laisse pas à des gens qui les confieront à d'autres ! •*Al mara kan tidôr xidimit bêtha tamci adîl, mâ tixalliha takal takal lê l xaddâma.* Lorsque la femme veut que les travaux domestiques soient bien réalisés, elle précise exactement ce que doit accomplir sa servante.

takâsi *pl.*, → *taksi.*

takâya *pl.*, → *takiye.*

takâzo *pl.*, → *tukuzo.*

takiye / takâya *n. f.*, hypothèse dans la racine, ≃ le pluriel *takâyât*, *Cf. daraga, carganiye*, * wk', و ك ء
♦ **paravent, abri, clôture, panneau,** tiges de mil verticales serrées et solidement reliées. •*Al-takiye di bissawuha be matârig wa agêg wa lihe.* On fabrique ce paravent avec des verges et des cannes de mil tenues ensemble par un lien tiré d'une écorce. •*Be l-takâya bikôjuru bêhum wallâ bakfoh bêhum al-dawângi.* Avec les paravents, on clôture des concessions et on couvre le toit des maisons. •*Al-*

nâs bikajjuru hîcânhum be takâya hiney agêg. Les gens clôturent leur concession avec des panneaux de tiges de mil.

takka / yitakki *v. trans.*, forme II, *Cf. taka, antaka*, * wk', و ك ء,

♦ **s'appuyer, être adossé(e) à.** •*Al mardân takka fî axuh hatta gidir gamma.* Le malade s'est appuyé sur son frère avant de pouvoir se lever. •*Âdum iyi wa takka fî l-cadaray.* Adoum est fatigué et s'est appuyé contre l'arbre. •*Takki biskilêtak fî l-durdur wa ta'âl !* Mets ta bicyclette contre le mur et viens !

takkam / yitakkim *v. trans.*, *empr.* (Ouaddaï) connu au *Sdn.*, forme II.

♦ **concasser, broyer, écraser, aplatir,** taper avec une pierre ou avec un pilon dans un mortier. •*Al mara takkamat lêha carmut fî l fundûg.* La femme a écrasé pour elle de la viande séchée dans le mortier. •*Al banât takkamo nabag amis.* Hier, les filles ont concassé des jujubes. •*Mâ titakkumu l kîbân tisawwu lêna awwa !* Arrêtez de taper sur les boîtes en fer pour les aplatir, vous nous cassez les oreilles ! •*Takkim lêi al-dringêl al-dugâg da acân nardim beya l bakân da min margad al almi.* Casse ces bouts de briques en petits morceaux pour que je remblaie cet endroit et que l'eau n'y stagne plus.

takkamân *n. d'act.*, *m.*, → *takkimîn.*

takkân *n. d'act.*, *m.*, → *takkîn.*

takkâsa *pl.*, → *takkâsi.*

takkâsi / takkâsa *n. m.*, *empr. fr.*, *Cf. taksi.*

♦ **chauffeur de taxi.** •*Jît muta'axxir fî l xidime acân al yôm al-takkâsa adrabo.* Je suis arrivé en retard au travail parce qu'aujourd'hui les chauffeurs de taxi sont en grève. •*Axui takkâsi, baxadim fî darib hanâ Farca.* Mon frère est chauffeur de taxi, il travaille sur la route de Farcha.

takke *invar.*, → *tak ke.*

takkimîn *n. d'act.*, *m.*, ≅ *takkamân*, *Cf. takkam.*

♦ **broyage, concassage, écrasement, aplatissement.** •*Takkimîn al amkurnâka gâsi, sawwa lêi waja' îd.* C'est pénible de broyer des amandes de savonnier, cela m'a fait mal au bras. •*Takkimîn al iyâl fî l kîbân daharâni l-nôm.* Le bruit des enfants aplatissant des boîtes de conserve m'a empêché de dormir.

takkîn *n. d'act.*, *m.*, ≅ *takkân*, * wk', و ك ء

♦ **appui, fait de s'appuyer.** •*Anâ naxâf min al-takkîn fî l-durdur fî l xarîf.* J'ai peur de m'appuyer contre le mur en saison des pluies. •*Al-takkîn fî l wassâde sawwa lêi waja' ragaba.* Le fait de m'appuyer sur le coussin m'a fait mal au cou.

taksi / takâsi *n. m.*, *empr. fr.*, ≅ *taski*, et pour le pluriel *taksiyât.*

♦ **taxi.** •*Al-taksi bangul al-nâs min bakân lê bakân be icirîn.* Un taxi transporte les gens d'un lieu à un autre pour vingt riyals. •*Jît muta'axxire fî l xidime acân al yôm al-takkâsa adrabo mâ fî taksi burûx.* Je suis arrivée en retard au travail, parce qu'aujourd'hui les chauffeurs de taxis sont en grève et qu'aucun taxi ne circule.

taksi kurus *n. m.*, *empr. fr.*

♦ **taxi course,** taxi loué par un seul client par opposition aux autres taxis (taxis lignes) qui suivent un itinéraire fixe avec un prix fixe. •*Kan indi gurus, nicîl taksi kurus lê l-Digêl.* Lorsque j'ai de l'argent, je prends le "taxi course" pour Diguel. •*Kan al-taksi nadêtah jâ lêk fî l bêt, illa tikaffî kurus.* Quand tu demandes au taxi de t'emmener jusque devant ta maison, tu dois payer le tarif d'une course.

taksiyât *pl.*, → *taksi.*

takwîn / takwinât *n. d'act.*, *m.*, * kwn, ن و ك

♦ **formation, composition, constitution.** •*Al yôm aciye yukûn al-takwîn hanâ l hâkûma l-jadîde.* Ce soir aura lieu la formation du nouveau gouvernement. •*Al-nâdum kan bidôr* *takwîn hanâ nafsah fî l mustaxbal, yarbut sulbah wa yaxadim adîl.* Lorsque quelqu'un veut être bien formé pour assurer son avenir, il se met au travail avec courage.

tal *invar., intf.* de couleur, dans l'expression *abyad tal, Syn. abyad karr,* → *karr 1.*

tâl / yutûl *v. intr., Cf. tawwal* ; forme I n° 4, * ṭwl, ط و ل

♦ **durer, se prolonger.** •*Kan tisawwi zên, umrak yutûl !* Si tu fais du bien, tu vivras vieux [ton âge durera] ! •*Al xidime kan wakitha tâl tijîb al ajaz.* Le travail qui dure trop longtemps est fatigant. •*Kan umrak tâl ticîf dabah al-jumâl be l-tubugân.* Si tu vis longtemps, tu verras égorger des chameaux avec des vans (*i.e.* tu verras des choses inimaginables).

tala / yatli *v. trans.*, forme I n° 7, * tlw, ت ل و

♦ **réciter le Coran, lire le Coran,** lire ou réciter le Coran avec les modulations. •*Ahmat tala l Xur'ân marritên.* Ahmat a récité deux fois le Coran. •*Fî Ramadân kulla l faxara fî l-jawâmi yatlu l Xur'ân.* Pendant le Ramadan, tous les fakis récitent le Coran dans les mosquées. •*Abui kan yatli, nâdum bikallim ke mâ fîh, ille nasma'o bas.* Lorsque mon père récite le Coran, personne ne parle, nous sommes tout ouïe.

tala' / yatla' *v. trans.*, ≅ l'*inacc. yatala'*, forme I n° 15, * ṭlʕ, ط ل ع

♦ **grimper, monter sur.** •*Al-jidâde tala'at fî râs al kûzi.* La poule est montée sur le toit de la case. •*Natla'o l-cadar, nidallu bêd al-têr.* Nous grimperons aux arbres pour dénicher les œufs d'oiseaux.

tala'ân *n. d'act., m.,* → *tali'în.*

talab 1 / yatlub *v. trans. {- min}*, forme I n° 1, * ṭlb, ط ل ب

♦ **demander *qqch.* à *qqn.*** •*Hû talab uxniya fî Radyo-Tcâd acân yifarrih iyâlah.* Il a demandé que Radio-Tchad diffuse une chanson pour réjouir ses enfants. •*Talabt gurus dên min kabîri fî l xidime.* J'ai demandé une avance à mon patron. •*Amis, wilêdi talab al-simah min abuh.* Hier, mon fils a demandé pardon à son père.

talab 2 *n. m., Syn. talibîn, talabân,* * ṭlb, ط ل ب

♦ **demande.** •*Hû gaddam talabah lê l mudîr lâkin lissâ mâ nâdoh fî l xidime.* Il a présenté sa demande au directeur, mais il n'a pas encore été convoqué pour travailler. •*Yôm al ahad nasma'o fî l-râdyo talab al mustami'în.* Le dimanche, nous écoutons à la radio les chansons demandées par les auditeurs.

tâlab / yitâlib *v. trans.*, forme III, * ṭlb, ط ل ب

♦ **demander, réclamer, revendiquer,** réclamer *qqch.* que l'on désire. •*Hû maca yitâlib gursah min rufugânah.* Il est allé réclamer l'argent que lui devaient ses amis. •*Hûmman tâlabo bidôru hurriyathum.* Ils ont revendiqué leur liberté.

talaba *pl.,* → *tâlib,* * ṭlb, ط ل ب

talabân *n. d'act., m.,* ≅ *talibîn, Cf. talab.*

♦ **demande,** fait de demander. •*Talabân Abu Mahammat binêyit Abu Zênaba lê wilêdah, jâb lêhum al mahanna.* Le fait qu'Abou Mahamat demande pour son fils la main de la fille d'Abou Zénaba a apporté la tendresse entre les deux familles. •*Talabân al axâni fî Radyo-Tcâd yôm al ahad ba'ajib nâs katîrîn.* Le fait que l'on demande à Radio-Tchad de diffuser des chansons le dimanche plaît à beaucoup de gens.

tâlabân *n. d'act., m.,* ≅ *tâlibîn, Cf. tâlab.*

♦ **réclamation.** •*Tâlabân murattabah da, min haxxah !* C'est son droit de réclamer le versement de son salaire ! •*Tâlibînna be ziyâdit murattabâtna da, lissâ l hâkûma mâ xassadat beyah.* Le gouvernement n'a pas encore accepté la réclamation que nous avons faite pour l'augmentation de nos salaires.

talâf *n. m.*, *Cf. xarâb, tallaf*, * tlf, ت ل ف

♦ **gaspillage, détérioration, ruine.** •*Talâf al bêt da min almi hanâ l xarîf.* Cette maison a été abîmée par l'eau de la saison des pluies. •*Anâ mâ nirîd talâf al ma'îce.* Je n'aime pas le gaspillage de la nourriture. •*Ahmat wa martah, talâf axîdithum da min jârah.* La détérioration des liens du mariage entre Ahmat et sa femme vient de leur voisin. •*Mâ induhum niye hanâ bani l-dâr, jâyîn lê l-talâf.* Ils n'ont pas l'intention de construire le pays, ils sont venus pour le ruiner.

talag / yatlig *v. trans.*, forme I n° 6, voir plus bas les expressions *talag al-dêd, talag wijihah*, * ṭlq, ط ل ق

♦ **relâcher, détacher, laisser partir, libérer, abandonner.** •*Amis al baggâri talag ijjâlah min al-zerîbe.* Hier, le vacher a relâché ses veaux qui étaient dans l'enclos. •*Kulla yôm Yûsuf yatlig juwâdah fî l gecc al axadar.* Tous les jours, Youssouf laisse son cheval dans l'herbe verte. •*Al iyâl talago l xanam al-sîd al-zere' karabâhum amis.* Les enfants ont détaché les chèvres que le propriétaire du champ avait attrapées hier. •*Al-râjil da talag iyâlah.* Cet homme a abandonné ses enfants. •*Caddêna wa maddêna wa Allah mâ talag lêna... Di l-ligdâbe.* Nous avions préparé notre monture et commencions à nous mettre en mouvement, mais Dieu ne nous a pas laissés partir... C'est l'abri. *Dvnt.* •*Atlig al-albil dôl, xallihum yasraho !* Détache les chameaux, qu'ils aillent au pâturage ! •*Al masâjîn al yôm talagôhum.* Aujourd'hui on a libéré les prisonniers.

talâg / talâgât *n. m.*, * ṭlq, ط ل ق

♦ **répudiation, divorce.** •*Al-talâg kan ja, misil al ajal.* Si le divorce a eu lieu, c'est qu'il était déjà prévu et qu'il devait arriver. •*Kutra l macâkil bijîb al-talâg.* La multiplicité des palabres conduit au divorce [apporte le divorce].

tâlag / yitâlig *v. intr.*, forme III, * ṭlq, ط ل ق

♦ **être en travail** (femme qui accouche)**, être en gésine, être dans les douleurs de l'accouchement.** •*Marit rafîgi gâ'ide titâlig min amis fî l-labtân wa lissâha mâ wildat.* La femme de mon ami est en travail à l'hôpital depuis hier, mais elle n'a pas encore accouché. •*Hî mâ tâlagat katîr bas wildat.* Elle a accouché sans avoir eu beaucoup de douleurs. •*Al mara kan gammat titâlig ajala ke binâdu l wallâda.* Lorsque la femme commence à ressentir les douleurs de l'enfantement, on appelle vite l'accoucheuse.

talag al-dêd expression, *litt.* il a lâché le sein maternel, * ṭlq, ط ل ق

♦ **enfant abandonné(e), exclu(e), délinquant(e), gosse de rue.** •*Zamân al-nâdum kan bâkul fî l mat'am bucûfu misil talag al-dêd.* Autrefois, lorsque quelqu'un mangeait dans un restaurant, on le prenait pour un exclu. •*Al binêye di nihise mâ tagôd bakân wâhid misil talag al-dêd.* Cette fille est têtue, elle ne reste pas sur place, comme une délinquante.

talag wijhah / yatlig wijhah expression, *litt.* il a relâché son visage, *Ant. karab wijhah*, * ṭlq, wjh, ط ل ق ، و ج ه

♦ **avoir un visage souriant, faire bonne figure, se détendre,** être content d'accueillir quelqu'un. •*Anâ simît (simi't) kadar hû hâraj ma'â martah, wa gayyal ke za'alân, lâkin min câfani talag lêi wijhah.* J'ai entendu qu'il s'était disputé avec sa femme et qu'il était resté fâché pendant le temps de la sieste, mais dès qu'il m'a vu, il a fait bonne figure. •*Kan mâ tidôr talga macâkil ma'â xaddâmînak, atlig lêhum wijhak dâyimân !* Si tu ne veux pas avoir d'ennuis avec tes ouvriers, aborde-les toujours avec un visage souriant !

talaga *n. f.*, ≅ *talga* pour désigner les douleurs précédant l'accouchement, → *talga.*

talagân *n. d'act.*, → *taligîn.*

tâlal / yitâlil *v. intr.*, → *ta'lal*, * ʕll, ع ل ل

talâlîs *pl.*, → *tillîs.*

talâmîz *pl.*, → *tilmîz.*

talas / yatlus *v. trans.*, forme I n° 1, * ṭls, ط ل س

♦ **enduire, lisser une surface, crépir,** passer de la boue pour boucher les interstices et imperméabiliser. •*Jâri talas durdur bêtah be sima.* Mon voisin a enduit le mur de sa maison avec du ciment. •*Mâ tatlus al-hôt be l-tîne l-afne di, titallif al almi lê l bagar !* N'enduis pas l'abreuvoir avec cette glaise pourrie, tu rendrais l'eau mauvaise pour les vaches ! •*Al wilêd talas mulâh fî xalagah.* L'enfant a mis plein de sauce sur son vêtement en s'essuyant la main.

talasân *n. d'act., m.*, → *talisîn.*

(al)-talât nom d'un jour de la semaine, pour *yôm al-talât*, * ṯlṯ, ث ل ث

♦ **mardi.** •*Al yôm al-tâlit fî ayyâm al usbû' usumah al-talât.* Le troisième jour de la semaine s'appelle mardi. •*Fî kulla usbu, yôm al-talât anâ mâ indi xidime.* Chaque semaine, le mardi est pour moi un jour de repos.

talâta / talâtât nombre cardinal, ≅ *talâte*, * ṯlṯ, ث ل ث

♦ **trois, les trois jours de condoléances,** les trois jours qui suivent le décès et pendant lesquels on reçoit ceux qui viennent présenter leurs condoléances. •*Rujâl talâta daxalo fî bêtna.* Trois hommes sont entrés chez nous. •*Indi talâta yôm ke mâ ciftak !* Cela fait trois jours que je ne t'ai pas vu ! •*Ba'ad sadaxa hanâ l-talâtât, al-subyân fartago l bâc.* Après les trois jours de condoléances, les jeunes gens ont démonté la tente.

(al)-talâta *n. m.*, pour : yôm al-talâta, mardi, → *talât*, * ṯlṯ, ث ل ث

talâte nombre cardinal, → *talâta.*

talâtil *pl.*, * tltl, ت ل ت ل

♦ **bajoues, amygdales.** •*Talâtîl al-dikk humur misil al-catte.* Les bajoues du coq sont rouges comme du piment. •*Da farrûj lissâ mâ indah talâtîl.* C'est un poussin, il n'a pas encore de bajoues. •*Anâ masakatni warama fî talâtili, mâ nagdar nacarab almi.* J'ai une inflammation des amygdales [enflure dans mes amygdales], je ne peux plus boire d'eau.

talâtîl *pl.*, → *taltâl.*

talâtîn nombre cardinal, * ṯlṯ, ث ل ث

♦ **trente.** •*Al-cahar bikammil fî talâtîn yôm.* Le mois se terminera dans trente jours. •*Gâlat hî mâ tagdar ti'akkil talâtîn nafar be tultumiya.* Elle a dit qu'elle ne pouvait pas nourrir trente personnes avec trois cents riyals.

talattâcar nombre cardinal, * ṯlṯ, ʕšr, ث ل ث • ع ش ر

♦ **treize.** •*Ga'ad talattâcar yôm ma'âna wa xatar.* Il est resté treize jours avec nous, puis est parti en voyage. •*Funjâl al-sukkar be talattâcar riyâl fî l-sûg.* Un verre de sucre coûte treize riyals au marché. •*Wilêdi umrah talattâcar sana.* Mon enfant a atteint l'âge de treize ans.

talâyi' *pl.*, → *talî'e.*

talda *v.* à l'*inacc.*, → *wilid.*

talfân / talfânîn *adj.*, (*fém. talfâne*), * tlf, ت ل ف

♦**, ignorant(e), idiot(e) hors d'usage, abîmé(e).** •*Al wilêd al-saxayyar talfân, hû mâ ba'rif bafsul al-sameh min al-cên.* Le petit enfant ne connaît rien, il ne sait pas distinguer le bien du mal. •*Al bangâw da talfân, mâ nagdaro nisawwuh mulâh.* Cette patate douce est abîmée, on ne peut pas la mettre dans la sauce.

talga 1 / talgât *n. f.*, ≅ *talge, talaga*, * ṭlq, ط ل ق

♦ **contraction, douleur,** contractions et douleurs précédant l'accouchement. •*Axti talga karabatha min amis.* Ma sœur a ressenti ses premières contractions hier. •*Al mara kan hassat* *be talgât, wâjib tamci l-labtân.* Lorsque la femme ressent les contractions précédant l'accouchement, elle doit aller à l'hôpital. •*Al-talga harre misil al maktal.* La douleur de l'accouchement est telle qu'on croit mourir [est brûlante comme l'agonie].

talga 2 / talgât *n. f.*, *Cf. kartûc*, * ṭlq, ط ل ق

♦ **coup de feu, coup de fusil.** •*Al-sarrâg antoh talga wahade fî râsah.* On a tiré un coup de fusil à la tête du voleur. •*Fî l-lêl, nasma' talgât min al-duwân fî l barcâta.* La nuit, j'entends les coups de feu que les douaniers tirent sur les contrebandiers.

talha *n. vég., coll., f., sgtf. talhay*, * ṭlḥ, ط ل ح

♦ **nom d'un arbre, mimosa épineux, Acacia seyal (Del.), Acacia stenocarpa (Hochst.)**, famille des mimosacées. •*Al-talhay hamra wa indaha côk tuwâl wa abyad.* L'Acacia seyal est rouge et a de longues épines blanches. •*Al ôfôre karabo l-nâdum al gatta' al-talha.* Les agents des Eaux et Forêts ont arrêté la personne qui avait coupé les mimosas épineux. •*Al-talha indaha samux.* L'Acacia seyal produit de la gomme arabique.

tâli *n. m.*, *Cf. garîb, agrabûn*, * ṭlʕ, ط ل ع

♦ **ascendance, parent.** •*Mâ indi tâli wa lâ wâli fî l-dâr di.* Je n'ai ni parent ni tuteur dans ce pays. •*Indi tâli ja ma'â l hâkûma l-jadîde.* J'ai un de mes parents qui se trouve dans [qui est venu avec] le nouveau gouvernement.

tâli' / tâli'în *adj. mrph. part.* actif, forme I, *Cf. tala'*, (*fém. tâl'e*), * ṭlʕ, ط ل ع

♦ **montante(e), ascendant(e),** qui monte, qui est en train de monter. •*Ba'ad al maxrib, cift al gamar tâli'.* Après le coucher du soleil, j'ai vu la lune monter. •*Al bannâyîn tâli'în fî râs al bêt.* Les maçons sont en train de monter sur le toit de la maison. •*Be fajur al harray tâli'e min sabah.* Au matin, le soleil monte à l'est.

talî'e / talâyi' *n. f.*, terme militaire, *Cf. rawwâx*, * ṭlʕ, ط ل ع

♦ **avant-garde, éclaireur, émissaire.** •*Gawwamna talî'e min amis macat ta'akkid lêna min marâkiz al adu.* Nous avons envoyé hier un éclaireur afin qu'il nous permette de connaître avec exactitude les positions de l'ennemi. •*Al-talî'e irfat bakân margad al adu.* L'avant-garde sait où campe l'ennemi. •*Al-sayyâra bugûlu rassalo l-talî'e tifattic lêhum bakân hanâ almi acân yanzulu fôgah.* Les nomades disent qu'ils ont envoyé un éclaireur à la recherche d'un endroit où il y a de l'eau afin de s'y installer.

tali'în *n. d'act.*, ≅ *tala'ân*, * ṭlʕ, ط ل ع

♦ **fait de monter, fait de grimper, le lever.** •*Tali'în al gusûr kulla yôm gâsi bilhên.* Monter à l'étage chaque jour est très pénible. •*Al wilêd daxal fî bêti gubbâl tali'în al harray.* L'enfant est entré chez moi avant le lever du soleil.

talîb / tulaba' *adj.*, (*fém. talîba*), * ṭlb, ط ل ب

♦ **prétendant,** qui demande la main d'une femme. •*Al binêye di lê hassâ mâ ligat talîb.* Cette fille n'a pas trouvé de prétendant jusqu'à maintenant. •*Anâ xâtir binêyti di kan bân lêha talîb jawwuzûha !* Je pars en voyage ; si un prétendant se présente, mariez-le avec ma fille !

tâlib / tullâb *adj.*, (*fém. tâlibe*), ≅ le pluriel *talaba*, * ṭlb, ط ل ب

♦ **élève, étudiant(e).** •*Axui tâlib fî l-jâmi'a.* Mon frère est étudiant à l'université. •*Al-tâlib da najah fî l imtihân.* Cet étudiant a été reçu à ses examens. •*Al-tullâb bidôru bisawwu muzâharât.* Les étudiants voulaient organiser des manifestations.

talibîn *n. d'act., m.*, → *talabân.*

tâlibîn *n. d'act.*, → *tâlabân*, *Cf. tâlab 3.*

taligîn *n. d'act., m.*, ≅ *talagân*, *Cf. talag*, * ṭlq, ط ل ق ⇨

♦ **relâchement, libération, renvoi, détachement, abandon.** •*Taligîn al wijih bijîb lê l-zôl caraf.* Avoir un visage souriant est une marque d'honneur pour celui que tu accueilles. •*Al mardân kan mâ ligi afîtah, taligînah min al-labtân mâ zên.* Lorsqu'un malade n'a pas recouvré la santé, ce n'est pas bien de le renvoyer de l'hôpital. •*Ajab ! Cîf taligîn hanâ iyâl dôl fî l-cawâri misil mâ induhum ammahât.* Étonnant ! Regarde ces enfants abandonnés à eux-mêmes dans les rues comme s'ils n'avaient pas de mère.

talij *n. m., Syn. glâs,* * ṯlj, ث ل ج
♦ **glace.** •*Fî wakt al hamu, al-nâs birîdu l almi l bârid hanâ l-talij.* Quand il fait chaud, les gens aiment boire de l'eau fraîche avec des glaçons. •*Al-talij sûgah gâyim fî l-sêf.* Le commerce de la glace se développe beaucoup pendant la saison chaude.

talis *n. m., Cf. talisin,* * ṭls, ط ل س
♦ **enduit, crépi.** •*Al-tîne kan mâ lâyûka, mâ tanfa' fî l-talis.* Lorsque la glaise n'est pas visqueuse, elle ne peut servir d'enduit. •*Al xarîf kan garrab, kulla l-nâs bihtammo be talis hanâ buyûthum.* Lorsque la saison des pluies arrive, tout le monde se soucie de l'enduit de sa maison. •*Al-dangay di tutcurr almi, talisha mâ adîl.* Le toit en terre de cette maison a une gouttière, son enduit n'est pas bon.

talisîn *n. d'act., m., ≅ tallisîn, tallasân, talasân,* * ṭls, ط ل س
♦ **enduit, fait d'enduire, fait de crépir, crépissage.** •*Kan xalâs kammaltu talisîn râs al bêt, amcu xaddu.* Quand vous aurez fini d'enduire le toit de la maison, allez déjeuner. •*Tallisîn al hôt da sawwa lêi waja sulub.* Le fait d'avoir enduit de glaise l'abreuvoir m'a fait mal aux hanches. •*Al-talasân mâ hayyin mîn ballîn al-tîne.* Poser et lisser l'enduit n'est pas plus facile que d'humidifier l'argile en la malaxant.

tâlit / tâltîn *adj.,* nombre ordinal, (*fém. tâlte*), * ṯlṯ, ث ل ث
♦ **troisième.** •*Yôm al-talâta, al yôm al-tâlit fî l usbu'.* Le mardi est le troisième jour de la semaine. •*Hî najahat fî l imtihânât wa jat nimra talâte.* Elle a réussi ses examens et obtenu la troisième place. •*Al mâci da wilêdi l-tâlit.* Celui qui va là-bas est mon troisième fils.

talko *invar., empr.* rare, ne se trouvant que dans certaines devinettes traditionnelles.
♦ **quelque chose.** •*Talko fî talko, wa talko mä'allag... Dôl iyâl al hajlîj.* C'est quelque chose dans quelque chose, et ce quelque chose est pendu... Ce sont les drupes de savonnier. *Dvnt.*

talla / yitill *v. trans.,* forme II, *Cf. sâm 2,* * tll, ت ل ل
♦ **vendre en marchant, faire du porte à porte, faire du démarchage,** chercher les clients en se déplaçant avec sa marchandise. •*Iyâl al-lekkôl wahadîn fî l batâla yitillu budâ'a acân yalgo hagg al kâye wa l bîk wa l xulgân.* Pendant les vacances, certains écoliers font du porte à porte en vendant des marchandises, afin de gagner de quoi s'acheter un cahier, un stylo et des habits. •*Al-tâjir da, zamân yitill bas wa hassa sawwa dukkân.* Autrefois, ce commerçant était un marchand ambulant, mais à présent il a sa boutique.

talla' / yitalli' *v. trans.,* forme II, * ṭlʕ, ط ل ع
♦ **obtenir, se faire délivrer un objet, désigner.** •*Min wildôh nammin bigi râjil mâ talla' karte dandite.* Depuis sa naissance, cet homme ne s'est pas fait délivrer de carte d'identité. •*Anâ mâci l kumsêriye nitalli' lêi paspôr.* Je suis allé au commissariat me faire délivrer un passeport. •*Macêna l-ceriye wa lê hû bas talla'oh zâlim.* Nous sommes allés au tribunal et c'est lui qui a été désigné comme coupable.

tallâ'a / tallâ'ât *n. f.,* * ṭlʕ, ط ل ع
♦ **échelle, escabeau.** •*Anîna mâ indina tallâ'a fî bêtna.* Nous n'avons pas d'échelle chez nous. •*Al-tallâ'a di hint hadîd.* Cette échelle est en fer.

•Al bêt bala tallay mâ tinbani. On ne construit pas une maison sans échelle. *•Fî l kadâde bisawwu talla'âthum min hatab tinên tuwâl wa yarbutu gusâr be urud.* En brousse, les gens font leur échelle avec deux longs bois qu'ils relient transversalement par des bois plus courts.

tallaf / yitallif *v. trans.*, forme II, * tlf, ت ل ف

♦ **abîmer, gâcher, gâter** (se), **détruire, bousiller, contrarier,** ruiner et mener à sa perte. *•Al-cifêr tallaf watîrah.* Le chauffeur a rendu son camion inutilisable. *•Al-jidâde tallafat bêdha.* La poule n'a pas bien couvé ses œufs et les a laissés s'abîmer. *•Mâ titallufu lêna l katkat sâkit ke !* Ne gâchez pas le papier pour rien ! *•Al iyâl tallafo xulgânhum.* Les enfants ont abîmé leurs habits. *•Xutt al akil fî l-dull acân mâ yitallif !* Mets la nourriture à l'ombre pour qu'elle ne se gâte pas ! *•Tallaft lêk cunû ?* En quoi t'ai-je contrarié ?

tallâf / tallâfîn *adj.*, (*fém. tallâfa*), * tlf, ت ل ف

♦ **destructeur (-trice).** *•Al wilêd al-saxayar da tallâf, mâ tuxuttu ceyy fî janbah !* Ce petit enfant abîme tout, ne mettez rien à côté de lui ! *•Al mara di tallâfa anâ mâ nidôr tadxul fî bêti.* Cette femme sème des troubles, je ne veux pas qu'elle entre chez moi.

tallag / yitallig *v. trans.*, forme II, * ṭlq, ط ل ق

♦ **divorcer d'avec, répudier une femme.** *•Umar tallag martah acân bigat kaddâba.* Oumar a répudié sa femme parce qu'elle était devenue menteuse. *•Kan mâ tasma'e kalâm râjilki, yitalligki.* Si tu n'écoutes pas ce que te dit ton mari, il te répudiera.

tallâg / tallâgîn *adj.*, ≅ le singulier *tallâgi*, (*fém. tallâga*), * ṭlq, ط ل ق

♦ **qui répudie souvent, qui aime divorcer.** *•Hû tallâg acân rûhah dayxe, mâ bidôr hugurt al awîn.* Il répudie souvent ses femmes parce qu'il est étroit d'esprit, il n'aime pas le mépris des femmes. *•Sahi al-rujâl tallâgîn, lâkin al awîn kulla kalâmhum katîr.* S'il est vrai que les hommes répudient souvent leurs femmes, il faut reconnaître également que les femmes sont sources de beaucoup d'ennuis.

tallagi nom de métier, → *tallâg.*

tallâja / tallâjât *n. f.*, * ṯlj, ث ل ج

♦ **réfrigérateur, frigidaire.** *•Mâ nidôr nacrab almi hanâ tallâja.* Je n'aime pas boire l'eau du réfrigérateur. *•Al miskîn mâ indah tallâja fî bêtah.* Le pauvre n'a pas de frigidaire chez lui.

tallâl / tallâlât *n. m.*, connu au *Sdn.* (*C.Q.*).

♦ **boucle d'oreille ronde.** *•Al banât waddaro tallâlâthum yôm al îd.* Les filles ont perdu leurs boucles d'oreilles le jour de la fête. *•Râjilha cara lêha tallâlât hanâ dahab.* Son mari lui a acheté des boucles d'oreilles en or.

tallâni *invar.*, *empr.*, * tll, ت ل ل

♦ **colporteur, marchand ambulant.** *•Iyâl tallâni xumâmhum raxîs min al mandânya.* Les enfants qui font du commerce ambulant vendent leurs affaires moins cher que ceux qui vendent au détail. *•Al-tallâni mâ induhum bakân xâs fî l-sûg, burûxu bahawwugu bas.* Les marchands ambulants n'ont pas de place fixe au marché, ils circulent simplement. *•Budâ'at al-tallâni ciya bas, acân hummân biciluha fî rusênhum.* Les marchands ambulants n'ont pas grand-chose parce qu'ils portent leurs marchandises sur la tête.

tallas / yitallis *v. trans.*, forme II, *Cf. talas*, * ṭls, ط ل س

♦ **faire enduire, enduire.** *•Fî nâs yitallisu buyûthum be samux.* Il y a des gens qui passent sur leur maison un enduit fait avec de la gomme arabique. *•Yâtu tallas lêk durdur bêtak adîl misil da ?* Qui a enduit les murs de ta maison d'une manière aussi belle ?

tallasân *n. d'act., m.*, → *talisîn.*

tallat / yitallit *v. trans.*, *Cf. bakkar, tanna*, * tlṯ, ث ل ث

♦ **tripler, faire pour la troisième fois,** répéter trois fois. •*Al mara di tallatat be wilêd.* A sa troisième maternité, cette femme a mis au monde un garçon. •*Tallit lêi câhik da, halu bilhên !* Ton thé est très bon, donne-m'en une troisième fois !

tallatân *n. m.*, → *tallitîn.*

tallay *n. f.*, voir le *Syn. tallâ'a*, * ṭlʕ, ط ل ع

tallisîn *n. d'act., m.*, → *talisîn.*

tallitîn *n. m.*, * ṯlṯ, ث ل ث

♦ **fait de tripler.** •*Hû birîd al-tallitîn fî çurâb al-câhi.* Il aime prendre trois verres de thé. •*Hî titmanna tallitîn al banât.* Elle souhaite avoir trois filles.

taltal / yitaltil *v. trans.*, forme II, * tltl, ت ل ت ل

♦ **faire souffrir, jeter dans l'embarras, mettre dans la difficulté, subsister avec difficulté, retarder.** •*Al fagur judâm taltal al-subyân.* La pauvreté est une lèpre qui fait souffrir les jeunes gens. *Prvb.* •*Al wilêd da nihis taltal ammah wa abuh.* Ce garçon est têtu, il jette dans l'embarras sa mère et son père. •*Kan nitaltulu kula axêr min nagôdu sâkit !* Il vaut mieux assurer sa subsistance avec difficulté que de rester les bras croisés ! •*Mâ jîna lêku ajala acân watîrna sawwa hâdis wa da taltalâna marra wâhid.* Nous avons mis du temps à arriver chez vous parce que nous avons eu un accident de voiture qui nous a beaucoup retardés. •*Al-nâr lissâha mâ mâtat, ga'ide titaltil.* Le feu n'est pas tout à fait mort, il y a encore une petite flamme qui subsiste.

taltâl / talâtîl *n. m.*, *Cf. taltal*, * tltl, ت ل ت ل

♦ **malheur, souffrance, difficulté, déplacement forcé, retard,** souffrance d'ici-bas due au fait d'être obligé de se déplacer sans cesse pour pouvoir survivre. •*Al miskîn ictah kullaha taltâl.* La vie du pauvre n'est que souffrance. •*Kêf hâlku min talâtîl al-dunya ?* Comment allez-vous au milieu de tant de souffrances en ce bas monde ? •*Kulla buldân Ifrîxiya yilgaddamo lâkin anîna gâ'idîn fî l-duwâs, wa da mâ yijîb lêna illa l-taltâl bas.* Tous les pays d'Afrique progressent, mais nous sommes toujours en guerre, ce qui n'a fait que retarder notre développement.

tâlûl *n. coll.*, *sgtf. tâlûlay, Cf. burlâla, anab*, * ṭll, ط ل ل

♦ **grosseur, kyste, loupe, verrue.** •*Al iyâl kan akalo himmêd, wa almih naggat lêhum fî jilidhum, bisawwi lêhum tâlûl.* En mangeant des fruits du Sclerocarya birrea, les enfants peuvent attraper des kystes, si du jus leur tombe dessus. •*Al-tâlûl mâ bôja, wa nigattu'uh be sabîb al-zarâf.* Une verrue ne fait pas mal, on la coupe en la serrant dans un nœud fait avec un crin de girafe.

tâm / tâmmîn *adj.*, (*fém. tâmme*), dans l'expression *niye tâmme* (ferme intention), * tmm, ت م م

♦ **complet (-ète), entier (-ère), ferme** (intention). •*Gursak kan mâ tâm, mâla titâmin al budâ'a sâkit ?* Si tu n'as pas assez d'argent, pourquoi discutes-tu du prix pour rien ? •*Hû indah niye tâmme acân yihijj al-sana l-jâye.* Il a la ferme intention d'aller faire le pèlerinage à La Mecque l'an prochain. •*Bint immak bigat mara tâmme, âxudha wa sidd acîrna.* Ta cousine est devenue une femme, épouse-la et clarifie ainsi la situation [ferme notre secret].

Tâma *n. pr. gr., coll., sgtf. Tâmay* (homme), *Tâmayye* (femme).

♦ **Tama.** •*Al-Tâma gâ'idîn fî Girêda.* Les Tama se trouvent à Guéréda. •*Al-Tâma, humman rattâna.* Les Tama ne sont pas arabes.

tama' *n. m.*, * ṭmʕ, ط م ع

♦ **avidité, cupidité, convoitise.** •*Al-tama' coxol mâ zên.* L'avidité n'est pas une bonne chose. •*Kan titâbi' al-tama' ti'îb ma'â l-nâs.* Si tu te laisses aller à la cupidité, tu seras humilié par les gens. •*Al-tama' waddar mâ jama'.* La convoitise fait perdre la richesse, elle ne l'amasse pas. *Prvb.*

tamad *pl.*, → *tamada.*

tamada / tamad *n. f.*, connu au *Sdn.* (*C.Q.*), ≅ le pluriel *tamadât*, *Cf. macîce*, * ṯmd, د م ث

♦ **puits peu profond, point d'eau creusé dans le sable,** puits creusé au bord de l'oued, plus profond que le *macîce.* •*Almi l-tamada kammal wa hassâ nawurdu fî l bîr.* Il n'y a plus d'eau dans le trou creusé au bord de la plage, maintenant nous allons chercher de l'eau au puits. •*Fî l-xarîf, nâs al-dâmre bacarbo fî l-tamadât.* Pendant la saison des pluies, les gens du petit village boivent l'eau des puits peu profonds creusés au bord des oueds.

tamala / tamalât *n. f.*, * ṭml, ل م ط

♦ **boue, fange, eau boueuse,** reste d'eau boueuse au fond du marigot ou du puits. •*Mâ tacrab almi l-tamala bissawwi lêk hasar.* Ne bois pas l'eau boueuse du fond du marigot, tu attraperas la bilharziose. •*Al-tamala almi hanâ l-rahad al faddal ciyya wa l bahâyim fajjaxoh wa bigi wasxân.* La fange se forme lorsque les bestiaux pataugent dans un marigot où il ne reste plus qu'un peu d'eau sale. •*Almi hanâ l-tamalât ciyya, mâ yazgi l-bahâyim, garîb yankutu biyar tuwâl.* Il ne reste presque plus d'eau propre sur les fonds boueux des mares ; elle ne suffit plus à abreuver les bestiaux, on creusera bientôt des puits profonds.

tamâm / tamâmîn *adj.*, (*fém. tamâma*), * tmm, م م ت

♦ **d'accord, entier (-ière), complet (-ète), bien, parfait(e).** •*Kalâmna mâci tamâm ma'â rafîgi.* Moi ami et moi, nous nous entendons parfaitement. •*Antîni mangay tamâma !* Donne-moi une mangue entière ! •*Kalâmak tamâm.* Tu as très bien parlé [ta parole était parfaite].

tâmam / yitâmim *v. trans.*, forme III, * tmm, م م ت

♦ **compléter, achever, terminer.** •*Al kalib bidôr bumût wa l iyâl jo tâmamoh.* Le chien était sur le point de mourir et les enfants sont venus l'achever. •*Al marfa'în akal nuss al ijil wa l faddal ja tâmamah ba'ad yômen.* L'hyène avait dévoré la moitié du veau, elle est venue le terminer deux jours après.

taman *n. m.*, * ṯmn, ن م ث

♦ **prix, coût.** •*Taman al xanamay ma'â l kabic mâ sawa.* Le prix de la chèvre n'est pas le même que celui du mouton. •*Al-jumâl tamanhum xâli fî l-sûg.* Au marché, les chameaux coûtent cher. •*Kôm al-tamâtim tamanah be icirîn riyâl bas !* Un tas de tomates coûte vingt riyals seulement !

tâman / yitâmin *v. trans.*, forme III, *Cf. arrad*, * ṯmn, ن م ث

♦ **discuter du prix, débattre le prix de *qqch.*, s'entendre sur un prix.** •*Abbakar tâman al-tôb da wa xallah acân bigi lêyah xâli.* Abakar a discuté le prix de ce tissu, mais il ne l'a pas pris parce qu'il était trop cher pour lui. •*Inta gâ'id titâmin cunû, indak gurus wallâ ?* Tu cherches à savoir le prix de quoi exactement ? As-tu au moins de l'argent ?

tamâne nombre cardinal, * ṯmn, ن م ث

♦ **huit.** •*Tamâne nâs daxalo fî bêti.* Huit personnes sont entrées chez moi. •*Al-rubta hint al fûl tamanha tamâne riyâl fî l-sûg.* Au marché, le petit paquet d'arachides coûte huit riyals.

tamânîn nombre cardinal, * ṯmn, ن م ث

♦ **quatre-vingts.** •*Hû, umrah arba'a wa tamânîn sana.* Il a quatre-vingt-quatre ans. •*Tamânîn riyâl yisâwi urbu miya franka.* Quatre-vingts riyals équivalent à quatre cents francs CFA.

tamanna / yatamanna *v. intr.*, terme de l'*ar. lit.*, moins employé que *itmanna, yitmanna*, → *itmanna*, * mnw, و ن م

tamantâcar nombre cardinal,* ṯmn, ʕšr, ث م ن • ع ش ر

♦ **dix-huit.** •*Yamci fî l-lekôl be tamantâcar kâye.* Il s'en va à l'école avec dix-huit cahiers. •*Al-sabi da wakit axad, umrah tamantâcar sana.* Lorsque ce jeune homme s'est marié, il avait dix-huit ans.

tamas 1 / yatmus *v. intr.*, forme I n° 1, connu au *Sdn.* emprunt *aram.* (*C.Q.*), * ṭms, ط م س

♦ **être sous l'eau, disparaître dans l'eau, tomber au fond de l'eau, s'enfoncer.** •*Hû tamas fî l-rahad.* Il s'est enfoncé dans l'eau du marigot. •*Nâs wâhdîn yatumsu fî l bahar wa mâ yamurgu illa ba'ad sab'a yôm.* Certaines personnes restent sous le fleuve et ne sortent qu'après sept jours. •*Al xarrâf tamas fî l almi.* La calebasse pour puiser est tombée au fond de l'eau. •*Al hajar kan zagaloh fî l almi batmus.* Lorsqu'on jette une pierre dans l'eau, elle tombe au fond.

tamas 2 / yatmus *v. trans.*, forme I n° 1 ; utilisé en arabe *sd.* (*C.Q.*), la racine évoquerait "l'action des djinns qui touchent l'esprit", * ṭmṯ, ط م ث

♦ **rendre sot, rendre fou, rendre imbécile.** •*Al mêtir tamas al wilêd acân bafurcah kulla yôm.* Le maître a rendu l'enfant sot parce qu'il le frappe tous les jours. •*Al-râjil da tamas iyâlah be l kalâm al katîr.* Cet homme a rendu ses enfants sots avec ses palabres.

tamasân *n. m.*, → *tamisîn.*

tamâsih *pl.*, → *tumsah.*

tamâtim *n. cdmt.*, *coll.*, *m.*, mot arabe d'emprunt *fr.*, *sgtf. tamâtimay*, * ṭmṭm, ط م ط م

♦ **tomate, Lycopersicum esculentum.** •*Lê l mulâh, acri lêna tamâtimaytên kubâr !* Pour la sauce, achète-nous deux grosses tomates ! •*Al-tamâtim al axadar bijib al-damm.* Les tomates fraîches fortifient [La tomate verte apporte le sang].

Tâmay *sgtf.* d'un *n. pr. gr.*, *m.*, (*fém. Tâmayye*), → *Tâma.*

tambal, *v. trans.* → *tanbal 1* ; *n. m.* → *tanbal 2.*

Tambal *n. pr.* de femme, → *Tanbal.*

tambûl *n. m.*, → *tanbûl.*

tambula *n. f.*, → *tanbula.*

tambûla *n. f.*, → *tanbûl.*

tamîme *n. f.*, *Cf. zahîge*, * ṭmm, ط م م

♦ **nausée, envie de vomir.** •*Al mara l xalbâne indaha tamîme kulla yôm.* La femme enceinte a toujours des nausées. •*Al akil al hawân bisawwi tamîme.* Les mauvais aliments donnent envie de vomir.

tâmin *adj.*, nombre ordinal, (*fém. tâmne*), * ṯmn, ث م ن

♦ **le huitième.** •*Fî walûditha l-tâmne jâbat binêye.* C'est son huitième accouchement, elle a mis au monde une fille. •*Di tâmin marra lêi jît hini wa mâ ligîtah, battân mâ naji.* C'est la huitième fois que je suis venu ici sans le trouver, je ne reviendrai plus. •*Hî l-tâmne fî l banât.* C'est la huitième des filles.

tâmis / tamsîn *adj.*, (*fém. tâmse*), * ṭms, ط م س

♦ **enfoncé(e) dans, immergé(e).** •*Hû tâmis fî l bahar.* Il est immergé dans le fleuve. •*Al-dûd tâmis fî l turâb.* Les vers sont enfoncés dans la terre. •*Amis anâ ligît hûtay tâmse fî lubb al-tîne.* Hier, j'ai trouvé un poisson enfoncé dans la boue.

tamisîn *n. m.*, *Cf. tamas*, * ṭms, ط م س

♦ **immersion,** fait de s'enfoncer ou d'être plongé dans l'eau. •*Mâ nu'ûm acân naxâf min al-tamisîn.* Je ne nage pas parce que j'ai peur de m'enfoncer dans l'eau. •*Sidd manxarak fî l-tamisîn acân al almi mâ yacirgak !* Bouche tes narines quand tu es sous l'eau pour éviter que l'eau ne te rentre dans le nez !

tamma 1 / yitimm *v. trans.*, forme I n° 11, * tmm, ت م م ⇨

♦ **terminer, achever, suffire.** •*Tammêt al xidime.* J'ai achevé le travail. •*Al-sâ'a tammat, xalâs amci !* C'est l'heure [l'heure est terminée], il faut que tu partes ! •*Al akil tammani, gabbilah xalâs !* J'ai assez mangé [la nourriture me suffit], tu peux rapporter le reste à la cuisine !

tamma 2 *n. coll., sgtf. tammay,* * tmm, ت م م

♦ **vieille pièce de monnaie, franc CFA.** •*Fî l-sûg al-tammay mâ tijîb ceyy.* Avec un franc, tu ne peux rien rapporter du marché. •*Zâdo lêi fî gursi hanâ l-cahar talâta tamma.* Mon salaire a été augmenté de trois francs par mois.

tammâ' / tammâ'în *adj., (fém. tammâ'a),* au *masc. sing.* ≅ *tammâ'i, tammay,* * ṭmʕ, ط م ع

♦ **avide, cupide, insatiable, égoïste, âpre au gain,** celui qui désire tout pour lui. •*Al-duwân tammâ'în, kammalo hagg al-tujjâr.* Les douaniers sont insatiables ; à force de taxes arbitraires il ont ruiné les commerçants. •*Al mara al-tammâ'a xallat bêtha wa fâtat titâjir.* La femme avide d'argent a laissé son foyer pour aller faire du commerce. •*Inta da tamma', galbak da saxayyar marra wâhid.* Tu désires tout pour toi seul, ton cœur est vraiment petit. •*Al xaccâbi da tammay, bidôr xamsa alif acân addal bâb bêti.* Ce menuisier est âpre au gain, il demande cinq mille riyals pour avoir réparé ma porte. •*Al mara l-tammâ'a tidôr gurus katîr lê axîde bittaha.* La femme cupide exige beaucoup d'argent pour le mariage de sa fille.

tammal / yitammil *v. trans.,* forme II, * ṭml, ط م ل

♦ **appliquer des compresses chaudes, masser avec des compresses chaudes, soigner une enflure.** •*Rijilah wirimat, tammalôha lêyah be almi hâmi.* Sa jambe est enflée, on l'a massée en lui appliquant des compresses d'eau chaude. •*Al-saxîr al-dahâba wildoh, yitammuluh acân jildah yabga gawi.* On applique des compresses chaudes au nouveau-né pour raffermir son corps.

tammalân *n. m.,* → *tammilîn.*

tammam 1 / yitammim *v. trans., Syn. zâwal,* forme II, * ṭmm, ط م م

♦ **avoir envie de vomir, avoir des nausées.** •*Galbi bitammimni.* J'ai des nausées. •*Al mara kan dahâbha xalbâne, galibha bitammimha kulla yôm.* La femme en début de grossesse a toujours des nausées. •*Anâ akalt akil indah mileh wa tammamâni nammân gaddaft.* J'ai mangé de la nourriture trop salée, cela m'a donné des nausées et j'ai fini par vomir.

tammam 2 / yitammim *v. intr.,* forme II, * tmm, ت م م

♦ **compléter, parfaire, finir, terminer.** •*Tammim lêi gursi nidôr namci l-sinima !* Complète l'argent qui me manque, je voudrais aller au cinéma ! •*Wakit mâ indi, arjâni, ambâkir nitammim lêk kalâmi !* Je n'ai plus le temps, attends-moi, demain je terminerai ce que j'ai à te dire !

tammas / yitammis *v. trans.,* forme II, *Cf. xatas,* * ṭms, ط م س

♦ **enfoncer dans l'eau, plonger au fond de l'eau, noyer.** •*Al girinti garrab lê xacum al bahar, wakit câf al-nâs tammas râsah fî l almi.* L'hippopotame s'est approché du bord du fleuve ; lorsqu'il a vu des gens, il s'est enfoncé la tête dans l'eau. •*Angari, kan gâ'id tucuxxîni nitammis râsak fî lubb al-duwâne !* Fais attention ! Si tu continues de m'enquiquiner, je te plonge la tête dans le canari !

tammasân *n. d'act., m.,* → *tammisîn.*

tammay / tammâyîn *adj. n. m. mrph. intf., (fém. tammâye),* altération de *tamma'i,* → *tamma',* * ṭmʕ, ط م ع

tammilîn *n. m.,* * ṭml, ط م ل

♦ **soigner avec des compresses, fait de masser avec de l'eau chaude, fait d'appliquer des compresses chaudes,** fait de soigner une enflure en la massant avec de l'eau chaude et des compresses. •*Rijilah wirimat lâkin hû baxâf min al-tammilîn.* Son pied est enflé, mais il a peur de le masser et d'appliquer des compresses chaudes. •*Bala l-tammilîn al-surra hint al-saxîr mâ tabra ajala.* Sans application de compresses chaudes, le nombril du nouveau-né ne se cicatrise pas rapidement.

tammisîn *n. d'act.*, ≅ *tammasân*, *Cf. tammas*, * ṭms, ط م س

♦ **fait d'enfoncer dans l'eau, noyade, fait de plonger au fond de l'eau, immersion, fait de couler.** •*Anâ mâ dahartuku min tammisîn al xarrâf fî l-duwâne ?* Ne vous avais-je pas interdit de laisser tomber la calebasse au fond de l'eau du canari ? •*Tammisîn al markaba fî l bahar balla lêna l-sukkar.* Notre sucre a pris l'eau parce que la pirogue a coulé dans le fleuve.

Tamra *n. pr.* de femme, → *Tamray.*

Tamra l-jinân *n. pr.* de femme, → *Tamrajjinân.*

Tamrajjinân *n. pr.* de femme, pour *tamra l-jinân*, *litt.* datte des jardins du paradis, *Cf. tamur, janna.*

Tamray *n. pr.* de femme, *litt.* une datte, *Cf. tamur*, * tmr, ت م ر

tamsîliya / tamsîliyât *n. f.*, * mṯl, م ث ل

♦ **théâtre, pièce de théâtre.** •*Al iyâl sawwo tamsiliya amis.* Les enfants ont fait du théâtre hier. •*Al-tamsiliyât bigaddumu wasâya lê l-nâs wa bijîbu hall lê ba'ad al macâkil al ijtimâ'iyya.* Les pièces de théâtre proposent aux gens des conseils et apportent quelques solutions aux problèmes sociaux.

tamtam / yitamtim *v. intr.*, forme II, * tmm, ت م م

♦ **bégayer.** •*Hû mâ bagdar bahajji adîl acân bitamtim.* Il ne peut pas bien parler parce qu'il bégaye. •*Rafîgi mâ bitamtim illa kan muxabbin.* Mon ami ne bégaye que s'il est fâché. •*Hî titamtim katîr.* Elle bégaye beaucoup.

tamur *n. vég., coll., m., sgtf. tamuray, tamray*, * tmr, ت م ر

♦ **nom d'un arbre, dattier, datte, palmier dattier, Phoenix dactylifera (L.),** famille des palmées. •*Têrabt tamuray giddâm bêti.* J'ai planté un dattier devant ma maison. •*Cadar al-tamur al-sameh gâ'id fî Faya.* Les beaux palmiers dattiers se trouvent à Faya. •*Indi tamuray wahade fî jêbi.* J'ai une datte dans ma poche. •*Ballêt tamur fî l kôro.* J'ai mis des dattes à tremper dans l'eau d'un koro.

tana / yatni *v. trans.*, forme I n° 7, * ṯny, ث ن ي

♦ **courber, arquer, cintrer.** •*Al haddâdi takkam al hadîday bê l marzabba kê nammin tanâha.* Le forgeron a frappé le fer avec un gros marteau jusqu'à ce qu'il soit courbé. •*Al Arab al-sayyâra kan babnu l bêt, kulla mutrag batnuh fî axûh, wa yirabbutuh.* Lorsque les Arabes nomades construisent leur case, ils cintrent les verges en les entrecroisant les unes sur les autres, et les attachent pour former une voûte.

tanâbil *pl.*, → *tanbal 2.*

tanâdil *pl.*, → *tindil.*

tanâgil *pl.*, → *tangal.*

tanaka / tanakât *n. f.*, mot arabe d'emprunt turc (*Mu.*), * tnk, ت ن ك

♦ **grosse boîte en fer,** grande boîte de conserve qu'on récupère pour y mettre diverses choses. •*Fî l xarîf ammi tirassilni niwaddi l xalla be tanaka fî l-tahûna.* Pendant la saison des pluies, ma mère m'envoie porter le mil au moulin dans une grande boîte. •*Al-sarrâg câl al gurus al-dammêtah fî l-tanaka.* Le voleur a pris l'argent que je gardais dans une boîte. •*Yâtu câl al-câhi wa l-sukkar al fî l-tanaka ?* Qui a pris le thé et le sucre qui étaient dans la boîte ?

tanbal 1 / yitanbil *v. trans., qdr.*, forme II, connu au *Sdn.* (*C.Q.*), ≅ *tambal, yitambil*, *Cf. tanbal 2.*

♦ **battre le petit tambour, lancer une parole qui provoque la dispute.**

•*Hû mâ ya'arif yitanbil al-nuggâra adîl.* Il ne sait pas battre comme il faut le petit tambour. •*Yâtu tanbal lêku amis fî l-li'ib ?* Qui vous jouait du petit tambour hier au cours de la danse ? •*Hummân dôl bagdaro lê l kalâm, binêyitha titanbil wa hî tadrub.* Elles savent s'y prendre pour allumer un conflit, la fille lance une parole provoquant la bagarre, la mère reprend cette parole et l'amplifie.

tanbal 2 / tanâbil *n. m.*, connu au *Sdn.* (*C.Q.*), ≅ *tambal.*

♦ **petit tambour,** petit tambour accompagnant le gros tambour *bardiye.* •*Al iyâl jallado lêhum tanbal.* Les enfants ont tendu une peau sur un petit tambour. •*Al bardiye bala tanbal mâ haluwa.* Entendre le gros tambour sans l'accompagnement du petit tambour n'est pas agréable.

tanbûl / tanâbîl *n. m.*, ≅ *tambûl, tambûla, tanbûla*, racine connue en *ar. lit.* (*Mu.*), *empr.* turc, *Cf. absurra*, * tnb, ت ن ب

♦ **hernie ombilicale.** •*Al-surra kan mâ gata'ôha adîl, tisawwi tanbûl.* Si on ne coupe pas bien le cordon ombilical, cela provoque une hernie ombilicale. •*Al-saxîr kan yabki katîr, surritah tabga tanbûla.* Si un enfant pleure beaucoup, il aura une hernie ombilicale. •*Al iyâl al induhum tanâbîl mâ yahmalo l-ju'.* Les enfants qui ont une hernie ombilicale ne supportent pas la faim.

tanbula *n. f.*, *empr. fr.*, ≅ *tambula*, → *gumâr.*

♦ **tombola, loterie.** •*Fî li'ib hanâ l-tambula, axui akal râdyo.* Mon frère a gagné un poste de radio à la tombola. •*Hû gaddah tambula wa mâ akal.* Il a joué à la loterie [il a percé son billet de tombola] et n'a rien gagné.

tanbûla *n. f.*, → *tanbûl.*

tandal / yitandil *v. trans.*, forme II, *empr.* connu au *Sdn.* (*C.Q.*), *Syn. kambal, jangal.*

♦ **entasser, accumuler, stocker,** ramasser les arachides et les entasser avec leurs fanes. •*Hû tandal al fûl kîmân kîmân.* Il a entassé les arachides en faisant plusieurs tas. •*Al-tujjâr tandalo budâ'ithum fî l-dakâkîn gubbâl al xarîf.* Les commerçants ont stocké leurs marchandises dans les boutiques avant la saison des pluies. •*Al-râjil da tandal xumâmah fî dahar al watîr acân bidôr xâtir.* Cet homme a entassé ses affaires sur le plateau de la camionnette parce qu'il veut voyager. •*Mâ titandil xulgânak dôl fî l-serîr !* N'entasse pas tes habits sur le lit !

tandîf *n. m.*, *Cf. naddaf*, * nẓf, ن ظ ف

♦ **nettoyage, propreté.** •*Al mara l adîle tihtamma be tandîf al bêt fî kulla sabah.* La bonne épouse se préoccupe du ménage de la maison chaque matin. •*Al mêrî gammat be tandîf fî l-cawâri wa l kanifôyât.* La mairie a procédé au nettoyage des rues et des caniveaux.

tanfîzi / tanfîziyîn *adj.*, (*fém. tanfîziya*), * nfḏ, ن ف ذ

♦ **exécutif (-ve).** •*Al maktab al-tanfîzi hanâ harakitna lamma amis.* Le bureau exécutif de notre mouvement s'est réuni hier. •*Hû gâ'id baxdim fî maktab al-tanfîzi.* Il travaille au bureau exécutif.

tangal / tanâgil *n. m.*, connu au *Sdn.* en Nubie (*C.Q.*).

♦ **ruche,** ruche creusée dans un tronc d'arbre. •*Al-tangal bêt bi'adduluh lê l-nahale acân tabni fôgah wa tisawwi asal katîr.* La ruche est un abri conçu pour les abeilles afin qu'elles y habitent et produisent beaucoup de miel. •*Al-tangal hû dumbur hanâ cadaray bikarkuru lubbah wa bisidduh be za'af, wa bi'alluguh fî l-cadaray.* La ruche est faite d'un tronc d'arbre creusé, dont l'ouverture est fermée par un couvercle en feuille de palmier doum, et que l'on suspend à un arbre.

tâni / tâniyîn *adj.*, nombre ordinal, (*fém. tâniye*), * ṯny, ث ن ي

♦ **deuxième, second(e), autre.** •*Yôm al itinên, al yôm al-tâni fî l usbû'.* Le lundi est le deuxième jour de la semaine. •*Da'âna aca fî bêt martah al-tâniye.* Il nous a invités à aller dîner chez sa deuxième femme. •*Dôl makâtîb al-daktôr al awwalâniyîn, wa fattic al-tâniyîn jîbhum lêi.* Ce sont les premières ordonnances ; va me chercher les autres et apporte-les moi.

tankal / yitankil *v. intr. {- lê}*, forme II, dans l'expression *tankal fî galib*.
♦ **rester sur l'estomac, mal digérer.** •*Al yôm akalt laham katîr wa tankal lêi fî galbi.* Aujourd'hui, j'ai mangé une grosse quantité de viande qui m'est restée sur l'estomac. •*Al-nâdum kan akal akil wa mâ wâfagah bitankil lêyah.* Lorsque quelqu'un a mangé quelque chose qui ne lui convient pas, il a du mal à le digérer.

tankalân *n. d'act., m.*, ≅ *tankilîn*.
♦ **indigestion, fait de rester sur l'estomac.** •*Tankilîn al êc fî l galib bisabbib al gadîf.* Une indigestion de boule provoque des vomissements. •*Macêt fî l-labtân wa l-daktôr gâl lêi coxolak tankalân bas, mâ tâkul dihin katîr !* Je suis allé à l'hôpital, le docteur m'a dit que j'avais eu simplement une indigestion, et que je ne devais pas manger trop de graisse [d'huile].

tanki / tankiyât *n. m., empr. angl.*
♦ **réservoir, citerne.** •*Al afrantiyât sirgo arba'a birmîl hanâ banzîn min al-tanki.* Les apprentis ont volé quatre fûts d'essence de la citerne. •*Tanki hanâ môtoi bicîl acara lîtir hanâ banzîn.* Le réservoir de ma moto peut contenir dix litres d'essence. •*Amis acara watîr tanki jo min Nijêrya.* Hier, dix camions-citernes sont venus du Nigeria.

tankilîn *n. d'act.*, → *tankalân*.

tanmiya *n. d'act., f.*, ≅ *tanmiye*, terme de l'*ar. lit.*, * nmy, ن م ي
♦ **développement.** •*Al-Tacâdiyîn lammo gammo be tanmiya hanâ dârhum.* Les Tchadiens se sont réunis pour entreprendre le développement de leur pays. •*Wazârat al-tanmiya wa l ixtisâd gaddamat macru' kabîr hanâ tanmiya.* Le ministère du Développement et de l'Économie a présenté un grand projet de développement.

tanna / yitanni *v. trans.*, forme II, * ṯny, ث ن ي
♦ **doubler, faire une deuxième fois.** •*Al-difân ciribo câhi wa abo mâ yitannu.* Les hôtes ont pris du thé et ont refusé d'en prendre une deuxième fois. •*Al mara bakkarat be binêye wa tannat be wilêd.* La première fois, la femme a donné naissance à une fille et la deuxième fois, à un garçon. •*Hî jât lêi marra wahade bas battân mâ tannatah.* Elle est venue chez moi une fois seulement, et, depuis, elle n'est pas revenue.

Tanzânya *n. pr.* de pays.
♦ **Tanzanie.**

târ 1 / yitîr *v. intr.*, forme I n° 10, * ṭyr, ط ي ر
♦ **voler, s'envoler, révulser** (les yeux). •*Fî l-darat, al-jarâd yitîr min zere' lê zere'.* Au temps de la moisson, les sauterelles volent d'un champ à l'autre. •*Jidâd al xala târ wa rikib fî râs al-cadar.* Les pintades se sont envolées et se sont posées au sommet des arbres. •*Al hidêyye xatafat al farrûj wa târat.* L'épervier a raflé un poussin et s'est envolé. •*Hû xanag martah namman uyûnha târo.* Il a étranglé sa femme jusqu'à ce que ses yeux soient révulsés. •*Ta'âl ajala lê jârak da, uyûnah târo, âkun waja' al galib bidôr baktulah !* Viens vite auprès de ton voisin ! Ses yeux se sont révulsés, son cœur est en train de lâcher [peut-être le mal de cœur veut le tuer] !

târ 2 / yitîr *v. intr. {- lê}*, forme I n° 10, * ṭyr, ط ي ر
♦ **en avoir assez de, fatiguer, en avoir marre, détester,** ne plus avoir envie, ne plus pouvoir supporter. •*Anâ di al-ta'ab târ lêi !* Quant à moi, j'en ai assez de souffrir ! •*Kan al mulâh indah dihin katîr, yitîr lêna ajala ke bas.* Lorsque la sauce a trop d'huile, nous en avons vite assez. •*Kan kalâmhum katîr, yitîru lê l-nâs.* S'ils parlent trop, les gens seront

fatigués de les écouter. •*Mulâh hanâ ammulûxiye târ lêi !* J'en ai assez de manger de la sauce de mouloukhiyé.

târ 3 *n. m.*, employé dans l'expression *kaffa l-târ*, *litt.* rendre selon la loi du talion, *Cf. diye*, * ṯ'r, ث ء ر

♦ **talion,** rendre à *qqn.* selon la loi du talion. •*Al mâ kaffa l-târ, abuh humâr.* Celui qui ne fait pas payer à l'autre selon la loi du talion, son père est un âne. *Prvb.* incitant à la vengeance. •*Hû kaffa fôgah al-târ acân katal axuh.* Il l'a tué conformément à la loi du talion parce que ce dernier avait tué son frère.

tara / yatri *v. trans.*, forme I n° 7, connu au *Sdn.* (*C.Q.*), * ṭry, ط ر ي

♦ **citer le nom, prononcer le nom, appeler *qqn.* par son nom, mentionner le nom.** •*Yâtu ja'alâk nâdum wa tara usumak ?* Qui t'a considéré comme une personne et a prononcé ton nom ? (reproche fait à *qqn.* qui croit que l'on parle de lui). •*Amis taro usumi fî l-râdyo.* Hier, on a mentionné mon nom à la radio. •*Be fî l-lêl al-nâs mâ birîdu batru usum al-dâbi.* La nuit, les gens n'aiment pas prononcer le mot [le nom] de serpent.

tara ! *invar.*, interjection exprimant un sentiment d'exaspération, ≅ *tarâho*, expression *hêy tara*, → *hey !* hypothèse dans la racine, * r'y, ر ء ي

♦ **cela suffit !, sapristi !, arrête !, attention !** •*Hêy wilêd agôd sâkit tara !* Hé ! l'enfant ! reste tranquille, cela suffit ! •*Sidd gaddûmak tara, mâ tixallih lê l-dubbân !* Sapristi, ferme ta bouche ! Ne la laisse pas ouverte pour les mouches ! •*Mâ nidôr kalâmak tara, namci ni'ôri ahlak !* Arrête, je ne veux plus t'entendre, j'irai le dire à ta famille !

târa / târât *n. f.*, moins littéraire que *dâra* pour signifier le cercle, la roue, → *dâra 2, dinbil.*

tara' / yatra' *v. intr.*, forme I n° 14, *Cf. gaddaf, nayyal*, * trʕ, ت ر ع

♦ **inonder, déborder.** •*Al bahar tara' fî l hille.* Le fleuve a innondé le village. •*Al-sane mâ nimaggunu berbere acân al wâdi mâ tara'.* Cette année, nous ne repiquerons pas le berbéré parce que l'oued n'a pas débordé.

tarâbîc *pl.*, → *tarbûc.*

tarâbîz *pl.*, → *tarbâz, tarbêza.*

tarac 1 / yatruc *v. trans.*, forme I n° 2, mot connu au *Sdn.* (*C.Q.*)

♦ **tamponner, heurter, percuter, renverser, bousculer,** se conduire mal, ne pas respecter. •*Al watîr tarac al wilêd wa l-sawwâg arrad.* La voiture a renversé l'enfant et le chauffeur a fui. •*Al mara di taracatni acân tidôr kalâmi.* Cette femme m'a bousculé parce qu'elle voulait me provoquer à la bagarre.

tarac 2 / yatruc *v. trans.*, forme I n° 2, *Syn. gaddaf*, * ṭrš, ط ر ش

♦ **vomir.** •*Al-nâdum kan amxibbiye karabatah, illa batruc bas.* Lorsque quelqu'un a la fièvre intermittente, il ne fait que vomir. •*Wilêdki tarac al-laban al hassâ ciribah.* Ton enfant a vomì le lait qu'il venait de boire.

tarac 3 *n. mld., m.*, * ṭrš, ط ر ش

♦ **surdité.** •*Al-tarac marad bikaddik al udunnên.* La surdité est une maladie qui détruit le sens de l'ouïe [qui bouche les oreilles]. •*Al-tarac marad cên acân mâ tasma' kalâm al bahajjuh janbak kula.* La surdité est un handicap pénible [une vilaine maladie] parce que celui qui en est atteint n'est même pas en mesure d'écouter ce qui se dit à côté de lui.

taracân *n. d'act.*, → *taricîn.*

tarad / yatrud *v. trans.*, forme I n° 2, * ṭrd, ط ر د

♦ **chasser, repousser, renvoyer.** •*Atrud al-jidâd al bâkulu l xalla !* Chasse les poules qui mangent le mil ! •*Rafîgi tarad martah min al bêt.* Mon ami a chassé sa femme de chez lui. •*Mâla tatrud al-nâs min al-li'ib ?* Pourquoi chasses-tu les gens qui assistent à la danse ?

târad 1 / yitârid *v. trans.*, forme III, * ṭrd, ط ر د

♦ **pourchasser, poursuivre, traquer.** •*Al wilêd târad al-jidâde wa mâ lihigâha.* Le garçon a pourchassé la poule sans pouvoir l'attraper. •*Mâ titârudu l xanam !* Ne pourchassez pas les moutons ! •*Al-sayyâdîn bamcu l kadâde bitârudu l xuzlân.* Les chasseurs partent en brousse traquer les gazelles. •*Bisâfir wihêdah yitârid lêyah mâl.* Il part seul en voyage à la recherche de la fortune. •*Abûk fât târad dênah wa gabbal al bêt.* Ton père est allé récupérer l'argent qu'on lui devait, puis est revenu à la maison.

târad 2 / yitârid *v. intr. {- fî, - fôg}*, ou quelques fois transitif, forme III, vulgaire, * ṭrd, ط ر د

♦ **courir les filles, rechercher les femmes, draguer les jeunes filles.** •*Wilêdak farfar, bada bitârid fî l banât fî l-lêl.* Ton fils a grandi, il commence à courir les filles la nuit. •*Al-râjil da birîd al awîn, al-lêl kulla bitârid fôghum.* Cet homme aime les femmes, il les drague toute la nuit. •*Kan tidôr waladak yabga râjil muhtaram, wassih mâ yitârid awîn.* Si tu veux que ton fils devienne un homme respectable, conseille-lui de ne pas courir les femmes.

tarada *pl.*, → *tarîd.*

taradân *n. d'act., m.*, → *taridîn.*

taraf / atrâf *n. m.*, * ṭrf, ط ر ف

♦ **bord, bout, extrémité.** •*Sûg al xanam fî taraf al hille.* Le marché aux moutons est au bout du village. •*Mâ tuxutt kitâbak fî taraf al-biric !* Ne pose pas ton livre sur le bord de la natte ! •*Kan tifattic coxol sameh, hâwig be taraf al-sûg bas talgah !* Si tu cherches une chose de bonne qualité, fais le tour de tout le marché [contourne les extrémités du marché], et tu la trouveras !

tarag *n. coll., m., sgtf. taragay (pl. taragayât)*, * ṭrq, ط ر ق

♦ **page, feuille, galette, panneau, plaque,** objet fin et plat. •*Al-daktôr katab lê l mardânîn fî l-tarag.* Le docteur a écrit des ordonnances sur des feuilles pour les malades. •*Antôni lêi taragay hint kisâr, nâkulha be mulâh.* Ils m'ont donné une galette de mil, je la mangerai avec de la sauce. •*Fukk kitâbak fî l-taragay nimro xamsîn wa arba'a.* Ouvre ton livre à la page cinquante-quatre. •*Aciri lêi biric ab talâte taragay.* Achète-moi une natte formée de trois panneaux cousus ensemble.

taragayât *pl.*, → *tarag.*

tarah / yatrah *v. intr.*, verbe utilisé seulement avec un sujet féminin, → *tarahat, tatrah*, * ṭrḥ, ط ر ح

tarahân *n. d'act.*, → *tarhîn.*

tarahat / tatrah *v. intr.*, verbe utilisé seulement avec un sujet féminin, forme I n° 12, * ṭrḥ, ط ر ح

♦ **avorter,** jeter à terre, avorter en parlant des animaux. •*Al-sane bagarti l hamra tarahat.* Cette année, ma vache au pelage rouge a avorté. •*Al bagar taraho acân al-sana l harray bigat hâmiye bilhên.* Les vaches ont avorté parce que, cette année, il a fait très chaud [le soleil est devenu très chaud].

tarak / yatruk *v. trans.*, forme I n° 2, * trk, ت ر ك

♦ **laisser, quitter, abandonner.** •*Hû tarak rafîgah wa fât.* Il a laissé son ami et est parti. •*Al mayyit tarak al-dunya.* Le mort a quitté ce bas monde. •*Anâ tarakt ammi wa axawâni fî hillitna.* J'ai laissé ma mère et mes frères au village.

taram / yatrum *v. trans.*, forme I n° 2, *Cf. gajam*, * ṯrm, ث ر م

♦ **casser, ébrécher,** casser un bout de dent. •*Taram sinnah be sidâdt al kôka.* Il s'est cassé un bout de dent en ouvrant la capsule d'une bouteille de coca-cola. •*Al adum da gawi yatrum lêk sinnak.* Cet os est dur, il va te casser les dents.

tarama / taramât *n. f.*, *Cf. taram*, * ṯrm, ث ر م ⇨

♦ **ébréchure.** •*Al-dahhakât kan induhum taramât mâ sameh.* Lorsque les incisives sont ébréchées, cela n'est pas beau. •*Mâ nidôr nacarab câhi fî finjâl indah tarama, akûn yajarahni fî callûfti.* Je n'aime pas boire le thé dans un verre ébréché, il pourrait me blesser les lèvres.

tarâmis *pl.*, → *termûs.*

taras / yatrus *v. intr.*, *Cf. wigif, haraf.*

♦ **s'arrêter brusquement, stopper devant un obstacle, bloquer sa course,** s'immobiliser en écartant les pattes. •*Al-faras gallabat kê wa tarasat fî giddâm al banât.* La jument galopait à toute vitesse et s'est arrêtée brusquement devant les filles. •*Al-tôr kan taras, wa lâ binlazza wa lâ bingâd.* Lorsque le taureau s'immobilise en écartant les pattes, on ne peut ni le pousser ni le tirer avec la corde.

tarâwîh *n. m.*, * rwḥ, ر و ح

♦ **nom d'une prière surérogatoire,** prière supplémentaire, non obligatoire mais longue (vingt prosternations). •*Al yôm da, anâ kaslâne mâ nagdar namci lê salât al-tarâwîh !* Aujourd'hui, je suis fatiguée [paresseuse], je ne peux pas aller faire la prière du *tarâwîh.* •*Ba'ad al fatûr hanâ Ramadân, al-nâs yamcu salât al-tarâwîh.* Après le repas de la rupture du jeûne, pendant le Ramadan, les fidèles vont faire la prière du *tarâwîh.* •*Axui bisalli be l-nâs al-tarâwîh kulla yôm.* Tous les jours, mon frère va avec les autres pour diriger la prière du *tarâwîh.*

tarbal / yitarbil *v. trans.*, *qdr.*, forme II.

♦ **déformer** (se), **être voilée** (roue), **tordre.** •*Rasah tarbal misil al-talge baradat fôgah.* Il a la tête déformée comme si à sa naissance les contractions avaient cessé au moment où sa tête sortait. •*Al kâs ragad fî l-sagi wa tarbal.* La calebasse est restée dehors et s'est déformée. •*Ajal biskilêti tarbal acân rakkabt axui l kabîr be wara.* La roue de ma bicyclette est voilée parce que j'ai transporté mon grand frère sur le porte-bagages. •*Hû da girgît, tarbal lêyi ajalât moblêti.* Celui-là est gros ; il a utilisé ma mobylette et les roues se sont tordues.

tarbaz / yitarbiz *v. trans.*, *qdr.*, forme II, mot arabe d'emprunt grec (*Mu.*), * drbz, د ر ب ز

♦ **fermer avec un loquet.** •*Mahammat amci tarbiz al-bâb wa ta'al.* Mahamat, va fermer la porte avec le loquet et reviens. •*Mûsa tarbaz al-dukkân wa maca l hille.* Moussa a fermé sa boutique et est parti en ville. •*Hû mâ tarbaz bâb bêtah wa l-sarragîn nagalo xumâmah kulla ke.* Il n'avait pas poussé le loquet de la porte de sa maison et les voleurs ont emporté tous ses effets.

tarbâz / tarâbîz *n. m.*, *qdr.*, mot arabe d'emprunt grec (*Mu.*), *Cf. razze, tarbaz*, * drbz, د ر ب ز

♦ **loquet, targette, verrou, pêne.** •*Bâb bêtna mâ indah tarbâz.* La porte de notre maison n'a pas de loquet. •*Al-sarrâg kasar al-tarbâz wa daxal fî l-dukkân.* Le voleur a cassé le verrou de la porte et est entré dans la boutique. •*Amci sidd al bâb be l-tarbâz !* Va fermer la porte en poussant le loquet !

tarbêza / tarâbîz *n. f.*, *empr.* grec τραπεζα, ≅ le pluriel *tarbêzât*, en arabe *égy.* تربيزة (*H.W.*), *Cf. tembir.*

♦ **table, table-banc, présentoir, comptoir, étal,** table de commerçant détaillant. •*Fakkêt tarbêza nisâwig halawa wa sijâra giddâm bêti.* J'ai ouvert un présentoir devant ma maison pour vendre des bonbons et des cigarettes. •*Fî l aciye, kulla siyâd al-tarbêzât bigabbulu behum fî l bêt.* Le soir, tous les petits marchands rentrent à la maison avec leur comptoir. •*Iyâl al-lekkôl ga'ado fî l kanabât wa katabo fî l-tarbêzât.* Les écoliers se sont assis sur les bancs et ont écrit sur les tables.

tarbiya / tarbiyât *n. f.*, *Cf. rabba*, ≅ *tarbiye*, * rbw, ر ب و

♦ **éducation.** •*Axawânak dôl ligo tarbiya samhe min abûhum.* Tes frères ont reçu une bonne éducation de leur père. •*Iyâl al-lekkôl induhum tarbiya adîle.* Les écoliers ont une bonne éducation. •*Hû wazzafo wazîr al-tarbiya wa l-ta'lîm.* On l'a nommé ministre de l'Éducation et de l'Enseignement.

Tarbiya *adj. f., tarîxa hint al-Tarbiya*, nom d'une confrérie religieuse, *Cf. tarîxa*, * rbw, ر ب و

tarbiye *n. f.*, → *tarbiya, Cf. turba.*

tarbûc / tarâbîc *n. m., qdr.*, mot arabe d'emprunt *irn. (C.Q.), Cf. tâgiye*, * ṭrbš, ط ر ب ش

♦ **chéchia, bonnet,** bonnet rouge en laine. •*Fî l barid, al-ciyâb balbaso tarâbîc.* Quand il fait froid, les vieux portent des bonnets en laine. •*Al-tarâbîc bujubuhum min Nijêrya.* On importe les bonnets en laine du Nigeria.

tarca *adj. n.*, féminin, → *atrac.*

tarcân / tarcânîn *adj.*, (*fém. tarcâne*), *Cf. atrac, ambûku*, * ṭrš, ط ر ش

♦ **sourd(e).** •*Al wilêd da mâ basma' acân hû tarcân.* Cet enfant ne peut pas entendre parce qu'il est sourd. •*Min gibêl nahajji lêki da, inti mâ simîti, tarcâne wallâ ?* Cela fait un moment que je te parle, tu n'as pas entendu, serais-tu sourde ?

tarfâni / tarfâniyîn *adj. n. m.*, * ṭrf, ط ر ف

♦ **qui est à l'extrémité, qui est au bout, qui est au bord, qui est à la limite, petit doigt de la main ou du pied, auriculaire.** •*Al agrab addatni fî usba'i l-tarfâni hanâ îdi l-zêne.* Le scorpion m'a piqué [mordu] à l'auriculaire de la main droite. •*Al-dûd dâyiman yaktul al bagaray al-tarfâniye.* Le lion tue toujours la vache qui se trouve aux limites du troupeau. •*Al askar al-tarfaniyîn sawwo macâkil.* Ces militaires là-bas ont créé des problèmes.

tarha / tarhât *n. m.*, * ṭrḥ, ط ر ح

♦ **petit voile,** petit voile généralement portée par les fillettes ou par les femmes à l'intérieur de la maison et ne descendant que jusqu'à la taille. •*Hû cara tarha lê axtah.* Il a acheté un petit voile pour sa sœur. •*Al mara wâjib mâ tixalli râsha bala tarha.* La femme ne doit pas laisser sa tête sans voile. •*Fî l îd râjili jâb lêi tarha hadiye.* Lors de la fête, mon mari m'a apporté un petit voile en cadeau.

tarhân / tarhânîn *adj.*, (*fém. tarhâne*).

♦ **avorté(e), raté(e), mal formé(e),** dont la fleur a coulé, qui n'a pas atteint un développement normal. •*Al-sane di al fûl kulla ke tarhân acân al xarîf gisayyir.* Cette année, toutes les arachides n'ont donné que des fruits à peine formés parce que la saison des pluies a été trop courte. •*Al-tamur da tarhân, gawi wa akilah mâ halu.* Ces dattes sont mal formées, elles sont dures et pas bonnes à manger.

tarhîn *n. d'act., m.*, ≅ *tarihîn, tarahân, tarhân, Syn. turah*, * ṭrḥ, ط ر ح

♦ **avortement,** avortement des animaux. •*Tarhîn al xanamay di min hamu hanâ l harray.* L'avortement de cette chèvre est dû à la chaleur. •*Al-tarhîn kan bigi katîr bi'aggir al xanamay.* Les avortements répétés rendent les chèvres stériles.

tari / tariyîn *adj., Ant. afin*, (*fém. tariye*), * ṭry, ط ر ي

♦ **frais (fraîche), frais** (du jour), **tendre, bon (bonne), propre,** sans mauvaise odeur. •*Al bakân da tari, ba'adên naju nagôdu fôgah.* Cette place est bonne, elle ne sent pas mauvais, nous pourrons y rester. •*Mulâh al bangâw wa l bumbiptêr haluwîn be l-laham al-tari.* La sauce à base de patates douces ou de pommes de terre est bonne avec de la viande fraîche [qui ne sent pas]. •*Mâ tagôd janb al mujura acân mâ tari.* Ne reste pas près du caniveau parce qu'il dégage une mauvaise odeur. •*Kan macêti l-sûg bi'î lêi ruwâba tariye !* Si tu vas au marché, achète-moi du lait caillé frais !

târi 1 *invar.*, *Cf. tara*, expression *magtu' al-târi* (oublié, qu'on ne mentionne plus), * ṭry, ط ر ي

♦ **sujet, thème, rappel.** •*Mâ tijîb lêna târi hanâ l-nâs, xallîna nahajju hije sâkit !* Ne nous parle pas des autres, laisse-nous causer tout simplement ! •*Jîbna târik bas wa inta kula jît !* Nous parlions de toi et voilà que tu es arrivé !

târi 2 *invar.*, *Cf. istâri, lâkin*, mot introduisant une exclamation mêlée d'interrogation, * r'y, ر ء ي

♦ **peut-être que, or, voilà que.** •*Târi, kan mâ macêna lêk, inta mâ jâyi lêna !* Si nous n'allions pas chez toi [si nous ne sommes pas allés chez toi], tu ne viendrais pas chez nous ! •*Jît fî bêtak, târi inta mâ fîk !* Je suis allé chez toi, or tu n'y étais pas ! •*Anâ nahasib inta tayyib, târi inta mardân, acân da mâ macet lêna !* Je te croyais en bonne santé alors que tu étais malade, voilà pourquoi tu n'es pas venu chez nous !

taricîn *n. d'act.*, *m.*, ≅ *taracân*, *Cf. tarac*, * ṭrš, ط ر ش

♦ **bousculade, choc, fait de renverser.** •*Taricîn al watîr xatari bilhên !* Le fait d'être renversé par une voiture est très dangereux ! •*Taricînak lêi da bala nîtak.* Tu ne m'as pas bousculé intentionnellement.

tarid *n. m.*, *Cf. tarad*, * ṭrd, ط ر د

♦ **renvoi.** •*Tarid hanâ l mara min al bêt bijîb hizin lê l iyâl.* Renvoyer son épouse du foyer rend les enfants tristes. •*Yâ wilêdi, angari min tarid al-zôl al miskîn al bahajjir !* Mon enfant, prends garde de ne pas renvoyer le pauvre mendiant !

tarîd / tarada *adj.*, (*fém. tarîde*), * ṭrd, ط ر د

♦ **cadet (-ette), puîné(e),** qui est né immédiatement après. •*Anâ tarîdti binêye.* Ma cadette est une fille. •*Al-tîmân tarîdhum indah acara cahar wa mâ râx.* Celui qui est né après les jumeaux a dix mois et ne marche pas encore. •*Al mâci da, rafîg tarîdi.* Celui-ci qui s'en va est l'ami de mon cadet.

taridîn *n. d'act.*, *m.*, ≅ *taradân*, *Cf. tarad*, * ṭrd, ط ر د

♦ **fait de chasser de, renvoi, fait de repousser.** •*Taridîn al iyâl min al bêt mâ adîl.* Ce n'est pas bien de chasser les enfants de la maison. •*Taridîn hanâ l-dîdân mâ yukûn illa be hurâb.* On ne peut repousser les lions qu'avec des lances.

tarîg / turug *n. m.*, *Syn. derib*, → *derib, tarîga*, * ṭrq, ط ر ق

tarîga / tarîgât *n. f.*, * ṭrq, ط ر ق

♦ **voie, chemin, issue, moyen, confrérie.** •*Wâjib nalgo tarîga al-nihillu beha macâkilna.* Nous devons trouver un moyen pour résoudre nos problèmes. •*Fattic lêi tarîga hint maxatar, kan watîr walla tayyâra kula, nidôr namci Abbece !* Trouve-moi un moyen pour voyager, que ce soit en voiture ou en avion, je voudrais aller à Abéché ! •*Al masâjîn ligo tarîga yamurgu bêha min al-sijin.* Les prisonniers ont trouvé une issue pour sortir de la prison.

tarihîn *n. d'act.*, *m.*, → *tarhîn.*

târik / târikîn *adj. mrph. part.* actif, (*fém. tarke*), "qui abandonne, qui laisse" → *tarak*, * trk, ت ر ك

tarîn / turân *adj.*, (*fém. tarîne*), * ṭrn, ط ر ن

♦ **tranchant(e), coupant(e), affûté(e), pointu(e).** •*Al-lazwâr da tarîn.* Ce rasoir est tranchant. •*Al-sakkîn di mâ tarîne.* Ce couteau ne coupe pas. •*Al hurâb dôl turân.* Ces lances sont coupantes. •*Xayyit be ibre tarîne !* Couds avec une aiguille pointue !

târîx / tawârîx *n. m.*, ≅ *ta'rîx*, * 'rḫ, ء ر خ

♦ **l'histoire, date.** •*Al-târîx hû axbâr hanâ l-nâs al-zamân.* L'histoire est faite des événements qu'ont vécus les gens d'autrefois. •*Fî l-târîx bugûlu lêna bigat duwâsât hârrâ bên al-Nasâra wa Râbeh.* On nous apprend en histoire qu'il y a eu de durs combats entre les Français et Rabah.

•*Râbeh xalla ta'rîx tawîl fî Tcâd.* Rabah a laissé une longue histoire au Tchad. •*Hû mâ ba'arif ta'rîx hanâ judûdah.* Il ne connaît pas l'histoire de ses ancêtres. •*Kan taktib xalli fâsil bên al-târîx wa l katib al âxar !* Lorsque tu écris, laisse un espace libre entre la date et ce que tu vas écrire ensuite !

tarîxa / turux *n. f.*, * ṭrq, ط ر ق

♦ **voie, confrérie, secte.** •*Al muckila anhallat be tarîxa silmiya.* Le problème a été résolu pacifiquement [par voie pacifique]. •*Fî Tcâd turux fî l-du'a katîrîn, misil tarîxa l-Tijâniye, târixa Xadiriyya wa târixa Sanûsiyya.* Au Tchad, il y a de nombreuses confréries, comme la Tidjaniya, la Quadiriya, et la Sénoussiya.

tarjam / yitarjim *v. trans.*, *qdr.*, comme en *ar. lit.* (*Ka.*), *empr. aram.* ; forme II, * trjm, ت ر ج م

♦ **traduire, faire une traduction.** •*Amnawal jâbo lêi maktûb wa fattact nâdum acân yitarjimah lêi.* L'an dernier, on m'a apporté une lettre, et j'ai cherché quelqu'un pour me la traduire. •*Hummân garo fî l-lekkôl acân da tarjamo lê l-Nasâra kalâm al Arab.* Ils ont fait des études, c'est pour cela qu'ils ont pu traduire pour les Européens ce que disaient les Arabes. •*Al Arabi da tarjam lê l-Nasrâni, lâkin tarjamtah mâ adîle.* Cet Arabe a fait une traduction pour l'Européen, mais celle-ci laissait à désirer.

tarjama *n. f.*, *qdr.*, mot arabe d'emprunt *aram.* (*Ka.*), * trjm, ت ر ج م

♦ **traduction.** •*Fî l mu'tamar al watani l mustaxill al-nâs mâ anbasato min al-tarjama hint al-sahâfi.* A la Conférence nationale, les gens n'étaient pas contents de la traduction du journaliste. •*Hû mukallaf be l-tarjama hint al kitâb da.* Il est chargé de la traduction de ce livre. •*Hî cadîde bilhên fî l-tarjama.* Elle est très forte en traduction.

tarjamân *n. m.*, *qdr.*, *Cf. tarjam*, * trjm, ت ر ج م

♦ **traduction, fait de traduire.** •*Tarjamân al kitâb da bidôr irfe adîle.* Traduire ce livre suppose une grande connaissance. •*Tarjimîn al kalâm sâhil lê l awîn.* Les femmes ont de la facilité pour traduire.

tarjimîn *n. m.*, → *tarjamân.*

tarlas / yitarlis *v. trans.*, forme II, *empr.*

♦ **être à bout de force, être épuisé(e), être inapte à travailler, être figé(e).** •*Hassâ hû tarlas mâ bagdar bahrit.* Maintenant, il n'a plus de force, il ne peut plus cultiver son champ. •*Al wilêd da tarlas mâ bagdar bajri misil awwal.* Ce garçon est épuisé, il ne peut plus courir comme avant. •*Al iyâl al bamcu bê lazzân min fasil lê fasil yitarlusu fî l-bakalôrya.* Les élèves qui passent de classe en classe parce qu'ils sont pistonnés finissent par être inaptes à passer le baccalauréat.

tarmûs *n. m.*, → *termûs.*

tarôr *n. vég.*, *coll.*, *sgtf. tarôray*, ≅ *torôr, torôro*, utilisé en arabe *sd.* (*C.Q.*), * ṭrr, ط ر ر

♦ **nom d'une herbe, sorte de roseau ressemblant au balsa, Herminiera,** famille des papilionacées, sorte de roseau très léger, avec de la moelle à l'intérieur, servant à fabriquer des embarcations autour du lac Tchad ou des radeaux sur le Batha. •*Mâ indah gudra misil al-tarôr.* Il est aussi faible qu'un roseau. •*Al-tarôr gecc xafîf, bisawwu beyah marâkib yagta'o bêhum al bahar.* L'herbe Herminiera est légère et on en fait des embarcations pour traverser le fleuve.

tarra / yitirr *v. trans.*, connu au *Sdn.* (*C.Q.*) forme I n° 11, * trr, ت ر ر

♦ **filer le coton, fabriquer des spaghettis.** •*Al-râjil da yitirr kulla yôm gutun katîr wa bisawwih tcâka.* Cet homme file du coton tous les jours pour faire une cotonnade. •*Al awîn ya'arfu yitirru tcâka.* Les femmes savent filer le coton pour en faire des bandes. •*Al-rujâl tarro xuyût wa nâmo.* Les hommes ont filé des fils de coton et se sont endormis. •*Al mara tarrat diwêdi be l makana.* La femme a fait des spaghettis avec la machine.

tarra' / yitarri' *v. intr.*, forme II, * trʕ, ت ر ع

♦ **roter.** •*Al iyâl al-dugâg kan batûnhum anmalo yitarru'u.* Les petits enfants rotent quand ils ont le ventre plein. •*Kan tâkul mâ titarri' giddâm al-nâs !* Si tu es en train de manger, ne rote pas devant les gens !

tarrac / yitarric *v. trans.*, forme II, mot arabe d'emprunt *syr.* (*C.Q.*), *Cf. gaddaf*, * ṭrš, ط ر ش

♦ **faire vomir,** provoquer le vomissement. •*Al-laban hanâ l biberon kan bigi hâmud yitarric al-saxîr.* Si le lait du biberon tourne [devient acide], il fait vomir le bébé. •*Al amxibbiye titarric wa tisawwi waja' râs wa l-jilid kulla ke yabga hâmi.* La fièvre intermittente fait vomir et donne mal à la tête, et tout le corps devient brûlant.

tarrag / yitarrig *v. trans.*, forme II, *Cf. tarran, sanna*, * ṭrq, ط ر ق

♦ **aiguiser, éclaircir la voix, rendre pointu.** •*Al-jazzâri tarrag sakkînah.* Le boucher a aiguisé son couteau. •*Al xannaye tarragat hissaha gubbâl ma tixanni.* La chanteuse a éclairci sa voix avant de chanter. •*Zamân, nâs hanâ gabîla wahade fî Tcâd bitarrugu sunûnhum.* Autrefois, des gens d'une tribu du Tchad se taillaient les dents en pointe [aiguisaient leurs dents].

tarragân *n. d'act., m.*, → *tarrigîn.*

tarram / yitarrim *v. trans.*, forme II, *Cf. gajjam*, * ṯrm, ث ر م

♦ **casser le bout, causer une ébréchure.** •*Mâ tikassir udâm be sakkîni di titarrimha lêi !* Ne casse pas les os avec mon couteau, tu vas ébrécher toute la lame ! •*Cîf al iyâl al-nuhûs dôl zagalo l-kôro wa tarramo lêi xacumha.* Regarde ces enfants turbulents, ils ont jeté le koro et en ont ébréché le bord.

tarran / yitarrin *v. trans.*, forme II, *Cf. tarrag*, * ṭrn, ط ر ن

♦ **affûter, éclaircir la voix, aiguiser.** •*Macêt lê l haddâdi tarran lêi sakâkîni.* Je suis allé chez le forgeron pour qu'il affûte mes couteaux. •*Maca acân yitarrin fâsah lê gatti'în al-cadar.* Il est allé affûter sa hache pour couper les arbres. •*Al-zaxrâta tarrananat hissaha be almi hanâ atrôn.* La lanceuse de youyous s'est éclairci la voix avec de l'eau natronnée.

tarrân *n. d'act., m.*, → *tarrîn.*

tarranân *n. d'act., m.*, → *tarrinîn.*

tarrigîn *n. d'act.*, ≅ *tarragân*, * ṭrq, ط ر ق

♦ **aiguisage, éclaircissement de la voix, affûtage,** fait d'aiguiser, d'éclaircir sa voix. •*Al haddâd ba'arfu tarrigîn al fâs.* Les forgerons savent aiguiser les haches. •*Tarrigîn al hiss mâ fîh fî bakân al-daktôr.* Ce n'est pas chez un médecin que l'on peut éclaircir sa voix.

tarrîn *n. d'act., m., Cf. tarra*, ≅ *tarrân*, * drr, د ر ر

♦ **fait de filer, filage à la main.** •*Tarrîn al-tcâka da xidime hint zamân.* Le filage à la main était un travail d'antan. •*Anâ mâ na'arif tarrîn al-tcâka.* Je ne sais pas filer le coton à la main.

tarrinîn *n. d'act., m.*, ≅ *tarranân, Cf. tarîn*, * ṭrn, ط ر ن

♦ **affûtage.** •*Tarrinîn al-sêf bicîl wakit katîr.* L'affûtage du sabre prend beaucoup de temps. •*Al haddâdi gâl lêi tarrinîn al-sakkîn be acara riyâl.* Le forgeron m'a dit que l'affûtage du couteau coûtera dix riyals.

Tarrûma *n. pr.* de femme, surnom donné à celle qui a une ou plusieurs dents cassées, * ṯrm, ث ر م

tarsîm *n. d'act. m.*, → *rasimîn*, * rsm, ر س م

tarta' / yitarti' *v. intr., qdr., Cf. darwal* ; forme II, hypothèse dans la racine d'après *dict.* (*Ka.*) *tartar* [chanceler], *Syn. attarta'*, * trtr, ر ت ر ت

♦ **tituber, marcher sans assurance, faire ses premiers pas, vaciller,** commencer à marcher avec hésitation. •*Al-sakkâra bitartu'u fî l-cawâri.* Les ivrognes titubent dans les rues. •*Hêy inta titarti' da, cirib marîse walla ?* Hé ! toi, l'homme à la démarche vacillante ! aurais-tu bu de la bière de mil ? •*Al wilêd al-dahâbah yi'allim al-ruwâxa yitarti' wihêdah ke.* L'enfant qui vient juste d'apprendre à marcher a une démarche titubante [titube seul].

tartac / yitartic *v. trans. {- min}*, *qdr.*, connu au *Sdn.* (*C.Q.*), *Cf. tcatca, xacca* ; forme II, * ṭrš, ط ر ش

♦ **embrouiller** (s'), **se perdre dans, enjôler, tromper, dérouter, faire des boniments,** ne plus savoir où l'on en est, ne pas être clair et franc, chercher à tromper ou à dérouter quelqu'un. •*Hû cirib marîse katîre wa tartac min derib bêtah.* Il a bu beaucoup de bière de mil et perdu le chemin de sa maison. •*Al-râjil da mâ ya'arif al hisâb acân da al-tallâni tartacoh.* Cet homme ne sait pas compter, c'est pour cela que les commerçants ambulants l'ont trompé. •*Al-râ'i tartac min bagarah wakt al almi sabba katîr, wa mâ ya'arif bakânhum.* Le berger a perdu les traces de ses vaches au moment où il a beaucoup plu, et il ne sait plus où elles sont.

tartaca *n. f.*, surtout utilisé par les femmes, * ṭrš, ط ر ش

♦ **paroles insensées, paroles tortueuses, embrouillamini,** actes ou paroles destinés à dérouter l'autre. •*Anâ mâ nidôr tartaca, amci al'ab ba'îd !* Je n'aime pas les embrouillaminis, va jouer plus loin ! •*Mâla fajaxtîni, inti coxolki tartaca walla sakar !* Pourquoi m'as-tu marché dessus, est-ce une manœuvre tortueuse de ta part ou bien es-tu ivre ? (provocation à la bagarre).

tartar / yitartir *v. trans.*, * trr, ت ر ر

♦ **fabriquer une palissade, aligner** (s'), attacher des tiges de mils ou de la paille sur des tuteurs pour former une palissade. •*Azrag maca fî l-zere' laggat al agêg wa ja fî l bêt tartar takiye.* Azrag est allé au champ ramasser des tiges de mil, et il est revenu à la maison fabriquer une palissade. •*Amci tartiri lêi takkiye nikôjir bêha bêti.* Va me fabriquer une palissade en tige de mil pour clôturer ma concession. •*Al-nâs tartaro fî l-cawâri, bilâgo l-Râ'îs.* Les gens se sont alignés dans les rues pour accueillir le Président.

tartâr *n. m.*, *Cf. angôr*, * trr, ت ر ر

♦ **palissade en tiges de mil, clôture en paille .** •*Al-tartâr da mâ marsûs adîl.* Cette palissade n'est pas bien alignée. •*Al arda akalat tartâr ligdâbt al awrâta.* Les termites ont rongé la palissade de l'abri des émigrés.

tartarân *n. d'act.*, → *tartirîn.*

tartîb *n. m.*, * rtb, ر ت ب

♦ **disposition, moyen, ordre, agencement, stratagème.** •*Kan tidôr tansur fî l-cariye kallim be tartîb.* Si tu veux gagner le procès, il faut présenter comme il faut tes arguments. •*Fattic lêna tartîb wâhid namurgu min al bakân da !* Cherche-nous un moyen pour sortir de cet endroit !

tartîl *n. m.*, *Cf. rattal, tilâwa*, * rtl, ر ت ل

♦ **psalmodie coranique.** •*Kan nasma' tartîl al Xur'ân nabki.* Lorsque j'écoute la psalmodie du Coran, je pleure. •*Ta'lîm tartîl al Xur'ân gâsi lê l-talâmîz fî l masîk.* L'apprentissage de la psalmodie du Coran est difficile pour les élèves de l'école coranique.

tartirîn *n. d'act., m.*, ≅ *tartarân.*

♦ **fabrication d'une palissade,** attacher la paille ou les tiges de mil pour former une palissade. •*Tartirîn al-takiye hayyin min daffirîn al-cargâniye.* Fabriquer une palissade avec des tiges de mil est plus facile que de tresser de la paille pour faire un secco. •*Al-rujâl kan rafa'o l kûzi,* *tartarân al angôr baxalluh lê l awîn.* Lorsque les hommes ont mis en place le toit de la case ronde, ils laissent aux femmes le soin de monter la palissade qui en fera le tour.

tarzi / **tarziyîn** *adj. n.*, (*fém. tarziye*), *Syn. xayyâti*, * ṭrz, ط ر ز

♦ **tailleur (-euse), brodeur (-euse), qui coud à la machine.** •*Axui, allam yifassil wa yixayyit be l makana, xalâs bigi tarzi.* Mon frère a appris à couper et à coudre à la machine, il est devenu un vrai tailleur. •*Al-tarzi yalga ribeh katîr kan al îd garrab.* Le tailleur fait beaucoup de bénéfices lorsque les jours de la fête approche.

tâsa / **tâsât** *n. f.*, mot arabe, *empr. irn.* طشت *[tišt], Cf. ticik* (*Mu.*, *Ka.*), * ṭst, ط س ت

♦ **petite cuvette émaillée, vaisselle, écuelle,** récipient utilisé pour la sauce. •*Kubbi l êc fî l gadah wa dirri l mulâh fî l-tâsa !* Mets la boule dans le gros bol en bois et la sauce dans une petite cuvette ! •*Fâtime xassalat al-tâsât wa carrathum fî l biric.* Fatimé a lavé la vaisselle et l'a fait sécher sur la natte.

tasâli *n. coll.*, *m.*, * slw, س ل و

♦ **graines de pastèque.** •*Tayyirînku lê l hamâm da mâ adîl, xalluh yâkul tasâli !* Ce n'est pas bien de faire envoler les pigeons, laissez-les manger les graines de pastèques ! •*Fî l-Sûdân al-nâs muwâlifîn bâkulu tasâli fî l-sinima.* Au Soudan, les gens ont l'habitude de manger des graines de pastèques quand ils sont au cinéma.

tâsas / **yitâsis** *v. intr.*, forme III, *Cf. tuss.*

♦ **être turbulent(e), s'entêter, être capricieux (-euse), être intraitable, devenir têtu(e),** n'en faire qu'à sa tête. •*Al wilêd gamma bitâsis wa rufugânah faraco.* L'enfant a commencé à être turbulent et ses amis l'ont frappé. •*Hî gammat titâsis acân abuha xatar.* Elle a commencé à n'en faire qu'à sa tête parce que son père était parti en voyage.

tasâsa / **tasâsât** *n. f.*, *Syn. nahâsa.*

♦ **entêtement, turbulence,** fait de s'entêter ou d'agir sans respecter les contraintes de la vie en société. •*Al banât birîdu l-tasâsa.* Les filles savent bien être têtues. •*Al-tasâsa mâ adîle.* Ce n'est pas bien d'agir en n'en faisant qu'à sa tête.

tâsi' *adj.*, nombre ordinal, (*fém. tâs'e*), * tsʕ, ت س ع

♦ **le neuvième.** •*Anâ bas al-tâs'e fî iyâl al bêt.* Je suis la neuvième enfant de la famille. •*Anâ fatêt al-cuwâl al-tâsi' hanâ l dagîg lê sallân al kisâr.* J'ai ouvert le neuvième sac de farine de mil pour la préparation des galettes. •*Al-cahar al-tâsi' fî l-sana usumah ramadân.* Le neuvième mois de l'année s'appelle ramadan.

tasjîl / **tasjîlât** *n. m.*, * sjl, س ج ل

♦ **enregistrement.** •*Al-carît da tasjîlah mâ adîl.* L'enregistrement de cette bande magnétique n'est pas bon. •*Nâs hanâ radyo Tcâd marago gâ'idîn bisawwu tasjîl fî l-câri.* Les journalistes de Radio-Tchad sont sortis pour faire un enregistrement dans la rue.

taski *n. m.*, *empr. fr.*, → *taksi.*

taslîm *n. d'act.*, *m.*, * slm, س ل م

♦ **livraison, remise.** •*Al yôm bigat hafla hint taslim cahâdât lê dubbât al bôlîs al kammalo tadrîbhum.* Aujourd'hui a eu lieu la remise des diplômes aux officiers de police ayant terminé leur stage d'entraînement. •*Anâ mâci nahdar hafla hint taslîm al xiyâda l askariyya lê l xâ'id al dahabah ayyanoh.* Je vais assister à la cérémonie de passation du pouvoir militaire au nouveau chef d'état-major.

tasmîm 1 *n. d'act.*, *m.*, [fait d'empoisonner], *Cf. sammam 1*, moins employé que *sammimîn, sammamân*, → *sammamân*, * smm, س م م

tasmîm 2 *n. m.*, terme de l'*ar. lit.* signifiant : décision, volonté ferme, détermination, *Cf. sammam 2*, moins employé que le participe actif de cette IIème forme : *musammim* [déterminé, décidé à], → *musammim*, * ṣmm, ص م م

tasrîh / tasrîhât *n. m.*, * ṣrḥ, ص ر ح
♦ **permission, autorisation, permis, laissez-passer.** •*Anâ ligît tasrîh min al mudîr ambâkir nisâfir.* J'ai reçu l'autorisation du directeur, demain je partirai en voyage. •*Al ajânib mâ bagdaro badxulu fî dârna bala tasrîh.* Les étrangers ne peuvent pas entrer dans notre pays sans autorisation. •*Al hâkûma mâ tixassid lê l muwazzafîn yisâfuru bala tasrîh.* Le gouvernement ne permet pas que les fonctionnaires voyagent sans autorisation.

tat'îm *n. m.*, terme de l'*ar. lit.* (greffage, vaccination), → *fassidîn*, * ṭʕm, ط ع م

tâta / yitâti *v. intr.*, *qdr.*, forme III, *Syn. dâda*, * t't', ت ء ت ء
♦ **faire ses premiers pas, commencer à marcher.** •*Mâ tixalli kitâbak fî l biric, axûk al bitâti da bicîlah wa bicarritah.* Ne laisse pas ton livre sur la natte ; ton frère qui commence à marcher pourrait te le prendre et le déchirer. •*Al binêye gammat titâti wa macat karabatha lê ammaha min farditha.* La fillette s'est mise à faire ses premiers pas, elle est allée s'accrocher au pagne de sa mère.

tâtâ nom de lieu, *m.*, *empr.*, *Cf. gêgar.*
♦ **cour du roi, bureau du commandant de cercle.** •*Fî Abbeche al-tâtâ gâ'id fî usut al hille.* A Abéché, la concession du commandant de cercle se trouvait au milieu de la ville. •*Zamân al-sultân mâ bamrug min al-tâtâ illa yôm al-jum'a.* Autrefois, le sultan ne sortait de sa cour que le vendredi. •*Al-tâtâ kula maktab hanâ sultân al bisawwi fôgah cerî'e.* Le *tâtâ* est aussi le bureau du sultan où il rend la justice.

tâtar / yitâtir *v. intr.*, → *ta'tar.*

tatawwur / tatawwurât *n. m.*, * ṭwr, ط و ر
♦ **promotion, développement.** •*Al mara di gâ'ide taxdim fî wazârat al-tatawwur al-nisâ'i.* Cette femme travaille au ministère de la Promotion Féminine. •*Al hâkûma tidôr al-tatawwur hanâ l axâni hanâ l-turâs.* Le gouvernement veut la promotion des chansons traditionnelles. •*Al-tatawwur hanâ l balad mâ babga illa be ixlâs fî l amal.* Notre pays ne pourra se développer que si les gens sont honnêtes dans leur travail.

tatbîx *n. m.*, * ṭbq, ط ب ق
♦ **application, mise en pratique.** •*Anîna nidôru tatbîx al xânûn bas fî l xidime.* Nous voulons simplement l'application de la loi dans le travail. •*Al-nâs bugûlu : "Fî tatbîx al-carî'a, al kâtil baktuluh.* Les gens disent que, selon [dans l'application de] la loi islamique, on tue le meurtier.

tathîr / tathîrât *n. m.*, → *tahâra*, * ṭhr, ط ه ر
♦ **purification, épuration, purge.** •*Wâjib tathîr baladna min al-sarrâgîn.* Il faut purifier notre pays de tous les voleurs. •*Al-Ra'îs sawwa tathîrât fî l-dêc.* Le Président a fait des purges dans les rangs de l'armée. •*Al-du'a tathîr lê l galib.* Les invocations pieuses purifient le cœur.

tâtûri *n. m.*, → *ta'tûri.*

taw'iya / taw'iyât *n. f.*, * wʕy, و ع ي
♦ **sensibilisation.** •*Al hâkûma rassalat wafid fî l Batha acân yisawwi taw'iya lê l-ca'ab.* Le gouvernement a envoyé une délégation au Batha pour sensibiliser le peuple. •*Al-rujâl marago lê l-taw'iya.* Les hommes sont sortis pour sensibiliser les autres [pour la sensibilisation].

tawâ'îs *pl.*, → *tâ'ûs.*

tawa 1 / yatwi *v. trans.*, forme I n° 7, * ṭwy, ط و ي
♦ **enrouler, rouler.** •*Ba'ad al akil Sanûsi tawa l biric.* Après le repas, Sanoussi a enroulé la natte. •*Hû tawa xumâmah fî biric wakit gamma xâtir.* Il a enroulé ses affaires dans une natte, tout juste avant de partir en

voyage. •*Amis hî nisat mâ tawat al biric wa almi sabba katîr ballah.* Hier, elle a oublié de rouler la natte, elle l'a laissée dehors et une grosse pluie l'a trempée.

tawa 2 *invar.*, → *towa.*

tâwab / yitâwib *v. intr.*, ≅ *tawwab*, * ṯ'b, ث ء ب

♦ **bâiller.** •*Fatah xacumah yitâwib acân hû bidôr bunûm.* Il a ouvert la bouche pour bâiller parce qu'il avait sommeil. •*Kan titâwib sidd xacumak be îdak !* Quand tu bâilles, mets ta main devant la bouche ! •*Abui gâ'id bitâwib acân waktah hanâ curâb al-câhi tamma.* Mon père est en train de bâiller parce qu'est venu pour lui le moment de prendre le thé. •*Mâ tilaffit alê l-nâs kan tidôr titawwib !* Ne te tourne pas vers les gens si tu veux bâiller !

tawâbil *pl.*, → *tâbul.*

tawâbîr *pl.*, → *tâbûr.*

tawâf *n. m.*, * ṭwf, ط و ف

♦ **circonvolution.** •*Al-tawâf rukun min arkân al hajj.* La circonvolution autour de la Kaaba est une des prescriptions du pèlerinage. •*Hajjit al umra arkânha tawâf wa jari xafîf bên al-Safa wa l Marwa.* Les principales obligations à remplir lors du petit pèlerinage sont la circonvolution, et la course entre les deux rochers de *Safa* et de *Marwa*.

tawaffa / yitwaffa *v. intr.*, ≅ *atwaffa*, terme de l'*ar. lit.*, *Cf. mât, râh*, * wfy, و ف ي

♦ **mourir, décéder.** •*Hû akal budrit samm, garîb yitwaffa.* Il a mangé du poison en poudre, il a failli mourir. •*Dâbi addah wa hû tawaffa indah yômên.* Un serpent l'a mordu, il est mort il y a deux jours.

tawafîr *pl.*, → *tâfûra.*

tâwag / yitâwig *v. trans.*, connu au *Sdn.* (*C.Q.*), *Cf. câf* ; forme III.

♦ **jeter un coup d'œil, voir, lorgner, épier, scruter, se pencher pour voir, regarder furtivement,** regarder par une fente, un trou ou une petite fenêtre, rapidement et sans être vu. •*Al-sarrâg tâwag al-dukkân be l-nugura hanâ l bâb.* Le voleur a jeté un coup d'œil dans la boutique par le trou de la porte. •*Ta'âl tâwigni ayyi wakit !* Viens me voir de temps en temps ! •*Titâwig cunû be nugura hanâ l-cargâniye ?* Qu'est-ce que tu épies par le trou du secco ? •*Amci, tâwig axawânak, fâto l-lekkôl wallâ mâ fâto !* Va voir si tes frères sont partis pour l'école ou non !

tawâgi *pl.*, → *tâgiye.*

tawâjîn *pl.*, → *tâjûn.*

tâwal / yitâwil *v. trans.*, forme II, * ṭwl, ط و ل

♦ **attacher avec la longe,** attacher le cheval avec une longue corde pour qu'il puisse brouter. •*Ta'âl, cîl al-juwâd da, wadih tâwilah fî l bura indak di !* Viens, prends ce cheval, et va l'attacher avec la longe sur ce terrain en jachère là-bas ! •*Al-nâs yitâwilu l xêl be hubâl tuwâl acân yâkulu adîl wa mâ yiba''udu.* Les gens attachent leurs chevaux avec une longue corde pour qu'ils puissent brouter comme il faut sans s'éloigner.

tâwam / yitâwim *v. intr.*, forme III, * t'm, ت ء م

♦ **avoir des jumeaux, dédoubler,** mettre au monde des jumeaux. •*Al mara di batunha kabîre akûn titâwim.* Le ventre de cette femme est gros, elle va peut-être mettre au monde des jumeaux. •*Amm Zênaba tâwamat marritên.* La mère de Zénaba a mis au monde pour la deuxième fois des jumeaux. •*Têrâb al fûl da zên, kulla ke tâwam.* Les semences de ces arachides étaient bonnes, elles ont produit des gousses contenant deux fois le contenu d'une arachide ordinaire.

tawâr *pl.*, → *tôr.*

tawâric *pl.*, → *tôric.*

tawârîx *pl.*, → *târîx.*

tawâwîs *pl.*, → *tâwûs.*

tawayân *n. d'act., m.*, ≅ *tawiyîn*, * ṭwy, ط و ي

♦ **enroulement, fait ou manière d'enrouler,** ou d'être enroulé, en parlant d'un objet plat. •*Tawayânak lê l kitâb da bitallifah.* Ta manière de rouler le livre sur lui-même l'abîme. •*Tawayânak lê l biric da mâ ajabâni.* Ta façon d'enrouler la natte ne m'a pas plu.

tawba *n. f.*, ≅ *tôba*, *Cf. tâb*, * twb, ت و ب

♦ **conversion, repentir, retour à Dieu,** fait de reconnaître sa faute et de demander pardon. •*Al-tawba axêr min al ma'siya.* Il vaut mieux se repentir que désobéir. •*Al-tawba tukûn fî kulla wakit mâ illa fî cahar ramadân bas.* Se tourner vers Dieu en convertissant son cœur se fait à tout moment, pas seulement pendant le mois de ramadan. •*Cahar ramadân cahar al-tawba.* Le mois de ramadan est le mois du repentir. •*Al-tawba l-najîde magbûla ind Allah.* La vraie conversion est acceptée par Dieu. •*Wâjib al-nâdum kan sawwa zunûb, yifakkir al-tawba.* Lorsque quelqu'un commet des péchés, il doit penser à se convertir.

tawdîh / tawdîhât *n. m.*, * wḍḥ, و ض ح

♦ **éclaircissement, commentaire.** •*Al bayân da mâ adîl bidôr tawdih.* Cette déclaration n'est pas claire, elle nécessite un éclaircissement. •*Simîna l-tawdihât hanâ l axbâr fî l-râdyo amis.* Nous avons écouté hier les commentaires des nouvelles à la radio.

Tawfîx *n. pr.* d'homme, *litt.* assistance, concours que Dieu accorde à l'homme, * wfq, و ف ق

tâwi / tâwiyîn *adj. m. mrph. part.* actif, *Cf. tawa*, * ṭwy, ط و ي

♦ **qui a roulé, qui a enroulé.** •*Mâla tâwi l biric wa muxallih barra ?* Pourquoi as-tu enroulé la natte et l'as-tu laissée dehors ? •*Acân cunû tâwiye al furâc wa l-nâs jâyin lêki ?* Pour quelle raison as-tu roulé les tapis et les nattes alors que les gens venaient te voir ? •*Humman tâwiyîn burûchum, akûn dâxilîn yunûmu ?* Ils ont roulé leurs nattes, peut-être vont-ils rentrer pour dormir à l'intérieur ?

tawîl / tuwâl *adj.*, (*fém. tawîle*), * ṭwl, ط و ل

♦ **long (longue), grand(e), profond(e), haut(e).** •*Rabatna l bagaray be habil tawîl.* Nous avons attaché la vache avec une longue corde. •*Hafaro biyâr tuwâl.* Ils ont creusé des puits profonds. •*Al binêye di ca'arha tuwâl.* Cette fille a de longs cheveux. •*Ragabtah tawîle misil al-zarâf.* Il a un cou long comme celui d'une girafe. •*Al-tabaldi min al-cadar al-tuwâl lâkin mâ indah dull.* Le baobab fait partie des grands arbres, mais il n'a pas d'ombre.

tawiyîn *n. d'act., m.*, → *tawayân.*

tawjîh / tawjîhât *n. d'act., m.*, * wjh, و ج ه

♦ **orientation, conseil pratique, instruction, directive,** marche à suivre. •*Kabîrna antâna tawjîh adîl fî l xidime.* Notre chef nous a donné un bon conseil pour le travail. •*Al mu'allim antâna tawjîhât fî l giray al mâ na'arfûha.* Le maître nous a donné des orientations pour étudier la leçon que nous ne connaissions pas. •*Tawjîh al xabîr nafa' al muzâri'în.* Les directives [l'instruction] de l'expert ont été utiles pour les cultivateurs.

Tawrât *n. m.*, → *Tawrêt.*

Tawrêt *n. m.*, ≅ *Tawrât*, * twr, ت و ر

♦ **Thora, livre de la Loi.** •*Al muslimîn bi'âmunu be l-Tawrêt kula.* Les musulmans croient aussi à l'authenticité de la Thora. •*Allah nazzal al-Tawrât lê Mûsa.* Dieu a inspiré le Livre de la Loi à Moïse.

tawtaw / yitawtiw *v. trans.*, forme II, * ṭwy, ط و ي

♦ **enrouler, plier.** •*Fatime, tawtiwi al burûc dôl wa arkizîhum fôg !* Fâtimé, roule ces nattes et appuye-les debout contre le mur ! •*Al wilêd tawtaw al furâc fî l biric.* L'enfant a roulé le matelas dans la natte. •*Al-jilid kan tawtaw mâ bunûr.* Lorsque la peau est plissée, elle ne brille pas.

tâwûs / tawâwîs *n. anim.*, m., → *tâ'ûs*, * ṭws, ط و س

tawwa 1 *invar.*, → *towa.*

tawwa 2 / tawwât *n. f.*, connu au *Sdn.*, *empr. aram.* (*C.Q.*), peu utilisé au Tchad, *Cf. tahawa.*

♦ **poêle** (la), instrument de cuisine pour cuire la viande, les œufs, ou griller le café. •*Axti tinajjid bêd al-jidâd fî l-tawwa.* Ma sœur fait cuire des œufs sur la poêle. •*Hî tagli gahawitha fî l-tawwa.* Elle grille son café sur la poêle.

tawwab / yitawwib *v. trans.*, forme II, voir le *Syn. tâwab, yitâwib*, * ṯ'b, ث ء ب

tawwal / yitawwil *v. intr.*, forme II, * ṭwl, ط و ل

♦ **durer, attarder** (s'), **rester longtemps,** demeurer longtemps au même endroit. •*Carika hint al-sukkar min sawwoha fî Tcâd tawwalat.* Cela fait longtemps que la société sucrière a été créée au Tchad. •*Jiddi mardân tawwal.* Mon grand-père est resté longtemps malade. •*Mâ titawwil fî l-sûg !* Ne t'attarde pas au marché !

tawwâli *invar.*, * ṭwl, ط و ل

♦ **tout de suite, aussitôt, tout juste.** •*Nisalli wa tawwâli nijîb lêk al-laban.* Je fais ma prière et je t'apporte tout de suite du lait. •*Wilêdi maca l-zere' wa tawwâli ja.* Mon enfant était allé au champ, et il est aussitôt revenu. •*Amci gûl lêyah naji tawwâli !* Pars lui dire que je viens tout de suite !

tawwar / yitawwir *v. trans.*, forme II, * ṭwr, ط و ر

♦ **développer, promouvoir.** •*Diyâr hanâ Ifrîxiya kulluhum bidôru bitawwuru l alâxât ambênâthum.* Les pays d'Afrique veulent tous promouvoir les relations entre eux. •*Al-tacâdiyîn bidôru bitawwuru dârhum be l hirâte.* Les Tchadiens veulent développer leur pays par l'agriculture.

tawwâra *n. coll., f., sgtf. tawwâray*, utilisé en arabe *sd.*, *Syn. xamîra, Cf. tawwar*, * ṯwr, ث و ر

♦ **levure,** levure traditionnelle sous forme de boulettes. •*Al mara sabbat tawwâra katîre fî l xadôda hint al kisâr.* La femme a mis beaucoup de levure dans la pâte à galettes. •*Al fangâsu bala tawwâra mâ babga.* Il est impossible de préparer des beignets sans levure .

tawwây / tawwâyîn *adj. mrph. intf.*, (*fém. tawwâye*), * ṭwy, ط و ي

♦ **qui sait bien enrouler, plieur (plieuse).** •*Al wilêd da tawwây lê l burûc.* Ce garçon sait bien enrouler les nattes. •*Tawwây al burûc dâk axui.* Celui qui est en train d'enrouler les nattes là-bas est mon frère.

tawzîf *n. m.*, * wẓf, و ظ ف

♦ **nomination à un poste de fonctionnaire, accession à une responsabilité.** •*Min sanit alif wa tusûmiya wa itnên wa tis'în ke al hâkûma waggafat al-tawzif.* Depuis mille neuf cent quatre-vingt-douze, le gouvernement a arrêté les nominations à des postes de fonctionnaires. •*Tawzîf al-cabâb fî l wazîfa l âmma bangus al atâla.* Donner aux jeunes des responsabilités dans la fonction publique diminuerait le chômage.

taxa *n. m.*, *Cf. tixi*, * ṭġy, ط غ ي

♦ **luxe, opulence, richesse, abondance, aisance, orgueil hautain, égoïsme, suffisance,** fait de compter uniquement sur soi-même, de se croire supérieur aux autres à cause de sa richesse ; suffisance de celui qui ne demande rien aux autres. •*Wilêd al-sultân rabyân fî l-taxa !* L'enfant du sultan est élevé dans le luxe. •*Anâ mâ nirîd taxa hanâ l fagâra fî l-nuggâra !* Je n'aime pas voir des pauvres se comporter ostensiblement comme des riches ! [je n'aime pas le luxe des pauvres dans la danse au son du tambour !]. •*Fulâne di min al-taxa, kan turûx nammin mâ ticîf ên.* Cette femme est tellement hautaine qu'elle passe devant les autres en faisant semblant de ne pas les voir. •*Al-taxa kan be fayditah yanfa' siyâd al mâl.* Si l'égoïsme servait à quelque chose, il serait utile aux riches (*i.e.* un jour les riches perdront ce qu'ils ont et n'auront que faire de leur orgueil).

tâxa / tâxât *n. f., Syn. istitâ'a*, * ṭwq, ط و ق

♦ **capacité, possibilité, moyens.** •*Yâtu kula xalli yijîb gurus hasab tâxtah.* Que chacun apporte de l'argent selon sa capacité. •*Anâ nidôr nisâfir be tayyâra lâkin al ijâr fât tâxti.* Je voulais voyager en avion, mais le prix du billet est trop cher pour moi [dépasse mes possibilités]. •*Al-nâs kulluhum tâxâthum mâ sawa, wahdîn bâkulu talâta marrât fî l yôm wa wahdîn mâ balgo illa marra wahade bas.* Les gens n'ont pas tous les mêmes moyens ; certains mangent trois fois par jour et d'autres ne trouvent à manger qu'une seule fois.

taxaddum *n. m.*, * qdm, ق د م

♦ **progrès, développement.** •*Al-taxaddum hanâ l balad yukûn illa be l xidime.* Le pays ne progressera qu'en travaillant. •*Taxaddum hanâ baladhum bigi be l-tijâra wa l-tarbiya hanâ l bahâyim.* Le progrès de leur pays est dû au commerce et à l'élevage.

taxassas / yitxassas *v. intr. {- fî}*, * ḫṣṣ, خ ص ص

♦ **se spécialiser.** •*Ishâx taxassas fî l-daktara.* Ishak s'est spécialisé en médecine. •*Ligi minha dirâsiya acan yamci yitxassas fî l kahraba.* Il a obtenu une bourse d'étude pour aller se spécialiser en électricité.

taxi / atxiya' *adj.*, (*fém. taxiye*), * tqw, ت ق و

♦ **pieux (pieuse).** •*Al-nâdum al-taxi baxâf Allah.* L'homme pieux craint Dieu. •*Al-mara al-taxiye titî' râjilha wa mutmassike be ibâditha.* La femme pieuse obéit à son mari et tient à bien faire ses actes d'adoration.

taxîn / tuxân *adj.*, (*fém. taxîne*) ; * ṯḫn, ث خ ن

♦ **épais (-aisse).** •*Carêt xattay taxîne lê l barid.* J'ai acheté une couverture épaisse pour la saison froide. •*Al mulâh da taxîn bilhên zîdih almi ciya !* Cette sauce est très épaisse, mets-y un peu d'eau ! •*Durdur al bêt da taxîn, lâkin al xarîf bidôr barmih.* Le mur de cette maison est épais, mais l'eau de la saison des pluies risquerait de le faire écrouler.

taxrîban *invar.*, * qrb, ق ر ب

♦ **environ.** •*Taxrîban miya nâdum hidiro fî l mulamma.* Environ cent personnes ont assisté à la réunion. •*Anîna taxrîban icirîn nâdum fî l bêt.* Nous sommes environ vingt personnes dans la maison.

taxtax / yitaxtix *v. intr.*, forme II, *onom., Syn. tabbax*, * t ḫ ḫ, ت خ خ

♦ **cuire (sauce), bouillir (thé),** bruit d'un liquide épais ou d'une pâte qui bout et qui fait "touf ! touf !". •*Al burma taxtaxat, subbi l-dagîg wa sûti l êc !* La marmite fait "touf ! touf!", mets le reste de farine et fais cuire la boule ! •*Al mulâh kan mâ taxtax adîl, mâ halu !* Si la sauce n'a pas bouilli longtemps, elle n'est pas bonne. •*Cîf lêna l-câhi da kan nijid acân min gibêl gâ'id yitaxtix !* Regarde si le thé est à point, parce que depuis quelque temps il bout en faisant "touf ! touf !".

taxtît *n. m.*, terme de l'*ar. lit.*, * ḫṭṭ, خ ط ط

♦ **planification, ministère du plan.** •*Wazîr al-taxtît mada fî istifâgiye hint ta'âwun bên Tcâd wa l banki l âlami.* Le ministre du Plan a signé un accord de coopération entre le Tchad et la Banque Mondiale. •*Wazârt al-taxtît hî bas mukallafa be l-siyâsa hint al-tatawwur hanâ l balad.* Le ministère du Plan est chargé de la politique de développement du pays.

taxxa / yitaxxi *v. trans.*, forme II, * ṭġy, ط غ ي

♦ **permettre de vivre à l'aise, donner confort et luxe, vivre comme un riche, pourrir *qqn.* par l'argent, gâter, rendre hautain et**

orgueilleux, offrir à *qqn.* un mode de vie confortable. •*Al hukum yitaxxi l-nâdum.* Le pouvoir donne la richesse et l'orgueil à celui qui le détient. •*Zamân hû nâdum miskîn, wa hassâ al gurus taxxah.* Auparavant, c'était une personne courtoise et simple, mais maintenant l'argent l'a pourri et il est devenu hautain. •*Al atrôn yitaxxi l-jamal.* Le natron donne au chameau toute sa force. •*Al binêye di kâkayitha taxxatha fôgna.* Cette fille, sa grand-mère l'a gâtée à nos dépens.

taxyân / taxyânîn *adj.*, (*fém. taxyâne*), terme péjoratif, *Cf. tixi, acmân*, * ṭġy, ط غ ي

♦ **qui vit comme un riche, qui vit dans le luxe, aisé(e), qui est devenu hautain(e), présomptueux (-euse),** qui méprise les autres après s'être enrichi. •*Ba'ad al-nâs al-taxyânîn mâ bigassumu sadaxa.* Il y a des gens qui sont devenus riches et ne donnent pas l'aumône. •*Hî bigat taxyâne acân râjilha tâjir kabîr.* Elle vit dans le luxe et est devenue hautaine parce que son mari est un grand commerçant. •*Ahmat taxyân acân indah mâl.* Ahmat est aisé parce qu'il a un bon capital. •*Hû da taxyân, mâ bisallim al-nâs, lamma ma'â l mâl kabîr !* Celui-ci vit comme un riche, il ne salue plus personne, c'est un parvenu ! [il s'est joint à la richesse étant grand, *i.e.* il est devenu riche tardivement].

taxyîr / taxyîrât *n. m.*, * ġyr, غ ي ر

♦ **changement, modification.** •*Amis, bigi taxyîr fî l hâkûma.* Hier, il y a eu un remaniement ministériel. •*Taxyîr hanâ l-jaww sawwa lêi zuxma.* J'ai attrapé un rhume à cause du changement de temps.

tayâtil *pl.*, → *têtal.*

taybîn *adj. pl.*, → *tayyib.*

tâyêr / tâyêrât *n. m.*, *empr. fr.*, plus employé que *xayyâti.*

♦ **tailleur.** •*Fî Tcâd, al-tâyêrât ba'arfu bixayyutu malâbis rajâliye wa nisâ'iye.* Au Tchad, les tailleurs savent confectionner des vêtements pour les hommes et les femmes. •*Al-tâyêr da, allâmi, hû mâ xayyâti.* Ce tailleur est un apprenti, ce n'est pas un maître [couseur].

tâyi' / tây'în *adj. mrph. part.* actif, (*fém. tây'e*), *Ant. âsi*, * ṭwʕ, ط و ع

♦ **obéissant(e), respectueux (-euse), poli(e).** •*Al wilêd da, abûh birîdah min axâwânah acân hû tâyi' lêyah.* Cet enfant, son père l'aime plus que ses frères parce qu'il lui obéit. •*Al mara kan mâ tây'e lê râjilha, mâ tindasse l-janne.* La femme qui n'obéit pas à son mari n'entrera pas au paradis. •*Al-râjil al birîd martah dâyimân tâyi' lêha : mâ yuduggaha wa mâ yikaccir fôgha.* L'homme qui aime sa femme la respecte toujours : il ne la frappe pas et ne la gronde pas. •*Al binêye l-tây'e talga râjil ajala ke bas.* La fille polie trouvera vite un mari.

tâyib / tâybîn *adj. mrph. part.* actif, (*fém. tâybe*), * twb, ت و ب

♦ **repentant, craignant Dieu,** qui se convertit sans cesse à Dieu. •*Al-râjil da câyib wa mâ tâyib.* Cet homme est vieux mais il ne craint pas Dieu. •*Hû tâyib, mâ bacrab marîse.* Il se convertit, il ne boit plus de bière de mil.

tâyir 1 / tâyrîn *adj. mrph. part.* actif, (*fém. tâyre*), * ṭyr, ط ي ر

♦ **volant(e).** •*Kan ciftah, cift al-fîl al-tâyir.* Si tu le vois, tu verras l'éléphant qui vole. *Prvb.* (*i.e.* C'est une personne introuvable.). •*Anâ cift sigêr tâyir fî l-sama.* J'ai vu un faucon voler dans le ciel. •*Mâ ticîf jidâde tâyre fôg.* Tu ne verras pas de poule voler très haut.

tâyir 2 / tâyrîn *adj. mrph. part.* actif, (*fém. tâyre*), *Cf. târ 2*, * ṭyr, ط ي ر

♦ **qui provoque le ras-le-bol, qui cause le dégoût, qui lasse, qui en a marre.** •*Akil min nô' wâhid kulla yôm, tâyir lêi.* J'en ai marre de la même nourriture tous les jours. •*Al xidime fî l harray al hâmiye tâyire lê l xaddâmîn.* Le travail sous le soleil brûlant lasse les travailleurs.

•*Kalâmak al katîr da tâyir lêi.* J'en ai ras le bol de tous tes discours.

tayôta *n. f.*, → *toyôta.*

Taysîr *n. pr.* de femme, *litt.* facilitation, * ysr, ي س ر

Taysîra *n. pr.* de femme, *fém.* de *Taysîr*, * ysr, ي س ر

tâyûk *n. coll.*, *m.*, connu au *Sdn.* (*C.Q.*), *sgtf. tâyûkay* (un morceau de moelle), *Cf. macâc, muxx*, * ṭwq, ط و ق

♦ **moelle épinière, moelle jaune.** •*Al-râjil da, tâyûkaytah angata'at, mâ yagdar yugumm be tûlah.* Cet homme a la moelle épinière brisée [coupée], il ne peut plus se relever. •*Masahna tâyûk fî l-dôka acân al kisâr mâ yalsag.* Nous avons enduit la plaque avec de la moelle pour que les galettes ne collent pas.

tayya' / yitayyi' *v. trans.*, forme II, * ṭwʕ, ط و ع

♦ **faire obéir, faire respecter,** rendre obéissant et respectueux des lois. •*Zamân, wakt al hukum mâci adîl, al-sijin bitayyi' al âsi.* Autrefois, au moment où le pouvoir judiciaire fonctionnait comme il faut, la prison devait rendre obéissants les indociles. •*Al-dîn al islâmi yitayyi' al mu'minîn.* La religion musulmane rend les croyants obéissants.

tayyar 1 / yitayyir *v. trans.*, *Cf. târ 1*, * ṭyr, ط ي ر

♦ **faire voler, révulser** (les yeux). •*Al-nâdum be ilmah gidir tayyar al hadîd misil al-sawârîx wa l-tayyâra.* Par sa science, l'homme a pu faire voler des objets en fer comme les fusées ou les avions. •*Al-nâdum kan rûhah jât fî l xarxara, yitayyir uyûnah.* Lorsque quelqu'un entre en agonie, ses yeux se révulsent.

tayyar 2 / yitayyir *v. trans.*, forme II, * ṭyr, ط ي ر

♦ **décourager, ôter l'envie, dégoûter.** •*Al-râjil tayyar lêi al bakân be kalâmah al katîr da.* Cet homme, avec ses histoires, nous a ôté l'envie de rester là. •*Be l atac wa l-ju' tayyar lêna mag'ad al bêt.* En nous laissant avoir faim et soif, il nous a ôté l'envie de rester à la maison.

tayyâra / tayyârât *n. f.*, * ṭyr, ط ي ر

♦ **avion.** •*Al-tayyâra mâ gidirat nazalat acân al matâr malyân almi.* L'avion n'a pas pu atterrir parce que l'aéroport est plein d'eau. •*Nâs wâhdîn kan rikibo fî l-tayyâra bigaddufu.* Certaines personnes vomissent lorsqu'elles voyagent [montent] en avion. •*Al-safar be l-tayyâra râha min hanâ l watîr.* C'est plus reposant de voyager en avion qu'en voiture.

tayyarân *n. d'act.*, *m.*, → *tayyirîn.*

tayyib / taybîn *adj.*, (*fém. taybe*), * ṭyb, ط ي ب

♦ **en bonne santé, bien portant(e), en forme, correct(e),** équivalent de l'expression française "aller bien, bien se porter". •*Inti taybe wallâ ?* Est-ce que tu vas bien ? •*Simi't xabarah, hû tayyib.* J'ai entendu qu'il se portait bien. •*Anâ wa marti taybîn wa l hamdu lillah !* Ma femme et moi, nous sommes en bonne santé, Dieu soit loué ! •*Da kalam tayyib.* C'est une parole de bon sens.

tayyirîn 1 *n. d'act.*, *m.*, ≅ *tayyarân*, *Cf. têrân*, * ṭyr, ط ي ر

♦ **envol, fait de faire voler en l'air.** •*Tayyirînku lê l hamâm da mâ adîl, xalluh yâkul tasâli !* Ce n'est pas bien de faire envoler les pigeons, laissez-les manger les graines de pastèques ! •*Tayyirîn al-tayyâra bidôr ilim katîr.* Faire voler les avions suppose de grandes connaissances.

tayyirîn 2 *n. d'act.*, *m.*, ≅ *tayyarân*, * ṭyr, ط ي ر

♦ **dégoût, fait d'en avoir marre, fait d'en avoir ras le bol.** •*Tayyirîn al akil da kulla kê jâyi min al-catte al katîr.* Tout ce dégoût que j'éprouve pour la nourriture vient de ce qu'il y a trop de piment. •*Tayyirînhum lêi lê l bakân da acân mâ bidôrûni.* Ils m'ont dégoûté de rester ici parce qu'ils ne m'aiment pas.

tazâkir *pl.*, → *tazkara.*

tazkara / tazâkir *n. f.*, *Cf. zakar*, * dkr, ذ ك ر

♦ **billet pour un voyage, ticket, titre de transport.** •*Anâ gatêt tazkara hint tayyâra namci Mundu ba'ad usbu'ên.* J'ai pris un billet d'avion pour aller à Moundou dans quinze jours. •*Zôl kan musâfir be tayyâra, yaciri tazkartah hatta yamci l matar.* Lorsque quelqu'un voyage en avion, il achète son billet avant d'aller à l'aéroport.

tazwîr *n. d'act.*, *Syn. tazyîf*, * zwr, ز و ر

♦ **contrefaçon, falsification, maquillage, truquage, déformation d'une parole.** •*Al-nâdum al kaddâb bagdar lê tazwîr al kalâm.* Le menteur sait bien déformer la parole. •*Al kalâm al gâloh fôgah da sahi mâ tazwîr.* Ce qu'ils ont dit de lui est vrai et n'a pas été falsifié. •*Tazwîr al imda' xidimt al-nâdum al-sarrâg.* Contrefaire une signature, c'est le travail d'un voleur.

tazyîf *n. d'act. m.*, voir le *Syn. tazwîr.*

♦ **contrefaçon, fabrication de la fausse monnaie.** •*Tazyîf al gurus fî Nijêrya mâ gâsi.* Ce n'est pas difficile de fabriquer de la fausse monnaie au Nigeria. •*Tarîga hint tazyîf al gurus jâtna min barra.* Le moyen de faire de la fausse monnaie nous est venu de l'étranger.

tca ! *invar.*, interjection exprimant le dégoût.

♦ **pouah !, bah !** •*Tca ! min râjilki da, kulla yôm gâ'id fî l gawâdil !* Pouah ! ton mari me dégoûte ! il est au cabaret tous les jours ! •*Tca ! mâ tatrih lêi !* Bah ! ne cite pas son nom devant moi, il me dégoûte ! •*Tca ! al bakân da afin !* Pouah ! Cet endroit pue !

tcabaxa / tcabaxât *n. f.*, *empr.*, *Cf. amtcalakay, harba.*

♦ **longue sagaie,** longue sagaie des bergers. •*Al-tcabaxa harba hanâ l-rujâl.* La longue sagaie est l'arme des hommes. •*Al-râjil, kan mâ indah tcabaxa mâ yagdar yahfad mâlah.* Si un homme n'a pas de longue sagaie, il ne peut pas garder son troupeau. •*Axui maca lê l haddâdi, addal lêyah arba'a tcabaxât.* Mon frère est allé chez le forgeron qui lui a fabriqué quatre longues sagaies.

tcabba 1 *invar.*, *empr.*, *Cf. ba'adên.*

♦ **après, peu après, bientôt, tout à l'heure, tout de suite,** dans peu de temps. •*Tcabba ke namci lêk !* J'irai chez toi ensuite ! •*Akal laham katîr wa tcabba ke nâm.* Il a mangé beaucoup de viande et peu après il s'est endormi. •*Tcabba ke, kan al harray baradat, nal'abo bâl.* Dans un peu de temps, quand il fera moins chaud, nous irons jouer au football.

tcabba 2 / yitcibb *v. trans.*, forme II.

♦ **faucher, couper à la faucille, décapiter.** •*Ahmat, amci tcibb gecc lê l xêl !* Ahmat, va faucher de l'herbe pour les chevaux ! •*Al-rîs kan nijid wa jaffa, kulla l-subyân yitcibbuh.* Lorsque le riz est mûr et sec, tous les jeunes gens vont le couper à la faucille. •*Zamân, fî l-duwâs, yicibbu rusên al adu be l-sêf.* Autrefois, pendant la guerre, ils décapitaient les ennemis avec un sabre.

tcabbax / yitcabbix *v. trans.*, forme II, → *tcalbax.*

Tcâd *n. pr.* de pays, ≅ *Tacâd.*

♦ **Tchad.** •*Tcâd dawla fî usut hanâ Ifrixîya.* Le Tchad est un État au milieu de l'Afrique. •*Masâhit Tcâd wâhid malyûn wa mîtên wa arba'a wa tamânîn alif kilômitir murabba'.* La superficie du Tchad est de un million deux cent quatre-vingt-quatre mille kilomètres carrés.

tcâdi / tcâdiyîn *adj.*, (*fém. tcâdiye*), ≅ *tacâdi, tacâdiye.*

♦ **tchadien (tchadienne).** •*Al betrôl al-tcâdi bamrug ba'ad sanit alfên.* Le pétrole tchadien sortira après l'an deux mille. •*Al mara l-tcâdiye al fî l xitim al-rasmi usumha Tcallu bint al-Digêl.* La femme tchadienne qui se trouve sur les tampons officiels s'appelle Tchallou fille de Diguel.

tcak-tcâka *n. f.*, *onom.* connue en arabe *sd.*, ≅ *tack-tcâk.*

♦ **petite pluie, ondée.** •*Al-tcak-tcâka mâ tagdar tadhar al-nâs min al maci hanâ l-zere'.* La petite pluie ne peut pas empêcher les gens d'aller au champ. •*Al-tcak-tcâka tanfa' al xalla l mujankaba.* La petite pluie fine est profitable au mil qui a déjà été sarclé. •*Al-tcak-tcâk mâ batrud al-jamâ'a !* L'ondée ne chasse pas l'assemblée !

tcâka *n. f.*, *Cf. gabak.*

♦ **bande de coton,** bande étroite de coton tissée à la main. •*Jiddi indah garambûbu hanâ tcâka.* Mon grand-père a un grand boubou fait en bandes de coton. •*Jidditi xayyatat xulgân talâta hanâ tcâka lê iyâlha.* Ma grand-mère a tissé trois vêtements en bandes de coton pour ses enfants. •*Al yôm al-nâs xallo l-tcâka acân al makana bas tansij gumâc.* Maintenant, les gens ont cessé de porter du coton tissé à la main, parce que c'est désormais la machine qui tisse les étoffes.

tcakâkîb *pl.*, → *tcukkâba.*

tcakarkara / tcakarkarât *n. f.*, *empr.*

♦ **râteau.** •*Lâyim al wasax be l-tcakarkara !* Rassemble les saletés avec le râteau ! •*Al haddâd bisawwu tcakarkarât lâkin bitcakkumuhum xâli bilhên.* Les forgerons fabriquent des râteaux, mais ils les vendent très cher.

tcakka 1 / yutcukk *v. intr.*, connu au *Sdn.*, forme I n° 5.

♦ **se cotiser.** •*Amis anîna tcakkêna wa sawwêna âzûma nâdêna l-subyân.* Hier, nous nous sommes cotisées et nous avons organisé une réception à laquelle nous avons convié les jeunes gens. •*Amnawal al-rujâl tcakko lê jârhum al miskîn fî môt hanâ abuh.* L'an dernier, les hommes se sont cotisés pour leur pauvre voisin à l'occasion de la mort de son père. •*Amis anâ tcakkêt ma'âku, wa wên akli ?* Hier, j'ai cotisé avec vous, où se trouve ma nourriture ?

tcakka 2 / yutcukk *v. trans.*, en arabe *sd.* شكّ *šakka* (*C.Q.*), forme I n° 5.

♦ **battre les cartes, fouetter.** •*Hû tcakka l karte wa wazza'âha.* Il a battu les cartes et les a distribuées. •*Hû mâ ba'arif butcukk al karte.* Il ne sait pas battre les cartes. •*Al wilêd binâhis, abuh gamma karabah tcakkah.* L'enfant refusait de rester calme, son père l'a attrapé pour le fouetter.

tcakka 3 / yutcukk *v. trans.*, connu au *Sdn.* شكّ *šakka* (*C.Q.*), forme I n° 5, * škk, ش ك ك

♦ **planter, enfoncer en terre, piquer les lèvres,** se piquer les lèvres ou les gencives avec des épines de savonnier liées ensemble, manière dont les femmes embellissent leur bouche en faisant gonfler les lèvres et en donnant une coloration bleue à leurs gencives. •*Tcakka ci'ab sitte wa bana ligdâbtah.* Il a planté six poteaux fourchus et a construit son hangar. •*Kulla yôm kan ja min al ganîs, yutcukk hurâbah fî giddâm al bêt.* Chaque jour, lorsqu'il rentre de la chasse, il plante ses lances devant la maison. •*Fî dâr Wadday al awîn birîdu bitcukku calâlîfhum be côk, wa busubbu faham madgûg mârin, acân samâh lê l awîn.* Au Ouaddaï, les femmes aiment se piquer les lèvres avec des épines et y appliquer une poudre fine de charbon de bois, parce que c'est un signe de beauté pour elles.

tcakka 4 / yutcukk *v. trans.*, comme شكّ en arabe *sd.* (*C.Q.*), forme I n° 5, *Cf. kamad.*

♦ **tasser en secouant, bourrer en enfonçant un bâton.** •*Humman malo cuwâlât darrâba wa tcakkôhum adîl.* Ils ont rempli des sacs de gombo et les ont bien tassés. •*Tcukk al xalla di adîl fî l-birmil !* Tasse comme il faut le mil en le bourrant avec un bâton dans le fût !

tcakkâka *n. f.*, voir les expressions *digin tcakkâka* et *gayle tcakkâka.*

tcakkam / yitcakkim *v. trans.*, *empr.* (Ouaddaï), connu au *Sdn.*, → *ba', cara', sâwag* ; forme II.
♦ **vendre, troquer,** vendre son propre bien. •*Al mara di tcakkamat xumâm bêtha kulla kê.* Cette femme a vendu toutes les affaires de sa maison. •*Mâ titcakkim xumâmak illa kan mâ indak ceyy hanâ akil.* Ne vends tes affaires que si tu n'as plus rien à manger.

tcakkar / yitcakkir *v. intr.*, forme II, *Syn. kadrak.*
♦ **durcir, sécher, vieillir,** ne plus être frais, devenir sec et dur en parlant des légumes ou des fruits. •*Zâra garradat al-darrâba l-tcakkarat.* Zara a coupé en rondelles le vieux gombo qui avait durci. •*Al-darrâba l-tcakkarat xalâs mâ tabga mulâh.* Le vieux gombo qui a séché, on ne peut plus désormais en faire de la sauce. •*Al-lubya wa l karkanji wa l-darrâba kan tcakkaro, nixalluhum lê l-têrâb.* Lorsque les haricots, l'oseille de Guinée et le gombo deviennent secs et durs, nous les laissons pour les utiliser comme semences.

tcakkat / yitcakkit *v. intr.*, → *cakat, cakkat.*

tcakkîn *n. d'act., m.*, ≅ *tcakkân*, → *tcakka 3*, * škk, ش ك ك
♦ **piquage des lèvres et des gencives,** fait de piquer les lèvres ou les gencives pour les colorer en bleu, ou les faire gonfler, et rendre ainsi les femmes plus belles. •*Tcakkîn al-laxam hassâ kula, al banât mâ xalloh fî Abbece.* Le piquage des gencives est encore pratiqué par les filles à Abéché. •*Tcakkîn al-calâlîf min âdât al awîn fî dâr Wadday.* Le piquage des lèvres est une des coutumes des femmes au Ouaddaï.

tcaktcak / yitcaktcik *v. intr., onom.*
♦ **pleuvoir un peu, pleuvasser,** pleuvoir en gouttes de pluie éparses. •*Fî l îne, al almi yitcaktcik tcabba tcabba.* Au cœur de la saison des pluies, il pleut des gouttes éparses presque tout le temps. •*Al yôm, al-sahâb câl wa almi mâ sabba adîl, tcaktcak bas.* Aujourd'hui, le ciel est chargé mais il n'a pas bien plu, seulement quelques gouttes çà et là.

tcalak ! *invar., onom.* accompagnant des verbes comme *ambalas* [glisser, s'échapper], *sabba* [verser].
♦ **pft !,** d'un seul coup ! •*Indi riyâlên bas fî jêbi wa ambalas tcalak !* Je n'avais que deux riyals dans ma poche, et ils ont glissé, pft ! •*Al-dihin al faddal da, ammi sabbatah tclakak ke, fî l kalôl.* Ma mère a versé d'un seul coup toute l'huile qui restait dans la petite marmite.

tcalbax / yitcalbix *v. trans.*, forme II, ≅ *tcabbax.*
♦ **plonger plusieurs fois dans un récipient, remuer un liquide, patauger, éclabousser, dire des galéjades, blaguer.** •*Mâ titcalbixi lêna îdênki dôl fî almi l-duwâne !* Ne plonge pas tes mains dans l'eau du canari ! •*Mâ ticalbix al madîde be jônu bisawwiha lêna rigeyge !* Ne brasse pas la bouillie avec la louche, tu vas la rendre liquide comme l'eau [très légère] ! •*Al muhâjirîn yitcalbuxu xulummênhum fî l-dawây wa yaktubu fî lîhânhum.* Les enfants de l'école coranique plongent leur calame dans l'encrier et écrivent sur leur planchette. •*Hû da wannâsi, gâ'id bitcalbix bidahhik al iyâl.* C'est un bon conteur, il est en train de dire des galéjades pour faire rire les enfants.

tcalla / yitcill *v. trans.*, forme II.
♦ **éplucher, peler,** enlever la peau. •*Al-râjil al-raxbân da tcalla faggûsay wa akalâha giddâmna wihêdah.* Cet homme avare et égoïste a épluché un concombre et l'a mangé tout seul devant nous. •*Al-subyân yitcillu l-rêke be sakakînhum.* Les jeunes gens ôtent l'écorce de la canne à sucre avec leur couteau. •*Tcilli lêi ambâsayti di kadar namci l-sûg wa naji !* Épluche ma courge, le temps que j'aille au marché et que je revienne !

tcallak / yitcallik *v. trans.*, forme II, utilisé en arabe *sd.* (*C.Q.*).
♦ **effleurer, toucher, donner une tape,** toucher *qqn.*, puis courir se

cacher dans le jeu de *amtcillêko.* •*Axti tcallakatni wa jarat.* Ma sœur m'a touché et a couru. •*Fî l-li'ib da, inta kan mâ xammadt ênak adîl, mâ nitcallikak wa mâ nillabbad.* A ce jeu, si tu ne fermes pas complètement les yeux, je ne te toucherai pas et n'irai pas me cacher. •*Hû yirîd yitcallik rufugânah wa yajiri.* Il aime donner des tapes à ses amis et s'en aller en courant.

tcallân *n. d'act., m.,* → *tcallîn.*

tcallîn *n. d'act., m.,* ≅ *tcallân.*
♦ **fait d'écorcer, fait de peler, fait d'éplucher.** •*Fakkir lê îdak acân mâ tagta'aha, inta mâ ta'arif tcallîn al faggûs !* Fais attention de ne pas te couper les doigts, tu ne sais pas éplucher les concombres ! •*Al-rêke tcallînah hayyîn min al-agêg acân indah almi katîr.* La canne à sucre, parce qu'elle est gorgée d'eau, est plus facile à écorcer que la canne de sorgho.

Tcallu bitt al-Digêl *n. pr.* de femme, ≅ *Kellu, Tcellu*, nom de la femme, décédée en janvier 1997, dont la figurine se trouve reproduite sur les tampons officiels et certains billets de banques.

tcaltcak / yitcaltcik *v. trans., qdr.,* ≅ *tcaltcax* ; forme II.
♦ **clapoter, secouer un liquide, baratter, déborder,** agiter un liquide jusqu'à le faire sortir de son récipient. •*Al koryo labanha ciyya wa tcaltcakat fî dahar al-tôr.* Le pot avait peu de lait, il clapotait sur le dos du bœuf. •*Al awîn busubbu l-laban fî buxsa kabîre wa bitcaltcukuh kê lahaddi zibde tamrug.* Les femmes versent le lait dans une grande calebasse fermée et le barattent jusqu'à ce que se forme [sorte] le beurre. •*Al girbe al fî dahar al watîr, almiha kulla tcaltcak bigi ukur.* L'outre était derrière la voiture, l'eau a été secouée et est devenue toute trouble.

tcaltcal / yitcaltcil *v. trans., onom.* forme II.
♦ **décanter par ébullition, sourdre** (eau propre)**, clarifier, épurer par décantation, couler doucement** (oued)**.** •*Husna, aciri dihni da, acân tcaltcaltah nadîf wa haluh.* Housna, achète mon huile : elle est bonne et bien décantée. •*Almi l wâdi lissâ mâ wigif, gâ'id bitcaltcil.* L'oued a encore de l'eau qui coule tout doucement. •*Al macîce di almiha tcaltcal sâfi, hû da bas namla jerri minnah.* De ce trou dans le sable sourd une eau limpide, c'est de cette eau-là que je veux remplir ma jarre.

tcaltcâl *n. m.*
♦ **fait de couler tout doucement, courant faible de l'oued.** •*Almi l Batha al katîr kulla fât, mâ faddal illa l-tcaltcâl.* Presque toute l'eau du Batha a coulé, il ne reste plus qu'un très faible courant. •*Almi al-tcaltcâl nadîf al-nâs bacarboh.* L'eau de l'oued qui coule tout doucement est propre, les gens la boivent.

tcaltcalân *n. d'act., m.,* ≅ *tcaltcilîn.*
♦ **décantation, épuration,** faire couler un liquide tout doucement pour le débarrasser de ses impuretés. •*Almi wâdîna tcaltcalânah bicîl wakit tawîl.* Il faut beaucoup de temps à notre oued pour que son eau se mette à couler tout doucement sans transporter de saletés. •*Tcaltcilîn al-dihin mâ bitawwil fî l harray.* L'huile ne met pas beaucoup de temps à s'épurer si on la laisse couler tout doucement en la mettant au soleil.

tcaltcax *v. intr., qdr.,* → *tcaltcak.*

tcaltcilîn *n. d'act.,* → *tcaltcalân.*

tcanna / yitcinn *v. trans.,* forme I n° 11, utilisé en arabe *sd.,* * snn, س ن ن
♦ **frotter, récurer, cravacher, corriger.** •*Hî tcannat al burma be ramla.* Elle a frotté la marmite avec du sable. •*Wallâhi, al yôm, kan mâ tagôd sâkit, nitcinnak tcannîn yôm wâhid ke mâ ciftah !* Par Dieu, si tu ne restes pas tranquille aujourd'hui, je vais t'envoyer une raclée à nulle autre de pareille !

tcannân / tcannânât *n. m.*, utilisé aussi en arabe *sd.*, * snn, س ن ن

♦ **paille de fer, éponge métallique, grattoir,** instrument pour récurer. •*Hukki burmitki l wasxâne di be tcannân !* Gratte ta marmite sale avec une paille de fer ! •*Tcannân hanâ l hadîd binaddif adîl min tcannân hanâ l kawcu.* Les pailles de fer nettoient mieux que les grattoirs en plastique.

tcannîn *n. d'act.*, ≅ *tcannân*, → *tcanna*, * snn, س ن ن

♦ **grattage, récurage, coup de fouet violent, correction, raclée.** •*Buramki bigo zurug, bidôru tcannîn.* Les marmites sont devenues noires, elles ont besoin d'être récurées. •*Wallâhi, kan mâ tagôd sâkit, nitcinnak tcannîn yôn wâhed ke mâ ciftah !* Par Dieu, si tu ne te tiens pas tranquille, je vais t'envoyer une raclée à nulle autre pareille ! •*Al-tcannîn al katîr bitallif al iyâl.* Fouetter trop souvent les enfants détruit leur personnalité.

tcarâtcire *pl.*, → *tcartcerêye.*

tcarra / yutcurr *v. intr.*, forme I n° 5, utilisé au soudan (*C.Q.*), *Cf. tcar-tcar*, * šrr, ش ر ر

♦ **goutter, couler, dégouliner.** •*Anâ jarêt wa l waxar tcarra min jildi.* J'ai couru et la sueur a coulé sur mon corps. •*Daraboh be bundug wa l-damm tcarra min râsah.* On a tiré sur lui avec une arme et le sang dégoulinait de sa tête.

tcarrân *n. d'act.*, → *tcarrîn*, * šrr, ش ر ر

tcarrîn *n. d'act.*, *m.*, ≅ *tcarrân*, * šrr, ش ر ر

♦ **flot, fait de couler, fait de verser un liquide, écoulement.** •*Tcarrîn al ambowwâla al muksûra di bâkul al-durdur.* L'écoulement de l'eau venant de cette gargouille cassée ronge le mur. •*Al-nâs bugûlu, tcarrîn al waxar al katîr da alâma hanâ utûliye.* Les gens disent que l'abondance de sueur est un signe de paresse.

tcartcar / yitcartcir *v. intr.*, forme II, *Syn. tcarra, naggat*, *Cf. farfar 3.*

♦ **dégouliner, perdre un filet d'eau, être une adolescente, devenir une jeune femme.** •*Al-dalu indah gudûd bitcartcir, mâ balzam almi.* La puisette en cuir a des trous, elle perd et ne garde plus l'eau. •*Al-dangay mâ matlûsa, almi kan sabba titcartcir.* Le toit de la maison n'est pas bien recouvert d'argile ; lorsqu'il pleut, l'eau dégouline à l'intérieur. •*Al binêye di tcartcarat, wâjib talbas lêha farde.* Cette jeune fille est devenue adulte, elle doit revêtir un pagne.

tcartcerêye / tcartcerêyât *n. f.*, ≅ le pluriel *tcarâtcire*, pour le masculin, → *farfôri*.

♦ **jeune demoiselle.** •*Sant al anâ jît lêku da, Fâtime tcartcerêye wa Ali tihitha ke.* L'année où je suis venu vous rendre visite, Fatimé était une jeune demoiselle et Ali était plus petit qu'elle. •*Jiddi gâl sanit duwâs Râbeh ma'â l-Nasâra, hû farfôri wa axawâtah tcartcerêyât.* Mon grand-père disait que l'année de la guerre entre Rabah et les Blancs, il était jeune homme et ses sœurs, jeunes demoiselles.

tcâtca / yitcâtci *v. trans.*, *Cf. xacca* ; forme III.

♦ **tromper, mentir,** détourner l'attention de quelqu'un pour le voler ou lui mentir. •*Al-râjil da, bi't lêyah xumâmi wa hû tcâtcani, mâ antâni gurus.* J'ai vendu mes affaires à cet homme-là, et il m'a trompé, il ne m'a pas payé [donné de l'argent]. •*Kalâmki da cunû ? Sahi, mâ titcâtcîni ?* De quoi parles-tu ? C'est vrai ? Tu ne me mens pas ?

tcâtcân *n. d'act.*, *m.*, → *tcâtcîn.*

tcâtcây / tcâtcâyîn *adj. mrph. intf.*, (*fém. tcâtcâye*).

♦ **trompeur (-euse), roublard(e), menteur (-euse).** •*Hû da tcâtcây marra wâhid antâni wa'ad wa mâ ja.* C'est vraiment un menteur, il m'a donné rendez-vous et n'est pas venu. •*Hî di tcâtcâye mâ ta'âminha.* C'est une trompeuse, il ne faut pas la croire.

•Mâ tabga nâdum tcâtcây, al-nâs mâ bikarrumûk ! Ne sois pas roublard, les gens ne te respecteraient pas !

tcâtcîn *n. d'act., m., ≅ tcatcân, Syn. xaccîn, tcâtcîn.*
♦ **tromperie, mensonge, ruse.** *•Sâmîni (samihni) kalâmi hanâ yôm dâk da mâ sahi, coxoli lêk tcâtcîn.* Excuse-moi, ce que je t'ai dit l'autre jour n'était pas vrai, c'était un mensonge. *•Hû birîd tcâtcîn rufugâni, al yôm humman karaboh wa faracoh.* Il a l'habitude de tromper mes amis ; aujourd'hui ils l'ont attrapé et l'ont fouetté.

tcaxtcax / yitcaxtcix *v. intr., onom.* évoquant la cuisson.
♦ **cuire à petit feu, grésiller.** *•Al mulâh kan tcaxtcax sahi sahi, halu marra wâhid.* Lorsque la sauce cuit à petit feu en faisant "tchakh, tchakh", c'est qu'elle est bonne. *•Al-laham kan sabbêtah fî l-dihin wa xallêtah mudda fî l-nâr bitcaxtcix.* La viande grésille lorsqu'on la met dans de l'huile et qu'on la laisse un moment sur le feu.

tcaxxa / yutcuxx *v. trans.*, forme I n° 5, utilisé en arabe *sd.*
♦ **piquer, enfoncer, mettre en abondance.** *•Tcuxx al galam fî l-dawây wa aktib ajala !* Enfonce ta plume dans l'encrier et écris vite ! *•Binêyti tcaxxat al mulah dihin, akilah gânafâna.* Ma fille a mis beaucoup d'huile dans la sauce ; c'était écœurant à manger.

tcêle *n. m., empr.*
♦ **viande mise en brochettes.** *•Amis hî akalat tcêle fî l ôtêl.* Hier, elle a mangé des brochettes au restaurant. *•Al-râjil kan mâ indah wakit yamci fî l bêt lê l xada, yâkul lêyah mappa be tcêle.* Lorsqu'un homme n'a pas le temps de rentrer manger chez lui, il mange du pain avec des brochettes.

Tcellu *n. pr.* de femme, *→ Tcallu.*

tcên / tcênât *n. m., empr. fr.*
♦ **chaîne, fermeture éclair.** *•Al-tcên hanâ mubilêti bigi gadîm nidôr nixayyirah.* La chaîne de ma mobylette est vieille, je veux la changer. *•Tcên hanâ sâkôci tallaf.* La fermeture éclair de ma sacoche est abîmée.

tcik tcik ! *invar., onom.* imitant le cri de l'oiseau.
♦ **cui-cui !** *•Al-têray tabki "tcik tcik !".* L'oiseau chante [pleure] "cui-cui !"

tcilendo *n. coll.*, animal *m.*, *→ amtcalendo.*

tcingâm *n. coll., m., sgtf. tcingâmay, empr. angl.*
♦ **chewing-gum.** *•Halâwa tcingâm tâkul mâ tinjamm.* Tu mâches le chewing-gum continûment [tu manges, tu ne te reposes pas]. *•Mâ tazrut al-tcingâm, bilawliw fî l musrân.* N'avale pas le chewing-gum, il pourrait faire des noeuds avec [s'enrouler dans] tes intestins.

tcinn *v. impér., → tcanna.*

tcit *invar., intf.* de couleur dans l'expression *asfar tcit.*
♦ **très jaune, jaune éclatant,** jaune canari. *•Cîf al-lêmûn da illa samâhah, nijid bigi asfar tcit !* Regarde la beauté de ce citron, il a mûri et est devenu jaune éclatant ! *•Abunsifêr karabah wa uyûnah bigo sufur tcit.* Il a une hépatite et ses yeux sont devenus très jaunes. *•Xalagah da, ragabtah safra tcit wa l faddal ahamar tcu.* Son vêtement a le col jaune canari et le reste rouge écarlate.

tcok-tcok expression, *→ gurus.*

tcop *invar., empr.*
♦ **un petit peu.** *•Subb lêi câhi tcop ke bas fî l funjâl !* Verse-moi simplement un petit peu de thé dans le verre ! *•Wên Yaxûb ? Agîf tcop ke nicîfah lêk.* Où est Yacoub ? Attends un peu, je vais voir s'il est là. *•Yâkul êc wa yacrab almi, tcop ke bas.* Il ne mange qu'un peu de boule et ne boit qu'un peu d'eau.

tcôro *n. m., Cf. sûrû'.*
♦ **toupie, escargot,** coquille de l'escargot servant de toupie. *•Al*

wulâd birîdu li'ib al-tcôro. Les enfants aiment jouer à la toupie. •*Bêt amm al-tcôro kan yâbis, al iyâl bixassuluh wa bal'abo bêyah.* Lorsqu'un escargot à coquille conique est mort [sec], les enfants lavent la coquille et jouent avec.

tcu *invar.*, *intf.* de couleur dans les expressions *ahmar tcu, ahamar bing.*
♦ **rouge vif, écarlate.** •*Tamâtim da ahamar tcu.* Ces tomates sont très rouges. •*Watîrah axadar sirij wa bibânah humur tcu.* Sa voiture est jaune vif avec des portes rouge vif. •*Al-Nasrâni da râx fî l harray wa bigi ahamar tcu.* Ce Blanc a marché sous le soleil et est devenu rouge écarlate.

tcukk *v. impér.*, → *tcakka 1, tcakka 2, tcakka 3, tcakka 4.*

tcukkâba / tcakâkîb *n. f.*, → *cukkâba.*

tcukut *invar.*, *onom.*, utilisée avec des verbes de mouvement en direction de la terre.
♦ **bien droit, bien stable.** •*Al kalib, kan câf al-nâs al bâkulu, yigangis tcukut wa yaharis haggah.* Lorsque le chien voit les gens qui mangent, il se met assis bien droit en attendant sa part. •*Hû zarag harbitah fî l arnab, wa mâ ligatha, wa anxazzat tcukut fî l-turâb.* Il a jeté sa lance sur le lièvre, il l'a manqué, et sa lance s'est fichée en terre.

tculmo *n. f.*, peut-être de l'arabe *kulma* (*Ka.*, *Mu.*), ≅ *amtculmo*, utilisé dans le Chari-Baguirmi, *Cf. amcakato*, * klm, ك ل م
♦ **leishmaniose, pian, ulcère, plaie, impétigo, gourme,** grande plaie ouverte et infectée qui met très longtemps à guérir. •*Al-tculmo uwâra fî l-sâg.* La leishmaniose provoque des plaies sur les jambes. •*Al-tculmo waba', kan ja yakrub al-nâs kulluhum ke.* Le pian est contagieux ; quand il vient, tout le monde l'attrape. •*Amtculmo nafaday saxayre, wa kan hakkêtha takbar wa tabga uwâra wa mâ tabra.* L'impétigo commence par un petit bouton ; si tu le grattes, il grossit et devient une plaie qui ne guérit pas.

tcûri 1 *n. m.*, *Cf. kurnuk, ligdâbe, kûzi.*
♦ **abri, hangar,** dont le toit en tige de mil ressemble à celui de la case ronde. •*Fî wakt al xarîf, al xanam biraggudûhum fî l-tcûri.* Pendant la saison des pluies, on fait reposer les chèvres sous l'abri *tcûri.* •*Al-tcûri misil al kurnuk lâkin râsah misil al kûzi.* L'abri *tcûri* ressemble à celui qu'on appelle *kurnuk*, mais son toit est comme celui de la case ronde.

tcûri 2 *n. m.*, *empr.*
♦ **marché couvert, halle,** marché couvert où se vendent légumes, fruits, condiments et viande. •*Al-tcûri munazzam adîl wa indah faragât.* Le marché couvert aux légumes est bien organisé et a plusieurs sections. •*Fî l-sûg, kan macêt al-tcûri, talga xadâr katîr.* Si tu vas aux halles, tu trouveras beaucoup de légumes. •*Kulla yôm nâs al mêri binaddufu l-tcûri awwal.* Tous les jours, les gens de la mairie nettoient les halles en premier.

tcuruk ! *invar.*, *onom.* évoquant la chute dans un endroit profond.
♦ **plouf !, pouf !** •*Tcuruk ! Waga' fî l bîr.* Plouf ! Il est tombé dans le puits.

tcurûru *n. coll.*, condiment, *m.*, fabriqué à partir de cendres lavées, *Cf. tcarra,* * šrr, ش ر ر
♦ **potasse,** sel indigène. •*Al mulâh da sabbo fôgah tcurûru.* On a mis de la potasse dans cette sauce. •*Mulâh hanâ hût yâbis be tcurûru halu bilhên.* La sauce de poisson séché avec de la potasse est délicieuse. •*Râkib fî jamali wa nudugg tanbali... Da l-tcurûru.* Je suis sur mon chameau et je frappe mon tambour… C'est la potasse qui s'égoutte. *Dvnt.*

tcut ! *invar.*, *onom.* évoquant la déglutition rapide.
♦ **avalé d'un seul coup !, englouti !** •*Al-râjil daxal fî l-rahad wa zaratah tcut.* L'homme est entré dans le marigot qui l'a englouti d'un seul coup. •*Al xûl câf al binêye wa tcut*

zaratah ! L'ogre a vu la fille et l'a avalée d'un coup !

tcuxx *v. impér.*, → *tcaxxa.*

têlafûn *n. m.*, → *telefûn.*

têlefûn / têlefûnât *n. m.*, ≅ *têlafûn*, en arabe moderne *tilifûn* ou *talîfûn* (*H.W.*), *empr. fr.* venu du grec.
♦ **téléphone.** •*Hajjêt ma'â axui fî Mongo be têlefûn.* J'ai parlé au téléphone avec mon frère à Mongo. •*Al-têlafûn baka acân nâdum wâhid bidôr bahajji ma'âk.* Le téléphone a sonné : quelqu'un voulait te parler.

televîzyôn / televîzyônât *empr. fr.*, → *telfizyôn.*

telfîzyôn / telfîzôynât *n. m.*, mot arabe *tilfâz*, *empr. fr.* venu du grec, ≅ *televizyôn*, les premières émissions ont commencé au Tchad en 1988.
♦ **télévision.** •*Al-telfizyôn xâli fî l-sûg hanâ Anjammêna.* La télévision coûte cher sur le marché de N'Djaména. •*Amis al wazîr hanâ l-ta'lîm al âli hajja fî l-telfîzyôn.* Hier, le ministre de l'Enseignement supérieur a parlé à la télévision. •*Cîfna li'ib al bâl fî l-televizyôn.* Nous avons vu un match de football à la télévision. •*Abui jab min Makka televizyôn mulawwân.* Mon père a rapporté de La Mecque une télévision en couleurs.

tembir / tembirât *n. m.*, *empr. fr.*, ≅ *timbir, tarbeza.*
♦ **timbre-poste, étal, table du commerçant détaillant.** •*Anâ macêt al busta carêt tembir.* Je suis allé à la poste acheter un timbre. •*Fî l busta al-râjil lassag lêi talâta tembir fî l maktûb al katabtah lê wilêdi.* A la poste, l'homme a collé trois timbres sur la lettre que j'ai écrite à mon fils. •*Bî' lêi sijâray min al-tembir dâk !* Achète-moi une cigarette au petit commerçant détaillant là-bas !

tême / têmeyât *n. f.*, *empr.* (*fr.* "tamis"), → *xurbâl.*

têr / tuyûr *n. anim.*, *coll.*, *m.*, *sgtf. têray*, * ṭyr, ط ي ر
♦ **oiseau.** •*Al-darat ja, wa l-têr akal al-zere'.* Le temps de la moisson est venu, et les oiseaux ont dévasté le champ. •*Mûsa sawwa carak wa karab têray wahade.* Moussa a fait un piège et a attrapé un oiseau. •*Kulla l-tuyûr târo min carak hanâ Mûsa illa wahade bas.* Tous les oiseaux se sont envolés du piège de Moussa sauf un seul.

têr al ijil / tuyûr al ijil *n. anim.*, *m.*, *litt.* oiseau du veau, autre nom du "héron garde-bœufs", → *rihew*, * ṭyr, ʕjl, ط ي ر • ع ج ل

têr al iyâl *n. mld.*, nom complet : *têr al iyâl abhilêg* [oiseau des enfants angine], *Cf. abhilêg, têr al iyâl, amfirehâne*, * ṭyr, ʕyl, ط ي ر • ع ي ل
♦ **inflammation de la luette, staphylite,** maladie mystérieuse qui fait tousser et vomir les enfants ; on y remédie en coupant le bout de la luette de l'enfant. •*Hû indah têr al iyâl, wa abuh waddah lê l wanzâmi.* Il a une staphylite, et son père l'a emmené chez le guérisseur traditionnel. •*Al-saxîr al indah têr al iyâl buguhh wa kan ridi yigaddif.* Le bébé qui a une inflammation de la luette tousse et vomit après avoir tété. •*Al-saxîr ba'ad gata'oh têr al iyâl bantuh almi dâfi be atrôn walla be garad.* Après avoir coupé la luette de l'enfant, on lui donne à boire de l'eau tiède natronnée ou dans laquelle ont trempé des gousses d'Acacia nilotica.

têr al xadâri *n. anim.*, *coll.*, * ṭyr, ẖḍr, ط ي ر • خ ض ر
♦ **nom d'un oiseau,** oiseau à reflets verdâtres poussant un cri rauque et perçant, oiseau mythique des contes. •*Têr al xadâri bahajjuh bêyah fî l hije l-tuwâl.* On parle de l'oiseau vert dans les contes d'autrefois. •*Himêre Tcilla xannat lê têr al xadâri.* Himméré Tchilla a chanté pour l'oiseau vert.

têrab / yitêrib *v. trans.*, *Cf. cattat, maggan* ; forme III, * trb, ت ر ب
♦ **semer,** enfouir la graine dans la terre. •*Abu Zahra maca yitêrib*

zar'ah. Le père de Zahra est allé ensemencer son champ. •*Al xarîf ja, al-nâs maco zura'âthum yitêribu l fûl.* La saison des pluies est arrivée, les gens sont allés au champ semer des arachides. •*Al-sane, al mâ têrab yandam !* Cette année, celui qui n'a pas semé le regrettera !

têrâb 1 *n. coll., m., sgtf. têrâbay,* * trb, ت ر ب

♦ **semence, graine à planter, semailles.** •*Al almi sabba wa anâ mâ indi têrâbay wahade kula.* Il a plu et je n'ai pas même un grain pour la semence. •*Al iyâl akalo l fûl al-dammêtah lê l-têrâb.* Les enfants ont mangé les arachides que j'avais gardées pour la semence. •*Wakt al-têrâb xalâs ja.* Le temps des semailles est déjà arrivé. •*Hû muthayyir misil al harrâti al akal têrâbah.* Il est désolé, comme un paysan qui a consommé les grains réservés à la semence.

têrâb 2 *n. coll., m.,* concernant l'être humain, plus utilisé que son *Syn. tûr 2,* * trb, ت ر ب

♦ **descendance, progéniture, enfants à naître.** •*Kalawa, Ahmat mât bala têrâb !* Quelle tristesse ! Ahmat est mort sans laisser de descendant. •*Marag min al-sijin, âkûn indah têrâb fî hayâtah al faddalat.* Il est sorti de prison, c'est peut-être parce qu'il doit encore procréer durant le temps qui lui reste à vivre.

Têrâb *n. pr.* d'homme, → *têrâb,* * trb, ت ر ب

têrâba *n. f.,* * trb, ت ر ب

♦ **semoir.** •*Al-têrâba titêrib ajala min al-nâs.* Le semoir sème plus vite que les gens. •*Al-zere' kan kabîr mâ bittêrab ajala bala têraba.* Lorsque le champ est grand, on ne peut le planter rapidement sans semoir.

têrabân *n. d'act., m.,* → *têribîn.*

têrâbi / têrâbîn *adj.,* (*fém. têrâbiye*), * trb, ت ر ب

♦ **qui sème bien, bon semeur.** •*Al mara têrâbiye min al-râjil.* La femme sème mieux que l'homme. •*Wilêdi têrâbi, têrab muxammas fî yôm wâhed.* Mon fils est un bon semeur, il a ensemencé un demi-hectare en une seule journée.

têrân *n. d'act., m.,* ≅ *têrîn, Cf. têr,* * ṭyr, ط ي ر

♦ **envol, vol d'oiseau, vol d'avion.** •*Al xarnûk, têrânah bicabbih têrân al-sagur.* La grue couronnée a un vol qui ressemble à celui du vautour. •*Cîf têrân al-wizzîn da : wâhid yigadddim wa l âxarîn yitîru warayah be jay jay.* Regarde le vol des canards : il y en a un qui est devant et les autres sont derrière lui de chaque côté. •*Têrân al-tayâra di ajîb : ticaglib be daharha.* Cet avion vole de façon étonnante : il se retourne sur le dos. •*Al-jari wa l-têrân xilib al-na'âm.* L'autruche ne peut pas à la fois courir et voler. *Prvb.* (*i.e.* on ne peut pas faire deux choses différentes à la fois).

terbêza *n. f.,* → *tarbêza.*

tergâl *n. m., empr. fr.*

♦ **nom d'un tissu, tergal.** •*Hû libis pantalon tergâl wa maca l-li'ib.* Il a mis un pantalon de tergal et est allé danser. •*Al-tergâl taxîn wa bitawwil bilhên.* Le tergal est épais et dure longtemps.

têribîn *n. d'act., m.,* ≅ *têrabân,* * trb, ت ر ب

♦ **semis, ensemencement,** fait de semer. •*Al-têribîn yabga dâ'iman fî l xarîf.* Le semis a toujours lieu en saison pluvieuse. •*Têribîn al masar wa l-darrâba yukûn illa fî taraf al wâdi.* Les semis de maïs et de gombo se font au bord de l'oued.

têrîn *n. d'act., m.,* → *têrân.*

termûs / tarâmis *n. m.,* mot d'emprut *fr.*, à ne pas confondre avec *sabbâra.*

♦ **glacière.** •*Al-talij kan sabboh fî termûs wa saddoh, mâ bumû' ajala.* La glace mise dans une glacière fermée ne fond pas vite. •*Fî l hamu, nâs wahadîn bisâwugu almi lêmûn bârid fî tarâmîs.* Pendant les grosses chaleurs, des gens vendent du jus de citron glacé dans des glacières.

tês / tuyûs *n. anim.* mâle, (femelle *anzay*), * tys, ت ي س

♦ **bouc,** capriné mâle. •*Farwit al-tês taxîne, al-sarmâta bisawwu bêha cawâkîc wa sanatîr.* La peau de bouc est épaisse, le cordonnier en fait des sacoches et des ceintures. •*Laham al-tês mâ halu bisawwi waja' batun.* La chair du bouc n'est pas bonne, elle provoque des maux de ventre. •*Al-tês kan fahal mâ basman ajala.* Si le bouc n'est pas castré, il ne grossit pas vite. •*Katal têsên arâyil.* Il a tué deux gazelles dama mâles.

tês al hajar / tuyûs al hajar *n. anim., m., litt.* bouc des rochers, *Syn. mâkêk*, * tys, ḥjr, ت ي س • ح ج ر

♦ **daman des rochers, Procavia ruficens.** •*Tês al hajar hû tûlah misil al arnab, udunneh gusâr wa uyûnah kubâr.* Le daman des rochers a la taille d'un lapin, il a de petites oreilles et de gros yeux. •*Tês al hajar bincamma afin, hû kulla min al-sêd al bâkuluh.* Le daman des rochers sent mauvais, il fait partie du gibier que l'on mange. •*Al-nâs bugûlu : tês al hajar mâ bagdar bajiri fî l-turâb.* Les gens disent que le daman des rochers ne peut pas courir sur la terre.

têtal / tayâtil *n. anim., m.*, connu en *ar. lit.* (*Mu.*), * tytl, ت ي ت ل

♦ **bubale, Acephalus major, damalisque, Damaliscus korrigum,** famille des bovidés. •*Al-têtal kabîr misil al-tôr.* Le damalisque est grand comme le taureau. •*Al askari katal al-têtal be bundugah.* Le soldat a tué le damalisque avec son fusil.

tî' *v. impér.*, → *tâ'.*

ti'êbân *adj. mrph. dmtf.*, (*fém. ti'êbâne*), *litt.* souffrant un peu, * tʕb, ت ع ب

♦ **qui souffre, qui est un peu dans le besoin,** vivant près de ses sous. •*Abu l iyâl taradoh min al xidime wa gâ'id ti'êbân fî bêtah.* Le père de famille a été renvoyé de son travail et reste à la maison, soucieux de trouver de l'argent. •*Al-saxîr min mirid gâ'id ti'êbân, mâ ligi âfîtah.* Depuis que l'enfant est tombé malade, il souffre un peu sans avoir totalement recouvré la santé.

ti'ib / yat'ab *v. intr.*, forme I n° 20, * tʕb, ت ع ب

♦ **souffrir, peiner, se fatiguer.** •*Al-nâs ti'ibo bilhên acân al ma'âc xâli.* Les gens ont beaucoup souffert parce que la nourriture était très chère. •*Al ammahât bat'abo katîr fî tarbiyat al iyâl.* Les mères se fatiguent beaucoup pour élever leurs enfants. •*Wakit musâfirîn fî l xarîf ti'ibna.* Lorsque nous avons voyagé pendant la saison des pluies, nous avons souffert.

ti'iddil *n. d'act., m.*, * ʕdl, ع د ل

♦ **entretien, perfectionnement, réparation, réhabilitation.** •*Mûsa ya'arif ti'iddil al-rawâdi.* Moussa sait réparer les poste de radio. •*Al-darrâyir yilhâmaro fî ti'iddil jilidhum.* Les coépouses rivalisent entre elles dans les soins qu'elles donnent à leur corps. •*Al mêri gammat lê ti'iddil al-cawâri fî hillitna.* La mairie à commencé à réhabiliter les rues de notre ville.

ti'ilîle / ta'alîl *n. f.*, ≅ *ti'lîle, Cf. ânas*, * ʕll, ع ل ل

♦ **causerie nocturne, récréation nocturne,** temps de réjouissances passé la nuit à causer ou à danser. •*Lêlt al îd, al iyâl maco fî ti'ilîle bakân jîrânhum.* La nuit de la fête, les enfants se sont retrouvés pour causer et danser chez leurs voisins. •*Dîfân jôna min ba'îd gayle wa aciye jîna lêhum wakt al-ta'alîl.* Des hôtes sont arrivés chez nous, à midi, après un long voyage, et le soir, nous sommes allés les rejoindre au moment où l'on parle ensemble la nuit. •*Macêt al-ti'ilîle wa l askar karabôni.* J'étais parti pour participer aux causeries nocturnes mais les militaires m'ont arrêté [attrapé].

ti'lîle *n. f.*, → *ti'ilîle.*

tîbân *pl.*, → *tôb.*

tibb *n. m.*, * ṭbb, ط ب ب

♦ **sorcellerie, mauvais sort.** •*Al-râjil da bisawwi tibb lê l-nâs be gurus.* Cet homme reçoit de l'argent pour jeter de mauvais sorts aux gens. •*Al awîn birîdu bisawwu tibb lê darâyirhum.* Les femmes aiment jeter un mauvais sort à leurs coépouses.

tibb ! *v. impér.*, → *tabba.*

tibêg / tibêgât *n. m. mrph. dmtf.*, "petit van", *Cf. tabag*, * ṭbq, ط ب ق

tibêge / tibêgât *n. f.*, *mrph. dmtf.*, * ṭbq, ط ب ق

♦ **petit pli, fronce.** •*Anâ mâ nirîd kawayân al-jallâbiye di acân indaha tibêgât katîrîn.* Je n'aime pas repasser cette djellaba parce qu'elle a des fronces. •*Maktûbi wakit jibtah lêk da, mâ indah tibêge wahade kulla, wa hassa kulla ke sawwêtah lêi tibêgât tibêgât.* Quand je t'ai apporté cette lettre, elle n'avait aucun pli, mais maintenant elle est pliée partout.

tibiddil *n. m.*, *Cf. badal*, * bdl, ب د ل

♦ **changement, permutation, échange,** fait d'échanger. •*Tibiddil hanâ l mudarrisîn barra wa dâxal, xarâr min wazârat al-tarbiya wa l-ta'lîm.* La permutation des enseignants en brousse et en ville est une décision du ministère de l'Éducation nationale. •*Tibiddil hanâ l wazîr al awwal fî l hâkûma jâb al adâla wa l-salâm fî l balad.* Le changement du premier ministre du gouvernement a apporté la justice et la paix dans le pays. •*Axti nahadîki : angari min tibiddil mindil râski ma'â Zênaba acân hî indaha gamul.* Ma sœur, je te donne un conseil : Prends garde de ne pas échanger ton fichu [ton mouchoir de tête] avec celui de Zénaba parce qu'elle a des poux.

tibin *n. m.*, désigne plusieurs végétaux, * tbn, ت ب ن

♦ **nom d'une herbe, paille fine douce et solide, riz des marais, Oryza longistamminata (Chev. et Rochr.),** famille des graminées, herbe fine et sans épines, aimée des bestiaux et avec laquelle on tresse les tapis de selle. •*Al-tibin bugumm fî l-ruhûd.* Le riz sauvage pousse dans les marigots. •*Al-tibin mârin min al maharêb.* La paille du riz des marais est plus douce que l'herbe *mahareb.* •*Al bahâyim burûdu l-tibin.* Les bêtes du troupeau aiment beaucoup le riz des marais.

tibkîre *n. f.*, *Cf. bakkar 1*, * bkr, ب ك ر

♦ **fait de se lever tôt, fait d'être matinal.** •*Al-tibkîre mâ sûg, al kalâm be' wa cura'.* Arriver tôt au marché ne signifie pas que l'on vendra plus que les autres, tout est dans l'art de mener les transactions commerciales. •*Mahâhât al-têr min al-zurâ'a tidôr tibkîre.* Si l'on veut chasser les oiseaux des champs, il faut y aller très tôt.

ticik / ticikât *n. m.*, → *tacig.*

tidirrij *n. d'act.*, *m.*, *Cf. darraj*, * drj, د ر ج

♦ **investiture, intronisation.** •*Yôm tidirrij Ra'îsna anâ gâ'id dâxal fî gasir al-ca'ab.* Le jour de l'investiture de notre Président, j'étais à l'intérieur du palais du peuple (*i.e.* le palais du quinze janvier). •*Yôm hanâ tidirrij sultân hanâ Kotoko bigat hafla kabîre.* Le jour de l'intronisation du sultan des Kotoko, il y a eu une grande fête.

tidôr *v. trans.*, → *dawwar 1.*

tifaf *pl.*, → *tiffe.*

tiff *v. impér.*, → *taffa.*

tiffe / tifaf *n. f.*, connu au *Sdn.*, *Cf. gujje.*

♦ **chevelure des hommes, coiffure masculine, cheveux.** •*Iyâl lîsê induhum tifaf samhîn.* Les lycéens ont de belles chevelures soignées. •*Tiffiti bigat katîre nidôr nangusha ciyya.* Mes cheveux commencent à être longs, j'aimerais les raccourcir un peu.

tifil 1 / atfâl *n. m.*, ≅ le pluriel *tafala*, * ṭfl, ط ف ل

♦ **nourrisson, petit enfant,** tout petit enfant qui ne comprend encore rien, toujours pardonné parce qu'il est innocent. •*Al-saxîr al-tifil yabki katîr.* Le nourrisson pleure souvent [beaucoup]. •*Al-tifil mâ yagdar yag'ôd bala ammah.* Le petit enfant ne peut pas rester sans sa mère. •*Al-daktôr kacaf lê ammahât al atfâl wa antâhum dawa.* Le médecin a ausculté les mères de nourrissons et leur a donné des médicaments.

tifil 2 *n. m.*, * ṯfl, ث ف ل
♦ **marc, résidu,** résidu du thé dans la bouilloire. •*Sîd al bêt sawwa câhi, darrah lê l-dîfân wa l-tifil antah lê l iyâl.* Le maître de maison a préparé du thé, l'a versé à ses hôtes et en a donné le résidu aux enfants. •*Zîdt sukkar fî l-tifil wa sawwêt câhi barîs.* J'ai ajouté du sucre au résidu du thé pour préparer un thé très léger [de lépreux].

tifittic *n. d'act. m.*, *Cf. fattac*, * ftš, ف ت ش
♦ **fouille, recherche.** •*Al-rawwâxîn marago lê tifittic al almi wa l gecc lê bahâyimhum.* Ceux qui guident le campement sont partis à la recherche d'eau et d'herbe pour leurs troupeaux. •*Fî bôlîs sirri gâyim be tifittic carrâbîn al muxaddarât wa bayya'înah.* Il existe une police secrète spécialisée dans la recherche des drogués et des dealers. •*Al-dwân mu'azzizîn lê tifittic al barcôt.* Les douaniers sont prêts à fouiller les marchandises pour saisir ce qui passerait en fraude.

tîgân *pl.*, → *tôg.*

tigidim *n. anim.*, → *amtigidim.*

tigil / tugûla *n. m.*, *empr.*, connu au *Sdn.* (*C.Q.*), ≅ le pluriel *tugulla.*
♦ **cynocéphale, babouin.** •*Al-tigil bi'îc fî l widyân bakân al-cadar al katîr.* Le cynocéphale vit dans les zones verdoyantes des oueds, là où il y a beaucoup d'arbres. •*Al-darat kan ja, al-tugûla baxarbu zurâ'ât al-nâs.* Au temps de la moisson, les cynocéphales dévastent les champs des gens.

tiginn *invar.*, *Syn. misil*, * qnn, ق ن ن
♦ **comme, à la manière de, de même.** •*Al mara di girgîte tiginn tâkul ma'â l amyânîn.* Cette femme est grasse, comme si elle mangeait avec les aveugles ! (*i.e.* comme si elle prenait toujours la meilleure part du plat). •*Hû yikallim katîr ke, tiginn micôtin.* Il parle tellement qu'il ressemble à un fou. •*Hawwa, tilkâsale ke, tiginniki mardâne, mâlki ?* Hawwa, tu es tellement paresseuse que tu parais malade, qu'as-tu ?

tihâl / tuhul *n. m.* : rate, → *tôhâl.*

tihinnis *n. m.*, *Cf. hânas*, * 'nt, ء ن ث
♦ **consolation, fait de consoler, cajolerie, fait de cajoler,** fait de persuader *qqn.* avec douceur. •*Al-saxîr kan baka katîr bidôr tihinnis wa kalâm be nafas bârid.* Lorsqu'un petit enfant a beaucoup pleuré, il a besoin d'être consolé et d'entendre une parole de tendresse. •*Al binêye kan rahhalôha wa mâ tidôr tagôd ma'â râjilha, mâ yisabbitûha illa be tihinnis.* Lorsqu'on amène une fille contre son gré dans la maison de son époux, elle n'acceptera de s'installer que si son mari la cajole.

tihit *invar.*, *tihit* peut être prononcé *tiht* lorsqu'il est suivi d'une voyelle, * tḥt, ت ح ت
♦ **sous, dessous, en bas.** •*Al kalib tihit al-tarbêza.* Le chien est sous la table. •*Tihit al-cadaray warcâl yâbis katîr.* Sous l'arbre, il y a beaucoup de feuilles sèches. •*Al arda katîre, mâ tixalli xalagak tihit fî l-turâb !* Il y a beaucoup de termites, ne laisse pas ton vêtement traîner par terre ! •*Xattêt al gurus fôg fî l-tarbêza, wa ligîtah tihit, yâtu daffagah ?* J'ai posé l'argent sur la table et l'ai retrouvé en dessous : qui l'a fait tomber ? •*Cîf tihit, talga gurus !* Regarde en bas, tu trouveras de l'argent ! •*Fattactak fôg wa tihit.* Je t'ai cherché partout.

tijân *pl.*, → *tâj.*

Tijâni *n. pr.* d'homme, *Ahmad al-Tijâni* : fondateur de la confrérie soufie *al-tarîxa l-tijâniya.*

tijâniya *adj. f.*, *al-tarîxa l-tijâniya*, nom d'une confrérie religieuse, *Cf. tarîxa, Tijâni.*

tijâra *n. f.*, * tjr, ت ج ر

♦ **commerce.** •*Al-tijâra hint al marîse mâ adîle.* Le commerce de la boisson n'est pas recommandable. •*Fî l-tijâra mâ tazlum al-nâs, taxsar yôm wâhid.* Dans le commerce, il ne faut pas léser les gens, sinon on est un jour en déficit. •*Al-tijâra samhe acân indaha fayde.* Le commerce est bon parce qu'on fait du profit.

tikak *pl.*, → *tikke.*

tike / tikêyât *n. m.*, *empr. fr.*

♦ **ticket.** •*Gubbâl mâ yadxulu fî l-silima al-nâs yacuru tikêyât.* Avant d'entrer au cinéma, les gens achètent des tickets. •*Fî bakân xidimti ligît tike hanâ acara lîtir banzîn niwaddih lê sîd al banzîn.* A mon lieu de travail, j'ai reçu un ticket de dix litres d'essence que j'apporterai au marchand d'essence.

tikke / tikak *n. f.*, *Cf. hagu, dimsik, karrab*, * tkk, ت ك ك

♦ **cordon, attache, coulisse de la ceinture, lien en coton, lacet,** bande de tissu ou lacet permettant de serrer le pantalon ou la culotte. •*Surwâl ab-tikke wa rubâtah jambi libâs nisâ'i.* La culotte nouée avec un cordon d'attache sur le côté est un vêtement féminin. •*Al-tikke habil bixayyutuh fî l-surwâl acân yi'âwin al-nâdum fî l-rabatân.* Le *tikke* est un lacet que l'on coud à la culotte pour aider les gens à l'attacher. •*Al-surwâl kan tikkitah dâyxe, dassîn al-dimisk fôgha gâsi !* Lorsque la coulisse de la ceinture est étroite, il est difficile d'y passer le cordon d'attache.

til *invar.*, → *till.*

tîl *n. m.*, terme utilisé seulement pour qualifier une corde, * ṭwl, ط و ل

♦ **corde longue et solide.** •*Budâ'it al watîr di xattôha be bâc wa rabbatôha be habil tîl.* Les marchandises de ce véhicule ont été recouvertes d'une bâche attachée avec une corde en lin. •*Al watîr da wihil, wa mâ nagdaro namurguh illa kan rabbatoh be habil tîl fî watîr âxar yijabbidah.* Ce véhicule s'est embourbé, nous ne pourrons le sortir que si on le tracte avec une longue corde attachée à un autre véhicule.

til'e / til'ât *n. f.*, ≅ *tul'e, Cf. guluny*, * dlˤ, د ل ع

♦ **prolapsus, cystocèle, chute d'un organe** (médecine)**,** descente de l'utérus chez la femme ou les animaux femelles. •*Al-til'e lahamay tamrug min giddâm al awîn misil al figê'e.* La descente d'organe chez les femmes se manifeste sous la forme d'un morceau de chair qui sort du sexe de la femme, comme l'apparition de la poche des eaux qui précède l'accouchement. •*Al-nâs bugûlu : al binêye kan câlat coxol tagîl wakit saxayre, tamrug lêha l-til'e kan bigat kabîre, lâkin al kalâm da mâ sahi.* Les gens disent que lorsqu'une petite fille soulève quelque chose de trop lourd pour elle, elle aura une descente d'organe quand elle sera grande, mais cela n'est pas vrai. •*Al-til'e tamrug lê l bahâyim kulla wa yidâwûhum be l-taccîn.* Les descentes d'organe apparaissent aussi chez les animaux femelles, on les soigne par cautérisation.

tîlam-tîlam *n. m.*

♦ **nom d'un jeu d'enfant,** jeu d'enfant rythmé par une comptine. •*Fî l-lêl li'ibna tîlam-tîlam.* La nuit, nous avons joué à *tilam-tilam.* •*Yâ iyâli, al'abo tîlam-tîlam giddâm al bêt !* Mes enfants, jouez donc à *tilam-tilam* devant la maison !

tilâwa *n. f.*, *Cf. tartîl*, * tlw, ت ل و

♦ **récitation du Coran, lecture du Coran,** lecture ou récitation modulée du Coran. •*Kulla yôm nirîd nasma' tilâwt al Xur'ân fî l-râdyo.* Tous les jours, j'aime écouter la récitation du Coran à la radio. •*Amci sawwi lêi tilâwa dâxal fî bêti !* Viens donc chez moi réciter des versets du Coran ! •*Tilâwit âyât min al Xur'ân kula yôm, tisâ'idak fî l hifiz.* Réciter des versets du Coran tous les jours aide à les retenir rapidement.

Tilêfûn *n. pr.*, *mrph. dmtf.*, héros de contes du Ouaddaï, signifiant : "le Bêta, le Simplet" par opposition à son partenaire *Nijêdûn*, *Cf. Nijêdûn*, * tlf, ت ل ف

tilib *adj. m.*, connu au *Sdn.* (*C.Q.*), *Cf. kalas* (pour le bœuf), * tlb, ت ل ب

♦ **chameau dominant le troupeau,** le plus fort, le plus grand et le plus méchant du troupeau. •*Jamali tilib, yahmal al maxatar al-tawîl.* Mon chameau est très fort, il supporte les longs voyages. •*Al-jamal al-tilib misil al-sultân fî l albil.* Le chameau dominant le troupeau est comme le sultan parmi ses congénères.

tilif / yatlaf *v. intr.*, sens passif, voir les expressions *rajil tilif, mara tilfat*, * tlf, ت ل ف

♦ **être endommagé(e), être abîmé(e), être bousillé(e), être en panne,** être hors d'usage. •*Watîr abui tilif indah caharên.* La voiture de mon père est hors d'usage depuis deux mois. •*Al-tahûna mâ xadamat al yôm acân tilifat.* Le moulin n'a pas fonctionné aujourd'hui parce qu'il est en panne.

tilit *n. m.*, désigne une fraction, ≃ *tulut*, * t̲lt̲, ث ل ث

♦ **un tiers.** •*Tilit al êc kula mâ gidirt akaltah.* Je n'ai même pas pu manger le tiers de la boule. •*Al-tilit hanâ l-cammâmay di nudummah lê waladi.* Le tiers de ce melon, je vais le réserver à mon fils. •*Indi fôgah gurus katîr wa lê hassâ tiltah kula mâ kaffâni.* Il me doit beaucoup d'argent et jusqu'à présent il ne m'en a pas remboursé [payé] le tiers. •*Al-sâ'a tis'a wa tilit.* Il est neuf heures vingt.

till *invar.*, *intf.* de couleur dans l'expression *axabac till.*

♦ **tout gris, gris souris.** •*Al fil lônah axabac till.* L'éléphant est tout gris. •*Al iyâl marmaxo fî l-turâb wa bigo xubuc till.* Les enfants se sont roulés dans la terre et sont devenus tout gris.

tilligrâm / tilligrâmât *n. m.*, *empr. fr.*

♦ **télégramme.** •*Al-tilligrâm maktûb gisayyar biwaddi l xabar ajala.* Le télégramme est une lettre courte qui rejoint très vite son destinataire. •*Fî l busta al-tilligrâm gursah ciyya min al-telefûn.* A la poste, le télégramme coûte moins cher que le téléphone. •*Jâbo lêi tilligrâm min Anjammêna.* On m'a apporté un télégramme de N'Djaména.

tillîs / talâlîs *adj. n.*, (*fém. tillîse*), connu au *Sdn.* (*C.Q.*), *Syn. aryân.*

♦ **nu(e), déshabillé(e).** •*Al micôtin da burûx fî l-câri tillîs.* Ce fou se promène nu dans la rue. •*Hassâ al wata barday mâ tixalli iyâlki talâlîs, bisawwi lêhum zuxuma !* Maintenant il fait froid, ne laisse pas tes enfants déshabillés, ils vont attraper un rhume !

tilmîz / talâmîz *adj.*, *qdr.*, (*fém. tilmîza*), mot arabe d'emprunt *aram.* (*Ka.*), *Cf. tâlib, mahâjir*, * tlmd̲, ت ل م ذ

♦ **élève, disciple.** •*Madrasitna indaha talâmîz katîrîn.* Il y a beaucoup d'élèves dans notre école. •*Al mu'allimîn birîdu l-talâmîz al mu'addabîn.* Les enseignants aiment les élèves bien éduqués. •*Al-talâmîz lissâ mâ gabbalo fî l madrasa.* Les élèves n'ont pas encore regagné l'école.

tilyân *adj. coll.*, *sgtf. tilyâni* (*masc.*), *tilyâniye* (*fém.*).

♦ **italien.**

tîmân *pl.*, → *tôm 1.*

Tîmân *n. pr.* d'homme, *Cf. tôm*, * t'm, ت ع م

Timbêre *n. pr.* d'homme, *mrph. dmtf.*, en arabe *sd. al-tâmbiyêre*, nom d'un poisson (*C.Q.*).

timbir / timbirât *n. m.*, *empr. fr.*, → *tembir*.

timi' / yatama' *v. intr. {- fôg}*, forme I n° 22, * ṭmʕ, طمع

♦ **vouloir tout posséder, ambitionner, convoiter.** •*Hû timi' wa câl al-sukkar kulla kê.* Il veut tout posséder et a emporté tout le sucre. •*Hî câfat gursi wa timi'at fôgah.* Elle a vu mon argent et l'a convoité.

timih / yatmah *v. trans.*, forme I n° 20, *Cf. aba*, * ṭmḥ, طمح

♦ **refuser, désobéir, être indocile,** ne pas accepter. •*Al mara di timhat râjilha acân mâ indah mâl katîr.* Cette femme a refusé de vivre avec son mari parce qu'il n'avait pas beaucoup de richesses. •*Al bagaray di timhat ijilha, taradatah.* Cette vache n'a pas accepté son veau, elle l'a rejeté.

timlêge *n. vég., coll., f., sgtf. timlêgay*, ≅ *timlêxe.*

♦ **nom d'une plante à sauce, Gynandropsis pentaphylla (D.C.),** famille des capparidacées. •*Fî l xarîf al awîn birîdu badurbu mulâh timlêge.* En saison des pluies, les femmes aiment préparer la sauce faite avec le Gynandropsis pentaphylla. •*Mulâh hanâ l-timlêge halu bilhên.* La sauce au Gynandropsis pentaphylla est excellente.

timlêxe *n. vég.*, → *timlêge.*

timm *v. impér.*, → *tamma 1.*

timmêle / timmêlât nom, *mrph. dmtf., f., litt.* soigner délicatement avec de petites compresses d'eau chaude, → *tammilîn*, * ṭml, طمل

timsah *n. m.*, → *timsah.*

tindil / tanâdil *n. m.*, connu au *Sdn. (C.Q.)*, *Cf. jurun.*

♦ **tas d'arachides surélevées,** arachides liées en bottes avec leurs fanes, et mises en tas sur un support élevé pour être à l'abri des termites. •*Al hallûf cattat tindil al fûl da, acân lugdâbtah mâ mabniya âliye.* Le phacochère a dispersé ce tas d'arachides parce que le support n'était pas construit assez haut. •*Fî l-darat kulla l-fûl bussubuh tanâdil wa l xalla jarana.* Au temps de la moisson, on entasse les arachides avec leurs fanes sur des supports et on fait des tas de mil sur des caillebotis surélevés.

tîne *n. f.*, * ṭyn, طين

♦ **argile, boue.** •*Indina burma hanâ tîne wa tâsa hanâ hadîd.* Nous avons une marmite en terre et une cuvette en métal. •*Hey al iyâl, mâ tal'abo fî l-tîne !* Hé ! les enfants ! ne jouez pas dans la boue ! •*Ni'êlâtak câlo tîne, hittihum barra.* Tes sandales sont pleines de boue, secoue-les dehors.

tinên nombre cardinal, ≅ *itnên, tittên*, à ne pas confondre avec *itinên* (lundi), * ṯny, ثني

♦ **deux.** •*Kulla nâdum indah rijilên tinên bas.* Tout homme n'a que deux jambes. •*Câlôhum lê l awîn al-tinên, waddôhum fî l-labtân.* Ils ont pris les deux femmes et les ont emmenées à l'hôpital.

tinne *n. f.*, * ṭnn, طنن

♦ **bas du ventre,** endroit du ventre à la hauteur de la vessie. •*Tinnitah tôj'ah akûn indah hasar !* Il a mal au bas du ventre, peut-être a-t-il la bilharziose ! •*Al wilêd daggoh be l kûra fî tinnitah, wa waga'.* L'enfant a reçu le ballon au bas du ventre et est tombé.

tîr *v. impér.*, → *târ 1, târ 2.*

tîrân *pl.*, → *tôr.*

tirbîn / tirbînât *n. m., empr. fr.*

♦ **tribune.** •*Midân al Istifâg indah arba'a tirbîn.* Le stade de la Concorde a quatre tribunes. •*Fî l usbû' al fat, hafla kabîre bigat fî naga'at al hurriye, wa katîrîn min al kubârât ga'adîn fî l-tirbîn.* La semaine dernière, il y a eu une grande fête à la place de l'Indépendance, de nombreuses personnalités étaient dans les tribunes.

tirêbîze / tirêbîzât *n. f. mrph. dmtf., Cf. tarbêza.* ⇨

♦ **petite table, petit présentoir, petit étal portatif.** •*Hû indah tirêbize malân halâwa lê l bê'.* Il a un petit étal plein de bonbons à vendre. •*Dukkân al-râjil da, budâ'itah kammalat, illa faddalat lêyah tirêbîze bas.* La boutique de cet homme s'est vidée de ses marchandises, il ne lui reste plus qu'un tout petit présentoir.

tirella / **tirellât** *n. f.*, → *tirille.*

Tireyya *n. f. mrph. dmtf.*, ≅ *Surayya*, * ṯrw, ث ر و

♦ **constellation de la Pléiade.** •*Cîf al-Tireyya, tatla'at fî l-lêl.* Regarde la Pléiade, elle monte dans la nuit. •*Al-nâs bahsubu l wakit be l-Tireyya.* Les gens comptent le temps en regardant [au moyen de] la Pléiade. •*Al-tireyya nujûm katîrîn dugâg wa balma'o.* La Pléiade est formée de nombreuses petites étoiles qui scintillent. •*Al-Tireyya hisâb ben al-sêf wa l xarif, wa l-darat wa l-cite.* La Pléiade permet de repérer [compter] dans le ciel le passage des saisons : la saison sèche, la saison des pluies, le temps de la moisson et l'hiver.

tiric / **yatrac** *v. intr.*, forme I n° 20, sens passif, * ṭrš, ط ر ش

♦ **être sourd(e),** devenir sourd. •*Al wilêd da tiric ba'ad ma bigi mardân cadîd.* Cet enfant est devenu sourd après avoir été gravement malade. •*Hû tiric acân abuh dagga amkaff fî adânah.* Il est sourd parce que son père lui a donné une gifle sur l'oreille. •*Al askar al badurbu silâh tagîl bikadduku adânâthum acân mâ yatarco.* Les combattants qui tirent à l'arme lourde se bouchent les oreilles pour ne pas devenir sourds.

tirille / **tirillât** *n. f.*, ≅ *tirella, terella*, connu au *Sdn.* (*C.Q.*), *empr.* (*angl.* "trailer").

♦ **remorque d'un camion.** •*Al-tirille angata'at wa daffagat al budâ'a.* La remorque s'est détachée et a renversé les marchandises qu'elle contenait. •*Anâ naxâf, mâ narkab fî l-tirille.* J'ai peur, je ne monterai pas dans la remorque. •*Al-tirille mâ tagdar tamci bala ammaha.* La remorque ne peut pas s'en aller sans le camion tracteur [sa mère].

tiris nom, *m.*, *empr.* (*fr.* "quatres roues motrices"), connu au *Sdn.* (*C.Q.*).

♦ **réducteur de la boîte de vitesse, crabotage, blocage du différentiel.** •*Kan mâ xattêt al-tiris, al watîr mâ yagdar yamrug min al-tîne.* Si tu ne mets pas le réducteur, la voiture ne sortira pas de la boue. •*Mâ nagdar nisâfir be watîr mâ indah tiris.* Je ne veux pas [je ne peux pas] voyager avec un véhicule qui n'a pas de crabotage.

tirke 1 *n. f.*, * trk, ت ر ك

♦ **ressemblance, origine, lien de parenté.** •*Al-râjil da be tirkitah fî l arab.* Cet homme est d'origine arabe. •*Al bisse be tirkitha fî l-nimir.* Le chat a un lien de parenté avec la panthère. •*Al kalib indah tirke fî l ba'acôm.* Le chien a un lien de parenté avec le chacal.

tirke 2 *n. f.*, * trk, ت ر ك

♦ **héritage.** •*Al-jamâ'a lammo wa gassamo tirkit Mahammat lê iyâlah.* Les hommes se sont rassemblés et ont partagé l'héritage de Mahammat entre ses enfants. •*Al mara di xallat tirkitha lê axawânha bas acân mâ indaha saxîr.* Cette femme a laissé son héritage à ses frères parce qu'elle n'avait pas eu d'enfant.

tirr *v. impér.*, → *tarra.*

tîs *n. m.*, terme grossier entrant dans les insultes, mot arabe (*tîz*) d'emprunt *aram.* (*C.Q.*) ; *litt.* cul, (*Ka.*), sexe de la femme, * ṭyz, ط ي ز

tis'a nombre cardinal, * tsʕ, ت س ع

♦ **neuf.** •*Talâta halâway be talâta talâta, induhum tis'a riyâl.* Trois bonbons à trois riyals chacun, cela fait neuf riyals. •*Gibêl asur, fî tis'a iyâl warado l idd.* Tout à l'heure, vers seize heures, neuf enfants sont partis chercher de l'eau au point d'eau.

tis'în nombre cardinal, * tsʕ, ت س ع

♦ **quatre-vingt-dix.** •*Al xalla tanjad fî agalla min tis'în yôm.* Le mil mûrit en moins de quatre-vingt-dix jours. •*Dôrna indah tis'a wa tis'în bagar.* Notre troupeau compte quatre-vingt-dix-neuf vaches.

tisa'tâcar nombre cardinal, prononcé très souvent *tisâtâcar* : → *tisâtâcar*, * tsʕ, ʕšr, ت س ع • ع ش ر

tisâtâcar nombre cardinal, ≅ *tisa'tâcar*, * tsʕ, ʕšr, ت س ع • ع ش ر

♦ **dix-neuf.** •*Al-tâjir da jâb tisâtâcar laffay, arba'a xudur sijj wa sitte humur tcu wa tis'a xubuc till.* Ce marchand a apporté dix-neuf voiles, quatre vert vif, six rouge écarlate et neuf gris souris. •*Icirîn nâgis wâhid yifaddil tisa'tâcar !* Vingt moins un, il reste dix-neuf !

tisey *v. trans. inacc.*, → *sawwa 1.*

titime *n. f.*, terme usité dans le Chari-baguirmi, → *hije, hije tuwâl.*

tittên nom de nombre, → *tinên.*

tiwêre *n. anim., mrph. dmtf., f.*, → *tiyêre.*

tiwêse / **tiwêsât** *n. f. mrph. dmtf.*, voir le *Syn. tiyêse*, * ṭst, ط س ت

tiwirrik *n. d'act.*, *Cf. warrak*, * wrk, و ر ك

♦ **fait d'être assis en passant une jambe sur l'autre, fait d'avoir les jambes croisées,** position de repos du cavalier sur le chameau, le cheval, le bœuf porteur ou l'âne. •*Awîn al-dahâri birîdu l-tiwirrik fî duhûr al hamîr.* Les femmes de brousse aiment s'asseoir sur le dos des ânes en passant une jambe par-dessus l'autre. •*Fî l maxtar bê l-zimal, al-rujâl bixallu l-tiwirrik lê awînhum wa humman burûxu.* Lorsqu'on se déplace avec des montures, les hommes laissent leurs femmes s'asseoir en position de repos sur leur monture et marchent à pied.

tiwisti *n. m., empr. angl.*

♦ **nom d'une danse, twist,** nom de la danse d'origine américaine vers 1960. •*Nâdum kan jildah mâ xafîf mâ bagdar bal'ab tiwisti.* Si quelqu'un n'a pas le corps souple, il ne pourra pas danser le twist. •*Anâ mâ na'arif nal'ab tiwisti.* Je ne sais pas danser le twist. •*Jidditi gâlat lê axti mâ tal'abe al-tiwisti, li'ib al-tiwisti badhar al wâlûda.* Ma grand-mère a dit à ma sœur de ne pas danser le twist parce que cette danse empêche les femmes de mettre des enfants au monde.

tixi / **yatxa** *v. intr.*, *Cf. bidin*, forme I n° 21, sens passif, * ṭġy, ط غ ي

♦ **être à l'aise, être hautain(e), vivre dans le confort, vivre dans le luxe, bien vivre, être suffisant(e) et arrogant(e),** regarder les autres de haut et les mépriser à cause de sa richesse ou de son pouvoir. •*Al-râjil da, min ligi xidime, xalâs tixi.* Depuis que cet homme a trouvé du travail, il vit bien et est devenu suffisant. •*Zamân al-nâdum da miskîn, lâkin hassâ ligi gurus katîr wa tixi, mâ baj'al al-nâs.* Auparavant c'était un homme pauvre et humble, mais maintenant qu'il a reçu beaucoup d'argent, il vit dans le luxe et est devenu hautain, il ne fait plus cas des autres. •*Al harrâtin al-sana di, tixo, mâ jo awrâto fî l madîna.* Les cultivateurs sont à l'aise cette année, aucun émigré n'est venu travailler en ville. •*Al mara di tixat wa abat râjilha.* Cette femme est devenue suffisante et arrogante à cause de sa richesse, elle a refusé de rester avec son mari.

tiya *n. f., empr.*, *Cf. gumâr.*

♦ **jeu de poker.** •*Al-tiya mâ bal'abo acân yiwadduru l wakit, bal'aboh acân al gurus.* On ne joue pas au poker pour passer le temps, mais pour gagner de l'argent. •*Kan tal'ab tiya ma'â gammâri, fakkîr lêyah, akûn hû bilhên sarrâg.* Si tu joues au poker avec un professionnel, surveille-le bien, c'est peut-être un grand tricheur [il est peut-être très voleur].

tiyêr / **tiyêrât** *n. anim., mrph. dmtf., m.*, (*fém. bigêre*), → *tôr*, à ne pas confondre avec *tiyêre* [oisillon], * ṯwr, ث و ر

♦ **taurillon, bouvillon,** ayant dépassé l'âge de quatre ans. •*Tiyêri tiyêr Fallata, al-dihin binaggit min kilêwâtah... Da l bal'ûm hanâ amtab'aj.* Mon petit taureau est un petit taureau peul, l'huile coule de ses reins… C'est le sac en toile qui filtre la boisson *amtab'aj*. *Dvnt.* •*Bagar dôri al-sane wildo xamsa tiyêrat.* Les vaches de mon troupeau ont mis bas cinq veaux mâles.

tiyêre / tiyêrât *n. anim.*, *mrph. dmtf.*, *f.*, ≅ *tiwêre, tiwêrât*, → *têr*, * ṭyr, ط ي ر

♦ **oisillon.** •*Al iyâl karabo tiyêre min al ucc.* Les enfants ont déniché un oisillon. •*Al bisse akalat al-tiyêrat al waga'o min al-cadaray di.* Le chat a mangé les oisillons qui sont tombés de cet arbre. •*Cadarayt al-zere' al kabîre di malâne be acaca hiney tiwêrât.* Ce grand arbre dans le champ est plein de nids de petits oiseaux.

tiyês / tiyêsât *n. m.*, *mrph. dmtf.*, (femelle *sixêle*), → *tês*, * tys, ت ي س

♦ **cabri, jeune bouc, chevreau,** qui ne tète plus et n'est pas encore adulte. •*Xanamayti di wildat talâta tiyêsât.* Ma chèvre a mis bas trois petits boucs. •*Xanamayt Yâxub wildat tiyês wa sixêle.* La chèvre de Yacoub a mis bas un petit bouc et une chevrette. •*Tiyêsi, tiyês Fallâta al-dihin binaggit min kilêwâtah, da l bal'ûm.* Mon petit bouc est un petit bouc peul, de l'huile coule de ses reins, c'est le sac en toile dans lequel on filtre la bière de mil. *Dvnt.* •*Ahmat dabah lêna tiyês wakit jîna dîfân.* Ahmat a égorgé pour nous un petit bouc lorsque des hôtes sont arrivés chez nous.

tiyêse / tiyêsât *n. f. mrph. dmtf.*, *Cf. tâsa*, mot arabe, *empr. irn.* طِشت *[tišt]* (*Ka.*), ≅ *tiwêse*, * ṭst, ط س ت

♦ **petite cuvette.** •*Fî fatûr Ramadân, al awîn busubbu l akil fî l kawâro wa l-tiyêsât al-dugâg.* Pendant le repas du Ramadan, les femmes mettent la nourriture dans des koros et de petites cuvettes. •*Al-saxîr kan ammah tidôr ti'allimah al akil be îdah tusubb lêyah fî tiyêse wihêdah.* Lorsque la mère veut que son enfant apprenne à manger tout seul [avec sa main], elle lui met sa nourriture dans une petite cuvette à part.

tiyo *n. m.*, *empr. fr.*

♦ **tuyau, borne-fontaine, eau de la ville.** •*Al-tiyo, al yôm da mâ indah almi.* Aujourd'hui, il n'y a pas d'eau au robinet. •*Jârna murakkib tiyo fî bêtah wa mâ yixassid nicîlu minnah almi.* Notre voisin a installé l'eau de la ville dans sa concession et n'accepte pas que nous allions y prendre de l'eau. •*Awîn Anjammêna yangulu al almi min al-tiyo fî l-lêl.* La nuit, les femmes de N'Djaména vont chercher [transportent] l'eau des fontaines publiques.

tôb / tîbân nom, *m.*, * ṯwb, ث و ب

♦ **étoffe, tissu,** rouleau de 6 mètres de tissu. •*Al-tujjâr jâbo tîbân katîrîn be arxas taman.* Les commerçants ont apporté de nombreux rouleaux de tissu bon marché. •*Al-tôb balhag sitte mîtir wa tamanah urbu miya wa xamsîn riyâl.* Le rouleau de tissu a six mètres de long et coûte quatre cent cinquante riyals.

tôba *n. f.*, ≅ *tawba*, → *tawba*, * twb, ت و ب

tôg / tîgân *n. m.*, * ṭwq, ط و ق

♦ **collier.** •*Al xurâb indah tôg fî ragabtah.* Le corbeau a un collier blanc autour du cou. •*Al-sarrâg xanag al binêye wa câl tôgaha hanâ l-dahab.* Le voleur a étranglé la jeune fille et lui a arraché son collier en or. •*Fî l-li'ib al baggâriyât kulla wahâde indaha tôg hanâ fudda.* A la danse, les femmes des éleveurs de bœufs ont chacune un collier en argent. •*Tîgân hanâ l kijêl xâliyîn fî l-sûg.* Les colliers en perles noires et blanches coûtent cher au marché.

tôhal / yitôhil *v. intr.*, forme III, * ṭḥl, ط ح ل

♦ **avoir la maladie de la rate, avoir une splénomégalie.** •*Al-râjil da tôhal batunah bigat kabîre.* Cet homme a une splénomégalie, son ventre est devenu gros. •*Al wilêd tôhal wa ahalah waddoh fî l-labtân.* L'enfant a la maladie de la rate et sa famille l'a conduit à l'hôpital.

tôhâl *n. m.*, * ṭḥl, ط ح ل

♦ **maladie de la rate, splénomégalie, ventre gonflé,** maladie qui fait gonfler considérablement le ventre. •*Al-tohâl bisawwi batun al-nâdum kabîre.* La maladie de la rate fait enfler le ventre du malade. •*Nâs barra bidâwu l-tohâl be dawa ahâli.* Les gens de brousse soignent la splénomégalie par des médicaments traditionnels.

tokay *empr.*, → *tokkoy.*

tokkoy / tokkoyât *n. m.*, ≅ *tokay, empr. angl.*

♦ **talkie-walkie.** •*Al kubârât hanâ l pôlîs wa l birgâd, bahajju be tokkoyât ambênâthum min ba'îd.* Les responsables de la police et de la gendarmerie parlent entre eux de loin avec des talkies-walkies. •*Inta tikallim be l-tokkoy da lê yâtu ?* A qui parles-tu avec ce talkie-walkie ?

tôl *n. coll. m., sgtf. tôlay, empr. fr.*

♦ **tôle,** tôle de toiture. •*Carikat al-tôl fatahat bâbha fî Anjammêna indaha santên.* La société qui fabrique des tôles a ouvert ses portes à N'Djaména, il y a deux ans. •*Al-tôl al xafîf mâ bakfo bêyah l buyût, bagdam ajala.* On ne recouvre pas les maisons avec des tôles légères parce qu'elles vieillissent vite.

tôm 1 / tîmân *n. m.*, * t'm, ت ء م

♦ **jumeau, double.** •*Al-tîmân rabbînhum ta'ab.* Élever des jumeaux est vraiment très difficile. •*Al-tôm kan baka, axuh al âxar kula babki ma'ayah.* Lorsque l'un des jumeaux pleure, l'autre pleure aussi avec lui. •*Wazârt al-sahha jâbat ma'awan lê Amm al-tîmân.* Le ministère de la Santé a apporté une aide à Am-Timan [Celle qui a des jumeaux].

tôm 2 mot entrant dans la composition de quatre noms de mois du calendrier musulman, → *tôm al awwal, tôm al-tâni, tôm al-tâlit, tôm al-râbi'.*

Tôm *n. pr.* d'homme, *litt.* jumeau, → *tôm 1*, * t'm, ت ء م

(al) tôm al awwal nom de mois, *Cf. karâma 3*, * t'm, 'wl, ت ء م • ء و ل

♦ **premier jumeau, troisième mois de l'année lunaire.** •*Al-tôm al awwâl hû al-cahar al-tâlit fî l-sane.* Le "premier jumeau" est le troisième mois de l'année lunaire. •*Îd al karâma yaga' fî yôm al atnâcar min al-tôm al awwal.* La fête de la naissance du Prophète a lieu le douzième jour du troisième mois de l'année lunaire. •*Al-tôm al awwal yaji ba'ad al wahîd wa gubbâl al-tôm al-tâni.* Le "premier jumeau" (troisième mois lunaire) vient après le mois appelé "l'unique" et avant le "deuxième jumeau".

(al) tôm al-râbi' mot de mois, * t'm, rbʕ, ت ء م • ر ب ع

♦ **quatrième jumeau, sixième mois de l'année lunaire.** •*Al-tôm al-râbi' hû al-cahar al-sâdis fî l-sane.* Le "quatrième jumeau" est le sixième mois de l'année lunaire. •*Al-tôm al-râbi' yaji ba'ad al-tôm al-tâlit wa gubbâl rajab.* Le "quatrième jumeau" (sixième mois de lunaire) vient après le "troisième jumeau" et avant le mois de *rajab*. •*Al-tôm al-râbi' hû bas al-tôm al axîr.* Le "quatrième jumeau" est le dernier mois appelé jumeau.

(al) tôm al-tâlit nom de mois, * t'm, ṯlṯ, ت ء م • ث ل ث

♦ **troisième jumeau, cinquième mois de l'année lunaire.** •*Al-tôm al-tâlit hû l-cahar al xâmis fî l-sane.* Le "troisième jumeau" est le cinquième mois de l'année lunaire. •*Al-tôm al-tâlit yaji ba'ad al-tôm al-tâni wa gubbâl al-tôm al-râbi'.* Le "troisième jumeau" (cinquième mois lunaire) vient après le "deuxième jumeau" et avant le "quatrième jumeau".

(al) tôm al-tâni nom de mois, * t'm, ṯny, ت ء م • ث ن ي

♦ **deuxième jumeau, quatrième mois de l'année lunaire.** •*Al-tôm al-tâni hû al-cahar al-râbi' fî l-sane.* Le "deuxième jumeau" est le quatrième mois de l'année lunaire. •*Al-tôm al-tâni yaji ba'ad al-tôm al awwal wa gubbâl al-tôm al-tâlit.* Le "deuxième jumeau" (quatrième mois lunaire) vient après le "premier jumeau" et avant le "troisième jumeau". •*Al-tôm al-tâni yaji ba'ad cahar al karâma.* Le "deuxième jumeau" vient après le mois de *karâma.*

Tôma *n. pr.* de femme, *litt.* jumelle, *fém.* de *Tôm*, * t'm, ت ء م

Tômiya *n. pr.* de femme, *Cf. Tôma*, * t'm, ت ء م

tôr / tîrân *n. m.*, ≅ le pluriel *tawâr*, * ṯwr, ث و ر

♦ **taureau.** •*Jiddi indah tôr kalas.* Mon grand-père a un énorme taureau. •*Al-tôr kan xasi dalûl.* Le taureau castré est docile.

tôr xasi / tîrân xusyân nom composé, *m.*, *litt.* taureau castré ; *Cf. tôr, xasi.*

♦ **bœuf.** •*Al awîn biciddu xumâmhum fî duhûr al-tîrân al xusyân, kan sâyrîn fî bakân âxar.* Les femmes chargent leurs affaires sur le dos des bœufs lorsqu'elles déménagent. •*Al-tôr al xasi mâ balda iyâl, lâkin hû samîn wa dalûl lê l-caddân.* Le taureau castré ne procrée pas, mais il est fort, doux et facile à charger.

tôr-azrag nom composé, *litt.* taureau noir, → *sanesane*, * ṯwr, zrq, ث و ر • ز ر ق

♦ **nom d'une racine médicinale, racine du séné,** longue racine de la plante appelée *sanesane*, utilisée comme purgatif. •*Tôr-azrag bista'malo dawa hanâ rih.* La racine du séné est un médicament utilisé pour soigner les météorismes. •*Tôr-azrag hû urug hanâ sanesane, bifawwuruh be almi wa bicarboh be dihin hanâ bagar ciyya.* Ce qu'on appelle "taureau noir" est la racine du séné ; on la fait bouillir dans de l'eau que l'on boit avec un peu de beurre fondu. •*Kan ciribt almi hanâ tôr azrag tisabbib talâta aw arba' marrât, wa kan wagaf xâlas inta âfe min al-nufâx.* Après avoir bu de l'eau de la racine de séné, on a la diarrhée ; on va à la selle trois ou quatre fois ; lorsque cela s'arrête, on est en bonne santé, libéré de la constipation.

tôric / tawâric *n. f.*, *empr. fr.*, *Syn. battâriye.*

♦ **torche, lampe de poche.** •*Hû walla l-tôric fî ên al marfa'în.* Il a braqué la lampe de poche sur l'œil de l'hyène. •*Âdum cara tôric amm talâta hajar fî l xarîf.* Adoum a acheté une lampe de poche à trois piles pendant la saison des pluies.

torôr *n. vég.*, → *tarôr.*

torôro *n. coll.*, → *tarôr.*

tôtah / yitôtih *v. intr.*, forme III, * ṭwh, ط و ح

♦ **se balancer.** •*Al wilêd tôtah fî l-cadaray.* Le garçon s'est balancé sur l'arbre. •*Hû tôtah fî l habil wa waga' îdah ankasarat.* Il s'est balancé sur la corde, est tombé et s'est cassé le bras.

towa *invar.*, ≅ *tawwa, tawa*, * tww, ت و و

♦ **alors, et voilà que, à présent.** •*Al-dîfân jo, towa naciri sukkar lê l-câhi.* Les invités sont arrivés, je pars [alors] acheter du sucre pour le thé. •*Towa anâ namci nibarrid.* Et bien voilà, je vais me laver. •*Min ligît gursak towa mâ tisawwi kalâm !* Tu as déjà retrouvé ton argent, ne fais donc plus de problème !

toyôta / toyôtât *n. f.*, *empr.*, nom de la marque japonaise, ≅ *tayôta.*

♦ **Toyota.** •*Al askar hanâ baladna birîdu barkabo fî l-Toyôtât.* Les soldats de notre pays aiment monter sur des Toyota. •*Al-Toyôta watîr gawi, bamci fî l-tîne wa l almi wa l-rumâle.* La Toyota est un puissant véhicule qui passe dans la boue, l'eau et le sable.

Trâblus *n. pr.* de ville, ≅ *Trâblis.*

♦ **Tripoli.**

transîs nom d'armes, *m.*,
→ *mastransis.*

trezôr *n. m.*, *empr. fr.*
♦ **Trésor Public.** •*Fî kulla kumâle hint cahar, al xaddâmîn yilummu fî giddâm al-trezôr yicîlu gurushum.* A la fin de chaque mois, les travailleurs se regroupent devant le Trésor Public pour toucher leur salaire. •*Al gurus bijîbuh min al banki fî l-trezôr.* On apporte l'argent de la banque pour le mettre au Trésor Public.

trimbîl / trimbîlât *coll. m.*, *sgtf. trimbîlay*, au Darfour *trombîl* (*HILL.*), *empr. fr.* utilisé à Abéché.
♦ **automobile.** •*Al wilêd xattam lê l-trimbîlay fî l-derib, tidôr taturcah.* L'enfant est passé devant l'automobile sur la route, il a failli être écrasé. •*Kulla watîr saxayyar fî l hille bisammuh trimbîl.* Tous les petits véhicules qui sont en ville s'appellent automobiles.

trîs / trîsât *n. f.*, *empr. fr.*, vocabulaire du jeu de cartes.
♦ **le trois,** la carte portant la valeur trois. •*Gabbil al karte al ciltaha di, anâ ramêt lêk trîs dinâri !* Rends la carte que tu as prise, j'avais mis le trois de carreau ! •*Al-trîsât kullaha ke ma'âi, misil da anâ mâ nagdar nal'ab !* J'ai en main tous les trois ; avec un tel jeu, je ne peux pas jouer !

trus ! *invar.*, *onom.* accompagnant le verbe *ta'an* (piquer).
♦ **pik !** •*Al-daktôr tan'anah lê l-wilêd trus ! be ibre.* Le médecin a fait une piqûre "pik !" à l'enfant. •*Al mara câlat al muxras wa ta'anat darritha trus !* La femme a pris un poinçon et "pik !" elle a piqué sa coépouse.

tu'âs *pl.*, → *ta'îs.*

tûb *n. coll.*, *sgtf. tûbay*, *Cf. dringêl*,
* ṭwb, ط و ب
♦ **morceau de brique, brique.** •*Hû fajjah lê rafîgah be tûbay.* Il a blessé son ami à la tête avec un morceau de brique. •*Nidôr nacri tûb ahmar nabni bêti.* Je veux acheter des briques cuites [rouges] pour construire ma maison.

tûb ! *v. impér.*, → *tâb.*

Tûbâ *n. pr.* de femme, *litt.* brique rouge, * ṭwb, ط و ب

tubâga coll., → *tabag.*

Tubay *sgtf.* d'un *n. pr. gr.*, *m.*, (*fém. Tubayye*), → *Tubo.*

tubbâ'a / tubbâ'ât *n. f.*, *mrph. intf.*,
* ṭbʕ, ط ب ع
♦ **pied du dromadaire, grand pied.** •*Bugûlu : al-nâdum al-rijilênah tubbâ'ât, mâ binrami fî l-surâ'.* Les gens disent que celui qui a de grands pieds ne sera jamais jeté à terre au cours d'une lutte au corps à corps. •*Tubâ'tah tubâ't al fîl, wa tûlah tûl al-saxîr... Da l fundug.* Son pied est celui d'un éléphant, mais sa taille est celle d'un enfant… C'est le mortier. *Dvnt.* •*Al mara di tubâ'âtha kubâr, al-na'âl saxayyar lêha !* Cette femme a de grands pieds et ses sandales sont trop petites pour elle.

tubgân *pl.*, → *tabag 2.*

Tubo *n. pr. gr.*, *coll.*, *sgtf. Tubay, Toboy* (homme), *Tubayye, Tuboyye* (femme).
♦ **Toubou.**

Tuboy *sgtf.* d'un *n. pr. gr.*, *m.*, (*fém. Tuboyye*), → *Tubo.*

tucc *v. impér.*, → *tacca 1.*

tucma *empr.*, *f.*, → *tusma.*

tuf ! *invar.*, *onom.* connue au *Sdn.* (*C.Q.*), évoquant le crachement, ≅ *tufa* ; interjection pour conjurer le sort devant une chose troublante.
♦ **pfut !** •*Hî bazaxat lêha "tuf !" fî wijiha, wa ga'adat tarjâha.* Elle lui a craché à la figure, "pfut !" et l'a attendue pour se battre avec elle. •*Al barrâd kan fâr bisey tuf tuf tuf, yibazzix al almi l fâyir.* La théière fait pfut, pfut, pfut, en crachant l'eau qui bout. •*Tufa, al ên barra minnuku yâ*

iyâli ! Pfut ! mes enfants, que le mauvais œil s'éloigne de vous !

tûf ! *v. impér.*, → *tâf.*

tufa *onom.*, → *tuf.*

tufar *n. m.*, → *tafar.*

tufuh *pl.*, → *atfah.*

tugâl *pl.*, → *tagîl.*

tugg *v. impér.*, → *tagga 1, tagga 2.*

tuggâla / tuggâlât *n. f.*, *Cf. tagala*, * ṯql, ث ق ل

♦ **poids, contrepoids,** petite morceau de métal servant à équilibrer la lance. •*Al-rambay kan mâ rabbato fôgha tuggâla, mâ tinmali almi adîl.* Si l'on n'attache pas un petit contrepoids à la calebasse qui sert de puisette, elle ne se remplit pas d'eau comme il faut. •*Dassa fî harbitah tuggâla hanâ nahâs.* Il a mis [enfilé] à l'extrémité de sa lance un contrepoids en cuivre. •*Allah yantîki binêye tabga lêki tuggâla !* Que Dieu te donne une fille pour équilibrer ta famille !

tugul *n. m.*, *Cf. tagîl*, * ṯql, ث ق ل

♦ **poids, lourdeur, timidité.** •*Al-râjil da coxolah tugul bas mâ awîr.* Cet homme est seulement timide, il n'est pas sot. •*Al-jamal mâ yagdar yurûx min al-tugul al xumâm al fî daharah.* Le chameau ne peut pas marcher à cause du poids de ce qu'il porte sur le dos.

tugûla *pl.*, → *tigil.*

tugulla *pl.*, → *tigil.*

tuham *pl.*, → *tuhma.*

tuhma / tuham *n. f.*, ≅ *tuhuma*, * whm, و ه م

♦ **soupçon, suspicion, accusation,** fait de suspecter. •*Al mara xattat tuhma hint sirge fî jâritha.* La femme a soupçonné sa voisine de l'avoir volée [a posé le soupçon de vol sur sa voisine]. •*Mayyiz kalâmak, kan coxolak mâ fîh, mâ tiwajjih tuham lê l-nâs.* Mesure ta parole quand tu as perdu quelque chose, ne laisse pas peser [ne dirige pas] de soupçons sur les autres. •*Al-tuhma tijîb al macâkil.* Suspecter les autres crée des difficultés.

tuhul *pl.*, → *tihâl.*

tuhuma *n. f.*, → *tuhma.*

tujjâr *pl.*, → *tâjir.*

tuk ke expression, après un *pron.* (*Cf. tak ke* après un nom), utilisé en arabe *sd.*

♦ **ne jamais, absolument jamais, ne pas du tout, absolument pas.** •*Al-râjil da daxal, lâkin anâ tuk ke mâ ciftah.* Cet homme est entré, mais je ne l'ai absolument jamais vu. •*Inta mâ macêt fî bêti wa anâ tuk ke mâ jît lêk.* Tu n'es pas venu chez moi et je ne suis jamais allé chez toi.

tukk / takaka *n. m.*, *empr. fr.*

♦ **touque.** •*Al buhya taji fî takaka suxâr.* On fait venir la peinture dans de petites touques. •*Nâs al-dangay bangulu almi be tukk.* Les prisonniers transportent de l'eau avec une touque.

tukka *n. vég.*, *coll. m.*, *sgtf. tukkay*, connu au *Sdn.*, ≅ *bacam abyad.*

♦ **nom d'un arbuste, Grewia villosa (Willd.),** famille des tiliacées, arbuste sans épines, aux grandes feuilles rondes appréciées des bovins. •*Furû' al-tukka bisawwu bêhum sadâyid lê l kawâzi.* Avec les branches de Grewia villosa, on fabrique les portes des cases rondes. •*Al-tukka al-nâs bâkulu iyâlah wa ta'âmah halu.* Les gens mangent les fruits du Grewia villosa qui ont un bon goût sucré.

tukkiye / tukkiyât *n. f.*, *Cf. gabag*, *empr.* connu au *Sdn.* (*C.Q.*), ≅ le pluriel *takâki.*

♦ **rouleau de tissu en coton, cotonnade ayant servi de monnaie,** bande de coton tissée à la main et enroulée sur elle-même. •*Macêt al-sûg carêt tukkiye.* Je suis allé au marché acheter un rouleau de cotonnade. •*Fî axîde hint zamân al-râjil bijîb lê nasîbtah tukkiyât xamsa.*

Autrefois, lors du mariage, le mari apportait à sa belle-mère cinq rouleaux de cotonnade.

tuktuk *n. coll., sgtf. tuktukay.*
♦ **pastèque sauvage.** •*Al handal bugumm katîr fî l gôz wa hû bicâbih al-tuktuk.* Les coloquintes sauvages poussent en grand nombre dans les terrains sableux et ressemblent à la pastèque sauvage. •*Al-tuktuk kan rakkaboh, mâ halu bilhên.* Les pastèques sauvages cuites ne sont pas très bonnes. •*Kulla sane fî l bûra di bittex tuktuk bugumm sahi sahi.* Chaque année, dans cette partie de terre non cultivée, il y a des pastèques sauvages qui poussent très bien et en grand nombre.

tukul *n. m.*, connu au *Sdn.* (*C.Q.*), *Syn. bêt al-laday.*
♦ **cuisine.** •*Al burâm wa l-sâjât hanâ l kisâr kulluhum dassênâhum fî l-tukul.* Les marmites et les plaques en fer pour les crêpes, nous les avons remises [rentrées] dans la cuisine. •*Fî l xarîf al mara kan mâ indaha tukul ta'abâne.* Pendant la saison des pluies, la femme qui n'a pas de cuisine a beaucoup de difficultés.

tukuzo / **takâzo** *n. f., empr.* (Ouaddaï, Mimi).
♦ **bât, porte-jarres,** paniers ronds en forme de cages renversées servant à porter les jarres ou les grandes calebasses sur le dos des bêtes de somme. •*Ammi carat tukuzo malyâne tamâtim.* Ma mère a acheté un bât rempli de tomates. •*Al humâr rama l-takâzo wa kasar al-jurâr.* L'âne a renversé par terre les bâts et cassé les jarres.

tûl *n. m., Ant. gusur,* * ṭwl, ط و ل
♦ **longueur, dimension, taille, tout au long de, profondeur, hauteur.** •*Anâ wa axui, tûlna sawa sawa.* Mon frère et moi avons la même taille [notre longueur est la même]. •*Anâ mâ nagdar nunûm, nifakkir tûl al-lêl.* Je ne peux pas dormir, je pense toute la nuit. •*Al-zere' da, tûlah talâtîn habil.* Ce champ a une longueur de trente cordes. •*Da l kalâm tûlah wa urdah !* Voilà l'affaire dans sa totalité ! •*Tûl al bîr di xamsa râjil.* Ce puits a une profondeur de cinq hommes.

tûl ! *v. impér.*, → *tâl.*

tul'e *n. mld.*, → *til'e.*

tulaba' *pl.*, → *talîb.*

tullâb *pl.*, → *tâlib.*

tultumiya nom cardinal, * ṯlṯ, m'y, ت ل ث • م ء ي
♦ **trois cents.**

tulut désigne une fraction, → *tilit.*

tûm *n. cdmt., coll., m., sgtf. tûmay,* * ṯwm, ث و م
♦ **gousse d'ail, ail, Allium sativum ; gland de la verge.** •*Mulâh bala tûm mâ halu.* Une sauce sans ail n'est pas bonne. •*Naggi lêi tûmay wahade.* Épluche-moi une gousse d'ail. •*Duggi l-tûm fî l fundug.* Pile l'ail dans le mortier.

tumâm *n. m., Syn. tamîme, Cf. tammam,* * ṭmm, ط م م
♦ **nausée, envie de vomir.** •*Al mara kan xuluf, dâyiman indaha tumâm.* Lorsque la femme est en début de grossesse, elle a toujours des nausées. •*Kan akalt akil mâ wâfagâni, bisawwi lêi tumâm.* Si je mange de la nourriture qui ne me convient pas, cela me donne envie de vomir. •*Al hût kan mâ munajjad adîl wa akaltah wa cirib almi fôgah, yisawwi lêk tumâm.* Manger du poisson mal cuit et boire par dessus donne très vite la nausée.

tumbâk *n. coll., m., sgtf. tumbâkay,* mot arabe d'emprunt *irn.* turc. (*C.Q.*, *Mu.*).
♦ **tabac, tabac à priser.** •*Al-tumbâk baburt al-calâlîf.* Le tabac fait peler [écorche] les lèvres. •*Al-câyib da busuff tumbâk.* Ce vieux chique du tabac. •*Al-nâs bugûlu : al-tumbâk barxi l asab.* Les gens disent que le tabac calme les nerfs.

tumsah / **tamâsih** *n. anim.,* m., *qdr.,* ≅ *timsah,* * tmsḥ, ت م س ح ⇨

♦ **crocodile, Crocodilus niloticus,** ordre des crocodiliens, (français local : caïman). •*Bahar Câri indah tamâsih katîrîn.* Le fleuve Chari a beaucoup de crocodiles. •*Al-tumsah cagalab al markaba.* Le crocodile a renversé la pirogue.

tumtub *n. m.*, → *tuntub.*

tumtum 1 *n. m.*, *onom.* connue au *Sdn.*

♦ **cuvette tambour,** cuvette retournée par terre et sur laquelle on frappe comme sur un tambour accompagnant la danse. •*Hî ta'arif tadrub tumtum marra wâhid !* Comme elle sait bien battre sa cuvette tambour ! •*Hassâ al-nâs xallo li'ib al-tumtum.* De nos jours, les gens ne dansent plus avec le *tumtum.*

tumtum 2 nom d'arbre, *coll.*, *sgtf. tumtumay*, Capparis decidua, → *tuntub.*

tumun *n. m.*, désigne une fraction, * ṯmn, ث م ن

♦ **un huitième.** •*Fî l warasa, al mara bantûha tumun bas min mâl râjilha.* Dans le partage de l'héritage, la femme n'a droit qu'au huitième du bien du mari. •*Tumun hanâ l-tamânîn yisâwi acara.* Le huitième de quatre-vingt, c'est dix.

tumunmiya nombre cardinal, * ṯmn, m'y, ث م ن • م ء ي

♦ **huit cents.**

tumus *n. m.*, *Cf. matmûs*, * ṭms, ط م س

♦ **imbécillité, sottise, stupidité,** manque d'intelligence. •*Fî l-lekkôl tumus hanâ iyâl wahdîn biza''il al mêtir.* A l'école, la sottise de certains élèves énerve le maître. •*Al-tumus dahar al wilêd da mâ yagri adîl.* Cet enfant n'a pas pu étudier comme il faut à cause de son manque d'intelligence.

Tûnis *n. pr.* de pays, capitale.

♦ **Tunisie, Tunis.**

Tunjur *n. pr. gr.*, *coll.*, *sgtf. Tunjuray* (homme), *Tunjurayye* (femme).

♦ **Toundjour.**

Tunjuray *sgtf.* d'un *n. pr. gr.*, (*fém. Tunjurayye*), → *Tunjur.*

tuntub *n. vég.*, *coll.*, *m.*, *sgtf. tuntubay*, ≅ *tumtum, tumtumay.*

♦ **nom d'un arbuste, Capparis decidua (Forsk.),** famille des capparidacées, formant des buissons sarmenteux avec peu de feuilles, des épines crochues et des fruits rouges. •*Al-tuntub dawa hanâ l abunsifêr.* Le Capparis decidua est un médicament contre la jaunisse. •*Al-tuntubay cadaray mâ indaha warcâl lâkin indaha iyâl humur.* Le Capparis decidua est un arbre qui n'a pas de feuilles, mais qui porte des fruits rouges. •*Al-tumtum mâ katîr fî l kadâde.* Il n'y a pas beaucoup de Capparis decidua en brousse.

tûr 1 *n. m.*, la racine *ṭwr* évoque aussi le fait de "tourner autour" (*Ka.*), *Cf. dôr 3*, * twr, ت و ر

♦ **tour.** •*Ambâkir tûri, anâ nugucc al bêt.* Demain, ce sera mon tour, je balayerai la maison. •*Ba'ad caharên, Fâtime tûrki hanâ l pâre.* Dans deux mois, Fatimé, c'est à toi [ton tour] de recevoir l'argent de la tontine.

tûr 2 *n. m. coll.*, *sgtf. tûray*, moins employé que son *Syn. têrâb*, * ṭwr, ط و ر

♦ **enfants à naître, progéniture, semence.** •*Al indah tûr mâ bumût bêyah.* Celui qui porte en lui des enfants à naître ne meurt pas avec eux. *Prvb.* •*Jâri mât, mâ xalla tûray wahade kulla.* Mon voisin est mort, il n'a laissé aucune progéniture. •*Allah maragah min al-sijin, âkûn indah tûr !* Dieu l'a fait sortir de prison, il devait peut-être porter en lui des enfants à naître !

tûr 3 *n. coll.*, *sgtf. tûray*, *Syn. fasa*, * ṭwr, ط و ر

♦ **pion, osselet, grain du chapelet.** •*Jîb lêna tûr nal'abo bêyah kâre !* Apporte-nous des pions que nous jouions aux dames ! •*Fî li'ib al kâre kan bêt wâhid akaloh minnak, bicîlu tûrak !* Au jeu de dames, lorsqu'on occupe une de tes cases, on prend aussi ton pion. •*Fî li'ib al abuntagal, al abuntagal abu wa l-tûr iyâl.* Au jeu d'osselets, l'osselet principal est "le père" et les autres sont "les enfants". •*Fî l-du'a nahasib be l-sibhe tûray tûray.* Quand je prie en faisant des invocations, j'égrène mon chapelet.

turab *pl.*, → *turba 1.*

turâb *n. m.*, *Cf. ard*, * trb, ت ر ب
♦ **terre, terrain, sol, terroir, région.** •*Turâb hanâ Anjammêna azrag wa gawi.* Le sol de N'Djaména est noir et dur. •*Mâ indi turâb nabni fôgah bêt.* Je n'ai pas de terrain pour construire une maison. •*Jîb lêi dôrên hanâ turâb azrag lê jinênti !* Apporte-moi deux chargements [deux tournées] de terre noire pour mon jardin ! •*Agôd tihit fî l-turâb xalagâk tîne !* Assieds-toi par terre, tes vêtements sont pleins de glaise ! •*Mâ tixalli wilêdi yâkul turâb !* Ne laisse pas mon enfant manger de la terre ! •*Al-turâb gawi wa l-sama ba'îd.* La terre est dure et le ciel est loin. *Prvb.* (*i.e.* l'homme en difficulté avec ses proches ne peut ni se cacher en creusant la terre ni s'échapper en allant au ciel, il doit patienter).

turâc *n. m.*, *Cf. gadîf, ja'îr, tamîme*, * ṭrš, ط ر ش
♦ **vomi, vomissure, vomissement.** •*Cîlt wasîyt al-daktôr, nazgi saxîri almi hanâ mileh kan indah turâc katîr.* Je suis le conseil du médecin : je donne à mon bébé de l'eau salée à boire lorsqu'il a beaucoup vomi. •*Al-lahame mâ tifarrig illa ba'ad al-turâc.* Les crampes d'estomac ne s'arrêtent qu'après les vomissements.

turâh *n. m.*, *Cf. tarhîn*, * ṭrḥ, ط ر ح
♦ **avortement.** •*Nagilîn al almi sabbab lê marti turâh.* C'est le fait de transporter de l'eau qui a fait avorter ma femme. •*Al bahdâl turâh.* La précipitation mène à l'avortement. *Prvb.* (*i.e.* tout projet trop vite mené n'aboutira pas).

turân *pl.*, → *tarîn.*

turâs *n. m.*, * wrṯ, و ر ث
♦ **terroir, culture, patrimoine.** •*Li'ib wa l axâni hanâ zamân biwassifu turâsna l saxâfi.* Les danses et les chansons d'autrefois prouvent notre patrimoine culturel. •*Hû ba'arif hije hanâ l-turâs.* Il connaît les histoires du terroir.

turba 1 / turab *n. f.*, *Syn. xabur*, * trb, ت ر ب
♦ **tombe, sépulture.** •*Amis maco lê dafin hanâ jâri, ligo turba mankûta hâsile.* Hier, ils sont allés à l'enterrement de mon voisin ; ils ont trouvé la tombe creusée, toute prête. •*Hû mâ hidir fî môt wilêdah, wakit ja maca zâr al-turba.* Il n'était pas là lors de la mort de son fils ; à son retour, il est parti voir la tombe. •*Fî Lamâji xallo bakân xâss lê l-turab.* Au village Lamadji, ils ont réservé un endroit spécial pour les sépultures.

turba 2 / turbât *n. f.*, ≅ *turbâ (n. m.)*, *Cf. tarbiya*, * rbw, ر ب و
♦ **éducation, fait d'élever un enfant, fait de nourrir un enfant, nourriture,** dépenses effectuées pour élever et nourrir un enfant. •*Turba hint al iyâl al atâma gâsiye.* L'éducation des enfants orphelins est très difficile. •*Mâ tagdar tikaffi turba hint ammak wa abûk al sawwôha lêk.* Tu ne peux pas rembourser le coût de l'éducation que ton père et ta mère t'ont donnée. •*Kaffîni turbât iyâli !* Rembourse-moi les frais de l'éducation que j'ai donnée à mes enfants. •*Al-saxîr kan ligi turbâ adîl yakbur ajala wa mâ yamrad katîr.* Si le petit bébé est bien nourri, il grandit vite et n'est pas souvent malade.

Turba *n. pr.* de lieu, village au bord du lac Tchad à soixante kilomètres au nord de Massaguet.

tûriye / tûriyât *n. f.*, la racine *ṭwr* évoque aussi le fait de "tourner autour" (*Ka.*), *Cf. kudungar, kandanka*, * twr, ت و ر ⇨

◆ **plantoir droit,** plantoir fixé au bout d'un long manche droit. •*Ali cîl al-tûriye wa nakkit lêna nugâr lê l-têrâb !* Ali, prends le plantoir et creuse-nous des trous pour la semence ! •*Al-tûriye âla min âlât al hirâte, ûdha tawîl wa mâ mukanjar.* Le plantoir droit est un des instruments aratoires, il a un long manche non recourbé.

turjumân *n. m.*, comme en *ar. lit.*, *empr.* (*héb.* "targum" *Ka.*), * trjm, ت ر ج م
◆ **traducteur (-trice), interprète.** •*Al-turjumân mâ kammal kalâmah bas al-nâs dihiko.* Le traducteur n'avait pas encore fini de parler que les gens se mirent à rire. •*Hû bidôr babga turjumân acân allam luxxât talâta.* Il veut devenir interprète parce qu'il a appris trois langues. •*Al wazîr ja lêna be turjumânah.* Le ministre est arrivé chez nous avec son traducteur.

turkay *n. pr.* de personne, → *Turuk.*

Turki *n. pr.* de personne, → *Turuk.*

Turkiya *n. pr.* de pays.
◆ **Turquie.**

turmus *n. coll.*, mot arabe d'emprunt grec (*Ka.*), * trms, ت ر م س
◆ **lupin, Lupinus tassilicus,** famille des papilionacées. •*Al-turmus jâboh fî l-sûg lâkin mâ cift zer'ah.* On apporte du lupin au marché, mais je n'ai pas vu de champ de lupins. •*Al-turmus bifawwuruh fî l-nâr be mileh ciyya, wa kân tâkulah indah marâra.* On fait bouillir le lupin avec un peu de sel pour le manger ; il a un goût amer. •*Gubbâl ma tâkul al-turmus timarrig gicirah be asâbênak.* Avant de manger du lupin, on en ôte la peau en pressant la graine entre les doigts.

turuc *pl.*, → *atrac.*

turug *pl.*, → *tarîg.*

Turuk / Atrâk *n. pr. gr. coll.*, *sgtf. turkay, turki* (*masc.*), *turkayye, turkiye* (*fém.*).
◆ **Turc.** •*Al Atrâk jo fî mamlakit Wadday ba'addulu banâdig wa babnu.* Les Turcs sont venus dans le royaume du Ouaddaï, ils fabriquaient des fusils et construisaient des maisons. •*Fî Abbece, nalgo gicta katîre fî jinêne Turuk.* A Abéché, nous trouvons beaucoup de pommes cannelles dans le jardin des Turcs. •*Fî l-târix bugûlu têrab al gicta da, al Atrâk bas jâboh fî Tcâd.* En histoire, on dit que ce sont les Turcs qui ont apporté les graines de pommes cannelles.

turul ! *onom.* accompagnant le verbe *natta* [sauter].
◆ **qui saute hop !** •*Al go'ogn binattit turul turul !* Le crapaud saute, hop, hop ! •*Al arnab tinattit turul turul ! acân da karabânha mâ hayyin.* Le lapin saute, hop, hop ! c'est pour cela qu'il est difficile de l'attraper. •*Mâla ticîfni be uyûnak turul ke ?* Pourquoi me regardes-tu avec des yeux exorbités ?

turum *invar.*, dans l'expression *turum turum.*
◆ **confus(e), indistinct(e), trouble, brouillé(e),** pas clair(e), pas droit(e). •*Anâ mâ nicîf adîl, côfi bigi turum turum.* Je vois mal, ma vue est brouillée. •*Al wilêd yikallim turum turum acân dahâba bi'allim.* L'enfant parle confusément parce qu'il apprend tout juste à parler. •*Al-sakrân yamci turum turum fî l-câri.* L'ivrogne marche dans la rue en titubant.

turun *n. m.*, * ṭrn, ط ر ن
◆ **côté tranchant, bout pointu.** •*Al-râjil dabah al xanamay be turun al-sakkîn.* L'homme a égorgé le mouton avec le tranchant du couteau. •*Al ponti xatas fî rijili be turunah.* Le bout pointu du clou m'est entré dans le pied.

turux *pl.*, → *tarîxa.*

tus'umiya nombre cardinal, [neuf cents], ≅ *tusu'miya*, → *tusûmiya.*

tusma *n. f.*, ≅ *tusuma, tucma, empr.*
◆ **tenue militaire, uniforme.** •*Fransa jâbat tusma katîr lê askar hanâ Tcâd.* La France a apporté de

nombreux uniformes pour les militaires tchadiens. •*Tusma hint al xuwwât al-jawwiya cik min hint al birgâd.* Les uniformes de l'armée de l'air sont différents de ceux de la gendarmerie. •*Iyâl lekkôlna tusmithum : camîs axadar wa bantalôn azrag.* L'uniforme des enfants de notre école se compose d'une chemise verte et d'un pantalon noir.

tuss / tussîn *adj.*, (*fém. tussa*), *Cf. xârij, nihis.*
♦ **têtu(e), turbulent(e), prétentieux (-euse), capricieux (-euse),** d'un caractère intraitable et plein de défauts, qui ne tient pas en place et fait des bêtises. •*Al binêye di bilhên tussa.* Cette fille est très turbulente. •*Mâ tabga tuss misil da, abûk bafurcak !* Ne sois pas aussi têtu, sinon ton père te fouettera !

tusu' *n. m.*, désigne une fraction, * tsʕ, ت س ع
♦ **un neuvième.** •*Humman sawwo l gisim wa xatto lêi talâta tusu' bas.* Ils ont fait le partage et m'ont laissé seulement les trois neuvièmes. •*Tusu' hanâ l bêt da nitcakkumuh acân nidâwu beyah axûna.* Nous allons vendre le neuvième de cette maison pour pouvoir soigner notre frère.

tusu'miya nom cardinal, → *tus'umiya.*

tusuma *n. f.*, → *tusma.*

tusûmiya nombre cardinal, ≅ *tus'umiya, tusu'miya*, * tsʕ, m'y, ت س ع • م ء ي
♦ **neuf cents.**

tûta nom de minéral, *m.*, * twt, ت و ت
♦ **fer blanc, zinc, étain, soudure, alliage,** alliage "blanc" par opposition au fer "métal noir". •*Aciri lêi sufra wa kôro hanâ tûta.* Achète-moi un plateau et un koro en métal blanc. •*Indi burma kabîre hint tûta.* J'ai une grosse marmite en alliage blanc. •*Al usta sadda gadd al burma di be tûta.* Le forgeron a bouché le trou de la marmite avec de la soudure. •*Al-daktôr dassa tûta fî diris hanâ Mûsa al musawwis.* Le dentiste a mis un alliage dans la molaire de Moussa qui avait une carie.

tutul *n. m.*
♦ **aspérité, pierre d'achoppement, saillie.** •*Hû itir acân tutul taggah fî rijilah.* Il a trébuché parce qu'il a buté contre cette aspérité [une aspérité l'a frappé au pied]. •*Sâleh kan bal'ab kûra, mâ binnattah misil al-tutul.* Lorsque Saleh joue au football, on ne peut pas le contourner, il est comme la pierre d'achoppement.

tuwâl *pl.*, → *tawîl.*

tuxân *pl.*, → *taxîn.*

tuxun *n. m.*, * t̲ h̲ n, ث خ ن
♦ **épaisseur, corpulence.** •*Al wilêd da tuxunah misil abuh.* La corpulence de cet enfant est semblable à celle de son père. •*Al bajo min tuxunah kan xattêt beyah mâ tihiss al barid.* Cette couverture est épaisse, si tu t'en couvres, tu n'auras pas froid.

tuyûr *pl.*, → *têr.*

tuyûs *pl.*, → *tês.*

twâlêt *n. m.*, emprunt *fr.*, dans l'expression *amcawwâfa twâlêt*, → *cawwâfa.*

U

-uhum *pron. pers.* suffixe, → *-hum.*

-uku *pron. pers.* suffixe, → *-ku.*

u'û'u ! *invar., onom.*, cri du coq.
♦ **cocorico !** •*Al-dîk bi'ô'i "u'û'u !".* Le coq chante "cocorico !"

ubûdiye *n. f., Cf. abad,* * ʕbd, ع ب د
♦ **état d'esclave, esclavage.** •*Zamân al-nâs yaxâfo min al ubûdiye wa yillabbado fî l xâbat walla fî l hujâr.* Autrefois, les gens avaient peur de l'esclavage et se cachaient dans les forêts ou les montagnes. •*Nâs katîrîn bugûlu lê hassâ al ubûdiye gâ'ade fî Muritânya.* Beaucoup disent que l'esclavage existe encore maintenant en Mauritanie.

ubutte *pl.*, → *abât.*

ubuttên *pl.*, → *abât.*

ucâc *pl.*, → *ûcc.*

ucar / acarro *n. vég., coll., m., sgtf. ucuray,* * ʕšr, ع ش ر
♦ **nom d'un arbuste, pomme de Sodome, Calotropis procera (Ait.),** famille des asclépiadacées, arbuste dont le latex sert à faire du poison pour les flèches. •*Al-nafasa xatto lêha ucuray giddâm bêtaha acân al-nâs ya'arfu kadar hî wildat.* On met une branche de Calotropis procera devant la maison de celle qui vient d'accoucher pour que les gens sachent qu'elle a accouché. •*Laban al ucar kan naggat fî ênak ba'âmik.* Si une goutte de latex du Calotropis te tombe dans l'œil, elle te rendra aveugle. •*Cadar al ucar, al bahâyim mâ yâkuluh.* Les bestiaux ne mangent pas les pommes de Sodome.

Ucar *n. pr.* d'homme, *Cf. ucar,* * ʕšr, ع ش ر

ucba *n. mld., m.,* * ʕṣb, ع ص ب
♦ **tétanos.** •*Al-râjil da, al ucba katalatah.* Cet homme est mort du tétanos. •*Wakit hû saxayyar ibre gadîme ta'anatah wa sabbabat lêyah ucba.* Quand il était enfant, une vieille aiguille l'a piqué et lui a donné le tétanos.

ucc / acaca *n. m.*, ≅ le pluriel *ucâc,* * ʕšš, ع ش ش
♦ **nid.** •*Al askari, gujjitah misil al ûcc.* Le soldat a une tignasse comme un nid d'oiseau. •*Al-têr yabni acaca ba'îd fî l kadade.* Les oiseaux font leur nid loin en brousse.

ucug *n. m., Cf. icig,* * ʕšq, ع ش ق
♦ **amour, désir amoureux.** •*Cîn hâlak min al ucug ?* Comment vont tes amours ? •*Ucug al-subyân ma'â l banât mâ bitawwil.* L'amour entre les jeunes gens et les jeunes filles ne dure pas.

ucûr nom pluriel, désigne une fraction, *Cf. acara, xacum al ucûr,* * ʕšr, ع ش ر
♦ **dixième de la récolte, dîme,** dixième partie des récoltes destinée à

être donnée en aumône aux pauvres. •*Xacum al ucûr sadaxa, min kulla acara midd yisillu midd wâhid.* Le dixième de la récolte est destiné à être donné en aumône ; chaque fois qu'il y a dix mesures de grains, on en retire une pour l'aumône. •*Al-sane al xarîf adîl, al hamdu lillah ! Fî zerê'na ligîna alif kôro, maragna minnah xacum al ucûr cuwâlên wa icirîn kôro lê l masâkîn.* Cette année, la saison des pluies a été excellente, louange à Dieu ! Nous avons récolté mille koros de notre champ, nous en avons sorti le dixième, soit deux sacs et vingt koros pour les donner en aumône aux pauvres.

ucuray *n. f., mrph. sgtf.*, → *ucar.*

Ucuray *n. pr.* de femme, *mrph. sgtf.*, *Cf. Ucar.*

ûd / îdân *n. m., Cf. asay*, * ʕwd, ع و د

♦ **bois élagué, gros bâton, perche, poteau, poutre.** •*Katalt al-dabîbe be l ûd.* J'ai tué un serpent avec un gros bâton. •*Jîb lêi îdân ni'ôgudu behum al-nâr.* Apporte-moi des morceaux de bois pour que nous allumions du feu. •*Cîf, ûd al bêt da ankasar !* Regarde, la poutre de cette maison s'est cassée !

ûd ! *v. impér.*, → *âd.*

Udâ'a *n. pr.* d'homme, *litt.* doux, paisible, * wdʕ, و د ع

udaba' *pl.*, → *adîb.*

udâm *pl.*, → *adum.*

udu' / a'dâ' *n. m.*, ≅ le pluriel *âdâ'*, * ʕḍw, ع ض و

♦ **membre.** •*A'dâ' al maktab al-tanfîzi lammo amis.* Les membres du bureau exécutif se sont réunis hier. •*Hû min al âdâ' hanâ l hâkûma.* Il fait partie des membres du gouvernement. •*Halîme, udu' fî jam'iyitna hint al awîn.* Halimé est membre de notre association de femmes.

udûd *pl.*, → *idd.*

udunnên *pl.*, → *adân.*

udur / âdâr *n. m.*, pluriel peu employé, ≅ *uzur, âzâr*, * ʕḏr, ع ذ ر

♦ **contretemps, empêchement, événement, occasion, cérémonie,** événement ou fait qui bouscule un projet et qui sert d'excuse, cérémonie qui rassemble du monde à l'occasion d'une circoncision, d'une mort, de l'imposition du nom, *etc.* •*Mâ gidirt macêt lêh acân bân lêi udur wâhid.* Je n'ai pas pu aller chez lui parce que j'ai eu un contretemps [un contretemps m'est apparu]. •*Ambâkir indina udur, nitahhuru iyâlna.* Demain, nous avons un événement, nous allons circoncire nos enfants. •*Hû kammal kulla gursah acân induhum udur arûs hanâ axuh.* Il a dépensé tout son argent pour la cérémonie du mariage de son frère.

uff ! *invar.*, exclamation après une sensation de brûlure, *onom.* évoquant l'air soufflé là où il faut calmer une brûlure.

♦ **aïe, c'est chaud !** •*Uff, nâr taccâni !* Aïe, le feu m'a brûlé ! •*Kan tidôr tadhar al wilêd min al-lampa, gûl lêyah "uff !".* Lorsque tu veux empêcher un enfant d'approcher de la lampe, tu lui dis : "Aïe, ça brûle !".

ugâb *n. m.*, → *sagur al ugâb.*

ugad *pl.*, → *ugda.*

ugâl / ugâlât *n. m.*, → *igêl, Cf. gêd, cukkâl*, * ʕql, ع ق ل

♦ **entrave du chameau, lien,** corde pour maintenir pliée la patte antérieure du chameau. •*Al-jamal da dalûl bala ugâl kula bagôd mâ bi'arrid.* Ce chameau est docile ; même s'il n'a pas d'entrave, il ne se sauve pas. •*Al-sayyâra sawwo ugâl lê jumâlhum.* Les nomades ont fabriqué des entraves pour leurs chameaux.

ûgây / ûgâyât *n. f.*, connu au *Sdn.* (*C.Q.*), * wqy, و ق ي

♦ **coussinet,** chiffon roulé en forme d'anneau que l'on pose sur la tête pour porter un fardeau. •*Anâ nagalt al xumâm fî râsi bala ûgay.* J'ai transporté des affaires sur la tête sans avoir posé de coussinet. •*Al-râjil tawa* *kadmûlah sawwah ûgay wa rafa' al xumâm xattah fî râsah.* L'homme a enroulé son turban en forme de petit coussin et posé les affaires sur sa tête.

ugbah lê expression, composé de *ugub* et de *lê, Cf. ubgah lêk, ugbah lêki, ugbah lêku,* → *ugub lê,* * ʕqb, ع ق ب

ugda / ugad *n. f.,* ≅ *ugdât,* * ʕqd, ع ق د

♦ **nœud.** •*Ugdit al habil da gawiye bilhên mâ nagdar nifartigha.* Le nœud de cette corde est très serré, je ne peux pas le défaire. •*Hû rabat gursah ugditên fî l mindîl.* Il a mis [attaché] son argent dans le mouchoir en faisant deux nœuds.

uggar *pl.,* → *âgir.*

ugub *n. m.,* * ʕqb, ع ق ب

♦ **résultat, conséquence, suite logique.** •*Al-nâdum kan adîl ma'â l-nâs ugbah zên.* Si quelqu'un est bon envers les autres, cela est bien. •*Ugb al-sirge, al-sijin.* La conséquence du vol, c'est la prison. •*Nâdum kan birîd kalâm al-dunya, ugbah cên.* Lorsque quelqu'un aime les querelles, les conséquences sont désastreuses.

ugub lê expression utilisée dans *ugbah lêk, ugbah lêki, ugbah lêku,* pour *ugubah lêk (ugub hanâ l-coxol da lêk),* * ʕqb, ع ق ب

♦ **qu'il t'arrive la même chose !, à toi de même, à ton tour !,** formule pour souhaiter à un autre de recevoir ce que l'on a soi-même reçu. •*Al arûs, rafîgâtha jo bârako lêha wa gâlat lêhum "ugbah lêku !".* La nouvelle mariée a dit à ses amies venues la féliciter : "Qu'à votre tour, vous soyez aussi mariées !". •*Kan tahharôk wallâ jawwazôk tugûl : "Ugbah lêk walla ugbah lêki !" lê l-nâdum al ja bârak lêk.* Si tu viens d'être circoncis ou marié, tu dis à celui qui est venu te féliciter : "Que cela t'arrive à toi aussi !".

ugûd *pl.,* → *agid.*

ugûl *pl.,* → *agil.*

ugur *n. m., Cf. âgir,* * ʕqr, ع ق ر

♦ **stérilité.** •*Gurs al mâ gursak, kan gultah gursi, abêt al fagur ; iyâl al mâ iyâlak, kan gultah iyâli, abêt al ugur.* Si tu dis que l'argent qui ne t'appartient pas est le tien, c'est que tu refuses de reconnaître ta pauvreté ; et si tu dis que les enfants des autres sont les tiens, c'est que tu refuses de reconnaître ta stérilité. *Prvb.* •*Ab al ugur lamma iyâl al-nâs wa bugûl "iyâli !".* Celui qui est stérile rassemble les enfants des autres et dit : "Mes enfants !".

ugurâk / agârîk nom d'oiseau, *m.,* → *xurâb.*

uhûd *pl.,* → *ahad 2.*

ujûr *pl.,* → *ajur.*

ujura *n. f.,* pour *ujra, Syn. ijâr,* * 'jr, ا ج ر

♦ **location, argent de la location, frais de port, prix d'un billet de transport.** •*Fî raffina indina buyût hanâ ujura.* Dans notre quartier, nous avons des maisons en location. •*Kan mâ kaffêt al ujura mâ baxallûk tarkab fî l-tayyâra.* Si tu ne payes pas le prix du billet, on ne te laisse pas monter dans l'avion. •*Al wilêd jâb al xumâm wa bidôr ujurtah.* L'enfant a apporté les affaires et réclame son argent.

ûk *onom., Cf. wâk.*

♦ **hé !** (cri d'appel), **aïe !** (cri de douleur), **hou !** (cri de la tourterelle). •*Fâtime, ûk, tâ'âli !* Eh ! Fatimé ! viens ! •*Ûk ! al barrâd hâmi akalâni !* Aïe ! la théière est chaude et m'a brûlé ! •*Al gimêriye tabki tugûl ûk, wâk !* La tourterelle pleure en faisant : "Ououk ! waak !".

ukkâs *n. m.,* → *ukkâz.*

ukkâz / akâkîz *n. m.,* ≅ *ukkas,* * ʕkz, ع ك ز

♦ **gourdin, matraque,** bois légèrement courbe et aplati du côté le plus lourd. •*Al-râjil da, kan mârig al hille mâ bamci bala ukkâzah.* Lorsque cet homme sort en ville, il ne s'en va pas sans son gourdin. •*Yusûf darab al* *marfa'în be ukkâz kabîr.* Youssouf a frappé l'hyène avec une grosse matraque. •*Siyâd al bêt dôl marago lê l-sarrâg be akâkîz xulâd.* Les propriétaires de ces maisons sont sortis pour chasser les voleurs avec d'énormes gourdins. •*Hey al iyâl yâtu câf ukkâsi ?* Hé ! les enfants ! qui a vu mon gourdin ?

ukur *n. m.*, *Cf. dirdi*, * ʕkr, ع ك ر

♦ **impuretés en suspension dans l'eau, saletés dans l'eau, trouble de l'eau, dépôt,** substance qui empêche l'eau d'être limpide. •*Almi l duwâne kan tawwal bisawwi ukur be tihit.* Lorsque l'eau reste trop longtemps dans le canari, des impuretés se déposent dans le fond. •*Jiwêriye, daffigi lêi almi l-duwâne di, acân indaha ukur.* Djiwériyé, jette l'eau de ce canari à cause des impuretés qui s'y sont déposées. •*Mâ tacrab almi indah ukur, bisawwi lêk marad.* Ne bois pas d'eau ayant des saletés en suspension, cela te rendrait malade. •*Al bagara l xammâla tacarb al ukur.* La vache qui traîne boit les impuretés de l'eau. *Prvb.* (*i.e.* celui qui arrive en retard reçoit les restes du repas).

ûl *n. m.*, *empr.* (*angl.* "wool"), → *xêt ûla.*

ula *n. m.*, * ʕlw, ع ل و

♦ **grandeur, dignité élevée, élévation.** •*Al-râjil da bihibb al ula.* Cet homme aime être élevé en dignité. •*Al-nâdum al mutwâdi' mâ bihibb al ula.* Celui qui est humble ne cherche pas à être élevé aux yeux des autres.

ûla *n. f.*

♦ **fil de laine, laine à tricoter.** •*Al banât bixayyutu fûta be xêt ûla.* Les filles fabriquent des napperons en fil de laine. •*Fî l barid, ammahât al atfâl bilabbusu iyâlhum fanâyil hanâ ûla.* Quand il fait froid, les mamans habillent leurs enfants avec des vêtements en laine.

Ûla *n. pr.* de femme, *litt.* première, *Cf. awwal*, * ʼwl, ء و ل

ulâd *pl.*, → *wulâd*, * wld, و ل د

ulama' *pl.*, → *âlim.*

ulba / ulab *n. f.*, ≅ *ilâb* (*pl.*), influence de l'*ar. lit.*, *Cf. kôb, sandûg,* * ʕlb, ع ل ب

♦ **boîte, paquet.** • *Ulba l-sijâra be kam ?* Combien coûte un paquet de cigarettes ? • *Al ulab dôl min jâbohum ke, ligînâhum mufakkakîn.* Lorsqu'on nous a apporté ces boîtes, nous les avons trouvées ouvertes.

Ulêc *n. pr.* d'homme, *mrph. dmtf.*, *litt.* "homme adroit et avide" (*Ka.*), * ʕlš, ع ل ش

ullâga / alâlîg *n. f.*, * ʕlq, ع ل ق

♦ **bandoulière, bretelle, sangle, anse.** •*Sâkôci ullâgtah angata'at.* La bandoulière de mon sac est coupée. •*Al guffa di mâ indaha alâlîg, xuttaha fi râsak.* Ce couffin n'a pas d'anses, mets-le sur ta tête.

Ullâm *n. pr.* de femme, *litt.* savants, * ʕlm, ع ل م

ulûf *pl.*,→ *alif.*

ulûm *pl.*, → *ilim 2.*

ûm *v. impér.*, → *âm.*

umala' *pl.*, → *amîl.*

umam *pl.*, → *umma.*

(al) Umâm al Muttaḥida *n. pr.* de pays, pluriel.

♦ **Nations unies.**

umana' *pl.*, → *amîn.*

umar *pl.*, → *umra 1.*

Umar *n. pr.* d'homme, nom du deuxième Calife,* ʕmr, ع م ر

umara' *pl.*,→ *amîr.*

umâre *n. f.*, *Cf. amirîn*, * ʕmr, ع م ر

♦ **peuplement, regroupement des gens,** fait de se rassembler pour vivre ensemble, tout ce qui rend un pays cultivé ou peuplé. •*Al-malik da* *tammâ', mâ yidôr umârt al hille.* Ce chef de canton prend tout pour lui, il ne désire pas le peuplement du village. •*Ba'ad tis'a cahar hanâ l-duwâs, al umâre bigat fî Anjammêna.* Après neuf mois de guerre, les gens sont revenus vivre à N'Djaména.

umda *n. m.*, * ʕmd, ع م د
♦ **maire.** •*Al umda hanâ madînit Anjammêna râjil xaddâm.* Le maire de la ville de N'Djaména est un homme qui travaille. •*Al-Ra'îs xayyar al umda hanâ l âsima.* Le Président a changé le maire de la capitale. •*Al umda hû l-nâdum al mas'ûl min l baladiye.* Le maire est celui qui est responsable de la commune.

Umkaltûm *n. pr.* de femme, nom d'une fille du Prophète, *Cf. kaltûma,* * klṯ, ك ل ث

umma / umam *n. f.*, * 'mm, ء م م
♦ **nation, communauté.** •*Al-Tcâdiyîn barra min al âsima simi'o mubâcaratan fî l-râdyo bayân hanâ l-Ra'îs lê l umma l-tcâdiya.* Les Tchadiens des provinces ont aussitôt écouté à la radio la déclaration du Président s'adressant à la nation tchadienne. •*Wazîrna hanâ cu'ûn al xârijiya kallam amis giddâm al-jam'iye hanâ l umam al muttahida.* Notre ministre des Affaires étrangères a prononcé un discours hier devant l'assemblée des Nations unies.

ummâl *pl.*, → *âmil.*

ummi / ummiyîn *adj. n.*, (*fém. ummiye*), * 'mm, ء م م
♦ **analphabète.** •*Fî darna indina tamânîn fî l miya min al-sukkân ummiyîn.* Dans notre pays, nous avons quatre-vingt pour cent de la population qui est analphabète. •*Jidditi ummiye lâkin ta'arif bilhên târîx baladna.* Ma grand-mère est analphabète, mais elle connaît parfaitement l'histoire de son pays.

umra 1 / umar *n. f.*, connu au *Sdn.* (*C.Q.*), * ʕmr, ع م ر
♦ **pot en vannerie, corbeille,** récipient en fibres de rônier montées en colombins très serrés. •*Jidditi indaha umra fî bêtha.* Ma grand-mère a un pot en fibres chez elle. •*Al umra di cafôha be za'af mulawwân.* Cette corbeille est faite avec des fibres colorées de feuilles de palmier doum. •*Ammi dassat êc be mulâhah fî l umra wa saddatah be l kufo.* Ma mère a mis une boule de mil avec sa sauce dans la corbeille qu'elle a fermée avec le couvercle conique.

umra 2 *n. f.*, *Cf. i'tamar,* → *hijj,* * ʕmr, ع م ر
♦ **petit pèlerinage, visite des lieux saints,** pèlerinage qui ne comporte que la circonvolution autour de la "Ka'aba" et la course entre les deux rochers *Safa* et *Marwa.* •*Al-sane, anâ mâci hajjit al umra.* Cette année, je vais partir accomplir le petit pèlerinage. •*Hajjit al umra, gurusha mâ katîr misil al hajj al akbar.* Le petit pèlerinage coûte moins cher que le grand pèlerinage à La Mecque.

Umsalama *n. pr.* de femme, femme du Prophète.

umuc *pl.*, → *imêc.*

umûm *pl.*, → *âmm.*

umur 1 *n. m.*
♦ **bas-ventre.** •*Al wilêd indah âkûla fî umurah, wa buhukk katîr.* L'enfant a des démangeaisons au bas-ventre, et il se gratte beaucoup. •*Ali marag lêh hibin fî umurah, wa êb bisawwih mâ bagdar bamci l-labtân.* Ali a un bouton sorti au bas-ventre ; la honte l'empêche d'aller à l'hôpital.

umur 2 / a'mâr *n. m.*, voir ci-dessous l'expression *umurah saxayar* (jeune), * ʕmr, ع م ر
♦ **âge, vie.** •*Allah yantîk tûl al umur !* Que Dieu te donne une longue vie ! •*Hû mât fî umur hanâ miya sana.* Il est mort à l'âge de cent ans. •*Umrah saxayyar lâkin xatam al Xur'ân.* Il est très jeune, mais il a fini de lire le Coran. •*Umri tamâne wa icirîn sana.* J'ai vingt-huit ans. •*Fî l askariye, yicîlu subyân a'mârhum suxâr.* L'armée recrute des hommes

jeunes [d'âge petit]. •*Allâh yitawwil umrak !* Que Dieu prolonge tes jours !

unsuri / unsuriyîn *adj., qdr.*, (*fém. unsuriye*), * ʕnṣr, ع ن ص ر
♦ **ségrégationniste, raciste.** •*Al-sukkân al buyud hanâ junûb Ifrîxiya unsuriyîn marra wâhid.* Les citoyens blancs d'Afrique du Sud sont vraiment racistes. •*Al-râjil da unsuri bilhên mâ birîd al ajânib fî baladah.* Cet homme est très raciste, il n'aime pas les étrangers dans son pays.

unsuriya *n. f., qdr.*, ≅ *unsuriye*, * ʕnṣr, ع ن ص ر
♦ **esprit de clan, racisme, ségrégation.** •*Al hâkûma l-jadîde hint Tcâd gâ'ide tahârib didd al unsuriya.* Le nouveau gouvernement du Tchad est en train de combattre l'esprit de clan. •*Al unsuriya mâ tixalli l balad tamci giddâm.* La ségrégation empêche le pays de progresser.

unsuriye *adj. n. f.*, → *unsuri, unsuriya.*

urâd *pl.*, → *arîd.*

urafa' *pl.*, → *arîf.*

urata' *pl.*, → *arît.*

urbumiya nombre cardinal, * rbʕ, m'y, ر ب ع • م ء ي
♦ **quatre cents.**

Urdun *n. pr.* de pays.
♦ **Jordanie.**

urf *n. m.*, → *uruf.*

ursân *pl.*, → *arîs* et *arûs.*

Urubba *n. pr.* de continent, *f.*, ≅ *Urupa.*
♦ **Europe.** •*Duwal hanâ Urubba axniya' marra wâhid.* Les pays d'Europe sont très riches. •*Al-safar lê Urubba gâsi acân al makâtîb wa gurs al-tazkara hint al-tayyâra mâ binlage ajala.* Il est difficile de partir en voyage en Europe car il faut du temps pour remplir les papiers et trouver l'argent nécessaire pour le billet d'avion.

urubbi / urubbiyîn *adj. n.*, (*fém. urubbiye*).
♦ **européen (-ne).** •*Fî maktabna, jâbo lêna mas'ûl Urubbi.* Un responsable européen a été nommé dans notre bureau. •*Anâ, mâ nirîd al-saxâfa l urubbiye.* Moi, je n'aime pas la culture européenne. •*Xalîl bidôr bâxud Urubbiye.* Khalil veut épouser une Européenne.

urud *n. m.*, * ʕrḍ, ع ر ض
♦ **largeur.** •*Birci hanâ l-salâ urdah mâ yufût mitir.* La largeur de ma natte pour la prière ne dépasse pas un mètre. •*Bêtna urdah xamsîn mitir.* Notre maison a cinquante mètres de large. •*Aktib al hisâb da fî urud al katkatay !* Écris ces comptes sur toute la largeur de la page !

uruf 1 *n. m.*, ≅ *irf, urf, Syn. jurriye, Cf. jamîre, râye*, * ʕrf, ع ر ف
♦ **crête du coq, grosse tresse,** tresse de la femme sur le sommet de la tête en forme de crête. •*Al mara maccatat dabbu, wa mâ indaha uruf usut fî râsha.* La femme s'est fait une coiffure *dabbu*, sans avoir de tresse passant au milieu de la tête. •*Banât Kamerûn wa Mâli birîdu al mucât al indah uruf usut.* Les Camerounaises et les Maliennes aiment se coiffer avec des tresses au sommet de la tête en forme de crête. •*Al-dîg urfah ahamar tcu wa tawîl min hanâ l-jidâde.* La crête du coq est rouge et plus haute que celle de la poule.

uruf 2 *n. m.*, * ʕrf, ع ر ف
♦ **coutume, pratique habituelle, tradition.** •*Fî uruf hanâ baladna, al-râjil kan jâbo lêyah martha, yibakkir yamci yisallim nasibtah.* Dans la tradition de notre pays, l'homme, après son mariage [lorsqu'on lui a amené sa femme], part tôt le matin rendre visite à sa belle-mère. •*Kulla nâs bifawwutu munâsabât hanâ afrâhum hasab uruf hanâ baladhum.* Chaque communauté célèbre ses occasions de réjouissances selon la coutume de sa région.

urûg *pl.*, → *irig.*

uruj *pl.*, → *a'raj.*

urujja *pl.*, → *a'raj.*

Urzo *n. pr.* de femme.

us ! *invar.*, interjection, → *uss !*

ûs ! *v. impér.*, → *âs 1.*

usa *n. f.*, * ʕṣy, ع ص ي

♦ **désobéissance, impolitesse.** •*Usa l wâlidên lê l-saxîr bisawwih razîl.* Un enfant qui désobéit à ses parents deviendra un vaurien. •*Adam al-tarbiya bijîb al usa lê l-saxîr.* Le manque d'éducation amène l'enfant à désobéir.

usar *pl.*, → *usra 2.*

usba' / **asâbe'** *n. m.*, ≅ le *sing. asba'*, le pluriel et le duel *asab'ên*, → *kabîr, lahhâs, câhid 2, ustâni, labbâs al xâtim, tarfâni*, * ṣbʕ, ص ب ع

♦ **doigt.** •*Usba'i l-ustâni, tawîl min axawânah.* Le majeur est le plus grand des doigts de la main. •*Humman xamsa axawân, mâ yinfargu ; wâhid yugûl : "Xiligna." Wa âxar yugûl : "Nâkulu cunû ?" Wa l-tâlit yugûl : "Nahamdu lê Allah." Wa l-râbi' yugûl : "Nasurgu." Wa l xâmis yugûl : "Kan tasurgu anâ ninfarrig minnuku."... Dôl asâbe' al îd.* Ils sont cinq frères qui ne se séparent pas. Le premier dit : "Nous avons été créés." L'autre dit : "Que va t'on manger ?" Le troisième dit : "Nous louons Dieu." Le quatrième dit : "Nous devons voler quelque chose pour manger." Et le cinquième dit : "Si vous volez, moi je me sépare de vous."... Ce sont les doigts de la main. *Dvnt.* •*Subyân xamsa gallîn lêhum ligême, muwaddiyînha dâr mâ indah turâb... Dôl asâbe' al îd.* Cinq jeunes gens prennent une petite bouchée pour l'amener au pays qui n'a pas de terre... Ce sont les doigts de la main (qui prennent la boule et la portent à la bouche). *Dvnt.* •*Asab'êni al-tinên dôl kulluhum al-cumâm tallafâhum.* Mes deux doigts que voici ont été abîmés par des panaris.

usbû' / **asâbî'** *n. m.*, * sbʕ, س ب ع

♦ **semaine.** •*Al-talâta al yôm al-tâlit fî l usbû'.* Le mardi est le troisième jour de la semaine. •*Fâtime, ambâkir indaha usbu'ên min wildat.* Demain, cela fera deux semaines que Fatimé a accouché. •*Al-citte baji akun ba'ad talâte asâbi'.* L'hiver arrivera peut-être dans trois semaines.

Usmân *n. pr.* d'homme, *qdr.*, nom du troisième Calife, * ʕṯmn, ع ث م ن

usra 1 *n. mld.*, ≅ *usura*, * ʕṣr, ع ص ر

♦ **maux de ventre, colite.** •*Al gahwa l murra sawwat lêi usra.* Le café amer m'a fait mal au ventre. •*Karabatah usra acân hû birîd al mulâh be cette katîr.* Il a une colite parce qu'il aime manger la sauce qui a beaucoup de piment. •*Al usura kan karabat nâdum tita''ibah.* Lorsque quelqu'un attrape une colite, il souffre.

usra 2 / **usar** *n. f.*, terme de l'*ar. lit.* moins employé que *âyila*, *Cf. âyila*, * ʼsr, ء س ر

♦ **famille.** •*Nitmanno l mujtama' al-tacâdi yukun lêna kulla ke misil usra wahade.* Nous souhaitons que la société tchadienne devienne pour nous comme une seule famille unie. •*Nidôr nâxud nisawwi lêi usra.* Je veux me marier et fonder une famille. •*Fî Anjammêna talga fî l hôc al wâhed usar katîrîn.* A N'Djaména, on constate que plusieurs familles vivent dans la même concession.

uss ! *invar.*, interjection.

♦ **chut !** •*Uss, yalla askut !* Chut ! Allons, tais-toi ! •*Uss, siddu xucûmku, battân mâ nasma' wâhid yahajji.* Chut ! Taisez-vous [fermez votre bouche], je ne veux plus entendre quelqu'un parler !

ust *invar.*, contraction de *usut* au contact de la voyelle du mot suivant, → *usut.*

usta / **ustayât** *n. m.*, connu au *Sdn. empr.* turc (*C.Q.*), pour *ustaz* (*H.W.*) d'origine *irn.* (*Ka.*), * ʼstḏ, ء س ت ذ

♦ **spécialiste, maître d'œuvre, homme compétent, artisan**

spécialisé, forgeron, travailleur manuel expérimenté. •*Amis al usta ja wa bana lêna durdur.* Hier, le maître maçon est venu et nous a construit un mur. •*Al ustayât hanâ l-dahab gâ'idîn fî taraf al-sûg.* Les orfèvres se trouvent à l'extrémité du marché. •*Al usta addal lêi armwâr.* Le maître menuisier m'a fabriqué une armoire.

ustâni / ustâniyîn *adj.*, (*fém. ustâniye*), * wsṭ, و س ط
♦ **au milieu, majeur** (doigt). •*Anîna talâte fî ammina, wa anâ al usâtni.* Nous sommes trois, nés d'une même mère et je suis le second. •*Martah l ustâniye amis wildat.* Sa deuxième femme a accouché hier. •*Al-sakkîn jarahatni fî usba'i l ustâni hanâ îdi l israyye.* Je me suis blessé le majeur de la main gauche en me coupant avec un couteau.

ustâz / asâtiza *n. m.*, ≅ *ustâs, Cf. mu'allim, mudarris*, * 'stḏ, ء س ت ذ
♦ **maître, professeur.** •*Talaba hanâ jâmiyit Anjammêna talabo min al hâkûma tijîb lêhum asâtiza kubâr.* Les étudiants de l'université ont adressé au gouvernement une recommandation pour qu'il leur envoie de grands professeurs. •*Wakit saxayre garêt ma'â ustâz usumah Hârûn Ahamat.* Quand j'étais petite, j'ai étudié avec un maître qui s'appelait Haroun Ahamat. •*Hassâ Asâtiza Masriyîn katîrîn fî madâris Anjammêna.* Il y a maintenant beaucoup de professeurs égyptiens dans les écoles arabes de N'Djaména.

usûl *pl.*, → *asil, asl.*

usûla *n. f.*, ≅ *usûliye*, * ʕsl, ع س ل
♦ **goût sucré, sucrage, teneur en sucre.** •*Al bangâw kan nijid adîl wa zôl bâkulah, balga fôgah usûla.* Lorsqu'on mange des patates douces bien mûres, on trouve qu'elles ont un goût sucré. •*Agêg amkôlîb usûlîytah fâtat al agêg al âxar.* Les grosses cannes à sucre rouges *amkôlîb* sont plus sucrées que toutes les autres espèces de cannes.

usuliye *n. f.*, → *usûla*, * 'sl, ء س ل

usum / âsâme *n. m.*, ≅ les pluriels *âsâm, usummên*, * smw, س م و
♦ **nom, patronyme, appellation, dénomination.** •*Anâ usumi Xalîl.* Je m'appelle Khalil [moi, mon nom est Khalil]. •*Al hille di usumha Beykôro.* Ce village s'appelle Bokoro. •*Al hajar da mâ indah usum.* Cette montagne n'a pas de nom. •*Âsâm al-rusul al wâjib ta'arifhum kam ? Humman xamsa wa icirîn.* Quels sont les noms des envoyés de Dieu que tu dois connaître ? Il y en a vingt-cinq.

usummên *pl.*, → *usum.*

usur *n. m.*, ≅ *asur*, * ʕṣr, ع ص ر
♦ **après-midi, prière de l'après-midi,** temps de l'après-midi entre quinze et dix-sept heures, nom de la troisième des cinq prières ordinaires musulmanes (vers seize heures). •*Ta'âl lêi nidda'o be usur !* Viens, que nous invoquions Dieu lors de la prière de l'après-midi ! •*Macêt al-sûg be usur.* Je suis allé au marché vers seize heures. •*Al-nâs bigabbulu l-bêt be usur min al-sûg.* Les gens qui sont au marché retournent chez eux en fin d'après-midi.

usur kabîr expression, *Cf. usur, kabîr*, * ʕṣr, kbr, ع ص ر • ك ب ر
♦ **fin d'après-midi,** temps de l'après-midi entre seize heures trente et dix-sept heures trente. •*Amci, ambâkir ta'âl, talgâni usur kabîr !* Pars, et reviens demain, tu me trouveras en fin d'après-midi ! •*Usur kabîr kan tamma, al-cuyyâb bagôdu biwannusu barra fî l-câri.* Vers la fin de l'après-midi, les vieux sont assis et discutent dehors dans la rue.

usura *n. f.*, → *usra.*

usut *invar.*, **usut** suivi d'une voyelle est généralement prononcé *ust*, * wsṭ, و س ط
♦ **au milieu.** •*Anâ bêti ust al hille.* Ma maison est au milieu de la ville. •*Al manxar fî ust al wijih.* Le nez est au milieu de la figure. •*Wigifna rîgân rîgan fî ust al-lekôl.* Nous nous sommes tenus debout, alignés dans la

cour. •*Al êc kan mâ nijid adîl bincagga min usut.* Lorsque la boule n'est pas bien cuite, elle se fend au milieu.

utêl / utêlât *n. m., empr. fr.*, ≅ *ôtêl*, → *ôtêl.*

uttâb *n. m., Syn. cara, Cf. kanfût*, * 'tb, ء ت ب

♦ **balle** (enveloppe du grain), première enveloppe du grain des céréales que l'on fait sortir en pilant le grain sans eau. •*Al awîn darro l xalla min al uttâb.* Les femmes ont vanné le mil pour le séparer de la balle. •*Hey, mâ tilammusu l uttâb, yisawwi lêku âkûla !* Hé ! ne touchez pas la balle, cela va vous donner des démangeaisons !

utuliye *n. f., Cf. atâla, âtil, kaslân*, * ʕṭl, ع ط ل

♦ **paresse.** •*Al-nâdum al mâ baharit fî l xarîf wa mâ indah xidime âxara, coxolah utûliye.* Celui qui ne cultive pas son champ en saison des pluies et qui n'a pas d'autre travail est un paresseux [sa chose est la paresse]. •*Al utûliye êb fî l-râjil.* La paresse est une honte pour un homme.

utûr *pl.*, → *itir 2.*

uwad *pl.*, → *ôda.*

uwâra / awâwîr *n. f.*, * ʕwr, ع و ر

♦ **plaie, blessure.** •*Al-râjil waga' min dahar al bêt wa jildah kulla bigi awâwîr.* L'homme est tombé du mur derrière la maison et tout son corps est couvert de blessures. •*Al-râ'i indah uwâra kabîre fî sâgah.* Le berger a une grande blessure au tibia. •*Al-nâs kan induhum awâwîr, bamcu fî l-labtân.* Lorsque les gens ont des plaies, ils vont à l'hôpital.

uwuj *pl.*, → *âwaj.*

uwur *pl.*, → *a'war.*

uxada' *pl.*, → *axîd.*

uxniya / axâni *n. f.*, ≅ le pluriel *uxniyât*, * ġny, غ ن ي

♦ **chant, chanson.** •*Anâ simî't uxniya samhe min al fannân Mûsa côfêr.* J'ai entendu une belle chanson de la vedette "Moussa chauffeur". •*Al axâni di dâ'imân nasma'ôha min al-cabâb.* Nous entendons toujours ces chansons chez les jeunes. •*Al mara di uxniyitha hassâsa.* Le chant de cette femme est captivant.

uxra *adj. f.*, terme de l'*ar. lit.* moins employé que *âxara*, → *âxar.*

uxuwwa *n. f., Syn. xiwwe, Cf. axu*, * 'ḫw, ء خ و

♦ **lien de fraternité, fraternité.** •*Mâ fî salâm fî baladna bala uxuwwa ambênât al muwâtinîn.* Il n'y aura pas de paix dans notre pays sans fraternité entre les citoyens. •*Ziyârt al ahal tigawwi l uxuwwa.* Visiter la famille renforce les liens fraternels. •*Inta ma'â jârak da, nicîfku kulluku Buyud, uxuwwitku kikkef ?* Nous voyons que ton voisin et toi, vous êtes des Blancs, mais quel lien de fraternité existe-t-il entre vous ? •*Âce wa Mûsa, uxuwwithum min jiddithum wa abûhum.* Le lien de fraternité qui unit Aché et Moussa passe par leur grand-mère paternelle commune.

uyûb *pl.*, → *êb.*

uyûc *pl.*, → *êc.*

uyûn *pl.*, → *ên 1, ên 2.*

uzbân *pl.*, → *azab.*

uzur / âzâr *n. m.*, → *udur*, * ʕḏr, ع ذ ر

V

vatamîn *n. m.*, *empr. fr.*, ≅ *batamîn*, *Cf. xiza'.*
♦ **vitamine.** •*Kinnîn al vatamîn yaftah al-niye lê l akil.* Les comprimés de vitamines donnent de l'appétit [ouvre l'intention de manger]. •*Kan ciribt kinnîn vatamîn tabga girgît ajala ke bas !* Si tu prends des pilules vitaminées, tu grossiras très vite ! •*Ali, kan martak fawwatat, aktib lêi nirassil lêha vatamîn !* Ali, si ta femme est enceinte, écris-moi pour que je lui envoie des vitamines !

vê *n. m.*, *empr. fr.*, de la lettre figurant sur la carte à jouer.
♦ **valet** (jeu de cartes). •*Hû dagas dagûs cên, xallâhum câlo fôgna talâte vê.* Il a commis une très grave erreur, il les a laissés nous prendre trois valets. •*Fî li'ib hanâ arbatâcar, al induhum ve katîr yansuru fî l âxarîn.* Au jeu de "quatorze", ceux qui ont beaucoup de valets gagnent la partie.

vêr / vêrât *n. m.*, *empr.*, ≅ *wêr, wêrât*, *Cf. funjâl.*
♦ **verre à boire.** •*Antatni madîde fî vêr kabîr.* Elle m'a donné de la bouillie dans un grand verre. •*Fî l afrâh, al-nâs bacarbo sîrô fî l vêrât.* Lors des cérémonies festives, les gens boivent du sirop dans des verres.

vîdyo *n. m.*, *empr. fr.*
♦ **magnétoscope, vidéo, vidéocassette.** •*Cîfna filim cinwa fî l vîdyo hanâ jîrânna.* Nous avons vu un film chinois sur la vidéo de nos voisins. •*Fî l hârât, al-nâs bamcu bicîfu filim fî l vîdyo be acara riyâl.* Dans les quartiers, les gens regardent un film vidéo pour dix riyals.

W

wa *invar.*, conjonction de coordination.
♦ **et, puis, ensuite.** •*Maryam wa Zênaba warado lê l almi.* Mariam et Zénaba sont allées chercher de l'eau. •*Humman cibi'o wa ragado.* Ils se sont rassasiés, puis se sont reposés.

wa''a 1 / yiwa''i *v. trans.*, forme II, * wʕy, و ع ي
♦ **sensibiliser, réveiller.** •*Wafid min al hâkûma maca yiwa''i l-ca'ab hanâ dâr barra acân hihâfuzu lê l kadâde.* Une délégation du gouvernement est allée sensibiliser les villageois à la nécessité de sauvegarder la brousse. •*Wâjib lêku tiwa''u ca'abku be ahammiya hanâ l-lekkôl lê l iyâl.* Vous devez sensibiliser votre peuple sur l'importance de la scolarisation des enfants. •*Anâ numt, al-darbîn hanâ l banâdig al-tugâl yâ wa''âni.* Je m'étais endormi, ce sont les tirs des armes lourdes qui m'ont réveillé.

wa''a 2 / yiwa''i *v. intr.*, forme II, * wʕy, و ع ي
♦ **infecter, se remplir de pus.** •*Al-dabara hint al humâr di wa''at, subbu lêha gutrân acân al-dubbân mâ bibayyid fôgha !* La blessure sur le dos de l'âne s'est infectée, versez-y du goudron pour empêcher les mouches d'y pondre ! •*Mâ tibill uwârtak be almi acân mâ tiwa''i !* Ne mouille pas ta blessure avec de l'eau pour éviter qu'elle ne s'infecte !

wa''ân *n. d'act.*, → *wa''ayân.*

wa''ayân *n. d'act.*, *m.*, ≅ *wa''ân, wa''iyîn, wa''în*, * wʕy, و ع ي
♦ **infection, suppuration,** fait d'être plein de pus. •*Wa''ayân al-cumâm mâ birayyih al mardân kan mâ caggoh.* Le malade n'est soulagé de l'infection d'un panaris que par l'incision du doigt. •*Amcokotoytak di wa''ânha da acân inta lawlawtaha be nyanyâgîr wasxânîn.* Ton ulcère variqueux s'est mis à suppurer parce que tu as bandé ta jambe avec des chiffons sales.

wa''în *n. d'act.*, ≅ *wa''ân*, voir le *Syn. wa''ayân.*

wa''iyîn *n. d'act.*, *m.*, → *wa''ayân.*

wa'ad / wu'ûd *n. m.*, * wʕd, و ع د
♦ **rendez-vous.** •*Inta antêtni wa'ad fî bêt rafîgna wa mâ macêt.* Tu m'as donné un rendez-vous chez notre ami et tu n'y es pas allé. •*Wâjib mâ taxâlif al wa'ad.* Tu ne dois pas manquer le rendez-vous qu'on t'a fixé.

wâ'ad / yiwâ'id *v. trans.*, forme III, * wʕd, و ع د
♦ **donner un rendez-vous, convoquer, inviter.** •*Amis, rafîgti wâ'adatni namcu l-labtân.* Hier, mon amie m'a donné rendez-vous pour que nous allions à l'hôpital. •*Râjil Zâra wâ'ad rufugânah lê l xada ambâkir.* Le mari de Zara a invité ses amis pour le repas de demain. •*Al-subyân wâ'ado acân yamurgu lê l-sêd badri.* Les jeunes gens se sont donné rendez-

vous pour aller à la chasse de bonne heure. •*Kan mâ tidôr amânak yigill, lâ tiwâ'id wa tifill !* Si tu ne veux pas perdre la confiance qu'on te porte, ne donne pas de rendez-vous auquel tu ne seras pas fidèle ! *Prvb.*

wâ'adân *n. d'act., m.,* → *wâ'idîn.*

wa'ar *n. coll., sgtf. wa'are, Cf. xala, kadade, dahare, xâba,* * wʕr, و ع ر

♦ **brousse inhabitée, forêt sombre,** lieu sauvage et inhospitalier. •*Humâri waddar fî l wa'are.* Mon âne s'est égaré dans la brousse. •*Al-dîdân wa l marâfi'în gâ'idîn fî l wa'are.* Les lions et les hyènes sont dans les forêts sombres.

wa'are *sgtf. f.,* voir le *coll. wa'ar,* * wʕr, و ع ر

wa'ayân *n. d'act., m.,* ≅ *wa'iyîn,* * wʕy, و ع ي

♦ **réveil, éveil.** •*Wa'ayâni min al-nôm da bala marâdi, acân hilimt hilim xawwafâni.* Si je me suis réveillé, ce n'est pas de mon plein gré, c'est parce que j'ai eu un cauchemar qui m'a effrayé. •*Al wilêd da, wa'iyînah min al haraka bas, kan mâ kê da, bunûm bitawwil.* C'est le bruit qui a réveillé cet enfant, sans cela il dormirait encore longtemps.

wâ'i / wâ'yîn *adj., (fém. wâ'iye), Syn. hâyis,* * wʕy, و ع ي

♦ **éveillé(e).** •*Wakit al-sarrâg daxal fî bêtna anâ wâ'i mâ nâyim.* Lorsque le voleur est entré dans notre maison, j'étais éveillé, je ne dormais pas. •*Al matara sabbat fî l-lêl lâkin ligatni wâ'i.* Il a plu pendant la nuit, mais j'étais éveillé.

wâ'idîn *n. d'act., m.,* ≅ *wâ'adân,* * wʕd, و ع د

♦ **prendre rendez-vous,** fait de prendre un rendez-vous avec *qqn.* •*Al-Nasâra bidôru l wâ'idîn gubbâl al-ziyâra.* Les Blancs aiment prendre rendez-vous avant de rendre visite. •*Mugâbalt al wazîr mâ tabga bala wâ'adân.* On ne peut pas rencontrer le ministre sans avoir pris rendez-vous.

Wâ'il *n. pr. gr., coll.,* → *Bani Wâ'il.*

wa'iyîn *n. d'act., m.,* → *wa'ayân.*

wâ'yîn *pl.,* → *wâ'i.*

waba *n. m.,* * wb', و ب ء

♦ **épidémie, calamité, fléau.** •*Waba hanâ l kôlêra xalâs marag min hillitna.* L'épidémie de choléra a déjà été enrayée dans notre ville. •*Waba hanâ l amkanyang-nyang dagac al hille kullaha.* L'épidémie de rougeole a envahi tout le village. •*Simîna fî l-radyo bugûlu waba' wâhid dahâba ja fî l âlam usumah sîda.* Nous avons appris à la radio qu'une nouvelle épidémie s'est déclarée dans le monde et qu'elle s'appelle le sida.

wâbât *pl.,* → *wêbe.*

wac *n. m.,* → *wajh.*

wada' / yawda' *v. trans.,* admettant seulement un sujet féminin, *Syn. wilid, nifîs* ; forme I n° 14, * wḍʕ, و ض ع

♦ **mettre bas, accoucher.** •*Al mara wada'at amis, jâbat wilêd.* La femme a accouché hier et a mis au monde [a apporté] un garçon. •*Al awîn kan wada'o, kulla ahalhum farhânîn.* Quand les femmes mettent des enfants au monde, tous ceux de leur famille sont contents. •*Anâ indi arba'a sana kê, mâ wada't.* Il y a quatre ans que je n'ai plus mis d'enfant au monde.

wada'ân *n. d'act., m.,* → *wadi'în.*

wadab *n. m.,* connu au *Sdn.* avec la racine *wḍb (C.Q.), Cf. waddab,* * wẓb, و ظ ب

♦ **éducation, dressage.** •*Wadab hanâ iyâl jâri samhe bilhên.* L'éducation des enfants de mon voisin est très bonne. •*Sawwi lêk wadab giddâm al-nâs al kubâr, axêr.* Il vaut mieux que tu te comportes bien devant ceux qui sont plus âgés que toi.

wadaka *n. f.,* * wdk, و د ك

♦ **axonge,** graisse fondue des animaux. •*Al-caham kan sabboh fî* *mâ'un wa xattoh fî l-nâr angata' wa dalloh barad, babga wadadaka.* La graisse qu'on met dans un récipient, qu'on fait fondre sur le feu et qu'on laisse refroidir, devient de l'axonge. •*Al wadaka kan sabbôha rîhe katîre, tabga fomâd ; al awîn bimassuhu beha.* Lorsque l'on met beaucoup de parfum dans l'axonge, cela devient un onguent avec lequel les femmes se massent.

wadâr *n. m.*, *Cf. waddarân*, * wdr, و د ر

♦ **perte.** •*Wadâr bagari da minnak, acân inta mâ saraht bêhum adîl.* La perte de mes vaches, c'est toi qui en es la cause car tu ne les as pas fait paître comme il faut. •*Wadârna fî l kadâde da acân inta nisît al-derib.* Nous nous sommes perdus en brousse parce que tu as oublié où était le chemin. •*Wadâr al gurus sâkit ke da, mâ yanfa !* Perdre ainsi de l'argent pour rien est vraiment inutile !

wadda 1 / yiwaddi *v. trans.*, forme II, * wdʕ, و د ع

♦ **déposer, amener, apporter à quelqu'un, transmettre, emmener.** •*Wadda l gurus fî l banki.* Il a porté l'argent à la banque. •*Waddi bagar axûk fî l-sarhe !* Emmène les vaches de ton frère au pâturage !

wadda 2 / yiwaddi *v. intr.*, forme II, * wḍ', و ض ء

♦ **faire ses ablutions.** •*Fî l-Ramadân al-nâs biwaddu katîr katîr.* Pendant le Ramadan, les gens font leurs ablutions à tout moment. •*Anâ waddêt wa sallêt be l-jamâ'a.* J'ai fait mes ablutions et dirigé la prière du groupe. •*Waddi wa ta'âl namcu l-jâmiye !* Fais tes ablutions et viens, allons à la mosquée !

waddab / yiwaddib *v. trans.*, forme II, *Cf. addab*, * wẓb, و ظ ب

♦ **éduquer, apprivoiser, dompter, dresser.** •*Hû waddab juwâdah adîl.* Il a bien apprivoisé son cheval. •*Al mara di mâ gidirat waddabat iyâlha.* Cette femme n'a pas pu éduquer ses enfants. •*Al-râjil da waddab iyâlah adîl : humman bikarrumu l-nâs al kubâr minnuhum.* Cet homme a très bien éduqué ses enfants : ils respectent les personnes plus âgées qu'eux.

waddâb / waddâbîn *adj. n. m. mrph. intf.*, (*fém. waddâba*), * wẓb, و ظ ب

♦ **éducateur (-trice).** •*Al mara di waddâba allamat iyâlha xidimt al bêt wa kêf yagôdu ma'â l kubâr.* Cette femme est une bonne éducatrice, elle a appris à ses enfants le travail de la maison et comment se tenir en présence des personnes âgées. •*Al mêtir al abu l-tâni waddâb lê l iyâl.* Le maître d'école, comme un second père, est l'éducateur des enfants.

waddabân *n. d'act.*, → *waddibîn.*

waddah / yiwaddih *v. trans.*, forme II, * wḍḥ, و ض ح

♦ **éclaircir** (*s. fig.*), **expliciter, expliquer,** éclairer le sens de *qqch.* •*Al-sahâfî mâ waddah lêna l balâx adîl.* Le journaliste ne nous a pas bien explicité la nouvelle. •*Ta'âl waddih lêi juwâbi da !* Viens m'éclairer sur le sens de cette lettre !

waddar / yiwaddir *v. trans.*, connu au *Sdn.* (*C.Q.*) ; forme II, * wdr, و د ر

♦ **perdre, se perdre.** •*Wilêdi l-nihis da waddar lêi gursi hanâ l-laham.* Mon enfant terrible a perdu l'argent que je destinais à l'achat de la viande. •*Al-râ'i nâm wa xalla l bagar waddaro.* Le berger s'est endormi et a laissé les vaches se perdre. •*Cîl al-derib al adîl acân mâ tiwaddir !* Prends le bon chemin pour ne pas te perdre ! •*Al-nâdum al mâ gara yiwaddir fî hayâtah.* Celui qui n'a pas étudié se perdra dans la vie.

waddar-jamal-nasîbtah nom composé, *n. anim.*, *coll.*, *litt.* "il a perdu le chameau de sa belle-mère", *Cf. kalb al harray*, * wdr, jml, nsb, و د ر • ج م ل • ن س ب

♦ **galéode** ; arachnide solifuge, nocturne et extrêmement rapide, souvent prise pour une grande fourmi. •*Rafîgi da mucafcaf misil waddar-jamal-nasîbtah.* Mon ami est agité comme la galéode "qui a perdu le chameau de sa belle-mère". •*Waddar-jamal-nasîbtah misil nimlay kabîre rawâxa wa fattâca.* La galéode "qui a perdu le chameau de sa belle-mère" ressemble à une grosse fourmi toujours en mouvement et cherchant partout quelque chose çà et là.

waddarân *n. d'act., m.*, ≅ *waddirîn*, * wdr, و د ر

♦ **perte,** fait d'avoir égaré. •*Al-râjil da, waddarân hanâ juzulânah sawwah miskîn.* Cet homme est devenu pauvre après avoir perdu son porte-monnaie. •*Waddarân hanâ juwâdi sawwâni mardân caharên.* Le fait que mon cheval se soit perdu m'a rendu malade pendant deux mois.

wadday / waddayât *n. f., Syn. dahalôb*, * wḍ', و ض ء

♦ **cuvette en terre pour les ablutions.** •*Al wadday misil karbalo saxayyar wa indah guttiye usut lê hattîn al-rijil lê l wadu'.* Le *wadday* est une petite cuvette en terre ayant au milieu un support pour le pied ; on l'utilise pour les ablutions. •*Nâs Anjammêna biwaddu fî l-turâb bas, mâ be wadday.* Les habitants de N'Djaména font leurs ablutions par terre sans utiliser de cuvette *wadday*.

Wadday *n. pr.* de lieu, préfecture à l'est du Tchad.

♦ **Ouaddaï.**

waddibîn *n. d'act., m., Cf. waddab*, ≅ *waddabân*, * wẓb, و ظ ب

♦ **éducation, dressage,** fait d'éduquer, de dresser. •*Waddibîn al falu da, gâsi acân hu nihiss, mâ tagdar tuxutt al-serij fôgah.* Le dressage de ce poulain est difficile parce qu'il est turbulent, on n'arrive pas à le seller. •*Waddibîn iyâlak wâjib lêk.* C'est un devoir pour toi d'éduquer tes enfants.

waddirîn *n. d'act., m.*, → *waddarân.*

wade' *n. coll., m., sgtf. wada'ay, wad'ey* connu au *Sdn.* (*C.Q.*), * wdˤ, و د ع

♦ **cauri, ancienne monnaie.** •*Al xattâtîn induhum wade'.* Ceux qui pratiquent la géomancie utilisent des cauris. •*Al wade' katîr fî l bahar.* Il y a beaucoup de cauris dans la mer. •*Al binêye rabbatat wad'ey fî ca'arha.* La fille a attaché un cauri dans sa chevelure. •*Rîgân rîgân, samah al albil fî l gîzân... Da l wade'.* Bien alignés, beaux comme des chameaux sur les collines… Ce sont les cauris. *Dvnt.*

wâdi / widyân *n. m.*, * wdy, و د ي

♦ **oued, rivière, zone verdoyante,** cours d'eau temporaire alimenté pendant la saison des pluies, moins important que le *bahar* [fleuve] mais plus important que le *rijil* [ruisseau] ; zone de fraîcheur et de verdure propice à la culture. •*Nâs al hille yacarbo almi min al wâdi.* Les villageois boivent l'eau de l'oued. •*Cift dîdân wa fayala fî widyân dâr Wadday.* J'ai vu des lions et des éléphants dans les oueds du Ouaddaï. •*Fî taraf al wâdi nalgo zura'ât al berbere.* Au bord de l'oued, se trouvent des champs de sorgho.

wadi'în *n. d'act., m.*, ≅ *wada'ân*, * wḍˤ, و ض ع

♦ **accouchement, mise en dépôt,** fait de confier *qqch.* à *qqn.* •*Wâjib wadi'în hanâ l mara di yukûn fî l-labtân.* Il faut que cette femme accouche à l'hôpital. •*Wadi'în al-saxîr bala wallâda xatari.* Accoucher sans l'assistance d'une sage-femme est dangereux. •*Hû râjil adîl mâ bidôr wadi'în xumâmah bakân nâdum xâyin.* C'est un honnête homme, il ne veut pas mettre en dépôt ses affaires chez quelqu'un qui abuserait de sa confiance.

wâdih / wâdihîn *adj.*, (*fém. wâdihe*), * wḍḥ, و ض ح

♦ **clair(e)** (*s. fig.*), **manifeste, explicite.** •*Katibak da mâ wâdih anâ mâ nagdar nagrih.* Ton écriture n'est pas claire, je ne peux pas la lire. •*Kalâmah kan mâ wâdih xallih yikarrirah lêk !* Si ce qu'il a dit n'est pas clair, demande-lui de te le répéter ! •*Anâ lissâ mâ fihimt al mara* *di, hî mâ wâdihe.* Je n'ai pas encore compris cette femme, elle n'est pas claire.

wadu' *n. m.*, * wḍ', ء ض و

♦ **ablutions.** •*Al wata kan bârid al wadu' gâsi lê l munâfix.* Lorsqu'il fait froid, les ablutions sont pénibles pour l'hypocrite. •*Al-sala' bala wadu' bâtile.* La prière rituelle sans ablutions n'est pas valable.

wafa' *n. m.*, *Syn. môt*, * wfy, ي ف و

♦ **mort.** •*Wafa' hanâ abu l iyâl bahazzin bilhên.* La mort d'un père de famille attriste beaucoup. •*Al wafa' baji bala wa'ad.* La mort vient sans rendez-vous.

wâfag / yiwâfig *v. intr.*, forme III, * wfq, ق ف و

♦ **acquiescer, convenir de, se mettre d'accord sur.** •*Nâs al hille kulluhum wâfago fî l kalâm da.* Tous les gens du quartier se sont mis d'accord sur cette affaire. •*Al hâkûma wa l-naxâba lê hassâ kula mâ wâfago fî kalâm wâhid.* Jusqu'à présent, le gouvernement et le syndicat ne se sont pas mis d'accord sur un point. •*Câwuru, kan wâfagtu be l-taman da, naxadmu ma'âku ambâkir.* Parlez-en entre vous ; si vous êtes d'accord sur ce prix, nous travaillerons avec vous demain. •*Umar wa axuh wâfago yisâfuru fî l-cahar al-jâyi.* Oumar et son frère se sont mis d'accord pour partir en voyage le mois prochain.

wâfagân *n. d'act., m.*, ≅ *wâfigîn, Cf. istifag*, * wfq, ق ف و

♦ **accord, entente,** fait de se mettre d'accord. •*Al muxâsimîn dôl, wâfagânhum mâ bincâf ; al-nâs lammo kula mâ gidiro sâlohôhum.* Ces ennemis n'arrivent pas à se mettre d'accord ; des gens se sont rassemblés et n'ont pas pu les réconcilier. •*Al xidime bala wâfagân mâ haluwe.* Travailler sans s'être mis d'accord n'est pas intéressant.

wafar / yawfir *v. intr. {- lê}*, forme I n° 6, *Syn. xafar*, * ġfr, ر ف غ

♦ **pardonner.** •*Allah yawfir lê l marhûm !* Que Dieu pardonne au défunt ! (formule de condoléances). •*Al-nâdum kan sawwa zanib wa tâb, Allah bawfir lêyah.* Lorsque quelqu'un commet une faute et se repent, Dieu lui pardonne. •*Rafîgi gâl : "Allah wafar lê l-kuffâr al bigo sâlhîn !".* Mon ami a dit : "Dieu a pardonné aux païens qui sont devenus des hommes vertueux !".

waffa / yiwaffi *v. trans.*, forme II, * wfy, ي ف و

♦ **tenir sa promesse, payer entièrement, remplir ses engagements, compléter, ajouter.** •*Waffi lêi gursi da, nidôr naciri xanamay !* Complète l'argent qui me manque, je voudrais acheter un mouton ! •*Lîtir hanâ l-dihin da mâ waffatah, mâ nibî'ah be l-taman da.* Ce litre d'huile n'est pas rempli jusqu'au bord, je ne l'achète pas à ce prix-là. •*Hû mâ waffa l ahad hanâ yôm al axîde.* Il n'est pas venu au rendez-vous qu'il avait fixé pour le jour du mariage.

waffân *n. d'act.*, ≅ *waffayân, waffin, waffiyîn, Cf. waffa*, * wfy, ي ف و

♦ **tenir ses engagements, compléter, remplir jusqu'au bord, payer complètement.** •*Waffân al ahad min al îmân.* C'est un acte de foi que de tenir jusqu'au bout ses promesses. •*Tanki hanâ l watîr da waffânah bas axêr, kan mâ ke da, mâ nagdaro nigabbulu.* Il vaut mieux remplir jusqu'au bord le réservoir de la voiture, sinon nous ne pourrons pas revenir. •*Hû mâci bijîb budâ'a jadîde, bidôr waffin gurus al budâ'at al cîltûha minnah dên.* Il va faire venir de nouvelles marchandises, il voudrait que vous remboursiez tous les emprunts que vous lui avez faits.

waffar / yiwaffir *v. trans.*, forme II, * wfr, ر ف و

♦ **procurer, épargner.** •*Naxadim niwaffir gurus namci l hijj.* Je travaille pour économiser de l'argent et partir en pèlerinage à La Mecque. •*Axui waffar gurus mâci bagri barra min Tcâd.* Mon frère a économisé de l'argent pour aller étudier à l'étranger.

waffayân *n. d'act.*, → *waffân*, * wfy, و ف ي

waffîn *n. d'act.*, → *waffân.*

waffiyîn *n. d'act.*, → *waffân.*

wafid / wufûd *n. m.*, * wfd, و ف د

♦ **délégation.** •*Amis, gâbalna l wafid al-jâyi min al-junûb.* Hier, nous avons rencontré la délégation qui venait du Sud. •*Al hâkûma kawwanat wufûd acân yamcu fî l-xura.* Le gouvernement a constitué des délégations pour aller dans les villages.

wâfigîn *n. d'act., m.*, → *wâfagân.*

waga' / yaga' *v. intr.*, forme I n° 14, la dernière consonne finale a tendance à disparaître dans le parler de N'Djaména, on entend *wagêt, wagêna etc.* au lieu de *waga't, waga'na*, * wqʕ, و ق ع

♦ **tomber.** •*Brahîm nâm fî râs al-cadaray wa waga'.* Brahim s'est endormi au sommet de l'arbre et est tombé. •*Al xulgân waga'o min al habil.* Les habits sont tombés de la corde. •*Mâ tixalli l-jardal fî xacum al bîr kan mâ kê baga' !* Ne laisse pas le seau au bord du puits, sinon il va tomber ! •*Amzahalôta câlatna, wa wagêna fî l-tîne.* Nous avons glissé et sommes tombés dans la boue.

waga'ân *n. d'act., m.*, ≅ *wagi'în*, → *wagi'*, * wqʕ, و ق ع

wagaf / yigîf *v. intr.*, → *wigif*, * wqf, و ق ف

wagga / yiwaggi *v. trans.*, forme II, * wqy, و ق ي

♦ **assembler des bois, construire une hutte, monter une structure légère, installer, préparer un lieu.** •*Al Arab waggo sarâyirhum be ci'âb wa marâdîs.* Les Arabes ont monté leurs lits en assemblant des rondins sur des bois fourchus. •*Humman waggo lêhum ligdâbe lê l-salâ.* Ils se sont construit un petit hangar pour y faire la prière. •*Anâ indi serîr abdallâla waggêtah dâxal fî bêti.* J'ai un lit à baldaquin que j'ai monté à l'intérieur de ma chambre. •*Waggêt farditi acân nicîl almi fî râsi.* J'ai arrangé mon pagne en coussin sur ma tête pour porter de l'eau. •*Yôm al îd al-nâs waggo li'ib al keyta.* Le jour de la fête, les gens ont préparé le lieu pour la danse au son de la gaïta.

waggaf / yiwaggif *v. trans.*, forme II, * wqf, و ق ف

♦ **arrêter, stopper, faire attendre, fixer un prix,** faire s'arrêter. •*Mâci fî derib, askari waggafâni... Da l-côk.* J'allais sur le chemin, un soldat m'a arrêté [m'a empêché d'avancer plus loin]… C'est l'épine. *Dvnt.* •*Al-duwân waggafo l-tujjâr min al-sûg.* Les douaniers ont arrêté l'activité des commerçants. •*Al bôlis waggafâna mâ nadxulu dârna bala maktûb.* La police nous a empêchés d'entrer dans notre pays parce que nous n'avions pas d'autorisation écrite. •*Waggafo taman al bagaray be icirîn alif riyâl.* Ils ont fixé le prix de la vache à vingt mille riyals.

waggafân *n. d'act.*, → *waggifîn*, * wqf, و ق ف

waggifîn *n. d'act., m.*, ≅ *waggafân*, *Syn. waxf*, * wqf, و ق ف

♦ **arrêt, cessation.** •*Waggifîn itlâx al-nâr bijîb al âfe.* Le cessez-le-feu conduit à la paix. •*Al hâkûma gammat be waggifîn al barcôt acân talga daxli.* Le gouvernement s'est mis à lutter contre la contrebande pour faire rentrer de l'argent.

wagi' *n. d'act., m.*, ≅ *wagi'în*, *waga'ân*, * wqʕ, و ق ع

♦ **chute, renversement d'un véhicule,** fait de tomber ou de se renverser. •*Al wagi' hanâ l watîr kattal nâs katîrîn.* La voiture s'est renversée et beaucoup de gens sont morts. •*Al wagi' min al-cadar baksir al-ragaba.* Si l'on tombe d'un arbre, on peut se casser la nuque. •*Al-jamal rijilah ankasarat ba'ad wagi'ah fî l wâdi.* Le chameau s'est cassé la patte après être tombé dans l'oued.

wâgi' / wâgi'în *adj. mrph. part.* actif, forme I, (*fém. wâgi'e, wâg'e*), *Cf. waga'*, * wqʕ, و ق ع

♦ **tombant(e), tombé(e), par terre,** qui tombe, qui est en train de tomber, qui vient juste de tomber. •*Ligît laffay wâgi'e fî l-câri.* J'ai trouvé un voile par terre dans la rue. •*Laggatt al manga l wâgi' fî tihit al-cadaray.* J'ai ramassé des mangues tombées sous l'arbre. •*Cift al-tugûla al bidâwusu wâgi'în min râs al ardêbay.* J'ai vu les singes qui se battaient tomber du sommet du tamarinier.

wagi'în *n. d'act., m.*, → *wagi'.*

wagif / awgâf *n. m.*, * wqf, و ق ف

♦ **gros grain du chapelet,** les deux gros grains qui, avec le gros grain principal, séparent le chapelet de quatre vingt dix-neuf grains en trois parties. •*Kan tidda'i tahasib be sibihtak, kulla talâte wa talâtîn tûray talga wagif.* Lorsqu'on égrène son chapelet, tous les trente-trois grains, il y a un grain plus gros appelé "arrêt". •*Al-sibhe indaha tis'a wa tis'în tûray, wa wagfên wa câhid wâhid.* Dans le chapelet, il y a quatre-vingt-dix-neuf petits grains, deux grains plus gros intermédiaires, et un très gros grain.

wâgif / wâgfîn *adj. mrph. part.* actif, (*fém. wâgfe*), * wqf, و ق ف

♦ **se tenant debout, étant arrêté(e).** •*Inta wâgif hini mâla ?* Pourquoi restes-tu debout ici ? •*Cift watîrah wâgif fî l mawgaf.* J'ai vu sa voiture arrêtée sur l'aire de stationnement. •*Inta, al yôm mâ tagôd tihit, mâlak wâgif ?* Aujourd'hui, tu ne t'assieds pas, qu'as-tu à rester debout ?

wagiye / awâgi *n. f.*, ≅ *awgiya*, mot arabe d'emprunt, du latin *uncia* (*Ka.*), * wqy, و ق ي

♦ **once, nom d'une mesure de poids, poids d'environ vingt-cinq grammes,** mesure utilisée dans le commerce des parfums et des encens. •*Al wagiye magas bigâwusu beha a'atâr wa daxâxîn.* L'once est une mesure dont on se sert pour mesurer les parfums et les bois d'encens. •*Xâlti tisâwig itir lê l awîn, al-tidôr wagiye kula tusubb lêha.* Ma tante vend du parfum aux femmes ; celle qui en désire une once, elle la sert en lui versant ce qu'elle demande.

wagû' *n. m.*, ≅ *wugu'*, *Cf. waga', wagi'în*, * wqʕ, و ق ع

♦ **coucher.** •*Ba'ad wagû' al harray, al-sâymîn bafturu.* Après le coucher du soleil, ceux qui jeûnent vont boire et manger. •*Ma'â wagu' al harray, al xamâm bihammir.* Au coucher du soleil, le ciel nuageux devient rouge.

wahab / yawhib *v. trans.*, mot de l'arabe classique, peu employé, → *dafa'*, ≅ *wahhab, yiwahhib* ; forme I n° 6, * whb, و ه ب

♦ **donner sa vie, sacrifier sa vie,** donner gratuitement sans contrepartie. •*Nawhib hayâti lê xidimt al watan.* Je donnerai ma vie pour servir ma patrie. •*Fâtime wahabat hayâtha lê Ali.* Fatimé a sacrifié sa vie pour Ali.

wahac / wuhûc *n. anim.*, m., * wḥš, و ح ش

♦ **oryx, koba blanc, Aegoryx algazel (Oken),** famille des bovidés, appelé aussi antilope sabre à cause de la longueur de ses cornes incurvées vers l'arrière. •*Al wahac fahal min al-tôr.* L'oryx est plus courageux au combat que le taureau. •*Al ôfôre karabo l-carrâki l bikattil al wuhûc.* Les agents des Eaux et Forêts ont arrêté le braconnier qui tuait les oryx. •*Al-duwâs tarad al wuhûc min baladna.* La guerre a fait fuir les oryx de notre pays.

wahace *n. f.*, ≅ *wahaca*, * wḥš, و ح ش

♦ **solitude.** •*Iyâli min sâfaro ke, al wahace katalatni.* Depuis que mes enfants sont partis en voyage, je meurs de solitude. •*Zôl kan muwâlif mag'ad ma'a l-jamâ'a mâ bidôr al wahace.* Lorsque quelqu'un est habitué à vivre dans un groupe, il n'aime pas la solitude. •*Al-nâdum al-raxbân birîd gu'âd al wahace.* L'avare aime rester dans la solitude. •*Anâ mâ nagdar nahmal al wahaca.* Je ne peux pas supporter la solitude. •*Kan iyâli mâ fîhum, mâ nagdar nagôd fî l* *wahaca.* Si mes enfants ne sont pas là, je ne peux pas rester dans la solitude. •*Bêti wahaca, nâdum wâhid kula mâ fîh !* Ma maison n'est que solitude, il n'y a personne chez moi !

wahaci / wahaciyîn *adj.*, (*fém. wahaciye*), * wḥš, و ح ش

♦ **sauvage.** •*Al-râjil da wahaci marra wâhid mâ bilwâlaf ajala.* Cet homme est vraiment sauvage, il ne se familiarise pas vite avec les gens. •*Al kalbe di wahaciye mâ tixalli nâdum baji janb iyâlha.* Cette chienne est sauvage, elle ne laisse personne s'approcher de ses petits.

wahadâcar nombre cardinal, → *ihdâcar.*

wahade 1 *adj. fém.*, → *wâhid.*

wahade 2 *n. f.*, *Cf. wâhid*, *Syn. tahaca, wahace*, * wḥd, و ح د

♦ **solitude.** •*Al wahade târat lêi, bêt bala mara wa lâ iyâl mâ bêt !* J'en ai assez de la solitude ! Une maison sans femme ni enfants est inhospitalière [ce n'est pas une maison] •*Kan tamci fî l kadâde, mâ tirîd al wahade !* Si tu pars en brousse, ne prends pas l'habitude d'y aller tout seul !

wahadîn *pl.*, ≅ *wahdîn.*

wahal *n. m.*, *Cf. wihil, tîne*, * wḥl, و ح ل

♦ **boue fine.** •*Fî ayyâm al xarîf al wahal babga katîr.* Pendant la saison des pluies, il y a beaucoup de boue. •*Intu musâfirîn al yôm, nitmanno lêku mâ talgo wahal fî l-derib.* Vous partez aujourd'hui en voyage, nous vous souhaitons de ne pas avoir de boue sur la route.

waham / awhâm *n. m.*, * whm, و ه م

♦ **illusion, conjecture, imaginaire .** •*Hû coxolah waham, mâ inda cahâda wa bugûl illa yiwazzufuh mudîr hatta yaxadim.* Il est plein d'illusions ; il n'a pas de diplôme et dit qu'il ne travaillera que s'il est nommé directeur. •*Al-nâdum kan waham daxalah, mâ yidôr yi'îc hasab mustawah.* Lorsque quelqu'un est dans l'imaginaire, il cherche à vivre au-dessus de ses moyens [il ne veut plus vivre selon son niveau].

wahât *invar.*, contraction de *wa 'âyat*, ou de *wa hayât*, façon de prêter serment, ≅ *wahayât, wahiyât.*

♦ **par les versets !, par la vie ! .** •*Wahât al Kitâb, gursak anâ mâ ciftah !* Par les versets du Coran, je n'ai pas vu ton argent ! •*Wahât iyâli, anâ mâ xaccêtak !* Par la vie de mes enfants, je ne t'ai pas trompé ! •*Wahât abui, battân mâ nâkul ma'âk !* Par mon père, je ne mangerai plus avec toi !

wâhed / wâhedîn nom de nombre, → *wâhid*, * wḥd, و ح د

wahêd- préfixe, *invar.*, *wahêdi, wahêdak, wahêdki, wahêdah...*, → *wehêd-*, * wḥd, و ح د

wahhab / yiwahhib *v. trans.*, mot de l'arabe classique, forme II, moins employé que *wahab*, * whb, و ه ب

wahhac / yiwahhic *v. trans.*, forme II, * wḥš, و ح ش

♦ **abandonner *qqn.* dans la solitude, laisser *qqn.* seul(e),** quitter *qqn.* en le laissant dans la solitude. •*Rafîgi sâfar wa wahhacâni.* Mon ami est parti en voyage et m'a laissé seul. •*Iyâli kulluhum maco l-lekkôl wa wahhacôni marra wâhid.* Tous mes enfants sont allés à l'école, ils m'ont laissé vraiment seul. •*Agôdu ma'âi mâ tiwahhucuni !* Restez avec moi, ne me laissez pas seul !

wahhad 1 / yiwahhid *v. trans.*, forme II, * wḥd, و ح د

♦ **unifier, réunir, faire vivre ensemble.** •*Ra'îs al-dawla wahhad al-dêc.* Le Président de la République a unifié l'armée. •*Jâri indah awîn talâta lâkin mâ gidir wahhad iyâlah.* Mon voisin a trois femmes, mais n'a pas pu faire vivre ensemble ses enfants.

wahhad 2 / yiwahhid *v. trans.*, forme II, * wḥd, و ح د, ⇨

♦ **proclamer l'unicité de Dieu, jurer par l'unicité de Dieu,** prononcer la formule de l'unicité de Dieu : "Dieu est un". •*Mâ taxâf min nâdum ke, wahhid Rabbak wa agôd !* N'aie peur de personne, proclame l'unicité de ton Seigneur et reste là ! •*Kan wahêdak kula sâfir bas, wahhid Allah wa amci, ceyy bajîk mâ fîh.* Même si un jour tu dois voyager seul, proclame l'unicité de Dieu et pars, rien ne t'arrivera !

wahham / yiwahhim *v. trans.*, forme II, * whm, و ه م

♦ **surprendre, rendre perplexe.** •*Xabar hanâ axîditha da wahhamâni bilhên.* La nouvelle de son mariage m'a vraiment surpris. •*Al kalâm da wahhamâni, akûn mâ sahi.* Cette parole m'a rendu perplexe, elle est peut-être fausse.

(al) wahîd *n. m.*, * wḥd, و ح د

♦ **deuxième mois de l'année lunaire, unique,** séparé(e) des autres. •*Al wahîd hû l-cahar al-tâni fî l-sana.* Le mois "unique" est le deuxième mois de l'année lunaire. •*Al wahîd yaji ba'ad al-dahîtên wa gubbâl al-tôm al awwal.* Le deuxième mois de l'année lunaire vient après le mois de *dahîtên* et avant le mois du premier jumeau. •*Al-râjil al yôm dâk mât, al mara l mâciye di hî l mara l wahîde al mât xallâha ; wa l fî idênha da : saxîrha al wahîd al mât xallah !* A propos de l'homme décédé dernièrement : voilà son unique femme qui s'en va là-bas, elle tient dans ses bras le seul enfant qu'il a laissé.

wâhid / wahdîn *adj. n.*, ≅ le pluriel *wahadîn*, (*fém. sing. wahade, fém. pl. wahdât*), * wḥd, و ح د

♦ **un(e), quelqu'un, quelques-uns (-unes), le (la) même.** •*Axîde hint mara wahade bas, axêr min awîn katîrîn.* Il vaut mieux épouser une seule femme que plusieurs. •*Nâdum wâhid ja amis hini.* Quelqu'un est venu ici hier. •*Al iyâl fâto l-lekkôl, wahdîn maco wehêdhum, wahdîn abbahâthum gâdôhum.* Les enfants partaient pour l'école, certains s'en allaient seuls, d'autres étaient conduits par leurs parents. •*Inta wa rafîgak, bêtku wâhid wallâ ?* Toi et ton ami, habitez-vous la même maison [votre maison est-elle une] ?

wahiyât *invar.*, → *wahât.*

wahlân / wahlânîn *adj.*, (*fém. wahlâne*), en entend aussi *wahalân*, * wḥl, و ح ل

♦ **embourbé(e), ensablé(e).** •*Al watîr wahlân fî l wâdi.* La voiture s'est ensablée dans l'oued. •*Al kalâm da intu wahlânîn fôgah, anâ da mâ ma'âku.* Vous vous êtes embourbés dans ce problème, moi, cela ne me concerne plus [je ne suis plus avec vous].

wahmân / wahmânîn *adj. m.*, (*fém. wahmâne*), * whm, و ه م

♦ **qui vit dans l'imaginaire, qui se perd en conjectures, qui a des illusions.** •*Al mara di wahmâne, râjilha mâ hajja wa tugûl lê hî yâ bahajjijha.* Cette femme vit dans l'imaginaire, son mari n'a pas encore pu faire le pèlerinage à La Mecque et elle dit qu'il lui payera le pèlerinage. •*Hay yâ wilêdi, mâ tabga wahmân, fattic lêk amal axêr ; lâ tarja' al hâkûma hî mâ tantîk ceyy !* Hé ! mon fils ! ne sois pas dans l'illusion, il vaut mieux que tu te trouves du travail sans attendre que le gouvernement te donne quelque chose !

waja' 1 / bôja *v. trans.*, employé surtout à la troisième personne de l'*inacc.*, ≅ *bôj'a* (singulier), *bôj'o* (pluriel) ; forme IV, * wjˁ, و ج ع

♦ **faire mal, faire souffrir,** provoquer la souffrance. •*Jirâh al-lisân bôja min jirâh al-sakkîn.* La blessure causée par une parole [par la langue] fait plus mal que celle due à un coup de couteau. •*Mâ tad'ak ênak, tôjak ba'adên !* Ne frotte pas ton œil, tu auras mal plus tard ! •*Râsi bôjâni min fajur.* J'ai mal à la tête depuis le matin. •*Cunû bôjak ?* Qu'est-ce qui te fait mal ? •*Mâ nâkul catte acân naxâf batuni tôjani.* Je ne mange pas de piment parce que j'ai peur d'avoir mal au ventre. •*Batuni waja'atni amis.* J'ai eu mal au ventre hier.

waja' 2 *n. m.*, * wjʕ, و ج ع

♦ **mal, souffrance.** •*Al mara di indaha waja' udâm.* Cette femme souffre des os. •*Waja' râs karabâni.* J'ai mal à la tête [un mal de tête m'a saisi]. •*Al-daktôr mâ irif waja'ah.* Le docteur n'a pas su quel était son mal. •*Warcâl al giyâfa kan fawwaro, sameh lê waja' al batun.* Les feuilles de goyavier bouillies sont bonnes pour les maux de ventre.

waja' al mafâsil nom composé, *Cf. waja', mafsal, litt.* mal des articulations, * wjʕ, fṣl, و ج ع • ف ص ل

♦ **rhumatisme, arthrose.** •*Anâ indi waja' mafâsil acân ajjazt.* J'ai de l'arthrose parce que je deviens vieille. •*Waja' al mafâsil sababah al-layân wa l burûda.* L'humidité et le froid sont la cause des rhumatismes. •*Al-daktôr bugûl : waja' al mafâsil bakurb al-cuyâb wa l ajâyis.* Le docteur dit que l'arthrose est la maladie des personnes âgées.

wajab / yajib *v. trans.*, forme I n° 6, * wjb, و ج ب

♦ **incomber, être obligatoire, être nécessaire.** •*Al-nadâfa hanâ giddâm al buyût wajabatna.* Garder propre l'entrée de nos maisons est une tâche qui nous incombe. •*Al-salawât al xamsa kulla yôm wajabo lê kulla muslim kâlif.* Les cinq prières journalières sont obligatoires à tout musulman pubère.

wâjah / yiwâjih *v. trans.*, forme III, * wjh, و ج ه

♦ **faire face à, rencontrer face à face.** •*Fî sant al-jû' al-nâs wâjaho ta'ab katîr.* Durant l'année de la sécheresse, les gens ont rencontré beaucoup de difficultés. •*Anîna gâ'idîn niwâjuhu l adu fî kulli bakân.* Nous sommes en train de faire face à l'ennemi de tous côtés. •*Humman wâjaho muckila ba'ad môt hanâ abûhum.* Ils ont rencontré beaucoup de difficultés après la mort de leur père.

wajaj *n. m.*, *Cf. nis'e*, connu au *Sdn.* (*C.Q.*).

♦ **corde en cuir,** corde faite à partir de lanières de cuir entortillées. •*Al wajaj habil hanâ sêr gawi, nirabbutu beyah al xumâm al-tagil al bicidduh fî dahar al-jamal.* Les cordes en lanières de cuir sont très solides, on s'en sert pour attacher les choses lourdes que l'on fixe sur le dos du chameau. •*Hubâl al wajaj bista'malôhum al abbâla.* Les cordes en lanières de cuir sont utilisées par les chameliers.

wajh *n. m.*, prononcé *wac [waš]*, ou *watc [watš]*, ≅ *wijih*, * wjh, و ج ه

♦ **visage.** •*Fî l wadu, naxsil îdêni wa wajhi.* Au cours de l'ablution, je me lave les mains et le visage. •*Kan tidôr ta'arif nafar jârak cîf al fusûd al fî wajhah da.* Si tu veux connaître l'ethnie de ton voisin, regarde les scarifications de son visage.

waji' *n. m.*, * wjʕ, و ج ع

♦ **peine, mal, souffrance, contrariété.** •*Yôm al mâ najaht fî l imtihân, waji' karabâni bilhên.* Le jour où j'ai échoué à mon examen, j'ai été très contrarié. •*Yôm al-zaffa, al angurbay al waji' andassah lêyah.* Le jour où a eu lieu le cortège nuptial, celui qui ne marchait pas à cheval n'était pas à son aise [la peine était en lui]. •*Al wilêd mâ ligi xalag jadîd yôm al îd, waji' sawwah.* L'enfant n'a pas reçu [trouvé] d'habit neuf le jour de la fête, cela l'a fait souffrir.

wâjib / wâjibât *adj. n. mrph. part.* actif, (*fém. wâjibe*), * wjb, و ج ب

♦ **dû (due), devoir, obligation, il faut.** •*Al muhâraba didd al-jahal wâjibe !* Le combat contre l'ignorance est un devoir ! •*Wâjib lê l mardânîn yamcu l-labtân.* Il faut que les malades aillent à l'hôpital. •*Al-salawât al xamsa, min al wâjibât lê kulla muslim.* Les cinq prières font partie des obligations religieuses de chaque musulman. •*Mâ wâjib lêk tigayyil sâkit fî l bêt.* Tu ne dois pas passer le temps de la sieste à la maison sans rien faire.

wajja' / yiwajji' *v. trans.*, forme II, * wjʕ, و ج ع

♦ **provoquer la souffrance, faire souffrir.** •*Yâ axui, mâ tiwajji' galib ammak be kalâmak al fasil da.* Mon frère, ne fais pas souffrir le cœur de ta mère en disant d'aussi mauvaises paroles. •*Simi't kalâm gâloh fôgki wa wajja'âni bilhên.* J'ai entendu ce qu'ils ont dit sur toi et cela m'a fait très mal.

wajjah / yiwajji *v. intr. {- fi, - alê}*, forme II, * wjh, و ج ه

♦ **se tourner vers, s'orienter, se diriger vers.** •*Al muslim yiwajjih alê l gibla fî l-salâ !* Le musulman se met dans la direction de La Mecque quand il fait sa prière ! •*Anâ cift al wilêd marag min al bêt wa wajjah alê l-sûg.* J'ai vu l'enfant sortir de la maison et se diriger vers le marché. •*Al mayyit wajjahoh alê l gible.* On a orienté la dépouille mortelle dans la direction de la Kaaba.

wâk *onom.*, *Cf. ûk.*

♦ **hou !** (cri de la tourterelle), **ho !** (cri d'appel). •*Al wilêd baka wâk ke mâla ?* L'enfant pleure "hou !, wâk !", qu'a-t-il donc ? •*Ti'îtu wâk wâk, min al bâreh da, cunû bigi lêku ?* Vous criez "ho ! ho !" depuis hier soir, que vous est-il arrivé ?

wakâla / wakâlât *n. f.*, * wkl, و ك ل

♦ **procuration, délégation de pouvoir, autorisation écrite, agence.** •*Xâli antâni wakâla hanâ ujura hanâ bêtah.* Mon oncle m'a donné une procuration pour que je touche l'argent du loyer de sa maison. •*Anâ mâ antêt wakâla lê nâdum min ahali acân yicîl bagari al amantuhum lê l-râ'i.* Je n'ai donné à personne de ma famille l'autorisation de prendre les vaches que j'ai confiées au berger. •*Amis, al wakâla l fransiya lê l anba' kallamat katîr be ixtisâd hanâ Ifrîxiya.* Hier, l'agence française de presse (AFP) a beaucoup parlé de l'économie de l'Afrique. •*Al wakâla l-tcâdiya lê anba' mâ indaha xabar jadîd al yôm.* Aujourd'hui, l'agence tchadienne de presse n'a pas de nouvelle information.

wakîl / wukala' *adj.*, (*fém. wakîle*), * wkl, و ك ل

♦ **représentant(e), intendant(e), responsable d'un bien confié, gérant(e),** personne à qui a été confiée la responsabilité d'une chose. •*Kan sîd al xumâm mâ fîh, akurb al wakîl, yikaffik gursak !* Si le propriétaire des affaires n'est pas là, saisis le gérant pour qu'il te paye ton dû ! •*Anîna kaffêna l ijâr hanâ l bêt lê l wakîl.* Nous avons payé le loyer de la maison au responsable. •*Carika hint al-sukkar indaha wukala' fî kulla l muhâfazât.* La société sucrière a des représentants de commerce dans toutes les préfectures.

wakit 1 / awkât *n. m.*, *wakit* suivi d'une voyelle est généralement prononcé *wakt*, * wqt, و ق ت

♦ **temps, moment,** au temps de, au moment de. •*Wakt al-salâ tamma.* Le moment de la prière est arrivé [est accompli]. •*Macêna, gaddêna awkât ma'â rafîgi fî l kadâde.* Nous sommes allés passer de longs moments avec mon ami en brousse. •*Fî awkât al xarîf, kulla l-nâs macxûlîn fî zurâ'âthum.* Au moment de la saison des pluies, tout le monde est occupé dans les champs.

wakit 2 *invar.*, * wqt, و ق ت

♦ **quand, lorsque, au moment où.** •*Wakit jâyi nakurbah, gamma jara.* Au moment où j'arrivais pour l'attraper, il s'est levé et a couru. •*Macêna lâgêna abui wakit jâ min al-safar.* Nous sommes allés accueillir notre père au moment où il revenait de voyage. •*Mâ nidôr nâs yibactunûni wakit naxadim ma'â axûk.* Je ne veux pas être dérangé quand je travaille avec ton frère.

wakkad / yiwakkid *v. trans.*, forme II, * ʼkd, ء ك د

♦ **regarder avec attention, examiner avec soin.** •*Al bagar katîrîn, bagaray di wakkidha adîl, kan hintak cîlha !* Il y a beaucoup de vaches, regarde avec soin celle-ci ; si c'est la tienne : prends-la ! •*Wakkadâni adîl, irfâni wa aba mâ yisallimni.* Il m'a examiné avec attention, m'a reconnu et a refusé de me saluer.

wakkal / yiwakkil *v. trans.*, *Cf. amman* ; forme II, * wkl, و ك ل

♦ **charger** ***qqn.*** **de veiller sur, confier** ***qqch.*** **à** ***qqn.*****, désigner** ***qqn.*** **responsable de,** laisser à quelqu'un la responsabilité de. •*Hû maca wa wakkalâni fî xumâmah.* Il est parti et m'a confié ses affaires. •*Anâ wakkaltak fî gursi acân tisarrif iyâli.* Je t'ai laissé la responsabilité de mon argent pour que tu gères les dépenses quotidiennes nécessaires à l'entretien de mes enfants. •*Ambâkir anâ xâtire, niwakkilak fî iyâli namman nigabbil.* Demain, je pars en voyage, je te confie mes enfants jusqu'à mon retour.

waksi *n. m.*, *empr.*, Nigeria (*angl.* "wax")

♦ **nom d'un tissu,** tissu qui ne déteint pas et qui garde sa couleur très vive parce que l'impression "wax" est de bonne qualité. •*Al-tôb hanâ l waksi be alif wa mîtên riyâl.* L'étoffe de tissu "wax" coûte mille deux cents riyals. •*Al waksi bijîbuh min Nijêrya.* On importe le "wax" du Nigeria.

wakt *invar.*, → *wakit 1.*

wâla / yiwâli *v. trans*, forme III, * wly, و ل ي

♦ **être près de, être proche de, concerner.** •*Anâ mu'arrid min al macâkil al mâ biwâluni* Je fuis les problèmes qui ne me concernent pas.

walad / wulâd *n. m.*, → *wilêd*, ≅ le pluriel *awlâd*, * wld, و ل د

♦ **garçon, enfant, fils, fruit.** •*Indi wulâd tinên wa binêy wahade.* J'ai deux garçons et une fille. •*Wildat wulâd tîmân.* Elle a donné naissance à deux garçons jumeaux. •*Mâ tillôlaj lêna misil walad al mactûr !* Ne te balance pas comme le fruit du saucissonnier !

wâlaf / yiwâlif *v. trans.*, forme III, * 'lf, ء ل ف

♦ **s'habituer à, s'adapter à, s'apprivoiser, se familiariser.** •*Âdum wâlaf barûd al-lêl be almi bârid.* Adoum s'est habitué à se laver la nuit avec de l'eau froide. •*Nâdum kadar yiwâlif fî dâr âxara da, gâsi bilhên.* Il est très difficile à quelqu'un de s'adapter aux coutumes d'un autre pays. •*Al bisse wâlafat al-nâs ajala kê !* La chatte s'est très vite apprivoisée.

walafa *n. f.*, → *wuluf*, * 'lf, ء ل ف

wâlafân *n. d'act. m.*, → *wuluf.*

wald al ên / wulâd al ên expression, *m.*, *litt.* enfant de l'œil, * wld, ʕyn, و ل د • ع ي ن

♦ **pupille, prunelle.** •*Cig tômi kataloh wald êni salloh, Yûnus hey, rafagtak rawwaho !* Ils ont tué mon jumeau, ils m'ont ôté la pupille, ô Younous, tes amis sont partis ! (chant dans un conte d'Abéché). •*Al-nâdum kan wald ênah sawwa bayâday, ênah mâ ticîf.* Lorsqu'une taie se forme sur la pupille, l'œil devient aveugle. •*Al ajâyis bugûlu : "Wald al ên sultân al-jilid !".* Les vieilles disent : "La prunelle de l'œil commande le corps [est le sultan du corps] !".

wali 1 / wilyân *adj.*, (*fém. waliye*) ; *Cf. tâli*, * wly, و ل ي

♦ **protecteur (-trice), ami(e), proche parent(e), parrain, marraine, tuteur (tutrice).** •*Hagartîni acân ta'arfa kê, mâ indi wali.* Tu me méprises parce que tu sais bien que je n'ai pas de protecteur. •*Al mara, kan mâ indaha wali mâ fî zôl bicîl dalîmitha.* La femme qui n'a pas de proche parenté ne sera défendue par personne. •*Anâ mâ mâci fî l-cerî'e ille kan wilyâni jo.* Je n'irai au tribunal que lorsque mes tuteurs seront arrivés. •*Anâ xarîbe, mâ indi wali wa lâ tâli fî Anjammêna.* Je suis étrangère, je n'ai ni tuteur ni parent à N'Djaména.

wali 2 / awliya' *adj.*, (*fém. waliye*), *Cf. sâleh*, * wly, و ل ي

♦ **saint(e), ascète,** contemplatif (-ive) voyant(e), qui s'approche de Dieu. •*Al-râjil al wali bi'îc be sutra.* L'homme ascète vit caché. •*Al-nâdum* *al wali baxâf Allah, wa ba'abid be ixlâs, wa mâ yikallim illa be l-sahi ; wa l-coxol al bicîfah, nâs âxarîn mâ yicîfuh.* Le saint homme craint Dieu, l'adore avec sincérité, et ne parle que pour dire la vérité ; ce qu'il voit, les autres ne le voient pas.

wâli *n. m.*, * wly, و ل ي

♦ **gouverneur, chef, représentant officiel.** •*Zamân, fî Anjammêna wâli hanâ nâs dâr Wadday usumah Abu Âmine.* Autrefois, à N'Djaména, le chef des ressortissants du Ouaddaï s'appelait Abou Aminé.

wâlid / wâlidên *adj. n., mrph. part.* actif, (*fém. wâlide*), * wld, و ل د

♦ **père (mère), géniteur (-trice).** •*Wâlidi mât indah talâta sana.* Mon père est mort il y a trois ans. •*Abbakar, wâlidtah xalâs bigat ajûs.* La mère d'Abakar est devenue vieille. •*Wâjib titî' wâlidênak acân humman bas wildôk.* Il faut obéir à tes parents parce que ce sont eux qui t'ont mis au monde.

wâlidên *pl.*, → *wâlid.*

wâlifîn *n. m.*, *Cf. wuluf.*

wâlîz *n. m.*, *empr. fr.* → *canta.*

wallâ *invar.*, marque de l'interrogation, peut-être contraction de *wa illa* [et sinon, ou non] ; s'écrit *walla* lorsqu'il est placé entre deux termes sur lesquels porte l'interrogation.

♦ **ou ?, ou bien ?, est-ce que ?** •*Mâci walla gâ'id ?* Tu t'en vas ou tu restes ? •*Da wilêd walla binêye ?* C'est un garçon ou une fille ? •*Al yôm, garêt wallâ ?* As-tu étudié aujourd'hui ? •*Al-ja hassâ da, abûk wallâ ?* Celui qui est venu maintenant, est-ce ton père ?

walla' / yiwalli' *v. trans.*, connu au *Sdn.* (*C.Q.*) ; forme II, * wlˁ, و ل ع

♦ **allumer.** •*Walli'i l-lampa, xalli tidâwi lêna !* Allume la lampe, qu'elle nous éclaire ! •*Walla' al-tôric fî ên al marfa'în.* Il a allumé la torche et l'a braquée sur l'œil de l'hyène. •*Mâ tiwallu nâr al-watîr fî ên al-nâs !* N'allumez pas les phares de la voiture pour éblouir les gens [dans l'œil des gens] !

wallad / yiwallid *v. trans.*, forme II, * wld, و ل د

♦ **faire accoucher,** aider une femme à mettre un enfant au monde. •*Al-daktôriye di indaha irfe katîre, walladat al mara al-titâlig di.* Cette sage-femme est très compétente, elle a fait accoucher la femme en gésine. •*Kulla yôm al-daktôriyât biwalludu l awîn fî l-labtân.* Tous les jours, les infirmières font accoucher les femmes à l'hôpital.

wallâd / wallâdîn *adj. mrph. intf.*, (*fém. wallâda*), * wld, و ل د

♦ **prolifique, fécond(e).** •*Al xanamay di wallâda, sîdha mâ bitcakkimha.* Cette chèvre est prolifique, son propriétaire ne la vendra pas. •*Awîn al-nasâra mâ wallâdîn bilhên.* Les Européennes ne mettent pas au monde beaucoup d'enfants.

wallâda / wallâdât *adj. n. f. mrph. intf.*, * wld, و ل د

♦ **accoucheuse, sage-femme, matrone.** •*Al wallâdât kan bigo katîrîn baksuru ragabt al-saxîr.* Quand il y a trop d'accoucheuses, elles cassent le cou du petit. *Prvb.* (*i.e.* trop de conseils nuisent). •*Al wallâda mâ fîha wa l mara l-talga asaratha.* L'accoucheuse n'est pas là et la femme est dans les douleurs de l'accouchement. •*Al-nafasa antatha lê wallâditha xumâm katîr.* La jeune accouchée a fait de nombreux cadeaux à la sage-femme.

wallah expression, → *wallâhi.*

wallâhi expression, juron familier renforçant une affirmation, composé de *wa* et de *Allah*, ≅ *wallah !* et l'altération *wallay*, * 'lh, ء ل ه

♦ **pardieu, c'est vrai au nom de Dieu, pardi.** •*Wallâhi hû kaddâb !* Pardieu, c'est un menteur ! •*Halaf lêi bugûl : "Wallâhi, nikaffik gursak !".* Il a juré et dit : "Pardieu, je te rembourserai !". •*Abba l-dâbi jâku, wallâh câl, wallâh mâ câl !* Le serpent est venu vers vous ; pardieu, il a pris quelqu'un ! Non, pardieu, il ne l'a pas pris ! (comptine).

wallak / yiwallik *v. trans.*, *Cf. fâr, magli.*
♦ **faire bouillir, porter à ébullition.** •*Maryam nisat al almi fî l-nâr, wallak kê namman kammal.* Mariam a oublié l'eau sur le feu, celle-ci a bouilli et s'est entièrement évaporée. •*Âce wallakat câhi lê dîfânha.* Aché a fait bouillir du thé pour les invités.

wallakân *n. d'act., m.*, → *wallikîn.*

wallân *n. d'act., m.*, → *wallîn.*

wallay ! expression, altération de *wallâhi*, → *wallâhi.*

Wallika *n. pr.* de femme.

wallikîn *n. d'act., m.*, ≅ *wallakân*, *Cf. wallak.*
♦ **ébullition,** fait de chauffer jusqu'à ébullition. •*Wallikîn al-laban bidôr hatab katîr.* Pour faire bouillir du lait, il faut beaucoup de bois. •*Wallikîn al-câhi l bilhên bisawwih murr.* Le thé trop bouilli devient amer.

wallîn *n. d'act., m.*, ≅ *wallân*, * wlˁ, و ل ع
♦ **allumage, éclairage,** fait d'allumer, d'éclairer. •*Wallîn al-nâr be almêt gâsi fî l xarîf.* Il est difficile d'allumer le feu avec des allumettes en saison des pluies. •*Hî mâ tirîd wallîn al-nâr tamci ticîl jamur min jîrânha.* Elle n'aime pas allumer le feu, elle va chercher la braise chez ses voisins.

wâlûda / wâlûdât *n. d'act., f.*, * wld, و ل د
♦ **mise au monde, accouchement,** fait d'accoucher. •*Al wâlûda gâsiye lê l mara l ambikêriye.* L'accouchement est difficile pour la femme qui accouche pour la première fois. •*Al mara kan fî wâlûditha tijîb timân, nasîbha yabga farhân.* Si une femme met au monde des jumeaux, son beau-père sera heureux. •*Al mara di, al wâlûda ta''abatha, wa min da hî mâ siminat.* Cette femme a été fatiguée par l'accouchement, et depuis elle n'a pas grossi.

wânas / yiwânis *v. trans.*, forme III, → *ânas, wannas*, * 'ns, ء ن س

wanasa *n. f.*, → *anasa.*

wânasân *n. d'act., m.*, → *ânisîn, wannisîn*, * 'ns, ء ن س

wânisîn *n. d'act., m.*, → *ânisîn, wannisîn*, * 'ns, ء ن س

wanjâmi / wanjâmîn *n. m.*, → *wanzâmi.*

wannas / yiwannis *v. trans.*, forme II, ≅ *wânas*, *Syn. ânas*, * 'ns, ء ن س
♦ **converser, causer, discuter, parler à, tenir compagnie à** ***qqn.***, s'entretenir familièrement avec quelqu'un. •*Al-saxîr biwannis ammah.* L'enfant tient compagnie à sa mère. •*Al-rujâl acco wa wannaso fî giddâm bêt xâli.* Les hommes ont mangé la boule et ont conversé devant la maison de mon oncle. •*Al iyâl yiwannusu kulla lêle.* Les enfants parlent entre eux chaque nuit. •*Nirîd niwannis ma'â jidditi.* J'aime beaucoup converser avec ma grand-mère. •*Allah yantîki binêye tiwanniski !* Que Dieu te donne une fille qui te tienne compagnie !

wannâs / wannâsîn *adj.*, (*fém. wannâsa ou wannâsiye*), ≅ le masculin *wannâsi*, *Syn. ânâsi*, * 'ns, ء ن س
♦ **causeur (-euse),** qui aime la conversation. •*Al-râjil da wannâs kulla yôm al-nâs baju lêyah fî bêtah.* Cet homme est un causeur ; tous les jours, les gens viennent chez lui. •*Axti wannâsa banât al hille kulluhum birîdûha.* Ma sœur sait causer, toutes les filles du village l'aiment.

wannasân *n. d'act., m.*, → *wannisîn.*

wannâsi *adj. m.*, → *wannâs.*

wannisîn *n. d'act., m.*, ≅ *wannasân, ânasân, ânisîn*, *Cf. wannas*, * 'ns, ء ن س ⇨

♦ **causerie, discussion, fait de parler familièrement à, conversation,** causette, fait de bavarder. •*Wannisîn al-subyân kulla ke be l banât.* La conversation des jeunes gens porte toujours sur les filles. •*Wannisîn al awîn ambênâthum yantihum fikra fî bani hanâ buyûthum wa ilâj iyâlhum.* En faisant la causette les femmes se donnent des idées pour construire leur foyer et soigner leurs enfants. •*Al iyâl birîdu wannisîn jiddâthum fî l-lêl.* Les enfants aiment les causeries de leur grand-mère quand il fait nuit.

wanyar *n. anim.*, → *winyar*.

wanzâmi / wanzâmîn *n. m.*, *empr.*, ≅ *wanjâmi.*
♦ **guérisseur, barbier, coiffeur ambulant.** •*Dawa hanâ l wanzâmi bôja bilhên.* La manière de soigner du guérisseur fait très mal. •*Hâmid waga' min al-juwâd wa rijilah anfakkat, jâbo lêyah wanzâmi fassadah.* Hamid est tombé de cheval et sa jambe s'est déboîtée ; on lui a amené un guérisseur qui lui a fait des scarifications. •*Al wilêd yuguhh wa yigaddif katîr, al wazâmi gata'ah têr al iyâl wa ligi l âfe.* L'enfant toussait et vomissait beaucoup ; après que le guérisseur lui eût coupé la luette, il a recouvré la santé. •*Macêna ma'â abui lê l wanjâmi zayyanah be talâtîn riyâl.* J'ai accompagné mon père chez le barbier, il lui a rasé la tête pour trente riyals.

wara *invar.*, dans les expresssions *amwara-wara* (à reculons), *maca wara* (accompagner), * wr', و ر ء
♦ **derrière, en arrière, après, à reculons, accompagnant.** •*Lekkôl Kabalay gâ'id wara l kanîsa.* L'école Kabalay se trouve derrière l'église. •*Kan batûnak tôjak, amci wara-bêt !* Quand tu as mal au ventre, va aux toilettes ! •*Anâ najri amwara-wara ajala.* Je cours très vite à reculons. •*Anâ mâci wara abui fî xidimtah.* J'accompagne mon père au travail. •*Gabbil wara !* Reviens en arrière ! •*Al gâ'id wara, wald al mara.* Celui qui reste en arrière est "fils de femme". (*i.e.* il a reçu une éducation de fille. Formule utilisée par les garçons qui se disputent la première place).

Wara *n. pr.* de lieu, ancienne capitale du Ouaddaï, "Ouara".

wara-bêt nom composé, *Syn. sindâs, Cf. wara, bêt, litt.* derrière une maison, * wr', byt, و ر ء • ب ي ت
♦ **cabinet, toilettes, W.-C.** •*Kan batûnak tôjak, amci wara-bêt.* Si tu as mal au ventre, va au cabinet. •*Anâ naxâf min wara-bêtna be fî l-lêl, acân adalam.* J'ai peur d'aller dans nos toilettes la nuit parce qu'elles sont sombres.

warad / yawrud *v. intr. {- lê}*, forme I n° 2, * wrd, و ر د
♦ **aller chercher de l'eau, aller à l'aiguade,** descendre prendre de l'eau. •*Al awîn marago min bêthum wa warado lê l almi.* Les femmes sont sorties de chez elles et sont allées chercher de l'eau. •*Hû warad fî l bîr be humârah.* Il est allé chercher de l'eau au puits avec son âne.

waradde *invar.*, pour *wara l-deyy*, * wrd, ḍw', و ر د • ض و ء
♦ **avant l'aube, très tôt,** temps de la fin de la nuit, avant les premières lueurs du jour, vers trois heures trente ou quatre heures du matin. •*Gammêt warrade macêt al-jâmiye.* Je me suis levé très tôt avant l'aube, et suis allé à la mosquée. •*Umar cirib madîde be waradde wa fajur sâm.* Oumar a mangé de la bouillie au début de l'aube et a jeûné la matinée. •*Gumm daccir al bagar waradde !* Emmène les vaches paître au tout début de l'aube !

warag 1 nom pluriel, → *warga.*

warag 2 *n. coll.*, *sgtf. waragay*, *dmtf. wirêge*, *Cf. warcâl*, * wrq, و ر ق
♦ **feuille.** •*Warag al hajlîj mulâhah halu.* Avec les feuilles du savonnier, on fait une sauce délicieuse. •*Fî l-rucâc kulla l-cadar bixaddir.* A la montée de la sève au début des pluies, tous les arbres reverdissent.

waraga 1 / awrâg *n. f.*, * wrq, ورق

♦ **papiers, pièce d'identité, dossier.** •*Câlôni fî l xidime di, sawwêt kulla awrâgi wa jibtaha lê l mas'ûl.* J'ai été embauché, j'ai préparé tous les papiers nécessaires et les ai apportés au responsable. •*Al bôlîs bikarrib al-sawwâgîn al mâ induhum awrâg.* Les policiers arrêtent tous les chauffeurs qui n'ont pas leurs papiers. •*Nâs wahadîn yîrîdu l maxatar bala awarâg.* Il y a certaines personnes qui ont l'habitude de [qui aiment] voyager sans avoir de pièce d'identité.

waraga 2 *n. f.*, (amulette) → *warga.*

warâke *pl.*, → *wirik.*

warâkên *pl.*, → *wirik.*

waral / wurulla *n. m.*, peut désigner l'iguane ou le varan, → *waral absôt, waral al gôz*, * wrl, ورل

waral absôt / wurulla *n. m., litt.* varan qui a un fouet, * wrl, ورل

♦ **varan, iguane d'eau, Varanus niloticus (Lin.),** famille des varanidés. •*Waral absôt danabah tawîl yidâfi' bêyah lê nafsah.* L'iguane d'eau a une longue queue avec laquelle il se défend en l'utilisant comme une cravache. •*Waral absôt kan sâdaftah fî l almi bidâwisak !* Si tu rencontres un varan dans l'eau, il t'attaquera !

waral al gôz / wurulla *n. m.*, * wrl, ورل

♦ **iguane des sables, Agama colonorum (D.),** famille des agamidés. •*Waral al gôz, farwitah gawiye nisawwu bêha ni'êlât.* L'iguane a une peau très dure avec laquelle on fait des sandales. •*Fî l-sêf waral al gôz bâtil bilhên.* En saison sèche, l'iguane des sables est très maigre.

waram *v. intr.*, pour *wirim, yawram,* ou *n. mld.*, pour *warama*, → *wirim, warama.*

waram absôt *n. mld., m.*, → *hibin absôt*, * wrm, swṭ, ورم • س و ط

warama *n. mld., Syn. amxinêga,* * wrm, ورم

♦ **enflure, oedème, oreillons.** •*Kan al hamu ja, al warama tabga katîre.* Au moment des grosses chaleurs, nombreux sont ceux qui attrapent les oreillons. •*Al-râjil da al warama bas katalatah.* Cet homme est mort des oreillons.

waras / yawris *v. trans.*, forme I n° 6, * wrṯ, ورث

♦ **hériter.** •*Al-tâjir mât wa wilêdah al kabîr waras al mâl.* Le commerçant est mort et son fils aîné a hérité de ses biens. •*Al farax mâ bawris mâl hanâ abuh.* L'enfant illégitime ne peut pas recevoir en héritage les biens de son père. •*Nâdum kan mât wa xalla mâl, iyâlah bawursuh.* Lorsque quelqu'un meurt en laissant des biens, ses enfants héritent de lui.

wâras / yiwâris *v. trans.*, forme III, *Syn. ârat, yi'ârit, Cf. waras*, * wrṯ, ورث

♦ **partager l'héritage, recevoir l'héritage,** intervenir après un décès pour répartir l'héritage. •*Bêthum da wârasoh lêhum ba'ad môt abûhum.* Ils ont reçu cette maison en héritage de leur grand-père. •*Âxud lêk mara tijîb lêk saxîr yiwârisak.* Épouse une femme, elle te donnera un petit qui deviendra ton héritier. •*Al-râjil kan mât wa xalla iyâl, axawânah biwârusu l mâl lê l atâma.* Lorsqu'un homme meurt en ayant des enfants, ses frères partagent l'héritage entre ceux-ci [orphelins].

warasa / warasât *n. f., Syn. wirse, arata,* * wrṯ, ورث

♦ **héritage.** •*Al-sultân gassam mâl al warasa lê l atâma.* Le sultan a distribué l'héritage aux orphelins. •*Iyâli, abûhum mâ xalla lêhum warasa.* Le père de mes enfants est mort, il ne leur a pas laissé d'héritage. •*Al-râjil kan mât, axawânah mâ bindasso fî l warasa, kan indah iyâl.* Lorsqu'un homme qui a des enfants meurt, les frères de cet homme ne reçoivent pas d'héritage.

warâwîr *pl.*, → *warwâr.*

warc *n. m.*, *Cf. amr, hafs*, * wrš, و ر ش

♦ **variante d'une écriture coranique, nom d'une lecture du Coran,** fondée sur une des sept lectures traditionnelles du Coran à partir du texte de *"ʕUthmân"* ; la lecture *"Nâfiʕ"*, dont s'inspire *"Warsh"*, fait autorité en Afrique du Nord et à l'Ouest de l'Égypte. •*Katib al warc giraytah cik min al ammâri.* La lecture *warc* est différente de la lecture *ammâri.* •*Fî l ammâri talga al "xâf" indah nugtatên fôg wa l "fa" nugta wahade bas fôg, fî l warc al "xâf" indah nugata wahade bas fôg, wa l "fa" nugta wahade tihit.* Dans l'*ammâri*, la lettre "qaf" porte deux points dessus et la lettre "fa" un seul point ; dans l'écriture *warc*, la lettre "qaf" ne porte qu'un seul point dessus et la lettre "fa" a un seul point dessous.

warca / warcât *n. f.*, mot arabe d'emprunt (*angl.* workshop) (*H.W.*), (*C.Q.*)

♦ **atelier.** •*Anâ mâci naxadim ma'â rafîgi fî warcitah.* Je m'en vais travailler avec mon ami dans son atelier. •*Hû xaddâm adîl lâkin mâ indah warca.* C'est un bon travailleur, mais il n'a pas d'atelier.

warcâl *n. coll., m., sgtf. warcâlay*, *Cf. warag*, racine connue en arabe *sd.* (*C.Q.*), * wrš, و ر ش

♦ **feuille** (végétal). •*Amis akalna êc be mulâh hanâ warcâl angâli.* Hier, nous avons mangé la boule avec une sauce aux feuilles de manioc. •*Cadarayitku hattat, faddalat ille warcâlay wahade bas !* Votre arbre a perdu [a secoué] ses feuilles, il ne lui en reste plus qu'une seule ! •*Al-nâs al kubâr bugûlu : dunya warcâl lubya.* Les adultes disent : le monde d'ici-bas ressemble aux feuilles de haricot. *Prvb.* (*i.e.* tout est éphémère).

warga / wargât *n. f.*, ≅ le singulier *waraga*, et les pluriels *warag, waragât*, *Cf. hijâb*, * wrq, و ر ق

♦ **amulette, gri-gri, porte-bonheur, protection.** •*Al askari da libis lêyah waraga hijâb min al bundug.* Le soldat porte une amulette qui le protége contre les balles de fusil. •*Al-sarmâti jallad lêi wargât arba'a.* Le cordonnier a recouvert de cuir mes quatre gris-gris. •*Al waragât fôghum katib min al Xur'ân.* Dans les gris-gris se trouvent écrites des phrases du Coran.

warîd *n. m.*, utilisé aussi dans l'expression *irig al warîd*, *Cf. irig, habil warîd*, * wrd, و ر د

♦ **artère, carotide.** •*Al warîd yicîl al-damm min al galib wa yigassimah fî l-jilid.* les artères transportent le sang du cœur et le distribuent dans tout le corps. •*Al warîd xidimtah aktar min al urûg al âxarîn.* Les artères travaillent plus que les autres vaisseaux sanguins. •*Kan irig al warîd angata', hayâtak fî xatar !* Si une de tes artères est coupée, ta vie est en danger !

wârid / wârdîn *adj. mrph. part.* actif, (*fém. wârde*), *Cf. warad*, * wrd, و ر د

♦ **allant puiser de l'eau.** •*Lâgêtah wârid lê l almi.* Je l'ai rencontré tandis qu'il allait chercher de l'eau. •*Kan al harray bigat gâyle, kulluhum baju wârdîn lê l almi fî l bîr wallâ l bahar.* Quand le soleil est en plein midi, tous vont chercher de l'eau au puits ou au fleuve. •*Acta wakit wârde jerraha waga' ankasar.* Pendant qu'Achta allait chercher de l'eau, sa jarre est tombée et s'est cassée.

waridîn *n. d'act., m.*, ≅ *waradân*, *Cf. warûd, wirrêde*, * wrd, و ر د

♦ **fait d'aller chercher de l'eau.** •*Al waridîn lê l almi kan ba'îd mâ yabga bala zâmle.* Lorsque l'eau se trouve très loin, on ne peut aller la chercher qu'avec une bête de somme. •*Mâ nidôr waridîn al iyâl al-dugâg fî l bîr acân xatari.* Je n'aime pas que les petits enfants aillent chercher de l'eau au puits, c'est dangereux.

wârim / warmîn *adj.*, (*fém. wârme*), * wrm, و ر م ⇨

♦ **enflé(e), gonflé(e).** •*Wijha wârim acân amis hû mâ nâm katîr.* Il a le visage enflé parce qu'il n'a pas beaucoup dormi hier. •*Hû indah sûsa wa hassâ xacumah wârim marra wâhid.* Il a une carie dentaire et a maintenant la bouche tout enflée. •*Ênâk al isre wârme, xassilha be almi indah mileh !* Ton œil gauche est enflé, lave-le avec de l'eau salée !

warîs / wurrâs *adj.*, ≅ le pluriel *wurasa'*, (*fém.* *warîse*), *Syn. arît*, * wrṯ, و ر ث

♦ **héritier.** •*Anâ warîs hanâ abui.* Je suis l'héritier de mon père. •*Al-tâjir al-raxabân mât xalla l mâl lê l wurrâs.* Le commerçant avare est mort, il a laissé ses biens à ses héritiers.

warra / yiwarri *v. trans.*, forme II, *Syn. ôra*, * wry, و ر ي

♦ **transmettre un message, dire, communiquer, parler, faire savoir.** •*Wakit bidôr bumût warrah lê wilêdah, gâl lêh : "Fakkir fî axawânak, wa mâ tiddâxal fî cu'ûn al-nâs !".* Au moment de mourir, il a transmis cette parole à son fils : "Pense à tes frères et ne t'ingère pas dans les affaires des autres" ! •*Ahmat dâ'iman yiwarri lê axûh macâkil al-dunya.* Ahmat parle sans cesse à son frère des difficultés qu'on rencontre en ce monde.

warrad 1 / yiwarrid *v. trans.*, forme II, * wrd, و ر د

♦ **donner de la fièvre, provoquer une éclipse de lune.** •*Ibirt al-dawa di warradatni al yôm.* Cette piqûre m'a donné de la fièvre. •*Al maci fî l harray yiwarrid.* Marcher au soleil donne de la fièvre. •*Al iyâl al-suxâr kan akalo agêg nayy yiwarridhum.* Lorsque les petits enfants mangent de la canne à sucre verte, cela leur donne de la fièvre. •*Al-nâs jallalo wakit al gamar warradah.* Les gens ont chanté la majesté de Dieu lors de l'éclipse de lune [lorsqu'Il lui a donné la fièvre].

warrad 2 / yiwarrid *v. trans.*, forme II, * wrd, و ر د

♦ **envoyer chercher de l'eau, emmener boire, demander un supplément de sauce.** •*Iyâlna mâ fîhum, anâ warradtuhum lê l almi.* Nos enfants ne sont pas là, je les ai envoyés chercher de l'eau. •*Bagarna carbânîn, mâ niwarridhum battân.* Nos vaches ont déjà bu, je ne les emmènerai pas boire de nouveau. •*Fî l xada, al-rujâl kammalo l mulah wa warrado, bidôru ziyâde.* Au cours du repas, les hommes avaient terminé la sauce et ils en ont redemandé.

warrad 3 / yiwarrid *v. trans.*, forme II, * wrd, و ر د

♦ **atteindre l'eau, trouver l'eau, faire sourdre.** •*Rujâl al hille di nakato bîr acara râjil hatta warradôha.* Les hommes de ce village ont creusé un puits d'une profondeur de dix hommes jusqu'à faire sourdre l'eau. •*Al-Nasâra warrado bîr fî ên almi l bahar.* Les Européens ont creusé un puits jusqu'à la nappe phréatique.

warrad 4 / yiwarrid *v. intr.*, forme II, *Syn. da''a*, * wrd, و ر د

♦ **égrener le chapelet, prier avec le chapelet,** faire des invocations à Dieu. •*Hû yiwarrid fî l-lêl acân haraka mâ fî.* Il prie avec son chapelet la nuit parce qu'il n'y a pas de bruit. •*Hu warrad be sibhitah al-tawîle.* Il prie Dieu en égrenant son grand chapelet. •*Al-tijâniyîn biwarrudu kulla yôm be usur.* Ceux de la confrérie Tidjania font des invocations à Dieu tous les jours vers seize heures.

warrad 5 / yiwarrid *v. trans.*, forme II, * wrd, و ر د

♦ **verser de l'argent, déposer son argent, importer, faire venir.** •*Kulla yôm al-duwân yiwarrid malâyîn lê l hâkûma.* Tous les jours, la douane verse des millions au gouvernement. •*Kan tidôr tiwarrid gursak fî l banki, amci gubbâl al-sâ'a atnâcar !* Si tu veux déposer ton argent à la banque, vas-y avant midi ! •*Hû warrad budâ'a jadîde min Nijêrya.* Il a importé de nouvelles marchandises du Nigeria.

warrâd / warrâdîn *n. m. mrph. intf.*, (*fém.* *warrâda*), *Cf. sîd al almi*, * wrd, ورد

♦ **porteur d'eau,** qui transporte l'eau pour l'amener au village. •*Axutha l kabîre rahhalnâha, wa hî bas hassâ al warrâda lêna.* Nous avons installé sa sœur aînée chez son mari, et c'est elle qui, maintenant, transporte l'eau pour nous. •*Al warrâdîn marago min al fajur wa lissâ mâ gabbalo.* Les porteurs d'eau sont sortis depuis le matin et ne sont pas encore revenus. •*Ajjir lê martak warrâd !* Loue un porteur d'eau pour ta femme !

warrak / yiwarrik *v. intr.*, forme II, * wrk, ورك

♦ **s'asseoir en croisant les jambes,** s'asseoir sur une monture en passant une jambe par-dessus l'autre pour se reposer. •*Hû rikib fî l-jamal wa warrak.* Il est monté sur le chameau en croisant une jambe sur l'autre. •*Kan xâtir wa warrakt fî l humâr mâ ta'aya ajala.* Monter un âne en croisant une jambe par-dessus l'autre épargne la fatigue du voyage.

warrakân *n. d'act., m.*, → *warrikîn.*

warram / yiwarrim *v. trans.*, forme II, * wrm, ورم

♦ **enfler, faire gonfler, avoir les oreillons,** avoir ou provoquer des enflures sur le corps. •*Al askar faraco l-râjil, warramo râsah.* Les soldats ont fouetté l'homme et lui ont provoqué des enflures à la tête. •*Xâli warram fî ragabtah wa l-daktôr caggah.* Mon oncle avait des enflures dans le cou et le médecin l'a opéré.

warramân *n. d'act., m.*, → *warrimîn.*

warrâni / warrâniyîn *adj.*, (*fém.* *warrâniye*), *Ant. giddâmi*, *Syn. axarâni, axîr*, * wr', ورء

♦ **qui est en arrière, postérieur(e), qui vient après, passé(e), dernier (-ère).** •*Saxîri l warrâni da sa'îd lêi bilhên.* Mon dernier-né est pour moi un vrai porte-bonheur. •*Al-sane l warrâniye, al ma'îce gâsiye lâkin al-sane di al hamdu lillah.* L'an passé, la nourriture coûtait cher, mais cette année cela va mieux, Dieu merci ! •*Al bêt al warrâni da gêgar hanâ askar.* Ce bâtiment qui est derrière est un camp militaire.

warras / yiwarris *v. trans.*, forme II, * wrṯ, ورث

♦ **faire hériter, donner un héritage.** •*Jâri warras al buyût wa l mâl lê iyâlah gubbâl ma yumût.* Mon voisin a donné ses maisons et son argent en héritage à ses enfants avant de mourir. •*Al-sultân warras al muluk lê wilêdah.* Le sultan a donné son pouvoir en héritage à son fils. •*Al-râjil da mâ indah ceyy yiwarrisah lê wilêdah.* Cet homme n'a rien à donner en héritage à son enfant.

warrikîn *n. d'act., m.*, ≅ *warrakân*, *Syn. tiwirrik*, * wrk, ورك

♦ **fait de s'asseoir jambes croisées,** fait de s'asseoir plus confortablement sur le dos d'une monture en croisant une jambe par-dessus l'autre. •*Al warrikîn fî dahar al-jamal halu bilhên.* C'est très agréable de s'asseoir sur le dos du chameau en croisant une jambe sur l'autre. •*Al mardûf mâ bicâwuruh fî l warrikîn.* On ne demande pas à celui qu'on a pris derrière soi s'il veut s'asseoir plus confortablement en croisant les jambes. *Prvb.* (*i.e.* il faut se contenter de sa position).

warrimîn *n. d'act., m.*, ≅ *warramân*, * wrm, ورم

♦ **enflure, gonflement,** fait d'enfler ou de gonfler. •*Hî tirîd warrimîn hanâ gaddûmha kan nâs jo lêha.* Elle fait la moue [elle aime gonfler sa bouche] lorsque les gens viennent chez elle. •*Warrimîn jild al-sarrâg da min al-daggîn.* Le voleur a le corps enflé parce qu'il a été battu.

warûd *n. d'act., m.*, *Cf. waridîn, wirrêde*, * wrd, ورد

♦ **fait de chercher de l'eau, corvée d'eau**. •*Al bîr kan ba'îde al warûd hanâ l almi gâsi.* Aller chercher de l'eau est pénible lorsque le puits est éloigné. •*Al warûd bala zâmle gâsi bilhên.* Le fait d'aller chercher de l'eau sans monture est très difficile. •*Banât hanâ hassâ mâ birîdu l warûd.* Les filles d'aujourd'hui n'aiment pas aller chercher de l'eau.

wârûd *pl.*, → *wirde.*

warûm *n. m.*, *Cf. warama*, * wrm, و ر م

♦ **enflure due à un coup, gonflement dû à un traumatisme, contusion.** •*Warûm rijilak da sababah cunû ?* A quoi est due l'enflure de ta jambe ? •*Daggoh be asa fî îdah, sawwa lêyah warûm.* Ils l'ont frappé sur le bras avec un bâton, ce qui lui a provoqué une enflure.

warwar / yiwarwir *v. trans.*, *qdr.*, forme II, * wrr, و ر ر

♦ **gronder, réprimander, donner un avertissement,** agiter l'index contre quelqu'un. •*Warwart wilêdi, mâ yakdib battân.* J'ai grondé mon enfant pour qu'il ne mente plus. •*Hey, kan warwartîni, tasma kalâm !* Hé ! si tu me réprimandes encore, tu vas avoir des problèmes [tu vas entendre une parole] !

warwâr / warâwîr *n. vég.*, *m.*, *onom.*, instrument de cuisine pivotant rapidement entre les mains et permettant de "battre" et de bien mélanger la sauce, *Cf. amwirêwîr*, * wrr, و ر ر

♦ **agitateur, batteur en bois, bâton pour remuer la sauce, nom d'un arbre, Feretia apodanthera (Del.),** famille des rubiacées. •*Al warwâr bixalbit al mulâh adîl min al kiyêr.* Le bâton mélange la sauce mieux que la cuillère. •*Al binêye xaddat al mulâh be l warwâr.* La jeune fille a remué la sauce avec le batteur en bois.

wâsa / yiwâsi *v. trans.*, hypothèse dans la racine supposant une métathèse dans l'ordre des consonnes ; forme III, * swy, س و ي

♦ **égaler, égaliser, être au même niveau que, rejoindre le niveau de, mettre au même plan, aligner.** •*Al miskîn mâ yagdar yiwâsi ma'â l xani.* Le pauvre ne peut pas égaler le riche. •*Al bani hanâ l buyût fî Digêl mâ wâsoh sawa sawa.* On a construit des des maisons à Diguel sans respecter un alignement. •*Angurbay mâ yiwâsi ma'â siyâd al xêl.* Le piéton ne saurait égaler le cavalier.

wasal / yawsal *v. trans.*, → *wisil*, * wṣl, و ص ل

wâsal / yiwâsil *v. trans.*, forme III, * wṣl, و ص ل

♦ **atteindre, rendre visite, continuer, poursuivre.** •*Hû biwâsil rufugânah kulla yôm.* Il rend visite à ses amis tous les jours. •*Kaltûma mâ kisilat gâ'ide tiwâsil fî girâyitha.* Kaltouma ne s'est pas découragée, elle est en train de poursuivre ses études. •*Anâ xabbant battân mâ niwâsil ahali.* Je me suis fâché, je ne rendrai plus visite à ma famille. •*Hû kulla yôm yiwâsil xidimtah fî l-jinêne.* Il continue tous les jours son travail dans le jardin.

wasâsîd *pl.*, → *wassâde.*

wasax *n. m.*, ≅ *wasâxa*, terme pouvant servir d'insulte, * wsḫ, و س خ

♦ **saleté, ordure.** •*Wasax al-jilid bisawwi marad.* La saleté du corps provoque la maladie. •*Daffigi l wasax fî l kûca !* Jette les ordures à la poubelle ! •*Amci barrid, yâ wasax !* Va te laver, crasseux ! (injure). •*Al-nâdum mâ bicîf wasax daharah.* L'homme ne voit pas la saleté de son dos. *Prvb.* (*i.e.* on ne voit pas ses défauts).

wasâxa *n. f.*, *ar. lit.*, → *wasax.*

wasâya *pl.*, → *wasiye.*

wasâyid *pl.*, → *wassâde.*

wasî' / wusâ' *adj.*, (*fém. wasî'e*), * wsʕ, و س ع

♦ **large, vaste, étendu(e).** •*Al garra' da wasî' min usba'i.* Cette bague est plus large que mon doigt. •*Mawgaf hanâ Abbecce talgah fî l-câri l wasî' hanâ Anjammêna.* La station de départ des voitures pour Abéché est dans la grande rue de N'Djaména.

wasif 1 / awsâf *n. m.*, voir l'expression *mâ indah wasif* dans *wasif 2*, * wsf, و ص ف
♦ **indication, plan, description.** •*Anâ mâ irift wasif hanâ bêtak, mâ nagdar namci lêk.* Je n'ai pas compris où se trouvait ta maison, je ne pourrai pas aller chez toi. •*Al-nâdum da fâhim al wasif.* Cette personne comprend bien quand on lui dessine un plan. •*Al-râjil al-ja sa'al minni wa mâ ligyâni da, awsâfah kêf kêf ?* L'homme qui a cherché à me rencontrer et qui ne m'a pas trouvé, comment pourrais-tu me le décrire ?

wasif 2 dans l'expression *mâ indah wasif.*
♦ **sans pareil, inimaginable, fantastique, incroyable.** •*Al-râjil al-sakrân da daggâha lê martah daggîn, mâ indaha wasif.* L'homme ivre a frappé sa femme d'une manière incroyable. •*Labtân hanâ Digêl mabni buna, mâ indah wasif.* Les bâtiments de l'hôpital de Diguel n'ont pas leur pareil. •*Amis lammêna katîrîn, cibîna caba' mâ indah wasif.* Hier, nous nous sommes réunis nombreux et nous avons mangé à satiété comme jamais nous ne l'avions fait.

wasim / awsâm *n. m.*, * wsm, و س م
♦ **marque, scarifications, feu** (sur le cheptel), marque au fer rouge faite sur les animaux pour permettre d'identifier leur propriétaire. •*Xucûm buyût wahdîn induhum wasim bil'ârafo beyah.* Grâce aux marques au fer rouge appliquées sur le bétail, les membres de certaines ethnies se reconnaissent entre eux. •*Al-jamal da mâ indah wasim.* Ce chameau n'a pas de marque au fer rouge.

wasiye / wasâya *n. f.*, ≅ le pluriel *wasiyât*, * wṣy, و ص ي
♦ **conseil, recommandation, consigne.** •*Al-râjil anta wasiye lê iyâlah gâl lêhum mâ yihâruju abadan.* L'homme a prodigué des conseils à ses enfants en leur demandant de ne jamais se disputer. •*Abui antâni wasâya katîrîn gubbâl môtah.* Mon père m'a donné de nombreuses recommandations avant de mourir. •*Anâ axxart, mâ jît ajala fî l xidime, wa kabîri xalla lêi wasiye fî maktûb.* Je suis arrivé en retard au travail et mon chef de service m'a laissé des consignes par écrit.

wasla / waslât *n. f.*, * wṣl, و ص ل
♦ **ajout, supplément.** •*Be l habil da mâ nagdar narbut al-juwâd, antîni wasla.* Avec cette corde, je ne peux pas attacher le cheval, donne-moi un bout de corde supplémentaire. •*Mulâh gassar lêi, antîni wasla.* Il me manque de la sauce, apporte-m'en un peu plus.

wassa / yiwassi *v. trans.*, expression *wassa fôg, wassa lê* "envoyer *qqn.* porter un message à un autre", forme II, * wṣy, و ص ي
♦ **conseiller, donner un conseil, envoyer, commissionner,** demander quelque chose à quelqu'un sous la forme d'un conseil. •*Hî wassatni gubbâl môtha namsik iyâlha.* Avant de mourir, elle m'a demandé [conseillé] de prendre en charge ses enfants. •*Al-câyib da dâ'iman yiwassi iyâlah mâ yi'ayyuru l-nâs.* Ce vieux papa conseille toujours à ses enfants de ne pas insulter les gens. •*Hû wassâni fôgak.* Il m'a envoyé vers toi.

wassa' / yiwassi' *v. trans.*, forme II, * wsʕ, و س ع
♦ **élargir.** •*Nâs al-lameri kassaro buyût wahadîn acân yidôru yiwassu'u cawâri hanâ l âsima.* Les agents de la municipalité ont cassé certaines maisons parce qu'ils veulent élargir les rues de la capitale. •*Anîna wassa'na ligdâbitna acân al wata bigat hâmiye.* Nous avons élargi notre hangar parce qu'il faisait chaud.

wassa'ân *n. d'act., m.*, ≅ *wassi'în*, * wsʕ, و س ع
♦ **élargissement.** •*Al bakân da dayyax lêna bidôr wassa'ân.* Cet endroit est trop étroit pour nous, il aurait besoin d'être élargi. •*Waddêt xalagi bakân al xayyâti lê l wassa'ân wa mâ gidir sawwah lêi misil nidôrah.* J'ai apporté mon vêtement chez le tailleur pour qu'il me l'élargisse, mais il n'a pas pu le faire

comme je le voulais. •*Zer'ak da bidôr wassa'ân be nussah al mincâxi.* Ton champ devrait être plus large du côté nord.

wassad / yiwassid *v. trans.*, forme II, * wsd, و س د

♦ **s'appuyer sur un coussin, se servir de *qqch.* comme coussin, reposer la tête sur *qqch.*** •*Al wilêd al-saxayyar wassad fî rijil ammah wa nâm.* Le petit enfant a mis sa tête sur la jambe de sa mère et s'est endormi. •*Hî wassadat saxîrha fî farditha wa maragat ticîf al-nâs al bidâwusu.* Elle a fait reposer la tête de son petit enfant sur son pagne en guise de coussin, et est sortie pour voir les gens qui étaient en train de se battre.

wassâde / wasâsîd nom, *mrph. intf.*, *f.*, ≅ *wusâde, wassâda*, autre pluriel *wassâdât, wasâyid*, *Syn. maxadda*, * wsd, و س د

♦ **coussin, oreiller, traversin.** •*Carêt ladra wa arba'a wasâsîd.* J'ai acheté un drap et quatre coussins. •*Mûsa, jîb wusâde lê abûk min dâxal !* Moussa, sors un coussin pour ton père ! •*Al wassâdat kan gutunhum katîr, wassâdânhum mâ halu.* Si les coussins sont trop bourrés de coton, on y est mal [le fait de s'appuyer sur le coussin n'est pas agréable]. •*Zamân al wassâde yisawwûha be farwa wa bamaloha gacc.* Autrefois, le coussin était une poche de cuir que l'on bourrait de paille.

wassaf / yiwassif *v. trans.*, forme II, * wṣf, و ص ف

♦ **montrer, indiquer,** montrer du doigt. •*Al-jazzâri wassaf al-laham lê kalbah.* Le boucher a montré la viande à son chien. •*Sâfi rikib fî l-kabîn biwassif lê rafîgah derib hanâ l kadâde.* Safi est monté dans la cabine du véhicule pour montrer à son ami le chemin de la brousse. •*Wassifni bêtak !* Montre-moi ta maison ! •*Hêy, mâla tiwassif fôgi, sawwêt lêk cunû ?* Hé ! pourquoi me montres-tu du doigt ? que t'ai-je fait ?

wassal / yiwassil *v. trans.*, forme II, * wṣl, و ص ل

♦ **faire parvenir à, faire arriver à destination, amener à, transmettre.** •*Wassalt al-juwâbât lê siyâdhum.* J'ai fait parvenir les lettres à leurs destinataires. •*Axêr tiwassil wilêdak ambahîn fî l-lekkôl.* Il vaut mieux amener ton enfant tôt à l'école. •*Al watâyir wassalo l-rukkâb ajala fî l hille.* Les véhicules ont vite conduit les passagers en ville.

wassam / yiwassim *v. trans.*, forme II, * wsm, و س م

♦ **marquer, poser un signe particulier,** faire une marque. •*Al xassâli kan bidôr mâci fî l bahar biwassim al xulgân be bîk.* Avant d'aller faire la lessive au bord du fleuve, le blanchisseur fait une marque sur les habits avec un stylo à bille. •*Zênaba wassamat xumâmha gubbâl ma tuxuttah fî l-tayyâra.* Zénaba a fait une marque sur ses affaires avant de les mettre dans l'avion. •*Al baggâra wa l abbâla yiwassimu bahâyimhum.* Les éleveurs de bovins et de chameaux marquent leurs bestiaux au fer rouge.

wassat / yiwassit *v. trans.*, forme II, * wst, و س ط

♦ **établir une médiation, servir d'intermédiaire, intercéder en faveur de *qqn.*, pistonner.** •*Hû wassat lêyah hatta ligi xidime.* Il a intercédé en sa faveur jusqu'à ce qu'il obtienne du travail. •*Muxtâr bidôr bâxud, mâ wassat nâdum, hû sîdah maca sa'al abu l binêye.* Moukhtar désirait se marier, il s'est passé d'intermédiaire et est parti lui-même faire sa demande auprès du père de sa fiancée.

wassax / yiwassix *v. trans.*, forme II, * wsh̲, و س خ

♦ **salir** (se), **être sale.** •*Al wilêd al-saxayar jildah wassax acân li'ib be l-turâb.* Le petit enfant s'est sali en jouant avec de la terre. •*Nidôr namci nalbas jallâbiye âxara acân xalagi da wassax bilhên.* Je vais aller mettre une autre djellaba parce que celle-ci est très sale. •*Fadâyitki wassaxat bilhên, ba'adên guccîha.* Ta cour est devenue très sale, tu devrais la balayer. •*Mâ* *taxalli wilêdki yaji yiwassix lêi xalagi.* Ne laisse pas ton enfant venir salir mon habit.

wassi'în *n. d'act., m.,* → *wassa'ân.*

wassifîn *n. m., Cf. wassaf,* * wṣf, و ص ف

♦ **indication,** fait de montrer. •*Al binêye wâjib lêha wassifîn xidimt al-laday.* Il faut montrer à la fille comment faire la cuisine. •*Wassifîn sinâ'a lê iyâlak wâjib.* Il faut que tu apprennes à tes enfants un travail manuel.

wâsta / wâstât *n. f.,* * wsṭ, و س ط

♦ **intermédiaire, médiation, médiateur, moyen.** •*Fî duwâs bên al hâkûma wa l mu'ârada, wa l-dawla l-jâra daxalat wâsta wa jâbat al âfe.* Il y avait la guerre entre le gouvernement et la rébellion ; le pays voisin est intervenu comme médiateur et a rétabli la paix. •*Al hurâj bên Acta wa darritha kammal be wâstit al-jîrân.* La dispute entre Achta et sa coépouse a pris fin grâce à la médiation des voisins. •*Anâ rassalt lêk wastât katîrîn acân nidôr nigabbil fî bêti.* Je t'ai envoyé plusieurs médiateurs parce que je voulais revenir au foyer.

waswas / yiwaswis *v. intr., qdr., Cf. nangnang* ; forme II, * wss, و س س

♦ **parler à voix basse, chuchoter, susurrer.** •*Al-sarrâgîn waswaso giddâm bâb al xani.* Les voleurs ont parlé à voix basse devant la porte du riche. •*Iyâl al-lekôl waswaso fî l kilâs.* Les écoliers ont chuchoté dans la classe. •*Al-cêtân yiwaswis lê kulla nâdum fî galbah.* Satan susurre de mauvaises choses dans le cœur de tout être humain. •*Anâ waswast ma'â jârti acân namcu l-sûg.* J'ai parlé à voix basse avec ma voisine pour que nous allions ensemble au marché.

waswasân *n. m.,* → *waswisîn.*

waswisîn *n. d'act., m.,* ≅ *waswasân,* * wss, و س س

♦ **chuchotement, murmure, susurrement,** fait de chuchoter, de murmurer, de susurrer. •*Ba'ad al-nâs birîdu l waswisîn kan bahajju giddâm nâs.* Certaines personnes aiment chuchoter entre elles en présence des autres. •*Al-nâdum kan indah macâkil, al waswisîn fî galbah mâ bikammil.* Lorsque quelqu'un a des problèmes, le murmure est incessant dans son cœur. •*Al-câyib da adânah tagîle, mâ yasma' al waswisîn.* Ce vieil homme est dur d'oreille, il n'entend pas lorsqu'on chuchote.

wasxân / wasxânîn *adj., (fém. wasxâne),* terme d'insulte, *Syn. wisix,* * wsh̲, و س خ

♦ **sale.** •*Mâ tixalli bêtak wasxân !* Ne laisse pas ta maison sale ! •*Îdak kan wasxâne, amci xassilha !* Si ta main est sale, va la laver ! •*Al iyêyilât dôl wasxânîn.* Ces gamins sont sales.

wata *n. f.,* souvent considéré comme un nom masculin, * wṭ', و ط ء

♦ **temps, ambiance, attitude.** •*Zamân al wata haluwa min hassâ.* Le temps d'autrefois était meilleur que celui de maintenant. •*Min amis ke al wata bigat ajâj bilhên.* Depuis hier, le temps est très poussiéreux. •*Watâtah xayyarat min taradoh min al xidime.* Son attitude a changé depuis qu'on l'a renvoyé du travail. •*Wata hâmi !* Il fait chaud !

watâer *pl.,* → *watîr.*

watâir *pl.,* → *watîr.*

watan / awtân *n. m.,* * wṭn, و ط ن

♦ **patrie.** •*Tcâd watani xâli lêi.* Le Tchad est ma chère patrie. •*Al-suwwâr jâbo l hurriye fî l awtân al Ifrîxiya.* Les révolutionnaires ont apporté la liberté dans les pays d'Afrique. •*Al-jihâd fî sabîl al watan wâjib.* C'est un devoir de lutter pour la cause de la patrie.

watani / wataniyîn *adj., (fém. wataniya),* * wṭn, و ط ن

♦ **national(e).** •*Al mu'tamar al watani l mustaxill anfatah yôm xamistâcar cahari wâhid sanit alif wa tusu'miya wa talâta wa tis'în.* La Conférence nationale souveraine s'est ouverte le quinze janvier mille neuf cent quatre-vingt-treize. •*Gubbâl ma yadxulu fî l fusûl al iyâl bixannu l-nacîd al watani.* Avant d'entrer dans les salles de classes, les enfants chantent l'hymne national. •*Xidimitku mâ lê l maslaha l watanîya.* Votre travail n'est pas pour l'intérêt national.

watâyir *pl.*, → *watîr.*

wati *n. m.*, * wṭ', و ط ء
♦ **sud.** •*Fî wati hanâ Tcâd aktâr al-sukkân bahartu gutun.* Au sud du Tchad, la majeure partie de la population cultive le coton. •*Al-sahab câl min wati.* Le ciel s'est couvert de nuages au sud. •*Al-rîh al-zaggâye tusûg min wati lê mincâx.* Le vent de la mousson souffle du sud vers le nord.

watîr / watâyir *n. m., empr. fr.*, employé parfois au *fém.*, ≅ les pluriels *watâir, watâer.*
♦ **véhicule, voiture.** •*Al watîr wihil fî l-tîne.* Le véhicule s'est embourbé. •*Al watâyir basna'ôhum fî l-duwal al mutaxaddima.* On fabrique les voitures dans les pays développés. •*Watîri, rijilah daxalat fî l kanifo.* La roue de ma voiture est entrée dans le caniveau.

watwât *n. anim., m., Syn. abunrige*, * wṭwṭ, و ط و ط
♦ **chauve-souris.** •*Al watwât bawlid wâlûda, mâ bibayyid misil al-têr al âxar.* La chauve-souris met bas, elle ne pond pas comme les oiseaux. •*Al watwât yitîr misil al-têr wa l-nâs mâ birîduh.* La chauve-souris vole comme un oiseau, mais les gens ne l'aiment pas.

watyâni / watyâniyîn *adj.*, (*fém. watyâniye*), * wṭ', و ط ء
♦ **méridional(e), qui est au sud,** qui se trouve orienté du côté du sud. •*Al hillâl al watyâniyîn, xarîfhum tagîl.* Les villages du Sud sont très arrosés pendant la saison des pluies. •*Dôr al mâl al watyâni da hanâ Fallâta.* Ce troupeau du côté sud appartient à des Peuls. •*Al mara al watyâniye di Arabiye.* Cette femme qui est du côté sud est une Arabe.

waw ! *invar., onom.*, cri du chien.
♦ **ouah !** •*Al kalib banbah "waw ! waw !".* Le chien aboie "ouah ! ouah!"

waxar *n. m.*, connu au *Sdn.* (*C.Q.*), * wġr, و غ ر
♦ **sueur, transpiration.** •*Anâ naxadim nijîb gurus be waxari.* Je travaille, je gagne de l'argent à la sueur de mon front. •*Al mardân, waxarah butcurr katîr.* Le malade dégouline de sueur. •*Hû ja min al harray, jildah kulla malân waxar.* Il vient d'être au soleil, son corps est couvert de sueur.

waxf *n. m.*, terme de l'*ar. lit.*, → *waggifîn*, * wqf, و ق ف

waxxar / yiwaxxir *v. intr.*, forme II, * wġr, و غ ر
♦ **transpirer, suer,** faire transpirer. •*Fî wakt al hamu kulla l-nâs yiwaxxuru.* Quand il fait chaud, tous les gens transpirent. •*Hû waxxar acân jara katîr.* Il transpire parce qu'il a beaucoup couru. •*Anâ ciribt almi hâmi wa kulla jildi waxxar.* J'ai bu de l'eau très chaude et tout mon corps transpire.

waxxarân *n. d'act., m.*, → *waxxirîn.*

waxxirîn *n. d'act., m.*, ≅ *waxxarân*, * wġr, و غ ر
♦ **transpiration, fait de transpirer.** •*Al waxxirîn fî wakt al hamu yibarrid al-jilid.* Quand il fait chaud, la transpiration refroidit le corps. •*Anâ mâ nirîd al waxxirîn fî l-lêl.* Je n'aime pas transpirer la nuit.

Wâyil *n. pr. gr.*, → *Bani Wâ'il.*

wazan / yawzin *v. trans.*, forme I n° 6, ≅ l'*inacc. yôzin*, * wzn, و ز ن
♦ **peser, mesurer.** •*Al-tâjir wazan al-sandûg hanâ l-câhi.* Le commerçant a pesé la caisse du thé. •*Macêt fî l-santir wa l-daktôriye wazanat lêi wilêdi.* Je suis allée au centre social et l'infirmière a pesé mon enfant.

wazanân *n. d'act.*, → *wazinîn.*

wazâra / wazârât *n. f.*, * wzr, و ز ر
♦ **ministère.** •*Wazârt al-dâxiliya garîbe min bêtna.* Le ministère de l'Intérieur est près de chez nous. •*Akbar wazâra tanfa' al-dawla, hî wazârt al-zirâ'a.* Le ministère le plus utile à l'État est celui de l'Agriculture.

wazâyif *pl.*, → *wazîfa.*

wazâyir *pl.*, → *wazîr.*

wazîfa / wazâyif *n. f.*, * wẓf, و ظ ف
♦ **responsabilité, fonction.** •*Jâri antoh wazîfa fî l hâkûma.* Mon voisin a été nommé à un poste de responsabilité au gouvernement. •*Hû wazîftah sahâfi fî radyo Tcâd.* Il travaille comme journaliste à Radio-Tchad.

wazin 1 *n. m.*, tissu venant autrefois du Soudan et vendu au poids, *Cf. wazin 2*, * wzn, و ز ن
♦ **tissu léger, calicot,** tissu en coton et bon marché, de fabrication locale. •*Al miskîn cara wazin lê wilêdah.* Le pauvre a acheté du tissu bon marché pour son enfant. •*Al wazin al xafîf bixayyutuh sanâge.* On fabrique des moustiquaires avec du tissu léger. •*Fî dâr barra, al wazin bisawwuh xulgân wa kafan kula.* Au village, on fait avec du tissu bon marché des habits et aussi des linceuls.

wazin 2 *n. d'act., m.*, * wzn, و ز ن
♦ **poids, pesée.** •*Al-cuwâl da wazinah xamsîn kîlo.* Ce sac a un poids de cinquante kilos. •*Wazinak lê l-sukkar da mâ adîl.* La pesée que tu as faite de ce sucre n'est pas exacte.

wazinîn *n. d'act.*, ≅ *wazanân*, * wzn, و ز ن
♦ **fait de peser, pesage.** •*Al wazinîn axêr min al abbarân be l kôro.* Il vaut mieux estimer une quantité en la pesant qu'en la mesurant avec un koro. •*Fî tujjâr yitcâtcu l awîn fî l wazinîn.* Il y a des commerçants qui trompent les clientes au cours du pesage.

wazîr / wazâyir *adj. n.*, ≅ le pluriel *wuzara'*, (*fém. wazîre, fém. pl. wazîrât*), * wzr, و ز ر
♦ **ministre ; ami du marié, amie de la mariée, compagnon du circoncis, compagne de l'excisée,** personne à la disposition du marié (ou de la mariée) pendant le temps des noces, ou au service du nouveau circoncis (ou de la nouvelle excisée) pendant le temps de sa convalescence. •*Fî l iris, al wazîr bistaxbal al-nâs al ma'zûmîn.* Le jour des noces, c'est l'ami du marié qui accueille les invités. •*Wâzir al xârijiya hanâ Tcâd sâfar maca Fransa.* Le ministre tchadien des Affaires étrangères est parti en voyage en France. •*Al wazâyir hanâ Tcâd bilimmu kulla yôm xamîs.* Les ministres du Tchad se réunissent chaque jeudi. •*Wakit jâbo l arûs, al wazîre daxalat fî l bêt awwal.* Lorsqu'on a amené la nouvelle mariée, c'est son amie qui est entrée la première dans la chambre nuptiale. •*Al binêye al-tahharôha indaha wazîrât tinên, acân yi'ânusûha.* La fille que l'on vient d'exciser a deux compagnes pour lui tenir compagnie.

Wazîra *n. pr.* de femme, ≅ *Wazîre*, → *wazîr*, * wzr, و ز ر

wazza' / yiwazzi' *v. trans.*, forme II, * wzˤ, و ز ع
♦ **distribuer.** •*Anâ mâ nirîd niwazzi' al karte.* Je n'aime pas distribuer les cartes. •*Wazzi' lêna l karte acân nal'abo.* Distribue-nous les cartes afin que nous jouions. •*Wazâyir al arîs wazza'o l akil lê l ma'zûmîn.* Les amis du marié ont distribué la nourriture aux invités.

wazzaf / yiwazzif *v. trans.*, forme II, * wẓf, و ظ ف
♦ **responsabiliser, nommer *qqn.* responsable d'un poste, employer *qqn.* dans la fonction publique, placer *qqn.*,** faire entrer *qqn.* dans la fonction publique. •*Al-Ra'îs wazzafâni fî l bakân da.* Le Président m'a nommé à ce poste de responsabilité. •*Kan bigît wazîr, wazzif axawânak !* Un fois devenu

ministre, tu feras embaucher tes frères dans la fonction publique !

wazzafân *n. d'act., m.*, → *wazzifîn.*

wazzifîn *n. d'act., m.*, ≅*wazzafân*, *Cf. tawzîf*, * wẓf, و ظ ف

♦ **fait de devenir fonctionnaire, nomination à un poste de responsabilité,** fait de nommer de ceux qui travailleront dans la fonction publique. •*Wazârat al wazîfa al âmma mâ muxasside be wazzifîn hanâ l-nâs al mâ muta'allimîn.* Le ministère de la Fonction publique n'accepte pas de nommer des fonctionnaires qui ne soient pas instruits. •*Wazzifîn al xaddâmîn dôl fî l hakûma bigi min al-cahar al fât.* Ces fonctionnaires ont été appelés à travailler dans la fonction publique le mois dernier.

wêbe / wâbât *n. f.*, terme utilisé dans la région du Ouaddaï, → *yêbe.*

wehêd- préfixe, *invar.*, dans *wehêdi, wehêdak, wehêdki, wehêdah...*, ≅*wahêd-, wihêd*, * wḥd, و ح د

♦ **moi seul(e), toi seul(e), lui (elle) seul(e), à part.** •*Al yôm da nidôr nâkulu jidâdna da wehêdna, bala dîfân.* Aujourd'hui, je voudrais que nous soyons seuls à manger nos poules, et qu'il n'y ait pas d'hôtes. •*Mâlak, kulla yôm gâ'id wehêdak, mâ indak rufugân ?* Qu'as-tu ? Tous les jours tu es seul, n'as-tu pas d'amis ? •*Al awîn jo wa ga'ado cik cik : al ajâyiz wehêdhum wa l banât kula wehêdhum.* Les femmes sont venues et sont restées en groupes distincts : les vieilles d'un côté, les jeunes filles de l'autre.

wêke *n. f.*, *Cf. mulah*, *empr.*, désigne en arabe *égy.* le gombo (*H.W.*), plante à sauce : *Abel moschus esculentus*, usité au *Sdn.* (*C.Q.*) pour désigner aussi la sauce

♦ **sauce, viande pour la sauce.** •*Al wêke gassarat lêna, yâ Fâtime !* Il nous manque de la sauce, Fatimé ! •*Al mileh bigi katîr fî l wêke di.* Cette sauce est très salée [le sel est abondant dans cette sauce]. •*Amis akalna wêke hint jidâd be dihin bagar.* Hier, nous avons mangé une sauce à la poule avec du beurre [huile de vache]. •*Axti rassalôha l-sûg, carat kilo hanâ wêke hint xanam lê l mulâh.* On a envoyé ma sœur acheter au marché un kilo de viande de mouton pour la sauce.

wên *invar.*, adverbe interrogatif de lieu, connu au *Sdn.* (*C.Q.*), * 'yn, ء ي ن

♦ **où ?** •*Iyâlak fâto wên ?* Où sont allés tes enfants ? •*Bêtak wên ?* Où est ta maison ? •*Gursi da xattêtah wên ?* Où as-tu mis mon argent ?

wêni ? pronom, interrogatif, → *wênu ?*

wênu ? / wênumman pronom, interrogatif, (*fém. wêni, wêniya*), contraction de *wên* et du *pron. pers. hû, hî, humman*, pronoms utilisés lorsqu'il y a un choix à faire, * 'yn, ء ي ن

♦ **lequel ?, laquelle ?, lesquels ?, lesquelles ?** •*Wênu wilêdak fî l iyâl dôl ?* Parmi ces enfants, lequel est le tien ? •*Fî l-dôr da wêni bagartak ?* Quelle est ta vache dans ce troupeau ? •*Wênumman al iyâl al ayyarôni gibêl ?* Quels sont les enfants qui m'ont insulté tout à l'heure ?

wênumman *pl.*, → *wênu ?*

wi'e *n. m.*, * wʕy, و ع ي

♦ **pus.** •*Al uwâra affanat wa sawwat wi'e.* La plaie s'est infectée et a suppuré. •*Hû indah fî uwârtah wi'e.* Sa plaie suppure [Il a du pus dans sa plaie].

wi'i / yaw'a *v. intr.*, forme I n° 21, sens passif, * wʕy, و ع ي

♦ **être réveillé(e), se réveiller.** •*Hû wi'i acân simi haraka fî l bâb.* Il s'est réveillé parce qu'il a entendu du bruit à la porte. •*Anâ numt wa mâ wi'ît ajala.* Je me suis endormi et ne me suis pas vite réveillé.

Widâd *n. pr.* de femme, *litt.* affection, amour, * wdd, و د د

widyân *pl.*, → *wâdi.*

wigif / yagîf *v. intr.* *{- lê}*, forme I n° 18, sens passif, *Syn. wagaf, yigîf*, * wqf, و ق ف

♦ **attendre debout, être debout, s'arrêter.** •*Amis Âdama wigifat wihêdha fî l-câri.* Hier, Adama a attendu toute seule dans la rue. •*Rafîgi yagîf lêi kulla yôm janb al bêt.* Mon ami m'attend tous les jours à côté de la maison. •*Mâ tigîfi giddâm al-nâdum al bisalli !* Ne reste pas debout devant quelqu'un qui prie !

wihda *n. f.*, * wḥd, و ح د

♦ **unité.** •*Al-tacâdiyîn yidôru yigawwu l wihda al wataniya.* Les Tchadiens veulent renforcer l'unité nationale. •*Bala l wihda, bani l balad gâsi bilhên.* Il est très difficile de construire le pays s'il n'est pas uni [sans l'unité].

wihêd- préfixe, *invar.*, *wihêdi, wihêdak, wihêdki, wihêdah, etc.*, → *wehêd-*, * wḥd, و ح د

wihil / yawhal *v. intr.* *{- fî}*, ≅ l'*inacc. yôhal*, forme I n° 20, * whl, و ح ل

♦ **s'enliser, s'ensabler, s'embourber.** •*Al fîl wihil fî l-tîne.* L'éléphant s'est enlisé dans l'argile. •*Al basâkilît kan mâ rafa'tûhum bawhalo fî l-ramala.* Si vous ne portez pas vos bicyclettes, elles s'enfonceront dans le sable. •*Al-taksi wihil fî l-câri hanâ Ridîna wakt al almi sabba.* Le taxi s'est embourbé dans la rue du quartier Ridina au moment où il a plu.

wij *invar.*, *onom.*, ≅ *wij wilij !*

♦ **étincelle, éclair.** •*Xalagah abyad wa jadîd, lahaddi bisawwi wij fî l harray.* Son vêtement est blanc et neuf, au point qu'il lance des éclairs au soleil. •*Fî l-sêf mâ nicîfu burrâg bisey wij wilij.* En saison sèche, on ne voit pas briller les éclairs de la foudre. •*Uyûn al-dûd biwallu wij wij fî l-dalâm.* Les yeux du lion brillent comme des étincelles dans l'obscurité.

wije'e *n. m. mrph. dmtf.*, → *wijjê'e.*

wijêh / wijêhât nom, *mrph. dmtf.*, *m.*, *litt.* petit visage, → *wijih*, * wjh, و ج ه

wijih / wujûh *n. m.* ; expression *lê wijh Allah* (gratuitement, par dévotion pour Dieu, avec ferveur) * wjh, و ج ه

♦ **visage, figure, face.** •*Maryam indaha fasûd fî wijihha.* Mariam a des scarifications sur le visage. •*Yâ wilêd, amci ba'îd minni be wijihak al mâ muxassal da !* Eh ! l'enfant, va loin de moi avec ta figure qui n'est pas lavée ! •*Kan gammêtu fajûr, xassulu wujûhku be almi wa sâbûn.* Lorsque vous vous levez le matin, lavez vos visages avec de l'eau et du savon. •*Kan mâ nicîf wijih hanâ abûk, niwaddîk kumsêriye.* Si je ne vois pas ton père en personne [le visage de ton père], je t'emmènerai au commissariat. •*Zamân jiddi bâ' abid wa atagah lê wijh Allah.* Autrefois, mon grand-père avait acheté un esclave, puis il l'a libéré gratuitement [à la face de Dieu]. •*Sallêt raka'ât lê wijh Allah.* J'ai prié en m'inclinant plusieurs fois avec ferveur.

wijjê'e *n. f.*, *mrph. dmtf.*, → *waja'*, *litt.* petite maladie, petit mal, * wjʕ, و ج ع

♦ **problème personnel, contrariété, agacement, angoisse,** mal qu'on ne voit pas mais qui mine la personne. •*Jâri al yôm za'lân be wijjê'itah wâhide.* Mon voisin n'est pas content aujourd'hui, il est contrarié. •*Wijjê'itak cunû al-daharatak min al akil.* Quel est ton problème ? Qu'est-ce qui t'a empêché de manger ?

(al) Wilâyât al Muttahida *n. pr.* de pays.

♦ **États-Unis** (les). •*Al Wilâyât al Muttahida lammo xamsîn dawla.* Les États-Unis regroupent cinquante États. •*Fî sinîn al-ju' al Wilâyât al Muttahida rassalat ma'awan hanâ akil lê baladna.* Pendant les années de la famine, les États-Unis ont envoyé une aide alimentaire dans notre pays. •*Axui maca yagri fî l Wilâyât al Muttahida.* Mon frère est allé étudier aux États-Unis.

wilêd / wulâd *n. m., mrph. dmtf., Cf. walad,* → *iyâl* (*pl.* pour désigner les petits enfants), * wld, و ل د

♦ **enfant, garçon, fils.** •*Nâs bugûlu : Wilêd wâhid axêr min banât acara.* Les gens disent qu'un seul garçon vaut mieux que dix filles. •*Hû da, wilêdah gara fî l-lekôl.* Le fils de celui-ci a étudié à l'école. •*Hî di, tawlid wulâd bas.* Celle-ci ne met au monde que des garçons.

wilêd al madrasa / iyâl al madâris expression, "élève de l'école arabe", pour le *fém.* → *binêyit al madrasa.*

wilêd lekôl / iyâl lekôl expression, ≅ *wilêd lekkôl, iyâl lekkôl, iyâl al-lekkôl,* * wld, و ل د

♦ **élève, écolier, lycéen.** •*Inta wilêd lekôl walla ?* Es-tu un écolier ? [fils de l'école]. •*Zamân al-nâs bahasubu iyâl al-lekkôl babgo kuffâr !* Autrefois, les gens pensaient que ceux qui fréquentaient l'école devenaient des mécréants.

wilêd tilif expression, *litt.* garçon abîmé, * wld, tlf, و ل د • ت ل ف

♦ **garçon manqué,** fille se comportant comme un garçon dans son travail et ses jeux. •*Dâ'iman yihâzuru ma'âha bugûlu lêha wilêd tilif acân hî tirîd tal'ab kûra ma'â l wulâd.* On la taquine toujours en l'appelant "garçon manqué" parce qu'elle aime jouer au football avec les garçons. •*Al binêye di gudritha misil hint al-sabi, acân da sammôha wilêd tilif !* Cette fille a la force d'un jeune homme, c'est pour cela qu'on l'a appelée "garçon manqué".

wilid / yawlid *v. trans.,* forme I n° 18, ≅ l'*inacc. balda, yalda, talda,* sans doute contraction de *bawildah, yawildah* (il le mettra au monde), * wld, و ل د

♦ **enfanter, engendrer, mettre au monde, accoucher, se reproduire, donner naissance à, fructifier.** •*Anâ farhâne, acân wilêdi wildoh lêyah wilêd.* Je suis heureuse parce que mon enfant a eu un garçon [on lui a enfanté un garçon]. •*Al mara tawlid ba'ad tisa' cahar.* La femme accouche après neuf mois de grossesse. •*Anâ mâ wilidt indi acara sinîn.* Je n'ai pas accouché depuis dix ans. •*Al-fâr yalda fî l-nugâr.* Les rats se reproduisent dans les trous. •*Wilêd al faxîr kan bigi nihis, al-nâs bugûlu : al faxîr balda zunûbah ; lâkin kulla l iyâl nuhûs.* Lorsque le fils d'un faki devient turbulent, les gens disent : "Le faki engendre ses péchés.", alors que tous les enfants sont turbulents. •*Al mara l âgir mâ talda.* La femme stérile n'enfante pas. •*Marti wildat binêye.* Ma fille a accouché d'une fille. •*Ambâkir da, akûn Maryam talda.* Mariam accouchera peut-être demain. •*Hû min gâ'id mâ wilid.* Depuis qu'il est là, il n'a pas eu d'enfant.

wilij ! *invar., onom.* dans l'expression *wij wilij,* → *wij.*

wiliwili *n. m., Cf. assâr.*

♦ **boulettes de tourteaux,** boulettes de tourteaux d'arachides salées et grillées. •*Al wiliwili hû assâr hanâ l fûl bidardumuh wa bituccu fî l-dihin be mileh ciya.* Le *wiliwili* est fait à partir de tourteaux d'arachides mis en boulettes et revenus dans de l'huile avec un peu de sel. •*Al iyâl birîdu l wiliwili kan jâbo lêhum zigêgê.* Les enfants aiment bien qu'on leur apporte des boulettes de tourteaux grillées, en petits cadeaux.

wilyân *pl.,* → *wâli 1.*

winyar *n. m.,* ≅ *wanyar.*

♦ **mangouste, Herpestes gracilis,** famille des viverridés. •*Al winyar hayawân bacbah al-sabara wa ciya kabîr minnaha.* La mangouste est un animal qui ressemble à un gros écureuil. •*Al wanyar ba'arif katil al-dabâyib.* La mangouste s'attaque aux [sait tuer les] serpents.

wirde / wârûd *n. f.,* connu au *Sdn.* (*C.Q.*), * wrd, و ر د

♦ **fièvre, paludisme,** qui fait couler la sueur. •*Amis akalt jarâd wa l yôm wirde karabtni.* Hier, j'ai mangé des criquets, et aujourd'hui, j'ai de la fièvre [la fièvre m'a prise]. •*Hû fajur* *tahharoh, wa aciye wirde karabatah.* On l'a circoncis le matin, et le soir il avait de la fièvre. •*Fî l xarif al fât, al bâ'ûda sawwat lêhum wirde.* Pendant la saison des pluies, les moustiques leur ont donné le paludisme.

wirêge / wirêgât *n. f. mrph. dmtf., litt.* petite feuille, → *warag 2*, * wrq, و ر ق

wirid 1 / yawrad *v. intr.*, forme I n° 20, sens passif, on entend ausi à l'*inacc. yôrad, bôrad*, * wrd, و ر د

♦ **avoir de la fièvre, être fiévreux (-euse).** •*Amis anâ wiridt ba'ad ma gabbalt min al xidime.* Hier, après mon retour du travail, j'ai eu de la fièvre. •*Fî l xarîf hû bawrad cadîd.* Il a de fortes fièvres en saison des pluies. •*Al iyâl wirido acân al ba'ûda addathum bilhên.* Les enfants ont eu de la fièvre à cause de nombreuses piqûres de moustiques.

wirid 2 / awrâd *n. m., Cf. du'a*, * wrd, و ر د

♦ **invocation pieuse, prière du chapelet.** •*Mâ tisawwu haraka, xallûni nisawwi wirdi wa namcu sawa.* Ne faites pas de bruit, laissez-moi faire mes invocations et ensuite nous partirons ensemble. •*Kan kammal awrâdi, nidôr nunûm.* Lorsque j'ai terminé mes invocations, j'ai envie de dormir.

wirik / warâke *n. m.*, ≅ le pluriel *warakên* [les deux cuisses], * wrk, و ر ك

♦ **cuisse, gigot.** •*Al-nâs bifattucu laham al wirik acân samîn wa mârin.* Les gens recherchent la viande de la cuisse parce qu'elle est grasse et tendre. •*Wirik al bagar, carmûtah halu.* La cuisse de bœuf fait de la très bonne viande séchée. •*Al-daktôr bat'an al-nâs ibre fî warakênhum.* Le docteur fait aux gens des piqûres à la cuisse.

wirim / yawram *v. intr.*, ≅ l'*inacc. bôram, yôram, Cf. waram*, forme I n° 20, * wrm, و ر م

♦ **enfler, gonfler, avoir un bleu,** avoir un œdème à la suite d'un coup. •*Ta'anôni ibre harre wa bakânha wirim.* Ils m'ont fait une piqûre douloureuse, et l'endroit qui a été piqué a enflé. •*Duyûdi wirimo min al-laban acân anâ faradt wilêdi.* Mes seins ont gonflé à cause du lait parce que j'ai sevré mon enfant. •*Rafigi daggoh wa îdah wirimat.* On a frappé mon ami et sa main a enflé.

wirr ! *onom.* accompagnant le verbe *catta* (disperser), *Syn. firr !*

♦ **se dispersant vite et partout.** •*Iyâlki da, min akalo, wâhid kulla ga'ad janbi mâ fîh, acân nirassilah ; kulluhum ke catto wirr !* Après avoir mangé, tes enfants se dispersent d'un seul coup ; aucun ne reste à côté de moi pour que je puisse l'envoyer faire des commissions. •*Fî l-sûg wakit al-nâs simi'o hiss al bundug, catto wirr.* Au marché, dès que les gens ont entendu les coups de fusils, ils se sont dispersés partout immédiatement.

wirrêde 1 / wirrêdât *n. f. mrph. dmtf., Cf. waridîn, warûd*, * wrd, و ر د

♦ **recherche de l'eau,** fait ou manière d'aller chercher de l'eau. •*Wirrêdti amis di nidimtaha, wakit gabbalt ligît wilêdi mât.* J'ai regretté d'être allée hier chercher de l'eau ; lorsque je suis revenue chez moi, j'ai trouvé mon fils mort. •*Yâ binêyti wirrêditki lêna fî l almi di wahade bas, mâ tisawwihum lêna tittên ?* Ma fille, tu n'as fait qu'un seul voyage pour nous apporter de l'eau ; ne vas-tu pas y retourner une seconde fois ?

wirrêde 2 / wirrêdât *n. f. mrph. dmtf., Cf. wirde*, * wrd, و ر د

♦ **petite fièvre, crise de paludisme,** poussée de fièvre. •*Amis da, wirridt wirrêde mâ gidirt nugumm min al-sarîr.* Hier, j'ai eu une crise de paludisme, je n'ai pas pu me lever du lit. •*Al hamdu lillâh, hû indah sana ke, wirrêdtah wahade bas !* Dieu soit loué, depuis un an il n'a eu qu'une seule poussée de fièvre.

wirse *n. f.*, voir le *Syn. warasa.*

wisâde *n. f.*, → *wassâde.*

wisil / yawsal *v. trans.*, forme I n° 20, sens passif, *Cf. wasal*, * wṣl, و ص ل

♦ **atteindre, rejoindre, arriver à destination, être arrivé(e).** •*Al-dalu wisil hadd al bîr.* La puisette a atteint le fond du puits. •*Axêr tawsale râjilki.* Il vaut mieux que tu rejoignes ton mari. •*Al-nâs wisilo fî l-sûg sâ'a tamâne.* Les gens arrivent au marché à huit heures. •*Anâ wasalt amis fî l-lêl fî naga'at al-tayyâra.* Je suis arrivé hier, dans la nuit, au terrain d'aviation.

wisix / wisxîn *adj.*, (*fém. wisxe*) terme d'insulte, *Cf. wasxân*, * wsẖ, و س خ

witid / awtâd *n. m.*, *Cf. câye, marbat*, * wtd, و ت د

♦ **piquet, poteau, pieu,** pour attacher le cheval ou l'âne. •*Sawwêt witid lê humâri.* J'ai posé un piquet pour mon âne. •*Al-tôr salla witidah wa arrad.* Le taureau a enlevé son piquet et a fui.

wizzîn *n. coll., anim., sgtf. wizzînay*, mot désignant l'oie en *ar. lit.* : *Cf. dict.* (*Ka.*) article وزّ *[wazz]*, d'emprunt *irn.* (*Mu.*), * 'wz, ء و ز

♦ **canard sauvage, sarcelle.** •*Kan târ têray wa kan nazal hûtay... Da l wizzîn.* S'il vole, c'est un oiseau ; et s'il descend, c'est un poisson… C'est le canard sauvage. *Dvnt.* •*Al wizzîn bu'ûm fî l bahar.* Le canard sauvage nage dans le fleuve.

wôrad *v.* à l'*inacc.*, → *wirid.*

wu'ûd *pl.*, → *wa'ad.*

wufrân *n. m.*, ≅ *xufrân*, * ġfr, غ ف ر

♦ **le pardon.** •*Anâ tâlib al wufrân min Allah.* Je demande pardon à Dieu. •*Kan mâ rahmit Allah wa wufrânah, Anjammêna ikilat min kutur al fasâd.* S'il n'y avait pas la miséricorde et le pardon de Dieu, la ville de N'Djaména serait détruite à cause de la multiplicité des actes dépravés.

wufûd *pl.*, → *wafid.*

wufug *n. d'act., m.*, * wfq, و ف ق

♦ **convention, accord, entente.** •*Al-subyân dôl mâ induhum wufug ambênâthum, kalâmhum ke mâ mâci !* Ces jeunes gens ne s'accordent pas entre eux, ils ne s'entendent pas ! •*Fîh wufug ambên al-duwal al bahajju be l-luxxa l fransiya.* Il y a un accord entre les pays francophones.

wugû' *n. m.*, → *wagu'*, * wqʕ, و ق ع

wuhûc *pl.*, → *wahac.*

wujûd *n. m.*, terme de l'*ar. lit.*, *Cf. gâ'id*, * wjd, و ج د

♦ **éxistence, présence.** •*Wujûd al mara fî l bêt lê l-râjil farha wa sa'âda.* La présence de la femme à la maison est pour l'homme une joie et un bonheur. •*Wâjib al-nâs yi'âmunu be wujûd Allah.* Il faut que les hommes croient à l'existence de Dieu.

wujûh *pl.*, → *wijih.*

wûk *invar.*, → *ûk.*

wukala' *pl.*, → *wakîl.*

wulâd *pl.*, → *walad, wilêd.*

Wulâd Ab Îse *n. pr. gr., coll.*, → *Wulâd Îsa.*

Wulâd Abu Xidêr *n. pr. gr., coll.*, nom d'une fraction de tribu arabe se rattachant aux *Wulâd Hasan (Hasawna).*

Wulâd Alwân *n. pr. gr., coll., sgtf. Alwâni* (Homme), *Alwâniye* (femme), nom d'une fraction de tribu arabe *Salâmât* se rattachant aux *Juhayna.*

Wulâd Âtîye *n. pr. gr., coll.,*, nom d'une tribu arabe se rattachant aux *Juhayna, Cf. Irêgât, Alawne, Misîriye, Rizêgât, Cattiye, Mahâmîd, Mahriye, Nawaybe.*

Wulâd Bilâl *n. pr. gr., coll.*, nom d'une fraction de tribu arabe se rattachant aux *Wulâd Hasan (Hasawna).*

Wulâd Eli *n. pr. gr., coll.*, nom d'une fraction de tribu arabe *Salâmât* se rattachant aux *Juhayna.*

Wulâd Emîr *n. pr. gr., coll.*, nom d'une fraction de tribu arabe se rattachant aux *Wulâd Hasan (Hasawna).*

Wulâd Hêmât *n. pr. gr., coll.*, nom d'une tribu arabe se rattachant aux *Juhayna, Cf. Ja'âtne, Wulâd Himêd, Wulâd Salmân.*

Wulâd Himêd *n. pr. gr., coll., sgtf. Himêdi* (homme), *Himêdiyye* (femme), nom d'une fraction de tribu arabe se rattachant aux *Juhayna.*

Wulâd Humrân *n. pr. gr., coll.*, nom d'une fraction de tribu arabe *Salâmât* se rattachant aux *Juhayna.*

Wulâd Îsa *n. pr. gr., coll.*, ≅ *Wulâd Ab Îse, sgtf. Îsay* (homme), *Îsâyye* (femme), nom d'une fraction de tribu arabe *Salâmât* se rattachant aux *Juhayna.*

Wulâd Maharêb *n. pr. gr., coll.*, nom d'une fraction de tribu arabe se rattachant aux *Wulâd Hasan (Hasawna).*

Wulâd Râcid *n. pr. gr., coll., sgtf. Racdi* (homme), *Racdiye* (femme), nom d'une tribu arabe se rattachant aux *Juhayna, Cf. Azîd, Hamîde, Zabada, Zuyûd, Dar Sâlem.*
♦ **Oulad Rachid.**

Wulâd Sâlem *n. pr. gr., coll.*, nom d'une fraction de tribu arabe se rattachant aux *Wulâd Hasan (Hasawna).*

Wulâd Salmân *n. pr. gr., coll., sgtf. Salmâni* (homme) *Salmâniye* (femme), fraction de tribu arabe *Wulâd Hamat* se trouvant dans le Batha et se rattachant aux *Juhayna.*

Wulâd Sarrâr *n. pr. gr., coll.*, nom d'une fraction de tribu arabe se rattachant aux *Wulâd Hasan (Hasawna).*

Wulâd Tâlib *n. pr. gr., coll.*, nom d'une fraction de tribu arabe se rattachant aux *Wulâd Hasan (Hasawna).*

Wulâd Xânem *n. pr. gr., coll.*, nom d'une fraction de tribu arabe se rattachant aux *Wulâd Hasan (Hasawna).*

Wulâd Zêd *n. pr. gr., coll.*, → *Zuyûd.*

wuluf *n. f., Syn. wâlifîn, wâlafân, walafa*, * 'lf, ء ل ف
♦ **habitude, connaissance, fréquentation.** •*Akil al êc be gayle bidôr wuluf.* Manger la boule à midi est une question d'habitude. •*Anâ ma'â l-râjil da mâ axawân coxolna wuluf bas.* Cet homme et moi ne sommes pas frères, nous nous connaissons simplement. •*Al-suwâge hint al watâyir mâ gâsiye tidôr irfe wa wuluf bas.* La conduite automobile n'est pas difficile, elle suppose simplement d'avoir des connaissances et d'être habitué à conduire. •*Al wuluf kattâl.* Être le familier de quelqu'un fait mourir. *Prvb.* (*i.e.* plus l'amitié est forte, plus grande sera la souffrance de la séparation).

wurasa' *pl.*, → *warîs.*

wurrâs *pl.*, → *warîs.*

wurulla *pl.*, → *waral.*

wusâ' *pl.*, → *wasî'.*

wusâde *n. f.*, → *wassâde.*

wusta *adj. f.*, → *Afrîxiya l wusta, usut.*

wuzara' *pl.*, → *wazîr.*

X

xâ'ib 1 / xâ'ibîn *adj. mrph. part.* actif, (*fém. xâ'ibe*), * ġyb, غ ي ب

♦ **absent(e), parti(e) très loin.** •*Mûsa gâ'id wallâ ? Lâ, hû xâ'ib.* Moussa est-il là ? Non, il est absent. •*Binêyti xâ'ibe minni talâte cahar wa mâ ligît xabarha.* Ma fille est partie il y a trois mois et je n'ai pas eu de ses nouvelles.

xâ'ib 2 / xâ'ibîn *adj. mrph. part.* actif, (*fém. xâ'ibe*), * h̲yb, خ ي ب

♦ **qui trompe l'attente, décevant(e),** qui trahit l'attente, qui fait défaut au moment où l'on a besoin de lui, qui vit à l'écart de sa famille. •*Hay, yâ wilêdi, mâ tabga xâ'ib, wâsil ahalak fî afrâhhum wa ahzânhum !* Hé ! mon fils ! ne déçois pas notre attente, viens chez nous [dans ta famille] partager nos joies et nos peines ! •*Al-sabi da xâ'ib, mâ burûx ahalah wa kân ligi zôl irfe fî l-câri, bistahyan mâ bisallimah.* Ce jeune homme a quitté sa famille et ne la fréquente plus ; lorsqu'il rencontre quelqu'un de sa parenté dans la rue, il fait semblant de ne pas le voir et ne le salue pas.

xâ'id / xuwwâd *n. m.*, ≅*xâyid* (*sing.*), *xuyyâd* (*pl.*), *Cf. râ'id*, * qwd, ق و د

♦ **chef d'état-major, commandant en chef, leader.** •*Xâ'id al xuwwât al musallaha mât fî Fransa.* Le chef d'état-major des armées est mort en France. •*Anâ mâci nahdar fî hafla hanâ taslîm al xiyâda l askariyya lê l xâ'id al dahâbah ayyanoh.* Je vais assister à la cérémonie de la passation de pouvoir militaire au nouveau chef d'état-major. •*Xâ'id al xuwwât hanâ baladna râjil fâris marra wâhid.* Le commandant en chef de l'armée de notre pays est un homme très brave. •*Al-sawra mâ indaha xâ'id adîl.* La rébellion n'a pas de bon leader.

xâ'ida / xawâ'id *n. f.*, terme de l'*ar. lit.*, * qʕd, ق ع د

♦ **base, fondation, pilier, règle.** •*Xawâ'id al Islâm xamsa, wâjib lê l muslim ya'arifhum.* Il y a en islam cinq piliers que tout musulman doit connaître. •*Al-sôm, xâ'ida min al xawâ'id al xamsa hanâ l Islâm.* Le jeûne est l'un des cinq piliers de l'islam. •*Al iyâl fî l-lekkôl bigarrûhum xawâ'id al-luxxa l fransiya acân yagdaro yahajju bêha.* A l'école, on enseigne aux élèves les règles de la langue française pour qu'ils puissent la parler. •*Kammalo xâ'idat al bêt da min amis.* Depuis hier, ils ont achevé les fondations de la maison. •*Al xâ'ida l askariya l fransiya al fî Ifrîxiya l wusta di xalâs gâmat.* La France a retiré sa base militaire qui était en République Centrafricaine.

xâ'in / xawana *adj. n.*, (*fém. xâ'ine*), ≅*xâyin*, * h̲wn, خ و ن

♦ **traître, abusant de la confiance d'un autre.** •*Al xâ'in da, al-nâs kulla mâ ba'âmunuh.* Ce traître, personne n'a plus confiance en lui. •*Al-râjil da xâ'in, antênah gurus yiwaddih lê axûnah fî Abbece, wa mâ wassalah.*

Cet homme-là a abusé de notre confiance ; nous lui avions confié de l'argent pour notre frère à Abéché, et il ne lui a rien fait parvenir. •*Al xawana dôl andammo ma'â l adu wa antoh asrâr al balad kulla.* Ces traîtres se sont rangés du côté de l'ennemi et ont transmis tous les secrets du pays. •*Humman mâ ba'arfu kadar hû xâyin, xabbaro be rabtiyithum.* Ils ne savent pas que cet homme est un traître et ils l'ont tenu informé de leur accord secret.

xâb / **yixîb** *v. intr. {- min}*, forme I n° 10, * ġyb, غ ي ب

♦ **s'absenter, partir au loin.** •*Âce al yôm xâbat, mâ jât fî l xidime.* Aché s'est absentée aujourd'hui, elle n'est pas venue au travail. •*Wilêdi mâ xâb yôm wâhid kula min al madrasa.* Mon fils n'a jamais manqué un seul jour d'école. •*Al-subyân xâbo min baladhum induhum acara sana.* Les jeunes sont partis de leur pays il y a dix ans. •*Al yôm al-gamar xâb acân al-sahâb katîr.* Aujourd'hui, la lune n'était pas visible parce qu'il y avait des nuages.

xâba / **xâbât** *n. f.*, * ġyb, غ ي ب

♦ **forêt.** •*Anîna macêna fî l xâba wa katalna marfa'în.* Nous sommes partis dans la forêt et avons tué une hyène. •*Al xâba bêt al-sêd.* La forêt est le refuge des animaux sauvages. •*Al balad kan mâ indaha xâbât al-sahra tadxulha.* Si le pays n'a plus de forêts, c'est le désert qui l'envahira.

xabâc *n. m.*, *Cf. axabac*, *Syn. xamâm, ajâj*, * ġbš, غ ب ش

♦ **nuage de poussière, grisaille.** •*Anâ cîft xabâc min ba'îd, akûn xêl jâyîn.* J'ai vu un nuage de poussière, c'était peut-être des chevaux qui arrivaient. •*Fî l-cite, Anjammêna xabâcha katîr.* En hiver, la ville de N'Djaména est très poussiéreuse.

xabar / **axbâr** *n. m.*, * h̲br, خ ب ر

♦ **information, nouvelle, message.** •*Al xabar al gibêl jâboh lêna, mâ sahi.* La nouvelle qu'on nous a apportée tout à l'heure n'est pas vraie. •*Kulla yôm axbâr al-râdyo, bantûha be sâ'a sab'a.* Tous les jours, les informations de la radio sont données à sept heures. •*Xabârki da, kan bigi sahi, nibî' lêki laffay.* Si ce que tu m'as dit [ta nouvelle] est vrai, je t'achèterai un voile.

xabâr *n. m.*, dans l'expression *fî xabâr al*, *Cf. acân*, * h̲br, خ ب ر

♦ **à cause de.** •*Fî xabâr al almi bas tikaccir fôgi misil da ?* Est-ce simplement à cause de l'eau que tu me grondes ainsi ? •*Kulla yôm al iyâl bal'abo sawa, wa l yôm fî xabâr al bâl bas addâwaso.* Les enfants jouent tous les jours ensemble, mais aujourd'hui ils se sont battus simplement à cause du ballon. •*Anâ ta'abâne lêl wa nahâr kulla fî xabâr iyâli !* Je peine nuit et jour pour mes enfants !

xabat / **yaxbit** *v. trans.*, forme I n° 6, *Syn. darab*, * h̲bṭ, خ ب ط

♦ **frapper.** •*Hû xabatah lê wilêdah lahaddi ramah.* Il a frappé son fils si fort qu'il l'a renversé. •*Mûsa xabat juwâdah be sôt tawîl.* Moussa a frappé son cheval avec une longue cravache. •*Hû xabatâni fî wijihi darbitên wa anâ mâ kallamt.* Il m'a donné [frappé] deux coups au visage mais je n'ai pas parlé.

xabat-labat *n. mld., m., litt.* "il a frappé, il a terrassé", * h̲bṭ, lbṭ, خ ب ط • ل ب ط

♦ **aphte.** •*Al xabat-labat yakrub al-saxîr fî gaddûmah wa yadhar al-akil, wa dawah be laban al-jimmêz walla dagîg al-kawal.* L'enfant attrape des aphtes dans la bouche et cela l'empêche de manger ; on le soigne avec de la sève [du lait] de ficus, ou bien de la poudre de Cassia tora. •*Mâ tixalli wilêdki xacumah wasxân, acân bakurbah xabat-labat !* Ne laisse pas ton enfant avec la bouche sale pour qu'il n'attrape pas d'aphtes !

xabatân *n. d'act., m.*, → *xabitîn.*

xabâyib *pl.*, → *xabîbe.*

xabâyil *pl.*, → *xabîla.*

xabbac / yixabbic *v. trans.*, forme II, * ġbš, غ ب ش

♦ **salir, devenir gris,** être ou devenir gris comme la poussière. •*Al iyâl xabbaco jilidhum min kutr al-li'ib fî l-turâb.* Les enfants se sont couverts de poussière à force de jouer par terre. •*Al mardânîn jilidhum xabbac.* Le corps des malades devient gris. •*Kan macêt lekkôl, mâ tixabbic xalagak !* Lorsque tu vas à l'école, ne salis pas tes habits !

xabban / yixabbin *v. intr.*, forme II, * ġḍb, غ ض ب

♦ **se mettre en colère, se fâcher, râler.** •*Al-câyib xabban acân wilêdah mâ yasma' kalâmah.* Le vieux s'est mis en colère parce que son fils n'écoute pas ce qu'il lui dit. •*Hû mâ ligi xada wa xabban.* Il n'a pas trouvé de quoi déjeuner et s'est fâché. •*Anâ xabbant min râjili l-sâfar wa mâ xalla lêi masârif.* Je suis fâchée contre mon mari parce qu'il est parti en voyage sans me laisser d'argent pour les dépenses quotidiennes.

xabbar / yixabbir *v. trans.*, forme II, * ḫbr, خ ب ر

♦ **dire, informer, annoncer, faire savoir, donner une nouvelle.** •*Al-radyo xabbar al-nâs kadâr ambâkir îd.* La radio a annoncé aux gens que demain c'est la fête. •*Mâla mâ xabbartîni kadâr inti mardâne ?* Pourquoi ne m'as-tu pas fait savoir que tu étais malade ? •*Al-nâs maco yixabburu l-sultân kadâr al-sane di al-jarad bigi katîr.* Les gens sont partis informer le sultan que cette année il y avait beaucoup de criquets.

xabîbe / xabâyib *n. f.*, * ġbb, غ ب ب

♦ **deuil, temps de réclusion,** réclusion de la veuve pendant quatre mois et dix jours après la mort du mari. •*Amis axti maragat min al xabîbe.* Hier, ma sœur est sortie du deuil de son mari. •*Al mara kan râjilha mât, bidissu lêha xabîbe.* Lorsque le mari meurt, la femme entre en deuil. •*Al awîn kan marago min al xabâyib, al-rujâl yagdaro yâxuduhum.* Les femmes qui ont achevé la période de deuil de leur mari, peuvent de nouveau se marier avec un autre homme.

xabîla / xabâyil *n. f.*, → *gabîle*, * qbl, ق ب ل

xabîne *n. f.*, *Cf. za'al*, * ġḍb, غ ض ب

♦ **colère.** •*Amm al iyâl di tirîd al xabîne.* Cette mère de famille a l'habitude de mettre en colère. •*Kan al-râjil birîd al xabîne rufugânah bajfulu minnah.* Lorsqu'un homme se met souvent en colère, ses amis ne viennent plus chez lui.

xabîr / xubara' *adj. {-fî}*, (*fém. xabîre*), * ḫbr, خ ب ر

♦ **expert(e), spécialiste.** •*Al-daktôr xabîr fî l-ilâj.* Le docteur est expert pour donner des soins. •*Jôna xubara' fî l-zirâ'a.* Des experts agronomes sont venus chez nous. •*Fî hillitna indina mara xabîre fî l-laday.* Dans notre village, nous avons une femme spécialiste en cuisine.

xabîs / xabîsîn *adj.*, (*fém. xabîse*), * ḫbṯ, خ ب ث

♦ **ignoble, vil(e), scélérat(e).** •*Anâ mâ nijâwir al-nâdum al xabîs.* Je ne serai pas le voisin d'un scélérat. •*Al mara di xabîse marra wâhid.* Cette femme est vraiment ignoble. •*Al-nâs dôl xabîsîn.* Ces gens sont vils.

xabitîn *n. d'act.*, *m.*, ≅ *xabatân*, *Syn. darab*, * ḫbṭ, خ ب ط

♦ **fait de frapper.** •*Xabitîn al-saxîr be l îd mâ sameh.* Ce n'est pas bien de frapper un enfant avec la main. •*Xabitîn al gutun yukûn illa be l mutrag.* On ne peut battre le coton qu'avec une baguette.

xabôb *n. m.*, *Cf. rixwe, zabad*, * ḫbb, خ ب ب

♦ **mousse verte sur l'eau, écume sur l'eau, crasse à la surface du marigot, algues.** •*Kan jît fî taraf al-rahad, mâ nagdar nacrab almi kan nicîfah indah xabôb.* Si en arrivant au bord du marigot je vois de la mousse verdâtre à la surface, je ne peux pas en boire l'eau. •*Al xabôb hû wasax al* *almi al yagôd min fôg, lônah axadar sirij.* La crasse est de la saleté qui reste à la surface de l'eau et qui a une couleur très verte.

xabur / xubûr *n. m.*, * qbr, ق ب ر

♦ **tombe, tombeau, sépulture.** •*Al xubûr ba'îdîn min al hille.* Les tombes sont loin du village. •*Xatto dringêlay fî xaburah.* Ils ont mis une brique sur sa tombe. •*Al môt yaxrib al gusûr wa ya'mir al xubûr.* La mort détruit les palais et peuple les tombeaux.

xacab *n. coll., sgtf. xacabay*, * ḫšb, خ ش ب

♦ **planche.** •*Anâ carêt xacabay na'addil bâb bêti.* J'ai acheté une planche pour réparer la porte de ma maison. •*Al xacab babga xâli bilhên fî l xarîf.* Les planches coûtent cher en saison pluvieuse. •*Sarîr al xacab axêr min hanâ l hadîd.* Le lit en bois est meilleur que celui en fer.

xacac *n. f.*, * ġšš, غ ش ش

♦ **escroquerie, tromperie.** •*Anâ mâ nidôr xacac.* Je n'aime pas être victime d'une tromperie. •*Sabbîn al xamîra fî l-sukkar da xacac.* Mettre de la levure dans le sucre, c'est de l'escroquerie.

xacâma *pl.*, → *xacîm.*

xacc *n. m.*, * ġšš, غ ش ش

♦ **tromperie, mensonge.** •*Al xacc kan xaddâk, mâ bagdar bi'accik.* Si la tromperie t'offre à déjeuner, elle ne pourra pas t'offrir à dîner. *Prvb.* (*i.e.* on ne peut vivre indéfiniment en trompant les autres). •*Anâ mâ nirîd al xacc acân mâ sameh.* Je n'aime pas la tromperie parce que ce n'est pas bien. •*Mâ tiwâlif be l xacc yôm wâhid tadxul al-sijin.* Ne prends pas l'habitude de mentir, un jour tu iras en prison. •*Al xacc misil almi l racc, mâ bigawwim gecc.* Le mensonge est comme la toute petite pluie qui ne fait pas pousser l'herbe (*i.e.* le mensonge ne produit aucun bon résultat).

xacca 1 / yuxucc *v. trans., Cf. tcâtca,* forme I n° 5, * ġšš, غ ش ش

♦ **tromper, mentir à, se jouer de, tricher,** ne pas tenir sa parole. •*Al-sarrâg xacca l bôlîs wa jara.* Le voleur a trompé le policier et a couru. •*Sîd al watîr gâl mâci l-sâ'a tis'a, lâkin xaccâni wa sâr, xallâni.* Le chauffeur m'a dit qu'il partirait à neuf heures, mais il m'a trompé, et est parti sans me prendre. •*Al-duwân gâlo lê l-tujjâr ambâkir yamurgu xumâmhum sâkit, lâkin xaccôhum wa akalo l budâ'a.* Les douaniers ont dit aux commerçants qu'ils pourraient retirer le lendemain leurs affaires sans rien payer, mais ils les ont trompés car les marchandises avaient disparu [ils avaient mangé la marchandise]. •*Mâ fî nâdum yagdar yuxucc Allah.* Personne ne peut tromper Dieu. •*Angari min li'ib al karte ma'â l-zôl da, hû yuxucc !* Garde-toi de jouer aux cartes avec cet individu, il triche !

xacca 2 / yuxucc *v. trans.*, forme II, *Syn. daxal,* terme de l'arabe classique utilisé en Egypte, au Soudan et au Tchad, * ḫšš, خ ش ش

♦ **entrer, pénétrer.** •*Al-sarrâgîn xacco bêtna al bâreh.* Les voleurs sont entrés chez nous hier dans la nuit. •*Xucc dâxal wa jîb lêi al kôro al gâ'ide tihit al-serîr !* Entre dans la maison et apporte-moi le koro qui se trouve sous le lit !

xaccâbi / xaccâbîn *adj. n. m. mrph. intf.*, (*fém. xaccâbiye*), ≅ *minizye*, * ḫšb, خ ش ب

♦ **menuisier.** •*Al xaccâbi addal lêi tarbêza lâkin lissâ mâ kaffêtah gursah.* Le menuisier m'a fabriqué une table, mais je ne lui ai pas encore donné son argent. •*Rafîgi l xaccâbi indah warca kabîre.* Mon ami le menuisier a un grand atelier.

xaccâc / xaccâcîn *adj. mrph. intf.*, (*fém. xaccâca*), * ġšš, غ ش ش

♦ **trompeur (-euse), menteur (-euse), tricheur (-euse), malhonnête.** •*Al-rujâl al xaccâcîn câlo gurs al atâma wa catto.* Les hommes malhonnêtes ont pris l'argent des orphelins et se sont dispersés. •*Al-râjil da xaccâc, nâdum bimassikah amâna mâ fîh.* Cet homme est un trompeur, on ne lui confie rien. •*Al mara di xaccâca mâ tantiha gursak !* Cette femme est une trompeuse, ne lui donne pas ton argent !

xaccân *n. d'act., m.,* → *xaccîn.*

xaccîn *n. d'act., m.,* ≅ *xaccân, Syn. dabdibin 2, tcâtcîn,* * ġšš, غ ش ش

♦ **tromperie, mensonge, ruse.** •*Al harâmi ba'arif xaccîn al-nâs be gurus muzawwar.* L'escroc sait bien tromper les gens avec de la fausse monnaie. •*Zamân, fî Tcâd xaccîn al hâkûma lê l xaddâmîn bigi katîr bilhên.* Autrefois au Tchad, les tromperies du gouvernement envers les fonctionnaires étaient exagérées.

xâci / xâcîn *adj. mrph. part.* actif, (*fém. xâciye*), *Cf. xici,* * h̲šy, خ ش ي

♦ **qui fait un détour, qui fait un crochet par.** •*Inta xâci Abu Halîme tisawwi cunû ?* Tu passes par chez Abou Halimé, que vas-tu y faire ? •*Al mara xâciye jâritha acân yamcu l-sûg sawa.* La femme a fait un crochet chez sa voisine pour aller avec elle au marché. •*Al iyâl xâciyîn rufugânhum acân yamcu l-lekkôl sawa.* Les enfants font des détours pour passer chez leurs amis et s'en aller ensemble à l'école.

xacim *n. m.,* → *xacum.*

xacîm / xacâma *adj.,* (*fém. xacîme*), * h̲šm, خ ش م

♦ **querelleur (-euse), bagarreur (-euse), provocateur (-trice),** qui multiplie les paroles blessantes, qui cherche noise à *qqn.* •*Al wilêd da xacîm acân abuh indah mâl.* Cet enfant se permet de chercher noise aux autres parce que son père a de l'argent. •*Al mara di xacîme, acân da jîrânha mâ birîduha.* Cette femme cherche toujours la bagarre, c'est pour cela que ses voisins ne l'aiment pas. •*Al-subyân dôl kan maco fî l-li'ib xacâma bilhên !* Ces jeunes gens, lorsqu'ils vont à la danse, ne font que chercher la bagarre !

xacum / xucûm nom, ≅ *xacim,* voir plus loin l'expression *xacum bêt* (clan), * h̲šm, خ ش م

♦ **bouche, entrée.** •*Fî xacum bêti cadaray dalîle.* A l'entrée de ma maison se trouve un arbre qui donne beaucoup d'ombre. •*Sidd xacumak, al-dubbân mâ yadxul lêk !* Ferme ta bouche, que les mouches n'y entrent pas ! •*Xacum al buyût al gadîmîn dayxîn bilhên.* Les portes d'entrée des vieilles maisons sont très étroites.

xacum al kalâm / xucûm al kalâm expression, *Cf. xacûm, kalâm,* * h̲šm, klm, خ ش م • ك ل م

♦ **porte-parole.** •*Xacum al kalâm gâl ra'îs al wuzara' mardân wa gâ'id fî l-labtân.* Le porte-parole a dit que le premier ministre était malade et qu'il se trouvait à l'hôpital. •*Zu'ama' al-ahzâb hummân xucûm al kalâm lê ahzâbhum.* Les chefs des partis politiques sont les porte-parole de leur parti.

xacum bêt / xucûm buyût nom composé, *litt.* entrée de la maison, * h̲šm, byt, خ ش م • ب ي ت

♦ **clan,** fraction de tribu, subdivision ethnique, *Cf., nafar.* •*Al-Salâmât induhum xacum buyût kutâr misil al-Sa'âdne wa Wulâd Eli.* Les Salamat ont de nombreux clans tels que les Sa'adné, ou les Oulad Eli. •*Xacum bêt jidditi Mahmûdi.* Ma grand-mère est une Mahamoudi.

xacxâc *n. vég., coll., sgtf. xacxâcay,* comme en *ar. lit.* et en arabe *sd.* (*C.Q.*), * h̲šš, خ ش ش

♦ **nom d'un arbre, Stereospermum kunthianum (Cham.),** famille des bignoniacées, arbuste brouté par les chevaux. •*Al xacxâcay cadaray misil al habîlay, lâkin warcâlha rugâg.* Le Stereospermum kunthianum est un arbre qui ressemble au Combretum glutinosum, mais il a de petites feuilles. •*Al xacxâc cadar mâ indah côk wa l xêl birîduh.* Le Stereospermum kunthianum n'a pas d'épines et les chevaux aiment le brouter. •*Al xacxâc yinawwir fî l-sêf.* Le Stereospermum kunthianum fleurit en saison sèche.

xada *n. m.*, on dit : *xadâi, xadâk, xadâha*... [mon repas, ton repas, son repas…], le pluriel est peu usité, * ġdw, غ د و

♦ **repas, déjeuner,** repas principal de la journée pris après treize heures. •*Ammi, wên xadâi ?* Maman, où est mon repas ? •*Al-nâs kan gabbalo min al xidime yalgo xadâhum fî buyûthum.* Lorsque les gens reviennent du travail, ils trouvent leur repas prêt chez eux. •*Akalna l xada ma'â l-dîfân be sâ'a wâhid.* Nous avons pris le repas avec les invités, à une heure de l'après-midi.

xadam / yaxdim *v. trans.*, ≅l'*inacc. yaxadim*, forme I n° 6, * h̲dm, خ د م

♦ **travailler, servir, aider.** •*Xadam lêl wa nahâr.* Il a travaillé jour et nuit. •*Axadim, talga gurus katîr !* Travaille, tu gagneras beaucoup d'argent ! •*Al-dakâtîr induhum niye yaxdumu l mardânîn.* Les médecins ont la volonté de servir les malades. •*Al-sana l fâtat mâ indi gurus, lâkin axti xadamatni.* L'année dernière, je n'avais pas d'argent, mais ma sœur m'a aidé.

xadar 1 / yaxadir *v. trans.*, forme I n° 6, * ġdr, غ د ر

♦ **abandonner, quitter, fausser compagnie.** •*Al-nâdum al mâ indah amân baxadir rufugânah wa ahalah kan ligi gurus.* Celui qui n'est pas fidèle abandonnera ses amis ou sa famille lorsqu'il aura trouvé de l'argent. •*Hî mâ farhâne acân râjilha xadarâha wa axad mara âxara.* Elle n'est pas heureuse parce que son mari l'a abandonnée et a épousé une autre femme.

xadar 2 / yaxdir *v. intr.*, forme I n° 6, *Cf. xân*, * ġdr, غ د ر

♦ **trahir, se retourner contre *qqn.*** •*Rufugâni câfo gursi wa xadaro fôgi câloh.* Mes amis ont vu mon argent, ils se sont retournés contre moi et me l'ont pris. •*Al askar xadaro fî kabîrhum wa kataloh.* Les combattants ont trahi leur chef et l'ont tué.

xadar 3 *n. m.*, * qdr, ق د ر

♦ **destin, providence,** ce qui a été prédéterminé par Dieu et qui s'accomplit. •*Hû mât, da xadar Allah !* Il est mort, c'était prédestiné par Dieu. •*Al hazar mâ banfa' fî l xadar.* Faire des calculs et prendre des précautions ne permet pas d'échapper au destin. *Prvb.* •*Ta'ab hanâ wilêdi da xadar min Allah !* La souffrance dont mon fils est victime était prédestinée par Dieu.

xadâr / xadarât *n. m.*, * h̲ḍr, خ ض ر

♦ **légume, verdure, plante verte.** •*Fî l-cite bijîbu xadâr katîr fî l-sûg.* En hiver, il y a beaucoup de légumes au marché. •*Mâ nirîd al xadârât al busubbuhum fî l mulâh.* Je n'aime pas les légumes que l'on met dans la sauce. •*Al xadâr gamma sameh fî l kadâde.* Les plantes vertes ont bien poussé en brousse.

xadâri *adj. m.*, → *têr al xadâri.*

xadbân / xadbânîn *adj.*, (*fém. xadbâne*), * ġḍb, غ ض ب

♦ **en colère, furieux (-euse), fâché(e).** •*Kan inta mas'ûl, mâ tabga xadbân ma'â xaddâmînak !* Si tu es responsable, ne te mets pas en colère contre ceux qui travaillent avec toi ! •*Al-mara tabga xadbâne kan râjilha harajâha.* La femme se met en colère lorsque son mari lui fait des reproches. •*Al-rujâl yabgo xadbânîn kan awînhum harajôhum.* Les hommes se fâchent lorsque leurs femmes les réprimandent.

xadda 1 / yixaddi *v. intr.*, forme II, * ġdw, غ د و

♦ **déjeuner, prendre le repas de midi.** •*Amis xaddêna sâ'a talâta sawa sawa.* Hier, nous avons pris le repas à trois heures précises. •*Hû ma'â iyâlah xaddo fî l otêl be kabâb.* Il a déjeuné au restaurant avec ses enfants en mangeant un plat de foie en sauce. •*Jâri mâ yixaddi wa lâ ma'â awîn wa lâ ma'â l iyâl al-dugâg.* Mon voisin ne déjeune ni avec les femmes ni avec les petits enfants.

xadda 2 / yuxudd *v. trans.*, forme I n° 5, * ḫḍḍ, خ ض ض

♦ **mélanger, délayer, remuer.** •*Al mara sabbat al-dagîg fî l almi l hâmi wa xaddatah.* La femme a versé de la farine de mil dans de l'eau chaude et l'a délayée. •*Hî xaddat al mulâh be l warwâr.* Elle a remué la sauce avec le batteur.

xaddam / yaxaddim *v. trans.*, forme II, * ḫdm, خ د م

♦ **faire travailler.** •*Xaddamâni min fajur lê aciye wa aba mâ yikaffîni gursi.* Il m'a fait travailler du matin au soir et a refusé de me payer. •*Rafîgi bidôr baxaddimni ma'âh fî maktabah.* Mon ami veut que je travaille avec lui dans son bureau.

xaddâm / xaddâmîn *adj. mrph. intf.*, (*fém. xaddâma*), * ḫdm, خ د م

♦ **travailleur (-euse), ouvrier (-ère), fonctionnaire.** •*Fattic lêi nâdum xaddâm yi'addil lêi râs bêti.* Cherche-moi un ouvrier qui puisse réparer le toit de ma maison. •*Awîn Tcâd xaddâmât bilhên.* Les femmes du Tchad sont très travailleuses. •*Al xaddamîn adrabo.* Les fonctionnaires ont fait la grève.

xaddân *n. d'act., m.*, ≅*xaddîn*, → *xadda*, * ḫḍḍ, خ ض ض

♦ **fait de remuer, fait de mélanger.** •*Al binêye di mâ ta'arif xaddân al mulâh.* Cette fille ne sait pas mélanger la sauce. •*Al burma di kabîre xaddân al êc fôgha gâsi.* C'est difficile de mélanger la boule dans cette marmite parce qu'elle est grande.

xaddar 1 / yixaddir *v. trans.*, *Cf. karram*, forme II, * hdr, ح ض ر

♦ **estimer *qqn.*, considérer *qqn.*, honorer *qqn.*,** prendre quelqu'un en considération. •*Hû da rafîgi, lâkin xaddartah ziyâda min axui wald ammi.* C'est mon ami, mais je l'estime plus que mon propre frère [mon frère le fils de ma mère]. •*Jîrâni, xaddartuhum ziyâda min ahali.* J'estime plus mes voisins que les membres de ma famille. •*Hû yixaddir kabîrah acân hû bikarrimah.* Il honore son chef parce que ce dernier le respecte.

xaddar 2 / yixaddir *v. trans.*, forme II, * ḫdr, خ د ر

♦ **anesthésier, insensibiliser, droguer.** •*Al ibre xaddarat rijili.* La piqûre m'a insensibilisé la jambe. •*Gubbâl ma yucugguh al-dakâtîr xaddaro jildah.* Avant de l'opérer, les médecins l'ont anesthésié.

xaddar 3 / yixaddir *v. intr.*, forme II, * ḫḍr, خ ض ر

♦ **verdir, bourgeonner.** •*Wakt al-rucâc, al-cadar xaddar.* Au moment de la poussée de sève, les arbres bourgeonnent. •*Kan al almi mâ sabba al-zura'ât mâ bixadduru.* S'il ne pleut pas, les champs ne verdiront pas. •*Abûk kan faracak mâ bisawwi ceyy, al-jilid ucar bixaddir.* Si ton père t'a fouetté, cela ne fait rien, le corps est comme l'arbuste Calotropis procera, il reverdira.

xaddâr / xaddârîn *adj. n. m. mrph. intf.*, (*fém. xaddâra*), *Cf. xadar 1, xadar 2, xâyin*, * ġdr, غ د ر

♦ **qui abandonne, lâcheur (-euse), traître, qui se retourne contre son ami,** qui fausse compagnie. •*Mâ ti'âmin al-rafîg al xaddâr.* Ne fais pas confiance à un ami qui t'a abandonné. •*Inta xaddâr, mâla angata' minnina cahar tamâm ke.* Tu es un lâcheur, pourquoi as-tu interrompu notre relation depuis un mois entier ? •*Hû sâfar ma'â nâs xaddârîn, humman lammo rayhum câlo haggah wa fâto xalloh.* Il est parti en voyage avec des traîtres ; ceux-ci se sont mis d'accord entre eux, ils l'ont dépossédé de son bien et sont partis en le laissant seul.

xaddarân 1 *n. m.*, ≅*xaddirîn*, *Cf. ibirt al-nôm*, * ḫdr, خ د ر

♦ **anesthésie, absorption de barbiturique, prise de somnifères, dopage,** fait d'anesthésier, de droguer ou d'endormir. •*Al mardân kan bidôru bisawwu lêyah amaliye, bat'anoh ibre hint xaddarân al-jilid.* Lorsqu'on veut opérer un malade, on lui fait une piqûre qui l'anesthésie. •*Al-nâdum kan ankassar wallâ* *majruh wa ta'abân bilhên, bantuh kinnîn hanâ xaddarân acân yunûm.* Lorsque quelqu'un s'est cassé un membre, qu'il est blessé et qu'il souffre trop, on lui donne des somnifères.

xaddarân 2 *n. d'act. m.*, ≅*xaddirîn*, * ẖḍr, خ ض ر
♦ **verdoiement, verdissement.** •*Xaddarân al haraz illa fî l-sêf.* L'Acacia albida ne reverdit qu'en saison sèche. •*Xaddirîn al kadâde ba'ad al matar al awwalâniye walla l-tâniye.* Le verdoiement de la brousse n'apparaît qu'après la première ou la deuxième pluie. •*Al baggâra yigabbulu min al wati ba'ad xaddirîn al gecc fî l muncâx.* Les bouviers reviennent du Sud après le verdissement de l'herbe dans le Nord.

xaddas / yixaddis *v. trans.*, forme II, *Cf. abad*, * qds, ق د س
♦ **adorer, sanctifier, rendre saint, rendre un culte,** adresser des bénédictions à quelqu'un dont on implore la protection. •*Anâ ma nixaddis illa -llah.* Moi, je n'adore que Dieu. •*Fî nâs bixaddusu l-junûn.* Il y a des gens qui implorent les djinns. •*Al marhûm xaddas al mâl ke, wa dâku mât xallah warâyah.* Le défunt avait le culte des richesses, le voilà mort, il les a laissées derrière lui.

xaddayân *n. d'act.*, peu employé, *Cf. xada*, ≅*xaddiyîn*, * ġdw, غ د و
♦ **repas, fait de déjeuner,** fait de prendre le repas du milieu du jour. •*Anâ nirîd xaddayân hanâ sâ'a tinên.* J'aime bien déjeuner à quatorze heures. •*Al iyâl mâ bidôru al xaddayân kulla yôm be êc.* Les enfants n'aiment pas manger tous les jours de la boule au repas de midi.

xaddîn *n. d'act., m.*, → *xaddân.*

xaddirîn *n. d'act., m.*, → *xaddarân.*

xaddiyîn *n. d'act., m.*, → *xaddayân.*

xaddûr *n. coll.*, *sgtf. xaddûray*, *Cf. suksuk, kijêl, agîg, marjân, xaraz, zeytûn, zûm*, * ẖḍr, خ ض ر
♦ **perle,** ensemble des perles porte-bonheur. •*Al xaddûr zîna lê l awîn.* Les petites perles font la beauté des femmes. •*Al awîn yirabbutu l xaddûr fî rugubbênhum wa sulubbênhum.* Les femmes attachent de petites perles à leur cou et à leurs hanches. •*Al xaddûray be xamsa riyâl fî l-sûg.* Une petite perle vaut cinq riyals au marché.

xâdi *invar.*, mot que l'on trouve dans la poésie de Farazdaq (*C.Q.*), voir plus haut l'expression *min xâdi*, * ġwd, غ و د
♦ **là-bas, plus loin, au-delà, de l'autre côté.** •*Hû maca ajjar bêt xâdi fî digêl acân fî l bakân da nâs irfitah katîrîn.* Il est allé louer une maison au-delà de Diguel parce qu'il y avait là beaucoup de gens de sa connaissance. •*Hû karaboh fî l-labtân al xâdi janb al-sûg.* On l'a hospitalisé à l'hôpital qui est de l'autre côté du marché. •*Yalla fûti minni xâdi, xallîni ninjamma !* Allez, ouste ! va-t'en, laisse-moi me reposer !

Xadîja *n. pr.* de femme, première femme du Prophète, *Cf. Kubra*, * ẖdj, خ د ج

Xadîje variante de *Xadîja.*

xadîm *pl.*, → *xâdum.*

xâdim / xuddâm *adj. m.*, terme moins offensant que *abid*, *Cf.* le féminin *xâdum.*
♦ **serviteur, domestique.** •*Indina xâdim bixassil wa bakwi l xulgân.* Nous avons un serviteur qui lave et repasse le linge. •*Al-Nasraniye mâ tagdar takrub bêtha illa kan indaha xâdim.* L'Européenne ne peut pas tenir sa maison si elle n'a pas de domestique.

Xadiriyya *n. pr.*, Quadiriya, nom de la confrérie fondée par ˤ*Abd al Qâdir al-Jaylâni*, * qdr, ق د ر

Xadjo *n. pr.* de femme, variante de *Xadîje*, * ẖdj, خ د ج

Xâdm-al-rahmân *n. pr.* de femme composé à partir d'un nom divin, *litt.*

esclave du Miséricordieux, prononcé *[xâdmarrahmân]*, *Cf. xâdim, raham.*

Xâdm-al-Rasûl *n. pr.* de femme, *litt.* esclave du Prophète, prononcé *[Xâdmarrasûl]*, *Cf. xâdim, rasûl.*

Xâdm-Allah *n. pr.* de femme, *litt.* servante de Dieu, prononcé *[Xâdmallah]*, *Cf. xâdim, Allah.*

xadôda / xadôdât *n. f.*, *Cf. xamîr*, * ẖḍḍ, خ ض ض

♦ **pâte à crêpes, pâte à galettes,** pâte fermentée à base de farine de mil, de blé, de riz ou de manioc pour la fabrication des galettes. •*Ammi nisat mâ sabbat sukkar fî l xadôda da bas al kisâr bigi hâmud.* Ma mère a oublié de sucrer la pâte, aussi les galettes sont-elles acides. •*Al kisâr da abyad misil da acân xadôdtah hint rizz.* Ces galettes sont très blanches parce qu'elles sont faites à partir d'une pâte à base de riz.

xadra *adj. f.*, → *axadar.*

xâdum / xadîm nom de personne, *f.*, ≃ les pluriels *xadîmât, xawâdim*, *Cf. xâdim, abid*, * ẖdm, خ د م

♦ **esclave, femme esclave.** •*Fî wakitna l hassâ da, kan tifattic kê kula, mâ talga xâdum fî dârna.* A présent, si tu cherches partout, tu ne trouveras plus de femme esclave dans notre pays. •*Zamân, nâs al-muluk induhum xadîm katîrîn.* Autrefois, les rois avaient beaucoup de femmes esclaves. •*Zamân, siyâd al hukum bisawwu al-nâs xadîm wa abîd zulum bas wa bubu'ûhum bê'.* Jadis, ceux qui détenaient le pouvoir réduisaient injustement en esclavage les femmes et les hommes, et les vendaient.

Xâdum *n. pr.* de femme, *Cf. xâdum*, * ẖdm, خ د م

xâf / yaxâf *v. intr. {- min}*, forme I n° 17, * ẖwf, خ و ف

♦ **avoir peur.** •*Mâ taxâf, yâ wilêdi, al-Nasrâni mâ bâkulak !* N'aie pas peur, mon enfant, le Blanc ne te mangera pas ! •*Al-râjil kan xâf al mara axêr minnah.* Une femme vaut mieux qu'un homme qui a peur. *Prvb.* •*Mâla xuftu min al micôtin ?* Pourquoi avez-vous eu peur du fou ?

xafala *n. f.*, * ġfl, غ ف ل

♦ **inattention, surprise.** •*Addili bêtki gubbâl difânki mâ yaju lêki be l xafala.* Range bien ta maison avant que tes hôtes ne viennent te surprendre. •*Hû ramah lê gabîlah be l xafala.* Il a renversé son adversaire en le surprenant.

xafar / yaxfir *v. intr.*, terme de l'*ar. lit.*, forme I n° 6, → *wafar* [pardonner], * ġfr, غ ف ر

xaffa / yixiff *v. intr.*, *Cf. nagas*, * ẖff, خ ف ف

♦ **diminuer, alléger.** •*Al yômên dôl, al barid xaffa.* Ces deux derniers jours, le froid a diminué. •*Al-sane di, al hamdu lillah, hammi xaffa.* Cette année, Dieu merci ! j'ai eu moins de soucis [mes soucis ont diminué].

xaffaf / yixaffif *v. trans.*, forme II, * ẖff, خ ف ف

♦ **alléger.** •*Al-râjil da xaffaf lêi xidimti.* Cet homme a allégé mon travail. •*Al humâr da câyil tagîl xaffif lêyah cêlah da ciya.* Allège un peu la charge de cet âne, il est trop chargé. •*Abuh antah cuwâl hanâ xalla acân yixaffif lêyah al masârif.* Son père lui a donné un sac de mil pour alléger ses dépenses quotidiennes. •*Xaffif lêi cêl al hatab da !* Aide-moi à porter [allège-moi] ce bois !

xaffâf / xaffâfîn *adj. mrph. intf.*, (*fém. xaffâfa*), *Syn. jawwâniye, arrâgi*, * ẖff, خ ف ف

♦ **vêtement léger, vêtement d'intérieur, voile d'intérieur,** vêtement ou voile porté à l'intérieur de la maison parce qu'il peut être très ordinaire ou usé. •*Aciri lêi laffay xaffâfa naxadim bêha fî l-ladday wallâ kan ga'ade fî l bêt !* Achète-moi un voile léger à porter quand je travaille à la cuisine ou lorsque je reste à la maison ! •*Al-râjil kan gabbal min al xidime, balbas xalagah al xaffâf.* Lorsque l'homme revient du travail, il met son vêtement d'intérieur. *•Fâtime cîli l xaffâfa wa waddi l-câhi da lê l-rujâl.* Fatimé, prends le voile d'intérieur et apporte ce thé aux hommes. *•Al xaffâfa naxadim beha fî l bêt, mâ namci beha udur.* Je porte ce voile léger lorsque je travaille à la maison, je ne le mets jamais pour aller à une cérémonie.

xaffâfa / xaffâfât *n. f.*, voile d'intérieur, → *xaffâf*, * h̲ff, خ ف ف

xaffafân *n. d'act., m.*, ≅ *xaffifîn*, * h̲ff, خ ف ف

♦ **allégement, soulagement, fait d'alléger.** *•Turâb râs al bêt da katîr, bidôr xaffafân !* Il y a trop de terre sur le toit de la maison, il faudrait en ôter un peu ! *•Xaffafân al xidime lê l ummâl, bantihum fursa yirâxubu buyûthum.* En allégeant le travail des ouvriers on leur donne l'occasion de veiller à la bonne marche de leur foyer. *•Al-lugdâbe garîb taga tidôr xaffafân hanâ xumamha al fî râsha !* Le hangar est sur le point de tomber, il faudrait le décharger des choses qui sont au-dessus !

xaffal / yixaffil *v. trans.*, forme II, * ġfl, غ ف ل

♦ **tromper l'attention, surprendre.** *•Mahammat limis al-côk be harbitah wa l-marfa'în xaffalah marag.* Mahamat a effleuré les épines avec sa lance, et, sans qu'il s'y attende, l'hyène est sortie. *•Rafigti xaffalatni, câlat dahabi.* Mon amie a trompé mon attention pour prendre mes bijoux en or. *•Anâ dêfe, wilêd wâhed xaffalâni, dassâni fî l-derib al mamnu' wa l pôlîs karabôni.* Je suis une étrangère ; un enfant m'a trompée, il m'a fait prendre un chemin interdit et les policiers m'ont arrêtée.

xaffalân *n. d'act., m.*, → *xaffilîn.*

xaffifîn *n. d'act., m.*, → *xaffafân.*

xaffilîn *n. d'act., m.*, ≅ *xaffalân*, * ġfl, غ ف ل

♦ **surprise, fait de surprendre.** *•Al-mulâkîm birîd xaffilîn xasîmah fî l-duwâs.* Le boxeur aime surprendre son adversaire au combat. *•Xaffilîn al-nâdum al indah daxit be l xabâr al hazîn da, bisabbib lêyah xarî'e.* Surprendre quelqu'un qui a de la tension, en lui annonçant cette triste nouvelle, peut le frapper de stupeur.

xafîf / xufâf *adj.*, (*fém. xafîfe*) *Ant. tagîl*, * h̲ff, خ ف ف

♦ **léger (-ère),** de peu d'importance, sans beaucoup d'éducation. *•Al-câhi kan xafîf mâ bakrub fî l-râs.* Lorsque le thé est léger, on n'en devient pas dépendant [il ne prend pas dans la tête]. *•Kalâmi da, mâ tilxabban fôgah, akurbah xafîf !* Ne te fâche pas de ce que je t'ai dit, prends-le à la légère ! *•Anâ mâ nirîd al-laffay al xafîfe, acân jildi bincâf.* Je n'aime pas porter un voile léger parce qu'il laisse voir mon corps. *•Al-zôl da xafîf, kan ja fî bêti balmas ayyi ceyy.* Cet homme-là n'a pas beaucoup d'éducation ; lorsqu'il vient chez moi, il touche à tout.

xaflân / xaflânîn *adj.*, (*fém. xaflâne*), * ġfl, غ ف ل

♦ **inattentif (-ive), surpris(e), à l'improviste,** sans qu'on s'y attende. *•Mâ tagôd xaflân !* Ne sois pas inattentif ! *•Axui jâna xaflânîn.* Mon frère est venu chez nous à l'improviste [est venu vers nous inattentifs]. *•Mâciye xaflâne ke, al micôtîn ôma lêha.* Elle s'en allait sans faire attention, et le fou a soudain fait semblant de la frapper. *•Al-tâjir xaflân, wa l-sarrâg kabasah.* Le commerçant ne s'y attendait pas et le voleur s'est jeté sur lui.

Xajjo *n. pr.* de femme, → *Xadjo.*

xajlân / xajlânîn *adj.*, (*fém. xajlâne*), * h̲jl, خ ج ل

♦ **honteux (-euse), confus (e).** *•Hû bigi xajlân mini wakit lammêna fî l-câri acân mâ maca lêi wakit anâ mardâne.* Il était confus lorsque nous nous sommes rencontrés en chemin, parce qu'il n'était pas venu me voir quand j'étais malade. *•Hî gabbalat xajlâne acân tidôr tasrig wa câfôha.* Elle est revenue honteuse parce qu'on l'a vue qui cherchait à voler quelque chose.

xajûl / xajulîn *adj. mrph. part.* actif, (*fém. xajûla*), *Syn. xijjîl*, * h̲jl, ل ج خ

♦ **honteux (-euse), gêné(e) par pudeur, timide,** qui éprouve un très fort sentiment de honte et de pudeur. •*Al-râjil da xajûl, mâ bigâbil nasîbitah.* Cet homme a honte de se trouver en face de sa belle-mère. •*Al mara di xajûla, mâ tagdar tâkul ma'â l-rujâl.* Cette femme est pudique, elle ne peut pas manger avec les hommes.

xâl 1 / xawâlê nom de personne, *m.*, ≅ les pluriels *xawalên, axwâl*, * h̲wl, ل و خ

♦ **oncle maternel, autre époux de la mère.** •*Xâli gâ'id yifakkir fôgna bilhên misil anîna iyâlah.* Mon oncle (l'époux de ma mère) veille sur nous [pense à nous] comme si nous étions ses enfants. •*Xawâlêni talâte gâ'idîn fî l farîg.* J'ai trois oncles maternels qui sont au campement.

xâl 2 / xawâle *n. m.*, *Cf. câma*, * h̲yl, ل ي خ

♦ **lentigo, grain de beauté, tache de rousseur,** petit point noir sur la peau. •*Al xâl hû nugta zarga, tamrug fî l-jilid.* Le lentigo est une petite marque noire et ronde qui sort en n'importe quel endroit du corps. •*Hû indah xâlên fî wijhah.* Il a deux grains de beauté sur le visage.

xala 1 *n. m.*, *Cf. kadâde, dahare, wa'are*, * h̲lw, و ل خ

♦ **brousse, lieu désert,** lieu inhabité. •*Al hille bigat xala, al-nâs kulluhum ke maco l-gêgar.* Le village est devenu un lieu désert, tous les gens sont partis en ville. •*Kan mâci l xala cîl ma'âk almi katîr, al yabga lêk mâ ma'rûf !* Si tu pars dans la brousse inhabitée, prends avec toi beaucoup d'eau, tu ne sais pas ce qui peut t'arriver ! •*Al-râ'i da waddar fî l xala, xufna l atac yaktulah.* Ce berger s'est perdu en brousse et nous avons eu peur qu'il meure de soif. •*Anâ jît lêku wa ligît al bêt xala.* Je suis allé chez vous et j'ai trouvé la maison vide.

xala 2 *n. m.*, * ġlw, و ل غ

♦ **montée des prix des marchandises.** •*Ba'ad al-tujjâr birîdu l xala hanâ l budâ'a fî Ramadân.* Certains commerçants aiment faire monter le prix des marchandises pendant le Ramadan. •*Allah yarfa' al xala wa l bala !* Que Dieu ôte la montée des prix et les calamités !

xâla / xâlât nom de personne, *f.*, féminin de *xâl*, * h̲wl, ل و خ

♦ **tante maternelle.** •*Xâlti rabbatni be zibde wa laban.* Ma tante maternelle m'a élevé avec du beurre et du lait. •*Xâlâti gâ'idîn barra ma'â l bahâyim.* Mes tantes maternelles sont en brousse avec les troupeaux [avec les bestiaux].

Xâla *n. pr.* de femme, surnom, *Cf. xâla*, * h̲wl, ل و خ

xalab / yaxlib *v. trans.*, ≅ *xilib* (accompli), *yaxlab* (*inacc.*), forme I n° 6, * ġlb, ب ل غ

♦ **gagner, battre, vaincre,** à propos d'un jeu, d'une compétition, d'un tournoi. •*Farîx hanâ "Tirbiyon" xalabah lê farîx hanâ "Gâzêl" be wâhid mugâbil sifir.* L'équipe "Tourbillon" a vaincu celle des "Gazelles" avec un score de un à zéro. •*Amkalâm xalabat darritha, ramatha fî l-turâb.* Amkalam a battu sa coépouse, elle l'a jetée par terre.

xalaba *n. f.*, *Cf. xilib, xalbâne*, * ḥbl, ل ب ح

♦ **grossesse.** •*Xalaba hint al mara di lazzatha fî akil al fûl.* La grossesse a donné envie à cette femme de manger des arachides. •*Al xalaba mâ bicâra, bicâra l wâlûda.* La grossesse n'est pas une bonne nouvelle, c'est la naissance qui en est une. •*Dabangiti dabangit hadîd, mâ bufukkaha illa Rabbina l-cadîd... Di l xalaba.* Mon grenier est en fer, seul notre Seigneur, le Puissant, peut l'ouvrir... C'est la grossesse. *Dvnt.*

xalâbît *pl.*, → *xalbât*.

xalaf 1 / yaxlif *v. trans.*, * h̲lf, ف ل خ

♦ **compenser, remplacer, donner en échange, succéder.** •*Gursak da* *waddar, Allah yaxlif lêk balâyah !* Tu as perdu ton argent, que Dieu compense ce que tu n'as plus ! •*Al-têr akal zurâ'itku, wa Allah yaxlif lêku be ma'îce !* Les oiseaux ont dévasté vos champs, que Dieu vous donne en échange de quoi vivre ! •*Al malik mât wa wilêdah bas xalafah.* Le chef de canton est mort et c'est son fils qui lui a succédé.

xalaf 2 *n. m.*, *Cf. badal*, * h̲lf, خ ل ف

♦ **remplaçant(e), substitut.** •*Allah yaj'alah lêki salaf wa yantîki xalaf.* Dieu l'a fait mourir très jeune, il te le remplacera. •*Hey, abba l gardi, fattic lêi xalaf gubbâl ma taxatir !* Eh, gardien ! cherche-moi un remplaçant avant que tu ne partes en voyage !

xâlaf / yixâlif *v. trans.*, *Cf. facal, falat 2, falla 2* ; forme III, * h̲lf, خ ل ف

♦ **s'opposer à *qqn.*, contredire, déroger à,** ne pas être fidèle à ce qui a été fixé par la parole. •*Hû xâlaf kalâm hanâ ammah wa abuh.* Il a contredit la parole de sa mère et de son père. •*Al mara di xâlafat râjilha wa tallagâha.* Cette femme n'a pas tenu compte de ce que lui demandait son mari : il l'a répudiée.

xalag 1 / yaxlig *v. trans.*, ≅ l'*inacc. yaxlug*, * h̲lq, خ ل ق

♦ **créer, inventer.** •*Allah xalag al-âlam.* Dieu a créé le monde. •*Al-nâs xalago l gurus wa l-tayârât.* Les hommes ont inventé l'argent et les avions. •*Al-nâs mâ yagdaro yaxalgu (yaxlugu) cadar yugumm bala almi.* L'homme ne peut pas créer un arbre qui pousse sans eau.

xalag 2 / xulgân *n. m.*, (*dmtf. xilêg*), * h̲lq, خ ل ق

♦ **vêtement, habit, linge.** •*Maryam xayyatat xalag hanâ saxîrha.* Mariam a cousu le vêtement de son petit. •*Al yôm xalagi sameh wa jadîd.* Aujourd'hui, mon vêtement est beau et neuf. •*Xulgâni kulluhum gudâm.* Tous mes habits sont vieux.

xalam / xulummên *n. m.*, ≅ le pluriel *axlâm*, *Cf. bik, crêyon*, * qlm, ق ل م

♦ **calame, plume pour écrire,** taillée dans une tige de mil et utilisée par les enfants des écoles coraniques. •*Al wilêd barra lêyah xalam baktib beyah fî l-lôh.* L'enfant s'est taillé un calame pour écrire sur la planchette. •*Al iyâl dummu xulummênku zên, ambâkir tamcu behum fî l masîk.* Les enfants, mettez bien de côté vos plumes, pour que vous les emportiez demain à l'école coranique. •*Zamân rîc al-jidâde, al-nâs bisawwuh xalam baktubu beh.* Les plumes de poule servaient autrefois aux gens à fabriquer des plumes pour écrire.

xalâs *invar.*, * h̲lṣ, خ ل ص

♦ **terminé, fini, stop, point !, enfin, cela suffit, c'est assez,** marque une pause dans la succession des actions d'un récit. •*Xalâs, ta'âl cîlah !* C'est terminé, viens le prendre ! •*Da mâ xalâs ?* Ce n'est pas fini ? •*Hû fat xalâs.* Il est parti, un point c'est tout. •*Amci be warak bicêc bicêc..., xalâs !* Recule tout doucement..., stop ! •*Xalâsku, gummu min al-nôm !* Cela suffit, vous avez assez dormi, réveillez-vous ! •*Xalâsi, mâ nagdar naxadim.* J'en ai assez, je ne peux plus travailler.

xâlat / yixâlit *v. intr.*, forme III, ≅ l'*inacc. yaxâlit*, * h̲lṭ, خ ل ط

♦ **contester, se défendre, se disculper, être en désaccord, palabrer,** parler ensemble haut et fort, ne pas vouloir reconnaître une accusation. •*Amis jîrâni xâlato fî bakân al-carîye.* Hier, mes voisins se sont disputés au palais de justice. •*Al-cahar al fât hû xarab al-dukkân wa xâlat.* Le mois dernier, il a ruiné la boutique et n'a pas voulu l'admettre. •*Hû yacrab marîse, wa yixâlit.* Il boit de la bière de mil et refuse de le reconnaître.

xalax / yaxlix *v. trans.*, ≅ l'*inacc. yaxlux*, *Cf. xalag 1* ; forme I n° 6, * h̲lq, خ ل ق

♦ **créer.** •*Allah xalax al-nâs : wahdîn zurug wahdîn buyud, wahdîn* *sufur wahdîn humur.* Dieu a créé les gens : certains noirs, d'autres blancs, d'autres jaunes et d'autres encore rouges. •*Mâ taxlix lêna muckila bakân al mâ fîh fôgah macâkil !* Ne nous crée pas de problème là où il n'y en a pas !

xalbâne / xalbânât *adj. f.*, autre pluriel *xalbânîn*, connu au *Sdn.* (*C.Q.*), *Syn. hâmil 3*, *Cf. xilib, xalbân, dârre*, * ḥbl, ح ب ل •

♦ **enceinte, en état de grossesse.** •*Marti xalbâne hanâ xamsa cahar.* Ma femme est enceinte de cinq mois. •*Al awîn al xalbanîn maco l-labtân.* Les femmes enceintes sont allées à l'hôpital.

xalbat 1 / yixalbit *v. trans.*, *qdr.*, connu en *Egy.* et au *Sdn.* (*C.Q.*), ≅ *laxbat*, forme II, métathèse dans la racine, * lh̲bṭ, خ ل ط • ل خ ب ط

♦ **mélanger, mêler**. •*Al mara xalbatat al-laban wa l-dadîg be sukkar acân tisawwi fangâsu.* La femme a mélangé du lait, de la farine et du sucre pour faire des beignets. •*Al gahawa kan xalbatôha ma'a l-laban, lônhum babga axabac.* Le café mélangé au lait a une couleur marron.

xalbat 2 / yixalbit *v. intr.* {*-lê*}, *qdr.*, sans doute influence de la racine خلب [*h̲lb*] "tromper" (*Ka.*), *Cf. kidib* ; forme II, * h̲lṭ, خ ل ط

♦ **calomnier,** mêler le vrai et le faux, faire des commérages, semer la zizanie. •*Al binêye di xalbatat lê râjil Maryam wa hû gamma daggâha.* Cette fille a calomnié le mari de Mariam, et ce dernier l'a ensuite battue.

xalbât / xalâbît *n. m.*, *qdr.*, → *xalbat 2*, * h̲lṭ, خ ل ط

♦ **mensonge, insinuation, calomnie, commérage,** parole sans fondement mélangeant le vrai et le faux. •*Xalbât hanâ awîn, da anâ mâ nidôrah.* Moi, je n'aime pas les mensonges de femmes. •*Al xalâbît dôl kulla l-rujâl bas bijubuhum.* Ce sont les hommes qui ont rapporté tous ces commérages.

xalbatân *n. d'act.*, *m.*, → *xalbitîn.*

xalbâti / xalbâtîn *adj.*, *qdr.*, (*fém. xalbâtiye*), → *xalbat*, terme d'insulte, *Cf. kaddâb*, * h̲lṭ, خ ل ط

♦ **menteur (-euse), insinuateur (-trice), vaurien (-enne),** ne pas être franc, avoir un double langage. •*Mâ tanti acîrak lê l-nâdum al xalbâti.* Ne confie pas ton secret à quelqu'un qui n'est pas franc. •*Al mara di xalbâtiye tilimm al-nâs bidâwusu.* Cette femme a un double langage, elle incite les gens à se battre.

xalbitîn *n. d'act.*, *m.*, ≅ *xalbatân*, *Cf. xalbat*, * h̲lṭ, خ ل ط

♦ **mélange, fait de mélanger,** fait de tenir un discours mélangeant le vrai et le faux. •*Anâ mâ nidôr xalbitîn al kalâm, ôrini l-sahi !* Je ne veux pas de double langage, dis-moi la vérité ! •*Hî tirîd xalbitîn al gahwa be l-laban al halîb.* Elle aime mélanger le café et le lait frais.

xalf *invar.*, toujours suivi d'un nom ou d'un pronom, *Cf. ba'ad*, * h̲lf, خ ل ف

♦ **après, venant derrière.** •*Al iyâl wagafo rîgân rîgân, al-tawîl xalf al giseyyar.* Les enfants se sont mis debout en rangs, les uns derrière les autres, le plus grand derrière le plus petit. •*Anâ jît lêhum, wa mâ ligîthum, kan jo, gul lêhum yamcu xalfi.* Je suis allé chez eux, et je ne les ai pas trouvés ; dis-leur qu'ils viennent me rejoindre chez moi. •*Fî l-salâ, al-nâs kulluhum yugûfu sawa sawa xalf al imâm.* Pendant la prière, tous les gens se tiennent debout, alignés derrière l'imam. •*Fî l xura, ba'ad buyût induhum bâbên : wâhid giddâmi wa wâhid xalfi.* Dans les villages, certaines maisons ont deux portes : l'une devant et l'autre derrière.

xalfa *adj. f.*, → *axlaf.*

xalfac / yixalfic *v. trans.*

♦ **entortiller, embrouiller, emmêler.** •*Al iyâl xalfaco kalasîda fî l-derib acân yarmu l awîn.* Les enfants ont entortillé des herbes longues sur le chemin pour faire tomber les femmes.

•*Jît nidôr nisill almi min al bîr, wa ligît al habil xalfac.* Je suis venu pour tirer l'eau du puits, j'ai trouvé la corde tout embrouillée. •*Ca'ari maccatoh mâ adîl wa xalfac.* Mes cheveux n'ont pas été bien coiffés et sont emmêlés.

xâli 1 / **xâwâli** *adj.*, (*fém. xâliye*), ≅ le pluriel *xâliyîn*, * ġlw, غ ل و

♦ **cher (chère), coûteux (-euse),** qui a un prix élevé, qui tient à cœur. •*Watani xâli lêi.* Ma patrie m'est chère. •*Al-xalla xâliye fî l-sûg acân al-nâs bâkulûha katîr.* Le mil est cher au marché parce que les gens en mangent beaucoup. •*Al iyâl xâliyîn lê ammuhum wa abûhum.* Les enfants sont chers à leur mère et à leur père.

xâli 2 / **xâliyîn** *adj.*, (*fém. xâliye*), *Cf. xalu*, * h̲lw, خ ل و

♦ **vide, désert(e).** •*Anâ macêt bêtak wa ligîtah xâli.* Je suis allé chez toi, j'ai trouvé la maison déserte. •*Burmiti xallêtaha malâne madîde, wakit gabbalt ligîtaha xâliye, al-cirbâha mâ na'arfah.* J'ai laissé ma marmite pleine de bouillie et, lorsque je suis revenue, je l'ai trouvée vide, je ne sais pas qui l'a mangée.

xâlib / **xâlibîn** *adj. mrph. part.* actif, (*fém. xâlibe*),* ġlb, غ ل ب

♦ **vainqueur.** •*Al-nâs gâ'idîn bucûfu yâtu l xâlib min al-la'âbîn al-tinên dôl.* Les gens sont en train de voir qui de ces deux joueurs sera vainqueur. •*Yâtu l xâlib fî li'ib al bâl hanâ amis ?* Qui est le vainqueur du match de football d'hier ?

xalîd / **xulâd** *adj.*, (*fém. xalîde*), *Cf. samîn, kabîr, girgît*, * ġlẓ, غ ل ظ

♦ **gros (grosse), fort(e), costaud, massif (-ive), épais (-aisse), grave** (voix). •*Al-râjil da kan ciftah zamân, wakit fagri, rigeyyak ; wa hassâ bigi xalîd acân hû indah gurus.* Si tu avais vu cet homme autrefois quand il était pauvre : il était maigre, mais à présent il est devenu gros et fort parce qu'il a de l'argent. •*Andasso lêyah sararîg xulâd wa câlo haggah.* Des voleurs costauds sont entrés chez lui et l'ont dépossédé de son bien. •*Al binêye di sinînha ciyya, lâkin udâmha xulâd, bigat mara ajala ke.* Cette fille est très jeune, mais elle est déjà bien bâtie [ses os sont gros] ; elle est vite devenue une femme. •*Marit Âdum al kabîre xalîde min al-saxayre.* La première femme d'Adoum est plus forte que la seconde.

Xâlid *n. pr.* d'homme, *litt.* éternel, immortel, * h̲ld, خ ل د

xalîfa / **xulafa'** *n. m.*, ≅ le pluriel *xalâyif*, *Cf. nâyib*, * h̲lf, خ ل ف

♦ **représentant d'une autorité, vicaire, lieutenant.** •*Al-sultân rassal al xalîfa fî hillitna.* Le sultan a envoyé son représentant dans notre village. •*Al xalîfa hanâ l-sultân ja wa gâl lêna nikaffu l mêri ajala.* Le représentant du sultan est venu et nous a dit de vite payer l'impôt.

xâlig *n. m.*, ≅ *xâlix*, * h̲lq, خ ل ق

♦ **créateur.** •*Wâjib lêk ta'arif xâligak wa ta'bidah.* Tu dois connaître ton créateur et l'adorer. •*Xâligak basma' wa bicif kulla l-ceyy al hawân al inti tilabbid tisawwih.* Ton créateur entend et voit toutes les mauvaises choses que tu fais en cachette.

xalîga *n. f.*, ≅ *xalîge, xalîga hanâ Allah* [créature de Dieu], * h̲lq, خ ل ق

♦ **créature, création, nature créée.** •*Kan al insân walla l bahâyim kulluhum xalîga hanâ Allah.* Que ce soit des personnes ou des animaux, tous sont créatures de Dieu. •*Hû kula xalîga hanâ Allah misilak, mâ ticammit lêyah !* C'est aussi une créature de Dieu comme toi, ne te moque pas de lui ! •*Al-durdumma al fî daharah, xalîge ilâhiye.* Cette bosse qu'il a dans le dos est une malformation congénitale [est une création divine].

xalîge *n. f.*, → *xalîga.*

Xalîl *n. pr.* d'homme, *litt.* ami intime, * h̲ll, خ ل ل

xâlix *n. m.*, → *xâlig.*

Xâliye *n. pr.* de femme, *litt.* chère, qui coûte cher, * ġlw, غ ل و

xalla 1 / yixalli *v. trans.*, ≅ l'*inacc. yaxalli* ; forme II, * h̲lw, خ ل و

♦ **laisser, quitter, abandonner.** •*Mâ tixallîni wehêdi !* Ne me laisse pas seul ! •*Al humâr xalla câytah yabse.* L'âne s'est enfui de là où on l'avait attaché [il a laissé son aire sèche]. •*Hû xalla l xidime wa nâm fî l bêt.* Il a abandonné le travail et a dormi à la maison.

xalla 2 / yixalli *v. trans.*, forme II, * ġlw, غ ل و

♦ **augmenter le prix, faire monter les prix.** •*Al kabâbît wa l fanâyil, al-tujjâr bixallûhum fî l-cite.* Les commerçants augmentent les prix des manteaux et des tricots en hiver. •*Al-tujjâr yixallu l faham wa l hatab fî l îne.* Les commerçants font monter les prix du charbon et du bois de chauffe au milieu de la saison des pluies.

xalla 3 *n. vég., coll., f., sgtf. xallay, Cf. duxun, berbere, dura,* * ġll, غ ل ل

♦ **nom de céréale, mil,** famille des graminées. •*Al xalla raxîse fî l-sûg fî l-darat.* Le mil n'est pas cher au marché pendant le temps de la moisson. •*Fî sant al-ju' talga l muhâjirîn fî l-sûg bilaggutu xallay xallay acân yi'îcu.* En période de famine, les mendiants des écoles coraniques ramassent au marché le mil, grain par grain, pour survivre. •*Tihit gana, fôg rihêw bana... Di l xalla fî gandûlha.* Dessous, c'est une tige de bambou ; dessus, le héron garde-bœuf a fait son nid… C'est le mil avec son épi. *Dvnt.*

xallab / yaxallib *v. trans.*, forme II, * ġlb, غ ل ب

♦ **fatiguer, épuiser.** •*Al xidime hint amis xallabatni bilhên.* Le travail d'hier m'a épuisé. •*Al ibre l amis ta'anôni beha di xallabatni.* L'injection que j'ai reçue hier m'a vraiment fatigué.

xallâb / xallâbîn *adj.*, (*fém. xallâba*), * ġlb, غ ل ب

♦ **vainqueur, victorieux (-euse).** •*Farîxna hanâ Sao-Tcâd dâyiman xallâb fî li'ib al bâl.* Notre équipe des Sao-Tchad est toujours victorieuse au terme des matchs de football. •*Al xallâbîn dâyiman farhânîn.* Les vainqueurs sont toujours heureux.

xallân *n. d'act.*, → *xallîn.*

xallas / yixallis *v. trans.*, forme II, * h̲lṣ, خ ل ص

♦ **terminer, achever, sauver, délivrer, finir,** achever une action difficile en la faisant bien aboutir. •*Mahamat xallas xidimtah min fajur.* Mahamat a terminé son travail depuis ce matin. •*Kan macêt al-zere', xallis ajala kê, wa ta'âl.* Si tu vas au champ, termine vite ton travail et reviens. •*Al askari xallas al-nâs min al-nâr.* Le militaire a délivré et sauvé les gens du feu. •*Al kalib al-jahmân gâ'id bikâtil wa l iyâl jo xallasoh.* Le chien enragé était en train d'agoniser et les enfants l'ont achevé.

xallasân *n. d'act., m.*, → *xallisîn.*

xallayân *n. d'act., m.*, → *xallîn.*

xallîn *n. d'act., m.*, ≅ *xallân, xallayân, xalliyîn,* * h̲lw, خ ل و

♦ **fait de laisser.** •*Xallînak lê gursak barra da, mâ adîl.* Il n'est pas bon de laisser ainsi ton argent dehors. •*Anâ mâ farhâne min xallînak lê bâb al maxazan bala guful.* Je ne suis pas contente que tu laisses la porte du magasin sans cadenas.

xallisîn *n. d'act., m.*, ≅ *xallasân,* * h̲lṣ, خ ل ص

♦ **achèvement, libération,** fait de sauver *qqn.* d'une situation périlleuse. •*Hû jâb gurus katîr lê xallisîn hanâ wilêdah min al-sijin.* Il a apporté beaucoup d'argent pour que son fils soit liberé de prison. •*Al bêt dahâba bado xidimtah lâkin xallisînah illa fî kumâle hanâ cahar al-jâyi.* On vient de commencer la construction de la maison, elle ne sera achevée qu'à la fin du mois prochain.

xalliyîn *n. d'act., m.*, → *xallîn.*

xaltân / xaltânîn *adj., (fém. xaltâne),* * ġlṭ, غ ل ط
♦ **fautif (-ive), qui a tort,** qui s'est trompé(e). •*Al marhûm bas xaltân.* C'est le défunt qui a tort. *Prvb.* •*Al iyâl dâwaso lâkin al-nâs bugûlu iyâl hanâ jâri bas xaltânîn.* Les enfants se sont battus, mais les gens disent que ce sont les enfants de mon voisin qui sont fautifs. •*Hî bas xaltâne wa battân macat cakat bakân al-sultân.* C'est elle qui a tort et, malgré cela, elle est allée se plaindre chez le sultan.

xâm / yixîm *v. trans.*, forme I n° 10, * qwm, ق و م
♦ **commencer la prière.** •*Al-nâs lissâ mâ xâmo l-sala.* Les gens n'ont pas encore commencé la prière. •*Anâ macêt al-jâmiye wa ligit al-nâs xalâs xâmo l-sala.* Je suis allé à la mosquée, les gens avaient commencé la prière. •*Mâ fî zôl ba'arif wakit al xiyâma tixîm illa Allah.* Il n'y a que Dieu qui connaisse le jour de la résurrection.

xamad / yaxamid *v. intr.*, forme I n° 6, *Cf. kaddas, ni'is,* * ḫmd, خ م د
♦ **s'assoupir, fermer les yeux, sommeiller, dormir un peu.** •*Al yôm da, ayyâne mâ nagdar ni'ânis, nidôr naxamid ciya ke.* Aujourd'hui, je suis épuisée, je ne peux plus tenir une conversation, je voudrais dormir un peu. •*Hey al iyâl ! abûku ja ayyân min al xidime, xalluh yaxamid ciya ke.* Hé ! les enfants ! votre père est revenu fatigué du travail, laissez-le s'assoupir un peu. •*Al-câhi al murr yadharni mâ naxamid.* Le thé amer m'empêche de dormir.

xamâm *n. m., Cf. sahâb, ajâj, xabâc,* * ġmm, غ م م
♦ **nébulosité, brouillard, brume, fins nuages,** nuage de poussière fine. •*Wakt al maxârib al xamâm katîr.* Au coucher du soleil, il y a beaucoup de nuages. •*Fî l-cite wallą l xarîf al xamâm katîr yisidd al harray.* En hiver ou en saison des pluies, des nébulosités voilent le soleil. •*Al xamâm kan tala' mâ nicîf al-gamar wa lâ l harray.* Lorsque les nuages montent, on ne voit ni la lune ni le soleil.

xamar 1 / yaxmir *v. trans.*, ≅l'*inacc. yaxamir*, forme I n° 6, * ḫmr, خ م ر
♦ **mettre de la levure, mettre du ferment, pétrir la pâte avec le ferment, mettre le levain dans la pâte.** •*Al awîn xamaro l kisâr fî l-lêl.* La nuit, les femmes ont préparé la pâte pour les galettes en y mettant de la levure. •*Al-râjil xamar mappa katîre.* L'homme a pétri beaucoup de pâte à pain et y a mis du levain. •*Ba'ad taxmiri l kisâr be zurra', siddih yagôd arba'a sa'ât.* Après avoir mis du ferment dans la pâte à galettes, mets-la à l'abri [ferme-la] et laisse-la reposer quatre heures !

xamar 2 / xumûr *n. m., Syn. marîse, xamra,* * ḫmr, خ م ر
♦ **boisson alcoolisée.** •*Allah harram al xamar.* Dieu a interdit la boisson alcoolisée. •*Carrâbîn al xumûr mâ yihtammu be buyûthum.* Les buveurs de boissons alcoolisées ne se soucient pas de leur foyer.

xamarân *n. d'act.*, → *xamirîn.*

xamaz / yaxmiz *v. trans.*, forme I n° 6, ≅l'*inacc. yaxamis*, * ġmz, غ م ز
♦ **toucher avec la main, effleurer avec la main, donner une tape légère pour avertir,** effleurer l'épaule de *qqn.* avec les doigts avant de lui parler. •*Al atrac kan tinâdih, mâ yasma'ak illa kan xamaztah.* Quand tu appelles le sourd-muet, il ne t'entend pas, il ne comprend que si tu le touches avec la main. •*Hû xamaz axuh wa marago barra bahajju.* Il a tapé légèrement son frère pour l'avertir et ils sont sortis pour parler. •*Nâdêtah ke mâ sim'âni, axamzah lêi !* Je l'ai appelé mais il ne m'a pas entendu, avertis-le en le tapant légèrement !

xamba *adj. f.*, → *xanba.*

xamîr *n. m., Cf. xadôda,* * ḫmr, خ م ر
♦ **pâte levée, pâte fermentée.** •*Xamîr al fangâsu bisawwuh bê farîn*

wa almi wa tawwâra wa mileh wa sukkar. La préparation de la pâte à beignets se fait avec de la farine mélangée à de l'eau, de la levure, du sel et du sucre. •*Xamîr al kisâr busubbu fôgah zurra' wa êc wallâ madîde be ruwâba.* Dans la pâte à galettes, on met du malt avec de la boule ou de la bouillie mélangée avec du babeurre.

xamîra *n. f., Syn. tawwâra,* * h̲mr, خ م ر
♦ **levure,** levure industrielle. •*Al xamîra kan mâ samhe, al ka'ak mâ yugumm.* Si la levure n'est pas bonne, les gâteaux ne lèveront pas. •*Sabbîn al xamîra fî l-sukkar hanâ l bê', da ceyy xacac !* Mettre de la levure dans le sucre à vendre, c'est de l'escroquerie !

xamirîn *n. m., ≅xamarân,* * h̲mr, خ م ر
♦ **préparer la fermentation d'une pâte, préparer une pâte qui doit lever,** fait de préparer la pâte en y mettant de la levure ou du malt de mil. •*Xamirîn al kisâr bidôr irfe.* La préparation de la pâte à galettes exige du savoir-faire. •*Xamirîn al fangâsu wa l kisâr yabga illa be aciye.* La préparation de la pâte à fermenter pour les beignets ou les galettes ne se fait que le soir. •*Xamirîn al fangâsu be l-tawwâra, mâ be l-zurra'.* On prépare la pâte à beignets en y mettant de la levure et non du malt de mil.

(al) xamîs / xamîsât nom d'un jour de la semaine, *masc.,* pour *yôm al xamîs, Cf. xâmis,* * h̲ms, خ م س
♦ **jeudi.** •*Al xamîs, al yôm al xâmis fî l usbû'.* Le jeudi est le cinquième jour de la semaine. •*Sammoh Xamîs acân wildoh yôm al xâmis.* On l'a appelé Khamis parce qu'il est né un jeudi.

Xamîs *n. pr.* d'homme, donné à celui qui est né le jeudi, *Cf. xamîs,* * h̲ms, خ م س

xâmis *adj.,* nombre ordinal, (*fém. xâmse*), * h̲ms, خ م س
♦ **le cinquième.** •*Yôm al xamîs, yôm al xâmis fî l usbu'.* Le jeudi est le cinquième jour de la semaine. •*Tugumm fî l-tayâra al xâmse hint al-cahar al-jâyi.* Elle s'en va en prenant le cinquième vol [avion] du mois prochain.

Xamîsa *n. pr.* de femme, variante de *Xamîse,* * h̲ms, خ م س

Xamîse *n. pr.* de femme, prénom donné à celle qui est née le jeudi, * h̲ms, خ م س

xamistâcar nombre cardinal, *Cf. xamsa, acara,* * h̲ms, ˁšr, خ م س • ع ش ر
♦ **quinze.** •*Anâ macêt fî bêtak aktar min xamistâcar marra wa inta mâ fîk.* Je suis allé plus de quinze fois chez toi et tu n'étais pas là. •*Hî indaha xamistâcar saxîr.* Elle a quinze enfants.

xamma / yuxumm *v. trans.,* forme I n° 5, * h̲mm, خ م م
♦ **ramasser à pleines mains, prendre à deux mains.** •*Al-sarârîg xammo l gurus hanâ l banki.* Les voleurs ont ramassé l'argent de la banque à pleines mains. •*Amci dâxal, wa xumm al xulgân, jîbhum nixassilhum !* Va à l'intérieur, ramasse les vêtements, apporte-les pour que je les lave ! •*Xumm xalla ma'ûn wa anti l miskîn da !* Prends du mil dans un récipient et donne-le à ce pauvre !

xammad / yixammid *v. trans., Cf. sadda,* forme II, * ġmḍ, غ م ض
♦ **fermer, enfermer, serrer,** fermer sans laisser d'espace. •*Al-xazalay kan tunûm mâ tixammid uyûnha.* Lorsque la gazelle dort, elle ne ferme pas les yeux. •*Ahmat câf al askari indah uwâra kabîre, bas xammad uyûnah.* Quand Ahmat a vu que le soldat avait une grosse plaie, il a fermé les yeux. •*Al wilêd xammad gursah fî îdah wa jara.* L'enfant a serré [fermé] son argent dans sa main et a couru.

xammâl / xammâlîn *adj.,* (*fém. xammâla*), * h̲ml, خ م ل
♦ **au pas lent, marchant lentement, nonchalant(e).** •*Al bagara l xammâla tacarb al ukur.* La vache qui

traîne boira de l'eau sale [les impuretés de l'eau]. *Prvb.* (*i.e.* celui qui arrive en retard mange les restes du repas). •*Xâli juwâdah xammâl, siyâd al xêl maco xalloh.* Le cheval de mon oncle a un pas lent, les cavaliers qui l'accompagnaient l'ont laissé en arrière.

xammam 1 / yixammim *v. intr.*, forme II, * ġmm, غ م م

♦ **devenir nuageux.** •*Al yôm al wata xammamat.* Aujourd'hui le temps est devenu nuageux. •*Ajîb, al-dunya sêf wa l-wata xammamat !* C'est étrange : nous sommes en saison sèche, et le ciel s'est couvert de nuages !

xammam 2 / yixammim *v. trans.*, forme II, moins employé que *xamxam* (ramasser à pleines mains), → *xamxam*, * ẖmm, خ م م

xammar / yixammir *v. trans.*, forme II, * ġmr, غ م ر

♦ **faire évanouir, provoquer une syncope.** •*Amis anâ cirib dawa mâ adîl xammarâni.* Hier, j'ai pris un mauvais médicament qui m'a fait perdre connaissance. •*Cunû l xammarak misil da ?* Qu'est-ce qui t'a fait tomber en syncope ?

xamra *n. f.*, * ẖmr, خ م ر

♦ **boisson alcoolisée, alcool, boisson fermentée.** •*Al-nâdum al bacrab al xamra babga mardân ajala.* Celui qui boit de l'alcool tombera vite malade. •*Al xamra kan nâdum bacrabha ti'ar'irah.* La boisson alcoolisée fait perdre l'honneur de celui qui la boit.

xamsa nombre cardinal, * ẖms, خ م س

♦ **cinq.** •*Al-nâdum al macêna lêyah da, ligîna fî l-sâl nimra xamsa.* Nous avons trouvé dans la salle cinq la personne que nous désirions voir [vers laquelle nous allions]. •*Bêtna indah xamsa dangay.* Notre maison a cinq pièces.

xamsîn / xamsînât nombre cardinal, *m.*, * ẖms, خ م س

♦ **cinquante.** •*Anâ indi xamsîn riyâl bas fî jêbi.* Je n'ai que cinquante riyals dans ma poche. •*Al-râjil da indah arba'a mara wa garîb xamsîn saxîr.* Cet homme a quatre femmes et près de cinquante enfants. •*Hû indah xamsîn sana, xalâs hû câyib.* Il a cinquante ans, il est déjà vieux.

xâmûs / xawâmîs *n. m.*

♦ **dictionnaire, lexique, vocabulaire.** •*Da awwal xâmûs hanâ kalâm al Arab fî Tcâd.* C'est le premier dictionnaire d'arabe tchadien. •*Xâmûs hanâ l-luxxa l arabiya al-tcâdiya xani be l amsâl wa l hikam.* Le dictionnaire d'arabe tchadien est riche en exemples et en textes de sagesse.

xamxam 1 / yixamxim *v. trans.*, forme II, *Syn. xamma*, * ẖmm, خ م م

♦ **ramasser à pleines mains, emporter en abondance, prendre le plus possible, rafler, saisir en abondance.** •*Al-duwân xamxam al-sukkar hanâ l barcôt.* La douane a saisi en abondance le sucre de contrebande. •*Al-suwâr jo amis fî hillitna wa xamxamo l-xalla l fî l-sûg.* Les rebelles sont venus hier dans notre village et ont raflé tout le mil du marché. •*Binêyti mâ ta'arif tixamxim al wasâxa min fadayt al bêt.* Ma fille ne sait pas ramasser les saletés de la cour de la maison. •*Nâs al mêri yixamxumu l wasâxa min cawâri hanâ Anjammêna.* Les employés municipaux emportent les saletés des rues de N'Djaména.

xamxam 2 / yixamxim *v. trans.*, forme II, * ġmm, غ م م

♦ **s'enrouler d'un pagne, se couvrir.** •*Anâ nixamxim be l bâjo min al barday.* Moi, je m'enroule dans la couverture pour me protéger du froid. •*Wâjib al mara tixamxim jilidha acân tasturah min ên al-rujâl.* La femme doit se couvrir le corps pour le cacher au regard des hommes.

xân / yuxûn *v. trans.*, forme I n° 4, *Cf. xadar*, * ẖwn, خ و ن

♦ **trahir, abuser de la confiance d'un autre.** •*Mâ wâjib tuxûn al-nâdum al âmanak.* Tu ne dois pas trahir celui qui a confiance en toi. •*Al* *âmanak mâ tuxûnah law kan kâfir.* Ne trahis pas celui qui a confiance en toi, même s'il est mécréant. •*Al wilêd da xân rufugânah.* Ce garçon a trahi ses amis.

xanâbil *pl.*, → *xunbula.*

xanâfir *pl.*, → *xanfar.*

xanag / yaxnig *v. trans.*, ≃ l'*inacc. yaxanig*, forme I n° 6, * ḫnq, ق ن خ
♦ **étrangler.** •*Al-râjil da xanag jârah acân hû xacîm.* Cet homme a étranglé son voisin parce qu'il était méchant. •*Al bahîme kan rabatôha amzirrôdo min rabagitha, al habil baxanigha.* Lorsqu'on attache une bête avec un nœud coulant passé autour du cou, la corde l'étrangle. •*Al-câyib xirif xalâs, bugûl al-lâyo kula baxangah (baxnigah).* Le vieux est retombé en enfance, il dit que même la bouillie légère va l'étrangler.

xanagân *n. m.*, → *xanigîn.*

xanâjir *pl.*, → *xanjar, xunjar.*

xanam *n. anim., coll., m., sgtf. xanamay, Cf. xanam zurug, xanam buyud*, * ġnm, غ ن م
♦ **oviné, capriné, mouton, chèvre,** ensemble des chèvres et des moutons. •*Ali sa'a xanam katîrîn.* Ali a élevé beaucoup de chèvres et de moutons. •*Al xanamay akalat sâbûn wa mâtat.* La chèvre est morte après avoir mangé du savon.

xanam buyud *n. anim., coll., sgtf. xanamay bêda*, voir le *Syn. ni'ze, Cf. tês, anzay, saxal*, * ġnm, byḍ, غ ن م • ب ي ض
♦ **capriné, chèvre.** •*Al-tuyûs min xanam al buyud.* Les boucs font partie des caprinés. •*Iyâl al xanam al buyud bisammûhum suxlân.* Les petits des caprinés s'appellent des chevreaux. •*Fî l-sarhe waddart xanami l-buyud.* En allant au pâturage, j'ai perdu mes chèvres.

xanam zurug *n. anim., coll., sgtf. xanamay zarga, Syn. dawâyin 2, Cf. kabic, dâyne, hamal*, par opposition aux chèvres *Cf. xanam buyud*, * ġnm, zrq, غ ن م • ز ر ق
♦ **mouton, oviné, brebis.** •*Fî l udur, dâiman al-nâs birîdu badbaho al xanam al-zurug.* Pour la cérémonie, les gens préfèrent toujours égorger des moutons. •*Al xanamay al-zarga labanha mâ katîr misil al-bêda.* Une brebis a moins de lait qu'une chèvre.

xanas / yaxnis *v. intr.*, forme I n° 6, utilisé en arabe *sd.* (*C.Q.*), * ḫnt, خ ن ث
♦ **se courber, esquiver** (s'), **se plier, faire un écart.** •*Al askar mâ yagdaro yaxnusu min al-rassâs.* Les militaires ne peuvent pas esquiver les balles. •*Dawwar yantiha lê binêytah amkaff, lâkin hî xanasat wa hû waga'.* Il a voulu donner une gifle à sa fille, mais elle a évité le coup et il est tombé. •*Al humâr xâf min al kalib, xanas wa ramâni.* L'âne a eu peur du chien, il a fait un écart et m'a fait tomber par terre.

xanâsir *pl.*, → *xunsur.*

xanâyim *pl.*, → *xanîma.*

xanâzir *pl.*, → *xunzur.*

xanâzîr *pl.*, → *xinzîr.*

xanba *adj. f.*, prononcé *xamba*, terme d'insulte, → *axnab.*

xanfar / xanâfir *n. m., qdr.*, ≃ *xunfar, xanafrên* (*pl.*) ; utilisé en arabe *sd.* (*C.Q.*), mot peut-être formé à partir de la combinaison des racines قـنـف *[qnf]* "dur et coupant" (*Ka.*) et ظـفـر *[ẓfr]* "ongle".
♦ **ongle, griffe.** •*Al-dûd indah xanâfir turân.* Le lion a des griffes aiguisées. •*Gatti' xanâfirak kulla talâta walla arba'a yôm !* Coupe comme il faut tes ongles tous les trois ou quatre jours ! •*Mâ tâkul ma'â ab xanâfir !* Ne mange pas avec celui qui a des ongles longs ! •*Kâfir, kâfir, bankut bala xanâfir... Da l bôl.* Impie, impie qui creuse sans ongles… C'est l'urine qui creuse la terre. *Dvnt.*

xani / axniya' *adj. n.*, (*fém.* *xaniye*), on entend plus souvent le pluriel *xaniyîn*, * ġny, غ ن ي

♦ **riche.** •*Kan bigît xani, gassim sadaxa lê l masâkîn wa l atâma !* Si tu deviens riche, donne l'aumône aux pauvres et aux orphelins ! •*Duwal hanâ Urubba axniya' min duwal hanâ Ifrîxiya.* Les pays d'Europe sont plus riches que les pays d'Afrique. •*Al xani mâ indah hâje be l-nâs.* Le riche ne fait pas cas des autres [n'a pas besoin des gens].

xanig *n. d'act.*, *m.*, *Syn. xanigîn, xanagân, canig*, * h̠nq, خ ن ق

♦ **fait d'étrangler, pendaison, étranglement.** •*Al mara di kan tidâwis tirîd al xanig.* Quand cette femme se bat, elle aime étrangler son adversaire. •*Al xanig baktul ajala.* On meurt vite lorsqu'on est étranglé. •*Al-jawâsîs jazâhum illa xanig be hubâl wa alligîn fî l-cadar !* Les espions ne méritent que d'être étranglés au bout d'une corde, pendus aux arbres !

xanigîn *n. m.*, → *xanig*, * h̠nq, خ ن ق

xanîma / xanâyim *n. f.*, * ġnm, غ ن م

♦ **butin de guerre, produit du pillage.** •*Fî l-duwâs askar wahdîn maco lê l xanîma.* Pendant la guerre, certains soldats sont partis chercher leur butin. •*Al-nâs al adilîn mâ bidôru coxol hanâ l xanâyim.* Les gens sérieux ne s'intéressent pas aux produits du pillage.

xanjar / xanâjir *n. m.*, *Cf. kunjâr*, ≅*xunjar*, * h̠njr, خ ن ج ر

♦ **faucille, serpette.** •*Cîl al xanjar wa agta' gecc lê l-juwâd !* Prends la faucille et coupe de l'herbe pour le cheval ! •*Al-nâs bidôru bi'awwunûna fî gati'în al-rîs wa mâ indina xanâjir.* Les gens veulent nous aider à récolter le riz, mais nous n'avons pas de faucilles.

xanna / yixanni *v. trans.*, forme II, * ġny, غ ن ي

♦ **chanter.** •*Al fannân xanna yôm iris hanâ rafîgi.* L'artiste a chanté le jour des noces de mon ami. •*Al hakkâma tixanni yôm al îd.* La femme griot chante le jour de la fête. •*Al bôcâni xanna yôm al galûb.* Le griot a chanté le jour de la course de chevaux.

xannâga *n. mld.*, *mrph. intf.*, *f.*, *litt.* l'étrangleuse, maladie des animaux (pasteurellose), → *abhilêg*, * h̠nq, خ ن ق

xannâma *adj. n.*, *coll. mrph. intf.*, *sgtf. masc. xannâmi*, (*fém.* *xannâmiye*), * ġnm, غ ن م

♦ **éleveur de chèvres et de moutons, berger (-ère) de petit bétail.** •*Al xannâma mâ induhum farîg wahêdhum, humman gâ'idîn ma'â siyâd al bagar bas.* Les éleveurs de chèvres et de moutons n'ont pas de campement à part, ils vivent avec les éleveurs de vaches. •*Al xannâma maco basraho be xanamhum ba'îd min al hille.* Les bergers sont allés faire paître leurs moutons loin du village. •*Al xannâma hârajo ma'â siyâd al-zurâ'a.* Les bergers de moutons se sont disputés avec des agriculteurs.

xannây / xannâyîn *adj.*, (*fém.* *xannâye*), * ġny, غ ن ي

♦ **chanteur (-euse).** •*Al xannây jidâde bidôr bicattutuh lêyah.* Le chanteur est une poule qui a besoin qu'on lui donne à manger [qu'on lui jette des graines]. *Prvb.* •*Al-râjil al mâci da xannây.* Cet homme qui passe est un chanteur. •*Yôm al-tahûra hanâ iyâl al-sultân al xannâyîn kulluhum jo.* Le jour de la circoncision des enfants du sultan, tous les chanteurs sont venus.

xânûn / xawânîn *n. m.*, ≅*gânûn*, *empr.* au grec κανων, * qnn, ق ن ن

♦ **loi, règle, règlement, statut.** •*Al xânûn, nizâm hanâ l-Dawla.* La loi régit l'organisation de l'État. •*Alê hasab xânûn hanâ l-Tcâd, al-sarrâg mâ baktuluh.* Selon la loi en vigueur au Tchad, on ne tue pas les voleurs. •*Al-nâdum al mâ yitâbi' al xawânîn, basjunuh.* Celui qui n'observe pas [ne suit pas] les lois est mis en prison.

xâr / yixîr *v. intr. {- fî}*, forme I n° 10, *Cf. hajam*, * ġwr, غ و ر

♦ **faire une descente, attaquer par surprise, attaquer pour voler, faire une incursion,** surprendre quelqu'un pour le voler ou détruire ses biens. •*Al marfa'în xâr fî l xanam.* L'hyène a attaqué les moutons en leur sautant dessus. •*Fî l kadâde al-suwâr bixîru fî mâl al muzâri'în.* En brousse, les rebelles font des incursions chez les cultivateurs pour emporter leurs biens. •*Iyâl bandi xâro fî l-Nasâra giddâm al busta lâkin mâ câlo minnuhum ceyy.* Les délinquants ont attaqué les Européens devant la poste, mais ils ne leur ont rien pris.

xarâ'it *pl.*, → *xarîta.*

xarab / yaxrib *v. trans.*, ≅ l'*inacc. yaxarib*, forme I n° 6, * h̲rb, خ ر ب

♦ **détruire, dévaster, ruiner, piller, ravager.** •*Amis hû xarab bêt hanâ abuh.* Hier, il a détruit la maison de son père. •*Al hille di xarabôha l-sarrâgîn.* Ce village a été pillé par les voleurs. •*Al-duwâs yaxrib al balad.* La guerre ruine le pays.

xarâb 1 *n. m.*, *Ant. amâr*, * h̲rb, خ ر ب

♦ **démolition, destruction, lieu inhabité.** •*Xarâb hanâ watîri da, bôjâni bilhên.* La destruction de ma voiture m'a fait vraiment mal. •*Al harba jâbat al xarâb fî l-dâr.* La guerre a entraîné la destruction du pays. •*Abûk min mât, bêtah bigi xarâb.* Depuis la mort de ton père, la [sa] maison est devenue inhabitée. *Xarâb al bêt da minniki !* C'est toi qui as détruit ce foyer !

xarâb 2 / xarâbîn *adj.*, (*fém. xarâba*), * h̲rb, خ ر ب

♦ **turbulent(e), touche à tout, brise-tout.** •*Yâ axui, wilêdak da bilhên xarâb, mâ tixalli yamrug barra' bijîb lêk masîbe !* Mon frère, ton enfant est très turbulent, ne le laisse pas sortir, il te causera des ennuis ! •*Agôd sâkit, mâ tabga nâdum xarâb !* Reste tranquille, ne deviens pas un brise-tout !

xarâbîl *pl.*, → *xurbâl.*

xarad / axrâd *n. m.*, * ġrḍ, غ ر ض

♦ **désir, besoin, envie, motif.** •*Anâ mâci l-sûg indi xarad.* Je vais au marché car j'ai besoin de quelque chose. •*Al mardân mâ indah xarad fî l akil.* Le malade n'a pas d'appétit [n'a pas de désir de nourriture]. •*Al firke fî l-dukkân, xaradi nicîlha be mizân.* L'étoffe moirée dans le magasin, j'aimerais la choisir avec soin (ancienne chanson). •*Kan mâ kammalt axrâdi ke, mâ nagdar najîku.* Tant que je n'ai pas terminé ce que je veux faire, je ne peux pas vous rejoindre. •*Inti jîti hini, xaradki cunû ?* Pour quel motif es-tu venu ici ?

xaraf / yaxrif *v. trans.*, forme I n° 6, * ġrf, غ ر ف

♦ **puiser,** prendre de l'eau à l'aide d'un récipient. •*Mahammat xaraf almi min al-duwâne wa cirib.* Mahamat a pris de l'eau du canari, et il a bu. •*Axrif lêi almi be l kôs da.* Puise-moi de l'eau avec ce gobelet.

xaraj / yaxruj *v. intr.*, forme I n° 1, *Syn. marag*, * h̲rj, خ ر ج

♦ **sortir.** •*Al-râjil da dahâba xaraj min al-sijin !* Cet homme vient tout juste de sortir de prison ! •*Hû da, cêtânah xalâs xaraj minnah.* Celui-là est définitivement libéré de son diable [son diable est enfin sorti de lui].

xaraja *pl.*, → *xuruj.*

xaranîb *pl.*, → *xarnûb.*

xarânik *pl.*, → *xarnûk.*

xarâr / xarârât *n. m.*, * qrr, ق ر ر

♦ **décision, décret.** •*Al hâkûma câlat xarâr jadîd be xusûs al-sarrâgîn.* Le gouvernement a pris une nouvelle décision concernant les voleurs. •*Anâ wa jîrâni cîlna xarâr ambâkir nuguccu cârîna.* Mes voisins et moi avons pris la décision de balayer notre rue demain. •*Hû câl xarâr acân yixalli curâb al-sijâra.* Il a pris la décision d'arrêter de fumer.

xarârîf *pl.*, → *xarrâf.*

xararîj *pl.*, → *xurrâja.*

xarat / yaxrit *v. trans.*, forme I n° 6, *Cf. calla*, * h̲rṭ, خ ر ط

♦ **raboter, racler, écorcer, cueillir en raclant,** enlever les derniers morceaux collés, cueillir les fruits ou les feuilles en remontant la main serrée de la base de la branche jusqu'à son extrémité. •*Al xaccâbi xarat al xacabay.* Le menuisier a raboté la planche. •*Maryam xaratat al êc be l muxrâfa min al burma.* Avec une palette, Mariam a raclé les restes de boule collés à la marmite. •*Wâjib taxarit al ardebay di acân tixaddir ajala.* Il faut que tu enlèves les feuilles de ce tamarinier pour qu'il reverdisse plus vite.

xarâtîm *pl.*, → *xartûm.*

xarâyif *pl.*, → *xarîf.*

xaraz *n. coll.*, *m.*, *sgtf. xarazay*, *Cf. xaddûr*, * h̲rz, خ ر ز

♦ **perle en pierre précieuse, collier avec une perle,** perle qui porte bonheur, plus petite que le *zeytûn.* •*Xarazayti wa sâ'ati sirgôhum min bêti.* Ma perle et ma montre ont été volées chez moi. •*Al ajâyis birîdu rabbitîn al xaraz be sabîb al-zarâf fî rugâbhum.* Les vieilles femmes aiment attacher à leur cou des perles enfilées sur un crin de girafe. •*Xarazay hint Zênaba di sa'îde lêha.* Cette pierre du collier de Zénaba est pour elle un porte-bonheur. •*Al mara di samhe marra wâhid wa indaha xarazay fî ragabitha.* Cette femme est très belle et porte en collier une pierre précieuse.

xaraz al-dâbi *n. vég.*, *m.*, *litt.* perle du serpent ; ≅ *xaraz al-dabîb* (perle des serpents), * h̲rz, dbb, خ ر ز • د ب ب

♦ **nom d'une plante grimpante, liane du serpent, Acacia pennata (L.),** famille des mimosacées. •*Xaraz al-dâbi yugumm katîr fî wakt al xarîf, iyâlah yabgo humur fî l-darat.* La liane du serpent pousse bien en saison des pluies, ses fruits sont rouges au temps de la moisson. •*Xaraz al-dâbi yasrah fî l-cadar wa fî kulla bakân garîb lêyah, wa mâ bisawwu ceyy wa lâ bâkuluh.* La liane du serpent rampe et grimpe sur les arbres et sur tout ce qui est près d'elle ; elle nous est inutile et on ne la consomme pas.

xaraza / xarazât *n. f.*, ≅ *xaraze*, * h̲rz, خ ر ز

♦ **pomme d'Adam.** •*Al mara hissaha halu wa tarîn, acân mâ indaha xaraza fî ragabitha.* La femme a une voix belle et aiguë parce qu'elle n'a pas de pomme d'Adam. •*Al-râjil da ragabtah rigeyge wa xaraztah mârge.* Cet homme a un cou mince avec la pomme d'Adam qui ressort. •*Al-râjil da hissah axacân acân indah xaraza fî ragabtah.* Cet homme a la voix rauque à cause de sa pomme d'Adam. •*Fî li'ib al-nuggâra al-subyân yihizzu rugâbhum wa xarazâthum yibînu.* A la danse au son du tambour, les jeunes gens balancent la tête en redressant le cou, leur pomme d'Adam se voit bien.

xarazân *n. d'act.*, *m.*, → *xarizîn.*

xarb *n. m.*, → *xarib.*

xarbal / yixarbil *v. trans.*, *qdr.*, forme II, * ġrbl, غ ر ب ل

♦ **trier le mil, ôter les petits cailloux, séparer le grain des impuretés, tamiser,** faire rouler le grain ou la farine, dans un grand van ou dans un tamis, pour en extraire le son, les petits cailloux et autres impuretés. •*Hî nisat mâ xarbalat al xalla, waddataha l-tahûna ke bas.* Elle a oublié d'ôter les petits cailloux du mil qu'elle a porté tel quel au moulin. •*Al awîn xarbalo l xalla wa sabboha fî almi njung.* Les femmes ont trié les bons grains de mil et les ont mis dans de l'eau où ils gonfleront. •*Anâ xarbalt al-dagîg bê l-tême wa sûtt al êc.* J'ai passé la farine au tamis et fait cuire la boule.

xarbalân *n. d'act.*, *m.*, → *xarbilîn.*

xarbân / xarbânîn *adj.*, (*fém.* *xarbâne*), *Cf. xirib.*

♦ **détruit(e), en ruine, démoli(e).** •*Al hille di xarbâne.* Ce village a été détruit. •*Al bôlîs karrab al iyâl al bandî al gâ'idîn fî l buyût al xarbânîn.* Les policiers ont attrapé les délinquants qui habitaient dans les maisons en ruine. •*Jârna min mât, xalâs gusûrah bigi xarbân.* Depuis que notre voisin est mort, sa maison est tombée en ruine.

xarbâni / xarbâniyîn *adj.*, (*fém.* *xarbâniye*), * ġrb, غ ر ب

♦ **occidental(e), qui est à l'ouest,** qui vient de l'ouest ou qui est orienté à l'ouest. •*Bêti be nuss al xarbâni lê l-jâmiye.* Ma maison est à l'ouest de la mosquée. •*Al-cadaray al xarbâniye di indaha nahale.* Cet arbre qui est à l'ouest a des abeilles. •*Al buyût al xarbâniyîn fî Farca, almi akalâhum.* A Farcha, les maisons exposées à l'ouest, ont été inondées.

xarbilîn *n. d'act., m.*, ≅*xarbalân*, *Cf. xarbal*, * ġrbl, غ ر ب ل

♦ **tamisage, fait de tamiser, triage du grain.** •*Xarbilîn al xalla min al kanfût, da xidime hanâ l awîn.* Le tamisage du mil pour séparer le grain du son est le travail des femmes. •*Anâ mâ na'arif al xarbilîn be mâ'ûn âxar, ille be l-tabag.* Aucun instrument autre que le van ne me permet de séparer les bons grains des impuretés. •*Al mara di, xarbalânah lê l-dagig da, acân tidôr tusût êc.* Si cette femme trie sa farine, c'est parce qu'elle veut faire cuire la boule.

Xarca *n. pr.* de femme, en arabe *sd.* : surnom d'une chamelle dont le pelage tire sur le noir (*C.Q.*), * h̲rš, خ ر ش

Xarci *n. pr.* d'homme, *Cf. Xarca*, * h̲rš, خ ر ش

xarfân / xarfânîn *adj.*, (*fém.* *xarfâne*), *Cf. xirif*, * h̲rf, خ ر ف

♦ **gâteux (-euse), sénile,** qui est retombé(e) dans l'enfance. •*Al-câyib da xarfân, nisi kulla ceyy hatta iyâlah kula.* Ce vieux est gâteux, il oublie tout et même ses enfants. •*Al-ajûz al xarfâne tikallim lê xumâmha wa tagôd wihêdha fî l bêt.* La vieille qui est gâteuse parle aux objets qu'elle possède et reste seule à la maison.

xargân / xargânîn *adj.*, (*fém.* *xargâne*), *Cf. xirig*, * ġrq, غ ر ق

♦ **plongé(e) dans, immergé(e) dans, noyé(e) dans.** •*Hû nâyim xargân mâ tigawwumuh !* Il dort profondément, ne le réveillez pas ! •*Al wilêd al fî lubb al bûta dîk xargân, amcu ajala amurguh !* L'enfant qui est dans la mare là-bas se noie, allez vite le sortir de l'eau ! •*Hû xargân fî macâkil hanâ l-dên.* Il est noyé dans des problèmes de dettes.

xarî'e *n. f.*, *Cf. anxara*, * h̲rʕ, خ ر ع

♦ **peur, stupeur, frayeur, hallucination.** •*Al xarî'e karabatni wakit cift watîr al askar wigif giddâm bêti.* J'ai eu peur lorsque j'ai vu que la voiture des militaires s'était arrêtée devant notre maison. •*Nâs al hille kulluhum al xarî'e karabathum wakit al-dûd karra.* Tous les gens du village ont eu peur quand ils ont entendu le rugissement du lion.

xarib *n. m.*, * ġrb, غ ر ب

♦ **ouest,** à l'ouest. •*Al harray taga' xarib.* Le soleil se couche à l'ouest. •*Zerê'na be xarib lê l hajar.* Notre champ est à l'ouest de la montagne.

xarîb / xuraba' *adj.*, (*fém. xarîbe*), ≅le pluriel *xarîbîn*, *Cf. ajab*, * ġrb, غ ر ب

♦ **étrange, étranger (-ère).** •*Angaru ! Mâ tifattucu kalâm dunya, anîna xuraba' !* Attention ! Ne nous cherchez pas querelle, nous sommes des étrangers ! •*Jârti di xarîbe ahalha ba'îdîn.* Ma voisine est étrangère, sa famille vit très loin d'ici. •*Yôm waddôni arûs da bigi lêi xarîb.* Le jour où, nouvellement mariée, j'ai été emmenée chez mon mari, j'ai ressenti quelque chose d'étrange.

xarîf / xarâyif *n. m.*, * h̲rf, خ ر ف

♦ **saison des pluies,** mois de juin, juillet, août et septembre. •*Fî l xarîf nahartu l fûl.* En saison des pluies, nous cultivons les arachides. •*Al xarîf* *kammal xalâs, al-cawâri bigo adilîn lê l-ruwâxa.* La saison des pluies est bien terminée, on circule très facilement dans les rues [les rues sont parfaites pour le passage].

xarîg / xarîgîn *adj., (fém. xarîge),* * ġrq, غ ر ق

♦ **profond(e).** •*Al almi da xarîg.* Cette eau est très profonde. •*Hû mâ ba'arif bu'ûm wa ikil fî l bakân al xarîg.* Il ne savait pas nager et s'est noyé là où c'était profond.

xârij 1 / xârijîn *adj., (fém. xârije),* * h̲rj, خ ر ج

♦ **dehors, extérieur(e), étranger (-ère).** •*Al hamu kan ja, al-nâs bunûmu xârij al buyût.* Quand il fait chaud, les gens dorment dehors. •*Kalâmak da xârij min al hudûd.* Ton propos dépasse l'entendement [hors des frontières]. •*Al binêye di xârije min îd ammaha.* Cette fille échappe au contrôle de sa mère [est hors de la main de sa mère]. •*Wakit gabbal min al xârij, masak kura' ammah wa baka.* Quand il est revenu de l'étranger, il a saisi le pied de sa mère et s'est mis à pleurer.

xârij 2 / xâjirîn *adj., (fém. xârije),* * h̲rj, خ ر ج

♦ **irréfléchi(e), insensé(e), mal élevé(e), turbulent(e).** •*Al wilêd da xârij, li'ib lêi be almi l-duwâne.* Cet enfant est mal élevé, il a joué avec l'eau de ma jarre. •*Inta da xârij, tallaft lêi kutubi dôl !* Toi alors, tu es insensé, tu as abîmé mes livres ! •*Hey Xadija, iyâlki xârijîn, mâ tixallihum yuxuccu fî bêti !* Hé ! Khadidja ! tes enfants cassent tout, ne les laisse pas rentrer chez moi !

xâriji *adj., (fém. xârijiye),* * h̲rj, خ ر ج

♦ **extérieur(e), ministère des Affaires étrangères.** •*Ba'ad ciyya tasma'o axbârna l xarijiya.* Dans un instant, vous allez suivre nos nouvelles de l'étranger. •*Wazîrna hanâ l alâxât al xârijiya sâfar amis.* Notre ministre des Relations extérieures est parti en voyage hier. •*Darrajoh wazîr hanâ wazart al xârijiya.* Il a été nommé ministre des Affaires étrangères.

xarîta / xarâ'it *n. f.,* terme de l'*ar. lit.* : → *xarta.*

xarîte / xarîtât *n. f., Syn. xartôy, Cf. abunxarîte, bal'um,* * h̲rṭ, خ ر ط

♦ **sac en toile, besace des nomades,** sac des nomades avec plusieurs compartiments. •*Al xarîte bisawwuha min al gumâc lê dammân al-sukkar wa l-câhi.* Les besaces des nomades sont en tissu et servent à conserver le sucre et le thé. •*Al xarîf kan garrab al-sayyâra bihassulu sukkârhum wa câhîhum xarîtât xarîtât.* Lorsque la saison des pluies approche, les nomades préparent leur réserve de sucre et de thé en les répartissant dans de petits sacs en toile. •*Al awîn yudummu fî xartôyâthum al barcam wa l-cinif wa l-suwârât wa xurûs al-dahab wa l kijêl.* Les femmes conservent dans leur besace leurs parures de tête, leur anneau de nez, leurs bracelets, leurs boucles d'oreilles en or et leurs colliers.

xarizîn *n. d'act., m., ≅xarazân, Cf. xirizat,* * ġrz, غ ر ز

♦ **tarissement, assèchement, agalactie.** •*Sabab xarizîn al biyâr al-sane di min gillit al almi hanâ l xarîf.* La cause du tarissement des puits, cette année, vient du manque d'eau de la saison des pluies. •*Xarizîn al bagar sabbab môt hanâ l ajjâl.* Le tarissement du lait des vaches a fait mourir les veaux.

xarmân / xarmânîn *adj., (fém. xarmâne), Syn. garyâf,* * h̲rm, خ ر م

♦ **en manque de,** état de manque d'une personne habituée à un excitant comme la noix de cola, le tabac ou l'alcool. •*Hû xarmân acân mâ cirib gahawa min amis.* Il est en manque d'excitant parce qu'il n'a pas bu de café depuis hier. •*Anâ kan xarmâne wa mâ ligit câhi, râsi bôjâni wa jildi kaslân.* Quand je suis en manque et que je ne trouve pas de thé, j'ai mal à la tête et je suis paresseuse [mon corps est fatigué].

xarn *n. m.*, → *gerin 2.*

xarnûb / xaranîb *n. anim.*, (grue couronnée), → *xarnûk*, * ġrnq, غ ر ن ق

xarnûk / xarânik *n. anim.*, *m.*, *qdr.*, ≅*xarnûb*, * ġrnq, غ ر ن ق

♦ **grue couronnée, Balearica pavonina.** •*Da xarnûk indah gijêje samhe.* Voici une grue couronnée qui a une jolie aigrette. •*Al xarânîk bi'îcu fî l bakânât al-laynîn.* Les grues couronnées vivent dans des endroits humides.

xarra 1 / yuxurr *v. intr.*, forme I n° 5, * ġrr, غ ر ر

♦ **être insouciant(e), être inattentif (-ive), être étourdi(e),** ne pas prêter attention, laisser sans surveillance. •*Kan macêt al-sûg, mâ tuxurr lê juzlânak, busurguh.* Si tu vas au marché, surveille de près ton porte-monnaie, on cherchera à te le voler. •*Yôm wâhid bas xarrêt lê moblêti mâ tabbaltah, hiya xalâs saragoh.* Un jour, j'ai été inattentif et je n'ai pas cadenassé ma mobylette, cela a suffi pour qu'elle soit volée.

xarra 2 *adj. f.*, → *axarr.*

xârra / xârrât *n. f.*, * qrr, ق ر ر

♦ **continent.** •*Baladna mawjûda fî l xârra l ifrîxiya.* Notre pays est dans le continent africain. •*Al xârra l ifrîxiya mâ muttawwira.* Le continent africain n'est pas développé.

xarra' / yixarri' *v. trans.*, forme II, * h̲rʕ, خ ر ع

♦ **effrayer, faire peur.** •*Marad hanâ rafigi da xarra'âni marra wâhid.* La maladie de mon ami m'a vraiment effrayé. •*Simi'na hiss al banâdig al kubâr wa xarra'ôna nahasbu duwâs !* Nous avons entendu les bruits de grosses pièces d'artillerie qui nous ont effrayés, nous pensions que c'était la guerre !

xarrab 1 / yaxarrib *v. intr.*, forme II, * ġrb, غ ر ب

♦ **aller vers l'ouest, partir dans une région située à l'ouest.** •*Âdum xarrab acân yifattic lêyah xidime.* Adoum est parti à l'ouest du pays pour chercher du travail. •*Al yôm da al-sahâb xarrab akûn al matara mâ tusubb hini.* Aujourd'hui les nuages se sont dirigés vers l'ouest, peut-être qu'il ne va pas pleuvoir ici.

xarrab 2 / yixarrib *v. intr.*, forme II, *Syn. ixtarab*, * ġrb, غ ر ب

♦ **s'exiler, s'expatrier, s'en aller vivre à l'étranger.** •*Al mu'arridîn min al-sijin xarrabo fî diyâr al-nâs.* Ceux qui se sont évadés de prison se sont exilés dans d'autres pays. •*Fî sinîn al fasâla, arba'a wa tamânîn, nâs katîrîn xarrabo min hillâlhum wa furgânhum.* Pendant les années difficiles de famine, en mille neuf cent quatre-vingt-quatre, beaucoup de gens ont quitté leur village ou leur campement pour vivre à l'étranger.

xarrab 3 / yixarrib *v. trans.*, forme II, * h̲rb, خ ر ب

♦ **détruire, démolir, faire tomber, casser, mettre en panne.** •*Al-sarrâgîn xarrabo agfâl al-dukkân.* Les voleurs ont fait sauter les cadenas des boutiques. •*Al musâ'id xarrab makant al watîr.* L'apprenti a mis en panne le moteur du véhicule. •*Al iyâl dôl nuhûs, kan xallêt lêhum al-râdyo bixarrubuh.* Ces enfants sont turbulents ; si je leur laisse mon poste de radio, ils le casseront.

xarraf / yixarrif *v. intr.*, forme II, * h̲rf, خ ر ف

♦ **passer la saison des pluies.** •*Al harrâtîn xarrafo fî l-zurâ'a.* Les cultivateurs ont passé la saison des pluies dans les champs. •*Al baggâra yixarrufu muncâx.* Les éleveurs passeront la saison des pluies au nord du pays.

xarrâf / xarârîf *n. m. mrph. intf.*, * ġrf, غ ر ف

♦ **gobelet.** •*Ayyûb jîb lêi almi fî l xarrâf !* Ayoub, apporte-moi de l'eau dans le gobelet ! •*Mâ tixalli iyâlki yidissu l xarrâf al wasxân da fî l-duwâne !* Ne laisse pas tes enfants introduire ce gobelet sale dans le canari !

xarrag / yixarrig *v. trans.*, forme II, * ġrq, غ ر ق

♦ **noyer, plonger** ***qqch.*, compromettre, impliquer dans, sombrer dans,** enfoncer dans l'eau, impliquer *qqn.* dans des affaires peu honnêtes. •*Al-markaba kan magdûda tixarrig al-nâs al-râkbîn fôgha.* Si la pirogue est trouée, elle sombrera dans l'eau avec ses passagers. •*Al mara di katalat lêha nâdum wa xarragat binêyti ma'âha.* Cette femme a tué quelqu'un et elle a impliqué ma fille dans son acte.

xarram / yixarrim *v. trans.*, forme II, * ġrm, غ ر م

♦ **faire payer une amende, donner une contravention, punir, taxer,** obliger *qqn.* à payer une somme d'argent. •*Cêx al hille xarram al-subyân al mâ marago lê l faza'.* Le chef du village a condamné les jeunes gens qui n'étaient pas sortis porter secours, à payer une amende. •*Zamân al-sabi kan mâ lâbis sakkîn, al banât bixarrumuh.* Autrefois, les filles punissaient le jeune homme qui sortait sans son couteau en lui réclamant de l'argent. •*Al gâdi xarramâni alif riyâl.* Le juge m'a fait payer une amende de mille riyals.

xarrar / yixarrir *v. trans.*, forme II, * qrr, ق ر ر

♦ **décider, prescrire.** •*Anâ xarrart nabni bêt al-sana.* J'ai décidé de construire une maison cette année. •*Hî xarrarat tisâfir yôm al itinên al-jâyi.* Elle a décidé de voyager lundi prochain. •*Al-daktôr xarrar lêi nazrut talata kinnînay fî l yôm.* Le médecin m'a prescrit trois comprimés par jour.

xarribîn *n. m.*, *Cf. xarb*, * ġrb, غ ر ب

♦ **fait d'aller vers l'ouest, fait de partir pour l'Ouest,** déplacement à l'étranger vers l'ouest. •*Râjilha yidôr tamci ma'âyah Kuseri, wa hî mâ tidôr al xarribîn.* Son mari veut qu'elle aille avec lui à Kousseri, mais elle ne veut pas partir pour l'Ouest. •*Anîna wâlafna al xarribîn fî sêf be bagarna acân turâbna yâbis.* Nous avons pris l'habitude de nous déplacer vers l'ouest pendant la saison sèche avec nos vaches parce que notre terre est desséchée. •*Xarribîn al-tuyûr amis be fajur da, akalo kulla l-zurâ'ât.* Les oiseaux sont allés vers l'ouest hier matin, ils ont dévasté tous les champs.

xarrûb *n. vég., coll., m., sgtf. xarrûbay*, * h̲rb, خ ر ب

♦ **nom d'un arbuste, caroubier, Piliostigma reticulatum (DC.),** famille des césalpiniacées. •*Almi hanâ l xarrûb dawa lê waja' al batun.* La décoction de feuilles de caroubier soigne les maux de ventre. •*Al xanam birîdu l xarrûb.* Les moutons et les chèvres aiment les feuilles de caroubier. •*Cadar al xarrûb mâ kubâr bilhên wa dullah bârid.* Le caroubier n'est pas très grand, mais son ombre est fraîche.

xarta / xurût *n. f.*, en *ar. lit. xarîta*, ≅ *karta*, * h̲rṭ, خ ر ط

♦ **carte géographique.** •*Xarta hint Tcâd mu'allaga fôg al-durdur hanâ l kilâs.* La carte du Tchad est accrochée au mur de la classe. •*Al-nâs al bifattucu l fatrôn baxadumu be xurût.* Les prospecteurs de pétrole travaillent avec des cartes.

xartay / xartayât *n. f.*, *Cf. farrâca, libde, safîne, tâfûra.*

♦ **tapis de selle de l'âne, protection de chiffons,** ensemble de chiffons disposés sur le dos de l'âne avant d'y poser la selle. •*Kan mâ xattêt xartay fî dahar humârak, daharah kulla ke yabga awâwîr.* Si tu n'as pas posé un tapis de selle sur le dos de ton âne, il aura le dos tout écorché. •*Wâjib tuxutt xartay fî tihit ba'asûr al humâr hatta ticiddah.* Il faut poser une protection sous la selle de l'âne avant de le charger.

xartoy / xartoyât *n. f.*, voir le *Syn. xarîte*, * h̲rṭ, خ ر ط

xartûm / xarâtîm *n. m.*, *Ant. kazama, fanyara*, * h̲rṭm, خ ر ط م

♦ **nez convexe, nez long, trompe.** •*Xartûm al fîl tawîl.* La trompe de l'éléphant est longue. •*Al binêye di* *manxarha tawîle wa l-nâs binadûha amxartûm.* Cette fille a un long nez recourbé et les gens l'appellent "celle qui a une trompe".

xarûf / xurfân *n. m., Syn. kabic,* * hrf, خ ر ف

♦ **bélier.** •*Fî îd al-dahîye, taman al xurfân bizîd.* Le jour de la fête de la Tabaski, le prix du bélier augmente. •*Kan nâdum indah udur wa mâ yagdar yibî' tôr, yadbah xarûf walla xarûfên.* Lorsqu'à l'occasion d'une cérémonie quelqu'un est dans l'impossibilité d'égorger un bœuf, il égorge un ou deux béliers.

xarxar / yixarxir *v. trans.*, forme II, racine d'après *dict.* (*Ka.*), *Syn. dayyax,* * ġrġr, غ ر غ ر

♦ **chercher son souffle, agoniser, étouffer, râler, se gargariser,** faire le bruit du gargarisme au fond de la gorge. •*Rabitînak da amzirrôdo lê l xanamay, xanagâha ke nammin xarxarat lê l môt.* Tu as attaché le mouton en faisant un nœud coulant, ce qui fait que tu l'as étranglé et qu'il a falli mourir étouffé. •*Asbur, rûhak mâ tixarxir fî mâl al-dunya al câloh.* Patiente, ne râle pas comme si tu allais mourir à cause des biens de ce monde qu'ils t'ont pris. •*Kan halgûmak bôjak, xarxirah be almi dâfi wa mileh.* Si tu as mal à la gorge, gargarise-toi avec de l'eau tiède et du sel. •*Ali rûha xarxarat bidôr bidâwis.* On entend le souffle furieux d'Ali qui veut absolument se battre.

xarya / xura *n. f., Cf. hille,* * qry, ق ر ي

♦ **village.** •*Xaryiti samhe, indaha janâyîn kutâr.* Mon village est beau, il y a beaucoup de jardins. •*Al hâkûma kawwanat wufûd yamcu fî l xura.* Le gouvernement a formé des délégations pour aller dans les villages.

xâs *adj. m.*, → *xass.*

xasab / yaxsib *v. trans.*, forme I n° 6, * ġṣb, غ ص ب

♦ **contraindre, obliger, forcer,** faire pression sur. •*Al hâkûma xasabatna acân nikaffu lampo.* Le gouvernement nous contraint à payer l'impôt. •*Mâ taxsibni fî akil al êc, al yôm mâ indi niye.* Ne m'oblige pas à manger la boule, aujourd'hui je n'en ai pas envie. •*Hukumku da anîna mâ radyanîn bêyah acân mâ indah adâla, mâ taxsubûna fôgah.* Nous ne sommes pas contents de votre gouvernement parce qu'il est injuste, ne nous obligez pas à nous y soumettre.

xasad / yaxsud *v. intr.*, forme I n° 1, → *gasad,* * qṣd, ق ص د

xâsam / yixâsim *v. trans.*, forme III, * hṣm, خ ص م

♦ **ne plus adresser la parole, ignorer quelqu'un, mépriser, déconsidérer *qqn.*, faire la tête à *qqn.*, considérer *qqn.* comme son ennemi,** ne pas saluer ni adresser la parole à quelqu'un avec qui l'on vit pour lui manifester son désaccord. •*Al mara wa râjilha xâsamo fî lubb al bêt, garîb yittâlago.* La femme et son mari ne se parlent plus dans la maison, ils sont sur le point de se séparer. •*Mâla tixâsimîni, cunû sawwêtah lêki ?* Pourquoi ne m'adresses-tu plus la parole, que t'ai-je fait ? •*Kulluku axawân, mâla tixâsumu ?* Vous êtes tous des frères ; pourquoi vous ignorez-vous en ne vous parlant plus ?

xasâra / xasârât *n. f.*, * hsr, خ س ر

♦ **perte, dommage, faillite, destruction.** •*Jibt budâ'a katîre lâkin dassatni fî xasâra.* J'ai apporté beaucoup de marchandises, mais elles m'ont fait tomber en faillite. •*Al harrâtîn mâ ligo xalla kula, ta'abhum mâ râh xasâra, Allah bi' âjirhum.* Les paysans n'ont pas récolté de mil ; ils n'ont pourtant pas peiné en vain, Dieu compensera leur perte. •*Al harba fî Tcâd sawwa lêna xasârât katîre min mâl wa arwâh.* La guerre au Tchad nous a fait perdre beaucoup de biens matériels et de vies humaines.

xasâyid *pl.*, → *xasîda.*

xasi / xusya *adj. m.*, ≅ les pluriels *xusaya, xasiyîn, Cf. âgire*, * ẖṣy, ي ص خ

♦ **castré, stérile, impuissant, eunuque.** •*Al fahal kan daggoh xasi babga samîn.* Lorsqu'un mâle du troupeau est castré, il engraisse. •*Waddêna tôrna lê l-daktôr, daggah xasi acân yabga dalûl wa gawi.* Nous avons amené notre taureau au vétérinaire ; il l'a castré pour qu'il devienne docile, fort et gras. •*Zamân al-sultân indah abid xusya.* Autrefois, le sultan avait des esclaves eunuques.

xasib *n. m.*, expression *be l xasib, Cf. xasab, xusba*, * ġṣb, غ ص ب

♦ **par obligation, par contrainte, par force.** •*Zamân al musta'mirîn yixaddumu l-nâs be l xasib.* Autrefois les colons faisaient travailler les gens de force. •*Hî abat al-râjil lâkin ahalha xasabôha xasib yâ ga'adat.* Elle refusait de cohabiter avec son mari, mais la famille a exercé sur elle une telle contrainte qu'elle a fini par rester avec lui. •*Zamân fî Tcâd al-tâjir kan budâ'itah mujamraka kula fî l baryêrât bicîlu minnah gurus be xasib.* Autrefois au Tchad, même si le commerçant avait dédouané comme il faut sa marchandise, il devait payer quelque chose à chaque barrière rencontrée sur la route.

xâsid / xasdîn *adj.*, (*fém. xâsde*), * qṣd, ق ص د

♦ **qui a l'intention de, qui a pour but de.** •*Anâ xâsid naxacâk fî l bêt wa Allah lammana fî l-câri.* J'avais l'intention de passer chez toi, et Dieu a fait que nous nous sommes rencontrés en chemin. •*Hî tugûl xâsde tacri laffay misil hint martak.* Elle dit qu'elle a l'intention d'acheter un voile comme celui de ta femme.

xasîda / xasâyid *n. f.*, * qṣd, ق ص د

♦ **poème.** •*Wilêdi gara lêi xasîda wahade.* Mon enfant m'a lu un poème. •*Anâ nirîd nasma' al xasâyid.* J'aime écouter les poèmes.

xasîl *n. m.*, → *xasûl.*

xasîm / xusmân *adj.*, (*fém. xasîme*), * ẖṣm, م ص خ

♦ **ennemi(e), adversaire.** •*Kaltam sâmahat xasîmitha Zâra.* Kaltam a pardonné à son ennemie Zara. •*Iyâl al-Tcâd humman axawân, mâ xusmân.* Les enfants du Tchad sont des frères et non des ennemis. •*Xasîmak yibîn lêk fî madxa l balîle.* Ton ennemi se découvre quand tu manges du mil à l'eau. *Prvb.* (*i.e.* c'est dans la conversation avec les gens qu'on découvre son ennemi).

Xâsim *n. pr.* d'homme, fils du Prophète, *litt.* qui fait le partage, * qsm, ق س م

xasiyîn *pl.*, → *xasi.*

xasrân / xasrânîn *adj.*, (*fém. xasrâne*), * ẖsr, خ س ر

♦ **perdant(e), endommagé(e), en panne, en déficit,** qui a subi un préjudice ou un dommage. •*Al mâ mu'minîn xasrânîn fî l âxira !* Ceux qui ne croient pas en Dieu seront perdants dans l'autre monde ! •*Amîn xasrân acân gursah waddar.* Amine a subi un dommage en perdant son argent. •*Amis hû xasrân acân kulla xanamah mâto.* Il a subi un préjudice parce que tous ses moutons sont morts. •*Al mara al-râsah gawi xasrâne acân maragat min bêt râjilha.* La femme qui a la tête dure est perdante parce qu'au bout du compte elle n'a plus de foyer [elle est sortie de la maison de son mari].

xâss / xusûs *adj.*, (*fém. xâssa*), ≅ le *masc. xâs*, * ẖṣṣ, خ ص ص

♦ **spécial(e), réservé(e) à.** •*Indi bêt xâss lê l-ijâr.* J'ai une maison que je réserve à la location. •*Humman dabaho xanamay xâssa lê l-dîfân.* Ils ont égorgé un mouton spécialement pour les invités. •*Al watâyir al xusûs hanâ l-safar tilfo.* Les véhicules qui transportent les voyageurs sont en panne.

xassa 1 / yuxuss *v. trans.*, forme I n° 5, * ẖṣṣ, خ ص ص

♦ **concerner, se rapporter à, intéresser,** qui concerne quelqu'un ou quelque chose. •*Xidimt al-laday tuxuss al awîn bas.* Le travail au foyer ne concerne que les femmes. •*Al kitâb da yuxuss al-sihha bas.* Ce livre ne parle que de la santé [ne concerne que la santé]. •*Îd Ramadân buxuss kulla l muslimîn.* La fête du Ramadan concerne tous les musulmans.

xassa 2 / yixassi *v. trans.*, forme II, * ẖṣy, خ ص ي

♦ **castrer.** •*Anâ xassêt tôri.* J'ai castré mon taureau. •*Hû xassa têsah acân yidôr yisamminah.* Il a castré son bouc parce qu'il veut l'engraisser. •*Zamân nâs al muluk bixassu l-rûjâl al baharsu awînhum.* Autrefois, ceux qui gouvernaient castraient les hommes qui gardaient leurs femmes.

xassad / yixassid *v. trans.*, forme II, *Cf. ridi*, * qṣd, ق ص د

♦ **accepter.** •*Hî farhâne acân hû xassad yâxudha.* Elle est heureuse parce qu'il a accepté de l'épouser. •*Al wilêd al-nihiss mâ yixassid yamci l-lekkôl.* L'enfant têtu refuse [n'accepte pas] d'aller à l'école. •*Anîna xassadna naxadmu ma'âk.* Nous avons accepté de travailler avec toi.

xassal / yixassil *v. trans.*, ≅ l'*inacc. yixassil* ; forme II, * ġsl, غ س ل

♦ **laver, nettoyer.** •*Xassalt xulgâni acân ambâkir yôm al îd.* J'ai lavé mes vêtements parce que demain, c'est jour de fête. •*Al mara gâ'ide tixassil xumâm al akil be tcannan.* La femme est en train de laver les ustensiles de cuisine avec une paille de fer. •*Fî barûd al-janâba al-nâdum yixassil jildah kulla ke be almi wa sâbûn.* Lors de la toilette de purification, on lave tout le corps avec de l'eau et du savon. •*Wâjib tixassil gaddûmah ba'ad al akil.* Tu dois te laver la bouche après avoir mangé.

xassâl / xassâlât *n. m. mrph. intf.*, * ġsl, غ س ل

♦ **cuvette, récipient pour la lessive, lavabo en tôle.** •*Fî l-sûg fattact kê, mâ ligît xassâl.* J'ai eu beau chercher au marché, je n'ai pas trouvé de cuvette en terre pour la lessive. •*Al-xassâl al-saxayyar xâss be l wadu.* La petite cuvette est réservée aux ablutions. •*Tacigi l xassâl algaddad kulla ke.* Ma grande cuvette en fer destinée à la lessive est toute trouée. •*Ba'ad al akil al-nâs bixassulu idênhum fî xassâl hanâ safîhe.* Après le repas, les gens se lavent les mains dans un lavabo en tôle.

xassalân *n. d'act., m.*, → *xassilîn, xasûl.*

xassâli / xassâlîn *adj. mrph. intf.*, (*fém. xassâliye*), * ġsl, غ س ل

♦ **blanchisseur (-euse).** •*Xassâli wâhid gâ'id janb bêtna.* Il y a un blanchisseur à côté de chez nous. •*Kulla fajur al xassâlîn bamcu fî xacum al bahar bixassulu.* Chaque matin, les blanchisseurs vont au bord du fleuve pour faire la lessive. •*Al-sarrâgîn daxalo fî bêt al xassâli wa câlo xulgân al-nâs.* Les voleurs sont entrés dans la maison du blanchisseur et ont pris les habits des gens.

xassân *n. d'act., m.*, → *xassîn.*

xassar / yixassir *v. trans.*, forme II, * ẖsr, خ س ر

♦ **endommager, abîmer, causer des dégâts, gaspiller, perdre.** •*Rafîgi xassar lêi sâ'ti.* Mon ami a abîmé ma montre. •*Mâla al-râ'i da yixalli al bagar yixassuru zere' hanâ jârna ?* Pourquoi ce berger laisse-t-il les vaches causer des dégâts dans le champ de notre voisin ? •*Wilêdna xassar gurus katîr fî li'ib al gumar.* Notre fils a perdu beaucoup d'argent en jouant au poker.

xâssatan *invar.*, terme de l'arabe littéraire, * ẖṣṣ, خ ص ص

♦ **particulièrement, surtout.** •*Hajja lêi kalâm katîr wa xâssatan be kalâm hanâ martah.* Il m'a beaucoup parlé et plus particulièrement à propos de sa femme. •*Anâ nirîd al-laban wa xâssatan be mappa.* J'aime le lait, surtout avec du pain.

xassayân *n. d'act., m.*, → *xassîn*, * ẖṣy, خ ص ي

xassilîn *n. d'act., m.*, ≅*xassalân*, *Cf. xasûl*, * ġsl, غ س ل

♦ **lessive, lavage, nettoyage, fait de laver.** •*Anâ nirîd xassilîn xulgâni fî l bahar.* J'aime laver mes vêtements dans le fleuve. •*Wâjib xassilîn al-tâsât wa l burâm hiney al akil be almi hâmi wa sâbûn.* Il faut nettoyer les cuvettes et les marmites qui ont servi à préparer la nourriture, avec de l'eau chaude et du savon.

xassîn *n. d'act., m.*, ≅*xassiyîn, xassayân, xassân*, * h̲ṣy, خ ص ي

♦ **castration, fait de castrer.** •*Xassîn al-jamal bukûn be câhi axadar salîge.* On castre le chameau en lui donnant du thé vert sans sucre. •*Xassîn al-tuyûs bisamminhum.* Castrer les boucs les fait engraisser. •*Fî dôrna, al xassîn illa lê l-tuyûs.* Dans notre troupeau, il n'y a que les boucs qui peuvent être castrés.

xassiyîn *n. d'act., m.*, → *xassîn.*

xasûl *n. d'act., m.*, ≅*xasîl, xassalân, xassilîn*, * ġsl, غ س ل

♦ **lessive, lavage.** •*Xasûl hanâ l xalag mâ gâsi misil xasûl al bâjo.* La lessive d'un habit n'est pas aussi difficile que celle d'une couverture. •*Xulgâni wassaxo bidôru xasûl.* Mes habits sont sales, ils ont besoin d'être lavés. •*Al iyâl al-dugâg mâ bagdaro lê l xasûl.* Les petits enfants ne peuvent pas faire la lessive. •*Xasîl hanâ tâsât al akil wâjib be almi dâfi' wa sâbûn.* On doit laver les cuvettes recevant la nourriture avec de l'eau chaude et du savon.

xatab 1 / yaxtib *v. intr.*, forme I n° 6, * h̲ṭb, خ ط ب

♦ **lancer un discours, donner un sermon.** •*Al yôm Ra'îs al-dawla xatab lêna.* Aujourd'hui, le Président de la République a prononcé pour nous un discours. •*Al imâm xatab ba'ad salât al-duhur.* L'imam a fait un sermon après la prière de treize heures.

xatab 2 / yaxtib *v. trans.*, *Cf. karab râs, karibîn râs*, * h̲ṭb, خ ط ب

♦ **demander la main d'une jeune fille, demander en mariage.** •*Rafîgi xatab binêyit immah.* Mon ami a demandé la main de sa cousine. •*Rassalt yaxtubu lêi al binêye di, wa gâlo xatabôha gubbâli.* J'ai envoyé quelqu'un demander pour moi la main de cette jeune fille, mais ils ont dit qu'elle était déjà promise à un autre. •*Amis bas wilêd jârna xatab binêyit axui l mâ maxtûba di.* Hier, le fils de notre voisin a demandé en mariage ma nièce dont personne n'avait encore demandé la main.

xataf / yaxtif *v. trans.*, ≅l'*inacc. yaxatif*, forme I n° 2, * h̲ṭf, خ ط ف

♦ **rafler, emporter par surprise, enlever, arracher, prendre promptement.** •*Al hideyya xatafat al farrûj.* L'épervier a emporté le poussin. •*Al ba'acom kulla yôm yaxatif sixêl min al-zerîbe.* Le chacal vient chaque jour enlever des chevreaux de l'enclos. •*Al-sarrâg xataf l xulgân al fî l habil wa arrad.* Le voleur a raflé les habits qui étaient sur la corde et s'est sauvé.

xâtaf / yixâtif *v. trans.*, forme III, * h̲ṭf, خ ط ف

♦ **ramasser très vite, emporter le plus possible,** se jeter sur quelque chose en essayant d'en prendre le plus possible et le plus rapidement possible. •*Amis anîna xâtafna l akil.* Hier, nous nous sommes jetés sur la nourriture. •*Al muhâjirîn xâtafo l-sadaxa.* Les élèves de l'école coranique se sont arraché l'aumône. •*Al kulâb xâtafo laham al-jazzâri.* Les chiens ont vite emporté la viande du boucher.

xatam / yaxtim *v. trans.*, ≅l'*inacc. yaxatim*, forme I n° 6, * h̲tm, خ ت م

♦ **terminer l'étude du Coran, achever, conclure.** •*Yôm al iyâl xatamo l Xur'ân, hû dabah lêhum tôr.* Le jour où les enfants ont achevé leur apprentissage du Coran, il leur a égorgé un bœuf. •*Antôh mara ba'ad ma xatam al Xur'ân.* On lui a donné une femme après qu'il eut terminé l'étude du Coran. •*Maca ziyâra lê jiddah fî l-rîf wa ôrah bikawna hû* *xalâs xatam.* Il est parti rendre visite à son grand-père à la campagne et lui a dit qu'il avait achevé l'étude du Coran. •*Xalâs al-ra'îs xatam kalâmah wa l-nâs firho.* Le Président a achevé son discours, les gens étaient heureux.

xâtam / yixâtim *v. intr.*, forme II, *Syn. alxâtam, yilxâtam*, * ẖṭm, خ ط م

♦ **couper la route, zigzaguer sur la route,** aller de gauche à droite sur la route. •*Adharo l iyâl mâ yixâtumu fî l-cawâri !* Interdisez aux enfants de traverser les rues à tort et à travers ! •*Xalla sixêlâtah bixâtumu fî l-câri wa l watâyir taracôhum.* Il a laissé ses chevreaux gambader sur la route et les voitures les ont renversés.

xatamân *n. d'act., m.*, → *xitâme.*

xâtamân *n. d'act., m.*, → *xâtimîn.*

xatar 1 / yaxtir *v. intr.*, forme I n° 6, * ẖṭr, خ ط ر

♦ **voyager, partir en voyage.** •*Îsa xatar maca Mundu.* Issa est parti en voyage, il est allé à Moundou. •*Xalli wilêdak yaxtir ma'âk, yiwannisak !* Laisse ton fils voyager avec toi pour te tenir compagnie ! •*Xatart fî hille barra be humâr.* Je suis parti en voyage au village à dos d'âne.

xatar 2 *v. intr.*, dans l'expression *xatar lê fulân fî bâlah*, * ẖṭr, خ ط ر

♦ **venir à l'esprit, passer par la tête.** •*Mâ xatar lêh fî bâlah kadar al yôm indah ma'âi maw'id.* Il ne lui est pas venu à l'esprit qu'aujourd'hui il avait rendez-vous avec moi. •*Al fikra al xatarat lêi fî bâli di, kan gidirt naffaztaha babga lêna axêr.* Tout ira mieux pour nous si je peux réaliser cette idée qui m'est passée par la tête.

xatar 3 *n. m.*, → *xatari*, * ẖṭr, خ ط ر

♦ **danger.** •*Al iyâl al-suxâr mâ ya'arfu l xatar.* Les petits enfants n'ont pas le sens du danger. •*Hû birîd fatticîn al xatar.* Il cherche toujours le danger. •*Kan irig al warîd angata', hayâtak fî xatar.* Si une de tes artères est coupée, ta vie est en danger.

xatarân *n. d'act., m.*, ≅ *xatirîn*, → *maxtar*, * ẖṭr, خ ط ر

xatari / xatariyîn *adj.*, (*fém. xatariye*), *Syn. xatîr, xatir*, * ẖṭr, خ ط ر

♦ **dangereux (-euse), périlleux (-euse), grave** (maladie). •*Al waba' hanâ l marad xatari kan daxal l-balad.* L'épidémie est redoutable quand elle entre dans le pays. •*Ruwâxt al kadâde fî l-lêl xatari bidûn murâfig.* Il est dangereux de s'en aller en brousse pendant la nuit sans avoir de compagnon. •*Al-zuxma marad mâ xatari bilhên.* Le rhume n'est pas une maladie très grave.

xatas / yaxtis *v. trans.*, ≅ l'*inacc. yaxatis*, forme I n° 6, * ġṭs, غ ط س

♦ **s'enfoncer, plonger,** descendre dans l'eau. •*Al-dalu xatas fî l bîr.* Le seau s'est enfoncé dans le puits. •*Fakkir, al-timsah bidôr baxtis !* Attention, le crocodile cherche à plonger ! •*Mâ tigarribu lê l bakân da, taxtusu fî l-tîne !* Ne vous approchez pas de cet endroit, vous vous enfonceriez dans la boue !

xâti / xâtiyîn *adj.*, (*fém. xâtiye*), * ẖṭ', خ ط ء

♦ **fautif (-ive), qui est dans l'erreur, offenseur.** •*Sîd al biskilêt da bas xâti.* C'est le propriétaire de la bicyclette qui est fautif. •*Al xâti, Allah mâ ma'âyah.* Dieu n'est pas du côté du fautif. •*Al marhûm bas xâti.* Le défunt a tort. *Prvb.* (*Cf.* "les absents ont toujours tort").

xâtif lônên *adj.* de couleur, (*fém. xâtfe lônen*), *litt.* qui a attrapé deux couleurs, * ẖṭf, lwn, خ ط ف • ل و ن

♦ **couleur café au lait, couleur crème, brun(e).** •*Al binêye di samhe bilhên, wa lâ zarga, wa lâ samra, hî xâtfe lônên.* Cette fille est très belle, elle n'est ni noire ni brune mais entre les deux. •*Al farde di samhe, acân xâtfe lônen.* Ce pagne est beau parce qu'il tire sur le marron clair. •*Anâ nirîd carâb al-laban be l gahawa acân xâtif lônên.* J'aime boire du café au lait à cause de sa couleur. •*Al binêye di bigat xâtfe lônên kan mâ ke* *da ticabbih ammaha.* Le teint de cette jeune fille est devenu brun clair, en cela elle est plus belle que sa mère [sinon elle ressemblerait à sa mère].

xâtim / xawâtim *n. m. mrph. part.* actif, forme I, *Cf. garra, Syn. xitim,* * htm, خ ت م

♦ **bague, sceau.** *•Anâ indi xawâtim hanâ fudda wa dahab.* J'ai des bagues en argent et en or. *•Al-sayyâxi sawwa xawâtim samhîn.* Le bijoutier a fabriqué de belles bagues. *•Al binêye l wârde di, xâtimha waga' fî l bîr.* Cette fille qui va chercher de l'eau a laissé tomber sa bague dans le puits.

xatimîn *n. d'act., m.,* ≅*xatamân,* → *xitâme,* * htm, خ ت م

xâtimîn *n. d'act., m.,* → *xâtam.*

♦ **fait de courir dans les rues, fait de zigzaguer,** fait de traverser la rue inconsidérément. *•Al-xâtimîn fî l-cawâri bisabbib hawâdis.* Traverser les rues inconsidérément cause des accidents. *•Al iyâl kan zôl kabîr mâ fî janbuhum, birîdu l xâtimin fî l-câri.* Les enfants aiment s'amuser dans la rue s'il n'y a pas d'adulte à côté d'eux.

xatir *adj. m.,* ≅*xatîr,* → *xatari.*

xatîr *adj. m.,* ≅*xatir,* → *xatari.*

xâtir 1 / xâtrîn *adj. mrph. part.* actif, (*fém. xâtre*), *litt.* en train de voyager, → *xatar,* * hṭr, خ ط ر

♦ **voyageant, parti(e) en voyage.** *•Anâ ambâkir xâtir, mâci Mundu.* Demain je pars en voyage, je m'en vais à Moundou. *•Nidôr xâtir lâkin ajjaltah ba'ad al-Ramadân.* J'aimerais partir en voyage mais j'ai remis ce projet après le Ramadan. *•Inti xâtire mâce wên ?* Tu pars en voyage, où vas-tu ?

xâtir 2 *invar.*, dans l'expression *acân xâtir fulân,* * hṭr, خ ط ر

♦ **à cause de *qqn.*, parce que c'est, pensant à *qqn.*,** en considération de ce que *qqn.* est pour un autre. *•Wilêdak kasar îd wilêdi, lâkin acân xâtirak inta bâs anâ xallêtah, kan mâ ke niwaddih l birgâd.* Ton fils a cassé le bras du mien, c'est bien à cause de toi que je l'ai laissé, sinon je l'aurais emmené à la gendarmerie. *•Ajjalt safari acân xâtirku.* J'ai remis à plus tard mon voyage à cause de toi.

Xâtir *n. pr.* d'homme, → *xâtir,* * hṭr, خ ط ر

xatirîn *n. d'act., m.,* → *maxatar.*

xatt / xutût *n. m.,* * hṭṭ, خ ط ط

♦ **ligne, trait, géomancie.** *•Al xatt mâ sahi, lâkin nâs wâhadîn bisadduxu bêh.* La géomancie n'est pas sérieuse [vraie], cependant certains y croient. *•Anâ mâ ni'âmin be l xatt, kan be wade' walla fî l-turâb, walla be hatab dugâg.* Je n'ai aucune confiance en la géomancie, qu'elle soit faite avec les cauris, ou bien sur de la terre, ou encore avec des bâtonnets. *•Fî l-têlefûn simi't : "Hassâ al xatt macxûl, nâdînak mâ mâci bakân, natlubu minak tinâdi ba'ad ciya !".* J'ai entendu au téléphone : "La ligne est occupée actuellement, votre appel ne peut aboutir, veuillez rappeler ultérieurement !".

xatta 1 / yuxutt *v. trans.,* ≅*hatta, yuhutt,* expression *xatta lê nâdum sirge* [accuser quelqu'un de vol] ; forme I n° 5, * ḥṭṭ, ح ط ط

♦ **poser, mettre.** *•Xutti lêna l-burma fî l-nâr !* Pose la marmite sur le feu ! *•Nuxutt gardi fî bêti.* Je mettrai un gardien chez moi. *•Al iyâl xatto fôgi sirge wa l bôlis sajanâni.* Les enfants m'ont accusé de vol et la police m'a mis en prison.

xatta 2 / yixatti *v. trans.,* forme II, * ġṭw, غ ط و

♦ **couvrir, recouvrir.** *•Al mara xattat al êc be l fûta.* La femme a recouvert la boule d'un napperon. *•Axuhum al kabîr xatta axu l-saxayar be farde jadîde min al barid.* Le grand frère a couvert d'un pagne neuf son cadet pour le protéger du froid.

xattam / yixattim *v. intr.,* forme II, * htm, خ ط م

♦ **passer devant *qqn.*, couper la parole,** interrompre quelqu'un qui parle. •*Kan al-nâs gâ'idîn bisallu mâ tixattim giddâmhum !* Ne passe pas devant les gens s'ils sont en train de prier ! •*Mâ tixattimi lêi fî hijêi !* Ne me coupe pas la parole ! •*Al binêye xattamat lê l watîr fî l-câri wa taracâha.* La fille est passée devant la voiture dans la rue et a été renversée.

xattân *n. d'act., m.*, → *xattîn.*

xattar / yaxattir *v. trans.*, forme II, * ẖṭr, خ ط ر

♦ **faire voyager.** •*Al xarîf ja wa anâ nidôr naxattir marti.* La saison des pluies est arrivée et je veux faire voyager ma femme. •*Anâ xattarôni alê turâb hanâ Gêra.* On m'a fait voyager dans la région du Guéra.

xattas / yixattis *v. trans.*, forme II, * ġṭs, غ ط س

♦ **faire enfoncer, plonger dans.** •*Hû maca xattas axuh fî l bahar wa gabbal fî l bêt.* Il est allé noyer son frère dans le fleuve et est revenu chez lui. •*Al mara xattasat al-dalu fî l bîr.* La femme a plongé le seau dans le puits.

xattat / yixattit *v. trans.*, forme II, * ẖṭṭ, خ ط ط

♦ **pratiquer la géomancie, tracer des lignes, prédire, exercer la divination, planifier, faire un projet.** •*Al mara xattatat be l wade' acân tidôr ta'arif mata râjilha yigabbil min al-safar.* La femme a pratiqué la géomancie avec les cauris pour savoir quand reviendrait son mari parti en voyage. •*Jirâni xattato lê xumâmhum al-câlo amis al-sarrâgîn.* Mes voisins ont pratiqué la géomancie pour récupérer leurs affaires volées hier. •*Al-rujâl bixattutu fî l-turâb, wa l awîn be l wade'.* Les hommes pratiquent la divination avec des figures dessinées sur le sol, et les femmes avec des cauris. •*Anâ xattatt nisâfir wa mâ bigi lêi.* J'avais programmé de partir en voyage mais cela ne s'est pas réalisé.

xattâta / xattâtât *n. f., Syn. amjimêl*, * ḥṭṭ, ح ط ط

♦ **petite armoire, garde-manger, buffet,** petite armoire de la cuisine, plateau surélevé en terre battue armée de branchages où l'on dépose les pots à lait et les jarres. •*Al xattâta mâlâne burâm wa gar'ât.* La petite armoire de cuisine est pleine de marmites et de calebasses. •*Xumâm al akil kan xassaloh, buxuttu fî l xattâta min ajaj al-sixêlât wa l-jidâd.* On met sur le buffet les ustensiles de cuisine qui ont été lavés, pour les protéger de la poussière soulevée par les chevreaux et les poules. •*Al biss cirib al-labân al fî l xattâta wa daffag nussah.* Le chat a bu le lait qui était dans le garde-manger et en a renversé la moitié.

xattatân *n. d'act., m.*, → *xattitîn.*

xattâti / xattâtîn *adj. mrph. intf.*, (*fém. xattâtiye*), * ẖṭṭ, خ ط ط

♦ **qui pratique la géomancie, devin (devineresse), voyant(e).** •*Al xattâti kidib wa gâl lê l mara tumût ba'ad usbu'ên.* Le devin a menti en disant à la femme qu'elle mourrait dans deux semaines. •*Al xattâti da mâ ba'arif ceyy, kalâmah kidib.* Cet homme qui pratique la géomancie n'y connaît rien, tout ce qu'il dit n'est que mensonge. •*Al yôm be fajur fajur anîna macêna bakân al xattâti wa mâ ligînah.* Aujourd'hui de très bon matin, nous sommes allés chez celui qui pratique la géomancie, mais il n'était pas là. •*Al xattâtîn kalâmhum kulla ke kidib.* Tout ce que disent les devins n'est que mensonge.

xattay / xattâyât nom, *mrph. intf., f.*, * ġṭw, غ ط و

♦ **couverture.** •*Xattayti hâmiye bilhên.* Ma couverture est trop chaude. •*Al mara di indaha xattay hanâ tôb Kongo.* Cette femme a une couverture en étoffe du Congo.

xattayân *n. d'act.*, ≅ *xattiyîn, xattîn*, * ġṭw, غ ط و

♦ **couverture, fait de recouvrir.** •*Xattayân al akil be fûta badhar al ajâj.* Le fait de recouvrir la nourriture avec un napperon protège celle-ci de la poussière. •*Fî wakt al barid al xattayân be l bâjo halu.* Quand il fait froid, c'est agréable de porter sur soi une couverture. •*Xattiyîn jilidki be farde kabîre adîl lê l-salâ wa kan tamci fî l-câri' kula.* C'est très bien de se recouvrir d'un grand pagne pour faire la prière ou sortir dans la rue.

xattimîn *n. d'act., m.*, ≅*xatimîn, Cf. xattam, Syn. xâtimîn*, * ẖṭm, خ ط م
♦ **fait de passer devant *qqn.*, fait de couper la parole, fait de couper la route.** •*Xattimîn giddâm al-nâs al bisallu, mâ adîl.* Il n'est pas correct de passer devant des gens qui prient. •*Xattimînak lêi fî hijêi da mâ nidôrah.* Je n'aime pas du tout ta manière de me couper la parole [mes paroles]. •*Xattimînak lê l-durûb minjamm da talga hâdis.* Avec ta façon de traverser n'importe comment les routes, tu auras un jour un accident.

xattîn 1 *n. d'act.*, "fait de recouvrir", → *xattayân*, * ġṭw, غ ط و

xattîn 2 *n. d'act., m.*, ≅*xattân, hattân, hattîn*, * ẖṭṭ, خ ط ط
♦ **fait de poser, fait de mettre.** •*Hî mâ tirîd xattîn hanâ burmitha fî l-laday.* Elle n'aime pas mettre sa marmite sur le foyer. •*Al-ciyâb bugûlu l-saxîr kan birîd xattîn hanâ îdah fî râsah mâ sameh.* Les vieux disent qu'il n'est pas bon qu'un petit enfant prenne l'habitude de poser sa main sur la tête.

xattîn laday expression, *Syn. caggîn laday*, → *caggîn laday*.

xattitîn *n. d'act., m.*, ≅*xattatân*, * ẖṭṭ, خ ط ط
♦ **géomancie, divination.** •*Al xattitîn mâ sameh, acân bisawwi waswasa fî l galib.* La pratique de la géomancie n'est pas bonne parce qu'elle tourmente le cœur [fait du murmure dans le cœur]. •*Al xattitîn, coxol hanâ zamân, wa harâm.* La géomancie est une pratique du passé, et la loi religieuse l'interdit.

xattiyîn *n. d'act.*, → *xattayân*.

xatwa / xatawât *n. f.*, * ẖṭw, خ ط و
♦ **pas, marche, processus.** •*Al yôm anâ gâ'id fî bêti, rijili xatwa mâ nisillaha.* Aujourd'hui, je reste à la maison, je n'en bougerai pas. •*Anâ maragt minnuku xatwât ke bas al askar karabôni.* Je suis sorti de chez vous, j'ai fait quelques pas seulement et les soldats m'ont arrêté. •*Buna hanâ l watan indah xatwât tawîle.* La construction de la patrie est un long processus. •*Xidimitna gâ'ide tizîd xatwa xatwa.* Notre travail progresse pas à pas. •*Amci xatawât giddâm, wa liff xatwa be îdak al-zêne wa dugg al-bâb talgah rafîgak.* Avance un peu [de quelques pas], puis tourne à droite, fais un pas et frappe à la porte, tu trouveras ton ami.

xatxat / yixatxit *v. trans., Cf. xatta, yixatti*, * ġṭw, غ ط و
♦ **envelopper, voiler, cacher, recouvrir.** •*Xatxiti jilidki adîl min al barid acân mâ yisawwi lêki marad.* Enveloppe ton corps comme il faut pour ne pas tomber malade. •*Mâ tixatxit lêi l kalâm al-sahi !* Ne me cache pas la vérité ! •*Al-sarrâg xatxat al xumâm be l gecc acân siyâdah mâ yicîfuh.* Le voleur a recouvert les affaires avec de l'herbe pour que leurs propriétaires ne les voient pas. •*Xadîja xatxiti al uyûc be l gudhân acân mâ yabrudu.* Khadidja, recouvre bien les boules avec les bols en bois pour qu'elles ne refroidissent pas.

xâwa / yixâwi *v. trans.*, forme III, * ġwy, غ و ي
♦ **aimer fraternellement, fraterniser, nouer une amitié.** •*Xâwêtah acân nidôr nalgah acîrah bas.* J'ai fraternisé avec lui parce que je veux découvrir son secret. •*Al mardân yixâwi l-daktôr acân âlajah.* Le malade a noué amitié avec le médecin parce qu'il l'a soigné.

xawâ'id *pl.*, → *xâ'ida*.

xawâdim *pl.*, → *xâdum*.

xawala *pl.*, → *xûl*.

xawâlê *pl.*, → *xâl 1*.

xâwâli *pl.*, → *xâli 1.*

xawâmîs *pl.*, → *xâmûs.*

xawana *pl.*, → *xâ'in.*

xawânîn *pl.*, → *xânûn.*

xawârîn *pl.*, → *xôrân.*

xawâtim *pl.*, → *xâtim.*

xawâzîg *pl.*, → *xâzûg.*

xawîs *adj. m.*, → *xawît*, * ġwṣ, غ و ص

xawît / xawîtîn *adj.*, (*fém. xawîte*), ≅*xawîs*, * ġwṭ, غ و ط

♦ **profond(e).** •*Al bîr di xawîte almiha ba'îd.* Ce puits est profond, l'eau est loin. •*Fî darib Amgamdere, fî nugura xawîte kan wâtir waga' fôgha mâ bamrug.* Sur la route de Ngaoundéré, il y a des ravins profonds ; si une voiture y tombe, on ne peut plus la sortir. •*Al birak al xawîtîn talga fôghum hût balbût.* Dans les trous d'eau profonds, tu trouveras des silures.

xawwaf / yixawwif *v. trans.*, forme II, * h̲wf, خ و ف

♦ **faire peur, effrayer.** •*Al kalib xawwaf al bisse min lahamâytha.* Le chien a fait peur au chat pour s'emparer de son morceau de viande [à partir de son morceau de viande]. •*Al xûl yixawwif nâs al hille.* L'ogre effraye les gens du village.

xawwâf / xawwâfîn *adj. mrph. intf.*, (*fém. xawwâfa*), terme d'insulte, * h̲wf, خ و ف

♦ **peureux (-euse), couard(e).** •*Axûki xawwâf, mâ bagdar bidâwis ma'â l iyâl al gadurah.* Ton frère est peureux, il ne peut pas se battre avec les enfants de son âge. •*Al xawwâf birabbi iyâlah.* Le peureux élève ses enfants. *Prvb.* (*i.e.* le peureux n'affrontant pas le danger a une longue vie tandis que le "brave" meurt rapidement). •*Al-râjil al xawwâf mâ balga mara ajala.* L'homme peureux ne trouve pas vite une femme qui veuille l'épouser.

xawwafân *n. d'act., m.*, → *xawwifîn.*

xawwifîn *n. d'act., m.*, ≅*xawwafân*, * h̲wf, خ و ف

♦ **intimidation, effarouchement.** •*Al askar yirîdu xawwifîn al-nâs be l bundug.* Les soldats aiment terroriser les gens avec leur fusil. •*Al-nâdum al baxxâx coxolah xawwifîn min nafsah.* Celui qui aime intimider sait s'y prendre pour que les autres aient peur de lui.

xayâl / xayâlât *n. m.*, * h̲yl, خ ي ل

♦ **fantôme, illusion, vision.** •*Cîfna xâyal hanâ dûd amis fî l-lêl.* Nous avons vu le fantôme d'un lion hier, pendant la nuit. •*Fî l-lêl kan cift xayâl anâ najiri nadxul fî bêti.* La nuit, si je vois un fantôme, je cours et rentre chez moi. •*Xayâl binêyti al marhûma daharâni l-nôm.* La vision de ma fille décédée m'a empêché de dormir.

xâyal / yixâyil *v. intr.*, forme III, * h̲yl, خ ي ل

♦ **apparaître, s'esquisser, se laisser apercevoir, voir une silhouette,** apparaître d'une manière floue. •*Fî l xammâm cîfna ceyy misil al-cahar xâyal lêna.* Dans la nébulosité du ciel, nous avons cru voir s'esquisser le premier croissant de la nouvelle lune. •*Al-dûd xâyal janb al-zerîbe.* Le lion est apparu à côté de l'enclos d'épines. •*Cîfna cabah hanâ ambardabay xâyal lêna.* Nous avons vu apparaître la silhouette [l'apparence] d'un monstre transformé en hyène.

Xayâr *n. pr.* d'homme, *litt.* bon choix, *Cf. xêr*, * h̲yr, خ ي ر

xâyib / xâybîn *adj. mrph. part.* actif, (*fém. xâybe*), *Cf. xâb*, * ġyb, غ ي ب

♦ **absent(e).** •*Al-sultân mâ yagdar yisawwi l-cerîye acân al-cuhûd xâybîn.* Le sultan ne peut pas prononcer le jugement parce que les témoins sont absents. •*Hî xâybe indaha yômên bas, taradôha min al xidme.* Elle est absente depuis deux jours, elle a été renvoyée de son travail. •*Anâ bakêt acân fakkart lê wilêdi l xâyib minni indah cahar.* J'ai pleuré parce que j'ai pensé à mon enfant qui est absent depuis un mois.

xâyid / xuyyâd *n. m.*, → *xâ'id*, * qwd, ق و د

xâyif / xayfîn *adj.*, (*fém. xâyfe*), * h̲wf, خ و ف

♦ **qui a peur.** •*Anâ indi wasiye nidôr nantîk lêha lâkin xâyif minnak.* J'ai un conseil à te donner mais j'ai peur de toi. •*Anâ mâ nirîd nadxul fî buyût al-nâs acân xâyif min al-tuhma.* Je n'aime pas entrer chez les autres parce que j'ai peur d'éveiller des soupçons. •*Hî tidôr tamci fî l-zere' lâkin xâyfe l almi yalgâha fî l-derib.* Elle veut aller au champ, mais elle a peur que la pluie la surprenne en chemin.

xâyin / xaynîn *adj. mrph. part.* actif, (*fém. xâyne*), → *xâ'in*, * h̲wn, خ و ن

Xayla *n. pr.* de femme, *litt.* qui a des grains de beauté sur le visage, * ġyl, غ ي ل

xayri / xayriyîn *adj.*, (*fém. xayriye*) ; → *xêr*, * h̲yr, خ ي ر

♦ **meilleur(e), extra-, super-.** •*Hû xayri l iyâl hanâ l hille fî l xidime hanâ zere'.* Il est le meilleur des enfants du village dans les travaux champêtres. •*Hû katal al-dûd be tartîb xayri âdi.* Il a tué le lion avec une technique extraordinaire.

xayy *n. m.*, *Cf. xiwi*, * ġwy, غ و ي

♦ **amour, passion.** •*Ba'ad al-nâs bugûlu : "Axîde bala xayy misil farwa dubâxha nayy !".* Certaines gens disent : "Un mariage sans amour est comme une peau mal tannée !" *Prvb.* •*Al xayy bên al mara wa râjilha bijîb al amân fî l bêt.* L'amour entre la femme et son mari est source de confiance dans le foyer.

xayyâla *n. coll.*, *Cf. xêl*, * h̲yl, خ ي ل

♦ **cavaliers** (les), **cavalerie.** •*Al bulâma ballax lê kulla l xayyâla yalbaso adîl, wa yiciddu xêlhum wa yilimmu fî kanton Afrug lê mulâgât al-Ra'îs.* Le chef de village a fait savoir à tous les cavaliers qu'ils devaient bien s'habiller, seller leurs chevaux, et se rassembler au canton Afroug pour accueillir le Président. •*Fî l-sabag kulla wâhid min al xayyâla yudugg juwâdah be sôtah al-tawîl acân yamrug nimro wâhid.* Pendant la course, chacun des cavaliers fouette son cheval avec sa chicote pour essayer d'arriver le premier. •*Fî yôm al îd, al-sultân yamrug min bêtah wa ma'âyah al xayyâla, wa yamcu fî naga'at al-salâ.* Le jour de la fête, le sultan sortira de chez lui accompagné de sa cavalerie ; ensemble, ils partiront pour se rendre au lieu de la prière.

xayyan / yixayyin *v. intr.*, forme II, * h̲wn, خ و ن

♦ **souffrir, être éprouvé(e), être las (lasse), être fatigué(e).** être abattu(e) par la maladie. •*Al-saxîr kan xayyan wa aba l akil wa l-li'ib ma'â l iyâl da, illa yukûn mardân.* Lorsque l'enfant est las, refuse de manger et de jouer avec les enfants, c'est qu'il est malade. •*Al-jidâde dahâba carênaha min al-sûg lâkin xayyanat.* Nous venons d'acheter cette poule au marché, mais elle paraît épuisée par la maladie.

xayyanân *n. d'act.*, *m.*, → *xayyinîn.*

xayyar 1 / yixayyir *v. trans.*, forme II, *Cf. xêr*, * h̲yr, خ ي ر

♦ **laisser choisir, proposer un choix.** •*Xâli kulla yôm yixayyirni fî banâtah al-talâta, wa anâ hassâ mâ nidôr nâxud.* Chaque jour, mon oncle me propose de choisir une de ses trois filles, mais maintenant je ne veux pas me marier. •*Al hâkûma xayyarat al-ca'ab yicîlu l-dibite l bidôruhum.* Le gouvernement a laissé au peuple le soin de choisir ses députés. •*Kan xayyartini, anâ nicîl al faras wa nixalli lêk al-juwâd.* Si tu me laisses choisir, je prendrai la jument et je te laisserai le cheval.

xayyar 2 / yixayyir *v. trans.*, *Cf. badal* ; forme II, * ġyr, غ ي ر

♦ **remplacer, changer,** apporter une amélioration dans un échange effectué. •*Al hâkûma gâlat tixayyir al muwazzafîn be âxarîn.* Le gouvernement a dit qu'il remplacerait les fonctionnaires par d'autres. •*Al-cahar al-jâyi da nixayyir kitâbi.* Le mois prochain, je changerai mon livre. •*Mâ iriftiki acân inti xayyarti farditki.* Je ne t'ai pas reconnue parce que tu as changé de pagne. •*Zamân da anâ wa Xadîja rufugân, wa hassâ xayyart minnaha da acân hî takcif acîri lê l-nâs.* Auparavant, Khadidja et moi, nous étions des amies ; mais à présent, j'ai changé d'avis et je l'ai laissée parce qu'elle révèle mon secret aux gens.

xayyas / yixayyis *v. trans., Cf. waddar, labbad* ; forme II, * h̲ys, خ ي س

♦ **cacher, perdre, chercher à tuer *qqn.*, chercher à faire mourir, vouloir éliminer, faire disparaître.** •*Nâs mâ na'arifhum câlo watîri, wa xayyaso marra wâhid, mâ ligit bakânah.* Des gens que je ne connaissais pas ont pris ma voiture et l'ont si bien cachée que je ne l'ai pas retrouvée. •*Al-sarrâg xayyas dahab hanâ binêyit al-sultân.* Le voleur a caché l'or de la fille du sultan. •*Al-rujâl rakano fî rafîghum wa xayyasoh fî l kadâde.* Les hommes ont comploté contre leur ami et l'ont fait disparaître en brousse. •*Al-râjil sirig binêye samhe, wa xayyasâha fî lubb al hille.* Un homme a enlevé une belle fille et l'a cachée à l'intérieur de la ville.

xayyat / yixayyit *v. trans.*, ≅ l'*inacc. yaxayyit* ; forme II, * h̲yṭ, خ ي ط

♦ **coudre.** •*Al-tâyêr xayyat lêi xalagi.* Le tailleur a cousu mon vêtement. •*Xayyato lêi girbe hint xazâl.* On m'a cousu une outre en peau de gazelle. •*Nixayyit al-cuwâl be masalla.* Je vais coudre le sac avec une alêne.

xayyatân *n. d'act., m.,* → *xayyitîn.*

xayyâti / xayyâtîn *adj. n., mrph. intf.,* (*fém. xayyâtiye*), * h̲yṭ, خ ي ط

♦ **tailleur (-euse), couturier (-ère),** expert en couture. •*Al xayyâti xalagah mucarrat.* Le tailleur a son vêtement déchiré. •*Amci bakân al xayyâti, jîb lêi surwâli !* Va chez le tailleur, apporte-moi mon pantalon ! •*Al xayyâtîn induhum xidime katîr garîb lê l îd.* Les tailleurs ont beaucoup de travail à l'approche de la fête. •*Marti ti'allim acân tabga xayyâtiye.* Ma femme apprend à devenir couturière.

xayyinîn *n. d'act., m.,* ≅ *xayyanân, Cf. dandan,* * h̲wn, خ و ن

♦ **fatigue, épuisement, abattement, faiblesse de l'organisme, lassitude, prostration,** fait d'être las, triste, ou sans force. •*Al-râjil da macêt ligîtah râgid nahsibah nâyim, lâkin coxolah xayyinîn !* Je suis allé voir cet homme et l'ai trouvé allongé, je pensais qu'il dormait, mais en fait il était épuisé ! •*Xayyinîn al-jidâde di akûn mardâne.* La lassitude de cette poule vient sans doute de ce qu'elle est malade.

xayyitîn *n. d'act., m.,* ≅ *xayyatân,* * h̲yṭ, خ ي ط

♦ **couture, fait de coudre.** •*Al markûb da xayyitînah gâsi.* La couture de ce soulier est difficile à réaliser. •*Xayyitîn al xulgân be idên bicîl wakit katîr.* Coudre un vêtement à la main prend beaucoup de temps.

xazâ / yaxzî *v. trans.,* * ġzw, غ ز و

♦ **envahir, faire une incursion dans.** •*Al ajânib xazôna wa bactanôna be l-sirge.* Les étrangers ont fait une incursion chez nous et nous ont tourmentés en nous volant. •*Zamân al-Nasâra xazo Ifrîxiya.* Autrefois, les Blancs ont envahi l'Afrique.

xazal / yaxzil *v. trans.,* forme I n° 6, * h̲ d̲ l, خ ذ ل

♦ **abandonner *qqn.*, délaisser *qqn.*, faire défection, décevoir une attente,** ne plus soutenir *qqn.* qui a besoin de secours. •*Irfat acîri wa xazalatni lammat ma'â xusmâni.* Elle connaissait mon secret et m'a laissée pour se joindre à mes adversaires. •*Hû gâl bilimm râ'yah ma'âi kan macêna l-cariye, lâkin wara gâm xazalâni, aba mâ bilimm ma'âi.* Il avait dit qu'il se rallierait à mon opinion quand nous irions au tribunal, mais ensuite il m'a déçu en refusant de se joindre à moi.

xazâl / xuzlân *n. anim., m.*, ≅*xazalay*, * ġzl, غ ز ل

♦ **gazelle.** •*Al xazâl gâ'id fî l kadâde.* La gazelle se trouve en brousse. •*Mâla inta nâyim misil nôm al xuzlân.* Pourquoi dors-tu comme les gazelles (*i.e.* les yeux ouverts) ? •*Al-Nasrâni darab fî hidbit al xuzlân.* Le Blanc a tiré un coup de fusil dans le troupeau de gazelles.

xazna / xaznât *n. f.*, * ẖzn, خ ز ن

♦ **coffre, chargeur d'une arme à feu.** •*Anâ indi xazna fî bêti.* J'ai un coffre chez moi. •*Al-sarrâgîn mâ gidiro kasaro l xazna hint al banki.* Les voleurs n'ont pas pu casser le coffre de la banque. •*Al askar sabbo l rassâs fî xaznât hanâ banâdighum.* Les soldats ont inséré des munitions dans le chargeur de leur fusil.

xâzûg / xawâzîg *n. m.*, en *ar. lit.* : "pieu pour l'empalement des suppliciés" (*Ka.*), * ẖzq, خ ز ق

♦ **pal, gros plantoir à berbéré,** sorte de pique en bois taillé, pointue et pesante. •*Mâ tisey lêi xâzûg !* Ne me crée pas de problème ! [ne me fais pas un pal !]. •*Fattic lêi xâzûg acân ninakkit al-nugâr dôl lê bani l-lugdâbe.* Va me chercher un pieu pointu, que je puisse creuser des trous pour construire cet abri. •*Fî l kadâde kulla binêye indaha xâzuk tankut bêyah amjabara.* En brousse, chaque fille a une pique en bois qui lui sert à déterrer les pousses de jeunes rôniers. •*Al xawazîg humman îdân bisawwuhum turân lê magganân al berbere.* Les plantoirs à berbéré sont des pieux que l'on rend pointus et qui servent au repiquage du sorgho.

xazza 1 / yixazzi *v. trans.*, forme II, * ġdy, غ ذ ي

♦ **nourrir, engraisser, fertiliser.** •*Amm al iyâl tixazzi iyâlha be l akil al halu.* La maman nourrit ses enfants avec de la bonne nourriture. •*Al harrâtîn yixazzu zurâ'âthum be hurâr al bagar.* Les paysans engraissent leurs champs avec du fumier de vache.

xazza 2 / yuxuzz *v. trans.*, forme I n° 5, connu au *Sdn.* racine proposée par *C.Q.*, * ġrz, غ ر ز

♦ **ficher, planter en terre, poser.** •*Xazza matârig acân yabni bêt hanâ Arab.* Il a planté des perches pour construire une maison arabe. •*Xuzz harbitak di hinâk wa ta'âl acân al-zûz mâ yidôr nâdum yindassa lêyah be silah.* Pose ta lance là-bas et viens, car le juge ne veut pas que quelqu'un s'introduise chez lui avec des armes.

xêb *n. m.*, *Cf. xuluf, xalaba*, * ġyb, غ ي ب

♦ **le caché, l'invisible, mystère, l'avenir,** tout ce qui concerne le monde caché et invisible. •*Da juwâd hanâ l xêb.* C'est un cheval que je garde en réserve en cas d'imprévu. •*Falmata di indaha xêb hanâ talâte cahar.* Falmata est enceinte [absente de règles] depuis trois mois. •*Mâ ya'lam ilim al-xêb illa Allah.* Il n'y a que Dieu qui connaisse les mystères du monde invisible.

xêl *n. coll.*, pluriel, → *juwâd*, * ẖyl, خ ي ل

♦ **chevaux, cavalerie.** •*Xêl al-sultân rabbohum adîl.* Les chevaux du sultan sont bien nourris. •*Xêl al hille maco bêhum faza' acân simo l-nuggâra.* La cavalerie du village est partie à la rescousse après avoir entendu le tambour [parce qu'ils ont entendu le tambour].

xêma 1 / xiyam *n. f.*, * ẖym, خ ي م

♦ **tente.** •*Al askar waggo xiyamhum fî giddâm bêt al-Ra'îs.* Les soldats ont planté leurs tentes devant la maison du Président. •*Anâ indi xêma fî bêtna.* J'ai une tente dans la concession [dans notre maison].

xêma 2 / xêmât *n. f.*, * ġym, غ ي م

♦ **nuage.** •*Fî l-dunya zôl mâ budûm fî hâla, zeyy dull al-daha wa zeyy al xêma l-rahhâla.* En ce bas monde, personne ne peut rester longtemps dans la même situation ; il en va de même de l'ombre du matin ou des nuages qui passent. •*Al xêma dâragat al harray wa sawwat lêna dull.* Les nuages voilent le soleil et nous font de l'ombre.

xêr 1 / xuyûr *n. m.*, * h̲yr, خ ي ر
♦ **bien, bonheur.** •*As'al Allah acân al xêr yajîk.* Demande à Dieu qu'il t'apporte le bonheur. •*Tasbuhu alê xêr !* Bonne nuit ! [soyez au matin vers le bien].

xêr 2 *adj.* comparatif, ≅ *axyar*, * h̲yr, خ ي ر
♦ **meilleur(e).** •*Fî xidime hint al-zere', min iyâl al hille dôl hû bas xêrhum.* Dans les travaux champêtres, c'est lui qui est le meilleur de tous les enfants du village. •*Axyar al banât bas Abbakar axadâha.* Abakar a épousé la meilleure des filles.

xêr 3 *invar.*, * ġyr, غ ي ر
♦ **autre que, sauf, à part, excepté, hormis.** •*Xêrku intu ke, anâ mâ indi ahal.* Je n'ai pas d'autre famille que vous. •*Xêr al-nâs dôl battân mâ nirakkib nâs âxarîn fî watîri.* A part ces personnes-là, je ne prends pas d'autres personnes avec moi dans mon véhicule. •*Kalâm al wâzir al gâlah fî l-râdyo da xêr mafhûm.* Ce que le ministre a dit à la radio était incompréhensible. •*Xêri anâ di, battân mâ tâxud mara !* N'épouse personne d'autre que moi !

xerêr *n. coll.*, *sgtf. xerêray*, *Cf. nahale*, * h̲rr, خ ر ر
♦ **abeille sauvage.** •*Al xerêr musaffir, yi'îc fî l-ganâtir wa yisawwi asal misil hanâ l-nahal, lâkin abyad.* Les abeilles sauvages sont jaunâtres ; elles vivent dans des termitières et font du miel comme les autres abeilles, mais un miel blanc. •*Asal al xerêr bidâwu beyah amrâd katîrîn misil al asma wa l-rutûba.* Le miel des abeilles sauvages soigne de nombreuses maladies telles que l'asthme et les rhumatismes.

xêt / xuyût *n. m.*, * h̲yṭ, خ ي ط
♦ **fil à coudre.** •*Al xêt da rigeyyak misil ca'aray.* Ce fil est fin comme un cheveu. •*Al xêt al xayyato beyah xalagi da bilgatta wihêdah ke.* Le fil avec lequel on a cousu mon vêtement se coupe tout seul.

xêt ûla *n. f.*, ≅ *xêt ûl*, emprunt à l'*angl.* "wool".
♦ **fil de laine, laine à tricoter.** •*Al banât bixayyutu fûta be xêt ûla.* Les filles fabriquent des napperons en fil de laine. •*Fî l barid, ammahât al atfâl bilabbusu iyâlhum fanâyil hanâ ûla.* Quand il fait froid, les mamans habillent leurs enfants avec des vêtements en laine.

xîb *v. impér.*, → *xâb.*

xibbêc *n. vég.*, *coll.*, *m.*, *sgtf. xibbêcay*, * h̲bš, خ ب ش
♦ **nom d'un arbuste, Guiera senegalensis (J. F. Gmel.),** famille des combrétacées. •*Al xibbêc warcâlah axabac wa firê'âtah rugâg.* Les feuilles du Guiera senegalensis sont grises, et ses branches sont fines. •*Al xibbêc bugumm fî l gôz.* Le Guiera senegalensis pousse sur les coteaux sablonneux. •*Al xibbêc bista'maloh ilâj lê marad al batun.* On utilise le Guiera senegalensis pour soigner les maux de ventre.

Xibêca *n. pr.* de femme, *mrph. dmtf.*, → *axabac*, * ġbš, غ ب ش

xibêr / xibêrât *n. m.*, *mrph. dmtf.*, *litt.* petite nouvelle, *Cf. xabar, bicâra*, * h̲br, خ ب ر
♦ **bonne nouvelle.** •*Cunû al yôm jîtni farhân ke da, be xibêrak walla cunû ?* Que se passe-t-il donc, que tu viennes avec un air si joyeux, aurais-tu reçu une bonne nouvelle ? •*Jîrâni dôl be xibêrhum wâhid, min fajur nasma' hatto carît baxanni wa nicîf awîn bindasso lêhum.* Mes voisins vivent une bonne nouvelle ; depuis ce matin j'entends les cassettes de chants qu'ils mettent et je vois les femmes entrer chez eux.

xibil / yaxbal *v. trans.*, forme I n° 20, * qbl, ق ب ل
♦ **accepter, exaucer, accueillir.** •*Allah yaxbal lêk du'âk !* Que Dieu exauce tes prières ! •*Al-Ra'îs xibil kalâm al-ca'ab wa hakam adîl.* Le

Président a accepté les doléances du peuple et a bien gouverné. •*Hû da kacrân mâ tamci lêyah mâ baxbal kalâmak.* Celui-là est méchant ; ne va pas chez lui, il n'acceptera pas ce que tu lui diras.

xibir / yaxbar *v. intr.*, forme I n° 20, sens passif, * h̲br, خ ب ر
♦ **être informé(e), connaître, savoir,** être au courant de. •*Hû xibir be jayye hint abûk min al hijj.* Il a été informé que ton père revenait du pèlerinage. •*Al wafid al-jâyi hillitna mâ yaxbar be l-derib.* La délégation qui arrive dans notre village ne connaît pas la route.

xici / yaxca *v. trans.*, ≅ l'*inacc. yaxaca*, forme I n° 21, * h̲šy, خ ش ي
♦ **faire un détour, passer par, s'arrêter un moment, faire un crochet,** faire un détour pour s'arrêter quelques instants dans un lieu ou chez quelqu'un, avant de reprendre son itinéraire. •*Xicîtak fî l bêt wa inta mâ fîk.* J'ai fait un crochet chez toi et tu n'étais pas là. •*Al bagar wakit mugabbilîn aciye, xiciyo zere' hanâ l-cêx wa kulla akaloh.* En revenant le soir, les vaches ont fait un détour, elles sont passées par le champ du chef du village et l'ont ravagé. •*Kulla yôm, kan marag min al-jâmiye ba'ad al-sala, yaxca jârah yisallimah.* Tous les jours, quand il est sorti de la mosquée après la prière, il s'arrête chez son voisin et le salue. •*Amis inta xicitni fî l bêt hatta macêt.* Hier, tu as fait un crochet chez moi avant de t'en aller. •*Anâ mâci naxaca nâs wahadîn nicîfhum.* Je vais faire un crochet pour aller voir certaines personnes.

xiddême / xiddêmât *n. f. mrph. dmtf.*, *Cf. xidime*, * h̲dm, خ د م
♦ **petit travail, comportement,** fait de travailler, manière de travailler. •*Wilêd al-lekkôl xalla l girây wa mâ indah xiddême gâ'id sâkit.* Cet écolier a abandonné l'école, il n'a pas le moindre travail et reste sans rien faire. •*Râjil bala xiddême mâ râjil.* Un homme sans travail n'est plus un homme. •*Xiddêmtak di mâ adîle.* Ton comportement n'est pas correct.

Xidêr *n. pr. gr.*, → *Wulâd Abu Xidêr.*

xidime / xidmât *n. f.*, ≅ le *pl. axdâm*, * h̲dm, خ د م
♦ **travail, occupation, profession, métier.** •*Xidime bala âfe mâ tukûn.* Le travail ne peut se réaliser sans la santé. *Prvb.* •*Xidimti, daktôr fî l-labtân.* Ma profession : médecin à l'hôpital. •*Al yôm indi xidime katîre.* Aujourd'hui j'ai beaucoup de travail. •*Xidimtak cunû ?* Quel est ton métier ?

xidir / yaxdar *v. intr.*, forme I n° 20, *Cf. nammal*, * h̲dr, خ د ر
♦ **devenir insensible, être engourdi(e).** •*Al bâb assar usba'i namman xidir.* La porte a coincé mon doigt au point qu'il est devenu insensible. •*Angari, mâ tunûm katîr be nuss wâhid, jildak yaxdar !* Attention, ne dors pas longtemps sur le même côté [sur un seul côté], ton corps s'engourdirait !

Xidir *n. pr.* d'homme, nom du "personnage mythique attendu à la fin des temps" (*Ka.*), * h̲ḍr, خ ض ر

xijil / yaxjal *v. intr.*, ≅ l'*inacc. yaxajal* ; *Cf. êb sawwa, istaha* ; forme I n° 20, * h̲jl, خ ج ل
♦ **craindre, être timide, avoir honte, être mal à l'aise,** ne pas oser se montrer. •*Al-râjil da baxjal, mâ yagdar yahajji al-sahi fî giddâm al-nâs.* Cet homme a honte, il ne peut pas dire la vérité devant les gens. •*Al arûs xijilat min axawân râjilha.* La mariée craint de se montrer aux frères de son mari. •*Al iyâl baxjalo mâ bagdaro bas'alo abûhum gurus.* Les enfants n'osent pas demander de l'argent à leur père.

xijile *n. f.*, *Syn. êb*, * h̲jl, خ ج ل
♦ **honte, crainte, timidité, pudeur.** •*Hû hajja giddâm al-nâs bala xijile.* Il a parlé devant les gens sans crainte. •*Al binêye dangarat râsha giddâm nasîbitha da, mâ awâriye, coxolha xijile.* La fille a penché la tête devant sa belle-mère, ce n'était pas par sottise mais par pudeur.

xijjîl / xijjilîn *adj. mrph. intf.*, *(fém. xijjiliye)*, → *xajûl*, * ẖjl, ج ج ل

xilâf / xilâfât *n. m.*, * ẖlf, خ ل ف
♦ **divergence, mésentente, différend, démêlé, opposition, contradiction.** •*Fîh xilâf ambên al-râjil wa martah.* Il y a un différend entre l'homme et sa femme. •*Al xilâfât al ambên al-Tacâdiyîn dôl ligo lêhum halal.* Des solutions ont été trouvées pour résoudre les divergences entre les Tchadiens.

xilâl dans l'expression *fî xilâl*, * ẖll, خ ل ل
♦ **dans l'intervalle de, en, dans.** •*Fî xilâl xamsa wa sittîn sana, al-nâdum bicayyib.* En soixante-cinq ans, la personne vieillit. •*Fî xilâl al ayyâm dôl namcu lêku be izin Allah.* Dans les jours qui viennent, nous irons chez vous, si Dieu le permet.

xilêbâti / xilêbâtîn *adj. mrph. dmtf., qdr.*, *(fém. xilêbatiye)*, → *xalbâti*, * ẖlt, خ ل ت
♦ **qui raconte des bobards, roublard(e), filou,** qui commence à ne plus être franc. •*Al binêye di xilêbatiye, tidahhik rafîgâtha.* Cette fille raconte des bobards, elle fait rire ses amies. •*Al wilêd al xilêbâti kan maca l-lekkôl kula mâ badxul fî l kilâs.* L'enfant roublard part pour l'école mais n'entre pas dans sa classe.

xilêg / xilêgât *n. m. mrph. dmtf., Cf. xalag*, * ẖlq, خ ل ق
♦ **petit vêtement.** •*Al wilêd libis xilêgah wa maca l-lekkôl.* L'enfant a mis son petit vêtement et est allé à l'école. •*Hû yidôr yabga rafîg wilêd al-sultân bê xilêgah l wasxân da.* Il veut devenir l'ami du fils du sultan alors qu'il porte sur lui ce petit vêtement sale.

xili / yaxla *v. intr.* forme I n° 21, sens passif, ≅ l'*inacc. yaxala*, * ġlw, غ ل و
♦ **devenir cher, être coûteux (-euse).** •*Al kabâbît baxalo fî l-cite.* Les manteaux deviennent cher en hiver. •*Al-sane al-rizz mâ xili, al xalla yâ xilat.* Cette année le riz est bon marché, mais le mil est vraiment cher.

xilib 1 / yaxlab *v. intr.*, connu au *Sdn. (C.Q.)* ; peut-être transformation du *ḥ* en *ġ* et métathèse dans la racine, forme I n° 20, sens passif, * ḥbl, ح ب ل
♦ **être épuisé(e), être las (lasse), être fatigué(e), être incapable de porter, être enceinte,** ne plus pouvoir porter quelque chose à cause de son poids. •*Al-câyib xilib, mâ yagdar yamci fî l-zere'.* Le vieux est fatigué, il ne peut plus aller au champ. •*Anâ ruxt katîr wa xilibt.* J'ai beaucoup marché et je suis las. •*Mâ tixalli l mara l xalbâne turûx katîr acân taxlab !* Ne laisse pas la femme enceinte marcher beaucoup, parce qu'elle va s'épuiser ! •*Al mara di kaslâne, wa abat al êc, âkun hî xilbat.* Cette femme est fatiguée, elle refuse de manger la boule, elle est peut-être enceinte.

xilib 2 / yaxlab *v. trans.*, → *xalab yaxlib*.

xilib 3 / yaxlib *v. trans.*, * ġlb, غ ل ب
♦ **être trop… pour, dépasser la capacité de.** •*Al-coxol da xilbâni, mâ nagdar nigillah !* C'est trop lourd pour moi, je ne peux pas le soulever ! •*Al-jari wa têrân xilib al-na'âm.* Courir et voler en même temps, c'est trop pour l'autruche. Prvb. (i.e. on ne peut réaliser deux travaux difficiles en même temps). •*Al xidime di katîre taxlibni.* Il y a trop de travail, je n'arrive pas à l'accomplir.

xilig / yaxlag *v. intr.*, forme I n° 20, sens passif, ≅ l'*inacc. yaxalag*, * ẖlq, خ ل ق
♦ **être créé(e), être né(e).** •*Inta xiligt mâta lê kalâm al-dunya ?* Depuis quand dis-tu des baliveres qui provoquent la bagarre ? [quand es-tu né à la parole de ce bas monde ?]. •*Al-daktôr bugûl : al mara kan fî hâla hint xuluf wa tacarab kinnîn katîr saxîrha âkun yaxlag nâgis.* Le docteur dit que si la femme enceinte prend trop de médicaments, son enfant risque de naître mal formé [naîtra avec quelque chose en moins].

xilis / yaxlas *v. intr. {- min}*, ≅ l'*inacc. yaxalas* ; forme I n° 20, * h̲ls, خ ل ص

♦ **finir, être fini(e), achever, terminer, avoir accouché.** •*Hû xilis min al-dên.* Il a payé ses dettes. •*Azîz yaxlas min al giray al-sâ'a tis'a.* Aziz finira d'étudier à neuf heures. •*Hamâti xilsat amis wa jâbat wilêd.* Ma belle-sœur a accouché hier ; elle a mis au monde [apporté] un garçon. •*Binêyti xilsat min xidimt al-ladây.* Ma fille a achevé son travail à la cuisine.

xilit / yaxlat *v. intr.*, forme I n° 20, * ġlṭ, غ ل ط

♦ **se tromper, commettre une erreur, commettre une faute contre *qqn.*,** faire du tort à *qqn.* •*Al mâ baxlat illa Allah.* Il n'y a que Dieu qui ne commette pas d'erreur. *Prvb.* •*Anâ xilit fôgak lâkin sâmihni.* Je t'ai fait du tort, mais excuse-moi. •*Kan wilêdi xilit fôgak ta'al ôrini anâ nuduggah !* Si mon enfant commet une faute envers toi, viens me le dire, que je le frappe !

xîm *v. impér.*, → *xâm.*

xîma / xîyam *n. f.*, * qwm, ق و م

♦ **valeur, prix, dignité, honneur.** •*Al-râjil da waddar xîmtah hassâ hû bigi sarrâg.* Cet homme a perdu son honneur parce qu'il est devenu voleur. •*Rafîgi indah xîma marra wâhid.* Mon ami a vraiment de la valeur.

ximir / yaxmar *v. intr.*, forme I n° 20, * ġmr, غ م ر

♦ **s'évanouir, tomber en syncope.** •*Al-râjil watîr taracatah wa ximir waddoh l-labtân.* L'homme a été renversé par une voiture et s'est évanoui ; on l'a transporté à l'hôpital. •*Hû ximir ba'ad ma simi' l xabar al faj'i fî l-râdyo.* Il s'est évanoui après avoir appris à la radio le communiqué tragique.

xine / axâni *n. m.*, * ġny, غ ن ي

♦ **chant, chanson.** •*Al xine fî l madagg bicâtir al-subyân.* Le chant lors du battage du mil [sur l'aire à battre] encourage les jeunes gens. •*Axânik dôl bifakkurûni gadîmi.* Tes chansons me rappellent mon passé.

xini / yaxna *v. intr.*, forme I n° 21, sens passif, * ġny, غ ن ي

♦ **s'enrichir, devenir riche.** •*Al-tâjir da zamân mâ indah gurus dahâba xini.* Autrefois, ce commerçant n'avait pas d'argent, il vient de s'enrichir. •*Rafîgi xini hassâ awînah talâta.* Mon camarade s'est enrichi, à présent il a trois femmes. •*Al-sana anâ haratt zere' kabîr acân nidôr naxna.* Cette année, j'ai cultivé un grand champ car je voudrais m'enrichir.

xinney / xinneyât nom, *mrph. dmtf.*, *m.*, → *xine*, * ġny, غ ن ي

♦ **chansonnette, ritournelle.** •*Xinneyt al-dûku di mâ haluwa.* Ce chant du griot n'est pas beau. •*Jîtni wakit da be xinneytak ?* As-tu quelque chose d'important à me dire ? [es-tu venu avec ta ritournelle ?].

Xînya *n. pr.* de pays.

♦ **Guinée.**

xinzîr / xanâzîr *n. m.*, *qdr.*, *Cf. halluf*, * h̲nzr, خ ن ز ر

♦ **cochon domestique.** •*Al xinzîr mâ bahmal al hamu.* Le cochon ne supporte pas la chaleur. •*Nâs hanâ junûb Tcâd birîdu sa'iyit al xanâzîr.* Les gens du sud du Tchad aiment élever les cochons. •*Al muslimîn mâ bâkulu laham al xinzîr.* Les musulmans ne mangent pas la viande de porc.

xîr *v. impér.*, → *xâr.*

xirag *pl.*, → *xirge.*

xîrân *pl.*, → *xôr.*

xirêrîf / xirêrifât nom, *mrph. dmtf.*, *m.*, → *xarrạf*, * ġrf, غ ر ف

♦ **gobelet.** •*Iyâli induhum xirêrifât lê l-laban.* Mes enfants ont de petits gobelets pour le lait. •*Al banât caro xirêrifât hanâ l madîde min al-sûg.* Les filles ont acheté au marché de petits gobelets pour la bouillie.

xirge / xirag *n. f., Cf. farde, rabbâta,* ≅ le pluriel *xirgât*, terme utilisé surtout dans le Chari-Baguirmi, * h̲rq, خ ر ق

♦ **pagne.** •*Arbuti xirgitki adîl gubbâl al-duwâs !* Attache comme il faut ton pagne avant la bagarre ! •*Martah di wakit axadâha jâb lêha xirag tinên wa râs sukkar wâhid bas !* Lorsqu'il a épousé cette femme, il ne lui a apporté que deux pagnes et un pain de sucre ! •*Al awîn kan baxdumu birabbutu xirag fî sulubbênhum.* Lorsque les femmes travaillent, elles attachent leur pagne sur leurs hanches. •*Carêt xirag samhîn lê arûs wilêdi.* J'ai acheté de beaux pagnes pour la nouvelle femme de mon fils.

xirib / yaxrab *v. intr.*, forme I n°20, sens passif, *Cf. xarab*, * h̲rb, خ ر ب

♦ **tomber en ruine, être détruit(e), être en panne.** •*Al hille di xiribat acân sukkânha mâ induhum ma'âc.* Ce village est tombé en ruine parce que ses habitants n'avaient plus de quoi vivre. •*Al watîray di xirbat, sîdha yidôr yibî'ha giddâm.* Cette voiture est tombée en panne, son propriétaire veut la revendre.

xirif / yaxraf *v. intr.*, forme I n° 20, * h̲rf, خ ر ف

♦ **tomber en enfance, devenir gâteux (-euse), radoter, devenir sénile,** arriver au dernier stade de la vieillesse. •*Al mara kan ajjasat wa xirifat marra wâhid, mâ ta'arif iyâlha kulla.* Lorsque la femme a vieilli et devient complètement sénile, elle ne reconnaît même plus ses enfants. •*Al-câyib da xirif, hatta l madîde bugûl taxangah (taxnigah).* Ce vieux est gâteux au point de dire que la bouillie va l'étrangler.

xirig / yaxrag *v. intr.*, ≅ l'*inacc. yaxarag* ; *Cf. xatas* ; forme I n° 20, * ġrq, غ ر ق

♦ **s'immerger, se noyer, s'enfoncer dans l'eau, être dans une situation critique, sombrer, couler,** être en difficulté. •*Nidôr nu'ûm fî l almi wa naxâf naxrag.* J'aime bien nager dans l'eau, mais j'ai peur de couler. •*Al iyâl bidôru bagta'o l Batha, wahdîn xirgo wa wahdîn gata'o.* Les enfants voulaient traverser le Batha ; certains se sont noyés, d'autres sont passés de l'autre côté. •*Ingari', kan mâ ta'arif tu'ûm taxrag fî l almi wa tumût marra wâhid !* Attention, si tu ne sais pas nager, tu t'enfonceras dans l'eau et tu te noieras bel et bien ! •*Al askar al maco l-duwâs xirgo, katîr minnuhum mâ gabbalo !* Les soldats qui sont partis pour la guerre se sont trouvés dans une situation critique, beaucoup d'entre eux ne sont pas revenus.

xirim / yaxram *v. intr.*, ≅ l'*inacc. yaxaram*, forme I n° 20, * h̲rm, خ ر م

♦ **être en manque,** se dit d'une personne droguée ou intoxiquée en manque d'excitant. •*Kan mâ ligi câhi, yaxram wa râsah bôj'ah wa jildah babga kaslân.* Lorsqu'il ne trouve pas de thé à boire, il est en manque, il a mal à la tête et se sent fatigué [son corps devient paresseux]. •*Mâ tacrab al-sijâra al indaha muxaddirât, kan yôm mâ ligîtha bas taxaram !* Ne fume pas de cigarettes qui contiennent des drogues ; le jour où tu n'en trouveras plus, tu seras en manque !

xiriz / yaxraz *v. intr.*, forme I n° 20, employé seulement féminin, → *xirzat.*

xirizat *v. intr.*, → *xirzat.*

xirwe *n. vég., coll., f., sgtf. xirway,* * h̲rw, خ ر و

♦ **nom d'une plante, ricin, Ricinus communis,** famille des euphorbiacées. •*Dihin hanâ l xirwe dawa lê l usura.* L'huile de ricin est un remède contre les maux de ventre. •*Iyâl hanâ l xirwe mâ bâkuluh.* On ne mange pas les fruits du ricin. •*Cadarayt al xirwe tixarri' fî l-lêl, ticîfah misil nâdum wâgif.* La nuit, le ricin fait peur parce qu'on croit y voir une personne debout.

xirzat / taxraz *v. intr.*, utilisé avec un sujet féminin (femme, femelle ou puits), forme I n° 20, * ġrz, غ ر ز

♦ **n'avoir plus de lait, être en état d'agalactie, se tarir.** •*Al bagaray xirzat acân ijilha bigi kabîr.* La vache ne donne plus de lait parce que son veau a grandi. •*Al amm kan mâ talga akil, xalâs taxraz wa saxîrha babga mardân.* Si la mère ne trouve pas de nourriture, elle n'aura plus de lait et son enfant tombera malade. •*Al bîr xirizat nâs al hille kulluhum atcânîn.* Le puits a tari et tous les gens du village sont assoiffés.

xisên / xisênât *n. m. mrph. dmtf., Cf. xusun, furu'*, * ġṣn, غ ص ن

♦ **branchette.** •*Jîb lêi xisên nisidd bêyah darb al-zarîbe.* Apporte-moi de petites branches pour fermer l'entrée de la haie. •*Nâr al xarîf mâ ti'ôgid bala xisênât.* Le feu pendant la saison des pluies ne s'allume qu'avec des branchettes.

xisim / axsâm *n. m.*, terme juridique, moins employé que *gisim* qui a la même signification, * qsm, ق س م

♦ **partage, section, part,** fait de partager. •*Xisim hanâna al amis sawwêna da, mâ adîl.* Le partage que nous avons fait hier n'est pas équitable. •*Fî l warasa, xismi waga'a lêi bêt.* La part d'héritage qui m'a été échue est une maison.

xisir / yaxsar *v. trans.*, ≅ l'*inacc. yaxasar* ; forme I n° 20, sens passif, * ẖsr, خ س ر

♦ **être en déficit, perdre, être endommagé(e),** subir un dommage, une perte. •*Carêt budâ'a lâkin xisirt nuss hanâ gursi.* J'ai acheté des marchandises, mais j'ai perdu la moitié de mon argent. •*Al-sane, al-tujjar xisiro ba'ad al-nâr akalat budâ'ithum.* Cette année, les commerçants ont été en déficit après la destruction de leurs marchandises par le feu. •*Al mâ ya'arif al ixtisâd yaxsar.* Celui qui ne sait pas économiser perdra de l'argent.

xisma *n. f.*, → *gisma*, * qsm, ق س م

xitâb / xitâbât *n. m.*, terme de l'*ar. lit.*, peu employé, * ẖṭb, خ ط ب

♦ **communiqué, communication, lettre.** •*Al-Ra'îs ligi xitâbât katîrîn min al-duwâl al-mujâwira kallago lêyah fî mot hanâ xâ'id al-dêc al-tcâdi.* Le Président a reçu de nombreuses lettres de condoléances des pays voisins, à la suite de la mort du chef d'état-major de l'armée tchadienne. •*Hî ligât xitâb hanâ farha be axîde hanâ wilêdha.* Elle a reçu une bonne nouvelle : celle du mariage de son fils.

xitâme *n. f.*, * ẖtm, خ ت م

♦ **conclusion, fin, achèvement.** •*Al-râjil da fî xitâme hanâ kalâmah cakar nâs al hille.* A la fin de son discours, cet homme a remercié les gens du village. •*Fî xitâmit al barnâmij fî l-râdyo bugûlu : "Agôdu âfe, Allah yilimmina !"* A la fin du programme, à la radio, on dit : "Soyez en bonne santé, et que Dieu nous réunisse !". •*Kan al waba' ja fî l hille al faxara bisawwu xitâme hint al Xur'ân.* S'il y a une épidémie au village, les marabouts procèdent à une lecture complète du Coran.

xiti / yaxta *v. intr.*, forme I n° 21, * ẖṭ', خ ط ء

♦ **commettre une faute, pécher, offenser,** faire du tort. •*Fî l-cariye al-sultân gâl lê l awîn : yâti l xitat ?* Lors du procès, le sultan a demandé aux femmes laquelle était fautive. •*Axui kan xitit fôgak kula, wâjib tisâmihni.* Mon frère, même si j'ai commis une faute contre toi, tu dois me pardonner. •*Kan xitit fî axûk, as'al minnah al-simah !* Si tu as offensé ton frère, demande-lui pardon !

xitim / axtâm *n. m., Syn. xâtim*, * ẖtm, خ ت م

♦ **sceau, cachet, tampon.** •*Tcallu bint al-Digêl marsûma fî l xitim al-rasmi hanâ l-dawla.* Tchallou, fille de Diguel, est celle qui est dessinée sur le cachet officiel de l'État. •*Wâjib al karte dandite tukûn indaha xitim hanâ l kumsêriye.* Il faut que la carte d'identité porte le cachet du commissariat.

xiwêce / xiwêcât *n. f., Cf. sabal, âc, kîri, suwâr*, * ẖwš, خ و ش

♦ **bracelet plat en or.** •*Al xiwêce basna'oha min al-dahab wa l-suwâr min al fudda.* Le *xiwêce* est un bracelet plat en or, et le *suwâr* un bracelet en argent. •*Xiwêcti hint al-dahab ankasarat.* Mon bracelet plat en or s'est cassé. •*Al xiwêcât induhum rasim be l-fârûs.* Les bracelets plats en or ont des dessins et des pierres précieuses serties. •*Al-sayyâxi dagga lêi sitte xiwêcât.* Le bijoutier m'a fabriqué [frappé] six bracelets très fins.

xiwi / yaxwi *v. trans.*, forme I n° 18, *Cf. xay, Syn. icig,* * ġwy, غ و ي

♦ **aimer un partenaire.** •*Hû axad martah lâkin hî mâ xiwatah.* La femme qu'il a épousée ne l'aime pas. •*Inti mâ xiwîti râjilki wa axadki.* Tu n'aimes pas ton mari mais il t'a quand même épousée.

xiwwe *n. f.*, → *uxuwwa*, * 'ẖw, ء خ و

xiyâb *n. m.*, * ġyb, غ ي ب

♦ **absence.** •*Mâla taji lêi fî bêti fî xiyâbi ?* Pourquoi viens-tu chez moi en mon absence ? •*Al xiyâb bala udur min al xidime mâ adîl.* Ce n'est pas bien de s'absenter du travail sans motif valable.

xiyâda / xiyadât *n. f.*, * qwd, ق و د

♦ **commandement.** •*Al-sawra hint baladna ambadat tihit al xiyâda hint al-sayid Ibrahîm Abatca.* La rébellion de notre pays a commencé sous le commandement de Monsieur Ibrahim Abatcha. •*Idrîs, min bigi Ra'îs xalla xiyâdt al askar lê wâhid âxar.* Depuis qu'Idris est devenu Président, il a laissé le commandement de l'armée à quelqu'un d'autre.

xiyam *pl.*, → *xêma 1.*

xiyâma 1 *n. f.*, ≃*xiyâme*, * qwm, ق و م

♦ **résurrection.** •*Yôm al xiyâma wâhidîn yadxulu l-janna, wa wâhidîn yadxulu l-nâr.* Le jour de la résurrection, certains entreront au paradis, d'autres iront au feu. •*Nâr al xiyâma hâmiye.* Le feu du jour de la résurrection sera chaud. •*Allah yinajjîna min nâr al xiyâma !* Que Dieu nous délivre du feu du jour de la résurrection !

xiyâma 2 dans les expressions *abu hanâ xiyâma, amm hanâ xiyâma, axu hanâ xiyâma, axut hanâ xiyâma*, *litt.* "père, mère, frère ou sœur jusqu'à la résurrection", *Cf. rabîb*, * qwm, ق و م

♦ **père adoptif, mère adoptive,** personne considérée comme un frère ou une sœur dans la famille. •*Al wilêd da atîm, hû câl lêyah abu xiyâma wa amm kula.* Cet enfant est orphelin, il s'est choisi des parents adoptifs. •*Axti hint al xiyâma ti'âminni wa mâ tilabbid lêi ceyy min acîrha.* Ma sœur adoptive me donne sa confiance et ne me cache aucun de ses secrets. •*Al wilêd da, ammah mâ al-nasrâniye di, hî ammah hanâ xiyâma bas.* Cette Européenne n'est pas la mère de cet enfant, elle est sa mère adoptive. •*Hû wâhid bas fî ammah wa abuh, fattac lêyah axu hanâ xiyâme.* Il est fils unique et a cherché quelqu'un qui soit pour lui un frère.

xiyâme *n. f.*, → *xiyâma.*

xiyâna *n. f.*, → *xiyâne.*

xiyâne / xiyânât *n. f.*, *Cf. xân, Ant. amân,* * ẖwn, خ و ن

♦ **trahison, tromperie, abus de confiance,** fait qu'un des époux trompe l'autre. •*Hû sawwa xiyâna fî mâl hanâ l-dawla.* Il a abusé de la confiance qu'on lui portait et détourné les biens de l'État. •*Sajanôhum acân xiyânâthum lê l watan.* Ils les ont emprisonnés parce qu'ils avaient trahi la patrie. •*Al-râjil wa l mara kan bigo sahâlîg, kulla wâhid batham al âxar be xiyâne.* Lorsque le mari et la femme ne travaillent plus loyalement, chacun accuse l'autre de tromperie.

xiyâte *n. f.*, * ẖyṭ, خ ي ط

♦ **couture, broderie.** •*Xulgân al awîn, xiyâtithum gâsiye min hint al-rujâl.* La couture des vêtements pour dames est plus difficile que celle des vêtements pour hommes. •*Hû allam al xiyâte fî caharên bas.* Il a appris la couture en deux mois seulement. •*Xiyâtit al fuwat min al allamtaha indi santên.* Cela fait deux ans que j'ai appris à broder des napperons.

xiyêdim / xiyêdimât nom, *mrph. dmtf., f.*, pour un garçon : *ibêd, Cf. xâdim*, * ẖdm, خ د م

♦ **petite esclave, nouveau-née, fille sans patronyme,** fille qui n'a pas encore reçu son nom. •*Axti jâbat lêha xiyêdim tanfa'ha kan bigat kabîre.* Ma sœur a mis au monde une petite fille qui lui sera utile quand elle deviendra grande. •*Wâlûda hanâ Amkalâm kullaha xiyêdimât bas.* Amkalam n'a mis au monde que des filles.

xiza *n. m.*, * ġḏy, غ ذ ي

♦ **vitamine, aliment,** élément nourrissant. •*Al-laban al halîb indah xiza katîr, banfa' al iyâl.* Le lait frais contient beaucoup de vitamines, il est nourrissant pour les enfants. •*Al xadâr wa l hût induhum xiza katîr.* Les légumes et le poisson contiennent beaucoup de vitamines. •*Al-nabât kulla yidawwir xiza.* Les plantes aussi ont besoin de nourriture.

xôf *n. m.*, * ẖwf, خ و ف

♦ **peur.** •*Anâ cift al-dûd bas, xôf daxalâni.* A la simple vue du lion j'ai eu peur [la peur est entrée en moi]. •*Al-râjil kan indah xôf fî galbah mâ yagdar yidâwis.* Si l'homme a peur, il ne peut pas se battre.

xôm / axwâm *n. m., Cf. ca'ab*, * qwm, ق و م

♦ **gens, peuplade, tribu, peuple.** •*Sultânna ja min abbece wa ma'âya xômah.* Notre sultan est venu d'Abéché avec les gens de son entourage. •*Xôm hanâ Fir'ôn Allah xarragâhum fî l bahar.* Dieu a noyé le peuple de Pharaon dans la mer.

xôr / xîrân *n. m.*, * ẖwr, خ و ر

♦ **passage étroit, couloir, défilé, gorge,** passage étroit entre deux collines ou deux montagnes. •*Al watîr mâ yagdar yamci fî l xôr da.* La voiture ne peut pas passer dans ce passage étroit. •*Be fî l-lêl anâ mâ namci be l xîrân acân rabbâtîn al-durûb bakursu fôghum.* La nuit, je ne me promène pas dans les gorges parce que les coupeurs de routes s'y cachent.

Xor'ân *n. m.*, → *Xur'ân.*

xôrân / xawârîn *n. m.*, * ġwr, غ و ر

♦ **bas du dos, arrière-train, reins, croupe, bassin.** •*Yâ binêyti, al yôm sawwi lêi curba hint xôrân hanâ xanamay !* Ma fille, aujourd'hui prépare-nous de la soupe avec de la croupe de mouton ! •*Al bagar al bâtilîn, xawârînhum bamurgu kubâr.* Les vaches maigres ont les os du bas du dos qui ressortent. •*Al marfa'în xôrânah mâ indah laham.* L'arrière-train de l'hyène n'a pas de chair.

xubâce *n. f.*, ≅ *xubâca, Cf. nasîye*, * ẖbš, خ ب ش

♦ **nom d'une boisson,** boisson faite à partir d'un mélange de babeurre et d'eau, évitant ainsi d'offrir de l'eau pure. •*Kan jît min al harray wa antoh xubâce bârde, taktul lêk al atac wa l-jû'.* Quand tu reviens après être resté au soleil, et si l'on te donne du *xubâce* froid, cela te coupe la soif et la faim. •*Almi azrag kan sabbo fôgah ruwâba bas, bugûlu lêyah xubâce.* Lorsqu'on délaye dans de l'eau simple du babeurre, on appelle cela *xubâce.*

xubara' *pl.*, → *xabîr.*

xubuc *pl.*, → *axabac.*

xubûr *pl.*, → *xabur.*

xubza *n. coll., sgtf. xubzay*, * ẖbz, خ ب ز

♦ **pain rond.** •*Al iyâl birîdu l xubza be l mulâh.* Les enfants aiment manger les pains ronds avec de la sauce. •*Al xubza mârne min al mappa l-tuwâl.* Les pains ronds sont plus tendres que les pains longs. •*Kulla yôm anâ naftur be xubzay wahade wa vêr hanâ laban.* Tous les jours, je prends mon petit déjeuner avec un pain rond et un verre de lait. •*Al xubza hanâ l Fîzân, wa l-dippâ hanâ l-Nasâra.* Le pain rond est celui des Fezzanais, et le pain allongé est celui des Européens.

xucac *pl.*, → *xucce 2.*

xucc *v. impér.*, → *xacca 1.*

xucce 1 *n. f.*, ≅*xucca, Cf. gurd al-cadar, ên, massâs*, * h̲šš, خ ش ش

♦ **mauvais œil, sort jeté.** •*Mâ tixalli wilêdak yamrug bala xalag, xucce taga' fôgah !* Ne laisse pas ton enfant sortir sans vêtement, un mauvais œil pourrait tomber sur lui ! •*Al-saxîr, kan yabki katîr wa yigaddif indah xucce.* Si un enfant pleure beaucoup et vomit, c'est qu'il est victime d'un mauvais œil. •*Kan wilêdki indah xucce, waddih lê l faxîr yisawwi lêyah du'a !* Si ton enfant est victime d'un mauvais œil, conduis-le chez le marabout pour qu'il fasse sur lui des invocations !

xucce 2 / **xucac** *n. f.*, * h̲šš, خ ش ش

♦ **fourré, buisson épais.** •*Al xucce hî gugus al-cadar masdûd be gecc.* Le fourré est fait de petits arbustes entourés d'herbe sèche. •*Al arnab wa l marfa'în wa l ba'acôm yaskunu fî l xucac.* Le lapin, l'hyène et le chacal habitent dans les fourrés. •*Anâ kan macêt fî l kadâde, mâ namci janb al xucce, naxâf coxol yamrug lêi.* Quand je m'en vais en brousse, je ne m'approche pas des buissons épais parce que j'ai peur que quelque chose en sorte et se jette sur moi.

xucûm *pl.*, → *xacum.*

xucum al ucûr expression *m.*, composée de *xucûm* (les bouches) et de *al ucûr* (les dix), * h̲šm, ʕšr, خ ش م • ع ش ر

♦ **pourcentage,** somme prélevée au cours d'une transaction commerciale. •*Cêx al hâra bicîl xucûm al ucûr fî bê'e hint al bêt.* Le chef de quartier prélève un pourcentage sur l'argent de la vente de la maison. •*Al hâkûma ticîl xucûm al ucûr min al xaddâmîn.* Le gouvernement prélève un pourcentage sur le salaire des travailleurs. •*Al-damîn fî sûg al bahâyim bicil xucûm al ucûr min siyâd al bahâyim.* Le garant des transactions commerciales au marché aux bestiaux perçoit un pourcentage prélevé sur la vente du bétail.

xucun *pl.*, → *axacan.*

xucxuc *n. m.*, * h̲šš, خ ش ش

♦ **petit bois, bois vermoulu, fagot léger,** petit bois pour le feu, ou gros bois friable et mangé par les termites. •*Hatab al xucxuc, mâ indah faham.* Le petit bois friable ne fait pas de braises [il n'a pas de charbon]. •*Kaltûma ma'â rafigitha faza'o lê l xucxuc.* Kaltouma et son amie sont parties chercher du petit bois. •*Al xucxuc da mâ bisawwi lêi êc najid.* Ce petit bois ne me suffira pas pour faire cuire la boule.

Xudar *n. pr.* d'homme, *Cf. Xidir*, * h̲ḍr, خ ض ر

xudd *v. impér.*, → *xadda 2.*

xuddâm *pl.*, → *xâdim.*

Xudra *n. pr.* de femme, *fém.* de *Xudar*, * h̲ḍr, خ ض ر

xudur *pl.*, → *axadar.*

xufâf *pl.*, → *xafîf.*

xufrân *n. m.*, *Cf. xafar, simah*, * ġfr, غ ف ر

♦ **pardon de Dieu.** •*Anâ sa'alt al xufrân min Allah.* J'ai demandé pardon à Dieu. •*As'al al xufrân min Allah !* Demande pardon à Dieu !

xûl / **xawala** *n. m.*, (*fém. xulay*), * ġwl, غ و ل

♦ **goule, ogre (ogresse), monstre,** personnage méchant des contes, il (ou elle) dévore et saccage tout. •*Anâ naxâf min al xûl kan bahajju bêyah fî l hijje l-tuwâl.* J'ai peur de l'ogre quand on parle de lui dans les contes. •*Al iyâl al-suxâr babku kan taxarri'hum be l xûl.* Les petits enfants pleurent quand on leur fait peur avec l'ogre. •*Hilimt be xawala hawwago bêtna, bidôru bâkulûni.* J'ai eu un cauchemar : des ogres encerclaient la maison et voulaient me manger. •*"Xûl, yâ xûl, xûl al xala l macxûl, Allah balâni bêk !".* Ogre ! oh ! ogre ! ogre occupé dans la brousse, Dieu m'a fait souffrir avec toi ! (Complainte de l'héroïne Zeille dans un conte d'Abéché).

xulâd *pl.*, → *xalîd.*

xulafa' *pl.*, → *xalîfa.*

xulâsa *n. f.*, dans l'expression *fî xulâsa*, * h̲lṣ, خ ل ص
♦ **en conclusion, pour terminer.** •*Fî xulâsa hanâ kalâmah, Ra'îs al-jamhûriya cakar kulla l mu'tamirîn.* Dans la conclusion de son discours, le Président de la République a remercié tous les participants à la conférence. •*Fî xulâsa hint kalâmah, gâl lê l-ca'ab : Anâ mâ jibt lêku fudda wa lâ dahab, illa l hurriye bas.* En conclusion de son discours au peuple, il a dit : "Je ne vous ai apporté ni or, ni argent, mais seulement la liberté".

xulât *n. d'act. m.*, * ġlṭ, غ ل ط
♦ **dispute.** •*Al-tujjâr birîdu l xulât fî l-sûg.* Au marché, les commerçants aiment se disputer. •*Anâ mâ niwannis ma'â l-nâdum al birîd al xulât.* Je ne cause pas avec celui qui aime la dispute.

xûlay nom de personne *f.*, → *xûl.*

xulgân *pl.*, → *xalag 2.*

xulû' *adj.* invariable, moins employé que *xâli*, *Syn. fâdi, yâbis*, * h̲lw, خ ل و
♦ **vide.** •*Xulû' al bêt da bixawwifni.* Le vide de cette maison m'effraye. •*Al-jû' bas sabab xalû' al hille di min al-nâs.* C'est la famine qui a vidé le village de ses habitants.

xuluf *pl.*, → *axalaf, axlaf.*

xuluf 1 *pl.*, → *axlaf.*

xuluf 2 *n. m.*, (ne pas confondre avec le pluriel de *axlaf*), *Syn. mufawwite*, * h̲lf, خ ل ف
♦ **début de grossesse, fait d'être enceinte.** •*Yôm wâhid al xuluf ramâni, ti'ibt bilhên.* Un jour, je suis tombée malade parce que j'étais en début de grossesse, et j'ai beaucoup souffert. •*Al mara di xulufha cên, tigaddif dâ'iman.* Cette femme a une grossesse difficile [mauvaise], elle vomit tout le temps. •*Al mara kan indaha xuluf, dâyiman mardâne.* La femme en début de grossesse est toujours malade.

xulug / axlâg *n. m.*, *Cf. hâl, rûh zêne*, * h̲lq, خ ل ق
♦ **bonnes mœurs, bonne conduite, bonne éducation, savoir-vivre.** •*Al mâ indah axlâg mâ balga rufgân.* Celui qui n'a pas de bonnes mœurs n'a pas d'amis. •*Al mara kan mâ indaha axlâg, ahal râjilha mâ yirîdûha.* La femme qui n'a pas une bonne conduite n'est pas aimée de la famille de son mari. •*Kan xulgak sameh, ti'îc fî kulla bakân.* Si tu te conduis bien, tu pourras vivre partout.

xulumme *pl.*, → *xalam.*

xulummên *pl.*, → *xalam.*

xumâm *n. m.*, connu au *Sdn.* (*C.Q.*), * h̲mm, خ م م
♦ **choses, affaires, mobilier, ustensiles, marchandises, bagages, articles.** •*Al xumâm fî dahar al watîr.* Les affaires sont sur le plateau arrière du véhicule. •*Fî l-sûg al xalla jâbo xumâm katîr.* On a apporté beaucoup de marchandises au "marché au mil". •*Hû gabbadak al xumâm, acân takurbah, mâ acân tibi'ah.* Il t'a confié ses biens pour que tu les gardes et non pour que tu les vendes.•*Al xumâm da carêtah min al-sûg be taman munâsab.* J'ai acheté ces articles au marché à un prix convenable.

xumbula *n. f.*, → *xunbula.*

xumja / xumjât *n. f.*, * ġmj, غ م ج
♦ **pincée,** petite quantité prise entre le pouce et les doigts. •*Yâ Maryam subbi xumjât hint dagîg fî l almi l fâyir acân tisawwi beyah êc !* Mariam, mets des pincées de farine dans l'eau bouillante pour en faire de la boule ! •*Anâ mâ nirîd al-sukkar fî l-madîde, nusubb xumja wahade bas.* Je n'aime pas le sucre dans la bouillie, je n'en mets qu'une pincée. •*Xumja hanâ dagîg mâ tusût al êc.* Une pincée de farine ne suffit pas pour préparer la boule. *Prvb.*

xumm *v. impér.*, → *xamma.*

xumra *n. f.*, → *dufur*, * h̲mr, خ م ر
♦ **parfum huileux,** parfum à base de poudre de coquillages et de divers bois parfumés macérés dans de l'huile. •*Al mara di mâ tacri xumra min al-sûg, hî bas tisawwîha fî bêtha.* Cette femme n'achète pas d'huile parfumée *xumra* au marché, c'est elle-même qui en fabrique chez elle. •*Al mara l xalbâne jahhazat xumra fî gazâza kabîre.* La femme enceinte a apprêté de l'huile parfumée *xumra* dans une grande bouteille.

xumsumiya nombre cardinal, * h̲ms, m'y, خ م س • م ء ي
♦ **cinq cents.**

xumûr *pl.*, → *xamar 2.*

xumus *n. m.*, désigne une fraction, *Cf. xamsa*, * h̲ms, خ م س
♦ **un cinquième.** •*Al mara di ligat xumusên bas min mâl hanâ râjilha.* Cette femme n'a trouvé que les deux cinquièmes du bien de son mari. •*Zamân hû muctarik ma'âi fî l-dukkân lâkin hassâ mâ indah coxol katîr illa xumus wâhid bas.* Il est depuis longtemps mon associé dans la boutique, mais à présent il n'a pas grand-chose, il n'a que le cinquième du chiffre d'affaires.

xûn *v. impér.*, → *xân.*

xunbula / xanâbil *n. f.*, *qdr.*, * qnbl, ق ن ب ل
♦ **obus, bombe.** •*Yôm dâk xunbula wahade waga'at fî bêtna lâkin mâ anfajarat.* Ce jour-là, un obus est tombé sur notre maison, mais il n'a pas explosé. •*Al xanâbil kattalo l-nâs fî wakit al-duwâs.* Les obus ont tué beaucoup de gens pendant la guerre.

xunbula yadawiya / xanâbil yadawiya expression, *litt.* bombe manuelle, moins employé que *garnâd* (grenade), → *garnâd.*

xumbulat îd / xanâbil îd expression, *litt.* bombe de main, moins employé que *garnâd* [grenade], → *garnâd.*

xunfar *n. m.*, → *xanfar.*

xunjar / xanâjir *n. m.*, → *xanjar*, * h̲njr, خ ن ج ر

xunsur / xanâsir *adj. f.*, ne s'emploie que pour qualifier une femme, ≅ *xunzur*, hypothèse sur les racines qui évoquent l'idée d'impuissance sexuelle, de faiblesse et de malheur, *Cf. âgir*, * h̲ntr, h̲nt, h̲nr, خ ن ث ر • خ ن ث • خ ن ر
♦ **frigide, immature sexuellement, femme qui a de petits seins,** femme dont le corps est insuffisamment épanoui. •*Al xunsur, hî ticâbih al awîn, lâkin mâ mara.* Une femme frigide paraît comme les autres, mais n'est pas véritablement femme. •*Al xunsur kan axadôha kula mâ tawlid.* La femme immature sexuellement n'enfante pas, même si elle est mariée.

xunub *pl.*, → *axnab.*

xunzur / xanâzîr *adj. m.*, ne s'emploie que pour qualifier une femme, → *xunsûr.*

Xur'ân / Xarâ'în *n. m.*, ≅ *Xor'ân*, * qr', ق ر ء
♦ **Coran.** •*Agri l Xur'ân katîr, acân tabga sâlih.* Lis beaucoup le Coran pour devenir un homme vertueux. •*Al hujjâj kan gabbalo, bujûbu Xarâ'în kutâr lê l-nâs.* Lorsque les pèlerins reviennent, ils rapportent beaucoup d'exemplaires du Coran pour les gens. •*Al faki gâl : "Al Xur'ân munazzal min ind Allah !".* Le faki a dit : "Le Coran est descendu d'auprès de Dieu !". •*Coxol saxayir, mâ tagdar tunuttah... Da l Xur'ân.* Une petite chose, tu ne peux pas sauter par-dessus... C'est le Coran. *Dvnt.* •*Al Xur'ân dastur al muslimîn.* Le Coran est le code législatif des musulmans.

xura *pl.*, → *xarya.*

xurâb *n. m.*, *Syn. ugurâk*, * ġrb, غ ر ب
♦ **corbeau.** •*Al xurâb indah kadmûl abyad fî ragabtah.* Le corbeau a une encolure blanche [a un turban blanc à son cou]. •*Hû xawwâf misil al xurâb.*

Il est peureux comme un corbeau. •*Al xurâb mâ baxtif ceyy min îd al-nâdum.* Le corbeau n'arrache rien de la main d'une personne.

xuraba' *pl.*, → *xarîb.*

xurad *pl.*, → *xurda.*

xuraf *pl.*, → *xurfa.*

xurâm *pl.*, → *xurma.*

xurar *pl.*, → *axarr.*

xurâra / xurârât *n. f.*, *Cf. biric dandôr*, * ġrr, غ ر ر

♦ **sac fourre-tout,** grand sac fait d'une natte cousue et repliée sur elle-même, qui sert à transporter les piments ou les tomates séchées, sorte de poche en peau soutenue par des morceaux de bois dans les maisons des bergers. •*Carêt xurâra malâne tamâtim yâbis.* J'ai acheté un grand sac plein de tomates séchées. •*Al xurârât bisawwûhum be za'af.* Les sacs fourre-tout sont faits en fibres de palmier doum. •*Al-sayyâdîn malo l xurârât carmût.* Les chasseurs ont rempli leurs sacs de viande séchée. •*Fî râs al-serîr hanâ l-baggâra talga xurâra.* Au chevet du lit des femmes des éleveurs, se trouve [tu trouveras] un sac fourre-tout.

xurayba *n. f.*, *mrph. dmtf.*, * ġrb, غ ر ب

♦ **gâteau,** petit gâteau moulé et coloré. •*Al xurayba nô' min al ka'ak.* Le petit gâteau est une sorte de cake. •*Al-nâdum kan akal xurayba katîr tisawwi lêyah waja' batun.* Si quelqu'un mange beaucoup de gâteaux, il aura mal au ventre.

Xurâyc *n. pr. gr.*, *mrph. dmtf.*, * qrš, ق ر ش

♦ **Quraych, tribu des Quraychites,** famille de *Nadr* fils de *Kenâna*, dont le Prophète est issu. •*Al-nabi Muhammad gabîlitah Arab Xurâyc.* Le prophète Mouhammad est de la tribu de Quraych. •*Gabîlit Xurâyc hî min gabâyil al Arab.* La tribu des Quraychites est une des tribus arabes.

xurba *n. d'act.*, *f.*, *Cf. xarîb*, * ġrb, غ ر ب

♦ **à l'étranger, exil.** •*Al xurba, gu'âd al-nâdum ba'îd min ahalah.* L'exil, c'est le fait que quelqu'un est obligé de s'installer loin de sa famille. •*Mâ nidôr namci dâr ba'îde wa nagôd fî l xurba.* Je ne veux pas aller dans un pays lointain ni rester à l'étranger.

xurbâl / xarâbîl *n. m.*, *qdr.*, *Syn. tême*, * ġrbl, غ ر ب ل

♦ **tamis.** •*Al xurbâl yixarbulu bêyah al-dagîg.* On tamise la farine avec un tamis. •*Al xarâbîl bisawwûhum bê namliye wa xacab.* Les tamis sont faits avec un grillage moustiquaire tenu par du bois.

xurda / xurad *n. f.*, ≅ le pluriel *xurud*, * ġrḍ, غ ر ض

♦ **courroie, sangle de selle, sous-ventrière,** lanière de cuir passant sous le ventre du cheval et permettant de fixer la selle. •*Al xurda hanâ l-juwâd be farwa.* La sangle de la selle du cheval est en peau. •*Al-juwâd kan mâ indah xurda yarmi sîdah.* Un cheval qui n'est pas sanglé fait tomber son cavalier. •*Al xurda tarbut al-serij fî dahar al-juwâd.* La sangle fixe [attache] la selle sur le dos du cheval.

xurfa / xuraf *n. f.*, désignant "chambre, pièce", voir le *Syn. bêt, dangay*, * ġrf, غ ر ف

xurfân *pl.*, → *xarûf.*

xurma / xurâm *n. f.*, *Cf. gad*, * h̲rm, خ ر م

♦ **ouverture, passage, trou, fente, intervalle, interstice,** espace permettant un passage dans une clôture. •*Al-zerîbe indaha xurma wahade bas.* L'enclos d'épines n'a qu'une seule ouverture. •*Al kurduniye xayyat al markûb al indah xurâm kutâr.* Le cordonnier a cousu les chaussures qui avaient beaucoup de trous. •*Mâ taxarif al almi be l kôb da, indah xurâm !* Ne puise pas de l'eau avec ce gobelet, il a des trous !

xurr *v. impér.*, → *xarra 1.*

xurra mot *f.*, → *xurriye.*

xurrâja / xararîj *n. f.*, maladie des bovins et des hommes, appelée ainsi dans les régions du Ouaddaï et du Batha, ≅ *dirib*, * ḫrj, خ ر ج

♦ **tumeur, hygroma, brucellose,** pied circulaire en fibre de la gourde *buxsa.* •*Al-râjil da indah xurrâja kabîre fî ragabtah.* Cet homme a une grosse tumeur au niveau du cou. •*Al xurrâja takrub al-rakâbên al giddâmiyîn hanâ l bagar, tabga kabîre wa durdummah misil al-lahamay.* L'hygroma se fixe sur les genoux antérieurs de la vache, il devient très gros en formant une boule, comme un morceau de viande. •*Al mara di indaha xurrâja fî dêdha.* Cette femme a une boule au sein.

xurriye / xurriyât *n. f.*, ≅ *xurra*, * ġrr, غ ر ر

♦ **liste** (sur la tête du cheval), bande de poils de couleur claire recouvrant le chanfrein du cheval. •*Al xurriye hanâ l-juwâd da bêda.* La liste de ce cheval est blanche. •*Al-juwâd al indah xurriye wa hujûl, al Arab birîduh acân hû sa'îd.* Les Arabes aiment le cheval qui a une liste et des balzanes parce qu'il est un porte-bonheur.

xuruj / xaraja *n. m.*, * ḫrj, خ ر ج

♦ **sacs de cuir, outre double,** sacoche de cuir composée de deux sacs pendant de chaque côté de l'âne et servant à transporter l'eau. •*Al xuruj bisawwuh min farâw madbûxîn lê nagil al almi.* Le *xuruj* est fait de deux poches en cuir tanné servant au transport de l'eau. •*Al xuruj bicudduh fî l humâr wa bicîl sitte safîhe hanâ almi.* L'outre double est portée par un âne et contient six touques d'eau.

xurunjâl *n. cdmt., coll., m., sgtf. xurunjâlay, Cf. janzabîl.*

♦ **gingembre blanc.** •*Al-câhi kan indah xurunjâl curâbah halu.* Le thé parfumé au gingembre est bon à boire. •*Anâ nirîd sirô hanâ l xurunjâl.* J'aime le sirop de gingembre. •*Al xurunjâl, têrâbah mâ fîh fî Tcâd.* On ne sème pas de gingembre au Tchad.

xurûs *n. coll., m., sgtf. xursay,* * ḫrṣ, خ ر ص

♦ **boucle d'oreille.** •*Binêyti waddarat xursaytaha fî derib al-sûg.* Ma fille a perdu sa boucle d'oreille sur le chemin du marché. •*Antêt marti gurus acân yuduggu lêha xurûs.* J'ai donné à ma femme de l'argent pour qu'elle se fasse faire des boucles d'oreilles [pour qu'on lui frappe des boucles].

xurût *pl.*, → *xarta.*

xusaya *pl.*, → *xasi.*

xusba *n. f., Cf. xasib, Ant. rudâ,* * ġṣb, غ ص ب

♦ **contrainte, force, obligation.** •*Kan mâ l xusba, mâ nifârig iyâli.* Si je n'y étais pas contraint, je ne me séparerais pas de mes enfants. •*Kan bê xusba kula, mâ namci ma'âk !* Même si on m'y oblige, je ne partirai pas avec toi !

xusmân *pl.*, → *xasîm.*

xusum *n. m.*, * ḫṣm, خ ص م

♦ **guerre froide, querelle, désaccord manifesté dans le mutisme,** fait de ne pas adresser la parole à *qqn.*, de couper la relation avec *qqn.* à la suite d'une dispute. •*Al xusum bên al-darâyir bitawwil.* Le mutisme entre les coépouses durera. •*Al xusum mâ adîl.* Ce n'est pas bon de ne pas s'adresser la parole.

xusun / axsân *n. coll., m., sgtf. xusnay, Cf. firi',* * ġṣn, غ ص ن

♦ **grosse branche.** •*Al xusun al amalas wa l adîl bisawwuh kangûr fî l kûzi.* Les grosses branches lisses et droites sont utilisées comme support principal de la case. •*Hî macat al wâdi be l humâr acân tangul axsân al-cadaray al gata'ôha di.* Elle est allée à l'oued avec l'âne pour transporter les grosses branches de l'arbre qu'on avait abattu.

xusûs 1 *invar.*, dans l'expression *be xusûs*, * ẖṣṣ, خ ص ص

♦ **particulièrement, principalement, concernant en particulier, au sujet de, pour.** •*Humman azamo l-nâs al-jabo lêhum mu'âwana be xusûs al mu'tamar.* Ils ont invité les gens qui les ont aidés pour la conférence. •*Lammêna fî bêt rafîgna be xusûs macâkil al iyâl.* Nous nous sommes rencontrés chez notre ami pour parler des problèmes concernant les enfants.

xusûs 2 *pl.*, → *xâss.*

xusya *pl.*, → *xasi.*

xuta / axtiya *n. m.*, * ġṭw, غ ط و

♦ **par-dessus, couvercle, couverture,** fait de recouvrir. •*Fî l-cite, nâdum mâ bagdar bunûm bala xuta.* En hiver, on ne peut pas dormir sans couverture. •*Fâtime mâ tixalli l akil bala xuta, al wata kullaha ajâj !* Fatimé, ne laisse pas la nourriture sans couvercle, le temps est poussiéreux ! •*Fî wakt al barid, al-rub'iye halûwa fî l xuta.* Quand il fait froid, c'est très agréable de se couvrir avec un tissu de coton teint en noir.

xutab *pl.*, → *xutba.*

xutba / xutab *n. f.*, * ẖṭb, خ ط ب

♦ **discours, allocution, sermon.** •*Ra'îs al-dawla gaddam xutba lê l-ca'ab be munâsaba hanâ îd al hurriya.* Le chef de l'État a prononcé une allocution à la nation à l'occasion de la fête de l'Indépendance. •*Al kabîr hanâ l hizib al-siyâsî gaddam xutba lê munâdilîn hanâ hizbah.* Le chef du parti politique a fait un discours aux militants de son parti. •*Imâm hanâ l-jâmiye l kabîre gaddam xutba amis fî l-râdyo.* L'imam de la grande mosquée a prononcé hier un sermon à la radio.

xutt *v. impér.*, → *xatta 1.*

xutûra *n. f.*, dans l'expression *fî xutûra*, *Cf. xatar*, * ẖṭr, خ ط ر

♦ **danger, péril,** situation dangereuse. •*Kan mâ titâbi' kalâm al-daktôr wa tacarab dawa katîr min gudurtak, inta fî xutûra.* Si tu ne suis pas les prescriptions du docteur et si tu prends trop de médicaments, tu es en danger. •*Al-subyân al bifattucu awîn, âfiyithum fî xutûra.* Les jeunes qui fréquentent les femmes mettent leur santé en danger. •*Kan tasrig buyût al-nâs fî l-lêl, rûhak fî xutûra.* Si tu voles la nuit dans les maisons des gens, ta vie est en danger.

xutût *pl.*, → *xatt.*

xuwêce / xuwêcât nom *mrph. dmtf. f.*, → *xiwêce*, * ġšy, غ ش ي

xuwwa 1 *n. f.*, ≅ *uxuwwa*, * 'ẖw, ء خ و

♦ **fraternité.** •*Al-rufug al-sahi sahi yabga xuwwa.* La vraie amitié devient une fraternité. •*Wahât al xuwwa al bêni wa bênak, anâ mâ labadt lêk ceyy !* Par la fraternité qui existe entre nous, je ne t'ai rien caché !

xuwwa 2 / xuwwât *n. f.*, *Cf. gudra*, * qwy, ق و ي

♦ **force.** •*Hû xâ'id al xuwwât al musallaha l-tacâdiya.* Il est le commandant en chef des forces armées tchadiennes. •*Isra'îl ihtallat Falastîn be xuwwa bas.* Israël a occupé la Palestine par la force.

xuwwâd *pl.*, → *xâ'id.*

xuyûr *pl.*, → *xêr 1.*

xuyût *pl.*, → *xêt.*

xuyyâd *pl.*, → *xâyid.*

Xuzâm *n. pr. gr., coll., sgtf. Xuzâmi* (homme), *Xuzâmiye* (femme), nom d'une fraction de tribu arabe se rattachant aux *Juhayna.*

♦ **Khouzam.** •*Al Xuzâm abbâla fî mudîriya hanâ l Batha.* Les Khouzam sont des éleveurs de chameaux dans la préfecture du Batha. •*Al-râjil da iriftah kadar Xuzâmi be l wasim al fî albilah da.* Je reconnais que cet homme est un Khouzam à la marque au fer rouge que portent ses chameaux.

Xuzâmi *sgtf.* d'un *n. pr. gr.*, *m.*, (*fém. Xuzâmiye*), → *Xuzâm.*

xuzlân *pl.*, → *xazâl.*

xuzz *v. impér.*, → *xazza 2.*

xuzzâne / xuzzânât *n. f.*, ≅ *xuzâna*, * h̲zn, خ ز ن

♦ **jabot, gosier, gorge,** poche entre l'œsophage et l'estomac des oiseaux. •*Al-jidâde di indaha xuzzâne kabîre.* Cette poule a un gros gosier. •*Al-rihêw bakrub jarâd budummah fî xuzzântah wa bijîbah lê iyâlah.* Le héron attrape les criquets, les garde dans son jabot et les apporte à ses petits. •*Al mara di indaha gumur fî ragabitha misil al xuzzâna.* Cette femme a au cou un goitre qui ressemble à un jabot.

xuzzi *n. m.*, *Cf. kâre*, *Syn. sije, dâle*, → *xazza 2*, * ġrz, غ ر ز

♦ **nom d'un jeu de pions,** joué surtout par les hommes. •*Al-râjil kan wâlaf li'ib al xuzzi, mâ bagdar baxadim.* L'homme qui est habitué à jouer au *xuzzi* ne peut plus travailler. •*Al xuzzi bal'aboh fî l-turâb be tûb dugâg wa cigaf, wallâ be îdân suxâr.* On joue au *xuzzi* par terre avec de petits morceaux de briques et de poteries cassées, ou avec de petits bouts de bois.

Y

yâ *invar.*, marque l'insistance,.
♦ **c'est... que.** •*Bêku intu, yâ anâ bigît râjil !* C'est grâce à vous que je suis devenu un homme ! •*Acân humman nâmo, yâ sarrâg ja câl al xumâm.* C'est parce qu'ils dormaient que le voleur est venu prendre les affaires.

yâ ! *invar.*, interjection.
♦ **ô !** •*Yâ axti ! amci lêna fî l-sûg wa gabbili ajala !* Ô ma sœur ! va faire nos achats au marché et reviens vite ! •*Sûfah sûf arnab, wa batunah yâ Mahammat... Da l abjigelbo.* Son poil est comme celui du lapin mais son ventre, ô Mahammat ! (comme il est gros !)... C'est le chameau. *Dvnt.*

yâ salâm ! *invar.*, exclamation, → *yâ !* et *salâm.*
♦ **ça alors !, vraiment !, ho !** •*Yâ salâm, inta jît mata min al-safar !* Ça alors, quand es-tu revenu de voyage ! •*Yâ salâm, Âce jâbat lêna hadîye min Sâr !* Oh ! Aché nous a rapporté un cadeau de Sarh ! •*Yâ salâm ! al yôm gâbalt coxol ajîb : râjil wâhid indah sandûg kabîr malân dabâyib !* Vraiment, aujourd'hui, j'ai été face à quelque chose d'étrange : un homme avait une cantine pleine de serpents !

ya'abbik *v. trans.* à l'*inacc.*, ≅*yi'abbik,* → *abbak.*

ya'ambin *v.* à l'*inacc.*, → *anban.*

ya'ni *invar.*, * ʕny, ع ن ي
♦ **c'est-à-dire, ce qui signifie que, un peu.** •*Hû rafîg hanâ abui ya'ni misil immi.* Il est l'ami de mon père, il est un peu comme mon oncle paternel. •*Mâla tinbarim xâdi, ya'ni kalâmi da mâ ajabâk ?* Pourquoi te détournes-tu de moi ? Cela veut-il dire que ma parole ne te plaît pas ?

Yabân *n. pr.* de pays.
♦ **Japon.**

yabâs *n. m.*, * ybs, ي ب س
♦ **sécheresse.** •*Kan al xarîf tagîl al yabâs babga mâ fîh.* Il n'y a pas de sécheresse si la saison des pluies est bonne. •*Fî sant al yabâs al-nâs sâro xallo hillâlhum.* A l'époque de la sécheresse, les gens ont abandonné leurs villages et sont partis. •*Al yabâs wa l harba dammaro baladna.* La sécheresse et la guerre ont anéanti notre pays.

yabbas / yiyabbis *v. trans.*, forme II, *Cf. yibis,* * ybs, ي ب س
♦ **faire sécher, dessécher.** •*Al-sêf ja wa yabbas al xadâr.* La saison chaude est arrivée et a desséché toute la verdure. •*Al harray yabbasat kulla bakân nadyân.* Le soleil a séché tout endroit humide. •*Al hamu biyabbis warcâl al-cadar.* La chaleur dessèche les feuilles des arbres.

yabbasân *n. d'act., m.*, → *yabbisîn.*

yabbisîn *n. d'act., m.*, ≅*yabbasân*, * ybs, ي ب س

♦ **séchage,** fait de sécher. •*Al yôm al harray mâ maragat, al-darrâba yabbisînha gâsi bilhên.* Aujourd'hui le soleil n'a pas brillé [n'est pas sorti], il est très difficile de faire sécher le gombo. •*Yabbisîn al-tamâtim mâ gâsi fî l-sêf.* Il n'est pas difficile de faire sécher les tomates en saison sèche.

yâbis / yâbsîn *adj.*, (*fém. yâbse*), * ybs, ي ب س

♦ **sec (sèche), vide.** •*Al-sêf ja wa l gecc bigi yâbis.* La saison chaude est arrivée et l'herbe est devenue sèche. •*Al girbe yâbse, mâ indaha almi.* L'outre est vide, elle n'a plus d'eau. •*Batni yabse, mâ akalt coxol min fajur.* J'ai le ventre vide, je n'ai rien mangé depuis ce matin. •*Al-sarrâgîn câlo l xumâm wa xallo l buyût yâbsîn !* Les voleurs ont pris les affaires et laissé les maisons vides ! •*Al bahar yâbis, mâ indah almi.* Le fleuve est sec, il n'a plus d'eau.

yabûsa *n. mld., f.*, * ybs, ي ب س

♦ **constipation, maux de ventre.** •*Kan nâdum bacrab gahwa katîre tisawwi lêyah yabûsa.* Lorsqu'on boit beaucoup de café, on est constipé. •*Al-nâdum kan yabûsa karabatah wâjib lêyah yacrab dihin bagar.* Lorsque quelqu'un est constipé, il doit boire du beurre fondu [de l'huile de vache].

yadfun *v.* à l'*inacc.*, → *dafan.*

yafgid *v.* à l'*inacc.*, → *fagad.*

yafsi *v.* à l'*inacc.*, → *fasa.*

yagnus *v.* à l'*inacc.*, ≅*yagunus*, → *ganas.*

yagunus *v.* à l'*inacc.*, → *ganas.*

yahabis *v.* à l'*inacc.*, → *habas.*

yahûd *n. pr. gr., coll., sgtf. masc. yahûdi*, (*fém. yahûdiye*), * hwd, ه و د

♦ **les Juifs.** •*Mâ simi'na be Tacâdi mâxid mara yahûdiye.* Nous n'avons pas entendu dire qu'un Tchadien a épousé une Juive.•*Al-nâdum al yahûdi ya'arif Allah.* Le Juif connaît Dieu. •*Fî yahûd katîrîn fî l Maxrib.* Il y a beaucoup de Juifs au Maroc.

Yahya *n. pr.* d'homme, Jean, * ḥyy, ح ي ي

yakbus *v.* à l'*inacc.*, → *kabas.*

yaklif *v.* à l'*inacc.*, ≅*yakluf*, → *kalaf.*

Yakûb *n. pr.* d'homme, → *yaxûb*, * ˁkb, ع ك ب

yalda *v.* à l'*inacc.*, → *wilid.*

yalla ! *invar.*, connu au *Sdn. empr.* (*irn.*, du persan *yallalah C.Q.*)

♦ **allez !, on y va !, ouste !** •*Hê, al iyâl ! Yalla, amcu l-lekôl !* Hé ! les enfants, allez, partez pour l'école ! •*Hêy yâ awîn ! Yalla kissu ba'îd min ajâj al xêl.* Hé ! les femmes, allez, écartez-vous de la poussière des chevaux !

(al) Yaman *n. pr.* de lieu, *n. pr.* de femme, le nom de pays est toujours précédé de l'article, * ymn, ي م ن

♦ **Yémen.** •*Ciyâb al-zamân bugûlu al Arab jo min al Yaman fî Tcâd.* Les anciens disent que les Arabes sont venus du Yémen au Tchad. •*Al Yaman usum hanâ dawla wa yisammu bêyah l banât.* Le Yémen est un nom de pays, et aussi un nom que l'on donne aux filles.

yâmbin *v.* à l'*inacc.*, altération de *ya'ambin*, → *anban.*

yamîn *n. m.*, terme de l'*ar. lit.*, dans l'expression *halaf yamîn*, → *zêne*, * ymn, ي م ن

♦ **à droite, main droite, prêter serment,** jurer en levant la main droite. •*Kan tisallim, sallim be yamînak !* Lorsque tu salues, salue avec la main droite ! •*Halaf yamîn hû mâ sirig.* Il a juré qu'il n'avait pas volé. •*Jarat laffat be yamînha.* Elle a couru et tourné à droite.

yanâgîr *pl.*, → *nyangûr.*

yanga *n. m., empr.* (haoussa, usité au Bornou)
♦ **orgueil, vantardise, démarche lente et ostentatoire, faire valoir ses qualités physiques.** •*Hû birîd al yanga giddâm al-nâs misil nâdum zên ke.* Il aime se montrer devant les autres comme s'il était un grand personnage. •*Al mara di gâ'ide tisawwi lêna yanga mâla ?* Pourquoi cette femme est-elle en train de poser devant nous ?

yarda / yardât *n. f., empr. angl.*
♦ **yard.** •*Tôb al kongo indah sitte yardât.* Une pièce d'étoffe du Congo a six yards. •*Tis'a yardât yitimmu laffay lê l mara.* Neuf yards suffisent à faire un voile pour une femme. •*Nidôr naciri talâta yarda hanâ gumâc nisawwih xalag.* Je voudrais acheter trois yards de tissu pour faire un habit.

yâre *n. f.*, voir le *Syn. dâle.*

yasâr *n. m.*, utilisé dans l'expression *be yasâr*, → *isra*, * ysr, ي س ر
♦ **à gauche.** •*Talga bêti be yasârak kan wassalt al-jâmiye.* Tu trouveras ma maison à gauche lorsque tu arrives à la mosquée. •*Hassâ liff be yasârak !* Maintenant, tourne à gauche !

Yâsîn *n. pr.* d'homme, nom des deux premières lettres de la sourate trente-six du Coran, un des noms donnés au Prophète.

Yâsir *n. pr.* d'homme, *litt.* facile, * ysr, ي س ر

yassar / yiyassir *v. trans.*, forme II, * ysr, ي س ر
♦ **faciliter, faire prospérer, faire réusssir, faire fructifier.** •*Allah yiyassir lêk hayâtak !* Que Dieu te fasse réussir dans la vie ! •*Al yôm kan Allah yassar lêk sûgak, jîb lêi zigêge.* Aujourd'hui, si Dieu fait prospérer ton commerce, rapporte-moi des friandises.

yassarân *n. d'act., m.*, → *yassirîn.*

yassirîn *n. d'act., m.*, ≅*yassarân*, * ysr, ي س ر
♦ **facilité, fait de faciliter, fait de faire prospérer.** •*Kan indak macâkil ma'â jîrânak, fattic yassirînha bas !* Si tu as des problèmes avec tes voisins, cherche à les résoudre facilement ! •*Yassirîn al-dunya lêna da min Allah.* C'est Dieu qui nous a fait prospérer en ce monde.

yâti ? *pron. fém. sing.*, interrogatif, (*masc. sing. yâtu, pl. yâtumman*) ; → yâtu, * 'wy, ء و ي
♦ **qui ?, quelle ?, laquelle ?** •*Yâti sâtat êc ?* Qui a fait cuire la boule ? •*Usumki yâti ?* Quel est ton nom ?

yâtu *pron. masc. sing.*, interrogatif, (*fém. sing. yâti, pl. yâtumman*), peut-être contraction de âyât hû, * 'wy, ء و ي
♦ **qui ?, quel ?, lequel ?** •*Yâtu rikib juwâdi ?* Qui a monté mon cheval ? •*Usumak yâtu ?* Quel est ton nom ?

yâtumman *pron.* interrogatif (*masc.* et *fém.*) pluriel, *Cf. yâtu, yâti,* * 'wy, ء و ي
♦ **qui ?, quels ?, quelles ?, lesquels ?, lesquelles ?** •*Yâtumman akalo laham hini ?* Quels sont ceux qui ont mangé de la viande ici ? •*Dôl yâtumman ? Dôl axawânak wallâ ?* Ceux-ci, qui sont-ils ? Sont-ils tes frères ? •*Yâtumman al bahajju dôl ?* Qui sont donc ceux-là qui parlent ?

yawwâ *invar.*, exclamation, → *yô, aywâ.*

yaxadim *v.* à l'*inacc.*, → *xadam.*

yaxajal *v.* à l'*inacc.*, → *xijil.*

yaxay expression, (*fém. yaxayti*), composée de yâ (ô) et de *xay (uxay) dmtf.* de *axu* ou de *axut*, * 'hw, ء خ و
♦ **ô mon frère, ô ma sœur.** •*Yaxay, amci acrab lêk câhi, kula axêr !* Mon frère, tu ferais mieux d'aller boire du thé ! •*Yaxayti, sûti lêna êc !* Ma sœur, cuis-nous une boule de mil !

yaxîn *n. m.*, * yqn, ي ق ن
♦ **vérité, certitude, assurance du vrai.** •*Humman gâlo anîna nâs mâ*

indina yaxîn. Ils ont dit que nous ne sommes pas des gens connaissant la vérité. •*Simîna xabar wa mâ na'arfu akîdah, jînâk nidôru l yaxîn.* Nous avons entendu une nouvelle, nous ne savons pas si elle est vraie ; nous sommes venus pour en avoir la certitude.

Yaxûb *n. pr.* d'homme, ≅ *Yakûb, Yâxûb,* Jacob, Yacoub, * ˁkb, ع ك ب

Yâxûb pour *[Yaˁqûb]* → *Yaxûb.*

yây / yâyât *n. f., empr.,* connu au *Sdn.* (*C.Q.*)
♦ **ressort.** •*Al azab indah sarîr ab tamâne yây bas.* Le célibataire a un petit lit à huit ressorts seulement. •*Al watîr indah yâyât katîrîn wara wa giddâm.* La voiture a de nombreux ressorts à l'arrière et à l'avant. •*Fî l-râdyo, bakân al hujâr indah yây.* Dans le poste de radio, il y a un ressort à l'endroit des piles.

Yâya *n. pr.* d'homme, → *Yahya.*

yêbas *v.* à l'*inacc.*, → *yibis.*

yêbe / yêbât *n. f.,* ≅ *wêbe,* la racine évoque un sac en cuir, *Cf. abbâr, ibâr,* * ˁyb, ع ي ب
♦ **unité de mesure d'un volume,** équivalent à environ vingt kilos. •*Al yêbe tikîl kawâro acara.* Le *yebe* est une mesure équivalente à dix koros. •*Cuwâl al xalla arba'a yêbât.* Un sac de mil contient quatre *yebe.*

yên *invar.,* ≅ *wên,* → *wên.*

Yêsiye *n. pr. gr., coll.,* → *Iyêsiye.*

yibis / yaybas *v. intr.,* forme I n° 20, ≅ l'*inacc. yêbas,* * ybs, ي ب س
♦ **sécher, tarir.** •*Al-sana al bîr di yibisat ajala.* Cette année, le puits a vite tari. •*Al mara tidôr tiwaddi xâllitha fî l-tâhûna lâkin hî lissâ mâ yibisat.* La femme veut porter son mil au moulin, mais il n'est pas encore sec. •*Anâ xassalt xulgâni wa humman lissâ mâ yibiso.* J'ai lavé mes vêtements, ils ne sont pas encore secs.

yidôr *v.* à l'*inacc.*, → *dawwar 1.*

yifikk *v.* à l'*inacc.*, → *fakka.*

yikiss *v.* à l'*inacc.*, → *kassa.*

yisabbîna *v. trans.* à l'*inacc.*, altération de *yisabbihna,* → *Allah yisabbihna.*

yisey *v.* à l' *inacc.*, → *sawwa 1.*

yô *invar., Syn. aywâ, yawwa.*
♦ **oui, d'accord.** •*Jîb lêna almi ! Yô.* Apporte-nous de l'eau ! D'accord. •*Yô, al kalâm da, anâ tara simi'tah indah yômên !* Oui, cette parole, je l'ai déjà entendue il y a deux jours !

yô sameh ! expression très utilisée par les femmes de N'Djaména, *Cf. yô* et *sameh.*
♦ **oui !, d'accord !, bon !, entendu !** •*Al binêye ammaha caratat lêha mâ tidâwis fî derib al-sûg wa gâlat "yô sameh!".* La mère a demandé à sa fille de ne pas se battre en allant au marché, et celle-ci lui a répondu : "D'accord !". •*Kan simîti kalâmi, mâ tugûl lêi "yô sameh" ?* Quand tu entends ce que je te dis, pourquoi ne me réponds-tu pas : "Oui, bien !" ?

yôhal *v. intr.* à l'*inacc.*, → *wihil.*

yôja *v. trans.* à l'*inacc.*, → *bôja.*

yôm / ayyâm *n. m.*, * ywm, ي و م
♦ **jour.** •*Yôm katîr, mâ cîftak !* Cela fait longtemps [beaucoup de jours] que je ne t'ai pas vu ! •*Kulla yôm nâs katîrîn yamcu fî l-sûg.* Beaucoup de gens vont au marché tous les jours. •*Allah yarhamah be l-janna yôm al xiyâma !* Que Dieu ait pitié de lui et le prenne au paradis le jour de la résurrection !

yôm al locution, *Syn. yômit,* * ywm, ي و م
♦ **le jour où.** •*Yôm al anâ jît min Karal, marti wildat.* Le jour où je suis venu de Karal, ma femme a accouché. •*Yôm al inti sâfarti, jâbo lêna xabar môt hanâ abûki.* Le jour où tu es partie en voyage, on nous a apporté la nouvelle de la mort de ton père.

yôm al arbiya expression, → *arba'a, (al) arba'a.*

yômit *invar.*, peu employé, *Syn. yôm al*, * ywm, ي و م
♦ **le jour où.** •*Anâ bigit miskîn, min yômit ammi xatarat.* Je suis devenu un pauvre homme le jour où ma mère est partie en voyage. •*Yômit anâ lammet ma'âk gultah lêi cunû ?* Le jour où nous nous sommes rencontrés, que m'avais-tu dit ?

yômîyan *invar.*, *Cf. yôm*, * ywm, ي و م
♦ **quotidiennement, chaque jour.** •*Anâ namci l xidime yômîyan illa yôm al-jum'a.* J'irai au travail tous les jours sauf le vendredi. •*Mâla yômîyan tusûti lêna êc hanâ bêrbere ?* Pourquoi nous fais-tu chaque jour une boule de berbéré ? •*Nisarrif marti yômîyan mîtên riyâl.* Je donne quotidiennement à ma femme une somme de deux cents riyals pour les dépenses ordinaires.

yômiye *n. f.*, * ywm, ي و م
♦ **salaire d'une journée.** •*Xadamt lêyah wa aba mâ yikaffîni yômîti.* J'ai travaillé pour lui et il a refusé de me payer mon salaire journalier. •*Anâ mâ nidôr xidime al be yômiye.* Je ne veux pas accomplir de travail qui soit payé à la journée.

yôrad *v.* à l'*inacc.*, → *wirid.*

yôram *v.* à l'*inacc.*, → *wirim.*

yôzin *v.* à l'*inacc.*, → *wazan.*

Yûnus *n. pr.* d'homme, Jonas.

Yusra *n. pr.* de femme, *Cf. Yâsir*, * ysr, ي س ر

Yusriya *n. pr.* de femme, *Cf. Yâsir*, * ysr, ي س ر

Yûsuf *n. pr.* d'homme, Joseph.

yûsuf afandi *n. coll.*, *m.*, ≅ *mandarîn*, *afandi**: mot emprunté au grec moderne *afendis* (αφεντης "maître, seigneur"), venant lui-même du grec ancien αυθεντης, et entré dans l'arabe par l'intermédiaire du turc *afandum* (*C.Q.*), en *égy. afandim* (*H.W.*).
♦ **mandarine.** •*Mâ tagdar tasrig yûsuf afandi acân hû rîhtah mâ tillabbad.* Tu ne peux pas voler des mandarines parce que tu ne pourras pas cacher leur parfum [leur parfum ne se cache pas]. •*Yûsuf afandi hû mâ kubâr wa halu marra wâhid min al burtuxâl.* Les mandarines ne sont pas grosses, mais elles sont bien meilleures que les oranges.

Yûsufay *n. pr.* d'homme, surnom, *mrph. dmtf.*, *Cf. yûsuf.*

Z

zâ' / yizî' v. trans., forme I n° 9, * <u>d</u>yˤ, ذ ي ع
♦ **diffuser.** •*Zâ'o fî l-râdyo kadâr al-cahar câfoh fî Nijêrya.* On a diffusé à la radio que le premier croissant de la nouvelle lune a été vu au Nigeria. •*Sawwêt balâx wa waddetah fî bêt al-râdyo lâkin lissâ mâ zâ'oh.* J'ai écrit un communiqué et l'ai apporté à la maison de la radio, mais on ne l'a pas encore diffusé. •*Akûn ambâkir yizî'u asâm hanâ iyâl al-lekkôl al-najaho fî l imtihân !* Peut-être diffusera-t-on demain les noms des élèves qui ont réussi leurs examens !

za''al / yiza''il v. trans., forme II, * zˤl, ز ع ل
♦ **mécontenter.** •*Daggîn al-sabi lê martah da za''al kulla nâs al hille.* Le fait que ce jeune homme ait battu sa femme a mécontenté tous les gens du village. •*Al wilêd maca sirig gurus fî l-sûg wa karaboh, al xabar da za''al ammah wa abuh.* L'enfant est allé voler de l'argent au marché et on l'a arrêté ; cette nouvelle a mécontenté sa mère et son père.

za''âri / za''ârîn adj. m., ne qualifiant que les hommes, n. pr. d'homme, Cf. za'îr, * z'r, ز ع ر
♦ **brave, courageux au travail, fier,** qui aime montrer son courage. •*Malik hanâ hillitna da râjil za''âri misid al-dûd wa karîm.* Notre chef de canton est un homme courageux comme un lion et généreux. •*Azamt rufgâni l-za''âra yamcu lêi fî daggîn al xalla.* J'ai invité mes amis courageux à venir m'aider à battre le mil.

za'af n. coll., m., sgtf. za'afay, Cf. deleb, dôm, * sˤf, س ع ف
♦ **feuille du palmier,** partie de la feuille du palmier doum, ou de tout autre palmier, qui a été dépouillée de sa nervure pour être utilisée en vannerie. •*Hû libis tâgiye hanâ za'af.* Il a mis un chapeau fait en feuilles de palmier. •*Al-za'af bisawwu bêyah burûc wa gufaf.* Avec les feuilles de palmier doum, on fabrique des nattes et des couffins. •*Ma'â l bacîme hanâ l-saxîr, al-ajûs tadfin za'afay wa xalla ciya.* La vieille enterre le placenta du nouveau-né en y ajoutant une feuille de palmier doum et un peu de mil.

zâ'ak / yizâ'ik v. trans., forme III, * zˤq, ز ع ق
♦ **énerver, irriter, agacer, mettre qqn. en colère,** faire crier qqn. de colère. •*Mâ tizâ'ikîni !* Ne me mets pas en colère ! •*Al-zôl al rûhah dayxe kan rufugânah zâ'akoh, bidâwishum.* Cet homme-là est nerveux, lorsque ses amis l'agacent, il se met à les battre.

zâ'akân n. d'act., → zâ'ikîn.

za'al n. m., Cf. xabîne, * zˤl, ز ع ل
♦ **colère.** •*Al-dên mamnu' wa l-za'al marfu' wa l-rizix ind Allah.* Le "bon pour" est interdit, la colère est défendue [enlevée d'ici] et la chance vient de Dieu. •*Hû birîd al-za'al.* Il a

tendance à [il aime] se mettre en colère.

za'âma *n. f., Cf. za'îm, mas'uliye, hâkim*, * zˁm, ز ع م

♦ **commandement, leadership.** •*Ru'asa' al ahzâb, kulla wâhid minhum bidôr za'âmit al-ca'ab.* Chacun des chefs de parti veut gouverner le peuple. •*Al-za'âma wâjib tabga fî îd râjil yahkim be l adâla.* Le commandement doit être entre les mains de l'homme qui gouvernera avec justice.

za'farân *n. cdmt., Cf. kurkum*, * zˁfr, ز ع ف ر

♦ **safran.** •*Al awîn yirabbutu za'farân fî rugâb iyâlhum.* Les femmes attachent un morceau de safran au cou de leurs enfants. •*Al-za'farân indah rîhe halûwe.* Le safran dégage une très bonne odeur.

zâ'ikîn *n. d'act.*, ≅ *zâ'akân*, * zˁq, ز ع ق

♦ **fait d'énerver *qqn.*, fait d'agacer *qqn.*, fait de pousser *qqn.* à la colère, fait d'ennuyer *qqn.*, fait d'irriter *qqn.*** •*Al-zôl al mâ bahmal al-zâ'ikîn mâ baxâlit ma'â l-nâs.* Celui qui ne supporte pas d'être énervé par les autres, ne discute pas avec eux. •*Al-zâ'ikîn bijîb al-duwâs.* Provoquer la colère de quelqu'un entraîne la bagarre.

za'îm / zu'ama' *n. m.*, * zˁm, ز ع م

♦ **chef, leader.** •*Zu'ama' al ahzâb al-siyâsîya lammo amis fî gasir al-cabâb.* Les chefs des partis politiques se sont réunis hier à la maison du peuple. •*Kan bigît kabîr nabga za'îm lê l firxa l-riyâdiye.* Quand je serai grand, je serai le leader de l'équipe sportive.

za'îr *n. m.*, * z'r, ز ء ر

♦ **rugissement du lion.** •*Za'îr al-dûd fî l xâba xawwafâni.* Le rugissement du lion dans la forêt m'a fait peur. •*Al-dabahtak mâ yasma' za'îrak.* Celui qui t'égorge n'entend pas ton rugissement. *Prvb.* (*i.e.* celui qui en veut à ta vie ou à ton argent est sans pitié et ne tient pas compte de ta protestation).

za'lân / za'lânîn *adj.*, (*fém. za'lâne*), * zˁl, ز ع ل

♦ **mécontent(e), triste, fâché(e), en colère, contrarié(e).** •*Al yôm axui za'lân acân mâ indah gurus.* Aujourd'hui, mon frère est fâché parce qu'il n'a pas d'argent. •*Rufugânak za'lânîn minnak acân inta tallagt martak al-zêne di.* Tes amis sont mécontents de toi parce que tu as répudié ta gentille femme.

zababa *pl.*, → *zubb.*

zabâbît *pl.*, → *zabbût.*

zabad *n. m., Syn. riyâle*, * zbd, ز ب د

♦ **écume, bave, salive.** •*Hû bikallim namman al-zabad bamrug min xacumah.* Il parle au point que l'écume lui vient aux lèvres. •*Al-juwâd kan jara bilhên xacumah kulla yabga zabad.* Le cheval qui a beaucoup couru a la bouche pleine d'écume. •*Almi l bahar indah zabad.* Sur l'eau du fleuve il y a de l'écume.

Zabada *n. pr. gr., coll., sgtf. Zabadi* (homme), *zabadiye* (femme), nom d'une fraction de tribu arabe (*Wulâd Râcid*) se rattachant aux *Juhayna.*

Zabadi *sgtf.* d'un *n. pr. gr., m.*, (*fém. zabadiye*), → *Zabada.*

zabat / yazbut *v. trans.*, forme I n° 1, * dbṭ, ض ب ط

♦ **régler, bien préparer, s'appliquer.** •*Sîd al watîr zabat makana hint watîrah al tigatti'.* Le propriétaire de la voiture a réglé le moteur de son véhicule qui calait. •*Azbut lêna al-câhi da adîl.* Prépare-nous comme il faut du bon thé. •*Yaxûb, azbut giraytak adîl, ambâkir tanfa'ak.* Yacoub, applique-toi bien dans tes études, demain cela te sera utile.

zabâyin *pl.*, → *zabûn.*

zabbat / yizabbit *v. trans.*, forme II, * ḍbṭ, ض ب ط

♦ **fixer, affermir, serrer, tenir ferme,** serrer et maintenir fixe entre les jambes. •*Ahmat, rikib fî l humâr* *wa zabbatah be rijilênah acân mâ yaga'.* Ahmat est monté sur l'âne et l'a serré avec ses jambes pour ne pas tomber. •*Al-sarrâg al karaboh da, bidôr bi'arrid, lâkin al-nâs zabbatoh.* Le voleur qui avait été pris cherchait à s'enfuir, mais les gens l'ont maintenu fermement. •*Al-rakkâb zabbat udâm hanâ îd al wilêd al maksûra.* Le rebouteux a remis en place et fixé les os de la main cassée de cet enfant. •*Zabbiti saxîrki da fî nâyitki !* Serre ton enfant comme il faut contre ton côté !

zabbût / zabâbît *n. m., Cf. zabbat,* * ḍbṭ, ض ب ط

♦ **côté, côtes sous le bras,** lieu entre l'aisselle et le creux de la hanche. •*Fî l-sûg kulla mara tidiss juzlânha fî zabbûtha.* Au marché, chaque femme met son porte-monnaie sous le bras. •*Al awîn ya'arfu cêlân al-iyâl mîn zabâbîthum.* Les femmes savent bien prendre les petits enfants par le haut des côtes.

zabîb *n. coll., sgtf. zabîbay,* * zbb, ز ب ب

♦ **raisin sec.** •*Zaman al-nâs bujûbu zabîb kan jâyin min al hijj.* Autrefois, les gens apportaient des raisins secs lorsqu'ils revenaient du pèlerinage. •*Amci l-sûg talga zabîb fî bakêtât !* Va au marché, tu trouveras des raisins secs en paquets !

zâbit / zubbât *adj., (fém. zâbite),* * ḍbṭ, ض ب ط

♦ **fort(e), costaud, musclé(e),** qui est capable d'accomplir une tâche avec force et exactitude. •*Hû râjil zâbit bagdar baxdim adîl.* C'est un homme fort, il peut bien travailler. •*Kan nâdum mâ zâbit mâ bagdar bahrit.* Si quelqu'un n'est pas costaud, il ne peut pas cultiver un champ.

zabûn / zabâyin *adj., (fém. zabûna),* * zbn, ز ب ن

♦ **client(e), vendeur (-euse) habituel (-elle),** celui avec lequel on fait habituellement des tractations commerciales d'achat ou de vente. •*Zabûnti, sidt al-laban, bagarha xirzo.* Les vaches de la femme qui me vend du lait ont cessé d'avoir du lait. •*Angus lêi al-taman acân anâ zabûnak !* Fais-moi un rabais parce que je suis ton client ! •*Al-tujjâr bafraho yôm kan ligo zabâyin katîrîn.* Les commerçants se réjouissent le jour où ils trouvent de nombreux clients.

Zabûr nom pluriel, * zbr, ز ب ر

♦ **livre des Psaumes,** psaumes de David. •*Amis Umar gâl lêi : al-zabûr, Allah nazzalah lê umma sâbixa.* Oumar m'a dit hier que Dieu avait fait descendre du ciel le livre des Psaumes pour un peuple ancien. •*Al muslimîn yi'âmunu be l-Zabûr kula.* Les musulmans croient aussi à l'authenticité du livre des Psaumes.

zâd 1 / yizîd *v. trans.*, forme I n° 10, * zyd, ز ي د

♦ **augmenter, ajouter, élever le prix, donner davantage, prendre plus.** •*Al-jazzâri zâd laham katîr lê zabûnah.* Le boucher a ajouté beaucoup de viande à son client. •*Al xayyâti zâd taman hanâ xiyâttah.* Le tailleur a augmenté le prix de sa couture. •*Al gardi zâdo lêyah gurus caharîytah.* On a augmenté le salaire mensuel du gardien. •*Zîdni câhi !* Donne-moi davantage de thé !

zâd 2 / azwâd *n. m., Syn. zuwâde,* * zyd, ز ي د

♦ **provision de route, provision de bouche.** •*Al-nâs al xâtirîn câlo ma'âhum zâd.* Les voyageurs ont pris des provisions avec eux. •*Mâ tansa zâdak, al-ju' baktulak !* N'oublie pas tes provisions, sinon tu mourras de faim [la faim te tuera] ! •*Jahhuzu lêna zâd hanâ carmût, al xarîf jâyi !* Préparez-nous des provisions de viande séchée, la saison des pluies approche !

zaffa *n. f.*, peu usité au Tchad, *Syn. zifâf, Cf. sêra, rahûla,* * zff, ز ف ف

♦ **procession nuptiale, cérémonie d'installation de la mariée, cortège accompagnant la mariée,** accompagnement festif de la nouvelle mariée dans la maison de son mari. •*Yôm al-zaffa al awîn bulummu* *biwaddu l arûs fî bêt râjilha.* Le jour de la procession nuptiale, les femmes se réunissent pour conduire la nouvelle mariée dans la maison de son mari. •*Yôm al-zaffa nicîfu kulla l banât labsîn xulgânhum al-samhîn wa l-dahab wa l fudda.* Le jour de la fête de l'installation de la mariée chez son mari, on verra toutes les filles revêtues de beaux habits, de bijoux d'or et d'argent.

zaga / yazgi *v. trans.*, forme I n° 7, * sqy, س ق ي

♦ **abreuver, donner à boire, irriguer, arroser.** •*Al-râ'i zaga bagarah fî l wâdi.* Le berger a abreuvé ses vaches dans l'oued. •*Mahammat yazgi dîfânah câhi wa almi hâmud.* Mahamat donne à boire à ses invités du thé et de l'eau acidulée. •*Jiddi yazgi jinêntah kulla yôm.* Mon grand-père arrose son jardin tous les jours.

zagal / yazgul *v. trans.*, forme I n° 1, * zjl, ز ج ل

♦ **jeter, lancer, laisser tomber,** se débarrasser de quelque chose en le jetant. •*Mûsa zagal al faggûsay al murra.* Moussa a jeté le concombre amer. •*Al humâr nakkas, zagal al wilêd.* L'âne a sauté et s'est débarrassé de l'enfant qu'il portait sur son dos. •*Azgul al-dalu fî l bîr !* Jette le seau dans le puits ! •*Azgul xulgânak al mucarratîn dôl fî l-dungus !* Jette tes habits déchirés à la poubelle !

zagalân *n. d'act., m.,* → *zagilîn.*

zagayân *n. d'act., m.,* ≅ *zagiyîn,* * sqy, س ق ي

♦ **fait d'abreuver, abreuvement, arrosage.** •*Fî l xarîf, zagayân al bahâyim mâ gâsi acân fî kulla bakân yalgo almi yacarbo.* En saison des pluies, l'abreuvement des troupeaux n'est pas difficile parce qu'on trouve partout de l'eau à boire. •*Zagayân al xanam wa l bagar kulla yôm be fajur wa aciye.* On donne à boire aux moutons et aux vaches tous les jours, le matin et le soir. •*Al-janâyin, zagayânhum gâsi fî l-sêf acân al almi bagîf wa l nada bijiff.* C'est un travail pénible que d'arroser les jardins en saison sèche, parce qu'il ne pleut plus et que l'humidité du sol a disparu.

zagâzîg al-lêl *n. m.*, venant peut-être de *Zagazig* (ville de haute Egypte), * zqzq, ز ق ز ق

♦ **minuit, milieu de la nuit, tard dans la nuit.** •*Simi'na nâs babku fî zagâzîg al-lêl wa mâ na'arfu l-ceyy al hassal lêhum.* Nous avons entendu des gens pleurer au milieu de la nuit, et nous ne savons pas ce qui leur est arrivé. •*Mâ tirîd al-ruwâxe fî zagâzîg al-lêl acân hillitna di mâ indaha amni !* Ne prends pas l'habitude de marcher tard dans la nuit, parce qu'il n'y a pas de sécurité dans notre ville !

zaggal / yizaggil *v. trans.*, forme II, *mrph. intf.* ou répétitif, * zjl, ز ج ل

♦ **jeter avec force, jeter plusieurs fois.** •*Al-jazzâra bizaggulu l-laham al mâ adîl.* Les bouchers jettent la viande qui n'est pas bonne. •*Sîd al bêt zaggal fî l-câri xumâm al-râjil al mu'ajjir bêtah acân mâ kaffa gurs al-cahar.* Le propriétaire a jeté dans la rue les affaires de l'homme qui louait sa maison, parce qu'il ne lui avait pas payé l'argent du loyer. •*Al-jazzâri zaggal laham lê l kilâb.* Le boucher a jeté de la viande aux chiens.

zaggalân *n. d'act., m.,* → *zaggilîn.*

zaggâli / zaggâlîn *adj. mrph. intf.*, (*fém. zaggâliye*), peu usité, * zjl, ز ج ل

♦ **qui jette bien, qui lance bien.** •*Hû da zaggâli lê l bâl.* Celui-là lance bien le ballon. •*Al iyâl dôl zaggâlîn lê l hajlîj.* Ces enfants savent bien faire descendre les fruits du savonnier.

zaggay 1 / zaggâyîn *adj. n. m. mrph. intf.*, (*fém. zaggâye*), * sqy, س ق ي

♦ **puiseur (-euse), arroseur.** •*Al yôm Ahamat mâ sarah maca zaggay.* Aujourd'hui, Ahmat ne va pas faire paître le troupeau mais l'abreuver au puits. •*Al-zaggâyîn bakkaro malo l hîtân almi.* Les puiseurs se sont levés de bon matin pour remplir d'eau les abreuvoirs. •*Al binêye di râ'iye wa zaggâye acân mâ indaha axu yijimmaha.* Cette fille est une bergère et une puiseuse d'eau en même temps, parce qu'elle n'a pas de frère pour l'aider [pour la faire reposer].

zaggay 2 *n. f. mrph. intf.*, ≅ *zaggâye*, *Cf. garwa, ambîbi,* * sqy, س ق ي

♦ **mousson, vent qui précède la pluie,** vent léger et frais de secteur S.-O. •*Al-zaggay sâgat wa l-sahab câl.* La mousson a soufflé et le ciel s'est chargé de nuages. •*Al wakit bigi hâmi bilhên, âkûn ba'adên al-zaggay tusûg.* Il fait très chaud, il se peut qu'ensuite souffle le vent qui amène la pluie. •*Al yôm fajur, al-zaggâye sâgat, âkûn gâyle almi busubb.* Ce matin le vent a soufflé, il pleuvra peut-être à midi.

zaggâye *adj.* et *n. f.*, → *zaggay 1, et zaggay 2,* * sqy, س ق ي

zaggilîn *n. d'act., m.*, ≅ *zagalân,* * zjl, ز ج ل

♦ **fait de jeter, fait de balancer les membres en marchant, démarche chaloupée,** marcher en se faisant remarquer. •*Zaggilîn al xumâm fî l faday di, mâ min adab al mara.* Une femme bien élevée n'a pas l'habitude de jeter ainsi les affaires dans la cour de la maison. •*Al mara di kan mâciye, coxolha zaggilîn.* Lorsque cette femme se déplace, elle marche en se faisant remarquer.

zagi *n. d'act., Cf. zaga,* * sqy, س ق ي

♦ **irrigation, arrosage, fait de donner à boire, fait d'abreuver.** •*Al-câdûf birayyih siyâd al-janâyi fî l-zagi.* Le chadouf économise les forces des jardiniers pour irriguer la terre. •*Al-nâs bibakkuru bamcu l-janâyin lê l-zagi.* Les gens se lèvent tôt le matin pour aller irriguer les jardins.

zagilîn *n. d'act., m.*, ≅ *zagalân,* * zjl, ز ج ل

♦ **fait de jeter.** •*Zagilîn al êc fî l-câri mâ sameh, axêr tantuh lê l masâkîn.* Il n'est pas bon de jeter la boule dans la rue, il vaut mieux la donner aux pauvres. •*Al-saxîr al-tifil mâ coxol hanâ zagilîn, akurbah adîl !* Le petit enfant n'est pas un objet à jeter, tiens-le bien !

zâgiye 1 / zawâgi *n. f., Cf. zâgiye 2,* * sqy, س ق ي

♦ **jardin irrigué, périmètre irrigué.** •*Fî Baykaro zawâgi katîrîn.* A Bokoro, il y a de nombreux jardins irrigués. •*Al-zâgiye jinêne kabîre yazgûha be jadâwil hanâ almi.* Le périmètre irrigué est un grand jardin arrosé par des canaux dans lesquels coule de l'eau.

zâgiye 2 / zawâgi *n. f., Cf. zâgiye 1, câdûf,* * sqy, س ق ي

♦ **puisage, exhaure, installation pour tirer l'eau,** matériel et moyen d'exhaure. •*Fî l Batha, al-nâs fî l-sêf bacarbo be zawâgi.* Dans l'oued Batha, pendant la saison sèche, les gens boivent en utilisant leur installation pour tirer l'eau des puits. •*Ahmat bakkar maca acân yi'addil zâgîtah al ûdha ankassar.* Ahamat s'est levé très tôt pour aller réparer le bois cassé du système d'arrosage. •*Al-sana di, humârna hanâ l-zâgiye mât.* Cette année, notre âne qui travaillait au puisage de l'eau est mort.

zagiyîn *n. d'act.*, → *zagayân.*

zahafân *n. d'act., m.*, → *zahifîn, zahif.*

zâhag / yizâhig *v. trans.*, forme III, * zhq, ز ه ق

♦ **provoquer la nausée, donner l'envie de vomir, écœurer,** avoir la nausée. •*Al mulâh al mâsix bizâhigni.* La sauce fade me donne envie de vomir. •*Kan tucumm afâna tizâhigak.* Lorsqu'on respire une odeur de pourri, on a la nausée. •*Gaddûmak kan mâ tusûgah wa tahajji ma'â l-nâs tizâhighum !* Si tu ne te brosses pas les dents [ta bouche] et que tu parles aux gens, tu les écœureras !

zahaj *n. d'act., m.*, connu au *Sdn., Cf. zihij,* * z^{c}j, ز ع ج

♦ **colère, découragement.** •*Al fagur bijîb al-zahaj lê l-nâs.* La pauvreté conduit les gens au découragement. •*Zahaj al-ca'ab da min Ra'îshum acân hû zâlim.* La colère du peuple vient de ce que leur Président est injuste.

zahajân *adj. m.*, → *zahjân.*

zahâli *pl.*, → *zihliye.*

zaham / yazham *v. trans.*, *Cf. asar*, * zḥm, زحم

♦ **bousculer, pousser.** •*Al iyâl zahamo l-râjil acân al-derib dayyax wa hummân bidôru yamcu giddâm.* Les enfants ont bousculé l'homme parce que le chemin était étroit et qu'ils voulaient passer devant lui. •*Amkalâm zahamat darritha acân hummân hârajo.* Amkalam la commère a bousculé sa coépouse parce qu'elles s'étaient auparavant disputées.

zâham / yizâhim *v. trans.*, * zḥm, زحم

♦ **rivaliser avec, concurrencer,** chercher à dépasser l'autre. •*Mâ fî carika âxara tizâhim carikat* "Air Tchad". Il n'y a pas de société qui entre en concurrence avec "Air Tchad". •*Al-tujjâr kan câfo axûhum jâb watîr sameh, kulluhum bugummu bizâhumuh.* Lorsque des commerçants voient un de leurs frères apporter un beau véhicule, ils rivalisent entre eux pour avoir encore mieux.

zahar 1 / yazhar *v. intr.*, forme I n° 13, * ẓhr, ظهر

♦ **apparaître, paraître clairement.** •*Fî bidayt al-cahar, al gamar bazhar rigeyyag.* Au début du mois, la lune apparaît très fine. •*Yazhar al mahadi fî kumalt al-dunya.* Le Mahadi apparaîtra clairement à la fin du monde.

zahar 2 *n. m.*, * zhr, زهر

♦ **poudre bleu, colorant bleu.** •*Xalagak kan abyad, xassilah be sâbûn wa dissah fî l-zahar, yabga nadîf wa abyad karr !* Si tu as un habit blanc, lave-le avec du savon et plonge-le dans du bleu, il deviendra comme neuf et très blanc ! •*Ali kan macêt al-sûg bî' lêna sâbûn wa zahar acân nixassulu gubbâl al îd !* Ali, lorsque tu iras au marché, achète-nous du savon et du colorant bleu pour que nous fassions la lessive avant la fête !

zâhar / yizâhir *v. intr.*, forme III, * ẓhr, ظهر

♦ **manifester** (dans la rue). •*Humman zâharo amis didd al hâkûma.* Hier, ils ont manifesté contre le gouvernement. •*Humman bidôru bizâhuru didd al-Nasâra lâkin al hâkûma mâ antathum izin.* Ils veulent manifester contre les Européens, mais le gouvernement ne leur en a pas donné l'autorisation.

zahara nom de planète, *f.*, ≅ *zahra*, * zhr, زهر

♦ **Vénus.** •*Al-zahara kôkab yamrug dâ'iman ba'ad al aca.* Vénus est une planète qui sort toujours après le repas du soir. •*Al-zahra tamrug min sabah wa taga' xarib.* Vénus se lève [sort] à l'est et se couche [tombe] à l'ouest.

zahari / zahariyîn *adj.*, (*fém. zahariye*), * ẓhr, ظهر

♦ **bleu(e), gris bleu.** •*Al-sama lônah zahari.* Le ciel a une couleur bleue. •*Kulla Tcâdi indah karte dentite lônha zahari.* Chaque Tchadien a une carte d'identité de couleur bleue.

zahhaf / yizahhif *v. trans.*, forme II, * zḥf, زحف

♦ **faire avancer, déplacer, pousser,** tirer ou pousser *qqch.* •*Watîri gâ'id fî l harray amci zahhifah lêi fî l-dull !* Ma voiture est sous le soleil, va la faire avancer à l'ombre ! •*Al wilêd zahhaf al akil giddâm abuh.* L'enfant a avancé le plateau du repas devant son père. •*Al bakân da nidôr nuxutt fôgah biskilêti, zahhufu xumâmku giddâm !* Je voudrais mettre ma bicyclette à cet endroit-là, poussez un peu vos affaires !

zahhafân *n. d'act.*, → *zahhifîn.*

zahhaj / yizahhij *v. trans.*, forme II, * zˁj, زعج

♦ **provoquer la colère, agacer, irriter, ennuyer, déranger.** •*Al-râjil mâ indah ceyy wa awînah zahhajoh be kutur al kalâm.* Cet homme n'a pas d'argent et ses femmes l'ont ennuyé avec tout un tas de problèmes. •*Al binêye di, rafîgâtha zahhajôha be* *kuturt al-dubâx.* Les amies de cette fille l'ont mise en colère à force de la taquiner.

zahhar / yizahhir *v. trans.*, forme II, * zhr, ز ه ر

♦ **teindre en bleu, rendre bleu.** •*Al xassâlîn bizahhuru l xulgân al buyud.* Les blanchisseurs rendent bleus tous les habits blancs. •*Hû zahhar kadmûlah min amis.* Hier, il a teint en bleu son turban. •*Hî carat zahar acân tizahhir farditha.* Elle a acheté du colorant bleu pour teindre son pagne en bleu.

zahhifîn *n. d'act., m.*, ≅ *zahhafân*, * zḥf, ز ح ف

♦ **déplacement, avancement, recul, fait de déplacer,** fait de provoquer un déplacement en poussant ou en tirant. •*Zahhifîn al kalanki fî zere' hanâ l-jâr, da ceyy zulûm.* Le fait de déplacer les bornes du champ du voisin est une injustice. •*Zahhifîn hanâ tawâbil fî l-sima bisawwi haraka katîr.* Traîner les tables sur le ciment fait beaucoup de bruit.

zahif *n. m.*, * zḥf, ز ح ف

♦ **avancée.** •*Al-jihâd didd al-zahif hanâ l-sahara bidôr juhud katîr.* La lutte contre l'avancée du désert demande beaucoup d'efforts. •*Al-zahif hanâ l-sahara hammam al hâkûma.* L'avancée du désert a préoccupé le gouvernement.

zâhif / zâhifîn *adj. mrph. part.* actif, (*fém. zâhife*), * zḥf, ز ح ف

♦ **qui avance, qui se traîne, qui rampe.** •*Al mukarsa' da zâhif mâci wên ?* Cet estropié se traîne pour aller où ? •*Al-sahra zâhife jâye lêna.* Le désert avance peu à peu vers nous.

zahifîn *n. d'act., m.*, ≅ *zahafân*, *Cf. zahif*, * zḥf, ز ح ف

♦ **avancée à terre, reptation, fait de ramper.** •*Zahifîn al-sahara min gatti'în al-cadar.* La lente avancée du désert vient de la coupe des arbres. •*Fakkiri lê l-nâr, wilêdki al'allam al-zahifîn !* Fais attention au feu, ton enfant a appris à ramper ! •*Al-rujâl mâ gidiro waggafo zahizîn al-nâr wa l harîge akalat al-zurâ'a.* Les hommes n'ont pas pu arrêter l'avancée de l'incendie, le feu a ravagé les champs.

zahîge *n. f.*, *Cf. tamîme*, * zhq, ز ه ق

♦ **nausée, haut-le-cœur.** •*Al mara l xuluf dâyiman indaha zahîge.* La femme enceinte a toujours la nausée. •*Anâ kan cirib kinîn bisawwi lêi zahîge acân mâ biddalla lêi ajala fî l kirce.* Lorsque je prends un cachet, cela me donne des haut-le-cœur parce qu'il ne descend pas vite dans l'estomac.

zâhir / zâhirîn *adj.*, (*fém. zâhire*), * ẓhr, ظ ه ر

♦ **évident(e), flagrant(e), visible, net (-te), clair(e).** •*Al kalâm mâ tilabbidah hû zâhir !* Ne cache pas le problème, il est clair ! •*Mâ taxâlit fî coxol al-zâhir !* Ne discute pas sur ce qui est évident ! •*Kalâmak da mâ zâhir, mâ fihimt fôgah ceyy !* Ce que tu as dit n'est pas clair, je n'ai rien compris !

zahjân / zahjânîn *adj.*, (*fém. zahjâne*), *Syn. za'lân*, *Cf. zihij*, * zˁj, ز ع ج

♦ **énervé(e), en colère, furieux (-euse), fâché(e), contrarié(e).** •*Al mara di zahjâne min râjilha acân hû axad wa mâ ôrâha.* Cette femme est furieuse contre son mari parce qu'il s'est marié sans l'avertir. •*Humman zahjânîn acân mâ ligo xidime.* Ils sont contrariés parce qu'ils n'ont pas trouvé de travail. •*Anâ zahjân acân rafîgi axad wa mâ azamâni.* Je suis en colère parce que mon ami s'est marié et ne m'a pas invité.

zahlat / yizahlit *v. trans.*, forme II, * zḥl, ز ح ل

♦ **glisser,** faire glisser. •*Al-jamal zahlat fî l-tîne.* Le dromadaire a glissé dans la boue. •*Al-sima zahlatâni acân indah almi hanâ sâbûn.* J'ai glissé sur le ciment [le ciment m'a fait glisser] parce qu'il y avait de l'eau savonneuse. •*Tînt al-naga'a tizahlit al watîr.* La glaise du terrain plat fait glisser les voitures.

zahlatân *n. d'act., m.*, ≅ *zahlitîn*, * zḥl, زحل

♦ **glissade,** fait de glisser. •*Al-zahlatân bagdar barmi l watîr.* Le fait de glisser sur la route peut faire renverser la voiture. •*Al-zahlatân katîr fî wakit al xarîf.* On glisse souvent pendant la saison des pluies.

zahlitîn *n. d'act., m.*, → *zahlatân.*

zahma *n. f.*, * zḥm, زحم

♦ **encombrement, bousculade, trafic intense, foule agitée.** •*Kan al maxrib garrab, zahma katîre fî l-sûg.* A l'approche du coucher du soleil, c'est la grande bousculade au marché. •*Al xaddâmîn sawwo zahma fî bakân kaffîn gursuhum.* Les fonctionnaires se bousculent là où ils touchent leur salaire. •*Fî maktabak zahma katîre, mâ ligît faraga nindassa lêk.* Il y avait trop de monde dans ton bureau, je n'ai pas pu m'y introduire.

zahra *n. f.*, (Vénus), → *zahara.*

Zahra *n. pr.* de femme, → *Zâra.*

zaka / zakâwât *n. m. Cf. sadaxa*, * zkw, زكو

♦ **aumône légale et obligatoire, dîme.** •*Hû gassam zaka lê l-nâs amis.* Hier, il a distribué l'aumône légale aux gens. •*Al-zaka wâjib yantîha lê l-nâs al mâ induhum ceyy.* L'aumône légale doit être donnée aux gens démunis.

zakar 1 / yazkur *v. trans.*, forme I n° 1, * d̲kr, ذكر

♦ **prier, citer,** rappeler et répéter les noms et les attributs de Dieu. •*Jiddi yazkur kulla aciye fî l-jâmiye.* Mon grand-père prie tous les soirs à la mosquée en prononçant les noms de Dieu. •*Yôm al-jum'a al-nâs yazkuru ma'â l aciye.* Le vendredi soir, les gens prient en rappelant les noms de Dieu. •*Axui kula zakaro usumah ma'â l-nâs al antôhum wazâyif jadîde.* On a même cité le nom de mon frère parmi ceux qui ont obtenu de nouvelles fonctions.

zakar 2 / zukûra *n. m.*, ≅ le pluriel *zukurra*, → *dakar*, * d̲kr, ذكر

zâkar / yizâkir *v. intr.*, forme III, * d̲kr, ذكر

♦ **étudier, mémoriser.** •*Al wilêd da bizâkir kulla yôm fî l Xur'ân.* Cet enfant étudie le Coran chaque jour. •*Al iyâl kan gabbalo min al-lekkôl bagôdu bizâkuru.* Lorsque les enfants reviennent de l'école, ils restent là pour étudier.

Zakariya *n. pr.* d'homme, Zacharie.

zaki / azkiya' *adj.*, (*fém. zakîye*), *Cf. fahîm*, ≅ le pluriel *zakiyîn*, * d̲kw, ذكو

♦ **intelligent(e), qui a un esprit vif, sagace, doué(e),** dégourdi(e) et intelligent(e), éveillé(e). •*Al-râjil al-zaki yagdar yihill al macâkil ajala.* L'homme qui a un esprit vif résout les problèmes rapidement. •*Al binêye al-zakiye ta'arif tisawwi l akil wihêdha lê âyilitha.* La fille dégourdie et intelligente sait préparer la nourriture toute seule pour sa famille. •*Al iyâl al azkiya' banjaho fî l giray.* Les enfants intelligents réussissent dans leurs études.

Zaki *n. pr.* d'homme, *litt.* pur, sans tache, * zkw, زكو

Zakîya *n. pr.* de femme, *fém.* de *Zaki*, * zkw, زكو

Zâkiya *n. pr.* de femme, *litt.* pure, sans tache, * zkw, زكو

zakka / yizakki *v. trans.*, forme II, * zkw, زكو

♦ **donner l'aumône, payer l'impôt.** •*Fî kulla sana al induhum mâl bizakku.* Chaque année, ceux qui ont de l'argent donnent l'aumône légale. •*Âdum zakka ijil min dôrah.* Adoum a donné en aumône un veau de son troupeau.

zakkar / yizakkir *v. trans.*, forme II, * d̲kr, ذكر

♦ **rappeler.** •*Nizakkurûku bikawnu al-daxûl hanâ l-lekkôl bukûn ambâkir.* Nous vous rappelons que la rentrée scolaire aura lieu demain. •*Zakkir rufugânak mâ yanso ambâkir arûs hanâ Mûstafa !* Rappelle à tes amis qu'ils n'oublient pas que demain auront lieu les noces de Moustafa !

zalam / yazlum *v. trans.*, forme I n° 1, * ẓlm, ظ ل م

♦ **pécher, commettre une faute, commettre une injustice, léser, nuire à *qqn.*** •*Mâ tazlum al-nâs fî hagguhum !* Ne nuis pas à ton prochain en le privant de ses droits ! •*Al-dûd fî gism al-laham zalam al marfa'în wa l ba'acôm.* En partageant la viande, le lion a lésé l'hyène et le chacal. •*Al bazlum al atâma yadxûl nâr al xiyâma.* Celui qui commet une injustice contre des orphelins ira au feu éternel [entrera dans le feu de la résurrection].

zâlim / zâlmîn *adj.*, (*fém. zâlme*), ≅ *dâlim*, *Cf. xâyin*, * ẓlm, ظ ل م

♦ **qui fait du tort, prévaricateur (-trice), injuste, oppresseur.** •*Hû zâlim, aba mâ yikaffi l xaddâmîn al bano lêyah bêtah.* C'est un prévaricateur, il a refusé de payer ceux qui lui ont construit sa maison. •*Al mara l zâlme saragat xumâm jâritha.* La femme injuste a volé les affaires de sa voisine.

zâm / yuzûm *v. intr.*, racine connue en arabe *sd.* (*C.Q.*) et *égy.* (*H.W.*) ; forme I n° 4, * zwm, ز و م

♦ **ignorer la salutation de *qqn.*, bouder *qqn.*, faire la tête,** ne pas répondre à une salutation, se donner de l'importance. •*Inta cunû tuzûm kê da, anâ mâ gâ'ade nahajji lêk wallâ ?* Qu'as-tu donc à me faire la tête ainsi, ne suis-je pas en train de te parler ? •*Al yôm da, hû zâm lêna, nâdênah fî l akil kula aba mâ bâkul.* Aujourd'hui il boude, nous l'avons appelé pour le repas et il a refusé de manger. •*Sallamnâhum kula yuzûmu lêna.* Nous les avons salués, mais ils ont volontairement ignoré notre salutation. •*Al mara di bilhên bitzûm fî l-nâs.* Cette femme se donne vraiment beaucoup d'importance.

zaman *n. m.*, *Syn. wakit*, * zmn, ز م ن

♦ **temps, moment, période, époque.** •*Fî zaman al-dimoxrâtiya, al insân yagdar yahajji fî l-siyâsa.* A l'époque de la démocratie, chacun peut parler de politique. •*Xalâs, zaman al isti'mâr fât !* C'est fini, le temps de la colonisation est passé ! •*Hû fî zamanah al hukkâm baxâfo minnah.* De son temps, les dirigeants le craignaient.

zamân 1 *invar.*, employé comme adverbe, * zmn, ز م ن

♦ **autrefois, il y a longtemps, jadis.** •*Anâ zamân sakant hini.* Il y a longtemps, j'ai habité ici. •*Hû, zamân, maca Makka.* Autrefois, il est allé à La Mecque. •*Zamân, anâ ma'â rafîgi macêna fî hillitku.* Jadis, je suis allé avec mon ami dans votre village.

zamân 2 *n. m.*, * zmn, ز م ن

♦ **vieux temps, antan, temps jadis, autrefois, moment, époque, âge.** •*Allah yizîd zamânah !* Que Dieu prolonge ses jours [son vieux temps] ! •*Iyâl hanâ l-zamân induhum adab sameh.* Les enfants d'autrefois avaient une bonne éducation. •*Fî hije hanâ l-zamân al ba'acôm yitcâci dâ'iman al marfa'în.* Dans les contes d'antan, le chacal trompait toujours l'hyène. •*Banât hanâ l-zamân mâ bamcu fî l-lekkôl.* Les filles d'autrefois n'allaient pas à l'école.

Zambya *n. pr.* de pays.

♦ **Zambie.**

zamil *pl.*, → *zâmile.*

zamîl / zumlân *n. m.*, (*fém. zamîle*), ≅ le *pl. zumalâ'*, * zml, ز م ل

♦ **confrère (consœur), collègue, camarade, associé(e).** •*Anâ mâ farhâne min amis, acân mâ cift zamîlti.* Je ne suis pas contente depuis hier car je n'ai pas vu ma collègue. •*Al-râjil al adîl indah zumlân kutâr.* L'homme excellent a de nombreux camarades. •*Hû maca ma'â zamîlah fî l-sinima fî l-lêl.* Il est allé avec son camarade au cinéma le soir. •*Zamîli da mâ bixallini naxdim adîl.* Mon collègue ne me laisse pas bien travailler.

zâmile / zimal nom *fém.*, (à ne pas confondre avec *zamîl, zumala'*), ≃ le singulier *zâmle*, et le pluriel *zamil*, * zml, ز م ل

♦ **monture, bête de somme,** animal servant de monture. •*Al-sane di zâmilti mâ indaha gudra.* Cette année, ma monture n'a pas de force. •*Al awîn caddo l-zimal wa maco sûg al hille.* Les femmes ont sellé leur monture et sont allées au marché du village. •*Zâmilt al-sultân mu'addada adîl.* La monture du sultan est bien préparée. •*Anîna gâ'idîn fî dahar zâmle, mâ indina mag'ad battân.* Nous sommes sur le dos d'une bête de somme et ne restons pas plus longtemps (*i.e.* nous sommes prêts à partir). *Prvb.*

zâmle *n. f.*, → *zâmile.*

zammal / yizammil *v. trans.*, forme II, *Cf. zumâl*, * zml, ز م ل

♦ **bâter, lier, ligoter, brêler,** attacher solidement le chargement d'une bête de somme avec une grosse corde. •*Anâ zammal xumâmi fî dahar al-tôr.* J'ai attaché mes affaires sur le dos du bœuf porteur. •*Anîna zammalna xumâmna akûn ambâkir nisâfuru.* Nous avons attaché nos affaires, peut-être allons-nous voyager demain. •*Al-nâs karabo l-sarrâg wa zammaloh.* Les gens ont attrapé le voleur et l'ont ligoté.

zammalân *n. d'act., m.*, → *zammilîn.*

zamme *n. mld., f., Cf. azma*, * 'zm, ء ز م

♦ **asthme.** •*Al-zamme sababha al barid.* C'est le froid qui est la cause de l'asthme. •*Marad al-zamme mâ bi'âdi.* L'asthme n'est pas contagieux. •*Al-nâdum al indah zamme mâ yagdar yinnaffas adîl.* L'asthmatique ne peut pas respirer comme il faut.

zammilîn *n. d'act., m.*, ≃ *zammalân*, * zml, ز م ل

♦ **manière d'attacher, fixation avec une corde, ligotage, fait de brêler,** fait d'attacher. •*Al xumâm al fî dahar al watîr da bidôr zammilîn, kan mâ ke bidaffig.* Les affaires qui sont sur ce véhicule doivent être attachées, sinon elles tomberont. •*Zammilîn al xumâm da mâ ajabâni.* Cette manière d'attacher ces affaires ne m'a pas plu.

Zamzam *n. pr.* de femme, du nom de l'eau pure et saine du célèbre puits d'Arabie, * zmm, ز م م

zana / yazna *v. trans.*, forme I n° 16, * zny, ز ن ي

♦ **commettre un adultère, forniquer.** •*Al-nâdum kan baxâf Allah, mâ bazna.* L'homme qui craint Dieu ne commet pas d'adultère. •*Fî l-Islâm, al-nâdum kan zana, bafurcuh kan hû azab, wa barjumuh kan hû mutzawwij.* En islam, lorsque quelqu'un commet un adultère, on le fouette s'il est célibataire, ou bien on le lapide s'il est marié.

zanaxa *n. f., Cf. zannax, afâna*, * zn<u>h</u>, ز ن خ

♦ **odeur rance, mauvaise odeur des aliments gâtés, puanteur.** •*Zanaxit al mulah gaddafatni !* L'odeur rance de la sauce m'a fait vomir ! •*Al yôm anâ cammêt nâdum afin misil laham indah zanaxa !* Aujourd'hui, j'ai croisé quelqu'un dont l'odeur était aussi forte que celle de la viande faisandée ! (insulte). •*Inta, mappitak indaha zanaxa, wa kikkêf nâs yacrûha minnak !* Ton pain a une odeur rance, comment les gens peuvent-ils te l'acheter !

Zanbatu *n. pr.* d'un djinn.

zâni / zâniyîn *adj. mrph. part.* actif, (*fém. zâniye*), * zny, ز ن ي

♦ **celui qui a commis un adultère.** •*Al-râjil al-zâni waddoh fî bakân al-sultân wa faracoh.* On a conduit l'homme qui a commis un adultère chez le sultan et on l'a fouetté. •*Al-zâniyîn waddôhum harato fî l-zere' hanâ l hâkûma.* On a amené ceux qui avaient commis un adultère au champ du gouvernement pour qu'ils le cultivent.

zanib / zunûb *n. m.*, * d̲nb, ذ ن ب
♦ **péché, faute.** •*Wilêdi mâ ti'ayyir al-nâs, da zanib !* Mon enfant, n'insulte pas les gens, c'est un péché ! •*Kan nâdum bisawwi coxol hawân baktubu lêyah zanib.* Si quelqu'un fait quelque chose de mauvais, c'est un péché dont il devra rendre compte [on écrit un péché à son compte]. •*Kan nâdum bisawwi zunûb katîr wâjib lêyah yutûb gubbâl al môt.* Si quelqu'un fait beaucoup de péchés, il faut qu'il se repente avant de mourir. •*Mâ tudugg al iyâl dôl, śâkit bala sabab, ticîl lêk zunûb !* Ne frappe pas ces enfants sans motif, tu commettrais des péchés !

zanjabil *n. m.*, → *janzabil.*

zanna / yizinn *v. trans.*, forme I n° 11, * ẓnn, ظ ن ن
♦ **penser que, croire que, supposer, soupçonner, s'imaginer que.** •*Abuh simi kadar hû bacrab marîse wa hû zanna axuh bas al kidib lê abuh.* Son père a appris qu'il buvait de l'alcool, mais il pensait que son frère lui avait rapporté cela en mentant. •*Xumâmhum sirgoh amis lâkin humman zanno rafîghum bas.* Leurs affaires ont été volées hier et ils ont soupçonné leur ami.

zannax / yizannix *v. intr.*, forme II, * znh̲, ز ن خ
♦ **dégager une odeur de pourri, puer** (aliment), **rancir, se décomposer,** mauvaise odeur des aliments gâtés. •*Al-curba di, sidtaha mâ darabatha adîl, wa iyâlha dasso fôgha idênhum, tawwâli zannaxat.* La cuisinière n'a pas bien préparé la soupe et ses enfants ont trempé leur main dedans ; très vite cette soupe a senti mauvais. •*Al-mulâh kan xalloh ragad wa gayyal bizannix.* Si on laisse la sauce une nuit et une journée, elle finira pas puer.

zannây / zannâyîn *adj. mrph. intf.*, (*fém. zannâye*), terme très grossier, *Syn. jarrâr*, → *jarra 3*, * zny, ز ن ي
♦ **coureur de fille, catin, obsédé(e) par le sexe.**

Zannûba *n. pr.* de femme, *mrph. intf.*, *Cf. zênaba*, * znb, ز ن ب

zanzar / yizanzir *v. intr.*, *qdr.*, forme II, * znr, ز ن ر
♦ **s'habiller à l'européenne, mettre une ceinture,** s'habiller en rentrant le bas de la chemise dans le pantalon. •*Rufugân al wazîr kulluhum libiso zanzaro.* Les amis du ministre sont tous habillés à l'européenne. •*Axui ya'arif yizanzir wa kulla l banât birîduh.* Mon frère sait s'habiller en enfilant sa chemise dans le pantalon, et toutes les filles l'aiment. •*Al-subyân zanzaro wa marago fî l-li'ib.* Les jeunes gens ont porté des ceintures à la mode européenne et sont partis danser.

zanzaro *n. m.*, *Syn. libis zonz*, *Cf. zanzar*, * znr, ز ن ر
♦ **mode européenne, habit européen,** manière de s'habiller à la mode européenne. •*Al wilêd da lâbis zanzaro.* Cet enfant s'habille à l'européenne. •*Al-zanzaro lubâs hanâ iyâl al-lekkôl.* Les lycéens s'habillent à la mode européenne.

zâr / yuzûr *v. trans.*, forme I n° 4, * zwr, ز و ر
♦ **rendre visite, visiter.** •*Kan ligît îdi nuzûrak ambâkir.* Si je peux me libérer [si j'ai trouvé ma main], je te rendrai visite demain. •*Mâla mâ jîti zûrtîni amis ?* Pourquoi n'es-tu pas venue me voir hier ?

Zâra *n. pr.* de femme, pour *Zahra*, *litt.* fleur, * zhr, ز ه ر

zara' / yazra' *v. trans.*, forme I n° 14, * zrˁ, ز ر ع
♦ **cultiver.** •*Fî l xarîf al-nâs yazra'o xalla wa fûl.* Pendant la saison des pluies, les gens cultivent le mil et l'arachide. •*Abu Mahammat harrâti sahi sahi, yazra' fî kulla xarîf.* Le père de Mahammat est un vrai cultivateur, il travaille la terre à chaque saison pluvieuse.

zarab / yazrub *v. trans.*, forme I n° 2, * zrb, ز ر ب

♦ **clôturer.** •*Anâ zarabt zer'i.* J'ai clôturé mon champ. •*Al harrâtîn bazurbu zurâ'âthum.* Les paysans clôturent leurs champs.

zarabân *n. d'act., m.*, → *zaribîn.*

zarad / yazrud *v. trans.*, forme I n° 2, * zrd, ز ر د

♦ **serrer avec une corde, ligoter, lier, nouer.** •*Al-sarrâg baka acân zaradoh min ragabtah be habil.* Le voleur a pleuré parce qu'on lui a serré le cou avec une corde. •*Mâ tazrud al xanamay min ragabitha, tumût !* Ne serre pas le cou de la chèvre, elle en mourrait !

zaradân *n. d'act., m.*, → *zaridîn.*

zarâf *n. anim., coll., m., sgtf. zarâfay*, * zrf, ز ر ف

♦ **girafe, Giraffa camelopardalis (Linné), constellation de la Grande Ourse.** •*Al-zarâf îctah fî l kadâde.* Les girafes vivent dans la brousse. •*Al-zarâfay ragabitha tawîle min hint al-jamal.* La girafe a un cou plus long que celui du chameau. •*Fî wakt al-rucâc, nujûm al-zarâfay batla'o ma'â l maxrib.* Au début de la saison des pluies, les étoiles de la Grande Ourse montent dans le ciel au moment où le soleil se couche.

zarag / yazrug *v. trans. {- be}*, forme I n° 2, * zrq, ز ر ق

♦ **lancer *qqch.* sur, jeter *qqch.* contre,** essayer d'atteindre quelque chose avec un objet qu'on lance. •*Ali zarag al kalib be hatabay.* Ali a lancé un bâton sur le chien. •*Al micôtîn gamma zarag al wilêd be hajar.* Le fou a lancé un caillou sur l'enfant. •*Al gannâsîn zarago l-dûd be hurâbhum.* Les chasseurs ont lancé leurs lances sur le lion.

zarâg 1 / zarâgât *n. m.*, * zrq, ز ر ق

♦ **noirceur, obscurité, noir(e).** •*Zarâg al bêt da acân al kahraba gata'ôha.* La maison est obscure parce qu'on a coupé l'électricité. •*Al-zarâg lôn Ifrîxiya.* Le noir est la couleur de l'Afrique.

zarâg 2 *n. coll. m., Syn. rub'iye, dâriye*, * zrq, ز ر ق

♦ **tissu bleu noir,** tissu teint en noir ou en bleu foncé par l'indigo. •*Tôb al-zarâg yijîbu min al-Sûdân.* Le tissu noir vient du Soudan. •*Hassâ basna'o zarâg fî l-santir.* Actuellement, on fabrique le tissu bleu noir au centre social. •*Al xuta be tôb al-zarâg halu fî l-cite.* Il est agréable de se couvrir d'un tissu noir en hiver.

zarârît *pl.*, → *zarrût.*

zarat / yazrut *v. trans.*, forme I n° 2, * zrṭ, ز ر ط

♦ **avaler.** •*Al mardân zarat xamsa kinnînay.* Le malade a avalé cinq comprimés. •*Al-na'âmay tazrut kulla yôm hasas.* L'autruche avale tous les jours de petits cailloux. •*Al kalâm da hayyin, kan gâsi lêk kulla azurtah !* Cette parole est simple ; même si elle te paraît difficile à admettre, accepte-la [avale-la] ! (*i.e.* supporte-la avec patience).

zarâyib *pl.*, → *zarîbe, zerîbe.*

zarf *n. m.*, → *zarif.*

zarga *adj. f.*, → *azrag.*

Zargu *n. pr.* de femme, → *Zarga*, * zrq, ز ر ق

zarîbe / zarâyib *n. f.*, → *zerîbe.*

zaribîn *n. d'act. m.*, ≅ *zarabân*, *Cf. zerîbe*, * zrb, ز ر ب

♦ **fait de clôturer avec des épines.** •*Fî l xura al-nâs bagta'o l-cadar al indah côk lê zaribîn al-janâyin.* Dans les villages, on coupe les épineux pour clôturer les jardins. •*Fî l madîna, zaribîn al buyût be côk mamnu'.* Il est interdit en ville de clôturer les maisons avec des branches d'épineux. •*Al-sêsabân mâ indah dull, lâkin sameh lê l-zarabân.* Le Parkinsonia ne donne pas beaucoup d'ombre, mais il permet de faire de bonnes haies de clôture.

zaridîn *n. d'act., m.,* ≅*zaradân, Cf. rubât, amzirrêdo,* * zrd, ز ر د

♦ **prise au lasso, attache avec un lacet,** fait d'attacher ou de prendre avec un nœud coulant. •*Zaridîn al bagaray be l habil gâsi.* C'est difficile de tenir une vache avec un lasso autour du cou. •*Al-zaridîn baktul al bahîme ajala.* Serrer une bête du troupeau avec un nœud coulant tue celle-ci rapidement.

zarif / zurûf *n. m.,* * ẓrf, ظ ر ف

♦ **enveloppe.** •*Ligît lêi zarif wâgi' wa malân gurus.* J'ai trouvé par terre une enveloppe pleine d'argent. •*Antîni zurûf nidiss fôghum jawâbâti dôl !* Donne-moi des enveloppes pour y mettre les lettres que voici !

zarra / yuzurr *v. trans.,* terme plus fort que *karab,* * zrr, ز ر ر

♦ **attraper par surprise, immobiliser, encercler, enserrer, surprendre, prendre au piège.** •*Anâ zarrêt al wilêd al-sarrâg, gâ'id yifattic cakôci.* J'ai attrapé l'enfant voleur, il était en train de fouiller mon sac. •*Jâri zarroh fî dên amis.* On a saisi mon voisin hier à cause de ses dettes. •*Al-râjil da zarroh fî muckila hint axuh.* On a immobilisé cet homme à cause des ennuis causés par son frère. •*Al gannâsi zarra l arnab al-nâ'ime fî l xucca.* Le chasseur a attrapé par surprise le lapin qui dormait dans le fourré.

zarrâ'i / zarrâ'în *n. m. mrph. intf.,* [agriculteurs, cultivateurs], → *harrâti, muzâri',* * zrˁ, ز ر ع

zarrag / yizarrig *v. trans., Cf. zarag,* forme II, * zrq, ز ر ق

♦ **lancer plusieurs fois *qqch.* sur, lapider.** •*Al iyâl lammo fî l kalib wa zarrago lahaddi kataloh.* Les enfants se sont rassemblés autour du chien et lui ont tellement jeté de pierres qu'ils l'ont tué. •*Al micôtin gâ'id fî l-câri bizarrig al-nâs al mâcîn al-sûg.* Le fou est dans la rue en train de jeter des pierres sur les gens qui vont au marché.

zarrâr *n. coll., m., sgtf. zarrâray,* * zrr, ز ر ر

♦ **bouton d'un vêtement.** •*Al wata kan hâmiye al-subyân baftaho zarrâr hanâ camâyichum.* Lorsqu'il fait chaud, les jeunes gens déboutonnent leur chemise. •*Hû mâ birîd bisidd zarrâr hanâ xalagah.* Il n'aime pas fermer les boutons de son vêtement. •*Al mêtir taradah min al fasul acân xalagah mâ indah zarrâr.* Le maître l'a renvoyé de la classe parce que son vêtement n'avait pas de boutons.

zarrat / yizarrit *v. trans.,* forme II, * zrṭ, ز ر ط

♦ **avaler, dévorer,** faire descendre rapidement dans le gosier. •*Fakkir lê l xanam mâ yizarrutu fûli !* Fais attention à ce que les moutons ne dévorent pas mes arachides ! •*Al banât zarrato êchum ajala.* Les filles ont avalé leur boule à toute allure.

zarratân *n. d'act.,* → *zarritîn.*

zarritîn *n. d'act., m.,* ≅*zarratân, Cf. zarrat,* * zrṭ, ز ر ط

♦ **déglutition, fait d'avaler.** •*Al-na'âm mâ yacba' min zarritîn al hashas.* L'autruche n'est jamais rassasiée d'avaler de petits cailloux. •*Anâ iyît min zarritîn al kinnîn hanâ waja' al-râs.* Je suis fatigué d'avaler des comprimés contre les maux de tête. •*Zarritîn al hubûb yidôr almi.* Il faut de l'eau pour avaler des pilules.

zarrût / zarârît *n. m., Cf. zarat,* * zrṭ, ز ر ط

♦ **pharynx, œsophage, trachée.** •*Al akil yinmadix be l-durûs wa yinzarit bê l-zarrût.* La nourriture est broyée par les molaires et avalée par l'œsophage. •*Al-zarrût biwassil al akil fî l kirce.* L'œsophage fait parvenir la nourriture à l'estomac.

zarzar nom d'oiseau, → *zarzûr.*

zarzûr *n. anim., coll., sgtf. zarzuray,* ≅*zarzar,* * zrr, ز ر ر

♦ **petit oiseau, mange-mil, Quelea quelea (Linné).** •*Al-zarzûr katîr fî l kadâde.* Il y a beaucoup de mange-mil en brousse.•*Al-zarzûr bâkul al xalla.*

Les petits oiseaux mangent le mil. •*Al-câyib misil al-zarzûray fî îd al iyâl.* Le vieil homme est comme un petit oiseau entre les mains des enfants.

zât / yizît *v. intr.*, forme I n° 10, *Cf. râg*, * zyt, ز ي ت
♦ **être riche, vivre à l'aise.** •*Min ligi xidime xalâs martah zâtat.* Depuis qu'il a trouvé du travail, sa femme vit à l'aise. •*Al xubara' bugûlu : "Al-Tcâdiyîn yizîtu kan al petrôl marag".* Les experts disent que les Tchadiens vivront bien lorsque le pétrole sortira.

zât- *invar.*, préfixe devant un *pron. pers.*, renforce le *pron.* sujet, * d̲w, ذ و
♦ **moi-même, toi-même, lui-même,** *etc.* •*Anâ zâti, al yôm namci lêhum.* Je m'en irai moi-même les voir. •*Hû zâtah ja ma'âna.* Il est lui-même venu avec nous. •*Al-Ra'îs wa wazîrah, humman zâthum jo zârona fî maktabna.* Le Président et son ministre sont venus eux-mêmes nous rendre visite dans notre bureau.

zatta / yuzutt *v. trans.*, forme I n° 5, * ṣtt, ص ت ت
♦ **frapper violemment,** frapper avec force et soudainement avec un bâton. •*Al-sarrâg zattoh wakit hû gâ'id bifattic dâxal fî l bêt.* Ils ont frappé violemment le voleur tandis qu'il était en train de fouiller à l'intérieur de la maison. •*Zutt al kalib al-jahmân da, xalli yufût xâdi !* Frappe durement ce chien enragé, qu'il s'en aille au loin !

zawâgi *pl.*, → *zâgiye 1, zâgiye 2.*

zâwal / yizâwil *v. trans.*, *Syn. tammam*, employé dans l'expression *galbi zâwalâni* ; forme III, * zwl, ز و ل
♦ **écœurer, dégoûter, donner la nausée, donner l'envie de vomir,** avoir des haut-le-cœur. •*Fî l-labtân cammêna afâna wa galibna zâwalâna.* A l'hôpital nous avons senti une mauvaise odeur, nous avons eu des haut-le-cœur. •*Al-daktôr galbah mâ bizâwilah kan bisawwi xidimtah fî l-labtân.* Le docteur n'est pas dégoûté lorsqu'il fait son travail à l'hôpital.

zawâya *pl.*, → *zâwiya, zâwiye.*

zâwiya / zawâya *n. f.*, → *zâwiye.*

zâwiye / zawâya *n. f.*, ≅ le singulier *zâwiya* et le pluriel *zâwiyât*, * zwy, ز و ي
♦ **petite mosquée.** •*Al hamdu lillah, bâno lêna zâwiye fî hillitna.* Dieu soit loué ! On a construit une mosquée dans notre quartier. •*Kulla mâ mâci fî l-zâwiye al janb al kanîsa, al-nâs bugûlu lêi : "Inta tamci fî anjappa walla ?".* Chaque fois que je vais à la petite mosquée qui est à côté de l'église, les gens me disent : "Est-ce que tu vas chez le prêtre ?". •*Zawâya katîre fî Anjammêna.* Il y a beaucoup de petites mosquées à N'Djaména.

zawj / azwâj *n. m.*, (*fém. zawja*), termes de l'*ar. lit.* pour signifier : mari, épouse, → *râjil, mara*, * zwj, ز و ج

zawwal / yizawwil *v. trans.*, forme II, surtout employé par les femmes, *Cf. najja, yinajji*, * zwl, ز و ل
♦ **se purifier,** se laver et s'essuyer après avoir satisfait ses besoins naturels, accomplir le rite de purification des organes sexuels avant la prière. •*Al amm ti'allim binêyâtha yizawwulu kân maco wara-bêt.* La maman apprend à ses petites filles à se purifier après être allées aux toilettes. •*Dahâba umurha talâta sana wa ta'arif tizawwil kan daxalat wara-bêt.* Elle a à peine trois ans et elle sait déjà se purifier après être allée aux toilettes.

zawwâm / zawwâmîn *adj. mrph. intf.*, (*fém. zawwâma*), * zwm, ز و م
♦ **arrogant(e), méprisant(e).** •*Al-rujâl mâ birîdu l mara l zawwâma.* Les hommes n'aiment pas la femme arrogante. •*Wilêd al xani zawwâm.* L'enfant du riche est arrogant. •*Al-nâs mâ jo lêhum fî tahûra hint iyâlhum acân humman zawwâmîn.* Les gens ne sont pas venus chez eux lors de la

circoncision de leurs enfants parce qu'ils sont arrogants.

zawwar 1 / yizawwir *v. trans.*, forme II, *Syn. zayyaf*, * zwr, ز و ر

♦ **falsifier, contrefaire, truquer.** •*Hassâ nâs irfo yizawwuru l gurus.* A présent, les gens savent fabriquer de la fausse monnaie. •*Al awîn yizawwuru ca'arhum be sibxa.* Les femmes changent la couleur de leurs cheveux avec de la teinture.

zawwar 2 / yizawwir *v. trans.*, forme II, * zwr, ز و ر

♦ **faire visiter.** •*Al-sultân zawwar duyûfah bakân ên al almi al maragat.* Le sultan a fait visiter à ses invités le lieu où sourd l'eau de la source. •*Wâjib tizawwir rufugânak hillitku.* Tu dois faire visiter ton village à tes amis.

zâx / yuzûx *v. intr.*, forme I n° 4, * zwḥ, ز و ح

♦ **se déplacer, changer de lieu, s'éloigner, se déboîter.** •*Waga' wa kû'ah zâx.* Il est tombé et s'est déboîté l'os du coude. •*Mâci ma'âyah wa zâx xallâni, fattactah mâ ligîtah.* Je marchais avec lui, il est parti de son côté et m'a laissé ; je l'ai cherché et ne l'ai pas trouvé. •*Hû ballax lê l-nâs : axuh al agulah zâx da waddar.* Il a lancé un communiqué pour informer les gens que son frère qui avait perdu la raison s'était égaré. •*Inta gult lêi tâxudni, wa hassâ zûxt min kalâmak hanâ gibêl.* Tu m'as dit que tu m'épouserais, mais à présent tu tiens un autre langage [tu t'es déplacé de ta parole d'auparavant].

Zaxâwa *n. pr. gr., coll.*

♦ **Zaghawa.**

zaxâyir *pl.*, → *zaxîra.*

zaxîra / zaxâyir *n. f.*, * d̲ h̲ r, ذ خ ر

♦ **munitions, provisions,** chose qui est conservée pour servir plus tard. •*Al askar mâ induhum zaxîra.* Les militaires n'ont pas de munitions. •*Al-tayyarât dôl bangulu zaxâyir.* Ces avions transportent des munitions.

zaxrat / yizaxrit *v. intr.*, *qdr.* (*Ka.*) et (*H.W.*), n'admettant qu'un sujet féminin, forme II, (ce verbe se trouve sous la racine *zġrd* dans *dict. C.Q.* et *Mu.*), * zġrṭ, zġrd, ز غ ر ط ، ز غ ر د

♦ **pousser des cris de joie, lancer des youyous.** •*Al mara gammat zaxratat yôm tahûra hanâ iyâlha.* La femme a poussé des youyous le jour de la circoncision de ses enfants. •*Al awîn zaxrato fî galûb al xêl.* Les femmes ont lancé des youyous pour encourager le galop des chevaux.

zaxrât *n. m.*, *Cf. zaxrat*, * zġrṭ, zġrd, ز غ ر ط ، ز غ ر د

♦ **youyou.** •*Al-zaxrât simi'oh ba'îd bilhên.* On a entendu de très loin les youyous. •*Al-zaxrât da fî bakân al iris hanâ Zênaba.* Ces youyous sont lancés au lieu des noces de Zénaba.

zaxrâta / zaxrâtât *adj. n. f. mrph. intf.*, *Cf. zaxrat*, * zġrṭ, zġrd, ز غ ر ط ، ز غ ر د

♦ **lanceuse de youyous,** femme qui pousse des cris de joie. •*Simi'na zaxrâta ba'îd minnina, akûn fîh axîde ?* Nous avons entendu la voix d'une lanceuse de youyous loin de chez nous ; peut-être y a-t-il des noces ? •*Yôm al fâte hint binêyti, al-zaxrâtât antôhum gurus.* Le jour du mariage de ma fille, on a donné de l'argent aux lanceuses de youyous. •*Al-zaxrâtât hissuhum yamci ba'îd.* La voix des lanceuses de youyous porte loin.

zaxratân *n. d'act., m.*, → *zaxritîn.*

zaxritîn *n. d'act.*, ≅ *zaxratân*, *Cf. zaxrat*, * zġrṭ, zġrd, ز غ ر ط ، ز غ ر د

♦ **fait de lancer des youyous, fait de pousser des cris de joie.** •*Al mara ta'rif xine wa zaxritîn kula.* Cette femme sait chanter et pousser des cris de joie. •*Al môt mâ indah zaxritîn.* On ne pousse pas de youyous à la mort de quelqu'un [la mort n'a pas de youyous].

zâxûm *pl.*, → *zuxma.*

zaxxam / yizaxxim *v. intr.*, forme II, * zkm, ز ك م

♦ **avoir un rhume.** •*Wilêdi l-saxayar zaxxam nidôr nanti basal yâkul.* Mon petit enfant a un rhume, je vais lui donner à manger des oignons. •*Al-cite kan ja, al-nâs kulluhum bizaxxumu.* Tous les gens attrapent un rhume quand arrive la saison froide. •*Anâ kan zaxxamt nacrab suturnêl be sukkar ciyya.* Si j'ai un rhume, je prends de la citronnelle avec un peu de sucre.

Zâyid *n. pr.* d'homme, *mrph. part.* actif, *litt.* "qui augmente, croissant", * zyd, ز ي د

zâyir / zuwwâr *adj. n. m. mrph. part.* actif, (*fém. zâyire*), * zwr, ز و ر

♦ **visiteur (-euse),** qui rend visite. •*Al yôm jâna zâyir min ba'îd.* Aujourd'hui est arrivé chez nous un visiteur qui venait de loin. •*Anâ jîtku zâyir bas wa narja', mâ nargud ma'âku.* Je suis simplement venu vous rendre visite et je m'en irai sans passer la nuit chez vous. •*Al-nâs kulluhum birîduh acân hû nâdum dâ'iman zâyir lê ahalah.* Tout le monde l'aime parce qu'il rend toujours visite à sa famille.

Zâyîr *n. pr.* de pays.

♦ **Zaïre.**

zâyit / zâytîn *adj. mrph. part.* actif, (*fém. zâyte*), * zyt, ز ي ت

♦ **qui vit à l'aise, riche, qui vit dans l'abondance, opulent(e).** •*Al mara l-zâyte samîne wa amîne.* La femme riche est grasse et en paix. •*Awîn al-ru'asa' zâytîn fî buyûthum.* Les femmes des présidents vivent à l'aise chez elles.

zayy *invar.*, ≅*zeyy*, * zyy, ز ي ي

comme, de même que, semblable. •*Al mileh abyad zayy al-sukkar.* Le sel est aussi blanc que le sucre. •*Hû muflis wa muftin zayy fâr al-jâmiye.* Il est pauvre et fauteur de troubles comme un rat de mosquée. •*Anâ cadîd zayy al hadîd !* Je suis en bonne forme, solide comme le fer ! •*Marti zêne zeyy al asal.* Ma femme est bonne comme le miel. •*Ta'âl fî bêti zayy mâ tirîd !* Viens chez moi quand tu veux !

zayyad / yizayyid *v. trans.*, forme II, ≅*zayyat*, * zyt, ز ي ت

♦ **graisser, huiler, lubrifier.** •*Amis humman zayyado watîrhum.* Hier, ils ont graissé leur voiture. •*Gubbâl ma tisâfir zayyid al watîr !* Avant de voyager, mets de l'huile dans le moteur de la voiture ! •*Al-tâyêr zayyad makantah gubbâl ma yabda' al xiyâte.* Le tailleur huile sa machine à coudre avant de commencer la couture.

zayyadân *n. d'act., m.*, ≅*zayyidîn*, * zyt, ز ي ت

♦ **graissage, huilage, lubrification,** fait de lubrifier avec de la graisse ou de l'huile. •*Zayyadân hanâ makant al watîr adîl.* C'est bien d'huiler le moteur. •*Al makana bala zayyadân mâ titawwil, titallif ajala.* Un moteur qui n'est pas lubrifié ne dure pas, il tombe vite en panne.

zayyaf / yizayyif *v. trans.*, forme II, *Syn. zawwar*, * zyf, ز ي ف

♦ **falsifier, contrefaire, truquer, maquiller.** •*Fî Nijêrya nâs katîrîn ya'arfu yizayyifu al-sinâ'a.* Au Nigeria, beaucoup de gens savent contrefaire des produits industriels. •*Katîr min al-nâs allamo bizayyufu l gurus.* Beaucoup de gens ont appris à fabriquer de la fausse monnaie.

zayyan / yizayyin *v. trans.*, forme II, * zyn, ز ي ن

♦ **raser les poils.** •*Mâla zayyant sûfak ?* Pourquoi t'es-tu rasé les cheveux ? •*Al-râjil zayyan sûfah acân hû indah gamul.* L'homme a rasé sa chevelure parce qu'il avait des poux. •*Al mara kan zayyanôha, mâ samhe.* Si on rase la tête d'une femme, elle n'est plus belle.

zayyanân *n. d'act., m.*, → *zayyinîn.*

zayyâni / zayyânîn nom de métier, *m.*, (*fém. zayyâniye*), *Cf. wanzâm*, * zyn, ز ي ن

♦ **barbier, coiffeur.** •*Al-zayyânîn induhum bakân wahêdhum fî l-sûg.*

Au marché, les barbiers ont une place à part. •*Nidôr namci bakân al-zayyâni yangus lêi sûfi.* Je veux aller chez le coiffeur pour qu'il me raccourcisse les cheveux.

zayyat / yizayyit *v. trans.*, voir le *Syn. zayyad*, * zyt, ز ي ت

zayyidîn *n. d'act., m.*, → *zayyadân.*

zayyinîn *n. d'act., m.*, ≅ *zayyanân*, * zyn, ز ي ن

♦ **rasage.** •*Zayyinîn ca'ar al mara bisawwiha cêne.* Une femme devient laide si l' on rase ses cheveux. •*Al-zayyinîn be mûs gadîm bôja fî l-râs.* Raser la tête avec une vieille lame fait mal au cuir chevelu. •*Marad al-sîda ba'adi be l mûs hanâ l-zayyinîn kula.* La maladie du sida se transmet aussi par la lame de rasoir.

zêd / zuyûd *n. m.*, ≅ *zêt*, *Cf. dihin*, * zyt, ز ي ت

♦ **huile pour moteur, graisse pour moteur, huile d'olive, lubrifiant.** •*Al watîr sawwa duxxân azrag acân zêdah gidim.* La voiture crache une fumée noire parce que l'huile de son moteur est vieille. •*Mublêti tcênah daffag acân sabbêtah zêd katîr.* La chaîne de ma mobylette a sauté parce que j'ai mis trop d'huile. •*Al watâyir wa l motoyât bala zêd mâ yamcu adîl.* Les voitures et les motos ne marchent pas bien sans huile. •*Zêd al-zeytûn baji min Lîbya.* L'huile d'olive vient de Libye.

zên / zênîn *adj. n.*, (*fém. zêne*), *Ant. cên*, * zyn, ز ي ن

♦ **bon (bonne), gentil (-ille), bienfaisant(e), du côté droit, d'accord, bien.** •*Salâm alêk râjil zên !* Paix à vous, Monsieur [gentilhomme] ! •*Al mara di zêne bilhên.* Cette femme est très gentille. •*Sîd zênak sîdak.* Celui qui te fait du bien, c'est ton maître. *Prvb.* (*i.e.* on dépend de celui qui donne de bonnes choses). •*Kan mâ sawwêt al-zên, mâ talga l-cên.* Si tu ne fais pas de bien, tu ne rencontreras pas le mal. *Prvb.*

Zênab *n. pr.* de femme, mot arabe d'emprunt grec Ζηνοβια (de Ζην = Zeus + βια = force), Zénobie, femme du Prophète, * znb, ز ن ب

Zênaba *n. pr.* de femme, ≅ *Zênabay, Zannuba*, * znb, ز ن ب

Zênabay *n. pr.* de femme, → *Zênab, Zênaba*, * znb, ز ن ب

zênay *adj.*, (*fém. zênayye*), * zyn, ز ي ن

♦ **droitier (-ère), côté droit.** •*Kan macêt giddâm, liff be zênaytak, talga bêtna !* Va plus loin, vire à droite, et tu trouveras notre maison ! •*Wilêdi zênay, mâ isiray.* Mon fils est droitier, pas gaucher.

zêne *adj. n. f.*, *Cf. yamîn*, → *zên, îd al-zêne, Ant. isre.*

♦ **à droite, main droite.** •*Liff be zêne !* Tourne à droite ! •*Allim wilêdak yâkul be l-zêne !* Apprends à ton enfant à manger avec la main droite ! •*Al kalib addâni fî îdi l-zêne.* Le chien m'a mordu à la main droite.

zere' / zurâ'ât *n. f.*, ≅ *zurâ'a (pl.)*, ≅ *zerêna* [notre champ], *zerêku* [votre champ], *zerêhum* [leur champ], *etc.*, * zrʕ, ز ر ع

♦ **champ.** •*Zere'na garîb lê naga'at al-tayâra.* Notre champ est près du terrain d'aviation. •*Al-nâs maco l-zurâ'ât.* Les gens sont allés aux champs. •*Al-jarâd akal zurâ'itna.* Les sauterelles ont mangé nos champs.

zerîbe / zarâyib *n. f.*, ≅ *zarîbe*, * zrb, ز ر ب

♦ **enclos, haie d'épines,** barrière d'épineux disposée autour des champs ou des lieux de repos des troupeaux. •*Al-zerîbe malâne xanam.* L'enclos est plein de chèvres. •*Al-dûd natta l-zerîbe wa katal ijil.* Le lion a sauté la haie et a tué un veau. •*Fî hillitna zarâyib katîrîn.* Dans notre village il y a beaucoup de haies.

zêt *n. m.*, → *zêd.*

zey *invar.*, → *zeyy.*

Zêy *n. pr.* d'une héroïne dans les contes d'Abéché,
Zêy, yâ Zêy, hinêjir al-jidêy dodili girênki lêi ! "Zeille ! Zeille ! petit larynx de gazelle ! penche vers moi ta petite tresse !" (Complainte de l'ogre dans un conte d'Abéché).

zeytûn *n. coll., m., sgtf. zetûnay, Cf. xaddûr,* * zyt, ز ي ت
♦ **olive, olivier, nom d'une perle, ambre.** •*Dihin al-zêytûn bidâwi waja' al butûn.* L'huile d'olive soigne les maux de ventre. •*Al-zeytûn mâ yugumm fî dârna.* Les oliviers ne poussent pas dans notre pays. •*Zamân al-zeytun xâli, bibî'u be bagar.* Autrefois, l'ambre valait très cher, on l'échangeait contre des vaches. •*Al fagriye mâ indaha zeytunây wahade kula.* La femme pauvre n'a même pas une perle d'ambre.

zeyy *invar.* ., → *zayy.*

zî' *v. impér.*, → *zâ'.*

zi''îli / zi''îlîn *adj. mrph. intf.*, (*fém. zi''iliye*), *Cf. zi'il,* * zˤl, ز ع ل
♦ **coléreux (-euse), irascible, irritable, râleur (-euse),** qui se fâche très vite. •*Al-nâdum al-rûhah dayxe zi''îli, kulla yôm bidâwis wa gâ'id bala rafîg.* Celui qui est nerveux se fâche très vite, il se bat chaque jour et reste sans ami. •*Al-nâs mâ birîdu l-nâdum al-zi''ili.* Les gens n'aiment pas celui qui se fâche vite.

zi'il / yaz'al *v. intr. {- min}*, forme I n° 20, *Cf. xabban,* * zˤl, ز ع ل
♦ **se mettre en colère, se fâcher.** •*Burma zi'il acân Mûsa carrat kutubah.* Bourma s'est mis en colère parce que Moussa a déchiré ses livres. •*Mâla zi'ilt minni ?* Pourquoi t'es-tu mis en colère contre moi ? •*Kan mâ kaffôna gurusna da, ambâkir naz'alo.* S'ils ne nous payent pas ce qu'ils nous doivent, demain nous nous fâcherons. •*Ayyi nâdum kan ayyaroh baz'al.* Tout homme qu'on insulte se met en colère.

zibâla *n. f.*, * zbl, ز ب ل
♦ **enduit en terre en préparation, paille hachée mélangée à la terre, crottin mêlé à la glaise,** éléments permettant la constitution d'un enduit pour les murs. •*Al-zibâla hî hurâr al bagar walla l-xêl walla l hamîr al xalbatoh be l-tîne.* L'enduit en préparation est fait de bouse de vache ou de crottin de cheval ou d'âne que l'on mélange avec de la glaise. •*Fî Anjammêna, al-nâs ba'ajjunu l-tîne be l gecc, mâ be zibâla.* A N'Djaména, les gens préparent l'enduit pour les murs en mélangeant la glaise avec de la paille et non pas avec du crottin. •*Be l-zibâla bitallusu l buyût wa l-darâdir.* Avec l'enduit en glaise, on crépit les maisons et les murs.

zibde 1 *n. f., Cf. dihin hanâ bagar,* * zbd, ز ب د
♦ **beurre,** beurre brut, non encore purifié. •*Al-zibde akil hanâ l iyâl al-dugâg.* Le beurre est la nourriture des bébés. •*Dihin al bagar min al-zibde.* L'huile de vache provient du beurre. •*Al-zibde be mappa haluwa.* Le beurre avec du pain, c'est délicieux.

zibde 2 *n. f., Cf. mulaxxas,* * zbd, ز ب د
♦ **résumé, points importants d'un discours, essentiel d'un propos.** •*Antîni zibdit kalâmki bas !* Donne-moi seulement le résumé de ce que tu as dit ! •*Kalâm al awîn mâ bikammil wa mâ fôgah zibde.* Les discussions de femmes sont interminables et on n'en retire rien. •*Simi'na zibdit kalâm zu'ama' al ahzâb fî l-televisyôn.* Nous avons écouté l'essentiel des discours des chefs de partis politiques à la télévision.

zîd *v. impér.*, → *zâd 1.*

zifâf *n. d'act.*, voir le *Syn. zaffa,* * zff, ز ف ف

zîg *n. m., Cf. zihân,* * zyq, ز ي ق
♦ **bordure de couleur.** •*Zîg ladra hanâ l-Sa'ûdiya zahari samâwi, kan xassaltah mâ banzil misil al bujûbuh min Nijêrya.* Le drap d'Arabie Saoudite a une bordure de couleur bleu ciel ; lorsque tu laves ce drap, sa couleur ne se délave pas comme celle du drap importé du Nigeria. •*Al-*

nasrâniye xayyatat fî tihit gumâjîha zîg lôna ahmar misil al-damm. La femme blanche a cousu au bas de sa robe une bordure de couleur rouge comme le sang.

zigêgê nom, *mrph. dmtf.*, *m.*, ≅ *zigêgeh*, la dernière syllabe est prononcée avec une tonalité montante, * d̲wq, ذ و ق

♦ **petit cadeau à déguster, friandise,** petit cadeau que l'on rapporte de voyage. •*Abui jâb zîgêgê lê rufugânah wakit gabbal min maxtarah.* Mon père a rapporté de son voyage des friandises pour ses amis. •*Carêt zigêgeh lê ahali l fî Abbecce.* J'ai acheté des petits cadeaux pour ma famille qui est à Abéché.

zigêgeh *n. m.*, → *zîgêgê.*

Zihêra *n. pr.* de femme, *mrph. dmtf.*, *litt.* fleurette, *Cf. zâra*, * zhr, ز ه ر

zihif / yazhaf *v. intr.*, forme I n° 20, * zḥf, ز ح ف

♦ **ramper, se traîner sur les fesses, se déplacer assis,** s'approcher en se traînant à terre. •*Al-dâbi yazhaf be batunah.* Le serpent rampe sur le ventre. •*Al mukarsa' yazhaf acân hû mâ indah rijilên.* L'estropié se traîne sur les fesses parce qu'il n'a plus l'usage de ses jambes. •*Zihifna giddâm, acân nasma'o kalâm al mu'allim.* Nous nous sommes approchés pour écouter la parole de l'enseignant.

zihij / yazhaj *v. intr.* {- *min*}, forme I n° 20, sens passif, * zˁj, ز ع ج

♦ **être ennuyé(e) par, râler, maugréer, être énervé(e) par, être poussé(e) à la colère.** •*Hû zihij min kalâmak da acân mâ sahi.* Ton propos l'a mis en colère parce que ce que tu disais n'était pas vrai. •*Al-tujjâr zihijo min al-dwân al bactanôhum be l akil.* Les commerçants ont été énervés par les douaniers qui les ennuyaient et leur soutiraient de l'argent.

zihliye / zahâli *n. anim. coll.*, *sgtf. zihliyay*, en arabe *sd. sihliya*, métathèse dans la racine (*C.Q.*), * ḥsl, ح س ل

♦ **lézard,** petit lézard multicolore. •*Al-zihliye gâ'ide tihit al-duwâne.* Le petit lézard est sous le canari. •*Al-zihliye mâ tirîd al bakân al hâmi.* Le petit lézard n'aime pas l'endroit chaud. •*Al-nâs bugûlu kan al-zihliye daxalat fî l-râs be gadd al manxar tisawwi amfitfit.* Les gens disent que si un petit lézard est entré dans la tête par les narines, il provoque l'épilepsie.

zikra / zikrayât *n. f.*, * d̲kr, ذ ك ر

♦ **souvenir, anniversaire.** •*Zikrayâtak fî galbi, yâ habîbi !* Tes souvenirs sont dans mon cœur, mon chéri ! (chanson). •*Indi sûra dammêtha, zikra hint iyâli.* J'ai une photo que j'ai conservée à l'abri, c'est un souvenir de mes enfants. •*Kulla mâ ja l-rucâc, zikrayât al-rîf gâ'ade fî galbi.* Chaque fois que vient le printemps, les souvenirs de la campagne remontent de mon cœur. •*Al yôm ayyado be l-zikra al icirîn hint fatihîn carikat al gutun al-tcâdîya.* Aujourd'hui, ils ont fêté le vingtième anniversaire de l'ouverture de la société Cotontchad.

zilêxa / zilâxât *n. f.*, * zlẖ, ز ل خ

♦ **sorte de djellaba,** djellaba à manches serrées et à col. •*Râjil al birîd râsah kan mâci l hille yalbas zilêxa.* Un homme qui se respecte [qui aime sa tête], lorsqu'il va en ville, met une djellaba à col. •*Zilêxa kan libisoha be farmala, da ceyy sameh, lâkin hassâ nâs mâ balbasoha katîr.* C'est très beau de porter une djellaba à manches longues et à col avec un gilet par-dessus, mais de nos jours on ne la porte plus beaucoup.

Zilêxa *n. pr.* de femme, → *Zuleyxa*, * zlẖ, ز ل خ

zimal *pl.*, → *zâmile.*

zimme *n. f.*, dans l'expression *fî zimmiti, alê zimmiti*, * d̲mm, ذ م م

♦ **en mon âme et conscience, en toute sincérité.** •*Fî zimmiti, gursûki anâ mâ ciltah !* En toute sincérité, je n'ai pas pris ton argent ! •*Gûl lêi al-*

sahi : alê zimmitak hû gâl lêk cunû ? Dis-moi la vérité : en ton âme et conscience, que t'a-t-il dit ?

zina *n. m.*, * zny, ز ن ي
♦ **adultère, fornication.** •*Al-zina harâm fî l Islâm.* L'adultère est interdit [illicite] en islam. •*Al-râjil, kan yifattic mara mâ martah, da zina.* Quand l'homme couche avec [recherche] une femme qui n'est pas la sienne, il commet un adultère.

zîna *n. f.*, ≅ *zîne, Cf. jamâl, samah,* * zyn, ز ي ن
♦ **décoration, beauté, maquillage.** •*Zînt al bêt be l xumâm.* Ce sont les affaires qui font la beauté de la maison. •*Al mâl zînt al haya.* La richesse embellit la vie. •*Zînt al binêye di min gurus hanâ abuha.* Cette jeune fille se maquille grâce à l'argent de son père.

zîne *n. f.*, *Cf. Amzîne,* voir le *Syn. zîna,* * zyn, ز ي ن

zingitte *n. f.*, variante de *zinkitte,* → *zinkitte.*

zinkitte / zinkitât *n. f.*, ≅ *zingitte, Cf. sanâm* (bosse du chameau)
♦ **bosse du zébu ou du chameau.** •*Zinkittit al-jamal usut fî daharah wa zinkittit al-tôr janb ragabtah.* La bosse du chameau se trouve au milieu du dos et celle du zébu se trouve près du cou. •*Al iyâl mâ birîdu laham al-zinkitte acân indah caham katîr.* Les enfants n'aiment pas manger la bosse parce qu'elle a beaucoup de graisse. •*Lag-lag jây, lag-lag jây, la'ab li'ib al Banday... Di zinkittit al-tôr.* "Lag-lag" d'un côté, "lag-lag" de l'autre, il a dansé la danse des Banda... C'est la bosse du zébu. *Dvnt.*

zinn *v. impér.*, → *zanna.*

zirâ'a *n. f.*, * zrˁ, ز ر ع
♦ **agriculture, culture.** •*Al-nâs mâ yagdaro yi'îcu bala zirâ'a.* Les gens ne peuvent pas vivre sans agriculture. •*Zirâ'it al xalla wa l gutun juzu' min al ixtisâd al muhimm hanâ l-dawla.* La culture du mil et du coton est une partie importante de l'économie de l'État.

zîrân *pl.*, → *zôr.*

zirar *pl.*, → *zirre.*

zirâr *n. coll., sgtf. zirâra,* → *zirre,* * zrr, ز ر ر

Zirêga *n. pr.* de femme, *mrph. dmtf., fém.* de *Izêrig,* * zrq, ز ر ق

zirre / zirar *n. f.*, ≅ *zirra, zirâr,* * zrr, ز ر ر
♦ **bouton de vêtement.** •*Xalagi indah zirar arba'a humur.* Mon vêtement a quatre boutons rouges. •*Xayyatt zirre fî camis wilêdi.* J'ai cousu un bouton sur la chemise de mon enfant.

zît *v. impér.*, → *zât.*

ziwâde *n. f.*, voir le *Syn. zâd,* * zyd, ز ي د

Ziwêdi *n. pr.* de femme, *mrph. dmtf., Cf. Zâyid,* * zyd, ز ي د

zixme *n. f.*, → *zuxma.*

ziyâde / ziyâdât *n. f.*, ≅ *ziyâda,* * zyd, ز ي د
♦ **surplus, ajout.** •*Anâ carêt min al mara sukkar kôro wa antatni ziyâde hanâ funjâl.* J'ai acheté un "koro" de sucre à la femme et elle m'en a ajouté un verre. •*Hû gabbal lêi ziyâde min gursi.* Il m'a rendu plus d'argent que je ne lui en avais donné.

ziyâna *n. f.*, → *ziyâne,* * zyn, ز ي ن

ziyâne *n. f.*, ≅ *ziyâna,* * zyn, ز ي ن
♦ **rasage, fait de raser.** •*Inta mâ ta'arif ziyâne faddal lêi sûf fî râsi.* Tu ne sais pas raser, il me reste encore des cheveux sur la tête. •*Al iyâl al-dugâg ziyânithum gâsiye bilhên acân humman biharruku katîr.* C'est très difficile de raser la tête des petits enfants parce qu'ils bougent beaucoup. •*Hî allamat ziyâne fî rusên hanâ iyâlha.* Elle a appris à raser en s'exerçant sur la tête de ses enfants. •*Sûf râsi bigi tuwâl bilhên, bidôr*

lêyah ziyâna. J'ai les cheveux longs, ils ont besoin d'être rasés. •*Al micôtinîn mâ birîdu l-ziyâna, bixallu sûfhum ke bas.* Les fous n'aiment pas se raser, ils laissent pousser leurs cheveux.

ziyâra / ziyârât *n. f.*, * zwr, ز و ر
♦ **visite.** •*Yôm al-jum'a, namci nisajjil ziyâra lê ahali.* Le vendredi, je vais rendre visite à ma famille. •*Iyâli kan jôni ziyâra, anâ farhâne.* Lorsque mes enfants viennent me rendre visite, je suis contente. •*Ziyârt al ahal tijîb al mahanna.* Visiter la famille est source d'amour mutuel [apporte la tendresse].

Ziyûd *n. pr. gr., coll.*, ≅ *Zuyûd, Wulâd Zêd, sgtf. Ziyûdi* (homme), *Ziyûdiye* (femme), → *Zuyûd.*

Ziyûdi *sgtf.* d'un *n. pr. gr., m.*, (*fém. Ziyûdiye*), → *Ziyûd, Zuyûd.*

zôl *n. m., Cf. nâdum, isân, bani Âdam, wald bin Âdum, ibni Âdam*, * zwl, ز و ل
♦ **individu, quelqu'un, une personne.** •*Zôl wâhid daxal hassâ fî bêtku wa marag.* Il y a un individu qui vient d'entrer chez vous et qui est sorti. •*Al yôm nasma'o zôl wâhid bikallim lêna fî mawdu' hanâ l-salâ.* Aujourd'hui, nous écoutons quelqu'un nous parler de la prière. •*Kan zôl jâku karrumuh !* Si quelqu'un vient chez vous, honorez-le !

zôm *n. m., Cf. zâm*, * zwm, ز و م
♦ **dédain, arrogance, orgueil.** •*Hû birîd al-zôm misil abu sultân.* Il est arrogant [il aime l'arrogance] comme si son père était sultan. •*Zômki da, amci wassifîh lê l-nâs fî l-câri !* Ton arrogance, va la montrer aux gens dans la rue !

zongol *n. m.*, ≅ *zongoliye, Cf. bugce*, terme du langage des enfants à N'Djaména, * sqr, ص ق ر
♦ **bosse occipitale, proéminence occipitale,** qui a la boîte crânienne allongée par derrière. •*Al-râjil da zongolah kabîr wa tawîl.* Cet homme a une grosse et longue bosse derrière le crâne. •*Al-saxîr, yôm al wildoh, kan râsah mâ dardamoh, yabga indah zongol walla bugce.* Si on ne façonne pas la tête du bébé qui vient de naître, elle aura une déformation occipitale ou frontale. •*Zongoliyit al-râjil da, mâ tixallih yalbas tâgiye.* La bosse occipitale de cet homme l'empêche de porter un chapeau.

zongoliye *n. f.*, → *zongol.*

zons *n. m.*, → *zonz.*

zonz *n. m.*, → *zanzar*, * znr, ز ن ر
♦ **habillé à l'européenne,** habillé avec le pan de la chemise dans le pantalon. •*Labisîn al-zonz da, al-Nasâra bas jâbo fî Afrîxiya.* Ce sont les Européens qui ont apporté en Afrique cette manière de s'habiller en enfilant le pan de la chemise dans le pantalon,. •*Jôna yôm al hafla kulluhum lâbsîn zonz be vest wa kravât.* Ils sont venus vers nous, le jour de la fête, tous habillés à l'européenne avec veste et cravate.

zôr / zîrân *n. m.*, * zwr, ز و ر
♦ **sternum,** ce qui attache les côtes et ferme la cage thoracique. •*Zôr al kabic, kan taccoh halu bilhên.* Lorsqu'il a été grillé, le sternum de bélier est délicieux. •*Zôr al-tôr da samîn.* Le sternum de ce bœuf est gras. •*Al-râjil, kan bicîl xumâm katîr, zôrah binfakka.* Lorsqu'un homme porte trop d'affaires lourdes, il a mal au sternum [son sternum se fend]. •*Nâs Abbece birîdu akil al-zôr al matcûc.* Les gens d'Abéché aiment manger les sternums grillés.

zôxar / yizôxir *v. intr.*, forme III, connu au *Sdn.* (*C.Q.*), * z<u>h</u>r, ز خ ر
♦ **s'avancer, se pousser, s'approcher.** •*Anâ zôxart lê axui acân yagôd ma'aî fî l kanaba.* J'ai fait un peu de place à mon frère pour qu'il puisse s'asseoir à côté de moi sur le banc. •*Al wilêd zôxar acân yidôr yahajji lêki.* L'enfant s'est avancé parce qu'il voulait te parler. •*Zôxuru, xallu lêi bakân nagôd ma'âku !* Poussez-vous, laissez-moi une place pour être avec vous !

zu'ama' *pl.*, → *za'îm.*

zubb / zababa *n. m.*, mot arabe venant du Yémen d'après *C.Q.*, terme grossier à ne pas employer, *Cf. umur, nafis, giddâm, sarsûr, dakar, jaljûl, falaka*, * zbb, ز ب ب
♦ **verge, pénis.**

zubb al humâr *n. vég.*, *m.*, *litt.* verge d'âne, *Cf. zubb, humâr*, terme très grossier pour désigner un champignon, → *falakat al humâr*, * zbb, ḥmr, ز ب ب • ح م ر

zubbât *pl.*, → *zâbit.*

Zubeyda *n. pr.* de femme, *mrph. dmtf.*, *Cf. zibde*, * zbd, ز ب د

zuga *n. m.*, → *zaga*, expression *cîl lêk zuga !* ("donne ta langue au chat !"), * sqy, س ق ي
♦ **provision d'eau, de quoi boire.** •*Cûlu lêku zuga derb al-sahara ba'îd !* Prenez de quoi boire, le chemin du désert est long ! •*Kan xâtir, cîl ma'âk zâd wa zuga.* Quand tu voyages, prends avec toi de quoi manger et boire. •*Kan fî l hije l gusâr, hijjey mâ iriftaha, bugûlu lêk cîl lêk zuga ; acân inta waddart wa ba'îd min ma'ana hanâ l hijjey.* Lorsque tu ne connais pas la réponse d'une devinette qu'on t'a posée, on te dit : "prends de quoi boire !", parce que tu es loin d'avoir trouvé la réponse.

zugâg *n. m.*, arabe de l'est du Tchad, moins employé que *lungu* (à N'Djaména), * zqq, ز ق ق
♦ **ruelle.** •*Fî sabah al balad al-nâs bugûlu lê l-lungu zugâg.* A l'est du pays, les ruelles sont appelées *zugâg.* •*Al-zugâg, hû al-derib al-dayyax al ambênât al hîcân.* Les ruelles sont des passages étroits entre les concessions.

Zuhûr *n. pr.* de femme, composé à partir du pluriel de *zahra*, *litt.* fleurs, * zhr, ز ه ر

zukam *pl.*, → *zukma.*

zukma / zukam *n. f.*, → *zuxma.*

zukûra *pl.*, → *zakar 2.*

zukurra *pl.*, → *zakar 2.*

Zuleyxa *n. pr.* de femme "nom de la prétendue amante du patriarche Joseph" (*Ka.*), * zlẖ, ز ل خ

zûliye *n. m.*, terme d'argot employé à N'Djaména signifiant : "parole sans fondement, taquinerie, mauvaise plaisanterie", *Cf. istihbal.*

zulum / zulumât *n. m.*, ≅ *dulum*, *Cf. zâlim*, * ẓlm, ظ ل م
♦ **injustice, faute, avanie, offense, tort.** •*Al-dâr mâ tinbani be zulum.* Un pays ne se construit pas sur l'injustice. •*Cêlîn hagg al-nâs bala derib da, zulum.* Prendre le bien des gens sans raison est une offense.

zûm *n. coll.*, *sgtf. zûmay*, *Syn. xaddûr*, *Cf. marbatay, xaraz*, * zwm, ز و م
♦ **perle.** •*Ligît zûmay fî l-derib, akûn tijîb lêi al âfe.* J'ai trouvé une perle sur le chemin, peut-être m'apportera-t-elle la paix. •*Anâ mâ nirîd rabbitîn al-zûm wallâ l xaraz, acân al ulama bugûlu makruh.* Je n'aime pas attacher sur moi des perles ou des pierres précieuses parce que les savants religieux disent que ce n'est pas bien.

zûm ! *v. impér.*, → *zâm.*

zumâl / zumâlât *n. m.*, *Cf. habil*, * zml, ز م ل
♦ **corde en fibre végétale, unité de mesure de longueur.** •*Biyâr hanâ Abbecce min acara zumâl wa fôg.* Les puits d'Abéché ont une profondeur de plus de dix cordes. •*Al-zumalât bisawwuhum be za'af.* Les cordes en fibres végétales sont fabriquées à partir de feuilles de palmier doum.

zumâm / zumâmât *n. m.*, * zmm, ز م م
♦ **laisse, longe, corde, chaîne de nez, bride,** corde passée dans la narine percée du bœuf porteur, chaîne en or reliant la boucle du nez à l'oreille de la femme. •*Al-tôr al-nakûr mâ bamci bala zumâm.* Le taureau sauvage n'avance pas sans

laisse. •*Al-tôr al kalas mâ bisawwuh lêyah zumâm.* Le taureau maître du troupeau n'a pas de laisse. •*Al awîn yugûdu tirânhum be zumâm.* Les femmes conduisent leur bœuf porteur avec une corde passée dans leur narine. •*Zamân al awîn al axniya' induhum zumâm hanâ dahab fî munxarhum.* Autrefois, les femmes riches portaient une chaîne en or reliant la boucle du nez à l'oreille.

zumlân *pl.*, → *zamîl.*

zunûb *pl.*, → *zanib.*

zûr *n. m.*, * zwr, ز و ر

♦ **faux témoignage, mensonge, faux.** •*Al-zâlim mâ kaffa l-dên al fî râsah wa jâb nâs halafo zûr bikawna hû kaffa dênah.* Celui qui était en tort n'avait pas payé la dette qu'il devait, mais il a amené des gens qui ont juré et menti en affirmant qu'il avait remboursé sa dette. •*Hû ayyar wa rufugânah warado lêyah cahâda zûr bugûlu hû mâ ayyar.* Il avait proféré des injures, mais ses amis ont apporté un faux témoignage disant qu'il n'avait injurié personne.

zûr ! *v. impér.*, → *zâr.*

zura'ât *pl.*, → *zere'.*

Zurga *n. coll.*, *sgtf. Zurgay*, * zrq, ز ر ق

♦ **Noirs non arabes.** •*Al Arab rahalo wa xallo l-Zurga fî hillithum.* Les Arabes sont partis pour la transhumance et ont laissé les Noirs non arabes dans leur village. •*Zamân al Arab mâ bahartu, ille al-Zurga bas.* Autrefois, les Arabes ne cultivaient pas les champs, il n'y avait que les Noirs qui faisaient cela.

zurra' *n. m.*, *Cf. tawwâ̧ra*, * zrʕ, ز ر ع

♦ **malt de mil, ferment,** mil germé, séché et écrasé, servant de ferment. •*Humman mâ bâkulu illa l kisâr al-sawwoh be zurra'.* Ils ne mangent que des galettes levées avec du ferment. •*Al-kisâr mâ bugumm bala zurra'.* Les galettes de mil ne lèvent pas sans malt. •*Al xalla kan ballôha wa xattôha ba'ad talâte yôm tabga zurra'.* Si on met le mil à tremper et qu'on le couvre, après trois jours il devient du malt.

zurriye / zurriyât *n. f.*, ≅ *zurriya*, * d̲r', ذ ر ء

♦ **descendance, lignée.** •*Kulla l-nâs jâyîn min zurriye wahade : min ammina Hawwa wa abûna Âdum.* Tous les hommes viennent de la même lignée : de notre mère Eve et de notre père Adam. •*Zurriye hanâ Johayna fî Tcâd : Wulâd Atiye, Wulâd Hamat, Wulâd Râcid, wa Salâmât.* Les descendants de Djouhayna au Tchad sont les Oulad Atiyé, les Oulad Hamat, les Oulad Rachid, et les Salamat. •*Yâ wilêdi âxud acân tisawwi zuriyye !* Mon fils, marie-toi pour avoir une descendance !

zurûf *pl.*, → *zarif.*

zurûf 1 nom pluriel, → *zarif.*

zurûf 2 nom pluriel, * ẓrf, ظ ر ف

♦ **conditions, circonstances, situation, conjoncture.** •*Al-zurûf kan samahat lêi namci l-Sûdân.* Si les conditions me le permettent, j'irai au Soudan. •*Al-zurûf al ixtisâdiye hanâ l-sane di mu'âkise.* Cette année, la conjoncture économique est défavorable. •*Al-sane zurûfi mâ samhe.* Cette année, ma situation n'est pas bonne. •*Wilêdi zurûfah samhe, gidir cara lêyah bêt wa watîr.* Mon fils a une bonne situation, il a pu s'acheter une maison et une voiture.

zurug *pl.*, → *azrag.*

zutt *v. impér.*, → *zatta.*

zuwâde *n. f.*, voir le *Syn. zâd 2*, * zwd, ز و د

zuwwâr *pl.*, → *zâyîr.*

zûx *v. impér.*, → *zâx.*

zuxma / zâxûm *n. mld.*, *f.*, ≅ *zukma, zixme*, * zkm, ز ك م

♦ **rhume.** •*Al-zuxma marad al-cite.* Le rhume est la maladie de la saison froide. •*Al-zuxma tiddâwa be akil al* *basal.* Le rhume se soigne en mangeant des oignons. •*Al-zuxma marad mâ xatari bilhên.* Le rhume n'est pas une maladie très grave. •*Al wata bigat barday wa l-zâxûm bigi katîr.* Il fait froid et beaucoup ont attrapé des rhumes.

Zuxruf *n. pr.* de femme, *qdr.*, *litt.* décoration, ornement, * zẖrf, ز خ ر ف

zuyûd *pl.*, → *zêd.*

Zuyûd *n. pr. gr. coll.*, *sgtf. Zuyûdi* (homme), *Zuyûdiye* (femme), nom de fraction de tribu arabe (*Wulâd Râcid*) se rattachant aux *Juhayna.*

zûz *n. m. invar.*, *empr. fr.*
♦ **juge.** •*Fî bakân al-cerî'e, al-zûz balbaso xulgân zurug.* Au tribunal, les juges portent des habits noirs. •*Al-zûz da, hattoh acân yahakim be l-sahi.* Ce juge a été désigné parce qu'il rend justice en s'appuyant sur la vérité.

Deuxième partie

Index
français-arabe

Table des matières de l'index français-arabe

LETTRE	Page
a...........	1357
b...........	1370
c...........	1378
d...........	1398
e...........	1409
f...........	1422
g...........	1429
h...........	1434
i...........	1437
j...........	1442
k...........	1444
l...........	1444
m...........	1448
n...........	1458
o...........	1460
p...........	1464
q...........	1481
r...........	1481
s...........	1492
t...........	1502
u...........	1511
v...........	1512
w...........	1517
x...........	1517
y...........	1517
z...........	1517

a

a [il ~] : *ind-*
à : *fî 1, hanâ, hiney, hint, lê*
abaisser : *dalla 1*
abandon : *êle, hamala 1, ihmâl, taligîn*
abandonne [qui ~] : *xaddâr*
abandonné(e) : *hâmil 1, marmi, mizêgil ;*
[être ~] : *alxalla*
abandonner : *ayyas, ballac, facal, rafad, sabal 1, talag, tarak, xadar 1, xalla 1 ;*
[~ *qqn.*] : *xazal ;*
[~ *qqn.* dans la solitude] : *wahhac*
abats : *ammarrâra*
abattage : *dabih, haddîn, kittêle ;*
[~ clandestin] : *kîri 2*
abattement : *dandana, gassirîn, xayyinîn*
abattoir : *bâtwâr, jazur, madbah*
abattre : *hadda 1, rama ;*
[~ un chameau] : *nahar ;*
[fait d'~ des cartes] : *nazûl ;*
[s'~] : *anrama*
abattu(e) : *muxayyin ;*
[être ~] : *dandan*
abcès froid : *hibin absôt*
abdomen : *batun, kirce*
Abéché : *Abbece*
abeille : *nahale ;*
[~ sauvage] : *xerêr ;*
[petite ~] : *ambasbûs*
Abidjan : *Abijan*
abîmé(e) : *bâyiz, ma'kûl, mustâkal, mutallaf, talfân ;*
[être ~] : *anfalat, tilif*
abîmer : *bawwaz 1, bawwaz 2, gaddam 3, halaj, mahag, tallaf, xassar ;*
[s'~] : *bâz 1, gidim, istâkal*
ablutions : *wadu' ;*
[faire ses ~] : *alwadda, wadda 2*
aboiement : *nabahan*
aboli(e) : *mafsûx, marjû'*
abolir : *laxa, nasax*
abominable : *makruh*
abondance : *bidin, kutur, taxa ;*
[~ de biens] : *rahama ;*
[~ de nourriture] : *caba' ;*
[dans l'~] : *badnân, mudallâl, zâyit ;*
[vivre dans l'~] : *ni'im*
abondant(e) : *katîr*
abord [d'~] : *awwal ke, gabul, hatta 4*
Aboucharib : *Abucârib*
Abou Deïa : *Abdeyya*
aboutir : *nattaj*
aboyer : *nabah*
abrégé : *mulaxxas*
abreuvé(e) : *mucarrab, muwarrad*
abreuvement : *zagayân ;*
[deuxième ~] : *hawwacân*
abreuver : *zaga ;*
[~ une deuxième fois] : *hawwac 2 ;*
[fait d'~] : *zagayân, zagi*
abreuvoir : *hôt, tabarêg*
abri : *daraga, illiye, kurnuk, lugdâbe, râkûba, sutra 1, takiye, tcûri 1 ;*
[~ à moutons] : *dugum ;*
[attendre à l'~] : *anxazan ;*
[être à l'~] : *andamma 2;*
[fait de garder à l'~] : *dammîn ;*
[mettre à l'~] : *daxar, hâfaz ;*
[mis(e) à l'~] : *madxûr, mahafûd, mahfûz ;*
[petit ~] : *riwêkîbe ;*
[qui a mis à l'~] : *dâmm ;*
[qui se met à l'~] : *mudârig*
abrité(e) : *mudârag*
abriter (s') : *dârag*
abrogé(e) : *marjû'*
abroger : *lajjan, laxa, nasax*
abruti(e) : *ablam, musakkar 3*
absence : *xiyâb*
absent(e) : *xâ'ib 1, xâyib ;*
[être ~] : *fî 3, idim, kawwar*
absenter [s'~] : *xâb*
absinthe : *cîh*
absolument : *tak ke ;*
[~ jamais] : *tuk ke mâ ;*
[~ pas] : *lâla, tuk ke mâ*
absorber un médicament : *cirib*
abus de confiance : *xiyâne*
abuser de la confiance d'un autre : *xân*
Acacia albida : *harâz*
Acacia arabica : *sunta*
Acacia ataxacantha : *abundurû'u*
Acacia læta : *kitir azrag*
Acacia mellifera : *kitir abyad*
Acacia nilotica : *garad 2*
Acacia pennata : *xaraz al-dâbi*
Acacia polyacantha : *amsinêne 2*
Acacia raddiana : *sayâl*
Acacia senegal : *kitir abyad*

Acacia seyal : *talha*
Acacia sieberiana : *kûk*
Acacia stenocarpa : *talha*
acajou du Sénégal : *murr 2*
Acanthacris ruficornis citrina : *amm al mûs*
accablé(e) : *ta'abân*
acceptable : *ma'gûl 2, magbûl, munâsab*
acceptation : *hamad 3*
accepté(e) : *magbûl ;*
[qui a ~] : *radyân*
accepter : *garra 2, gibil, hamad 2, ridi, xassad, xibil ;*
[ne pas ~] : *aba ;*
[faire ~] : *hammad 2 ;*
[faire ~ une situation] : *sabbar*
accès : *daxûl*
accident : *hâdis, nasîbe 2*
accolade [donner l'~] : *hadan ;*
[qui se donnent l'~] : *mulhâdinîn ;*
[se donner l'~] : *alhâdano*
accompagnant : *wara*
accompagnateur (-trice) : *murâfig, rafîg*
accompagné(e) : *murâfig*
accompagnement : *addayân 2*
accompagner : *adda 2, maca wara, râfag ;*
[le fait d'~] : *addayân 2*
accomplir : *haggag ;*
[~ le rite de la prière] : *salla 1 ;*
[se mettant à ~ une tâche] : *gâyim*
accord : *istifâg, mu'âhada, mufâhama, muwâfaga, wâfagân, wufug ;*
[~ secret] : *rabtiye ;*
[d'~ !] : *râdi, sameh ! tamâm !, yô !, zên !*
[être d'~] : *hamad 2, ridi ;*
[qui est d'~] : *muwâfig, radyân, muxassid ;*
[se mettre d'~] : *istafag ;*
[tomber d'~] : *alwâfago ;*
[qui est en ~ avec] : *mustafig ;*
[se mettre d'~ pour se rencontrer] : *alwâ'ado ;*
[se mettre d'~ sur] : *wâfag ;*
[se mettre d'~ sur la vente] : *albâya'*
accorde ***qqch.*** [qui ~] : *câfi'*
accordéon : *akordeyon*
accorder : *hada, mallak, raham ;*
[~ du bien] : *razax ;*
[~ un bienfait] : *na'am 1 ;*
[~ une faveur] : *an'am, na''am ;*
[s'~] : *attafag ;*
[s'~ ensemble] : *attâfago ;*
[s'~ pleinement] : *rabbat al kalâm ;*
[s'~ sur une parole] : *rabat al kalâm*
accouché [avoir ~] : *xilis ;*
[qui a ~ pour la première fois : *bikêriye*
accouchée : *nafasa*
accouchement : *nufâs, wadi'în, wâlûda*
accoucher : *nifisat, wada', wilid ;*
[faire ~] : *wallad*
accoucheuse : *wallâda*
accrochage : *accigîn, allagân*
accroché(e) : *mu'accag, mu'accig, mu'allag ;*
[être ~] : *ilig 1*
accrocher : *allag, accag ;*
[~ dans] : *ca'ag 1 ;*
[fait d'~] : *allagân ;*
[fait de s'~] : *accigîn ;*
[s'~] : *ilig 1*
accroupi(e) : *gangâs, amgangûs ;*
[tenir l'enfant ~] : *gangas 2*
accroupir [s'~] : *gangas 1*
accroupissement : *amgangûs ;*
[~ du chameau] : *barikîn, barrikîn*
accueil : *istixbâl, lâgîn, mulâga ;*
[bon ~] : *azzîn, dayyifîn*
accueillant(e) : *azzâz, faddâli, karîm 1, mudayyif*
accueillir : *dayyaf, faddal 2, istaxbal, lâga, rahhab, xibil ;*
[~ les bras ouverts] : *allagga ;*
[bien~ un hôte] : *azza 2*
accumulation : *jangilîn, kambilîn ;*
[~ de terre] : *kindiwe*
accumule [qui ~] : *jangâli*
accumulé(e) : *mujôran, mukambal*
accumuler : *jangal 1, jôran, kambal, kandaw, tandal*
accusateur (-trice) : *tâhim*
accusation : *lôm, tuhma*
accusé(e) : *mathûm*
accuser : *lâm, taham ;*
[~ *qqn.* de vol] : *sarrag ;*
[~ sans preuve] : *gallad*
Acephalus major : *têtal*
acharné(e) : *jazzâm*
achat : *bê'e, bê'ân, carayân, cari, cirrêye, cura' ;*
[faire des ~] : *sâwag*
acheminer à [s'~] : *madda*
achetable [être ~] : *anba' 1*
acheté(e) : *mabyû', macri*
acheter : *bâ', cara 1 ;*
[~ au marché] : *sâwag ;*

[~ en gros] : *kâwar ;*
[faire ~] : *carra 2 ;*
[s'~] : *anba' 1, ancara*
acheteur (-euse) : *bâyi', câri', muctari ;*
[bon ~] : *carrây*
achevé(e) : *mukammil, muntahi, muxallas*
achèvement : *kammilîn, kumâle, xallisîn, xitâme*
achever : *kammal, tamma 1, tâmam, xallas, xatam, xilis ;*
[s'~] : *antaha ;*
[s'~ pour devenir meilleur] : *anfaraj*
acide : *hâmud ;*
[~ de batterie] : *môya-nâr ;*
[devenir ~] : *hammad 1*
acidité : *hamâd*
acné : *namnam*
acquérir : *fâz*
acquiescer : *wâfag*
acquitter devant la loi : *barra 3*
Acrida bicolor : *abunjallôg*
acte : *fi'il ;*
[~ d'adoration] : *ibâda ;*
[~ de naissance] : *mîlâdiye ;*
[~ inintelligible] : *laxx ;*
[~ juridique] : *fâte ;*
[~ répréhensible] : *masâxa*
acteur de film : *aktêr*
actif (-ive) : *câtir, fâlih, sâxi ;*
[très ~] : *kaji kaji*
action : *fi'il ;*
[~ mauvaise] : *sayyi'a*
actionnaire : *mucârik*
actionneur de soufflet : *naffâx*
activer : *naccat ;*
[~ le feu en soufflant] : *hajjîn 1 ;*
[s'~] : *malmâl*
activité : *nacât ;*
[~ aux alentours de midi] : *magîl ;*
[~ désordonnée] : *bahdâl ;*
[~ manuelle] : *sinâ'a*
actuellement : *hâliyan*
Adam : *Âdam, Âdum*
Adansonia digitata : *tabaldi, kalakûka*
adapter à [s'~] : *rikib, wâlaf*
addax : *agas*
Addax nasomaculatus : *agas*
addition [qui a fait l'~] : *mujammil 2*
Adenium obesum : *aswala, balsa, cadart al marfa'în*
Adenota kobus : *hamar 1*
adéquat(e) : *munâsib 1*
adieux [faire ses ~] : *âfa 2*
adjoint(e) : *nâyib*
adjudant : *lazdân*
adjuration : *arridîn 2, mu'râd 1*
adjure au nom de Dieu [qui ~] : *mu'arrid 2*
adjuré(e) au nom de Dieu [qu'on a ~] : *mu'arrad 1*
adjurer : *arrad 2*
admettre une erreur : *ihtaraf*
administrateur : *idâri*
administration : *idâra ;*
[autorités de l'~] : *hâkûma*
admirable ! : *hamîdan !*
admirer : *istaxrab*
admonester : *natar*
adolescent : *farfôri, firêfîr, sibêy*
adolescente : *idêriye, kilâsku ;*
[être une ~] : *tcartcar*
adonnant à [s'~] : *mutmassik*
adonne à [qui s'~] : *mubtali*
adonner [s'~] : *alkârab, ibtala, itmassak*
adoptif (-ive) (enfant) : *rabîb ;*
[père ~] : *xiyâma 2 ;*
[mère ~] : *xiyâma 2*
adorateur (-trice) de Dieu : *mul'abbid ;*
[vrai ~] : *âbid*
adoration : *abidîn, ibâda, sujûd*
adorent [qui s'~] : *mul'âbidîn*
adorer : *abad, xaddas ;*
[fait d'~] : *abidîn ;*
[s'~] : *al'âbado*
adossé(e) à [être ~] : *takka*
adosser : *sanad, sannad ;*
[s'~] : *antaka*
adoucir : *lân*
Adoum : *Âdum*
Adra ruficollis : *aryal*
Adré : *Adare*
adresser la parole : *kallam ;*
[ne plus ~] : *xâsam ;*
[ne plus s'~] : *alxâsamo*
adroit(e) : *nâcâli*
adulte : *âgil, bâlix, fârij 1, kalas, raba', rabâ'iye ;*
[devenir ~] : *balax, faraj 1, farfar 3 ;*
[fait d'être ~] : *farijîn 1 ;*
[passer à l'âge ~] : *kalaf*
adultère : *zina ;*
[celui qui a commis un ~] : *zâni ;*
[commettre un ~] : *zana*
adultérin [enfant ~] : *farax 1*

adversaire : *gabîl, xasîm*
Ægoryx algazel : *wahac*
aérien (-enne) : *jawwi*
aérodrome : *naga'at al-tayâra*
aéroport : *matâr, naga'at al-tayâra*
affable : *karîm 1, salûs ;*
[être ~] : *ânas ;*
[être ~ et généreux] : *ajwâdi*
affadir : *massax*
affaiblir : *da"af ;*
[~ une proie] : *fatfat*
affaire : *coxol ;*
[~ judiciaire] : *gadiye ;*
[les ~s] *cu'ûn, hâja, idde 2, xumâm ;*
[ministère des ~s étrangères] : *xâriji*
affamé(e) : *jî'ân*
affamer : *jawwa'*
affecter : *nagah, nahar ;*
[~ profondément] : *hannan 2*
affection : *hanninîn 2, mahanna ;*
[~ respiratoire] : *ablêle 2 ;*
[~ respiratoire du cheval] : *gargura*
affectionné(e) : *muxlis*
affectionner : *azza 1*
affectueux (-euse) : *hanûn ;*
[être ~] : *râwad*
affermi(e) : *jâmid*
affermir : *gawwa, mattan 1, sabbat, zabbat ;*
[s'~] : *almattan, jamad*
affermissement : *sabbitîn*
affiche de cinéma : *program*
affilié(e) : *far'i*
affirmatif (-ve) : *mu'akkid*
affirmé(e) : *mu'akkad*
affirmer : *akkad*
affleurement de la roche : *saffay 1*
affliction : *hurga*
affligé(e) : *asfân, âsif, madrûr 2*
affoler [s'~] : *anbahat, anjanna, ôrad*
affranchir : *atag 2*
affûtage : *tarrigîn, tarrinîn*
affûté(e) : *tarîn*
affûter : *tarran*
africain(e) : *afrixi*
Afrique : *Ifrîxiya ;*
[~ du Sud] : *Ifrîxiya l-junûbiya*
agaçant(e) : *mubactin, mulbactin*
agacement : *wijjê'e*
agacer : *bactan, zâ'ak, zahhaj ;*
[fait d'~ *qqn.*] : *zâ'ikîn*
agalactie : *xarizîn ;*
[être en état d'~] : *dajja 1, xirzat*
Agama colonorum : *waral al gôz*
agate rouge : *agîg*
âge : *sinn 2, umur 2, zamân 2 ;*
[atteindre l'~ de raison] : *ixil ;*
[du même ~] : *gadur, nadîd*
âgé(e) : *diris 2*
agence : *wakâla*
agencement : *tartîb*
agenouillé(e) : *mubarrik ;*
[qui a été ~] : *mubarrak ;*
[qui s'est ~] : *bârik*
agenouillement : *barikîn, barrikîn, birrêke*
agenouiller [s'~] : *barak*
agent de la municipalité : *gardi minicipo ;*
[~ de police] : *bôlîs ;*
[~ double] : *amîl*
agile : *ajîl*
agitateur : *warwâr ;*
[~ (-trice)] : *harrâci*
agitation : *cadaha, cafcâf, fitne, harrakân, hazzîn, muhrâc, nahâsa*
agité(e) : *iblîs, jaljâli, manjûh, mubahdil, mucafcaf, mulajlaj*
agiter : *harrak, hazza, hazzaz, lajlaj, malmal ;*
[~ des grains sur le van] : *jôjal ;*
[~ la main] : *hâha ;*
[~ la main victorieusement] : *cakkat 1 ;*
[~ sa proie] : *farfat ;*
[s'~] : *alharrak, cafcaf, nâhas ;*
[fait d'~ de gauche à droite] : *jôjalân*
agneau : *hamal ;*
[jeune ~] : *himêl*
agnelle [jeune ~] : *himêl*
agonie : *kâtilîn, maktal 1*
agonir d'injures : *ja"ar*
agonisant(e) : *mudayyix*
agoniser : *kâtal, xarxar*
agrafe : *dabbûs*
agrandir : *kabbar 1*
agréable : *halu*
agréer : *gibil*
agressif (-ve) : *batrân, mustankir ;*
[être ~] : *istankar, jômas*
agressivité : *batar 2, istinkar, jômisîn*
agriculteur (-trice) : *harrâti, muzâri'*
agriculture : *hirâte, haritîn, zirâ'a*
agrippé(e) à : *lâsig*
agripper (s') : *lassag*
ai [j'~] : *ind-*

aide : *âwinîn, cafâ'a, ma'awan, mu'âwana, musâ'ada, musâ'id, sâ'idîn, ta'wîd ;*
[~ collective] : *nafîr ;*
[que Dieu t'~ !] : *Allah yaftah !*
aide-chauffeur : *afranti, batakumba*
aidé(e) : *mu'âwan, musâ'ad ;*
[être ~] : *al'awwad*
aider : *âwan, awwad, hâma, rayyah, sahhal, sâ'ad, xadam ;*
[~ *qqn.*] : *cafa' ;*
[~ *qqn.* à piler le mil] : *âmad ;*
[~ une personne souffrante] : *kâla ;*
[fait d'~] : *âwinîn, sâ'idîn*
aïe ! (cri de douleur) : *ûk ;*
[~ c'est chaud !] : *uff !*
aïeul(e) : *jidd, jidde*
aigle : *sagur al ugâb*
aigre : *hâmud*
aigrette : *gijêje*
aigreurs d'estomac : *cabbîn 2*
aigu(ë) : *mutarran*
aiguade : *mawrid ;*
[aller à l'~] : *warad*
aiguière : *ibrîg, saxxân*
aiguille : *ibre ;*
[~ à vannerie] : *daffâra 2 ;*
[grande ~] : *masalla*
aiguisage : *tarrigîn*
aiguisé(e) : *mutarrag, mutarran*
aiguiser : *sanna, tarrag, tarran*
ail (aulx) : *tûm*
aile : *janâh, jinêh 2 ;*
[~ d'une voiture] : *fandâsiye*
ailleurs [avoir l'esprit ~] : *sarah*
aimable : *harîf, salûs*
aimant mutuellement [s'~] : *mulxâwiyîn*
aime [qui ~] : *rayyâd*
aimé(e) : *habîb, mahbûb, maryûd*
aiment les uns les autres [qui s'~] : *mulhâninîn, mul'âbidîn, murrayidîn*
aimer : *azza 1, dawwar 1, habba 1, hanna, râd ;*
[~ avec tendresse] : *hânan ;*
[~ beaucoup] : *abad ;*
[~ fraternellement] : *xâwa ;*
[~ un partenaire] : *xiwi ;*
[s'~ fraternellement] : *alxâwo ;*
[s'~ mutuellement] : *al'âbado, alhâbabo, alhânano, arrâyado*
aîné(e) : *bikir, kabîr, kibêyir*
ainsi : *ke ;*
[~ que] : *misil*
ainsi soit-il : *âmîn*
air : *habûb, hawa, jaww, rih ;*
[~ d'une chanson] : *lahan ;*
[à l'~] : *kâcif ;*
[avoir l'~] : *cabah ;*
[avoir un ~ pincé] : *jabdîn al wijih ;*
[courant d'~] : *rih ;*
[se mettre à l'~] : *alhabbab*
aire à battre le mil : *dakke ;*
[~ à battre les céréales] : *madagg ;*
[~ de jeu] : *naga'at al bâl ;*
[~ de jeu au village] : *dôr 2 ;*
[~ de prière musulmane] : *masîk ;*
[~ sacrée] : *ma'bad*
aisance : *bidin, taxa*
aise : *rôga ;*
[à l'~] : *badnân, mulkayyif, murtah ;*
[être à l'~] : *alkayyaf, tixi ;*
[mettre à l'~] : *jamma 1 ;*
[qui vit à l'~] : *mudallâl, zâyit ;*
[se sentir à l'~] : *kayyaf ;*
[vivre à l'~] : *zât*
aisé(e) : *taxyân*
aisselle : *abât*
ajourner : *ajjal 2*
ajout : *wasla, ziyâde*
ajouter : *waffa, zâd 1*
ajustage : *addilîn*
ajuster : *rakkab 2, rassas*
Albizzia chevalieri : *arad*
Albizzia lebbeck : *amkacaw*
alcool : *alkôl, marîse, xamra ;*
[~ de mil] : *argi*
alcôve : *saxîr al-dangay*
alêne : *masalla ;*
[sorte d'~] : *daffâra 2*
alentour : *raff*
alerte [en état d'~] : *dawriye*
Alestes baremoze : *ampûl*
Alestes macrolepidotus : *amsallûm*
Alestes nurse : *amsallûm*
alezan : *acgar*
Algérie : *Jazâyir*
algue : *xabôb ;*
[~ bleue (spiruline)] : *dihe*
aliéné(e) : *âr 2 ;*
[se conduire comme un ~] : *al'ar'ar*
aligné(e) : *marsûs, murassas, muttajih ;*
[non-~] : *mulhâwit ;*
[qui a ~] : *murassis*
alignement : *rassisîn, rôg*
aligner : *rassas, rassa, wâsa ;*

[s'~] : *tartar*
aliment : *akil 1, ma'âc, xiza ;*
[~ en rumination] : *jirre*
alimentation : *mûna 1*
allaitement : *rada'ân ;*
[~ au sein maternel] : *radda'ân*
allaiter : *radda'*
allant : *mâci ;*
[~ troquer] : *jâlib ;*
[s'en ~ au champ] : *munfazir 2*
allégement : *xaffafân*
alléger : *xaffaf, xaffa ;*
[fait d'~] : *xaffafân, xaffîfîn*
allégresse : *surûr ;*
[fait d'être dans l'~] : *fârihîn*
Allemagne : *Almâniya*
aller : *maca,* → "**va-t'en**" *;*
[~ au-delà de] : *fawwat 1 ;*
[~ avec *qqn.*] : *adda 2 ;*
[~ bien (habit, chaussures)] : *libi ;*
[~ çà et là] : *allôlaj, laflaf ;*
[~ çà et là chercher *qqch.*] : *lawlaw ;*
[~ de l'autre côté] : *agar ;*
[~ partout] : *dagac 2, haffa 2 ;*
[~ ramasser] : *faza' 2, gacca 2 ;*
[~ sans cesse çà et là] : *jaljal ;*
[~ vers le sud] : *ôta ;*
[~ vers l'est] : *sabbah 1 ;*
[fait d'~] : *maciyîn, maci, miccêye ;*
[fait d'~ çà et là] : *jôjalân ;*
[fait d'~ de l'autre côté] : *agirîn ;*
[fait de s'en ~] : *fiwwête ;*
[s'en ~] : *fât ;*
[s'en ~ à pied] : *râx ;*
[s'en ~ çà et là] : *haffa 2*
allez ! : *Allah alêk !, yalla !*
alliage : *tûta*
alliance : *agid, garray, garrâ', mîsâx, mu'âhada ;*
[~ en or] : *dibla 2*
allié(e) : *salîh*
Allium cepa : *basal*
Allium sativum : *tûm*
allocution : *xutba*
allongé(e) : *mumattit ;*
[~ sur le dos] : *angafa, mucangil*
allongement : *jabde*
allonger (s') : *mattat*
allons ! : *kôna !*
allumage : *wallîn*
allumé(e) : *mugabbad 1, muwalla'*
allumer : *gabbad 1, walla' ;*
[~ le feu] : *karrab 3, ôgad ;*
[le fait d'~] : *ôgadân*
allumette : *kibrît, ôgîd*
allure [à toute ~] : *ajala ajala*
allusions blessantes : *lahan ;*
[faire des ~ blessantes] : *lahhan*
alors : *hiya, izan, kamân, towa ;*
[~ que] : *istâri, sife ;*
[ça ~ !] : *akko !*
alphabet [lettre de l'~] : *harif*
altération : *fasâd*
altercation violente : *hurâj*
aluminium : *aylamûn*
Am-Dam : *Amdamm*
Am-Timan : *Amm al-tîmân*
Am-Zoer : *Amziwêr*
amadouer : *râwad*
amaigri(e) : *carbân 1*
amaigrissement : *batûl*
amande de savonnier : *amkurnâka ;*
[~ du jujubier] : *amkinyêkinye ;*
[~ du prunier] : *amdolaxâne*
amant : *abba hârr, maxawi*
amante : *iya hârr*
amants : *mulxâwiyîn*
Amaranthus cruentus : *ambudu*
Amaranthus græcizans : *amnyalato*
Amaranthus viridis : *finâr, pinâr*
amas : *kôm*
amazone [assis(e) en ~] : *muwarrik*
ambassade : *safâra*
ambassadeur (-drice) : *safîr*
ambiance : *jaww, wata ;*
[~ de fête] : *kutula*
ambigu(ë) : *argat*
ambitionner : *timi'*
ambon : *minbar*
ambre : *zeytûn*
âme : *nafis, rûh ;*
[en mon ~ et conscience] : *zimme*
amélioration : *jawwadân*
améliorer : *addal, jawwad, sallah 1 ;*
[s'~] : *alxayyar 1*
amen : *âmîn*
aménagement : *addilîn*
aménager : *addad 1, jaddad 1*
amende : *hukum 1 ;*
[donner une ~] : *hakam ;*
[faire payer une ~] : *xarram ;*
[passible d'~] : *mahkûm 1*
amener : *adda 3, wadda 1 ;*
[~ à] : *wassal ;*

[~ à l'intérieur] : *daxxal ;*
[~ avec la main] : *gâd ;*
[~ la mariée dans son foyer] : *rahhal*
amer (-ère) : *murr 1 ;*
[goût ~] : *marâr ;*
[suc de plante ~] : *sibir 2 ;*
[un peu ~] : *mirêr*
Amérique : *Amirîk, Amrîka*
amertume : *marâra, marâr*
ami(e) : *rafîg, sadîx, sâhib, salîh, wali 1 ;*
[~ du marié] : *wazîr ;*
[~e de la mariée] : *wazîra ;*
[petit(e) ~] : *maxawi, sadîg*
amical(e) : *harîf*
amincir : *ragga*
amitié : *sadâxa ;*
[~ sincère] : *rufug ;*
[nouer une ~] : *xâwa*
A.M.L. : *dabbâba ayemel*
ammoniaque : *nacâdir*
Ammotragus lervia : *kabic al hajar*
amnios : *burnus*
amollir : *lân*
Amomum cardamomum L. : *habbahân*
amonceler : *kandaw*
amoncellement : *kôm*
amorphe : *faxx 2*
amortisseur : *susta*
amour : *hubb, mahanna, rêde, ucug, xayy ;*
[~ entre les humains] : *mahabba ;*
[~ mutuel] : *muhânana ;*
[pour l'~ de] : *sabîl*
amoureux (-euse) : *âcig, maxawi, muctâg, mul'âbidîn, muxâwi ;*
[être ~] : *icig*
amplificateur : *makrofôn*
ampoule : *burlâla, nafad 2 ;*
[~ électrique] : *ampûl, bisbis ;*
[provoquer des ~] : *barlal*
Amriguébé : *Amrigêbe*
amulette : *warga ;*
[port d'~] : *hijâb*
amusant(e) : *mufarrih*
amusement : *lahwa, li'ib 2*
amuser : *laha ;*
[s'~] : *addâlal, alfâraho, li'ib 1 ;*
[s'~ aux dépens de] : *alhâzaro*
amuseur (-euse) : *farrâhi*
amygdales : *talâtil*
amygdalite : *abhilêg 1, karkôra*
an : *sana ;*
[âgé(e) d'un ~] : *hôli ;*
[l'~ passé] : *amnawwal ;*
[qui date de l'~ passé] : *hâwil*
Anacridium melanorhodon : *sâr al-lêl*
analphabète : *jâhil, ummi*
analyse : *kacif 1 ;*
[faire une ~ médicale] : *kacaf ;*
[qui ~] : *muhallil 1*
analyser : *daras*
ananas : *ananas*
anarchie : *fawda*
ancêtre : *jidde, jidd*
ancien (-enne) : *cêx, gadîm, sâbix ;*
[~ combattant] : *kenza ;*
[~enne monnaie] : *sîsi*
âne (ânesse) : *humâr ;*
[~ sauvage] : *humâr kadâde*
anéanti(e) : *mudammar*
anéantir : *adam 1, dammar, hallak, hilik*
anéantissement : *adimîn, dammirîn, damâr, fana'*
anéantit [qui ~] : *mudammir*
anémie : *du'uf*
anesthésie : *banij, xaddarân 1 ;*
[~ générale] : *ibirt al-nôm*
anesthésier : *xaddar 2*
ange : *malak 2*
angine : *abhilêg 1*
angiome : *câma*
anglais(e) : *inglîzi*
angle : *madabb, rukun*
Angleterre : *Angiltara, dâr Ingliz*
angoisse : *dîxe, hamm, wijjê'e*
angoissé(e) : *galib mu'allag ;*
[être ~] : *addâyax, dayyax 1*
angoisser : *dâx 3 ;*
[s'~] : *anbahat*
Angola : *Angôla*
anguillule : *bûde*
animal : *haywân ;*
[~ du troupeau] : *bahîme ;*
[~ pour le sacrifice] : *dabîhe ;*
[~ sauvage] : *sêd ;*
[~ terrifiant] : *biskôro*
animateur radio : *sahâfi*
animé(e) : *âmir*
animiste : *kirdi, majûsi*
ankylose : *raddixîn*
anneau : *garray, garrâ' ;*
[~ de cheville] : *hijil ;*
[~ de nez] : *cinif ;*
[~ de pied en bois] : *dinbil ;*
[~ en argent] : *dibla 2*

année : *hôl, sana, sinn 2 ;*
[l'~ dernière] : *amnawwal ;*
[il y a plusieurs ~s] : *amnawwalât ;*
[passer une ~] : *hawal ;*
[qui a passé une ~] : *hâwil*
annexe : *far'i*
anniversaire : *hôl, zikra ;*
[~ de naissance] : *mawlid*
Annona squamosa : *gicta*
annonce : *i'lân, mu'ôra*
annoncer : *ballax, ôra, xabbar*
annonceur (-euse) : *mu'âlin*
annulaire : *labbâs al xâtim*
annulation de la partie : *fôra 2 ;*
[~ du mariage] : *fasaxân, fasûxa*
annuler : *ajjal 2, ballac, battal, lajjan, laxa*
Anogeissus leiocarpus : *sahaba*
ânon : *dahac ;*
[~ très jeune] : *dihêc*
anone : *gicta*
anorexie : *karkôra*
anormal(e) : *âr 2 ;*
[~ de naissance] : *mubaddal 2 ;*
[chose ~] : *ajab 2*
anse : *adân, agfa, ullâga*
antagoniste : *mu'âkis*
antan : *zamân 2*
antérieur(e) : *giddâmi, sâbix*
Anthephora nigritana : *currâba*
anthrax : *hibin*
antibiotique : *bansalîn*
antilope cheval : *ab'uruf*
antimoine : *kuhul*
antipathique : *jâfi*
anxieux [être ~] : *addâyax*
Aonyx capensis : *kalb al almi*
août : *cahari tamâne*
apaisement : *habbitîn, habitîn*
apaiser : *dalla 1, habbat, kayyaf ;*
[~ le cœur] : *radda 3 ;*
[fait d'~] : *sakkitîn ;*
[s'~] : *habat ;*
[qui sait ~ un conflit] : *faccâci*
apartheid : *tafrixa*
apathique : *faxx 2*
apercevoir : *câf ;*
[se laisser ~] : *xâyal*
apeuré(e) : *mabhût 1, muxawwaf*
aphte : *xabat-labat*
aplanir : *dakkak*
aplati(e) : *atfah, mutakkam*
aplatir : *dakkak, radas 1, taffah, takkam*
aplatissement : *takkimîn*
aplomb [d'~] : *murakkab 2*
apothicaire : *daktor cukku*
apôtre : *rasûl*
apparaître : *ancâf, bân, halla 1, tagga 2, xâyal, zahar 1 ;*
[~ au grand jour] : *ankacaf ;*
[~ brusquement] : *bagga ;*
[~ pour la première fois] : *jadda*
appareiller : *addad 1*
apparence : *cabah*
apparition du nouveau mois : *gâbilîn*
appartement : *bêt 1*
appartenir à : *hagg*
appât à oiseaux : *am'abôla*
appauvrir (s') : *faggar, fallas*
appauvrissement : *faggirîn*
appel : *da'wa, munâdâ, nâdîn, nidâ' ;*
[~ à la prière] : *azzinîn ;*
[~ téléphonique] : *mukâlama*
appelé(e) : *munâda*
appeler : *nadab, nâda ;*
[~ à la prière] : *azzan ;*
[~ à voix forte] : *kawwak ;*
[~ au secours] : *kôrak ;*
[~ en criant] : *ayyat, sâh ;*
[~ *qqn.* par son nom] : *tara ;*
[fait d'~] : *munâdâ, nâdîn ;*
[fait d'~ à haute voix] : *kawwikîn ;*
[s'~ en criant] : *alkâwako*
appellation : *usum*
appelle [qui ~] : *munâdi*
appendice : *musrân zâyid*
appendicite : *musrân zâyid*
appentis : *baranda, illiye, lugdâbe, râkûba*
appétit : *niye*
applaudir : *saffag, tabtab*
applaudissement : *safag, saffigîn, tabtibîn*
application : *ijtihâd, tatbîx*
appliqué(e) : *mujtahid ;*
[décision ~] : *munaffaz*
appliquer : *tabbax 1 ;*
[~ l'enduit] : *labax 1 ;*
[s'~] : *alfannan, zabat ;*
[s'~ des compresses] : *attâmalo*
apport : *jêbân*
apporté [qui a ~] : *jâyib*
apporter : *adda 3, jâb ;*
[~ à quelqu'un] : *wadda 1*
apprendre : *al'allam, allam, diri ;*
[~ à écrire] : *radas 2 ;*
[~ à *qqn.* à écrire] : *kattab ;*

[faire ~] : *haffaz*
apprenti(e) : *afranti, allâmi, musâ'id ;*
[grand ~] : *batakumba ;*
[petit ~] : *banjôs*
apprentissage : *allimîn, ta'lîm*
apprêté(e) : *muhassal, mujahhaz ;*
[~ pour] : *mu'azziz*
apprêter ***qqch.*** : *azzaz, hassal, jahhaz ;*
[fait d'~] : *azzizîn, hassilîn*
appris [ayant ~] : *ârif ;*
[qui a ~] : *mu'allam 1*
apprivoisé(e) : *dalûl, mutatabbi', muwaddab, muwâlif*
apprivoiser : *waddab ;*
[s'~] : *attabba', wâlaf*
approbation : *akkidîn*
approcher : *asar, garrab ;*
[s'~] : *zôxar, gârab ;*
[s'~ doucement] : *addabba*
approprié(e) : *munâsib 1*
approprier [s'~] : *taffa*
approvisionnement : *azzizîn, jêbân, kallayân, mûna 1*
approximativement : *taxrîban*
appui : *tadâmun, takkîn ;*
[prendre un point d'~] : *manna'*
appuyant : *mu'ayyid 1 ;*
[s'~ sur] : *murakkiz*
appuyé(e) : *mutakka ;*
[~ sur un coussin] : *muwassid*
appuyer : *ayyad 2, sanad, sannad, taka 1 ;*
[~ debout] : *rakaz 2 ;*
[s'~] : *almattan, takka ;*
[s'~ sur] : *almakkan, almanna', antaka, manna', rakkaz ;*
[s'~ sur un coussin] : *wassad*
âpre au gain : *tammâ'*
après : *ba'ad 1, ba'adên, tcabba 1, wara, xalf ;*
[~ avoir…] : *ba'ad ma ;*
[~ coup] : *mu'axxar ;*
[~ être…] : *ba'ad ma ;*
[~ que] : *ba'ad ma ;*
[qui vient ~] : *warrâni*
après-demain : *ambukra, bukra ;*
après-midi : *aciye, isêr, usur ;*
[début de l'~] : *duhur ;*
[fin d'~] : *usur kabîr*
Apus affinis : *abunjarâri*
arabe : *Arab ;*
[non-~] : *Rattâni*
Arabe [petit ~] : *irêbi*
Arabie Saoudite : *Sa'ûdiya*
arachide : *fûl ;*
[~ avec sa coque] : *mansôno ;*
[~s grillées] : *mandawa ;*
[~s non décortiquées] : *mansôno ;*
[tas d'~s surélevées] : *tindil*
Arachis hypogæa : *fûl*
Arada : *Arâda*
araignée : *abuncabac*
arbre : *cadar 1*
noms d'arbres : *âla 2, ablêle 1, abungawi, ambahudo, ambixêse, amdugulgul, amkacaw, amkatkat, amkurum 1, amsinêne 1, amsinêne 2, amwidêke, andarâb, angâto, arad, ardêb, bâbanûs, burtuxâl, cêbe amxillêlo, dabkar, danbalo, darôt, dawdawâ, delêb, dôm, gafal 2, garad 2, garad Makka, giddêm, girli, giyâfa, habîl, hajlîj, hallûm, harâz, himmêd, inab, jaxjax 2, jimmêz, joxân, kadâd, kalakûka, korno, kurmud, kûk, layyûn, lubân, mactûr 1, millês, mongo, mulâh 2, murr 2, nîm 1, rûm, rummân, rutrut, safarmôd, sahaba, sanawbar, sayâl, sêsabân, sunta, tabaldi, talha, tamur, warwâr, xacxâc ;*
[~ à calebasse] : *ambixêse ;*
[~ à farine] : *dawdawâ*
arbrisseau : *cidêre*
arbuste : *gusgus*
noms d'arbustes : *abundurû'u, abunliwêy, amwirêwîr, angorne, aswala, bacam ahmar, balsa, bâki, ca'alôb, cadart al marfa'în, câw, cidêre, cihhêt, gicta, halafôf, kartca-kartca, kitir abyad, kitir azrag, kulkul, maxad, mixxêd, mordo, nabag, nabag al marfa'în, sirreh, tukka, tuntub, ucar, xarrûb, xibbêc*
arc : *nubbâl ;*
[~ avec ses flèches] : *nuccâb*
arc-en-ciel : *farrâg, hajjâs al matar*
architecte : *muhandis*
architecture : *handasa*
arçon (selle) : *agfa*
Arcturus : *simâk*
Ardea cinerea : *abunxarîte*
ardent(e) dans : *cadîd*
Ardeola ibis : *rihêw*
ardeur : *fahaliye*
arête [petite ~] : *idêm*
argent : *coxol, fulûs, gurus ;*
[~ de la location] : *ujura ;*
[~ en espèces] : *kac, masârîf ;*

[~ pour le mariage] : *ma'akâl ;*
[~ sonnant et trébuchant] : *gurus abyad ;*
[avoir une bonne somme d'~] : *garrac 1 ;*
[jeu d'~] : *gumâr ;*
[ne plus avoir d'~] : *fallas ;*
[qui a de l'~] : *mugarric 1, mustatî' ;*
[qui rapporte de l'~] : *durâ' axadar ;*
[sans ~] : *isêfân ;*
[somme d'~] : *agôd*
argent (métal) : *fudda*
Argentine : *Arjentîn*
argile : *tîne ;*
[~ collante et compacte] : *lukâk*
Aristida stipoïdes : *danab al falu*
armature du puits : *aric ;*
[faire l'~] : *arac ;*
[qui sait monter l'~] : *arrâc*
arme : *silâh ;*
[~ à feu] : *bundug ;*
[nom d'une ~ antichar] : *bâzûka ;*
[nom d'une ~ de guerre] : *erbeje*
armé(e) : *musallah 1*
armée : *dêc*
armer : *sallah 2 ;*
[fait d'~ l'intérieur du puits] : *aricîn*
armoire : *dolâb ;*
[~ à glace] : *cawwâfa ;*
[~ de cuisine] : *amjimêl ;*
[petite ~] : *xattâta*
armoise : *cêbe, cêbe zarga, cîh*
arqué(e) : *munhadib, mutarbal*
arquer : *kalwaj, tana*
arrachage : *jabdîn, malatân*
arraché(e) : *mugajjam ;*
[~ du tronc (branche)] : *mamlûx*
arracher : *calax, gala', jabad, malat, sallal, xataf ;*
[~ de force] : *ballas ;*
[~ du tronc (branche)] : *mallax ;*
[~ en surface] : *naxar ;*
[~ la chair] : *gajam, gajjam ;*
[~ les cheveux] : *mallat ;*
[~ les herbes] : *jabbad, ma''at ;*
[s'~] : *ancalax*
arrangées (perles) : *maldûm*
arrangement : *mucârata, mugâwala, rayyasân*
arranger : *damdam 1, hassal ;*
[le fait d'~] : *ma'âdala ;*
[s'~] : *dabbar 1*
arrêt : *battalân, waggifîn ;*
[~ de la pluie] : *sâbne*
arrête ! : *agîf, tara !*
arrêté(e) : *muwaggaf ;*
[étant ~] : *wâgif*
arrêter : *karab 1, waggaf ;*
[~ de] : *angara' ;*
[~ une bagarre] : *hajas ;*
[s'~] : *battal, wigif ;*
[s'~ brusquement] : *haraf, taras ;*
[s'~ un moment] : *xici*
arrhes : *arbûn*
arrière [en ~] : *gafa, wara ;*
[qui est en ~] : *warrâni ;*
[revenir en ~] : *kaskas*
arrivant de : *jâyi*
arrive que [s'il ~] : *kan 2*
arrivé(e) [être ~] : *wisil*
arrivée : *jayye, jayyîn ;*
[~ au bon moment] : *sâdifîn*
arriver : *hasal, ja ;*
[~ à destination] : *wisil ;*
[~ au bon moment] : *sadaf ;*
[~ ensuite] : *agab ;*
[~ le premier] : *sabag 1 ;*
[faire ~] : *wassal*
arrogance : *batar 2, nifâx, zôm*
arrogant(e) : *batrân, fâjir, munâfix, zawwâm ;*
[être ~] : *nâfax, istakbar ;*
[rendre ~] : *baddan*
arroger (s') ;
[~ l'autorité du faki] : *alfaxxar ;*
[~ le pouvoir du cheikh] : *accayyax ;*
[~ le pouvoir du sultan] : *assaltan*
arrondissement : *arandusuma, baladiye*
arrosage : *zagayân, zagi*
arrosé(e) : *marcûc, rawyân*
arroser : *racrac 1, zaga ;*
[~ (*s. fig.*)] : *lahhas ;*
[~ en fines gouttes] : *racca*
arroseur : *zaggay 1*
art : *fann ;*
[faire *qqch.* avec ~] : *fannan*
Artemisia judaica : *cîh*
artère : *irig, warîd*
artériole : *irêg*
arthrose : *waja' al mafâsil*
article : *mâdda, rukun, xumâm*
articulation : *mafsal*
articulation correcte du Coran : *jawwadân*
articule mal [qui ~] : *ablijêne*
artisan spécialisé : *usta*

artisanat : *sinâ'a*
artiste : *fannâni, fanni*
as : *âs 2*
as [tu ~] : *ind-*
ascendance : *tâli*
ascendant(e) : *tâli'*
ascète : *wali 2*
Asie : *Âsiya*
asocial(e) : *kamkali*
Asparagus africanus : *kôb al arûs*
aspect : *cakil 1*
asperger : *baxxa, racca ;*
[fait d'~] : *lattixîn*
aspérité : *tutul*
aspersion : *baxxân*
Aspidomorpha : *itte*
aspirer par le nez : *annaccag*
aspirine : *asbirîn*
assaillir : *kabas*
assaisonnement : *ta''amân, ta'amân*
assaisonner : *ta''am*
assassinat : *kittêle*
assaut : *hajimîn 1*
assèche vite [qui s'~] : *hassay*
assèchement : *hasiyîn, xarizîn*
assécher : *hassa 2 ;*
[s'~] : *hisi*
assemblage : *lassagân*
assemblée : *jam'iye, jamâ'a*
assembler : *lamlam ;*
[~ des bois] : *wagga*
asseoir l'enfant : *gangas 2 ;*
[faire ~] : *ga''ad*
asseoir [s'~] : *ga'ad tihit, jalas 2 ;*
[s'~ en croisant les jambes] : *warrak ;*
[s'~ en tailleur] : *hakkar ;*
[s'~ sur les talons] : *gangas 1 ;*
[fait de s'~] : *gi''êde ;*
[fait de s'~ en tailleur] : *hikkêre ;*
[fait de s'~ jambes croisées] : *warrikîn ;*
[fait de s'~ pour causer] : *mujâlasa*
asservi(e) [qui a été ~] : *mu'abbad 1 ;*
[qui est ~] : *musta'bad*
asservir : *abbad, ista'bad*
asservissement : *abbidîn, ista'bidîn*
assesseur : *ajwâdi*
assez ! : *bas !*
[c'est ~] : *xalâs ;*
[en avoir ~] : *baxxad, cibi' ;*
[en avoir ~ de] : *gânaf, kafa 1, târ 2 ;*
[être ~ pour] : *kafa 1*
assidu(e) : *mulkârib, rasmi*
assiduité : *ijtihâd ;*
[travailler avec ~] : *alkârab*
assiette : *asêt, sahan ;*
[~ en porcelaine] : *sûni*
assis(e) sur la natte : *ga'ad be hêlah ;*
[~ sur les talons] : *amgangûs, gangâs ;*
[en position ~] : *gangâs ;*
[être ~ les jambes croisées] : *hakkar ;*
[fait d'être ~] : *gu'âd ;*
[fait d'être ~ en passant une jambe sur l'autre] : *tiwirrik ;*
[fait d'être ~ en tailleur] : *hakkirîn ;*
[se mettre ~ à l'aise] : *alfajfaj*
assise : *ga'ar*
assistance : *jamhûr, mu'âwana, ta'wîd*
assistant de l'imam : *ma'mûm*
assister : *câhad, gadda 2 ;*
[~ à] : *cihid, farraj, hidir ;*
[~ à un spectacle] : *alfarraj ;*
[~ un malade] : *âlaj, kâla*
association : *cirka, ictirâk, jam'iye*
associé(e) : *carîk, zamîl*
associer [s'~] : *ictarak*
assoiffé(e) : *actân ;*
[être ~] : *itic*
assoiffer [fait d'~] : *atticîn 2*
assombrir : *dallam*
assommé(e) : *muxayyin*
assoupi(e) : *na'sân*
assoupir [s'~] : *kaddas, ni'is, xamad*
assoupissement : *kaddisîn, niwwême*
assouplir : *lân*
assujettir : *saxxar 2*
assurance : *damâna, ta'kîd ;*
[~ du vrai] : *yaxîn*
assuré(e) : *mu'akkad, mu'akkid ;*
[~ par] : *murakkiz ;*
[qui s'est ~ de] : *mul'akkid*
assurer : *akkad, dimin, sabbat ;*
[s'~] : *al'akkad, najjad 2, rakkaz ;*
[s'~ par le regard] : *alwakkad*
asthme : *azma, zamme*
astrologie : *mustaxâra*
astucieux (-euse) : *mustahbil*
Atelerix albiventris spiculus : *abungunfut*
atelier : *warca ;*
[~ au bord de la route] : *haya*
athée : *munkir*
Ati : *Âtiya*
atmosphère : *jaww*
atours [être dans ses ~] : *anfasax 2*
Atractomorpha acutipennis : *haddâduk*

attachant à [s'~] : *mutmassik*
attache : *butân, dabbûs, karrâb, marbat 1, rabit, rubât, tikke ;*
[~ avec un lacet] : *zaridîn ;*
[lieu d'~ des animaux] : *marbat 2 ;*
[point d'~] : *câye ;*
[qui ~] : *murabbit ;*
[qui ~ solidement] : *rabbâti*
attaché(e) : *magrûn, marbût, mu'aggad, mucakkal, mugayyad, murabbat, râbit ;*
[~ à un service] : *mulâzim ;*
[~ au piquet] : *mutâwal ;*
[~ dans un nœud] : *ma'agûd ;*
[~ par les cornes] : *magrûn ;*
[bien ~] : *macdûd ;*
[qui a solidement ~ sur le bât] : *muzammil ;*
[qui s'est ~ à] : *mulkârib ;*
[solidement ~ sur la monture] : *muzammal*
attachement à la tradition : *aggadân*
attacher : *aggad, battan, rabat ;*
[~ avec des lanières] : *sayyar 2 ;*
[~ avec la longe] : *tâwal ;*
[~ avec un filet] : *cabbak ;*
[~ en entourant avec la corde] : *garan ;*
[~ fermement] : *rabbatân ;*
[~ les pattes] : *gayyad ;*
[~ les pis d'une femelle] : *sarra 1 ;*
[~ sa ceinture] : *rabat sulub ;*
[~ solidement] : *rabbat ;*
[le fait d'~] : *rabit ;*
[manière d'~] : *ribbête, zammilîn ;*
[s'~] : *allassag, an'agad, anrabat ;*
[s'~ à] : *alkarrab*
attaque : *hajimîn 1*
attaquer : *dâwas ;*
[~ par surprise] : *hajam 1, xâr*
attardé(e) mentalement : *mu'allic, mubaddal 2*
attarder [s'~] : *al'axxar, tawwal*
atteindre : *asâb, lihig, wâsal, wisil ;*
[~ l'eau] : *warrad 3 ;*
[~ le bord] : *adal ;*
[~ le rocher (fond du puits)] : *hajjar ;*
[chercher à s'~] : *allâhago ;*
[faire ~] : *lahhag ;*
[s'~] : *anlahag*
atteint(e) par une maladie : *mustasîb*
atteinte : *isâba*
atteints : *mullâhigîn*
atteler à [s'~] : *ankarab*
attelle : *tâbb*
attend [celui qu'on ~] : *muntazar ;*
[celui qui ~] : *murajji, muntazir*
attendant comme un mendiant : *musangir*
attendre : *haras 1, intazar, riji, sabar 1 ;*
[~ comme un mendiant] : *sangar ;*
[~ debout] : *wigif ;*
[~ la venue de] : *arrajja ;*
[~ pour surprendre] : *carrak ;*
[~ un adversaire] : *alhandar ;*
[faire ~] : *rajja' 1, waggaf ;*
[fait d'~] : *intizâr ;*
[s'~] : *anraja*
attendrir : *attaf, lân ;*
[~ par des paroles] : *râwad ;*
[s'~ (cœur)] : *raxam*
attends ! : *agîf*
attendu(e) : *muntazar ;*
[pouvoir être ~] : *anraja*
attente : *intizâr, rajayân ;*
[qui est en ~] : *musangir*
attentif (-ve) : *muntabih ;*
[être ~ à] : *sannat*
attention : *bâl 2, makâla, mukâla ;*
[~ !] : *tara !*
[~ à l'autre] : *ja'ilîn ;*
[~ d'un regard envieux] : *kallihîn ;*
[faire ~] : *angara', fakar, intabah*
attentionné(e) : *azzâz*
atterrir : *nazal*
atterrissage : *nazûl*
attestation : *cahâda*
attire le regard [qui ~] : *mujâbid*
attirer : *jabad ;*
[~ le regard] : *nâr 1*
attiser : *balbal ;*
[~ le feu] : *habba 2 ;*
[le fait d'~] : *balbala*
attitude : *wata*
attrapant : *kârib*
attrape ! : *hâk*
attrapé(e) : *mugabbad 2, mukarrab*
attraper : *gabad, karab 1, masak ;*
[~ au filet] : *gabbad 2 ;*
[~ avec force] : *dabba 2 ;*
[~ du poisson] : *hawwat ;*
[~ la rage] : *jihim 1 ;*
[~ par les cornes au lasso] : *cabba 1 ;*
[~ par surprise] : *zarra ;*
[~ plusieurs fois] : *karrab 1, karribin ;*
[~ une maladie] : *istasâb ;*

[fait d'~] : *karib, karibîn ;*
[s'~] : *ankarab*
attribuer : *mallak*
attristé(e) : *mul'assif*
attrister : *hazzan ;*
[s'~] : *dandan*
au : *fî 1, lê ;*
[~ milieu] : *ambên ;*
[~ moyen de] : *be ;*
[~ point que] : *lahaddi*
aube : *fajur ;*
[avant l'~] : *duxuc, waradde ;*
[être debout à l'~] : *bakkar 1 ;*
[passer le temps de l'~] : *fajjar 2*
aubère : *bîdi*
aubergine : *barzîn*
au-delà [l'~] : *âxira ;*
[~ de] : *mugtâ', xâdi*
audible [être ~] : *ansama'*
auditeur (-trice) : *mustami'*
audition : *sama', sami'în*
auditorium : *bêt al malammât*
augmenter : *kambal, kitir 1, zâd 1 ;*
[~ le prix] : *xalla 2*
aujourd'hui : *al yôm*
aumône : *carâfa, futra, sadaxa ;*
[~ à l'occasion d'une mort] : *âjirîn ;*
[~ légale et obligatoire] : *zaka ;*
[donner l'~] : *saddax 2 ;*
[donner une ~] : *fattar, âjar 2 ;*
[en ~] : *karâma 2 ;*
[qui a payé l'~ légale] : *muzakki*
auparavant : *awwal, gabul, gibêl*
auprès de : *garîb, ind*
auriculaire : *tarfâni*
aurore : *cagâg*
ausculter : *kacaf*
aussi : *aydan, kamân, kazâlik, kula ;*
[~ longtemps que] : *mata kula kan*
aussitôt : *mubâcaratan, tawwâli*
Australie : *Ostrâlya*
autant que : *gadâr, gadur, misil ma*
authentique : *aslî, hurr*
autocar : *kâr*
automitrailleuse légère : *dabbâba ayemel*
automobile : *trimbîl*
autonome [être ~] : *faraj 1*
autonomie [faire preuve d'~] : *darwal*
autorisation : *izin, ruxsa, tasrîh ;*
[~ écrite] : *wakâla ;*
[donner l'~] : *sarrah 1*
autoriser : *âzan, sarrah 1*
autoritaire : *azrag, isti'mâri*
autoritarisme : *hâkûma zarga*
autorité : *kubûriye ;*
[qui a une forte ~] : *ên hamra*
autorités de l'État [les ~] : *hâkûma*
autre : *âxar, bâgi, cik, tâni ;*
[~ que] : *xêr 3 ;*
[de l'~ côté] : *mugtâ' ;*
[entièrement ~] : *cik cik ;*
[l'~ monde] : *âxira*
autrefois : *zamân 1, zamân 2*
autrement : *kan mâ kê da*
autruche : *na'âm ;*
[~ mâle] : *idlîm*
auvent : *illiye, lugdâbe, râkûba*
avalé(e) [être ~] : *anzarat ;*
[~ d'un seul coup !] : *tuct !*
avaler : *zarat, zarrat ;*
[fait d'~] : *zarritîn ;*
[s'~] : *anzarat*
avance : *anzay 2, arbûn, mugaddam, tagdîm ;*
[~ !] : *alfaddal, darr !, hurr !*
[~ sans bruit] : *dabbân ;*
[en ~] : *ambahîn ;*
[qui ~] : *zâhif ;*
[recevoir une ~] : *addayyan*
avancé(e) : *mutaxaddim, muzahhaf*
avancée à terre : *zahif, zahîfîn*
avancement : *tagaddum, zahhifîn*
avancer : *algaddam ;*
[~ puis reculer] : *râza ;*
[faire ~] : *lazza, sarah, zahhaf ;*
[faire ~ devant soi] : *sâg 1 ;*
[s'~] : *zôxar ;*
[s'~ lentement] : *addabba*
avanie : *dulum 1, hugra, zulum*
avant : *awwal, dunjay, gabul, gubbâl ;*
[~ de] : *gubbâl ma ;*
[~ que] : *gubbâl ma, hatta 4, kadar 1 ;*
[en ~] : *giddâm 1 ;*
[pas ~ que] : *ba'ad ma hatta ;*
[qui est en ~] : *giddâmi, mugaddim*
avantage : *manfa'a, maslaha, nafa' 2*
avantageux : *raxîs ;*
[être ~] : *fâd*
avant-bras : *îd ;*
[os de l'~] : *jarîday*
avant-garde : *talî'e*
avant-hier : *awaltamis ;*
[la nuit d'~] : *bâreh*
avant-toit : *kurnêc*

avare : *cagi, cagyân, fasil 1, harîs, jabbâri 1, kisêre yâbse, raxbân ;*
[être ~] : *hiris, rixib*
avarice : *fasâla 1, jubur, raxab*
avec : *be, ma'â*
avenir : *mustaxbal ;*
[l'~] : *xêb ;*
[lire l'~] : *saxxar 1*
averse : *caxatûr ;*
[temps des premières ~s] : *rucâc*
aversion : *karâha ;*
[se prendre en ~] : *alhâgaro*
averti(e) [qui a été ~] : *muxawwaf*
avertir : *carat 2*
avertissement : *inzâr, mucrât ;*
[donner un ~] : *carat 2, jarrad, warwar*
avertisseur sonore : *bûri*
aveu : *ihtirâf*
aveugle : *amyân, darîr ;*
[devenir ~] : *imi ;*
[être ~] : *imi*
aveugler : *ama 1*
avez [vous ~] : *ind-*
avide : *cahwân, raxbân, tammâ'*
avidité : *tama'*
avion : *tayyâra*
avis : *hasab 2, i'lâm, rây ;*
[prendre l'~ de *qqn.*] : *câwar*
avisé(e) : *ab'agul, âgil*
avocat (fruit) : *âbuka*
avocat(e) : *muhâmi*
avoir : *ind- ;*
[~ chaud] : *sawwa 2 ;*
[~ faim] : *sawwa 2 ;*
[~ froid] : *sawwa 2 ;*
[~ lieu] : *kân ;*
[~ soif] : *sawwa 2 ;*
[en ~ assez de] : *riwi*
avons [nous ~] : *ind-*
avorté(e) : *tarhân*
avortement : *rumâye, tarhîn, turâh*
avorter : *tarahat*
avouant sa faute : *muhtarif 1*
avouer : *bayyan, garra 2, ihtaraf*
avril : *cahari arba'a*
axonge : *wadaka*
Azadirachta indica : *nîm 1*

b

babésiose : *bôl al-damm*
babeurre : *ruwâba*
babouches [paire de ~] : *jazma*
babouin : *tigil*
baby-sitter : *acangay*
baccalauréat : *bakalôrya*
bâche : *bâc 1*
badaboum ! : *kungurung !*
badamier du Sénégal : *darôt*
bagages : *hâja, idde 2, xumâm ;*
[~ des nomades] : *rahal 3*
bagarre : *duwâs ;*
[provoquer la ~] : *câkal, fatinîn*
bagarrer [se ~] : *dâwas*
bagarreur (-euse) : *dâwâsi, xacîm*
bague : *garrâ', garray, xâtim*
baguette : *mitêrig, mutrag ;*
[~ de pain] : *gandûl mappa ;*
[~ pour produire le feu] : *mufrâka*
Baguirmien : *Bâgirmi*
bah ! : *tca !*
bai brûlé : *ahaw*
bai orangé : *kurdum*
Baïbokoum : *Baybokum*
baigné(e) [qui s'est ~] : *mulbarrid*
baigner (se) : *barrad 1 ;*
[fait de se ~] : *barûd ;*
[se ~] : *albarrad*
bâiller : *tâwab*
bain : *barûd ;*
[~ de purification] : *janâba*
baïonnette : *sonki*
baiser (un) : *habbe*
baisse de prix : *raxasa*
baisser : *dangas ;*
[~ de prix] : *rixis ;*
[~ la tête] : *dallal, dangar ;*
[~ la tête et lever le postérieur] : *faggas ;*
[faire ~ le prix] : *raxxas*
bajoues : *talâtil*
bakchich : *dêwân 1, racwa*
Bakha : *Baxxa*
balade : *fusha, jôjalân*
balader : *jôjal*
balafre : *alâma, calix*
balai : *mugcâce*

balance : *mîzân*
balancer : *dôdal, lôlaj, râza ;*
[~ les bras en marchant] : *azzaggal ;*
[~ les hanches] : *alfassal ;*
[fait de ~ les bras en marchant] : *zaggilîn ;*
[se ~] : *allôlaj, anhazza, tôtah*
balancier : *dâmi, farkato*
balançoire : *amtôtahâne*
Balanites ægyptiaca : *hajlîj*
balayage : *gaccîn*
balayé(e) : *magcûc ;*
[être ~] : *angacca*
balayer : *gacca 1, gacgac ;*
[faire ~] : *gaccac ;*
[fait de ~] : *gaccîn*
balayeur (-euse) : *gaccâci*
balbutier : *attarta', darwal*
baldaquin : *abdallâla*
Balearica pavonina : *xarnûk*
balle (ballon de jeu) : *bâl 3 ;*
[~ de fusil] : *rassâs ;*
[~ du grain] : *cara 2, uttâb*
ballon : *bâl 3, hanbûba, kûra*
ballonnement : *nufâx ;*
[ressentir des ~s] : *annafax*
ballot : *rabîte, rubta*
ballotté(e) [être ~] : *ajjôjal*
balluchon : *surra 2*
balzane : *hijil ;*
[qui porte des ~] : *muhajjal*
bambins : *iyêyilât*
bambou : *gana*
banane : *banân*
banc : *banbar, mag'ad 1 ;*
[petit ~ de cuisine] : *binêbir ;*
[table-~] : *kanaba*
Banda : *Banda*
bandage : *bândi*
Bandala : *Bandala*
bande : *bândi ;*
[~ de coton tissé à la main] : *tcâka ;*
[~ des fréquences radio] : *môja ;*
[~ magnétique] : *carît, kâsêt*
bander : *lawlaw*
bandit : *bandî, harâmi ;*
[~ de grand chemin] : *hambâti, rabbât al-durûb ;*
[petit ~] : *kiyêfir, sirêrîg*
banditisme : *rûh harâmiye*
bandoulière : *ullâga*
Bangui : *Bangi*
Bani Halba : *Bani Halba*
banque : *banki*
banquet : *maskaro ;*
[~ de mariage] : *agôd*
baobab : *kalakûka, tabaldi ;*
[~ des chacals] : *aswala, cadart al marfa'în*
bar : *bâr 2 ;*
[~ traditionnel] : *gôdâla*
baragouin : *ratîn*
baragouiner : *ratan*
baragouineur (-euse) : *Rattâni*
baraque ! : *co' !*
baraqué [qui a ~] : *bârik ;*
[qui a été ~] : *mubarrak*
baraquer : *barak ;*
[demander au chameau de ~] : *barrak*
baratin : *barâhîn*
baratter : *tcaltcak*
barbe : *digin ;*
[~ de maïs] : *kufûfu ;*
[quelle ~ !] : *haca !*
[qui n'a pas de ~] : *adrûji*
barbelé [fil de fer ~] : *carkalôta*
barbichette : *digêne, digin tcakkâka*
barbier : *wanzâmi, zayyâni*
barbiturique [absorption de ~] : *xaddarân 1*
barbu(e) : *abdigin*
Bardaï : *Barday*
baril : *birmîl*
bariolé(e) : *mulawwan, muraggat*
barioler : *raggat*
barrage : *hubus*
barre à mine : *atala, haffâr*
barré(e) [chemin, route ~] : *musakkar 2*
barrer : *al'ârad, sakkar 2, ârad ;*
[~ la route] : *alhandar ;*
[~ la route pour voler] : *hambat*
barrière : *bâryêr, mahatta*
bas : *tihit ;*
[~-fond] : *bûta ;*
[~ monde] : *dunya*
basculement : *dardigîn*
base : *asâs, bâz 2, rukun, sâs, xâ'ida ;*
[~ circulaire de la charpente] : *dâra 2, dinbil ;*
[~ du pain de sucre] : *dunbur ;*
[~ militaire] : *bâz 2, mantaxa*
basilic : *amrihân 1*
bassesse : *razâla*
bassin : *saraf 2, tacig, xôrân*

bas-ventre : *dabbe 2, giddâm 2, mahasan, umur 1*
bât : *tukuzo ;*
[~ en rondin] : *marcaha*
bataille : *duwâs, hârabân, muhâraba ;*
[jeu de ~ (jeu de cartes)] : *fûli*
bâtard(e) : *farax 1, mulaggat*
bâter : *zammal*
bâtiment : *bêt 1*
bâtir [se ~] : *anbana*
bâton : *asa 2 ;*
[~ de jet] : *safarôg ;*
[~ flexible] : *mutrag ;*
[~ pour la boule] : *muswât ;*
[~ pour remuer la sauce] : *warwâr ;*
[gros ~] : *mudbâx, muglâm, ûd*
battage : *daggîn, daribîn*
battement : *daribîn ;*
[~ de main] : *safag ;*
[derniers ~s de cœur] : *taggâg*
batteur (-euse) : *darrâb ;*
[~ (orchestre)] : *darrâbi ;*
[~ en bois] : *mufrâka, warwâr*
battre : *dagga 1, darab, nabal, xalab ;*
[~ à grands coups] : *taggag ;*
[~ des mains ou des pieds] : *tabtab, tagtag ;*
[~ le petit tambour] : *tanbal 1 ;*
[~ le plein] : *daggal 2 ;*
[~ les cartes] : *tcakka 2 ;*
[fait de ~] : *daribîn, jalid ;*
[se ~] : *addâgago, addâwaso, alfâkako, ancabako, andagga, annâgaro, dâwas*
battu(e) : *madgûg, madrûb 1, madrûb 2 ;*
[~ avec zéro point] : *fûku ;*
[être ~] : *andagga, anxalab ;*
[gombo ~ pour la sauce] : *mafrûk*
baudruche : *hanbûba*
Bauhinia rufescens : *kulkul*
baume : *fumâd, galba ;*
[~ au camphre] : *mastalanti cinwa*
bavard(e) : *awwây*
bave : *amjulûlu, riyâle, zabad*
baver : *rayyal ;*
[en ~] : *akal garad*
bavoir : *maryala*
bazooka : *bâzûka, erbeje*
Bdellium d'Afrique : *gafal 2*
beau (belle) : *jamîl, sameh ;*
[se rendre ~] : *al'addal ;*
[plus ~] : *asmah*
beau-fils : *nasîb 1*
beau-frère (de l'épouse) : *hama*
beau-frère (du mari) : *nasîb 1*
beau-père : *nasîb 1*
beau-père de [qui est ~] : *munâsib 2*
beaucoup : *katîr, kê ;*
[~ plus] : *aktar, azyad*
beauté : *jamâl, samâh, zîna ;*
[qui fait la ~] : *mujammil 1*
bébé : *jana 2, radî', saxîr*
Bébédjia : *Bêbija*
bec [prise de ~] (*s. fig.*) : *hurâj*
bécassine des marais : *diyêk al almi*
bêchage : *najirîn*
bêché(e) : *manjûr*
bêcher : *najar*
becquée [donner la ~] : *laggam ;*
[qui donne la ~] : *mulaggim ;*
[qui reçoit la ~] : *mulaggam*
bedaine : *girbe 2*
bédouin(e) : *badawi*
bêê ! : *ambêh !*
bégaiement : *amtamtâma*
bégayer : *tamtam*
bégueter : *lablab 1*
beignet [petit ~] : *fangâsu*
beignets : *benkâf, ka'ak mugatta', kosey ;*
[gros ~] : *tâbuska ;*
[petits ~] : *ligêmât*
Beinamar : *Beynamar*
bêler : *baka*
bélier : *kabic, xarûf ;*
[jeune ~] : *kibêc*
belle : *jamîle, samhe ;*
[à la ~ étoile] : *sagî'*
belle-famille : *nasâba*
belle-mère : *amme, nasîbe 1 ;*
[qui est devenue ~] : *munâsibe 1*
belle-sœur : *hamât*
belote [sorte de ~] : *basara*
ben ailé : *hallûm, mulâh 2*
bénédiction : *baraka ;*
[~ !] : *bârakallah !*
bénéfice : *daxil, fâyde, kasibîn, maksab, maslaha, ribah ;*
[procurer du ~] : *rabbah ;*
[réaliser un ~] : *kisib*
bénéficiaire : *mustafîd, rabhân*
bénéficier : *alfayyad, istafâd, ribih ;*
[faire ~ qqn.] : *kassab*
bénéfique : *durâ' axadar ;*
[être ~] : *nataj*
bénir : *bârak 1*

benjamin : *amgurâra, hattât al kurûc*
Benoye : *Benoy*
benzine : *banzîn*
berbéré : *berbere*
berceau : *amtôtahâne*
bercement : *lôlîn*
bercer : *lôla*
berge : *juruf, karkaw*
berger (-ère) : *râ'i ;*
[~ (-ère) de petit bétail] : *xannâma ;*
[~ de vaches] : *baggâri ;*
[~ salarié] : *keri ;*
[~ solitaire] : *azzâbi*
bergeronnette : *amgirêdûn*
Bergia suffruticosa : *rimte*
berner [se ~] : *alxâcaco*
besace : *bal'ûm ;*
[~ des nomades] : *xarîte ;*
[petite ~] : *dabiye*
besoin : *hâja, xarad ;*
[avoir ~ de] : *hiwij ;*
[avoir ~ d'excitant] : *algaryaf ;*
[être dans le ~] : *al'assaf, faggar ;*
[qui a ~ de] : *hawjân ;*
[qui a ~ de drogue] : *mugaryif ;*
[qui a ~ de soin] : *âr 2 ;*
[qui est dans le ~] : *isêfân, muhtâj ;*
[qui est un peu dans le ~] : *ti'êbân*
bestiaux : *bahîme*
bétail [gros et petit ~] : *bahîme*
bête : *awîr 1, bahîme, balîd, haywân, matmûs 2 ;*
[~ de somme] : *zâmile ;*
[~ du troupeau] : *mâl*
bêtise : *awâriye, safâha*
bêtises : *laxwâs ;*
[dire des ~] : *laxwas ;*
[faire des ~] : *annâhas*
beuglement : *ja'îr 2, karrîn 2*
beugler : *karra 1*
beurre : *dihin bagar, dihine, zibde 1 ;*
[~ fondu] : *dihin bagar ;*
[couleur du ~] : *samni*
biaiser : *fâjax*
biberon : *bibron*
Bible : *kitâb*
biceps : *amfawwâra*
biche-cochon : *amtigidim*
bicyclette : *biskilêt*
bide : *girbe 2*
Bidéyat : *Bideyât*
Bidio : *Bidyo*
bidon : *badông ;*
[~ en fer] : *jaylûn ;*
[~ en fer blanc] : *safîhe ;*
[~ en plastique] : *jarkan ;*
[deux ~s d'eau] : *karangalê*
bien : *adîl, kwayyis, mas'i, mazbût, sameh, tak ke, xêr 1, zên ;*
[~ !] : *adal !, hâ sameh !, sameh !*
[~ portant(e)] : *tayyib ;*
[~ que] : *lâkin, sife ;*
[~ sûr !] : *aywâ !, âhah !*
[c'est ~ !] : *abcur !, mâ câ' Allah !*
[faire du ~] : *hasan 1 ;*
[qui fait du ~] : *muhsin*
bien-être [procurer le ~] : *jamma 1 ;*
[se trouver dans le ~] : *arrayyad*
bienfaisant(e) : *ihsâni, zên*
bienfait : *hasana*
bientôt : *garîb, tcabba 1*
bienvenue ! : *jîtan jît*
bière en bouteille : *biyêr, gâlâ ;*
[~ de mil] : *amtab'aj, bilbil, daxabûba, gûyi, kôcât, kondorong, korde, marîse, nîlon ;*
[~ de mil périmée] : *muraggada*
bifurcation : *mafrag*
bigarré(e) : *daragât 1 ;*
[pelage ~] : *argat*
bijou [nom d'un ~] : *bûgay ;*
[nom d'un ~ or] : *farajallah ;*
[nom d'un ~ pour le nez] : *abgacca*
bijoutier : *sayyâxi*
Bilala : *Bulâla*
bilan : *kacif 2, muhâsaba ;*
[faire le ~] : *hâsab*
bile vomie : *ammarrâra*
bilharziose : *hasar ;*
[avoir la ~] : *hassar ;*
[qui a la ~] : *muhassir*
bille : *bille*
billet : *biyê, katkat 1 ;*
[~ de cinq cents francs CFA] : *miya ;*
[~ pour un voyage] : *tazkara ;*
[prix du ~ pour un voyage] : *ijâr*
Biltine : *Biltin*
biographie : *sîra*
biquette : *sixêl*
bistouri : *mûs*
Bitkine : *Bitkin*
bizarre : *ajîb*
blaguer : *istahbal, tcalbax*
blâmable : *harâm*

blâmer : *lâm*
blanc (blanche) : *abyad, bêda ;*
[~ cassé] : *abyad labani, labani, samni ;*
[~ immaculé] : *karr 1*
Blanc : *nasrâni ;*
[petit ~] : *nisêrâni ;*
[se comporter comme un ~] : *annasran*
blanchâtre : *mubayyid*
blancheur : *bayâd 1*
blanchi(e) dans l'eau : *mudamrag*
blanchir le mil : *damrag, addamrag*
blanchisseur (-euse) : *xassâli*
blasphème : *kufur*
blatérer : *gargar 2, raxa 3*
blé : *gameh ;*
[soupe de ~] : *malîl*
blennorragie : *bajal*
blépharite : *jarab*
blèse [qui ~] : *abbullâxa*
bléser [fait de ~] : *bullaxa*
blessant(e) : *mujarrih*
blesse [qui ~] : *mujarrih ;*
[celui qui ~ à la tête] : *fajjâj*
blessé(e) : *madrûb 1, mafjûj, majrûh ;*
[~ à la tête] : *mufajjaj 1 ;*
[être ~] : *al'awwar, anjarah ;*
[être ~ à la tête] : *anfajja ;*
[qui a été ~] : *mujarrah*
blesser : *akal, awwar, jarah ;*
[~ à la tête] : *fajja 1, fajjaj ;*
[~ gravement] : *alla, awwag ;*
[~ plusieurs fois] : *jarrah ;*
[chercher à ~] : *allâhago ;*
[fait de ~] : *jarihîn ;*
[fait de ~ le dos d'une bête] : *dabbirîn 2 ;*
[se ~] : *al'awwar, anjarah ;*
[se ~ à la tête] : *alfajjaj, anfajja ;*
[se ~ le dos] : *dabbar 2 ;*
[se ~ mutuellement à la tête] : *alfâjajo 1*
blessure : *jarhe, jarih, jarihîn, jarrihîn, uwâra ;*
[~ à la tête] : *fajje, fajjijîn 1, fajjîn 1, falga ;*
[~ grave] : *allîn*
bleu (ecchymose) : *radix ;*
[avoir un ~] : *wirim ;*
[avoir des ~s] : *arraddax ;*
[provoquer un ~] : *radax ;*
[qui a un ~] : *mardûx*
bleu(e) : *zahari ;*
[~ noir] : *kuhuli ;*
[colorant ~] : *zahar 2 ;*
[rendre ~] : *zahhar*
bleuâtre : *labani*
blindé : *dabbâba 1*
bloqué(e) : *mazrûr*
bloquer entre le nez et la gorge [se ~] : *carag*
bloquer sa course : *taras*
blottir [se ~] : *al'âsaro ;*
[fait de se ~ dans le giron] : *hidâne*
bluff : *bahbâr*
bluffer : *bahbar*
bluffeur : *bahbâri*
boa : *asala ;*
[~ des sables] : *abundiffên*
bobards [qui raconte des ~] : *xilêbâti*
bobine pour filer à la quenouille : *mutrâra*
bœuf : *bagar, tôr xasi*
boire : *cirib ;*
[~ à satiété] : *riwi ;*
[~ exagérément] : *kôyal ;*
[~ une gorgée] : *jixim ;*
[de quoi ~] : *zuga ;*
[donner à ~] : *carrab, carribîn, zaga ;*
[donner à ~ une petite gorgée] : *jaxxam ;*
[faire ~] : *carrab ;*
[fait de ~] : *curâb ;*
[fait de ~ exagérément] : *kôyilîn ;*
[fait de ~ pour la première fois] : *lajja ;*
[fait de ~ un peu] : *cirrêbe ;*
[fait de donner à ~] : *zagi ;*
[forcer à ~] : *haggan ;*
[qui aime ~] : *cârib 2 ;*
[se ~] : *ancarab*
bois : *hatab ;*
[~ aromatique] : *sandal ;*
[~ d'encens sucré] : *sukkariye ;*
[~ élagué] : *ûd ;*
[~ fourchu] : *ci'ibe ;*
[~ odoriférant] : *ablêle 1, gamâri 1 ;*
[~ parfumé] : *duxxân ;*
[~ vermoulu] : *xucxuc ;*
[petit ~] : *xucxuc ;*
[petit morceau de ~] : *hitêbay*
boisson : *carâb, curâb, macrûb ;*
[~ alcoolisée] : *marîse, xamar 2, xamra ;*
[~ de mil écrasé] : *ajîne ;*
[~ fermentée à base de mil] : *dagga 3, kondorong, nîlon ;*
[~ sans alcool] : *asaliye, karkadê, xubâce*
boîte : *bwât, kôb ;*
[~ à parfums] : *kantôca ;*

[~ de nuit] : *bwât ;*
[~ en carton] : *kartôna ;*
[~s de conserve] : *mu'allabât ;*
[grosse ~ en fer] : *sandûg, tanaka ;*
[mis en ~ de conserve] : *mu'allab*
boiter : *ba'aruj, dala' ;*
[fait de ~] : *dala'ân*
boiterie : *ab'iggêl, abgêd, abgiyêdât, dala'ân*
boiteux (-euse) : *a'raj, arwaj*
boitiller : *dala'*
Bokoro : *Baykôrô*
Bol : *Bôl*
bol [~ émaillé] : *kôro ;*
[~ en bois] : *gadah*
Bolgo : *Bolgo*
Bolivie : *Bolivya*
Bombax costatum : *rûm*
bombe : *xunbula*
bon : *aywâ, halu, izan, kwayyis ;*
[~ !] : *Allah alêk !, âhah !, hâ !, pan, sameh !, yô sameh !*
bon (bonne) : *adîl, karîm 1, mazbût, sameh, sâleh, tari, zên ;*
[~ (bonne) à rien] : *fâsid 1, masrûf, razîl ;*
[~ augure] : *mubaccir ;*
[~ marché] : *raxîs ;*
[~ pour] : *dên ;*
[~ sens] : *ilim al-râs ;*
[devenir ~ marché] : *rixis ;*
[faire un ~ pour] : *addayyan ;*
[pour de ~] : *hadd 2*
bonne [~ arrivée !] : *jîtan jît ;*
[~ nouvelle] : *bicâra ;*
[~ nuit !] : *Allah yisabbihna !*
[faire une ~ œuvre] : *hasan 1 ;*
[de ~ qualité] : *aslî ;*
[en ~ santé] : *kwayyis*
bonbon : *halâwa*
bond [d'un ~] : *burdulub*
bondir : *farra 2, natta ;*
[~ sur] : *alkâbaso*
Bongor : *Bongôr*
bonheur : *baraka, dalâl 1, sa'âda, xêr 1, âfe 1 ;*
[porte-~] : *mayâba ;*
[qui est dans le ~] : *sa'îd*
bonifier [se ~] : *al'addal*
boniment : *fusux, ilim al xalbât ;*
[faire des ~s] : *tartac*
bonimenter : *laxam 1*
bonjour ! : *jîtan jît, lâlê, lalêk, lalêki, salâm alêk ;*
[dire ~ à *qqn.*] : *sabbah 2*
bonne d'enfants : *acangay*
bonne-maman : *habbôba, kâkay 1*
bonnet : *tâgiye, tarbûc ;*
[~ brodé] : *mansaj*
bonsoir ! : *amsêtu, salâm alêk*
bonté : *kurum 2, ni'ma, rahama, saxâ*
Borassus æthiopum : *delêb*
borborygmes [faire des ~] : *caxar*
bord : *cârib 1, taraf ;*
[~ rongé par l'oued] : *karkaw ;*
[qui est au ~] : *tarfâni*
bordé(e) d'un ourlet : *makfûf*
bordeaux (couleur) : *kabdi*
bordure : *kaffe 1 ;*
[~ de couleur] : *zîg ;*
[~ du tissu] : *kinar*
borgne : *a'war*
bornage : *hawwacân*
borne : *bôr, kalanki*
borné(e) : *matmûs 2, mubawwar*
borne-fontaine : *tiyo*
borner un terrain : *bawwar 2, hawwac 1*
Bornouan : *Borno*
Bororo : *Ambororo*
Boscia senegalensis : *mixxêd*
Boscia senegalensis [fruit frais du ~] : *ambala'o*
bosse : *hadaba ;*
[~ du zébu ou du chameau] : *zinkitte ;*
[~ frontale] : *bugce ;*
[~ occipitale] : *zongol ;*
[~ sur le dos] : *surdâb ;*
[faire une ~] : *dardam ;*
[se faire une ~ à la tête] : *karnak 1*
bossu(e) : *ahdab, abdihêr, munhadib*
Boswellia papyrifera : *amkatkat*
bot(e) : *mukalwaj*
boubou : *angumâji, gumâji, jallâbiye*
bouc : *tês ;*
[jeune ~] : *tiyês*
bouchage : *samme*
boucharde : *naggâca*
boucharder : *nagac, naggac*
bouche : *gaddûm, xacum ;*
[grande ~] : *fanjûla ;*
[petite ~] : *gidêdîm*
bouché(e) : *masdûd, mukaddak, mulawwas ;*
[être ~] : *andafan*
bouchée : *lugma, saffe*

boucher (fermer) : *kaddak 2, sakkar 2 ;*
[~ en couvrant] : *kafa 2 ;*
[~ un trou] : *lawwas, saddad, samma 1 ;*
[se ~] : *allawwas, andafan, ansadda*
boucher (homme) : *jazzâra*
boucher [travail de ~] : *jizâra*
boucherie (profession) : *jizâra*
bouchon : *samme, sidâde*
boucle : *barcam 2 ;*
[~ d'oreille] : *gamar bôba, tallâl, xurûs ;*
[~ de nez] : *cinif*
bouclier : *daraga*
bouder : *azza 3*
bouder *qqn.* : *zâm*
boue : *ratôto 1, tamala, tîne ;*
[~ durcie] : *jagallo ;*
[~ fine] : *wahal*
bouge [qui ~] : *muharrik*
bougeotte [qui a la ~] : *mulajlaj*
bouger : *alharrak, fatfat, harrak, laglag, malmal ;*
[faire ~] : *hozzaz, lajlaj*
bougie : *cam'e*
bougonner : *nang-nang*
bouillant(e) : *fawwâr, fâyir, mufawwar, muwallak*
bouilli(e) : *mufawwar, musaxxan, muwallak ;*
[~ dans l'huile] : *magli*
bouillie : *madîde ;*
[~ de blé] : *malîl ;*
[~ de mil aux herbes] : *dinâzi ;*
[~ de riz au lait] : *basîse ;*
[~ très légère] : *lâyo*
bouillir : *fâr 1 ;*
[~ le thé] : *taxtax ;*
[faire ~] : *fawwar, wallak ;*
[fait de ~] : *fawwirîn*
bouilloire : *saxxân*
bouillonnement : *fôrîn*
Boulala : *Bulâla*
boule : *durduma ;*
[~ de farine cuite] : *asîda, êc ;*
[~ mangée sans sauce] : *angâbo ;*
[former une ~] : *dardam ;*
[grosse ~ de mil] : *sôrîg ;*
[mis en ~] : *mu'abbak*
bouleau d'Afrique : *sahaba*
boulette : *abbût, durduma ;*
[~ de mil] : *amkucuk, godogodo ;*
[~ de sésame] : *sumsumiye ;*
[~ de tourteaux] : *wiliwili ;*
[~ de viande] : *kufta ;*
[fabrication de ~] : *abbikîn ;*
[presser des ~] : *abbat ;*
[rouler des ~] : *dardam ;*
[se transformer en ~] : *garjam*
bouleversé(e) : *hayrân*
boulonné(e) [bien ~] : *mugarrad 2*
boulonner : *garrad 2*
bourbier : *abnazzâz*
bourbouille : *darac 3*
bourdonner : *danna, nôna*
bourgeonner : *xaddar 3*
bourrasque : *garwa*
bourré(e) : *mahcûr, makmûd*
bourreau : *azzâb*
bourrer : *anhacar, hacar, kamad ;*
[~ en enfonçant un bâton] : *tcakka 4 ;*
[~ le feu avec du bois] : *balbal*
bourru [lait ~] : *halîb*
bourse : *juzulân ;*
[~ d'études] : *minha*
bourses : *bêdât*
boursoufler [se ~] : *annab, barlal*
boursouflure : *burlâla ;*
[avoir de petites ~ s (peau)] : *garjam*
bousculade : *hamaj, taricîn, zahma*
bousculer : *âsar, tarac 1, zaham ;*
[~ avec force] : *dagaf ;*
[se ~] : *azzâhamo*
bouse : *ba'ar*
bousier : *abunjôrân*
bousillé(e) [être ~] : *tilif*
bousiller : *tallaf*
Bousso : *Buso*
bout : *agâb, taraf ;*
[~ de ficelle] : *hibêlay ;*
[petit ~ de bois] : *hitêbay ;*
[qui est au ~] : *tarfâni*
bouteille : *gazâz ;*
[~ d'un litre] : *lîtir ;*
[~ de parfum] : *fatîle ;*
[~ thermos] : *sabbâra 2 ;*
[petite ~] : *bannûray, kitêkire*
bouteur : *katarpila*
boutique : *dukkân, magaza*
bouton : *durduma ;*
[~ d'une radio] : *mawja, môja ;*
[~ de vêtement] : *zirre, zarrâr ;*
[~ sur la peau] : *nafad 2 ;*
[~ sur le visage] : *namnam ;*
[gros ~ sur la peau] : *hibin ;*
[petits ~s de chaleur] : *darac 3 ;*

[se couvrir de ~s] : *kantac*
boutonneux (-euse) : *mugarjim*
boutonnière : *irwa*
bouturer : *bazzar 1*
bouvier (-ère) : *baggâri, râ'i*
Bouvier [constellation du ~] : *simâk*
bouvillon : *ijil, ijil madmûn, tiyêr*
bovin : *bagar*
boxe : *mulakama*
boxer : *lâkam*
boxeur : *mulâkim*
boy : *bôy*
boyaux : *hacâ*
bracelet : *kîri 1, suwâr 1 ;*
[~ de cuivre] : *dimlij ;*
[~ en ivoire] : *âj ;*
[~ en plastique] : *sabal 2 ;*
[~ plat en or] : *xiwêce*
bracelet-bague : *dabbâba 2*
Brachiaria kotschyana : *kirêb*
Brachiaria regularis : *kamdala*
braconnier : *carrâki, kajjâj*
braille [qui ~] : *sarrâx*
brailler : *awwa 1*
braiment : *karrîn 2*
braire : *karra 1*
braise : *jamur ;*
[porte-~] : *kânûn*
brancard : *barangâl*
branche : *firi' ;*
[~ de rônier effeuillée] : *jarîd ;*
[~ la plus haute] : *fire' al môt ;*
[grosse ~] : *xusun ;*
[petite ~] : *mitêrig*
branchette : *fire', xisên*
branlant(e) : *mufakkak*
branler : *laglag, raxrax*
bras : *durâ', îd 2 ;*
[~ croisés] : *mukattaf ;*
[fait de serrer les ~] : *hidâne*
brasero [petit ~] : *kânûn, kiwênîn*
brave : *fahal, fâris, za''âri*
bravo ! : *abcur, adal !*
bravoure : *fahaliye, fuhûliye, rajâla, rajâliye, rajâliye xabca*
Brazzaville : *Barzawîl*
brebis : *dâyne, na'aje, xanam zurug*
bredouille : *gamhân, îd yabse*
brêler : *zammal ;*
[fait de ~] : *zammilîn*
Brésil : *Brâzil*
bretelle : *massâka, ullâga*
bricolage : *lamsâg*
bricoler : *lamsag*
bride : *zumâm*
bridé(e) : *musarram ;*
[~ par le mors] : *mulajjam ;*
[qui a les yeux ~s] : *imêc*
brider : *sarram*
bridon : *sarîme*
brigade : *curta ;*
[~ de gendarmerie] : *birgâd*
brigand : *harâmi*
brillant(e) : *nâyir*
briller : *barag, dawwa, lâlas, lâsaf, limi', nâr 1, râra ;*
[fait de ~] : *nawwirîn*
brique : *tûb ;*
[~ en terre] : *dringêl ;*
[~ en terre crue] : *dringel axadar ;*
[~ en terre cuite] : *dringêl ahmar ;*
[morceau de ~] : *tûb*
brise-tout : *xarâb 2*
brisé(e) : *maksûr*
briser : *kasar ;*
[~ complètement] : *kassar ;*
[fait de ~] : *kasir, kissêre ;*
[se ~] : *alkassar, ankasar*
brisure : *kasir, kissêre*
brochette : *munsâs ;*
[mis(e) en ~] : *mansûs ;*
[faire des ~] : *nassas*
brodé(e) : *mansûj*
broder à la main : *nasaj ;*
[fait de ~] : *nasajân*
broderie : *xiyâte ;*
[~ à la main] : *mansaj, nasajân ;*
[~ d'une boutonnière] : *irwa*
brodeur : *tarzi*
brosse : *brôs, furca ;*
[~ à dents] : *muswâk*
brosser les dents : *sawwak*
brouette : *burwêt*
brouillard : *xamâm*
brouillé(e) : *turum*
brouillon : *axnab*
brousse : *bâdiye, kadâde, xala 1 ;*
[~ inhabitée] : *wa'ar ;*
[~ lointaine] : *dahâri*
brouter : *rata' ;*
[en train de ~] : *râti'*
broyage : *daricîn 1, mardidîn, rahîk, takkimîn*
broyé(e) : *madrûc 1, marhûk, mutakkam ;*

[~ sans finesse] : *durâc ;*
[~ très fin] : *mardûd*
broyer : *kadda 1, radda 2, takkam ;*
[~ en farine] : *mardad ;*
[~ le mil] : *darac 1 ;*
[se ~ en gros morceaux] : *andarac 1*
broyeur : *darrâca 1*
brucellose : *xurrâja*
bruine : *racrâc*
bruiner : *racrac 1*
bruissement : *hirêke*
bruit : *dajja 2, haraka ;*
[~ de celui qui vomit] : *ja'îr 1 ;*
[~ fait par un grand nombre] : *awwa 2 ;*
[~ sourd] : *gargarân 2, hadîr 1 ;*
[faire beaucoup de ~] : *dagdag ;*
[faire du ~] : *awwa 1, hadar, harrak ;*
[faire un ~ du fond de la bouche] : *nyaxrat*
brûlant(e) : *hârr*
brûlant(e) [devenir ~] : *saxxan*
brûlé(e) : *hargân, mahrûg, matcûc, muharrag ;*
[~ çà et là] : *mutactac ;*
[être ~] : *hirig, ikil*
brûle-parfum : *muxbar*
brûler : *akal, alharrag, harag, harigîn, tacca 1 ;*
[~ entièrement] : *fahham 2 ;*
[~ l'encens] : *daxxan ;*
[faire ~] : *harrag, ôgad ;*
[fait de ~] : *taccîn ;*
[se ~] : *alhârago, antacca*
brûlure : *harigîn, harrigîn, harâriye*
brume : *xamâm*
brun(e) : *asmar, gahawi, kurdum, xâtif lônên ;*
[~ clair] : *axadar lêmûni ;*
[~ foncé (teint de peau)] : *axadar*
brunâtre : *muxabbic*
brusque : *faj'i*
brut [à l'état ~] : *butuku*
brutalité : *galib azrag*
bruyant(e) : *awwây*
bu(e) : *macrûb ;*
[ce qui est ~ en une seule fois] : *carbe ;*
[être ~] : *ancarab*
bubale : *têtal*
bûcheron : *fallâgi, gattâ'i 1, hattâbi*
Bucorvus abyssinicus : *abunduluk*
buffet : *amjimêl, xattâta*
buffle : *jâmûs*
buisson épais : *xucce 2*
bulldozer : *katarpila*
bulle à la surface de l'eau : *figê'e*
bulletin d'informations : *nacra*
Buphagus africanus : *amdalba*
bureau : *maktab ;*
[~ du commandant de cercle] : *tâtâ*
burnous : *burnus*
but : *bî, hadaf ;*
[~ à atteindre] : *maxsûd ;*
[dans le ~ de] : *fî cân ;*
[qui a pour ~ de] : *xâsid*
buter sur *qqch.* : *itir 1*
butin de guerre : *xanîma*
butte : *kindiwe*
Butyrospermum parkii : *amkurum 1*
buvable [être ~] : *ancarab*
buveur (-euse) : *cârib 2, carrâb, sakkâri ;*
[groupe de ~ de thé] : *barmaki*

C

ça alors ! : *yâ salâm !*
çà et là : *jâyi jâyi*
cabaret : *gôdâla ;*
[petit ~] : *giwêdîle*
cabinet : *bêt al adab, maktab, mustarah, sindâs, wara-bêt*
câble électrique : *habil al-nâr*
cabochard(e) : *nihis*
cabossé(e) : *mul'affis*
cabosser : *affas ;*
[se ~] : *al'affas*
cabrer [faire ~] : *la''ab*
cabri : *sixêl, tiyês*
caca [faire ~] : *harra*
cachant [se ~] : *mulabbid*
cache : *sutra 1 ;*
[qui ~] : *libbîd ;*
[qui se ~] : *mudârig*
cache-cache : *amtcillêko*
caché(e) : *mastûr 1, mudaffan, mudârag, mulabbad, mulabbid ;*
[le ~ (monde invisible)] : *xêb ;*
[qui a ~] : *sâdd*
cacher : *damdam 1, damma 1, dâra 1, darag 1, dârag, katam, labbad, satar, xatxat, xayyas ;*

[fait de ~] : *labbidîn* ;
[se ~] : *addârag, allabbad, andarag, ansatar̊, anxazan, karas 1*
cache-sexe féminin : *kanfûs*
cachet : *habb, kinnîn, tabi', xitim*
cachette [en ~] : *sutra 2*
cachot : *hubus*
cad (Acacia albida) : *harâz*
Cadaba farinosa : *sirreh*
cadastre [service du ~] : *kadastir*
cadavre : *rimme* ;
[~ d'animal] : *fatîs* ;
[~ humain] : *janâza*
cadeau : *anzay 2, baraka, bayâd 2, futra, hadîye* ;
[~ à la première épouse] : *kubûriye* ;
[demande d'un ~] : *âde 1* ;
[donner en ~] : *saddax 2* ;
[petit ~ à déguster] : *zigêgê*
cadenas : *guful, tabla* ;
[petit ~] : *gifêl*
cadenassé(e) : *magfûl*
cadenasser : *gaffal, tabbal*
cadet (-ette) : *tarîd*
cadre : *kâdir*
café : *gahwa, ôtêl* ;
[~ en grain] : *bunn* ;
[couleur ~ au lait] : *xâtif lônên* ;
[couleur du ~] : *bunni, gahawi*
cafetière : *caraxrax, jabana*
caftan : *guftân*
cage [~ à poules] : *kurbo* ;
[~ arrondie en bois] : *kabbâsa* ;
[~ en fer] : *gafas*
cahier : *karras, kayê*
cailcedrat : *murr 2*
caillé(e) : *râyib* ;
[lait ~] : *birkîb*
caillebotis surélevé : *jurun*
cailler : *barkab* ;
[~ (lait)] : *garas* ;
[se ~] : *râb*
caillou : *hajar* ;
[devenir du ~] : *hajjar* ;
[petit ~] : *hasas, hasu*
caïman : *tumsah*
caisse : *banki, kês*
cajolé(e) : *muhânas*
cajoler : *hânas, jalla'* ;
[fait de ~] : *muhânasa, tihinnis*
cajolerie : *tihinnis*
calame : *xalam*
calamité : *bala 2, fasâla 1, karha, musîbe, ômây, waba*
calao : *abunduluk* ;
[petit ~] : *ammangûr*
calciné(e) : *hargân*
calcul : *hazar, hisâb, ihsâ'* ;
[formation de ~s] : *hasar* ;
[avoir des ~s] : *hajjar*
calebasse : *kâs 2* ;
[~ à col] : *buxsa* ;
[~ pour puiser] : *rambay* ;
[grande ~] : *gar'a* ;
[petite ~] : *kiyês*
caleçon : *kâlisong*
calendrier : *jadwal 1*
caler : *fajfaj, lazzam, sannad* ;
[~ (moteur)] : *gatta'*
calicot : *wazin 1*
câliner [se ~] : *alhânano*
calme : *bârid, dalûl, hâdi 2, miskîn, sabât, sâbit, sabûr, tabât, tâbit* ;
[qui est au ~] : *râyig*
calmement : *bê râha*
calmer : *dabdab 1, habbat, hammad 2, kayyaf, sakkat* ;
[~ le cœur] : *dalla 1* ;
[~ un enfant] : *hânas* ;
[fait de ~] : *habbitîn, habitîn, sakkitîn* ;
[qui sait ~ la colère] : *faccâci* ;
[se ~] : *habat*
calomnie : *gatî'e, guwâle, xalbât*
calomnier : *asâ', gata' 2, gâwal 1, jassas, kidib 2*
calomnieux : *gattâ'i 1*
Calotropis procera : *ucar*
calotte : *tâgiye*
calvitie : *sal'a*
camarade : *sâhib, zamîl*
cambré(e) : *afzar, mafzûr, munfazir 1*
cambrer : *anfazar 1, fazar*
cambriolé : *masrûg, sirig*
cambrioler : *sirig*
cambrure : *fazirîn*
caméléon : *hirbe*
camelot : *sâyim 2*
Cameroun : *Kamrûn*
Camerounais(e) : *kamrûni*
camion : *arabiye, marsidis* ;
[~ sans remorque] : *sungul* ;
[~ semi-remorque] : *lamôrik*
camouflage : *labbidîn*
camoufler [se ~] : *andarag*

camp militaire : *gêgar*
campagnard(e) : *baladi, rîfi*
campagne : *bâdiye, hamla, rîf ;*
[~ profonde] : *dahâri*
campagnol : *fâr al gôz*
campement : *dâmre, dôr 1 ;*
[~ nomade] : *farîg ;*
[~ provisoire] : *dankûj, manzal ;*
[petit ~] : *firêyig*
camper devant *qqn.* [se ~] : *gangar*
camphre : *kâfûr*
Canada : *Kanada*
canalisation : *majra*
canard : *kanâr ;*
[~ sauvage] : *wizzîn ;*
[~ siffleur] : *amtcilîli*
canari en terre : *duwâne*
cancanier (-ère) : *manjûh*
cancer : *nimle 2, sêratân ;*
[avoir un ~] : *nammal 1 ;*
[fait d'avoir un ~] : *nammilîn*
candidat(e) : *muraccah*
canif : *matwa*
canine : *fâtir 1*
canisse : *farfar 2*
caniveau : *kânifo, majra ;*
[petit ~] : *jadwal 2*
cannabis : *bango 1*
canne : *asa 2, gasab ;*
[~ à sucre] : *amkôlîb, rêke ;*
[~ de sorgho noir sucré] : *agêg*
cannelle : *girfe*
canon : *madfa'a ;*
[~ bitube de D.C.A.] : *madâd*
cantharide : *amcurrâba*
cantine : *canta, sandûg*
caoutchouc : *kawcu*
capable : *mustatî' ;*
[~ de] : *gâdir ;*
[être ~] : *angadar, gidir 1 ;*
[se trouver ~ de] : *angadar*
capacité : *gudra, istitâ'a, tâxa*
caparaçon : *furâc*
caparaçonné(e) : *mu'addad*
cape : *ibâya*
capitaine : *kaptên 1, naxîb*
capital : *mâl, mas'i, râs-mâl*
capitale : *âsima*
capitaliste : *rasmâli*
capitation : *mîri*
caporal : *kafrân 1*
capot : *kabbût*
Capparis corymbosa : *mordo*
Capparis decidua : *tuntub*
Capparis sp. : *maxad*
caprice : *dirêhât, jazîme ;*
[faire un ~] : *alfâjar, argal, jazam ;*
[satisfaire un ~] : *darrah*
capricieux : *argâli, darrâhi, jâzim, tuss ;*
[être ~] : *tâsas*
capriné : *ni'ze, xanam, xanam buyud*
Capsicum frutescens : *catte dugâg*
Capsicum minimum : *catte kubâr*
Capsicum sp. : *catte*
capsule : *kabsul*
captif : *ragîg*
caqueter : *kâka*
car : *acân*
caractère : *hâl, tabî'e ;*
[qui a mauvais ~] : *ka'ab 2*
caractérisé par : *ab*
caractéristique : *nô'*
caravane : *murâh ;*
[former la ~] : *rasan 1*
carboniser : *fahham 2*
carcan : *kangûr*
cardamome : *habbahân*
cardé(e) : *manfûc*
carence : *asaf ;*
[être en ~] : *assaf, isif ;*
[qui est en ~] : *mu'assif*
caresse : *limmêse*
caresser : *allammas, limis, marras ;*
[~ les cheveux] : *falla 3 ;*
[fait de ~] : *marrisîn ;*
[se ~] : *almâraso*
cargaison : *cuhna*
cari : *kurkum*
Carica papaya : *pappay*
carie dentaire : *sûsa*
carié(e) : *musawwis*
carnage : *dabbihîn ;*
[faire un ~] : *kattal 1*
carnet : *karne*
carotides : *warîd ;*
[artères ~] : *habil warîd*
caroubier : *xarrûb*
carpe : *farfo*
carpette : *firêc*
carré (terrain) : *marbu'*
carré(e) : *murabba'*
carreau : *dinâri, kâro ;*
[~ de sucre] : *girêd*
carrefour : *kurjuma, murabba'*

carriole : *pûs*
carte [~ à jouer] : *karta ;*
[~ d'identité] : *karte dandite ;*
[~ défaussée (jeu de cartes)] : *bâyiz ;*
[~ géographique] : *xarta ;*
[~s de même valeur (jeu)] : *fûli ;*
[n'avoir que deux ~] : *arraj*
cartilage du nez : *gargûca*
carton : *kartôna*
cartonner (cuir ou tissu) [se ~] : *gafgar*
cartouche : *rassâs*
cartouchière : *ficilig*
Caryopyllus aromaticus : *gurunful*
cas : *gadiye, hâla ;*
[faire ~ de] : *ja'al*
case ronde : *kûzi ;*
[~ en terre] : *bango 2*
cash : *gurus abyad, hâdir*
casier : *kês*
casque : *kask, sannâta*
casse : *sanesane*
cassé(e) : *maksûr, mukassar, mutallaf ;*
[~ (jugement)] : *marjû'*
casser : *fallat, kasar, taram, xarrab 3 ;*
[~ en menus morceaux] : *kassar ;*
[~ la fermeture] : *falat 1 ;*
[~ le bout] : *tarram ;*
[~ l'enveloppe du grain] : *cakka 1 ;*
[~ un os du corps] : *awwag ;*
[fait de ~] : *kasir, kissêre ;*
[se ~] : *alhardam, alkassar, ankasar ;*
[se ~ au bord] : *angajam ;*
[se ~ au bout] : *antaram*
casserole : *halla 4*
cassette : *carît, kâsêt*
Cassia italica : *sanesane*
Cassia occidentalis : *amkawala*
Cassia sieberiana : *amkacaw*
Cassia tora : *kawal*
cassier [espèce de ~] : *sanesane*
cassure : *kasir, kissêre*
castration : *xassîn*
castré : *xasi*
castrer : *xassa 2 ;*
[fait de ~] : *xassîn*
Cataloipus fuscocoerulipes : *amdaggâc*
cataplasme : *labaxân*
catastrophe : *bala 2, karha*
catégorie : *sanif*
catholique : *katolîki*
catin : *zannây*
cauchemarder : *alxarra', hilim*
cauri : *wade'*
cause : *asâs, ille 2, sabab ;*
[à ~ de] : *acân, fî cân, xabâr ;*
[à ~ de *qqn.*] : *xâtir 2 ;*
[être la ~ de] : *sabbab 2 ;*
[pour la ~ de] : *sabîl*
causer (être la cause) : *sabbab 2 ;*
[~ du souci à] : *hammam*
causer (parler) : *ânas, jalas 1, wannas ;*
[~ familièrement] : *al'ânaso ;*
[~ le soir] : *ta'lal ;*
[qui cause avec] : *muwannis ;*
[qui causent entre eux] : *mul'ânisîn*
causerie : *anasa, jalsa, wannisîn ;*
[~s nocturnes] : *ti'ilîle*
causette : *anasa, ânisîn ;*
[qui fait la ~ avec] : *mu'ânis*
causeur : *ânâsi, hajjây, jallâs, wannâs*
cautérisation : *kawayân, kawi, kayy*
cautérisé(e) : *matcûc*
cautériser : *kawa*
caution : *damân, fadiyîn ;*
[payer une ~] : *fada*
cautionnement : *damâna*
cavalerie : *xayyâla, xêl ;*
[commandant de ~ du sultan] : *agîd*
cavalier (-ère) : *râkib, rakkâb*
cavaliers (les) : *xayyâla*
cave : *jaxnûn*
caverne : *karkûr*
cavité : *tâga ;*
[~ dans un arbre] : *karkûr*
ce : *da*
ceci : *da ;*
[~ et cela] : *kaza*
cécité : *ama 2*
céder : *anfalat ;*
[~ *qqch.* à *qqn.*] : *mallak*
ceindre [~ le ventre] : *battan ;*
[~ ses reins] : *rabat sulub*
ceinture : *hagu, santîr ;*
[~ de soldat] : *hizâm ;*
[~ du pantalon] : *dimsik ;*
[~ en toile] : *karrâb*
ceinturon : *hizâm*
cela suffit ! : *tara !*
célèbre : *cahîr, machûr*
célébrer l'anniversaire : *ihtafal ;*
[~ l'anniversaire d'un mort] : *fadda 2*
céleste : *samawi*
célibataire : *azab, azaba, azzâbi ;*
[devenir ~] : *azzab ;*

[femme vivant comme une ~] : *hajjâla*
celle-ci : *di*
celles-ci : *dôl*
celluloïd : *tabix*
Celtis integrifolia : *âla 2*
celui-ci (celle-ci) : *da*
Cenchrus biflorus : *haskanît*
cendre : *rumâd ;*
[~ chaude] : *malle ;*
[mettre sous la ~ chaude] : *malla ;*
[qui devient ~] : *murammid*
cendré(e) : *rumâdi*
cent : *miya*
centaine : *miya*
Centaure [constellation du ~] : *kudungâr*
Cent-fils : *Sanfil*
Centrafricaine [République ~] : *Afrîxiya l wusta, Santrafrik*
central(e) : *markazi, santral*
centre : *markaz ;*
[~ administratif] : *gêgar ;*
[~ social] : *sântir 1*
cependant : *istâri, lâkîn*
céphalophe : *amtigidim*
Cerastes cerastes : *lif'e*
Cerastes cornutus : *amcidêgât*
Ceratotheca sesamoïdes : *ambunu*
cercle : *dâra 2, dâyir 2, dinbil, garne ;*
[en ~ autour de] : *muhawwig ;*
[qui se sont mis en ~] : *mulhâwigîn*
Cercopithecus patas : *abalany*
cercueil : *kês, sandûg*
céréale [~ fermentée] : *dâmirge ;*
noms de ~s : *am'abât, gameh, masar, rizz, xalla 3*
cérémonie : *hafla, ihtifâl, udur ;*
[~ d'installation de la mariée] : *zaffa*
cerné(e) : *muhawwag*
certain(e) : *mu'akkid, muhaggig ;*
[qui est ~ de] : *mul'akkid*
certainement : *akîd, bala cakk*
certains (-es) : *ba'ad 2*
certes : *inna*
certificat : *cahâda*
certifier : *akkad*
certitude : *akîde, ta'kîd, yaxîn ;*
[qui a la ~ de] : *muhaggig*
cerveau : *muxx*
ces : *dôl*
cessation : *waggifîn*
cesse [sans ~] : *dawwâm, hadd 2*
cesser : *ballac, faraj 2 ;*
[~ de pleuvoir] : *sabban ;*
[~ une mauvaise action] : *tâb ;*
[faire ~] : *battal ;*
[qui fait ~ le travail] : *mubattil*
c'est... que : *yâ*
c'est-à-dire : *ya'ni*
cet : *da*
cette : *di*
ceux [~-ci] : *dôl ;*
[~ de l'entourage de] : *dôl*
chacal : *ba'acôm*
chacun(e) : *ayy, jami', kulla wâhid*
chadouf : *câdûf*
Chagoua : *Cagwa*
chagrin : *hurga*
chagrin(e) : *haznân*
chagriné(e) : *âsif, mahrûg*
chahut : *dâbaxân, laxma*
chahuter : *dâbax, laxam 1*
chahuteur (-euse) : *dâbâxi, laxxâmi*
chaîne : *jinzîr, silsila, tcên ;*
[~ de nez] : *zumâm*
chaînette : *sirsir*
chair : *laham*
chaire : *minbar*
chaise : *ga''âda, ga'âda, kursi, sês*
chalazion : *jilêjil*
châle : *câl 3 ;*
[~ brodé] : *mansaj*
chaleur : *dafu', hamu, harâra ;*
[en pleine ~] : *gayle tcakkâka*
chamailler [se ~] : *ajjâbado, annâhas, nâhas*
chambranle : *kâdir*
chambre : *bêt 1, dangây ;*
[~ à air] : *listig ;*
[~ à coucher] : *bêt hanâ râha, ôda*
chameau : *albil, ibil, ba'îr, jamal ;*
[~ dominant le troupeau] : *tilib ;*
[jeune ~] : *higg ;*
[surnom du ~] : *Jagalbo, abjigelbo*
chamelier : *abbâla, jammâla*
chamelle : *nâga*
chamelon : *ga'ûd, hâci, huwâr*
champ : *zere' ;*
[~ autour de la maison] : *jubrâka ;*
[~ de courses] : *naga'at al xêl*
champignon : *facce ;*
noms de ~s : *barnûk, falakit al humar*
chance : *baraka, baxat, dalâl 1, gisma, hazz, nasîb 2, rizix, sa'âda ;*
[bonne ~ !] : *Allah yaftah !*

[puisse cela porter ~ !] : *baxxat ;*
[qui porte ~] : *baxît, mayâba, sa'îd*
chanceux (-euse) : *marzûx, mustadrij, sa'îd*
chandail : *fanîle*
chanfrein (du cheval) : *jiffe*
changé(e) [être ~] : *albaddal*
changeant [au caractère ~] : *darrâhi*
changement : *baddilîn, taxyîr, tibiddil ;*
[~ de direction] : *laffe ;*
[~ de lieu] : *intixâl ;*
[~ d'orientation] : *laffatân*
changer : *baddal, xayyar 2 ;*
[~ de conduite] : *tâb ;*
[~ de lieu] : *hawwal, zâx ;*
[~ le sujet de la conversation] : *fâjax ;*
[se ~] : *alxayyar 1 ;*
[se ~ en] : *faraj 2 ;*
[se ~ en joie] : *anfaraj*
changeur de monnaie : *katkâti*
chanson : *uxniya, xine*
chansonnette : *xinney*
chansonnier : *anbâni, barmaki*
chant : *uxniya, xine ;*
[~ de louange] : *anbinîn, madih ;*
[~ du coq] : *ô'în ;*
[~ entraînant et joyeux] : *nacîd ;*
[art du ~ épique ou nostalgique] : *anbân*
chanter : *anban, xanna ;*
[~ (coq)] : *ô'a ;*
[~ (oiseau)] : *baka ;*
[~ la majesté de Dieu] : *jallal ;*
[~ le Coran] : *rattal ;*
[~ une épopée] : *bôcan*
chanteur : *anbâni, dûku, fannâni, xannây ;*
[~ du "bon vieux temps"] : *mu'anbin*
chanteuse (griot) : *hakkâma*
chantier : *cantiye*
chantre : *dûku, hakkâma*
chanvre indien : *bango 1*
chapardeurs : *iyâl bandî*
chapeau : *tâgiye ;*
[~ de paille] : *angâfay*
chapelet : *sibhe ;*
[petit ~] : *sibêhe*
chaque : *ayy, kulla ;*
[~ fois que] : *kan 1, kulla ma ;*
[~ jour] : *kulla yôm*
char de combat : *dabbâba amjanâzîr*
charabia : *ratîn*
Charadrius : *amkêrawân*
charançon : *itte ;*
[être attaqué par les ~s] : *sawwas*
charançonné(e) : *musawwis*
charbon : *ablêle 2 ;*
[~ bactéridien] : *abdirêdimme, abucabaka ;*
[~ de bois] : *faham ;*
[~ symptomatique] : *abuwarama ;*
[devenir du ~] : *fahham 2*
charge : *cêl, tagala ;*
[~s (les frais)] : *nafaxa ;*
[~ d'eau à vendre] : *karangalê ;*
[~ d'une personne] : *kilfe ;*
[confier la ~] : *hammal ;*
[demi-~ du bât] : *idile ;*
[prise en ~] : *damâna*
chargé(e) : *hâmil 2, macdûd, machûn ;*
[~ d'affaires] : *munassix, muwakkal ;*
[~ de] : *ma'mûr 1, muhammal, mukallaf ;*
[~ de l'accueil] : *mulâzim ;*
[~ sur] : *marfu' ;*
[fusil ~] : *mu'ammar ;*
[qui a ~ le fusil] : *mu'ammir*
chargement : *cuhna, rahal 3 ;*
[~ du fusil] : *ammirîn*
charger : *abba 1, cadda 1, cahan, cayyal ;*
[se ~] : *ancahan ;*
[~ un fusil] : *ammar, jarra 2 ;*
[~ *qqn.* de garder] : *harras ;*
[~ *qqn.* de *qqch.*] : *kallaf ;*
[~ *qqn.* de veiller sur] ; *wakkal*
chargeur d'une arme à feu : *xazna*
Chari [fleuve ~] : *Cârî*
charitable : *muhsin*
charlatan : *daktor cukku*
charme (magique) : *mayâba*
charnu(e) : *dirbi*
charognard : *jiga*
charogne : *fatîs*
charpentier : *najjâr, sarfanje*
charrette : *kârro*
charrue : *harrâta*
charte : *mîsâx*
chas de l'aiguille : *gadd al ibre*
chasse : *ganîs, mutârada ;*
[prendre à la ~] : *sâd*
chassé(e) : *matrûd*
chasser : *ba''ad, ganas, sayyar 1, sâd, tarad ;*
[~ d'un trou] : *kalkat ;*
[~ *qqn.*] : *saraf 1 ;*
[fait de ~ de] : *taridîn ;*
[fait de ~ les volatiles] : *hâhîn, mahâhâ*
chasseur (-euse) : *gannâsi*

chassie : *gada*
châssis : *kâdir*
chaste : *afîf*
chat : *batû, biss, kadîs ;*
[~ sauvage] : *gitt*
château d'eau : *câto*
châtier : *âgab, âxab*
châtiment : *mu'âxaba*
chaton : *bisês, bitêwe*
chatouille : *jaljixîn*
chatouillement : *jaljixîn, jaxjixîn, nyamnyimîn*
chatouiller : *jaljax, jaxjax 1, nyamnyam ;*
[fait de ~] : *nyamnyimîn*
chatouillis : *nyamnyâm*
chatoyer : *râra*
chaud(e) : *dâfi', hâmi, himi ;*
[être ~] : *difi*
chaudron : *gidir 2*
chauffé(e) : *mufawwar, musaxxan ;*
[~ à ébullition] : *muwallak ;*
[être ~] : *difi*
chauffer : *hamma 3, saxxan ;*
[~ un peu] : *daffa ;*
[faire ~ un peu] : *daffa ;*
[fait de ~] : *dafu' ;*
[se ~] : *addaffa*
chauffeur : *sawwâg ;*
[~ de taxi] : *takkâsi*
chaume : *tabas*
chaussette : *cosêt, currâb, sûsêt*
chaussure : *sûliye ;*
[paire de ~s] : *markûb 1*
chauve [qui est ~] : *absal'a ;*
[complètement ~] : *kurkud ;*
[devenir ~] : *barbar 1*
chauve-souris : *abunrige, abunwatwât, watwât*
chaux : *jîr 1, lâco*
chébé parfumé : *cêbe*
chéchia : *tarbûc, tâgiye*
chef : *cêx, kabîr, malik, mudîr, ra'îs, za'îm ;*
[~ d'escadron du sultan] : *agîd ;*
[~ d'état-major] : *xâ'id ;*
[~ de canton] : *malik ;*
[~ de cavalerie] : *jarma ;*
[~ de quartier (à N'Djaména)] : *bulâma ;*
[~ de tribu] : *bulâma ;*
[~ de village] : *bulâma ;*
[qui se conduit comme le ~] : *accayyax*
chef-lieu : *âsima*
cheftaine : *gumsu, mâgira*

cheikh : *cêx*
chéloïde : *anab*
chemin : *derib 1, tarîga ;*
[~ de la caravane] : *ma'add ;*
[tout petit ~] : *dirêbay*
chemise : *camîs*
chenapan : *bandî*
chenille : *amgandako*
chenu : *câyib*
cheptel : *mâl, mas'i, râs-mâl*
cher (chère) : *karîm 2, xâli 1 ;*
[mon ~ (ma chère)] : *-ay 2*
cher (coût) : *gâsi ;*
[devenir ~] : *xili ;*
[peu ~] : *bûti, raxîs ;*
[qui coûte ~] : *âli*
chercher : *dabbar 1, fattac ;*
[~ à l'intérieur] : *fallany ;*
[~ à saillir] : *lablab 1 ;*
[~ dans le sol] : *bahhat ;*
[~ de quoi manger] : *kalla 2 ;*
[~ de quoi vivre] : *kallayân ;*
[~ en marchant] : *kâs 1 ;*
[~ les poux] : *falla 3 ;*
[~ querelle] : *jâsar, kâs 1 ;*
[~ *qqch.* de vital] : *faza' 2 ;*
[~ un endroit viable] : *lâj ;*
[envoyer ~ de l'eau] : *warrad 2 ;*
[fait d'aller ~ de l'eau] : *waridîn ;*
[fait de ~ à (vouloir)] : *dawwarân 1 ;*
[fait de ~ l'eau] : *warûd ;*
[fait de ~ des poux] : *fallayân ;*
[qui va ~ de l'eau] : *muwarrid*
chercheur (-euse) : *mufattic*
chéri(e) : *azîz, habîb, maryûd*
chérir : *azza 1 ;*
[se ~] : *alhâbabo*
chétif (-ve) : *carbân 1, nahîf*
cheval : *juwâd*
chevauchée : *rikkêbe*
chevaux : *xêl*
chevelure : *sûf ;*
[~ des hommes] : *tiffe ;*
[~ négligée] : *rasta*
cheveu(x) des hommes : *sûf, tiffe ;*
[~ artificiel] : *salla 3 ;*
[~ blanc] : *cêb ;*
[~ fin] : *siyêfay ;*
[~ long] : *ca'ar ;*
[~x mal peignés] : *gujja ;*
[~x tressés] : *ca'ar ;*
[avoir un ~ sur la langue] : *bullaxa ;*

[qui a un ~ sur la langue] : *abbullâxa, lijêne ;*
[sans ~] : *kurkud ;*
[se défaire mutuellement les ~x] : *annâgado*
cheville [articulation de la ~] : *gêny 1, risêx*
chèvre : *xanam buyud ;*
[une ~] : *anzay 1*
chevreau : *saxal, tiyês ;*
[jeune ~] : *sixêl*
chèvres et boucs : *ni'ze*
chevrette : *sixêl*
chewing-gum : *tcingâm*
chez : *ind*
chicanier (-ère) : *argâli*
chicote : *mutrag, sôt 1*
chicoté(e) [être ~] : *anfarac 1 ;*
[qui a ~] : *fâric 1*
chicoter : *farac 1, jalad ;*
[fait de ~] : *faricîn 1 ;*
[se ~] : *alfâraco*
chien : *kalib ;*
[nom du ~] : *kawjas ;*
[petit ~] : *jaru, jirêw, kilêb*
chien de fusil [se mettre en ~] : *karfas*
chiendent [sorte de ~] : *amdibêtco*
chier : *harra*
chiffon : *cîfon, nyangûr ;*
[~ du tableau] : *massâha*
chiffonné(e) : *mukarcam*
chiffonnement : *karcamân*
chiffonner : *karfas ;*
[se ~] : *karcam*
chiffre : *adad*
chignon de derrière : *dabbûga*
chignon frontal : *dugla*
chimpanzé : *amba'âm*
Chine : *Sîn*
chiot : *jaru, kilêb ;*
[tout jeune ~] : *jirêw*
chiper : *taffa*
chique (tabac) : *saffe*
chirurgical(e) : *jirâhî*
chirurgien (-enne) : *tahhâri*
choc : *taricîn*
choisi(e) : *mu'ayyan, mu'azzal ;*
[qui a ~] : *mu'azzil, mufarrid*
choisir : *ayyan, azzal, fassal, ixtâr, taffa ;*
[~ en isolant] : *farrad 1 ;*
[fait de ~] : *azzilîn ;*
[laisser ~] : *xayyar 1 ;*
[qui sait ~] : *azzâl ;*
[se ~] : *alxayyar 2*
choix : *azzilîn, ixtiyâr ;*
[bon ~] : *azil ;*
[proposer un ~] : *xayyar 1*
Chokoyon : *Cokoyon*
choléra : *kôlêra*
chômage : *atâla, sahlaga*
chômer : *sahlag*
chômeur (-euse) : *fâgid amal, sahlûg*
Choriotis arabs stieberi : *hubâra*
chose : *ceyy, coxol, xumâm ;*
[~ confiée] : *amâna ;*
[~ due] : *dên ;*
[~ nécessaire] : *hâja ;*
[~ petite] : *cixêl ;*
[~ prêtée] : *atîle ;*
[~s variées (pacotille)] : *nyama-nyama*
chouette : *amguggum*
choyé(e) : *azîz, jal'ân, mudallâl*
choyer *qqn.* : *azzîn, jalla*
chrétien (-enne) : *masîhi ;*
[~ Blanc] : *nasrâni*
Chrotogonus senegalensis : *haddâdiye*
Chrozophora brocchiana : *barambo*
chuchotement : *waswisîn*
chuchoter : *waswas*
chuinte [qui ~] : *ablijêne*
chuintement : *lajana, lijêne*
chut ! : *uss !*
chute : *hallikîn, wagi' ;*
[~ à terre] : *rami, rimmêye ;*
[~ d'un organe] : *til'e*
cicatrice : *alâma*
Cicer arietinum : *kabkabê*
Ciconia abdimii : *kunji*
ciel : *sama*
cigare : *sigrêt, sijâra*
cigarette : *sigrêt, sijâra ;*
[une ~] : *gandûl sigrêt*
cigogne : *kunji*
cils : *racrac 2*
ciment : *asamanti*
cimetière : *mastara, maxbara*
cinéma : *sinima*
cinq : *xamsa ;*
[~ cents] : *xumsumiya ;*
[pièce de ~ francs CFA] : *abhimêra*
cinquante : *xamsîn*
cinquième (*adj.*) : *xâmis ;*
[~ (*n. m.*)] : *xumus*
cintrer : *tana*

cirage : *fintîr, sirâc*
circoncire : *arrab, tahhar ;*
[fait de ~] : *arribîn, tahhirîn*
circoncis : *mu'arrab, mutahhar ;*
[non ~] : *axlaf*
circoncision : *arribîn, tahhirîn, tahûra*
circoncit [qui ~] : *tahhâri*
circonscription électorale : *muxâta'a*
circonstance : *hâl, zurûf 2*
circonvolution : *hawwagân, tawâf*
circulation : *murûr*
cire : *cam'e*
cireur de chaussures : *sirâc*
ciron : *sûsa*
cisailler : *gassas*
cisailles : *magass*
ciseaux [paire de ~] : *magass*
ciseler : *gassa*
Cissus quadrangularis : *sala'la*
citadin(e) : *madani*
cité : *madîna*
cité(e) : *mazkûr*
citer : *zakar 1 ;*
[~ le nom] : *tara*
citerne : *tanki*
citoyen (-enne) : *muwâtin*
citron : *lêmûn*
citronnelle : *siturnêl*
citrouille : *ambâsa*
Citrullus sp. : *bittêx*
Citrus sp. : *burtuxâl*
civette : *gitt*
civil(e) : *madani*
civilisation : *saxâfa*
civilisé(e) : *musafliz*
civiliser : *saflaz ;*
[se ~] : *assaflaz*
civique : *madani*
clac ! clac ! : *kabat kabat !*
claie : *farfar 2 ;*
[~ en paille] : *cukkâba*
clair(e) : *bâyin, fâtih, ma'gûl 2, sâfi, zâhir ;*
[~ (s. fig.)] : *wâdih ;*
[~ dans sa parole] : *fasîh ;*
[~ de lune] : *bêday 1*
clairon : *bûg, burunji*
clairvoyance : *basâra*
clameur : *korôrâk*
clan : *xacum bêt ;*
[esprit de ~] : *unsuriya*
clapoter : *bagbag, tcaltcak*
clapotis : *bagbâg*
claque : *dabze*
Clarias lazera : *balbût 1*
clarifié(e) : *mutcaltcal*
clarifier : *fassar, tcaltcal*
Clarotes laticeps : *garga*
clarté : *daw, deyy, nôre, nûr, sarâha ;*
[temps de la ~ de lune] : *bêday 1*
classe : *fasil 2, kilâs*
clause : *cart*
clé : *fakkâk, mafakk, muftah*
clic ! clac ! : *kaf kaf !*
client(e) : *zabûn*
cligner les yeux : *ramac*
clignotant d'un véhicule : *kôt*
climat : *jaww*
climatiseur : *mubarrid, mukayyif*
clin d'œil : *kajje, kôt*
clitoris : *jidil*
clivage : *tafrixa*
cloaque : *îfe*
clochard(e) : *âr 2 ;*
[vivre comme un ~] : *al'ar'ar*
cloche : *jaras*
cloche-pied [sorte de lutte à ~] : *hakko*
cloque : *burlâla ;*
[provoquer des ~s] : *barrat*
cloquer : *barlal ;*
[~ (peau)] : *alfassax*
clos(e) [être ~] : *anzarab*
clôture : *kajjarân, kujura, takiye ;*
[~ en tiges de mil] : *taka 2 ;*
[~ grillagée] : *carkalôta*
clôturé(e) : *muhawwag, mukajjar ;*
[~ par une haie épineuse] : *mazrûb*
clôturer : *hawwac 1, hawwagân, kajjar, zarab ;*
[fait de ~ avec des épines] : *zaribîn ;*
[se ~] : *anzarab*
clou : *musmâr, ponti*
clou de girofle : *gurunful*
clown : *mustahbil*
coagulé(e) : *birkîb, râyib*
coaguler [se ~] : *barkab, râb*
coaliser [se ~] : *alxawwo*
coasser : *baka*
cobra : *abkadanka*
coca-cola : *kôka*
cochon domestique : *xinzîr*
cocorico : *ô'în, u'û'u !*
[faire ~] : *ô'a*
code législatif : *dastûr*
coépouse : *darre 1, gabîle 2, hamât ;*

[fait de devenir ~] : *darar*
cœur : *damîr, galib, kubbi, lubb ;*
[~ (lieu des sentiments)] : *hacâ, jôf ;*
[~ de palmier] : *jummâr ;*
[qui a pris à ~] : *mulkârib ;*
[sans ~] : *galib azrag*
coffre : *sandûg, xazna*
cogner : *tagga 1 ;*
[se ~ contre] : *antagga ;*
[se ~ la tête] : *addâgafo*
cohabitation : *sudug*
coiffage : *nafacân*
coiffé(e) : *mumaccat ;*
[~ d'un turban] : *makjûj*
coiffer : *macat, maccat ;*
[se ~] : *almaccat, hafhaf*
coiffeur : *zayyâni ;*
[~ ambulant] : *wanzâmi*
coiffeuse : *maccâta*
coiffure [~ féminine] : *miccête, mucât ;*
[~ masculine] : *tiffe ;*
noms de ~s féminines : *dabbu, figêriye, gâdriye*
coin : *daffe, kony, raff, rukun*
coincer [se ~] : *anhacar*
coïncider [~ par chance avec] : *sadaf ;*
[fait de ~] : *sâdifîn*
coïter : *jarra 3*
col : *gabbe, hanjar, kôl ;*
[~ du fémur] : *maxarûga ;*
[petit ~] : *hinêjir*
colère : *hasîfe, istinkar, jômisîn, nafixîn, xabîne, za'al, zahaj ;*
[en ~] : *mujômis, xadbân, za'lân, zahjân ;*
[être en ~] : *jômas ;*
[être poussé(e) à la ~] : *zihij ;*
[fait de pousser *qqn.* à la ~] : *zâ'ikîn ;*
[mettre *qqn.* en ~] : *zâ'ak ;*
[provoquer la ~] : *zahhaj ;*
[qui est en ~] : *muxabbin ;*
[se gonfler de ~] : *hâc 1 ;*
[se mettre en ~] : *azzâ'alo, facca xabintah, istankar, zi'il ;*
[se mettre mutuellement en ~] : *alxâbano*
coléreux (-euse) : *ahmak, hawwâc, jômâsi, zi''îli*
colique : *sabîb 2*
coliques : *lahame, lawiye ;*
[qui souffre de ~] : *mulahhim ;*
[souffrir de ~] : *lahham 1*
colis : *rubta*
colite : *usra 1*

Colius passer macrourus : *abunfisey*
collaboration : *ictirâk, mu'âwana, ta'âwun*
collaborer : *al'âwano*
collage : *lassagân*
collant (vêtement) : *sentre*
collant(e) : *lâsig, musammix*
collation : *sahûr*
collé(e) : *mulassag, lâsig*
collecter : *lamlam*
collecteur d'impôts : *gûmiye*
collègue : *sâhib, zamîl*
coller : *lassag, sammax ;*
[se ~] : *allamma ;*
[se ~ à] : *allassag ;*
[se ~ contre] : *antabag*
collet : *amzirrêdo, cabbâba ;*
[poser un ~] : *kajja 1*
collier : *igid, kangûr, kijêl, tôg ;*
[~ avec une perle] : *xaraz ;*
[~ en or ciselé] : *matammanât ;*
[~ en perles de corail] : *marjân ;*
[sorte de ~] : *farajallah*
colline : *dahare, hadaba, kindiwe, kindiye*
collyre : *gatara*
colmater : *lassag*
Colocynthis vulgaris : *handal*
Colombie : *Kolômbya*
colon : *musta'mir*
colonel : *axîd*
colonialiste : *isti'mâri*
colonisateur (-trice) : *musta'mir*
colonisation : *isti'mâr*
colonisé(e) : *musta'mar*
coloniser : *ista'mar*
colonne : *dûliye ;*
[~ vertébrale] : *amûd al-dahar*
coloquinte [sorte de ~] : *handal*
coloré(e) : *mulawwan ;*
[lèvres ou gencives ~ées par piqûres] : *matckûk*
colorié(e) : *argat, muraggat*
colorier : *lawwan, raggat*
coloris : *lôn*
colostrum : *libe'*
colporter une rumeur [fait de ~] : *icâ'a*
colporteur : *tallâni, sâyim 2*
Columba Guineæ : *dalôj*
combat : *duwâs, hârabân, jihâd, muhâraba, nidâl*
combattant : *askar, muhârib, mujâhid*
combattre : *dâwas, hârab, jâhad, nâdal, sâra' ;*

[~ l'adversaire d'un autre] : *alhâmo ;*
[fait de ~] : *hârabân ;*
[se ~] : *addâwaso*
combattu(e) : *muhârab*
combien ? : *kam ?*
combien ? (prix) : *be kam ?*
combine : *dabâra, fusux, ixtilâsiye*
comblé(e) [qui est ~] : *mulkayyif*
combler : *cabba' ;*
[~ de bienfaits] : *an'am, na''am ;*
[~ son manque de] : *alkayyaf ;*
[se ~] : *allawwas ;*
[se ~ de terre] : *andafan*
Combretum aculeatum : *cihhêt*
Combretum glutinosum : *habîl*
combustible [qui est un bon ~] : *gabbâd*
comestible [être ~] : *istâkal*
comique : *dahhâki, farrâhi, mufarrih*
comité : *lajna*
commandant : *komanda, râ'id ;*
[~ en chef] : *xâ'id*
commandement : *amirîn 1, amur 2, isti'mâr, saytara, xiyâda, za'âma*
commander : *amar 1, saytar ;*
[~ en maître] : *assaytar, far'an ;*
[fait de ~] : *amirîn 1, isti'mâr*
comme : *gadar, misil, misil ma, tiginn, zeyy ;*
[~ cela] : *ke ;*
[~ il faut] : *bê râha*
commémoration : *faddiyîn 2*
commémorer : *fadda 2*
commencé(e) : *mabdi ;*
[avoir ~] : *anbada*
commencement : *bada'ân, badayân, baddîn, bidâya, pan*
commencer : *bada, ibtada, masak, samma 2 ;*
[~ à marcher] : *tâta ;*
[~ de] : *gamma ;*
[~ la guerre] : *cabba 4 ;*
[~ la prière] : *xâm ;*
[~ un nouveau mois] : *gâbal, halla 1 ;*
[à ~ par] : *ibtidâ'an ;*
[faire ~] : *badda ;*
[fait de ~ *qqch.*] : *badayân*
comment ? : *kikkêf*
commentaire : *fassarân, tawdîh ;*
[~ coranique] : *tafsîr*
commenter : *allax, carah, fassar*
commérage : *xalbât*
commerçant(e) : *tâjir ;*
[~ sans boutique] : *farrâci*
commerce : *bê'e, carayân, cura', sâwigîn, tijâra*
commercer : *bâ', sâwag, tâjar*
commère : *gawwâl*
commettre [~ un adultère] : *zana ;*
[~ une faute] : *xiti*
Commiphora africana : *gafal 2*
commis de charge : *kamasanji*
commissaire de police : *kumsêr*
commissariat de police : *kumsêriye*
commissionnaire : *kamasanji, mursâl*
commissionner : *wassa*
commun(e) : *âmm*
communauté : *jamâ'a, umma*
commune : *baladiye*
communication : *ittisâl, ôrîn, xitâb ;*
[moyen de ~] : *muwâsala*
communiqué : *balâx, xitâb*
communiquer : *ballax, warra ;*
[se ~] : *allâhago*
compagne de l'excisée : *wazîr*
compagnie : *rifge ;*
[qui tient ~] : *muwannis ;*
[tenir ~] : *wannas*
compagnon : *sâhib*
compagnon (compagne) : *rafîg ;*
[~ de voyage] : *tabîge 2 ;*
[~ du circoncis] : *wazîr*
compagnonnage : *rifge*
comparer : *gâdar*
compassion : *hanninîn 2 ;*
[avoir de la ~] : *ataf, raham, raxam*
compensation : *guna', mukâfâ, ta'wîd ;*
[~ en argent] : *fadiyîn*
compensé [se trouver ~ par] : *al'awwad*
compenser : *ganna', xalaf 1 ;*
[~ par] : *mugâbil ;*
[~ par de l'argent] : *fada ;*
[~ une perte] : *awwad*
compère-loriot : *jilêjil*
compétence : *ma'rafa*
compétent(e) : *mâhir ;*
[~ en] : *cadîd*
compétition : *kurus*
complaisance : *mujamala*
complaisant(e) : *mujâmil, sâxi*
complet (-ète) : *câmil, kâmil, tâm, tamâm*
complète [ce qui ~] : *jôz*
complètement : *karat ke, marra wâhid, tak ke ;*
[~ desséché(e)] : *kar !, kayam !*

[~ vide] : *kar !*
compléter : *tâmam, tammam 2, waffa, waffân*
complexé(e) : *mu'aggid*
complication : *aggadân ;*
[~ d'une affaire] : *ta'aggud ;*
[avoir des ~ urinaires] : *anbazal*
complice : *mujâmil, mul'âmir ;*
[être ~ de] : *al'âmar, râkaj*
complicité : *rikiji ;*
[~ dans un jugement] : *mujamala*
compliqué(e) : *mul'aggid*
compliquer une affaire : *al'aggad*
complot : *dasîse, mu'âmara, râkijîn*
comploté [qui a ~] : *râkin*
comploter : *al'âmar, rakan, râkaj ;*
[~ ensemble] : *arrâkano ;*
[fait de ~] : *râkijîn*
comploteur (-euse) : *mul'âmir, murkin, râkin*
comportement : *xiddême ;*
[~ dictatorial] : *hâkûma zarga ;*
[~ incorrect] : *masâxa*
composé(e) de : *ab, mukawwan*
composer : *allaf 2*
compositeur (-trice) : *mu'allif*
composition : *tackîl, takwîn*
compréhensible : *ma'gûl 2 ;*
[être ~] : *anfaham*
compréhensif (-sive) : *fâhim*
compréhension : *mufâhama, tafâhum*
comprend mal [qui ~] : *ablam*
comprendre : *agal 3, fanad, fihim 1 ;*
[faire ~] : *fahham 1, laggan ;*
[se ~] : *alfâham, anfaham*
comprennent mutuellement [qui se ~] : *tamulfâhimîn*
compresses chaudes [appliquer des ~] : *tammal ;*
[fait d'appliquer des ~] : *tammilîn*
compression : *assirîn*
comprimé : *habb, kinnîn*
comprimer : *asar*
compris(e) : *mafhûm*
compromettre : *xarrag*
compromis : *halal ;*
[trouver un ~] : *alfâwado, istafag, sâlah*
comptabilité : *hisâb*
comptant : *gurus abyad, hâdir, kac*
compte : *hisâb, ihsâ', muhâsaba ;*
[faire les ~s] : *alhâsabo, hâsab ;*
[qui a fait le ~] : *mujammil 2*
compté(e) : *mahsûb ;*
[être ~ comme punition] : *alhâsab ;*
[pouvoir être ~] : *anhasab*
compter : *adda 4, hasab 1 ;*
[~ ce qui manque] : *faggad ;*
[~ ceux qui manquent] : *alfaggad ;*
[~ sur] : *antakal ;*
[à ~ de] : *ibtidâ'an ;*
[se ~] : *anhasab ;*
[se ~ les uns les autres] : *alhâsabo*
comptoir : *tarbêza*
concassage : *daricîn 1, durâc, takkimîn*
concassé(e) : *madrûc 1, mutakkam*
concasser : *darac 1, takkam ;*
[se ~] : *andarac 1*
concasseur : *darrâca 1*
concentrer [~ une décoction] : *agad 2 ;*
[se ~] : *bassar 1*
concernant : *nisba ;*
[~ en particulier] : *xusûs 1*
concerne [en ce qui ~] : *fî 1 ;*
[qui ~ en totalité] : *câmil*
concerner : *xassa 1 ;*
[~ *qqn.*] : *ini ;*
[~ tout le monde] : *camal ;*
[ne pas ~ *qqn.*] : *lamma-*
concession : *bêt 1, hôc*
conciliateur (-trice) : *mu'âmir*
conclure : *xatam ;*
[~ un contrat oral] : *rabat al kalâm ;*
[~ un palabre] : *rabbat al kalâm*
conclusion : *xitâme ;*
[en ~] : *xulâsa*
concombre : *faggûs*
concubin(e) : *sadîg*
concubine : *darre 1, sirriye*
concubinage : *sudug ;*
[vivre en ~] : *assâdago, sâdag*
concurrence [être en ~] : *azzâhamo*
concurrencer : *zâham*
condamné(e) à : *mahkûm 2*
condamner : *âgab, âxab ;*
[~ à mort] : *adam 1*
condiment : *harâr ;*
[mélange de ~s] : *abbajagi*
condition : *cart, mucârata, zurûf 2 ;*
[~ de vie] : *îce ;*
[poser des ~s] : *cârat*
condoléances : *kalawâ, ta'ziya ;*
[lieu des ~] : *kalawda ;*
[présenter ses ~] : *âjar 2, kallag ;*
[qui présente ses ~] : *mu'azzi ;*

[visite de ~] : *âjirîn*
conducteur : *sawwâg*
conduire : *darraj 2, sâg 1,* → **"conduit(e)"** ;
[~ au pâturage] : *daccar ;*
[~ par le bras] : *gâd ;*
[se ~] : *angâd*
conduit [~ auditif] : *gadd al adân*
conduit(e) [être ~] : *angâd ;*
[qui ~] : *sâyig*
conduite [bonne ~] : *xulug ;*
[~ au pâturage] : *sarhe ;*
[~ d'un véhicule] : *suwâge ;*
[~ mauvaise] : *fajâra ;*
[~ tyrannique] : *hâkûma zarga*
confection : *cufay, sawwîn*
confédéré(e) : *muttahid*
conférence : *mu'tamar*
conférencier (-ère) : *mu'tamir 1, mukallim*
confesser : *bayyan, ihtaraf*
confession : *ihtirâf*
confiance : *acam 2, amân, âminîn, amminîn ;*
[avoir ~ en] : *âman ;*
[digne de ~] : *amîn, mu'âman ;*
[faire ~] : *saddax 1 ;*
[qui a ~ en] : *mu'âmin ;*
[qui se portent une ~ mutuelle] : *mul'âminîn ;*
[se mettre en ~ avec *qqn.*] : *alwâlaf ;*
[se porter une ~ mutuelle] : *al'âman*
confiant(e) en : *acmân 2*
confié(e) : *mu'amman, mugabbad 3 ;*
[~ à] : *mukarrab ;*
[~ à un autre] : *takal takal ;*
[qui a ~ *qqch.*] : *mu'ammin ;*
[qui s'est ~ à] : *mutwakkil*
confier : *amman, gabbad 3, karrab 2, mallak, massak ;*
[~ *qqch.* à *qqn.*] : *wakkal ;*
[~ un secret] : *sarra 2 ;*
[~ une tâche à *qqn.*] : *kallaf ;*
[fait de ~] : *amminîn ;*
[se ~ à Dieu] : *alwakkal ;*
[se ~ auprès de] : *al'amman*
confirmation : *akîde, akkidîn, sabbitîn, ta'kîd*
confirmé(e) : *mu'akkad*
confirmer : *akkad ;*
[~ une accusation] : *tabbat*
confisqué(e) : *magbûd*
confisquer : *sâdar*
conflit : *mujâbada ;*
[en ~] : *muhârij ;*
[pousser au ~] : *fattan ;*
[qui met en ~] : *muxlif*
confondu [être ~] : *alwahhal*
conformer au règlement [se ~] : *harram*
confort : *izz ;*
[donner ~ et luxe] : *taxxa ;*
[vivre dans le ~] : *tixi ;*
confrère : *zamîl*
confrérie : *tarîga, tarîxa*
confus(e) : *maxdûd, turum, xajlân ;*
[être ~] : *anfadah*
confusion : *argalân, barjâl, fawda ;*
[être dans la ~] : *barjal*
congé : *batâla, ijâza ;*
[prendre un ~] : *battal*
congédier : *saraf 1*
congestion : *amkurrôdo*
congestionner le nez : *carag*
Congo : *Barzawîl, Kongo*
congressiste : *mu'tamir 1*
conjecture : *waham ;*
[qui se perd en ~s] : *wahmân*
conjointement : *sawa 2*
conjonctivite : *ramad ;*
[atteint(e) de ~] : *ramdân ;*
[avoir une ~] : *rammad, rimid*
conjoncture : *zurûf 2*
connaissance : *basâra, ma'rafa, mu'ârafa, wuluf ;*
[~ des mystères] : *ilim 2 ;*
[~ par relation] : *irfe ;*
[avoir ~] : *diri ;*
[faire ~ mutuellement] : *al'ârafo*
connaissant : *ârif*
connaissent mutuellement [qui se ~] : *mul'ârifîn*
connaisseur (-euse) : *arrâf, fahîm*
connaît [qui ~] : *daryân ;*
[qui ~ par cœur] : *hâfiz*
connaître : *ilim 1, irif, xibir ;*
[faire ~] : *arraf, bayyan ;*
[se ~] : *al'ârafo*
connexion : *ittisâl*
connu(e) : *cahîr, ma'lûm, ma'rûf, machûr*
conscience : *agil, damîr, fikir ;*
[avoir ~ de] : *hiri*
conscient(e) : *ab'agul*
conscientise [qui ~] : *muwa''i*
conseil : *côra, majlis, rây, wasiye ;*
[~ pratique] : *tawjîh ;*
[~ spirituel] : *huda ;*

[bon ~] : *nasîhe ;*
[chercher le ~ de Dieu] : *istaxar ;*
[donner un ~] : *wassa ;*
[mauvais ~] : *muhrâc ;*
[tenir ~ contre *qqn.*] : *rakan*
conseiller (*v.*) : *hâda 1, wassa*
conseiller (-ère) : *haddây, mustacâr ;*
[~ du roi] : *ajwâdi*
consentant(e) : *muxassid, râdi*
consentement : *muwâfaga, rudâ*
consenti [qui a ~] : *radyân*
consentir : *ridi*
conséquence : *ugub ;*
[avoir pour ~] : *sabbab 2*
conservateur (-trice) : *dammâm*
conservation : *dammîn, daxirîn, hufudân, muhâfaza 1 ;*
[~ d'un secret] : *duxur*
conservé(e) : *madmûm, madxûr, mahafûd, mahfûz ;*
[qui a ~] : *dâmm*
conserver : *damma 1, daxar, hafad, hâfaz ;*
[~ en vie] : *amar 2 ;*
[fait de ~] : *dammîn*
considération : *ikrâm, izz ;*
[~ pour l'autre] : *ja'ilîn ;*
[avoir de la ~ pour] : *azza 1, azzîn*
considéré(e) : *azîz*
considérer : *azza 2, ja'al ;*
[~ comme] : *adda 4, i'tabar ;*
[~ *qqn.*] : *xaddar 1 ;*
[~ *qqn.* comme un mauvais joueur aux cartes] : *kayyac*
consigne : *wasiye*
consistance : *cakil 1 ;*
[sans ~] : *faxx 2, galîl*
consolateur (-trice) : *mu'azzi, musabbir*
consolation : *hinâse, hânisîn, muhânasa, ta'ziya, tihinnis*
consolé(e) : *muhânas*
consoler : *âjar 2, dabdab 1, hammad 2, hânas, kaffar, radda 3, râwad, sabbar ;*
[action ou fait de ~] : *dabdibîn 1, hânisîn, hinâse, muhânasa, tihinnis*
consolidé(e) : *mu'azzaz*
consolider : *amar 2, makkan, mattan 1*
consommateur (-trice) : *maddâx 1*
consommation : *akil 2 ;*
[~ du mariage] : *irse*
consommer le mariage : *arras, bana 2*
conspirateur (-trice) : *mul'âmir*
conspiration : *mu'âmara*
conspirer contre : *al'âmar*
constant(e) : *sabûr*
constellation ;
[~ de la Grande Ourse] : *zarâf ;*
[~ de la Pléiade] : *Tireyya ;*
[~ du Bouvier] : *simâk ;*
[~ du Centaure] : *kundungâr ;*
[~ du Scorpion] : *agrab 1 ;*
autres noms de ~s : *fîl, jamal*
constipation : *yabûsa*
constipé(e) [être ~] : *anhacar*
constitué(e) par : *mukawwan*
constituer : *kawwan ;*
[~ une association] : *cakkal 2 ;*
[se ~] : *alkawwan*
constitution : *dastûr, takwîn ;*
[~ physique] : *jurma*
constructeur : *bannay*
construction : *amâr, amirîn 2, baniyîn, bani, buna*
construire : *bana 1 ;*
[~ une hutte] : *wagga ;*
[fait de ~] : *baniyîn, bani ;*
[se ~] : *anbana*
construit(e) : *mabni, mu'assas*
consultant(e) : *mucâwir, mustacâr*
consultation : *côra, mucâwara*
consulté(e) : *mucâwar*
consulter : *câwar ;*
[~ le sort] : *istaxar ;*
[se ~] : *accâwaro*
consumé(e) : *hargân, mugabbad 1, muharrag*
consumer : *mahag ;*
[se ~] : *alharrag, hirig*
contact : *irfe, ittisâl, muwâsala ;*
[~ avec *qqn.*] : *mudâxala ;*
[en ~] : *mulwâsilîn*
contagion : *âdayân*
contamination : *âdayân*
contaminé(e) par [être ~] : *istasâb*
contaminer : *âda*
conte : *hije tuwâl, hikâya*
contemplation : *farrijîn*
contempler : *alfarraj, farraj*
contenir : *câl 1 ;*
[se ~] : *ansabar*
content(e) : *farhân, firêhân, mabsût, mafrûh, murtah, radyân, râdi, sa'îd ;*
[être ~] : *anbasat, firih*
contentement : *guna', surûr*
contenter de [se ~] : *hamad 2*

contentieux : *cerî'e*
contenu conservé : *madmûm ;*
[~ de la charge d'un chameau ou d'un bœuf porteur] : *rahal 3*
contestataire : *argâli, hambâki, mu'âkis*
contestation : *argâl, argalân, hambikîn, ihtijâj, mu'âkasa*
contester : *argal, hambak, ihtajja, jâdal, xâlat ;*
[qui aime ~] : *muxlâti ;*
[se ~ mutuellement] : *ajjâdalo*
conteur (-euse) : *ânâsi, hajjây, jallâs*
continence [qui vit dans la ~] : *afîf*
continent : *xârra*
continue ! : *abcur*
continuel (-elle) : *mudâwam, mustamirr*
continuellement : *dâ'iman*
continuer : *dâwam, istamarra, wâsal*
contorsion : *hargisîn*
contorsionner [se ~] : *hargas*
contournement : *hawitîn*
contourner : *agar, bâra, hawat, hawwag ;*
[fait de ~] : *hawitîn*
contraction : *talga 1 ;*
[avoir des ~] : *asar*
contradicteur : *argâli, muxâlif*
contradiction : *akasân, xilâf*
contraignant(e) : *jabbâri 1*
contraindre : *haddad, jabar, xasab ;*
[~ *qqn.* à] : *farad 2 ;*
[~ *qqn.* à aller] : *daggac*
contraint(e) : *balyân, majbûr, maxsûb ;*
[être ~] : *anjabar*
contrainte : *farid 2, tahdîd, xusba ;*
[par ~] : *xasib*
contrariant(e) : *mu'âkis*
contrarié(e) : *za'lân, zahjân*
contrarier : *tallaf*
contrariété : *waji', wijjê'e, âkasân*
contrat : *mucârata, mugâwala, mîsâx ;*
[~ oral] : *guwâl ;*
[nouer un ~] : *cârat ;*
[qui n'est plus lié(e) par le ~] : *marjû'*
contravention : *hukum 1 ;*
[donner une ~] : *xarram*
contre : *didd*
contrebande : *barcôt ;*
[faire de la ~] : *barcat*
contrebandier : *barcâti*
contredire : *câkal, jâdal, kaddab, xâlaf*
contredit [qui ~] : *muxâlif*
contrée : *balad, dâr 2*
contrefaçon : *tazwîr, tazyîf*
contrefaire : *zawwar 1, zayyaf*
contrefait(e) : *muzawwar, muzayyaf*
contrepartie : *bayâd 2*
contrepoids : *tuggâla ;*
[faire le ~] : *âdal*
contrer : *âkas*
contretemps : *udur ;*
[qui a eu un ~] : *ma'zûr*
contribution : *mucâraka, tabarru'*
contrit(e) : *nadmân*
contrôle : *fatticîn, kontrôl, murâxaba, taftîc*
contrôlé(e) : *mufattac*
contrôler : *kacaf ;*
[~ la véracité] : *najjad 2 ;*
[~ une absence] : *faggad ;*
[ne plus se ~] : *al'ar'ar*
contrôleur (-euse) : *mufattic*
controverse [avoir une ~] : *ajjâdalo*
contusion : *warûm*
convaincre avec douceur : *sâyas*
convenable : *munâsab, munâsib 1*
convenir : *jâz ;*
[~ à] : *nafa' 1 ;*
[~ de] : *al'âhado, alwâfago, wâfag ;*
[~ d'un prix] : *attâfago*
convention : *cart, mucârata, wufug*
conversation : *anasa, muhâdasa, wannisîn ;*
[~ affable] : *ânisîn ;*
[~ téléphonique] : *mukâlama*
converse [qui ~ avec] : *muwannis ;*
[qui ~ familièrement] : *mu'ânis*
converser : *haddas, hajja 1, wannas, ânas ;*
[~ assis] : *jalas 1*
conversion : *tawba*
convertir [se ~] : *tâb*
convient [qui ~] : *libi*
convocation : *nidâ', nâdîn*
convoiter : *jihim 2, timi'*
convoitise : *tama'*
convoque [qui ~] : *munâdi*
convoqué(e) : *munâda, muwâ'ad, muwâ'id*
convoquer : *nâda, wâ'ad*
convulsion : *amfirehâne*
coopération : *ta'âwun*
coordinateur (-trice) : *munassix*
copain (copine) : *maxawi*
copiage : *bâzîn*
copie : *badal fâgid, nusxa*
copieur : *bâzay*
copuler : *jarra 3*

coq : *dikk*
coqueluche : *amhûhu ;*
[avoir la ~] : *hôha ;*
[qui a la ~] : *muhôhi*
coquet (-ette) : *jôkâki, hunbur*
coquillage : *muhhâra ;*
[~ à parfum] : *dufur*
coquille d'escargot : *sûru*
coquin(e) : *kiyêfir*
corail : *marjân*
Coran : *Xur'ân, kitâb*
corbeau : *xurâb*
corbeille : *sôsal, umra 1*
Corchorus olitorius : *ammulûxiye*
corde : *habil, zumâm ;*
[~ en cuir] : *wajaj ;*
[~ en fibre végétale] : *zumâl ;*
[~ longue et solide] : *tîl*
cordelé(e) : *maftûl ;*
[être ~] : *anfatal*
cordeler : *fatal 1, ratag*
cordelette : *carît, dimsik, gêtân, hagu, hibêl, igêl ;*
[~ de cuir] : *nis'e ;*
[petite ~] : *hibêlay*
Cordia rothii : *andarâb*
cordon : *dimsik, gêtân, hagu, karrâb, tikke*
cordon ombilical : *surra 1*
cordonner : *ratag*
cordonnier : *kurdunye, sarmâti*
coriandre : *kusbara*
Coriandrum sativum : *kusbara*
cornaline : *agîg*
corne : *gerin 1 ;*
[~ du pied] : *duluf ;*
[petite ~] : *girên ;*
[qui n'a pas de ~s] : *kundum*
corniche : *kurnêc*
corps : *jasad, jurma ;*
[~ de l'homme] : *jilid ;*
[~ humain] : *jism*
corpulence : *sumun, tuxun*
correct(e) : *magbûl, rasmi, tayyib*
correction : *tcannîn ;*
[~ (fouet)] : *jawwadân*
correspondance : *jawâb*
correspondant(e) à : *mugâbil*
corriger : *tcanna*
corroborer : *akkad*
corrompre : *akkal, bawwaz 1, carrab, dêwan, fasad 2, lahhas ;*
[fait de ~] : *akkilîn*
corrompu(e) : *fâsid 2, mu'akkal ;*
[qui a ~] : *mu'akkil*
corroyeur : *sarmâti*
corruption : *akkilîn, fasâd*
cortège accompagnant la mariée : *zaffa*
cortège nuptial : *sêra*
cosse : *gicir*
costaud : *dirbi, kalas, jâmid, matîn, xalîd, zâbit*
côte : *saff 1 ;*
[~s endolories] : *abunsillêl ;*
[~s sous le bras] : *zabbût*
côté : *cigg, cârib 1, daffe, jiha, jânib, nuss, nâyit, zabbût ;*
[~ de la djellaba] : *janab ;*
[à ~ de] : *janb ;*
[de ce -ci] : *dunjay ;*
[de quel ~ ?] : *ciggêc ? ;*
[de l'autre ~] : *gabal 1, min xâdi, xâdi ;*
[de tous ~s] : *anha' ;*
[du ~ opposé] : *amxilâfxilâf*
Côte d'Ivoire : *Abijan, Kotdîvar, Sâhil al âj*
coteau : *gôz*
côtelette : *saff 1*
côtier : *bahhâri*
cotiser [se ~] : *tcakka 1*
coton : *gutun ;*
[~ filé au fuseau] : *mubram ;*
[bande de ~ tissé] : *gabag ;*
[rouleau de tissu en ~] : *tukkiye*
cotonnier : *gutun*
côtoyer : *jâwar ;*
[~ (sens figuré)] : *arrikîn*
cou : *angara 2, hanjar, ragaba ;*
[petit ~] : *hinêjir ;*
[qui a un ~ fort] : *ab'angara*
couard(e) : *dikk abyad, rajâliye ragta, xawwâf*
couche [fausse ~] : *dâfagat*
couché(e) : *mumattit, muraggad, râgid ;*
[~ sur le ventre] : *munkafi ;*
[être ~] : *ragad*
coucher : *raggad, wagû' ;*
[~ du soleil] : *maxrib ;*
[fait de se ~] : *ragidîn, riggêde ;*
[se ~] : *ragad ;*
[se ~ sur le ventre] : *ankafa*
coud à la machine [qui ~] : *tarzi*
coude : *ku'*
coudée : *durâ'*
coudre : *xayyat ;*

[~ la vannerie] : *cafa 1 ;*
[fait de ~] : *xayyitîn*
couffin : *guffa ;*
[petit ~] : *gifêfe*
coulé(e) : *mutammas*
couler : *ansabba, jara 1, sâl 1, tcarra, xirig ;*
[~ de] : *bagbag ;*
[~ doucement (oued)] : *tcaltcal ;*
[faire ~] : *daffag, jarra 1 ;*
[fait de ~] : *darrân, tammisîn, tcarrîn ;*
[fait de ~ tout doucement] : *tcaltcâl*
couleur : *lôn ;*
[~ de cicatrices] : *ambarrûs ;*
[~ de l'encolure] : *amgabbe ;*
[~ sombre uniforme] : *kurdum*
couleurs [les ~ (drapeau)] : *bêrak ;*
[en ~] : *mulawwan ;*
[mettre des ~] : *raggat*
couleuvre sifflante : *abunzurrâg*
coulisse de la ceinture : *tikke*
couloir : *jaxnûn, ma'add, xôr*
coup : *dagge, dagg, darbe, darib 2 ;*
[~ de chicote] : *daribîn, faric 1, jalid ;*
[~ de feu] : *talga 2 ;*
[~ de fouet violent] : *tcannîn ;*
[~ de fusil] : *talga 2 ;*
[~ de patte des criquets] : *saksâk ;*
[~ de poing] : *amdardûm, bunya ;*
[~ d'envoi] : *côt ;*
[~ d'État] : *ingilâb ;*
[~ dur] : *isâba ;*
[d'un seul ~ !] : *but !, kab !, nyelet !*
[donner de nombreux ~s] : *taggag ;*
[donner un ~ de pied] : *callat 1, sakka ;*
[petit ~] : *dirrêbe ;*
[recevoir un ~ de poignard] : *anta'an ;*
[recevoir un ~ sur la nuque] : *anfahag ;*
[s'envoyer des ~s de chicote] : *almâraso ;*
[se donner des ~ de tête] : *addâgafo*
coupable : *sîd al-janiye ;*
[rendre *qqn.* ~] : *hallak*
coupant(e) : *gâti', tarîn*
coupe (récipient), *kâs 3 ;*
[petite ~] : *kiyês*
coupe (coupure) : *caggîn, gassîn, gati', gatti'în*
coupe-coupe : *kubkub ;*
[passer au ~] : *kabkab*
coupe-ongles : *daffâra 1*
coupé(e) : *magtu', mucarram, mugatta' ;*
[~ du monde] : *magtu' târi ;*
[~ en rondelles] : *mugarrad 1 ;*
[~ en tranches] : *mactûr 2 ;*
[dont un morceau a été ~] : *maglûm ;*
[qui a les cheveux ~s très courts] : *mahlûg 2*
couper : *caggag, carat 1, carrat 1, galam 1, gassa, gassas, gata' 1 ;*
[~ à la faucille] : *tcabba 2 ;*
[~ en deux] : *cagga ;*
[~ en longueur] : *jalaf ;*
[~ en menus morceaux] : *gatta' ;*
[~ en morceaux] : *gallam ;*
[~ en rondelles] : *garrad 1 ;*
[~ et brûler le bois] : *armad ;*
[~ grossièrement les cheveux] : *barbar 1 ;*
[~ horizontalement en tranches] : *jazza ;*
[~ la parole] : *xattam ;*
[~ la route] : *xâtam ;*
[~ la route pour piller] : *hambat ;*
[~ le moteur] : *battal ;*
[~ les cheveux] : *hafhaf ;*
[~ l'herbe] : *barbar 1 ;*
[~ un bout] : *calax ;*
[~ un lien] : *batar 1 ;*
[fait de ~] : *gati'în, gatti'în ;*
[fait de ~ la parole] : *xattimîn ;*
[fait de ~ la route] : *hambitîn, xattimîn ;*
[se ~] : *algallam, algatta', angata'*
coupeur : *caggâgi ;*
[~ de routes] : *hambâti, rabbât al-durûb*
couple : *jôz*
couplé : *kuple*
coupon : *bakta, git'e, gumâc, rabbâta*
coupure : *fassilîn, gassîn, gati'în, gatti'în, mugâta'a*
cour : *faday, hâkûra, hôc ;*
[~ du roi] : *fâcir, tâtâ*
courage : *catâra, fahaliye, fuhûliye, rajâliye xabca ;*
[prendre son ~ à deux mains] : *sulub ;*
[s'armer de ~] : *hêl ;*
[un peu de ~] : *gidêre*
courageux (-euse) : *câtir, fahal, fâris ;*
[~ au travail] : *sâxi, za''âri*
courant(e) : *jâri ;*
[~ d'eau] : *callâl ;*
[~ faible de l'oued] : *tcaltcâl ;*
[se mettre au ~ d'air] : *alhabbab*
courante (diarrhée) : *sabîb 2*
courbature : *raddixîn*
courbé(e) : *afzar, ahdab, mafzûr, mukanjar, munfazir 1*

courber : *fazar, hana, tana*
courber [se ~] : *antana, dangar, xanas ;*
[se ~ en arrière] : *anfazar 1 ;*
[se ~ en avant] : *anhana ;*
[se ~ vers le bas] : *sardab*
courbure : *fazirîn ;*
[~ du dos] : *surdâb ;*
[une ~ concave] : *fazre*
courette : *faday*
coureur (-euse) : *jarrây 2 ;*
[~ cycliste] : *rakkâb ;*
[~ de fille] : *zannây*
courge : *ambâsa*
courgette : *ambulo*
courir : *anfazar 2, jara 2 ;*
[~ à toute allure (cheval)] : *carad ;*
[~ au secours de *qqn.*] : *hâma ;*
[~ çà et là] : *jaljal ;*
[~ en jouant] : *marah ;*
[~ en petites foulées] : *jagjigin ;*
[~ les filles] : *târad 2 ;*
[en train de ~] : *jâri ;*
[faire ~] : *jarra 1 ;*
[fait de ~] : *jari, jire, jirrêye ;*
[fait de ~ dans les rues] : *xâtimîn*
couronne : *tâj*
courrier : *jawâb*
courroie : *xurda*
cours : *daris ;*
[~ préparatoire] : *bêt tinên, bêt wâhid*
cours d'eau : *masîl, saraf 2 ;*
[petit ~] : *rijil 2*
course : *jari, jire, jirrêye, sabag 2 ;*
[~ à faire] : *mucwâr 1 ;*
[~ de chevaux] : *galûb ;*
[~ de vitesse] : *kurus ;*
[de ~] : *jarrây 2 ;*
[petite ~] : *jirrêy ;*
[faire une ~] : *sâbago ;*
[qui fait des ~ (commissions)] : *rassâl*
court en jouant [qui ~] : *mârih*
court pour fuir [qui ~] : *munfazir 2*
court(e) : *gassâri, gisêyar 1 ;*
[~ et mince] : *gilayyil*
courtier : *sabbâbi, samsâri*
courtoisie : *galib abyad*
coussin : *maxadda, wassâde ;*
[~ de paille] : *halaga ;*
[s'appuyer sur un ~] : *alwassad ;*
[se servir de *qqch.* comme ~] : *wassad*
coussinet : *ûgây*
cousu(e) : *muxayyat ;*
[~ (vannerie)] : *macfi ;*
[~ sur mesure] : *sentre*
coût : *kallafân, taman*
coûte que coûte : *lâbudda*
couteau : *sakkîn 1 ;*
[~ de cuisine] : *sakkîn janb al-laday ;*
[~ de jet] : *kurbâj ;*
[~ de poche] : *matwa ;*
[~ pliable] : *matwa ;*
[petit ~] : *sikêkîn*
coûter : *kallaf*
coûteux (-euse) : *xâli 1 ;*
[être ~] : *xili*
coutume : *uruf 2, âde 1*
couture : *xayyitîn, xiyâte ;*
[~ de la vannerie] : *cufay*
couturier (-ère) : *laffâgi, xayyâti*
couvaison : *hadinîn*
couvé (œuf) : *mufarrix*
couve [qui ~] : *muraggid*
couver : *hadan*
couvercle : *sidâde, xuta ;*
[~ conique en vannerie] : *kufo ;*
[~ de plateau] : *bartâl ;*
[petit ~ en vannerie] : *kafu*
couvert(e) : *makfi, mulxatti, muxatta, muxatti ;*
[~ (ciel)] : *câyil ;*
[~ de gouttelettes] : *mukarriny ;*
[~ de poussière] : *mu'ajjij ;*
[~ de rosée] : *mukarriny*
couverture : *battâniye, bâjo, xattay, xattayân, xuta ;*
[~ de livre ou de cahier] : *sijille ;*
[~ en peau] : *dila, jilâde, nato' ;*
[~ pour le cheval] : *furâc ;*
[~ sur le dos du cheval] : *martaba 2*
couveuse (poule) : *raggâd*
couvre (ciel) [qui se ~] : *câyil*
couvre-feu : *dawriye, dûriye*
couvrir : *satar, xatta 2 ;*
[~ la tête] : *ganna' ;*
[~ une femelle] : *accar ;*
[art de ~ les livres] : *jilâde ;*
[fait de ~ de cuir] : *tajlîd ;*
[se ~] : *alxatta, laffa', xamxam 2 ;*
[se ~ de nuages] : *câl 2 ;*
[se ~ de rosée] : *karrany*
cowdriose : *abgâlum*
C.P. 1 : *bêt wâhid*
C.P. 2 : *bêt tinên*
crabotage : *tiris*

crac ! : *kuruj*
crachat : *buzâx ;*
[~ épais] : *axxay*
cracher : *bazzax*
craignant Dieu : *tâyib*
craindre : *cafcaf, istaha, ixtaca, xijil ;*
[faire ~] : *nakkal*
crainte : *maxâfa, xijile*
craintif (-ve) : *mucafcaf*
cramcram : *amdirêsa*
crampe : *kurnyâle ;*
[~ d'estomac] : *cabbîn 2, lahame ;*
[qui souffre de ~s abdominales] : *mulahhim ;*
[ressentir des ~s d'estomac] : *cabba 2, lahham 1*
cramponner à [se ~] : *alkârab*
crâner : *angar, jâbad, jôkak*
crâneur (-euse) : *mujâbid*
crapaud : *difde' ;*
[~ buffle] : *kokko*
craqueler [se ~] : *accaggag, anfalag*
craquer la couture : *fatag*
crasse à la surface du marigot : *xabôb*
Crateva adansonii : *dabkar*
cravache : *sôt 1*
cravacher : *farac 1, jalad, jawwad, tcanna*
crayon à khôl : *mirwad*
créance : *dên*
créancier (-ère) : *dâyin*
créateur : *basîr, xâlig*
création : *incâ', xalîga*
créature : *maxlûg, xalîga*
crédit : *dên ;*
[acheter à ~] : *dayyan ;*
[se faire mutuellement ~] : *addâyano ;*
[obtenir un ~ à] : *addayyan*
créé(e) : *maxlûg, mu'assas ;*
[être ~] : *xilig*
créer : *assas, xalag 1, xalax ;*
[~ un bureau] : *cakkal 2*
crémaillère [jour où l'on pend la ~] : *caggîn al-laday*
crème : *fumâd ;*
[~ de beauté] : *ambi, dilke ;*
[~ du lait] : *gicâde ;*
[~ éclaircissante] : *ambi ;*
[couleur ~] : *xâtif lônên*
crêpe : *kisâr*
crépi (le) : *talis*
crépi(e) : *mulabbax*
crépir : *talas ;*
[fait de ~] : *talisîn*
crépissage : *talisîn*
crépuscule : *maxrib*
cresson alénois : *jirjîr*
crête : *jurriye ;*
[~ du coq] : *uruf 1 ;*
[~ du poussin] : *jirêrîye ;*
[petite ~] : *jirêrîye ;*
[sorte de ~ du coq] : *dakke*
crétin(e) : *mubaddal 2*
creusage : *nakitîn*
creusé(e) : *mabhût 2, mahfûr, manjûr, mankût, munakkat*
creusement : *nakitîn*
creuser : *bahhat, fajja 2, gargar 1, hafar, haffar, nakat ;*
[~ partout] : *nakkat ;*
[faire ~] : *haffar ;*
[fait de ~] : *gargarân 1, nakitîn*
creux (creuse) : *gargarân 1, karkûr, nugura ;*
[~ du thorax] : *jôf ;*
[~ en dessous de la thyroïde] : *faxâxa ;*
[~ entre l'œil et les sinus] : *mâyig ;*
[parole creuse] : *fârix ;*
[qui a le ventre ~] : *matwi ;*
[un ~] : *fazre*
crevasse : *cagg, hawîre*
crevasser [se ~] : *caggag*
crevé(e) (mort) : *fatîs, magdûd, mugaddad ;*
[~ (percé)] : *fatîs, magdûd, mugaddad ;*
[être ~ (percé)] : *anba'aj*
crever (mourir) : *fitis ;*
[se ~ (percer)] : *algaddad, anba'aj*
cri : *awwa 2, dajja 2, hiss, kawwikîn ;*
[~ d'appel au secours] : *korôrâk ;*
[~ de douleur] : *sarixîn ;*
[~ de supplication] : *ja'îr 2 ;*
[~ du coq] : *ô'în ;*
[~ perçant] : *sarix ;*
[fait de pousser des ~s de joie] : *zaxritîn ;*
[poussant son ~ (coq)] : *mu'ô'i*
criard(e) : *bakkây*
crie [qui ~] : *sarrâx*
crier : *ât, awwa 1, ayyat, kawwak, lâhat, sâh, sarax ;*
[~ (coq)] : *ô'a ;*
[~ au secours] : *kôrak ;*
[~ du fond de la gorge] : *ja''ar*
crieur (-euse) : *lâhâti*
crime : *dimme, ijrâm, jarîme*
criminalité : *ijrâm*

criminel (-elle) : *harâmi, mujrim*
crin : *sabîb 1*
crinière : *safîfe*
criquet : *jarâd ;*
[~ arboricole] : *sâr al-lêl ;*
[~ bleu] : *amsimêsimân ;*
[~ du riz] : *ambazzâni ;*
[~ forgeron] : *haddâdiye ;*
[~ migrateur africain] : *rungul ;*
[~ pèlerin] : *kumbiya ;*
autres noms de ~s : *abunjallôg, ambakôtiye, ambukbuk, amburbur, amdaggâc, amdihêne, amhajar-hajar, amkacôl, amm al mûs, carîfiye, haddâduk, hasab-al-mulûk, inna, jarâd al ucar.*
crise : *azma ;*
[~ de paludisme] : *wirrêde 2*
crispé(e) [être ~] : *jabdîn al wijih*
crisper [se ~] : *karab wijhah*
crisser du fond de la langue : *nyaxrat*
critique : *jabbâri 1*
critiquer : *lâm*
croc : *fâtir 1 ;*
[faire un ~ en jambe] : *carkal*
crochet : *dugul, kunjâr, marfa'în 2 ;*
[faire un ~ (passer par)] : *xici ;*
[qui fait un ~ par] : *xâci*
crocodile : *tumsah*
Crocodilus niloticus : *tumsah*
Crocuta crocuta : *bugdum, marfa'în 1*
croire : *gasad, saddax 1, âman ;*
[~ que] : *cakka 2, hasab 1, zanna*
croisant les bras : *mukattif*
croisé(e) : *muhâwat, murabba', muraddaf ;*
[bras ~s] : *mukattafîn ;*
[qui se sont ~s] : *mul'âgirîn*
croisement : *kurjuma, malamm*
croiser : *carkal, hâwat ;*
[~ les bras] : *kattaf 1 ;*
[se ~ sans se rencontrer] : *al'âgabo, al'âgaro ;*
[fait de ~] : *agirîn ;*
[se ~ sans se voir] : *alhâwato*
croissance : *amirîn 2, amâr*
croissant [~ de lune] : *hilâl ;*
[premier ~] : *gubâl*
croit [qui ~ au destin] : *musâbir ;*
[qui ~ en] : *mu'âmin*
croître : *hâc 1 ;*
[en train de ~] : *gâyim*
croix : *salîb*
croquer : *gargac, kadda 1, karkad, madax ;*
[fait de ~] : *kaddân ;*
[se ~] : *anmadax*
croqueur (-euse) : *kaddâd 1*
croquis : *rasim*
crosse du fusil : *ga'ar al bundug*
Croton du Zambèze : *cêbe amxillêlo*
Croton Zambesicus : *cêbe amxillêlo*
crotte : *ba'ar, hurâr ;*
[faire une ~] : *harra*
crottin : *ba'ar ;*
[~ mêlé à la glaise] : *zibâla ;*
[~ sec et piétiné] : *dugdug*
croupe : *xôrân ;*
[~ arrondie] : *fandôk*
croupière : *tafar 1 ;*
[~ des ânes] : *dannâb*
croûte sur la boule [former une ~] : *ganga 1*
croyance : *îmân*
croyant(e) : *mu'min*
cru(e) (non cuit) : *axadar, nayy*
cruauté : *galib azrag*
cruche : *jarr ;*
[petite ~] : *jirêr*
cruel (-elle) : *jâfi*
cubitus : *jarîday*
Cucumis melo var. : *cammâm*
Cucumis prophetarum : *faggûs al kulâb*
Cucurbita sp. : *faggûs*
cueillette : *laggitîn*
cueillir : *karrab 1, laggat ;*
[~ en raclant] : *xarat ;*
[fait de ~] : *laggân 2*
cui-cui ! : *tcik tcik !*
cuillère : *kiyêr*
cuir : *dila, farwa, julûd*
cuire : *nijid, taxtax ;*
[~ à l'eau] : *bawwax ;*
[~ à petit feu] : *tcaxtcax ;*
[~ au four] : *faran ;*
[~ dans l'huile] : *hammar 1 ;*
[~ un liquide épais] : *tabax, tabbax 2 ;*
[~ une grosse quantité de boule] : *sôrag ;*
[faire ~] : *najjad 1 ;*
[faire ~ dans l'eau] : *rakkab 1 ;*
[faire ~ la boule] : *sât ;*
[qui fait ~] : *murakkib*
cuisine : *bêt al-laday, laday, matbax, tukul ;*
[préparation de la ~] : *ôs*
cuisiné(e) : *matbûx*
cuisiner : *tabax, âs 1*
cuisinier (-ère) : *awwâs, bôy, tabbâx*

cuisse : *dârje, gâyme, rufâx, wirik*
cuisseau : *dârje*
cuisson : *fawwirîn, najidîn, najjidîn, najûd ;*
[~ dans l'huile] : *hammirîn 1 ;*
[~ de la boule] : *sôtîn*
cuit(e) : *matbûx, najîd 1 ;*
[~ à l'eau] : *mubawwax, murakkab 1 ;*
[~ dans l'huile] : *muhammar ;*
[~ simplement à l'eau] : *salîga ;*
[~ sous la cendre] : *mamlûl ;*
[bien ~] : *munajjad 1 ;*
[être ~ à point] : *nijid*
cuivre : *nahâs*
cuivré(e) : *ahmar*
cul : *dubur ;*
[~ de poterie] : *cigfe*
culot [au ~] : *amgandiye*
culotte : *surwâl ;*
[~ courte] : *naksi*
culte [~ idolâtrique] : *kujûr ;*
[rendre un ~] : *xaddas*
cultivateur (-trice) : *harrâti, muzâri'*
cultivé(e) : *mahrût, mul'allim, musafliz, musaxxaf, saxâfi*
cultiver : *harat, zara' ;*
[faire ~] : *harrat ;*
[fait de ~] : *hirâte ;*
[se ~] : *assaflaz, assaxxaf*
culture : *saxâfa, turâs, zirâ'a ;*
[~ d'un champ] : *haritîn, hirâte*
culturel : *saxâfi*
cumin noir : *kammûn*
cumin vert : *camâr*
cupide : *tammâ'*
cupidité : *tama'*
curage : *nakitîn*
curcuma : *kurkum*
curer : *kalkat ;*
[~ les dents] : *sâk*
curieux (-euse) : *cawwâf, karrâs, naccâd, sa''âl, sa'âl*
cutter : *mûs*
cuvelage : *aricîn*
cuvette : *sahan, xassâl ;*
[~ à ablutions] : *dahalôb, wadday ;*
[~ en terre] : *karbalo, wadday ;*
[~ tambour] : *tumtum 1 ;*
[grande ~] : *dôzam 2, dumba, tacig ;*
[petite ~] : *tiyêse ;*
[petite ~ émaillée] : *tâsa*
cycle : *ajal 2, dalu 2, dôr 3*
cyclomoteur : *mublêt*
Cymbopogon citratus : *siturnêl*
Cymbopogon giganteus : *maharêb*
cynhyène : *sumu'*
cynocéphale : *tigil*
Cyperus papyrus : *birdi*
Cyperus rotundus : *siggêt*
cyphose : *hadaba*
cystocèle : *til'e*

d

Dactyloctenium ægyptium : *absâbe*
Dadjo : *Dâjo*
Dakhara : *Daxxâra*
Dalbergia melanoxylon : *bâbanûs*
Damaliscus korrigum : *têtal*
damalisque : *têtal*
daman des rochers : *tês al hajar*
dame : *mara ;*
[sorte de jeu de ~s] : *kâre*
dame-jeanne : *dabzân*
damer : *radas 1*
dandiner [se ~] : *azzaggal*
dandy : *jôkâki*
Dangaléat : *Dangaleyât*
danger : *xatar 3, xutûra*
dangereux (-euse) : *muhallik, xatari*
dans : *dâxal, fî 1, xilâl*
danse : *dalâl 3, li'ib 2 ;*
[~ moderne] : *disko, tiwisti ;*
[~ traditionnelle] : *baywale ;*
autres noms de ~s : *amdallûka, cilêcila, gisês, kidi*
danser : *addâdal, li'ib 1, ragas ;*
[faire ~] : *dâdal, la''ab, raggas*
danseur (-euse) : *la''âb, lâ'ib, raggâs*
dartre : *bahag, gûba*
dater de [à ~] : *ibtidâ'an*
datte : *tamur*
dattier : *tamur*
Datura innoxia : *amdamâro*
davantage : *aktar*
de : *fî 1, hanâ, hiney, hint, min*
de même que : *zeyy*
de nouveau : *battân*
déambuler : *darwal*
débardeur : *attâla*
débat : *munâxaca, nixâc*

débattre [se ~] : *farfat, fatfat*
débattre le prix de *qqch.* : *tâman*
débauche : *fasâd ;*
[vie de ~] : *safâha*
débauché(e) : *fâsid 2*
débile : *mu'allic*
débit de boisson : *gôdâla*
débiter : *jazzar*
débiteur (-trice) : *marbût be dên, madyûn*
déboîté(e) : *mafkûk*
déboîtement : *fakak*
déboîter [se ~] : *anfakka, zâx*
débordant : *munayyil*
débordé(e) [être ~] : *allaxam*
débordement : *nîl 1 ;*
[~ du fleuve] : *sêl*
déborder : *gaddaf, kasar, nayyal 2, tara', tcaltcak ;*
[faire ~] : *kâyal*
débouché : *nafas*
debout [être ~] : *wigif ;*
[faire tenir ~] : *rakaz 2 ;*
[fait de mettre ~] : *gawwamân ;*
[mettre ~] : *gawwam ;*
[se mettre ~] : *gamma be tûlah, gamma fôg ;*
[se tenant ~] : *wâgif*
débris de poterie : *cigfe*
débrouillard(e) : *dabbâri, mudabbir*
débrouillardise : *dabâra, dabbirîn 1, ilim al-râs, najâda*
débrouille bien [qui se ~] : *mudabbir*
débrouiller [se ~] : *dabbar 1 ;*
[fait de se ~] : *dabbirîn 1*
débroussaillé(e) : *mukôsang*
débroussailler : *armad, kôsang*
début : *bada'ân, badayân, bidâya ;*
[~ d'un apprentissage] : *baddîn ;*
[~ d'une action] : *pan ;*
[au ~] : *awwal ke ;*
[être au ~ du mois] : *halla 1*
débutant(e) : *allâmi*
débuté [avoir ~] : *anbada*
débuter [faire ~] : *badda*
décadence : *arâra*
décantation : *tcaltcalân*
décanté(e) : *mutcaltcal*
décanter [se ~] : *râg ;*
[~ par ébullition] : *tcaltcal*
décapitation : *haddin*
décapiter : *hadda 1, kabkab, tcabba 2*
décapsuler : *fakkak*
décapsuleur : *fakkâk, mafakk*
décédé(e) : *mayyit*
décéder : *itwaffa, tawaffa*
décembre : *cahari atnâcar*
décevant(e) : *xâ'ib 2*
décevoir une attente : *xazal*
déchaîner [se ~] : *jômas*
décharge : *kûca ;*
[~ publique] : *dungus 1 ;*
[qui ~] : *mufaddi*
déchargement : *dalliyîn, faddîn, faddiyîn 1*
décharger [fait de ~] : *dalliyîn, faddîn ;*
[~ un véhicule] : *fadda 1 ;*
[se ~] : *alfadda*
déchéance : *arâra ;*
[~ morale] : *fajâra*
déchiqueté(e) : *mugajjam*
déchiqueter : *gajjam*
déchiré(e) : *macrûm, macrût, mucarram, mucarrat ;*
[être ~] : *accarrat*
déchirer : *caram, carat 1, carrat 1 ;*
[fait de ~ le bord] : *carimîn ;*
[se ~] : *accarrat, ancarat, carrat 2, istâkal ;*
[se ~ sur le côté] : *ancaram*
déchirure : *carimîn*
décidé(e) : *musammim*
décider : *xarrar ;*
[~ fermement] : *sammam 2 ;*
[se ~] : *anjabar*
décideur : *muxarrir*
décimer : *mahag*
décision : *niye, xarâr*
déclaration : *bayân, i'lân*
déclaré(e) à la douane : *mujamrak*
déclarer : *bayyan, sarrah 1*
décollage : *gammîn*
décoloration : *fasaxân*
décolorer : *fassax ;*
[se ~] : *anfasax 1, fasax*
décomposer [se ~] : *affan, zannax*
déconcertant : *muhayyir*
déconcerté(e) : *muhayyir, mutahayyir*
déconsidérer *qqn.* : *xâsam*
décontenancé(e) [être ~] : *alhayyar*
décorant : *mujammil 1*
décoration : *fandâsiye, zîna ;*
[~ avec le henné] : *tahnîn ;*
[~ en argent] : *barcam 2*
décoré(e) : *mujammal*
décorer : *fandas, jammal*

décortiqué(e) : *mabrût*
décortiquer : *barat, fagga'*
découcher : *bât*
découdre [fait de ~] : *fatigîn ;*
[~ en tirant avec force] : *fatag ;*
[se ~] : *alfattag, anfatag*
découpe le tissu [qui ~] : *mufassil*
découpé(e) : *mufassal*
découper : *gassa, gassas ;*
[~ des pièces dans un tissu] : *fassal ;*
[~ la viande] : *jarad, jarrad ;*
[~ la viande en lambeau] : *carmat ;*
[~ la viande en lamelles] : *jazza ;*
[~ la viande en morceaux] : *jazzar ;*
[se ~] : *algatta'*
découragé(e) [être ~] : *ijiz*
découragement : *ajjisîn, zahaj*
décourager : *kassal, tayyar 2 ;*
[~ *qqn.*] : *ajjaz ;*
[se ~] : *alkâsal, kisil*
décousu(e) : *maftûg, mufattag ;*
[être ~] : *anfatag*
découvert(e) : *kâcif ;*
[être ~] : *ankacaf ;*
[pouvoir être ~] : *an'araf*
découverte (une) : *ikticâf*
découvrir l'épaule : *amjinêbe*
décret : *marsûm, xarâr*
dédaigné(e) : *mahgûr*
dédaigner : *azza 3, icim*
dédaigneux (-euse) : *acmân 1*
dédain : *acam 1, hugra, zôm*
dedans : *dâxal, juwwa*
dédommagement : *guna'*
dédommager : *awwad, ganna'*
dédouané(e) : *mujamrak*
dédouaner : *jamrak*
dédoubler : *tâwam*
défaire : *fartag, nagad 1 ;*
[~ ses cheveux] : *falfal*
défausser [se ~] : *bawwaz 2*
défaut : *awaja, êb, ôra 3 ;*
[~ de prononciation] : *lajana ;*
[faire ~] : *fallas ;*
[sans ~] : *sâlim*
défavorable : *mu'âkis*
défection [faire ~] : *xazal*
défectuosité : *ille 3*
défendre : *dâfa' ;*
[se ~] : *xâlat ;*
[se ~ contre] : *mahâhâ*
défendu(e) : *mamnû'*
défense : *difa' ;*
[~ de *qqn.*] : *cafâ'a ;*
[prendre la ~ de *qqn.*] : *cafa'*
défenseur : *âbuka, muhâmi, munâdil*
déféquer : *harra*
défi : *hambôl*
déficience : *allîn, ille 3*
déficient [rendre ~] : *alla*
déficit [en ~] : *xasrân ;*
[être en ~] : *xisir*
défier l'adversaire : *handar*
défier quiconque s'approche : *gangar*
défilé : *xôr ;*
[~ militaire] : *jarsîs*
défiler : *jarsas ;*
[qui sait ~] : *jarsâsi ;*
[se ~] : *camrax, falla 2, raxa 2*
définitivement : *hadd 2, marra wâhid*
déflorée : *mu'arrasa*
déflorer : *arras ;*
[~ légalement] : *bana 2*
défluent : *ragaba, ragabt al bahar*
défoncé(e) [être ~] : *affas*
déformation d'une parole : *tazwîr*
déformé(e) : *matni, mutarbal*
déformer : *awwaj, kalwaj, tarbal*
défriché(e) : *mukôsang*
défricher : *armad, kôsang*
défunt(e) : *marhûm, muntaxil, râhil 1*
dégagement de la gorge : *karkirîn*
dégager : *kassa ;*
[~ l'épaule] : *amjinêbe ;*
[~ les voies respiratoires] : *karkar*
dégâts : *fasâd ;*
[causer des ~] : *xassar ;*
[faire des ~] : *âza ;*
[qui cause des ~] : *mu'zi*
déglingué(e) : *karkâs*
déglutition : *zarritîn*
dégonflement : *faccîn*
dégonfler : *facca, naffas ;*
[se ~] : *anfacca*
dégorgé dans l'eau [qui a ~] : *mafcûc*
dégorgement : *faccîn*
dégorger : *anfacca, halag ;*
[faire ~] : *facca*
dégouliner : *tcarra, tcartcar*
dégourdi(e) : *najîd 2*
dégourdir : *naccat*
dégoût : *tayyirîn 2 ;*
[cause de ~] : *îfe ;*
[éprouver du ~] : *âf ;*

[provoquer le ~] : *gânaf ;*
[qui cause le ~] : *tâyir 2*
dégoûtant(e) : *ma'yûf*
dégoûter : *âfa 1, gânaf, tayyar 2, zâwal*
dégradation : *arâra, fasâd*
dégrader [se ~] : *al'ar'ar*
degré : *rutba ;*
[~ de dignité] : *daraja, martaba 1*
dégringoler : *dardag*
déguerpir : *fazza*
dégurgitation : *galijîn*
dégustation [échantillon pour ~] : *durr al-dêf*
dehors : *barra 1, xârij 1 ;*
[~ la nuit] : *sagî'*
déjà : *gibêl*
déjeuné [qui a ~] : *muxaddi*
déjeuner : *alxadda, xada, xadda 1 ;*
[fait de ~] : *xaddayân ;*
[offrir le petit ~] : *fattar ;*
[petit ~] : *fatûr ;*
[prendre le petit ~] : *fatar, fâtir 3*
déjouer la ruse : *assârago l-najâda*
délai : *ajal 1 ;*
[~ après divorce] : *idde 1 ;*
[passer le ~ de viduité] : *addad 2*
délaissé(e) : *bâyir, marxûs ;*
[être ~] : *bâr 1*
délaissement : *bôre, êle, ihmâl,*
délaisser : *sabal 1 ;*
[~ *qqn.*] : *xazal*
délavé : *muxassal 2*
délaver [se ~] : *anfasax 1*
délayer : *xadda 2*
délayer la farine dans de l'eau : *lâya*
délégation : *wafid ;*
[~ de pouvoir] : *wakâla*
délégué : *mandûb 1, mumassil, nâyib ;*
[~ (pour un mariage)] : *mugaddam ;*
[~ municipal] : *komanda*
délicat(e) : *hanûn*
délicatesse : *mahanna*
délicieux : *halu*
délié(e) : *mabtûr*
délier : *batar 1*
délimitation : *hawwacân ;*
[~ par clôture] : *kajjarân*
délimiter la concession : *hawwac 1*
délinquance : *ijrâm, sahlaga*
délinquant(e) : *safîh, sahlûg, talag al-dêd*
délinquants : *iyâl bandî*
délire : *lâhitîn, luhât ;*
[qui est en plein ~] : *lâhâti*
délirer : *lâhat, mawzûn 2*
délit : *ijrâm, janiye, jarîme ;*
[commettre un ~] : *jana 1*
déliter [se ~] : *fatfat*
délivrance : *faraj 3, farijîn 2, inxâz, naja, najayân, tafrîj ;*
[qui apporte la ~] : *fârij 2, munajji*
délivrer : *xallas ;*
[fait de ~] : *najayân ;*
[se faire ~ un objet] : *talla'*
déloyal(e) : *fâcil*
démagogie : *ilim al xalbât*
demain : *ambâkir*
demande : *mutâlaba, su'âl, talab 2, talabân ;*
[~ en mariage] : *gaddimîn al-salâm, karibîn râs ;*
[qui ~ conseil indéfiniment] : *câwâri ;*
[qui ~ le prix] : *mu'arrid 3 ;*
[on ~ que] : *matlûb*
demandé(e) [qui est ~] : *matlûb*
demander : *sa'al, tâlab ;*
[~ à Dieu *qqch.*] : *da''a ;*
[~ à *qqn.*] : *nacad ;*
[~ en mariage] : *gaddam 1 ;*
[~ l'autorisation] : *ista'zan ;*
[~ la main d'une jeune fille] : *xatab 2 ;*
[~ pardon à Dieu] : *istawfar, istaxfar ;*
[~ *qqch.* à *qqn.*] : *talab 1 ;*
[~ un supplément de sauce] : *warrad 2*
demandeur (-euse) en justice : *mudda'i*
démangeaison : *âkûla, humra*
démarchage [faire du ~] : *sâm 2, talla*
démarche chaloupée : *zaggilîn*
démarche lente et ostentatoire : *yanga*
démarrage : *dawwarân 2*
démarrer : *dawwar 2*
démêlé : *xilâf*
déménagement : *rahhilîn, rahîl, rahûla*
déménager : *alhawwal, hawwal, rahhal, sâr*
dément [celui qui ~] : *mukaddib*
démentir : *kaddab, nakar*
demeure : *dâr, mag'ad 2, manzil, markaz, maskan*
demeuré(e) : *mubaddal 2*
demeurer : *ga'ad, gâ'id*
demi [un ~] : *nuss*
demi-litre environ [mesure d'un ~] : *midd*
démissionner : *annâya, istaxalla*
démocratie : *demoxrâtiya*

demoiselle : *ânisa, fata, kilâsku ;*
[jeune ~] : *tcartcerêye*
démoli(e) : *xarbân*
démolir : *calla', hardam, xarrab 3*
démolition : *calla'ân, hardimîn, xarâb 1*
démon : *cêtân, dull 2, iblîs, ifrît, jinn*
démontage : *calla'ân, fartigîn*
démonte [qui ~] : *mufartig*
démonter : *fartag ;*
[se ~] : *alfartag*
démontrer : *tabbat*
démuni(e) : *fagri ;*
[~ !] (injure) : *mugatta'*
Dendrocygna javanica : *amtcilîli*
dénégation : *hambikîn*
denier : *mâl*
dénier : *hambak*
dénombrer : *adda 4*
dénomination : *usum*
dénoncer : *jâsas, jassas,*
dénoue [qui ~] : *mufartig*
dénoué(e) : *mahlûl, mufartag*
dénouer : *fartag, halla 3, nagad 1 ;*
[~ ses cheveux pour les peigner] : *sarrah 2 ;*
[fait de ~] : *fartigîn, hallîn ;*
[se ~] : *alfartag, anhalla*
denrée alimentaire : *ma'âc*
dent : *sinn 1 ;*
[~s manquantes] : *baxara ;*
[agacement des ~s] : *dôrisîn ;*
[agacer les ~s] : *dôras ;*
[montrer les ~s] : *fassax ;*
[qui montre les ~s] : *fâsix 1 ;*
[poussée des ~s de lait] : *sinn ambirtiti ;*
[qui a une ~ contre *qqn.*] : *muhassif*
dentition postérieure : *maddâx 2*
dénuement : *fagur*
départ : *fiwwête, fôtîn, giyâm, gômîn, rahûla ;*
[~ à l'aventure] : *lôje ;*
[~ de la femme répudiée] : *maragân ;*
[~ pour l'étude du Coran] : *mahajar ;*
[~ pour trouver un refuge] : *lôje*
département : *hâra*
dépasse [qui ~] : *fâyit ;*
[qui ~ la ligne] : *mulhâwit*
dépassement : *fôt*
dépasser : *fawwat 1, fât, fôtîn, gaddam 2, sabag 1 ;*
[~ la capacité de] : *xilib 3 ;*
[~ un an] : *hawal*
dépecer : *jarad*
dépêcher : *rassal ;*
[se ~] : *ajjal 1, albahdal, sa'jal*
dépendant(e) : *îd yabse*
dépenser : *saraf 1, sarraf ;*
[~ inutilement] : *ansaraf, bazzar 2 ;*
[se ~] : *bazal*
dépenses : *nafaxa*
dépensier (-ère) : *mamhûg*
dépérissement : *batûl*
dépiauté(e) : *maslûx ;*
[pouvoir être ~] : *ansalax*
dépiauter : *salax*
dépigmentation : *baras*
déplaçant [se ~] : *râhil 1 ;*
[se ~ en quête de] : *hâyim*
déplace [qui se ~] : *kâdd, sâyir*
déplacé(e) [être ~] : *ajjôjal ;*
[qui s'est ~] : *muntaxil*
déplacement : *harrakân, huwâme, intixâl, masîr 1, murhâl, rahhilîn, rahûla, zahhifîn ;*
[~ du campement] : *masâr, rahîl ;*
[~ forcé] : *taltâl ;*
[~ sans itinéraire précis] : *lôje ;*
[~ vers un endroit viable] : *lôje ;*
[qui est toujours en ~] : *jaljâli*
déplacer : *harrak, jâlal 1, zahhaf ;*
[~ en poussant] : *lazza ;*
[faire ~] : *rahhal ;*
[fait de ~] : *zahhifîn ;*
[qui aime se ~ çà et là] : *hawwâm ;*
[se ~] : *ajjâlalo, alhawwal, annâgal, antarra, hâm, hawwal, jafal, kadda 2, rahal 1, sâr, zâx ;*
[se ~ assis] : *zihif ;*
[se ~ en permanence] : *jaljal ;*
[se ~ sans itinéraire précis] : *lâj*
dépliage : *faricîn 2*
déplié(e) : *mafrûc, mufarrac*
déplier : *cala', farrac*
déploiement : *carrîn*
déployer : *falla 1, farra 1*
dépoli(e) : *mangûc*
dépolir la meule [fait de ~] : *nagicîn*
déposé(e) : *mugabbad 3*
déposer : *wadda 1 ;*
[~ son argent] : *warrad 5 ;*
[~ transversalement] : *ârad*
dépositaire : *mu'amman*
dépôt : *maxzan, ukur ;*
[mise en ~] : *wadi'in*
dépouille (mortelle) : *janâza*

dépouillé(e) : *mujarrad, musallib ;*
[être ~ de son argent] : *an'akal*
dépouiller : *jarad, jarrad, salax ;*
[se ~] : *ansalax*
dépourvu(e) de [être ~] : *assaf*
dépravation : *arâra, fasâd, razâla*
dépravé(e) : *fâsix 2*
dépraver : *fasad 2*
dépréciation : *raxxisîn*
déprécié(e) : *bâyir*
dépression : *batha ;*
[petite ~] : *bitêhe*
depuis : *min*
député(e) : *nâyib*
déracinement : *malatân*
déraciner : *gala', ma''at, malat*
dérailler : *mawzûn 2*
dérangé(e) : *malxûm, mulbactin ;*
[être ~] : *albactan*
dérangeant(e) : *mulbactin*
dérangement : *laxma, macaxxa*
déranger : *bactan, cawwac, caxxa, laxam 1, zahhaj*
dérision : *camâte ;*
[tourner en ~] : *cammat 1*
dermatophytose : *abujulâx, amdinâr, gûb*
dernier (-ère) : *axîr, âxir, warrâni ;*
[le ~] : *axarâni ;*
[avoir le ~ mot] : *assârago l-najâda ;*
[prendre la ~ère carte] : *karra 2*
dernier-né : *amgurâra, hattât al kurûc*
dérober : *nacal*
déroger à : *xâlaf*
déroulement : *masîr 1*
dérouler [se ~] : *alfartag*
déroutant : *muhayyir*
dérouté(e) : *muhayyir ;*
[être ~] : *alhayyar*
dérouter : *tartac*
derrière : *ja'aba, wara ;*
[par ~] : *be wara*
dès lors que : *min*
désaccord [en ~] : *muxtalif ;*
[~ manifesté dans le mutisme] : *xusum ;*
[être en ~] : *alxâlafo, xâlat*
désagrément : *karâha*
désaltéré(e) : *carbân 2, mucarrab*
désaltérer : *cirib ;*
[fait de se ~ une fois] : *cirrêbe*
désarroi : *hayyirîn ;*
[mettre en plein ~] : *hayyar*
désarticuler [se ~] : *alfassal*

désastre : *musîbe*
désavouer : *nakar*
descendance : *têrâb 2, zurriye ;*
[de la ~ du Prophète] : *carîfi*
descendant : *nâzil*
descendre : *dalla 1, nazal ;*
[~ tout seul] : *dalla 1, addalla ;*
[faire ~] : *nazzal ;*
[fait de ~] : *nazilîn ;*
[faire ~ la corde] : *dôdal ;*
[faire ~ le prix d'achat] : *bâya'*
descente : *dallân, dillêye, nazilîn, nazûl ;*
[faire une ~] : *xâr ;*
[petite ~] : *nizzêle ;*
[~ de lit] : *farce 2*
description : *wasif 1*
désenclavement : *nafas*
désenfler [fait de ~] : *faccîn*
désengager [se ~] : *annâya, facal*
déséquilibre [être en ~] : *mâyal*
déséquilibré(e) : *mumayyal ;*
[~ mental] : *âr 2*
déséquilibrer : *mayyal*
désert : *sahara 2*
désert(e) : *xâli 2 ;*
[lieu ~] : *xala 1*
désespérer : *ayyas*
déshabillage : *sallibîn*
déshabillé(e) : *aryân, musallib, tillîs*
déshabiller [se ~] : *sallab ;*
[fait de se ~] : *sallibîn*
désherber un champ : *barbar 1*
déshonneur : *fadîhe*
déshonorer : *ar'ar*
déshydratation : *hafa*
désigner : *nadàb, talla' ;*
[~ *qqn.* responsable de] : *wakkal*
désir : *cahu, cahwa, côg, dawwarân 1, garam, marâd, munâ, xarad ;*
[~ amoureux] : *ucug ;*
[~ de manger] : *ambalxâma, rîg ;*
[~s d'un instant] : *dirêhât ;*
[~ intense] : *diwwêre ;*
[avoir le ~] : *niwi ;*
[qui a le ~ de] : *mucahhi, muhtâj*
désirer : *almanna, cahha, câ' 1, câwag, dawwar 1, hiwij, ictâg, râd ;*
[~ ardemment] : *accahha, icig ;*
[~ avec avidité] : *daca' ;*
[~ la présence de *qqn.*] : *girim ;*
[~ *qqch.* immédiatement] : *darrah ;*
[~ vivement] : *alhanna*

désireux (-euse) : *âcig, cahwân, dâyir 1, hawjân, muctâg*
désister [se ~] : *facal*
désobéir : *almarrad, asa 1, nâhas, timih ;*
[~ à Dieu] : *isi ;*
[~ à ses parents] : *âx*
désobéissance : *isyân 1, ma'siya, usa*
désobéissant(e) : *âsi, âyix, mutmarrid, nihis*
désœuvré(e) : *fâgid amal, sahlûg ;*
[être ~] : *sahlag*
désolant : *muhayyir*
désolation : *hayyirîn*
désolé(e) : *âsif, hayrân, muhayyir, mul'assif,*
désordonné(e) : *axnab, âyil 2, mubahdal*
désordre : *argalân, barjâl, fawda, laxx ;*
[aller en ~] : *barjal ;*
[en ~] : *amtabalbôl, hamaj, minjamm ;*
[mettre en ~] : *bahdal ;*
[qui est en ~] : *mulxâlif*
désorganiser (se) : *barjal*
désorienté(e) [être ~] : *jâjah*
désorienter : *hayyar*
désormais : *min hini lê giddâm, min xâdi*
despotisme : *istibdâd*
desquamation : *bahag, gaccirin*
desquame [qui se ~] : *mugaccir*
desséché(e) : *carbân 1, jâff, mu'aggir ;*
[entièrement ~ !] : *kar !, kayam !*
dessécher : *naccaf, yabbas ;*
[se ~] : *gafgar*
desserré(e) : *marxi*
desserrer : *raxa 1 ;*
[se ~] : *antalag*
dessin : *rasimîn, rasim*
dessinateur (-trice) : *rassâm*
dessiner : *rasam, sawwar 1 ;*
[~ les lettres] : *radas 2 ;*
[fait de ~] : *rasimîn*
dessous : *tihit ;*
[~ de plat] : *fatta*
dessus : *fôg ;*
[avoir le ~ sur *qqn.*] : *mana' 1*
déstabiliser : *lajlaj*
destin : *amur 1, gisma, masîr 2, xadar 3*
destiné(e) à : *muwajjah ;*
[~ d'avance à] : *muxaddar*
destructeur (-trice) : *muxarrib 1, tallâf*
destruction : *damâr, dammirîn, xarâb 1, xasâra ;*
[~ d'une fermeture] : *fallitîn ;*
[~ par l'eau ou le feu] : *akle*
détachage : *fartigîn*
détache [qui ~] : *mufartig*
détaché(e) : *fâsix 1, mabtûr, mahlûl, mufakkak, mufartag, munfasil*
détachement : *furga, taligîn*
détacher : *batar 1, fartag, galam 1, halla 3, talag ;*
[~ de haut en bas] : *calax ;*
[se ~] : *albattar, alfartag, alfâsalo, alfassal, algallam, anfalat, anfasal, fasax ;*
[se ~ (peau)] : *alfassax ;*
[se ~ du tronc] : *ancalax*
détail : *tafsîl ;*
[au ~] : *farrâdi ;*
[en ~] : *gattâ'i 2 ;*
[vendre au ~] : *kâsar 1*
détaillant(e) : *mandânyi*
détaillé(e) : *mufassal*
détailler : *fannad, fassal*
Detarium microcarpum : *ablêle 1*
détendre [se ~] : *anraxa, antalag, talag wijhah*
détendu(e) : *marxi, mulkayyif, muntalig*
détente : *istirâha, rugâd, râha*
détérioration : *talâf*
déterminé(e) : *mu'ayyan, musammim*
déterminé(e) à [être ~] : *sammam 2*
déterrer : *nakat*
détestable [devenir ~] : *baxxad*
détestant : *kârih*
détesté(e) : *mabxûd, makruh*
détester : *baxad, hassaf, jâfa, kirih, târ 2 ;*
[se ~] : *ajjâfo*
détour [faire un ~] : *xici ;*
[qui fait un ~] : *xâci*
détourne son regard de *qqn.* [qui ~] : *mustahyin*
détourner [se ~] : *anbaram ;*
[se ~ de *qqn.*] : *istahyan*
détrempé(e) : *manyax ;*
[terrain ~] : *abnazzâz*
détruire : *akkal, calla', dammar, farfar 1, hallak, kassar, tallaf, xarab, xarrab 3 ;*
[~ totalement] : *hadam*
détruit [qui ~] : *mudammir*
détruit(e) : *ma'kûl, mahdûm, mudammar, xarbân ;*
[être ~] : *xirib ;*
[qui a été ~] : *an'akal*
dette : *dên*
deuil : *hidd, hizin 2, ma'aza, xabîbe ;*

[en ~] : *haznân ;*
[porter le ~] : *hadda 2*
deux : *itinên, tinên ;*
[~ cents] : *mîtên ;*
[~ mille] : *alfên*
deuxième : *tâni ;*
[faire une ~ fois] : *tanna*
dévaluation : *nagisîn*
dévaluer : *bawwar 1, bawwaz 1*
devancer à la course : *sabag 1*
devant : *amâm, giddâm 1 ;*
[qui est ~] : *mugaddim ;*
[qui est mis ~] : *mugaddam ;*
[se mettre ~] : *gaddam 2*
dévastateur (-trice) : *muxarrib 1*
dévaster : *xarab*
développé(e) : *mutaxaddim, muttawwir*
développement : *tanmiya, tatawwur, taxaddum*
développer : *tawwar ;*
[en train de se ~] : *gâyim ;*
[se ~] : *attawwar*
devenir : *bigi, kân*
déverser [se ~] : *ansabba ;*
[~ sa colère] : *ja''ar ;*
[~ sa colère sur *qqn.*] : *facca xabintah*
dévier : *bâra*
devin : *cawwâfi, xattâti*
devinette : *hije gusâr*
dévisager : *alwakkad, âyan, jahham 2, jihim 2 ;*
[fait de ~] : *tahmîr*
dévoilement : *jahirîn*
dévoiler : *bayyan, jahar, kacaf ;*
[~ la honte de *qqn.*] : *kacaf.;*
[se ~] : *ankacaf*
devoir : *jâz, lâbudda, mafrûd 2, wâjib*
dévorer : *ad'ad, akal, zarrat ;*
[~ des yeux] : *jahham 2, jihim 2 ;*
[se ~ mutuellement] : *al'âkalo*
dévot(e) : *mul'abbid, âbid*
dévotion : *ixlâs*
dévoué(e) : *muxlis, sâxi ;*
[~ à] : *mubtali*
diabète : *marad al-sukkar*
diable : *abzaggâl, ârid, cêtân, dull 2, goygoy, iblîs, ifrît, mul'ammid*
Diabolocantatops axillaris : *amdihêne*
dialectal(e) : *dâriji*
dialecte : *lahja ;*
[~ non arabe : *ratîn ;*
[qui parle un ~ non arabe] : *Rattâni*
dialogue : *muhâdasa*
dialoguent [qui ~] : *mul'ânisîn*
diaphragme : *sitâr*
diarrhée : *sabîb 2 ;*
[~ sanglante (bovins)] : *amtcalalo ;*
[avoir la ~] : *anbatan, sabbab 1 ;*
[forte ~] : *ambitêne ;*
[qui a une ~ forte] : *mabtûn*
Diceros bicornis : *abgarin*
Dichrostachys cinerea : *kadâd*
dictateur : *diktatôri*
dictatorial(e) : *diktatôri, isti'mâri*
dictature : *amsiyâdiye, istibdâd*
dictionnaire : *xâmûs*
Dieu : *Allah ;*
[~ l'a voulu ainsi !] : *ja'al, mâ câ' Allah !*
[~ merci !] : *mâ câ' Allah !*
[~ soit béni !] : *bârakallah ;*
[~ soit loué !] : *al hamdu lillah !*
[à cause de ~] : *lillâh ;*
[mon ~ !] : *subhân Allah ;*
[si ~ le veut] : *in câ' Allah ;*
[un ~] : *ilâh*
diffamation : *ayyibîn, gatî'e*
diffamer : *asâ', ayyab, gata' 2, kidib 2*
différence : *fannidîn, farig, tafsîl ;*
[faire la ~] : *fasal mayyaz*
différend : *awaja, xilâf*
différent(e) : *cik, muxtalif ;*
[~ (prix)] : *mulhâwit ;*
[complètement ~] : *cik cik ;*
[qui a un avis ~] : *muxâlif ;*
[qui est ~] : *mulxâlif*
différentiel [blocage du ~] : *tiris*
difficile : *gâsi, murr 1, nihis, sa'ab ;*
[faire le ~] : *alfâjar, fâjar ;*
[rendre ~] : *marrar*
difficulté : *marâr, su'ûba, taltâl ;*
[mettre dans la ~] : *taltal ;*
[qui est en ~] : *macxûx*
diffuser : *zâ'*
diffusion : *icâ'a, izâ'a*
digérer mal : *cabba 2, tankal*
digestion mauvaise : *cabbîn 2*
digne : *afîf ;*
[être ~ de confiance] : *al'âman*
dignité : *hurma, karâma 1, xîma ;*
[~ élevée] : *ula*
digue : *hubus*
Diguel : *Digêl*
dilaté(e) : *muntalig*
dilater : *hâc 1*

dilemme : *bêdayit amtcilîli*
dimanche : *ahad 1, dumâs*
dîme : *ucûr, zaka*
dimension : *tûl ;*
[même ~] : *mustawi*.
diminué(e) : *âjiz, carbân 1, mangûs, nâgis,*
diminuer : *galla 2, gassar, nagas, rixis, xaffa ;*
[fait de ~] : *nagis ;*
[~ la valeur] : *mahag, raxxas*
diminution : *du'uf, gassirîn, nagis, nagîse, nagisîn ;*
[~ du prix] : *raxasa*
dîné [qui a ~] : *mut'acci*
dîner : *aca, acca, al'acca*
dînette : *amkillêlo*
dingue (maladie) : *amxibbiye*
Dioscorea batatas : *dôya*
Diospyros mespiliformis : *joxân*
diplomate : *diplômâsi*
diplôme : *cahâda*
dire : *gâl, hadîs 2, ôra 1, warra, xabbar ;*
[~ du Prophète] : *hadîs 1 ;*
[le ~] : *ôrîn ;*
[se ~] : *angâl, anhajja ;*
[un ~] : *gôl*
direct [chemin ~] : *derib abyad*
directeur : *direktêr, mudîr*
direction : *jiha ;*
[~ de la Ka'aba (la Mecque)] : *gible ;*
[bonne ~] : *huda ;*
[dans quelle ~ ?] : *ciggêc ? ;*
[en ~ de] : *alê ;*
[prendre la ~ de] : *ini ;*
[qui est dans la ~ du sud] : *mawtâni*
directive : *tawjîh*
dirigé(e) : *mahkûm 2*
dirigeant : *hâkim*
dirigeant vers [se ~] : *muwajjih*
diriger : *hakam ;*
[~ la prière] : *salla 1 ;*
[~ quelqu'un] : *hâda 1 ;*
[se ~ vers] : *ini, madda, wajjah*
discernement : *basâra*
disciple : *hîrâni, tilmîz*
discorde [qui sème la ~] : *muxlif*
discours : *xutba ;*
[lancer un ~] : *xatab 1*
discret (-ète) : *kâtim, mastûr 1, miskîn, misêkîn*
discrètement : *sutra 2*
discrétion : *maskana*
discrimination : *fassilîn, tafrixa*
disculper [se ~] : *xâlat*
discussion : *mufâwada, mujâdala, munâxaca, muxlât, nixâc, wannisîn ;*
[qui aime la ~] : *muxlâti*
discute [qui ~ avec] : *muwannis ;*
[qui ~nt entre eux] : *mul'ânisîn*
discuter : *ajjâdalo, fâwad, jâdal, nâxac, wannas ;*
[~ du prix] : *tâman ;*
[~ ensemble] : *al'ânaso ;*
[~ le prix] : *bâya', gâwal 2*
disgrâce : *hallikîn*
disjoindre : *fakka 1 ;*
[se ~] : *ancalax, anfakka*
disloquer : *fallat, farfat ;*
[se ~] : *albattar*
disparaître : *andarag ;*
[~ aux yeux de] : *addârag ;*
[~ dans l'eau] : *tamas 1 ;*
[faire ~] : *xayyas ;*
[qui a fait ~] : *mâkil*
dispensaire : *labtân*
dispersé(e) : *mabtûr, mucattat, mufarrag ;*
[qui s'est ~] : *mulfarrig ;*
[qui se sont ~s] : *mulfârigîn*
disperser : *calla', cattat, taccac ;*
[se ~] : *accattat, alfarrag, anbatar, catto, farra 1*
disponible : *hâsil ;*
[fait de rendre *qqch.* ~] : *azzizîn ;*
[rendre *qqch.* ~] : *azzaz*
disposé(e) : *muhassal, musta'idd*
disposer [bien ~] : *hassal*
disposition : *tartîb ;*
[mettre à la ~ de] : *saxxar 2*
disposition de loi : *farid 2*
dispute : *hurâj, mujâdala, muxlât, xulât*
disputer : *jâdal, nâxac ;*
[se ~] : *alhârajo, alkâcaro, ancabako, hâraj*
dissension [pousser à la ~] : *fatinîn ;*
[qui provoque la ~] : *muxlif*
dissidence [être en ~] : *ajjâfo*
dissimulateur (-trice) : *cangâli*
dissimulation : *labbidîn*
dissimuler : *dâra 1 ;*
[se ~] : *addârag, allabbad*
dissipé(e) [être ~] : *afrat*
dissolution : *mawwa'ân*
distance : *masâfa ;*
[~ parcourue à pied] : *mamca ;*

[longue ~] : *jabde*
distant(e) : *nakûr*
distinction : *fannidîn, farridîn 1, fassilîn ;*
[sans ~] : *minjamm*
distingué(e) : *fadîl, mafsûl, munfasil*
distinguer : *fanad, fannad, fasal, mayyaz ;*
[se ~] : *anfasal ;*
[se ~ parmi les meilleurs] : *alfâsalo*
distraction : *lahwa ;*
[lieu de ~s] : *masrah 2*
distraire : *laha ;*
[se ~] : *alfâraho, farraj*
distrait(e) : *malxûm, nassay ;*
[être ~] : *darwac, sarah ;*
[qui se ~ avec] : *munlahi*
distribué [qui a ~] : *mugassim*
distribuer : *gassam, wazza' ;*
[se ~] : *angasam*
distributeur : *mugassim ;*
[~ d'eau] : *sîd al-tiyo*
distribution : *gassimîn*
divaguer : *mawzûn 2*
divergence : *muxâlafa, xilâf*
divergent(e) : *munfarig*
divers(e) : *muxtalif*
diverticule : *ragabt al bahar*
divertir : *laha*
divertit [qui se ~] : *munlahi*
divin(e) : *ilâhi, rabbâni*
divination : *cawwifîn, musâbara, mustaxâra, xattitîn ;*
[~ au moyen du Coran] : *istixara ;*
[exercer la ~] : *xattat ;*
[pratiquer la ~] : *istaxar, kahhan*
divinité : *ilâh ;*
[nom de la ~ du Guéra] : *Margay*
divinités fétiches : *kujûr*
divisé(e) : *magsûm, mugâsam, mugassam ;*
[être ~s] : *mulfârigîn ;*
[qui a ~] : *mugassim ;*
[qui se sont ~s] : *mulgâsimîn*
diviser : *farrag, gassam, sabsab ;*
[~ en deux] : *gasam ;*
[~ un liquide] : *kâsar 1 ;*
[se ~] : *algâsamo, anfarag, angasam*
diviseur : *farrâg, mugassim*
divisible [être ~] : *angasam*
division : *farragân, mugâta'a*
divorce : *talâg*
divorcé(e) : *mafsûx ;*
[femme ~e définitivement] : *harmâne ;*
[femme ~e non remariée] : *hajjâla*
divorcer : *attâlago ;*
[~ d'avec] : *tallag ;*
[qui aime ~] : *tallâg*
divulgation : *jahirîn*
divulguer : *ballax, ca' 2*
dix : *acara*
dix-huit : *tamantâcar*
dix-neuf : *tisâtâcar*
dix-sept : *saba'tâcar*
dixième [le ~] : *âcir ;*
[~ de la récolte] : *ucûr*
dizaine : *acara*
Djaatné : *Ja'âtne*
Djagalbo : *Jagalbo*
Djallaba : *jallâba*
Djédaa : *al-Jada'a*
djellaba : *jallâbiye ;*
[sorte de ~] : *zilêxa*
djinn : *jinn*
Djongor : *Jonxor*
Djouhayna : *Juhayna*
Doba : *Dôba*
docile : *dalûl*
docker : *attâla*
docteur : *daktôr ;*
[qui agit comme un ~] : *addaktar*
dodelinement : *kaddisîn*
dodeliner de la tête : *kaddas*
dodu(e) : *girgît*
doigt : *usba' ;*
[petit ~ de la main ou du pied] : *tarfâni*
dollar : *dôlâr*
domestique : *xâdim*
domicile : *mahall*
dominateur (-trice) : *isti'mâri*
domination : *amsiyâdiye, ista'bidîn, isti'mâr, saytara*
domine [qui ~] : *musta'bid*
dominé(e) : *mamlûk, maxlûb ;*
[être ~] : *anxalab ;*
[qui est ~] : *musta'bad*
dominer : *ista'mar, saytar ;*
[~ orgueilleusement] : *far'an ;*
[~ *qqn.*] : *ista'bad*
dommage : *isâba, xasâra ;*
[causer du ~ à *qqn.*] : *âza*
dompté(e) : *muwaddab*
dompter : *saxxar 2, waddab*
don : *antîn, hadîye, musâ'ada, tabarru'*
donateur : *mu'ti*
donne [qui ~] : *munâwil*
donné à manger [qui a ~] : *mu'akkil*

donner : *adda 3, anta, ganna', gassam, hada, massak, nâwal, raham ;*
[~ à manger] : *akkal ;*
[~ davantage] : *zâd 1 ;*
[~ en échange] : *xalaf 1 ;*
[~ en mariage] : *dafa' ;*
[~ en plus du prix normal] : *kassab ;*
[~ l'aumône] : *zakka ;*
[~ la force] : *gaddar ;*
[~ la nourriture] : *razax ;*
[~ le sein] : *radda' ;*
[~ ostensiblement] : *cakkat 1 ;*
[~ pour un mort] : *fadda 2 ;*
[~ *qqch.* en aumône] : *karram ;*
[~ quotidiennement] : *rattab 2 ;*
[~ sa vie] : *wahab ;*
[~ un héritage] : *warras ;*
[fait de ~] : *antîn ;*
[fait de ~ à manger] : *akkilîn ;*
[se ~ à fond à] : *jâsaf ;*
[se ~ de l'importance] : *alkôlaf ;*
[se ~ des coups] : *addârabo ;*
[se ~ la paix mutuellement] : *assâlamo*
dopage : *xaddarân 1*
doré(e) : *dahabi*
dorénavant : *min hini lê giddâm, min xâdi*
dorloter : *lôla ;*
[fait de ~] : *lôlîn*
dormant : *nâyim*
dormeur (-euse) : *nawwâm, raggâd*
dormir : *nâm ;*
[~ un peu] : *xamad ;*
[faire ~] : *nawwam ;*
[fait de ~] : *rugâd*
dort à demi [qui ~] : *mukaddis*
dos : *dahar 2 ;*
[bas du ~] : *xôrân ;*
[étendu(e) sur le ~] : *angafa ;*
[sur le ~] : *gafa ;*
[tomber sur le ~] : *cangal*
dose : *carbe, mixdâr, jôz*
dosé(e) : *mu'abbar*
dossier : *waraga 1*
dot : *ma'akâl, sadâx*
dot complémentaire : *ma'kâl*
douane : *duwân, jumruk*
douanier : *jumriki*
douaniers : *duwân*
double : *tôm 1 ;*
[mettre en ~] : *tabbag*
doublé [qui a ~] : *tâbig*
doubler : *tabag 1, tanna ;*
[fait de ~] : *tabbigîn*
doucement : *bê râha, bicêc, mahale ;*
[qui marche ~] : *munyalnyil ;*
[tout ~] : *bicêc bicêc*
douché(e) [qui s'est ~] : *mulbarrid*
doucher : *barrad 1 ;*
[se ~] : *albarrad*
doué(e) : *zaki*
douleur : *harâra, marâr ;*
[~ articulaire] : *anfûla ;*
[~ dans les os] : *cagîge ;*
[~ très vive] : *carâr ;*
[~s de l'accouchement] : *talga 1 ;*
[~s intercostales] : *abunsillêl ;*
[causer une ~ vive] : *nagah ;*
[être dans les ~s de l'accouchement] : *tâlag*
doum : *dôm*
Dourbali : *Durbâli*
doute : *cakkân 2, cakk*
doute [qui ~] : *mucakkik ;*
[qui ~ de tout] : *cakkâki*
douter : *cakka 2, cakkak*
doux (douce) : *amalas, asal 1, bârid, dalûl, halu, isêl, mârin, salûs*
douzaine : *dasta, dôzam 1*
douze : *atnâcar*
douze-sept (mitrailleuse) : *duzset*
dragon : *biskôro*
draguer les jeunes filles : *târad 2*
draille : *murhâl*
dramatiser : *kabbar 1*
drap : *dêbalân, farrâca, ladrâ*
drapeau : *bêrak, darappo, râye*
draper [se ~] : *alganna'*
dressage : *addibîn, wadab, waddibîn*
dressé(e) : *muwaddab ;*
[être ~] : *al'addab ;*
[qui a été ~] : *mul'addib*
dresser : *rakaz 2, waddab ;*
[fait de ~] : *addibîn ;*
[se ~] : *gamma be tûlah*
dresseur : *addâb*
drogue : *dawa, muxaddira*
drogué(e) : *musakkar 3 ;*
[~ par la fumée] : *carbân 2*
droguer : *garyaf, xaddar 2*
droit (le) : *hagg, haxx ;*
[~ de douane] : *jumruk*
droit(e) : *adîl ;*
[~ chemin] : *derib abyad ;*
[bien ~] : *tcukut ;*

[côté ~] : *zênay ;*
[du côté ~] : *zên ;*
[être ~] : *ista'dal ;*
[se tenir ~] : *ga'ad be hêlah*
droite [à ~] : *yamîn, zêne*
droitier (-ère) : *zênay*
droiture : *haxx*
drôle : *dahhâki, farrâhi, mufarrih*
dubitatif(-ve) : *mucakkik*
duper : *balbas*
duperie : *balbâs*
dur(e) : *akcar, gâsi, gawi, hârr, jadd, jâfi, jâmid, ka'ab 2, kacrân, kafrân 2, mu'assib, mukaccir, mutcakkir, sa'ab ;*
[~ (œuf)] : *murakkab 1 ;*
[~ à supporter !] : *murr lêi !*
[~ d'oreille] : *sama' tagîl ;*
[devenir ~] : *kadrak ;*
[devenir ~ et pénible] : *daggal 2 ;*
[être ~] : *assab*
durcir : *kadrak, tcakkar ;*
[se ~] : *jamad*
duré [qui a ~] : *mutawwil ;*
[qui a ~ plus d'un an] : *hâwil*
durée : *mudda ;*
[~ de vie] : *ajal 1*
durer : *dâm, dâwam, istamarra, tâl, tawwal ;*
[~ dans] : *mattan 1*
dureté : *jafa, kacara ;*
[traiter avec ~] : *jâfa*
dynamique : *fâlih*
dynamisant(e) : *munaccit*
dynamisme pour [avoir du ~] : *hêl*
dyspepsie : *lahame ;*
[souffrir de ~] : *lahham 1*
dyspepsique : *mulahhim*

e

eau : *almi ;*
[~ avec du babeurre] : *nasîye ;*
[~ boueuse] : *tamala ;*
[~ dans laquelle le mil a gonflé] : *amjung ;*
[~ de décrue] : *birke ;*
[~ de la ville] : *tiyo ;*
[~ de toilette] : *odikolôny ;*
[~ médicinale] : *almi igid ;*
[~ plate] : *almi azrag ;*
[~ profonde] : *birke ;*
[~ propre] : *môya ;*
[~ sanctifiée] : *mihâya ;*
[~ simple] : *almi azrag ;*
[affleurement d'~] : *macîce ;*
[aller chercher de l'~] : *warad ;*
[corvée d'~] : *warûd ;*
[être sous l'~] : *tamas 1 ;*
[perdre un filet d'~] : *tcartcar ;*
[point d'~] : *macîce, macrab, mawrid, ên 2 ;*
[provision d'~] : *zuga*
Eaux et Forêts : *ôfôre*
ébahi(e) [être ~] : *hayyar*
ébénier du Sénégal : *bâbanûs*
éboulement : *hardimîn*
ébouriffée : *amgutgut*
ébranler : *lajlaj, raxrax*
ébréché(e) : *matrûm, mugajjam, mutarram*
ébrécher : *taram ;*
[s'~] : *angajam, antaram*
ébréchure : *tarama ;*
[causer une ~] : *tarram*
ébullition : *fôra 1, fôrîn, wallikîn ;*
[porter à ~] : *fâr 1, wallak*
écaillage d'une surface lisse : *nagic, nagicîn*
écaillé(e) : *mutarram*
écailler : *naggac*
écaler : *fagga'*
écarlate : *tcu*
écart [faire un ~] : *xanas ;*
[qui s'est mis à l'~] : *munfarig*
écarté(e) : *mufajjaj 2, mufakkak*
écartement : *fajjijîn 2, furga, macbak ;*
[avoir un ~ des incisives] : *fallaj*
écarter : *cala', falla 3, farrag, kassa ;*
[~ ce qui est dessus] : *fajja 2 ;*
[~ des volatiles] : *hâha ;*
[~ les jambes] : *faccag ;*
[~ pour créer un espace] : *alfâjajo 2 ;*
[s'~] : *an'azal, antarra, attarraf, jafal ;*
[s'~ du bon chemin] : *ansaraf, dayyas ;*
[s'~ du droit chemin] : *fâjar*
ecchymose : *radix ;*
[faire une ~] : *radax ;*
[qui a une ~] : *mardûx ;*
[être couvert d'~s] : *arraddax*
échange : *anzay 2, badal, baddilîn, tibiddil*
échange [celui qui ~]

troque [celui qui ~] : *baddâl*
échangé(e) : *mubaddal 1 ;*
[être ~] : *albaddal*
échanger : *albâdalo, baddal ;*
[~ des coups de feu] : *addârabo*
échantillon de boisson : *durr al-dêf*
échapper [s'~] : *ambalas, arrad 1, harab*
échapper à : *niji*
écharde : *sarîhe*
écharpe : *malfa'a ;*
[~ à frange] : *jarid*
échassier [nom d'un ~] : *amkêrawân*
échauffer les chevaux : *naccar*
échéance : *ajal 1*
échelle : *sillam, tallâ'a*
écheveau : *lafiye*
Echinochloa colona : *kirêb*
Echinochloa pyramidalis : *difre*
échouer : *facal*
éclabousser : *lattax, tcalbax*
éclaboussure : *lattixîn*
éclair : *burrâg, wij*
éclairage : *dawwîn, ôgadân, wallîn*
éclaircie (en parlant de la voix) : *mutarrag*
éclaircir (s. fig.) : *waddah*
éclaircir la voix : *tarrag, tarran*
éclaircissement (s. fig.) : *tawdîh*
éclaircissement de la voix : *tarrigîn*
éclairé(e) : *fahîm, muwalla'*
éclairer : *dâwa 2, dawwa, nâr 1, nawwar 2 ;*
[le fait d'~] : *ôgadân*
éclaireur : *talî'e, rawwâx 2*
éclairs [lancer des ~] : *barag*
éclat : *nawwirîn, nôre*
éclaté(e) : *mufajjar*
éclatement : *infijâr*
éclater : *anfajar*
éclipse de lune : *gamar bôba ;*
[provoquer une ~] : *warrad 1*
éclipser [s'~] : *kawwar*
éclore : *fagga', fasax ;*
[~ (œuf)] : *farrax*
éclos(e) : *fârij 1, fâsix 1, mafsûx*
éclosion : *farijîn 1, fasaxân*
écœurant(e) : *ma'yûf ;*
[chose ~] : *îfe*
écœurer : *âfa 1, gânaf, zâhag, zâwal*
école : *lekkôl, madrasa ;*
[~ arabe] : *madrasa ;*
[~ coranique] : *masîk*
écolier : *wilêd lekôl*
écolière : *binêyit lekôl*
économie : *daxirîn, duxur, ixtisâd*
économique : *ixtisâdi*
économiser les forces de *qqn.* : *rayyah*
écorce : *gifir, girif ;*
[~ aromatique] : *girfe ;*
[~ fibreuse] : *lihê ;*
[~ ôtée de l'arbre] : *najjûr*
écorce [qui s'~] : *mugaccir*
écorcé(e) : *munagga*
écorcer : *xarat ;*
[fait d'~] : *tcallîn*
écorché : *ambarrûs, mabrût, maslûx*
écorcher : *barat, naxar, salax ;*
[fait d'~] : *dabbirîn 2 ;*
[s'~] : *anbarat, ancaxat, ansalax ;*
[s'~ partout] : *albarrat*
écorchure : *dabara*
écornifleur (-euse) : *nafsân*
écosser : *fassax*
écoulement : *tcarrîn*
écoute : *sami'în ;*
[~ indiscrète] : *karas 2*
écouté(e) [pouvoir être ~] : *ansama'*
écouter : *sannat, simi' ;*
[~ attentivement] : *sanat ;*
[~ aux portes] : *karas 1 ;*
[fait d'~] : *sami'în*
écouteur : *sannâta, kask*
écrase [qui ~] : *fâjix*
écrasé(e) : *madgûg, madrûc 1, mafjûx, marhûk, mufajjax, mutakkam ;*
[~ en poudre] : *mardûd ;*
[être ~] : *alfajjax, andarac 1*
écrasement : *takkimîn ;*
[~ avec le pied] : *fajix*
écraser : *fajjax, garad 1, takkam ;*
[~ à la meule] : *radda 2 ;*
[~ au pilon] : *âmad ;*
[~ avec les dents] : *madax ;*
[~ en farine] : *mardad ;*
[~ en poudre] : *rihik ;*
[s'~] : *anfajax ;*
[s'~ avec les dents] : *anmadax ;*
[faire ~ en farine] : *daggag 1 ;*
[fait d'~] : *takkimîn ;*
[fait d'~ le mil] : *rahîk*
écrire : *allaf 2, katab ;*
[~ en copiant des formes] : *radas 2 ;*
[faire ~] : *kattab ;*
[fait d'~] : *kittêbe ;*
[s'~] : *ankatab*
écrit(e) : *maktûb*

écriture : *katib, kitâbe, kittêbe ;*
[eau de l'~] : *mihâya ;*
[variante d'une ~ coranique] : *amr 2, hafs, warc*
écrivain : *kâtib, mu'allif*
écrou : *sâmûla*
écrouelles : *hibin absôt*
écrouer : *karab 1*
écroulé(e) : *mahdûm ;*
[qui s'est ~] : *mulhardim*
écroulement : *hardimîn*
écrouler [s'~] : *alhardam, hardam*
écuelle : *tâsa*
écume : *amjulûlu, rixwe, zabad ;*
[~ sur l'eau] : *xabôb*
écumer : *rayyal*
écureuil fouisseur : *sabar 2*
écurie : *câye*
écuyer : *kuray ;*
[~ du sultan] : *jarma*
eczéma : *humra*
édenté(e) : *halany, muhalliny*
édenter : *hallany*
édification : *buna*
éducateur (-trice) : *addâb, waddâb*
éducation : *adab, addibîn, ta'dîb, ta'lîm, tarbiya, turba 2, wadab, waddibîn ;*
[bonne ~] : *xulug ;*
[recevoir une bonne ~] : *al'addab ;*
[ministère de l'~ nationale] : *ta'lîm*
éduqué(e) : *mul'addib, murabba 1, muwaddab, rabyân ;*
[bien ~] : *mu'addab, musallah 2 ;*
[être ~] : *al'addab, ribi ;*
[mal ~] : *bala 3*
éduquer : *addab, waddab ;*
[fait d'~] : *addibîn, ta'dîb*
effaçable [être ~] : *angacca*
effacé(e) : *magcûc, mamcûc*
effacer : *macca 1 ;*
[s'~] : *ammasah, angacca*
effacer la faute : *afa*
effaceur : *cîfon, massâha*
effaré(e) : *macdûh*
effarouché(e) : *mar'ûb*
effarouchement : *xawwifîn*
effaroucher : *naffar 2*
effervescent(e) : *fawwâr*
efficace : *nâfi'*
effleurement : *limmêse*
effleurer : *tcallak ;*
[~ avec la main] : *xamaz*
effondré(e) : *mahdûm ;*
[qui s'est ~] : *mulhardim*
effondrement : *hardimîn*
effondrer [s'~] : *albattar, alhardam, hardam*
efforcer [s'~] : *ankarab, ijtahad*
effort : *ijtihâd, jihâd, juhud ;*
[faire un ~] : *ijtahad ;*
[faire des ~s] : *bazal ;*
[renoncer à l'~] : *ayyas ;*
[unir ses ~s pour] : *alhâmalo*
effraie : *amguggum*
effrayé(e) : *mabhût 1, mar'ûb, maxaru', munxari', muxawwaf*
effrayer : *bahat 2, ra'ab, xarra', xawwaf ;*
[s'~] : *alxarra', anxara'*
effriter [s'~] : *antaram*
effronté(e) : *jâsir ;*
[être ~] : *jâsar*
effrontément : *amgandiye*
égal [cela m'est ~] : *marâda*
également : *kazâlik*
égaler : *wâsa*
égalisation : *mu'âdala*
égaliser : *sâwa, wâsa*
égalité : *bâta*
égaré(e) : *muwaddir, râyih, tacca 2*
égarer : *dalla 2, fagad, taccac ;*
[s'~] : *râh*
égayer : *naccat ;*
[s'~] : *alfâraho*
église : *anjappa, kanîsa*
égoïsme : *raxab, taxa*
égoïste : *nafsân, raxbân, tammâ' ;*
[être ~] : *rixib*
égorgé(e) : *madbuh*
égorgement : *dabbihîn, dabih, dabîhe*
égorger : *dabah, nahar ;*
[~ et découper la viande] : *jazzar ;*
[~ plusieurs fois] : *dabbah*
égoutter [s'~] : *jaffa 1*
égratigner [s'~] : *andarac 2, anhakka*
égrener le chapelet : *adda''a, hasab 1, warrad 4*
égrotant(e) : *mirêdân*
Egypte : *Masir*
égyptien (-enne) : *masri*
eh bien ! : *akko*
Eidolon helvum : *abunwatwât*
élagueur : *gattâ'i 1*
élan de Derby : *bûga*
élancement : *cagîge*

élargi(e) : *muwassa'*
élargir : *wassa'*
élargissement : *wassa'ân*
élastique : *kawcu, listig*
élection : *intixâb*
électricité : *kahraba, nâr 2*
élégance [qui marche avec ~] : *amdêmârc*
élégant(e) : *afîf, jôkâki, libbîs*
élément : *rukun ;*
[~ d'une paire] : *gabîle 2*
éléphant : *fîl*
éléphantiasis : *guluny ;*
[atteint d'~] : *mugalliny ;*
[être atteint d'~] : *gallany*
élevage : *sa'iye*
élévation : *dabdibîn 3, radimîn, ula*
élévation de terrain : *dabbe 1, dabdab 4*
élève : *binêyit lekôl, iyâl, tâlib, tilmîz, wilêd lekôl ;*
[~ d'une école arabe] : *binêyit al madrasa ;*
[~ de l'école coranique] : *hîrâni, muhâjiri*
élevé(e) (hauteur) : *âli*
élevé(e) (éducation) : *murabba 1, rabyân ;*
[~ bien] : *mu'addab, mul'addib ;*
[~ loin de sa mère (animal)] : *rabîb ;*
[être ~] : *ribi*
élever (en hauteur) : *dabdab 3 ;*
[~ à une dignité] : *darraj 1 ;*
[~ le prix] : *zâd 1 ;*
[s'~] : *fatal 2*
élever (éduquer) : *addab, ayyac, rabba ;*
[~ des animaux] : *sa'a ;*
[fait d'~ un enfant] : *turba 2*
éleveurs :
[~ de chameaux] : *abbâla, jammâla ;*
[~ de chèvres et de moutons] : *xannâma ;*
[~ de vaches] : *baggâra*
élimination : *adimîn*
éliminé : *fûku*
éliminer : *adam 1 ;*
[vouloir ~] : *xayyas*
élire : *antaxab, darraj 1*
elle : *hî ;*
[d'~] : *-ha*
elle-même : *nafis-*
elles : *-hum, humman ;*
[d'~] : *-hum*
élocution [difficulté d'~] : *lajana ;*
[~ difficile] : *lijêne ;*
[qui a un défaut d'~] : *ablijêne*
éloge : *nabbizîn ;*
[~ chanté] : *anbinîn ;*
[chanter l'~ d'une époque] : *anban ;*
[faire l'~] : *madah, nabbaz*
éloigné(e) : *ba'îd ;*
[très ~ de] : *ab'ad*
éloignement : *nakkalân, sarîfe ;*
[provoquer l'~] : *naffar 2*
éloigner : *ba''ad, kassa, nakkar ;*
[~ de] : *nakkal ;*
[~ les oiseaux des champs] : *hâha ;*
[s'~] : *alfarrag, antarra, saraf 1, zâx*
éloquent(e) : *fasîh*
élu(e) : *mudarraj*
émanation : *bôx*
embarquer : *cahan*
embarras : *hayyirîn, hêre ;*
[jeter dans l'~] : *taltal*
embarrassant : *muhayyir*
embarrassé(e) : *muhayyir, mutahayyir ;*
[être ~] : *alhayyar*
embauche : *ajjirîn, cêlîn*
embauché(e) : *ajîr*
embaucher : *ajjar, caxxal ;*
[~ comme berger] : *kara ;*
[fait d'~] : *ajjirîn ;*
[se faire ~] : *al'ajjar*
embaumer : *ancamma, massah*
embelli(e) : *mujammal ;*
[qui a ~] : *mujammil 1*
embellir : *jammal ;*
[s'~] : *ajjammal, fandas*
embêtant(e) : *mubactin*
embêté(e) [être ~] : *albactan*
embonpoint : *sumun*
embourbé(e) : *wahlân ;*
[s'~] : *alwahhal, wihil*
embraser [s'~] : *algabbad*
embrasser : *habba 1 ;*
[s'~] : *alhâbabo, alhâdano*
embrassés [qui se sont ~] : *mulhâdinîn*
embroché(e) : *mansûs, munassas*
embrocher de la viande : *nassa 1, nassas*
embrouillamini : *tartaca*
embrouillé(e) : *mu'aggad, muxalfac*
embrouiller : *cawwac, xalfac, tartac ;*
[s'~] : *allaxam*
embryon : *janîn ;*
[~ d'animal] : *durâr*
embuscade : *kamîn ;*
[lieu d'~ de bandits] : *magta' ;*
[tendre une ~] : *carrak*
émeri [toile ~] : *sanfara*

émigration pour étudier : *mahajar*
émigré(e) : *awrâti*
émigrer : *hâjar, kasar*
éminence : *faxâma*
éminent(e) : *fadîl*
émir : *amîr*
émissaire : *mandûb 1, rawwâx 2, talî'e*
emmagasiné(e) : *maxzûn*
emmêlé(e) : *mucarbak, muxalfac ;*
[qui s'est ~] : *mullawliw*
emmêler : *carbak, xalfac*
emmène boire [qui ~] : *muwarrid*
emmener : *adda 2, daggac, lahhag, sâg 1, wadda 1 ;*
[~ boire] : *warrad 2 ;*
[~ lentement] : *darraj 2 ;*
[fait d'~ paître] : *sarhe*
emmerdeur (-euse) : *mubactin*
émotion : *hanninîn 2*
émoussé(e) [être ~] : *kalla 1*
émouvoir : *hannan 2*
empan : *cibir*
empêchant : *mâni' 1*
empêchement : *dahirîn, udur*
empêcher : *âkas, anlazam, dahar 1, dâhar, hajar 1 ;*
[~ d'aboutir] : *nâya ;*
[~ d'aller plus loin] : *alhandar ;*
[~ de bouger] : *lazam ;*
[~ le scandale] : *sadda l acîr ;*
[fait d'~] : *dahirîn*
empester : *affan, ancamma*
empile [qui ~] : *jangâli*
empilé(e) : *mukôyam*
empiler : *jangal 1, raddaf*
emploi : *isti'mâl*
emploi du temps : *jadwal 1*
employé de mairie : *gardi minicipo*
employer : *ista'mal ;*
[~ *qqn.* dans la fonction publique] : *wazzaf*
empoigné(e) : *magbûd, mugabbad 2 ;*
[qui se sont ~s] : *mulkârib*
empoigner : *dabba 2, gabad, karab 1*
empoisonné(e) : *mashûr, mu'arrag, mucaddar*
empoisonnement : *arrigîn, sammamân*
empoisonner : *arrag, sammam 1 ;*
[fait d'~] : *sammamân*
emporté(e) [être ~] : *ancâl ;*
[~ par la colère] : *hawwâc*
emporter : *câl 1, gala' ;*
[~ en abondance] : *xamxam 1 ;*
[~ la victoire] : *fâz ;*
[~ le plus possible] : *xâtaf ;*
[~ par surprise] : *xataf ;*
[~ un grand nombre de] : *kâwar ;*
[l'~ sur] : *nasar ;*
[s'~] : *ôrad*
empoté(e) : *awîr 1*
empressement [avec ~] : *be ajala*
empresser [s'~] : *albahdal*
emprisonnement : *habisîn*
emprisonner : *habas, sajan 1*
emprunt : *atîle, attilîn, dên*
emprunter : *addayyan, attal, dayyan ;*
[s'~ mutuellement] : *addâyano*
empuantir : *affân*
émulation [vivre dans l'~] : *azzâhamo*
en : *hanâ, hiney, hint, xilâl*
en deçà : *dûn, dunjay*
enceinte : *dârre, mâxde, mufawwite, muxlife, tagîl, xalbâne*
enceinte [être ~] : *axlafat, fawwat 2, himilat, xilib 1 ;*
[fait d'être ~] : *xuluf 2*
encens : *baxûr, dufur, duxxân, jamsinda, lubân, sukkariye ;*
noms de bois d'~ : *darôt, gamâri 1, habîl, rutrut, sanawbar, sandal ;*
[racine servant d'~] : *sajam, si'id*
encenser : *daxxan*
encerclé(e) : *muhawwag*
encerclement : *garne*
encercler : *garan, hâc 2, hawwag, zarra*
enchaîné(e) : *mujanzar*
enchaîner : *janzar*
enchevêtré(e) : *mucarbak*
enchevêtrer : *carbak*
enclavé(e) : *magtu'*
enclenché(e) : *mu'accag*
enclenchement : *accigîn*
enclencher une vitesse : *accag*
enclos : *dôr, hôc, zerîbe*
enclume : *sindâle*
encoche : *farga*
encolure : *gabbe*
encombrement : *zahma*
encontre de [qui va à l'~] : *muxâlif*
encore : *aydan, battân, kamân, lissâ*
encouragement : *mucâtara ;*
[~ pour un artiste] : *cakat*
encourager : *cajja', cakkat 1, câtar, hawwac 2, nâsar, sâyas ;*

[~ à boire] : *hawwac 2*
encre : *daway ;*
[~ de chine] : *sibxa*
encrier : *daway*
endetté(e) : *madyûn, marbût be dên, mutâlab*
endetter [s'~] : *dayyan ;*
[s'~ auprès de *qqn.*] : *addayyan*
endeuiller : *hazzan*
endiablé(e) : *mu'ôrid ;*
[être ~] : *afrat*
endommagé(e) : *xasrân ;*
[être ~] : *tilif, xisir*
endommager : *asâb, mahag, xassar*
endormir : *nawwam ;*
[fait d'~] : *nawwimîn ;*
[s'~] : *nâm*
endormissement : *nawwimîn*
endroit : *bakân, mahall ;*
[~ où l'on mange] : *dabalay*
enduire : *labax 1, lattax, masah, massah, talas, tallas ;*
[~ de glaise] : *labbax, lawwas ;*
[~ la peau] : *balbat ;*
[faire ~] : *tallas ;*
[fait d'~] : *lawwasân, talisîn*
enduit : *labaxân, talis, talisîn ;*
[~ en terre en préparation] : *zibâla*
enduit(e) : *matlûs, mulabbax, mumassah, mutallas ;*
[qui ~] : *mutallis ;*
[qui s'est ~] : *mumassih*
endurcir [s'~] : *kadrak*
énergie dans [mettre son ~] : *hêl*
énergique : *fâlih*
énervé(e) : *mustankir, zahjân ;*
[être ~ par] : *zihij*
énerver : *zâ'ak ;*
[fait d'~ *qqn.*] : *zâ'ikîn*
enfance : *iyâliye, saxara ;*
[monde de l'~] : *êle ;*
[qui est sorti(e) de l'~] : *mumayyiz*
enfant : *wilêd, iyâl ;*
[~ abandonné(e)] : *talag al-dêd ;*
[~s à naître] : *têrâb 2, tûr 2 ;*
[~ s sales et nombreux] : *ayyâla ;*
[petit ~] : *saxîr, tifil 1 ;*
[qui a de nombreux ~s] : *âyil 1*
enfanter : *wilid ;*
[~ un bâtard] : *farrax ;*
[ne plus ~] : *aggar*
enfantin(e) : *iyâli*
enfer : *izâb, jahannam, jahîm*
enfermé(e) : *mahbûs ;*
[être ~] : *anhabas*
enfermement : *habisîn*
enfermer : *gaffal, habas, sadda, tabbal, xammad ;*
[s'~] : *anhabas*
enfilé(e) : *madsûs ;*
[~ (perle)] : *maldûm*
enfiler : *ca'ag 1, dassa ;*
[~ des perles] : *ladam ;*
[~ un vêtement] : *libis*
enfin : *axîr, xalâs*
enflammer : *balbal, cabba 4, harag ;*
[s'~] : *algabbad, alharrag, karrab 3 ;*
[le fait d'~] : *balbala, ôgadân*
enfle [qui ~] : *muwarrim*
enflé(e) : *manfûx, muwarram, wârim*
enfler : *dardam, hâc 1, warram, wirim ;*
[~ (œil)] : *kôram ;*
[fait de s'~] : *gôfâf ;*
[s'~] : *gôfaf*
enflure : *amxinêga, warama, warrimîn ;*
[~ due à un coup] : *warûm*
enfoncé(e) : *malbûk, matckûk ;*
[~ dans] : *tâmis ;*
[qui a été ~] : *mul'affis*
enfoncer : *affas, kamad, labak, lakkak, tcaxxa ;*
[~ dans l'eau] : *tammas ;*
[~ en terre] : *tcakka 3 ;*
[~ ses racines] : *daggag 2 ;*
[faire ~] : *xattas ;*
[fait d'~ dans l'eau] : *tammisîn ;*
[le fait d'~] : *labikîn ;*
[s'~] : *alxattas, tamas 1, xatas ;*
[s'~ dans l'eau] : *xirig ;*
[s'~ dans sa honte] : *alwahhal ;*
[s'~ en terre] : *anxazza*
enfuir [s'~] : *ambalas, anfazar 2, ansahab, arrad 1, carad, fazza, harab*
enfuit [qui s'~] : *munfazir 2*
engagé(e) : *musammim*
engagement : *ahad 2, mu'âhada ;*
[prendre un ~] : *âhad*
engager [~ le jeu de cartes] : *fatah ;*
[s'~ l'un envers l'autre] : *al'âhado*
engendrer : *wilid*
engin : *macîn, makana ;*
[gros ~ des travaux publics] : *katarpila*
englober : *camal*
englouti ! : *tuct !*

engourdi(e) [être ~] : *xidir*
engourdissement dû au froid : *kurnyâle*
engrais [bélier mis à l'~] : *margi ;*
[mettre de l'~] : *dayyar*
engraisse [qui ~] : *musammin*
engraissé(e) : *musamman ;*
[bélier ~] : *margi*
engraisser : *baddan, cahham, samman, xazza 1*
énigme : *hije gusâr*
enivrer : *sakkar 1 ;*
[s'~] : *sikir*
enjamber : *alxatra*
enjôler : *balbas, tartac ;*
[le fait d'~] : *balbâs*
enjolivé(e) : *mujammal*
enjoliveur : *fandâsiye*
enjolivure : *fârus*
enjoué(e) : *dahhâk*
enkyster [s'~] : *annab*
enlacer : *hadan ;*
[s'~] : *alkâbaso*
enlevé(e) : *maslûl*
enlever : *fajja 2, kassa, salla 2, xataf ;*
[~ la coquille (œuf)] : *fagga' ;*
[~ la peau] : *barat ;*
[~ la poussière] : *nafad 1 ;*
[~ le son du grain] : *kanfat ;*
[~ un morceau] : *ca̧lax ;*
[s'~] : *alma''at*
enliser [s'~] : *wihil*
ennemi : *adu, xasîm ;*
[~ de] : *didd ;*
[considérer *qqn.* comme son ~] : *xâsam*
ennui [ne pas rester dans l'~] : *malmâl*
ennui(s) : *macaxxa, masîbe, muckila, sibbe ;*
[~s causés par *qqn.*] : *kanîte ;*
[créer des ~s à *qqn.*] : *âza*
ennuyé(e) : *mu̧lbactin, muncaxxi ;*
[être ~] : *albactan ;*
[être ~ par] : *zihij*
ennuyer : *caxxa, zahhaj ;*
[~ *qqn.*] : *bactan ;*
[fait d'~ *qqn.*] : *zâ'ikîn*
ennuyeux (-euse) : *mubactin, mulbactin*
enorgueillir [s'~] : *algôfaf, alkôlaf, faxxar, icim*
enquérir du prix (bétail) [s'~] : *arrad 3 ;*
[fait de s'~] : *arridîn 3 ;*
[s'~ du prix minimum] : *bâya'*
enquête : *kacif 2*
enquiquiner : *bactan*
enquiquineur (-euse) : *mubactin*
enraciner [s'~] : *daggag 2*
enragé(e) : *jahamân, sa'rân ;*
[être ~] : *istankar, sô'ar*
enregistré(e) : *musajjal*
enregistrement : *tasjîl*
enregistrer : *sajjal*
enrhumé(e) : *muzaxxim*
enrichir [s'~] : *xini*
enrober : *lawlaw*
enrôlement : *tajnîd*
enroulé(e) : *malfûf, matwi, mulawlaw, muntawi, muxatti ;*
[être ~] : *antawa ;*
[qui a ~] : *tâwi ;*
[qui s'est ~] : *mullawliw*
enroulement : *tawayân*
enrouler : *laffa, lawa, lawlaw, tawa 1, tawtaw ;*
[~ un turban sur la tête] : *kajja 2 ;*
[fait ou manière d'~] : *tawayân ;*
[qui sait bien ~] : *tawwây ;*
[s'~] : *allawlaw, anlawa, antawa ;*
[s'~ d'un pagne] : *xamxam 2*
ensablé(e) : *wahlân*
ensabler [s'~] : *wihil*
enseignant(e) : *mu'allim, mudarris*
enseigne : *gardi*
enseigné(e) par la répétition : *lagan*
enseignement : *ta'lîm*
enseigner : *garra 1*
ensemble : *duf'a, jami', jumla, sawa 2 ;*
[~ de gens] : *jamâ'a ;*
[~ incohérent] : *nyama-nyama ;*
[faire vivre ~] : *wahhad 1*
ensemencé(e) : *mutêrab*
ensemencement : *têribîn*
enserrer : *zarra*
ensevelissement : *dafin*
ensorcelé(e) : *malmûs, mashûr, matbûb, mu'arrag, mucaddar*
ensorceler : *arrag, sahar, tabba ;*
[~ *qqn.*] : *caddar*
ȩnsorcellement : *arrigîn, tabbîn*
ensuite : *ba'adên, wa*
entaille : *calix, carimîn, gassîn*
entaillé(e) : *macrûm, mucarram*
entailler : *caram, gassa, jalaf*
entamé(e) : *maglûm*
entasse [qui ~] : *jangâli*
entassé(e) : *mahcûr, mujangal, mujôran, mukambal, mukôyam*

entassement : *jangilîn, kambilîn*
entasser : *jangal 1, kambal, kandaw, kawwam, kôyam, radam, raddam, tandal ;*
[s'~] : *anhacar*
entendement : *fihim 2*
entendent mutuellement [qui s'~] : *mulfâhimîn*
entendre : *simi' ;*
[chercher à bien ~] : *sannat ;*
[faire ~] : *samma' ;*
[s'~] : *alfâham, alhâmalo, alwâfago, ansama', attafag, istafag, rabat al kalâm ;*
[s'~ avec amour] : *arrâyado ;*
[s'~ ensemble] : *al'âhado, attâfago ;*
[s'~ fermement sur] : *rabbat al kalâm ;*
[s'~ pour faire le mal] : *râkaj*
entendu ! : *yô sameh !*
entente : *mugâwala, rabtiye, tafâhum, wâfagân, wufug ;*
[bonne ~] : *mufâhama*
entérite : *lawiye*
enterre [qui ~] : *daffâni ;*
[qui ~ les morts] : *sattâr*
enterré(e) : *madfûn, mastûr 2, mudaffan ;*
[grenier ~] : *matmûra*
[être ~] : *andafan*
enterrement : *dafin, dafinîn, sutra 1*
enterrer : *dafan ;*
[s'~] : *andafan, addâfano*
entêté(e) : *jâzim, mu'angir ;*
[~ à mal faire] : *mul'ammid*
entêtement : *istinkar, jazîme, nahâsa, tasâsa*
entêter [s'~] : *angar, annâhas, jazam, nâhas, tâsas*
enticher de [s'~] : *darrah*
entier (-ière) : *kâmil, tâm, tamâm ;*
[tout(e) ~] : *jumla, karat !, kulla ke*
entièrement : *karat ke, kulla ke, marra, tak, tak ke, wâhid ;*
[~ sec (sèche)] : *kar !*
entonnoir : *darrâr, sabbâba 1*
entorse : *malix ;*
[fait d'avoir une ~] : *raddixîn ;*
[qui a une ~] : *mamlûx ;*
[qui provoque une ~] : *raddax ;*
[se faire une ~] : *anmalax, malax*
entortillé(e) : *maftûl, muxalfac*
entortiller : *xalfac ;*
[s'~] : *anlawa*
entourage : *tafar 2*
entoure [qui ~] : *muhawwig*
entouré(e) : *muhawwag ;*
[~ d'une haie d'épines] : *mazrûb*
entourer : *hawwag, hâc 2 ;*
[~ d'affection *qqn.*] : *hannak ;*
[~ d'un filet pour porter] : *cabbak ;*
[~ la tête d'un turban] : *kadmal ;*
[~ le cou avec les mains] : *garan ;*
[fait d'~] : *hawwagân*
entraide : *mukâtafa, nafîr, ta'âwun*
entraident [ceux qui s'~] : *mul'âwinîn*
entraider [s'~] : *ajjâmalo, al'âwano, assâ'ado*
entraidés [qui se sont ~] : *mujjâmilîn*
entrailles : *batun, jôf, musrân ;*
[~ (lieu des sentiments)] : *hacâ ;*
[~ maternelles] : *butûn, masârin buyud ;*
[remuer les ~] : *hannan 2*
entraînant(e) : *munaccit*
entraîné(e) : *mudarrab, munaccar, munaccat*
entraînement : *tadrîb*
entraîner : *darrab, naccat ;*
[~ les chevaux] : *naccar ;*
[~ *qqn.* vers] : *daggac ;*
[~ *qqn.* vers le mal] : *hallak ;*
[fait d'~ dans le mal] : *hallikîn*
entrant : *dâxil*
entrave : *gêd, igêl, mugrân ;*
[~ du chameau] : *ugâl ;*
[~ du cheval] : *cukâl*
entravé(e) : *ma'gûl 1, mucakkal, mugayyad*
entraver : *gayyad ;*
[~ un animal] : *cakkal 1 ;*
[~ un chameau] : *agal 2 ;*
[fait ~ un chameau] : *agilîn 2*
entre : *ambên, bên*
entre ! : *alfaddal !*
entre [qui ~] : *mindassi, mundassi*
entré(e) [qui est ~] : *dâxil*
entrecroisé(e) : *amxilâfxilâf, marmûl, mucarbak, mulxâlif*
entrecroisement de brins : *ramilîn*
entrecroiser : *carbak, carkal, ramal ;*
[~ des brins] : *dafar ;*
[s'~] : *ancabako*
entrée : *daxalân, daxûl, derib 1, dixxêle, xacum ;*
[~ d'argent] : *daxil*
entrelacé(e) : *marmûl*
entremetteur : *camarôxa, mu'arras, samsarma*
entrepôt : *maxzan*

entreprenant(e) : *câtir*
entreprendre : *samma 2 ;*
[~ avec courage] : *rabat sulub*
entrepreneur : *mugâwil*
entrepris(e) : *mabdi*
entreprise : *carika, cirka*
entrer : *andassa, daxal, xacca 2 ;*
[~ dans la peau] : *tabaz ;*
[faire ~] : *dassa, daxxal ;*
[faire ~ dans le nez (liquide)] : *carigîn ;*
[fait d'~] : *daxalân*
entretenir : *addal, rayyas ;*
[s'~ avec] : *alfâwado, jalas 1*
entretenu(e) [bien ~] : *badîn, murayyas*
entretien : *addilîn, makâla, mufâwada, muhâdasa, mukâla, nafaxa, rayyasân, ti'iddil ;*
[~ familier] : *anasa ;*
[bon ~] : *rîse*
entretient [qui ~ bien] : *murayyis*
entre-tuer [s'~] : *alkâtalo*
entropion : *sûf al kilâb*
entrouvrir : *gôlal*
enturbanné(e) : *mukadmal, musarram, musarrim*
énuméré(e) : *mazkûr*
énumérer ses ancêtres : *nasab 1*
envahir : *xazâ*
envahisseur : *muhtall*
enveloppe : *zarif ;*
[~ de coussin] : *kîs al maxadda ;*
[~ de l'épi] : *kufûfu ;*
[~ végétale] : *gicir*
enveloppé(e) : *malfûf ;*
[~ dans un linceul] : *mukaffan*
enveloppement dans un linceul : *kaffinîn*
envelopper : *lawlaw, xatxat ;*
[~ le mort dans un linceul] : *kaffan ;*
[s'~ dans un voile] : *alganna'*
envers [à l'~] : *cana, mucaglab*
envie : *cahu, cahwa, dawwarân 1, xarad ;*
[~ de boire ou de manger] : *jugurnuma 1 ;*
[~ de vomir] : *tamîme ;*
[avoir ~] : *câwag, hiwij, niwi ;*
[avoir ~ de manger de la viande] : *jihim 2 ;*
[avoir grande ~] : *alhanna, darrah, garam, ictâg ;*
[qui a ~] : *dâyir 1, hawjân, mucahhi ;*
[qui a perdu l'~] : *gâfil ;*
[qui a très ~] : *cahwân*
envier : *cahha, hasad*
envieux (-euse) : *hasûd*
environ : *misil, taxrîban*
envoi : *bi'sa, rassilîn ;*
[~ du troupeau] : *naccîn*
envoie à l'étranger [qui ~] : *musaffir 1*
envol : *tayyirîn 1, têrân*
envoler [s'~] : *târ 1*
envoûté(e) : *matbûb, mu'arrag*
envoûtement : *arrigîn*
envoûter : *arrag*
envoyé(e) : *mursâl ;*
[~ de Dieu] : *rasûl ;*
[~ du sultan] : *kursi ;*
[celui qui a ~] : *murassil ;*
[être ~] : *arrassal ;*
[qui a été ~] : *murassal ;*
[qui est ~] : *murâsil*
envoyer : *lahhag, rassal, wassa ;*
[~ en l'air] : *saggar 1 ;*
[~ *qqn.*] : *gawwam ;*
[~ *qqn.* à l'étranger] : *saffar 1 ;*
[~ vers le nord] : *naccax ;*
[le fait d'~] : *rassilîn*
épais (-aisse) : *taxîn, xalîd*
épaisseur : *tuxun*
épaissir [faire ~] : *agad 2*
épanouir dans l'abondance [s'~] : *anfasax 2*
épargne : *daxirîn, duxur ;*
[~ collective] : *pâre*
épargner : *daxar, waffar*
éparpiller : *batar 1, cattat*
épater : *bahbar*
épaule : *kitif ;*
[~ d'un animal] : *gâyme ;*
[montrer l'~ dénudée] : *amjinêbe*
épauler [fait de s'~] : *mukâtafa*
épée : *sêf 2*
épervier : *hideyya*
épi : *gandûl, sunbul ;*
[~ collant] : *lissêg ;*
[~ secondaire] : *kiccêb ;*
[~s entassés] : *jarre 1*
épice : *harâr ;*
[nom d'une ~] : *kammûn, kumbo*
épidémie : *waba*
épier : *karas 1, tâwag*
épilation des cheveux non tressés : *gaccitîn*
épilepsie : *amfitfit*
épiler : *mallat, sallal ;*
[pâte pour ~] : *sukkariya ;*

[pince à ~] : *mungâc 1 ;*
[~ des cheveux non tressés : *gaccat*
épinard : *finâr, pinâr*
épine : *côk ;*
[fermer avec une ~] : *cawwak*
épingle : *fangar ;*
[~ anglaise] : *dabbûs, fangar*
épistaxis : *amkurrôdo, ru'âf ;*
[provoquer un ~] : *ra''af*
épluchage : *fasaxân, gaccirin*
épluché(e) : *munagga ;*
[qui a ~] : *mufassix ;*
[qui a été ~] : *mufassax*
éplucher : *fassax, gaccar, tcalla ;*
[~ les légumes] : *nagga ;*
[fait d'~] : *tcallîn*
éponge : *lîf ;*
[~ métallique] : *tcannân ;*
[~ pour récurer] : *darrâca 2 ;*
[~ végétale] : *lîf, sôso*
époque : *hâla, zaman, zamân 2*
épouillage : *fallayân*
épouille [qui ~] : *fallay*
épouiller : *falla 3*
épousailles : *irse*
épouse : *jôz, mara,* → **"époux"** ;
[première ~] : *(al) mara l kabîre*
épousée : *mâxûda*
épouser : *axad, bana 2 ;*
[~ la veuve du frère] : *agal 4 ;*
[fait d'~] : *axidîn*
épouvante : *cadaha*
épouvanter : *haddad*
époux : *jôz, râjil,* → **"épouse"** ;
[autre ~ de la mère] : *xâl 1*
éprendre [s'~] : *icig*
épreuve : *imtihân, mahâne ;*
[mettre à l'~] : *bala 1*
éprouvant(e) : *bala 3*
éprouvé(e) : *balyân ;*
[être ~] : *bili, xayyan*
éprouver : *amtahan, bala 1, mahhan*
épuisé(e) : *ayyân, hargân, mutarlis*
épuisé(e) [être ~] : *iyi, tarlas, xilib 1 ;*
[être ~ par une activité] : *ancaxxa ;*
[qui s'est ~ au travail] : *muncaxxi*
épuisement : *allîn, xayyinîn*
épuiser : *alla, xallab ;*
[s'~] : *iyi*
épuration : *tathîr, tcaltcalân*
épuré(e) : *mutcaltcal*
épurer par décantation : *tcaltcal*

équilibrage : *âdilîn, ma'âdala, mu'âdala*
équilibre [ne pas être en ~] : *mâyal ;*
[perdre l'~] : *attarta'*
équilibré(e) [mal ~] : *mumayyal*
équilibrer : *âdal ;*
[le fait d'~] : *ma'âdala ;*
[s'~] : *al'âdal*
équipe : *farîx*
équipé(e) : *mu'azzaz, mu'azziz*
équiper : *addad 1, azzaz*
équitable [fait d'être ~] : *âdilîn*
équité : *âdilîn*
équivalence : *mu'âdala*
équivalent(e) : *gadrên ;*
[c'est ~] : *kall*
équivaloir : *sâwa*
éraflé(e) [être ~] : *anhakka*
érafler : *naxar ;*
[s'~] : *andarac 2*
Eragrostis pilosa : *ammohôj*
Eragrostis tremula : *amsimême*
ergoteur (-euse) : *argâli*
Erythrocebus patas : *bûbu*
errance : *daggacân*
errant(e) : *âyir, daggâc, haffâf, hâmil 1, hâyim, kaddâd 2, kâdd, langâmi, lâyij*
errer : *âr 1, jâjah, langam ;*
[~ çà et là] : *dagac 2*
erreur [commettre une ~] : *xilit ;*
[qui est dans l'~] : *xâti*
Eryx muelleri : *abundiffên*
esbroufe : *bahbâr, fâcirîn ;*
[faire de l'~] : *jôkak ;*
[qui fait de l'~] : *faccâri*
esbroufer : *fâcar*
escabeau : *tallâ'a*
escalier : *dillêye*
escargot : *amm al-sûru, tcôro*
escarpement : *juruf*
esclandre : *masîbe*
esclavage : *abbidîn, ista'bidîn, ubûdiye*
esclave : *mamlûk, ragîg, sirriye, tafar 2, xâdum ;*
[état d'~] : *ubûdiye ;*
[être ~] : *al'abbad ;*
[homme ~] : *abid ;*
[petit ~] : *ibêd ;*
[petite ~] : *xiyêdim ;*
[qui a été rendu(e) ~] : *mu'abbad 1 ;*
[qui a rendu ~] : *musta'bid ;*
[qui est ~] : *musta'bad ;*
[qui rend ~] : *mu'abbid ;*

[rendre ~] : *abbad ;*
[rendre *qqn.* ~] : *ista'bad ;*
[se rendre ~ de] : *al'abbad*
escroc : *muhtâl*
escroquerie : *xacac*
espace : *farga, fatîg ;*
[~ aérien] : *jaww ;*
[~ devant la maison] : *hâkûra ;*
[~ entre deux choses] : *fijje ;*
[~ entre les branches d'une fourche] : *macbak ;*
[~ entre les incisives] : *falaja ;*
[~ libre] : *fâsil ;*
[~ propre] : *dandal ;*
[~ sans végétation] : *sahale ;*
[~ vide] : *majâl ;*
[~ vide dans les dents] : *baxara ;*
[petit ~] : *firêge*
Espagne : *Espanya, Ispânya*
espèce : *jinis, nafar, nô', sanif*
espérance : *acam 2, rajayân*
espère [qui ~] : *hâri*
espéré(e) [pouvoir être ~] : *anraja*
espérer : *hiri, riji*
espion (-ne) : *jâsûs*
espionner : *jâsas, jassas*
espoir : *acam 2, munâ, rajayân*
esprit : *bâl 2, rûh ;*
[~ frappeur] : *Abzaggâl ;*
[~ subtil] : *jinn ;*
[~s (les)] : *manâzîl ;*
[état d'~] : *agil ;*
[large d'~] : *rûh tawîle ;*
[revenir à l'~] : *halwas ;*
[qui a un ~ vif] : *zaki*
esquisser [s'~] : *xâyal*
esquiver : *xanas*
esquiver [s'~] : *raxa 2*
essai : *jarrabân*
essayé [qui a ~] : *mujarrib 1 ;*
[qui a été ~] : *mujarrab*
essayer : *hâwal ;*
[~ de] : *jarrab 1 ;*
[~ un vêtement] : *gâwas*
essence : *banzîn*
essentiel (-elle) : *asâsi, muhimm ;*
[~ d'un propos] : *zibde 2*
essieu : *dingil*
essorer : *saffa 1*
essoufflé(e) [être ~] : *nâhat*
essoufflement : *munâhata, nâhatân*
essuyé(e) : *mamcûc*
essuyer : *farrak, macca 1, macmac ;*
[s'~] : *gacgac*
est (point cardinal) : *sabah ;*
[à l'~] : *carxi ;*
[qui est à l'~] : *sabhâni ;*
[qui va à l'~] : *musabbih*
estagnon : *safîhe*
estampille : *tabi'*
est-ce que ? : *wallâ*
estimation de la valeur marchande : *mu'râd 2*
estime : *azzîn, izz, rêde*
estimé(e) : *azîz ;*
[~ en valeur marchande] : *mu'arrad 2*
estimer : *azza 1, azza 2, cakka 2 ;*
[~ la valeur] : *arrad 3 ;*
[~ que] : *hasab 1 ;*
[~ *qqn.*] : *xaddar 1 ;*
[fait d'~] : *azzîn*
estocade : *nahirîn ;*
[donner au chameau l'~] : *nahar*
estomac : *kirce ;*
[avoir l'~ creux] : *balxam*
estropié(e) : *mukarsa'*
et : *ma'â, wa ;*
[~ même] : *hatta 3 ;*
[~ puis] : *hiya ;*
[~ voilà que] : *towa*
établissement : *incâ', mu'assasa*
étage : *gasir*
étagère : *kanta, raff ;*
[meuble à ~s des nomades] : *rahal 2*
étai : *durziye, rakkâza*
étain : *tûta*
étal : *tarbêza, tembir ;*
[petit ~ portatif] : *tirêbîze*
étalage : *faricîn 2*
étalant : *mufarric*
étalé [qui a ~] : *fâric 2, mufarric*
étaler : *falla 1, farac 2 ;*
[~ au soleil] : *carra 1 ;*
[~ une pâte] : *labbax ;*
[s'~] : *anfarac 2*
étalon : *fahal ;*
[récipient ~] : *ibâr, kayyâl*
étang : *birke*
étape : *manzal, marhala*
état : *hâla ;*
[~ de *qqn.* ou de *qqch.*] : *hâl*
Etat : *dawla*
Etats-Unis (les) : *(al) Wilâyât al Muttahida*
étayé(e) : *ma'rûc*

étayer : *arac ;*
[le fait d'~ le puits] : *aricîn*
et cætera, *etc.* : *cunû, kaza*
éteindre : *habbat ;*
[le fait d'~] : *katilîn*
étendard : *bêrak, râye*
étendre : *farrac, mattat ;*
[~ au soleil] : *carra 1 ;*
[fait d'~] : *faricîn 2 ;*
[fait de s'~] : *rugâd ;*
[s'~ à terre] : *anfarac 2 ;*
[s'~ sur le ventre] : *anbatah*
étendu(e) : *mafrûc, mamdûd, mufarrac, mumattit, muraggad, râgid, wasî' ;*
[qui a ~ à terre] : *fâric 2*
étendue : *masâha*
éternel (-elle) : *abadi, dâyim*
éternellement : *abadan, sarmadan*
éternité : *dâyim*
éternuement : *atticîn 1*
éternuer : *attac 1 ;*
[faire ~] : *attac 1 ;*
[fait d'~] : *atticîn 1 ;*
[qui fait ~] : *mu'attic 2*
Ethiopie : *Etyopya, Habaca*
ethnie : *gabîle 1, nafar*
étinceler : *barag*
étincelle : *carâr, wij*
étirement : *jabde, maxxitîn ;*
[subir l'~ des ligaments] : *malax*
étirer [fait de s'~] : *maxxitîn ;*
[s'~] : *maxxat 1*
étirer le cou : *gandal*
étoffe : *dêbalân, tôb ;*
[morceau d'~] : *git'e ;*
[nom d'une ~ moirée] : *firke ;*
[pièce d'~] : *bakta*
étoile : *najma*
étonnant ! : *ajab !*
étonnant(e) : *ajîb ;*
[chose ~] : *ajab 2*
étonnement : *hayyirîn, hêre*
étonner : *ajjab ;*
[s'~] : *al'ajjab, istaxrab ;*
[s'~ en voyant] : *alfarraj*
étouffer : *xarxar*
étourdi(e) : *malxûm, nassay ;*
[être ~] : *xarra 1*
étourneau : *am'âk, zarzûr*
étrange : *ajîb, xarîb*
étranger (-ère) : *ajnabi, dêf, xarîb, xârij 1 ;*
[à l'~] : *xurba ;*
[s'en aller vivre à l'~] : *xarrab 2*
étrangeté : *ajab 2*
étranglé(e) : *maxnûg ;*
[~ par un aliment qui a mal passé] : *macrûg ;*
[qui s'est ~ avec un liquide] : *muncarig*
étranglement : *xanig ;*
[~ entre nez et gorge] : *carga*
étrangler : *xanag ;*
[le fait d'~] : *xanig ;*
[s'~] : *ancarag, anxanag ;*
[s'~ avec un liquide] : *carag ;*
[s'~ avec un nœud coulant] : *anzarad*
être : *bigi, kân ;*
[~ humain] : *insân, bacar ;*
[~ là] : *fî 2, ga'ad, gâ'id, gi''êde, mawjûd ;*
[~ qui se métamorphose] : *amciglêbe*
étreindre [s'~] : *alkâbaso*
étriers [paire d'~] : *duwâl*
étroit(e) : *dayyax 2, rigeyyig ;*
[~ d'esprit] : *rûh dayxe ;*
[rendre ~] : *dayyax 1*
étude : *dirâse, giray, girrêye*
étudiant(e) : *tâlib, gâri*
étudié [qui a ~] : *gâri*
étudier : *bassar 1, daras, gara, zâkar*
étui : *bêt 2*
eucalyptus : *safarmôd*
Eucalyptus camaldulensis : *safarmôd*
eunuque : *xasi*
Euphorbia hirta : *amlibêne*
Europe : *Urubba*
européen (-ne) : *nasrâni, urubbi*
euthanasie : *ibirt al-râha*
eux : *-hum, humman ;*
[~ mêmes] : *nafis-, zât- ;*
[~ tous] : *kull- ;*
[d'~] : *-hum*
Euxerus erythropus : *sabar 2*
eux-mêmes : *nafis-*
évade [qui s'~] : *mu'arrid 1*
évader [s'~] : *arrad 1*
Evangile : *Injîl*
évanoui(e) : *mafhûg*
évanouir (s') : *dâx 2, gammar 2, ximir ;*
[faire ~] : *xammar*
évanouissement de l'enfant : *amfirehâne*
évaporation : *hasiyîn*
évapore vite [qui s'~] : *hassay*
évaporer : *hassa 2 ;*
[s'~] : *hisi*
évasion : *arridîn 1*

Eve : *Hawwa*
éveil : *gammîn, wa'ayân*
éveille [qui ~] : *muwa''i*
éveillé(e) : *ab'igêl, hâyis, muntabih, najîd 2, wâ'i*
événement : *udur*
éventail : *habbâba, hâhay, hajjâja*
éventée [bière ~] : *muraggada*
éventer : *habbab, hâha, hajjaj ;*
[fait d'~] : *hâhîn*
éventuellement : *danni*
évident(e) : *bâyin, zâhir*
évitable [être ~] : *annatta*
éviter : *bâra ;*
[~ la honte] : *sadda l acîr ;*
[s'~] : *annatta*
évolué(e) : *musafliz, muttawwir*
exact : *sahi*
exagération : *cidde*
exagérer : *fawwat 1, kabbar 1*
exaltation de Dieu : *kabbirîn*
exalté [que Dieu soit ~] : *subhân Allah*
exalter Dieu : *sabbah 3*
examen : *imtihân, kacif 1 ;*
[passer un ~] : *amtahan*
examiner : *alfaggad, amtahan, âyan, barram ;*
[~ avec soin] : *wakkad*
exaucer : *gibil, xibil*
excellence : *faxâma*
Excellence : *hadrat*
excellent(e) [rendre ~] : *jawwad*
excepté : *bala 4, illa, xêr 3*
exception de [à l'~] : *dûn*
excisée : *mu'arrab, mutahhar ;*
[non ~] : *axlaf*
exciser : *tahhar ;*
[fait d'~] : *arribîn, tahhirîn*
excision : *arribîn, tahhirîn, tahûra ;*
[qui pratique l'~] : *tahhâri*
excitateur (-trice) : *harrâci, jaxxâx, lazzâz, muftin, muharric*
excitation : *balbala, harricîn, muhrâc*
excité(e) contre un(e) autre : *muharrac*
exciter : *harrac, hawwac 2, jaxxa ;*
[~ l'un contre l'autre] : *fatan ;*
[s'~] : *nâhas*
exclamer en exaltant Dieu [s'~] : *kabbirîn*
exclu(e) : *mahrûm, talag al-dêd*
exclure les uns les autres [s'~] : *ajjâfo*
excrément : *hurâr*
excuse : *simâh ;*
[qui ~] : *musâmih*
excusé(e) : *ma'zûr*
excuser : *sâmah 2*
exécutant(e) un ordre: *munaffiz*
exécuté [ordre ~] : *munaffaz*
exécuter (tuer) : *adam 1 ;*
[~ un ordre] : *naffaz*
exécutif (-ve) : *tanfîzi*
exécution capitale : *adimîn*
exécution d'un ordre : *naffazân*
exemplaire : *nusxa*
exemple : *masal ;*
[donner un ~] : *massal*
exercé(e) : *mudarrab, munaccat*
exercer (s') : *darrab*
exercer la médecine illégalement : *addaktar*
exhaler une odeur : *ancamma*
exhaure : *jabdîn, tabbirîn, zâgiye 2*
exhortation : *da'wa*
exigu(ë) : *dayyax 2*
exil : *xurba*
exilé(e) : *mu'arrid 1*
exiler [s'~] : *xarrab 2*
existence : *wujûd*
exister : *fî 2, gâ'id ;*
[ne pas ~] : *idim, mâ fi*
exorciste : *jannâni*
expatrier [s'~] : *xarrab 2*
expédition : *bi'sa*
expérimenté(e) : *mudarrib ;*
[qui a ~] : *mujarrib 1 ;*
[qui a été ~] : *mujarrab*
expérimenter : *jarrab 1*
expert(e) : *arrâf, xabîr ;*
[~ dans son travail] : *harîf ;*
[~ en mesure] : *kayyâli*
expiation : *kaffâra 1*
expié [c'est ~] : *kaffâra 2*
explication : *fassarân ;*
[~ du Coran] : *tafsîr ;*
[mauvaise ~] : *sible*
explicite : *wâdih*
expliciter : *waddah*
expliqué(e) en détail : *mufassal*
expliquer : *allax, carah, fannad, fassar, waddah ;*
[~ avec précision] : *fahham 1 ;*
[~ en détail] : *fassal*
exploiter : *ista'mar, saxxar 2*
explosé(e) : *mufajjar*
exploser : *anfajar ;*

[faire ~] : *fajjar 1*
explosif : *mufajjir*
explosion : *infîjar*
exposé(e) : *ma'rûd*
exposer : *gaddam 1 ;*
[s'~ au danger] : *arrad 4*
exposition : *carrîn, ma'arad*
exprès [qui cherche à mal faire ~] : *al'ammad, mul'ammid ;*
[qui fait le mal ~] : *mudurr*
expulser : *karac, marrag*
extension : *carrîn ;*
[~ du fleuve] : *ragabt al bahar*
extérieur(e) : *xârij 1, xâriji ;*
[à l'~] : *barra 1 ;*
[qui est à l'~] : *barrâni*
extermination : *adimîn*
extinction : *habbitîn*
extra- : *xayri*
extraction : *jabdîn*
extraire : *saffa 1, sallal ;*
[~ la boule] : *kabba 1 ;*
[~ le jus] : *halab*
extraordinaire [chose ~] : *hêre*
extrasystole : *darbit galib*
extrémité : *cârib 1, râs, taraf ;*
[qui est à l'~] : *tarfâni*

f

fable : *hije tuwâl, hikâya, ilim al xalbât*
fabrication : *sawwîn, sinâ'a ;*
[~ de la fausse monnaie] : *tazyîf ;*
[~ d'une corde] : *fatilîn ;*
[~ d'une palissade] : *tartirîn*
fabriqué(e) : *masnu'*
fabriquer : *addal, sallîn, sana', sawwa 1 ;*
[~ des spaghettis] : *tarra ;*
[~ un secco] : *dafar ;*
[~ une corde] : *fatal 1*
face : *wijih ;*
[~ à] : *amâm, mugâbil ;*
[~ à face] : *krib ;*
[en ~ de] : *gabal 1, mugâbil ;*
[être en ~ de] : *gâbal ;*
[faire ~ à] : *wâjah ;*
[mettre ~ à] : *gâbal ;*
[qui sont ~ à face] : *mulgâbilîn ;*
[se trouver ~ à face] : *algâbalo*
fâché(e) : *muxabbin, xadbân, za'lân, zahjân ;*
[qui est ~ contre *qqn.*] : *muxâsim*
fâcher (se) : *alxâbano, anxanag, xabban, zi'il ;*
[se ~ l'un contre l'autre] : *azzâ'alo*
fâcheux (-euse) : *mu'âkis*
facile : *hayyin, sahal, sâhil ;*
[~ à vivre] : *salûs ;*
[chemin ~] : *derib abyad ;*
[plus ~] : *ahyan*
facilement : *suhûla*
facilite [qui ~] : *musahhil, muyassir*
facilité : *dalâl 1, yassirîn ;*
[qui a ~] : *muyassir*
faciliter : *hayyan, sahhal, yassar ;*
[fait de ~] : *yassirîn*
facture : *faktîr*
fade : *faxx 1, mamsûx, mâsix*
fadeur : *masâxa*
fagot : *hatab, hizme, rubta ;*
[~ léger] : *xucxuc*
faible : *awîr 1, carbân 1, da'îf, faxx 2, ratôto 2*
faiblesse : *ajaz, du'uf ;*
[~ de l'organisme] : *xayyinîn*
faillir : *garrab*
faillite : *xasâra ;*
[en ~] : *muflis ;*
[faire ~] : *ankasar*
faim : *ambalxâma, ju' ;*
[~ faisant saliver] : *rîg ;*
[avoir ~] : *balxam ;*
[faire mourir de ~] : *jawwa'*
fainéant(e) : *ajjâz, ajzân, âtil*
faire : *fa'al, sabbab 2, sawwa 1 ;*
[~ la tête à *qqn.*] : *xâsam, zâm ;*
[se ~ la tête mutuellement] : *alxâsamo*
fait(e) à la main : *mansûj*
fait que [le ~] : *bikawna*
fait-tout : *halla 4*
faki : *faki, faxîr ;*
[se conduire comme un ~] : *alfaxxar*
falloir : *lâbudda*
falot(e) : *mamsûx*
falsification : *tazwîr*
falsifié(e) : *maxcûc, muzawwar*
falsifier : *zawwar 1, zayyaf*
fameux (-euse) : *machûr*
familiarisé(e) : *mutatabbi', muwâlif*

familiariser [se ~] : *alwâlaf, attabba', jarrab 1, wâlaf*
famille : *ahal, usra 2 ;*
[~ proche] : *âyila*
famine : *ju'*
faner [se ~] : *mirid*
fanfaron (-onne) : *faccâri, gôfâfi, jôkâki*
fanfaronnade : *fâcirîn*
fanfaronner : *fâcar, jôkak*
fange : *tamala*
fanion : *bêrak*
fantaisie : *fandâsiye*
fantastique : *wasif 2*
fantôme : *xayâl*
faon : *jadi, jidêy*
Farcha : *Farca*
farcir : *haca 1*
fardeau : *cêl, tagala*
farder [se ~] : *ajjammal*
farine : *dagîg ;*
[~ de blé] : *farîn ;*
[~ de mil cuite] : *sige ;*
[~ grossière] : *rongo ;*
[réduit(e) en ~] : *mardûd ;*
[un peu de ~] : *digêyge*
farniente : *dalâl 1*
farouche : *nakûr*
fatigue : *ajaz, ajjisîn, aya, kasal, ta'ab, xayyinîn*
fatigué(e) : *âjiz, ajsân, ajzân, ayyân, fallas, kaslân, muncaxxi, mutaltal, muxayyin ;*
[être ~] : *alkâsal, ajjaz, ijiz, iyi, kisil, xayyan, xilib 1*
fatiguer : *caxxa, târ 2, xallab ;*
[~ *qqn.*] : *ayya, kassal ;*
[se ~] : *alkâsal, bazal, iyi, ti'ib*
faucher : *tcabba 2*
faucille : *xanjar*
faucon : *sagur, sigêr*
fausse couche : *rumâye*
fausser compagnie : *facal, xadar 1*
fausseté : *nifâx*
faut [il ~] : *lâbudda, lâzim, wâjib*
faute : *dulum 1, janiye, jarîme, zanib, zulum, ôra 3 ;*
[commettre une ~] : *jana 1, xilit, zalam ;*
[en ~] : *mahkûm 1*
fauteur (-trice) de troubles : *jaxxâx, lazzâz, muftin*
fautif (-ive) : *sîd al-janiye, xaltân, xâti*
faux (fausse) : *muzayyaf, nayy, zûr ;*
[~ ébénier] : *joxân ;*
[faire ~ bond] : *falat 2 ;*
[faire un ~ pas] : *attarta', itir 1*
favorisé(e) par la nature : *mustadrij*
Faya-Largeau : *Faya*
fécond(e) : *batun xadra, wallâd*
féconder (coq) : *faggas*
feindre de ne pas reconnaître *qqn.* : *istahyan*
feint de ne pas reconnaître [qui ~] : *mustahyin*
fêler [se ~] : *ancagga*
félicitations ! : *mabrûk !*
félicité(e) : *mackûr*
féliciter : *bârak 2, nabbizîn*
Felis leo : *dûd 1*
Felis pardus : *nimir*
femelle : *antay, intay ;*
[~ suitée] : *câyle ;*
[jeune ~] : *inêtiye*
féminin : *nisâ'i*
féminité : *awîniye*
femme : *awîn, mara, nâdumay, nisâ' ;*
[~ de ménage] : *bôy ;*
[~ de polygame] : *darre 1 ;*
[~ du paradis] : *hûrîye ;*
[~ esclave] : *xâdum ;*
[~ fardée] : *kulûtu ;*
[~ immature] : *mirêye ;*
[~ libre] : *azaba, hajjâla ;*
[~ virile] : *râjil tilif ;*
[~ répudiée trois fois] : *harmâne ;*
[~ seule au foyer] : *mara zarga ;*
[~ d'aspect hommasse] : *râjil-râjil ;*
[première ~] : *(al) mara l kabîre ;*
[prendre ~] : *nâsab ;*
[qui concerne la ~] : *nisâ'i*
femmelette : *mirêye, riyêjil*
fémur [articulation du ~] : *maxarûga*
fenaison : *darat*
fendeur : *caggâgi ;*
[~ de bois] : *fallâgi*
fendiller : *caggag*
fendre : *ba'aj, cagga, calax, carat 1, carrat 1 ;*
[se ~] : *accaggag, anba'aj, ancagga, anfalag ;*
[se ~ légèrement au bord] : *ancaram*
fendu(e) : *mab'ûj, macgûg, mucaggag*
fenêtre : *cubbâk, finêtir*
fenouil : *camâr*
fente : *cagg, caggîn, fatîg, firêge, xurma ;*
[petite ~] : *cigêge 1*

fer : *hadîd ;*
[~ à pâtisserie] : *naggâc ;*
[~ à repasser] : *makwa ;*
[~ blanc] : *tûta ;*
[~ de la houe] : *kadanka ;*
[~ pour cautériser] : *muhwar ;*
[~ pour marquer le bétail] : *muhwar*
ferblantier : *samkâri*
Feretia apodanthera : *amwirêwîr, warwâr*
fermant : *mugaffil*
ferme : *gawi, jâmid, matîn ;*
[~ intention] : *tâm*
fermé(e) : *gâfil, magfûl, masdûd, mukaddak, mulawwas, musakkar 2, muxatta ;*
[~ avec un loquet] : *mutarbaz ;*
[qui a ~] : *mugaffil, sâdd ;*
[qui a été ~] : *mugaffal*
ferment : *zurra' ;*
[mettre du ~] : *xamar 1*
fermentation d'une pâte [préparer la ~] : *xamirîn*
fermentée [boisson ~] : *xamra*
fermer : *kaddak 2, sadda, sakkar 2, samma 1, tabbal, xammad ;*
[~ (à clé)] : *gaffal ;*
[~ avec un loquet] : *tabal, tarbaz ;*
[~ hermétiquement] : *saddad ;*
[~ le poing] : *dardam ;*
[~ les yeux] : *xamad ;*
[~ les yeux d'un agonisant] : *kattal 2 ;*
[fait de ~] : *gafilîn, saddân, sammîn ;*
[se ~] : *allawwas, angafal, ansadda ;*
[se ~ à clé] : *antabal*
fermeture : *gafilîn, saddân, sammîn, sidâde ;*
[~ d'un orifice] : *samme ;*
[~ éclair] : *tcên*
féroce : *hawân*
ferrailleur : *gongon*
fertiliser : *xazza 1*
fesse : *ja'aba ;*
[grosse ~] : *dalaza, fandôk ;*
[aux ~s maigres] : *ajrad*
fessu(e) : *abja'abât, amja'abât*
festin : *agôd, maskaro*
festivité : *hafla, ihtifâl, kutula*
fête : *hafla, îd 1 ;*
[~ du Ramadan] : *fitir ;*
[~ du septième jour] : *subû' ;*
[en ~] : *mu'ayyid 2 ;*
[prendre part à la ~] : *ayyad 1*
fêter : *ayyad 1, ihtafal ;*
[~ la Tabaski] : *dahha*
fétiche : *gûru*
fétide : *afin*
fétidité : *afana*
feu : *nâr 2 ;*
[~ (marque sur le cheptel)] : *wasim ;*
[~ de brousse] : *harîge ;*
[~ de l'enfer] : *jahannam, jahîm ;*
[~ de paille] : *kanîte ;*
[~x "stop"] : *danja ;*
[~x de croisement] : *kôt ;*
[~x de détresse] : *dubulkilnanta ;*
[~x de position] : *danja ;*
[~x rouges] : *danja ;*
[mettre le ~] : *harag ;*
[petit ~] : *niyêre ;*
[prendre ~] : *algabbad ;*
[qui prend vite ~] : *gabbâd*
feuille : *tarag, warag 2 ;*
[~ (végétal)] : *warcâl ;*
[~ de presse] : *sahîfa ;*
[~ du palmier] : *za'af ;*
[jeunes ~s de savonnier] : *lâbine*
feuillet : *sahîfa*
feutre sous la selle du cheval : *libde*
février : *cahari tinên*
fiable : *madmûn*
fiancailles : *tafagiye*
fiancé : *abba hârr, maxawi, sadîg,* → "**fiancée**" ;
[être ~] : *assâdago, karab râsha*
fiancée : *ânisa, iya hârr, maxtûba,* → "**fiancé**"
fiancer [se ~] : *addâwaro, assâdago, karab râsha*
Fianga : *Fiyanga*
fibre enroulée : *luwaye*
fibre végétale : *hankûk*
ficelage : *rabbatân*
ficelé(e) [bien ~] : *muzammal ;*
[qui a ~] : *muzammil*
ficeler : *rabbatân*
ficelle : *hibêl ;*
[~ contre la douleur] : *igid*
fiché(e) en terre : *maxzûz, muxazzaz*
ficher : *xazza 2 ;*
[~ dans] : *lakkak ;*
[se ~] : *anxazza*
fichu : *mindîl ;*
[petit ~] : *minêdil*
ficus : *jimmêz ;*

[~ géant] : *danbalo*
Ficus gnaphalocarpa : *jimmêz*
Ficus platyphylla : *danbalo*
fidèle : *karîm 2 ;*
[~ qui prie derrière l'imam] : *ma'mûm*
fidélité : *amân, ixlâs*
fiente orbiculaire : *ba'ar*
fier (-ère) : *gôfâfi, kulûfi, mustakbir, za''âri ;*
[être ~] : *algôfaf, alkôlaf, istakbar*
fierté : *istikbâr, kôlifîn ;*
[fait de marcher avec ~] : *kulûfiye*
fièvre : *humma, wirde ;*
[~ aphteuse] : *ablîsân ;*
[~ quarte] : *amxibbiye ;*
[avoir de la ~] : *wirid 1 ;*
[donner de la ~] : *warrad 1 ;*
[petite ~] : *wirrêde 2*
fiévreux (-euse) : *mârûd ;*
[être ~] : *wirid 1*
figé(e) : *jâmid, mutarlis, râyib ;*
[être ~] : *tarlas*
figer [se ~] : *jamad, rattab 3*
fignoler : *alfannan*
figure : *wijih ;*
[faire bonne ~]: *talag wijhah*
fil [~ à coudre] : *xêt ;*
[~ de fer] : *silik ;*
[~ de laine] : *xêt ûla, ûla ;*
[~ de nylon coloré] : *istibido ;*
[~ électrique] : *habil al-nâr ;*
[~ plastique décoratif] : *istibido ;*
[~ sur le fuseau] : *mubram*
filage à la main : *tarrîn*
filant(e) : *lâyûk*
file : *rôg, tâbûr*
filé(e) : *matrûr*
filer : [~ le coton] : *tarra ;*
[~ un mauvais coton (*s. fig.*)] : *fâjar ;*
[fait de ~] : *tarrîn*
filet : *cabaka, carak ;*
[faire un ~] : *cabbak*
fille : *binêye, bitt ;*
[~ sans patronyme] : *xiyêdim ;*
[~ du sultan] : *mêram ;*
[jeune ~] : *binêye, fata, kilâsku*
fillette : *binêye*
film : *filim*
filmer : *sawwar 1*
filou : *muhtâl, xilêbâti*
fils : *wilêd*
filtrage : *saffîn*
filtre : *saffay 2*
filtré(e) : *musaffa*
filtrer : *lazam, saffa 1*
fin : *agâb, hadaf, kammilîn, kumâle, xitâme ;*
[~ de la vie] : *fana' ;*
[~ d'une épreuve] : *faraj 3 ;*
[~ du jeu] : *fôra 2 ;*
[à la ~] : *axîr, nihâya ;*
[qui mène à la ~] : *hâlik ;*
[fait de mettre ~ à une épreuve] : *tafrîj*
fin(e) : *rahîf, rigeyyig*
final(e) : *nihâ'i*
finance : *hisâb*
Finances [ministère des ~] : *mâli*
financier : *mâli*
fini : *xalâs*
fini(e) : *mukammil, muntahi ;*
[être ~] : *xilis*
finir : *antaha, kammal, tammam 2, xallas, xilis*
fiole : *bannûray, kitêkire*
fissuré(e) : *mucaggag*
fissurer [se ~] : *ancagga*
fixation : *sabbitîn ;*
[~ avec une corde] : *zammilîn ;*
[~ du regard] : *kallihîn*
fixé(e) : *mansûs, mu'ayyan, muhaddad, sâbit ;*
[~ par Dieu] : *muxaddar*
fixer : *ayyan, lazam, lazzam, rabbatân, rakkab 2, sabbat, zabbat ;*
[~ d'aplomb] : *sannad ;*
[~ des yeux] : *hammar 2, kallah ;*
[~ des yeux pour reconnaître] : *alwakkad ;*
[~ en entourant d'une corde] : *karrab 1;*
[~ en terre] : *fajfaj ;*
[~ solidement] : *mattan 1;*
[~ un prix] : *waggaf ;*
[fait de ~ du regard] : *tahmîr ;*
[qui sait bien ~] : *rabbâti ;*
[se ~] : *almakkan, almattan, anlazam, makkan, sabat 1*
flacon : *kitêkire ;*
[~ de cuivre] : *fatîle ;*
[~ de khôl] : *makhala ;*
[~ en verre] : *bannûray*
flageller : *jalad*
flagrant(e) : *zâhir*
flambé(e) : *mugabbad 1*
flamber : *algabbad, cabba 4, calfat*
flamme [passer à la ~] : *calfat*

flanc : *daffe, nâyit*
flâne [qui ~] : *âyir, dâgic*
flasque : *ratôto 2*
fléau (instrument) : *mudgâga ;*
[~ (calamité)] : *waba*
flèche : *nuccâb*
flétrir [se ~] : *bâz 1, mirid*
fleur : *nuwâr ;*
[~ du mil avant le grain] : *kufûfu ;*
[décoction de ~s d'hibiscus] : *karkadê ;*
[être en ~s] : *nawwar 1 ;*
[fait d'être en ~s] : *nawwirîn*
fleurir : *nawwar 1*
fleuve : *bahar*
floraison : *nawwirîn*
florissant(e) : *munawwir*
flot : *môj, tcarrîn*
flotteur du carburateur : *awwama*
fluet (-ette) : *nihêfân*
fluide : *mâyi', sâyil*
flûte : *farrâra 1*
flûte ! : *haca !*
fœtal(e) [être en position ~] : *karfas*
fœtus (humain) : *janîn ;*
[~ d'animal] : *durâr ;*
[~ mort-né] : *rumâye*
foi : *âminîn, îmân ;*
[qui a ~ en] : *mu'âmin*
foie : *kibde ;*
[petit ~] : *kibêde ;*
[plat de ~ en sauce] : *kabâb*
foin : *alaf*
foire : *ma'arad*
foiré(e) : *mahlûj*
foirer : *halaj*
fois : *dôr 3, kura, marra 3 ;*
[toutes les ~ que] : *kan 1, kulla ma*
folie : *safâha, ôridîn ;*
[faire des actes de ~] : *al'ar'ar*
foncé(e) : *mudallim*
foncer sur : *anzarag*
fonction : *wazîfa*
fonctionnaire : *muwazzaf, xaddâm ;*
[devenir ~] : *alwazzaf ;*
[fait de devenir ~] : *wazzifîn*
fonctionne [qui ~] : *caxxâl*
fonctionner : *ictaxal ;*
[qui fait ~] : *mucaxxil*
fond : *hadd 1 ;*
[~ de la casserole] : *gongo ;*
[~ de soi-même] : *ragab xadra ;*
[~ d'une mare piétinée et séchée] : *jagallo*
fondamental(e) : *asâsi*
fondateur (-trice) : *mu'assis*
fondation : *incâ', mu'assasa, sâs, xâ'ida*
fondé(e) : *mu'assas*
fondement : *asâs, ga'ar*
fonder : *assas, sabbat*
fondre : *angata', mâ', mawwa' ;*
[~ dans l'eau] : *anballa*
fonds : *mâl*
fondu(e) au creuset : *mujammar*
fonio sauvage : *kirêb ;*
[sorte de ~] : *kamdala*
fonte : *mawwa'ân*
football : *kûra*
for intérieur : *damîr, ragab xadra*
force : *cidde, gu', gudra, hêl, mana' 2, xusba, xuwwa 2 ;*
[~ de travail] : *durâ' ;*
[~ physique] : *rajâliye ;*
[~ protectrice] : *amrâr ;*
[de ~] : *amgamdiye ;*
[être à bout de ~] : *tarlas ;*
[par la ~] : *askariyyan, xasib ;*
[qui donne de la ~] : *muxawwi ;*
[sans ~] : *da'îf, faxx 2 ;*
[un peu de ~] : *gidêre*
forcé(e) : *majbûr ;*
[être ~] : *anfalat, anjabar*
forcer : *caddad, haddad, halaj, jabar, xasab ;*
[~ un cadenas] : *falat 1 ;*
[~ une serrure] : *fallat ;*
[détenteur de ~s maléfiques] : *dambâri ;*
[fait de ~] : *fallitîn ;*
[se ~] : *anjabar*
forêt : *xâba ;*
[~ dense] : *kubu ;*
[~ sombre] : *wa'ar*
forfait : *jarîme, mugâwala*
forgeron : *haddâd, usta*
formateur (-trice) : *mudarrib*
formation : *tackîl, tadrîb, takwîn ;*
[~ de la caravane] : *rasanân*
forme : *cakil 1*
formé(e) : *jâmid ;*
[~ de] : *mukawwan*
former : *kawwan ;*
[~ un gouvernement] : *cakkal 2 ;*
[se ~] : *alkawwan*
formica [meuble recouvert de ~] : *formika*

formidable ! : *baj !, hâj !*
fornication : *zina*
forniquer : *zana*
fort(e) : *badîn, badnân, cadîd, diris 2, gâdir, gawi, hârr, kalas, mâni' 2, xalîd, zâbit ;*
[~ (parfum)] : *tagîl ;*
[~ et costaud] : *raba' ;*
[~ et jeune] : *jada' ;*
[~ physiquement] : *matîn ;*
[devenir ~] : *accaddad*
fortifiant(e) : *mugawwi, munaccit, muxawwi*
fortifie [qui ~] : *musammin*
fortifié(e) : *munaccat ;*
[~ par] : *mu'azzaz*
fortifier : *azzaz, gawwa ;*
[se ~] : *accaddad, alxawwo*
fortune : *bidin*
fosse : *hufra ;*
[~ mortuaire] : *lahad ;*
[~ nasale] : *gargûca*
fossé : *majra*
fossoyeur : *daffâni*
fou (folle) : *âr 2, fâgid agul, mahbûl, majnûn, micôtin, mu'ôrid, mustasîb ;*
[devenir ~] : *anjanna ;*
[être ~] : *mawzûn 2 ;*
[être ~ (folle) de colère] : *sô'ar ;*
[devenir ~] : *côtan, janna 1, ôrad ;*
[fait de devenir ~] : *ôridîn ;*
[rendre ~] : *côtan, tamas 2*
foudre : *burrâg, ra'ad*
fouet : *jalid, sôt 1 ;*
[donner le ~] : *faricîn 1*
fouetté(e) [être ~] : *anfarac 1 ;*
[qui a ~] : *fâric 1*
fouetter : *farac 1, jalad, jawwad, tcakka 2 ;*
[se ~ mutuellement] : *alfâraco*
fougueux (-euse) : *âsi*
fouille : *kontrôl, taftîc, tifittic*
fouillé(e) : *mufattac*
fouiller : *bahhat, bahit, cala', calla', fallany, farfar 1*
fouinard(e) : *ta'tûri*
fouineur (-euse) : *ta'tûri*
foulard : *malfa'a, mindîl ;*
[~ en laine] : *jarid*
Foulbé : *Fallâta*
foule : *jamâ'a, jamhûr ;*
[~ agitée] : *zahma ;*
[en ~] : *kômîn*

foulées [petites ~] : *jakkân*
fouler une articulation [se ~] : *anmalax, malax*
foulure : *malix ;*
[qui a une ~] : *mamlûx*
four : *furun ;*
[mettre dans le ~] : *faran*
fourberie : *nifâx*
fourche : *ci'ibe, macbak*
fourmi : *nimle 1 ;*
[~ ailée] : *amrîc ;*
autres noms de ~s : *abu'âce, amcinnîni, amrifeyyix, angurrâsa, darr, kalb al harray*
fourmillements [ressentir des ~] : *nammal 2*
fourneau : *furun*
fournir : *nâwal*
fourrage : *alaf*
fourré : *kubu, xucce 2*
fourreau : *bêt 2*
fourrer : *anhacar*
fourre-tout des femmes : *kantôca*
fous-moi la paix ! : *anbarim min*
foyer : *bêt 1, laday, mag'ad 2 ;*
[~ du forgeron] : *kîr 1 ;*
[~ éteint encore chaud] : *malle*
fracasser : *dagac 1*
fraction de tribu : *fasil 2, xacum bêt*
fracturer un os : *awwag*
fragile : *raxas*
fraîcheur : *barid, burûda, sagit*
frais (dépenses) : *nafaxa ;*
[~ de port] : *ujura*
frais (fraîche) : *axadar, bârid, raxas, râtib 1, sâgit, tari ;*
[~ (grain de sorgho)] : *fadîx ;*
[lait ~] : *halîb ;*
[produit ~] : *layyin*
franc (monnaie) : *franka, tamma 2*
franc (franche) : *sarîh*
français(e) : *fransi, fransâwi, nasrâni*
France : *Fransa*
franchise : *sarâha*
franchissant : *gâti'*
frange : *cancal, gussa*
frappe : *dagg ;*
[~ légère] : *dirrêbe*
frapper : *asâb, dagga 1, darab, nadal, nagar, tagga 1, tagtag, xabat ;*
[~ d'un coup de tête] : *dagaf ;*
[~ violemment] : *zatta ;*
[se ~ violemment] : *azzâtato ;*

[fait de ~] : *daggîn, jalid, xabitîn ;*
[se ~] : *addâgago*
fraternel (-elle) : *axawi ;*
[qui ont des sentiments ~s] : *mul'âxîn*
fraterniser : *alxâwo, xâwa*
fraternité : *uxuwwa, xuwwa 1*
fraude : *barcôt, rikiji*
frauder : *barcat*
fraudeur : *barcâti*
frayeur : *ru'ba, xarî'e*
frein : *farmala 1*
frémissement : *rajafân, rajjifîn*
fréquence radio : *mawja*
fréquentation : *wuluf*
fréquenté(e) [peu ~] : *magtu'*
fréquenter : *adda''ak, jarrab 1 ;*
[se ~] : *addâwaro, addâxal*
frère : *axu ;*
[ô mon ~] : *yaxay*
friandise : *halâwa, zigêgê*
fric : *fulûs*
friche [terrain en ~] : *bûra*
frigidaire : *tallâja*
frigide : *xunsur*
fripes : *gonje*
frire : *gala*
frisson ; *rajjifîn*
frissonnement : *rajafân*
frissonner : *rajaf ;*
[faire ~] : *nyamnyam*
frit(e) : *magli, muhammar, mukaccan*
friteuse : *tahawa*
friture : *hammirîn 1*
froid : *barday, barid, sagat 2, sagit ;*
[être ~] : *barad 1, sagat 1 ;*
[sensation de ~] : *sagtân ;*
[qui est en ~ avec *qqn.*] : *muxâsim*
froissé(e) : *mukarcam*
froissement : *karcamân*
froisser : *karcam, karfas*
fromage : *jubna, libe'*
fronce : *tibêge*
froncer les sourcils : *karcam*
fronde : *nible*
front : *jabhe, jiffe ;*
[~ proéminent] : *bugce*
frontière : *hadd 1, kalanki*
frottage : *farrakân, hakkîn*
frotté(e) : *madrûc 2, mahkûk ;*
[~ après avoir été grillé (épi)] : *mafrûk*
frottement : *hakkîn ;*
[~ qui use] : *ista'kilîn*
frotter : *da'ak, farak, farrak, hakka, macca 1, tcanna ;*
[~ dans les mains] : *arak ;*
[~ énergiquement] : *da''ak ;*
[~ la peau] : *arrak, dallak ;*
[~ les dents] : *sâk ;*
[fait de ~ la peau] : *arrikîn ;*
[se ~] : *adda''ak, andarac 2 ;*
[se ~ à] : *allammas*
froussard(e) : *dikk abyad, mar'ûb*
fructifier : *wilid ;*
[faire ~] : *yassar*
fruit : *fâkihe, iyâl, walad ;*
[~ à peine formé] : *amrêse ;*
[~ de l'arbre à farine] : *dawdawâ ;*
[~ du Boscia senegalensis] : *mixxêd ;*
[~ du palmier doum] : *dôm ;*
[~ du savonnier] : *hajlîj ;*
[~ tardif] : *kiccêb ;*
[nom d'un ~] : *ambala'o*
fuir : *ansahab, arrad 1, harab, jafal, jara 2 ;*
[faire ~] : *naffar 2*
fuite : *arridîn 1*
fumée : *duxxân*
fumer (la cigarette) : *cirib, daxxan, sajjar*
fumer (un champ) : *dayyar*
fumeur : *cârib 2, sajjâri*
fumier : *ba'ar, diyâr 1*
fumure : *diyâr 1 ;*
[apporter de la ~] : *dayyar*
funérailles [lieu des ~] : *maytam*
fureur : *istinkar, jômisîn ;*
[en ~] : *mujômis ;*
[être en ~] : *istankar, jômas*
furibond(e) : *mujômis*
furieux (-euse) : *jômâsi, xadbân, zahjân*
furoncle : *hibin*
fuseau : *mutrâra*
fusil : *bundug ;*
[~ traditionnel] : *gurlum, tajtaje ;*
autres noms de ~s] : *ab'acara, abkasarah, beljîk, fal, klâc, klacinkôf, mastransîs, êf*
fût : *birmîl*
futile : *tâfîh*
futilité : *laxwâs*
futur : *mustaxbal*
fuyard : *mu'arrid 1*

g

Gabon : *Gâbôn*
gâche : *razze*
gâcher : *bawwaz 1, tallaf*
gâchis : *bôre, mûna 2*
gage : *arbûn*
gagnant(e) : *fâyiz, kasbân*
gagné [qui a ~] : *mâkil ;*
[qui a ~ de l'argent] : *mugarric 1*
gagner : *annasar, fâz, kisib, nasar, xalab ;*
[~ aux cartes] : *fatah ;*
[~ de l'argent] : *garrac 1 ;*
[~ des points aux cartes] : *bassar 2 ;*
[~ un prix] : *akal ;*
[fait de ~] : *kasibîn*
gai(e) : *dahhâk, firêhân*
gain : *daxil, kasibîn, maksab*
gaïta : *keyta*
gale : *jarab ;*
[attraper la ~] : *jarrab 2 ;*
[avoir la ~] : *jirib*
galéjades [dire des ~] : *tcalbax*
galéode : *waddar-jamal-nasibtah*
galerie d'un véhicule : *sabat 2*
galerie souterraine : *abunjahare, ambaggâga*
galette : *abre, kisâr, tarag ;*
[~ de mil cuite sous la cendre] : *dibdibbe ;*
[~ épaisse de mil] : *kisre*
galeux (-euse) : *jarbân ;*
[être ~] : *jirib*
Gallinago gallinago : *diyêk al almi*
galon : *dabbûra, rutba ;*
[qui porte un ~] : *abdabbûra*
galop : *galûb ;*
[aller au petit ~] : *jarkal ;*
[petit ~] : *jarkilîn*
galoper : *gallab, jarkal*
galopeur (-euse) : *gallâb*
gambade [qui ~] : *mârih*
gambader : *marah*
gamins : *iyêyilât*
gangrener [se ~] : *affan*
ganse : *irwa*
garage : *garrâc ;*
[petit ~] : *haya*
garant(e) : *damîn ;*
[se porter ~] : *dimin*
garanti(e) : *madmûn*
garantie : *damân, damâna*
garçon : *dakar, walad, wilêd ;*
[~ d'écurie] : *kuray ;*
[~ manqué] : *râjil râjil, wilêd tilif ;*
[~ sans patronyme] : *ibêd ;*
[grand ~] : *sibêy*
garde : *haras 2 ;*
[~ à vue] : *hubus ;*
[~ du sultan] : *gûmiye ;*
[en ~ à vue] : *mahbûs ;*
[mise en ~] : *inzâr ;*
[qui ~ à l'abri] : *dammâm, sattâr*
garde-boue : *rafraf*
garde-manger : *dâday, xattâta*
gardé(e) : *mahafûd, mahfûz, mahrûs, murâxab ;*
[qui a ~ à l'abri] : *dâmm*
Gardenia ternifolia : *abungawi*
garder : *hafad, haras 1, hâfaz ;*
[~ à l'abri] : *damma 1 ;*
[~ à vue] : *habas ;*
[~ contre] : *najja 1 ;*
[~ pour soi] : *hiris ;*
[faire ~] : *harras ;*
[fait de ~] : *muhâfaza 1 ;*
[se ~ de] : *andamma 2, angara'*
gardes [sur ses ~] : *hadîr 2*
gardien : *gardi, harrâs, dammâm*
gare routière : *mawgaf, tacca 3*
garé(e) : *mugarrac ;*
[qui a ~ sa voiture] : *mugarric 2*
garer sa voiture : *garrac 2*
gargariser [se ~] : *xarxar*
gargouille : *ambawwâla ;*
[~ en terre] : *safalôga*
gargouillements gastriques
[ressentir des ~] : *balxam*
gargouiller : *caxar*
gas-oil : *gazwâl*
gaspillage : *bazâr, dayyi'în, safâha, talâf*
gaspiller : *bazzar 2, dayya', xassar ;*
[~ l'argent] : *ansaraf*
gaspilleur (-euse) : *mamhûg, mubazzir*
gastrite : *abunsallâx*
gâté(e) : *badnân, badîn, jal'ân, mudallâl*
gâteau : *xurayba ;*
[~ cuit au four] : *ka'ak ;*
[~ de riz] : *ajîne zarga ;*
[~ rond] : *dibla 1, mudawwar 2 ;*
[~ roulé et fourré] : *kinâfa*
gâter : *baddan, jalla', tallaf, taxxa ;*
[se ~] : *bâz 1*

gâteux (-euse) : *xarfân ;*
[devenir ~] : *xirif*
gauche : *isra ;*
[à ~] : *yasâr ;*
[côté ~] : *isray*
gaucher (-ère) : *acwal*
gaufrage de la meule : *nagic, nagicîn*
gaufrer la meule : *nagac ;*
[faire ~] : *naggac*
gaule : *dugul*
gavage : *hagginîn*
gaver : *haggan ;*
[se ~] : *cibi'*
gaz : *rih ;*
[bande de ~] : *bândi*
gazelle : *xazâl ;*
[~ blanche] : *rîm ;*
[~ dama] : *aryal ;*
[petit d'une ~] : *jadi, jidêy*
gazole : *gazwâl*
gecko : *abundigêr*
géhenne : *jahannam, jahîm*
gélule : *kabsul*
geler une situation : *nâya*
gémir : *danna, ganat*
gênant(e) : *mulbactin*
gencive : *laxam 2*
gendarme : *birgâd, curta*
gendarmerie : *curta*
gendre : *nasîb 1 ;*
[qui est ~ de] : *munâsib 2*
gêne : *macaxxa*
gêné(e) : *madrûr 2, mulbactin ;*
[~ par pudeur] : *xajûl*
généalogie : *gurma ;*
[réciter sa ~] : *nasab 1*
gêner : *caxxa ;*
[~ *qqn.* dans son travail] : *ta'tar*
général (chef d'armée) : *liwa'*
général(e) : *âmm, câmil*
génération : *jîl*
généreux (-euse) : *karîm 1 ;*
[être ~ envers] : *karram*
générosité : *jûd, kurum 2, saxâ ;*
[par ~ pour Dieu] : *karâma 2*
genette : *gitt*
gêneur (-euse) : *ta'tûri*
génie : *jinn ;*
[nom d'un ~] : *Goygoy*
génisse : *ijil, ijle, inêtiye*
génitales [parties ~] : *ôra 4*
géniteur (-trice) : *wâlid*
genou : *rukuba*
genre : *jinis, nafar, nô', sanif*
gens : *nâs, xôm ;*
[~ du Livre] : *kitâbi*
gentil (-ille) : *zên*
gentillesse : *galib abyad*
génuflexion : *birrêke*
géographie : *jogrâfiya*
géomancie : *cawwifîn, xatt, xattitîn ;*
[pratiquer la ~] : *xattat ;*
[qui pratique la ~] : *xattâti*
géométrie : *handasa*
gérant(e) : *wakîl*
gerbe : *hizme*
germe de rônier : *amjabara*
germer : *bazar, bazzar 1, nabat*
gésier : *amkurum 2*
gésine [être en ~] : *tâlag*
gestation [en ~] : *dârre*
geste : *icâra*
gestionnaire : *idâri*
gibecière : *muxlay*
gibet : *macnaga*
gibier : *sêd*
gicler (sang) : *faxxa*
gifle : *amkaff*
gifler : *caddag ;*
[fait de ~] : *caddigîn*
gigot : *gâyme, wirik*
gilet : *farmala 2*
gingembre [~ blanc] : *xurunjâl ;*
[~ rouge] : *janzabîl*
girafe : *zarâf*
girofle : *gurunful*
giron : *hudun*
glabre : *kurkud*
glace : *cawwâfa, glâs, talij*
glacière : *termûs*
glaire : *axxay*
glaise fine : *lukâk*
gland de la verge : *falaka, tûm*
glaner après la récolte : *kaccab*
glaneuse : *nammâla*
glaviot : *axxay*
glissade : *amzahalôta, zahlatân*
glisser : *zahlat ;*
[~ des mains] : *ambalas ;*
[~ sur] : *azzahlat*
gloire de [chanter la ~] : *anban*
glorifié [que Dieu soit ~] : *subhân Allah*
glorifier [se ~] : *faxxar*
glouglou d'un liquide : *bagbâg*

glouglouter : *bagbag, caxar*
glousser : *kâka*
glouton (enfant) : *massâs*
gluant(e) : *lâyûk, musammix ;*
[fait d'être ~] : *ilig 2*
glucose : *jalkôs*
glume [~ des graminées] : *kanfût ;*
[~ du mil] **:** *kufûfu*
gnan ! : *kany !*
gobelet : *kôb, xarrâf, xirêrîf ;*
[~ ayant une anse] : *kôs 2 ;*
[~ métallique] : *gundar*
goinfre : *akkâl*
goitre : *gumur ;*
[avoir un ~] : *gammar 2 ;*
[qui a un ~] : *mugammir*
gombo : *darrâba ;*
[~ sauvage] : *darrabt al kadâde*
gomme : *massâha ;*
[~ à parfum] : *lubân ;*
[~ arabique] : *samux ;*
[~ du balsamier] : *sibir 2 ;*
[~ sucrée] : *am'issêlo*
gommier [~ blanc] : *kitir abyad ;*
[~ noir] : *kitir azrag ;*
[~ rouge] : *garad 2*
gonakié : *garad 2*
gonfle [qui ~] : *muwarrim*
gonflé(e) : *manfûx, muwarram, wârim ;*
[~ dans l'eau] : *mudamrag*
gonflement : *nafixîn, warrimîn ;*
[~ des testicules] : *guluny ;*
[~ dû à un traumatisme] : *warûm*
gonfler : *falfal, fâr 2, hâc 1, nafax, wirim ;*
[~ dans l'eau] : *addamrag ;*
[laisser ~ dans l'eau] : *balla ;*
[faire ~] : *warram ;*
[fait de se ~] : *gôfâf ;*
[se ~] : *annafax, gôfaf ;*
[se ~ d'eau] : *anfanyax ;*
[se ~ d'un liquide] : *kôyal*
gonococcie : *bajal*
gonorrhée : *bajal*
Gorane : *Gurân*
Goré : *Gôre*
gorge : *halgûm, halig, xôr, xuzzâne ;*
[arrière de la ~] : *luxlux ;*
[qui a eu la ~ nettoyée] : *mahlûg 1 ;*
[qui sait dégager la ~] : *karkâri ;*
[qui se racle la ~] : *muhamhim*
gorgé(e) d'eau : *carbân 2*
gorgée : *juxma*

gorger d'eau : *haggan ;*
[se ~] : *accarrab, alhâgano*
gosier : *halgûm, halig, xuzzâne*
gosses : *ayyâla, iyêyilât ;*
[~ de rue] : *talag al-dêd*
Gossypium barbadense : *gutun*
goudron : *gidrôn, gutrân*
gouffre : *hawîre*
goule : *xûl*
goumier : *gûmiye*
Gounou-Gaya : *Gunugaya*
Goupil : *Ganda*
gourde : *badông, buxsa ;*
[~ en calebasse] : *amgunbul*
gourdin : *mudbâx, muglâm, safarôg, ukkâz*
gourmand(e) : *akkâl, maddâx 1, nafsân*
gourme : *tculmo*
gousse [jeune ~] : *amrêse ;*
[~ d'ail] : *tûm*
goût : *dôx ;*
[~ sucré] : *usûla ;*
[bon ~] : *ta'âm ;*
[donner du ~] : *ta"am ;*
[fait de donner du ~] : *ta"amân ;*
[qui a du ~] : *muta"am, tâ'im ;*
[relèvement du ~] : *ta'amân ;*
[rendre sans ~] : *massax ;*
[sans ~] : *faxx 1, mamsûx, mâsix*
goûter *dâx 1, lagga 2, laggân 1 ;*
[~ un liquide] : *jixim ;*
[faire ~] : *dawwax ;*
[fait de ~] : *dôxîn, duwâxa*
goutte : *gût, nugta ;*
[former des ~s] : *nadah*
gouttelettes : *racrâc*
goutter : *naggat, tcarra*
gouverné(e) : *mahkûm 2, mamlûk*
gouvernement : *hukum 2, hâkûma*
gouvernemental(e) : *markazi*
gouverner : *hakam, malak 1 ;*
[art de ~] : *hukum 2*
gouverneur : *hâkim, wâli*
goyave : *giyâfa*
goyavier : *giyâfa*
Goz-Beïda : *Goz Bêda*
grâce : *ni'ma ;*
[~ à] : *be, fadul ;*
[accorder une ~] : *na'am 1 ;*
[par la ~ de Dieu] : *in câ' Allah ;*
[rendre ~] : *cakar, hamad 1*
grade : *rutba ;*
[~ militaire] : *grâd ;*

[monter en ~] : *allag*
gradé par un galon : *abdabbûra*
graillon : *kackâc*
grain : *habbay, habb ;*
[~ de beauté] : *anab, xâl 2 ;*
[~ de maïs] : *masaray ;*
[~ du chapelet] : *tûr 3 ;*
[~ frais] : *fadîx ;*
[~ tout juste formé] : *amrêse ;*
[~s concassés] : *angâji, ducâc ;*
[~s de berbéré préparés] : *lûda ;*
[~s oubliés] : *kiccêb ;*
[~s séparés du son] : *mukanfat ;*
[gros ~ du chapelet] : *câhid 3 ;*
[nom d'un ~ parfumé] : *cêbe amxillêlo*
graine : *habb, habbay, iyâl ;*
[~ à planter] : *têrâb 1 ;*
[~ de karité] : *amkurum 1 ;*
[~ de pastèque] : *tasâli ;*
[~ de tamarinier] : *luwâk ;*
[~ du Salvadora persica] : *ajâjire ;*
[nom d'une ~ grise] : *hilbe ;*
[nom d'une ~ noire] : *mahlab azrag ;*
[nom de petites ~s] : *racâd*
graissage : *zayyadân*
graisse : *caham ;*
[~ pour moteur] : *zêd ;*
[qui a beaucoup de ~] : *mucahhim*
graissé(e) : *muzayyad*
graisser : *cahham, zayyad*
grand(e) : *arîd, kabîr, tawîl ;*
[~ boubou] : *garambûbu ;*
[~ calao d'Abyssinie] : *abunduluk ;*
[~ koudou] : *nyalat ;*
[~ lance de guerre] : *ambirêc ;*
[en ~ nombre] : *katîr ;*
[plus ~] : *akbar*
grand-mère : *habbôba, iya, jidde, kâkay 1*
grand-père : *jidd*
Grande-Bretagne : *Britânya*
Grande Ourse (constellation) : *zarâf*
grandelet (-ette) : *kibêyir*
grandeur : *ula ;*
[dire la ~ de Dieu] : *kabbar 2 ;*
[disant la ~ de Dieu] : *mukabbir 2*
grandi [qui n'a pas ~] : *mugarjil*
grandir : *cabba 3, falfal, gamma, kibir, ribi ;*
[~ (adolescent)] : *farfar 3 ;*
[faire ~] : *kabbar 1*
gras (graillon) : *kackâc*
gras (grasse) : *girgît, mucahhim, samîn ;*

[être ~] : *simin*
gratis : *majjân*
gratitude : *hasana ;*
[qui témoigne de la ~] : *cakûr*
grattage : *hakkîn, tcannîn ;*
[~ des marmites] : *daricîn 2*
gratté(e) : *madrûc 2, mahkûk, musanfar ;*
[~ (couche de terre)] : *mabhût 2*
gratter : *hakka ;*
[~ la terre] : *bahhat ;*
[~ les marmites] : *darac 2 ;*
[fait de ~] : *bahit ;*
[fait de ~ à la toile émeri] : *sanfirîn ;*
[se ~] : *alhakhak, anhakka*
grattoir : *tcannân ;*
[~ à calebasse] : *darrâca 2*
gratuit(e) : *balâc, majjân*
gratuitement : *balâc, majjân*
grave : *muhimm ;*
[maladie ~] : *xatari ;*
[voix ~] : *xalîd*
gravier : *hasas, hasu*
greffier : *kâtib*
grêle : *barad 2*
grêlon : *barad 2*
grenade : *garnât, rummân ;*
[~ lacrymogène] : *abcette-cette*
grenadier : *rummân*
grenier : *dabanga ;*
[~ en forme de case] : *siwêbe ;*
[~ enterré] : *matmûra*
grenouille : *amkacarne, difde' ;*
[grosse ~] : *ambirtiti*
grésiller : *tcaxtcax*
grève : *argâl, idrâb ;*
[faire la ~] : *adrab*
Grewia bicolor : *bacam ahmar*
Grewia flavescens : *halafôf*
Grewia mollis : *ambahudo*
Grewia tenax : *giddêm*
Grewia villosa : *tukka*
griffe : *xanfar*
griffé(e) : *mahkûk*
griffer : *naxar, naxxac ;*
[se ~] : *ancaxat, anhakka*
griffonner : *naxxac*
grignotage : *nyang-nyâng*
grignoté(e) : *makdûd, mugajjam, munyang-nyang*
grignotement : *kaddân*
grignoter : *kadda 1, karkad, nyang-nyang*
grignoteur (-euse) : *kaddâd 1*

gri-gri : *gûru, warga*
grill : *ôtêl*
grillade : *taccîn*
grillage : *silik ;*
[~ de clôture] : *carkalôta ;*
[~ fin] : *namlîye ;*
[~ moustiquaire] : *namlîye*
grillé(e) : *matcûc, mukaccan*
griller : *tacca 1 ;*
[~ sur le feu] : *cawa ;*
[se ~] : *antacca*
grillon [~ blanc] : *abuntcirriki ;*
[~ noir] : *abunsarsûr, sarsûr*
grimace [faire la ~] : *karab wijhah, kassirîn al wijih*
grimacer : *karcam, kassirîn al wijih*
grimpé autour [qui a ~] : *mullawliw*
grimper : *tala' ;*
[~ (plante)] : *sarah ;*
[~ autour (plante)] : *allawlaw ;*
[fait de ~] : *tali'în*
grimpeur (-euse) : *rakkâb*
gringalet (-ette) : *nihêfân*
griot : *barmaki, bôcâni, dûku ;*
[~ (femme)] : *hakkâma*
gris(e) : *axabac ;*
[~ bleu] : *axarr, zahari ;*
[~ clair] : *axarr ;*
[~ foncé] : *mahlabay ;*
[~ souris] : *till ;*
[devenir ~] : *xabbac ;*
[tout ~] : *till*
grisaille : *xabâc*
grisâtre : *axabac, muxabbic*
grogne : *argalân*
grognement du chameau : *gargarân 2*
grogner : *nang-nang, nyarra*
grognon (-onne) : *bakkây, mukaccir*
grommeler : *nang-nang*
grommelle [qui ~] : *munang-ning*
grondement : *gargarân 2, hadîr 1*
gronder : *hadar, haraj, kaccar, natar, warwar ;*
[~ comme le tonnerre] : *dagdag ;*
[fait de ~] : *natarân ;*
[se ~] : *alkâcaro*
gros (grosse) : *dirbi, girgît, kalas, samîn, xalîd ;*
[~ et fort (cheval)] : *rabyân ;*
[~ grain du chapelet] : *wagif ;*
[~se (femelle)] : *dârre ;*
[~se voiture] : *arabiye ;*
[~ses fesses] : *dingil ;*
[en ~] : *ijmâli ;*
[qui a une ~se tête] : *abrâs ;*
[qui rend ~] : *mukabbir 1*
grossesse : *xalaba ;*
[début de ~] : *janîn, xuluf 2 ;*
[en état de~] : *xalbâne ;*
[en début de ~] : *mufawwite ;*
[être en début de ~] : *axlafat, fawwat 2 ;*
[qui commence une ~] : *muxlife*
grosseur : *dirib 2, sumun, tâlûl*
grossier (-ère) : *facîh, la'îm, safîh*
grossir : *barbar 2, cahham, gargat, kabbar 1, simin*
grossissant(e) : *mukabbir 1*
grotte : *karkûr*
groupe : *duf'a, farîx, fasîle, firxa, jamâ'a ;*
[~ de travail] : *nafîr ;*
[~ ethnique] : *mujtama' ;*
[~s d'enfants] : *nyama-nyama ;*
[par ~s] : *rikam rikam ;*
[petit ~ autour d'une table] : *kîr 2 ;*
[sous ~] : *fasil 2*
groupement : *cirka, jam'iye*
grouper : *jama' ;*
[~ en tas] : *lamlam ;*
[se ~ pour travailler ensemble] : *naffar 1*
groupés (-ées) : *lâmmîn*
grue couronnée : *xarnûk*
grumeaux [faire des ~] : *garjam ;*
[en ~] : *mugarjim*
grumeleux (-euse) : *mugarjim*
Gryllus campestris : *abunsarsûr, sarsûr*
gué : *ma'add, magta'*
guépard : *fahad*
guêpe : *abundannân, amtarakkac*
guêpe nain (oiseau) : *amtcurulle*
guêpier (oiseau) : *amtcurulle*
Guéréda : *Girêda*
guéri(e) [être ~] : *cifi*
guérir : *biri, cafa 2, cifi*
guérison : *cifa*
guérisseur : *caddâri, gaww 2, jannâni, wanzâmi*
guerre : *duwâs, hârabân, harba 2, hurûb, muhâraba ;*
[~ froide] : *xusum ;*
[faire la ~] : *dâwas ;*
[se faire la ~] : *addâwaso*
guetter : *kallah*
gueulard(e) : *sarrâx*
gueule [~ de bois] : *jugurnuma 1 ;*

[~ du chameau] : *fanjûla ;*
[qui a une grande ~] : *abhanak*
gui [sorte de ~] : *anaba*
guidance spirituelle : *huda*
guide : *gîd, mugaddim*
Guiera senegalensis : *xibbêc*
guigne ! [quelle ~] : *murr lêi !*
guili-guili : *nyamnyâm*
guilleret (-ette) : *firêhân*
guinée : *jinêh 1*
Guinée : *Xînya*
Guinée Équatoriale : *Gîne Ekâtoryal*
guitare : *gitâr ;*
[sorte de ~ à deux cordes] : *jigindiye*
Gynandropsis pentaphylla : *timlêge*

h

ha ! : *hâ !*
habile : *mâhir*
habillé(e) : *lâbiṣ ;*
[~ à l'européenne] : *zonz ;*
[bien ~] : *libbîs ;*
[être bien ~] : *ankasa ;*
[être ~ de neuf] : *gammas*
habillement : *labisîn, libâs, libbêse*
habiller : *kasa, labbas ;*
[bien s'~] : *ankatal 2 ;*
[fait de s'~] : *labisîn ;*
[s'~] : *libis ;*
[s'~ à l'européenne] : *zanzar*
habit : *angumâji, kabtâni, kiswe, marabay, xalag 2 ;*
[~ d'intérieur] : *jawwâniye ;*
[~ européen] : *zanzaro*
habitant : *sâkin*
habitation : *manzil, maskan, sakinîn*
habité(e) : *maskûn, âmir*
habiter : *sakan ;*
[~ à côté de] : *jâwar ;*
[le fait d'~] : *sakinîn*
habitude : *âde 1, tabî'e, wuluf ;*
[devenir une ~] : *halla 2 ;*
[prendre l'~] : *dawwar 1*
habitué(e) : *mudarrab, muwâlif ;*
[~ avec] : *mutatabbi'*
habituer : *dâwam ;*
[s'~] : *alwâlaf, attabba' ;*
[s'~ à] : *wâlaf*
hâbleur (-euse) : *bahbâri*
hache : *fâs*
haché(e) : *mafrûm*
hacher : *faram 1, gatta', rihik*
hachette : *farrâr*
Hadjeraï : *Hujâr*
hagard(e) : *hayrân*
hagiographie : *sîra*
haï(e) : *mabxûd*
haie d'épines : *zerîbe*
haine : *baxâda, hasîfe, jafa*
haïr : *baxad, hassaf, jâfa, kirih ;*
[se ~] : *ajjâfo*
haïssable : *makruh ;*
[rendre ~] : *baxxad*
haïssant : *kârih*
halètement : *munâhata, nâhatân*
haleter : *nâhat*
hall : *bulo, sâl 2*
halle : *tcûri 2*
hallucination : *xarî'e*
halte : *manzal, nazûl*
hameau : *hilêle ;*
[~ provisoire] : *dankûj*
hameçon : *janbât*
hanche : *sulub ;*
[petite ~] : *silêb*
handicapé(e) : *ma'dûr, mu'awwag, mukassar, âr 2 ;*
[~ mental(e)] : *fâgid agul, ma'zûr, mubaddal 2*
hangar : *illiye, kurnuk, tcûri 1 ;*
[petit ~] : *lugdâbe, râkûba, riwêkîbe*
hanneton [sorte de ~] : *abundinga*
Haraze Djombo : *Harâz jambo*
Haraze Mangueigne : *Harâz mangany*
hardi(e) : *jâsir ;*
[être ~] : *jâsar*
haricot : *lubya ;*
[~ noir] : *kumbo*
harmattan : *ambîbi, garwa*
harnaché(e) : *musarram*
harpe : *amkurundung ;*
[sorte de ~ traditionnelle] : *jigindiye*
harpon : *kunjâr*
haschisch : *bango 1*
hâter [se ~] : *albahdal, sa'jal*
hausser : *caddad, gôlal*
haut(e) : *âli, tawîl ;*
[en ~] : *fôg*
hautain(e) : *acmân 1, fâjir ;*

[comportement ~] : *istibdâd ;*
[être ~] : *tixi ;*
[qui est devenu ~] : *taxyân ;*
[rendre ~ et orgueilleux] : *taxxa*
hauteur : *dabdab 4, dahare, tûl ;*
[en ~] : *be tûl*
haut-le-cœur : *zahîge ;*
[avoir un ~] : *âf*
haut-parleur : *makrofôn*
Hawazmé : *Hawâzme*
hé ! : *hê !, hêy ! ûk !*
héberger : *ga''ad, sakkan*
hébété(e) : *ajami*
hélas ! : *asaf, hacc*
Hémat : *Hêmâd*
hématurie : *bôl al-damm*
hémorragie : *nazif ;*
[~ nasale] : *ru'âf*
hémorroïde : *abbâsûr*
henné : *hinne ;*
[mettre du ~] : *hannan 1 ;*
[pose du ~] : *hanninîn 1, tahnîn*
hennir : *hany-hany*
hennissement : *hany-hinyîn*
hépatite : *abunsifêr*
Hepsetus odoe : *absunûn*
herbe : *gecc ;*
[~ à balais] : *currâba ;*
[~ aux quarante oiseaux] : *amdamâro ;*
[~ broyée dans la panse] : *farit ;*
[touffes d'~ sèche] : *tabas*
autres noms d'~s : *absâbe, adâr 1, adâr 2, adas, ambudu, ambunu, amdibêtco, amdirêsa, amdufûfu, amkaramkaram, amlibêne, ammohôj, ammulûxiye, amnyalato, amsimême, angâgo, barsîm, birdi, cîh, danab al falu, difre, faggûs al kulâb, finâr, gaww 1, haskanît, jamsinda, jirjîr, kalasîda, kamdala, kirêb, kusbara, lâdôb, lîsân bagara, lissêg, maharêb, mahlab azrag, pinâr, rujâl al mahlab, si'id, siturnêl, sôrîb, tarôr, tibin ;* → "plante"
hérisson à ventre blanc : *abungunfut*
héritage : *tirke 2, warasa ;*
[recevoir un ~] : *wâras*
hérité(e) : *muwarras*
hériter : *waras ;*
[faire ~] : *warras*
héritier : *warîs*
herminette : *najjâra*
Herminiera sp. : *tarôr*
hernie : *bazil ;*
[~ ombilicale] : *tanbûl ;*
[se faire une ~] : *anbazal ;*
[qui a une ~] : *mabzûl ;*
[qui a une ~ ombilicale] : *absurra*
héron : *abunxarîte ;*
[~ garde-bœuf] : *rihêw*
Herpestes gracilis : *winyâr*
hésitant : *câwâri*
hésitation : *cakkân 2*
Heterobranchus bidorsalis : *balbût 1*
heure : *sâ'a ;*
[bien à l'~] : *ambahîn ;*
[de bonne ~] : *badri ;*
[tout à l'~] : *tcabba 1 ;*
[tout à l'~ (dans le passé)] : *gibêl*
heureux (-euse) : *farhân, mafrûh, sa'îd ;*
[être ~] : *anbasat, firih ;*
[qui rend ~] : *baxît ;*
[qu'on a rendu ~] : *mufarrah ;*
[rendre ~] : *basat, farrah, sarra 3*
heurter : *dagac 1, tagga 1, tarac 1 ;*
[~ avec violence] : *dagaf ;*
[~ *qqn.* avec son cheval] : *karnak 2 ;*
[se ~] : *antagga, attâraco*
Hibiscus cannabinus : *karkany*
Hibiscus esculentus : *darrâba*
Hibiscus sabdariffa : *karkanji*
hibou : *amguggum*
hier : *albâreh, amis ;*
[~ soir] : *albâreh ;*
[la nuit d'~] : *bâreh*
Hieroglyphus daganensis : *ambazzâni, inna*
hi-han ! : *hîho !*
hindou : *hindu*
hippodrome : *naga'at al xêl*
hippopotame : *girinti*
hippotrague : *ab'uruf*
hirondelle : *hasab-al-bêt ;*
[~ à ailes tachetées] : *abunjarâri*
Hirundo leucosoma : *abunjarâri*
histoire : *hije, hikâya ;*
[l'~] : *târîx ;*
[~ vaine] : *hijje*
historien (-enne) : *mu'arrix*
hiver : *cite*
ho ! : *hâw !, yâ salâm !, wâk !*
hochement : *hazzîn*
hocher : *hazza*
holà ! : *hâw !*
homme : *insân, nâdum, râjil ;*
[~ compétent] : *usta ;*

[~ du Livre] : *kitâbi ;*
[~ efféminé] : *camarôxa, mara tilfat ;*
[~s et femmes] : *bacar, nâs ;*
[~ immature] : *riyêjil ;*
[~ pieux venant à la fin du monde] : *Mahadi 1 ;*
[~ sans importance] : *niyêdim ;*
[concernant l'~] : *rajâliye ;*
[jeune ~] : *farfôri*
homme-hyène : *amciglêbe*
homme-lion : *amciglêbe*
homonyme : *sami*
homosexuel : *lûti*
honneur : *caraf, izz, xîma ;*
[sauvegarder l'~] : *sadda l acîr ;*
[sens de l'~] : *hurma*
honorable : *karîm 2, muhtaram*
honorer : *karram ;*
[~ *qqn.*] : *xaddar 1*
honte : *acîr, êb, fadîhe, xijile ;*
[avoir ~] : *âb, anfadah, istaha, ixtaca, xijil ;*
[faire ~] : *ayyab ;*
[fait de provoquer la ~] : *ayyibîn ;*
[quelle ~ !] : *êb al-cûm !*
[qui a ~] : *mustahi*
honteux (-euse) : *aybân, xajlân, xajûl ;*
[c'est ~ !] : *êb al-cûm !*
[être ~] : *âb*
hop ! : *kab, tab !*
[qui saute ~ !] : *turul !*
hôpital : *labtân*
hoquet : *abunsukuk, sukok*
horloger : *sâ'âti*
hormis : *xêr 3*
hors d'usage : *mutallaf, talfân ;*
[mettre ~] : *lajjan*
hors-d'œuvre : *ordêvir*
hospitalité : *dayyifîn*
hostilités : *hurûb*
hôte : *dêf*
hôtel : *ôtêl*
hôtellerie : *manzal*
hou ! (cri de la tourterelle) **:** *wâk, ûk*
houe : *kadanka*
houppe : *guttiye*
houri : *hûrîye*
housse : *labbâsa*
hue ! : *darr !, hurr !*
huilage : *zayyadân*
huile : *dihin ;*
[~ des articulations] : *macâc ;*
[~ d'olive] : *zêd ;*
[~ parfumée] : *karkâr ;*
[~ pour moteur] : *zêd ;*
[goutte d'~] : *dihinay ;*
[petite quantité d'~] : *dihinay ;*
[qui met de l'~ sur le feu] : *lazzâz*
huiler : *zayyad*
huit : *tamâne ;*
[~ cents] : *tumunmiya ;*
[dans ~ jours] : *dôr yômah ;*
[de ~ à dix heures du matin] : *daha*
huitième [le ~] : *tâmin ;*
[un ~] : *tumun*
huître : *abundabbah*
hum! [faire ~] : *hamham*
humain(e) : *bacar, bacari, insân*
humanitaire : *ihsâni*
humanité : *bacar, nâs*
humble : *misêkîn, miskîn, salûs ;*
[devenir ~] : *almaskan*
humecter : *balla, baxxa, layyan, racca*
humeur [de bonne ~] : *farhân*
humide : *layyin, nadyân ;*
[être ~] : *anballa*
humidification : *ballin*
humidifier : *layyan ;*
[fait d'~] : *ballin ;*
[s'~] : *anballa*
humidité : *layân ;*
[~ du sol] : *nada ;*
[faire sortir l'~] : *nazza*
humiliation : *ayyibîn, fadîhe, hugra*
humilié(e) [être ~] : *anfadah*
humilier : *ar'ar, ayyab*
huppe : *ablaglago, guttiye*
hurlement : *kawwikîn, korôrâk, nabahân, sarixîn*
hurler : *awwa 1, kawwak, kôrak, sarax ;*
[~ de joie] : *ragrag ;*
[faire ~] : *sarrax*
Hyæna hyæna : *kâray*
hydrocèle : *guluny*
hydropique : *mirôbil*
hydropisie : *rôbâl ;*
[être malade d'~] : *rôbal*
hyène : *marfa'în ;*
[~ rayée] : *kâray ;*
[~ tachetée] : *marfa'în 1 ;*
[grande ~ tachetée] : *bugdum ;*
[homme transformé en ~] : *ambardabay ;*
[jeune ~] : *mirêfi'în*
hygiène : *nadâfa*

hygroma : *abunxarîte, dirib 2, xurrâja*
hymne : *nacîd*
Hyparrhenia rufa : *amxillêlo*
Hyphæne thebaica : *dôm*
hypocrisie : *nifâx*
hypocrite : *cangâli, munâfix ;*
[être ~] : *nâfax*
hypothèque [payer une ~] : *fada*
hypothéqué(e) : *magbûd*
Hystrix cristata senegalia : *abcôk*

i

ibis sacré : *abdôma*
ici : *hini*
ictère : *abunsifêr*
idée : *fikra, rây*
identique : *gadrên, sawa sawa*
identité : *caxsiye*
idéologie : *îdyolôjiya*
idiot(e) : *awîr 1, balîd, matmûs 2, talfân*
idolâtre : *mucrik*
idolâtrie : *cirk*
idoles : *kunûs, sanam*
igname : *dôya ;*
[~ sauvage] : *cingil*
ignare : *ajami*
ignoble : *la'îm, razîl, xabîs*
ignominie : *laxx*
ignorance : *jahal*
ignorant(e) : *ajami, jâhil, talfân*
ignore *qqn.* [qui ~] : *mustahyin*
ignorer : *jihil ;*
[~ la salutation de *qqn.*] : *zâm*
ignorer *qqn.* : *istahyan, xâsam ;*
[s'~ réciproquement] : *alxâsamo*
iguane d'eau : *waral absôt*
iguane des sables : *waral al gôz*
il : *hû*
île : *jumma 2*
illicite : *harâm, muharram 1*
illico : *sur !*
illuminer : *dawwa, nawwar 2*
illusion : *waham, xayâl ;*
[qui a des ~s] : *wahmân*
illustration : *sûra 1*
illustre : *machûr*
illustrer par un exemple : *massal*

image : *cabah, fito, sûra 1*
imaginaire : *waham ;*
[qui vit dans l'~] : *wahmân*
imaginer que [s'~] : *zanna*
imam : *imâm*
Imar : *Imar*
imbécile : *ablam, matmûs 2, mâsix ;*
[rendre ~] : *tamas 2*
imbécillité : *tumus*
imberbe : *adrûji*
imbibé(e) : *carbân 2 ;*
[être ~ de] : *accarrab*
imbiber d'eau [s'~] : *anballa*
imitateur : *bâzay*
imitation : *bâzîn*
imiter : *bâza*
immatriculé(e) : *muraxxam*
immature : *axadar, axûku ma'âku, farfôri ;*
[~ sexuellement] : *xunsur*
immédiatement : *mubâcaratan, nyelet*
immergé(e) : *matmûs 1, mutammas, tâmis ;*
[~ dans] : *xargân*
immerger [s'~] : *alxattas, xirig*
immersion : *tamisîn, tammisîn*
immigré(e) : *awrâti*
immiscer [fait de s'~] : *dassîn*
immobile : *sâbit*
immobilisé(e) : *mazrûr*
immobiliser : *zarra*
immobilité : *sabât*
immoler : *dabah, dahha*
immondices [tas d'~] : *dungus 1*
immoral(e) : *fâsix 2*
impasse : *bêdayit amtcilîli*
impassible devant [rester ~] : *gangar*
impatient(e) : *mubahdil, rûh dayxe*
impérialisme : *isti'mâr*
impérialiste : *isti'mâri*
impétigo : *tculmo*
impie : *fâsix 2, kâfir ;*
[être ~] : *kafar*
impiété : *kufur*
impitoyable : *kafrân 2 ;*
[être ~] : *kifir*
implantation : *incâ'*
impliquer dans : *xarrag*
implorer : *cahad*
impoli(e) avec *qqn.* [être ~] : *hagar*
impolitesse : *usa*
importance : *ahammiya ;*
[cela n'a pas d'~] : *mâlêc ;*
[fait de se donner de l'~] : *gôfâf ;*

[qui se donne de l'~] : *mu'angir ;*
[se donner de ~] : *algôfaf*
important(e) : *diris 2, muhimm*
importe : [n'~ comment] : *amtabalbôl, hamaj, minjamm ;*
[n'~ lequel] : *ayy ;*
[n'~ où] : *am'urud, minjamm*
importer : *warrad 5 ;*
[~ à *qqn.*] : *ja'al*
importun(e) : *laxxâmi*
imposer (taxe) : *mayyar ;*
[~ la taxe douanière] : *jamrak ;*
[~ *qqch.* à *qqn.*] : *farad 2*
impossible : *mustahîl*
imposture : *fajâra*
impôt : *mîri*
impotent(e) : *mu'awwag, âjiz*
imprégner : *atag 1 ;*
[s'~ de] : *accarrab ;*
[s'~ d'eau] : *anfanyax*
impression (d'un livre) **:** *tabi'*
impression (sentiment) : *cu'ûr*
imprimer : *taba'*
improductif (-ve) : *mamhûg*
improviste [à l'~] : *xaflân*
impudent(e) : *la'îm*
impuissant : *marbût, xasi ;*
[~ sexuel] : *axûku ma'âku*
impur(e) : *nijis*
impureté : *najâsa ;*
[~s décantées] : *dirdi ;*
[~ en suspension dans l'eau] : *ukur*
in cha' Allah ! : *in câ' Allah*
inachevé(e) : *nâgis*
inactif : *bâyiz*
inapte à travailler [être ~] : *tarlas*
inattendu(e) : *faj'i*
inattentif (-ive) : *malxûm, xaflân, xarra 1*
inattention : *xafala*
incapable : *âjiz, axnab ;*
[~ de mouvement] : *mutarlis ;*
[être ~ de porter] : *xilib 1*
incendie : *harîge, harigîn, taccîn*
incendié [qui a ~] : *mu'akkil*
incendier : *akkal, gabbad 1, harigîn, harrag ;*
[fait d'~] : *akkilîn*
incertain(e) : *mucakkik ;*
[être ~] : *cakka 2*
incinération : *harrigîn*
inciser : *fassad*
incisive : *dahhâka ;*
[qui a les ~s qui manquent] : *baxara*
incitateur (-trice) : *muharric ;*
[~ (-trice) de troubles] : *harrâci*
incitation : *harricîn ;*
[~ aux troubles] : *muhrâc*
incité(e) : *muharrac*
inciter : *harrac ;*
[~ à la bagarre] : *fatan ;*
[fait d'~ à la danse] : *cakat*
inclination : *ruku' ;*
[~ pendant la prière] : *raka'a*
incliner : *hana ;*
[~ vers le bas] : *dangas ;*
[s'~] : *anhana, dangar ;*
[s'~ à terre] : *faggas ;*
[s'~ pendant la prière] : *raka'*
incomber : *wajab*
incompétent(e) : *axnab*
incomplet (-ète) : *nâgis*
inconnu(e) : *magtu' târi, majhûl*
inconsistance : *laxwâs*
inconsistant(e) : *mamhûg, mamsûx*
inconstant(e) : *mucafcaf*
incontinent(e) : *mahlûj*
inconvénient : *karâha*
incrédulité : *kufur*
incroyable : *ajîb, baj !, wasif 2*
incursion [faire une ~] : *xâr ;*
[faire une ~ dans] : *xazâ*
incurvé(e) : *matni, munfazir*
incurver : *fazar ;*
[s'~] : *anfazar*
Inde : *Hind*
indécent(e) : *facîh, makcûf, safîh*
indécence : *ôra 4*
indemne : *sâlim*
indépendance : *hurriya, istixlâl*
indépendant(e) : *raxbân ;*
[être ~] : *istaxalla*
indésirable [rendre ~] : *naffar 2*
index : *câhid 2, lahhâs, sabbâba 3*
indicateur (-trice) : *jâsûs*
indication : *wasif 1, wassifin*
indigence : *êle, faggirîn*
indigent(e) : *asfân*
indigestion : *tankalân*
indigo : *nîl 2, nîle*
Indigofera tinctoria : *nîle*
indigotier : *nîle*
indiqué(e) : *muwassaf*
indiquer : *wassaf*

indiscret (-ète) : *cawwâf, karrâs, lafîf, ta'tûri*
indiscrétion : *karas 2*
indispensable : *lâzim*
indisposer : *alla*
indisposition : *ille 3* ;
[~ grave] : *allîn*
indistinct(e) : *turum*
individu : *fard 1, zôl*
individualisme : *jafa, raxab*
individualiste : *raxbân*
individualité : *caxsiye*
individuel (-elle) : *fardi*
indocile : *haggâr, âsi* ;
[être ~] : *timih*
Indonésie : *Indonôzya*
induire en erreur : *dalla 2*
industrie : *sinâ'a*
inexistant(e) : *ma'dûm*
inexpérimenté(e) : *kîca*
infâme : *la'îm*
infamie : *hugra*
infatigable : *kaji kaji*
infecté(e) par [être ~] : *istasâb*
infecter : *wa''a 2, âda* ;
[~ le doigt] : *cammam* ;
[s'~] : *affan, ammal, cakkat 2*
infection : *wa''ayân*
inférieur(e) : *afsal 2, dûn*
infidélité : *kufur*
infirme : *ma'dûr, mu'awwag, mukarsa'*
infirmier (-ère) : *daktôr, daktoriye, anfarmê* ;
[~ de brousse] : *daktor barra*
inflammable : *gabbâd*
inflammation : *harrigîn*
infléchir : *fazar*
inflexible : *mu'angir*
influencé(e) : *muharrac*
informateur (-trice) : *mu'âlin*
information : *i'lâm, ôrîn, xabar*
informé(e) [être ~] : *xibir*
informer : *âlan, ballax, ôra 1, xabbar* ;
[s'~ de *qqn.* d'absent] : *alfaggad*
infrarouge : *samûm*
ingénierie : *handasa*
ingénieur : *muhandis*
ingéniosité : *ilim al-râs*
ingérer dans [s'~] : *addaxxal*
ingrat(e) : *jâff, jâfi, nâkir* ;
[être ~ envers *qqn.*] : *afsal 1*
inhabité [lieu ~] : *xarâb 1*
inhaler : *annaccag*
inhibé(e) : *munakkal*
inhumé(e) : *mastûr 2*
inimaginable : *wasif 2*
inimitié : *hasîfe, karâha*
inintelligent(e) : *safîh*
inintéressant(e) : *marxûs*
initiation : *baddîn*
initier : *badda*
injecter dans le nez : *sa''at*
injection : *ibre*
injure : *ayyirîn, catîme, sabb*
injurier : *ayyar, catam, kabas, kabba 2, nabbaz, sabba 2* ;
[fait d'~] : *nabbizîn, sabbân 2* ;
[s'~] : *al'âyaro*
injuste : *zâlim* ;
[être ~] : *dalam 1, jâfa*
injustice : *dalîme, dulum 1, jôr, zulum* ;
[commettre une ~] : *zalam*
innocent(e) : *bari'*
innocenter : *barra 3*
inondable [zone ~] : *ragaba*
inondant : *munayyil*
inondation : *nîl 1, sêl*
inonder : *nayyal 2, tara'*
inquiet (-ète) : *galib mu'allag, hayrân, macdûh, mu'allag, mucafcaf* ;
[être ~] : *cafcaf, hamma 1*
inquiète [qui ~] : *mubactin*
inquiéter [s'~] : *anxara'*
inquiétude : *cadaha*
insatiable : *tammâ'*
inscription : *katibîn, kitâbe*
inscrire [faire ~] : *katibîn*
inscrit(e) : *musajjal*
insecte : *hacaray* ;
[petits ~s volants] : *gîm, nâmûs*
insecticide naturel : *gutrân*
insensé(e) : *jâhil, mahbûl, xârij 2*
insensibiliser : *xaddar 2*
insensible [devenir ~] : *xidir*
insignifiant(e) : *tâfih*
insinuateur (-trice) : *xalbâti*
insinuation : *lahan, xalbât*
insinuer des propos malveillants : *lahhan*
insipide : *faxx 1, mâsix* ;
[rendre ~] : *massax*
insipidité : *masâxa*
insistance [avec ~] : *be ajala*
insister : *jazam*

insolence : *batar 2, hugra, isâ'a*
insolent(e) : *batrân, haggâr, la'îm, manjûh, musî'* ;
[être ~ envers *qqn.*] : *hagar*
insolvable : *muflis* ;
[devenir ~s mutuellement] : *al'âkalo*
insouciance : *hamala 1, ihmâl*
insouciant(e) [être ~] : *xarra 1*
insoumis(e) : *acmân 1* ;
[être ~] : *nâfax*
inspecter : *kacaf*
inspecteur (-trice) : *mufattic*
inspection : *fatticîn*
inspirer confiance : *al'âman*
instable : *mulajlaj* ;
[*qqn.* d'~] : *rawwâx 1* ;
[sol ~] : *abnazzâz*
instabilité : *istixrâr*
installation : *mag'ad 1* ;
[~ au foyer] : *sabât* ;
[~ de la jeune mariée] : *caggîn al-laday* ;
[~ pour tirer l'eau] : *zâgiye 2* ;
[lieu d'~ des nomades] : *manzal*
installé(e) : *mufarrac* ;
[qui a ~] : *murakkib* ;
[qui a ~ une place mortuaire] : *fâric 2*
installer : *fajfaj, rakkab 2, wagga* ;
[s'~] : *alfajfaj, almakkan, amar 2, makkan* ;
[s'~ dans la vie] : *kawwan* ;
[s'~ dans son foyer] : *sabat 1* ;
[s'~ sans permission dans] : *ihtalla*
instigateur (-trice) : *muharric, râs*
instillation nasale : *sa''itîn*
instiller : *sa''at*
instituteur (-trice) : *mêtir, metrês*
institution : *mu'assasa*
instructeur : *mudarrib*
instruction : *allimîn, ilim 2, tawjîh*
instruire : *garra 1, laggan, saflaz* ;
[s'~] : *al'allam, assaflaz, ilim 1*
instruit(e) : *gâri, mu'allam 1, mufattih, musafliz* ;
[qui s'est ~] : *mul'allim*
instrument : *âla 1* ;
[nom d'~ de cuisine] : *mufrâka*
insuffisant : *ciya bilhên*
insulte : *ayyirîn, catîme, isâ'a, mu'yâr, sabb* ;
[petite ~] : *iyyêre* ;
[qui ~] : *musî'*
insulter : *asâ', ayyar, catam, kabas, kabba 2, kayyac, lahhan, sabba 2* ;
[fait d'~] : *sabbân 2* ;
[s'~] : *al'âyaro*
insupportable : *ka'ab 2, nihis* ;
[être ~] : *afrat* ;
[rendre ~] : *marrar*
insurger [s'~] : *almarrad*
insurrection : *sawra*
intact(e) [être ~] : *silim*
intègre : *adîl, sâleh*
intégriste : *mu'aggid*
intellect : *fihim 2*
intellectuel (-elle) : *mul'allim, musaxxaf, saxâfi*
intelligence : *agil, basâra, fihim 2, ilim al-râs*
intelligent(e) : *ab'agul, ab'igêl, âgil, fahîm, fâhim, mufattih, zaki*
intelligible : *fasîh, ma'gûl 2* ;
[~ (parole)] : *murakkab 2* ;
[être ~] : *anfaham*
intenable : *bala 3, iblîs*
intendant(e) : *wakîl*
intensément : *kê*
intensif (-ve) : *jadd*
intensifier : *accaddad*
intensité [être au plus fort de son ~] : *daggal 2*
intention [~ ferme] : *niye* ;
[~ d'un regard] : *ciwwêfe* ;
[avoir l'~] : *gasad, niwi* ;
[qui a l'~ de] : *xâsid*
intercéder : *cafa'* ;
[~ en faveur de *qqn.*] : *wassat*
intercesseur : *câfi'*
intercession : *cafâ'a*
interdiction : *mani'în* ;
[refuser de se plier à une ~] : *addâhar* ;
[se plier à une ~] : *andahar*
interdire : *dahar 1, hajar 1, haram 1, mana' 1* ;
[~ l'accès] : *alhandar*
interdit(e) : *harâm, mamnû', muharram 1* ;
[~ de] : *mahrûm* ;
[être ~] : *harram* ;
[qui ~] : *mâni' 1*
intéresser : *xassa 1*
intérêt : *fâyde, manfa'a, maslaha* ;
[qui a ~] : *mustafîd* ;
[qui n'a aucun ~] : *marxûs*
intérieur : *lubb* ;
[à l'~] : *dâxal, juwwa* ;
[qui est à l'~] : *dâxalâni*

intérieur(e) : *dâxili*
intérim : [par ~] : *badal fâgid, niyâba*
intermédiaire : *dallâli, kamasanji, sabbâbi, samsâri, wâsta ;*
[servir d'~] : *wassat*
international(e) : *dawli, duwali*
interpellation : *lâhitîn*
interpeller sans raison sérieuse : *lâhat*
interposer [s'~] : *hajas ;*
[s'~ contre] : *alhâmo*
interprète : *mutarjim, turjumân*
interrogateur (-trice) : *sa''âl*
interrogatoire : *sâ'ilîn ;*
[faire un ~] : *sa''al*
interrogeant : *sâ'il*
interroger : *nacad, sa'al ;*
[fait d'~] : *sa''ilîn ;*
[s'~ mutuellement] : *assâ'alo*
interrompu [qui a~] : *mubattil*
interruption : *battalân*
intersection : *kurjuma, mafrag, malamm*
interstice : *fatîg, fijje, xurma ;*
[dents qui poussent avec un ~] : *fallaj ;*
[petit ~] : *firêge*
intervalle : *fatîg, fijje, xurma ;*
[dans l'~ de] : *xilâl*
intervenir : *alhâmo*
intervention chirurgicale : *amaliye*
intestin : *musrân*
intimidateur (-trice) : *baxxâx*
intimidation : *bahbâr, baxxân, haddidîn, nakkalân, xawwifîn*
intimidé(e) : *munakkal, muxawwaf*
intimider : *baxxa, haddad, nakkal, ra'ab*
intolérance : *galib azrag*
intoxication provoquant un manque : *kêf 2*
intoxiquer : *garyaf*
intraitable [être ~] : *tâsas*
intransigeant(e) : *ka'ab 2*
intrigue : *dasîse*
introduction : *muxaddima*
introduire : *dassa, daxxal ;*
[fait d'~] : *dassîn ;*
[s'~] : *addaxxal, andassa, daxal ;*
[s'~ dans les affaires de *qqn.*] : *ta'tar ;*
[s'~ de force] : *anhacar*
introduit(e) : *madsûs ;*
[qui s'~] : *mindassi, mundassi*
intronisation : *tidirrij*
introuvable : *ma'dûm*
intrus(e) : *ta'tûri*

inutile : *bâyiz ;*
[rendre ~] : *bawwaz 2*
inutilisable [devenir ~] : *bâz 1*
invalide : *bâtil*
invalider : *laxa*
invectiver : *hâraj, natar, sarax*
invectives : *natarân*
invendable [rendre ~] : *bawwar 1*
invendu(e) : *bâyir ;*
[être ~] : *bâr 1*
inventaire : *kacif 2*
inventer : *xalag 1*
inventeur : *basîr*
inventorié(e) : *mahsûb*
inverser : *akas*
inversion : *âkasân*
inverti sexuel : *camarôxa, mara tilfat*
investir tout entier dans [s'~] : *jâsaf*
investiture : *tidirrij*
invisible [l'~] : *xêb*
invitation : *âzûma, da'wa, nâdîn, nidâ'*
invité(e) : *dêf, ma'azûm, ma'zûm, muwâ'ad*
inviter : *azam, da'a, wâ'ad*
invocation : *du'a, jalâla ;*
[~ de Dieu] : *bismi ;*
[~ pieuse] : *wirid 2 ;*
[dire des ~s à Dieu] : *adda''a*
invoquer : *da'a ;*
[~ Dieu] : *adda''a ;*
[~ Dieu pour] : *da''a*
invulnérable : *muhajjab, mujammar*
Ipomea batatas : *bangâw*
ipomée aquatique mauve : *arkala*
ipomée arborescente : *awîr 2*
Ipomoea aquatica : *arkala*
Ipomoea asarifolia : *lâdôb*
Irak : *Irâx*
Iran : *Îrân*
irascible : *ahmak, jômâsi, rûh dayxe, zi''îli*
Irégat : *Irêgât*
Iriba : *Hiriba*
irréfléchi(e) : *xârij 2*
irrégulièrement : *bakân lê bakân gabul*
irréprochable : *adîl*
irrespectueux (-euse) [être ~] : *hagar*
irresponsable : *fâcil*
irrigation : *zagi*
irrigué(e) : *rawyân*
irriguer : *zaga*
irritable : *kacrân, mustankir, rûh dayxe, zi''îli*
irritation : *jaxxîn*

irriter : *jaxxa, zâ'ak, zahhaj ;*
[fait d'~ *qqn.*] : *zâ'ikîn*
islam : *islâm ;*
[adhérer à l'~] : *aslam*
islamique : *islâmi*
isolé(e) : *farîd, ma'zûl, mafrûg, mafsûl ;*
[~ par les autres] : *muxâsam ;*
[qui s'est ~] : *munfarid*
isolément : *farrâdi*
isoler [s'~] : *an'azal, anfarad, attarraf*
Israël : *Isra'îl*
issue : *tarîga*
Italie : *Itâlya*
italien : *tilyân*
itinéraire : *ma'add ;*
[~ de transhumance] : *murhâl*
iule : *dallûm, hilwês*
ivoire : *âj*
ivraie : *adâr 2*
ivre : *sakrân 1 ;*
[être ~] : *mawzûn 2, sikir*
ivresse : *sakar*
ivrogne : *carrâb, sakkâri*
ixode : *abungurdân 1*

j

jabot : *xuzzâne*
jacasser : *ratag*
jachère : *bûra*
jadis : *zamân 1*
jalouser : *dârar, hâmar, hasad*
jalousie : *husud, nindili ;*
[~ entre coépouses] : *darar*
jaloux (-ouse) : *hasûd, nandâli, nindilâni ;*
[être ~] : *alhâmaro, anhasad, hasad, nandal ;*
[être ~ jalouses entre coépouses] : *addâraro*
jamais : *kâmil ;*
[à ~] : *abadan ;*
[ne ~] : *tuk ke mâ*
jambe : *rijil 1 ;*
[bas de la ~] : *kura' ;*
[assis(e) ~s croisées] : *muwarrik ;*
[fait d'avoir les ~s croisées] : *tiwirrik*
jante : *ajal 2, sahan*
janvier : *cahari wâhid*

Japon : *Yabân*
jardin : *janna 2, jinêne ;*
[~ irrigué] : *zâgiye 1*
jarre : *jarr ;*
[grosse ~] : *duwâne ;*
[petite ~] : *jirêr ;*
[toute petite ~] : *jirêray*
jarret : *argûb*
jaser : *ratag*
jauge : *magâs*
jaunâtre : *musaffir 2, muxabbic*
jaune : *asfar, safâr ;*
[~ beige] : *samni ;*
[~ citron] : *sijj ;*
[~ éclatant] : *tcit ;*
[~ foncé] : *musaffir 2 ;*
[~ or] : *dahabi ;*
[~ vert] : *axadar lêmûni ;*
[~ vif] : *sijj ;*
[très ~] : *tcit*
jaunir : *saffar 2 ;*
[fait de ~] : *saffirîn 2*
jaunissant(e) : *musaffir 2*
jaunisse : *abunsifêr*
jaunissement : *saffirîn 2*
javelot : *tabîge 1*
je : *anâ*
jerrycan : *jarkan*
jeté(e) : *mazgûl ;*
[~ à terre] : *marmi ;*
[pouvoir être ~ à terre] : *anrama*
jeter : *daffag, zagal ;*
[~ à terre] : *rama ;*
[~ avec force] : *zaggal ;*
[~ des pierres] : *rajam ;*
[~ le vêtement sur l'épaule] : *laffa' ;*
[~ plusieurs fois] : *zaggal ;*
[~ *qqch.* contre] : *zarag ;*
[~ un coup d'œil] : *tâwag ;*
[fait de ~] : *zaggilîn, zagilîn ;*
[se ~] : *addaffag, anrama, anzagal ;*
[se ~ mutuellement *qqch.*] : *azzârago ;*
[se ~ sur] : *alkâbaso, anzarag, farra 2, kabas*
jeteur de sorts : *dambâri*
jette bien [qui ~] : *zaggâli*
jeu : *dalâl 3, la'abe, li'ib 2 ;*
[~ de cache-cache] : *amlibbôdo ;*
[~ de hasard] : *gumâr ;*
[nom d'un ~ avec un bébé] : *angôgise ;*
[nom d'un ~ d'enfant] : *amtcillêko, hakko, tîlam-tîlam ;*

[nom d'un ~ de cartes] : *arba'tâcar ;*
[nom d'un ~ de dames] : *dâle, sîje ;*
[nom d'un ~ de pions] : *dâle, kâre, xuzzi*
jeudi : *(al) xamîs*
jeun [à ~] : *rîg*
jeûnant : *sâyim 1*
jeune : *raxas, saxayyar ;*
[~ âge] : *saxara ;*
[~ demoiselle] : *tcartcerêye ;*
[~ et costaud] : *jada' ;*
[~ femme] : *câb ;*
[~ fille] : *binêye, idêriye, sabi ;*
[~ garçon] : *firêfir ;*
[~ homme] : *câb, farfôri, sabi, sibêy ;*
[~ pousse] : *ca'ag 3 ;*
[~s enfants] : *dugâg ;*
[~s gens] : *subyân ;*
[d'apparence ~] : *mutcakkir ;*
[devenir une ~ femme] : *tcartcar ;*
[devenir un ~ homme] : *farfar 3*
jeûne : *ramadân, siyâm, sôm*
jeûner : *sâm 1 ;*
[faire ~] : *sawwam ;*
[fait de ~] : *siyâm*
jeunesse : *cabâb, suba*
jockey : *jôke*
jogging : *jakkân ;*
[faire du ~] : *jakka*
joie : *farha, surûr ;*
[fait d'être en ~] : *fârihîn ;*
[très grande ~] : *halâ*
joindre : *lamma, sakkar 2 ;*
[se ~] : *allamma, andamma 1, anlahag*
joint(e) à [qui s'est ~] : *mujtami'*
jointure : *mafsal ;*
[jointure entre les branches d'une fourche] : *madabb*
joker : *jôkêr*
jonc [sorte de ~] : *gaww 1*
Jordanie : *Urdun*
joue : *cidig*
jouer : *addâdal, fatfat, li'ib 1, marah ;*
[~ au poker] : *gammar 1 ;*
[~ bêtement] : *annâhas ;*
[~ d'un instrument] : *darab ;*
[~ du tambour] : *nagar ;*
[faire ~] : *dâdal, la''ab ;*
[se ~ de] : *xacca 1*
jouet : *la'abe*
joueur (-euse) : *la''âb, lâ'ib ;*
[~ de flûte] : *saffâri ;*
[~ de poker] : *gammâri ;*
[~ de tam-tam] : *darrâbi ;*
[~ de trompette] : *saffâri ;*
[mauvais(e) ~] : *kîca*
jouir : *firih ;*
[~ de la vie] : *addâlal, ni'im ;*
jour : *nahâr, yôm ;*
[chaque ~] : *yômîyan ;*
[du ~ (frais)] : *tari ;*
[premier ~ du mois lunaire] : *gubâl ;*
[le ~ où] : *yôm al, yômit ;*
[les ~s passés] : *awaltamisât ;*
[tous les ~s] : *kulla yôm*
journal : *sahîfa, jarîda ;*
[~ parlé] : *nacra*
journaliste : *sahâfi*
journalistique : *sahafi*
journée : *nahâr*
joute : *dufâr*
jouxte [qui ~] : *mujâwir*
jouxter : *jâwar*
joyeux (-euse) : *dahhâk, farhân, firêhân, mabsût ;*
[être ~] : *firih ;*
[fait de rendre ~] : *farrihîn*
judicieux (-euse) : *hakîm*
juge : *gâdi, hâkim, zûz*
jugé(e) [être ~] : *muhâsab*
jugement : *cerî'e, gadiye ;*
[~ dernier] : *hisâb*
juger : *gata' cerî'e, hakam ;*
[~ (au jugement dernier)] : *hâsab*
Juhayna : *Juhayna*
Juifs [les ~] : *yahûd*
juillet : *cahari saba'a*
juin : *cahari sitte*
jujube : *korno, nabag*
jujubier : *korno, nabag ;*
[~ de l'hyène] : *nabag al marfa'în*
jumeau : *tôm 1 ;*
[avoir des ~x] : *tâwam ;*
[deuxième ~ (mois)] : *(al) tôm al-tâni ;*
[premier ~ (mois)] : *(al) tôm al awwal ;*
[quatrième ~ (mois)] : *(al) tôm al-râbi' ;*
[troisième ~ (mois)] : *(al) tôm al-tâlit*
jumelles (instrument) : *kaccâfa*
jument : *faras*
jupe : *jîb*
jurer : *halaf ;*
[~ par l'unicité de Dieu] : *wahhad 2*
jurisconsulte : *faki*
jus : *ji ;*
[sans ~] : *faxx 1*

jusqu'à : *damman, hatta 3, kadar 1, lahaddi, laxâyit*
jusqu'au bout : *marra wâhid*
juste : *adîl, najîd 1, sahi ;*
[déclarer *qqn.* ~] : *barra 3 ;*
[être ~] : *harram, ista'dal ;*
[tout ~] : *tawwâli*
justice : *adâla, cerî'e*
justicier : *faccâci*

k

Kaaba : *(al) Ka'aba*
Kabalaye : *Kabalay*
Kachmaré : *Kacmare*
kalachnikov [~ AK 47] : *klacinkôf ;*
[~ AK 74] : *klâc abkasarah*
Kanembou : *Kânumbu*
kapokier : *rûm*
karité : *amkurum 1*
Kélo : *Kêlo*
Kenya : *Kinya*
kérosène : *jâs*
Khaya senegalensis : *murr 2*
khôl : *dalâl 2, kuhul ;*
[mettre du ~] : *kahhal*
Khouzam : *Xuzâm*
Kibet : *Kibêt*
Kigelia africana : *mactûr 1*
kilogramme : *kîlo*
kilomètre : *kilômitir*
kinkéliba [faux ~] : *amkawala*
klaxon : *bûri*
knock-out : *fûku*
kob de Buffon : *hamar 1*
kob onctueux : *katambûru*
koba blanc : *wahac*
Kobus defassa : *katambûru*
kola : *gôro*
koro : *kôro ;*
[petit ~] : *kiwêre*
Kouka : *Kûka*
Koumra : *Kumra*
Kousseri : *Kuseri*
Koweït : *Kiwêt*
Kraussaria angulifera : *ambakôtiye*
Kraussella amabile : *amsimêsimân*
Kyabé : *Kiyâbe*
kyste : *anab, tâlûl ;*
[former un ~] : *annab*

l

la : *al*
là : *bakân*
là-bas : *hinâk, xâdi*
lac : *saraf 2 ;*
[grand ~] : *bahar*
lacer une claie : *ratag*
lacéré(e) : *mugajjam*
lacet : *gêtân, tikke*
lâche : *fâcil*
lâcher : *balas*
lâcheur (-euse) : *xaddâr*
Lagenaria sp. : *gar'a*
Laï : *Lay*
laid(e) : *cên ;*
[plus ~] : *acna*
laideur : *cana*
laine : *sûf ;*
[~ à tricoter] : *ûla, xêt ûla*
laisse : *zumâm*
laissé(e) [être ~] : *alxalla ;*
[qui a ~] : *muxalli*
laisser : *balas, ballac, tarak, xalla 1 ;*
[~ en plus] : *faddal 1 ;*
[~ partir] : *talag ;*
[~ passer le temps] : *fawwat 1 ;*
[~ tomber] : *zagal ;*
[~ venir l'eau] : *jammamân ;*
[fait de ~] : *xallîn ;*
[ne pas ~ en place] : *galgal ;*
[se ~ tomber] : *anzagal*
laisser-aller : *êle, ihmâl*
laissez-passer : *lisbâse, tasrîh*
lait : *laban ;*
[~ caillé] : *laban mubarkab, ruwâba ;*
[avoir du ~] : *labban ;*
[donner beaucoup de ~] : *darrat ;*
[n'avoir plus de ~] : *xirzat ;*
[petite quantité de ~] : *libêne ;*
[premier ~] : *libe' ;*
[qui donne beaucoup de ~] : *labbâna ;*
[qui manque de ~] : *dajja 1*
laitière [bonne ~] : *labbâna*
laiton : *nahâs asfar*

lambeaux [partir en ~] : *algallam*
lame (de rasoir) : *lazwâr, mûs*
lamentations : *kalawâ*
lamenter [se ~] : *sarax*
lampe : *lampa ;*
[~ de poche] : *battariye, tôric*
Lamprophis fuliginosus : *amnawwâma*
lance : *ambirêc, harba 1, tabîge 1 ;*
[~ à barbillons] : *kôkâb ;*
[longue ~] : *amtcalakay*
lance bien [qui ~] : *zaggâli*
lance-pierre : *nible*
lance-roquettes *arda'arda, bâzûka, erbeje, jaradjarâd, râjmât*
lancer : *nabal, zagal ;*
[~ à la poursuite] : *accag ;*
[~ plusieurs fois *qqch.* sur] : *zarrag ;*
[~ *qqch.* sur] : *zarag ;*
[~ une parole provoquante] : *tanbal 1 ;*
[fait de ~ en l'air] : *saggirîn 1 ;*
[se ~ mutuellement *qqch.*] : *azzârago*
langue (organe de la bouche) : *lîsân*
langue (langage) : *luxxa ;*
[~ maternelle] : *lahja ;*
[parler une ~ non arabe] : *rutâna*
languir après : *algaryaf*
lanière de cuir : *sêr, sôt 1 ;*
[découper des ~s] : *sayyar 2*
Lannea acida : *layyûn*
Lannea microcarpa : *millês*
laper : *lagga 2 ;*
[fait de ~] : *laggân 1*
lapider : *rajam, zarrag*
lapin : *arnab ;*
[poser un ~ (*s. fig.*)] : *falla 2*
laps de temps : *ajal 1*
laquelle ? : *wênu ?, yâti ?*
larcin : *sirge*
large : *arîd, wasî' ;*
[~ d'esprit] : *mufattih*
Largeau : *Faya*
largesse : *jûd, kurum 2, saxâ*
largeur : *urud ;*
[en ~] : *be urud*
larme : *dam'e*
larve [nom d'une ~] : *bûde*
larynx : *hanjar, luxlux ;*
[~ des animaux à égorger] : *girjimme ;*
[petit ~] : *hinêjir*
las (lasse) : *ajsân, muxayyin ;*
[être ~] : *ajjaz, xayyan, xilib 1*
lasse [qui ~] : *tâyir 2*
lassé(e) [être ~] : *ijiz, iyi*
lassitude : *ajaz, ajjisîn, xayyinîn*
lasso : *cabbâba ;*
[attraper au ~] : *cabba 1*
Lates niloticus : *kaptên 1*
latrines : *mustarah, sindâs*
lavabo en tôle : *xassâl*
lavage : *xassilîn, xasûl ;*
[~ des céréales] : *sôsalân*
lavé(e) : *maxsûl, muxassal 1 ;*
[être ~] : *alxassal ;*
[qui s'est ~] : *mulbarrid*
laver : *barrad 1, tahhar, xassal ;*
[~ au tamarin] : *ardab ;*
[~ avec du savon] : *sôban ;*
[~ légèrement] : *masmas ;*
[fait de ~] : *xassilîn ;*
[se ~] : *albarrad, alxassal*
Lawsonia inermis : *hinne*
le : *al*
leader : *xâ'id, za'îm*
leadership : *za'âma*
Lebel [fusil ~] : *ab'acara*
lécher : *lihis*
lécheur : *lahhâs*
leçon : *daris, giray*
lecteur [bon ~] : *mutâli' ;*
[~ qualifié du Coran] : *gôni*
lecture : *giray, girrêye, mutâla'a ;*
[~ du Coran] : *tilâwa ;*
[nom d'une ~ du Coran] : *amr 2, hafs, warc*
léger (-ère) : *galîl, rahîf, xafîf ;*
[~ à digérer] : *rigeyyig*
légume : *xadâr*
légume farci : *mahaci*
leishmaniose : *amcakato, tculmo*
lent [au pas ~] : *xammâl ;*
[~ à la course] : *kadâr*
lentement : *bê râha, bicêc ;*
[qui va ~] : *munyalnyil ;*
[très ~] : *bicêc bicêc*
lentigo : *xâl 2*
lentille [sorte de ~] : *adas*
léopard : *nimir*
Lepidium sativum : *jirjîr*
lèpre : *judâm ;*
[avoir la ~] : *jaddam*
lépreux (-euse) : *mujaddim ;*
[devenir ~] : *jaddam ;*
[peau du ~] : *abras*
Leptadenia arborea : *ca'alôb*

Leptadenia hastata : *ca'alôb*
Leptadenia lancifolia : *abunliwêy*
Leptochloa coerulescens : *adâr 1*
Leptoptilos crumeniferus : *abunsi'in*
Lepus ochropus tchadensis : *arnab*
lequel ? : *wênu ?, yâtu*
Léré : *Lêre*
lérot : *gurd al-cadar 1*
les : *al*
lésé(e) : *madlûm ;*
[être ~] : *andarra 2, gimih*
léser : *dalam 1, hajar 1, zalam*
lésions cutanées : *abjanbo, amcakato, gûb*
lesquelles ? : *wênu ?, yâtumman*
lesquels ? : *wênu ?, yâtumman*
lessive : *xassilîn, xasûl ;*
[~ en poudre] : *ômo ;*
[première ~] : *faccîn*
lettre : *jawâb, maktûb, xitâb*
lettré(e) : *adîb, mul'allim*
leucome : *bayâd 1*
leur : *-hum*
leurrer : *dabdab 2 ;*
[se ~] : *alxâcaco*
leurs : *-hum*
levain dans la pâte [mettre le ~] : *xamar 1*
levant [au ~] : *carxi*
lève la tête [qui ~] : *musangi'*
levé(e) [pouvoir être ~] : *angalla*
lever : *fâr 2, rafa' ;*
[~ la main] : *ôma ;*
[~ la tête] : *sanga' ;*
[~ les pieds en marchant] : *darwal ;*
[~ un bâton pour frapper] : *fârid ;*
[~ un peu] : *gôlal ;*
[fait de se ~] : *gammîn, gômîn ;*
[fait de se ~ tôt] : *tibkîre ;*
[le ~] : *tali'în ;*
[se ~] : *gamma, gamma fôg ;*
[se ~ d'un seul coup] : *burdulub*
levier de vitesse : *ta'cîga*
lèvre : *callûfa ;*
[~s charnues] : *fanjûla*
levure : *tawwâra, xamîra ;*
[mettre de la ~] : *xamar 1*
lexique : *xâmûs*
lézard : *dabb, zihliye ;*
[nom d'un ~] : *amrijêlât, kirello*
liaisons téléphoniques : *ittisâl*
liane : *cidêre ;*
[~ du serpent (plante)] : *xaraz al-dâbi*
liasse : *rubta*

Liban : *Lubnân*
libellule : *juwâd al-cêtân*
liber : *lihê*
libéralité : *jûd*
libérateur (-trice) : *muharrir*
libération : *taligîn, xallisîn*
libéré(e) : *muharrar*
libérer : *fadda 1, harrar, talag ;*
[se ~] : *alfâkako, ligi idênah*
liberté : *hurriya ;*
[~ d'action] : *dalâl 3*
libre : *fâdi, fâsix 1, hurr, mafsûx, mustaxill ;*
[~ de retrouver son premier mari] : *muhallile*
Libye : *Lîbya*
Libyen(-ne) : *Lîbi*
licenciement : *fasilîn*
lichen [sorte de ~] : *cêbe zarga*
licite : *halâl, muhallal ;*
[être ~] : *halla 2, jâz*
lie : *dirdi ;*
[~ de bière de mil] : *amjung*
lié(e) : *marbût, murabbat ;*
[~ au sort] : *musâbir ;*
[~ par amour] : *muxâwi ;*
[~ par le mariage] : *hudun*
lien : *agid, rubât, ugâl ;*
[~ d'amitié] : *lingi ;*
[~ de fraternité] : *uxuwwa ;*
[~ de parenté] : *tirke 1 ;*
[~ de parenté par la femme] : *nasab 2 ;*
[~ d'une case arabe] : *butân ;*
[~ en coton] : *tikke ;*
[~ en tissu] : *hagu ;*
[~ secret] : *rabtiye ;*
[en ~ avec] : *mulwâsilîn*
lier : *zammal, zarad ;*
[~ fortement] : *cadda 1 ;*
[~ pour immobiliser] : *rabbat ;*
[~ solidement] : *rabbatân ;*
[~ une amitié] : *râfag ;*
[manière de ~] : *ribbête ;*
[se ~ à une belle-famille] : *annâsabo, nâsab*
lieu : *bakân ;*
[~ d'adoration] : *ma'bad ;*
[~ de campement] : *mahall ;*
[~ de rencontre] : *dandal, dôr 2 ;*
[~ de repos du cheval] : *câye ;*
[~ de séjour] : *markaz ;*
[~ d'eau] : *idd ;*
[~ d'exhaure] : *idd ;*

[~ du repas] : *dara ;*
[~x reculés] : *dahâri ;*
[en tous ~x] : *anha' ;*
[avoir ~] : *hasal*
lieutenant : *dâbit abdaburtên, xalîfa*
lieutenant-colonel : *muxaddam*
lièvre : *arnab*
ligaturer : *garan*
lignage : *ga'ar ;*
[citer son ~] : *nasab 1*
ligne : *xatt ;*
[~ de soldats] : *tâbûr ;*
[~ électrique] : *habil al-nâr*
lignée : *zurriye*
ligotage : *zammilîn*
ligoté(e) : *murabbat, muzammal*
ligoter : *zammal, zarad*
ligue : *lajna*
lime : *mabrad*
limé(e) : *musanfar*
limer : *sanfar*
limite : *hadd 1, kalanki, kumâle ;*
[qui est à la ~] : *tarfâni*
limité(e) : *muhaddad*
limitrophe : *mujâwir*
limon : *lêmûn*
linceul : *kafan ;*
[mettre le mort dans son ~] : *kaffan*
linge : *xalag 2*
lion : *dûd 1*
liquéfaction : *mawwa'ân*
liquéfié(e) : *mahlûl*
liquéfier : *mawwa', mâ'*
liquide : *mahlûl, mâyi', sâyil*
liquidités : *kac*
lire : *gara ;*
[~ l'avenir] : *saxxar 1 ;*
[~ le Coran] : *tala ;*
[~ les signes du ciel] : *sâbar ;*
[~ un texte sacré] : *mattan 2*
lisible [qui est ~] : *angara 1*
lissage : *mallasân*
lisse : *amalas*
lissé(e) : *matlûs, mutallas*
lisser : *mallas, marras ;*
[~ et parfumer la peau] : *kabrat ;*
[~ les cheveux] : *sarrah 2 ;*
[~ une surface] : *talas ;*
[fait de ~] : *marrisîn*
liste (sur la tête du cheval) : *xurriye*
lit : *margad, sarîr ;*
[~ à une place] : *lîli ;*
[~ de l'oued] : *batha, gardûd, masîl ;*
[~ en corde] : *angarêb ;*
[~ en rondins] : *darangal ;*
[nom d'un ~] : *lîli ;*
[nom d'un ~ à baldaquin] : *jannanni ;*
[nom d'un~ à deux places] : *jannanni ;*
[nom d'un ~ décoré] : *harag galbi*
literie : *furâc ;*
[préparer la ~] : *farrac*
lithiase : *hasar*
litre : *lîtir*
littérature sapientiale : *hikma*
livraison : *taslîm*
livre : *kitâb ;*
[~ de la Loi] : *Tawrêt*
livre (unité de poids) : *ratul*
livré(e) à lui (elle)-même : *mizêgil*
local(e) : *ahâli, dâray, dâriji, mahalli*
localité : *mantaxa*
locataire : *mu'ajjir*
location : *ajjirîn, ujura ;*
[être en ~] : *al'ajjar ;*
[mettre en ~] : *ista'jar ;*
[prendre en ~] : *ista'jar*
Locusta migratoria migratorioides : *rungul*
logement : *maskan*
loger : *sakkan*
logis : *margad*
loi : *xânûn ;*
[~ islamique] : *carî'a ;*
[~ religieuse] : *farîde*
loin : *ba'îd ;*
[~ de] : *ba'îd min, min ;*
[au ~] : *hinâk ;*
[plus ~] : *ab'ad, xâdi*
long (longue) : *tawîl ;*
[tout au ~ de] : *tûl ;*
[tout du ~] : *burr, buyy !*
[qui a un ~ cou] : *abragaba*
longanime : *rûh tawîle*
longe : *zumâm*
longtemps : *kê ;*
[il y a ~] : *zamân 1 ;*
[depuis ~] : *min zamân*
longueur : *tûl ;*
[en ~] : *be tûl*
lopin de terre : *ardiye, marbu'*
loquace : *ânâsi, hajjây*
loquet : *tabla, tarbâz*
lorgner : *tâwag*
lorsque : *kan 1, wakit 2*

lot : *gisim, rubta ;*
[~ d'un lotissement] : *marbu' ;*
[~ de douze] : *dasta*
loterie : *tanbula*
lotion parfumée [nom d'une ~] : *mahlabiye*
Lotus ægyptiaca : *bicine*
louable : *muhtaram*
louange : *hamdu, jalâla ;*
[~ à Dieu] : *hamad 3 ;*
[~ du Prophète] : *madih ;*
[faire la ~ de *qqn.*] : *nabbizîn*
loucheur (-euse) : *acwal*
loué(e) (en location) : *mu'ajjar ;*
[qui a ~ *qqch.*] : *mu'ajjir*
louer *qqch.* (location) : *ajjar, ista'jar*
louer (louange) : *bôcan, madah, nabbaz ;*
[~ Dieu] : *hamad 1, sabbah 3, jallal*
loupe : *tâlûl*
lourd(e) : *tagîl*
lourdeur : *tugul*
loutre : *kalb al almi*
lové(e) : *mulawlaw*
lover : *lawlaw ;*
[se ~] : *antawa*
Loxodonta africana : *fîl*
loyal(e) : *muxlis, sarîh*
loyer : *ijâr*
L.R.M. [~ type 63] : *râjmât ;*
[~ 122 mm] : *jaradjarâd*
lubrifiant : *zêd*
lubrification : *zayyadân*
lubrifier : *zayyad*
luciole : *amniyêre*
luette [inflammation de la ~] : *têr al iyâl*
Luffa ægyptiaca : *lîf, sôso*
lui : *-ah, hû ;*
[~-même] : *nafis-, zât ;*
[de ~] : *-ah*
luire : *râra*
luisant(e) : *amalas*
lumière : *daw, deyy, nâr 2, nûr*
lumineux [être ~] : *râra*
luminosité : *dawwîn*
lundi : *(al) itinên*
lune : *badur, gamar*
lunettes [paire de ~] : *naddâra*
lupin : *turmus*
Lupinus tassilicus : *turmus*
lutin : *Goygoy*
lutte : *jihâd, nidâl ;*
[~ (enfants)] : *dufâr ;*
[~ corps à corps] : *surâ' ;*
[pratiquer la ~ sportive] : *sâra'*
lutter : *hârab, jâbad, jâhad, nâdal ;*
[~ corps à corps] : *sâra'*
luxation : *fakak*
luxe : *bidin, taxa ;*
[qui vit dans le ~] : *taxyân ;*
[vivant dans le ~] : *badîn, badnân ;*
[vivre dans le ~] : *tixi*
luxé(e) : *mafkûk*
lycaon : *sumu'*
Lycaon pictus : *sumu'*
lycée : *lîse*
lycéen : *wilêd lekôl*
lycéenne : *binêyit lekôl*
lycoperdon [sorte de ~] : *barnûk*
Lycopersicum esculentum : *tamâtim*
lyncher : *maxxat 2, taggag*
Lytta vesicatoria : *amcurrâba*

m

ma : *-i*
macérer : *naga'*
mâchefer : *hurâr hadîd*
mâcher : *lâwak, madax ;*
[fait de ~] : *madixîn ;*
[se ~] : *anmadax*
machine : *macîn, makana ;*
[~ agricole] : *harrâta*
mâchoire : *maddâx 2 ;*
[~ inférieure] : *sudux*
maçon : *bannay, masong ;*
[~ qui enduit] : *mutallis*
madame : *sayyida*
Madura [avoir un pied de ~] : *nammal 1*
Mærua crassifolia : *kurmud*
Mærua pseudopetalosa : *kurdâle*
magasin : *magaza, maxzan*
magicien : *sahhâri*
magie : *cawwifîn, mustaxâra*
magnétophone : *misajjal*
magnétoscope : *vîdyo*
magnificence : *saxâ*
magnifique [c'est ~] : *hamîdan*
magot : *mablax*
magouillage : *ixtilâsiye*
magouille : *ixtilâsiye, rikiji*

Mahamid : *Mahamîd*
Mahdi : *Mahadi 1*
mai : *cahari xamsa*
Maïduguri : *Maydugri*
maigre : *bâtil, nahîf*
maigrichon (-ne) : *biyêtil, nihêfân*
maigrir : *bitil, ragga, sôgar*
maillot : *mâyo*
main : *îd 2 ;*
[~ droite] : *yamîn, zêne ;*
[intérieur de la ~] : *madabb*
maintenant : *hassâ ;*
[c'est ~ que] : *dahâb-*
maintenir : *ga"ad*
maire : *umda*
mairie : *lameri, mêrî*
mais : *istâri, lâkin*
maïs : *am'abât, masar ;*
[plant de ~] : *masaray*
maison : *bêt 1, manzil, markaz ;*
[~ à étages] : *gasir ;*
[~ en terre] : *dangây*
maisonnette : *biyêt*
maître : *gôni, mêtir, rabb, ustâz ;*
[~ de] : *sîd ;*
[~ d'œuvre] : *usta ;*
[appartenant au ~] : *rabbâni*
maîtresse : *metrês ;*
[être une bonne ~ de maison] : *karab 2*
majeur (doigt) : *ustâni*
majorité [la ~] : *axlabiye*
makabo : *bogolo*
makélélé : *kabaljo*
mal : *carr, cên, dalîme, darar, fasil 1, karha, nasîbe 2, sayyi'a, waja' 2, waji' ;*
[~ causé par la jalousie] : *husud ;*
[~ de dent] : *dôrisîn ;*
[~ de tête] : *amkurrôdo ;*
[~ de ventre] : *lawiye, nufâx, usra 1, yabûsa ;*
[~ des articulations] : *cagîge ;*
[~ élevé(e)] : *bala 3, lafîf, manjûh, xârij 2 ;*
[~ fait délibérément] : *amad, durr ;*
[~ formé(e)] : *tarhân ;*
[chose qui cause un ~] : *âfe 2 ;*
[être ~ à l'aise] : *dayyax 1, jabdîn al wijih, xijil ;*
[faire ~] : *waja' 1 ;*
[faire du ~ à *qqn.*] : *âza, darra 3 ;*
[faire ~ aux dents] : *dôras ;*
[faire ~ délibérément] : *amdan, ammad ;*
[qui a ~ au ventre] : *mabtûn ;*
[qui a très ~] : *mu'azzab ;*
[qui fait ~] : *mu'azzib 1 ;*
[qui fait du ~] : *mu'zi ;*
[se conduire ~] : *ansaraf, ar'ar, fâjar ;*
[se porter ~] : *dirib 1 ;*
[se vouloir du ~] : *ajjâfo ;*
[vouloir faire du ~] : *hassaf*
malade : *mardân, mustasîb ;*
[être ~] : *dirib 1, istasâb ;*
[faire semblant d'être ~] : *mârad ;*
[rendre ~] : *marrad ;*
[tomber ~] : *mirid*
maladie : *ille 3, marad ;*
[~ des ovins] : *abunkintêc ;*
[~ infantile] : *abunraffâf*
maladif (-ve) : *mirêdân*
Malapterus electricus : *barada*
malaria : *milârya*
malaxage : *ajjinîn, fajixîn*
malaxé(e) avec les pieds [être ~] : *alfajjax*
malaxer : *ajjan ;*
[se ~] : *an'ajan*
malaxeur (-euse) : *fajjâx*
malchance : *kanâsa*
mâle : *dakar, fahal, tês*
malédiction : *na'île, sarîfe*
maléfices [jeter des ~] : *tabba*
malfaisance [esprit de ~] : *rûh harâmiye*
malfaisant(e) : *hawân, ifrît, mudurr, mul'ammid*
malfaiteur : *harâmi*
malheur : *bala 2, caga, kanâsa, karha, musîbe, nasîbe 2, ômây, taltâl ;*
[être dans le ~] : *andarra 2, balyân, cigi ;*
[mettre dans le ~] : *bala 1 ;*
[porte-~] : *maknûs ;*
[porter ~ à *qqn.*] : *kannas ;*
[provoquer le ~] : *nâhas*
malheureux (-euse) : *madrûr 2, mankûb ;*
[vivant comme un ~] : *cagi, cagyân*
malhonnête : *fâcil, xaccâc*
malhonnêteté : *rikiji*
malin (-igne) : *ab'igêl, ifrît, najîd 2 ;*
[être plus ~] : *assârago l-najâda ;*
[faire le ~] : *angar*
malle : *sandûg*
malléole : *risêx*
malmener : *râza*
malnommée (nom d'une herbe) : *amlibêne*
malpropre : *ta'îs*
malt de mil : *zurra'*

maltraiter : *hân*
malveillance : *hasîfe*
malversation : *rikiji*
maman : *âya 1, iya*
mamelle : *darre 2, dêd ;*
[à la ~] : *radî'*
mamelon : *râs al-dêd*
manche : *îd 2 ;*
[~ d'un habit] : *kimm*
mandarine : *yûsuf afandi*
Mangalmé : *Mangalme*
mangé(e) : *ma'kûl ;*
[être ~ par les vers] : *sawwas ;*
[qui a ~] : *mâkil*
mangeable [être ~] : *an'akal*
mange-mil : *zarzûr*
manger (*n. m.*) : *akil 1*
manger (*v. trans.*) : *akal, al'akkal ;*
[~ (en parlant des termites)] : *fâr 2 ;*
[~ avant l'aube] : *sahhar ;*
[~ sans sauce]: *gargac ;*
[faire ~] : *akkal ;*
[faire ~ doucement] : *laggam ;*
[fait de ~] : *akil 2, akilîn ;*
[qui fait ~] : *mulaggim ;*
[se ~] : *istâkal*
mangeur (-euse) : *akkâl, maddâx 1*
Mangifera indica : *mongo*
mangouste : *winyar*
mangue : *mongo*
manguier : *mongo*
manière de : *kayfiya ;*
[à la ~ de] : *tiginn ;*
[~ d'être avec] : *gu'âd ;*
[de la même ~ que] : *misil ma*
maniérée [femme ~] : *hunbur*
manifestant(e) : *muzâhir*
manifestation : *muzâhara*
manifeste : *bâyin, wâdih ;*
[qui ~ la victoire] : *mucakkit 1*
manifester [~ dans la rue] **:** *zâhar ;*
[~ la joie] : *cakkat 1*
Manihot utilissima : *angâli*
manioc : *angâli*
Manis temmincki : *amgirfe*
manœuvre : *manêvir*
manquant de : *galîl, fâgid*
manque : *adam 2, ambalxâma, asaf, du'uf, gill, kêf 2 ;*
[~ de] : *gassirîn ;*
[~ de protection de la peau] : *hafa ;*
[~ de tout] : *fagur ;*
[dont une partie ~] : *mangûs ;*
[en ~ de] : *xarmân ;*
[éprouver un ~ de drogue] : *jugurnuma 1 ;*
[être en ~] : *xirim ;*
[provoquer le ~] : *garyaf ;*
[qui ~] : *ma'dûm, mugassir ;*
[se trouver en ~ d'excitant] : *algaryaf mugaryif ;*
manqué son but [qui a ~] : *muhâwat*
manquer : *idim ;*
[~ à *qqn.*] : *fagad ;*
[~ de] : *assaf, galla 2, isif ;*
[se ~] : *al'âgabo, alhâwato ;*
[se ~ de respect] : *alhâgaro*
mante religieuse : *amtahhara*
manteau : *ibâya, kabbût ;*
[~ de fourrure] : *kabbût absûf*
manu militari : *askariyyan*
manuscrit : *nusxa*
Mao : *Mâw*
maquereau (-relle) : *mu'arras*
maquillage : *tazwîr, zîna*
maquiller : *zayyaf ;*
[se ~] : *ajjammal*
marabout (homme) : *faki, faxîr, gôni*
[~ (oiseau)] : *abunsi'in*
marais : *bûta*
marâtre : *amme*
marc : *dirdi, tifil 2 ;*
[~ de bière de mil] : *mucuk*
marchand(e) : *sîd, tâjir*
marchand ambulant : *tallâni*
marchander : *albâya'*
marchandise : *budâ'a, xumâm*
marchant : *mâci, râyix ;*
[~ lentement] : *xammâl*
marche : *maciyîn, maci, masîr 1, miccêye, ruwâxe, xatwa ;*
[~ à pied] : *rôxân ;*
[~ à quatre pattes] : *habîn ;*
[~ en silence] : *dabbân ;*
[~ sur la pointe des pieds] : *dabbân ;*
[en ~] : *mudawwir ;*
[qui ~(appareil)] : *caxxâl ;*
[qui ~ à pas de loup] : *mudabbi ;*
[qui ~ bien] : *musta'dal ;*
[qui ~ dessus] : *fâjix, fajjâx ;*
[qui ~ lentement] : *kadâr*
marché : *mugâwala, sûg ;*
[~ couvert] : *tcûri 2 ;*
[bon ~] : *bûti ;*
[fait d'être bon ~] : *raxasa*

marcher : *kadda 2, maca ;*
[~ à pied] : *râx ;*
[~ à quatre pattes] : *haba ;*
[~ avec grâce] : *azzaggal ;*
[~ avec *qqn.* lentement] : *darraj 2 ;*
[~ avec solennité] : *nyalnyal ;*
[~ derrière quelqu'un] : *tâba 1 ;*
[~ dessus] : *fajax, fajjax ;*
[~ doucement] : *dabba 1 ;*
[~ en broutant] : *rata' ;*
[~ en cherchant] : *kâs 1 ;*
[~ en se faisant remarquer] : *ajjôkak ;*
[~ en se fatigant] : *daggal 1 ;*
[~ lentement] : *nyalnyal ;*
[~ lentement avec élégance] : *azzaggal ;*
[~ les uns derrière les autres] : *attâba'o ;*
[~ sans assurance] : *tarta' ;*
[commencer à ~] : *dâda, darwal ;*
[faire ~] : *macca 2, rawwax ;*
[fait de ~] : *maci, ruwâxe ;*
[fait de ~ à quatre pattes] : *hubay ;*
[manière de ~] : *rôxân ;*
[se ~ dessus] : *alfâjaxo*
marcheur (-euse) : *langâmi, rawwâx 1 ;*
[bon ~] : *maccay*
mardi : *(al)-talât*
mare : *margad, rahad ;*
[~ résiduelle] : *birke ;*
[~ temporaire] : *bûta ;*
[petite ~] : *rihêd*
Marfa : *Marfa'*
Margaye : *Margay*
Margaye [nom donné à la ~] : *kunûs*
margelle : *dabbe 1*
margouillat : *dabb, galgâl*
margousier : *nîm 1*
mari : *râjil*
mariage : *axîde, fâte, iris, jîze ;*
[demander en ~] : *xatab 2 ;*
[donner en ~] : *axxad, jawwaz ;*
[fête du ~] : *arûs 2 ;*
[promise en ~ à] : *mujawwaza ;*
[qui a donné en ~] : *mu'axxid ;*
[qui est lié(e) par le ~] : *hudun*
Marie : *Maryam*
marié(e) (*adj.*) : *mâxid, mâxûda, mu'axxad, mutzawwij ;*
[~e à] : *mujawwaza ;*
[~ées entre elles (familles)] : *mul'âxidîn*
marié (*part.*) [qui a ~] : *mu'axxid*
marié (*n. m.*) [nouveau ~] : *arîs*
mariée [nouvelle ~] : *arûs 1*
marier : *jawwaz,* → **"marié** (*part.*)**"** *;*
[~ *qqn.*] : *axxad ;*
[~ ses enfants] : *annâsabo ;*
[fait de ~] : *axidîn, axxidîn ;*
[se ~] : *axad, al'âxado, nâsab*
marigot : *rahad*
mariner : *naga'*
marmaille : *ayyâla, iyêyilât*
marmite : *burma ;*
[~ à sauce] : *tâjûn ;*
[~ en aluminium] : *halla 4 ;*
[grande ~] : *gidir 2 ;*
[petite ~ en terre] : *kalôl, kilêyil*
marmonner : *nang-nang*
Maro : *Mâro*
Maroc : *Maxrib, Mârôk*
marque : *alâma, wasim ;*
[~ au fer rouge] : *kayy ;*
[~ sur la peau] : *câma*
marqué(e) : *mawsûm, mu'allam 2*
marquer : *wassam ;*
[~ au fer rouge] : *kawa*
marraine : *wali 1*
marre [en avoir ~] : *târ 2 ;*
[le fait d'en avoir ~] : *tayyirîn 2 ;*
[qui en a ~] : *tâyir 2*
marron [~ clair] : *asmar, axabac ;*
[~ foncé] : *bunni, gahawi, kabdi ;*
[~ tacheté de blanc] : *muxassal 2*
mars : *cahari talâta*
marteau : *marto ;*
[gros ~ en fer] : *marzabba*
marteler : *tagga 1*
martinet à dos blanc : *abunjarâri*
martyr : *cahîd*
masculin : *rajâliye*
Masmadjé : *Masmaje*
masquer le visage d'un turban [se ~] : *sarram*
Massa : *Mâsa*
massacre : *dabbihîn*
massacrer : *dabbah, kattal 1*
massage : *dallakân, farrakân, massihîn, masuh*
Massaguet : *Almâsâgit*
Massakori : *Masakori*
Massalat : *Masalât*
Massalit : *Masâlît*
masse : *jurma, marzabba*
massé(e) [qui s'est ~] : *mumassih*
Massenya : *Masinya*
masser : *balbat, farrak, massah ;*

[~ avec des compresses chaudes] : *tammal ;*
[~ avec une crème] : *dallak ;*
[fait de ~ avec de l'eau chaude] : *tammilîn ;*
[se ~] : *almassah*
massif (-ive) : *xalîd*
mastication : *madixîn*
mastiquer : *lâwak*
matelas : *furâc, martaba 2, matala*
matériel : *idde 2, mu'iddât*
maternité : *bêt al wâlûda*
matière : *mâdda*
matin : *fajur ;*
[être au ~] : *asbah ;*
[passer le ~] : *dâha*
matinal(e) : *mubaddir ;*
[être ~] : *bakkar 1 ;*
[fait d'être ~] : *tibkîre*
matinée : *daha ;*
[fin de la ~] : *daha kabîr*
matraque : *asa 2, ukkâz*
matrone : *wallâda*
maturation : *najjidîn, najûd*
maturité : *agilîn 1*
maudire : *na'al, saraf 1*
maudit(e) : *harmûs, man'ûl, masrûf*
maugréer : *zihij*
Mauritanie : *Muritânya*
mauvais(e) : *cên, fasil 1, hawân, mul'ammid ;*
[~ calcul] : *dagûs ;*
[~ œil] : *xucce 1, ên 1, ên al-nâs ;*
[~ intention] : *darar ;*
[~ nouvelle] : *karha ;*
[avec ~ volonté] : *amdan ;*
[commettre de ~s actions] : *afsal 1, fasad 1 ;*
[être dans un ~ état] : *dirib 1 ;*
[soumis à un ~ sort] : *maknûs*
maux de ventre : *lawiye, nufâx, usra 1, yabûsa ;*
[avoir des ~] : *anbatan*
maxillaire [~ inférieur] : *hanak ;*
[qui a un ~ proéminent] : *abhanak*
mécanicien : *makânase ;*
[petits ~s] : *iyâl haya*
méchanceté : *carr, dalîme, fasâla 1, galib azrag, jafa, rûh harâmiye*
méchant(e) : *akcar, cirrîr, fasil 1, hawân, jâfi, jâsir, kacrân, kafrân 2, mukaccir ;*
[être ~] : *afsal 1, jâfa, jâsar, kifir ;*
[un peu ~] : *kicêrân*
mèche [~ de cheveux] : *gijêje, guttiye, mêc, pêrik, sûf al marhûma ;*
[~ de la lampe] : *carît ;*
[~ enroulée] : *luwaye*
méchoui : *laham furun, macwi*
mécontent(e) : *za'lân*
mécontenter : *za''al*
Mecque [la ~] : *Makka*
mécréant(e) : *kâfir ;*
[être ~] : *kafar*
mecs [les ~] : *rajâjîl*
médaille : *hafîde*
médaillon : *hafîde*
médecin : *daktoriye, daktôr, hakîm ;*
[~ de campagne] : *daktor barra*
médecine : *daktara*
médiateur : *wâsta*
médiation : *cafâ'a, wâsta ;*
[établir une ~] : *wassat*
médicament : *dawa ;*
[nom d'un ~ effervescent] : *andrôs*
Médine : *Madîna*
médire : *catam, gata' 2, jassas ;*
[~ de *qqn.*] : *kidib 1*
médisance : *gatî'e, guwâle*
médisant(e) : *gattâ'i 1, gawwâl, musî'*
meeting : *malamma*
mégère : *amgutgut*
meilleur : *afdal, ahsan 2, asmah, axêr, fôt, xayri, xêr 2*
mélancolie : *dandana, hurga*
mélancolique [être ~] : *dandan*
mélange : *xalbitîn ;*
[sans ~] : *sâda*
mélangé(e) : *malbûk, maxdûd, muxalbat*
mélanger : *camat, xadda 2, xalbat 1 ;*
[~ confusément] : *laxwas ;*
[~ dans le mortier] : *labak ;*
[fait de ~] : *xaddân, xalbitîn*
mélasse de berbéré : *am'issêlo*
mêle de tout [qui se ~] : *lafîf*
mêler : *camat, xalbat 1 ;*
[se ~ aux autres] : *addâxal ;*
[se ~ à] : *ta'tar*
Melfi : *Malfi*
Mellivora capensis : *durbân*
mélodie : *lahan*
melon : *cammâm*
membrane enveloppant le fœtus : *burnus*
membre : *mandûb 1, udu' ;*
[~ de la famille] : *ahal*

même [~ mesure que] : *gadur ;*
[~ quantité que] : *gadar, gadur ;*
[~ si] : *kan... kula, kan law, law kân ;*
[c'est la ~ chose] : *kall, sawa sawa ;*
[de ~] : *aydan, tiginn ;*
[de ~ que] : *misil ;*
[le ~] : *muwahhad, sawa 1, wâhid ;*
[moi-~, toi-~, lui-~] : *nafis-, zât- ;*
[qu'il t'arrive la ~ chose !] : *ugub lê !*
mémorisation : *hifiz ;*
[enseignement basé sur la ~] : *lagan*
mémoriser : *hafad, hâfaz, zâkar ;*
[faire ~] : *haffaz*
menace : *haddidîn, nakkalân, tahdîd*
menacé(e) de : *muhaddad*
menacer : *haddad ;*
[~ de frapper] : *ôma*
mendiant(e) : *cahhâd, muhâjiri*
mendicité : *cihde, cihide*
mendier : *cahad*
mené(e) avec une corde [être ~] : *angâd*
mener : *sâg 1 ;*
[~ avec une corde] : *gâd ;*
[fait de ~ paître avant l'aube] : *daccirîn*
méningite : *abzâgûf*
mensonge : *barâhîn, fajâra, fusux, ilim al xalbât, kidib 4, tcâtcîn, xacc, xaccîn, xalbât, zûr*
menstrues : *hêt*
mensualité : *mâhiye*
menteur (-euse) : *fâsix 2, gawwâl, kaddâb, tcâtcây, xaccâc, xalbâti*
Mentha piperita : *nâna*
menthe poivrée : *nâna*
mentionné(e) : *mazkûr*
mentionner le nom : *tara*
mentir : *dabdab 2, gâwal 1, kidib, tcâtca, xacca 1*
menton : *digin, hanak*
menu(e) : *gilayyil*
menuisier : *xaccâbi*
mépris : *acam 1, hugra, istibdâd, mahâne*
méprisable : *hawân*
méprisant(e) : *acmân 1, haggâr, zawwâm*
méprisé(e) : *mahgûr*
mépriser : *azza 3, hagar, hân, icim, jalax, xâsam ;*
[se ~ mutuellement] : *alhâgaro*
mer : *bahar*
mercenaires : *murtazaxa*
merci : *adal !, cukrân*
mercredi : *(al) arba'a*

merde : *hurâr ;*
[et ~ !] : *haca !*
mère : *amm 1, âya 1, nafasa, wâlide (→ wâlid) ;*
[~ de bâtard] : *mufarrixe (→ mufarrix)*
méridional(e) : *janûbi, mawtânî, watyâni*
mérites [chanter les ~] : *nabbaz, nabbizîn*
merle [~ métallique] : *amkurruny ;*
[~ noir] : *lîlî*
Merops sp. : *amtcurulle*
merveilles : *ajab 2*
mésentente : *xilâf*
mesquin(e) : *jabbâri 1, rixib*
message : *barxiya, xabar*
messager : *mursâl*
mesure : *abbarân, gâwisîn, giwâs, hasab 2, hazar, kêlîn, magâs, mixdâr ;*
[à la ~ de] : *gadâr ;*
[nom d'une ~ de longueur] : *habil, zumâl ;*
[nom d'une ~ de poids] : *ratul, wagiye ;*
[nom d'une ~ de profondeur] : *kurkud, râjil ;*
[nom d'une ~ de volume] : *abbâr, ibâr, kayyâl, midd, yêbe ;*
[prendre la ~] : *gâwas ;*
[récipient servant de ~] : *kôro*
mesuré(e) : *mawzûn 1, mu'abbar, mugâwas*
mesurer : *gâdar, gâwas, wazan ;*
[~ avec l'empan] : *cabbar ;*
[~ un volume] : *kâl ;*
[~ une surface] : *abbar ;*
[fait de ~] : *abbarân, gâwisîn, kêlîn*
mesureur : *gâwâsi, kayyâl, kayyâli*
métamorphoser [se ~] : *bardab, caglab*
météorisme : *nufâx*
méthode : *derib 1, kayfiya*
métier : *hirfe, sinâ'a, xidime ;*
[qui a un ~] : *muhtarif 2*
métis : *matîs*
métissé(e) : *mujannas, muxalbat*
mètre : *mitir*
métreur (-euse) : *gâwâsi*
métropole : *âsima*
mettre : *xatta 1 ;*
[~ à part] : *azzal ;*
[~ au lit] : *raggad ;*
[~ au monde] : *nifisat, wilid ;*
[~ au monde son premier enfant] : *bakkar 2 ;*
[~ bas] : *wada' ;*
[~ dans] : *dassa ;*

[~ en abondance] : *tcaxxa ;*
[~ en marche] : *dawwar 2, gawwam ;*
[~ en ordre] : *nazzam ;*
[~ en rang] : *rassas ;*
[~ en travers] : *ârad, âridîn ;*
[~ le mors] : *lajjam ;*
[~ pied à terre] : *addalla ;*
[~ un vêtement] : *libis ;*
[~ une balle dans le canon] : *jarra 2 ;*
[~ une ceinture] : *zanzar ;*
[fait de ~] : *xattîn 2 ;*
[fait de ~ à part] : *fassilîn ;*
[ne plus ~ bas] : *aggar ;*
[ne plus ~ les pieds chez] : *karab rijilah ;*
[se ~] : *anlabas ;*
[se ~ à] : *gamma ;*
[se ~ à l'écart] : *attarraf ;*
[se ~ d'accord] : *alwâfago ;*
[se ~ en colère] : *annafax, xabban*
meu ! : *ambûwa !*
meuble : *dolâb ;*
[~ de rangement] : *rahal 2*
meule [~ dormante] : *murhâka ;*
[broyer avec une ~] : *rihik ;*
[partie mobile de la ~] : *bitt al murhâka*
meurtre : *dimme, katilîn, kittêle*
meurtri(e) : *mardûx ;*
[être ~] : *arraddax*
meurtrier (-ère) : *kâtil*
meurtrir : *radax, raddax*
meurtrissure : *raddixîn, radix*
mévente : *bôre*
Mexique : *Magzîk*
miam-miam ! : *nyam nyam !*
miaou ! : *nyâw !*
miauler : *baka*
micocoulier : *âla 2*
microbe : *mikrôb*
microphone : *makrofôn*
miction douloureuse : *bôl harray*
midi : *gayle ;*
[en plein ~] : *gayle tcakkâka ;*
[passer le temps de ~] : *gayyal*
miel : *asal 2 ;*
[~ de berbéré] : *am'issêlo*
miettes de sucre : *sikêkir*
mieux : *ahsan 2, axêr ;*
[~ que] : *afdal*
migrant(e) : *muhâjiri*
mihrâb : *mihrâb*
mil : *xalla 3 ;*
[~ à l'eau] : *ajîne, balîle ;*
[~ blanchi] : *dâmirge ;*
[~ broyé] : *ducâc ;*
[~ écrasé] : *dacîce ;*
[~ fermenté très blanc] : *jîr 2 ;*
[~ grillé] : *farîk ;*
[~ pilé] : *kanfâta 1 ;*
[~ précoce] : *kurnyânye, najjâda ;*
[~ trempé] : *fanyîxe ;*
[boisson de ~ à l'eau] : *darîce ;*
[bouillie de ~] : *ambardom ;*
[décoction de ~] : *asaliye ;*
[plat de ~] : *gûgur ;*
[plat de ~ à l'eau] : *ambalalo*
milan : *hideyya*
milieu [~ du jour] : *gayle ;*
[~ social] : *mujtamaʻ ;*
[au ~] : *ambên, ustâni, usut ;*
[qui est au ~] : *mutwassit*
militaire : *askar, askari ;*
[~ européen] : *gôbi*
militairement : *askariyyan*
militant(e) : *mujâhid, munâdil*
militer : *nâdal ;*
[fait de ~] : *nidâl*
mille : *alif ;*
[multiplier par ~] : *allaf 1*
mille-pattes [nom d'un ~] : *abunhurgâs, dallûm, hilwês*
millet : *duxun*
milliard : *milyâr*
millier : *alif*
million : *malyûn*
mimosa clochette : *kadâd*
mimosa épineux : *talha*
Mimosa pigra : *amsinêne 1*
minaret : *manâra*
mince : *nahîf, rahîf, rigeyyig ;*
[devenir ~] : *ragga*
mine : *mîn*
miner : *alla*
minimiser : *da''af, raxxas ;*
[~ le don] : *dacaʻ*
minimum vital : *rizix*
ministère : *wazâra*
ministre : *wazîr*
minuit : *zagâzîg al-lêl*
minute : *dagîga*
miracle : *ajab 2*
mirage : *sarâb*
miroir : *cawwâfa*
mis [~ à l'écart] : *muxâsam ;*
[~ à part] : *mafrûg, mufarrad 1 ;*

[~ ensemble] : *malmûm ;*
[~ par écrit] : *mansûs ;*
[fait d'être ~ en face de] : *gâbilîn ;*
[qui a ~ en ordre] : *mudamdim ;*
[qui s'est ~ à part] : *munfarid*
mise (action de mettre) : ;
[~ à l'abri] : *hufudân ;*
[~ au monde] : *wâlûda ;*
[~ en place] : *hassilîn ;*
[~ en rang] : *rassisîn*
miser : *gammar 1*
misérable : *mufallis ;*
[d'aspect ~] : *cagi ;*
[vivant comme un ~] : *cagyân*
misère : *caga, faggirîn, fagur, falas ;*
[être dans la ~] : *cigi ;*
[tomber dans la ~] : *fallas*
miséricorde : *rahama ;*
[faire ~] : *raham*
missile : *sârûx*
mission : *bi'sa ;*
[~ de prophète] : *nubuwwa*
Missirié : *Misîriye*
mite : *itte*
Mitragyna inermis : *angâto*
mitraillette : *raccâca*
mitrailleuse : *raccâca ;*
[nom d'une ~ lourde] : *duzset*
mobilier : *xumâm*
mobylette : *mublêt*
mode [~ d'emploi] : *isti'mâl ;*
[~ de vie] : *hâla, îce ;*
[~ européenne] : *zanzaro ;*
[être à la ~] : *jadda ;*
[mettre à la ~] : *jaddad 2*
modèle : *ayne, sanif*
moderne : *hadîs 3*
modification : *taxyîr*
modifier [se ~] : *alhawwal, alxayyar 1*
moelle : *muxx ;*
[~ épinière] : *tâyûk ;*
[~ rouge] : *macâc*
moellon : *blôk*
mœurs [bonnes ~] : *xulug ;*
[adopter les ~ des Blancs] : *annasran*
moi : *-i, -ni, anâ ;*
[~-même] : *nafis-, zât- ;*
[de ~] : *-i*
moindre personne [la ~] : *niyêdim*
moineau : *abuntculux*
moins : *dûn, illa ;*
[~ (math.)] : *nâgis ;*
[~ que] : *agalla, angas ;*
[en ~ de] : *agalla ;*
[prendre ou donner ~] : *nagas*
moire : *firke*
mois : *cahar*
mois lunaire [premier jour du ~] : *hilâl ;*
[premier ~ de l'année] : *(al)-dahîtên ;*
[deuxième ~ de l'année] : *(al) wahîd ;*
[troisième ~ de l'année] : *(al) tôm al awwal ;*
[quatrième ~ de l'année] : *(al) tôm al-tâni ;*
[cinquième ~ de l'année] : *(al) tôm al-tâlit ;*
[sixième ~ de l'année] : *(al) tôm al-râbi' ;*
[septième ~ de l'année] : *rajab ;*
[huitième ~ de l'année] : *gisêyar 2 ;*
[neuvième ~ de l'année] : *ramadân ;*
[dixième ~ de l'année] : *fatur ;*
[onzième ~ de l'année] : *fatrên ;*
[douzième ~ de l'année] : *dahîye*
Moïse : *Mûsa*
moisi(e) : *misôfin*
moisir : *barnak, sôfan*
moisissure : *barnûk*
Moïssala : *Maysâla*
moisson : *darat, gati'*
moitié : *farde 2, cigg, cigge, jôz, nuss ;*
[petite ~] : *cigêge 2*
Moïto : *Mayto*
molaire : *diris 1, maddâx 2*
mollard : *axxay*
molle : *faxx 2*
mollet : *balbût 2, girbe 3*
molleton : *martaba 2*
molothre brillant : *amkurruny*
Molothrus bonariensis : *amkurruny*
moment : *mudda, wakit 1, zaman, zamân 2 ;*
[~ opportun] : *fursa ;*
[au ~ où] : *wakit 2 ;*
[le ~ où] : *kadar 1*
Momordica balsamina : *iyêr*
mon : *-i*
monceau : *kôm*
mondain(e) : *jôkâki, hunbur*
monde : *âlam 1 ;*
[~ d'ici-bas] : *dunya ;*
[tout le ~] : *jami'*
mondial(e) : *âlami*
Monechma ciliatum : *mahlab azrag*
Mongo : *Mango*

moniteur (-trice) : *mudarrib*
monnaie : *badal, fakka 2, fulûs, gurus ;*
[ancienne ~] : *farde 2, wade' ;*
[cotonnade ayant servi de ~] : *tukkiye ;*
[faire la ~] : *baddal ;*
[petite ~] : *girêsât*
monsieur : *sayyid*
monstre : *ambardabay, amciglêbe, xûl*
montagne : *hajar 2, jabal*
montant (somme d'argent) : *mablax*
montant(e) : *tâli'*
monte en second derrière le cavalier [qui ~] : *mardûf*
monté(e) : *markûb 2, murakkab 2 ;*
[~ sur un véhicule] : *râkib ;*
[~e des prix des marchandises] : *xala 2 ;*
[temps de la ~e de sève] : *rucâc ;*
[qui est ~ au nez] : *macrûg*
monter : *rakkab 2 ;*
[~ à cheval] : *rikib ;*
[~ à deux] : *raddaf ;*
[~ au nez] : *carag ;*
[~ en grade] : *darraj 1 ;*
[~ sur] : *rikib, tala' ;*
[~ une structure légère] : *wagga ;*
[faire ~ les prix] : *xalla 2 ;*
[fait de ~] : *tali'în ;*
[fait de ~ sur] : *rakûb ;*
[qui fait ~] : *murakkib*
monticule : *dabbe 1*
montre : *sâ'a*
montre [qui se ~] : *faccâri*
montré(e) : *muwassaf*
montré les dents [qui a ~] : *mufassix*
montrer : *cawwaf, ôra 1, wassaf ;*
[~ les dents] : *fasax ;*
[aimer se ~] : *alkôlaf ;*
[qui cherche à se ~] : *mujâbid ;*
[se ~] : *bahbar, fâcar*
monture : *zâmile*
moquer [se ~] : *bâza, cammat 1, hâzar, jalax, lahhan ;*
[se ~ gentiment de] : *alhâzaro*
moquerie : *camâte, dubâx, hizâr ;*
[sujet de ~] : *furje*
moquette : *farce 2*
moqueur (-euse) : *cammâti*
moralité : *adab*
morceau : *farde 2 ;*
[~ de brique] : *kussâr ;*
[~ de calebasse] : *muxrâfa ;*
[~ de tissu] : *bakta, git'e ;*
[sucre en ~x] : *girêd, kâro ;*
[petit ~] : *lugma ;*
[petits ~x de sucre] : *sikêkir*
mordre : *adda 1 ;*
[~ de nombreuses fois] : *ad'ad, addad 3 ;*
[~ en arrachant la chair] : *gajam, gajjam ;*
[~ profondément] : *garad 1 ;*
[fait de ~] : *addayân 1*
Morelle noire : *angâgo*
morgue : *bêt al maytîn*
Moringa oleifera : *hallûm, mulâh 2*
morphine [piqûre de ~] : *ibirt al-nôm*
mors : *lijâm ;*
[qui a un ~ mors passé dans la bouche] : *mulajjam*
morsure : *addayân 1, addîn*
mort (la) : *fana', halâk, môt, wafa' ;*
[conduire à la ~] : *hilik ;*
[qui conduit à la ~] : *hâlik*
mort(e) : *marhûm, mayyit ;*
[~ pour la patrie] : *cahîd ;*
[condamné(e) à ~] : *maktûl ;*
[enfant ~] : *salaf*
mortel (-elle) : *muhallik*
mortier : *fundug, mûna 2 ;*
[petit ~] : *finêdig*
mortuaire [place ~] : *kalawda*
morve : *nuxxâma*
mosquée : *jâmiye, masjid ;*
[petite ~] : *masîk, zâwiye*
mot : *kalima, kilma ;*
[petit ~] : *killême*
Motacilla : *amgirêdûn*
moteur : *makana*
motif : *ille 2, sabab, xarad ;*
[~ susceptible de sanction] : *janiye*
motion : *barxiya*
moto : *môto ;*
[marque d'une ~] : *bâzûka*
mou (molle) : *faxx 2, layyin, mârin, marxi, ratôto 2 ;*
[devenir ~] : *anraxa, raxa 1*
Moubi : *Mûbi*
mouchard(e) : *jâsûs*
mouchardage : *gatî'e*
moucharder : *jassas, jâsas*
mouche : *dubbân 1 ;*
[~ à miel] : *ambasbûs ;*
[~ maçonne] : *abundannân ;*
[nom d'une ~ des écuries] : *dubbân al hamîr* *
moucher : *naxxam ;*

[se ~] : *annaxxam*
moucheron : *gîm, nâmûs*
moucheté(e) : *argat*
mouchoir : *mucwâr 2 ;*
[~ de tête] : *mindîl ;*
[petit ~] : *minêdil*
moudre : *rihik ;*
[faire ~] : *daggag 1, rahhak ;*
[qui sait ~] : *rahhâk*
moue [faire la ~] : *karab wijhah*
mouflon à manchettes : *kabic al hajar*
Mouhammad : *Muhammad*
mouiller : *balla, ballal, layyan, lân ;*
[fait de ~] : *ballîn*
moule : *gâlib*
mouler les gâteaux : *faram 1*
moulin : *tâhûna*
mouloukhiyé : *ammulûxiye*
moulu(e) : *marhûk*
Moundou : *Mundu*
mourir : *amur 1, antaha, antakal, antaxal, fârag, gabbal, itwaffa, mât, râh, tawaffa ;*
[~ (bébé)] : *angalab ;*
[~ sans avoir été égorgé (animal)] : *fitis ;*
[chercher à faire ~] : *xayyas*
Moursal : *Mursâl*
mousqueton : *hizâm*
mousse : *rixwe ;*
[~ synthétique] : *cîfon ;*
[~ verte sur l'eau] : *xabôb*
mousson : *zaggay 2*
Moussoro : *Mosoro*
moustache : *canab, cârib 1*
moustachu : *abcanab 1*
moustiquaire : *sange*
moustique : *ba'ûda, nâmûs ;*
[petits ~s] : *gîm*
moût : *asaliye*
mouton : *xanam zurug ;*
[~ découpé et distribué] : *margandanga ;*
[~s et chèvres] : *xanam ;*
[l'ensemble des ~s] : *dawâyin 2*
mouvement : *harrakân ;*
[en ~] : *hâyim, muharrik ;*
[mettre en ~] : *harrak, rajjaf ;*
[petit ~] : *hirêke*
mouvoir [se ~] : *alharrak*
moyen : *imkâniya, tarîga, tartîb, wâsta ;*
[~s financiers] : *istitâ'a ;*
[au ~ de] : *be ;*
[avoir les ~s] : *almakkan, istata' ;*
[qui a les ~s] : *mustatî' ;*
[sans ~] : *îd yabse*
moyen (-ne) : *mutwassit*
muet (-ette) : *abkam, bâkim ;*
[rendre ~] : *bakam*
muezzin : *azzâni*
mugir : *ja''ar, karra 1*
mule : *rîfay*
mulet : *baxal, rîfay*
multicolore : *argat, daragât 1, muraggat*
multiplication : *kattirîn*
multiplicité : *katara, kattirîn*
multiplier : *kattar ;*
[se ~] : *kitir 1*
multitude : *jamhûr*
municipalité : *baladiye, lameri, mêrî*
munir : *addad 1*
munitions : *zaxîra*
mur : *durdur ;*
[~ d'enceinte] : *hôc*
mûr(e) : *fârij 1, mumayyiz, najîd 1 ;*
[fait d'être ~] : *farijîn 1*
mûrir : *hammar 1, nijid ;*
[faire ~] : *najjad 1*
mûrissement : *najûd*
murmure : *waswisîn ;*
[qui ~] : *munang-ning*
murmurer : *nang-nang*
Musa sp. : *banân*
musc : *misik*
musclé(e) : *zâbit*
musée : *mathaf*
muselière à épines : *cuwâk*
muserolle : *rasan 2*
musette : *muxlay*
musical(e) : *musîxi*
musique : *musîxa*
musulman : *muslim ;*
[devenir ~] : *aslam*
mutation : *intixâl*
mutilé(e) : *ma'dûr, mu'awwag*
mutin : *mutmarrid*
mutiner [se ~] : *almarrad*
mycétome : *nimle 2*
myope : *amyân durr*
myrrhe : *sibir 2 ;*
[~ africaine (arbre)] : *gafal 2*
mystère : *xêb*

n

nage : *ôm, ômîn ;*
[~ avec les jambes] : *bagbâg*
nager : *bagbag, âm ;*
[fait de ~] : *ôm, ômîn*
nageur (-euse) : *awwâm*
nain(e) : *andûru, gassâri, Goygoy, mugarjil*
naissance : *mîlâd ;*
[~ d'un prophète] : *mawlid ;*
[donner ~ à] : *wilid ;*
[mois de la ~ du Prophète] : *karâma 3*
Naja haje : *abkadanka*
Naja nigricollis : *abkadanka*
naphtaline : *kâfûr*
nappe phréatique : *ên 2*
napperon : *fatta ;*
[~ brodé] : *fûta*
narine : *gadd al manxar, manxar ;*
[qui a de grosses ~s] : *abmânxar*
nasille [qui ~] : *abnuxnâxa, munaxnix*
nasillement : *nuxnâxa*
nasiller : *naxnax*
nasilleur (-euse) : *abnuxnâxa*
nasse : *kabbâsa*
natation : *ômîn*
nation : *dawla, umma*
national(e) : *watani*
nationalité : *jinsiye*
Nations unies : *(al) Umâm al Muttahida*
natron : *atrôn*
natte : *biric, furâc ;*
[~ en bambou] : *sarîr azrag ;*
[~ en fibres de palmier] : *biric dandôr ;*
[~ en paille] : *cukkâba ;*
[~ en plastique] : *biric kawcu ;*
[~ multicolore] : *biric Kano ;*
[~ ronde] : *fatta ;*
[nom d'une ~ grossière] : *andirga ;*
[nom d'une belle ~] : *râga ;*
[très longue ~] : *cugga*
nature : *tabî'e ;*
[~ créée] : *xalîga*
naturel [à l'état ~] : *butuku ;*
[au ~] : *salîga*
nausée : *tamîme, tumâm, zahîge ;*
[avoir des ~] : *tammam 1 ;*
[donner la ~] : *âfa 1, zâwal ;*
[provoquer la ~] : *zâhag*
navet : *fijil*
navré(e) : *mul'assif*
N'Djaména : *Anjammêna*
ne... [~ pas] : *mâ ;*
[~ pas (interdiction)] : *lâ ;*
[~ que] : *bas ;*
[~ que si] : *illa kan*
né(e) [être ~] : *xilig ;*
[premier ~] : *bikir*
néant : *fana'*
nébulosité : *xamâm*
nécessaire : *lâzim ;*
[~ pour vivre] : *kilfe ;*
[être ~] : *wajab*
nécessité : *ahammiya*
nécessiteux (-euse) : *asfân, mu'assif*
neem : *nîm 1*
négateur (-trice) : *hambâki, munkir*
négligé(e) : *axnab, âyil 2, ta'îs*
négligeable : *tâfih*
négligence : *hamala 1, êle, ihmâl*
négliger : *daryas ;*
[~ un conseil] : *dayyas*
négociation : *mufâwada*
négocier : *alfâwado, fâwad, sâwag*
nénuphar : *sittêb ;*
[fleur et graines de ~] : *amxillêlo*
Neotis nuba : *hubâra*
nerf : *asab ;*
[~ douloureux] : *abnâxûs*
nerveux (-euse) : *ahmak, mu'assib, rûh dayxe*
nervosité : *rûh dayxe*
nervure [~ de feuille] : *hankûk ;*
[~ de rônier] : *jarîd*
n'est-ce pas ? : *sahi*
net (-te) : *sâfi, tak !, zâhir*
nettoyage : *naddifîn, tandîf, xassilîn ;*
[~ des récipients] : *daricîn 2*
nettoyé(e) : *madrûc 2, maxsûl, mukôsang, munaddaf, muxassal 1*
nettoyer : *masmas, naddaf, tahhar, xassal ;*
[~ la gorge avec le doigt] : *halag ;*
[~ les interstices des dents] : *jaxjax 1 ;*
[~ les récipients] : *darac 2 ;*
[~ un creux] : *kalkat ;*
[se ~] : *alxassal, andarac 2, annajja*
neuf (chiffre) : *tis'a ;*
[~ cents] : *tus'umiya, tusûmiya*
neuf (neuve) : *abyad, jadîd*
neutraliser un agresseur : *alhâmo*

neuvième [le ~] : *tâsi' ;*
[un ~] : *tusu'*
névralgie : *cagîge*
nez : *manxar ;*
[~ concave] : *fanyara, kazama ;*
[~ convexe] : *xartûm ;*
[~ droit] : *munxar sêf ;*
[~ long] : *xartûm ;*
[~ petit] : *fanyara, kazama ;*
[qui a un gros ~] : *abmânxar ;*
[qui a le ~ plein de liquide] : *macrûg ;*
[se bloquer entre le ~ et la gorge] : *ancarag*
Ngama : *Gâma*
Ngouri : *Anguri*
niche [~ dans un mur] : *tâga ;*
[~ indiquant l'orientation de la prière] : *mihrâb*
nichée de merles noirs : *lîliye*
nid : *ucc ;*
[~ de la poule] : *dungur*
nie [qui ~] : *nâkir*
nielle : *bûde*
nier : *nakar ;*
[fait de ~] : *nakirîn*
Niger : *Nêjar*
Nigeria : *Nijêrya*
nigérian(-e) (du Nigéria) : *nijêri*
nigérien (-ne) : *nejêri*
nimier : *nîm 1*
nique à [faire la ~] : *laxxad*
nivaquine : *kinnîn*
niveau : *martaba 1, mustawa, rutba ;*
[arriver au ~ de] : *adal ;*
[au même ~] : *mustawi ;*
[être au même ~] : *al'âdal, wâsa*
niveler : *dakkak*
niveleuse : *katarpila*
nivellement : *mu'âdala*
noble : *carîfi, karîm 2*
noce : *axîde, iris, irse*
noceur : *axxâd*
nœud : *ugda ;*
[~ avec un tissu] : *sarsûr ;*
[~ coulant] : *amzirrêdo, cabbâba*
noir(e) : *aswad, azrag, izêrig, zarâg 1 ;*
[~ à reflets métalliques] : *kuhuli ;*
[~ cirage] : *kurum 1, litt ;*
[~ de fumée] : *sajan 2 ;*
[très ~] : *kurum 1, litt*
Noir(e) : *Nûba ;*
[~ non-Arabe] : *Zurga*

noirâtre : *adlam, muzarrig*
noiraud(e) : *izêrig*
noirceur : *zarâg 1*
noise : *hurâj*
noix [~ de doum] : *dôm ;*
[~ de kola] : *gôro*
Nokou : *Nokku*
nom : *usum ;*
[~ d'un jeu de cartes] : *basara, callat 2, konkân sitte, kôs 1 ;*
[~ d'un tissu] : *waksi ;*
[au ~ de Dieu] : *bismillah ;*
[cérémonie du ~ donné au bébé] : *simây ;*
[donner un ~] : *samma 3 ;*
[petit ~] : *isêm*
nomade : *badawi, sayyâri, sâyir ;*
[grand ~] : *râhil 2 ;*
[petit ~] : *rahhâli*
nombre : *adad ;*
[en grand ~] : *kômîn ;*
[grand ~] : *katara, katîr ke, kutur*
nombreux (-euses) : *katîr ;*
[devenir ~] : *kattar, kitir 1*
nombril : *surra 1*
nomination à un poste de responsabilité : *daraja, tawzîf, wazzifîn*
nommé(e) : *mu'ayyan*
nommer (désigner) : *ayyan, samma 3 ;*
[~ (promouvoir)] : *darraj 1,wazzaf*
non : *ha'a, kaw, lâ, lâla*
non-sens : *laxx*
nonchalance : *ajaz, kasal*
nonchalant(e) : *xammâl*
nord : *mincâx ;*
[aller vers le ~] : *nacax ;*
[conduire les bêtes au ~] : *naccax ;*
[orienté(e) au ~] : *mincâxi ;*
[qui va au ~] : *nâcix*
nordiste : *cimâli, mincâxi*
normal(e) : *âdi*
Norvège : *Norvêjya*
nos : *-na*
nostalgie : *côg, garam ;*
[avoir la ~ de] : *girim, ictâg*
nostalgique : *garmân, muctâg, âcig*
notable : *ajwâdi*
note écrite : *maktûb*
noter les voyelles : *cakal*
notice : *i'lâm*
notoire : *cahîr, machûr*
notre : *-na*
nouage : *aggadân*

noue [qui ~] : *murabbit*
noué(e) : *ma'agûd, mu'aggad, mul'aggid ;*
[être ~] : *anrabat ;*
[dont on a ~ l'aiguillette] : *marbût*
nouer : *agad 1, aggad, rabat, zarad ;*
[~ dans un mouchoir] : *sarra 1 ;*
[fait de ~] : *agidîn ;*
[fait de ~ un filet] : *cabbikîn ;*
[manière de ~] : *ribbête ;*
[se ~] : *an'agad, anrabat*
nouilles : *diwêdi mugatta'*
nourri(e) : *mulaggam ;*
[bien ~] : *badîn, musamman ;*
[qui a ~] : *mu'akkil*
nourrir : *akkal, ayyac, rabba, xazza 1 ;*
[fait de ~ un enfant] : *turba 2 ;*
[se ~] : *al'akkal*
nourrissant(e) : *muxazzi*
nourrisson : *radî', tifil 1*
nourrit [qui ~] : *mulaggim, musammin*
nourriture : *akil 1, ma'âc, ma'akal, mûna 1, ta'âm, turba 2 ;*
[~ de la veille] : *bayte ;*
[~ de voyage] : *sige ;*
[~ en poudre] : *amkilônyo ;*
[donner de la ~] : *at'am ;*
[petite quantité de ~] : *cixêl, ikkêle*
nous : *-na, anîna ;*
[~-mêmes] : *nafis- ;*
[~ tous] : *kull- ;*
[de ~] : *-na*
nouveau (-elle) : *hadîs 3, jadîd ;*
[être ~ pour] : *jadda*
nouveau-né : *ibêd, jana 2, xiyêdim*
nouvelle : *balâx, mu'ôra, xabar ;*
[bonne ~] : *bicâra, xibêr ;*
[donner une ~] : *xabbar ;*
[qui annonce une bonne ~] : *mubaccir ;*
[qui a reçu une bonne ~] : *mubaccar*
novembre : *cahari ihdâcar*
noyade : *tammisîn ;*
[début de ~] : *ikkêle*
noyé(e) [être ~] : *ikil ;*
[~ dans] : *xargân*
noyer : *tammas, xarrag ;*
[se ~] : *xirig*
nu(e) : *ahmar, aryân, mujarrad, tillîs ;*
[fait d'être ~] : *ire*
nuage : *xêma 2, sahâb ;*
[fins ~s] : *xamâm*
nuageux [devenir ~] : *xammam 1*
Nubien (-enne) : *Nûba*
nubile : *bâlix, kâlif, rabâ'iye ;*
[être ~] : *balax*
nudité : *ire ;*
[~ des pieds] : *hafa*
nuire : *âza, darra 3, ta''ab, zalam ;*
[chercher à ~] : *hassaf ;*
[qui cherche à ~] : *al'ammad*
nuisance : *amad, durr*
nuisible : *mu'zi, mudurr ;*
[chose ~] : *âfe 2*
nuit : *lêl ;*
[~ sans clarté de lune] : *dalmay ;*
[la ~ passée] : *albâreh ;*
[milieu de la ~] : *hawîy al-lêl, zagâzîg al-lêl ;*
[passer la ~] : *bât ;*
[une ~] : *lêle*
nul [match ~] : *bâta*
numéro : *nimra*
numéroté(e) : *muraxxam*
numéroter : *raxxam*
Numida meleagris : *amdago, jidâd al xala*
nu-pieds : *pappa ;*
[qui va ~] : *hafyân*
nuque : *angara 2, ragaba ;*
[haut de la ~] : *margad al gamul ;*
[qui a une ~ énorme] : *ab'angara*
nurse : *acangay*
nylon : *nêylûn*
Nymphæa lotus : *sittêb*

O

ô ! : *yâ !*
obéir : *tâ' ;*
[~ à] : *dallal ;*
[~ à la loi] : *harram ;*
[faire ~] : *tayya'*
obéissance : *tâ'a*
obéissant(e) : *dalûl, tâyi'*
objecter : *ihtajja ;*
[qui aime ~] : *muxlâti*
objectif : *hadaf, masîr 1, maxsûd*
objet : *coxol ;*
[~ de discussion] : *mawdû' ;*
[~ sans valeur] : *nyama-nyama*
obligation : *farid 2, wâjib, xusba ;*
[par ~] : *xasib*

obligatoire : *mafrûd 2 ;*
[être ~] : *wajab ;*
[il est ~ de] : *lâbudda*
obligé(e) : *majbûr, maxsûb ;*
[être ~] : *anjabar*
obliger : *jabar, xasab ;*
[~ *qqn.* à] : *farad 2 ;*
[s'~] : *anjabar*
obscur(e) : *adlam*
obscurité : *dalâm, zarâg 1 ;*
[mettre dans l'~] : *dallam ;*
[temps d'~ de la lune] : *dalmay*
obsédé(e) par le sexe : *zannây*
obséder : *halwas*
observation : *mucâhada*
observer pour comprendre : *bassar 1*
obstacle [mettre un ~] : *cakkal 1 ;*
[se poser en ~] : *alhandar*
obstination : *jazîme*
obstiné(e) : *jâzim, jazzâm, mu'angir, mulkârib*
obstiner [s'~] : *haran, jazam ;*
[s'~ à mal faire *qqch.*] : *ammad*
obstruction de la gorge : *karkôra*
obstruer : *sakkar 2*
obtenir : *fâz, talla' ;*
[s'~] : *anlaga*
obturation : *lawwasân, samme*
obturé(e) : *masdûd, mulawwas*
obturer : *kaddak 2 ;*
[~ avec de la glaise] : *lawwas*
obus : *ôbi, sârûx, xunbula*
occasion : *fursa, munâsaba, udur ;*
[d'~] : *musta'mil*
occidental(e) : *xarbâni*
occiput : *margad al gamul*
occupant(e) : *muhtall*
occupation : *amal, caxala, xidime ;*
[~ futile] : *lahwa ;*
[~ illégale] : *ihtilâl*
occupé(e) : *macxûl ;*
[être ~] : *allaxam, ancaxal ;*
[être ~ par un travail fixe] : *ictaxal ;*
[non ~] : *fâdi*
occuper [~ illégalement un lieu] : *ihtalla ;*
[s'o de qqch.] :malmal
[s'~ de qqn.] : *malmâl, rayyas ;*
[s'~ des enfants] : *karab 2*
Ocimum basilicum : *amrihân 1*
ocre : *bîdi*
octobre : *cahari acara*
odeur [~ forte] : *rîhe ;*
[~ légère] : *banne ;*
[dégager une ~] : *ancamma ;*
[dégager une ~ de pourri] : *zannax ;*
[mauvaise ~] : *mirêr ;*
[mauvaise ~ des aliments gâtés] : *zanaxa ;*
[qui dégage une ~ mauvaise] : *afin*
odorat : *camm*
Oedalus nigeriensis : *amburbur*
œdème : *warama ;*
[avoir un ~] : *wirim ;*
[avoir un ~ des organes génitaux] : *gallany ;*
[avoir un ~ palpébral] : *kôram*
œil : *ên 1 ;*
[avoir un ~ enflé] : *kôram ;*
[coup d'~ expressif] : *ciwwêfe ;*
[dessus et dessous de l'~] : *mâyig ;*
[petit ~] : *iyêne*
Oena capensis : *balôb*
Oena capensis : *amdarangal*
œsophage : *zarrût*
œuf : *bêd ;*
[~ farci à la viande hachée] : *mulabbas ;*
[petit ~] : *biyêday*
offensant(e) : *musî'*
offense : *dulum 1, isâ'a, zulum*
offenser : *asâ, xiti*
offenseur : *xâti*
officiel (-elle) : *rasmi*
officiellement : *rasmiyyan*
officier : *dâbit*
offrande : *tabarru' ;*
[~ lors d'une commémoration] : *fidwe ;*
[~ pour le sacrifice d'un mort] : *faddiyîn 2*
offre : *munâwala ;*
[qui ~] : *munâwil*
offrir : *hada ;*
[~ *qqch.* pour le sacrifice] : *fadda 2*
ogre (ogresse) : *ambardabay, xûl*
oh ! : *hây !, hêy !*
oignon : *basal ;*
[~ sauvage] : *birrêd*
oindre : *masah, massah*
oint(e) : *mumassah*
oiseau : *têr ;*
noms d'~x : *abhatab, abunfisey, abunjarâri, abunsi'in, abuntculux, abunxarîte, abunxinêm, am'âk, amdago, amdalba, amdarangal, amgirêdûn, amguggum, amkêrawân, amkudukkâk, amkurruny,*

ammangûr, amtcurulle, balôb, dalôj, diyêk al almi, gidêl, gimri, halfa, hamâm, hamâm jabali, hasab-al-bêt, hideyye, hubâra, kunji, jidâd, jiga, jorojoro, kâtci, lîlî, na'âm, rihêw, sagur, sigêr, têr al xadâri, ugurâk, wizzin, xarnûk, zarzâr
oiselet : *farax 2*
oisif (-ve) : *sahlûg*
oisillon : *tiyêre*
oisiveté : *atâla, dalâl 1*
olive : *zeytûn*
olivier : *zeytûn*
ombilic : *surra 1*
ombragé(e) : *dalîl 2*
ombre : *dull 1 ;*
[qui donne beaucoup ~] : *dalîl 2*
ombrette : *sultân al-têr*
Omo : *ômo*
omoplate : *lôh*
on y va ! : *yalla !*
once : *wagiye*
oncle [~ maternel] : *xâl 1*, → **"tante"** *;*
[~ paternel] : *imm*
onde : *môj ;*
[longueur d'~] : *mawja, môja*
ondée : *tcak-tcâka*
onduler en marchant : *azzaggal*
ongle : *xanfar*
onguent : *fumâd, galba ;*
[~ à l'ail] : *abtûm ;*
[~ au camphre] : *atomîk, mastolatum, rôb 2*
ont [ils ~] : *ind-*
Onychognathus morio : *am'âk*
onze : *ihdâcar*
opération : *amaliye, hisâb ;*
[~ chirurgicale] : *caggîn*
opéré(e) : *macgûg*
opérer : *cagga*
opiniâtre : *jâzim, jazzâm*
opposant(e) : *mu'ârid, muhârij*
opposé(e) à : *didd*
opposer [s'~] : *alxâlafo, ârad, jâbad, nâya, xâlaf*
opposition : *mu'ârada, muxâlafa, xilâf, âkasân*
oppressant(e) : *jabbâri 1*
oppresser : *dâx 3*
oppresseur : *mu'azzib 1, zâlim*
oppression : *dîxe, ista'bidîn, jôr*
opprime [qui ~] : *musta'bid*
opprimé(e) : *balyân, madlûm, mu'azzab ;*
[qui est ~] : *musta'bad*
opprimer : *assar 2, dalam 1, dâx 3, ista'bad, jâr 1*
opprobre : *fadîhe*
opulence : *bidin, dalâl 1, taxa ;*
[amener à l'~] : *baddan*
opulent(e) : *badnân, zâyit*
or (cependant) : *istâri, lâkîn, târi 2*
or (métal) : *dahab ;*
[en ~] : *dahabi*
oral [par ~] : *lagan*
orange : *burtuxâl*
oranger : *burtuxâl*
orateur (-trice) : *mukallim*
orbitè de l'œil : *mâyig*
orchestre : *firxa*
ordalie [passé(e) à l'~] : *mujammar ;*
[passer par l'~] : *jammar*
ordinaire : *âdi, kurdum*
ordonnance : *lâ'iha, maktûb, ordonâs*
ordonné(e) : *mudamdam, munazzam, murassas*
ordonner (commander) : *amar 1 ;*
[fait d'~ (commander)] : *amirîn 1 ;*
[~ (ranger)] : *damdam 1, rassa*
ordre (commandement) : *amirîn 1, amur 2 ;*
[~ (rangement)] : *nizâm, tartîb ;*
[en ~] : *mu'addal ;*
[fait de mettre en ~] : *damdimîn ;*
[mettre de l'~] : *mayyaz ;*
[mettre en ~] : *rattab 1 ;*
[qui est bien en ~] : *musta'dal*
ordure : *dungus 1, sâlte, wasax ;*
[tas d'~s] : *kûca*
oreille : *adân ;*
[petite ~] : *idêyne*
oreiller : *maxadda, wassâde*
oreillons : *amxinêga, warama ;*
[avoir les ~] : *warram*
orfèvre : *sayyâxi*
organisateur (-trice) : *munazzim*
organisation : *munazzama, nizâm ;*
[~ de sa survie] : *dabâra*
organisé(e) : *munazzam ;*
[bien ~] : *musta'dal*
organiser : *macca 2, nazzam ;*
[~ une course] : *sâbago ;*
[s'~] : *dabbar 1*
organisme : *mu'assasa, munazzama*
orgelet : *jilêjil*

orgueil : *bahbâr, istikbâr, kôlifîn, taxa, yanga, zôm ;*
[être plein d'~] : *gôfaf ;*
[se gonfler d'~] : *ajjôkak*
orgueilleux (-euse) : *acmân 1, bahbâri, gôfâfi, kôlâfi, kulûfi, mukôlif, mustakbir ;*
[être ~] : *bahbar, istakbar, kôlaf*
orgues de Staline : *jaradjarâd*
oriental(e) : *carxi, sabhâni*
orientant vers [s'~] : *muwajjih*
orientation : *tawjîh ;*
[~ de la prière] : *gible*
orienté(e) : *muttajih, muwajjah*
orienter [~ *qqn.* dans la vie] : *hâda 1 ;*
[s'~] : *wajjah*
origine : *asâs, asil, irig, nafar, tirke 1 ;*
[d'~] : *aslî*
ornières séchées : *jagallo*
Ornithacris turbida cavroisi : *amkacôl*
orphelin(e) : *atîm*
orteil [gros ~] : *kabîr*
Orthochtha venosa : *hasab-al-mulûk*
ortie [sorte d'~] : *sakne*
oryctérope : *abundullâf*
Orycteropus afer : *abundullâf*
oryx : *wahac*
Oryza barthi : *rizz*
Oryza breviligulata : *riss al-rahad*
Oryza longistamminata : *tibin*
Oryza sativa : *rizz*
os : *adum ;*
[~ saillant d'une articulation] : *kirêkimme ;*
[~ spongieux] : *macâc ;*
[petit ~] : *idêm*
oseille de Guinée : *karkanji*
osselet : *idêm, tûr 3 ;*
[jeu d'~s] : *abuntagal, fasa 2*
ossements : *adum*
ôté(e) : *maslûl ;*
[être ~] : *alma''at*
ôter : *jarrad, kassa, ma''at, nacal, salla 2 ;*
[~ de force] : *ballas ;*
[~ la viande de l'os] : *jarad ;*
[~ l'envie] : *tayyar 2 ;*
[~ les petits cailloux] : *xarbal ;*
[~ ses vêtements] : *sallab ;*
[~ tout soupçon] : *sadda l acîr ;*
[~ une couche de terre] : *nakat ;*
[fait d'~] : *sallîn ;*
[fait d'~ les impuretés du grain] : *jôjalân ;*
[pilage pour ~ le son du mil] : *kanfatân*

Otus scops : *amguggum*
ou : *aw ;*
[~ bien] : *aw ;*
[~ bien...ou bien] : *sawâ'an...aw*
où ? : *ciggêc ?, wallâ ?, wên ?*
Ouaddaï : *Wadday*
ouah ! : *waw !*
ouais ! : *hâj !*
oubli : *nasa ;*
[petit ~] : *nissêye*
oublie [qui ~ vite] : *nassay*
oublié(e) : *magtu' târi, mansi*
oublier : *darwac, daryas, nisi ;*
[faire ~] : *nassa 2*
oued : *wâdi ;*
[nom d'un ~] : *batha ;*
[petit ~] : *bitêhe*
ouest : *xarib ;*
[aller vers l'~] : *xarrab 1 ;*
[fait d'aller vers l'~] : *xarribîn ;*
[fait de partir pour l'~] : *xarribîn ;*
[qui est à l'~] : *xarbâni ;*
[qui va à ~] : *muxarrib 2*
ouf ! : *hây !*
oui : *âhah, âmîn, aywâ, ayyê, hâ !, hâ sameh !, na'am 2, yô, yô sameh !*
ouïe : *sama'*
Oulad Rachid : *Wulâd Râcid*
Oum Hadjer : *Amhajar*
ourdir une conspiration : *arrâkano*
ourlé(e) : *makfûf*
ourler : *kaffa 1 ;*
[fait d'~] : *kaffân 1*
ourlet : *kaffe 1 ;*
[border d'un ~] : *kaffân 1*
ouste ! : *hak !, huyya !, jerr !, yalla !*
outarde : *hubâra*
outil : *âla 1*
outre : *girbe 1, si'in ;*
[~ double] : *xuruj ;*
[petite ~] : *dabiye*
ouvert(e) : *fâsix 1, fâtih, kâcif, macgûg, mafkûk, maftûg, maftûh, mahlûl, mufakkak, mufattih ;*
[être ~] : *anfakka*
ouverture : *fajjijîn 2, fatihîn, fatûh, hallîn, xurma*
ouvrage tissé à la main : *mansaj*
ouvre-boîtes : *fakkâk, mafakk*
ouvre-bouteilles : *fakkâk*
ouvrier (-ère) : *xaddâm ;*
[~ (berger salarié)] : *keri*

ouvrir : *alfâkako, cala', carat 1, carrat 1, fakka 1, falla 1, farra 1, fatah ;*
[~ de force] : *falat 1, fallat ;*
[~ le jeu] : *fatah ;*
[~ plusieurs fois] : *fakkak ;*
[faire ~] : *fakkak, fattah ;*
[fait d'~] : *fatihîn, fatûh, hallîn ;*
[fait d'~ de force] : *fallitîn ;*
[s'~] : *anfakka, anfalag, anfalat, anfatah, fagga', fasax*
oviné : *xanam, xanam zurug*
Oxytenanthera abyssinica : *gana*

p

pacifié(e) : *bârid*
pacifier : *jamma 1*
pacifique : *silmi ;*
[qui est ~] : *galib abyad*
pacte : *agid, mîsâx, mu'âhada ;*
[~ d'amour] : *lingi*
pactiser : *al'âhado*
paddock : *padok*
paf ! : *kuff !*
pagaille : *fawda, hamaj, laxx ;*
[en ~] : *amtabalbôl*
page : *safha, tarag*
pagne : *farde 1, rabbâta, xirge ;*
[~ portant le bébé] : *gôgay*
paie : *râtib 2*
païen (-ne) : *kâfir, kirdi*
paille : *gecc ;*
[~ de fer] : *tcannân ;*
[~ fine douce et solide] : *tibin ;*
[~ liée formant une clôture] : *taka 2 ;*
[~ mélangée à la terre] : *zibâla ;*
[boule de ~] : *halaga ;*
[clôture en ~] : *tartâr ;*
[tapis de ~ tressée] : *safîne*
pain : *dippâ ;*
[~ allongé] : *mappa ;*
[~ de sucre] : *râs, râs sukkar ;*
[~ quotidien] : *rizix ;*
[~ rond] : *xubza ;*
[petit ~ de sucre] : *riyês*
paire : *jôz ;*
[~ de lunettes] : *nunêt ;*
[~ de souliers] : *jazma*
paisible : *hâdi 2, raggâd*
paissant : *sârih*
paître : *sarah ;*
[envoyer ~] : *naccîn ;*
[faire ~] : *daccar, ratta' ;*
[fait de ~ en solitaire] : *azzibîn 2 ;*
[qui fait ~ seul] : *azzâbi, mu'azzib 2*
paix : *âfe 1, âfya, baraka, salâm, salâma ;*
[~ soit sur toi !] : *salâm alêk !*
[donner la ~] : *sallam ;*
[être en ~] : *râg ;*
[faire la ~] : *sâlah*
Pakistan : *Bâkistân*
pal : *xâzûg*
Pala : *Pâla*
palabre : *kalâm, muxlât, sibbe*
palabrer : *nâxac, xâlat*
palais : *gasir, sugu'*
palefrenier : *kuray*
Palestine : *Falastîn*
palette : *muxrâfa*
palissade : *kujura ;*
[~ en paille tressée] : *carganiye ;*
[~ en tiges de mil] : *tartâr ;*
[fabriquer une ~] : *tartar*
palmier dattier : *naxal, tamur*
palper : *lammas, limis*
palpitation : *abunraffâf, nafadân ;*
[~s cardiaques] : *darbit galib*
palpiter : *nafad 1 ;*
[~ (cœur)] : *farra 2*
paludisme : *milârya, wirde*
pan ! : *kuff !*
panaris : *cumâm ;*
[provoquer un ~] : *cammam*
pancréas : *abundammâm*
pangolin : *amgirfe*
panier : *sabat 2, sôsal ;*
[~ ajouré] : *cabaka ;*
[~ en corde] : *guffa ;*
[sorte de gros ~] : *kacakay*
panique : *barjâl*
paniqué(e) : *munxari'*
paniquer : *anbahat, barjal*
panne [en ~] : *mubattil, xasrân ;*
[être en ~] : *battal, tilif, xirib ;*
[mettre en ~] : *xarrab 3*
panneau : *taka 2, takiye, tarag*
panse : *kirce ;*
[contenu de la ~] : *farit*
pansement : *bândi*
panser une plaie : *dâwa 1*

pantalon : *pantalon*
panthère tachetée : *nimir*
paon : *tâ'ûs*
papa : *abba 2, bâba*
papaye : *pappay*
papayer : *pappay*
pape : *bâba*
papier : *katkat 1 ;*
[~ de verre] : *sanfara*
papiers d'identité : *piyês 2, waraga 1*
papillon : *abundagîg*
papyrus : *birdi*
paquet : *bikêt, rubta, ulba ;*
[~ de cartes à jouer] : *dasta*
paquetage : *rabîte*
par : *acân, be*
par-dessus : *xuta*
par là : *ke*
Paracinema tricolor : *carîfiye*
parader : *ajjôkak, jôkak*
paradis : *janna 2*
paraître clairement : *zahar 1*
paralysé(e) : *mukassar, mul'aggid*
paralytique : *mukarsa'*
parasite : *nafsân ;*
[~ des poules] : *dalam 2 ;*
[nom d'un ~] : *bûde*
parasité(e) : *mudawwid*
parasiter : *cawwac*
paravent : *daraga, fâsil, kujura, sitâra, takiye*
parc à bestiaux : *dôr 1*
parce que : *acân, bikawna, la'anna, xâtir 2*
parcelle de terrain : *bôr*
parcourir : *dagac 2, kadda 2, laflaf ;*
[~ de longues distances] : *jawwal*
parcours d'un oued : *majra*
parcouru(e) à pied [pouvoir être ~] : *anrâx*
pardi : *wallâhi*
pardieu ! : *Allah !, wallâhi !*
pardon : *afu, musâmaha, simâh, wufrân ;*
[~ de Dieu] : *xufrân ;*
[implorer le ~] : *istawfar*
pardonne [qui ~] : *musâmih ;*
[que Dieu ~ !] : *istâfar Allah, istaxfar*
pardonné(e) : *musâmah*
pardonner : *afa, âfa 2, sâmah 2, wafar ;*
[se ~ les uns les autres] : *assâmaho*
paré(e) : *mujammal*
pare-chocs : *fandâsiye*
pareil (-eille) : *gadrên, gadur, sawa 1 ;*
[c'est ~] : *kall, sawa sawa ;*
[rendre ~] : *sâwa ;*
[sans ~] : *wasif 2*
pareillement : *kazâlik*
parent(e) : *abu, amm 1, tâli*
parenté : *agrabûn, kalîf, nasab 2 ;*
[nommer sa ~] : *nasab 1*
parer [se ~] : *fandas*
paresse : *ajaz, ajjisîn, kasal, utuliye*
paresseux (-euse) : *ajjâz, ajsân, ajzân, âtil, fâsid 1, kaslân ;*
[~ dans sa marche] : *kadâr ;*
[être ~] : *kisil ;*
[rendre ~] : *kassal*
parfaire : *tammam 2 ;*
[se ~] : *al'addal*
parfait ! : *adal !*
parfait(e) : *adîl, tamâm*
parfois : *bakân lê bakân gabul*
parfum : *itir 2 ;*
[~ fort] : *rîhe ;*
[~ gras] : *karkâr ;*
[~ huileux] : *xumra ;*
[nom d'un ~] : *mahlab al-subyân, mahlabiye*
parfumer : *atag 1 ;*
[~ d'encens] : *daxxan ;*
[~ un plat] : *ta''am ;*
[se ~ d'encens] : *addaxxan, maggar*
pari : *pâri*
pari-vente : *jugurnuma 2*
parier : *gammar 1*
Parkia biglobosa : *dawdawâ*
Parkinsonia aculeata : *sêsabân*
parle [qui ~ à voix basse] : *munang-ning ;*
[qui ~ du nez] : *abnuxnâxa, munaxnix ;*
[qui ~ tout(e) seul(e)] : *lâhâti*
parlement : *majlis*
parlementer : *alfâwado*
parler : *haddas, hajja 1, kalâm, kallam, nâxac, warra,* → **"parle"** ;
[~ à] : *wannas ;*
[~ à la légère] : *istahbal ;*
[~ à voix basse] : *waswas ;*
[~ clairement] : *alkallam ;*
[~ d'une manière détendue] : *ânas ;*
[~ du nez] : *naxnax ;*
[~ ensemble] : *al'ânaso ;*
[~ patois] : *ratan ;*
[~ tout seul] : *lâhat ;*
[~ une langue non arabe] : *ratan ;*
[fait de ~] : *hajjîn 2 ;*

[fait de ~ familièrement à] : *wannisîn ;*
[fait de~ gentiment] : *ânisîn ;*
[fait de ~ patois] : *rutâna ;*
[qui aime ~ avec *qqn.*] : *ânâsi, mu'ânis ;*
[se mettre à ~] : *alkallam*
parler non arabe (un) : *ratîn*
parleur (-euse) : *hajjây*
parmi : *ambên, bên*
parole : *gôl, hadîs 2, kalâm, kalima, killême, kilma,* → **"adresser la ~"** ;
[~ bonne et vraie] : *nasîhe ;*
[~ douce] : *nafas bârid ;*
[~ en l'air] : *fârix, kiddêbe ;*
[~ intelligible] : *murakkab 2 ;*
[~s incohérentes] : *luhât ;*
[~s insensées] : *tartaca ;*
[~ répétée] : *mujankab*
[~s tortueuses] : *tartaca ;*
[~ transmise] : *mu'ôra ;*
[~ vaine ou vide de sens] : *fârix ;*
[à toi la ~ !] : *hâj bâj !*
[attendrir par des ~s] : *râwad ;*
[clair(e) dans sa ~] : *fasîh ;*
[couper la ~] : *xattam ;*
[déformation d'une ~] : *tazwîr*
[lancer des ~s dures] : *kabba 2 ;*
[lancer une ~ provoquante] : *tanbal 1 ;*
[porte-~] : *mu'âlin, xacum al kalâm*
[qui n'a pas la ~] : *bâkim*
[rapporter les ~s d'un autre] : *gâwal 1, jâsas ;*
[relation d'une ~] : *riwâya ;*
[s'accorder sur une ~] : *rabat al kalâm*
parpaing : *blôk*
parrain : *wali 1*
part : *gisim, gisma, juzu', xisim ;*
[~ de chance] : *nasîb 2 ;*
[à ~] : *wehêd-, xêr 3 ;*
[mettre à ~] : *fanad ;*
[ne pas recevoir sa ~] : *gimih ;*
[qui fait des ~s] : *mufarrig*
partage : *gisim, xisim ;*
[qui fait le ~] : *mugâsim*
partage avec *qqn.* [qui ~] : *mugâsim*
partagé(e) : *magsûm, mugâsam, mugassam ;*
[qui se sont ~s] : *mulgâsimîn*
partager : *gassam, sabsab ;*
[~ avec] : *cârak ;*
[~ en deux] : *gasam ;*
[~ l'héritage] : *wâras ;*
[se ~] : *algâsamo, angasam*

partant loin chercher *qqch.* : *jâlib*
partez ! : *hamm !, karr 2*
parti (*n. m.*) : *hizib 1 ;*
[prendre le ~ de *qqn.*] : *nassar*
parti(e) [être ~] : *tacca 2 ;*
[~ au pâturage] : *sârih ;*
[~ en voyage] : *xâtir 1 ;*
[~ très loin] : *xâ'ib 1*
participant(e) : *mucârik*
participation : *ictirâk, mu'âwana, mucâraka*
participer : *cârak, ictarak*
particulièrement : *xâssatan, xusûs 1,*
partie : *farde 2, juzu', nuss ;*
[~ de cartes] : *la'abe ;*
[~ de jeu] : *côt ;*
[~ d'un double] : *cigg, cigge ;*
[~ d'un livre] : *hizib 2 ;*
[~s génitales] : *giddâm 2 ;*
[gagner la ~ de cartes] : *karra 2*
partir : *anfazar 2, fât, jangal 2, kadda 2, rawwah, sâr ;*
[~ à l'aventure] : *lâj ;*
[~ à pied] : *râx ;*
[~ à pied loin] : *daggal 1 ;*
[~ au loin] : *xâb ;*
[~ clandestinement] : *harab ;*
[~ en désordre] : *anbatar ;*
[~ en voyage] : *sâfar, xatar 1 ;*
[~ loin] : *râh ;*
[~ pour chercher des vivres] : *jalab ;*
[~ pour l'Ouest] : *xarrab 1;*
[~ se réfugier] : *lâj ;*
[~ seul et sans bagage] : *azzab 2 ;*
[~ vers] : *ini ;*
[à ~ de] : *ibtidâ'an, min ;*
[faire ~] : *sayyar 1 ;*
[faire ~ la peau] : *barrat ;*
[fait de ~] : *fiwwête, fôtîn*
partisan : *mujâmil, munâsir*
partons ! : *kôna*
partout : *am'urud, anha', jâyi jâyi, kulla bakân*
parturiente [jeune ~] : *ambikêriye, bikêriye*
parure [~ de tête] : *barcam 2 ;*
[nom d'une ~ en or] : *dabbâba 2, dôlâr*
parvenir à : *lihig ;*
[faire ~] : *lahhag, wassal*
parvenu(e) : *mustadrij*
pas [~ assez] : *ciya bilhên ;*
[~ avant de] : *ba'ad ma hatta ;*

[~ du tout] : *lâla, lâ ;*
[~ encore] : *lissâ mâ ;*
[il n'y a ~ de quoi] : *afwân ;*
[ne ~] : *lâ, mâ ;*
[ne ~ du tout] : *tuk ke mâ*
pas (*n. m.*) : *gadam, xatwa ;*
[faire ses premiers ~] : *dâda, darwal, tarta', tâta ;*
[marcher à ~ feutrés] : *dabba 1*
passage : *derib 1, farga, fatîg, ma'add, magta', murûr, xurma ;*
[~ étroit] : *xôr ;*
[petit ~] : *dirêb ;*
[tout petit ~] : *dirêbay*
passager (-ère) : *râkib*
passant : *fâyit, mâci*
passé(e) : *warrâni ;*
[~ à côté] : *muhâwat*
passe-lacet [sorte de ~] : *daffâra 2*
passeport : *paspôr*
passer : *faraj 2, ja, maca ;*
[~ au hachoir] : *faram 1;*
[~ autour du cou] : *garan ;*
[~ comme un éclair] : *lâlas ;*
[~ derrière] : *hawat ;*
[~ devant] : *gaddam 2 ;*
[~ devant *qqn.*] : *alxâtam, xattam ;*
[~ la croupière] : *taffar ;*
[~ la nuit avec une de ses épouses] : *lâyal ;*
[~ le temps] : *gadda 2 ;*
[~ le voile par-dessus l'épaule] : *laffa' ;*
[~ par] : *xici ;*
[~ par le feu] : *jammar ;*
[~ par-dessus] : *alxatra ;*
[~ près de] : *marra 1 ;*
[faire ~ par-dessus] : *nattat ;*
[faire ~ secrètement] : *harrab ;*
[faire ~ sur] : *fawwat 1;*
[fait de ~ devant *qqn.*] : *xattimîn*
Passer griseus : *abuntculux*
passion : *cahwa, xayy ;*
[~ pour] : *abidîn*
passionné(e) pour : *cahwân*
passionner pour [se ~] : *ibtala*
passoire : *saffay 2*
pastèque : *bittêx ;*
[~ sauvage] : *tuktuk ;*
[sorte de ~] : *rasman*
pasteurellose : *abhilêg 2*
patate douce : *bangâw*
patauger : *tcalbax*
pâte : *ajîn ;*
[~s (nouilles)] : *diwêdi, diwêdi mugatta' ;*
[~ à crêpes] : *xadôda ;*
[~ à galettes] : *xadôda ;*
[~ brune caramélisée] : *ajîne zarga ;*
[~ d'amandes de savonnier] : *sarne ;*
[~ de mil écrasé avec du babeurre] : *ajîne ;*
[~ de riz cuit sucré] : *ajîne zarga ;*
[~ fermentée] : *xamîr ;*
[~ levée] : *xamîr ;*
[faire la ~] : *ajjan ;*
[malaxer une ~] : *abbak*
patente : *fatanti*
patience : *sabur ;*
[prendre ~] : *ansabar*
patient(e) : *rûh tawîle, sabûr, sâbir*
patienter : *ansabar, sabar 1 ;*
[faire ~] : *sabbar ;*
[qui fait ~] : *musabbir*
patinoire : *amzahalôta*
patois : *ratîn ;*
[qui ne parle que son ~] : *Rattâni*
patrie : *watan*
patrimoine : *turâs*
patronyme : *usum*
patrouillant : *râyix*
patrouille : *dawriye, dûriye*
patte : *sâg 3 ;*
[~ de la poule] : *bahhâta*
pâturage : *masrah 1 ;*
[~s lointains] : *dahâri ;*
[aller au ~] : *sarah ;*
[sortie au ~] : *naccîn*
paume de la main : *kaffe 2*
paupière : *farwit al ên, jild al ên*
pause : *battalân, istirâha, râha*
pauvre : *âyil 2, fagrân, fagri, figêri, îd yabse, isêfân, misêkîn, miskîn, mu'assif, mufaggir, mufallis, muflis, muhtâj, ta'abân ;*
[devenir ~] : *al'assaf ;*
[paraissant ~] : *cagi ;*
[se rendre ~] : *alfaggar*
pauvreté : *fagur, falas, maskana ;*
[simuler la ~] : *alfaggar*
pavane [qui se ~] : *mujâbid*
pavaner : *bahbar ;*
[fait de se ~] : *kôlifîn, kulûfiye ;*
[se ~] : *ajjôkak, alkôlaf, kôlaf*
paye : *kaffân 2, murattab ;*
[~ du mois] : *cahariye ;*
[~ mensuelle] : *mâhiye*

payé(e) : *mu'ajjar*
payement : *kaffân 2*
payer : *dafa', kaffa 2 ;*
[~ complètement] : *waffân ;*
[~ entièrement] : *waffa ;*
[~ la taxe douanière] : *jamrak ;*
[~ le prix du sang] : *daya ;*
[~ l'impôt] : *mayyar, zakka ;*
[~ *qqn.* pour accomplir une tâche] : *ista'jar ;*
[fait de ~] : *kaffân 2 ;*
[qui peut ~] : *mustatî'*
pays : *balad, dâr 2, dawla*
paysage beau à voir : *manzar*
paysan (-anne) : *harrâti, muzâri'*
peau : *farwa, gicir ;*
[~ (végétale)] : *gifir ;*
[~ de chèvre pour porter le bébé] : *gôgay ;*
[~ du cou] : *lablab 2 ;*
[~ du lait] : *gicâde ;*
[~ dure] : *julûd ;*
[~ tannée] : *dila ;*
[~x cousues les unes aux autres] : *nato' ;*
[assemblage de ~x] : *dila ;*
[tendre une ~] : *jallad*
pêche : *hawwatân*
péché : *sayyi'a, zanib ;*
[~ à expier] : *kaffâra 1*
pécher : *aznab, xiti, zalam ;*
[~ contre Dieu] : *isi*
pêcher : *hawwat*
pêcheur (-euse) : *bahhari, hawwâti*
pécheur (pécheresse) : *âsi, muznib*
pécule : *masârîf*
pédiatre : *daktôr hanâ l iyâl*
peignage : *nafacân*
peigne : *mucut, naffâca*
peigné(e) : *manfûc*
peigner : *nafac, sarrah 2*
peindre : *fantar ;*
[~ de plusieurs couleurs] : *lawwan ;*
[fait de ~] : *fantarân*
peine : *caga, jaza, karha, macaxxa, marâr, mu'âxaba, ômây, ta'ab, waji' ;*
[~ donnée pour survivre] : *dabâra ;*
[donner de la ~] : *ta''ab ;*
[être dans la ~] : *cigi ;*
[qui ~] : *ta'abân*
peiné(e) : *haznân*
peiner : *hazzan, ti'ib ;*
[~ dans une activité] : *ancaxxa*

peint(e) : *madrûb 2, mufantar*
peinture : *buhya, fantarân, fantir, fintîr*
pelade : *ambarbâra, bahag*
pelé(e) : *mabrût ;*
[qui a ~] : *mufassix, mugaccir ;*
[qui a été ~] : *mufassax*
Pelecanus onocrotalus : *baja'*
peler : *alfassax, barat, gaccar, nagga, tcalla ;*
[faire ~] : *barrat ;*
[fait de ~] : *gaccirin, tcallîn*
pèlerin : *hâjj*
pèlerinage : *hijj ;*
[accomplir le ~ à la Mecque] : *hajja 3 ;*
[accomplir le petit ~] : *i'tamar ;*
[fait de partir en ~ à la Mecque] : *hâjjîn ;*
[petit ~] : *umra 2 ;*
[qui accomplit le petit ~] : *mu'tamir 2*
pélican blanc : *baja'*
pelle : *pêl*
pelure : *gicir*
penché(e) : *mumayyal ;*
[~ en avant] : *mudangir*
pencher : *hana, kabba 1, mâyal, mayyal ;*
[~ la tête] : *antana, dangas ;*
[se ~] : *anhana, dangar, faggas ;*
[se ~ pour voir] : *tâwag*
pendaison : *canig, xanig*
pendant : *be, mudda ;*
[~ que] : *kadar 1*
pendentif : *barcam 2*
pendre : *allag ;*
[~ (étrangler)] : *canag ;*
[fait de ~] : *allagân ;*
[laisser ~] : *dôdal*
pendu(e) : *macnûg, mu'allag ;*
[qui s'est ~] : *cânig*
pêne : *tarbâz*
pénétrer : *andassa, daxxal, xacca 2 ;*
[~ dans le sinus] : *carag*
pénible : *gâsi, hârr, tagîl ;*
[que c'est ~ !] : *murr lêi !*
[qui est dans une situation ~] : *macxûx ;*
[rendre ~] : *dayyax 1*
pénicillaire [mil ~] : *duxun*
pénicilline : *bansalîn*
pénis : *zubb*
Pennisetum : *duxun*
Pennisetum mollissimum : *amdufûfu*
pensant à *qqn.* : *xâtir 2*
pense [qui ~] : *mufakkir*
pensée : *fikir, fikra, jâlilîn*

penser : *fakkar, hiri, jâlal 2 ;*
[~ à *qqn.*] : *girim ;*
[~ dans l'incertitude] : *cakka 2 ;*
[~ en soi-même] : *alfakkar ;*
[~ que] : *hasab 1, zanna*
pension alimentaire : *kilfe*
pente : *dillêye*
pénurie : *adam 2, asaf*
péquenaud(e) : *kîca, mu'allic*
percé(e) : *mab'ûj, magdûd, mugaddad ;*
[~ des premières dents] : *sinn ambirtiti ;*
[être ~] : *anba'aj, angadda ;*
[être ~ en fines galeries] : *sawwas*
perce-bois : *abundinga*
perception brève : *ciwwêfe*
percer : *ba''aj, ba'aj, gadda 1 ;*
[fait de ~] : *gaddadân, gaddîn ;*
[se ~] : *algaddad, anba'aj, angadda*
perche : *dugul, ûd*
percuter : *dagac 1, tarac*
perd son temps [qui ~] : *munlahi*
perdant(e) : *xasrân*
perdition : *halâk, hallikîn ;*
[qui conduit à la ~] : *muhallik*
perdre : *anxalab, dayya', hilik, waddar, xassar, xayyas, xisir ;*
[~ au jeu] : *dagas ;*
[~ espoir] : *ayyas ;*
[~ l'eau] : *halaj ;*
[~ la raison] : *fagad ;*
[~ la tête] : *côtan ;*
[~ le liquide amniotique] : *dâfagat, kâsar 2 ;*
[~ les dents] : *hallany ;*
[~ provisoirement] : *fagad ;*
[~ sa dignité] : *ayyab ;*
[~ sa direction] : *jâjah ;*
[~ ses cheveux] : *albarbar, barbar 1 ;*
[~ une idée] : *darwac ;*
[~ une partie de cartes] : *fâr 3 ;*
[faire ~] : *taccac ;*
[faire ~ la tête] : *laxam 1 ;*
[fait de ~ au jeu de cartes] : *jêbe ;*
[se ~] : *râh, waddar ;*
[se ~ dans] : *tartac*
perdrix : *halfa*
perdu(e) : *muwaddir, râyih ;*
[être ~] : *ikil, tacca 2 ;*
[qui a ~ *qqch.*] : *fâgid*
père : *abba 2, abu, wâlid*
pérégriner : *langam*
perfectionnement : *islah, ti'iddil*

perforation : *gadd 1, gaddîn ;*
[petite ~] : *gidêd*
perforer : *gadda 1*
perfusion : *jalkôs*
péril : *halâk, xutûra*
périlleux (-euse) : *xatari*
périmé(e) [être ~] : *bâz 1, muraggada*
périmètre irrigué : *zâgiye 1*
période : *dalu 2, mudda, zaman ;*
[~ pluvieuse intense] : *îne ;*
[~ sans pluie] : *sâbne*
péripneumonie : *amficêfic, dêy*
périr [faire ~] : *hilik*
perle : *xaddûr, zûm ;*
[~ allongée] : *kijêl ;*
[~ attachée au corps] : *marbat 1 ;*
[~ d'ambre] : *zeytûn ;*
[~ en pierre précieuse] : *xaraz ;*
[~ rouge] : *agîg, marjân ;*
[petites ~ fines] : *suksuk*
perler (eau) : *nadah ;*
[~ (sueur)] : *karrany*
permanence [en ~] : *dâ'iman*
permanent(e) : *mudâwam, mustamirr ;*
[être ~] : *istamarra*
permettre : *âzan, gaddar, hallal, jâz, sarrah 1*
permis (*n. m.*) : *tasrîh ;*
[~ de conduire] : *ruxsa*
permis(e) : *halâl, muhallal ;*
[être ~] : *halla 2*
permission : *izin, tasrîh ;*
[demander la ~] : *ista'zan*
permutation : *baddilîn, tibiddil*
permuter : *albâdalo*
perpendiculairement à [posé(e) ~] : *mu'ârad*
perpétuel (-elle) : *abadi, dawwâm, dâyim, mu'abbad 2, mudâwam*
perpétuellement : *dâ'iman*
perplexe : *hayrân ;*
[être ~] : *alhayyar ;*
[rendre ~] : *hayyar, wahham*
perplexité : *hêre*
perroquet : *akku*
perruque : *pêrik*
persécution : *ta''ibîn*
persévérant(e) : *sabûr*
persil : *persîl*
persister dans son idée : *jazam*
personnage principal du film : *aktêr*
personnalité : *caxsiye*

personne (une) : *nâdum, nâdumay, nafis, zôl ;*
[~ à assister] : *âr 2 ;*
[~ humaine] : *insân ;*
[~ instruite] : *kâdir*
personnel (-elle) : *fardi, halâl*
personnellement : *caxsiyan*
persuadé(e) [qui est ~] : *hâri*
persuader : *sâyas*
perte : *dayyi'în, wadâr, waddarân, xasâra*
perte de cheveux : *ambarbâra*
perturber : *cawwac*
pervers(e) : *fâsid 2*
perversion : *fasâd*
pervertir : *fasad 2*
pesage : *wazinîn*
pesé(e) : *mawzûn 1*
pesée (*n. f.*) : *wazin 2*
peser : *wazan ;*
[fait de ~] : *wazinîn*
peseur (-euse) : *kayyâli*
peste : *ammisêrîn, jadari, jaddar, misêrîn*
pesticides : *dawa*
pet : *fasi, fasu*
pète souvent [qui ~] : *fassây*
péter : *fasa 1 ;*
[fait de ~] : *fasi*
petit(e) : *dayyax 2, gisêyar 1, mutcakkir, saxayyar ;*
[~ ami] : *abba hârr ;*
[~ d'un animal] : *farax 2 ;*
[~ de taille] : *gassâri, gilayyil ;*
[~e amie] : *iya hârr ;*
[~e gourde] : *bixêse ;*
[~e louche] : *jônu ;*
[~s enfants] : *dugâg ;*
[courir en ~es foulées] : *jakka ;*
[de ~e quantité] : *galîl*
petitesse : *gusur, saxara*
petit-lait : *ruwâba*
pétrin [se fourrer dans le ~] : *akal garad, bêdayit amtcilîli*
pétrir : *abbak, abbat, ajjan ;*
[~ la pâte avec le ferment] : *xamar 1 ;*
[se ~] : *an'ajan*
pétrissage : *abbitîn 1, ajjinîn, fajixîn*
pétrole : *fatrôn, jâs*
peu : *basît, ciya, galîl ;*
[~ après] : *tcabba 1 ;*
[trop ~] : *ciya bilhên ;*
[un ~] : *ciya ;*
[un petit ~] : *ciya, tcop ;*
[un tout petit ~] : *ciyya*
Peul : *Ambororo, Fallâta*
peuplade : *xôm*
peuple : *ca'ab, jamhûr, xôm*
peuplé(e) : *âmir, ma'mûr 2*
peuplement : *amâr, amirîn 2, umâre*
peupler (se) : *amar 2 ;*
[fait de ~] : *amirîn 2*
peur : *maxâfa, ru'ba, xarî'e, xôf ;*
[avoir ~] : *anxara', xâf ;*
[avoir ~ du combat] : *camrax ;*
[être pris de ~] : *anbahat ;*
[faire ~] : *bahat 2, xarra', xawwaf ;*
[qui a ~] : *xâyif*
peureux (-euse) : *awîr 1, mar'ûb, rajâliye ragta, xawwâf*
peut [il se ~ que] : *akûn*
peut-être : *akûn, danni, jâyiz, mumkin, târi 2*
phacochère : *hallûf*
Phacochoerus æthiopicus : *hallûf*
Phallus impudicus : *falakit al humâr*
pharmacie : *farmasîn*
pharmacien : *daktor farmasi ;*
[~ ambulant] : *daktor cukku*
pharynx : *zarrût ;*
[~ (hypopharynx)] : *halgûm ;*
[~ (oropharynx)] : *luxlux*
philtre : *cadar 2*
Phoenix dactylifera : *tamur*
photographie : *fito, sûra 1*
photographier : *sawwar 1*
photosensibilisation : *abudila*
Phyllanthus reticulatus : *dumsu*
Physalis angulata : *amkaramkaram*
pian : *amcakato, tculmo*
pic : *haffâr*
pickpocket : *habbâc, iyâl bandî, naccâl*
picorer : *kaddak 1*
picotement : *jaljixîn, jaxjixîn ;*
[éprouver des ~s] : *nammal 2*
pièce [~ (habitation)] : *bêt 1 ;*
[~ d'identité] : *karte dandite, waraga 1 ;*
[~ d'or] : *jinêh 1 ;*
[~ de cinq francs] : *riyâl ahmar ;*
[~ de monnaie] : *abhimêra, fakka 2, riyâl, sile ;*
[~ de rechange] : *izbêr ;*
[~ de théâtre] : *tamsîliya ;*
[~ détachée] : *izbêr ;*
[~ en argent] : *riyâl hajar ;*
[grosse ~ d'or] : *dôlâr ;*

[mettre en ~s (déchiqueter)] : *gajjam* ;
[petite ~ d'or] : *sîsi* ;
[vieille ~ de monnaie] : *tamma 2*
piécettes : *girêsât*
pied : *duluf, kura', rijil 1* ;
[~ (végétal)] : *dunbur* ;
[~ de Madura] : *nimle 2* ;
[~ d'éléphant (arbuste)] : *aswala, balsa, cadart al marfa'în* ;
[~ du dromadaire] : *tubbâ'a* ;
[aller à ~] : *daggal 1* ;
[au ~ de] : *ga'ar* ;
[fait de marcher à ~] : *agrûbi* ;
[fait de mettre le ~ à terre] : *nazûl* ;
[grand ~] : *tubbâ'a* ;
[longueur du ~] : *gadam* ;
[marche ~s nus] : *hafa* ;
[qui marche à ~] : *garrâbi*
piège : *carak* ;
[~ à mâchoires] : *amgajjâma, kajjâma* ;
[~ à oiseaux] : *am'abôla* ;
[tendre un ~] : *kajja 1*
piéger : *carrak*
pie-grièche : *gidêl*
pierre : *hajar 2* ;
[~ à chaux] : *jîr 1* ;
[~ à dépolir] : *naggâca* ;
[~ d'achoppement] : *tutul* ;
[~ fixe de la meule] : *murhâka* ;
[~ mobile de la meule] : *bitt al murhâka* ;
[~ ponce] : *hajar Bangi* ;
[~ précieuse] : *fârus* ;
[~ ronde] : *mungâr* ;
[~s du foyer] : *laday* ;
[petite ~] : *hasas*
piétine [qui ~] : *fâjix, fajjâx*
piétiné(e) : *mafjûx, mufajjax* ;
[être ~] : *alfajjax, anfajax*
piétinement : *fajix, fajixîn,*
piétiner : *fajax* ;
[~ volontairement] : *fajjax* ;
[se ~ mutuellement] : *alfâjaxo*
piéton : *angurba, garrâbi* ;
[fait d'être ~] : *agrûbi*
pieu : *witid*
pieux (pieuse) : *mul'abbid, mutadayyin, sâleh, taxi*
pigeon : *hamâm* ;
[~ de Guinée] : *dalôj*
pilage : *cakkân 1, labikîn* ;
[~ grossier] : *daricîn 1* ;
[deuxième ~] : *kanfatân, mardidîn*
pilé(e) : *madgûg, malbûk* ;
[être ~] : *anfajax* ;
[grains ~s grossièrement] : *durâc*
piler : *cakka 1, dagga 1, labak* ;
[~ avec *qqn.*] : *âmad* ;
[~ de nouveau] : *mardad* ;
[~ en fine poudre] : *daggag 1, radas 1* ;
[~ grossièrement] : *darac 1* ;
[~ pour détacher le son] : *kanfat* ;
[fait de ~] : *kanfatân* ;
[se ~] : *andagga*
pileuse : *kanfâta 2, kanfâtiye*
pilier : *ci'ibe, dûliye, durziye, kangûr, murdâs, xâ'ida*
Piliostigma reticulatum : *xarrûb*
pillage : *kasîbe, nahib, sirge* ;
[produit du ~] : *xanîma*
pillard(e) : *nahhâb*
piller : *nahab, xarab* ;
[action de ~] : *kasîbe* ;
[fait de ~ les voyageurs] : *hambitîn*
pilon : *amûd* ;
[petit ~] : *fajjâxa, imêyid*
pilule : *habb*
piment : *catte* ;
[~ en poudre] : *dugga* ;
[gros ~] : *catte nyâmiri* ;
[petit ~] : *catte dugâg*
pin : *sanawbar*
pince : *kullâba* ;
[~ à linge] : *dabbûs* ;
[~ pour enlever les épines] : *mungâc 1*
pincée : *garse, xumja*
pincement : *garrisîn*
pincer : *garad 1* ;
[~ avec les ongles] : *garas* ;
[~ fortement avec les ongles] : *garras*
pincette à pâtisserie : *naggâc*
pingre : *cagi, cagyân, jabbâri 1, kisêre yâbse*
pintade : *amdago, jidâd al xala, kâtci*
pioche : *piyês 1*
pion : *fasa 2, tûr 3*
pipe : *kadôs*
pipeau : *farrâra 1*
piquage des lèvres et des gencives : *tcakkîn*
piquant (*n. m.*) : *harâriye*
piquant(e) : *hârr*
pique (carte) : *subâta*
piqué(e) : *mangûc, mat'ûn, matckûk, muta''an*

pique-assiette : *nafsân*
pique-bœuf : *amdalba, amkudukkak*
piquer : *ta''an, tabaz, tcaxxa ;*
[~ au garrot] : *nahar ;*
[~ de nombreuses fois (insecte)] : *addad 3 ;*
[~ les lèvres] : *tcakka 3 ;*
[~ pour dépolir] : *nagac ;*
[~ profondément] : *ta'an 1 ;*
[~ une surface lisse] : *naggac ;*
[fait de ~ au garrot] : *nahirîn ;*
[qui aime ~] : *ta''ân ;*
[se ~] : *anta'an*
piquet : *câye, marbat 2, witid*
piqueté(e) : *matckûk*
piqueur (-euse) : *ta''ân*
piqûre : *ibre, ta''inîn, ta'in, ta'inîn ;*
[~ d'insecte] : *addayân 1, addîn 1, âkûl ;*
[~ pour donner la mort] : *ibirt al-râha*
pire que : *afsal 2*
pirogue : *markaba*
piroplasmose : *bôl al-damm*
pis (mamelles) : *darre 2*
pis [tant ~ !] : *mâlêc, marâda*
piscine : *hôt*
pisser : *bâl 1 ;*
[faire ~] : *bawwal*
pisseur (-euse) : *bawwâl*
piste : *derib 1, ma'add, majra ;*
[~ de danse] : *pisti ;*
[~ du terrain d'aviation] : *naga'at al-tayâra ;*
[~ sur remblai] : *radmiye*
pistolet : *musaddas, pêhêm*
pistonné(e) : *musâ'ad*
pistonner : *wassat*
pitié : *hinniye ;*
[avoir ~ de] : *ataf, raham ;*
[faire ~] : *hannan 2 ;*
[prendre en ~] : *raxam ;*
[susciter la ~] : *attaf*
pivoter [faire ~] : *laffat*
placard : *dolâb*
place : *bakân, dandal, hôc ;*
[~ des hommes] : *dara ;*
[~ du jugement] : *fâcir ;*
[~ du village] : *dôr 2 ;*
[~ libre] : *majâl ;*
[~ mortuaire] : *furâc, ma'aza, maytam ;*
[~ publique] : *mîdân ;*
[~ sèche et propre] : *sahale ;*
[~ vide] : *farga, naga'a ;*
[à la ~ de] : *badal, gadd 2 ;*
[faire de la ~] : *alfâjajo 2 ;*
[fait d'installer la ~ mortuaire] : *faricîn 2 ;*
[petite ~] : *firêge ;*
[qui ne reste pas en ~] : *jaljâli*
placenta : *bacîme*
placer ***qqn.*** (administration) : *wazzaf ;*
[~ au bon endroit] : *mayyaz ;*
[se ~ (administration)] : *alwazzaf ;*
[se ~ en tête] : *algaddam*
plaider pour ***qqn.*** : *hâma*
plaie : *dabara, falga, tculmo, uwâra*
plaignant(e) : *cakkây, câki, madlûm*
plaindre à [se ~] : *caka*
plaine : *sahale ;*
[~ vide] : *naga'a*
plainte : *cakwa ;*
[porter ~] : *caka*
plaire : *ajab 1, câwag, sarra 3*
plaisanter : *hâca, hâzar, istahbal, jâlax ;*
[~ mutuellement] : *alhâzaro*
plaisanterie : *hizâr, istihbâl*
plaisantin : *mustahbil*
plaisir [faire ~] : *basat, radda 3 ;*
[vivre dans les ~s] : *ni'im*
plaît [s'il te ~ !] : *Allah alêk !, fadul, izin ;*
[s'il ~ à Dieu] : *in câ' Allah*
plan : *rasim, wasif 1 ;*
[mettre au même ~] : *wâsa ;*
[ministère du ~] : *taxtît*
planant : *muhallig, musaggir 1*
planche : *xacab*
planchette : *lôh*
planer : *hallag*
planète : *kôkab*
planification : *taxtît*
planifier : *xattat*
plant : *magan ;*
[~ non semé] : *bandar ;*
[~ sauvage] : *bandar*
plantation : *magganân*
plante (végétal) : *nabât, xadâr ;*
[jeunes ~s] : *bizre, gusgus ;*
[nom d'une ~ aquatique] : *amxillêlo, bicine, sittêb ;*
autres noms de ~s : *agac, ambâsa, ambêtce, amhimêrûn, amkacrâne, amkawala, amkôlîb, ammulûxiye, amrihân, anaba, angalgala, angâli, arkala, awîr 2, bangâw, barambo, barzîn, basal, berbere, birrêd, bittêx, bogolo, camâr, cammâm, catte, catte dugâg, catte kubâr, catte nyâmiri, catte*

xadra, darrâba, dôya, dura, dumsu, faggûs, fâyo, fijil, fûl, fûl gawi, gana, gutun, hinne, iyêr, janzabîl, jibbên, karkanji, karkany, kawal, kôb al arûs, kurdâle, lîf, lubya, nâna, nîle, pappay, rimte, sajam, sakne, sala'la, sanesane, siggêt, sôso, sumsum, sûrij, tadu, timlêge, xaraz al-dâbi, xirwe, → **"herbe"**
plante des pieds : *batun rijil, fajjâxa*
planté(e) : *malbûk, matckûk, maxzûz, muxazzaz*
planter (enfoncer) : *accag, labak, tcakka 3 ;*
[~ dans] : *lakkak ;*
[~ en terre (enfoncer)] : *xazza 2 ;*
[~ en terre (semer)] : *bazzar 1 ;*
[~ un arbre (transplanter)] : *maggan ;*
[se ~ (s'enfoncer)] : *anxazza*
plantoir : *kudungâr ;*
[~ droit] : *tûriye ;*
[gros ~ à berbéré] : *xâzûg*
plaque : *tarag ;*
[~ à sable] : *sâja ;*
[~ de cuisine en terre] : *dôka ;*
[~ de rocher] : *saffay 1 ;*
[~ en fer] : *sâj, sâja*
plaquer contre [se ~] : *antabag*
plaquette : *âj*
plastique : *kawcu, nêylûn ;*
[matière ~] : *tabix*
plastron : *farmala 2*
plastronner : *ajjôkak, jôkak ;*
[fait de ~] : *kulûfiye*
plat : *sahan ;*
[~ cuisiné] : *akil 1 ;*
[petit ~ cuisiné] : *ikkêle,*
plat(e) : *atfah*
plateau (en métal) : *sufra ;*
[~ rond en fibre] : *bartâl ;*
[petit ~] : *sifêre*
Pléiade [constellation de la ~] : *Tireyya*
plein air la nuit [en ~] : *sagî'*
plein(e) : *machûn, malân ;*
[~ de gens] : *ma'mûr 2 ;*
[~e (femelle) : *dârre, mâxde ;*
[~e lune] : *badur*
pleinement : *tak*
pleur : *baki, bakiyîn, bikkeye*
pleurer : *baka ;*
[faire ~] : *bakka ;*
[fait de ~] : *bakiyîn, bikkeye*
pleureur (-euse) : *bakkây*
pleurnicheur (-euse) : *bakkây*
pleuvasser : *tcaktcak*
pleuviner : *racrac 1*
pleuvoir [~ à verse] : *andarra 1 ;*
[~ un peu] : *tcaktcak*
pli : *tabge ;*
[petit ~] : *tibêge*
plié(e) : *mutabbag ;*
[qui a ~ en deux] : *tâbig*
plier : *lawa, tabbag, tawtaw ;*
[~ en deux] : *tabag 1 ;*
[~ le bras] : *agilîn 2 ;*
[fait de ~] : *tabbigîn ;*
[se ~] : *al'affas, attabbag, xanas*
plieur (plieuse) : *tawwây*
plisser : *karcam*
plomb : *rassâs*
plongé(e) : *xargân ;*
[~ au fond de l'eau] : *mutammas ;*
[~ dans l'eau] : *matmûs 1*
plonger : *xarrag, xatas, xattas ;*
[~ au fond de l'eau] : *tammas ;*
[~ plusieurs fois *qqch.* dans un récipient] : *tcalbax ;*
[fait de ~ au fond de l'eau] : *tammisîn ;*
[se ~] : *alxattas*
plouf ! : *blung !, tcuruk !*
pluie : *almi, matara ;*
[~ des dégâts] : *matart al fasâd ;*
[~ fine] : *racrâc ;*
[~ fine ininterrompue] : *îne ;*
[~ tardive] : *igêbât, matart al fasâd ;*
[dernières ~s de la saison] : *igêbât ;*
[petite ~] : *tcak-tcâka*
plume : *rîc ;*
[~ pour écrire] : *xalam ;*
[~s de la queue] : *fissiye*
plumer : *mallat*
plupart [la ~] : *axlabiye, katîr min*
plus : *aktar ;*
[~ de] : *azyad ;*
[de ~] : *kamân ;*
[prendre ~] : *zâd 1 ;*
[qui ~ est] : *kamân*
plusieurs : *katîr ;*
[~ fois] : *iddat marrât ;*
[~ personnes] : *fard 1*
pluvier : *amkêrawân*
pneu : *ajal 2, listig*
poche : *jêb ;*
[~ des eaux] : *figê'e, kîs al almi ;*
[grosse ~ en cuir] : *garfa*

Poekilocerus bufonius hieroglyphicus :
jarâd al ucar
poêle (la) : *tawwa 2*
poêlon : *dôka*
poème : *xasîda ;*
[~ chanté] : *madih*
poésie : *ci'ir*
poète : *anbâni, câ'ir*
poids : *tuggâla, tugul, wazin 2 ;*
[~ d'environ 25 grammes] : *wagiye*
poignard : *sakkîn ;*
[coup de ~] : *ta''inîn, ta'in, ta'inîn ;*
[grand ~] : *garrâda*
poignardé(e) : *mat'ûn, muta''an*
poignarder : *ta''an, ta'an 1 ;*
[qui sait ~] : *ta''ân ;*
[se ~] : *anta'an ;*
[se ~ mutuellement] : *attâ'ano*
poignée : *abbût, massâka*
poignet [articulation du ~] : *gêny 1*
poils : *sûf ;*
[~ de la queue] : *sabîb 1 ;*
[~ du pubis] : *ci'ire*
poinçon : *muxras ;*
[petit ~] : *mixêris*
point : *bonti 1, nugta ;*
[~ d'eau] : *idd ;*
[~ d'eau creusé dans le sable] : *tamada ;*
[~ de côté] : *abnâxûs ;*
[~ de vue] : *rây ;*
[~ névralgique du corps] : *maktal 2 ;*
[~ sensible] : *maktal 2 ;*
[~ vital du corps] : *maktal 2 ;*
[~s importants d'un discours] : *zibde 2 ;*
[au ~ que] : *damman, lahaddi ;*
[n'ayant aucun ~ gagné] : *fûku*
pointe : *musmâr, ponti*
pointu(e) : *tarîn ;*
[bout ~] : *turun ;*
[rendre ~] : *tarrag*
pointure [être à la bonne ~] : *libi*
pois [~ chiche] : *kabkabê ;*
[~ de terre] : *angalgala, fûl gawi*
poison : *samm*
poisser : *sammax*
poisson : *hût, samak ;*
[~ électrique] : *barada ;*
[~s fumés] : *banda ;*
[nom d'un ~ silure] : *balbût 1, garga ;*
autres noms de ~s : *absunûn, amkûru, ampûl, amtcalendo, barada, kabaljo, kaptên 1*

poitrine : *hudun, jôf, sadur*
poivre : *filfil ;*
[~ de Guinée] : *kumbo*
poivron [~ rouge] : *catte kubâr ;*
[~ vert] : *catte xadra*
poker : *gumâr ;*
[jeu de ~] : *bâna-bâna, tiya*
polémiquer : *ajjâdalo*
poli(e) : *amalas, mu'addab, musanfar, tâyi'*
police : *bôlîs ;*
[~ secrète] : *muxâbarât*
policier : *bôlîs, kumsêr*
poliomyélite : *calal*
polir : *mallas, sanfar ;*
[fait de ~ au papier de verre] : *sanfirîn*
polissage : *mallasân, sanfirîn*
politesse : *adab, karâma 1*
politique : *siyâsa, siyâsî*
pollution nocturne [avoir une ~] : *istahlam*
Pologne : *Polônya*
poltron (-onne) : *dikk abyad, mar'ûb, rajâliye ragta*
Polycarpea linearifolia : *rujâl al mahlab*
polythéisme : *cirk*
polythéiste : *mucrik*
pommade : *fumâd, galba, mastolatum, rôb 2 ;*
[~ à la moutarde] : *abtûm ;*
[~ au camphre] : *abmarto ;*
[~ auréomycine] : *gatara ;*
[~ chinoise] : *atomîk, mastalanti cinwa, otomik cinwa*
pomme [~ cannelle] : *gicta ;*
[~ d'Adam] : *xaraza ;*
[~ de Sodome] : *ucar ;*
[~ de terre] : *pumbitêr*
pommeau de la selle : *gaddûm ;*
[petit ~] : *gidêdîm*
pommelé : *muxassal 2*
pompe : *pompî*
pompier : *pompî*
ponçage : *hakkîn*
poncer : *hakka*
ponction (d'argent) : *âkûl*
pondeuse : *bayyâda, mubayyide*
pondre : *bayyad*
pondu [qui a ~] : *mubayyide*
pont : *kubri*
ponte : *bayyidîn*
populaire : *cahîr*
population : *ca'ab*

porcelaine [vaisselle en ~] : *sûni*
porc-épic : *abcôk*
porche d'entrée : *bulo*
portable [être ~] : *ancâl*
portage : *cêl ;*
[~ dans les bras] : *hadinîn ;*
[~ de l'enfant sur le dos] : *gôgîn*
portant : *câyil, hâmil 2 ;*
[~ le bébé] : *gôgay ;*
[~ *qqch.* sur le dos (animal)] : *macdûd ;*
[~ *qqch.* sur le dos (femme)] : *migôgi ;*
[bien ~] : *nasîh*
porte : *bâb, derib 1 ;*
[toute petite ~] : *dirêbay*
porte-bagages : *sabat 2 ;*
[qui est assis sur le ~] : *mardûf*
porte-bébé : *gôgay*
porte-bonheur : *marbat 1, warga*
porte-braise : *muxbar*
portefeuille : *juzulân*
porte-jarres : *tukuzo*
porte-malheur : *harmûs*
porte-monnaie : *juzulân*
porte-parole : *mu'âlin, xacum al kalâm*
porté(e) constamment (vêtement) : *mujallad*
porter : *ajjâmalo, himil ;*
[~ beaucoup de fruits] : *kantac ;*
[~ un chapeau, un vêtement] : *libis ;*
[~ un enfant sur le dos] : *gôga ;*
[faire ~] : *cayyal ;*
[fait de ~ des chaussures] : *libâs ;*
[fait de ~ en haut du bras] : *abbitîn 2 ;*
[fait de ~ l'enfant sur le dos] : *gôgiyîn ;*
[fait de ~ un vêtement] : *libâs ;*
[se ~] : *ancâl, anlabas*
porteur : *attâla, cayyâli, gôtâbê ;*
[~ d'eau] : *sîd al almi, warrâd*
portion : *juzu' ;*
[petite ~ de nourriture] : *ikkêle*
Portulaca oleracea : *lîsân bagara*
posé(e) [~ sur] : *muraddaf, murakkab 2 ;*
[qui a ~] : *murakkib ;*
[qui a ~ une question] : *sâ'il*
poser : *rakkab 2, xatta 1, xazza 2 ;*
[~ à terre] : *dalla 1 ;*
[~ des ventouses] : *hajjam ;*
[~ par-dessus] : *radam ;*
[~ transversalement] : *âridîn ;*
[~ un enduit] : *labbax ;*
[fait de ~] : *xattîn 2 ;*
[fait de ~ des ventouses] : *hajimîn 2 ;*
[se ~ en obstacle] : *handar*
position : *ga'adân ;*
[~ assise] : *amgangûs ;*
[~ assise en tailleur] : *hikkêre*
possédant : *ab*
possédé(e) : *mamlûk, mu'ôrid ;*
[~ par le diable] : *micôtin ;*
[être ~ par un diable] : *istasâb ;*
[fait d'être ~ par] : *ôridîn*
posséder : *malak 1 ;*
[~ *qqn.*] : *assârago l-najâda*
possesseur de : *sîd*
possession : *ôridîn*
possibilité : *imkâniya, tâxa*
possible : *mumkin ;*
[être ~] : *jâz ;*
[il est ~ que] : *akûn, danni*
poste : *busta ;*
[~ de contrôle des véhicules] : *mahatta ;*
[~ de responsabilité] : *mansab*
postérieur (*n. m.*) : *dubur, ja'aba ;*
[~ féminin] : *dingil ;*
[~ fessu des femmes] : *fandôk*
postérieur(e) : *warrâni*
postiche : *salla 3*
postuler : *itraccah*
pot [grand ~] : *hanga ;*
[~ à eau] : *kôs 2 ;*
[~ en calebasse] : *buxsa ;*
[~ en fibres végétales] : *karyo ;*
[~ en vannerie] : *kantôca, kurtâl, umra 1 ;*
[petit ~] : *imêre, kirêyo ;*
[gros ~ avec anse et couvercle] : *bâxa*
potasse : *tcurûru*
pot-de-vin : *dêwân 1, racwa ;*
[verser un ~] : *dêwan*
poteau : *ûd, witid ;*
[~ central] : *dûliye ;*
[~ fourchu] : *ci'ibe, kangûr*
potelée : *amja'abât*
potence : *macnaga*
potière : *haddâd*
potion : *dawa*
pou : *gamul ;*
[~ de poule] : *dalam 2 ;*
[avoir des ~x] : *gammal ;*
[qui a des ~x] : *mugammil*
pouah ! : *tca !*
poubelle : *dungus 1, kûca*
pouce : *kabîr*
poudre : *budra, dagîg, fûdur ;*
[~ à fusil] : *bârûd ;*

[~ bleu] : *zahar 2 ;*
[~ de condiments] : *dugga ;*
[réduire en ~] : *rihik*
poudrer : *dardar*
pouf ! : *bub !, tcuruk !*
pouilleux (-euse) : *mugammil*
poulailler : *dugum*
poulain : *falu ;*
[tout jeune ~] : *filew,* → **"pouliche"**
poule : *jidâde (→jidâd) ;*
[~ d'eau] : *diyêk al almi ;*
[~ mouillée] : *dikk abyad*
poulet : *jidâde (→jidâd)*
pouliche : *falwa ;*
[petite ~] : *filêwe,* → **"poulain"**
poumon : *abunfacfâc*
poupée : *poppi*
pouponner : *lôla ;*
[fait de ~] : *lôlîn*
pour : *hanâ, hiney, hint, lê, xusûs ;*
[~ que] : *acân*
pourboire : *âmûla, dêwân 1,*
pourcentage : *xucum al ucûr*
pourchassé(e) : *mutârad*
pourchasser : *târad 1*
pourparler : *mufâwada, muhâdasa*
pourquoi ? : *mâl-, mâla*
pourri(e) : *afin, fâsid 2, mu'affin*
pourrir : *affan ;*
[~ (faire)] : *barnak ;*
[~ *qqn.* par l'argent] : *taxxa*
pourriture : *afana, barnûk*
poursuite : *mutârada*
poursuivi(e) : *mutârad*
poursuivre : *tâba 1, târad 1, wâsal ;*
[~ un travail] : *macca 2*
pourtant : *istâri, lâkîn*
pourvoir à : *razax*
pousse [~ de plante] : *bizre, gusgus ;*
[jeune ~ de noix de rônier] : *amjabara,*
pousse [qui ~ devant] : *sâyig*
pousse-pousse : *pûs*
poussé(e) : *muzahhaf*
pousser : *âsar bazar, gamma, lazza, nabat, zaham, zahhaf,* → **"pousse"** ;
[~ (contraction du ventre)] : *ganat ;*
[~ des cris de joie] : *ragrag, zaxrat ;*
[~ devant soi] : *darraj 2, sâg ;*
[~ puis tirer] : *râza ;*
[faire ~] : *bazzar 1 ;*
[fait de ~] : *lazzîn ;*
[se ~] : *anlazza, zôxar*

poussière : *ajâj ;*
[couleur ~] : *muxabbic ;*
[nuage de ~] : *xabâc*
poussiéreux (-euse) : *mu'ajjij*
poussin : *farrûj ;*
[petit ~] : *firêrîj*
poutre : *arrâd, mirik, murdâs, ûd*
pouvoir : *gidir 1, gudra, istata', kadmûl 2, kubûriye, muluk, sulta ;*
[~ du sultan] : *saltaniye ;*
[~ présidentiel] : *ra'âsiye ;*
[exercer son ~ sur] : *far'an*
pratique [~ habituelle] : *uruf 2 ;*
[~ idolâtriques] : *kunûs ;*
[mettre en ~] : *tabbax 1 ;*
[mise en ~] : *tatbîx*
précaution : *hazar*
précédent(e) : *sâbix*
précéder : *algaddam, gaddam 2*
précepte d'ordre divin : *farîde*
précipitation : *bahdâl*
prédestination : *gisma*
prédestiné(e) à : *muxaddar*
prédicateur (-trice) : *mukallim*
prédiction : *mustaxâra ;*
[~ de l'avenir] : *cawwifîn ;*
[~ non réalisée] : *kiddêbe*
prédire : *xattat ;*
[~ l'avenir] : *kahhan, saxxar 1*
préface : *muxaddima*
préfecture : *mudîriye, muhâfaza 2 ;*
[nom d'une ~] : *batha*
préférable : *axêr*
préféré(e) : *azîz*
préférer : *mâyal*
préfet : *muhâfiz*
prémices : *bikir, najjâda*
premier (-ère) : *awwal, kabîr ;*
[~ enfant] : *bikir ;*
[~ mil] : *najjâda ;*
[~ responsable] : *ra'îs ;*
[le ~ (la première)] : *awwalâni ;*
[vouloir être ~] : *azzâhamo*
prémuni(e) : *munajjad 2*
prémunir contre [se ~] : *najjad 3*
prenant : *câyil ;*
[~ au sérieux] : *mutmassik*
prendre : *câl 1, karrab 1, taffa ;*
[~ à bord] : *cahan ;*
[~ à charge *qqn.*] : *karab 2 ;*
[~ à deux mains] : *xamma ;*
[~ au piège] : *gabbad 2, zarra ;*

[~ au sérieux] : *alkarrab, itmassak ;*
[~ avec les lèvres] : *saffa 2 ;*
[~ dans les bras] : *hadan ;*
[~ de la glaise du bout des doigts] : *naxar ;*
[~ femme] : *axad ;*
[~ feu] : *cabba 4, gabad, hajja 2, karrab 3 ;*
[~ garde à] : *angara' ;*
[~ l'air frais] : *alhabbab ;*
[~ le meilleur] : *ixtâr ;*
[~ le plus possible] : *xamxam 1 ;*
[~ le repas du soir] : *acca ;*
[~ rapidement] : *karribin, xataf ;*
[~ un cachet] : *cirib ;*
[~ vie (végétal)] : *daggag 2 ;*
[fait de ~] : *cêlîn, karibîn ;*
[fait de ~ pour soi] : *âkûl ;*
[fait de ~ *qqn.* sur sa monture] : *raddifîn ;*
[fait de ~ sur le bras] : *abbitîn 2 ;*
[manière de ~ délicatement] : *ciyyêle ;*
[se ~] : *ancâl ;*
[se faire ~] : *angabad ;*
[se laisser ~] : *ankarab*
prends ! : *alfaddal, hâk*
preneur (-euse) en charge : *damîn*
préoccupation : *cadaha, hamm, macaxxa, nindili*
préoccupé(e) : *macdûh, macxûl, macxûx, muncaxxi*
préoccupé(e) [être ~] : *ancaxxa, hamma 1*
préoccuper : *halwas, hammam*
préparation : *azzizîn, hassilîn, jahhazân, tajhîz*
préparé(e) : *jâhiz, muhassal ;*
[~ (sauce)] : *madrûb 1*
préparer : *hassal, jahhaz ;*
[~ la cuisine] : *âs 1 ;*
[~ la peau] : *kabrat ;*
[~ le thé] : *abba 1 ;*
[~ un lieu] : *wagga ;*
[~ un trou pour enfouir la semence] : *kadangar ;*
[~ une pâte qui doit lever] : *xamirîn ;*
[bien ~] : *zabat ;*
[se ~ à] : *ista'adda*
préposé(e) : *ma'mûr 1*
prépuce : *farwa, jirbêke, sarsûr*
près : *garîb ;*
[~ de] : *garîb, janb ;*
[plus ~] : *agrab 2 ;*
[être ~ de] : *garrab*
présages [croyance aux ~] : *musâbara*
prescription : *farid 2 ;*
[~ religieuse] : *farîde*
prescrire : *amar 1, xarrar*
prescrit [qui ~] : *muxarrir*
présence : *hudûr, wujûd ;*
[à ~] : *hiya, towa*
présent(e) : *câhid 1, hâdir ;*
[être ~] : *cihid, fî 2, hidir, mawjûd*
présenté(e) : *ma'rûd ;*
[qui est ~ comme il faut] : *musta'dal*
présentement : *hâliyan*
présenter : *gaddam 1 ;*
[~ sa candidature] : *itraccah*
présentoir : *tarbêza ;*
[petit ~] : *tirêbîze*
préserver : *daxar, satar ;*
[~ sa dignité] : *sân*
présidence : *ra'âsa, ra'asân, ra'âsiye*
président : *ra'îs*
présidentiel (-elle) : *ra'âsî, ra'îsi*
présider : *ra'as ;*
[fait de ~] : *ra'asân*
présomption : *fajâra*
présomptueux (-euse) : *fâjâri, fâjir, taxyân*
pressage : *assirîn*
presse : *anba' 2, sahâfa ;*
[de ~] : *sahafi*
pressé(e) : *mubahdil, musta'jil ;*
[être ~] : *bahdal ;*
[être ~ de] : *sa'jal ;*
[qui est toujours ~] : *bahdâli*
pressent [qui ~] : *hâri*
pressentir : *hiri*
presser : *asar, saffa 1 ;*
[~ du talon] : *lakka ;*
[~ fortement] : *assar 1 ;*
[~ *qqn.* de] : *bahdal ;*
[fait de ~ des boulettes] : *abbitîn 1 ;*
[fait de ~ du talon] : *lakkîn ;*
[se ~] : *ajjal 1, albahdal*
pression : *âsirîn, daxit, lazzîn*
pression [faire ~] : *assar 1, galgal*
pressurage : *saffîn*
prestige à [donner du ~] : *makkan*
présumé(e) coupable : *mathûm*
prêt (*n. m.*) : *atîle, attilîn*
prêt(e) : *hadîr 2, hâsil, jâhiz, muhassal, mujahhaz, musta'idd ;*
[~ à] : *mu'azziz, mujahhiz ;*
[~ à être mangé(e)] : *matbûx ;*

[~ à frapper] : *fârid ;*
[être ~] : *azzaz, jahhaz ;*
[fait d'être ~ à] : *azzizîn*
prêté(e) : *mugabbad 3 ;*
[~ à] : *mukarrab ;*
[qui a ~ de l'argent à *qqn.*] : *dâyin*
prétendant : *sâ'il, talîb*
prétentieux (-euse) : *bahbâri, fâjâri, fâjir, hunbur, kôlâfi, kulûfi, mudda'i, tuss ;*
[être ~] : *kôlaf*
prétention : *fajâra, kôlifîn*
prêter : *attal, gabbad 3 ;*
[~ attention] : *intabah ;*
[~ de l'argent] : *sallaf ;*
[~ l'oreille] : *sanat ;*
[faire ~ serment] : *hallaf*
prétexte : *barâhîn, hijje, sible*
preuve : *dalîl 1 ;*
[~ sans valeur] : *sible*
prévaricateur (-trice) : *zâlim*
prévenant(e) : *azzâz*
prévenu(e) [qui a été ~] : *muxawwaf*
prévoyance : *hadâra*
prévoyant(e) : *hadîr 2*
prie [je t'en ~ !] : *alfaddal, Allah alêk !*
prier : *da'a, kabbar 2, salla 1, zakar 1 ;*
[~ avec le chapelet] : *adda''a, warrad 4 ;*
[~ plus que d'obligation] : *naffal*
prière : *du'a, salâ ;*
[~ de l'après-midi] : *usur ;*
[~ de l'aube] : *(al) subuh ;*
[~ du chapelet] : *wirid 2 ;*
[~ du crépuscule] : *maxrib ;*
[~ du début de l'après-midi] : *duhur ;*
[~ du soir] : *ice ;*
[appel à la ~] : *izâna ;*
[dire des ~s surérogatoires] : *naffal ;*
[disant la ~ "Dieu est grand"] : *mukabbir 2 ;*
[faire sa ~] : *salla 1 ;*
[nom d'une ~ surérogatoire] : *tarâwîh ;*
autres noms de ~s : *tacahhud, tahajjud.*
prince (princesse) : *amîr*
principal(e) : *ra'îsi*
principalement : *xusûs 1*
principe : *asâs*
printemps : *rucâc*
pris(e) : *mugabbad 2, mukarrab ;*
[~ au piège] : *mazrûr ;*
[~ tout entier dans une difficulté] : *kârib ;*
[être ~ par une occupation] : *ancaxal ;*
[qui a ~] : *câyil ;*
[qui a ~ en location] : *mu'ajjir*
prise (*n. f.*) : *cêlîn, karib, karibîn ;*
[~ au lasso] : *zaridîn ;*
[~ d'armes] : *rafi'în ;*
[~ de butin] : *kasîbe ;*
[~ de parti pour] : *mujamala ;*
[~ en charge] : *kallafân ;*
[~ par les cornes au lasso] : *cabbîn 1*
priser (tabac) : *sa''at, saffa 2*
prison : *dangây, hubus, sijin*
prisonnier : *mahbûs, masjûn ;*
[~ vendu comme esclave] : *ragîg*
privé(e) de : *mahrûm*
prix : *taman, xîma ;*
[~ courant] : *si'ir ;*
[~ d'un billet de transport] : *ujura ;*
[~ d'une place] : *ijâr ;*
[~ du sang] : *diye ;*
[~ souhaité pour une transaction] : *mu'râd 2 ;*
[avancer le ~ d'une marchandise] : *arrad 3 ;*
[demander le ~ de la marchandise] : *arridîn 3 ;*
[faire tomber le ~] : *bawwar 1 ;*
[fixer le ~] : *gâwal 2 ;*
[s'entendre sur un ~] : *tâman*
probable : *jâyiz*
probe : *sâleh*
problème : *carr, cu'ûn, masîbe, muckila, ôra 3, sibbe ;*
[~ avec quelqu'un] : *kalâm ;*
[~ personnel] : *wijjê'e ;*
[~ sans solution] : *bêdayit amtcilîli*
Procavia ruficens : *tês al hajar*
procès : *cerî'e*
procession : *sêra ;*
[~ nuptiale] : *zaffa*
processus : *xatwa*
proche : *garîb, tafar 2 ;*
[~ parent(e)] : *agrabûn, wali 1 ;*
[plus ~] : *agrab 2*
proclamant l'unicité de Dieu : *muhallil 2*
proclamation : *nâdîn*
proclamer : *sarrah 1*
procuration : *wakâla*
procurer : *nâwal, waffar*
procureur : *mudda'i*
prodige : *ajab 2*
prodigieux ! : *ajab !*
prodigieux (-euse) : *ajîb*
prodigue : *mamhûg, mubazzir*

productif : *durâ' axadar, muntij*
production : *intâj, natîja*
produire : *antaj, nataj, nattaj ;*
[~ de la gomme arabique] : *sammax ;*
[~ les premiers fruits] : *bakkar 2 ;*
[se ~] : *hasal, kân*
produit(e) : *mantûj*
proéminence occipitale : *zongol*
professeur : *mu'allim, mudarris, ustâz*
profession : *xidime*
profit : *daxil, fâyde, kasibîn, maksab, manfa'a, ribah ;*
[qui tire ~] : *mustafîd ;*
[réaliser des ~s] : *rabbah ;*
[sans ~] : *bâyiz ;*
[tirer ~] : *istafâd, kisib*
profiter : *alfayyad ;*
[~ de la vie] : *addâlal*
profond(e) : *tawîl, xarîg, xawît*
profondeur : *tûl*
progéniture : *iyâl, têrâb 2, tûr 2*
programme : *barnâmij, jadwal 1*
progrès : *tagaddum, taxaddum*
progresser : *algaddam ;*
[faire ~ vers] : *darraj 2*
prohibé(e) : *mamnû'*
projectile : *mungâr*
projection : *lattixîn*
projet : *macrû' ;*
[faire le ~ de] : *gasad ;*
[faire un ~] : *xattat*
prolapsus : *til'e*
prolifique : *wallâd*
prolonger [se ~] : *tâl*
promenade : *fusha, huwâme, ruwâxe ;*
[être occasion de ~] : *anrâx*
promenant [se ~] : *râyix*
promène [qui se ~] : *dâgic, kâdd*
promener ***qqn.*** : *rawwax ;*
[fait de se ~] : *rôxân ;*
[qui aime se ~] : *hawwâm ;*
[se ~] : *alfassah, kadda 2, laflaf, râx ;*
[se ~ çà et là] : *hâm*
promeneur (-euse) : *kaddâd 2*
promesse : *ahad 2, mu'âhada ;*
[~ non tenue] : *kiddêbe ;*
[à qui l'on a fait une ~] : *muwâ'ad ;*
[ne pas tenir sa ~] : *dabdab 2*
promettre : *âhad, baccar ;*
[se ~ l'un à l'autre *qqch.*] : *al'âhado*
promise en mariage : *maxtûba*
promotion : *tatawwur ;*
[~ sociale] : *daraja*
promouvoir : *darraj 1, tawwar*
promptitude : *bahdâl*
promu(e) : *mudarraj*
prononce mal [qui ~] : *ablam*
prononcer le nom : *tara*
prononciation défectueuse : *lajana, lijêne*
propagande : *di'âya 1*
propagation : *icâ'a*
propager : *ca' 2 ;*
[~ une nouvelle] : *âlan*
prophète : *nabi*
prophétie : *nubuwwa*
propos mensongers : *di'âya 2*
proposition : *munâwala*
propre : *afîf, maxsûl, nadîf, sâfi, tari ;*
[~ (liquide)] : *mutcaltcal ;*
[rendre ~] : *naddaf ;*
[rendu(e) ~] : *munaddaf*
propreté : *nadâfa, tandîf*
propriétaire de : *sîd*
proscrit(e) : *harâm, muharram 1*
Prosopis africana : *girli*
Prosopis juliflora : *garad Makka*
prospérer : *barbar 2, nataj, nattaj ;*
[faire ~] : *yassar*
prospérité : *âfya, amâr, amirîn 2, baraka*
prosternation : *sujûd*
prosternement : *ruku'*
prosterner [se ~] : *sajad*
prostituée : *azaba, carmûta ;*
[petite ~] : *cirêmîte*
prostitution : *carmata*
prostration : *xayyinîn*
prostré(e) : *muxayyin*
protecteur (-trice) : *hâfiz, kalîf, sâtir, sattâr, wali 1*
protection : *daraga, hasab 3, hijâb, himâya, hufudân, sâtir, sutra 1, warga ;*
[~ de chiffons] : *xartay ;*
[~ en cuir] : *jilâde ;*
[~ par clôture] : *kajjarân ;*
[~ vigilante] : *hudun ;*
[chercher ~] : *hassab ;*
[mis(e) sous la ~ de] : *mul'ammin ;*
[qui est sans ~ de la peau] : *hafyân ;*
[se mettre sous la ~ de] : *al'amman, alhassab*
protège [qui se ~] : *mudârig*
protégé(e) : *mahafûd, mahfûz, mudârag, mujammar, munajjad 2 ;*
[~ par] : *mu'azzaz ;*

[~ par des amulettes] : *muhajjab ;*
[~ par un enduit] : *mutallas ;*
[qui s'est~] : *mul'ammin*
protège-cahier : *sijille*
protéger : *damma 1, dâfa', dârag, hafad, hâma, satar ;*
[~ de] : *najja 1 ;*
[~ du regard des autres] : *dâra 1 ;*
[se ~ contre] : *andamma 2, najjad 3 ;*
[se ~ par des amulettes] : *alhajjab*
protestant(e) : *burutistâni*
protestation : *argâl, ihtijâj*
protester : *argal, ihtajja*
protoptère : *amkûru*
Protopterus annectens : *amkûru*
prouver : *tabbat*
provende : *alûg*
proverbe : *masal*
providence : *xadar 3*
province : *rîf*
provision : *zaxîra ;*
[~ de bouche] : *zâd 2 ;*
[~ de nourriture] : *ma'akal ;*
[~ de route] : *zâd 2 ;*
[~ du cheval] : *alûg*
provisoire : *intixâli, muwaxxat*
provocateur (-trice) : *jaxxâx, jâsir, lazzâz, muharric, xacîm*
provocation : *harricîn, jaxxîn*
provoqué(e) à : *muharrac*
provoquer : *assas, sabbab 2 ;*
[~ à] : *harrac ;*
[~ à la bagarre] : *balbala, jaxxa ;*
[~ la toux] : *gahhah ;*
[~ *qqn.*] : *jâsar*
proxénète : *camarôxa, mu'arras, samsarma*
prunelle : *wald al ên*
prunier [sorte de ~] : *himmêd*
prurit : *âkûla*
psalmodie coranique : *tartîl*
psalmodier le Coran : *jawwad, rattal*
Psammophis schokari : *abunzurrâg*
Psammophis sibilans : *abunzurrâg*
Psaumes [livre des ~] : *Zabûr*
Psidium guayava : *giyâfa*
Pterocarpus lucens : *angorne*
puant(e) : *afin*
puanteur : *afana, zanaxa*
pubère : *kâlif ;*
[devenir ~] : *agal 1, kalaf*
puberté : *agilîn 1, balûx*
pubis : *dabbe 2*
public(*n. m.*) : *jamhûr*
public (-ique) : *âmm ;*
[rendre ~] : *jahar*
publication : *jahirîn ;*
[~ des nouvelles (radio)] : *nacra*
publicité : *di'âya 1*
publier : *âlan*
pudeur : *cûm, êb, ôra 4, xijile ;*
[avoir de la ~] : *istaha ;*
[sans ~] : *makcûf*
puer : *ancamma ;*
[~ (aliment)] : *zannax*
pugnacité : *rajâliye xabca*
puîné(e) : *tarîd*
puis : *ba'adên, wa ;*
[et ~] : *istâri*
puisage : *jabdîn, zâgiye 2 ;*
[~ de l'eau] : *tabbirîn*
puisé(e) : *maxrûf, mutabbar*
puiser : *tabbar, xaraf ;*
[allant ~ de l'eau] : *wârid*
puisette : *dalu 1, rambay*
puiseur (-euse) : *tabbâr, zaggay 1*
puissance : *cidde, izz, rajâliye ;*
[imposer sa ~] : *mana' 1*
puissant(e) : *gâdir ;*
[~ en] : *cadîd*
puits : *bîr ;*
[~ peu profond] : *tamada ;*
[~ très profond] : *sâniye ;*
[~ vieux] : *idd*
Pulicaria undulata : *amrihân 2*
pull-over : *fanîle*
pulsation forte précédant l'agonie : *taggâg*
pulsions [suivre ses ~] : *alfâjar*
punaise : *amdurnâha*
puni(e) : *mahkûm 1 ;*
[être ~] : *alhâsab*
Punica granatum : *rummân*
punir : *âgab, âxab, hakam, xarram*
punition : *ixâb, mu'âxaba*
pupille : *wald al ên*
pur(e) : *hurr, mutahhar, sâda, sâfi, tâhir*
purge : *tathîr*
purification : *janâba, tahâra, tathîr*
purifié(e) : *mutahhar, muxassal 1, tâhir*
purifier : *saffa 1, tahhar ;*
[se ~] : *annajja, attahhar, najja 2, zawwal*
pur-sang : *aslî, hurr*
pus : *wi'e ;*
[qui a du ~] : *muwa'i ;*
[se remplir de ~] : *wa''a 2*

pustule : *nafad 2*
putain : *carmûta ;*
[petite ~] : *cirêmîte*
putois : *kindi*
putsch : *ingilâb*
python : *asala*

q

quadrupède (l'âne) : *sâgarba'a*
qualité : *ayne, cakil 1, jinis, nafar, nô', sanif ;*
[de bonne ~] : *âli ;*
[en sa ~ de] : *sife ;*
[faire valoir ses ~s physiques] : *yanga ;*
[homme de ~] : *fadîl*
quand : *kan 1, wakit 2*
quand ? : *mata*
quant à : *akko, nisba*
quantité : *mixdâr ;*
[~ de mil disposé sur l'aire] : *jarre 1 ;*
[grande ~] : *katîr ke, kutur ;*
[petite ~] : *ciya ;*
[quelle ~] : *gidrêc ? ;*
[une très petite ~] : *ciyya*
quarantaine [mis(e) en ~] : *ma'zûl*
quarante : *arba'în*
quart : *gundar, kôs 2 ;*
[un ~] : *rubu'*
quartier : *cigg, hille, hâra, kartiye ;*
[secteur d'un ~] : *raff*
quatorze : *arba'tâcar*
quatre : *arba'a*
quatre cents : *urbumiya*
quatre-vingt-dix : *tis'în*
quatre-vingts : *tamânîn*
quatrième : *râbi'*
que : *bikawna, kadar 2 ;*
[après ~] : *ma, ba'ad ma ;*
[avant ~] : *ma gubbâl ma ;*
[comme ce ~] : *ma misil ma ;*
[le fait ~] : *bikawnu ;*
[moins ~] : *min ;*
[plus ~] : *min*
quel (quelle)? : *yâti ?, yâtu ? ;*
[~s (quelles)?] : *yâtumman ?*
Quelea quelea : *zarzûr*
quelque [~ chose] : *talko ;*
[il y a ~s jours] : *awaltamisât*
quelquefois : *bakân lê bakân gabul*
quelques-uns (unes) : *ba'ad 2, wâhid*
quelqu'un(e) : *filân, insân, nâdum, nâdumay, niyêdim, wâhid, zôl*
quémander : *cahad ;*
[fait de ~] : *cihide*
quémandeur (-euse) : *cahhâd*
querelle : *batar 2, hurâj, kalâm, xusum ;*
[chercher ~] : *câkal, jaxxa ;*
[en ~] : *muxâsam*
quereller [se ~] : *alhârajo, alxâlafo, câkal, hâraj*
querelleur (-euse) : *batrân, cirrîr, jâsir, xacîm*
qu'est-ce que ? : *cunû, mâl-*
question : *su'âl*
questionner : *nacad, sa''al, sa'al ;*
[fait de ~] : *sa''ilîn, sâ'ilîn*
questionneur (-euse) : *naccâd, sa''âl, sa'âl*
queue : *danab ;*
[~ des volatiles] : *fissiye ;*
[mettre à la ~ leu leu] : *rasan 1, rasanân*
qui ? : *yâti ?, yâtumman, yâtu*
quiétude : *âfe 1 ;*
[vivre dans la ~] : *râg*
quincaillerie : *kenkâyri*
quinze : *xamistâcar*
quitte [être ~] : *kaffâra 2*
quitter : *farag, faraj 2, istaxalla, rafad, tarak, xadar 1, xalla 1 ;*
[~ l'enclos] : *nacca ;*
[~ sa place] : *kasar ;*
[~ un lieu] : *jangal 2, sâr ;*
[faire ~ un lieu] : *sayyar 1*
quoi ? : *cunû*
quotidien : *dawwâm*
quotidiennement : *yômîyan*
Quraych : *Xurâyc*
Quraychites [tribu des ~] : *Xurâyc*

r

rabais : *gassirîn, nagis, nagîse*
rabaissement : *raxxisîn*
rabaisser : *gassar, raxxas ;*
[~ le prix] : *nagas*
rabotage : *haffîn*

raboté(e) : *mahfûf*
raboter : *haffa 1, xarat*
rabougri(e) : *mu'aggir*
raccommodage : *ragi'în*
raccommoder : *ragga'*
raccorder : *laham 1*
race : *asil, jinis, nafar ;*
[de ~ pure] : *asîl, aslî*
racé(e) (animal) : *hurr*
rachat : *fadiyîn*
rachitique : *biyêtil, mugarjil*
racine : *irig ;*
[nom d'une ~] : *jamsinda ;*
[nom d'une ~ médicinale] : *tôr-azrag*
racisme : *tafrixa, unsuriya*
raciste : *unsuri*
raclée : *ikkêle, tcannîn*
raclement de la gorge : *hamhâm*
racler : *xarat ;*
[~ le fond sec de la marmite] : *ganga 1 ;*
[se ~ la gorge] : *hamham*
racontar : *gôl, guwâle*
raconter une histoire : *hajja 1*
radicelle : *irêg*
radio [poste de ~] : *râdyo*
radiocassette : *misajjal*
radiodiffusion : *izâ'a*
radiographie : *kacif 1*
radiographier : *kacaf*
radis : *fijil*
radius : *jarîday*
radoter : *xirif*
rafale : *darib 2*
rafistolage : *lamsâg*
rafistoler : *lamsag*
rafler : *lâyam, xamxam 1, xataf*
rage : *istinkar, jaham, jômisîn ;*
[avoir la ~] : *jihim 1, sô'ar ;*
[transmettre la ~] : *jahham 1*
ragot : *guwâle*
raie de couleur : *sîhân*
raisin : *inab ;*
[~ sec] : *zabîb*
raisinier : *millês*
raison : *agil, ille 2, sabab ;*
[donner ~ à] : *nassar*
raisonnable : *ab'agul, ma'gûl 2, mumayyiz ;*
[être ~] : *ixil*
ralentir : *barrad 2*
râler : *danna, ganat, xabban, xarxar, zihij*
râleur (-euse) : *zi''îli*
rallié(e) : *mundamm*
rallier [se ~] : *andamma 1*
ramadan : *ramadân*
ramassage : *laggitîn*
ramassé(e) : *mulaggat*
ramasser : *karribin, laggat, lâyam ;*
[~ à pleines mains] : *xamma, xamxam 1 ;*
[~ de l'herbe] : *gacca 2 ;*
[~ en grande quantité] : *kâwar ;*
[~ ses affaires] : *tabbag ;*
[~ très vite] : *xâtaf ;*
[fait de ~] : *laggitîn*
ramassis : *nyama-nyama*
rampe [qui ~] : *zâhif*
ramper : *ankarra, zihif ;*
[fait de ~] : *zahifîn*
rance [odeur ~] : *zanaxa*
rancir : *zannax*
rancœur : *hasâsiya*
rançon : *fadiyîn ;*
[payer une ~ pour *qqn.*] : *fada*
rancune : *aggadân, durr, hasâsiya ;*
[qui a de la ~ contre] : *muhassif*
rang : *rôg, rutba, saff 2, tâbûr ;*
[~ social] : *martaba 1*
rangé(e) : *marsûs, mu'addal, mudamdam, murassas ;*
[qui a ~] : *mudamdim, murassis ;*
[qui a ~ sa voiture] : *mugarric 2*
rangée (*n. f.*) : *saff 2*
rangement : *damdimîn*
ranger : *damdam 1, nazzam, rassa, rassas, rattab 1 ;*
[fait de ~] : *tabbigîn ;*
[~ du linge] : *tabbag*
rapace : *sagur, sigêr ;*
[~ nocturne] : *amguggum*
râpé(e) : *mustâkal*
rapetisser : *gassar*
râpeux (-euse) : *axacan*
Raphanus sp. : *fijil*
Raphionacme browni : *fâyo*
rapide (*adj.*) : *ajîl*
rapide (*n. m.*) (fleuve) : *callâl*
rapidement : *ajala ;*
[très ~] : *ajala ajala*
rapidité : *bahdâl, sur'a*
rapiéçage : *ragi'în*
rapiécer : *ragga'*
rappel : *târi 1*
rappelé(e) : *mazkûr*
rappeler : *zakkar ;*
[se ~] : *alfakkar, azzakkar, fakkar*

rapport : *alâxa ;*
[sans ~] : *cik cik ;*
[par ~ à] : *nisba*
rapportage : *gatî'e*
rapporté [qui a ~] : *jâyib ;*
[pouvoir être ~ par écrit] : *ankatab*
rapporter : *gabbal, jâb, lahhag, nâgal ;*
[~ des renseignements] : *kidib 3 ;*
[~ les paroles d'un autre] : *gâwal 1, jâsas ;*
[~ tout ce qu'on entend] : *jassas ;*
[se ~ à] : *xassa 1*
rapporteur (-euse) : *gawwâl, jâsûs, muxarrir, naggâl*
rapprocher [se ~] : *garrab*
rare : *ma'dûm ;*
[devenir ~] : *galla 2*
ras-le-bol [fait d'en avoir ~] : *tayyirîn 2 ;*
[qui provoque le ~] : *tâyir 2*
rasade : *carbe*
rasage : *mallasân, zayyinîn, ziyâne*
rasé(e) : *muzayyan*
raser (les poils) : *zayyan ;*
[fait de ~] : *ziyâne ;*
[se ~ les uns les autres] : *azzâyano*
rasoir : *mûs*
rassasié(e) : *cab'ân, rawyân*
rassasiement : *caba'*
rassasier [~ *qqn.*] : *cabba' ;*
[se ~] : *alkayyaf, cibi', riwi*
rassemblé(e) : *mahcûr, malmûm ;*
[qui se sont ~s] : *lâmmîn, mujtami'*
rassemblement pour manger ensemble : *dabalay*
rassembler : *jama', lamlam ;*
[~ des choses] : *kambal ;*
[~ des travailleurs] : *naffar 1 ;*
[~ l'herbe] : *gaccac ;*
[~ pour emporter] : *lâyam ;*
[se ~] : *hâc 2, ijtama', lamma, rakkam*
rassembleur : *jâmi' 1*
rassuré(e) : *muhaggig*
rassurer les bêtes du troupeau : *nyaxrat*
rasta [coiffure ~] : *rasta*
rat : *fâr 4 ;*
[~ des champs] : *fâr al gôz*
ratatiné(e) : *mu'aggir*
rate : *tihâl ;*
[maladie de la ~] : *tôhâl*
raté(e) (*adj.*) : *tarhân*
ratées *(n. f.)*(moteur) [avoir des ~] : *gatta'*
râteau : *tcakarkara*
ratel : *durbân*
ratiboiser : *barbar 1*
ration : [~ alimentaire] : *racông ;*
[~ d'eau] : *carbe*
rattraper : *lihig*
ravage : *fasâd*
ravager : *xarab*
ravaudage : *ragi'în*
ravauder : *ragga'*
ravin : *karkaw*
ravisseur (-euse) : *nahhâb*
ravitaillement : *jalabân*
ravitailler [partir se ~] : *jalab*
rayer [~ d'un trait] : *karra 2 ;*
[se ~] : *ancaxat, anhakka*
rayures d'une étoffe : *sîhân*
réagir contre : *ihtajja*
réaliser : *haggag, sawwa 1 ;*
[~ une intention] : *naffaz*
réalité : *hagîga*
rebelle : *mutmarrid, sawri*
rebeller [se ~] : *asa 1, assawwar, nâfax, sawwar 2*
rébellion : *isyân 1, sawra*
reboisement : *magganân*
rebouteux : *basîr, jabbâri 2, rakkâbi*
récalcitrant(e) : *harrân*
recensement : *ihsâ', kacif 2, katibîn*
récent(e) : *hadîs 3, jadîd*
réceptacle : *sabat 2*
réception : *âzûma*
recettes : *daxil*
receveur : *kamasanji*
recevoir : *istaxbal, ligi ;*
[~ comme il faut] : *azza 2 ;*
[~ dans les bras] : *allagga ;*
[~ un héritage] : *wâras ;*
[~ *qqch.* dans] : *lagga 1 ;*
[~ *qqn.*] : *faddal 2, gâbal ;*
[~ un coup de poignard] : *anta'an ;*
[~ un coup sur la nuque] : *anfahag ;*
[~ un hôte] : *dayyaf,* → **"reçoit"** ;
[~ une avance d'argent] : *addayyan ;*
[~ une bonne éducation] : *al'addab ;*
[~ une responsabilité] : *wazzaf ;*
[fait de ~] : *laggân 2, lagiyîn ;*
[fait de ~ comme il faut] : *azzîn ;*
[ne pas ~ sa part] : *gimih ;*
[vouloir ~ plus] : *daca'*
réchauffé(e) [être ~] : *difi*
réchauffement : *dafu'*
réchauffer : *hamma 3 ;*

[se ~] : *daffa*
rêche : *axacan ;*
[~ et grise (peau)] : *manfûc*
recherche : *fatticîn, faza' 3, mutârada, taftîc, tifittic ;*
[~ de l'eau] : *wirrêde 1 ;*
[~ de la nourriture] : *kallayân ;*
[aller à la ~] : *faza' 2 ;*
[qui est à la ~ de] : *rawwâx 2*
recherché(e) : *mufattac*
rechercher : *fattac ;*
[~ la science] : *hâjar ;*
[~ les femmes] : *târad 2 ;*
[partir ~] : *faza' 2*
récipient : *ma'ûn ;*
[nom d'un ~] : *hanga ;*
[~ pour boire] : *kôb, kubbay ;*
[~ pour la lessive] : *xassâl ;*
[~ servant de mesure] : *abbâr, kayyâl ;*
[~ verseur] : *darrâr*
récit : *hikâya ;*
[~ d'un fait] : *riwâya ;*
[~s (fantastiques)] : *hije*
récitation [style d'une ~] : *riwâya ;*
[~ du Coran] : *tilâwa ;*
[~ psalmodiée du Coran] : *tajwîd ;*
[expert en ~ du Coran] : *mujawwid*
réciter [~ la "fâtiha"] : *fatah ;*
[~ le Coran] : *tala ;*
[~ sa généalogie] : *nasab 1*
réclamation : *tâlabân*
réclamer : *tâlab*
reclus(e) : *mahbûs*
réclusion : *habisîn ;*
[~ de quarante jours] : *arban*
recoin : *madabb ;*
[~ sombre] : *jaxnûn*
reçoit bien ses hôtes [qui ~] : *mudayyif*
récolté(e) : *mantûj*
récolter (les arachides) : *salla 2*
recommandation : *wasiye*
recommandée [lettre ~] : *musajjal*
recommencer : *âd, tabag 1*
récompense : *ajur, bayâd 2, jaza, mukâfâ*
récompensé(e) par Dieu : *ma'jûr*
récompenser : *âjar 1*
réconciliation : *âmirîn, musâmaha, suluh*
réconcilie [qui ~] : *mu'âmir*
réconcilié(e) : *mu'âmar, mul'âmirîn, musâlih*
réconcilier : *adilîn, âmar ;*
[se ~] : *al'âmaro, sâlah*

réconforter : *âjar 2, kaffar*
reconnaissable [être ~] : *an'araf, mu'allam 2*
reconnaissance : *hasana*
reconnaissant : [~ sa faute] : *muhtarif 1*
reconnaissant(e) : *cakûr*
reconnaître : *irif ;*
[~ sa faute] : *ihtaraf,* → **"reconnaissant"** *;*
[~ son erreur] : *garra 2 ;*
[~ son objet perdu] : *hamma 2*
reconstituant(e) : *mugawwi*
recoudre : *cawwak*
recourbé(e) : *matni*
recours [auquel on a ~] : *marja'i*
recouvert(e) : *makfi, mudaffan, mufarrac, mulxatti, muxatta, muxatti ;*
[~ (chef, tête)] : *mukadmal ;*
[~ d'un produit] : *madrûb 2 ;*
[~ d'une peau] : *mujallad ;*
[qui a ~] : *sâdd*
recouvrer : *âd ;*
[~ la santé] : *addâwa, cifi, ligi ;*
[~ une créance] : *saddad*
recouvrir : *kafa 2, xatta 2, xatxat ;*
[~ de glaise] : *lawwas ;*
[~ d'une peau] : *jallad ;*
[fait de ~] : *xattayân*
récréation : *istirâha, rekreyasyo ;*
[~ nocturne] : *ti'ilîle*
recroquevillé(e) : *muntawi*
recroqueviller [se ~] : *karfas*
recrue : *jundi*
recrutement : *cêlîn, tajnîd*
rectitude morale : *haxx*
reçu de l'argent [qui a ~] : *mu'ajjar, mu'akkal*
recueillir : *allagga ;*
[~ dans] : *lagga 1 ;*
[fait de ~] : *laggân 2*
recul : *zahhifîn*
recule [qui ~] : *mukaskis*
reculer : *be wara, kaskas, kassa ;*
[~ de frayeur] : *jafal*
reculons [à ~] : *gafa, wara*
récupérer [~ ses forces] : *anjamma ;*
[~ son poids] : *barbar 2*
récurage : *daricîn 2, tcannîn*
récuré(e) : *madrûc 2*
récurer : *darac 2, tcanna ;*
[se ~] : *andarac 2*
récuser [se ~] : *annâya*
redouter : *ixtaca ;*

[faire ~] : *nakkal*
redresser sur sa couche [se ~] : *gamma be hêlah*
redresseur de torts : *faccâci*
réducteur de la boîte de vitesse : *tiris*
réduction : *nagisîn*
réduire : *nagas ;*
[~ sur le feu] : *agad 2*
réduit(e) en poudre : *marhûk*
refaire : *âd, tabag 1*
refermer [se ~] : *ansadda, antabal*
réfléchir : *alfakkar, bassar 1, jâlal 2 ;*
[~ à] : *fakkar*
réfléchissant : *mufakkir*
refléter : *lâsaf*
réflexion : *fikir, jâlilîn*
réforme : *islah*
réformer : *sallah 1*
réfrigérant : *mubarrid*
réfrigérateur : *tallâja*
refroidi(e) : *sagtân*
refroidir : *barrad 2, rattab 3 ;*
[~ un liquide] : *gâlab*
refroidisseur : *mubarrid*
refuge : *hasab 3, malja', markaz*
réfugié(e) : *lâji'*
réfugier [se ~] : *al'amman, alhassab, anxazan, hassab*
refusant : *mâni' 1*
refuse [qui ~] : *nâkir ;*
[qui ~ d'avancer] : *harrân*
refuser : *aba, adrab, âkas, hajar 1, nakar, rafad, timih ;*
[~ catégoriquement] : *batbat ;*
[~ de partir] : *haran ;*
[~ par orgueil] : *azza 3 ;*
[fait de ~] : *nakirîn*
regard : *côf ;*
[~ intense] : *ciwwêfe ;*
[~ perçant] : *hammirîn 2 ;*
[~ qui dévisage] : *hammirîn 2 ;*
[qui a le ~ envieux] : *mukallih*
regardant : *câyif*
regarde [qui ~] : *mulfarrij*
regarder : *câf, farraj ;*
[~ avec attention] : *alfarraj, wakkad, âyan ;*
[~ avec envie] : *jahham 2 ;*
[~ en haut] : *sanga' ;*
[~ fixement] : *hammar 2, kallah ;*
[~ furtivement] : *tâwag ;*
[~ *qqch.* en espérant l'obtenir] : *kallihîn ;*

[fait de ~] : *farrijîn, mucâhada*
région : *balad, dâr 2, ixlîm, turâb*
régional(e) : *dâray, ixlîmi*
règle : *cart, lâ'iha, xâ'ida, xânûn*
règles de la femme : *âde 2, hêt ;*
[avoir ses ~] : *hâtat ;*
[qui a ses ~] : *ma'zûra (→ ma'zûr)*
réglé(e) : *mazbût ;*
[~ à l'heure] : *mawzûn 1*
règlement : *lâ'iha, xânûn ;*
[~ de compte] : *muhâsaba*
régler : *zabat ;*
[~ les comptes] : *hâsab ;*
[fait de ~ un différend] : *adilîn ;*
[se ~] : *anhalla*
règne : *saytara*
régner : *saytar ;*
[~ en dictateur] : *assaytar*
regret : *asaf, nadâma*
regrettant : *nadmân*
regrette [qui ~] : *asfân, mul'assif*
regretter : *al'assaf, isif, nidim ;*
[faire ~] : *naddam*
regroupement des gens : *umâre*
regrouper : *lamma ;*
[~ un troupeau] : *gâlab ;*
[se ~] : *amar 2*
régulariser une situation : *rattab 1*
régurgitation des ruminants : *jirre*
régurgiter : *galaj*
réhabilitation : *addilîn, jaddidîn, ti'iddil*
réhabilité(e) : *musallah 2*
réhabiliter : *addal, jaddad 1, sallah 1*
rein : *kilwe, sulub, xôrân*
reine mère : *mêram*
réitération : *i'âda*
réitérer : *karrar*
rejet : *ca'ag 3, sarîfe ;*
[~ d'aliments indigestes] : *jirre*
rejeté(e) [être ~] : *ajjôjal*
rejeter : *rafad, sakka ;*
[~ (plant)] : *ca'ag 2 ;*
[~ quelqu'un : *saraf 1*
rejoindre : *andamma 1, lihig, wisil ;*
[~ le niveau de] : *wâsa ;*
[chercher à se ~] : *allâhago ;*
[faire ~] : *lahhag*
rejoint [qui a ~] : *mundamm*
rejoints : *mullâhigîn*
réjoui(e) : *firêhân, mabsût, mafrûh ;*
[qui a été ~] : *mufarrah ;*

[qui se sont ~s mutuellement] : *mulfârihîn*
réjouir : *basat, sarra 3 ;*
[~ *qqn.*] : *farrah ;*
[se ~] : *anbasat, fîrih ;*
[se ~ du mal d'autrui] : *cammat 1 ;*
[se ~ ensemble] : *alfâraho ;*
[fait de ~] : *farrihîn ;*
[fait de se ~] : *fârihîn*
réjouissance : *dalâl 3, farha, fârihîn, ihtifâl ;*
[nom d'une ~] : *amgisêyrûn ;*
[lieu de ~] : *masrah 2*
réjouissant(e) : *mufarrih*
réjouit les autres [qui ~] : *farrâhi*
relâché(e) : *marxi, muntalig*
relâchement : *farragân, furga, taligîn*
relâcher : *balas, fartag, nagad 1, raxa 1, talag ;*
[se ~] : *alfartag, anraxa, antalag*
relation : *alâxa, mudâxala, muwâsala ;*
[~ d'une parole] : *riwâya ;*
[~s personnelles] : *irfe ;*
[bonne ~] : *lingi ;*
[en ~] : *mulwâsilîn ;*
[en ~ à] : *nisba ;*
[qui ont entre eux des ~] : *mul'ârifîn*
relayer [se ~] : *ajjâmalo*
relayés pour une tâche [qui se sont ~] : *mujjâmilîn*
relevée (jambe du pantalon) : *mukattaf*
relever : *rafa' ;*
[~ une sauce] : *ta''am ;*
[fait de ~ un plat] : *ta''amân ;*
[se ~] : *anrafa'*
relié(e) en cuir : *mujallad*
relier un livre : *jallad*
religieux (-euse) : *mutadayyin ;*
[du domaine ~] : *dîni*
religion : *dîn ;*
[qui se rapporte à la ~] : *dîni*
reliquat d'argent : *gabal 2*
relire : *marra 2*
reliure en cuir : *jilâde ;*
[fait de réaliser une ~ en cuir] : *tajlîd*
remblai : *radmiye*
remblayage : *radimîn*
remblayer : *dabdab 3, radam*
rembourrage : *susta ;*
[~ sous la selle] : *badîd*
remboursement : *mukâfâ*
rembourser : *kaffa 2 ;*
[~ une dette] : *fada*
remède : *dawa ;*
[~ magique] : *cadar 2*
remercié(e) : *mackûr*
remerciement : *cukur*
remercier : *bârak 2, cakar*
remettre *qqch.* à *qqn.* : *sallam 2 ;*
[~ à plus tard] : *ajjal 2 ;*
[~ les choses en place (s. fig.)] : *jarrad ;*
[~ une dette] : *afa ;*
[s'en ~ à] : *antakal*
remis(e) [~ à un autre] : *takal takal ;*
[~ en état] : *musallah 2*
remise (*n. f.*) : *taslîm ;*
[~ en bon état] : *jaddidîn*
remonter [~ de la gorge dans le nez (aliment)] : *carigîn ;*
[~ son habit pour grimper] : *taffar*
remorque d'un camion : *tirille*
remplaçant(e) : *nâyib, xalaf 2*
remplacement de [en ~] : *badal fâgid*
remplacer : *albâdalo, xalaf 1, xayyar 2*
rempli(e) de : *malân*
remplir : *abba 1, mala ;*
[~ à ras bords, jusqu'à faire déborder] : *kâyal, kôyal, waffân ;*
[~ ses engagements] : *waffa ;*
[fait de ~] : *mali ;*
[fait de ~ à ras bords] : *kôyilîn ;*
[se ~] : *ancahan, anmala ;*
[se ~ de larmes] : *raxrax ;*
[se ~ d'un liquide] : *alhâgano*
remplissage : *mali*
remporter la victoire : *annasar*
remué(e) : *maxdûd*
remuer : *fatfat, harrak, malmal, xadda 2 ;*
[~ la pâte] : *sât ;*
[~ un liquide] : *tcalbax ;*
[fait de ~] : *xaddân ;*
[se ~] : *alharrak*
rémunération : *âmûla*
renard : *abu l hisên*
rencontre : *gâbilîn, ijtima', lâgîn, lumma, mulâga, sâdifîn ;*
[aller à la ~] : *lâga*
rencontrer : *gâbal, lâga ;*
[~ face à face] : *wâjah ;*
[~ par hasard] : *sadaf ;*
[fait de ~] : *sâdifîn ;*
[se ~] : *algâbalo, allâgo, anlaga, ijtama' ;*
[se ~ avec] : *lamma*
rencontrés : *mullâhigîn ;*

[qui se sont ~] : *mulgâbilîn*
rendez-vous : *ahad 2, maw'id, wa'ad ;*
[à qui l'on a fixé un ~] : *muwâ'ad ;*
[fixer un ~] : *âhad, wâ'ad ;*
[ne pas venir au ~] : *falat 2 ;*
[prendre ~] : *wâ'idîn ;*
[qui a un ~] : *muwâ'id ;*
[se fixer un ~] : *alwâ'ado*
rendre : *gabbal, radda 1, rajja' 2 ;*
[~ la vie dure] : *ta''ab ;*
[~ licite] : *hallal ;*
[~ un jugement] : *gata' cerî'e ;*
[~ vieux] : *gaddam 3 ;*
[~ visite] : *wâsal ;*
[fait de ~ esclave] : *abbidîn ;*
[ne plus ~ visite à *qqn.*] : *karab rijilah ;*
[se ~ compte de] : *diri ;*
[se ~ visite] : *alwâsalo*
renégat(e) : *kâfir ;*
[être ~] : *kafar*
renforcement : *tâbb*
renforcer : *amar 2, amman, caddad, radas 1 ;*
[se ~] : *alxawwo*
renfrogné(e) : *akcar, kacrân, mukaccir ;*
[un peu ~] : *kicêrân*
renfrogner [se ~] : *karab wijhah*
renifler : *annaccag, camcam*
renouvelé(e) par [être ~] : *jadda*
renouveler : *jaddad 1 ;*
[fait de ~] : *tajdîd*
renouvellement : *tajdîd*
renseigne [qui se ~] : *sa''âl*
renseignements généraux [agent des ~] : *muxâbarât*
renseigner : *jâsas, kidib 3 ;*
[fait de se ~] : *sa''ilîn ;*
[se ~] : *sa''al*
rentable : *durâ' axadar*
rentrée : *daxûl*
rentrer : *andassa ;*
[~ du travail] : *nazal, nâzil, nizzêle ;*
[~ profondément dans le nez (liquide)] : *carag ;*
[fait de ~] : *dassîn ;*
[laisser l'eau ~ dans le nez] : *ancarag*
renverse (*n. f.*) [à la ~] : *gafa*
renverse (*v.*)[qui ~] : *mucaglib*
renversé(e) : *munkafi ;*
[être ~] : *angalab*
renversement : *akasân, rimmêye ;*
[~ d'un véhicule] : *wagi'*
renverser : *akas, dagaf, dangas, galab, kafa 2, rama, tarac 1 ;*
[~ *qqn.* en le bousculant avec son cheval] : *karnak 2 ;*
[fait de ~] : *daffigîn, taricîn ;*
[se ~] : *addaffag, angalab, ankafa, caglab, daffag ;*
[se ~ sur le dos] : *cangal*
renvoi [~ (rot)] : *galijîn ;*
[~ au pâturage] : *naccîn ;*
[~ de *qqn.*] : *taligîn, taridîn, tarid ;*
[faire un ~ (rot)] : *galaj*
renvoyé(e) : *mafsûl, matrûd*
renvoyer : *ajjal 2, karac, nakkar, tarad ;*
[~ *qqn.*] : *callat 1 ;*
[~ une femme] : *sâmah 1*
repaître : *cabba' ;*
[se ~] : *rata'*
répandre : *darra 1, dâyar ;*
[~ (se)] : *cattat, daffag ;*
[fait de ~ à terre] : *daffigîn ;*
[se ~] : *accattat, anbatar, andarra 1, catto, fatal 2*
répandu(e) : *madrûr 1, mucattat ;*
[être ~] : *andarra 1*
réparateur : *addâli, iyâl haya ;*
[~ de montre] : *sâ'âti*
réparation : *addilîn, ti'iddil*
réparé(e) : *mu'addal, musallah 2*
réparer : *addal, sallah 1 ;*
[~ une perte] : *al'awwad ;*
[se ~] : *al'addal*
réparti(e) : *mufarrag*
répartir : *gassam, sabsab ;*
[se ~] : *angasam ;*
[se ~ en groupes] : *algâsamo*
repas : *akle, xada, xaddayân ;*
[~ de fête] : *agôd, maskaro ;*
[~ du soir] : *aca ;*
[~ du soir pendant le Ramadan] : *fatûr ;*
[dernier ~ avant le jeûne] : *sahûr ;*
[lieu réservé pour le ~] : *dabalay ;*
[petit ~] : *ikkêle ;*
[premier ~ fait par la mariée] : *caggîn al-laday ;*
[prendre le ~ de midi] : *alxadda, xadda 1 ;*
[prendre le ~ du soir] : *al'acca ;*
[qui a pris son ~] : *mut'acci*
repassage : *kawayân*
repassé(e) : *makwi*
repasser [~ le linge] : *kawa ;*
[~ une leçon] : *marra 2*

repasseur (-euse) : *kawwây*
repentant : *tâyib*
repentir *n. m.* [le ~] : *tawba*
repentir *v.*[se ~] : *tâb*
repérer un lieu : *rakaz 1*
répétée (parole) : *mujankab*
répéter : *karrar ;*
[faire ~] : *laggan, lagganan ;*
[se ~] : *istamarra ;*
[se ~ dans un discours] : *itir 1*
répétition : *i'âda*
repiquage : *magganân, ta'in*
repiquer : *maggan*
repli : *madabb*
replié(e) : *mutabbag*
replier : *tabbag ;*
[~ la jambe] : *agal 2, agilîn 2 ;*
[se ~] : *attabbag ;*
[se ~ sur] : *antabag*
répond [celui qui ~] : *mujâwib*
répondant de la prière : *ma'mûm*
répondre : *jâwab, radda 1 ;*
[~ à côté] : *fâjax*
répondu [qui a ~] : *mujâwib*
réponse : *radd*
reporté(e) à une date ultérieure : *mu'ajjal*
reporter : *laxa*
repos : *istirâha, jumma 1, jumma 2, ragidîn, râha, riggêde, rugâd, rôga ;*
[en ~] : *mu'ayyid 2 ;*
[mettre au ~] : *jamma 1 ;*
[permettre le ~] : *rayyah ;*
[pour le ~] : *raggâd*
repose [qui se ~] : *munjammi, râyig*
reposé(e) : *murtah*
reposer : *jamma 1 ;*
[~ la tête sur *qqch.*] : *wassad ;*
[permettre à *qqn.* de se ~] : *rayyad ;*
[qui a fait ~] : *muraggid ;*
[se ~] : *anjamma, antaka, arrayyad, gayyal, istarah, ragad, râg ;*
[se ~ sur un coussin] : *alwassad*
repoussant(e) : *ma'yûf*
repousser : *tarad ;*
[~ (plant)] : *ca'ag 2 ;*
[fait de ~ (éloigner)] : *taridîn*
reprendre : *karrar ;*
[le fait de ~ en chœur] : *rafi'în*
représentant(e) : *mumassil, wakîl ;*
[~ d'une autorité] : *xalîfa ;*
[~ de commerce] : *dallâli*
représenter ***qqn.*** : *massal*
répression : *mu'âxaba*
réprimande : *natarân*
réprimander : *carat 2, haraj, hâraj, kaccar, warwar*
reprise : *i'âda ;*
[à plusieurs ~s] : *iddat marrât*
repriser : *carkal, ragga'*
reproche : *hurâj, natarân ;*
[~ entre adultes] : *lôm ;*
[petit ~] : *iyyêre ;*
[se faire des ~s] : *alkâcaro*
reprocher : *lâm ;*
[~ avec violence] : *natar*
reproduire [~ un document] : *sawwar 1 ;*
[se ~ (perpétuer l'espèce)] : *wilid*
reptation : *zahifîn*
reptile : *dabîb*
repu(e) : *badnân, cab'ân*
république : *jamhûriya*
répudiation : *talâg ;*
[non concernée par la ~] : *marjû'a*
répudie souvent [qui ~] : *tallâg*
répudié(e) : *mafsûx ;*
[elle n'est pas ~] : *marjû'a*
répudier : *fakka 1, nakkar, sâmah 1 ;*
[~ une femme] : *tallag*
répugnance [avoir de la ~] : *âf*
répugnant(e) : *ma'yûf*
réputé(e) : *cahîr*
réserve : *êb*
réservé(e) : *mastûr 1, mustahi ;*
[~ à] : *xâss ;*
[être ~ (siège, véhicule)] : *al'ajjar*
réserver ***qqch.*** **pour** ***qqn.*** : *nagas ;*
[~ une place] : *hajas*
réservoir : *tanki*
résidant : *sâkin*
résidence : *mag'ad 1, mahall, markaz, maskan, sakinîn ;*
[~ des époux] : *mag'ad 2*
résident(e) : *sâkin*
résider [fait de ~] : *sakinîn*
résidu : *dirdi, gongo, tifîl 2 ;*
[~ du filtrage] : *mucuk*
résignation : *hamad 3*
résigné(e) : *sâbir*
résigner [se ~] : *sabar 1, hamad 2*
résilié(e) : *mafsûx*
résine parfumée : *lubân*
résolution de [prendre la ferme ~] : *hêl*
résonner : *baka, fatal 2*

résoudre : *halla 3, jâlal 2 ;*
[se ~] : *anhalla*
résout [qui ~] : *muhallil 1*
respect : *hurma, ihtirâm, ikrâm, izz, karâma 1 ;*
[avoir du ~ humain] : *istaha ;*
[fait de témoigner du ~] : *azzîn ;*
[manque de ~] : *hugra*
respectable : *adîl, karîm 2, muhtaram, mukarram*
respecté(e) : *muhtaram, mukarram*
respecter : *azza 2, ihtaram, karram, tâ' ;*
[faire ~] : *tayya'*
respectueux (-euse) : *muhtarim, tâyi'*
respiration : *nafas*
respirer : *annaccag, naffas ;*
[~ avec effort] : *nâhat ;*
[~ fortement] : *annaffas*
resplendir : *barag, râra*
responsabiliser : *hammal, wazzaf*
responsabilité : *mas'uliya, sulta, wazîfa ;*
[accession à une ~] : *tawzîf ;*
[assumer la ~] : *ragaba ;*
[donner la ~] : *mallak ;*
[recevoir une ~] : *alwazzaf*
responsable : *gumsu, kalîf, mâgira, mas'ûl, muwakkal ;*
[~ de] : *mukallaf ;*
[~ d'un bien confié] : *wakîl ;*
[~ officiel (-elle)] : *wâli ;*
[seule ~ du foyer] : *mara zarga*
ressaisir [se ~] : *sabat 1*
ressemblance : *cabah, tirke 1*
ressembler : *cabbah ;*
[~ à] : *câbah ;*
[se ~] : *accâbaho*
ressentiment : *hasâsiya*
ressentir : *dâx 1, hassa 1*
ressort : *susta, yây*
ressortir : *bagga*
ressource : *marja'i ;*
[sans ~] : *da'îf, îd yabse*
ressusciter : *ba'as*
restant(e) : *bâgi, mufaddil*
restaurant : *mat'am, ôtêl*
restauration : *jaddidîn*
restaurer : *jaddad 1*
reste (*n. m.*)[le ~] : *agâb, bâgi ;*
[~ de la marmite] : *gongo ;*
[~ de la monnaie] : *gabal 2 ;*
[~ de nourriture] : *fadle ;*
[les ~s du repas] : *bayte*

reste (*v.*) [qui ~] : *mufaddil*
rester : *ga'ad ;*
[~ en surplus] : *faddal 1 ;*
[~ là] : *gadda 2 ;*
[~ longtemps] : *dâm, tawwal ;*
[~ sur l'estomac] : *cabba 2, tankal ;*
[~ sur place] : *haran ;*
[fait de ~] : *gi''êde, gu'âd ;*
[fait de ~ en un lieu] : *ga'adân, mag'ad 1 ;*
[fait de ~ sur l'estomac] : *tankalân ;*
[fait de ~ tranquille] : *habitîn*
restituer : *radda 1*
résultat : *natîja, ugub*
résumé : *mulaxxas, zibde 2*
résurrection : *bu'âs, xiyâma 1*
rétablissement (santé) : *cifa ;*
[prompt ~ !] : *kaffâra 2*
rétameur : *samkâri*
retaper : *jaddad 1, sallah 1*
retard : *axxirîn, ta'xîr, taltâl ;*
[en ~] : *mu'axxar, mu'axxir, mul'axxir ;*
[être en ~] : *axxar ;*
[sans ~] : *ambahîn ;*
[se mettre en ~] : *al'axxar*
retardataire : *mu'axxir, mul'axxir*
retardé(e) : *mu'axxar*
retarder : *axxar, taltal ;*
[fait de ~] : *axxirîn*
retenir : *jâbad, lazam ;*
[se ~] : *anlazam*
retentir : *fatal 2*
rétif (-ve) : *âsi, harrân ;*
[être ~] : *haran*
retiré(e) : *maslûl*
retirer : *cala', lajjan, salla 2 ;*
[~ un fardeau] : *fadda 1 ;*
[~ (se)] : *kassa ;*
[fait de ~] : *sallîn ;*
[se ~] : *anjabad, ansahab, antarra, facal ;*
[se ~ (l'eau)] : *jabad*
retour : *gabbilîn, jayye ;*
[~ à Dieu (conversion)] : *tawba*
retourne : [qui ~ chez lui] : *mugabbil ;*
[qui ~ se] : *mucaglib ;*
[qui se ~ contre son ami] : *xaddâr*
retourné(e) : *mucaglab, munbarim, munkafi, munlafit*
retournement : *akasân, laffatân*
retourner : *âd, akas, baram, caglab, fatah, fatfat, gabbal, galab, laffat, raja', rajja' 2 ;*
[~ de tous côtés] : *barram ;*
[fait de ~ la terre] : *najirîn ;*

[se ~] : *allaffat, anbaram, angalab, ankafa, bardab, cangal ;*
[se ~ contre *qqn.*] : *xadar 2*
retraite [mettre à la ~] : *nazzal*
rétrécir : *addâyax, dayyax 1*
rétribué(e) : *ajîr, mu'ajjar ;*
[~ par Dieu] : *ma'jûr*
rétribuer : *âjar 1, rattab 2,*
rétribution : *ajur, jaza*
retroussée (manche) : *mukattaf ;*
[qui a la manche ~] : *mukattif*
retroussement des manches : *amsifêfe*
retrousser les manches : *kattaf 1, kattaf 2*
retrouver : *ligi, rakaz 1 ;*
[~ la vue] : *fattah ;*
[~ ses esprits] : *fâx ;*
[se ~] : *allâgo, alwâ'ado*
réuni(e) : *malmûm ;*
[qui s'est ~ avec] : *mujtami'*
réunion : *ijtima', lumma, malamma*
réunir : *jama', lamma, wahhad 1 ;*
[se ~] : *allamma, ijtama', rakkam*
réunit [qui ~] : *jâmi' 1*
réussi [qui a ~] : *fâyiz*
réussir : *fâz, najah ;*
[faire ~] : *yassar*
réussite : *najâh*
revanche [qui veut prendre sa ~] : *muhassif*
rêve prémonitoire : *ru'a 1, ru'ya*
réveil : *gawwamân, wa'ayân*
réveillé(e) : *hâyis ;*
[être ~] : *wi'i*
réveiller : *gawwam, wa''a 1 ;*
[~ un palabre] : *nagad 2 ;*
[~ une blessure] : *awwar ;*
[fait de ~] : *gawwamân ;*
[se ~] : *fattah, gamma min al-nôm, wi'i ;*
[se ~ le matin] : *asbah*
révélation : *jahirîn, kacif 1*
révéler : *bayyan, jahar, kacaf*
revendeur (-euse) [petit(e) ~] : *mandânyi*
revendication : *ihtijâj*
revendiquer : *tâlab*
revenir : *âd, raja' ;*
[~ à] : *gabbal, hagg ;*
[~ à soi] : *fâx ;*
[~ sans cesse] : *halwas ;*
[~ sur sa décision] : *garra 2, nagad 2 ;*
[faire ~ dans l'huile] : *hammar 1 ;*
[fait de ~] : *gabbilîn ;*
[fait de faire ~ dans l'huile] : *hammirîn 1*
revenu(e) dans l'huile : *muhammar*
rêver : *hilim, istahlam, ri'i ;*
[fait de ~] : *ru'a 1*
révérend(e) : *muhtaram*
reverser dans [action de ~] : *gâlibîn*
revêtant : *lâbis*
revêtement du voile : *laffi'în*
revêtir : *kasa, libis ;*
[fait de ~ le voile] : *laffi'în*
revient [qui ~] : *mugabbil*
revoir [au ~] : *âfe 1 ;*
[dire au ~] : *âfa 2*
révolte : *argâl, fitne, isyân 1, ma'siya, sawra ;*
[fait d'inciter à la ~] : *fatinîn*
révolté(e) : *mutmarrid ;*
[~ contre ses parents] : *âyix*
révolter [se ~] : *almarrad, argal, asa 1, assawwar, sawwar 2 ;*
[se ~ contre ses parents] : *âx*
révolution : *sawra*
révolutionnaire : *sawri*
revolver [nom d'un ~] : *tabanjiye*
révulser [~ (les yeux)] : *târ 1, tayyar 1*
rhinite : *amkurrôdo*
rhinocéros : *abgarin*
rhizome du nénuphar : *bicine, sittêb*
Rhodésie : *Rodôzya*
rhombe : *farrâra 1*
rhumatisme : *anfûla, rutûba, waja' al mafâsil*
rhume : *zuxma ;*
[avoir un ~] : *zaxxam*
riant(e) : *dâhik*
riche : *badnân, xani, zâyit ;*
[devenir ~] : *anfasax 2, xini ;*
[être ~] : *zât ;*
[qui vit comme un ~] : *taxyân ;*
[vivre comme un ~] : *taxxa*
richesse : *bidin, dalâl 1, mâl, taxa ;*
[constituer une ~] : *sa'a ;*
[~ venant de Dieu] : *rizix*
ricin : *xirwe*
Ricinus communis : *xirwe*
ridé(e) : *mukarcam*
rideau : *sâtir, sitâr, sitâra*
rider la face : *karcam*
ridiculiser : *ar'ar*
rien : *mâ... ceyy ;*
[ce n'est ~] : *mâlêc ;*
[de ~ !] : *afwân ;*
[sans ~ rapporter] : *gamhân*

rieur (-euse) : *dahhâk, dâhik*
rigole : *jadwal 2, majra*
rigoureux (-euse) [être ~] : *ista'dal*
rincer la bouche : *masmas*
rire : *dihik ;*
[~ moqueur] : *dihhêke ;*
[faire ~] : *dahhak ;*
[petit éclat de ~] : *dihhêke ;*
[qui fait ~] : *dahhâki*
risée : *dihhêke*
rite païen : *kujûr ;*
[~s occultes] : *kunûs*
ritournelle : *xinney*
rivale : *darre 1, hamât*
rivaliser : *azzâhamo, hâmar ;*
[~ avec] : *zâham ;*
[~ les uns les autres] : *alhâmaro*
rive escarpée : *juruf*
river : *barcam 1*
riverain : *bahhâri*
rivière : *wâdi ;*
[bras de ~] : *jadwal 2 ;*
[petite ~] : *rijil 2*
rixe : *duwâs*
riyal : *riyâl*
riz : *rizz ;*
[~ des marais] : *tibin ;*
[~ sauvage] : *riss al-rahad*
robe : *angumâji, arrâgi 2, gumâji, rôb 1*
robinet : *mâsûra*
robuste : *jâmid*
rocher : *hajar 2 ;*
[~ plat] : *saffay 1 ;*
[gros blocs de ~] : *dabak*
rôder : *hawwag ;*
[en train de ~ la nuit] : *hâyis ;*
[fait de ~] : *muhâwaga*
rognon : *kilwe*
roi : *kâyef, malik, sultân,* (→ **"reine"**) ;
[~ au jeu des cartes] : *kaygama*
rompre : *kasar ;*
[~ la poche des eaux] : *kâsar 2 ;*
[~ le lien matrimonial de la femme] : *fasax ;*
[~ les liens du mariage] : *alfâkako ;*
[~ toute relation] : *alxâsamo ;*
[~ un lien] : *fallat ;*
[~ une activité] : *battal ;*
[se ~] : *angata'*
rond(e) (*adj.*) : *dâyir 2, girgît, mudâwar*
ronde [fait de faire la ~] : *muhâwaga*
rondeur : *durduma*
rond-point : *mafrag, malamm*
ronflement : *caxirîn, hadîr 1 ;*
[~ d'un moteur] : *gargarân 2*
ronfler : *caxar, hadar ;*
[~ (feu)] : *gargar 2 ;*
[faire ~ le feu] : *hajjaj*
ronfleur (-euse) : *caxxâri*
rongé(e) : *ma'kûl, makdûd, munyang-nyang*
ronger : *karkad, nyang-nyang ;*
[fait de ~] : *gargarân 1, nyang-nyâng*
rônier : *delêb*
ronronner : *caxar*
roquette : *sârûx*
rose : *abras, ambarrûs*
roseau : *adâr 2, gasab ;*
[sorte de ~ ressemblant au balsa] : *tarôr*
rosée : *karany, nada*
rot : *galijîn ;*
[faire un ~] : *galaj*
roter : *tarra'*
rôti (*n. m.*) : *laham furun*
rôti(e) (*adj.*) : *mukaccan*
rouan : *bîdi*
roublard(e) : *tcâtcây, xilêbâti*
roue : *ajal 2 ;*
[faire la ~ (paon)] : *farra 1*
rouge : *ahmar ;*
[~ foncé] : *kabdi, muhammir ;*
[~ vif] : *tcu*
rougeâtre : *muhammir*
rougeole : *amhasba, amkanyang-nyang, jiddit al iyâl*
rougeur : *hamâr*
rougir : *hammar 1*
rougissement : *hammirîn 1*
rouille : *sagar 2*
rouillé(e) : *musaggir 2*
rouiller : *saggar 2 ;*
[fait de ~] : *saggirîn 2*
roulé [qui a ~] : *tâwi*
roulé(e) : *mutabbag ;*
[être ~] : *antawa*
rouleau : *luwaye*
roulement sourd : *hadîr 1*
rouler : *dardag, lawa, tawa 1,* → **"roulé"** ;
[~ à bicyclette] : *jara 2 ;*
[~ en voiture] : *jara 2 ;*
[~ les épaules] : *kôlaf ;*
[~ *qqch.*] : *baram ;*
[fait de ~ les épaules] : *kôlifîn ;*
[fait de ~ par terre] : *dardigîn ;*
[se ~ par terre] : *farfat, marmax*

Rounga : *Runga*
rouspéter : *argal*
roussette : *abunwatwât*
roussir : *hammar 1, saffar 2*
route : *derib 1 ;*
[~ goudronnée] : *gidrôn*
rouvrir [~ un débat] : *nagad 2 ;*
[~ une plaie] : *awwar*
roux (rousse) : *acgar, ahmar*
royaume : *mamlaka, saltana*
royauté : *saltana*
ruade : *sakkân*
rubrique : *rukun*
ruche : *tangal*
rude : *jâfi*
rue : *câri*
ruelle : *dirêb, lungu, zugâg*
ruer : *nakkas, sakka*
rugir : *gargar 2, ja''ar, karra 1*
rugissement : *ja'îr 2, karrîn 2 ;*
[~ du lion] : *gargarân 2, za'îr*
rugueux (-euse) : *axacan, mangûc*
ruine : *allîn, dammirîn, halâk, talâf ;*
[en ~] : *mulhardim, xarbân ;*
[qui mène à la ~] : *muhallik*
ruiner : *alla, bawwar 1, faggar, hilik, xarab*
ruineux (-euse) : *mamhûg*
ruisseau : *majra, rijil 2*
rumeur : *di'âya 2*
ruminer les aliments : *kasar jirre*
rupture : *mugâta'a ;*
[~ du jeûne] : *fatûr, fitir*
rural(e) : *rîfi*
ruse : *basâra, dabâra, dabdibîn 2, hîle, najâda, tcâtcîn, xaccîn*
rusé(e) : *ifrît, muhtâl, mustahbil*
Russie : *Rûsya*
rustine [coller une ~] : *ragga' ;*
[fait de coller une ~] : *ragi'în*
rustre : *kîca*

S

sa : *-ah, -ha*
sable [gros ~] : *ramla ;*
[~ fin] : *sinyâka ;*
[~ mouvant] : *abnazzâz*
sabot : *duluf, kuff*
saboteur (-euse) : *mxarrib*
sabre : *garrâda, sêf 2*
sac : *câkôc, cuwâl ;*
[~ à fourrage] : *muxlay ;*
[~ de femme] : *dabiye ;*
[~ en cuir] : *si'in ;*
[~ en peau] : *muxlay ;*
[~ en plastique] : *lêda, kawcu ;*
[~ en toile] : *bal'ûm, xarîte ;*
[~ fourre-tout] : *xurâra ;*
[~s de cuir pour l'eau] : *xuruj ;*
[grand ~ en cuir] : *garfa, jurâb ;*
[petit ~] : *ciwêwîl ;*
[petit ~ en cuir] : *dabiye*
sachant : *ârif*
sacoche : *câkôc*
sacrifice : *damm, sadaxa ;*
[~ après la mort] : *fidwe ;*
[~ d'animal] : *dabîhe ;*
[~ du mouton] : *dahîye*
sacrifier [~ sa vie] : *fada, wahab ;*
[~ une vie] : *dahha*
safran : *za'farân ;*
[~ indien] : *kurkum*
sagace : *zaki*
sagaie [longue ~] : *tcabaxa*
sage : *ab'agul, cêx, hakîm, âgil ;*
[être ~ (enfant)] : *habat*
sage-femme : *wallâda*
sagesse : *agil, hikma ;*
[ayant acquis une certaine ~] : *mumayyiz*
Sagittarius serpentarius : *jorojoro*
saignement de nez : *ru'âf*
saigner : *dammam ;*
[~ du nez] : *ri'if ;*
[faire ~ du nez] : *ra''af*
saillie : *tutul*
saillir : *accar*
sain(e) [être ~] : *silim ;*
[~ et sauf] : *sâlim*
saint(e) [~ homme (femme)] : *wali 2 ;*
[rendre ~] : *xaddas*
saisi(e) (*adj.*) : *magbûd, mugabbad 2*
saisie (*n. f.*) : *karib, karibîn ;*
[mauvaise ~] : *kirrêbe*
saisir : *gabad, karab 1, karrab 1, masak ;*
[~ en abondance] : *xamxam 1 ;*
[~ la marchandise] : *sâdar ;*
[~ par l'intelligence] : *agal 3 ;*
[~ par surprise] : *gabbad 2 ;*
[fait de ~] : *karib ;*

[se ~ de] : *itmassak*
saisissant(e) : *kârib*
saison : *fasil 2 ;*
[~ des pluies] : *xarîf ;*
[~ sèche et chaude] : *sêf 1 ;*
[milieu de la ~ des pluies] : *îne ;*
[passer la ~ des pluies] : *xarraf ;*
[passer la ~ sèche] : *sayyaf ;*
[qui passe la ~ sèche] : *musayyif ;*
[qui passe la ~ des pluies] : *muxarrif*
sait [qui ~] : *daryân, hâri*
salade : *salât*
salaire : *murattab, râtib 2 ;*
[~ d'un intermédiaire] : *âmûla ;*
[~ d'une journée] : *yômiye ;*
[~ mensuel] : *cahariye, mâhiye ;*
[donner un ~] : *rattab 2*
Salamat : *Salâmât*
salarié(e) : *ajîr, keri*
sale : *wasxân ;*
[être ~] : *wassax*
salé [goût ~] : *ta'âm ;*
[au goût ~] : *tâ'im ;*
[qui a été ~] : *muta''am*
saler la sauce : *ta''am*
saleté : *dirdi, îfe, sâlte, wasax ;*
[~ dans l'eau] : *ukur, ratôto 1*
salir : *lattax, najjas, wassax, xabbac ;*
[~ *qqn.*] : *ar'ar*
salissure : *lattixîn*
salivation : *jammamân*
salive : *rîg, riyâle, zabad*
saliver : *jamma 2, rayyal ;*
[~ de faim] : *balxam ;*
[faire ~] : *jammam ;*
[fait de ~] : *jammamân*
salle : *sâl 2 ;*
[~ d'accouchement] : *bêt al wâlûda ;*
[~ d'accueil] : *bêt hanâ râha ;*
[~ de conférence] : *bêt al malammât ;*
[~ de réunion] : *bêt al malammât*
salon : *bêt hanâ râha ;*
[~ de l'homme] : *dêwân 2*
saluer : *sallam ;*
[se ~] : *assâlamo*
salut : *farijîn 2, faza' 3, inxâz, najayân, naja*
salut ! : *lâlê !*
salutation : *salâm*
Salvadora persica : *câw*
salve : *darib 2*
samedi : *(al)-sabit*
sanctifié(e) : *muxaddas*
sanctifier : *xaddas*
sanction : *ixâb*
sandale [une ~] : *rijil markûb ;*
[paire de ~s] : *jazma, markûb 1, na'âl*
sandalettes : *citêla, pappa*
sandwich : *sandiwic ;*
[sauce pour le ~] : *sarkîma*
sang : *damm ;*
[~ d'une bête à sacrifier] : *damm ;*
[bon ~ !] : *Allah !*
[perte de ~] : *nazif*
sangle : *butân, hizâm, ullâga ;*
[~ de selle] : *xurda*
sanglot : *baki*
sans : *bala 4, bidûn, dûn ;*
[~ doute] : *bala cakk ;*
[~ que] : *lâkîn ;*
[~ quoi] : *kan mâ kê da ;*
[~ sauce] : *gargâc*
santal [bois de ~] : *sandal*
santé : *âfe 1, âfya, sahha, sihha, ;*
[en bonne ~] : *cadîd, nasîh, tayyib ;*
[ministère de la ~ publique] : *sahha ;*
[retrouver la ~] : *rayyad ;*
[se retrouver en bonne ~] : *arrayyad*
saoudien (-enne) : *sa'ûdi*
saoul(e) [être ~] : *mawzûn 2, sikir*
saper [se ~] : *ankatal 2*
s'appliquer : *fannan*
s'appuyer [fait de ~] : *takkîn*
sapristi ! : *hêy !, tara !*
sarcelle : *wizzîn*
sarclage : *jankibîn*
sarclé(e) : *mujankab*
sarcler : *jankab*
sarcleur (-euse) : *jankâbi*
sarcloir : *jarrây 1*
sardine : *amsallûm*
Sarh : *Sâr*
saroual : *surwâl*
s'asseoir : *gamma be hêlah*
s'associer à : *cârak*
Satan : *cêtân, iblîs*
satiété : *caba' ;*
[qui a bu à ~] : *carbân 2*
satisfaction : *hamad 3, rudâ*
satisfaire : *kayyaf*
satisfait(e) : *angafa, mulkayyif, murtah, râdi, radyân ;*
[être ~] : *alkayyaf, ridi*
sauce : *mulâh 1, wêke ;*

[~ à la viande hachée] : *sarkîma ;*
[~ appétissante] : *tabîx ;*
[~ de gombo] : *bâmiya ;*
[~ simple] : *ambulut ;*
[~ très bien cuisinée] : *tabîx ;*
[nom d'une ~] : *ambulut ;*
[nom d'une ~ légère]: *amrigêge*
saucissonnier : *mactûr 1*
sauf : *bala 4, illa, xêr 3 ;*
[~ que] : *lâkîn ;*
[~ si] : *illa kan*
sauf (sauve) [être ~] : *silim*
saupoudrer : *dardar*
saut : *natte*
sauté(e) [pouvoir être ~] : *annatta*
sauter : *nakkas, natta ;*
[faire ~] : *nattat ;*
[~ en l'air] : *farra 2*
sauterelle : *jarâd*
sautiller : *nattat*
sauvage : *âsi, nakûr, wahaci*
sauve [qui ~] : *muxallis ;*
[qui se ~] : *mu'arrid 1*
sauvé(e) de [être ~] : *niji*
sauvegarde : *muhâfaza 1*
sauver : *xallas ;*
[~ de] ; *âfa 2, najja 1 ;*
[fait de ~] : *najayân ;*
[se ~] : *ambalas, carad, harab*
sauveur : *fârij 2, munajji, muxallis*
savant(e) : *âlim, fahîm, fâhim ;*
[plus ~] : *a'lam*
saveur : *ta'âm ;*
[donner de la ~] : *ta''am ;*
[priver de ~] : *massax*
savoir : *diri, ilim 1, ilim 2, irif, xibir,* → **"su"** ;
[faire ~] : *arraf, ôra 1, warra, xabbar*
savoir-faire : *ma'rafa*
savoir-vivre : *xulug*
savon : *sâbûn ;*
[~ en poudre] : *ômo*
savonner : *sôban*
savonnier : *hajlîj*
scandale : *fadîhe, masîbe ;*
[objet de ~] : *furje ;*
[provoquer un ~] : *al'ar'ar*
scarabée : *abunjôrân ;*
[~ noir] : *amkorkoriyo*
scarification : *calix, farid 1, fassadân, fasûd, wasim*
scarifié(e) : *mufarrad 2, mufassad*
scarifier : *farrad 2, fassad ;*
[fait de ~] : *farridîn 2*
sceau : *tabi', xâtim, xitim*
scélérat(e) : *xabîs*
sceller : *katam*
scène : *masrah 2*
sceptique : *cakkâki, mucakkik*
Schilbe uranoscopus : *kabaljo*
Schistocerca gregaria : *kumbiya*
scie : *muncâr*
science : *ilim 2 ;*
[~ du faki] : *fuxûriye ;*
[~ profane] : *ilim al-dunya*
Scincopus fasciatus : *amrijêlât*
scinque fascié : *amrijêlât*
Sclerócarya birrea : *himmêd*
scolopendre : *abunhurgâs*
Scopus umbreta : *sultân al-têr*
scorpion : *agrab 1*
scoubidou [fil de ~] : *istibido*
scruter : *âyan, hammar 2, tâwag*
sculpter : *najar, naxar ;*
[fait de ~] : *nijâra*
sculpteur : *najjâr*
sculpture : *najirîn, nijâra*
séance : *jalsa*
séant [se mettre sur son ~] : *gamma be hêlah*
seau : *jardal ;*
[~ de récupération en plastique] : *bâxa ;*
[~ en cuir] : *dalu 1*
sec (sèche) : *jâff, nâcif 2, yâbis ;*
[complètement ~ !] : *kayam !*
[devenir à ~] : *anxaraf ;*
[être à ~] : *hajar 1, hajjar, hisi*
secco : *carganiye*
séchage : *yabbisîn*
sécher : *hajjar, nicif, tcakkar, yibis ;*
[~ et durcir (pâte de la boule)] : *ganga 1 ;*
[faire ~] : *yabbas ;*
[se ~] : *jaffa 1*
sécheresse : *jafâf, yabâs*
séchoir à épis : *jurun*
second(e) : *tâni*
secondaire : *far'i*
secoué(e) [être ~] : *anhazza, rajaf*
secouement : *hattân 1*
secouer : *hatta 1, hazza, hazzaz, laglag, nafad 1 ;*
[~ un liquide] : *tcaltcak ;*
[fait de ~] : *hattân 1, nafadân*
secourir : *faza' 1, hâma*

secours : *faza' 3, inxâz ;*
[aller au ~ de *qqn.*] : *faza' 1 ;*
[aller au ~ d'un agressé] : *alhâmo*
secousse : *hazzîn*
secret : *acîr, sirr ;*
[dire un ~ à *qqn.*] : *sarra 2 ;*
[en ~] : *sutra 2*
secrétaire : *kâtib, kômi ;*
[~ général] : *amîn âmm*
secte : *tarîxa*
secteur : *hâra, raff*
section : *fasil 2, juzu', xisim ;*
[~ du Coran] : *hizib 2*
sectionné(e) : *mugatta'*
sectionner [fait de ~] : *gati'în*
Securinega virosa : *kartca-kartca*
sécurité : *amân, amni, istixrâr ;*
[en ~] : *madmûn ;*
[mis(e) en ~] : *mu'amman*
sédition : *fitne ;*
[pousser à la ~] : *fatan*
séduire : *dalla 2*
ségrégation : *tafrixa, unsuriya*
ségrégationniste : *unsuri*
seigneur : *rabb ;*
[appartenant au ~] : *rabbâni*
sein : *dêd, hudun ;*
[enfant au ~] : *radî' ;*
[femme qui a de petits ~s] : *xunsur*
seize : *sittâcar*
sel [~ d'ammoniac] : *nacâdir ;*
[~ de cuisine] : *mileh ;*
[~ de sodium (carbonate)] : *atrôn*
selle [~ de l'âne ou du chameau] : *bâsûr ;*
[~ du cheval] : *serij*
seller : *cadda 1*
selon : *gadâr, hasab 2*
semailles : *têrâb 1 ;*
[~ avant les premières pluies] : *jajal*
semaine : *dôre 2, kura, usbû' ;*
[la ~ prochaine] : *dôr yômah*
semblable : *gadrên, sawa 1, sawa sawa, zeyy ;*
[~ à] : *misil*
semblant de frapper [faire ~] : *ôma*
sème [qui ~ bien] : *têrâbi*
semé(e) : *mutêrab ;*
[être ~] : *attêrab*
semelle : *ga'ar*
semence : *têrâb 1, tûr 2*
semer : *têrab,* (→ **sème, semé**) *;*
[~ avant les premières pluies] : *jajjal ;*
[fait de ~ la discorde] : *fatinîn ;*
[se ~] : *attêrab*
semeur [bon ~] : *têrâbi*
semis : *têribîn*
semoir : *têrâba*
semoule de maïs : *angâji*
séné : *sanesane ;*
[racine du ~] : *tôr-azrag*
Sénégal : *Ciningâl*
Sénégalais : *Ciningâl*
sénile : *xarfân ;*
[devenir ~] : *xirif*
sens : *ma'na ;*
[~ (direction)] : *gible ;*
[~ dessus dessous] : *mubahdal ;*
[dans tous les ~] : *am'urud ;*
[en ~ inverse] : *ma'gûr ;*
[mettre ~ dessus dessous] : *caglab*
sensation : *hass*
sensibilisation : *taw'iya*
sensibilise [qui ~] : *muwa''i*
sensibiliser : *wa''a 1*
sensitive : *amkacrâne*
sentence : *gadiye*
senteur : *banne*
sentier : *dirêb, ma'add ;*
[petit ~] : *dirêbay*
sentiments : *cu'ûr*
sentinelle : *gardi, harrâs ;*
[placer une ~] : *harras*
sentir : *camcam, hassa 1 ;*
[~ (bon ou mauvais)] : *ancamma ;*
[~ une odeur] : *annaccag, camma ;*
[fait de ~] : *hass ;*
[se ~ mal] : *hassa 1*
séparateur : *farrâg*
séparation : *farigîn, farragân, farridîn 1, fâsil, fasilîn, fassilîn, furga, kujura, mugâta'a, tafsîl*
sépare [qui ~] : *mufarrig ;*
[qui se ~] : *fârig, munfarig*
séparé(e) : *cik cik, mafrûg, mafsûl, mafsûx, mufarrad 1, mufarrag, mufassal, munfasil ;*
[~ des autres] : *ma'zûl ;*
[être ~] : *anfarag ;*
[qui a ~] : *fârid, mufarrid ;*
[qui s'est ~] : *fârig, mulfarrig, munfarid ;*
[qui se sont ~s les uns des autres] : *mulfârigîn*
séparer : *batar 1, fakka 1, farad 1, farrad 1, farrag, fartag, fasal, fassal ;*
[~ des adversaires] : *hajas ;*

[~ des belligérants] : *dâhar ;*
[~ la viande de l'os] : *jarrad ;*
[~ le grain des impuretés] : *xarbal ;*
[fait de ~] : *farigîn ;*
[se ~] : *al'azzal, alfarrag, alfassal, alfârago, an'azal, anfarag, anfasal ;*
[se ~ de] : *anfarad, farag, fârag ;*
[se ~ en divorçant] : *attâlago ;*
[se ~ les uns des autres] : *alfâsalo*
seps [sorte de ~] : *amrijêlât*
sept : *sab'a ;*
[~ cents] : *subûmiya*
septembre : *cahari tis'a*
septentrional(e) : *cimâli, mincâxi*
septième [le ~] : *sâbi' ;*
[un ~] : *subu'*
sépulture : *turba 1, xabur*
sergent : *arîf, sarsâr*
seringue : *ibre*
serment : *halîfe ;*
[prêter ~] : *halaf, yamîn*
sermon : *xutba ;*
[donner un ~] : *xatab 1*
serpent : *amburul, dâbi, dabîb ;*
[~ des maisons] : *amnawwâma ;*
[~ des sables] : *abunzurrâg ;*
[~ fouisseur] : *abundiffên*
autres noms de ~s : *abkadanka, abundarag, asala*
serpentaire : *jorojoro*
serpette : *xanjar*
serrage : *âsirîn, assirîn*
serré(e) : *dayyax 2, râbit ;*
[~ (habit)] : *sentre ;*
[~ en un bloc] : *magrûn ;*
[~ par des boulons] : *mugarrad 2 ;*
[bien ~] : *macdûd ;*
[~s dans les bras l'un contre l'autre] : *mulhâdinîn*
serrer : *assar 1, hacar, xammad, zabbat ;*
[~ (les boulons)] : *garrad 2 ;*
[~ avec une corde] : *zarad ;*
[~ contre (se)] : *âsar ;*
[~ contre soi] : *hannak ;*
[~ la pâte dans la main] : *abbat ;*
[~ un fil en le tournant] : *fatal 1 ;*
[fait de ~] : *âsirîn ;*
[fait de ~ la pâte dans la main] : *abbitîn 1 ;*
[fait de ~ sur son sein] : *hidâne ;*
[se ~ dans les bras] : *alhâdano ;*
[se ~ les uns contre les autres] : *al'âsaro*
serrure : *kaylûn*
sers-toi ! : *alfaddal*
serviable : *sâxi*
service [~ à café ou à thé] : *idde 2 ;*
[qui est en ~] : *caxxâl*
serviette de toilette : *sarbêt*
serviette éponge : *sarbêt*
servir : *xadam ;*
[~ à] : *nafa' 1*
serviteur : *xâdim ;*
[~ (de Dieu)] : *abid*
servitude : *amsiyâdiye*
sésame : *sumsum ;*
[pâte de ~ sucré] : *tahniye*
Sesamum indicum : *sumsum*
Sesbania sesban : *sûrij*
session : *jalsa, mujâlasa*
set de table : *fûta*
Setaria verticillata : *lissêg*
seul(e) : *barâ-, farîd, hâmil 1, mizêgil ;*
[laisser *qqn.* ~] : *tâhac, wahhac ;*
[lui (elle) ~] : *wehêd- ;*
[moi ~] : *wehêd- ;*
[s'en aller ~ au pâturage] : *azzab 2 ;*
[toi ~] : *wehêd- ;*
[un(e) ~] : *muwahhad*
seulement : *bas, tak*
sévère : *akcar, ka'ab 2, kacrân, kafrân 2, mukaccir ;*
[être ~] : *kaccar, kifîr ;*
[qui est très ~] : *ên hamra ;*
[un peu ~] : *kicêrân*
sévérité : *kacara*
sevrage : *faridîn, fasilîn*
sevré(e) : *mafrûd 1 ;*
[non encore ~] : *radî' ;*
[qui a ~] : *fârid*
sevrer : *farad 1, fasal*
sexe : *dubur, giddâm 2, ôra 4 ;*
[~ (par euphémisme)] : *nafis ;*
[~ de l'homme] : *zubb ;*
[~ du bélier] : *sarsûr ;*
[~ du chameau] : *sarsûr ;*
[~ du taureau] : *jaljûl ;*
[~ mâle] : *dakar*
shooter : *callat 1, cât, sakka*
short : *naksi*
si : *kan 1, kan 2 ;*
[~ jamais] : *kan 2, kan misil*
sida : *sîda*
siècle : *gerin 2*
siège : *ga''âda, ga'âda, mag'ad 1*

sieste : *gayyilîn ;*
[faire la ~] : *gayyal ;*
[lieu habituel de la ~] : *magîl*
sifflement : *saffîrîn 3*
siffler : *saffar 3 ;*
[fait de ~] : *saffîrîn 3*
sifflet : *suffâra*
siffleur : *saffâri*
signal : *icâra*
signalé(e) par : *mu'allam 2*
signature : *imdâ'*
signe : *alâma, âya 2, icâra ;*
[~ sur le corps] : *câma ;*
[faire un ~] : *âcar ;*
[poser un ~ particulier] : *wassam ;*
[qui fait un ~ victorieux] : *mucakkit 1 ;*
[qui parle avec des ~s] : *âcâri*
signé(e) : *mamdi*
signer : *mada*
signification : *ma'na*
signifie que [ce qui ~] : *ya'ni*
s'il arrive que : *kan misil*
silence : *sakitîn, sikkête, sukât ;*
[se tenir en ~] : *sakat*
silencieux (-euse) : *kâtim, sâkit ;*
[être ~] : *barad 1*
silhouette : *cakil 1*
silo enterré : *matmûra*
silure : *balbût 1*
simoun : *samûm*
simple : *hayyin, miskîn, sâda, sâhil, sâkit ;*
[~ d'esprit] : *axnab, fâgid agul ;*
[être ~] : *almaskan*
simplet (-ette) : *balîd, fâgid agul*
simplicité : *maskana*
sincère : *amîn, muxlis, sarîh*
sincérité : *ixlâs, sarâha ;*
[en toute ~] : *zimme*
singe [nom d'un ~] : *abalany ;*
[~ rouge] : *bûbu ;*
[~ vert] : *mango 1*
sinon : *kan mâ kê da*
sinueux (-euse) : *mukalwaj*
sinus frontal : *karkaw*
sinusite : *amkurrôdo*
sirop : *sirô*
situation : *hâla, hâl, zurûf 2 ;*
[~ critique] : *hibêl ;*
[être dans une ~ critique] : *xirig ;*
[être dans une ~ difficile] : *akal garad*
six : *sitte ;*
[~ cents] : *suttumiya*
sixième [le ~] : *sâti' ;*
[un ~] : *sudus*
slip : *islîb ;*
[~ d'enfant] : *kâlisong*
snob : *acmân 1, kôlâfi, kulûfi*
snober [fait de ~] : *kulûfiye*
sobriquet : *nabaz*
sociable : *harîf, jâmi' 1 ;*
[être ~] : *addâxal*
social(e) : *ijtimâ'i*
socialiste : *ictirâki*
société : *carika, cirka, mujtama'*
sœur : *axut*
soie : *harîr*
soif : *atac ;*
[avoir ~] : *itic ;*
[provoquer la ~] : *attac 2 ;*
[qui provoque la ~] : *mu'attic 1*
soignant(e) [aide ~] : *anfarmê*
soigne bien [qui ~] : *murayyis*
soigné(e) [bien ~] : *badîn, murayyas ;*
[~ avec des compresses] : *mutammal*
soigner : *dâwa 1, sân, âlaj ;*
[~ avec des compresses] : *tammilîn ;*
[~ une enflure] : *tammal ;*
[fait de ~] : *dâwîn ;*
[se ~] : *addâwa*
soi-même : *ragab xadra*
soin : *dâwîn, ilâj, makâla, mukâla, rayyasân ;*
[~ porté à] : *ja'ilîn, mubâlâ ;*
[bons ~ prodigués] : *rîse ;*
[fait de laisser sans ~] : *êle ;*
[prendre ~ de] : *bâla, rayyas, sân ;*
[prendre ~ de *qqn.*] : *karab 2 ;*
[prendre grand ~ de] : *ihtamma ;*
[sans ~] : *hâmil 1*
soir [temps du ~] : *ice*
soirée [~ festive] : *sahara 1 ;*
[passer la ~] : *axrab*
soit... soit : *sawâ'an*
soixante : *sittîn*
soixante-dix : *sab'în*
Sokoro : *Sokoro*
sol : *arid, turâb ;*
[~ craquelé en saison sèche] : *bâlôy*
Solanum incanum : *jibbên*
Solanum melongena : *barzîn*
Solanum nigrum : *angâgo*
soldat : *askar, jundi ;*
[~ Blanc] : *gôbi*
solde : *cahariye, râtib 2*

soleil : *camis, harray*
solennité : *ihtifâl*
Solenostemma : *bâki*
Solenostemon : *bâki*
solidarité : *tadâmun*
solide : *gawi, jâmid, matîn, najîd 1, sâbit ;*
[devenir ~] : *jamad*
solidifier : *gawwa, lazam*
solitaire : *kamkali, nakûr ;*
[berger (-ère) ~] : *mu'azzib 2*
solitude : *tahace, wahace, wahade 2 ;*
[abandonner dans la ~] : *tâhac*
sol-sol (missile) : *arda'arda*
solution : *halal, hall, hallîn ;*
[qui trouve une ~] : *muhallil 1*
Somalie : *Sômâl*
sombre : *adlam, mudallim*
sombrer : *xirig ;*
[~ dans] : *xarrag*
sommaire : *mulaxxas*
somme [faire un ~] : *ni'is ;*
[petit ~] : *niwwême*
somme d'argent : *mablax ;*
[petite ~ d'argent] : *cixêl*
sommeil : *nôm, rugâd ;*
[maladie du ~] : *abudubbân, marad al-nôm ;*
[qui favorise le ~] : *munawwim ;*
[tomber de ~] : *kaddas*
sommeiller : *nâm, xamad*
sommeilleux (-euse) : *na'sân*
sommet : *râs ;*
[~ de l'arbre] : *fire' al môt*
sommier [bois du ~] : *arrâd*
somnifère : *munawwim ;*
[prise de ~] : *xaddarân 1*
somnole [qui ~] : *mukaddis*
somnolence : *kaddisîn*
somnolent(e) : *na'sân*
somnoler : *kaddas, ni'is*
son (*pron.*) : *-ah, -ha*
son des céréales : *kanfût ;*
[(grain) séparé du ~] : *mukanfat*
songe : *ru'ya ;*
[avoir un ~] : *ri'i*
sonnant(e) : *bakkây*
sonner : *baka, sâh*
s'opposer : *âkas*
sorcellerie : *arrigîn, sanam, sihir, tabbîn, tibb ;*
[pratiquer la ~] : *kannas*
sorcier (-ère) : *arrâgi 1, caddâri, dambâri, gaww 2, jannâni, massâs, sahhâri, tabbâbi*
sorgho [~ blanc] : *berbere, dura ;*
[~ broyé] : *miderîce ;*
[~ rouge] : *amhimêrûn, dura ;*
[~ sauvage] : *adâr 2 ;*
[variété de ~ blanc] : *fatarîta ;*
[variété de ~ rouge] : *kurnyânye*
Sorghum arundinaceum : *adâr 2*
Sorghum Durra : *dura, kurnyânye*
sort (*n. m.*) : *gisma ;*
[~ jeté] : *xucce 1 ;*
[jeter un ~] : *caddar, sahar ;*
[mauvais ~] : *gurd al-cadar 2 ;*
[soumis(e) à un ~] : *mucaddar*
sort (*v*) [fleuve qui ~ de son lit] : *munayyil*
sortant : *mârig*
sorte : *ayne, cakil 1, nafar, sanif ;*
[toutes ~s de] : *nô'*
sortie : *fusha, maragân, mirrêge, sallîn ;*
[~ solennelle] : *sêra*
sortilège [soumettre par un ~] : *tabba*
sortir : *marag, salla 2, xaraj,*→ "**sort** (*v.*)" ;
[~ avec pression (liquide)] : *faxxa ;*
[~ de terre] : *bazar ;*
[~ du coma] : *fâx ;*
[~ en groupe] : *nacca ;*
[~ et briller (étoiles)] : *kabba 1 ;*
[en train de ~] : *mârig ;*
[faire ~] : *marrag, nacal, sallal ;*
[faire ~ les grains de l'épi] : *farak ;*
[fait de ~] : *mirrêge ;*
[forcer à ~ d'un trou] : *kalkat*
sot (sotte) : *ablam, awîr 1, balîd, matmûs 2, nihis, safîh ;*
[rendre ~] : *tamas 2*
sottise : *awâriye, safâha, tumus*
sou : *abhimêra, riyâl ahmar, sile*
souche : *dunbur, ga'ar ;*
[~ (d'arbre)] : *jidil*
souci : *hamm ;*
[~ de] : *mubâlâ ;*
[sans ~] : *râyig ;*
[se faire du ~ pour] : *bâla*
soucier [se ~] : *hamma 1, ihtamma*
soucieux (-euse) : *galib mu'allag, macdûh, muncaxxi*
soucis : *cadaha*
soucoupe : *asêt*
soudain(e) : *faj'i*
Soudan : *Sûdân*
soudanais : *sûdâni*

souder : *laham 1 ;*
[fait de ~] : *lahimîn*
soudeur : *lahhâmi*
soudoyé(e) : *mu'akkal ;*
[qui a ~] : *mu'akkil*
soudoyer : *akkal, balas, dêwan, lahhas*
soudure : *lahimîn, sûdîr, tûta*
souffle : *hajjîn 1, nafîs, nafixîn ;*
[~ vital] : *rûh ;*
[chercher son ~] : *xarxar ;*
[qui ~] : *sâyig ;*
[reprendre son ~] : *nâhat*
soufflement : *hajjîn 1*
souffler : *annaffas, habbab, nafax, sâgat ;*
[~ (vent)] : *habba 2, hajja 2 ;*
[~ les mots d'une phrase] : *laggan ;*
[~ sur le feu] : *balbal, hajjaj ;*
[fait de ~ les mots] : *lagganan*
soufflet (en cuir) : *naffâxa ;*
[~ du forgeron] : *kîr 1*
souffrance : *azâb, caga, izâb, macaxxa, mahâne, marâr, ta''ibîn, ta'ab, taltâl, waja' 2, waji' ;*
[~ (morale)] : *dîxe ;*
[provoquer la ~] : *wajja'*
souffrant(e) : *mirêdân, mudayyix, mutaltal, ta'abân ;*
[être ~] : *hassa 1*
souffre [qui ~] : *ti'êbân ;*
[qui ~ beaucoup] : *mu'azzab*
souffreteux (-euse) : *mirêdân*
souffrir : *al'azzab, albactan, andarra 2, bili, ti'ib, xayyan ;*
[~ de] : *ibtala ;*
[faire ~] : *assar 2, âzab, azzab 1, bala 1, jâr 1, mahhan, ta''ab, taltal, waja' 1, wajja' ;*
[qui fait ~] : *mu'azzib 1*
soufre : *kibrît*
souhait : *munâ ;*
[dire : à tes ~s] : *cammat 2*
souhaite [qui ~] : *mucahhi*
souhaiter : *almanna, dawwar 1, itmanna ;*
[~ ardemment] : *alhanna ;*
[~ la bienvenue] : *rahhab ;*
[~ une bonne journée] : *sabbah 2*
souillé(e) : *munajjas, nijis*
souiller : *najjas ;*
[fait de ~] : *najjisîn*
souillon : *axnab, ta'îs*
souillure : *najâsa, najjisîn*
soûl(e) : *sakrân 1 ;*
[être ~] : *mawzûn 2, sikir*
soulagé(e) : *murtah ;*
[~ d'un manque] : *mulkayyif ;*
[être ~] : *alkayyaf, arrayyad*
soulagement : *xaffafân*
soulager : *rayyah ;*
[~ qqn.] : *rayyad ;*
[se ~ en urinant] : *jumâr*
soûlard : *sakkâri*
soulevé(e) : *marfu' ;*
[être ~] : *angalla*
soulever : *cala', calla', farfar 1, galla 1, rafa' ;*
[~ légèrement] : *galgal, gôlal ;*
[fait de ~] : *rafi'în ;*
[se ~] : *angalla, anrafa'*
soulier : *sûliye ;*
[un ~] : *rijil markûb ;*
[paire de ~s] : *markûb 1*
soumettre : *saxxar 2 ;*
[se ~ à un interdit] : *andahar*
soumis(e) [être ~] : *dallal*
soumission : *amsiyâdiye*
soupçon : *cakkân 2, tahamân, tuhma*
soupçonné(e) : *mathûm*
soupçonner : *gallad, hamma 2, taham, zanna ;*
[fait de ~] : *tahamân*
soupçonneux (-euse) : *tahhâm, tâhim*
soupe : *curba ;*
[~ au lait] : *rûh dayxe ;*
[~ de pieds de vache] : *kura'-kura' ;*
[~ de viande] : *marga ;*
[~ froide de mil] : *ajîne*
souper : *aca, acca*
soupirer : *annaffas, naffas ;*
[~ fortement] : *ganat*
souple : *mârin*
sourate : *sûra 2 ;*
[première ~ du Coran] : *fâte*
source : *ên 2, saraf 2*
sourcil : *hadag, hâjib*
sourd(e) : *atrac, tarcân ;*
[être ~] : *tiric ;*
[un peu ~] : *sama' tagîl*
sourd-muet : *ambûku, atrac*
sourdre : *jamma 2 ;*
[~ (eau propre)] : *tcaltcal ;*
[laisser ~] : *anjamma ;*
[faire ~] : *jammam, warrad 3 ;*
[fait de ~] : *jammamân*
souriant(e) : *bâsim, dâhik ;*
[se montrer tout(e) ~] : *albassam ;*

[tout(e) ~] : *mulbassim*
sourire : *dihik, fasax ;*
[être tout ~] : *albassam ;*
[tout ~] : *mulbassim*
souris : *amsîsî*
sournois(e) : *munâfix ;*
[être ~] : *nâfax*
sournoiserie : *nifâx*
sous (pièces de monnaie) : *fulûs ;*
[petits ~] : *girêsât*
sous (dessous) : *tihit*
sous-... : *nâyib*
sous-entendus : *lahan ;*
[parler avec des ~] : *lahhan*
sous-estimation : *raxxisîn*
sous-estimer : *raxxas*
sous-lieutenant : *dâbit abdabbûra*
sous-ordre : *ma'mûr 1*
sous-sol : *arid*
soustraire à la vue : *darag 1*
sous-ventrière : *butân, xurda ;*
[mettre la ~] : *battan*
sous-vêtement : *arrâgi 2*
soutenant : *mu'ayyid 1*
souteneur : *mu'arras*
soutenir : *ayyad 2, lazam, nâsar ;*
[se ~] : *alkârab*
soutenu(e) : *musâ'ad*
souterrain : *ambaggâga*
soutien : *tadâmun*
souvenir : *zikra ;*
[se ~] : *alfakkar, azzakkar, fakkar*
souvent : *katîr*
souverain(e) : *mustaxill*
spaghetti : *diwêdi*
Spalerosophis diadema : *abundarag*
spasmes intestinaux : *lahame ;*
[avoir des ~ intestinaux] : *lahham 1 ;*
[qui a des ~ intestinaux] : *mulahhim*
spatule [~ en bois] : *muxrâfa ;*
[~ en calebasse] : *farrâra 2*
speaker (speakerine) : *mukallim, muzi'*
spécial(e) : *xâss*
spécialisé(e) dans : *mutxassis*
spécialiser [se ~] : *taxassas*
spécialiste : *fanni, usta, xabîr*
spécimen : *ayne*
spectacle : *farrijîn, furje*
spectateur (spectatrice) : *mulfarrij*
spiruline : *dihe*
splendide ! : *hamîdan*
splénomégalie : *tôhâl ;*
[avoir une ~] : *tôhal*
spongieux [sol ~] : *abnazzâz*
sport : *ispôr, riyâda*
sportif (-ive) : *riyâdi*
squatter : *muhtall*
squelette : *rimme*
stabilisation : *sabbitîn*
stabilisé(e) par : *murakkiz*
stabiliser : *fajfaj*
stabilité : *sabât, tabât*
stable : *sâbit, tâbit ;*
[bien ~] : *tcukut ;*
[être ~] : *tabat*
stagiaire : *mutamarrin*
stagnant(e) : *sâkin*
staphylite : *abhilêg 1, têr al iyâl*
station : *ga'adân, marhala*
stationné(e) : *mugarrac*
stationnement [aire de ~] : *mawgaf*
statistique : *ihsâ'*
statut : *lâ'iha, xânûn*
Sterculia setigera : *rutrut*
Stereospermum kunthianum : *xacxâc*
stérile : *âgir, xasi ;*
[devenir ~] : *aggar*
stérilisé(e) : *mufawwar*
stériliser : *fawwar*
stérilité : *aggirîn, ugur*
sternum : *zôr*
stimuler : *cajja', hawwac 2, naccat*
stockage : *hufudân*
stocké(e) : *maxzûn*
stocker : *tandal*
Stomaxys calcitreus : *dubbân al hamîr*
stop : *xalâs*
stopper : *waggaf ;*
[~ devant un obstacle] : *taras ;*
[~ et reculer un peu] : *haraf*
store : *farfar 2*
strabisme [qui a un ~] : *acwal*
stratagème : *basâra, hîle, tartîb*
Strepsiceros strepsiceros : *nyalat*
Streptopelia : *gimri*
Striga hermontheca : *tadu*
Strix aluco : *amguggum*
Struthio camelus : *na'âm*
Strychnos innocua : *ambixêse*
Strychnos spinosa : *ambixêse*
studieux (-euse) : *mujtahid*
stupéfaction : *hayyirîn*
stupéfait(e) : *mutahayyir ;*
[être ~] : *anbahat'*

stupeur : *xarî'e ;*
[être frappé(e) de ~] : *anxara'*
stupide : *balîd, mahbûl, matmûs 2, safîh*
stupidité : *awâriye, tumus*
stylo à bille : *bîk*
su(e) : *ma'lûm*
suant(e) : *muwaxxir*
subalterne : *ma'mûr 1*
subir des calamités : *bili*
subordonné(e) : *ma'mûr 1*
subsistance matérielle [assurer sa ~] : *kalla 2*
subsister avec difficulté : *taltal*
substitué(e) [être ~] : *albaddal*
substituer : *albâdalo*
substitut : *xalaf 2*
subtiliser : *habac*
subvention : *mu'âwana*
succéder : *xalaf 1*
succès : *najâh*
successif (-ve) : *mutatâbi'*
succession généalogique : *silsila*
succion : *massîn, ridâ'e*
sucer : *massa ;*
[fait de ~] : *massîn*
sucrage : *asâla, sakkirîn, usûla*
sucre : *sukkar ;*
[~ en poudre] : *baxîte ;*
[~ glace] : *sukkar dagîg ;*
[brisures de ~] : *sikêkir ;*
[morceaux de ~] : *sukkar gass ;*
[sans ~] : *salîga ;*
[teneur en ~] : *usûla*
sucré(e) : *asal 1, mu'assal ;*
[goût ~] : *asâla ;*
[qui a été ~] : *musakkar 1, muta"am ;*
[un peu ~] : *isêl*
sucrer : *assal, sakkar 3 ;*
[~ le thé] : *ta"am ;*
[fait de ~] : *sakkirîn*
sucrerie : *halâwa*
sud : *janûb, wati ;*
[orienté(e) vers le ~] : *mawtânî ;*
[qui est au ~] : *watyâni ;*
[qui va en direction du ~] : *mu'ôti*
sudiste : *janûbi, mawtânî*
suer : *waxxar*
sueur : *arag, waxar*
suffire : *tamma 1 ;*
[~ à *qqn.*] : *kafa 1*
suffisamment : *kifâya*
suffisance : *taxa ;*
[en ~] : *kifâya*
suffisant(e) : *fâjir, kâfi ;*
[être ~ et arrogant(e)] : *tixi*
suffit [cela ~] : *xalâs*
suicidé(e) [qui s'est ~] : *cânig*
suinter : *nadah, nazza ;*
[~ de l'intérieur] : *jamma 2*
Suisse : *Swis*
suit [qui ~] : *muntabi'*
suite [de ~] : *mutatâbi' ;*
[~ de quelqu'un] : *murâfig ;*
[~ logique] : *ugub ;*
[~ numérique] : *sîri ;*
[composer une ~ de cartes] : *kâsar 1 ;*
[tout de ~] : *hâdir, hassâ, nyelet, tawwâli, tcabba 1*
suivant [se ~] : *mutatâbi'*
suivi [qui a ~] : *muntabi'*
suivre : *maca wara ;*
[~ les traces des voleurs] : *faza' 2 ;*
[~ pas à pas] : *laggat ;*
[~ quelqu'un] : *tâba 1 ;*
[fait de ~ pas à pas] : *laggitîn ;*
[se ~] : *attâba'o*
sujet : *târi 1 ;*
[~ d'un examen] : *mawdû' ;*
[au ~ de] : *fî 1, xusûs 1*
sultan : *sultân ;*
[se comporter comme un ~] : *assaltan*
sultanat : *saltana, saltaniye*
super- : *xayri*
superficie : *masâha*
supérieur(e) : *âli*
superstitieux (-euse) : *musâbir*
superstition : *musâbara ;*
[croire aux ~s] : *sâbar*
superviser : *râxab*
superviseur (-euse) : *murâxib*
supervision : *murâxaba*
supplément : *wasla*
suppliant(e) au nom de Dieu : *mu'arrid 2*
supplication : *arridîn 2 ;*
[~ au nom de Dieu] : *mu'râd 1*
supplice : *azzibîn 1*
supplier [~ *qqn.*] : *arrad 2 ;*
[fait de ~] : *arridîn 2*
support : *durziye, kalâ'ît, murdâs, rakkâza ;*
[poser un ~] : *sanad*
supportable (situation) [être ~] : *ansabar*
supporter : *ayyad 2, himil, mu'ayyid 1, munâsir, sabar 1 ;*
[~ ensemble] : *alhâmalo ;*

[qui sait ~] : *sâbir*
supposer : *zanna*
supposition : *cakkân 2*
suppression : *adimîn*
supprimer : *nasax*
suppurant(e) : *muwa'i*
suppuration : *wa''ayân*
suppurer : *ammal, nazza*
sur : *fî 1, fôg*
sûr(e) : *amîn, madmûn, matîn, mu'akkid, mu'âman, muhaggig, najîd 1 ;*
[~ de *qqn.*] : *acmân 2 ;*
[bien ~] : *akîd ;*
[c'est ~] : *lâbudda ;*
[ne pas être ~ que] : *cakka 2 ;*
[pour ~] : *bala cakk*
surabondance : *fadul*
surcharge : *jangilîn*
surdité : *tarac 3*
surélever : *dabdab 3, radam ;*
[fait de ~] : *dabdibîn 3, radimîn*
sûrement : *akîd, bala cakk*
surérogatoire : *mandûb 2 ;*
[prière ~] : *nafal*
sûreté [mettre en ~] : *amman*
surface : *masâha ;*
[mesure ~] : *muxammas*
surfiler : *lafag ;*
[qui sait ~] : *laffâgi*
surir : *hammad 1*
surjeter : *lafag*
surlendemain : *bukra*
surmené(e) : *macxûx*
surnom : *nabaz*
surnommer : *nabbaz ;*
[fait de ~] : *nabbizîn*
surpasser [fait de ~] : *fôt*
surplus : *mufaddil, ziyâde*
surprenant(e) : *ajîb*
surprendre : *ajjab, hayyar, wahham, xaffal, zarra ;*
[~ pour tuer] : *hajam 1 ;*
[fait de ~] : *xaffilîn*
surpris(e) : *xaflân ;*
[être ~] : *al'ajjab*
surprise (*n. f.*) : *ajab 2, hêre, xafala, xaffilîn*
sursauter : *nakkas*
surtout : *xâssatan*
surveillance : *daggacân, murâxaba*
surveillant(e) : *murâxib*
surveillé(e) : *murâxab*
surveiller : *râxab ;*
[fait de ~] : *murâxaba*
suspecter : *hamma 2*
suspendre : *allag*
suspendu(e) : *mu'allag, muwaggaf*
suspension : *susta*
suspicion : *cakkân 2, tuhma*
susurrement : *waswisîn*
susurrer : *waswas*
Sylvicapra grimmia : *amtigidim*
sympathie [avoir de la ~ pour] : *ataf ;*
[éveiller la ~] : *attaf*
Syncerus sp. : *jâmûs*
syncope [avoir une ~] : *dâx 2, ximir ;*
[provoquer une ~] : *xammar ;*
[tomber en ~ après un coup] : *anfahag*
syndicat : *naxâba*
Synodontis batensoda : *garga*
Synodontis nigrita : *garga*
synthèse : *mulaxxas*
syphilis : *abgassâs, bajal*
Syrie : *Sûrya*
système : *nizâm*

t

ta : *-ak, -ki*
tabac : *tumbâk, tâba 2 ;*
[~ à priser] : *tumbâk*
Tabaski [fête de la ~] : *dahîye*
tabasser : *mattat, maxxat 2*
table : *tarbêza, tâbul ;*
[~ de branchages] : *jurun ;*
[~ du commerçant détaillant] : *tembir ;*
[petite ~] : *tirêbîze*
tableau : *sabbûra, tâblo*
table-banc : *tarbêza, tâbul*
tablette : *lôh*
tablier : *maryala*
tabouret : *banbar, ga''âda, ga'âda ;*
[petit ~] : *binêbir*
tache : *lattixîn ;*
[~ de couleur] : *bug'a ;*
[~ de rousseur] : *xâl 2 ;*
[~ de vin] : *câma*
tacher : *lattax*
tacheté(e) : *argat*
tachycardie : *abunraffâf*

taie : *bayâd 1, kîs al maxadda, labbâsa*
taillader : *gassa ;*
[~ la peau] : *fassad*
taillage : *haffîn*
taille : *jurma, sulub, tûl ;*
[être à la bonne ~] : *libi ;*
[de petite ~] : *andûru ;*
[petite ~] : *gusur*
taillé(e) : *mahfûf ;*
[~ sur mesure] : *sentre*
tailler : *haffa 1, jalaf, kabkab, najar ;*
[~ un crayon] : *barra 2 ;*
[~ un roseau à écrire] : *barra 2*
tailleur : *makkâni, mufassil, tarzi, tâyêr, xayyâti ;*
[~ de métier] : *fassâli*
taire : *katam ;*
[faire ~] : *hammad 2, sakkat, sakkitîn ;*
[fait de se ~] : *sakitîn ;*
[se ~] : *sakat*
talion : *târ 3*
talisman : *gûru*
talkie-walkie : *tokkoy*
taloche : *dabze*
talon : *ka'ab 1 ;*
[~ du jeu de cartes] : *kês*
talonnade : *lakkîn*
talonner : *lakka ;*
[fait de ~] : *lakkîn*
Tama : *Tâma*
Tamarindus indica : *ardêb*
tamarinier : *ardêb*
tambour : *nuggâra ;*
[grand ~] : *bardiye ;*
[petit ~] : *nigêgîre, tanbal 2*
tamis : *xurbâl*
tamisage : *xarbilîn*
tamiser : *xarbal ;*
[fait de ~] : *xarbilîn ;*
[se ~] : *alxarbal*
tampon : *xitim*
tamponner : *dagac 1, tarac 1 ;*
[se ~] : *attâraco*
tam-tam : *nuggâra ;*
[joueur de ~] : *darrâbi ;*
[petit ~] : *nigêgîre*
tannage : *dabaxân*
tanné(e) : *madbûx*
tanner : *dabax ;*
[faire ~] : *dabbax*
tannerie : *madbax*
tanneur : *dabbâxi*

tant : *katîr bilhên ;*
[~ pis !] : *mâlêc, marâda ;*
[~ que] : *kan mâ, mata kula kan*
tante [~ maternelle] : *xâla,* → **"oncle"** ;
[~ paternelle] : *amme*
Tanzanie : *Tanzânya*
tape : *dagg, dirrêbe ;*
[~ dans le dos] : *dabze ;*
[donner une ~] : *tcallak ;*
[donner une ~ légère pour avertir] : *xamaz*
taper : *tagga 1 ;*
[~ *qqn.* dans le dos] : *dabaz ;*
[~ sur] : *tagtag ;*
[se ~] : *annâgaro ;*
[se ~ contre] : *antagga*
Tapinanthus : *anaba*
tapis : *busât, farce 2, furâc ;*
[petit ~] : *firêc ;*
[~ de prière] : *muslay, sallay ;*
[~ de selle] : *libde, martaba 2, safîne ;*
[~ de selle de l'âne] : *xartay ;*
[~ traditionnel (Ouaddaï)] : *camle*
tapoter : *dabdab 1 ;*
[fait de ~] : *dabdibîn 1*
taquin(e) : *dâbâxi, mustahbil*
taquiner : *dâbax, hâzar, jâlax, jaxxa ;*
[~ gentiment] : *hâca ;*
[se ~] : *alhâzaro*
taquinerie : *dâbaxân, dubâx, hizâr*
tard [~ dans la nuit] : *zagâzîg al-lêl ;*
[remis(e) à plus ~] : *mu'ajjal*
tarder : *axxar*
targette : *tarbâz*
tarir : *anxaraf, hajjar, yibis ;*
[se ~] : *hisi, xirzat*
tarissement : *hasiyîn, xarizîn*
taro : *bogolo*
tas : *hizme, kôm ;*
[~ d'épis] : *jarre 1 ;*
[~ d'épis de mil] : *jurun ;*
[mettre en ~] : *jôran, kawwam, kôyam*
tasse : *funjâl ;*
[~ à café] : *funjâl gahwa*
tassé(e) : *makmûd ;*
[~ avec un bâton] : *matckûk*
tasser : *dakkak, hacar, radam, raddam ;*
[~ en pressant] : *kamad ;*
[~ en secouant] : *tcakka 4*
tâtonner : *damdam 2*
tâtons [avancer à ~] : *damdam 2*
tatouage au henné : *rasim, tahnîn*

tatouer avec du henné : *rasam ;*
[fait de ~] : *rasimîn*
taureau : *bagar, tôr*
taurillon : *ijil madmûn, ijil, tiyêr ;*
[~ bien en chair] : *raba'*
Taurotragus derbyanus : *bûga*
tavelé(e) : *argat*
taxe : *fatanti, hukum 1, mîri ;*
[~ douanière] : *jumruk*
taxé(e) en douane : *mujamrak*
taxer : *jamrak, mayyar, xarram*
taxi : *taksi ;*
[~ course] : *taksi kurus*
Tchad : *Tcâd*
tchadien (tchadienne) : *tcâdi*
technicien (-enne) : *fanni, muhandis*
technique : *fann*
teigne : *gûb, gûba ;*
[sorte de ~] : *ambarbâra*
teindre : *nayyal 1 ;*
[~ en bleu] : *zahhar*
teint(e) : *mumassah*
teinture : *gârûra, nîl 2 ;*
[~ bleu foncé] : *nîle ;*
[~ noire] : *sibxa*
tel (telle) : *filân*
télécommunication : *muwâsala*
télégramme : *barxiya, tilligrâm*
téléphone : *têlefûn*
téléspectateur (-trice) : *mucâhid*
télévision : *telfîzyôn*
tellement que : *lahaddi, laxâyit*
témoignage : *cahâda ;*
[faux ~] : *zûr*
témoin oculaire : *câhid 1 ;*
[~ du premier croissant de lune] : *mustafîda ;*
[être ~] : *cihid*
tempête : *amzôbahâni, callâl*
temple : *ma'bad*
temporaire : *muwaxxat*
temps : *hâla, wakit 1, wata, zaman ;*
[~ de la moisson] : *darat ;*
[~ de midi] : *gayle ;*
[~ de quinze à dix-huit heures] : *aciye ;*
[~ de réclusion] : *arban, xabîbe ;*
[~ de repos] : *jumma 2 ;*
[~ durs à vivre] : *fasâla 1 ;*
[~ fixé] : *ajal 1 ;*
[~ jadis] : *zamân 2 ;*
[~ libre] : *batâla, farga ;*
[avoir du ~ libre pour] : *ligi idênah ;*
[de temps en ~] : *bakân lê bakân gabul ;*
[le ~ que] : *kadar 1 ;*
[passer le ~ de la moisson] : *dârat ;*
[passer le ~ de midi] : *gayyilîn ;*
[passer le ~ du soir] : *axrab ;*
[perte de ~] : *lahwa ;*
[tout le ~] : *dâ'iman*
tenant : *kârib*
tendance : *jabhe ;*
[avoir ~ à] : *dawwar 1*
tendancieux (-euse) : *mujâmil*
tendeur de pièges : *kajjâj*
tendinite : *abunrisêx*
tendon : *asab ;*
[~ d'Achille] : *argûb*
tendre : *hanûn, layyin, mârin, mattat, raxas, tari ;*
[~ la main] : *nâwal ;*
[~ vers] : *madda*
tendresse : *hadinîn, hanninîn 2, hinniye, mahanna ;*
[~ mutuelle] : *muhânana ;*
[éprouver de la ~ pour] : *hanna ;*
[faire un geste de ~] : *râwad ;*
[qui s'aiment d'une ~ réciproque] : *mulhâninîn*
tendu(e) : *mamdûd ;*
[~ (piège)] : *makjûj ;*
[être ~] : *jabdîn al wijih, karab wijhah*
ténèbres : *dalâm*
tenir (fortement) : *karab 1 ;*
[~ à la main en laissant balancer] : *dôdal ;*
[~ compte de] : *ja'al ;*
[~ ferme] : *zabbat ;*
[~ ferme (s. fig.)] : *assab ;*
[~ sa promesse] : *waffa ;*
[~ ses engagements] : *waffân ;*
[~ son foyer] : *karab 2 ;*
[qui aime ~ compagnie] : *mu'ânis ;*
[se ~ à] : *alkarrab ;*
[se ~ bien] : *ista'dal ;*
[se ~ ensemble] : *alkârab ;*
[s'en ~ à] : *alkârab*
tension : *daxit*
tente : *xêma 1*
tenté(e) : *dâyir 1*
tenter : *hâwal ;*
[~ de] : *jarrab 1*
tenture : *sitâra*
tenue : *kabtâni, mâyo ;*
[~ militaire] : *tusma ;*
[petite ~] : *jawwâniye ;*

[qui est en ~ de combat] : *muzammil*
tergal : *tergâl*
tergiversant : *câwâri*
terme : *fana', naja ;*
[~ d'une souffrance] : *faraj 3 ;*
[~ fixé] : *ajal 1 ;*
[fait d'être au ~ d'une épreuve] : *farijîn 2 ;*
[fait de mettre un ~ à un malheur] : *tafrîj*
terminaison : *kammilîn, kumâle*
Terminalia macroptera : *darôt*
terminé ! : *xalâs !*
terminé(e) : *muntahi ;*
[qui a ~ le jeu] : *gâfil ;*
[être ~] : *kammal, kimil*
terminer : *kammal, tâmam, tamma 1, tammam 2, xallas, xilis ;*
[~ l'étude du Coran] : *xatam ;*
[pour ~] : *axîr, xulâsa ;*
[se ~] : *kimil*
termite : *arda ;*
[~es ailés] : *simmên ;*
[~ soldat] : *abungassâs, abunkunday*
termitière : *gantûr*
terrain : *ardiye, arid, hôc, marbu', mîdân, turâb ;*
[~ argileux inondable] : *bâlôy ;*
[~ argileux sec et défoncé] : *jagallo ;*
[~ de football] : *naga'at al bâl ;*
[~ détrempé] : *amjammâdi ;*
[~ inculte] : *bûra ;*
[~ plat dénudé] : *naga'a ;*
[~ plat et nu] : *sahale ;*
[~ rectangulaire] : *muxammas ;*
[~ sablonneux] : *gôz ;*
[~ sec et dégagé] : *sahale*
terrasse : *râs al bêt*
terre : *arid, dunya, turâb ;*
[~ de kraal] : *diyâr 1 ;*
[~ rapportée] : *radmiye ;*
[par ~] : *wâgi'*
terrestre : *ardi*
terreur : *ru'ba*
terreux (-euse) (couleur) : *muxabbic*
terrier : *abunjahare ;*
[~ à deux entrées] : *ambaggâga*
terrifié(e) : *mabhût 1, maxaru'*
territoire : *arid*
terroir : *turâb, turâs ;*
[du ~] : *baladi, dâray*
terrorisé(e) : *maxaru', munakkal*
terroriser : *ra'ab*
tertre : *kindiwe*
tesson : *cigfe*
test : *imtihân*
testament : *ahad 2*
testé(e) [~ par le feu] : *mujammar ;*
[qui a été ~] : *mujarrab*
testicule : *galaga, bêdât*
Testudo calcarata : *abungadah*
tétanie : *kurnyâle*
tétanos : *gurd al-cadar 2, ucba*
tête : *râs ;*
[~ de mouton grillée] : *nîfa ;*
[n'en faire qu'à sa ~] : *far'an ;*
[ne pas avoir toute sa ~] : *mawzûn 2 ;*
[passer en ~] : *gaddam 2 ;*
[passer par la ~] : *xatar 2 ;*
[petite ~] : *riyês ;*
[faire la ~ à *qqn.*] : *jâsar ;*
[qui a la ~ rasée] : *mahlûg 2 ;*
[qui a la ~ reposée sur *qqch.*] : *muwassid*
tête-bêche : *ma'gûr, muhâwat ;*
[fait de mettre ~] : *agirîn ;*
[mettre ~] : *hâwat ;*
[qui se sont mis ~] : *mul'âgirîn ;*
[se mettre ~] : *al'âgaro*
tétée : *rada'ân, radda'ân, ridâ'e*
téter : *ridi' ;*
[chercher à ~] : *darrar ;*
[fait de ~] : *rada'ân, ridâ'e*
tétine : *râs al-dêd*
téton : *râs al-dêd*
têtu(e) : *jâzim, jazzâm, nihis, tuss ;*
[devenir ~] : *tâsas*
thé : *câhi ;*
[~ au lait] : *labaniye ;*
[une petite quantité de ~] : *câhay*
théâtral (e) : *masrahi*
théâtre : *tamsîliya ;*
[lieu du ~] : *masrah 2*
théière : *barrâd ;*
[petite ~] : *birêrîd*
thème : *târi 1*
thermos : *sabbâra 2*
Thora : *Tawrêt*
thorax : *sadur*
Thos aureus soudanicus : *ba'acôm*
Threskiornis æthiopica : *abdôma*
tibia : *sâg 3 ;*
[~ des criquets] : *saksâk*
ticket : *tazkara, tike*
tiède : *dâfi'*
tiédir : *daffa*
tiers [un ~] : *tilit*

tige [~ creuse de l'oignon] : *humbus ;*
[~ de mil] : *agêg ;*
[~ secondaire] : *ca'ag 3 ;*
[palissade en ~s de mil] : *taka 2, tartar*
tignasse : *gujja*
Tilapia galilæa : *farfo*
timbale : *gundar*
timbre-poste : *tembir*
timide : *miskîn, mustahi, xajûl ;*
[être ~] : *xijil*
timidité : *êb, tugul, xijile*
tique : *abungurdân 1*
tir : *darib 2*
tirage : *jabde, mujâbada, sallîn*
tiraillement : *mujâbada*
tirailler [se ~] : *ajjâbado*
tiré(e) [~ (lait)] : *mahlûb ;*
[~e de terre (eau)] : *mutabbar*
tire le diable par la queue [qui ~] : *isêfân*
tirelire : *banki*
tirer : *jabad, jâbad, jabbad, salla 2 ;*
[~ à soi] : *jarra 2 ;*
[~ dans un ballon] : *sakka ;*
[~ de (faire sortir)] : *nacal ;*
[~ en traînant à terre] : *karra 2 ;*
[~ l'eau] : *tabbar ;*
[~ sur la cigarette] : *jabbad ;*
[~ un coup de fusil] : *darab ;*
[~ un trait] : *karra 2 ;*
[~ une carte] : *jarra 2 ;*
[~ une corde] : *jarra 2 ;*
[fait de ~] : *majarr, mujâbada ;*
[se ~] : *angâd, anjabad ;*
[se ~ dessus] : *addârabo*
tireur (-euse) d'élite : *nâcâli*
tiroir : *duruj 1*
tison : *nuccâb*
tissage : *nasîj ;*
[~ à la main] : *nasajân*
tisser : *nasaj ;*
[fait de ~] : *nasajân*
tissu : *gumâc, tôb ;*
[~ bleu noir] : *dâriye, rub'iye, zarâg 2 ;*
[~ de coton] : *cadda 2, dêbalân, gabag ;*
[~ léger] : *wazin 1 ;*
[~ solide en coton teint] : *kongo*
autres noms de ~s : *dôg, tergâl*
titillation : *jaxjixîn*
titre : *muxaddima ;*
[~ de transport] : *tazkara*
tituber : *lôlaj, tarta'*
Tockus erythrorhynchus : *ammangûr*
Tockus nasutus : *ammangûr*
toi : *-ak, -ki ;*
[~ (femme)] : *inti ;*
[~ (homme)] : *inta ;*
[~ même] : *nafis-, zât- ;*
[à ~ de même] : *ugub lê ;*
[de ~] : *-ak, -ki*
toiles d'araignée [se couvrir de ~] : *cabbac*
toilette rituelle : *janâba*
toilettes : *bêt al adab, mustarah, sindâs, wara-bêt*
toi-même : *nafis-*
toison : *sûf*
toit : *râs al bêt*
tôle : *tôl ;*
[~ ondulée formée sur une route] : *dagdâg*
tolérance : *galib abyad*
tolérant(e) : *rûh tawîle*
tolérer : *sâmah 2*
tomate : *tamâtim*
tombant(e) : *wâgi'*
tombe : *lahad, turba 1, xabur*
tombé(e) : *wâgi' ;*
[~ en syncope] : *mafhûg*
tombeau : *xabur*
tomber : *hardam, waga' ;*
[~ au fond de l'eau] : *tamas 1 ;*
[~ en enfance] : *xirif ;*
[~ en ruine] : *xirib ;*
[~ ensemble] : *hallak ;*
[~ face contre terre] : *anbatah ;*
[~ tout seul (cheveux)] : *alma''at ;*
[bien ~] : *sadaf ;*
[faire ~] : *rama, xarrab 3 ;*
[faire ~ des gouttes] : *naggat ;*
[fait de ~] : *rami*
tombola : *tanbula*
ton : *-ak, -ki*
ton bienveillant [parler sur un ~] : *nafas bârid*
tonifiant(e) : *mugawwi*
tonneau : *birmîl*
tonnerre : *dagdâg ;*
[coup de ~] : *ra'ad*
tontine : *pâre*
toqué(e) : *mahbûl*
torche : *tôric ;*
[~ électrique] : *battariye*
torcher : *macmac ;*
[se ~] : *gacgac*

tordre : *awwaj, kalwaj, lawa, tarbal ;*
[~ pour former une corde] : *fatal 1 ;*
[~ un membre] : *faram 2 ;*
[action de ~] : *kalwajân ;*
[fait de ~ une corde] : *fatilîn ;*
[se ~] : *al'affas, an'awaj, anfatal, hargas*
tordu(e) : *âwaj, maftûl, matni, mukalwaj, mutarbal ;*
[être ~] : *an'awaj ;*
[le fait d'être ~] : *kalwajân*
toron : *gêtân*
torrent : *rijil 2*
torsade : *lafîye*
torsion : *kalwajân*
tort : *dalîme, dulum 1, zulum ;*
[à qui on a fait du ~] : *madlûm ;*
[faire du ~] : *dalam 1, jâfa ;*
[qui a ~] : *xaltân ;*
[qui fait du ~] : *zâlim ;*
[subir un ~] : *andarra 2*
torticolis : *abnâxûs, anfûla*
tortille [celui qui se ~] : *muhargis*
tortillement : *hargisîn*
tortiller [se ~] : *alhargas, hargas ;*
[en train de se ~] : *muhargis*
tortionnaire : *azzâb*
tortue : *abungadah*
torture : *azâb, azzibîn 1, izâb, jôr, mahâne, ta''ibîn ;*
[nom d'une ~] : *arba'tâcar*
torturé(e) : *mu'azzab ;*
[être ~ par] : *al'azzab*
torturer : *âzab, azzab 1, hân, jâr 1 ;*
[fait de ~] : *azzibîn 1*
tôt : *badri, mubaddir ;*
[être ~ le matin] : *fajjar 2 ;*
[se lever ~] : *bakkar 1 ;*
[très ~] : *ambahîn, duxuc, waradde*
total (*n. m.*) [qui a fait le ~] : *mujammil 2*
total(e) (*adj.*) : *câmil, jumla*
totaliser : *camal*
totalité : *jumla*
Toubou : *Tubo*
touche-à-tout : *xarâb 2*
touché(e) : *malmûs*
toucher (*v. trans*) : *allammas, lammas, limis, tcallak,* → "**toucher** (*n. m.*) ;
[~ à] : *habac ;*
[~ avec la main] : *xamaz ;*
[~ le menton] : *laxxad ;*
[~ un salaire] : *ligi ;*
[fait de ~ doucement] : *limmêse ;*
[se ~] : *allamma*
toucher (*n. m.*)[le ~] : *lams*
touffe de cheveux : *gujja, guttiye*
toujours : *dâ'iman, lissâ, sarmadan ;*
[~ pas] : *lissâ mâ ;*
[pour ~] : *abadan, mu'abbad 2*
Toundjour : *Tunjur*
toupet : *gijêje, gujja, gussa*
toupie : *mutrâra, tcôro*
touque : *birmîl, safîhe, tukk*
tour : *côt, dalu 2, dôr 3, jawla, kura, rikkêbe, tûr 1 ;*
[à ton ~ !] : *ugub lê ;*
[faire le ~] : *dâr 1 ;*
[faire un ~] : *marra 1 ;*
[faire de grands ~s] : *jawwal*
tourbillon : *amzôbahâni ;*
[~ de l'eau] : *callâl ;*
[~ de vent] : *Goygoy*
tourisme : *siyâha*
touriste : *siyâhi*
tourment : *cadaha, dîxe, izâb, mahâne*
tourmente [qui ~] : *mu'azzib 1*
tourmenté(e) : *macdûh, mulbactin ;*
[être ~] : *albactan*
tourmenter : *âzab, azzab 1*
tournant : *laffe*
tourne [qui ~] : *mudawwir ;*
[qui ~ (moteur)] : *mudawwar 1*
tourné(e) (*adj.*) : *munlafit, muttajih ;*
[qui s'est ~] : *munbarim*
tournée (*n. f.*) : *huwâme, jawla, rikkêbe, safar ;*
[être en ~] : *jawwal ;*
[qui fait sans cesse des ~s] : *hawwâm*
tourner : *baram, dawwar 2, hammad 1, kanjar 1, laffa, laffat ;*
[~ (lait)] : *algatta', garas ;*
[~ autour] : *dâr 1, hawwag, tâf ;*
[~ en rond] : *darwal, hâm ;*
[~ *qqn.* en dérision] : *jalax ;*
[~ une sauce] : *darab ;*
[~ vers] : *mâyal ;*
[se ~] : *anbaram ;*
[se ~ vers] : *mayyal, wajjah ;*
[faire ~ l'eau dans un récipient] : *lôlaj ;*
[fait de ~] : *dawwarân 2 ;*
[fait de ~ autour] : *hawwagân, muhâwaga*
tournis : *dôre 1*
tournoyant en l'air : *muhallig*
tournoyer en l'air : *hallag*
tourteau : *assâr*

tourterelle [~ à collier] : *gimri ;*
[~ du Cap] : *amdarangal, balôb*
tous : *jami', kull-, kulla* → **"tout(e)"** ;
[de ~ les côtés] : *jâyi jâyi ;*
[dans ~ les sens] : *jâyi jâyi*
tousser : *gahha, hôha ;*
[faire ~] : *gahhah ;*
[fait de ~] : *gahhân*
toussoter : *hamham*
tout(e) : *ayy, kulla, marra wâhid,* → **"tous"** ;
[~es les fois que] : *kan 1, kulla ma*
toux : *guhha ;*
[qui a une ~ coquelucheuse] : *muhôhi*
Toyota : *toyôta*
tracassé(e) [être ~] : *albactan*
trace : *alâma*
tracer des lignes : *xattat*
trachée : *zarrût*
trachome : *sûf al kilâb*
tracter [fait de ~] : *karrîn 1*
tracteur : *harrâta, macîn*
traction : *jabdîn, mujâbada ;*
[~ à terre] : *majarr*
tradition : *âde 1, uruf 2, ;*
[~ musulmane] : *sunna*
traditionaliste : *mu'aggid*
traditionnel (-elle) : *ahâli, baladi, dâray*
traducteur (-trice) : *mutarjim, turjumân.*
traduction : *tarjama, tarjamân ;*
[faire une ~] : *tarjam*
traduire : *tarjam ;*
[fait de ~] : *tarjamân*
traduit(e) : *mutarjam*
trafic intense : *zahma*
trafiqué(e) : *maxcûc*
trahir : *xadar 2, xân*
trahison : *xiyâne*
train [arrière-~] : *xôrân ;*
[être en ~ de] : *gâ'id*
traînage : *karrîn 1*
traînard(e) : *kadâr*
traîne [qui se ~] : *zâhif*
traîner : *nyalnyal ;*
[~ dans le travail] : *mârad ;*
[~ par terre] : *karra 2 ;*
[se ~ par terre] : *alkâraro, ankarra ;*
[se ~ sur les fesses] : *zihif*
traire : *halab ;*
[action de ~] : *hulâb*
trait (*n. m.*) : *xatt ;*
[comme un ~] : *sur !*
trait(e) (*adj.*) : *mahlûb*

traité : *mîsâx*
traite du lait : *hulâb*
traitement : *ilâj ;*
[~ mensuel] : *mâhiye ;*
[mauvais ~] : *jôr*
traiter *qqn.* d'ignorant : *kayyac*
traître : *amîl, xaddâr, xâ'in*
trajet : *derib 1, mamca*
trame [bord du côté de la ~] : *kinar*
tranchant(e) : *tarîn ;*
[côté ~] : *turun*
trancher un palabre : *gata' cerî'e*
tranquille : *hâdi 2, miskîn, râyig, sâbit, sâkit, tâbit ;*
[être ~] : *râg ;*
[ne pas être ~] : *cafcaf ;*
[rester ~] : *habat*
tranquillement [qui va ~] : *munyalnyil*
tranquillité : *rôga, tabât*
transaction : *bê'e, carayân ;*
[~ commerciale] : *bê'ân, cura'*
transférer des devises : *harrab*
transfert : *rahûla*
transformer en : *faraj 2 ;*
[se ~] : *caglab*
transhumance : *rahhilîn, rahîl*
transistor : *râdyo*
transition [de ~] : *intixâli*
translucide : *rahîf*
transmetteur : *mu'ôri*
transmettre : *wadda 1, wassal ;*
[~ un message] : *warra ;*
[~ une maladie à *qqn.*] : *karrab 4 ;*
[se ~ par contagion] : *âda*
transmission d'un message : *ôrîn*
transpercer : *ta'an 1 ;*
[~ le cœur] : *nahar*
transpirant(e) : *muwaxxir*
transpiration : *arag, waxar, waxxirîn*
transpirer : *waxxar ;*
[fait de ~] : *waxxirîn*
transplanter : *maggan*
transport : *jêbân, nagil, nagilîn, niggêle ;*
[moyen de ~] : *muwâsala*
transporté(e) : *mangûl*
transporter : *nagal ;*
[~ en cachette] : *harrab ;*
[faire ~] : *naggal ;*
[fait de ~] : *nagilîn ;*
[fait de ~ une seule fois] : *jêbe ;*
[se ~] : *ajjâlalo*
transporteur (-euse) : *naggâl*

transvasement : *gâlibîn, sabbân 1*
transvaser : *darra 1, dâyar, jâlal 1 ;*
[se ~] : *andarra 1*
transversal [bois ~] : *arrâd*
trapu(e) : *dirbi ;*
[~ et fort(e) : *malbûk*
traqué(e) : *mutârad*
traquer : *târad 1*
traumatisme crânien [avoir un ~] : *anfahag ;*
[qui a subi un ~] : *mafhûg*
travail : *amal, caxala, xidime ;*
[~ de la terre] : *hirâte ;*
[être en ~ (accouchement)] : *tâlag ;*
[petit ~] : *xiddême ;*
[revenir du ~] : *nazal, nâzil, nizzêle*
travaillant : *muctaxil*
travaille [qui ~] : *muctaxil ;*
[qui ~ avec ardeur] : *mubtali*
travaillée (terre) : *manjûr*
travailler : *ictaxal, xadam ;*
[~ la terre] : *harat ;*
[être en âge de ~] : *faraj 1 ;*
[faire ~] : *caxxal, xaddam ;*
[qui fait ~] : *mucaxxil*
travailleur (-euse) : *âmil, câtir, durâ' axadar, fâlih, xaddâm ;*
[~ à bec rouge (oiseau)] : *abhatab ;*
[~ émigré] : *caxxâli ;*
[former un groupe de ~s] : *naffar 1*
travaux de force : *mutaggalât*
travers [de ~] : *am'urud ;*
[en ~] : *mu'ârad ;*
[se mettre en ~] : *al'ârad*
traversant : *gâti'*
traverse : *arrâd*
traversée : *gatti'în*
traverser : *agar, cagga ;*
[~ la route] : *alxâtam ;*
[fait de ~] : *agirîn*
traversin : *maxadda, wassâde*
travesti : *camarôxa*
travestir [se ~] : *camrax*
trébucher : *attarta', itir 1*
trèfle : *barsîm, cinêk*
treillis : *farfar 2*
treize : *talattâcar*
tremblement : *cafcâf, hazzîn, rajafân, rajjifîn*
trembler : *anhazza, hazza, rajaf ;*
[faire ~] : *hazzaz, rajjaf*
trempage : *faccîn*
trempé(e) : *rawyân ;*
[~ complètement !] : *manyax !*
[~ dans l'eau (mil)] : *mudamrag ;*
[qui a ~ dans l'eau (tissu)] : *mafcûc*
tremper : *balla, ballal, naga' ;*
[~ dans la sauce] : *mallah ;*
[~ le mil] : *damrag, fanyax*
trente : *talâtîn*
très : *bilhên, jiddan*
très bien : *hamîdan, jayyid, kaji kaji*
trésor : *sandûg*
Trésor Public : *trezôr*
trésorier (-ère) : *amîn al-sandûg*
tressage : *ramilîn ;*
[~ (vannerie)] : *dafarân*
tressaillir [faire ~] : *nyamnyam*
tresse : *gerin 1, lafiye, luwaye, mucât ;*
[~ au sommet du crâne] : *râye ;*
[~ de cuir] : *nis'e ;*
[~ frontale] : *gussa ;*
[~ sur la tempe] : *masîre ;*
[grosse ~] : *uruf 1 ;*
[grosse ~ au sommet du crâne] : *jamîre ;*
[petite ~] : *ci'êray, girên ;*
[sorte de ~] : *dabbûga*
tressé(e) : *marmûl, mumaccat*
tresser : *macat, ramal, ratag ;*
[~ les cheveux] : *maccat ;*
[~ une natte] : *dafar ;*
[habile dans l'art de ~ les cheveux] : *maccâta ;*
[se ~ les cheveux] : *almaccat*
tresses : *ca'ar, miccête ;*
[~ postiches] : *sûf al marhûma*
tréteau : *kalâ'ît*
tri : *azzilîn, jawwadân*
triage : *farridîn 1 ;*
[~ du grain] : *xarbilîn*
triangulaire : *mutallat*
Tribolium : *itte*
tribu : *gabîle 1, xôm*
Tribulus terrestris : *amdirêsa*
tribunal : *fâcir, mahkama ;*
[~ coutumier] : *masîk*
tribune : *minbar, tirbîn*
tricher : *sirig, xacca 1*
tricheur (-euse) : *sarrâg, xaccâc*
trichiasis : *sûf al kilâb*
Trichodesma africanum : *sakne*
trié(e) : *mu'azzal, mufarrad 1 ;*
[qui a ~] : *mu'azzil, mufarrid ;*
[être ~] : *al'azzal*

trier : *azzal, farrad 1 ;*
[~ le mil] : *jawwad, xarbal ;*
[~ les feuilles de la sauce] : *nagga ;*
[fait de ~] : *azzilîn ;*
[qui sait bien ~] : *azzâl ;*
[se ~] : *al'azzal, alxarbal*
Trifolium alexandrinum : *barsîm*
trigonelle : *hilbe*
Trigonnella : *hilbe*
Trilophidia repleta : *amhajar-hajar*
tripartite : *sulâsi*
tripes : *musrân ;*
[~ cuites] : *ammarrâra ;*
[~ en sauce] : *kammûniya*
triple : *sulâsi*
triplé(e) [qui est ~] : *mutallat*
tripler : *tallat ;*
[fait de ~] : *tallitîn*
Tripoli : *Trâblus*
tripoter : *lammas*
triste : *âsif, hazîn, haznân, mudallim, za'lân ;*
[être ~] : *hizin 1*
tristesse : *dandana, hizin 2*
Triticum sp. : *gameh*
troc : *baddilîn, jalabân*
trois : *talâta ;*
[~ cents] : *tultumiya ;*
[le ~ (aux cartes)] : *trîs ;*
[les ~ jours de condoléances] : *talâta*
troisième : *tâlit ;*
[faire pour la ~ fois] : *tallat*
trombe : *amzôbahâni*
trombone : *dabbûs*
trompe : *xartûm ;*
[~ de chasse] : *bûg ;*
[~ d'éléphant] : *firtille ;*
[qui ~ l'attente] : *xâ'ib 2*
trompé(e) : *maxcûc*
tromper : *balbas, dabdab 2, dalla 2, tartac, tcâtca, xacca 1 ;*
[~ l'attention] : *xaffal ;*
[fait de se ~] : *dagûs ;*
[se ~] : *dagas, xilit ;*
[se ~ mutuellement] : *alxâcaco*
tromperie : *balbâs, dabdibîn 2, fusux, hîle, tcâtcîn, xacac, xacc, xaccîn, xiyâne*
trompette : *bûg ;*
[jouer de la ~] : *nafax*
trompettiste : *naffâx*
trompeur (-euse) : *tcâtcây, xaccâc*
tronc d'arbre sec : *hacîme*
trône : *kadmûl 2*
trop : *bilhên, katîr bilhên ;*
[être ~ pour] : *xilib 3*
troquer : *baddal, tcakkam*
trot : *jagjigin, jakkân*
trotter : *jakjak, jakka ;*
[~ dans la tête] : *halwas*
trotteur (-euse) : *rawwâx 1*
trottinement : *jagjigin*
trottiner : *jakjak*
trou : *gadd 1, gargarân 1, hufra, jaxnûn, karkûr, nugura, xurma ;*
[~ à parfum] : *mugur ;*
[~ d'eau] : *birke ;*
[~ dans la narine] : *gadd al manxar ;*
[~ dans l'oreille] : *gadd al adân ;*
[~ pour recueillir l'eau dans l'oued] : *macîce ;*
[~ sous la terre] : *abunjahare ;*
[faire un ~] : *bahhat, nakkat ;*
[faire des ~s avant de semer] : *kadangar ;*
[petit ~] : *gidêd ;*
[qui a des ~s] : *munakkat*
trouble : *barjâl, dasîse, fitne, hêre, turum ;*
[~ de l'eau] : *ukur ;*
[causer des ~s] : *fattan*
troubler : *cawwac, hayyar ;*
[se ~] : *anxara', cafcaf*
troué(e) : *mab'ûj, magdûd, mugaddad ;*
[être ~] : *angadda*
trouer : *ba''aj, ba'aj, gadda 1 ;*
[fait de ~] : *gaddadân, gaddîn ;*
[se ~] : *algaddad, angadda*
trouille [avoir la ~] : *anxara'*
troupe : *dêc ;*
[~ d'ouvriers agricoles] : *nafîr ;*
[~ de théâtre] : *firxa*
troupeau : *dôr 1, hidbe ;*
[~ en marche] : *murâh ;*
[un grand ~] : *da'îne*
trouvable [être ~] : *anlaga*
trouve [se ~] : *gâ'id*
trouver : *ligi ;*
[~ l'eau] : *warrad 3 ;*
[~ l'endroit où] : *rakaz 1 ;*
[~ une ressemblance avec] : *cabbah ;*
[fait de ~] : *lagiyîn ;*
[se ~] : *anlaga ;*
[se ~ là] : *fi 2*
truquage : *tazwîr*
truqué(e) : *maxcûc*
truquer : *zawwar 1, zayyaf*

trypanosomiase : *abudubbân, marad al-nôm*
tu : *inta, inti*
tub : *tacig*
tubercule [nom d'un ~] : *amburko, cingil ;*
tuberculose : *habba 4, sull*
tue [qui ~] : *mudammir*
tué(e) : *maktûl ;*
[être ~] : *ankatal 1*
tuer : *adam 1, katal,* → "**tue**" ;
[chercher à ~ qqn.] : *xayyas ;*
[fait de ~] : *katilîn, kittêle ;*
[se ~] : *alhârago*
tueur (-euse) : *kâtil*
tumeur : *xurrâja ;*
[~ sur les pattes] : *dirib 2*
tumulte : *awwa 2*
tunique : *arrâgi 2*
Tunis : *Tûnis*
Tunisie : *Tûnis*
turban : *kadmûl 1 ;*
[~ court] : *malfa'a ;*
[coiffé(e) d'un ~] : *mukadmal ;*
[grand ~] : *imme 2 ;*
[mettre un ~] : *kadmal ;*
[qui a mis le ~] : *mukadmil ;*
[qui porte volontiers un ~] : *kajjâj ;*
[se coiffer d'un ~] : *kajja 2*
turbulence : *nahâsa, tasâsa*
turbulent(e) : *bala 3, manjûh, tuss, xarâb 2, xârij 2 ;*
[être ~] : *tâsas*
Turc : *Turuk*
Turquie : *Turkiya*
turquoise : *fârus*
tuteur (-trice) : *kalîf, wali ;*
[sous la responsabilité d'un ~] : *mardûf*
tuyau : *mâsûra, tiyo ;*
[~ condenseur] : *bûza ;*
[~ d'échappement] : *cukmân*
twist : *tiwisti*
types : *rajâjîl*
Typha sp. : *cingil*
tyrannie : *amsiyâdiye, istibdâd, jôr*
tyrannique : *azrag*
Tyto alba : *amguggum*

U

ulcère : *tculmo*
ulcère phagédénique : *amcakato*
ulcérer [s'~] : *anbarat, cakkat 2*
ulcéreux (-euse) : *mucakkit 2*
un(e) : *-ay 1, wâhid ;*
[~ des deux] : *gabîle 2 ;*
[~ par un] : *farrâdi ;*
[~ peu] : *ya'ni ;*
[~ peu plus] : *ciya katîr ;*
[~ peu trop] : *ciya katîr ;*
[~ tel(le)] : *filân ;*
[~e personne] : *fard 1 ;*
[l'~ derrière l'autre] : *muraddaf*
uni(e) : *muttahid, mutwahhid*
unicité de Dieu [proclamer l'~] : *wahhad 2*
unicolore : *sâda*
unifié(e) : *muwahhad*
unifier : *wahhad 1*
uniforme : *tusma*
union : *ittihâd, lumma ;*
[vie en ~ libre] : *sudug*
unique : *farîd, muwahhad, wahîd*
unir : *lamma*
unité : *wihda ;*
[une ~] : *-ay 1, habb*
univers : *âlam 1*
universel (-elle) : *âlami, âmm*
université : *iniversite, jâmi'a*
Upupa epops : *ablaglago*
urbain(e) : *madani*
urine (*n. f.*) : *bôl ;*
[~s douloureuses] : *bôl harray*
urine (*v.*) [qui ~ abondamment] : *bawwâl*
uriner : *bâl 1, jumâr,* → "**urine** (*v.*)" ;
[faire ~] : *bawwal*
urticaire : *humra*
usage : *isti'mâl*
usagé(e) : *gadîm, musta'mil*
usé(e) : *gadîm, karkâs, mustâkal ;*
[être ~] : *gidim*
user : *gaddam 3 ;*
[s'~] : *an'akal, gidim, istâkal*
usine : *carika, masna'*
ustensiles : *xumâm*
usure : *ista'kilîn*
utérus : *butûn, rihim*
utile : *nâfi' ;*
[être ~ à] : *fâd, nafa' 1 ;*

[puisse cela t'être ~ !] : *baxxat ;*
[qui trouve ~] : *mustafîd*
utilisation : *isti'mâl*
utiliser : *ista'mal*
utilité : *manfa'a, maslaha, nafa' 2*

V

va (il) : *mâci, maca ;*
[~ voir ailleurs !] : *anbarim min ;*
[ce qui ~ avec] : *jôz ;*
[qui ~ çà et là] : *dâgic*
vacance : *batâla, battalân, ijâza ;*
[se mettre en ~] : *battal*
vacarme : *awwa 2, dajja 2, haraka ;*
[faire du ~] : *awwa 1 ;*
[produire du ~] : *dagdag ;*
[qui fait du ~] : *awwây*
vaccin : *gurâh*
vaccination : *farridîn 2, fassadân, garrahan, ta''inîn*
vaccine [qui ~] : *mujarrih*
vacciné(e) : *mat'ûn, mufassad*
vacciner : *fassad, garrah*
vache : *bagar ;*
[~ laitière] : *câyle ;*
[~ qui a un veau] : *câyle ;*
[petite ~] : *bigêre*
vacher (-ère) : *baggâri, râ'i*
vachette : *bigêre*
vaciller : *tarta'*
vadrouiller : *haffa 2*
vagabond(e) : *daggâc, haffâf, kâdd, kaddâd 2, langâmi ;*
[se promenant comme un ~] : *lâyij*
vagabondage : *daggacân, huwâme ;*
[~ sexuel] : *carmata*
vagabondant : *âyir*
vagabonder : *âr 1, dagac 2, langam, sahlag*
vagin : *faraj 4*
vague d'eau : *môj*
vaillance : *fahaliye, fuhûliye*
vaillant(e) : *câtir*
vaincre : *annasar, fâz, nasar, xalab*
vaincu(e) : *maxlûb ;*
[être ~] : *anxalab*
vaine (parole) : *fârix*
vainqueur : *fâyiz, xâlib, xallâb*
vaisseau sanguin : *irig*
vaisselier : *amjimêl*
vaisselle : *ma'ûn, tâsa*
valet (jeu de cartes) : *vê ;*
[~ du menuisier] : *janbât*
valeur : *xîma ;*
[~ marchande] : *si'ir ;*
[chercher à savoir la ~ marchande] : *arridîn 3 ;*
[de même ~ (cartes à jouer)] : *muxâwi ;*
[devenir sans ~] : *bâz 1 ;*
[qui estime la ~ marchande] : *mu'arrid 3 ;*
[sans ~] : *bâtil, bâyiz, mamhûg, marxûs, muzayyaf, raxîs*
valise en fer : *canta*
vallée : *masîl*
valorisant : *mujammil 1*
vampire [homme ou femme ~] : *massâs*
van : *tabag 2 ;*
[~ décoratif] : *bartâl*
vanité : *istikbâr, laxwâs*
vaniteux (-euse) : *mujâbid, mukôlif, mustakbir ;*
[être ~] : *bahbar*
vannage : *darrân ;*
[deuxième ~] : *naffadân*
vanner : *darra 1 ;*
[~ le mil] : *naffas ;*
[~ une céréale] : *naffad ;*
[fait de ~] : *darrân*
vantard(e) : *bahbâri, faccâri, fâjâri, kulûfi, kôlâfi*
vantardise : *bahbâr, fâcirîn, kôlifîn, yanga*
vanter [se ~] : *ajjôkak, faxxar, kôlaf*
vapeur : *bôx*
vaporisation : *baxxân*
varan : *absôt 1, waral absôt*
Varanus niloticus : *waral absôt*
variante d'un manuscrit : *riwâya*
varicelle : *amburjuk*
variété : *nô'*
variole : *jadari, jiggêl ;*
[avoir la ~] : *jaddar ;*
[qui a attrapé la ~] : *mujaddir*
vase : *ratôto 1*
vassal(e) : *tafar 2*
vaste : *arîd, wasî'*
va-t'en ! : *hak !, huyya !, jerr !*
vaurien (-enne) : *bandî, fâsid 1, kiyêfir, man'ûl, masrûf, razîl, xalbâti*
vautour : *jiga, sagur*
veau : *ijil ;*

[~ femelle] : *ijle*
végétation : *nabât*
véhicule : *arabiye, marsidis, watîr ;*
[nom d'un ~ de combat] : *dabbâba 1*
veillant sur : *mufakkir*
veillée : *sahara 1*
veiller : *sâhar, ta'lal,* → **"veillant sur"** ;
[~ à] : *bâla ;*
[~ sur] : *râxab ;*
[en train de ~] : *hâyis ;*
[fait de ~] : *sâhirîn ;*
[fait de ~ à] : *bâl 2*
veilleuses : *danja*
veinard(e) : *marzûx*
veine : *irig*
veinule : *irêg*
vélomoteur : *mublêt*
venant de : *jâyi*
venant derrière : *xalf*
vendable [être ~] : *anba' 1*
vendeur (-euse) : *bâyi', câri' ;*
[~ ambulant(e)] : *sâyim 2 ;*
[~ au détail] : *mandânyi ;*
[~ de ferraille] : *gongon ;*
[~ de médicaments] : *daktor cukku ;*
[~ habituel (-elle)] : *zabûn*
vendre : *bâ', cara 1, carra 2, tcakkam ;*
[~ à domicile] : *sâm 2, talla ;*
[~ au marché] : *sâwag ;*
[~ en marchant] : *talla ;*
[~ en se déplaçant] : *sâm 2 ;*
[à ~ au prix de] : *mu'arrad 2 ;*
[faire ~] : *bayya' ;*
[se ~] : *anba' 1, ancara*
vendredi : *jum'a*
vendu(e) : *mabyû'*
venelle : *lungu*
vénérable : *muhtaram, mukarram*
vénération : *ikrâm*
venez ! : *ta'âl*
Venezuela : *Benziwella*
vengeance : *amad, durr ;*
[désir de ~] : *hasâsiya ;*
[qui nourrit un désir de ~] : *muhassif*
venin : *samm*
venir : *ja* → **"viens !"** ;
[~ à l'esprit] : *xatar 2 ;*
[~ après] : *agab ;*
[~ derrière] : *raddaf ;*
[~ juste de] : *dahâb- ;*
[faire ~] : *warrad 5 ;*
[faire ~ le lait] : *darrar*

vent : *habûb, rih ;*
[~ annonçant la pluie] : *da'âc ;*
[~ chaud] : *samûm ;*
[~ qui précède la pluie] : *zaggay 2 ;*
[~ sec] : *ambîbi ;*
[~ violent] : *garwa ;*
[nom d'un ~] : *da'âc*
vente : *bê'ân, bê'e, carayân, cura', sâwigîn ;*
[~ aux enchères] : *gonje*
ventilateur : *habbabt al-Nasâra, hajjâja hanâ l hadîd, marwaha*
ventiler : *hajjaj*
ventouse [~ en corne] : *mahjam ;*
[~ en verre] : *gubra ;*
[appliquer des ~] : *hajam 2, hajjam ;*
[à qui l'on a appliqué des ~] : *muhajjam*
ventre : *batun, girbe 2, kirce ;*
[~ de la femme] : *butûn ;*
[~ gonflé] : *tôhâl ;*
[~ gonflé d'eau] : *rôbâl ;*
[avoir le ~ dur] : *anhacar, annafax ;*
[avoir le ~ plein] : *riwi ;*
[bas du ~] : *tinne ;*
[qui a le ~ gonflé d'eau] : *mirôbil*
ventripotent : *abbatun, abkurum*
ventru(e) : *abkirce, abkiric, abkurum*
venu(e) d'ailleurs : *awrâti*
venue (*n. f.*) : *jayye, jayyîn*
Vénus : *zahara*
ver [~ dans le bois] : *sûsa ;*
[~ de Guinée] : *firindîd ;*
[être rempli de ~s] : *dawwad ;*
[qui a des ~s] : *mudawwid*
véranda : *baranda*
verdâtre : *muxaddir*
verdir : *côgar, xaddar 3*
verdissement : *côgirîn, xaddarân 2*
verdoiement : *côgirîn, xaddarân 2*
verdoyant [lieu ~] : *gardûd*
verdure : *xadâr ;*
[coin de ~] : *kubu*
véreux (-euse) : *musawwis*
verge (baguette) : *mutrag ;*
[~ (organe érectile) : *zubb*
vérification : *akîde*
vérifier : *faggad, najjad 2 ;*
[~ pour avoir la certitude] : *al'akkad*
véritable : *sahi*
vérité : *hagîga, haxx, nasîhe, yaxîn*
vermicelle : *diwêdi*
vermisseau : *dûd 2*
vérole [petite ~] : *jiggêl*

verre : *funjâl, gazâz, kubbay ;*
[~ à boire] : *vêr ;*
[~ à café] : *funjâl gahwa ;*
[~ à thé] : *nuggârit Jamma' ;*
[~ de lampe à pétrole] : *bêday 2 ;*
[~s correcteurs] : *mukabbarât ;*
[petit ~ à boire] : *absikêsik, dinêj, ta'ab nâdôna ;*
[petit ~ à thé] : *finêjîl ;*
[tout petit ~ à thé] : *bahari*
véreux (-euse) [être ~] : *dawwad*
verrou : *tarbâz*
verrouillé(e) [être ~] : *antabal*
verrue : *tâlûl*
vers : *alê, dûd 2, itte, lê, misil*
versatile : *darrâhi, mucafcaf*
versatilité : *dirêhât*
versé(e) : *madrûr 1 ;*
[être ~] : *addaffag*
versement : *sabbân 1*
verser : *darra 1, dâyar, galab, kabba 1, sabba 1 ;*
[~ à petites gouttes] : *racca ;*
[~ de l'argent] : *dafa', warrad 5 ;*
[fait de ~] : *daffigîn, darrân, sabbân 1 ;*
[fait de ~ un liquide] : *tcarrîn ;*
[se ~] : *andarra 1, ansabba*
verset : *âya 2 ;*
[par les ~] : *wahât !*
verseur : *darrâr*
version : *riwâya*
vert(e) : *axadar, nayy ;*
[~ foncé] : *muxaddir ;*
[~ vif] : *sirij ;*
[bois ~] : *layyin ;*
[en train de devenir ~] : *micôgir*
vertèbre : *idêm*
verticalement : *be tûl*
vertige : *amdiyêro, dôre 1*
vertisol : *bâlôy*
vertueux (-euse) : *sâleh*
vésicule biliaire : *ammarrâra*
vesse-de-loup : *barnûk*
vessie : *ambawwâla*
vêtement : *kiswe, libâs, libbêse, xalag 2 ;*
[~ d'intérieur] : *xaffâf ;*
[~ d'occasion] : *gonje ;*
[~ léger] : *xaffâf ;*
[~ long] : *angumâji, gumâji ;*
[donner pour ~] : *labbas ;*
[fait de porter un ~] : *labisîn ;*
[petit ~] : *xilêg ;*
[porte-~] : *kabbâsa ;*
[sous-~] : *janfa, jawwâniye*
vétérinaire de brousse : *daktor barra*
vêtir : *labbas*
vêtu(e) : *lâbis ;*
[être bien ~] : *ankasa*
veuve : *armala ;*
[~ à dos d'or (oiseau)] : *abunfisey*
viande : *laham 2 ;*
[~ cuite au four] : *laham furun ;*
[~ cuite dans l'huile] : *nâcif 1 ;*
[~ en brochette] : *munsâs ;*
[~ grillée] : *macwi ;*
[~ hachée enrobée d'omelette] : *mulabbas ;*
[~ mise en brochettes] : *tcêle ;*
[~ pour la sauce] : *wêke ;*
[~ séchée en morceaux] : *carmût ;*
[boulette de ~ hachée] : *kufta ;*
[plat de ~ avec des macaronis] : *gîma ;*
[plat de ~ hachée aux œufs] : *mulabbas*
vibration : *hazzîn*
vibrer : *hazza, laglag ;*
[faire ~] : *rajjaf*
vicaire : *xalîfa*
vice : *awaja, fajâra*
vicieux (-euse) : *fâsix 2*
victime d'une calamité : *mankûb*
victoire : *nasr ;*
[conduire *qqn.* à la ~] : *nassar ;*
[donner la ~ à *qqn.*] : *nasar ;*
[fait de remporter la ~] : *kasibîn*
victorieux (-euse) : *fâyiz, xallâb ;*
[être ~] : *annasar*
vidange [huile de ~] : *mahrûg*
vide : *fâdi, xâli 2, xulû', yâbis ;*
[~ de sens (parole)] : *fârix ;*
[espace ~] : *fijje*
vide [qui ~] : *mufaddi*
vidé(e) : *maxrûf*
vidéo : *vîdyo*
vider : *fadda 1 ;*
[fait de ~] : *faddîn ;*
[se ~] : *alfadda, anxaraf*
viduité : *idde 1*
vie : *hayâ, îce, nafis, rûh, umur 2 ;*
[~ terrestre] : *dunya ;*
[à ~] : *mu'abbad 2 ;*
[en ~] : *âyic ;*
[par la ~ !] : *wahât ;*
[récit de la ~] : *sîra*
vieil âne : *ka'gûr*

vieillard (vieil homme) : *câyib*
vieille [~ femme] : *ajûz,* → **"vieux"** ;
[petite ~] : *ijeyyis*
vieillesse : *abun'ijjêz, kubur*
vieilli(e) : *mu'ajjiz ;*
[dont le corps a ~] : *mu'aggir*
vieillir : *ajjaz, cayyab, kibir, tcakkar*
vieillissement : *ajjisîn*
viens ! : *ta'âl*
vierge : *fata, idêriye*
vieux (vieille) : *carbân 1, câyib, cêx, fâtir 2, gadîm, karkâs ;*
[~ chien] : *ka'gûr ;*
[~ temps] : *zamân 2 ;*
[être ~] : *gidim ;*
[qui est devenu(e) ~] : *cayyab, mu'ajjiz ;*
[un ~] : *caybâni ;*
[vieille femme] : → **"vieille"**
vigilance : *hadâra*
vigilant(e) : *hadîr 2*
Vigna sp. : *lubya*
vigne : *inab ;*
[~ de Sodome] : *sala'la*
vil(e) : *hawân, razîl, xabîs ;*
[plus ~ que] : *afsal 2*
vilain(e) : *cên ;*
[plus ~] : *acna*
vilenie : *razâla*
village : *hille, xarya ;*
[~ abandonné] : *dungus 2 ;*
[~ nomade] : *farîg ;*
[petit ~ nomade] : *dâmre ;*
[vieux ~] : *dungus 2*
villageois(e) : *baladi ;*
[~ ! (insulte)] : *kîca*
ville : *gêgar, hille, madîna*
vinaigre : *binêgir*
vingt : *icirîn ;*
[~ centimètres environ] : *cibir*
violence : *gu'*
violet (-ette) : *garadi*
violon : *kamanja ;*
[~ traditionnel] : *amsibeybe, kûkuma ;*
[sorte de ~] : *amkîkî*
vipère [nom d'une ~] : *lif'e ;*
[~ à cornes] : *amcidêgât*
virage : *laffe*
virer : *kanjar 1, laffa*
virilité : *rajâla, rajâliye, rajâliye xabca*
visage : *wajh, wijih ;*
[avoir un ~ souriant] : *talag wijhah*
viscères : *hacâ*
viscosité : *ilig 2*
vise bien [qui ~] : *nâcâli*
viser : *gasad, ini ;*
[~ au fusil] : *nâcal*
visible : *bâyin, zâhir ;*
[devenir ~] : *bân ;*
[être ~] : *ancâf*
vision : *côf, côfîn, mucâhada, ru'ya, xayâl ;*
[~ de l'avenir] : *mustaxâra ;*
[~ en rêve] : *ru'a 1*
visite : *ziyâra ;*
[~ des lieux saints] : *umra 2 ;*
[aller rendre ~] : *sajjal ;*
[qui ~ les lieux saints] : *mu'tamir 2 ;*
[rendre ~] : *zâr*
visiter : *zâr ;*
[~ les lieux saints] : *i'tamar ;*
[faire ~] : *zawwar 2 ;*
[se ~ mutuellement] : *alwâsalo*
visiteur (-euse) : *zâyîr*
visqueux (-euse) : *lâyûk*
vitamine : *vatamîn, xiza*
vite : *ajala ;*
[~ et loin] : *sur !*
[se dispersant ~ et partout !] : *wirr !*
[très ~] : *ajala ajala*
vitesse sur un véhicule : *ta'cîga*
Vitex diversifolia Bak. : *jaxjax 2*
Vitex doniana Sweet : *amdugulgul*
vitiligo : *abras, baras*
vitre : *gazâz*
vivant(e) : *âmir, âyic, hayy*
vivre : *âc, hiyi ;*
[~ ensemble] : *amar 2 ;*
[bien ~] : *tixi ;*
[fait de ~ en un lieu] : *mag'ad 1 ;*
[permettre de ~ à l'aise] : *taxxa*
vivres : *mûna 1*
Voandzeia subterranea : *angalgala, fûl gawi*
vocabulaire : *xâmûs*
voici : *da, di, dôl ;*
[la ~] : *dâhû- ;*
[les ~] : *dâhû- ;*
[me, te, le ~] : *dâhû-*
voie : *tarîga, tarîxa ;*
[~ lactée] : *murhâl*
voilà [~ que] : *hiya, istâri, târi 2 ;*
[la ~] : *dâku ;*
[le ~] : *dâku*
voile : *sâtir ;*
[~ couvrant la tête] : *guna' ;*

[~ d'intérieur] : *xaffâf ;*
[~ protecteur] : *hijâb ;*
[grand ~] : *laffay, sitâra ;*
[nom d'un ~] : *gamar bôba ;*
[petit ~] : *haram 2, tarha*
voilée [être ~ (roue)] : *tarbal*
voiler : *darag 1, satar, xatxat ;*
[se ~] : *alganna', ansatar*
voir : *câf, câhad, cihid, tâwag,*→ **"voit"** *;*
[~ en rêve] : *ri'i ;*
[~ une silhouette] : *xâyal ;*
[chercher à ~] : *cafcaf ;*
[faire ~] : *cawwaf ;*
[fait de ~] : *côfîn, mucâhada ;*
[se ~] : *ancâf*
vois ! : *hacc*
voisin(e) : *jâr 2, jâra, mujâwir ;*
[être le ~] : *jâwar*
voisinage : *jîre*
voit [qui ~] : *câyif*
voiture : *watîr*
voix : *hiss, sôt 2 ;*
[~ tendre] : *nafas bârid*
vol (d'un voleur) : *saragân, sirge ;*
[~ à main armée] : *nahib*
vol (en l'air) : [~ d'avion] : *têrân ;*
[~ d'oiseau] : *têrân*
volant(e) (en l'air) : *tâyir 1 ;*
[~ très haut] : *musaggir 1*
vole en l'air [qui ~] : *sâgir*
volé(e) (dérobé(e)) : *mahbûc, masrûg ;*
[~ de merles] : *lîliye*
voler (dérober) : *habac, nacal, nahab, sirig ;*
[attaquer pour ~] : *xâr ;*
[se ~] : *assârago*
voler (en l'air) : *târ 1 ;*
[~ en dessinant un cercle] : *hâm ;*
[~ très haut] : *sagar 1, saggar 1 ;*
[faire ~] : *saggar 1, tayyar 1 ;*
[fait de ~] : *saggirîn 1 ;*
[fait de ~ en dessinant un cercle] : *huwâme ;*
[fait de faire ~ en l'air] : *tayyirîn 1 ;*
[qui aime ~ en dessinant des cercles] : *hawwâm*
voleur (-euse) : *bandî, harâmi, muhtâl, nahhâb, sarrâg ;*
[~ à la tire] : *habbâc, naccâl ;*
[~ à main armée] : *hambâti ;*
[petit ~] : *sirêrîg ;*
[petits ~s à la tire] : *iyâl bandî*
volonté : *marâd, niye, rudâ ;*
[~ de Dieu] : *amur 1 ;*
[avoir la ~] : *sammam 2 ;*
[qui a la ferme ~] : *musammim*
voltiger : *hâm ;*
[faire ~] : *jôjal*
volume : *jurma ;*
[unité de ~] : *abbâr, yêbe*
vomi (*n. m.*) : *gadîf, turâc*
vomir : *gaddaf, ja'ar, tarac 2 ;*
[~ une petite quantité] : *galaj ;*
[avoir envie de ~] : *tammam 1 ;*
[donner l'envie de ~] : *zâhag, zâwal ;*
[envie de ~] : *tumâm ;*
[faire ~] : *tarrac ;*
[fait de ~ un peu] : *galijîn*
vomissement : *gadîf, ja'îr 1, turâc*
vomissure : *gadîf, turâc*
vos : *-ku*
vote : *intixâb*
voter : *antaxab*
votre : *-ku*
vouloir : *câ' 1, dawwar 1, niwi ;*
[~ avec avidité] : *accahha ;*
[~ recevoir plus] : *daca' ;*
[~ tout posséder] : *timi' ;*
[fait de ~] : *dawwarân 1 ;*
[ne pas ~] : *aba*
vouloir (*n. m.*) : *diwwêre*
vous : *intu, -ku ;*
[~ tous] : *kull- ;*
[de ~] : *-ku ;*
[~-mêmes] : *nafis-, zât-*
voussure : *tâga*
voûte : *surdâb*
voûté(e) : *abdihêr, ahdab, munhadib*
voûter [se ~] : *anhana, sardab*
voyage : *jawla, masâr, maxatar, safar ;*
[qui ~] : *sâyir ;*
[qui est en ~] : *musâfir*
voyageant : *xâtir 1*
voyager : *jawwal, sâfar, xatar 1 ;*
[faire ~] : *saffar 1, xattar ;*
[fait de faire ~] : *saffirîn 1 ;*
[qui fait ~] : *musaffir 1*
voyageur (-euse) : *musâfir, râkib, sâyir*
voyance : *cawwifîn*
voyant(e) : *basîr, cawwâfi, câyif, xattâti*
voyelles d'un texte [notation des ~] : *cakil 2*
voyeur : *cawwâf*
voyou : *manjûh, razîl*

vrac [en ~] : *mabtûr*
vrai(e) : *hurr, jadd, najîd 1 ;*
[c'est ~] : *sahi ;*
[c'est ~ au nom de Dieu] : *wallâhi ;*
[être ~] : *ista'dal*
vraiment : *akko, tak ke, yâ salâm !*
vu(e) [être ~] : *ancâf, bân*
vue (*n. f.*) : *basar, côf, côfîn ;*
[qui a la ~ faible] : *amyân durr, imêc*
vue (*adverbe*) [en ~ de] : *fî cân*
Vulpes pallidus : *abu l hisên*
Vulpes rupelli : *abu l hisên*

W

W.-C. : *bêt al adab, mustarah, sindâs, wara-bêt*

X

Ximenia americana : *amwidêke*
Xylopia [fruit du ~] : *kumbo*

Y

yard : *yarda*
Yémen : *(al) Yaman*
yeux [qui a de petits ~] : *imêc*
youyou : *zaxrât ;*
[fait de lancer des ~] : *zaxritîn ;*
[lancer des ~] : *zaxrat ;*
[lanceuse de ~] : *zaxrâta*

Z

Zaghawa : *Zaxâwa*
Zaïre : *Zâyîr*
Zambie : *Zambya*
Zea mays : *masar*
zèbre : *humâr kadâde*
zébrure : *âj*
zélé(e) : *kaji kaji, mujtahid, sâleh ;*
[~ pour Dieu] : *mutadayyin*
zéro : *sifir*
zézaiement : *bullaxa, lijêne*
zézaye [qui ~] : *abbullâxa*
zigzaguer [~ sur la route] : *xâtam ;*
[fait de ~] : *xâtimîn*
zinc : *tûta*
Zinder : *Damagaram*
Zingiber : *janzabîl*
zizanie : *dasîse*
Zizyphus mauritiana : *nabag*
Zizyphus mucronota : *nabag al marfa'în*
Zizyphus spina-christi : *korno*
zone : *mahall ;*
[~ de verdure] : *gardûd, wâdi*
zozote [qui ~] : *abbullâxa*
zozoter [fait de ~] : *bullaxa*
zut ! : *haca !*

Troisième partie

Index des racines arabes

Table des matières de l'index des racines arabes

Alphabet phonétique	Alphabet arabe	Page
'	ء	1521
b	ب	1524
t	ت	1531
ṯ	ث	1533
j	ج	1534
ḥ	ح	1540
ẖ	خ	1547
d	د	1551
ḏ	ذ	1556
r	ر	1557
z	ز	1563
s	س	1566
š	ش	1573
ṣ	ص	1579
ḍ	ض	1582
ṭ	ط	1584
ẓ	ظ	1588
ʿ	ع	1588
ġ	غ	1597
f	ف	1600
q	ق	1607
k	ك	1613
l	ل	1619
m	م	1623
n	ن	1627
h	ه	1633
w	و	1636
y	ي	1640

ع

' b d ع ب د

abadan pour toujours
abadi perpétuel (-elle)
mu'abbad 2 perpétuel (-elle)

' b r ع ب ر

abre galettes
gadd al ibre chas de l'aiguille
ibirt al-nôm anesthésie générale
ibirt al-râha euthanasie
ibre aiguille

' b ṭ ع ب ط

abâṭ aisselle
abbitîn 2 fait de porter en haut du bras
am'abâṭ maïs

' b l ع ب ل

abbâla chamelier
albil chameaux
ibil chameaux

' b n ع ب ن

anbân art du chant épique
anban chanter
anbâni chanteur
anbinîn chant de louange
mu'anbin chanteur du "bon vieux temps"

' b w ع ب و

abba 2 père
abu père
bâba papa

' b y ع ب ي

aba refuser

' t b ع ت ب

uttâb balle (enveloppe du grain)

' j r ع ج ر

âjar 1 récompenser
âjar 2 présenter ses condoléances
ajîr salarié(e)
âjirîn aumône à l'occasion d'une mort
ajjar louer
ajjirîn location
ajur rétribution
al'ajjar se faire embaucher
ijâr loyer
ista'jar louer *qqch.*
ma'jûr rétribué(e) par Dieu
mu'ajjar loué(e)
mu'ajjir qui a pris en location
ujura location

' j l ع ج ل

ajal 1 dẹlai
ajjal 2 annuler
mu'ajjal reporté(e) à une date ultérieure

' h d ع خ ذ

al'âxado se marier
axad épouser
axîde mariage.
axidîn fait de marier
axxad donner en mariage
axxâd noceur
axxidîn fait de marier
mâxde pleine
mâxid marié(e)
mâxûda épousée
mu'axxad marié(e)
mu'axxid qui a donné en mariage
mul'âxidîn mariés entre eux

' h r ع خ ر

al'axxar s'attarder
âxar autre
axarâni le dernier (-ère)
axîr enfin
âxir dernier (-ère)
âxira l'autre monde
axxar tarder
axxirîn fait de retarder
mu'axxar retardé(e)
mu'axxir qui est en en retard
mul'axxir retardataire
ta'xîr retard

' h w ع خ و

alxâwo fraterniser
axawi fraternel (-le)
axu frère
axûku ma'âku immature
axut soeur
mul'âxîn qui ont des sentiments fraternels
mulxâwiyîn s'aimant mutuellement

uxuwwa lien de fraternité
xuwwa 1 fraternité
yaxay ô mon frère

' d b ء د ب
adab éducation
addab élever
addâb éducateur (-trice)
addibîn fait d'éduquer
adîb lettré(e)
al'addab recevoir une bonne éducation
bêt al adab toilettes
mu'addab bien éduqué(e)
mul'addib qui est éduqué(e)
ta'dîb éducation

' d r ء د ر
adâr 1 nom d'une herbe
adâr 2 nom d'une herbe

' d m ء د م
Âdam Adam
Âdum Adam
nâdum quelqu'un
nâdumay quelqu'une
niyêdim quelqu'un

' d w ء د و
bêt al-laday cuisine
laday foyer

' d y ء د ي
adda 2 accompagner
adda 3 amener

' d̲ n ء ذ ن
adân oreille
âzan permettre
azzan appeler à la prière
azzâni muezzin
azzinîn appel à la prière
gadd al adân conduit auditif
idêyne petite oreille
ista'zan demander la permission
izâna appel à la prière
izin permission

' d̲ y ء ذ ي
âza nuire
mu'zi nuisible

' r ẖ ء ر خ
mu'arrix historien (-enne)
târîx l'histoire

' r z ء ر ز
harâz nom d'un arbre, Acacia albida
Harâz jambo Haraze Djombo
Harâz mangany Haraze Mangueigne

' r ḍ ء ر ض
arda termite
arda'arda nom d'un lance-roquettes
ardi terrestre
ardiye lopin de terre
arid terre

' r n b ء ر ن ب
arnab lièvre

' z m ء ز م
azma crise
zamme asthme

' s t d̲ ء س ت ذ
usta spécialiste
ustâz maître

' s r ء س ر
usra 2 famille

' s s ء س س
asâs cause
asâsi essentiel (-le)
assas fonder
mu'assas fondé(e)
mu'assasa organisme
mu'assis fondateur (-trice)
sâs fondations

' s f ء س ف
al'assaf regretter
asaf regret
asfân qui regrette
âsif désolé(e)
assaf être en carence
isêfân qui est dans le besoin
isif manquer de
mu'assif pauvre
mul'assif qui regrette

' š r ء ش ر
accar saillir

' ṣ l ء ص ل
asîl de race pure
asil origine
aslî d'origine

' q l m ء ق ل م

ixlîm région
ixlîmi régional(e)

' k d ء ك د

akîd certainement
akîde certitude
akkad assurer
akkidîn confirmation
al'akkad s'assurer de
alwakkad fixer des yeux pour reconnaître
mu'akkad assuré(e)
mu'akkid certain(e)
mul'akkid qui s'est assuré(e) de
ta'kîd certitude
wakkad regarder avec attention

' k l ء ك ل

akal manger
akal garad se fourrer dans le pétrin
akil 1 nourriture
akil 2 fait de manger
akilîn fait de manger
akkal donner à manger
akkâl mangeur (-euse)
akkilîn fait de donner à manger
akle un repas
âkûl piqûres d'insectes
âkûla démangeaison
al'âkalo se dévorer mutuellement
al'akkal se nourrir
an'akal être mangeable
ikil être noyé(e)
ikkêle partie de nourriture
istâkal se manger
ista'kilîn usure
ma'akâl dot
ma'akal provision de nourriture
ma'kâl dot complémentaire
mâkil qui a mangé
ma'kûl mangé(e)
mu'akkal qui a reçu de l'argent
mu'akkil qui a donné à manger
mustâkal usé(e)

' l s ء ل س

mu'allic débile

' l f ء ل ف

alfên deux mille
alif mille
allaf 1 multiplier par mille
allaf 2 composer
alwâlaf s'habituer
mu'allif écrivain
muwâlif habitué(e)
wâlaf s'habituer à
wuluf habitude

' l h ء ل ه

al hamdu lillah ! Dieu soit loué !
Allah Dieu
Allah ! pardieu !
Allah alêk ! bon !
Allah yaftah ! que Dieu te donne de quoi manger !
bismillah au nom de Dieu !
farajallah sorte de collier
ilâh divinité
ilâhi divin(e)
in câ' Allah in cha' Allah !
wallâhi pardieu

' m r ء م ر

al'âmar comploter
amar 1 ordonner
amîr émir
amirîn 1 fait d'ordonner
amur 1 destin
amur 2 ordre
ma'mûr 1 préposé(e)
mu'âmara conspiration
mul'âmir comploteur (-euse)
mu'tamar conférence
mu'tamir 1 congressiste

' m m ء م م

amâm devant
amm 1 mère
imâm imam
ma'mûm assistant de l'imam
umma nation
ummi analphabète

' m n ء م ن

al'âman être digne de confiance
al'amman se confier auprès de
amân confiance
âman croire
amâna chose confiée
amîn sûr(e)
amîn al-sandûg trésorier (-ère)
amîn âmm secrétaire général
âmîn amen
âminîn confiance
amman confier
amminîn fait de confier

amni sécurité
îmân croyance
mu'âman digne de confiance
mu'âmin qui a confiance en
mu'amman confié(e)
mu'ammin qui a confié *qqch.*
mul'âminîn qui se portent une confiance mutuelle
mul'ammin qui s'est protégé(e)
mu'min croyant(e)

' n b ء ن ب
hanbûba ballon

' n ṯ ء ن ث
antay femelle
hânas consoler
hânisîn consolation
hinâse consolation
inêtiye jeune femelle
intay femelle
muhânas cajolé(e)
muhânasa consolation
tihinnis consolation

' n s ء ن س
al'ânaso discuter familièrement
ânas causer
anasa conversation
ânâsi causeur
ânisa demoiselle
ânisîn causette
ên al-nâs mauvais oeil
insân être humain
mu'ânis qui converse familièrement
mul'ânisîn qui causent entre eux
muwannis qui cause avec
nâs gens
wannâs causeur (-euse)
wannas converser
wannisîn causerie

' h l ء ه ل
ahal famille
ahâli traditionnel (-le)

' w z ء و ز
wizzîn canard sauvage

' w f ء و ف
âfe 2 chose nuisible

' w l ء و ل
(al) tôm al awwal premier jumeau
âla 1 instrument
amnawwal l'année dernière
awwal avant
awwal ke au début
awwalâni le premier (-ère)

' w y ء و ي
âya 2 verset
yâti ? qui ?
yâtu qui ?
yâtumman qui ?

' y d ء ي د
ayyad 2 soutenir
mu'ayyid 1 soutenant

' y ḍ ء ي ض
aydan aussi

' y n ء ي ن
wên où ?
wênu ? lequel ?

' y w ء ي و
ayy chaque

ب

b ' r ب ء ر
bîr puits

b ' s ب ء س
ambâsa courge

b t r ب ت ر
albattar se détacher
anbatar partir en désordre
batar 1 couper un lien
mabtûr dispersé(e)

b t k ب ت ك
bakta morceau de tissu

b j ʿ ب ج ع
baja' pélican blanc

b j l ب ج ل
bajal gonococcie

b ḥ ṯ ب ح ث
bahhat chercher dans le sol
bahhâta patte de la poule
bahit fait de gratter
mabhût 2 creusé(e)

b ḥ r ب ح ر
bahari tout petit verre à thé
bahhâri côtier, pêcheur
ragabt al bahar extension du fleuve

b h̲ t ب خ ت
baxat chance
baxît qui rend heureux (-euse)
baxîte sucre cristallisé
baxxat puisse cela t'être utile !

b h̲ h̲ ب خ خ
baxxa asperger
baxxân aspersion
baxxâx intimidateur (-trice)

b h̲ r ب خ ر
baxûr encens
muxbar porte-braise

b d ' ب د ء
anbada avoir commencé
bada commencer
bada'ân commencement
badayân commencement
badda faire commencer
baddîn début d'un apprentissage
bidâya début
ibtada commencer
ibtidâ'an à partir de
mabdi entrepris(e), commencé(e)

b d d ب د د
badîd rembourrage sous la selle
istibdâd dictature
lâbudda il faut absolument

b d r ب د ر
badri tôt
badur pleine lune
mubaddir matinal(e)

b d l ب د ل
albâdalo échanger
albaddal être échangé(e)
badal à la place de
badal fâgid par intérim
baddal changer
baddâl celui qui troque
baddilîn changement
mubaddal 1 échangé(e)
mubaddal 2 handicapé(e) mental(e)
tibiddil changement

b d n ب د ن
baddan rendre arrogant
badîn gâté(e)
badnân à l'aise
bidin opulence

b d w ب د و
badawi bédouin(e)
bâdiye brousse

b d̲ r ب ذ ر
bazar germer
bazâr gaspillage
bazzar 1 faire pousser
bazzar 2 gaspiller
bizre jeune plante
mubazzir prodigue

b d̲ l ب ذ ل
bazal se dépenser

b r ' ب ر ء
bâra dévier
bari' innocent(e)
barra 3 déclarer *qqn.* juste
biri guérir

b r b ṭ ب ر ب ط
sinn ambirtiti poussée des dents de lait

b r j l ب ر ج ل
barjal aller en désordre
barjâl désordre

b r ḥ ب ر ح
albâreh hier
bâreh la nuit d'hier

b r d ب ر د
albarrad se laver
ambardom bouillie de mil
anbarat s'écorcher
barad 1 être froid
barad 2 grêle
barada poisson électrique
barday froid
bardiye grand tambour

barid froid
bârid froid(e)
barrad 1 laver (se)
barrad 2 refroidir
barrâd théière
barûd bain
bârûd poudre à fusil
birdi papyrus
birêrîd petite théière
birrêd nom d'une plante à bulbe
burûda fraîcheur
mabrad lime
mubarrid climatiseur
mulbarrid qui s'est lavé(e)
nafas bârid parler sur un ton bienveillant

b r r ب ر ر
albarbar perdre ses cheveux
ambarbâra sorte de teigne
amburbur nom d'un criquet
barâ- seul(e)
barbar 1 couper grossièrement les cheveux
barbar 2 grossir
barra 1 dehors
barrâni qui est à l'extérieur(e)
berbere nom d'une plante cultivée

b r š ب ر ش
ambirêc lance
biric natte
biric dandôr natte en fibres épaisses
biric Kano natte multicolore
biric kawcu natte en plastique

b r š m ب ر ش م
barcam 1 river
barcam 2 boucles

b r ṣ ب ر ص
abras rose
ambarrûs écorché
baras vitiligo

b r ṭ ب ر ط
albarrat s'écorcher partout
barat décortiquer
barrat faire peler
mabrût écorché(e)

b r ṭ l ب ر ط ل
bartâl van décoratif

b r ʕ ب ر ع
tabarru' contribution

b r q ب ر ق
barag lancer des éclairs
barxiya motion
burrâg éclair
ibrîg aiguière

b r k ب ر ك
barak s'agenouiller
bârak 1 bénir
bârak 2 féliciter
baraka bénédiction
bârakallah bénédiction !
bârik qui s'est agenouillé(e)
barikîn agenouillement
barrak demander au chameau de baraquer
barrikîn agenouillement
birke étang
birrêke agenouillement
mabrûk félicitations
mubarrak qui a été agenouillé(e)
mubarrik agenouillé(e)

b r m ب ر م
anbaram se tourner
anbarim min fous-moi la paix !
baram tourner
barram retourner de tous côtés
burma marmite
mubram coton filé au fuseau
munbarim qui s'est tourné(e)

b r m l ب ر م ل
birmîl baril

b r n s ب ر ن س
burnus burnous

b r n m j ب ر ن م ج
barnâmij programme

b r h n ب ر ه ن
barâhîn mensonges

b r y ب ر ي
barra 2 tailler un roseau à écrire

b z r ب ز ر
bazar germer
bazzar 1 faire pousser
bizre jeune plante

b z q ب ز ق
bazzax cracher
buzâx crachat

b z l ب ز ل
anbazal se faire une hernie
bazil hernie
mabzûl celui qui a une hernie

b z n ب ز ن
ambazzâni nom d'un criquet

b z w ب ز و
bâza imiter
bâzay imitateur
bâzîn imitation

b s r ب س ر
abbâsûr hémorroïde

b s s ب س س
bas seulement
basîse bouillie de riz au lait
bisês chaton
biss chat domestique

b s ṭ ب س ط
anbasaṭ se réjouir
basaṭ rendre heureux
basîṭ peu
busâṭ tapis
mabsûṭ content(e)

b s m ب س م
albassam être tout sourire
bâsim souriant(e)
mulbassim tout(e) souriant(e)

b š r ب ش ر
abcur bravo !
bacar humain (l')
bacari humain(e)
baccar promettre
bicâra nouvelle agréable
mubâcaratan aussitôt
mubaccar qui a reçu une bonne nouvelle
mubaccir qui annonce une bonne nouvelle

b š m ب ش م
bacam ahmar nom d'un arbuste
bacîme placenta

b š n ب ش ن
bicine rhizome de nénuphar

b ṣ r ب ص ر
basar vue (la)
basara nom d'un jeu des cartes
basâra connaissance
basîr voyant
bassar 1 réfléchir
bassar 2 gagner des points aux cartes
bâsûr selle de l'âne ou du chameau

b ṣ ṣ ب ص ص
bisbis ampoule électrique

b ṣ l ب ص ل
basal oignon

b ḍ ʕ ب ض ع
budâ'a marchandise

b ṭ ' ب ط ء
batû chat
bitêwe chaton

b ṭ ḥ ب ط ح
anbatah tomber face contre terre
batha dépression
bitêhe petit oued

b ṭ h̲ ب ط خ
bittêx pastèque

b ṭ r ب ط ر
batar 2 querelle
batrân querelleur (-euse)

b ṭ l ب ط ل
batâla congé
bâtil maigre
battal faire cesser
battalân arrêt
batûl amaigrissement
bitil maigrir
biyêtil maigrichon (-ne)
mubattil qui fait cesser le travail

b ṭ n ب ط ن
abbatun ventripotent
ambitêne forte diarrhée
anbatan avoir des maux de ventre
battan ceindre le ventre
battâniye couverture

batun ventre
batun rijil plante du pied
batun xadra féconde
butân sangle
butûn entrailles maternelles
mabtûn qui a une diarrhée forte

b ʕ ṯ ب ع ث
ba'as ressusciter
bi'sa mission
bu'âs résurrection

b ʕ j ب ع ج
amtab'aj nom d'une bière de mil
anba'aj se crever
ba'aj percer
ba''aj percer
mab'ûj percé(e)

b ʕ d ب ع د
ab'ad plus loin
ba''ad éloigner
ba'ad 1 après
ba'ad ma après que
ba'adên ensuite
ba'îd loin
ba'îd min loin de

b ʕ r ب ع ر
ba'ar crotte
ba'îr chameau (espèce)

b ʕ ḍ ب ع ض
ba'ad 2 certains (-es)
ba'ûda moustique

b ġ ḍ ب غ ض
baxad détester
baxâda haine
baxxad en avoir assez
mabxûd haï(e)

b ġ l ب غ ل
baxal mulet

b q j ب ق ج
bugce bosse frontale

b q r ب ق ر
bagar bovin
baggâri éleveur de vaches
baxara qui a les incisives qui manquent
bigêre vachette
dihin bagar beurre
lîsân bagara nom d'une herbe

b q s ب ق س
ambixêse arbre à calebasses
bixêse petite gourde
buxsa pot en calebasse

b q ʕ ب ق ع
bug'a tache de couleur

b q q ب ق ق
ambaggâga souterrain
bagbâg glouglou d'un liquide
bagbag nager
bagga ressortir

b q y ب ق ي
bâgi reste
bigi devenir

b k r ب ك ر
ambâkir demain
ambikêriye jeune parturiente
ambukra après-demain
bakkar 1 se lever tôt
bakkar 2 mettre au monde son premier enfant
bikêriye qui accouché pour la première fois
bikir premier enfant
bukra après-demain
tibkîre fait de se lever tôt

b k m ب ك م
abkam muet (-te)
bakam rendre muet
bâkim muet (-ette)

b k y ب ك ي
baka pleurer
baki pleur
bakka faire pleurer
bakkây pleureur (-euse)
bikkeye pleurs

b l b ṣ ب ل ب ص
balbas tromper
balbâs tromperie

b l b l ب ل ب ل
amtabalbôl en désordre

b l d ب ل د
balad pays

baladi traditionnel (-elle)
baladiye commune
balîd idiot

b l r ب ل ر
bannûray flacon en verre

b l s ب ل س
balsa nom d'un arbuste
iblîs Satan

b l š ب ل ش
balâc gratuit
ballac laisser

b l ṭ ب ل ط
ambuluṭ nom d'une sauce
balbûṭ 1 nom d'un poisson silure
balbûṭ 2 mollet

b l ʕ ب ل ع
ambala'o nom d'un fruit

b l ʕ m ب ل ع م
bal'ûm besace

b l ġ ب ل غ
abbullâxa qui zozote
balax devenir adulte
balâx communiqué
bâlix nubile
ballax communiquer
balûx puberté
bullaxa fait de zozoter
mablax montant

b l ġ m ب ل غ م
ambalxâma faim
balxam saliver de faim

b l l ب ل ل
ambalalo plat de mil à l'eau
anballa être humide
balbal enflammer
balbala le fait d'enflammer
balîle mil à l'eau
balla tremper
ballal mouiller
ballîn fait de mouiller
bilbil nom d'une bière de mil

b l m ب ل م
ablam sot (sotte)
balôb tourterelle du cap

b l w ب ل و
bâl 2 attention
bala 1 éprouver
bala 2 calamité
bala 3 mal élevé(e)
bâla se faire du souci pour
balyân éprouvé(e)
bili souffrir
ibtala s'adonner à
mubâlâ soin porté à
mubtali dévoué(e) à

b n j ب ن ج
banij anesthésie

b n n ب ن ن
banne odeur légère
bunn café en grain
bunni couleur café foncé

b n y ب ن ي
anbana se construire
bana 1 construire
bana 2 consommer le mariage
bani construction
baniyîn construction
bannay constructeur
binêye fillette
binêyit lekôl élève
bitt al murhâka meule à main
buna construction
mabni construit(e)

b h t ب ه ت
anbahat s'angoisser
bahat 2 effrayer
mabhût 1 effrayé(e)

b h d l ب ه د ل
albahdal se presser
bahdal presser *qqn.* de
bahdâl promptitude
bahdâli qui est toujours pressé(e)
mubahdal désordonné(e)
mubahdil pressé(e)

b h r ب ه ر
bahar fleuve
bahbar être orgueilleux
bahbâr bluff
bahbâri bluffeur

b h q ب ه ق
bahag dartre

b h m ب ه م
bahîme gros et petit bétail

b h w ب ه و
buhya peinture

b w b ب و ب
bâb porte

b w h̲ ب و خ
bawwax cuire à l'eau
bôx vapeur
mubawwax cuit(e) à l'eau

b w d̲ ب و ذ
bûde nom d'un parasite

b w r ب و ر
bawwar 1 ruiner
bâr 1 être délaissé(e)
bâyir invendu(e)
bôre mévente
bûra jachère

b w z ب و ز
→ b w ẓ بوظ

b w š n ب و ش ن
bôcan louer
bôcâni griot

b w ṭ ب و ط
bûta mare temporaire

b w ẓ ب و ظ
bawwaz 1 abîmer
bawwaz 2 se défausser
bâz 1 devenir sans valeur

b w q ب و ق
bûg trompette
bûgay nom d'un bijou

b w k ب و ك
ambûku sourd-muet

b w l ب و ل
ambawwâla vessie
bâl 1 uriner
bawwal faire pisser
bawwâl pisseur (-euse)
bôl urine
bôl al-damm babésiose
bôl harray urines douloureuses

b y t ب ي ت
bât passer la nuit
bâta match nul
bayte restes du repas
bêt 1 maison
bêt 2 étui
bêt al adab toilettes
bêt al malammât salle de réunion
bêt al maytîn morgue
bêt al wâlûda maternité
bêt al-laday cuisine
bêt hanâ râha salle d'accueil
bêt tinên cours préparatoire
bêt wâhid cours préparatoire
biyêt maisonnette
hasab-al-bêt nom d'un oiseau
râs al bêt toit
wara-bêt cabinet
xacum bêt clan

b y r q ب ي ر ق
bêraḳ drapeau

b y ḍ ب ي ض
abyad blanc (blanche)
abyad labani blanc cassé
bayâd 1 blancheur
bayâd 2 cadeau
bayyad pondre
bayyâda pondeuse
bayyidîn ponte
bêd oeuf
bêda blanche
bêdât testicules
bêday 1 temps de la clarté de lune
bêday 2 verre de lampe à pétrole
bêdayit amtcilîli problème sans solution
bîdi ocre
biyêday petit oeuf
derib abyad droit chemin
dikk abyad poltron (-onne)
galib abyad gentillesse
Gôz Bêda Goz-Beida
gurus abyad comptant
kitir abyad nom d'un arbuste, gommier
masârin buyud entrailles maternelles
mubayyid blanchâtre
mubayyide pondeuse
xanam buyud capriné

b y ʕ ب ي ع
albâya' se mettre d'accord sur la vente
anba' 1 être vendable
bâ' vendre
bâya' discuter le prix
bâyi' acheteur (-euse)
bayya' faire vendre
bê'ân vente
bê'e achat
mabyû' vendu(e)

b y n ب ي ن
ambên entre
bân apparaître
bayân déclaration
bâyin évident
bayyan déclarer
bên entre
binêyit al madrasa élève d'une école arabe

ت

t ' t ' ت ء ت ء
dâda commencer à marcher
tâta faire ses premiers pas

t ' m ت ء م
(al) tôm al awwal premier jumeau
(al) tôm al-râbi' quatrième jumeau
(al) tôm al-tâlit troisième jumeau
(al) tôm al-tâni deuxième jumeau
Amm al-tîmân Am-Timan
tâwam avoir des jumeaux
tôm 1 jumeau

t b b ت ب ب
tâbb attelle

t b r ت ب ر
tâbûr rang

t b ʕ ت ب ع
attâba'o se suivre
muntabi' qui a suivi
tâba 1 suivre quelqu'un

t b n ت ب ن
tibin nom d'une herbe

t j r ت ج ر
tâjar commercer
tâjir commerçant(e)
tijâra commerce

t ḥ t ت ح ت
ga'ad tihit s'asseoir
tihit sous

t ḥ f ت ح ف
mathaf musée

t ẖ ẖ ت خ خ
taxtax cuire (sauce)

t r b ت ر ب
attêrab se semer
mutêrab semé(e)
têrab semer
têrâb 1 semence
têrâb 2 descendance
têrâba semoir
têrâbi qui sème bien
têribîn semis
turâb terre
turba 1 tombe

t r t r ت ر ت ر
attarta' trébucher
tarta' tituber

t r j m ت ر ج م
mutarjam traduit(e)
mutarjim traducteur (-trice)
tarjam traduire
tarjama traduction
tarjamân traduction
turjumân traducteur (-trice)

t r r ت ر ر
antarra s'écarter
matrûr filé(e)
mutrâra fuseau
tarra filer le coton
tarrîn fait de filer
tartar fabriquer une palissade
tartâr palissade en tiges de mil

t r ʕ ت ر ع
tara' inonder
tarra' roter

t r k ت ر ك
tarak laisser
tirke 1 ressemblance
tirke 2 héritage

t r m s ت ر م س
turmus lupin

t s ʕ ت س ع
tâsi' le neuvième
tis'a neuf
tisâtâcar dix-neuf
tis'în quatre-vingt-dix
tusu' un neuvième
tusûmiya neuf cents

t ʕ b ت ع ب
ta''ab faire souffrir
ta'ab fatigue
ta'ab nâdôna petit verre
ta'abân souffrant(e)
ta''ibîn souffrance
ti'êbân qui souffre
ti'ib souffrir

t ʕ s ت ع س
ta'îs souillon

t f h ت ف ه
tâfih négligeable

t q w ت ق و
taxi pieux (-euse)

t k k ت ك ك
tikke cordon, attache

t l b ت ل ب
tilib chameau dominant le troupeau

t l t l ت ل ت ل
mutaltal fatigué(e)
talâtil bajoues
taltal faire souffrir
taltâl malheur

t l f ت ل ف
mara tilfat homme efféminé
mutallaf abîmé(e)
râjil tilif femme virile
talâf gaspillage
talfân hors d'usage
tallaf abîmer
tallâf destructeur (-trice)
tilif être endommagé(e)
wilêd tilif garçon manqué

t l l ت ل ل
talla vendre en marchant
tallâni colporteur

t l m d̲ ت ل م ذ
tilmîz élève

t l w ت ل و
tala réciter le Coran
tilâwa récitation du Coran

t m r ت م ر
tamur palmier dattier, datte

t m s ḥ ت م س ح
tumsah crocodile

t m m ت م م
amtamtâma bégaiement
tâm complet (-ète)
tamâm d'accord
tâmam compléter
tamma 1 terminer
tamma 2 vieille pièce de monnaie
tammam 2 compléter
tamtam bégayer

t n b ت ن ب
tanbûl hernie ombilicale

t n k ت ن ك
tanaka grosse boîte en fer

t w b ت و ب
tâb se convertir
tawba conversion
tâyib repentant

t w t ت و ت
tûta fer blanc

t w j ت و ج
tâj couronne

t w r ت و ر
Tawrêt Thora
tûr 1 tour
tûriye plantoir droit

t w w ت و و
towa alors

t y s ت ي س
tiyês cabri
tês al hajar daman des rochers
tês bouc

ث

t̲ ' b ث ء ب
tâwab bâiller

t̲ ' r ث ء ر
târ 3 talion

t̲ b t ث ب ت
sabat 1 se fixer
sabat 2 panier
sabât stabilité
sabbat affermir
sabbitîn stabilisation
subâta pique (carte)
sâbit stable
tabat être stable
tabât stabilité
tabbat confirmer une accusation
tâbit stable

t̲ h̲ n ث خ ن
taxîn épais (-se)
tuxun épaisseur

t̲ d y ث د ي
dêd sein
râs al-dêd téton

t̲ r m ث ر م
antaram s'ébrécher
matrûm ébréché(e)
mutarram ébréché(e)
tarama ébréchure
taram casser
tarram casser le bout

t̲ r w ث ر و
Tireyya constellation de la Pléiade

t̲ f r ث ف ر
tafar 1 croupière
tafar 2 entourage

t̲ f l ث ف ل
tifil 2 marc

t̲ q f ث ق ف
assaxxaf se cultiver
musaxxaf cultivé(e)
saxâfa culture
saxâfi culturel

t̲ q l ث ق ل
abuntagal jeu d'osselets
mutaggalât travaux de force
sama' tagîl dur(e) d'oreille
tagala fardeau
tagîl lourd(e)
tuggâla poids
tugul poids

t̲ l t̲ ث ل ث
(al) tôm al-tâlit troisième jumeau
(al)-talât mardi
mutallat qui est triplé(e)
sulâsi triple
talâta trois
talâtîn trente
talattâcar treize
tâlit troisième
tallat tripler
tallitîn fait de tripler
tilit un tiers
tultumiya trois cents

t̲ l j ث ل ج
talij glace
tallâja réfrigérateur

t̲ m d ث م د
tamada puits peu profond

t̲ m n ث م ن
matammanât collier en or ciselé
taman prix
tâman discuter du prix
tamâne huit
tamânîn quatre-vingts

tamantâcar dix-huit
tâmin le huitième
tumun un huitième
tumunmiya huit cents

ṯ n y ث ن ي
(al) itinên lundi
(al) tôm al-tâni deuxième jumeau
antana se courber
atnâcar douze
battân encore
bêt tinên cours préparatoire
itinên deux
matni tordu(e)
tana courber
tâni deuxième
tanna doubler
tinên deux

ṯ w b ث و ب
tôb étoffe

ṯ w r ث و ر
assawwar se révolter
sawra rébellion
sawri rebelle
sawwar 2 se rebeller
tawwâra levure
tiyêr taurillon
tôr taureau
tôr-azrag nom d'une racine médicinale

ṯ w m ث و م
abtûm onguent à l'ail
tûm gousse d'ail

ṯ y t l ث ي ت ل
têtal bubale

ج

j ' r ج ء ر
ja''ar crier du fond de la gorge
ja'ar vomir
ja'îr 1 vomissement
ja'îr 2 rugissement

j b r ج ب ر
amjabara tubercule de jeune rônier
anjabar s'obliger
jabar forcer
jabbâri 1 avare
jabbâri 2 rebouteux
jubur avarice
majbûr contraint(e)

j b l ج ب ل
jabal montagne

j b n ج ب ن
jabana cafetière
jibbên nom d'une plante
jubna fromage

j b h ج ب ه
jabhe front

j ḥ š ج ح ش
dahac ânon
dihêc petit ânon

j ḥ m ج ح م
jaham rage
jahamân enragé(e)
jahham 1 transmettre la rage
jahham 2 dévorer des yeux
jihim 1 avoir la rage
jihim 2 dévorer des yeux

j d d ج د د
jadd vrai(e)
jadda être à la mode
jaddad 1 renouveler
jaddad 2 mettre à la mode
jaddidîn réhabilitation
jadîd neuf (neuve)
jidd grand-père
jiddan très
jidde grand-mère
jiddit al iyâl rougeole
tajdîd renouvellement

j d r ج د ر
jadari variole
jaddar avoir la variole
mujaddir qui a attrapé la variole

j d l ج د ل
ajjâdalo discuter
jâdal discuter
jidil clitoris
mujâdala discussion

j d w l جدول
jadwal 1 programme
jadwal 2 rigole

j d y جدي
jadi faon
jidêy petit de la gazelle

j d̲ b جذب
ajjâbado se tirailler
anjabad se tirer
jabad tirer
jâbad tirer
jabbad tirer
jabde étirement
jabdîn traction
jabdîn al wijih avoir un air pincé
janbât hameçon
mujâbada fait de tirer
mujâbid qui attire le regard

j d̲ ʿ جذع
al-Jada'a Djédaa
jada' fort et jeune

j d̲ m جذم
jaddam avoir la lèpre
judâm lèpre
mujaddim lépreux (-euse)

j r b جرب
jarab gale
jarbân galeux (-euse)
jarrab 1 essayer de
jarrab 2 attraper la gale
jarrabân essai
jirib avoir la gale
jurâb grand sac en cuir
mujarrab qui a été testé(e)
mujarrib 1 qui a essayé

j r ḥ جرح
anjarah se blesser
jarah blesser
jarhe blessure
jarih blessure
jarihîn fait de blesser
jarrah blesser plusieurs fois
jarrihîn blessure
jirâhî chirurgical(e)
majrûh blessé(e)
mujarrah qui a été blessé(e)
mujarrih qui blesse

j r d جرد
ajrad aux fesses maigres
jarad ôter la viande de l'os
jarâd criquet
jarâd al ucar nom d'un criquet
jaradjarâd orgues de Staline
jarid foulard en laine
jarîd nervure de rônier
jarîda journal (-aux)
jarîday os de l'avant-bras
jarrad dépouiller
mujarrad dépouillé(e)

j r d l جردل
jardal seau

j r r جرر
jarr jarre
jarra 2 tirer une carte
jarra 3 copuler
jarre 1 épis entassés
jirêr petite jarre
jirêray toute petite jarre
jirêrîye petite crête
jirre aliment en rumination
jurriye crête
majarr traction à terre

j r s جرس
jaras cloche

j r š جرش
andarac 1 se broyer en morceaux
andarac 2 se frotter
darac 1 broyer le mil
darac 2 gratter les marmites
darac 3 petits boutons de chaleur
darîce boisson de mil à l'eau
daricîn 1 broyage
daricîn 2 récurage
darrâca 1 concasseur
darrâca 2 grattoir à calebasse
durâc cailloux ou grains broyés sans finesse
gargûca fosse nasale
madrûc 1 concassé(e)
madrûc 2 gratté(e)
miderîce sorgho broyé

j r f جرف
juruf berge du fleuve

j r m ج ر م
ijrâm criminalité
jarîme crime
jarma écuyer du sultan
jurma volume
mujrim criminel (-elle)

j r n ج ر ن
jôran mettre en tas
jurun table de branchages
mujôran entassé(e)

j r w ج ر و
jaru chiot
jirêw tout jeune chiot

j r y ج ر ي
abunjarâri nom d'un oiseau
jara 1 couler
jara 2 courir
jari course
jâri en train de courir
jarra 1 faire courir
jarrây 1 sarcloir
jarrây 2 de course
jire course
jirrêy petite course
jirrêye course
majra canalisation

j z ' ج ز ء
juzu' part

j z d ج ز د
juzulân porte-monnaie

j z r ج ز ر
jazur abattoir
jazzar débiter
jazzâra boucher
jizâra boucherie (profession)

j z z ج ز ز
jazza couper horizontalement en tranches

j z f ج ز ف
jâsaf se donner à fond à

j z m ج ز م
jazam s'obstiner
jâzim têtu(e)
jazîme entêtement
jazma paire de souliers
jazzâm obstiné(e)

j z w ج ز و
jaza récompense

j s d ج س د
jasad corps

j s r ج س ر
jâsar être hardi(e)
jâsir effronté(e)

j s s ج س س
jâsas espionner
jassas espionner
jâsûs espion (-ne)

j s m ج س م
jism corps humain

j š r ج ش ر
daccar faire paître
daccirîn fait de mener paître avant l'aube

j š š ج ش ش
dacîce mil écrasé
ducâc mil broyé

j š ʕ ج ش ع
daca' minimiser le don

j ʕ b ج ع ب
abja'abât fessu(e)
amja'abât fessue
ja'aba fesse

j ʕ r ج ع ر
abunjôrân scarabée

j ʕ l ج ع ل
ja'al faire cas de
ja'ilîn considération pour l'autre

j f h̲ ج ف خ
alfâjaxo se piétiner mutuellement
alfajjax être piétiné(e)
anfajax s'écraser
fajax marcher sur
fâjax biaiser
fajix piétinement
fâjix qui écrase
fajixîn malaxage

fajjax marcher dessus
fajjâx qui piétine
fajjâxa petit pilon
mafjûx piétiné(e)
mufajjax piétiné(e)

j f f ج ف ف
jafâf sécheresse
jâff desséché(e)
jaffa 1 se sécher
jiffe front

j f l ج ف ل
jafal s'écarter de

j f w ج ف و
ajjâfo se détester
jafa méchanceté
jâfa traiter avec dureté
jâfi dur(e)

j q l ج ق ل
jiggêl variole

j l b ج ل ب
jalab partir se ravitailler
jalabân ravitaillement
jâlib allant troquer
jallâba Djallaba
jallâbiye djellaba

j l j l ج ل ج ل
jaljal courir çà et là
jaljâli agité(e)
jaljûl sexe du taureau
jilêjil orgelet

j l h̲ ج ل خ
jalax se moquer de qqn
jâlax taquiner

j l d ج ل د
jalad fouetter
jalid fouet
jallad recouvrir d'une peau
jilâde couverture en peau
jild al ên paupière
jilid corps de l'homme
julûd peau dure
mujallad recouvert(e) d'une peau
tajlîd fait de couvrir de cuir

j l s ج ل س
jalas 1 causer
jalas 2 s'asseoir
jallâs conteur (-euse)
jalsa causerie
majlis conseil
mujâlasa fait de s'asseoir pour causer

j l ʕ ج ل ع
jal'ân gâté(e)
jalla' choyer un enfant

j l f ج ل ف
jalaf couper un morceau en longueur

j l q ج ل ق
abunjallôg nom d'un criquet

j l l ج ل ل
ajjâlalo se déplacer
jâlal 1 transvaser
jâlal 2 réfléchir
jalâla louange
jâlilîn réflexion
jallal chanter la majesté de Dieu

j m d ج م د
amjammâdi terrain détrempé
jamad se figer
jâmid ferme

j m r ج م ر
jamîre grosse tresse au sommet du crâne
jammar passer par le feu
jamur braise
jumâr se soulager en urinant
jummâr coeur de palmier
mujammar testé(e) par le feu

j m r k ج م ر ك
jamrak dédouaner
jumriki douanier
jumruk douane
mujamrak dédouané(e)

j m z ج م ز
jimmêz nom d'un arbre, ficus

j m ʕ ج م ع
(al) jum'a vendredi
ijtama' se rassembler
ijtima' réunion
ijtimâ'i social(e)
jama' réunir
jamâ'a groupe
jami' tous

jâmi' 1 rassembleur
jâmi'a université
jam'iye association
jâmiye mosquée
mujtama' milieu social
mujtami' qui s'est joint(e) à

j m l ج م ل
ajjâmalo porter
ajjammal s'embellir
amjimêl armoire de cuisine
ijmâli en gros
jamal chameau
jamâl beauté
jamîl beau
jammal embellir
jammâla chamelier
jumla total(e)
mujamala complaisance
mujâmil complaisant(e)
mujammal enjolivé(e)
mujammil 1 qui a embelli
mujammil 2 qui a fait le compte
mujjâmilîn qui se sont entraidés
waddar jamal nasîbtah nom d'une fourmi

j m m ج م م
anjamma se reposer
Anjammêna N'Djaména
jamma 1 reposer
jamma 2 sourdre
jammam faire sourdre
jammamân fait de sourdre
jumma 1 repos
jumma 2 repos
minjamm en désordre
munjammi qui se repose

j m h r ج م ه ر
jamhûr public
jamhûriya république

j n b ج ن ب
abjanbo lésions cutanées
ajnabi étranger (-ère)
amjinêbe découvrir l'épaule
janab côté de la djellaba
janâba purification
janb à côté de
jânib côté
janûb sud
janûbi méridional(e)

j n ḥ ج ن ح
janâh aile
jinêh 2 aile

j n d ج ن د
jundi recrue
tajnîd enrôlement

j n z ج ن ز
janâza cadavre humain

j n z r ج ن ز ر
dabbâba amjanâzîr nom d'un char de combat
jinzîr chaîne
mujanzar enchaîné(e)

j n s ج ن س
jinis race
jinsiye nationalité
mujannas métissé(e)

j n f ج ن ف
janfa sous-vêtement

j n n ج ن ن
anjanna s'affoler
janîn embryon
janna 1 devenir fou
janna 2 paradis
jannâni guérisseur (-euse)
jannanni nom d'un lit à deux places
jinêne jardin
jinn djinn
majnûn fou (folle)

j n y ج ن ي
jana 1 commettre une faute
jana 2 nouveau-né(e)
janiye faute
sîd al-janiye coupable

j h d ج ه د
ijtahad s'efforcer
ijtihâd effort
jâhad lutter contre
jihâd effort
juhud effort
mujâhid militant(e)
mujtahid appliqué(e)

j h r ج ه ر
abunjahare terrier
jahar rendre public

jahirîn publication

j h z جهز
jahhaz préparer (se)
jahhazân préparation
jâhiz prêt(e)
mujahhaz apprêté(e)
mujahhiz prêt(e) à
tajhîz préparation

j h l جهل
jahal ignorance
jâhil ignorant(e)
jihil ignorer
majhûl inconnu(e)

j h n m جهنم
jahîm enfer

j w b جوب
jâb apporter
jawâb lettre
jâwab répondre
jâyib qui a apporté
jêb poche
jêbân apport
jêbe fait de transporter une seule fois
mujâwib celui qui répond

j w d جود
ajwâdi notable
jawwad améliorer
jawwadân amélioration
jayyid très bien
jûd générosité
juwâd cheval
juwâd al-cêtân libellule
mujawwid expert en récitation du Coran
tajwîd récitation psalmodiée du Coran

j w r جور
jâr 1 torturer
jâr 2 voisin
jâra voisine
jâwar être le voisin
jîre voisinage
jôr mauvais traitement
mujâwir voisin(e)

j w z جوز
ijâza congé
jâyiz peut-être
jâz convenir

j w ʕ جوع
jawwa' affamer
ji'ân affamé(e)
ju' faim

j w f جوف
jôf coeur (lieu des sentiments)

j w l جول
ajjôjal être ballotté(e)
jawla tournée
jawwal voyager
jôjal agiter des grains sur le van
jôjalân fait d'ôter les impuretés du grain
majâl place libre

j w m s جومس
jâmûs buffle
jômas être en fureur
jômâsi coléreux (-euse)
jômisîn rage
mujômis en colère

j w n جون
jawwâniye sous-vêtement

j w w جوو
jaww ambiance
jawwi aérien (-ne)
juwwa à l'intérieur

j y ' جيء
dunjay de ce côté-ci
ja venir
jâyi venant de
jâyi jâyi çà et là
jayye venue
jayyîn arrivée
jîtan jît bienvenue !

j y r جير
jîr 1 chaux
jîr 2 mil fermenté très blanc

j y š جيش
dêc troupe

j y l جيل
jîl génération

ح

ḥ b b ح ب ب
alhâbabo s'embrasser
habb grain
habba 1 embrasser
habba 4 tuberculose
habbahân cardamome
habbay grain
habbe baiser (un)
habbôba grand-mère
habîb aimé(e)
hubb amour
mahabba amour entre les humains
mahbûb aimé(e)

ḥ b r ح ب ر
hubâra outarde

ḥ b s ح ب س
anhabas être enfermé(e)
habas enfermer
habisîn réclusion
hubus prison
mahbûs prisonnier

ḥ b l ح ب ل
habil corde
habil al-nâr câble électrique
habil warîd artères carotides
hibêl cordelette
hibêlay petite cordelette
xalaba grossesse
xalbâne enceinte
xilib 1 être épuisé(e)

ḥ b n ح ب ن
hibin furoncle
hibin absôt écrouelles

ḥ b w ح ب و
haba marcher à quatre pattes
habîn marche à quatre pattes
hubay fait de marcher à quatre pattes

ḥ t t ح ت ت
hatta 1 secouer
hattân 1 secouement
hattât al kurûc dernier-né

ḥ t y ح ت ي
hatta 3 jusqu'à
hatta 4 avant que

ḥ j b ح ج ب
alhajjab se protéger par des amulettes
hâjib sourcil
hijâb protection
muhajjab protégé(e) par des amulettes

ḥ j j ح ج ج
hâjj pèlerin
hajja 3 accomplir le pèlerinage à la Mecque
hâjjîn fait de partir en le pèlerinage à la Mecque
hijj pèlerinage
hijje histoire vaine
ihtajja protester
ihtijâj protestation

ḥ j r ح ج ر
Amhajar Oum Hadjer
amhajar-hajar nom d'un criquet
hajar 1 empêcher de
hajar 2 montagne
hajar Bangi pierre ponce
hajjar sécher
Hujâr Hadjeraï
kabic al hajar mouflon à manchettes
riyâl hajar pièce en argent
tês al hajar daman des rochers

ḥ j z ح ج ز
hajas séparer des adversaires
hajjâs al matar arc-en-ciel

ḥ j l ح ج ل
hijil anneau de cheville
muhajjal qui porte des balzanes

ḥ j m ح ج م
hajam 2 poser des ventouses
hajjam poser des ventouses
mahjam ventouse en corne
muhajjam à qui l'on a appliqué des ventouses

ḥ j w ح ج و
anhajja se dire
hajja 1 parler
hajjây conteur (-euse)
hajjîn 2 fait de parler
hije histoire

hije gusâr devinette
hije tuwâl conte

ḥ d ' ح د ء
hideyya milan

ḥ d b ح د ب
ahdab bossu(e)
hadaba colline
munhadib voûté(e)

ḥ d ṯ ح د ث
haddas parler
hâdis accident
hadîs 1 dire du Prophète
hadîs 2 parole
hadîs 3 nouveau
muhâdasa conversation

ḥ d d ح د د
hadd 1 limite
hadda 2 porter le deuil
haddâd forgeron
haddâdiye nom d'un criquet
hadîd fer
hidd deuil
hurâr hadîd mâchefer
lahaddi jusqu'à ce que
muhaddad limité(e)

ḥ d q ح د ق
hadag sourcil

ḥ r b ح ر ب
hârab combattre
hârabân combat
harba 1 lance
harba 2 guerre
hirbe caméléon
hurûb guerres
mihrâb mihrâb, niche indiquant l'orientation de la prière
muhârab combattu(e)
muhâraba guerre
muhârib combattant(e)

ḥ r ṯ ح ر ث
harat cultiver
haritîn fait de cultiver un champ
harrat faire cultiver
harrâta charrue
harrâti cultivateur (-trice)
hirâte agriculture, culture
mahrût cultivé(e)

ḥ r r ح ر ر
abba hârr fiancé
bôl harray urines douloureuses
harâr épice
harâra chaleur
harâriye piquant
harîr soie
hârr brûlant(e)
harrar libérer
harray soleil
hurr libre
hurriya liberté
iya hârr petite amie
kalb al harray nom d'une fourmi
muharrar libéré(e)
muharrir libérateur (-trice)

ḥ r s ح ر س
haras 1 garder
haras 2 garde
harîs avare
harras faire garder
harrâs gardien
mahrûs gardé(e)

ḥ r ṣ ح ر ص
hiris garder pour soi

ḥ r f ح ر ف
haraf s'arrêter brusquement
harîf expert(e) dans son travail
harif lettre de l'alphabet
hirfe métier

ḥ r q ح ر ق
alhârago se brûler, se tuer
alharrag brûler
harag brûler
harag galbi nom d'un lit décoré
hargân brûlé(e)
harîge feu de brousse
harigîn incendier
harrag faire brûler
harrigîn brûlure
hirig être brûlé(e)
hurga chagrin
mahrûg brûlé(e)
muharrag brûlé(e)

ḥ r q ṣ ح ر ق ص
abunhurgâs nom d'un mille-pattes
alhargas se tortiller
hargas se tortiller

hargisîn tortillement
muhargis celui qui se tortille

ḥ r k ح ر ك
alharrak bouger
haraka bruit
harrak bouger
harrakân mouvement
hirêke petit mouvement
muharrik qui bouge

ḥ r m ح ر م
haram 1 interdire
haram 2 petit voile
harâm interdit(e)
harâmi malfaiteur
harmâne divorcée définitivement
harram obéir à la loi
hurma dignité
ihtaram respecter
ihtirâm respect
mahrûm interdit(e) de
muharram 1 interdit(e)
muhtaram respectable
muhtarim respectueux (-euse)
rûh harâmiye esprit de malfaisance

ḥ r m z ح ر م ز
harmûs porte-malheur

ḥ r n ح ر ن
haran refuser de partir
harrân qui refuse d'avancer

ḥ r y ح ر ي
hâri qui espère
hiri espérer

ḥ z b ح ز ب
hizib 1 parti
hizib 2 section du Coran

ḥ z r ح ز ر
hazar mesure

ḥ z m ح ز م
hizâm ceinture de soldat
hizme gerbe

ḥ z n ح ز ن
hazîn triste
haznân triste
hazzan attrister
hizin 1 être triste
hizin 2 tristesse

ḥ s b ح س ب
alhâsab être compté comme punition
alhâsabo faire les comptes ensemble
alhassab se réfugier
amhasba rougeole
anhasab se compter
hasab 1 compter
hasab 2 selon
hasab 3 protection
hasab-al-bêt nom d'un oiseau
hasab-al-mulûk nom d'un criquet
hâsab faire les comptes avec
hassab chercher protection
hisâb compte
mahsûb compté(e)
muhâsab être jugé(e)
muhâsaba compte

ḥ s d ح س د
anhasad être jaloux (-se) de
hasad être jaloux (-se)
hasûd jaloux (-se)
husud jalousie

ḥ s s ح س س
hasâsiya ressentiment
hass sensation
hassa 1 sentir
hiss voix

ḥ s f ح س ف
hasîfe inimitié
hassaf haïr
muhassif qui nourrit un désir de vengeance

ḥ s k ح س ك
haskanît nom d'une herbe à épines

ḥ s l ح س ل
zihliye lézard

ḥ s n ح س ن
abu l Hisên renard
ahsan 2 meilleur(e)
hasan 1 faire du bien
hasana bienfait
ihsâni humanitaire
mahasan bas-ventre
muhsin qui fait du bien

ḥ s w ح س و
ḥasiyîn assèchement
ḥassa 2 évaporer
ḥassay qui s'assèche vite
ḥisi s'évaporer

ḥ š r ح ش ر
anḥacar s'introduire de force
ḥacar bourrer
ḥacaray insecte
maḥcûr entassé(e)

ḥ š w ح ش و
ḥacâ entrailles (lieu des sentiments)
ḥâci chamelon
maḥaci légume farci

ḥ ṣ r ح ص ر
ḥasar bilharziose
ḥassar avoir la bilharziose
muḥassir qui a la bilharziose

ḥ ṣ l ح ص ل
ḥasal avoir lieu
ḥâsil prêt(e)
ḥassal préparer (se)
ḥassilîn le fait d'apprêter
muḥassal apprêté(e)

ḥ ṣ y ح ص ي
ḥasu petits cailloux
iḥsâ' compte

ḥ ḍ r ح ض ر
ḥadâra vigilance
ḥâdir présent(e)
ḥadîr 2 prêt(e)
ḥadrat Excellence
ḥidir assister à
ḥudûr présence
xaddar 1 estimer *qqn.*

ḥ ḍ n ح ض ن
alḥâdano se serrer dans les bras
ḥadan prendre dans les bras
ḥadinîn portage dans les bras
ḥidâne fait de serrer sur son sein
ḥudun poitrine
mulḥâdinîn qui se sont embrassés

ḥ ṭ b ح ط ب
abḥatab nom d'un oiseau
ḥatab bois
ḥattâbi bûcheron (-ne)
ḥitêbay petit morceau de bois

ḥ ṭ ṭ ح ط ط
maḥatta barrière
xatta 1 poser
xattâta petite armoire

ḥ ẓ ẓ ح ظ ظ
ḥazz chance

ḥ f r ح ف ر
ḥafar creuser
ḥaffar creuser
ḥaffâr pic
ḥufra trou
maḥfûr creusé(e)

ḥ f ṣ ح ف ص
ḥafs variante d'une écriture coranique

ḥ f ẓ ح ف ظ
ḥafad protéger
ḥâfaz conserver
ḥaffaz faire mémoriser
ḥafîde médaille
ḥâfiz protecteur (-trice)
ḥifiz mémorisation
ḥufudân conservation
maḥafûd protégé(e)
maḥfûz protégé(e)
muḥâfaza 1 conservation
muḥâfaza 2 préfecture
muḥâfiz préfet

ḥ f f ح ف ف
ḥaffa 1 raboter
ḥaffa 2 aller partout
ḥaffâf errant(e)
ḥaffîn taillage
ḥafḥaf couper les cheveux
maḥfûf taillé(e)

ḥ f l ح ف ل
ḥafla cérémonie
iḥtafal fêter
iḥtifâl cérémonie

ḥ f w ح ف و
ḥafa manque de protection de la peau
ḥafyân qui va nu-pieds

ḥ q r ح ق ر
alhâgaro se prendre en aversion
hagar être impoli(e) avec *qqn.*
haggâr méprisant(e)
hugra mépris
mahgûr méprisé(e)

ḥ q q ح ق ق
hagg droit
haggag accomplir
hagîga vérité
haxx droit
muhaggig sûr(e)

ḥ q n ح ق ن
alhâgano se gorger
haggan gaver
hagginîn gavage

ḥ q w ح ق و
hagu cordelette

ḥ k k ح ك ك
alhakhak se gratter
anhakka se gratter
hakka gratter
hakkîn frottage
mahkûk frotté(e)

ḥ k m ح ك م
hakam gouverner
hakîm sage
hâkim gouverneur
hakkâma chanteuse
hâkûma gouvernement
hâkûma zarga conduite tyrannique
hikma sagesse
hukum 1 amende
hukum 2 gouvernement
mahkama tribunal
mahkûm 1 puni(e)
mahkûm 2 gouverné(e)

ḥ k y ح ك ي
hikâya histoire

ḥ l b ح ل ب
halab traire
halîb lait frais
hilbe nom d'une graine grise
hulâb traite du lait
mahlab al-subyân nom d'un parfum
mahlab azrag nom d'une graine noire
mahlabay gris foncé
mahlabiye nom d'un parfum
mahlûb trait(e)
rujâl al mahlab nom d'une herbe

ḥ l j ح ل ج
halaj foirer
mahlûj incontinent(e)

ḥ l f ح ل ف
halaf jurer
halfa nom d'un oiseau
halîfe serment
hallaf faire prêter serment

ḥ l q ح ل ق
abhilêg 1 angine
abhilêg 2 pasteurellose
halag dégorger
halaga boule de paille
halgûm gorge
halig gorge
hallag planer
mahlûg 1 qui a eu la gorge nettoyée
mahlûg 2 qui a la tête rasée
muhallig planant

ḥ l l ح ل ل
anhalla se dénouer
halal solution
halâl licite
hall solution
halla 2 être licite
halla 3 dénouer
halla 4 marmite en aluminium
hallal rendre licite
hilêle hameau
hille village
ihtalla occuper illégalement un lieu
ihtilâl occupation illégale
mahall endroit
mahalli local(e)
mahlûl dénoué(e)
muhallal licite
muhallil 1 qui analyse
muhallil 2 proclamant l'unicité de Dieu
muhallile libre de retrouver son premier mari
muhtall squatter

ḥ l m ح ل م
hallûm nom d'un arbre
hilim rêver
istahlam rêver

ḥ l w ح ل و
ḥalâ très grande joie
halâwa bonbons
halu bon

ḥ m d ح م د
al hamdu lillah ! Dieu soit loué !
hamad 1 louer Dieu
hamad 2 se résigner à
hamad 3 résignation
hamdu louange
hamîdan admirable !
hammad 2 calmer
Muhammad Mouhammad

ḥ m r ح م ر
abhimêra sou
ahmar rouge
alhâmaro rivaliser les uns les autres
amhimêrûn sorgho rouge
dringêl ahmar brique cuite
dubbân al hamîr nom d'une mouche rouge
ên hamra qui a une autorité forte
falakit al humâr nom d'un champignon
hamar 1 nom d'une antilope
hamâr rougeur
hâmar rivaliser
hammar 1 rougir
hammar 2 fixer du regard
hammirîn 1 cuisson dans l'huile
hammirîn 2 regard perçant
humâr âne (ânesse)
humâr kadâde âne sauvage
humra eczéma
muhammar cuit(e) dans l'huile
muhammir rouge foncé
riyâl ahmar pièce de cinq francs
tahmîr fait de fixer du regard

ḥ m ḍ ح م ض
ḥamâd acidité
hammad 1 devenir acide
hâmud acide
himmêd nom d'un arbre

ḥ m l ح م ل
alhâmalo supporter ensemble
hamal agneau
hâmil 2 portant
hamla campagne
hammal responsabiliser
himêl jeune agneau
himil supporter
himilat être enceinte
muhammal chargé(e) de

ḥ m m ح م م
ḥamâm pigeon

ḥ m w ح م و
ḥama beau-frère (de l'épouse)
hamât belle-soeur

ḥ m y ح م ي
alhâmo neutraliser un agresseur
hâma courir au secours de *qqn.*
hâmi chaud(e)
hamma 3 chauffer
hamu chaleur
himâya protection
himi être chaud
humma fièvre
muhâmi avocat(e)

ḥ n ’ ح ن ء
ḥannan 1 mettre du henné
hanninîn 1 pose du henné
hinne nom d'une plante, henné
tahnîn pose du henné

ḥ n b s ح ن ب س
ḥumbus tige creuse de l'oignon

ḥ n j r ح ن ج ر
ḥanjar larynx
hinêjir petit larynx

ḥ n ẓ l ح ن ظ ل
ḥandal sorte de coloquinte

ḥ n k ح ن ك
abhanak qui a un maxillaire proéminent
hanak menton
hannak serrer contre soi

ḥ n n ح ن ن
alhânano s'aimer mutuellement
alhanna souhaiter ardemment
hânan aimer avec tendresse
hanna éprouver de la tendresse pour
hannan 2 émouvoir
hanninîn 2 tendresse
hanûn tendre
hinniye tendresse
mahanna amour
muhânana amour mutuel
mulhâninîn qui s'aiment réciproquement

ḥ n w ح ن و
anhana se voûter
hana courber

ḥ w t ح و ت
hawwat pêcher
hawwatân pêche
hawwâti pêcheur (-euse)
hût poisson

ḥ w j ح و ج
hâja besoin
hawjân désireux (-euse)
hiwij avoir besoin de
muhtâj qui est dans le besoin

ḥ w r ح و ر
hâra quartier
hirâni disciples
hûrîye houri
huwâr chamelon
muhwar fer pour marquer le bétail

ḥ w š ح و ش
hâc 2 entourer
hâca plaisanter
hawwac 1 délimiter la concession
hawwac 2 encourager
hawwacân deuxième abreuvement
hôc concession

ḥ w ṭ ح و ط
alhâwato se croiser sans se voir
hawat contourner
hâwat mettre tête-bêche
hawitîn fait de contourner
hôt abreuvoir
muhâwat croisé(e)
mulhâwit différent (prix)

ḥ w q ح و ق
hawwag contourner
hawwagân circonvolution
muhâwaga fait de tourner autour
muhawwag entouré(e)
muhawwig en cercle autour de
mulhâwigîn qui se sont mis en cercle

ḥ w l ح و ل
alhawwal se déplacer
hâl caractère
hâla situation
hâliyan actuellement
hawal dépasser un an
hâwal tenter
hâwil qui a duré plus d'un an
hawwal déménager
hîle ruse
hôl anniversaire
hôli âgé(e) d'un an
muhtâl escroc
mustahîl impossible

ḥ w m ح و م
hâm voler en dessinant un cercle
hawwâm qui vole en dessinant des cercles
huwâme déplacement

ḥ w w ح و و
ahaw bai brûlé

ḥ y r ح ي ر
alhayyar être perplexe
hayrân désolé(e)
hayyar rendre perplexe
hayyirîn désolation
hêre chose extraordinaire
muhayyir déconcertant
mutahayyir embarrassé(e)

ḥ y ḍ ح ي ض
hâtat avoir ses règles
hêt menstrues

ḥ y l ح ي ل
ga'ad be hêlah se redresser sur sa couche
hêl force

ḥ y n ح ي ن
ambahîn très tôt

ḥ y y ح ي ي
hayâ vie
haywân animal
hayy vivant(e)
hiyi vivre
istaha avoir honte
mustahi timide

ẖ b b خ ب ب
xabôb mousse verte sur l'eau

ẖ b t خ ب ث
xabîs ignoble

ẖ b r خ ب ر
muxâbarât agent des renseignements généraux
xabar information
xabâr à cause de
xabbar dire
xabîr expert(e)
xibêr bonne nouvelle
xibir être informé(e)

ẖ b z خ ب ز
xubza pain rond

ẖ b š خ ب ش
xibbêc nom d'un arbuste
xubâce nom d'une boisson

ẖ b ṭ خ ب ط
xabat frapper
xabat-labat aphte
xabitîn fait de frapper

ẖ t m خ ت م
labbâs al xâtim annulaire
xatam achever
xâtim bague
xitâme conclusion
xitim sceau

ẖ j l خ ج ل
xajlân honteux (-euse)
xajûl honteux (-euse)
xijil craindre
xijile honte

ẖ d d خ د د
kîs al maxadda taie
maxadda coussin

ẖ d r خ د ر
muxaddira drogue
xaddar 2 anesthésier
xaddarân 1 anesthésie
xidir devenir insensible

ẖ d m خ د م
xadam travailler
xaddam faire travailler
xaddâm travailleur (-euse)
xâdum esclave
xiddême petit travail
xidime travail
xiyêdim petite esclave

ẖ d l خ ذ ل
xazal abandonner qqn.

ẖ r b خ ر ب
muxarrib 1 destructeur (-trice)
xarab détruire
xarâb 1 démolition
xarâb 2 turbulent(e)
xarrab 3 détruire
xarrûb nom d'un arbuste, caroubier
xirib tomber en ruine

ẖ r j خ ر ج
xaraj sortir
xârij 1 dehors
xârij 2 irréfléchi(e)
xâriji extérieur(e)
xurrâja tumeur
xuruj sacs de cuir

ẖ r r خ ر ر
xerêr abeille sauvage

ẖ r z خ ر ز
xaraz perle en pierre précieuse
xaraz al-dâbi nom d'une plante grimpante
xaraza pomme d'Adam

ẖ r ṣ خ ر ص
mixêris petit poinçon
muxras poinçon
xurûs boucle d'oreille

ẖ r ṭ خ ر ط
abunxarîte héron
xarat raboter
xarîte sac en toile
xarta carte géographique

ẖ r ṭ m خ ر ط م
xartûm nez convexe

h̲ r ʿ خ ر ع
alxarra' cauchemarder
anxara' avoir peur
maxaru' effrayé(e)
munxari' paniqué(e)
xarî'e peur
xarra' effrayer

h̲ r f خ ر ف
muxarrif qui passe la saison des pluies
xarfân gâteux (-euse)
xarîf saison des pluies
xarraf passer la saison des pluies
xarûf bélier
xirif tomber en enfance

h̲ r q خ ر ق
maxarûga col du fémur
xirge pagne

h̲ r m خ ر م
xarmân en manque de
xirim être en manque
xurma ouverture

h̲ r w خ ر و
xirwe nom d'une plante, ricin

h̲ z q خ ز ق
xâzûg pal

h̲ z n خ ز ن
anxazan se réfugier
magaza magasin
maxzan dépôt
maxzûn emmagasiné(e)
xazna coffre
xuzzâne jabot

h̲ s r خ س ر
xasâra perte
xasrân perdant(e)
xassar endommager
xisir être en déficit

h̲ š b خ ش ب
xacab planche
xaccâbi menuisier

h̲ š š خ ش ش
xacca 2 entrer
xacxâc nom d'un arbre
xucce 1 mauvais oeil
xucce 2 fourré
xucxuc petit bois

h̲ š m خ ش م
xacîm querelleur (-euse)
xacum bouche
xacum al kalâm porte-parole
xacum bêt clan
xucum al ucûr pourcentage

h̲ š n خ ش ن
axacan rugueux (-euse)

h̲ š y خ ش ي
ixtaca craindre
xâci qui fait un détour
xici faire un détour

h̲ ṣ ṣ خ ص ص
mutxassis spécialisé(e) dans
taxassas se spécialiser
xâss spécial(e)
xassa 1 concerner
xâssatan particulièrement
xusûs 1 particulièrement

h̲ ṣ m خ ص م
alxâsamo ne plus s'adresser la parole
muxâsam en querelle
muxâsim qui est fâché(e) contre *qqn.*
xâsam ne plus adresser la parole
xasîm ennemi(e)
xusum guerre froide

h̲ ṣ y خ ص ي
xasi castré
xassa 2 castrer
xassîn castration

h̲ ḍ r خ ض ر
axadar vert(e)
axadar lêmûni jaune vert
batun xadra féconde
catte xadra poivron vert
dringel axadar brique en terre crue
durâ' axadar qui rapporte de l'argent
muxaddir vert foncé
ragab xadra fond de soi-même
têr al xadâri nom d'un oiseau
xadâr légume
xaddar 3 verdir
xaddarân 2 verdoiement
xaddûr perle

h̲ ḍ ḍ خ ض ض
maxdûd mélangé(e)
xadda 2 mélanger
xaddân fait de remuer
xadôda pâte à crêpes

h̲ ṭ ' خ ط ء
xâti fautif (-ive)
xiti commettre une faute

h̲ ṭ b خ ط ب
maxtûba promise en mariage
xatab 1 lancer un discours
xatab 2 demander la main d'une fille
xitâb communiqué
xutba discours

h̲ ṭ r خ ط ر
alxatra enjamber
maxatar voyage
xatar 1 voyager
xatar 2 venir à l'esprit
xatar 3 danger
xatari dangereux (-euse)
xâtir 1 voyageant
xâtir 2 à cause de *qqn.*
xattar faire voyager
xutûra danger

h̲ ṭ ṭ خ ط ط
taxtît planification
xatt ligne
xattat pratiquer la géomancie
xattâti qui pratique la géomancie
xattîn 2 fait de poser
xattitîn géomancie

h̲ ṭ f خ ط ف
xataf rafler
xâtaf ramasser très vite
xâtif lônên couleur café au lait

h̲ ṭ m خ ط م
alxâtam passer devant *qqn.*
xâtam couper la route
xattam passer devant *qqn.*
xattimîn fait de passer devant *qqn.*

h̲ ṭ w خ ط و
xatwa pas

h̲ f f خ ف ف
xaffa diminuer
xaffaf alléger
xaffâf vêtement léger
xaffafân allégement
xafîf léger (-ère)

h̲ l ṣ خ ل ص
ixlâs sincérité
ixtilâsiye magouille
muxallas achevé(e)
muxallis qui sauve
muxlis sincère
xalâs terminé
xallas terminer
xallisîn achèvement
xilis finir
xulâsa en conclusion

h̲ l ṭ خ ل ط
ilim al xalbât boniment
muxalbat mélangé(e) à
muxlât discussion
muxlâti qui aime objecter
xâlat contester
xalbat mélanger
xalbât mensonge
xalbâti menteur (-euse)
xalbitîn mélange
xilêbâti qui raconte des bobards

h̲ l f خ ل ف
alxâlafo se quereller
amxilâfxilâf entrecroisé(e)
axlafat être enceinte
mulxâlif qui est différent(e)
muxâlafa opposition
muxâlif qui contredit
muxlif qui met en conflit
muxlife enceinte
muxtalif différent(e)
xalaf 1 compenser
xalaf 2 remplaçant(e)
xâlaf s'opposer à *qqn.*
xalf après
xalîfa représentant d'une autorité
xilâf divergence
xuluf 2 début de grossesse

h̲ l q خ ل ق
maxlûg créature
xalag 1 créer
xalag 2 vêtement
xalax créer
xâlig créateur
xalîga créature

xilêg petit vêtement
xilig être créé(e)
xulug bonnes moeurs

h̲ l l خ ل ل
xilâl dans l'intervalle de

h̲ l w خ ل و
alxalla être laissé(e)
jidâd al xala pintade
xala 1 brousse
xâli 2 vide
xalla 1 laisser
xallîn fait de laisser
xulû' vide

h̲ l y خ ل ي
muxlay musette

h̲ m d خ م د
xamad s'assoupir

h̲ m r خ م ر
xamar 1 mettre de la levure
xamar 2 boisson alcoolisée
xamîr pâte levée
xamîra levure
xamirîn préparer la fermentation d'une pâte
xamra boisson alcoolisée
xumra parfum huileux

h̲ m s خ م س
(al) xamîs jeudi
muxammas mesure surface
xâmis le cinquième
xamistâcar quinze
xamsa cinq
xamsîn cinquante
xumsumiya cinq cents
xumus un cinquième

h̲ m l خ م ل
xammâl au pas lent

h̲ m m خ م م
xamma ramasser à pleines mains
xamxam 1 ramasser à pleines mains
xumâm choses

h̲ n t̲ خ ن ث
xanas se courber
xunsur frigide

h̲ n t̲ r خ ن ث ر
xunsur frigide

h̲ n j r خ ن ج ر
kanjar 1 virer
kunjâr crochet
mukanjar courbé(e)
xanjar faucille

h̲ n z r خ ن ز ر
xinzîr cochon domestique

h̲ n q خ ن ق
amxinêga oreillons
anxanag s'étrangler
maxnûg étranglé(e)
xanag étrangler
xanig le fait d'étrangler

h̲ w r خ و ر
xôr passage étroit

h̲ w š خ و ش
xiwêce bracelet plat en or

h̲ w f خ و ف
maxâfa crainte
muxawwaf effrayé(e)
xâf avoir peur
xawwaf faire peur
xawwâf peureux (-euse)
xawwifîn intimidation
xâyif qui a peur
xôf peur

h̲ w l خ و ل
xâl 1 oncle maternel
xâla tante maternelle

h̲ w n خ و ن
muxayyin las (lasse)
xâ'in traître
xân trahir
xayyan souffrir
xayyinîn fatigue
xiyâne trahison

h̲ y b خ ي ب
xâ'ib 2 qui trompe l'attente

h̲ y t خ ي ت
keyta gaïta

h̲ y r خ ي ر
alxayyar 2 se choisir
axêr mieux
istaxar consulter le sort
istixara divination au moyen du Coran
ixtâr choisir
ixtiyâr choix
mustaxâra magie
xayri super-, meilleur(e)
xayyar 1 laisser choisir
xêr 1 bien
xêr 2 meilleur(e)

h̲ y s خ ي س
xayyas cacher

h̲ y ṭ خ ي ط
muxayyat cousu(e)
xayyat coudre
xayyâti tailleur (-euse)
xayyitîn couture
xêt fil à coudre
xiyâte couture

h̲ y l خ ي ل
naga'at al xêl hippodrome
xâl 2 lentigo
xayâl fantôme
xâyal apparaître
xayyâla cavaliers (les)
xêl chevaux

h̲ y m خ ي م
xêma 1 tente

د

d b b د ب ب
addabba s'approcher doucement
dabba 1 marcher doucement
dabbâba 1 blindé, char de combat
dabbâba 2 nom d'une parure en or
dabbân marche en silence
dabbe 1 margelle
dabbe 2 pubis
dabdab 1 tapoter
dabdab 2 tromper
dabdab 3 élever
dabdab 4 hauteur
dabdibîn 1 fait de tapoter
dabdibîn 2 tromperie
dabdibîn 3 élévation
dâbi serpent
dabîb serpent
dibdibbe galette cuite sous la cendre
mudabbi qui marche à pas de loup
xaraz al-dâbi sorte de plante grimpante

d b j د ب ج
amdibêtco nom d'une herbe

d b r د ب ر
abdabbûra qui porte un galon
dabara plaie
dabâra débrouillardise
dabbar 1 se débrouiller
dabbar 2 se blesser le dos
dabbâri débrouillard(e)
dabbirîn 1 débrouillardise
dabbirîn 2 fait de blesser le dos
dubur sexe
mudabbir qui se débrouille bien

d b ġ د ب غ
dabax tanner
dâbax chahuter
dâbaxân chahut
dabaxân tannage
dabbax faire tanner
dabbâxi tanneur
madbax tannerie
madbûx tanné(e)
mudbâx gourdin

d b q د ب ق
dâbâxi chahuteur (-teuse)
dabbûga sorte de tresse
dubâx taquinerie

d b l د ب ل
dabalay rassemblement pour manger ensemble
dibla 1 gâteau rond
dibla 2 alliance en or

d j j د ج ج
dajja 1 qui manque de lait
jidâd al xala pintade
jidâde poule

d ḥ r د ح ر
addahar refuser de se plier à une interdiction

andahar se plier à une interdiction
dahar 1 interdire
dâhar empêcher
dahirîn empêchement

d ẖ l دخ ل
addâxal se fréquenter
addaxxal s'ingérer dans
dâxal dans
daxal entrer
daxalân entrée
dâxalâni qui est à l'intérieur
daxil entrées d'argent
dâxil qui est entré(e)
dâxili intérieur(e)
daxûl entrée
daxxal introduire
dixxêle entrée
mudâxala relation

d ẖ n دخ ن
addaxxan se parfumer d'encens
daxxan fumer
duxun mil pénicillaire
duxxân fumée

d r ʼ د ر ء
abundurû'u nom d'un arbuste

d r b د ر ب
darrab s'exercer, s'entraîner
derib 1 chemin
derib abyad droit chemin
dirêb petit passage
dirêbay tout petit chemin
dirib 1 être malade
dirrêbe tape
mudarrab exercé(e)
mudarrib formateur (-trice)
rabbât al-durûb coupeur de routes
tadrîb entraînement

d r b z د ر ب ز
mutarbaz fermé(e) avec un loquet
tarbaz fermer au loquet
tarbâz loquet

d r j د ر ج
adrûji imberbe
daraja degré de dignité
dâriji local(e)
dârje cuisse
darraj 1 élever à une dignité
darraj 2 emmener lentement
duruj 1 tiroir
mudarraj élu(e)
mustadrij chanceux (-euse)
tidirrij investiture

d r ḥ د ر ح
darrah satisfaire un caprice
darrâhi versatile
dirêhât caprices

d r d د ر د
dirdi résidu

d r d q د ر د ق
dardag rouler
dardigîn fait de rouler par terre

d r r د ر ر
andarra 1 être répandu(e)
dardar poudrer
darra 1 verser
darrân fait de verser
darrar faire venir le lait
darrâr verseur
darrat donner beaucoup de lait
dârre pleine
darre 2 mamelle
dâyar verser
durâr embryon d'animal
madrûr 1 versé(e)

d r s د ر س
binêyit al madrasa élève d'une école arabe
daras étudier
daris leçon
dirâse étude
madrasa école
mudarris enseignant(e)

d r q د ر ق
abundarag nom d'un serpent
addârag se cacher
andarag disparaître
andirga nom d'une natte grossière
darag 1 cacher
dârag cacher (se)
daraga paravent
daragât 1 bigarré(e)
mudârag caché(e)
mudârig qui se cache

d r m د ر م
abdirêdimme charbon bactéridien

amdardûm coup de poing
dardam former une boule
durduma boule

d r n د ر ن
amdurnâha punaise

d r n q l د ر ن ق ل
amdarangal tourterelle du Cap
darangal lit en rondins

d r w š د ر و ش
darwac oublier
daryas oublier

d r y د ر ي
dâra 1 cacher
daryân qui sait
diri savoir

d s t د س ت
dasta douzaine

d s t r د س ت ر
dastûr constitution

d s s د س س
andassa entrer
dasîse intrigue
dassa introduire
dassîn fait d'introduire
madsûs enfilé(e)
mindassi qui entre
mundassi qui entre

d š š د ش ش
dacîce mil écrasé
ducâc mil broyé

d ʿ k د ع ك
adda''ak se frotter
da'ak frotter
da''ak frotter énergiquement

d ʿ w د ع و
adda''a dire des invocations à Dieu
da''a demander à Dieu *qqch.*
da'a invoquer
da'wa invitation
di'âya 1 publicité
di'âya 2 rumeur
du'a prière
mudda'i procureur

d ġ š د غ ش
amdaggâc nom d'un criquet
dagac 1 tamponner
daggac entraîner *qqn.* vers
duxuc très tôt

d ġ l د غ ل
Digêl Diguel

d f ' د ف ء
addaffa se chauffer
daffa chauffer un peu
dâfi' tiède
dafu' réchauffement
difi être chaud(e)

d f r د ف ر
dafar tresser une natte
dafarân tressage (vannerie)
daffâra 2 sorte d'alêne
dufâr lutte (enfants)

d f ʿ د ف ع
dafa' payer
dâfa' défendre
difa' défense
duf'a groupe
madfa'a canon

d f f د ف ف
amdufûfu nom d'une herbe
daffe côté
taffa choisir

d f q د ف ق
addaffag être versé(e)
dâfagat perdre le liquide amniotique
daffag renverser (se)
daffigîn fait de verser

d f n د ف ن
abundiffên serpent fouisseur
addâfano s'enterrer les uns les autres
andafan s'enterrer
dafan enterrer
daffâni qui enterre
dafin enterrement
dafinîn enterrement
madfûn enterré(e)
mudaffan enterré(e)

d q r د ق ر
abundigêr gecko

d q s دقس
dagac 2 aller partout
dagas se tromper
daggâc errant(e)
daggacân vagabondage
dâgic qui flâne
dagûs fait de se tromper

d q q دقق
abundagîg papillon
addâgago se battre
andagga se battre
catte dugâg petit piment
dagdag gronder comme le tonnerre
dagdâg tonnerre
dagg coup
dagga 1 frapper
dagga 3 nom d'une boisson traditionnelle
daggag 1 faire moudre
daggag 2 s'enraciner
dagge coup
daggîn fait de frapper
dagîg farine
dagîga minute
digêyge un peu de farine
dugâg petits enfants
dugdug crottin sec et piétiné
dugga piment en poudre
madagg aire à battre les céréales
madgûg battu(e)
mudgâga fléau traditionnel
sukkar dagîg sucre glace

d q l دقل
amdugulgul nom d'un arbre
dugla chignon frontal
dugul perche

d k k دكك
dakkak tasser
dakke aire à battre le mil

d k n دكن
dukkân boutique

d l b دلب
amdalba pique-boeuf
delêb rônier
dolâb armoire

d l <u>h</u> دلخ
amdolaxâne amande du prunier

d l ẓ دلظ
dalaza grosse fesse

d l ʕ دلع
til'e prolapsus

d l k دلك
abunduluk calao
amdallûka nom d'une danse
dallak masser avec une crème
dallakân massage
dilke crème de beauté traditionnelle

d l l دلل
addâdal jouer
addâlal jouir de la vie
dâdal faire danser
dalâl 1 farniente
dalâl 2 khôl
dalâl 3 jeu
dalîl 1 preuve
mudallâl gâté(e)

d l w دلو
abudila photosensibilisation
addalla descendre tout seul
dalla 1 descendre (faire)
dallân descente
dalliyîn déchargement
dalu 1 seau en cuir
dalu 2 tour
dila peau tannée
dillêye pente
duwâl paire d'étriers

d m دم
abundammâm pancréas
Amdamm Am Dam
bôl al-damm babésiose
damm sang
dammam saigner

d m r دمر
amdamâro herbe aux quarante oiseaux
damâr destruction
dammar anéantir
dammirîn anéantissement
dâmre campement
mudammar détruit(e)
mudammir qui détruit

d m s دمس
dimsik cordon

d m ʕ دمع
dam'e larme

d m l j دملج
dimlij bracelet de cuivre

d n j l دنجل
dingil essieu

d n r دنر
dinâri carreau

d n q r دنقر
dungur nid de la poule

d n q s دنقس
dangas pencher la tête

d n n دنن
abundannân guêpe
dandan s'attrister
dandana tristesse
danna bourdonner
duwâne canari en terre

d n w دنو
danni peut-être
dunya vie terrestre
ilim al-dunya science profane

d h n دهن
amdihêne nom d'un criquet
dihin huile
dihin bagar beurre
dihinay petite quantité d'huile
dihine beurre

d w h̲ دوخ
dâx 2 s'évanouir

d w d دود
dâday garde-manger
dawwad être rempli de vers
diwêdi vermicelle
diwêdi mugatta' nouilles
dûd 2 vers
mudawwid qui a des vers

d w r دور
addâwaro se fréquenter
amdiyêro vertiges
dâr 1 tourner autour
dâr 2 pays
dâra 2 cercle
dâray traditionnel (-elle)
dâriye tissu bleu noir
dawriye patrouille
dawwar 1 vouloir
dawwar 2 démarrer
dawwarân 1 désir
dawwarân 2 démarrage
dâyir 1 désireux (-euse)
dâyir 2 rond
dayyar fumer un champ
diwwêre vouloir (le)
diyâr 1 fumure
dôr 1 troupeaux
dôr 2 place du village
dôr 3 tour
dôr yômah dans huit jours
dôre 1 vertige
dôre 2 semaine
durdur mur
dûriye patrouille
idâra administration
idâri administrateur
mudâwar rond(e)
mudawwar 1 qui tourne (moteur)
mudawwar 2 gâteau rond
mudawwir en marche
mudîr directeur (-trice)
mudîriye préfecture

d w s دوس
addâwaso se battre
dâwas se battre
dâwâsi bagarreur (-euse)
duwâs rixe

d w k دوك
dôka poêlon
dûku chanteur

d w l دول
darwal faire ses premiers pas
dawla État
dawli international(e)
dôdal balancer
dûliye pilier
duwali international(e)

d w m دوم
abdôma ibis sacré
dâ'iman toujours
dâm durer
dâmi balancier portant le fardeau
dâwam durer

dawwâm quotidien
dâyim éternel (-elle)
dôm nom du palmier doum
mudamdam rangé(e)
mudamdim qui a rangé
mudâwam perpétuel (-elle)

d w n د و ن
bidûn sans
dêwân 2 salon de l'homme
dûn à l'exception de
dunjay de ce côté-ci

d w y د و ي
addâwa se soigner
dawa médicament
dâwa 1 soigner
daway encrier
dâwîn fait de soigner
dêy péripneumonie

d y k د ي ك
dikk coq
dikk abyad poltron (-onne)
diyêk al almi bécassine des marais

d y n د ي ن
addâyano s'emprunter mutuellement
addayyan s'endetter auprès de *qqn.*
dâyin créancier (-ère)
dayyan s'endetter
dên dette
dîn religion
dîni du domaine religieux
madyûn endetté(e)
marbût be dên endetté(e)
mutadayyin pieux (-pieuse)

ذ

d̲ b b ذ ب ب
abudubbân trypanosomiase
dubbân 1 mouche
dubbân al hamîr nom d'une mouche rouge

d̲ b ḥ ذ ب ح
abundabbah huître
dabah égorger
dabbah égorger plusieurs fois
dabbihîn égorgement
dabih égorgement
dabîhe égorgement
madbah abattoir
madbuh égorgé(e)

d̲ h̲ r ذ خ ر
daxar conserver
daxirîn épargne
Daxxâra Dakhara
duxur épargne
madxûr conservé(e)
zaxîra munitions

d̲ r ' ذ ر ء
zurriye descendance

d̲ r ˤ ذ ر ع
durâ' coudée
durâ' axadar qui rapporte de l'argent

d̲ r w ذ ر و
dara place des hommes
dura sorgho

d̲ f r ذ ف ر
difre nom d'une herbe et de sa graine

d̲ q n ذ ق ن
abdigin barbu(e)
digêne barbichette
digin barbe

d̲ k r ذ ك ر
azzakkar se rappeler
dakar mâle
mazkûr cité(e)
tazkara billet pour un voyage
zakar 1 prier
zâkar étudier
zakkar rappeler
zikra souvenir

d̲ k w ذ ك و
zaki intelligent(e)

d̲ m m ذ م م
dimme crime
zimme en mon âme et conscience

d̲ n b ذ ن ب
aznab pécher
danab queue

danab al falu nom d'une herbe
dannâb croupière des ânes
muznib pécheur (pécheresse)
zanib péché

d̲ h b ذ ه ب
dahâb- c'est maintenant que
dahab or (métal)
dahabi doré(e)

d̲ w ذ و
zât- moi-même

d̲ w q ذ و ق
dawwax faire goûter
dâx 1 goûter avec la langue
dôx goût
dôxîn fait de goûter
duwâxa le fait de goûter
zigêgê petit cadeau à déguster

d̲ y ʕ ذ ي ع
izâ'a radiodiffusion
muzi' speaker (speakerine)
zâ' diffuser

ر

r ' r ' ر ء ر ء
râra briller

r ' s ر ء س
abrâs qui a une grosse tête
amrêse fruit à peine formé
ilim al-râs bon sens
karab râsha se fiancer
karibîn râs demande en mariage
murayyas bien entretenue
murayyis qui entretient bien
ra'as présider
ra'âsa présidence
ra'asân fait de présider
ra'âsî présidentiel (-elle)
ra'âsiye pouvoir présidentiel
ra'îs président
ra'îsi présidentiel (-elle)
râs tête
râs al bêt toit
râs al-dêd téton
râs sukkar pain de sucre
râs-mâl cheptel
rasmâli capitaliste
rayyas entretenir
rayyasân arrangement
rîse bon entretien
riyês petite tête

r ' l ر ء ل
aryal nom d'une gazelle

r ' m ر ء م
rîm gazelle blanche

r ' y ر ء ي
istâri mais
rây conseil
râye étendard
ri'i voir en rêve
ru'a 1 rêve prémonitoire
ru'ya songe
tara ! cela suffit !
târi 2 peut-être que

r b b ر ب ب
rabb seigneur
rabbâni divin(e)
rabîb élevé(e) loin de sa mère (animal)

r b ḥ ر ب ح
rabbah procurer du bénéfice
rabhân bénéficiaire
ribah bénéfice
ribih bénéficier

r b ṭ ر ب ط
anrabat s'attacher
marbat 1 attache
marbat 2 lieu d'attache des animaux
marbût attaché(e)
marbût be dên endetté(e)
murabbat attaché(e)
murabbit qui attache
rabat attacher
rabat al kalâm conclure un contrat oral
rabat sulub attacher sa ceinture
rabbat attacher solidement
rabbat al kalâm s'entendre fermement sur
rabbât al-durûb coupeur de routes
rabbâta pagne
rabbatân lier solidement
rabbâti qui attache solidement
rabit le fait d'attacher

rabîte ballot
rabtiye lien secret
ribbête manière d'attacher
rubât lien
rubta ballot

r b ʕ ر ب ع
(al) arba'a mercredi
(al) tôm al-râbi quatrième jumeau
arba'a quatre
arba'în quarante
arban nom d'un temps de réclusion
arba'tâcar quatorze
marbu' carré
murabba' carré(e)
raba' adulte
rabâ'iye adulte
râbi' quatrième
rub'iye tissu bleu noir
rubu' un quart
urbumiya quatre cents

r b l ر ب ل
mirôbil hydropique
rôbal être malade d'hydropisie
rôbâl hydropisie

r b w ر ب و
murabba 1 éduqué(e)
rabba élever
rabyân éduqué(e)
ribi être élevé(e)
tarbiya éducation
turba 2 éducation

r t b ر ت ب
martaba 1 rang social
martaba 2 matelas
murattab salaire
râtib 2 salaire
rattab 1 ranger
rattab 2 rétribuer
rutba rang
tartîb disposition

r t ʕ ر ت ع
rata' brouter
râti' en train de brouter
ratta' faire paître

r t q ر ت ق
ratag cordeler

r t l ر ت ل
rattal psalmodier le Coran
tartîl psalmodie coranique

r j b ر ج ب
rajab septième mois de l'année lunaire

r j ʕ ر ج ع
marja'i ressource
marjû' qui n'est plus liée par le contrat
marjû'a qui ne peut pas être répudiée
raja' revenir
rajja' 2 faire revenir

r j f ر ج ف
rajaf trembler
rajafân tremblement
rajjaf faire trembler
rajjifîn tremblement

r j l ر ج ل
amrijêlât nom d'un lézard
batun rijil plante du pied
karab rijilah ne plus rendre visite à *qqn.*
rajâjîl mecs
rajâla bravoure
rajâliye virilité
rajâliye ragta poltron (-ne)
rajâliye xabca courage
râjil homme
râjil tilif femme virile
râjil-râjil femme d'aspect hommasse
rijil 1 jambe
rijil 2 ruisseau
rijil markûb un soulier
riyêjil homme immature
rujâl al mahlab nom d'une herbe

r j m ر ج م
rajam lapider
râjmât nom d'un lance-roquettes multitube

r j n ر ج ن
marjân corail

r j w ر ج و
anraja s'attendre
arrajja attendre la venue
murajji celui qui attend
rajayân attente
rajja' 1 faire attendre
riji attendre

r ḥ b رح ب
rahhab accueillir

r ḥ ḍ رح ض
rahad marigot
rihêd petite mare

r ḥ l رح ل
marhala étape
murhâl itinéraire de transhumance
rahal 1 se déplacer
rahal 2 meuble de rangement
rahal 3 chargement
rahhal faire déplacer
rahhâli petit nomade
rahhilîn déplacement
rahîl transhumance
râhil 1 se déplaçant
râhil 2 grand nomade
rahûla départ

r ḥ m رح م
marhûm défunt(e)
raham faire miséricorde
rahama miséricorde
rihim utérus
sûf al marhûma mèches de cheveux

r h̲ r h̲ رخ رخ
raxrax branler

r h̲ ṣ رخ ص
marxûs sans valeur
raxas tendre
raxasa diminution du prix
raxîs bon marché
raxxas sous-estimer
raxxisîn sous-estimation
rixis baisser de prix
ruxsa permis de conduire

r h̲ m رخ م
raxam avoir de la compassion

r h̲ y رخ ي
anraxa se relâcher
marxi mou (molle)
raxa 1 relâcher
raxa 2 s'esquiver

r d d ر د د
mardad piler de nouveau
mardidîn deuxième pilage
radd réponse
radda 1 répondre

r d s ر د س
murdâs poutre
radas 1 aplatir
radas 2 apprendre à écrire

r d f ر د ف
mardûf qui monte derrière le cavalier
muraddaf l'un(e) derrière l'autre
raddaf venir derrière
raddifîn , fait de prendre *qqn.* en croupe

r d m ر د م
radam tasser
raddam tasser
radimîn élévation
radmiye terre rapportée

r d̲ l ر ذ ل
razâla bassesse
razîl vaurien (-ne)

r z b ر ز ب
marzabba gros marteau en fer

r z z ر ز ز
razze gâche
rizz riz

r z q ر ز ق
marzûx chanceux (-euse)
murtazaxa mercenaires
razax pourvoir à
rizix minimum vital

r s ġ ر س غ
abunrisêx tendinite
risêx articulation de la cheville

r s l ر س ل
arrassal être envoyé(e)
murâsil qui est envoyé(e)
murassal qui a été envoyé(e)
murassil celui qui a envoyé
mursâl commissionnaire
Mursâl Moursal
rassal envoyer
rassâl qui fait des courses
rassilîn envoi
rasûl envoyé de Dieu

r s m رس م
marsûm décret
rasam dessiner
rasim dessin
rasimîn fait de dessiner
rasmi officiel (-elle)
rasmiyyan officiellement
rassâm dessinateur (-trice)

r s m l رس م ل
râs-mâl cheptel
rasmâli capitaliste

r s n رس ن
rasan 1 former la caravane
rasan 2 muserolle
rasanân formation de la caravane

r š ḥ ر ش ح
itraccah postuler
marcaha bât en rondin
muraccah candidat(e)

r š d ر ش د
racâd nom de graine

r š š ر ش ش
marcûc arrosé(e)
racca arroser en fines gouttes
raccâca mitrailleuse
racrac 1 arroser
racrac 2 cils
racrâc bruine
rucâc printemps

r š w ر ش و
racwa pot-de-vin

r ṣ ṣ رص ص
marsûs aligné(e)
murassas aligné(e)
murassis qui a aligné
rassa aligner
rassas aligner
rassâs cartouche
rassisîn alignement

r ḍ x̱ ر ض خ
arraddax être meurtri(e)
mardûx meurtri(e)
radax faire une ecchymose
raddax qui provoque une entorse
raddixîn fait d'avoir une entorse
radix meurtrissure

r ḍ ḍ ر ض ض
mardûd broyé(e) très fin
radda 2 broyer, écraser

r ḍ ʕ ر ض ع
rada'ân allaitement
radda' allaiter
radda'ân allaitement au sein maternel
radî' nourrisson
ridâ'e succion
ridi' téter

r ḍ w ر ض و
râdi content(e)
ridi accepter
rudâ consentement

r ḍ y ر ض ي
radda 2 apaiser le coeur
radyân qui est d'accord

r ṭ b ر ط ب
râtib 1 froid(e)
rattab 3 refroidir
rutûba rhumatismes

r ṭ l ر ط ل
ratul nom d'une mesure de poids

r ṭ n ر ط ن
ratan parler patois
ratîn baragouin
Rattâni non-arabe
rutâna parler une langue non-arabe

r ʕ b ر ع ب
mar'ûb peureux (-euse)
ra'ab terroriser
ru'ba peur

r ʕ d ر ع د
ra'ad coup de tonnerre

r ʕ f ر ع ف
ra''af faire saigner du nez
ri'if saigner du nez
ru'âf épistaxis

r ʕ y ر ع ي
râ'i berger (-ère)

r ġ b رغ ب
raxab égoïsme
raxbân égoïste
rixib être avare

r ġ w رغ و
rixwe mousse

r f ḍ رف ض
rafad refuser

r f ʕ رف ع
anrafa' se soulever
cadart al marfa'în nom d'un arbuste
marfa'în 1 hyène tachetée
marfa'în 2 crochet
marfu' soulevé(e)
mirêfi'în jeune hyène
nabag al marfa'în nom d'un arbuste
rafa' lever
rafi'în fait de soulever

r f ġ رف غ
amrifeyyix nom d'une fourmi rouge
rufâx cuisse

r f f رف ف
abunraffâf palpitations
raff secteur
rafraf garde-boue

r f q رف ق
murâfig accompagnateur (-trice)
râfag lier une amitié
rafîg ami(e)
rifge compagnonnage
rufug amitié sincère

r f y ẖ رف ي خ
amrifeyyix nom d'une fourmi rouge

r q b رق ب
abragaba qui a un long cou
murâxab surveillé(e)
murâxaba supervision
murâxib superviseur (-euse)
ragab xadra fond de soi-même
ragaba cou
ragabt al bahar extension du fleuve
râxab superviser

r q d رق د
margad mare
margad al gamul occiput
muraggad couché(e)
muraggada bière éventée
muraggid qui couve
ragad être couché
raggad mettre au lit
raggâd dormeur (-euse)
râgid couché(e)
ragidîn repos
riggêde fait de se coucher
rugâd sommeil

r q š رق ش
amtarakkac guêpe

r q ṣ رق ص
ragas danser
raggas faire danser
raggâs danseur (-euse)

r q ṭ رق ط
argat moucheté(e)
muraggat colorié(e)
raggat colorier

r q ʕ رق ع
abunrige chauve-souris
ragga' rapiécer
ragi'în raccommodage

r q q رق ق
amrigêge nom d'une sauce légère
ragga devenir mince
ragîg captif
ragrag pousser des cris de joie
rigeyyig fin(e)

r q m رق م
muraxxam numéroté(e)
raxxam numéroter

r q y رق ي
raxa 3 blatérer

r k b رك ب
birkîb coagulé
markaba pirogue
markûb 1 paire de sandales
markûb 2 monté(e)
murakkab 1 cuit(e) à l'eau
murakkab 2 posé(e) sur
murakkib qui fait monter
râkib monté(e) sur un véhicule
rakkab 1 faire cuire dans l'eau

rakkab 2 poser
rakkâb cavalier (-ère)
rakkâbi rebouteux
rakûb fait de monter sur
râkûba abri
rijil markûb un soulier
rikib monter sur
rikkêbe chevauchée
riwêkîbe petit hangar
rukuba genou

r k z ر ك ز
markaz maison
markazi central(e)
murakkiz s'appuyant sur
rakaz 1 repérer un lieu
rakaz 2 faire tenir debout
rakkaz s'appuyer sur
rakkâza étai

r k ʕ ر ك ع
raka' s'incliner pendant la prière
raka'a inclination pendant la prière
ruku' inclination

r k l ر ك ل
arkala nom d'une plante à sauce

r k m ر ك م
rakkam se grouper
rikam rikam par groupes

r k n ر ك ن
rukun article

r m ṯ ر م ث
rimte nom d'une plante odoriférante

r m d ر م د
murammid couvert de cendre
ramad conjonctivite
ramdân atteint(e) de conjonctivite
rammad avoir une conjonctivite
rimid avoir de la conjonctivite
rumâd cendre
rumâdi cendré(e)

r m š ر م ش
ramac cligner les yeux

r m ḍ ر م ض
armad couper et brûler le bois
ramadân ramadan

r m l ر م ل
armala veuve
marmûl tressé(e)
ramal tresser
ramilîn tressage
ramla gros sable

r m m ر م م
rimme cadavre

r m n ر م ن
rummân nom d'un arbre, grenadier

r m y ر م ي
anrama pouvoir être jeté(e) à terre
marmi jeté(e) à terre
rama jeter à terre
rami chute à terre
rimmêye renversement
rumâye foetus mort-né

r h f ر ه ف
rahîf fin(e)

r h k ر ه ك
bitt al murhâka meule à main
marhûk réduit(e) en poudre
murhâka meule traditionnelle en granit
rahhak faire moudre
rahhâk qui sait moudre
rahîk fait d'écraser le mil
rihik moudre

r h w ر ه و
rihêw héron garde-boeuf

r w b ر و ب
râb se coaguler
râyib caillé(e)
rôb 1 robe
ruwâba babeurre

r w ḥ ر و ح
amrihân 1 basilic
amrihân 2 plante odoriférante
bê râha doucement
bêt hanâ râha salle d'accueil
ibirt al-râha euthanasie
istarah se reposer
istirâha repos
marwaha ventilateur
murâh troupeau en marche
murtah soulagé(e)

mustarah toilettes
râh partir loin
râha repos
rawwah partir
râyih perdu(e)
ṙâyix marchant
rayyah aider
rih vent
rîhe odeur forte
rûh souffle vital
rûh dayxe nervosité
rûh harâmiye esprit de malfaisance
rûh tawîle longanime
tarâwîh nom d'une prière surérogatoire

r w d رود
arrâyado s'aimer mutuellement
marâd désir
marâda cela m'est égal
maryûd aimé(e)
mirwad crayon à khôl
murrayidîn qui s'aiment mutuellement
râd aimer
râ'id commandant
rayyâd qui aime
rêde estime

r w z روز
râza balancer

r w ḍ روض
arrayyad se reposer
râwad être affectueux
rayyad retrouver la santé
riyâda sport
riyâdi sportif (-ive)

r w ġ روغ
anrâx pouvoir être parcouru(e) à pied
rawwax faire marcher
rawwâx 1 marcheur (-euse)
rawwâx 2 qui est à la recherche de
râx se promener
rôxân manière de marcher
ruwâxe fait de marcher

r w q روق
râg vivre dans la quiétude
râga nom d'une belle natte
râyig qui est au calme
rôg rang
rôga repos

r w m روم
rûm nom d'un arbre, kapokier

r w y روي
rawyân irrigué(e)
riwâya récit d'un fait
riwi boire à satiété

r y s ري س
murayyas bien entretenue
murayyis qui entretient bien
rayyas entretenir
rayyasân arrangement
rîse bon entretien

r y š ري ش
amrîc fourmi ailée
rîc plume

r y f ري ف
rîf campagne
rîfay mulet
rîfi campagnard(e)

r y q ري ق
rîg salive

r y l ري ل
maryala bavoir
rayyal baver
riyâl riyal
riyâl ahmar pièce de cinq francs
riyâl hajar pièce en argent
riyâle bave

r y m ريم
rîm gazelle blanche

ز

z ' r زءر
za''âri brave
za'îr rugissement du lion

z b b ز ب ب
zabîb raisin sec
zubb pénis

z b d زبد
zabad écume
zibde 1 beurre
zibde 2 résumé

z b r زبر
Zabûr livre des Psaumes

z b ʕ زبع
amzôbahâni tourbillon

z b l زبل
zibâla enduit en terre en préparation

z b n زبن
zabûn client(e)

z j j زجج
gazâz verre

z j l زجل
Abzaggâl Diable enquiquineur
anzagal se jeter
azzaggal se dandiner
mazgûl jeté(e)
mizêgil abandonné(e)
zagal jeter
zaggal jeter avec force
zaggâli qui jette bien
zaggilîn fait de jeter
zagilîn fait de jeter

z ḥ f زحف
muzahhaf poussé(e)
zahhaf faire avancer
zahhifîn déplacement
zahif avancée
zâhif qui avance
zahifîn avancée à terre
zihif ramper

z ḥ l زحل
amzahalôta glissade
azzahlat glisser sur
zahlat glisser
zahlatân glissade

z ḥ m زحم
azzâhamo rivaliser
zaham bousculer
zâham rivaliser avec
zahma encombrement

z ẖ r زخر
zôxar s'avancer

z r b زرب
anzarab se clôturer
mazrûb clôturé(e) par une haie épineuse
zarab clôturer
zaribîn fait de clôturer avec des épines
zerîbe enclos

z r d زرد
amzirrêdo noeud coulant
anzarad s'étrangler avec un noeud coulant
zarad serrer avec une corde
zaridîn prise au lasso

z r r زرر
mazrûr immobilisé(e)
zarra attraper par surprise
zarrâr bouton d'un vêtement
zarzûr petit oiseau, mange-mil
zirre bouton de vêtement

z r ṭ زرط
anzarat s'avaler
zarat avaler
zarrat avaler
zarritîn déglutition
zarrût pharynx

z r ʕ زرع
muzâri' paysan (-anne)
zara' cultiver
zere' champ
zirâ'a agriculture
zurra' malt de mil

z r f زرف
zarâf girafe

z r q زرق
abunzurrâg serpent des sables
almi azrag eau simple
anzarag se jeter sur
azrag noir(e)
azzârago se jeter mutuellement *qqch.*
galib azrag méchanceté
hâkûma zarga conduite tyrannique
izêrig noir(e)
kitir azrag nom d'un arbre, gommier
mara zarga femme seule au foyer
muzarrig noirâtre
sarîr azrag natte en bambou

tôr-azrag nom d'une racine médicinale
xanam zurug mouton
zarag lancer *qqch.* sur
zarâg 1 noirceur
zarâg 2 tissu bleu noir
żarrag lancer plusieurs fois *qqch.* sur
Zurga Noirs non-Arabes

z ʕ j زعج
zahaj colère
zahhaj provoquer la colère
zahjân énervé(e)
zihij être ennuyé(e) par

z ʕ f r زعفر
za'farân safran

z ʕ q زعق
zâ'ak énerver
zâ'ikîn fait d'énerver *qqn.*

z ʕ l زعل
azzâ'alo se mettre en colère
za'al colère
za''al mécontenter
za'lân mécontent(e)
zi'il se mettre en colère
zi''îli coléreux (-euse)

z ʕ m زعم
za'âma commandement
za'îm chef

z ġ r d زغرد
zaxrat pousser des cris de joie
zaxrât youyou
zaxrâta lanceuse de youyous
zaxritîn fait de lancer des youyous

z ġ r ṭ زغرط
zaxrat pousser des cris de joie
zaxrât youyou
zaxrâta lanceuse de youyous
zaxritîn fait de lancer des youyous

z f f زفف
zaffa procession nuptiale

z q z q زقزق
zagâzîg al-lêl minuit

z q f زقف
abzâgûf méningite

z q q زقق
zugâg ruelle

z k m زكم
muzaxxim enrhumé(e)
zaxxam avoir un rhume
zuxma rhume

z k w زكو
muzakki qui a payé l'aumône légale
zaka aumône légale et obligatoire
zakka donner l'aumône

z l h̲ زلخ
zilêxa sorte de djellaba

z m l زمل
muzammal solidement attaché(e) sur la monture
muzammil qui a solidement attaché sur le bât
zamîl confrère
zâmile monture
zammal bâter
zammilîn manière d'attacher
zumâl corde en fibre végétale

z m m زمم
zumâm laisse

z m n زمن
min zamân depuis longtemps
zaman temps
zamân 1 autrefois
zamân 2 vieux temps

z n j b l زنجبل
janzabîl gingembre rouge

z n j r زنجر
janzar enchaîner

z n h̲ زنخ
zanaxa odeur rance
zannax dégager une odeur de pourri

z n r زنر
zanzar s'habiller à l'européenne
zanzaro mode européenne
zonz habillé à l'européenne

z n y ز ن ي
zana commettre un adultère
zâni celui qui a commis un adultère
zannây coureur de fille
zina adultère

z h r ز ه ر
zahar 2 poudre bleu
zahara Vénus
zahhar teindre en bleu

z h q ز ه ق
zâhag provoquer la nausée
zahîge nausée

z w j ز و ج
jawwaz donner en mariage
jîze mariage
jôz paire
mujawwaza mariée à
mutzawwij marié(e)

z w ḥ ز و ح
zâx se déplacer

z w r ز و ر
muzawwar falsifié(e)
tazwîr contrefaçon
zâr rendre visite
zawwar 1 falsifier
zawwar 2 faire visiter
zâyîr visiteur (-euse)
ziyâra visite
zôr sternum
zûr faux témoignage

z w l ز و ل
zâwal écoeurer
zawwal se purifier
zôl individu

z w m ز و م
zâm ignorer la salutation de *qqn.*
zawwâm arrogant(e)
zôm dédain
zûm perle

z w y ز و ي
zâwiye petite mosquée

z y t ز ي ت
muzayyad graissé(e)
zât être riche
zâyit qui vit à l'aise
zayyad graisser
zayyadân graissage
zêd huile pour moteur
zeytûn olive

z y d ز ي د
azyad beaucoup plus
musrân zâyid appendice
zâd 1 augmenter
zâd 2 provision de route
ziyâde surplus

z y f ز ي ف
muzayyaf faux (fausse)
zayyaf falsifier

z y q ز ي ق
zîg bordure de couleur

z y n ز ي ن
azzâyano se raser les uns les autres
muzayyan rasé(e)
zayyan raser les poils
zayyâni barbier
zayyinîn rasage
zên bon (bonne)
zênay droitier (-ère)
zîna décoration
ziyâne rasage

z y y ز ي ي
zeyy comme

س

s ' l س ء ل
assâ'alo s'interroger mutuellement
mas'ûl responsable
mas'uliya responsabilité
sa''al faire un interrogatoire
sa''âl questionneur (-euse)
sa''ilîn fait de questionner
sa'al demander
sa'âl questionneur (-euse)
sâ'il qui a posé une question
sâ'ilîn interrogatoire
su'âl question

s b b س ب ب
amsibeybe violon traditionnel
sabab cause
sabb injure
sabba 2 injurier
sabbab 2 causer (être la cause de)
sabbâbi courtier
sabbân 2 le fait d'injurier
sabîb 1 crin
sibbe problèmes

s b t س ب ت
(al)-sabit samedi

s b ḥ س ب ح
sabbaḥ 3 louer Dieu
sibêhe petit chapelet
sibhe chapelet
subhân Allah que Dieu soit glorifié

s b r س ب ر
musâbara divination
musâbir superstitieux (-euse)
sâbar croire aux superstitions
sabbûra tableau

s b ʕ س ب ع
sab'a sept
sab'în soixante-dix
saba'tâcar dix-sept
sâbi' le septième
subu' un septième
subûmiya sept cents
usbû' semaine

s b q س ب ق
sabag 1 devancer à la course
sabag 2 course
sâbago faire une course avec *qqn.*
sâbix ancien (-enne)

s b l س ب ل
sabal 1 abandonner
sabîl pour l'amour de
sible prétexte

s t t س ت ت
sâti' le sixième
sittâcar seize
sitte six
sittîn soixante
sudus un sixième
suttumiya six cents

s t r س ت ر
ansatar se cacher
mastara cimetière
mastûr 1 caché(e)
mastûr 2 inhumé(e)
satar cacher
sâtir protecteur (-trice)
sattâr qui garde à l'abri
sitâr diaphragme
sitâra rideau
sutra 1 enterrement
sutra 2 en secret

s j d س ج د
masjid mosquée
sajad se prosterner
sujûd adoration

s j r س ج ر
sajjar fumer
sajjâri fumeur
sijâra cigarette

s j l س ج ل
misajjal magnétophone
musajjal lettre recommandée
sajjal enregistrer
sijille couverture de livre ou de cahier
tasjîl enregistrement

s j n س ج ن
masjûn prisonnier
sajan 1 emprisonner
sijin prison

s ḥ b س ح ب
ansahab se retirer
sahâb nuage
sahaba nom d'un arbre

s ḥ r س ح ر
mashûr empoisonné(e)
sahar ensorceler
sahhar manger avant l'aube
sahhâri sorcier
sahûr dernier repas avant le jeûne
sihir sorcellerie

s h̲ r س خ ر
saxxar 1 prédire l'avenir
saxxar 2 mettre à la disposition de

h̲ l س خ ل
saxal chevreau
sixêl cabri

s h̲ n س خ ن
musaxxan chauffé(e)
saxxan chauffer
saxxân bouilloire

s h̲ w س خ و
saxâ bonté
sâxi serviable

s d d س د د
ansadda se fermer
masdûd fermé(e)
sâdd qui a fermé
sadda fermer
sadda l acîr ôter tout soupçon
saddad fermer hermétiquement
saddân fermeture
sidâde couvercle

s d s س د س
musaddas pistolet

s r b س ر ب
sarâb mirage

s r j س ر ج
serij selle du cheval

s r ḥ س ر ح
masrah 1 pâturage
masrah 2 scène
masrahi théâtral (e)
sarah faire avancer
sarhe fait d'emmener paître
sârih paissant
sarîhe écharde
sarrah 2 dénouer ses cheveux
sirreh nom d'un arbuste

s r d b س ر د ب
sardab se voûter
surdâb courbure du dos

s r r س ر ر
absurra qui a une hernie ombilicale
sarîr lit
sarîr azrag natte en bambou
sarra 2 dire un secret à *qqn.*
sarra 3 plaire

sirr secret
sirriye esclave
surra 1 nombril
surûr joie

s r ṭ س ر ط
sêratân cancer

s r ʕ س ر ع
sur'a rapidité

s r q س ر ق
assârago se voler
assârago l-najâda posséder *qqn.*
masrûg volé(e)
saragân vol
sarrag accuser *qqn.* de vol
sarrâg voleur (-euse)
sirêrîg petit voleur
sirge vol
sirig voler

s r m d س ر م د
sarmadan toujours

s r w س ر و
surwâl saroual

s ʕ d س ع د
assâ'ado s'entraider
musâ'ad aidé(e)
musâ'ada aide
musâ'id aide
sâ'ad aider
sa'âda chance
sa'îd chanceux (-euse)
sâ'idîn le fait d'aider
sa'ûdi saoudien (-enne)
Sa'ûdiya Arabie Saoudite
si'id nom d'une herbe parfumée

s ʕ r س ع ر
sa'rân enragé(e)
si'ir prix courant
sô'ar avoir la rage

s ʕ ṭ س ع ط
sa''at injecter dans le nez
sa''itîn instillation nasale

s ʕ f س ع ف
za'af feuille du palmier

s ʿ n س ع ن

abunsi'in marabout d'Afrique
si'in outre

s ʿ y س ع ي

mas'i bien
sa'a élever des animaux
sa'iye élevage

s f r س ف ر

musaffir 1 qui fait voyager
musâfir voyageur (-euse)
safar voyage
sâfar voyager
safâra ambassade
saffar 1 faire voyager
saffirîn 1 fait de faire voyager
safîr ambassadeur (-drice)
sifêre petit plateau
sufra plateau en métal

s f f س ف ف

saffa 2 priser (tabac)
saffe bouchée
safîfe crinière

s f l j س ف ل ج

safalôga gargouille en terre

s f n س ف ن

safîne tapis de selle

s f h س ف ه

safâha sottise
safîh sot (sotte)

s q ṭ س ق ط

Almâsâgit Massaguet
sagat 1 être froid
sagat 2 froid
sagit fraîcheur
sâgit froid(e)
sagtân refroidi(e)
siggêt nom d'une plante à tubercule

s q ʿ س ق ع

sugu' palais

s q y س ق ي

zaga abreuver
zagayân fait d'abreuver
zaggay 1 puiseur (-euse)
zaggay 2 mousson
zagi irrigation
zâgiye 1 jardin irrigué
zâgiye 2 puisage
zuga de quoi boire

s k t س ك ت

sakat se taire
sâkit silencieux (-euse)
sakitîn fait de se taire
sakkat calmer
sakkitîn fait de calmer
sikkête silence
sukât silence

s k r س ك ر

marad al-sukkar diabète
musakkar 1 qui a été sucré(e)
musakkar 2 fermé(e)
musakkar 3 abruti(e)
râs sukkar pain de sucre
sakar ivresse
sakkar 1 enivrer
sakkar 2 boucher
sakkar 3 sucrer
sakkâri soûlard
sakkirîn sucrage
sakrân 1 ivre
sikêkir petits morceaux de sucre
sikir s'enivrer
sukkar sucre
sukkar dagîg sucre glace
sukkar gass morceaux de sucre
sukkariya pâte pour épiler
sukkariye bois d'encens sucré

s k k س ك ك

saksâk coup de patte des criquets

s k n س ك ن

almaskan devenir humble
maskan demeure
maskana simplicité
maskûn habité(e)
misêkîn pauvre
miskîn pauvre
sakan habiter
sâkin habitant
sakinîn habitation
sakkan loger
sakkîn 1 couteau
sakkîn janb al-laday couteau de cuisine
sakne nom d'une plante
sikêkîn petit couteau

s l b س ل ب
musallib déshabillé(e)
sallab se déshabiller
sallibîn déshabillage

s l ḥ س ل ح
musallah 1 armé(e)
sallah 2 armer
silâh arme

s l h̲ س ل خ
abunsallâx gastrite
ansalax s'écorcher
maslûx écorché(e)
salax écorcher

s l s س ل س
salûs doux (-ce)

s l s l س ل س ل
silsila chaîne

s l ṭ س ل ط
assaltan se comporter comme un sultan
saltana royauté
saltaniye pouvoir du sultan
sulta responsabilité
sultân sultan
sultân al-têr ombrette

s l ʕ س ل ع
sala'la nom d'une plante grimpante

s l f س ل ف
salaf enfant mort
sallaf prêter de l'argent

s l q س ل ق
salîga naturel

s l k س ل ك
silik fil de fer

s l l س ل ل
abunsillêl douleurs intercostales
masalla alêne
maslûl enlevé(e)
salla 2 ôter
salla 3 cheveux artificiels
sallal faire sortir
sallîn fait de retirer
sirsir chaînette
sull tuberculose

s l m س ل م
amsallûm sardine
aslam devenir musulman
assâlamo se saluer
gaddimîn al-salâm demande en mariage
islâm islam
islâmi islamique
muslim musulman
salâm paix
salâm alêk la paix soit sur toi !
salâma paix
sâlim sain et sauf (saine et sauve)
sallam 1 saluer
sallam 2 livrer, remettre
silim être sain(e)
sillam échelle
silmi pacifique
taslîm livraison

s l w س ل و
tasâli graines de pastèque

s m ḥ س م ح
amsimêsimân nom d'un criquet
asmah plus beau
assâmaho se pardonner les uns les autres
hâ sameh ! oui !
musâmah pardonné(e)
musâmaha pardon
musâmih qui excuse
samâh beauté
sâmah 1 répudier
sâmah 2 excuser
sameh bien
sameh ! bon !
simâh excuse

s m r س م ر
asmar brun(e)
musmâr clou

s m s r س م س ر
samsâri intermédiaire, courtier
samsarma entremetteur

s m ʕ س م ع
ansama' être audible
mustami' auditeur (-trice)
sama' audition
sama' tagîl dur(e) d'oreille
sami'în écoute

samma' faire entendre
simi' écouter
sumu' cynhyène

s m k س م ك
samak petit poisson
simâk Arcturus

s m k r س م ك ر
samkâri ferblantier, rétameur

s m l س م ل
sâmûla écrou

s m m س م م
samm poison
sammam 1 empoisonner
sammamân empoisonnement
samûm vent chaud
sumsum sésame
sumsumiye boulette de sésame

s m n س م ن
musamman engraissé(e)
musammin qui engraisse
samîn gras (grasse)
samman engraisser
samni jaune beige
simin grossir
simmên termites ailés
sumun grosseur

s m w س م و
bismi invocation de Dieu
bismillah ! au nom de Dieu !
isêm petit nom
sama ciel
samawi céleste
sami homonyme
samma 3 nommer
simây cérémonie du nom donné au bébé
usum nom

s n b l س ن ب ل
sunbul épi

s n d س ن د
sanad appuyer
sannad fixer d'aplomb
sindâle enclume

s n ṭ س ن ط
sunta nom d'un arbre

s n k س ن ك
sonki baïonnette

s n n س ن ن
absunûn nom d'un poisson
amsinêne 1 nom d'un mimosa
amsinêne 2 nom d'un acacia
sanna aiguiser
sinn 1 dent
sinn 2 année
sinn ambirtiti poussée des dents de lait
sunna tradition musulmane
tcanna frotter
tcannân paille de fer
tcannîn grattage

s n w س ن و
sana année
sanesane nom d'une plante

s h r س ه ر
sâhar veiller
sahara 1 veillée
sâhirîn fait de veiller

s h l س ه ل
be suhûla facilement
musahhil qui facilite
sahal facile
sahale place sèche et propre
sahhal faciliter
sâhil facile

s w ' س و ء
asâ' calomnier
isâ'a insolence
musî' qui insulte
sayyi'a mal

s w d س و د
aswad noir(e)

s w r س و ر
sûra 2 sourate
suwâr 1 bracelet

s w s س و س
musawwis charançonné(e)
sawwas être mangé(e) par les vers
sâyas persuader
siyâsa politique
siyâsî politique
sûsa ciron

s w ṭ س و ط
absôt 1 varan
hibin absôt écrouelles
muswât bâton pour la boule
sât remuer la pâte
sôt 1 cravache
sôtîn cuisson de la boule

s w ʕ س و ع
hassâ maintenant
lissâ toujours
sâ'a heure
sâ'âti horloger

s w f س و ف
masâfa distance
misôfin moisi(e)
sôfan moisir

s w q س و ق
sâg 1 conduire
sâg 3 tibia
sâgat souffler
sâwag commercer
sâwigîn vente
sawwâg chauffeur
sâyig qui conduit
sûg marché
suwâge conduite d'un véhicule

s w k س و ك
muswâk brosse à dents
sâk frotter les dents
sawwak brosser les dents

s w l س و ل
aswala nom d'un arbuste

s w m س و م
sâm 2 vendre en se déplaçant
sâyim 2 vendeur (-euse) ambulant(e)

s w y س و ي
mustawa niveau
mustawi au même niveau
sawa 1 semblable
sawa 2 ensemble
sawa sawa semblable
sâwa équivaloir
sawâ'an soit… soit
sawwa 1 faire
sawwa 2 avoir faim
sawwîn confection
wâsa égaler

s y j س ي ج
sîje nom d'un jeu de dames

s y ḥ س ي ح
sîhân rayures d'une étoffe
siyâha tourisme
siyâhi touriste

s y d س ي د
amsiyâdiye domination
sâda pur(e)
sayyid monsieur
sîd maître (maîtresse) de
sîd al almi porteur d'eau
sîd al-janiye coupable
sîd al-tiyo qui tient la borne-fontaine

s y r س ي ر
masâr déplacement du campement
masîr 1 marche
masîre tresse sur la tempe
sâr partir
sâr al-lêl nom d'un criquet
sâyir nomade
sayyar 1 faire partir
sayyar 2 découper des lanières
sayyâri nomade
sêr lanière de cuir
sêra cortège nuptial
sîra récit de la vie

s y ṭ r س ي ط ر
assaytar commander en maître
saytar commander
saytara commandement

s y f س ي ف
munxar sêf nez droit
sêf 2 épée

s y l س ي ل
masîl cours d'eau
sâl 1 couler
sayâl nom d'un arbre
sâyil liquide
sêl inondation

ش

š ' m ش ء م
cûm pudeur
êb al-cûm ! quelle honte !

š ' n ش ء ن
acân parce que
cunû quoi ?
cu'ûn affaires
fî cân dans le but de
gidrêc ? quelle quantité ?

š b b ش ب ب
câb jeune homme
cabâb jeunesse
cabba 3 grandir
cabba 4 prendre (feu)

š b ṯ ش ب ث
abuncabac araignée
cabbac se couvrir de toiles d'araignée

š b r ش ب ر
cabbar mesurer avec l'empan
cibir empan

š b ʿ ش ب ع
caba' satiété
cab'ân rassasié(e)
cabba' rassasier *qqn.*
cibi' se rassasier

š b k ش ب ك
abucabaka charbon bactéridien
ancabako se disputer
cabaka panier ajouré
cabbak faire un filet
cabbikîn fait de nouer un filet
cubbâk fenêtre
cukkâba natte en paille
macbak espace entre les branches d'une fourche

š b h ش ب ه
accâbaho se ressembler
cabah ressemblance
câbah ressembler à
cabbah ressembler

š t t ش ت ت
accattat se disperser
cattat disperser
catto se disperser
mucattat dispersé(e)

š t l ش ت ل
citêla sandalettes

š t m ش ت م
catam injurier
catîme insulte

š t w ش ت و
cite hiver

š j r ش ج ر
cadar 1 arbre
cadar 2 remède magique
cadart al marfa'în nom d'un arbuste
caddar ensorceler *qqn.*
caddâri sorcier (-ère)
mucaddar ensorcelé(e)

š j ʿ ش ج ع
cajja' encourager

š ḥ d̲ ش ح ذ
cahad mendier
cahhâd quémandeur (-euse)
cihde mendicité
cihide mendicité

š ḥ ṭ ش ح ط
cihhêt nom d'un arbuste

š ḥ m ش ح م
caham graisse
cahham engraisser
mucahhim gras (grasse)

š ḥ n ش ح ن
ancahan se charger
cahan charger
cuhna chargement
machûn chargé(e)

š h̲ t r ش خ ت ر
caxatûr averse

š h̲ r ش خ ر
caxar ronfler
caxirîn ronflement
caxxâri ronfleur (-euse)

š h̲ ṣ ش خ ص
caxsiyan personnellement
caxsiye personnalité

š h̲ ṭ ش خ ط
ancaxat se griffer

š d d ش د د
accaddad intensifier
cadda 1 lier fortement
cadda 2 tissu pur coton
caddad forcer
cadîd fort(e) en
cidde force
macdûd chargé(e)

š d f ش د ف
câdûf chadouf

š d q ش د ق
amcidêgât vipère à cornes
caddag gifler
caddigîn fait de gifler
cidig joue

š d h ش د ه
cadaha inquiétude
macdûh tourmenté(e)

š r b ش ر ب
Abucârib Aboucharib
accarrab s'imprégner de
amcurrâba cantharide
ancarab être bu(e)
carâb boisson
carbân 1 vieux (vieille)
carbân 2 désaltéré(e)
carbe ce qui est bu en une fois
cârib 1 bord
cârib 2 buveur (-euse)
carrab faire boire
carrâb buveur
carribîn donner à boire
cirib boire
cirrêbe fait de boire un peu
curâb fait de boire
curba soupe
currâba herbe à balais
macrab point d'eau potable
macrûb boissons
mucarrab abreuvé(e)

š r b k ش ر ب ك
carbak emmêler
mucarbak enchevêtré(e)

š r ḥ ش ر ح
carah expliquer

š r d ش ر د
carad s'enfuir

š r r ش ر ر
carâr étincelle
carr mal
carra 1 étaler au soleil
carrîn déploiement
cirrîr méchant(e)
tcarra goutter
tcarrîn flot
tcurûru potasse

š r ṭ ش ر ط
accarrat se déchirer
ancarat se déchirer
carat 2 réprimander
cârat poser des conditions
carît cordelette
carrat 1 déchirer
carrat 2 se déchirer
cart condition
curta brigade
macrût déchiré(e) (tissu)
mucârata contrat
mucarrat déchiré(e)
mucrât avertissement

š r ʕ ش ر ع
câri rue
carî'a loi islamique
cerî'e justice
gata' cerî'e rendre un jugement
macrû' projet

š r f ش ر ف
caraf honneur
carâfa aumône
carîfi de la descendance du Prophète
carîfiye nom d'un criquet

š r q ش ر ق

ancarag se bloquer entre le nez et la gorge
carag rentrer profondément dans le nez (liquide)
caraxrax cafetière
carga étranglement entre nez et gorge
carganiye secco
carigîn entrer profondément dans le nez (liquide)
carxi oriental(e)
macrûg qui a le nez plein d'un liquide
muncarig qui s'est étranglé(e) avec un liquide

š r k ش ر ك

carak filet
cârak participer
carîk associé(e)
carika société
carrak piéger
carkal entrecroiser
carkalôta fil de fer barbelé
carrâki braconnier
cirk polythéisme
cirka association
ictarak s'associer
ictirâk association
ictirâki socialiste
mucâraka participation
mucârik participant(e)
mucrik polythéiste

š r m ش ر م

ancaram se déchirer sur le côté
caram déchirer un morceau
carimîn fait de déchirer le bord
macrûm déchiré(e)

š r m ṭ ش ر م ط

carmat découper la viande en lambeau
carmata prostitution
carmût viande séchée en morceaux
carmûta prostituée
cirêmîte petite prostituée

š r y ش ر ي

ancara se vendre
cara 1 acheter
cara 2 balle du mil
carayân achat
cari achat
câri' acheteur (-euse)
carra 2 faire acheter
carrây bon acheteur
cirrêye achat
cura' transaction commerciale
macri acheté(e)
muctari acheteur (-euse)

š ṭ r ش ط ر

câtar encourager
catâra courage
câtir courageux (-euse)
mactûr 1 nom d'un arbre, saucissonnier
mactûr 2 coupé(e) en tranches
mucâtara encouragement

š ṭ ṭ ش ط ط

abcette-cette grenade lacrymogène
catte piment
catte dugâg petit piment
catte kubâr poivron rouge
catte nyâmiri gros piment
catte xadra poivron vert

š ṭ n ش ط ن

albactan être dérangé(e)
bactan déranger
cêtân Satan
côtan rendre fou
juwâd al-cêtân libellule
micôtin fou (folle)
mubactin ennuyeux (-euse)
mulbactin gêné(e)

š ʕ b ش ع ب

ca'ab peuple
ci'ibe bois fourchu

š ʕ r ش ع ر

ca'ar cheveux tressés
câ'ir poète
ci'êray petite tresse fine
ci'ir poésie
ci'ire poils du pubis
cu'ûr impressions, sentiments

š ʕ l ش ع ل

cala' écarter
calla' disperser
calla'ân démolition

š ġ l ش غ ل

ancaxal être occupé(e)
caxala occupation
caxxal faire travailler
caxxâl qui marche (appareil)

caxxâli travailleur émigré
cixêl petite chose
coxol chose
ictaxal travailler
macxûl occupé(e)
mucaxxil qui fait travailler
muctaxil travaillant

š f š f ش ف ش ف
cafcâf agitation
cafcaf s'agiter
mucafcaf agité(e)

š f ʕ ش ف ع
cafa' intercéder
cafâ'a intercession
câfi' intercesseur

š f w ش ف و
cafa 2 guérir
cifa guérison

š f y ش ف ي
cafa 1 coudre la vannerie
cifi être guéri(e)
cufay couture de la vannerie
macfi cousu(e) (vannerie)

š q r ش ق ر
acgar alezan
côgar verdir
côgirîn verdoiement
micôgir en train de devenir vert
musaggir 2 rouillé(e)
sagar 2 rouille
saggar 2 rouiller
saggirîn 2 fait de rouiller

š q f ش ق ف
cigfe tesson

š q q ش ق ق
accaggag se fendre
ancagga se fendre
ancaxxa être préoccupé(e)
cagâg aurore
cagg fente
cagga fendre
caggag couper
caggâgi coupeur
caggîn la coupe de
cagîge douleur dans les os
caxxa fatiguer
cigêge 1 petite fente
cigêge 2 petite moitié
cigg partie d'un double
cigge partie d'un double
ciggêc ? de quel côté
cugga très longue natte
macaxxa préoccupation
macgûg opéré(e)
macxûx qui est dans une situation pénible
mucaggag fendu(e)
muncaxxi fatigué(e)

š q l b ش ق ل ب
abjigelbo nom du chameau
amciglêbe monstre
caglab retourner (se)
mucaglab retourné(e)
mucaglib qui renverse

š q w ش ق و
caga peine
cagi d'aspect misérable
cagyân vivant comme un misérable
cigi être dans le malheur

š k d ش ك د
cakat fait d'inciter à la danse

š k r ش ك ر
cakar remercier
cakûr reconnaissant(e)
cukrân merci
cukur remerciement
mackûr remercié(e)

š k k ش ك ك
bala cakk sans doute
cakk doute
cakka 1 piler
cakka 2 penser dans l'incertitude
cakkak douter
cakkâki qui doute de tout
cakkân 1 pilage
cakkân 2 doute
cik différent
cik cik complètement différent
matckûk planté(e)
mucakkik qui doute
tcakka 3 planter
tcakkîn piquage des lèvres et des gencives

š k l ش ك ل
cakal noter les voyelles

câkal chercher querelle
cakil 1 forme
cakil 2 notation des voyelles d'un texte
cakkal 1 entraver un animal
cakkal 2 former un gouvernement
cukâl entrave du cheval
mucakkal entravé(e)
muckila problème
tackîl composition

š k w ش ك و
amcakato pian
caka se plaindre à
câki plaignant(e)
cakkây plaignant(e)
cakwa plainte

š l h̲ ش ل خ
ancalax se détacher du tronc
calax détacher verticalement
calix balafre

š l f ش ل ف
callûfa lèvre

š l l ش ل ل
calal poliomyélite
callâl courant d'eau

š m t ش م ت
camâte moquerie
cammat 1 se moquer
cammat 2 dire : à tes souhaits !
cammâti moqueur (-euse)

š m r ش م ر
camâr nom d'une plante cultivée

š m r h̲ ش م ر خ
camarôxa inverti sexuel
camrax se travestir

š m s ش م س
camis soleil

š m ṭ ش م ط
camat mélanger

š m ʕ ش م ع
cam'e cire

š m l ش م ل
camal totaliser
câmil complet (-ète)
camle tapis traditionnel (Ouaddaï)
cimâli septentrional(e)

š m m ش م م
ancamma exhaler une odeur
camcam renifler
camm odorat
camma sentir une odeur
cammam provoquer un panaris
cammâm melon
cumâm panaris

š n b ش ن ب
abcanab 1 moustachu
canab moustache

š n ṭ ش ن ط
canta valise en fer

š n f ش ن ف
cinif anneau de nez

š n q ش ن ق
canag pendre (étrangler)
canig pendaison
cânig qui s'est pendu(e)
macnaga potence
macnûg pendu(e)

š n q l ش ن ق ل
cangal se renverser sur le dos
cangâli dissimulateur (-trice)
cingil nom d'un tubercule
mucangil allongé(e) sur le dos

š n n ش ن ن
amcinnîni grosse fourmi

š h d ش ه د
câhad voir
cahâda attestation
cahîd martyr
câhid 1 témoin oculaire
câhid 2 index
câhid 3 gros grain du chapelet
cihid être témoin
mucâhada vision
mucâhid téléspectateur (-trice)
tacahhud nom d'une prière

š h r ش ه ر
cahar mois
cahariye salaire mensuel

cahîr célèbre
machûr connu(e)

š h w ش ه و
accahha désirer ardemment
cahha désirer
cahu désir
cahwa désir
cahwân qui a très envie de
mucahhi qui souhaite

š w r ش و ر
âcar faire un signe
âcâri qui parle avec des signes
accâwaro se consulter
câwar consulter
câwâri qui demande conseil indéfiniment
côra consultation
icâra signe
mucâwar consulté(e)
mucâwara consultation
mucâwir consultant(e)
mucwâr 1 course à faire
mustacâr conseiller (-ère)

š w š ش و ش
cawwac déranger

š w ṭ ش و ط
côt coup d'envoi

š w f ش و ف
ancâf se voir
câf voir
cawwaf faire voir
cawwâf curieux (-euse)
cawwâfa miroir
cawwâfi voyant(e)
cawwifîn divination
câyif regardant
ciwwêfe regard intense
côf vue
côfîn vue

š w q ش و ق
câwag plaire
côg nostalgie
ictâg avoir la nostalgie de
muctâg amoureux (-euse)

š w k ش و ك
abcôk porc-épic
cawwak recoudre
côk épine
cuwâk muselière à épines

š w l ش و ل
acwal qui a un strabisme
ancâl se prendre
câl 1 prendre
câl 2 se couvrir de nuages
câyil prenant
câyle vache laitière
cayyal faire porter
cayyâli porteur
cêl portage
cêlîn prise
ciwêwîl petit sac
ciyyêle manière de prendre délicatement
cuwâl sac

š w m ش و م
câma marque sur la peau

š w y ش و ي
câw nom d'un arbuste
cawa griller sur le feu
macwi méchoui

š y ʼ ش ي ء
bicêc lentement
bicêc bicêc très lentement
câ' 1 vouloir
ciya peu
ciya bilhên insuffisant
ciya katîr un peu plus
ciyya un tout petit peu
mâ câ' Allah ! Dieu merci !

š y b ش ي ب
caybâni un vieux
câyib vieux
cayyab vieillir
cêb cheveux blancs
cêbe chébé parfumé

š y ḥ ش ي ح
cîh nom d'une herbe odoriférante

š y <u>h</u> ش ي خ
accayyax qui se conduit comme le chef
cêx chef

š y ʕ ش ي ع
ca' 2 propager
câye piquet
icâ'a diffusion

š y n ش ي ن
acna plus vilain(e)
cana laideur
cên vilain(e)

š y y ش ي ي
câhay une petite quantité de thé
câhi thé
ceyy chose

ص

ṣ b b ص ب ب
ansabba se verser
sabba 1 verser
sabbab 1 avoir la diarrhée
sabbâba 1 entonnoir
sabbâba 3 index
sabbân 1 versement
sabîb 2 diarrhée
sabsab répartir

ṣ b ḥ ص ب ح
(al) subuh prière de l'aube
Allah yisabbihna ! bonne nuit !
asbah être au matin
musabbih qui va à l'est
sabah est
sabbah 1 aller vers l'est
sabbah 2 dire bonjour à *qqn.*
sabhâni oriental(e)

ṣ b r ص ب ر
ansabar être supportable (situation)
musabbir qui fait patienter
sabar 1 patienter
sabar 2 écureuil fouisseur
sabbar faire patienter
sabbâra 2 thermos
sâbir patient(e)
sabur patience
sabûr patient(e)
sibir 2 suc de plante amère

ṣ b ʕ ص ب ع
absâbe nom d'une herbe
usba' doigt

ṣ b ġ ص ب غ
sibxa teinture noire

ṣ b n ص ب ن
sabban cesser de pleuvoir
sâbne arrêt de la pluie
sâbûn savon
sôban savonner

ṣ b w ص ب و
mahlab al-subyân nom d'un parfum
sabi jeune homme
sibêy jeune homme
suba jeunesse

ṣ t t ص ت ت
azzâtato se frapper violemment
zatta frapper violemment

ṣ ḥ b ص ح ب
sâhib camarade

ṣ ḥ ḥ ص ح ح
sahha santé
sahi véritable
sihha santé

ṣ ḥ r ص ح ر
sahara 2 désert

ṣ ḥ f ص ح ف
sahâfa presse
sahafi de presse
sahâfi journaliste
sahîfa feuille de presse

ṣ ḥ n ص ح ن
sahan assiette

ṣ d r ص د ر
sâdar confisquer
sadur poitrine

ṣ d ġ ص د غ
sudux mâchoire inférieure

ṣ d f ص د ف
sadaf rencontrer par hasard
sâdifin rencontre

ṣ d q ص د ق
assâdago être fiancé(e) à
sâdag vivre en concubinage

sadâx dot
sadaxa aumône
sadâxa amitié
saddax 1 croire
saddax 2 donner l'aumône
sadîg petit(e) ami(e)
sadîx ami(e)
sudug concubinage

ṣ r ḥ ص ر ح
sarâha clarté
sarîh franc (franche)
sarrah 1 autoriser
tasrîh permission

ṣ r <u>h</u> ص ر خ
sarax crier
sarix cri perçant
sarixîn hurlement
sarrax faire hurler
sarrâx qui crie
sârûx missile

ṣ r r ص ر ر
abunsarsûr grillon noir
sarra 1 nouer dans un mouchoir
sarsâr sergent
sarsûr prépuce de l'enfant
surra 2 balluchon

ṣ r ṣ r ص ر ص ر
sarsâr sergent
sarsûr prépuce de l'enfant

ṣ r ʕ ص ر ع
sâra' lutter corps à corps
surâ' lutte corps à corps

ṣ r f ص ر ف
ansaraf se conduire mal
masârîf argent en espèces
masrûf vaurien (-enne)
saraf 1 chasser *qqn.*, éloigner *qqn.*
sarîfe malédiction, rejet du groupe
sarraf dépenser

ṣ r m ص ر م
musarram bridé(e)
musarrim enturbanné(e)
sarîme bridon
sarmâti cordonnier
sarram brider

ṣ ṭ b ص ط ب
sittêb nom d'une plante aquatique

ṣ ʕ b ص ع ب
sa'ab dur(e)
su'ûba difficulté

ṣ ʕ l k ص ع ل ك
sahlag chômer
sahlaga chômage
sahlûg chômeur (-euse)

ṣ ġ r ص غ ر
saxara petitesse
saxayyar petit(e)
saxîr bébé
saxîr al-dangay alcôve

ṣ f ḥ ص ف ح
safha page
safîhe estagnon

ṣ f r ص ف ر
abunsifêr jaunisse
asfar jaune
musaffir 2 jaunissant(e)
nahâs asfar laiton
safâr le jaune
saffar 2 jaunir
saffar 3 siffler
saffâri siffleur
saffirîn 2 fait de jaunir
saffirîn 3 fait de siffler
sifir zéro
suffâra sifflet

ṣ f f ص ف ف
amsifêfe retroussement des manches
saff 1 côte
saff 2 rang

ṣ f q ص ف ق
safag applaudissement
saffag applaudir
saffigîn applaudissement

ṣ f w ص ف و
musaffa filtré(e)
saffa 1 extraire
saffay 1 rocher plat
saffay 2 filtre
saffîn filtrage
sâfi clair(e)

ṣ q r ص ق ر
musaggir 1 volant(e) très haut
sagar 1 voler très haut
saggar 1 faire voler
saggirîn 1 fait de lancer en l'air
sâgir qui vole en l'air
sagur rapace
sagur al ugâb aigle
sigêr oiseau de proie
zongol bosse occipitale

ṣ q ʿ ص ق ع
sagî' dehors la nuit

ṣ k k ص ك ك
abunsukuk hoquet
sakka donner un coup de pied
sakkân ruade
sukok hoquet

ṣ l b ص ل ب
rabat sulub attacher sa ceinture
salîb croix
silêb petite hanche
sulub hanche

ṣ l ḥ ص ل ح
islah réforme
maslaha avantage
musâlih réconcilié(e)
musallah 2 réparé(e)
sâlah se réconcilier
sâleh vertueux (-euse)
salîh ami(e)
sallah 1 réparer
suluh réconciliation

ṣ l ʿ ص ل ع
absal'a qui est chauve
sal'a calvitie

ṣ l l ص ل ل
asala nom d'un serpent

ṣ l w ص ل و
muslay tapis de prière
salâ prière
salla 1 prier
sallay tapis de prière

ṣ m ġ ص م غ
musammix collant(e)
sammax produire de la gomme arabique
samux gomme arabique

ṣ m m ص م م
amsimême nom d'une herbe fine
musammim décidé(e)
samma 1 fermer
samma 2 commencer
sammam 2 décider fermement
samme fermeture d'un orifice
sammîn fermeture

ṣ n b r ص ن ب ر
sanawbar nom d'un arbre, pin

ṣ n d q ص ن د ق
amîn al-sandûg trésorier (-ère)
sandûg cantine

ṣ n d l ص ن د ل
sandal bois de santal

ṣ n ʿ ص ن ع
masna' usine
masnu' fabriqué(e)
sana' fabriquer
sinâ'a industrie

ṣ n f ص ن ف
sanif sorte

ṣ n f r ص ن ف ر
musanfar limé(e)
sanfar limer
sanfara toile émeri
sanfirîn polissage

ṣ n m ص ن م
sanam idole

ṣ n w ص ن و
sâniye puits très profond

ṣ w b ص و ب
asâb atteindre
isâba coup dur
istasâb être malade
masîbe ennui, problème
mustasîb fou (folle)
siwêbe grenier en forme de case

ṣ w t ص و ت
sôt 2 voix

ṣ w j ص وج
sâj plaque en fer
sâja plaque en fer

ṣ w r ص و ر
amm al-sûru escargot
sawwar 1 photographier
sûra 1 photo
sûru coquille d'escargot

ṣ w ġ ص وغ
sayyâxi bijoutier

ṣ w f ص وف
kabbût absûf manteau de fourrure
siyêfay cheveu fin
sûf chevelure
sûf al kilâb trachome
sûf al marhûma mèches de cheveux

ṣ w q r ص وق ر
sôgar maigrir

ṣ w l ص و ل
sôsal corbeille
sôsalân lavage des céréales

ṣ w m ص وم
sâm 1 jeûner
sawwam faire jeûner
sâyim 1 jeûnant
siyâm jeûne
sôm jeûne

ṣ w n ص و ن
sân soigner

ṣ y ḥ ص ي ح
sâh crier

ṣ y d ص ي د
sâd chasser
sêd gibier

ṣ y r ص ي ر
masîr 2 destin

ṣ y f ص ي ف
musayyif qui passe la saison sèche
sayyaf passer la saison sèche
sêf 1 saison sèche et chaude

ض

ḍ ' n ض ء ن
da'îne un grand troupeau
dawâyin 2 l'ensemble des moutons
dâyne brebis

ḍ b b ض ب ب
dabb margouillat
dabba 2 empoigner
madabb jointure entre les branches d'une fourche

ḍ b ṯ ض ب ث
dabaz taper *qqn.* dans le dos
dabze tape dans le dos

ḍ b s ض ب س
dabbûs agrafe

ḍ b ṭ ض ب ط
dâbit officier
dâbit abdabbûra sous-lieutenant
dâbit abdaburtên lieutenant
mazbût réglé(e)
zabat régler
zabbat fixer
zabbût côté
zâbit fort(e)

ḍ j j ض ج ج
dajja 2 bruit

ḍ ḥ k ض ح ك
dahhak faire rire
dahhâk rieur (-euse)
dahhâka incisive
dahhâki qui fait rire
dâhik riant(e)
dihhêke risée
dihik rire

ḍ ḥ l ض ح ل
dahalôb cuvette à ablutions

ḍ ḥ w ض ح و
daha matinée
dâha passer le matin
daha kabîr fin de la matinée

dahha sacrifier une vie
dahîtên premier mois de l'année lunaire
dahîye douzième mois de l'année lunaire

ḍ d d ض د د
didd contre
madâd nom d'un canon bitube de D.C.A.

ḍ r b ض ر ب
addârabo se tirer dessus
adrab faire la grève
andarâb nom d'un arbre
darab frapper
darbe coup
darbit galib palpitations cardiaques
darib 2 tir
daribîn battement
darrâb batteur (-euse)
darrâbi joueur de tambour
darrâba gombo
darrabt al kadâde gombo sauvage
idrâb grève
madrûb 1 blessé(e)
madrûb 2 battu(e)

ḍ r r ض ر ر
addâraro être jalouses entre coépouses
amyân durr myope
andarra 2 être dans le malheur
darar fait de devenir coépouse
dârar être jaloux de la coépouse de *qqn.*
darîr aveugle
darr nom d'une fourmi
darra 3 nuire
darre 1 femme de polygame
durr mal fait délibérément
durr al-dêf échantillon de boisson
madrûr 2 affligé(e)
mudurr qui fait le mal exprès

ḍ r s ض ر س
amdirêsa nom d'une herbe, cramcram
diris 1 molaire
diris 2 âgé(e)
dôras agacer les dents
dôrisîn agacement des dents

ḍ ʕ f ض ع ف
da''af affaiblir
da'îf faible
du'uf manque

ḍ ġ ṭ ض غ ط
daxit pression

ḍ f d ʕ ض ف د ع
difde' grenouille

ḍ l ʕ ض ل ع
dala' boitiller
dala'ân boiterie

ḍ l l ض ل ل
dalla 2 égarer
dallal baisser la tête
dallâli intermédiaire
dalûl doux (-ce)

ḍ m r ض م ر
damîr conscience

ḍ m m ض م م
andamma 1 rejoindre
andamma 2 se protéger contre
damdam 1 ranger
damdam 2 tâtonner
damdimîn rangement
dâmm qui a mis à l'abri
damma 1 conserver
dammâm gardien (-enne)
dammîn conservation
madmûm conservé(e)
mundamm qui a rejoint

ḍ m n ض م ن
damân garantie
damâna prise en charge
damîn garant(e)
dimin se porter garant
ijil madmûn taurillon
madmûn sûr(e)
tadâmun solidarité

ḍ h r ض ه ر
dahare colline
dahâri brousse lointaine

ḍ w ' ض و ء
Abdeyya Abou Deïa
daw clarté
dâwa 2 éclairer
dawwa éclairer
dawwîn éclairage
deyy clarté
waradde avant l'aube

ḍ w ḍ ض و ض
dûd 1 lion

ḍ y s ض ي س
dayyas s'écarter du bon chemin

ḍ y ʕ ض ي ع
dayya' perdre
dayyi'în gaspillage

ḍ y f ض ي ف
dayyaf accueillir
dayyifîn hospitalité
dêf étranger (-ère)
durr al-dêf échantillon de boisson
mudayyif accueillant(e)

ḍ y q ض ي ق
addâyax rétrécir
dâx 3 oppresser
dayyax 1 rendre étroit
dayyax 2 étroit(e)
dîxe angoisse
mudayyix agonisant(e)
rûh dayxe nervosité

ط

ṭ b b ط ب ب
matbûb ensorcelé(e)
tabba ensorceler
tabbâbi sorcier (-ère)
tabbîn ensorcellement
tibb sorcellerie

ṭ b <u>h</u> ط ب خ
matbax cuisine
matbûx cuisiné(e)
tabax cuisiner
tabbâx cuisinier (-ère)
tabbax 2 cuire un liquide épais
tabix matière plastique
tabîx sauce très bien cuisinée

ṭ b ṭ b ط ب ط ب
tabtab battre des mains ou des pieds
tabtibîn applaudissement

ṭ b ʕ ط ب ع
attabba' s'habituer
mutatabbi' habitué(e) avec
mutatâbi' successif (-ve)
taba' imprimer
tabi' impression (d'un livre)
tabî'e caractère
tubbâ'a pied du dromadaire

ṭ b q ط ب ق
antabag se coller contre
attabbag se plier
mutabbag plié(e)
tabag 1 doubler
tabag 2 van
tabbag plier
tabbax 1 appliquer
tabbigîn fait de plier
tabge pli
tâbig qui a doublé
tabîge 1 lance
tabîge 2 compagnon de voyage
tatbîx application
tibêge petit pli

ṭ b l ط ب ل
antabal se fermer à clé
tabal fermer le loquet
tabbal fermer
tabla loquet

ṭ b n j ط ب ن ج
tabanjiye nom d'un revolver

ṭ j n ط ج ن
tâjûn marmite à sauce

ṭ ḥ l ط ح ل
tihâl rate
tôhal avoir la maladie de la rate
tôhâl maladie de la rate

ṭ ḥ n ط ح ن
tahniye pâte de sésame sucré
tâhûna moulin

ṭ r b š ط ر ب ش
tarbûc chéchia

ṭ r ḥ ط ر ح
tarahat avorter
tarha petit voile
tarhîn avortement
turâh avortement

ṭ r d ط ر د
matrûd chassé(e)

mutârad poursuivi(e)
mutârada recherche
tarad chasser
târad 1 pourchasser
târad 2 courir les filles
tarîd cadet (-ette)
tarid renvoi
taridîn fait de chasser de

ṭ r r طرر
tarôr nom d'une herbe

ṭ r z طرز
tarzi tailleur

ṭ r š طرش
atrac sourd(e)
tarac 2 vomir
tarac 3 surdité
tarcân sourd(e)
taricîn bousculade
tarrac faire vomir
tartac embrouiller (s')
tartaca paroles insensées
tiric être sourd(e)
turâc vomi

ṭ r f طرف
attarraf s'écarter
taraf bord
tarfâni qui est à l'extrémité

ṭ r q طرق
mitêrig baguette
mutarrag aiguisé(e)
mutrag bâton flexible
tarag page
tarîga voie
tarîxa voie
tarrag aiguiser
tarrigîn aiguisage

ṭ r n طرن
mutarran aiguisé(e)
tarîn tranchant(e)
tarran affûter
tarrinîn affûtage
turun côté tranchant

ṭ r y طري
magtu' târi inconnu(e)
tara citer le nom
tari frais (fraîche)
târi 1 sujet

ṭ s t طست
tâsa petite cuvette émaillée
tiyêse petite cuvette

ṭ š t طشت
tacig grande cuvette

ṭ š š طشش
antacca se brûler
matcûc brûlé(e)
mutactac brûlé(e) çà et là
tacca 1 brûler
taccîn grillade

ṭ ʿ m طعم
at'am donner de la nourriture
mat'am restaurant
muta''am qui a du goût
ta''am donner du goût
ta''amân fait de relever un plat
ta'âm saveur
ta'amân assaisonnement
tâ'im qui a du goût

ṭ ʿ n طعن
anta'an se piquer
attâ'ano se poignarder mutuellement
mat'ûn poignardé(e)
muta''an poignardé(e)
ta''an poignarder
ta''ân piqueur (-euse)
ta''inîn piqûre
ta'an 1 piquer profondément
ta'in piqûre
ta'inîn piqûre

ṭ ġ y طغي
taxa luxe
taxxa permettre de vivre à l'aise
taxyân qui vit comme un riche
tixi être à l'aise

ṭ f ḥ طفح
atfah plat(e)
taffah aplatir

ṭ f r طفر
taffar remonter son habit pour grimper

ṭ f l طفل
tifil 1 nourrisson

ṭ q ṭ q طقطق
tagtag frapper à

ṭ q q طقق
antagga se cogner contre
tagga 1 frapper
tagga 2 apparaître
taggag battre à grands coups
taggâg pulsation forte précédant l'agonie

ṭ l b طلب
matlûb qui est demandé(e)
mutâlab endetté(e)
mutâlaba demande
talab 1 demander *qqch.* à *qqn.*
talab 2 demande
tâlab demander
talîb prétendant
tâlib élève

ṭ l ḥ طلح
talha nom d'un arbre

ṭ l s طلس
matlûs enduit(e)
mutallas lissé(e)
mutallis maçon qui enduit
talas enduire
talis enduit
talisîn enduit
tallas faire enduire

ṭ l ʿ طلع
mutâla'a lecture
mutâli' bon (-ne) lecteur (lectrice)
tala' grimper
tâli ascendance
tâli' montante(e)
talî'e avant-garde
tali'în fait de monter
talla' obtenir
tallâ'a échelle

ṭ l q طلق
antalag se relâcher
attâlago se séparer en divorçant
muntalig détendu(e)
talag relâcher
talag al-dêd enfant abandonné(e)
talag wijhah avoir un visage souriant
talâg répudiation
tâlag être en travail (femme qui accouche)
talga 1 contraction
talga 2 coup de feu
taligîn relâchement
tallag divorcer d'avec
tallâg qui répudie souvent

ṭ l l طلل
tâlûl grosseur

ṭ m ṯ طمث
matmûs 2 sot (sotte)
tamas 2 rendre sot

ṭ m ḥ طمح
timih refuser

ṭ m r طمر
matmûra silo enterré

ṭ m s طمس
matmûs 1 plongé(e) dans l'eau
mutammas plongé(e) au fond de l'eau
tamas 1 être sous l'eau
tâmis enfoncé(e) dans
tamisîn immersion
tammas enfoncer dans l'eau
tammisîn fait d'enfoncer dans l'eau
tumus imbécillité

ṭ m ʿ طمع
tama' avidité
tammâ' avide
timi' vouloir tout posséder

ṭ m l طمل
attâmalo s'appliquer des compresses
mutammal soigné(e) avec des compresses
tamala boue
tammal appliquer des compresses chaudes
tammilîn soigner avec des compresses

ṭ m m طمم
tamîme nausée
tammam 1 avoir envie de vomir
tumâm nausée

ṭ n n طنن
tinne bas du ventre

ṭ h r طهر
amtahhara mante religieuse
attahhar se purifier
mutahhar purifié(e)

tahâra purification
tahhar purifier
tahhâri chirurgien (-enne)
tahhirîn fait de circoncire
tâhir pur(e)
tahûra circoncision
tathîr purification

ṭ h w ط ه و
tahawa friteuse

ṭ w b ط و ب
tûb morceau de brique

ṭ w ḥ ط و ح
amtôtahâne balançoire
tôtah se balancer

ṭ w r ط و ر
attawwar se développer
muttawwir développé(e)
tatawwur promotion
tawwar développer
tûr 2 enfants à naître
tûr 3 pion

ṭ w s ط و س
tâ'ûs paon

ṭ w ʿ ط و ع
istata' pouvoir
istitâ'a capacité
mustatî' capable
tâ' obéir
tâ'a obéissance
tâyi' obéissant(e)
tayya' faire obéir

ṭ w f ط و ف
tâf tourner autour
tawâf circonvolution

ṭ w q ط و ق
tâga voussure
tâgiye chapeau
tâxa capacité
tâyûk moelle épinière
tôg collier

ṭ w l ط و ل
be tûl verticalement
hije tuwâl contes
mutâwal attaché(e) au piquet
mutawwil qui a duré
rûh tawîle longanime
tâl durer
tâwal attacher avec la longe
tawîl long (longue)
tawwal durer
tawwâli aussitôt
tîl corde longue et solide
tûl longueur

ṭ w y ط و ي
antawa s'enrouler
matwa couteau pliable
matwi enroulé(e)
muntawi enroulé(e)
tawa 1 enrouler
tawayân enroulement
tâwi qui a roulé
tawtaw enrouler
tawwây qui sait bien enrouler

ṭ y b ط ي ب
tayyib en bonne santé

ṭ y r ط ي ر
matâr aéroport
naga'at al-tayâra aérodrome
sultân al-têr ombrette
târ 1 voler
târ 2 en avoir assez de
tâyir 1 volant(e)
tâyir 2 qui provoque le ras le bol
tayyar 1 faire voler
tayyar 2 décourager
tayyâra avion
tayyirîn 1 envol
tayyirîn 2 dégoût
têr oiseau
têr al iyâl inflammation de la luette
têr al xadâri nom d'un oiseau
têrân envol
tiyêre oisillon

ṭ y š ط ي ش
tacca 2 être perdu(e)
taccac faire perdre

ṭ y n ط ي ن
tîne argile

ظ

ẓ b y ظ ب ي
dabiye petite besace

ẓ r b ظ ر ب
dirbi gros (grosse)
dirib 2 tumeur sur les pattes
durbân ratel

ẓ r f ظ ر ف
zarif enveloppe
zurûf 2 conditions

ẓ f r ظ ف ر
daffâra 1 coupe-ongles
dufur coquillage à parfum

ẓ l f ظ ل ف
abundullâf oryctérope
duluf sabot

ẓ l l ظ ل ل
abdallâla baldaquin
dalîl 2 ombragé(e)
dallam assombrir
dull 1 ombre
dull 2 diable

ẓ l m ظ ل م
adlam sombre
dalam 1 léser
dalâm obscurité
dalîme injustice
dallûm nom d'un mille pattes
dalmay temps de obscurité de la lune
dulum 1 injustice
idlîm autruche mâle
madlûm lésé(e)
mudallim foncé(e)
zalam pécher
zâlim qui fait du tort
zulum injustice

ẓ n n ظ ن ن
zanna penser que

ẓ h r ظ ه ر
abdihêr bossu(e)
dahar 2 dos
duhur début de l'après-midi
muzâhara manifestation
muzâhir manifestant(e)
zahar 1 apparaître
zâhar manifester (dans la rue)
zahari bleu(e)
zâhir évident(e)

ع

ʕ b ' ع ب ء
ibâya grand manteau

ʕ b d ع ب د
abad adorer
abbad asservir
abbat presser des boulettes
abbidîn esclavage
abbitîn 1 pétrissage
abbût poignée
abid homme esclave
âbid vrai adorateur
abidîn adoration
al'âbado s'adorer
al'abbad se rendre esclave de
ibâda adoration
ibêd petit esclave
ista'bad rendre *qqn.* esclave
ista'bidîn esclavage
ma'bad temple
mu'abbad 1 qui a été rendu(e) esclave
mu'abbid qui rend esclave
mul'abbid adorateur (-trice) de Dieu
mul'âbidîn qui s'aiment mutuellement
musta'bad qui est esclave
musta'bid qui a rendu esclave
ubûdiye état d'esclave

ʕ b r ع ب ر
abbar mesurer une surface
abbâr unité de volume
abbarân mesure
ibâr récipient étalon
i'tabar considérer comme
mu'abbar mesuré(e)

ʕ b k ع ب ك
abbak pétrir
abbikîn fabrication de boulettes
mu'abbak mis en boule

ʕ b l n j ع ب ل ن ج
abalany nom d'un singe

ʕ b m ع ب م
amba'âm chimpanzé

ʕ b w ع ب و
abba 1 remplir

ʕ t r ع ت ر
ta'tar se mêler à
ta'tûri gêneur (-euse)

ʕ t q ع ت ق
atag 1 imprégner
atag 2 libérer un esclave

ʕ t l ع ت ل
atala barre à mine
attâla docker

ʕ t̲ t̲ ع ث ث
itte charançon

ʕ t̲ r ع ث ر
itir 1 buter sur *qqch.*

ʕ j b ع ج ب
ajab 1 plaire
ajab 2 chose étonnante
ajîb étonnant(e)
ajjab étonner
al'ajjab s'étonner

ʕ j j ع ج ج
ajâj poussière
hajja 2 prendre (feu)
hajjaj éventer
hajjâja éventail
hajjâja hanâ l hadîd ventilateur
hajjîn 1 souffle
mu'ajjij poussiéreux (-euse)

ʕ j z ع ج ز
abun'ijjêz vieillesse
ajaz fatigue
âjiz fatigué(e)
ajjaz vieillir
ajjâz paresseux (-se)
ajjisîn vieillissement
ajsân las (lasse)
ajûz vieille femme
ajzân paresseux (-euse)
ijeyyis petite vieille
ijiz être fatigué(e)
mu'ajjiz qui est devenu(e) vieux (vieille)

ʕ j l ع ج ل
ajal 2 roue
ajala vite
ajala ajala très vite
ajîl rapide
ajjal 1 se dépêcher
be ajala avec empressement
ijil veau
ijil madmûn taurillon
ijle veau femelle
musta'jil pressé(e)
sa'jal se hâter

ʕ j m ع ج م
ajami ignorant(e)

ʕ j n ع ج ن
ajîn pâte
ajîne mil à l'eau
ajîne zarga pâte de riz cuit sucré
ajjan pétrir
ajjinîn pétrissage
an'ajan se pétrir

ʕ d d ع د د
adad nombre
adda 4 compter
addad 1 équiper
addad 2 passer le délai de viduité
idd lieu d'eau
iddat marrât plusieurs fois
idde 1 délai après divorce
idde 2 affaires
ista'adda se préparer à
mu'addad caparaçonné(e)
mu'iddât matériel, équipement
musta'idd prêt(e)

ʕ d s ع د س
adas nom d'une herbe

ʕ d l ع د ل
adal atteindre le bord
adal ! bien !
âdal équilibrer

adâla justice
addal réparer
addâli réparateur
addilîn aménagement
adîl parfait(e)
âdilîn équilibrage
adilîn fait de régler un différent
al'âdal s'équilibrer
al'addal se parfaire
idile demi-charge du bât
ista'dal être juste
mu'âdala égalisation, équilibrage
mu'addal réparé(e)
musta'dal qui marche bien
ti'iddil entretien

ʕ d m ع د م
adam 1 condamner à mort
adam 2 pénurie
adimîn suppression
idim être absent
ma'dûm inexistant(e)

ʕ d w ع د و
âda contaminer
âdayân contamination
adu ennemi
ma'add itinéraire

ʕ d y ع د ي
addayân 2 accompagnement

ʕ d̲ b ع ذ ب
al'azzab souffrir beaucoup
azâb souffrance
âzab faire souffrir
azzab 1 torturer
azzâb bourreau
azzibîn 1 torture
izâb torture
mu'azzab qui a très mal
mu'azzib 1 qui fait mal

ʕ d̲ r ع ذ ر
idêriye adolescente
ma'dûr infirme
ma'zûr excusé(e)
udur contretemps

ʕ r b ع ر ب
Arab arabe
arabiye grosse voiture
arrab circoncire
arribîn fait de circoncire
irêbi petit Arabe
mu'arrab circoncis

ʕ r b n ع ر ب ن
arbûn gage

ʕ r j ع ر ج
a'raj boiteux (-euse)
arraj n'avoir que deux cartes
arwaj boiteux (-euse)
ba'aruj boiter

ʕ r d ع ر د
arrad 1 s'échapper
arridîn 1 fuite
mu'arrid 1 qui se sauve

ʕ r r ع ر ر
al'ar'ar faire des actes de folie
âr 2 personne à assister
ar'ar humilier
arâra dépravation

ʕ r s ع ر س
arîs nouveau marié
arras consommer le mariage
arûs 1 nouvelle mariée
arûs 2 fête du mariage
irse noce
kôb al arûs nom d'une plante herbacée
mu'arras entremetteur (-euse)
mu'arrasa déflorée

ʕ r š ع ر ش
arac étayer
aric armature du puits
aricîn fait d'armer l'intérieur du puits
arrâc qui sait monter l'armature du puits
ma'rûc étayé(e)

ʕ r ḍ ع ر ض
al'ârad se mettre en travers
am'urud partout
ârad mettre en travers
arîd large
ârid diable
âridîn mettre en travers
arrad 2 supplier *qqn.*
arrad 3 s'enquérir du prix (bétail)
arrad 4 s'exposer au danger
arrâd traverse
arridîn 2 supplication
arridîn 3 fait de s'enquérir du prix du bétail

be urud en largeur
ma'arad exposition
ma'rûd exposé(e)
mu'ârad en travers
mu'ârada opposition
mu'ârid opposant(e)
mu'arrad 1 qu'on a adjuré(e) au nom de Dieu
mu'arrad 2 estimé(e) en valeur marchande
mu'arrid 2 suppliant(e) au nom de Dieu
mu'arrid 3 qui demande le prix
mu'ôrid fou (folle)
mu'râd 1 adjuration
mu'râd 2 estimation de la valeur marchande
ôrad s'emporter
ôridîn folie
urud largeur

ʕ r f ع ر ف
ab'uruf hippotrague
al'ârafo se connaître
an'araf être reconnaissable
arîf sergent
ârif sachant
arraf faire savoir
arrâf connaisseur (-euse)
ihtaraf admettre une erreur
ihtirâf confession
irfe connaissance par relation
irif savoir
ma'rafa connaissance
marfa'în 1 hyène tachetée
ma'rûf connu(e)
mirêfi'în jeune hyène
mu'ârafa connaissance
muhtarif 1 avouant sa faute
mul'ârifîn qui ont entre eux des relations
uruf 1 crête du coq
uruf 2 coutume

ʕ r q ع ر ق
arag sueur
argi alcool de mil
arrag ensorceler
arrâgi 1 sorcier (-ère)
arrâgi 2 sous-vêtement
arrigîn ensorcellement
irêg radicelle
irig racine
mu'arrag ensorcelé(e)

ʕ r q b ع ر ق ب
argûb tendon d'Achille

ʕ r q l ع ر ق ل
argal protester
argâl contestation
argalân contestation
argâli capricieux (-cieuse)

ʕ r k ع ر ك
arak frotter dans les mains
arrak frotter la peau
arrikîn fait de frotter la peau

ʕ r w ع ر و
irwa boutonnière

ʕ r y ع ر ي
aryân nu(e)
ire nudité

ʕ z b ع ز ب
azab célibataire
azaba prostituée
azzab 2 partir seul et sans bagage
azzâbi qui fait paître seul
azzibîn 2 fait de paître en solitaire
mu'azzib 2 qui fait paître en solitaire

ʕ z z ع ز ز
azîz considéré(e)
azza 1 affectionner
azza 2 considérer
azza 3 dédaigner
azzaz apprêter *qqch.*
azzâz accueillant(e)
azzîn fait de témoigner du respect
azzizîn fait d'être prêt(e) à
izz considération
mu'azzaz protégé(e) par
mu'azziz prêt(e) à agir

ʕ z l ع ز ل
al'azzal se trier
an'azal s'écarter de
azil bon choix
azzal choisir
azzâl qui sait choisir
azzilîn choix
ma'zûl isolé(e)
mu'azzal choisi(e)
mu'azzil qui a choisi

ʕ z m ع ز م
azam inviter
âzûma invitation

ma'azûm invité(e)
ma'zûm invité(e)

ʕ z y ع ز ي
ma'aza place mortuaire
mu'azzi consolateur (-trice)
ta'ziya condoléances

ʕ s k r ع س ك ر
askar militaire
askari militaire
askariyyan militairement

ʕ s l ع س ل
am'issêlo gomme sucrée
asal 1 sucré(e)
asal 2 miel
asâla goût sucré
asaliye nom d'une boisson
assal sucrer
isêl un peu sucré(e)
mu'assal sucré(e)
usûla goût sucré

ʕ š r ع ش ر
ab'acara nom d'un fusil
acara dix
acarât dizaines
acîr secret
âcir le dixième
arba'tâcar quatorze
atnâcar douze
icirîn vingt
ihdâcar onze
jarâd al ucar nom d'un criquet
saba'tâcar dix-sept
sadda l acîr ôter tout soupçon
sittâcar seize
talattâcar treize
tamantâcar dix-huit
tisâtâcar dix-neuf
ucar nom d'un arbuste
ucûr dixième de la récolte
xamistâcar quinze
xucum al ucûr pourcentage

ʕ š š ع ش ش
ucc nid

ʕ š q ع ش ق
accag accrocher (s')
accigîn accrochage
âcig amoureux
ca'ag 1 accrocher dans
ca'ag 2 rejeter (plant)
ca'ag 3 jeune pousse
icig désirer ardemment
mu'accig accroché(e)
ta'cîga vitesse sur un véhicule
ucug amour

ʕ š m ع ش م
acam 1 mépris
acam 2 confiance
acmân 1 hautain(e)
acmân 2 confiant(e) en
ba'acôm chacal
icim dédaigner

ʕ š y ع ش ي
aca dîner
acca dîner
aciye après-midi
al'acca dîner
mut'acci qui a dîné

ʕ ṣ b ع ص ب
asab tendon
assab être dur(e)
mu'assib dur(e)
ucba tétanos

ʕ ṣ d ع ص د
asîda boule de mil

ʕ ṣ r ع ص ر
al'âsaro se serrer les uns contre les autres
asar presser
âsar serrer contre (se)
âsirîn serrage
assar 1 presser fortement
assar 2 opprimer
assâr tourteau
assirîn pressage
isêr après-midi
usra 1 maux de ventre
usur après-midi
usur kabîr fin d'après-midi

ʕ ṣ m ع ص م
âsima capitale

ʕ ṣ w ع ص و
asa 2 bâton

ʕ ṣ y ع ص ي
asa 1 désobéir

âsi désobéissant(e)
isi désobéir à Dieu
isyân 1 désobéissance
ma'siya désobéissance
usa désobéissance

ʿ ḍ ḍ ع ض ض
ad'ad mordre de nombreuses fois
adda 1 mordre
addad 3 piquer de nombreuses fois (insecte)
addayân 1 morsure
addîn morsure

ʿ ḍ w ع ض و
udu' membre

ʿ ṭ r ع ط ر
itir 2 parfum

ʿ ṭ s ع ط س
attac 1 éternuer
atticîn 1 éternuement
mu'attic 2 qui fait éternuer

ʿ ṭ š ع ط ش
actân assoiffé(e)
atac soif
attac 2 provoquer la soif
atticîn 2 fait d'assoiffer
itic être assoiffé(e)
mu'attic 1 qui provoque la soif

ʿ ṭ f ع ط ف
ataf éprouver de la compassion pour
attaf attendrir

ʿ ṭ l ع ط ل
atâla oisiveté
âtil fainéant
utuliye paresse

ʿ ṭ w, ʿ ṭ y ع ط و-ع ط ى
anta donner
antîn don
Âtiya Ati
mu'ti donateur

ʿ ẓ m ع ظ م
adum os
idêm petit os

ʿ f r t ع ف ر ت
afrat être endiablé(e)
ifrît diable

ʿ f ṣ ع ف ص
affas cabosser
al'affas se tordre
mul'affis cabossé(e)

ʿ f f ع ف ف
afîf qui vit dans la continence

ʿ f n ع ف ن
afana puanteur
affan pourrir
afin puant(e)
mu'affin pourri(e)

ʿ f w ع ف و
afa pardonner
âfa 2 dire au revoir
âfe 1 santé
afu pardon
afwân il n'y a pas de quoi !
âfya santé

ʿ q b ع ق ب
agab venir après
agâb le reste
âgab punir
al'âgabo se croiser sans se rencontrer
âxab punir
igêbât dernières pluies de la saison
ixâb sanction
mu'âxaba répression
sagur al ugâb aigle
ugub résultat
ugub lê qu'il t'arrive la même chose !

ʿ q d ع ق د
agad 1 nouer
agad 2 concentrer une décoction
aggad nouer
aggadân nouage
agid lien
agîd chef d'escadron du sultan
agidîn le fait de nouer
al'aggad compliquer une affaire
almi igid eau médicinale
an'agad s'attacher
axîd colonel
igid collier
ma'agûd noué(e)
mu'aggad noué(e)
mu'aggid traditionaliste
mul'aggid compliqué(e)

ta'aggud complication d'une affaire
ugda noeud

ʕ q r ع ق ر
agar aller de l'autre côté
aggar devenir stérile
aggirîn stérilité
âgir stérile
agirîn fait d'aller de l'autre côté
al'âgaro se mettre tête-bêche
ma'gûr disposé(e) tête-bêche
mu'aggir desséché(e)
mul'âgirîn qui se sont croisés
ugur stérilité

ʕ q r b ع ق ر ب
agrab 1 scorpion

ʕ q š ع ق ش
agac nom d'une plante à tubercule

ʕ q ṣ ع ق ص
agas addax

ʕ q f ع ق ف
agfa anse, arçon (selle)

ʕ q q ع ق ق
agêg tige de mil
agîg nom d'une perle rouge

ʕ q l ع ق ل
ab'agul raisonnable
ab'igêl intelligent(e)
ab'iggêl boiterie
agal 1 devenir pubère
agal 2 replier la jambe
agal 3 saisir par l'intelligence
agal 4 épouser la veuve du frère
agil conscience
âgil adulte
agilîn 1 maturité
agilîn 2 entraver le chameau
fâgid agul simple d'esprit
igêl cordelette
ixil être raisonnable
ma'gûl 1 entravé(e)
ma'gûl 2 intelligible
ugâl entrave du chameau

ʕ k r ع ك ر
ukur impuretés en suspension dans l'eau

ʕ k z ع ك ز
ukkâz gourdin

ʕ k s ع ك س
akas inverser
âkas s'opposer
âkasân opposition
akasân renversement
mu'âkasa contestation
mu'âkis contestataire

ʕ l b ع ل ب
mu'allab mis en boîte de conserve
mu'allabât boîtes de conserve
ulba boîte

ʕ l j ع ل ج
âlaj soigner
ilâj traitement

ʕ l f ع ل ف
alaf fourrage

ʕ l q ع ل ق
alâxa relation
allag accrocher
allagân accrochage
allax commenter
alûg provision du cheval
galib mu'allag inquiet(e)
ilig 1 être accroché(e)
mu'allag suspendu(e)
ullâga bandoulière

ʕ l l ع ل ل
alla épuiser
allîn déficience
ille 2 cause
ille 3 défectuosité
ta'lal veiller
ti'ilîle causeries nocturnes

ʕ l m ع ل م
al'allam s'instruire
a'lam plus savant
âlam 1 monde
alâma signe
âlami mondial(e)
âlim savant(e)
allam apprendre
allâmi débutant(e)
allimîn apprentissage
i'lâm information

ilim 1 savoir
ilim 2 savoir
ilim al xalbât boniment
ilim al-dunya science profane
ilim al-râs bon sens
ma'lûm connu(e)
mu'allam 1 instruit(e)
mu'allam 2 marqué(e) par
mu'allim enseignant(e)
mul'allim intellectuel (-elle)
ta'lîm enseignement

ʕ l n ع ل ن
âlan informer
i'lân déclaration
mu'âlin informateur (-trice)

ʕ l w ع ل و
âli haut(e)
illiye abri
ta'âl viens
ula grandeur

ʕ l y ع ل ي
âla 2 nom d'un arbre
alê vers

ʕ m d ع م د
al'ammad qui cherche à mal faire exprès
amad mal fait délibérément
âmad piler avec *qqn.*
amdan en faisant le mal délibérément
ammad mal faire délibérément
amûd pilon
amûd al-dahar colonne vertébrale
imêyid petit pilon
mul'ammid qui fait mal exprès
umda maire

ʕ m r ع م ر
al'âmaro se réconcilier
amar 2 peupler (se)
amâr peuplement
âmar réconcilier
âmir peuplé(e)
âmirîn réconciliation
amirîn 2 fait de peupler
ammar charger le fusil
ammirîn chargement du fusil
amr 2 variante d'une écriture coranique
imêre petit pot
ista'mar coloniser
isti'mâr colonisation
isti'mâri colonialiste
i'tamar visiter les lieux saints
ma'mûr 2 peuplé(e)
mu'âmar réconcilié(e)
mu'âmir conciliateur (-trice)
mu'ammar chargé (fusil)
mu'ammir qui a chargé le fusil
mul'âmirîn réconciliés
musta'mar colonisé(e)
musta'mir colonisateur (-trice)
mu'tamir 2 qui accomplit le petit pèlerinage
umâre peuplement
umra 1 pot en vannerie
umra 2 petit pèlerinage
umur 2 âge

ʕ m š ع م ش
imêc qui a la vue faible

ʕ m l ع م ل
amal travail
amaliye intervention chirurgicale
amîl agent double
âmil travailleur
ammal suppurer
âmûla salaire d'un intermédiaire
fâgid amal chômeur(-euse)
ista'mal utiliser
isti'mâl utilisation
musta'mil usagé(e)

ʕ m m ع م م
amîn âmm secrétaire général
âmm général(e)
amme tante paternelle
imm oncle paternel
imme 2 grand turban

ʕ m y ع م ي
ama 1 aveugler
ama 2 cécité
amyân aveugle
amyân durr myope
imi devenir aveugle

ʕ n b ع ن ب
anab grain de beauté
anaba nom d'une plante parasite
annab s'enkyster
inab nom d'un arbre

ʕ n d ع ن د
ind auprès de
ind- avoir

ʿ n z عنز
anzay 1 une chèvre
ni'ze capriné

ʿ n ṣ r عنصر
unsuri ségrégationniste
unsuriya esprit de clan

ʿ n q عنق
ab'angara qui a une nuque énorme
angar s'entêter
angara 2 nuque
hanga grand pot
mu'angir inflexible

ʿ n y عني
ini concerner *qqn.*
ma'na sens
ya'ni c'est-à-dire

ʿ h d عهد
ahad 2 engagement
âhad fixer un rendez-vous
al'âhado pactiser
mu'âhada pacte

ʿ w j عوج
âj ivoire
an'awaj être tordu(e)
âwaj tordu(e)
awaja différend
awwaj tordre

ʿ w d عود
âd revenir
âde 1 coutume
âde 2 règles de la femme
âdi ordinaire
i'âda répétition
ûd bois élagué

ʿ w r عور
al'awwar être blessé(e)
a'war borgne
awâriye bêtise
awîr 1 sot (-te)
awîr 2 nom d'une plante
awwar blesser
ôra 3 faute
ôra 4 indécence
uwâra plaie

ʿ w s عوس
âs 1 cuisiner
awwâs cuisinier (-ère)
ôs préparation de la cuisine

ʿ w ḍ عوض
al'awwad se trouver compensé par
awwad aider
ta'wîd compensation

ʿ w q عوق
awwag blesser gravement
mu'awwag handicapé(e)

ʿ w m عوم
âm nager
awwâm nageur (-euse)
awwama flotteur du carburateur
ôm nage
ômîn natation

ʿ w n عون
al'âwano s'entraider
âwan aider
awîn femmes
âwinîn aide
awîniye féminité
ma'awan aide
mu'âwan aidé(e)
mu'âwana aide
mul'âwinîn ceux qui s'entraident
ta'âwun coopération

ʿ w y عوي
awwa 1 crier
awwa 2 vacarme
awwây bruyant(e)
mu'ô'i poussant son cri (coq)
ô'a chanter (coq)
ô'în cri du coq

ʿ y b عيب
âb avoir honte
aybân honteux (-euse)
ayyab diffamer
ayyibîn diffamation
êb honte
êb al-cûm ! quelle honte !
yêbe nom d'une mesure de contenance

ʿ y d عيد
ayyad 1 fêter
îd 1 fête

ligi idênah avoir du temps libre pour
mu'ayyid 2 en fête

ʕ y r ع ي ر
al'âyaro s'insulter
àr 1 vagabonder
âyir errant(e)
ayyar insulter
ayyirîn insulte
iyêr nom d'une herbe grimpante
iyyêre petite insulte
mu'yâr insulte

ʕ y š ع ي ش
abu'âce nom d'une fourmi
âc vivre
âyic vivant
ayyac nourrir
êc boule de farine cuite
ice temps du soir
îce vie
ma'âc aliment

ʕ y ṭ ع ي ط
ât crier
ayyat crier

ʕ y f ع ي ف
âf éprouver du dégoût
âfa 1 écoeurer
îfe cause de dégoût
ma'yûf répugnant(e)

ʕ y q ع ي ق
âx désobéir à ses parents
âyix désobéissant(e)

ʕ y l ع ي ل
âyil 1 qui a de nombreux enfants
âyil 2 désordonné(e)
âyila famille proche
ayyâla marmaille
daktôr hanâ (lê) l iyâl pédiatre
êle monde de l'enfance
iyâl enfants
iyâl bandî petits voleurs à la tire
iyâl haya réparateurs
iyâli enfantin(e)
iyâliye enfance
Iyâlnâs Yalnas
iyêyilât marmaille
jiddit al iyâl rougeole
têr al iyâl inflammation de la luette

ʕ y m ع ي م
ômây malheur

ʕ y n ع ي ن
âyan scruter
ayne modèle
ayyan fixer
ên 1 oeil
ên 2 point d'eau
ên al-nâs mauvais oeil
ên hamra qui a une autorité forte
farwit al ên paupière
îne pluie fine ininterrompue
iyêne petit oeil
jild al ên paupière
mu'ayyan choisi(e)
wald al ên pupille

ʕ y y ع ي ي
aya fatigue
ayya fatiguer *qqn.*
ayyân fatigué(e)
iyi se fatiguer

غ

ġ b b غ ب ب
xabîbe deuil

ġ b š غ ب ش
axabac gris(e)
muxabbic grisâtre
xabâc nuage de poussière
xabbac salir

ġ b n غ ب ن
axnab désordonné(e)

ġ d r غ د ر
xadar 1 abandonner
xadar 2 trahir
xaddâr qui abandonne

ġ d w غ د و
alxadda déjeuner
muxaddi qui a déjeuné
xada repas
xadda 1 déjeuner
xaddayân repas

ġ d̲ y غ ذ ي
gada chassie
muxazzi nourrissant(e)
xazza 1 nourrir
xiza vitamine

ġ r b غ ر ب
axrab passer le temps du soir
istaxrab s'étonner
maxrib coucher du soleil
muxarrib 2 qui va à l'ouest
xarbâni occidental(e)
xarib ouest
xarîb étrange
xarrab 1 aller vers l'ouest
xarrab 2 s'exiler
xarribîn fait d'aller vers l'ouest
xurâb corbeau
xurayba gâteau
xurba à l'étranger

ġ r b l غ ز ب ل
alxarbal se tamiser
xarbal trier le mil
xarbilîn tamisage
xurbâl tamis

ġ r r غ ر ر
axarr gris clair
xarra 1 être insouciant(e)
xurâra sac fourre-tout
xurriye liste (sur la tête du cheval)

ġ r z غ ر ز
anxazza se planter
maxzûz planté(e) dans
muxazzaz planté(e) dans
xarizîn tarissement
xazza 2 ficher
xirzat n'avoir plus de lait
xuzzi nom d'un jeu de pions

ġ r ḍ غ ر ض
xarad désir
xurda courroie

ġ r ġ r غ ر غ ر
xarxar chercher son souffle

ġ r f غ ر ف
anxaraf se vider
garfa gros sac en peau
maxrûf vidé(e)
muxrâfa spatule en bois
xaraf puiser
xarrâf gobelet
xirêrîf gobelet

ġ r q غ ر ق
xargân plongé(e) dans
xarîg profond(e)
xarrag noyer
xirig s'immerger

ġ r m غ ر م
xarram faire payer une amende

ġ r n q غ ر ن ق
xarnûk grue couronnée

ġ z l غ ز ل
xazâl gazelle

ġ z w غ ز و
xazâ envahir

ġ s l غ س ل
alxassal se laver
maxsûl nettoyé(e)
muxassal 1 lavé(e)
muxassal 2 délavé
muxatta recouvert(e)
xassal laver
xassâl cuvette
xassâli blanchisseur (-euse)
xassilîn lessive
xasûl lessive

ġ š š غ ش ش
alxâcaco se tromper mutuellement
maxcûc trompé(e)
xacac escroquerie
xacc tromperie
xacca 1 tromper
xaccâc trompeur (-euse)
xaccîn tromperie

ġ ṣ b غ ص ب
maxsûb obligé(e)
xasab contraindre
xasib par obligation
xusba contrainte

ġ ṣ n غ ص ن
xisên branchette
xusun grosse branche

ġ ḍ b غ ض ب
alxâbano se mettre mutuellement en colère
muxabbin qui est en colère
xabban se mettre en colère
xabîne colère
xadbân en colère

ġ ṭ s غ ط س
alxattas se plonger
xatas s'enfoncer
xattas faire enfoncer

ġ ṭ w غ ط و
alxatta se couvrir
mulxatti couvert(e)
muxatti couvert(e)
xatta 2 couvrir
xattay couverture
xattayân couverture
xatxat envelopper
xuta par-dessus

ġ f r غ ف ر
istâfar Allah que Dieu pardonne !
istawfar implorer le pardon de Dieu
istaxfar que Dieu pardonne !
wafar pardonner
wufrân le pardon
xufrân pardon de Dieu

ġ f l غ ف ل
xafala inattention
xaffal tromper l'attention
xaffilîn surprise
xaflân inattentif (-ive)

ġ l b غ ل ب
anxalab être dominé(e)
axlabiye la plupart
maxlûb vaincu(e)
xalab gagner
xâlib vainqueur
xallab fatiguer
xallâb vainqueur
xilib 3 être trop… pour

ġ l ṭ غ ل ط
xaltân fautif (-ive)
xilit se tromper
xulât dispute

ġ l ẓ غ ل ظ
xalîd gros (-se)

ġ l l غ ل ل
amxillêlo nom d'une plante aquatique
xalla 3 nom de céréale, mil

ġ l w غ ل و
xala 2 montée des prix des marchandises
xâli 1 cher (chère)
xalla 2 augmenter le prix
xili devenir cher

ġ m j غ م ج
jaxxam donner à boire une petite gorgée
juxma gorgée
xumja pincée

ġ m r غ م ر
xammar faire évanouir
ximir s'évanouir

ġ m z غ م ز
xamaz toucher avec la main

ġ m ḍ غ م ض
xammad fermer

ġ m m غ م م
xamâm nébulosité
xammam 1 devenir nuageux
xamxam 2 s'enrouler d'un pagne

ġ n m غ ن م
xanam oviné
xanam buyud capriné
xanam zurug mouton
xanîma butin de guerre
xannâma éleveur de chèvres et de moutons

ġ n y غ ن ي
uxniya chant
xani riche
xanna chanter
xannây chanteur (-euse)
xine chant
xini s'enrichir
xinney chansonnette

ġ w d غ و د
min xâdi de l'autre côté
xâdi là-bas

ġ w r غ و ر
xâr faire une descente
xôrân bas du dos

ġ w ṭ غ و ط
xawît profond(e)

ġ w l غ و ل
xûl goule

ġ w y غ و ي
maxawi amant(e)
muxâwi lié(e) par amour
xâwa aimer fraternellement
xayy amour
xiwi aimer un partenaire

ġ y b غ ي ب
amxibbiye fièvre quarte
xâb s'absenter
xâba forêt
xâ'ib 1 absent(e)
xâyib absent(e)
xêb le caché
xiyâb absence

ġ y r غ ي ر
alxayyar 1 se changer
taxyîr changement
xayyar 2 remplacer
xêr 3 autre que

ġ y f غ ي ف
giyâfa nom d'un arbre, goyavier

ġ y m غ ي م
xêma 2 nuage

ġ y y غ ي ي
laxâyit jusqu'à ce que

ف

f ' r ف ء ر
fâr 4 rat
fâr al gôz rat des champs

f ' s ف ء س
fâs hache

f t ḥ ف ت ح
Allah yaftah ! que Dieu te donne de quoi manger !
anfatah s'ouvrir
fatah ouvrir
fâte première sourate du Coran
fâtih ouvert(e)
fatihîn fait d'ouvrir
fattah faire ouvrir
fatûh ouverture
maftûh ouvert(e)
mufattih ouvert(e)
muftah clé

f t š ف ت ش
fattac chercher
fatticîn recherche
mufattac recherché(e)
mufattic contrôleur (-euse)
taftîc contrôle
tifittic fouille

f t q ف ت ق
alfartag se dénouer
alfattag se découdre
anfatag se découdre
fartigîn démontage
fatag découdre en tirant avec force
fatîg espace
fatigîn fait de découdre
maftûg décousu(e)
mufartig qui démonte
mufattag décousu(e)

f t l ف ت ل
anfatal se tordre
fatal 1 fabriquer une corde
fatal 2 s'élever
fatîle bouteille de parfum
maftûl tordu(e)

f t n ف ت ن
fatan pousser à la sédition
fatinîn fait de pousser à la dissension
fattan causer des troubles
fitne sédition
muftin excitateur (-trice)

f t w ف ت و
fata vierge

f j ’ ف ج ء
faj'i brusque

f j j ف ج ج
alfâjajo 1 se blesser mutuellement à la tête
alfâjajo 2 faire de la place
alfajfaj se mettre assis à l'aise
alfajjaj se blesser (à la tête)
anfajja se blesser à la tête
fajfaj fixer en terre
fajja 1 blesser à la tête
fajja 2 creuser
fajjaj blesser à la tête
fajjâj celui qui blesse à la tête
fajje blessure sur la tête
fajjijîn 1 blessure à la tête
fajjijîn 2 écartement
fajjîn 1 blessure à la tête
fijje espace vide
mafjûj blessé(e)
mufajjaj 1 blessé(e) à la tête
mufajjaj 2 écarté(e)

f j r ف ج ر
alfâjar faire le difficile
anfajar exploser
fâjar se conduire mal
fajâra prétention
fâjâri prétentieux (-ṭieuse)
fâjir hautain(e)
fajjar 1 faire exploser
fajjar 2 être tôt le matin
fajur tôt le matin
infijâr explosion
mufajjar explosé(e)
mufajjir explosif

f j l ف ج ل
fanjûla grande bouche
fijil navet

f ḥ š ف ح ش
facîh grossier(-ère)

f ḥ l ف ح ل
fahal mâle
fahaliye courage
fuhûliye courage

f ḥ m ف ح م
faham charbon de bois
fahham 2 carboniser

f h̲ h̲ ف خ خ
faxx 1 fade
faxx 2 mou

f h̲ r ف خ ر
faxxar se vanter

f h̲ m ف خ م
faxâma excellence

f d y ف د ي
fada payer une hypothèque
fadda 2 commémorer
faddiyîn 2 offrande pour le sacrifice d'un mort
fadiyîn rachat
fidwe offrande lors d'une commémoration

f r t q ف ر ت ق
alfartag se dénouer
fartigîn démontage
mufartig qui démonte

f r t k ف ر ت ك
fartag défaire

f r t̲ ف ر ث
farit herbe broyée non digérée

f r j ف ر ج
alfarraj contempler
anfaraj se changer en joie
faraj 1 devenir adulte
faraj 2 cesser
faraj 3 délivrance
faraj 4 vagin
farajallah sorte de collier
fârij 1 éclos(e)
fârij 2 sauveur
farijîn 1 éclosion
farijîn 2 fait d'être au terme
farraj regarder
farrijîn spectacle
farrûj poussin
firêrîj petit poussin
furje spectacle
mulfarrij spectateur (spectatrice)
tafrîj fait de mettre un terme à un malheur

f r ḥ ف ر ح
alfâraho se réjouir ensemble
amfirehâne évanouissement de l'enfant

farha joie
farhân heureux (-se)
fârihîn fait d'être en joie
farrah rendre heureux
farrâhi comique
farrihîn fait de rendre joyeux
firêhân guilleret (-ette)
firih être content(e)
mafrûh heureux (-se)
mufarrah qui a été réjoui(e)
mufarrih amusant(e)
mulfârihîn qui se sont réjouis mutuellement

f r h̲ ف ر خ
farax 1 enfant bâtard(e), adultérin
farax 2 oiselet
farrax éclore (oeuf)
mufarrix couvé (oeuf)

f r d ف ر د
anfarad se séparer de
farad 1 sevrer
fard 1 une personne
farde 1 pagne
farde 2 une partie
fardi individuel (-elle)
farîd seul(e)
fârid qui a séparé
faridin sevrage
farrad 1 trier
farrâdi au détail
farridîn 1 séparation
mafrûd 1 sevré(e)
mufarrad 1 trié(e)
mufarrid qui a séparé
munfarid qui s'est séparé(e)

f r r ف ر ر
farfar 1 soulever
farfar 2 store
farra 1 déployer
farra 2 bondir
farrâr hachette
farrâra 1 flûte
farrâra 2 spatule en calebasse

f r z ف ر ز
fârus pierre précieuse, turquoise

f r s ف ر س
faras jument
fâris brave

f r š ف ر ش
alfâraco se fouetter mutuellement
anfarac 1 être fouetté(e)
anfarac 2 s'étaler
farac 1 fouetter
farac 2 étaler
Farca Farcha
farce 2 tapis
faric 1 coups de chicote
fâric 1 qui a fouetté
fâric 2 qui a étalé
faricîn 1 donner le fouet
faricîn 2 étalage
farrac déplier
farrâca drap
farrâci commerçant sans boutique
firêc petit tapis
furâc matelas
furca brosse
mafrûc déplié(e)
mufarrac étendu(e)
mufarric étalant

f r ṣ ف ر ص
fursa occasion

f r ḍ ف ر ض
farad 2 obliger *qqn.* à
farid 1 scarification
farid 2 obligation
farîde précepte d'ordre divin
farrad 2 scarifier
farridîn 2 fait de scarifier
mafrûd 2 obligatoire
mufarrad 2 scarifié(e)

f r ʕ ف ر ع
far'i annexe
fire' branchette
fire' al môt sommet de l'arbre
firi' branche

f r ʕ n ف ر ع ن
far'an commander en maître

f r ġ ف ر غ
fârix vide (parole)

f r f r ف ر ف ر
farfar 3 devenir un jeune homme
farfôri jeune homme
firêfir tout jeune homme

f r q ف ر ق
alfârago se séparer
alfarrag se disperser
alfartag se dénouer
anfarag se séparer
farag quitter
fârag mourir
farga espace
farig différence
farîg campement nomade
fârig qui se sépare
farigîn séparation
farîx équipe
farrag séparer
farrâg arc-en-ciel
farragân division
fartigîn démontage
firêge petit espace
firêyig petit campement
firxa orchestre
furga séparation
mafrag intersection
mafrûg séparé(e)
mufarrag séparé(e)
mufarrig qui sépare
mufartag dénoué(e)
mufartig qui démonte
mulfârigîn qui se sont séparés les uns des autres
mulfarrig qui s'est séparé(e)
munfarig qui se sépare
tafrixa ségrégation

f r k ف ر ك
farak frotter
farîk mil grillé
farrak frotter
farrakân massage
firke nom d'une étoffe moirée
mafrûk frotté après avoir été grillé (épi)
mufrâka baguette pour produire le feu

f r m ف ر م
faram 1 hacher
faram 2 tordre un membre
mafrûm haché(e)

f r m l ف ر م ل
farmala 1 frein

f r n ف ر ن
faran mettre dans le four
furun four
laham furun viande cuite au four

f r w ف ر و
farwa peau
farwit al ên paupière

f z r ف ز ر
afzar courbé(e)
anfazar 1 cambrer
anfazar 2 courir
fazar courber
fazirîn cambrure
fazre un creux
mafzûr courbé(e)
munfazir 1 courbé(e)
munfazir 2 qui s'enfuit

f z z ف ز ز
fazza s'enfuir

f z ؟ ف ز ع
faza' 1 secourir
faza' 2 partir rechercher
faza' 3 secours

f s ḥ ف س ح
alfassah se promener
fusha promenade

f s h̲ ف س خ
alfassax peler
anfasax 1 se décolorer
anfasax 2 devenir riche
fasax rompre le lien matrimonial de la femme
fasaxân annulation du mariage
fâsix 1 détaché(e)
fassax décolorer
fasûxa annulation du mariage
mafsûx séparé(e)
mufassax qui a été pelé
mufassix qui a pelé

f s d ف س د
fasad 1 commettre de mauvaises actions
fasad 2 corrompre
fasâd dépravation
fâsid 1 bon à rien (bonne à rien)
fâsid 2 pourri(e)

f s r ف س ر
fassar expliquer
fassarân explication
tafsîr commentaire coranique

f s q ف س ق
fâsix 2 impie
fusux mensonge

f s l ف س ل
afsal 1 être méchant envers
afsal 2 pire que
fasâla 1 méchanceté
fasil 1 avare

f s w ف س و
abunfisey veuve à dos d'or
fasa 1 péter
fasi pet
fassây qui pète souvent
fasu pet
fissiye queue des volatiles

f š j ف ش ج
faccag écarter les jambes

f š r ف ش ر
fâcar esbroufer
faccâri fanfaron (-onne)
fâcir tribunal
fâcirîn vantardise

f š š ف ش ش
abunfacfâc poumon
amficêfic péripneumonie
anfacca se dégonfler
facca faire dégorger
facca xabintah déverser sa colère sur *qqn.*
faccâci qui sait calmer la colère
facce champignon
faccîn première lessive
mafcûc qui a dégorgé dans l'eau

f š q ف ش ق
ficilig cartouchière

f š l ف ش ل
facal se désengager
fâcil malhonnête

f ṣ ḥ ف ص ح
fasîh éloquent(e)

f ṣ d ف ص د
fassad taillader la peau
fassadân vaccination
fasûd scarifications
mufassad scarifié(e)

f ṣ l ف ص ل
alfâsalo se séparer les uns des autres
alfassal se détacher
anfasal se distinguer
fasal distinguer
fasil 2 saison
fâsil séparation
fasîle groupe
fasilîn séparation
fassal expliquer en détail
fassâli tailleur de métier
fassilîn distinction
mafsal articulation
mafsûl distingué(e)
mufassal découpé(e)
mufassil qui découpe le tissu
munfasil distingué(e)
tafsîl séparation
waja' al mafâsil rhumatisme

f ṣ y ف ص ي
fasa 2 jeu d'osselets

f ḍ ḥ ف ض ح
anfadah avoir honte
fadîhe honte

f ḍ ḫ ف ض خ
fadîx frais (grain de sorgho)

f ḍ ḍ ف ض ض
fudda argent (métal)

f ḍ l ف ض ل
afdal meilleur que
alfaddal avance !
faddal 1 rester en surplus
faddal 2 accueillir *qqn.*
faddâli accueillant(e)
fadîl éminent(e)
fadle reste de nourriture
fadul grâce à
mufaddil restant(e)

f ḍ w ف ض و
alfadda se vider
faday cour
fadda 1 décharger un véhicule
faddîn fait de vider
faddiyîn 1 déchargement
fâdi libre
mufaddi qui vide

f ṭ r ف ط ر
fatar prendre le petit déjeuner
fâtir 1 canine
fâtir 2 vieux
fâtir 3 prendre le petit déjeuner
fatrên onzième mois de l'année lunaire
fattar offrir le petit déjeuner
fatur dixième mois de l'année lunaire
fatûr petit déjeuner
fitir rupture du jeûne
futra aumône

f ṭ s ف ط س
fatîs crevé(e)
fitis crever

f ʕ l ف ع ل
fa'al faire
fi'il acte

f q ' ف ق ء
fagga' éclore
figê'e bulle à la surface de l'eau

f q d ف ق د
alfaggad s'informer de *qqn.* d'absent
badal fâgid par intérim
fagad égarer
faggad contrôler une absence
fâgid qui a perdu *qqch.*
fâgid agul simple d'esprit
fâgid amal chômeur(-euse)

f q r ف ق ر
alfaggar se rendre pauvre
alfaxxar se conduire comme un faki
faggar s'appauvrir
faggirîn appauvrissement
fagrân pauvre
fagri pauvre
fagur pauvreté
faxîr faki
figêri pauvre
figêriye nom d'une coiffure tressée
fuxûriye science du faki
mufaggir pauvre

f q s ف ق س
faggas se pencher

f q ṣ ف ق ص
faggûs concombre
faggûs al kulâb nom d'une herbe

f q h ف ق ه
faki faki

f k r ف ك ر
alfakkar se rappeler
fakar faire attention à
fakkar penser
fikir pensée
fikra idée
mufakkir qui pense

f k k ف ك ك
alfâkako se libérer
anfakka s'ouvrir
fakak luxation
fakka 1 ouvrir
fakka 2 monnaie
fakkak décapsuler
fakkâk clé
mafakk clé
mafkûk ouvert(e)
mufakkak écarté(e)

f k h ف ك ه
fâkihe fruit

f l t ف ل ت
anfalat céder
falat 1 forcer un cadenas
falat 2 ne pas venir au rendez-vous
fallat ouvrir de force
fallitîn fait de forcer

f l j ف ل ج
falaja espace entre les incisives
fallaj avoir un écartement des incisives

f l ḥ ف ل ح
fâlih dynamique

f l s ف ل س
falas pauvreté
fallas appauvrir (s')
fulûs monnaie
mufallis pauvre
muflis pauvre

f l ṣ ف ل ص
ambalas s'échapper
balas lâcher
ballas arracher de force

f l q ف ل ق
anfalag s'ouvrir
falga plaie
fallâgi bûcheron

f l k ف ل ك
falaka gland (extrémité de la verge)
falakit al humar nom d'un champignon

f l l ف ل ل
falfal gonfler
falla 2 se défiler
filfil poivre

f l n ف ل ن
filân tel(le)

f l w ف ل و
danab al falu nom d'une herbe
falu poulain
falwa pouliche
filew jeune poulain
filêwe jeune pouliche

f l y ف ل ي
falla 1 étaler
falla 3 épouiller
fallay qui épouille
fallayân épouillage

f n j n ف ن ج ن
finêjîl petit verre à thé
funjâl verre

f n d ف ن د
fanad distinguer
fannad distinguer
fannidîn distinction

f n d q ف ن د ق
bundug fusil
fandôk croupe arrondie
finêdig petit mortier
fundug mortier
ga'ar al bundug crosse du fusil

f n n ف ن ن
alfannan s'appliquer
fann technique
fannan s'appliquer
fannâni chanteur
fanni technicien

f n y ف ن ي
fana' mort

f h d ف ه د
fahad guépard

f h q ف ه ق
anfahag avoir un traumatisme crânien
mafhûg qui a subi un traumatisme crânien

f h m ف ه م
alfâham s'entendre
anfaham se comprendre
fahham 1 faire comprendre
fahîm intelligent(e)
fâhim intelligent(e)
fihim 1 comprendre
fihim 2 intelligence
mafhûm compris(e)
mufâhama compréhension
mulfâhimîn qui s'entendent mutuellement
tafâhum compréhension

f w t ف و ت
fât partir
fawwat 1 faire passer sur
fawwat 2 être enceinte
fâyit passant
fiwwête fait de partir
fôt dépassement
fôtîn départ
mufawwite en début de grossesse

f w r ف و ر
amfawwâra biceps
fâr 1 bouillir
fâr 2 gonfler
fâr 3 perdre une partie de cartes
fawwar faire bouillir
fawwâr effervescent(e)
fawwirîn fait de bouillir bouillir
fâyir bouillant(e)
fôra 1 ébullition
fôra 2 fin du jeu
fôrîn ébullition
mufawwar bouilli(e)

f w z ف و ز
fâyiz vainqueur
fâz obtenir *qqch.*

f w ḍ ف و ض
alfâwado trouver un compromis
fâwad discuter
fawda désordre
mufâwada entretien

f w ṭ ف و ط
fûta napperon brodé

f w q ف و ق
fôg sur

f w l ف و ل
anfûla douleur articulaire
fûl arachide
fûl gawi pois de terre

f y h̲ ف ي خ
amrifeyyix nom d'une fourmi rouge

f y d ف ي د
alfayyad bénéficier
fâd être utile
fâyde profit
istafâd tirer profit
mustafîd qui trouve utile
mustafîda qui a vu la lune à son premier croissant

f y q ف ي ق
fâx revenir à soi

f y l ف ي ل
fîl éléphant

ق

q b b ق ب ب
amgabbe couleur de l'encolure
gabbe encolure

q b r ق ب ر
gubra ventouse en verre
maxbara cimetière
xabur tombe

q b ḍ ق ب ض
algabbad prendre feu
angabad se faire prendre
gabad empoigner
gabbad 1 allumer
gabbad 2 prendre au piège
gabbad 3 prêter
gabbâd qui prend vite feu
magbûd empoigné(e)
mugabbad 1 consumé(e)
mugabbad 2 pris(e)
mugabbad 3 confié(e)

q b l ق ب ل
algâbalo se trouver face à face
bakân lê bakân gabul parfois
gabal 1 de l'autre côté
gabal 2 reliquat d'argent
gâbal rencontrer
gabbal rapporter
gabbilîn retour
gabîl adversaire
gabîle 1 tribu
gabîle 2 élément d'une paire
gâbilîn fait d'être mis en face de
gabul avant
gibêl auparavant
gibil accepter
gible direction de la Ka'aba (la Mecque)
gubâl premier croissant de lune
gubbâl avant
gubbâl ma avant que
istaxbal recevoir
istixbâl accueil
magbûl accepté(e)
mugabbil qui revient
mugâbil face à
mulgâbilîn qui se sont rencontrés
mustaxbal futur
xibil accepter

q t d ق ت د
kadâd nom d'un arbre

q t l ق ت ل
katal tuer
kâtal agoniser
kâtil meurtrier (-ère)
kâtilîn agonie
katilîn meurtre
kattal 1 massacrer
kittêle meurtre
maktûl tué(e)

q ḥ ḥ ق ح ح
gahha tousser
gahhah faire tousser
gahhân le fait de tousser
guhha toux

q d ḥ ق د ح
abungadah tortue
gadah bol en bois

q d d ق د د
algaddad se trouer
angadda se percer
gadd 1 trou
gadd 2 à la place de
gadd al adân conduit auditif
gadd al ibre chas (de l'aiguille)
gadd al manxar narine
gadda 1 percer
gaddadân fait de percer
gaddîn fait de trouer
gidêd petit trou
magdûd troué(e)
mugaddad percé(e)

q d r ق د ر
angadar se trouver capable de
gadar même quantité
gadâr selon
gâdar comparer
gaddar permettre
gâdir capable de
gadrên pareil (-eille)
gâdriye nom d'une coiffure de femme
gadur même mesure que
gidêre un peu de force
gidir 1 pouvoir
gidir 2 grande marmite
gidrêc ? quelle quantité
gudra force
kadar 1 le temps que
kadar 2 que
mixdâr quantité
muxaddar prédestiné(e) à
xadar 3 destin

q d s ق د س
muxaddas sanctifié(e)
xaddas adorer

q d m ق د م
algaddam avancer
amtigidim biche-cochon
bugdum grande hyène tachetée
gadam pas (le)
gaddam 1 présenter
gaddam 2 passer devant
gaddam 3 abîmer
gaddimîn al-salâm demande en mariage
gaddûm bouche
gadîm vieux (vieille)
giddâm 1 devant
giddâm 2 sexe
giddâmi qui est en avant
gidêdîm petite bouche
gidim s'user
min hini lê giddâm dorénavant
mugaddam qui est mis devant
mugaddim qui est devant
mutaxaddim avancé(e)
muxaddam lieutenant-colonel
muxaddima introduction
tagaddum progrès
tagdîm avance
taxaddum progrès

q <u>d</u> f ق ذ ف
gaddaf vomir
gadîf vomissement

q r ʼ ق ر ء
gara lire
gâri qui a étudié
garra 1 enseigner
garrâ' anneau
giray étude
girrêye étude
Xur'ân Coran

q r b ق ر ب
agrab 2 plus proche
agrabûn parenté
angarêb lit en corde
angurba piéton
gârab s'approcher de *qqn.*
garîb près
garrab se rapprocher
garrâbi qui marche à pied
girbe 1 outre
girbe 2 bedaine
girbe 3 mollet
taxrîban environ

q r ḥ ق ر ح
garrah vacciner
garrahan vaccination
gurâh vaccin

q r d ق ر د
gardûd lit d'un petit oued

q r r ق ر ر
amgurâra dernier-né
garra 2 avouer
garray anneau
garwa vent violent
istixrâr sécurité
muxarrir décideur
xarâr décision
xârra continent
xarrar décider

q r s ق ر س
garas cailler (lait)

q r š ق ر ش
garrac 1 gagner de l'argent
girêsât petits sous
gurus argent
mugarric 1 qui a gagné de l'argent
Xurâyc Quraych

q r ṣ ق ر ص
angurrâsa nom d'une fourmi
garras pincer fortement avec les ongles
garrisîn pincement
garse pincée

q r ḍ ق ر ض
abungurdân 1 tique
amgirêdûn bergeronnette
garad 1 pincer
garrad 1 couper en rondelles
garrad 2 serrer (les boulons)
garrâda grand poignard
girêd sucre en morceaux
gurd al-cadar 1 lérot
gurd al-cadar 2 mauvais sort
karkad grignoter
mugarrad 1 coupé(e) en rondelles
mugarrad 2 bien boulonné(e)

q r ẓ ق ر ظ
akal garad se fourrer dans le pétrin
garad 2 nom d'un arbre, gonakié
garad Makka nom d'un arbre
garadi violet (-ette)

q r ʕ ق ر ع
angara' faire attention
angara 1 qui est lisible
gar'a grande calebasse

q r f ق ر ف
algaryaf se trouver en manque d'excitant
amgirfe pangolin
garyaf provoquer le manque
gifir écorce
girfe cannelle
girif écorce
mugaryif qui se trouve en manque d'excitant

q r q r ق ر ق ر
gargar 1 creuser
gargar 2 ronfler (feu)
gargarân 1 fait de creuser
gargarân 2 rugissement du lion
gargura affection respiratoire du cheval

q r q š ق ر ق ش
gargac manger sans sauce
gargâc sans sauce

q r m ق ر م
garam nostalgie
garmân nostalgique
girim désirer la présence de *qqn.*
gurma généalogie

q r n ق ر ن
abgarin rhinocéros
garan passer autour du cou
garne encerclement
gerin 1 corne
gerin 2 siècle
girên petite corne
magrûn attaché(e)
mugrân entrave

q r n f ق ر ن ف
gurunful girofle

q r y ق ر ي
xarya village

q s m ق س م
algâsamo se partager
angasam se partager
gasam partager en deux
gassam distribuer
gassimîn distribution
gisim part
gisma destin
magsûm divisé(e)
mugâsam partagé(e)

mugâsim qui fait le partage
mugassam partagé(e)
mugassim qui a distribué(e)
mulgâsimîn qui se sont divisés
xisim partage

q s y ق س ي
gâsi difficile

q š d ق ش د
gicâde crème du lait

q š r ق ش ر
gaccar éplucher
gaccirin épluchage
gicir peau
mugaccir qui a pelé

q š š ق ش ش
abgacca bijou pour le nez
angacca être balayé(e)
gacca 1 balayer
gaccac faire balayer
gaccâci balayeur (-euse)
gaccîn balayage
gacgac balayer
gecc herbe
magcûc balayé(e)
mugcâce balai

q š ṭ ق ش ط
gaccat épiler les cheveux non tressés
gaccitîn épilation des cheveux non tressés
gicta pomme cannelle

q ṣ b ق ص ب
gasab roseau

q ṣ d ق ص د
gasad viser
ixtisâd économie
ixtisâdi économique
maxsûd but à atteindre
muxassid qui est d'accord
xâsid qui a l'intention de
xasîda poème
xassad accepter

q ṣ r ق ص ر
amgisêyrûn nom d'une réjouissance
gasir étage
gassar diminuer
gassâri court(e)
gassirîn diminution
gisêyar 1 petit(e)
gisêyar 2 huitième mois de l'année lunaire
gusur petitesse
mugassir qui manque à

q ṣ ṣ ق ص ص
abgassâs syphilis
abungassâs nom d'un termite
gassa couper
gassas cisailler
gassîn coupe
gusgus jeune pousse
gussa tresse frontale
magass paire de ciseaux
sukkar gass morceaux de sucre

q ḍ m ق ض م
giddêm nom d'un arbre

q ḍ y ق ض ي
gadda 2 rester là
gâdi juge
gadiye jugement

q ṭ r ق ط ر
gatara pommade auréomycine
gutrân goudron

q ṭ ṭ ق ط ط
gitt chat sauvage

q ṭ ʿ ق ط ع
algatta' se couper
angata' se couper
diwêdi mugatta' nouilles
gata' 1 couper
gata' 2 calomnier
gata' cerî'e rendre un jugement
gati' coupe
gâti' traversant
gatî'e diffamation
gati'în fait de couper
gatta' couper en menus morceaux
gattâ'i 1 médisant
gattâ'i 2 en détail
gatti'în coupure
git'e coupon
ka'ak mugatta' sorte de beignet
magta' gué
magtu' coupé(e)
magtu' târi inconnu(e)
mugâta'a coupure

mugatta' coupé(e)
mugtâ' de l'autre côté
muxâta'a circonscription (électorale)

q ṭ n ق ط ن
gêtân cordon
gutun coton

q ʕ d ق ع د
agôd somme d'argent
ga''ad héberger
ga''âda siège
ga'ad être là
ga'ad be hêlah se redresser sur sa couche
ga'ad tihit s'asseoir
ga'âda tabouret
ga'adân station
gâ'id il est là
ga'ûd chamelon
gi''êde fait d'être là
gu'âd fait de rester
mag'ad 1 fait de rester en un lieu
mag'ad 2 foyer
xâ'ida base

q ʕ r ق ع ر
ga'ar fondement
ga'ar al bundug crosse du fusil

q f t ق ف ت
kabtâni habit

q f r ق ف ر
gafgar se dessécher

q f ṣ ق ف ص
gafas cage en fer

q f ṭ ق ف ط
guftân caftan

q f f ق ف ف
algôfaf se donner de importance
angâfay chapeau de paille
gifêfe petit couffin
gôfaf se gonfler
gôfâf fait de se gonfler
gôfâfi orgueilleux
guffa couffin

q f l ق ف ل
angafal se fermer
gafal 2 nom d'un arbre
gaffal cadenasser
gâfil qui est fermé(e)
gafilîn fait de fermer
gifêl petit cadenas
guful cadenas
magfûl fermé(e)
mugaffal qui a été fermé(e)
mugaffil fermant

q f w ق ف و
angafa satisfait(e)
gafa sur le dos

q l b ق ل ب
angalab se retourner
darbit galib palpitations cardiaques
galab verser
gâlab regrouper un troupeau
galba pommade
galib coeur
gâlib moule
galib abyad gentillesse
galib azrag méchanceté
galib mu'allag inquiet(e)
gâlibîn transvasement
ingilâb coup d'État

q l d ق ل د
gallad soupçonner

q l ʕ ق ل ع
gala' arracher

q l f ق ل ف
axlaf non circoncis

q l q l ق ل ق ل
galaga testicule

q l l ق ل ل
agalla en moins de
angalla se soulever
galgal soulever légèrement
galgâl margouillat
galîl manquant de, peu
galla 1 soulever
galla 2 diminuer
gilayyil court(e) et mince
gill manque
gôlal hausser
istaxalla être indépendant
istixlâl indépendance
mustaxill souverain(e)

q l m ق ل م
abgâlum cowdriose
algallam se détacher
galam 1 couper
gallam couper en morceaux
maglûm dont un morceau a été coupé
muglâm gros bâton
xalam calame

q l w ق ل و
gala frire
magli frit(e)

q m ḥ ق م ح
gameh blé
gamhân bredouille
gimih être lésé(e)

q m d ق م د
amgandiye de force

q m r ق م ر
gamar lune
gamar bôba éclipse de lune
gamâri 1 bois odoriférant
gammar 1 jouer au poker
gammar 2 s'évanouir
gammâri joueur de poker
gimri petite tourterelle
gumâr jeu d'argent
gumur goitre
mugammir qui a un goitre

q m š ق م ش
angumâji habit
gumâc tissu
gumâji vêtement long

q m ṣ ق م ص
gammas être habillé(e) de neuf

q m ʕ ق م ع
gîm petits insectes volants

q m l ق م ل
gammal avoir des poux
gamul pou
margad al gamul occiput
mugammil qui a des poux

q n b l ق ن ب ل
amgunbul gourde en calebasse
xunbula obus

q n t ق ن ت
ganat soupirer fortement

q n d l ق ن د ل
gandal étirer le cou
gandûl épi
gandûl mappa baguette de pain
gandûl sigrêt une cigarette

q n ṣ ق ن ص
ganas chasser
ganîs chasse
gannâsi chasseur (-euse)

q n ṭ r ق ن ط ر
gantûr termitière

q n ʕ ق ن ع
alganna' se voiler
ganna' compenser
guna' voile couvrant la tête

q n f d̲ ق ن ف ذ
abungunfut hérisson à ventre blanc

q n q š ق ن ق ش
amgangûs position assise
gangas 1 s'accroupir
gangas 2 asseoir l'enfant
gangâs en position assise

q n n ق ن ن
tiginn comme
xânûn loi

q n w ق ن و
gana bambou

q h w ق ه و
gahawi couleur du café
gahwa café

q w b ق و ب
gûb teigne
gûba teigne

q w d ق و د
angâd être conduit(e)
gâd amener avec la main
xâ'id chef d'État-Major
xiyâda commandement

q w r ق و ر
gûru grigri

q w z ق و ز
fâr al gôz rat des champs
gôz terrain sablonneux
Gôz Bêda Goz-Beida

q w q ق و ق
kâka caqueter

q w l ق و ل
angâl se dire
gâl dire
gâwal 1 mentir
gâwal 2 discuter le prix
gawwâl rapporteur (-euse)
gôl un dire
guwâl contrat oral
guwâle calomnie
mugâwala contrat
mugâwil entrepreneur

q w m ق و م
gamma se lever
gamma be tûlah se mettre debout
gamma fôg se lever
gamma min al-nôm se réveiller
gammîn fait de se lever
gawwam réveiller
gawwamân réveil
gâyim en train de se développer
gâyme épaule (animal)
gîma viande hachée avec des macaronis
giyâm départ
gômîn départ
gûmiye goumier
xâm commencer la prière
xîma valeur
xiyâma 1 résurrection
xiyâma 2 père adoptif
xôm gens

q w n ق و ن
gôni marabout

q w y ق و ي
abungawi nom d'un arbre
alxawwo se renforcer
fûl gawi pois de terre
gawi fort(e)
gaww 1 nom d'une herbe
gaww 2 guérisseur
gawwa affermir
gu' force
gûyi nom d'une bière de mil
mugawwi fortifiant(e)
muxawwi fortifiant
xuwwa 2 force

q y d ق ي د
abgêd boiterie
abgiyêdât boiterie
gayyad entraver
gêd entrave
mugayyad entravé(e)

q y s ق ي س
gâwas mesurer
gâwâsi mesureur
gâwisîn mesure
giwâs mesure
magâs mesure
mugâwas mesuré(e)

q y l ق ي ل
gayle midi
gayle tcakkâka en plein midi
gayyal passer le temps de midi
gayyilîn passer le temps de midi
magîl activité aux alentours de midi

ك

k ' s ك ء س
kâs 2 calebasse
kâs 3 coupe
kiyês petite calebasse

k b b ك ب ب
kabâb plat de foie en sauce
kabba 1 extraire la boule
kabba 2 insulter

k b t ك ب ت
kabbût capot
kabbût absûf manteau de fourrure

k b d ك ب د
kabdi marron foncé
kibde foie
kibêde petit foie

k b r ك ب ر
akbar plus grand
catte kubâr poivron rouge
daha kabîr fin de la matinée
istakbar être orgueilleux
istikbâr vanité
kabbar 1 faire grandir
kabbar 2 dire la grandeur de Dieu
kabbirîn exaltation de Dieu
kabîr grand(e)
kibêyir grandelet (-te)
kibir grandir
kubri pont
kubur vieillesse
kubûriye pouvoir
mukabbarât verres correcteurs
mukabbir 1 grossissant(e)
mukabbir 2 disant la grandeur de Dieu
mustakbir vaniteux (-euse)
usur kabîr fin d'après-midi

k b r t ك ب ر ت
kabrat préparer la peau
kibrît allumettes

k b s ك ب س
alkâbaso se jeter sur
kabas se jeter sur
kabbâsa porte-vêtements

k b š ك ب ش
kabic bélier
kabic al hajar mouflon à manchettes
kibêc jeune bélier

k b y ك ب ي
bakiyîn pleurs

k t b ك ت ب
ankatab s'écrire
katab écrire
katib écriture
kâtib écrivain
katibîn inscription
kattab faire écrire
kitâb livre
kitâbe inscription
kitâbi homme du Livre
kittêbe fait d'écrire
maktab bureau
maktûb écrit(e)

k t t ك ت ت
katkat 1 papier
katkâti changeur de monnaie

k t r ك ت ر
kitir abyad nom d'un arbre, gommier
kitir azrag nom d'un arbre, gommier

k t f ك ت ف
kattaf 1 croiser les bras
kattaf 2 retrousser les manches
kitif épaule
mukâtafa entraide
mukattaf qui a les bras croisés
mukattif croisant les bras

k t l ك ت ل
alkâtalo s'entre-tuer
ankatal 1 être tué(e)
ankatal 2 bien s'habiller
kattal 2 fermer la bouche et les yeux d'un agonisant
kutula ambiance de fête
maktal 1 agonie
maktal 2 point névralgique du corps

k t m ك ت م
katam taire
kâtim silencieux (-euse)

k ṯ r ك ث ر
aktar beaucoup plus
ciya katîr un peu plus
katara multiplicité
katîr nombreux (-euses)
katîr bilhên trop
katîr ke grande quantité
katîr min la plupart
kattar multiplier
kattirîn multiplicité
kitir 1 se multiplier
kutur grande quantité de

k j l ك ج ل
kijêl collier

k ḥ l ك ح ل
alkôl alcool
kahhal mettre du khôl
kuhul khôl
kuhuli bleu noir
makhala flacon de khôl

k d d ك د د
humâr kadâde âne sauvage
kadâd nom d'un arbre
kadâde brousse
kâdd errant(e)
kadda 1 croquer
kadda 2 marcher
kaddâd 1 croqueur (-euse)
kaddâd 2 promeneur (-euse)
kaddân grignotement
karkad grignoter
makdûd rongé(e)

k d r ك د ر
kadâr traînard(e)

k d s ك د س
kaddas s'assoupir
kaddisîn dodelinement
kadîs chat
mukaddis qui somnole

k d̲ b ك ذ ب
kaddab contredire
kaddâb menteur (-euse)
kiddêbe parole en l'air
kidib 1 mentir à *qqn.*
kidib 2 calomnier
kidib 3 rapporter des renseignements
kidib 4 mensonge
mukaddib celui qui dément

k r b ك ر ب
alkârab se cramponner à
alkarrab s'attacher à
ankarab se laisser prendre
barkab cailler
karab 1 saisir
karab 2 tenir son foyer
karab râsha se fiancer
karab rijilah ne plus rendre visite à *qqn.*
karab wijhah se crisper
karib fait de saisir
kârib saisissant(e)
karibîn prise
karibîn râs demande en mariage
karrab 1 attraper plusieurs fois
karrab 2 confier
karrab 3 allumer (le feu)
karrab 4 transmettre une maladie à *qqn.*
karrâb ceinture en toile
karribin attraper plusieurs fois
kirêb nom d'une herbe, fonio sauvage
kirrêbe mauvaise saisie
kurbo cage à poules
laban mubarkab lait caillé
mukarrab pris(e)
mulkârib assidu(e)

k r b j ك ر ب ج
kurbâj couteau de jet

k r b l ك ر ب ل
karbalo cuvette en terre

k r d ك ر د
amkurrôdo rhinite
karat ke complètement
kurkud complètement chauve

k r r ك ر ر
karkâr huile parfumée
karr 2 partez !
karra 1 rugir
karrar répéter
karrîn 2 rugissement
kura fois

k r z ك ر ز
karas 1 se cacher
karas 2 indiscrétion
karrâs curieux (-euse)

k r s ك ر س
karras cahier
kursi chaise

k r s ʕ ك ر س ع
mukarsa' infirme

k r š ك ر ش
abkirce ventru(e)
abkiric ventru(e)
kirce estomac
mukarcam ridé(e)

k r š m ك ر ش م
karcam froisser
karcamân froissement
mukarcam ridé(e)

k r ʕ ك ر ع
kura' pied
kura'-kura' soupe de pieds de vache

k r f s ك ر ف س
karfas froisser

k r k r ك ر ك ر
karkar dégager les voies respiratoires
karkâri qui sait dégager la gorge
karkirîn dégagement de la gorge
karkôra obstruction de la gorge
karkûr cavité dans un arbre

k r k m ك ر ك م
kirêkimme os saillant d'une articulation
kurkum safran indien

k r m ك ر م
abkurum ventru(e)
amkaramkaram nom d'une herbe
amkurum 1 karité
amkurum 2 gésier
ikrâm respect
karâma 1 respect
karâma 2 par générosité pour Dieu
karâma 3 mois de la naissance du Prophète
karîm 1 généreux (-euse)
karîm 2 noble
karram respecter
kurum 1 très noir
kurum 2 largesse
mukarram respecté(e)

k r m d ك ر م د
kurmud nom d'un arbre

k r n k ك ر ن ك
kurnuk hangar

k r h ك ر ه
karha malheur
kirih haïr
makruh abominable

k r w ك ر و
amkûru nom d'un poisson
karkaw berge
kura fois
kûra ballon

k r y ك ر ي
kara embaucher comme berger
keri ouvrier
kuray palefrenier

k z m ك ز م
kazama nez petit

k s b ك س ب
kasbân gagnant(e)
kasîbe pillage
kasibîn profit
kassab faire bénéficier *qqn.*
kisib gagner
maksab bénéfice

k s b r ك س ب ر
kusbara coriandre

k s r ك س ر
alkassar se casser
ankasar se casser
kasar briser
kasar jirre ruminer les aliments
kâsar 1 diviser un liquide
kâsar 2 perdre le liquide amniotique
kasir brisure
kâsre qui déjà été mariée
kassar casser en menus morceaux
kassirîn al wijih faire la grimace
kisâr crêpe
kisêre yâbse avare
kisre galette épaisse de mil
kissêre fait de briser
klâc abkasarah nom d'un fusil d'assaut
kussâr morceau de brique
maksûr cassé(e)
mukassar paralysé(e)

k s l ك س ل
alkâsal se fatiguer
kasal fatigue
kaslân fatigué(e)
kassal rendre paresseux
kisil être fatigué

k s w ك س و
ankasa être bien vêtu(e)
kasa revêtir
kiswe vêtement

k š ' ك ش ء
kackâc graillon
mukaccan rôti(e)

k š r ك ش ر
akcar dur(e)
alkâcaro se faire des reproches
amkacarne grenouille
amkacrâne nom d'une plante sensitive
kacara sévérité
kaccar réprimander

kacrân sévère
kicêrân un peu sévère
mukaccir dur(e)

k š f ك ش ف
ankacaf se dévoiler
ikticâf découverte
kacaf contrôler
kaccâfa jumelles pour voir
kacif 1 examen
kacif 2 inventaire
kâcif ouvert(e)
makcûf indécent(e)

k ʕ b ك ع ب
(al) Ka'aba Kaaba
ka'ab 1 talon
ka'ab 2 dur(e)

k ʕ k ك ع ك
ka'ak gâteau cuit au four
ka'ak mugatta' sorte de beignet

k f ' ك ف ء
ankafa se coucher sur le ventre
kafa 2 recouvrir
kafu petit couvercle en vannerie
kufo couvercle conique en vannerie
makfi couvert(e)
munkafi couché(e) sur le ventre

k f t ك ف ت
kufta boulette de viande hachée

k f r ك ف ر
kafar être mécréant(e)
kaffar réconforter
kaffâra 1 expiation
kaffâra 2 c'est expié
kâfir mécréant(e)
kafrân 2 sévère
kâfûr naphtaline
kifir être sévère
kiyêfir petit bandit
kufur blasphème

k f f ك ف ف
amkaff gifle
kaffa 1 ourler
kaffân 1 fait d'ourler
kaffe 1 ourlet
kaffe 2 paume de la main
kuff sabot
kufûfu fleur du mil avant le grain
makfûf ourlé(e)

k f n ك ف ن
kafan linceul
kaffan envelopper le mort dans un linceul
kaffinîn enveloppement du mort dans un linceul
mukaffan enveloppé(e) dans un linceul

k f y ك ف ي
kafa 1 suffire à *qqn.*
kaffa 2 payer
kaffân 2 payement
kâfi suffisant(e)
kifâya en suffisance
mukâfâ récompense

k l ' ك ل ء
kâla assister un malade
kalla 2 chercher de quoi manger
kallayân recherche de nourriture
mukâla soin

k l b ك ل ب
faggûs al kulâb nom d'une herbe
kalb al almi loutre
kalb al harray nom d'une fourmi
kalib chien
kilêb petit chien
kullâba pince
sûf al kilâb trachome

k l ṯ ك ل ث
kalas fort

k l ḥ ك ل ح
kallah fixer des yeux
kallihîn fixation du regard
mukallih qui a le regard envieux

k l f ك ل ف
alkôlaf être fier devant les autres
kalaf devenir pubère
kalîf parenté
kâlif nubile
kallaf coûter
kallafân prise en charge
kilfe pension alimentaire
kôlaf rouler les épaules
kôlâfi orgueilleux (-euse)
kôlifîn fait de se pavaner
kulûfi orgueilleux (-euse)
kulûfiye fait de marcher avec fierté

mukallaf chargé(e) de
mukôlif vaniteux (-euse)

k l k l ك ل ك ل
kulkul nom d'un arbuste

k l l ك ل ل
kall c'est la même chose
kalla 1 être émoussé(e)
kan... kula même si
kull- nous tous
kulla tout(e)
kulla bakân partout
kulla ke tout(e) entier (-ère)
kulla wâhid chacun(e)
kulla yôm chaque jour

k l m ك ل م
alkallam se mettre à parler
kalâm parole
kalima mot
kallam parler
killême petit mot
kilma une parole
mukâlama appel téléphonique
mukallim orateur (-trice)
rabat al kalâm conclure un contrat oral
tculmo leishmaniose
xacum al kalâm porte-parole

k l y ك ل ي
kilwe rein
kula aussi

k m d ك م د
kamad bourrer
makmûd tassé(e)

k m l ك م ل
kâmil entier (-ère)
kammal terminer
kammilîn fin
kimil être terminé(e)
kumâle fin
mukammil achevé(e)

k m m ك م م
kimm manche d'un habit

k m n ك م ن
kamîn embuscade
kammûn cumin noir
kammûniya tripes en sauce

k m n j ك م ن ج
kamanja violon

k m h l ك م ه ل
kambal augmenter
kambilîn accumulation
mukambal entassé(e)

k n b ك ن ب
kanaba banc, table-banc
kumbo haricot noir

k n b š ك ن ب ش
kanfûs cache-sexe féminin

k n t ك ن ت
kanta étagère

k n d ك ن د
kindiye colline

k n d j ك ن دج
dankûj campement provisoire
kantôca pot en vannerie

k n r ك ن ر
kinar bordure du tissu

k n s ك ن س
kanâsa malchance
kannas porter malheur à *qqn.*
kunûs nom donné à la Margaye
maknûs porte-malheur

k n f ك ن ف
kinâfa gâteau roulé et fourré

k n n ك ن ن
kânûn petit brasero
kiwênîn petit brasero

k h r b ك ه ر ب
kahraba électricité

k h n ك ه ن
kahhan prédire l'avenir

k w b ك و ب
kôb récipient pour boire
kôb al arûs nom d'une plante herbacée
kubbay récipient pour boire

k w r ك و ر
amkorkoriyo scarabée noir
kâwar acheter en gros
kawwar être absent
kîr 2 petit groupe autour d'une table
kiwêre petit koro
kôro bol émaillé

k w z ك و ز
kôs 2 pot à eau
kûzi case ronde

k w s ك و س
kâs 1 chercher en marchant

k w ʕ ك و ع
ku' coude

k w k b ك و ك ب
kôkâb lance à barbillons
kôkab planète

k w m ك و م
kawwam entasser
kôm tas
kômîn en grand nombre
kôyam mettre en tas
mukôyam entassé(e)

k w n ك و ن
akûn peut-être
alkawwan se constituer
bakân lieu
bakân lê bakân gabul parfois
bikawna que
bikawnu le que, fait que
kân être
kawwan constituer
kulla bakân partout
mukawwan formé(e) de
takwîn formation

k w y ك و ي
kawa repasser le linge
kawayân cautérisation
kawi cautérisation
kawwây repasseur (-euse)
kayy marque au fer rouge
makwa fer à repasser
makwi repassé(e)

k y r ك ي ر
kîr 1 foyer du forgeron

k y s ك ي س
kîs al almi poche des eaux
kîs al maxadda taie
kwayyis bon

k y f ك ي ف
alkayyaf combler son manque de
kayfiya méthode
kayyaf calmer
kêf 2 manque
kikkêf comment ?
mukayyif climatiseur
mulkayyif soulagé(e) d'un manque

k y l ك ي ل
kâl mesurer un volume
kâyal remplir jusqu'à faire déborder
kayyâl récipient mesureur
kayyâli expert en mesure, mesureur
kêlîn mesure
kôyal remplir à ras bords
kôyilîn fait de remplir à ras bords

ل

l ' m ل ء م
la'îm ignoble

l b ' ل ب ء
libe' colostrum

l b b ل ب ب
lubb intérieur

l b h̲ ل ب خ
labax 1 appliquer l'enduit
labaxân cataplasme
labbax enduire de glaise
mulabbax enduit(e)

l b d ل ب د
allabbad se cacher
amlibbôdo jeu de cache-cache
labbad cacher
labbidîn fait de cacher
libbîd qui cache
libde feutre sous la selle du cheval
mulabbad caché(e)
mulabbid caché(e)

l b s ل ب س

anlabas se porter
labbas habiller
labbâs al xâtim annulaire
labbâsa taie
lâbis habillé(e)
labisîn habillement
libâs vêtement
libbêse habillement
libbîs élégant(e)
libis s'habiller
mulabbas plat de viande enrobée d'oeuf

l b ṭ ل ب ط

xabat-labat aphte

l b k ل ب ك

labak planter
labikîn pilage
malbûk mélangé(e)

l b l b ل ب ل ب

lablab 1 bégueter
lablab 2 peau du cou

l b n ل ب ن

abyad labani blanc cassé
amlibêne nom d'une herbe
laban lait
laban mubarkab lait caillé
labani blanc cassé
labaniye thé au lait
labban avoir du lait
labbâna bonne laitière
libêne petite quantité de lait
lubân nom d'un arbre

l b y ل ب ي

libi qui est à la taille

l j ' ل ج ء

lâji' réfugié(e)
malja' refuge

l j j ل ج ج

lajja faire boire pour la première fois

l j m ل ج م

lajjam mettre le mors
lijâm mors
mulajjam qui a un mors passé dans la bouche

l j n ل ج ن

ablijêne qui a un défaut d'élocution
lajana défaut de prononciation
lajjan abroger
lajna comité
lijêne zézaiement

l ḥ d ل ح د

lahad fosse mortuaire

l ḥ s ل ح س

lahhas corrompre
lahhâs lécheur
lihis lécher

l ḥ q ل ح ق

allâhago chercher à se rejoindre
anlahag se joindre
lahhag faire atteindre
lihig atteindre
mullâhigîn atteints

l ḥ m ل ح م

laham 1 souder
laham 2 viande
laham furun viande cuite au four
lahhâmi soudeur
lahimîn soudure

l ḥ n ل ح ن

lahan insinuations
lahhan faire des allusions blessantes

l ḥ y ل ح ي

lihê liber

l ẖ b ṭ ل خ ب ط

xalbat mêler, mélanger

l ẖ ẖ ل خ خ

laxx pagaille

l ẖ ṣ ل خ ص

mulaxxas abrégé

l ẖ m ل خ م

allaxam s'embrouiller
laxam 1 déranger
laxma chahut
laxxâmi chahuteur (-euse)
malxûm distrait(e)

l d m ل د م
ladam enfiler des perles
maldûm enfilé(e) (perle)

l z z ل ز ز
anlazza se pousser
lazza pousser
lazzâz provocateur (-trice)
lazzîn pression

l z m ل ز م
anlazam se retenir
lazam empêcher de bouger
lâzim nécessaire
lazzam fixer
mulâzim attaché(e) à un service

l s n ل س ن
ablîsân fièvre aphteuse
lîsân langue
lîsân bagara nom d'une herbe

l ṣ f ل ص ف
lâsaf refléter

l ṣ q ل ص ق
allassag s'attacher
lamsag rafistoler
lamsâg rafistolage
lâsig collé(e) à
lassag coller
lassagân collage
lisség nom d'une herbe
mulassag collé(e)

l ṭ h̲ ل ط خ
lattax salir
lattixîn salissure

l ʕ b ل ع ب
la''ab faire danser
la''âb danseur (-euse)
la'abe jeu
lâ'ib joueur (-euse)
li'ib 1 danser
li'ib 2 danse

l ʕ n ل ع ن
man'ûl maudit(e)
na'al maudire
na'île malédiction

l ġ d ل غ د
laxxad faire la nique à

l ġ m ل غ م
laxam 2 gencive

l ġ w ل غ و
laxwas mélanger confusément
laxwâs futilité
luxxa langue

l ġ y ل غ ي
laxa annuler

l f ' ل ف ء
lif'e nom d'une vipère

l f t ل ف ت
allaffat se retourner
laffat tourner
laffatân retournement
munlafit tourné(e)

l f ʕ ل ف ع
laffa' se couvrir
laffi'în revêtement du voile
malfa'a foulard

l f f ل ف ف
laffa tourner
laffay grand voile
laffe tournant
lafîf mal élevé(e)
lafîye tresse
laflaf se promener
malfûf enveloppé(e)

l f q ل ف ق
lafag surfiler
laffâgi qui sait surfiler

l q ṭ ل ق ط
laggat cueillir
laggitîn ramassage
mulaggat ramassé(e)

l q l q ل ق ل ق
ablaglago huppe
lagga 2 laper
laggân 1 goûter sur la langue
laglag bouger
luxlux arrière de la gorge

l q m م ق ل
laggam faire manger doucement
ligêmât petits beignets
lugma bouchée
mulaggam nourri(e)
mulaggim qui donne la becquée

l q n ن ق ل
lagan enseigné(e) par la répétition
laggan faire comprendre
lagganan faire répéter

l q y ي ق ل
allagga recueillir
allâgo se rencontrer
anlaga se trouver
lâga rencontrer
lagga 1 recueillir dans
laggân 2 fait de cueillir
lâgîn accueil
lagiyîn fait de trouver
ligi trouver
ligi idênah avoir du temps libre pour
mulâga accueil

l k k ك ك ل
lakka talonner
lakkak enfoncer
lakkîn talonnade
lukâk argile collante et compacte

l k m م ك ل
lâkam boxer
mulakama boxe
mulâkim boxeur

l k n ن ك ل
lâkin mais

l m s س م ل
allammas toucher
lammas toucher
lams toucher (le)
limis toucher
limmêse fait de toucher doucement
malmûs touché(e)

l m ʕ ع م ل
limi' briller

l m m م م ل
allamma se joindre
bêt al malammât salle de réunion
lamlam assembler
lamma- ne pas concerner *qqn.*
lamma se rassembler
lâmmîn rassemblés (-ées)
lamsag rafistoler
lamsâg rafistolage
lâyam ramasser
lumma réunion
malamm intersection
malamma réunion
malmûm rassemblé(e)

l h ṯ ث ه ل
lâhat délirer
lâhâti qui délirer
lâhitîn délire
luhât délire

l h j ج ه ل
lahja dialecte

l h m م ه ل
lahame coliques
lahham 1 souffrir de coliques
mulahhim qui souffre de crampes abdominales

l h w و ه ل
laha distraire
lahwa perte de temps
munlahi qui se divertit

l w b ب و ل
lubya haricot

l w ṯ ث و ل
allawwas se combler
lawwas recouvrir de glaise
lawwasân le fait d'enduire
mulawwas bouché(e)

l w j ج و ل
allôlaj se balancer
lâj partir se réfugier
lâyij se promenant comme un vagabond
lôje déplacement vers un endroit viable
lôlaj balancer

l w ḥ ح و ل
lâ'iha règlement
lôh planchette

l w ṭ ط و ل
lûti homosexuel

l w q ل و ق
ilig 2 viscosité
lâyûk gluant(e)

l w k ل و ك
lâwak mâcher
luwâk graine de tamarinier

l w m ل و م
lâm blâmer
lôm accusation

l w n ل و ن
lawwan colorier
lôn couleur
mulawwan coloré(e)
xâtif lônên couleur café au lait

l w y ل و ي
abunliwêy nom d'un arbuste
allawlaw s'enrouler
anlawa s'enrouler
lawa enrouler
lawiye maux de ventre
lawlaw enrouler
lâya délayer la farine dans de l'eau
lâyo bouillie très légère
liwa' général
lôla bercer
lôlîn bercement
luwaye tresse
mulawlaw lové(e)
mullawliw qui s'est enroulé(e)

l y f ل ي ف
lîf nom d'une plante grimpante

l y l ل ي ل
ablêle 1 nom d'un arbre
ablêle 2 charbon
lâyal passer la nuit avec une de ses épouses
lêl nuit
lêle nuit (une)
sâr al-lêl nom d'un criquet

l y m ل ي م
axadar lêmûni jaune vert
lêmûn citron

l y n ل ي ن
lân mouiller
layân humidité
layyan mouiller
layyin humide
layyûn nom d'un arbre

م

m ' q م ء ق
mâyig orbite de l'oeil

m ' n م ء ن
mûna 1 approvisionnement
mûna 2 mortier

m ' y م ء ي
mîtên deux cents
miya cent
subûmiya sept cents
suttumiya six cents
tultumiya trois cents
tumunmiya huit cents
tusûmiya neuf cents
urbumiya quatre cents
xumsumiya cinq cents

m t t م ت ت
mattat allonger (s')
mumattit étendu(e)

m t n م ت ن
almattan s'appuyer
matîn solide
mattan 1 fixer solidement
mattan 2 lire un texte sacré

m ṯ l م ث ل
masal exemple
massal représenter *qqn.*
misil comme
mumassil représentant(e)
tamsîliya théâtre

m j n م ج ن
majjân gratuitement

m ḥ q م ح ق
mahag diminuer la valeur
mamhûg prodigue

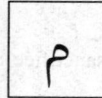

m ḥ n م ح ن
amtahan examiner
imtihân examen
mahhan éprouver

m ḥ w م ح و
mihâya eau sanctifiée

m ẖ ẖ م خ خ
muxx cerveau

m ẖ ṭ م خ ط
maxxat 1 s'étirer
maxxat 2 tabasser
maxxitîn étirement

m d ḥ م د ح
madah louer
madih louange du Prophète

m d d م د د
madda tendre vers
mâdda matière
madîde bouillie
mamdûd étendu(e)
mattat allonger (s')
midd nom d'une mesure de volume
mudda durée

m d n م د ن
madani citadin(e)
Madîna Médine
madîna ville
mîdân place publique

m r ' م ر ء
mara femme
(al) mara l kabîre première femme
mara tilfat homme efféminé
mara zarga femme seule au foyer
mirêye femme immature

m r ḥ م ر ح
marah gambader
mârih qui gambade

m r d م ر د
almarrad se révolter
mutmarrid mutin

m r r م ر ر
ammarrâra abats
amrâr force protectrice
iddat marrât plusieurs fois
istamarra durer
marâr peine
marâra amertume
marra 1 faire un tour
marra 2 relire
marra 3 fois
marra wâhid complètement
marrar rendre difficile
mirêr un peu amer
murr 1 amer (-ère)
murr 2 nom d'un arbre
murr lêi ! dur à supporter !
murûr circulation
mustamirr continuel (-elle)

m r s م ر س
almâraso se caresser
marîse bière de mil
marras caresser
marrisîn fait de lisser

m r ḍ م ر ض
marad maladie
mârad faire semblant d'être malade
marad al-nôm trypanosomiase
marad al-sukkar diabète
mardân malade
marrad rendre malade
mirêdân maladif (-ve)
mirid tomber malade

m r ġ م ر غ
marmax se rouler par terre

m r q م ر ق
marag sortir
maragân sortie
marga soupe de viande
margi bélier engraissé
mârig en train de sortir
marrag expulser
mirrêge fait de sortir

m r n م ر ن
mârin doux (douce)
mutamarrin stagiaire

m s ḥ م س ح
almassah se masser
ammasah s'effacer
masah enduire
masâha étendue
masîhi chrétien (-enne)

massah enduire
massâha effaceur
massihîn massage
masuh massage
mumassah enduit(e)
mumassih qui s'est enduit(e)

m s h̲ م س خ
mamsûx fade
masâxa fadeur
mâsix fade
massax affadir

m s k م س ك
dimsik cordon
itmassak prendre au sérieux
masak attraper
masîk école coranique
massak confier
massâka poignée
misik musc
mutmassik s'attachant à

m s w م س و
amis hier
amsêtu bonsoir !
awaltamis avant-hier
awaltamisât les jours passés

m š š م ش ش
macâc moelle rouge
macca 1 essuyer
macîce point d'eau
macmac essuyer
mamcûc effacé(e)

m š ṭ م ش ط
almaccat se coiffer
macat coiffer
maccat tresser les cheveux
maccâta coiffeuse
miccête coiffure
mucât tresse
mucut peigne
mumaccat coiffé(e)

m š q م ش ق
mucuk marc de bière de mil

m š y م ش ي
maca marcher
maca wara suivre
macca 2 faire marcher
maccay bon marcheur (-euse)
maci marche
mâci allant
maciyîn marche
mamca trajet
miccêye marche

m ṣ b م ص ب
musîbe malheur

m ṣ r م ص ر
ammisêrîn peste
masârin buyud entrailles maternelles
Masir Égypte
masri égyptien (-enne)
misêrîn peste bovine
musrân intestin
musrân zâyid appendice

m ṣ ṣ م ص ص
masmas rincer la bouche
massa sucer
massâs homme ou femme vampire
massîn succion

m ḍ ġ م ض غ
anmadax s'écraser avec les dents
madax mâcher
maddâx 1 mangeur (-euse)
maddâx 2 mâchoire
madixîn fait de mâcher

m ḍ y م ض ي
imdâ' signature
mada signer
mamdi signé(e)

m ṭ r م ط ر
matara pluie
matart al fasâd pluie tardive

m ʕ ṭ م ع ط
alma"at être ôté(e)
ma"at arracher l'herbe

m ʕ n م ع ن
ma'ûn récipient

m q r م ق ر
maggar se parfumer d'encens

m k k م ك ك
Makka la Mecque
garad Makka nom d'un arbre

m k n م ك ن
almakkan s'appuyer sur
imkâniya moyen
makkan se fixer
mumkin possible

m l ' م ل ء
anmala se remplir
mala remplir
malân rempli(e) de
mali remplissage

m l ḥ م ل ح
mallah tremper dans la sauce
mileh sel de cuisine
mulâh 1 sauce
mulâh 2 nom d'un arbre

m l h̲ م ل خ
ammulûxiye nom d'une plante
anmalax se faire une entorse
malax se faire une entorse
malix entorse
mallax arracher du tronc (branche)
mamlûx qui a une entorse

m l s م ل س
amalas lisse
mallas lisser
mallasân lissage
millês nom d'un arbre

m l ṭ م ل ط
malat arracher
malatân arrachage
mallat épiler

m l k م ل ك
hasab-al-mulûk nom d'un criquet
malak 1 gouverner
malak 2 ange
malik roi
mallak accorder
mamlaka royaume
mamlûk possédé(e)
muluk pouvoir

m l l م ل ل
malîl soupe de blé
malla mettre sous la cendre chaude
malle cendre chaude
malmal bouger
malmâl ne pas rester dans l'ennui
mamlûl cuit(e) sous la cendre

m n ḥ م ن ح
minha bourse d'études

m n ʕ م ن ع
almanna' s'appuyer sur
mamnû' interdit(e)
mana' 1 interdire
mana' 2 force
mâni' 1 refusant
mâni' 2 fort(e)
mani'în interdiction
manna' s'appuyer sur

m n w م ن و
almanna souhaiter
itmanna souhaiter

m n y م ن ي
munâ souhait

m h r م ه ر
mâhir habile
muhhâra coquillage

m h l م ه ل
mahale doucement

m w t م و ت
bêt al maytîn morgue
fire' al môt sommet de l'arbre
mât mourir
maytam place mortuaire
mayyit mort(e)
môt mort

m w j م و ج
mawja bouton d'une radio
môj vague d'eau
môja longueur d'onde

m w s م و س
amm al mûs nom d'un criquet
mûs rasoir
Mûsa Moïse

m w s r م و س ر
mâsûra robinet

m w l م و ل
mâl richesse
mâli financier
râs-mâl cheptel
rasmâli capitaliste

m w h م و ه
Almâsâgit Massaguet
almi eau
almi azrag eau simple
diyêk al almi bécassine des marais
kalb al almi loutre
kîs al almi poche des eaux
môya eau propre
môya-nâr acide de batterie
sîd al almi porteur d'eau

m y r م ي ر
mayyar payer l'impôt
mîri impôt

m y z م ي ز
mayyaz distinguer
mumayyiz raisonnable

m y ʿ م ي ع
mâ' fondre
mawwa' liquéfier
mawwa'ân fonte
mâyi' liquide

m y l م ي ل
mâyal pencher
mayyal pencher
mumayyal penché(e)

ن

n b ' ن ب ء
anba' 2 presse
nabi prophète
nubuwwa prophétie

n b t ن ب ت
nabat pousser
nabât plante

n b ḥ ن ب ح
nabah aboyer
nabahân aboiement

n b r ن ب ر
banbar banc
binêbir petit tabouret
minbar chaire

n b z ن ب ز
nabaz surnom
nabbaz louer
nabbizîn chanter les mérites

n b q ن ب ق
nabag jujubier
nabag al marfa'în nom d'un arbuste

n b l ن ب ل
nabal battre
nible lance-pierre
nubbâl arc

n b h ن ب ه
intabah faire attention
muntabih éveillé(e)

n t j ن ت ج
antaj produire
intâj production
mantûj produit(e)
muntij productif (-ve)
nataj produire
natîja résultat
nattaj produire

n t r ن ت ر
natar gronder
natarân fait de gronder

n j ḥ ن ج ح
najah réussir
najâh réussite

n j d ن ج د
munajjad 2 prémuni(e)
najjad 3 se prémunir contre

n j r ن ج ر
manjûr creusé(e)
najar sculpter
najirîn sculpture
najjâr sculpteur
najjâra herminette
najjûr écorce ôtée de l'arbre
nijâra sculpture

n j s ن ج س
majûsi animiste
munajjas souillé(e)
najâsa souillure

najjas souiller
najjisîn souillure
nijis impur(e)

n j m ن ج م
najma étoile

n j h ن ج ه
manjûh agité(e)

n j w ن ج و
annajja se nettoyer
munajji sauveur
naja salut
najayân salut
najja 1 sauver de
najja 2 se purifier
niji être sauvé(e) de

n ḥ r ن ح ر
nahar piquer au garrot
nahirîn estocade

n ḥ s ن ح س
annâhas s'entêter
nahâs cuivre
nahâs asfar laiton
nâhas s'entêter
nahâsa entêtement
nihis insupportable

n ḥ ṭ ن ح ط
munâhata halètement
nâhat haleter
nâhatân halètement

n ḥ f ن ح ف
nahîf maigre
nihêfân gringalet (-ette)

n ḥ l ن ح ل
nahale abeille

n ḥ w ن ح و
anha' partout

n h̲ b ن خ ب
antaxab voter
intixâb élection

n h̲ r ن خ ر
abmânxar qui a un nez gros
abnuxnâxa qui nasille
gadd al manxar narine
manxar nez
munaxnix qui nasille
munxar sêf nez droit
naxnax nasiller
nuxnâxa nasillement

n h̲ z ن خ ز
abnâxûs point de côté

n h̲ l ن خ ل
naxal palmier dattier

n h̲ m ن خ م
annaxxam se moucher
naxxam moucher
nuxxâma morve

n d b ن د ب
mandûb 1 membre
mandûb 2 surérogatoire
nadab appeler

n d d ن د د
nadîd du même âge

n d r ن د ر
bandar plant non semé

n d l ن د ل
mindîl fichu
minêdil petit fichu
nadal frapper
nandal être jaloux de
nandâli jaloux (-ouse)
nindilâni jaloux (-se)
nindili jalousie

n d m ن د م
nadâma regret
naddam faire regretter
nadmân regrettant
nidim regretter

n d w ن د و
munâda appelé(e)
munâdâ appel
munâdi qui appelle
nada humidité du sol
nâda appeler
nâdîn fait d'appeler
nadyân humide
nidâ' appel
ta'ab nâdôna petit verre

n d̲ r ن ذ ر
inzâr avertissement

n z z ن ز ز
abnazzâz sol instable
nazza suinter

n z f ن ز ف
nazif hémorragie

n z l ن ز ل
manâzîl esprits (les)
manzal campement provisoire
manzil habitation
nazal descendre
nâzil descendant
nazilîn descente
nazûl descente
nazzal faire descendre
nizzêle petite descente

n s b ن س ب
annâsabo marier ses enfants
munâsab convenable
munâsaba occasion
munâsib 1 convenable
munâsib 2 qui est gendre de
nasab 1 citer son lignage
nasab 2 lien de parenté par la femme
nâsab prendre femme
nasâba belle-famille
nasîb 1 beau-père
nasîbe 1 belle-mère
nisba concernant
waddar jamal nasîbtah nom d'une fourmi

n s j ن س ج
mansaj ouvrage tissé à la main
mansûj brodé(e)
nasaj tisser
nasajân tissage à la main
nasîj tissage

n s h̲ ن س خ
nasax abroger
nusxa exemplaire

n s ʕ ن س ع
mincâx nord
mincâxi septentrional(e)
nacax aller vers le nord
naccax envoyer vers le nord
nâcix qui va au nord
nis'e tresse de cuir

n s q ن س ق
munassix coordinateur (-trice)

n s y ن س ي
mansi oublié(e)
nasa oubli
nasîye eau avec du babeurre
nassa 2 faire oublier
nassay qui oublie vite
nisâ' femmes
nisâ'i féminin
nisi oublier
nissêye petit oubli
niswân femmes

n š ' ن ش ء
incâ' établissement

n š b ن ش ب
nuccâb flèche

n š d ن ش د
nacad interroger
naccâd curieux (-euse)
nacîd hymne

n š d r ن ش د ر
nacâdir ammoniaque

n š r ن ش ر
munaccar entraîné(e)
muncâr scie
naccar échauffer les chevaux
nacra journal parlé

n š š ن ش ش
nacca quitter l'enclos
naccîn envoyer paître

n š ṭ ن ش ط
munaccat fortifié(e)
munaccit fortifiant(e)
nacât activité
naccat stimuler

n š f ن ش ف
naccaf dessécher
nâcif 1 viande cuite dans l'huile
nâcif 2 sec (sèche)
nicif sécher

n š q ن ش ق
annaccag inhaler

n š l ن ش ل
nacal tirer de
nâcal viser au fusil
nâcâli qui vise bien
naccâl voleur à la tire

n ṣ b ن ص ب
mansab poste de responsabilité
nasîb 2 chance
nasîbe 2 mal

n ṣ t ن ص ت
sanat écouter attentivement
sannat écouter
sannâta écouteur

n ṣ ḥ ن ص ح
nasîh bien portant(e)
nasîhe vérité

n ṣ r ن ص ر
annasar gagner
annasran se comporter comme un Blanc
munâsir supporter
nasar gagner
nâsar encourager
nasrâni Européen
nassar prendre le parti de *qqn.*
nisêrâni petit Blanc

n ṣ ṣ ن ص ص
mansûs mis(e) en brochette
munassas embroché(e)
munsâs brochette
nassa 1 embrocher de la viande
nassas faire des brochettes

n ṣ f ن ص ف
nuss moitié

n ḍ j ن ض ج
assârago l-najâda posséder *qqn.*
munajjad 1 bien cuit(e)
najâda ruse
najîd 1 mûr(e)
najîd 2 éveillé(e)
najidîn cuisson
najjad 1 faire cuire
najjad 2 vérifier
najjâda prémices
najjidîn cuisson
najûd maturation
nijid mûrir

n ḍ ḥ ن ض ح
nadah perler (eau)

n ḍ l ن ض ل
munâdil militant(e)
nâdal lutter
nidâl lutte

n ṭ ṭ ن ط ط
annatta pouvoir être sauté(e)
natta sauter
nattat sautiller
natte saut

n ṭ ʿ ن ط ع
nato' couverture en peau

n ẓ r ن ظ ر
intazar attendre
intizâr attente
manzar paysage beau à voir
muntazar qui est attendu(e)
muntazir qui attend
naddâra paire de lunettes

n ẓ f ن ظ ف
munaddaf rendu(e) propre
nadâfa propreté
naddaf nettoyer
naddifîn nettoyage
nadîf propre
tandîf nettoyage

n ẓ m ن ظ م
munazzam ordonné(e)
munazzama organisation
munazzim organisateur (-trice)
nazzam organiser
nizâm organisation

n ʿ j ن ع ج
na'aje brebis

n ʿ s ن ع س
na'sân assoupi(e)
ni'is somnoler

n ʿ l ن ع ل
na'âl sandales

n ʕ m ن ع م
an'am combler de bienfaits
na''am combler de bienfaits
na'am 1 accorder une grâce
na'am 2 oui
na'âm autruche
ni'im vivre dans l'abondance
ni'ma grâce

n ʕ n ʕ ن ع ن ع
nâna menthe

n f h̲ ن ف خ
annafax se gonfler
manfûx gonflé(e)
munâfix hypocrite
nafax souffler
naffâx actionneur de soufflet
naffâxa soufflet en cuir
nafixîn gonflement
nufâx ballonnement

n f d̲ ن ف ذ
munaffaz ordre exécuté
munaffiz exécutant(e)
naffaz exécuter un ordre
naffazân exécution d'un ordre
tanfîzi exécutif (-ve)

n f r ن ف ر
nafar race
naffar 1 se grouper pour travailler ensemble
naffar 2 effaroucher
nafîr groupe de travail

n f s ن ف س
annaffas soupirer
nafas respiration
nafas bârid parler sur un ton bienveillant
nafasa accouchée
naffas respirer
nafis âme
nafis- moi-même
nafsân gourmand(e)
nifisat accoucher
nufâs accouchement

n f š ن ف ش
manfûc peigné(e)
nafac peigner
nafacân peignage
naffâca peigne

n f ḍ ن ف ض
nafad 1 secouer
nafadân fait de secouer
naffad vanner une céréale
naffadân deuxième vannage

n f ṭ ن ف ط
nafad 2 bouton sur la peau

n f ʕ ن ف ع
manfa'a avantage
nafa' 1 servir à
nafa' 2 utilité
nâfi' utile

n f q ن ف ق
nâfax être hypocrite
nafaxa dépenses
nifâx hypocrisie

n f l ن ف ل
nafal prière surérogatoire
naffal prier plus que d'obligation

n q b ن ق ب
naxâba syndicat
naxîb capitaine

n q t̲ ن ق ث
mankût creusé(e)
munakkat creusé(e)
nakat déterrer
nakitîn fait de creuser
nakkat faire des trous

n q ḥ ن ق ح
nagah causer une douleur vive

n q d̲ ن ق ذ
inxâz salut

n q r ن ق ر
ammangûr petit calao
annâgaro se battre
mungâr pierre ronde
nagar frapper
naxar arracher en surface
nigêgîre petit tambour
nuggâra tambour
nuggârit Jamma' verre à thé
nugura trou

n q š ن ق ش
mangûc dépoli(e)
munâxaca discussion
mungâc 1 pince à épiler
nagac gaufrer la meule
naggac faire gaufrer la meule
naggâc pincette à pâtisserie
naggâca pierre à dépolir
nagic gaufrage de la meule
nagicîn fait de dépolir la meule
nâxac parler
naxxac griffer
nixâc discussion

n q ṣ ن ق ص
angas moins que
mangûs diminué(e)
nagas diminuer
nagis fait de diminuer
nâgis incomplet (-ète)
nagîse rabais
nagisîn diminution
naksi short

n q ḍ ن ق ض
annâgado se défaire mutuellement les cheveux
nagad 1 défaire
nagad 2 rouvrir un débat

n q ṭ ن ق ط
mantaxa localité
naggat goutter
nugta point

n q ʿ ن ق ع
naga' macérer
naga'a terrain plat dénudé
naga'at al bâl terrain de football
naga'at al xêl hippodrome
naga'at al-tayâra aérodrome

n q l ن ق ل
annâgal se déplacer
intixâl déplacement
intixâli de transition
mangûl transporté(e)
muntaxil qui s'est déplacé(e)
nagal transporter
nâgal rapporter
naggal faire transporter
naggâl transporteur (-euse)
nagil transport
nagilîn fait de transporter
niggêle transport

n q y ن ق ي
munagga épluché(e)
nagga éplucher les légumes

n k b ن ك ب
mankûb malheureux (-euse)

n k r ن ك ر
istankar être enragé(e)
istinkar rage
munkir négateur (-trice)
mustankir irritable
nakar refuser
nâkir qui refuse
nakirîn fait de nier
nakkar éloigner
nakûr distant(e)

n k s ن ك س
nakkas sauter

n k l ن ك ل
munakkal intimidé(e)
nakkal intimider
nakkalân menace

n m r ن م ر
nimir léopard

n m s ن م س
nâmûs moustique

n m l ن م ل
namlîye grillage fin
nammal 1 avoir un cancer
nammal 2 ressentir des fourmillements
nammâla glaneuse
nammilîn fait d'avoir un cancer
nimle 1 fourmis
nimle 2 cancer

n m n m ن م ن م
namnam acné

n m y ن م ي
tanmiya développement

n h b ن ه ب
nahab piller
nahhâb pillard(e)
nahib pillage

n h r ن ه ر
nahâr jour

n h y ن ه ي
antaha s'achever
muntahi fini(e)
nihâ'i final(e)
nihâya à la fin

n w b ن و ب
nâyib adjoint(e)
niyâba intérim

n w r ن و ر
amniyêre luciole
manâra minaret
môya-nâr acide de batterie
munawwir florissant(e)
nâr 1 briller
nâr 2 feu
nawwar 1 fleurir
nawwar 2 éclairer
nawwirîn éclat
nâyir brillant(e)
niyêre petit feu
nôre éclat
nûr lumière
nuwâr fleur ouverte

n w ʕ ن و ع
nô' genre

n w q ن و ق
nâga chamelle

n w l ن و ل
munâwala offre
munâwil qui donne
nâwal procurer

n w m ن و م
amnawwâma serpent des maisons
ibirt al-nôm anesthésie générale
marad al-nôm trypanosomiase
munawwim somnifère
nâm dormir
nawwam faire dormir
nawwâm dormeur (-euse)
nawwimîn endormissement
nâyim dormant
niwwême petit somme
nôm sommeil

n w n ن و ن
nôna bourdonner

n w y ن و ي
nâya empêcher d'aboutir
niwi avoir le désir
niye volonté

n y ' ن ي ء
annâya se désengager
nâya empêcher d'aboutir
nayy cru(e)

n y t ن ي ت
nâyit côté

n y l ن ي ل
munayyil qui sort de son lit (fleuve
nayyal 1 teindre
nayyal 2 inonder
nîl 1 inondation
nîl 2 teinture

ه

h b b ه ب ب
alhabbab se mettre au courant d'air
habba 2 attiser le feu
habbab éventer
habbâba éventail
habbabt al-Nasâra ventilateur
habûb vent

h b š ه ب ش
habac toucher à
habbâc voleur à la tire
mahbûc volé(e)

h b ṭ ه ب ط
bûti bon marché
habat se calmer
habbat éteindre
habbitîn extinction
habitîn fait de calmer

h b l ه ب ل
istahbal plaisanter
istihbâl plaisanterie

mahbûl insensé(e)
mustahbil rusé(e)

h j d هجد
tahajjud nom d'une prière

h j r هجر
hâjar émigrer
mahajar émigration pour étudier
muhâjiri migrant(e)

h j l هجل
hajjâla femme divorcée non remariée

h j m هجم
hajam 1 attaquer par surprise
hajimîn 1 attaque
hajimîn 2 fait de poser des ventouses

h d ' هدء
hâdi 2 calme

h d b هدب
hidbe troupeau

h d d هدد
hadd 2 sans cesse
hadda 1 abattre
haddad forcer
haddâduk nom d'un criquet
haddidîn menace
tahdîd menace

h d r هدر
hadar faire du bruit
hadîr 1 grondement

h d f هدف
hadaf objectif

h d m هدم
alhardam s'écrouler
hadam détruire totalement
hardam s'écrouler
hardimîn écroulement
mahdûm détruit(e)
mulhardim qui est en ruine

h d n هدن
haddin abattage

h d y هدي
hada donner
hâda 1 diriger quelqu'un
haddây conseiller (-ère)
hadîye cadeau
huda bonne direction
Mahadi 1 homme pieux venant à la fin du monde

h d̲ r هذر
alhâzaro se taquiner
hâzar plaisanter
hizâr plaisanterie

h r b هرب
harab fuir
harrab transporter en cachette

h r j هرج
alhârajo se quereller
haraj gronder
hâraj se disputer
hurâj querelle
muhârij en conflit

h r r هرر
harra déféquer
hurâr excrément
hurâr hadîd mâchefer

h r š هرش
harrac inciter
harrâci agitateur (-trice)
harricîn incitation
muharrac incité(e)
muharric incitateur (-trice)
muhrâc agitation

h r f هرف
muhtarif 2 qui a un métier

h z z هزز
anhazza trembler
hazza secouer
hazzaz agiter
hazzîn agitation

h s s هسس
hasas petit caillou

h š w هشو
haca 1 farcir

h q q هقق
higg jeune chameau (chamelle)

h l j ه ل ج
hajlîj nom d'un arbre, savonnier

h l s ه ل س
hilwês nom d'un mille pattes

h l f ه ل ف
hallûf phacochère

h l k ه ل ك
halâk ruine
hâlik qui conduit à la mort
hallak tomber ensemble
hallikîn chute
hilik anéantir
muhallik qui mène à la ruine

h l l ه ل ل
halla 1 commencer un nouveau mois
hilâl croissant de lune

h m r j ه م ر ج
hamaj en désordre

h m k ه م ك
ahmak coléreux (-euse)

h m l ه م ل
hamala 1 abandon
hâmil 1 abandonné(e)
ihmâl négligence

h m m ه م م
ahammiya nécessité
hamm souci
hamma 1 se soucier
hamma 2 soupçonner
hammam causer du souci à
ihtamma se soucier de
muhimm important(e)

h m h m ه م ه م
hamham faire hum!
hamhâm raclement de la gorge
muhamhim qui se racle la gorge

h n b r ه ن ب ر
hunbur mondaine

h n d ه ن د
Hind Inde

h n d s ه ن د س
handasa géométrie
muhandis ingénieur

h n w ه ن و
hanâ de
hini ici
hinâk là-bas
min hini lê giddâm dorénavant

h w d ه و د
yahûd les Juifs

h w r ه و ر
hawîre crevasse

h w s ه و س
halwas préoccuper
hâyis éveillé(e)
hilwês nom d'un mille pattes

h w š ه و ش
hâc 1 enfler
hawwâc coléreux (-euse)

h w n ه و ن
ahyan plus facile
bilhên très
hân maltraiter
hawân mauvais(e)
hayyan faciliter
hayyin facile
istahyan feindre de ne pas reconnaître *qqn.*
mahâne mépris
mustahyin qui ignore *qqn.*

h w y ه و ي
hâha écarter des volatiles
hâhay éventail
hâhîn fait d'éventer
hawa air
hawîy al-lêl milieu de la nuit
mahâhâ fait de chasser les volatiles

h y ' ه ي ء
haya atelier au bord de la route
iyâl haya réparateurs

h y m ه ي م
hâyim errant(e)
haymân qui cherche à boire ou à manger

و

w b ’ وب ء
waba épidémie

w t d وت د
witid piquet

w ṯ q وث ق
mîsâx pacte

w j b وج ب
wajab incomber
wâjib devoir

w j d وج د
mawjûd être présent
wujûd existence

w j ʿ وج ع
waja' 1 faire mal
waja' 2 mal
waja' al mafâsil rhumatisme
waji' peine
wajja' provoquer la souffrance
wijjê'e problème personnel

w j h وج ه
jabdîn al wijih avoir un air pincé
jâjah perdre sa direction
jiha direction
karab wijhah se crisper
kassirîn al wijih faire la grimace
muttajih aligné(e)
muwajjah destiné(e) à
muwajjih s'orientant vers
talag wijhah avoir un visage souriant
tawjîh orientation
wâjah faire face à
wajh visage
wajjah se tourner vers
wijih visage

w ḥ d وح د
(al) wahîd deuxième mois de l'année lunaire
ahad 1 dimanche
bêt wâhid cours préparatoire
ihdâcar onze
ittihâd union
muttahid uni(e)
mutwahhid uni(e)
muwahhad unique
wahade 2 solitude
wahhad 1 unifier
wahhad 2 proclamer l'unicité de Dieu
wâhid un(e)
wehêd- moi seul(e)
wihda unité

w ḥ š وح ش
tâhac laisser *qqn.* seul
tahace solitude
wahac oryx
wahace solitude
wahaci sauvage
wahhac abandonner *qqn.* dans la solitude

w ḥ l وح ل
alwahhal s'embourber
wahal boue fine
wahlân embourbé(e)
wihil s'enliser

w d r ود ر
muwaddir égaré(e)
wadâr perte
waddar perdre
waddar jamal nasîbtah nom d'une fourmi
waddarân perte

w d ʿ ود ع
wadda 1 déposer
wade' cauri

w d k ود ك
amwidêke nom d'un arbre
wadaka axonge

w d y ود ي
daya payer le prix du sang
diye prix du sang
wâdi oued

w r ’ ور ء
be wara reculer
maca wara suivre
wara derrière
wara-bêt cabinet
warrâni qui est en arrière

w r ṯ ورث
awrâti émigré(e)
muwarras hérité(e)
turâs terroir
waras hériter
wâras partager l'héritage
warasa héritage
warîs héritier
warras faire hériter

w r d ورد
habil warîd artères carotides
mârûd fiévreux (-euse)
mawrid aiguade
muwarrad abreuvé(e)
muwarrid qui va chercher de l'eau
warad aller chercher de l'eau
waradde avant l'aube
warîd artère
wârid allant puiser de l'eau
waridîn fait d'aller chercher de l'eau
warrad 1 donner de la fièvre
warrad 2 envoyer chercher de l'eau
warrad 3 atteindre l'eau
warrad 4 égrener le chapelet
warrad 5 verser de l'argent
warrâd porteur d'eau
warûd fait de chercher de l'eau
wirde fièvre
wirid 1 avoir de la fièvre
wirid 2 invocation pieuse
wirrêde 1 recherche de l'eau
wirrêde 2 petite fièvre

w r r ورر
amwirêwîr nom d'un arbuste
warwar gronder
warwâr agitateur

w r š ورش
warc variante d'une écriture coranique
warcâl feuille (végétal)

w r q ورق
warag 2 feuille
waraga 1 papiers
warga amulette

w r k ورك
muwarrik assis(e) en amazone
tiwirrik position assise
warrak s'asseoir en croisant les jambes
warrikîn fait de s'asseoir jambes croisées
wirik cuisse

w r l ورل
waral absôt varan
waral al gôz iguane des sables

w r m ورم
abuwarama charbon symptomatique
kôram avoir un oeil enflé
muwarram enflé(e)
muwarrim qui enfle
warama enflure
wârim enflé(e)
warram enfler
warrimîn enflure
warûm enflure due à un coup
wirim enfler

w r y وري
mu'ôra annonce
mu'ôri transmetteur
ôrîn communication

w z r وزر
wazâra ministère
wazîr ministre

w z ʿ وزع
wazza' distribuer

w z n وزن
mawzûn 1 pesé(e)
mawzûn 2 ne pas avoir toute sa tête
mîzân balance
wazan peser
wazin 1 tissu léger
wazin 2 poids
wazinîn fait de peser

w s ẖ وسخ
wasax saleté
wassax salir (se)
wasxân sale

w s d وسد
alwassad se reposer sur un coussin
muwassid appuyé(e) sur un coussin
wassad s'appuyer sur un coussin
wassâde coussin

w s s وسس
waswas parler à voix basse
waswisîn chuchotement

w s ṭ وس ط
Afrîxiya l wusta Centrafrique
mutwassit moyen (-ne)
ustâni au milieu
usut au milieu
wassat établir une médiation
wâsta intermédiaire

w s ʕ وس ع
muwassa' élargi(e)
wasî' large
wassa' élargir
wassa'ân élargissement

w s m وس م
mawsûm marqué(e) d'un signe
wasim marque
wassam marquer

w ṣ f وص ف
muwassaf indiqué(e)
sife en sa qualité de
wasif 1 indication
wassaf montrer
wassifîn indication

w ṣ l وص ل
alwâsalo se rendre visite
ittisâl communication
mulwâsilîn en contact
muwâsala télécommunication
wâsal rendre visite
wasla ajout
wassal faire parvenir à
wisil atteindre

w ṣ y وص ي
wasiye conseil
wassa conseiller

w ḍ ' وض ء
alwadda faire ses ablutions
wadda 2 faire ses ablutions
wadday cuvette en terre pour les ablutions
wadu' ablutions

w ḍ ḥ وض ح
tawdîh éclaircissement
waddah éclaircir (s. fig.)
wâdih clair(e) (s. fig.)

w ḍ ʕ وض ع
mawdû' objet de discussion
wada' mettre bas
wadi'în accouchement

w ṭ ' وط ء
mawtânî méridional(e)
mu'ôti qui va en direction du sud
ôta aller vers le sud
wata temps
wati sud
watyâni méridional(e)

w ṭ n وط ن
muwâtin citoyen (-enne)
watan patrie
watani national(e)

w ṭ w t وط وط
abunwatwât chauve-souris
watwât chauve-souris

w ẓ b وظ ب
muwaddab dressé(e)
wadab éducation
waddab éduquer
waddâb éducateur (-trice)
waddibîn éducation

w ẓ f وظ ف
alwazzaf se placer
muwazzaf fonctionnaire
tawzîf nomination à un poste de fonctionnaire
wazîfa responsabilité
wazzaf responsabiliser
wazzifîn fait de devenir fonctionnaire

w ʕ d وع د
alwâ'ado se fixer un rendez-vous
maw'id rendez-vous
muwâ'ad à qui l'on a fixé un rendez-vous
muwâ'id convoqué(e)
wa'ad rendez-vous
wâ'ad donner un rendez-vous
wâ'idîn prendre rendez-vous

w ʕ r وع ر
wa'ar brousse inhabitée

w ʕ y وع ي
muwa''i qui sensibilise
muwa'i suppurant(e)

taw'iya sensibilisation
wa''a 1 sensibiliser
wa''a 2 infecter
wa''ayân infection
wa'ayân réveil
wâ'i éveillé(e)
wi'e pus
wi'i être réveillé(e)

w ġ r و غ ر
muwaxxir transpirant(e)
waxar sueur
waxxar transpirer
waxxirîn transpiration

w f d و ف د
wafid délégation

w f r و ف ر
waffar procurer

w f q و ف ق
alwâfago se mettre d'accord
attafag s'entendre
attâfago s'entendre ensemble
istafag se mettre d'accord
istifâg accord
mustafig qui est en accord avec
muwâfaga accord
muwâfig qui est d'accord
wâfag acquiescer
wâfagân accord
wufug convention

w f y و ف ي
itwaffa mourir
tawaffa mourir
wafa' mort
waffa tenir sa promesse
waffân tenir ses engagements

w q t و ق ت
muwaxxat temporaire
wakit 1 temps
wakit 2 quand

w q d و ق د
ôgad allumer le feu
ôgadân le fait d'allumer
ôgîd allumette

w q ʿ و ق ع
waga' tomber
wagi' chute
wâgi' tombant(e)
wagû' coucher

w q f و ق ف
agîf arrête !
mawgaf gare routière
muwaggaf arrêté(e)
waggaf arrêter
waggifîn arrêt
wagif gros grain du chapelet
wâgif se tenant debout
wigif attendre debout

w q y و ق ي
ûgây coussinet
wagga assembler des bois
wagiye once

w k ' و ك ء
antaka se reposer
mutakka appuyé(e)
taka 1 appuyer *qqch.* contre ou sur
taka 2 clôture en tiges de mil
takiye paravent
takka s'appuyer
takkîn appui

w k l و ك ل
alwakkal se confier à Dieu
antakal compter sur
mutwakkil qui s'est confié(e) à
muwakkal responsable
wakâla procuration
wakîl représentant(e)
wakkal charger *qqn.* de veiller sur

w k w و ك و → wk' و ك ء

w l d و ل د
bêt al wâlûda maternité
mawlid anniversaire de naissance
mîlâd naissance
mîlâdiye acte de naissance
walad garçon
wald al ên pupille
wâlid père (mère)
wallad faire accoucher
wallâd prolifique
wallâda accoucheuse
wâlûda mise au monde
wilêd enfant
wilêd lekôl élève
wilêd tilif garçon manqué
wilid enfanter

w l ʕ و ل ع
muwalla' allumé(e)
walla' allumer
wallîn allumage

w l y و ل ي
wali 1 protecteur (-trice)
wali 2 saint homme, sainte femme
wâli gouverneur, chef

w m ' و م ء
ôma lever la main

w h b و ه ب
wahab donner sa vie

w h m و ه م
mathûm présumé(e) coupable
taham accuser
tahamân soupçon
tahhâm soupçonneux (-euse)
tâhim soupçonneux (-euse)
tuhma soupçon
waham illusion
wahham surprendre
wahmân qui vit dans l'imaginaire

ي

y ' s ي ء س
ayyas désespérer

y b s ي ب س
îd yabse pauvre
kisêre yâbse avare
yabâs sécheresse
yabbas faire sécher
yabbisîn séchage
yâbis sec (sèche)
yabûsa constipation
yibis sécher

y t m ي ت م
atîm orphelin(e)

y d y ي د ي
îd 2 main
îd yabse pauvre

y s r ي س ر
isra gauche
isray côté gauche
muyassir qui a facilité
yasâr à gauche
yassar faciliter
yassirîn facilité

y q n ي ق ن
yaxîn vérité

y m n ي م ن
(al) Yaman Yémen
yamîn à droite

y w m ي و م
al yôm aujourd'hui
kulla yôm chaque jour
yôm jour
yôm al le jour où
yômit le jour où
yômîyan quotidiennement
yômiye salaire d'une journée

ÉDITIONS KARTHALA

(extrait du catalogue)

Collection ***Méridiens***

Philippe L'HOIRY, *Le Malawi*.
Alain et Denis RUELLAN, *Le Brésil*.
André LAUDOUZE, *Djibouti*.
Antonio RALUY, *La Nouvelle-Calédonie*.
P. MOUREN-LASCAUX, *La Guyane*.
Christian RUDEL, *Le Paraguay*.
Catherine BELVAUDE, *L'Algérie*.
J.-P. LOZATO-GIOTARD, *Le Maroc*.
Michel POUYLLAU, *Le Venezuela*.
Christian RUDEL, *L'Équateur*.
Catherine FOUGÈRE, *La Colombie*.
Yvonne FRANÇOIS, *Le Togo*.
Marc MANGIN, *Les Philippines*.
Robert AARSSE, *L'Indonésie*.
Patrick PUY-DENIS, *Le Ghana*.
Marc-Antoine DE MONTCLOS, *Le Nigeria*.
Mihaï E. SERBAN, *La Roumanie*.
Pierre VÉRIN, *Les Comores*.
Marie LORY, *Le Botswana*.
Leonas TEIBÉRIS, *La Lituanie*.
Daniel JOUANNEAU, *Le Mozambique*.
Ezzedine MESTIRI, *La Tunisie*.
Attilio GAUDIO, *Les îles Canaries*.
Christian RUDEL, *La Bolivie*.
Marc LAVERGNE, *La Jordanie*.
Pierre PINTA, *Le Liban*.
Guy FONTAINE, *Mayotte*.
Jane HERVÉ, *La Turquie*.
Maryse ROUX, *Cuba*.
Kamala MARIUS-GNANOU, *L'Inde*.
Joël LUGUERN, *Le Vietnam*.
Christian RUDEL, *Le Mexique*.
Soizick CROCHET, *Le Cambodge*.
Muriel DEVEY, *La Guinée*.
S. CHAMPONNOIS et F. de LABRIOLLE, *L'Estonie*.
Jean CHAUDOUET, *La Syrie*.
Georges LORY, *L'Afrique du Sud*.
Christian RUDEL, *Le Portugal*.
Philippe DAVID, *Le Bénin*.
Frauke HEARD-BEY, *Les Émirats arabes unis*.
S. CHAMPONNOIS et F. de LABRIOLLE, *La Lettonie*.
Carine HANN, *Le Laos*.

Collection *Les Afriques*

Amadou DIALLO, *La mort de Diallo Telli.*
Jacques GIRI, *Le Sahel au XXIe siècle.*
Jacques GIRI, *Le Sahel demain. Catastrophe ou renaissance ?*
Marcel AMONDJI, *Félix Houphouët et la Côte-d'Ivoire.*
Moriba MAGASSOUBA, *L'islam au Sénégal. Demain les mollahs ?*
Comi M. TOULABOR, *Le Togo sous Eyadéma.*
Tidiane DIAKITÉ, *L'Afrique malade d'elle-même.*
François CONSTANTIN, *Les voies de l'islam en Afrique orientale.*
Pascal LABAZÉE, *Entreprises et entrepreneurs au Burkina Faso.*
Gilles DURUFLÉ, *L'ajustement structurel en Afrique.*
Abdoulaye WADE, *Un destin pour l'Afrique.*
Olivier VALLÉE, *Le prix de l'argent CFA.*
C. GEFFRAY, *La cause des armes au Mozambique.*
S. ELLIS, *Un complot colonial à Madagascar.*
Pierre CLAUSTRE, *L'affaire Claustre.*
Ahmed ROUADJIA, *Les frères et la mosquée.*
M.C. DIOP et M. DIOUF, *Le Sénégal sous Abdou Diouf.*
Bernard BOTIVEAU *et al.*, *L'Algérie par ses islamistes.*
Claudine VIDAL, *Sociologie des passions (Côte-d'Ivoire, Rwanda).*
Éric DE ROSNY, *L'Afrique des guérisons.*
Jean-Claude WILLAME, *L'automne d'un despotisme (Zaïre).*
J.-F. BAYART *et al.*, *Le politique par le bas en Afrique noire.*
Jean-Pierre WARNIER, *L'esprit d'entreprise au Cameroun.*
Bogumil JEWSIEWICKI, *Naître et mourir au Zaïre.*
J.-F. BAYART, *Religions et modernité politique en Afrique noire.*
Emmanuel S. NDIONE, *Dakar, une société en grappe.*
Gilles DURUFLÉ, *Le Sénégal peut-il sortir de la crise ?*
F. REYNTJENS, *L'Afrique des Grands Lacs en crise.*
Peter GESCHIERE, *Sorcellerie et politique en Afrique.*
Béatrice HIBOU, *L'Afrique est-elle protectionniste ?*
René BUREAU, *Le prophète de la lagune. Les harristes de Côte-d'Ivoire.*
René BUREAU, *Le peuple du fleuve. Sociologie de la conversion chez les Douala.*
Gerri ter HAAR, *L'Afrique et le monde des esprits. Le ministère de guérison de Mgr Milingo, archevêque de Zambie.*
Florence BERNAULT, *Démocraties ambiguës en Afrique centrale.*
R. MARCHAL et C. MESSIANT, *Les chemins de la guerre et de la paix.*
Christian CHAVAGNEUX, *Ghana, une révolution de bon sens.*
Jean-Pierre CHRÉTIEN, *Le défi de l'ethnisme. Rwanda et Burundi, 1990-1996.*
Marc LE PAPE, *L'énergie sociale à Abidjan.*
Alain RICARD, *Ebrahim Hussein.*

Collection *Contes et légendes*

G.-E. MFOMO, *Au pays des initiés.*
M. BARTHÉLEMY, *Contes diaboliques d'Haïti.*
J. PUCHEU, *Contes haoussa du Niger.*
F. UGOCHUKWU, *Contes igbo du Nigeria.*
P.M. DECOUDRAS, *Contes et légendes touaregs du Niger.*
M. LOUAFAYA, *Contes moundang du Tchad.*
M. DIDI, *Contes noirs de Bahia.*
G. MEYER, *Contes du pays badiaranké.*
G. MEYER, *Contes du pays malinké.*
A. RETEL-LAURENTIN, *Contes du pays nzakara.*
A. BARBOSA, *Contes tshokwé d'Angola.*
J. COPANS, *Contes wolof du Baol.*
M.-P. FERRY, *Les dits de la nuit.*
M. FÉRAUD, *Histoires maghrébines.*
H. TOURNEUX, *Les Nuits de Zanzibar*
G. MEYER, *Récits épiques toucouleurs.*
G.E. MFOMO, *Soirées au village.*
K. MARIKO, *Sur les rives du fleuve Niger.*
G. KOSACK, *Contes mystérieux du pays mafa.*
G. KOSACK, *Contes animaux du pays mafa.*
M. YAKOUBEN, *Contes berbères de Kabylie et de France.*

Collection *Lettres du Sud*

Essais

E. DACY, *Actualité de Frantz Fanon.*
J. DÉJEUX, *Dictionnaire des auteurs maghrébins.*
P. PFAFF, *Entretiens avec Maryse Condé.*
M. GASSAMA, *La langue d'Ahmadou Kourouma*
L. MATESO, *La littérature africaine et sa critique*
A. RICARD, *Littératures d'Afrique noire.*
A. HUANNOU, *La littérature béninoise*
J. DÉJEUX, *Littérature féminine de langue fr. au Maghreb.*
R. ANTOINE, *La littérature franco-antillaise*
M. ROSELLO, *Littérature et identité créole.*
N. KADIMA-NZUJI, *La littérature zaïroise*
M. CONDÉ *et al.*, *Penser la créolité.*
C. MAXIMIN, *Littératures caribéennes comparées.*
Lise GAUVIN, *L'écrivain francophone à la croisée des langues.*
Lydie MOUDILENO, *L'écrivain antillais au miroir de sa littérature.*
D. BRAHIMI, *Les femmes dans la littérature africaine.*
C. MAKWARD, *Dictionnaire littéraire des femmes.*
M. VEIGA, *Insularité et littérature aux îles de Cap-Vert.*

SANTÉ, MÉDECINE ET PLANTES MÉDICINALES A KARTHALA

Afrique et le monde des esprits (L'), par Gerrie ter HAAR.

L'Afrique des guérisons, par Éric de ROSNY.

Arbres et arbustes guérisseurs au Mali, par Denis MALGRAS.

Carences nutritionnelles dans les PVD, sous la direction de Daniel LEMONNIER.

Guide de la santé au village, par Franck SILLONVILLE.

Innover dans les systèmes de santé. Expériences d'Afrique de l'Ouest, Joseph BRUNET-SAILLY (éd.).

Le dépistage VIH et le Conseil en Afrique au sud du Sahara, Alice DESCLAUX et Claude RAYNAUT (éds.).

Manuel de nutrition africaine, par H. AGBESSI DOS-SANTOS.

Médecine populaire à la Guadeloupe (La), par Christiane BOUGEROL.

Médecine traditionnelle au Rwanda (La), Pierre-Claver RWANGABO.

Mères, pouvoir et santé en Haïti, par Johanne TREMBLAY.

Plantes médicinales de Madagascar, par Pierre BOITEAU et Lucile ALLONGE-BOITEAU.

Plantes médicinales et médecine traditionnelle d'Afrique, par Abayomi SOFOWORA.

Quête de la thérapie au Bas-Zaïre (La), par John M. JANZEN.

Se soigner au Mali, sous la direction de J. BRUNET-SAILLY.

Soigner au pluriel, sous la direction de Jean BENOIST.

Collection *Dictionnaires et langues*

Dictionnaires (reliés)

Alphonse LENSELAER, *Dictionnaire swahili-français,* 1983, 648 p.
Henry TOURNEUX et Maurice BARBOTIN, *Dictionnaire pratique du créole de Guadeloupe*, (Marie-Galante) 1990, 488 p.
Arame FAL, Rosine SANTOS et Jean-Léonce DONEUX, *Dictionnaire wolof-français*, suivi d'un *Index français-wolof*, 1990, 344 p.
Jacques RONGIER, *Dictionnaire français-éwé*, suivi d'un *Index éwé-français*, 1995, 560 p.
Narivelo RAJAONARIMANANA, *Dictionnaire du malgache contemporain (malgache-français, français-malgache)*, 1995, 416 p.
Bernard CARON et Amed H. AMFANI, *Dictionnaire français-haoussa*, suivi d'un *Index haoussa-français*, 1997, 412 p.
Michka SACHNINE, *Dictionnaire yoruba-français*, suivi d'un *Index français-yoruba*, 1997, 384 p.
Christiane SEYDOU (sous la direction de), *Dictionnaire pluridialectal et des racines verbales du peul* 1998, 950 p.
Giuseppe PARIETTI, *Dictionnaire français-foulfouldé*, suivi d'un *Index foulfouldé-français,* 1998, 488 p.
Henry TOURNEUX et Yaya DAÏROU, *Dictionnaire peul de l'agriculture et de la nature, (Cameroun),* 1998, 560 p.

Études et manuels

Jean-Claude ZELTNER et Henry TOURNEUX, *L'arabe dans le bassin du Tchad*, 1986, 168 p.
Pierre DUMONT, *Le français et les langues africaines au Sénégal*, 1983, 290 p.
Philippe NTAHOMBAYE, *Des noms et des hommes au Burundi*, 1983, 250 p.
Jean-Léopold DIOUF et Marina YAGUELLO, *J'apprends le wolof*, avec quatre cassettes.
José MORALÈS, *J'apprends le bambara*, avec huit cassettes, 1996, 496 p.
Mervyn ALLEYNE, *Syntaxe historique créole*, 1996, 192 p.
Patrice JULLIEN DE POMMEROL, *L'arabe tchadien. Émergence d'une langue véhiculaire*, 1997, 176 p.
Patrice JULLIEN DE POMMEROL, *Grammaire de l'arabe tchadien*, 1999, 240 p.

L'impression et le façonnage
de cet ouvrage
ont été effectués
à l'Imprimerie LUSSAUD
85200 Fontenay-le-Comte

Dépôt légal 2e trimestre 1999
n° 3096
N° d'impression : 201 038